GUIDE DE LA MUSIQUE DE BEETHOVEN

DU MÊME AUTEUR

La musique, Collection Sujets, Belin, 1993.

Le sacre du musicien – La référence à l'Antiquité chez Beethoven, CNRS Éditions, Paris, 2000.

Les grandes figures du XXe siècle, L'Étudiant, 1999 (rééd. 2002).

Démocratie, citoyenneté et héritage gréco-romain, Éditions Liris (les Belles Lettres), 2000 (rééd. 2004).

Ludwig von Beethoven, Fayard-Mirare, 2004.

Elisabeth Brisson

Guide de la musique de Beethoven

Fayard

À la mémoire de Jean et Brigitte Massin
à qui nombre de mélomanes doivent leur éveil à la musique

Introduction

Situer chacune des œuvres d'un compositeur, en connaître les conditions de composition, de réception, de diffusion est une des préoccupations majeures de tout mélomane, qu'il soit instrumentiste amateur ou tout simplement auditeur attentif cherchant à être éclairé.

Et, par delà la connaissance de chacune des œuvres singulières, la prise en compte de toutes les œuvres dans la succession de leur composition n'est-elle pas la voie royale qui permet d'accéder à une sorte d'intimité avec le compositeur – de construire, en quelque sorte, pour soi-même, sa biographie créatrice ?

Mais, comment cette démarche est-elle possible dans le cas de Beethoven qui ne disait rien de son travail ? Qui gardait secret ce qu'il était en train de composer et ne supportait de donner publicité à une œuvre que sous son contrôle, soit en la jouant lui-même dans un premier état d'achèvement qu'il était seul à maîtriser, soit en surveillant jalousement la première exécution pour laquelle il ne supportait pas la moindre dérive par rapport à son manuscrit, puis, en fin de parcours, en revoyant de très près l'édition ?

Si Beethoven n'a pas transmis de considérations remarquables sur son travail de composition, il a laissé nombre de feuilles de carnet ou de cahiers d'esquisses, nombre d'autographes abondamment corrigés, raturés jusqu'à y laisser des trous dans le papier, et le plus souvent illisibles à quelques exceptions près, ainsi que nombre « d'écrits », pris sur le vif, c'est-à-dire rarement élaborés, qui vont de sa correspondance à ses cahiers de conversation en passant par ses « journaux » intimes et par les annotations verbales inscrites sur ses divers manuscrits (esquisses, autographes, copies).

L'ensemble de ce matériel hétéroclite, provenant directement de sa plume (autant qu'il a été possible d'en établir et d'en confirmer l'authenticité), permet de suivre de très près le rapport du compositeur avec son travail, tout en donnant la possibilité d'appréhender son personnage et sa personne.

Se faire une idée (son idée) de « qui était Beethoven » n'est donc pas impossible, si, toutefois, cet ensemble de renseignements divers est situé dans son contexte historique : celui de l'émergence d'une culture allemande spécifique, qui cherche à se délier, difficilement d'ailleurs, de l'emprise des modèles français ou italien (ainsi, longtemps encore les titres des œuvres publiées seront en français ou en italien), au temps de l'émancipation politique du citoyen. Ce mouvement est indissociable de l'invention de nouvelles formes de sociabilité (le café, la société de lecture, la loge maçonnique, la librairie, le Théâtre national) ainsi que de la redécouverte des valeurs, héritées de l'Antiquité, qui sont celles de l'Amitié, de la Fidélité, du Beau, du Vrai et du Bien – considérées alors comme les fondements de toute société d'hommes libres, tournés vers l'avenir pour le bonheur de chacun au sein d'une collectivité fraternelle.

Beethoven, né en 1770 et mort en 1827, a vécu dans ce contexte. Il a largement participé à l'émergence et à l'affirmation des valeurs de cette nouvelle société, cela par delà les paradoxes de l'Histoire, qui font qu'après avoir choisi d'inscrire la rupture révolutionnaire au cœur de sa création (la *Symphonie héroïque* qui en est l'exemple par excellence date de 1803-1804), il atteint le sommet de la célébrité lors du congrès de Vienne (1814-1815), au moment où toutes les têtes couronnées de l'Europe se sont rassemblées pour restaurer l'Ancien Régime, et par conséquent pour priver les nouveaux citoyens des libertés qu'ils venaient de conquérir – celles de penser, de croire, de se réunir, de circuler. Mais, au lieu de se laisser abattre, de se laisser museler, il persévère, quitte à se trouver en discordance avec ses contemporains : à la formule qui lui est prêtée, en réponse aux critiques qui trouvaient ses œuvres trop difficiles, « ils comprendront plus tard », fait écho la remarque que le dramaturge Franz Grillparzer a inscrite sur une page d'un cahier de conversation en avril 1826 (*BKh* 9, p. 169), « Der Musiker hat keine Censur ! » (la censure ne peut rien contre un musicien !).

Acteur de son époque, Beethoven n'en reste pas moins un compositeur singulier ainsi qu'une personnalité hors du commun, « indomptée », selon l'expression de Goethe, que sa musique terrifiait littéralement (c'est le jeune Mendelssohn qui lui en fit percevoir la grandeur en lui jouant le premier mouvement de la *Cinquième Symphonie* au piano, alors qu'il était déjà très âgé).

Une de ses singularités réside dans la quantité de ses œuvres : alors que Haydn a écrit plus de cent Symphonies, lui n'en a laissé que neuf; ou, alors que le catalogue de Mozart (1756-1791) ou celui de Schubert (1797-1828), l'un et l'autre malgré leur mort précoce, approchent le millier d'œuvres, le sien ne comprend que 138 numéros d'opus et 205 œuvres sans opus (WoO). Cette petite quantité d'œuvres en regard de la production de ses contemporains n'est pas signe de dilettantisme – bien au contraire, elle est le reflet de son processus créateur : pour lui, chacune de ses œuvres était une sorte d'aventure, qui l'amenait à chercher chaque fois des solutions inédites à un problème bien connu – cette démarche exigeante était jalonnée d'une multitude de travaux d'approche (les esquisses) et de diverses tentatives pour organiser la construction d'ensemble en relation avec les détails de la composition. C'est au cours de longues promenades dans des lieux qu'il affectionnait particulièrement, l'Helenenthal près de Baden, Heiligenstadt, Mödling, Nussdorf, dans la campagne autour de Vienne, qu'il notait sur un carnet les idées musicales qui lui venaient à l'esprit ; puis, rentré chez lui, il les « travaillait » sur des cahiers d'esquisses avant de se mettre à composer l'œuvre, de la coucher sur le papier puis de la « mettre au propre », laissant de côté certaines idées pour les reprendre dans une autre œuvre contemporaine ou postérieure.

Il sollicitait fortement l'inspiration par un travail acharné, si ce n'est incessant, multipliant les exercices d'écriture qu'il faisait corriger par les maîtres en la matière, lors des premières années de son installation à Vienne : Haydn puis surtout Albrechtsberger pour le contrepoint, Salieri pour l'écriture vocale à une ou plusieurs voix sur des textes italiens ; recopiant des extraits de partition d'autres compositeurs, en particulier de *La Flûte enchantée* ou de *Don Giovanni* de Mozart, au moment où il composait *Leonore/Fidelio* ; lisant beaucoup d'œuvres musicales qu'il demandait à ses éditeurs de lui fournir, en particulier des œuvres de Jean Sébastien Bach, de Carl Philipp Emanuel Bach, de Haendel, de Mozart ; faisant des recherches en bibliothèque pour découvrir les « musiques anciennes », depuis le chant grégorien jusqu'aux compositeurs de l'époque baroque en passant par Palestrina, prédécesseurs directs de l'écriture dite « classique », pour retrouver les secrets de leur efficacité spirituelle ; et lisant beaucoup d'ouvrages de théorie musicale, du XVIIIe siècle comme de la Renaissance, ainsi que de la poésie – Homère, Klopstock, Herder, Goethe, Schiller (mais ni Jean-Paul, ni Novalis) –, des pièces de théâtre – Shakespeare, Schiller, Goethe, Euripide (mais pas Kleist) –, des réflexions sur Dieu et sur la nature – Christoph Christian Sturm, Zaccharias Werner, peut-être un peu sur Kant –, ou encore les biographies des *Hommes illustres* de Plutarque.

« Socrate et Jésus ont été mes modèles » a-t-il noté sur un Cahier de conversation en janvier 1820 (*BKh* 1, p. 211), parce qu'ils ont su résister aux mauvais traitements de leurs contemporains, mais aussi parce qu'ils représentent l'un et d'autre de grandes figures s'interrogeant sur leur époque et la faisant évoluer. S'inscrivant donc dans leur lignée, il appréciait au plus haut point les discussions avec les écrivains, les journalistes, les pédagogues, les compositeurs et les « savants » qu'il pouvait rencontrer. Ce besoin d'échanges intellectuels qui fut permanent chez lui – sur son lit de mort, c'est le jeune Gerhard von Breuning qui, avec toute la fraîcheur d'un jeune garçon de treize ans, contribua à assouvir ce besoin – était une pratique héritée de sa plus tendre enfance, quand les amis de son père, non seulement des membres de l'orchestre de la cour électorale, mais également les dirigeants du Théâtre national de Bonn, se retrouvaient chez lui pour faire de la musique ou pour discuter, entre autres des œuvres à représenter sur la scène du théâtre, drames, opéras, opéras-comiques.

Beethoven appartient à un milieu de musiciens professionnels : son grand-père, qui se prénommait également Ludwig, qu'il n'a connu que jusqu'à l'âge de trois ans, était maître de chapelle de l'électeur ; son père, chanteur attaché à la cour électorale, enseignait la musique aux enfants de la haute société de Bonn ; sa voisine Magdalena Willmann était chanteuse ; sa mère recevait chaque année un concert familial comme cadeau de fête. C'est dans ce contexte que la musique est devenue pour lui l'équivalent d'une seconde langue maternelle : tout au long de sa vie et de son itinéraire créatif, c'est au moyen du langage musical qu'il chercha à penser et à s'exprimer, incitant d'ailleurs ses auditeurs comme ses interprètes à penser à leur tour en musique. Développer leurs capacités d'abstraction pour se trouver directement en prise avec leur émotion et leur humanité, par delà les contenus anecdotiques qui déroutent le plus souvent de l'essentiel.

Cette façon d'ériger le langage musical en moyen d'expression privilégié représente un autre des héritages recueillis par Beethoven : celui que lui a transmis un de ses premiers maîtres, Christian Gottlob Neefe (1748-1798), directeur musical du Théâtre national de Bonn après avoir étudié le droit dans de grandes universités allemandes pour obéir aux injonctions paternelles. Sensible à la poésie et aux idées de son époque – celle des années 1770 – Neefe apprit au jeune Beethoven à intégrer la dimension spirituelle de la musique : dans la charte éthique qu'il avait rédigée pour définir les devoirs d'un maître de chapelle exemplaire, il insistait sur la nécessité de tout mettre en œuvre pour faire comprendre le sens de la musique – ce qui impliquait qu'elle ne devait plus être perçue comme divertissement ou décor princier : les héros et dieux de l'Antiquité, Orphée, Amphion, Apollon et ses Muses, servant alors de justification à cette redécouverte du rôle spécifique conféré à la musique – en quelque sorte moyen de réenchanter le monde pour le faire correspondre à celui que décrit Schiller dans son long poème philosophique intitulé *Die Götter Griechenlands* (*Les Dieux de la Grèce*), écrit en 1788 et revu en 1799-1800.

Neefe, qui avait très vite reconnu le génie du jeune Beethoven à peine âgé d'une dizaine d'années, se montra très exigeant : tout en lui transmettant une conception de la musique axée sur son sens et sur sa dimension spirituelle fortement imprégnée du modèle antique, il lui enseigna la technique du clavier ainsi que celle de la composition en lui faisant étudier le *Clavier bien tempéré* de Bach, que le jeune élève semble avoir rapidement maîtrisé. Cette association de deux apprentissages, celui de l'instrument et celui de l'écriture, marqua durablement Beethoven qui, au cours de sa vie, composa plusieurs œuvres didactiques – jusqu'à ses derniers jours il se préoccupa de trouver la méthode de piano la meilleure, en l'occurrence pour le jeune Gerhard von Breuning, avant d'en composer une lui-même.

Cette méthode de piano, qu'il envisageait de composer, n'était qu'un des éléments qui devait prendre place dans l'ensemble de ses œuvres complètes qu'il songea à faire publier dès 1810. Il nourrissait aussi le projet, qui n'eut pas de réalisation concrète de son vivant, de publier l'ensemble de son œuvre, de façon à mettre en évidence les «progrès» de son art. Son intention, pas uniquement didactique, s'inscrivait dans une pratique des éditeurs de son époque, qui commencèrent à publier les œuvres complètes de compositeurs disparus : Mozart, Haendel ou Bach, et se calquait d'abord sur la démarche des poètes et des dramaturges qui de leur vivant se préoccupaient de faire éditer leurs œuvres complètes (ou l'état de leur œuvre complet à un moment donné). Les modèles les plus proches de lui étaient celui de Tiedge et surtout de Goethe qui réactualisa à plusieurs reprises la publication de ses œuvres complètes. Beethoven était convaincu qu'au même titre que l'œuvre des grands poètes, la sienne devait contribuer à la «Bildung» (à l'éducation) de l'humanité. Cette conviction que la musique était investie d'une mission libératrice s'était imposée à lui dès son plus jeune âge.

Même si les renseignements directs ayant trait à son enfance et à son adolescence sont peu nombreux, la reconstruction du contexte culturel dans lequel il a été élevé permet de repérer ce qui a contribué à la constitution de son idéologie. Ainsi, la part non négligeable de son père dans la vie musicale et théâtrale de Bonn eut une influence sur les premières activités du jeune Beethoven. Il fut suppléant de Neefe, organiste en titre de la cour, puis répétiteur au Théâtre car il déchiffrait très bien et savait accompagner les chanteurs en réduisant à vue les parties d'orchestre, et enfin instrumentiste dans l'orchestre de la cour. Ces différentes fonctions l'amenèrent à se familiariser avec le répertoire du théâtre et de l'opéra, c'est-à-dire avec Shakespeare, Lessing, comme avec Métastase, Mozart, Gluck, Hasse, Benda et bien des Italiens, mais également de rencontrer l'élite culturelle de Bonn où se côtoyaient dans les sociétés de lecture, les cafés, professeurs d'Université, fonctionnaires de la Cour, musiciens de la Chapelle électorale. Lui-même suivit à l'Université les cours d'esthétique d'Eulogius Schneider, cet esprit fort qui n'hésita pas à pourfendre les pouvoirs traditionnels de l'Église et à écrire, en 1790, une ode pour célébrer la prise de la Bastille. Aussi quand la Société de lecture décida d'organiser une cérémonie pour célébrer la mort de l'empereur Joseph II, exemple par excellence du despote éclairé gouvernant son pays en vue du bien de son peuple, c'est à Beethoven qu'il fut demandé de composer la musique d'une cantate funèbre. En cette fin du XVIIIe siècle, la prise de position politique en faveur d'une société plus juste, gouvernée par un bon prince, était indissociable d'une nouvelle forme de sensibilité, à laquelle la musique participait de manière décisive.

Beethoven se fit le porte-parole de la sensibilité propre à son époque dans le choix des poèmes qu'il mit en musique comme dans les genres musicaux qu'il adopta dès ses premières œuvres : variations, sonates pour piano seul, musique de chambre, concerto, musique pour voix, chœur et orchestre. Les musiques pour instruments à vent seuls qui se situaient dans la tradition princière des musiques de table furent vite détournées du côté de la référence révolutionnaire qui privilégiait les musiques de plein air capables de sonner dans un grand espace sans crainte des intempéries.

C'est dans ce contexte politique et esthétique que Beethoven fut soutenu par ses amis qui reconnurent très vite son génie. En particulier l'influent comte Waldstein, arrivé à Bonn en 1788, réussit à convaincre le prince électeur, dont il était très proche, de permettre au jeune Beethoven d'aller se former auprès du grand Haydn à Vienne. Le fait que le prince électeur Maximilian Franz soit le dernier fils de l'impératrice Marie-Thérèse devait faciliter l'accueil du jeune musicien. Il acceptait de financer la formation (comme il avait déjà financé un premier voyage en 1787, qui fut interrompu au bout de quinze jours, Beethoven se trouvant obligé de rentrer à Bonn pour assister sa mère mourante), ou comme il avait accepté de financer, selon une pratique courante à Bonn, le séjour à Rome des deux frères Gerhard et Ferdinand Kügelgen, l'un et l'autre peintres.

À Vienne, Beethoven s'efforça de répondre à l'injonction du comte Waldstein, « recevez des mains de Haydn l'esprit de Mozart », et s'arrangea pour mettre toutes les chances de son côté en se créant un réseau de relations au sein de cette aristocratie mélomane qui assurait encore la vie musicale par les concerts privés organisés dans ses salons, les concerts publics ne s'étant pas encore imposés. Vite intégré, Beethoven qui ne devait faire qu'un bref séjour de formation, d'au plus deux ans, finit par rester toute sa vie à Vienne, au point que les Viennois en firent une gloire « nationale » qu'ils ne voulurent plus lâcher, ni de son vivant ni après sa mort, qu'ils commencèrent par célébrer en organisant un enterrement quasi princier.

Installé à Vienne, Beethoven ne quitta pratiquement jamais cette ville : il fit une tournée à Prague et dans quelques villes (Dresde, Leipzig, Berlin, Presbourg) en 1796, il se rendit en Silésie en 1806 sur l'invitation du prince Lichnowsky, ainsi qu'en Bohême au cours des étés 1811 et 1812 pour se soigner dans les célèbres villes d'eau de Karlsbad et de Teplitz ; à l'exception de ces quelques voyages, il resta à Vienne passant ses étés dans des localités très proches, Heiligenstadt, Mödling, Nussberg, Döbling, Baden. Pourtant, il aurait aimé revoir sa ville natale. Un moment il eut l'espoir de s'installer à Paris, cette ville de la liberté ; il eut également l'intention de faire un voyage à Londres, mais, bien qu'invité en 1817 par la Société philharmonique de Londres, il ne cessa de le repousser pour, en définitive, ne jamais réaliser ce projet. Cette sédentarité est à elle seule une des singularités de Beethoven, la plupart de ses contemporains, à commencer par Haydn et ses amis de Bonn Anton Reicha, Ferdinand Ries ou les frères Andreas et Bernhard Romberg, ayant sillonné l'Europe de Londres ou de Paris à Saint-Pétersbourg en passant par Munich ou Riga. Sa surdité en est sans doute une des raisons, mais plus encore, l'intensité de son travail : « Je vis dans mes notes », « je suis très occupé », sont les leitmotive en tête de ses lettres, servant certes à excuser son silence, mais exprimant également l'idée qu'il se sent plus à l'aise dans le travail de composition que dans toute autre activité, en particulier la rédaction de lettres. Son langage est décidément d'abord musical : assez souvent d'ailleurs, il a exprimé ce qu'il voulait faire comprendre sous forme de notes inscrites sur une portée musicale rapidement tracée – plaisanterie musicale, complicité avec son correspondant musicien qui s'est lui aussi frotté, au temps de son apprentissage, aux exercices de contrepoint sur un thème donné… mais néanmoins le besoin éruptif qui le caractérise : les notes sont décidément plus explicites que les mots. Il ne cesse d'ailleurs de jouer avec, ainsi « Not », la détresse, ou « Note », la note à payer, se substituent souvent à « Note », la note de musique, ou encore l'éditeur « Verleger » avec l'embarras « Verlegen », etc. – appliquant en quelque sorte au langage verbal les règles de l'écriture musicale qui combine toujours différemment les signifiants de base.

L'intensité de son travail n'a fait qu'augmenter d'œuvre en œuvre, au point que si, au cours de ses premières années à Vienne, il était capable d'en composer plusieurs importantes en même temps, après la période de succès éphémère au temps du congrès de Vienne, il se consacre à des œuvres d'une telle ampleur avec une telle exigence qu'il ne peut plus les multiplier. Il les compose les unes après les autres, alors qu'il les a pensées en même temps ; ces œuvres « colossales » sont la *Sonate* op. 106, des *Variations Diabelli*, de la *Missa solemnis*, de la *Neuvième Symphonie*, des derniers *Quatuors* (*op. 127, 130, 131, 132, 135*) –, produisant à côté quelques toutes petites œuvres pour assurer les rentrées financières dont il a besoin, de façon à subvenir, tout particulièrement, à la formation de son neveu qu'il a choisi de prendre en charge (contre la volonté de son frère Kaspar Karl, mort en 1815, et surtout contre celle de la mère du neveu).

Cette vie consacrée à composer l'absorbait entièrement, pourtant il aurait ardemment souhaité vivre avec une femme aimée et fonder une famille. La réalisation de ce vœu s'est heurtée de manière assez répétitive à divers empêchements, obstacles certes d'origine sociale, mais plus encore d'ordre psychique, comme s'il lui était impossible de ne pas s'adonner tout entier à la musique ; et, comme il se savait appartenir à la catégorie des grands hommes, il était tenu par le devoir de remplir sa mission. Comparé par ses contemporains à Shakespeare et à Michel-Ange, il ne pouvait pas se dérober : toute son énergie devait être tendue vers la création, même au prix de terribles angoisses qui se traduisaient sous forme de plaintes ou de maladies à répétition, touchant surtout les bronches et le ventre.

Enfin, contrairement aux légendes fondatrices du mythe, Beethoven n'était absolument pas misanthrope : il s'en défend d'ailleurs dans le *Testament d'Heiligenstadt*, rédigé en octobre 1802, attribuant l'effet qu'il produit à sa surdité qui l'isole. En fait cette accusation de misanthropie, qui cherche à réduire sa dimension humaine et fraternelle, ne peut être formulée que par ceux qui ignorent ce que représente l'activité créatrice : l'isolement, le retranchement sont indispensables pour se concentrer, faire émerger, donner forme à ce qui n'existait pas encore. Cela n'implique pas le refus des autres : Beethoven s'était donné comme règle de vie de partager ses repas chaque jour avec quelqu'un, il était très heureux de recevoir des visites, d'échanger idées et propos avec tous ceux qu'il considérait comme des interlocuteurs valables, c'est-à-dire avec ceux qui conféraient une place primordiale à la réflexion intellectuelle et esthétique, qui aimaient la vie, le bon vin, la bonne chère (dont les huîtres qui venaient de Trieste).

Que le personnage de Faust, construit et mis en scène par Goethe, ait servi d'horizon à son activité créatrice (il ne connaissait que le Premier *Faust*, le Second n'ayant été publié qu'en 1832) est révélateur de la façon dont il se voyait lui-même : aspirant à connaître toujours plus sans renier ni la vie ni l'amour, il savait que tant que l'homme avance tendu vers un idéal, il ne peut qu'errer et se tromper, mais que sa condition est de poursuivre sa quête de Vérité.

Ainsi, alors que son entourage le savait condamné, Beethoven comptait bien se relever de cette maladie (il ne savait pas que c'était la dernière) pour continuer à composer, car, comme toujours, il débordait d'idées. En faisait partie le projet de composer la musique de scène du *Faust* de Goethe.

*

*   *

De façon à suivre l'itinéraire créateur de Beethoven ce Guide présente ses œuvres dans leur ordre chronologique de composition, autant qu'il se peut – dans la mesure où certaines œuvres ébauchées à un moment donné (Beethoven étant même allé souvent assez loin dans la composition) n'ont parfois été reprises que des années plus tard, et dans la mesure où certaines n'ont pas encore pu être datées avec précision par les recherches les plus récentes qui se fondent sur les différentes sortes de papiers utilisés et sur les types de graphie, sachant que l'écriture de Beethoven a évolué (il s'agit d'un véritable travail de détective).

Ce Guide s'adresse avant tout à un public français de mélomanes et d'instrumentistes amateurs, auquel il s'efforce de présenter chacune des œuvres en fonction de l'état actuel de la recherche. Les professionnels, qui plus est germanistes, peuvent accéder à des sources et à des commentaires plus conséquents, qui se renouvellent sans cesse étant donné l'importance de la recherche actuelle sur Beethoven, sur sa vie et sur ses œuvres. Les colloques internationaux, les symposiums se succèdent et leurs travaux sont le plus souvent publiés par la maison d'édition qui dépend de la Beethoven-Haus à Bonn, par le Verlag G. Henle à Munich, par d'autres éditeurs allemands, ou par des universités anglaises et américaines. Ces différents ouvrages, les plus récents, sont cités dans la bibliographie en fin du Guide, ou pour chacune des œuvres quand l'état des recherches l'impose (en particulier quand l'œuvre a fait l'objet soit d'un article ou d'un ouvrage spécifique, soit encore d'une publication en fac-similé comprenant non seulement le manuscrit, mais les esquisses et l'édition originale, l'ensemble doté d'un commentaire critique établi par l'éditeur de l'œuvre).

Pour les utilisateurs de l'Internet, la Beethoven-Haus a mis en service, en 2005, un site qui permet de prendre connaissance de l'ensemble de son fonds : esquisses, manuscrits, éditions originales, critiques et « littérature », objets, reproductions de documents figurés :

Digitales Archiv
http://www.beethoven-haus-bonn.de

Pour chacune des œuvres, la structure de présentation proposée par le Guide est la même :

– Le numéro d'opus ou de WoO (*Werk ohne Opuszahl*, c'est-à-dire non cataloguée du vivant de Beethoven, mais cataloguées depuis la seconde moitié du XIXe siècle).

– Le titre de l'œuvre, y compris son genre et sa destination vocale ou instrumentale.

– Le temps de la composition et la date de la première exécution quand elle est connue.

– Le contexte biographique

– La présentation de l'œuvre (guide pour l'écoute)

– L'œuvre vue par ses contemporains (la réception critique)

– Les sources (esquisses, manuscrit, copies) quand elles existent, avec l'indication des villes où elles se trouvent (on mesure ainsi l'état de dispersion actuel de ces sources).

– La date de la publication et le titre de l'édition originale quand elle a lieu du temps de Beethoven.

– Le ou la dédicataire (on se représente ainsi son réseau de relations).

– La correspondance de Beethoven qui concerne l'œuvre en question (le plus souvent avec les éditeurs, mais aussi parfois avec des amis ou avec ses frères ou encore son neveu).

Les sources qui ont servi pour ce travail sont indiquées dans la bibliographie en fin d'ouvrage.

Les études particulières sont indiquées en note à propos de l'œuvre concernée.

Sigles et abréviations

AMZ : *Allgemeine musikalische Zeitung*, publiée à Leipzig par l'éditeur Breitkopf & Härtel – 1re année 1798/99

BAMZ : *Berliner Allgemeine Musikalische Zeitung*, Berlin, du 1er janvier 1824 au 7 juillet 1830

BMZ : *Berlinische Musikalische Zeitung*, Berlin und Oranienburg, de janvier 1805 à février 1806 (n° 1-52)

B&H : Breitkopf & Härtel

BKh : *Ludwig van Beethovens Konversationshefte* (Cahiers de conversation), 11 vol.

BN : Bibliothèque nationale (le lieu est spécifié : Paris, Vienne)

Cäcilia : eine Zeitschrift für die musikalische Welt herausgegeben von einem Vereine von Gelehrten, Kunstverständigen und Künstlern, Mainz, Band 1. 1824-1827

Czerny : Carl Czerny, « Über den richtigen Vortrag der sämtlichen Beethovenschen Klavierwerke », Facsimile des chapitres deux et trois de *Die Kunst des Vortrags der älteren und neueren Klavierkompositionen*, édition publiée par A. Diabelli u. Comp. à Wien en 1842, Universal Edition, n° 13340, 1963

Frimmel : Theodor von, *Beethoven-Handbuch*, 2 Bde., Leipzig 1926

GA : Beethoven Ludwig van, Werke, vollständige, kritisch durchgesehene Ausgabe, Breitkopf & Härtel, Leipzig, 1864-1867

GdM : Gesellschaft der Musikfreunde, Société des amis de la musique créée à Vienne en 1813

Hess : *The new Hess Catalog of Beethoven's Works*, edited, updated and translated from the original German with a new foreword by James F. Green, Vance Brook Publishing, West Newbury, Vermont, 2003

Kerst : Friedrich Kerst, *Die Erinnerungen an Beethoven*, 2 Bde., Stuttgart 1913, rééd. 1925

Kunze : Ludwig van Beethoven. *Die Werke im Spiegel seiner Zeit*, herausgegeben von Stefan Kunze, Laaber, 1987

Laaber : *Beethoven. Interpretationen seiner Werke*, herausgegeben von Albrecht Riethmüller, Carl Dahlhaus, Alexandre L. Ringer, 2 Bde., Laaber-Verlag, Laaber, 1996

Nottebohm : premier éditeur d'esquisses (voir bibliographie)

SBG : Supplemente zur Beethoven-Gesamtausgabe, édités par Willy Hess (14 volumes publiés par Breitkopf & Härtel, Wiesbaden, 1959-1971)

WoO : Werk ohne Opus = œuvre sans opus (non cataloguée du vivant de Beethoven)

NZfM : *Neue Zeitschrift für Musik*, 1834-1943

La référence des lettres est indiquée de cette façon : [1., 27], le premier chiffre indique le volume et le second le numéro de la lettre.

La référence des cahiers de conversation, *BKh*, comprend le numéro du volume, le numéro du cahier (Heft), le numéro de la page du cahier (r = recto, v= verso), et le numéro de la page du volume.

Remerciements

Au terme de cette introduction, je voudrais remercier tout particulièrement l'éditrice de cet ouvrage, Sophie Debouverie.

Je voudrais également rappeler que l'idée de cet ouvrage procède de la confiance que m'ont faite Jean et Brigitte Massin, qui m'avaient associée au projet de révision de leur *Beethoven*, jalon essentiel dans la connaissance de Beethoven en France après la somme de Romain Rolland et avant les travaux indépassables d'André Boucourechliev, lui aussi disparu trop tôt.

Je voudrais aussi évoquer les heures que j'ai passées avec mon amie Deborah Wood, pianiste disciple de Max Deutsch, à déchiffrer les Quatuors de Beethoven dans leur réduction pour piano à quatre mains, ou à travailler des Sonates pour piano de Beethoven, et à en commenter les singularités d'écriture.

Enfin, je voudrais rendre hommage au travail remarquable des chercheurs de la Beethoven-Haus, Beate Angelika Kraus, Ernst Herttrich, Michael Ladenburger, Sieghard Brandenburg, ainsi que Julia Ronge et Emil Platen, qui ont toujours accepté de répondre à mes questions. Que les bibliothécaires de la Beethoven-Haus, Stefanie Kuban, Friederike Grigat soient également chaleureusement remerciées pour la gentillesse avec laquelle elles m'ont fourni les renseignements que je demandais.

Et, puis, ce sont mes proches, mon mari Paul Kujawski, mes enfants Claire Raynal et Alban Kujawski, auxquels j'adresse des remerciements plein d'affection et de tendresse pour leur attention à mon travail et pour les facilités de l'existence quotidienne qu'ils m'ont assurées. Et mes amis, en particulier Luce Netter, germaniste qui m'a aidée à traduire plusieurs textes, ainsi que Françoise Guerard et Bernard Jourde, amis très proches de Jean et Brigitte Massin, qui m'ont chaleureusement et efficacement soutenue dans ce projet.

Paris, mars 2005

PREMIÈRE PARTIE

Le temps de Bonn

(1782-1793)

À peine installé à Bonn comme directeur musical du Théâtre national (en 1779), Christian Gottlob Neefe fut chargé de la formation musicale du jeune Ludwig chez lequel son père Johann (1740-1792) avait reconnu des dons exceptionnels. Vite ébloui à son tour par le génie du jeune garçon d'à peine dix ans, Neefe, organiste de la cour, en fit son adjoint, et lui fit étudier les œuvres de Jean-Sébastien Bach et Carl Philipp Emmanuel Bach, les musiciens de l'école de Mannheim et les traités d'écriture les plus récents. Correspondant local de la revue musicale éditée à Hambourg par Cramer, il ne manqua pas de faire savoir qu'à Bonn il y avait un jeune prodige qui méritait d'être encouragé, et sur place, dans le milieu de la cour électorale, il trouva des mécènes auxquels le jeune Beethoven dédia ses premières œuvres : la comtesse Wolf-Metternich ou, directement, le prince électeur, Maximilian Friedrich. Et il mit Beethoven en contact avec l'éditeur Heinrich Philipp Boßler, ce qui lui permit de faire publier ses deux premiers Rondos pour piano.

Neefe, très bien placé dans la société aristocratique et mélomane ainsi que dans l'intelligentsia, contribua donc largement à l'insertion de son élève dans la vie musicale et culturelle de Bonn. Mais, il ne fut pas seul : Franz Wegeler (1765-1848), de cinq ans plus âgé que Beethoven – ils se rencontrèrent en 1782 –, joua également un grand rôle, en particulier en l'introduisant dans la famille von Breuning; dans cette atmosphère familiale, chaleureuse et de haute culture il eut ses premières expériences amicales et peut-être amoureuses, avec Eleonore ou avec Barbara Koch son amie (qui semble-t-il le dédaigna).

Tout en étudiant plusieurs instruments (clavier et violon) ainsi que la composition, Beethoven était obligé de travailler pour contribuer à l'entretien de la famille : par son père, chanteur au sein de la chapelle électorale, et par Neefe, organiste de la cour, il obtint une place de répétiteur (pour les chanteurs) avant de devenir membre de l'orchestre de la cour en tant qu'altiste – ce qui lui permit de se familiariser avec les répertoires du théâtre et de l'opéra.

Ses multiples activités ne l'empêchaient pas de se mêler de très près à la vie intellectuelle de Bonn : il s'inscrivit à l'Université (inaugurée en 1786), le 14 mai 1789 et participa activement à la diffusion des idées nouvelles tout en sachant passer de bons moments en joyeuse compagnie, comme en témoignent ses compositions de chanson à boire, ou d'airs grivois.

Cette période de Bonn ne comprend aucune œuvre comportant un numéro d'opus. Parmi les œuvres qu'il composa alors, certaines peuvent être considérées comme des exercices d'écriture corrigés par son maître Neefe (les *Variations sur une marche de Dressler, WoO 63*, ou les trois *Kurfürstensonaten, WoO 47*), tandis que d'autres témoignent de son insertion dans la société mélomane de la ville résidence du prince électeur, archevêque de Cologne (le *Trio pour piano, flûte, basson, WoO 37*, les *trois Quatuors piano, violon, alto, violoncelle WoO 36*, les *Lieder WoO 107, 108, 109, 110, 111, 112, 113*, les œuvres pour *Octuor à vents op. 10*3 et *WoO 25*), et que quelques-unes sont des préfigurations de futures grandes œuvres (Les *Vingt-quatre Variations sur une ariette de Righini* WoO *65*, ou les deux *Cantates* WoO *87* et *88*).

Il semble que ces Cantates (plus particulièrement la seconde ?) aient permis à Beethoven d'être remarqué par Haydn de passage à Bonn en juillet 1792. Trois mois plus tard, le prince électeur acceptait que Beethoven aille poursuivre à Vienne sa formation musicale. Il partait avec la chaude recommandation que le comte Waldstein (qui avait intercédé en sa faveur auprès du prince électeur) avait inscrite sur l'Album que ses amis lui avaient offert, le 29 octobre 1792 : « [...] Par une application incessante recevez des mains de Haydn l'esprit de Mozart. »

Dans ses bagages, il emportait bon nombre d'œuvres à corriger ou à achever, espérant bénéficier des conseils de Haydn.

L'analyse des œuvres de Bonn permet de se représenter le jeune Beethoven comme un être sensible plein de vitalité, à l'écoute et en prise avec le monde qui l'entoure, soucieux de trouver protection et soutien tout autant que de se faire admirer, et ouvert aux idées nouvelles de justice, de tolérance et de liberté. À vingt ans, Beethoven connaissait son génie et qu'il était bien décidé à se faire connaître comme compositeur (pour gagner « l'immortalité » par l'art) par des œuvres qui transmettent les valeurs humanistes redécouvertes à son époque (après la période dominée par l'absolutisme et la sensibilité baroque).

WoO 63

Neuf Variations pour clavier en *ut* mineur sur une marche de Ernst Christoph Dressler

Tema. Maestoso, **C**, ut *mineur – 176 mes.*

TEMPS DE LA COMPOSITION

Composées par Beethoven en 1782 (c'est sa première composition connue), ces *Variations* pour piano furent publiées la même année à Mannheim chez Götz, « Marchand et Éditeur de Musique », dont Nikolaus Simrock, corniste dans l'orchestre de la chapelle électorale et ami de la famille Beethoven, était le commissionnaire à Bonn.

CONTEXTE BIOGRAPHIQUE

Alors que la page de titre de l'édition originale indique que le compositeur a dix ans, il était en fait dans sa douzième année[1]. Au cours de l'année 1781, Neefe (qui était arrivé à Bonn en octobre 1779, où il fut nommé organiste de la Cour par décret le 15 février 1781) avait pris en mains la formation musicale du jeune Beethoven (formation qui comprenait la pratique du clavier – clavicorde, pianoforte et orgue – et l'initiation à l'écriture musicale), tout en se préoccupant de ses acquisitions culturelles. Convaincu que le jeune Beethoven était un génie, il cherchait à l'encourager et à le faire connaître à Bonn et au-delà : la publication et la dédicataire de ces *Variations* en témoignent.

Commencer par le genre « variations sur un thème » pour se faire connaître du public était une façon de se situer dans la filiation de Carl Philipp Emanuel Bach (1714-1788), claveciniste, compositeur admiré par Neefe, et auteur d'un *Versuch über die wahre Art das Clavier zu spielen*[2], destiné à apprendre « à bien jouer du clavier » et à « se former le goût » « selon les vrais principes de l'art »[3]. Ce choix esthétique révèle que le jeune Beethoven fut influencé par les goûts musicaux et la sensibilité de son maître en cette période dominée par l'*Empfindsamkeit* (sensibilité).

Il est remarquable que Beethoven se soit fait connaître par ce genre de compositions (thème et variations), genre auquel il eut recours tout au long de sa vie, et qu'il interpréta de manière sans cesse renouvelée, jusqu'à en faire éclater les cadres traditionnels. En effet, il en fit le lieu d'expérimentation de sa pensée, qui procède essentiellement, chez lui, selon les principes de la métaphore, de la métonymie et de la mutation (par la métamorphose de tout élément en autre chose de nature différente).

PRÉSENTATION DE L'ŒUVRE

Ces *Neuf Variations*, qui, aujourd'hui encore, sont utiles à l'apprentissage du piano, sont considérées comme une œuvre de peu d'intérêt (en comparaison avec les grandes œuvres complexes de Beethoven). Pourtant, le choix du thème, l'organisation de l'ensemble des *Neuf Variations*, la liberté prise avec le jeu des tonalités et le bonheur visible de jouer du clavier peuvent être considérés comme les prémisses de bien des choix et de bien des exigences de Beethoven aux prises avec son travail de composition.

Plutôt que de varier la mélodie d'un air à la mode ou le thème d'un Menuet, le jeune Beethoven choisit une Marche, type d'œuvre qui induit une musique énergique aux connotations princières ou martiales.

1. La question de son âge est un point important de la biographie de Beethoven : il s'est longtemps cru plus jeune qu'il n'était, à la suite du désir de son père de le présenter comme un « un enfant prodige » (donc un nouveau Mozart) – confusion qui comporte un enjeu psychique majeur comme Maynard Solomon le met en évidence dans sa biographie de *Beethoven* (Fayard, 2003).

2. *Essai sur la véritable manière de jouer les instruments à clavier*, la seconde partie a été traduite par Béatrice Bertsel et publié par CNRS Éditions, en 2002.

3. Voir Marc Vignal, *Les Fils Bach*, Fayard, 1997, p. 112.

La tonalité d'*ut* mineur conjuguée avec un rythme pointé introduit une référence funèbre. Même si le jeune Beethoven n'exploite pas beaucoup, au cours des *Neuf Variations*, ce caractère de Marche funèbre présent dans le thème, il est indispensable de rappeler que plusieurs de ces œuvres ultérieures donneront une grande importance à la Marche funèbre (en particulier la *Symphonie héroïque*, *op. 55*).

Exercice d'écriture corrigé par un maître attentif à la modernité de son temps et émerveillé par le génie de l'adolescent, ou œuvre prémonitoire de la manière d'écrire qui sera celle de Beethoven (« Erstlinge » – première-née –, selon le terme employé dans la lettre adressée par le jeune Beethoven au prince-électeur, le 14 octobre 1783 [1., 1]) ? De toutes manières, il s'agit d'une œuvre dont les éléments de composition ne sont pas étrangers à l'univers beethovénien.

Le thème choisi par le jeune Beethoven a été composé par Ernst Christoph Dressler (1734-1779), chanteur d'opéra à Vienne (1771) puis à Cassel (1774), compositeur de Lieder et auteur de plusieurs écrits sur la musique et le théâtre en Allemagne à son époque. Il lui a peut-être été proposé par Neefe qui, lui aussi, connaissait de l'intérieur ce monde du théâtre et de l'opéra.

Maestoso, le thème de cette Marche est formé de deux parties (chacune avec reprise) : la première comprend une phrase de 4 mesures en *ut* mineur suivie d'une phrase de 4 mesures en *mi* bémol majeur ; la seconde partie comprend une phrase de 4 mesures qui commence en *fa* mineur et est suivie d'une phrase de 4 mesures qui ramène à *ut* mineur (l'édition originale ne comprend aucune indication d'intensité). Cette structure de 16 mesures [(4+4) x 2 + (4+4) x 2] est celle même des *Trente-trois Variations* sur un thème de *Diabelli op. 120* (œuvre écrite entre 1819 et 1823).

Il s'agit donc à la fois d'une démonstration des possibilités techniques d'un pianiste et d'un exercice d'écriture, mais avec le souci de « composer » l'ensemble en une « œuvre » dont la cohérence est assurée par des liens de logique musicale entre les différents éléments (outre la mélodie et l'harmonie, la texture des accompagnements, les broderies, les recherches pour exprimer force et énergie).

Variation I : le thème demeure intact à la main droite ; c'est à la main gauche que l'accompagnement change, balancement régulier d'accords brisés qui suit la progression harmonique (le rythme de marche funèbre ne sert plus qu'à ponctuer les phrases).

Variation II : la main gauche est la même que celle de la variation I, tandis que le thème est orné et continu à la main droite – la plupart des mesures commencent par une note aiguë, forme d'écriture qui cherche à exprimer la force et l'énergie inhérentes à ce genre de musique de Marche.

Variation III : le thème demeure à la main droite, tandis que la main gauche assied la progression harmonique par des successions de doubles croches, insérant même des triolets successifs qui accélèrent le flux musical et expriment l'idée d'énergie.

Variation IV : le flux continu est à la main droite (avec culmination sur des notes aiguës) ; tandis que l'accompagnement est le même que celui des deux premières variations.

Variation V : au milieu de l'œuvre, Beethoven introduit une nouvelle figuration qui joue sur la syncope par l'alternance de doubles croches (puis de triples croches) entre les deux mains et qui se libère de la mélodie du thème, tout en conservant le cadre de la progression harmonique (l'influence de Carl Philipp Emanuel Bach est très présente).

Variation VI : sorte de reprise du thème sur une basse d'Alberti, elle confère aux trilles placés sur des notes inhabituelles (sur le premier temps des mesures 1 et 3) un rôle dynamique qui met en valeur le pianiste.

Variation VII : des triolets de croches à la main droite installent une continuité soutenue par une progression harmonique régulière.

Variation VIII : des accords déployés horizontalement rappellent la technique des études pour piano.

Variation IX : sorte de Finale en *ut* majeur, cette dernière variation est un déploiement de gammes qui installent un flux continu rapide (triples croches) sur pulsation de noires et effacent toute référence à une marche funèbre. L'effet d'accélération apporté par les triples croches et le changement de tonalité donnent à cet ensemble de variations une fin brillante, qui ressemble à une écriture de sonate.

SOURCES

L'autographe est perdu.

PUBLICATION

Première œuvre éditée de Beethoven par Götz à Mannheim, en 1782. Le titre est en français :

« Variations / Pour le / Clavecin / Sur une Marche de / Mr Dresler / Composeès et dediѐes / à Son Excellence / Madame la Comtesse / de Wolf-metternich / nèe Barone d'Assebourg / par un jeune amateur / Louis van Betthoven / agè de dix ans [...] »

Cette œuvre fut rééditée du vivant de Beethoven (sans mention du nom de Dressler) par Hoffmeister à Vienne en 1803, par Hoffmeister & Kühnel à Leipzig en 1804, puis par Steiner & Co. Elle est comprise dans le catalogue des œuvres de Beethoven dressé pour l'éditeur Domenico Artaria par Anton Gräffer en 1819, pour accompagner la publication de la *Sonate pour piano op. 106* (Artaria la signale parmi les œuvres qui n'ont pas de numéro d'opus en « q ») [4., 1317, 24 juin 1819].

L'ŒUVRE VUE PAR SES CONTEMPORAINS

Dans sa chronique sur la musique à la cour électorale de Bonn et sur ses musiciens compositeurs datée du 2 mars 1783 et destinée au *Magazin der Musik* de Cramer (paru le 30 mars 1783), Neefe, le maître de Beethoven, signalait : « Ludwig van Betthoven [sic]..., jeune garçon de onze ans, doué d'un talent très prometteur. Il joue du piano-forte avec habileté et avec puissance, il déchiffre fort bien, en un mot, il joue en grande partie le *Clavier bien tempéré* de Jean Sébastien Bach, ouvrage auquel l'a initié M. Neefe. Quiconque connaît ce recueil de préludes et de fugues dans tous les tons – qu'on pourrait presque appeler le *nec plus ultra* de notre art – saura ce que cela veut dire. Dans la mesure où ses occupations le lui permettaient, M. Neefe l'a aussi initié au contrepoint. Maintenant il l'exerce à la composition et, pour l'encourager, il a fait graver de lui à Mannheim neuf variations pour clavier sur une marche de Ernst Christoph Dressler. Ce jeune génie mérite d'être soutenu et de pouvoir voyager. Il deviendra certainement un deuxième Wolfgang Amadeus Mozart, s'il continue comme il a commencé. »

DÉDICATAIRE

La comtesse Felice von Wolf-Metternich, née baronne von Asseburg, était mariée avec le comte Johann-Ignaz von Wolf-Metternich zu Burgau und Gracht (il mourut à Bonn le 15 mars 1790), important dignitaire de Bonn (il était président du tribunal d'appel [Ober-Appellations-Gericht]). Cette comtesse influente était une des élèves que Neefe avait rencontrées dans le milieu aristocratique de Bonn. Que son nom soit associé à cette première œuvre publiée de Beethoven laisse supposer que Neefe souhaitait inciter cette comtesse à devenir une des protectrices du jeune génie (elle souscrira, en effet, à l'édition des *Trios pour clavier, violon et violoncelle, op. 1*).

WoO 47

Trois Sonates pour clavier (*Kurfürstensonaten* – Sonates à l'Électeur)

N° 1 – Allegro cantabile mi *bémol majeur* – **C** – *75 mes. ; Andante* si *bémol majeur 2/4 – 61 mes. ;*
Rondo vivace mi *bémol majeur 6/8 – 109 mes.*
N° 2 – Larghetto maestoso /Allegro assai fa *mineur* **₵-C** – *83 mes. ; Andante* la *bémol majeur 2/4 – 85 mes. ; Presto* fa *mineur 2/4 – 126 mes.*
N° 3 – Allegro ré *majeur* **C** – *111 mes. ; Menuetto. Sostenuto* la *majeur 3/4 – 119 mes. Scherzando Allegro, ma non troppo* ré *majeur 2/4 – 159 mes.*

TEMPS DE LA COMPOSITION

Ces trois *Sonates* furent composées en 1782-1783, comme le laisse supposer l'annonce de leur parution « composées par Louis van Beethoven, âgé de onze ans »[1].

CONTEXTE BIOGRAPHIQUE

Cet ensemble de trois sonates, comme ses premières compositions de musique de chambre (*Quatuor avec piano WoO 36*, *Trio avec piano WoO 37* et *38*), témoignent du contexte esthétique dans lequel Beethoven a appris à composer, période qui correspond à la période de transition entre la prédominance de la musique de cour et l'affirmation de la musique pratiquée dans les salons aristocratiques ou bourgeois : si le milieu de la chapelle électorale donna ses premières impressions musicales à Beethoven, c'est pour les nouveaux mélomanes, amateurs, élèves de

1. Pour la question de l'âge de Beethoven, voir note p. 425.

Neefe qu'il composait. Quand dans le *Magazin der Musik* de Cramer, le 2 mars 1783, Neefe demandait que ce futur Mozart soit encouragé, protégé, soutenu, il s'adressait aussi bien au prince électoral qu'à ses élèves aristocrates mélomanes, bien placées dans la société de Bonn. Pour obtenir ces appuis, Neefe devait faire la démonstration des capacités de compositeur de Beethoven.

Michael Ladenburger a étudié cette édition originale possédée et annotée par Beethoven, dans « Der junge Beethoven – Komponist und Pianist / Beethovens Handexemplar der Originalausgabe seiner Drei Klaviersonaten WoO 47 »[1] (Le jeune Beethoven – compositeur et pianiste / l'exemplaire personnel de Beethoven de l'édition originale des trois *Sonates pour piano WoO 47*). Il montre que les annotations ajoutées par Beethoven donnent des indications sur la technique pianistique et sur les exigences d'interprétation du jeune Beethoven, qui, contrairement à ses contemporains, avait le souci des dynamiques et des articulations de jeu, et pour lequel les instruments à clavier n'étaient pas encore assez perfectionnés (M. Ladenburger cite le témoignage de Carl Ludwig Junker, publié le 30 novembre 1791 dans la revue de Boßler *Musikalische Korrespondenz der Teutschen Filarmonischen Gesellschaft*, sur la manière étonnante qu'avait Beethoven de jouer du piano). Les doigtés indiqués (pour des élèves – les enfants Breuning par exemple ?) sont peu courants et s'inscrivent dans l'héritage de C. Ph. E. Bach qui considérait le pouce comme étant un doigt comme les autres.

PRÉSENTATION DE L'ŒUVRE

Ces trois *Sonates* portent la marque de la solide et sérieuse formation assurée par Neefe, qui avait mis Beethoven face aux questions de composition, telles qu'elles se posaient à cette époque (en 1780, dans une ville d'Allemagne rhénane) : il l'avait confronté à la problématique du traitement du matériau mélodique, rythmique, harmonique dans le cadre d'un genre défini (sonate, variations, concerto, rondo) et lui avait fait connaître les solutions adoptées par Jean-Sébastien Bach (Beethoven jouait le *Clavier bien tempéré*), par Carl Philipp Emanuel Bach (pour lequel la sonate pour clavier en trois mouvements – vif, lent, vif – fut le moyen d'expression privilégié – il en écrivit plus de 150), par l'école de Mannheim (qui montra l'importance expressive de la dynamique sonore, des contrastes d'intensité) ou par lui-même (Neefe était l'auteur, entre autres œuvres, de *Douze Sonates* écrites en 1773 et dédiées à Carl Philipp Emanuel Bach).

Sonate n° 1 en *mi* bémol majeur

La première Sonate commence par un Allegro qualifié de « cantabile », terme désignant une exigence expressive, héritée de Carl Philipp Emanuel Bach, et qui devint essentielle pour Beethoven jusque dans ses dernières œuvres.

Cette sonate se caractérise par le recours à des formules mélodiques et rythmiques quelque peu stéréotypées, mais intégrées à une dynamique contrastée et associées à des tournures mettant en valeur l'instrumentiste (en particulier dans le Rondo vivace final).

Sonate n° 2 en *fa* mineur

De tonalité mineure, entre deux sonates de tonalité majeure, cette sonate se singularise dès son premier mouvement qui commence par un Larghetto maestoso (neuf mesures sur un rythme évocateur d'une marche funèbre), Larghetto qui réapparaît une première fois au cours de ce mouvement et une seconde fois avant la conclusion, pour rebondir sur l'énoncé du thème Allegro assai, volontariste (qui préfigure celui, introduit par un Grave, de la *Sonate « Pathétique », op. 13*). Puis, la conduite générale de la sonate étonne par ses violents contrastes, *ff-pp*, par le calme de l'Andante très chantant et orné, par les brusques interruptions et cassures qui interviennent au cours du discours (les demi-mesures de silence sont fréquentes) dans le Presto.

Cette organisation des éléments peut être considérée comme une préfiguration du langage pianistique de Beethoven d'une très grande force expressive.

Sonate n° 3 en *ré* majeur

Après un premier mouvement Allegro (dans la filiation de l'écriture de Mozart) dans lequel se manifeste la joie procurée par le fait de jouer du clavier, le deuxième mouvement est un mouvement à variations construit sur le thème d'un menuet : les six variations ornementales sont écrites dans le style italien du XVIIIe siècle, et sont caractérisées par

1. *Bonner Beethoven-Studien 3*, Verlag Beethoven-Haus Bonn, 2003, p. 107-117.

l'accélération rythmique – la cinquième variation est en mineur.

Le troisième mouvement retrouve la virtuosité du premier.

SOURCES

Le manuscrit est perdu.

PUBLICATION

Ces trois *Sonates* furent publiées en automne 1783 par l'éditeur Heinrich Philipp Bossler (1744-1812) à Spire, sous le titre :

« Drei / Sonaten / fürs / Klavier / dem / Hochwürdigsten Erzbischofe /und / Kurfürsten zu Köln /Maximilian Friedrich / meinem gnädigsten HERRN / gewidmet und verfertiget / von Ludwig van Beethoven / alt eilf Jahr. / Speier / In Rath Bosslers Verlage » (Trois Sonates pour le piano dédiées et créées à sa Grandeur l'Archevêque et électeur de Cologne Maximilian Friedrich, mon gracieux Seigneur, par Ludwig van Beethoven âgé de onze ans, Spire. Dans la maison d'édition du conseiller Bossler).

La page de titre de l'édition originale est ornée des armoiries du prince-électeur. La lettre-dédicace signée de Beethoven (mais vraisemblablement rédigée par son maître Neefe) fait partie de cette édition originale [1., 1].

Otto Jahn détenait l'exemplaire de l'édition originale que Beethoven avait possédé. Cet exemplaire comportait, sur la page de titre, la mention suivante, écrite au crayon noir de la main de Beethoven : « Cette sonate et les *Variations* de Dressler sont mes premières œuvres. Avant cette œuvre, il y a les Variations en *ut* mineur et les Lieder parus dans le journal de Bossler. » Les Variations sont celles de Dressler, en *ut* mineur, les Lieder sont ceux publiés par Bossler dans les *Musikalischen Blumenlese* (parus en 1783 et 1784) : il s'agit de *Schilderung eines Mädchens* et de *An einen Säugling – WoO 107* et *108*.

Ces trois sonates ne furent pas rééditées du vivant de Beethoven.

L'ŒUVRE VUE PAR LES CONTEMPORAINS

Dans le *Magazin der Musik* de Cramer[1], Bossler publia l'annonce de leur parution soulignant qu'il s'agissait d'une « composition remarquable d'un jeune génie de 11 ans, dédiée à l'électeur de Cologne » (Speyer, 14 octobre 1783).

1. 1. Jahrgang, 2. Hälfte, Hambourg 1783, p. 1371.

DÉDICATAIRE

L'archevêque et prince-électeur de Cologne, Maximilian Friedrich von Königsegg-Rothenfels (né le 13 mai 1708 ; mort le 15 avril 1784, prince-électeur depuis 1761).

CORRESPONDANCE

Avant le 14 octobre 1783 [1., 1], Beethoven envoyait ses *Trois Sonates* au prince-électeur avec une lettre dédicace (sans doute rédigée par Neefe dans un style très « orné » avec références antiques), dans laquelle il se posait en enfant prodige protégé par les muses (il se serait consacré à la musique depuis l'âge de quatre ans), déposant une offrande des prémices de son génie aux pieds de son souverain.

WoO 31

Fugue à deux voix pour orgue en *ré* majeur

« In geschwinder Bewegung » (en un mouvement allant), ¢ *– 95 mes.*

TEMPS DE LA COMPOSITION ET CONTEXTE BIOGRAPHIQUE

Composée à Bonn en 1783, cette fugue porte l'influence du maître du jeune Beethoven, Neefe, organiste, qui cherchait par tous les moyens possibles à faire reconnaître le génie de l'adolescent, à la fois pour se l'attacher dans le cadre de la chapelle électorale et pour favoriser l'éclosion de ses capacités. Outre des leçons de clavier (qui permirent à Beethoven de se familiariser avec la succession des préludes et des fugues du *Clavier bien tempéré* de Bach), Neefe initia le jeune Beethoven à l'orgue, dans l'espoir d'assurer son intégration au sein de la chapelle électorale (dans le même but, Beethoven reçut des leçons de violon). Étant donné le contexte de la composition de cette fugue, le musicologue Nottebohm suggéra l'idée que cette fugue aurait été jouée par Beethoven en février 1784, comme pré-épreuve, au moment où il souhaitait obtenir le poste de second organiste de la cour.

PRÉSENTATION DE L'ŒUVRE

Le sujet de cette fugue est très simple et très clair (3 mesures – les deux premières en blanches et la troisième en noires – qui s'appuient sur les notes de l'accord parfait de *ré* majeur).

Willy Hess dans les *Beethoven-Studien* (1972, p. 141) voit dans cette Fugue un exercice scolaire très impersonnel, qui prouverait que Beethoven ignorait la richesse des possibilités sonores de cet instrument (la pédale n'est utilisée que pour le point d'orgue final).

SOURCES

Le manuscrit (à Berlin), sans doute autographe, a longtemps été considéré comme une copie ; il faisait partie de l'inventaire après décès de Beethoven (en novembre 1827). Il porte la mention autographe sur la page de titre : « im alter von 11 Jahren » (à l'âge de 11 ans).

PUBLICATION

Cette fugue ne fut publiée qu'en 1888 dans la GA.

WoO 48

Rondo pour pianoforte en *ut* majeur

Allegretto 3/8 – 163 mes.

TEMPS DE LA COMPOSITION ET PUBLICATION

Ce Rondo fut écrit par Beethoven en 1783 et publié la même année par Heinrich Philipp Boßler (1744-1812) à Spire dans la 18e semaine de sa revue musicale hebdomadaire *Blumenlese für Klavierliebhaber* (*Florilège pour les amateurs de clavier*), en même temps que le *Lied WoO 107*.

CONTEXTE BIOGRAPHIQUE

Suivant l'usage de la revue de Boßler, une œuvre instrumentale, ici le *Rondo*, suit immédiatement une œuvre pour voix. Ce *Rondo* ne porte pas d'indication d'auteur, sans doute en raison de cette disposition éditoriale. Mais le musicologue Max Friedländer, dans son article « Ein unbekanntes Jugendwerk Beethovens » publié dans le *Jahrbuch der Musikbibliothek Peters für 1899* (6. Jahrgang, p. 68), a confirmé, par la proximité de son style avec celui des trois « *Kurfürstensonaten* » *WoO 47*, l'attribution de ce *Rondo* à Beethoven.

PRÉSENTATION DE L'ŒUVRE

Avec ce *Rondo*, Beethoven abordait un genre « à la mode », auquel il sut conférer une identité formelle reposant sur la succession d'un refrain et de couplets différenciés.

Le refrain, très simple et bien reconnaissable (2 fois 4 mesures x 2), est suivi d'un premier couplet qui joue sur la surprise provoquée, à la fin, par une fausse reprise du refrain en *sol* mineur modulant en *ut* mineur avant d'affirmer une cadence menant à la reprise du refrain en *ut* majeur, cadence harmonique soulignée par une légère modification du tempo associée à un trait de piano qui passe brusquement du *pp* au *ff*. Le second couplet commence en *ut* mineur, passe en *mi* bémol majeur et se termine sur une cadence d'*ut* majeur, la main droite jouant un trille sur un *sol* pendant 8 mesures pour réintroduire subitement le refrain, conclusion de l'ensemble de ce morceau.

Ce *Rondo* étonne par l'importance accordée aux modulations et par l'épisode en *sol* mineur qui joue avec l'attente du refrain. Si les couplets s'écartent peu du caractère du refrain, ils se singularisent par les contrastes brusques d'intensité (*p/f*, ou *pp/ff*) et l'ampleur de ces intensités (*f* vers *ff*, ou *p* vers *pp*). L'usage de la dynamique sonore pour souligner les articulations harmoniques de la forme, dans ses grandes lignes comme dans ses détails, devint une des caractéristique de l'écriture de Beethoven. Les longs trilles également, qui créent une attente renforçant celle induite par la progression harmonique.

Ce *Rondo* porte déjà plusieurs traits caractéristiques de l'écriture de Beethoven centrés sur le désir de retenir l'attention de l'auditeur (de lui faire vivre émotionnellement un « événement ») : la maîtrise de la forme « interprétée » sans rigidité, la simplicité du thème facile à retenir et à retrouver, l'enchaînement des modulations qui mène à une situation imprévisible, l'harmonie dont la fonction n'est plus seulement structurelle mais qui devient élément essentiel de la conduite du discours, les fausses reprises qui déroutent et créent du « suspens », les contrastes d'intensité qui bousculent, l'entretien prolongé des moments d'attente (trilles, trait, plus que les points d'orgue sur une cadence), la conclusion ferme qui met en valeur le jeu instrumental.

SOURCES

Le manuscrit est perdu.

WoO 107
Schilderung eines Mädchens (Portrait d'une jeune fille)

Lied pour voix et piano sur un poème d'auteur inconnu
« Tempo giusto », sol *majeur, 6/8 – 19 mes*

TEMPS DE LA COMPOSITION ET PUBLICATION

Ce Lied fut composé en 1783 sur un poème (onze strophes de quatre vers) (écrit par un amateur) paru dans les *Blumenlese* de Boßler en 1783. Il fut publié en même temps que le *Rondo* pour pianoforte en *ut* majeur WoO 48. L'indication que la composition est de Beethoven est accompagnée de la précision de son âge : « alt eilf Jahr »[1].

CONTEXTE BIOGRAPHIQUE

La disposition des parties de chant et de piano dans l'édition originale (la partie de chant et la partie jouée par la main droite au piano sont inscrites sur la même portée) permet d'affirmer que le chanteur s'accompagnait lui-même au piano. Généralement, le poème était lu à haute voix, et s'il plaisait, il était chanté, ce qui signifie qu'il n'était pas destiné à des exécutions publiques devant un large auditoire : il s'agit, là encore (comme les *Variations Dressler*, les *Kurfürstensonaten*, les *Rondos*), de musique de salon pour mélomanes avertis (ces « Klavierliebhaber » (amateurs de clavier), auxquels étaient destinées les publications de la revue de Boßler).

Au moment de ce premier essai de composition pour voix, l'esthétique du lied n'était pas encore définie ; elle ne s était pas encore dégagée de la réduction pour clavier et voix des airs d'opéra, et les compositeurs, tel Neefe, se souciaient plus de la mise en valeur des mots et du sens par la musique, que de composer une œuvre musicale proprement dite, c'est-à-dire autonome comme le devenait la musique instrumentale.

PRÉSENTATION DE L'ŒUVRE

Cette petite composition est toute simple, dans un *sol* majeur bien affirmé, portée par une métrique ternaire souple et ponctuée par des respirations assurées par le piano seul, tous les deux vers. Une tournure quelque peu « figuraliste » (une broderie du piano, *ff*) appuie l'évocation des étoiles brillant dans une nuit d'hiver…

Comme dans toutes les compositions contemporaines, Beethoven n'a mis en musique que les deux premières strophes dans un style « duchkomponiert », c'est-à-dire dans un discours continu qui se dégage de la répétition de la même musique pour chacune des strophes.

« Schildern, willst du, Freund ! soll ich / Dir Elisen ? / Möchte Uzens Geist in mich / Sich ergießen ! » (Veux-tu, ami, que je te décrive / Elise ? / Il faudrait que l'esprit d'Uzen se répande en moi.)

« Wie in einer Winternacht / Sterne strahlen, / Würde ihrer Augenpracht / Oeser malen. » (Comme dans une nuit d'hiver / les étoiles brillent / Il faudrait que Oser peigne / l'éclat de ses yeux.)

SOURCES

L'autographe est perdu.

WoO 49
Rondo pour pianoforte en *la* majeur

Allegretto, 2/4 – 102 mes.

TEMPS DE LA COMPOSITION ET PUBLICATION

Composé sans doute en 1783, ce *Rondo* ne fut publié qu'en 1784 dans la cinquième livraison de la revue hebdomadaire dirigée par Heinrich Philipp Boßler, *Neue Blumenlese für Klavierliebhaber, Eine musikalische Wochenschrift*, Erster Theil, 1784, Spire. Comme le *Rondo* en *ut* majeur, ce *Rondo* en *la* majeur fut publié en même temps qu'un lied, *An einen Säugling, WoO 108*, mais cette fois avec la signature de Beethoven.

CONTEXTE BIOGRAPHIQUE

Comme le *Rondo* en *ut* majeur, il s'agit d'un genre « à la mode » maîtrisé par le jeune Beethoven qui met en évidence son sens de la forme et sa capacité à se jouer des contraintes formelles pour entretenir l'intérêt de l'auditeur, et exprimer l'effet émotionnel provoqué par un événement (pris en charge ici par le thème, refrain du *Rondo*).

PRÉSENTATION DE L'ŒUVRE

Le thème, refrain, est d'une simplicité moins « enfantine » que celui du *Rondo* précé-

1. Pour la question de l'âge de Beethoven, voir note 1.

dent, mais toujours de carrure 4+4 mesures (il possède un caractère dansant).

Ce *Rondo* comprend trois couplets et une coda : le premier, très bref, diffère peu du thème ; le deuxième, plus long apporte un effet de contraste (de forme a b a, il est en *la* mineur, avec un passage central *ff* en *ut* majeur) ; le troisième couplet (en *ré* majeur) est dominé par des triolets de doubles croches, en tension avec des mesures de simples doubles croches, ce qui donne l'impression d'un jeu avec l'accélération rythmique ; ce couplet possède un passage central reposant sur un motif chromatique déjà employé dans la partie a du deuxième couplet, rappel qui souligne la cohérence recherchée par Beethoven.

Dans ce *Rondo*, le jeune Beethoven démontre sa capacité à maîtriser une forme rigoureuse tout en jouant avec le temps et la vitesse, ainsi que sa capacité à se servir des modulations, des contrastes d'intensité et de quelques éléments pour assurer la cohérence du morceau.

SOURCES

L'autographe est perdu.

Hess 48

Allegretto en *mi* bémol majeur pour piano, violon et violoncelle

Inachevé.

Composé peut-être vers 1790-1792.

Une esquisse se trouve à Londres (Kafka)

Publié à Londres en 1955, puis dans le supplément de la GA en 1965.

WoO 108

An einen Säugling (À un nourrisson)

Lied pour piano et voix sur un poème de Johann von Döring (1741-1818)
«Arioso», 3/4, la *majeur – 29 mes.*

TEMPS DE LA COMPOSITION ET PUBLICATION

Ce *Lied* a été composé en 1784 sur un poème écrit en 1778, publié d'abord en 1779 dans le *Musenalmanach* de Göttingen, puis en entier dans les *Blumenlese* de Boßler en 1783.

Il fut édité avec le *Rondo* en *la* majeur *WoO 49*, parmi les *Lieder zur neuen Blumenlese für Klavierliebhaber. Zweiter Theil* (Spire), de Boßler en 1784.

CONTEXTE BIOGRAPHIQUE

Les sujets et la musique des deux premiers Lieder de l'adolescent Beethoven font mesurer l'influence de son milieu social et culturel sur sa personnalité, puisque cette description allègre de la jeune fille aimée et cette évocation de la douceur qui entoure un nourrisson expriment les désirs les plus immédiats, dans des formes très simples au cœur desquelles se combinent le tempo, la métrique, la tonalité, les intensités et le jeu du piano.

PRÉSENTATION DE L'ŒUVRE

Arioso, ce *Lied* s'ouvre sur neuf mesures de prélude pianistique, de sonorités douces soutenues par un balancement calme à la basse, ensemble d'éléments qui créent un climat élégiaque. Doublée à la tierce, la voix entre accompagnée d'abord par des croches régulières (répétition de la tonique *la*, puis de la dominante *mi*), puis par une basse d'Alberti. Enfin quatre mesures au piano seul concluent cette page évocatrice de la chaleur tendre qui entoure tout nourrisson.

La conception de cette berceuse est strophique (Beethoven n'a composé la musique que pour la première strophe). La partie de chant est écrite sur la portée de la main droite, ce qui indique l'usage «privé» de ce Lied.

«Noch weisst du nicht, wes Kind du bist, / Wer dir die Windeln schenket, / Wer um dich wacht, und wer sie ist, / Die dich erwärmt und tränket.»

(Enfant, tu ne sais pas encore qui tu es, / Qui te lange, / Qui veille sur toi, et qui elle est, / Celle qui te réchauffe et te nourrit.)

SOURCES

L'autographe est perdu.

WoO 4

Concerto pour pianoforte et orchestre en *mi* bémol majeur

Allegro moderato, **C**, mi *bémol majeur – 263 mes.*

Larghetto, 3/4, si *bémol majeur – 82 mes.*
Rondo, 2/4, mi *bémol majeur – 280 mes.*

TEMPS DE LA COMPOSITION

1784 probablement. Cette date est établie par comparaison avec d'autres annonces qui, comme celle de ce *Concerto*, comportent un âge erroné de Beethoven, ainsi que grâce à la mention inscrite, en français, par une main d'enfant sur une copie authentifiée de la partie soliste : « un Concert / pour le Clavecin ou le Fortepiano / Composè [*sic*] par / Louis van Beethoven / agè [*sic*] de douze ans ».

CONTEXTE BIOGRAPHIQUE

Premier essai dans ce genre d'écriture pour orchestre, aucun témoignage ne permet d'établir les circonstances qui ont déterminé cette composition. Peut-on y voir l'influence de Neefe qui, dans la logique de sa comparaison de Beethoven avec Mozart (cf. le *Magazin der Musik* de Cramer, du 30 mars, écrit le 2 mars 1783), aurait incité son élève à se créer un répertoire de soliste, qu'il aurait été seul à pouvoir jouer (ce qui expliquerait que ce *Concerto* n'ait pas été publié, contrairement aux *Variations Dressler*) – la pratique d'exécution de cette période du XVIIIe siècle voulait que le clavier virtuose règne en maître, l'orchestre n'ayant que des interventions réduites indépendamment de l'accompagnement du soliste ? L'influence de Neefe pourrait résulter d'une sorte d'émulation, dans la mesure où lui aussi était auteur d'un *Concerto pour clavier* en *sol* majeur, publié entre 1781 et 1782 chez Goetz à Mannheim (premier éditeur de Beethoven et maison d'édition dont le corniste de l'orchestre de la cour, Nikolaus Simrock, était le commissionnaire à Bonn) – ce concerto de Neefe était destiné à un orchestre comprenant des cordes, deux hautbois et deux cors, et il était en trois mouvements (Allegro-Andante / Cantabile-Allegretto / Rondo). Ce *Concerto* aurait-il été un exercice préliminaire, comme la *Fugue* précédente, pour une nomination dans l'orchestre de la cour ? Ou aurait-il été composé en vue de la fête pour l'élection du nouveau prince-électeur (en avril 1784) ? Ce qui est certain, c'est qu'il est arrivé à Beethoven de jouer un *Concerto* pour clavier à la cour, comme l'indique un relevé du personnel de la Chapelle de la cour, en 1791. Mais il est impossible de préciser s'il s'agit du présent *Concerto*.

Cette œuvre reflète les capacités pianistiques de l'adolescent Beethoven, déployées dans un genre bien établi. Pourtant rien n'indique que Beethoven ait joué ce *Concerto* en public.

PRÉSENTATION DE L'ŒUVRE

Ce *Concerto* est en trois mouvements. L'orchestre se compose de cordes ainsi que de flûtes et de cors par deux.

Le premier, Allegro moderato, est très animé. Il s'ouvre par une longue introduction orchestrale (46 mesures) après laquelle le soliste déploie ses capacités de virtuosité sans rapport étroit avec le thème initial (accords brisés aux deux mains, traits, sauts, trilles), véritable conquête de l'espace qui culmine dans la reprise avec les grandes gammes ascendantes ou descendantes octaviées.

Très calme, le Larghetto, dans un style déclamatoire, de forme sonate, commence « sotto voce » par une large phrase mélodique énoncée par les cordes, phrase reprise par le piano dans un climat de grande sérénité et avec une ornementation très riche proche de l'improvisation qui rappelle Carl Philipp Emanuel Bach et les conseils prodigués dans son *Versuch über die wahre Art das Klavier zu spielen*. Ce mouvement montre que Beethoven a bien intégré le langage de son époque.

Le Rondo final, de caractère enjoué (Allegretto), retrouve la volubilité du premier mouvement. Le thème du refrain, joyeux et dansant, introduit par le piano seul, évoque le « style galant » des années 1770 (et en particulier celui de Mozart). Le piano et l'orchestre alternent dans la présentation du premier couplet, tandis qu'un certain volontarisme caractérise le deuxième couplet, qu'une inflexion mineure est apportée par le troisième avant la véhémence du quatrième, l'instrument soliste ayant une part de plus en plus importante dans chacun des couplets successifs.

SOURCES

L'autographe est perdu. Pourtant, ce *Concerto* est signalé, avec la *Fugue pour orgue WoO 31*, dans l'inventaire après décès : « 2 vollständige Manuscripte vom 12ten Jahre des Compositeurs – eine Fuge und ein Concert für's Pianoforte » (2 manuscrits complets de la douzième année du compositeur – une fugue et un concerto pour pianoforte) (œuvres acquises par Artaria).

Sur la copie manuscrite les préludes et interludes de l'orchestre (selon les indications de ce manuscrit l'orchestre est composé de cordes, auxquelles se joignent deux flûtes et deux cors) sont introduits réduits pour le piano. Cette copie a été revue par Beethoven pour l'améliorer, comme en témoignent quelques corrections (endroits rayés, ajouts et indications d'interprétation), mais la date de cette révision reste inconnue.

Publication et première exécution

Ce *Concerto* ne fut édité qu'en 1890 dans la GA, et ne fut exécuté que le 20 juin 1943, lors des « Festlichen Musiktage Potsdam », dans la reconstitution de Willy Hess (reconstitution contestée aujourd'hui)[1].

WoO 36

Trois Quatuors pour piano, violon, alto et violoncelle

N° I en mi bémol majeur – Adagio assai mi *bémol majeur 2/4 – 69 mes.; Allegro con spirito* mi *bémol mineur 3/4 – 196 mes.; Tema. Cantabile* mi *bémol majeur 2/4 – 144 mes.*
N° II en ré *majeur – Allegro moderato* ré *majeur* **C** *– 173 mes.; Andante con moto* fa dièse *mineur 3/4 – 106 mes.; Rondo. Allegro* ré *majeur 6/8 – 222 mes.;*
N° III en ut *majeur – Allegro vivace* ut *majeur* **C** *– 157 mes.; Adagio con espressione* fa *majeur 3/4 – 51 mes.; Rondo. Allegro* ut *majeur* ¢ *– 135 mes.*

Temps de la composition

1785, sans doute peu de temps après le *Concerto pour piano, WoO 4.* Une exécution privée eut lieu vraisemblablement à Bonn l'année même de leur composition.

Contexte biographique

Après l'entrée en fonction (en avril 1784) du nouveau prince-électeur, l'archiduc Maximilian Franz (dernier des seize enfants de Marie-Therese et frère de l'empereur Joseph II), la musique de Mozart fut très à l'honneur à la cour de Bonn. Dans ce contexte, il n'est pas impossible que Beethoven ait étudié de près les partitions des *Six Sonates pour piano et violon* de Mozart, publiées par Artaria en 1781 (l'année même de la composition de ces *Six Sonates*). En effet (comme l'ont souligné nombre de commentateurs), la conception du *Quatuor* en *ut* majeur est très proche de la *Sonate K. 296*, celle du *Quatuor* en *mi* bémol majeur de la *Sonate K. 379*, et le *Quatuor* en *ré* majeur de la *Sonate K. 380*. L'influence des trois *Concertos pour piano* de Mozart, les *K. 413, 414, 415*, semble également avoir été décisive pour Beethoven, en même temps que celle des compositeurs de l'école de Mannheim, ainsi que celle de Bach, de Carl Philipp Emanuel Bach, de Haydn. D'autre part, la pratique de la musique de chambre entre amateurs se développe et est vraisemblablement à l'origine du choix de cette formation, même si les parties de piano, vu leurs difficultés, ont été avant tout pensées pour ses propres capacités.

La référence à Mozart est particulièrement évidente dans le premier *Quatuor*, en *mi* bémol majeur, construit sur le modèle de la *Sonate K.379* : le premier mouvement a la forme inhabituelle d'une introduction lente, le deuxième est dans la tonalité principale minorée, et le troisième est une série de variations sur un thème « *cantabile* ».

Quoi qu'il en soit, Beethoven disposait d'une référence solide lors de la composition de sa première œuvre pour piano et cordes. Malgré leur parenté avec certaines des *Six Sonates pour piano et violon* de Mozart, ces trois *Quatuors* contiennent beaucoup plus de traits personnels que le *Concerto* précédent, à tel point que Beethoven réutilisa plus d'une fois les matériaux de ces *Quatuors* dans des œuvres postérieures, surtout pour le piano : ainsi, deux motifs du premier mouvement du *Quatuor* en *ut* majeur (n° III) se retrouvent dans le premier mouvement de la *Sonate pour piano op. 2 n° 3*; le thème de l'Adagio con espressione de ce *Quatuor* en *ut* majeur se retrouve également dans l'Adagio de la *Sonate pour op. 2 n° 1* – le Rondo de la *Pathétique* op. 13 se souvient aussi de ce thème.

Présentation de l'œuvre

Les trois *Quatuors* ont des coupes similaires : trois mouvements, mais chacun présente une suite de mouvements spécifique.

1. W. Hess a révisé la partition en 1961 – voir son étude « Das Klavierkonzert des vierzehnjährigen Beethoven », in *Beethoven-Studien*, Beethoven-Haus, Bonn, 1972, p. 80-82.

Si l'écriture est dominée par le piano, elle manifeste pourtant la recherche de qualités propres à cette musique de chambre : couleurs, association de timbres, énergie et moments de méditation partagés.

Le premier *Quatuor* sur le manuscrit (le troisième dans l'ordre de publication) est en *ut* majeur. Il commence par un premier mouvement rapide, Allegro vivace, dans lequel l'*ut* majeur bien affirmé établit un solide cadre tonal, avant de donner une large place aux broderies qui précèdent le deuxième thème en *sol* majeur. Un développement modulant, et la grande place conférée au piano, donnent à ce mouvement une grande densité expressive. Suit un Adagio con espressione en *fa* majeur qui doit être joué « sotto voce » de manière concertante (les longs traits du piano sont repris par le violon puis par l'alto et le violoncelle), annonçant les méditations des grands mouvements lents. Ce *Quatuor* se termine par un Rondo d'une grande vivacité et d'une énergie débordante.

Le deuxième *Quatuor* du manuscrit (le premier de l'édition) est en *mi* bémol majeur. Il s'ouvre curieusement sur un mouvement lent, Adagio assai à 2/4, très dense au piano, avec quelques passages concertants, et dont la conclusion, dominée par les interruptions renouvelées de silences, débouche sur un « attaca subito l'Allegro » (déjà !). Ce deuxième mouvement vif, Allegro con spirito, en *mi* bémol mineur est centré sur la virtuosité du pianiste. À l'inverse, le Finale à variations (constitué de six variations, dont la cinquième est en mineur) s'attache à mettre en valeur tour à tour les possibilités techniques et virtuoses de chacun des instruments de ce quatuor (le violoncelle est associé au piano pour énoncer le thème). Le thème est formé de deux fois huit mesures répétées. La première variation est pour le piano, avec de légères ponctuations des cordes. La deuxième consiste en broderies de triolets de doubles croches au violon. La troisième est Adagio, 2/4, centrée sur le lyrisme de l'alto, accompagné des autres instruments. La quatrième retrouve le « tempo I » et met en valeur le violoncelle. La cinquième, en *mi* bémol mineur, est pour le piano avec un rythme de marche funèbre. La sixième retrouve le *mi* bémol majeur pour remettre en valeur la densité du jeu pianistique. L'ensemble du mouvement est conclu par la reprise du « Thema » Allegretto : cette reprise est étoffée et terminée par une coda.

Le troisième *Quatuor* (deuxième de l'édition), en *ré* majeur, se caractérise par l'atmosphère solennelle de son premier mouvement, Allegro moderato, en *ré* majeur bien affirmé par des arpèges ascendants et des rythmes pointés vigoureux, suivi d'un développement avec syncopes et modulations enchaînées ; par l'expressivité du mouvement lent Andante con moto en *fa* dièse mineur, dans lequel le thème, syncopé, prend l'allure d'une plainte, en une conduite concertante des voix ; et par la joie du *Rondo* final, Allegro à 6/8, dominé par la virtuosité du piano et ponctué par de courts passages concertants et des unissons, pour déboucher sur une courte cadence Adagio au piano, répétée avant que les cordes ne terminent l'ensemble.

Sources

Le manuscrit autographe est conservé à Berlin. Sur la page de titre se trouve cette mention en français : « trois quatuors / pur [*sic*] le clave[c]in / violino viola / e / Basso / 1785 / [au-dessous, en petits caractères] compose [*sic*] / par luis [*sic*] van Beethoven / agè 13 [*sic*] [primitivement : 14] ans ». Artaria a acquis ce manuscrit lors de la vente aux enchères effectuée à la suite de l'inventaire après décès (novembre 1827).

Publication

Il y a eu trois œuvres d'un même type, composées dans le même moment, ce qui laisserait penser que ce projet révèle l'idée d'une publication, qui pourtant ne s'est pas concrétisée. En effet, ces trois quatuors ne furent publiés qu'après la mort de Beethoven, par Artaria, à la fin de l'année 1828. Le titre de cette édition originale est en français :

« TROIS / QUATUORS / originaux / pour / Pianoforte, / Violon, Alto et Violoncelle / composés / PAR / L. VAN BEETHOVEN. / Œuvre posthume. / [...]. / Propriété des Éditeurs./ Vienne, chez Artaria et Comp. »

Peu de temps après (en janvier 1829), Artaria publia une réduction pour piano à quatre mains du *Quatuor n° 1* en *mi* bémol majeur.

WoO 82

Menuet pour pianoforte en *mi* bémol majeur

Moderato, 3/4 – 61 mes.

TEMPS DE LA COMPOSITION

La date de composition reste incertaine : 1803 ? Certainement plus tôt, étant donné le caractère stéréotypé des phrases musicales, d'autant plus que sur un exemplaire de l'édition originale (à Vienne, GdM) une main étrangère aurait noté « dans l'âge de 13 ans » pour indiquer l'époque de la composition.

PRÉSENTATION DE L'ŒUVRE

Les deux parties reprises encadrent un Trio en *la* bémol majeur (Menuett D.C.). Le Menuet est constitué de phrases soutenues par des accords harmoniques, avec de nombreux octaves, tandis que l'écriture polyphonique (maladroite) du Trio laisse supposer qu'il s'agit d'un arrangement pour piano d'une pièce écrite pour un ensemble instrumental.

SOURCES

L'autographe est inconnu.

PUBLICATION

Ce Menuet est une œuvre de jeunesse révisée en vue de sa publication (en même temps que le *Prélude* en *fa* mineur *WoO 55*, présenté comme « ganz neu » (tout à fait nouveau) par la *Wiener Zeitung* du 30 janvier 1805), en janvier 1805. Le titre est en français :

« MENUET / pour le / PIANOFORTE / composé / par / Louis van Beethoven. / [...] / À Vienne au Bureau d'Art et d'Industrie. »

WoO 37

Trio « concertant » pour clavier, flûte et basson en *sol* majeur

Allegro, **C**, sol *majeur – 244 mes.*
Adagio, 2/4, sol *mineur – 73 mes.*
Tema andante con variazioni, 2/4, sol *majeur – 150 mes.*

TEMPS DE LA COMPOSITION

Entre 1786/1787 et 1790 (peut-être dès 1783), à Bonn, pour la famille du comte von Westerholt-Gysenberg : le père, Friedrich Ludolf Anton, grand écuyer et conseiller aulique, jouait du basson, son fils Wilhelm jouait de la flûte et sa fille Anna Maria Wilhelmine, du piano (elle était une élève très douée de Beethoven). Pour cette famille musicienne, Beethoven composa également une « Romance cantabile » en *mi* mineur destinée à ces trois instruments (un fragment de la partie centrale de ce morceau se trouve parmi les esquisses de la collection Kafka détenue par le British Museum – cette « Romance cantabile » fut reconstituée par Willy Hess en 1952). Beethoven composa certainement d'autres œuvres pour cette famille, mais un incendie détruisit toutes les partitions qu'elle possédait.

CONTEXTE BIOGRAPHIQUE

Cette œuvre de musique de chambre destinée à des instrumentistes amateurs jouant en famille témoigne de l'intégration de l'adolescent Beethoven dans la haute société mélomane de Bonn : il donnait des leçons et composait « à la demande ».

PRÉSENTATION DE L'ŒUVRE

Sur le plan de la forme ce *Trio* est très proche des *Quatuors WoO36.*

Le premier mouvement, Allegro, de forme sonate, débute à l'unisson sur une affirmation de la tonalité de *sol* majeur. Ce premier thème, que l'unisson dessine sans ambiguïté, est suivi de la présentation virtuose de chacun des instruments, avant que le piano n'expose le second thème à la dominante. Si le piano reste privilégié dans l'énoncé des thèmes assurant toutes les liaisons au sein du premier mouvement, la recherche de véritables échanges avec les vents est cependant manifeste dans le développement.

L'Adagio en *sol* mineur est d'une très belle écriture instrumentale, le basson y est associé au piano dès le départ, et au cours du mouvement les deux instruments à vent développent largement les motifs de manière concertante.

Les sept variations du dernier mouvement, sur un thème de deux fois huit mesures en *sol* majeur, se prêtent aux jeux d'échange entre le piano et les deux instruments à vent, sans que Beethoven s'aventure encore trop sur ce terrain : chaque instrument a droit à une variation en soliste, sinon les duos sont la règle (flûte et piano, basson et piano); la quatrième variation au basson est en *sol* mineur, à 6/8. Ce mouvement se termine par une partie nommée « *Thema Allegro* », suivie d'une courte coda.

Sources

L'autographe (à Berlin) porte l'indication suivante à la fin de la partition : « Trio concertant a clavicembalo flauto, fagotto composto da Ludovico van Beethoven organista di SS [= Sua Santità] Electeur de cologne » [*sic*]. Avec un mélange de langues, cette note permet de confirmer que ce *Trio* a été écrit pour trois instruments précis et dans une intention concertante, après la nomination de Beethoven au poste d'organiste.

Publication

1888, dans la GA.

Opus 52 n° 1
Urians Reise um die Welt

Lied *pour voix et clavier sur un poème de Matthias Claudius*
In einer mäßigen, geschwinden Bewegung mit einer komischen Art gesungen (Tempo modéré, rapide avec une manière comique de chanter), 3/4, la *mineur – 12 mes.*

Temps de la composition

Beethoven a vraisemblablement pris connaissance de ce poème de Matthias Claudius avec le Lied mis en musique par Franz Anton Rosetti et publié dans les *Blumenlese für Klavierliebhaber (Florilège pour les amateurs de clavier)* de 1787, plutôt que dans le *Hamburger Musenalmanach* de 1786 publié par Voss et Goeckingk.

Wegeler comptait ce Lied parmi les premières compositions (cf. *Notices biographiques*, S.24).

Contexte biographique

La structure musicale fait de ce Lied une chanson de société, facile à chanter et drôle. Ce Lied, qui témoigne de la sociabilité de Beethoven, appartient sans doute à l'ensemble des compositions destinées aux réunions d'amis ou aux moments passés ensemble dans le cadre du *Zehrgarten*, ce café-librairie (Trinklokal-Buchhandlung), fréquenté par les étudiants, les professeurs de l'Université (créée en 1786) et les musiciens de la chapelle électorale – café que tenait la veuve Koch (une amie de la famille Beethoven), sur la place du Marché à Bonn.

D'autre part ce Lied a été composé l'année même du voyage de Beethoven à Vienne, où il s'était rendu en mars 1787 pour prendre des cours avec Mozart – mais son séjour fut écourté, la maladie de sa mère (qui mourut le 17 juillet 1787 de tuberculose) l'obligeant à rentrer précipitamment à Bonn dès la fin avril.

Présentation de l'œuvre

Le texte d'*Urians Reise* est un persiflage de *Candide* de Voltaire – il commence par ces mots : « Wenn einer eine Reise tut, dann kann er was erzählen » (celui qui fait un voyage, a quelque chose à raconter) – le narrateur raconte alors les étapes de son voyage, chaque strophe étant ponctuée par le désir des auditeurs d'entendre la suite – il y a 14 strophes. Urian est allé au pôle nord, au Groenland, chez les Esquimaux, en Amérique, au Mexique, en Asie (où il a rencontré le grand Mogol), en Chine, au Bengale, à Java, en Afrique – mais partout les gens sont aussi fous que là où il habite.

Le récit d'Urian est en *la* mineur, de 8 mesures très simples avec la voix doublée – l'intervention du Tutti en *la* majeur, de 4 mesures, constitue un refrain facile à mémoriser (il est également doublé par le piano).

Publication

Beethoven inséra ce Lied dans l'ensemble des *Huit Lieder* de l'*op. 52* publié à Vienne en 1805 par le Bureau d'Art et d'Industrie (Kunst- und Industriekontor). Pour plus de précisions voir *op. 52*, p. 370-376.

WoO 110
Elegie auf den Tod eines Pudels (Élégie sur la mort d'un barbet)

Lied *pour voix et clavier sur un poème d'auteur inconnu.*
Maestoso (pour les 6 premières strophes), puis Andante ma non troppo, pour les deux dernières, 2/4, fa *mineur, puis* fa *majeur – 77 mes.*

Temps de la composition

Vers 1787, à Bonn. Il s'agit de la mise en musique d'un poème de huit strophes écrit par un auteur inconnu, sur le modèle d'une série de Lieder consacrés à différents animaux publiés par les *Blumenlese* de Boßler (qui accordait à ces élégies sur la mort d'un chien, d'une caille, etc., autant d'intérêt qu'à celles consacrées à la mort d'un bienfaiteur ou d'un grand musicien).

Contexte biographique

Ce Lied témoigne, comme les autres œuvres de cette période de Bonn, de l'intégration de Beethoven à la société de son époque dont il assimila les goûts littéraires dominants et la sensibilité (qui s'exprime sous forme de « topoi »).

Présentation de l'œuvre

Ce chant comprend deux parties, la première est une déploration, en *fa* mineur, sur la perte d'un animal chéri, la seconde, en *fa* majeur, est un apaisement de la douleur liée au souvenir.

Le piano introduit le chant par quatre mesures Maestoso, qui rappellent une marche funèbre. La voix entre sur la même ligne mélodique descendante en *fa* mineur :

1. « Stirb immerhin, es welken ja so viele / der Freuden auf der Lebensbahn. / Oft, eh' sie welken in des Mittags Schwüle, / fängt schon der Tod abzumähen an. » (Meurs quoi qu'il en soit, tant de joies se fanent / qui accompagnent notre vie./ Souvent, avant qu'elles ne se fanent avec la chaleur de midi, / la mort commence déjà à les couper.)

La voix est doublée à la main droite, tandis que la main gauche soutient le mouvement mélodique et rythmique en lui donnant une consistance harmonique. La même démarche est adoptée dans la deuxième strophe, qui se caractérise par une ligne mélodique faite de notes répétées :

2. « Auch meine Freude du! dir fließen Zähren, / wie Freunde selten Freunden weihn ;/ Der Schmerz um dich kann nicht mein Aug' entehren, / um dich, Geschöpft, geschaffen mich zu freun. » (Aussi toi ma joie, les larmes fuient pour toi, / elles te bénissent comme des amis rarement des amis ; / la douleur autour de toi ne peut flétrir mes yeux, / autour de toi, créature, créée pour me réjouir.)

Puis, après la reprise de la même musique sur les strophes 3 et 4, et 5 et 6, à la mesure 37, la tonalité passe en *fa* majeur, le tempo se fait plus allant : Andante ma non troppo, et l'accompagnement plus léger grâce à des accords de croches, alternés entre les deux mains, pour les strophes 7 et 8, puis des arpèges brisés dans la tonalité de *fa* majeur (avec élision du premier temps à la main droite, tandis que ce premier temps est posé par une note octaviée à la main gauche – écriture qui donne une impression de respiration, à la fois haletante et ample) soulignent les deux derniers vers.

7. « Doch soll dein Tod mich micht zu sehr betrüben ; / Du warst ja stets des Lachens Freund ;/ Geliehen ist uns alles, was wir lieben ; / Kein Erdenglück bleibt lange unbeweint. » (Ta mort ne doit pas me troubler, / tu as toujours été un compagnon du rire ; / nous est prêté tout ce que nous aimons ; / aucun bonheur terrestre demeure longtemps sans être pleuré.)

8. « Mein Herz soll nicht mit dem Verhängnis / Zanken um eine Lust, die es verlor.

Du, lebe fort und gaukle in Gedanken / Mir fröhliche Erinnerungen vor (bis). »

(Mon cœur ne doit pas se quereller avec le destin / pour un bonheur qu'il a perdu. / Toi, continue à vivre et à folâtrer dans ma pensée comme joyeux souvenir [bis].)

Sources

L'autographe est perdu.

Publication

L'existence d'une édition originale est difficile à établir en l'absence de preuve matérielle. Pourtant, en 1832, Haslinger cite ce Lied dans son catalogue systématique de l'ensemble des œuvres originales de Beethoven, Nr. 52 du XVe groupe, « Gesänge und Lieder mit Begleitung des Pfte » (Chants et Lieder avec accompagnement de pianoforte) ; de même, toujours en 1832, Artaria, cite ce Lied dans la deuxième édition du catalogue des œuvres de Beethoven.

La première édition eut lieu en 1888 dans la GA.

WoO 50

Deux mouvements d'une *Sonatine pour piano* en *fa* majeur

[sans indication de tempo], fa *majeur,* **C** – *30 mes.*
Allegretto, 3/4, fa *majeur – 26 mes.*

TEMPS DE LA COMPOSITION

Sans doute entre 1788 et 1790 (peut-être dès 1785).

CONTEXTE BIOGRAPHIQUE

Ces deux mouvements de *Sonatine* ont été composés pour Wegeler, cet ami que Beethoven rencontra en 1782 et avec lequel il partagea les joies de l'adolescence dans l'atmosphère hautement cultivée de la famille Breuning (famille dans laquelle Wegeler l'avait introduit et dans laquelle il donna des leçons de musique aux enfants). Wegeler, né en 1765, fut envoyé à Vienne en 1787 de façon à poursuivre ses études de médecine – lors de son retour à Bonn, en 1789, il fut nommé professeur à l'Université –, cette Sonatine, composée en son absence, serait donc un témoignage de l'attention que Beethoven portait à son ami et à son apprentissage musical. Le manque d'indication de tempo pour le premier mouvement, ainsi que les indications de doigté, confirmeraient l'idée qu'il s'agit d'un exercice offert à un ami plus que d'une composition.

PRÉSENTATION DE L'ŒUVRE

Le premier mouvement (qui ne comporte pas d'indication de tempo, mais qui peut être pensé comme « moderato ») commence par quatre mesures de chant à la main droite sur une basse d'Alberti, puis deux mesures de vélocité conduisent à un second thème plus posé (une noire suivie de quatre doubles-croches) qui module à la dominante. Trois mesures de « pont » mènent à une réexposition simplifiée. Les deux dernières mesures font office de coda.

Après la simplicité de ce premier mouvement, un Allegretto à trois temps, dans le style d'un menuet, met en valeur le jeu « legato » de tierces ou de sixtes à la main droite, dans une stabilité harmonique parfaite. Les huit dernières mesures correspondent aux huit premières, disposition qui encadre les dix mesures centrales.

SOURCES

L'autographe se trouve à Coblence dans la collection de Julius Wegeler. Sur la bordure de droite de l'envers de la feuille se trouve la remarque suivante de la main de Wegeler : « Für mich von Beethoven geschrieben und bezeichnet. Wglr. » (écrit et doigté pour moi par Beethoven). Les sept premières lignes de cet envers de la feuille sont occupées par la transcription pour piano du « Kaplied » de Schubart (« Auf, auf, ihre Brüder und seid stark… » – Levez-vous frères et soyez forts) – écrit au printemps 1787, quelques semaines après sa sortie de prison, imprimé à Stuttgart et devenu vite célèbre –, avec l'indication de Wegeler : « Melodie zu einem bekannten Liede von Schubart. » (Mélodie sur un Lied célèbre de Schubart). C'est à la suite de cette transcription que l'Allegretto de la Sonatine est noté.

Sur cet autographe Beethoven a indiqué les doigtés, ce qui représente un précieux témoignage sur l'enseignement dispensé par le jeune Beethoven.

PUBLICATION

Cette Sonatine est éditée dans le supplément de l'édition complète, vol. IX, établi par Willy Hess, Wiesbaden, Allemagne, Breitkopf & Härtel, 1964.

Opus 39

Deux Préludes dans toutes les tonalités majeures pour piano ou orgue

Sans indication de tempo, **C***,* ut *majeur – 124 mes.*
Sans indication de tempo, 2/2, ut *majeur – 76 mes.*

TEMPS DE LA COMPOSITION

Années 1780, peut-être en 1789.

CONTEXTE BIOGRAPHIQUE

La composition (et l'édition) modulant ton par ton reflète une pratique d'écriture répandue au temps de Beethoven, comme en témoigne une mention écrite de la main de Beethoven en marge des esquisses d'exercices de virtuosité : « per omnibus tonos » (cité par N. Fischman, *Das Skizzenbuch Beethovens aus den Jahren 1802-1803*, p. 86) – et cela, au moment où il négociait avec Hoffmeister l'édition de cet *op. 39* (proposé en septembre 1803).

Ces *Préludes*, composés durant les années d'apprentissage de Beethoven, portent l'influence de son maître Neefe ainsi que celle du *Clavier bien tempéré* de J.-S. Bach (œuvre que Neefe lui avait fait découvrir et lui avait fait étudier lors de son apprentissage du clavier). Ils sont en quelque sorte une «interprétation-appropriation» par Beethoven de l'héritage de Bach : l'écriture est de style «savant», associant homophonie (du thème) et polyphonie (du traitement de ce thème au cours de la succession des modulations), dans une construction stricte et différente pour chacun des deux Préludes. Par delà l'exercice d'écriture qui joue sur les transformations du thème suivant les éclairages harmoniques, et qui présente une homophonie (écriture «moderne») imprégnée de polyphonie (écriture «ancienne») – association d'écritures qui se retrouve particulièrement dans la *Grande Fugue op. 133,* Finale du *Quatuor à cordes op. 130*, dont la tension provient de cet écartèlement entre homophonie et polyphonie –, Beethoven a également cherché à produire un effet émotionnel par la rapidité des changements de tonalité.

PRÉSENTATION DE L'ŒUVRE

Le premier Prélude parcourt le cycle des quintes, tout en donnant l'impression de rester dans le style improvisé. Il commence par deux mesures qui présentent un thème (carré et dynamique) en imitation à la quinte (à l'image d'un début de fugue à deux voix), puis dès la troisième mesure l'introduction du chromatisme dans la ligne mélodique impulse l'enchaînement rapide des modulations.

Le second Prélude, dont le thème possède un caractère vocal, développe des modulations en spirale, par recours à l'enharmonie en deux cycles successifs (mesures 1-46, de *ut* à *ut* en passant par *ut* dièse = *ré* bémol, puis mesures 46-76, de *ut* = *si* dièse à *ut* en passant par *ré* bémol).

SOURCES

L'autographe est perdu. Une copie authentifiée (à Berlin) porte la mention de la main de Beethoven : «1789 Von Ludwig van Beethoven». Après l'indication de l'année une main étrangère a écrit : «Praeludium durch die 12. Dur-Tonarten.». De même sur le deuxième : «Praeludium durch die 12 Harte Tonarten.»

PUBLICATION

Ils furent édités, après révision effectuée par Beethoven en 1803, à Leipzig par Hoffmeister & Kühnel. L'édition originale de décembre 1803 porte un titre en français :

«Deux / PRELUDES / par tous les 12 Tons majeurs / pour le / Fortepiano, ou l'Orgue / composées par / LOUIS VAN BEETHOVEN. / Œuvre 39. / [...]»

L'annonce de la parution de ces préludes (avec celle des *op. 40* et *41*) se trouve dans la *Zeitung für die elegante Welt* du 17 décembre 1803, en tant que «nouvelle édition du Bureau de Musique à Leipzig».

Ces Préludes furent à nouveau édités au début de l'année 1804 à Vienne chez Jean Cappi.

WoO 113
Klage (Plainte)

Lied avec accompagnement de piano sur un poème de Ludwig Hölty
Langsam und sanft *(lent et paisible), 2/4,* mi *majeur, puis* Sehr Langsam und traurig *(très lent et triste),* **C**, mi *mineur – 41 mes.*

TEMPS DE LA COMPOSITION

Ce Lied fut composé au cours de la première moitié de l'année 1790 à Bonn en même temps que la *Cantate funèbre pour la mort de Joseph II, WoO 87,* comme en témoignent les esquisses conservées à Vienne (cf. *WoO 87*).

CONTEXTE BIOGRAPHIQUE

Beethoven eut connaissance de ce poème de Hölty (mort en 1776), intitulé *An den Mond (À la lune)*, retravaillé par Voß et mis en musique par Johann Christoph Walther (1715-771) – organiste, cousin de Jean Sébastien Bach – grâce à l'anthologie publiée par Boßler au cours de la seconde partie de l'année 1782 (*Liedersammlung zu der musikalischen Blumenlese für Klavierhaber*) (ce n'est pas le seconde version du poème retravaillé par Heinrich Voß et publié en 1783 dans l'*Almanach des Muses de Hambourg*, sous le titre de *Klage*, qui servit de référence à

Beethoven). Le changement de titre ne provient pas de Beethoven.

Le poème, aux images qui annoncent les paysages romantiques avec lune, solitude et urne mortuaire, évoque également un dessin [1] ébauché par un ami de Beethoven dans son *Stammbuch*, cet Album sur lequel ses amis inscrivirent leurs vœux de réussite et d'encouragement lors de son second départ pour Vienne en novembre 1792. Sur ce dessin, l'urne symbolisait à la fois la mort du jeune homme et la promesse d'immortalité, à laquelle aspire tout artiste. Mis en regard de ce dessin, le sens de ce poème serait donc une «Plainte» d'ordre rhétorique, à la fois métaphore et métonymie de l'inquiétude de tout artiste – si la mort, le passé sont au cœur de toute création, le désir d'immortalité stimule également toute création.

Les remarques inscrites sur le manuscrit montrent que Beethoven, pour composer même des petites pièces, se référait aux traités d'écriture de Kirnberger (1721-1783), *Die wahren Grundsätze zum Gebrauch der Harmonie* (Berlin und Königsberg, 1773), ainsi que *Die Kunst des reinen Satzes in der Musik* (Berlin und Königsberg 1776-1779) [2].

Ainsi, dès ses premiers Lieder, Beethoven manifesta son intégration à la société de son temps en en adoptant les stéréotypes, se pliant ainsi à une sorte de conditionnement de sa sensibilité par les clichés poétiques, tout en se préoccupant de connaître les traités de composition les plus modernes pour trouver l'expression musicale du poème qui lui semblait la plus juste.

PRÉSENTATION DE L'ŒUVRE

Contrairement à la composition strophique et figuraliste de Walther, Beethoven a composé le poème de part en part pour en exprimer le sens par le choix et l'organisation des éléments musicaux, qui doivent être joués de manière particulière.

Ce Lied est formé de deux parties, de taille, de tonalité, de métrique et de tempo différents.

La première partie en *mi* majeur, de 15 mesures, *Langsam und sanft* (lent et paisible), à 2/4 porte cette indication de Beethoven : «Durchaus müssen die Töne geschliffen und so sehr als möglich ausgehalten und zusammengebunden werden» (D'un bout à l'autre les notes doivent être liées et autant que possible tenues et liées ensemble). Cette première partie est introduite par quatre mesures au piano seul qui annoncent la mélodie et la texture, en *mi* majeur avec un léger chromatisme de passage. Puis la ligne vocale met en valeur les mots, s'arrête sur «mich» par une tenue et brode sur le sourire que la lune lui adresse, à lui l'enfant joyeux.

«Dein Silber schien / durch Eichengrün / das Kühlung gab / auf mich herab / o Mond und lachte ruh / mir frohen Knaben zu.» (Ton feuillage argenté scintille à travers la verdure du chêne qui me donne la fraîcheur et sourit à l'enfant joyeux que je suis.)

La seconde partie en *mi* mineur de vingt-cinq mesures, *Sehr langsam und traurig* (très lente et triste), à ¢, est séparée de la précédente partie par deux mesures portant cette indication de Beethoven : «Hier wird die Bewegung nach und nach langsamer» (Ici le mouvement devient de plus en plus lent). Après cette transition, l'accompagnement change de texture (des accords de trois sons en triolets de croches, avec la première croche élidée à la main droite et temps posé à la main gauche, avec une mélodie autonome pour les premiers vers, puis une descente dans les profondeurs graves, un ralentissement du mouvement par une écriture en noires, et la présence de silences, donnent un aspect encore plus retenu pour les derniers vers qui évoquent les cendres). Le poète évoque la lune qui éclaire la détresse du jeune homme, et qui va bientôt éclairer la pierre tombale qui abrite son urne.

«Wenn izt dein licht / durchs Fenster bricht / lachts keine ruh / mir Jüngling zu / siehts meine wange blaß, / mein Auge Tränennaß.

bald, lieber Freund / ach bald bescheint / dein Silberschein / den Leichenstein / der meine Asche birgt / des jünglings Asche birgt.»

(Si maintenant ta lumière passe à travers la fenêtre, tu souriras éplorée au jeune homme que je suis, tu verras mes joues blafardes, les yeux mouillés de larmes.

1. *Die Stammbücher Beethoven und Babette Koch*, Facsimile, Beethoven-Haus, Bon, 1995.

2. Nottebohm dans *Beethovens Studien*, Leipzig, 1873, p. 6. Voir également l'article de Richard Kramer «Notes to Beethoven's Education» in *Journal of the American Musicological Society*, 1975, 1er Heft, p. 72-101, p. 75.

Bientôt, cher ami, bientôt t'apparaîtra l'éclat argenté de ma pierre tombale qui renferme mes cendres, qui renferme les cendres d'un jeune homme.)

Les indications de Beethoven sont en allemand, et non en italien comme de coutume. Le contraste entre le majeur et le mineur se double d'un ralentissement assuré à la fois par la métrique, la texture musicale et les indications de tempo. Également, ce petit Lied combine des éléments liés à l'écriture harmonique moderne (les accords et les modulations autour de *mi* majeur puis de *mi* mineur) et au style « baroque » ancien par le jeu sur l'étirement de la durée et sur le contraste modal; cette association de deux styles d'écriture d'âge différent constitue un mode d'expression que Beethoven utilisera souvent par la suite (en particulier dans la *Grande fugue pour quatuor à cordes, op. 133*, qui repose sur la tension entre l'écriture polyphonique et les règles de l'écriture harmonique).

SOURCES

L'autographe de la première version (à Vienne, GdM) consiste en une double feuille du papier utilisé à Bonn. Sur la première page, Beethoven a écrit un accord parfait et un accord de septième et a indiqué sur la gauche : « l'accord de trois sons dur, tendre et diminué, l'accord de septième essentiellement dissonant, qu'il est possible de disposer de manière variée ». À droite, est noté de la main de L. von Sonnenleithner « Klage. Von Hölty. Musik von Beethoven ». Cet autographe comprend beaucoup de petites corrections.

Sur la page 4, Beethoven a noté les mesures 45-48 du dernier Chœur de la *Cantate WoO 87*, et, à côté, il a inscrit la question qu'il se posait sur le choix adéquat de la mesure en fonction du tempo qu'il voulait : « Ce qui doit maintenant suivre, doit être encore une fois chanté aussi lentement, adagio ou tout au plus andante quasi adagio. Andante doit être pris à 2/4 beaucoup plus rapidement que le *tempo* ne l'indique ici./ Il semble donc impossible que le dernier reste à 2/4, parce que c'est beaucoup trop lent pour cela. Il semble qu'il serait préférable d'utiliser la mesure à ¢ pour les deux. »

Puis sous le passage de *mi* mineur à *mi* majeur : « Le premier en *mi* majeur doit rester à 2/4, parce que sinon on le chanterait trop lentement. Auparavant on prendra toujours un tempo plus lent pour les notes longues que pour les courtes, par ex. pour des noires plus lentement que pour des croches. Les notes les plus courtes déterminent aussi le tempo, par ex. les doubles et les triples croches dans une mesure à 2/4 la rendent très lente ». Et, il notait sur la gauche : « Peut-être le contraire est-il juste aussi » (« Vielleicht ist auch das Gegenteil wahr ».).

Une deuxième version autographe postérieure, sans texte (à Vienne, GdM), se trouve sur une feuille double du papier utilisé à Bonn : elle diffère un peu de la première (rythme, hauteur des notes, mesure des mesures 36 et 37, 2/4 barré pour 4/4).

Il n'existe pas de version définitive que Beethoven aurait travaillée en vue d'une gravure et d'une édition.

PUBLICATION

1888, dans la GA.

WoO 87

Cantate sur la mort de l'empereur Joseph II (Kantate auf den Tod Kaiser Joseph des Zweiten)

Pour voix solistes, chœur et orchestre sur un texte de Severin Anton Averdonk.
1. Chœur et soliste, largo, 3/4, ut *mineur – 111 mes.*
2. Récitatif et air de basse, presto, **C** *(31 mes.), puis Allegro maestoso, 3/4,* ré *majeur (53 mes.) – l'ensemble comprend 258 mes.*
3. Air de soprano avec chœur, Andante con moto, 3/4, fa *majeur – 143 mes.*
4. Récitatif et air de soprano, largo, **C***, puis Aria, Adagio con affetto, 3/4,* mi *bémol majeur – 146 mes.*
5. Chœur et solistes, largo, 3/4, ut *mineur – 122 mes.*

La cantate est écrite pour un orchestre restreint : bois par deux (flûtes, hautbois, clarinettes, bassons), cors par deux et cordes soutenus par un continuo (orgue ou *cembalo*). Il n'y a ni timbales, ni trompettes, ni trombones (il n'y avait pas de trombones dans l'orchestre de la cour).

TEMPS DE LA COMPOSITION

Œuvre de circonstance, liée à une tradition de cour renforcée par le courant maçonnique et par la pratique de l'éloge du grand homme au siècle des Lumières, cette *Cantate funèbre* fut commencée début mars 1790 à Bonn, pour rendre hommage à l'empereur Joseph II qui venait de mourir (la nouvelle de sa mort, survenue le 20 février 1790, parvint à Bonn le 24 février 1790). le moment de son achèvement ne peut être déterminé de manière précise : il est vraisemblable qu'elle n'était pas terminée pour la cérémonie prévue le 19 mars (ou qu'elle fut achevée trop *in extremis* pour que l'orchestre de la cour ait le temps d'en prendre connaissance avant la cérémonie).

CONTEXTE BIOGRAPHIQUE

Pour célébrer la mort de l'empereur (frère du prince-électeur) l'initiative d'une fête funèbre fut prise, non pas par le Théâtre national de Bonn (fondé en 1778, il avait été fermé entre avril 1784 – à la suite de la mort du prince-électeur Maximilian Friedrich – et janvier 1789), mais, sur proposition d'Eulogius Schneider[1], par la société de lecture (la Lesegesellschaft fondée en décembre 1787 par les anciens affiliés de l'« Ordre des Illuminés de Bavière » à la suite de l'interdiction de leur ordre prononcée en 1785, protégée par l'électeur Maximilian Franz). Les membres de cette société (parmi lesquels se trouvait le comte Waldstein) décidèrent[2] que la cérémonie funèbre, prévue pour le 19 mars (jour de l'anniversaire et de la fête de Joseph II), comprendrait un *Discours patriotique* prononcé par Eulogius Schneider et qu'une *Cantate* ferait le meilleur effet : le texte étant prêt (celui de Severin Anton Averdonk, élève d'Eulogius Schneider), il suffisait qu'un des meilleurs musiciens de la Lesegesellschaft (Neefe, par ex.) ou de la ville en compose la musique. C'est ainsi que la composition de la musique fut confiée à Beethoven, qui n'appartenait pas à la société car les étudiants n'y étaient pas admis, mais qui était en étroites relations avec les musiciens qui en étaient membres (Neefe, N. Simrock, Ries).

Malgré le très court délai dont il disposait, Beethoven accepta de composer la musique de cette *Cantate*, sur le texte qu'Averdonk avait achevé le 28 février. Pourtant, lors de leur réunion du 17 mars 1790, les membres de la « Lesegesellschaft » décidèrent que l'œuvre ne serait pas jouée le 19 mars, « pour plusieurs raisons » : parce que Beethoven n'avait pas encore achevé la composition ? ou parce que l'orchestre n'avait pas le temps de répéter ? ou, si l'on en croit Nikolaus Simrock (corniste de l'orchestre), ainsi que les souvenirs de Wegeler, parce que « les passages difficiles soulevaient toutes sortes de protestations » de la part des instrumentistes de l'orchestre de la cour, et que même si Beethoven « affirmait que chacun devait pouvoir correctement exécuter sa partie », les musiciens prouvèrent qu'ils ne pouvaient pas jouer cette musique « du fait que toutes les figures étaient tout à fait inhabituelles »[3]. Cet aspect difficile est confirmé l'année suivante par l'attitude des collègues de Beethoven : en 1791 (août/septembre), lors d'un voyage de la cour à Mergentheim (résidence du Grand Maître de l'ordre des chevaliers Teutoniques), l'orchestre refusa encore de jouer cette *Cantate* (ou celle pour l'avènement de Léopold II ?), car les musiciens, en particulier les vents, la trouvaient trop difficile pour se risquer à une exécution publique.

Comme Beethoven, Severin Anton Averdonk (1768-1817) était originaire de Bonn, sa sœur avait été élève du père de Beethoven, et lui-même avait passé cinq ans au « Gymnasium » de Bonn avant de s'inscrire à l'Université en philosophie puis en théologie (en 1789, la même année que Beethoven). Le texte de la *Cantate*, fidèle aux idées avancées développées par Eulogius Schneider dans ses cours ou ses discours publics, adoptait le facture traditionnelle des éloges funèbres : déploration collective ; récit du combat victorieux de Joseph contre le monstre du fanatisme ; émerveillement de ceux qu'il a sauvés ; évocation du sommeil

1. Eulogius Schneider (1756-1794) était depuis le 6 mars 1789 professeur d'esthétique à l'Université de Bonn. Le 26 février 1790 il avait écrit une « Elegie an den sterbenden Joseph II », disponible dans la librairie de la Veuve Koch (sur la place du Marché à Bonn), dès le 2 mars 1790.

2. Les actes des délibérations de cette « Lesegesellschaft » sont conservés aux Archives de la Ville de Bonn (Stadtarchiv).

3. Selon Wegeler qui écrit dans les *Notices biographiques*, p. 16 : « Les passages difficiles soulevaient de nombreuses protestations, Beethoven prétendait que chacun devait pouvoir exécuter sa partie. Nous avons prouvé que nous ne le pouvions pas, parce que la partition était tout à fait inhabituelle ; c'était là la difficulté. »

apaisé du bienfaiteur de la patrie. Le vocabulaire utilisé était grandiloquent et les images de monstre, de rochers qui pleurent... portent l'héritage d'une certaine emphase.

Beethoven respecta l'organisation du texte. Il souligna certains mots, comme « Stärke » (forces) ou « trat » (s'avança) par des longues tenues ou des glissements des cordes à l'unisson dans l'air de basse (n° 2), comme « Menschheit » (humanité) par une cadence sous forme de vocalises dans le dernier air de soprano (n° 4). Mais il chercha surtout à faire correspondre l'éloge du grand homme à une écriture musicale spécifique – ce grand homme qui a débarrassé l'humanité du fanatisme et lui a permis l'accès à la connaissance. Bien des œuvres symphoniques ultérieures (et en particulier *Leonore-Fidelio*, opéra dans lequel Beethoven a repris plusieurs passages de cette *Cantate*) témoignent de l'importance de cette première grande composition : comme si cette *Cantate* avait été l'occasion pour lui de constituer une sorte de référent de son écriture musicale personnelle, associant certains motifs (rythmiques ou mélodiques), certains effets de masse (le tutti des cordes / le tutti des vents), certains timbres (tel le hautbois), certaines phrases mélodiques (telle l'« Humanitätsmelodie »), certaines transitions harmoniques, certaines façons de conduire les voix et d'organiser les lignes du discours (entre le chœur et les solistes), de lier les différents morceaux par un lien harmonique et la mention « attaca ».

Que cette *Cantate* possède déjà les traits spécifiques de l'écriture de Beethoven, Brahms le reconnut à la première lecture, comme il l'écrivit, en mai 1884, au critique musical Hanslick qui cherchait à authentifier la partition récemment découverte : « Même s'il n'y avait pas de nom sur la page de titre, on ne pourrait parier pour un autre – tout est entièrement de Beethoven ! La beauté et la noblesse du pathos, le grandiose du sentiment et de l'imagination, la conduite des voix, la déclamation, et, dans les deux dernières parties, toutes les caractéristiques que nous pouvons constater et considérer dans les œuvres ultérieures » (ce texte fut publié dans le feuilleton du journal viennois, *Neue freie Presse*, le 27 juin 1897, p. 1-3).

Étant donné la postérité de cette *Cantate* dans l'œuvre même de Beethoven, il est indispensable de rappeler que cette première composition musicale pour voix et orchestre est née dans un milieu d'intense amitié, de grande vitalité et de féconde stimulation intellectuelle liée à la création d'une université ouverte aux idées nouvelles ainsi qu'à la diffusion de l'idéal maçonnique. Beethoven était admiré par un large cercle d'amis et était soutenu par l'élite sociale et « éclairée » de Bonn qui avait reconnu son « génie ». Participant activement à la diffusion des idées nouvelles (mises en pratique et symbolisées par l'action de Joseph II[1] soucieux de développer les arts et les sciences, et de contribuer à l'amélioration morale de ses populations en s'inspirant des idées de Cesare Beccaria dans son *Traité des délits et des peines*), Beethoven s'était inscrit à l'Université le 14 mai 1789 pour suivre les cours d'Eulogius Schneider. Malgré ce contexte favorable, mais sans doute en raison des difficultés présentées par une musique qui imposait de nouvelles manières d'écrire, il fallut attendre sa redécouverte à Leipzig en 1884 pour que cette *Cantate* fût enfin jouée : la toute première exécution eut lieu à Vienne le 23 novembre 1884, puis à Bonn en juin 1885.

PRÉSENTATION DE L'ŒUVRE

La *Cantate* se développe en cinq parties

Elle commence par un largo, en *ut* mineur, chœur de déploration funèbre comportant des accents tragiques dans le style d'*Orphée* ou d'*Alceste* de Gluck, et jouant sur l'opposition entre masses sonores et timbres bien différenciés, entre durée de profonds accords d'*ut* mineur et répétition de courts motifs incisifs (avec *sf* sur le temps faible de la mesure), entre harmonie déchirante et mélodie chantée par la flûte – oppositions ponctuées par la répétition lancinante du mot « Todt » (mort). Puis la tension est portée par le chromatisme de la ligne musicale et par l'alternance du chœur (tutti) qui chante :

1. Joseph II fut le modèle des despotes éclairés. Fils de l'impératrice Marie-Therese, il régna avec elle à partir de 1765, puis, seul après la mort de sa mère, de 1780 à 1790. Il fut qualifié de « révolutionnaire couronné ». Curieux mélange d'autoritarisme monarchique et d'allures « démocratiques », il abolit le servage, supprima la torture et la peine de mort, réforma et modernisa l'administration de l'Empire, veillant au développement de l'instruction et de l'économie, éliminant les douanes intérieures, pourchassant l'intolérance religieuse au nom de la liberté de pensée.

« Todt, stöhnt es durch die öde Nacht,/ Felsen weinet es wieder ! » (Mort, les plaintes retentissent à travers la nuit déserte ! / Rochers, pleurez-le de nouveau !)

et des solistes (soprano, ténor, alto, basse) qui répètent, en imitation, la fin de la phrase. Le chœur reprend cette fin de phrase et continue :

« und ihr Wogen des Meeres heulet es durch eure Tiefen, /Joseph [*ff*, sur longue tenue et répétition] der grosse ist todt ! » (et vous, lames de la mer, mugissez à travers vos profondeurs : Joseph le grand est mort !)

– « ist todt ! » est répercuté comme un effet d'écho par les solistes successivement, avant que le chœur ne poursuive : « Joseph, der Vater unsterblischer Thaten ist todt ! » (Joseph, le père d'actions immortelles, est mort !) et que les échos de « ist todt » ne soient multipliés par les différentes voix (solistes et tutti). Ce premier morceau se termine par une descente lente vers le grave à tout l'orchestre, suivie « Più largo, quasi molto adagio », par une descente de quatre mesures aux bois, soutenus par les cors, d'un court motif incisif, avant un accord final suspensif en *mi* bémol dans la sonorité grave des seuls cors et bassons.

Ce chœur initial produit un effet saisissant de tension. Beethoven réutilisera son organisation (longues tenues sur accord de tonalité mineure / motifs incisifs) pour composer l'introduction d'orchestre en *fa* mineur qui ouvre le second acte de *Fidelio* et qui prépare le récitatif et l'air de Florestan moribond enchaîné au fond d'un cachot noir, froid et humide.

Le récitatif de basse, Presto, commence sur un rythme trépidant, dans le style de Haendel, pour faire le récit de la lutte de Joseph contre le monstre du fanatisme :

« Ein Ungeheuer, sein Name Fanatismus stieg aus den Tiefen der Hölle, dehnte sich zwischen Erd' und Sonne [*ff* et lente descente chromatique aux basses] – und es ward Nacht ! » (Un monstre, son nom est Fanatisme, surgit des tréfonds de l'enfer, s'étendit entre la terre et le soleil, et ce fut la nuit !)

L'aria, de forme A B A' B', chante d'abord, Allegro maestoso, en *ré* majeur, l'arrivée de Joseph sur un rythme pointé, motif à la fois majestueux et martial : « Da kam Joseph, mit Gottes Stärke [terme longuement tenu] » (Puis vint Joseph, avec la force de Dieu), avant de chanter de manière intense, Allegro assai, sa victoire : « riss das tobende Ungeheuer weg zwischen Erd' und Himmel und trat ihm auf's Haupt » (qui chassa le monstre courroucé en le déchirant, le chassa d'entre la terre et le ciel, et foula aux pieds sa tête). Après de nombreuses répétitions de ces paroles, la musique revient au « Tempo primo » de l'Allegro maestoso, puis reprend l'Allegro assai pour insister longuement sur la jubilation de la victoire. L'aria se termine sur un accord de septième de dominante de *fa* majeur, avec l'indication « attaca » qui introduit l'aria avec chœur qui suit.

Cette énergique trépidation orchestrale associée à la voix de basse qui multiplie les larges sauts d'intervalle et les longues tenues comprend des accents que Beethoven retrouvera avec Pizzaro dans *Fidelio* (sa noirceur et sa jubilation).

Andante con moto, en *fa* majeur, le timbre incisif et mélodieux du hautbois annonce la voix d'une soprano et l'ascension du chœur vers la lumière :

« Da stiegen die Menschen an's Licht, / da drehte sich glücklicher die Erd' um die Sonne,/ und die Sonne wärmte mit Strahlen der Gottheit ! » (Alors les hommes accédèrent à la lumière, / Alors la terre fut plus heureuse de tourner autour du soleil, / Et le soleil se réchauffa des rais de la divinité !)

Les solistes puis le chœur reprennent ces paroles en insistant sur le rayonnement de la divinité.

Cette musique (désignée aujourd'hui par le terme de « Humanitätsmelodie ») fut reprise par Beethoven dans le second Finale de *Fidelio*, pour le Sostenuto assai en *fa* majeur, « O Gott welch ein Augenblick ! » (O Dieu, quel instant !) introduit par les paroles de Fernando : « euch, edle Frau, allein, euch ziemt es ganz ihn zu befreien » (À vous noble femme, à vous seule est réservé de le conduire à la pleine liberté). Il s'agit en fait d'une musique qui représente et accompagne la réalisation d'un désir douloureusement souhaitée et attendue (musique qui est associée au processus de libération d'une tension vécue comme une oppression).

Par un court récitatif, largo, la soprano décrit le sommeil apaisé de Joseph :

« Er schläft von den Sorgen seiner Welten entladen. Still ist die Nacht; nur ein schauerndes Lüftchen weht wie Grabes Hauch mir an die Wange. Wessen unsterbliche Seele du seist, Lüftchen, wehe leiser! Hier liegt Joseph im Grabe und schlummert im friedlichem Schlaf' entgegen dem Tage der Vergeltung, wo du glückliches Grab ihn zu ewigen Kronen gebierst. » (Il dort, soulagé des soucis de son monde. Paisible est la nuit, seule une brise frémissante s'insinue sur ma joue pareille au souffle du tombeau. Quelle qu'âme immortelle que tu sois, brise, souffle tout doucement! Ici Joseph gît en son tombeau, et est assoupi dans un sommeil tranquille. Jusqu'au jour de la récompense, où toi, tombeau bienheureux, tu le délivreras aux couronnes éternelles.)

Puis par une aria de forme A B A' B', Adagio con affetto, *mi* bémol majeur, la soprano, précédée de la clarinette et de la flûte, chante l'apaisement ressenti par celui qui a consacré sa vie à faire le bien de l'humanité :

« Hier schlummert seinen stillen Frieden/ der grosse Dulder, der hienieden/ kein Röschen ohne Wunde brach,/ der unter seinem vollen Herzen/ das Wohl der Menschheit, unter Schmerzen/ bis an sein Lebensende trug. » (Ici sommeille en sa paix tranquille, le grand martyr qui, en ce bas monde, jamais n'arracha une petite rose sans meurtrissures, qui, de tout son cœur, porta dans la douleur, jusqu'à la fin de sa vie, le sort de l'humanité.)

Après répétitions et reprises, l'aria se termine par trois unissons successifs des cordes (*si* bémol, *mi* bémol, *sol*) *pp*, qui assurent la liaison avec la reprise du chœur initial, « attaca subito il coro ».

Le reprise du chœur initial termine cette *Cantate* funèbre. La seconde section se termine sur la tonique d'*ut* mineur.

La musique composée pour cette *Cantate*, tant dans le caractère expressif de l'orchestre que dans l'invention mélodique, dépasse de loin le texte proposé, par sa qualité et sa personnalité. Il faut toutefois remarquer que le cliché qu'est l'évocation des ténèbres dissipées par la chaude lumière du soleil peut être considéré comme une métaphore éloquente et acceptée par Beethoven, lui qui voulait que sa musique apporte connaissance et réconfort à l'homme, qu'elle le libère des forces obscures qui l'empêchent d'accéder à la joie, c'est-à-dire de consentir à la vie.

SOURCES

L'autographe est perdu. La Société des amis de la musique de Vienne possède deux feuilles d'esquisses sur lesquelles se trouvent trois mesures du chœur initial « und ihr Wogen des Meeres » à côté d'esquisses pour le Lied de Hölty, *Klage*, WoO 113.

Une copie ancienne de cette *Cantate* (ainsi que de celle pour fêter l'avènement de Léopold II) provient de l'inventaire après décès du baron du Beine de Malchamp (établi en avril 1813), qui possédait une belle bibliothèque musicale. Cette copie, vraisemblablement acquise par Joh. Nep. Hummel, réapparut en 1884 chez un marchand de livres anciens à Leipzig. Le critique musical Edouard Hanslick en annonça la découverte. Elle se trouve actuellement à Vienne dans la bibliothèque nationale d'Autriche.

PUBLICATION

1888, dans la G.A., en même temps qu'une réduction pour piano.

WoO 88

Cantate pour l'avènement de Léopold II à la dignité impériale (Kantate auf die Erhebung Leopold des Zweiten zur Kaiserwürde)

Pour solistes, chœur et orchestre, sur un texte de Severin Anton Averdonk.
Récitatif avec chœur et aria de soprano, Adagio assai **C**, *autour d'*ut *majeur / Aria, Allegro moderato,* **C**, sol *majeur – 350 mes.*
Récitatif de basse – 11 mes.
Récitatif de ténor, suivi d'un trio soprano, ténor, basse, Andante con moto, 2/4, la *majeur – 119 mes.*
Chœur, ré *majeur, Un poco allegro e maestoso, 12/8, puis Allegro vivace,* ¢ *– 231 mes.*

L'orchestre comprend des bois par deux, deux cors, deux trompettes (clarini), des timbales (trompettes et timbales étaient indispensables lors de festivités liées à un couronnement impérial).

TEMPS DE LA COMPOSITION

Cette *Cantate* fut composée en septembre-octobre 1790, à Bonn, à l'occasion de l'élection de Léopold II comme empereur du Saint Empire romain germanique le 30 septembre 1790 (à la suite de la mort de Joseph II, le 20 février 1790). Il fut couronné empereur à Francfort le 9 octobre 1790, en présence du prince-électeur de Cologne Maximilian Franz, qui a vraisemblablement commandé cette œuvre de circonstance à Beethoven, alors membre du personnel de sa chapelle électorale.

Une annonce du journal de Bonn, l'*Intelligenzblatt* du 19 octobre 1790, signale que le texte est de Severin Anton Averdonk (1768-1817), *Hymnus auf die Krönung Léopolds (Hymne pour le couronnement de Léopold).*

CONTEXTE BIOGRAPHIQUE

L'organisation d'ensemble de cette *Cantate,* qui débute par un récitatif de soprano, laisse supposer qu'elle a été conçue en relation avec la *Cantate funèbre* composée pour la mort de Joseph II. Pourtant, rien n'indique que le commanditaire de cette œuvre ait été le même que celui de la *Cantate funèbre* (à aucun moment il n'en est question dans les archives de la Lesegesellschaft) – il paraît vraisemblable que la commande ait émané du prince-électeur, membre de la famille impériale.

Si le découpage de cette nouvelle *Cantate* est différent et original (l'influence de l'opéra est très présente), Beethoven y montre le même souci de l'enchaînement des différents moments : il a inscrit à plusieurs reprises « attaca subito ». La distribution vocale et instrumentale permet de penser que Beethoven a écrit pour des interprètes spécifiques, tant chanteurs (soprano, ténor et basse, sans doute l'excellent chanteur Joseph Lux [cf. *WoO 89*]) qu'instrumentistes (sans doute le flûtiste Anton Reicha et le violoncelliste Bernhard Romberg qui faisaient partie de l'orchestre de la cour), et qu'il a été fortement influencé par son expérience de l'opéra (depuis 1782, il accompagnait au clavecin les chanteurs lors des répétitions des œuvres pour la scène montées à Bonn).

PRÉSENTATION DE L'ŒUVRE

1. La *Cantate* commence par un quelques mots chantés très *piano* par la soprano, dans un tempo Adagio assai, et dans la tonalité de *la* bémol majeur très délicatement énoncée par les cordes : « Er schlummert… schlummert » (Il sommeille… sommeille). Le chœur répond très doucement soutenu et doublé par les vents (sauf la flûte) :

« Lasst sanft den großen Fürsten ruhen ! » (Que le grand prince repose en paix)

La soprano continue son récit de la mort de Joseph II et de la détresse collective qu'elle a entraînée. La progression narrative est rendue, de phrase en phrase, par un changement de tempo (Andante, Adagio/a tempo, Poco allegro, Vivace, Adagio, Allegro, Larghetto, stringendo… Allegro con brio) et par des modulations qui permettent d'atteindre *ut* majeur, tonalité dans laquelle le nouvel empereur est proclamé : « Léopold, unser Kaiser », « Fürst und Vater », trompettes et timbales soulignant *ff* le nom de l'élu.

Plusieurs particularités du récitatif de la soprano se retrouvent dans le récitatif de Leonore dans la version de *Fidelio* en 1814.

2. À la fin de ce récitatif, Beethoven indique « attaca subito l'aria » de soprano, en *sol* majeur à quatre temps, Allegro moderato, véritable aria concertante, entre la voix de soprano, la flûte et le violoncelle. La voix n'entre qu'après une longue introduction instrumentale d'où émergent une partie de flûte solo et une partie de violoncelle solo (sans doute pensées pour les collègues de Beethoven dans l'orchestre de la cour, Anton Reicha et Bernhardt Romberg) : « Fliesse, Wonnezähre, fliesse ! » (coulez larmes de bonheur, coulez). La voix s'arrête longuement par des tenues et des vocalises, reprises par des traits du violoncelle et de flûte, sur « Segen » (bénédiction) et sur « Jehovah », tandis que « Germania » est soulignée par une suspension rythmique et harmonique. Cet aria, largement développée, de forme A B A', se termine par une conclusion de l'orchestre toujours dans la même veine dynamique.

La détermination et la véhémence, ainsi que certains traits ascendants (en particulier un arpège qui monte jusqu'à une note élevée), se retrouveront dans l'aria de Leonore, tandis que des agencements mélodiques fugitifs seront repris dans la musique confiée à Klärchen, l'héroïne d'*Egmont*.

3. Un bref récitatif de basse, soutenu par les cordes basses de l'orchestre, accueille la présence du nouvel empereur comme une bénédiction pour la paix, pour l'humanité et pour l'Allemagne.

4. Ensuite, un très bref récitatif de ténor, soutenu par les cordes, dit la « joie des peuples » qui n'ont plus à se lamenter – musicalement, son intervention prépare au *la* majeur, tonalité du trio de solistes qui suit, « attaca subito ».

Le trio, soprano, ténor, basse, est Andante con moto, à 2/4, en *la* majeur. Seuls les cors et les clarinettes accompagnent les cordes. Ce Trio, aux voix bien différenciées, tantôt en imitation, tantôt ensemble, sert à rasséréner les peuples en leur affirmant que Joseph II est un modèle pour son successeur.

5. À la suite d'un accord de septième de dominante de *ré* majeur bien affirmé, Beethoven indique « attaca subito » pour le chœur de louanges final en *ré* majeur : « Heil ! » Constitué d'un enchaînement de sections différentes (comme le seront les futurs grandes œuvres pour voix et orchestre), il commence Un poco allegro e maestoso, 12/8, par un rythme très dynamique aux cordes (rythme lié au 12/8) soutenu par des roulements de timbales et ponctué par un rythme pointé aux vents : « Heil ! », répète le chœur. Puis Allegro vivace, à deux temps rapides, une musique énergique, de scansion régulière, bien marquée, souligne « Stürzet nieder, Millionen » (Prosternez-vous, millions) (cette même injonction fait partie du poème de Schiller publié en 1786 dans la revue *Thalia*, qui servit de texte à l'*Hymne à la joie*). Enfin, Allegro non tanto à 12/8, le chœur invite à faire « retentir des chœurs jubilants » (« Erchallet Jubelchöre »). Tout au long de ce moment final, Beethoven a cherché une organisation des voix et des instruments, des lignes musicales et des rythmes, qui puisse entraîner les auditeurs à partager la jubilation collective. Le soutien des timbales joue déjà un grand rôle.

Commencé en 12/8, ce chœur se termine en 12/8. Il représente le point culminant de cette *Cantate* de louanges, caractérisée par une progression émotionnelle qui part de la tristesse et du doute pour atteindre l'espérance et la joie – démarche qui sera celle même du chœur final de la *Neuvième Symphonie*.

Ce chœur final porte déjà des gestes et des intentions que Beethoven retrouvera dans des œuvres ultérieures, que ce soient certaines expressions telle le « Stürzet nieder, Millionen », ce soit le « Heil » qui préfigure le « Heil sei der Stunde » qui ouvre le Finale de *Fidelio*, que ce soit l'intensité jubilatoire qui se retrouve dans le Finale de *Fidelio* comme dans celui de la *Neuvième Symphonie*, que ce soit le traitement des voix solistes et des timbres instrumentaux dans cet ensemble choral et orchestral, traitement qui cherche à constituer un vaste espace sonore dans lequel chacun doit trouver sa place.

SOURCES

L'autographe est perdu.

Comme pour la *Cantate funèbre*, une copie de la partition se trouve à la bibliothèque nationale à Vienne. La provenance est identique (cf. *WoO 87*).

PUBLICATION

1888, dans la GA.

WoO 65

Vingt-quatre Variations pour clavier en *ré* majeur sur *« Venni Amore »*

Tema. Allegretto, 2/4, ré *majeur – 584 mes.*

TEMPS DE LA COMPOSITION

Vers 1790, à Bonn. Ce thème est issu des *Ariette Italiane* de Righini (1756-1812), publiées en 1788 chez Schott à Mayence (Righini y dirigeait la Chapelle de la Cour depuis 1787).

Le texte de l'*Ariette* commence par : « Venni Amore nel tuo regno, ma compagno del Timor. » Righini composa cinq variations sur la mélodie initiale :

« Viele Seufzer, grosse Qualen kosten wahrlich deine Freuden. Aber dann wiegt jener Augenblick tausend Tage der Qual auf » (Soupirs abondants, grands tourments, coûtent en vérité tes joies. Mais cet instant compense mille jours de tourment.)

Contexte biographique

L'occasion de cette composition doit être recherchée dans le contexte artistique et social de Bonn vers 1790, ville résidence du prince-électeur, archevêque de Cologne, dans laquelle se développait une élite sociale (aristocratie et hauts fonctionnaires de la cour) ouverte aux idées et aux pratiques de sociabilité nouvelles (Théâtre « national », salons aristocratiques ou bourgeois, café près de l'Université – le « Trinklokal » – café-librairie tenu par des amis de la famille de Beethoven). Le nom de la dédicataire en constitue un indice.

La dédicataire de la version publiée en 1791, Maria Anna Hortensia comtesse von Zierotin (Vienne 1750-1813) était mariée, depuis 1772, au comte Clemens August Joh. Nepomuk von Hatzfeld (1743-1794), conseiller privé et lieutenant général du prince-électeur de Cologne. D'après un article de Neefe publié dans le *Magazin der Musik* de Cramer en 1783, cette nièce du prince-électeur, une musicienne distinguée, avait étudié le chant et le piano à Vienne et protégeait l'art et les artistes : elle avait, d'ailleurs, tenu le rôle titre d'*Armida* de Righini et d'*Alceste* de Gluck (sous la direction du compositeur), ainsi que le rôle d'Électre dans *Idoménée* de Mozart, lors de représentations privées sur le théâtre du prince Karl Auersperg à Vienne. Cette comtesse figure parmi les souscripteurs (pour deux exemplaires) des *Trios pour piano, violon et violoncelle, op. 1* de Beethoven (en 1795). Il semble qu'elle ait connu personnellement Righini lors d'un séjour que fit celui-ci à Bonn en 1788 et qu'elle ait chanté les *Ariettes,* accompagnée par l'orchestre de la cour devant le public de la cour électorale (Beethoven faisait partie de cet orchestre).

Il est vraisemblable que Beethoven composa cette série de *Variations* sur cette *Ariette* au titre suggestif pour rendre hommage à cette comtesse musicienne, sur la protection de laquelle il comptait pour se faire connaître également à Vienne – tactique qu'il mit en pratique plusieurs fois au cours de ses premières années viennoises en composant des séries de variations sur des airs à la mode pour conquérir public et protection, et pouvoir ainsi pratiquer « son art » en toute indépendance.

Par un récit de Wegeler (*Notices biographiques*, p. 16-17), nous savons que lors du voyage de l'orchestre de la cour à Mergentheim, en 1791, Beethoven, à Aschaffenburg, aurait joué par cœur ses *Variations* devant le virtuose du piano qu'était l'abbé Franz Xaver Sterkel (pianiste que Charles Burney dans *A General History of Music* juge « d'un goût admirable bien que n'ayant pas étrudié les règnes de l'harmonie »). Wegeler raconte que la virtuosité de l'abbé Sterkel avait été une révélation pour Beethoven qui n'avait jamais entendu de véritable virtuose. Comme il hésitait à se mettre au piano, Sterkel évoqua les récentes *Variations* sur l'*Ariette* de Righini et se dit curieux de savoir si le compositeur lui-même était capable de les jouer. Beethoven se mit alors au piano. Sterkel ne retrouvant pas la partition, il paraît que Beethoven non seulement joua par cœur, mais qu'en plus il improvisa d'autres variations de grande virtuosité à la manière de Sterkel.

Ces *Variations* furent immédiatement publiées par Schott à Mayence en 1791. Elles furent publiées à nouveau en 1802 à Vienne, signe de l'intérêt et de la valeur que leur attribuaient aussi bien Beethoven que son entourage – en particulier l'éditeur qui pensait y trouver une source de profit étant donné la notoriété croissante de Beethoven et le développement de la pratique du piano par des amateurs mélomanes.

Présentation de l'œuvre

Ces *Vingt-quatre Variations* représentent l'ensemble le plus complexe et le plus différencié écrit par Beethoven avant les *Variations dites « Eroïca » op. 35* (en 1802). Leur conception hardie n'a plus rien à voir, ni dans la forme, ni dans la couleur, ni dans les proportions, avec les *Variations* précédentes (*WoO 63*) et *WoO 64*, cette œuvre didactique destinée aux premiers temps de l'apprentissage du piano, composée à la même époque que ces *Vingt-quatre Variations*). Avec cette œuvre, il ne s'agit plus d'un exercice d'école, mais d'un vrai travail de composition élaboré par un pianiste virtuose et improvisateur, qui ose prendre des libertés et des risques par rapport au point de départ thématique. Ici, les variations ne sont plus seulement ornementation d'un thème toujours reconnaissable, mais elles sont pensées, dans leur variété et leurs enchaînements surprenants, comme le déploiement d'une œuvre de grande ampleur engendrée par le traitement combiné et inattendu de différents motifs inclus dans le thème.

La composition repose sur le traitement polymorphe du matériau initial et sur ce qui en découle, c'est-à-dire les relations subtiles établies entre les variations et le thème, et entre les variations entre elles, par delà la référence mélodique – relations qui résultent aussi bien des oppositions de « Stimmung » (atmosphère) que des complémentarités, des progressions rythmiques et des intensifications dynamiques ou expressives (les trilles), que des modifications de texture sonore (avec des textures étonnantes comme celles des variations IV, VII, XVI). Ainsi, Beethoven sait retenir l'attention de l'auditeur en passant abruptement ou progressivement d'une écriture harmonique à une écriture polyphonique, d'une harmonie évidente à une harmonie aventureuse (comme dans les variations VII, XVII, XXI), d'une virtuosité remarquable (en particulier dans les variations V, IX, XV, XIX) à une simplicité désarmante, d'un rythme incisif à une dissolution rythmique. Non sans recourir à des pointes d'humour (une croche enlevée, un brusque silence, une référence implicite aux appels de cors ou au signal de triomphe donné par la trompette, etc.), Beethoven fait se succéder l'émotion la plus recueillie, l'affirmation d'une grande vitalité, l'impression d'une tension difficile à surmonter, le côté percussif du clavier et la vocalité spontanée de toute musique – source même de cette composition qui est issue d'une œuvre vocale.

Au thème de Righini, conçu pour être chanté, Beethoven enlève dès l'exposition son caractère vocal pour l'adapter au jeu et aux sonorités du clavier (pianoforte et orgue) : les noires liées en progression diatonique sont transformées en croches aérées par des demi-soupirs (ce qui leur confère une attaque courte, l'équivalent de pizzicati), et ponctuées par des syncopes, tandis que la seconde partie de ce thème (toujours en croches courtes, mais sur une ligne marquée par des sauts d'intervalles) est soutenue par une pédale d'orgue sur la dominante ; chacune des deux parties du thème, de huit mesures chacune, est répétée.

Pour construire sa succession de *Vingt-quatre Variations*, Beethoven isola chacun des éléments qui se trouvent combinés dans ce thème tout simple, Allegretto à deux temps, pour les combiner de manière différente et inédite dans chacune des variations. L'analyse des vingt-quatre variations montre que Beethoven a joué avec la mélodie diatonique descendante (utilisée souvent inversée et sous différentes mises en forme rythmiques dans la plupart des variations), avec la notion d'intervalles développée dans la seconde partie du thème, avec la cellule rythmique rapide (double croche-croche, qui relie les mesures 2 et 3, et qui va servir de rythme dominant dans plusieurs variations, II, VII, XI, XVIII), avec les syncopes des mesures 5-6 et 6-7, avec la pédale d'orgue qui soutient toute la seconde partie (et qui est présente dans les variations I, V, X, XII, XVII, XXI, coda), avec le discret chromatisme expressif qui clôt ce thème, avec la notion de texture qui différencie les deux parties du thème (aérienne, discontinue / plus dense et potentiellement distendue dans l'espace sonore), avec la polyphonie constituée de cinq voix superposées de l'avant-dernière mesure du thème.

Var. I : elle commence par la reprise de la texture sonore de la fin du thème : les 5 voix, en donnant une nouvelle configuration aux différents motifs composant le thème, de façon à créer une impression de continuité vocale et de densité sonore complexe sur pédale de tonique puis de dominante. Cette première variation semble complémentaire du thème (dont elle reprend certains éléments, et en inverse d'autres).

Var. II : elle reprend la texture légère et percussive, les intervalles et la cellule rythmique rapide, en insistant sur les contretemps, et en jouant sur les oppositions d'intensité (*f* / *p*).

Var. III : elle réinstalle une continuité par de longues gammes de doubles croches qui parcourent l'espace sonore (du grave à l'aigu), adoptant un mouvement inverse de celui du thème.

Var. IV : elle joue sur l'effet surprenant d'une texture sonore créée par des trilles continus et enchaînés sur les notes tonales (*la* et *ré*), dans une faible dynamique sonore (*piano*).

Var. V : Poursuivant la recherche d'une nouvelle texture, cette variation introduit une sorte de vibration sonore véhémente créée par des octaves brisées jouées en triolets de doubles croches à la main droite, et s'élançant sur une large extension de l'espace sonore.

Var. VI : autre effet de texture, des tierces, de croches liées par deux, aux deux mains, à l'unisson dans la première partie, évoquent dans la seconde partie une sonnerie de cors de chasse par l'échange des registres.

Var. VII : l'écriture contrapuntique caractérise cette variation qui est construite sur trois motifs du thème : la quarte descendante initiale, la cellule rythmique rapide (complexe) et la gamme (qui, comme dans la var. III, parcourt l'espace sonore).

Var. VIII : cette variation joue sur le motif diatonique descendant du thème dans la première partie et sur les intervalles du thème (soulignés par les *sf* à contretemps) dans la seconde partie, pour inscrire le thème dans une fluidité sonore dense.

Var. IX : un chromatisme rapide est installé dans une texture à nouveau de tierces à l'unisson (comme dans la var. VI) mais en doubles croches sur le motif descendant. Des accords *ff* à contretemps semblent indiquer une fin brillante, qui en fait n'est qu'une fausse fin.

Var. X : sur pédale tonale, la main droite multiplie les sauts d'intervalles de plus en plus distendus, ce qui crée un effet de légèreté pleine de vitalité. Le staccato est associé au legato.

Var. XI : cette variation introduit une sorte de marche rapide produite par une succession de rythmes pointés aux deux mains, une mesure sur deux.

Var. XII : première variation en *ré* mineur, elle culmine sur des accords de septièmes diminuées tenus (avec point d'orgue) au milieu de la seconde partie.

Var. XIII : seconde variation en mineur, elle déploie, *forte*, sans interruption des demi-gammes successivement montantes et descendantes à l'unisson sur trois octaves, dans la première partie, tandis que la seconde partie répète quatre fois un motif rapide de quatre notes ramassées autour du *la* (3 doubles croches et une noire).

Var. XIV : retrouvant la tonalité majeure, cette Variation semble accuser l'ébranlement provoqué par la véhémence impatiente de la précédente : elle est double, comme une sorte de drame en raccourci, opposant deux protagonistes que tout différencie, le tempo (Allegretto / Adagio), la métrique (2/4 et 3/8), le rythme (continu / avec syncopes), etc. Il n'y a pas de reprise (tout est écrit). (Beethoven joue déjà dans cette variation avec les oppositions thématiques de tempo : ce n'est plus la mélodie seule qui porte l'idée musicale).

Var. XV : elle retrouve une vitalité par les triolets de doubles croches qui ornent une gamme descendante à la main gauche, à laquelle répond une gamme montante directe à la main droite. La seconde partie encore plus rapide (par ses groupes de triples croches) n'est pas répétée à l'identique, mais la répétition inverse les registres.

Var. XVI : elle repose sur les syncopes à la main gauche et des *sf* à contretemps ; son écriture est caractéristique de la musique de chambre qui joue avec les timbres et les registres des différents instruments en présence.

Var. XVII : elle est proche d'un choral, *sempre p*, très calme et concentrée. Elle joue sur la syncope et la pédale des notes tonales.

Var. XVIII : toujours *dolce*, son écriture délicate d'arpèges en triolet au premier temps élidé contraste avec les deux croches en octave sur la dominante, *f*, qui font l'effet de sonnerie de trompette (l'humour installe une sorte de distance dans une situation d'émotion intense).

Var. XIX : elle change de métrique : 6/8, pour constituer une sorte d'invention à deux voix fluide, s'appuyant sur la syncope, les octaves et l'opposition des registres.

Var. XX : elle est notée Scherzando. Très aérienne elle utilise le staccato et le léger chromatisme du thème, pour créer une texture d'attente.

Var. XXI : elle joue sur l'effet de réveil du rythme initial et sur l'opposition entre l'écriture harmonique et l'écriture en imitation des demi-gammes ascendantes, puis descendantes.

Var. XXII : très pianistique par les arpèges brisés de doubles croches *legato* à la main gauche, le rythme pointé de la main droite qui souligne le phrasé, lui confère un caractère solennel.

Var. XXIII : Adagio sostenuto, à 3/4, elle fait figure de mouvement lent méditatif qui joue de la densité croissante de la texture et de la vocalité.

Var. XXIV : véritable Finale, Allegro, 2/4, elle est liée directement à la précédente par un trait rapide (une gamme montante), et l'indication « Attaca subito l'Allegro ». Cette variation manifeste une joyeuse vitalité (notes répétées liées par deux, *legato-staccato*, sur basse d'Alberti) ; par une longue guirlande de gammes, elle mène à la coda modulante, Un poco meno Allegro, qui débouche sur un Presto assai, amplification brillante de ce qui précède, avant de présenter « à nu » la structure harmonique et la notion de durée – éléments premiers de toute construction musicale.

Il est possible de repérer une structure d'ensemble de ces *Vingt-quatre Variations* constituée des éléments suivants :

1°) un début, formé du thème et de son aspect complémentaire donné par la première variation ;

2°) une première partie, au cours de laquelle s'enchaînent les variations II à XI ;

3°) un milieu, marqué par l'apparition de deux variations en *ré* mineur (XII et XIII), très différentes l'une de l'autre, suivies par une variation (XIV) qui réinstalle le *ré* majeur et le thème bien reconnaissable, mais en jouant sur deux configurations aux contours bien dessinés par la combinaison de plusieurs éléments en opposition (tempo : Allegretto / Adagio ; métrique : 2/4 et 3/8 ; texture rythmique : simple / complexe ; sonorité : staccato / legato ; registre : grave / aigu) – ces deux configurations se succèdent 4 fois en 32 mesures (toutes les 4+4 mesures) ;

4°) une seconde partie qui ressemble à la première tout en s'en démarquant par le choix des textures sonores et rythmiques, et par les types d'étonnement lié à l'enchaînement (XV à XXII) ;

5°) une fin formée de l'ensemble des deux dernières variations aux tempi complémentaires Adagio sostenuto et Allegro (XXIII et XXIV) ;

6°) et une coda qui prolonge et termine la variation 24 de manière très surprenante, d'abord par des modulations (mode de variation non employé jusque-là), puis par un changement de tempo : Presto assai qui, après avoir permis au pianiste de briller, se contente de faire entendre la dominante *la* avec une intensité de plus en plus réduite (*p*, puis *pp*) sur un rythme de plus en plus lent (des blanches tenues sur plusieurs mesures) ; cet étiolement s'effectue par la réduction du thème initial à un de ses motifs constitutifs : la pédale sur la dominante qui soutient (en valeurs longues) la seconde partie du thème.

Pour un auditeur du XXIe siècle, l'agencement de cette succession de variations imprévisibles fait penser au processus du montage cinématographique inauguré par Eisenstein au cours des années 1920, montage qui produit l'effet émotionnel recherché par le choc d'images qui, en apparence, n'ont rien à voir les unes avec les autres, et qui se succèdent selon un rythme plus ou moins rapide, dessinant ainsi le processus évolutif qui produit l'œuvre et qui en porte le sens.

Par cette façon « moderne » de procéder, Beethoven s'éloignait des exigences du genre qu'était la composition de variations sur un thème (le plus souvent bien connu), exigences fermement établies au XVIIIe siècle et qui imposaient que le thème soit toujours reconnaissable derrière les ornementations (comme l'écrit Rousseau, dans son *Dictionnaire de la musique*, à l'article « Variations », Gallimard, Bibliothèque de la Pléiade, p. 1138). Si, dans ces *Variations Righini*, quelques variations commencent en citant le thème plus ou moins orné (les var. III, X, XIV, XVII, XVIII, XX, XXIV), certaines autres proposent une mélodie nouvelle sur armature du thème (les var. VI, VII, XII, XIII, XV, XIX, XXII, XXIII).

Ces *Vingt-quatre Variations* montrent comment Beethoven, qui s'inscrivait dans l'héritage direct de Carl Philipp Emanuel Bach (et, en particulier, de ses *12 Variations sur la Folie d'Espagne*, écrites en 1778) et de Mozart (et, en particulier, de ses *Variations* sur un thème du premier acte de *La Rencontre imprévue* de Gluck, K. 455, parues en 1788 à Spire), a osé forger son propre langage en combinant de manière le plus souvent imprévisible de courts motifs issus du thème, et en appliquant la notion de variation, et même de mutation, à tous les éléments constitutifs de l'écriture musicale (sons, hauteurs, intervalles, registres, tempo, rythme, métrique, pulsation, texture, attaques, timbres, intensités et dynamiques sonores).

SOURCES

L'autographe est perdu.

PUBLICATION

Longtemps considérée comme introuvable, la première édition (celle de 1791 chez Schott) de ces *Variations* est réapparue au début des années 1980 : il s'est alors avéré que la version éditée en 1802 n'était pas fondamentalement différente de celle de 1790[1].

L'existence de cette première édition était connue par une annonce insérée dans le *Journal de Vienne*, daté du 13 août 1791, qui signalait qu'il était possible de se procurer dans un magasin de musique sur le Graben, «Beethoven 24 Variations sur l'Ariette : Vieni Amore [*sic*] par Righini pour Clavier» [ce titre est en français]. L'existence de la dédicace a été mentionnée par Wegeler dans ses *Notices biographiques* (p. 16).

L'édition de la seconde version date de 1802, chez Jean Traeg à Vienne. Elle porte ce titre en français :

«24 / VARIATIONS / sur l'Ariette : vieni amore [*sic*] ; / pour le Clavecin / composées / par / LOUIS VAN BEETHOVEN.»

Cette édition ne mentionne pas la dédicataire de la première édition : dans le nouveau contexte viennois, se placer sous la protection de cette comtesse n'était sans doute plus nécessaire pour la diffusion de l'œuvre étant donné la notoriété de Beethoven, compositeur «à la mode» et pianiste virtuose fort apprécié dans les salons de l'aristocratie mélomane.

WoO 38

Trio pour piano, violon et violoncelle en *mi* bémol majeur

Allegro moderato, mi *bémol majeur, 2/4 – 191 mes.*
Scherzo. Allegro ma non troppo, mi *bémol majeur, 3/4 – 110 mes.*
Rondo. Allegretto, mi *bémol majeur, 6/8 – 198 mes.*

TEMPS DE LA COMPOSITION

Ce *Trio* a sans doute été composé vers 1790-1791. Pour qui? Pour quoi? Aucun témoignage ne permet de répondre à ces questions. Seul élément : c'est la première fois que Beethoven écrivait pour cette formation instrumentale à laquelle il consacrera plusieurs œuvres magistrales.

PRÉSENTATION DE L'ŒUVRE

Cette œuvre, à laquelle Beethoven ne semble pas avoir porté une grande attention, ne manque pourtant pas d'intérêt. Moins par le traitement des instruments et la large place faite au piano (Beethoven cherchait à valoriser ses dons de pianiste) que par le choix d'un Scherzo, au lieu d'un Menuet traditionnel, comme mouvement médian. Outre cette succession originale de mouvements, plusieurs «gestes» musicaux font partie de ceux que Beethoven fit siens : aussi bien la propension évidente avec laquelle il se joue de suites d'accords, comme moments psychologiquement forts dans la construction du discours, que l'expérimentation de la conduite du discours qu'il mène à partir des effets provoqués par les changements de mode (majeur/mineur), par la vitesse (en particulier dans le Rondo final), par l'émancipation des instruments à cordes. La recherche portant sur les articulations du discours semble également avoir été déterminante.

SOURCES

L'autographe, possédé par Schindler, demeure introuvable.

PUBLICATION

Après la mort de Beethoven, au cours de l'année 1830. Le titre de l'édition originale est en français :

«TRIO / pour le / Piano forte / violon & Violoncelle / PAR / Louis van Beethoven / Œuvre Posthume / Œuvres complets de Piano / 3e Partie N° 13./ FRANCFORT s/M, / chez Fr. Ph. Dunst. / propriété de l'éditeur.»

Lors de la parution, par une lettre incluse dans l'édition originale et datée de Vienne, le 1er février 1830, quatre personnalités amies de Beethoven, Anton Diabelli, Carl Czerny, Ferdinand Ries et Franz Wegeler, certifiaient l'authenticité de l'écriture de Beethoven sur le

1. *Cf.* S. Brandenburg et M. Staehelin, «Die "erste Fassung" von Beethovens Righini-Variationen», in *Festschrift Albi Rosenthal*, hg. von Rudolf Elvers, Tutzing, 1984, p. 43-66.

manuscrit détenu par Schindler et assuraient que ce *Trio* n'avait jamais été publié.

Dans le catalogue manuscrit des œuvres de Beethoven établi par Anton Gräffer, la remarque suivante, dont l'authenticité est invérifiable, accompagne la mention de ce *Trio* : « Komponiert 1791 und ursprünglich zu den 3 Trios Op. 1 bestimmt, aber von Beethoven als zu schwach weggelassen » (composé en 1791, primitivement pensé pour faire partie des 3 Trios de l'op. 1, idée abandonnée par Beethoven car il le trouvait trop faible).

WoO 1

Musique pour un ballet chevaleresque

Il comprend 8 numéros
Marsch, **C**, ré *majeur – 27 mes.*
Deutscher Gesang (Chant allemand), Allegro moderato, 2/4, ré *majeur – 16 mes.*
Jagdlied (Air de chasse), Allegretto, 3/8, ré *majeur – 128 mes.*
Romanze (Minnelied), Andantino, 3/8, si *mineur – 16 mes.*
Kriegslied (Chant de guerre), Allegro assai con brio, 2/4, ré *majeur – 16 mes.*
Trinklied (Chanson à boire) (« Mihi est propositum »), Allegro con brio, 2/4, ré *majeur – 48 mes.*
Deutscher Tanz (Tanzlied), Walzer (Danses allemandes), 3/8, ré *majeur – 32 mes.*
Coda, Allegro vivace, 2/4, ré *majeur – 94 mes.*

L'orchestre comprend une flûte piccolo, deux clarinettes, deux cors, deux trompettes, une paire de timbales et des cordes

TEMPS DE LA COMPOSITION / CONTEXTE BIOGRAPHIQUE

Ce *Ritterballett* est une musique de circonstance composée durant l'hiver 1790-1791, sur incitation du comte Waldstein, chambellan du prince-électeur et protecteur mécène de Beethoven. Cette musique devait accompagner une représentation destinée, le 6 mars 1791, à une soirée de carnaval dans la *Redoutensaal* de la Résidence de Bonn.

Le calendrier des théâtres pour l'année 1792 (publié chez Ettinger par H. Reichard à Gotha) inséra « des extraits d'une lettre de Bonn » (sans doute envoyée par Neefe) qui rapportait que la noblesse avait donné un bal en costumes traditionnels, et que le comte Waldstein était l'auteur de cette idée ainsi que des danses et de la musique ; on avait ainsi pu se représenter le goût de « nos ancêtres » pour la guerre, la chasse, l'amour et la boisson. Dans ses *Notices biographiques* (p. 16), Wegeler indique que le comte Waldstein avait été assisté par Habich, chorégraphe à Aix-la-Chapelle, et que Beethoven était l'auteur de la musique – il n'en avait pas revendiqué la paternité par déférence pour le comte, qui était son mécène, et qui, peut-être, lui avait suggéré quelques motifs musicaux et quelques mélodies.

Plus qu'un ballet, cette représentation consista en un bal donné devant un public, selon une tradition de cour qui faisait que la cour elle-même aimait à se donner en spectacle lors d'un bal à thème – le thème choisi pour 1791 était « altdeutsch » (vieil-allemand), sans doute en relation avec les événements de la Révolution française et la mise en question de la noblesse (il y avait beaucoup d'émigrés sur le Rhin).

PRÉSENTATION DE L'ŒUVRE

Ces huit numéros successifs sont d'une extrême simplicité. Seule la Romanze est en *si* mineur à 3/8 avec une inflexion modale pour imiter le style « ancien » du Minnesang (l'incursion dans une écriture modale se retrouvera avec la *Sonate op. 14 n° 1* et le *Quinzième Quatuor op. 132*) Tous les autres numéros sont en *ré* majeur. L'air de la chasse (n° 3), l'air martial (n° 5) sont très évocateurs du cor de chasse et des coups de canon ! Quant au Trinklied (la chanson à boire), il est également très entraînant, Allegro con brio, décidé et humoristique par ses ponctuations de groupes de 4 doubles croches descendantes.

Le Deutscher Gesang faisait office de refrain, puisqu'il fut joué après les quatre numéros suivants et qu'il fait partie de la coda.

L'orchestre est différent pour chaque numéro.

Marsch : piccolo, clarinette en *la*, cor en *ré*, trompette en *ré*, timbales en *ré* et *la*, cordes avec basses.

Deutscher Gesang : clarinette en *la*, cor en *ré* et cordes.

Jagdlied : piccolo, clarinette en *la*, rôle soliste du cor et peu d'intervention des cordes; tutti à la fin et «da capo» du Deutscher Gesang.

Minnelied : cordes, «da capo» du Deutscher Gesang.

Kriegslied : solo de timbales *la* et *ré*, cor, trompette et cordes, «da capo» du Deutscher Gesang.

Trinklied : piccolo, clarinettes, cor, trompette, timbales, cordes – Trio puis «da capo» le Trinklied et le Deutscher Gesang.

Deutscher Tanz, Walzer : clarinette, cor et cordes – «Segue coda».

La Coda, Allegro vivace : piccolo, clarinette, cor, trompette, timbale, cordes – elle commence par un arpège descendant à l'unisson, puis (à la mes. 47), 8 mesures andantino reprennent le thème du Deutscher Gesang, avant de retrouver le Tempo I.

Même si la musique est d'une simplicité désolante, cette œuvre a certainement contribué à fixer des images sonores traditionnelles dans l'écriture de Beethoven : les tierces et les sixtes liées au cor de chasse, les batteries militaires et les coups de canon, le 3/8 de la danse allemande et le recours à un mode ancien pour connoter le passé. Mais nous verrons comment il a su jouer de cet héritage conventionnel pour le subvertir en lui donnant une toute autre portée.

SOURCES

L'autographe de la partition se trouve à Berlin sans mention de titre ni d'auteur (Collection Artaria 1901).

Celui de la réduction pour piano se trouve à Bonn (1907), sans mention de titre ni d'auteur.

PUBLICATION

1888, dans la GA.

WoO 67

Huit Variations pour clavier à quatre mains en *ut* majeur

Thème du comte Waldstein
Tema. Andante con moto, **C***, ut majeur – 206 mes.*

TEMPS DE LA COMPOSITION

Sans doute à la même époque que le *Ritterballett WoO 1* (avant ou après), c'est-à-dire ou en 1790 (selon l'hypothèse de Johnson, Tyson, Winter dans leur ouvrage *The Beethoven Sketchbooks)*, ou en 1791-1792 (selon le catalogue Kinsky / Halm). Le comte Waldstein[1] vivait à Bonn depuis 1788, où il fut un des principaux protecteurs de Beethoven (c'est lui qui obtint du prince-électeur qu'il envoie Beethoven se former à Vienne à la fin de l'année 1792).

En effet, la première édition eut lieu à Bonn en septembre/octobre 1794 chez Nikolaus Simrock (1751-1832, corniste de l'orchestre de la cour, il avait ouvert une maison d'édition musicale à Bonn en 1793, ainsi qu'une à Paris, confiée à son frère). Le titre est en français :

«Variations / à quatre Mains / pour le Piano Forte / sur un Theme / de / Monsieur le comte Waldstein / Composées / par / Louis van Beethoven / chez Simrock à Bonn.»

CONTEXTE BIOGRAPHIQUE

D'après une lettre de Beethoven à Simrock, du 18 juin 1794 [1., 15], il s'avère que cette publication fut une initiative de Simrock, ce qui déplut à Beethoven pour plusieurs raisons : parce que Simrock ne lui avait rien demandé (Beethoven lui fait savoir qu'il aurait pu avoir vendu cette œuvre à Artaria, éditeur à Vienne, par exemple!); parce que l'édition ne se fonde pas sur le

1. Ferdinand Ernst von Walstein und Wartenberg zu Dux (1762-1823) arriva à Bonn entre le 29 janvier et le 1er février 1788, pour préparer son entrée dans l'ordre des chevaliers Teutoniques (il poursuivait à Bonn le noviciat qu'il avait commencé en 1787). Il fut intronisé chevalier de l'ordre Teutonique le 17 juin 1788, ce qui donna l'occasion d'une grande fête à laquelle participa l'orchestre de la cour de l'Électeur. Waldstein, compagnon de Maximilian Franz, aimait beaucoup la musique qu'il pratiquait comme pianiste et comme compositeur. À Vienne, il avait été assez intime avec Mozart, et il connaissait bien Haydn. Et il était le neveu de la comtesse Wilhelmine von Thun qui avait aidé Gluck, Haydn et Mozart à leurs débuts viennois avant d'aider Beethoven aux siens. Membre de la Lesegesellschaft, avant d'en devenir le président (1794), il souscrit, en 1790, au recueil de poèmes d'Eulogius Schneider [voir *WoO 87*]. Beethoven le rencontra dans la famille Breuning.

manuscrit revu et corrigé (qu'il va lui faire parvenir d'ailleurs par l'intermédiaire de son ami Waldstein) ; et parce que cette publication est prématurée (Beethoven aurait souhaité qu'une œuvre plus importante de lui soit publiée d'abord pour établir sa notoriété : il pensait sans doute aux *Trios pour piano, violon et violoncelle op. 1* qui vont paraître à Vienne chez Artaria en 1795). Malgré ses réticences, Beethoven accepta de corriger les épreuves (dans une lettre du 2 août 1794 [1., 17], il s'excusait de les avoir gardées si longtemps et il félicitait Simrock pour la qualité de la gravure).

Ce mécontentement atteste que Beethoven avait une sorte de politique éditoriale pour ses propres œuvres et permet de penser qu'il ne considérait pas ces *Huit Variations* comme une œuvre exceptionnelle – est-ce parce que le thème n'était ni de lui ni d'un compositeur à la mode ? Ou parce qu'il ne trouvait pas les variations d'une grande originalité ?

Pourtant, publiées une première fois à Bonn, ces *Variations à quatre mains* furent à nouveau publiées du vivant de Beethoven, entre autres chez Schott à Mayence, chez Mollo à Vienne (1810/1811).

Le 24 juillet 1819 [4., 1317], Artaria & Comp. écrivait à Beethoven pour lui demander des précisions « de numéro ou d'opus » pour certaines œuvres, dans le but d'établir le catalogue complet qu'il voulait publier avec la *Sonate op. 106* ; parmi ces œuvres sont mentionnées les « Variations à 4 mains in C ».

Même si Beethoven ne trouvait pas cette œuvre apte à « révéler » son génie au monde, elle porte pourtant des caractéristiques de son écriture : une pensée instrumentale plus que vocale (ce qui se révèle également dans le *Variations Righini WoO 65*), un usage très large (à plusieurs échelles) du principe de variation, les *Finales* constitués de l'enchaînement de sections différentes, la même importance donnée aux deux parties (aux quatre mains).

Présentation de l'œuvre

Le thème suggéré par le comte Waldstein (et sans doute mis en forme par Beethoven) est de 14 mesures, qui se déploient à partir de la seconde majeure initiale : *mi-ré* à la partie supérieure (ce thème n'est pas pensé comme vocal, mais comme en étroite relation avec les possibilités de l'écriture instrumentale, déjà variation du matériau minimal de base). Entre les mesures 7 et 12, ce thème module en *ut* mineur. Le début *sempre p* est repris *poco f* après le passage modulant, jeu sur la dynamique sonore qui sera utilisé dans les variations.

Le principe qui préside à ces variations est plutôt ornemental et conforme aux attentes des auditeurs : les variations brillantes et les variations plus calmes alternent. Ainsi, la première variation est une ornementation du thème sous forme de triolets de croches staccato à la partie supérieure, et les variations suivantes se succèdent sans surprise (les II, IV, VI sont brillantes, et les III, V, VII ont une expression plus douce, la variation VII comprend même une broderie Adagio 6/8 aux deux parties, annonciatrice d'un épisode de la dernière variation VIII). Quant à la dernière variation, elle est très inhabituelle : elle dure autant que les sept précédentes et est constituée d'une succession de sections de tempo et de caractère différents (comme ce sera souvent le cas dans les grands Finales d'œuvres importantes pour orchestre). Cette variation 8 commence Un poco adagio en *ut* mineur à quatre temps (c'est la première fois que le tempo et la tonalité changent), et se déploie autour de la seconde *mi-ré*, avec une dynamique sonore qui va *cresc.* de *pp* à *sf* (24 mesures). Puis une sorte de cadence soliste à la partie supérieure, sur la septième de dominante d'*ut*, permet de retrouver l'*ut* majeur, Allegro 6/8, métrique qui confère une tout autre allure au thème (17 mesures). Le tempo Adagio à **C** s'étend ensuite sur neuf mesures très ornées, avant une section qui retrouve l'Allegro à 6/8 en *ut* majeur pendant cinq mesures ; suivent 7 mesures Adagio à **C**, puis 4 mesures Allegretto complétées par un Presto final à 6/8, de 24 mesures.

Cette succession de différentes sections joue sur le changement non plus entre les variations mais à l'intérieur même d'une variation – comme si le principe de variation pouvait servir dans différentes situations (pour poser un thème, pour construire une œuvre selon un genre précis, pour inscrire un processus contrasté à l'intérieur d'un moment qui habituellement est homogène).

Sources

L'autographe se trouve à Paris au Conservatoire de Musique (depuis 1911). Il porte sur la page de titre cette mention, en partie en français :

« Variations / a quatre mains pour le piano Forte / [les indications qui suivent sont rayées et effacées] / Composta dal L.v. Beethoven. »

PUBLICATION

L'annonce de leur publication se trouve dans le catalogue de Breitkopf & Härtel paru à l'occasion de la « Michaelimesse », c'est-à-dire en septembre/octobre 1794.

WoO 64
Six Variations faciles sur un Lied suisse

Tema. Andante con moto, **C**, fa *majeur – 79 mes.*

TEMPS DE LA COMPOSITION

Vers 1790.

CONTEXTE BIOGRAPHIQUE

Beethoven a trouvé la mélodie du thème, donnée avec le texte de la première strophe :

Es hätt' e' Buur e' Töchterli,
mit Name heisst es Babeli,
sie hätt' e paar Zöpfli, sie sind wie Gold,
drum ist ihm auch der Dusle hold,

dans le recueil intitulé *Frohen Liedern für deutsche Männer* publié par Johann Friedrich Reichardt (1753-1814) à Berlin en 1781. Dans la préface de ce recueil, Reichardt (très influencé par la pensée de Rousseau et par les recherches de Herder) faisait remarquer qu'il s'agissait d'une vieille mélodie populaire authentique [1]. Cette mélodie a été également publiée en 1782, toujours par Reichardt, dans son *Musikalisches Kunstmagazin*, comme exemple destiné aux « jeunes artistes », et avec le commentaire de Herder tiré des *Stimmen der Völker* (recueil publié en 1779) : « la mélodie est légère et ascendante comme une alouette, le dialecte s'élance derrière elle dans un mélange de mots très vivant, ce qui n'est pas perceptible à partir de la transcription sur papier [2] ».

1. *In* Kinsky-Halm et *in* M. Friedländer, *Das deutsche Lied im 18. Jahrhundert*, 2 vol., Stuttgart et Berlin, 1902, vol. 1, p. 196 sq.

2. *Volkslieder*, Erster Theil. Zweites Buch, Reclam, p. 72 (cité par Thayer).

L'ensemble du *Volkslied* comprend sept strophes narratives. Le thème et chacune des six variations prévues par Beethoven correspondent sans doute à un épisode de l'histoire du jeune Dusle qui désire la jolie Babele...

PRÉSENTATION DE L'ŒUVRE

L'intitulé de l'édition originale donne une indication du contenu de l'œuvre : *Variations, « faciles », sur un air populaire.* L'intention de cette composition et de cette publication semble directement pédagogique (Beethoven, professeur de piano par nécessité économique, était une valeur sûre pour un éditeur soucieux de toucher un public d'amateurs en train de se constituer). Il faut souligner que même s'il détestait donner des leçons de piano, Beethoven se préoccupa, jusqu'à ses derniers jours, d'écrire une méthode de piano – les souvenirs de Gerhard von Breuning, son jeune ami, en témoignent. Ainsi, à partir d'un thème pour débutant, toujours reconnaissable, les variations ne présentent aucune difficulté technique.

Le thème de onze mesures est formé de notes piquées, noires et blanches, le plus souvent conjointes, à l'exception d'un saut de neuvième descendant à la mesure 8. Il est en *fa* majeur bien établi et est constitué de quatre membres de phrase (sans reprise).

La première variation orne le thème par des triolets de croches que s'échangent les deux mains.

La deuxième garde le thème à la main droite tandis que la main gauche entretient un rythme pointé (croche pointée – double-croche) qui donne un caractère décidé à l'ensemble.

La troisième, « Minore », en *fa* mineur, doit être jouée *sempre piano et legato.* Une voix médiane, conçue comme une basse d'Alberti, installe une référence polyphonique. Elle est la seule à comporter une répétition de la première phrase, puis une répétition des trois ensembles de phrase.

La quatrième, « Maggiore », retrouve le *fa* majeur et présente le thème en octave à la main droite, sur un accompagnement d'accords brisés en triolets, ce qui installe une certaine fluidité enjouée.

La cinquième, *sempre dolce*, a un caractère plus pianistique aux deux mains, et plus intimiste, avec de longs phrasés.

La sixième joue du contraste entre l'affirmation du thème octavié en noires régulières et à l'unisson des deux mains *ff* et de grandes gammes descendantes en doubles croches *p*. Elle atteint la plus grande intensité sonore de toutes les variations (*ff* sur le thème à l'unisson sur un registre de trois octaves).

Une Coda de trois mesures conclut ces *Variations piano* par une courte montée diatonique, en croches piquées, énoncée à la partie soprano et reprise en imitation au ténor, puis à la basse.

Tout en se conformant à la narration, Beethoven a pensé l'ensemble de ces variations comme une œuvre en progression rythmique et dynamique (triolets, rythmes pointés, fluidité des triolets puis des doubles croches et culmination sur des octaves redoublées de très grande intensité), qui se termine avec humour *piano*.

SOURCES

Le manuscrit autographe (à Bonn) porte la mention : « Variationen über ein Schweitzer Lied von L.v. Beethoven. »

PUBLICATION

L'édition originale a été assurée par Simrock à Bonn vers 1798. Le titre est en français :

« SIX VARIATIONS / faciles / D'UN AIR SUISSE / pour la Harpe ou le Forte-Piano / par / L. van BEETHOVEN. » [suivent le « tema » et les premières mesures pour deux mains des six variations].

Ce n'était pas la première fois que Nikolaus Simrock publiait une œuvre de Beethoven : depuis 1793, date de fondation de sa maison d'édition musicale à Bonn, Simrock publia plusieurs séries de Variations (*WoO 66, 67*), de son compatriote, confrère et ami.

D'autres éditions eurent lieu du vivant de Beethoven : en 1803, chez Jean Cappi à Vienne ; en automne 1804 chez Hoffmeister & Kühnel à Leipzig ; chez Schott à Mayence (après 1818).

WoO 5

Concerto pour violon en *ut* majeur (fragment)

Allegro con brio, ut *majeur,* **C** *– 259 mes.*

TEMPS DE LA COMPOSITION ET CONTEXTE BIOGRAPHIQUE

Ce fragment date de 1790-1792 à Bonn. L'œuvre ne fut pas achevée, mais Beethoven en réutilisa le matériau dans les esquisses de la première *Symphonie* en *ut* majeur *op. 21*. Et c'est sans doute elle qu'il propose à Carl Friedrich Peters à Leipzig dans sa lettre du 5 juin 1822 [4., 1468] : « Une Romance pour violon (Solo avec tout l'orchestre) pour 15 ducats[1]. »

PRÉSENTATION DE L'ŒUVRE

L'orchestre se compose d'une flûte, de deux hautbois, de deux bassons, de deux cors et de l'ensemble des cordes.

Une longue introduction de l'orchestre (96 mes.) précède l'entrée du violon solo virtuose.

Le motif initial très dynamique (blanche pointée suivie d'un rythme pointé : croche pointée – double croche) de l'Allegro con brio, de forme sonate, est énoncé à l'unisson des cordes, des cors et des bassons.

SOURCES

L'autographe se trouve à Vienne (GdM). Il ne comporte pas de signature, mais porte une mention de la main de Beethoven : « Concerto ». Il n'y a qu'un fragment du premier mouvement, en tout 259 mesures : l'introduction d'orchestre, la première phrase solo, le deuxième *tutti* et le début du développement ouvert par une phrase solo.

PUBLICATION

1879, en partition et en réduction pour piano dédiée à Gerhardt von Breuning par l'éditeur.

1. C'est l'hypothèse d'Alan Tyson, dans « A Beethoven Price List of 1822 », in : *Beethoven Essays. Studies in Honor of Elliot Forbes, hrsg. V. Lewis Lockwood und Phyllis Benjamin*, Cambridge (Mass.) 1984, p. 58 sq – réf. in *Briefe*, 4, p. 490.

WoO 27

Trois *Duos pour clarinette et basson* (*ut* majeur, *fa* majeur, *si* bémol majeur)

I.
Allegro commodo, **C**, ut *majeur – 113 mes.*
Larghetto sostenuto, 3/4, ut *mineur – 33 mes.*
Rondo. Allegretto, **C**, ut *majeur – 100 mes.*

II.
Allegro affettuoso, **C**, fa *majeur – 119 mes.*
Aria. Larghetto, 3/4, ré *mineur – 22 mes.*
Rondo. Allegretto moderato, 2/4, fa *majeur – 140 mes.*

III.
Allegro sostenuto, **C**, si *bémol majeur – 133 mes.*
Aria con Variazioni. Andantino con moto, 2/4, si *bémol majeur – 116 mes.*

TEMPS DE LA COMPOSITION ET CONTEXTE BIOGRAPHIQUE

Ces trois duos, sans doute composés vers 1792 à Bonn, devaient être destinés à accompagner les dîners à la cour. Peut-être ont-ils été écrits pour des musiciens précis ? Et dans ce cas, comme le supposait Thayer, pourraient-ils avoir été écrits en 1800 à Vienne pour le clarinettiste Joseph Beer et pour le bassoniste Wenzel Mattuschek ? Le style très simple situe plutôt ces duos au temps de Bonn.

PRÉSENTATION DE L'ŒUVRE

Les deux premiers duos sont de coupe classique, en trois mouvements (vif-lent-vif), avec un second mouvement Larghetto très chantant en tonalité mineure qui débouche sur « attaca Rondo ». Le Rondo final du premier duo comprend un couplet en *ut* mineur, qui doit être joué *espressivo* et *dolce*.

Le troisième duo n'a que deux mouvements : le second mouvement est constitué d'un thème Andantino con moto à 2/4 suivi de quatre variations ornementales (destinées à mettre en valeur la virtuosité des instrumentistes) – ces variations se terminent, apaisées, par 30 mesures Allegro assai à 6/8.

Chacun des deux instruments est doté d'une importance équivalente. Les lignes de chacun sont semblables, soient en imitation, soit ensemble, soit à la tierce ou à la sixte, soit en accompagnement l'un de l'autre.

L'impression donnée est celle d'une grande vitalité mêlée de sentiments « affectueux » de par le choix des tonalités et le caractère des mouvements ; l'écriture dispose à son gré de la maîtrise technique des instrumentistes, à l'écoute l'un de l'autre. S'il s'agit d'une musique de divertissement, c'est aussi une musique que fait plaisir aux instrumentistes qui la jouent.

SOURCES

Le manuscrit autographe est inconnu.

PUBLICATION

La première publication en voix séparées date de 1810-1815 :

« Duos pour Clarinette et Basson. Suite 1, 2. Paris, Lefort [...] »

La première publication allemande date des environs de 1830, chez André à Offenbach.

La première partition date de 1864 (GA).

WoO 51

Sonate facile en *ut* majeur (fragment)

Allegro, **C**, ut *majeur – 93 mes.*
Adagio, 3/4, fa *majeur – 36 mes.*

TEMPS DE LA COMPOSITION

Durant l'été 1792 (peu avant son départ pour Vienne) Beethoven écrivait à Eleonore von Breuning (se trouvant sans doute à la campagne, hors de Bonn) qu'il n'avait pas encore eu le temps de terminer la Sonate depuis longtemps promise – il plaisantait en faisant remarquer que les esquisses du manuscrit sont difficiles à réaliser par le copiste Paraquin (né en 1746, chanteur et contrebassiste, membre de l'orchestre de la cour) ! [1., 4]

Cette Sonatine n'a que deux mouvements et le second a été terminé par Ferdinand Ries lors de la publication posthume.

DÉDICATAIRE

Eleonore von Breuning (1771-1841), surnommée « Lorchen », faisait partie de la famille qui, à Bonn, a accueilli Beethoven avec beaucoup de chaleur et d'affection ; elle était la sœur aînée de Christoph (1773-1841), Stephan (1774-1827) et Lorenz (1776-1798). Élève de Beethoven (peut-être un de ses premiers amours ?), elle se maria, le 19 mars 1802, avec Franz Wegeler (1765-1848), l'ami qui avait introduit Beethoven dans cette famille dès 1782.

CONTEXTE BIOGRAPHIQUE

Beethoven, qui donnait des leçons de piano à Eleonore et à Lorenz, fut adopté par tous les membres de la famille Breuning : la mère Helene (1750-1838), veuve depuis 1777 (son mari, conseiller aulique – Hofrat – était mort dans l'incendie de la Résidence en voulant sauver les archives), l'oncle, les autres frères (Christoph et Stephan). C'est dans cette famille cultivée et ouverte aux idées nouvelles que Beethoven eut ses premières expériences d'amitié, d'amitié amoureuse, de dispute et de sociabilité. Un an après son arrivée à Vienne, il évoquait cette atmosphère dans la première lettre qu'il écrivait à Eleonore depuis son départ de Bonn [1., 11, 2 novembre 1793] : il lui disait qu'il pensait souvent à elle et à sa chère famille et qu'il regrettait la « fatale dispute » conséquence de son comportement abominable (il est impossible de dire de quoi il s'agit dans l'état actuel des connaissances) ; il lui envoyait également l'édition originale des *Douze Variations pour piano et violon WoO 40* avec une dédicace, espérant que cette petite œuvre raviverait les souvenirs de bons moments passés ensemble à Bonn.

Presque dix ans plus tard, Beethoven terminait sa longue lettre à Wegeler du 29 juin 1801 [1., 65] (dans laquelle il lui « avouait » qu'il devenait sourd), en lui demandant de saluer les amis de Bonn, en particulier « Frau Hofräthinn » (Madame la conseillère aulique) à laquelle il fallait signaler qu'il avait encore parfois des « raptus » (terme qu'Hélène von Breuning utilisait pour nommer les moments d'absence et de rêverie de Beethoven).

Outre les leçons de piano qu'il leur donnait, Beethoven faisait de la musique avec les enfants Breuning ou avec Wegeler, et leur écrivait parfois de petites pièces didactiques et faciles (la *Sonatine WoO 50*, les *Variations pour piano et violon WoO 40 et WoO 66*, le *Rondo pour piano et violon WoO 41*, et les *Variations pour trio piano, violon et violoncelle op. 44*, peut-être).

PRÉSENTATION DE L'ŒUVRE

Cette Sonate, qui n'a que deux mouvements, n'a été publiée qu'en 1830 (donc posthume). Elle est effectivement très didactique et très facile tant pour l'exécution au piano que par l'écriture.

Le premier mouvement Allegro, de forme sonate bien construite, joue avec les constituants de *do* majeur, pour le premier thème et de *sol* majeur pour le second (arpèges, notes tonales répétées, octaves), avec des mouvements contraires et dans une pulsation à la noire mise en valeur par des triolets de croches et des syncopes. Le court développement reprend les mêmes figures rythmiques (très simples) en modulant. La réexposition est classique (le second thème d'abord en *fa* majeur s'installe en *do* majeur) avec quelques modulations expressives de passage.

Le second mouvement Adagio, *piano dolce*, est de forme ab/a'b' avec un thème chantant et des broderies, les sections a et b jouant sur des oppositions de registre et les modalités différentes de phrasé.

SOURCES

Un fragment d'autographe est à Coblence dans la collection Julius Wegeler (1907). Il s'agit seulement d'un manuscrit recopié en 1798 (il n'y a que quelques corrections), auquel manquent le début du premier mouvement (mes. 1 à 44), les onze mesures de la fin du deuxième mouvement et tout le dernier mouvement.

PUBLICATION

En 1830 par Dunst, éditeur à Francfort (la famille Wegeler lui avait confié la copie sur laquelle quelqu'un a indiqué qu'il s'agissait d'un « Ouvrage inédit de Beethoven »).

Opus 52 n° 7
Marmotte

Lied avec accompagnement de piano sur un poème de Goethe extrait de la pièce de carnaval Jahrmarkstfest zu Plundersweilern, « Ich komme schon durch manche Land » Allegretto, la *mineur, 6/8 – 20 mes.*

TEMPS DE LA COMPOSITION

Sans doute entre 1790 et 1792 à l'occasion d'une représentation à Bonn de la pièce de carnaval de Goethe. Le texte du poème se trouve dans le huitième tome des écrits de Goethe publiés en 1789 à Leipzig.

CONTEXTE BIOGRAPHIQUE

Ce petit Lied humoristique témoigne de l'intégration de Beethoven dans la vie culturelle et dans les formes de sociabilité de la ville de Bonn.

PRÉSENTATION DE L'ŒUVRE

Seule la première des quatre strophes du poème de Goethe est mise en musique :

« Ich komme schon durch manche Land, /avecque la marmotte / und immer was zu essen fand, /avecque la marmotte, / Avecque, si, avecque la, / Avecque la marmotte. »

(J'ai déjà parcouru bien des pays, avecque la marmotte / et j'ai toujours trouvé de quoi manger, avecque la marmotte.)

Pour ce poème narratif, parodie des périples initiatiques de tout jeune apprenti, la voix est doublée et l'accompagnement continu imite les arpèges répétés de la vielle.

PUBLICATION

Voir huit Lieder de l'*opus 52*, p. 370-376.

WoO 112
An Laura

Lied avec accompagnement de piano sur un poème de Friedrich von Matthisson
Sans indication de tempo, 6/8, sol *majeur – 47 mes.*

TEMPS DE LA COMPOSITION

1792 sans doute (étant donné la proximité des esquisses avec celles pour le *WoO 40*).

Le poème choisi par Beethoven, écrit par un poète contemporain, Friedrich von Matthisson (1761-1831), fut publié dans le *Musenalmanach* de Voss et Goeckingk à Hambourg en 1785 sous le tire « An Serena », puis dans le premier recueil de poèmes de Matthisson qui parut en 1787, sous le titre « An Laura ». Il est composé de trois strophes de cinq vers. Sur l'autographe de Beethoven, seules les strophes 1 et 3 sont inscrites.

CONTEXTE BIOGRAPHIQUE

Le choix de ce poème a certainement été déterminé par les nombreux poèmes « An Laura », écrits par des amateurs et mis en musique par différents compositeurs, publiés dans les anthologies de l'éditeur de musique, Heinrich Philipp Boßler (1744-1812) – « Laura », figure poétique féminine à la mode (Schiller nomme souvent cette « Laura » dans ses premiers poèmes) était une référence implicite à Pétrarque et à la Renaissance. Ce poème de Matthisson est d'ailleurs dans le goût de la Renaissance, puisqu'il met en valeur la permanence des sentiments malgré le temps qui passe, et qu'il chante l'innocence reconnue de l'amour (après l'épreuve du Jugement dernier !).

Cette poésie, légèrement précieuse, ne laissait donc pas Beethoven indifférent, et même, selon son propre témoignage, il se sentait très en résonance avec Matthisson, auquel il écrivit, le 4 août 1804, en lui envoyant le Lied *Adelaïde op. 46* (composé en 1794-1795, et édité en 1797), que sa poésie lui procurait un plaisir immense [1., 47]. Pourtant, malgré son désir de s'approcher au plus près de l'univers poétique de Matthisson [1., 47], Beethoven ne mit en musique que *An Laura WoO 112*, *Adelaïde op. 46*, *Opferlied WoO 126* et *op. 121b* et *Andenken WoO 136*.

PRÉSENTATION DE L'ŒUVRE

Ce Lied, très bref, est constitué de plusieurs sections :

1. Les deux premières strophes chantées sur la même musique (les paroles de ces deux strophes sont indiquées sous la même ligne de chant). Il s'agit d'une mélodie en *sol* majeur à 6/8, bien établie dans sa tonalité et son balancement calme, avec un accompagnement au piano, doublant la voix et basé sur une syncope, ainsi que sur une montée de groupes de tierces répétées avec élision du premier temps, ce qui donne l'impression d'une respiration heureuse. Ces deux premières strophes sont reliées par un trait au piano qui inscrit une sorte de suspens sur trois registres avant de retrouver la tonique.

Le texte, porté par la mélodie qui s'écarte peu d'une ligne diatonique dans l'ambitus d'un octave (*sol-sol*), parle de joie, d'innocence, de tranquillité d'âme au moment du jugement dernier.

Freud' umblühe dich auf allen Wegen,
schöner als sie je die Unschuld fand,
Seelenruh', des Himmels bester Segen,

walle dir wie Frühlingshauch entgegen,
bis zum Wiedersehen im Lichtgewand!
Joie, épanouis-toi sur tous les chemins,
Plus belle que jamais a trouvé l'innocence,
La paix de l'âme, bénédiction céleste,
Va à la rencontre du souffle printanier,
Jusqu'au revoir en tenue de lumière!

Lächelnd wird der Seraph niederschweben,
der die Palme der Vergeltung trägt,
au dem dunkeln Tal zu jenem Leben
deine schöne Seele zu erheben,
wo der Richter unsere Taten wägt.
En souriant le séraphin,
Tenant la palme de la revanche,
Élève ta belle âme
Depuis la sombre vallée à la vie
Où le juge pèse nos actions

2. Après la reprise du trait de l'accompagnement, un passage récitatif commence par un saut de tonalité, *mi* bémol majeur, à 4 temps, et dure neuf mesures; après avoir modulé en *si* bémol majeur et s'être arrêté le temps d'un accord sur *sol* mineur, ce passage se termine par un accord de septième de dominante de *sol* majeur. Le texte évoque la rédemption.

Dann töne Gottes ernste Waage Wonne dir,
von jedem Missklang frei,
und der Freund an deinem Grabe sage:
Alors que sans aucune fausse note
Te salue la sentence divine
Que l'ami sur ta tombe dise.

3. La dernière partie retrouve alors le *sol* majeur à 6/8 et l'impression de douce respiration :

« Glückliche!
Der letzte deiner Tage
war ein Sonnenuntergang im Mai (bis). »
« Heureuse!
Ton dernier jour
Fut un coucher du soleil de mai. »

Ce dernier vers répété est soutenu par un accompagnement plus stable et joyeux, *pp*, sur une cadence parfaite. Les quatre dernières mesures de piano donnent une expansion heureuse à ce petit Lied, par la succession d'intervalles toujours plus larges dans le balancement du 6/8 (l'ambitus *sol-sol* est dépassé pour atteindre le *ré* aigu).

SOURCES

L'autographe (à Bonn, depuis 1927) a brûlé presque entièrement en 1960, mais il avait été reproduit en 1939 par Schiedermair dans *Der junge Beethoven*. Cet autographe avait été découvert dans une collection privée, à Leipzig, en 1911; il fut acquis par Kinsky pour le musée Heyer de Cologne, qui fit part de sa découverte dan l'*Allgemeine Musikalische Zeitung* XL, 43-45 (n° 2 du 10 janvier 1913).

PUBLICATION

En 1916 dans le Heyer-Katalog IV.

La première partie de ce Lied (sans le Récitatif) fut transposée pour le piano et publiée par Anton Diabelli comme 12e Bagatelle complétant les *Onze Bagatelles pour piano, op. 119*, en 1828 :

« 12 / NOUVELLES BAGATELLES / FACILES ET AGREABLES / POUR LE / Piano Forte / par / LOUIS VAN BEETHOVEN. / Œuv. 112. [*sic*] / VIENNE / …./ chez Ant. Diabelli et Comp. /… »

WoO 92

Erste Liebe, Himmelslust – Primo amore, piacer del ciel!

Scène et Air pour Soprano et orchestre sur un texte allemand de Anton von Halem (1752-1819)
L'orchestre se compose d'une flûte, de 2 hautbois, de 2 bassons, de 2 cors et de cordes.
Andantino cantabile, 3/8, la *majeur – 350 mes.*

TEMPS DE LA COMPOSITION ET PREMIÈRE EXÉCUTION

Comme l'atteste le papier utilisé pour le premier manuscrit, cette œuvre pour soprano et orchestre fut composée à Bonn, entre le début de l'année 1791 et l'été 1792 (elle est contemporaine des deux *Airs* pour basse et orchestre, *WoO 89* et *90*). Longtemps mal datée, elle a sans doute été composée pour la soprano Magdalena Willmann (1771-1802), membre de la chapelle électorale entre 1790 et 1793 et première chanteuse au Théâtre national de Bonn depuis 1791. Or, Beethoven connaissait cette chanteuse depuis son enfance : leurs familles avaient habité l'une et l'autre la maison Fischer.

Magdalena Willmann était une soprano qui avait la particularité rare de pouvoir descendre très bas, ce qui explique les passages très bas de l'*Air WoO 92* (passages impossibles à chanter pour une soprano normale).

Beethoven aurait revu cet *Air* avec une traduction italienne au moment où il prenait des leçons d'écriture vocale avec Salieri entre 1801 et 1802.

Il n'est pas impossible que Magdalena Willmann ait chanté cet Air à Vienne dans un concert organisé par Ignaz Schuppanzigh le 6 avril 1797, puisque fut annoncé sur le programme une « Arie von Hrn v. Beethoven, gesungen von Madame Willmann ».

CONTEXTE BIOGRAPHIQUE

Pour le temps de la composition, voir *WoO 89* et *90*.

Il est probable que Magdalena Willmann, une voisine d'enfance, élève de son père Johann, ait été un des premiers amours de Beethoven.

Beethoven a vendu cette œuvre à Artaria en 1814 pour des raisons financières – mais l'éditeur n'eut pas la possibilité de la publier parce que Beethoven, qui lui avait emprunté le manuscrit pour le revoir avant la publication, oublia de le lui restituer ! En 1824, Artaria le réclama à Beethoven, qui semble ne pas avoir donné suite, puisqu'en 1826 son ami Holz lui demande s'il est exact qu'il a vendu le *Rondo* à Artaria (*BKh* 6, mai 1824, p. 227, et n. 403 ; *BKh* 8, janvier 1826, p. 285). La firme Artaria récupéra ce *Rondo* après la mort de Beethoven, étant donné qu'il s'agissait d'une œuvre vendue et promise.

PRÉSENTATION DE L'ŒUVRE

Le texte allemand de Anton von Halem (1752-1819) fut publié à Hambourg dans le *Musenalmanach* pour l'année 1786 de J.H.Voss et de L.F.G. Göckingk, avec le titre : « Die Liebe. Rondeau. Nach dem Englischen ». Il s'agissait donc d'une traduction d'un modèle anglais.

Pourquoi le texte de ce Lied fut-il traduit en italien, après une première version du Lied en allemand ? La raison reste encore inconnue. Peut-être y a-t-il un lien avec les cours pris auprès de Salieri entre 1801 et 1802 : Beethoven aurait alors revu son Lied pour l'adapter à une traduction en italien, version qui est postérieure, comme l'atteste une partition autographe qui comprend le texte en italien inscrit par une main étrangère sous la partie de chant – partie de chant qui, à plusieurs endroits, est corrigée pour correspondre à la prosodie de la langue italienne (cette constatation est la même que pour l'*Air de Basse WoO 90*). Il s'avère que le texte allemand va mieux avec la musique.

Le poème insiste sur l'ébranlement du premier amour et sur la douleur de la séparation qui arrive vite.

1. *Erste Liebe, Himmelslust!*
Tief durchbebest du die Brust.
Lange sucht' ich, fand, und ach!
Nahe war der Trennung Schlag.
Premier amour, volupté céleste !
Tu fais trembler mon cœur.
Longtemps j'ai cherché, j'ai trouvé !
Hélas, le malheur de la séparation était proche.

2. *Andre, die auch Liebe trieben,*
Wussten Lieb' hinweg zu lieben.
Und dann liebten sie aufs neue :
Aber fern' entfloh die Treue.
D'autres amoureux
Surent aimer en passant
Ils aimèrent alors de nouveau.
Mais la fidélité s'est enfuie au loin.

3. *Treue Liebe, Himmelslust!*
Tief durchbebest du die Brust.
Lange sucht' ich, fand, und ach!
Nahe war der Trennung Schlag.
Amour fidèle, félicité céleste,
Tu as bouleversé mon cœur.
J'ai cherché longtemps, j'ai trouvé !
Hélas, le malheur de la séparation était proche.

6. *Leicht nur ward vom Pfeil gestreifet,*
Der, wenn Trennung ihn ergreifet,
Schnell verweint der Liebe Sehnen.
Wahre Liebe hat nicht Thränen.
Effleuré légèrement par la flèche,
Celui que la séparation a atteint
Efface vite par des larmes la nostalgie de l'amour.
Un amour vrai n'a pas de larmes.

8. *Aber drang mit süssen Schmerzen*
Tief der Pfeil durch beider Herzen;

Ruft dann Trennung diesem Bunde,
O dann heilt nur Tod die Wunde.
Mais si avec de douces souffrances
La flèche pénètre les deux cœurs
Et appelle à la rupture de cette union,
Alors mortelle est la blessure !

9. *Solche Lieb' ist Himmelslust !*
Tief durchbebet sie du die Brust.
Lange sucht' ich, fand, und ach !
Nahe war der Trennung Schlag.
Un tel amour est une volupté céleste !
Il a bouleversé mon cœur.
J'ai cherché longtemps, j'ai trouvé !
Hélas le malheur de la séparation était proche.

Le poème en allemand, sur lequel Beethoven a composé la musique, comprenait neuf strophes, dont il n'a retenu que six (les strophes 4, 5, 7 sont délaissées – les 5 et 7 étant une reprise de la première strophe), la première servant de refrain, repris trois fois (le qualificatif attaché à l'amour étant chaque fois nouveau : « Erste Liebe », « Treue Liebe », « Solche Liebe »). La traduction italienne n'a conservé, elle aussi, que les mêmes strophes (1, 2, 3, 6, 8, 9).

Le sous-titre « Rondeau » a été conservé par Beethoven, qui pourtant n'a pas construit la musique de cette « scène » comme un *Rondo* : si le refrain est repris, la musique au contraire avance vers la « catastrophe ». Les strophes 6 et 8 sont traitées sous forme de mélodrame dans le style de Benda : Beethoven a inscrit « recitativo » sur la partition.

Cette scène est donc un récit d'amour et de trahison, qui mène au désespoir, conséquence d'un bonheur perdu à jamais.

La voix n'entre qu'à la trente-deuxième mesure, après un moment d'errance harmonique de l'orchestre, sur le thème que les cordes, puis les différents vents ont exposé dès le début. Cette première partie de forme ABA est interrompue par un Récitatif qui commence Allegro moderato, **C**, en *ré* majeur, mais se transforme vite en instabilité harmonique, en style mélodramatique (déclamation syllabique, changements de tempo, caractère dramatique) en opposition avec le cantabile du début ; la deuxième partie de ce Récitatif est Larghetto en *la* mineur, à 3/8, véritable récitatif accompagné qui dit le désespoir causé par la séparation, et qui appelle la mort. Beethoven insiste sur les mots « *Trennung* » (séparation) (par une expressivité croissante, un unisson *ff*, un tremolo des cordes) et « *Tod* » (mort) (à la mesure 183, par une sixte napolitaine, par exemple).

Puis, après une musique qui se calme et s'évanouit, évocation de la mort consolatrice, Beethoven se dégage d'un da capo traditionnel, en conférant à la dernière strophe (qui commence par « *Solche Liebe* » ou « *Tal amore* »), la tonalité de *la* majeur, un tempo Allegro con brio, à 2/2, et une dimension orchestrale (en contraste avec l'aspect musique de chambre de la première partie) qui met en valeur la virtuosité vocale, la voix étant à la limite de son ambitus et multipliant les sauts d'intervalles, les coloratures, les sons aigus longuement tenus. Portée par cette intensité orchestrale, la phrase chantée est d'abord fortement scandée, puis se fragmente et tend vers l'exclamation, la voix insistant sur les mots : « *Trennung* », « *Himmel* », « *Brust* » (séparation, ciel, poitrine). Avant que les mesures finales n'affirment le *la* majeur, deux mesures adagio soulignent « *Nahe war der trennung Schlag* » (L'heure de la séparation était proche).

SOURCES

Des esquisses de la partie vocale (à Londres, Kafka-Skizzenbuch) comprennent le texte allemand.

Un manuscrit autographe (à Berlin, *Artaria-Sammlung*, 1901) comprend le texte en italien, avec des corrections de la ligne vocale (la musique a été modifiée pour s'adapter au texte italien). Ce manuscrit (source authentique) porte la mention inscrite par une main étrangère : « Rondo / Primo amore, piacer del ciel / per il Soprano. / comp : / dal L. vB », initiales complétées par « Beethoven ». Un ajout sur cette page de titre signale que la partition n'est « pas encore gravée », Artaria, de sa propre écriture, ayant noté qu'il s'agit de sa propriété.

PUBLICATION

1888, dans la GA.

WoO 89

Prüfung des Küssens (L'épreuve du baiser)

Aria pour basse et orchestre
Auteur Klamer Eberhard Karl Schmidt (1746-1824)
Andante con moto, 2/4, fa *majeur – 156 mes.*

TEMPS DE LA COMPOSITION ET PREMIÈRE EXÉCUTION

Cet Air fut composé à Bonn, entre le début de l'année 1791 et l'été 1792 (d'après le papier utilisé), sans doute pour l'excellente basse de l'orchestre de la cour, Joseph Lux, qui était également un acteur de premier ordre, en particulier dans le répertoire comique (selon l'indication du chapelain de la cour C. L. Junker, dans sa lettre publiée dans la *Musikalische Korrespondenz der teutschen Filarmonischen Gesellschaft* de Boßler, le 23 novembre 1791. Joseph Lux était depuis 1788 acteur et chanteur au Théâtre national de Bonn.

Cet air fut peut-être retravaillé à Vienne en 1795, pour une autre occasion.

Cet Air a peut-être été donné à Vienne en 1794-1795 année au cours de laquelle Beethoven eut des contacts officiels avec le Théâtre « An der Wien » et au cours de laquelle il composa les deux airs insérés dans le Singspiel d'Umlauf, « *die schöne* » *WoO 91 n° 1 et 2.*

CONTEXTE BIOGRAPHIQUE

Beethoven a composé cet Air comique quand il faisait partie de l'orchestre de la cour de Bonn (il a été nommé altiste en 1786), pour un chanteur qui était un de ses collègues. Il s'agit d'un air de concert, sur un texte en allemand, destiné à faire valoir une voix et à être utilisé comme intermède dans un concert.

Cette composition témoigne de l'insertion de Beethoven dans son milieu professionnel, ainsi que de son humour, à la limite de la grivoiserie. L'atmosphère de cet Air est celle même du Zehrgarten, Trinklokal où se retrouvaient les étudiants, les fonctionnaires de la cour, les professeurs de l'Université pour discuter en joyeuse compagnie autour d'une bouteille de vin du Rhin.

PRÉSENTATION DE L'ŒUVRE

Le texte de Klamer Eberhard Karl Schmidt utilisé par Beethoven (avec quelques variantes) avait été publié en 1776 dans le *Musenalmanach* de Göttingen. L'auteur de ce texte traduisait Pétrarque, Catulle, et publia plusieurs recueils de poèmes, *Poetische Briefe* (1782, 1790) et des œuvres en prose.

1. « *Meine weise Mutter spricht :*
Küssen, Küssen, Kind ! ist Sünde !
Und ich armer Sünder finde,
Doch das Ding so böse nicht !
« Ma mère, en sa sagesse dit :
Les baisers, les baisers, enfant, sont un péché !
Et moi, pauvre pécheur, je trouve
Que la chose n'est pas si mauvaise.

2. *Mord und Diebstahl weiss ich wohl,*
Ist ein schreckliches Vergehen :
Aber, troz, den will ich sehen,
Der mir das beweisen soll (bis)
Je sais bien que tuer et voler
Sont des actes horribles :
Mais, malgré tout je voudrais voir
Celui qui doit me le prouver.

3. *Meine Küsse stehl ich nicht :*
Doris giebt von freyen Stücken,
Und ich seh's an ihrem Blicken,
Dass ihr wenig Leid geschicht.
Mes baisers, je ne les vole pas,
Doris me les donne librement,
Et à ses regards je vois
Qu'elle ne s'en porte pas plus mal.

4. *Oft begiebt es sich, dass wir*
Uns, vor Lust, die Lippen beissen :
Aber soll das Morden heissen ?
Gott bwahre mich dafür ! (bis)
Il arrive souvent
Que nos lèvres se mordent de volupté :
Mais cela signifie-t-il tuer ?
Que Dieu m'en préserve.

5. *Mutter ! Mutter ! Schmäherey !*
Sünd ist Küssen ? Ist es eine ;
Nun, ich armer Sünder meyne,
Dass sie nicht zu lassen sey ! »
Mère, mère, quelle honte !
Les baisers sont-ils un péché ?
Si c'en est un, moi, pauvre pécheur, je pense
Qu'il ne faut pas qu'il en soit ainsi. »

L'orchestre est composé d'une flûte, de deux hautbois, de deux cors et de cordes (violons I et II, altos, et basses).

Chacune des strophes est traitée différemment par la musique. Les quatre premières sont Andante con moto à 2/4 et la cinquième Allegretto à C. La musique suit la tension émotionnelle d'un dialogue entre une mère et son fils, drôle et habile (le fils feint de ne pas comprendre les conseils de sa mère, et affirme son innocence)

Quatre mesures aux cordes installent la tonalité de *fa* majeur *piano*, de manière discrète (croches piquées), puis suivent quatre mesures de cor sur un rythme syncopé avant que tout l'orchestre n'intervienne et ne termine la phrase par un *forte* suivi d'un *piano*.

La voix entre doublée par les violons. « Küssen » (embrasser) est à découvert répété de façon à être bien entendu – de même pour « *böse nicht ! Mord und* » (pas méchant ! Mort et), expression soutenue par un ornement, un point d'orgue et un *forte*.

Les deux derniers vers de la deuxième strophe sont répétés sur un rythme très rapide dans le style récitatif du Singspiel. Suivent les strophes 3 et 4 (répétées) : le tempo est Allegretto à 2/2 (mesures 77 à 148), et des arpèges de triolets de croches aux cordes soulignent la dernière strophe « *Mutter, Schmäherei* » (Mère, ignominie) avec arrêt sur « *Sünd ist Küssen !* » (Embrasser est un péché !), question souvent répétée.

Après une cadence en *fa* majeur, *ff*, tutti, l'*Air* se termine par un Adagio de la mesure 148 à la mesure 156 – style de mélodrame pour souligner, « *Ja ich meine, dass sie nicht zu lassen sei !* » (oui, je pense que cela ne doit pas être ainsi !)

Puis les six mesures finales, aux violons I et à la flûte, *pp*, Adagio non tanto sur le thème initial de la voix, s'étiolent jusqu'à un *fa* à l'unisson (cordes et flûte).

SOURCES

L'autographe se trouve à Berlin, avec cette mention : « Prüfung des Küssens, *in musik gesetzt von L. v. Beethoven.* », mais sans indication de la composition de l'orchestre. Avec seulement le tempo *Andante con moto* et à la fin de l'œuvre : *Ende*. Cet autographe faisait partie de l'inventaire après décès de Beethoven et a été acquis par Tobias Haslinger en novembre 1827.

La partition a été corrigée par Beethoven à l'encre noire.

Il existe une copie de la partie chantée (à Berlin), avec la mention écrite au crayon : « *Prüfung des Küssens. / Canto* ».

PUBLICATION

1888, dans la GA.

CORRESPONDANCE

Le 5 juin 1822 [4., 1468], dans une lettre à C.F. Peters de Leipzig, Beethoven proposait cet *Air*, avec l'Air sur un texte de Goethe (*WoO 90*), pour 16 Ducats, « avec réduction pour piano si vous le désirez ».

WoO 90
Mit Mädeln sich vertragen
(S'accorder avec les filles)

Air pour basse et orchestre sur un texte de Crugantino, extrait de la scène « In der Dorfherberge » (dans l'auberge du village) dans le Schauspiel mit Gesang Claudine von Villa Bella *écrit par Goethe en 1776 (première version)*
L'orchestre se compose de 2 hautbois, 2 cors, 2 violons, alto, basse
Allegro vivace animoso, 6/8, ré *majeur – 247 mes.*

TEMPS DE LA COMPOSITION ET PREMIÈRE EXÉCUTION

Cet *Air* fut composé comme le précédent (*WoO 89*) à Bonn, sans doute durant la deuxième moitié de l'année 1792 (été-automne 1792), vraisemblablement pour l'excellente basse Joseph Lux.

Comme l'*Air WoO 89*, cet Air a été écrit pour un chanteur précis en vue d'être donné en concert, mais les dates des premières représentations sont inconnues.

CONTEXTE BIOGRAPHIQUE

Voir *WoO 89*.

En juin 1822, Beethoven proposait les deux *Airs* pour basse à l'éditeur de Leipzig Peters, car il avait besoin de trouver des revenus financiers supplémentaires (il ne composait plus que de grandes œuvres, ce qui ne lui rapportait pas immédiatement, et il avait son neveu à élever). Il était certain que ces Airs (pour basse et orchestre, ou pour soprano et orchestre) pouvaient figurer dans des programmes de concert, comme intermède ou divertissement entre des œuvres plus sérieuses.

Cet *Air* serait la première approche d'un texte de Goethe par Beethoven – contemporaine des esquisses pour le « *Flohlied* » (Chant de la puce) extrait de *Faust* (voir *op. 75*).

PRÉSENTATION DE L'ŒUVRE

Le texte est tiré du *Schauspiel mit Gesang, Claudine von Villa Bella* (publié par Goethe en 1776, pour la première version, et en 1788 pour la seconde). Ce *Schauspiel* fut mis en musique par Ignaz von Beecke (1730-1803) en 1780, par J.F. Reichardt en 1788 (à Berlin) – Franz Schubert le mettra en musique en 1815 (D.239).

Mit Mädeln sich vertragen,
Mit Männern 'rumgeschlagen,
Und mehr Credit als Geld –
So kommt man durch die Welt.

(S'accorder avec les filles, / se chamailler avec les hommes / plus pour l'influence que pour l'argent – C'est ainsi que l'on parcourt le monde.)

Ein Lied, am Abend warm gesungen,
Hat mir schon manches Herz errungen,
Und steht der Neider an der Wand,
Hervor, den Degen in der Hand!

(Un Lied, chanté le soir avec chaleur, / a déjà remué bien des cœurs / et le jaloux me colle au mur / la dague à la main.)

'raus! feurig, frisch! Den Flederwisch!
Kling! Kling! Klang! Klang!
Dik! Dik! Dak! Dak!
Krik! Krak!

(Dehors, plein de feu, robuste, avec le plumeau / Kling! Klang! / etc.)

Beethoven ne se préoccupa que de cet unique Air (au premier acte de la première version), air de bravoure comique (air à boire) du brigand Crugantino amoureux de la belle demoiselle. La voix entre après 17 mesures d'introduction d'orchestre, en *ré* majeur bien affirmé (par la répétition de gammes descendantes, suivies de six mesures de cadence) qui donnent le matériau du Lied (gamme, arpèges, en 6/8). Dans la deuxième strophe en *la* majeur la voix est soutenue par des accords tenus. La troisième strophe, avec un rythme qui accentue la métrique à 6/8, joue avec les onomatopées du texte, *ff*, avec mordants aux cordes. Ces trois strophes sont reprises avec un accompagnement qui se densifie, mais l'*Air* se termine sur une reprise des premiers vers et non sur les onomatopées.

Dans son ensemble, l'*Air*, porté par le balancement du 6/8, s'envole léger et comique, dans le genre bouffe.

SOURCES

L'autographe se trouve à Berlin. Il porte la mention : « Mit Mädeln sich vertragen / in Musick gesezt von L.v.Beethoven » (S'accorder avec les filles, mis en musique par L.v.Beethoven). Non daté, il comprend beaucoup de corrections et de ratures. Le texte qui est inscrit sous la partie de chant est de la main de son ami J. M. Degenhart (1768-1800) – cet homme qui a inscrit un long poème consacré à l'amitié dans l'Album offert par ses amis (le 30 octobre 1792) et auquel Beethoven a dédié le *Duo pour deux flûtes WoO 26.*

PUBLICATION

La première édition n'eut lieu qu'en 1888 dans la GA.

CORRESPONDANCE

Le 5 juin 1822 [4., 1468], Beethoven proposait cet *Air* à C.F. Peters de Leipzig, en même temps que le précédent : « En ce qui concerne les Chants, j'en ai exécuté de plus grands, ainsi par exemple un Air comique avec grand orchestre sur un texte de Goethe "*S'accorder avec les filles*" & également un autre Air du même genre, pour chacun desquels je demande 16 ducats (avec la réduction pour piano, si vous le désirez). »

WoO 117

Der freie Mann (L'Homme libre)

Voir p. 94.

WoO 41

Rondo pour le piano-forte avec violon obligé

Allegro 6/8, sol *majeur – 164 mes.*

TEMPS DE LA COMPOSITION

D'après une lettre datée (depuis peu) de l'été 1792 (à Bonn), il peut être établi que Beethoven a composé ce *Rondo* avant l'été 1792.

CONTEXTE BIOGRAPHIQUE

Beethoven a composé ce *Rondo* pour piano et violon (comme les *Douze Variations*

WoO 40 sur le « Se vuol ballare » des *Noces de Figaro* de Mozart ou les *Treize Variations pour piano WoO 66*) à Bonn, peu avant son départ pour Vienne, alors qu'il était très intégré à la famille Breuning, et qu'il faisait de la musique avec les enfants, en particulier Eleonore (qu'il estime ne pouvoir nommer que « son amie », même si elle n'est pas toujours d'accord !). Pour entretenir cette amitié, et remercier la famille de tout ce qu'elle fait pour lui, Beethoven, au cours de l'été 1792 qu'Eleonore passe chez son oncle à Kerpen, lui envoie son manuscrit qu'il n'a pas le temps de copier ou de faire copier lui-même (il a trop à faire avant son départ pour Vienne), dans l'espoir que cette œuvre raviverait le souvenir des bons moments passés ensemble.

Juste avant son départ, il essaie de récupérer ses manuscrits pour les mettre dans ses bagages : il compte les améliorer grâce aux leçons qu'il doit recevoir de Haydn, avant de les faire publier.

PRÉSENTATION DE L'ŒUVRE

Ce *Rondo* est formé d'un thème et de trois « couplets ».

Cette petite œuvre pleine de vitalité, bien que destinée à un cercle privé, présente déjà un esprit symphonique par son thème (combinaison de trois motifs) et le traitement proche d'un développement de sonate. Le piano seul présente la première partie du thème.

Le deuxième « couplet » est en *sol* mineur.

SOURCES

L'autographe est perdu, mais il existe une copie établie par J. B. Paraquin, musicien à la cour, d'après le manuscrit autographe envoyé par Beethoven en 1792 – cette copie a servi à l'édition originale assurée par Simrock en 1808.

PUBLICATION

Ce *Rondo* a été publié au début de l'année 1808 à Bonn par Simrock, avec un titre en français : « Rondeau / pour le / Piano-Forte / avec violon obligé, / composé par / L. van Beethoven [...] ».

CORRESPONDANCE

Au cours de l'été 1792 [1., 4], Beethoven envoyait à Eleonore von Breuning (alors à la campagne chez son oncle, à Kerpen, près de Bonn), en signe d'amitié tout autant que de remerciement à sa famille, le manuscrit de ce Rondo ainsi que celui des *Treize Variations pour clavier sur l'Ariette « Es war einmal ein alter Mann » (WoO 66)*, extrait du Singspiel de Karl Ditters von Dittersdorf, *Das rote Käppchen* (représenté à Bonn en février 1792 pour la première fois) car il n'avait pas le temps de le copier lui-même : « vous pouvez faire copier le Rondo, et me renvoyer ensuite la partition », partition qu'il réclame (entre autres) à Stephan von Breuning, en fin octobre 1792, donc peu avant son départ pour Vienne [1., 5]. Il espérait que ces quelques petites œuvres lui feraient plaisir (il n'avait pas encore fini la Sonate, peut-être la *Sonatine WoO 51*).

WoO 26

Duo en *sol* majeur pour deux flûtes

1. Allegro con brio, ¢, sol *majeur – 154 mes.*
2. Minuetto quasi Allegretto, 3/4, sol *majeur – 62 mes.*

TEMPS DE LA COMPOSITION

Beethoven a écrit ce *Duo* le 23 août 1792 pour son ami J. M. Degenhart, « en témoignage d'amitié peu de temps avant son départ » pour Vienne. C'est sa dernière composition écrite à Bonn.

PRÉSENTATION DE L'ŒUVRE

La musique est très simple, dans une tonalité de *sol* majeur bien établie et avec deux parties bien différenciées d'importance équivalente.

L'Allegro con brio initial est de forme sonate sans surprises, avec un court développement modulant, caractérisé par une subtile imbrication des phrases. Le jeu est très volubile.

Dans le Minuetto, le chant est confié à la première flûte et le Trio évoque un instrument de musique populaire.

SOURCES

L'autographe de ce *Duo* pour flûtes se trouve à Berlin ; il porte la mention : « für Freund Degenharth von L. v. Beethoven. /1792/ d 23n /august / Abends 12 ».

PUBLICATION

1901, dans la deuxième édition du premier volume de la biographie de Beethoven de A. Wh. Thayer, revue par H. Deiters (Berlin, 1901).

Dédicataire

Johann Martin Degenhart (1768-1800), jurisconsulte, avait été au Gymnasium de 1779 à 1782, puis avait étudié la philosophie de 1783 à 1785, avant de suive des études de droit jusqu'en 1791. En 1799, la République française reconnut ses qualités et le nomma notaire. Il jouait de la flûte. Appartenant au cercle des amis de Beethoven, il lui écrivit un long poème, qu'il recopia avec une graphie très régulière sur deux pages de l'*Album* offert au compositeur (le *Stammbuch)* en date du 30 octobre 1792 – ce poème, dans le genre d'une ode de Klopstock, interpelle l'ami : « À toi le plus cher, puissant maître dans l'art des sons » pour évoquer l'amitié, l'importance de posséder un cœur sensible, et la douleur de la séparation.

WoO 111
Punschlied

Lied avec chœur à l'unisson et accompagnement de piano sur un texte d'auteur inconnu Feurig, sol *majeur, 6/8 – 28 mes.*

Temps de la composition

Beethoven composa ce court Lied en 1791 ou 1792 à Bonn (sans doute en même temps et pour la même occasion que le *Trinklied* WoO 109, et en relation avec les mêmes modèles). Il s'agit d'une chanson à boire destinée certainement à ses compagnons de Trinklokal, le Zehrgarten, tenu par une amie de sa famille, madame Koch, et fréquenté par les étudiants et les professeurs de l'Université toute proche.

Contexte biographique

Voir *Trinklied WoO 109.*

Ce court Lied fait partie des œuvres destinées à favoriser les liens entre les participants d'une société et il témoigne du goût qu'eut Beethoven pour ce genre d'assemblées chaleureuses. Ici, il s'agit sans doute d'étudiants, et/ou de ses amis au moment de son départ pour Vienne – comme le *Trinklied (chant d'adieu) WoO 109.* Pratiquement en même temps que ce *Punschlied*, Beethoven s'amusera à écrire la musique du *Flohlied*. Chanson de la puce chanté par Méphistophélès dans la taverne d'Auerbach devant des étudiants éméchés (le *Faust / Ein Fragment* de Goethe a été publié en 1790).

Présentation de l'œuvre

Pour ce *Lied* strophique, seule la première strophe est indiquée avec la musique. Ce texte chante la chaleur du punch qui circule de main en main et qui produit la joie de tous.

Wer nicht, wenn warm von Hand zu Hand
der Punsch im Kreise geht;
der Freude voll're Lust empfand,
der schleiche schnell hinweg.
Wir trinken alle hoch erfreut,
so lang uns Punsch die Kumme beut (bis).

(Celui qui ne fait pas partie du cercle où le punch circule chaud de main en main ; celui qui n'éprouve pas la joie de la plénitude du plaisir,/ qu'il se glisse vite dehors. / Nous buvons tous hautement réjouis, / aussi longtemps que le punch nous fait plier l'échine.)

La musique est très simple et la voix est doublée par le piano, presque de bout en bout à l'unisson : c'est un 6/8, fougueux, qui commence sur l'arpège brisé de *sol* majeur, ce qui donne une allure assez militaire et se poursuit sans quitter le rythme balancé du 6/8, ni le *sol* majeur. Les voix, en chœur, reprennent le texte et la musique des deux derniers vers. Quatre mesures de conclusion du piano conservent le caractère joyeux et entraînant de l'ensemble.

Sources

L'autographe se trouve à Berlin. Il porte la mention « *Punschlied* » et une indication à la fin : « Pour les strophes 2e, 3e, 6e et 7e le chœur sera laissé de côté jusqu'à la barre qui marque la fin, et la petite ritournelle entonnée, celle qui sera répétée pour chaque strophe. »

Publication

1925, dans l'ouvrage de Ludwig Schiedermair, *Der Junge Beethoven*, p. 425 sq.

WoO 109
Trinklied (beim Abschied zu singen)
Chanson à boire (à chanter pour l'adieu)

Lied pour voix et chœur à l'unisson sur un texte d'auteur inconnu
Allegretto, ₵, ut majeur – 49 mes.

Temps de la composition

Ce *Trinklied*, daté habituellement de 1787, fut sans doute composé vers 1791-1792, à la fin de la période de Bonn, d'après le papier utilisé. Il s'agit d'une composition de circonstance à l'occasion de son propre départ pour Vienne en novembre 1792. Le texte a été écrit par un amateur (le genre « chanson à boire » était très apprécié et répandu).

Contexte biographique

Au cours de l'été 1792, sur les instances du comte Waldstein, le prince-électeur Maximilian Franz accepta d'envoyer Beethoven se perfectionner à Vienne auprès de Haydn, qui avait remarqué ses dons exceptionnels lors d'un passage à Bonn. Haydn, musicien « universellement connu », y était passé en décembre 1790 en se rendant à Londres (Peter Salomon[1], qui était venu le chercher à Vienne pour l'obliger à se rendre à Londres diriger une série de concerts, était originaire de cette ville). Salomon avait donc choisi de s'y arrêter[2], et Maximilian Franz organisa une réception qui mit en contact les musiciens de l'orchestre de la cour et Haydn[3]. À son retour, Haydn repassa par Bonn en juillet 1792, et c'est sans doute à ce moment là qu'il s'intéressa à Beethoven.

Envoyer les jeunes gens doués se former à Rome, à Berlin où à Vienne (suivant leur spécialité), était une pratique courante : ainsi le cousin de Beethoven, le violoniste Franz Rovantini avait été envoyé à Berlin et à Dresde entre 1773 et 1775 aux frais de l'électeur, ou Wegeler, l'ami de Beethoven, avait été envoyé à Vienne poursuivre sa formation de médecin entre 1787 et 1789.

Au moment du départ de Beethoven, ses amis lui offrirent un Album sur lequel ils avaient inscrit des vœux de réussite sous forme de courts poèmes ou de citations extraites d'œuvres qu'ils aimaient lire ensemble (Klopstock, Herder, Schiller) – cet Album est le reflet d'une idéologie humaniste fondée sur l'aspiration à la Vérité liée à la Beauté, à la Bonté et à la Justice, l'Amitié constituant le lien social nécessaire. Les amis, présents à Bonn, en ce mois d'octobre 1792, et plusieurs autres, alors absents, se retrouvaient souvent dans la librairie-buvette, Trinklokal dénommé le Zehrgarten pour discuter joyeusement autour d'un verre de vin du Rhin. Ce Trinklokal se trouvait sur la place du Marché entre l'Université et la Résidence, si bien que des professeurs comme des fonctionnaires se mêlaient aux étudiants, joyeux buveurs qui aimaient entonner les chansons à boire publiés par Boßler, *Blumenlese* (Florilège). Ces chansons, écrites par des amateurs, étaient publiées et mises en musique par des compositeurs contemporains tels Franz Anton Rosetti (in *Blumenlese* 1783, 1785), Justin Heinrich Knecht (in *Blumenlese* 1785), ou Neefe.

Présentation de l'œuvre

Ce « chant de départ », brève pièce sur un texte de poète amateur, est une invitation à boire pour fêter la joie de l'amitié qui diminue la peine de la séparation. Quatre mesures de piano introduisent l'ensemble du Lied par une figure rythmique/harmonique très joyeuse et dynamique (des groupes de triolets de croches, qui affirment l'*ut* majeur). Puis sur une mélodie très simple, doublée par la main droite et soutenue par une basse d'Alberti, le soliste chante le premier couplet (il y en a deux). Au terme de chacun des deux couplets accompagnés par le piano et séparés par une ritournelle, le chœur reprend le dernier membre de la phrase du chanteur, toujours avec le même accompagnement. Une coda, *f*, du piano part de la ritournelle initiale.

Erhebt das Glas mit froher Hand
Und trinkt euch heitren Mut.
Wenn schon, den Freundschaft euch verband,
Nun das Geschikke trennt,
So heitert dennoch euren Schmerz
Und kränket nicht des Freundes Herz (bis).

(Levez votre verre avec une main heureuse / et buvez avec bonne humeur./ Celui que l'amitié lie, le destin le sépare,

Modérez pourtant votre douleur,/ et ne chagrinez pas le cœur de l'ami.)

1. Johann Peter Salomon est né à Bonn en février 1745 et mort à Londres le 28 novembre 1815 (ce qui chagrina Beethoven qui voyait en lui « une noble créature » et qui se souvenait de lui depuis son enfance, d'après une lettre à Ferdinand Ries du 28 février 1816 [3., 908 p. 234]). Violoniste, compositeur, il devint organisateur de concerts par souscription à Londres. Il appartint plusieurs années à l'orchestre de la Chapelle électorale de Bonn (1758-1765), avant d'être maître de chapelle du prince Heinrich de Prusse, frère de Frédéric le Grand, jusqu'en 1780, puis de passer par Paris pour se fixer à Londres à partir de 1781.

2. Ils y arrivèrent le jour de Noël 1790.

3. Voir Marc Vignal, *Haydn*, *op. cit.*, p. 339-340.

Nun trinkt, erhebt den Becher hoch,
ihr Brüder, hoch
Und singt nach treuer Freunde weisem Brauch
Und singt das frohe Lied.
Uns trennt das Schicksal, doch es bricht
Die Freundschaft treuer Herzen nicht. (bis).

(Buvez maintenant, levez haut votre verre, / vous mes frères / et chantez la sage coutume de l'ami fidèle / et chantez le joyeux Lied.

Le destin nous sépare, mais il ne brise pas / l'amitié de nos cœurs fidèles.)

Le chanteur souligne par de longues tenues les injonctions «*trinkt*» (buvez) et «*hoch*» (haut) ainsi que l'interpellation «*Brüder*» (frères) (termes qui seront mis en valeur dans l'*Ode à la joie*, qui est, à l'origine, une chanson à boire).

SOURCES

L'autographe se trouve à Londres.

PUBLICATION

1888, dans la GA.

Hess 144 = Opus 52 n° 2 (première version) *Feuerfarb'*

Poème de Sophie Mereau, «Ich weiss eine Farbe, der bin ich so hold»
Andante con moto, 6/8, sol *majeur – 24 mes.*

TEMPS DE LA COMPOSITION

Beethoven a trouvé ce poème, signé simplement «Sophie», dans le *Journal des Luxus und der Mode* publié en 1792. Il en composa une première version musicale au cours de l'été 1792 (donc avant son départ pour Vienne), comme l'atteste la mention de cette composition dans une lettre du 26 janvier 1793, écrite par Fischenich à Charlotte von Schiller : il lui envoyait ce Lied pour qu'elle lui dise ce qu'elle en pensait.

PRÉSENTATION DE L'ŒUVRE

Sur les huit strophes du poème de Sophie Mereau, seules dont deux sont mises en musique dans cette première version :

Ich weiss eine Farbe, der bin ich so hold, die achte ich höher als Silber und Gold; die trag'ich so gerne um Stirn und Gewand und habe sie Farbe der Wahrheit *genannt.*

Wohl blühet in lieblicher, sanfter Gestalt die glühende Rose, doch bleichet sie bald. Drum weihte zur Blume der Liebe *man sie; ihr Reiz ist unendlich, doch welket er früh.*

(Je connais une couleur, à laquelle je suis sensible, qui, pour moi, a plus de valeur que l'or et l'argent, que je porte volontiers autour du front et sur mes vêtements et que j'ai appelé *couleur de la vérité*.

Avec bonheur, la rose ardente s'épanouit en une forme charmante et douce, mais bientôt elle pâlit. C'est pourquoi on la consacre comme fleur de l'*amour*, son attrait est infini, même si elle se fane vite.)

Les mots sont soulignés par Beethoven sur la partition.

Andante con moto, à 6/8, en *sol* majeur, la voix est doublée et la mélodie parfois ornée. Les deux strophes sont différentes, avec suspension harmonique et rythmique sur «*bleichet sie bald*» (bientôt elle pâlit).

SOURCES

Le manuscrit autographe (à Vienne, GdM) comporte la mention : «Feuerfarb. in Musick gezezt von l.v. Beethoven».

PUBLICATION

Voir 1805, *op. 52 n° 2*, p. 370-376, pour la seconde version retravaillée.

WoO 114 *Ein Selbstgespräch* (Un monologue)

Lied pour voix et accompagnement de piano sur un poème de Johann Wilhelm Ludwig Gleim
Mi *majeur, 2/4 – 160 mes. (sans indication de tempo)*

TEMPS DE LA COMPOSITION

Ce Lied a certainement été composé en 1792 à Bonn, comme en témoignent les esquisses mêlées à celles des *Variations* sur le thème de Mozart «Se vuol ballare» pour piano et violon, *WoO 40*.

CONTEXTE BIOGRAPHIQUE

Ce Lied, monologue intérieur de l'adolescent qui, comme Chérubin des *Noces de Figaro*, découvre l'amour, est le premier exemple de mise en musique par Beethoven de cette référence à la situation émotionnelle provoquée par la découverte de l'amour (il exprimera à nouveau ce sentiment dans *Seufzer eines Ungeliebten und Gegenliebe WoO 118*, en 1794, ou dans *Neue Liebe, neues Leben WoO 127*, en 1798-1799). Or, d'après les esquisses, Beethoven eut l'idée de mettre ce poème en musique au moment où il composait des *Variations* pour deux instrumentistes (piano et violon) sur un air des *Noces de Figaro*. La Cavatine (n° 3) « Se vuol ballare » de Figaro est un air porteur de revendications politiques et sociales qui, par métonymie dans le contexte de l'ensemble de l'opéra que sont les *Noces de Figaro*, évoque Chérubin et ses émois amoureux pour une comtesse, en particulier…

À l'âge d'un peu plus de vingt ans, Beethoven attache à cet émoi amoureux une musique d'une grande homogénéité tonale et rythmique, qui sait mettre en valeur la pression émotionnelle par les vagues de gammes s'élançant, à la main gauche, des notes graves vers des notes toujours plus hautes, pour s'installer dans la stabilité assurée par la répétition d'un même motif.

Beethoven considérait ce Lied comme digne d'être publié puisqu'il le proposa pour 12 ducats à Carl Friedrich Peters éditeur à Leipzig, le 5 juin 1822 [4., 1468, p. 493], avec d'autres ouvrages dont il dressait la liste (il en indiquait les prix) : ce Lied, quatrième des « Gesänge fürs Klawier allein » proposés, est indiqué sous la dénomination de « *Mi* majeur Moi qui jusqu'ici était un cœur volage ».

PRÉSENTATION DE L'ŒUVRE

Le texte est de Johann Wilhelm Ludwig Gleim (1719-1803), et il a été souvent édité (la première fois en 1749).

Ich, der mit flatterndem Sinn,
Moi qui jusqu'ici étais volage
Bisher ein Feind der Liebe bin,
ennemi de l'amour
Und es so gern beständig bliebe,
et qui restais si volontiers ainsi,
Ich ! ach ! ich glaube, dass ich liebe.
Je crois, hélas, que j'aime.

Der ich sonst Hymen angeschwärzt,
Moi qui autrefois dénigrais l'hymen
Und mit der Liebe nur gescherzt,
et me riais de l'amour,
Der ich im Wankelmut mich übe,
moi qui pratiquais l'irrésolution (me complaisais dans l'irrésolution)
Ich glaube, dass ich Doris liebe.
Je crois que j'aime Doris.

Denn ach ! Seitdem ich sie gesehen,
En effet, depuis que je l'ai vue
Ist mir kein' andre Schöne schön.
Il n'y a rien de plus beau
Ach, die Tyrannin meiner Triebe !
Ah ! Elle, tyran de mes penchants,
Ich glaube gar, dass ich sie liebe.
Je crois bien que je l'aime.

Ce Lied est de forme A B A' : A représente la première strophe, B la seconde, A' parce que la premières strophe est répétée mais déployée dans la tonalité de la tonique. La voix est doublée de bout en bout par la voix supérieure de la main droite. La texture d'ensemble est constituée par un accompagnement haletant (de doubles croches alternées entre les deux mains) qui par moments laisse place à une ligne continue répétant trois fois de suite le même motif – mais la pulsation est toujours à la double croche et la voix chante dans le style d'un récitatif accompagné au débit heurté par l'émotion.

Ce Lied commence par un arpège ascendant de *mi* majeur (2 mesures) et la voix entre sur un accord parfait de *mi* majeur : cette affirmation de stabilité domine le déroulement de la musique qui module à la dominante *si* majeur dans la partie A, et passe en *sol* majeur dans la partie B quand « *ich* » reconnaît qu'il aime (tonalité éloignée du *mi* majeur initial – le pivot de la modulation étant le *si* majeur).

L'économie de moyens confère une impression de certitude joyeuse à cette musique : Beethoven n'a recours qu'à la stabilité tonale (*mi* majeur – *si* majeur, avec épisode en *sol* majeur), renforcée par une ligne vocale diatonique qui suit les notes de la gamme (sur un ambitus médian ramassé ne dépassant pratiquement pas l'octave *mi-mi*) et qui est soutenue soit par un accompagnement haletant (sur un ambitus plus large que celui de la voix), soit par la répétition de courts motifs proches de l'ornement.

La musique met en valeur quelques termes : « ich », « ich glaube », « liebe », de différentes manières (répétitions, tenues sur cadences, notes qui dépassent l'ambitus établi pour la voix dans ce Lied).

Sources

Des esquisses (à Vienne, GdM) datent de 1792.

Le manuscrit autographe (à Berlin) ne porte aucune mention (ni titre, ni tempo, ni nom d'auteur). Il date vraisemblablement de 1793, recopié par Beethoven à partir d'un manuscrit (perdu) établi à Bonn en 1792.

Publication

1888, dans la GA.

Opus 103

Octuor pour instruments à vent en *mi* bémol majeur

2 hautbois, 2 clarinettes, 2 cors, 2 bassons
Cet Octuor est la forme primitive du Quintette à cordes opus 4 (arrangé en 1796)
Allegro, ¢, mi *bémol majeur – 194 mes.*
Andante, 6/8, si *bémol majeur – 127 mes.*
Menuetto, 3/4, mi *bémol majeur – 116 mes.*
Finale. Presto, ¢, mi *bémol majeur – 223 mes.*

Temps de la composition

1792, à Bonn; revu à Vienne en 1793. Il s'agit d'une « musique de table » destinée à accompagner les dîners du prince-électeur. Il a été écrit pour les excellents instrumentistes à vents de l'orchestre de la cour (parmi lesquels le corniste Nikolaus Simrock).

Le témoignage d'un hôte du prince-électeur en 1791 confirme cette qualité de l'orchestre :

« Dès le premier jour j'ai entendu la “musique de table”, qui joua tous les jours, aussi longtemps que le prince-électeur séjourna à Mergentheim. Cette musique comprend 2 hautbois, 2 clarinettes, 2 bassons, 2 cors. On peut considérer ces 8 instrumentistes comme maîtres en leur art. On rencontre rarement une musique d'une telle qualité, qui sonne si bien ensemble, qui se comprend si bien, et qui atteint particulièrement un tel degré de vérité et de perfection. » (extrait d'un article de Carl Ludwig Junker « Noch etwas vom Kurkölnischen Orchester » publié dans la *Musikalische Korrespondenz der teutschen filarmonischen Gesellschaft* du 23 novembre 1791[1]).

1. Cité par Ludwig Schiedermair in *Der junge Beethoven*, p. 85.

Contexte biographique

Cet *Octuor à vents* (dénommé « eine achtstimmige Parthie ») est une des dernières œuvres d'une certaine importance composées à Bonn (révisée à Vienne).

Mozart a pu servir de référence avec sa *Sérénade*, intitulée « *Gran Partita* », pour 13 instruments à vent K.361 (en sept mouvements). Cette *Sérénade* fut composée en 1781 mais ne fut éditée que vers 1803 à Vienne. L'influence certaine de Mozart passe peut-être d'abord par *Don Giovanni* et la musique de table commandée par Don Giovanni au début du Finale (n° 24) de ce « Dramma giocoso in due atti » (qui fut créé à Prague le 29 octobre 1787, représenté à Vienne pour la première fois le 7 mai 1788 ; à Mayence, le 13 mars 1789 ; à Francfort, le 3 mai 1789 – à la fin de l'année 1788, Neefe, le maître de Beethoven à Bonn, en fit une traduction allemande). Mozart fait alors intervenir sur scène une « musique d'harmonie » constituée de deux hautbois, de deux clarinettes, de deux cors et de deux bassons : « *Che ti par del bel concerto ?* » (Que te semble de ce beau concert ?) demande Don Giovanni à Leporello, qui répond – « *E' conforme al vostro merto* » (Il est digne de votre mérite).

Dans le *Musikalische Lexicon* de Heinrich Christoph Koch de 1802 l'article « Harmoniemusik » signale que les morceaux composés pour les 8 instrumentistes à vent sont appelées « Parthien », et que souvent il s'agit de transcription d'opéra ou d'autres morceaux qui ne sont pas destinés au départ à cet usage[2]. Effectivement, la musique de scène du Finale de *Don Giovanni* enchaîne un air du *Cosa rara* de Martin y Soler (opéra qui date de 1786), un air du *I due Litiganti* de Giuseppe Sarti (opéra qui date de 1783), puis l'air « Non più andrai » des *Noces de Figaro* (créé en 1786) : « Questa poi ben la conosco » (Celui-là, je le connais déjà) commente Leporello.

Cet *Octuor* fit vraisemblablement partie des œuvres musicales envoyées par Beethoven et par Haydn au prince-électeur en novembre 1793, comme preuve du travail fructueux effectué à Vienne, et donc démonstration de la nécessité de prolonger le congé de Beethoven. Outre cet *Octuor*, les œuvres sont un quintette, un concerto pour hautbois,

2. Laaber, II, p. 381.

des variations pour pianoforte et une fugue (partitions perdues aujourd'hui pour la plupart).

Mais malgré l'intervention du « grand » Haydn, le prince refusa d'être dupe (il avait déjà entendu ces œuvres à Bonn !) et l'exprima d'une manière très directe (il rectifia lui-même, à plusieurs endroits, le texte que son secrétaire avait rédigé) : il estimait que Beethoven n'était capable que de laisser des dettes et qu'en fait il n'était pas sérieux ! Quelle qu'ait été la réponse du prince, Beethoven était bien décidé à prolonger son séjour à Vienne (comme en témoigne sa lettre du 2 novembre 1793 à Eleonore von Breuning, lettre dans laquelle il signale qu'il ne sait pas quand il reviendra à Bonn tant son sort est appréciable à Vienne [1., 11]).

Cet *Octuor à vents,* qui ne fut pas édité du vivant de Beethoven, fut donc « corrigé » par Haydn, avant d'être envoyé, en novembre 1793, au prince-électeur. Après avoir envoyé sa partition, Beethoven se préoccupa de ce que le prince en avait fait : il s'informa auprès de Simrock pour savoir si l'on jouait sa « Parthie » à Bonn – peut-être aurait-il aimé qu'elle soit publiée (Simrock avait ouvert une maison d'édition en 1793).

Quelques années plus tard, la partition de cet *Octuor* servit également de matériau de base à la composition du *Quintette à cordes op. 4*, composé en 1795/96 et présenté par l'éditeur comme œuvre nouvelle ; effectivement, il s'agit d'une véritable ré-élaboration plus que d'une transcription pour une autre formation instrumentale.

PRÉSENTATION DE L'ŒUVRE

Le terme de « Parthie » employé par Beethoven et par Haydn indique que cet *Octuor* était conçu comme une sorte de partita, c'est-à-dire comme une composition dans un style plus ancien, qui n'avait pas encore la rigueur du genre de musique qu'était la sonate (genre qui commençait à s'imposer au détriment de la partita, qui était un genre « baroque » fait de la succession libre de mouvements contrastés).

Cet *Octuor,* bien que dénommé « *Parthie* » par Beethoven, n'est pourtant constitué que de quatre mouvements (et non de sept).

Il commence par un Allegro en *mi* bémol majeur à ¢, mené par le hautbois. La texture est homogène sans complexité : l'écriture harmonique verticale domine, ce qui crée une sonorité d'ensemble particulière, chaude et tonique.

L'Andante en *si* bémol majeur à 6/8 qui suit est encore dominé par le hautbois qui joue une mélodie, proche d'une cantilène mozartienne. Le récitatif du hautbois sur suspension harmonique, au milieu de cet Andante, constitue une « figure » que Beethoven reprendra dans l'*Ouverture* de Leonore.

Le Menuetto en *mi* bémol majeur à trois temps est construit à partir de noires *staccato* qui installent une pulsation régulière interrompue seulement par des *sf* et des points d'orgue qui ponctuent les phrases. Le Trio, très court, privilégie les sonorités de la clarinette et du basson, et joue avec la spécificité sonore de chaque groupe d'instruments par rapport à la sonorité de l'ensemble.

Le Finale, Presto à 2 temps (alla breve, ¢) en *mi* bémol majeur est impulsé par la clarinette et retrouve une écriture harmonique identique à celle du premier mouvement. La dynamique sonore (fréquents *sf*, fréquents passages *ff*) et le rythme incisif (*sf* sur temps faibles, par exemple, et tonicité des notes piquées) confèrent une grande vitalité à ce Finale.

L'importance accordée aux moments « solistes » des cors, en particulier à la fin du Presto, quand ils doivent jouer *sempre p e dolce* (soutenus par les bassons) et dans la coda (ce sont les deux cors qui dirigent la conclusion), explique sans doute la question de Beethoven à Simrock (« avez-vous exécuté ma Parthie ») et témoigne de l'attention qu'il portait à la sonorité des cors, cette sonorité qui non seulement accompagne Leonore, mais possède également une fonction thématique dans la *Troisième Symphonie op. 55* – attention qui laisse supposer qu'il associait ces sonorités à différentes situations émotionnelles (autres que le bruit de la chasse ou des batailles !) en liaison avec sa pratique de la musique au sein de la chapelle électorale de Bonn.

SOURCES

Le manuscrit autographe de cet *Octuor* (à Berlin) a été écrit sur du papier utilisé à Vienne. Il porte cette mention sur la page de titre :

« Parthia dans un Concert. In Es / a / Due Oboe / Due Clarinetti / Due Corni / Due

Fagotti / Di L. v. Beethoven. » (sur les quatre dernières portées de ce manuscrit se trouvent les esquisses d'un Andante en *sol* majeur pour clavier).

PUBLICATION

Cet *Octuor* fut édité posthume en 1830 par Artaria à Vienne ; il reçut un peu plus tard le numéro d'opus 103, car ce numéro d'opus était resté vide, malgré la remarque d'Artaria dans sa lettre du 24 juillet 1819 [4., 1317], qui disait n'avoir rien trouvé pour certains numéros d'opus, dont le 103, au moment où il cherchait à dresser le catalogue des œuvre de Beethoven, – catalogue qu'il publia avec la *Sonate pour piano opus 106*.

La première partition de cet *Octuor* fut éditée en 1863 dans la GA.

CORRESPONDANCE

Le 23 novembre 1793 [1., 12 et 13], Beethoven et Haydn écrivaient au prince-électeur Maximilian Franz pour demander une augmentation de la « bourse » et un prolongement du séjour à Vienne, et ils envoyaient les œuvres composées durant cette première année. Beethoven annonçait dans sa lettre que Haydn envoyait les travaux qu'il avait déjà réalisés pour se conformer aux vœux du prince-électeur [1., 12]. Quant à Haydn, il écrivait qu'il envoyait quelques compositions de Beethoven (un quintette, un octuor à vent, un concerto pour hautbois, des variations pour piano et une fugue), témoignage de son application. Haydn se disait persuadé que Beethoven était un très grand compositeur et qu'il avait encore besoin de rester à Vienne – il ajoutait que le prince serait fier de l'avoir encouragé [1., 13].

Dans sa réponse (écrite par son chancelier mais corrigée par lui) [1., 14], le prince-électeur faisait remarquer à Haydn que, à part la Fugue, le reste des musiques envoyées avaient été composées et exécutées à Bonn avant le nouveau voyage de Beethoven à Vienne, ce qui le faisait douter des progrès réalisés depuis son départ ! Beethoven n'était capable que de laisser des dettes (comme lors de son premier voyage au printemps 1787) [1., 14].

Dans une lettre du 2 août 1794 [1., 17], envoyée depuis Vienne à Nikolaus Simrock qui se trouvait toujours à Bonn (où, corniste dans l'orchestre de la cour depuis 1775, il était devenu éditeur en 1793), Beethoven lui demandait s'il avait « déjà joué sa Parthie » – il s'agit sans doute de cet *Octuor* (opus 103). Beethoven posait-il cette question en vue d'une édition ou pour s'enquérir du devenir de ses œuvres en son absence, en particulier de l'usage fait de cette partition qu'il avait expédiée au prince-électeur, en novembre 1793, par l'intermédiaire de Haydn (donc un an après son départ de Bonn, d'où il était parti en novembre 1792) ?

WoO 25

Rondino pour huit instruments à vent en *mi* bémol majeur

2 hautbois, 2 clarinettes, 2 cors et 2 bassons
Andante, 2/4, mi *bémol majeur – 125 mes.*

TEMPS DE LA COMPOSITION

Ce petit *Octuor* à vents fut composé à Bonn sans doute vers 1792. Comme l'*Octuor* en *mi* bémol majeur (*op. 103*), il s'agit d'une « musique de table » commandée par le prince-électeur pour divertir ses hôtes, pratique de cour qui existait encore, et qui était assurée par une formation spécifique d'instruments à vent (ou « musique d'harmonie »).

CONTEXTE BIOGRAPHIQUE

Cette musique de divertissement, musique fonctionnelle par excellence, porte une référence implicite à *Don Giovanni*, opéra de Mozart créé en 1787 à Prague (et en 1788 à Vienne), c'est-à-dire à une œuvre musicale qui n'a plus rien à voir avec une quelconque fonction décorative : au cours du second et dernier *Finale*, Don Giovanni exige que le repas auquel il a convié le Commandeur soit accompagné de musique ; Leporello s'empresse de faire entrer les musiciens auxquels Mozart s'est amusé à confier des airs à la mode, en particulier un air des *Noces de Figaro* (voir *supra l'Octuor* op. 103).

Stimulé par cette référence à la musique de Mozart, Beethoven a su utiliser les sonorités propres à chacun des instruments à vent composant cette « musique d'harmonie » pour faire de ce *Rondo* une sorte de duo pour cors accompagnés des bois (hautbois, clarinettes, bassons). Ce grand rôle conféré au cor est, entre autres, lié aux qualités de corniste de Nikolaus Simrock, corniste de l'orchestre de la cour. Au regard des œuvres postérieures de Beethoven, son utilisation soliste aux connotations variées (chasse, appel, écho, « musique d'harmonie », musique de divertissement, évocation et souvenir de Mozart, etc.) est à retenir, en particulier pour mesurer l'importance de la présence de ce timbre à partir duquel sera construite la *Troisième Symphonie* (André Boucourechliev parle de « thème-cor »), et sera caractérisé le personnage de Leonore.

PRÉSENTATION DE L'ŒUVRE

Ce petit *Rondo* pour vents est constitué de trois « couplets » et d'un « refrain » légèrement varié à chaque fois qu'il intervient. Le refrain comme les trois couplets présentent quelques subtilités d'écriture : le thème du refrain est donné par le premier cor soutenu par un basson, avant d'être repris par tous, et les trois « couplets » sont bien différenciés par la tonalité, la technique instrumentale requise, la texture sonore. En effet, le premier « couplet », en *ut* mineur, est mené par la clarinette, puis par le hautbois qui successivement déroulent une mélodie assez dramatique (cet effet est produit par une ligne rythmiquement diversifiée et entrecoupée de courts soupirs); les autres instruments accompagnent de manière plus ou moins dense de façon à entretenir une pulsation, *pp* continue, de doubles croches (sauf la mesure de triolets en doubles croches staccato du hautbois, reprise par le basson). Le deuxième « couplet » est un épisode en *mi* bémol mineur mené par les deux cors avec accompagnement discret d'un basson. Le troisième est dominé par l'échange virtuose de traits (arpèges et gammes) en triples croches entre une clarinette et un cor.

Cette brève composition joue avec les modifications des combinaisons instrumentales pour mettre en relief les connotations sonores associées au timbre du cor. Les parties des deux cors sont inscrites au-dessus des autres parties dans la notation. Ce *Rondino* est en quelque sorte un *Rondo* pour cors avec accompagnement des autres instruments à vent : ce que confirme la coda réservée aux deux cors seuls pour évoquer la ritournelle *senza tempo* avec effet d'écho (assuré par l'utilisation de la sourdine : *col sordino/ senza sordino*).

SOURCES

L'autographe (à Bonn) porte la mention : « *Rondo. Andante* ».

PUBLICATION

La première édition de la partition eut lieu à Vienne au cours de l'été 1830 chez Diabelli & Comp., œuvre posthume dénommée « *Rondino* » par l'éditeur.

WoO 66

Treize Variations pour clavier en *la* majeur sur « *Es war einmal ein alter Mann* »

Thème extrait de Das Rote Käppchen, *Singspiel de Dittersdorf*
Tema. Allegretto, 2/4, la *majeur (37 mes.) – 537 mes.*

TEMPS DE LA COMPOSITION

Le Singspiel en deux actes de Carl Ditters von Dittersdorf (1739-1799) fut composé d'après un livret de Filippo Livigni pour l'opéra *Giannina e Bernadone* (1781) de Domenico Cimarosa et d'après *Il Decamerone* (1348-1353; 47e jour, 4e récit) de Giovanni Boccaccio (le livret est de Dittersdorf).

CONTEXTE BIOGRAPHIQUE

Le Singspiel *Das rote Käppchen,* créé à Vienne en 1788 au Kärntnertortheater, fut représenté à Bonn en février 1792 avec grand succès. Dans un article paru à Gotha dans le *Theaterkalender aus das Jahr 1793 [Calendrier des Théâtres pour l'année 1793]*, Neefe (sans doute) signalait que ce *Singspiel* avait plu de manière extraordinaire, au point que plusieurs de ses airs avaient été bissés[1].

« Tout y est si populaire ! Si compréhensible ! L'accompagnement des instruments est si varié, vivant et brillant [...] »

Le succès de ce Singspiel est confirmé par les premières publications de la maison d'édition fondée par Nikolaus Simrock en 1793 : *Six morceaux faciles pour quatre mains* extraits de cette œuvre, les *13 Variations* de Beethoven et les *13 Veränderungen (Métamorphoses, Varia-*

1. *Cf.* Thayer-D.-R. I, 3, 256 sq., Nr6.

tions) sur « Das Frühstück schmeckt viel besser hier » de Neefe dédiées au comte Ferdinand von Waldstein (et publiées par Simrock en même temps que celles de Beethoven). D'autre part, une grande quantité de « chansons » extraites de ce Singspiel furent publiées sous forme de réduction pour piano chez Götz à Mannheim, Munich et Düsseldorf.

Beethoven et Neefe connaissaient d'autant mieux ce Singspiel que, lors des représentations à Bonn, Neefe dirigeait l'orchestre dans lequel Beethoven était altiste.

Il n'est pas impossible que par ses *Variations* pour piano, Beethoven escomptait lui aussi obtenir un succès qui forcerait la reconnaissance pour ses dons de pianiste virtuose (qui commençaient à être remarqués depuis qu'en 1791, lors du voyage de l'orchestre de la cour électorale à Mergentheim, il s'était mesuré à Franz Xaver Sterkel, cet abbé virtuose résident à Aschaffenburg (voir *WoO 65 Variations Righini*).

Ces *Variations* sur un air à la mode ainsi que les « musiques de table » ou les chansons à boire témoignent de l'intégration de Beethoven à la société de son temps et à sa fonction de musicien de cour : il sait se couler dans l'air du temps !

Plusieurs lettres témoignent de l'intérêt qu'il portait à cette œuvre, conçue à Bonn et emportée à Vienne pour la soumettre à Haydn, qui la corrigea et l'envoya, en novembre 1793 [1., 13], comme preuve des progrès de Beethoven, au prince-électeur qui y reconnut une œuvre composée à Bonn (voir l'*Octuor op. 103*). De Vienne, Beethoven, la fit éditer par Simrock à Bonn et il exigea qu'il lui en envoie plusieurs exemplaires : pouvoir offrir quelques partitions de ces *Variations* lui semblait donc judicieux pour sa reconnaissance à Vienne.

PRÉSENTATION DE L'ŒUVRE

L'action de l'opérette comique en deux actes de Dittersdorf se passe en Allemagne. Le sujet est celui de la jalousie et de la fidélité, autour de deux couples (l'un âgé avec un mari jaloux, et l'autre jeune, protégé par un oncle). Pour que le vieux couple retrouve la paix, l'oncle se déguise en vieux marchand pour vendre au mari jaloux une « cape rouge » qui assure à celui qui la porte la fidélité de sa femme.

L'air choisi par Beethoven, « *Es war einmal ein alter Mann* » (Il était une fois un vieil homme), est une histoire pleine d'humour en cinq strophes, qui raconte comment la jeune et jolie femme d'un vieux mari jaloux finit par être courtisée par un jeune médecin magnétiseur !

L'agencement du thème de la mélodie humoristique de Dittersdorf a été repris par Beethoven pour l'agencement de l'ensemble des variations.

Ainsi, la mélodie du thème est un enchaînement de phrases répétées dont l'accumulation s'intensifie jusqu'à l'effet de surprise produit par une mesure vide avec un point d'orgue qui crée un vide après la dominante (la cadence est suspendue !) – suit alors une réprise raccourcie du début de la mélodie. Cet agencement organise la succession de ces *13 Variations* : chacune possède son caractère expressif et l'ensemble semble s'achever avec le *Capriccio* qui, en fait, représente la cadence attendue depuis le début, et qui est suivi par la dernière variation, interprétation martiale du thème.

L'humour de la mélodie de Dittersdorf est transposé par Beethoven dans la composition de ses *Variations* à partir d'une combinaison d'éléments strictement musicaux : les changements de tempo et de métrique de variation en variation, les contrastes de tempo et de métrique à l'intérieur même de variations (V, IX, XII), les références explicites à une virtuosité qui met en valeur les qualités de l'interprète et peut être considérée comme une métaphore de la séduction (la variation VII ressemble à une étude, la IX est un libre jeu d'imitation entre les deux mains, la XI déploie trilles et tremolo qui créent une texture dense et solide), la fausse conclusion proposée par un « Capriccio », et dans la variation finale la métamorphose de l'esprit du thème qui de léger devient martial.

Thème Allegretto, 2/4

Var. I : elle donne de l'ampleur au thème par le legato de doubles croches ascendantes ; sur la même structure que le thème.

Var. II : très proche du thème, elle retrouve les notes piquées et joue sur l'opposition des registres entre les deux mains.

Var. III : Commodetto, le thème est ornementé par des triolets de doubles croches.

Var. IV : très proche du thème, avec au centre une basse d'Alberti.

Var. V : Risoluto 2/4 – Arioso / Andante com moto 6/8 – Tempo I, 2/4, elle oppose deux caractères.

Var. VI : Espressivo, en *la* mineur, le jeu est très legato.

Var. VII : Allegro non molto 6/8, se caractérise par sa virtuosité faite d'arpèges en doubles croches à la main droite, sur des arpèges de croches piquées à la main gauche.

Var. VIII : Tempo I *sempre dolce* et *sempre legato*, est dominée par un rythme pointé à la main droite et par une imbrication rythmique des deux lignes.

Var. IX : Con spirito avec *ff/p* – Andantino, 2/2 – Tempo I, 2/4, joue du contraste : virtuosité / calme.

Var. X : elle possède une ligne très ornée qui lui confère une certaine légèreté.

Var. XI : Allegro 6/8, elle est très virtuose et solide.

Var. XII : Allegro non tanto, con grazia, **C**, est ornée tout en reposant sur des répétitions d'accords.

Le « Capriccio / Andante » 6/8 de 16 mesures, a la fonction d'une sorte de « cadence » non virtuose, en balancement 6/8, mais qui n'est qu'une fausse fin.

Var. XIII : Marcia vivace, **C**, en notes pointées autour du thème, conclut l'ensemble.

SOURCES

L'autographe est à Paris (BnF).

PUBLICATION

L'édition originale date de l'automne 1793 chez Simrock à Bonn. Le titre est en partie en français : « Ariette / tirée de l'Operette [*sic*] / das rothe Kaeppchen / Es war einmal ein alter Mann / Variée / pour le Clavecin ou Piano Forte / par / L. van Bethoven [*sic*] / a [*sic*] Bonn ches [*sic*] Simmrock [*sic*] / [suivent les notes de la première phrase] ».

Ces *Variations* furent rééditées du vivant de Beethoven à Mayence, chez Zulehner vers 1800, puis chez Schott en 1818 ; à Vienne chez Giovanni Cappi en 1803.

CORRESPONDANCE

Dans la lettre écrite au cours de l'été 1792 à Eleonore von Breuning [1., 4], Beethoven signalait qu'il lui envoyait des *Variations* (vraisemblablement ces *13 Variations*). À la fin du mois d'octobre 1792 [1., 5], peu avant son départ pour Vienne, il demandait à Stephan von Breuning, un des frères d'Eleonore, de lui faire parvenir les *Variations* qu'il avait envoyées à « Lorchen », sans doute parce qu'il avait l'intention de les emporter à Vienne.

Pas tout à fait une année après la publication de ces *Variations*, dans une lettre du 18 juin 1794 [1., 15] à l'éditeur Simrock, Beethoven espérait que la « faute très importante » de la première édition allait être corrigée : la variation 6 est en *la* mineur et non *la* majeur. Malgré cette faute, Beethoven demandait à Simrock, le 2 août 1794 [1., 17], de lui envoyer quelques exemplaires de ses *Variations* (il lui avait fait remarquer dans sa lettre du 18 juin 1794, qu'Artaria à Vienne était plus généreux : qu'il payait mieux et qu'il donnait douze exemplaires !).

WoO 115
An Minna

Lied sur un texte d'auteur inconnu
Allegretto, 3/4, ré *majeur – 22 mes.*

TEMPS DE LA COMPOSITION

Sans doute entre la fin 1792 et le début 1793, en tout cas peu après l'installation à Vienne. Il a peut-être été inspiré par le Lied *Minna am Bach*, un des douze Lieder de Fraenzl et Bernhard Anselm Weber publiés en 1784 dans les *Blumenlese* de Boßler ; ou par le Lied *Die Kunst, geliebt zu werden [L'Art d'être aimé]* de Schmittbaur publié dans les *Blumenlese* de 1782, ou encore par le Lied *An mein Täubchen* de Rosetti publié dans les *Blumenlese* de 1787, ensemble varié de Lieder qui s'adressent à une femme nommée *Minna*.

CONTEXTE BIOGRAPHIQUE

Comme *An Laura WoO 112*, ce Lied correspond au goût de l'époque et du public pour lequel Beethoven écrivait ce genre de petites compositions : il répondait à une pratique sociale répandue.

PRÉSENTATION DE L'ŒUVRE

Le texte insiste sur la disparition des soucis et la joie que donne l'amour partagé.

« Nur bey dir an deinem Herzen / fliehen Sorge Gram und Scherzen / und die Stifterin der Leiden / unsre Liebe schaft uns Freuden / die kein Gott mir ohne dich, / die kein Gott dir

ohne mich / schaffen keiner geben kann / du mein Weib und ich dein Mann (bis) ».

(C'est seulement quand je suis près de ton cœur / que s'envolent soucis chagrin et plaisanteries / et ceux qui provoquent ces maux. / nos amours nous procurent des joies / qu'aucun dieu ne peut créer sans toi, / que ton dieu ne peut pas créer sans moi, / que personne ne peut donner / toi ma femme et moi ton mari.)

La voix se déplace sur l'ambitus de la gamme de *ré*, avec dépassement sur *ohne dich, ohne mich*, sa ligne est simple et doublée par le piano. Cinq mesures concluent de manière affirmative par une gamme montante de *ré* majeur en doubles croches qui souligne « *Mann* », avant que la phrase ne redescende sous forme d'arpège jusqu'au *ré* grave.

SOURCES

L'autographe ne comporte que les esquisses. Il se trouve à Vienne. Sur les premières portées il n'y a que la mélodie sans texte et sans accompagnement, puis, à partir du troisième système, l'accompagnement de piano est seul, sans texte ni mélodie.

PUBLICATION

1888, dans la GA.

WoO 116

Que le temps me dure

Lied sur un texte de Jean-Jacques Rousseau
Première version : en ut *m, 6/8, sans titre*
Seconde version : en ut *majeur, 2/4*

TEMPS DE LA COMPOSITION

Beethoven s'est intéressé à ce texte de Rousseau à la fin de l'année 1792 à Bonn et/ou au début de l'année 1793 à Vienne. Il a esquissé ce Lied en même temps que les *Variations pour piano et violon sur le « Se vuol ballare » de Moza*rt WoO 40 et que le *Lied « Selbstgespräch »* WoO 114.

CONTEXTE BIOGRAPHIQUE

Ces esquisses sur un poème de Rousseau témoignent encore de l'intégration de Beethoven dans un milieu social qui se plaît à de petites pièces de circonstance à la mode.

PRÉSENTATION DE L'ŒUVRE

Que le tems me dure,
Passé loin de toi !
Toute la Nature n'est plus rien pour moi !
Le plus vert bocage,
Si tu n'y viens pas,
N'est qu'un lieu sauvage
Pour moi sans appas.

Rousseau l'avait déjà mis en musique sous le titre de « Que le jour me dure ».

Beethoven n'a esquissé que la première de trois strophes.

Helas ! si je passe
Un jour sans te voir,
Je cherche ta trace
Dans mon désespoir.
Quand je l'ai perdue,
Je reste à pleurer ;
Mon âme éperdue
Est prête d'expirer.

Le cœur me palpite,
Quand j'entens ta voix,
Tout mon sang s'agite,
Dès que je te vois !
Ouvre tu la bouche,
Les cieux vont d'ouvrir,
Si ta main me touche,
Je me sens frémir !

Cette œuvre de Rousseau est indiquée sous le titre « Air de trois notes » dans « Les Consolations des misères de ma vie, ou recueil d'airs, romances et duos », Paris, 1781, p. 97, n° 53. Vers 1800 ce « Trichordium » était très populaire. Il fut traduit en allemand, et circula avec une mélodie autre que celle de Rousseau.

La première version est en *ut* mineur, avec un rythme et une métrique de 6/8, la voix étant inscrite sur la portée de la main droite, commence par trois mesures d'arpèges isolées en doubles croches qui installent l'*ut* mineur.

Dans la seconde, en *ut* majeur à 2/4, andante ; une basse d'Alberti soutient une ligne vocale très simple.

SOURCES

L'autographe (à Berlin) comporte deux versions encore à l'état d'esquisses.

PUBLICATION

La première version fut publiée dans le périodique *An die Musik* en 1902 (p. 1078) par Jean Chantavoine, la seconde, en novembre 1935 dans le ZfM, CII/11, p. 1201 par Max Unger.

WoO 40
Douze Variations pour clavier et violon en *fa* majeur sur *« Se vuol ballare »*

Thème extrait des Noces de Figaro *de Mozart*
Tema. Allegretto, 3/4, fa *majeur (28 mes.) – 338 mesures*

TEMPS DE LA COMPOSITION

Le début eut lieu durant l'été 1792, à un moment donc où Beethoven se préparait à partir pour Vienne, le prince-électeur l'autorisant à s'y rendre pour perfectionner sa formation (le type de papier utilisé pour les esquisses date de l'époque de Bonn). Cette composition, à laquelle Beethoven ajouta une coda, fut achevée à Vienne au printemps 1793, où elle fut publiée par l'éditeur Artaria.

CONTEXTE BIOGRAPHIQUE

Ces *Variations* pour clavier et violon sur un air extrait d'un opéra très célèbre de Mozart représentent la première œuvre de Beethoven publiée à Vienne, ville où, selon le souhait du comte Waldstein, il partait pour recevoir l'esprit de Mozart des mains de Haydn (expression soulignée sur l'*Album*, offert à Beethoven par ses amis, en date du 29 octobre 1792). Le choix d'un air de Mozart au contenu quelque peu subversif peut être interprété comme une sorte d'avertissement adressé implicitement par Beethoven à ceux qui le soutenaient pour qu'ils ne cherchent pas à avoir trop de pouvoir sur lui.

C'est donc sous le signe de Mozart, et de Figaro, que Beethoven se fit reconnaître à Vienne, dès l'été 1793, avec cette première œuvre publiée sous la dénomination « Œuvre I » (la *Wiener Zeitung* annonça la publication de ces variations le 31 juillet 1793) ; le numéro d'opus 1 sera attribué en 1795 aux *Trois Trios* pour piano, violon et violoncelle.

Les différentes lettres qui fournissent des renseignements sur cette œuvre témoignent des enjeux multiples portés par cette « petite œuvre »[1]. En effet, la publication de ces *Variations* dédiées à Eleonore von Breuning devait à la fois lui permettre de se réconcilier avec Eleonore et sa famille après la « fatale dispute » qui avait gâché les derniers moments avant son départ de Bonn, lui donner l'occasion de répondre à l'attente du comte Waldstein et le mettre en situation de prendre sa revanche sur ses concurrents en donnant publiquement la preuve de l'originalité de son écriture et de sa virtuosité.

Beethoven a conçu ces *Variations* pour une formation qui associe un clavier et un violon, soit deux instrumentistes aux compétences différentes. L'idée de donner une grande place au violon provient sans doute du texte même de Figaro, qui comme tout maître à danser travaille avec son violon, traduit par guitare dans le texte de Mozart (ce choix serait-il une allusion à peine voilée au souvenir du *Ritterballett* WoO 1, composé pour le comte Waldstein qui s'en était approprié la paternité ?). Mais le « violon obligé » représente également l'autre voix d'un ensemble musical pensé pour deux personnes. Le fait que Beethoven ait dédié ces *Variations* à Eleonore, permet de supposer qu'il installait cette jeune fille dans la position de partenaire, partenaire retrouvée malgré la « fatale Zwist », à laquelle sa lettre du 2 novembre 1793, fait allusion. Que Beethoven se soit senti très proche d'Eleonore est attesté à la fois par le style de cette lettre (style dont la spontanéité se traduit par des phrases contournées et des idées répétées) et par la franchise de ses propos qui exposent la stratégie éditoriale mise au point pour contrer ses ennemis « mortels ».

Le post-scriptum de cette lettre à Eleonore, comme le début de sa lettre à l'employé d'Artaria montre un Beethoven conscient et fier de l'originalité de son écriture, mais bien décidé à ne se laisser ni plagier ni dépasser. Ses négociations éditoriales avec Simrock en 1794, confirment cette image d'un Beethoven conscient de sa valeur et fier que son éditeur de Vienne sache la reconnaître (lettre du 18 juin 1794).

---

1. « Werkchen », « Kleinigkeit », selon les termes employés dans sa lettre à Eleonore von Breuning du 2 novembre 1793.

Présentation de l'Œuvre

Comme dans les *Variations* pour piano précédentes (*WoO 65, 66, 67*), Beethoven « interprète » le thème qu'il a choisi, et élabore ses variations de manière originale. Avec ces *Variations WoO 40*, son originalité consiste à se dégager de l'emprise de la mélodie pour écrire douze variations liées organiquement entre elles, par un cadre harmonique et des relations de motifs : elles se succèdent, chacune s'appuyant sur un élément de la précédente tout en possédant un caractère différent. Seule la dixième variation se présente comme une paraphrase ornementée du thème de Figaro (cette variation, d'après les esquisses, aurait été la première écrite, et sans doute celle qui devait être placée en tête), tandis que toutes les autres sont surprenantes.

Le « Thema », extrait de la première partie de la Cavatine de Figaro, est Allegretto, en *fa* majeur, à 3/4, le violon jouant en *pizzicato.* Ce thème est composé de douze mesures, puis de huit mesures qui sont reprises (là où la ligne mélodique est ascendante).

Var. I : le violon, *arco sempre dolce*, joue une nouvelle mélodie en blanches pointées, soutenu par les arpèges du piano qui délimitent le cadre harmonique.

Var. II : le violon joue des arpèges descendants en noires « sempre staccato », tandis que le piano assure la continuité du tissu sonore.

Var. III : les deux instruments jouent *sempre piano e legato*.

Var. IV : elle commence par cinq mesures de piano *ff*, et se poursuit par des échanges virtuoses en canon entre les deux instruments.

Var. V : plus ornée, elle repose encore sur l'échange des voix entre les instruments.

Var. VI : en *fa* mineur, le violon, *piano espressivo* joue dans le style d'un choral.

Var. VII : encore en *fa* mineur ; la disposition des voix y est différente, mais l'atmosphère est la même (*espressivo* est indiqué sous la main droite, *sempre sostenuto* sous la main gauche).

Var. VIII : elle commence au piano *sempre dolce* sur des arpèges en triolets continus à la main gauche pour soutenir une mélodie très simple.

Var. IX : le piano virtuose joue des sextolets de doubles croches dans le cadre harmonique stable et *forte.*

Var. X : *sempre dolce*, le chant est au violon.

Var. XI : elle joue avec le motif initial donné par le piano et par le violon.

Var. XII : la mélodie du thème est jouée en doubles notes par le violon sur une basse d'Alberti au piano.

Une coda virtuose pour le piano (plusieurs voix se superposent au milieu d'une vibration sonore intense créée par des trilles) assure une fin brillante.

Dédicataire

Eleonore von Breuning (voir contexte biographique).

Sources

L'autographe est perdu.

Publication

Chez Artaria à Vienne en juillet 1793 – avec le titre suivant en français : « XII VARIATIONS / Pour le clavecin ou. Piano-Forte / avec un Violon ad lib. / composées et Dedies [*sic*] / a Mademoiselle Eleonore de Breuning / par / M[R]. BEETHOVEN. / Œuvre I. / A. Vienne chez Artaria Comp. »

Réédition du vivant de Beethoven par Simrock à Bonn en 1803, par Zulehner à Mayence en 1818 (repris par Schott), ainsi qu'à Londres par Monzani & Hill en 1810 et par Clementi en 1813 (la seule partie de clavier).

Correspondance

En juin 1793 (certainement après le 19) [1., 10], Beethoven, en voyage à Eisenstadt, adressa cette lettre à un employé de son éditeur Artaria, témoignage de l'importance accordée au violon, qui doit être « obligé » et non « ad libitum », ainsi que de la conscience qu'il avait de composer de manière originale : « Bien cher, hier soir j'ai reçu mes *Variations*, elles m'étaient vraiment devenues tout à fait étrangères, cela me fit plaisir, c'est une preuve pour moi que ma composition n'est pas tout à fait banale. Je dois vous faire remarquer encore quelques fautes, que je vous prie de *corriger* tout de suite, parce qu'elles sont vraiment d'importance. / Tout d'abord, on s'est trompé dans le titre, où il y a *avec un Violino ad libitum* ; comme le violon est tout à fait inséparable de la partie de piano, et comme il n'est pas possible de jouer les Variations sans violon, il faut donc mettre : *avec un*

Violon obligate [sic], comme je l'ai *corrigé moi-même sur un exemplaire* ».

Suivent les diverses corrections musicales à assurer dans chacune des variations, corrections que Beethoven a rapportées sur un exemplaire qu'il joint à la lettre.

Le 2 novembre 1793 [1., 11], Beethoven écrivait à Eleonore von Breuning :

« Vous allez recevoir une *dédicace* de moi, à l'occasion de laquelle j'aurais souhaité que l'œuvre soit plus grande et plus digne de vous. On me pousse ici à éditer cette petite œuvre, et je profite de cette occasion pour vous donner un témoignage, ma très chère E., de ma haute considération et de mon amitié, et du souvenir inoubliable que je garde de votre maison. Acceptez cette bagatelle, et pensez qu'elle vient d'un ami qui vous tient en très haute estime. O qu'elle vous apporte quelque plaisir, et mes souhaits seront exaucés. Que cela vous permette de réveiller un petit peu toutes ces heures bénies passées dans votre maison ; grâce à cela, peut-être, vous pourrez penser à moi, jusqu'à ce que je revienne, ce qui, dans l'état actuel des choses, ne se fera vraisemblablement pas de si tôt. [...].

P.S. les V.[ariations] seront un peu difficiles à jouer, surtout les trilles dans la coda, mais que cela ne vous effraie pas, tout est arrangé pour que vous n'ayez pas à utiliser les trilles, que vous laissiez les notes qui restent, parce qu'elles sont également jouées par le violon. Je n'aurais jamais procédé de cette manière, si je n'avais souvent remarqué que ça et là à V.[ienne] plus d'un reproduisait le lendemain ce que j'avais improvisé la veille, et qu'il plastronnait en s'appropriant ce qui était de mon invention ; à partir du moment où je soupçonnais que de telles choses allaient être prochainement publiées, je pris la précaution de les devancer. Une autre raison s'ajouta en outre : mettre dans l'embarras ceux d'ici qui se prétendent les maîtres du clavier, parmi lesquels plus d'un sont mes ennemis mortels, et je voulais ainsi me venger d'eux, parce que je savais d'avance qu'on leur montrerait mes V.[ariations] ici ou là, et qu'alors ces messieurs feraient la preuve de leur incapacité./ *Beethowen.* »

Le 18 juin 1794 [1., 15], Beethoven signalait à Nicolas Simrock qu'Artaria avait bien payé les *Variations* et qu'il lui avait donné douze exemplaires.

KH, suppl. 5
[de Beethoven ?]
Deux Sonatines pour le piano en *sol* majeur et en *fa* majeur

I – Moderato, **C**, sol *majeur – 34 mes.; Romanze, 6/8,* sol *majeur – 40 mes.*
II – Allegro assai, 2/4, fa *majeur – 71 mes.; Rondo. Allegro, 2/4,* fa *majeur – 94 mes.*

TEMPS DE LA COMPOSITION

Du temps de Bonn ?

Ces deux petites œuvres portent le n° 157 du catalogue des œuvres de l'inventaire après décès, vendues aux enchères en novembre 1827. Pourquoi Artaria ne les a-t-il pas publiées ?

PRÉSENTATION DE L'ŒUVRE

Les deux Sonatines sont en deux mouvements de même tonalité. Elles sont très simples, avec des articulations évidentes entre les différents éléments (repris).

Le Moderato est formée de 4 sections de 8 mesures (+ 2 mesures d'accords de conclusion), sorte de Rondo avec deux couplets (le second centré sur la dominante). La Romanze est de forme ABA.

L'Allegro assai est de forme sonate, avec développement modulant et coda. Le Rondo est de forme rondo, en deux couplets, le second en *ré* majeur.

PUBLICATION

J. Aug. Böhme, à Hambourg : « Deux Sonatines pour le Pianoforte composées par L. van Beethoven. »

SOURCES

En l'absence de sources, l'authenticité est mise en question.

Hess 13
Romance cantabile en *mi* mineur

pour pianoforte, flûte, basson et orchestre (deux hautbois et cordes)
Mi *mineur,* ¢ *– 57 mes.*

Il s'agit d'un fragment d'un mouvement lent qui devait être prévu pour une autre œuvre, et qui a sans doute été écrit en 1792-1793 (plutôt qu'en 1786).

Le clavier énonce le thème. La structure est celle d'une œuvre pour trois instruments solistes.

La partie mineure est suivie d'une partie « Maggiore » (mes. 54) qui est interrompue à la mesure 57.

L'autographe de ce fragment est à Londres.

La première édition complétée a été effectuée par Willy Hess en 1952 (B&H).

Voir aussi, *WoO 37*.

Hess 19

Quintette en *mi* bémol majeur *pour hautbois, trois cors et basson* – fragment

Premier mouvement, 4/4 (le début est perdu)
Adagio mesto, 2/4
Menuetto Allegretto (troisième mouvement incomplet)

Il s'agit peut-être d'une œuvre de 1793, composée au moment où Beethoven prenait des cours avec Haydn. Est-ce une de ces œuvres envoyées au prince-électeur en novembre 1793 [1., 12, 13, 14] ?

Cette œuvre est restée inachevée, mais elle témoigne des recherches de Beethoven dans le domaine de l'écriture pour instrument à vent : quelle formation, quelle association de timbres et quel équilibre entre eux ?

Ce Quintette fut joué en 1862, complété sauf pour la partie de clarinette.

L'autographe (à Berlin, Artaria 185) comprend une ligne vide pour la clarinette.

Des esquisses d'une « Serenade » ont été retrouvées à Vienne (GdM).

Une édition complétée a été assurée par Willy Hess chez B. Schott's Söhne, en 1954, avant la découverte de la « Serenade », puis en 1963 (SBG, Vol. VII, p. 24-33).

Hess 46

Sonate pour piano et violon en *la* majeur

Fragment, dont l'authenticité a longtemps été mise en doute.

Du temps de la jeunesse de Beethoven

Une transcription a été publiée par Hess en 1965.

WoO 81

Allemande pour piano en *la* majeur

3/8 – 32 mes.

TEMPS DE LA COMPOSITION

Vers 1793 ? ou vers 1800 ? revue en 1822 (avant la composition du *Quinzième Quatuor à cordes op. 132*) ?

CONTEXTE BIOGRAPHIQUE

Cette pièce fut retenue, bien après sa composition, par Beethoven pour faire partie d'un ensemble de petites pièces qu'il sélectionna parmi ses anciennes compositions, les plaçant dans un dossier sur lequel il inscrivit le titre de *Bagatellen* (regroupement avant une sélection à l'origine des *Bagatelles op. 119*) : son intention était de les proposer à Peters, qui, en mai 1822 [4., 1465], lui avait demandé des œuvres à publier. Finalement, après l'avoir inscrite en n° 6 (la « *Bagatelle* » *WoO 52* étant en n° 10, *La lettre à Elise WoO 59* étant n° 12), Beethoven n'a pas retenu cette pièce, que pourtant il avait revue (on peut distinguer deux versions). Restée dans un dossier, Beethoven a repris le thème de cette *Allemande* au moment où il composait la section centrale du deuxième mouvement du *Quatuor op. 132*, en 1825[1].

PRÉSENTATION DE L'ŒUVRE

Cette petite danse est formée de quatre sections, chacune de 8 mesures, reprises. Les sections 3 et 4 sont en *la* mineur.

Le jeu est *leggiermente* et le rythme est très dansant.

1. Voir l'article de Barry Cooper, « Beethoven's Portfolio of Bagatelles », in *Journal of the Royal Musical Association*, 112/2 (1987), p. 208-228.

Le thème (de la deuxième section majeure) a été repris dans le 2e mouvement du *Quatuor op. 132* (le passage central, à la manière d'un trio).

SOURCES

Le manuscrit, encore sous forme d'esquisses (à Bonn), porte la mention « Alemande ». Il se trouvait parmi d'autres esquisses, dont celles pour le *Flohlied* (*op. 75 n° 3*). Il date d'une période antérieure à l'arrivée à Vienne.

PUBLICATION

En 1888 dans GA, d'après une copie faite par Nottebohm à partir du manuscrit esquissé.

Hess 106 [soit WoO 33, 4 et 5] Allegro et Menuet Allegretto

TEMPS DE LA COMPOSITION

Ces deux pièces ont été écrites à Bonn ou dans les premiers temps de Vienne.

PRÉSENTATION DE L'ŒUVRE

Allegro non più molto, ¢, *ut* majeur – 97 mes.

De forme sonate, à deux voix qui se soutiennent ou s'imbriquent.

Menuet Allegreto, 3/4, *ut* majeur – 93 mes.

Le trio est en *fa* majeur.

SOURCES

Il ne reste (à Berlin) que la photocopie du manuscrit qui était à Bonn. On y voit la mention « di Beethoven » de la main de Beethoven.

Il n'y a pas d'indication d'instruments, mais il est possible que les pièces aient été écrites pour boîte à musique.

DEUXIÈME PARTIE

Les premiers manifestes
(1793-1798)

Dès son arrivée à Vienne, en novembre 1792, Beethoven « s'équipa » (bottes, frac, chemises, coiffeur, etc.) et se constitua un bon réseau de relations en s'appuyant sur son nouvel ami Zmeskall ainsi que sur le prince Karl von Lichnowsky, aristocrate mélomane (il avait été élève et ami de Mozart) qu'il rencontra très vite (il habita rapidement dans la même maison). Et, bien sûr, Beethoven se précipita chez Haydn pour prendre des leçons. Au bout d'une année, appuyé par Haydn, il sollicita une prolongation de son séjour auprès du prince électeur, qui accepta de mauvaise grâce, persuadé que, comme lors de son premier séjour à Vienne en 1787, il n'était capable que de faire des dettes – or, un peu moins d'un an plus tard, en octobre 1794, la Révolution française chassa le prince électeur de ses États : Beethoven se trouva donc, *de facto,* libéré de ses obligations – en contrepartie, il était désormais contraint de se procurer lui-même de quoi vivre. Par chance, il avait été accueilli par l'aristocratie mélomane, et il sut exploiter cette situation en composant des œuvres convenant au goût de cette société qui se retrouvait dans les salons princiers ou dans les loges des théâtres de la cour ; c'est ainsi qu'il composa des séries de Variations sur des airs à la mode ou des danses pour orchestre immédiatement transcrites pour clavier. Et, puis il cultiva ses dons de pianiste virtuose, étant reçu dans les salons et acceptant même parfois de véritables joutes pianistiques, dont il sortait vainqueur après avoir dérouté son adversaire d'une façon ou d'une autre.

Mais il n'était pas à Vienne pour retrouver l'atmosphère de la cour de Bonn : il était venu pour « faire des progrès dans son art », c'est-à-dire pour composer des œuvres novatrices, quitte à bousculer les habitudes d'écoute des mélomanes comme des connaisseurs. Très conscient de son génie, il trouva les moyens de se faire connaître et reconnaître, par-delà les protections aristocratiques, en se constituant un réseau d'éditeurs entre Vienne et Bonn : ainsi, il ne dépendait pas entièrement du bon vouloir de ses mécènes aristocrates, et il pouvait assurer son indépendance en vendant ses œuvres aux éditeurs (en un temps où il n'y avait pas encore de droits d'auteur) ; de ce fait, Beethoven suivait les traces de Mozart en se risquant à vivre de ce qu'il composait et des concerts qu'il donnait, premier compositeur à mener sa carrière de la sorte.

En 1796, alors qu'il avait déjà fait publier son Opus 1er et qu'il avait donné son premier concert public à Vienne (le 29 mars 1795), le prince Lichnowsky l'incita à entreprendre une tournée de concerts pour se faire connaître dans les pays germaniques (Prague, Dresde, Leipzig, Berlin, Pest). Considéré déjà comme un compositeur de génie (au sens du XVIIIe siècle, c'est-à-dire celui qui établit ses propres règles), Beethoven ne cessa d'affirmer son originalité (traitement des motifs, « abolition des privilèges » de la mélodie au profit de toutes les autres composantes de l'écriture musicale, mise en œuvre des idées de tension, de mouvement, d'espace, de « pathos », c'est-à-dire d'incitation à éprouver des sentiments, etc.). Mais alors qu'il osait affirmer sa manière spécifique d'écrire dans des *Trios avec piano op. 1* (véritable « manifeste » pour la musique de chambre) et dans des *Sonates pour piano op. 2* (autre « manifeste » défendant l'expression personnelle) ou dans des *Sonates pour piano et violoncelle op. 5*, qui créent ce genre, Beethoven refusa de faire éditer ses premiers concertos pour piano (opus 19 et opus 15) pour des raisons de « politique musicale » : en suscitant l'étonnement des auditeurs il s'assurait succès et réputation.

Pendant ses premières années à Vienne, Beethoven réussit donc à concilier l'apprentissage de l'écriture auprès des meilleurs maîtres (Haydn, Albrechtsberger, puis plus tard Salieri) et la composition d'œuvres qui inauguraient une nouvelle façon de concevoir la musique : si l'aristocratie mélomane ainsi que certains éditeurs reconnurent son génie, les « connaisseurs » (les critiques) furent vite déroutés. Cet accueil contrasté reflète, en fait, la mutation de la place sociale de la musique qui, de divertissement dominé par le modèle de la cour et des salons aristocratiques, se fit « sérieuse », expression du bouleversement émotionnel et de la nouvelle manière de sentir, contemporaine de la Révolution française.

Opus 1

Trois Trios
pour piano-forte, violon et violoncelle

Mi *bémol majeur*
Sol *majeur*
Ut *mineur*

TEMPS DE LA COMPOSITION ET PREMIÈRES EXÉCUTIONS

Entre 1793 et 1795. Le premier *Trio* a peut-être connu une version primitive en 1793, héritée du temps de Bonn, mais, pour le deuxième et le troisième, l'essentiel de la composition se situe en 1794 (donc au cours de sa deuxième année à Vienne, et après le départ de Haydn pour son second voyage à Londres). Beethoven les fit publier au cours de l'année 1795, avant le retour de Haydn (Haydn n'a donc pas pu lui déconseiller de les faire publier puisqu'il ne les a sans doute entendus chez le prince Lichnowsky qu'à la fin de l'année 1795, c'est-à-dire après leur publication)[1].

Il n'y a que peu d'indications sur les premières exécutions. La première exécution (du premier des *trois Trios*, avant la version définitive), si l'on en croit les souvenirs de Ries (*Notices biographiques,* p. 84-85), eut sans doute lieu avec Beethoven au piano, Schuppanzigh au violon et Kraft au violoncelle (membres du quatuor attaché à la maison Lichnowsky[2]), à la fin de l'année 1793 ou début de l'année 1794, dans les salons du prince à Vienne en présence de Haydn (à la veille de son départ pour son second voyage à Londres le 19 janvier 1794).

CONTEXTE BIOGRAPHIQUE

Cet ensemble de trois *Trios* fut édité par Artaria en 1795 sous la dénomination d'« Œuvre 1re » (c'est-à-dire d'opus 1), pourtant ce n'est pas la première œuvre écrite et publiée par Beethoven. Il faut souligner également que la dénomination d'« Œuvre I. » avait déjà été donnée aux *Douze Variations pour piano et violon* sur le « *Se vuol ballare* » des *Noces de Figaro*, dédiées à Eleonore von Breuning (*WoO 40*) et publiées par Artaria en juillet 1793. Cette substitution d'œuvres pour le premier opus indique que Beethoven désirait présenter au monde ces trois *Trios* comme sa première œuvre, parce qu'il était conscient qu'il y affirmait son originalité et qu'il y prouvait sa capacité à composer aussi bien que Haydn ou que Mozart. Ainsi, en choisissant d'inscrire « Œuvre 1re » sur la page de titre de l'édition originale, Beethoven signifiait au monde musical qu'il fallait reconnaître cette œuvre comme représentative de son processus créateur et de ses intentions créatrices. Véritable « manifeste », ce premier opus doit être considéré comme l'équivalent d'un programme esthétique inaugurant une nouvelle façon de composer qui ne concernait plus seulement le compositeur, mais qui impliquait également le jeu des instrumentistes, les innovations des facteurs d'instruments et la capacité de réception du public. Que Beethoven ait choisi le genre récent du Trio pour piano, violon et violoncelle indique que désormais, pour lui et avec lui, la musique et la pratique musicale avaient changé de statut : il n'était plus question de distinguer une musique de divertissement pour société frivole et une musique sérieuse pour amateurs éclairés, car la musique est essentiellement une, c'est-à-dire lieu de création sans cesse renouvelée pour faire ressentir les émotions les plus variées et les plus subtiles, et pour repousser toujours plus loin les limites techniques des possibilités d'expression de ces émotions. Dans cette perspective expressive, la nature seule de la composition musicale est à prendre en considération, dans sa combinatoire, qui peut toujours être inédite, de lignes, de sonorités,

1. *Cf.* Marc Vignal, *Haydn*, Fayard, p. 505-506.
2. Ce quatuor, qui réunissait Ignaz Schuppanzigh, Louis Sina, Franz Weiss, Anton Kraft ou Zmeskall, jouait tous les vendredis matin dans les salons du prince Lichnowsky.

de rythmes, répartis dans le temps et l'espace – combinatoire qui impose le dépassement de la notion d'accompagnement pour conférer un rôle à chacun des instrumentistes dans la création de la beauté de l'ensemble de l'œuvre.

Le programme esthétique de Beethoven était ainsi intentionnellement inscrit dans un genre chargé de porter une nouvelle conception de la musique : une musique destinée à des instrumentistes expérimentés et à des amateurs capables de suivre une œuvre longue, d'écriture complexe et suscitant une émotion intense (il ne s'agit plus de divertissement, d'accompagnement de banquets, mais de participation émotionnelle intense à une musique en train de se faire). Pour cela, Beethoven a su s'appuyer sur le contexte qui faisait du genre Trio le lieu des évolutions de la pratique et de l'écriture musicales : genre récent, il était lié à l'édition, à l'enseignement et aux capacités des instrumentistes amateurs et professionnels.

Dans sa mention de la première exécution des trois *Trios op. 1*, Ries (*Notices biographiques,* p. 84) rappelait qu'ils avaient été considérés comme « extraordinaires », et que Haydn (qui, malgré l'information de Ries, n'a pas pu entendre les *Trios* avant leur publication – sauf, peut-être une version primitive du n° 1) les avait appréciés, conseillant toutefois à Beethoven de ne pas publier le troisième en *ut* mineur : il pensait, comme il l'aurait plus tard exprimé, que le public ne le comprendrait pas – or, Beethoven considérait ce Trio comme le meilleur des trois (appréciation confirmée par la faveur du public).

Wegeler (*Notices biographiques*, p. 29), qui contrairement à Ries était proche de Beethoven à cette époque puisqu'il séjourna à Vienne d'octobre 1794 jusqu'au milieu de l'année 1796 (il fut donc présent au moment de la publication de ces *Trios* et sans doute lors d'une de leurs exécutions dans la version définitive), rapporte que le prince Lichnowsky, pianiste amateur, qui se plaignait des difficultés des compositions de Beethoven et cherchait à lui faire modifier sa façon d'écrire, fut secondé par les membres de son quatuor, en particulier par le célèbre violoncelliste Kraft qui réussit à faire modifier quelques passages des *Trios* (la métrique du Finale du *deuxième Trio* et une indication de jeu dans le Finale du *troisième*).

Une lettre de la pianiste Elisabeth Bernhard, née Kissow (1784-1868), envoyée de Francfort le 6 octobre 1800 à Johann Andreas Streicher (son professeur de piano qu'elle avait suivi à Vienne en 1794, quand il s'y installa, et auprès duquel elle resta durant cinq ans, jusqu'à son mariage en 1800 et son départ de Vienne) confirme le succès de cette œuvre qu'elle joue souvent. Johann Andreas Streicher lui avait donné des œuvres de Beethoven à travailler (ce qui paraissait trop difficile à ses autres élèves), et, pianiste très douée, elle se produisit à plusieurs reprises à Vienne dans les salons du prince Lichnowsky ou dans ceux du comte Rasumowsky, ce qui donna l'occasion à Beethoven de l'entendre jouer ses œuvres – comme l'atteste une lettre de Beethoven à Johann Andreas Streicher, datant sans doute de la fin de l'été 1796, dans laquelle il écrit que son interprétation de « l'*adagio* » (vraisemblablement l'Adagio cantabile du *Trio op. 1, n° 1*) lui aurait donné des larmes aux yeux, ajoutant que, confronté pour la première fois à une audition de son *Trio*, il sentait combien il était vraiment indispensable d'écrire encore plus pour le piano, « même si peu de gens me comprennent » ajoutait-il, et il se disait persuadé qu'il fallait développer la manière de jouer du piano, instrument qui n'était absolument pas mis en valeur alors qu'il était possible de le faire chanter (on croit parfois entendre une harpe !).

« Même si peu de gens me comprennent », cette réflexion de Beethoven confirme l'appréciation prêtée à Haydn, qui craignait l'incompréhension du public.

Dans son récit de la première exécution en présence de Haydn, Ries mentionne que Beethoven aurait été blessé par la remarque de Haydn et qu'il la mettait sur le compte de la jalousie. Pour apprécier par lui-même les sentiments de Haydn, Ries s'enquit alors auprès de lui; ce dernier répondit qu'il n'aurait pas pensé que le public accepte si vite cette œuvre. De fait, il est peu vraisemblable que Haydn, au sommet de sa gloire, ait pu être jaloux. Pourtant, Beethoven sentait bien que ses prises de position établissaient une rupture avec ce que Haydn avait fait admettre jusque-là. Dans ce contexte, la crainte de Haydn quant à la réception du public mettrait plutôt en évidence sa propre incompréhension du geste novateur de Beethoven : pour lui un genre mineur ne pouvait pas être ainsi promu au rang d'une œuvre symphonique, être constitué de quatre mouvements au lieu de trois et confier une partie très importante au violoncelle (la partie de violoncelle dans les *Trios* de Beethoven ne se contente plus d'amplifier une simple base harmonique posée et développée par le clavier, mais s'affranchit du rôle conventionnel dévolu au continuo dans la musique baroque). Cette crainte de Haydn soulignait, *de facto*, la nouveauté de l'écriture de Beethoven qui dépassait même les catégories esthétiques de Haydn.

Comme une sorte de démenti de cette crainte, quelques années plus tard – en 1806 –, une critique publiée dans le *Wiener Journal für Theater, Musik und Mode* reconnaissait la force et la beauté de ces *Trios* dédiés au prince Lichnowsky.

PRÉSENTATION DE L'ŒUVRE

Aux éléments qui ont dû dérouter Haydn (la coupe symphonique en quatre mouvements et la place accordée à la partie de violoncelle) s'ajoutent d'autres innovations : le remplacement du Menuet par un Scherzo (dans les deux premiers Trios), ainsi que la virtuosité de la partie de piano conçue par Beethoven en fonction de ses propres capacités (donc partie difficile à jouer pour un amateur moyen, tel le prince Lichnowsky, ou un autre). Les *trois Trios* possèdent quelques caractéristiques d'ensemble communes : la vitalité, la jubilation sonore et rythmique, une matière sonore le plus souvent palpitante, l'humour, la clarté d'articulation du discours en éléments toujours identifiables malgré leur combinaison imprévisible. Par delà ces caractères communs, chacun des Trios présente des aspects spécifiques.

Trio op. 1 n° 1 en mi bémol majeur

Allegro, C, *mi* bémol majeur – 293 mes.

Adagio cantabile, 3/4, *la* bémol majeur – 123 mes.

Scherzo. Allegro assai, 3/4, *mi* bémol majeur – 215 mes.

Finale. Presto, 2/4, *mi* bémol majeur – 478 mes.

Le premier mouvement Allegro joue avec le dynamisme ascensionnel des arpèges inscrits dans la deuxième partie de la mesure (ce qui crée un effet de déséquilibre). Le discours musical est très articulé, tout en imbriquant les voix des trois instruments. La coupe est celle d'une forme sonate (exposition des deux thèmes contrastés, développement modulant et réexposition). La jubilation est rendue par des notes répétées, des contrastes d'intensité et une énergie sans cesse entretenue par une combinatoire subtile de toutes les voix.

En contraste, l'Adagio cantabile déroule de longues phrases mélodiques toujours imbriquées, chaque instrument ayant sa place dans l'échange qui semble dominé par l'interrogation et la mélancolie dans la partie centrale modulante à laquelle les trilles prolongés du piano donnent une grande intensité.

Le Scherzo, ouvert par le violon, est plein d'humour et au plus près des sonorités spécifiques de chacun des instruments (tenues des cordes ; accords du piano, etc.).

Quant au Finale, il propose une autre version d'une dynamique, curieuse de l'effet qu'elle produit, de manière très rythmique et avec un matière sonore palpitante. Le motif qui anime l'ensemble est un intervalle de tierce redoublée, large saut répété trois fois de suite avant de trouver une forme de résolution, sans cesse différée.

Trio op. 1 n° 2 en sol majeur

Adagio, 3/4 – Allegro vivace, 2/4, *sol* majeur – 462 mes.

Largo con espressione, 6/8, *mi* majeur – 124 mes.

Scherzo. Allegro, 3/4, *sol* majeur – 130 mes.

Finale. Presto, 2/4, *sol* majeur – 455 mes.

Ce deuxième *Trio* est introduit par vingt-sept mesures lentes, Adagio 3/4, qui préparent au moyen de relations musicales évidentes, et qui donnent le temps de les entendre, les éléments thématiques de l'Allegro vivace à 2/4, « attaca subito l'Allegro » : le thème principal de l'Allegro est préfiguré par le piano, puis par le violon dès les premières mesures de l'Adagio ; à plusieurs reprises la progression harmonique (sur l'accord de septième de dominante) soutient cette présentation ; les valeurs pointées de la première mesures préfigurent le second thème de l'Allegro vivace. Cet Allegro vivace est de forme sonate, et son discours est très articulé, très facile à suivre.

Le Largo déroule de manière toujours plus

intense une cellule initiale, qui finit par se répartir entre les différents timbres pour donner une très grande cohésion à l'ensemble de ce mouvement lent de grande ampleur.

Le Scherzo est très dynamique par son jeu entre rythme et métrique.

Le Presto finale est d'une très grande tonicité, l'utilisation de notes rapides répétées constituant le matériau thématique de l'ensemble de ce mouvement. La matière sonore acquiert une grande présence physique par sa pulsation rapide.

Trio op. 1 n° 3 en ut mineur

Allegro con brio, 3/4, *ut* mineur – 360 mes.

Andante cantabile con variazioni, 2/4, *mi* bémol majeur – 131 mes.

Menuetto. Quasi Allegro, 3/4, *ut* mineur – 77 mes.

Finale. Prestissimo, ₵, *ut* mineur – 420 mes.

Beethoven (d'après Ries) le considérait comme « le meilleur des trois ».

Le premier mouvement concentre, lui aussi, une grande énergie à laquelle le mode mineur donne un caractère plus dramatique que dans les deux autres *Trios*. Il est également de forme sonate.

Le deuxième mouvement est un mouvement lent à variations, Andante cantabile con variazioni : le thème est suivi de cinq variations (dont la quatrième est mineure) et d'une coda. Le thème est composé d'un solo de piano, d'une très grande simplicité, de huit mesures repris par le « tutti » des trois instruments. Les variations ne sont ni mélodiques ni harmoniques, mais concernent la métrique (comme si le texte des « strophes » changeait d'accents toniques, ce qui exige des déplacements d'accents) ; cette manière de varier laisse supposer que Beethoven associait cette démarche d'écriture à celle exigée pour les strophes d'un poème (la diversité autour d'une idée portée par le mètre et le choix des sonorités de la langue) : il se référait donc implicitement à un modèle vocal (il nomme son mouvement « cantabile ») qu'il métamorphosait en une composition instrumentale (à laquelle il n'est pas question d'associer des paroles).

Le troisième mouvement est ici un Menuet pour lequel Beethoven exige un certain tempo : « quasi allegro », pour donner un caractère incisif et tonique à la cellule rythmique initiale.

Le Finale, cette fois indiqué « Prestissimo », joue avec la cohésion et la fougue affirmative des trois instruments qui déploient dans une intensité contrastée, maximum *ff* ou minimum *pp*, leurs spécificités sonores et techniques, avec une très grande densité le plus souvent obtenue par l'épaisseur de l'accord ou la rapidité des traits.

SOURCES

Le manuscrit est perdu. Il n'existe que peu d'esquisses.

PUBLICATION

L'édition originale fut assurée par l'éditeur viennois Artaria, en juillet et en août 1795 ; le titre est en français : « TROIS TRIOS / Pour le Piano-Forte / Violon, et Violoncelle / Composés & Dédiés / À son Altesse Monseigneur le Prince / CHARLES de LICHNOWSKY / par / LOUIS van BEETHOVEN / Œuvre 1re ».

Artaria ne prit pas de grands risques financiers : il établit un contrat avec Beethoven. Par ce contrat (de deux grandes pages manuscrites) signé le 19 mai 1795, Artaria s'engageait à assurer la gravure de la partition et de la page de titre contre 212 Gulden payés par Beethoven, qui durant les deux premiers mois pouvait retrouver sa mise de fonds en disposant des quatre cents premiers exemplaires qu'Artaria lui cédait pour un Gulden chacun (Lichnowsky l'aida à les écouler par une souscription insérée dans la *Wiener Zeitung [Journal de Vienne]*). Après ce court délai, Artaria reprenait tous les droits. Et dès le début, Artaria pouvait vendre à l'étranger tous les exemplaires qu'il voulait.

La liste des souscripteurs comprend 123 noms de la noblesse résidant à Vienne ou à Prague pour 244 exemplaires. Cette liste a été publiée sur deux pages de l'édition originale assurée par Artaria[1].

Beethoven exigea que la « page de titre comporte une bordure ornementée » (dans le style des décors rococo) et que la « gravure

1. Tia DeNora, *Beethoven et la construction du génie*, trad. française par Marc Vignal, Fayard, Les chemins de la musique, Paris, 1998, p. 205, indique les chiffres de 117 noms et de 249 exemplaires, et elle donne la liste de ceux qui ont commandé deux exemplaires et plus, signalant que 89 personnes ont souscrit pour un seul exemplaire.

soit de grande qualité» (préoccupation permanente chez lui pour l'impression de ses œuvres) – ce que le contrat stipule : «propre et belle, également avec une page de titre ornementée».

DÉDICATAIRE

Le prince Karl von Lichnowsky (baptisé le 21 juin 1761 à Vienne et mort le 15 avril 1814 à Vienne) était connu pour avoir été ami de Mozart avec lequel il voyagea de Prague à Berlin en 1789. Dès l'arrivée de Beethoven à Vienne, il fit partie de ses fervents admirateurs et fut un de ses premiers mécènes (dans une lettre écrite à sa sœur Eleonore en 1795, Lorenz von Breuning lui signalait que Beethoven habitait chez le prince «qui le traite *tout à fait* en ami).

Beethoven dédia plusieurs autres œuvres au prince Lichnowsky (*op. 13, 26, 36* et *WoO 69*).

L'ŒUVRE VUE PAR SES CONTEMPORAINS

Le Wiener Journal für Theater, Musik und Mode, 1re année, en 1806, reconnaissait, plus de dix ans après leur publication, la force et la beauté de ces Trios dédiés au prince Lichnowsky. Le rédacteur regrettait que «les nouvelles compositions pour piano ne soient pas à la hauteur des anciennes : à force de vouloir à tout prix étonner par de la nouveauté, Beethoven devenait trop difficile à comprendre», concluait-il.

CORRESPONDANCE

En août/septembre 1796 [1., 22], Beethoven signalait dans une lettre au pianiste, professeur de piano et facteur de piano Johann Andreas Streicher (1761-1833) qu'il avait entendu jouer un de ses trios pour la première fois, par une de ses élèves, Elisabeth von Kissow (1784-1868), avec beaucoup de bonheur, ce qui confirmait son idée qu'il fallait écrire plus encore pour le piano, même si peu le comprenaient, pour développer une nouvelle manière de jouer du piano qui mette en valeur les qualités spécifiques de l'instrument.

Au cours de l'été 1817 [4., 1158, 1167, 1169], Beethoven assura la transcription du troisième des *Trios* pour quintette à cordes (voir *op. 104*).

Opus 3

Trio pour violon, alto et violoncelle en *mi* bémol majeur

Allegro con brio, **C**, mi *bémol majeur – 294 mes.*
Andante, 3/8, si *bémol majeur – 176 mes.*
Menuetto. Allegretto, 3/4, mi *bémol majeur – 87 mes.*
Adagio, 2/4, la *bémol majeur – 141 mes.*
Menuetto. Moderato, 3/4, mi *bémol majeur – 68 mes.*
Finale. Allegro, 2/4, mi *bémol majeur – 457 mes.*

TEMPS DE LA COMPOSITION ET PREMIÈRE EXÉCUTION

Ce *Trio à cordes* a été composé à Vienne au cours de l'année 1794. Il a été publié en 1796. La supposition d'une première version du temps de Bonn n'est plus admise.

Le lieu et le moment d'une première exécution sont inconnus.

Une lettre de William Gardiner (1770-1853), industriel, critique musical et compositeur anglais, à Beethoven, sans doute de 1814 [3., 764], rappelle qu'il a entendu ce *Trio* dans le salon de Lady Bowater, à Leicester en 1796 : «[…] Son originalité et sa beauté m'ont procuré un plaisir inexprimable; c'était vraiment une sensation nouvelle. Depuis, je cherche avec ardeur à me procurer vos compositions, autant que la guerre le permet…». Dans l'ouvrage où il cite cette lettre [1], Gardiner écrit aussi qu'il connaissait ce *Trio* depuis 1793 (trois ans donc avant la première édition) grâce à l'abbé Clemens Dobbeler qui l'avait apporté de Bonn en accompagnant Mrs. Bowater, fille du comte de Feversham.

CONTEXTE BIOGRAPHIQUE

La dénomination de «Gran Trio» peut être une référence implicite à Mozart voulue par l'éditeur (qui évitait de prendre des risques financiers de diverses manières : en obligeant Beethoven à payer la gravure des quatre cents premiers exemplaires de l'*op. 1*, ou en faisant inscrire sur la page de titre le nom de Haydn pour l'*op. 2*, et ici, pour l'*op. 3*, en jouant sur une référence implicite à Mozart). En effet, le *Trio* de Beethoven comprend six mouve-

1. *Music and Friend; or, Pleasant Recollections of a Dilettante*, vol. 3, London 1853, p. 377 sq.

ments comme le *Trio-Divertimento K. 563* de Mozart, imprimé en 1788 par Artaria à Vienne, et comme celui de Mozart, s'il est lié aux divertissements de la vie de cour, son écriture révèle une pensée proche de la musique de chambre, et même de la musique symphonique, référence qui s'impose dès les premières mesures. Le titre de « Gran trio » est donc justifié par son caractère symphonique et sa grande densité sonore.

Ce *Trio* est la première œuvre pour cordes seules achevée par Beethoven (le piano n'est plus indispensable pour soutenir les cordes) : il inaugure les œuvres de musique de chambre pour cordes seules, genre qui trouvera son expression achevée dans le quatuor à cordes auquel Beethoven consacra cette écriture pour cordes à partir de 1798 jusqu'à la fin de sa vie.

Présentation de l'œuvre

Cette œuvre en six mouvements contrastés rappelle les Suites caractéristiques du XVIIIe siècle, tandis que son écriture reflète l'originalité de Beethoven, essentiellement par la promotion du rythme comme élément essentiel de la construction et par la combinatoire subtile des motifs aussi bien entre les trois instruments que pour l'organisation d'ensemble des mouvements (qui conservent pourtant une facture « classique » de forme sonate, de Menuet avec Trio, de mouvement lent avec amplification des lignes, de rondo). Ce *Trio op. 3* témoigne, comme les deux premiers opus, de la façon dont Beethoven procédait pour affirmer son originalité : sans bousculer les formes héritées et normées, et sans renier le rôle organisateur des principes de l'harmonie tonale, il en changeait la nature en intégrant des innovations dans la conception du matériau thématique et dans celle du traitement des motifs (les longues mélodies insécables sont pulvérisées en une juxtaposition de motifs qui peuvent « fonctionner » pour eux-mêmes, indépendamment des autres, et parcourir des digressions harmoniques impensables jusqu'alors).

Le premier mouvement est Allegro con brio, déploiement d'énergie soutenu par le rythme syncopé qui constitue le thème initial, ainsi que par la répétition quatre fois de suite du même motif rythmique interrogatif (il met en valeur la dominante de la tonalité principale de *mi* bémol). En contraste, un second thème se présente en valeurs égales comme une légère oscillation entretenue par les trois instruments à la tierce. Le développement joue sur ces homorythmies et sur le rythme syncopé, ainsi que sur les répétitions d'un même motif.

L'Andante suivant, en *si* bémol majeur à 3/8, répète d'abord avec insistance un groupe de quatre notes qui préfigurerait le motif initial de la 5e *Symphonie en ut mineur*, s'il ne s'agissait pas d'un motif rythmique très courant. Dans ce mouvement, en deux parties (chacune étant reprise), c'est encore un rythme, auquel la sonorité des cordes donne une consistance très prégnante, qui sert de thème principal.

Le Menuetto, Allegretto très court, conserve le style de ce genre de pièce. Le Trio en *la* bémol majeur installe une continuité mélodique qui contraste avec l'énoncé très haché du matériau qui constitue le Menuet.

Un long Adagio en *la* bémol majeur suit ce bref mouvement. Là encore l'écriture est orchestrale (chacun des trois instruments a son rôle à jouer) et l'imbrication des voix met en valeur le motif rythmique calme énoncé d'abord par le violon.

Un nouveau Menuetto, Moderato cette fois, suit ce mouvement lent de grande ampleur. Ce Menuet se caractérise par une ligne continue et souvent brodée, ce qui la rend plus incisive. Le Trio « Minore », en *ut* mineur, est mené par le violon (sur un motif qui se répète), soutenu harmoniquement par les deux autres instruments.

Le Finale Allegro, de forme rondo, joue aussi avec un très court motif incisif et répété dans une atmosphère de très grande souplesse produite par le rebondissement de notes répétées piquées, par des longues lignes de doubles croches et par un rythme pointé inscrit dans la mesure à 2/4 (noire pointée-croche).

Sources

L'autographe date de 1795. Il se trouve en partie à Paris au Conservatoire de Musique (manquent une partie du Menuet I et le Finale). Le Finale se trouve à Washington à la bibliothèque du Congrès (1923). Les différences entre ce manuscrit et l'édition finale ont fondé la supposition qu'il s'agissait d'une première version du temps de Bonn, car presque toutes les indications de dynamique et d'articulation du rythme comme du phrasé manquent sur l'autographe, qui comporte par ailleurs de nombreuses corrections et retouches (le texte définitif a été « peaufiné » lors de l'édition originale).

Une copie manuscrite (à Bonn) comporte sur la première page une indication de la main de Beethoven : « Monsieur le violoncelliste est prié de respecter cette pause », remarque qui concerne une partie ajoutée pour une réécriture de la partie de violoncelle peut-être, ce qui laisserait supposer que Beethoven aurait songé à transformer ce trio en quatuor avec piano, ou en quatuor à cordes, avec partie de violoncelle dispensée du rôle de soutien harmonique. Comme si Beethoven avait mis en question la pertinence de cette formation pour Trio à cordes.

PUBLICATION

L'édition originale, des trois voix séparées, date du printemps 1796 chez Artaria à Vienne – le titre est en italien :

« Gran / TRIO / per / VIOLINO VIOLA, E VIOLONCELLO / Composto / dal Sig^r / LUIGI VAN BEETHOVEN / Opera III. / In Vienna presso Artaria e Comp. /»

L'annonce de la publication de cet *op. 3* a été insérée dans la *Wiener Zeitung* en même temps que celles de l'*op. 4*, de l'*op. 5* et celle d'*Adélaïde op. 46*, le 6 février 1797 avec la mention de « ganz neu » (mention qui n'était valable que pour les *op. 5* et *46*, l'*op. 3* et l'*op. 4* ayant été publiés au début de l'année 1796).

En 1798, Artaria vendit ses droits à Mollo, son ancien associé, qui réédita ce Trio en 1808.

Du vivant de Beethoven ce *Trio* fut édité par Schott à Mayence, par André à Offenbach, par six éditeurs différents à Paris (Carli, Chanel, Pacini, Pleyel, Richault, Sieber), par Clementi « et comp. » à Londres (deux éditions de suite, 1805, 1810).

Il fut également transcrit pour piano et violoncelle (publié par Artaria en mai 1807 sous le numéro d'*op. 64*, alors que cette transcription n'est pas de Beethoven), pour piano à 4 mains, pour piano à 2 mains.

Ces multiples publications et transcriptions signalent le succès rencontré par cette œuvre auprès d'un public d'amateurs.

L'édition en partition date de 1848 (chez K. Ferd. Heckel, éditeur à Mannheim).

Opus 87

Trio pour deux hautbois et un cor anglais en *ut* majeur

Allegro, **C***,* ut *majeur – 260 mes.*
Adagio cantabile, 3/4, fa *majeur – 82 mes.*
Menuetto. Allegro molto. Scherzo, 3/4, ut *majeur – 116 mes.*
Finale. Presto, 2/4, ut *majeur – 317 mes.*

TEMPS DE LA COMPOSITION ET PREMIÈRE EXÉCUTION

Ce *Trio* a été composé en 1794 ou 1795. L'occasion de cette composition pour cette formation instrumentale semble avoir été le concert donné le 23 décembre 1793 par la Wiener Tonkünstler Sozietät (Société des musiciens viennois), concert au cours duquel les frères Johann, Franz et Philipp Teimer jouèrent une sérénade, « Terzett pour deux hautbois et un cor anglais », composée pour eux par le hautboïste Johann Wendt.

La date de la première exécution du *Trio* de Beethoven est inconnue.

Le 23 décembre 1797, il faisait partie du programme du concert de bienfaisance donné tous les ans à cette époque de Noël au Théâtre de la cour par la Wiener Tonkünstler Sozietät au bénéfice des veuves et des orphelins. Au programme il y avait également le « Terzett mit Variationen aus der Oper Don Juan auf zwei Hautboen und dem englischen Horn, von der Composition des Herrn van Bethofen ».

CONTEXTE BIOGRAPHIQUE

Pourquoi Beethoven s'est-il intéressé à cette formation instrumentale ? Vraisemblablement pour plusieurs raisons qui tiennent autant à la spécificité des sonorités de ces bois de même famille qu'à la performance des interprètes (qu'il venait d'entendre) et qu'à sa volonté de montrer aux Viennois qu'il pouvait écrire ce genre de musique de société très prisée par les cours princières ou les salons aristocratiques, à la fin du XVIIIe siècle. Ainsi, ce *Trio* peut être considéré à la fois comme une composition de circonstance, comme une expérimentation de ce genre de formation instrumentale et comme une démonstration de ses capacités à composer de manière nouvelle pour des genres traditionnels : le type d'écriture utilisée en porte témoignage, puisqu'il s'agit d'une écriture de musique de chambre reposant sur la combinaison des voix et un usage subtil des procédés d'imitation, dans le cadre du genre sonate (fait d'une succession de quatre mouvements : le premier de forme sonate, le second lent, le troisième vif et spirituel et le finale de forme rondo).

Une autre question se pose à propos de cette œuvre : pourquoi Beethoven a-t-il accepté de la faire publier en 1806, sous le titre de « Grand Trio », et en même temps que des transcriptions pour cordes ? Etait-ce une façon de souligner que sa musique s'inscrivait certes dans une continuité mais qu'elle avait changé de nature : il ne s'agissait plus de musique de divertissement mais de musique de chambre destinée à être exécutée par des instrumentistes amateurs pour un usage privé.

Une critique anonyme publiée en novembre 1808 dans l'*AMZ* XI (1808/1809, col. 109) reconnaît la valeur de cette petite œuvre, habile et agréable, qui présente plus d'intérêt que ne le laisseraient supposer la limitation imposée par le choix instrumental restreint et la simplicité d'une écriture pour trois voix.

Présentation de l'œuvre

Conçue dans un cadre de musique de divertissement, Beethoven n'en a pas fait une suite de danse (dans le genre Sérénade) mais l'a organisée en quatre mouvements comme une sonate ou une symphonie, confiant à chacun des trois instruments un rôle équivalent (il ne s'agit plus d'une voix principale, d'un accompagnement et d'une basse fondamentale, mais d'une répartition du matériau thématique entre les trois instruments).

L'Allegro, de forme sonate, commence par un très court motif qui installe la tonalité d'*ut* majeur, et surtout qui met en valeur la spécificité sonore de ces trois instruments à vent par une longue tenue decrescendo attaquée *forte* pour se terminer sur un accord de tierce *p*. Après cette affirmation du timbre, le thème est énoncé au cor anglais puis repris en imitation, chacun des trois instruments combinant sa ligne à celle des deux autres. Le second thème est énoncé *dolce* au premier hautbois soutenu par les deux autres, avant de se déployer dans les trois voix. Un court développement modulant combine ces deux thèmes.

L'Adagio cantabile ouvert par le premier hautbois est dominé par les longues lignes brodées du cor anglais.

Le Menuet doit être « Allegro molto » et « scherzo », c'est-à-dire enjoué et spirituel : il joue sur l'attaque piquée de noires, tandis que le Trio joue sur des tenues avec syncopes.

Le motif initial du Finale, Presto, de forme Rondo confère un caractère vibrant et dynamique à l'ensemble du mouvement.

Sources

Le manuscrit autographe, trouvé après la mort de Beethoven dans ses papiers, est à Berlin.

Publication

Ce *Trio* a été publié, en parties séparées, par Artaria et Comp. en avril 1806 (sans numéro d'opus), avec le titre suivant :

« Grand Trio / pour / Deux Hautbois et un / Cor anglais / composé / par / Louis van Beethoven / Op : [vide] : [...] ».

La *Wiener Zeitung* du 12 avril 1806 annonça la publication de ce *Trio* en même temps que celles de ses transcriptions pour Trio à cordes (2 violons et alto) et pour clavier et violon (les trois œuvres sous la dénomination d'« Op. 29 »). Au moment de dresser le catalogue des œuvres de Beethoven, Artaria, dans une lettre qu'il lui écrit le 24 juillet 1819, signale que de « *Grand Trio* » n'a pas de numéro d'opus [4, 1317].

En 1819, Hoffmeister, qui lui aussi dressait le catalogue des œuvres de Beethoven, attribua ce numéro d'op. 87 à ce « *Grand Trio* ».

WoO 117
Der freie Mann
(L'homme libre)

Lied pour voix et chœur à l'unisson avec accompagnement de piano sur un texte de Gottlieb Conrad Pfeffel
Ut *majeur, ¢ – 20 mes.*

Temps de la composition

Les esquisses étudiées par Nottebohm laissent supposer que Beethoven a composé ce Lied entre la fin 1791 et 1792, après la publication du poème de Pfeffel dans l'*Almanach des Muses de Hambourg pour l'année 1792* [*Hamburger Musenalmanach für das Jahr 1792*] dirigé par J. H. Voß. Ce Lied fut retravaillé à Vienne en fin 1794 ou début 1795 au moment où Beethoven prenait des cours avec Albrechtsberger.

CONTEXTE BIOGRAPHIQUE

Le texte retenu par Beethoven est une véritable profession de foi, fortement marquée par l'idéologie d'Eulogius Schneider, fervent partisan de la Révolution française (il a écrit une *Ode*, louange de la destruction de la Bastille, publiée en 1790), qui fut professeur d'esthétique à l'Université de Bonn entre avril 1789 et juin 1791 (Beethoven s'est inscrit à l'Université le 14 mai 1789 pour suivre ses cours). Ce poème de Pfeffel, sous-titré «*Volkslied*» (Chant populaire), présente l'homme libre comme celui qui est capable d'être maître de sa vie et de sa mort, celui qui est conscient de son rôle social et qui se tient fermement à ce qu'il pense, celui qui n'obéit qu'à sa volonté et qui ne compte que sur lui-même, qui sacrifie volontairement ses passions personnelles au bonheur de la collectivité parce qu'il tient sans faillir à ses principes.

Beethoven a donc choisi de mettre ce poème en musique dans le contexte politique de la Révolution française, accueillie très favorablement par les «Jacobins allemands», en particulier ceux de la rive gauche du Rhin (avant la période de la Terreur). Il l'a retravaillé peu après la disparition de l'électorat de Cologne (à la suite de l'annexion de la rive gauche du Rhin à la France), au moment où, à Vienne, il prit des cours avec Albrechtsberger (1794/début 1795). Puis, il fit cadeau d'une copie de ce Lied (retravaillé, donc) à son ami Wegeler, qui se trouvait alors à Vienne (il y resta d'octobre 1794 au 31 mai 1796). En 1797, Wegeler s'autorisa à remplacer le poème de Pfeffel par des paroles maçonniques. L'éditeur Simrock, qui appartenait à la même loge maçonnique que Wegeler, publia ce Lied, en 1806, sous le titre de «*Maurerfragen*» (Questions maçonniques).

PRÉSENTATION DE L'ŒUVRE

Ce Lied, conçu pour voix solo et chœur à l'unisson dans la stabilité tonale d'*ut* majeur, joue sur l'alternance de la question du chœur («Qu'est-ce qu'un homme libre?») et les réponses de la voix solo.

La musique est faite de quelques phrases musicales courtes (et répétées à l'identique pour chacune des dix strophes du poème) caractérisées par l'identité tonale, par la cohérence de la mélodie et de l'harmonie, par la fermeté de la scansion (une note par syllabe), la dynamique du questionnement étant portée par la fonction de tension/détente inscrite au cœur de l'harmonie tonale (suspension sur la dominante et polarisation bien affirmée sur la tonique).

SOURCES

Deux esquisses de la première version (fin 1791/1792) se trouvent à Londres : l'une comprend un texte, l'autre n'a pas de texte.

Les autographes de la première version (avec seulement la première strophe du poème de Pfeffel) et celui de la version retravaillée en 1795 se trouvent à Londres (Kafka-Sammelbd.).

PUBLICATION

Au début de l'année 1808 par N. Simrock à Bonn, en tant que n° 3 in «III / DEUTSCHE LIEDER. / In Musik gesetzt / von / L : van BEETHOVEN». Les deux autres Lieder de cet ensemble de trois Lieder étaient la première version de «*Neue Liebe, neues Leben*» (déjà publiée en 1798/99, *WoO 127*, futur *op. 75 n° 2*) et la version pour chœur à l'unisson de l'«*Opferlied*» (*WoO 126*, futur *op. 121 b*).

Une transcription pour guitare de ces trois Lieder fut publiée en 1826 chez Simrock.

La musique en avait déjà été publiée par N. Simrock à Bonn en 1806 avec d'autres paroles, – celles écrites par Franz Wegeler, en 1797, pour sa loge maçonnique, – sous ce titre :

«Maurerfragen / Ein Lied für die Loge / d. F. c. à l'O :. d. BONN. / Musik von / LOUIS VAN BEETHOVEN. / unterlegte Worte von / :. :.er./ Bonn bey N. Simrock./» (les abréviations signifient : «des Frères courageux à l'Orient de Bonn» et «Wegeler»).

Cette édition comprend la partition avec les deux premières strophes sous les notes, les strophes 3 à 7 étant imprimées sur la page en regard. «*Was ist des Maurers Ziel?*» (Quel est le but du maçon?) demande le chœur – une voix répond : «*Stets edler sich zu heben*» (devenir toujours plus noble); l'ensemble des 7 strophes a été publié par Wegeler dans ses *Notices biographiques*, p. 67-69.

Ce Lied, dénommé *Maurerfragen*, fut également publié à Berlin en 1814 dans un recueil de chants maçonniques, mis en musique par les « meilleurs compositeurs ».

CORRESPONDANCE

Le 13 septembre 1803 [1., 155], Ferdinand Ries (qui, à Vienne de la fin 1801 à la fin 1805, s'occupait des affaires de Beethoven) écrivait à N. Simrock, à Bonn, qu'il pouvait avoir « 8 Lieder » de Beethoven, parmi lesquels « 4. Der freie Mann ».

Le 2 mai 1810 [2., 439], dans une lettre à Wegeler, Beethoven demandait s'il était exact qu'on chantait un Lied de lui dans sa loge maçonnique – il souhaitait qu'il le lui envoie car il n'en retrouvait plus le manuscrit (il s'agit sans doute plutôt de l'*Opferlied WoO 126*).

WoO 118

Seufzer eines Ungeliebten – Gegenliebe (Plainte d'un homme qui n'est pas aimé – Amour mutuel)

Lied pour voix avec accompagnement de piano sur deux poèmes de Gottfried August Bürger
Ut *mineur/*ut *majeur – 182 mes.*
Moderato, **C**, ut *mineur, Récitatif*
Andantino, 3/4, mi *bémol majeur/*ut *mineur*
Allegretto, 2/4, ut *majeur*

TEMPS DE LA COMPOSITION

Entre la fin 1794 et le début 1795, mais Beethoven ne l'a pas fait publier à ce moment.

En décembre 1808, il utilisa le thème de *Gegenliebe* pour composer la *Fantaisie op. 80*.

En 1822, il ressortit ce Lied (ainsi que plusieurs autres), pour le faire publier (il le proposait à Peters en juin 1822), mais cette tentative n'eut pas de suite – l'état du manuscrit, qui servit à la publication posthume, prouve que Beethoven n'avait pas jugé utile de retoucher la première version : les indications de dynamiques et d'articulation sont peu nombreuses, alors que dans ses dernières œuvres il se souciait davantage de les préciser.

CONTEXTE BIOGRAPHIQUE

Beethoven composa ce Lied, sur un texte contrasté qu'il avait construit lui-même, au moment où il prenait ses ultimes cours de composition avec Albrechtsberger, et au moment où il faisait publier ses *Trios op. 1*.

Le thème littéraire de la plainte de celui ou de celle qui se pensait abandonné(e), était très prisé, se trouvant dans la veine de *Werther*, ce roman (publié en 1774) que Beethoven n'était pas seul à s'être approprié (s'habiller « à la Werther » et se suicider du fait d'amours malheureux était un comportement fréquent chez les jeunes gens à la fin du XVIIIe siècle). Mais, par delà la plainte, l'évocation de l'amour partagé qui donne sens à la vie correspond à un trait fondamental de l'attitude existentielle de Beethoven.

Une autre caractéristique de la pensée de Beethoven, stimulant de son processus créateur, réside dans l'intérêt pour le contraste, pour la tension entre deux éléments opposés à laquelle sa musique apporte une résolution (en 1814-1815, il associera à nouveau deux poèmes contrastés, cette fois de Goethe, *Meeresstille und Glückliche Fahrt op. 112*).

Comme Beethoven réutilisa certains thèmes de sa *Cantate WoO 87* (qui ne fut ni exécutée ni publiée de son vivant) dans *Leonore-Fidelio*, il reprit le thème de *Gegenliebe* pour en faire la pierre angulaire de sa *Fantaisie pour soliste, chœur et orchestre op. 80* composée en quelques jours dans le but de couronner l'immense concert donné le 22 décembre 1808 – au cours duquel plusieurs de ses œuvres symphoniques devaient être créées (les *5e* et *6e Symphonies* et le *4e Concerto pour piano*), entre autres.

Beethoven a repris ce thème musical, en 1823, dans le Finale de la *Neuvième Symphonie op. 125*.

PRÉSENTATION DE L'ŒUVRE

Seufzer eines Ungeliebten

Hast du nicht Liebe zugemessen
Dem Leben jeder Creatur?
Warum bin ich allein vergessen,
Auch meine Mutter, du! Natur?

Plainte d'un homme qui n'est pas aimé
N'as-tu pas mesuré avec justice la part d'amour
Que tu as accordée à chaque créature ?

Pourquoi fallait-il que je demeure seul oublié,
Toi qui fus aussi ma mère, O Nature ?

Wo lebte wohl in Forst und Hürde,
Und wo in Luft und Meer ein Thier,
Das nimmermehr geliebet würde ?
Geliebt wird alles ausser mir !
Qui se plairait à la vie des bois et des taillis,
Quelle bête dans les airs et dans les eaux,
S'il fallait ne jamais être aimé ?
Tout est aimé sauf moi !

Wenn gleich in Hain und Wiesenmatten
Sich Baum und Staude, Moos und Kraut
Durch Lieb' und Gegenliebe gatten;
Vermählt sich mir doch keine Braut.
De même que dans les bosquets et les prés
L'arbre et l'arbuste, la mousse et l'herbe
S'adonnent réciproquement à l'amour ;
Aucune fiancée ne s'unit à moi.

Mir wächst vom süßesten der Triebe
Nie Honigfrucht zur Lust heran.
Denn ach ! Mir mangelt Gegenliebe,
Die Eine nur gewähren kann.
En moi ne saurait mûrir, nourri de mes plus chers désirs
La joie douce comme le miel.
Car hélas ! Il me manque l'amour réciproque,
Une seule pourrait exaucer mon vœu.

Gegenliebe
Wüßt' ich, wüßt' ich, daß du mich
Lieb und werth ein bischen hieltest,
Und von dem, was ich für dich,
Nur ein Hunderttheilchen fühltest;
Amour en retour
Si j'avais su que, pour moi,
Tu avais un peu d'amour et d'estime,
Et que tu ressentais pour moi
Un centième de ce que je ressens pour toi ;

Daß dein Dank hubsch meinem Gruß'
Halben Wegs entgegen käme,
Und dein Mund den Wechselkuß
Gerne gäb' und wiedernähme.
Si ta gratitude et l'hommage que je te rends
Se rencontraient alors à mi-chemin,
Si ta bouche se plaisait à m'accorder
Et à recevoir en retour le baiser de l'échange.

Dann, o Himmel, ausser sich,
Würde ganz mein Herz zerlodern !
Leib und Leben könnt' ich dich
Nicht vergebens lassen fodern ! –
Alors, o ciel, mon cœur hors de lui,
Serait entièrement embrasé !
Mon corps, ma vie,
Je ne saurais te laisser me les réclamer en vain !

Gegengunst erhöhet Gunst,
Liebe nähret Gegenliebe,
Und entflammt zur Feuerbrunst,
Was ein Aschenfünkchen bliebe.
La faveur en retour rehausse la faveur,
L'amour se nourrit de l'amour en retour,
Et enflamme jusqu'à la passion fougueuse,
Ce qui couvait sous les cendres.

Le texte est fait de deux poèmes de Gottfried August Bürger, parus dans le *Göttinger Musenalmanach* à des dates différentes, *Gegenliebe* en 1775, et *Seufzer eines Ungeliebten* en 1776, édités l'un et l'autre révisés dans une édition de 1778, *Gedichtausgabe*, et réunis par Beethoven pour ce Lied. Beethoven utilisa l'édition de 1789, *Gedichte von Gottfried August Bürger*. Conçu comme une scène d'opéra, les strophes du poème étant portés par une musique composée de part en part, le Lied commence par un Récitatif introduit par un arpège d'*ut* mineur et consacré à la première strophe. Une cadence harmonique souligne l'interpellation de la « Nature » et fait le lien avec l'Andantino, à trois temps, en *mi* bémol majeur, consacré aux trois strophes suivantes, traitées chacune différemment, mais avec la mise en valeur musicale du contraste entre le bonheur des autres dans une nature bienveillante et la solitude de celui qui se plaint. Puis, au moyen d'une suspension harmonique de huit mesures, soutenant l'expression « *Wüßt' ich* » (Si j'avais su), Beethoven introduit la seconde partie du Lied centré sur l'évocation de l'amour partagé, Allegretto, à deux temps, en *ut* majeur, sur un thème très simple, fait de notes conjointes, souvent répétées et de valeur égale (des croches). Les trois premières strophes sont chantées sans interruption sur ce thème, avec un seul arrêt sur l'évocation du baiser rendu. Après ce passage très homogène, la dernière strophe se différencie par ses légères modulations et sa texture différente. Puis, cette seconde partie est reprise, la coda donnant une expansion au dernier vers répété plusieurs fois.

SOURCES

Des esquisses se trouvent mêlées à celles du *Sextuor pour cordes et cor op. 81b* et à celles d'*Adelaïde op. 46* [cf. Nottebohm II, 535]

Le manuscrit autographe, qui faisait partie de l'inventaire après décès et qui fut utilisé pour la gravure, demeure introuvable aujourd'hui.

PUBLICATION

Ce Lied fut publié après la mort de Beethoven par Diabelli, en avril 1837, d'après le manuscrit qui faisait partie de l'inventaire après décès.

CORRESPONDANCE

Le 5 juin 1822 [4., 1468], Beethoven proposait ce Lied avec un ensemble d'autres œuvres à Carl Friedrich Peters à Leipzig : « *Auch unter den deutschen Gesängen befindet sich ein Gesang mit Recitativ* » (Parmi les chants allemands se trouve aussi un chant avec Récitatif).

Le 26 juin 1822 [4., 1473], Beethoven le proposait à nouveau à Peters.

Opus 2

Trois Sonates pour piano

Fa *mineur*
La *majeur*
Ut *majeur*

TEMPS DE LA COMPOSITION

Ces trois sonates ont été terminées à Vienne au plus tard en automne 1795. D'après quelques esquisses retrouvées, il est vraisemblable que Beethoven a utilisé des idées esquissées à Bonn, certaines même déjà employées dans le *Quatuor pour piano et cordes WoO 36* écrit en 1785 (idées qu'il a reprises dans la *première* et dans la *troisième Sonate*). Envoyé à Vienne, pour prendre des leçons de composition avec Haydn, il a dû mettre à profit l'enseignement dont il bénéficia entre la fin de l'année 1792 et le début de l'année 1794 (date de son arrivée à Vienne et date du départ de Haydn pour Londres). Il semble que Beethoven ait travaillé à la deuxième et à la troisième sonates en 1794-1795 ; la première a peut-être été commencée avant, mais elle fut achevée en même temps que les autres.

CONTEXTE BIOGRAPHIQUE

La publication de ces *Sonates*, après les *Trios op. 1*, peut être considérée comme un nouveau manifeste concernant, cette fois, le domaine de la sonate pour piano, dont l'exécution est réservée à un soliste devant un public de connaisseurs et d'amateurs. Loin de la musique de divertissement ou de la musique de salon, ces *trois Sonates* forcent l'auditeur à écouter et à suivre le déroulement de la musique (à la fois discours et démarche qui associe émotion, réflexion et effet physique) par l'association d'un mode de composition rigoureux (l'articulation immédiatement perceptible des motifs, des thèmes et de leurs développements) et d'une imagination qui procède de l'improvisation (l'enchaînement des motifs, les ponts, les développements sont le plus souvent imprévisibles et déroutants, alors que la construction d'ensemble est évidente). Par ces *trois Sonates*, Beethoven affirmait et soutenait son originalité comme compositeur tout en mettant en valeur ses dons d'improvisateur et ses capacités de pianiste virtuose, dont il faisait preuve en jouant dans les salons de l'aristocratie mélomane de Vienne (en particulier chez le prince Lichnowsky).

L'originalité de Beethoven repose également sur l'amplification qu'il impose au genre qu'était alors la sonate : de ce genre modeste constitué de trois mouvements (à l'origine des mouvements de danses comme la Suite) et destiné à divertir, Beethoven fait une catégorie d'œuvres susceptibles d'égaler une symphonie en quatre mouvements, un concerto ou une œuvre de musique de chambre. À ce dépassement des genres établis, Beethoven ajoute la confusion des styles en osant se référer implicitement au chant, à l'opéra, à la tragédie, à l'hymne ou au choral religieux, tout en mettant en évidence le plaisir procuré par le jeu pianistique et par les sonorités que l'imagination peut tirer d'un instrument à clavier, aussi peu perfectionné qu'il ait été alors (à l'époque de la composition et de la publication de ces *trois Sonates* ; par la suite, ce furent en grande partie les compositions de Beethoven qui vont contribuer au perfectionnement de la facture des pianos).

PRÉSENTATION DE L'ŒUVRE

L'originalité de la composition s'inscrit dans la combinaison d'éléments très simples (des « riens » : un rythme, un arpège, un intervalle, etc.), en relation essentielle les uns avec les autres, quelle que soit l'œuvre ou quel que soit le mouvement. Parmi ces éléments fondamentaux, la mutation du statut de l'ornement en partie intégrante du motif ou du thème est à souligner.

Publiées ensemble, chacune des *trois Sonates* présente un aspect de l'originalité, de l'intériorité et de l'irrésistible vitalité de Beethoven.

Sonate op. 2 n° 1 en *fa* mineur
Allegro, ₵, *fa* mineur – 152 mes.
Adagio, 3/4, *fa* majeur – 61 mes.
Menuetto. Allegretto, 3/4, *fa* mineur – 73 mes.
Prestissimo, ₵, *fa* mineur – 196 mes.

La tonalité peu courante de *fa* mineur est bien affirmée dès les premières mesures par des arpèges ascendants.

L'Allegro initial joue sur la combinaison des attaques (piquées/liées) et des mouvements (ascendant/descendant), ainsi que sur la juxtaposition très articulée de motifs courts et incisifs dans une démarche modulante. Dès le départ Beethoven intègre dans le matériau thématique ce qui n'était jusque-là pris que comme un ornement qui s'ajoutait à la mélodie. Les rythmes contrastés et les harmonies dissonantes (de septième diminuée) installent une atmosphère de tension qui culmine sur un accord très dense (huit notes), *ff* et long (une ronde), cadence de *la* bémol majeur qui marque la fin de l'exposition. Le développement très modulant joue avec les motifs présentés dans l'exposition.

Le deuxième mouvement, Adagio, en *fa* majeur, commence *dolce*, par un thème tout simple (proche d'un choral) présenté à la main droite, puis il est pris dans une démarche d'enrichissement sonore linéaire et calme, caractérisé par la profondeur des basses.

Le Menuet, Allegretto, en *fa* mineur est constitué de courts motifs imbriqués et séparés par des silences. La continuité mélodique du Trio en *fa* majeur accentue l'effet de contraste.

Quant au Finale, Prestissimo, il conjugue la fougue d'arpèges en triolets répétés et la plénitude de trois accords successifs bien individualisés, gestes fermes qui donnent l'impulsion à une virtuosité débordante. Ce Finale de forme Rondo comprend une sorte de développement dans le style d'une forme sonate : cette complexité d'organisation du mouvement redouble la complexité de l'écriture de détail (imbrication de motifs, superposition de voix comme dans une écriture pour orchestre, etc.).

Sonate op. 2 n° 2 en *la* majeur
Allegro vivace, 2/4, *la* majeur – 337 mes.
Largo appassionato, 3/4, *ré* majeur – 80 mes.
Scherzo. Allegretto, 3/4, *la* majeur – 68 mes.
Rondo. Grazioso, C, *la* majeur – 187 mes.

Le thème initial de l'Allegro vivace est encore constitué (comme dans l'Allegro de la première Sonate) de deux courts motifs très contrastés quant au rythme et aux attaques (une croche et une noire staccato /quatre triples croches liées), mais ces motifs sont similaires par leur mouvement descendant et complémentaires sur le plan de l'harmonie (ils constituent la moitié d'une gamme descendante de *la* majeur) – forme de concentration instantanée du matériau musical (harmonie, rythmes, mouvements, tempo, métrique, attaques, articulation, silence, intensité sonore) qui sert de pierre angulaire à la construction de l'ensemble du mouvement, combinatoire toujours imprévisible de ces différents éléments amplifiés, déployés, puis développés. La virtuosité pianistique est à l'origine d'une très grande diversité de sonorités, inscrites sous le signe de la tension maximale produite par les effets de contrastes obtenus de multiples façons (*ff/pp*, phrases en notes longues / trépidations de notes courtes, mouvements divergents / mouvements parallèles en unisson, modulations / suspension du temps par un point d'orgue, etc.). L'ensemble (exposition, développement, reprise et coda) se termine par trois accords très graves et pianissimo, forme d'apaisement qui prépare au deuxième mouvement.

Le Largo appassionato est d'une grande intensité émotionnelle produite par une écriture qui intègre la tension produite par la superposition de voix hétérogènes : la basse *staccato sempre* en notes courtes isolées les unes des autres, les autres voix *tenuto sempre* en valeurs longues et continues, le tout se déplaçant dans un très faible ambitus.

Entre les émergences de cette organisation subtile des voix, s'insère un tissu sonore plus unifié qui produit une autre source de tension. La dénomination de ce mouvement donne des indications implicites pour comprendre le sens de cette écriture, dans la mesure où il s'agit de ce « pathos » répertorié dans l'*Allgemeine Theorie der schönen Künste* (*Théorie générale des beaux-arts*) de Sulzer (vol. III de la deuxième édition de 1793) comme la marque caractéristique des « grandes âmes », donc réservées aux tragédies ou à la musique d'église. Par ce choix Beethoven signifiait qu'il ne respectait plus les distinctions habituelles établies entre le « pathos » associé aux musiques pour orchestre destinées à des cérémonies religieuses ou à de grands spectacles et l'« ethos », atmosphère adaptée à la musique de chambre.

Après ce mouvement écrit comme une partition d'orchestre, le Scherzo, Allegretto, installe une sorte de palpitation de la matière, avec laquelle la continuité sonore du Trio en *la* mineur crée un effet de contraste.

Un Rondo, qualifié de Grazioso (terme qui chez Beethoven s'inscrit dans le registre de la « grâce », cette qualité du « sublime »), repose sur un geste ascensionnel qui culmine sur un *mi* aigu répété staccato et ouvre sur des « couplets » constitués d'une matière sonore très fluide et présente. Associé à une forme sonate, ce Rondo comprend un développement *staccato sempre* en *la* mineur, *ff*, fait de montées chromatiques telles des vagues qui se succèdent et qui sont ponctuées d'accords violents et insistants. La reprise, en *la* majeur, présente un matériau musical légèrement transformé et absorbant le passage en montées chromatiques qui marquait le développement, inscrivant ainsi dans l'écriture le constat que rien ne peut se répéter à l'identique parce que la mémoire et le temps modifient sans cesse l'écoute.

Sonate opus 2 n° 3 en *ut* majeur
Allegro con brio, **C**, *ut* majeur – 257 mes.
Adagio, 2/4, *mi* majeur – 82 mes.
Scherzo. Allegro, 3/4, *ut* majeur – 128 mes.
Allegro assai, 6/8, *ut* majeur – 312 mes.

Le premier mouvement, pensé Allegro con brio (c'est-à-dire avec un déploiement d'énergie irrésistible), commence par un thème de facture proche des deux premières Sonates, concentration d'éléments portés par un rythme contrasté fait d'une longue et d'une broderie de brèves (tierces en doubles croches), référence implicite à un ornement qui, inscrit strictement dans la métrique, perd son statut pour devenir élément constitutif du motif. Comme dans les deux *Sonates* précédentes, ce premier mouvement consiste à déployer ce motif, organisé dans une forme sonate et porté par un jeu pianistique virtuose au point que, comme dans un concerto, la conclusion de la coda est précédée d'une véritable cadence, écrite et très brillante. Cette référence à des sonorités et à des gestes propres à un concerto pour piano et orchestre domine l'ensemble de cette troisième *Sonate*, qui se caractérise par l'association de la force et de la complexité de l'écriture.

L'Adagio très calme (proche d'une hymne religieuse), de forme ABA', oppose une partie A en *mi* majeur à une partie centrale en *mi* mineur qui joue sur l'écartèlement des registres (par le recours à des mains croisées). Dans la reprise, A', une sorte de « tutti » orchestral fait irruption sur un rythme heurté, en *ut* majeur, contraste qui impose un sentiment d'inquiétude.

Ce mouvement de grande densité émotionnelle est suivi d'un Scherzo Allegro caractérisé par une écriture très souple en imitation, le Trio en *la* mineur amplifiant cette souplesse par une succession de larges arpèges en triolets de croches sans interruption (sur huit puis sur seize mesures). La coda de ce Scherzo déroute par des modulations imprévues qui installent tension et malaise.

L'Allegro assai à 6/8 balaie cette impression par une gamme d'*ut* majeur ascendante et très dense (constituée d'accords successifs de sixte, piqués). Cette densité « orchestrale » organise l'ensemble du déroulement de ce vaste Finale qui, lui aussi, combine Rondo et forme sonate. Les trilles, qui annoncent la fin, accentuent encore la densité de la matière sonore dont Beethoven contrôle la vibration pour produire un effet émotionnel bouleversant. Impossible de rester indifférent à cette présence sonore intense, si bien articulée et si judicieusement organisée dans son déroulement temporel.

Sources

Les manuscrits des trois sonates ont disparu.

PUBLICATION

Ces Sonates ont été éditées à Vienne par Artaria et Comp., en mars 1796. La page de titre de l'édition originale comprend le nom du dédicataire :

« TROIS – SONATES / Pour le Clavecin ou Piano-Forte / Composées et Dédiées / À Mr Joseph Haydn / Maître de Chapelle de S.A. Monseigneur le Prince Esterhazy &. &. / par / LOUIS van BEETHOVEN / Œuvre II. / [...] ».

Une version postérieure (au plus tôt de 1806) qualifie Haydn de « Docteur en musique ».

DÉDICATAIRE

Étant donné la facture très nouvelle de ces trois *Sonates* (tant pour la composition que pour les exigences pianistiques), la dédicace à Joseph Haydn est ambivalente : plus qu'un hommage d'admiration ou la reconnaissance d'une filiation artistique, elle inscrit une rupture dans l'histoire de la composition, dans la mesure où Beethoven ne se présente pas comme un élève de Haydn, mais comme un compositeur conscient de ses capacités et heureux d'en offrir les prémices au plus grand compositeur alors en vie. Selon Ries, Haydn aurait souhaité que Beethoven mentionne qu'il était son élève. Beethoven aurait refusé cette mention en prétendant qu'il n'avait rien appris de Haydn durant l'année (1793) au cours de laquelle celui-ci était censé lui enseigner la composition. Ce commentaire de Ries met en évidence le décalage entre Beethoven et celui qui se pensait comme son « maître » : de fait, Beethoven pouvait soutenir qu'il n'avait rien appris de lui dans la mesure où ce qui l'intéressait se situait hors des normes de composition et de pensée que Haydn avait contribuées à imposer.

L'ŒUVRE VUE PAR SES CONTEMPORAINS

D'après le *Jahrbuch der Tonkunst von Wien und Prag* pour l'année 1796 (donc relatant des nouvelles de la seconde moitié de l'année 1795) rédigé par Johann Ferdinand von Schönfeld, Beethoven n'était pas seulement renommé comme pianiste dans les salons de l'aristocratie viennoise, mais il était également reconnu comme compositeur de génie (au sens donné alors à ce terme : celui qui crée, de manière originale, en suivant ses propres règles) par l'aristocratie de Prague : « Beethoven, un génie musical qui a choisi depuis deux ans Vienne pour sa résidence. Il est généralement admiré pour sa vélocité singulière et pour les difficultés extraordinaires qu'il exécute avec une grande adresse. Depuis quelque temps, il semble avoir pénétré dans le Saint des Saints de l'art, qui se caractérise par la précision, la sensibilité et le goût, par quoi il a rehaussé considérablement sa renommée. Un témoignage de vive voix de son véritable amour de l'art est, qu'il s'en est remis à notre immortel Haydn pour être initié aux secrets de l'écriture musicale. Ce grand Maître l'a confié durant son absence à notre grand Albrechtsberger. Que ne doit-on pas attendre, quand un si grand génie se laisse guider par un Maître d'une telle excellence. On possède déjà plusieurs belles sonates de lui, parmi lesquelles les dernières sont particulièrement à signaler[1]. » Il s'agit sans doute des *Sonates op. 2* que Beethoven aurait jouées, avant leur publication donc, à un concert du vendredi matin chez le prince Lichnowsky en présence de Haydn (qui était rentré de son second voyage à Londres le 20 août 1795).

Le 9 mars 1796, la *Wiener Zeitung* annonçait en ces termes la publication des *Sonates* (Beethoven était alors à Prague) : « Comme l'ouvrage précédent de M. l'auteur, les *Trios pour piano op. 1* qui se trouvent déjà entre les mains du public, a été accueilli avec tant de succès, on se promet la même chose de l'œuvre présente, d'autant plus qu'en dehors de la valeur de la composition, il possède encore quelque chose en soi, qui prouve non seulement la force que possède M. van Beethoven comme pianiste, mais aussi la délicatesse avec laquelle il sait traiter cet instrument. »

Carl Czerny, en 1842, a publié un ouvrage « sur l'interprétation des œuvres de piano, anciennes et nouvelles », dont le deuxième chapitre s'intitule : « Sur l'interprétation juste de toutes les œuvres pour piano seul de Beethoven » – *Facsimile*, Universal Edition n° 13340, 1963. Il y présente ainsi ces *Sonates* :

Op. 2 n° 1 : Le premier mouvement est sérieux et passionné, puissant et décidé. Le

1. Cité, en allemand (le texte original), par Helmut Loos dans « Beethoven in Prag 1796 und 1798 », in *Beethoven und Böhmen*, Beethoven-Haus. Bonn, 1988, p. 64.

tempo est animé, mais pas trop rapide. Le deuxième mouvement apaisant est mélodique et plein de sentiment, legato et avec un tempo très strict. Le troisième mouvement est humoristique et animé, avec un Trio doux et legato. Le Presto final est emporté, assez dramatique.

Op. 2 n° 2 : Le premier mouvement est plein d'esprit et de force, décidé avec des plages de calme. Le deuxième mouvement a un caractère religieux. Le Scherzo est très vif avec un Trio plein de sentiment. Le Rondo final doit être exactement Allegro, avec une partie centrale puissante et une fin très piano.

Op. 2 n° 3 : Cette Sonate demande un jeu brillant et de la « bravoure ». Le premier mouvement est à interpréter avec fougue. L'Adagio est « romantique » à l'instar de la peinture ou de la poésie : on y entend une histoire racontée en musique. Le Scherzo doit respecter le crescendo ; le staccato doit être court. Le Finale est animé, rapide et puissant, plein de sentiment.

Opus 19
Concerto n° 2 pour piano et orchestre en *si* bémol majeur

Allegro con brio, **C**, si *bémol majeur – 400 mes. (479 mes. avec la cadence)*
Adagio, 3/4, mi *bémol majeur – 91 mes.*
Rondo. Allegro molto, 6/8, si *bémol majeur – 327 mes.*

TEMPS DE LA COMPOSITION ET PREMIÈRE EXÉCUTION

Ce *Concerto* est le résultat d'une longue élaboration qui dura plus de dix ans, exemple de jonction entre les dernières années de Bonn et les premières années de Vienne.

Une première version fut sans doute terminée vers 1790 pour être jouée à Bonn, première version déjà deux ou trois fois remaniée d'après les esquisses. Ce *Concerto* fut retravaillé plusieurs fois ensuite à Vienne : en 1793, puis en 1794-1795 pour la première version avec un nouveau Finale. En 1798, une nouvelle version (la quatrième, établie pour un concert à Prague en octobre 1798, après le succès du Concerto en *ut* majeur op. 15) servit à la version définitive publiée en 1801 (comme *Concerto n° 2*, ce qui occultait le premier *Concerto* en *mi* bémol majeur composé à Bonn en 1784, *WoO 4*).

La date de création n'est pas certaine : il semble que le 29 mars 1795, le *Concerto* exécuté, « nouveau », ait été plutôt l'*op. 15*.

Il a dû être joué à Prague, puis à Vienne en octobre 1798.

CONTEXTE BIOGRAPHIQUE

L'intérêt de Beethoven pour ce genre (que Mozart avait rendu insurpassable) s'est manifesté dès ses dernières années à Bonn, et pendant ses premières années à Vienne. Conscient de ses capacités de pianiste virtuose, il pouvait se faire connaître, et reconnaître, en jouant lui-même ce genre d'œuvres qui combine l'écriture pour orchestre à celle pour soliste et qui s'adresse à un public de concert moins cultivé que le public des mélomanes présents dans les salons.

Soucieux de faire preuve d'originalité et conscient des imperfections des premières mises en forme, Beethoven ne cessa de modifier la partition de ses *Concertos*, d'abord pour les concerts qu'il donna en 1795 (29 mars et 18 décembre) et en 1798 (à Prague, sans doute en octobre, puis à Vienne le 27 ou 29 ? octobre), puis en vue de la publication de ce *Concerto* qu'il proposa avec trois autres œuvres (*Septuor op. 20*, *Symphonie op. 21* et *Grande sonate op. 22*) à Hoffmeister (qui le publia en décembre 1801).

Sa lettre du 22 avril 1801 à l'éditeur Hoffmeister de Leipzig témoigne du travail de réécriture, in extremis, de Beethoven : « Pour le concerto, la partie de piano, selon mon habitude, n'était pas écrite dans la partition, je viens seulement de l'écrire ; aussi, en raison de cette hâte, la recevez-vous de ma propre écriture qui n'est pas trop lisible. »

Poursuivant sa correspondance avec ce nouvel éditeur, dans sa lettre du 22 ou 23 juin 1801 Beethoven indiquait, en français, le titre qu'il exigeait, spécifiant le numéro d'opus 19.

Il semble que, second dans l'ordre de la publication (voir *op. 15*), ce *Concerto pour piano* soit le premier que Beethoven ait composé. Il semble que ce soit le *Concerto op. 15* qui ait été joué au concert du 29 mars 1795 après avoir été terminé très rapidement et dans des circonstances difficiles (Wegeler, qui fut présent à Vienne entre octobre 1794 et le 31 mai 1796, raconta dans ses *Notices biographiques* que juste « avant l'exécution de son premier *Concerto* », Beethoven en termina le Rondo final alors qu'il souffrait de douleurs abdominales – quatre copistes, dans l'antichambre, recopiant au fur et à mesure).

Dans plusieurs lettres à des éditeurs différents, Beethoven évoqua la qualité de son *Concerto* : était-ce par modestie ou par tactique éditoriale, était-ce en raison d'une comparaison implicite avec Mozart qui avait composé des modèles du genre (Beethoven était conscient de n'avoir pas encore égalé ou surpassé Mozart), mais chaque fois il signalait que ce n'était pas une de ses meilleures œuvres.

Ainsi, le 15 décembre 1800, en proposant son *Concerto* à Hoffmeister, Beethoven écrivait qu'il ne le considérait pas comme un de ses « meilleurs », idem pour celui qui devait paraître chez Mollo, parce que, expliquait-il « je *garde les meilleurs pour moi, jusqu'à ce que je fasse moi-même un voyage*, mais ça ne vous causera aucun déshonneur de le graver. »

Le 15 janvier 1801, il expliquait à Hoffmeister, qui lui avait demandé de fixer le prix des œuvres proposées : « Je ne mets le concerto qu'à dix ducats, parce que comme je vous l'ai déjà écrit, je ne le donne pas pour un de mes meilleurs. » Ce faible prix était aussi une façon de faire passer les autres œuvres (le *Septuor op. 20*, la *Symphonie op. 21*, la *Grande Sonate op. 22*, œuvres fixées chacune à 20 ducats) en offrant une sorte de rabais.

Alors qu'il négociait avec Hoffmeister, Beethoven écrivait, le 22 avril 1801 (pour la première fois) à Breitkopf & Härtel (cet éditeur voulait savoir quel genre d'œuvres Beethoven avait à proposer) qu'il pouvait compter sur des œuvres dans le genre de celles publiées par Mollo ou par Hoffmeister, qui, précisait-il, est en train de publier « un de mes premiers concertos, que finalement je ne donne pas pour un de mes meilleurs ouvrages » (idem pour l'*op. 15* publié par Mollo) : ce commentaire était en fait adressé aux rédacteurs de la revue musicale, *Allgemeine Musikalische Zeitung*, pour qu'ils retiennent leurs mauvaises critiques, dans la mesure où « la politique musicale (« die Musikalische Politick (*sic*) ») exige [qu'un jeune auteur] conserve quelque temps ses meilleurs concertos » avant de les diffuser au moyen de l'édition.

Comme le *Concerto op. 15*, premier édité, ce *Concerto* en *si* bémol majeur fut donc gardé longtemps par Beethoven après son exécution en public, sans qu'il le fasse éditer – lorsqu'il le mettra au point en vue de l'édition, il a déjà en chantier un autre *Concerto* (le troisième en *ut* mineur *op. 37*) qui lui aussi sera publié quatre ans après sa composition.

Sa « politique » était simple : le concerto était nécessaire au virtuose pour briller dans les concerts. Il ne fallait donc pas qu'il soit livré au public par l'édition avant que le virtuose ne se produise. D'où l'intention de Beethoven de le garder en vue d'une tournée de concerts.

Présentation de l'œuvre

Le premier mouvement, Allegro con brio de forme sonate, se présente sous le signe du contraste moins entre les deux ensembles thématiques que pour le matériau et son traitement (tutti/cordes seules; *f/p;* motif énergique/motif lyrique). Il commence par une longue exposition confiée à l'orchestre seul : le soliste n'entre qu'à la mesure 90, immédiatement très virtuose. Après développement et réexposition, il se termine par une très longue cadence (395-473) écrite par Beethoven, et une très courte conclusion de l'orchestre (6 mes.) sur le motif lyrique de l'introduction du mouvement.

L'Adagio, introduit par l'orchestre, joue sur une distribution des rôles entre soliste et orchestre dans une interprétation très lyrique du matériau thématique.

Le Rondo final, Allegro molto, confère un très grand rôle au piano qui introduit le mouvement par un thème très dynamique bien inscrit dans la métrique 6/8. Tout au cours du déploiement de ce mouvement (entre forme sonate et rondo avec trois couplets et quatre ritournelles), la virtuosité du soliste est mise en valeur.

Sources

Un manuscrit autographe, retrouvé dans les papiers de Beethoven après sa mort et conservé à Berlin, a une partie solo ébauchée et seulement à la main droite.

Il existe un fragment du premier mouvement de la version de 1794-95 conservé à Paris, ainsi que la partie de soliste écrite en avril 1801 pour l'édition de 1801, conservée à Bonn.

Le manuscrit autographe de la cadence du premier mouvement, qui date sans doute de 1809, et qui aurait été écrite pour l'archiduc Rodolphe, se trouve à Bonn.

Il existe des esquisses à Londres et Berlin (collections Kafka, Fischhof, Grasnick).

PUBLICATION

L'édition gravée originale (en parties séparées) fut assurée par Franz Anton Hoffmeister, à Leipzig et Vienne, en décembre 1801. Le titre de l'édition originale est en français :

« CONCERT / pour le / PIANOFORTE / avec 2 Violons, Viole, Violoncelle et Basse,/ une Flûte, 2 Oboes, 2 Cors, 2 Bassons. / composé et dédié / à Monsieur / Charles Nikl / Noble de Nikelsberg, Conseiller aulique / de sa Majesté Impériale et Royale / par / LOUIS van BEETHOVEN. / Œuvre XIX. [...] »

La publication a été annoncée dans la *Wiener Zeitung* le 16 janvier 1802 (en même temps que l'*op. 21*).

La première partition date de 1834 (chez Dunst à Francfort, n° 2 de la « Collection complète » des concertos pour piano).

DÉDICATAIRE

Karl Nikl Edler von Nikelsberg (1738-1805) était originaire de Bohême. Le 9 septembre 1797, l'empereur François II le nomma conseiller aulique chargé des Finances et du Commerce ; il s'installa alors à Vienne en 1798 (où il mourut le 15 mars 1805[1]).

CORRESPONDANCE

Le 15 décembre 1800 [1., 49], Beethoven à Franz Anton Hoffmeister, de Leipzig.

Le 15 janvier 1801 [1., 54], Beethoven à Hoffmeister.

Le 22 avril 1801 [1., 59]

Le 22 avril 1801 [1., 60], Beethoven à Hoffmeister :

voir plus haut « contexte biographique ».

Le 22 ou 23 juin 1801 [1., 64], Beethoven indiquait à Hoffmeister, en français, le titre qu'il exigeait, spécifiant le numéro d'opus 19 :

« Concert pour le piano-forte avec deux Violons, Viole, Basse et violoncelle, un flute [*sic*], deux oboes [*sic*], deux cors, deux fagots, composé et dedié a [*sic*] Monsieur Charles Nikl noble de Nikelsberg Conseiller aulique de sa Majesté Impériale et Royale
par louis van Beethoven
œuvre 19 ».

WoO 6

Rondo pour pianoforte et orchestre en *si* bémol majeur

Allegro, 6/8, si *bémol majeur – 378 mes.*

TEMPS DE LA COMPOSITION

De 1794 à mars 1795 pour la première version, qui fut souvent jouée par Beethoven avant d'être profondément remanié en 1798. Il fut peut-être prévu comme finale des premières versions du *Concerto pour piano et orchestre n° 2* en *si* bémol majeur *op. 19.*

La date de la première exécution est inconnue.

CONTEXTE BIOGRAPHIQUE

Voir *op. 19* et *op. 15.*

SOURCES

Le manuscrit autographe, retrouvé dans les papiers de Beethoven après sa mort, demeura longtemps introuvable avant de réapparaître en 1898. Il est actuellement conservé à Vienne (GdM).

PUBLICATION

Ce Rondo fut publié à Vienne, Paris et Londres en 1829 avec une partie de piano complétée par Carl Czerny.

L'édition de la partition date de 1863 (avant la redécouverte du manuscrit original, donc dans la version très virtuose de Czerny).

La redécouverte du manuscrit permet de mettre en évidence l'écart qu'il y a entre une partition ne comprenant qu'une partie de soliste à peine esquissée et l'« interprétation » que Czerny en a donnée au moment de la publication posthume en 1829. Beethoven a écrit presque entièrement la partie d'orchestre, mais n'a fait qu'esquisser la partie soliste.

1. Cf. *Beethoven-Jahrbuch* 8 (1971-1972) p. 93-96 : « Zur Widmung des Klavierkonzerts op. 19 » par F. Slezak.

Opus 81b

Sextuor pour quatuor à cordes et deux cors en *mi* bémol majeur

Allegro con brio, C, mi *bémol majeur – 176 mes.*
Adagio, 2/4, la *bémol majeur – 86 mes.*
Rondo. Allegro, 6/8, mi *bémol majeur – 228 mes.*

TEMPS DE LA COMPOSITION

1794 ou débuts de l'année 1795.

Il semble que les idées des deux premiers mouvements datent du temps de Bonn.

CONTEXTE BIOGRAPHIQUE

Cette formation, qui associe des cors et des cordes, porte la marque des habitudes musicales de la cour de Bonn, qui aimait les « musiques de table » ainsi que les divertissements proches des musiques de chasse. Par delà ces connotations avec des musiques caractéristiques des usages de la société aristocratique et princière, l'orchestration des premières Symphonies de Beethoven, qui donne une grande place à l'« harmonie », c'est-à-dire à l'ensemble des instruments à vent (qui est ainsi qualifiée étant donné la beauté du mélange des sonorités des hautbois, clarinettes, cors et basson) témoignent de l'importance qu'avaient ces instruments pour lui (à Bonn, il avait déjà eu l'occasion de composer plusieurs œuvres pour vents, qu'il acheva à Vienne : l'*Octuor op. 103*, le *Rondino pour octuor à vents WoO 25*) (voir ces œuvres).

PRÉSENTATION DE L'ŒUVRE

Beethoven a conféré un rôle proprement thématique à la spécificité des différents instruments qu'il a associés (timbre, attaques, jeu des sonorités). Cette spécificité fait partie intégrante du matériau musical : les motifs et les thèmes sont d'abord instrumentaux et jouent sur les sonorités et la dynamique propres à chacun de ces instruments. La forme d'ensemble, et de chacun des trois mouvements, tout en étant sans surprise, met en valeur les timbres instrumentaux, pensés comme éléments thématiques essentiels.

L'Allegro con brio est ouvert par un court motif, trois fois repris sur une échelle diatonique ascendante, fait d'un accord de *mi* bémol majeur aux cordes suivi d'une brève broderie des cors. Cette affirmation de la tonalité indissociable de sonorités spécifiques et contrastées sollicite l'attention de l'auditeur invité à suivre le déploiement d'un tissu sonore dense et plein de dynamisme (du fait des rythmes et des traits que s'échangent les deux groupes d'instruments aux timbres bien différenciés) dans une forme sonate sans surprise.

L'Adagio (de forme ABA') est introduit par une longue phrase thématique confiée aux deux cors. Le mouvement culmine sur un fortissimo des cordes sur quatre accords arrachés de *fa* mineur qui se poursuivent sur trois accords délicats, unissons, pianissimo, toujours aux cordes seules, avant le retour de la première partie légèrement variée. L'ensemble se termine en *la* bémol majeur pianissimo.

Le Rondo final, allegro, est également introduit par les cors avec un thème dynamique bien inscrit dans la métrique ternaire. Il comprend trois couplets (le premier à la dominante, le deuxième en *mi* bémol mineur, le troisième en *mi* bémol majeur), quatre refrains (le dernier varié) et une coda qui se termine fortissimo par la mise en évidence du plaisir procuré par le jeu propre aux deux familles d'instruments (cors et cordes).

SOURCES

Des esquisses des deux premiers mouvements sont mêlées à celles du Lied *Seufzer eines Ungeliebten WoO 118* et de l'air *Adelaïde op. 46.*

Le manuscrit autographe est perdu, mais il existe, à Bonn, une copie authentifiée des différentes parties – la page de titre du premier violon porte de la main de Beethoven : « Sestetto da L.V.Beethoven ».

Une copie de la partie du premier cor porte une mention manuscrite de la main de Beethoven : « 6tett von mir. Gott weiss wo die andern Stimmen sind » [« 6tuor de moi. Dieu sait où sont les autres voix »]

PUBLICATION

L'édition originale (en parties séparées) date du début ou de la première moitié de l'année 1810, chez N. Simrock à Bonn ; elle porte un titre en français :

« SEXTUOR / pour / deux Violons, Alt, Violoncelle, / et deux Cors, obligés / composé par L. VAN BEETHOVEN. /Œuvre 81. [...] »

En même temps que cette édition originale, Simrock publia des transcriptions pour quintette à cordes et pour trio à cordes, avec numéro d'opus 83.

La partition date de 1846 chez N. Simrock à Bonn.

WoO 126
Opferlied

Lied pour voix et piano sur un texte de Friedrich von Matthisson
Langsam und feierlich *(lent et solennel)*, ¢, mi *majeur – 68 mes.*

TEMPS DE LA COMPOSITION

L'intérêt de Beethoven pour ce poème de Matthisson date de 1794 ou 1795 (au cours de ses premières années à Vienne) : il ébaucha alors une première version [Hess 145] qu'il n'acheva qu'à la fin de l'année 1798, mais qu'il ne fit pas publier. Puis, au cours de l'hiver 1801/02, il esquissa une version différente, qu'il n'acheva pas. Ce n'est qu'en 1822 et en 1824 qu'il reprit ce poème pour en faire une version pour voix solistes, chœurs et orchestre, l'*op. 121b*.

CONTEXTE BIOGRAPHIQUE

Beethoven s'intéressa à ce poème du début des années 1790 au milieu des années 1820 : il en composa six versions proches les unes des autres, consacrant également deux canons au dernier vers (le *WoO 202*, en *fa* majeur, écrit le 27 septembre 1823 pour la pianiste Marie Pachler-Koschak, et le *WoO 203* en *la* majeur noté à la fin d'une lettre adressée le 3 mai 1825 au poète Ludwig Rellstab). Ainsi, de même qu'il porta le poème de Schiller, l'*Ode à la Joie*, avec lui pratiquement toute sa vie, Beethoven fit de même avec l'*Opferlied* : s'il est parti d'une version pour voix et piano, il aboutit (en 1822 et en 1824) à une version pour solistes, chœur et orchestre, tant cette offrande sous forme de prière lui parut propre à éveiller des sentiments religieux et à inciter au recueillement, et tant ce poème correspondait à son inquiétude et à son désir de reconnaissance par une figure tutélaire.

PRÉSENTATION DE L'ŒUVRE

Le poème est de Friedrich von Matthisson (1761-1831) ; il parut dans le *Musen Almanach* pour l'année 1790 publié par Voss, puis en 1794 dans la 3e édition des poèmes de Matthisson (à Zurich).

Opferlied
Die Flamme lodert, milder Schein
Durchglänzt den düstern Eichenhain,
Und Weihrauchdüfte wallen.
O neig' ein gnädig Ohr zu mir,
Und lass des Jünglings Opfer dir,
Du Höchster, wohlgefallen !
Chant de sacrifice
La flamme flamboie, douce lueur
Qui fait briller le sombre bosquet de chênes,
Et des odeurs d'encens flottent.
O penche vers moi une oreille bienveillante,
Et fais que l'offrande du jeune homme,
Te satisfasse, toi le très Haut.

Sei stets der Freiheit Wehr und Schild !
Dein Lebensgeist durchathme mild
Luft, Erde, Feuer und Fluten !
Gieb mir, als Jüngling und als Greis,
Am väterlichen Heerd', o Zeus,
Das Schöne zu dem Guten !
Sois toujours la défense et le bouclier de la liberté !
Que ton souffle vital anime avec douceur
L'air, la terre, le feu et les flots !
Donne-moi, jeune homme ou vieillard,
Au foyer de mes pères, ô Zeus,
Le Beau avec le Bien !

Cette prière à Zeus, considéré comme le protecteur et le père nourricier des artistes, condensait les aspirations essentielles de Beethoven (et de bien des artistes de sa génération) : l'union de l'éthique et de l'esthétique sous le signe d'une spiritualité élaborée par la culture grecque antique.

Les deux strophes ont la même musique, entièrement écrite pour la seconde strophe.

La voix est doublée par le piano dans un *mi* majeur bien établi et très stable. La scansion solennelle et régulière, ainsi que la répétition de certains termes, mettent le texte en valeur

– le point culminant soulignant la puissance divine.

SOURCES

Des esquisses pour la version de 1798 existent dans le livre d'esquisses Grasnik 1 (fin 1798), à Berlin.

Le manuscrit inachevé de la première version de 1794-1795 (Berlin, Grasnik 8) comprend beaucoup de corrections (il ne contient que la 1e strophe, et il a dû servir aux versions suivantes).

PUBLICATION

Elle date du début 1808, à Bonn par N. Simrock qui publia trois Lieder ensemble (sans doute sans l'autorisation de Beethoven) : *der Freie Mann WoO 117* et *Neue Liebe, neues Leben WoO 127* (le frère de Beethoven avait dû lui vendre d'anciennes compositions) :

« III / DEUTSCHE LIEDER. / In Musick gesetzt / von / L : van BEETHOVEN. / Bey N. Simrock in Bonn »

L'ŒUVRE VUE PAR SES CONTEMPORAINS

Wegeler utilisa la musique de ce Lied, sur un autre texte, dans sa loge maçonnique.

CORRESPONDANCE

Le 2 mai 1810 [2., 439], Beethoven terminait une lettre à Wegeler (son ami de Bonn) en lui demandant qu'il lui prête le Lied en *mi* majeur qui était chanté dans sa loge maçonnique et qu'il ne possédait plus. (Wegeler a signalé qu'il s'agissait de l'*Opferlied* sur un autre texte.)

Opus 46
Adelaide

Lied avec accompagnement de clavier, sur un poème de Friedrich von Matthisson
Larghetto, ¢, / Allegro molto, ¢, si *bémol majeur – 181 mes.*

TEMPS DE LA COMPOSITION

1794-1795, au moment où Beethoven prenait des cours avec Albrechtsberger, donc peu après son arrivée à Vienne (le 10 novembre 1792), ville où le prince-électeur de Cologne, résidant à Bonn, Maximilian Franz, avait accepté de l'envoyer pour prendre des cours de composition avec Haydn (qui effectua un second voyage en Angleterre entre le 19 janvier 1794 et le 20 août 1795).

CONTEXTE BIOGRAPHIQUE

Lors de ses premières années à Vienne, où il se trouve pour parfaire sa formation de compositeur, Beethoven s'applique à de nombreux types d'exercices (contrepoint, écriture vocale sur des textes de Métastase, airs d'opéra) avec Haydn et Albrechtsberger, et il cherche à se faire connaître (et reconnaître) par des compositions qui correspondent à l'attente du public mélomane (il multiplie, dans ce but, les Variations – surtout pour piano – sur des airs « à la mode » ; il livre de nombreuses danses de société et propose quelques Lieder [*WoO 123*, *WoO 124*], ou Airs de concert [*WoO 91*]).

Ce n'est qu'en 1800, trois ans après la publication d'*Adelaïde*, que Beethoven se décide à envoyer un exemplaire de l'édition originale à Matthisson, auteur du poème et dédicataire de cette « *Cantate* » – se disant, d'ailleurs, très inquiet de l'accueil qu'en ferait le poète : pour se rassurer, il rappelait qu'un artiste ne cesse de faire des progrès dans l'art qui est le sien. Et, s'affirmant enthousiasmé par la poésie de Matthisson, il lui demandait d'autres poèmes : Matthisson a-t-il répondu à ses vœux ? impossible de le dire en l'état actuel des sources disponibles – seule certitude : Beethoven n'a mis en musique que trois autres poèmes de Matthisson : *An Laura WoO 112*, *Opferlied WoO 126* et *op. 121b,* et *Andenken WoO 136*.

Pourquoi n'a-t-il songé à envoyer cette œuvre à Matthisson que trois ans après la publication ? Il espérait sans doute que le poète serait prévenu, que l'éditeur lui enverrait l'œuvre et qu'il serait remercié, au moins par des poèmes écrits expressément pour lui ?

L'intérêt de la lettre qui accompagne l'envoi de l'exemplaire est qu'elle laisse entrevoir chez Beethoven, face à un créateur qu'il estime (il adopta une attitude similaire envers Goethe en avril 1811 [2., 493]), une certaine humilité (certes de circonstance) mêlée à un grand besoin de reconnaissance.

D'après les dates de publication des réimpressions et des arrangements, le succès d'*Adelaide* s'est imposé, surtout après 1803, tout au long de la vie de Beethoven, à Vienne et en Allemagne.

PRÉSENTATION DE L'ŒUVRE

Ce poème fut publié pour la première fois en 1790 dans le *Musen Almanach* de Johann Heinrich Voss (en même temps que l'*Opferlied*), puis en 1794 dans la troisième édition des poèmes de Friedrich von Matthisson (1761-1831).

Einsam wandelt dein Freund im Frühlingsgarten,
Mild von lieblichen Zauberlicht umflossen,
Da durch wankende Blütenzweige zittert,
Adelaide!
Seul, ton ami se promène dans le jardin au printemps,
Délicieusement entouré d'une lumière enchantée,
Qui tremble à travers les branches fleuries,
Adelaide!

In der spiegelnden Flut, im Schnee der Alpen,
In des sinkenden Tages Goldgewölken,
Im Gefilde der Sterne strahlt dein Bildniss,
Adelaide!
Dans le miroitement des flots, dans la neige des Alpes,
Dans les nuages dorés du jour déclinant,
Au milieu des étoiles brille ton image,
Adelaide!

Abendlüftchen im zarten Laube flüstern,
Silberklöckchen des Mais im Grase säuseln,
Wellen rauschen und Nachtigallen flöten :
Adelaide!
Les brises du soir susurrent dans le feuillage délicat,
Les clochettes argentées de mai murmurent dans l'herbe,
Les vagues mugissent et les rossignols chantent :
Adelaide!

Einst, o Wunder! entblüht, auf meinem Grabe,
Eine Blume der Asche meines Herzens;
Deutlich schimmert auf jedem Purpurblättchen :
Adelaide!
Un jour, o merveille! fleurit sur ma tombe,
Une fleur à partir des cendres de mon cœur;
Sur chacune de ses petites feuilles scintille de manière évidente :
Adelaide!

Les quatre strophes sont *durchkomponiert*, séparées les unes des autres par l'interpellation – évocation d'« Adelaide » (dans une forme sans cesse renouvelée) et par une transition du piano toujours différente.

Beethoven a pensé cette *Cantate* en deux parties, l'une et l'autre en *si* bémol majeur « alla breve » (à deux temps) : la première partie Larghetto, ouverte par le piano *dolce e p*, fluide et calme, couvre les trois premières strophes, et la seconde partie Allegro molto (mes. 70-mes. 181) concerne la dernière strophe dont les vers sont abondamment repris et répétés. Dans chacune des deux parties, la musique (chant et accompagnement au piano) suit le texte qu'elle met en valeur de diverses manières (figuralismes, opposition *f/p*, saut de la voix, pulsations régulières à la noire, modulations de passages), l'ensemble faisant ressentir la pression d'un exaltation croissante (la longueur des strophes augmente : 12 mesures pour la première, 20 pour la deuxième avec répétitions, 28 pour la troisième avec beaucoup de répétitions et 110 pour la quatrième).

SOURCES

Le manuscrit autographe est perdu, et aucune des innombrables copies (établies après la publication) ne comporte de corrections de Beethoven. Étant donné les légères différences avec la première édition, il est vraisemblable que les publications, en 1803, de Hoffmeister à Leipzig et de Simrock à Bonn reproduisent un exemplaire de l'édition originale corrigé par Beethoven (supposition établie d'après la lettre de Ferdinand Ries du 6 août 1803 [1., 152] qui faisait parvenir à N. Simrock un certain nombre d'œuvres de Beethoven déjà éditées).

Il existe beaucoup d'esquisses, la plupart identifiables seulement par les paroles, datant sans doute de 1794-1795.

PUBLICATION

En février 1797, à Vienne, par Artaria et Comp. (le titre est en allemand) :

« ADELAIDE VON MATTHISSON / Eine Kantate / für eine Singstime / mit Begleitung des Clavier / In Musick gesezt und dem Verfasser gewidmet / von / LUDWIG VAN BEETHOVEN / ...] »

Le numéro d'opus 46 ne lui fut attribué qu'en 1819, lors de l'établissement du catalogue des œuvres qu'Artaria publia avec la *Sonate op. 106* (l'opus 46 était resté vide en 1804).

Il y eut de très nombreuses réimpressions (chez beaucoup d'éditeurs différents en Allemagne, à Vienne, à Londres), ainsi que de très nombreux arrangements (pour guitare, pour piano à deux ou à quatre mains, pour cor ou cor de basset, pour basson, pour violoncelle) et des variations pour flûte.

DÉDICATAIRE

Friedrich von Matthisson (1761-1831), après des études de théologie, exerça la fonction de lecteur auprès de la princesse Louise d'Anhalt-Dessau (entre 1794 et 1811), avant d'être intendant du Théâtre de Stuttgart et directeur de la bibliothèque (1812-1828).

En 1811, dans une annexe à l'édition de ses œuvres complètes, Matthisson signala que si beaucoup de compositeurs (dont J. Fr. Reichardt, C. Fr. Zelter, J. R. Zumsteeg, V. Righini, puis Fr. Schubert en 1814, publié en 1838) avaient mis *Adelaide* en musique, il trouvait la version du «génial Beethoven» la meilleure.

L'ŒUVRE VUE PAR SES CONTEMPORAINS

La *Zeitung für die elegante Welt*, 3e année (1803), col. 685, publiait une critique courte mais laudative (elle trouvait que la version de Beethoven produisait plus d'effet que celles de Zelter ou de Reichardt), insistant sur le fait qu'il ne suffisait pas de jouer et de chanter cette musique une fois : il fallait la répéter indéfiniment.

La *BMZ*, 1re année (1805), col. 9 et 10, publiait une critique favorable, soulignant la richesse des formules adaptées au chant et l'effet des modulations, mais déplorant le trop grand contraste entre les deux parties et surtout l'aspect parodique de la seconde partie (Beethoven aurait traité de manière amusante l'émerveillement de l'apparition du nom de la bien-aimée).

CORRESPONDANCE

Le 4 août 1800 [1., 47], Beethoven envoyait un exemplaire de l'édition originale d'*Adelaide* à Friedrich von Matthisson, alors à Dessau, avec une lettre dans laquelle il s'excusait de lui faire parvenir cette œuvre si tard (il l'avait écrite il y a déjà «quelques années») en arguant de sa timidité (n'était-ce pas par trop arrogant de la part d'un jeune compositeur, de dédier une œuvre à un grand poète, d'autant plus qu'il ne savait pas si l'œuvre lui plaisait ?). Puis, il osait reconnaître que ce n'était pas sans angoisse qu'il lui faisait parvenir cette *Adelaide*, sachant que tout artiste faisait des progrès dans son art (c'est-à-dire qu'il regardait de manière critique ses premières compositions). Enfin, Beethoven disait souhaiter recevoir d'autres poèmes de lui à mettre en musique, car sa poésie lui procurait un plaisir divin.

Le 12 juillet 1822 [4., 1480], l'éditeur de Leipzig Carl Friedrich Peters, qui souhaitait éditer des œuvres de Beethoven, mentionne *Adelaide* comme référence de genre de Lieder possible à éditer.

WoO 119
O care selve, o cara

«Canzonetta» pour une voix et un chœur à l'unisson avec accompagnement de piano, sur un texte de Métastase
Allegretto, 6/8, sol *majeur – 28 mes.*

TEMPS DE LA COMPOSITION

1794-1795 au temps des leçons prises avec Albrechtsberger.

CONTEXTE BIOGRAPHIQUE

Dès ses premières années à Vienne, Beethoven, soucieux de maîtriser toutes les formes et tous les types d'écriture, se confronta à la composition vocale sur texte italien (Métastase était un passage obligé pour tout apprentissage de l'écriture dramatique).

Il semble que Beethoven ait eu l'intention (sans doute dès 1794-1795) d'intégrer cette Canzonetta à un ensemble, mais il ne donna pas suite à ce projet.

PRÉSENTATION DE L'ŒUVRE

Le texte provient du Dramma per musica de Métastase, *L'Olimpiade* (1733), acte 1, sc.4 : il s'agit d'un air très simple avec refrain, chanté par la princesse Argène et un chœur de bergères. Du temps de Beethoven, cet air était connu indépendamment du drame de Métastase.

« Coro : Oh care selve, oh cara / Felice libertà !
Una voce [Argene] : Qui, se un piacer si gode, / Parte non v'ha la frode, / Ma lo conduce a gara, / Amor e fedeltà. »

Sur un rythme balancé de danse légère et calme, la ligne mélodique du chœur en notes conjointes qui portent l'harmonie cadentielle (stable), répète « Felice libertà ». La ligne de la voix seule est un peu plus ondulante.

SOURCES

Un manuscrit autographe se trouve dans la collection Kafka (Londres), sur le revers du Lied *WoO 117*. Le texte en italien est écrit à l'encre rouge, avec soin sous les notes correspondantes (il s'agit peut-être de respect pour les exigences de Salieri).

Un fragment du manuscrit autographe (à Vienne, GdM), établi d'après le premier autographe, porte une mention de la main de Beethoven : « Allegretto / ma non / molto / N° 10 / wird hinten / an geschrieben. ». Il se trouve parmi les exercices de contrepoint réalisés pour Albrechtsberger, et parmi les esquisses pour une Symphonie inachevée en *ut* majeur (il s'agit sans doute d'un projet pour le n° 10 d'un ensemble de Lieder, dont le Lied *Der freie Mann* aurait été le n° 4 – numéro inscrit en marge de l'autographe, de 1794-1795, de la deuxième version de ce Lied *WoO 117*).

PUBLICATION

En 1888, dans la GA.

WoO 159

Canon à trois voix

Sur le début du poème de Wilhelm Ueltzen, Liedchen von der Ruhe (Petit Lied du repos)
Im Arm der Liebe ruht sich's wohl.
Im Schoss der Erde ruht sich's wohl.
Wo es auch sei, das ist dem Müden einerlei.
(Dans les bras de l'amour on se repose bien. / Au sein de la terre, on se repose bien. / Où que ce soit, pour celui qui est fatigué c'est indifférent.)
Fa *majeur – 24 mes.*

Ce canon fut composé sans doute au début de l'année 1795, alors que Beethoven prenait des cours avec Albrechtsberger (il a été retrouvé parmi les feuilles et cahiers d'études pour la réalisation de la basse fondamentale et le contrepoint). Beethoven composa également un Lied sur ce poème, à la même époque (opus 52, n° 3).

Le manuscrit se trouve à Vienne.

WoO 160

Deux Canons

Le 1er, à trois voix, peut-être sur un texte tiré de « O care selve » (cf. WoO 119)
Le 2e, à quatre voix, n'a pas de texte.

En ut *majeur – 16 mes.*

Ces esquisses de canons furent publiées en 1832 dans le livre de Seyfried *Beethovens Studien in Generalbass, Kontrapunkt und in der Kompositionslehre. Aus dessen handschrifftlichem Nachlasse gesammelt…*

WoO 91 n° 1 et n° 2

Deux Airs

Airs pour voix et orchestre insérés dans le Singspiel Die schöne Schusterin *de Ignaz Umlauf*
N° 1 Air pour ténor et orchestre, « O welch ein Leben, ein ganzes Meer von Lust » (Ô quelle vie, un véritable océan de joie) (acte I, sc. 2, n° 3 : air du Baron)
Allegretto, 2/4, fa *majeur – 132 mes.*
N° 2 Air pour Soprano et orchestre, « Soll ein Schuh nicht drücken » (Une chaussure ne doit pas serrer) (acte I, sc. 2, n° 4 : air de Lene, femme du cordonnier)
Andante con moto, 6/8, si *bémol majeur – 133 mes.*
L'air de soprano n° 2 n'a pas été inséré : il remplace simplement un air du Singspiel de Umlauf

TEMPS DE LA COMPOSITION

Beethoven a sans doute composé la musique de ces deux airs, au début de l'année 1795, pour la reprise du Singspiel d'Ignaz Umlauf (1746-1796) à Vienne, le 30 mai 1795 au Kärntnertortheater avec la chanteuse Magdalena Willmann dans le rôle titre. Ce Singspiel, qui avait beaucoup de succès, fut repris en même temps au Théâtre auf der Wieden (la première eut lieu le 27 avril 1795).

Ce Singspiel intitulé *Die pücefarbnen Schuhe oder Die schöne Schusterin,* avait été créé le 22 juin 1779 à Vienne : il s'agissait de la traduction en allemand effectuée par Gottlieb Stephanie le jeune (1741-1800) – librettiste de *L'Enlèvement au sérail* et du *Directeur de théâtre* de Mozart – d'un texte français du marquis de Ferrières, *Les souliers mordorés ou la Cordonnière allemande*, opéra-comique en deux actes représenté à Paris en 1776 à la Comédie-Italienne.

CONTEXTE BIOGRAPHIQUE

En composant ces deux airs, Beethoven acceptait de contribuer à renouveler l'intérêt du public pour un Singspiel très connu : il se pliait ainsi à une pratique fréquente qui consistait à insérer des airs nouveaux dans une œuvre déjà maintes fois rejouée.

Beethoven connaissait déjà Ignaz Umlauf, compositeur fort apprécié en Allemagne, car à plusieurs reprises il avait eu l'occasion de participer à l'exécution de certains de ses Singspiele dans le cadre des programmes du Théâtre national de Bonn, en 1788-1789 et 1790-1791.

Avec ces deux Airs, Beethoven abordait, pour la première fois à Vienne, une musique destinée à la scène, signe de sa fréquentation du monde de l'opéra et de sa rapide intégration dans le monde musical viennois, et peut-être également indice de son inclination pour la chanteuse Magdalena Willmann (1771-1801), sa compatriote et ancienne voisine à Bonn (qui s'installa à Vienne en 1795), soprano qui avait la particularité de pouvoir descendre dans les graves – Beethoven aurait formulé une demande en mariage que Magdalena repoussa pour se marier, le 13 juillet 1796, avec Antonio Galvani, grand négociant à Trieste.

Pour l'air de ténor, Beethoven se plut à donner une dimension orchestrale à la musique de *Mailied op. 52 n° 4*, Lied composé dans la première moitié des années 1790 sur un poème de Goethe qui évoquait le même thème : les joies de la vie (rencontre de jeunes filles et sentiment de bien-être en accord avec la nature).

PRÉSENTATION DE L'ŒUVRE

N° 1, l'air de ténor est Allegretto en *fa* majeur à deux temps. Il comprend trois strophes :

O welch ein Leben, ein ganzes Meer,
von Lust und Wonne fließt um mich her,
mir blühet Freude auf jeder Bahn
und was ich suche, das lacht mich an,
und was ich höre, das ist Jubelton,
und was ich fühle, entzücket schon.
Quelle belle vie, tout un océan
de plaisirs et de délices m'entoure,
sur mon chemin fleurit la joie
et tout ce que je désire me sourit,
et tout ce que j'entends n'est que chant d'allégresse,
et ce que je sens, me ravit déjà.

[Wohl mir ! Ich] lebe um Minnesold,
und alle Mädchen sind mir so hold,
von manchem Auge, das freundlich blinkt,
wird Glück der Liebe mir zugewinkt,
was glänzet schöner als Mädchenblick,
was gleicht auf Erden der Liebe Glück ?
Quel bonheur, je vis pour gagner le tribut du cœur, et toutes les jeunes filles sont charmantes avec moi, tous leurs regards qui m'observent amicalement, me promettent les délices de l'amour, quoi de plus étincelant que le regard d'une jeune fille, le bonheur d'aimer a-t-il un égal sur terre ?

Auf steilen Höhen, im stillen Tal,
beim Licht des Mondes, im Sonnenstrahl,
bei Tanz und Spielen, beim Rundgesang,
bei sanftem Flöten – und Geigen – Klang
sind gute Menschen an Freuden reich.
Seid auch so glücklich und freuet euch.
Sur le haut des falaises, dans le silence de la vallée, au clair de lune, sous les rayons du soleil, en dansant et en jouant, en chantant la ronde, aux doux sons de la flûte et du violon, les hommes bons débordent de gaieté.
Vous aussi soyez heureux et réjouissez-vous.

Les trois strophes ont la même ligne mélodique, mais l'accompagnement, aux cordes seules pour les deux premières, change chaque fois légèrement (l'évocation des flûtes dans la troisième strophe est prise en compte par la musique). La transition entre chacune des strophes est plus dense (avec tout l'orchestre) et la conclusion est confiée aux instruments à vent (la flûte et le hautbois, surtout).

N° 2, l'air de soprano est Andante con moto en *si* bémol à 6/8. Le texte est de Gottlieb von Stephanie le jeune :

Soll ein Schuh nicht drücken,
muß man sich anschicken,
und überall
das erstemal
sich selber bemühen,
ihn an den Fuß zu ziehen.
Denn oft fehlt's an Geduld,
Den Schuh recht anzufassen,
Den Fuß daran zu passen.
etc.
Pour qu'un soulier ne serre pas trop,
c'est toute une affaire,
et partout
la première fois qu'on le met
il faut prendre la peine,
de bien l'ajuster au pied :
souvent la patience manque
de prendre le soulier comme il faut
pour y enfiler le pied.
etc.

Le thème est énoncé par les bois soutenus par les cors et les cordes. La musique accompagne le récit (la chaussure qui ne doit pas être serrée, et qui ne peut donc être difficile à enlever) de manière humoristique, répétant le texte dont la fin est soulignée : « c'est de l'art » que de savoir ôter sa chaussure – par des répétitions plus ou moins ornementées, la voix s'arrêtant sur un *si* bémol grave (la tessiture s'étend sur un octave et demi).

SOURCES

Des esquisses se trouvent à Berlin (Fischhof-Skizzenkonvolut).

Une copie de la partition est à Vienne (GdM) :

Le n° 1 porte la mention « Partituro [*sic*]/ Ariette / O welch ein leben », avec ajout d'une main étrangère « Del Bethoven [*sic*] » et porte l'indication de l'orchestre : « Flauto, oboe, Fagotti, Corni in F, Violini, Viola », et le nom du personnage : Baron, ainsi que le tempo : Allegretto

N° 2 porte l'indication de l'orchestre : « Flauto, oboe, Fagotti, Corni in B, Violini, Viola », et du personnage : Lehne, ainsi que le tempo : And^te con moto.

PUBLICATION

1888, dans la GA.

WoO 68

Douze Variations pour piano sur le « Menuett à la Vigano »

Thème extrait des Nozze disturbate *de Jakob Haibel*
Tema / Allegretto, **C**, ut *majeur – (16 mes.)*
275 mes.

TEMPS DE LA COMPOSITION

Ces *Variations* furent composées en 1795 sur un thème qui fut très apprécié des Viennois à la suite de la représentation, le 18 mai 1795 sur la scène du Théâtre auf der Wieden (dirigé alors par Schikaneder), du ballet mis en scène par le chorégraphe Chechi sur une musique de Jakob Haibel (1762-1826), beau-frère de Mozart. Ce ballet fut donné 39 fois à Vienne en 1795. Le Menuet dansé par Salvatore Vigano [1] eut un succès tel qu'il fit partie des airs « à la mode » que plusieurs compositeurs (dont J. Gelinek) reprirent comme thème de variations, la même année que Beethoven.

CONTEXTE BIOGRAPHIQUE

Ces *Variations*, qui sont les premières composées à Vienne, témoignent de l'intégration de Beethoven dans la société mélomane : il sait trouver les occasions de briller en tant que pianiste, et de satisfaire éditeurs et amateurs en se greffant sur les « airs à la mode », non sans humour ni un débordement de vitalité.

PRÉSENTATION DE L'ŒUVRE

Curieusement ce Menuet est à quatre temps, métrique conservée par Beethoven dans les onze premières Variations, la douzième et dernière Variation retrouvant la métrique ternaire habituelle du Menuet.

Le thème est constitué de deux fois huit mesures avec un structure harmonique « classique » (I, IV, V, I – I, IV, V, I – V, I, V/I,

1. Danseur et chorégraphe, Salvatore Vigano est l'auteur des *Créatures de Prométhée*, ballet pour lequel Beethoven écrivit la musique en 1800-1801 (*op. 43*).

V – I, IV, V, I) et une ligne mélodique très simple destinée à une « danse de société ».

Le processus de variation repose sur la mélodie (différente mais toujours repérable, et souvent occasion de démonstration de virtuosité) et surtout sur la combinaison des voix (qui change pour chacune des variations). Cet ensemble met en évidence le plaisir du jeu, jeu du pianiste et jeu du compositeur qui s'amuse à transformer une donnée initiale pour dérouter l'auditeur tout en le ramenant dans du connu (une danse inhabituelle se transforme en marche, en sonorités propres au piano, pour retrouver le Menuet traditionnel).

Var. I : le rythme de danse se transforme en fluidité sonore.

Var. I : la fluidité devient virtuosité.

Var. III : les deux mouvements de dénaturation du Menuet initial se combinent, *dolce* et *legato* vibrant à la main gauche.

Var. IV : en *ut* mineur, elle joue sur un échange du même motif entre les deux mains.

Var. V : de caractère *scherzando* rapide et léger (notes *staccato* perlées).

Var. VI : retrouve l'échange étroit des deux mains sur un motif de rythme irrégulier.

Var. VII : à nouveau en *ut* mineur, elle évoque une marche (funèbre rapide ?).

Var. VIII : *dolce e legato*, elle est dominée par un rythme pointé qui met en valeur des intervalles différents.

Var. IX : retrouve la vélocité virtuose.

Var. X : joue sur le déplacement rapide de motifs virtuoses à la main droite sur basse d'Alberti rapide.

Var. XI : retrouve la démarche galante du début sur un court motif orné.

Var. XII : installe la métrique ternaire sur la mélodie initiale, et affirme la joie de la virtuosité par des successions d'octaves aux deux mains, et elle s'achève par une longue coda virtuose (dans le style d'une cadence).

SOURCES

Le manuscrit est inconnu.

PUBLICATION

L'édition originale, annoncée par la *Wiener Zeitung* du 27 février 1796, fut assurée par Artaria e Comp. en février 1796. Le titre est en italien : « XII VARIAZIONI / Per il Clavicembalo o Piano-Forte / Sul Menuetto ballato dalla Sig. [a] Venturini e Sig. [r] Chechi / nel Ballo delle Nozze disturbate / del Sign. r / LUIGI VAN BEETHOVEN [...] ».

Dès 1797, Simrock, à Bonn, en publia une partition ; puis Hoffmeister, Kühnel, Peters, à Leipzig.

WoO 69

Neuf Variations pour piano sur « Quant'è più bello »

Thème extrait de La Molinara *de Paisiello*
Tema. Allegretto, 2/4, la *majeur (24 mes.)* – *268 mes.*

TEMPS DE LA COMPOSITION

Deuxième moitié de l'année 1795, à la suite de la reprise, les 24 et 27 juin 1795, de l'opéra de Paisiello (1740-1816) *La Molinara ossia L'Amor contrastato*, qui avait déjà été représenté à Vienne en 1790 et 1794, et qui eut beaucoup de succès (à partir de 1788 il fut souvent représenté sur des scènes italiennes et allemandes). Si cette composition est en relation avec le succès viennois de l'opéra de Paisiello, elle est également liée à la publication, chez N. Simrock à Bonn en 1794, d'une réduction pour piano, établie par Neefe, de l'Ouverture et des airs « favoris » de cet opéra.

CONTEXTE BIOGRAPHIQUE

Comme les autres séries de *Variations* sur les airs à la mode en cette année 1795 (*WoO 68*, *WoO 70*), celles-ci témoignent que l'intégration de Beethoven dans la vie musicale et sociale de Vienne a été rapide et facile : il va à l'opéra, et il dispose d'éditeurs pour diffuser ses interprétations des « airs » qui plaisent au public.

PRÉSENTATION DE L'ŒUVRE

L'opéra de Giovanni Paisiello (1740-1816)

L'Amor contrastato, plus connu sous le nom de *La Molinara*, Commedia per musica, en trois actes, fut créé à Naples en 1788, puis représentée sur les grandes scènes européennes (dont Venise, Rome, Paris, Dresde) : à Vienne, elle fut à l'affiche, en italien de 1790 à 1809. Le thème, pris dans une intrigue très compliquée, est celui d'une jeune meunière frivole, et très courtisée, qui impose à celui qui la veut de se faire meunier.

Le thème choisi par Beethoven est issu d'un petit air facile, très apprécié par le public

(« à la mode »). Il est constitué de deux parties, la première s'arrêtant sur la suspension harmonique de la dominante, la deuxième retrouvant la tonique (conformément à la structure de l'harmonie tonale fondée sur l'alternance tension-détente).

Les neuf Variations jouent sur des éléments différents : l'amplification ornementale, la densité de la matière sonore, le mouvement évocateur de danses.

Var. I : liée au thème par ses motifs, elle est dominée par les triolets de croches piquées à la main droite.

Var. II : la vibration *p* des doubles croches domine.

Var. III : combine des croches sur des sextolets de doubles croches, dans une intensité *p* avec quelques *sf*.

Var. IV : en *la* mineur, toujours p, sans ornement, mais en octave à la main droite.

Var. V : Maggiore *pp*, toujours en octave, elle joue sur la répétition des notes.

Var. VI : elle commence *f* par un motif vibrant rapide en imitation.

Var. VII : elle évoque les gestes d'une danse (mouvement / salutations).

Var. VIII : la danse se poursuit.

Var. IX : la métrique se transforme en *Tempo di Menuetto* à 3/4 – l'intensité passe de *p* à *pp*.

Les Variations peuvent s'organiser par groupe de trois : l'unité des trois premières provient d'une ornementation croissante ; celle des trois Variations du milieu provient d'une progression dans la palpitation de la matière sonore ; enfin, celle des trois dernières, de la référence implicite à des mouvements de danse.

Sources

Le manuscrit autographe est inconnu.

Publication

L'édition originale a été assurée à Vienne par Traeg en décembre 1795 (peu après la composition de ces *Variations*). Elle porte un titre italien : « Variazioni / della Thema / Quant'è più bello l'Amor contadino / Nell' Opera La Molinara / per il Piano-forte / composte e dedicate / A Sua Altezza il Signore / Principe Carlo di Lichnowsky / del Signore Luigi van Beethoven [...] ».

La *Wiener Zeitung* du 30 décembre 1795 en annonça la publication, soulignant leur nouveauté et leur facilité.

L'édition originale leur donnait le numéro d'« Op. II », numéro qui leur fut retiré au profit des trois premières *Sonates pour piano opus 2*.

Simrock à Bonn en 1797, Schott à Mayence en 1818, éditèrent cette œuvre à leur tour.

Dédicataire

Prince Lichnowsky, voir l'*opus 1*.

WoO 70

Six Variations pour piano sur « Nel cor più non mi sento »

Thème extrait de La Molinara *de Paisiello*
Tema (Andantino) / 6/8 en sol *majeur (20 mes.) – 167 mes.*

Temps de la composition

Seconde moitié de l'année 1795 (voir les *Variations WoO 69*).

Contexte biographique

L'occasion de la composition a été racontée par Wegeler dans ses *Notices biographiques* (p. 80) : Beethoven assistait à une représentation de *La Molinara* dans la loge d'une dame de rang important ; quand l'air célèbre « Nel cor più non mi sento » fut chanté, la dame aurait dit à Beethoven qu'elle avait possédé des Variations sur cet air, mais les avait perdues. Durant la nuit même, Beethoven aurait composé ces *Variations*, les faisant porter à la dame avec ce billet : « Variations etc. perdues mais retrouvées par Luigi van Beethoven. Elles sont si faciles que la Dame devrait pouvoir les jouer à vue. »

Les Variations, que la Dame se souvenait avoir entendues, étaient certainement connues de Beethoven, dans la mesure où ce thème et des Variations composées par Josephine Aurnhammer et Joseph Gelinek avaient été publiés par Boßler en 1791 dans sa revue *Musikalische Korrespondenz der teutschen Filarmonischen Gesellschaft* (qui parut entre 1788 et 1792), revue que Beethoven avait à sa disposition à Bonn (des amis étaient abonnés).

PRÉSENTATION DE L'ŒUVRE

Le thème est en trois parties : une première phrase de huit mesures se termine sur la tonique ; une deuxième phrase de six mesures se termine sur un accord de septième de dominante, doublé d'une suspension du temps (un point d'orgue) ; la troisième, de six mesures, ramène la tonique. La mélodie très simple est pleine de sentiment (marqué par les intervalles de quinte et de sixte qui se succèdent à plusieurs endroits, sur le rythme de la métrique ternaire du 6/8).

Le processus de variation est très simple et se joue avant tout de la fluidité et de la densité du tissu musical, le rythme ternaire assurant la référence à la structure initiale, qui est toujours conservée (dans son organisation en trois parties).

Var. I : le thème est brodé de manière continue à la main droite.

Var. I : les broderies passent à la main gauche.

Var. III : des arpèges sont échangés entre les deux mains.

Var. IV : en *sol* mineur, elle introduit le jeu *legato* et marque le point d'orgue par une courte broderie.

Var. V : les broderies en triolets de doubles croches haletantes dominent, le rythme du 6/8 étant assuré par la main gauche.

Var. VI : le tissu sonore est très dense et continu, les deux mains jouant en même temps des figures d'accompagnement d'où émerge le thème à la main droite.

Une coda allège la densité sonore et réinstalle le rythme caractéristique de la métrique ternaire.

SOURCES

Le manuscrit autographe est inconnu.

PUBLICATION

L'édition originale, assurée par Giovanni Traeg en mars 1796, à Vienne, possède un titre italien : « VARIAZIONI / sopra il Duetto. / Nel cor più no mi sento, / dell' Opera Molinara / per il / Clavicembalo o Forte Piano / del SIGNORE LUIGI VAN BEETHOVEN [...] »

La *Wiener Zeitung* du 23 mars 1796 en annonça la parution.

Le numéro d'« Op. III » que ces *Variations* portaient lors de leur parution leur fut retiré peu après pour être conféré au premier *Trio à cordes*.

Simrock en 1797, puis Schott, Pleyel, entre autres, publièrent ces *Variations* du vivant de Beethoven.

Opus 4
Quintette à cordes en *mi* bémol majeur

*Il s'agit d'une nouvelle version plus que d'une simple transcription de l'*Octuor pour vents opus 103*, publiée au début de l'année 1796 par Artaria*

Allegro con brio, **C**, mi *bémol majeur – 287 mes.*

Andante, 6/8, si *bémol majeur – 160 mes.*

Menuetto. Allegretto, 3/4, mi *bémol majeur – 244 mes.*

Finale. Presto, 2/4, mi *bémol majeur – 419 mes.*

TEMPS DE LA COMPOSITION ET PREMIÈRE EXÉCUTION

Il s'agit d'une réécriture (soucieuse de redistribuer le matériau thématique dans toutes les voix) de l'*Octuor pour instruments à vents* (*opus 103*, composé en 1792, revu en 1793, mais publié posthume) adaptée pour un quintette à cordes (deux violons, deux altos, un violoncelle), effectuée en 1795.

Ce quintette a été exécuté pour la première fois en 1795 chez le prince Lichnowsky qui figurait parmi les interprètes.

CONTEXTE BIOGRAPHIQUE

Étant donné que la partition de l'*Octuor* a été envoyée à l'électeur à la fin de l'année 1793 comme preuve du travail et des progrès de Beethoven en matière de composition, il est possible de supposer que cette transcription n'est pas étrangère à l'influence des leçons de Haydn, puis à celles d'Albrechtsberger (qui, en 1794, pendant l'absence de Haydn, alors pour la seconde fois à Londres, lui a enseigné l'écriture contrapuntique). La dimension nouvelle de chacun des quatre mouvements témoigne d'un traitement différent du matériau qui ne se résume plus à un simple accompagnement d'une voix principale, ou à une simple répétition de motifs, mais qui développe les thèmes et combine les motifs.

Cette transcription d'une œuvre à laquelle Beethoven semblait tenir, puisque dans une lettre à N. Simrock de 1794, il demandait s'il avait joué cet octuor, a sans doute également été suggérée par la présence d'un nouveau type de public à Vienne, formé d'« amateurs » qui pratiquaient des instruments adaptés à l'espace des salons (les vents sont adaptés au plein air ou aux salles d'apparat des résidences princières et supposent des instrumentistes excellents pour que l'exécution ait de la tenue).

Annoncé comme « tout à fait nouveau » par Artaria dans la *Wiener Zeitung* du 6 février 1797 (donc un an après sa parution), cette œuvre était effectivement nouvelle pour les amateurs viennois, mais également pour Beethoven : son travail de réécriture avait changé la nature de ce qu'il avait d'abord conçu comme une musique de divertissement destinée à être exécutée par des solistes de haut niveau (l'orchestre de Bonn était de très grande qualité pour les instruments à vent).

Il est intéressant de constater qu'à peine arrivé à Vienne, dans cette ville où il devait se perfectionner, Beethoven s'est exercé à transformer une musique de circonstance (de divertissement princier) en une musique de chambre destinée à des amateurs exigeants habitués par le prince Lichnowsky à participer à des concerts privés de haut niveau (ils étaient assurés par des musiciens professionnels ou par de très bons instrumentistes amateurs). Avant lui, Mozart avait déjà transcrit sa *Sérénade* en *ut* mineur *pour octuor à vents KV 388* en *Quintette à cordes KV 406* (*516b*).

PRÉSENTATION DE L'ŒUVRE

Voir *op. 103*, 1792-1793.

Dans son adaptation pour les cordes, Beethoven a confié la ligne du hautbois au violon : en particulier la cantilène de l'Andante est prise en charge de bout en bout par le premier violon (les autres instruments le soutenant par un accompagnement ininterrompu de croches).

Beethoven ajouta un second trio dans le Menuet (le Menuet devant être joué « da capo » sans reprise après le premier trio, puis après le second trio) et il doubla la taille du Presto final.

SOURCES

L'autographe autrefois à Vienne (il faisait partie de la vente aux enchères de novembre 1827, et fut acquis par Artaria) demeure introuvable aujourd'hui.

PUBLICATION

L'édition originale, en voix séparées, publiée par Artaria possède un titre en italien :

« Grand / QUINTETTO / per / due Violini, due Viole, e Violoncello / dal Sig^r / LUIGI VAN BEETHOVEN / Opera IV / In Vienna presso Artaria e Comp / [...] »

Ce Quintette a été ensuite publié par Simrock à Bonn en 1807, par Schott à Mayence en 1818 et 1827, par André à Offenbach vers 1810. Il a été également publié à Paris et à Londres du vivant de Beethoven.

Une transcription pour trio avec piano (*op. 63*) est parue chez Artaria en 1807, et une pour piano à quatre mains chez Breitkopf & Härtel en avril 1827.

La partition d'ensemble date de 1829 (chez André à Offenbach).

Ces diverses éditions prouvent que ce *Quintette* a beaucoup été joué du temps de Beethoven.

WoO 7

Douze Menuets pour orchestre

Tous sont à trois temps (3/4) et comprennent un trio – 32 mesures (sauf le 10e)
1. Ré *majeur; 2.* si *bémol majeur; 3.* sol *majeur; 4.* mi *bémol majeur; 5.* ut *majeur; 6.* la *majeur; 7.* ré *majeur; 8.* si *bémol majeur; 9.* sol *majeur; 10.* mi *bémol majeur (49 mes.); 11.* ut *majeur; 12.* fa *majeur.*

TEMPS DE LA COMPOSITION

Ces douze *Menuets* furent composés en novembre 1795, en même temps que les douze *Danses allemandes WoO 8*, pour le bal masqué qui fut donné dans la « petite salle impériale et royale des redoutes », le 22 novembre 1795 par la *Pensionsgesellschaft-bildender Künstler Wiens* (Société de prévoyance des artistes de Vienne). L'orchestre comprenait flûte, hautbois, clarinette, basson, cors, trompette, timbales, mais chacun des *Menuet*s avait une orchestration particulière.

La Künstlergesellschaft (Société des artistes) fit passer une annonce dans la *Wiener Zeitung* des 14 et 18 novembre 1795, pour signaler que les danses étaient nouvelles, que leur composition avait été commandée au maître de chapelle Süßmayr pour la grande salle et, « pour la petite salle, à la main de maître de Monsieur Ludwig van Beethoven qui les avait composées en raison de son amour pour tout ce qui concerne l'art ».

Les années précédentes, les douze *Menuets* et de douze *Danses allemandes* avaient été composés par Haydn en 1792, par Kozeluch en 1793, par Dittersdorf et par Eybler en 1794.

CONTEXTE BIOGRAPHIQUE

Signe de l'intégration de Beethoven dans la société musicale de Vienne, ces douze *Menuets*, ainsi que les douze *Danses allemandes* (*WoO 8*), furent réutilisés pour le bal masqué donné le 26 novembre 1797 : la *Wiener Zeitung* annonçait le 18 novembre 1797 que si les danses pour la grande salle étaient nouvelles, dans la petite seraient données les *Menuets* et les *Allemandes* de Beethoven, œuvres qualifiées de « *beliebt* », c'est-à-dire populaires, à la mode ; cette réutilisation était en fait une pratique courante.

SOURCES

Le manuscrit est perdu, mais une copie authentifiée de la partition et des voix (dix-sept) se trouve à Berlin. Sur la partition, les voix de la clarinette et du basson ont été ajoutées. Sur la dernière page, restée vide, se trouvent quelques esquisses pour l'Adagio de la *Sonate pour piano op. 106*.

PUBLICATION

Ces *Menuets* furent gravés pour piano à deux mains, en décembre 1795, par Artaria et Comp. : « XII / MENUETTEN / im Clavierauszug / welche in dem K.K. kleinen Redouten Saal / in Wien aufgeführet worden / Componirt von Herrn / LUDWIG van BEETHOVEN / [...] »

Artaria fit publier l'annonce suivante dans la *Wiener Zeitung* des 6 et 16 décembre 1795 :

« Réduction pour clavier des 12 nouveaux Menuets et 12 Danses allemandes de Monsieur Ludwig van Beethoven, qui les composa pour un bal masqué donné le 22 novembre de cette année au bénéfice de la Société des artistes dans la salle de la Redoute avec succès. Cette réduction pour clavier est du compositeur lui-même. [...] »

Les parties d'orchestre ne furent pas gravées, mais furent pourtant diffusées manuscrites, entre autres par Traeg à Vienne : la *Wiener Zeitung* du 19 décembre 1798 annonçait qu'elles étaient disponibles.

Ces menuets furent transcrits du vivant de Beethoven pour deux violons et basse, et édités en 1802 par Mollo à Vienne, par Breitkopf & Härtel à Leipzig, et ils furent réédités en 1805 dans la version pour piano par Hoffmeister et Kühnel à Leipzig, et par Hummel à Berlin et Amsterdam.

La première partition date de 1864 dans la GA.

CORRESPONDANCE

Dans sa lettre à Beethoven du 24 juillet 1819 [4., 1317], Artaria énumère les œuvres qui ne possèdent pas de numéro d'opus, entres autres : « n° 12 Redout Deutsche / 12d Menuet / Artaria ».

WoO 8

Douze Danses allemandes pour orchestre

Toutes sont à trois temps (3/4) et comprennent 32 mesures (sauf la 1re qui n'en a que 16, car elle n'a pas de Trio). Une Coda de 133 mesures en ut *majeur termine l'ensemble.*

1. Ut *majeur; 2.* la *majeur; 3.* fa *majeur; 4.* si *bémol majeur; 5.* mi *bémol majeur; 6.* sol *majeur; 7.* ut *majeur; 8.* la *majeur; 9.* fa *majeur; 10.* ré *majeur; 11.* sol *majeur; 12.* ut *majeur.*

TEMPS DE LA COMPOSITION

Ces douze *Allemandes* furent écrites pour la même occasion que les *Menuets WoO 7*. L'orchestre est le même, mais l'orchestration varie, et, pour certaines danses, il y a adjonction d'une trompette et d'un tambourin, d'un triangle, d'un tambour « turc » (n° 10), d'un picolo (n° 12), d'un cor de postillon et d'un picolo ainsi que d'une trompette, de timbales et d'un « Gran Tamburo (Türkische Trommel) » (dans la coda) – dans la plupart le cor joue un grand rôle.

SOURCES

Le manuscrit est perdu, mais une copie de la partition revue par Beethoven vers 1816 est conservée à Berlin.

Comme pour les *Menuets WoO 7*, Traeg annonça que les voix étaient disponibles sous forme de manuscrit.

PUBLICATION

Une transcription pour piano à deux mains, établie par Beethoven, a été publiée par Artaria et Comp. en décembre 1795 (en même temps que les *Menuets WoO 7*) : « XII / Deutsche Taenze / im Clavierauszug / welche in dem K.K. kleinen Redouten Saal / in Wien aufgeführet worden / Componirt von Herrn / LUDWIG VAN BEETHOVEN / [...] »

Pour les autres transcriptions et les annonces de la *Wiener Zeitung*, voir *WoO 7*.

La première partition date de 1864 dans la GA.

CORRESPONDANCE

Dans sa lettre à Beethoven du 24 juillet 1819 [4., 1317], Artaria énumère les œuvres qui ne possèdent pas de numéro d'opus, entres autres : « n° 12 Redout Deutsche / 12d Menuet / Artaria ».

WoO 9

Six Menuets pour deux violons et basse

Tous sont à trois temps et comprennent 32 mesures.
1. mi *bémol majeur; 2.* sol *majeur; 3.* ut *majeur; 4.* fa *majeur; 5.* ré *majeur; 6.* sol *majeur.*

TEMPS DE LA COMPOSITION

Ils ont été écrits sans doute en même temps que les *WoO 7* et *8*. Sont-ils de Beethoven ? Leur authenticité est sujette à caution étant donné la remarque de « grand bousillage » notée par Beethoven sur une copie de la partie de violon : qu'elle soit de lui ou pas, il semble avoir pris ses distances par rapport à cette composition[1].

1. Voir l'article de Shin Augustinus Kojima, « Zweifelhaft Authentizität einiger Beethoven zugeschriebener Orchestertänze », in *Bericht über den Internationalen Beethoven-Kongress, Berlin 1977*, Leipzig 1978, p. 307-322.

SOURCES

Le manuscrit autographe est perdu. Aucune esquisse n'a été retrouvée. Une copie de quelques voix séparées se trouve à Berlin : la date est difficile à déterminer (peut-être du temps de Bonn, en 1786 ?) – la page de titre de la voix de basse porte cette mention : « Del Sigr Ludovico van Beethoven », et la page de titre du premier violon porte, de la main de Beethoven au crayon noir : « große St—i », ce qui peut signifier « große Stümperei » (grand bousillage).

PUBLICATION

La première édition, de la partition et des voix séparées, date de 1933, chez Schott.

WoO 10

Six Menuets pour orchestre

Ils sont tous à trois temps et comprennent 32 mes., et ont une facture orchestrale;
Ut *majeur; 2.* sol *majeur; 3.* mi *bémol majeur; 4.* si *bémol majeur; 5.* ré *majeur; 6.* ut *majeur*

TEMPS DE LA COMPOSITION

Ces menuets ont été écrits, sans doute pour orchestre, en 1795, comme les *WoO 7, 8, 9.*

Ils formaient peut-être une suite de douze *Menuets* avec le *WoO 9.*

CONTEXTE BIOGRAPHIQUE

Il s'agit de compositions de circonstances, écrites pour orchestre.

La transcription pour piano est sans doute de Beethoven, mais peut-être de son frère Kaspar Karl, qui arrangea plusieurs fois des compositions avant leur publication.

SOURCES

Le manuscrit autographe est perdu. Il existe des esquisses.

PUBLICATION

Une réduction pour piano à deux mains fut publiée à Vienne en mars 1796 par Artaria et Comp. :

« VI MENUETTEN / Für das Clavier / von Herrn / Ludwig van Beethoven / 2ten Theil. [...] »

Ces menuets furent réédités à Vienne par Cappi en 1802, à Leipzig par Hoffmeister en 1803, puis par Peters après 1814.

WoO 13

Douze Danses allemandes pour orchestre

1. ré *majeur, 3/4 – 32 mes.*
2. si *bémol majeur, 3/4 – 32 mes.*
3. sol *majeur, 3/4 – 32 mes.*
4. ré *majeur, 3/4 – 32 mes.*
5. fa *majeur, 3/4 – 40 mes.*
6. si *bémol majeur, 3/4 – 32 mes.*
7. ré *majeur, 3/4 – 32 mes.*
8. sol *majeur, 3/4 – 32 mes.*
9. mi *bémol majeur, 3/4 – 32 mes.*
10. ut *majeur, 3/4 – 32 mes.*
11. la *majeur, 3/4 – 32 mes.*
12. ré *majeur, 3/4 – 32 mes.*

Coda, ré *majeur, 3/4 – 90 mes.*

TEMPS DE LA COMPOSITION

Ces *Danses allemandes* furent composées sans doute à l'occasion de bals donnés dans la petite salle de la Redoute, mais aucun document, écho de leur exécution, n'est conservé. Elles datent d'une période antérieure à 1795, et elles n'auraient été organisées en un cycle que vers 1800, comme en témoignerait une copie de la réduction pour piano établie par Beethoven.

CONTEXTE BIOGRAPHIQUE

Très vite reconnu comme compositeur par le milieu des musiciens viennois, Beethoven a reçu (comme d'autres compositeurs) des commandes pour des musiques de circonstance, en l'occurrence des danses de société : les organisateurs des festivités ouvertes à un public choisi renouvelaient ainsi le répertoire des bals de la Redoute (cette salle qui faisait partie de la Hofburg), et, conformément aux usages de l'époque, les danses composées pour orchestre étaient transcrites pour le piano dans le but de les faire publier (et donc de les rendre accessibles à un public d'amateurs). Comme les autres compositeurs, Beethoven se plia à cette pratique pour les *Menuets WoO 7*, les *Danses allemandes WoO 8*, les *Menuets WoO 10*, transcrits pour le piano et publiés en décembre 1795 et mars 1796. Mais, il semble que la transcription pour piano des *Danses allemandes WoO 13* soit postérieure à leur composition pour orchestre et à leur utilisation pour un ou plusieurs bals de la Redoute : ce n'est qu'en 1800, vraisemblablement, que Beethoven se préoccupa de les transcrire en les regroupant en un cycle, sans doute pour les faire publier – ce qui n'eut pas lieu.

PRÉSENTATION DE L'ŒUVRE

Toutes les Danses comportent un trio central et leur écriture est très simple, le rythme à trois temps étant bien marqué. Seule la n° 11 a un trio en mineur (auquel Beethoven tenait, comme en témoigne un billet à Zmeskall, prié de s'excuser d'avoir désapprouvé cette solution).

Elles sont conçues pour se succéder, et donc pour former un ensemble, terminé par une longue Coda – « Subito Coda », est-il indiqué à la fin de la n° 12 – qui, commencée en *ré* majeur passe en *si* bémol majeur (tonalités qui sont celles de la première et de la deuxième danse) avant de retrouver le *ré* majeur de la première, de la quatrième, de la septième et de la dernière danse.

SOURCES

La version originale pour orchestre est perdue.

Il ne reste qu'une copie manuscrite de la réduction pour piano (à Berlin) vraisemblablement écrite, vers 1800, par Beethoven qui l'a revue – elle porte la mention suivante d'une main étrangère : « 12 / Deutsche / Jm Klavierauszuge / Welche in dem K : K : Kleinen Redouten Saale / aufgeführet worden / Componirt / von / Hr v Beethoven ».

PUBLICATION

La première édition de la réduction pour piano date de 1929.

CORRESPONDANCE

Le 20 octobre 1800 [1., 48], Beethoven envoyait un billet à son ami Zmeskall, exigeant qu'il s'excuse pour la critique qu'il avait formulée à propos du passage en mineur du trio de la *Danse allemande n° 11* : Beethoven notait, à la fin du billet, la phrase de huit mesures en inscrivant « Mineur » en tête de la portée.

WoO 123

Ich liebe dich so wie Du mich

Chant avec accompagnement de clavier *sur un poème de Karl Friedrich Wilhelm Herrosee*

Andante, 2/4, sol *majeur – 40 mes.*

TEMPS DE LA COMPOSITION

En 1795, au moment des cours que Beethoven prenait avec Albrechtsberger, et en même temps (ou peu avant) *La partanza WoO 124.*

CONTEXTE BIOGRAPHIQUE

Si Beethoven se conformait au goût de l'époque en composant ce petit Chant, c'était également pour lui l'occasion de traiter le sujet de l'amour partagé – sujet qui correspondait à une de ses aspirations foncières.

PRÉSENTATION DE L'ŒUVRE

Ce poème de Karl Friedrich Wilhelm Herrosee (1754-1821) fut publié à Leipzig en 1784 dans la revue *Für Aeltere Litteratur und Neuere Lectüre.* Il s'agit d'un duo entre un homme et une femme mariés qui s'aiment. Il est constitué de dix strophes.

Beethoven, qui n'a composé la musique que pour trois des strophes, a certainement trouvé ce poème dans sa forme réduite (il ne connaissait certainement pas la version complète – elle semble n'avoir été très répandue à Vienne qu'à partir de 1800).

3. *Ich liebe dich, so wie Du mich,*
Am Abend und am Morgen.
Noch war kein Tag, da Du und ich
Nicht teilen unsre Sorgen.
Je t'aime autant que tu m'aimes,
Le soir et le matin.
Il n'y a pas eu un jour, que toi et moi
Ne partagions nos peines.

4. *Auch waren sie für mich und Dich,*
Geteilt, leicht zu ertragen.
Du tröstetest im Kummer mich,
Ich wein' in Deine Klagen.
Partagées entre toi et moi,
Elles étaient légères à supporter.
Tu me réconfortais,
Je mêlais mes pleurs à tes plaintes.

6. *Drum Gottes Seegen über Dir,*
Du meines Lebens Freude.
Gott schütze Dich, erhalt Dich mir,
Schütz' und erhalt' uns beide.
Que la bénédiction divine soit sur toi,
Toi, joie de ma vie.
Que Dieu te protège, te retienne auprès de moi,
Nous protège et nous garde tous les deux.

Il existe en deux versions, qui n'utilisent pas les mêmes strophes. Celle de l'autographe et celle de l'édition originale utilisent les strophes 3, 4 et 6.

Une autre version, qui porte le titre de «*Zärtliche Liebe*», utilise les deux premières strophes et indique les huit autres du poème dans sa version intégrale.

Pour composer ce Chant, Beethoven a d'abord pensé à une structure musicale en trois parties (a-b-a/ coda).

La première partie très sereine, dans un *sol* majeur bien établi, correspond à la première strophe. Après une transition du piano (vers le ton de la dominante), la deuxième partie, plus chantante avec des modulations de passage, correspond à la deuxième strophe. Après une suspension sur «*Klagen*», la troisième partie reprend la première pour la troisième strophe. La coda, pleine de ferveur, correspond aux deux derniers vers de cette dernière strophe.

PUBLICATION

En juin 1803, à Vienne par Johann Traeg en même temps que *La Partenza* [*WoO 124*] :

«II LIEDER / N° 1. / : Ich liebe dich, so wie du mich :/ / N° 2. / : Ecco quel fiero instante : / / für/ Klavier und Gesang / von / LUDWIG VAN BEETHOVEN / [...]»

SOURCES

Le manuscrit autographe (à Vienne, GdM) est très lisible et comprend différentes corrections de Beethoven. Il n'y a pas de titre. Les noms des trois propriétaires successifs sont inscrits : Anselm Hüttenbrenner («Manuscrit de l'immortel Beethoven, reçu le 14 août 1817», a-t-il noté), Brahms («avril 1872») et la Gesellschaft der Musikfreunde («25 octobre 1893»). Sur des pages restées libres (1r et 2v), Franz Schubert a noté un fragment du deuxième mouvement de la première version (juin 1817) de la *Sonate* en *mi* bémol majeur D.568 ainsi que quelques exercices de notation (Salieri lui fit peut-être cadeau de ce manuscrit, qu'il utilisa par inadvertance et qu'il donna ensuite à son ami Hüttenbrenner ?). Ce manuscrit contient donc des autographes de trois très grands compositeurs : Beethoven, Schubert et Brahms.

Il existe une copie établie (d'après une version imprimée) pour la collection manuscrite des œuvres de Beethoven rassemblées par Haslinger (et acquise par l'archiduc Rodolphe) – dans le volume vol. 13. Cette copie porte le titre de « Zärtliche Liebe » et comprend les dix strophes.

WoO 124
La Partenza

Gesang pour voix et clavier sur un texte de Métastase
Affettuoso, 2/4, la *majeur – 24 mes.*

TEMPS DE LA COMPOSITION

Sans doute en 1795-1796. Salieri (?) lui aurait suggéré quelques corrections avant la publication, donc en 1802/1803 (?).

CONTEXTE BIOGRAPHIQUE

Avec la mise en musique de ce poème, Beethoven s'inscrivait dans une longue lignée de compositeurs : J.G. Graun, J. Ph. Kirnberger, Mozart (KV.436), J. Fr. Reichardt, A. Salieri – son élève l'archiduc Rodolphe composera également sa version. Si le choix du texte n'est pas original, il témoigne pourtant du parcours obligé de Beethoven au début de sa formation à Vienne – formation qui consiste à maîtriser tous les champs de la composition –, ainsi que de son souci de faire au mieux, raison pour laquelle, vers 1800, il s'adresse à Salieri, maître de la composition vocale sur textes italiens (Schubert prit également des cours avec lui) : il fait les exercices demandés et soumet ses anciennes compositions vocales [1].

PRÉSENTATION DE L'ŒUVRE

Les deux strophes sont composées de part en part, dans une remarquable stabilité tonale. La voix est doublée dans la première strophe. Un arpège du *mi* majeur (dominante de *la*) introduit les deux mesures de transition entre les deux strophes.

Beethoven n'a mis en musique que les deux premières des 14 strophes de la *Canzonetta V* écrite par Métastase en 1746 (cf. *Tutte le opere di Pietro Metastasio*, éditées par Bruno Brunelli, vol. II, Milan, p. 780) – rien ne dit qu'il ne prévoyait pas d'inscrire le texte des autres strophes.

Ecco quel fiero instante :
Nice, mia Nice, addio.
Come vivrò, ben mio,
Così lontan da te ?

Io vivrò sempre in pene,
Io non avrò più bene ;
E tu chi sa se mai
Ti sovverrai di me !

PUBLICATION

En juin 1803, à Vienne par Johann Traeg en même temps que *Zärtliche Liebe* [*WoO 123*] :

« II LIEDER / N° 1. / : Ich liebe dich, so wie du mich :/ / N° 2. / : Ecco quel fiero instante : / / für/ Klavier und Gesang / von / LUDWIG VAN BEETHOVEN / [...] »

Ce « Gesang » fut publié en 1806, à Leipzig par A. Kühnel avec la traduction du texte en allemand, parmi un ensemble de « Gesänge mit Begleitung des Klaviers » : « La Partenza. Der Abschied. »

Un arrangement pour guitare fut publié en 1815.

SOURCES

Le manuscrit autographe est perdu.

Une copie (à Vienne, GdM) comprend beaucoup de corrections de Beethoven.

Opus 49 n° 2
« Sonate facile » pour piano

Allegro, ma non troppo, ¢, sol *majeur – 122 mes.*
Tempo di Menuetto, 3/4, sol *majeur – 120 mes.*

TEMPS DE LA COMPOSITION

1795-1796, sans doute dans une intention pédagogique, tant pour la technique du piano que pour l'écriture : Beethoven y évite toute difficulté, et met en pratique sa façon de penser le déroulement de sa musique de manière très articulée à partir du travail sur de courts motifs.

1. Voir l'article de Hans-Werner Küthen, « Eine Stockholmer Beethoven-Skizze zu Metastasios *Il ritorno* als Gegenstück zu *La partenza*, WoO 124 : auf beharrlichem Weg zu einer Komposition », in *Beethoven 2 Studien und Interpretationen*, Akademia Muzyczna, Krakow 2003, p. 253-270. D'après Hans-Werner Küthen, Beethoven aurait pensé à un chant sur le thème du retour, pour contrebalancer le thème du départ.

CONTEXTE BIOGRAPHIQUE

La composition comme la publication de cette *Sonate facile* témoignent du souci pédagogique que Beethoven aura toute sa vie, tout autant que de sa volonté de se faire connaître, et de gagner de l'argent en vendant ses œuvres (qu'il s'attache toujours à revoir et à améliorer avant leur publication).

PRÉSENTATION DE L'ŒUVRE

La *Sonate facile* ne comprend que deux mouvements, de structure très simple qui met en valeur la vitalité de la musique.

Le premier mouvement, dans un tempo modéré, se déroule selon les principes de la forme sonate, de manière très «carrée» (pour le travail des motifs, pour la carrure, comme pour le parcours tonal).

Le second mouvement est dans un Tempo di Menuetto dont le thème est le même que celui du Tempo di Minuetto du *Septuor op. 20*; une courte partie centrale en *ut* majeur sonne comme une fanfare (par ses tierces et ses sixtes successives).

SOURCES

Le manuscrit autographe a disparu, mais il demeure des esquisses mêlées à celles pour le *Sextuor op. 71* et à celles de l'Air *Ah perfido !, op. 65*.

PUBLICATION

Dès 1802, Beethoven prépara un manuscrit destiné à la gravure, mais sans indication de nuances.

Son frère Karl proposa alors cette *Sonate*, avec la *Sonate op. 49 n° 1* («deux petites Sonates faciles»), à André à Offenbach le 23 novembre 1802 [1., 113], à Breitkopf & Härtel à Leipzig le 27 août 1803 [1., 153] (évoquant une troisième sonate : «3 kleine Sonaten») : l'un et l'autre éditeur refusèrent. Finalement, ces deux *Sonates faciles* furent publiées par le Bureau d'Art et d'Industrie à Vienne en janvier 1805, sans dédicace (alors que l'occasion de la composition de l'une et de l'autre était certainement d'ordre pédagogique, pour une de ses élèves), avec un titre en français :

«Deux Sonates faciles / pour le / Pianoforte / composées / par / LOUIS VAN BEETHOVEN / Op. 49 / [...] .»

La *Wiener Zeitung* annonça cette publication les 19, 23 et 30 janvier 1805.

Opus 15
Concerto n° 1 pour piano et orchestre en *ut* majeur

Allegro con brio, **C**, ut *majeur – 478 mes.*
Largo, **¢**, la *bémol majeur – 119 mes.*
Rondo. Allegro, 2/4, ut *majeur – 571 mes.*

TEMPS DE LA COMPOSITION ET PREMIÈRE EXÉCUTION

Ce *Concerto* fut composé en 1795, revu en 1796, achevé en 1798, et prêt à graver après les retouches portées à la partie soliste sur le manuscrit ayant servi au concert du 2 avril 1800 : Beethoven remit une copie de la partie soliste, ainsi que le matériel d'orchestre, à l'éditeur Tranquillo Mollo, en décembre 1800.

La première exécution de ce *Concerto* eut lieu, dans une première version, le 29 mars 1795 lors d'un concert donné par la Tonkünstler-Societät (Société des Artistes musiciens) au Théâtre de la Cour. Ce *Concerto* aurait été rejoué par Beethoven, dans sa première version, lors du concert donné au bénéfice des cousins Andreas et Bernhard Romberg (des amis de Bonn) à Vienne le 29 ou le 30 décembre 1796. Beethoven l'aurait rejoué dans une version remaniée à Prague en octobre 1798 dans la Salle du Konvikt (si l'on en croit le récit de Wenzel Tomaschek inséré dans son autobiographie écrite en 1845); puis il fut joué, toujours par Beethoven, dans la version définitive (mais avec d'autres cadences que celles qui seront écrites, et publiées en 1864, pour un instrument aux possibilités techniques plus larges) le 2 avril 1800, lors du premier concert donné à son bénéfice au Théâtre de la Cour (l'annonce de ce concert fut publiée dans la *Wiener Zeitung* du 26 mars 1800, le programme comprenait une *Symphonie* de Mozart, deux extraits de la *Création* de Haydn, un *Concerto pour piano* de Beethoven, le *Septuor opus 20*, la *Symphonie opus 21* et une libre improvisation).

CONTEXTE BIOGRAPHIQUE

Voir aussi *opus 19*.

Beethoven retravailla à plusieurs reprises ce *Concerto*, comme il le fit pour le *Concerto op. 19*, à la fois pour trouver l'adéquation avec le résultat qu'il voulait obtenir et pour intégrer les éléments nouveaux que l'improvisation en concert lui avait fait découvrir. En proposant ses *Concertos* à ses éditeurs, il évoquait sa « politique musicale » pour justifier le fait qu'il ne s'agissait pas d'œuvres nouvelles, mais de compositions anciennes déjà exécutées en public à plusieurs reprises : Beethoven signifiait ainsi qu'il devait se constituer un répertoire de soliste virtuose qui le rende inégalable.

PRÉSENTATION DE L'ŒUVRE

Ce *Concerto* manifeste un extraordinaire plaisir à faire entendre des sonorités éclatantes, produites aussi bien par l'orchestre que par le soliste qui exploite au maximum les possibilités sonores du piano.

L'Allegro con brio initial est ouvert par l'orchestre qui expose le matériau thématique très « carré » impulsé par un saut d'octave, et couronné par une sorte de fanfare, éléments qui lui confèrent un caractère affirmatif. Dès son entrée, le piano impose ses sonorités obtenues par une écriture virtuose. Tout au long de ce premier mouvement de forme sonate très ample et très articulée (par une exposition de trois thèmes, un développement, une réexposition, une cadence et une Coda), le piano a surtout un rôle sonore (plus qu'un rôle thématique) produit par des traits, des tierces, des gammes, etc. Beethoven a écrit une très longue cadence avec des moments très variés, mais tous de très grande virtuosité, qui se succèdent dans ce climat de suspension, que tous les éléments musicaux se conjuguent à créer (harmonie, type de jeu, rapidité, contrastes, etc.).

Le Largo est ouvert par le piano sur une longue phrase ; après l'intervention de l'orchestre, le piano déploie des traits et des ornementations calmes (dont beaucoup de trilles) qui confèrent un caractère de plénitude à la musique.

Le Rondo, Allegro, de forme classique est ouvert par vingt mesures jouées par le piano seul, le thème, d'un dynamisme irrésistible, étant repris aussitôt par tout l'orchestre. Le thème apparaît quatre fois au cours de ce mouvement qui comprend une brillante cadence avant la dernière reprise du thème suivie d'une longue coda.

SOURCES

Le manuscrit autographe de la seconde version (établie pour le concert du 2 avril 1800, la partie soliste étant révisée après ce concert) se trouve à Berlin. De nombreuses esquisses (à partir de 1793) sont dispersées dans diverses collections (Berlin, Bonn, Londres, Vienne, Washington et New York).

PUBLICATION

La première édition en parties séparées parut en même temps à Vienne chez T. Mollo et Comp., à Leipzig au Comptoir d'Industrie, à Francfort chez Gayl et Hedler, avec un titre en français (dans lequel il manque la mention des deux Cors) : « GRAND CONCERT / pour le / Forte-Piano / avec deux Violons, deux Alto [*sic*], Basse et Violoncelle, deux Flûtes, / deux Oboë, deux Clarinettes, deux Bassons, deux Trompettes, et Timballes [*sic*] / composé et dedié / À Son Altesse Madame la Princesse / Odescalchi née Comtesse Keglevics / par / LOUIS VAN BEETHOVEN / Œuvre 15. [...] »

La *Wiener Zeitung* annonça la parution de ce *Concerto* en même temps que les *opus 16* et *17*, le 21 mars 1801.

Ce *Concerto* fut édité dès 1802 à Bonn par Simrock qui signale qu'il peut être joué « avec accompagnement de toutes les parties d'orchestre (on peut aussi l'exécuter à 6. parties) » (c'est-à-dire avec des cordes seulement).

La première partition date de 1833 (par Tobias Haslinger à Vienne).

Les trois cadences différentes écrites par Beethoven, entre 1807 et 1809, pour le premier mouvement ont été publiées en 1864 dans la GA.

DÉDICATAIRE

La princesse Barbara Odescalchi (vers 1780-1813) fut également la dédicataire de la *Sonate pour piano op. 7* (1797), des *Variations WoO 93* (1799), des *Variations op. 34* (1803). Elle était mariée depuis le 10 février 1801 avec le prince Innocenzo d'Erba-Odescalchi (1778-1831). Elle mourut à Vienne le 13 avril 1813. Pianiste douée, elle reçut des leçons de Beethoven.

L'ŒUVRE VUE PAR SES CONTEMPORAINS

La *Wiener Zeitung* rendit compte du concert du 29 mars 1795 en signalant que Beethoven avait « recueilli l'approbation unanime du public dans un concerto tout nouveau pour piano-forte composé par lui-même. »

Correspondance

Beethoven proposa ce *Concerto*, en même temps que le *Concerto op. 19* (et d'autres œuvres : *opus 20, opus 21, opus 22*), à Hoffmeister le 15 décembre 1800 [1., 49], signalant qu'il doit paraître chez Mollo, mais faisant remarquer qu'il ne s'agit pas de ses meilleures œuvres parce qu'il « garde les meilleures » pour lui « en vue d'un voyage » – mais il assurait l'éditeur qu'il pouvait les publier « sans honte ».

Le 22 avril 1801 [1., 59], dans une lettre à Breitkopf & Härtel, Beethoven signalait qu'il avait écrit ce *Concerto* après le *Concerto op. 19*, œuvres qui, l'une comme l'autre, ne faisaient pas partie de ses « meilleures », ajoutait-il en direction des critiques de l'*AMZ* pour leur conseiller de prendre en compte « la politique musicale » d'un compositeur-interprète quand ils se permettent de juger une œuvre, dans la mesure où ne sont publiées que les œuvres qu'il a déjà lui-même exécutées : « également un *Concerto composé après*, mais qui *n'appartient pas non plus aux meilleures de mes œuvres dans ce genre*, cette allusion seulement destinée à votre revue musicale à propos des critiques qu'elle a publiées sur ces œuvres, quoique, ajouterais-je, si l'on pouvait les écouter bien – on pourrait mieux les critiquer – la politique musicale exige que l'on garde les meilleurs concertos pour soi un certain temps. – Recommandez plus de prudence et d'intelligence à messieurs les rédacteurs en particulier pour ce qui concerne les ouvrages d'auteurs plus jeunes, plus d'un risque de s'effrayer, qui peut-être sans cela aurait pu produire d'autres ouvrages par la suite. Pour ce qui est de moi, je suis bien loin d'avoir atteint une perfection telle qu'elle soit exempte de tout blâme, mais les clameurs de votre critique, déchaînées contre moi au début étaient si humiliantes que lorsque j'en vins à me comparer à d'autres, c'est à peine si je prenais cela en considération, mais demeurai absolument calme, et je pensais qu'ils ne comprenaient pas. »

D'après une lettre du 30 janvier 1808 [2., 317], Beethoven a écrit une cadence pour le pianiste amateur Johann Baptist Stainer von Felsburg (1756-1832) qui devait jouer ce *Concerto* à un des « Liebhaber Concerte » organisés par le comte Moritz von Dietrichstein (Beethoven fut tellement catastrophé par le pianiste lors de la répétition qu'il demanda à Dietrichstein de remplacer ce *Concerto* par deux symphonies, et il conseilla au pianiste d'attendre de maîtriser cette œuvre pour la jouer – cette injonction ne fut pas respectée, ce qui lui déplut au point de cesser de participer à ces concerts).

Opus 129
« Alla ingharese quasi un capriccio » en *sol* majeur pour piano

Morceau en un mouvement intitulé couramment « Rondo a Capriccio », « Die Wut über den verlornen Groschen, ausgetobt in einer Kaprize » (la fureur due à un Groschen perdu déchargée en un caprice)
2/4, sol *majeur – 448 mes.*

Temps de la composition

Le manuscrit, retrouvé seulement en 1945, a permis de dater la composition de ce morceau entre 1795 et 1798 (il ne s'agit donc pas d'une œuvre tardive, comme le numéro d'opus le laisserait penser) et d'affirmer que le titre sous lequel ce morceau est connu (« le Groschen perdu » ou « Rondo a Capriccio ») n'est pas authentique, même s'il figure sur la première édition (posthume). Le titre, inscrit par Beethoven lui-même, est « Alla ingharese. / quasi un capriccio ».

Des esquisses sont mêlées aux travaux de composition effectués au moment des derniers cours que Beethoven prit avec Albrechtsberger en 1795.

Contexte biographique

À Vienne, Beethoven n'a pas perdu son humour et sa vitalité, et il aime toujours autant dérouter ses auditeurs, et faire des jeux de mots. Ainsi, ce morceau ne répond à aucun modèle : la mention « quasi un capriccio » souligne cette volonté de liberté formelle. Quant à l'expression « Alla ingharese », le sens est difficile à établir : faut-il y voir un mot d'esprit, condensation résultant d'un compromis entre le terme qui nomme la musique tzigane, « zingharese », et celui qui nomme la musique hongroise, « ungarisch », Beethoven s'amusant à associer deux traditions musicales aux connotations pleines de vitalité ? De fait, ce morceau est un témoignage de l'humour de Beethoven, humour lié aux répétitions de courts motifs, au parcours harmonique surprenant, aux fausses reprises, etc., dans une grande virtuosité.

PRÉSENTATION DE L'ŒUVRE

Ce morceau est de forme rondo pour la première partie (des mesures 1 à 157, avec quatre refrains et trois couplets), puis il est organisé de manière très libre, Beethoven y combinant les procédés de développement d'éléments du thème (la tête, qui est formée d'un arpège ascendant et dynamique; la courte broderie) et le processus de variation (harmonique; mélodique) : le thème varié apparaît quatre fois, encadrant trois sortes de couplets, avant une coda (mes. 400-446).

L'ŒUVRE VUE PAR LES CONTEMPORAINS

En 1835, dans une courte critique de ce morceau (*Neue Zeitschrift für Musik*, n° 18 du 3 mars, p. 73), Robert Schumann commençait par dire qu'il avait beaucoup ri en jouant ce morceau pour la première fois, puis il interpellait les « Beethovener ! » pour leur faire admettre le côté joyeux et naturel de Beethoven, rappelant une de ses expressions favorites : « Heute bin ich einmal recht aufgeknöpft » (Aujourd'hui, je suis tout à fait déboutonné).

SOURCES

Le manuscrit autographe (Providence, Rhode Island) porte cette mention au crayon sur la première page, de la main de Beethoven : « Leichte Kaprice ». Il ne comprend ni indications d'intensité, ni indications de phrasé, et à plusieurs endroits restés non écrits Beethoven a indiqué simplement « come sopra ».

PUBLICATION

La première édition, assurée en janvier 1828 par Anton Diabelli & Co., porte un titre en italien : « RONDO A CAPRICCIO / per il / Pianoforte solo, / composto da / Luigi van Beethoven. / Opera postuma. [...] »

Et sur la deuxième page de cette première édition, la note suivante accompagne le titre : « Ce Capriccio trouvé terminé parmi les papiers laissés par Beethoven est intitulé de la manière suivante sur le manuscrit : la fureur due à un Groschen perdu déchargée en un caprice. »

WoO 131
Erlkönig (Le Roi des aulnes)

Esquisses pour la Ballade de Goethe
6/8, ré *mineur*

TEMPS DE LA COMPOSITION

En 1796, à Prague (?), plus vraisemblablement qu'entre 1800 et 1810, dates avancées par Nottebohm en tête de sa publication des esquisses en 1872 (I, p. 100-103).

CONTEXTE BIOGRAPHIQUE

Beethoven a dû prendre connaissance de la Ballade intitulée *Erlkönig* dans le volume 8 des écrits de Goethe, publié en 1789, et c'est peut-être la version musicale de son ami Andreas Romberg (1767-1821), violoniste et compositeur, qui la lui a fait connaître et l'a incité à se confronter à ce texte : le Lied de Romberg a été publié à Bonn en 1793, n° 12 d'un recueil d'Odes et de Lieder pour clavier, vendu chez « Georg Welsch, musicien attaché à la cour électorale ». D'après des esquisses, sans texte, destinées à la première strophe, Beethoven se serait intéressé à cette Ballade à la fin de l'année 1793 ou au début de l'année 1794, donc au cours de sa première année à Vienne.

Sur ses esquisses de 1796, sans doute lors de son séjour à Prague (où il rencontra plusieurs chanteuses, dont Josepha Duschek qui fut une amie de Mozart – cf. *op. 65*), Beethoven a inscrit le texte de Goethe sous la mélodie qu'il a notée, l'accompagnement de piano n'étant que suggéré par endroits et comprenant une « Ritornell » (ou postlude). Mais, il n'a pas inscrit de mélodie sur l'ensemble des vers des huit strophes : les strophes 3, 7 et 8 ne comprennent que les incipits; la 6 qui devait reprendre la 2 et la 4 n'est pas évoquée (il l'a peut-être notée sur une autre feuille).

Helga Lüning, dans sa présentation de ces esquisses[1], pense qu'il s'agit d'un stade d'élaboration qui précède immédiatement la composition. Pourquoi Beethoven n'a-t-il pas pris le temps de composer ce Lied? Ou pourquoi n'a-il pas repris ces esquisses pour composer un Lied au moment où il s'est particulièrement intéressé à la poésie de Goethe, entre 1808 et 1810 – comme il l'a fait pour d'autres Lieder (le *Flohlied op. 75 n° 3,*

1. *Kritischer Bericht*, XII, 1, 1990, p. 112.

Mailied op. 52 n° 4 ou *Neue Liebe, neues Leben WoO 127* et *op. 75 n° 2* qui, certes étaient plus avancés dans le travail de composition) ? Pourquoi n'en parle-t-il pas à Goethe dans sa lettre du 8 février 1823 [5., 1562] alors qu'il lui promet *Rastlose Liebe*, dont les esquisses de 1796 étaient très peu élaborées, lui demandant (par déférence ?) son appréciation sur la façon dont il interprétait musicalement sa poésie ? Le thème d'*Erlkönig*, qui ne concerne pas l'amour et ses douleurs, mais qui est du registre de l'intimité familiale – la relation entre un père et son fils –, dans un climat fantastique de délire (qui plaira tant aux romantiques), faisait-il partie de ce qui lui était impossible à dire ? C'est en tout cas ce qu'il l'écrit lui-même à son ami Wegeler, le 7 décembre 1826 [6., 2236] pour justifier le fait qu'il ne fasse rien pour démentir l'information diffusée dans le *Dictionnaire historique des musiciens* (Paris 1810, p. 60) d'Alexandre Choron et François Fayolle, reprise dans la troisième édition du *Conversations-Lexikon* de Friedrich Arnold Brockhaus (Leipzig 1814) à l'article « Beethoven », où il est écrit qu'il serait le fils naturel du roi de Prusse Frédéric-Guillaume II (1744-1797) : « Je me suis fait un principe de ne jamais rien écrire sur moi-même et encore moins de répondre à ce qui est écrit sur moi. Je te laisse donc le soin de faire connaître au monde la probité de mes parents, et en particulier de ma mère. »

PRÉSENTATION DE L'ŒUVRE

Beethoven a établi la ligne vocale, en *ré* mineur dans la métrique ternaire du 3/8, à partir du texte, en différenciant les voix par le registre, plus aigu pour l'enfant, plus grave pour le père – la séduction du Roi des aulnes étant également dans le registre aigu. Le dialogue du père et du fils, ainsi que les interpellations séductrices du Roi des aulnes sont proches de la déclamation (notes répétées ou conjointes).

Beethoven a pensé les deux premières strophes l'une à la suite de l'autre :

« Wer rei-tet so spät durch Nacht und Wind ? Es ist der Va-ter mit sei-nem Sohn [sic] ; er hat den Kna-ben wohl in dem Arm, er fasst ihn si-cher, er hält ihn warm. Mein Sohn, was birgst du so bang dein Gesicht ? Siehst, Vater, du den Erl-kö-nig nicht ? den Er-len-kö-nig mit Kron' und Schweif ? Mein Sohn, mein Sohn, es ist ein Ne-bel-streif, mein Sohn, es ist ein ne-bel-streif. »

(Quel est ce cavalier si tard dans la nuit et le vent ? / C'est le père avec son enfant ; / Il tient le jeune garçon dans ses bras, / Il le serre bien, il lui tient chaud.

Pourquoi, mon fils, cacher si peureusement ton visage ? / – Père, ne vois-tu pas le Roi des aulnes ? / Le Roi des aulnes avec sa traîne et sa couronne ? / – Mon fils, c'est un banc de brouillard.)

Puis, après trois mesures de piano seul, Beethoven a noté le début de la troisième strophe avec l'idée d'un accompagnement d'arpèges de doubles croches (imitation du jeu de la harpe) :

« *Du lie-bes Kind u.s.w.* » (Cher enfant etc.

Puis il a noté la quatrième et la cinquième strophes, sur les mêmes phrases musicales que dans sa première section, pour le fils et pour la réponse du père :

« Mein Va-ter, mein Va-ter, und hö-rest du nicht, was Er-len-kö-nig mir lei-se verspricht ? Sey ru-hig, blei-be ru-hig, mein Kind ; in dür-ren Blät-tern säu-selt der Wind. Willst du fei-ner Kna-be, du mit mir gehen ? Mei-ne Töch-ter sol-len dich war-ten schön ; meine Töch-ter füh-ren den nächtli-chen Reihn und wie-gen und tan-zen und wie-gen [sic] dich ein. u.s.w. »

(– Mon père, mon père, quoi ? tu n'entends donc pas / Ce que le Roi des aulnes me promet à voix basse ? / Du calme, du calme, sois tranquille mon enfant ! / C'est le vent qui murmure dans les feuillages secs.

– Veux-tu, joli garçon, t'en venir avec moi ? / Mes filles s'occuperont de toi bien comme il faut ; / Mes filles mèneront toute la nuit la ronde, / Elles vont te bercer, danser, chanter et t'endormir.)

Beethoven a noté ensuite le début de la septième strophe :

« Ich lie-be dich, mich reizt deine u.s.w. Mein Va-ter, mein Va-ter jetzt faßt er mich an [avec un long tremolo sur un accord de septième diminuée ff] ; Erlkönig // hat mir // ein Leids // ge-than »

(– Je t'aime, et ta beauté me charme etc. / Mon père, mon père et maintenant il m'attrape ! / Le Roi des aulnes m'a fait du mal !)

Suit la « Ritornell » et le début de la dernière strophe : « Dem u.s.w. » puis une série de six mesures d'accords successifs répétés très tendus et dramatiques, les deux mesures finales s'étiolant autour de la tonique *ré*.

La dernière strophe, non inscrite par Beethoven, mais suggérée par la musique, est la suivante : « L'effroi saisit le père, il galope très vite, / Il tient dans ses deux bras l'enfant tout gémissant,/ Il arrive à grand peine au port ; / Dans ses bras l'enfant était mort[1]. »

SOURCES

Sur la quatrième page d'une double feuille, se trouvent les esquisses de la mélodie avec texte et suggestion des interventions du piano (à Vienne, GdM), ainsi que le titre : « Erlkönig ». Les trois premières pages de cette double feuille comprennent les esquisses moins élaborées de « Rastlose Liebe », un autre poème de Goethe : « Dem Schnee, dem Regen, dem Wind entgegen » (Contre la neige, la pluie et le vent).

Une esquisse de la mélodie pour la première strophe, mais sans texte inscrit sous les notes (à Paris), se trouve avec des idées destinées au *Concerto op. 19* et aux *Bagatelles op. 119 n° 2 et 4.*

PUBLICATION

Après la publication de Nottebohm I en 1872, la première édition date de 1896 dans l'ouvrage de M. Friedlaender, *Gedichte von Goethe in Compositionen seiner Zeitgenossen*, Weimar.

La partition fut complétée par Reinhold Becker et publiée en 1897 à Leipzig chez J. Schuberth & Co.

Opus 65
Ah perfido !

Scène et air pour soprano et orchestre sur un texte de Métastase
Scene. Allegro con brio, **C**, ut *majeur – 61 mes.*
Aria. Adagio, 3/4, mi *bémol majeur / Allegro assai,* **C**, ut *mineur – 204 mes.*

TEMPS DE LA COMPOSITION ET PREMIÈRE EXÉCUTION

Prague, 1796 (pendant un séjour qui dura près de trois mois de février aux environs du 22 avril)[2]. Il s'agit d'un air de concert composé pour Josepha Dussek (Duschek), chanteuse qui avait été amie de Mozart et dont la voix puissante avait un beau timbre dans le registre grave. On ne sait pas comment Beethoven a trouvé le texte.

Si Josephine von Clary eut l'occasion de chanter cette œuvre, ce fut en privé, car la première exécution publique connue fut donnée le 21 novembre 1796 à Leipzig par Josepha Dussek (1754-1824), chanteuse rencontrée à Prague au début de l'année 1796, qui a sans doute inspiré cette œuvre à Beethoven.

Cette pièce fut chantée lors du grand concert donné le 22 décembre 1808 (avec les *op. 58, 67, 68, 80* et une partie de la *Messe op. 86*). Elle aurait dû être chantée par Anna Milder, mais à la suite d'un différend avec son futur mari Peter Hauptmann, elle le fut (avec difficulté) par Josephine Schulz-Killitschky (1790-1880), belle-sœur d'Ignaz Schuppanzigh.

CONTEXTE BIOGRAPHIQUE

Beethoven composa cette œuvre, Scène et Aria, lors du séjour qu'il fit à Prague au début de l'année 1796, première étape d'une tournée musicale qui devait le mener ensuite à Leipzig, Dresde et Berlin, puis à Presbourg et à Budapest[3].

---

1. Traduction in *Anthologie bilingue de la poésie allemande*, édition établie par Jean-Pierre Lefebvre, Bibliothèque de la Pléiade, Nrf, Gallimard, 1995, p. 401-403.

2. Voir l'article de Helmut Loos « Beethoven in Prag 1796 und 1798 » in *Beethoven und Böhmen*, Beethoven-Haus, Bonn, 1988, p. 63-90.

3. Chronologie de sa tournée des grands centres musicaux en 1796:
- Prague de la mi-février au 22 avril
- Dresde du 23 avril au 30 avril, où il joue les Sonates op. 2 et improvise au cours d'un concert donné à la cour de Saxe en présence du prince-électeur Friedrich August II
- Leipzig, où il reste un moment le 2 mai
- Berlin, où il reste jusqu'au mois de juillet (il improvise dans le cadre de la « Singakademie » les 21 et 28 juin)
- Au cours des premiers jours de juillet il retourne à Vienne en passant par Dresde où il donne « un magnifique concert ». Il arrive à Vienne le 7 juillet en compagnie du Kapellmeister Christian Kalkbrenner (quand il se retrouve à Vienne, Wegeler et Christoph von Breuning sont déjà repartis pour Bonn, le 31 mai. Après son retour de Berlin, il aurait été malade et aurait fait une cure à Pistyan, après être resté à Vienne en juillet)
- Presbourg d'où il écrit une lettre datée du 19 novembre à Johann Andreas Streicher et où il donne un concert le 23 novembre (il a dû y rester du 19 au 26 novembre, avant d'aller à Pest).

Beethoven fut emmené à Prague par le prince Karl von Lichnowsky qui, en tant que représentant de la noblesse de haute Silésie, de Prusse, de Bohême et d'Autriche, était obligé de se rendre assez régulièrement dans ces différentes principautés, et qui, lors de ses voyages, aimait être accompagné d'artistes : c'est ainsi qu'il avait voyagé avec Mozart en 1789. En se rendant à Prague, Beethoven arrivait dans une ville, dans laquelle les aristocrates qui l'avaient accueilli à Vienne en 1793 (Lichnowsky, Lobkowitz, etc.)[1] possédaient des palais. D'autre part, le souvenir de Mozart était encore très présent à Prague (*Don Giovanni*, qui y avait été commandé, y avait été exécuté triomphalement en 1787).

À Prague, Beethoven était connu, par delà les salons aristocratiques, depuis la publication du *Jahrbuch der Tonkunst* pour l'année 1796 de Johann Ferdinand von Schönfeld[2], qui le présentait comme « un génie musical », admiré « en général pour son extraordinaire vélocité et pour sa capacité à surmonter les difficultés les plus incroyables », et qui « depuis un certain temps » semblait « plus que jamais avoir pénétré dans le saint des saints de l'art, dans lequel il se distingue par la précision, le sentiment et le goût, ce qui lui a permis d'atteindre une gloire considérable ». Le rédacteur apportait « une preuve éloquente de son réel amour de l'art » en signalant qu'il s'était « confié à notre immortel Haydn, pour être initié aux mystères sacrés de la composition. Ce grand maître l'a confié à Albrechtsberger pendant son absence. Que ne doit-on pas attendre quand un si grand génie se laisse guider par un maître d'une telle envergure. On a déjà plusieurs belles Sonates de lui, parmi lesquelles les dernières sont particulièrement à signaler ».

Le séjour de Beethoven à Prague a duré plus longtemps que prévu (presque trois mois), sans doute parce que les conditions d'accueil et de travail lui ont été favorables[3] : très peu de temps après son arrivée, il donnait un concert[4], puis il eut l'occasion de jouer dans divers salons – ce qui ne semble pas avoir plu à tout le monde, si l'on en croit l'auteur anonyme qui publiait ce commentaire quelques mois plus tard, en octobre 1796, dans le *Journal patriotique des États impériaux et royaux*[5] : « Même au moment où l'idole d'un certain public, ce van Beethoven trop tôt admiré, suscita des observations à Prague par la violence de son jeu, il y eut beaucoup de dilettantes et de connaisseurs qui ne se laissèrent obnubiler par aucune préférence, aucun parti pris, et ne reconnurent pas seulement les qualités, mais encore les défauts énormes de ce maître en herbe. Certes, ils louaient le mérite de ses élans laborieux, mais ils ne pouvaient absolument pas le louer, encore moins l'admirer, de négliger tout chant, toute égalité dans le jeu, toute délicatesse et toute clarté, de ne surprendre que par l'originalité sans en avoir et de tout surcharger et exagérer dans le jeu et la composition. Il saisit nos oreilles, non pas nos cœurs ; c'est pourquoi il ne sera jamais pour nous un Mozart. »

Durant ces quelques mois passés à Prague – comme il le fera à Berlin en mai et juin avec les œuvres pour violoncelle et clavier (*op. 5* et *WoO 45*) –, Beethoven profite de ses rencontres pour composer des œuvres destinées à des interprètes dont il connaît les possibilités. C'est ainsi qu'il écrit la *Scène et Air « Ah perfido ! »*, pour soprano et orchestre *op. 65*, œuvre qu'il dédia, sur une copie jamais remise à la destinataire, à la comtesse Josephine von Clary (chanteuse qui jouait également de la mandoline), mais qui fut sans doute écrite pour Josefa Dussek, chanteuse pour laquelle Mozart avait composé en 1787 la *Scène et Air « Bella mia fiamma »*, K. 528. C'est ainsi, également, que l'accueil de l'aristocratie incita Beethoven à composer des œuvres de

1. Beaucoup d'aristocrates viennois originaires de Bohême ont souscrit à l'édition des *Trios opus 1* (la comtesse de Thun a commandé vingt-deux exemplaires) : la liste des souscripteurs a été publiée avec l'édition originale, chez Artaria, en août-septembre 1795.

2. Qui donne des renseignements concernant la seconde moitié de l'année 1795.

3. Comme en témoignent le ton et les propos de sa lettre du 19 février 1796 à son frère Johann.

4. Le vendredi 11 mars 1796 dans la salle du Konvict (quel programme ? quelle réception ? rien ne l'indique).

5. Cité dans l'article de O. Pulkert, « Die zeitgenössische Beethoven-Rezeption in den böhmischen Ländern », in *Beethoven und Böhmen, op. cit.*, p. 429-430 (ainsi qu'une reproduction du fac-similé de l'article original).

circonstance, celles pour mandoline et clavecin (*WoO 43* et *44*) dédiées à la comtesse Josephine von Clary, ainsi que les pièces faciles pour violon et clavier (*WoO 42*) dédiées aux jeunes sœurs de la princesse Marie Christiane von Lichnowsky.

D'autre part, en vue d'une notoriété à conquérir, il semble qu'à Prague, puis à Berlin, Beethoven ait travaillé à une symphonie en *ut* majeur, déjà esquissée à Vienne en 1795 : il espérait sans doute pouvoir donner cette symphonie en concert dans un environnement qui aurait été moins imprégné de la référence aux symphonies de Haydn.

En attendant, Beethoven s'efforça de répondre à l'attente d'un public qui avait tant aimé Mozart, en lui offrant une scène dramatique pour voix et orchestre, à la manière de Mozart (ainsi que de J. Benda et de Gluck) sur un sujet typique de l'opera seria.

Et, dans ce contexte musical et mondain de Prague, l'œuvre fut liée pour Beethoven à deux artistes, l'une amateur et aristocrate, et l'autre professionnelle et amie de Mozart.

PRÉSENTATION DE L'ŒUVRE

Cet « Air de bravoure » de caractère italien, est très proche de l'*Air* de Mozart, *KV 528*, scène pour soprano « *Bella mia fiamma* » composée à Prague en 1787 et dédiée à Josepha Dussek. Ces rapprochements incitent à penser que Beethoven a composé cette œuvre à Prague (il ne l'aurait pas déjà commencée à Vienne). Les esquisses confirment cette hypothèse : elles sont mêlées à des œuvres écrites à Prague.

Formé d'un récitatif suivi d'un air, le texte évoque les plaintes d'une amante délaissée qui exprime d'abord sa colère puis son amour avant de s'abandonner à la tristesse par des supplications et des lamentations.

Le récitatif accompagné commence par « *Ah ! perfido, spergiuro, barbaro traditor…* », extrait d'*Achille in Sciro* de Métastase, acte III, 3, livret dans lequel ce récitatif, qui se termine par « *Per lui vivea, voglio morir per lui !* », n'est pas suivi d'un air.

Le texte de l'air, d'auteur inconnu, commence par « *Per pietà non dirmi addio, di te priva che faro ?…* »

Texte de Métastase :
Ah ! perfido ! spergiuro !
Barbaro ! Traditor ! Parti ? E son questi
Gli ultimi tuoi congedi ! Ove s'intese
Tirannia più crudel ! Va scelerato,
Va pur ; fuggi da me : L'ira de' Numi
Non fuggirai. Se v'é giustizia in Cielo,
Se v'é pietà, congiureranno a gara
Tutti, tutti a punirti. Ombra seguace
Presente ovunque sei
Vedro le mie vendette. Io già le godo
Immaginando : I fulmini di veggo
Già balenar d'intorno… Ah no, fermate
Vindici Dei. [Di tant'error se alcuno
Forza è che paghi il fio,]
Risparmiate quel cor, ferite il mio.
[S'egli un' alma â si fiera,]
S'ei non è più qual era, io son qual fui ;
Per lui vivea, volgio morir per lui.

Beethoven n'a pas retenu ce qui est entre crochets.

Texte de l'Air, dont l'auteur est inconnu :
Per pietà, non dirmi addio,
di te priva che faro ?
Tu lo sai, bell'idol mio,
Io d'affanno moriro.

Ah crudel ! Tu vuoi ch'io mora !
Tu non hai pietà di me ?
Perchè rendi a chi t'adora
Cosi barbara mercè ?
Dite voi, se in tanto affanno
Non son degna di pietà ?

Cette œuvre est en trois parties.

La « Scene » est un récitatif accompagné, avec de nombreux changements de tempo pour souligner la succession de sentiments opposés (Allegro con brio, Andante quasi Adagio, Allegro assai, Andante grave, Allegro assai, Allegro con brio, Adagio). Il commence par un *do* unisson de tout l'orchestre, sur un rythme pointé, puis son écriture rappelle le style du Melodram (à la manière de *Medea* ou *Ariadne* de Benda, style fait d'une succession de bribes d'orchestre et d'interventions de la voix). Pour chacune des sections différenciées par leur tempo, l'orchestre est très intense et très lyrique (tremolos, rythmes pointés, mélodie à la clarinette ou à la flûte) et la voix monte très haut. Ce récitatif se termine sur un accord de *sol* mineur.

L'aria commence par un Adagio à 3/4 en *mi* bémol majeur, « *Per pietà* », en deux parties, a a' (le texte étant repris, avec un accompagnement différent, et une ligne vocale qui commence de manière identique), qui se caractérise par de longues phrases mélodiques, avec échange de timbres entre la voix, la flûte et la clarinette.

Suit un Allegro assai très véhément, à quatre temps, en *ut* mineur, à partir de «*Ah crudel!*». Il a la forme d'un rondo, en trois couplets, le «refrain» – les deux derniers vers qui insistent sur la pitié que l'amante abandonnée ne peut qu'inspirer – étant Più lento en *mi* bémol majeur. Les vocalises, expression de la véhémence et de la douleur, sont abondantes, surtout dans le troisième «couplet» (qui reprend les deux derniers vers) où elles se terminent par des descentes chromatiques mettant en valeur «affanno» et «pieta». Après un court moment Adagio, l'air se termine Allegro assai en *mi* bémol majeur bien affirmé, et courte vocalise, sur «non son degna di pietà».

SOURCES

Des esquisses se trouvent à Londres (Kafka) et à Paris.

Sur une copie de la partition (à Vienne) Beethoven a inscrit sur la première page : «Une grande Scene / mise en Musique / par L.v.Beethoven / a Prague 1796» et sur la troisième page [Bl. 2r] «Recitativo e Aria / composta e dedicata / alla Signora di Clari / da L. v. Beethoven». Cette copie comprend beaucoup de corrections et d'ajouts de la main de Beethoven (certains inscrits sur des morceaux de papier collés par-dessus ce qui était déjà noté).

Les instruments sont indiqués dans cet ordre : «Violini, Viole (bei Aria Viola), Flauto, Clarinetti, Fagotti, Corni (beim Rezitativ Corni tacet [*sic*]), Voce [en clé de sol], Basso». Le dernier système est vide.

Il ne s'agit pas d'un exemplaire dédicacé à la comtesse Josephine von Clary, puisqu'il faisait partie de l'inventaire après décès et qu'il revint à Tobias Hauslinger.

Il ne reste qu'un fragment (mes. 104-122) de la partition autographe (à Paris).

PUBLICATION

En parties séparées, au Bureau de Musique à Leipzig par Hoffmeister et Kühnel en juin 1805. Le titre de l'édition originale est en italien (il ne comprend pas le nom de la dédicataire) :

«MUSICA VOCALE / per uso de' Concerti / Let. B. / SCENA ed ARIA / (Ah! perfido, spergiuro,) / per il / Soprano, accompagnata con 2 Violini, Viola, / 2 Fagotti, Flauto, 2 Clarinetti, 2 Corni e Basso / DA / LUIGI VAN BEETHOVEN. / Die Sopranostimme enthält auch den Klavierauszug. [...]».

Cette œuvre ne fut éditée en partition qu'en 1856 par C. F. Peters à Leipzig (Bureau de Musique).

Le numéro d'opus a longtemps été incertain.

DÉDICATAIRE (NON OFFICIELLE)

La comtesse Josephine von Clary-Aldringen, était née à Prague le 9 juillet 1777 (elle mourut à Prague le 12 décembre 1828). Elle se maria le 20 novembre 1797 avec le comte Christian von Clam-Gallas (1771-1839), amateur de musique et mécène. Cantatrice douée, elle jouait également de la mandoline (d'après les informations de von Schönfeld dans le *Jahrbuch der Tonkunst für Wien und Prag* de 1796).

L'ŒUVRE VUE PAR SES CONTEMPORAINS

La *BMZ* Jg. 1 (1805), col. 379-380, publiait un article de Johann Friedrich Reichardt (1752-1814) qui faisait l'éloge de cette «belle scène, pleine de force et d'expression», «à la mélodie émouvante et aux effets instrumentaux brillants». Il proposait une courte analyse de «l'Allegro pathétique», soulignant «l'effet tragique de l'ensemble» et remerciant les éditeurs de mettre cette œuvre à la disposition des amateurs de musique vocale.

CORRESPONDANCE

Le 19 février 1796 [1., 20], de Beethoven écrivait de Prague à son frère Nikolaus Johann (qui venait d'arriver à Vienne) :

«Cher frère, pour que tu saches au moins où je me trouve, ce que je fais, je dois donc t'écrire. Tout d'abord je vais bien, très bien. Mon art m'apporte amis et honneur; que puis-je désirer de plus? Même je toucherai pas mal d'argent, cette fois. Je resterai encore quelques semaines ici, et puis je partirai pour *Dresde, Leipzig et Berlin*. Il se passera bien six semaines au moins avant mon retour. J'espère que ton séjour à Vienne te plaît de plus en plus. Prends garde seulement à toute la tribu des mauvaises femmes. [...]

Lichnowsky va bientôt se trouver à Vienne, car il est déjà parti d'ici : en tout cas, si tu as besoin d'argent, tu peux aller hardiment chez lui car il m'en doit encore. Du reste, je souhaite que tu sois toujours le plus heureux possible, et j'espère pouvoir y contribuer.

Adieu cher frère, et pense parfois à ton frère vraiment dévoué

L. Beethoven

[Salue notre frère Caspar] [1]

mon adresse est : im goldenen Einhorn auf der Kleinseite

Prag, den 19ten Februar. »

WoO 42

Six Danses allemandes pour violon et piano

Toutes à trois temps (3/4) :
fa *majeur – 16 mes.*
ré *majeur – 16 mes.*
fa *majeur – 32 mes.*
la *majeur – 16 mes.*
ré *majeur – 16 mes.*
sol *majeur – 32 mes.*

TEMPS DE LA COMPOSITION

Sans doute à Prague en 1796 [2] (des esquisses pour les n°s 1 et 3 se trouvent mêlées à celle de l'*Air « Ah ! perfido », op. 65*).

CONTEXTE BIOGRAPHIQUE

En tournée à Prague (sur l'incitation du prince Lichnowsky), Beethoven a composé ces danses pour « deux comtesses », vraisemblablement les deux très jeunes sœurs de la princesse Marie Christiane von Lichnowsky, Elisabeth et Marie Caroline : la simplicité de ces pièces de circonstance attestant qu'elles sont destinées à des amateurs peu expérimentés.

PRÉSENTATION DE L'ŒUVRE

Dans la plupart de ces danses le violon est doublé par le piano, sur des lignes très simples, dans une pulsation régulière à la noire.

SOURCES

Une copie (de main inconnue) de ces six danses porte cette mention : « Deutsche / für die zwei Comtessen Thun / um anderen Leuten darnach auf / dem Kopfe zu Tanzen und dabey zu denken / an ihren Sie verehrenden Ludwig van Beethoven / Prag 1796 » (Danses Allemandes pour les deux comtesses Thun pour qu'elles se divertissent aux dépens d'autrui et pensent ce faisant à leur admirateur Ludwig van Beethoven, Prague 1796).

PUBLICATION

Ces *Six Danses allemandes* furent publiées en juillet 1814 chez Louis Maisch à Vienne. Le titre est en français :

« 6 Allemandes / pour le Pianoforte / avec accompagnement d'un Violon / par / Louis van Beethoven. /[…] ».

La *Wiener Zeitung* du 30 juillet 1814 en annonça la publication.

WoO 43 et WoO 44

Quatre Pièces pour mandoline et « cembalo »

WoO 43a Sonatine, Adagio, 6/8, ut *mineur – 43 mes.*
WoO 43b Adagio ma non troppo, 6/8, mi *bémol majeur – 113 mes.*
WoO 44a Sonatine, Allegro, 2/4, ut *majeur – 108 mes.*
WoO 44b Andante con Variazioni, 2/4, ré *majeur – 128 mes.*

TEMPS DE LA COMPOSITION

En 1796, lors d'un séjour à Prague (à l'occasion de sa première tournée de concert), Beethoven composa plusieurs courtes pièces pour la comtesse Josephine von Clary-Aldringen (1777-1828) – comtesse Clam-Gallas par son mariage à partir de 1797 –, qui chantait et jouait de la mandoline.

CONTEXTE BIOGRAPHIQUE

Bien accueilli dans les palais de la noblesse (qui résidait à Prague et à Vienne), Beethoven sait rendre hommage à ses hôtes en mettant en valeur leurs qualités musicales.

Si sur les manuscrits Beethoven indique « Cembalo », il est vraisemblable qu'à cette époque il pense « pianoforte » : les indications de dynamique en témoignent (il ne fait qu'utiliser une expression courante).

1. Phrase rayée.
2. Voir l'article de Helmut Loos « Beethoven in Prag 1796 und 1798 » in *Beethoven und Böhmen*, Beethoven-Haus, Bonn, 1988, p. 63-90.

PRÉSENTATION DE L'ŒUVRE

La *Sonatine WoO 43a*, de structure a b a suivie d'une coda, dans un tempo lent, joue sur l'opposition d'une partie en *ut* mineur (8 + 8 mesures), évoquant une marche funèbre, et d'une partie en *ut* majeur (8 + 8), le « cembalo » accompagnant la mandoline qui possède une ligne légèrement ornée.

L'*Adagio ma non troppo WoO 43b* commence en *mi* bémol majeur bien établi avant de moduler (le motif initial arpégé étant présenté dans des tonalités parfois surprenantes).

La *Sonatine WoO 44a*, de tempo rapide et de structure a b a suivie d'une coda, se caractérise par la place de la mandoline dont les arpèges et les broderies sont accompagnés par le « Cembalo ». La partie centrale en *ut* mineur joue sur l'échange d'un motif rythmique entre les deux instrumentistes.

L'*Andante con Variazioni WoO 44b* comprend un thème de deux fois 8 mesures (reprises) dont la ligne mélodique est confiée à la mandoline, et six Variations de 16 mesures, ainsi qu'une Coda qui, après une suspension harmonique, se termine par 6 mesures adagio qui reprend le thème « lissé ».

Var. I : les triolets de triples croches de la mandoline brodent le thème.

Var. II : le piano déploie pratiquement seul une écriture lyrique.

Var. III : un motif orné est échangé entre les deux instruments.

Var. IV : les arpèges en triples croches de la mandoline sont soutenus par une solide harmonie au piano.

Var. V : « Minore », les arpèges sont au piano (la tonalité de *ré* mineur est mise en valeur).

Var. VI : « Maggiore / Allegretto », les rythmes lui donnent un caractère de scherzo.

La Coda fait la transition entre le caractère de cette dernière variation et la simplicité du thème.

SOURCES

L'autographe de la *Sonatine WoO 43a* (à Londres) comprend beaucoup de corrections (il est resté en la possession de Beethoven qui en avait certainement établi une copie pour la comtesse).

L'autographe de l'*Adagio WoO 43b* (à Berlin) resta également en sa possession. Il existe encore une copie autographe (à Prague) portant l'inscription « pour la belle J. » (sans aucun doute Josephine von Clary).

La *Sonatine WoO 44a* n'a été transmis que par une édition de 1912 établie à partir d'une copie (aujourd'hui disparue) d'un copiste.

Les *Variations WoO 44b* n'existent que sous forme de copie établie par Beethoven (à Prague) pour la comtesse (son nom y figure).

Les esquisses de ces morceaux portent la dédicace « pour Mademoiselle la comtesse Clari ».

PUBLICATION

Après diverses publications dissociées entre 1880 et 1940, ces quatre pièces ont été publiées dans le volume 4 de la cinquième section de la NGA (Abteilung V, Band. 4, *Werke für Klavier und ein Instrument*), G. Henle Verlag, Munich, 1993 (ainsi qu'en un volume séparé, *Werke für Mandoline und Klavier*, Urtext, G. Henle Verlag, Munich, 1994).

Opus 51 n° 1
Rondo pour pianoforte en *ut* majeur

Moderato e grazioso, ₵, ut *majeur – 135 mes.*

TEMPS DE LA COMPOSITION

Entre 1796 et 1797.

CONTEXTE BIOGRAPHIQUE

Par ce *Rondo pour piano*, Beethoven se livre à une interprétation très personnelle des conventions formelles : il ne respecte pas l'alternance refrain / couplets, mais s'inspire de la variation et du développement de la forme sonate ou de la fantaisie. Ainsi, tout en s'imposant de plus en plus dans le monde musical viennois et allemand (il vient de faire une tournée de concerts jusqu'à Berlin), Beethoven continue à mettre au premier plan son exigence de liberté et sa recherche d'expressivité.

PRÉSENTATION DE L'ŒUVRE

À partir d'un thème très simple, énoncé *p dolce* avec un accompagnement *legato*, qui pose une tonalité d'*ut* majeur sans ambiguïté dans un tempo modéré et plein de cette grâce (qualité que Winckelmann attribuait à la beauté idéale), Beethoven a construit une œuvre qui se conforme d'abord à la démarche conventionnelle de la forme rondo puis s'en évade en proposant successivement deux sortes « d'interprétations » musicales du refrain, avant de conclure par une coda (mes. 120-135).

Si le premier « couplet » est plutôt rythmique (en opposition au refrain assez mélodique), le deuxième « couplet » est en *ut* mineur, de forte intensité et dominé par des « vagues » d'arpèges ascendants courts et rapides que s'échangent les deux mains dans une sorte de développement très modulant. Ce « couplet » est suivi de trois mesures de transition dont le chromatisme ascendant brouille tout repère tonal pour mener à une reprise du refrain dans la tonalité étonnante de *la* bémol majeur ; puis, une nouvelle transition chromatique descendante amène une nouvelle version du refrain, qui retrouve l'*ut* majeur, et qui introduit une sorte de développement proche de la fantaisie de ce refrain. La Coda joue avec le court motif brodé du thème en le faisant changer de registre, avant de laisser libre cours à des traits au chromatisme ascendant. L'ensemble se termine par une cadence parfaite constituée de deux accords de très grande intensité (*ff*).

SOURCES

Le manuscrit autographe est perdu.

PUBLICATION

L'édition originale a été assurée à Vienne par Artaria et Comp. en octobre 1797, sans numéro d'opus. Le titre est en français :

« Rondo / Pour Le Clavecin ou Piano-Forte / Composé / par Louis van Beethoven [...] »

Simrock l'édita à Bonn en 1798. Il fut également édité dans plusieurs villes allemandes, à Paris, à Londres et à Glasgow.

C'est l'éditeur Hoffmeister qui fut le premier à signaler ce *Rondo* sous le numéro d'opus 51 n° 1 au moment où il établit le catalogue thématique des œuvres de Beethoven en 1819, en l'associant à un autre *Rondo* (écrit en 1800), l'*op. 51 n° 2* (cette réunion en un seul opus ne correspondait pas à l'intention initiale de Beethoven – les deux œuvres sont d'ailleurs de style très différent).

Opus 71
Sextuor pour instruments à vent en *mi* bémol majeur

Deux clarinettes, deux cors, deux bassons
Adagio, **C**, mi *bémol majeur (10 mes.)* – *Allegro, 3/4,* mi *bémol majeur – 307 mes.*
Adagio, 2/4, si *bémol majeur – 69 mes.*
Menuetto. Quasi Allegretto, 3/4, mi *bémol majeur – 60 mes.*
Rondo. Allegro, ¢, mi *bémol majeur – 138 mes.*

TEMPS DE LA COMPOSITION ET PREMIÈRE EXÉCUTION

Vers 1796. Les deux premiers mouvements ont sans doute été ébauchés quelques années auparavant, à Bonn à la cour du prince-électeur qui, comme tout prince, avait recours aux musiques d'apparat (soupers, bals, déplacements, etc.).

La première audition publique connue eut lieu en avril 1805 dans le cadre des concerts organisés par Schuppanzigh à Vienne, avec Joseph Beer comme première clarinette.

CONTEXTE BIOGRAPHIQUE

Voici un exemple de ces nombreuses musiques pour vents écrites par Beethoven au cours des années 1790 (à la fin de ses années de Bonn et au début de son « séjour » à Vienne). Ces compositions relèvent à la fois de sa contribution aux exigences mondaines de la société de cour (qui aime accompagner ses différentes cérémonies de musiques d'apparat écrites exprès ou arrangées à partir d'airs « à la mode ») et d'une sorte de préparation à l'écriture symphonique intégrant une « harmonie » (un ensemble de vents). Il est à noter que cette formation pour deux clarinettes, deux cors et deux bassons fut très courante également en France à l'époque de la Révolution. D'autre part, il est indispensable de signaler que, comme ses contemporains compositeurs ou arrangeurs de ce genre de musiques fort prisées, Beethoven ne disposait pas encore des instruments à vents qui vont être perfectionnés par les facteurs d'instruments au cours du XIXe siècle.

Ce *Sextuor* comprend quatre mouvements, ce qui l'apparente à une Sonate, alors qu'il a peut-être été prévu d'abord comme un Divertimento à plusieurs mouvements. Il se situe donc à la charnière de deux formes de musique : entre divertissement léger et sans prétention, et celle qui s'affirme comme expression autonome de la sensibilité personnelle d'un artiste – donc entre une musique fonctionnelle et une musique destinée à être exécutée en concert.

Conformément à la tradition d'écriture pour cette formation, Beethoven a conféré le premier rôle à la clarinette (elle mène la mélodie, tandis que les autres instruments ont avant tout un rôle d'accompagnent).

L'affirmation (formulée par Beethoven à son éditeur) qu'il aurait écrit ce *Sextuor* en une nuit est une expression métaphorique (à ranger parmi ses exagérations), à comprendre au sens où il reconnaît qu'il a écrit cette œuvre rapidement sans y consacrer un long temps d'élaboration (remarque qui lui permettait de souligner à la fois ses dons et ses exigences en tant que compositeur d'œuvres modernes et inédites). D'autre part, l'allusion au goût du public qui, trop souvent, préfère les premières œuvres, fait référence à la difficulté de faire accepter et reconnaître l'« originalité » de ses compositions plus complexes.

PRÉSENTATION DE L'ŒUVRE

Conformément à ce genre de musique, la structure est claire.

Un motif, joué à l'unisson par les six instruments, affirme la tonalité de *mi* bémol majeur de manière solennelle dans un tempo lent Adagio. Après dix mesures d'Adagio, la première clarinette expose un court motif quelque peu haletant *p*, premier élément du principe de contraste qui constitue le thème même (contraste d'intensité, de densité, d'attaques, de phrasé, de pulsation). Ce premier mouvement est de forme sonate, avec bref développement, réexposition et coda.

Le deuxième mouvement Adagio combine pulsations retenues sur une même note (jeu propre aux instruments à vents) et longues broderies des bassons et des clarinettes en continuité ou en parallèle.

Le troisième mouvement, Menuet Quasi Allegretto, très rythmique, est ouvert par la pulsation régulière et solide des cors, tandis que le Trio se joue entre clarinettes et bassons, sans les cors.

Le thème du Rondo final fait intervenir les six instruments sur un même rythme pointé et rapide, *p*, interrompu par un *sf* sur une note longue. Ce thème apparaît quatre fois, les trois « couplets » étant différenciés par une écriture qui est proche de la musique de chambre et qui donne une grande importance à la clarinette – le deuxième couplet est en mineur. Une coda très dense conclut l'ensemble de manière humoristique.

SOURCES

Le manuscrit autographe est perdu, mais il existe des esquisses pour les troisième et quatrième mouvements mêlées à celles de l'Air *Ah perfido!* op. 65 et à celles de la *Sonate opus 49 n° 2* (à Londres) et il existe une copie du Menuet avec son Trio (également à Londres).

PUBLICATION

L'édition originale fut assurée en avril 1810 par Breitkopf & Härtel à Leipzig, le titre mêlant italien et français : « SESTETTO / Pour 2 Clarinettes, 2 Cors / et 2 Bassons / par / L. v. BEETHOVEN. / [...] »

Un supplément de l'*AMZ* de janvier 1810 en annonça la parution en même temps que celle de la transcription pour sextuor à cordes de la *Sixième Symphonie op. 68.*

L'attribution du numéro d'opus 71 est tardive. Le catalogue thématique établi par Hoffmeister en 1819 ne comporte pas d'opus 71. Et dans le catalogue joint par Artaria à l'opus 106, le Sextuor porte le numéro d'opus 51.

La première partition date de 1864 dans la GA.

CORRESPONDANCE

Dans une lettre datée du 3 août 1809 [2., 394] à Breitkopf & Härtel, Beethoven annonçait l'envoi d'« un Sextuor pour instruments à vent comme futur dédommagement pour les *opera benevolentie* que je vous impose en ma faveur ». Et dans la lettre suivante, datée du 8 août 1809 [2., 395] à Breitkopf & Härtel, Beethoven confirmait qu'il avait fait envoyer ce *Sextuor* comme « cadeau en retour de toutes ces choses, *que je vous ai demandées en cadeau* », c'est-à-dire qu'il offrait cette partition en échange de l'abonnement à l'*AMZ* ainsi que des œuvres complètes de Goethe et Schiller (parues récemment), ses « poètes préférés ». Beethoven spécifiait dans cette lettre : « Le Sextuor est l'une de mes premières œuvres et en plus je l'ai écrit en une nuit – on ne peut réellement rien en dire d'autre, sinon qu'il a été écrit par un auteur qui a pour le moins produit quelques œuvres meilleures – Cependant pour bien des gens, ces œuvres-là sont les meilleures ».

Opus 16
Quintette pour piano, hautbois, clarinette, cor et basson en *mi* bémol majeur

Grave, **C**, mi *bémol majeur (21 mes.) – Allegro ma non troppo, 3/4,* mi *bémol majeur – 416 mes.*
Andante cantabile, 2/4, si *bémol majeur – 112 mes.*
Rondo. Allegro ma non troppo, 6/8, mi *bémol majeur – 257 mes.*

TEMPS DE LA COMPOSITION ET PREMIÈRE EXÉCUTION

Première moitié de l'année 1796, lors du séjour de Beethoven à Prague, entre février et avril 1796 (lieu et moment où il eut l'occasion d'entendre le *Quintette pour clavier, hautbois, clarinette, cor et basson*, en *mi* bémol majeur K. 452 de Mozart). Il semble qu'il ait travaillé à son *Quintette* à Dresde et à Leipzig pour l'achever sans doute pendant son séjour à Berlin (21-28 juin 1796). La conception du premier mouvement est peut-être antérieure (1794), et la mise au point correspond sans doute à la première exécution publique le 6 avril 1797, à l'occasion d'un concert organisé par Schuppanzigh dans les salons du Hofstraiteur Ignaz Jahn (le restaurant Jahn).

CONTEXTE BIOGRAPHIQUE

Il semble bien que Beethoven ait conçu son *Quintette* comme une sorte de « concerto de chambre » pour piano et accompagnement de vents, œuvre qui lui permettait de briller en concert, même en concert privé étant donné le faible effectif des instrumentistes. Cette conception ressort très nettement du récit rapporté par Ries (*Notices biographiques*, p. 79-80) d'une exécution privée de ce *Quintette* chez le prince Lobkowitz en décembre 1804, Beethoven étant au piano, tandis que le célèbre hautboïste Friedrich Ramm tenait la partie de hautbois : « Dans le dernier Allegro, il y a plusieurs fois un arrêt avant que le thème ne recommence ; lors de l'un d'eux Beethoven commença à improviser, prit le thème du Rondo, et s'amusa un certain temps pour le plus grand plaisir de l'auditoire, ce qui n'était pas le cas pour les accompagnateurs. Ceux-ci étaient mécontents et Monsieur Ramm était très indigné (irrité). Vraiment c'était burlesque, de voir ces messieurs, qui guettaient l'instant où ils pourraient reprendre, porter sans cesse les instruments à la bouche, et les retirer très doucement. Enfin Beethoven fut satisfait et reprit le Rondo. Toute la société était ravie. »

D'après ce récit, comme le piano jouait le rôle du soliste d'un concerto, Beethoven s'autorisa à déployer son imagination et ses capacités de virtuose dans des cadences ornées, selon l'usage du temps lors de l'exécution d'un concerto. Mais quand Czerny, en 1816, s'autorisa lui aussi à mettre en valeur sa virtuosité (jeu d'octaves, ornements, etc.), Beethoven fut très mécontent. Czerny a raconté à Thayer ce concert donné par Schuppanzigh le 11 février 1816 avant son départ pour la Russie. Beethoven, qui avait manifesté sa fureur contre Czerny devant les autres musiciens (Schuppanzigh, Linke et les instrumentistes à vent), s'en excusa le lendemain dans un court billet (du 12 février 1816 [3., 902]) : « J'ai éclaté hier, ça m'a fait très mal que ce soit arrivé, seulement vous devez pardonner cela à un auteur, qui aurait préféré entendre son œuvre jouée comme elle a été écrite, si bien au demeurant que vous l'ayez jouée. / Mais je vais mettre cela au point *de vive voix* avec la sonate pour violoncelle [op. 69], soyez persuadé que, en tant qu'artiste, j'ai pour vous la plus grande bienveillance, et que je m'efforcerai toujours de vous le prouver. »

PRÉSENTATION DE L'ŒUVRE

Ce *Quintette* est avant tout une composition pour piano avec accompagnement des quatre instruments à vent (ensemble dénommé « harmonie »). Beethoven confronte les sonorités contrastées des instruments à vent au piano qui a la première place.

Comme le *Quintette* de Mozart (K. 452 de 1784), ce *Quintette* a trois mouvements. Et le thème de l'Andante cantabile est emprunté à Mozart (il s'inspire de l'air de Zerline, « Batti, batti », de *Don Giovanni*).

L'ouverture, Grave, débute par un thème de fanfare sur un rythme pointé, joué à l'unisson, et installe sans ambiguïté la tonalité de *mi* bémol majeur, le piano déployant ensuite ses ornements entre les interventions des autres : ce rôle dirigeant du piano s'impose dès la deuxième mesure. Après vingt mesures très denses d'échange entre les différents instruments, Beethoven indique « attacca subito l'Allegro ». L'Allegro ma non troppo commence par un saut de sixte, puis d'octave au piano, intervalles qui donnent une impulsion dynamique à ce mouvement au cours duquel le pianiste peut déployer sa virtuosité (traits, cadences, trilles), aussi bien dans l'exposition que dans le développement. Une plage cadentielle précède la coda.

L'Andante cantabile, introduit *dolce* par le piano très calme, déploie ensuite ses ornementations lyriques. Le hautbois a une grande importance dans la partie médiane de ce mouvement lent.

Le Rondo, Allegro ma non troppo, part d'un thème enjoué très souple et dynamique à 6/8, le piano ayant partout le premier rôle, en particulier lors des plages cadentielles qui, par deux fois, précèdent la reprise du thème. Après trois couplets séparés par ce refrain plein d'entrain et au cours desquels le piano déploie sa virtuosité, la coda, d'abord retenue, finit de manière très brillante.

SOURCES

Le manuscrit autographe est perdu, mais des esquisses se trouvent à Londres et à Berlin.

PUBLICATION

Ce *Quintette* parut en même temps chez T. Mollo et Comp. à Vienne, au Comptoir d'Industrie à Leipzig, et chez Gayl et Hedler à Francfort, en mars 1801, dans sa version originale et dans une transcription pour quatuor destinée à un piano, un violon, un alto et un violoncelle (la transcription est de Beethoven), avec un titre en français :

« GRAND QUINTETTO / pour le / Forte-Piano / avec Oboë, Clarinette, Basson, et Cor / ou / Violon Alto, et Violoncelle / composé et dedié / À Son Altesse Monseigneur le Prince / Regnant de Schwarzenberg &. &. / par / LOUIS VAN BEETHOVEN / Œuvre 16. [...] »

Le programme du concert du 6 avril 1797 permet d'affirmer que la version primitive de cette œuvre est celle du *Quintette pour piano et vents*, puisque elle est y indiquée en ces termes : « Ein Quintett auf dem Fortepiano mit 4 blasenden Instrumenten akkompagniert, gespielt und komponirt von Herrn Ludwig van Beethoven. »

Il fut édité par Simrock à Bonn en 1802 ; par Schott à Mayence, André à Offenbach ; ainsi qu'à Paris et Londres.

De nombreuses transcriptions pour cordes (quintette, quatuor), pour deux pianos, pour piano à quatre mains furent éditées du vivant de Beethoven.

DÉDICATAIRE

Prince Joseph von Schwarzenberg (27 juillet 1769-19 décembre 1833), amateur de musique qui accueillit dans son palais « am Neuen Markt » la première représentation de la *Création* de Haydn (29 et 30 avril 1798) ainsi que celle des *Saisons* de Haydn (24 avril 1801).

L'ŒUVRE VUE PAR SES CONTEMPORAINS

Un commentaire de la Tonkünstlergesellschaft (Société des Artistes musiciens) daté du 10 mai 1798 et relatant un concert du 2 avril 1798 au Théâtre national de la Cour (donné au profit des veuves et des orphelins) permet de se faire une idée de cette œuvre :

« Beethoven a composé un Quintette et, lors de son exécution, il s'est fait remarquer par son improvisation. »

Un article de Kotzebue dans la revue *Der Freimüthige* du 12 avril 1803 semble être la seule critique contemporaine de ce *Quintette*, qui est présenté comme un remarquable morceau de piano, adapté aux festivités du Carnaval : « génial, sérieux, plein de sens profond et de caractère, seulement par moment trop perçant, ça et là dans le style d'une ode, à la manière de ce compositeur ». Cette référence à l'Ode était une façon de souligner l'imagination capable de sauter d'un élément à un autre, moyen d'expression qui privilégiait la rupture dans la continuité de la phrase.

Opus 5

Deux Sonates pour piano et violoncelle

Fa *majeur*

Adagio sostenuto, 3/4 – Allegro, **C**, fa *majeur – 400 mes.*

Rondo. Allegro vivace, 6/8, fa *majeur – 290 mes.*

Sol *mineur*
Adagio sostenuto e espressivo, **C** – *Allegro molto più tosto presto, 3/4,* sol *mineur – 553 mes.*
Rondo. Allegro, 2/4, sol *majeur – 304 mes.*

TEMPS DE LA COMPOSITION ET PREMIÈRE EXÉCUTION

Ces *Deux Sonates* furent composées lors du séjour de Beethoven à Berlin en juin 1796 (à l'occasion d'une tournée de concert qui commença par trois mois à Prague au début de l'année 1796)[1]. Dans les *Notices biographiques* (p. 109), Ries rapporte que Beethoven « joua quelquefois à la cour, devant le roi Frédéric-Guillaume II ; et ce fut là qu'il composa pour Duport, premier violoncelliste du roi, et pour lui (le roi), les deux sonates avec violoncelle et qu'il les joua. »

On a longtemps pensé qu'il s'agissait de Jean Louis Duport (1749-1819), violoncelliste et compositeur français qui fut membre de la chapelle du roi de Prusse de 1789 à 1806 ; en fait il s'agit de son frère, Jean-Pierre Duport (1741-1818), également violoncelliste et compositeur, qui était surintendant de la musique du roi à Berlin, et qui jouait de manière remarquable avec une très belle sonorité aussi bien dans les aigus que dans le grave.

Il est possible que Beethoven ait joué ces Sonates avec Jean-Pierre Duport devant le roi, à Berlin en juin 1796.

CONTEXTE BIOGRAPHIQUE

Avec ces *Deux Sonates* Beethoven a créé le genre de la Sonate pour piano et violoncelle, alors qu'il faisait une tournée de concerts (Prague, Dresde, Leipzig, Berlin) pour se faire connaître et se faire applaudir en tant que pianiste virtuose et improvisateur hors pair.

Leur lieu de composition explique sans doute leur forme particulière : l'une et l'autre ne sont formées que de deux mouvements rapides, l'Allegro initial étant précédé d'une introduction lente. Il s'agit sans doute d'une volonté de lier la tradition des sonates-suites baroques sans changement de tonalité (prisées à la cour du roi de Prusse) et une écriture neuve rendue possible par la virtuosité des deux instrumentistes pour lesquelles elles ont été écrites (Beethoven et Jean-Pierre Duport).

PRÉSENTATION DE L'ŒUVRE

Chacune des deux possède une combinaison et une imbrication des voix et des motifs d'une très grande complexité dans la durée comme dans l'instant, sans nuire pourtant à la clarté du « discours » musical. La profusion sonore et le plaisir qui procède du jeu instrumental virtuose laissent une grande place au chant, aussi bien à celui du violoncelle qu'à celui du piano.

La nouveauté de l'écriture réside également dans le rôle thématique dévolu au tempo et dans la mise en évidence que le résultat acoustique (la fabrication de sonorités nouvelles) procède de la relation entre les conditions de déroulement du temps (le tempo plus ou moins rapide), les modalités des attaques (piquées, renforcées, liées, portées) et le rythme (incisif, souple, trépidant, etc.).

1. La première *Sonate* commence par trente-quatre mesures Adagio sostenuto à 3/4 ouvertes par une phrase à l'unisson énonçant calmement le matériau avec lequel le premier mouvement est construit : des sauts d'intervalle, un rythme pointé, des arpèges, un tissu sonore continu ou formé d'accords très denses. Dans l'Allegro se retrouvent ces différents motifs : le premier thème, énoncé *p dolce*, rassemble arpège ascendant, rythme incisif et densité rythmique du tissu sonore ; le second thème combine valeurs longues, syncopes et rythmes pointés. L'association de la virtuosité des deux instrumentistes apparente ce mouvement à une vaste page concertante dominée par le dynamisme du rythme et la surprise des modulations rendues possibles par un très long développement. Ce mouvement de forme sonate élargie se termine par une coda faite d'une succession de six mesures Adagio, de dix-huit mesures Presto et de quinze mesures qui reprennent le premier thème dans le tempo initial (Allegro).

L'Allegro vivace à 6/8 est conduit par un motif rythmique bien inscrit dans la métrique ternaire. Il est composé de trois « épisodes » encadrés par le thème principal et très différenciés (le second s'apparente à une musique turque, le troisième ressemble à un développement de sonate). Une coda comprenant quelques mesures *rallentando calando* mènent à deux mesures Adagio qui précèdent

1. Pour la chronologie de sa tournée des grands centres musicaux en 1796, voir « Opus 65 » au début de l'année 1796.

les huit mesures finales dans le *Tempo primo* (Allegro vivace).

2. La seconde *Sonate* commence elle aussi par une introduction lente en *sol* mineur, Adagio sostenuto e espressivo, combinaison des deux instruments dominée par de longues phrases en rythme pointé portées par un jeu très chantant. La tension de ces quarante-quatre mesures laisse place, *attaca*, à un Allegro qualifié de *molto più tosto presto* ouvert par le chant du violoncelle sur une phrase très simple, que reprend aussitôt le piano. L'exposition se caractérise par la fluidité de triolets de croches d'où émergent les lignes mélodiques. Le développement joue sur l'échange des motifs entre les voix dans une grande intensité obtenue de différentes façons (triolets, accords de notes longues, notes répétées, reprises d'élan après moment de suspension du temps et de l'harmonie).

Le Rondo est en tonalité majeure (*sol* majeur). Son thème rythmique et chantant est énoncé par le piano seul (douze mesures). Le déroulement de ce mouvement très dynamique (du fait de la densité sonore et des notes répétées) combine la forme rondo et la forme développement de sonate. Les retours du thème sont précédés par des moments énigmatiques. L'effet de ralentissement qui précède les mesures finales provient d'une écriture moins dense (avec des valeurs de notes plus longues) et non d'un changement de tempo.

SOURCES

Le manuscrit autographe est perdu. Des esquisses se trouvent à Londres, Berlin, Bergame.

PUBLICATION

Ces *Deux Sonates* furent publiées à Vienne chez Artaria et Compagnie avec le numéro d'opus cinq en février 1797, sous le titre suivant rédigé en français :

« DEUX GRANDES SONATES / pour Le Clavecin ou Piano = Forte / avec un Violoncelle obligé / Composées, et Dediées / À Sa Majesté / FRÉDÉRIC GUILLAUME II / ROI DE PRUSSE / par / LOUIS VAN BEETHOVEN / Œuvre 5e ».

La *Wiener Zeitung* annonça leur publication, le 8 février 1797, en même temps que les *op. 3, 4* et *46*, ensemble d'œuvres qualifiées de « ganz neu ».

Du vivant de Beethoven, ces *Sonates op. 5* furent rééditées à Leipzig en 1803 par Hoffmeister & Kühnel, en 1814 par Peters, ainsi qu'à Paris et à Londres.

DÉDICATAIRE

Ces deux Sonates furent dédiées à Frédéric-Guillaume II (1744-1797), roi de Prusse depuis 1786, successeur et neveu de Frédéric le Grand. Violoncelliste, élève de Duport, il tenait sa partie dans des œuvres de musique de chambre (en 1787, Haydn lui dédia les *Six Quatuors à cordes op. 50*, publiés chez Artaria; et en 1789-90, Mozart lui dédia les *Trois Quatuors à cordes K. 575, 589* et *590*, publiés chez Artaria).

CORRESPONDANCE

D'après une lettre de Jean-Louis Duport (écrite, de Potsdam, sans doute le 16 septembre 1798 [1., 34a]), il semble que Beethoven lui ait envoyé un exemplaire de la partition avec une dédicace, puisque Duport le remercie et exprime le souhait de jouer ces sonates avec lui.

WoO 45

Douze Variations pour pianoforte et violoncelle sur « See, the Conqu'ring Hero Comes »

Le thème est extrait de l'oratorio de Haendel Judas Maccabée
Thema. Allegretto, ¢, sol *majeur – 361 mes.*

TEMPS DE LA COMPOSITION

1796, sans doute pour le roi Frédéric-Guillaume II, en même temps que les deux premières *Sonates pour piano et violoncelle op. 5*. Mais, étant donné la disparition du roi en 1797, elles furent dédiées à la princesse Lichnowsky.

CONTEXTE BIOGRAPHIQUE

Voir les *Sonates pour piano et violoncelle op. 5*

Beethoven s'est inspiré du thème provenant du célèbre chœur de l'oratorio *Judas Maccabée* de Haendel, créé en 1747 (pour la première exécution Haendel inséra cet air, « See, the Conqu'ring Hero Comes », conçu pour son oratorio *Josué* terminé en 1748) ; exécuté à Vienne en 1779 (dans une version modernisée due à Joseph Starzer), il y fut repris entre 1793 et 1795, à l'initiative du baron van Swieten et de la Société des associés (fondée en 1779 pour faire exécuter des oratorios de Haendel).

Beethoven, très intégré dans le monde musical viennois, savait choisir ses références, surtout quand elles faisaient sens pour lui, en l'occurrence, un jeune homme, brillant artiste à la conquête des faveurs du public mélomane des grandes villes d'Europe centrale.

PRÉSENTATION DE L'ŒUVRE

Le thème construit par Beethoven à partir de celui du chœur de Haendel est indiqué ainsi : Tema. Allegretto. Il est en *sol* majeur, à ¢, et comprend 24 mesures (trois fois huit mesures, ce qui donne une structure A-B-A' : A en *sol* majeur, B en *mi* mineur, A' en *sol* majeur).

Quelques éléments de ce thème très simple ont été retenus par Beethoven comme pierres angulaires du processus de variation : outre la mélodie énoncée au piano, il faut noter la figure en forme de broderie du début de la partie B, ainsi que l'arpège de l'accord parfait de *sol* majeur et les accords successifs en valeur longue. Le mode, le tempo et la métrique sont également des éléments intégrés par Beethoven dans son processus de variation.

La variété, inscrite dans une construction voulue cohérente par Beethoven, s'appuie sur le recours à des variations en *sol* mineur (la IV et la VIII) ainsi qu'à une référence implicite aux mouvements d'une sonate (et aux développements qui s'y apparentent) par la succession des trois dernières variations qui joue sur des changements de tempo : Allegro, Adagio et Allegro, et par l'adjonction d'une coda à la fin de la dernière variation.

Comme les *Sonates op. 5*, ces Variations possèdent une écriture virtuose (de manière permanente pour le piano). Elles associent un traitement traditionnel de l'écriture de variations à une conception nouvelle qui insiste sur le caractère organisé de l'ensemble.

Les trois premières variations jouent sur la diminution des figures rythmiques, et donc sur l'ornementation. La variation I est confiée au piano seul. La variation II joue sur la répétition (durant les vingt-quatre mesures) d'un court motif fait d'une succession de deux triolets de croches (un arpège suivi de trois notes répétées) au piano, tandis que le violoncelle varie la mélodie. La variation III repose sur une guirlande sonore continue au piano, et quelques interventions tonales du violoncelle en noires piquées, ce qui accentue la solidité métrique de cette variation.

À partir de la variation IV, en *sol* mineur, le processus de variation s'étend à de nouvelles variables : la densité sonore de la variation IV, les contrastes d'intensité de la V (*fp dolce* et un accord *ff*), les accents à contretemps de la VI dans une atmosphère *dolce*, la fluidité des triolets du violoncelle dans une intensité *pp* de la VII, le contraste entre des gammes rapides et ascendantes et une partie centrale en style choral de la VIII en *sol* mineur, l'extension en majeur du style choral pour la IX.

Enfin, les trois dernières variations jouent sur le tempo et sur la métrique : Allegro (toujours à ¢) pour la X, Adagio à C pour la XI (équivalent d'un mouvement lent de sonate, de style improvisé) et Allegro à 3/8 pour la XII qui comprend 73 mesures.

Si l'éloignement du thème a été maximum avec la variation IX, il revient au premier plan dans la variation X, avec un tempo plus rapide et une intensité *f* affirmée sans nuances (le thème est énoncé en canon au violoncelle et à la main gauche, donc avec des sonorités basses – l'accompagnement étant ininterrompu à la main droite, ce qui apparente cette variation à une sorte de développement caractéristique de la forme sonate). La variation finale met en évidence l'influence des modifications des conditions de déroulement du temps sur la perception d'un thème bien identifié.

SOURCES

Le manuscrit autographe (à Vienne) servit pour la gravure.

PUBLICATION

À Vienne, chez Artaria et Comp. publia ces Variations, en été ou automne 1797, avec un titre en français :

« XII VARIATIONS / Pour le Clavecin ou Piano-Forte / avec un Violoncelle Obligé / Sur un Theme de Händel : dans L'Oratoire Judas Macabée / Composées et Dediées / à son Altesse Madame La Princesse / de Lichnowsky née Comtesse de Thunn. / Par / Louis van Beethoven [...] ».

Du vivant de Beethoven, Simrock les publia en 1804 à Bonn, Hoffmeister & Kühnel en 1803, puis Peters après 1814 à Leipzig, Schott à Mayence en 1818, ainsi que quelques éditeurs londoniens. Le 20 septembre 1811, les *Tablettes de Polymnie*, annonçaient leur publication à Paris.

Des transcriptions pour piano, flûte et violoncelle, pour piano et flûte furent publiées à Londres.

DÉDICATAIRE

Princesse Lichnowsky (1765-1841), née comtesse de Thun-Hohenstein; elle épousa en 1788 le prince Karl von Lichnowsky (qui mourut le 15 avril 1814). Elle était la fille de la comtesse Maria Wilhelmine von Thun (1744-1800).

WoO 71
Douze Variations pour piano en *la* majeur sur la danse russe de *Das Waldmädchen*

Danse extraite du ballet de Paul Wranitzky
Tema. Allegretto, 2/4, la *majeur – 371 mes.*

TEMPS DE LA COMPOSITION

Automne 1796. L'occasion de la composition de ces Variations fut le ballet mis en scène par Traffieri sur une musique composée par Paul Wranitzky (1756-1808) et représenté pour la première fois à Vienne le 23 septembre 1796 sur la scène du Kärntnertortheater (il fut redonné seize fois jusqu'à la fin de la saison, tant les danses étrangères et en particulier la danse russe furent appréciées du public viennois).

Une réduction pour piano de la musique de ce ballet fut publiée par Tranquillo Mollo à Vienne : « Das Waldmädchen. Ein pantomimisches National Ballet. In Musik gesetzt von Herrn Paul Wranistzky und Joseph Kinsky ». La danse russe y est indiquée « Russe par Jarnovich », référence au violoniste croate virtuose Ivan Jarnovic (1740-1804) qui la rendit alors célèbre à Vienne (il s'agit d'une première version de la danse russe dite la « Kamarinskaïa »).

Haydn avait déjà utilisé ce thème populaire russe dans une œuvre pour horloge mécanique, en 1772.

CONTEXTE BIOGRAPHIQUE

La popularité de cette danse russe fut une occasion pour Beethoven de construire sa notoriété auprès du public viennois en contribuant à la diffusion d'une musique prisée par les mélomanes, tout en s'appropriant une musique de danse qui lui permettait de se démarquer du menuet de cour aux connotations de légèreté et de perfection liées à ce genre courtisan et mondain.

Avec ces *Variations* Beethoven se confrontait pour la première fois avec un « thème russe » (qu'il s'approprie), c'est-à-dire avec une musique « populaire » considérée alors comme « orientale », donc étrangère à la tradition occidentale fondatrice du « style classique ». Or, l'intérêt pour la musique populaire (dans la conception de son époque construite en grande partie par Herder en Allemagne et par Thomson en Écosse) eut une grande place dans le processus créateur de Beethoven, tout au long de sa vie.

PRÉSENTATION DE L'ŒUVRE

Le thème très calme construit par Beethoven est en deux parties : la première partie comprend dix mesures (regroupées en 5+5) – Beethoven indiquant « *La prima parte senza replica* » – et la seconde partie comprend neuf mesures répétées (soit 4+5 x 2), organisation asymétrique qui est conservée dans chacune des douze variations (c'est-à-dire un ensemble de 10+18 mesures). La constitution de ce thème est ambiguë : elle combine mélodie, écriture à deux voix et écriture verticale d'accords successifs, et elle oscille entre motifs pendulaires et figures d'accompagnement traditionnel (dans le style de basse d'Alberti). À partir de ce thème, Beethoven a choisi une conception originale de l'idée de variation en privilégiant la modulation (variation discursive) dans le cadre du ton de *la* sur la variation de la mélodie, ou sur celle du rythme, ou sur celle des motifs; et il a combiné le procédé de variation à celui de développement.

Autre trait particulier, la présence de trois variations en *la* mineur (les variations III, VII et XI), ce qui implique une répartition des douze variations en trois ensembles, suivis d'un Finale puisque la Coda a une dimension inhabituelle (conséquence de sa structure modulante).

Beethoven a donc conçu cette œuvre, formée d'une succession de douze éléments de même structure, comme un tout, ouvert par une exposition et s'achevant par une longue coda. Le schéma de cet ensemble s'organise ainsi :

Tema, Var. I, II et Var. III mineure
Var. IV, V, VI et Var. VII mineure
Var. VIII, IX, X et Var. XI mineure
Var. XII (Finale)

Le tempo et la métrique de la dernière variation suivie de la longue Coda modulante permet également d'envisager cette œuvre comme formée de deux ensembles : le premier ensemble constitué des variations I à XI, Allegretto, et le second ensemble constitué de la Variation XII et de la Coda, Allegro à 6/8.

Var. I : elle installe l'instabilité d'un rythme rapide impulsé par des syncopes (soulignées par de larges intervalles) et insère l'idée de modulation au début de la seconde partie.

Var. II : l'idée de syncope est conservée pour se superposer à la continuité d'une broderie staccato en doubles croches à la main gauche.

Var. III : première variation « Minore », elle privilégie l'écriture verticale en accords (tierces et octaves successifs) et modulante.

Var. IV : elle retrouve le mode majeur et un tissu sonore proche de celui du thème ainsi que l'impulsion donnée par le rythme de syncope pour de longs traits *fortissimo* à la main droite.

Var. V : elle repose sur une stabilité rythmique contrée par un brouillage des repères harmoniques.

Var. VI : elle insiste sur le motif pendulaire en imitation.

Var. VII : à nouveau en *la* mineur, elle « interprète » le motif pendulaire dans une continuité d'arpège descendants en triolets de doubles croches, avec une grande vélocité.

Var. VIII : très calme, elle retrouve le motif pendulaire délicatement souligné par une opposition des registres (mains croisées).

Var. IX : elle varie le motif pendulaire qui se transforme en courte vibration.

Var. X : elle présente une autre forme de mise en valeur du balancement par des vibrations (en triolets de doubles croches).

Var. XI : lyrique, elle retrouve le *la* mineur pour la troisième fois, et est directement liée, *attacca l'Allegro*, par une mesure Adagio et une gamme de *la* majeur, à la dernière variation.

Var. XII : elle retrouve le *la* majeur, mais change de métrique et de tempo, à 6/8 Allegro, et elle est suivie d'une longue Coda (même métrique et même tempo) qui comprend un passage central très modulant se terminant sur une mesure de suspension harmonique et de suspension du temps (trille sur un *ré* aigu avec point d'orgue dans un tempo Adagio), avant les mesures finales, Allegro.

SOURCES

Le manuscrit est inconnu.

PUBLICATION

L'édition originale fur assurée par Artaria et Comp. en avril 1797, avec un titre en français :

« XII VARIATIONS / Pour le Clavecin ou Piano-Forte / Sur la danse Russe dansée par Mlle Cassentini / dans le Ballet : das Waldmädchen / Composées et dédiées / à Madame La Comtesse de Browne / née de Vietinghoff / Par / Louis van Beethoven [...] ». La *Wiener Zeitung* en annonça la parution le 29 avril 1797.

La « Prima Ballerina » Maria Casentini eut le premier rôle dans le ballet *Les Créatures de Prométhée, op. 43*, créé le 28 mars 1801.

Simrock édita ces *Variations* à Bonn dès 1798.

DÉDICATAIRE

La comtesse de Browne était mariée depuis 1796 avec le comte Johann Georg Browne-Camus (1767-1827), colonel au service du tsar ; elle mourut très jeune, le 13 mai 1803. Pour consoler son mari, Beethoven lui dédia les *Six Lieder sur des poèmes de Gellert, op. 48*.

En remerciement de la dédicace des *Variations* en *la* majeur, le comte de Browne offrit un cheval à Beethoven qui rapidement oublia de s'en occuper (d'après Wegeler et Ries, *Notices biographiques*, p. 120).

Opus 66

Douze Variations pour piano et violoncelle en *fa* majeur sur *« Ein Mädchen oder Weibchen »*

Thème extrait de La Flûte enchantée *de Mozart*
Tema. Allegretto, 2/4, fa *majeur (16 mes.) – 276 mes.*

TEMPS DE LA COMPOSITION

Ces *Variations* furent vraisemblablement composées en 1796, au moment du séjour de

Beethoven à Berlin (comme les *Deux Sonates pour piano et violoncelle op. 5* ainsi que les *Variations WoO 45*). Leur thème est extrait du second acte de *La Flûte enchantée*, l'aria n° 20 chanté par Papageno accompagné de son Glockenspiel, en *fa* majeur. Cet air, qui comprend trois couplets, est composé d'un Andante à 2/4 et d'un Allegro à 6/8. Dans cet air Papageno exprime son désir de posséder une gentille femme, pour retrouver le goût de vivre, et pose l'égalité des hommes devant la vie et l'amour.

CONTEXTE BIOGRAPHIQUE

Ces *Variations,* comme les *Variations WoO 40* sur le « Se vuol ballare » des *Noces de Figaro*, témoignent de l'importance qu'avait Mozart pour Beethoven au début de sa carrière de compositeur, mais également du rôle symbolique que jouèrent pour lui les opéras de Mozart, en particulier *La Flûte enchantée* qui fut une sorte de creuset de sa démarche créatrice étant donné l'importance qu'y ont la musique et l'initiation (il mit un autre air de *La Flûte enchantée* en musique, toujours pour piano et violoncelle : « Bei Männer » *WoO 46*). S'inscrivant délibérément dans l'héritage de Mozart, Beethoven transposa dans l'organisation musicale de ces *12 Variations* les éléments propres à l'opéra de Mozart (le glockenspiel, l'espoir et le désespoir de Papageno), ainsi que l'interprétation qu'il en proposait (humour, humanité, association d'idées musicales qui l'amènent à faire allusion au deuxième mouvement de son *Trio op. 1 n° 2* dans la Coda [1]).

PRÉSENTATION DE L'ŒUVRE

Le thème, construit par Beethoven à partir de l'air de Papageno, est conçu Allegretto à 2/4 en *fa* majeur et comprend 16 mesures. Les huit premières reprennent le début de l'air de Papageno avec quelques modifications rythmiques, les huit dernières « interprètent » la mélodie de la seconde partie de l'air. La structure de 8 mes. + 8 mes. est une façon de respecter les deux parties de l'air originel formé de la succession d'un Andante à 2/4 et d'un Allegro à 6/8. Le violoncelle et la main droite sont pratiquement toujours ensemble, à la tierce. Si l'air est facile à identifier (*La Flûte enchantée* était très connue et « populaire »), la présence de Papageno au cours des variations successives est soulignée par l'imitation du glockenspiel dès la première variation confiée au piano seul (de même que Papageno se tait quand le glockenspiel joue, le violoncelle se tait quand le piano imite le glockenspiel).

Si tout au long de cette œuvre la référence à Papageno est explicite, l'organisation sonore, pourtant, s'en éloigne plus au moins, par exemple les variations V et VIII qui évoquent une marche correspondent à une « interprétation » musicale suscitée chez Beethoven par le contexte de l'air, c'est-à-dire l'ensemble de *La Flûte enchantée* (qui comprend des marches accompagnant soit Sarastro, soit les épreuves initiatiques). Ainsi, Beethoven a une conception très large du processus « thème et variation » : pour lui, c'est l'occasion de déployer une écriture faite soit de broderies amplificatrices, soit de références implicites aux couplets d'un poème, soit d'allusions métonymiques à tout autre chose ou même de métaphores sonores d'une idée ou d'une situation. La multiplicité de son écriture pour variations témoigne d'une interprétation de ce genre de composition, comme de leur démarche, qui dépasse les acceptions traditionnellement en usage jusqu'à lui.

Comme pour les *Variations WoO 45*, Beethoven a cherché à conférer une cohérence d'ensemble à une succession, plus ou moins attendue, d'ornementations variées d'un même thème. Il a conservé la structure en deux parties (les six premières et les six dernières variations sont différentes, non du fait du tempo mais par l'esprit plus ou moins directement lié à Papageno). Et il a organisé les trois dernières variations en se référant implicitement au genre sonate qui se compose de plusieurs mouvements différents, dont un mouvement lent et un mouvement final rapide.

Ici, le mouvement lent est en *fa* mineur et comprend les variations X et XI, différenciées par le tempo (Adagio/Poco Adagio quasi Andante) et par le tissu sonore (style improvisé/style dominé par le rythme des triolets et la densité des accords successifs). La variation

1. Voir l'article de Martina Sichardt (Berlin) « Cello-Variationen... "Musik über Musik" in Beethovens 12 Variationen op. 66 », in *Musik und Biographie, Festschrift für Rainer Cadenbach*, Universität der Künste, Berlin, Königshaus und Neumann, Würzburg, 2004, p. 197-201.

XII doit suivre « attacca subito », comme une résolution attendue après une suspension harmonique renforcée par une suspension du temps (accentuée par le point d'orgue qui termine cette variation XI) ; elle est Allegro, 3/4, de 80 mesures, « piano » presque tout du long, avec un phrasé très souple qui apparente cette variation à une danse, et des audaces harmoniques qui ont dérouté les contemporains (modulation de *fa* majeur à la réexposition du thème en *ré* majeur, et retour à *fa* majeur, par une succession d'accords brisés).

SOURCES

Le manuscrit autographe est inconnu.

PUBLICATION

Vienne chez l'éditeur Jean Traeg en septembre 1798, en parties séparées et sans numéro d'opus (il fut ajouté après la mort de Beethoven).

Le titre de cette édition originale est en français :

« XII VARIATIONS / sur le Thême / (ein Mädchen oder Weibchen) / de l'opéra die Zauberflöte / pour le / Piano-Forte / avec / un Violoncelle obligé / Composées par / LOUIS VAN BEETHOVEN / [...] »

L'annonce de la parution fut publiée par la *Wiener Zeitung* le 22 septembre 1798.

Du vivant de Beethoven ces *Variations* furent éditées à Leipzig (par Kühnel en 1806, par Peters après 1814) ; à Mayence ; à Paris (le 20 septembre 1811, les *Tablettes de Polymnie*, annonçaient leur publication).

L'ŒUVRE VUE PAR LES CONTEMPORAINS

L'*AMZ I*, n° 23, du 6 mars 1799, col. 366-368, publiait un article (le premier article publié par cette revue sur des œuvres de Beethoven) rendant compte de ces *Variations* en même temps que des *Variations pour piano* sur le thème « Une fièvre brûlante », *WoO 72*. L'auteur de l'article, qui rappelait que Beethoven était célèbre pour sa virtuosité au piano, se disait dérouté par la façon qu'il avait de traiter ce genre, façon qui était fort éloignée des règles posées par Haydn (choix du thème pour sa simplicité, ses qualités rythmiques ; rapport entre mélodie et harmonie ; élaboration du thème).

WoO 121

Abschiedsgesang an Wiens Bürger (Chant d'adieu aux citoyens de Vienne)

Sur un poème de Josef Friedelberg
Entschlossen und feurig *(décidé et fougueux)*, **C**, sol *majeur – 28 mes.*

TEMPS DE LA COMPOSITION

Fin octobre ou début novembre 1796, au moment du départ des volontaires appelés par l'empereur François II à défendre leur pays sur le point d'être attaqué par les troupes françaises (après les victoires de Bonaparte sur les armées autrichiennes en Italie du Nord). L'appel de l'empereur ayant eu un certain écho, un corps de volontaires viennois est mis sur pieds et Beethoven en est nommé « maître de chapelle ».

CONTEXTE BIOGRAPHIQUE

En 1796, à la fin de la guerre qui suscita la première coalition (déclarée en avril 1792 par la France issue de la Révolution au roi de Bohême et de Hongrie), Beethoven participe à sa façon à la « guerre patriotique », en s'inspirant du modèle de la France révolutionnaire qui conférait une grande place à la musique. Pour stimuler l'ardeur guerrière de la population viennoise (de manière à recruter les volontaires indispensables pour contrer une invasion probable de l'Autriche par les armées du Directoire), Beethoven accepte donc de composer un « Chant de départ » destiné à ceux qui sont prêts à partir pour défendre la liberté de leur pays. Lors de ce travail de composition, Beethoven se trouve dans un contexte porteur d'incitation patriotique : le 27 septembre 1796, le compositeur Franz Xaver Süßmayr (élève de Mozart) a fait représenter *Die Freiwillige* (Les Volontaires) sur la scène du Théâtre de la Porte de Carinthie – chacun des spectateurs recevait à l'entrée la partition du chœur final pour pouvoir le chanter, le moment voulu, avec le reste de la salle.

Ce « Chant de départ » montre qu'à l'instar des Français des premiers temps de la Révolution, Beethoven et ses concitoyens sont bien décidés à défendre leur liberté et leur territoire contre toute invasion étrangère, quelle qu'elle soit – c'est-à-dire même celle des Français inspités par la Révolution –, n'étant pas d'accord avec la transformation des guerres de libération en guerres de conquête et d'annexion (ce qui fut la politique du Directoire à partir de 1795).

PRÉSENTATION DE L'ŒUVRE

Le texte de Josef Friedelberg (1781 ?-1800) n'a été publié qu'avec la mise en musique de Beethoven. L'auteur était sous-lieutenant dans le corps des volontaires de Vienne (il mourut en 1800 à la suite de blessures reçues à la guerre).

Le poème a six strophes, mais seule la première est mise en musique.

Keine Klage Soll erschallen
wen von hier die Fahne zieht,
Thränen keinem Auge entfallen
Das im Scheiden nach ihr sieht.
Es ist Stolz auf diese Zierde
und Gefühl der Bürgerwürde,
was auf Aller Wangen glüht.
Aucune plainte ne doit retentir
Quand on retire le drapeau,
Aucune larme ne doit tomber des yeux
Au moment de la séparation.
C'est le sens de l'honneur
Et le sens de la citoyenneté
Qui embrase tous les visages.

La musique est très simple : la voix et les deux mains sont à l'unisson ou à l'octave dans un *sol* majeur très solide, et chacune des deux phrases musicales est répétée avant de passer à la suivante. Le caractère décidé est rendu par cette cohésion et une scansion régulière, avec pulsation à la noire et un rythme pointé par mesure, ainsi que par des élans constitués par des sauts d'intervalle (quinte, puis quarte comme la *Marseillaise*) et par des *sf* sur les temps forts ou à contretemps.

Après la reprise des deux derniers vers par le chœur, une ritournelle du piano relie les strophes successives.

PUBLICATION

Le 15 novembre 1796, par Artaria et Comp. à Vienne :

« Abschiedsgesang / AN WIENS BÜRGER / beim Auszug der Fahnendivision des / Corps der Wiener Freiwilligen / von Fridelberg. / in Musik gesetzt von LOUIS van BEETHOVEN. / Dem / Herrn Commandanten des Corps Obristwachtmeister / v. KÖVESDY./ gewidmet vom Verfasser / Wien den 15. November 1796 / […] »

En 1806, Kühnel, à Leipzig, le publia comme Trinklied (Chanson à boire), avec d'autres paroles, dans le premier cahier du recueil de Chants avec accompagnement de piano de Beethoven.

SOURCES

L'autographe est perdu.

Opus 15

Concerto pour piano n° 1 en *ut* majeur, repris en 1798

Voir p. 122.

WoO 32

Duo pour alto et violoncelle « avec une paire de lunettes obligées » (« Duett mit zwei obligaten Augengläsern ») en *mi* bémol majeur

*[Sans indication de tempo], (**C**),* mi *bémol majeur – 200 mes.*
Minuetto, 3/4, mi *bémol majeur – 87 mes.*

TEMPS DE LA COMPOSITION

Vers 1796-1797 pour Zmeskall (au violoncelle) et pour Beethoven (à l'alto), c'est-à-dire pour deux instrumentistes qui avaient des difficultés visuelles.

CONTEXTE BIOGRAPHIQUE

Nikolaus Paul Zmeskall von Domanovecz und Lestine (1759-1833), haut fonctionnaire de la chancellerie du royaume de Hongrie, fut une des premières personnes que Beethoven rencontra à Vienne au moment de son arrivée en novembre 1792 ; c'est lui qui l'introduisit dans la haute société viennoise. Ils se lièrent d'une amitié indéfectible, Beethoven ayant souvent recours à Zmeskall pour divers services, et Zmeskall, excellent violoncelliste amateur (il était capable de remplacer le violoncelliste dans le quatuor Schuppanzigh) et compositeur, se pliant aux exigences de Beethoven, qui, pourtant, n'était pas avec lui d'humeur toujours égale.

Beethoven fait vraisemblablement une allusion à ce duo, dans un billet à Zmeskall que l'on date de 1798 : « *liebster Baron Dreckfahrer* je vous suis bien obligè pour votre faiblesse de vos yeux. [...] » – les termes avec lesquels Beethoven interpelle Zmeskall (Dreckfahrer = conducteur de fange, éboueur) sont sans doute un jeu de mot à partir d'une traduction en allemand de mots tchèques proches du nom de *Zmeskall* = *versäumt* (négligé) ; et *smetek* = *Herumlungerer, Zeitvertrödler* : fainéant, incapable) [1., 35]. Le plus souvent, Beethoven le nomme « Musikgraf » (comte de musique), tout en multipliant avec lui les jeux de mots.

PRÉSENTATION DE L'ŒUVRE

L'écriture joue sur l'échange de phrases identiques entre les deux instruments et sur de brèves cellules énoncées ensemble.

Le premier mouvement est un Allegro de forme sonate, avec une réexposition variée.

Le Menuet comprend un trio en *si* bémol majeur et se termine par une coda de 12 mesures qui suit le « Minuetto da capo ».

SOURCES

Le manuscrit autographe (à Londres) porte l'inscription : « Duett mit zwey obligaten Augengläsern von L. v. Beethoven ». Le Menuet est noté en troisième place avec la même encre et sur le même papier, mais, comme pour le mouvement initial, sans indications d'articulation ni de dynamiques (il s'agit encore d'ébauches).

Les esquisses pour un mouvement lent en *ut* majeur laisseraient supposer que Beethoven avait envisagé une œuvre en quatre mouvements (avec un Allegro, un mouvement lent, un Menuet et un Finale).

PUBLICATION

La première édition du premier mouvement date de 1912 chez Peters à Leipzig.

La première édition du Menuet date de 1952, par Karl Haas chez Peters, « Printed in England ».

La première édition complète est celle de la NGA VI, 6, en 1965.

WoO 53

Allegretto pour pianoforte en *ut* mineur

Allegretto, 3/4, ut *mineur – 170 mes.*

TEMPS DE LA COMPOSITION

La composition de ce morceau est liée à celle de la *Sonate op. 10 n° 1*, entre 1795 et 1797 : il s'agit peut-être d'un Intermezzo.

CONTEXTE BIOGRAPHIQUE

Cette petite pièce témoigne des tâtonnements de Beethoven au moment où il organisait la succession des différents mouvements d'une sonate : quand le mouvement ne lui paraissait pas adapté, il n'hésitait pas à le laisser de côté quitte à le reprendre dans une œuvre ultérieure (cf. le Finale de la *Sonate pour piano et violon op. 47*, dédiée à Kreutzer), ou à l'oublier, pour le retrouver plusieurs années plus tard de façon à répondre à la demande d'un éditeur désirant publier quelque chose de lui, ou de façon à trouver une œuvre à publier qui lui permettrait de payer ses dettes (en particulier vis-à-vis de son frère Kaspar Karl, puis Johann, qui à plusieurs reprises essaya de vendre des pièces anciennes non encore vraiment élaborées, soit que Beethoven les lui ait données soit qu'il les ait trouvées dans les cartons de partitions de son frère – pourtant Beethoven veillait, ou au moins le prétendait-il, pour rassurer ses éditeurs et soigner une notoriété conforme à ses exigences de compositeur original).

PRÉSENTATION DE L'ŒUVRE

Ce petit morceau comprend un Trio central « Maggiore ». Il est de forme a b a et coda. La première partie comprend l'exposition du thème très simple (8 mes.), suivie d'une sorte de développement qui donne une grande importance aux figures rythmiques.

SOURCES

Le manuscrit autographe (à Berlin) ne comporte pas de titre. Les plages libres ont servi aux esquisses de la *Marche pour instruments à vents WoO 29*, ainsi que pour celles de l'*Adagio pour mandoline et cembalo WoO 43b*.

PUBLICATION

1888 dans la GA.

WoO 52

« Bagatelle » pour pianoforte en *ut* mineur

Presto, 3/4, ut *mineur – 137 mes.*

TEMPS DE LA COMPOSITION

Esquissée en 1795, composée en 1797, revue en 1798 (puis en 1822), cette pièce est, comme le *WoO 53*, à mettre en relation avec la composition de la *Sonate op. 10 n° 1* (il devait se situer entre l'Adagio et le Finale).

CONTEXTE BIOGRAPHIQUE

Beethoven tâtonne avant de se décider à mettre au point l'organisation formelle d'une œuvre en plusieurs mouvements, ou en plusieurs pièces : envisagée pour une Sonate, cette pièce fut beaucoup plus tard retenue par le compositeur pour faire partie d'un ensemble de petites pièces qu'il sélectionna parmi ses anciennes compositions, les plaçant dans un dossier sur lequel il inscrivit le titre de « Bagatellen » (sélection à l'origine des *Bagatelles op. 119*), pour les proposer à Peters, qui, en mai 1822 [4., 1465], lui avait demandé des œuvres à publier. Finalement, après l'avoir inscrite en n° 10 (l'*Allemande WoO 81* étant n° 6, *La Lettre à Elise WoO 59* étant n° 12), Beethoven n'a pas retenu cette pièce, sans doute en raison de sa trop grande taille[1].

PRÉSENTATION DE L'ŒUVRE

Ce morceau rapide et dynamique (par ses notes répétées) comprend un Trio central en *ut* majeur qui joue sur des tierces en mouvements descendants ou en mouvements contraires, dans une pulsation régulière à la noire.

SOURCES

Le manuscrit autographe (à Bonn) porte l'indication « n° 10 ».

PUBLICATION

Ce morceau n'a été publié qu'en 1888 dans la GA.

1. Voir Barry Cooper, « Beethoven's Portfolio of Bagatelles », in *Journal of the Royal Musical Association*, 112/2 (1989), p. 208-228.

Opus 6

Sonate pour piano à quatre mains en *ré* majeur

Allegro molto, 3/4, ré *majeur – 157 mes.*
Rondo. Moderato, **C**, ré *majeur – 89 mes.*

TEMPS DE LA COMPOSITION

Vraisemblablement entre 1796 et 1797.

CONTEXTE BIOGRAPHIQUE

Vu la simplicité de l'œuvre, Beethoven a composé cette *Sonate* dans un but pédagogique, de façon à donner accès à son style tout en se faisant connaître.

La quantité des publications par différents éditeurs, dans différentes villes, témoigne de la demande du public pour la musique à quatre mains, et en particulier pour cette *Sonate* – intérêt confirmé par une lettre d'Anton Diabelli, du 7 août 1824 [5., 1858], qui sollicitait de Beethoven la composition, dans l'année, d'une « grande Sonate à quatre mains » pour assurer la bonne marche de ses affaires; Beethoven accepta (le 24 août 1824 [5., 1865]), même si ce genre de composition ne faisait pas partie de ses projets, en fixa le prix et s'enquit de la tonalité souhaitée par Diabelli (le *ré* majeur), mais il n'avait pas encore pris le temps de l'écrire en juillet 1826 (comme l'indique une conversation [*BKh* 10, Heft 115, Bl. 9r]).

PRÉSENTATION DE L'ŒUVRE

Le premier mouvement, Allegro molto est dominé par une pulsation régulière à la noire; il est de forme sonate simple, le premier motif (qui évoque celui de la 5e *Symphonie op. 67*) étant mis en valeur par l'organisation du mouvement.

Le Rondo a un thème *dolce* très souple. Le premier « couplet » est en *ré* mineur; le second retrouve le majeur. Une Coda termine ce mouvement.

SOURCES

Le manuscrit autographe est perdu.

PUBLICATION

L'édition originale fut assurée par Artaria et Comp. en octobre 1797; le titre est en français :

« SONATE / a [*sic*] quatre Mains / Pour le Clavecin ou Forte-Piano / Composé [*sic*] par / LOVIS VAN BEETHOVEN / Œuvre 6 / [...] »

Une nouvelle édition fut effectuée en 1825 à Vienne par Cappi et Comp.

D'autres éditeurs, hors de Vienne, publièrent cette *Sonate op. 6*, dont : Simrock à Bonn dès 1798 ; Hummel à Berlin et Amsterdam vers 1802 ; Breitkopf & Härtel en mars 1810 à Leipzig ; Schott à Mayence ; André à Offenbach ; Pleyel à Paris, en 1800 ; Clementi à Londres avant 1801.

Opus 7
Sonate pour piano en *mi* bémol majeur

Allegro molto e con brio, 6/8, mi *bémol majeur – 362 mes.*
Largo, con gran espressione, 3/4, ut *majeur – 90 mes.*
Allegro, 3/4, mi *bémol majeur – 149 mes.*
Rondo. Poco Allegretto e grazioso, 2/4, mi *bémol majeur – 183 mes.*

TEMPS DE LA COMPOSITION

Entre 1796 et 1797, après l'achèvement et la publication des *Trois Sonates pour piano de l'op. 2.*

CONTEXTE BIOGRAPHIQUE

Beethoven a fait publier cette *Sonate* seule (l'usage était de les publier par trois ou par six), sous la dénomination de « Grande Sonate ». Elle fit grande impression sur les contemporains, et, pour des raisons non élucidées (peut-être en liaison avec la dédicataire), elle fut appelée « L'Amoureuse » (Die Verliebte).

PRÉSENTATION DE L'ŒUVRE

Cette « Grande Sonate » se caractérise par le déploiement d'une énergie inscrite dans l'organisation du matériau sonore utilisé, ainsi que par une mise en mouvement et une animation qui l'apparentent à une sorte de condensation de drame.

Le premier mouvement, de tempo rapide et dynamique, Allegro molto e con brio, à 6/8, commence par une pulsation régulière de croches sur une même note répétée (la tonique), affirmation à la fois de la tonalité choisie et du rôle thématique conféré à la pulsation et au rythme (éléments constitutifs d'un timbre). Cette énergie concentrée (dans l'accord parfait et ses différentes positions, sur répétition régulière d'une même note, le *mi* bémol) se déploie dans des broderies qui entraînent de grandes vagues interrompues par de longs accords *fortissimo* et leur écho *pianissimo*. Si le premier thème est d'abord énergie incluse dans le rythme, le second thème de ce premier mouvement de forme sonate est lui aussi énergie concentrée, mais cette fois dans la réalisation harmonique dense d'une mélodie très simple en valeurs longues (noires pointées) qui est immédiatement intégrée dans la pulsation initiale.

Le développement, après la reprise de toute l'exposition, est court et très modulant. La coda repose également sur l'importance de la modulation pour exulter dans une pulsation de doubles croches et des accords *fortissimo* de *mi* bémol majeur.

Après cette énergique mise en vibration de la matière sonore, le mouvement lent, Largo, *con gran espressione*, en *ut* majeur, de forme ABA, est ouvert par de courts motifs qui installent une atmosphère de suspension, en contraste avec l'affirmation du premier mouvement. L'écriture de ce mouvement se caractérise par la progression, par l'irruption d'événements sonores *ff* imprévisibles, par l'arrivée d'un passage modulant ponctué par les appels aigus de courtes broderies (partie B) et le désarroi de l'attente (mesures de transition entre B et A, faites de la descente, perlée, d'un accord de septième diminuée).

Cette page chargée d'émotion laisse place à un Scherzo, Allegro, dont le caractère très détendu est en total contraste avec le Trio central en *mi* bémol mineur qui privilégie la densité harmonique faite d'une succession ininterrompue de triolets d'arpèges brisés.

Le Rondo final, dans le tempo très précis de « Poco Allegretto e grazioso », redonne son importance à la pulsation régulière (ici de doubles croches) qui soutient une longue phrase mélodique et dynamique (en grande partie du fait des syncopes). Ce dernier mouvement conjugue la forme Rondo (A-B-A-C-A-B-coda) et la forme sonate (le troisième couplet étant une réexposition du premier), et introduit la dramatisation au moyen d'une tension apportée par le deuxième couplet, qui commence en *ut* mineur puis module, et qui est constitué d'une ligne en triples croches passant d'une main à l'autre et soutenant des accords très denses, *fortissimo* et *sforzando*, sur un rythme heurté – cette organisation du matériau sonore est magnifiée par la *c*oda, qui malgré l'intensité de son parcours se termine « decrescendo » jusqu'à *pianissimo* (comme si la tension, ne se résolvant pas en explosant, restait intérieure).

SOURCES

Le manuscrit autographe a disparu, mais il reste des esquisses dispersées entre Berlin et Londres.

PUBLICATION

L'édition originale fut assurée par Artaria et Comp. en octobre 1797 ; le titre est en français :

« GRANDE SONATE / pour le Clavecin ou Piano-Forte / Composée et dediée / a [*sic*] Mademoiselle La Comtesse / BABETTE DE KEGLEVICS / par / Louis van Beethoven / Œuvre 7 / […] »

La *Wiener Zeitung* en annonça la parution le 7 octobre 1797 (en même temps que l'*opus 8*).

Cette *Sonate* fut également publiée, du vivant de Beethoven, à Leipzig par Hoffmeister & Kühnel en 1805 ; à Mayence par Schott ; à Paris, par Pleyel.

DÉDICATAIRE

La comtesse Anna Luise Barbara (Babette) von Keglevics (1780-1813) se maria le 10 février 1801 avec le prince Innocenzo d'Erba-Odelscalchi (1778-1831). C'était une des élèves les plus douées de Beethoven à cette époque. Elle mourut à 33 ans le 13 avril 1813 (voir *opus 15*).

L'ŒUVRE VUE PAR SES CONTEMPORAINS

La *Zeitung für die elegante Welt*, 6e année (1806), col. 572/573, présentait cette Sonate comme une des meilleures de Beethoven. Le rédacteur de l'article parlait de « feu héroïque » qui produisait un grand effet, quand l'interprète était à la hauteur.

Présentation de Czerny (1842) : « Composée dans un état de passion, cette *Sonate* doit être interprétée de manière puissante et brillante. Le largo doit être sublime et chantant, strictement dans le tempo. Le troisième mouvement est plaisant et alerte, avec un trio harmonieux. Le thème du Finale est très séduisant ; le passage central emporté doit être travaillé pour lui donner toute sa force. »

Opus 8

Sérénade pour violon, alto et violoncelle en *ré* majeur

1. Marcia. Allegro, **C**, ré *majeur – 34 mes.*
2. Adagio, 3/4, ré *majeur – 67 mes.*
3. Menuetto. Allegretto, 3/4, ré *majeur – 48 mes.*
4. Adagio, 2/4, ré *mineur – Scherzo. Allegro molto, 2/4,* ré *majeur – 105 mes.*
5. Allegretto alla Polacca, 3/4, fa *majeur – 112 mes.*
6. Tema con Variazioni. Andante quasi Allegretto, 2/4, ré *majeur (et quatre variations, plus une Coda contenant un Allegro, 6/8,* ré *majeur) – 141 mes.*
7. Marcia. Allegro, **C**, ré *majeur – 34 mes.*

TEMPS DE LA COMPOSITION

1796-1797, en même temps que la *Sonate pour piano à quatre mains op. 6* et la *Grande Sonate pour piano op. 7.*

CONTEXTE BIOGRAPHIQUE

Cette *Sérénade* eut rapidement beaucoup de succès (surtout grâce à son Allegretto alla Polacca), ce dont témoigne la quantité des éditions et des transcriptions. Ce succès prouve l'intégration de Beethoven dans le milieu musical viennois : il savait écrire ce qui plaisait – ce qu'il faisait pour des raisons financières tout autant que pour sa notoriété.

Dans une lettre du 20 septembre 1803 [1., 157], Beethoven signalait à l'éditeur Hoffmeister qu'il n'était pas l'auteur du « Notturno » pour piano et alto (*opus 42,* tiré de la *Sérénade pour trio à cordes*), même s'il avait revu l'arrangement – ce qui n'empêcha pas l'éditeur de le publier comme une œuvre de Beethoven.

PRÉSENTATION DE L'ŒUVRE

Cette œuvre, qui se situe entre la sérénade traditionnelle (musique de divertissement liée au souvenir de compositions de Mozart) et la sonate, consiste en une suite de plusieurs mouvements différenciés par le tempo et encadrés par une *Marche* (qui rappelle l'entrée et la sortie des musiciens) au rythme pointé (caractéristique de la *Marche*).

Les trois instruments à cordes ont une importance pratiquement égale (même si la partie de violon, partie supérieure, est plus ornée).

Primauté est accordée au rythme : les rythmes pointés ainsi que les attaques *staccato* de notes répétées donnent un rôle thématique à la pulsation. Tout au long de l'œuvre, le rythme et les oppositions de tempo maintiennent l'intérêt de cette musique qui, tout en appartenant au genre des musiques de divertissement, commence à s'en dégager pour s'intégrer dans le genre fondé sur l'idée de tension / détente.

Dès le premier mouvement intitulé « Marcia », l'opposition vif et lent s'inscrit dans l'écriture (rythmes pointés / triolets de croches). Puis, à l'Allegro, tempo de cette Marcia, succède un Adagio. Le troisième mouvement oppose Menuet et Trio. Quant au mouvement suivant, il est construit sur l'alternance (a b a b' a') d'un tempo Adagio en mineur (a) et d'un Scherzo, Allegro molto, en majeur (b). L'homogénéité du tempo de l'Allegretto alla Polacca précède un mouvement à Variations (la troisième Variation est en *ré* m), Andante quasi Allegretto, qui passe par un tempo Allegro à 6/8 avant de conclure par quelques mesures dans le tempo Andante quasi Allegretto et par une reprise de la Marche initiale Allegro.

SOURCES

Le manuscrit autographe est perdu.

PUBLICATION

Cette Sérénade fut publiée par « Artaria e comp. » en octobre 1797, avec un titre en italien :

« SERENATA / per / Violino, Viola, e Violoncelle / del Sig.[r] / LUIGGI VAN BEETHOVEN / Opera VIII [...] »

La *Wiener Zeitung* du 7 octobre 1797 en annonça la parution (en même temps que celle de l'*opus* 7).

Cette Sérénade fut éditée par Simrock en 1802 et transcrite en « Notturno » pour piano et alto par Hoffmeister & Kühnel en 1804 ou transcrite pour guitare, violon et alto par Artaria en 1807, puis par André à Offenbach en 1810 ; pour piano, violon et flûte par Schott à Mayence en 1826 ; les deux mouvements (alla Polacca et le thème et Variations) ont été transcrits pour piano et flûte à Londres en 1807. Elle fut également transcrite sous forme de trois Lieder pour voix par Johann Cappi, puis par Diabelli en 1825 avec un texte (« An mein Liebchen », « Liebe und Wein ») ; certains mouvements ont été transcrits pour deux violons par Steiner en 1807 ; pour piano à quatre mains par Hummel à Berlin et Amsterdam, par Simrock à Bonn en 1808, par le Bureau de musique à Leipzig en 1806, par André à Offenbach en 1809 ; également à Paris, à Prague, à Hambourg, à Londres.

La première édition en partition date d'octobre 1848 à Mannheim (avec l'autorisation d'Artaria).

WoO 72
Huit Variations pour piano en *ut* majeur sur « Une fièvre brûlante »

Thème de la romance extrait du Richard Cœur-de-Lion *de Grétry*
Tema. Allegretto, 3/4, ut *majeur – 363 mes.*

TEMPS DE LA COMPOSITION

1795 ou 1796/1797 sur le thème de la Romance qui se trouve au cœur de l'opéra-comique de Grétry (elle revient neuf fois), et connut eut un immense succès dans toute l'Europe.

L'opéra-comique en trois actes d'André Ernest Modeste Grétry (1741-1813), sur un livret de Michel Jean Sedaine (1719-1797), fut créé à Paris en 1784 à la Comédie-Italienne ; il fut donné à Vienne en 1798 ; mais le 2 février 1795, le « Ballo eroico » *Riccardo Cuor di Leon*, sur une musique de Joseph Weigl, avait été représenté sur la scène du Théâtre de la Cour : la Romance de Grétry, « Une fièvre brûlante », en faisait partie (le ballet fut souvent repris ; la musique de Weigl fut même jouée seule, le 30 mars 1798).

CONTEXTE BIOGRAPHIQUE

Beethoven connaissait les partitions au goût du jour qui, ayant la faveur du public viennois, étaient souvent publiées en réduction pour piano (ainsi, en 1788, quatre ans après la première représentation de *Richard Cœur-de-Lion* à Paris, Nicolas Simrock, à

Bonn, proposait une réduction pour piano, que Beethoven a certainement connue) ou qui étaient intégrées, en partie, dans d'autres représentations (ainsi, dans son « Ballo eroico », Joseph Weigl avait repris la célèbre Romance, ce qui, vu le succès de ce ballet, incita Beethoven à composer ses *Variations*).

PRÉSENTATION DE L'ŒUVRE

Cette Romance se situe au cœur du duo de l'acte II, scène 4, entre Richard enfermé dans une tour (près de Vienne, tour où il a été retenu prisonnier au retour de la troisième croisade en 1192) et le pseudo-trouvère Blondel de Nesle qui la chante : elle est interrompue trois fois par des paroles de Richard qui reconnaît la mélodie qu'il avait écrite pour sa bien-aimée, et qui comprend que ses proches cherchent à le libérer. Compte tenu du contexte médiéval, Grétry avait choisi une mélodie « dans le vieux style » : dans ses *Mémoires ou essais sur la musique*[1], il explique qu'il espérait ainsi « plaire aux modernes » en reprenant une mélodie médiévale.

Beethoven retient le côté « ancien style » donné par Grétry et s'inspire des variations mêmes de Grétry qui, dans son opéra, a donné neuf versions différentes de la Romance (un solo de violon, un solo de violon avec orchestre auquel s'ajoutent deux variations, le refrain instrumental et les couplets chantés du duo entre Richard et Blondel, le chant de Blondel en coulisse, un morceau d'ensemble – « sa voix a pénétré mon âme » –, et le Finale – « C'est l'amitié fidèle »). Beethoven donne également neuf versions : le thème et les huit variations suivies d'une coda, et il s'inspire de l'instrumentation de Grétry (« à la petite flûte ») traduite sous forme de triolets et de trilles. Le caractère militaire de la sixième variation reflète le contexte de l'opéra-comique[2]. Pourtant, Beethoven a conçu ses variations plus en compositeur qu'en commentateur de l'opéra-comique de Grétry.

Le thème qu'il construit à partir de cette Romance (32 mes. = 3 x 8) a une forme lied (a b a), la section centrale introduisant une certaine polyphonie, et la pulsation s'installant à la noire.

Dans les trois premières variations le mouvement s'accélère, puis une variation mineure marque le milieu de l'œuvre, qui retrouve la tension entre lyrisme « médiéval » et vivacité « moderne ».

Var. I : elle apporte une ligne continue de croches à la main droite, la main gauche reprenant le thème et son rythme solennel.

Var. II : elle donne le thème dans une succession de triolets de croches à la main droite, sur le balancement de la mesure à trois temps à la main gauche.

Var. III : elle introduit les traits de doubles croches qui partent du registre grave.

Var. IV : « Minore », elle établit une accalmie lyrique.

Var. V : « Maggiore », elle réinstalle le mouvement rapide en introduisant des trilles.

Var. VI : très décidée et formée de sections contrastées, elle évoque une marche (celle de la fin de l'opéra qui accompagnait la libération de Richard.)

Var. VII : elle retrouve le rythme solennel du thème.

Var. VIII Allegro à 2/4, elle apporte légèreté et rapidité.

La Coda confirme cette idée d'accélération du mouvement : après une évocation du thème, elle se termine Presto de manière brillante.

SOURCES

Le manuscrit autographe est inconnu.

PUBLICATION

L'édition originale fut assurée par Jean Traeg à Vienne en novembre 1798 ; le titre est dans un français très approximatif :

« VIII VARIATIONS / sur le Tême / Mich brannt' ein heisses Fieber / de l'opera Richard Löwenherz / pour le / Piano-Forte / Composées / par / LOUIS VAN BEETHOVEN [...] »

D'autres éditions furent effectuées par Hoffmeister à Vienne, par Simrock à Bonn en 1804, par le Bureau de Musique à Leipzig vers 1810, par Zulehner à Mayence, repris par Schott en 1818, par Pleyel à Paris, par Steiner à Vienne vers 1807.

L'ŒUVRE VUE PAR SES CONTEMPORAINS

Ces *Variations* (ainsi que les *Variations op. 66*) furent l'objet de la première critique consacrée à Beethoven par l'*AMZ* I, n° 23, du

1. Nouvelle édition, Bruxelles – Paris, 1829, vol. 1, p. 289.

2. Voir l'article de Wolfgang Osthoff (Würzburg), « Beethovens Grétry-Variationen WoO 72 » dans la *Revue belge de musicologie*, vol. XLVII (1993), p. 125-142.

6 mars 1799, col. 366-368. L'auteur de l'article, qui rappelait que Beethoven était célèbre pour sa virtuosité au piano, se disait dérouté par la façon qu'il avait de traiter ce genre, fort éloignée des règles posées par Haydn (choix du thème pour sa simplicité, ses qualités rythmiques; rapport entre mélodie et harmonie; élaboration du thème).

CORRESPONDANCE

Le 22 avril 1801 [1., 59], dans sa première lettre à Breitkopf & Härtel, Beethoven conseillait à l'éditeur de modérer les critiques publiées dans la revue qu'il éditait : les jeunes compositeurs risquaient d'en être inhibés – quant à lui, il ne pouvait être touché car il savait qu'il était loin d'avoir atteint la perfection.

WoO 28

Huit Variations en *ut* majeur sur « *La ci darem la mano* »

Thème extrait de Don Giovanni *de Mozart*
Pour deux hautbois et un cor anglais
Tema, Andante, 2/4, ut *majeur (25 mes.) – 287 mes.*

TEMPS DE LA COMPOSITION

Ces *Variations* ont pu être composées dès 1795 (pour les mêmes interprètes que ceux du *Trio opus 87*, composé en 1794, à la suite d'un concert organisé par la Tonkünstler-Sozietät (Société des musiciens) de Vienne au cours duquel un Trio pour deux hautbois et un cor anglais avait été joué) ou vers 1796-1797, étant donné que les esquisses sont mêlées à des œuvres écrites durant cette période.

La première exécution a peut-être eu lieu le 23 décembre 1797 au cours d'un concert de bienfaisance organisé par la Société des musiciens au Théâtre de la Cour au profit des veuves et des orphelins. Le programme du concert indiquait qu'il y aurait un : « Terzett mit Variationen aus der Oper Don Juan auf zwey Hautboen und dem englischen Horn, von der Composition des Herrn van Bethofen. »

CONTEXTE BIOGRAPHIQUE

Pour plaire au public, à l'instar des autres compositeurs, Beethoven fait des arrangements pour ensemble à vents des airs d'opéra à la mode. Le contexte culturel – l'engouement des Viennois pour Mozart – et l'occasion de la rencontre avec les trois instrumentistes (deux hautbois et un cor anglais) ont incité Beethoven à composer cette œuvre destinée à une formation spécifique, sur un thème connu et séduisant.

Voie royale pour affirmer son propre style et développer ses moyens d'expression, Beethoven composa plusieurs séries de Variations à partir d'airs d'opéras de Mozart : une série de 12 Variations pour piano et violon *WoO 40* en 1792-1793 sur le « Se vuol ballare » des *Noces de Figaro*, et deux séries pour piano et violoncelle, les *12 Variations op. 66* en 1796 et les *7 Variations WoO 46* en 1801, sur des airs de Papageno extraits de *La Flûte enchantée*.

Ce *Trio* n'a pas été publié du vivant de Beethoven, pourtant plusieurs tentatives ont été effectuées, émanant le plus souvent d'un frère de Beethoven, qui cherchait à vendre des œuvres sans son approbation : or, Beethoven exigeait toujours de revoir une œuvre avant sa publication – en l'occurrence, il semble que ce soient les éditeurs qui n'aient pas osé publier cette œuvre même transcrite pour violon et alto (l'air était-il trop connu et la musique de Beethoven trop difficile pour des instrumentistes amateurs ?).

PRÉSENTATION DE L'ŒUVRE

Le thème est celui du duo au cours duquel Don Juan essaie pour la troisième fois de détourner Zerline de son fiancé pour l'emmener dans son château – Zerline finit par céder (seconde strophe). Le duo de Mozart est en *la* majeur – Beethoven choisit *ut* majeur, la tonalité du *Trio op. 87* composé en 1794 pour la même formation.

Beethoven utilise la musique de la première strophe et de son accompagnement comme thème, articulé en trois éléments (a-a' ; b-b' ; a'').

Au cours de ces huit Variations chacun des instruments est mis à l'épreuve. La processus de variation concerne les modalités de déroulement du temps (plus ou moins rapide suivant le choix des valeurs de notes et des rythmes), la mélodie étant toujours reconnaissable (elle est énoncée par les hautbois dans le thème, Andante).

Var. I : le premier hautbois donne une interprétation brodée de la mélodie sur un rythme pointé de doubles croches.

Var. II : des broderies rapides en triolets de doubles croches du cor anglais soutiennent le chant (croches régulières) confié aux hautbois.

Var. III : en contraste avec les broderies, les trois instruments donnent une harmonie d'ensemble sur un rythme pointé (croche / double croche).

Var. IV : les trois instruments jouent en imitation une brève cellule chromatique dynamique, à l'initiative du cor anglais.

Var. V : les broderies (en triples croches) du premier hautbois se déploient à nouveau sur les discrètes interventions des deux autres instruments.

Var. VI : en *ut* mineur, sur une ligne mélodique très proche du thème, elle est menée par le cor anglais, sur une pulsation calme à la croche.

Var. VII : de caractère «scherzando», elle est dominée par le jeu rapide des instruments sur de courts motifs rythmiques rapides et imbriqués.

Var. VIII : les broderies (en triples croches) confiées au second hautbois se déploient à nouveau laissant émerger la mélodie d'abord au cor anglais puis au premier hautbois.

«Attaca subito la Coda» : la coda commence à 6/8 par un fugato initié par le cor anglais, puis, après un effet d'écho sur suspension harmonique, les trois instruments jouent ensemble, «Andante» à 2/4, une courte conclusion en «harmonie», variation de la première partie du thème.

SOURCES

Le manuscrit autographe (à Berlin) porte seulement l'indication «*Thema Andante*».

Des esquisses de ces *Variations* sont mêlées à celles du Lied *Adelaide op. 46*, à celles du premier mouvement de la *Sonate op. 10 n° 1*, à celle de l'*Air WoO 91* et à celles des *Huit Variations sur un thème de Richard Cœur-de-Lion, WoO 72* (voir Nottebohm II, p. 29-31, «Skizzen zu den Sonaten op. 10»).

PUBLICATION

La première édition date de 1914 par Breitkopf & Härtel, pourtant à plusieurs reprises du vivant de Beethoven, ces *Variations* furent proposées à des éditeurs :

– le 27 août 1803 [1., 153], Kaspar Karl, un des deux frères de Beethoven, les proposa (avec d'autres œuvres pour piano et pour piano et violon) à l'éditeur de Leipzig Breitkopf & Härtel, en soulignant que le cor anglais pouvait être remplacé par une clarinette – le 20 septembre 1803 [1., 156], l'éditeur déclinait l'offre qui ne lui paraissait pas commercialement intéressante;

– le 17 décembre 1820 [4., 1420], Beethoven s'engageait auprès d'Artaria, un de ses éditeurs viennois, à lui offrir, en signe de reconnaissance, une œuvre de deux ou de plusieurs mouvements : c'est ainsi que – seulement en fin 1822 – Artaria reçut ces *Variations WoO 28* qu'il ne publia pas;

– le 20 décembre 1822 [4., 1516], Beethoven les proposait à un autre éditeur de Leipzig, C. F. Peters, les qualifiant de «petites œuvres» et signalant qu'elles pouvaient être jouées également par deux violons et un alto;

– une semaine plus tard, le 27 décembre 1822 [4., 1518], Johann, l'autre frère de Beethoven, les proposait sous forme «d'un nouvel trio pour deux viol. et une viola» à l'éditeur parisien Antonio Pacini (œuvre qu'il aurait achetée à Beethoven pour la revendre si l'on en croit la réflexion de Beethoven dans une lettre adressée à Ferdinand Ries à Londres [5., 1549]);

– d'après une lettre (écrite en français) à l'éditeur parisien Antonio Pacini, le 5 mai 1823 [5., 1644], il semblerait que Beethoven hésitait à faire publier une œuvre de 1797 : «C'est mon Frère, qui me disait, que vous souhaities de posseder quelques-unes de mes Compositions. quant au Trio, je l'ai cédé à un amateur pour dix mois, ce temps écoulé, vous pouves l'avoir.» Une conversation du 27 avril 1823 révèle les conseils donnés par son frère Johann : «on peut lui écrire que le Trio n'est pas encore achevé [«man kann ihm schreiben dass das Terzetto noch nicht fertig ist» [*BKh* 3, p. 230]] – sans doute Beethoven a-t-il opté pour l'idée du prêt à un ami.

WoO 122
Kriegslied der Österreicher

Pour soliste et chœur avec accompagnement de clavier, sur un texte de Josef Friedelberg Mutig (vaillant), ¢, ut *majeur – 27 mes.*

TEMPS DE LA COMPOSITION

Fin mars ou début avril 1797, dans le contexte de la mobilisation « patriotique » de volontaires chargés de contrer l'avance des troupes françaises, Beethoven composa la musique de ce *Chant guerrier* destiné au corps des volontaires viennois lors de son départ pour le camp retranché du Wienerwald (forêt à l'ouest de Vienne).

CONTEXTE BIOGRAPHIQUE

Voir *WoO 121*.

Ce « Chant de guerre » a été écrit peu de temps après le « Gott erhalte Franz den Kaiser », hymne composé par Haydn en janvier 1797 à la suite d'une commande impériale. Chantée le 12 février 1797, jour de l'anniversaire de l'empereur, dans les principaux théâtres de l'Empire (il fut donc édité en grande quantité), cette œuvre conçue dans le contexte « patriotique » de crainte de l'invasion (Bonaparte était victorieux à Rivoli le 14 janvier, à Mantoue le 3 février 1797) a vite été considérée comme l'hymne national autrichien à l'instar du *God Save the King* pour les Anglais dans l'intention de contrer *la Marseillaise*[1].

PRÉSENTATION DE L'ŒUVRE

Le texte est du même auteur que le *WoO 121*.

Ce poème comprend 4 strophes, seule la première est mise en musique.

Ein großes deutsches Volk Sind wir,
Sind mächtig und gerecht
Ihr Franken ! Das bezweifelt ihr ?
Ihr Franken kennt uns schlecht.
Denn unser Fürst ist gut,
erhaben unser Muth !
Süß unser Trauben Blut,
und unser Weiber Schön ;
wie kanns uns besser gehen ?
Nous sommes un grand peuple allemand,
Nous sommes puissants et justes
Vous Francs ! en doutez-vous ?
Vous Franc vous nous connaissez mal.
Car notre prince est bon,
Élevé notre courage !
Doux le jus de nos treilles,
Et nos femmes sont belles ;
Comment peut-on aller mieux ?

Les autres strophes affirment qu'il s'agit d'une guerre patriotique dont le but n'est pas l'enrichissement, mais la paix et l'indépendance : jamais les Francs ne seront vainqueurs et ne domineront le peuple allemand !

Comme pour le *WoO 121*, la musique est très simple, à l'unisson dans un cadre tonal d'*ut* majeur sans surprise, sur un rythme pointé de marche dans la première partie, puis sur une scansion régulière quand le texte évoque les bienfaits de la stabilité politique. Le chœur reprend le dernier vers du soliste et une ritournelle du piano sépare chacune des strophes.

PUBLICATION

En fin avril 1797, par Artaria et Comp. :

« Kriegs Lied / der Oesterreicher / von Friedelberg / In Musick gesetzt fürs Clavier / von LUDWIG van BEETHOVEN / Wien den 14ten April 1797 / in Wien bei Artaria et Comp/»

SOURCES

L'autographe est perdu.

1. Voir Marc Vignal, *Joseph Haydn*, *op. cit.* p. 526-527. Cet hymne fut celui de l'Autriche jusqu'en 1946. D'autre part, la musique de Haydn fut adaptée en 1841 (dans le contexte de la lutte pour l'unité allemande) à un texte, « Lied der Deutschen », qui fut hymne national allemand de 1922 à 1945 (*Deutschland über alles*), puis de nouveau, seulement avec la troisième strophe (« Einigkeit und Recht und Freiheit / Für das deutsche Vaterland / [...] »), à partir de 1952 (confirmé en 1991 sous le titre de : *Nationalhymne für das deutsche Volk*).

Opus 9
Trois Trios pour violon, alto et violoncelle

N° 1 sol *majeur*
Adagio, **C**, sol *majeur (15 mes) – Allegro con brio,* **C**, sol *majeur – 242 mes.*
Adagio ma non tanto e cantabile, 3/4, mi *majeur – 91 mes.*
Scherzo. Allegro, 3/4, sol *majeur – 129 mes.*
Presto, **C**, sol *majeur – 270 mes.*

N° 2 ré *majeur*
Allegretto, 2/4, ré *majeur – 327 mes.*
Andante quasi Allegretto, 6/8, ré *mineur – 90 mes.*
Menuetto. Allegro, 3/4, ré *majeur – 116 mes.*
Rondo. Allegro, ¢, ré *majeur – 367 mes.*
N° 3 ut *mineur*
Allegro con spirito, 6/8, ut *mineur – 222 mes.*
Adagio con espressione, C, ut *majeur – 55 mes.*
Scherzo. Allegro molto e vivace, 6/8, ut *mineur – 113 mes.*
Finale. Presto, ¢, ut *mineur – 229 mes.*

TEMPS DE LA COMPOSITION

Commencés peut-être en 1796 : deux lettres d'Albrechtsberger à Beethoven porteraient témoignage de l'intérêt de son professeur de contrepoint (quitté depuis 1795) pour ce *Trio*, la première du 15 décembre 1796 [1., 24], dans laquelle Albrechtsberger fait référence à un trio à « probieren » (essayer ou répéter), la seconde du 8 juin 1797 [1., 31], dans laquelle il s'étonne que Beethoven renonce à faire jouer son *Trio* par un petit orchestre dans le salon d'un comte. Le contrat d'édition signé avec Traeg le 16 mars 1798 permet d'affirmer que Beethoven les a terminés au début de l'année 1798 (il les aurait donc composés essentiellement au cours de l'année 1797).

CONTEXTE BIOGRAPHIQUE

Lors de ses premières années à Vienne, Beethoven a beaucoup écrit de pièces de circonstance ou d'œuvres de musique de chambre destinées à ses mécènes éventuels ou à ses élèves. Mais, par delà l'usage « social » qui en était fait, ses compositions furent également des façons d'expérimenter l'écriture musicale pour des formations spécifiques : en l'occurrence, le travail pour ces *Trios* fut un prélude à l'écriture pour quatuor à cordes.

Lieu d'expérimentation, ces trois *Trios à cordes* le sont également par leur facture qui fait sortir ce genre de composition de la musique de divertissement : au lieu d'une suite de plusieurs mouvements, Beethoven a conçu chacun des trois *Trios* en quatre mouvements (comme une Symphonie) – nouveauté que l'annonce de la *Wiener Zeitung* avait relevée.

Dernière expérimentation avant les *Quatuors op. 18*, cet ensemble de *Trios à cordes* manifeste la volonté de Beethoven de se dégager des contraintes d'écriture imposées par l'usage fait de ces musiques : divertir une société ; elles ne sont donc pas encore destinées à être entendues en concert, ni en public ni en privé. La composition d'un second trio à insérer dans le Scherzo du *Premier Trio* témoigne de l'origine et du contexte de la composition – comme si Beethoven faisait une concession à ses commanditaires –, mais le caractère dramatique du *Trio n° 3* en *ut* mineur prouve qu'il a pensé son œuvre pour un public attentif au discours musical et à l'émotion qu'il exprime.

PRÉSENTATION DE L'ŒUVRE

Le *Premier Trio* commence par un Adagio de 15 mesures, sorte d'introduction qui vaut pour l'ensemble des trois *Trios* pour souligner la nouveauté de l'écriture : les deux premières mesures à l'unisson font comprendre que chacun des trois instruments a un rôle équivalent (le violon n'est plus accompagné par les deux autres : chacun a une place essentielle dans l'ensemble), ce que confirment les mesures suivantes qui jouent sur la différenciation des voix (et donc des registres) ainsi que sur la plus ou moins grande densité du tissu sonore (une voix, deux voix ensemble ou les trois ensemble).

Puis chacun des trois *Trios* propose une solution musicale différente tout en restant dans le cadre des quatre mouvements du genre sonate (mouvement rapide, mouvement lent, scherzo ou menuet, mouvement plus rapide) et en s'inscrivant dans une écriture très articulée qui joue sur de courts motifs en relation avec les spécificités sonores des cordes (attaques, vibrato, tenues, saut de corde d'un extrême à l'autre, etc.).

N° 1. La tonalité de *sol* majeur est bien affirmée dès le départ. Son premier mouvement Allegro con brio de forme sonate est introduit par quinze mesures Adagio et il se présente comme s'il était la réponse à l'interrogation posée dans la courte introduction lente. Le matériau thématique est formé d'une succession de motifs contrastés : une brève figure qui tourne sur elle-même, un trait énergique qui parcourt deux octaves de bas en haut, et un brutal et inattendu saut de plus de deux octaves au premier violon (*do-mi*), dans une intensité *fortissimo* sur des notes longues dont la seconde aiguë est *sforzando* – motifs que s'échangent et qu'amplifient les trois instruments, avant l'exposition du second ensemble thématique, en homorythmie, calme et très *piano*. Le développement modulant en écriture contrapuntique se termine, avant la réexposition, par des répétitions d'octaves (sur la dominante *ré*, en noires, pendant huit mesures) joués par les altos, sorte d'allusion à une possible présence de cors. Après la reprise des deux premières parties, une Coda brillante termine cet Allegro con brio.

L'Adagio ma non tanto e cantabile très lyrique individualise les trois instruments et joue sur la souplesse de triolets de croches dans une métrique ternaire, les modulations expressives et les batteries (notes ou accords identiques répétés sur plusieurs mesures par un des trois instruments) apportant ici aussi des connotations au souffle étant donné la référence implicite aux instruments à vent que sont les cors. Un passage en *mi* mineur introduit une forme de tension au cours du déroulement de ce mouvement qui met en relation la retenue de la respiration des batteries, les répétitions et la fluidité de longues broderies.

Le Scherzo Allegro joue sur la rencontre des trois instruments impulsée par le premier violon, le trio central en *ut* mineur introduisant une sorte de suspens par les attaques *staccato* de longues lignes descendantes le plus souvent parallèles.

Le Presto est très intense, dominé par des attaques *staccato* et par des batteries faites de la répétition d'une même note. Il est de forme sonate avec reprise de l'exposition. Le second groupe thématique est en valeurs longues. Un passage unisson en valeurs longues et égales, *legato* et *pianissimo*, qui se transforment en batteries, annonce la réexposition variée qui a des allures de danse populaire par un rythme appuyé et répété à la basse.

N° 2. En *ré* majeur, il commence par un Allegretto à deux temps qui juxtapose d'abord des motifs opposés (le premier harmonique, le second mélodique sur une ligne très souple et le troisième fait de broderies incisives). Le second ensemble thématique est dominé par les batteries du violoncelle qui soutient un motif chantant du violon et de l'alto. Le long développement modulant joue avec ces différents motifs.

L'Andante quasi Allegretto en mineur est en deux parties suivies d'une Coda. Son tissu sonore est à la fois léger (staccato), haletant (les phrases intègrent des silences) et continu.

Le Menuetto Allegro confie le premier rôle au violon. Le Trio est dominé par les batteries interrompues par des silences qui confèrent un caractère rythmique et énigmatique à ce passage.

Le violoncelle conduit le Rondo Allegro qui termine ce *Deuxième Trio*. Sa forme oscille entre rondo (trois refrains et trois couplets) et sonate, le deuxième couplet étant une sorte de développement, et la réexposition variée du premier couplet étant suivie d'une coda assez développée. Le thème a un rythme doté d'un très grand effet d'entraînement répercuté par le jeu rapide des cordes au cours des couplets.

N° 3. Au premier mouvement Allegro con spirito, de forme sonate, la tonalité d'*ut* mineur, associée au matériau thématique prégnant et au jeu avec les intensités, donne un caractère dramatique. Ce mouvement commence lui aussi par un unisson qui affirme la tonalité sur une ligne descendante, puis les différents motifs qui se succèdent (arpèges, batteries, gammes rapides, larges sauts d'intervalles) s'inscrivent dans le tissu harmonique. Après un développement tendu et inquiet, la réexposition variée est suivie d'une coda qui confirme le caractère dramatique du mouvement.

L'Adagio con espressione, en *ut* majeur, conduit par un premier violon très chantant, s'épanouit dans deux variations successives de plus en plus denses. La fin retrouve la retenue du début.

Le Scherzo Allegro molto e vivace, également à 6/8 (métrique inhabituelle pour un Scherzo qui est en général à trois temps), joue sur l'opposition entre mélodie rythmée et inquiète, et densité harmonique soulignée par des *sf* sur les temps faibles. Le Trio, très souple et polyphonique, est en *ut* majeur.

Quant au Finale Presto, à deux temps (alla breve), il est mené par une impulsion dynamique donnée par le premier violon, impulsion qui fait contraste avec les batteries très intenses ou les moments de calme dominés par des harmonies tendues. L'exposition est reprise avant le développement modulant tendu. Ce *Trio* se termine *pianissimo* par la répétition de cette impulsion initiale qui semble s'inscrire au plus intime de chacun des instrumentistes.

SOURCES

Le manuscrit autographe est perdu (il appartenait à l'éditeur Traeg, qui le céda à Steiner & Co. en mai 1823, avec les droits d'édition).

Des esquisses des n° 1 et 3 se trouvent à Berlin, Bonn et Londres.

Il existe (à Bonn) une copie d'un deuxième Trio destiné à être inséré dans le Scherzo de l'*op. 9 n° 1*, avec la mention : « trio IIdo. [rechts :] das 2te Trio muss zum Einlegen geschrieben werden. » [« il faut mettre par écrit le 2e trio pour l'insérer »] (il s'agit d'une solution possible lors d'une exécution privée, sans doute concession à la tradition de la Sérénade en plusieurs mouvements.)

Une copie du *Premier Trio* et du *Troisième Trio* comprenant des corrections de la main de Beethoven se trouve à Bonn.

PUBLICATION

L'édition originale, en voix séparées, fut assurée à Vienne par Jean Traeg en juillet 1798; le titre est en français :

« Trois Trios / pour Un Violon, Alto, et Violoncelle / Composés et Dédiés / à Monsieur / Le Comte de BROWNE / Brigadier au Service de S.M.J. de touttes [*sic*] les Russies / par / LOUIS van BEETHOVEN / Œuvre 9 [...] »

Sur la troisième page de la partie de violon, est édité le texte de la dédicace, en français :

« Monsieur,

L'auteur, vivement pénétré de Votre munificence aussi délicate que libérale, se réjouit, de pouvoir le dire au monde, en Vous dédiant cette œuvre. Si les productions de l'art, que Vous honorez de Votre protection en Connoisseur, dépendaient moins de l'inspiration du génie, que de la bonne volonté de faire de son mieux; l'auteur aurait la satisfaction tant désirée, de présenter au prémier Mécene de sa Muse, la meilleure de ses œuvres. » [1., 32, juillet 1798]

La *Wiener Zeitung* annonça la parution de cette œuvre en soulignant sa nouveauté, les 21 et 25 juillet 1798.

Ces *Trios* furent également édités à Leipzig par Hofmeister en 1809, à Mayence par Zulehner, puis par Schott, à Offenbach par André (2e édition vers 1820), à Paris (par Pleyel, dès 1799), à Londres.

Signe de la diffusion et du succès de ces *Trios*, Simrock en publia d'abord une transcription pour piano et cordes en 1806, établie par Ferdinand Ries en 1806 (dans une lettre du 21 mai 1806 [1., 252], Simrock demandait à Beethoven de lui indiquer l'écart qu'il y avait avec l'original), puis une transcription pour piano à quatre mains en 1823.

La première partition date de 1848

DÉDICATAIRE

Johann Georg Reichsgraf von Browne-Camus (1767-1827) était fils d'un gouverneur général de Livonie et d'Estonie et officier au service du tsar. Beethoven lui dédia plusieurs autres œuvres : la *Sonate pour piano op. 22* (1802), les *Variations pour piano et violoncelle « Bei Männern, welche Liebe fühlen » WoO 46* (1802) et les *Six Gellert-Lieder op. 48* (1803). Les *Marches op. 45* pour piano à quatre mains et le Lied *Der Wachtelschlag WoO 129* ont été écrits pour lui. Beethoven dédia les *Variations WoO 71* et les *Sonates op. 10* à la comtesse von Browne.

Beethoven avait recommandé son élève Ferdinand Ries (à Vienne de la fin de l'année 1801 à la fin 1805) au comte qui l'avait engagé comme pianiste privé (*Notices biographiques*, p. 90).

Les relations de Beethoven avec von Browne se terminèrent en 1805.

Opus 10

Trois Sonates pour piano

Ut *mineur,* fa *majeur,* ré *majeur*

N° 1 ut *mineur*
Allegro molto e con brio, 3/4, ut *mineur – 284 mes.*
Adagio molto, 2/4, la *bémol majeur – 112 mes.*
Finale. Prestissimo, ¢, ut *mineur – 122 mes.*
N° 2 fa *majeur*
Allegro, 2/4, fa *majeur – 202 mes.*
Allegretto, 3/4, fa *mineur – 170 mes.*
Presto, 2/4, fa *majeur – 150 mes.*
N° 3 ré *majeur*
Presto, ¢, ré *majeur – 344 mes.*

Largo e mesto, 6/8, ré *mineur – 87 mes.*
Menuetto. Allegro, 3/4, ré *majeur – 86 mes.*
Rondo. Allegro, **C**, ré *majeur – 113 mes.*

TEMPS DE LA COMPOSITION

Entre 1796 et 1798 (l'achèvement se situe avant la deuxième moitié de 1798).

CONTEXTE BIOGRAPHIQUE

Alors que la *Grande Sonate op. 7* avait été publiée seule en octobre 1797, Beethoven publia à nouveau un ensemble de trois *Sonates* (le deuxième ensemble, soit les cinquième, sixième et septième Sonates), comme s'il avait voulu démontrer qu'il était possible de présenter des solutions très différentes à la question de la nature de cette forme, quand le compositeur osait se risquer à dépasser les gestes et parcours attendus tout en restant dans le cadre harmonique et formel hérité de ses prédécesseurs directs. Dans cet ensemble, chacune des trois *Sonates* possède une conception très cohérente et spécifique, tout en s'intégrant au tout par des liens musicaux subtils (il ne s'agit pas d'une juxtaposition arbitraire de trois sonates conçues isolément l'une de l'autre – au moins au moment de leur achèvement en vue de leur gravure –, l'enchaînement des tonalités en porte témoignage car elles sont en relation de « relatives » mineur/majeur ou majeur/mineur : *ut* mineur – *la* bémol majeur ; *fa* majeur – *fa* mineur ; *ré* majeur – *ré* mineur).

Les deux premières Sonates n'ont que trois mouvements, la troisième en a quatre. Or, à cette époque, Beethoven semble s'être interrogé sur la fonction du Menuet puisqu'il nota : « Pour les nouvelles sonates, menuets très courts », et ailleurs : « les menuets pour les sonates à l'avenir, pas plus de 16 à 24 mesures. » Mais, au lieu de raccourcir ces mouvements qui, dans le schéma classique, suivent le mouvement lent, il supprima le Menuet dans la première sonate, le remplaça par un Allegretto en *fa* mineur dans la deuxième, le conserva dans la troisième mais en lui conférant un tempo Allegro (plus rapide que de coutume).

Outre le fait de chercher à repenser l'architecture de la sonate, Beethoven en modifie les procédés classiques d'écriture : ces *Sonates* possèdent toutes trois une écriture novatrice élaborée à partir du matériau musical brut (gamme, arpège, accord parfait, etc., comme Mozart l'avait déjà fait) et en référence aux procédés d'écriture hérités de Bach (Invention, Fugue, c'est-à-dire une écriture polyphonique), associés aux procédés modernes (donc liés à l'harmonie tonale).

Même si l'intention est différente, il est possible, au même titre que les trois *Trios pour piano et cordes* de l'opus 1, de considérer ces trois *Sonates* de l'opus 10 comme un « manifeste » concernant cette fois la liberté d'écriture, liberté qui permettait d'intégrer des formes anciennes dans le langage moderne, qui proposait une nouvelle conception du thème, non plus mélodie ou juxtaposition de motifs, mais concrétisation d'idées abstraites (de mouvement, d'attente, de mise en doute, de changement, etc.) et qui donnait une fonction thématique à la sonorité (« construction sonore » obtenue par le biais de l'écriture, donc par la volonté du compositeur).

PRÉSENTATION DE L'ŒUVRE

1. La *Première Sonate* semble une référence implicite au « Sturm und Drang » par l'importance donnée au rythme pointé, aux élans énergiques, aux tensions qui culminent sur des moments annonciateurs de rupture radicale, aux forts contrastes d'intensité, de registre, de relation entre la mélodie et l'harmonie. Le matériau traditionnel – un arpège brisé d'*ut* mineur en valeurs pointées – qui constitue le motif central du thème initial du premier mouvement Allegro molto con brio, est traité de manière neuve mettant en évidence l'aspect décidé. Le second thème, sur basse d'Alberti, présente une autre organisation de cet arpège, plus calme. L'ensemble de l'exposition présente déjà les caractères d'un développement, tandis que le développement insiste plutôt sur les modulations et l'étirement du temps (valeurs longues et tissu sonore qui perd de sa densité), ce qui est déjà une mise en question implicite du schéma formel dont Beethoven a hérité.

Le second mouvement Adagio molto en *la* bémol majeur établit un contraste avec le premier mouvement par sa longue phrase calme et lyrique, relayée, après une phase tendue (septièmes diminuées et silences), par un moment de grande amplitude. Le développement de ce mouvement de forme sonate est réduit à une mesure constituée d'un bref accord brisé de neuf notes sur une harmonie tendue. La reprise réinstalle un calme dont la précarité est soulignée par l'intervention d'harmonies tendues, de silences puis d'un rythme syncopé.

Le Finale *prestissimo*, de forme sonate, commence par un motif très dynamique exposé à l'unisson, qui impose une pulsation régulière et trépidante ; un second thème, en *mi* bémol majeur, porte la tension d'une autre manière (*staccato* et bribes de phrases ascendantes qui se succèdent jusqu'à un point culminant très dense et très fort). Les dernières mesures qui combinent ces deux motifs très dynamiques, sont précédées d'une mesure Adagio mettant en valeur un arpège redoublé de septième diminuée, façon de détruire toute polarité tonale, pour mieux affirmer l'*ut* mineur et sa conclusion en *ut* majeur (à la manière de Bach).

Ce Finale de *opus 10 n° 1* a une parenté thématique avec le troisième mouvement de l'*opus 18 n° 5*, avec le *n° 16 de l'opus 43*, le *n° 11 des Contredanses* du *WoO 14* (œuvres écrites après vers 1799-1800).

2. Tous les mouvements de cette *Deuxième Sonate* commencent sur une levée qui confère l'impulsion nécessaire à une mise en mouvement du matériau sonore.

Le premier thème de l'Allegro est un ensemble de quatre motifs qui s'inscrivent dans douze mesures, en *fa* majeur sans ambiguïté ; les trois premiers motifs commencent par une levée, tandis que le quatrième s'installe sur le premier temps. Ce premier thème est alors quelque peu développé avant l'exposition du matériau constituant le second thème, qui est en *ut* mineur dans une texture discontinue. Contrairement à la tradition de la forme sonate, cette exposition est très riche en rythmes, en mélodies, en sonorités, et le développement modulant est très surprenant car, plutôt que de développer les motifs musicaux constituant le matériau de l'exposition, il met en valeur l'idée de discontinuité de la texture sonore ainsi que sa mise en vibration, avec des références implicites à l'écriture de Bach (surtout dans ses *Inventions*). Après ce passage déroutant (véritable rupture dans l'écriture d'une forme sonate), une fausse reprise apparaît dans la tonalité de *ré* majeur, avant le retour à *fa* majeur et le reprise du matériau thématique initial présenté varié.

L'Allegretto en *fa* mineur apporte un très fort contraste par une ensemble d'éléments : la longue phrase unisson en valeur égales (noires) qui ouvre le mouvement (elle semble appartenir au domaine de l'accompagnement « ostinato » d'où un thème mélodique finirait par se dégager), la simplicité du matériau (alors que le premier mouvement était très riche en motifs), la continuité du tissu sonore et le statisme de la partie centrale, le mode mineur (*fa* mineur et *ré* bémol mineur pour le Trio), le jeu entre deux plans musicaux (une mélodie en arrière-plan qui s'organise progressivement et une harmonie solennelle au premier plan). Ce mouvement ainsi conçu semble un condensé d'un mouvement lent en tonalité mineure et d'un mouvement plus innocent (Menuet ou Scherzo) qui suit généralement ce moment méditatif.

Le Presto final est trépidant, plein d'énergie du fait de ses notes répétées et de l'élasticité du déroulement de la phrase, présentée comme le sujet d'une fugue. Beethoven s'est amusé à combiner différentes formes : la fugue avec l'exposition du matériau thématique, la sonate avec le développement central modulant et le rondo, le thème initial étant l'équivalent du refrain varié.

L'ensemble de la Sonate correspond à un processus de simplification de l'écriture qui, de complexe dans le premier mouvement, déroutante dans le deuxième, devient affirmation de la joie à donner intensité et densité au matériau sonore.

3. La *Troisième Sonate* se distingue des deux autres par le choix du matériau, d'abord expression de l'idée de mise en mouvement. Ici, sans l'impulsion d'un motif repérable, la matière sonore devient un flux plein d'énergie capable de libérer des forces insoupçonnées.

L'unité de cette *Sonate* est due à la constitution du thème initial qui comprend les éléments qui vont servir de matériau thématique dans les quatre mouvements (une descente de la tonique à la dominante en notes conjointes, suivie d'une montée qui atteint la sensible, la tonique, puis la médiante – *do*♯, *ré*, *fa*♯), associés à des éléments d'écriture traditionnels (gammes, accords parfaits, accords de septième diminuée, etc.).

Il s'agit ici encore d'éléments de base de l'écriture musicale, qui vont se prêter à des organisations imprévues, des combinaisons complexes dans des dynamiques volontaires et contrastées.

Cette Sonate en *ré* majeur commence par un Presto – ce qui est très rare pour un premier mouvement –, dominé par l'idée d'élan rapide dirigé vers un but de façon à mettre la matière sonore en mouvement, dans un cadre harmonique stable (ici *ré* majeur, limité par la tonique et la dominante) non exempt de suspens (la phrase est suspendue par un point d'orgue sur la dominante). Ce geste énergique, qui emporte, est « orchestré » différemment lors des répétitions, ce qui fait que tout est surprenant et suscite attente. Après cette musique fougueuse, un motif mélodique en *si* mineur, mène, après une sorte de développement, au thème secondaire qui a le caractère d'un scherzo fugitif : une musique qui finit par se réduire à des octaves de notes isolées de faible intensité (elles disparaissent comme si elles ne pouvaient plus être entendues). Après cet épisode, une sorte de développement modulant domine la suite de l'exposition qui associe élan, mouvement, apparition fugitive, variation, errance, immatérialité, musique inaudible. Cette exposition très étonnante se termine sur de la musique de plus en plus immatérielle jusqu'à un silence qui correspond à de l'inaudible. Le développement redonne sa présence à la musique qui retrouve le domaine de l'audible. Il commence par le thème initial, mais en *ré* mineur, pour se poursuivre en *si* bémol majeur et affirmer l'idée de larges mouvements ascendants (qui démarrent très bas, fortissimo), expression de forces énergiques. Puis la reprise, qui n'est pas une simple répétition, amplifie l'idée de tension. Une courte coda oppose errance et affirmation sonnante de la virtuosité pianistique.

Le deuxième mouvement, Largo e mesto en *ré* mineur, a un tempo très lent, une densité sonore contrastée, une grande présence d'accords de septième diminuée, des motifs mélodiques courts qui tournent sur eux-mêmes. Il commence par une densité sonore (accord parfait de *ré* mineur de 7 sons) et une ligne presque stationnaire qui se dégage, premier thème de ce mouvement en forme sonate. Le second thème semble une amplification dramatique du premier (tensions harmoniques, phrase entrecoupée de soupirs). Le développement se déroule de façon inattendue : le rythme majestueux du premier thème est pris en charge par la main gauche et l'idée mélodique du deuxième par la main droite, tandis que l'aspect dramatique est exprimé *fortissimo* par une sorte de fanfare sur une ligne proche de l'énoncé du premier thème. Cette figure tendue expire peu à peu pour laisser place à la reprise. Ce Largo se termine par une Coda, formée de trois moments successifs, représentant le point culminant de la dramatisation par la densité sonore et la perte de tout repère tonal avant la réinstallation du *ré* mineur.

Le troisième mouvement, Menuetto, contrairement au tempo habituel Allegretto, est voulu Allegro par Beethoven – choix qui confère à l'ensemble de la sonate un climat de grande rapidité en opposition avec l'extrême lenteur du Largo (la tension est prise en charge par ces conditions extrêmes de déroulement du temps). Ce Menuet commence par une levée accentuée par une syncope ; cela infère une sorte de déséquilibre rythmique à une écriture polyphonique, qui s'affirme dans le passage fugato qui suit. Un Trio en *sol* majeur se déroule sur des arpèges de triolets ininterrompus d'où émerge une bribe de mélodie.

Le quatrième mouvement est un Rondo Allegro. Là encore, la forme traditionnelle est traitée de manière originale, à partir d'un thème qui n'est pas habituel pour ce genre de forme : il s'agit d'une impulsion qui enjambe la barre de mesure, pour mettre en mouvement la musique (comme dans le premier mouvement). Après trois réapparitions du thème (A-B-A-C-A'-B'), une Coda comprend un passage dans le style d'une cadence de concerto qui précède un large trait final, rapide, *p* et descendant vers le registre grave.

SOURCES

Le manuscrit autographe est perdu. Mais des esquisses se trouvent à Berlin et à Londres.

PUBLICATION

L'édition originale a été assurée par Joseph Eder à Vienne, en septembre 1798. Le titre est en français :

« TROIS SONATES / pour le / Clavecin ou Piano Forte / Composées et Dediées / A Madame la Comtesse de Browne / née de Vietinghoff / par / LOUIS VAN BEETHOVEN / Œuvre 10 […] »

Une invitation à souscrire à cette publication fut insérée dans la *Wiener Zeitung* du 7 juillet 1798 par l'éditeur qui annonçait la parution dans « six semaines » de trois « très belles sonates pour le clavier de Monsieur van Beethoven ».

D'autres éditions furent entreprises par Simrock à Bonn en 1801, par Breitkopf & Härtel à Leipzig en juin 1816, par Zulehner, puis par Schott à Mayence, par André à Offenbach en 1810, par Pleyel à Paris en 1802, par Monzani & Hill à Londres vers 1810.

DÉDICATAIRE

La baronne Anna Margarete von Vietinghoff (née à Riga le 12 janvier 1769 – elle mourut à Vienne en 1803) était mariée depuis le 22 août 1790 au comte von Browne-Camus (dédicataire des *Trios à cordes op. 9*). Le couple s'installa à Vienne en 1794 ou au début de l'année 1795. Ces aristocrates mélomanes font partie, à cette date, de ceux qui ont soutenu Beethoven et l'ont entouré de beaucoup d'affection.

Beethoven avait déjà dédié à la comtesse von Browne les *Variations sur une danse russe extraite du ballet « Das Waldmädchen », WoO 71* (1797), et il lui dédiera encore les *Variations sur le Trio « Tändeln und Scherzen » de l'opéra de Süssmayer, Soliman II, WoO76* (1799). D'autre part, Beethoven venait de faire publier les *Trios à cordes op. 9* avec une dédicace adressée au comte von Browne, spécifiant qu'il offrait « au prémier Mécene de sa Muse, la meilleure de ses œuvres ».

L'ŒUVRE VUE PAR LES CONTEMPORAINS

Ces *Trois Sonates* firent l'objet d'une critique publiée par l'*AMZ* II, en 1799, col. 25 : l'auteur anonyme y reconnaissait que Beethoven était un génie qui suivait son propre chemin, qu'il possédait une manière d'écrire peu courante et une puissance qui en faisait un des meilleurs pianistes et un des meilleurs compositeurs. Mais l'auteur déplorait la surabondance d'idées, la superposition « sauvage » des pensées, leurs groupements bizarres, ensemble d'éléments qui rendent ses compositions difficiles à saisir. Il concluait en signalant qu'il fallait écouter souvent ces œuvres pour les comprendre et il conseillait à Beethoven d'épargner ses trésors.

Czerny en 1842, présentait ainsi ces *Sonates* :

Op. 10 n° 1 : « Le tempo du premier mouvement doit être plein de feu, décidé et masculin (*männlich*) : l'esprit doit dominer le sentiment. L'Adagio est emprunt de sentiment profond. Le Prestissimo final a été écrit avec cet humour fantastique, propre à Beethoven : pour le restituer, il est indispensable de maîtriser les difficultés techniques, sinon on n'obtiendra qu'une caricature ridicule. »

Op. 10 n° 2 : « Le caractère du premier mouvement est tout simple et joyeux. Au contraire, le Scherzo est sérieux et son Trio très doux. Le Presto joué très brillant fait beaucoup d'effet. »

Op. 10 n° 3 : « Cette Sonate est grande et pleine de sens. Le tempo du premier mouvement est rapide et emporté : les quatre premières notes du thème qui sont présentes dans tout le mouvement, doivent être bien marquées, et l'ensemble doit être décidé et puissant. Le Largo est un des plus mélancoliques écrits par Beethoven : il est indispensable d'adopter l'état d'esprit et le jeu propres à ce genre de morceaux. Le Menuetto est animé et mélodique. Le Rondo final est humoristique, comme l'op. 10 n° 1, mais plus capricieux. »

Opus 12

Trois Sonates pour piano et violon

Ré *majeur*
La *majeur*
Mi *bémol majeur*

N° 1
Allegro con brio, **C**, ré *majeur – 236 mes.*
Tema con Variazioni. Andante con moto, 2/4, la *majeur – 137 mes.*
Rondo. Allegro, 6/8, ré *majeur – 230 mes.*
N° 2
Allegro vivace, 6/8, la *majeur – 245 mes.*
Andante più tosto Allegretto, 2/4, la *mineur – 129 mes.*
Allegro piacèvole, 3/4, la *majeur – 350 mes.*

N° 3
Allegro con spirito, **C**, mi *bémol majeur – 173 mes.*
Adagio con molt' espressione, 3/4, ut *majeur – 71 mes.*
Rondo. Allegro molto, 2/4, mi *bémol majeur – 278 mes.*

TEMPS DE LA COMPOSITION

1797 et 1798. Ces *Trois Sonates* sont dédiées à Antonio Salieri qui, en tant que vice-président de la société des veuves et des orphelins des musiciens de Vienne, avait offert à Beethoven, par une lettre du 10 février 1797, une entrée gratuite et permanente aux concerts de bienfaisance de cette société et lui avait demandé de mettre à l'avenir ses «remarquables talents» au service de celle-ci [1., 26]. Ces *Sonates* répondent peut-être à cette sollicitation.

PREMIÈRE EXÉCUTION

La première de ces *Trois Sonates* a sans doute été jouée à un concert donné le 29 mars 1797 en l'honneur de Josepha Duschek, avec Schuppanzigh au violon.

CONTEXTE BIOGRAPHIQUE

Ce sont les trois premières des dix *Sonates pour piano et violon* écrites par Beethoven entre 1797 et 1812. Beethoven, qui était un pianiste virtuose, avait également étudié le violon et l'alto (à Bonn il avait pris des cours de violon avec son cousin Franz Rovantini et avec son collègue Franz Ries, et il avait été nommé altiste dans l'orchestre de la cour électorale de Bonn; puis au cours de ses premières années à Vienne, il avait pris des cours avec le violoniste Wenzel Krumpholz). Il savait que composer pour cette formation, à Vienne autour de 1800, était une bonne «politique musicale», adaptée au contexte social, car les manifestations musicales avaient encore lieu dans les salons aristocratiques, donc devant un public de connaisseurs. Malgré cela, Beethoven ne se «renia pas lui-même» et, fidèle à ses premiers gestes de compositeur, il continua à interpréter l'héritage musical qui plaisait pourtant aux Viennois. Ainsi, la conception de ces premières *Sonates pour piano et violon* s'inspire de l'exemple des *Sonates pour piano et violon* de Mozart (K 376-380) : les deux instrumentistes ont un rôle équivalent (contrairement à la tradition baroque qui privilégiait l'instrument mélodique, le clavier doublant le violon, mais n'ayant en fait qu'un rôle d'accompagnement et de soutien harmonique) et elles sont en trois mouvements (Allegro, Andante ou Adagio, Rondo/Allegro). Mais si Beethoven, dans ces trois *Sonates*, ne remettait pas en question la structure classique (comme il le faisait alors dans ses *Sonates pour piano*), il conférait une fonction thématique aux spécificités sonores ainsi qu'au plaisir de jouer de chacun des deux instruments, nouveautés qui déplurent aux «connaisseurs» (voir «L'œuvre vue par ses contemporains»).

Était-ce pour défier les connaisseurs et leurs critiques qu'il pressentait défavorables, que Beethoven eut l'idée de dédier ces *Sonates* à Salieri, compositeur et professeur de grand renom – qui plus est, maître de chapelle de la Cour? En 1798, lors de la publication de ces trois *Sonates*, Beethoven ne prenait pas encore de cours d'écriture dramatique avec Salieri, mais il le savait fort influent dans le milieu musical viennois : se mettre sous sa protection pouvait lui être utile pour sa carrière musicale, et pour renforcer le choix qu'il faisait de dédier l'œuvre à Salieri, le titre de l'édition originale est en italien.

PRÉSENTATION DE L'ŒUVRE

N° 1 en *ré* majeur

Les quatre mesures initiales de l'Allegro con brio posent énergiquement la tonalité et la dynamique faite d'éléments opposés (rythme incisif à l'unisson des trois parties / phrase portant l'indication *tranquillo*). La forme sonate de ce premier mouvement ne réserve qu'une surprise constituée par une césure consistant en un court passage homophone en valeurs longues, passage qui, transposé en *fa* majeur, ouvre le développement.

L'Andante con moto est un ensemble de quatre variations sur un thème chantant énoncé au piano et repris au violon. La première variation est menée par le piano, la deuxième par le violon, tandis que la troisième en *la* mineur est caractérisée par des contrastes d'intensités arrivant comme des rafales, et que la quatrième joue sur la retenue apportée par le rythme syncopé de la partie de violon.

Le Rondo Allegro final à 6/8 combine la forme rondo et la forme sonate en mettant en valeur la joie procurée par le jeu instrumental et par l'échange entre les deux instruments.

N° 2 en *la* majeur

Le matériau thématique de l'Allegro vivace à 6/8, de forme sonate repose sur la sonorité spécifique de chacun des instruments, et en opposition, sur leur fusion dans une phrase unisson.

L'Andante, più tosto allegretto, en *la* mineur, est un mouvement lent lyrique, fondé sur une longue phrase initiale introduite par le piano et amplifiée par l'entrée du violon. Les voix des deux instruments sont très imbriquées dans chacune des trois parties qui s'enchaînent (ABA'coda).

L'Allegro piacevole à trois temps combine lui aussi la forme rondo et la forme sonate, en insistant sur les modulations et sur le raffinement rythmique exposé dans le thème du Rondo.

N° 3 en *mi* bémol majeur

Le premier mouvement de forme sonate, Allegro con spirito, est mené par le piano. Là encore le matériau est très simple (arpèges, notes répétées, octaves, et sonorités propres à chacun des deux instruments mises en évidence par les attaques et par les traits). Comme dans la première *Sonate*, un passage en octaves à l'unisson *fortissimo* en valeurs longues établit une césure homophone avant la fin de l'exposition.

L'Adagio con molt'espressione repose sur une phrase très simple, amplifiée par des éléments de figuration expressifs. Des accords de septième diminuée très denses et *fortissimo* précèdent la Coda.

Comme dans les deux premières Sonates, le Rondo final Allegro molto affirme le plaisir procuré par le jeu combiné et brillant de chacun des instrumentistes.

L'ŒUVRE VUE PAR SES CONTEMPORAINS

L'*AMZ* 1, n° 36, juin 1799, col. 607, fit paraître un article défavorable à Beethoven (six mois après la publication de l'œuvre) : le rédacteur de l'article dénonçait le côté trop savant (*gelehrt*) et le « manque de méthode », ce qui produisait, à son avis, une œuvre « sans intérêt », trop difficile à jouer. Il y voyait « un amas de choses savantes sans méthode », reprochait le manque « de naturel » et l'absence « de chant », la comparant à « une forêt dans laquelle on est arrêté à chaque pas par les buissons ennemis, d'où l'on sort épuisé, sans plaisir ». C'est « un amoncellement de difficultés, tel qu'on en perd la patience. Si Beethoven voulait se renier lui-même [*sic* !] et entrer dans la voie de la nature, il pourrait avec son amour du travail, produire beaucoup d'excellentes choses. » (*AMZ* 1, 1799 [n° 36, juin 1799], col. 607). Il semble que le rédacteur de l'*AMZ* n'a fondé sa critique que sur la partie de piano, qui de fait est incompréhensible sans la partie de violon, car le discours musical est réparti entre les deux instruments, contrairement à ce qui se faisait jusque là. À la suite de cette critique, Beethoven, dans sa lettre du 22 avril 1801 [1., 59], conseillait à Breitkopf & Härtel, éditeur de l'*AMZ*, de veiller à modérer les critiques qui pourraient décourager plus d'un jeune talent : il s'agissait pourtant de sa première lettre à cet éditeur, or Beethoven avait besoin du marché de l'édition pour vivre de ses compositions.

CORRESPONDANCE

Le 22 avril 1801 [1., 59], dans sa première lettre à Breitkopf & Härtel, Beethoven s'élevait contre l'article publié par l'*AMZ* (juin 1799, n° 36) : « Conseillez donc un peu plus de prudence et de finesse à messieurs vos journalistes, particulièrement en ce qui concerne les productions de jeunes auteurs – plus d'un pourrait s'en effrayer qui sinon se serait aventuré plus loin ; en ce qui me concerne, je n'en suis pas encore à penser que je ne suis pas loin d'avoir atteint la perfection qui interdit tout reproche, mais les criailleries de vos journalistes au début cherchaient tellement à m'abaisser que, alors que je commençais à me comparer aux autres, je n'y ai pas prêté attention et que je demeurai parfaitement calme, pensant qu'ils ne comprenaient rien. »

SOURCES

Le manuscrit autographe est perdu, mais des esquisses se trouvent à Berlin et à Paris.

PUBLICATION

L'édition originale fut assurée à Vienne par Artaria e Comp., en décembre 1798, avec un titre en italien :

« TRE SONATE / Per il Clavicembalo o Forte-Piano / con un Violino / Composte, e Dedicate / al Sig[r] ANTONIO SALIERI / primo Maestro di Capella della Corte / Imperiale di Vienna &c. &c. / dal / Sig[r] Luigi van Beethoven / Opera 12 [...] ».

La *Wiener Zeitung* en annonça la publication le 12 janvier 1799.

D'autres éditions furent publiées par Simrock à Bonn en 1800, 1801, par Böhme à Hambourg, par Breitkopf & Härtel en mai 1816 et par le Bureau de Musique à Leipzig, par Schott à Mayence, par Pleyel à Paris en 1800, par plusieurs éditeurs à Londres.

DÉDICATAIRE

Antonio Salieri (1750-1825) fut le quatrième professeur de Beethoven à Vienne (après Haydn, Schenk et Albrechtsberger). D'origine italienne il était à Vienne depuis 1766, où il avait été nommé maître de chapelle de la cour impériale en 1788. Compositeur d'opéra, professeur réputé pour la composition d'œuvres vocales sur textes italiens, il donna des cours de composition dramatique à Beethoven vers 1801-1802. Autre hommage à ce compositeur, Beethoven écrivit des Variations pour piano (*WoO 73*) sur le thème du duo « La stessa, la stessissima » extrait de son opéra *Falstaff* (représenté à Vienne pour la deuxième fois le 3 janvier 1799).

Opus 11

Trio pour piano, clarinette et violoncelle en *si* bémol majeur

Allegro con brio, **C**, si *bémol majeur – 254 mes.*
Adagio, 3/4, mi *bémol majeur – 64 mes.*
Tema : Pria ch'io l'impegno. Allegretto, **C**, si *bémol majeur – 211 mes.*

TEMPS DE LA COMPOSITION ET PREMIÈRE EXÉCUTION

Ce *Trio* fut composé entre la fin de l'année 1797 et le début de l'année 1798. Le thème des Variations du dernier mouvement provient d'un air à la mode, l'Allegretto final du Trio vocal n° 12, « Pria ch'io l'impegno », extrait de l'opéra-comique en deux actes de Joseph Weigl *L'Amor marinaro* (*Le Corsaire par amour*), représenté pour la première fois le 15 octobre 1797 sur la scène du Théâtre de la Cour à Vienne.

Dans ses *Notices biographiques* (p. 81) Ries signale une exécution de ce *Trio* chez le comte Moritz von Fries en présence du pianiste virtuose (et charlatan qui se faisait accompagner par un tambourin et un triangle), Daniel Steibelt (1765 à Berlin-1823 à Saint-Pétersbourg) qui séjourna à Vienne en avril ou mai 1800 : ce n'est vraisemblablement pas la première exécution de ce *Trio*.

CONTEXTE BIOGRAPHIQUE

Ce *Trio* fait partie des œuvres composées par Beethoven au temps de son insertion dans la société musicale viennoise – il s'agit le plus souvent d'œuvres (Trio, Sonate pour piano et violon ou piano et un autre instrument, Sonates pour piano) destinées à être exécutées dans des soirées privées, comme celles, décrites par Ries, chez le comte von Fries en 1800.

Le récit de Ries donne une idée des rivalités musicales suscitées par la virtuosité de Beethoven autour de 1800, tout en dévoilant un aspect du caractère de Beethoven : être le meilleur, quoi qu'il arrive, au risque de ridiculiser l'autre, sans pour autant faire de concessions au code des mondanités.

Le récit de Ries donne également une idée du statut qui est celui de Beethoven quelques années après son installation à Vienne : il a su se faire apprécier dans les salons aristocratiques et soutenir par des admirateurs.

PRÉSENTATION DE L'ŒUVRE

Le premier mouvement est de forme sonate Allegro con brio, mais son début est déroutant, car il est ouvert par un motif décidé, *f*, à l'unisson, évocateur de la suspension cadentielle qui annonce la fin d'un mouvement. Ce « suspens » est repris avec le thème secondaire, deux accords « tutti » bien affirmés mais dans une tonalité inattendue. Le développement joue sur un effet d'accélération de différentes manières (rapidité des figures ou des traits au piano, et rupture de la continuité par un passage en style choral). Cette conduite du discours qui brouille les repères habituels caractérise ce premier mouvement.

L'Adagio qui suit est introduit par une phrase très lyrique du violoncelle, reprise par la clarinette, avant d'être amplifiée par une texture musicale toujours plus dense qui s'allège à la fin. Il est de forme ABA.

Le troisième et dernier mouvement est un thème (à la mode, « Pria ch'io l'impegno », titre inscrit sur la partition) suivi de neuf variations. Le thème, Allegretto à quatre temps, est énoncé par le piano et repris par le violoncelle. Chacune des variations présente une texture et une sonorité différentes, les variations IV et VI étant en mineur. La première variation ornementale et fluide est confiée au piano «Solo»; la deuxième est un canon entre le violoncelle et la clarinette («Pianoforte tacet»); la troisième met en valeur le rythme du motif initial du thème énoncé «con fuoco» par la clarinette; la quatrième en mineur a un rythme très calme; la cinquième repose sur un mouvement d'ascension rapide et *ff* confié au piano et ponctué par les deux autres instruments; la sixième est tissée par les bribes de phrases que s'échangent les instruments; la septième est à nouveau en mineur sur un rythme de marche funèbre; la huitième retrouve le majeur et le mouvement d'ascendance, mais *p dolce* au violoncelle, et le thème *staccato sempre f* à la basse du piano; quant à la neuvième, et dernière, elle amplifie le thème de différentes manières (octaves, trilles, succession d'arpèges en triolets de noires) et, après quelques mesures au piano en style de cadence, se termine par une coda à 6/8, Allegro, les quatre dernières mesures retrouvant la métrique binaire.

SOURCES

Le manuscrit autographe est perdu, des esquisses se trouvent à Londres.

PUBLICATION

L'édition originale fut assurée à Vienne par Tranquillo Mollo en octobre 1798, avec un titre en français :

«GRAND TRIO / pour le Piano-Forte / avec un [*sic*] Clarinette ou Violon, et Violoncelle/ Composé et Dedié / À son Excellence Madame la Comtesse de Thunn / née Comtesse d'Uhlefeld / par / LOUIS VAN BEETHOVEN / Œuvre XI [...]».

D'après Czerny la partie de violon (qui peut remplacer la clarinette) aurait été écrite par Beethoven.

La *Wiener Zeitung* du 3 octobre 1798 en annonça la publication.

Ce *Trio* fut également édité par Simrock à Bonn en 1801, par Hummel à Berlin et à Amsterdam en 1805, par le Bureau de Musique à Leipzig en 1812, par Zulehner en 1803 et par Schott à Mayence, par André à Offenbach en 1805, par Pleyel à Paris en 1814, et par différents éditeurs à Londres.

Une transcription pour quatuor à cordes parut au Bureau d'Art et d'Industrie à Vienne en 1810-1811 et chez Steiner en 1816; pour clavier, flûte (ou violon) et violoncelle à Londres en 1810, en 1817 et en 1823 (chez Clementi); pour piano à quatre mains à Leipzig chez Probst en 1824.

DÉDICATAIRE

Maria Wilhelmine comtesse d'Uhlefeld, fille du dernier comte d'Empire Anton Corfiz d'Uhlefeld et de la princesse Maria Elisabeth Lobkowitz, était née le 12 janvier 1744; elle se maria le 30 juillet 1761 avec le comte Franz Joseph von Thun und Hohenstein (1734-1801) et mourut le 18 mai 1800. Elle rencontra Beethoven chez le prince Lichnowsky et devint une de ses principales bienfaitrices (elle protégea également Gluck, Haydn et Mozart).

L'ŒUVRE VUE PAR LES CONTEMPORAINS

L'*AMZ* II, en mars 1799 [n° 33, col. 541/542] publiait un article sur ce *Trio*. Le rédacteur trouvait que ce *Trio*, bien que par endroit difficile, était plus coulant que bien des œuvres de Beethoven, et que l'ensemble se tenait. Mais, ajoutait-il, Beethoven pourrait «donner beaucoup de bonnes choses» s'il acceptait d'écrire «avec plus de naturel que de recherche».

Dans ses *Notices biographiques* (p. 81-82), Ferdinand Ries raconte à propos de ce Trio une anecdote qui permet de se faire une idée des rivalités entre virtuoses à Vienne autour de 1800 et des réactions de Beethoven, au moment où le célèbre pianiste, charlatan et virtuose, Daniel Steibelt, fut de passage à Vienne en venant de Paris.

Steibelt aurait refusé de rendre visite à Beethoven, mais ils se rencontrèrent un soir chez le comte Moritz von Fries, alors que le *Trio op. 11* était exécuté avec Beethoven au piano, or, il s'agit d'une œuvre dans laquelle l'exécutant ne peut pas se faire particulièrement valoir. «Steibelt, dit Ries, l'écouta avec une espèce de condescendance, fit à Beethoven quelques compliments et se crut sûr de sa victoire. – Il joua un Quintette de sa composition, improvisa et fit beaucoup d'effets avec son *tremulando*, qui était alors quelque chose de tout nouveau. Il ne fallait plus songer à faire jouer Beethoven. Huit jours plus tard, il y eut à nouveau un concert chez le comte Fries. Steibelt joua cette fois encore un Quintette avec beaucoup de succès; il avait en outre (c'était évident) préparé une brillante improvisation et avait choisi pour cela le thème sur lequel sont écrites les variations du *Trio* de Beethoven : cela révolta les admirateurs de Beethoven ainsi que Beethoven lui-même qui se sentit obligé de se mettre au piano et d'improviser; il s'avança vers le clavier comme il le faisait habituellement, je pourrais dire, avec un certain manque d'éducation, comme s'il y était à moitié propulsé, prit, en passant, la partition de violoncelle du Quintette de Steibelt, la posa à l'cnvers (de manière intentionnelle?) sur le pupitre, et tambourina avec un seul doigt un thème pris dans les premières mesures. Puis, à la fois offensé et excité, il improvisa de telle manière que Steibelt quitta la salle avant que Beethoven n'ait terminé, et qu'il ne voulut plus jamais se mesurer avec lui; et quand on voulait l'avoir, il mettait comme condition que Beethoven ne serait pas invité.»

WoO 29 [Hess 87]

Marche pour deux clarinettes, deux cors, deux bassons

Si *bémol majeur, ¢ – 20 mes.*

TEMPS DE LA COMPOSITION

Entre 1797 et 1798 (d'après l'étude des esquisses), conçue indépendamment de son utilisation et de son arrangement éventuel pour horloge mécanique : la question reste de savoir à quelle occasion Beethoven a réalisé cette *Marche* pour six instruments à vent.

SOURCES

Le manuscrit autographe de la version pour piano se trouve à Berlin (Grasnick 25), il porte la mention «*Marcia. Vivace*» – cet autographe comprend également l'*Adagio* en *mi* bémol majeur pour mandoline WoO 43 et l'*Allegretto* en *ut* mineur WoO 53.

La transcription manuscrite en partition porte l'indication «due Clarinetti in B, Corni in B, Fagotti» porte cette remarque en tête : «in D übe[r]sezt mit trio in der Mitte Kanonen/ schuß.» (phrase qui laisse supposer l'intention d'arranger pour instrument mécanique).

Des esquisses se trouvent sur la même page que celles pour les Finales du *Trio à cordes op. 9 n° 1*, ainsi que celles pour la *Sonate pathétique op. 13* (cf. *Beethoven Jahrbuch* VI, 1965/68).

PUBLICATION

1888, dans supplément de la GA.

Première publication de la version pour piano par W. Hess en 1931 in Schweizer, Musikpäd. Blätter, n° 1.

TROISIÈME PARTIE

De la *Sonate « pathétique »* aux premiers quatuors à cordes (1798-1800)

Bien intégré dans la société mélomane et aristocratique de Vienne, Beethoven continue, plusieurs années après son installation dans cette ville, à composer des danses pour orchestre et des Variations, surtout pour piano, ainsi que des Sonates, pour piano seul ou pour piano et un autre instrument : œuvres, qui, achevées sur la lancée de leur composition, sont aussitôt publiées. Son « art » continue donc à lui rapporter « amis, considération et argent », comme il l'écrivait à son frère en février 1796 et comme il l'écrira à ses amis, Wegeler et Amenda, en juin et juillet 1801. Pourtant, il refuse de se « renier lui-même » et continue à poursuivre sa voie singulière, sachant toutefois s'adapter au goût d'un public cultivé lecteur des écrits esthétiques de Schiller ou de la *Théorie des Beaux-Arts* de Sulzer, comme en témoigne la publication de la *Sonate « pathétique »*, sonate pour piano seul, dédiée au prince Lichnowsky.

Tout en poursuivant son exploration de l'écriture pour piano, l'expérience réussie de l'écriture pour trio à cordes (*op. 3* et *op. 9*) lui permet d'oser se confronter au quatuor à cordes, genre sur lequel Haydn règne en maître depuis la mort de Mozart. Ainsi, ce n'est qu'au bout de plus de deux ans de travail sur ses *Quatuors op. 18*, pour lesquels révisions et corrections abondent, que Beethoven écrit à son ami Amenda qui a assisté à l'élaboration de son premier Quatuor : « Maintenant je sais écrire des quatuors. » Et, parallèlement aux progrès qu'il réalise dans l'écriture pour quatuor à cordes, il s'aventure dans la Symphonie, autre domaine où Haydn régnait alors en maître, si bien qu'en 1800, il a abordé tous les genres, à l'exception de l'opéra et du style religieux.

Malgré l'intensité de son travail, les relations amicales gardent une place essentielle pour lui : loin de ses amis de Bonn, qui firent presque tous un petit séjour d'études à Vienne, ce qui lui permit de passer avec eux de joyeuses soirées musicales, il rencontre, pour sa plus grande joie un nouvel ami, Carl Amenda qui ne resta que peu de temps à Vienne (du printemps 1798 à l'automne 1799) mais avec lequel il noua des liens très profonds ; Amenda regrettera quelques années plus tard de ne pas avoir consacré sa vie à cet ami, mais ses choix professionnels (il était pasteur) le ramenèrent dans sa Courlande natale, où il contribua à diffuser la musique de son ami.

Une autre rencontre éphémère mais décisive eut lieu au cours du mois de mai 1799 : celle des sœurs Brunsvik, Josephine, Therese et Charlotte.

Couronnement de son activité de compositeur virtuose du piano, Beethoven réussit enfin à obtenir l'autorisation d'organiser un concert à son bénéfice au Burgtheater (le Théâtre de la cour impériale et royale), le 2 avril 1800 ; comme de coutume le programme de cette « große musikalische Academie » était conséquent :

1. Une grande Symphonie de feu M. le Kapellmeister Mozart.
2. Un air de la Création de M. le Kapellmeister princier Haydn.
3. Un grand Concerto sur le Piano-Forte, joué et composé par M. Ludwig van Beethoven
4. Un Septuor… composé par M. Ludwig van Beethoven… joué par MM. Schuppanzigh, etc.
5. Un Duo de la Création de M. le Kapellmeister princier Haydn.
6. M. Ludwig van Beethoven improvisera sur le Piano-Forte.
7. Une grande Symphonie nouvelle avec orchestre complet, composée par M. Ludwig van Beethoven.

Cette association des dernières créations de Beethoven, le *Concerto op. 15* (sans doute), le *Septuor op. 20* et la *Première Symphonie op. 21* à des œuvres de Mozart et de Haydn montre que la « trilogie viennoise » était en voie de constitution peu après son installation à Vienne.

Mais, tandis qu'il devenait une figure de premier plan dans le monde musical de Vienne, il était saisi par la terrible angoisse d'une surdité croissante, et aucun ami n'était alors assez intime pour le soutenir dans cette épreuve : Wegeler était retourné à Bonn, Amenda en Courlande, et Lenz von Breuning était mort, à peine de retour à Bonn. C'est donc seul qu'il doit faire face à ce drame, n'en informant ses deux amis qu'au cours de l'été 1801 en leur enjoignant de garder le silence.

WoO 11

Sept Danses paysannes

Probablement pour deux violons et violoncelle ou basse en ré *majeur, mais connues uniquement dans leur version pour piano*

TEMPS DE LA COMPOSITION

1798.

CONTEXTE BIOGRAPHIQUE

Composition de circonstance, signe de l'intégration de Beethoven dans le milieu musical viennois : il accepte les commandes dont il a besoin pour vivre et qui sont l'occasion de se faire publier et donc connaître.

Voir les danses *WoO 7, 8, 9, 10, 13*

PRÉSENTATION DE L'ŒUVRE

Il s'agit d'un ensemble de *Sept Danses paysannes*, toutes en *ré* majeur à 3/4, de 16 mesures, sauf la deuxième qui en a 24 (la reprise des huit premières mesures est notée).

La septième est suivie d'une coda de 35 mes. : il s'agit donc d'un ensemble homogène.

PUBLICATION

Par Artaria au printemps 1799 dans une version pour piano, sans doute réalisée par Beethoven :

« 7. Ländlerische Tänze / für's Clavier oder Piano-Forte / Componirt von Herrn / Ludw : van Beethoven / In Wienn [*sic*] bey Artaria et Comp [..] »

SOURCES

Le manuscrit n'a pas été retrouvé.

Il existe des esquisses corrigées par Beethoven.

Opus 49 n° 1

Sonate pour piano en *sol* mineur

Andante, 2/4, sol *mineur – 110 mes.*
Rondo. Allegro, 6/8, sol *majeur – 164 mes.*

TEMPS DE LA COMPOSITION

Sans doute composée en 1797, elle fut achevée en 1798 avant la *Sonate Pathétique op. 13* et avant le *Troisième Trio de l'op. 9*.

CONTEXTE BIOGRAPHIQUE

Les sept premières mesures notées sur une feuille d'esquisses pour l'*op. 9 n° 3* sont accompagnées de l'inscription suivante : « *Sonatine par L.v.Bthvn* ».

Comme la 20e *Sonate op. 49 n° 2* en *sol* majeur, celle-ci (la *19e*) semble avoir été écrite dans un but didactique (pour les élèves auxquels Beethoven donnait des cours de piano), dans la mesure où le compositeur semble avoir renoncé à toute difficulté tant sur le plan technique que sur celui de la composition.

La publication conjointe des deux Sonates plusieurs années après leur composition est le résultat des démarches de Kaspar Karl qui, chargé de s'occuper des relations de son frère avec les éditeurs depuis le début de l'année 1802 (jusqu'à son mariage en 1806), puisait dans les réserves de partitions non encore publiées et souvent non achevées, pour avoir quelque chose à proposer et en tirer des revenus – sans se soucier d'une quelconque cohérence, Beethoven étant souvent mis devant le fait accompli. Les éditeurs n'aimaient pas avoir affaire au frère qu'ils trouvaient fort grossier, et se méfiaient de lui (Kaspar Karl s'autorisa à présenter comme étant de Beethoven des œuvres qu'il avait lui-même composées à partir d'idées de son frère, entre autres les danses *WoO 12, 14, 16, 17*, ainsi que les *12 Walzer*).

PRÉSENTATION DE L'ŒUVRE

Le premier mouvement en *sol* mineur, un Andante très calme de forme sonate, comprend un véritable modèle de développement en plusieurs sections successives bien différenciées et bien articulées. La réexposition variée est suivie d'une coda qui se termine dans le registre grave.

Le second mouvement est un Rondo Allegro à 6/8 en *sol* majeur, qui combine la forme rondo et la forme sonate (avec coda). Le premier couplet, un développement module dans le cadre de *sol* mineur. La reprise du refrain introduit une sorte de réexposition variée.

SOURCES

Le manuscrit autographe est perdu, mais des esquisses subsistent à Londres.

PUBLICATION

En janvier 1805 avec la *Sonate* en *sol* majeur sous même numéro d'*opus 49*, à Vienne par le Bureau d'Art et d'Industrie, avec un titre en français :

« Deux Sonates faciles / pour le / Pianoforte /composées / par / LOUIS VAN BEETHOVEN / Op. 49 [...] »

La *Wiener Zeitung* annonça cette publication les 19, 23 et 30 janvier 1805.

Cet *opus 49* fut édité également par Simrock à Bonn en 1805, par Hummel à Berlin et Amsterdam en 1805, par le Bureau de Musique en 1810 et par Peters à Leipzig, par Zulehner et Schott à Mayence, par André à Offenbach dès 1805, par Pleyel à Paris en 1818, par plusieurs éditeurs de Londres.

CORRESPONDANCE

Un des frères de Beethoven, Kaspar Karl, proposa cette *Sonate*, avec la *Sonate op. 49 n° 2*, ainsi que d'autres œuvres, à André à Offenbach le 23 novembre 1802 [1., 113], à Breitkopf & Härtel à Leipzig le 27 août 1803 [1., 153], qui refusèrent. Finalement, ces deux Sonates faciles furent éditées par le Bureau d'Art et d'Industrie à Vienne en janvier 1805, sans dédicace (alors que l'occasion de la composition de l'une et de l'autre était certainement pour une de ses élèves).

WoO 54

Klavierstück « Lustig – traurig »

Lustig, 3/8, ut *majeur – 16 mes.*
Traurig, 3/8, ut *mineur – mes. 17 à 38 (Lustig da capo)*

TEMPS DE LA COMPOSITION

Vers 1798

CONTEXTE BIOGRAPHIQUE

Cette petite composition qui joue sur l'opposition du majeur et du mineur, en subvertissant les attentes d'un majeur rapide et sautillant et d'un mineur lent et discontinu, avait sans doute plus qu'un but didactique (vraisemblablement à l'insu du compositeur lui-même). À Bonn, Beethoven avait été formé par Neefe, qui lui avait enseigné que la musique instrumentale devait exprimer des sentiments variés et nuancés, reconnaissables par l'auditeur (Neefe avait fait publier en 1785 à Bonn ses réflexions sur la musique et le compositeur dans un ouvrage regroupant plusieurs articles intitulé *Dilettanterien*, vendu par souscription) : ainsi, l'opposition de la joie et de la tristesse voulue par Beethoven dans cette petite pièce pour piano fait de ce morceau une référence implicite au temps de Bonn et à son maître Neefe, tout en étant l'équivalent d'un motto, d'une devise au moyen de laquelle Beethoven cherchait à se définir. De fait, le rapport de la joie et de la tristesse est une constante dans son œuvre, pierre angulaire de sa spiritualité (ce dont témoignent, entre autres, plusieurs lettres à son amie la comtesse Marie Erdödy en 1815 [3., 827; 833] dans lesquelles il évoque la « joie à travers la souffrance »).

PRÉSENTATION DE L'ŒUVRE

Cette courte page très simple, qui a la structure d'un menuet ou d'un scherzo avec trio central, est constituée de deux éléments contrastés. Ils sont à 3/8, sans indications d'intensités et sans précision de tempo, mais l'écriture de l'élément « Lustig » (8 + 8 mes.) est une phrase de quatuor legato, souple et discontinue dans une pulsation à la croche, tandis que l'écriture de l'élément « Traurig » (8 + 14 mes.) est minore en doubles croches continues, chantant et expressif, le rythme étant par moment caractérisé par des syncopes (comme dans les mouvements lents lyriques).

SOURCES

L'autographe, partie de l'inventaire après décès (à Berlin), porte les mentions : « lustig » en tête, et « traurig » à la sixième ligne.

PUBLICATION

En 1888, dans la GA.

Opus 50

Romance pour violon et orchestre en *fa* majeur

Adagio cantabile, ¢, fa *majeur, 103 mes.*

TEMPS DE LA COMPOSITION
Durant l'automne 1798.

CONTEXTE BIOGRAPHIQUE
Beethoven a inauguré le genre de composition pour violon solo et orchestre, genre très apprécié au cours du XIXe siècle. Il semble qu'il se soit inspiré du modèle français de la romance instrumentale pour composer des œuvres qui, espérait-il, faciliteraient son accueil à Paris, où il avait le projet de séjourner quelque temps, si ce n'est de s'établir.

Une première exécution publique eut sans doute lieu le 5 novembre 1798 lors d'un concert au cours duquel Ignaz Schuppanzigh aurait joué « un concerto de Viotti et un Adagio de Beethoven » (d'après un article de C.F. Pohl dans la *Wiener Neue Presse* du 18 décembre 1869). Même si l'article ne mentionne qu'un *Adagio*, il s'agit certainement de la *Romance* en *fa* majeur (le terme « romance » ne s'étant pas encore imposé pour nommer une pièce instrumentale de caractère chantant, sans aucune implication de forme ou de genre; d'autre part, ce terme « Adagio » est utilisé par le frère de Beethoven au moment où il propose cette *Romance* à un éditeur).

D'après une conversation du 23 avril 1826 (*BKh* 9, Heft 109, p. 223), Schuppanzigh devait jouer le 11 mai (jour d'un des concerts de l'Augarten) « une des romances » que Beethoven aurait « composées pour lui ».

PRÉSENTATION DE L'ŒUVRE
Le « Violino principale » commence par une longue phrase mélodique de huit mesures (sur accompagnement harmonique des autres cordes), phrase que tout l'orchestre reprend. L'ensemble de ce morceau est de forme rondo, ABACA coda, avec un fort caractère d'improvisation dans un style rhapsodique. La Coda est articulée en deux sections bien différenciées.

SOURCES
Le manuscrit autographe à Washington, porte la mention « Romance ».

PUBLICATION
L'édition originale parut en mai 1805 à Vienne au Bureau d'Art et d'Industrie, avec un titre en français :

« ROMANCE / pour le / Violon Principal, / 2 Violons, Alto, Flûte, 2 Hautbois, 2 Bassons, / 2 Cors et Basse, / composée par / Louis van Beethoven / Op. 50 [...] »

La *Wiener Zeitung* annonça la publication le 15 mai 1805.

Une autre édition parut chez André à Offenbach en 1806.

Une transcription pour quatre mains parut chez Steiner en 1824, avec le titre de : « Romance favorite... arrangée en Rondeau brillant... à 4 mains par Ch. Czerny. Œuvre 44 ».

La première partition date de 1863 (GA).

CORRESPONDANCE
Un des frères de Beethoven, Karl, proposa cette *Romance* « avec accompagnement instrumental complet », à Breitkopf & Härtel à Leipzig et à André à Offenbach les 18 octobre [1., 107] et 23 novembre 1802 [1., 113]; puis à nouveau à Breitkopf & Härtel (qui avaient refusé l'œuvre le 3 novembre 1802 [1., 109]), le 27 août 1803 [1., 153], la présentant comme « un Solo pour le violon avec un certain accompagnement » (l'éditeur refusa le 20 septembre 1803 [1., 156]).

WoO 127

Neue Liebe, neues Leben

Lied pour voix et piano sur un poème de Goethe (première version)
Agitato, *6/8,* ut *majeur – 138 mes.*

TEMPS DE LA COMPOSITION
À la fin de l'année 1798, Beethoven composa une première version de ce Lied, sur un poème que Goethe publié en 1789 (dans le huitième volume de ses *Œuvres complètes* éditées par Georg Joachim Göschen entre 1787 et 1790).

CONTEXTE BIOGRAPHIQUE
Beethoven a sans doute été influencé dans le choix du poème par la version musicale de

Johann Friedrich von Dalberg, parue dans une des dernières publications musicales de Bossler en 1796, parmi les quinze « Lieder dédiés aux amis et amies du clavier et du chant pour un divertissement moral et agréable ».

Cette première version a été commencée peu avant la *Canzonetta « La Tiranna » WoO 125*, et avant la rencontre avec les sœurs Therese et Josephine Brunsvik, en mai 1799. Elle fut sans doute mise au point en même temps que les *Variations à quatre mains sur « Ich denke dein »* de Goethe (donc 1799). Le thème de ce Lied donne une idée des dispositions sentimentales de Beethoven au moment où il rencontra les sœurs Brunsvik, et, étant donné qu'il a offert ce Lied à d'autres jeunes filles dont il tomba amoureux (à Therese Malfatti en mai 1810, puis à Bettina Brentano peu de temps après [voir *op. 75*]), il reflète aussi un des traits permanents de la personnalité de Beethoven : sa capacité de tomber amoureux au point d'en être bouleversé.

Beethoven a sans doute eu l'occasion de faire entendre ce Lied (entre autres dans les salons du comte Deym, qui épousa Josephine le 29 juin 1799 juste après le séjour des jeunes filles à Vienne), mais il ne semble pas s'être soucié de le faire publier. Pourtant il fut édité par Simrock à Bonn en 1808, à son insu (on ne sait pas comment Simrock s'est procuré le manuscrit).

Sans doute en réaction à cette publication d'une œuvre qu'il n'avait par revue, Beethoven retravailla cette première version au moment où, en 1808/1809 il fut amené par les directeurs d'une nouvelle revue, *Prometheus,* à s'intéresser de près à la poésie du poète (cette revue devait publier des Lieder sur des poèmes de Goethe en regard d'un nouvel écrit de Goethe conçu pour cette revue : *Pandora*). Beethoven publia cette nouvelle version (qui diffère peu de la première) comme numéro deux d'un ensemble de six Lieder, l'*opus 75*, qui parut chez Breitkopf & Härtel en octobre 1810 (ce *Lied* fut donc retravaillé au moment où Beethoven composait la musique de scène d'*Egmont op. 84*).

PRÉSENTATION DE L'ŒUVRE

Ce poème de Goethe comprend trois strophes de huit vers. Il s'agit du monologue d'un amant que la rencontre d'un nouvel amour a bouleversé au point de ne plus savoir où il en est : sa tentation est alors de fuir ce qui le rend étranger à lui-même.

Herz, mein Herz, was soll das geben?
Was bedränget dich so sehr?
Welch ein fremdes, neues Leben!
Ich erkenne dich nicht mehr.
Weg ist alles, was du liebtest,
Weg, warum du dich betrübtest,
Weg, dein Fleiss und deine Ruh' –
Ach, wie kamst du nur dazu?
Nouvel amour, nouvelle vie
Cœur, mon cœur, que t'arrive t-il ?
Qu'est-ce qui t'oppresse à ce point ?
Quelle vie étrange et nouvelle ?
Je ne te reconnais plus.
Loin tout ce que tu aimes,
Loin tout qui t'afflige,
Loin ton travail et ton repos,
Ah ! Comment donc est-ce arrivé ?

Fesselt dich die Jugendblüte,
Diese liebliche Gestalt,
Dieser Blick voll Treu und Güte
Mit unendlicher Gewalt?
Will ich rasch mich ihr entziehen,
Mich ermannen, ihr entfliehen,
Führet mich im Augenblick,
Ach, mein Weg zu ihr zurück.
Te sens-tu enchaîné, pouvoir sans limites
Par cette jeunesse en fleur,
Cette forme charmante
Et ce regard sincère et bon ?
Si je veux m'esquiver,
Me ressaisir, lui échapper,
À l'instant même mon chemin,
Ah ! Me ramène vers elle.

Und an diesem Zauberfädchen,
Das sich nicht zerreißen lässt,
Hält das liebe, lose Mädchen
Mich so wider Willen fest;
Muss in ihrem Zauberkreise
Leben nun auf ihre Weise.
Die Veränderung, ach, wie groß!
Liebe! Liebe! Lass mich los!
Et, par ce fil magique
Plus fort que toute volonté,
Cette chère et mutine
Me tient, en dépit que j'en aie.
Dans son cercle enchanté
Maintenant je dois vivre.
Ah ! Qu'il est grand le changement !
Amour, amour, va t-en !

Au lieu de conserver la structure en trois strophes, Beethoven a conçu une partition qui confère une nouvelle organisation au poème, dans une composition musicale continue : strophe 1 – strophe 2 – strophe 1 – strophe 2 – strophe 3, ce qui lui permettait d'insister sur le trouble éprouvé par l'amant.

La musique est en *ut* majeur, à 6/8, dans un tempo qualifié d'Agitato en 1798/1799 (de « Lebhaft, nicht zu sehr » [animé, sans plus] en 1809). L'accompagnement, discontinu et haletant, s'associe à la mélodie inscrite dans le balancement du 6/8 et la tonalité d'*ut* majeur, pour rendre perceptible cette agitation intérieure, déchirante, mais malgré tout consentie (les accords de septième diminuée soulignent le constat que lorsqu'il cherche à s'en éloigner, son chemin le ramène toujours vers elle). L'interrogation, « ach, wie kamst du dazu ? » (comment en es-tu arrivé là ?) est mise en valeur par une suspension harmonique et un commentaire de quelques mesures continues au piano seul. La mélodie quelque peu brodée et l'accompagnement pressant de la dernière strophe insistent sur les changements intérieurs entraînés par l'irruption de l'amour et la musique se fait manifestation même de la pression du désir, sans médiation et instantanément.

SOURCES

Le manuscrit autographe est inconnu, mais il reste la copie faite par Beethoven en 1809 pour servir à la gravure de la deuxième version (il voulait vraisemblablement faire passer cette copie corrigée pour le manuscrit original).

Il existe un fac-similé, publié dans Ludwig van Beethoven, *Drei Lieder nach Gedichten von Goethe*, avec un commentaire d'Helga Lühning, Verlag Beethoven-Haus Bonn, 1999.

PUBLICATION

Au début de l'année 1808, sans l'autorisation de Beethoven, par Simrock avec *Der freie Mann WoO 117* et *Opferlied WoO 126* :

« III / DEUTSCHE LIEDER. / In Musick gesetzt / von / L : van BEETHOVEN. / Bey N : Simrock in Bonn. »

En 1822, Johann August Böhme publia ce Lied à Hambourg, en reproduisant la version de Simrock avec certaines des modifications de la seconde version (après avoir repris la publication de Simrock, Böhme a dû se rendre compte que Beethoven avait publié une autre version).

WoO 125
La Tiranna

Lied pour voix avec accompagnement de piano sur un texte de William Wennington Andante, 2/4, mi *bémol majeur – 81 mes.*

TEMPS DE LA COMPOSITION

Fin 1798 (d'après les esquisses)

CONTEXTE BIOGRAPHIQUE

Beethoven a sans doute fait la connaissance chez le prince Lichnowsky de Wennington, écrivain et amateur de musique, qui passa quelque temps à Vienne en 1798. Il a peut-être composé ce Lied à la demande de l'auteur, qui se chargea de le publier – c'était une façon pour Beethoven de se faire connaître en Angleterre.

PRÉSENTATION DE L'ŒUVRE

Le texte n'est connu que par le Lied de Beethoven. Le titre, « Canzonetta La tiranna », laisse supposer qu'il s'agit d'une traduction d'un poème italien. Beethoven composa sur le texte en anglais (les esquisses montrent qu'il s'est servi de transcriptions phonétiques).

Ah grief to think ! ah woe to name,
the doom that fate has destin'd mine !
Forbid to fan my wayward flame,
and, slave to silence, hopeless pine !
Chagrin de l'esprit ! Malheur indicible,
le destin que le sort me réserve
empêche ma flamme de se raviver,
esclave du silence, langueur désespérée !

Imperious fair ! in fatal hour,
I mark'd the vivid lightnings roll,
That gave to know thy ruthless pow'r,
and gleam'd destruction on my soul !
Loyauté impérieuse ! En cette heure funèbre,
Les éclairs et roulements du tonnerre,
Montrent ton pouvoir impitoyable,
Lueur de destruction pour mon âme !

Le Lied est de forme a-b-a – coda, la première strophe (a) reprise et la coda soulignant « hopeless pine ! » (langueur désespérée).

Après 8 mesures d'introduction au piano dans un *mi* bémol majeur bien établi, sur un rythme assez léger, la voix reprend la mélodie déjà énoncée pour les deux premiers vers, puis en *si* bémol majeur, avec des modulations et un rythme un peu heurté, la voix chante les deux vers suivants. La partie centrale est très dense, plus rapide et plus dramatique par ses modulations et l'affrontement entre les traits du piano et ceux de la voix, qui fait de larges sauts.

PUBLICATION

Avec le titre de « CANZONETTA / LA TIRANNA », le 12 décembre 1799, à Vienne et à Londres (l'édition de Vienne n'a pas été retrouvée) :

« A Favourite / CANZONETTA / for the / Piano-Forte, / Composed by / L. VON BEETHOVEN, / of / Vienna, / THE POETRY by W^M WINNINGTON, / and by him / most respectfully dedicated to / Mrs Tschoffen. / Enter'd at Stationer's Hall./ Published in VIENNA by the Principal Music Shops, / and in LONDON, by Messrs Broderip & Wilkinson, Hodsoll & Astor & C° ».

SOURCES

L'autographe est perdu.

Opus 128

Ariette pour voix et piano, sur le poème *Der Kuß*, de Christian Felix Weiße, éditée par B. Schott's Söhne au printemps 1825.

Voir décembre 1822 (neuvième partie)

Opus 13

Sonate pour piano en *ut* mineur, « *Grande Sonate pathétique* »

Grave, **C**, ut *mineur (10 mes.) – Allegro di molto e con brio,* **¢**, ut *mineur – 310 mes.*
Adagio cantabile, 2/4, la *bémol majeur – 73 mes.*
Rondo. Allegro, **¢**, ut *mineur – 210 mes.*

TEMPS DE LA COMPOSITION

Durant les années 1797 et 1798 (elle ne fut publiée qu'au cours de la seconde moitié de l'année 1799). Il est possible que le Rondo ait été conçu d'abord pour piano et violon, les esquisses se trouvant au milieu de celles des *Trios à cordes op. 9* n° 1 et n° 3.

CONTEXTE BIOGRAPHIQUE

Beethoven a accepté que l'éditeur inscrive sa nouvelle *Grande Sonate* (la *8*^e) dans la catégorie du pathétique, ce qui impliquait une référence aux genres littéraires de la tragédie et de l'ode, genres antiques actualisés par Klopstock et par Schiller, et intégrés dans le domaine de la musique vocale par Neefe, un des premiers maîtres de Beethoven, qui employa le terme « patetico » à deux reprises dans son Monodram *Sophonisbe* (représenté à Bonn en 1782 et 1783).

Le succès de cette *Grande Sonate Pathétique* témoigne de la rencontre entre les idées de Beethoven et une certaine attente du public qui reconnaissait dans cette œuvre instrumentale les caractéristiques que Schiller avait développées dans son ouvrage intitulé *Über das Pathetische* (*Sur le Pathétique*) paru en 1793 (il insistait sur le lien entre le pathétique et la grande âme, connaissant l'*Allgemeine Theorie der schönen* Künste [*Théorie générale des Beaux-Arts*] de Sulzer, plusieurs fois éditée entre 1771 et 1786, qui définissait les termes « *pathos, pathetisch* » : « mots grecs » qui nomment une souffrance d'un genre particulier, mélange de peur, d'effroi et de sinistre tristesse, souffrances que seules les grandes âmes peuvent ressentir). Cette *Sonate* peut, de fait, être considérée comme appartenant à la catégorie du pathétique en raison d'un ensemble de données formelles propres à son écriture : outre la tonalité d'*ut* mineur (qui connote souvent, en cette fin du XVIIIe siècle, la souffrance morale ou le deuil, comme la *Maurerische Trauermusik* K. 477 de Mozart en témoigne), le Grave, qui ouvre l'œuvre, marque l'écoute de l'ensemble de cette *Sonate*[1].

Ce Grave initial est le second élément énigmatique de l'œuvre. Seules les symphonies pouvaient débuter ainsi (ainsi les *Symphonies* n°s 93-104 de Haydn écrites pour Londres entre 1791 et 1795). Il est vrai que Neefe et le jeune Beethoven (en 1783 avec sa *Sonate* en *fa* mineur *WoO 47* n° 2, qui commence par un Larghetto maestoso, la partie lente réapparaissant dans le cours du mouvement) avaient déjà osé commencer une sonate pour piano de cette manière.

Ainsi, par la conception de cette *Sonate*, Beethoven répondait à l'attente d'une partie

1. Ce qu'André Boucourechliev a souligné dans son *Beethoven*, Solfèges/Le Seuil, Paris, 1963, p. 31.

du public viennois d'œuvres appartenant à la catégorie du « sublime ».

Présentation de l'œuvre

1. Le premier mouvement commence par un tempo Grave, suivi d'un autre très contrasté par sa vitesse et son énergie, un Allegro molto e con brio.

Ce Grave est dominé par des accords de septième diminuée sans polarité tonale, par la violence de sauts d'octave doublés d'un *forte/piano*, et par le contraste entre le poids d'une masse sonore, au rythme et à l'harmonie tendus, et la détente de gammes à la trajectoire dynamique. Des gammes mènent une première fois à la tonalité de *mi* bémol majeur, aussitôt déstabilisée par les accords de septième diminuée et les *fortissimo* suivis de *piano*, et une seconde fois à une suspension harmonique, résolue par une longue descente chromatique et l'injonction « attaca subito il Allegro » ; ce nouveau tempo installe une autre forme de tension, d'autant plus imposante qu'il s'agit d'un Allegro molto e con brio, c'est-à-dire rapide et énergique. Cette partie Allegro ne peut être envisagée qu'en fonction du Grave : ces deux modalités opposées d'écoulement du temps, liées à des textures sonores différenciées et spécifiques, prenant en charge la tension inhérente à la forme sonate. Ainsi, ce premier mouvement, après un développement et une reprise aussi emportée que l'exposition, se termine par une Coda faite de la succession du tempo Grave et du tempo Allegro, l'un et l'autre dominés par l'importance de silences qui déchirent le tissu sonore.

2. Le mouvement suivant Adagio cantabile installe un calme méditatif proche de cette représentation de la grandeur d'âme antique admirée par Goethe et Schiller à la suite de Winckelmann. Son thème de huit mesures dans le style d'un lied revient cinq fois.

3. Dans le Rondo final, Allegro, toujours en *ut* mineur, un refrain établit un lien avec le premier mouvement pour en reprendre la dynamique. L'écriture des couplets est le plus souvent polyphonique. Une Coda termine ce mouvement après la quatrième apparition du thème.

Ces deux derniers mouvements semblent confirmer les analyses de Schiller concernant l'effet esthétique du pathétique, qui ne procéderait que de la domination de la souffrance par la puissance morale de l'homme : « Le pathétique est un malheur construit par l'art » écrivait-il à la même époque dans *Über das Erhabene* (*Du sublime*), c'est-à-dire qu'il consiste en une œuvre d'art destinée à amener l'homme à se défaire de l'emprise de ses affects sous le choc de l'émotion.

L'œuvre vue par les contemporains

Dans une lettre du 6 mai 1803, Ferdinand Ries écrit à Nicolas Simrock qu'il prend des leçons de plus d'une heure avec Beethoven trois fois par semaine, et qu'il sera bientôt capable de jouer la « Sonate pathétique », commentait-il [1., 136].

Un article de l'*AMZ* qui annonçait la publication de cette *Sonate* (n° 21, 19 février 1800, col. 373), en soulignait sa grande valeur esthétique et l'enthousiasme du public viennois – la seule objection à formuler était que le thème du Rondo n'avait rien d'original. L'auteur confirmait qu'elle était vraiment pathétique en analysant rapidement le Grave modulant, l'Allegro plein de feu, l'Adagio coulant qui installe une sorte de repos et le Rondo final qui réveille la souffrance initiale. Il faisait toutefois remarquer que le thème du Rondo ne lui était pas inconnu, qu'il ne s'agissait pas, par conséquent d'une idée neuve.

Czerny en 1842, la présentait ainsi : « Cette Sonate, plus simple à étudier que les précédentes, est particulièrement appréciée.

L'introduction Grave doit être pathétique, jouée lentement avec des accords pesants, l'Allegro qui suit, dans un style symphonique. Le mouvement lent doit être legato et le chant bien ressortir. Le Rondo final doit être animé avec des accents plaintifs, la partie centrale douce et éloquente et la fin fougueuse. »

Sources

Le manuscrit autographe est perdu.

Les deux premières mesures se trouvent sur une des pages d'un cahier d'esquisse utilisé entre 1799 et 1801 (conservé à Berlin, il contient des esquisses pour les *Sonates opus 23, 24, 27* n° 1, pour le premier mouvement de la *Deuxième Symphonie* et pour la musique du ballet *Les Créatures de Prométhée*).

Publication

L'édition originale, qui date de la fin de l'année 1799, fut assurée à Vienne par

Hoffmeister (et non par Eder) ; elle porte un titre en français :

« Grande Sonate pathétique / Pour le Clavecin ou Piano-Forte / Composée et dediée / A son Altesse Monseigneur le Prince / CHARLES DE LICHNOWSKY / par / Louis Van Beethoven / Œuvre XIII. [...] »

La *Wiener Zeitung* annonça la parution le 18 décembre 1799.

D'autres éditions furent assurées par Simrock à Bonn en 1800, par Breitkopf & Härtel à Leipzig en 1810, 1819, 1823, par le Bureau de Musique à Leipzig et par Hoffmeister à Vienne, par Schott et Zulehner à Mayence, par Pleyel à Paris au plus tard en 1803, par Nägeli à Zurich en 1804, par Cappi à Vienne au cours des années 1820, et également à Londres vers 1820.

Cette Sonate fut transcrite pour neuf instruments à vent (« Harmonie pour 2 hautbois, 2 clarinettes, 2 cors, 2 basson et grand basson arrangée de Sonate pathétique, Imprimerie chimique » à Vienne, puis Steiner et Haslinger), pour quintette à cordes par Hoffmeister à Vienne en 1805 (la *Wiener Zeitung* annonça cette transcription le 13 mars 1805 : « la remarquable, aimée et connue de tous, *Sonate Pathétique* du célèbre M. v. Beethoven »), pour piano à quatre mains à Hambourg en 1826.

DÉDICATAIRE

C'est le même que celui de l'*opus 1* paru en été 1795. Le prince Lichnowsky était un des premiers mécènes de Beethoven à Vienne : il l'avait accueilli, puis lui avait offert l'hospitalité, et il s'apprêtait à lui verser régulièrement une rente. À cette date, malgré des froissements passagers, il y avait entre les deux hommes une amitié aussi sincère que leur disparité sociale le permettait (ce que Beethoven signala à plusieurs reprises dans ses lettres de 1801 à Wegeler [1., 65] et à Amenda [1., 67], ou dans une lettre du 16 janvier 1805 à Breitkopf & Härtel [1., 209] : « Il est vraiment – ce qui à ce niveau social est très rare – un des mes amis les plus fidèles et un soutien dans mon activité artistique »).

Opus 14

Sonates pour piano

N° 1 en mi *majeur*
Allegro, **C**, mi *majeur – 162 mes.*
Allegretto, 3/4, mi *mineur – 116 mes.*
Rondo. Allegro comodo, ¢, mi *majeur – 131 mes.*

N° 2 en sol *majeur*
Allegro, 2/4, sol *majeur – 200 mes.*
Andante, ¢, ut *majeur – 90 mes.*
Scherzo. Allegro assai, 3/8, sol *majeur – 254 mes.*

TEMPS DE LA COMPOSITION

En même temps que la *Sonate pathétique op. 13*, en 1798-1799. Les esquisses témoigneraient de recherches dès 1795.

CONTEXTE BIOGRAPHIQUE

Avec ces *Deux Sonates*, contemporaines de la *Grande Sonate pathétique op. 13*, Beethoven mettait en évidence les différentes facettes de ses capacités de création.

Ces *Deux Sonates* (les *9e* et *10e*) très différentes, proposent deux solutions nouvelles à la question de la composition d'une sonate pour piano : si la première s'intéresse surtout aux procédés de composition (éléments de construction et traitement du matériau), la seconde s'intéresse aux sonorités multiples créées par l'écriture (et donc la volonté du compositeur).

PRÉSENTATION DE L'ŒUVRE

Op. 14 n° 1 en *mi* majeur

L'Allegro initial commence par un long thème de douze mesures, formé de trois sections bien différenciées par leur structure (harmonique, de style fugué et polyphonique). Le second thème comprend également trois sections qui jouent sur les sonorités différenciées (ligne mélodique seule, opposition de registres, octaves). Le développement approfondit et élargit le matériau thématique en associant octaves et écriture harmonique. La fin de ce premier mouvement insiste sur la tonalité de *mi* majeur.

Le mouvement central de cette *Sonate* en trois mouvements est un Allegretto en *mi* mineur, qui associe les caractères d'un mouvement lent et ceux d'un Scherzo avec Trio. Le thème, énoncé à l'unisson, est omniprésent dans la section mineure de forme Lied. Un Trio très court, « Maggiore », en *ut* majeur fait contraste ; son motif est repris dans la brève Coda.

La *Sonate* s'achève par un Rondo Allegro comodo. La texture sonore et rythmique du refrain sur triolets de croches donne un côté plein d'allant à ce mouvement ; le deuxième couplet, qui ressemble à un développement ininterrompu du rythme de triolets de croches, est en *sol* majeur (tonalité surprenante par rapport à la tonalité de *mi* majeur). Une longue Coda très intense suit la quatrième apparition du thème.

Cette *Sonate* a été transcrite pour quatuor à cordes par Beethoven, ce qui souligne son caractère de musique de chambre et son écriture polyphonique.

Op. 14 n° 2 en *sol* majeur

L'Allegro initial associe l'homophonie et l'écriture polyphonique, dans un processus d'accélération rythmique pour le second ensemble thématique. Le développement assez long comprend une section très dense et emportée. L'ensemble de ce premier mouvement est dominé par une tension entre la métrique et le rythme (les courtes phrases sont décalées par rapport aux appuis attendus).

Ce premier mouvement de construction sans surprise est suivi d'un Andante en *ut* majeur, formé d'un thème (Beethoven indique sur la partition qu'il ne doit pas être répété : « la prima parte senza replica ») et de variations (avec reprise, sauf la dernière). Le thème est très simple et très délicat (succession de croches *staccato* séparées par un demi-soupir), la mélodie toujours reconnaissable dans les différentes variations qui jouent sur le jeu (*legato* ou *staccato*), la densité sonore (des accords de trois à six sons) et le rythme (en particulier les syncopes).

Le troisième et dernier mouvement est dénommé Scherzo, Allegro assai, par Beethoven (une sonate ne se terminait habituellement pas par un Scherzo, mais ici il s'agit d'une atmosphère plaisante, non d'une forme) ; il est de forme rondo avec un thème ascensionnel plein d'allant, et se termine par une longue coda qui joue avec la dynamique rythmique de ce thème.

Sources

Le manuscrit est perdu. Des esquisses se trouvent à Berlin, Londres, Stockholm et Washington.

Publication

L'édition originale a été assurée à Vienne en décembre 1799 par Tranquillo Mollo et Comp. ; elle porte un titre en français :

« DEUX SONATES / pour le Piano-Forte / Composées et Dediées / à Madame La Baronne de Braun / par / LOUIS VAN BEETHOVEN / Œuvre 14 [...] »

La *Wiener Zeitung* du 21 décembre 1799 annonça leur parution.

Ces *Sonates* furent éditées par Simrock à Bonn en 1800, par Hoffmeister & Kühnel à Leipzig en 1805, par Schott et Zulehner à Mayence, par André à Offenbach en 1810, par Pleyel à Paris et par différents éditeurs à Londres.

Elles furent transcrites pour quatuor à cordes : la première, transcrite par Beethoven en 1801-1802, fut publiée en mai 1802 à Vienne au Bureau d'Art et d'Industrie, dédiée à la baronne von Braun ; la seconde fut transcrite par Joseph Czerny et publiée chez Traeg vers 1813 (d'après une lettre à Breitkopf & Härtel du 13 juillet 1802, Beethoven ne voulait plus se charger de ce genre de transcription, bien qu'il ait été très fier d'avoir pu égaler ainsi Mozart et Haydn [1., 97]).

Dédicataire

Josephine, baronne von Braun, née vers 1765 à Vienne, fille d'un certain Högelmüller, mourut à Vienne le 13 février 1838. Elle avait épousé en 1795 le banquier Peter von Braun (1758-1819) qui dirigea, en tant que vice-directeur, les deux théâtres de la Cour (le Burgtheater et le Kärntnertortheater) entre 1794 et 1806. Dans une lettre datée du 22 avril 1802 et adressée à Breitkopf & Härtel, le frère de Beethoven, Kaspar Karl, qualifiait le baron von Braun d'« homme réputé pour sa bêtise et sa grossièreté » (le baron n'accordait pas facilement la possibilité de donner des concerts) et il trouvait d'autant plus inadmissible le comportement de ce baron directeur des théâtres (qui, comme il en avait l'habitude, venait de faire échouer le projet de concert de Beethoven) que sa femme avait reçu la dédicace de ces *Sonates* [1., 85, p. 107]. De fait, outre cet *opus 14*, Beethoven dédia la *Sonate pour cor op. 17*, à cette baronne qui, semble-t-il, était une bonne pianiste.

L'ŒUVRE VUE PAR SES CONTEMPORAINS

Czerny, en 1842, présentait ainsi les *Sonates* :

Op. 14 n° 1

« Le caractère du premier mouvement est noble et animé. Dans ce premier mouvement, les idées changent d'une manière poétique et constituent un petit tableau. Le caractère du Scherzo est sérieux, pas du tout humoristique. L'Allegro commodo doit être joué avec beaucoup d'aisance, avec une partie centrale puissante. »

Op. 14 n° 2

« Le premier mouvement est un des plus appréciés. Il doit être joué avec beaucoup de délicatesse, et beaucoup de fougue dans les passages forts. Le deuxième mouvement doit être alerte, étant donné la mesure « alla breve ». La dernière variation doit être assez animée, le Scherzo très humoristique et joyeux, joué avec beaucoup de vélocité. »

WoO 73

Dix Variations pour piano en *si* bémol majeur sur « *La Stessa, la stessissima* »

Thème extrait du Falstaff *d'Antonio Salieri*
Tema. Andante con moto, ¢, si *bémol majeur – 373 mes.*

TEMPS DE LA COMPOSITION

Cet ensemble de *Dix Variations* fut composé en janvier 1799, au lendemain de la représentation de *Falstaff, ossia : Le tre burle*, opéra comique de Salieri (livret de Carl Prosper Defranceschi), donné pour la première fois le 3 janvier 1799 au Kärntnertortheater. Beethoven ne fut pas seul à composer des variations sur ce duo : des *Variations* de Josephine Aurnhammer ainsi que de Joseph Wölfl furent également publiées à Vienne.

CONTEXTE BIOGRAPHIQUE

Beethoven, très intégré dans la vie musicale viennoise, allait souvent voir les opéras et opéras comiques au moment de leur création ou de leur reprise, et, selon la pratique sociale de l'époque, composait des variations sur des thèmes extraits des airs que le public avait particulièrement appréciés. Ces compositions lui permettaient de se faire connaître et étaient recherchées par les éditeurs soucieux de se créer une clientèle en proposant de nouvelles partitions.

Ainsi les *Variations* sur le *Falstaff* de Salieri furent composées et publiées immédiatement après la création de l'opéra-comique. Outre la satisfaction d'un public potentiel et l'hommage rendu à ce compositeur influent à Vienne, Beethoven a été séduit par l'humour des paroles du Duo, comme son interprétation musicale de thème en témoigne. Le thème est la découverte d'une lettre d'amour identique :

La stessa, la stessissima
Infino ad una virgola
I nomi soli variano –
Malgrado la mia collera,
Mi vien quasi da ridere –
Bizarra é in verità !
La même, tout à fait la même,
Jusqu'à la dernière virgule !
Seuls les noms diffèrent –
Malgré ma colère
J'ai envie de rire –
Comme c'est bizarre !

PRÉSENTATION DE L'ŒUVRE

Beethoven a retenu l'idée du « bizarre » en conférant une organisation asymétrique à son thème, formé de deux parties : la première de 17 mesures (8+9) et la seconde de 6, avec l'indication : « la seconda parte senza replica », ce qui est d'autant plus singulier qu'elle semble écourtée et sans conclusion. La césure entre les deux parties est appuyée par une mesure *f* et dense. L'asymétrie de la structure est renforcée par la succession des motifs (une courte broderie qui se répète durant six mesures, des accords piqués, des notes répétées, et une longue broderie de deux mesures). Les différentes variations jouent de cette asymétrie et des différents motifs en utilisant des types d'écriture variés. L'ensemble de l'œuvre joue également sur cette asymétrie : la dernière variation, très développée, sort du cadre habituel de ce genre de composition.

Var. I : le staccato est remplacé par une longue phrase legato, légèrement chromatique, sur des accords qui assurent le soutien harmonique.

Var. II : elle poursuit l'idée de la première variation (fluidité, mais avec effet d'accélération renforcé par le chromatisme).

Var. III : les accords piqués réapparaissent sur rythme syncopé « sempre legato », toujours sur l'idée de ligne chromatique.

Var. IV : des triolets *legato* évoquent une étude.

Var. V : Minore, la tonalité mineur accentue le lyrisme de la mélodie sur rythme pointé.

Var. VI : Maggiore, elle est dominée par une écriture fugato.

Var. VII : sa structure polyphonique très simple évoque une étude virtuose à deux voix.

Var. VIII : son style est proche de celui de la musique de chambre (les voix se combinent, se répondent).

Var. IX : la virtuosité sur de courtes broderies et dans un rythme saccadé joue des différents registres du piano, ce qui donne un côté très humoristique à cette variation.

Var. X : il s'agit d'un long final Allegretto (alla Austriaca) à 3/8 (207 mes.), commençant par évoquer le thème dans le style d'un Ländler, et se poursuivant par un développement (encadré par de longues phrases à une seule voix, la dernière très intense du fait de trilles continus), puis d'une Coda qui se termine par une courte reprise du thème dans sa première configuration (Tempo I, ¢).

SOURCES

Le manuscrit autographe n'a pas été retrouvé.

PUBLICATION

L'édition originale fut assurée à Vienne à la fin du mois de février 1799 par Artaria et Comp. ; le titre est en français :

« X VARIATIONS / pour Le Clavecin ou Piano-Forte / Sur le Duo La Stessa, la Stessissima / del'Opera Falstaff osia le trè Burle / – Composées et Dediées – / a Mademoiselle la Comtesse / Babette de Keglevics / par / LOUIS van BEETHOVEN [...] ».

DÉDICATAIRE

Anna Luise Barbara von Keglevicz (1780-1813) épousa le prince Innocenzo d'Erba-Odescalchi (1778-1831) le 10 février 1801. Beethoven lui a dédié plusieurs autres œuvres : la *Sonate pour piano op. 7* (1797), le *Concerto pour piano op. 15* (1801), les *Variations pour piano op. 34* (1803).

L'ŒUVRE VUE PAR LES CONTEMPORAINS

Ces *Variations* semblent avoir dérouté les premiers critiques, tel celui de l'*AMZ*, du 19 juin 1799, col. 607 : « On ne peut absolument pas en être satisfait. Elles sont rigides et recherchées et comportent trop de passages bizarres ou de rudes tirades de demi-ton qui se succèdent à l'encontre de la basse, créant un effet affreux et vice versa ! Non, vraiment ! M. v. B. est peut-être capable d'improviser, mais il ne sait pas écrire des Variations. »

WoO 74
Ich denke dein (Je pense à toi)

Six Variations pour piano à quatre mains *en* ré *majeur sur un poème de Goethe*
Andante cantabile, ¢, ré *majeur – 130 mes.*

TEMPS DE LA COMPOSITION

En 1799, Beethoven composa les *Variations* 1, 2, 5, 6. Il ajouta les *Variations* 3 et 4 au mois d'août 1803 (entre les dates limites du 2 août et du 6 septembre 1803), après avoir emprunté l'album de Therese Brunsvik, à laquelle il tarda de le restituer : il ne l'avait pas encore rendu le 1er novembre 1803, comme en témoigne une lettre de Charlotte Brunsvik à son frère Franz (citée par La Mara, *Beethoven und die Brunsviks*, p. 42).

CONTEXTE BIOGRAPHIQUE

Beethoven composa ces *Variations* pour les deux sœurs, Therese et Josephine Brunsvik, auxquelles il avait donné des leçons de piano au cours de leur bref séjour à Vienne – 18 jours en mai 1799, le temps pour la famille Brunsvik de trouver à marier Josephine (1779-1821) au comte Joseph Deym (1752-1804), tombé amoureux d'elle dès qu'il l'aperçut lors d'une visite de la famille à son cabinet de curiosités et d'objets d'art (cf. *WoO 33*, 1799).

Beethoven fut tellement enthousiasmé par cette rencontre avec des jeunes filles rieuses et pleines de vitalité qu'il voulut leur laisser un témoignage du plaisir qu'il avait eu à faire de la musique avec elles. Puis, après le mariage de Josephine et du comte Joseph Deym célébré le 29 juin 1799, Beethoven, proche ami du couple, était souvent reçu chez eux : il donnait des leçons à Josephine et participait aux soirées (musicales) qui avaient lieu dans leur maison. C'est dans ce contexte qu'au cours de l'été 1803, il emprunta l'album aux sœurs Brunsvik pour y ajouter deux Variations – avant la mort du comte Joseph Deym donc, le 27 janvier 1804, et avant le temps de l'intense relation amoureuse de Beethoven avec Josephine (essentiellement au cours de l'année 1805). Mais, c'est au moment où émergeait cet amour que les *Six Variations* furent publiées.

Quand, en septembre 1803, Beethoven proposa ses *Variations* à l'éditeur Hoffmeister de Leipzig, il tint à spécifier qu'il était l'auteur du Lied, composé sur un poème de Goethe : par conséquent, il signifiait implicitement qu'il ne s'agissait pas d'un air à la mode et que la musique était inédite, donc originale.

Ainsi, dans ce contexte particulier, plutôt que de se faire connaître et reconnaître en s'appropriant un air à la mode, Beethoven mit en musique un texte qui faisait sens pour lui et pour ses dédicataires. Et il a tenu à spécifier qu'il s'agissait d'un « souvenir », donc d'un moment vécu dont il voulait conserver une trace pour le faire revivre.

Même si cette œuvre instrumentale est une œuvre de circonstance, c'est encore en s'appropriant musicalement un poème de Goethe que Beethoven a choisi de perpétuer le souvenir de moments heureux, vécus à une époque très productive de sa vie. En pleine possession de ses capacités créatrices et capable de répondre aux attentes d'un public de mélomanes appartenant encore à l'aristocratie viennoise, Beethoven multiplia les types et genres de composition, allant des plus amples (les deux premières *Symphonies, op. 21* et *op. 36*, ou le troisième *Concerto pour piano, op. 37*) au plus intimes (les *Sonates pour piano*, de la *Pathétique op. 13* aux *Sonates quasi una fantasia op. 27* n° 1 et n° 2) en passant par la convivialité de la musique de chambre (les *Six Quatuors à cordes op. 18*, les *Sonates pour piano et violon op. 12, 23* et.*24*, le *Septuor op. 20* ou la *Sonate pour piano et cor op. 17*) ou par la musique de salon (menuets, danses allemandes, contredanses, variations sur des airs à la mode, musique pour boîtes à musique). Beethoven était très conscient de sa situation comme en témoignent et sa lettre à son ami Wegeler, du 29 juin 1801, et sa lettre à son ami Amenda (rencontré à Vienne en 1798), du 1er juillet 1801 :

À Wegeler : « Mes compositions me rapportent gros, et je peux dire que j'ai même plus de commandes qu'il me serait presque possible d'en satisfaire. J'ai aussi pour chacun de mes ouvrages six ou sept éditeurs, voire davantage encore si je voulais m'en donner la peine : il n'y a plus d'accords à établir avec moi, j'exige et l'on paie. Joli plaisir comme tu vois. »

À Amenda : « [Lichnowsky] m'a depuis l'an dernier alloué une somme de 600 Gulden qui, jointe à la bonne diffusion de mes œuvres, me met en état de vivre sans avoir souci de mon entretien. Tout ce que je compose actuellement, je peux le vendre cinq fois plus et à des prix avantageux – J'ai composé pas mal de choses pendant ce temps-là. […] Depuis ton départ [fin de l'été 1799] j'ai composé en tout genre, à l'exception des opéras et de la musique religieuse. […] »

PRÉSENTATION DE L'ŒUVRE

Ces *Variations pour piano à quatre mains* ont un thème musical écrit par Beethoven pour les vers de la première strophe d'un poème de Goethe qui date de 1795, intitulé *Nähe des Geliebten* (*Proche présence de l'aimé*). Ce poème faisait partie du *Arienbuch der Claudine von Villa Bella*, adaptation par Goethe, pour le compositeur Zelter, du poème écrit par Matthisson en 1792, *Andenken* (poème que Beethoven mit en musique *WoO 136* en 1808, et peut-être déjà en 1805 pour Josephine).

L'œuvre commence avec la mélodie, harmonisée pour les quatre mains, qui accompagne les paroles du texte :

Ich denke dein, wenn mir der Sonne Schimmer
Von Meeren strahlt;
Ich denke dein, wenn sich des Mondes Flimmer
In Quellen malt.
Je pense à toi quand les feux du soleil
Rayonnent sur la mer;
Je pense à toi quand l'éclat de la lune
Se peint sur l'eau des sources.

Le poème de Goethe, qui a quatre strophes, évoque l'omniprésence du souvenir, qui ne comble pourtant pas l'absence de la personne aimée : images, métaphores, métonymies se succèdent dans une langue rythmée et le balancement des répétitions. Même si Beethoven n'a exigé la gravure que de la première strophe, les trois autres sont implicites, au moins pour les destinataires, avec lesquelles Beethoven partageait le même culture et le même amour pour la poésie de Goethe.

Ich sehe dich, wenn auf dem fernen Wege
Der Staub sich hebt;
In tiefer Nacht, wenn auf dem schmalen Stege
Der Wandrer bebt.
Je t'aperçois quand du chemin lointain
Unc poussière monte;
En pleine nuit aussi quand, sur l'étroit sentier
Le voyageur frissonne.

Ich höre dich, wenn dort mit dumpfem Rauschen
Die Welle steigt.
Im stillen Haine geh ich oft zu lauschen.
Wenn alles schweigt.
J'entends ta voix quand, avec un bruit,
La vague se soulève.
Je vais souvent au bois écouter
Le calme silence qu'il fait

Ich bin bei dir, du seist auch noch so ferne,
Du bist mir nah!
Die Sonne sinkt, bald leuchten mir die Sterne.
O wärst du da!
Je suis auprès de toi, aussi loin
Que tu sois, tu es proche!
Le soleil baisse et les astres vont luire.
Oh! Si seulement tu étais là!

Beethoven a pensé sa composition pour deux jeunes pianistes amateurs, et a écrit quatre variations pour piano à quatre mains (les *Variations* I, II, V et VI). Pour rendre les interprètes et élèves actives et complices dans ces moments joyeux, il a confié à chacune une partie de piano en relation avec celle de l'autre (il n'est pas question d'accompagnement mais d'intrication étroite des voix).

Les *Variations* ont chacune leur caractère, comme le genre l'exige, combinant broderies, rythmes énergiques, tendresse mélodique, tout cela inscrit dans une structure harmonique solide donnée par le thème; seule l'avant-dernière variation change de couleur et de métrique (elle est en *ré* mineur à deux temps), le tout couronné par une courte coda qui joue avec plusieurs motifs déjà exposés et exploités auparavant.

Le thème, en *ré* majeur Andante cantabile à deux temps qui donne une configuration musicale aux quatre vers de la première strophe, possède parfaitement la structure d'un thème de variation : 16 mesures (les 6 premières sur les deux premiers vers menant à la dominante, les six suivantes sur les deux autres vers retrouvant la tonique, tandis que quatre mesures finales constituent le commentaire, ponctué par une cadence parfaite).

Cette structure empêche toute symétrie et reste décalée par rapport à la métrique : elle s'appuie sur des temps faibles, ce qui donne une impression de déséquilibre. La structure est identique dans chacune des six variations, mais elle disparaît dans la coda où se réinstalle un équilibre par la mise en évidence de la cadence finale, constituée de deux fois quatre mesures, bien inscrites dans la métrique. Cet ensemble (thème, six variations, coda) associe dynamique, diversité, échange, complicité, dans une écriture harmonique qui laisse pourtant la place au déploiement mélodique sous différentes formes : l'indication du tempo est en étroite relation avec l'écriture, allante et chantante (Andante cantabile).

Ainsi, dans cette œuvre, l'écriture et la pratique musicale s'associent pour perpétuer et rendre éternellement présent le souvenir d'une amitié amoureuse, origine de ces *Variations*. L'amour inspire et incite à créer, à sortir de l'imitation pour proposer du nouveau.

Sources

Le manuscrit autographe des *Variations* I, II, V, VI se trouve à Berlin. Il côtoie les pièces pour boîte à musique *WoO 33*. Ce manuscrit faisait partie de l'inventaire après décès.

Publication

L'ensemble des *Six Variations* fut publié en janvier 1805, avec la mention de leur origine et de leurs dédicataires.

Le titre est en allemand :

« LIED MIT VERÄNDERUNGEN / zu vier Händen, / geschrieben im Jahre 1800 [*sic*] in das Stammbuch der Gräfinnen / Josephine DEYM et Therese BRUNSWICK [*sic*] / und beyden zugeeignet / von / Ludwig van Beethoven. / [...] »

Simrock à Bonn, André à Offenbach éditèrent ces *Variations* dès 1805.

Vers 1820 parut à Prague une édition établie à partir de l'album des sœurs Brunsvik, dans la version antérieure à l'adjonction des *Variations* 3 et 4, ne comprenant donc que les *Variations* 1, 2, 5, 6 (comptées de I à IV), avec le titre suivant :

« Musikalisches / Freundschafts-Opfer / dargebracht / den hochgeborenen Comtessen von / Brunswik [*sic*] / im Jahre 1799 / von / L. van Beethoven / Andantino canto und Variationen / für das Piano-Forte zu vier Händen. / Zum erstenmal gedrukt [*sic*] [...] »

Ces *Six Variations pour piano à quatre mains* constituent la première publication d'une œuvre de Beethoven sur un poème de Goethe (dont le nom ne figure pas sur la page de titre : seul le genre, « Lied mit Veränderungen », y est inscrit).

DÉDICATAIRE

C'est pour les sœurs Therese et Josephine Brunsvik, rencontrées en mai 1799, que Beethoven composa cette œuvre pour piano à quatre mains qu'il inscrivit sur leur album, le 23 mai 1799, au moment de leur départ de Vienne, avec la dédicace suivante :

« Pour l'album des deux comtesses von Brunswick [*sic*], Je ne souhaite rien tant qu'en jouant et en chantant de temps à autre cette petite offrande musicale, elles se souviennent de leur très dévoué Ludwig van Beethoven. Vienne, 23 MAI 1799. »

CORRESPONDANCE

Vers le 20 septembre 1803 [1., 157], Beethoven proposait à Hoffmann et Kühnel à Leipzig, à la place des *Variations pour piano, violon et violoncelle op. 44*, les *Variations à quatre mains* composées à partir d'un thème original sur le poème de Goethe *Andenken*, qu'il trouvait meilleures. Il exigeait que le Lied, qui servait de thème, soit gravé tel qu'il se trouvait dans l'album sur lequel il l'avait noté « [...] peut-être puis-je vous proposer à la place des Variations avec Violoncelle et violon [op. 44], les Variations à *quatre mains* sur un Lied de moi. Mais la poésie de Goethe qui l'accompagne devrait être aussi gravée, car j'ai écrit ces Variations en tant que souvenir [als Andenken] dans un album et je les considère meilleures que les autres. »

Le 25 octobre 1804 [1., 196], Beethoven demandait à Zmeskall comment s'écrivaient les noms « Brunswick *und* deyhm », en vue d'inscrire sans faute les noms des dédicataires sur la page de titre.

WoO 33

Œuvres pour instrument mécanique

WoO 33, 1 (Hess 103), Adagio en fa *majeur pour une « Spieluhr », 3/4 – 79 mes.*
WoO 33, 2 (Hess 104), Scherzo en sol *majeur pour une « Spieluhr », 3/4 – 32 mes.*
WoO 33, 3 (Hess 105), Allegro en sol *majeur pour une « Spieluhr », 2/4 – 78 mes.*
WoO 33, 4 et 5, voir Hess 106 (1792-1793)

TEMPS DE LA COMPOSITION

En 1799 pour les horloges mécaniques du Cabinet d'art de Müller à Vienne (Müller était le nom qu'avait pris le comte Joseph Deym à la suite d'un duel qui lui avait fait perdre son titre de noblesse).

CONTEXTE BIOGRAPHIQUE

Ces pièces furent écrites pour le comte Joseph Deym (1752-1804), avec lequel Beethoven entretenait des relations amicales, fréquentant particulièrement sa maison à la suite du mariage de celui-ci avec Josephine, une des sœurs Brunsvik que Beethoven avait eu tant de joie à rencontrer en mai 1799 (cf. *WoO 74*). Il continua donc à donner des leçons à Josephine, et fut souvent invité à faire de la musique dans les salons du comte et de la comtesse. Or, le comte Deym avait ouvert sous le nom de Müller, plusieurs années auparavant, un Cabinet d'art (avec copies de sculptures antiques, automates, figures de cire) qui comptait parmi les curiosités de Vienne (sur le Kohlmarkt jusqu'en 1796, il fut installé ensuite dans un très beau bâtiment entre l'Adlergasse et la Bastei). Beethoven accepta donc de composer quelques pièces pour les instruments mécaniques de ce Cabinet, prenant exemple sur Mozart qui avait déjà écrit en 1790-1791 quelques pièces pour une boîte à musique de cette collection (K. 594, 608 et 616, des copies des K. 594 et 608 se trouvaient dans l'inventaire après décès de Beethoven).

PRÉSENTATION DE L'ŒUVRE

L'Adagio assai en *fa* majeur, de forme ABA, est introduit pas un motif chromatique qui impulse la ligne mélodique. Dans la partie centrale assez développée, l'écriture joue sur la dimension spatiale des plans sonores.

Le Scherzo en *sol* majeur a un rythme très allègre. Le Trio en *ré* majeur, a une ligne rapide au rythme régulier.

L'Allegro en *sol* majeur est dominé par un rythme simple et joyeux. Aucune tension n'organise le discours musical de forme sonate avec coda.

SOURCES

Les manuscrits autographes (à Berlin) sont propres, avec quelques corrections. Les feuilles, sur lesquelles ils sont notés, contiennent également les *Variations pour piano à quatre mains WoO 74*.

PUBLICATION

L'Adagio en *fa* majeur fut publié par A. Kopfermann en mars 1902 dans *Die Musik*, vol. 1 n° 2,

Le Scherzo en *sol* majeur par B & H en 1921.

L'Allegro en *sol* majeur fut publié par W. Hess en mai 1957 dans *Ricoriana : Nuova Serie*, vol. 3, n° 5, Milan.

Le n° 1 Adagio fut transcrit pour piano et violoncelle en *ré* majeur par Jacques van Lier, Leipzig, 1902; pour piano seul en 1902, et piano et violon entre 1906 et 1910 à Stockholm; pour neuf instruments à vent exécuté à Bonn en 1902, publié par W. Hess chez B&H en 1957 (ce n'est aucunement la version originale de Beethoven).

Les n°s 2 et 3 furent transcrits pour piano à deux mains par Jean Chantavoine à Paris, *Au Ménestrel*, Heugel & Cie., en 1902, sous le titre de « Deux Airs pour boîte à musique ».

[WoO 12

Douze Menuets pour orchestre

Tous ces Menuets sont à 3/4, et ont 32 mesures (sauf le onzième qui en a 58)

ut *majeur*
la *majeur*
ré *majeur*
fa *majeur*
si *bémol majeur*
mi *bémol majeur*
ut *majeur*
fa *majeur*
ré *majeur*
si *bémol majeur*
mi *bémol majeur, 58 mes.*
ut *majeur*

TEMPS DE LA COMPOSITION

Ces *Menuets* sont vraisemblablement du frère de Beethoven, Kaspar Karl[1], et auraient été composés en novembre 1799 pour le bal masqué de la Redoute organisé par la « Pensionsgesellschaft bildender Künstler Wiens » (de même que les *WoO 7* et *8* en 1795), sans y être exécutés : ils furent joués ce 24 novembre dans la grande salle de la Redoute douze Menuets d'Anton Teyber et douze Allemandes du comte Wilhelm Lichnowsky, et dans la petite salle douze Menuets de Josef Lipavsky, ainsi que douze Allemandes de Franz Teyber, déjà jouées auparavant.

CONTEXTE BIOGRAPHIQUE

Ces *Menuets* n'ont pas été joués dans la petite salle de la Redoute en novembre 1799 parce qu'ils étaient mal écrits et mal instrumentés, comme le met en évidence l'analyse critique des partitions manuscrites : il s'agit en fait de pièces composées par le frère de Beethoven, Kaspar Anton Karl (8 avril 1774 – 15 novembre 1815), qui a reçu à Bonn une formation de musicien et voulait gagner sa vie à Vienne comme professeur de musique et compositeur. En 1800, il renonça à cette ambition pour devenir employé à K.K. Universal-Staatsschuldenkassa, mais il s'occupa finalement des affaires de Beethoven de 1802 jusqu'à son mariage en 1806, essayant de vendre aux éditeurs d'anciennes compositions de Beethoven, qu'il revoyait lui-même au besoin, ce qui déplaisait à Beethoven.

SOURCES

Il n'existe aucune esquisse, aucun manuscrit autographe, aucune publication émanant de Beethoven.

1. Comme le met en évidence Shin Augustinus Kojima (Bonn) dans l'article « Zweifelhafte Authentizität einiger Beethoven zugeschriebener Orchestertänze » in *Bericht über den Internationalen Kongreß Berlin 1977*, Leipzig 1978, p. 307-317.

Le matériel d'orchestre (16 parties) découvert en 1872 dans les archives de la Pensiongesellschaft bildender Künstler Wien porte comme nom d'auteur « Del Sigr. Luigi de Beethoven 1799 », mais il s'avère que le prénom qui s'y trouvait à l'origine, « Carlo », a été falsifié par l'archiviste Anton Ritter von Perger qui a découvert la copie (en 1799, le prénom aurait été rayé et remplacé par celui qui devait s'y trouver).

Il existe des partitions des n°s 1 (à Londres), 3, 9 et 11 (à Berlin) datant vraisemblablement de 1798/1799, manuscrits autographes peu lisibles, sans doute de Kaspar Karl van Beethoven.

La première édition critique a été établie par Willy Hess en 1955 (publiée à Cassel).

La première édition d'une réduction pour piano a été établie par Jean Chantavoine : elle fut publiée à Paris « Au Ménestrel » en 1903, avant l'édition de la partition d'orchestre en 1906.]

WoO 75

Sept Variations pour le piano en *fa* majeur sur « Kind, willst du ruhig schlafen »

Thème : quatuor extrait de l'opéra-comique de Peter Winter, Das unterbrochene Opferfest
Tema. Allegretto, 2/4, fa *majeur – 519 mes.*

TEMPS DE LA COMPOSITION

En 1799. Les esquisses sont mêlées à celles du *Quatuor à cordes op. 18* n° 5 et à celle des mouvements centraux du *Septuor op. 20.*

L'opéra-comique en deux actes de Peter Winter sur un livret de F. X. Huber, *Das unterbrochene Opferfest* (*Le Sacrifice interrompu*), fut représenté pour la première fois à Vienne le 15 juin 1796, et souvent rejoué les années suivantes (six fois en 1799). Plusieurs autres compositeurs ont écrit des variations sur ce quatuor vocal très apprécié.

CONTEXTE BIOGRAPHIQUE

La place des esquisses au milieu de celles pour d'autres œuvres témoigne de l'intensité du travail de Beethoven qui composait toujours plusieurs œuvres en même temps pour répondre aux commandes et aux sollicitations diverses (voir ses lettres à Wegeler et à Amenda de l'été 1801, extraits cités in *WoO 74*) : il était donc capable de penser au renouvellement de l'écriture pour quatuor tout en s'efforçant de satisfaire les éditeurs viennois avec des pièces qui ne pouvaient que séduire un public d'amateurs, ravi de s'approprier des airs à la mode.

PRÉSENTATION DE L'ŒUVRE

Le thème retenu par Beethoven est constitué de 49 mesures qui regroupent une exposition de huit mesures et sa répétition (une octavc au-dessous), une phrase intermédiaire encadrée par quatre mesures en écho, une récapitulation, une fin de phrase et enfin un postlude instrumental. Les variations conservent cette structure en associant l'ornementation et l'organisation autour d'un motif, le jeu propre au piano et le style de musique de chambre. L'importance du thème est contrebalancé par une très longue Coda.

Var. I : très ornementale, elle introduit un petit motif rythmique de notes répétées, qui revient souvent.

Var. II : encore ornementale, elle joue, dès la première mesure, sur un court trait ascendant qui donne beaucoup d'élan.

Var. III : très légère, elle repose sur des attaques *staccato* rapides et ininterrompues de phrases ascendantes discontinues.

Var. IV : en opposition, le jeu très *legato* semble s'emballer dans une virtuosité qui en fait est contrôlée.

Var. V : en style de musique de chambre, elle apporte une spatialisation de timbres différents (par les registres, la densité sonore, les attaques, l'intensité).

Var. VI : en mineur, elle s'inspire encore d'une écriture de musique de chambre très polyphonique avec plusieurs plans sonores.

Var. VII : conçue comme un véritable Finale (de 176 mesures avec la Coda), elle a un tempo Allegro à 3/4 (donc un rythme de danse) ; en contraste avec les variations précédentes, Beethoven n'utilise ni contrepoint ni style de musique de chambre, mais une grande virtuosité qui accentue l'effet d'élan. La Coda est un mouvement à elle seule (110 mes.) qui interprète le thème Allegro molto, et retrouve le 2/4.

SOURCES

Le manuscrit autographe est inconnu.

PUBLICATION

Décembre 1799 à Vienne chez Tranquillo Mollo avec un titre en italien :

« VII VARIAZIONI / dell Quartetto – Kind willst du richtig [*sic*] schlafen / Dell' Opera das Opferfest / per Clavicembalo o Piano-Forte / Dal Sigr / LUIGI VAN BEETHOVEN [...] ».

La *Wiener Zeitung* en annonça la parution en même temps que celle de l'*Opus 14*, le 21 décembre 1799.

Dès 1800, Simrock à Bonn, André à Offenbach faisaient paraître ces *Variations*.

WoO 76
Huit Variations pour piano en *fa* majeur sur « Tändeln und Scherzen »

Thème : trio de l'opéra Soliman II *de Franz X. Süßmayr*
Tema. Andante quasi Allegretto, 3/8, fa *majeur – 316 mes.*

TEMPS DE LA COMPOSITION

Automne 1799. Le Singspiel en deux actes de Franz Xaver Süßmayr, *Soliman II oder die drei Sultaninnen,* fut représenté pour la première fois sur la scène du théâtre de la Cour à Vienne à la fin du mois de septembre 1799 (et souvent rejoué les années suivantes). Une réduction pour piano parut chez Simrock à Bonn en 1801 (Ouverture et Gesänge).

CONTEXTE BIOGRAPHIQUE

Voir les *WoO 66-77*

PRÉSENTATION DE L'ŒUVRE

Les 24 mesures du thème sont regroupées en deux parties inégales : la première est composée de 8 mesures plus 6 mesures qui suivent une suspension harmonique sur point d'orgue, la seconde, répétée, est constituée des deux dernières mesures de la première partie et des quatre dernières. Ces deux sections sont séparées par une suspension du temps et de l'harmonie. Cette structure, ainsi que la mélodie, sont conservées dans chacune des huit variations.

L'ensemble de ces Variations se répartit en trois mouvements : le thème et les variations I à IV correspondent à un mouvement animé, les variations V à VII à un mouvement méditatif, et la variation VIII à un Finale.

Var. I : lyrique, elle se déploie sur des arpèges dans une écriture de musique de chambre.

Var. II : ornementale et rapide, elle repose sur un rythme de triolet.

Var. III : elle joue sur un motif initial très court et mordant, ce qui lui donne un caractère percussif et emballé.

Var. IV : très virtuose, elle met en valeur le jeu pianistique capable de parcourir le clavier.

Var. V : les sonorités changent pour se faire plus étouffées, en *ré* mineur.

Var. VI : mélodique, elle est très proche de la précédente, mais en *si* bémol majeur.

Var. VII : Adagio molto ed espressivo, lente et solennelle, elle déploie de longs trilles dans le style d'un mouvement lent.

Var. VIII : Allegro vivace, à 2/4, très pianistique, sur un motif en imitation, elle sert de Finale (120 mesures) et met en évidence le caractère scherzando du thème. Une Coda confirme cette impression, en insistant sur les suspensions de temps et d'harmonie, avant de laisser place aux 10 mesures finales Adagio à 3/8 d'une très grande amplitude.

SOURCES

Le manuscrit autographe est inconnu.

PUBLICATION

Vienne, décembre 1799, par Hoffmeister ; le titre est en français :

« VI Variations / Pour le Clavecin ou Piano-Forte / Sur le Trio / Tändeln und Scherzen / de l'Opera Soliman oder die drey Sultaninnen / Composées et dediées [*sic*] / à Madame la Comtesse de Browne / née Vietinghoff / Par / Louis van Beethoven. [...] »

La *Wiener Zeitung* du 18 décembre 1799 en annonça la publication en même temps que celle de l'*Opus 13*.

Simrock les publia à Bonn en 1801 ; Hoffmeister & Kühnel à Leipzig en 1802 ; Breitkopf & Härtel à Leipzig en 1809 ; André à Offenbach ; Zulehner puis Schott à Mayence.

DÉDICATAIRE

La comtesse Anna Margarete von Browne (voir *Opus 10*).

Opus 44
Quatorze Variations pour trio en *mi* bémol majeur sur « Ja ich muss mich von ihr scheiden »

Thème : Air du Singspiel Das rote Käppchen *de Carl Ditters von Dittersdorf*
Piano, violon et violoncelle
Tema. Andante, ¢, mi *bémol majeur (22 mes.) – 401 mes.*

TEMPS DE LA COMPOSITION

Impossible à déterminer avec précision : entre les esquisses de 1792 et la publication en janvier 1804. Beethoven a donc pensé à ces *Variations* en 1792 (en même temps qu'aux 13 *Variations pour piano WoO 66*) à la suite de la représentation de l'opérette de Carl Ditters von Dittersdorf, *Das rote Käppchen* (*La petite cape rouge*), qui eut un grand succès à Bonn en février 1792 (elle avait déjà été créée à Vienne en 1788, et Schott, à Mayence, en publia une réduction pour piano en 1792). Il a revu (ou composé) la partition sans doute au cours de l'été 1803 pour la publication.

CONTEXTE BIOGRAPHIQUE

Voir *WoO 66*, en 1792.

La publication de ces *Variations* est à mettre en relation avec les démarches du frère de Beethoven, Kaspar Karl, qui, chargé des négociations avec les éditeurs (depuis la fin de l'année 1801), proposait des œuvres anciennes, le plus souvent sans même consulter Beethoven – qui pourtant ne supportait pas qu'une de ses œuvres soit publiée sans qu'il ne l'ait revue, corrigée, améliorée.

PRÉSENTATION DE L'ŒUVRE

Le thème est celui de l'Air de Hans Christoph « Ja, ich muß mich von ihr scheiden » (n° 14 de l'opérette de Dittersdorf). Beethoven le réduit à un cadre harmonique très simple pour ensuite le déployer en l'ornementant, l'éclatant en brèves cellules rythmiques ou en jouant sur le tempo et le mode ainsi que sur les sonorités des trois instruments. Une variation plus ample termine cette suite de variations qui ressemble à une démonstration didactique des potentialités de l'exploitation de l'accord parfait.

Le thème léger affirme la tonalité de *mi* bémol majeur par des arpèges sur l'accord parfait à l'unisson et à l'octave, avant une légère modulation.

Var. I : se caractérise par la fluidité du piano et les interventions discrètes des cordes *sempre staccato*.

Var. II : confiée au piano seul avec un jeu legato et un rythme régulier.

Var. III : menée par le violon volubile (des triolets de croches).

Var. IV : menée par le violoncelle.

Var. V : le piano reprend les triolets de croches dans de longs traits.

Var. VI : commence par une phrase à l'unisson des trois instruments qui affirme la tonalité, et se caractérise par le jeu *staccato*.

Var. VII : Largo, 6/8 en *mi* mineur, le violoncelle et le violon lyriques échangent leurs phrases sur le soutien harmonique du piano.

Var. VIII : Un poco adagio, elle retrouve le *mi* bémol majeur et la métrique à ¢ ; la phrase lyrique est reprise par le piano.

Var. IX : retrouve le Tempo primo ; très rythmée et vigoureuse, elle se caractérise par la succession de trilles qui soulignent les notes tonales et délimitent un vaste espace sonore.

Var. X : toujours très rythmée et énergique, par imbrication de brèves cellules au rythme pointé.

Var. XI : très articulée entre les trois instruments, le violon et le violoncelle se répondant sur une même cellule rythmique souple.

Var. XII : se caractérise par la spatialisation des timbres obtenue par l'échange de brèves cellules au rythme pointé.

Var. XIII : Adagio, en *mi* bémol mineur, lyrique, menée par le piano.

Var. XIV : la variation finale commence Allegro à 6/8 de manière dynamique et joyeuse, puis un épisode lyrique Andante à ¢ précède une conclusion Presto menée par le jeu brillant du piano.

SOURCES

Des esquisses (à Vienne, GdM) datent de 1792-1793 (mêlées à celles des Lieder *Feuerfarb* et *An Minna*).

Le manuscrit autographe est perdu.

PUBLICATION

En janvier 1804, chez Hoffmeister & Kühnel à Leipzig :

« XIV / Variations / pour le / Fortepiano, Violon et Violoncelle / composés par / Louis van Beethoven. / Œuvre 44 [...] »

Correspondance

Fin octobre 1792 [1., 5], juste avant de partir pour Vienne, Beethoven disait à Stephan von Breuning (1774-1827) qu'il voulait récupérer « les Variations sur un Lied extrait de la petite cape rouge et un petit Rondo qu'il avait envoyés à Melle Lorchen » (il s'agit des *Variations pour piano WoO 66*, et peut-être également de l'*op. 44*, et du *Rondo WoO 41*).

Le 27 août 1803 [1., 153], le frère de Beethoven Kaspar Karl proposait plusieurs œuvres à B & H dont des « Variations pour clavier Violon et Violoncelle avec Introduction et un grand dernier morceau ». B & H décline cette proposition.

Le 10 septembre [1., 154], Hoffmeister et Kühnel de Leipzig écrivait à Hoffmeister & Comp. qu'il achetait six œuvres de Beethoven, dont ces *Variations pour trio*.

(Voir l'article de Petra Weber-Bockholdt « Beethovens *opus 44* » in *Beethovens Klaviertrios, Symposium München 1990*, G. Henle Verlag, München, 1992, p. 103-118).

WoO 128
Plaisir d'aimer

Romance pour voix avec accompagnement de clavier sur un texte français d'auteur inconnu. Adagio, **C***,* sol *majeur – 11 mes.*

Temps de la composition

1798-1799.

Présentation de l'œuvre

Les vers ne sont connus que par ce Lied.

« Plaisir d'aimer, besoin d'une âme tendre / que vous avez de pouvoir sur mon cœur / de vous, hélas, en voulant me défendre / je perds la paix sans trouver le bonheur. »

Les deux phrases musicales, très simples, l'une en *sol* majeur, l'autre en *ré* majeur avec modulations expressives, sont séparées par une petite ritournelle. Une conclusion de trois mesures accentue le lyrisme ingénu de cette Romance.

La voix est doublée et l'accompagnement est discret.

Publication

En 1902, dans la revue *Die Musik*, par Jean Chantavoine.

Sources

Des esquisses existent (à Berlin, Grasnick 1).

Une copie contemporaine de l'ensemble de la *Romance* a été retrouvée (il semble qu'elle ait été établie d'après le manuscrit de Beethoven).

Opus 18
Six Quatuors à cordes

Voir tableau page suivante.

Temps de la composition

Entre la fin de l'année 1798 (automne ou hiver) et l'été 1800, mais Beethoven a sans doute utilisé des esquisses plus anciennes. L'ordre de composition des *Quatuors* de Beethoven est le suivant : n° 3, 1, 2 (ces trois premiers ont été mis au propre entre la fin de l'automne 1798 et mai 1799), et n° 5, 4, 6. L'ordre de publication a été voulu par Beethoven.

Le n° 1 a été composé entre janvier et mars 1799 (Beethoven en donna une copie à Amenda le 25 juin, avec le titre « Quartetto N° II »), et il fut revu au cours de l'été 1800. Le n° 2, commencé juste après le n° 1, fut terminé en mai 1799 et revu au cours de l'été 1800. Le n° 3, antérieur, date de l'automne 1798 et fut terminé en janvier 1799. Une copie de ces *Trois Premiers Quatuors* fut remise au prince Lobkowitz au début du mois d'octobre 1799 (Beethoven perçut alors une somme de 200 Gulden). Le n° 4 fut sans doute écrit entre l'été et l'automne de la même année. Le n° 5 fut écrit entre juin et août, juste après les trois premiers. Le n° 6, entre avril et l'été 1800 ; Beethoven remit les *Six Quatuors* à Lobkowitz en octobre 1800 (vraisemblablement la première version des trois premiers, livrée en octobre 1799, lui fut restituée) et il reçut à nouveau 200 Gulden[1].

1. Pour la reconstitution de la chronologie de la composition des *Six Quatuors op. 18*, voir le texte de Sieghard Brandenburg, « Beethovens Streichquartette op. 18 », in *Beethoven und Böhmen*, Bonn, 1988, p. 259-310, et *Das Buch zum Programm, 35*. Beethovenfest, Beethoven-Hans, Bonn, 1997, p. 92-94.

Mouvements	***Tonalité***	***Métrique***	***Mesures***
N° 1	*fa* majeur		
Allegro con brio	*fa* majeur	3/4	313 mes.
Adagio affettuoso ed appassionato	*ré* mineur	9/8	110 mes.
Scherzo. Allegro molto / Trio	*fa* majeur / *fa* mineur	3/4	85 mes. 60 mes.
Allegro	*fa* majeur	2/4	381 mes.
N° 2	*sol* majeur		
Allegro	*sol* majeur	2/4	248 mes.
Adagio cantabile	*ut* majeur	3/4	86 mes.
Scherzo. Allegro / Trio	*sol* majeur / *ut* majeur	3/4	87 mes.
Allegro molto, quasi Presto	*sol* majeur	2/4	413 mes.
N° 3	*ré* majeur		
Allegro	*ré* majeur	¢	269 mes.
Andante con moto	*si* bémol majeur	2/4	151 mes.
Allegro / Trio	*ré* majeur / *ré* mineur	3/4	168 mes.
Presto	*ré* majeur	6/8	364 mes.
N° 4	*ut* mineur		
Allegro, ma non tanto	*ut* mineur	C	219 mes.
Andante scherzoso, quasi Allegretto	*ut* majeur	3/8	261 mes.
Menuetto. Allegretto / Trio	*ut* mineur / *la* bémol majeur	3/4	98 mes.
Allegretto	*ut* mineur	¢	217 mes.
N° 5	*la* majeur		
Allegro	*la* majeur	6/8	225 mes.
Menuetto	*la* majeur	3/4	105 mes.
Andante cantabile	*ré* majeur	2/4	139 mes.
Allegro	*la* majeur	¢	300 mes.
N° 6	*si* bémol majeur		
Allegro con brio	*si* bémol majeur	¢	264 mes.
Adagio, ma non troppo	*mi* bémol majeur	2/4	79 mes.
Scherzo. Allegro	*si* bémol majeur	3/4	68 mes.
La Malinconia. Adagio / Allegretto quasi Allegro	*si* bémol majeur	2/4 3/8	44 mes. En tout 296 mes.

PREMIÈRES EXÉCUTIONS

Une exécution privée du *Quatuor n° 3* dans sa première version, fut effectuée par Amenda dans les salons du prince Lichnowsky dès 1799. Il en fut sans doute de même pour les autres *Quatuors*, mais aucun témoignage n'a été retrouvé. Ils furent pourtant exécutés comme le laisse supposer l'annonce de l'*AMZ* du 26 août 1801.

Le 10 décembre 1800, Josephine comtesse Deym écrivait à ses sœurs Therese et Charlotte (dans un français approximatif) :

« Beethoven a joué la sonate avec le violoncello [sans doute l'*op. 17*] ; moi, j'ai joué la première de trois sonates de Beethoven avec la violine [*op. 12* n° 1], accompagner par Suppanzik, qui a joué come tous, divinement ; puis il y avait un quartett, qu'ils ne sont point encore gravés, et qui sont composer non plus ultra [1] ».

Les dates des premières exécutions publiques sont inconnues.

CONTEXTE BIOGRAPHIQUE

Cet ensemble de *Six Quatuors* est la première contribution de Beethoven à ce genre d'œuvres de musique de chambre, genre qui avait été défini par Haydn et Mozart et qui devint une des pierres angulaires de sa création. Il semble que l'occasion ait été une commande du prince Lobkowitz faite à Haydn comme à Beethoven au cours de l'automne 1798 ou de l'hiver 1798-1799 (le résultat fut l'*op. 79* de Haydn et l'*op. 18* de Beethoven).

« Ce n'est que maintenant que je sais comment bien composer des quatuors » : cette affirmation, écrite en 1801 dans une lettre à son ami Amenda (un des créateurs de ses premiers *Quatuors*), témoigne de sa longue recherche jalonnée de plusieurs essais, un *Menuet* en *la* bémol majeur (Hess 33) composé en 1792 et transcrit pour piano (Hess 88), *Deux Préludes et fugues* (en *fa* et en *ut* majeur) (Hess 30 et 31), composés au moment où il prenait des leçons de contrepoint avec Albrechtsberger (1794-1795), ainsi que des arrangements pour cordes du *Clavecin bien tempéré* (pour trio, Hess 29 ; pour quatuor, Hess 35 ; pour quintette, Hess 36). Outre ces quelques exercices d'écriture, Beethoven avait écrit et publié des œuvres pour trios à cordes (le *Trio op. 3* en 1795, la *Sérénade op. 8* en 1796/1797, les *Trois Trios op. 9* en 1797/1798), ainsi que le *Quintette à cordes op. 4* en 1796 ; et il avait recopié en 1793/1794, sous forme de partition, l'*op. 20* n° 1 de Haydn (la copie se trouve à Bonn) et les *Quatuors K 387* et *K 464* de Mozart, qui n'avaient été publiés qu'en parties séparées (les copies sont à Bonn, New York et Stockholm) [2].

D'après Franz Wegeler, le comte Anton Georg Apponyi (1751-1817) aurait commandé en 1795 un quatuor à Beethoven contre une somme appréciable, sans exiger pour autant une dédicace. Le comte Apponyi était un des plus grand mécènes viennois, et membre de la « Gesellschaft der Associerten » fondée par le baron Gottfried van Swieten ; il commanda des quatuors à Haydn (*opus 71* et *74*, composés en 1793 et publiés à Londres et à Vienne en deux cahiers en 1795 et début 1796) ; son nom est lié à celui de Mozart ; il souscrivit pour six exemplaires des *Trios pour piano et cordes op. 1* en 1795 ; et il pensa, sans doute, qu'une commande à un élèves de Haydn était une garantie de qualité : le disciple devait être fidèle au maître.

Pourtant, il semble que la commande à Haydn et à Beethoven émane du prince Lobkowitz et non du comte Apponyi : Haydn comptait d'ailleurs écrire six quatuors pour cette commande (quatre étaient prêts en juillet 1801 d'après une lettre de Griesinger à Härtel, le 24 juillet 1801) ; deux, *opus 77*, paraissent dédiés à Lobkowitz en automne 1802 ; mais, pour réaliser son projet de six quatuors, il semblerait que Haydn ait été inhibé par le jeune Beethoven, dont l'*op. 18* avait été très bien reçu, avant même d'être publié.

La quantité d'esquisses prouve que Beethoven s'est beaucoup investi dans ce premier ensemble de quatuors : se confronter aux chefs-d'œuvre de Mozart qui avait composé en particulier les « dix grands quatuors », ou à ceux de Haydn (qui écrivit encore après 1800 les *Quatuors opus 76*, n°s 4-6, et les deux de l'*opus 77*), représentait un enjeu de première importance. D'ailleurs, alors qu'il composait les *Quatuors op. 18*, Beethoven se confrontait également à l'héritage de Mozart et de Haydn en composant sa *Première Symphonie op. 21* et en mettant ses premiers *Concertos op. 15* et *op. 19* au point pour l'édition.

Une fois les *Six Quatuors* composés, Beethoven retravailla les trois premiers (aucune trace de la première version du n° 3 n'a été retrouvée, car beaucoup de carnets d'esquisses ont en effet été perdus).

Dans chacun des *Six Quatuors*, Beethoven expérimenta différents parcours possibles et proposa un choix varié de successions et de types de mouvements, adoptant un large

---

1. Cité par Brandenburg, in *Beethoven und Böhmen*, *op. cit.*, p. 288, d'après La Mara, *Beethoven und die Brunsvik*, Leipzig, 1920, p. 11.
2. *Cf.* Bernard Fournier, *Histoire du quatuor à cordes, de Haydn à Brahms*, Fayard, 2000, p. 306.

éventail de solutions pour leur construction. Héritier de Haydn et de Mozart (entre autres), Beethoven s'en est inspiré pour composer des œuvres vraiment nouvelles.

Ainsi, le deuxième mouvement de l'*op. 18 n° 2* est un Adagio cantabile interrompu par un moment Allegro, organisation d'un mouvement lent inédite jusque là. De même dans l'*op. 18 n° 4* le mouvement lent est remplacé par un Andante scherzoso quasi allegretto en style fugué. Ou encore, le dernier *Quatuor* de la série, l'*op. 18 n° 6* a un mouvement lent Adagio ma non troppo, en deuxième place comme d'habitude, et pourtant Beethoven a pris la liberté d'insérer un autre Adagio, comme introduction lente liée au dernier mouvement Allegretto quasi Allegro, introduction qu'il a intitulée « La Malinconia » et qu'il demande de jouer d'une certaine manière : « Questo pezzo si deve trattare colla più gran delicatezza » – injonction inscrite sur la partition lors de la publication.

Dans ses six premiers *Quatuors*, Beethoven ne considère pas seulement la place et la forme des mouvements lents (c'est-à-dire leur sens, qui induit celui de l'ensemble de l'œuvre), mais il impose également une nouvelle façon de concevoir et de traiter le matériau musical en privilégiant le motif ou même la cellule (rythme, intervalle, silence, attaque, etc.) et en transférant les principes de tension/détente, de polarisation, d'unité dans la multiplicité, sur d'autres éléments de la composition : ainsi, le principe de tension est porté par le tempo, étroitement associé aux connotations qui lui sont liées, dans le dernier mouvement du *Sixième Quatuor,* La Malinconia. Adagio / Allegretto quasi Allegro (une sorte de Laendler). La configuration rythmique de la mélodie n'est donc plus la seule forme repérable de l'organisation du matériau de base, s'y ajoutent, outre le tempo, la texture, le mouvement, la rupture, etc.

C'est ainsi qu'au moment de l'édition, Beethoven plaça le deuxième *Quatuor* dans l'ordre de la composition en première place, de façon à donner immédiatement à voir ses principes de composition, privilégiant le motif initial et le travail de ce motif : ce choix indiquait implicitement qu'il assumait la nouveauté de son écriture et qu'il allait proposer autant de solutions nouvelles que de quatuors au problème de la composition de ce genre d'œuvres. De même, il installe en dernière place un *Quatuor* qui introduisait un nouveau principe de tension.

Avec l'organisation de ce premier ensemble, Beethoven s'appropriait de façon singulière le principe de contraste, principe qu'il érigea en trait caractéristique et permanent de son écriture. Il affirmait également sa liberté en disposant à son gré des modèles dont il héritait : par exemple, le *Deuxième Quatuor* rappelle le style de Haydn pour mieux s'en démarquer, tandis que le *Cinquième* s'inspire directement d'un *Quatuor* de Mozart, en signe de reconnaissance d'une filiation assumée.

Présentation de l'œuvre

Opus 18 n° 1 en *fa* majeur

Le 1er juillet 1801, Beethoven écrivait à son ami Amenda : « Ne donne plus désormais ton Quatuor, parce que je l'ai beaucoup transformé. Ce n'est que maintenant que je sais comment bien composer des quatuors, comme tu pourras le constater quand tu le recevras. » La comparaison de la copie de la première version avec la version définitive témoigne de ce travail de remaniement effectué par Beethoven pour les quatre mouvements.

Le premier mouvement, Allegro con brio à 3/4, est de forme sonate. Il commence par un court motif à l'unisson, matériau initial très concentré (comparable à celui de la *Cinquième Symphonie*, auquel l'élaboration musicale au cours de l'œuvre donne son sens) et très dynamique par son rythme. Après la présentation de ce motif (énoncé deux fois de suite), Beethoven construit son exposition comme un développement, qui consiste en une présentation diversifiée (rythme, registre, tonalité) de ce motif rythmique ; s'y ajoute un second thème très bref fondé sur l'entrée des voix en imitation. Le développement met l'accent sur cette écriture polyphonique en imitation, en particulier en son centre avec un passage fugato très tendu. Après la réexposition variée, une longue coda (40 mesures) joue des unissons et des convergences sonores sur les premiers temps.

L'Adagio affettuoso ed appassionato à 9/8 en *ré* mineur commence par une longue mélodie tendue du premier violon sur la pulsation régulière des trois autres instruments. Ce mouvement est de forme sonate avec un très bref développement d'une grande tension (harmonie et rythme incisif qui se perd dans de longs silences) et une coda dominée par des silences répétés. L'écriture est spécifiquement pensée pour ces instruments à cordes (tenues, attaques, souplesse de la ligne / pulsation énergique). Sur la feuille d'esquisses du mouvement lent, en marge de la coda, se trouvent quelques vers en français tirés de *Roméo et Juliette* de Shakespeare :

«Il prend le tombeau
désespoir
il se tue
les derniers soupirs»

Ces quelques vers confirment l'information d'Amenda, qui rappelait que Beethoven lui aurait demandé ce que ce mouvement lui suggérait. Ayant répondu qu'il pensait à deux amis sur le point de se séparer, Beethoven lui dit s'être représenté la scène du tombeau de *Roméo et Juliette*, cette séparation tragique entre deux amants, en écrivant ce mouvement.

Le court Scherzo, très rapide, Allegro molto, comprend un Trio en *fa* mineur qui repose là encore sur les possibilités de jeu propres aux cordes, de manière contrastée (facétieuse et sérieuse).

Le Finale, Allegro, combine forme rondo et forme sonate; il est de texture très dense et d'une grande complexité d'écriture polyphonique (un passage fugato domine le second couplet, qui en fait est proche d'un développement), malgré la simplicité de son thème initial, une sorte de Laendler que l'élaboration musicale transfigure radicalement.

Opus 18 n° 2 en *sol* majeur

Des esquisses de ce *Quatuor* sont mêlées à celles des *Variations pour piano à quatre mains WoO 74*, écrites en mai 1799 pour les sœurs Brunsvik, auxquelles, lors de leur court séjour à Vienne (un peu plus de trois semaines), Beethoven donna des leçons de musique avec beaucoup de joie.

Les quatre mouvements furent remaniés, en particulier le deuxième : la partie Allegro y est entièrement neuve et remplace une ancienne partie Adagio en mineur.

L'Allegro initial est de forme sonate. Le premier thème est constitué de trois motifs très différents (qui ont incité les Viennois à baptiser ce *Quatuor* «Complimenter Quartett» (Quatuor des révérences). Le second thème est moins contrasté et commence en homorythmie des quatre instruments. Un court motif, fondé sur la donnée de base de l'harmonie tonale (dominante/ tonique), assure le passage d'un thème à l'autre et sert d'élément essentiel du développement. Le développement est modulant et tendu; il mène à une fausse reprise, qui laisse attendre la réexposition. Une courte coda reprend le thème initial.

Le deuxième mouvement est un Adagio cantabile en *ut* majeur à 3/4, d'écriture polyphonique, laissant émerger les broderies du premier violon, puis du violoncelle. En son centre, une partie Allegro en *fa* majeur à 2/4 est dominée par une écriture linéaire, qui démarre sur le dernier motif de l'Adagio (motif qui prend un autre caractère étant donné les conditions de tempo différentes).

Le troisième mouvement est un Scherzo/ Allegro basé sur un motif très dynamique (de quatre + trois notes) avec lequel les quatre instruments s'amusent, donnant par moment à ce rythme une allure de chevauchée. Le Trio établit un contraste par la façon plus solennelle et fluide de traiter le rythme.

Le Finale, Allegro molto, quasi Presto, associe la forme rondo (avec refrains variés) et la forme sonate. Le thème plein d'entrain, dans le style d'un Laendler, est énoncé par le violoncelle et commenté par les quatre instruments. L'écriture, qui associe polyphonie et harmonie, repose sur les possibilités sonores et les spécificités des cordes, avec suspens, et effets d'entraînement irrésistibles.

Opus 18 n° 3 en *ré* majeur

Ce Quatuor serait le premier composé, et il semble d'après Czerny que ce soit sur les conseils de Schuppanzigh que Beethoven fit paraître le *Quatuor* en *fa* majeur sous le n° 1.

L'Allegro repose sur un matériau thématique différent des deux *Quatuors* précédents : il s'agit d'une longue phrase du premier violon qui commence interrogative sur la dominante et semble se poursuivre dans un style improvisé, soutenue par les accords en valeurs longues des trois autres instruments; le second thème est harmonique, en homorythmie, proche d'un style choral. Dans son ensemble, l'exposition oppose lignes legato et violents accords, souvent *sf*. Le développement modulant s'appuie essentiellement sur le premier thème et les gestes contrastés de l'exposition. La réexposition réserve la surprise de la condensation de l'exposition, suivie d'une assez longue coda modulante et polyphonique.

L'Andante con moto joue sur plusieurs éléments successifs et en opposition : l'intensité du legato en écriture polyphonique, les moments monodiques, les irruptions staccato, les batteries graves, les profonds *sf* qui soulignent l'écriture harmonique. L'organisation du discours repose sur la succession de ces éléments contrastés, dans un cadre qui s'apparente à une forme sonate et dont le développement serait associé à la réexposition se termine par une longue coda, le second ensemble thématique se caractérisant par une certaine dramatisation.

Le troisième mouvement, en place du Scherzo, s'intitule seulement Allegro. Il se déroule dans la nuance piano, marqué par quelques *sf*, le jeu étant souvent suspendu par de fréquents points d'orgue. Le Trio très court, Minore (en mineur), apporte une contraste tonal et plus encore un contraste de texture sonore.

Le Finale est très rapide, Presto, à 6/8, de forme sonate : il repose sur des thèmes avant tout rythmiques, liés à la sonorité des cordes et à la métrique ternaire. Les pulsations rapides prennent souvent l'allure de batteries très fermes. L'écriture est très serrée, contrastée, faite d'une imbrication de courtes cellules incisives en opposition à de longs traits que s'échangent les quatre instruments, souvent deux par deux. Il se termine par deux unissons successifs sur la tonique *ré*.

Opus 18 n° 4 en *ut* mineur

Il a été composé au cours de l'été et de l'automne 1799, juste avant le *Quatuor op. 18 n° 6*.

Il commence par un Allegro ma non tanto de forme sonate qui affirme la tonalité d'*ut* mineur dès la première mesure. Le premier violon y tient un rôle concertant en exposant une phrase de grande ampleur soutenue par les batteries du violoncelle, premier thème dont le caractère tendu s'oppose au caractère plus souple du second thème. Le développement confère un grand rôle au violoncelle et joue sur la tension (entre le caractère dramatique et le caractère lyrique) exposée par le matériau thématique, en multipliant les types de ruptures dans le déroulement du discours (ruptures de masse et de texture, de rythmes avec *sf* à contretemps, d'intensité, d'écartèlement des registres).

Le deuxième mouvement, Andante scherzoso quasi Allegretto, se trouve en place du mouvement lent habituel. Il est en *ut* majeur, de forme sonate et d'écriture fuguée dès l'exposition du matériau thématique. Les attaques staccato dominent, ce qui confère une légèreté qui peut se métamorphoser en martelé inquiétant quand l'intensité culmine. Ce mouvement n'est pas sans rapport avec le deuxième mouvement de la *Symphonie op. 21*, également à 3/8.

Le Menuet/ Allegretto dans la première édition (Allegro dans la copie donnée à Lobkowitz) retrouve l'*ut* mineur et une écriture très serrée des quatre voix. Les *sf* sur le troisième temps, le chromatisme, les silences abrupts lui confèrent un caractère dramatique, auquel le Trio de moindre densité sonore apporte une certaine détente. La reprise du Menuet doit se faire plus rapide, selon les indications de Beethoven (« la seconda volta si prende il tempo più allegro »), conditions de déroulement du temps qui accentuent le caractère tendu.

Le Finale Allegretto est de forme rondo en deux couplets, le premier en *la* bémol majeur et le second en *ut* majeur. Le refrain très rapide, en *ut* mineur, est mené par le premier violon. La coda est Prestissimo (accélération du tempo, comme à la fin du Menuet précédent). L'ensemble de ce mouvement est dominé par des contrastes de densité et d'intensité essentiellement produits par le jeu incisif sur des notes répétées.

Opus 18 n° 5 en *la* majeur

Ce *Quatuor* fut composé durant l'été 1799 (juin à août) après l'*opus 18 n° 2*. Si le n° 2 s'inspirait de l'écriture de Haydn, ce *Cinquième Quatuor* est une réinterprétation du *Quatuor* en *la* majeur de Mozart, *K 464* (écrit en 1785, *opus 10 n° 5*), œuvre que Beethoven admirait particulièrement. Pour ce nouveau *Quatuor*, Beethoven adopta le même enchaînement de mouvements et la même structure, seul le premier n'a pas la même métrique que celui de Mozart.

L'Allegro initial est à 6/8, de forme sonate. Il est construit à partir d'un très court motif plein d'élan et de souplesse, centré sur un gruppetto associé à un *sf*. Le second thème, très différent, en *mi* mineur attaqué staccato, en homorythmie, s'inscrit dans la métrique souple du 6/8 (noire-croche, etc.). Le développement joue sur la tension et la souplesse induites respectivement par chacun des deux thèmes. La réexposition est suivie d'une courte coda qui met en valeur l'élan initial de l'arpège ascendant.

Le deuxième mouvement, Menuetto de texture ténue, a une première section sans reprise. Quelques mesures dramatiques terminées par trois accords implacables et un silence occupent le centre de la deuxième section. Le Trio est écrit dans le style d'un Laendler, avec des *sf* sur les troisièmes temps faibles.

Le mouvement lent est un mouvement à thème et variations. Le thème Andante cantabile est constitué de deux fois huit mesures et suivi de cinq variations contrastées numérotées et d'une coda de 44 mesures. Ce thème comprend quelques courts motifs qui vont servir au processus de métamorphose.

La variation I met en acte une rupture avec le thème par une plus grande densité et son animation qui contraste avec l'immobilisme du thème, à partir du jeu sur une petite cellule du thème, dans une écriture polyphonique en imitation.

La variations II met en valeur la virtuosité calme du premier violon.

La variation III fait entendre le thème sur une texture continue de triples croches, proche du trille, entretenue par le second violon.

La variation IV retrouve le calme du thème, dans un *pianissimo* très dense étant donné le jeu homophone des quatre instruments.

La variation V apporte une référence au style du Laendler, intense (en particulier par les trilles du premier violon) et bien ancré par le jeu et les notes *sf* du violoncelle.

La coda fait fonction de développement du thème, qui, peu avant la fin réapparaît à découvert, par le premier violon seul, Poco adagio.

Le Finale Allegro à 2 temps est de forme sonate autour de deux thèmes contrastés : le premier léger en notes piquées qui se dispersent dans l'espace en petits motifs incisifs, le second en valeurs longues et *legato*, proche d'un choral. Le développement joue sur cette spatialisation des motifs et sur le côté incisif des attaques en opposition au caractère choral du second thème. Une coda réaffirme l'importance de la spatialisation sonore.

Opus 18 n° 6 en *si* bémol majeur

C'est probablement le geste novateur du Finale reposant sur une tension inhabituelle, et intitulé « La Malinconia », qui, pour la publication, a joué en faveur de sa place conclusive dans la suite des *Six Quatuors* de l'*opus 18*.

Ce *Quatuor* s'ouvre par un Allegro con brio à deux temps, de forme sonate. Il commence par une courte phrase qui délimite un vaste espace sonore de manière dynamique. Le second thème, en homorythmie, est plus concentré et lyrique. Le développement joue sur le contraste entre cet espace dessiné par les traits des différents instruments séparément et la concentration des quatre instruments.

L'Adagio ma non troppo, de forme ABA, en *mi* bémol majeur, répartit les tâches entre chacun des instruments du quatuor pour varier le thème, en avançant de manière très régulière (quatre mesures par quatre mesures) : violon d'abord, puis violoncelle associé au violon, violoncelle seul ou associé à l'alto, etc. La partie centrale B, en mineur, reprend ce principe de variation.

(Beethoven avait d'abord conçu un Adagio de type classique dans une sonate (sans développement), comme en témoignent les esquisses qui se trouvent à Saint-Pétersbourg. La version définitive est de forme tripartite.)

Le Scherzo/ Allegro est un divertissement rythmique intense, et par moment inquiétant, qui se joue dans l'affirmation collective du quatuor. Le Trio est guidé par le jeu souple et rapide du premier violon.

Le Finale s'ouvre sur un épisode totalement inattendu, un Adagio à 2/4 intitulé « La Malinconia » (c'est la première fois que Beethoven inscrit un titre sur une partition en tête d'un mouvement), page que les interprètes doivent « traiter avec la plus grande délicatesse », selon les indications portées en tête du mouvement : « Questo pezzo si deve trattare colla più gran delicatezza ». Cette quarantaine de mesures est faite d'attentes et de tensions déchirantes, de perte de toute polarisation tonale et de courts ornements qui se voient chargés de toute la tension de ce moment de déroute. Une montée chromatique annonce la fin de cet Adagio, et c'est, après l'injonction notée sur la partition « attaca subito il Allegretto », la détente de l'Allegretto quasi Allegro à 3/8, entraînée par le premier violon et relayée par les autres instruments ; mais « La Malinconia » s'impose encore par deux fois au cours de ce Finale au thème de Laendler, créant, de manière répétée, une rupture de climat d'un dramatisme intense. Après plusieurs modifications de tempo, la conclusion est Prestissimo, tourbillonnante et pleine de vitalité.

Dans ce dernier mouvement, Beethoven confère au tempo un rôle thématique, comme il l'avait fait dans le premier mouvement de la *Sonate Pathétique op. 13*. Ici, c'est la mélancolie (au sens établi au cours de la Renaissance) en liaison avec la création artistique et la vitalité pleine de bon sens exprimée par le Laendler, qui entre en tension pour donner naissance à l'œuvre d'art, effraction porteuse de doute dans un monde de certitudes.

SOURCES

Une partie des sources a disparu.

Les manuscrits autographes sont perdus, ainsi que les matrices gravées de la première édition, mais de nombreuses esquisses sont dispersées entre Berlin, Bonn, Paris, Moscou, Saint-Pétersbourg, Londres, New York et Stockholm.

Un carnet d'esquisses (Grasnick 1) datant de l'été ou de l'automne 1798 contient des recherches pour les quatre mouvements de l'*op. 18 n° 3*, et pour le premier mouvement de l'*op. 18 n° 1*, ainsi que pour la *Sonate op. 14* n° 1, pour une Cadence destinée au *Concerto pour piano op. 15*, pour les trois mouvements du *Concerto pour piano op. 19* (vraisemblablement en vue d'une exécution de ces deux *Concertos* à Prague au cours de l'hiver 1798).

Le carnet d'esquisses (Grasnick 2) contient des recherches pour les quatre mouvements de l'*op. 18 n° 1*, y compris la remarque : « il prend le tombeau / désespoir / il se tue / les derniers soupirs » ; pour les quatre mouvements du n° 2, du n° 5 ; et des révisions pour les n°s 1 et 3.

Un carnet d'esquisses perdu couvrait la période entre l'automne 1799 et le début de l'année 1800, et contenait des esquisses pour l'*op. 18* n° 4, ainsi que pour le *Septuor op. 20*, la *Première Symphonie op. 21*, le troisième *Concerto pour piano op. 37* et la *Sonate pour piano et cor op. 17*.

Un autre carnet contient des esquisses des quatre mouvements du n° 6 et des révisions des n° 1 et n° 2.

Il existe à Bonn une copie des voix de la première version du *Quatuor op. 18 n° 1* offert à Amenda, avec une dédicace, le 25 juin 1799 :

« Cher Amenda, emporte ce quatuor en tant que petit souvenir de notre amitié ; aussi souvent que tu te le joueras, souviens-toi des jours que nous avons passés ensemble, et, sache, en même temps, la tendre affection qu'a nourrie et continue de nourrir pour toi ton véritable et chaleureux ami, Ludwig van Beethoven. »

La copie des voix des *Six Quatuors* remis au prince Lobkowitz en octobre 1800 se trouve à Prague dans le fonds Lobkowitz. Sa découverte est récente et elle présente beaucoup de différences avec l'édition originale.

PUBLICATION

L'édition originale (de très mauvaise gravure) fut assurée à Vienne par Tranquillo Mollo, en deux livraisons, juin et octobre 1801 ; le titre est en français :

« SIX QUATUORS / pour / Deux Violons, Alto, et Violoncelle / composés et dediés [*sic*] / A Son Altesse Monseigneur le Prince / Regnant [*sic*] de Lobkowitz &.&./ – par – / LOUIS VAN BEETHOVEN/ Œuvre 18 [...] / à Vienne / chez T. Mollo et Comp. / Leipzig au Comptoir d'Industrie / à Franckfort chez Gayl et Hedler. »

La *Wiener Zeitung* annonça la deuxième livraison le 28 octobre 1801.

Beethoven fut exaspéré par la trop grande quantité de fautes laissées par l'éditeur, comme en témoigne sa lettre du 8 avril 1802 [1., 84] à Franz Anton Hoffmeister, dans laquelle il compare le grouillement des fautes à celles de petits poissons et qu'il fait un jeu de mot sur « graver » (*stechen*) et l'état de sa peau criblée de « piqûres et de gerçures » (*Stiche und Rize*) : « Hr. Mollo a récemment réédité mes quatuors, mais avec plein de fautes, grandes ou petites. Elles grouillent comme de petits poissons dans l'eau, autant dire à l'infini – *questo è un piacere per un autore* – c'est ce que je nomme la gravure, en vérité, ma peau semble être comme une écumoire et partout écorchée – de cette belle édition de mes quatuors […].»

En 1808, Mollo fit paraître une nouvelle édition corrigée, laissant pourtant le titre tel quel (alors que Beethoven exigeait les corrections portées sur l'exemplaire original conservé par le prince Lobkowitz).

Dans une lettre à Franz Anton Hoffmeister du 15 décembre 1800 [1., 49], Beethoven dit qu'il regrette d'avoir déjà passé contrat pour l'édition de ses *Quatuors* et qu'il aurait préféré que ce soit lui, «cher frère dans l'art des sons», qui grave cette œuvre (Anton Hoffmeister était également compositeur).

Pleyel publia ces *Quatuors* à Paris (le *Journal typographique et bibliographique* en annonça la parution en septembre 1801).

N. Simrock fit paraître ces *Quatuors* à Bonn dès 1802; André à Offenbach vers 1820. Ils furent publiés aussi à Mayence par Zulehner vers 1804, et à Londres en 1805 par Clementi & Co.

Ces *Quatuors* furent transcrits pour Trio piano, violon et violoncelle «ad lib.» par Ferdinand Ries et publiés par Simrock à Bonn en 1806 (l'*AMZ* parle des n°s 1 et 2, le 16 juillet 1806), et par Monzani & Hill à Londres en 1810. Ils furent également transcrits pour piano à quatre mains et publiés par Breitkopf & Härtel à Leipzig entre 1817 et 1826 (l'*AMZ* du 15 novembre 1820 parle du n° 4 paru en 1820).

Certains mouvements furent transcrits pour piano à deux mains ou pour deux guitares, et publiés chez différents éditeurs (Artaria à Vienne, Hoffmeister à Leipzig).

La première partition date de l'automne 1829 (André à Offenbach); elle comprend les indications métronomiques en tête de chacun des mouvements.

DÉDICATAIRE

Franz Joseph Maximilian prince Lobkowitz (7 décembre 1772 à Vienne-15 décembre 1816, en Bohême), grand amateur de musique, fut l'un des plus importants mécènes de Beethoven, qui lui dédia plusieurs œuvres (*op. 55, 56, 67, 68, 74, 98* et *WoO 133*).

L'ŒUVRE VUE PAR SES CONTEMPORAINS

L'*AMZ*, 26 août 1801, signalait que ces *Quatuors* étaient «un excellent témoignage de l'art de Beethoven, mais qu'il était nécessaire de les jouer souvent et très bien parce qu'ils sont difficiles, et pas du tout populaires».

CORRESPONDANCE

Avant juin 1801 [1., 63], Beethoven envoie un billet à Zmeskall pour lui demander de différer sa visite parce qu'il doit corriger les trois premiers *Quatuors* avant de les donner à graver.

Le 1er juillet [1., 67], à la fin de sa longue lettre à son ami Karl Amenda (reparti chez lui en Courlande [Lettonie]), Beethoven lui demandait de ne pas montrer le *Quatuor* qu'il lui avait donné, car il l'avait modifié : «ce n'est que maintenant que je sais bien composer des quatuors», affirmait-il – ce qu'Amenda allait pouvoir constater, car Beethoven les lui expédiait.

Opus 20
Septuor en *mi* bémol majeur

Pour violon, alto, clarinette, cor, basson, violoncelle et contrebasse

Adagio, 3/4, (18 mes.) / Allegro con brio ¢ *(mes. 18-19),* mi *bémol majeur – 288 mes.*

Adagio cantabile, 9/8, la *bémol majeur – 115 mes.*

Tempo di Menuetto, 3/4, mi *bémol majeur – 48 mes.*

Tema. Andante con Variazioni, 2/4, si *bémol majeur – 137 mes.*

Scherzo. Allegro molto e vivace, 3/4, mi *bémol majeur – 128 mes.*

Andante con moto alla Marcia, 2/4 (16 mes.) / Presto ¢, mi *bémol majeur – 227 mes.*

TEMPS DE LA COMPOSITION

Deuxième moitié de l'année 1799, en même temps que le *Deuxième Quatuor à cordes op. 18*, et achevé au cours du premier trimestre 1800. Sa composition est donc contemporaine de celle de la *Symphonie op. 21*.

PREMIÈRE EXÉCUTION

Avant sa première exécution en public, ce *Septuor* aurait été exécuté le 20 décembre 1799 dans le Restaurant Jahn lors d'un concert organisé par Schuppanzigh, selon le témoignage d'une lettre (en français approximatif) de Josephine comtesse Deym, du 21 décembre 1799 : « Il était hier avec Lanyi, dans une musique que donnait Suppanzigh, dans la petite salle de Jan, et en était transporté, surtout d'un septett de la composition de M. Beethoven, qui doit avoir été non plus ultra, tant pur l'exécution, que pour la composition[1]. »

Il y eut sans doute une exécution privée chez le prince Schwarzenberg avant le concert public.

Ce *Septuor* fut exécuté en concert le 2 avril 1800 en même temps que la *Première Symphonie op. 21* lors de l'Académie de Beethoven au Théâtre de la Cour (concert qui comprenait quatre œuvres de Beethoven sur les sept exécutées : outre la création du *Septuor* et de la *Symphonie*, il y eut un *Concerto pour piano* [l'*op. 15* ?] et une libre improvisation – une symphonie de Mozart et des extraits de *La Création* de Haydn complétaient ce concert).

L'*AMZ* III, n° 3, 15 octobre 1800, col. 49, écrit que le succès de cette soirée est dû à ce *Septuor* qui est « écrit avec beaucoup de goût et d'imagination ».

D'après un billet de Beethoven à Zmeskall [1., 52], le *Septuor* a certainement été joué dans les salons du prince d'Erba-Odescalchi (à une date qui se situe entre le concert public du 2 avril 1800 et la révision de la partition en vue de la publication l'année suivante) : comme le violoncelliste qui avait joué lors de l'Académie du 2 avril 1800 ne pouvait être là, Beethoven sollicitait Zmeskall (qui était bon violoncelliste) et lui envoyait sa partie pour qu'il puisse travailler le « solo » du Scherzo (encore dénommé Menuet par Beethoven comme très difficile).

CONTEXTE BIOGRAPHIQUE

La réflexion de Beethoven dans sa lettre à Hoffmeister du 15 décembre 1800 (« Je ne peux rien écrire qui ne soit pas obligé, car je suis arrivé au monde déjà avec un accompagnement obligé »), par-delà son humour (et l'allusion au fait qu'il serait né coiffé), cette remarque est à prendre en compte sérieusement, d'autant plus qu'il s'adressait à un éditeur qui était également compositeur. En fin connaisseur des problèmes de composition, Hoffmeister pouvait comprendre la signification de cette notion nouvelle, aux termes alors contradictoires, « d'accompagnement obligé ». En effet, la notion d'accompagnement porte en elle l'idée d'une ligne musicale non nécessaire à l'organisation du morceau, tandis que la notion « d'obligé » signifie au contraire que la ligne musicale est d'ordre structurel. Ainsi, en employant cette expression humoristique, Beethoven donnait des indications (de façon lapidaire) sur ses intentions de compositeur : son *Septuor* devait être appréhendé comme une composition complexe, dans laquelle aucune ligne, aucune voix n'était accessoire, comme un ensemble où tout se tient et où chacune des voix est indispensable à la cohésion de la texture, à la cohérence et au sens du discours.

Cette expression signifie donc que, par-delà la référence au genre du *Divertimento* ou de la *Sérénade* (constitués l'un et l'autre d'une succession de plus de quatre mouvements), son *Septuor* propose une manière nouvelle de penser l'écriture musicale, non plus contrepoint obligé, non plus homophonie, non plus mélodie accompagnée, mais combinaison de lignes et de motifs qui tissent et délimitent un espace et un temps musical spécifiques.

D'autre part, plus qu'un *Divertimento* dans le genre de ceux de Mozart, l'écriture revendiquée par Beethoven indiquait que cette œuvre pour cordes et vents était à considérer comme une préfiguration de son écriture symphonique. Le grand succès de ce *Septuor* et les nombreux « arrangements » témoignent d'une réception paradoxale et ambiguë : si le public y reconnaissait la musique de divertissement caractéristique du XVIIIe siècle, certains compositeurs, dont Schubert, comprirent que Beethoven avait créé avec ce *Septuor* un genre nouveau, entre la musique de chambre et la grande musique symphonique.

PRÉSENTATION DE L'ŒUVRE

Ce *Septuor* comprend six mouvements, comme un *Divertimento* ou une *Sérénade*.

L'œuvre commence par un Adagio à trois temps qui, plus qu'une ouverture solennelle, est une façon de présenter le matériau musical dans ses différentes composantes : la tonalité, la densité variable de la texture, les spécificités sonores de chacun des instruments, les contrastes d'intensité, la direction des traits et le suspens attaca subit, l'Allegro con brio à

1. Cité in *Beethoven und Böhmen*, p. 274, d'après Armand de Hévésy, *Petites amies de Beethoven*, Paris 1910, p. 19.

deux temps, de forme sonate, impulsé par un motif rythmique très court et plein d'allant, énoncé au violon; en contraste, le second thème prend l'aspect d'un motif de choral, exposé aux cordes seules. Après la reprise de l'Allegro con brio, le court développement joue essentiellement avec le motif rythmique initial pour construire un espace sonore plus large. La réexposition est suivie d'une coda, dans laquelle le cor a un grand rôle.

Le deuxième mouvement, Adagio cantabile à 9/8, est de forme ABA, la clarinette y joue le rôle conducteur, *p e dolce*, son chant est mis en valeur par les autres instruments, en particulier par le violon, qui chante lui aussi.

Le troisième mouvement, Tempo di Menuetto, reprend le thème du second mouvement de la *Sonate op. 49 n° 2* qui date de 1796. Le Trio, très rythmique, est dominé par les notes répétées de la clarinette qui sont précédées d'un trait au cor.

Le quatrième mouvement est un Andante constitué d'un thème d'une très grande simplicité et de cinq variations contrastées suivies d'une coda, succession de différentes façons de mettre les instruments en valeur – la quatrième variation est en mineur.

Le cinquième mouvement est un Scherzo, Allegro molto e vivace, qui, impulsé par le cor, repose sur une combinaison subtile des interventions des différents instruments. Le Trio est dominé par la partie solo du violoncelle (très difficile pour un amateur, selon Beethoven lui-même).

Le dernier mouvement est ouvert par un Andante con moto alla Marcia à 2/4, en mineur, dominé par des rythmes pointés (ce qui lui donne un caractère de marche funèbre); il mène à un Presto, attaca subito après une suspension harmonique et rythmique. Ce Presto à 2/2 est de forme sonate : outre un premier thème impulsé par un motif plein d'entrain, il comprend une Cadenza confiée au violon, cadence qui précède la réexposition. L'ensemble se termine par une coda très volubile.

SOURCES

Le manuscrit autographe se trouve à Cracovie et des esquisses à Berlin.

PUBLICATION

L'édition originale fut assurée à Vienne et à Leipzig en juin/juillet 1802 par Hoffmeister; le titre est en français :

« SEPTETTO / pour / Violon, Alto, Clarinette, Corno, Basson / Violoncelle et Contre-Basse / composé et dedié / à Sa Majesté / MARIE THERESE / L'Impératrice romaine, / Reine d'Hongrie et de Bohème etc. etc. / PAR / LOUIS VAN BEETHOVEN. / – Œuvre 20 – PARTIE I (II) / à Vienne chez Hoffmeister & Comp. / à Leipsic au Bureau de Musique de Hoffmeister & Kühnel / [...]. »

Cette édition en sept parties séparées fut éditée en deux livraisons : les trois premiers mouvements (Adagio/Allegro con brio, Adagio, Tempo di Menuetto), puis les trois derniers (Tema con Variazioni, Scherzo, Presto).

La *Wiener Zeitung* en annonça la parution le 24 et le 28 juillet 1802.

De nombreuses transcriptions pour différentes formations (depuis onze instruments à vents jusqu'à deux guitares, en passant par un arrangement pour *Trio piano, violon, violoncelle* établi par Beethoven entre 1802 et 1803 et publié à Vienne par le Bureau d'Art et d'Industrie sous le numéro d'*opus 38* en 1805) témoignent du succès de ce *Septuor*, qui devint une œuvre très populaire.

L'arrangement pour onze instruments à vent parut chez Peters à Leipzig en 1825, avec un titre en français : « Grand Septetto... Arrangé en Harmonie pour Flute, Petite Clarinette, deux Clarinettes, 2 Cors, 2 Bassons, Trompette, Serpent et Trompone [*sic*] par Bern. Crusell » (L'*Allgemeiner musikalischer Anzeiger* de Francfort/Main, en 1826, fit un compte-rendu élogieux de cette transcription du compositeur et clarinettiste finlandais Bernhard Henrik Crusell [1775-1838].)

Un arrangement pour neuf instruments à vent parut à Vienne, au Magasin de l'imprimerie chimique [S.A. Steiner] vers 1812 :

« Grand Septetto arrangée [*sic*] en Harmonie pour deux Hautbois, deux Clarinettes, deux Cors, deux Bassons et Grand Basson par [Georg] Druschezky. »

Ce *Septuor* fut également transcrit pour flûte et quatuor à cordes (par Joseph Czerny en 1829), pour quatuor piano, flûte, violon et violoncelle « ad lib. » (par Hummel à Londres en 1827), pour piano à quatre mains (chez

Mollo à Vienne et chez Breitkopf & Härtel à Leipzig en 1815 – l'*AMZ* en fit un compte-rendu le 31 juillet 1816), pour piano à deux mains (par Carl Czerny qui publia cette transcription sous le titre « Grande Sonate brillante », chez Diabelli en 1825), etc.

La première partition fut publiée en juillet 1828 par I. Pleyel à Paris.

DÉDICATAIRE

Marie-Therese, épouse de l'empereur François II.

L'ŒUVRE VUE PAR SES CONTEMPORAINS

L'*Allgemeiner musikalischer Anzeiger* publié à Francfort-sur-le-Main (1826), appréciant l'arrangement du clarinettiste finlandais Crusell, regrettait que Beethoven ne compose plus des partitions aussi riches mélodiquement. Le critique s'étonnait que Beethoven considère cette œuvre comme une des moins réussies, alors qu'elle était infiniment plus riche en vraies beautés que bien des dernières œuvres, en particulier la *Grande Sonate op. 106*.

CORRESPONDANCE (HISTOIRE DE LA PUBLICATION)

Beethoven échangea plusieurs lettres avec l'éditeur du *Septuor*, Hoffmeister de Leipzig.

Le 15 décembre 1800 [1., 49], il lui proposait, entre autres œuvres, son *Septuor*, en insistant d'abord sur la présence indispensable de chacun des sept instruments, puis en suggérant que les trois instruments à vent pourraient être remplacés par trois instruments à cordes, si besoin (étant donné que l'œuvre a beaucoup plu, elle sera souvent réclamée, faisait-il remarquer).

Le 15 janvier 1801 [1., 54], dans une autre lettre, Beethoven fixait le prix de son *Septuor* à vingt ducats, en signalant que comme l'œuvre avait eu beaucoup de succès, un arrangement pour piano contribuerait à sa diffusion, et que le prix, le même que celui d'une *Sonate*, faciliterait sa vente – il pensait toutefois que ce *Septuor*, ainsi que la *Symphonie op. 21*, avaient plus de valeur.

Le 22 avril [1., 60], Beethoven indiquait à Hoffmeister le numéro d'opus et ajoutait qu'il serait formidable que le *Septuor* soit publié arrangé en quintette pour les amateurs de flûte.

Le 22 ou 23 juin [1., 64], Beethoven confirmait l'exclusivité des droits à Hoffmeister, qui avait cru que Beethoven avait vendu son *Septuor* à Salomon, à Londres (Beethoven, très mécontent, signait sa lettre en ces termes : « ce n'est qu'avec une certaine froideur que je peux me prétendre l'ami d'amis aussi crédules ». Il expliquait qu'il n'avait fait que prêter la partition en vue d'un concert, et ce « par pure amitié ». Dans cette même lettre, il indiquait le titre à graver, en précisant qu'il « faudrait l'améliorer ou changer quelques éléments, ce qu'il lui laissait faire » :

« Septette
Pour un violon, Viole, violoncelle, contre-Basso, un cors [*sic*], une Clarinette, un fagot.
composé et dedié
à sa Majesté l'impératrice et Rcine
par louis van Beethoven
œuvre 20."

D'après une lettre de Hoffmeister & Kühnel de Leipzig à Hoffmesiter & Comp. à Vienne, datée du 27 février 1802 [1., 79], l'éditeur n'avait pas encore terminé l'édition du *Septuor* à cause de Schuppanzigh : Schuppanzigh, qui avait l'intention de jouer cette œuvre lors d'une tournée de concerts à Dresde en mars, voulait en effet qu'il s'agisse d'une nouveauté non encore publiée.

Aussi, le 8 avril 1802 [1., 84], Beethoven pressait Hoffmeister de publier au plus vite son *Septuor*, « la foule étant impatiente, car elle sait qu'il est dédié à l'impératrice » (la dédicace à Marie-Therese était déjà spécifiée sur le programme du concert donné le 2 avril 1800).

Le 30 juin [1., 95], Hoffmeister & Kühnel indiquait à son représentant à Vienne que Beethoven aurait cinq exemplaires, et que s'il voulait un exemplaire sur du beau papier pour l'impératrice, il faudrait l'imprimer spécialement (ce que l'éditeur acceptait de faire).

Le 14 juillet [1., 98], après la parution du *Septuor*, Beethoven se montra mécontent de la publication en deux livraisons, et il trouvait naturel qu'un exemplaire sur du beau papier soit envoyé à l'impératrice.

D'après le représentant de Hoffmeister à Vienne, Beethoven fut très satisfait de la qualité de la gravure (lettre du 24 juillet 1802 [1., 100]). Le 25 août [1., 101], le représentant viennois de Hoffmeister écrivait que Beethoven avait reçu deux exemplaires du *Quintette*, arrangement du *Septuor op. 20*, mais qu'il était très mécontent qu'il soit aussi en deux livraisons.

Quelques semaines après sa parution, ce *Septuor* fut publié par Hoffmeister à Leipzig pour quintette à cordes : deux violons, deux altos et un violoncelle (la *Wiener Zeitung* en annonça la parution le 18 août). Cette publication fut l'occasion pour Beethoven de mettre en garde le public contre les faux qui lui étaient attribués à tort (lettre insérée dans la *Wiener Zeitung* du 30 octobre et dans l'*AMZ* du 3 novembre).

Opus 22
Grande Sonate pour piano en *si* bémol majeur

Allegro con brio, **C**, si *bémol majeur – 199 mes.*
Adagio con molta espressione, 9/8, mi *bémol majeur – 77 mes.*
Minuetto, 3/4, si *bémol majeur – 46 mes.*
Rondo. Allegretto, 2/4, si *bémol majeur – 199 mes.*

TEMPS DE LA COMPOSITION

1799-1800 : le travail principal se situe au cours de l'été 1800, que Beethoven passa à Unterdöbling. Cette *Sonate* devait être en voie achèvement en décembre puisque Beethoven la proposait à Hoffmeister dans sa lettre du 15 décembre, en la désignant comme « eine große Solo Sonate ».

CONTEXTE BIOGRAPHIQUE

Après les deux *Sonates op. 14*, Beethoven renoue avec la « grande sonate » (dans le genre de l'*op. 7* ou de l'*op. 13*, la *Pathétique*). Le choix de publier sa nouvelle *Sonate* seule, et non dans un ensemble de trois ou de deux, s'est imposé au cours du travail d'élaboration, tant l'œuvre prenait peu à peu de l'ampleur.

PRÉSENTATION DE L'ŒUVRE

S'appuyant sur les multiples possibilités sonores du piano pour en dépasser les limites, l'œuvre suggère l'espace sonore propre à la musique de chambre ou au grand orchestre.

Le premier mouvement est un Allegro con brio de forme sonate. Sa force réside dans la combinaison de courts motifs initiaux : un groupetto de doubles croches et deux noires, qui prennent de multiples configurations, leur aspect affirmatif étant confirmé par le second thème harmonique en homorythmie aux deux mains, aussi énergique. Le développement est assez long et formé d'une succession de quatre parties très pianistiques. La réexposition, très simple, réserve pourtant des surprises.

Le deuxième mouvement, Adagio con molta espressione à 9/8, en *mi* bémol majeur, de forme sonate, possède une écriture qui le rapproche de l'univers musical propre à la musique de chambre, une longue phrase lyrique se dégageant sur une texture sonore très dense dominée par une pulsation régulière à la croche.

Le troisième mouvement est intitulé Minuetto. La texture sonore du début de la seconde partie est en contraste de densité et de tension harmonique avec la première partie, et l'ensemble du Menuet est en contraste avec le vigoureux Trio Minore dominé par des accords *sf* à contretemps sur une ligne rapide, percutante et continue à la main gauche.

Le Finale, Rondo Allegretto, est de forme rondo avec éléments de forme sonate par le caractère de développement du couplet central (le deuxième comprend entre autres un passage fugato). Le thème simple et chantant revient quatre fois (la troisième et la quatrième fois, légèrement varié). L'ensemble est constitué de trois couplets très différents et d'une coda qui s'inspire du thème.

SOURCES

Le manuscrit autographe est perdu, mais il existe la copie qui servit à la gravure (à Berlin) et qui comprend une page de titre de la main de Beethoven : « grande Sonate / Composèe / par / Louis van Beethoven. ».

Des esquisses se trouvent à Berlin, Bonn et Paris.

PUBLICATION

L'édition originale fut assurée en mars 1802 par Hoffmeister, à Vienne et à Leipzig. Le titre est en français :

« GRANDE SONATE / pour le / Piano Forte / composée et dédiée / à Monsieur le Comte de Browne / Brigadier au Service de S.M.J. de toute la Russie, / par / LOUIS VAN BEETHOVEN. / – Œuvre XXII. – / à Vienne chez Hoffmeister & Comp. / à Leipsic au Bureau de Musique [...]. »

La *Wiener Zeitung* en annonça la publication le 3 avril 1802.

Cette *Sonate* fut également éditée à Berlin, Mayence, Offenbach, Paris, Londres.

CORRESPONDANCE

Beethoven proposa cette *Sonate* à Hoffmeister, le 15 décembre 1800 [1., 49], en même temps que le *Concerto op. 19*, le *Septuor op. 20* et la *Symphonie op. 21*. Le 15 janvier 1801 [1., 54], il fixait le prix à 20 ducats, sachant que ce genre d'œuvres se vendait bien, et parce qu'il s'agissait d'une pièce qui avait « pris de l'ampleur » au cours de sa composition.

Le 22 avril [1., 60], Beethoven communiquait le numéro d'opus 22, et le 22 ou 23 juin [1., 64], il indiquait le titre et la dédicace (en français) :

« grande Sonate pour le piano-forte – composee et dediée à Monsieur le comte de Browne

Brigadier au service de S.M.I. de touttes les Russies
par
louis van Beethoven œuvre 22 »,

ajoutant qu'il laissait le soin à l'éditeur d'améliorer ce titre (il donnait également les titre des *opus 19*, *20* et *21*).

D'après la correspondance du représentant de Hoffmeister à Vienne, en décembre 1801, Beethoven, qui attendait sa *Sonate* avec impatience [1., 73] se réjouissait de sa publication « qu'il promit six fois de suite d'écrire » à l'éditeur pour l'en remercier, « ce qu'il aurait finalement fait, selon ses dires », « mais il ment très souvent », ajoutait le rédacteur de la lettre [1., 76].

Pour des raisons inconnues, la *Sonate* n'était pas encore parvenue à Vienne en mars de l'année suivante : « M. v. Beethoven attend sa sonate avec impatience ; et il songe aller la chercher en personne », écrivait le représentant de Hoffmeister à Vienne, le 13 mars [1., 80]. L'ayant enfin reçue au début du mois d'avril, et très satisfait de la gravure [1., 82], il remerciait le 8 avril son éditeur pour la qualité de l'édition, mais faisait remarquer que celui-ci avait pris son temps, ajoutant qu'il espérait que ce serait plus rapide pour son *Septuor op. 20* parce que la « foule » l'attendait avec impatience.

DÉDICATAIRE

Comte Johann Georg von Browne (voir *opus 9*).

L'ŒUVRE VUE PAR SES CONTEMPORAINS

Le 9 mai 1801, Lisette Bernhard, née Elisabeth von Kissow (1784-1868), jeune pianiste, écrivait à Johann Andreas Streicher son ancien professeur de piano à Vienne, que dans la ville où elle résidait, Wesel, elle avait entendu parler d'une nouvelle *Sonate* de Beethoven qui devait être très belle.

En 1807, la *Zeitschrift für die elegante Welt* soulignait son caractère très particulier, car « elle associe de façon très originale le brillant et la force, le solennel et le touchant, l'enjoué, l'agréable et ce qui ébranle ou le sublime, dans ses phrases contrastée et reliées entre elles ».

Czerny en 1842 présente ainsi cette *Sonate* :

« L'Allegro con brio doit être intense et décidé, sans être trop brillant, avec une fin énergique. La mélodie doit chanter dans l'Adagio avec des basses legato : le caractère d'ensemble est doux, apaisant et emprunt d'une grande religiosité. Le Menuet doit être plaisant, et le Trio un peu plus animé. Le caractère du Finale est le même que celui de l'*op. 7* : mélodique et délicat, et le passage en mineur passionné. »

WoO 120

Man strebt, die Flamme zu verhehlen (On s'efforce de cacher sa flamme)

Lied pour voix avec accompagnement de piano sur un texte de poète inconnu
Andante, **C**, fa *majeur – 24 mes.*

TEMPS DE LA COMPOSITION

Premières années viennoises, vers 1800, 1801 (d'après le papier de l'autographe).

CONTEXTE BIOGRAPHIQUE

Beethoven composa ce Lied (de circonstance galante) pour Johanna Franul von Weißenthurn, née Grüneberg (1773-1847) : actrice, chanteuse, auteur de textes destinés à la scène ; très appréciée, elle fut membre des théâtres de la cour à Vienne de 1789 à 1842.

Beethoven aimait aller au théâtre et à l'opéra (à Bonn, il appartenait à l'orchestre de la cour du prince-électeur et se trouvait directement impliqué dans les activités du théâtre). À plusieurs reprises au cours des années 1790, il composa des *Variations* pour piano seul, ou pour piano avec violon (ou violoncelle) sur des « airs à la mode » extraits d'opéras ou de Singspiele mis en scène et fort appréciés par le public (de Bonn puis de Vienne) (voir *WoO 65, 66, 68, 69, 70, 71, 72, 73, 75, 76* et *WoO 40, 45, 46, op. 44* et *op. 66*).

PRÉSENTATION DE L'ŒUVRE

Le poème de deux strophes, d'auteur inconnu, parle du regard qui en dit mille fois plus que les mots dans une situation d'amour qui ne peut être dévoilé.

Beethoven n'a mis en musique que la première strophe.

Man strebt die Flamme zu verhehlen
die bey gefühlvoll edlen Seelen
sich unbemerkt ins Herze stiehlt
Geheimnißvoll schließt man die lippen
jedoch verräth sich bald man mit blicken
wie sehr man ach die liebe fühlt
On cherche à cacher sa flamme
Qui auprès d'âmes nobles et sensibles
Se glisse dans le cœur
On sert les lèvres pour cacher son secret
Mais bientôt on se trahit par le regard
Tant on sent l'amour percer.

Le piano seul introduit le thème et l'atmosphère confiante, puis la voix, dans un *fa* majeur bien stable, chante ce constat de l'amour. La trahison du regard est manifestée par des notes répétées, sur un accompagnement discontinu d'accords alternés entre les deux mains (ces trois derniers vers sont repris). La ritournelle initiale assure le lien entre les deux strophes et termine le Lied.

SOURCES

Le manuscrit autographe (à Vienne, GdM) porte la mention suivante sur la première page : « pour Madame weissenthurn par louis van Beethoven ».

PUBLICATION

En 1888, dans la GA.

WoO 77

Six Variations faciles pour clavier sur un thème original en *sol* majeur

Tema. Andante quasi Allegretto, 2/4, sol *majeur – 142 mes.*

TEMPS DE LA COMPOSITION

Ces *Six Variations* ont été composées en 1800, sans doute en même temps que la *Sonate op. 22.* La relation entre ces deux œuvres se manifeste dans le choix du thème, issu du début du premier couplet du Rondo de la *Sonate.*

CONTEXTE BIOGRAPHIQUE

La simplicité de cet ensemble de variations témoigne du souci qu'a Beethoven de proposer des œuvres qui ne soient pas trop difficiles à jouer (reproche qui lui était souvent adressé), donc de se faire connaître et d'être joué par des amateurs.

Ce souci répond également à un but didactique : jusqu'à la fin de sa vie, il fut préoccupé par les questions d'apprentissage du piano et de l'écriture. Il voulut même écrire une méthode de piano (cf. les souvenirs de Gerhard von Breuning, *Aus dem Schwarzspanierhause*, Vienne 1874).

Voir la *Sonate op. 22* et les autres séries de Variations depuis *WoO 66.*

PRÉSENTATION DE L'ŒUVRE

Ces *Six Variations*, « faciles », font partie des œuvres qu'il est possible de qualifier de « didactiques », tant pour l'apprentissage du piano que pour celui de l'écriture.

À partir d'un thème très articulé en forme Lied a a' b a et constitué d'une succession de motifs, de plus en plus brefs, qui s'enchaînent à la main droite et sont soutenus, à la main gauche, par une ligne très simple faite des notes tonales, chacune des variations s'individualise par sa texture (organisée autour d'arpèges, de gammes, d'unissons, d'octaves brisés), par sa pulsation ou sa tonalité (mineure pour la quatrième). Une coda présente une sorte de synthèse des différentes figures des six variations.

Le Thème à 2/4, Andante, quasi Allegretto, c'est-à-dire ni trop lent ni trop rapide (donc possible à jouer pour un exécutant non virtuose), est constitué de deux fois huit mesures *piano* reprises (8 x 2 + 8 x 2). La structure de ce thème et sa progression harmonique sont identiques dans chacune des six variations.

Var. I : construite à partir d'arpèges legato en doubles croches à la main droite.

Var. II : impulsée par des arpèges parallèles (à la tierce redoublée) aux deux mains qui aboutissent, deux fois de suite, sur un *sf*, renforcement local de l'intensité, introduit ici.

Var. III : dans l'intensité piano du thème, sur des gammes brodées à une main, l'autre main joue la mélodie du thème octaviée et sans ornement.

Var. IV : en *sol* mineur, les deux mains sont à l'unisson, dans le style d'une marche funèbre (connoté par les rythmes pointés).

Var. V : elle retrouve le *sol* majeur et possède un caractère polyphonique (trois voix sont superposées).

Var. VI : gammes et arpèges en triples croches sont soutenus par des accords qui soulignent la métrique à deux temps.

La Coda, synthèse du parcours effectué, est de 14 mesures et aboutit à deux accords de *sol* majeur *ff*.

SOURCES

Les esquisses se trouvent à côté du travail préparatoire destiné au finale du *Quatuor à cordes op. 18 n° 2*.

Le manuscrit autographe est inconnu.

PUBLICATION

Ces *Variations* furent publiées en décembre 1800 à Vienne par l'éditeur Traeg :

« VI VARIATIONS / très faciles / pour le / Forte-Piano / composées / par / LOUIS VAN BEETHOVEN / [...] / Vienne, chez Jean Traeg dans la Singerstrasse N° 957 »

Le 18 décembre 1800, la *Wiener Zeitung* en annonçait la publication comme « ganz neu ». Cette annonce fut renouvelée les 24 juin et 11 août 1801.

Le thème, transposé en *la* majeur, fut utilisé pour un Lied intitulé « Das Glück der Liebe » (« Holde Liebe, deine Freunden... »), publié à Vienne par L. Maisch, en 1814.

WoO 99 ou Hess 208-232
Ensembles vocaux a capella sur des textes de Métastase

TEMPS DE LA COMPOSITION

Ces ensembles vocaux (duo, trio, quatuor) sont des exercices d'écriture composés par Beethoven au cours de ses premières années à Vienne – et, pour un certain nombre, au moment où il prenait des cours avec Salieri, c'est-à-dire vers 1800 (il a pu commencer à soumettre ses devoirs à Salieri entre 1799 et 1801, et les lui aurait montrés jusqu'en fin 1802 : ces dates ont été établies par R. Kramer dans sa thèse de 1973, publiée en 1979 : *The Sketches for Beethoven's Violin Sonatas, Opus 30. History, Transcription, Analysis*, 3. Vols. Princeton Univ. Phil.).

CONTEXTE BIOGRAPHIQUE

Quand, vers 1800, Beethoven eut l'intention de se lancer dans la composition d'œuvres dramatiques, il se préoccupa de maîtriser l'écriture vocale et s'adressa dans ce but à Antonio Salieri (1750-1825), alors présent à Vienne et maître par excellence pour les textes italiens (Schubert prit également des cours avec lui). Les cours étaient informels, sans régularité, mais plusieurs manuscrits autographes témoignent du travail réalisé : Beethoven lui soumettait ses compositions et Salieri corrigeait le phrasé et l'accentuation rythmique du mot, pour que la musique corresponde à la poésie italienne (intonation et mélodie de la langue, sens du texte, affects et intensité dramatique).

Or, au moment où Beethoven était arrivé à Vienne dans le but de parfaire sa formation de compositeur, se confronter à la poésie de Métastase était un passage obligé, pour s'exercer aux subtilités de l'écriture vocale : les nombreux drames et cantates de Métastase constituaient un réservoir inépuisable de textes adaptés aux exercices d'écriture, dans le genre particulier d'opéra qu'était l'opera seria (genre qui se développa au cours du XVIIIe siècle). Comme tous ses contemporains, Beethoven connaissait les livrets de Métastase et un certain nombre de leurs interprétations musicales : à Bonn, il avait souvent eu l'occasion d'assister à des représentations d'opéra sur ses livrets traduits en allemand.

Dans ce statut de référence absolue qu'était Métastase, Beethoven, comme les autres, s'est exercé sur plusieurs textes issus de Cantates ou de livrets d'opéras, et a soumis ses « devoirs » à Salieri. Il a également recopié les réalisations d'autres compositeurs, dans le but d'étudier de près leurs solutions (ces partitions autographes ont longtemps été prises pour des compositions originales).

Au cours de cet apprentissage, Beethoven a réalisé plusieurs exercices de composition, souvent sur les mêmes textes, pour deux, trois ou quatre voix a capella, ainsi que quelques airs avec accompagnement de piano (*WoO 119, 124*) ou d'orchestre (*WoO 92a, 93*). Ces travaux ont été retrouvés après sa mort[1] – il ne semble pas avoir pensé à les faire publier. Aurait-il montré à Salieri des travaux antérieurs ? Dans l'état actuel des connaissances, on ne peut affirmer les dates de composition.

Poète officiel de la cour de Vienne de 1730 à sa mort en 1782, Métastase a fourni des œuvres à la demande (livrets d'opéras, textes d'actions théâtrales ou de cantates) : comme l'écrit Stendhal, « la cour de Vienne n'a pas eu, pendant cinquante ans, un jour de naissance ou de mariage à célébrer, qu'on ait demandé une cantate à Métastase[2]. » Métastase est ainsi l'auteur du texte poétique de vingt-sept « drammi per musica », écrits entre 1723 et 1771, ainsi que de huit textes d'oratorio, quarante pièces de circonstance, de poésies, une tragédie en cinq actes (*Il Giustino*, 1717). Musicien, claveciniste, féru de culture antique, il était attentif à la musique de ses vers (comme Charles Burney, qui eut souvent l'occasion d'entendre des opéras sur ses livrets, le fait remarquer dans son *Voyage musical*[3]) : héritier d'Horace et d'Aristote, il était persuadé que la poésie devait instruire par l'intermédiaire du plaisir qu'elle procure. Il a donc veillé à façonner des vers concis, doux, faciles à mémoriser, capables d'exprimer au plus près les infimes nuances du cœur humain : consonances, assonances, rythmes de la phrase devaient être appropriés à l'émotion du moment. Cette intention d'instruire l'auditoire tout en lui procurant du plaisir, a bien été perçue par ses contemporains qui raffolaient de ses livrets (ils ont suscité plus de douze cents compositions). Ses livrets furent ainsi, dès 1725, à l'origine d'une forme d'opera seria qui s'imposa au cours du XVIIIe siècle dans toutes les cours européennes (à l'exception de la France, fidèle à la tragédie lyrique). Selon ce modèle métastasien, l'opera seria devait avoir un sujet héroïque (emprunté à l'Antiquité), des personnages animés par l'amour, la jalousie, la rivalité dynastique, le goût du pouvoir : les sentiments élevés, la maîtrise des passions triomphaient et désignaient les héros. L'ensemble devait avoir une fin heureuse. En s'imposant, cette forme d'opera seria diffusa le thème du héros, qui grâce à sa « Virtus » (force morale) faisait face aux agressions du monde extérieur.

Ainsi, au cours du XVIIIe siècle, les livrets de Métastase étaient devenus des modèles indépassables pour tout compositeur désirant s'initier à l'écriture vocale et dramatique.

Pour ses exercices de composition a capella, Beethoven a pris des textes dans les cantates *La Gelosia*, *La Tempesta*, *Il nome*, *Il ritorno*, *La pesca*, la *Cantate XXIV*, la *Cantate XXVII*, la Cantate de circonstance *Pel Giorno natalizio di Maria Therese* et dans l'opéra *Zenobia.*

Les dates de composition indiquées sont celles données par Willy Hess dans son catalogue[4].

WoO 99 n° 1 (Hess 211 Song 4)

Duo pour soprano et Ténor, « Bei labbri, che amore », en *mi* bémol majeur, 6/8 – 24 mes.

Le texte provient de *La Gelosia/ Cantata VIII* – composé entre 1792-1794

Une copie intègre les remarques de Salieri.

Publié par Hess dans SBG, Vol. 1, 1959, p. 9.

1. Ces compositions furent achetées par Haslinger et pour la plupart publiées par G. Nottebohm in *Beethovens Studien*, 1873, qui a consacré un chapitre sur les cours avec Salieri.

2. In *Vies de Haydn et de Métastase*, « Lettres sur Métastase » datées de 1812, Éditions d'aujourd'hui, 1977, p. 393.

3. Charles Burney, *Voyage musical dans l'Europe des Lumières*, traduction française de Michel Noiray, Flammarion, Paris, 1992, p. 341.

4. *The New Hess Catalog of Beethoven's Works* par James F. Green, avec une introduction de Sieghard Brandenburg, Vance Brook Publishing, West Newbury, Vermont, 2003.

WoO 99 n° 5b (Hess 227 Song 20)
Trio pour soprano, alto et basse, « Giura il nocchier », en *ut* majeur, 2/4 – 20 mes.
Le texte provient de *La Gelosia/ Cantata VIII* – composé entre 1792-1794
Publié par Hess dans SBG, Vol. 1, 1959, p. 13.

WoO 99 n° 6 (Hess 212 Song 5)
Trio pour soprano, alto et ténor, « Ma tu tremi, o mio tesoro », en *sol* majeur, C – 20 mes.
Le texte provient de *La Tempesta/ Cantata VII* – composé entre 1792-1794
Publié par Hess dans SBG, Vol. 1, 1959, p. 13.

WoO 99 n° 9 (Hess 216 Song 9)
Trio pour soprano, alto et basse, « Per te d'amico aprile », en *mi* bémol majeur, 6/8 – 22 mes.
Le texte provient de *Il Nome/ Cantata XIII* – composé entre 1792 et 1796
Publié par Hess dans SBG, Vol. 1, 1959, p. 14.

WoO 99 n° 7a (Hess 217 Song 10)
Quatuor pour soprano, alto, ténor et basse, « Nei campi e nelle selve », en *ut* majeur, 2/4 – 45 mes.
Le texte provient de la *Cantata XXVII* – composé entre 1792 et 1796
Publié par Hess dans SBG, Vol. 1, 1959, p. 19.

WoO 99 n° 7b (Hess 220 Song 13)
Quatuor pour soprano, alto, ténor et basse, « Nei campi e nelle selve », en *ut* majeur, 2/4 – 36 mes. et da capo
Le texte provient de la *Cantata XXVII* – composé entre 1792 et 1796, juste après le précédent
Publié par Hess dans SBG, Vol. 1, 1959, p. 20.

Hess 231 Song 24
Duo pour soprano et ténor, « Sei mio ben », en *sol* majeur – 14 mes.
Le texte provient de la *Cantata XXIV*
Publié par Hess dans SBG, Vol. 1, 1959, p. 9.

Hess 232 Song 25
Mélodie pour ténor, « E pur fra la tempeste », en *mi* bémol majeur – 20 mes.
Le texte provient de la cantate *La Tempesta*.
Publié par Hess dans SBG, Vol. 1, 1959, p. 28.
1795-1796

WoO 99 n° 11 (Hess 215 Song 8)
Duo pour soprano et ténor, « Scrivo in te », en *ré* majeur – 20 mes.
Le texte provient de la cantate *Il nome*.
Publié par Hess, SBG Vol. 1, 1959 p. 10.
1796-1797

WoO 99 n° 10b (Hess 218 Song 11)
Trio pour soprano, ténor et basse, « Quella cetra ah pure tu sei », en *la* majeur – 19 mes.
Le texte provient de la *Cantata Pel Giorno natalizio di Maria Terese*.
Composé vers 1796
Publié par Hess, SBG, Vol. 1, 1959, p. 16.

WoO 99 n° 10c (Hess 219 Song 12)
Quatuor pour soprano, alto, ténor et basse, « Quella cetra ah pure tu sei », en *fa* majeur – 18 mes.
Le texte provient de la *Cantata Pel Giorno natalizio di Maria Terese*.
Composé vers 1796
Publié par Hess, SBG, Vol. 1, 1959, p. 24.

WoO 99 n° 10a (Hess 213 Song 6)
Quatuor pour soprano, alto, ténor et basse, « Quella cetra ah pure tu sei », en *sol* majeur – 20 mes.
Le texte provient de la *Cantata Pel Giorno natalizio di Maria Terese*.
Composé vers 1796-1797
Publié par Hess, SBG, Vol. 1, 1959, p. 23.

WoO 99 n° 3a (Hess 208 Song 1)
Duo pour ténor et basse, « Fra tutte le pene », en *fa* majeur – 24 mes. et da capo.
Le texte provient de l'opéra *Zenobia*, acte III, sc. 9.
Publié par Hess, SBG, Vol. 1, 1959, p. 11.

WoO 99 n° 3b (Hess 209 Song 2)
Trio pour soprano, alto et ténor, « Fra tutte le pene », en *mi* bémol majeur – 25 mes. et da capo. Les corrections de la main de Salieri prouvent qu'il lui a montré au moment où il prenait des leçons avec lui (1801).
Le texte provient de l'opéra *Zenobia*, acte III, sc. 9.
Publié par Hess, SBG, Vol. 1, 1959, p. 15.

WoO 99 n° 3c (Hess 210 Song 3)
Quatuor pour soprano, alto, ténor et basse, « Fra tutte le pene », en *si* bémol majeur – 38 mes. et da capo. Des corrections de la main de Salieri s'y trouvent (1801).

Le texte provient de l'opéra *Zenobia*, acte III, sc. 9.

Publié par Hess, SBG, Vol. 1, 1959, p. 21.

Hess 228 Song 21

Duo pour soprano et ténor, « Salvo tu vuoi lo sposo », en *ut* majeur – 20 mes.

Le texte provient de l'opéra *Zenobia*, acte II, sc.7.

Publié par Hess, SBG, Vol. 1, 1959, p. 12.

Vers 1800

WoO 99 n° 2 (Hess 214 Song 7)

Trio soprano, alto et basse, « Chi mai di questo core », en *ut* majeur – 40 mes.

Le texte provient de *Il ritorno / Cantate XIV*. Composé vers 1800.

Publié par Hess, SBG, Vol. 1, 1959, p. 17.

Texte :

Chi mai di questo core
Saprà le vie segrete
Se voi non le sapete
Begli occhi del moi ben.
Voi che dal primo instante
Quando divenni amante
Il mio nascosto amore
Mi conosceste in sen.

(Celui qui jamais de ce cœur / ne veut connaître les chemins secrets)

Les esquisses montrent que Beethoven a beaucoup travaillé ce texte de Métastase, parce qu'il cherchait à maîtriser l'écriture dramatique afin de commencer la composition d'opéras. D'après Hans-Werner Küthen [1], Beethoven aurait cherché à faire de ce Trio la suite de *La partenza* (*WoO 124*), ce qui correspondrait à un renouvellement du topos métastasien ainsi qu'à sa tendance d'associer et de penser les contraires (comme en témoignent les titres qu'il donna aux mouvements de la *Sonate op. 81a* : « Les Adieux », « L'Absence » et « Le Retour »).

WoO 99 n° 2 (Hess 214 Song 7)

Il existe une feuille d'esquisses ne comportant d'abord qu'une voix, puis trois (à Stockholm) sur le texte « O rammenta, o bella Irene, / Che giurasti a me costanza : / Ah ritorna, amato bene, / Ah ritorna al primo amor. // Qual conforto, oh Dio m'avanza ? / Chi sarà la mia speranza ? / Per chi viver più degg'io, / Sepiù moi non è quel cor ? » (Ô rappelle-toi, belle Irène, que tu m'avais juré fidélité.)

Poésie de Pietro Metastasio *Il ritorno / Cantate XIV*

Il existe des autographes pour duo, trio et quatuor du même texte (à Berlin, Konvolut Art. 166a, qui comprend des copies de la main de Beethoven d'airs harmonisés par d'autres élèves de Salieri au cours des années 1790 : Carl Doblhof-Dier et Alexander Cornet (cf. R. Kramer, *op. cit.* le chapitre sur « The Studies Prepared for Salieri » – Bd. 1, S.145-159, S.154).

WoO 99 n° 5a (Hess 221 Song 14)

Quatuor pour soprano, alto, ténor et basse, « Giura il nocchier » en *si* bémol majeur – 23 mes. – composé en 1801.

Le texte provient de *La Gelosia / Cantate VIII*.

Publié par Hess dans SBG, Vol. 1, 1959, p. 26.

WoO 99 n° 4a (Hess 222 Song 15)

Quatuor pour soprano, alto, ténor et basse, « Gia la notte s'avvicina » en *si* bémol majeur – 18 mes. – composé au temps de ses leçons avec Salieri (il y a des corrections de sa main), en 1801/1802.

Le texte provient de *La pesca*.

Publié par Hess dans SBG, Vol. 1, 1959, p. 27.

WoO 99 n° 4b (Hess 223 Song 16)

Trio pour alto, ténor et basse, « Gia la notte s'avvicina » en *ut* majeur – 16 mes. – composé aussi du temps de ses leçons avec Salieri.

Le texte provient de *La pesca*.

Publié par Hess dans SBG, Vol. 1, 1959, p. 18.

WoO 99 n° 3c (Hess 224 Song 17)

Quatuor pour soprano, alto, ténor et basse, « Fra tutte le pene », en *si* bémol majeur – 38 mes. et da capo. – composé en 1796-1797 et recopié (après corrections de Salieri) avec quelques variantes.

Le texte provient de l'opéra *Zenobia*, acte III, sc. 9.

Publié par Hess, SBG, Vol. 1, 1959, p. 21.

1. Dans son article « Eine Stockholmer Beethoven-Skizze zu Metastasios *Il ritorno* als Gegenstück zu *La partenza*, *WoO 124* : auf beharrlichem Weg zu einer Komposition », in *Beethoven 2 Studien und Interpretationen*, Akademia Muzyczna, Krakow 2003, p. 253-270.

SOURCES

Les autographes se trouvent à Berlin (collection Artaria) ou à Vienne (GdM).

PUBLICATION

NGA, XII, 2, « Mehrstimmige Gesänge ohne Begleitung », à paraître.

Opus 21
Première Symphonie en *ut* majeur

Adagio molto, C (12 mes.) – Allegro con brio, ¢, ut *majeur – 298 mes.*
Andante cantabile con moto, 3/8, fa *majeur – 195 mes.*
Menuetto. Allegro molto e vivace, 3/4, ut *majeur – 137 mes.*
Finale. Adagio (6 mes.) – Allegro molto e vivace (mes. 7), 2/4, ut *majeur – 304 mes.*
L'orchestre est celui de Haydn et de Mozart : deux flûtes, deux hautbois, deux clarinettes, deux bassons, deux trompettes, deux cors, timbales et quintette à cordes.

TEMPS DE LA COMPOSITION ET PREMIÈRE EXÉCUTION

Probablement composée en vue du concert qui eut lieu le 2 avril 1800, elle fut donc achevée au début de l'année 1800, mais le projet était antérieur.

La première exécution publique eut lieu le 2 avril 1800 au « kaiserl. Königl National Hof – Theater nächst der Burg », sous la direction de Beethoven. Le programme du concert la présentait comme « une nouvelle grande symphonie avec un orchestre complet ». Peu après sa publication cette *Symphonie* fut exécutée à Leipzig les 26 novembre et 12 décembre 1801.

CONTEXTE BIOGRAPHIQUE

Beethoven aurait déjà pensé à écrire une symphonie du temps de Bonn : il en reste des esquisses qui laissent supposer qu'il l'avait prévue en *ut* mineur. D'autres esquisses, qui dateraient de 1795-1796, permettent également de supposer qu'il aurait envisagé d'écrire une symphonie en *ut* majeur au milieu des années 1790 à Vienne. Ces projets ne furent donc pas menés à terme. Il semble, par conséquent, que Beethoven ne se soit lancé dans ce travail de composition qu'au moment où il s'est senti confirmé comme pianiste et comme compositeur d'œuvres pour piano, pour musique de chambre, pour harmonie – ce n'est donc que sûr de son génie qu'il osa se mesurer à ses grands prédécesseurs en matière de symphonie, Mozart et surtout Haydn. De fait, avant de se lancer dans la composition d'une symphonie, il multiplia les œuvres destinées à des effectifs instrumentaux réduits et variés (des œuvres donc que l'on peut exécuter dans les salons de l'aristocratie à Vienne ou à Prague) : le *Trio op. 87* en *ut* majeur pour deux hautbois et cor anglais, composé en 1794 ou 1795 ; le *Sextuor op. 81b* pour 2 violons, alto, violoncelle et deux cors, composé en 1794/1795 ; le *Quintette à cordes op. 4* pour deux violons, deux altos et un violoncelle (transcription de l'*Octuor à vents op. 103*, composé à Bonn) ; le *Quintette op. 16* pour piano, clarinette, hautbois, cor et basson, composé à Prague en 1796 ; le *Trio op. 11* pour piano, violoncelle et la clarinette, composé en 1797/1798 ; le *Sextuor op. 71* pour deux clarinettes, deux cors, deux bassons, composé en 1796 ; la *Sérénade op. 8* pour violon, alto et violoncelle, composée en 1796/1797 ; les *Trois Trios à cordes op. 9*, composés en 1797/1798. Et ce n'est qu'une fois les *Quatuors op. 18* en bonne voie que Beethoven se risqua à composer sa *Première Symphonie*. L'occasion lui fut donnée par le projet d'un concert qui devait être donné à son bénéfice au Théâtre de la Cour à Vienne. Ce concert, qui eut lieu le 2 avril 1800, associait des œuvres de Mozart et de Haydn à celles de Beethoven, comme l'affiche annonçant « une grande académie musicale » l'indiquait :

1. Une grande Symphonie de feu M. le Kapellmeister Mozart.
2. Un Air de la *Création* de M. Haydn, Kapellmeister du prince Esterhazy.
3. Un grand Concerto sur le Piano-Forte, joué et composé par M. Ludwig van Beethoven
4. Un Septuor pour quatre instruments à cordes et trois instruments à vent, dédié à sa Majesté l'Impératrice, composé par M. Ludwig van Beethoven, joué par MM. Schuppanzigh [etc.]
5. Un Duo de la *Création* de Haydn.
6. M. Ludwig van Beethoven improvisera sur le Piano-Forte.
7. Une nouvelle grande Symphonie avec orchestre complet, composée par M. Ludwig van Beethoven.

D'après les critiques publiées sur ce concert, cette première *Symphonie* dérouta le public, tant Beethoven ouvrait une brèche dans le genre tel qu'il était conçu à cette époque – ce que les critiques ont traduit en dénonçant les libertés harmoniques, qui « déchirent l'oreille sans parler au cœur », et la place trop importante consacrée aux instruments à vent « de telle sorte que c'était plutôt une musique d'harmonie que véritablement une musique d'orchestre ».

PRÉSENTATION DE L'ŒUVRE

Certaines des particularités d'écriture sont spécifiques de l'écriture de Beethoven : le début ne pose pas la tonalité, mais déroute par un accord de septième de dominante de *fa* majeur au lieu d'un accord consonant d'*ut* majeur (liberté inacceptable pour les premiers auditeurs) ; le recours à deux timbales dont le roulement *pp* soutient l'Andante ; l'introduction Adagio de l'Allegro final met en évidence la recherche du matériau thématique, geste fréquent chez Beethoven, qui, après avoir énoncé le début d'un thème, le réitère plusieurs fois avant de lui donner sa configuration.

I. Après l'incertitude tonale d'un Adagio molto qui joue des effets de masse et des oppositions entre l'ensemble des cordes et l'ensemble des vents, la tonalité d'*ut* majeur est enfin affirmée par l'Allegro con brio, de forme sonate, construit sur des cellules très dynamiques, le deuxième ensemble thématique, énoncé par le hautbois, donnant une fonction thématique au timbre. Le rythme de cet Allegro con brio est dominé par des passages de scansion régulière et puissante de l'ensemble de l'orchestre. Le développement met en valeur les rythmes énergiques, la diversité des timbres et la dynamique du mouvement.

II. Dans cet Andante cantabile con moto de forme sonate, en *fa* majeur, l'exposition commence comme une fugue à quatre entrées pour donner une consistance contrapuntique à la première idée, la seconde idée prenant une allure plus harmonique (verticale). Le développement joue sur la tension apportée par les rythmes pointés des cordes, renforcée par des roulements continus des timbales pendant douze mesures.

III. Dans le Menuet, Allegro molto e vivace, de forme ABA, la partie A joue sur la répétition des mêmes notes dans une scansion régulière et immuable, la partie B, le Trio, repose sur le jeu lointain de « l'harmonie », ponctué par quelques courts traits des violons.

IV. Le Finale commence par six mesures Adagio ouvert par un sol unisson *ff* à tout l'orchestre, accord qui précède l'organisation progressive d'une gamme montante à partir de *sol*, reprise cinq fois avant de s'achever (gagnant chaque fois un degré) sur l'affirmation d'*ut* majeur. Une fois la gamme entièrement constituée, le thème de l'Allegro molto e vivace à deux temps est lancé. Ce dernier mouvement est de forme sonate avec des éléments de Rondo, et l'ensemble, très dynamique et plein de vitalité, possède une texture sonore très dense, fortement articulée par les courts motifs, les *sf*, les oppositions de masses sonores, etc.

SOURCES

Le manuscrit autographe est perdu, et aucune esquisse n'a été retrouvée jusqu'à présent (il ne faut pas confondre avec les quelques esquisses de 1795-1796 destinées à la Symphonie en *ut* majeur, même si Beethoven s'est inspiré du thème principal du dernier mouvement pour le Rondo Finale de sa *Première Symphonie*).

PUBLICATION

Elle fut éditée, en dix-sept parties d'orchestre séparées, en novembre 1801 par Hoffmeister à Vienne et à Leipzig ; le titre est en français :

« GRANDE / SIMPHONIE / pour / 2 Violons, Viole, Violoncelle, et Basse, / 2 Flûtes, 2 Oboes, 2 Cors, 2 Bassons, / 2 Clarinettes, 2 Trompettes et Tymbales [*sic*] / composée et dediée [*sic*] / à / Son Excellence Monsieur le Baron / VAN SWIETEN, / Commandeur de l'ordre roy. de St. Etienne, / Conseiller intime et Bibliothécaire de sa / Majesté Imp. et Roy. / PAR / LOUIS van BEETHOVEN. / – Œuvre XXI. – / à Vienne, chez Hoffmeister & Comp. / à Leipsic, au Bureau de Musique. »

La *Wiener Zeitung* n'en annonça la publication que le 16 janvier 1802 (en même temps que l'*opus 19*).

Du vivant de Beethoven, cette Symphonie fut transcrite pour « Nonett » (deux violons, deux altos, une basse, deux hautbois et deux cors, en 1809 chez André à Offenbach), pour septuor (avec cordes et deux flûtes, à Londres vers 1815), pour quintette à cordes (en 1802 chez Mollo à Vienne, transcription qui suscita une mise en point de Beethoven dans les journaux, cf. *opus 20*; en 1803-1804, chez Simrock à Bonn), pour quatuor avec piano, flûte, violon, violoncelle « ad. lib. » (transcription de J. N. Hummel parue chez Simrock à Bonn en 1826), pour trio piano, flûte, violoncelle (transcription de J. N. Hummel, parue à Londres en 1825), pour piano et flûte, ou violon, ou violoncelle (à Londres en 1818), pour piano à quatre mains (à Leipzig, chez Kühnel en 1813, puis Peters en 1814), pour piano à deux mains (transcription de « son ami l'abbé Gelinek » publiée chez Cappi en 1804).

L'édition en partition fut réalisée en 1809 à Londres (ignorée en Allemagne), et en 1822 chez Simrock à Bonn. Une lettre du 13 mai 1822 [1., 1464] de Nikolaus Simrock à Beethoven explique les raisons de cette publication :

« J'ai pris l'initiative de publier vos 6 Symphonies en partition, ce qui aurait déjà dû se faire à plusieurs reprises – annoncé officiellement, mais jamais mis en œuvre; étant donné qu'il n'y a rien à y gagner, ce que je sais parfaitement, je voulais simplement offrir à mon vieil et respectable ami un monument digne de lui, et j'espère que l'édition vous plaira, car j'ai fait tout ce que j'ai pu ! J'ai publié les deux premières en même temps et je vais vous les expédier à Vienne dans le premier envoi. »

L'*AMZ* du 13 novembre 1822 rendit compte de cette publication : « On connaît la belle édition parisienne des Symphonies de Haydn, gravées en partition chez Pleyel... sur ce modèle, et tout aussi joliment gravée, paraît ici la première Symphonie de Beethoven, et on espère que les autres vont suivre les unes après les autres. Que l'étude d'une Symphonie sur partition soit plus rapide et que l'exécution exacte en soit facilitée, ce qui devient enfin possible, cela paraît évident. »

CORRESPONDANCE AVEC HOFFMEISTER À LEIPZIG

La correspondance de 1800-1801 a pour but de proposer, de préciser et de mettre au point l'édition de cette *Symphonie* (en même temps que celle du *Concerto op. 19*, du *Septuor op. 20*, de la *Grande Sonate op. 22*).

La proposition est faite le 15 décembre 1800 [1., 49] : « une grande Simphonie avec un orchestre complet ».

Dans sa lettre du 15 « ou quelque chose comme cela » janvier 1801 [1., 54], Beethoven demandait le même prix pour le *Septuor*, pour la *Sonate* et pour la *Symphonie* (20 ducats) et expliquait : « Vous vous étonnerez que je ne fasse aucune différence entre une sonate, un septuor et une symphonie ? Mais il me semble qu'un septuor ou une symphonie trouve moins d'acheteurs qu'une sonate, c'est pourquoi je le fais, bien qu'il me semble qu'une symphonie doive certainement valoir davantage. »

Le 22 avril 1801 [1., 60], Beethoven donnait le numéro d'opus 21.

Le 22 ou 23 juin 1801 [1., 64], il indiquait l'intitulé du titre avec le dédicataire (en français) : « grande Simphonie [*sic*] avec deux violons viole violoncell [*sic*] et contreBasse, deux flûte [*sic*], deux oboe [*sic*], deux cors, deux fagots, deux clarines et tymbales [*sic*]

composée et dediée
à son altesse Serenissime
Maximilién françois
Prince Royal d'hongrie et de Boheme
Electeur de Cologne etc
par louis van Beethoven
œuvre 21 »

laissant les corrections et l'amélioration du libellé à l'éditeur.

Peu avant le 17 octobre 1801 [1., 69, p. 88], Beethoven fit parvenir le nom du nouveau dédicataire, le baron Gottfried van Swieten (le prince Maximilian Franz étant mort le 27 juillet 1801), après tant d'hésitations que l'éditeur voulait la graver sans nom de dédicataire.

Le 2 décembre 1801 [1., 73], Hoffmeister fit parvenir une exemplaire de la Symphonie sur du papier « extra », ainsi que cinq autres exemplaires, en s'excusant d'avance pour les fautes éventuelles. Il paraît que Beethoven fut très heureux de la gravure, et qu'il releva presque aussitôt les fautes (d'après la lettre du représentant de Hoffmeister à Vienne du 12 décembre 1801, 1., 75, p. 94).

DÉDICATAIRE

D'après la lettre de Beethoven à Franz Anton Hoffmeister du 22 ou 23 juin 1801 [1.,

64], cette *première Symphonie* était d'abord destinée à son ancien maître, l'électeur de Cologne, Maximilian Franz, mais celui-ci mourut à Hetzendorf le 27 juillet 1801, avant la publication. Beethoven la dédia alors au baron Gottfried van Swieten (1733-1803), haute personnalité, très cultivée et mélomane, qui l'avait soutenu dès ses débuts à Vienne.

L'ŒUVRES VUE PAR SES CONTEMPORAINES

L'*AMZ* III, n° 3, du 15 octobre 1800 (col. 49) publia une critique du concert du 2 avril 1800 : « Enfin M. Beethoven eut aussi une fois le théâtre à sa disposition et ce fut vraiment l'académie la plus intéressante depuis longtemps [...] à la fin fut exécutée une symphonie de sa composition, où il y avait beaucoup d'art, de nouveautés et de richesses d'idées; les instruments à vent y étaient seulement trop employés de telle sorte que c'était plutôt une musique d'harmonie que véritablement une musique d'orchestre. »

Un critique de l'*AMZ* (23 juillet 1801) ira jusqu'à dire : « C'est l'explosion désordonnée de l'outrageante effronterie d'un jeune homme. »

En 1805 la *Berlinische Musikalische Zeitung 1*, p. 7, publiait une critique qui témoignait de la surprise des auditeurs : « La première [Symphonie] de Beethoven a commencé abruptement par un accord de septième sur la dominante du ton principal, alors que le public curieux attendait l'éclat puissant du premier accord d'un grand orchestre [le critique fait une erreur d'analyse musicale : ce n'est pas le ton principal, mais celui de la sous-dominante]. On ne reprochera pas ce genre de libertés et de singularités à un artiste génial comme Beethoven, mais un tel commencement n'est pas adapté à l'ouverture d'un grand concert dans une vaste salle d'opéra. »

Les *Tablettes de Polymnie*, publiées à Paris, écrivirent en mars 1810 à propos de cette symphonie (ou de la deuxième) : « Hélas ! on ne fait que déchirer bruyamment l'oreille sans parler au cœur. »

Opus 17

Sonate pour piano et cor (Hornsonate)

Allegro moderato, **C**, fa *majeur – 180 mes.*
Poco Adagio, quasi Andante, 2/4, fa *mineur – 17 mes.* (*« attacca subito il Rondo »*)
Rondo / Allegro moderato, ¢, fa *majeur – 167 mes.*

TEMPS DE LA COMPOSITION

Cette composition de circonstance est destinée au très célèbre corniste virtuose originaire de Bohême, Johann Wenzel Stich (il avait italianisé son nom en Giovanni Punto), à l'occasion d'un concert qu'il donna le 18 avril 1800 au Hofburgtheater à Vienne.

CONTEXTE BIOGRAPHIQUE

Le célèbre corniste Punto (1748-1803) fit la connaissance de Beethoven peu après son arrivée à Vienne à l'occasion d'une tournée de concerts (d'après une annonce de l'*AMZ* [col. 297], il était à Munich en janvier 1800). Josephine, comtesse Deym (née Brunsvik) écrivait de Vienne à ses sœurs au début de l'année 1800 : « Nous avions une charmante musique. Punto, Beethoven, Schuppanzigh, Smeskall. Tu pense [*sic*] que cela donne quelque chose du bien. Punto joue vraiment merveilleusement. Ils déjeunèrent tous chez nous et ensuite on fit de la musique tout l'après-midi[1]. »

La conséquence de la rencontre avec Punto fut la promesse faite par Beethoven de composer une sonate pour piano et cor naturel qu'ils joueraient ensemble lors du concert de Punto. Ries a raconté dans ses *Notices biographiques* (p. 82) que Beethoven n'avait toujours rien écrit alors que le concert était annoncé, qu'il se mit au travail la veille et qu'il termina la *Sonate* pour le concert... Ce récit, quelque peu exagéré (Ries n'était pas encore à Vienne lors de ce concert, et il rédigea ses *Notices* en 1837, donc bien après son séjour à Vienne, entre fin 1801 et fin 1805), témoigne pourtant de la rapidité de la composition de Beethoven qui travailla dans l'urgence (il venait de se consacrer au concert à son bénéfice qui avait eu lieu le 2 avril 1800, au cours duquel il joua son *Concerto op. 15*, sans doute, et donna le *Septuor op. 20* pour la

1. Cité par Frimmel, II, p. 258.

première fois en concert public, ainsi que la *Première Symphonie op. 21*, créée ce jour-là).

Lors du concert du 18 avril 1800, le succès fut tel que la Sonate fut reprise (ce qui était interdit alors par le règlement du théâtre). Ils la rejouèrent ensemble à Budapest le 7 mai 1800[1] ; puis en janvier 1801, lors du concert de bienfaisance organisé par la chanteuse amatrice Christine Frank, née Gerhardi[2], ce qui devait attirer le public. Beethoven rejoua cette *Sonate* en 1812 avec Friedrich Starke (1774-1835), instrumentiste polyvalent, corniste de l'opéra, professeur de piano de Karl (le neveu), qui était venu lui rendre visite, avec son cor sous le bras, dans la maison Pasqualati sur la Mölker-Bastei[3].

Lors du travail de composition, Punto a suggéré à Beethoven les thèmes qui mettaient le cor naturel en valeur, en fonction de sa technique avec laquelle il pouvait obtenir des sons supplémentaires. En faisant ce qu'il fallait pour donner l'occasion à Punto de briller, Beethoven rendait difficile la diffusion de cette *Sonate* qui n'était abordable que par des professionnels de très haut niveau (sur les cors naturels en usage à cette époque, donc avant l'invention du cor à pistons) : pour l'édition, il était donc indispensable de proposer une autre solution – le choix se porta sur un arrangement pour violoncelle que Beethoven réalisa en modifiant largement la partition destinée à la version pour cor (l'authenticité de cet arrangement n'est pas à mettre en doute, dans la mesure où l'information provient de Carl Czerny).

PRÉSENTATION DE L'ŒUVRE

Très virtuose pour le corniste comme pour le pianiste, la Sonate commence par un Allegro moderato, à quatre temps, ouvert par deux mesures de cor qui posent la tonalité de *fa* majeur et la sonorité de l'instrument soliste dans un rythme dynamique mettant en valeur la technique de l'instrumentiste. Ce premier mouvement est de forme sonate avec reprise et coda.

Le deuxième mouvement est Poco Adagio, quasi Andante à deux temps, en *fa* mineur. Très court (17 mesures), il est essentiellement constitué d'un échange de courtes phrases, réduites souvent à une cellule rythmique, entre piano et cor. Une cadence du piano conduit au Rondo final : « attacca subito il Rondo ».

Le troisième mouvement, Finale, est un Rondo / Allegro moderato, alla breve, en *fa* majeur. Le thème du refrain, énoncé au piano, se caractérise par de grands sauts d'intervalles et des traits ascendants. Il revient trois fois, les couplets jouant sur l'effet d'accélération. Une coda termine ce mouvement dans un tempo plus rapide, Allegro molto après un rallentando sur une évocation de la tête du thème.

SOURCES

Le manuscrit est perdu. Les esquisses connues ne concernent que le début du mouvement lent (à Berlin).

PUBLICATION

L'édition originale fut assurée en mars 1801 à Vienne par Tranquillo Mollo, qui publia parallèlement à la partie de cor une partie de violoncelle arrangée par Beethoven :

« SONATE / pour le / Forte-Piano / avec un Cor, oû Violoncelle / composée et dediée [*sic*]/ À Madame la Baronne de Braun / par / LOUIS VAN BEETHOVEN / Œuvre 17 / À Vienne chez T. Mollo et Comp. / Leipzig au Comptoir d'Industrie / Franckfort chez Gayl et Hedler. »

Cette *Sonate* fut reprise ensuite par différents éditeurs : par Hummel à Berlin et Amsterdam, par Simrock à Bonn (pour violon, alto ou violoncelle), par Böhme à Hambourg, par Breitkopf & Härtel à Leipzig, par André à Offenbach, par Schott à Mayence.

Elle fut également arrangée pour petit orchestre, pour quintette à cordes avec contrebasse, pour piano et flûte, pour piano à quatre mains, pour piano à deux mains.

DÉDICATAIRE

Voir *opus 14*, les *Deux Sonates pour piano*.

L'ŒUVRE VUE PAR SES CONTEMPORAINS

L'*AMZ II*, du 2 juillet 1800, col. 704, rendait compte du concert en signalant que la *Sonate* avait été reprise pour répondre à l'enthousiasme du public, bien que le règlement du théâtre interdise toute reprise. En octobre 1800 (*AMZ III*, 15/10/1800, col. 48)

1. Cité par E. Forbes, *Thayer's Life of Beethoven*, Princeton, 1967, p. 256.
2. Cf. Forbes, *op. cit.*, p. 256
3. Cité par Frimmel, II p. 250.

un article soulignait que cette *Sonate* était bien meilleure que les œuvres de Punto, compositeur.

CORRESPONDANCE

Entre le 21 et le 24 janvier 1801 [1., 56], Beethoven signalait à la chanteuse Christine Frank, née Gerhardi, que, pour la deuxième fois, dans l'annonce de son concert de bienfaisance prévu pour le 30 janvier 1801 dans la grande salle de la Redoute, son mari avait omis de signaler que Punto et Beethoven joueraient leur *Sonate*. Cette omission, qui contrariait Punto, n'était pas judicieuse alors que l'annonce visait à faire venir le public. Il demandait donc de remédier à cette bévue, sinon il serait amené à penser que lui, Punto et les autres interprètes non cités étaient « inutiles » (les noms du ténor Joseph Simoni et de la soprano Magdalena Galvani, née Willmann [1771-1801] étaient également passés sous silence).

Opus 43

Die Geschöpfe des Prometheus (Les Créatures de Prométhée)

« Ballo serio » pour grand orchestre
Ouverture Adagio 3/4 (16 mes.) – Allegro molto con brio, ¢, ut *majeur – 283 mes.*
Seize numéros précédés d'une Introduction – La tempesta, Allegro non troppo, **C** *– 66 mes., et terminés par un Finale (n° 16) Allegretto, 2/4,* mi *bémol majeur – 315 mes.*

TEMPS DE LA COMPOSITION

Il s'agit d'une composition destinée à un ballet conçu par le chorégraphe italien Salvatore Vigano (Naples 1769-Milan 1821) pour la scène du théâtre impérial, le Hofburgtheater, dont il était maître de ballet depuis 1799. Vigano programma ce ballet « héroïque et allégorique » pour sa troisième saison.

Beethoven y travailla au cours de l'année 1800 et des premiers mois de l'année 1801. Cette composition pour grand orchestre se situe entre la *Première* et la *Deuxième Symphonie*.

PREMIÈRE REPRÉSENTATION

La première représentation du ballet de Vigano avec la musique de Beethoven eut lieu le 28 mars 1801 au Hofburgtheater de Vienne. Suivirent au cours des saisons 1801 et 1802 environ une trentaine de représentations (il y en eut entre vingt-trois et vingt-neuf) – puis ce ballet ne fut pas repris les années suivantes.

CONTEXTE BIOGRAPHIQUE

Alors que l'éditeur Breitkopf & Härtel refusait de publier des extraits, pourtant très appréciés par le public viennois, de la musique du ballet pour orchestre, il acceptait de publier les *Variations pour piano op. 35*, dont le thème est extrait de cette musique. Beethoven exigeait d'ailleurs que leur origine soit inscrite sur la page de titre (lettre de fin mai-début juin 1803 [1., 140]). Cette exigence, dont le but était d'entretenir le souvenir de ce ballet qui n'était plus reparu à l'affiche en 1803, témoigne également de la valeur que Beethoven attribuait à la musique de ce ballet allégorique : non seulement il s'en inspirait pour composer des *Variations* de facture très nouvelle, mais il faisait en sorte que cette œuvre ne soit pas oubliée.

Outre les autres remplois que Beethoven en fit (dans l'*Héroïque* et dans la *Pastorale*), un autre indice témoigne de son attachement à cette œuvre : la lettre comminatoire qu'il envoya le 26 juillet 1817 [4., 1144] à Benjamin Gebauer, musicien de l'orchestre du Théâtre An der Wien, et copiste qui ne lui avait pas encore restitué les n°s 4 et 5 de la copie (fort corrigée) de la partition (une inscription de son *Tagebuch* [82] datant de 1816 indique le prêt de cette partition). Beethoven y tenait donc ayant sans doute l'intention de l'intégrer dans ses œuvres complètes (entreprise à laquelle il pense depuis 1810).

L'intérêt et l'attention de Beethoven pour cette œuvre de commande sont à mettre en relation avec les conditions et le contexte politique, idéologique et esthétique de sa composition : la Révolution française, Bonaparte et la réinterprétation du mythe de Prométhée.

En premier lieu, contrairement à son habitude, le chorégraphe Vigano, qui se contentait généralement d'assemblages composites de musiques déjà écrites, sollicita la collaboration de Beethoven, ce que l'impératrice accepta, comme en témoigne une lettre de Hoffmeister & Comp. de Vienne à Hoffmeister & Kühnel de Leipzig, datée du 7 mars

1801 [1., 57], qui rapporte les propos de Beethoven : la commande de l'impératrice le rend indisponible pour au moins quinze jours ! (Rappelons que la première du ballet eut lieu le 28 mars 1801.) Avec Beethoven, Vigano choisissait un jeune musicien de trente ans, « à la mode », comme l'atteste le succès de son *Septuor op. 20*, écrit entre 1799 et 1800, et créé en même temps que la *Première Symphonie op. 21* et dédié en 1802, Beethoven le dédia à l'impératrice Maria Theresia (1772-1807), seconde femme de l'empereur François Ier ; mélomane et chanteuse douée (Haydn lui avait dédié sa « Theresienmesse » en 1799, en hommage à une musicienne qui savait apprécier sa musique.)

Mais également, en choisissant Beethoven, Vigano s'appuyait sur celui qui, en 1795, avait pris son parti en composant douze *Variations* pour piano sur le « Menuet à la Vigano », extrait du ballet *Le Nozze disturbate* de Jakob Haibel, *WoO 68* (Beethoven ne fut pourtant pas le seul !). Dans un contexte de concurrence avec le premier maître de ballet de la cour, Antonio Muzzarelli, Vigano, qui fut actif à Vienne entre 1793 et 1795 alors qu'il venait de Venise, était soucieux de mouvements « naturels » : il représentait alors une « modernité » peu appréciée par une partie du public viennois. En fait, cette recherche du nouveau portait le pari de Vigano qui était de retrouver par ses chorégraphies l'efficacité politique, esthétique, émotionnelle de la pantomime antique (il se situait dans la lignée réformatrice du danseur et chorégraphe français Jean-Georges Noverre[1], auteur, en 1760, des *Lettres sur la danse, et sur les ballets*, ouvrage dans lequel il s'inspirait des considérations de Diderot sur *La Poésie dramatique*[2] pour relier le ballet à la pantomime des Anciens, et en faire un genre indépendant et noble) objectif incompatible avec le simple divertissement attendu alors d'un ballet.

Vigano semble avoir choisi son compositeur en connaissance de cause. Bien qu'absent de Vienne en 1798, au moment de la brève ambassade de la République française représentée par Bernadotte[3], Vigano connaissait les sympathies de Beethoven pour les idées nouvelles, sensibilité politique indispensable pour comprendre et accepter l'argument du ballet.

La nouvelle version du mythe de Prométhée développée par Vigano s'ajoutait à la longue série des déformations et des réélaborations de ce mythe depuis sa première apparition au VIIIe siècle avant Jésus-Christ dans la *Théogonie* d'Hésiode[4]. Comme les versions précédentes, elle prenait en charge l'actualité : en l'occurrence, celle de la rupture révolutionnaire, à l'origine de la confiance en l'avènement d'une humanité « régénérée », libre et heureuse.

Or, Salvatore Vigano, homme cultivé et très au courant des débats esthétiques de son temps, était fin connaisseur de la mythologie et grand lecteur des manuels, qui circulaient

1. Jean-Georges Noverre (1727-1810) définissait la danse comme « une peinture vivante des passions, des mœurs, des usages » et recommandait aux danseurs l'étude de l'histoire, de la mythologie, de la musique.

2. Ce discours parut en novembre 1758 à la suite du *Père de famille*. Lessing le traduisit avec une préface faisant l'éloge de Diderot, dans *Das Theater des Herrn Diderot* (1776). Diderot traitait « De la pantomime » au chapitre XXI pour réhabiliter cette partie de l'art dramatique, que les Anciens familiers du jeu des acteurs n'avaient pas pris la peine de noter – in *Œuvres esthétiques*, Classiques Garnier, Bordas, Paris, 1988, p. 268-279.

3. Entre le 8 février et le 13 avril 1798. Au cours d'une émeute organisée par ceux qui étaient hostiles à la République, le drapeau français fut arraché : Bernadotte demanda des excuses, ne les obtenant pas il quitta les lieux, le 15 avril.

4. Raymond Trousson a étudié *Le Thème de Prométhée dans la littérature européenne* (Genève, 1964) depuis l'Antiquité jusqu'à la période romantique. Dominique Lecourt a retracé l'histoire de ce mythe fondamental de la culture occidentale dans *Prométhée, Faust, Frankenstein – Fondements imaginaires de l'éthique* (collection Les Empêcheurs de penser en rond, édité par Synthélabo, France, 1996) : « Figure majeure de la culture hellénique, on le voit s'éclipser de la culture pendant la période de l'expansion du christianisme. Il réapparaît flamboyant au temps de la Renaissance, puis triomphant dans les dernières décennies du temps des Lumières, et ne quitte plus guère la scène de l'imaginaire jusqu'à nos jours. Il subit une dérivation permanente de contenu et de sens au risque d'un véritable retournement. De la justification du malheur des mortels (Hésiode) à l'exaltation d'une justice supérieure aux lois de la Cité (Eschyle) puis à l'exaltation de la révolte contre les dieux (Shelley, le jeune Marx) à la condamnation du péché d'orgueil (le Prométhée romantique)... » (p. 20).

Dans *Mythe et religion en Grèce ancienne* (La librairie du XXe siècle/Seuil, Paris, 1990), Jean-Pierre Vernant a analysé la fonction de Prométhée dans l'organisation du monde proposée par la culture grecque ancienne.

depuis la Renaissance, concernant les représentations des dieux et les décorations qui ornaient leurs cortèges[1]. L'affiche qui annonçait la première représentation résumait ainsi le scénario qu'il avait imaginé :

« Ce ballet allégorique est basé sur le mythe de Prométhée.

Les philosophes de la Grèce, qui savaient de quoi ils parlaient, ont expliqué le sens de cette fable – Ils dépeignent Prométhée comme un esprit fort qui, ayant trouvé les êtres humains de son temps dans un état d'ignorance, les élève par l'art et par la connaissance tout en leur donnant des principes de bonne conduite.

Fidèle à cette source le ballet présente deux statues qui vont s'animer et que le pouvoir de l'harmonie va rendre sensibles à toutes les passions de l'existence humaine.

Prométhée les emmène au Parnasse pour être instruites par Apollon, dieu des arts qui ordonne à Amphion, Arion et Orphée de leur enseigner la musique, à Melpomène et à Thalie de leur enseigner la tragédie et la comédie. Assisté par Terpsichore, Pan leur fait connaître la danse pastorale – et de Bacchus ils apprennent sa propre invention, la danse héroïque. »

La référence aux « philosophes de la Grèce » signe une des sources de Salvatore Vigano[2] : l'épopée mythologique *Il Prometeo* de Vincenzo Monti[3], publiée au printemps 1797, en l'honneur de Bonaparte considéré comme le libérateur de l'Italie et comme un nouveau Prométhée.

Une autre source de Salvatore Vigano pourrait être un conte français écrit par Anne-Gabriel Meusnier de Querlon, *Les Hommes de Prométhée*, publié à Londres en 1748, versifié en 1775, traduit en italien et publié à Bassano en 1790 sous le titre *Gli uomini di Prometeo* (titre italien du ballet de Salvatore Vigano). Ce conte idyllique mettait en scène un homme et une femme s'émerveillant devant les beautés de la nature et découvrant l'amour[4].

Vigano infléchit le mythe en lui associant celui d'Apollon et des muses, initiateurs et protecteurs des sciences et des arts, et en y ajoutant plusieurs figures mythologiques (rendues familières, entre autres, par les statues qui décoraient tout jardin princier au XVIIIe siècle) : Amphion, Arion et Orphée, Pan et Bacchus[5]. Vigano étaya cet ensemble sur l'allégorie du pouvoir de la musique et de la danse qui serait à l'origine de l'éveil spirituel des hommes.

Cette association de mythes, de récits mythologiques et d'allégories répondait aux contraintes du genre choisi pour ce nouveau spectacle : un « ballet héroïque et allégorique ». Comme l'opéra, le ballet, selon la classification de Noverre en 1760, devait respecter la répartition entre le genre « sérieux » – tragique et/ou héroïque –, le genre comique et le genre « intermédiaire » de type galant. Le genre « sérieux » – le ballet *Les Créatures de Prométhée* faisait partie du genre *ballo serio*[6] – impliquait le choix d'un héros antique et exigeait des scènes héroïques et tragiques. L'adjonction de la dimension « allégorique » permettait de mettre en valeur les capacités des danseurs « étoiles ». Ainsi dans cette catégorie de *ballo serio,* Salvatore Vigano pouvait combiner le geste audacieux du héros (geste qu'il se contentait d'évoquer au début du ballet en faisant surgir Prométhée poursuivi par la colère de Zeus) ; la déception et le désarroi de Prométhée devant l'échec de son

1. Le livre II de la thèse de Jean Seznec (1939), *La Survivance des dieux antiques – Essai sur le rôle de la tradition mythologique dans l'humanisme et dans l'art de la Renaissance* (Idées et Recherches, Flammarion, Paris, 1980), traite de cette science mythologique au XVIe siècle et de l'influence des manuels destinés aux artistes et aux poètes.

2. Constantin Floros, in *Beethoven's Eroïca und Prometheus Musik*, Heinrichshofen Wilhelmshaven, 1978, a établi la relation entre l'épopée de Vincenzo Monti (1754-1828) et le scénario de Salvatore Vigano qui, à Venise en 1798, a dû entendre parler de ce poète patriotique et de la publication du premier chant de son épopée mythologique *Il Prometeo* (au printemps 1797 à Bologne). À Milan en 1813, Salvatore Vigano créa un nouveau ballet sur le thème de Prométhée, *Prometeo* : les sources qu'il cite cette fois sont la *Préface* de Monti et le *Prométhée* d'Eschyle.

3. Le premier chant parut en 1797, le deuxième en 1821 et le troisième en 1832 – Raymond Trousson présente cette œuvre in *Le Thème de Prométhée, op. cit.*, p. 336 sq.

4. Cité par Raymond Trousson, *id.*, p. 189-190.

5. Bacchus qui avait alors perdu toute fonction d'inspiration poétique (Nathalie Mahé : *Le Mythe de Bacchus*, Fayard, 1992, p. 284).

6. La copie de la partition de Beethoven conservée à la Bibliothèque nationale d'Autriche porte le titre allemand *Die Geschöpfe des Prometheus* et la mention *ballo serio*.

intention de transformer en êtres sensibles les statues qu'il venait de fabriquer ; la voix qui lui indiquait la façon de sortir de cette aporie ; la mise en scène du pouvoir de la musique et de la danse sur l'éveil spirituel des humains ; l'évocation du tragique de la condition humaine dans une « scène tragique » présidée par Melpomène et les danses « obligées » : « danse héroïque », danse de Pan, solos des danseurs précédant l'allégresse collective signe de l'apothéose de Prométhée.

Cette version ignorait la punition de celui qui avait osé défier l'autorité de Zeus, en n'insistant pas sur le feu dérobé aux dieux et mis à la disposition des hommes (Prométhée ne s'y sert que d'une torche, de provenance inconnue, pour animer ses statues d'argile). Les infléchissements que Vigano fit subir au mythe reflètent en fait l'interprétation du mythe de Prométhée qui s'imposa à la fin du XVIIIe siècle, particulièrement en Allemagne à la suite des *Réflexions (Gedanken)* de Winckelmann sur l'essence de l'art grec[1] et de l'influence de Herder sur le jeune Goethe impatient d'affirmer son génie[2]. Les recherches de Herder sur ce qui fondait l'originalité d'une culture l'amenèrent à affirmer que la mythologie grecque offrait des symboles que chacun (chaque peuple, chaque individu) était en droit de réélaborer – la divine étincelle de Prométhée, source de toute création, en étant le paradigme[3]. Autorisé, en quelque sorte, par les travaux de Herder[4], Goethe se lançait en 1773 dans l'écriture d'un drame sur Prométhée ; il n'en rédigea que les deux premiers actes[5] mais exprima l'état d'esprit que lui inspirait ce travail dans une *Ode* composée en 1774, et publiée d'abord en 1785, puis en 1789 dans le huitième volume de ses œuvres complètes.

Dans cette *Ode*, que Beethoven devait connaître, « Zeus » est remplacé par « Ich » : Goethe s'autorisait donc à occuper la place de dieu, en connaissance de cause : une vie séparée, solitaire, sans recours à l'illusion d'un dieu tutélaire et consolateur, mais en acceptant les principes éternels du Temps et du Destin.

Présenter une interprétation de ce type du mythe de Prométhée à Vienne en 1800-1801 était donc une façon de prendre position sur les plans politique, idéologique et esthétique.

Vigano, d'origine italienne, en Italie au moment de la création de la République Cisalpine[6], avait pu voir Bonaparte à l'œuvre. En proposant cette nouvelle version du mythe – le sens de cette intention est inscrit dans la relation voulue entre *La Création* de Haydn (qui venait d'être représentée avec un très grand succès[7]) et *Les Créatures de*

1. En 1755, Winckelmann terminait ses *Gedanken* sur le rappel de la flamme que Prométhée déroba aux dieux pour animer les figures humaines qu'il avait formées dans le limon. Il comparait la flamme dérobée par Prométhée à l'inspiration de l'artiste qui anime ses productions et incite le connaisseur, comme l'artiste à penser. Ce lien entre l'art et la pensée contribuait à faire de l'artiste l'équivalent de Dieu.

2. Avec Winckelmann, Herder et Goethe, Prométhée devenait le symbole de l'artiste créateur, du génie qui ne crée que selon ses propres lois. Cette interprétation de Prométhée marquait la rupture de la génération des génies – la *Geniezeit* – avec l'esthétique de l'imitation, pour affirmer l'impératif d'une esthétique de la création.

3. Raymond Trousson présente les recherches de Herder sur la mythologie et souligne le fait que si Prométhée devint le héros du *Sturm und Drang*, si les *Stürmer* apprécièrent l'esprit prométhéen de révolte, ils furent peu tentés par le *Prométhée* d'Eschyle – in *Le Thème de Prométhée, op. cit.*, p. 233 et sq.

4. À la fin de *Von deutscher Baukunst,* article publié en 1773 par Herder dans *Von deutscher Art und Kunst*, Goethe voyait dans l'artiste celui qui « mieux que Prométhée » enchantait le monde des hommes. – Reclam, 1968, p. 104.

5. Les fragments du drame *Prométhée* ne furent publiés par Goethe qu'en 1830 dans le tome XXXIII de ses Œuvres complètes.

6. Une des conséquences du traité de Campo Formio d'octobre 1797 qui mettait fin à la première campagne d'Italie, au cours de laquelle Bonaparte à la tête de l'armée de la Grande Nation avait libéré l'Italie du Nord de la tutelle impériale, introduisant droits de l'homme et droit constitutionnel. La République Cisalpine devint République d'Italie en 1802, Bonaparte en étant le président.

7. Le très grand succès, joué pour la première fois en public au Burgtheater le 19 mars 1799 incita Haydn à la faire publier. *La Création* qui représentait Dieu au travail comme un simple artisan et l'homme comme une créature centrale à l'image de Dieu, suscita l'indignation des esprits conservateurs – cf. Marc Vignal, *Haydn*, *op. cit.*, p. 546 sq.

Au lendemain de la création des *Saisons* de Haydn, un article de l'*Allgemeine Musikalische Zeitung*, du 20 mai 1801, qualifiait Haydn de « Prométhée musical » entre les mains duquel « chaque mot déborde de vie et de signification » – cité par Marc Vignal, *op. cit.*, p. 611.

Prométhée[1], il accomplissait un geste quelque peu provocateur : il offrait au public viennois une autre version de l'origine de l'humanité, ancrée dans l'Antiquité (ce que le genre même du ballet, héritier de la pantomime antique, autorisait) et exprimait ainsi son espoir en l'avènement d'un monde « régénéré », en mettant en relation le processus civilisateur – l'apprentissage des sciences et des arts – et l'accession de l'humanité à la liberté et au bonheur.

Que Beethoven ait compris les intentions « révolutionnaires » de Salvatore Vigano, est inscrit dans le matériau musical même, dans ce « thème » que Beethoven utilisa deux fois dans la musique du *Ballet*, et réutilisa trois fois dans trois autres œuvres de nature différente : une *Contredanse* (*WoO 14 n° 7*), des *Variations pour piano* (*op. 35*) et le finale d'une *Symphonie* (l'*Héroïque op. 55*). Or ce thème est celui de l'*Hymne à la liberté* « Veillons au salut de l'empire », chanson « patriotique » qui reprend l'air de la romance (« Vous qui d'amoureuse aventure »), issue de l'opérette *Renaud d'Ast*, mise en musique par Dalayrac en 1787, et devenue « timbre » de plus d'une trentaine de chansons analogues, dès 1792. Étant donné le grand succès de cette chanson « patriotique » (sur les paroles de A.D.S. Boy, chirurgien en chef de l'armée du Rhin selon le *Chansonnier patriotique* paru en l'an Ier, ou de Girey-Dupré selon le *Recueil des Époques*), Gossec l'orchestra en 1792. Le texte de cette chanson « patriotique » fut inséré dans les *Annales patriotiques* du 3 mai 1792 sous le titre de *Romance patriotique*, avec cette note : « nous recommandons cette romance patriotique à tous les soldats français, volontaires nationaux et gardes nationales de l'Empire ; que les chants de la liberté retentissent de toutes parts et inspirent une terreur profonde à tous les tyrans de la terre. »

1. Le récit d'une entrevue entre Haydn et Beethoven au lendemain de la représentation des *Créatures de Prométhée* témoigne de cette relation entre *La Création* de Haydn et le ballet de Beethoven. À Haydn qui le félicitait, Beethoven aurait répondu : « Oh mon cher Papa, vous êtes bien bon, mais ce n'est pas une *Création*, loin de là ! » Haydn, surpris, aurait répondu : « C'est vrai, ce n'est pas encore une *Création*, et je doute que cela en devienne jamais une. » Cité par Marc Vignal, *Haydn*, *op. cit.*, p. 604.

Un arrêté du Directoire du 18 nivôse an IV (18 janvier 1796) incluait ce chant parmi les « Airs chéris des républicains » (il devait être joué avant tout lever de rideau dans une salle de spectacle). Il fut joué et chanté le 10 décembre 1797 pour la fête de la ratification de la paix, le 10 août 1798, le 10 août 1799, pour la fête qui commémorait la prise des Tuileries et la chute de la royauté ; il fut repris par le Consulat et par l'Empire[2].

Beethoven a vraisemblablement pris connaissance de cet *Hymne à la liberté* au moment où il fréquenta l'ambassade de la République française à Vienne, au début de l'année 1798. Il en a lu la partition[3], « Pesant et marqué » à 6/8, en *si* bémol majeur, sur les paroles qui exaltent la victoire de la liberté sur le despotisme :

Veillons au salut de l'empire,
Veillons au maintien de nos droits (de nos lois)
Si le despotisme conspire
Conspirons la perte des rois.

Liberté ! Liberté !
Que tout mortel te rende hommage !
Tyrans, tremblez ! vous allez expier vos forfaits.
Plutôt la mort que l'esclavage,
C'est la devise des Français

Du salut de notre patrie
Dépend celui de l'univers.
Si jamais elle est asservie,
Tous les peuples sont dans les fers
Liberté ! etc.

Ennemis de la tyrannie,
Paraissez tous, armez vos bras !
Du fond de l'Europe avilie,
Marchez avec nous au combat,
Liberté, etc.

Le mot « liberté » est souligné par un saut de quinte, puis de sixte et par une longue tenue soutenue par des tremolos ; l'interpella-

2. Informations publiées par Constant Pierre in *Les Hymnes et les chansons de la Révolution, aperçu général et catalogue*, Paris, Imprimerie nationale, 1894, p. 545.

3. Éditée, en réduction pour piano, par Constant Pierre in *Musique des fêtes et cérémonies de la Révolution française*, Paris, Imprimerie nationale, 1899, p. 479-480 (n° 107).

tion des «tyrans» est appuyée par un rythme martial; et la punition des «forfaits» par un trait rapide et descendant vers l'abîme.

Cette référence utilisée par Beethoven, facile à repérer pour les auditeurs de l'époque, reflète sans ambiguïté l'interprétation que Beethoven fit de l'argument inventé par Vigano : Prométhée symbolisait bien la victoire sur le despotisme, d'autant plus que, bien avant d'entendre parler de Bonaparte, Beethoven, lecteur enthousiaste de Goethe[1], avait dû être impressionné par la violence du ton de Prométhée dans l'*Ode Prometheus*[2], véritable déclaration de guerre au despotisme – certaines expressions de ses lettres de l'été 1801 à Wegeler et à Amenda, certaines formulations du *Testament de Heiligenstadt* d'octobre 1802 révèlent la familiarité de Beethoven avec les écrits de Goethe, *Prométhée* tout autant que *Werther*. Ainsi, dans le *Testament de Heiligenstadt,* Beethoven se décrivait comme un tempérament plein de feu et de vie, obligé de vivre en solitaire alors qu'il était habité du désir de faire le bien. Mais contrairement à Schubert[3], Beethoven n'éprouva pas le besoin de mettre ce poème de Goethe en musique (alors qu'il avait une prédilection pour la poésie de Goethe et qu'il mit une quinzaine de ses poèmes en musique) – le défi à toute forme d'autorité constituant le moteur même de sa création : le thème de Prométhée, c'est-à-dire l'élan créateur, s'exprime, en fait, au cœur même de l'écriture de Beethoven.

Même si Salvatore Vigano, en mettant l'accent sur le processus civilisateur, occultait la violence du défi et de la révolte de Prométhée, Beethoven devait les garder en mémoire dans sa «fournaise intérieure», dans son «atelier intime». Imprégné de culture antique, il était familier de ses figures et de ses mythes. Et comme ses contemporains, il s'en servait pour penser l'avenir en termes d'héroïsme et de triomphe des valeurs nouvelles qu'étaient la liberté et l'égalité.

Beethoven chercha à composer une musique qui «parle» non par son contenu descriptif mais par sa forme (par son matériau et par l'organisation de son matériau).

Il disposait du modèle de la musique du ballet *Don Juan*[4] de Gluck, ainsi que des musiques destinées aux nombreux ballets appartenant à la catégorie «seria» représentés à Vienne à son époque[5], il était au fait des exigences du ballet héroïque[6], qui supposait la maîtrise du style tragique comme du style martial fait de fanfares, de marches, de scènes de combat, de chants de victoire. Il disposait également de toutes les ressources expressives de l'*opera seria* (utilisées par Gluck, en particulier, ou par tous ceux qui ont composé sur des livrets de Métastase) et pouvait s'inspirer des musiques guerrières ou festives composées pendant la Révolution par des musiciens admirateurs de Gluck et de l'ébranlement émotionnel provoqué par sa musique : *Marches*, *Hymnes*, *Chants de victoire*, entre autres de Gossec, de Méhul, de Cherubini[7].

1. Dans une lettre adressée à Goethe, datée du 8 février 1823 (*Briefe*, 5., 1562, p. 36), Beethoven écrivait qu'il était un de ses lecteurs et admirateurs depuis ses années de jeunesse.

2. Poème qui avait été publié en 1785 dans *Über die Lehre des Spinozas* et en 1789 dans le huitième tome des œuvres complètes de Goethe éditées par Goeschen.

3. Lied écrit par Schubert en octobre 1819, D.674, qui suit les sept strophes du poème de Goethe.

4. Musique dont Beethoven s'est inspiré pour écrire une partie de la «Marzialische Tanze» (C. Floros, *op. cit.*, p. 64).

5. Robert Haas dans *Zur Wiener Ballettpantomime um den Prometheus*, NBJ II (1925), p. 84-103, a montré que la tradition du ballet-pantomime, fondée par Hilverding, Angiolini et Noverre, était bien établie à Vienne à la fin du XVIIIe siècle. La liste des ballets joués entre 1791 et 1807 au Burgtheater de Vienne témoigne de la grande place des sujets antiques pour les ballets du genre héroïque, tragique ou héroïque et tragique.

6. Beethoven connaissant la différenciation des genres, il avait une prédilection pour les sujets héroïques et historiques, comme en témoigne une lettre à August von Kotzebue du 28 janvier 1812 [2., 546], dans laquelle il demande au poète de lui écrire un livret d'opéra à sa convenance : «romantisch, ganz ernsthaft; heroisch, komisch, sentimental» – Beethoven ajoute pourtant qu'il «préférerait un sujet historique, particulièrement des temps obscurs, par exemple du temps d'Attila».

7. Musiques instrumentales et chorales diffusées par les publications du *Magasin de musique*, créé en 1794 par les compositeurs soucieux de répandre dans les départements et aux armées la musique destinée aux fêtes de la République. Bernadotte, ambassadeur éphémère de la République française – il ne

D'autre part, composer une musique qui parle n'était pas une exigence étrangère aux leçons que Beethoven avait reçues de son maître Neefe, admirateur de Carl Philipp Emanuel Bach et de son redende Prinzip[1] : la musique instrumentale était capable d'exprimer ce que le compositeur pensait pour contribuer à l'édification morale des hommes, sans être forcément descriptive.

Composer cette musique, qui devait rendre intelligibles les évolutions des danseurs, a incité Beethoven à s'interroger sur la forme et le contenu musical propres à faire comprendre ce qu'il voulait faire comprendre, à tel point que ce ballet constitue un véritable creuset de sa création : comme si les solutions retenues pour faire « parler » la musique n'avaient pas épuisé les potentialités musicales du matériau constitué dans le secret de son « laboratoire » – comme si Beethoven, semblable au Prométhée évoqué par Goethe, avait « peuplé un monde du fond de son atelier ». Ainsi, non seulement la musique de ce *ballo serio*, écrite par Beethoven en même temps qu'un certain nombre d'autres grandes œuvres[2], présente plusieurs traits spécifiques de son écriture, mais encore elle contient le matériau musical à partir duquel il va construire d'autres œuvres décisives : la *Sixième Symphonie*, qui reprend deux moments caractéristiques du ballet (« La tempesta » de l'« Introduction » et la « Pastorale », n° 10), les deux séries de *Variations pour piano* écrites en 1802 (les *Six Variations op. 34* et les *Quinze Variations Eroïca op. 35*) et surtout la *Symphonie Eroïca* qui réutilise des scènes du ballet dans chacun de ses quatre mouvements (la scène « martiale », n° 8, et les « menaces » de Prométhée, n° 2, dans le premier mouvement ; une partie de la scène tragique, n° 9 dans le deuxième mouvement intitulé « Marcia funebre » ; l'esprit de la scène joyeuse qui correspond à la résurrection de Prométhée, n° 10 dans le Scherzo ; et la danse festive n° 16, apothéose de Prométhée, dans le Finale).

Beethoven utilisa le thème du Finale des *Créatures de Prométhée* au même moment, en 1800, dans la septième de ses *Douze Contredanses* pour orchestre *WoO 14*, puis, en 1802, dans les *Quinze Variations Eroïca pour piano op. 35*. Beethoven a pu réutiliser ce thème dans d'autres contextes étant donné la simplicité de sa substance musicale : ce thème est constitué d'un cadre harmonique solide (celui même qui contient le discours propre à l'harmonie tonale et qui est fondé sur le rapport des fonctions de la tonique et de la dominante – donc sur le phénomène de tension/détente qui permet de retrouver la stabilité tonale) et de petites cellules aptes à être isolées les unes des autres et à être redistribuées dans le temps et dans l'espace pour impulser un moment du discours, pour évoquer une continuité brisée, pour poser les marques d'un univers sonore en expansion, pour jouer avec l'écriture en associant harmonie et contrepoint…

Le traitement différent d'une même substance musicale est un des traits spécifiques de l'écriture beethovénienne, la conduite du discours musical jouant avec les conditions de son déroulement temporel (le tempo, et ses modifications) aussi bien qu'avec ses modalités de déploiement dans l'espace – jeu auquel Beethoven parvient parce qu'il traite l'orchestre comme si ce n'était qu'un instrument à potentialités multiples, capable d'exprimer l'élan, le suspens, la reprise d'activité, capable de s'interrompre brutalement, de se mettre à l'écoute, de se métamorphoser en fournaise, d'entrelacer ses lignes, d'opposer ses masses, de différencier ses timbres, de contracter ou de distendre son espace sonore, d'inscrire une mélodie au cœur même de son foisonnement…

La conduite du discours musical dépend également de la forme choisie pour déployer

résida à Vienne que du 8 février au 15 avril 1798 – a certainement contribué à répandre ces publications. Beethoven lui rappela dans une lettre du 1er mars 1823 [5., 1601] – Bernadotte était devenu roi de Suède – qu'il s'était intéressé à son talent lors de son séjour à Vienne. Gossec, Méhul, Grétry, Lesueur et Cherubini furent les cinq premiers directeurs du Conservatoire créé en 1795. Méhul et Cherubini furent des compositeurs appréciés par Beethoven.

1. Pour illustrer cette fonction de la musique instrumentale le poète Gerstenberg avait superposé le monologue d'Hamlet, ou celui de Socrate (avant de boire la ciguë), à la *Fantaisie en ut mineur* qui concluait les *Probe-Stücke*, six sonates écrites par C.P.E Bach pour illustrer l'*Essai* sur l'art de jouer du clavecin publié en 1753 – les textes furent publiés par le *Magazin der Musik*, tome III, 1787, p. 1362.

2. La *Première Symphonie op. 21*, la première *Grande Sonate* pour piano *op. 22*, ainsi que la Marche funèbre de la *Sonate pour piano op. 26*, les *Sonates pour piano et violon op. 23* et *24*, les deux *Sonates pour piano* de l'*op. 27*, la *Deuxième Symphonie op. 36*.

le matériau initial. Or la composition de la musique pour ce *ballo serio* a permis à Beethoven de s'interroger sur la dynamique de la forme, c'est-à-dire sur la prise en charge de l'action par la forme musicale. Comme la forme sonate, propre à la musique instrumentale de son époque, paraissait inadaptée à la nécessité de « faire parler » la musique, c'est-à-dire de suivre une évolution dramatique, Beethoven ne l'a utilisée que pour l'Ouverture, pour le Finale du premier acte, le n° 3, et pour la Pastorale, le n° 10. Pour les autres numéros Beethoven a eu recours le plus souvent à la forme rondo basée sur l'alternance d'un refrain et de couplets différenciés – forme qui donne un cadre (le refrain) et qui permet le déploiement de l'imagination (les couplets). La musique pour le ballet en offre plusieurs exemples : les n° 1, 8, 13, 16. Par exemple la forme rondo choisie pour la scène « martiale », n° 8, permettait de poser le cadre guerrier par les fanfares et les roulements de tambour du refrain et de développer dans les couplets un élément musical chaque fois différent connotant le combat : ainsi la tonalité mineure orientalisante du premier couplet, l'Invention sur le rythme pointé (rythme martial par excellence) du deuxième couplet, l'invention sur le renforcement ponctuel et surprenant de l'intensité (*sforzando*) associé aux sauts d'intervalles de plus en plus distendus, dans le troisième couplet.

Un autre traitement de la forme rondo est offert par le n° 1, moment d'éveil des créatures sous le regard attendri de Prométhée : dans un tempo Poco adagio, des accords séparés font entendre l'aspect mécanique des créatures tandis que dans un tempo plus rapide, Allegro con brio, la musique exprime la jubilation de Prométhée – deux conditions différentes du temps qui deviennent l'équivalent des deux thèmes de la forme sonate –; la suite du Rondo, qui joue sur l'alternance du tempo lent et du tempo rapide, correspond à une sorte de développement, Beethoven proposant ainsi une nouvelle façon d'interpréter la forme sonate constituée de l'opposition de deux thèmes exposés, développés et réexposés – forme jusque-là close que Beethoven métamorphose en forme ouverte, capable de porter une évolution dramatique.

Autre témoignage de cette recherche de la forme adéquate, le recours de Beethoven au modèle de la scène d'opéra, constituée de trois moments successifs : le récitatif souvent précédé d'une introduction lente et suivi d'un air en deux parties, l'une lyrique et lente, l'autre incisive et rapide. C'est sur ce modèle qu'est construite la « scène tragique », n° 9, au cours de laquelle les deux créatures de Prométhée découvrent la mort : une introduction lente Adagio précède la partie lente de l'Aria chantée par le hautbois avant que n'éclate la colère de Melpomène, partie rapide, Allegro molto, de la scène qui culmine sur l'accord déchirant du meurtre de Prométhée, avant de se terminer en ode funèbre.

Interpellé par la question de la forme, c'est-à-dire par le traitement possible et adéquat au but recherché du matériau de base, Beethoven poursuivit ses recherches dans d'autres œuvres, où il expérimenta d'autres façons de conduire un discours musical à partir d'une même substance musicale – mettant ainsi en évidence son appropriation du geste de Prométhée : le déploiement de l'élan créateur dans des directions et des dimensions insoupçonnées.

PRÉSENTATION DE L'ŒUVRE

Répondant à la commande de Salvatore Vigano Beethoven composa une musique faite d'une Ouverture, d'une Introduction et de deux actes, enchaînement de seize numéros de musique : n° 1 à 3 pour le premier acte, n° 4 à 16 pour le second acte.

Les rapports entre la musique de Beethoven et le scénario du ballet de Salvatore Vigano ont été reconstitués par Constantin Floros[1] à partir d'un ensemble de documents : l'affiche (déjà citée) de la première représentation, la première critique publiée par le journal viennois *Zeitung für die elegante Welt* au lendemain de la création du Ballet[2], la description détaillée du scénario donnée dans une biographie de Salvatore Vigano[3], la copie corrigée par Beethoven de la partition d'orchestre conservée à la Bibliothèque natio-

1. In *Beethoven's Eroïca und Prometheus Music, op. cit.*, le chapitre IV, « Beethovens Prometheus-Musik », p. 49-72.

2. Le 19 mai 1801, long article descriptif : la musique de Beethoven y est jugée peu adaptée au divertissement qu'est le spectacle de ballet, car bien trop savante et sans assez de considération pour les danseurs.

3. Carlo Ritorni, *Commentarii della vita e delle opere coredrammatiche di Salvatore Vigano e della coregrafia e de' corepei*, Milan, 1838 (cité par C. Floros, *op. cit.*, p. 39).

nale de Vienne, la réduction pour piano publiée par Beethoven en juin 1801 et les esquisses de la musique pour le ballet qui comportent plusieurs indications relatives au scénario[1].

Pour ce travail de reconstitution des liens entre la musique et le scénario, Constantin Floros s'est laissé guider par la certitude que Beethoven avait composé une « musique qui parle », conforme aux exigences du genre qu'était le ballet d'action, formulées en 1761 par Gasparo Angiolini[2], chorégraphe du « ballet pantomime dans le goût des anciens », *Don Juan ou le Festin de pierre*, pour lequel Gluck avait écrit la musique :

« [...] Le sublime de l'ancienne danse étoit la Pantomime et celle-ci étoit l'art d'imiter les mœurs, les passions, les actions des Dieux, des Héros, des hommes, par des mouvements et des signes en cadence et propres à exprimer ce qu'on avoit dessein de représenter. (...)[3]»

Angiolini prenait soin de souligner :

« La musique est essentielle aux pantomimes : c'est elle qui parle, nous ne faisons que des gestes ; semblables aux Anciens Acteurs des Tragédies et des comédies qui faisoient déclamer les vers de la pièce, et se bornoient eux-mêmes à la partie de la gesticulation. Il nous serait presque impossible de vous la faire entendre sans la Musique, et plus elle est appropriée à ce que nous voulons exprimer, plus nous nous rendons intelligibles[4]. »

Comme pour un certain nombre des compositions de Beethoven, des traces de son travail préparatoire pour la musique des *Créatures de Prométhée* ont été retrouvées : des esquisses existent pour tous les numéros sauf pour le n° 11. En marge des esquisses quelques mots évoquent le moment du scénario concerné, ce qui permet de suivre la démarche de Beethoven et de rattacher chacune des situations élaborées musicalement à des moments précis de l'action. Ainsi, après avoir tâtonné pour trouver le matériau musical qui lui semblait adéquat, Beethoven s'adonna à l'écriture de chacun des numéros musicaux, cherchant les solutions formelles, les dispositions instrumentales, les organisations rythmiques les plus capables de faire comprendre l'action.

Ouverture, ut *majeur, Adagio 3/4, puis Allegro molto con brio* ¢ *– 283 mes.*

Pour communiquer aux spectateurs « la céleste étincelle de Prométhée », cette dynamique et cette joie propres à l'action créatrice et émancipatrice, Beethoven prit le parti de faire précéder l'ensemble du ballet d'une Ouverture, pour la conception de laquelle il s'inspira des mêmes gestes musicaux que pour sa *Première Symphonie*, contemporaine du *Ballet*.

Les deux œuvres sont en *ut* majeur. Comme le premier mouvement de la *Symphonie op. 21,* l'Ouverture commence par une Introduction lente Adagio caractérisée par une incertitude tonale et par le jeu entre les timbres des cordes et des bois. La tonalité ne s'affirme qu'avec le premier thème de l'Allegro molto con brio de forme sonate.

Introduction, ut *majeur (en fait en suspension harmonique constante), Allegro non troppo, C – 66 mes.*

Après cette Ouverture, Beethoven fit commencer le ballet par une Introduction constituée d'une musique descriptive – intitulée « La Tempesta » sur la réduction pour piano (cette page préfigure le quatrième mouvement de la *Sixième Symphonie Pastorale op. 68*) –, inquiétante et violente, imitant le tonnerre, les éclairs, les vents déchaînés (Beethoven a noté sur les esquisses de la *Symphonie Pastorale* : « Donner », « Blitz », « Regen »[5]) : ce décor sonore accompagne l'arrivée précipitée de Prométhée poursuivi par la colère de Zeus. Réussissant à rejoindre au cœur de la forêt les créatures d'argile qu'il avait fabriquées, il leur communique l'élan vital à l'aide d'une torche, puis fatigué, il s'assied sur une pierre et guette l'éveil de ses créatures.

Acte I

N° 1. Poco Adagio / Allegro con brio / Poco Adagio / Allegro con brio, *ut* majeur, 2/4 – 111 mes.

1. Cahier d'esquisses *Landberg 7*, conservé à la Staatsbibliothek de Berlin, correspondant à la période de l'été/automne 1800-mars 1801, et concernant les opus 23 ; 24 ; 26 ; 27 n° 1 ; 36 ; 43. Transcription et édition par Karl Lothar Mikulicz, Leipzig, 1927 (réimprimé à Hildesheim et New York, 1972).

2. Dans la préface rédigée par Calzabigi. Angiolini (1731-1803) publia la *Dissertation sur les ballets pantomimes des Anciens* en 1765.

3. In *Gluck* de Jean-Gabriel Prod'homme, Fayard, Paris, 1985, p. 99.

4. *Ibid.*, p. 101.

5. Floros, *op. cit.*, p. 57.

C'est au cours du premier numéro musical construit sur l'alternance de deux tempi, que les créatures font leurs premiers pas devant un Prométhée attendri[1]. L'allure purement mécanique de leur éveil (rendue par une musique faite d'accords séparés par des silences, sans ligne mélodique) finit par désespérer Prométhée.

N° 2. Adagio, C [10 mes.], *fa* majeur – Allegro con brio, ¢, *ré* mineur – 50 mes.

Dans ce deuxième numéro, constatant que ses créatures sont dénuées de raison et de sensibilité, Prométhée veut détruire son ouvrage (la musique suggère une « tempête sous un crâne ») – mais, à la fin de ce numéro, une voix intérieure (en valeurs longues, de style « choral », énoncée par les bois dans leur tessiture aiguë) l'en dissuade. Ce n° 2 se termine sur un accord de septième de dominante de *fa* majeur.

N° 3. Allegro vivace, 3/4, *fa* majeur – 71 mes.

L'idée qu'il venait d'avoir lui procure une grande joie que la musique exprime de manière intense, dans ce troisième numéro, fin du premier acte, de forme très simple.

Acte II

N° 4. Maestoso, C, – Andante, ¢, *ré* majeur – 28 mes.

Le quatrième numéro – sorte d'ouverture solennelle du second acte – correspond à l'arrivée au Parnasse de Prométhée et de ses deux créatures, et à la présentation, Andante, d'Apollon, des Muses, des trois Grâces, de Bacchus (!), de Pan (!), ainsi que des héros des temps à venir, Amphion, Arion et Orphée (!).

N° 5. Adagio, C [33mes.] – Andante quasi Allegretto, 6/8, *si* bémol majeur – 129 mes.

Une musique « divine » – sorte de mouvement lent d'une symphonie concertante – est introduite par trois accords successifs de la harpe (d'Orphée), avant d'être destinée à la flûte (d'Euterpe), au basson, à la clarinette, puis au violoncelle (d'Apollon !) qui reprend le thème de l'*Hymne à la liberté* à 6/8, en *si* bémol majeur dans un tempo « allant », après avoir fait entendre une longue cadence (de violoncelle) introduite par la harpe.

N° 6. Un poco Adagio, C – Allegro (Allegretto sur la réduction pour piano), 3/4, *sol* majeur – 54 mes .

Ce numéro est consacré à danse de Terpsichore et des Grâces – Beethoven a noté en marge des esquisses : « les trois graces (sic) »[2]. Il a la forme d'un menuet et se termine sur un accord de septième de dominante de *sol* majeur.

N° 7. Grave, C, *sol* majeur – 38 mes.

Douées enfin de sensibilité et de raison, les deux créatures se découvrent homme et femme et rendent grâce à Prométhée. Ce numéro, dominé par un rythme pointé très solennel, se termine sur un accord de septième de dominante de *ré* majeur.

N° 8. Allegro con brio, C, *ré* majeur – 244 mes. [intitulée « Marcia » sur la réduction pour piano], de forme rondo, ouvert par les timbales, ce numéro se termine par un Presto.

Désormais capables d'accéder à la culture et de comprendre le tragique de la condition humaine, Bacchus et les Bacchantes les initient au maniement des armes (!). C'est cette fameuse « Martzialische Szene » qui plaisait tant aux auditeurs de l'Augarten (d'après Kaspar Karl van Beethoven qui cherchait à vendre ce morceau à Breitkopf & Härtel – lettre du 22 janvier 1803 [1., 125]).

N° 9. Adagio, 3/4, *mi* bémol majeur – Adagio, C – Allegro molto, ¢, *ut* mineur – 101 mes.

Melpomène leur joue une scène tragique : reprochant à Prométhée d'avoir créé des êtres mortels, elle le poignarde sur un accord déchirant, *f*, suivi d'un silence. L'ensemble, qui a la structure d'une scène d'opéra (récitatif et aria en deux parties), se termine en *ut* majeur.

Beethoven a mentionné en marge des esquisses plusieurs moments de la scène : « la muse tragique », « Promethe mort (sic) », « les enfants pleurent », puis sur une autre page : « Vorwürfe dem P. », « Prom : weint », « entrata », « mi presenta miseria », « va in collera », « Promet : mort », « piangendo »[3].

1. Beethoven a noté les différents moments du scénario que sa musique devait faire comprendre – les mentions écrites en marge des esquisses de ce premier numéro sont citées par C. Floros, *op. cit.*, p. 59.

2. *Ibid.*, p. 55.
3. *Ibid.*, p. 65.

N° 10. « Pastorale ». Allegro, 6/8, *ut* majeur – 101 mes.

Heureusement Pan ranime Prométhée, occasion d'une danse pastorale, de forme sonate.

(La copie de la partition donne les noms des interprètes pour les n° 11 à 15, ce qui permet de se représenter le contenu de chacun des numéros[1].)

N° 11. Andante, **C**, *ut* majeur – 8 mes.

Introduction lente intitulée sur la réduction pour piano « Coro di Gioja – Chor der Freude », ces quelques mesures préparent le solo du danseur étoile.

N° 12. Maestoso, *C* – Adagio, 3/4 – Allegro, **C**, *ut* majeur – 81 mes.

Il s'agit d'un solo de Bacchus, intitulé « Solo di Gioja », avec accélération puis apaisement final, « Mosso ».

N° 13. Allegro, 2/4, *ré* majeur – 180 mes.

Intitulé sur la réduction pour piano « Terzetto di groteski », ce numéro est une danse « grotesque » à trois entre Pan et ses Faunes. Elle commence rapide et se calme : le tempo est désigné par « Comodo », puis « Mosso » à la fin de la « Coda » (qui est indiquée dans le déroulement du morceau).

N° 14. Andante, C – puis Adagio, 3/8 – puis Allegro, 2/4 – puis Allegretto, *fa* majeur – 131 mes.

« Solo de « La Cressentini » », danseuse étoile, femme de Salvatore Vigano, qui représentait « la femme ».

N° 15. Andantino, ₵ – puis Adagio, 2/4 – puis Allegro, 3/4, *si* bémol majeur – 149 mes.

« Solo di Vigano » qui représentait « l'homme ».

N° 16. « Finale » . Allegretto, 2/4 – puis Allegro molto, ₵ – puis Presto, *mi* bémol majeur – 315 mes.

Apothéose de Prométhée, ce Finale est construit sur le thème de l'*Hymne à la liberté*, transposé en *mi* bémol majeur à 2/4. Sa forme associe le rondo et la variation, pour donner une grande amplitude à cette idée de triomphe de la liberté sur le despotisme. En une sorte de coda, la partition s'achève sur une évocation du thème Allegro con brio de l'Ouverture, qui éclate en un Presto très dense pour s'arrêter sur des valeurs longues et méditatives.

1. *Ibid*, p. 68.

Sources

Le manuscrit autographe est inconnu, mais il existe une copie revue et corrigée par Beethoven (à Vienne) portant une inscription de la main de l'éditeur D. Aratria : « Ballo serio / Die Geschöpfe des Prometheus / Composto dal / Sig. n Luigi v. Beethoven. ». Cette copie provient de l'inventaire après décès de Beethoven et fait partie des partitions attribuées en toute propriété à Artaria en septembre 1827. Elle ne comprend pas les n° 4 et n° 5, que le copiste Benjamin Gebauer, membre de l'orchestre du Théâtre An der Wien, auquel Beethoven les avait prêtés, n'a sans doute pas renvoyés [cf. lettre du 26 juillet 1817, 4., 1144, p. 86].

Des esquisses de la plupart des numéros (sauf de l'Ouverture) se trouvent à Berlin.

Publication

Très peu de temps après la première représentation, l'éditeur viennois « Artaria e Comp. » fit paraître, en juin 1801, une réduction pour piano établie par Beethoven et dédiée à la princesse Lichnowsky :

« Gli Uomini di Prometeo / BALLO / per il Clavicembalo o Piano-Forte / Composto, e dedicato / à Sua Altezza la Signora Principessa / LICHNOWSKY nata CONTESSA THUNN / da / Luiggi van Beethoven / Opera 24 / [...] »

Le numéro d'opus 43 fut attribué à l'Ouverture en 1804, puis à l'ensemble du ballet, l'opus 24 étant attribué à la *Cinquième Sonate pour piano et violon* en *fa* majeur (publiée en octobre 1801 par Mollo).

Une transcription pour quatuor à cordes fut réalisée et publiée durant l'été 1803 par Artaria (la *Wiener Zeitung* en annonça la parution le 7 janvier 1804).

Des transcriptions pour piano à quatre mains, et à deux mains, furent également publiées par divers éditeurs.

En janvier 1804, l'Ouverture fut publiée en 17 voix séparées :

« OUVERTURE / pour / 2 Violons, 2 Flûtes, 2 Hautbois, 2 Clarinettes,/ 2 Cors, 2 Trompettes, 2 Bassons, Timballe [*sic*], / Viola, Violoncelle et Basse. / composé par / Louis van Beethoven / Œuvre 43 [...]/ Leipzig chez Hoffmeister et Kühnel / Bureau de musique. »

Cette Ouverture fut transcrite, du vivant de Beethoven, pour quatuor à cordes, piano à quatre mains, à deux mains, pour trio piano, flûte et violoncelle.

La partition de l'Ouverture date de 1855 (chez C.F.Peters). La partition de l'ensemble de la musique du ballet date de 1864 (dans la GA).

DÉDICATAIRE DE LA RÉDUCTION POUR PIANO (PUBLIÉE EN JUIN 1801)

Maria Christiane Lichnowsky, née le 27 mai 1765, était la femme du prince Lichnowsky depuis le 25 novembre 1788. Veuve le 15 avril 1814, elle mourut le 11 avril 1841. Elle soutint Beethoven autant que son mari qui alloua une rente à Beethoven aussi longtemps qu'il ne trouverait pas de place stable (ce que Beethoven signalait avec fierté à Wegeler et à Amenda au début de l'été 1801 [1., 65 et 67]). Beethoven lui avait déjà dédié les *Variations pour piano et violoncelle WoO 45* (écrites en 1796 et publiées en 1797).

L'ŒUVRE VUE PAR SES CONTEMPORAINS

Les transcriptions variées attestent l'intérêt des éditeurs, et du public, pour la musique de ce ballet, intérêt dont la critique ne s'est pas fait l'écho, comme en témoigne l'article du journal viennois, *Zeitung für die elegante Welt* (1re année, 19 mai 1801, col. 485-487)[1], qui insistait sur le côté statique de la mise en scène (il n'y avait pas ces changements de décors prisés par le public, comme par exemple dans le « Grand opéra héroïco-comique en deux actes » de Schikaneder, *Babylons Pyramiden,* qui comprenait dix-sept changements de décor, et qui, créé en 1797, fut repris dix fois au Théâtre « An der Wien » entre 1801 et 1805) et sur l'inadéquation entre une musique trop savante et le divertissement que doit être un ballet.

1. Cité par Stephan Kunze, *Ludwig van Beethoven – Die Werke im Spiegel seiner Zeit*, Laaber, 1987, p. 39.

Le passage d'une lettre que Beethoven écrivait à Hoffmeister, nouvel éditeur à Leipzig, le 22 avril 1801 [1., 60], se fait l'écho de cette déception de la critique :

« Qu'y a-t-il encore à dire de moi, si ce n'est que j'ai fait un Ballet, pour lequel hélas le maître de ballet n'a pas rendu au mieux ce que j'ai fait ? »

Si les amateurs de ballet ont été déçus, les amateurs de musique semblent avoir été séduits par plusieurs des numéros de la partition de Beethoven, si l'on en croit les arguments de vente avancés par le frère de Beethoven, Karl, chargé des négociations avec les éditeurs. Ses lettres à Breitkopf & Härtel du 22 janvier 1803 [1., 125] et du 26 mars 1803 [1., 129] font référence à ces quelques numéros exécutés avec succès pendant les concerts qui avaient lieu le jeudi matin à 7 heures ou 7 heures et demi dans un restaurant situé dans les jardins de l'Augarten, depuis 1782 et que Schuppanzigh dirigeait depuis 1795.

Le 22 janvier 1803 : « [...] J'ai également une Ouverture du Ballet *Prometeus*, ainsi que de ce même Ballet une Scène Martiale, une Pastorale et un Finale, morceaux qui ont été donnés très souvent ici avec un succès exceptionnel lors des concerts de l'Augarten, honneur qui n'est pas réservé généralement aux musiques de ballet que de devenir des morceaux de concert à part entière. Je crois qu'il n'est pas inutile de souligner que ces morceaux vont faire honneur à mon frère encore longtemps dans les années à venir. Vous pourriez avoir l'Ouverture et la Scène martiale séparément, puis la Pastorale et le Finale également séparément, de cette façon en 2 parties, ou l'ensemble des 4 morceaux. Je peux vous céder ces 4 morceaux pour 60 fl. »

Les quatre morceaux proposés étaient l'Ouverture, le n° 8, le n° 10 et le Finale n° 16. Breitkopf & Härtel n'osèrent pas prendre le risque de cette publication, bien que Karl en ait réduit le prix à 500 fl dans sa lettre du 26 mars 1803 [1., 129].

Tandis qu'au début de l'année 1803 Breitkopf & Härtel repoussaient l'offre de Kaspar Karl, Hoffmeister acceptait, en automne 1803, de publier l'Ouverture (en 17 voix séparées), qui parut en janvier 1804.

CORRESPONDANCE

Le 7 mars 1801 [1., 57], Hoffmeister & Comp. de Vienne rapportait à Hoffmeister & Kühnel de Leipzig, les propos de Beethoven : la commande de l'impératrice le rend indisponible pour au moins quinze jours! (la première du ballet eut lieu le 28 mars 1801).

Dans une lettre de fin mai – début juin 1803 [1., 140], Beethoven exigeait de Breitkopf & Härtel qu'il modifie la page de titre des *Variations op. 35* : « Pour les grandes Variations on a encore oublié que le Thème provient directement d'un Ballet allégorique de ma composition : Prometheus ou en italien prometeo, ce qui aurait dû être mentionné sur la page de titre et si c'est possible, je vous en prie encore, c'est-à-dire dans le cas où cet ouvrage ne serait pas déjà paru, la page de titre doit être modifiée, même si c'est entièrement à mes frais – on oublie ici à Vienne ce genre de choses et c'est à peine si on y pense, les distractions incessantes et en même temps les occupations harassantes créent en ces sortes de choses un grand désordre, aussi pardonnez-moi d'intervenir si tard. [...] »

Le 26 juillet 1817 [4., 1144], Beethoven envoyait une lettre comminatoire à Benjamin Gebauer, musicien de l'orchestre du Théâtre « An der Wien », et copiste qui ne lui avait pas encore restitué les n° 4 et 5 de la copie (fort corrigée) de la partition :

« Si dans un délai de 8 jours au plus vous ne m'avez pas rapporté la partition des n° 4 et 5 du *Ballet Prometheo* que j'ai composé, je saurai faire valoir mes droits et porterai plainte auprès des autorités compétentes – [...] Ne croyez pas qu'il s'agisse d'une menace en l'air, j'exige de récupérer cette partition qui *m*'appartient. »

WoO 14

Douze Contredanses pour orchestre

N° 1 ut *majeur, 2/4 – 16 mes. Hautbois, basson, cor en* **C**, *cordes*
N° 2 la *majeur, 2/4 – 16 mes. Flûte, clarinette, basson, cor, cordes*
N° 3 ré *majeur, 2/4 – 16 + 8 mes. de trio – flûte, hautbois, basson, cor, cordes*
N° 4 ut *majeur, 2/4 – 16 mes. flûte, clarinette, basson, cor, cordes*
N° 5 mi *bémol majeur, 2/4 – 16 + 8 mes. de trio – Clarinette, basson, cor, cordes*
N° 6 ut *majeur, 2/4 – 16 + 8 mes. de trio – Flûte, hautbois, basson, cor, cordes*
N° 7 mi *bémol majeur, 2/4 – 16 mes. Clarinette, cor, cordes*
N° 8 ut *majeur, 2/4 – 16 mes. Hautbois, cor, tambourin, cordes*
N° 9 la *majeur, 2/4 – 16 mes. Hautbois, cor, cordes*
N° 10 ut *majeur, 2/4 – 16 + 8 mes. de trio (avec hautbois solo) – Hautbois, cor, cordes*
N° 11 sol *majeur, 2/4 – 16 mes. Flûte, basson, cor, cordes*
N° 12 mi *bémol majeur, 2/4 – 16 + 24 (8+16) mes. de trio – Clarinette, hautbois, cor, cordes.*

TEMPS DE LA COMPOSITION

En plusieurs périodes, entre 1795 et 1801.

Les n°s 7 et 11 sont utilisées dans le Finale des *Créatures de Prométhée op. 43*, créé le 28 mars 1801 – elles sont contemporaines ou postérieures au travail pour le ballet : elles sont donc été composées entre le printemps 1801 et l'hiver 1801-1802.

CONTEXTE BIOGRAPHIQUE

Sollicité par l'éditeur Mollo, Beethoven accepta de faire publier ces danses de société. Il décida de leur organisation lors de la publication, se préoccupant de la succession des tonalités et d'autres aspects, pour assurer la variété (préoccupation qu'il exprima lors de la constitution des recueils de chants populaires écossais assurés par Thomson).

Pour la publication, Beethoven a repris les deux danses appréciées du *Ballet op. 43* (la n° 7 et la n° 11) pour les rendre disponibles et donc utilisables en diverses circonstances. Il a également revu les n° 8 et n° 12.

PRÉSENTATION DE L'ŒUVRE

Ce sont des danses populaires, à l'écriture très simple et très rythmée – faciles à exécuter. L'instrumentation est simple et variée. La structure est également très simple : chaque ensemble de 8 mesures est repris.

SOURCES

Il existe quelques esquisses dispersées (à Londres, à Berlin, à Vienne).

Le manuscrit autographe (à Berlin) est divisé en quatre parties (il manque les autographes des n° 8, n° 11 et n° 12) :

1) de l'hiver 1801-1802, avec les nos 10, 9, 7 et 2 (chiffres inscrits à l'encre comme « N° 1 », « N° 2 », « N° 3 » et « N° 4 ») ;

2) avant 1801, avec les nos 5 et 1 (« N° 1 » et « N° 2 ») ;

3) en 1795-1796, avec les nos 3, 4 (« N° 1 » et « N° 2 ») et la n° 6 ;

4) entre 1799 et 1800 (pour le concert donné à la Redoute par la « Pensiongesellschaft bildender Künstler », le 24 novembre 1799), avec les n° 8, n° 4 (encore une fois) et n° 12 – cette partie est de la main de Kaspar Karl, le frère de Beethoven : il s'agit de trois danses travaillées à partir d'esquisses de Beethoven.

Sur le manuscrit autographe se trouvent les mentions suivantes : sur la première page (N° 10), « Contredanse de Lv Beethoven pour Monsieur de Friederich nomé Liederlich » ; sur la p. 11 (N° 5) : « Contredans 1. par LvBthwn. » ; p. 13 (N° 1) : « Contredans 2. par LvBthwn » ; p. 15 (N° 3) : « Contredanse N° 1. ».

PUBLICATION

Des voix séparée par T. Mollo et Comp. en avril /juin 1802

« Contredances / pour/ 2 Violons et Basse/ et Instruments a Vent/ : ad libitum :/ par/ Louis van Beethoven./ À Vienne chez T. Mollo et Comp./ […] »

T. Mollo publia an même temps une version pour « Clavecin ou Piano Forte ».

Opus 23
Sonate pour clavier et violon en *la* mineur

Presto, 6/8, la *mineur – 252 mes.*
Andante scherzoso, più Allegretto, 2/4, la *majeur – 207 mes.*
Allegro molto, ¢, la *mineur – 332 mes.*

TEMPS DE LA COMPOSITION

Cette *Quatrième Sonate* fut composée entre le printemps 1800 et janvier 1801, en même temps que la *Grande Sonate pour clavier op. 22* (la onzième) et que la *Sonate pour clavier et violon op. 24*, et pendant que Beethoven travaillait, entre autres, à son ballet *Les Créatures de Prométhée op. 43.*

CONTEXTE BIOGRAPHIQUE

Beethoven composa ces deux *Sonates* après la série des *Trois Sonates pour piano et violon op. 12* publiées en 1798 dédiées à Salieri – œuvres que l'*AMZ* en 1799 avait trouvées trop recherchées (« *gelehrt* »), trop loin de la « Nature ». La composition de ces nouvelles *Sonates pour piano et violon* est sans doute liée à la rencontre de Karl Amenda, arrivé à Vienne au printemps 1798 – Beethoven noua une très profonde amitié avec lui : violoniste, Amenda était venu avec Gottfried Heinrich Mylich (1773-1834) qui jouait du violon, de l'alto et de la guitare.

Beethoven commença ses deux nouvelles *Sonates pour piano et violon* après l'expérience de l'écriture pour quatuor à cordes, les *Quatuors op. 18,* œuvres fortement liées à son amitié pour Amenda (qui créa les premiers Quatuors) – mais cet ami choisit de retourner chez lui en Courlande (Lettonie) en juin 1799, pour la plus grande tristesse de Beethoven (qui lui dédia alors le « Quartetto n°II » dans sa première version en témoignage de son amitié). En ces années 1798-1800, écrire pour le violon était donc une manière d'être proche d'Amenda, et peut-être, après le départ de son ami, de conjurer son absence[1]. Cet ami lui manquait d'autant plus que leur affection était réciproque : dans une lettre à Beethoven, que l'on date de 1800 ou du début 1801, Amenda soulignait qu'il continuait à éprouver un sentiment très fort pour lui[2], s'étonnant d'avoir pu quitter Beethoven, cet homme si peu ordinaire. Il lui demandait où il en était, s'il était parti en voyage comme il le prévoyait, lui certifiant que le public de Vienne n'était pas en mesure d'apprécier son génie, et qu'il devait donc procéder avec ce public comme il avait fait avec lui, l'éduquer à l'aide d'œuvres de genre différent. Il faisait remarquer que si pendant son propre voyage à travers l'Allemagne, il n'avait pas eu vraiment le temps de faire connaître les œuvres pour violon de Beethoven, il n'en allait pas de même en Courlande, son lieu de résidence : « là où on

1. Il fut très bouleversé par le départ de son ami en automne 1799, comme en témoigne une lettre de l'été 1799 [1., 43], lettre dans laquelle il parle de son cœur déchiré.

2. [1., 51] Il s'agit sans doute de la lettre qu'il confiait à Andreas Streicher dans son envoi daté du 26 décembre 1800 – cf. *Beethoven und die Wiener Klavierbauer Nanette und Andreas Streicher*, Verlag Beethoven-Haus Bonn, 1999, p. 75-77.

me connaît, vit également le nom de Beethoven. » Il se faisait jouer souvent ses œuvres disait-il, ce qui avivait sa nostalgie de se retrouver avec son ami : « Pourquoi mon destin exige-t-il de moi tant de sacrifice ! » Il annonçait enfin qu'il commençait à étudier le piano pour jouer ses œuvres et se sentir proche de son ami, cherchant absolument à être digne de son affection.

Cette affection pour Beethoven est confirmée par les lettres d'Amenda à J. Andreas Streicher, cet autre ami facteur de pianos auquel Amenda commanda des instruments, prenant soin de demander des nouvelles de Beethoven et insistant pour se faire envoyer les nouvelles compositions [1]. En 1806, Amenda, triste de n'avoir aucune nouvelle, écrivait à Andreas Streicher qu'il aurait « dû consacrer toute sa vie à cet homme qu'il ne cessera jamais d'aimer ».

Quand Beethoven se mit à composer ses *Quatrième et Cinquième Sonates*, il se trouvait en situation très favorable à Vienne : son concert du 2 avril 1800 avait pu avoir lieu avec succès [2], au point que l'impératrice, musicienne, accepta que Vigano lui commande la musique du ballet en projet, intitulé *Les Créatures de Prométhée* (*opus 43*) ; les éditeurs étaient de plus en plus nombreux, hors de Vienne même, à s'intéresser à lui (Hoffmeister et Breitkopf & Härtel de Leipzig, en particulier [3]) – Beethoven étant en mesure de leur imposer ses conditions (si sa correspondance avec ses éditeurs en témoigne, ses lettres à ses amis Wegeler et Amenda, au début de l'été 1801, le confirment) ; l'aristocratie mélomane reconnaissait si bien son talent que le prince Lichnowsky lui versa une rente (Beethoven le remercia par des dédicaces) ; les critiques s'intéressaient à lui et révélaient la façon dont ce « génie » bouleversait le monde musical (par l'organisation et la richesse de ses partitions ; par la difficulté d'exécuter ses œuvres ; par sa fougue et l'usage déséquilibré qu'il faisait des vents pour les auditeurs de cette époque).

Cette conjonction de facteurs favorables permit aux *Sonates*, malgré leur nouveauté d'écriture, d'être très bien acceptées : l'*AMZ* soulignait leur qualité et leur exécution accessible, tandis que l'éditeur Mollo publiait, dès 1802, la deuxième des Sonates, seule, sous le numéro d'opus 24 – des éditeurs hors de Vienne les publiant à leur tour.

C'est dans ce contexte porteur que, d'une part, Beethoven sent, avec angoisse, progresser les symptômes de sa surdité, et que, d'autre part, il rencontre Giulietta Guicciardi, jeune cousine des sœurs Brunsvik (auxquelles il donna des leçons en mai 1799), dont il tomba un moment amoureux. Invité par la famille Brunsvik, Beethoven accepta de se rendre en Hongrie passer quelques semaines, en mai-juin 1800, dans leur propriété de Martonvasar (de passage à Prague, il semble qu'il y ait joué : où ? quelles œuvres ?).

PRÉSENTATION DE L'ŒUVRE

Le premier mouvement Presto à 6/8 de forme sonate (avec un développement plus long que l'exposition et une réexposition plus courte) est marqué par la fougue du premier thème qui démarre sur un mordant et par le lyrisme du second thème introduit par le violon. Ce mouvement se caractérise également par le jeu en complicité des deux instrumentistes (reprise de la même phrase, complémentarité des courts motifs, homorythmie), par un long développement modulant qui introduit un nouveau matériau, et par des suspensions de formes multiples (rythmiques, harmoniques) qui articulent et interrompent la continuité du discours.

Le deuxième mouvement, Andante scherzoso più Allegretto, également de forme sonate alors que son début fait attendre un rondo (effet de surprise qui donne un aspect humoristique à ce mouvement), commence de manière très simple et délicate en jouant sur un court motif de deux notes en syncope. Puis un second thème repose sur un fugato plus animé. Un développement associe de courts motifs issus du matériau qui vient d'être exposé et semble ouvrir l'espace sonore tout en le mettant en mouvement.

Le troisième et dernier mouvement est de forme rondo, rapide, Allegro molto. Le refrain joue sur la continuité d'une longue phrase très entraînante. Le premier couplet rappelle des éléments du premier mouvement. Le deuxième est en *la* majeur et joue

1. Lettres du 5 août 1804 et du 15 janvier 1806, p. 79 et p. 80, *op. cit.*
2. Cf. les opus 15, 20 et 21.
3. Il échange des correspondances avec eux à partir de décembre 1800.

sur l'interrogation à partir de la répétition de deux notes répétées. Le troisième, plus long, est en *fa* majeur et prend la forme d'un choral orné. Le quatrième retrouve le *la* mineur, et se caractérise par le jeu assez virtuose des deux instrumentistes avant de se heurter à une série d'accords sans polarité tonale, forme de suspension harmonique, redoublée par celle du rythme. Une coda virtuose redonne sa certitude au discours et termine l'ensemble très piano (comme chacun des deux premiers mouvements).

SOURCES

Le manuscrit autographe a disparu, mais il existe des esquisses (à Berlin).

PUBLICATION

Cette *Sonate*, conçue en même temps que la suivante, fut publiée avec la cinquième chez Tranquillo Mollo et Comp., à Vienne, en octobre 1801, avec un titre en français :

« DEUX / SONATES / pour le/ Piano Forte / avec un Violon / composées et dediées / À Monsieur le Comte Maurice de Fries / Chambellan de S.M.J. & R. / Par / LOUIS VAN BEETHOVEN / – Œuvre XXIII. / [...] »

La *Wiener Zeitung* annonça la publication des « Deux Sonates pour le Pianoforte avec un violon Op. 23 », le 28 octobre 1801.

Comme les parties de violon de chacune des deux Sonates n'avaient pas le même format et qu'il n'était pas possible de les relier ensemble, l'éditeur décida de les séparer, inscrivant *opus 23* sur la première et *opus 24* sur la deuxième.

Cette *Quatrième Sonate* fut éditée à Bonn par Simrock dès 1802, puis à Leipzig, Mayence, Paris, Londres, Glasgow.

DÉDICATAIRE

Moritz Christian Fries, comte d'Empire (6 mai 1777 à Vienne-26 décembre 1826 à Paris), était banquier et collectionneur d'œuvres d'art (dédicataire de l'*op. 24*, de la *Septième Symphonie op. 92*, du *Quintette à cordes op. 29*, d'œuvres de Haydn et de Schubert). Il jouait du violon et il organisait des concerts privés.

L'ŒUVRE VUE PAR SES CONTEMPORAINS

L'*AMZ* fit paraître en janvier 1802 (col. 569-570) une critique à la suite de la publication des deux sonates *op. 23* et *24*. L'auteur de l'article considère ces deux sonates comme les meilleures de Beethoven et les meilleures du genre sonate piano-violon : « L'esprit original, fougueux et hardi de ce compositeur, qui déjà dans ses premières œuvres ne pouvait renoncer à se faire remarquer, parce que de temps en temps lui-même s'élançait maussade, sauvage, sombre et morose, devient maintenant toujours plus clair, commence toujours plus à dédaigner l'excès, et sans perdre son caractère, il devient plus aimable [...] »

Opus 24

Sonate pour piano et violon en *fa* majeur

La dénomination « Frühlingssonate » (Sonate le Printemps) n'est pas de Beethoven.
Allegro, **C**, fa *majeur – 247 mes.*
Adagio molto espressivo, 3/4, si *bémol majeur – 73 mes.*
Scherzo. Allegro molto, 3/4, fa *majeur – 43 mes.*
Rondo. Allegro ma non troppo, **¢**, fa *majeur – 243 mes.*

TEMPS DE LA COMPOSITION

En même temps que la quatrième en *la* mineur *opus 23*, entre le printemps 1800 et le mois de janvier1801.

CONTEXTE BIOGRAPHIQUE

Voir *opus 23*.

PRÉSENTATION DE L'ŒUVRE

L'écriture intègre les dimensions du timbre et du jeu propres à chacun des deux instrumentistes, ce qui donne une allure très ample à l'ensemble

La Sonate est ouverte par un large thème Allegro énoncé par le violon et repris par le piano. Ce premier mouvement de forme sonate comprend un second thème beaucoup plus dense et plus mordant, en accords de croches au piano. La conduite très articulée du discours musical repose sur une intense dynamique entretenue par les longues notes ou par des notes répétées, ainsi que par les gammes ou les arpèges qui dessinent un vaste espace sonore stable. En fait, Beethoven utilise le temps et l'espace comme matériaux pour construire un discours cohérent, facile à suivre et pourtant plein de surprises qui ravissent l'auditeur.

Le second mouvement, Adagio molto espressivo, est très lyrique et très chantant, d'une grande fluidité malgré la place prise par les suspensions, par des modulations étonnantes et par les effets d'écho.

Le Scherzo, Allegro molto, joue sur la complémentarité des deux instruments tant pour les timbres que pour les modes d'attaque. La première partie du Scherzo ne doit pas être répétée. Le Trio central est très rapide.

Le dernier mouvement est un très long Rondo, Allegro ma non troppo. Le refrain, très simple et mélodique, est légèrement différent chaque fois. Les couplets, plus ou moins longs, proches du développement ou de la variation, sont bien différenciés par leur texture, leur tonalité et leur caractère. Une coda calme termine l'ensemble.

SOURCES

Des esquisses pour cette Sonate se trouvent à Berlin.

Le manuscrit autographe des trois premiers mouvements se trouve à la BN de Vienne (celui du Rondo final a disparu). La première page porte la mention « Sonata IIda [Seconda] da l. v. Beethoven. », ce qui confirme le fait que cette Sonate ait été composée et pensée en même temps que l'*opus 23*. Sur cette première page, Beethoven a également formulé ses exigences pour le copiste : « toutes les abréviations doivent être écrites de part en part », furieux que les triolets et les sextolets n'aient pas été complétés (sans doute sur une copie qui a disparu) : « Nb : le copiste qui a écrit les 3 et les 6 était un âne ! »

La copie pour la gravure a disparu.

PUBLICATION

Cette *Cinquième Sonate* a été éditée avec la quatrième *opus 23* en octobre 1801, puis seule, étant donné son succès, au printemps 1802, toujours chez T. Mollo et Comp. :

« SONATE / pour le / Piano Forte / avec un Violon / composées et dediées [*sic*] / À Monsieur le Comte Maurice de Fries / Chambellan de S.M.J. & R. / Par / LOUIS VAN BEETHOVEN / Œuvre [24 écrit à la main]/ [...] »

Elle fut éditée également à Bonn par Simrock dès 1802, puis à Leipzig, Mayence, Berlin, Paris, Londres.

DÉDICATAIRE

Comte Moritz von Fries (voir *op. 23*).

Opus 26
Sonate pour piano en *la* bémol majeur

Andante con Variazioni, 3/8, la *bémol majeur – 219 mes.*
Scherzo. Allegro molto, 3/4, la *bémol majeur – 95 mes.*
Marcia funebre sulla morte d'un Eroe, **C**, la *bémol mineur – 75 mes.*
Allegro, 2/4, la *bémol majeur – 169 mes.*

TEMPS DE LA COMPOSITION

Cette *Douzième Sonate pour piano* fut composée en 1800-1801, en même temps que *Les Créatures de Prométhée*, entre autres œuvres. D'après des esquisses (conservées à Londres), le projet daterait des années 1795-1796.

CONTEXTE BIOGRAPHIQUE

Lors de la composition, Beethoven, selon son habitude, travaillait à plusieurs autres œuvres en même temps, cherchant, comme toujours pour ses œuvres importantes, de nouvelles solutions aux problèmes de la forme (tout en restant dans le cadre des différents genres abordés).

Les musiques composées pendant la Révolution française et diffusées par le *Magasin de musique à l'usage des départements* pouvaient lui fournir des références nouvelles, aussi bien les *Marches* que les *Chants* ou les *Hymnes*. Beethoven dut y être d'autant plus sensible qu'il partageait l'idéal révolutionnaire de liberté et de fraternité, et qu'il avait la même conception de l'art, et de la musique en particulier, que celle des révolutionnaires : l'artiste, le musicien en premier lieu, avait la mission d'éduquer ses contemporains pour les rendre sensibles et réceptifs aux idées nouvelles. La musique, qui par elle-même ne dit rien, devait entraîner les cœurs, soulever l'enthousiasme, établir une communication fraternelle entre tous, par ses sonorités, son rythme, sa forme bien définie et la simplicité de son matériau comme de sa ligne mélodique. L'artiste musicien avait donc un rôle politique à jouer par le caractère de ses compositions comme par leur destination : célébrer les hauts faits et/ou la mort d'un héros qui combat pour la liberté, accompagner le déplacement des cortèges, glorifier les nouvelles valeurs telle la Liberté, l'Égalité, la République, la Victoire, la Paix, l'Agriculture, la Vieillesse.

Dans ce contexte historique, composer devenait un geste politique : il n'était plus question de simple divertissement, puisqu'il s'agissait de proposer aux auditeurs un parcours émotionnel qui devait s'inscrire en eux et avoir des effets durables. Fidèle à sa dynamique propre, en tant que créateur, qui était de brouiller les repères en passant d'un domaine ou d'un genre à un autre, Beethoven transpose dans son univers intime (l'écriture pour piano seul) ce qui, jusqu'à lui, était du ressort du collectif (les *Marches* ou les *Hymnes* pour chœur et orchestre) ou de la mondanité (les *Variations* sur un thème à la mode).

La *Sonate pour piano op. 26* est une des expressions de ce qui stimule le créateur Beethoven (sans qu'il le délibère, en quelque sorte à son insu) : la recherche de ce qui pourrait éveiller les consciences et les sensibilités à partir de connotations faisant lien entre le passé (le genre sonate ou celui des variations, par exemple) et l'avenir (la mutation politique et la possibilité, pour chacun, de dire « oui » à la vie et d'accéder à l'éternité dans l'instant – ce qui fut un des grands thèmes de Goethe).

L'aspect original et déroutant de cette *Sonate op. 26*, suscita bien des tentatives d'en cerner le sens en y associant des paroles. Au dire de Wegeler, Beethoven aurait lui-même demandé que l'on trouve les paroles qui s'adapteraient au thème du premier mouvement !

Quant à la Marche funèbre, il parut nécessaire de lui trouver une origine dans un livret d'opéra : c'est ainsi que plusieurs contemporains proches de Beethoven, Carl Czerny, Ferdinand Ries et autres, mirent en relation cette Marche funèbre avec celle de l'opéra de Paër *Achille*, opéra représenté pour la première fois à Vienne le 6 juin 1801 et dans lequel une Marche funèbre, qui connut un très grand succès, accompagne le cortège funèbre de Patrocle. L'étude des esquisses de la *Sonate* montre que Beethoven n'a pas attendu Paër pour avoir l'idée de sa Marche funèbre – d'autre part, il faut souligner que Beethoven n'eut pas besoin de cet opéra de Paër pour connaître l'*Iliade* : comme pour Werther, Homère fit très tôt partie de ses livres favoris et de ses références culturelles profondément intégrées, si bien que les jeux funèbres offerts à Patrocle par Achille ne lui étaient pas inconnus, et que leur souvenir est certainement implicitement présent dans le travail de Beethoven.

Malgré, ou du fait de ses multiples connotations musicales et extra-musicales, cette *Sonate* suscita beaucoup d'intérêt, comme en témoignent les nombreuses éditions et les diverses transcriptions, ainsi que l'utilisation de la Marche funèbre harmonisée pour quatre trombones lors des funérailles de Beethoven, puis publiée avec un texte de Alois Jeitteles, en 1827, trois mois après la mort de Beethoven, par Tobias Haslinger à Vienne :

« Beethoven's Begräbniss / Gedicht von Jeitteles. / Nach einer Composition des Verewigten : / ' Marcia funebre sulla morte d'un Eroe ' / für 4 Singstimmen / mit Begleitung des Pianoforte / eingerichtet :/ von / Ignaz Ritter von Seyfried ». Les paroles du poème de six strophes accompagnaient cette publication ; il commençait ainsi :

Im Lenz, in heitrer Abendstille
Da trugen sie dich hinaus,
Wir folgten schweigend deiner Hülle,
Bis in ihr unerwünschtes Haus.
Au printemps, dans la sérénité du soir
Ils t'ont emporté,
Nous suivîmes en silence ta dépouille
Jusqu'à la demeure indésirable.

Viel Priester in Talaren schritten,
Viel Sänger schritten dir voran ;
Die sprachen Segen, schickten Bitten,
Zum Seelenrichter laut hinan !
De nombreux prêtres en habits sacerdotaux,
Et de nombreux chanteurs te précédaient ;
Ils prononcèrent des bénédictions, adressèrent des prières à haute voix,
Au juge des âmes, là-haut !

Gerhard von Breuning qui fut témoin de cette cérémonie funéraire mentionna l'utilisation de cette Marche funèbre dans son récit *Aus dem Schwarzspanierhause* [S.169].

Une autre influence (qui ne fait que renforcer celle du modèle héroïque mis en valeur par la Révolution française) a pu présider à l'organisation de la succession des mouvements de cette Sonate : celle de l'idéologie inscrite par Goethe dans son roman *Wilhelm Meister, les années d'apprentissage*; il est fort possible que Beethoven ait lu ce roman dès sa publication, en 1795-1796 (au moment où il semble avoir pensé à cette Sonate), étant donné l'importance qu'avait pour lui la lecture des œuvres de Goethe. Même s'il n'avait pas encore lu ce roman en 1800, au moment où il compose la *Sonate op. 26*, l'admiration et l'amour qu'il eut toute sa vie pour l'œuvre de Goethe témoignent de la proximité de ses idées et de sa sensibilité avec celles du poète (il faut souligner que la lecture des œuvres de Goethe, comme de celles de Schiller, dès les années de Bonn, a fortement contribué à sa formation intellectuelle et émotionnelle). Le roman *Wilhelm Meister* se déroule autour de la figure mystérieuse et emblématique de Mignon, enfant d'une délicatesse extrême qui se révèle être une fillette ne sachant s'exprimer que par la danse et la musique; sa mort prématurée est l'occasion d'une cérémonie très «orchestrée» (sous forme de chants alternés) par Goethe qui confie à «deux chœurs invisibles» «un chant mélodieux» pour dialoguer avec les quatre «jeunes garçons qui entouraient le sarcophage» de Mignon :

«Les jeunes garçons : – [...] Restons aussi, pleurons, pleurons sur son cercueil ! [...]

Le chœur : – Regardez en haut avec les yeux de l'esprit ! Qu'elle palpite en vous, la force créatrice qui porte au-delà des étoiles la suprême beauté, la vie. [...] Enfants, retournez dans la vie. Vos larmes sècheront à la fraîcheur de l'air qui joue sur l'onde sinueuse. Fuyez la nuit ! le jour et la joie et la durée sont le lot des vivants.

Les jeunes garçons : – Allons, retournons dans la vie. Que le jour nous accorde joie et travail jusqu'à ce que le soir nous apporte le repos et que le sommeil de la nuit nous délasse et ranime.

Le chœur : – Enfants, hâtez-vous, remontez vers la vie. Que sous le pur vêtement de la beauté, l'amour vienne au-devant de vos pas, vous offre sa céleste vision et la couronne de l'immortalité.» (Livre VIII, chapitre 8)

En s'inspirant de la démarche littéraire et poétique de Goethe – démarche qui portait une certaine idée de la vie et de la condition humaine –, Beethoven a cherché à proposer à ses auditeurs, par l'intermédiaire de l'expérience de la durée musicale, l'équivalant d'une expérience vécue, affirmant de cette façon la dimension initiatique de sa musique (selon la conviction que l'expérience de la mort était nécessaire, et même indispensable, pour accéder à une vie supérieure et intense).

PRÉSENTATION DE L'ŒUVRE

Après la *Grande Sonate op. 22* qui repoussait les limites du genre, cette *Sonate op. 26* en est une nouvelle interprétation. Si Beethoven conserve la structure d'ensemble en quatre mouvements, il en change la nature et les rapports : il commence par un premier mouvement Andante, de forme Thème et Variations, poursuit par un Scherzo (qui dans une sonate se trouve généralement en troisième position), introduit une Marche funèbre (ce qui est la première fois de manière aussi délibérée dans une sonate) et termine par un Rondo Allegro proche d'un mouvement perpétuel. Ainsi, cette Sonate réunit des mouvements qui correspondent chacun à des genres isolés, leur succession dessinant un parcours émotionnel qui passe par le recueillement, la fougue, l'extrême souffrance et l'affirmation d'une vitalité indestructible, sous le signe du culte du héros aux fortes connotations antiques et révolutionnaires (rappelons que c'est à cette époque que Beethoven rencontre le mythe de Prométhée lié à l'héroïsme de la Révolution incarné par Bonaparte [cf. *Opus 43*]).

Le premier mouvement est un Andante con Variazioni à 3/8. Le thème de 34 mesures, d'une très grande richesse de détails, est suivi de cinq variations qui conservent la métrique à 3/8, le tempo, la tonalité de *la* bémol majeur, sauf la troisième qui est en *la* bémol mineur, la structure a a' b a'' (8+8+10+8 mes.) et le mouvement allant (créé par le recours à des syncopes). Le thème très simple, toujours repérable à l'audition, est intégré dans une texture renouvelée de variation en variation.

Var. I. Impulsée par la syncope (qui ouvre la partie b du thème), cette première variation déploie arpèges et octaves brisés en triples croches, ce qui produit un effet d'accélération dans une atmosphère solennelle.

Var. II. L'impression d'accélération est magnifiée par la texture faite d'une succession pratiquement ininterrompue de notes répétées, doubles croches à la main gauche et triples croches à contretemps à la main droite évoquant des instruments à percussion.

Var. III. Le mouvement percussif sans répit de la variation précédente se transforme en marche à laquelle la tonalité de *la* bémol mineur et la texture, dominée par le recours à la syncope soulignée dans la partie b par des *sf*, donnent un caractère funèbre.

Var. IV. Toujours basée sur l'impulsion d'une syncope, cette variation évoque une danse calme et gracieuse par ses motifs courts et souples en opposition de registres.

Var. V. Elle réinstalle l'impression d'accélération dans une texture d'une très grande densité : le thème résonne comme un cantus firmus au milieu d'une matière vibrante.

Une coda rassemble quelques éléments du thème : l'intervalle *mi-la*, les notes répétées et l'évocation de la syncope, c'est-à-dire qu'elle rappelle la couleur tonale et la stabilité harmonique, la texture qui donne consistance au temps ainsi que la rupture et le déséquilibre rythmiques qui installent le suspens et le doute.

Un Scherzo, Allegro molto, dans la tonalité de *la* bémol majeur, succède à ce premier mouvement aux multiples aspects. Beethoven spécifie que la première partie qui introduit le matériau du Scherzo ne doit pas être répétée, étant constituée de deux phrases pratiquement identiques qui installent une impression de déséquilibre par la combinaison de la conduite harmonique et des motifs rythmiques. La deuxième partie du Scherzo introduit un sentiment d'attente par la répétition de courts motifs identiques (sur le rythme blanche-noire qui sera celui du Trio) et un effet de surprise par l'intervention d'un passage en écriture polyphonique, faisant comme irruption dans une écriture avant tout harmonique et rythmique. Le Trio central, en *ré* bémol majeur, introduit une plage de calme en s'installant dans un rythme immuable (blanche-noire) sur une courbe mélodique sans heurts.

La « Marcia funebre sulla morte d'un Eroe », remplace le mouvement lent attendu. Elle est de structure très simple (A B A) et son matériau est très unifié : un rythme pointé caractéristique, un espace sonore ample et dense (le piano prend une allure d'orchestre), une opposition de densité sonore (tutti / cordes basses seules sur tenue des autres instruments), modulations, accords dissonants.

Le thème de la partie A est répété varié. Si l'épisode central évoque les roulements de tambour « p cresc » et les appel de trompettes *ff*, qui connotent champ de bataille, victoire et cérémonie militaire, il répond aussi à des exigences formelles et au principe de contraste : il nc s'agit pas de décrire une cérémonie mais il s'agit de composer de manière rigoureuse en utilisant un matériau simple mis en valeur par des variations ainsi que par l'intervention d'un élément étranger.

Le mouvement final, Allegro à 2/4, est un Rondo constitué de trois « couplets » (le second est très sombre, tandis que le troisième est proche du premier) et d'une coda. Il sonne comme un *perpetuum mobile*, affirmation d'une vitalité inépuisable.

SOURCES

Le manuscrit autographe se trouvait à Berlin, mais il demeura introuvable après la Seconde Guerre mondiale (serait-il à Cracovie aujourd'hui ?). La page de titre porte la mention : « Sonata / da / L. v. Beethoven / opera 25 », le chiffre 5 étant transformé en 6, à l'encre rouge, et le terme « gran » étant ajouté avant « Sonata ». Au début de la quatrième variation du premier mouvement, se trouve une deuxième mention du titre : « Sonate pour le Piano-forte composée par Louis van Beethoven œuvre 25. »

PUBLICATION

À Vienne chez Jean Cappi en mars 1802 avec un titre en français :

« GRANDE SONATE / pour le Clavecin ou Forte-Piano / Composée et dedié [*sic*] / à Son Altesse Monseigneur le Prince / CHARLES de LICHNOWSKY / par / Lovis van Beethoven/ Œuvre 26. / […] »

La *Wiener Zeitung* du 3 mars 1802 en annonça la publication, en même temps que l'*opus 27*.

Cette Sonate fut éditée par Simrock à Bonn dès 1802, puis elle fut éditée à Leipzig, Berlin, Paris (« Grande Sonate avec une marche funèbre »), Londres, etc.

Les Variations qui constituent le premier mouvement furent transcrites pour quatuor à cordes, pour deux guitares, pour chœur d'hommes *a capella* (sur les paroles « Aus dunkelm Laub mit leisem Klingen / erhebt ein Lied zu dir die Schwingen »), pour une voix seule (en *sol* majeur) sur d'autres paroles.

La *Marche funèbre* fut transcrite pour orchestre par Beethoven lui-même en 1815 pour le drame de Duncker, *Leonore Prohaska* (*WoO 96 n° 4*).

Dès 1802, Cappi à Vienne, ainsi que Simrock à Bonn et Hoffmeister à Leipzig publièrent la *Marche funèbre* seule (le troisième mouvement de la Sonate).

DÉDICATAIRE

Il peut sembler paradoxal que cette Sonate aux connotations révolutionnaires soit dédiée au prince Karl von Lichnowsky. Ce serait oublier que ce prince a su accueillir Beethoven et a su reconnaître son « génie » alors que bien des « connaisseurs » et bien des mélomanes dénonçaient la sauvagerie, la brutalité et le côté trop savant de sa musique. Cette reconnaissance se matérialisa par une attitude de mécène : il versa régulièrement une somme à Beethoven tant qu'il n'aurait pas de sources de revenus lié à un poste officiel (cf. les lettres de l'été 1801 à Amenda et à Wegeler [1., 65 et 67]).

L'ŒUVRE VUE PAR SES CONTEMPORAINS

Après la publication des *Sonates op. 26* et *op. 27*, l'*AMZ* 1802 (col. 650-653) soulignait que Beethoven avait encore écrit pour des musiciens de haute culture et pour des pianistes très entraînés. L'auteur de l'article déconseillait d'aborder cette œuvre à ceux qui cherchaient simplement à se divertir. Si dans l'ensemble l'auteur de l'article considérait l'*opus 26* comme « beaucoup trop élaboré », il reconnaissait la grandeur de l'« *Harmonie*-Stücke » que le compositeur, pour obtenir de l'exécutant ce qu'il attendait, avait désigné comme « Marcia funebre sulla morte d'un Eroe ».

En 1807, le journal viennois, *Zeitung für die elegante Welt* (col. 941/942), publiait un article très élogieux sur cette Sonate, véritable chef-d'œuvre qui, dès le premier mouvement, produit un effet inoubliable par l'association du sentiment et de l'énergie. Le Scherzo fougueux mêle « sauvagerie » et « délicate exaltation ». La Marche funèbre solennelle est originale, comme est original le fougueux Allegro final.

Czerny, en 1842, présente ainsi cette *Sonate* :

Le thème des variations exige un très beau toucher pour rendre le caractère noble et religieux. Chacune des variations est différente, plus ou moins animée, et l'ensemble se termine de manière calme. Le Scherzo est bien marqué et brillant. La « marche funèbre sur la mort d'un héros » exige un interprète de grande envergure capable de bien tenir les sons des accords pleins et de respecter les *p* et les *f*. Le Finale est animé comme les sonates de Cramer (dont la présence à Vienne a influencé Beethoven), avec un caractère de « bravoure ».

Opus 51 n° 2

Rondo pour piano en *sol* majeur

Andante cantabile e grazioso, 2/4, sol *majeur – 254 mes.*

TEMPS DE LA COMPOSITION

Vers 1800.

CONTEXTE BIOGRAPHIQUE

D'après des esquisses, il semble que Beethoven ait commencé à penser à ce morceau de concert en 1798, mais il ne l'a composé et achevé qu'en 1800. La forme du Rondo (fondée sur le retour d'un « refrain »), plus libre que la forme sonate, lui permettait une échappée vers une musique à la fois lyrique et tendue – le contraste se situant à l'intérieur même du déroulement en boucle du Rondo.

Pièce lyrique et brillante, ce *Rondo* fut certainement composé (comme le laisse supposer le choix de la dédicataire) pour un de ces concerts qui, vers 1800, avaient encore lieu dans un salon privé, devant un public mondain de mélomanes, parmi lesquels quelques connaisseurs aimaient pourtant être surpris tout en étant subjugués par le jeu virtuose de Beethoven.

PRÉSENTATION DE L'ŒUVRE

Ce *Rondo* d'allure très calme, Andante cantabile e grazioso en *sol* majeur, est très ornementé et d'écriture brillante. Interprétant à sa manière cette forme (déjà interprétée par Carl Philipp Emanuel Bach dans le sens d'une forme sonate), Beethoven a combiné le Rondo, constitué d'un thème qui revient après des épisodes variés (a b a' a), avec une forme ABA', la partie centrale B étant radicalement différente : Allegretto, en *mi* majeur à 6/8, plus inquiète par son rythme et ses modulations en mineur, elle contraste avec le calme proche de la berceuse des deux parties qui l'encadrent et dans lesquelles le thème initial réapparaît deux fois, établissant une sorte de temps statique en boucle qui se termine par une coda.

SOURCES

Le manuscrit autographe est perdu.

Une copie (peut-être celle destinée à la gravure) porte une indication de la main de Beethoven : « Rondo / per il piano-forte / da / l v Beethoven. » (à Berlin).

PUBLICATION

Ce *Rondo* fut publié en septembre 1802 à Vienne chez Artaria, avec un titre en français :

« RONDO / pour le Clavecin ou le Piano Forte / Composé et dedié [*sic*] / à Mademoiselle la Comtesse / HENRIETTE de LICHNOWSKI [*sic*] / par / Louis von Beethoven [...] »

Les éditeurs des grandes villes d'Europe reprirent cette première édition.

Il fut transcrit « pour violon et violoncelle concertans » et publié chez André à Offenbach en 1818.

Pour le numéro d'opus voir *opus 51* n° 1 : la réunion de ces deux Rondos sous un même numéro d'opus ne procède pas de la volonté de Beethoven.

DÉDICATAIRE

Henriette était une sœur du prince Karl von Lichnowsky et du comte Moritz von Lichnowsky. Femme du marquis de Carneville, elle vécut à Paris où elle mourut en 1830.

Opus 27 n° 1
Sonate pour piano en *mi* bémol majeur « Sonata quasi una Fantasia »

Andante ¢, mi *bémol majeur / Allegro 6/8,* ut *majeur – 86 mes.*
Allegro molto e vivace, 3/4, ut *mineur – 140 mes.*
Adagio con espressione, 3/4, la *bémol majeur – 26 mes.*
Allegro vivace, 2/4, mi *bémol majeur – 285 mes.*

TEMPS DE LA COMPOSITION

Entre 1800 et 1801. Les esquisses pour les deuxième et quatrième mouvements sont mêlées au travail pour la musique du ballet *Les Créatures de Prométhée op. 43*.

CONTEXTE BIOGRAPHIQUE

Beethoven, confronté à la composition de la musique de ballet, *Les Créatures de Prométhée op. 43*, c'est-à-dire confronté à la recherche de la forme musicale en adéquation avec la situation concernée et l'idée à exprimer, ose expérimenter de nouveaux parcours, y compris dans le genre consacré et fixé de la sonate : après avoir élargi les dimensions du genre sonate, il tente d'en repenser l'organisation et la nature. Ainsi, à côté de la solution proposée dans la *Sonate op. 26* qui enchaîne des mouvements correspondant chacun à des genres autonomes et connotés, Beethoven recherche des solutions qui intégreraient les gestes caractéristiques de l'improvisation, domaine dans lequel son imagination et sa virtuosité lui permettait d'exceller. Le qualificatif « quasi une fantasia » attribué, pour l'édition originale, à cette sonate puis à la suivante (qu'il accepta de publier ensemble) inscrit bien ce nouveau mode d'écriture dans la catégorie de l'improvisation : « fantasieren » signifie improviser. Les termes de « Fantaisie » ou de « Fantasia » avaient été utilisés par Carl Philipp Emanuel Bach ou par Mozart pour désigner des formes libres qui se posaient face à la Sonate (ainsi la *Fantaisie* en *ut* mineur *K. 475*, écrite par Mozart le 20 mai 1785, sert d'introduction à la *Sonate* en *ut* mineur *K. 457*, achevée sept mois auparavant). Le propos de Beethoven n'est plus d'opposition mais de substitution, de déplacement, de recouvrement d'un genre par un autre.

Le souvenir d'une sonate de Neefe qui se présentait en un mouvement fait d'une succession de tempos différents (la première des six *Neuen Sonatenklavier*, de 1774) est sans doute présent dans le choix de Beethoven, car sa *Sonate* se présente également d'une traite, succession de huit types de tempo différents, au lieu des quatre habituels – le changement fréquent de tempo étant une des caractéristiques de la Fantaisie.

PRÉSENTATION DE L'ŒUVRE

Les mouvements de cette Sonate s'enchaînent sans interruption : « attaca subito... » est indiqué après chacun des mouvements si bien qu'il est difficile de décider du nombre des mouvements, d'autant plus que les oppositions de tempo et de tonalité ne constituent plus des séparations évidentes entre les mouvements : au contraire le tempo et la tonalité assument un rôle de matériau thématique (le thème n'est plus supporté par une mélodie, mais par une tonalité liée à un tempo, et l'idée de développement inhérente à l'écriture du genre sonate est exprimée par des modifications de textures et de sonorités).

La *Sonate* commence par Andante à 2/2 dans la tonalité de *mi* bémol majeur. Le matériau thématique initial est exposé sous la forme d'un thème destiné à des variations : deux fois quatre mesures répétées à l'identique (4x2 + 4x2), dans une stabilité tonale (I-V-I ; V-I) et la même texture pour les trois premières mesures (trois accords parfaits de quarte et sixte, les deux premiers en noires, auxquels répond une bribe de gamme en doubles croches, c'est-à-dire une dissociation, par juxtaposition et inversion, de la basse et de la mélodie) qui créent une impression d'immobilité interrogative. La suite de cet Andante est constituée d'une succession de variations, quatre mesures par quatre mesures, l'écriture jouant sur la densité harmonique, sur la tonalité, sur la texture et sur l'émergence d'une courte ligne mélodique (4x2 + 6x4 mesures légèrement différentes). Après cette série de variations très courtes, *pp*, proches de la répétition, qui installe le premier thème en créant un climat d'attente survient, tel un second thème, un Allegro à 6/8 en *ut* majeur, *f*, qui déroule des arpèges brodés rapides d'une grande stabilité tonale, – en fait il s'agit d'une variation majeure dans une autre métrique et un autre tempo du thème initial. La première partie de cet Andante revient après cet épisode central, si bien que sous le couvert de l'improvisation, Beethoven a inscrit la variation (l'essence même de l'écriture musicale) dans une forme ABA (le principe de contraste, et la tension qui en résulte, étant la pierre angulaire de la composition musicale à son époque). Ce premier mouvement se termine sur une série de courtes cadences répétées, épure du thème initial et affirmation du *mi* bémol majeur, puis après un accord *pp*, longuement tenu, Beethoven indique : « Attaca subito l'Allegro ».

Ce deuxième mouvement Allegro molto e vivace à trois temps a la métrique, la texture, l'homorythmie (dans le style d'un prélude de Bach) et la forme d'un scherzo avec Trio central, tout en possédant une tonalité différente (en relation avec la tonalité de la sonate), ce qui caractérise en général le mouvement lent, ici l'ut mineur (relatif de *mi* bémol majeur). Par ce choix, Beethoven brouille les repères et propose une combinatoire déroutante pour les auditeurs de l'époque.

Après un effet d'accélération rendu par l'écriture en syncope de la reprise de la première partie de ce mouvement Allegro molto e vivace, Beethoven indique à nouveau « Attaca subito l'Adagio ». Donc, comme dans la *Sonate op. 26*, le mouvement lent se trouve en troisième position. Adagio con espressione, il est en *la* bémol majeur, très court (26 mes.), et se transforme en une brève cadence ornée de *mi* bémol majeur (type d'écriture associé à une fantaisie ou un concerto), qui sert de moment de suspens avant l'attaque du mouvement suivant, « Attaca subito l'Allegro vivace », exige encore Beethoven.

Ce mouvement très rapide et virtuose à deux temps, qui se présente comme un sorte de fugato libre plein d'allant, retrouve le *mi* bémol majeur ; il est de forme rondo associé à une forme sonate (le premier couplet et le troisième de texture identique encadrent un couplet central qui fait office de développement). Puis après 253 mesures, un accord tenu de septième de dominante est résolu par le retour à l'Adagio, indiqué par Beethoven « Tempo I », réapparition du mouvement lent et de sa cadence ornée qui est à son tour résolue par un « attaca » le Presto final de 20 mesures construit sur un matériau très simple, la tierce descendante inscrite au début de la

Sonate, répété de manière toujours plus intense jusqu'à l'éclatement de deux accords *ff*.

SOURCES

Le manuscrit autographe est inconnu.

PUBLICATION

Cette *Sonate* fut publiée en mars 1802 à Vienne chez Cappi, avec un titre en italien :

« Sonata quasi una Fantasia / per il Clavicembalo o Piano-Forte / Composta, e dedicata / a Sua Altezza la Signora Principessa / GIOVANNI LIECHTENSTEIN / nata Langravio Fürstenberg / – da – / Luiggi van Beethoven. / Opera 27. N° 1 / In Vienna presso Gio. Cappi Piazza di St Michel N° 4 / […] »

La *Wiener Zeitung* du 3 mars 1802 en annonça la publication en même temps que la *Sonate op. 26* et que la *Sonate op. 27* n° 2.

Simrock à Bonn publia cette *Sonate* dès 1802 ; Breitkopf & Härtel à Leipzig en 1809. Elle fut également publiée à Mayence, Offenbach, Paris, Berlin et Londres du vivant de Beethoven.

DÉDICATAIRE

Josephine Sophie comtesse Fürstenberg-Weytra (née le 20 juin 1775 – morte le 23 février 1848), était mariée depuis le 12 avril 1792 avec le prince Johann Joseph von Liechtenstein (1760-1836), amateur d'art, collectionneur et administrateur d'une galerie très célèbre. Cousin du comte Waldstein, il appartenait au cercle des Lichnowsky.

La mention de « Clavicembalo » sur la page de titre de l'édition originale (mention qui avait disparu sur les *Sonates op. 14* et *op. 22*) est peut-être liée au fait que cette famille possédait encore des clavecins.

L'ŒUVRE VUE PAR SES CONTEMPORAINS

L'*AMZ* mentionne rapidement en 1802 (col. 650-653) cette *Sonate* dans un article consacré aux *Sonates op. 26* et *op. 27 n° 2*. L'auteur dit avoir apprécié les trois premiers mouvements, tandis que le Presto final ne lui a pas fait plus d'effet que ce genre de fin très rapide qui termine les airs d'opéra italien. Pourtant il n'est pas d'accord avec ceux qui se plaignent de la difficulté à comprendre et à exécuter la musique de Beethoven.

Czerny écrit en 1842 :

Cette Sonate a encore plus le caractère d'une fantaisie que l'*op. 27* n° 2. C'est une des plus intéressantes, et pourtant une des moins jouées.

Le premier mouvement est calme ; le deuxième rapide et brillant ; le troisième emporté ; le quatrième calme et sérieux, avec sentiment ; le Finale, brillant avec bravoure, le passage fugato puissant, et la fin très rapide.

Opus 27 n° 2
Sonate pour piano en *ut* dièse mineur « Sonata quasi una Fantasia »

Adagio sostenuto, ¢, ut *dièse mineur – 69 mes.*
Allegretto, 3/4, ré *bémol majeur – 60 mes.*
Presto agitato, **C**, ut *dièse mineur – 200 mes.*

TEMPS DE LA COMPOSITION

Quatorzième Sonate pour piano, elle fut composée en 1801, donc après la *Sonate op. 27* n° 1, et la même année que la *Sonate* suivante, *op. 28*, et en même temps qu'une grande quantité d'autres œuvres (voir « Sources »).

CONTEXTE BIOGRAPHIQUE

Cette *Sonate pour piano op. 27* n° 2 a été publiée avec le même modèle de page de titre que l'*op. 27* n° 1, ce qui explique son qualificatif de « quasi una Fantasia », alors qu'elle ne répond pas autant que la première aux critères d'une fantaisie. Toutefois, Beethoven y poursuit les recherches formelles commencées avec la *Sonate op. 27* n° 1, et prolongées avec l'*op. 28* (peut-être a-t-il songé à les publier toutes trois ensemble ?), qui visaient à conjuguer les pouvoirs de son imagination d'improvisateur et ses exigences de compositeur pour produire, et reproduire, un effet d'instantané émotionnel irrésistible sur les auditeurs. Il la composa en 1801, année au cours de laquelle il tomba amoureux de Giulietta Guicciardi, à laquelle il eut plaisir à donner des leçons de piano. Il avait rencontré cette jeune fille de 16 ans, cousine des sœurs Brunsvik, peu après l'installation de la famille Guicciardi à Vienne au cours de l'été 1800. Quand dans sa longue lettre à son ami Wegeler (16 novembre 1801 [1., 70, p. 89]), Beethoven évoque une jeune fille qui lui a redonné le goût de vivre, il s'agit vraisemblablement d'elle :

« Je retrouve quelque plaisir à la vie, depuis que je fréquente un peu plus la société, [...], cette métamorphose a été opérée par une charmante et aimable jeune fille qui m'aime et que j'aime, [...] et c'est la première fois que je sens que le mariage pourrait rendre heureux, mais hélas elle n'est pas de mon rang – et actuellement je ne pourrais évidemment pas l'épouser – je dois encore me remuer de tous côtés. N'était mon ouïe, j'aurais déjà depuis longtemps parcouru la moitié du monde, et je dois le faire – pour moi il n'est pas de plus grand plaisir que d'exercer mon art et de le montrer [...] »

Beethoven espérait donc alors pouvoir établir, grâce à son art – mais pas au détriment de son activité créatrice –, une relation durable avec cette jeune fille aimée, ce qui explique le choc qu'il ressent et la fureur qu'il ose exprimer [1., 77] quand il reçoit un cadeau (sans doute une bourse brodée à la main, remplie d'argent) de la mère de Giulietta, la comtesse Susanna Guiciardi :

« Vienne le 23 janvier 1782 [1802]

Savez-vous chère comtesse qu'hier matin j'étais prêt à vous renvoyer votre cadeau, [...], il n'est pas exagéré de dire que ce cadeau m'a choqué, comment cela pourrait en être autrement ? le peu que je fais pour la gentille J. n'a aucune comparaison avec votre cadeau, et maintenant il me semble que vous cherchez à m'humilier en voulant me montrer que vous préférez me voir votre débiteur [...] ».

Dans cette lettre, quitte à dépasser les bornes de la bienséance, Beethoven ose donc dire que le cadeau l'a choqué, car il l'interprète comme une façon de lui faire comprendre qu'il n'est qu'un pauvre maître de musique en attente de rémunération, ce contre quoi il proteste, affirmant que passer du temps auprès de la famille Guicciardi et donner des leçons à Giulietta est une façon de se détendre, d'autant plus agréable que Giulietta a du talent et qu'elle est charmante. Beethoven terminait sa lettre en répétant combien il était scandalisé de devenir l'obligé de cette famille : « Est-ce de l'amitié ? – L'amitié n'a pas d'autre récompense, que ce qui se trouve en elle – je ne serai plus jamais, jamais aussi chaleureux avec vous [...] ».

Sa vengeance sera de ne plus venir dans cette maison... Pourtant, après avoir signé, Beethoven ajoutait : « Peut-être vous verrai-je aujourd'hui encore ».

Cette protestation indignée précède de peu la publication des deux *Sonates op. 27*, qui ont une page de titre sur le même modèle, et qui sont dédiées chacune à une femme différente : la première à la princesse Josephine von Liechtenstein, la seconde à la comtesse Giulietta Guicciardi. Il est vrai que si ces deux *Sonates* ont été publiées ensemble, Beethoven ne les avait pas composées dans cette intention. Pourquoi deux dédicataires pour un même opus ? L'attribution de la deuxième *Sonate* à Giulietta pourrait être une réponse de la fierté blessée de Beethoven au cadeau de la comtesse Susanna Guicciardi ? Autrement dit, une façon de donner publicité à son attachement pour Giulietta, attachement que les conventions sociales interdisaient mais que son « génie » pourrait imposer par delà ces conventions ? Mais, il semble qu'initialement Beethoven voulait dédier le *Rondo pour piano* en *sol* majeur *op. 51* n° 2 à Giulietta, qui préféra sans doute une sonate : aurait-il cédé à sa demande ?

Le souhait de Beethoven, exprimé dans sa lettre à Wegeler, de se marier avec Giulietta ne s'est finalement pas réalisé. Le poids des conventions sociales a-t-il vraiment été déterminant ? Comment comprendre l'interprétation donnée par Beethoven vingt ans plus tard ? Réécriture de son histoire ou récit de sa prise de conscience que son « art » avait plus de valeur que son mariage avec Giulietta ? Les éléments qui permettraient de répondre sont peu nombreux. Un billet d'avril 1803 prouve que Beethoven était encore reçu par la comtesse Susanna (billet au violoniste George Polgreen Bridgetower, qui dit qu'ils sont attendus chez la comtesse. [1., 150]), pourtant Giulietta se mariait dès novembre 1803 avec le comte Gallenberg, compositeur de musique de ballet que Beethoven aurait aidé financièrement, si l'on comprend ainsi ce qui est inscrit de sa main sur une page d'un cahier de conversation de février 1823, avec Schindler [1823, *BKh*, 2, p. 365-367] :

« Beethoven : *j'etois bien / aimé d'elle / et plus que / jamais son / epous [...] – il'etoit / pourtant / plûtot/ plûtot son / amant / que moi, / mais par / elle [j'appren] / j'en m'apprit / nois de / son misere / et je / [cherche] / trouvais un / homme de / bien, qui / me donnoit / la somme / de 500 fl : / pour le / soulager / il' etoit / toujours mon ennemi, / et c'etoit / justement / la raison, / que je / fusse tout / le bien/ que possible.* »

À la suite de ces premiers renseignements, Beethoven continue de répondre aux questions de Schindler par écrit, en français, pour confirmer que la comtesse était née Guicciardi, qu'elle est mariée avec Gallenberg depuis longtemps, avant son séjour en Italie, et que depuis son retour à Vienne « *elle / cherchait / moi pleure-/ant, mais / je la mépris-/ois. –* »

Schindler écrit : « *Herkules* am Scheide-/wege ! – »

Beethoven répond en allemand :

« *wenn ich hätte / meine / Lebenskraft / mit dem / Leben so / hingeben / wollen, was / würe für / das edle, / bessere / geblieben ?* »

(si j'avais voulu ainsi abandonner ma force vitale avec la vie, que serait-il resté pour le noble et le meilleur ?)

Ainsi, si aucun document de 1803 ne permet de rendre compte de la réaction de Beethoven au mariage et au départ en Italie de Giulietta, sa réaction aux questions de Schindler en 1823, donc après le retour de Giulietta à Vienne en 1822, laisse penser que, rétrospectivement, Beethoven aurait compris que renoncer à Giulietta avait répondu aux exigences de sa création : s'isoler et se concentrer sur ses œuvres au lieu de dépenser ses forces dans des aspirations frivoles – ainsi, pour lui une chose était d'être séduit par la vitalité d'une jeune fille charmante, une autre, incompatible avec la première, de concentrer ses forces sur la recherche de l'inédit et de l'inouï.

Le titre attribué à cette Sonate (bien après la mort de Beethoven)

Le qualificatif de « Mondschein-Sonate » (« Sonate Clair de lune ») apparaît pour la première fois dans un essai sur Beethoven que Wilhelm von Lenz publia en 1852. Dans cet écrit, Lenz attribue la paternité de l'expression au poète Ludwig Rellstab (Berlin 1799-1860), qui aurait dit, en 1832, que cette *Sonate* lui évoquait une promenade nocturne sur le lac des Quatre-Cantons, en Suisse. Or, il n'y a aucune trace de cette évocation précise dans les écrits de Rellstab[1] qui rencontra Beethoven en 1825 à Vienne : ils eurent des projets d'opéra (en particulier un *Oreste*[2]), mais il ne semble pas qu'ils aient discuté de cette *Sonate* (on n'y trouve aucune allusion dans les souvenirs publiés par Rellstab en 1841). En fait, Lenz s'est inspiré des images poétiques utilisées à plusieurs reprises par Rellstab pour parler de cette *Sonate* qu'il associait à la nuit et au clair de lune : une première fois dans une nouvelle, *Theodor. Eine musikalische Skizze*, écrite en 1823 et publiée en 1824 dans la *Berliner Allgemeine musikalische Zeitung* (il parle d'un « lac dans le calme repos d'un crépuscule éclairé par un clair de lune ») ; et, une autre fois, en 1842, dans un article sur Franz Liszt (il évoque « le coloris nocturne de cette Sonate en *ut* dièse mineur, semblable à un paysage enchanté et lugubre au clair de lune »).

Cette image transmise par Lenz correspond à la sensibilité de la période romantique pour traduire un sentiment de profonde tristesse liée à la douleur d'une séparation, comme le montre F. Grigat qui a mis en regard la façon de connoter la douleur et le deuil dans la musique, dans la peinture et dans la poésie (du temps de Beethoven à celui de Lenz) : elle met ainsi en évidence l'analogie entre les traits de style traditionnels utilisés par Beethoven dans l'écriture de l'Adagio de la *Sonate* en *ut* dièse mineur pour obtenir une atmosphère lugubre (arpèges de triolets *pp* qui entraînent un mouvement continu, tonalité d'*ut* dièse mineur[3], courte cellule rythmique typique d'une marche funèbre) et les images ou les métaphores de clair de lune lugubre au bord d'un lac véhiculées à son époque par les peintres et les poètes.

Ce titre connote donc une concordance de sensibilité entre Beethoven et ses contempo-

1. Comme le met en évidence Friederike Grigat dans son article « Mondschein-Sonate » – « einem berühmten Titel auf der Spur. Zur Geschichte eines Mythos », dans le petit catalogue de l'exposition, *Beethovens « Mondschein-Sonate ». Original und romantische Verklärung*, Verlag Beethoven-Haus Bonn 2003

2. Voir les lettres de Resllstab à Beethoven d'avant et d'après le 28 avril 1825 [1826, 1959 et 1961], ainsi que le *BKh*, 7, p. 237 sq.

3. Christian Friedrich Schubart dans son ouvrage *Ideen zu einer Ästhetik der Tonkunst*, Vienne 1806 (ouvrage que Beethoven connaissait) attribuait à cette tonalité d'*ut* dièse mineur la capacité d'exprimer la plainte du repentir (« Busskláge ») ainsi que l'entretien intime avec Dieu, avec un ami, ou que les souffrances provoquées par une amitié, un amour déçus (donc les registres de la culpabilité et de la perte d'un être cher).

rains, qui disposaient des mêmes moyens d'expression pour transmettre par leurs œuvres la vision de la condition humaine qui prévalait à cette époque (souffrance morale, solitude, inquiétudes métaphysiques).

Carl Czerny a rapporté en 1852 (parmi une série d'anecdotes recueillies par Otto Jahn, un des premiers biographes de Beethoven) que Beethoven aurait eu cette réflexion : « On parle toujours de la Sonate en *ut* dièse mineur ! en vérité, j'ai écrit des choses bien meilleures. La Sonate en *fa* dièse majeur [op. 78] par exemple, c'est autre chose ! »

L'irritation qui transparaît dans cette réflexion laisse entrevoir le décalage, la tension même, entre Beethoven et ses contemporains : son but n'était pas de se trouver en adéquation avec la sensibilité commune, de composer ce qui correspondait à l'attente générale – s'il faisait parfois des concessions au goût dominant, il n'était pas alors satisfait de lui (comme en témoigne l'extrême élaboration de la plupart de ses œuvres qui commencent par des esquisses banales) – ce qu'il cherchait se situait dans un autre registre : l'exploration d'une démarche spirituelle qui transgresse les limites du connu et du toléré pour accéder à une forme de transcendance.

Présentation de l'œuvre

Cette *Sonate* très célèbre a été abondamment commentée...

Beethoven continuait là à explorer les pouvoirs de l'écriture, et en l'occurrence la possibilité de conserver l'effet saisissant de réel dû à l'improvisation dans une sonate, c'est-à-dire dans un genre d'œuvre qui répondait à des règles rigoureuses de construction.

Si comme la *Sonate op. 27* n° *1*, la *Sonate op. 27* n° 2 commence par un mouvement lent qui est immédiatement suivi d'un scherzo (« Attaca subito il seguente ») et qu'elle se termine par un mouvement très rapide (qui cette fois est en forme sonate et non plus rondo), plus qu'à l'inversion du parcours d'une sonate, Beethoven s'est attaché, cette fois, à mettre en valeur, par la fluidité de l'écriture et par ses injonctions concernant l'usage de la pédale, les sonorités spécifiques du piano pour créer, et recréer à volonté, une impression de présence physique étrange mais bien réelle.

Comme si, avec cette œuvre, Beethoven essayait de confronter et d'associer les deux sources de sa faculté de créer : l'inspiration (« l'imagination ») et l'organisation formelle rigoureuse, pour faire advenir de l'inouï, apporter quelque chose de nouveau au monde.

Le premier mouvement est un Adagio *sostenuto* en *ut* dièse mineur qui doit être joué le plus délicatement possible et avec la pédale, selon les injonctions de Beethoven inscrites en italien sur la partition originale : « *Si deve Suonare tutto questo pezzo delicatissimamente e senza sordino* », injonction redoublée sous les premières mesures de la première portée : « *Semper pianissimo e Senza Sordino* ». La sonorité obtenue par la combinaison du jeu pianistique, de l'intensité *pp*, de l'ostinato fluide de l'écriture en triolets de croches arpégés, de la tonalité mineure et du recours au registre profond du piano domine l'ensemble de ce premier mouvement, qui possède donc une atmosphère unifiée, à la manière d'un prélude de Bach. Le rythme croche-pointée double croche qui donne une impulsion locale à l'ensemble de ce premier mouvement, mineur et tendu de bout en bout, peut évoquer une marche funèbre.

« Attaca Subito il Seguente », l'Allegretto qui suit, de forme scherzo-trio, indique que ce premier mouvement n'était pas une introduction lente, mais un mouvement à part entière destiné à créer, dès le début de la *Sonate*, une atmosphère sonore lugubre, sombre et tendue (les dissonances y sont nombreuses). La tonalité de l'Allegretto est celle de *ré* bémol majeur, enharmonique d'*ut* dièse majeur. Ce très court mouvement joue sur l'effet d'accélération et de vitalité, apporté par l'usage de la syncope – sorte de préparation à l'agitation du dernier mouvement.

Le troisième mouvement, mouvement final, est un Presto *agitato* (terme souligné par Beethoven sur son manuscrit), en *ut* dièse mineur, assez long par rapport aux deux premiers mouvements et de forme sonate. Le recours à la pédale, spécifié par Beethoven sur son manuscrit sous les deux accords sur lesquels aboutissent à plusieurs reprises une longue montée de doubles croches en arpèges (*sf./ Senza sordino*), assure un jeu de résonance qui donne, ici encore, un rôle de premier plan à la sonorité, construite au moyen de projections harmoniques fulgurantes qui éclatent sur des accords *sf* de plusieurs sons. La structure de la forme sonate est évidente : les thèmes sont clairement différenciés malgré le flux sonore ininterrompu (la plénitude d'accords répétés de plusieurs sons s'opposant à la fulgurance d'arpèges qui s'élancent depuis les profondeurs du piano pour atteindre les sonorités aiguës), le développement confronte les deux formes du matériau thématique et la reprise est suivie d'une coda de plus de 40 mesures qui, après avoir parcouru le clavier sur toute son étendue, s'achève par deux accords d'*ut* dièse mineur de huit sons, *ff*. Cette rigueur de la composition établit une tension avec le caractère improvisé des deux premiers mouvements.

C'est la sonorité, construite par l'écriture, qui unifie l'ensemble de la *Sonate* sous le signe de la profondeur, de la tension et de l'agitation d'une matière palpitante.

SOURCES

Le manuscrit autographe, qui faisait partie de l'inventaire après décès, se trouve à Bonn depuis 1898 (un fac-similé a été publié en 1921 par Universal-Editions, Wien und New York ; un nouveau fac-similé du manuscrit, et des esquisses retrouvées, a été publié en 2003 par le Verlag Beethoven-Haus, Bonn) ; il manque (depuis 1830) la page de titre comprenant les treize premières mesures (et l'indication du tempo), ainsi que la dernière page comprenant les trois dernières mesures du Finale. Ce manuscrit est très soigné et très lisible (mais ce n'est pas la version définitive : Beethoven a encore modifié la partition pour l'édition), mais il n'a pas servi directement à la gravure (une copie, que Beethoven a corrigée, en a certainement été établie).

Des esquisses sur des feuilles dispersées (appartenant à un cahier d'esquisses utilisé entre le printemps et l'automne 1801, mais que l'acquéreur de 1827 – lors de la vente aux enchères des partitions de Beethoven –, dénommé Sauer, a ensuite vendu en feuilles séparées) se trouvent dans différentes villes : Bonn, Modène, Cambridge, Tokyo (Tokyo possède la feuille qui fut acquise par Robert Schumann en 1838/1839, lors d'un séjour à Vienne) (ces feuilles sont publiées dans le fac-similé édité en 2003). Ce cahier « Sauer », dont il ne reste que 23 feuilles (sur 48 ou 96) comprenait des esquisses pour plusieurs autres œuvres : la *Sonate op. 28*, le *Quintette à cordes op. 29*, la *Sérénade op. 25*, le Finale de la *Sonate op. 26*, la *Sonate op. 27* n° 1, les *Bagatelles op. 33*, le deuxième et le troisième mouvement de la *Deuxième Symphonie op. 36*, la *Romance pour violon op. 40*, le *ballet Les Créatures de Prométhée*, les *Six Gellert-Lieder op. 48.*

PUBLICATION

Cette Sonate fut publiée à Vienne chez Giovanni Cappi en mars 1802, en même temps que la *Sonate* précédente, l'*op. 27* n° 1, avec un titre en italien :

« SONATA quasi una FANTASIA / per il Clavicembalo o Piano = Forte / composta, e dedicata / alla Damigella Contessa / GIULIETTA GUICCIARDI / – . DA. – / Luigi van Beethoven / Opera 27. N° 2 / In Vienna presso Gio. Cappi Sulla Piazza di St Michele N„ 5. / [...] ».

La *Wiener Zeitung* en annonça la publication en même temps que l'*op. 26* et l'*op. 27* n° 1, le 3 mars 1802.

Simrock publia cette Sonate dès 1802 à Bonn ; Breitkopf & Härtel à Leipzig en 1809 ; Schott à Mayence. Elle fut également publiée à Offenbach, Berlin, Paris et Londres.

DÉDICATAIRE

Giulietta Guicciardi (1784-1856) était la cousine des sœurs Brunsvik. Beethoven la rencontra en été 1800 à Vienne ; il lui donna des leçons de piano et tomba amoureux d'elle. Le 3 novembre 1803, elle épousait le comte Wenzel Robert Gallenberg (1783-1839), compositeur de musique de ballet. Ils vécurent en Italie, à Naples, avant de se réinstaller à Vienne en 1822.

Beethoven avait l'intention de lui dédier le *Rondo pour piano* en *sol* majeur *op. 51* n° 2, puis il changea d'avis et lui dédia la *Sonate* : il semble que Giulietta attendait qu'il lui dédie une œuvre.

L'ŒUVRE VUE PAR SES CONTEMPORAINS

Dès 1802, l'*AMZ* (col. 650-653) rend compte de cette *Sonate* à la suite de sa publication (mars 1802), et en même temps que les *Sonates op. 26* et *op. 27* n° 1. L'auteur de l'article louait la construction et le profond effet émotionnel du premier mouvement et du Presto agitato final ; il insistait sur la prodigieuse maîtrise que Beethoven avait du piano et des possibilités sonores de cet instrument, soulignant que ce n'était pas une raison pour écrire des partitions trop difficiles à jouer.

Carl Czerny, en 1842, dans son ouvrage sur l'interprétation des œuvres de piano, « Deuxième chapitre : sur l'interprétation juste de toutes les œuvres pour piano seul de Beethoven » (p. 50-51), donne des conseils de jeu ainsi qu'une brève analyse de chacun des mouvements : le premier mouvement, bien qu'« alla breve » doit avoir un tempo exactement Andante, et la pédale doit être changée à chacune des notes de la basse. La voix supérieure doit chanter, l'accompagnement en triolet doit être strictement legato et les nuances sont primordiales à respecter. « Ce mouvement est hautement poétique et donc très facile à comprendre. C'est une scène nocturne, dans laquelle la voix plaintive d'un esprit émerge au loin ».

L'Allegretto est un Scherzo assez animé, à interpréter de manière chaleureuse et alerte. Dans le Trio il faut faire sonner les notes de basse.

Le Presto agitato est emporté, avec un toucher puissant et brillant. La basse doit être bien marquée et la mélodie très expressive. Il faut respecter les infléchissements de tempo (les indications de *ritardando*).

Czerny conclut en signalant que cette Sonate est une des plus passionnée de Beethoven, mais qu'elle n'est pas trop difficile à jouer : pourtant il ne faut pas manquer d'en exprimer le caractère, ce qui demande dextérité et puissance.

Opus 28
Sonate pour piano en *ré* majeur

Allegro, 3/4, ré *majeur – 461 mes.*
Andante, 2/4, ré *mineur – 99 mes.*
Scherzo. Allegro vivace, 3/4, ré *majeur – 94 mes.*
Rondo. Allegro ma non troppo, 6/8, ré *majeur – 210 mes.*

Temps de la composition

Au cours de l'année 1801 en même temps que la *Sonate op. 27* n° *2* ou que le *Quintette à cordes op. 29.*

Contexte biographique

Cette *Sonate op. 28* a été achevée en octobre 1801, c'est-à-dire entre les deux lettres à Wegeler, celle du 29 juin dans laquelle Beethoven faisait l'aveu de sa surdité croissante, et celle du 16 novembre dans laquelle il parlait de cette jeune fille qui lui avait redonné goût à la vie, mais qui, n'étant pas de sa classe sociale, n'était pas facilement accessible, il lui fallait donc accéder à un statut social plus élevé grâce à son génie. Ce qui ne lui semblait pas impossible, Beethoven étant très conscient de sa valeur, comme en témoignent ses lettres à Wegeler [1., 65] et à Amenda [1., 67] :

« Il n'y a plus d'accords à établir avec moi, j'exige et on paye » et : « La bonne diffusion de mes œuvres me met en état de vivre sans avoir de soucis matériels, tout ce que j'écris je peux le vendre en même temps 4 5 fois, et être également bien payé. »

C'est donc au moment où Beethoven s'impose sur la scène sociale et où il commence à vivre de son art, que sa surdité s'installe et risque de l'isoler du monde.

L'angoisse, que suscite chez lui cette menace toujours plus croissante ne l'empêche pas de composer, de donner des concerts publics et privés, et de soutenir de manière ostensible, aussi bien dans ses propos que dans ses compositions, les idées que la Révolution française a mises à l'ordre du jour. C'est ainsi qu'il écrivait, le 15 janvier 1801 [1., 54], dans une lettre à l'éditeur Hoffmeister (qu'il appelait « très cher frère et ami », expression aux connotations aussi bien maçonniques que révolutionnaires) : « Il devrait y avoir seulement un *magasin d'art* au monde[1], où l'artiste n'aurait qu'à livrer ses œuvres et à prendre ce dont il aurait besoin ; ainsi il ne serait pas nécessaire d'être encore à moitié commerçant. »

Et c'est ainsi qu'il accepta de composer la musique des *Créatures de Prométhée* [op. 43] dont le sujet était directement lié à l'ascension politique de Bonaparte et à l'espoir en l'avènement d'un monde nouveau héritier de la Révolution française.

Dans ce contexte biographique et politique, la dédicace à Joseph Edlen von Sonnenfels a sans doute une signification : plus que d'une réponse positive à la suggestion de l'éditeur (comme certains le pensent), il s'agit certai-

1. Cette phrase fait sans doute directement référence au *Magasin de musique* créé par la Convention en 1795 pour répandre les musiques des fêtes révolutionnaires dans tous les départements.

nement d'une prise de position idéologique, dans la mesure où Sonnenfels était connu pour ses idées avancées et réformatrices (dans la continuité de celles de « l'*Aufklärung* »). Or, Sonnenfels avait fait partie des « Illuminés de Bavière », ce mouvement maçonnique dont Beethoven connaissait bien l'idéologie, son « maître » Neefe ayant été à la tête de la loge organisée à Bonn (la « Minervalkirche von Stagira »), loge dont faisait partie ses meilleurs amis de Bonn (dont Simrock et Ries), avant l'interdiction qui frappa cette organisation en 1785. Conseiller de Joseph II, Sonnenfels en avait inspiré la politique réformatrice. S'il fut considéré avec moins de confiance par l'empereur Franz II, Sonnenfels demeura toutefois conseiller aulique. Également dramaturge, Sonnenfels fut ami de Lessing, de Gluck et de Mozart : aux yeux de Beethoven, il s'agissait donc d'un « artiste » conscient que sa mission était d'éduquer les spectateurs, mission assignée au théâtre par Schiller[1]. D'autre part, le rôle de Sonnenfels fut décisif dans la vie de Beethoven qui, grâce à lui, fit la connaissance des Birkenstock et des Brentano.

Inscrire le nom de Sonnenfels sur une partition n'était donc pas sans signification idéologique, dans la mesure où Beethoven était persuadé que l'artiste créateur avait un rôle politique à jouer, qu'il devait contribuer à l'avènement d'une société libre et fraternelle en initiant chacun à de nouvelles façons de sentir et de comprendre – la musique en étant, par excellence, le mode d'expression et de diffusion (idée affirmée et mise en pratique par les hommes de la Révolution).

L'écriture très subtile de cette *Sonate op. 28* dédiée à Sonnenfels met en évidence l'idée que la révolution n'est pas forcément spectaculaire et qu'elle n'est possible qu'à la suite d'une prise de conscience intérieure.

PRÉSENTATION DE L'ŒUVRE

Cette *Sonate* de forme sonate, classique en apparence, possède une grande unité d'écriture : ses mouvements sont peu contrastés, et ils sont chacun dominés par une pulsation régulière, ainsi que par une présence du chant et de larges plages calmes – l'animation s'y déployant sans excès ni violence. Il est remarquable qu'aucun des quatre mouvements ne soit associé à une connotation d'ordre psychologique ou à une injonction expressive : ce qui est à découvrir ou à ressentir réside dans les subtilités de l'écriture. Ainsi, derrière l'impression de certitude apportée par la solidité de la construction, se cachent en fait ambivalence et doute quant à la forme et à la fonction des différents éléments. Dans cette *Sonate* c'est l'écriture pour piano qui préside à l'œuvre, l'instrument étant utilisé tant pour ses possibilités mélodiques que percussives et orchestrales. Le côté insolite de cette *Sonate* a d'ailleurs été perçu par le critique de l'*AMZ* dès 1802.

Le premier mouvement Allegro est de forme sonate classique, mais le matériau thématique ainsi que ses transformations déroutent : où et quand commencent les thèmes, sont-ils mélodiques ou structurels, sont-ils en continuité ou en tension ?

Le début du mouvement semble être quelque sorte pris en court de route : une pulsation régulière sur la même note *ré* répétée, *p*, à découvert d'abord, puis étoffée de manière ambivalente : est-on en présence de l'énonciation d'un thème ou d'un jeu avec l'harmonie ? Ce premier thème est très long, formé de cinq segments bien différenciés (10 + 10 + 8 + 7 + 4 mesures), mais de texture similaire et soutenus par une pulsation régulière de croches, le *ré* tonique répété (pulsation qui a une fonction apaisante ou obsédante suivant les contextes d'intensité, de texture et d'harmonie).

L'espace sonore entre le premier et le second thème est insolite, constitué d'une succession rapide de gammes en *mi* majeur suivi d'une suspension du temps, de l'harmonie et de la mélodie sur un *mi* tenu, puis d'une calme montée chromatique qui installe la métrique à trois temps tout en brouillant les repères harmoniques, pour mener à la texture sonore très dense du second thème, calmement balancé et chantant, dans une tonalité très éloignée du *ré* majeur. L'exposition se conclut sur une texture légère qui met en valeur l'harmonie et le côté percussif du piano par l'insistance sur la pulsation de croches *staccato*.

Le développement s'intéresse essentiellement au premier thème auquel il donne

1. En particulier dans une conférence intitulée *Die Schaubühne als eine moralische Anstalt betrachtet (Du théâtre considéré comme une institution morale*), prononcée en 1784 à Mannheim et publiée en 1785 dans le premier numéro de la *Rheinische Thalia*.

mouvement et animation par les modulations, la texture orchestrale, l'intensité renforcée par des *sf* et les effets de résonance.

La reprise intervient après deux mesures Adagio sur l'arpège de septième de dominante de *ré* majeur et sur le motif rythmique présent dès le premier segment du thème.

La coda se réapproprie la pulsation régulière sur la note *ré*, ainsi que le motif rythmique, dans une intensité *pp* et une texture de moins en moins serrée.

Le deuxième mouvement Andante est en *ré* mineur de forme A B A'+ coda – la partie B étant en *ré* majeur. La première partie est dominée par le chant de la main droite sur un accompagnement *staccato* de la main gauche, dans le style d'un air d'opéra. La partie B est rythmique et harmonique, juxtaposant des accords au rythme incisif et des arpèges descendants qui prennent appui sur une note toujours plus haute, ce qui détend l'espace sonore tout en installant une forme de tension (cette partie B est une référence implicite, dans une atmosphère plus calme, de la partie centrale de la *Marche funèbre* de la Sonate op. 26). La première partie est reprise brodée, ce qui lui confère une plus grande intensité. Une coda associe les éléments des parties A et B et se termine *p decrescendo pp* par un geste délicat qui prend appui dans les profondeurs du clavier. L'ensemble du mouvement est dominé par une pulsation régulière soit apaisante, soit inquiétante.

Le troisième mouvement est un Scherzo Allegro vivace, dominé par la métrique à un temps et une sorte d'épure à la fois harmonique et rythmique (octaves posés et tenus, et court motif rythmique répété). Le Trio en *si* mineur installe une continuité sonore qui donne une impression de *perpetuum mobile*, ce qui produit un effet de contraste humoristique sans violence, mettant en valeur les possibilités sonores du piano.

Le quatrième et dernier mouvement est un Rondo à 6/8, Allegro ma non troppo, c'est-à-dire qu'il n'est pas trop rapide. Comme le premier mouvement, il commence en exposant le rythme de base à découvert, ici ce n'est plus une pulsation régulière mais un léger balancement ïambique, puis une courte broderie se superpose qui donne l'impulsion à une mélodie d'allure innocente, avant que l'ensemble ne soit relayé par une texture sonore très pianistique. Ce Rondo est constitué de trois couplets, le premier et le troisième étant proches, tandis que le couplet central, qui intègre un *fugato*, évoque une sorte de développement.

Ce Finale culmine sur un Più Allegro quasi Presto très dense qui termine la *Sonate* sans aucune emphase.

SOURCES

Le manuscrit autographe se trouve à Bonn. Il porte la mention : « gran Sonata op. 28 1801 da L.v.Beethoven ». Sur la dernière page de ce manuscrit (page 50) est notée la plaisanterie musicale, « Lob auf den Dicken » WoO 100, composée à propos du violoniste Ignaz Schuppanzigh.

Des esquisses se trouvent à Berlin, Bonn, Vienne et Genève.

PUBLICATION

Le contrat d'édition fut signé le 5 octobre 1801 (pour 135 florins).

À Vienne, au Bureau d'Art et d'Industrie en août 1802, avec un titre en français :

« Grande Sonate / pour le Pianoforte, / composée et dediée / à Monsieur Joseph Noble de Sonnenfels, / Conseiller aulique, et Secrétaire perpétuel de l'Académie des beaux Arts, / par / Louis van Beethoven. / Œuvre XXVIII. [...] »

La *Wiener Zeitung* en annonça la publication le 14 août 1802.

Simrock édita cette *Sonate* à Bonn, dès 1802. Puis d'autres éditeurs la publièrent en Allemagne, à Paris et Londres.

Le surnom, qui fut donné à cette Sonate, de « Kleine Pastorale » vient sans doute de l'édition de Londres en 1805 qui intitulait la Sonate « Sonata pastorale ». La dénomination n'a pas été employée par Beethoven. Elle provient peut-être de l'usage des quintes à vide qui font penser à une cornemuse.

Des arrangements pour quatuor à cordes et pour trio à cordes sont postérieurs au vivant de Beethoven.

DÉDICATAIRE

Jospeh von Sonnenfels était né en 1732 ; il mourut à Vienne le 25 avril 1817. Professeur de sciences politiques en 1763, il devint conseiller de l'empereur Joseph II, et l'incita à diffuser et à réaliser les idées de l'*Aufklärung*. Dramaturge il devint président de l'Académie des Beaux-Arts en 1811.

L'ŒUVRE VUE PAR SES CONTEMPORAINS

L'*AMZ*, en 1802 (col. 190), ne consacre qu'une phrase à la fin d'un court article dans lequel l'auteur ne sait que dire de Beethoven, si ce n'est qu'il est fidèle à lui-même et qu'il suffit de signaler ses œuvres nouvelles au public musical qu'il a déjà conquis. Le « N° 1 » concerne les *Variations WoO 46*, le « N° 2 [*op. 28*] est vraiment grand, et, en particulier le premier et le troisième mouvement (la Sonate en a quatre), uniques jusqu'à l'étrange et au risqué. »

Carl Czerny, en 1842, insiste sur le respect du legato, même pour les basses dans le premier mouvement qui a un caractère très calme. Le deuxième mouvement doit être également legato et chantant, sa partie centrale avoir l'allure d'une marche. Czerny signale que Beethoven aimait bien jouer cet Andante qui ressemble à une histoire toute simple, une ballade des temps les plus reculés.

Le Scherzo est humoristique et la basse du Trio est legato. Le Finale est une « Pastorale facétieuse et agréable » : la basse doit être « exactement marquée » et « la main droite légère et délicate ». La fin est très rapide et brillante, à la manière d'un air de bravoure.

Opus 25 (et opus 41)
Sérénade pour flûte, violon et alto en *ré* majeur

*Elle fut transcrite pour flûte et piano, sans doute par Franz Xaver Kleinheinz, et publiée par Hoffmeister à Leipzig en 1803 sous le numéro d'*op. 41

Entrata. Allegro, **C**, ré *majeur – 35 mes.*
Tempo ordinario d'un Menuetto, 3/4, ré *majeur – 63 mes.*
Allegro molto, 3/8, ré *mineur /* ré *majeur – 77 mes.*
Andante con Variazioni, 2/4, sol *majeur – 99 mes.*
Allegro scherzando e vivace, 3/4, ré *majeur – 39 mes.*
Adagio, 2/4, ré *majeur – 22 mes.*
Adagio vivace e disinvolto, 2/4, ré *majeur – 199 mes.*

TEMPS DE LA COMPOSITION

Vraisemblablement en 1801 (et non en 1795), d'après des esquisses trouvées au milieu de feuilles d'exercices réalisés par Beethoven au moment où il étudiait l'écriture pour voix avec Salieri (en 1801).

CONTEXTE BIOGRAPHIQUE

Étant donné sa date de composition, cette *Sérénade* fait partie des œuvres évoquées par Beethoven dans sa lettre à Wegeler du 29 juin 1801, puisqu'il écrivait, pour montrer qu'il ne se portait pas si mal, que ses œuvres lui rapportaient beaucoup, qu'il était à peine en mesure de répondre à toutes les commandes [1., 65] et que pour chacune de ses compositions il avait le choix entre au moins 6 ou 7 éditeurs. Ces remarques sont confirmées par la lettre à Amenda du 1er juillet 1801, dans laquelle il signalait que « le bon écoulement » de ses œuvres lui permettait de ne plus avoir de soucis financiers [1., 67].

En l'absence de dédicace et de toute indication sur un commanditaire éventuel, il est impossible de dire à quelle occasion, ou pour quels interprètes, Beethoven composa cette *Sérénade*. La seule évidence est que Beethoven a conféré une nouvelle fonction à la sérénade, car, même si cette succession de six mouvements (de même tonalité sauf le mouvement central), comprenant au centre un Andante à variations, est de facture traditionnelle, il a fait passer un genre lié à une exécution en plein air (ou par un orchestre, à l'exemple de Mozart) à un genre destiné à la musique de chambre. Selon son habitude, tout en s'inscrivant dans une tradition, aussi bien pour répondre à la demande que pour se l'approprier, Beethoven en change les règles du jeu : son geste créateur fondamental est de dénaturer, de subvertir l'héritage pour écrire autrement – ce que les critiques contemporains n'ont pas manqué de relever comme en témoigne une remarque de Beethoven dans une lettre à Breitkopf & Härtel du 18 octobre 1802, à propos de ses Variations pour piano *op. 34* et *op. 35* [1., 108] : « Quand j'ai des idées neuves, je ne le sais jamais moi-même, mais cette fois je dois vous assurer que j'ai conscience que la façon dont j'ai composé ces deux œuvres est entièrement neuve. »

Ce qui a présidé à cette composition, outre

une destination pour des interprètes précis et un commanditaire qui payait bien, est également la volonté de Beethoven d'expérimenter certaines combinaisons de timbres, avant de les inscrire dans des compositions pour orchestre (types d'expérimentation qui jalonnent ses premières années à Vienne, quand, par exemple, il écrit des Trios, avant de se lancer dans les Quatuors, ou qu'il écrit des œuvres mêlant cordes et vents comme le *Septuor op. 20* composé entre 1799 et 1800 et ne comprenant pas de flûte, avant de se confronter à la Symphonie).

Cette *Sérénade* est une des rares œuvres de Beethoven pour la flûte. Il exprima lui-même son désintérêt pour la flûte dans une lettre du 1er novembre 1806 à l'éditeur écossais George Thomson : «*Je ne peux pas me resoudre de travailler pour la flute, cet instrument étant trop borné et imparfait*». [1., 259] – les raisons de ce désintérêt étaient aussi conjoncturelles : Beethoven n'avait pas envie de composer la partie supplémentaire que réclamait Thomson.

PRÉSENTATION DE L'ŒUVRE

Cette *Sérénade*, de facture traditionnelle, débute par un mouvement intitulé «Entrata. Allegro» ouvert par le flûte solo à laquelle Beethoven a confié curieusement un motif de fanfare (à l'origine la Sérénade était une musique de plein air); ce motif de deux mesures est repris par le violon et l'alto, et sert de thème plein d'allant à cette «Entrée».

Le Menuet qui suit, intitulé «Tempo ordinario d'un Menuetto», comprend deux Trios (la flûte ne joue pas dans le premier, mais doit faire preuve de virtuosité dans le second, en *sol* majeur).

L'alternance *ré* mineur / *ré* majeur est au centre le l'Allegro molto à 3/8 qui suit.

L'Andante est constitué d'un thème mélodique, de trois variations ornementales pour les trois instruments tour à tour, et d'une coda.

L'Allegro scherzando e vivace, de forme a b a, est constitué de deux parties contrastées par le rythme et les attaques (a : croches pointées staccato / b : croches régulières liées).

Le Finale, Allegro vivace e disinvolto, est introduit par 22 mesures d'Adagio solennelles qui mènent l'Allegro à un «attaca subito», très volubile et virtuose, de forme Rondo (le refrain revient quatre fois, encadrant trois couplets, l'ensemble étant terminé par une coda Presto).

SOURCES

Le manuscrit autographe est perdu.

PUBLICATION

L'édition originale des trois voix fut assurée au début de l'année 1802 par Giovanni Cappi (qui s'était séparé d'Artaria en 1801 pour ouvrir sa propre maison). Le titre est en italien :

«SERENATA / per / Flauto, Violino, e Viola / Composta / dal Sigr. / LUIGI VAN BEETHOVEN / Opera 25./ [...] »

Beethoven semble avoir proposé cette *Sérénade* à Hoffmeister en juillet 1801, qui, après avoir hésité, choisit de publier, sous le nom de Beethoven, une transcription pour flûte et piano, en 1803.

La première partition date d'octobre 1848.

Plusieurs transcriptions furent publiées du vivant de Beethoven : pour guitare, violon et alto; pour piano et flûte ou violon; pour voix et piano; etc.

CORRESPONDANCE

Dans une lettre du 10 septembre 1803 [1., 154], Hoffmeister dit son intention de publier un arrangement de cette *Sérénade* en *Nocturne* pour Clavier et flûte. Beethoven répondit le 20 septembre 1803 [1., 157] que cet arrangement n'était pas de lui mais qu'il l'avait revu et amélioré, car il n'avait ni le temps ni la patience d'en écrire un lui-même, par conséquent il ne fallait pas le publier sous son nom [1., 157]. Hoffmeister et Kühnel publièrent pourtant cet arrangement en décembre 1803 en l'attribuant à Beethoven (sous le numéro d'*op. 41*) – précédent qui permit à Simrock de s'autoriser à publier des arrangements d'œuvres de Beethoven comme des œuvres à part entière (cf. lettre du 21 mai 1806 [1., 252]).

Opus 29

Quintette à cordes en *ut* majeur

Allegro moderato, ¢, ut *majeur – 301 mes.*
Adagio molto espressivo, 3/4, fa *majeur – 123 mes.*
Scherzo. Allegro, 3/4, ut *majeur – 158 mes.*
Presto, 6/8, ut *majeur – 353 mes.*

TEMPS DE LA COMPOSITION

D'après sa première lettre, datée du 15 décembre 1800 [1., 49], à l'éditeur de Leipzig, Anton Hoffmeister, Beethoven songeait à écrire un quintette à cordes : « [...] un peu plus tard vous pourrez avoir un Quintette pour instruments à cordes. ». Comme le manuscrit autographe porte la date de 1801, il s'avère que ce *Quintette* a été composé entre la fin de l'année 1800 et l'automne 1801.

CONTEXTE BIOGRAPHIQUE

Comme Mozart, Beethoven se mit à écrire un quintette à cordes après avoir fait l'expérience de l'écriture pour quatuor à cordes. A-t-il été sollicité par le comte von Fries, violoniste amateur, qui le lui aurait commandé, en même temps qu'il commandait une série de six quintettes à Haydn ? Ou a-t-il suivi le même cheminement intérieur que Mozart ?

Beethoven, qui connaissait bien les partitions de Mozart (il les recopiait pour en comprendre le fonctionnement), fut sans doute tenté d'écrire à son tour une œuvre dont l'équilibre sonore devait tenir compte des parties intermédiaires (celle des deux altos)[1]. Pour composer ce *Quintette*, il avait les *Quintettes* de Mozart comme modèle, en particulier celui en *ut* majeur K. 515, et celui en *sol* mineur K. 516.

Ainsi, au cours de ces années 1800-1801, alors que sa notoriété était grandissante[2], mais que l'angoisse de sa surdité croissante le tenaillait, Beethoven explora toujours plus avant les genres qu'il avait déjà expérimentés, comme la sonate pour piano ou pour piano-violon, le quatuor à cordes, la symphonie, et il aborda des genres nouveaux pour lui, comme la musique de ballet ou le quintette à cordes. Voici ce qu'il écrivait à la fin de sa lettre du 1er juillet 1801 à son ami Amenda, pour rendre compte de son activité créatrice [1., 67] : « Depuis ton départ [juin 1799], j'ai composé dans tous les genres, sauf l'opéra et la musique d'église. »

Ce *Quintette op. 29* est le seul quintette original achevé par Beethoven. Pourtant, après sa dernière série de quatuors à cordes, en 1826, il eut l'intention d'écrire à nouveau pour quintette à cordes : il commença un *Quintette* en *ré* mineur et un en *ut* majeur, œuvres qui sont restées inachevées, mais qu'il avait promises à l'éditeur parisien Maurice Schlesinger lors d'une visite de cet éditeur à Vienne en septembre 1825 [*BKh* 8, S.101 et 106] – Schlesinger envisageait une édition complète des œuvres de Beethoven pour trio, quatuor et quintette à cordes. Dans une lettre du 22 avril 1826 [6., 2148], Beethoven écrivait à Schlesinger qu'il allait bientôt terminer ses quintettes. En 1838 Diabelli publia sous le titre de « dernière pensée musicale » les esquisses trouvées parmi les papiers de Beethoven après sa mort et recensées sur l'inventaire après décès comme « fragments d'un nouveau quintette pour violon de novembre 1826, dernier travail du compositeur » (entre vingt et trente mesures) [6., 2286, note 3]. Voir *WoO 62*.

PRÉSENTATION DE L'ŒUVRE

Comme la critique du journal musical de Berlin le signalait en 1828, ce *Quintette* est d'une grande originalité et d'une grande maîtrise, tout en étant simple et serein.

Beethoven a cherché la plénitude de la sonorité ; pour cela, il s'est attaché à mettre en valeur et à exploiter par son écriture le son et le timbre spécifiques des cordes, ce qui s'affirme dès le début de ce *Quintette*.

Le premier mouvement Allegro moderato, de forme sonate, commence par un thème à l'unisson des violons et des violoncelles sur un même son (celui de la tonique) entretenu par des broderies aux altos et par l'intervention des cinq voix, sans caractère rythmique marqué ; lors de la réexposition l'ornementation amplifie le son. Après une amplitude

1. Charles Rosen, dans son ouvrage sur le style classique (p. 338 et sq.), étudie les quintettes à cordes de Mozart, écrits pour deux altos (c'est-à-dire que les voix médianes y ont une grande importance). Il souligne que, trois fois sans sa vie, Mozart s'est intéressé à l'écriture pour quintette à cordes après avoir écrit des quatuors à cordes : en 1773, le Quintette K. 174 en *si* bémol majeur (après six Quatuors en 1772), en 1787 les trois quintettes K. 515 en *ut* majeur, K. 516 en *sol* mineur et K. 516b en *ut* mineur (après six quatuors de 1782-1785), en 1790-1791 deux quintettes K. 593 en *ré* majeur et K. 614 en *mi* bémol majeur (après trois quatuors « prussiens » de 1789).

2. La notoriété de Beethoven est attestée par la gravure d'un portrait de lui établie à partir d'un dessin de Gandolf Ernst Stainhauser von Treuberg, en 1801 – gravure publiée par l'éditeur Jean Cappi, réclamée par Breitkopf & Härtel et envoyée à Wegeler en échange du portrait de son grand-père Ludwig van Beethoven peint par Radoux (peintre attaché à la cour électorale de Bonn) [1., pp. 82 et 83]

sonore liée à la multiplication des voix superposées, Beethoven expose un second thème un plus rythmique (en *la* majeur et non en *sol* majeur : il remplace la tonalité de la dominante par celle de la tierce inférieure). Puis après la reprise de l'exposition, le développement donne de l'importance au premier thème qui reçoit une grande diversité de traitement et de modulations. La coda magnifie la sonorité des cordes en multipliant les passages en trilles. L'ensemble se termine par trois accords *ff*.

Dans l'Adagio molto espressivo, les quatre voix différenciées accompagnent la mélodie jouée par le premier violon « mezza voce ». La forme est A B A' B' – coda. Ce mouvement se termine *pp* sur une désintégration du tissu sonore.

Le Scherzo Allegro, met en valeur la dynamique du son à partir d'un très court motif qui passe de voix en voix, tandis que le Trio est formé d'arpèges continus toujours dans la même pulsation à la noire, dans une battue à un temps.

Dans le Presto final, à 6/8, de forme sonate, la voix principale sonne comme une fanfare soutenue par des notes répétées dans une pulsation à la double croche. Avant la réexposition, un passage Andante con moto e scherzoso à 3/4, en *la* majeur, apaise le flux sonore ; ce passage réapparaît avant la coda qui module sur le motif initial.

SOURCES

Le manuscrit original (incomplet) se trouve à Cracovie. Il faisait partie de l'inventaire après décès de Beethoven. Au-dessus du premier système il est indiqué : « *Quintetto da lv Behovn 1801* ». Cet autographe porte beaucoup de corrections. Il comprend également plusieurs pages d'esquisses, ainsi que des indications pour la copie.

Il y a un grand écart (pour le phrasé comme pour les dynamiques) entre le manuscrit et la gravure définitive, pour laquelle la copie a disparu[1].

Des esquisses se trouvent à Berlin, à Vienne et à l'université de Standford en Californie.

PUBLICATION

L'édition originale (en voix séparées) fut effectuée à Leipzig par Breitkopf & Härtel, en décembre 1802 (d'après les registres de l'éditeur, elle fut prête le 29 décembre 1802). Le titre est en français :

« QUINTETTO / Pour / 2 Violons, 2 Altos / et Violoncelle / composé et dédié / à Monsieur le Comte / MAURICE DE FRIES / PAR / L. VAN BEETHOVEN. / Œuv. 29 / […]. »

L'annonce de la publication de ce *Quintette*, ainsi que celle de la réduction pour piano à quatre mains, parut dès octobre 1802 dans le supplément à l'*AMZ* (qui publia de nouveau cette annonce le 3 novembre) et dans la *Wiener Zeitung* (le 30 octobre). En décembre, le supplément de l'*AMZ* signalait cette publication comme « original und neu ».

Alors que l'éditeur Breitkopf & Härtel préparait à Leipzig l'édition originale, au cours de l'été 1802, l'éditeur Artaria & Co., à Vienne, gravait cette œuvre, en voix séparées (sans l'autorisation de Beethoven) d'après la copie que possédait le comte von Fries, dédicataire du *Quintette*. Cette édition pirate, parue en décembre 1802, porte un titre qui mêle l'italien et le français :

« GRAN QUINTETTO / pour / Deux Violons, deux Altes, et Violoncelle / composé et dedié / A / Monsieur le Comte M[ce] de Fries / par / LOUIS van BEETHOVEN / […] ».

À la fin de décembre 1802, Artaria publia une autre édition, revue et corrigée par l'auteur (« Revû et corigé par lui même »).

Ce *Quintette* fut transcrit pour piano à quatre mains et publié par Breitkopf & Härtel en février 1803 :

« SONATE / Pour le Piano-forte / à quatre mains / tirée de l'Œuvre 29, / DE / Louis van Beethoven / […] ».

1. Sabine Kurth, éditrice de ce Quintette chez Henle en 2002, reconstitue le schéma de l'autographe à la publication – in NGA, VI, 2, « Kritischer Bericht », p. 34 :

« Avril (?) 1801, mise au propre de l'autographe

1801, copie établie pour Moritz von Fries, qui en a l'exclusivité pour 6 mois ;

avant le 22 avril 1802, copie pour l'édition de B &H ;

décembre 1801, copie « pirate » pour Artaria (à partir de la copie du comte von Fries) ;

29 décembre 1802, édition originale chez B & H ;

décembre 1802, publication par Artaria ;

1803, l'édition corrigée par Beethoven paraît chez Artaria ;

1804, Mollo prend les copies d'Artaria. »

La partition ne fut éditée qu'en 1828 par Martin Schlesinger à Berlin.

Lors de ses premiers contacts avec l'éditeur Hoffmeister de Leipzig (lettre du 15 décembre 1800), Beethoven proposait ce *Quintette*. Mais ce fut l'éditeur Breitkopf & Härtel, de Leipzig, qui accepta en avril 1802 de publier cette œuvre, que Beethoven lui cédait en toute propriété. Or, au moment où Breitkopf & Härtel envoyait les épreuves à Beethoven pour qu'il les corrige, il s'avérait que l'éditeur viennois Artaria était sur le point de publier une édition pirate, non revue par Beethoven. Cette affaire occupa les conversations de salon à Vienne pendant des mois et Beethoven fut très ennuyé qu'on le soupçonne d'avoir, à l'exemple de Haydn, des pratiques déloyales vis-à-vis de ses éditeurs, d'autant plus qu'il s'agissait de sa première œuvre publiée par Breitkopf & Härtel. Il prit alors les devants en exprimant son indignation dans une lettre du 13 novembre 1802 [1., 110] (il ne tenait pas à se brouiller avec les éditeurs !), et il confia l'affaire à un avocat, ce qui ne l'empêcha pas de faire paraître dans la presse des mises en garde contre l'édition d'Artaria. L'affaire dura jusqu'à une conciliation qui eut lieu en septembre 1805.

Dédicataire

C'est le même que celui de la *Sonate pour piano et violon op. 23*. Rappelons que le comte Moritz von Fries (1777-1826) était banquier, collectionneur d'objets d'art et violoniste (Beethoven lui dédia la *Septième Symphonie op. 92* en 1816, Haydn son dernier *Quatuor à cordes* (83) en 1803 et Schubert « Gretchen am Spinnrad » en 1821). Fries a sans doute commandé ce *Quintette op. 29* à Beethoven qui lui en a remis une copie en octobre 1801, en toute propriété pour six mois, mais destinée à un usage privé. Fries aurait commandé six quintettes à cordes également à Haydn qui n'eut pas le temps de les composer.

Correspondance

Le 28 mars 1802, Kaspar Karl, un des frères qui s'occupait depuis le début de ces années-là des affaires de Beethoven, proposait ce *Quintette* à Breitkopf & Härtel qui souhaitait publier des œuvres de Beethoven [1., 81], le priant de se décider au plus vite, car c'était une des meilleures œuvres de son frère. Cette injonction est sans doute liée au fait que ce *Quintette*, terminé en 1801, avait été remis contre une certaine somme (inconnue) à son commanditaire le comte von Fries vers octobre 1801, pour six mois et pour un usage exclusivement privé.

Breitkopf & Härtel accepta la proposition le 5 ou 6 avril 1802 [1., 83], demandant l'établissement d'un acte de propriété (il sera établi seulement en janvier 1803 à cause de l'édition pirate qui eut lieu à Vienne). Kaspar Karl Beethoven informe l'éditeur, dans une lettre du 22 avril 1802 [1., 85], qu'il vient d'envoyer le *Quintette*, signalant qu'ils n'ont « pas pu signer d'attestation car l'éditeur a oublié d'en envoyer une ».

Le 3 novembre 1802 [1., 109], Breitkopf & Härtel annonçait que le *Quintette* était gravé, et que Beethoven allait recevoir les épreuves à corriger.

Le 13 novembre 1802 [1., 110], Beethoven fait savoir à Breitkopf & Härtel que les éditeurs Artaria et Co., qu'il traite de « Erzschurken » (« archicrapule », le mot « Schurken » qui veut dire coquin, fripon, misérable, est employé six fois), viennent de graver le *Quintette*, d'après la copie que le comte von Fries (qui la possédait en tant que commanditaire de l'œuvre) leur avait prêtée sans penser à mal. La quantité de mots soulignés dans la lettre de Beethoven témoigne de son indignation et de sa gêne par rapport à Breitkopf & Härtel : il répète à plusieurs reprises qu'il veut sauver son honneur et éviter tout préjudice pour l'éditeur. Pour mettre cette affaire au clair Beethoven a consulté un avocat, a demandé que l'édition produite par Artaria soit détruite (d'ailleurs la gravure était abominable !) et a fait signer un engagement à Artaria de ne mettre son édition sur le marché que deux semaines après l'arrivée à Vienne de l'édition originale de Breitkopf & Härtel.

Breitkopf & Hätel répond le 20 novembre 1802 [1., 112] en soulignant que Beethoven a eu tort de confier son manuscrit au comte von Fries, d'autant plus qu'il leur en avait assuré la propriété.

Le 4 décembre 1802, le représentant de Breitkopf & Härtel à Vienne, Georg August Griesinger leur écrit que ce n'est ni le comte von Fries ni Beethoven qui sont responsables de l'escroquerie, mais le violoniste Conti qui donne des leçons de violon au comte [1., 118], information que confirme la lettre de Kaspar Karl Beethoven à Breitkopf & Härtel le 5 décembre 1802 [1., 119].

Le 22 janvier 1803, Beethoven publia dans la *Wiener Zeitung* une mise en garde contre l'édition publiée par Artaria [1., 127]. Il publia, à nouveau, le 31 mars 1804 une « Nachricht an das Publikum » mettant en garde contre l'édition de Mollo (qui avait repris celle d'Artaria).

Le 12 février 1803, Kaspar Karl Beethoven écrivait à Breitkopf & Härtel que le *Quintette* n'était pas encore annoncé par Artaria, et que dorénavant aucune œuvre de Beethoven ne pourrait être éditée sans qu'il porte sa signature.

Cette affaire avec Artaria ne fut réglée que le 27 septembre 1805, par une conciliation, Beethoven étant prêt à corriger les fautes de l'édition qu'Artaria avait publiée avec, sur la page de titre, la mention : « Revû et corrigé par lui-même ».

L'ŒUVRE VUE PAR SES CONTEMPORAINS

Après la publication en partition, en 1828, donc après la mort de Beethoven, la *Berliner Allegemeine musikalische Zeitung* publia une critique très élogieuse de ce *Quintette :* d'une très grande richesse et facile à jouer, sommet de l'art de Beethoven, il est devenu une des œuvres favorite.

WoO 100
Lob auf den Dicken (Honneur au gros)

Plaisanterie musicale pour trois voix solistes, deux ténors et une basse, et un chœur

CONTEXTE BIOGRAPHIQUE

Beethoven a noté cette plaisanterie musicale à propos du violoniste Ignaz Schuppanzigh (1776-1830), qui avait une corpulence assez remarquable (Beethoven le surnommait Falstaff).

Cette plaisanterie musicale témoigne de l'humour de Beethoven et de son impatience, surtout avec ceux qu'il estimait le plus : Schuppanzigh, remarquable violoniste, fut membre d'un quatuor entretenu par le prince Lichnowsky (jusqu'en 1799) et organisateur de concerts publics à partir de 1804. Entre 1808 et 1816, il fut le premier violon d'un quatuor entretenu par le comte Rasumowsky. Ayant fondé son propre quatuor (qui porta son nom) en 1823 à son retour de plusieurs années de tournées en Europe, il créa les derniers *Quatuors* de Beethoven (*op. 127, 132* et *130*).

PRÉSENTATION DE L'ŒUVRE

Beethoven a composé cette plaisanterie sur une phrase qui est de son cru : « Schuppanzigh ist ein Lump, Lump, Lump » (« gredin »).

SOURCES

L'autographe (à Bonn) se trouve sur la dernière page du manuscrit (la page 50) de la *Sonate op. 28.*

PUBLICATION

En 1890, dans le Grove, « Dictionary of Music and Musicians », III, 424 à l'article Schuppanzigh.

WoO 92a
Scene und Aria (Récitatif et air)

Pour soprano et orchestre à cordes sur un texte de Métastase, La Tempesta / Cantata VII, *« No, non turbarti » / « Ma tu tremi, o mio tesoro ? »*
Recitativo. Allegro ma non tanto, **C**, ut *majeur / Aria. Andante agitato,* **C**, ut *majeur – 133 mes.*

TEMPS DE LA COMPOSITION

Exercice effectué au moment où Beethoven prenait des cours d'écriture vocale avec Salieri ; d'après les esquisses, ce moment se situe entre l'hiver 1801/1802 et février 1802. Le *Duo WoO 93 « Ne giorni tuoi felici »* et que le *Trio vocal op. 116 « Tremate empi, tremate »* ont été composés en même temps.

Beethoven composa également un trio vocal a capella sur le même texte, le *WoO 99* n° 6.

CONTEXTE BIOGRAPHIQUE

Beethoven a composé cet exercice d'écriture vocale sur le modèle des airs de concert de Mozart, conçus pour le concert, indépendamment des opéras. Il se conformait en fait à une pratique de son époque qui consistait à insérer ce genre de « Scène et air » dans les concerts entre les œuvres instrumentales, pour divertir et détendre le public.

Outre cette réponse à la commande potentielle d'un organisateur de concert, Beethoven, qui était devenu un compositeur incontesté de musique instrumentale, cherchait à aborder le domaine de l'opéra : pour mettre toutes les chances de son côté, il se préoccupa de maîtriser ce type d'écriture vocale et il s'adressa à Salieri, le spécialiste de la composition pour voix, auquel il soumit des « exercices » (la partition autographe du *WoO 92a* porte, sur la première page, l'indication de « Esercizii » : le pluriel indique qu'il pensait réaliser plusieurs exercices), pour lesquels Salieri avait sans doute choisi les textes.

Salieri corrigea directement le manuscrit de Beethoven et modifia la conduite de la voix et surtout la déclamation dans le récitatif, ce que Beethoven respecta : il retravailla sa partition en tenant compte des corrections de Salieri. Il semble qu'il s'agisse de la dernière composition revue par Salieri (le *Duo WoO 93* écrit juste après ne comporte pas de corrections) – ce qui ne signifie pas que Beethoven ne lui ait pas montré d'autres exercices.

PRÉSENTATION DE L'ŒUVRE

Beethoven n'a mis en musique que la moitié du texte de Métastase, extrait de la *Cantate La Tempesta*, « No, non turbati » (dont le titre était *Cantate « A Nice »* dans la version de 1765)

« No, non turbati, o Nice, io non ritorno
A parlarti d'amor. So che ti piace
Basta cosi « etc.

Ma tu tremi, o mio tesoro,
Ma tu palpiti, cor mio ?
Non tremar, con te son'io,
Nè d'amor ti parlero.
Mente folgori, e baleni,
Saro teco amata Nice ;
Quando il Ciel si rassereni,
Nice ingrata, io partiro.

« Exercice » d'écriture dramatique, ce devoir n'a qu'un accompagnement d'orchestre très simple : un quatuor à cordes (Beethoven n'envisageait pas d'exécution), et le travail d'écriture est peu élaboré (quand il le propose à Peters en 1822, il présente cet Air accompagné avec « 4 voix » : il n'avait donc pas l'intention, au moins dans un premier temps, d'étoffer l'accompagnement).

Recitativo, Allegro ma non troppo, **C**, *ut* majeur. La voix entre à la quatrième mesure sur la tenue d'un accord d'*ut* majeur, les cordes s'insérant entre les phrases du Récitatif qui se termine (mes. 46-49) sur un Adagio pour « In questo speco riparati frattanto io sarò teco ». Une cadence est accompagnée de « Volti l'aria ».

(Aria) Andante, **C**, « agitato », toujours en *ut* majeur, commence avec « Ma tu tremi, o mio tesoro ? » (84 mes.). Se termine sur « Nice ingrata, io partiro », chacun des termes étant mis en valeur par des tenues. L'écriture, dominée par de courtes cellules rythmiques et par des changements de pulsation, soulignent l'agitation.

SOURCES

La partition autographe (à Berlin), qui a été retrouvée dans les papiers de Beethoven à sa mort, n'est pas entièrement composée : des mesures de violon II et d'alto manquent, et, dans l'Air, parfois seule la voix est notée. Sur la première page est inscrit : « Esercizii – da Beethoven » et, en bas à droite, « leichter [*sic*] Gesänge ». Les corrections de Beethoven sont à l'encre, celles de Salieri au crayon.

Une copie, plus tardive, établie par Rampl se trouve à Berlin.

Le Kessler Skizzenbuch (à Vienne, GdM) comprend les esquisses de la composition ainsi que les modifications apportées par Beethoven à la suite des corrections effectuées par Salieri sur la partition manuscrite : ainsi toute la partie vocale y est notée y compris les intermèdes de l'orchestre qui ne se trouvent pas sur la partition autographe.

PUBLICATION

Cette œuvre fut publiée en 1948 par Willy Hess, puis en 1995 dans la NGA, X, 3, p. 101-114 : cette nouvelle édition donne la possibilité de comparer les esquisses, les corrections de Salieri et la version définitive.

CORRESPONDANCE

Le 23 novembre 1802 [1., 113], le frère de Beethoven Kaspar Karl (qui depuis le début de l'année 1802 s'occupait des affaires de son frère) écrivait à l'éditeur Johann Anton André qui voulait publier des œuvres de Beethoven, que, pour le moment, Beethoven ne s'intéressait pas beaucoup aux « petites choses » (telles les sonates pour piano, etc.), car il voulait se consacrer à la composition d'oratorios et d'opéras.

Le 5 juin 1822 [4., 1468], Beethoven proposait ce chant « No, non torbarti [*sic*] o Nice » avec accompagnement de « 4 voix », ainsi que le « duetto ne' giorni tuoi felici en *mi* majeur avec un orchestre complet » [*WoO 93*] et d'autres airs avec orchestre (les Airs de basse *WoO 89* et *WoO 90*), à l'éditeur Carl Peters qui cherchait à publier des œuvres de Beethoven.

WoO 93
Nei giorni tuoi felici

Duo pour soprano et ténor avec orchestre *sur un texte de Métastase*
Adagio, 2/4, mi *majeur – Allegro molto, 2/2,* mi *mineur – 193 mes.*

TEMPS DE LA COMPOSITION

Entre l'hiver 1801/1802 et le printemps 1803, en même temps que les *Variations op. 34* et *op. 35*, et que l'oratorio *Christus am Ölberg op. 85*.

CONTEXTE BIOGRAPHIQUE

Vers 1800, après avoir composé plusieurs Sonates pour piano, pour piano et violon, pour piano et violoncelle ainsi que son premier ensemble de Quatuors à cordes et sa première Symphonie, Beethoven, qui a déjà 30 ans, songe à aborder la composition dramatique pour voix et orchestre (opéra, oratorio). Pour apprendre à maîtriser ce genre d'écriture, il s'adresse à Salieri, la référence en la matière à cette époque à Vienne, (voir WoO 92a).

Comme le manuscrit autographe ne porte aucune marque de correction de Salieri, il est possible de supposer ou que Beethoven n'a pas jugé utile de le lui soumettre, ou qu'il n'avait fait aucune erreur. Pourtant, il ne l'a pas achevé de façon à le faire publier. Ce n'est qu'en 1822, pour répondre favorablement à C.F. Peters qui voulait éditer des œuvres de lui, que Beethoven sortit ce Duo de ses cartons pour l'inscrire, parmi d'autres œuvres, sur la liste des prix qu'il envoya à Peters. Mais rien n'indique qu'il ait cherché à revoir la partition, comme il le fit pour le *Trio op. 116*.

PRÉSENTATION DE L'ŒUVRE

Il s'agit d'un extrait de *L'Olimpiade* (acte I, sc. 10) de Métastase, le duo entre Mégaclès et Aristée qui se situe au moment où ils se retrouvent : Mégaclès sait qu'il va perdre sa bien-aimée, mais il refuse de le dire à Aristée qui pourtant voudrait savoir s'il combat pour elle – il se contente d'évoquer une « douleur barbare » (« barbaro dolor »).

Beethoven a repris exactement le texte de Métastase :

Megacle : Ne' giorni tuoi felici / Ricordati di me.

Aristea : Perchè cosi mi dici, / Anima mia, perchè ?

Megacle : Taci bell' Idol mio.

Aristea : Parla ! mio dolce Amor.

Megacle : } a2 Ah che parlando Oh Dio

Aristea : } a2 Ah che tacendo Oh Dio / Tu mi traffiggi il cor.

Aristea : (Veggio languir chi adoro, / Ne intendo il suo languir !)

Megacle : (Di Gelosia mi moro, / E non posso dir !)

a2 Chi mai provo di questo / Affano più funesto, / Più barbaro dolor ?

La partition est plus élaborée que celle de la *Scène et Air WoO 92a*. L'orchestre comprend cordes, bois et un cor en *mi*, qui ouvre seul ce *Duo* par une pulsation régulière sur la dominante. L'écriture est simple, faite de motifs courts qui se succèdent, se superposent, s'envolent, montent par paliers, dans une orchestration subtile au cœur de laquelle le cor assure une stabilité harmonique et rythmique.

Ce *Duo* est en deux parties : Adagio 2/4 en *mi* majeur et Allegro molto 2/2 en *mi* mineur. Tout en se conformant au texte de Métastase, Beethoven pense d'abord en compositeur soucieux d'associer deux voix et de construire sa partition sur un effet de contraste.

La première partie Adagio en majeur concerne l'échange entre les deux amants, chacun reprenant le début de la ligne mélodique de l'autre, avant que l'un et l'autre ne chantent ensemble en homorythmie – des sauts de la voix ou des modulations de passage soulignant certains termes (un saut de septième mineure descendante : *mi-fa♯* sur « anima », une modulation mineure sur « tu mi traffiggi il cor » [tu me transperces le cœur]). Après la reprise du texte avec un orchestre plus intense, cette première partie s'arrête sur une suspension harmonique *ff*. La résolution est surprenante et génératrice de tension, puisqu'elle consiste en un Allegro molto « alla breve » en mineur : il s'agit donc d'une modification du tempo, de la métrique, de la tonalité destinée à rendre plus prégnante l'expression de la douleur de chacun des deux amants – le mot « barbaro » supportant l'envolée de vocalises du ténor comme de la soprano, par deux fois.

CORRESPONDANCE

Le 5 juin 1822 [4., 1468], Beethoven proposait plusieurs œuvres à Carl Peters, avec une liste de prix, dont ce *Duo* pour lequel il précisait qu'il était accompagné par un orchestre au complet (contrairement à la *Scène et Air WoO 92a* qui n'est accompagné que d'un quatuor à cordes).

SOURCES

La partition autographe (à Berlin) n'a pas de page de titre, mais porte l'indication, sur la première page : « Duetto da Luigi van Beethoven ». La disposition des instruments est la suivante : « Violini, Viole, flauto I°, flauto 2d°, Oboe Ima/ 2da, fagott, Corni, Soprano, Tenore, Basso e Violoncello ». Il s'agit d'une partition de travail comprenant beaucoup de corrections, et des ajouts directement à l'encre. Cette partition faisait partie de l'inventaire après décès.

Un cahier d'esquisses (à Moscou, Wielhorsky-Skizzenbuch) comprend des esquisses des deux voix (avec le plus souvent les paroles) et beaucoup d'indications pour l'orchestre.

Une partition de deux feuilles (à Standford), qui comprend la transition entre l'Adagio *mi* majeur à 2/4 et l'Allegro molto en *mi* mineur à 2/2, ne correspond pas encore à la version achevée.

PUBLICATION

Cette œuvre fut publiée en 1949 par Willy Hess (puis en partition de poche en 1969).

En 1995, dans la NGA, X, 3

QUATRIÈME PARTIE

Le rayonnement du projet parisien (1801-1805)

Nouveau compositeur au succès prometteur sur la place de Vienne, Beethoven a été sollicité par Salvatore Vigano, maître de ballet de la cour, pour composer la musique d'un ballet intitulé *Les Créatures de Prométhée*. Ce travail lui a donné l'occasion de se confronter à ce mythe en cette fin du XVIIIe siècle, au temps de l'ascension de Bonaparte, considéré, en Italie particulièrement, comme un nouveau Prométhée libérateur de l'humanité. Touché à son tour par la « divine étincelle » du Titan, Beethoven qui se débat avec l'angoisse de sa surdité croissante dans une ville encore tenue par l'aristocratie d'Ancien Régime et par la cour impériale, échafaude le rêve d'être appelé à Paris, cette ville de la liberté, pour occuper une fonction officielle proche du premier Consul. Dans cette perspective, il s'efforce de mettre toutes les chances de son côté. Ainsi, au lieu de sombrer dans le désespoir, à la fin de l'été 1802 passé dans le village d'Heiligenstadt, près de Vienne, il rédige un Testament dans lequel il se décrit comme faisant partie de la catégorie des grands hommes à la Plutarque, puis, après avoir fini sa *Deuxième Symphonie*, il envisage de composer deux nouvelles symphonies, persuadé que ce genre d'œuvres très prisé par le public parisien, héritier de la Révolution, ne peut que lui ouvrir les portes de la capitale de la liberté. Pressé de mettre son projet à exécution, pour composer la *Troisième Symphonie* (qui sera la *Symphonie Héroïque op. 55*), il choisit de puiser dans son propre répertoire, en partant de thèmes utilisés dans *Les Créatures de Prométhée* ainsi que de l'idée de Marche funèbre, à laquelle il venait de recourir dans la *Sonate pour piano op. 26*.

Pour préparer son installation à Paris, Beethoven ajouta, à la composition de symphonies, le choix d'un livret français récent, *Léonore ou l'amour conjugal*, pour son premier opéra ; ce choix répondait également à l'engouement des Viennois pour les opéras-comiques français sur des thèmes de sauvetage. Le travail de composition l'occupa surtout en 1804 et en 1805.

Il choisit de dédier sa dernière *Sonate pour piano et violon op. 47* à deux excellents interprètes français, le pianiste Adam et le violoniste Kreutzer, professeurs l'un et l'autre au Conservatoire de Paris (créé en 1795) : elle se caractérisait par une écriture plus proche d'un concerto que d'une sonate traditionnelle. Ayant rencontré Kreutzer en 1798 lors de l'éphémère ambassade de la République française à Vienne, il s'était fait une idée des exigences et des formes nouvelles de la musique en France à la suite de la Révolution.

Ferdinand Ries, son jeune compatriote (né en 1784), arrivé à Vienne à la fin de l'année 1801 pour prendre des leçons avec lui, fut le témoin direct des projets de Beethoven (espérant bien d'ailleurs qu'il l'emmènerait), et c'est lui qui rapporta (en 1837) la déception de Beethoven quand le cours de l'Histoire entrava la réalisation de son rêve parisien : non seulement le prince Lobkowitz, un de ses mécènes viennois, s'arrangea pour se faire dédier la nouvelle symphonie qu'initialement Beethoven voulait dédier à Bonaparte, mais d'autre part la reprise de la guerre entre la France et l'Autriche rendait impossible de lier cette nouvelle œuvre à la personne de Napoléon Bonaparte (devenu un ennemi de l'Autriche) en l'intitulant « Bonaparte ».

La reprise de la guerre avec la France impériale pesa également sur l'accueil de son premier opéra par le public mélomane viennois, qui avait fui l'investissement de la ville par les troupes étrangères : c'est donc devant un parterre d'officiers français que *Leonore* est créée le 20 novembre 1805 – avant d'être retirée de l'affiche au bout de trois représentations.

Le temps de composition de cet opéra a pourtant été d'une importance capitale dans la vie de Beethoven : tandis qu'il se confronte pour la première fois à l'écriture dramatique (il a pris soin de prendre des cours avec Salieri), il noue des relations d'amour avec Josephine, comtesse Deym, née Brunsvik – et cela, juste au moment où il donne consistance musicale aux personnages de Leonore et de Florestan.

En même temps il achève d'autres œuvres, de grandes *Sonates pour piano* (la *Sonate « Clair de lune »*, *op. 27* n° 2, la *« Tempête » op. 31* n° 2, la *« Waldstein » op. 53*, l'*« Appassionata » op. 57* – autant de titres qui ne sont pas de lui, mais qui soulignent la « popularité » de ces sonates), le *Troisième op. 37* et le *Quatrième Concerto op. 58* pour piano ainsi que la *Symphonie Héroïque op. 55*, exécutée dans les salons du prince Lobkowitz en juin 1804 avant de l'être en concert public le 7 avril 1805 au Theater an der Wien.

Opus 40

Romance pour violon avec accompagnement d'orchestre en sol majeur

[Sans indication de tempo], ¢, sol *majeur – 92 mes.*

TEMPS DE LA COMPOSITION ET PREMIÈRE EXÉCUTION

Sans doute au cours des années 1800-1801 : Kaspar Karl la proposa à Breitkopf & Härtel le 18 octobre 1802.

Si la date de sa création est inconnue, il semble que Schuppanzigh l'ait jouée le 11 mai 1826 lors d'un concert de l'Augarten.

CONTEXTE BIOGRAPHIQUE

Beethoven a peut-être composé cette *Romance* (comme la *Romance op. 50* écrite en 1798) pour le violoniste Schuppanzigh, qui les a jouées à Vienne du vivant du compositeur. Mais il semble qu'il les ait d'abord composées dans l'intention de se faire remarquer par les autorités musicales et politiques de Paris, où la romance et le violon étaient particulièrement prisés – ce qu'il eut l'occasion de remarquer lors de la courte ambassade de la République française à Vienne au printemps 1798.

Ainsi, si l'intérêt que Beethoven porte à l'écriture pour violon et à sa capacité de « chanter » date du temps de Bonn (il a composé des *Variations pour piano et violon WoO 40*, un *Rondo pour piano et violon WoO 41*, et a laissé un Concerto pour violon inachevé), c'est bien au moment où il regarde vers Paris qu'il compose ces « Romances » (dénomination inscrite sur son manuscrit). En cherchant des solutions qui mettent en valeur le « cantabile » du violon et en y associant le genre de la Romance, Beethoven s'inscrivait délibérément dans un courant dominant alors en France, où la Romance instrumentale et le violon étaient particulièrement à l'honneur – la Romance du fait de sa simplicité et de son côté mélodique (qui en fait un genre accessible à tous, et non plus réservé aux connaisseurs ou à la seule aristocratie), le violon étant donné la « modernité » de l'école de violon française illustrée par Kreutzer, Baillot et Rode, dans le cadre du Conservatoire, institution créée par la Révolution française.

PRÉSENTATION DE L'ŒUVRE

Le titre relie implicitement cette œuvre instrumentale à une œuvre pour voix, constituée d'une succession de strophes – genre très prisé dans la France de la Révolution, il devint moyen d'expression d'une nouvelle forme de sensibilité, libre, simple, proche du cœur, qui fait songer à l'affirmation de d'Alembert dans *De la liberté dans la musique* (1759) : « Toutes les libertés se tiennent et sont également dangereuses. La liberté de la musique suppose celle de sentir, la liberté de sentir entraîne celle de penser, la liberté de pensée celle d'agir, et la liberté d'agir est la ruine des États. Conservons donc l'opéra tel qu'il est, si nous avons envie de conserver le royaume. »

Cette Romance a la structure d'un rondo en cinq parties de 16 mesures : A B A' C A''.

Quatre mesures très mélodiques du violon solo ouvrent le discours musical qui repose sur l'alternance régulière du solo et du tutti, sur le modèle soliste / réponse du chœur.

La partie C est en mineur « all' hongarese ».

L'ensemble se termine *ff*, la virtuosité et le cantabile du violon ayant été largement mises en évidence dans les variations du refrain.

SOURCES

Le manuscrit autographe (à Bonn) est intitulé : « Romanze per il violino ». Sur la dernière ligne de la septième page de notes, Beethoven a inscrit une boutade : « hol der Teufel das spatium » (que le diable t'emporte,). Cet autographe faisait partie de l'inventaire après décès.

PUBLICATION

Cette *Romance* en *sol* majeur fut publiée en 12 parties séparées, chez Hoffmeister & Kühnel, à Leipzig en décembre 1803 :

« ROMANCE / pour le / Violon Principale / avec Accompagnement de / 2 Violons, Flûte, 2 Oboes, 2 Bassons, / 2 Cors, Alto, et Basse, / composée par / LOUIS van BEETHOVEN / Œuvre 40 [...] »

L'annonce est parue dans l'Intelligenzblatt n° 58 de la *Zeitung für die elegante Welt III* du 17 décembre 1803.

La première partition date de 1863.

CORRESPONDANCE

Voir *opus 50*.

Le 18 octobre 1802 [1., 107], Kaspar Karl proposait à Breitkopf & Härtel, parmi d'autres œuvres (dont les Variations op. 34 et 35), « 2 Adagios für Violin, mit ganzer Instrumentalbegleitung ». L'éditeur déclina cette offre le 3 novembre 1802 [1., 109].

Le 23 du même mois [1., 113], Kaspar Karl offrit les « 2 Adagios » à Johann Anton André, éditeur à Offenbach, qui refusa le 3 décembre 1802 [1., 117].

Le 27 août 1803 [1., 153], Kaspar Karl proposa à nouveau à Breitkopf & Härtel cet op. 40 (l'op. 50 avait été vendu au Bureau d'Art et d'Industrie). L'éditeur refusa le 20 septembre 1803 [1., 156].

Le 10 septembre 1803 [1., 154], Hoffmeister acheta cet op. 40, indiqué « Violin Sonate ».

WoO 46

Sept Variations pour piano et violoncelle en *mi* bémol majeur sur *« Bei Männern, welche Liebe fühlen »*

Thème extrait de La Flûte enchantée
Thema – Andante, 6/8, mi *bémol majeur – 15 mes.*

TEMPS DE LA COMPOSITION

Peu après la représentation de *La Flûte enchantée* au Hoftheater au début de l'année 1801, et sa reprise par Schikaneder sur la scène du nouveau Theater an der Wien, qu'il venait d'inaugurer. Cette reprise étant au centre des préoccupations du public, Beethoven y vit une occasion de composer à nouveau des *Variations pour piano et violoncelle* (comme l'op. 66, en 1796 ou 1798), cette fois sur le duo entre Pamina et Papageno (acte I, n° 7) qui chantent la joie divine procurée par l'amour partagé [1].

CONTEXTE BIOGRAPHIQUE

La Flûte enchantée fut un des creusets de la création beethovénienne, tant pour la musique que pour les références émotionnelles (voir *Opus 66*) (il traitait sa belle-sœur, mère de Karl, de « Reine de la nuit »). Ainsi, le choix de ce duo qui illustre le bonheur de l'amour conjugal trahit un désir profond de Beethoven, comme il l'écrit à son ami Wegeler le 16 novembre 1801 [1., 70] : « Cette métamorphose a été opérée par une charmante et aimable jeune fille qui m'aime et que j'aime, [...] et c'est la première fois que je sens que le mariage pourrait rendre heureux, mais hélas elle n'est pas de mon rang » (voir *Opus 27 n° 2*).

Au moment de leur publication, Beethoven a choisi d'offrir ces *Variations* au comte de Browne comme cadeau de nouvel an, le 1er janvier 1802, alors qu'il avait eu l'intention de les dédier à la comtesse von Fries, née princesse Hohenlohe-Waldenburg, qui, depuis 1800, était la femme du comte Moritz von Fries, riche banquier (Beethoven fut souvent accueilli dans son palais, sur la Josephplatz, pour y jouer du piano). Ce changement de dédicataire, geste fréquent chez Beethoven, est sans doute lié à son souhait de voir Ferdinand Ries, tout juste arrivé à Vienne, engagé comme pianiste chez le comte de Browne.

PRÉSENTATION DE L'ŒUVRE

Après un accord de *mi* bémol majeur tenu, Beethoven utilise les deux premières parties du duo entre Pamina et Papageno (andantino, à 6/8, en *mi* bémol majeur) comme structure musicale en trois sections (a a'b). Puis il conserve dans chacune des variations le duo entre les partenaires, qui ont un rôle équivalent, tout en donnant chaque fois un éclairage nouveau au thème.

Les trois premières variations ont une écriture dense, très ornée ; la quatrième, en *mi* bémol mineur, joue avec le registre grave du violoncelle ; la cinquième, qui doit être prise plus rapidement : « Si prenda il tempo un poco più vivace », est très virtuose et s'éloigne

1. Voir l'article de Sieghard Brandenburg, « Violinsonaten. Cellosonaten und Variationen », *Ludwig van Beethoven*, hrsg von J. Schmidt-Görg, Braunschweig 1974, pp. 149 sq.

du thème ; la sixième, adagio, à quatre temps, est très ornée et ressemble à un mouvement lent de sonate ; elle est suivie « attaca subito » par la dernière, la variation VII, allegro, ma non troppo, qui reprend le 6/8 dans une sorte de rondo. Une Coda, qui commence par des modulations en mineur, se termine par une nouvelle évocation du thème initial.

L'ensemble de ces sept variations est donc structuré comme une sonate en quatre mouvements (Andante, tempo plus rapide, Adagio, Allegro ma non troppo et Coda) : ainsi, sous couvert de varier un thème bien connu, Beethoven se l'approprie, en lui conférant une forme musicale qui le métamorphose (métonymie d'un opéra, il s'affirme à l'origine d'une œuvre instrumentale à part entière).

SOURCES

Le manuscrit autographe (à Bonn) porte sur la page de titre : « Variations / sur le thême / « bej Männern, welche Liebe fühlen » composès [*sic*] / par – louis van Beethoven ». Au-dessus de ce titre, il y a une mention, écrite par une autre main : « Der Grfin v Frieß gewidmet / gebohrne fürstin v. Hohenloh. »

PUBLICATION

Elle fut assurée le 1er janvier 1802, à Vienne chez Tranquillo Mollo et Comp. :

« VARIATIONS / pour le Clavecin / Sur le Theme / Bey Männer [*sic*] welche Liebe fühlen / de l'Opera / die Zauberflöte / de Mr MOZART / Composées et dediées / à Son Excellence Monsieur / LE COMTE de BROWNE / Brigadier au service de S. M. L'Empereur de Russie / par/ LOUIS van BEETHOVEN / […] »

La mention « avec un violoncelle » manque.

La *Wiener Zeitung* en annonce la parution comme « ganz neu zu haben » le 3 avril 1802.

Elles furent éditées « pour le Fortepiano avec Violon (ou Violoncelle) » à Leipzig en 1802 par Hoffmeister et après 1814 par C.F. Peters.

DÉDICATAIRE

Comte Johann Georg von Browne (voir *Opus 9* et *Opus 48*).

L'ŒUVRE VUE PAR LES CONTEMPORAINS

L'*AMZ* IV (8 décembre 1802 [col. 188-190]), apprécie cette œuvre, pour piano et violoncelle – ce que le titre oublie de mentionner –, soulignant que le violoncelliste doit être maître de son instrument, mais que les Variations ne sont pas les meilleures écrites par Beethoven.

Opus 36

Deuxième Symphonie en *ré* majeur

Adagio molto, 3/4, ré *majeur (33 mes.) – Allegro con brio,* C, ré *majeur – 360 mes.*
Larghetto, 3/8, la *majeur – 276 mes.*
Scherzo. Allegro, 3/4, ré *majeur – 130 mes.*
Allegro molto, ¢, ré *majeur – 442 mes.*

TEMPS DE LA COMPOSITION ET PREMIÈRE EXÉCUTION

Esquissée entre l'automne 1800 et février 1802, elle avait été achevée en avril 1802 dans la perspective d'un concert, ou plus tard, pour le concert d'avril 1803 (la version de 1802 que le frère de Beethoven, Kaspar Karl, proposait le 28 mars 1802 à l'éditeur Breitkopf & Härtel aurait été retravaillée). La datation qui situait le travail de composition à Heiligenstadt au cours du terrible été 1802 provient d'une erreur de Ries dans ses *Notices biographiques*, erreur qui fut répercutée ensuite par les premiers biographes[1].

Beethoven travailla longtemps à cette symphonie, mais avec des interruptions (durant l'hiver 1800-1801, il composa le ballet commandé) et, d'après Ries (*Notices biographiques* p. 77), il aurait encore porté des corrections sur la partition définitive.

La première exécution eut lieu le 5 avril 1803 lors d'une « académie » (concert) donné au profit de Beethoven au Theater an der Wien (en même temps que la *Première Symphonie op. 21*, le *Concerto pour piano op. 37* et l'oratorio *Christus am Ölberg* op. 85). Il n'est pas impossible qu'une exécution privée ait eu lieu avant dans les salons du prince Lichnowsky – ou s'agissait-il de la répétition avant le concert ? Répétition dont Ferdinand Ries a fait le récit (p. 76-77). Apparemment ce fut terrible : à 2 heures et demi, tous étaient épuisés et plus ou moins satisfaits ; le prince Lichnowsky, présent depuis le début, fit alors apporter une collation dans « de grandes corbeilles », des « tartines de beurre, viande froide et vin » pour réconforter et encourager les musiciens, qui acceptèrent de répéter à

1. *Cf.* NGA I, 1, « Kritischer Bericht », p. 167.

nouveau l'oratorio, si bien que le concert s'est bien passé. Commencé à 6 heures, il fut si long que tous les morceaux prévus ne purent être joués.

CONTEXTE BIOGRAPHIQUE

Il semble que quand Beethoven songea à composer une deuxième symphonie, au milieu de l'année 1800, il ait pensé à un concert où serait également joué un nouveau concerto (qui sera l'*op. 37*), se conformant à une situation déjà expérimentée.

Lors de sa première « académie », qui avait eu lieu le 2 avril 1800 au Burgtheater, Beethoven avait joué un *Concerto pour piano* (sans doute l'*op. 15* en *ut* majeur dans sa deuxième version), avait improvisé et fait exécuter sa *première Symphonie op. 21*. Sur la lancée de ce succès, il a sans doute envisagé un nouveau concert au printemps 1801, mais son plan a été modifié par la commande de la musique pour le ballet des *Créatures de Prométhée op. 43*, créé, le 28 mars 1801 au Burgtheater. Effectivement, le travail pour la *Deuxième Symphonie* a été interrompu par la composition de la musique du ballet. Il n'est pas possible de dater avec exactitude le moment où Beethoven s'est remis à la *Deuxième Symphonie*, peut-être fin 1801, ou au début de l'année 1802, dans la perspective d'une nouvelle « académie » (en fait repoussée d'un an) au cours de laquelle il jouerait un nouveau concerto (celui qu'il pensait pouvoir écrire pour celle de 1800) ainsi que quelques œuvres pour piano, et au cours de laquelle il ferait exécuter sa nouvelle symphonie. Ce nouveau concert en perspective lui donna une telle charge de travail (il composa en même temps la *Deuxième Symphonie*, le *Troisième Concerto*, les *Sonates pour piano et violon op. 30*, les *Sonates pour piano op. 31*, les *Bagatelles pour piano op. 33*) qu'il confia à son frère Kaspar Karl les négociations avec les éditeurs (à partir du début de l'année 1802).

Quelques courts billets à son élève Ferdinand Ries (établissant un programme de corrections des parties séparées de sa *Symphonie* [1., 87]), ainsi que l'offre faite par Kaspar Karl à Breitkopf & Härtel le 28 mars 1802 [1., 81], permettent de supposer qu'au début du printemps Beethoven préparait activement sa nouvelle « académie » prévue pour la mi-avril. Mais ce projet de grand concert à son bénéfice échoua : une lettre de Kaspar Karl à Breitkopf & Härtel datée du 22 avril 1802 [1., 85] donne l'idée du climat de tension qui régnait entre les Beethoven et le directeur du théâtre dans lequel ce concert était prévu :

« Mon frère vous écrira lui-même, mais il n'est pas disponible actuellement parce que le directeur du Théâtre, le baron von Braun, qui est, comme chacun sait, bête et vulgaire, a empêché une académie dans le théâtre, et ce qu'il a accepté pour d'autres artistes médiocres, et je crois que ce qui le contrarie à bon droit, c'est d'être ainsi traité, alors que le baron n'a vraiment aucun motif et que le frère a dédié plusieurs œuvres à sa femme. »

L'administrateur des théâtres de la cour, de 1794 à 1806, Peter Freiherr von Braun (1758-1819), ne semble pas avoir été très arrangeant avec les jeunes compositeurs : malgré les dédicaces à sa femme, la baronne Josephine von Braun, des *Deux Sonates pour piano op. 14* (publiées en décembre 1799, à Vienne par Mollo) et de la *Sonate pour piano et cor op. 17* (publiée en mars 1801 à Vienne par Mollo), Beethoven ne semble pas avoir réussi à obtenir ses faveurs.

Étant donné l'échec de cette « académie », Kaspar Karl signala à Breitkopf & Härtel que la *Symphonie* et le *Concerto* ne pourraient pas être donnés à graver avant le prochain concert qui, il l'espérait, serait organisé avant la fin de l'année 1802. Une fois encore, la « politique musicale » exigeait qu'une œuvre ne soit pas publiée avant d'avoir été donnée en concert pour que sa nouveauté et son originalité puissent créer un véritable effet de surprise.

La composition d'une nouvelle symphonie servait donc la « politique musicale » de Beethoven, qui poursuivait ses recherches dans l'écriture pour grand orchestre après sa *Première Symphonie*, et après sa musique de ballet destinée aux *Créatures de Prométhée*, comme en témoignent les nombreuses esquisses non retenues et les modifications aux solutions choisies (la partition définitive prête à être gravée porte encore des corrections). L'échec du projet de concert différa l'achèvement de la partition, qui semble donc avoir été retravaillée (l'écart est très important entre les différentes esquisses et la version définitive) et n'avoir été terminée que pour le concert prévu pour l'hiver 1802/1803, concert qui n'eut lieu que le 5 avril, au Theater an der Wien. Cette symphonie fut achevée après la rédaction du « Testament de Heiligenstadt », alors que Beethoven songeait déjà à sa *Troisième Symphonie*, période d'intense activité créatrice, débordante de réalisations et de projets, comme en témoigne le Testament dans lequel Beethoven affirmait que « seul l'art l'avait détourné » de la voie du suicide, tant il se sentait obligé d'apporter au monde ce qu'il était destiné à lui donner [1., 106].

Il semble que pour le concert du 5 avril 1803, comme en témoignent plusieurs billets [1., 130, 131, 132] Beethoven confia à nouveau à Ries le soin de vérifier les parties séparées de la *Symphonie*, à moins qu'il ne s'agisse des parties de l'oratorio *Christus am Ölberg op. 85*, qui fut également créé à cette occasion, ainsi que le *Concerto op. 37*.

Tandis qu'il confiait ce travail à Ries, Beethoven chargeait toujours son frère (avec lequel il habitait depuis janvier 1803 dans un appartement de fonction au Theater an der Wien) des négociations avec les éditeurs, et quelques jours avant le concert, Kaspar Karl réussit à vendre la *Symphonie* et le *Concerto* pour 700 Gulden, alors qu'il les avait offerts pour 600 à Breitkopf & Härtel qui ne voulaient payer que 500 [1., 129, 26 mars 1803]. En 1806, Beethoven réalisa une réduction pour Trio piano, violon et violoncelle, pour assurer la diffusion de cette Symphonie auprès d'un plus large public.

Cette *Symphonie*, publiée l'année suivante, en mars 1804, fut dédiée par Beethoven au prince Karl von Lichnowsky, son mécène depuis ses premières années à Vienne. Dans ses lettres de 1801 à Wegeler et à Amenda [1., 65 et 67], Beethoven signalait que « depuis l'année dernière » Lichnowsky, « aussi incroyable que cela puisse paraître » était un de ses amis les plus chaleureux et qu'il lui assurait une somme de 600 fl tant qu'il n'aurait pas de situation stable. Lui dédier sa deuxième symphonie (il avait dédié la première au baron van Swieten en décembre 1801) était donc une façon de rendre hommage à son protecteur, tout en donnant publicité à ses relations avec l'aristocratie viennoise mélomane, le prince Lichnowsky étant un des premiers mécènes de Vienne (il avait été l'ami de Mozart).

Présentation de l'œuvre

Trois mouvements sur les quatre sont de forme sonate, mais chaque fois le traitement est différent, véritable démonstration des ressources expressives de la forme et de son interprétation.

D'autre part, le recours fréquent à l'unisson sert la volonté de conférer une grande ampleur à la sonorité générale pour donner une large extension à l'espace sonore.

La *Symphonie* commence par une introduction lente qui détermine le caractère de l'œuvre et en oriente l'écoute. Dans un tempo Adagio molto très solennel, cette introduction s'ouvre sur un unisson *ff* de tout l'orchestre, geste d'ouverture éclatant auquel s'oppose immédiatement le chant des bois (hautbois et bassons), avant de s'affirmer pour la seconde fois. Le rythme incisif (noire pointée propulsée par une triple croche) fait figure de pôle éclatant qui réapparaîtra à plusieurs reprises, en particulier légèrement modifié comme thème du Finale. La seconde partie de cette introduction offre un autre jeu sur les timbres opposés, qui étend l'espace sonore et en détermine la nature variée. La transition entre la deuxième et la troisième parties de cette introduction, un arpège descendant de *ré* mineur sur un rythme pointé, est une première version du thème initial de la *Quatrième Symphonie*. D'une autre manière encore la troisième partie oppose des cordes incisives et des vents, qui créent un climat de retenue, d'expectative (sur une pédale de dominante).

Plusieurs des motifs très courts qui constituent cette introduction vont servir d'éléments caractéristiques aux quatre mouvements qui suivent : Beethoven fait donc émerger lentement le matériau qu'il a choisi, pour donner consistance au vaste espace sonore que représente sa nouvelle symphonie.

Résolution d'une suspension harmonique sur la dominante, l'Allegro con brio de forme sonate (introduit par cet Adagio molto) commence lui aussi par une mesure à l'unisson sur la tonique *ré* d'où émerge une courte broderie, cellule dynamique qui impulse le premier thème essentiellement rythmique. Ce schéma rythmique, pulsation à l'état pur (♪♪♪♪ ♪♪♪♪), domine ce premier mouvement ; il structure également le second ensemble thématique ainsi que la conclusion de l'exposition. Le deuxième ensemble thématique commence lui aussi à l'unisson, des vents cette fois, qui s'élancent sur un rythme ascendant dans une harmonie stable pour entraîner l'orchestre sur ce même rythme. Après une conclusion qui insiste sur l'idée de suspense, la reprise de l'exposition est suivie d'un développement modulant jouant successivement avec les motifs constitutifs de l'exposition. La réexposition se termine par une coda introduite par une marche harmonique très intense.

L'éclat, la tension et l'espace sonore de ce premier mouvement sont favorisés par le choix des motifs denses et concentrés, par leur répétition, et par l'extension des parties de transition (entre l'exposition des thèmes, à la fin de l'exposition, avant la coda, etc.).

Le deuxième mouvement, Larghetto, à 3/8 en *la* majeur, est lui aussi de forme sonate, mais sans reprise de l'exposition et avec une réexposition variée. Les deux thèmes disposent d'un large espace pour déployer leur chant, le deuxième sujet, exposé au violon, étant encore plus lyrique que le premier. Moment de détente mélodique après l'intensité du premier mouvement, le développement est toutefois très tendu (par ses répétitions de notes, ses modulations et son ostinato rythmique) et la mise en relief de la sonorité des cors connote des lieux d'action le plus souvent violents (chasse, bataille, journée révolutionnaire).

Le troisième mouvement, Scherzo, Allegro, se caractérise par une fragmentation des timbres qui donne l'impression d'être à la limite de la désintégration. L'ensemble, qui se situe entre gaîté, humour et inquiétude, est constitué de deux parties, chacune reprise : A, puis B-A'-B'. Le Trio central, d'aspect très simple, oppose une première partie consacrée aux bois et une seconde aux cordes dans un registre grave déchiré par l'intervention brutale des vents sur tremolo des timbales, *ff*.

Le quatrième mouvement, Allegro molto, Finale, dont la forme oscille entre la forme-sonate et le rondo, commence « ex abrupto » par un motif arraché à l'unisson des cordes et des bois. Ce premier thème sert de refrain bien identifiable isolant plusieurs couplets. Le premier est exposé par les bois. Le second, qui fait office de développement, joue avec les modulations et les marches harmoniques, et, après une suspension harmonique accentuée par une « G. P. » (Grande Pause), le « refrain » est réexposé. Le troisième couplet, réexposition variée du second, est mené par les cors. Puis le « refrain » impulse un long développement terminal qui, jouant sur les oppositions radicales d'intensités, dramatise le discours (*pp subito* et moments *ff*). Ce développement s'arrête à nouveau sur une « G. P. », suspense qui précède une très courte coda affirmant le dynamisme du « refrain ».

SOURCES

Le manuscrit autographe est perdu : Beethoven l'avait offert à Ferdinand Ries, auquel un ami le déroba (d'après le récit de Ries dans ses *Notices biographiques*, p. 77).

Des esquisses sont dispersées dans plusieurs cahiers, dont le Landberg 7 (utilisé d'automne 1800 à mars 1801) et le Kesslersches Skizzenbuch (que Beethoven utilisa entre déc. 1801 et juillet 1802).

PUBLICATION

L'édition originale fut assurée à Vienne en mars 1804 au Bureau d'Art et d'Industrie ; le titre est en français :

« GRANDE SINFONIE / pour / deux Violons, Alto, deux Flûtes, deux Hautbois, / deux Clarinettes, deux Bassons, deux Cors, deux / Trompettes, Timballes, Violoncelle et Basse, / – / composée et dediée / à son Altesse Monseigneur le Prince / CHARLES DE LICHNOWSKY / par / Louis van Beethoven / Op. 36 / [...] »

La *Wiener Zeitung* du 10 mars 1804 en annonce la publication (en même temps que les *Marches op. 45*).

La première édition en partition fut assurée à Londres en novembre/décembre 1808, puis à Bonn par Simrock au printemps 1822.

Il existe des transcriptions pour plusieurs formations : pour quatuor avec piano, pour piano à quatre mains, pour deux pianos, pour « Nonette » (deux violons, deux altos, basse, deux hautbois et deux cors), pour Septuor (deux violons, flûte, deux altos, violoncelle et contrebasse [dans la lettre 3., 938, Beethoven demande à Ries de lui envoyer cette transcription publiée à Londres en 1816, en même temps que les *op. 21* et *55*, dans cette même formation pour septuor]), pour quintette à cordes (avec contrebasse, flûte et deux cors ad lib.), et pour quatuor à cordes.

En mai 1806, le Bureau d'Art et d'Industrie fit paraître une transcription de la «Deuxième / GRANDE SINFONIE / de Louis van Beethoven / arrangée en Trio pour / Pianoforte, Violon et Violoncelle / par l'Auteur même».

DÉDICATAIRE

Prince Karl von Lichnowsky (voir *opus1*).

CORRESPONDANCE (HISTOIRE DE LA PUBLICATION)

Le 28 mars 1802 [1., 81], Kaspar Karl, frère de Beethoven, proposait à Breitkopf & Härtel «dans 3 ou 4 semaines» une grande symphonie et leur demandait de prendre rapidement une décision, parce que c'était une des meilleures œuvres de son frère. Quelques jours plus tard, le 5 ou le 6 avril 1802 [1., 83], l'éditeur répondait qu'il voulait connaître le prix des œuvres proposées (la *Symphonie op. 36* et le *Concerto op. 37*).

Le 22 avril [1., 85], Kaspar Karl lui réclame un délai pour la *Symphonie* et pour le *Concerto*, «parce que nous pensons les utiliser dans un autre concert» (il fut question un moment d'organiser un nouveau concert, avant la fin de l'année, celui-ci prévu en avril 1802 n'ayant pas pu être avoir lieu) et il ne fallait pas les éditer d'ici là, ne pas en dévoiler les richesses.

Ce même mois [1., 87], Beethoven demanda à Ries de corriger systématiquement les différentes parties de la *Symphonie*, sans doute en vue du concert.

Le 23 novembre 1802 [1., 113], Kaspar Karl répondit à une lettre de l'éditeur Johann Anton André d'Offenbach [1775-1842] (il avait hérité de la maison d'édition à la mort de son père en 1799), qu'il n'avait qu'une *Symphonie* et un *Concerto pour piano*, chacun pour 300 fr, plus 8 exemplaires offerts pour chaque œuvre gravée, et qu'il attendait une réponse rapide sans quoi il allait offrir ces œuvres à d'autres éditeurs. André déclina l'offre le 3 décembre 1802 [1., 117].

Le 22 janvier 1803 [1., 125], Kaspar Karl écrivit à Härtel qu'il lui laissait «eine grose Simphonie und ein groses [*sic*] Klavierkonzert» pour 600 fl et qu'il espérait que les deux œuvres seraient gravées pour la fin du mois de mai (c'est-à-dire peu de temps après le concert prévu pour début avril). Härtel n'accepta qu'à 500 fl, ce que Kaspar Karl refusa ayant trouvé preneur au Bureau d'Art et d'Industrie pour 700, le 26 mars 1803 [lettre 1., 129].

Le 11 décembre 1803 [1., 173], Ries écrivit à Simrock, à Bonn, que la «große Symphonie» allait bientôt paraître, ainsi que d'autres œuvres.

Le 13 mai 1822 [4., 1464], Nicolas Simrock annonça à Beethoven qu'il avait entrepris de publier ses *Symphonies* en partition (l'*op. 21* et l'*op. 36* en mai 1822, et l'*op. 55* quelques mois plus tard), ce qui aurait dû avoir lieu depuis longtemps, mais qui ne s'était pas encore fait «car ce n'est pas une opération rentable, ce qu'il savait très bien»; Simrock expliqua alors qu'il avait seulement voulu honorer un vieil ami et il espérait que Beethoven en serait content.

L'ŒUVRE VUE PAR SES CONTEMPORAINS

L'*AMZ VI* en 1804 (col. 542) annonça la publication de cette *Deuxième Symphonie* (à Vienne), «ce qui ne peut pas laisser indifférente la société des musiciens et des amis de l'art». «C'est une œuvre remarquable, colossale, d'une profondeur, d'une force et d'une maîtrise artistique, comme très peu», mais très difficile à exécuter : l'orchestre qui s'en chargera devra la jouer et la rejouer pour en mettre en valeur les idées admirables et leurs articulations; les auditeurs, même les plus formés, devront l'écouter et la réécouter pour être en état de saisir l'ensemble et de l'apprécier en toute quiétude. Il faut s'habituer à ses particularités. L'auteur de l'article concluait en espérant «qu'il n'était pas nécessaire de recommander cette œuvre à tous les orchestres faisant montre d'esprit, d'habileté et d'ardeur durable, ainsi qu'à tous les auditeurs pour lesquels la musique est plus qu'un divertissement passager».

Quelques semaines plus tard l'*AMZ VII* (n° 14, 2 janvier 1805 [col. 145]) publia le compte rendu d'un concert à Berlin, qui commença avec une «grande» Symphonie, œuvre «pleine d'idées neuves et originales, d'une grande force, d'une instrumentation qui produit de l'effet et d'une exécution savante, qui gagnerait toutefois à voir plusieurs endroits abrégés et bien des modulations trop étranges sacrifiées».

L'*AMZ* VII (du 2 juin 1805 [col. 215]) la jugea, après la première exécution à Leipzig le 29 avril 1804, « trop longue pour le tout et ultra artificielle pour ce qui est des détails », affirmant que « l'usage trop fréquent de tous les instruments à vent nuisait à l'effet dans plusieurs endroits, et que le Finale était par trop bizarre, sauvage et criant »; mais le critique soulignait qu'il s'agissait d'une œuvre colossale, animée d'un esprit fougueux, destinée à une longue postérité, pour le plus grand plaisir des auditeurs, étant donnés la richesse et le traitement original de ses idées.

Les Tablettes de Polymnie du 3 mars 1811 à Paris trouvent que Beethoven « après avoir pénétré l'âme d'une douce mélancolie, la déchire aussitôt par un amas d'accords barbares » (cité dans l'édition Van de Velde).

En 1812, l'*AMZ XIV* (col. 124) rendait compte d'un nouveau concert donné en décembre 1811, et de cette *Symphonie* qui déroutait les auditeurs habitués aux œuvres de Mozart et de Haydn. Le critique appréciait pourtant cette œuvre dominée par une fantaisie brûlante, pleine d'élan et d'une très grande richesse harmonique. Il soulignait pourtant le côté « bizarr » [*sic*] du Menuet et de l'Allegro (le terme « bizarr », souvent employé pour caractériser la musique de Beethoven, appartenait à cette époque au registre de l'arbitraire et du laid).

The Harmonicon de 1825 juge qu'elle a été écrite « avec la prétention d'être riche en idées neuves, mais il n'y a pas de nouveautés à chercher dans les régions de la mélodie grotesque et des harmonies durement combinées » (cité dans l'édition Van de Velde).

Après la publication de la partition par Simrock à Bonn, l'*AMZ* XXV (du 18 juin 1823) multipliait les louanges pour cette superbe partition qui devrait réjouir les amateurs de cette œuvre splendide.

L'arrangement pour trio piano et cordes suscita un article de l'*AMZ* en 1806. Le critique soulignait l'intérêt de cette réduction pour apprécier cette œuvre justement célèbre, mais qui a déjà rebuté plus d'un auditeur à cause de l'usage trop important d'instruments criards. Le critique ajoutait que même si cette transcription était très utile pour comprendre l'ensemble de l'œuvre, elle ne pouvait pas rendre la subtilité de l'organisation des timbres; et, de toutes façons, le Finale, « tumultueux et sauvage », était moins satisfaisant et très difficile à jouer.

Dans une lettre du 23 novembre 1819 [4., 1357], George Thomson écrivait à Beethoven (en français) que lors d'une semaine de fête musicale à Edimbourg, l'orchestre, qui rassemblait « les meilleurs artistes de la Grande-Bretagne » et qui était dirigé par « le Chevalier Smart », « a donné » « votre mont d'Oliviers » et « aussi une Messe de votre composition, – Votre grand Symphonie dans D, et votre Ouverture d'Egmont, et les toutes ont été reçues avec enthousiasme ».

Opus 14 n° 1
Transcription pour Quatuor à cordes

Opus 121a
Dix Variations pour trio en *sol* majeur sur *« Ich bin der Schneider Wetz und Wetz »*, rebaptisé par Beethoven *« Ich bin der Schneider Kakadu »*

Thème : Lied de Wenzel Müller
Piano, violon et violoncelle
Introduzione. Adagio assai, **C**, sol *mineur (46 mes.) / Tema. Allegretto, 2/4,* sol *majeur – 547 mes.*

TEMPS DE LA COMPOSITION

Vraisemblablement 1801; l'œuvre ne fut proposée que le 19 juillet 1816 à Härtel.

CONTEXTE BIOGRAPHIQUE

Ce *Trio* n'ayant pas été publié à l'époque où il fut composé, Beethoven le proposa à l'éditeur Härtel, en juillet 1816, au moment où il commençait à revoir et à trier ses anciennes partitions. Considérant cette œuvre comme digne d'intérêt (et ayant toujours besoin d'argent), il réussit, enfin, à la faire publier par S.A. Steiner en 1824.

PRÉSENTATION DE L'ŒUVRE

Beethoven a varié, de manière simple (le thème est toujours présent, et la progression harmonique est identique, derrière des broderies ou une écriture en imitation), un Lied, devenu populaire, extrait du Singspiel en deux actes, composé par Wenzel Müller (1759-1835), *Die Schwestern von Prag*, donné dans un théâtre de la Leopoldstadt, le « Marinellische Theater » dénommé « Kasperle » en 1794, puis repris en 1806, 1813, 1814. Cette pièce fut donnée 130 fois du temps de Beethoven.

Le texte de ce Lied, auquel Beethoven faisait implicitement allusion (sans le citer), avait une signification grivoise bien identifiée par les contemporains : le nom « Wetz und Wetz » est à lui seul une allusion directe au fait d'être un « coureur » qui passe à l'acte – Beethoven a transformé le nom en « Kakadu », c'est-à-dire en « Kakatoès » (terme qui désigne un perroquet de grande taille). Beaucoup de termes ont un double sens.

Ich bin der Schneider Wetz und Wetz,
Bin g'reist durch d'halbe Welt,
Ich bin vom Hütel bis zum B'setz
Ein Biegeleisenheld.
Itzt komm'ich erst von Eipeldau,
War bey der Mauth just auf der B'schau.
Da hab'ns mich haarklein visitirt,
Als hätt' die Pest mich infiziert.
Je suis le tailleur Cours et Cours
J'ai fait le tour de la moitié du monde,
Je suis du petit chapeau au passement
Un héros du fer à repasser.
Maintenant je viens tout juste d'Eipeldau,
J'ai été contrôlé à la douane.
Alors ils m'ont fouillé de fond en comble
Comme si j'avais la peste.

Doch ich hab' gleich g'habt Rosimi,
Und zeig' mein Kundschaft vor;
Und sag gleich, der und der bin i,
Ein G'sell vom Schneider-Chor.
Da hab'ns die Köpf' zusammeng'steckt,
Und waren alle voll Respekt;
Weil, wenn ihr es denn noch nicht wißt,
Ein Schneider gar nichts Mauthbar' s ist.
Pourtant j'ai montré tout de suite ma compréhension,
Et je présente ma clientèle,
Et je dis tout de suite, qui je suis,
Un compagnon du chœur des tailleurs.
Alors ils ont chuchoté entre eux,
Et ils étaient plein de respect ;
Parce que, si vous ne le saviez pas encore,
Un tailleur ne paye pas la douane.

Ich führ' ja nicht verbottne Waar',
Mein Eisen, Zwirn und Scheer;
Denn sonst vertragt der Wind mich gar,
Ein Schneider ist nicht schwer.
Die Nadel ist sein Um und Auf,
Drum näh' ich immer fleißig drauf,
Itzt geht mir nur ein Weiberl ab,
Bis daß ich's G'werb' und d' Werkstatt hab'.
Je ne mets pas en vente pas de marchandise interdite,
Je ne transporte que mon fer, mon fil et mes ciseaux,
Car sinon le vent va m'emporter,
Un tailleur n'est pas lourd.
L'aiguille est son va et vient,
C'est pourquoi je m'efforce de coudre toujours avec application,
Maintenant, il ne me manque qu'une petite femme,
Jusqu'à ce que je sois maître et possède un atelier.

L'Introduzione lente, Adagio assai, **C**, en *sol* mineur commence à l'unisson, puis l'écriture se fait concertante donnant sa place à chacun des instruments.

Le Tema, très connu du public mélomane contemporain de Beethoven, arrive de manière insolite après cette longue Introduzione énigmatique, et il répond à l'attente suscitée par l'accord de septième de dominante de la fin de l'Introduzione. Ce thème est très simple (24 mesures), Allegretto, 2/4, en *sol* majeur, dans un cadre harmonique bien établi et avec une opposition des timbres nettement dessinée : son apparition crée un effet de surprise humoristique (auquel le public a dû être très sensible).

Var. I : broderie sur le thème par le piano seul, *dolce*

Var. II : broderie légère du violon, *leggiermente*, accompagné par le piano

Var. III : broderie *dolce* du violoncelle seul, accompagné par le piano

Var. IV : broderie menée par la main gauche du piano rapide et *sempre staccato*, avec ligne mélodique aux cordes

Var. V : caractérisée par une écriture en imitation (un canon serré au début)

Var. VI : *leggiermente* au piano vibrant et rythmique, ponctuée par des interventions incisives des cordes

Var. VII : « Klavier tacet », aux cordes seules, *p delicatamente*, l'écriture est en imitation

Var. VIII : échange *pp sempre staccato* entre les cordes et le piano, avec effet d'accélération par diminution des valeurs

Var. IX : Adagio espressivo, en *sol* mineur, avec un piano très lyrique soutenant les tenues syncopées des cordes

Var. X : Presto à 6/8, en *sol* majeur, *leggiermente*, l'écriture en imitation de ce Presto se prolongeant dans un long passage fugato (sur les quatre premières notes du Tema : *sol, la, si, do*) en *sol* mineur qui mène à une coda en *sol* majeur à 2/4, « p semplice », d'abord très proche du thème avant de le développer avec un brillant effet d'accélération.

SOURCES

Le manuscrit autographe (à Bonn) est pratiquement sans ratures et porte le titre suivant : « Variazionen / für Piano / Violin u Violonschell », ainsi que cette mention en haut de la première page : « Veränderungen / mit einer Einleitung u. anhang. von L. v. Beethoven » [« Variations avec une introduction et coda »].

PUBLICATION

Elle fut effectuée par S.A. Steiner und Comp. en mai 1824 :

« ADAGIO, VARIATIONEN UND RONDO, / für / Pianoforte, Violine und Violoncell / von / LUDWIG van BEETHOVEN. / 121tes Werk / Eigenthum der Verleger. / [...] »

L'ŒUVRE VUE PAR SES CONTEMPORAINS

La *Wiener Zeitung* du 7 mai 1824 annonçait sa publication.

L'*Allgemeine Musik Anzeiger* II, p. 47, de Castelli, n° 12 du 20 mars 1830, soulignait l'esprit et la fantaisie de cette œuvre écrite sur un vieux Lied connu, véritable travail de maître.

CORRESPONDANCE

Le 27 août 1803 [1., 153], Kaspar Karl Beethoven proposait à Breitkopf & Härtel plusieurs œuvres dont « *Variationen* für Klavier *Violon et Violo [n]cello* mit Introduzzion und grosem letztem Stück ».

Le 19 juillet 1816 [3., 950], Beethoven, qui acceptait de rétablir des relations avec l'éditeur Härtel, lui proposait plusieurs œuvres dont des Variations avec une introduction et un « supplément » (c'est-à-dire une coda) sur le thème très connu de Müller, précisant qu'il s'agissait d'une ancienne composition qu'il estimait encore valable.

En mai 1818 [4., 1258], Beethoven proposait à Ries un « nouveau Trio » lui demandant de trouver un éditeur à Londres.

WoO 15
Six Laendler pour deux violons et basse

Elles sont toutes en ré *majeur, sauf la n° 4 qui est en* ré *mineur, à 3/4, de 16 mes. et une Coda de 45 mes. termine l'ensemble*

TEMPS DE LA COMPOSITION

Hiver 1801-1802. Ce sont les dernières danses composées à cette saison, peu après la première partie de *WoO 14*. Il s'agit d'une composition de circonstance, destinée à une musique de danse pour petit ensemble.

PRÉSENTATION DE L'ŒUVRE

Il y a un problème d'instrumentation : ont-elles été écrites pour ces instruments, ou ne sont-elles qu'un arrangement d'une partition pour orchestre – l'écriture laisse penser qu'elles ont été conçues pour cette formation.

SOURCES

Il existe une copie à Vienne (GdM) établie certainement d'après l'autographe, entre 1803 et 1806.

PUBLICATION

Publié par Artaria en voix séparées en septembre 1802 :

« 6 Ländlerische Tänze/ für zwey Violinen und Bass/ von/ Hrn Louis van Beethoven/ In Wien bey Artaria Comp./ [...] »

et en réduction pour piano, toujours par Artaria & Comp. septembre 1802 :

« 6 Ländlerische Tänze / für das / Forte – Piano / von / Hrn Louis von [sic] Beethoven / In Wien / bey Artaria & Comp. / [...] »

Opus 31
Trois Sonates pour piano

Sonate op. 31 n° 1 *en* sol *majeur*
Allegro vivace, 2/4, sol *majeur – 325 mes.*
Adagio grazioso, 9/8, ut *majeur – 119 mes.*
Rondo. Allegretto, ¢, sol *majeur – 275 mes.*

Sonate op. 31 n° 2 *en* ré *mineur*
Largo / Allegro, ¢, ré *mineur – 228 mes*
Adagio, 3/4, si *bémol majeur – 103 mes.*
Allegretto, 3/8, ré *mineur – 399 mes.*

Sonate op. 31 n° 3 *en* mi *bémol majeur*
Allegro, 3/4, mi *bémol majeur – 253 mes.*
Scherzo. Allegretto vivace, 2/4, la *bémol majeur – 171 mes.*
Menuetto. Moderato e grazioso, 3/4, mi *bémol majeur – 62 mes.*
Presto con fuoco, 6/8, mi *bémol majeur – 333 mes.*

TEMPS DE LA COMPOSITION

D'après les esquisses, ces *Sonates* auraient été commencées en 1802 (donc après les *Sonates op. 27* et *op. 28*), et en grande partie composées en même temps que la *Deuxième Symphonie op. 36* et le *Troisième Concerto pour piano op. 37*. Elles furent ensuite achevées, après les trois *Sonates pour piano et violon op. 30*, au cours de l'été 1802 à Heiligenstadt, pour les deux premières, et au début de l'automne 1802 pour la troisième, de façon à honorer la commande de l'éditeur de Zurich Nägeli.

CONTEXTE BIOGRAPHIQUE

Ces trois *Sonates op. 31* correspondent à une commande faite en mai 1802 par Nägeli (1773-1836), éditeur suisse, compositeur et pédagogue, qui eut l'idée d'offrir aux amateurs de musique un large choix d'œuvres pour piano écrites dans ce but par des compositeurs contemporains et publiées dans les cahiers successifs du « Répertoire des Clavecinistes ». Lors de ses commandes, Nägeli indiquait aux compositeurs de manière très précise ce qu'il attendait d'eux, et lors de la réception des œuvres il s'autorisait au besoin à corriger les textes. C'est ainsi qu'il ajouta quatre mesures à la fin du premier mouvement de la première *Sonate op. 31*, ce qui déchaîna la colère de Beethoven qui s'empressa de dresser la liste des fautes et de chercher un autre éditeur parmi ceux qu'il connaissait déjà et en qui il pouvait avoir confiance.

L'initiative de Nägeli de publier de nouvelles Sonates de Beethoven ne pouvait que lui plaire, et Beethoven avait déjà pensé en composer d'autres sur sa lancée (des esquisses de 1801 en témoignent), et poursuivre son exploration des possibilités encore insoupçonnées de l'écriture pour piano solo. D'autre part, la contribution à la publication de Nägeli lui donnait l'occasion d'élargir au-delà de Vienne et de quelques villes allemandes son audience et son public (Bonn, ou Leipzig où une de ses dernières sonates, *op. 22*, venait d'être publiée en mars 1802 par Hoffmeister ; les *op. 26*, *27*, *28* avaient été publiées à Vienne en mars et en août 1802).

Beethoven accepta cette proposition de l'éditeur suisse au moment où il refusait, dans une lettre du 8 avril 1802 [1., 84], celle de l'éditeur Hoffmeister de Leipzig qui, depuis plusieurs mois (lettre du 21 novembre 1801 [1., 71]) lui demandait de répondre à la commande de la comtesse von Kielmansegge qui souhaitait une sonate composée selon un programme précis : la mise en musique d'une idée ou d'un événement de la Révolution française. Beethoven refusa sous le prétexte que les temps n'étaient plus à la Révolution, puisque Bonaparte signait un concordat avec le pape (le 15 juillet 1801), mais il retenait « l'intention esthétique » (terme qu'il soulignait dans sa lettre) proposée par la dame d'écrire une œuvre révolutionnaire (la comtesse refusa cette proposition rebutée par le prix demandé [1., 88, 1er mai 1802]).

Les modalités de ce refus montrent que Beethoven répugnait à suivre un programme mais qu'il était sensible à l'idée de composer quelque chose de forme révolutionnaire (sur le plan esthétique) – affirmation corroborée par plusieurs autres témoignages. Sa mise en pratique d'une écriture inédite dans les œuvres qu'il composait.

Le témoignage, très souvent utilisé par les commentateurs de ces *Sonates op. 31*, est celui de Carl Czerny, rapporté bien des années plus tard dans ses *Souvenirs* (rédigés pour Otto Jahn au cours des années 1840 – cité par Kerst t.1, p. 56). Il raconte que, vers 1803, « juste avant la publication des *Trois Sonates* », Beethoven aurait dit à son ami le violoniste

Wenzel Krumpholz qu'il n'était « pas content de ce qu'il avait fait jusqu'alors » et qu'il voulait « s'engager sur un nouveau chemin ».

Même s'il s'agit de propos reconstitués, cette volonté de Beethoven de faire du nouveau, d'écrire autrement, est manifeste dans plusieurs lettres envoyées à ses éditeurs (en particulier à propos de sa nouvelle technique de variations pour les *op. 34* et *35* : il parle d'une « ganz neue Manier » [1., 108, 123]).

Nägeli a d'ailleurs perçu cette nouveauté de l'écriture de Beethoven puisqu'il signalait que les *Sonates* publiées dans le cinquième cahier s'écartaient de la forme-sonate consacrée, remarque reprise par le critique de la *Zeitung für die elegante Welt* qui soulignait l'originalité de la première et la bizarrerie de la seconde.

Que la nouveauté de la façon de composer ait représenté une valeur à laquelle Beethoven tenait, est attestée par la remarque d'une lettre de novembre 1804 [1., 201] envoyée à Josephine Deym (jeune femme rencontrée en mai 1799 et avec laquelle il eut des relations d'amour entre 1804 et 1805). Cette lettre accompagnait l'envoi du onzième cahier du « Répertoire des clavecinistes » comprenant l'*op. 31 n° 3* (et l'*op. 13*) :

« Je ne savais pas moi-même hier qu'il me serait possible d'assouvir votre ardent désir d'avoir *quelque chose de neuf*; la 2e Sonate dans l'ouvrage que je vous envoie est nouvelle, personne ici ne l'a encore et je dois vous demander de ne la donner à personne, étant donné qu'elle pourrait tomber entre les mains d'un éditeur d'ici, et que cela pourrait créer un préjudice à l'éditeur qui s'en charge – [...] ».

D'autre part, plusieurs incidents concernant la diffusion de ses *Sonates* témoignent du soin que Beethoven portait à ne laisser circuler que des partitions revues ou arrangées par lui-même, c'est-à-dire des partitions qui contenaient ses audaces et sa manière personnelle d'interpréter les règles de la composition. Ainsi, en 1802, outre sa volonté de faire publier une « Édition très correcte » des deux premières *Sonates* de l'*op. 31*, il y eut un éclat avec Ries à propos des *Marches op. 45* (n° 1 et 2) : Ries les aurait données à graver au comte von Brown sans l'accord de Beethoven [été 1802, 1., 96], ce qui rendit Beethoven tellement furieux qu'il refusa de recevoir Ries à Heiligenstadt. Or, depuis quelques mois Ries était très proche de lui, et arrivé récemment à Vienne (fin 1801-début 1802), il avait été reçu à bras ouverts par Beethoven, qui accepta même de lui donner des leçons de piano (ce que Ries racontait à Simrock dans une lettre du 6 mai 1803 [1., 136]). Ferdinand Ries était le fils d'un « ami de Bonn », Franz Ries, membre comme Beethoven de l'orchestre de la cour électorale, qui avait aidé la famille Beethoven au moment de la mort de la mère en juillet 1787 – Franz Ries, d'autre part, avait appartenu, avec Simrock, Wegeler, et bien d'autres amis de Beethoven, à la loge maçonnique de Bonn.

Soucieux de contrôler la publication de ses œuvres, Beethoven se posait également comme le seul autorisé à réaliser les arrangements de ses œuvres pour d'autres instruments : c'est ce que signale Kaspar Karl, son frère, à Breitkopf & Härtel le 1er juin 1802 [1., 90], et Beethoven lui-même le confirme dans une lettre du 13 juillet 1802 [1., 97], ayant cependant la modestie de ne pas se comparer à Mozart ou à Haydn, qu'il considérait comme les seuls capables de transcrire leurs œuvres.

À la fin de l'année 1801, Beethoven, de plus en plus occupé par différentes compositions (outre les *Sonates op. 31*, il travaillait à la *Deuxième Symphonie op. 36*, au *Troisième Concerto pour piano op. 37*, au *Quintette à cordes op. 29*, aux *Trois Sonates pour piano et violon op. 30* et à la transcription pour *Quatuor à cordes de la Sonate pour piano op. 14 n° 1*), confia à son frère les négociations (commerciales) avec les éditeurs – Kaspar Karl le signalait à B&H, le 28 mars 1802 [1., 81], ce que Beethoven confirmait le 22 avril 1802 [86]] – et ce qui leur déplut énormément, tant Kaspar Karl se montrait grossier et avide, très exigeant quant aux prix – plusieurs témoignages concomitants le confirment [1., 99, 104, 136, 155].

C'est dans ce contexte que Kaspar Karl aurait promis à B&H les *Sonates* destinées à Nägeli : plusieurs lettres de Kaspar Karl [lettres 1., 85 du 22 avril, 90 du 1er juin] confirment le récit reconstruit par Ries dans les *Notices biographiques* (p. 88-89) ; il ne faut toutefois pas confondre l'offre d'une « grande Sonate pour piano » à 50 ducats, ou « de 3 Sonates avec ou sans accompagnement » à 130 ducats, avec les « 3 sonates pour piano et violon » « disponibles immédiatement », dont il est question dans la lettre à B&Härtel du 22 avril 1802.

Beethoven pardonnait pourtant à son frère, qu'il remerciait de son aide dans les dernières lignes de son Testament, rédigé à Heiligenstadt le 6 octobre 1802, c'est-à-dire peu de temps après l'initiative que Karl avait prise et qui avait rendu Beethoven furieux.

Beethoven a donc composé ces *Trois Sonates* dans le climat de crise que reflète bien son Testament, rédigé à la fin de l'été passé à Heiligenstadt, petite localité aux portes de Vienne qu'il avait choisie dans l'espoir de se rétablir. La persistance de sa surdité et de ses dérangements intestinaux l'incitait à considérer sa vie comme très fragile. Persuadé que sa mort pouvait survenir à tout moment, il prit la précaution de rédiger un testament, davantage pour laisser un témoignage de ce qu'il vivait au plus intime de lui-même que pour léguer ses biens. Dans cette longue lettre testamentaire, Beethoven expose donc les raisons de son éloignement du monde (sa surdité croissante que l'on prenait pour de la misanthropie), tout en affirmant qu'il se sentait le devoir, depuis son enfance, de mettre sa force créatrice au service de l'humanité. Tout autant que les termes ou que les arguments de cette longue lettre, le ton pathétique et le style grandiloquent adoptés reflètent l'image de lui qu'il souhaitait laisser : celle d'un héros à la Plutarque, tendu depuis son enfance vers de grandes actions et obligé de supporter les plus grandes souffrances pour réaliser sa mission auprès des hommes, également celle d'un nouveau Werther, passionné et incompris, résigné face à la mort.

Que Beethoven ait vécu une profonde crise semble incontestable : il y a d'abord le témoignage du Testament et des allusions et remarques dans sa correspondance à l'éditeur Hoffmeister au cours de l'été 1802 : son représentant à Vienne lui signalait le 25 août, puis le 4 septembre que Beethoven avait promis des œuvres mais qu'il en différait la livraison étant dans un lieu pourtant bien proche de Vienne [1., 101, 102], tandis que Beethoven avait écrit à Hoffmeister le 14 juillet 1802 [1., 98] qu'il était « à la campagne où il se reposait pour mieux travailler ensuite ».

Présentation de l'œuvre

Beethoven a accepté que les *Trois Sonates* soient publiées sous le même numéro d'opus, parce qu'il les avait pensées ensemble, et qu'elles constituaient trois solutions à une même problématique, une interprétation identique de la forme sonate traditionnelle. Dans ce but, il eut recours à des démarches similaires pour organiser trois ensembles, cohérents malgré leur profusion, qui, dans leur succession, peuvent être considérés comme un tout : la première *Sonate* se présente comme un début, la deuxième comme une interrogation centrale, la dernière comme une fin (ce qui explique qu'elle débute par un retour à la tonique, au lieu de partir sur la tonique). Moments d'un ensemble, chacune possède des traits d'écriture qui l'apparente aux deux autres : le premier thème est constitué de trois motifs contrastés, le premier mouvement possède un long développement, le Finale est très dynamique, proche d'un mouvement perpétuel jouant sur un motif rythmique dans le style d'un prélude de Bach (les deux premiers Finales sont Allegretto tandis que le dernier, en position de fin dans l'ensemble des *Trois Sonates*, est Presto con fuoco) ; et dans chacune des trois, l'écriture crée des sonorités variées qui vont de l'orchestre au quatuor à cordes, en passant par la mélodie accompagnée ou l'unisson percussif.

Sonate op. 31 n° 1 en *sol* majeur

Première des trois, cette Sonate est, comme les deux autres, plus virtuose que ce que souhaitait Nägeli pour son « Répertoire des Clavecinistes ». Elle se caractérise par un très grand élan vital et possède des aspects théâtraux.

Le premier mouvement, Allegro vivace, à 2/4 en *sol* majeur, est de forme sonate, rapide, construit à partir d'un matériau thématique bien différencié et très articulé. Le premier ensemble thématique est une succession de trois motifs délimités par des silences ; il est impulsé par une syncope, présente des éclairages harmoniques et des textures rythmiques surprenants – ce qui donne beaucoup d'amplitude, et crée des effets de surprise. Le second ensemble thématique évoque une danse mais s'évade vite dans d'autres dimensions. L'énergie du premier ensemble sert de matériau au développement modulant. La reprise est incomplète, les vagues de doubles croches à l'unisson étant reportées dans la coda.

Le mouvement lent est un Adagio qualifié de grazioso, terme insolite, mais qui se rapporte à la notion de «grâce» (notion développée par Schiller à la suite de Winckelmann). Cet Adagio est à 9/8, et il commence en *ut* majeur. Il est assez long, car il est formé de différents moments bien séparés : une mélodie calme sur un accompagnement staccato (il évoque pour certain une sérénade pour mandoline), puis une partie centrale en *ut* mineur plus intense (dans le style dramatique propre à l'opéra). L'essentiel étant la recherche de sonorités contrastées construites par l'écriture (grâce à un agencement savant des voix qui peut prendre différentes formes – telles la mélodie accompagnée, la densité orchestrale ou la disposition des quatre voix d'un quatuor à cordes –, à des processus d'accélération ou de concentration, au recours à des cadences dans le style d'un concerto ou à des broderies dans le style de variations).

Après un long suspens à la fin de l'Adagio, le Rondo final est Allegretto «alla breve». Le matériau très court et très simple est intégré à une organisation polyphonique qui crée l'effet d'un tourbillon, alors que le tempo n'est rapide que pour la coda Presto. L'effet d'accélération est accentué par la suspension Adagio qui précède ce Presto : ce jeu sur le tempo fait partie du matériau choisi par Beethoven, car les conditions d'écoulement du temps changent la perception du phénomène sonore.

Sonate op. 31 n° 2 en *ré* mineur

Cette *Sonate* est parfois qualifiée de «Recitatv-Sonate», ou de «sonate qui parle» (tandis que la première est dite «musiziert») à cause de son motif initial, un accord arpégé qui semble préluder à un récitatif (comme dans un opéra).

Le premier mouvement débute de façon étrange, par la juxtaposition de trois motifs différenciés par leur tempo, par leur texture et leur fonction harmonique : il s'agit d'un accord arpégé de fonction ambiguë (soit accord parfait, soit accord de septième de dominante) dans un tempo largo, d'une succession de secondes en croches groupées par deux dans un tempo Allegro, puis d'une demi-cadence ornée (qui maintient l'ambiguïté harmonique initiale) dans le tempo Adagio. Ainsi, le principe de tension qui a présidé à la composition de ce premier mouvement (et donc de l'ensemble de la Sonate) est immédiatement perceptible, l'arpège brisé initial, qui semble planer car il n'a ni détermination harmonique ni configuration rythmique bien définie, orientant l'écoute et conférant à l'œuvre un caractère d'interrogation inquiète. Ce premier thème, qui intègre dans sa structure le changement de tempo et le contraste de texture, trouve peu à peu son unité quand la répétition de l'arpège initial (dans des tonalités différentes et le tempo Allegro) installe une dynamique irrésistible. Malgré l'aspect déroutant de ce premier ensemble thématique, ce premier mouvement répond à la forme sonate, le second groupe thématique en *la* mineur étant plus fluide, et conduisant à l'affirmation réitérée du *la* mineur qui conclut l'exposition. Un *la* unisson, répété puis tenu, marque le terme de cette exposition tout en servant de transition neutre. Le développement qui suit joue avec l'arpège initial dans ses différentes configurations (Largo, Allegro) et dans différents éclairages harmoniques. Le dépaysement sonore s'effectue dans une dynamique sans répit jusqu'à la réexposition qui réserve plusieurs surprises : celle d'une extension de la mesure Largo qui doit être jouée *con espressione e semplice* et celle d'une extrême condensation du déroulement du premier thème. Commencé dans l'indétermination, ce premier mouvement se termine également de manière irréelle (planante) par une longue plage de résonance *pianissimo* de l'accord parfait de *ré* mineur.

Le deuxième mouvement Adagio commence également par un accord arpégé, mais dans la tonalité de *si* bémol majeur bien affirmée (tonalité majeure en relation avec le *ré* mineur), ce qui confère un caractère de détente, d'apaisement, de stabilité à ce mouvement : le rideau s'ouvre cette fois sur une scène qui commence sous un autre éclairage. Le premier rythme pointé de la sonate donne l'impulsion à la longue phrase lyrique qui se déploie tout au long du mouvement (la première partie, qui comprend deux ensembles thématiques, étant reprise étoffée dans la seconde) – cette phrase est constituée de la juxtaposition de courts motifs : rythmes pointés, broderies en forme de récitatif, vibrations (qui rappelle les batteries de tambour), plénitude sonore d'accords successifs et longs traits principalement dans le registre grave.

Le Finale (le troisième mouvement) est Allegretto à 3/8 (c'est-à-dire sans précipitation), en *ré* mineur, de forme sonate, avec un très long développement basé sur la répétition diversifiée du motif initial de ce mouvement : un petit motif en boucle qui donne l'impulsion à un flux musical continu dans le style d'un prélude de Bach. Ce « perpetuum mobile » associe arpèges et résonances harmoniques prenant appui sur les notes tonales. Le second ensemble thématique accentue le caractère de vibration conféré à la matière sonore (par de courts trilles et des octaves brisés rapides). Après le développement très modulant et très étendu, une longue coda magnifie le motif initial au point de l'inscrire de manière définitive dans la mémoire de l'auditeur. L'ensemble se termine par un long arpège descendant *piano*.

La course sans répit de ce Finale a été décrite par Czerny comme devant évoquer le galop d'un cheval (qui aurait d'ailleurs inspiré Beethoven, traduisant ce galop de passage devant sa fenêtre en musique et en rythme). Czerny prend d'ailleurs soin de souligner que « ce mouvement dure pendant tout le morceau et doit être animé par un strict respect des *piano*, des *forte*, *crescendo*, *diminuendo* et par une utilisation harmonique de la pédale » (Copyright, 1963, p. 56).

Sonate op. 31 n° 3

Le premier mouvement commence par un thème formé là encore de la juxtaposition de trois motifs bien distincts (2+4+2 mesures) : un rythme pointé sur un intervalle de quinte descendante (appel interrogatif), une montée chromatique lente, et même *ritardando*, amorcée par une pulsation régulière de trois noires (l'effet interrogatif est accentué), et une broderie de conclusion harmonique qui mène à la reprise du premier motif dans un registre plus élevé. L'ensemble donne l'impression qu'il s'agit d'une réflexion en cours arrivant dans le champ de perception de l'auditeur. Après une extension de ce premier ensemble thématique qui finit par installer une stabilité tonale par une pulsation régulière sur la répétition de la même note, le second ensemble thématique s'affirme plus mélodique, plus dense, plus rapide et plus homogène. Après une reprise, le développement joue avec les deux premiers motifs du thème initial, en élargissant les registres et en procédant à une sorte de condensation rythmique dominée par la pulsation à la croche sur notes répétées (ce qui entretient une impression d'interrogation). La réexposition n'est pas simple répétition mais poursuite du processus de transformation par élargissement des registres et extension des traits rapides de transition. La coda joue sur les oppositions de registres du premier motif et sur l'évocation répétée du motif chromatique écourté.

Le deuxième mouvement est rapide, alors que généralement il est chez Beethoven plutôt lent. Il est dénommé Scherzo alors qu'il est à deux temps (2/4), dans un tempo Allegretto vivace, association de termes contradictoires : Beethoven indique ainsi le caractère particulier, plein d'allant et d'humour, de ce mouvement et non la forme du mouvement (il joue sur l'interprétation du terme scherzo, lui rendant son sens de plaisanterie et l'oubliant comme mouvement obligé de la sonate – ce jeu sur le sens des mots est un trait caractéristique de la pensée de Beethoven). Le matériau du premier ensemble thématique est constitué d'éléments contrastés, le premier privilégiant l'harmonie, et le second le rythme incisif à nu ; l'ensemble thématique qui suit, introduit par deux accords *ff* sur le rythme incisif, est très dense, rapide et *staccato* (ce qui installe une impression d'inquiétude). Après une reprise, une sorte de développement engage un processus d'extension et de modification des éléments de l'exposition. Puis, c'est la réexposition, qui ne répète pas exactement l'exposition. Ainsi dans ce mouvement, Beethoven s'amuse à brouiller toutes les références formelles (Scherzo, Allegretto vivace, forme sonate) pour instaurer un nouveau rapport à l'œuvre, qui n'est plus succession obligée de types de mouvement, mais doit être entendue comme l'enchaînement des étapes d'une démarche de pensée.

Le troisième mouvement, Menuet, « moderato e grazioso », privilégie le chant et l'écriture à quatre voix. Le Trio installe un moment plus calme, passant de l'interrogation à l'affirmation, en jouant sur l'opposition des registres d'accords très denses. Ce mouvement est une autre façon de brouiller les repères, puisque la forme du Menuet est mise au service de l'intériorité, et non de l'extériorité mondaine, ce qu'indique le terme

« grazioso » (idée de « grâce », catégorie déjà utilisée dans l'Adagio grazioso de la première *Sonate op. 31*).

Après ce moment de calme, le Finale entraîne dans une exultation sonore débridée (en apparence). Son thème est avant tout rythmique, à 6/8, dans un tempo Presto con fuoco. Là encore (comme dans le Finale de la *Sonate op. 31 n° 2*), c'est le « perpetutum mobile » qui domine dans un flux sonore ininterrompu ; un développement central, jouant sur les modulations dans des tonalités mineures, accentue la dynamique irrésistible et l'éclat sonore de cet ensemble d'une profusion extraordinaire. La réexposition et la coda accentuent le côté « perpetuum mobile », dont le flux sonore finit par se condenser en un long accord dissonant de dix sons, deux fois de suite avant la série d'accords conclusifs.

SOURCES

Aucun manuscrit autographe, aucune copie authentifiée n'ont été retrouvés, mais il existe des esquisses pour les deux premières Sonates dans le Keßler-Skizzenbuch (utilisé de juin à fin août 1802), pour la troisième dans le Wielhorsky-Skizzenbuch (utilisé en automne 1802).

PUBLICATION

L'édition originale des *Sonates* I et II fut assurée par Nägeli en avril 1803 dans le cinquième cahier du « Répertoire des Clavecinistes » (Beethoven les a envoyées à la fin de l'été 1802), celle de la *Sonate* III fut assurée, toujours par Nägeli, au début du mois de novembre 1804 dans le onzième cahier du « Répertoire des Clavecinistes ».

En août 1803, Nägeli signalait dans l'*AMZ* la publication du cinquième cahier du « Répertoire des Clavecinistes » qui contenait les *Sonates* I et II de Beethoven, avec un commentaire dans lequel il insistait sur leur originalité et leur virtuosité, ainsi que sur la maîtrise de leur écriture : caractérisées par un style généralement réservé aux concertos, elles s'éloignent en plus beaucoup de la forme sonate habituelle.

Ces trois *Sonates* ne furent réunies sous le même numéro d'opus qu'en 1805, par l'éditeur G. Cappi à Vienne (qui leur attribua le numéro 29), alors que les deux premières, puis la troisième, avaient été publiées séparément par Nägeli en avril 1803 et en novembre 1804.

CORRESPONDANCE (HISTOIRE DE LA PUBLICATION)

D'après une lettre de Hans Georg Nägeli du 18 juillet 1802, écrite de Zurich à un ami parisien Johann Jacob Horner [1., 99], Beethoven, qui lui avait promis une contribution à son « Répertoire des Clavecinistes » (sans doute en mai 1802), devait lui envoyer les *Sonates* à la fin du mois d'août 1802. Nägeli espérait en obtenir quatre et former ainsi deux cahiers du « Répertoire », constitués chacun de deux Sonates. Mais Beethoven n'eut pas le temps d'écrire la quatrième, absorbé par la composition de la *Deuxième Symphonie* et le projet de la troisième (cf. lettre de Ries à Simrock, du 6 août 1803, [1., 152]).

Conformément à son programme éditorial, Nägeli publia les deux premières *Sonates* dans le cinquième cahier, en se permettant des corrections et ajouts qui déchaînèrent la colère du compositeur. Dans une lettre du 21 mai 1803 à Breitkopf & Härtel [1., 138], le frère de Beethoven leur demande de faire publier par l'*AMZ* la liste des quelque 80 fautes de l'édition suisse (ce qu'ils acceptent le 2 juin 1803, mais n'eurent jamais l'occasion de publier), tandis que le 25 mai 1803 [1., 139], Kaspar Karl proposait à Simrock qui cherchait à publier des « solosonaten » de Beethoven, de republier les *Sonates* déjà gravées par Nägeli, en y incorporant les corrections (dont il lui enverrait la liste). Le 29 juin [1., 142 et 143], Beethoven pressait Ries d'envoyer la liste des fautes à Simrock pour qu'une « Édition très correcte » soit enfin publiée. Simrock réalisa cette publication des deux premières *Sonates op. 31* en novembre 1803 (Ries remercie Simrock dans une lettre du 11 décembre 1803 [1., 173], en signalant que Beethoven souhaite plusieurs exemplaires).

Giovanni Cappi à Vienne se chargea à son tour de publier une « Édition très correcte ».

D'après une lettre de Beethoven à Breitkopf & Härtel du 13 novembre 1802 [1., 110], il leur aurait promis la *Troisième Sonate* (pourtant promise à Nägeli) pour compenser les dommages que pouvait leur créer l'édition pirate du *Quintette à cordes op. 29*.

Ces « éditions très correctes » des deux premières *Sonates* et la fureur de Beethoven n'empêchèrent pas Nägeli de suivre son programme éditorial et de publier la « IIIe »

dans le onzième cahier de son « Répertoire » (avec la *Sonate pathétique op. 13* à défaut de la quatrième sonate attendue), avant que Simrock et Cappi ne poursuivent leur « Édition très correcte » en publiant cette fois les trois à la fois – répondant sans doute à la volonté de Beethoven, qui avait conçu en même temps ces *Trois Sonates* pour Nägeli (ce qui explique l'absence de dédicace, la diffusion étant assurée *de facto* par la publication périodique qu'était le « Répertoire des Clavecinistes », et la rémunération par la commande de l'éditeur).

L'ŒUVRE VUE PAR LES CONTEMPORAINS

En 1803, le journal de Vienne, la *Zeitung für die elegante Welt*, cite presque textuellement l'annonce, publiée par Nägeli, du cinquième cahier du « Répertoire des Clavecinistes ». Il comprend les deux premières *Sonates* et ajoute un commentaire rapide soulignant leur originalité, leur longueur, leur « grand style » (« elles s'écartent de la forme sonate habituelle »), leur manque d'unité (« la relation entre les mouvements est très étonnante ») et la « bizarrerie » de la seconde.

Czerny, en 1842, donnait les indications suivantes :

Op. 31 n° 1. Le caractère du premier mouvement est énergique et animé. L'Adagio est, indéniablement, une sorte de « graziösen Romanze » ou de « Notturno », et il doit être joué avec beaucoup de délicatesse et de vivacité (dans la seconde partie le staccato ressemble à un accompagnement de guitare). Le Rondo final doit être joué très vite, avec un thème chantant ; les notes basses doivent être bien marquées ; le fugato central doit être puissant ; la fin, très humoristique, a quelque chose de baroque.

Op. 31 n° 2. Cette Sonate est parfaite. L'exécutant doit faire sentir l'unité et le caractère qui est de bout en bout tragique, et il ne doit pas passer à côté du ton « romantischpittoreske » de la peinture musicale. Czerny insiste sur le respect du tempo et sur l'usage de la pédale. L'Adagio est aussi sublime que le premier mouvement : il faut être familier avec les œuvres de Beethoven pour rendre la profondeur de ce mouvement. La séduction du Finale procède de son mouvement perpétuel et de son côté de simplicité enfantine (accessible après beaucoup de travail).

Op. 31 n° 3. Cette Sonate « parle » plus qu'elle ne « peint », et elle est moins élégiaque et romantique que les deux précédentes. Le premier mouvement semble commencer par une question. Le jeu staccato du Scherzo produit un grand effet, mais l'humour ne doit pas occulter le côté charmant. Le Menuet rappelle le style galant et il semble fait pour être dansé. Le Finale demande force et bravoure, et fait l'effet d'un morceau destiné à la chasse.

La *Sonate op. 31 n° 2* est vite devenue célèbre, mais une vingtaine d'années après sa publication, son étrangeté était encore difficile à comprendre – au moins pour Schindler qui, d'après son récit, aurait pressé Beethoven pour qu'il lui dise ce que « racontait » cette Sonate (quelle en était « l'idée poétique »). Beethoven aurait répondu de manière laconique : « Lisez *La Tempête* de Shakespeare ! », réponse abondamment commentée ! En fait, plutôt que de chercher une traduction musicale littérale du drame de Shakespeare, il est préférable de mettre cette réflexion sur le compte de l'humour de Beethoven, qui aimait dérouter ses interlocuteurs. Toutefois, cette référence a de l'intérêt dans la mesure où elle reflète l'importance qu'eut Shakespeare dans la formation de la culture allemande à la fin du XVIIIe et au début du XIXe siècles. À la suite de Lessing dans sa *Dramaturgie de Hambourg*, de Goethe et de Herder dans leur brochure de 1773 sur l'originalité de la culture allemande, tout allemand cultivé avait lu Shakespeare dans la traduction de Johann Joachim Eschenburg (publiée entre 1773/1775 et 1782).

Comme ses contemporains cultivés, Beethoven connaissait et lisait Shakespeare ; il possédait *Der Sturm* traduit par August Wilhelm Schlegel, et la figure d'Ariel lui était si sympathique qu'il surnomma ainsi le jeune Gerhard von Breuning, très proche de lui à la fin de sa vie (à partir de l'été 1825).

Il est vraisemblable que cette allusion à *La Tempête* est liée à l'importance qu'a la musique dans le drame, et à son rôle dans la réconciliation finale, le consentement à la vie (un des thèmes majeurs de Goethe si bien reçus par Beethoven).

Opus 30
Trois Sonates pour piano et violon

1. La *majeur*
Allegro, 3/4, la *majeur – 249 mes.*
Adagio molto espressivo, 2/4, ré *majeur – 105 mes.*
Allegretto con Variazioni, **C**, la *majeur – 86 mes.*

2. Ut *mineur*
Allegro con brio, **C**, ut *mineur – 254 mes.*
Adagio cantabile, **C**, la *bémol majeur – 114 mes.*
Scherzo. Allegro, 3/4, ut *majeur – 84 mes.*
Finale. Allegro, ¢, ut *mineur – 328 mes.*

3. Sol *majeur*
Allegro assai, 6/8, sol *majeur – 202 mes.*
Tempo di Minuetto, ma molto moderato e grazioso, 3/4, mi *bémol majeur – 196 mes.*
Allegro vivace, 2/4, sol *majeur – 221 mes.*

TEMPS DE LA COMPOSITION

Au début de l'année 1802, terminées au printemps (d'après la date inscrite sur l'autographe de la première, date qui confirme l'offre du frère de Beethoven, à Breitkopf & Härtel le 22 avril 1802).

CONTEXTE BIOGRAPHIQUE

En ce début de l'année 1802, au moment où Beethoven se mit à composer les *Trois Sonates op. 30*, il travaillait déjà, selon son habitude, à plusieurs œuvres à la fois : les *Sonates op. 31* et autres morceaux pour piano, la *Symphonie op. 36* et le *Concerto op. 37* (cf. lettre de Karl à B&H, 28 mars 1802 [1., 81]).

D'après ses premiers échanges épistolaires avec Breitkopf & Härtel au printemps 1801, il s'avère que le choix d'écrire à nouveau des sonates pour piano « avec accompagnement de violon » pourrait être lié aux suggestions de l'éditeur de Leipzig, auquel Beethoven avait demandé quelques mois auparavant ce qui lui plairait de recevoir.

Breitkopf & Härtel avait répondu dans une lettre du 21 mai 1801 [1., 62] qu'il publierait tout ce que Beethoven proposerait si les circonstances le permettaient; et il spécifiait qu'il souhaitait avoir des « Sonates pour piano avec ou sans accompagnement de violon ou de violon et de violoncelle », ajoutant aussi que Beethoven pouvait leur faire part de sa décision et mentionnant qu'il avait appris que Beethoven mettait la gloire de son talent au bénéfice de Mlle Bach et que cela ne pouvait que lui être favorable. Et, preuve de son intérêt pour Beethoven, le nouvel éditeur Breitkopf & Härtel lui demandait de quoi compléter sa collection de portraits de compositeurs remarquables – envoi auquel l'éditeur tenait puisque, dans une lettre du 27 novembre 1801 [1., 72], il rappelait à Beethoven qu'il avait promis d'envoyer une œuvre pour Regina Bach ainsi que son portrait.

Pourtant, si Beethoven acceptait de répondre aux besoins du marché de l'édition musicale, il ne renonçait pas pour autant à son exigence de renouvellement des règles de l'écriture, tant pour la musique de piano seul que pour la musique de chambre. Son choix était donc également lié à sa volonté de continuer l'exploration de l'écriture pour piano et violon, en donnant une part égale à chacun, comme il venait de le faire avec les deux *Sonates op. 23* et *op. 24* composées en 1800/1801. Il est d'ailleurs possible que Beethoven ait eu envie de poursuivre l'exploration de l'écriture pour piano et violon à la suite de l'article élogieux paru dans l'*AMZ* (revue publiée par B&H) en janvier 1802 à propos des deux *Sonates op. 23* et *op. 24* (le critique appréciait l'ordre, la clarté, la maîtrise acquise, et soulignait le caractère abordable de la première sonate).

C'est sans doute au moment où il terminait la composition de ces *Trois Sonates* que Beethoven demanda à son frère Kaspar Karl, de les proposer à B&H qui cherchait à publier des œuvres de lui depuis quelques mois [1., 59, 62].

Dans une lettre du 28 mars 1802 à cet éditeur [1., 81], Kaspar Karl l'informait que jusque-là rien n'était disponible, mais qu'il pouvait envoyer un grand Quintette, et 3 ou 4 semaines plus tard ne grande Symphonie et un Concerto pour piano. Ce n'est que le 22 avril qu'il proposait parmi d'autres œuvres les Sonates pour piano et violon [1., 85].

Malgré cette offre qui répondait à une suggestion de sa part, B&H ne publia pas les œuvres proposées qu'il trouvait trop chères.

Beethoven les fit alors éditer à Vienne en les dédiant au tsar Alexandre Ier : le choix du dédicataire paraît beaucoup moins insolite si la politique réformatrice du nouveau tsar est prise en compte. Alexandre Ier, tsar à la suite de l'assassinat de son père en mars 1801 par des conjurés dont il faisait partie, se singularisa alors par une volonté de réformes : élevé dans l'esprit des lumières et du despotisme éclairé, il abolit la censure, s'intéressa à l'instruction publique, commença à libérer les paysans et fit la paix avec l'Angleterre et la France de Bonaparte.

Beethoven, déçu par Bonaparte à la suite de la signature du Concordat [1., 84, 8 avril 1802], rendait ainsi hommage à un nouvel homme politique européen, qui semble avoir entendu les conseils du marquis de Posa dans le *Don Carlos* de Schiller (œuvre de référence pour Beethoven comme en témoignent les citations qu'il en fait à plusieurs reprises). En même temps, par cette dédicace, Beethoven continuait à manifester sa préférence pour une société politique libérée, dans le cadre d'un état constitutionnel respectueux des droit de l'individu.

Beethoven a dû attendre décembre 1814 pour recevoir la gratification qu'il espérait en dédiant cette œuvre au tsar Alexandre Ier (voir *op. 89*).

PRÉSENTATION DE L'ŒUVRE

Ces *Trois Sonates* ont été pensées comme un ensemble, la Sonate centrale ayant une dimension très nouvelle et étant encadrée par deux sonates en apparence plus « classiques ». Toutes trois donnent une place essentielle au dynamisme de la sonorité et à la recherche de sonorités nouvelles.

La première *Sonate* en *la* majeur (la sixième *Sonate pour piano et violon*) est un jalon très important dans la composition d'œuvres de ce genre, dans la mesure où Beethoven donne une place équivalente à chacun des deux instruments, dépassant ainsi la notion d'accompagnement de l'un par l'autre. Le titre « avec accompagnement de violon » signale déjà que le piano n'a plus seulement un rôle de mise en valeur du soliste violoniste, mais qu'ils sont tout deux partenaires à part entière.

Elle est constituée de trois mouvements. Le Finale, que Beethoven avait d'abord prévu, fut utilisé comme Finale de la *Sonate pour piano et violon op. 47*, et remplacé par un mouvement de forme thème et variations.

Le mouvement initial, Allegro, de forme sonate, s'ouvre sur un accord, *fp*, attaqué par les deux instruments qui posent ensemble la tonalité de *la* majeur. Puis, l'organisation du premier ensemble thématique, impulsée par une broderie au piano, indique implicitement par sa structure polyphonique que l'écriture donne une part égale à chacun des deux instruments. Une polyphonie par imitation, dans une pulsation plus rapide, caractérise également le second ensemble thématique plus chantant. Un développement assez court, qui débute par la densité sonore de trilles, privilégie lui aussi l'imbrication des voix dans des éclairages de tonalités mineures. Après une réexposition qui confirme le calme de l'exposition (la pulsation de noires dominant), une coda termine ce premier mouvement dans un climat très serein.

Le deuxième mouvement, Adagio, molto espressivo, propose une autre forme de polyphonie, le violon jouant une mélodie lyrique largement caractérisée par des rythmes pointés, pendant que le piano assure une continuité sonore d'abord heurtée sur des rythmes pointés enchaînés, puis régulière sur des sextolets de doubles croches, après une transition de quelques mesures modulantes. À la fin, le rythme pointé reparaît avant que le matériau sonore ne se désagrège.

Le troisième mouvement Allegretto expose un thème de 32 mesures, présentant une autre forme de polyphonie, contrepoint entre la main gauche du piano et le violon pour la première partie, puis en imitation pour la seconde. Chacune des six variations joue sur le rythme et l'imbrication nouvelle des voix.

Var. I Les triolets rapides du piano sont ponctués par des interventions du violon.

Var. II Le violon mène de manière continue.

Var. III Sur une main gauche brillante, les deux voix aiguës imbriquent leurs rythmes et leurs sauts d'intervalles.

Var. IV Les deux instruments se succèdent, les accords arpégés du violon, dans un style de récitatif, invitant le piano à intervenir.

Var. V « Minore », les deux instruments, soit imbriquent leur chant, soit convergent.

Var. VI « Maggiore » à 6/8, Allegro ma non tanto, le principe du contrepoint en imitation du thème est repris.

Une coda magnifie l'écriture polyphonique.

La deuxième *Sonate op. 30 n° 2*, en *ut* mineur (la septième *Sonate pour piano et violon*), dénommée « große » Sonate, a quatre mouvements de vaste dimension, sauf le Scherzo. Cette extension met en question le modèle même du genre sonate destiné à la musique de chambre. Il s'agit ici d'une Sonate écrite pour deux instruments solistes, dans une écriture contrapuntique très serrée.

Le premier mouvement Allegro con brio s'ouvre sur un court motif à l'unisson des deux mains, volontaire et répété, premier élément du premier ensemble thématique qui comprend aussi une descente chromatique et pose l'*ut* mineur, avant de partir à l'assaut de l'espace sonore. Le second thème est une sorte de fugato sur un rythme pointé très dynamique. Cette exposition qui se termine de manière très dense par une imbrication de traits aux deux instruments ne comporte pas de reprise. Un long développement comporte plusieurs épisodes : le motif initial, le second thème à l'unisson puis s'échappant dans des modulations mineures, une plage de transition. Ce développement est suivi d'une réexposition modifiée comportant des transitions développées et s'achevant par une coda qui, jouant sur les deux thèmes raccourcis, fait figure de nouveau développement.

Après avoir élargi les dimensions de la forme sonate et en avoir modifié la démarche, le deuxième mouvement est, comme attendu, un Adagio cantabile. En *la* bémol majeur, la première partie du chant est exposée par le piano, puis reprise par le violon; une deuxième partie, joue sur l'opposition entre les notes longues du violon et des arpèges ascendants de doubles croches au piano, sorte d'intermède qui mène à une reprise étoffée de la première partie suivie d'un intermède encore plus intense (échanges de septolets *ff* surprenants).

Le troisième mouvement, un Scherzo en *ut* majeur, Allegro, réinstalle la vitalité et l'humour, par de courts motifs rythmiques répétés. Le Trio joue sur la continuité sonore des lignes de chacun des deux instruments en contrepoint.

Le quatrième mouvement, Finale, Allegro, réinstalle l'*ut* mineur par un motif grave et ramassé. Sa forme tient à la fois du rondo et de la forme sonate sans reprise de l'exposition. Le premier motif qui fait office de refrain est suivi d'un motif plus chantant, puis d'un deuxième ensemble thématique continu et dynamique. Le développement joue de tous les éléments thématiques dans une très grande densité sonore. La réexposition reprend cette croissance de l'intensité, jusqu'à ce que le refrain mène à une coda, Presto final, volubile, qui unifie les éléments thématiques en insistant sur les unissons et les côtés percussifs du piano.

Dans la troisième *Sonate op. 30 n° 3* en *sol* majeur (la huitième *Sonate pour piano et violon*), chacun des trois mouvements est une combinaison du jeu des deux instruments ensemble, leurs spécificités sonores étant mises en valeur et servant même de guide à la conduite du discours (attaques, entretien du son, vibration, etc.).

Le premier mouvement Allegro assai à 6/8, de forme sonate, donne toute sa force au jeu à l'unisson : le premier thème est basé sur cet unisson dans une structure tonale solide et un large espace sonore. Le second thème donne une consistance à l'épaisseur harmonique dans un rythme propre au 6/8. Après une reprise, le développement court joue avec diverses formes de plénitude sonore, mettant en valeur les différents types d'attaque et d'entretien du son. La réexposition se termine par une coda qui magnifie les unissons intégrés dans une texture très dense. Deux accords piano mettent un terme à l'intensité de ce flux.

Le deuxième mouvement, Tempo di Minuetto, ma molto moderato e grazioso, correspond à un moment de calme installé par une mélodie qui se répète toujours identique à elle-même, mais dans une structure polyphonique qui varie.

Le Finale, Allegro vivace, de forme rondo avec des couplets très courts et un refrain qui revient souvent, illustre la joie de jouer ensemble et ne cesse de mettre en valeur les sonorités et les attaques propres à chacun des deux instruments. Après un long accord tenu, suspension du flux sonore et suspension harmonique à la place de la cadence attendue, la coda s'élance dans un nouvel éclairage tonal, sans abandonner la dynamique impulsée par le refrain. La référence à la musique populaire est explicite dans les esquisses (dans le Kafkaschen Konvolut), en marge desquelles Beethoven a inscrit : « mit liegendem Baß auf die Art eines bären

Tanzes» (avec des basses à la manière d'une danse d'ours) (cité in Laaber II, 92).

SOURCES

Il existe des esquisses qui s'étendent de janvier à mai 1802.

Les manuscrits autographes ont été retrouvés à la mort de Beethoven (ils faisaient partie de l'inventaire après décès).

PUBLICATION

L'édition originale parut en mai et juin 1803 – le titre est en français :

«TROIS SONATES / pour le Pianoforte / avec l'Accompagnement d'un Violon / composées et dediées / à Sa Majesté / ALEXANDRE I, / Empereur de toutes les Russies / par / LOUIS van BEETHOVEN. / Œuvre XXX. [...] / À Vienne, au Bureau d'Art et d'Industrie, Rue Kohlmarkt N° 269, et à Londres chés Dale.»

La *Wiener Zeitung* du 28 mai 1803 en annonça la parution (en même temps que celle des *Bagatelles op. 33*).

Le supplément de la *Zeitung für die elegante Welt* du 8 novembre 1803 indiquait que ces *trois Sonates*, ainsi que les *opus 33, 28, 14 n° 1* dans l'arrangement pour quatuor à cordes, avaient été publiées à Vienne en 1802 et 1803 par le Bureau d'Art et d'Industrie.

Ces *Trois Sonates* furent ensuite éditées par Simrock à Bonn en 1803; également à Berlin et Amsterdam en 1804/1805, à Leipzig en 1812 et 1814.

Des transcriptions furent publiées : la *Troisième Sonate* fut transcrite pour quintette avec flûte, violon, deux altos et violoncelle, en 1811 à Braunschweig; le dernier mouvement de la *Première Sonate* fut transcrit pour piano à quatre mains en tant que «Variations favorites», à Vienne en 1825; et les *Trois Sonates* furent transcrites pour Quatuor à cordes par Simrock à Bonn après la mort de l'auteur.

DÉDICATAIRE

Le tsar Alexandre Ier (1777-1825) régna à partir de mars 1801, année de l'assassinat de son père (un complot, auquel Alexandre participa, avait cherché à le faire abdiquer). Il manifesta aussitôt son désir de réformes : libéraliser la vie publique (abolition de la censure, ouverture aux publications étrangères, création de ministères, mise en place d'un véritable système éducatif, remise en cause du servage) et engagé un traité de paix avec l'Angleterre (juin 1801), puis avec la France (octobre 1801). Cette avancée vers une monarchie constitutionnelle et un régime de libertés ne dura que peu de temps, la reprise des guerres napoléoniennes entraînant un changement d'attitude.

Le tsar Alexandre Ier avait épousé en 1793 Louise (1779-1826), fille du prince Karl Ludwig von Baden.

L'ŒUVRE VUE PAR SES CONTEMPORAINS

L'*AMZ* publia en 1803 un article concernant seulement la *Première Sonate*. Le critique se disait insatisfait de cette nouvelle œuvre, qu'il ne considérait pas digne de Beethoven, et qu'il avait pourtant jouée à plusieurs reprises pour y trouver chose qui sorte de l'ordinaire : «Il n'en ressort pas du tout que cette Sonate soit banale. Quelque chose de cette nature ne pourrait pas couler de la plume de M. Beethoven.» Il trouvait que le premier mouvement ne possédait pas ce flux de pensées auquel on était habitué, qu'il lui manquait un caractère spécifique. Quant au troisième mouvement Allegretto, il n'était selon lui pas réussi : Beethoven aurait pu tirer des variations plus intéressantes du thème initial. Pourtant le critique prenait le deuxième mouvement en considération, un Adagio de caractère mélancolique. En fin de compte, il pensait que Beethoven avait composé cette œuvre trop rapidement, ou en étant de mauvaise humeur. Toutefois, il soulignait qu'elle est moins difficile à jouer que la plupart des autres œuvres de Beethoven.

CORRESPONDANCE

Voir «Contexte biographique».

Opus 48
Six Lieder

Poèmes de Christian Fürchtegott Gellert
N° 1 «Bitten», Feierlich und mit Andacht, ₵, mi *majeur – 45 mes. (4 strophes)*
N° 2 «Die Liebe des Nächsten», Lebhaft, doch nicht zu sehr, ₵, mi *bémol majeur – 29 mes. (14 strophes)*

N° 3 « Vom Tode », Mäßig und eher langsam als geschwind, 3/4, fa *dièse mineur – 49 mes. (7 strophes)*
N° 4 « Die Ehre Gottes aus der Natur », Majestätisch und erhaben, ¢, ut *majeur – 42 mes. (6 strophes)*
N° 5 « Gottes Macht und Vorsehung », Mit Kraft und Feuer, ¢, ut *majeur – 18 mes. (15 strophes)*
N° 6 « Bußlied », Poco adagio, 3/4, la *mineur / Allegro ma non troppo, 3/4,* la *majeur – 113 mes. (durchkomponiert)*

Temps de la composition

Au cours de l'hiver 1798-1799, Beethoven a ébauché le Lied « Vom Tode », avant de s'intéresser aux autres poèmes. Il semble que la composition des six poèmes choisis ait été terminée au début de l'année 1802 (en tous cas avant le 8 mars 1802, date de la copie que von Browne a fait établir).

Une esquisse contenue dans le Eroica-Skizzenbuch de 1803 laisse supposer que Beethoven pensait à une autre version de « Vom Tode », après la publication des Gellert-Lieder.

L'ordre de succession des Lieder n'a été fixé que peu de temps avant l'édition originale[1]; dans le dernier manuscrit autographe, cet ordre semble suivre la taille des Lieder : le plus court, « Gottes Macht und Vorsehung », à la fin, après le plus long, « Bußlied ». Ce n'est qu'à la suite de la permutation de ces deux derniers Lieder que l'ordre répond à une logique, postérieure donc à leur composition.

L'ordre de l'édition publiée par Hoffmeister à la fin de l'année 1803, quelques mois donc après l'édition originale, n'est pas le même : l'éditeur, de sa propre initiative, a placé le Lied « Gottes Macht und Vorsehung » en deuxième position (alors qu'il était le cinquième) pour établir une autre logique (1, 5, 2, 3, 4, 6).

Contexte biographique

La première ébauche musicale du poème « Vom Tode » se situe à une période douloureuse de la vie de Beethoven, si l'on en croit les indications chronologiques qu'il donnait à Wegeler dans sa lettre du 29 juin 1801 [1., 65] : « Depuis trois ans, mon audition ne cesse de s'affaiblir », écrivit-il : « J'ai déjà souvent maudit le créateur et mon existence, *Plutarque* m'a conduit à la *résignation*, je veux braver mon destin, si c'est encore possible, bien qu'il y aura des moments de ma vie où je serai la créature de Dieu la plus malheureuse. Je te prie de ne parler à personne de mon état, même pas une fois à *Lorchen*, c'est un secret que je te confie à toi seulement. »

Ses pensées morbides sont donc directement liées à son état de santé, qui explique ses craintes. De plus, Beethoven venait alors de perdre l'un de ses plus proches amis de Bonn, Lorenz von Breuning (1776-1798). Cet ami un peu plus jeune, avec lequel le compositeur partageait une très grande complicité musicale (il lui avait donné des leçons de piano à Bonn, et ils se retrouvaient souvent à Vienne pour faire de la musique), venait de passer quelques années à Vienne pour faire ses études de médecine ; il y était arrivé en 1794, un an après Beethoven, et était retourné à Bonn en octobre 1797 où il mourut le 10 avril de l'année suivante. La douleur que cette disparition provoqua chez Beethoven fut ravivée par le départ de Karl Amenda en juin 1799, ce nouvel ami qu'il avait rencontré à Vienne au printemps 1798 : « Comment Amenda peut-il imaginer que je puisse l'oublier [...]. Des milliers de fois, il a été pour moi le meilleur des hommes que je connus jamais ; outre les deux hommes qui ont possédé tout mon amour, et dont l'un vit encore, tu es le troisième – rien ni personne ne pourra m'empêcher de penser à toi [...] »

Karl Amenda quitta Vienne pour retourner dans sa Courlande [Lettonie] natale, en automne 1799, c'est-à-dire au moment où le désespoir lié à la détérioration de son ouïe envahissait Beethoven. Sous l'emprise d'un sentiment de déréliction (il s'est cru abandonné par ses amis, comme il s'était senti abandonné par ses parents au moment de la mort de sa mère en 1787), Beethoven chercha un réconfort dans la prière et la méditation sur la mort. Mais, lecteur roman de Goethe, *Wilhelm Meister*, publié entre 1795 et 1796, il ne pouvait qu'associer l'injonction « memento mori » à l'inscription « Souviens-toi de vivre » qui accueillait le visiteur de la « Salle du passé » – lieu d'une telle beauté que « quiconque » y « entrait » « se sentait comme élevé au-dessus de lui-même, en découvrant, dans cette harmonie artistique, ce qu'est

1. Sur ce point, voir l'article de Joanna Cobb Biermann, « Zyklische Anordnung in Beethovens Gellert-Liedern », in *Bonner Beethoven – Studien*, 2, Verlag Beethoven – Haus Bonn, 2001, p. 45-61.

l'homme et ce qu'il peut être »[1]. Ainsi, pour Beethoven, comme le choix des poèmes de Gellert en témoigne, l'injonction de penser à la mort était indissociable de l'évocation de la vitalité de la nature animée par un Dieu bienfaiteur et plein de miséricorde. Et comme la « belle âme » piétiste de *Wilhelm Meister*[2], Beethoven était convaincu que les exercices spirituels liés à la musique permettaient de s'évader des souffrances terrestres et d'atteindre la transcendance.

Beethoven se trouvait alors à un moment de sa création où il souhaitait écrire de la musique religieuse, genre qu'il n'avait pas encore expérimenté : ses inquiétudes, sa quête d'un Dieu protecteur qu'il ne pourrait pas maudire et ses exigences créatrices se sont donc rencontrées pour l'inciter à mettre en musique des poèmes dans lesquels il retrouvait sa propre sensibilité religieuse aquise au temps de Bonn. Écrits par Christian Fürchtegott Gellert, un poète de la première moitié du XVIIIe siècle, et publiés en 1757, ces poèmes avaient déjà souvent été mis en musique, et en cette fin du XVIIIe siècle, ils faisaient figure de littérature « ancienne » – ce que ne manqua pas de relever le critique de l'*AMZ* en 1804, qui attendait la mise en musique de poèmes reflétant une spiritualité plus d'actualité. Le choix de Beethoven, que l'*AMZ* considérait comme étrange, ne l'est pas s'il est compris comme un désir de retrouver ce qui avait constitué sa sensibilité tant religieuse que musicale. De fait, très répandus pendant son enfance, ces « Geistliche Oden und Lieder » de Gellert[3], interprétations poétiques des psaumes, devaient servir au recueillement religieux et être chantés sur les mélodies d'anciens chorals – mais certains compositeurs les avaient mis en musique, dont dès 1758 Carl Philip Emanuel Bach, un des fils de Bach qui eut une grande importance dans la formation musicale de Beethoven.

Que ce choix de poèmes extrait du recueil de Gellert ait été significatif pour Beethoven, le *Testament de Heiligenstadt*, cette lettre écrite à ses frères les 6 et 10 octobre 1802 (six mois après la composition des *Gellert-Lieder*) en porte témoignage : les idées ainsi que certaines expressions, en relation étroite avec sa lecture de Plutarque et de *Werther*, semblent avoir été puisées dans le poème « Vom Tode ». Par exemple la strophe 5 : « Sorge nicht, wie früh du stirbst ; / Deine Zeit ist Gottes Sache. / Lern nicht nur den Tod nicht scheun, / Lern auch seiner dich erfreuen » (Ne te soucie pas du moment de ta mort, ton temps de vie est l'affaire de Dieu. N'apprends pas seulement à ne pas redouter la mort, / Apprends aussi à t'en réjouir) exprime ce qu'a mentionné maintes fois Beethoven dans ses lettres, et son attente de la mort. De même à la strophe 3 : « Dieses Herz, von Gott erneut, / Ist des Todes Freudigkeit » (Ce cœur, confirmé par Dieu, ressent la joie de la mort), ou dans l'expression « mit freuden eil ich dem Tod entgegen » (avec joie je me presse au-devant de la mort) ; ou encore à la strophe 6, « Er, der rief : Es ist vollbracht ! / nahm dem Tode seine Macht » (Celui qui crie : tout est accompli, prend son pouvoir à la mort), dans le « So wär's geschehen » (S'il en était ainsi). La prière aussi, ajoutée le 10 octobre à la lettre du 6 illustre la pensée de Beethoven : « O Vorsehung – laß einmal einen reinen Tag der Freude mir erscheinen [...] » (ô Providence – laisse-moi entrevoir une fois un véritable jour de joie [...]).

Si Beethoven s'est intéressé au poème « Vom Tode » en 1798-1799, au moment où il envisageait sa mort de manière imminente, il continua à s'interroger musicalement sur ce poème, même après la publication des *Gellert-Lieder*, en 1803 (comme en témoignent des esquisses du cahier « Eroica » [Landsberg 6] où sont conservées ses recherches d'une mélodie pour les trois derniers vers de la première strophe), puis en 1822 (comme en témoigne une mention de ce Lied, en *sol* mineur cette

1. *Wilhelm Meister, les années d'apprentissage*, Livre VIII, Chap. V, Bibliothèque de la Pléiade, p. 890.

2. *Id.*, Livre VI, « Confession d'une belle âme », p. 718-777.

3. Gellert publia en 1757 à Leipzig un recueil de 54 « Geistliche Oden und Lieder », « zum singen » (spécifiait-il dans la préface). Ces Odes et Lieder, très souvent utilisés et mis en musique, furent regroupés (après la mort de Gellert) en cinq catégories : la prière, les fêtes religieuses, la louange divine, les exhortations morales et les considérations sur la maladie et la mort. Dès 1758, Carl Philipp Emanuel les mit tous en musique ; puis de nombreux compositeurs au cours des années 1760 s'intéressèrent à quelques poèmes, jusqu'à Haydn en 1796 qui composa des trios et quatuors vocaux (Hob. XXV, c. 7, c. 8, c. 9) qui furent publiés au cours de la seconde moitié de l'année 1803, et dont il fit cadeau au comte de Browne le 16 mai 1805.

fois, dans une lettre adressée à Carl Friedrich Peters le 5 juin 1822 [4., 1468]) : penser à la mort était la seule voie pour supporter et dépasser ses souffrances. Transcendance possible que Beethoven envisageait par la prière, par l'expression de son repentir, par l'attente de la miséricorde divine et du pardon, et surtout par l'affirmation musicale de la joie. Ces thèmes se trouvent également au cœur de son oratorio *Christus am Ölberge op. 85*, composé en 1803 (donc au moment où il préparait l'édition des *Gellert-Lieder*) et souvent révisé.

Le contenu des six poèmes retenus (prier, avoir confiance en Dieu, aimer son prochain, se faire pardonner ses fautes, se réjouir des bienfaits divins manifestés dans la Nature) exprime si bien sa vision du monde inspirée par ses lectures de Plutarque, Shakespeare, Goethe, Schiller, Kant, Sturm[1] et Sailer –, qu'il représente comme la quintessence de sa spiritualité.

Pour trouver l'expression musicale la plus juste de ces thèmes porteurs de sa religiosité, Beethoven s'est intéressé au style propre à la musique religieuse, souvent qualifié de style ancien, en s'imprégnant des *Oratorios* de Haendel ou de Haydn comme du *Requiem* de Mozart qu'il appréciait beaucoup[2] (il l'avait entendu[3] à Vienne en janvier 1793 avec Salieri) et en cherchant dans la bibliothèque impériale les anciennes partitions de musique d'église (ce qu'il fit surtout plus tard, au moment où il composa ses *Messes op. 86* et *op. 123*).

Enfin, ces *Gellert-Lieder* portent en eux un aspect essentiel des intentions éthiques de Beethoven, qui souhaitait que ses œuvres servent à l'édification spirituelle des auditeurs. Pratiquer sa musique, écouter ou lire ses partitions étaient l'équivalent « d'exercices spirituels », car il était convaincu, à la suite de Gellert qui le précisait dans la préface de l'édition de ses poèmes, que le poète est un éducateur. Le choix de dédier ces Lieder (écrits pour la comtesse von Browne) au comte von Browne pour le consoler de la mort prématurée de sa femme le 13 mai 1803, témoigne de cette volonté de Beethoven d'aider les autres à supporter et à dépasser leurs souffrances.

PRÉSENTATION DE L'ŒUVRE

Cet ensemble de six *Lieder* n'a pas été pensé, au départ, comme un cycle (qui aurait été dans ce cas, le premier cycle de Lieder), puisque leur ordre n'a été fixé que tardivement (ce qui autorisa Hoffmeister, dans son édition parue à la fin de l'année 1803, à modifier l'ordre de l'édition de Mollo pour installer une certaine symétrie dans la répartition des poèmes). Mais les hésitations de Beethoven, et la facture de chacun Lieder montrent l'émergence de l'idée de cycle[4], même si chaque Lied a d'abord été pensé pour lui-même – leur succession n'a donc pas encore de valeur contraignante (de la même façon que chacun des cinquante-quatre poèmes du recueil de Gellert a son autonomie).

Même s'il ne s'agit pas délibérément d'un cycle, les six *Lieder* possèdent des caractères communs liés à leur dimension spirituelle : ils portent tous, d'une manière ou d'une autre, la marque du style réservé à la musique religieuse, style qui, en cette fin du XVIIIe et début du XIXe siècles, était encore constituée d'une rhétorique proche du figuralisme, d'un usage fréquent de la déclamation syllabique et d'une écriture contrapuntique serrée. Outre cette tradition d'écriture propre à la musique dite « ancienne », sont présentes également, dans la conception de ces *Lieder*, des références aux oratorios de Haendel et au *Requiem* de Mozart. Ainsi, dans chacun des *Lieder*, le tempo et la tonalité sont adaptés au contenu du poème, tandis que l'organisation mélodique et rythmique se calque sur la prosodie, sans recours à des broderies mélismatiques – seul le « Bußlied » possède une écriture plus complexe et « moderne ». D'autre part, comme habituellement dans les musiques d'église, la mesure est « alla breve »

1. « Die Ehre Gott aus der Natur » exprime une idée fréquente chez Gellert, idée qui se retrouve aussi chez le théologien protestant Christoph Christian Sturm que Beethoven lisait, bien que l'ouvrage ait été interdit. *Betrachtungen über die Werke Gottes im Reiche der Natur und der Vorsehung auf alle Tage des Jahres, Reutlingen 1811* (voir la dernière inscription du *Tagebuch*, n° 171 : « Sey mein Fels, mein Licht, ewig meine Zuversicht ! », citation (pas tout à fait exacte) de Sturm qui date de 1818.

2. Beethoven participa à la controverse de 1825/1826 sur l'authenticité de cette œuvre, déclenchée par un article de J. Gottfried Weber dans *Cäcilia* 3 en 1825.

3. Il pouvait même l'étudier puisque la partition fut éditée par Breitkopf en 1801, et la réduction pour piano par André en 1802.

4. Voir Joanna Cobb Biermann, *art. cit.*

dans quatre des six *Lieder* (seuls « Vom Tode » et « Bußlied » sont à 3/4).

N° 1 « Bitten » (Prier)
Gott, deine Güte reicht so weit,
So weit die Wolken gehen;
Du krönst uns mit Barmherzigkeit,
Und eilst, uns beyzustehen.
Herr, meine Burg, mein Fels, mein Hort,
Vernimm mein Flehn, merk auf mein Wort;
Denn ich will vor dir beten!
Dieu ta bonté se répand si loin,
Aussi loin que les nuages;
Tu nous couronnes avec miséricorde,
Et tu t'empresses de nous venir en aide.
Seigneur, mon rempart, mon roc, mon asile,
Entend mon imploration, reçois mes mots;
Car je veux prier devant toi!

Le tempo de cette courte prière de 45 mesures « alla breve », placée en tête du recueil, est caractérisé par l'emploi de termes appartenant à la sphère religieuse : « Feierlich und mit Andacht », c'est-à-dire « Solennel et avec recueillement ». La tonalité de *mi* majeur est clairement établie par huit mesures d'écriture contrapuntique à trois voix, qui servent à énoncer le thème au piano seul. Les paroles, plus déclamées que chantées par la voix soliste, sont celles de la première strophe d'un poème qui en comprend quatre et dont le thème général est l'attente d'un dieu plein de miséricorde, qui donne sagesse, raison et sens du devoir à celui qui a une confiance inébranlable en lui. Pour exprimer cette quête de l'absolu contenue dans l'interpellation du Seigneur, « Herr, meine Burg, mein Fels, mein Hort » (allusion directe au Psaume 17, « Te Deum royal »), Beethoven renonce au mouvement mélodique pour ne conserver qu'une note répétée sur des harmonies tendues, un rythme immuable et avec une intensité croissante.

N° 2 « Die Liebe des Nächsten » (L'amour du prochain)
Le tempo de cette courte exhortation (29 mesures) à aimer son prochain, est « Lebhaft, doch nicht zu sehr » (animé, mais pas trop) « alla breve ». La tonalité de *mi* bémol majeur est posée par un long accord du piano dès le début du *Lied*. Seule la première des 14 strophes est mise en musique, d'une manière simple proche de la déclamation, sauf quand il est question de sentiment : dissonances sur l'évocation de la haine ou de la dérision, allusion à la fugue quand il est question de l'amour (« Gott ist Lieb » est énoncé comme s'il s'agissait de la tête d'un sujet de fugue). Le postlude du piano est très détendu.

So jemand spricht : ich liebe Gott!
Und haßt doch seine Brüder,
Der treibt mit Gottes Wahrheit Spott,
Und reißt sie ganz darnieder,
Gott ist die Lieb, und will, daß ich
Den Nächsten liebe, gleich als mich.
À quelqu'un dit : j'aime Dieu!
et en fait hait ses frères,
se moque de la vérité divine,
et entraîne tous les autres,
Dieu est amour, et veut, que
J'aime mon prochain comme moi-même.

L'ensemble du poème montre le croyant aspirant à posséder la faculté de compassion en prenant exemple sur le fils de Dieu qui est mort pour le salut de tous.

N° 3 « Vom Tode » (De la mort)
Ce *Lied*, qui a servi de pierre angulaire à l'ensemble de l'opus, doit être joué dans un tempo « Mäßig und eher langsam als geschwind » (Modéré et plutôt lent que rapide). Il est à trois temps et sa tonalité, posée dès le départ, est *fa* dièse mineur (celle de la *Sonate pour piano op. 27 n° 2*, composée peu de temps après, en 1801). Seule la première des sept strophes du poème est mise en musique (49es.), c'est-à-dire celle qui enjoint l'homme de penser à sa mort sans attendre.

Meine Lebenszeit verstreicht,
Stündlich eil ich zu dem Grabe;
Und was ist's, das ich vielleicht,
Das ich noch zu leben habe?
Denk, o Mensch! an deinen Tod;
Säume nicht; denn Eins ist noth.
Le cours de ma vie s'écoule,
D'heure en heure je me rapproche de la tombe
Et qu'est-ce qui dit que peut-être
J'ai encore davantage à vivre?
Pense, ô homme, à ta mort;
Ne tarde pas; la fin est proche.

La voix, toujours sur le même rythme blanche-noire, est doublée par le piano qui entretient une harmonie pesante et tendue dans les registres graves – cette mise en musique renforce le sentiment qu'il s'agit de quelque chose d'inéluctable (l'évocation du glas mortuaire en fait une certitude), tandis que le chromatisme, les dissonances et les répétitions soulignent l'injonction « säume nicht » (ne tarde pas).

Les six autres strophes du poème invitent le croyant à vivre comme il aimerait avoir vécu au moment où il mourra ; à se donner un cœur affermi par la foi pour ne pas redouter le jugement dernier. Il est inutile de craindre Dieu puisque c'est lui qui a la vie de chaque homme entre ses mains ; il faut au contraire apprendre à se réjouir de la mort et continuer à avoir confiance en Dieu qui sait ce qu'il fait.

N° 4 « Die Ehre Gottes aus der Natur » (La Gloire de Dieu à travers la nature)

Ce Lied doit être joué « Majestätisch und erhaben » (Majestueusement et noblement). Sa tonalité pleine d'*ut* majeur résonne dès les premiers accords *ff* sur un rythme solennel. Beethoven a mis en musique les deux premières des six strophes du poème, 42 mesures de déclamation, divisées en deux parties différenciées par la densité harmonique et par les modulations.

Die Himmel rühmen des Ewigen Ehre,
Ihr Schall pflanzt seinen Namen fort.
Ihn rühmt der Erdkreis, ihn preisen die Meere;
Vernimm, o Mensch, ihr göttlich Wort!
Les cieux chantent le gloire éternelle,
Son nom résonne.
La terre et les mers chantent ses louanges ;
Entends, ô homme, la parole divine !

Wer trägt der Himmel unzählbare Sterne?
Wer führt die Sonn aus ihrem Zelt?
Sie kömmt und leuchtet und lacht uns von ferne,
Und läuft den Weg, gleich als ein Held.
Qui porte les innombrables étoiles du ciel ?
Qui fait sortir le soleil de son abri ?
Il vient, luit et rit pour nous de loin,
Parcourt le chemin, semblable à un héros.

Ce poème s'appuie sur le Psaume 18 (« Yahvé, soleil de justice ») et décrit la gloire de Dieu en des termes semblables, dont Schiller se souviendra pour *An die Freude*.

La force et la perfection du Créateur sont proclamées dans un solide *ut* majeur orné par des modulations de passage dans le style baroque. Les termes portant l'idée de la toute-puissance divine sont soulignés par la musique (large intervalle, modulation de passage, point d'orgue, répétitions) : « Ewig », « Ehre », « Namen », « Mensch », « göttlich Wort », « lacht », « und läuft den Weg gleich als ein Held ».

N° 5 « Gottes Macht und Vorsehung » (Puissance et providence divines)

Ce Lied très court (18 mesures) doit être joué « Mit Kraft und Feuer » (avec force et avec feu). Il est encore en *ut* majeur et seule la première des 15 strophes est mise en musique dans un style déclamatoire, qui met en valeur la force de Dieu et la grandeur de la création.

Gott ist mein Lied!
Er ist der Gott der Stärke;
Hehr ist sein Nam, und groß sind seine Werke,
Und alle Himmel sein Gebiet.
Dieu est mon Lied !
Il est le Dieu de la force ;
Majestueux est son nom et grandes ses œuvres,
Et tout le ciel son domaine.

Les autres strophes du poème décrivent la présence bienfaisante du Dieu sauveur.

N° 6 « Bußlied » (Chant de pénitence)

Ce Lied (qui ne fut pas toujours pensé par Beethoven comme une conclusion de l'ensemble) est de structure plus complexe que les cinq autres : il couvre les six strophes du poème, ce qui représente 113 mesures, et est constitué de deux parties contrastées, la première Poco adagio, à 3/4 en *la* mineur pour les trois premières strophes, et la seconde « attaca subito », Allegro ma non troppo, toujours à 3/4 mais en *la* majeur pour les trois dernières strophes, chacune des strophes est différenciée par la musique qui, de bout en bout, est plus proche de l'air accompagné que du style déclamatoire – le tempo est indiqué de façon courante, et non plus de manière « ancienne ».

La première partie concerne l'aveu de ses péchés par le pénitent, qui ose se présenter à Dieu pour l'implorer. Le style est fidèle à la tradition rhétorique de la musique qui « figure » le sens des mots du texte, les dissonances soulignant par exemple les expressions de souffrance intérieure : « Jammer », « Seufzen », « Sünden », « meiner Schuld ».

La seconde partie, plus rapide et majeure, s'appuie sur une référence implicite au « Recordare » du *Requiem* de Mozart, et donc aussi au « Dies irae » (dont les strophes 9 à 15 ont été utilisées par Mozart). Pour chacune des trois strophes, la musique est une variation du thème énoncé par le piano seul, sorte de double sujet de fugue, le sujet le plus proche de la déclamation étant repris par la voix pour les trois strophes, tandis que la densité sonore de la partie de piano s'amplifie et s'intensifie et manifeste ainsi la confiance grandissante du pénitent qui sait que Dieu est miséricordieux et aime à se réjouir (« Du bist ein Gott, der gern erfreut »). La fin exulte sur la répétition des derniers vers, « Er hört mein Schrein, der Herr erhört mein Flehen und nimmt sich meiner Seelen an » (Il entend mon cri, le Seigneur entend ma supplication et se charge de mon âme).

Pour ce Lied de pénitence (il s'agit de la prière du pécheur qui se repend et espère le pardon divin), Beethoven a donc eut recours à une forme en deux parties différenciées par le tempo et le mode, ainsi qu'au principe de la variation (principe réservé à la musique instrumentale), geste de transgression par rapport au style traditionnel de la musique d'église. Or cet écart, ce transfert des éléments du profane dans le religieux, sert à donner un caractère personnel à cette prière, dont le but est pour Beethoven de demander à Dieu son pardon.

SOURCES

Les sources qui existent encore appartiennent à un stade avancé du processus de composition.

À défaut d'esquisses, il existe une première ébauche de « Vom Tode », publiée dans la NGA XII, 1, p. 269 sq.

Il ne reste que les manuscrits autographes de « Gottes Macht und Vorsehung », portant l'indication « N° 6 » et de « Bußlied » portant l'indication « N° 5 » (à Bonn).

Il existe une copie (à Vienne, GdM), établie à partir du manuscrit : elle porte ce titre : « Sechs Geistliche Lieder v. Gellert / für den Graf Browne in Musik gesezt / v Ludwig van Betthowen/ Diese Abschrift für die Füsrtin Johann Lichtenstein / Montags den 8t Martz 1802 V Browne », mais elle n'était pas destinée à l'éditeur (l'ordre des Lieder est celui du manuscrit ainsi que celui de l'exemplaire de chez Mollo qui porte les corrections d'une autre main que celle de Beethoven, de près d'une cinquantaine de fautes – et qui a été retrouvé en 1993).

PUBLICATION

L'édition originale fut assurée par Tranquillo Mollo à Vienne au début du mois d'août 1803 (le 6 août 1803 [1., 152], Ries annonçait à N. Simrock qu'il allait lui envoyer les Lieder qui devaient paraître très prochainement chez Mollo [« Bei Mollo kommen nächstens 6 geistliche Lieder [...]. Sobald sie angekommen, sende ich sie Ihnen gleich. »])

Le titre est en allemand :

« VI LIEDER / von Gellert / am Klavier zu singen / und / Dem Herrn Grafen Browne / Brigadier im Russischem [*sic*] Dienste / zugeeignet / von / HERRN LOUIS van BEETHOVEN / Wien bey T. Mollo u. Comp. / [...] »

En été 1804, quand l'éditeur Artaria se sépara de Mollo, chacun prit une part du fonds : Artaria eut ainsi les plaques gravées des *Gellert-Lieder* qu'il publia donc, avec son nom (mais, ce n'est pas l'édition originale).

Simrock, puis Hoffmeister, publièrent les *Gellert-Lieder* à partir de l'édition originale à la fin de l'année 1803 : Simrock ajouta les strophes qui se trouvaient sur une copie que von Browne avait fait établir le « lundi 8 mars 1802 », pour la princesse Johann Lichtenstein, tandis qu'Hoffmeister omit ces strophes et modifia l'ordre des Lieder (1, 5, 2, 3, 4, 6), ce qui établit une symétrie entre les prières qui se situent au début et à la fin, et la louange divine qui se trouve en deuxième et avant-dernière position. Cet ordre variable reflète les hésitations de Beethoven.

DÉDICATAIRE

Johann Georg von Browne-Camus (1767-1827) était comte d'Empire au service du tsar. Beethoven lui dédia les *Trios à cordes op. 9* (avec une longue dédicace publiée), la *Sonate pour piano op. 22*, les *Gellert-Lieder op. 48* et les *Variations pour violoncelle WoO 46*. Si Beethoven composa ces *Lieder* pour la comtesse Anna Margaret von Browne avant sa mort (le 13 mai 1803), il les dédia à son mari, sans doute pour le consoler de la disparition de sa femme – geste qui ne pouvait que plaire au comte von Browne qui, d'après une lettre de Ries à Wegeler le 28 décembre 1837, voulait posséder toutes les œuvres de Beethoven [note 4, lettre 1., 96, été 1802].

L'ŒUVRE VUE PAR LES CONTEMPORAINS

L'*AMZ* VI (n° 36, du 6 juin 1804 [col. 608-612]) rendit compte de ces *Lieder* après leur publication, soulignant dès le début que les lecteurs allaient être très surpris par cette nouvelle version des poèmes de Gellert (auxquels les plus belles mélodies des vieux chorals liturgiques correspondent si bien), écrits par Beethoven dans un style « figuraliste » interprété de façon plus ou moins libre. Les lecteurs allaient également être très étonnés que Beethoven s'intéresse à des poèmes anciens. Cependant la composition est tout à fait adaptée au contenu, excepté quand il ne s'agit que d'exhortation (comme celle d'aimer son prochain – poème qui aurait pu être évité). Cette composition prouve que Beethoven manie très bien l'art de la rhétorique musicale, tant pour la construction d'ensemble que pour le traitement de détail (la déclamation, l'accentuation sont justes), et il a su ajuster la taille du Lied au poème, sauf pour le n° 5 « Gott ist mein Lied », trop court et que l'on s'ennuie à répéter 15 fois !

Le premier, « Gott deine Güte reicht so weit », qui ressemble à un choral, est apprécié par le critique qui préfère toutefois le n° 3, « Meine Lebeszeit verstreicht », en *fa* dièse mineur, dans lequel souffle « un esprit génial ». D'autant plus que « l'excellent » « die Himmel rühmen die ewige Ehre », qui appelle les trompettes, les timbales et les tambour, établit un contraste saisissant. Quant au « Bußlied », le critique analyse sa composition en soulignant que ce Lied est fidèle à l'effet que désirait le poète.

Opus 34
Six Variations pour piano en *fa* majeur

Thema Adagio cantabile, 2/4, fa *majeur – 22 mes.*
Var. I [sans indication de tempo], 2/4, ré *majeur – 22 mes.*
Var. II Allegro ma non troppo, 6/8, si *bémol majeur – 22 + 14 mes.*
Var. III Allegretto, dolce, **C**, sol *majeur – 22 + 14 mes.*
Var. IV Tempo di Menuetto, 3/4, mi *bémol majeur – 22 + 14 mes.*
Var. V Marcia, Allegretto, 2/4, ut *mineur – 22 + 22 mes.*
[Transition], 2/4, ut *majeur – 6 mes.*
Var. VI Allegretto, dolce, 6/8, fa *majeur – 22 + 14 mes.*
Coda " " " " " *, 18 mes.*
[Var. VII] Adagio molto, 2/4, fa *majeur – 22 mes.*
Épilogue " " " " " *, 3 mes.*

TEMPS DE LA COMPOSITION

Écrites au cours de l'été 1802, en même temps que les *Variations op. 35* ; ces variations étaient en voie d'achèvement au cours de l'automne (Beethoven les envoie à Breitkopf & Härtel, le 18 décembre).

CONTEXTE BIOGRAPHIQUE

Au cours de l'été 1802, alors qu'il dit se reposer à Heiligenstadt (d'après une lettre à l'éditeur Hoffmeister du 14 juillet 1802 [1., 98]), Beethoven, malgré la détresse intérieure dont son Testament porte témoignage, continue à être très actif, ce dont ses cahiers d'esquisses apportent la preuve. Pourtant, aussi bien son frère (dans sa lettre du 25 sept. 1802 [1., 103]) que l'éditeur Hoffmeister le 29 septembre [1., 105] semblent trouver qu'il achève bien peu de choses, qu'il a peu d'œuvres terminées à offrir. Pour combler le vide, Kaspar Karl, chargé de ses affaires depuis le début de l'année, propose des œuvres avant leur achèvement ; mais proche de Beethoven, il est au courant des projets et des intentions de son frère, comme en témoigne son premier argument de vente des *Variations op. 34* : leur conception originale (ce qui est confirmée par les futurs arguments de Beethoven à son éditeur éventuel [1., 108, 123], ainsi que par ses cahiers d'esquisses qui portent quelques annotations verbales). Sur le cahier d'esquisses Kessler (de 1802), Beethoven a noté, à côté d'un motif thématique, une idée qu'il ne voulait pas perdre : « Chacune des V. dans une métrique différente – ou bien avec des changements de main, les traits à gauche et ensuite les mêmes ou d'autres à droite. » Sur le cahier d'esquisses Wielhorsky de la même époque, il semble que Beethoven se soit figuré avec plus de précision l'organisation de son nouvel ensemble de variations, car il esquissa une suite de motifs de métrique et de tonalités différentes notant en tête un chiffre ou une description comme

« Menuetto » ou « Todtenmarsch » (Marche funèbre) : l'idée de contraste radical semble l'avoir emporté sur l'idée d'alternance entre les deux mains, ainsi que sur l'idée d'intégrer des types de musiques présentées isolées ou appartenant à d'autres genres.

Beethoven, qui avait déjà composé nombre de *Variations* à partir d'un air à la mode, cherchait cette fois à expérimenter de nouveaux procédés. Pour se conformer à sa volonté de faire du nouveau, il décida de recourir à sa propre imagination (le terme « selbst », de soi-même, revient d'ailleurs très souvent dans sa correspondance), et de chercher en même temps dans des directions différentes, tout en brouillant les limites des genres jusque-là bien établis : c'est ainsi qu'il composa en même temps les « Petites Variations » *op. 34* et les « Grandes Variations » *op. 35*, selon les termes qu'il emploie dans sa lettre du 18 décembre 1802 à Breitkopf & Härtel [1., 123].

Pour éprouver sa capacité à renouveler son langage, il s'est lancé dans deux séries, chaque fois à partir d'un thème « original », c'est-à-dire de son invention; pourtant si les *Variations op. 34* ont un thème inédit, les *Variations op. 35* reprennent un thème déjà entendu, celui du thème du Finale des *Créatures de Prométhée op. 43*, ballet créé le 28 mars 1801 au Burgtheater à Vienne, où il fut rejoué une trentaine de fois au cours des saisons 1801 et 1802.

Beethoven était si content de ses deux nouvelles solutions, qui correspondaient à une « ganz neue Manier », qu'il décida d'inscrire ces deux nouvelles séries de Variations dans le catalogue de ses œuvres, sous les numéros d'*opus 34* et *opus 35*, et qu'il les fit publier en les dédiant à des musiciens viennois : l'*op. 34* à la princesse Barbara Odescalchi, à laquelle il avait déjà dédié d'autres œuvres pour piano, et l'*op. 35*, d'abord à l'Abbé Stadler, autre compositeur, qu'il remplaça au dernier moment par un mécène, également compositeur de variations, le comte Moritz von Lichnowsky.

Si cette volonté de renouvellement à partir de son propre fonds est un des traits du processus créateur chez Beethoven, elle devait servir, pensait-il, la diffusion de ses œuvres – conviction qui ne semble pas avoir été partagée par ses éditeurs, en particulier par Breitkopf & Härtel qui fut très réticent dans son engagement à publier les œuvres de Beethoven : à plusieurs reprises [1., 91, 92], il signale qu'il n'a aucune idée de la façon dont réagira le public aux œuvres de Beethoven. Cette pusillanimité rendait Beethoven furieux [1., 108], et il ne manqua pas de leur faire remarquer que les éditeurs étaient nombreux à espérer des œuvres de lui, et que beaucoup de ses œuvres étaient reproduites par d'autres éditeurs – pratique que critiquait Breitkopf & Härtel car elle contribuait à faire baisser les prix, ce qui était avantageux pour les amateurs, mais peu fructueux pour les éditeurs (qui achetaient les œuvres au compositeur) [1., 109, lettre de Breitkopf & Härtel du 3 novembre 1802].

Présentation de l'œuvre

Avec ces six *Variations*, Beethoven expérimenta une nouvelle conception de la variation, à partir d'un thème original (ce n'est pas un air d'opéra à la mode), chacune des six étant écrite dans une tonalité, un tempo et une métrique différents (étant pourtant enchaînées les unes aux autres) – l'unité de l'ensemble provenant de la manière identique de traiter le temps et l'espace, à l'exception de la conclusion de l'ensemble qui est très étendue (Beethoven, Kaspar Karl et les commentateurs parlent parfois de la septième variation). La relation des tonalités s'établit autour d'une tierce majeure ou d'une tierce mineure (en alternance) : *fa-ré-si* bémol-*sol-mi* bémol-*ut*, puis retour à la tonique *fa*. Cette succession de tonalités liées entre elles permet à Beethoven de donner un éclairage différent à chacune des variations du thème, dont la mélodie est toujours présente.

Le thème, en *fa* majeur, Adagio à 2/4, que Beethoven qualifie de « cantabile », commence par une « levée » qui impulse l'affirmation tonale; le parcours harmonique est ensuite sans surprise (tonique-dominante-tonique) et le geste cadentiel est constitué de deux accords graves brefs et de faible intensité; la forme est A B A. Ce schéma formel et ce parcours harmonique sont les mêmes pour chacune des variations, mais dans un éclairage et une texture qui change de variation en variation :

Var. I, en *ré* majeur à 2/4, Adagio, elle ornemente le thème de manière traditionnelle, mais dans une nouvelle tonalité.

Var. II, en *si* bémol majeur, Allegro ma non troppo à 6/8, elle débute par un rythme pointé décidé auquel succède un trait arpégé, les contretemps dominant la partie centrale.

Var. III, en *sol* majeur, Allegretto à **C**, elle commence dolce pour donner l'impulsion à un mouvement parallèle continu aux deux mains, qui oscille entre harmonie et polyphonie.

Var. IV, en *mi* bémol majeur, Tempo di Minuetto, à 3/4, elle oppose à nouveau un rythme pointé et de calmes broderies, la partie centrale possédant un caractère plus orchestral.

Var. V Marcia, Allegretto à 2/4 en *ut* mineur, elle est impulsée et dominée par un rythme pointé énoncé dans le registre grave du piano et connotant une marche funèbre; son évolution s'effectue au milieu de contrastes d'intensité. Cette variation est prolongée par six mesures en *ut* majeur, transition au cours de laquelle la matière sonore de plus en plus dense se transforme en un trille et une suspension harmonique qui laissent attendre la variation suivante, « attacca subito l'Allegretto »

Var. VI Allegretto à 6/8 en *fa* majeur, elle commence dolce en inscrivant le rythme pointé de la variation précédente dans la métrique 6/8, métamorphose opérée par les possibilités de l'écriture musicale. Cette dernière variation se termine par une coda de 18 mesures qui prépare le retour du thème initial, cette fois Adagio molto, toujours en *fa* majeur, mais à 2/4. Retour qui devient point de départ d'une longue conclusion expressive et lyrique (considérée comme une septième variation).

SOURCES

Le manuscrit autographe se trouve maintenant à Bonn.

Des esquisses se trouvent dans le Kessler – Skizzenbuch et le Wielhorsky-Skizzenbuch de 1802.

PUBLICATION

L'édition originale a été assurée en avril 1803 par Breitkopf & Härtel à Leipzig; le titre est en français :

« VI / Variations / POUR LE PIANO-FORTE / composées et dédiées / À Madame la Princesse Odescalchi / née Comtesse de Keglevics / par / L. VAN BEETHOVEN. / Œuv. 34 [...] »

L'annonce de la publication ne parut que dans les pages supplémentaires de l'*AMZ* de juillet 1803, et Beethoven ne reçut les premiers exemplaires qu'en juin 1803.

Elles furent rééditées par Simrock à Bonn en 1809 (Ries les lui avait envoyées le 6 août 1803), par G. Cappi à Vienne dès 1803 (édition corrigée), ainsi qu'à Paris et à Londres.

Le thème fut transcrit pour quatuor à cordes par Simrock à Bonn en 1822 et intégré au recueil intitulé « Diverses pièces en quatuor... » (voir *op. 10, 26, 27, 33, 43*). Il fut aussi transcrit pour voix et piano en tant que « Abschiedslied » et publié par G. Cappi à Vienne (par Diabelli pour la guitare).

CORRESPONDANCE (HISTOIRE DE LA PUBLICATION)

En septembre 1802 [1., 103, avant le 25 septembre], alors qu'elles n'étaient pas terminées, Kaspar Karl les proposait à Hoffmeister pour 16 ducats, en soulignant qu'elles étaient écrites de manière radicalement nouvelle.

Le 18 octobre [1., 107], Kaspar Karl les proposait, ainsi que les *Variations op. 35*, à Breitkopf & Härtel : si l'offre commerciale insistait à nouveau sur leur originalité, l'imprécision quant à leur quantité prouve que ces œuvres n'étaient pas achevées à cette date, mais que Kaspar Karl espérait bien les vendre (il spécifie les conditions financières et le nombre d'exemplaires gravés attendus par Beethoven).

Ce même jour Beethoven ajouta une lettre à celle de son frère, confirmant les propositions de Kaspar Karl, répétant et soulignant qu'il avait composé ces deux œuvres d'une manière nouvelle, différente dans chacun des cas, ce dont pour une fois il avait conscience; il essayait de convaincre l'éditeur qui affirmait qu'il n'aurait pas à regretter son choix.

Le 3 novembre 1802 [1., 109], Breitkopf & Härtel accepta l'offre de Beethoven, qui, furieux à cause de l'affaire du *Quintette op. 29*, avait failli ne plus leur vendre [1., 118, 119].

Le 8 décembre 1802 [1., 120], Georg August Griesinger, correspondant de Breitkopf & Härtel à Vienne, écrivit qu'il avait obtenu que Beethoven envoie les *Variations* à Leipzig, que d'ailleurs il lui avait jouées « avec son talent bien connu ». Le 11 décembre [1., 121], le compositeur n'avait pas encore livré ses *Variations* au représentant de B&H à Vienne, peut-être parce qu'il était encore très en colère à cause de l'affaire de son *Quintette op. 29*.

Le 18 décembre (ou à peu près) [1., 123], Beethoven envoya ses manuscrits avec une lettre dans laquelle il priait l'éditeur d'insérer une note préliminaire spécifiant la nouveauté des variations, pour l'*op. 34* («les plus petites») comme *35* («les plus grandes»), Variations qu'il voulait voir intégrer à ses œuvres désignées par un numéro d'opus, car le titre était de lui – il laissait le choix de la langue ou des langues à l'éditeur. Malgré son insistance, l'éditeur ne publia pas cette note préliminaire.

Le 12 février 1803 [1., 127], Kaspar Karl indiqua à l'éditeur le nom des dédicataires : «Les petites *Variations* sont dédiées à la princesse, les grandes en *mi* bémol à l'abbé. Les *Variations op. 35* ne furent pas dédiées à l'abbé Stadler (1748-1833) mais au comte Moritz von Lichnowsky, selon le vœu exprimé par Beethoven dans une lettre du 8 avril 1803 [1., 133].

Le 3 mars [1., 128], Breitkopf & Härtel signala que les *Variations* étaient sous presse, mais il voulait des précisions sur la quantité de variations dans chacune des deux œuvres : Beethoven parlait pour les «petites» de 7 et il n'en trouvait que 6, de 24 pour les «grandes» et il n'en trouvait que 15.

Le 26 mars [1., 129], Kaspar Karl indiqua les numéros d'opus respectifs; pour la quantité, il fallait attendre la correction des épreuves.

Breitkopf & Härtel annonça le 2 juin [1., 141] que les deux séries de Variations étaient gravées, mais que seules les premières étaient déjà éditées (depuis avril, mais les exemplaires ne furent expédiés qu'en juin).

Le 6 août [1., 152], Ries envoya plusieurs œuvres à Simrock dont les *Variations op. 34*, en attendant la réception des *Variations op. 35*.

L'ŒUVRE VUE PAR SES CONTEMPORAINS

Peu après la publication des *Variations op. 34*, l'*AMZ* (1803 [col. 556/557]) se montra très satisfaite que Beethoven ait inscrit au catalogue de ses œuvres ces nouvelles *Variations*, très belles, très différentes des précédentes et pas trop difficiles à jouer.

Le critique présentait brièvement le thème et chacune des six variations. Le thème est parfait, doux, mais signifiant; la var. I en *ré* majeur est pleine d'élan et de grâce, la var. II, Allegro ma non troppo à 6/8 en *si* bémol majeur, est grave; la var. III en *sol* majeur, Allegretto à quatre temps, sereine; la var. IV en *mi* bémol majeur, gaie, Tempo di Minuetto, 3/4; la var. V, en *ut* mineur, Marcie, 2/4, grave et puissante; la var. VI qui retrouve le *fa* majeur, Allegretto à 6/8, serein,; la fin est un libre Adagio molto.

DÉDICATAIRE

Comtesse Anna Luise Barbara (Babette) von Keglevics (voir *Opus 7*).

Opus 35

Quinze Variations et une fugue pour piano en *mi* bémol majeur

Introduzione col Basso del Tema – Allegretto vivace, 2/4 – 575 mes.

TEMPS DE LA COMPOSITION

En même temps que les *Variations op. 34*, été 1802; sans doute furent-elles achevées en décembre de la même année.

Le thème provient du Finale de la musique de ballet *Les Créatures de Prométhée op. 43* (1801) et de la septième des douze *Contredanses pour orchestre* WoO 14 (1800-1801).

CONTEXTE BIOGRAPHIQUE

Conçues en même temps que les «petites» *Variations op. 34*, ces «grandes» *Variations op. 35* répondent à la même intention d'expérimentation. Pour l'*op. 35*, l'investigation ne se porte pas sur des changements d'éclairage et de caractère mais du côté des possibilités d'une écriture contrapuntique inscrite dans les règles de l'harmonie tonale.

Alors qu'il réfléchissait au renouvellement de sa façon de composer (ce dont une lettre du 25 septembre 1802 de Karl à Breitkopf & Härtel se fait l'écho), Beethoven retrouvait à Vienne en octobre 1802 son compatriote musicien et ami de Bonn (ils s'étaient inscrits ensemble à l'université le 14 mai 1789), Anton Reicha, qui venait de passer trois ans à Paris et qui lui montra le manuscrit de ses *36 Fugues composées d'après un nouveau système* (qui furent publiées par Steiner à Vienne en 1804). Il semble que Beethoven ait été piqué au vif par le projet de son ami : même si sa réaction fut de dénigrer la prétention de Reicha – qu'il n'appelle plus par son nom, mais qu'il nomme «fr. Componist» –, de l'accuser de faire des fugues qui n'en sont plus[1], il tint cependant à prouver que lui aussi était capable de maîtriser l'écriture contrapuntique de manière inédite, tout en restant fidèle à l'héritage de Bach et de Haendel, ainsi qu'à son maître Albrechtsberger qui lui donna des leçons de contrepoint entre janvier 1794 et début 1795 (peu après son arrivée à Vienne). Son apprentissage avec Albrechtsberger avait commencé avec l'écriture pour deux voix, puis pour trois, pour quatre, avant de se lancer dans la fugue et le canon – étapes qui constituent la démarche retenue par Beethoven pour l'ensemble de ces *Variations op. 35* ; d'ailleurs, l'utilisation de tierces et de sixtes parallèles indique que Beethoven a été un élève attentif d'Albrechtsberger.

La référence à Bach est manifeste dans la variation n° 7, « Canone all'ottava » rigoureux, ainsi que dans le choix d'une fugue précédée d'une variation en forme de prélude (Beethoven avait appris à jouer du piano et à écrire de la musique en se familiarisant avec le *Clavier bien tempéré* de Bach). Quant à Haendel, Beethoven lui avait déjà rendu hommage dans ses douze *Variations pour piano et violoncelle WoO 45*, écrites en 1795 sur un thème extrait de *Judas Maccabée*.

Ainsi, pour trouver une nouvelle manière de composer, Beethoven se tourne vers ses grands prédécesseurs et puise largement dans ce qu'il a appris – geste qu'il adopta également au moment de composer ses très grandes œuvres au début des années 1820 : la *Missa solemnis op. 123*, les *Variations Diabelli op. 120*, la *Neuvième Symphonie op. 125*.

Beethoven releva donc le défi que Reicha lui avait lancé sans le vouloir, en mettant en évidence les possibilités de l'utilisation « moderne » de l'écriture contrapuntique appliquées au genre thème et variations. Ce besoin de relever ce qu'il prenait pour un défi constitue aussi un des traits de l'attitude créatrice de Beethoven : comme s'il ne pouvait supporter de ne pas être le premier, le meilleur, le seul, comme s'il ne tolérait pas d'être comparé à d'autres… Le contexte de la création des *Variations Diabelli op. 120* (entre 1819 et 1823) en est le paradigme.

En automne 1802, l'imagination de Beethoven est tellement stimulée par le thème de « Prométhée » qu'il songe déjà à lui donner une dimension orchestrale, et qu'il commence à esquisser sa *Troisième Symphonie* en reprenant, pour le Finale, le même procédé que pour les *Variations op. 35*.

Que Beethoven ait réutilisé ce même thème dans des œuvres appartenant à des genres différents (l'un destiné à des amateurs de piano, l'autre aux auditeurs de concerts publics), témoigne de l'importance qu'a eu le travail sur *Les Créatures de Prométhée*. Comme le *Prométhée* de Goethe, Beethoven aspirait à peupler le monde de créatures à son image ; il avait besoin de mettre en acte son imagination inépuisable et de l'éprouver aussi dans l'espace sonore d'un grand orchestre.

PRÉSENTATION DE L'ŒUVRE

Cet ensemble de *Quinze Variations* suivies d'une fugue a une organisation très particulière tant pour la présentation du thème que pour la conclusion. L'unité est assurée par la structure harmonique, par la mélodie du thème ainsi que par la mise en jeu de quelques-uns des motifs insérés dans la présentation du thème (une batterie de trois croches, un rythme incisif, une courte broderie, des tierces, un *sf*, des gammes rapides, le changement de tempo induit par la présence d'un point d'orgue).

Le tempo du thème a un Allegretto vivace, qui associe deux modalités d'écoulement du temps différentes : Allegretto n'est pas Vivace, mais, comme souvent, Beethoven joue sur le sens des mots (il brouille les références en induisant la confusion entre le substantif et l'adjectif « vivace »).

D'autre part ce thème est précédé d'une « Introduzione col Basso del Tema » (comme Beethoven le signale à son éditeur dérouté) : cette expression est inscrite sur la partition imprimée. Cette introduction, Allegretto vivace à 2/4, ouverte par un long et dense accord parfait de *mi* bémol majeur *ff*, est constituée ensuite de quatre fois 8 (x2) + 8 (x2) mesures : la première fois la basse, véritable « cantus firmus » d'une chaconne, qui correspond en fait au cadre harmonique de *mi* bémol majeur, est exposée à découvert selon une progression en accélération rythmique par raccourcissement de la valeur des notes dans les huit premières mesures (quatre blanches, trois noires et une noire pointée complétée par une croche et enfin quatre croches). Les huit mesures suivantes

1. Lettre de Beethoven à Breitkopf & Härtel, écrite vers le 18 décembre 1802 [1., 123] et envoyée avec les manuscrits des *Variations op. 34* et *35*.

sont constituées de deux mesures vides encadrant un rythme de batterie sur la dominante, un point d'orgue et une cadence parfaite. La deuxième fois, la basse du thème est « A due », le « cantus firmus », sonnant une octave plus haut, est accompagné par une broderie mélodique au parcours interrompu par des syncopes et par une petite cadence poco adagio au moment du point d'orgue. La troisième fois, la basse du thème est « A tre », le « cantus firmus » sonnant encore une octave plus haut, et le changement de registre assurant deux autres voix. La quatrième fois, « A quattro », le « cantus firmus » est dans les aigus, tandis qu'un rythme incisif sur des tierces donne l'élan à cette quatrième présentation plus animée. Chaque fois un motif mélodique ou rythmique est introduit qui servira de point de départ pour les variations.

Après cette préparation très « didactique » (qui se souvient des leçons d'Albrechtsberger), le thème apparaît *dolce* très simple, dans une texture harmonique dense, et dans la même structure : 8 (x2) + 8 (x2).

Cette Introduction, inscrite sous le signe du contrepoint dans une structure harmonique solide, est suivie de quinze variations qui ont toutes la même structure harmonique, le même tempo et la même métrique (sauf la n° XV, Largo à 6/8) et qui sont toutes en *mi* bémol majeur (sauf la n° VI et la n° XIV qui sont mineures); le Finale, « alla Fuga » est Allegro con brio à 2/4 en *mi* bémol majeur; l'Andante con moto final est lui aussi à 2/4 en *mi* bémol majeur.

Le contraste systématique entre chacune des variations est évité; au contraire elles sont regroupées de manière à constituer des plages de caractère différent (analogues aux différents moments d'une sonate) : ainsi les n° I, II et III correspondent au mouvement Allegro initial d'une sonate tandis que les n° IV à VIII sont l'équivalent à la fois d'une seconde idée thématique et d'un développement avec passages modulants. Les n° IX à XIII constituent l'équivalent d'un Scherzo, les n° XIV et XV l'équivalent d'un mouvement lent et méditatif dont la tension est résolue par un Finale rapide (Beethoven a indiqué « Finale. Alla Fuga. Allegro con brio ».)

Var. I : elle a pour fonction d'installer le mouvement dans le cadre qui vient d'être établi.

Var. II : elle confirme le mouvement en l'accélérant par une succession ininterrompue de triolets de doubles croches et une cadence Presto sur le point d'orgue.

Var. III : le rythme introduit dans la présentation de la basse du thème « A quattro » donne son élan à cette troisième variation : le court motif rythmique répété est juxtaposé à un écartèlement des registre, le tout dans une intensité *f* et *ff*.

Var. IV : le mouvement est assuré par la voix basse *p*, tandis que la mélodie du thème est esquissée dans la densité harmonique des registres plus élevés.

Var. V : les deux voix commencent *pp* et calmement, une polyphonie est tissée peu à peu par les quatre voix.

Var. VI : l'harmonie mineure est entretenue par des octaves brisés graves et rapides, ce qui dramatise le discours.

Var. VII : intitulée « Canone all' ottava », cette variation associe élan et stricte écriture contrapuntique.

Var. VIII jouant sur des oppositions de registres, le chant est accompagné par des arpèges *pp* rapides.

Var. IX : *sempre forte*, installant le caractère d'un scherzo, cette variation rythmique joue avec des successions d'arpèges de tierces et de sixtes propulsés par une note basse *sf*, elle-même propulsée par une appogiature sur un large intervalle.

Var. X : encore dans le caractère d'un scherzo, elle semble former un couple avec la précédente, d'abord plus légère mais interrompue par une trépidation inquiétante.

Var. XI : dans un style de Laendler, elle détend l'atmosphère en jouant sur les oppositions de registres.

Var. XII : étude sur des tierces et des octaves par deux, rapides, chacune des mains à son tour.

Var. XIII : elle fait figure d'étude pour maîtriser les sauts de mains dans une atmosphère joyeuse et dense créée par des appogiatures aiguës et dissonantes (à la seconde), et par la répétition d'accords de six sons.

Var. XIV : après ces variations qui évoquent un Scherzo, cette variation est « minore » et le « cantus firmus » est inscrit dans une polyphonie calme. Elle n'a pas de reprise (les 32 mesures sont écrites) et se termine par une cadence Adagio qui mène au « Maggiore. Largo » à 6/8.

Var. XV : pour la première fois dans cet ensemble, le tempo et la métrique changent, Largo à 6/8, pour déployer une sorte de prélude lent précédant la fugue à la manière de Bach, ou une sorte de Fantaisie libre à la manière de Carl Philipp Emmanuel Bach, tout en faisant référence au jeu et aux sonorités de la harpe, instrument largement présent dans « la musique au Parnasse », n° 5 des *Créatures de Prométhée*.

Après une Coda *espressivo* qui débute sur un rythme pointé pour se dissoudre dans un rythme large et unifié jusqu'à produire un plein effet de résonance sur un accord de dominante, le Finale Alla Fuga commence sur la basse du thème pour se déployer Allegro con brio à 2/4 en trois parties, et se prolonger en un Andante con moto, à 2/4 en *mi* bémol majeur, nouvelle variation, cette fois ornementale, du thème réexposé dans ce tempo plus lent.

SOURCES

Le manuscrit autographe se trouve à Bonn. Des esquisses se trouvent dans le Kessler-Skizzenbuch et Wielhorsky-Skissenbuch.

PUBLICATION

L'édition originale a été assurée par Breitkopf & Härtel à Leipzig en août 1803 ; le titre est en français :

« VARIATIONS / Pour le Piano=Forte / composées et dédiées / À Monsieur le Comte Maurice Lichnowski / par / L. VAN BEETHOVEN. / Œuv. 35 / […] »

L'*AMZ* en annonça seulement la publication en novembre 1803, parmi les nouveautés parues depuis la Saint Jean.

Une autre édition parut chez G. Cappi à Vienne dès 1803, sans dédicace (en même temps que l'*op. 34*, sans doute une version corrigée). Ces Variations furent également éditées à Paris et à Londres.

DÉDICATAIRE

Le comte Moritz von Lichnowsky (1771-17 mars 1837), le plus jeune frère du prince, était également un ami et un mécène de Beethoven. Musicien lui-même (il avait composé et fait éditer chez Traeg en 1798 des *Variations* sur l'air « Nel cor più mi sento », extrait de *La Molinara* de Paisiello). Beethoven lui dédia la *Sonate op. 90* (1815) et lui écrivit un *Canon* humoristique « Bester Herr Graf » le 20 février 1823, *WoO 183*.

CORRESPONDANCE (HISTOIRE DE LA PUBLICATION). VOIR ÉGALEMENT *OPUS 34*

Conçues en même temps que les *Variations op. 34*, ces *Variations op. 35* ont la même histoire, à l'exception du choix de leur dédicataire, de la question de leur quantité, de leur page de titre et de leur date de parution.

Le 8 avril 1803 [1., 133], Beethoven spécifiait à l'éditeur Breitkopf & Härtel qui se perdait dans la quantité des variations, qu'il n'y en avait pas autant qu'il croyait (l'éditeur pensait qu'il y en avait vingt-quatre, Beethoven leur en ayant annoncé au début trente !), mais qu'il était difficile de les compter dans la mesure où elles « sont fondues dans un adagio » et où la Fugue ne peut être comptée comme une variation, et dans la mesure où l'introduction qui commence par la basse du thème, puis qui est à deux voix, trois voix et enfin quatre voix avant même l'entrée du thème, ne peut compter comme une variation. Il conseille à l'éditeur de lui envoyer des épreuves pour qu'il clarifie la chose.

Dans cette même lettre du 8 avril [1., 133], Beethoven demandait aussi à Breitkopf & Härtel de changer le nom du dédicataire, au besoin à ses frais : ce ne sera pas l'abbé Stadler, mais le comte Moritz von Lichnowksy, frère du prince, qui lui avait rendu un service inattendu peu avant, et qu'il n'avait pas le temps de remercier d'une autre manière [l., 133].

Fin mai-début juin [1., 140], Beethoven souhaitait, avec insistance (il répète sa demande à la fin de la lettre) pouvoir corriger les épreuves de ses « grandes Variations », car il craignait toujours que ne se soient glissées des fautes (même dans son manuscrit) – il ajoutait qu'il considérait de première importance pour un « Autor » que l'édition soit parfaite, surtout qu'en l'occurrence l'origine du thème devait être inscrite sur la page de titre, car « on a trop oublié que le thème provient d'un ballet allégorique de ma composition » : « Prometheus oder *italienisch prometeo* ». Ce souhait ne fut pas respecté par l'éditeur, qui accepta cependant de changer la dédicace.

L'éditeur ne respecta pas non plus les volontés de Beethoven et ne publia pas l'Avertissement dans lequel le compositeur soulignait la nouveauté de sa manière de traiter le genre thème et variations (il avait pourtant eu bien du mal à trouver la formulation qui lui semblait correcte : le page de titre du manuscrit autographe de cet *op. 35* montre que les premières lignes ont été raturées et réécrites – Beethoven donnait d'ailleurs le texte correct dans sa lettre du 18 décembre 1802 [123]).

L'ŒUVRE VUE PAR SES CONTEMPORAINS

Dans l'*AMZ* (1804 [col. 338-345]), à la suite de la publication de ces *Variations op. 35*, Friedrich Rochlitz fait l'éloge de cette dernière œuvre très représentative du travail de Beethoven. Son très long article (huit pages) commence par décliner les qualités extraordinaires de Beethoven, son imagination inépuisable, capable de faire ressentir des sentiments aussi profonds que passionnés, composant avec une très grande liberté des œuvres d'une grande clarté, ses œuvres instrumentales étant particulièrement remarquables. Rochlitz décrit alors l'œuvre qu'il considère comme géniale : l'introduction faite de phrases de plus en plus denses, l'entrée du thème (bien connu de ceux qui ont vu le ballet ou qui connaissent la réduction pour piano, publiée par Hoffmeister et Kühnel), les 15 variations dont la perfection est liée à l'habileté bien connue de Beethoven, ainsi qu'un Finale fugué comprenant deux variations et se terminant par un « excursus ». Après avoir caractérisé quelques-unes des premières variations, Rochlitz s'arrête sur la réussite des XIVe, XVe (Largo) et du Finale fugato, admirant la maîtrise de l'écriture contrapuntique. Avant de relever quelques améliorations possibles, il estime qu'elles sont la quintessence du genre. Il signale enfin quelques maladresses, telle la raideur de la Variation VII « Canon in der Oktave » et donnait des conseils de jeux après avoir rassuré les amateurs : malgré la difficulté à les jouer à la perfection, ces *Variations* peuvent mener sur le chemin de la virtuosité, mais sont également abordables pour ceux qui n'ont pas choisi de devenir pianistes professionnels.

WoO 101

« Graf, Graf, liebstes Schaf, bestes Schaf liebster Graf, bester Graf »

Plaisanterie musicale
C, mi *bémol majeur – 18 mes.*

TEMPS DE LA COMPOSITION

Novembre 1802 (lettre à Zmeskall).

CONTEXTE BIOGRAPHIQUE

Beethoven rencontra Zmeskall très peu de temps après son arrivée à Vienne. Musicien compétent et instrumentiste de haut niveau, Zmeskall l'aida et le seconda pendant toute sa vie. Pourtant Beethoven ne fut pas toujours très tendre avec lui : très exigeant, impatient, il le harcelait de billets et se montrait parfois injuste.

PRÉSENTATION DE L'ŒUVRE

Beethoven s'amuse à interpeller le comte « Graf », faisant rimer son titre avec « Schaf » qui signifie « mouton », sur des accords comme sur des gammes ascendantes, de façon à insister sur ce que Beethoven considérait comme un « manquement » de Zmeskall, selon l'allusion faite au début de la lettre : « Cher comte triomphant mais pourtant par moment gaffeur ! » Par cette petite composition, Beethoven signifiait qu'il trouvait contradictoire le comportement de son ami. La phrase musicale comprend des allusions à un des quatuors composés par Zmeskall (les gammes ascendantes sur « Graf »), ainsi qu'une allusion à son *Septuor op. 20*, le triolet sur « bester ».

SOURCE

L'autographe de la lettre adressée à Zmeskall se trouve à Vienne (BN) [1., 115].

DESTINATAIRE

Nikolaus Paul Zmeskall von Domanovecz und Lestine (1759-1833) appartenait à la chancellerie de Hongrie. Il jouait du violoncelle et composait. Il organisa des concerts chez lui et fit partie des membres fondateurs de la Société des Amis de la musique à Vienne.

Voir *WoO 32* et *Opus 95*.

Opus 33

Sept Bagatelles pour piano

Andante grazioso, quasi Allegretto, 6/8, mi *bémol majeur – 95 mes.*
Scherzo allegro, 3/4, ut *majeur – 138 mes.*
Allegretto, 6/8, fa *majeur – 74 mes.*
Andante, 2/4, la *majeur – 68 mes.*
Allegro, ma non troppo, 3/4, ut *majeur – 72 mes.*
Allegretto quasi Andante – « Con una certa espressione parlante », 2/4, ré *majeur – 85 mes.*
Presto, 3/4, la *bémol majeur – 157 mes.*

TEMPS DE LA COMPOSITION

Ces *Sept Bagatelles* furent achevées à la fin de l'année 1802, peut-être à partir d'idées plus anciennes.

CONTEXTE BIOGRAPHIQUE

Beethoven a composé et fait publier ce premier ensemble, alors qu'il travaillait à des œuvres de plus grande importance : la *Symphonie op. 36* (et déjà la *Symphonie op. 55*), le *Concerto op. 37*, la *Sonate op. 31 n° 3*, les *Variations op. 34* et *35*, les *Sonates pour piano et violon op. 30*. C'est donc pendant une intense période créatrice, au moment où il sent qu'il n'a pas encore donné au monde tout ce qu'il devait (comme il l'écrit dans le Testament de Heiligenstadt), que Beethoven se préoccupe d'achever des petites pièces, dont les idées sont sans doute issues d'improvisations ou de pensées fugitives antérieures. Par la publication de *Bagatelles*, il s'inscrivait dans la pratique courante depuis la fin du XVIIIe siècle qui voulait qu'on publie des pièces faciles pour les amateurs, destinées à être jouées dans l'intimité, pour le plaisir. Les amateurs et les compositeurs attendaient de ces pièces une sorte de « récréation », qui mette à distance le monumental et le sérieux par trop pathétique des grandes compositions, au profit de la fraîcheur, de la simplicité, de la spontanéité, de l'amabilité et de la liberté de composition.

Soucieux de couvrir tous les genres et de proposer toutes sortes d'œuvres à ses éditeurs dans le but de se faire connaître et de prouver l'étendue de ses capacités, Beethoven se décida à achever des pièces qui n'avaient pas d'utilité sociale évidente, comme ses danses ou ses Menuets, et qui répondaient à une technique d'écriture autre que celle de la forme sonate ou des variations sur un thème connu. Ces petites compositions lui permettaient de se confronter à la question de l'organisation d'une forme simple, capable de porter des idées musicales originales, reposant sur la recherche de nouvelles sonorités tout en étant une propédeutique à l'approche de la musique et à l'apprentissage du piano.

Alors que généralement ces petites pièces, dénommées « Bagatelles » ou « Kleinigkeiten », étaient publiées en recueil réunissant des pièces indépendantes, Beethoven choisit de publier un ensemble de sept pièces inscrites sous le même numéro d'opus (or, comme il l'écrivait à Breitkopf & Härtel à propos des *Variations op. 34* et *35* le 18 décembre 1802 [1., 123], il décidait de publier sous numéro d'opus les œuvres dignes de représenter son style et ses « progrès en art »).

Comme les *Bagatelles op. 119* et *op. 126*, rassemblées ou écrites au début des années 1820, ces *Bagatelles op. 33*, qui n'ont pas de dédicataire spécifique, sont à classer dans la catégorie de ce que Beethoven nommera dans une lettre à l'archiduc Rodolphe les « exercices spirituels ». Ils rendent possible une certaine pratique de la musique (composition et exécution) qui permet de prendre conscience de sa dimension spirituelle, de son autonomie – façon de démontrer que la musique n'est ni illustration, ni accompagnement, mais que quand elle est inscrite dans une « composition », elle produit un sens et possède une signification qui n'appartiennent qu'à son domaine et que chacun peut découvrir par lui-même s'il en prend la peine.

PRÉSENTATION DE L'ŒUVRE

Les *Sept Bagatelles* ont une forme Lied ou une forme de danse (ABA') : constituées de deux phrases reprises et contrastées, elles s'achèvent par une coda, après la reprise variée et le plus souvent étendue de la première phrase. Leur regroupement ne joue ni sur le rapport des tonalités ni sur une parenté mélodique, mais sur l'identité de leur forme très libre qui déjoue les impératifs de la contrainte formelle ABA, sur la place conférée à la spontanéité dans l'émergence d'une idée insolite et sur l'économie de leur écriture à l'origine de leur caractère intimiste, plaisant et le plus souvent gracieux.

1. La première est à 6/8 en *mi* bémol majeur. Son tempo Andante grazioso, quasi Allegretto indique qu'il s'agit d'un mouvement qui avance sans hâte et avec légèreté. Les huit premières mesures ont un jeu très legato dans une harmonie stable, tandis que les seize mesures suivantes installent un contraste avec leur allure percutante et leur effet d'accélération. Après la reprise de cet ensemble contrasté, une autre forme de contraste apparaît avec une modulation en mineur d'une variante du premier thème. Puis une reprise dolce de la première partie contrastée se termine par une coda qui joue sur des bribes de phrases échangées aux deux mains. Le manus-

crit autographe témoigne de l'extension que Beethoven a donné à la reprise.

2. La deuxième est un Scherzo, allegro, en *ut* majeur avec une partie Minore en *la* mineur, et un Trio en *ut* majeur. Comme dans tout Scherzo, c'est le rythme dans une battue à un temps qui prime, mais ici la cellule rythmique initiale subvertit la métrique, puisque associé à un rythme pointé, le 1er temps est *p*, le 2e *sf* et le 3e *f*.

La partie *Minore* de ce Scherzo est au contraire continue, dans une intensité sonore croissante (*p-cresc.-ff*), le Trio également, dans une texture différente, suit une dynamique des intensités équivalente (*p-cresc.-sf*) : ces deux effets de contrastes mettent en valeur le côté incisif et surprenant de la cellule rythmique initiale du Scherzo, cellule dont la prégnance est accentuée par ses répétitions dans la coda.

3. La troisième retrouve le 6/8 de la première ; elle est Allegretto et oppose une première phrase legato et chantante qui change de tonalité (passe de *fa* majeur pour les quatre premières mesures à *ré* majeur pour les quatre suivantes) à une partie plus percutante et plus tendue. La coda magnifie les larges intervalles qui propulsent la mélodie depuis le début du morceau et se termine *ff*.

4. La quatrième, Andante, commence dolce, en *la* majeur, par une ligne mélodique calme dans une écriture polyphonique caractéristique de la musique de chambre. La partie centrale, en *la* mineur, est plus inquiète et retrouve les sonorités propres au piano. La reprise variée de la première phrase accroît la densité de la texture musicale. Une très courte coda produit un effet de détente.

5. La cinquième, Allegro ma non troppo, en *ut* majeur, manifeste le plaisir de jouer du piano : assaut d'arpèges qui parcourent le clavier, vibrations sonores, motifs en alternances aux deux mains. Elle oppose une partie mineure centrale à une partie majeure, qui, après avoir été reprise, termine le morceau en s'amusant à répéter des notes sur un mode interrogatif. Le manuscrit autographe témoigne également de la primauté accordée à la liberté de traitement de la forme : au lieu de reprendre la première partie, Beethoven choisit de lui donner une texture proliférante.

6. La sixième, Allegretto quasi Andante, en *ré* majeur, doit donner l'impression du « parler » grâce à ses lignes musicales bien dessinées, prenant des libertés avec le tempo, indépendamment des effets d'accélération ou de ralentissement produits par l'écriture.

7. La septième, Presto, en *la* bémol majeur, véritable étude des possibilités sonores du piano, fait office de final intense et percutant après les nombreux moments de retenue (n°s 1, 3, 4 et 6). La pulsation est régulière tout au long de cette *Bagatelle*, constituée de la succession de deux textures bien différenciées : des accords identiques répétés d'où s'échappe un petit motif rythmique, et des arpèges continus *pp*, parallèles aux deux mains, propulsés par une note de basse très grave *ff*. L'effet entraînant de l'ensemble provient du tempo Presto associé à une dynamique résultant d'une tension entre le rythme et la métrique (les *sf* sont sur le troisième temps faible). La variété des sonorités, évocatrices des timbales, du tambour ou du piccolo, donne l'impression d'assister à une scène d'opéra à sujet martial.

SOURCES

Le manuscrit autographe qui comprend beaucoup de corrections et d'ajouts se trouve à Bonn.

Il existe des esquisses dispersées (Grasnick et Landberg à Berlin, Keßler à Vienne GdM, Wielhorsky à Moscou, et à Cambridge).

PUBLICATION

L'édition originale date de mai 1803, à Vienne, au Bureau d'Art et d'Industrie ; le titre est en français :

« Bagatelles / pour le Pianoforte, / composées par / LOUIS VAN BEETHOVEN / Œuvre 33./ […] / Propriété du Bureau d'Art et d'Industrie, / à Vienne, Rue Kohlmarkt N° 269 »

La *Wiener Zeitung* du 28 mai 1803 en annonça la parution en même temps que celle des *Sonates pour piano et violon op. 30*.

Ces *Bagatelles* furent rééditées du vivant de Beethoven par André à Offenbach en 1804/1805, par Hummel à Berlin et Amsterdam en

1805, par Imbault à Paris en 1804, par Schott à Mayence en 1819. En tant que « pièces choisies faciles » de différents compositeurs, certaines furent éditées par Hoffmeister à Leipzig en 1808/1810 (nos 4 et 6 dans le premier Cahier, nos 1 et 3 dans le second Cahier).

Certaines de ces *Bagatelles* furent transcrites pour petit orchestre (n° 3 et n° 6), pour quatuor à cordes (n° 4 et n° 6) par Simrock à Bonn en 1822, ou arrangées en Lied pour chant et piano (la n° 3 sur une ballade de Thomas Moore, la n° 4 et la n° 6 sur un autre poème de Thomas Moore).

Opus 85
Christus am Ölberge

Oratorio pour trois solistes : basse (Pierre), ténor (Jésus) et soprano (le Séraphin), et chœurs Livret de Franz Xaver Huber (1760-1810)

N° 1 Introduction d'orchestre, Grave **C** */ Adagio 6/8,* mi *bémol mineur (54 mes.); Récitatif et Air de Jésus, Allegro,* **C**, ut *mineur – 244 mes.*
N° 2 Récitatif et air du Séraphin, Allegro **C**, la *majeur / Larghetto 3/8,* sol *majeur – Chœur des Anges, Allegro* **C**, sol *majeur – 297 mes.*
N° 3 Récitatif de Jésus et duo de Jésus et du Séraphin, Adagio molto 3/4, la *bémol majeur – 83 mes.*
N° 4 Récitatif de Jésus et chœur des soldats, Alla marcia **C**, ut *majeur – 97 mes.*
N° 5 Récitatif de Jésus, Tempo della Marcia, Chœur des soldats et Chœurs des disciples, Allegro molto **C**, ré *majeur – 161 mes.*
N° 6 Récitatif de Jésus et de Pierre, et trio de Jésus, de Pierre et du Séraphin – Chœur des soldats, Chœur des disciples et Chœur des anges, Allegro ma non troppo **C**, si *bémol majeur / Maestoso,* ut *majeur / Allegro* **¢**, ut *majeur – 431 mes.*

TEMPS DE LA COMPOSITION

Commencé à la fin de l'année 1802, cet oratorio fut achevé dans sa première version en mars 1803 pour être donné en concert ; il fut retravaillé dans la premières moitié de l'année 1804 en vue d'un nouveau concert qui eut lieu les 27 mars 1804, puis légèrement révisé jusqu'à sa publication en 1811.

Sa création eut lieu lors d'un concert au Theater an der Wien, le 5 avril 1803, en même temps que les deux premières *Symphonies* (*op. 21* et *op. 36*) et que le *Troisième Concerto pour piano op. 37*.

CONTEXTE BIOGRAPHIQUE

Dans sa longue lettre à Amenda du 1er juillet 1801, Beethoven écrivait que depuis le départ de son ami en juin 1799, il s'était mesuré à tous les genres de musique à l'exception de l'opéra et des musiques d'église. L'intention d'écrire pour voix et orchestre à partir d'un livret se concrétisa à la fin de l'année 1802 – une lettre de Breitkopf & Härtel, du 3 novembre 1802 [1., 109] s'en fait l'écho : après avoir mentionné les nouvelles qu'il avait sur l'état de santé de Beethoven (« il paraît que vous avez été très malade et que vous allez mieux »), l'éditeur de Leipzig demandait : « on nous dit que vous êtes en train d'écrire un opéra », s'inquiétant de savoir s'il avait trouvé un livret vraiment dramatique – dans le cas contraire, il pourrait lui en proposer un.

De quel opéra s'agit-il ? D'une composition liée à ses leçons avec Salieri ? Plus vraisemblablement de l'oratorio *Christus am Ölberge*, que Beethoven composa en prévision d'une nouvelle « académie » qui devait avoir lieu entre l'hiver et le printemps 1803 (celle du printemps 1802 n'ayant pu être organisée). Ainsi, c'est juste après avoir rédigé la lettre à ses frères, les 6 et 10 octobre 1802 – lettre dénommée le *Testament d'Heiligenstadt* – que Beethoven prit connaissance du livret de Franz Xaver Huber. Ce texte, dramatisé d'une autre manière que dans le *Testament*, a pourtant dû lui en paraître proche, puisqu'il est question d'un homme qui souffre d'être considéré comme coupable alors qu'il a consacré sa vie à sauver les autres, et d'avoir été contraint par son père d'accepter la mort, sacrifice indispensable au salut. Sous l'emprise de la réalité (sa surdité et sa mauvaise santé pour lui, ou l'arrestation de Jésus par les soldats dans l'oratorio), cet homme, après avoir dominé son angoisse, accepte de mourir parce qu'il sait que son exemple héroïque et son geste magnanime (il prône l'amour du prochain et pardonne, comme Beethoven pardonnait à ses frères) vont servir au bonheur de l'humanité.

Beethoven a éprouvé une telle empathie avec ce livret qu'il en a composé la musique très rapidement (comme il l'a répété à maintes reprises[1]) et que toute sa vie il en a défendu le texte, bien que critiques et éditeurs lui aient proposé des modifications (comme en témoignent bien des lettres). Plusieurs gestes prouvent que cet oratorio lui était très cher, même s'il reconnut dès l'époque de la parution de *Christus am Ölberge* qu'il n'en écrirait plus de cette façon[2] : tout d'abord, il eut à cœur de le faire publier, ce qui ne fut réalisé qu'en 1811; ensuite il souhaita vivement que son ami Varena l'inscrive à un concert de bienfaisance donné à Graz, spécifiant que depuis son enfance il s'était préoccupé de venir en aide à l'humanité souffrante[3]; enfin, il fit cadeau de la réduction pour piano à Antonie Brentano en la lui dédicaçant, pensant que cette œuvre (ainsi que quelques autres) permettrait à la famille Brentano, désormais retournée à Francfort, d'entretenir le souvenir amical qu'elle avait de lui[4]. Il fit également envoyer cette partition, ainsi que quelques autres œuvres, le 17 juillet 1812 [2., 586] à Amalie Sebald, une chanteuse qui travaillait avec Zelter à Berlin et pour laquelle il avait beaucoup de sympathie.

Se trouvant «en résidence» au Theater an der Wien pour écrire son opéra, Beethoven prépara le concert du 5 avril 1803 avec fièvre (comme en témoignent les billets hâtifs qu'il faisait porter à son entourage), mettant Ries à contribution pour réviser les parties d'orchestre de l'oratorio, ainsi que celles de la *Deuxième Symphonie op. 36* et du *Troisième Concerto pour piano op. 37*, car, comme d'habitude, il n'était pas prêt. Le compte-rendu moqueur de l'*AMZ* du 25 mai 1803 (Beethoven furieux parla de «diffamation» [1., 158]) révèle en fait l'importance que Beethoven attachait à ce concert, puisqu'il fit en sorte que le prix des places soit multiplié par deux. Les révisions qu'il apporta à sa partition en vue du nouveau concert de mars 1804 prouvent pourtant qu'il n'était pas encore très satisfait de sa composition.

Après les difficultés du concert, les péripéties de la publication de cet oratorio, œuvre à laquelle Beethoven tenait beaucoup, permettent de saisir les multiples enjeux, tant biographiques que socioculturels de cette composition insolite.

Outre les enjeux biographiques déjà évoqués, il est nécessaire de préciser que, pour Beethoven Jésus était un modèle, au même titre que Socrate :

«Je passe sur les mauvais traitements auxquels je fus en butte de tous côtés, et on remarquera combien j'ai été ferme et inébranlable Socrate et Jésus ont été mes modèles» – notait-il sur la page d'un cahier de conversation en janvier 1820, au moment du procès avec sa belle-sœur à propos de la tutelle de son neveu (*BKh* vol. 1, Heft 6, 63r, p. 211).

Cette référence à Jésus qui, à l'instar de Socrate, a souffert et a été injustement condamné, permettait à Beethoven d'exprimer ses sentiments, son angoisse, son espérance aussi face à l'existence, sous couvert d'une œuvre religieuse destinée à un concert public. Or, la musique de cet oratorio est étrangement proche de bien des passages de la *Symphonie Héroïque* ainsi que de la musique d'*Egmont* ou que de celle de son opéra *Fidelio* – plusieurs éléments de la musique rapprochent *Fidelio* du *Christ au monts des oliviers* : l'évocation musicale de l'ange, l'incarnation musicale de la brutalité et du mal, ou le choix des tonalités (le *sol* majeur de la joie retrouvée, ou l'*ut* majeur qui oscille entre l'évidence et la brutalité).

Que Beethoven ait eu une interprétation très personnelle de la figure du Christ, les réticences de l'éditeur Breitkopf & Härtel à publier cet oratorio pourraient en être une preuve : ses manœuvres dilatoires furent nombreuses (le prix, la sécularisation des couvents, etc.), même l'intervention du prince

1. Outre la lettre du 26 août 1804 [1., 188], il le répète dans la lettre du 9 octobre 1811 [2., 523] à B&H.

2. Lettre du 9 octobre 1811 [2., 523] à B&H.

3. Fin nov./début dec. 1811 [2., 531], Beethoven envoyait son oratorio à Josef von Varena (1769-1843), qu'il avait rencontré à Teplitz au cours de l'été 1811 pour un concert de bienfaisance. Le 8 février 1812 [2., 549], il se préoccupait de récupérer le matériel d'orchestre; le 8 mai 1812, il lui écrivait [2., 576] : «Die *Partitur* vom *oratorium* ist Geschenk, die *overture* von Egmont ebenfalls – Die Stimmen vom *oratorium* behalten sie nur immer da, bis sie selbiges aufgeführt» (le concert eut lieu le 14 mars 1813, le dimanche des Rameaux).

4. Lettre du 15 février 1817 [4., 1083]. Il avait peut-être déjà donné la réduction pour piano quand les Brentano se trouvaient encore à Vienne (ils quittèrent cette ville au cours de l'été 1812, donc après la parution de cette œuvre).

Lichnowsky ne parvint pas à le faire céder. Les enjeux socioculturels de cet oratorio tiennent donc à la fois à la recherche d'une nouvelle définition du genre oratorio en ce début du XIXe siècle marqué par l'émergence d'une nouvelle sensibilité religieuse (après Haydn et avant Mendelssohn et Schumann, et surtout avant la redécouverte des *Passions* de Jean-Sébastien Bach), et à la compétition entre le pouvoir déclinant des aristocrates mécènes mélomanes d'ancien régime et celui, croissant, des éditeurs de musique qui commencent à imposer leur idée du marché : le prince Lichnowsky, qui s'inscrivait dans la filiation du baron van Swieten, n'avait en fait plus l'influence qui lui aurait permis de décider l'éditeur, contrairement à ce dont Beethoven semblait persuadé quand il écrivait à Breitkopf & Härtel, le 16 janvier 1805 [1., 209], que le prince Lichnowsky allait demander l'impression de l'oratorio, y était favorable; pourtant si le 30 janvier, Breitkopf & Härtel le réclame, il attendait une réduction du prix...et ne réalisa la gravure qu'en 1811.

Enfin, la crispation de Beethoven sur le texte tel qu'il l'avait travaillé donne des indications à la fois sur l'importance qu'avaient pour lui les relations père – fils (inscrits dans l'oratorio sous le signe de l'abandon)[1], et sur l'intensité de ses recherches de compositeur : il n'arrêtait ses recherches que quand il était satisfait de la solution musicale trouvée pour lier les sonorités et les significations multiples d'un mot (y compris les associations que ce mot suscitait chez lui) – il ne concevait que difficilement qu'on mette d'autres mots sous la même musique (pour lui les musiques n'étaient pas interchangeables). L'idéal était que quelle que soit la qualité littéraire du texte – c'est ce qu'il écrivait le 23 janvier 1824 [5., 1773] au vice-président de la Société des amis de la musique de Vienne pour expliquer qu'il n'avait pas encore eu le temps de finir la composition de la musique de l'oratorio qu'elle lui avait commandée sur un texte du librettiste Joseph Karl Bernard, *Der Sieg des Kreuzes* (*Le Triomphe de la croix)* : « J'ai pu écrire *Christus am Ölberg* en quinze jours avec le librettiste, parce qu'il était musicien et avait déjà beaucoup écrit pour la musique, et que je pouvais m'entretenir à chaque instant avec lui. »

C'était donc toujours l'aspect musical qui primait sur les figures de style littéraires, dont Beethoven ne supportait pas le côté factice et convenu : ce qu'il voulait exprimer de son être le plus intime pour trouver la vérité et aider les autres à la trouver ne passait que par l'écriture musicale, en tant qu'organisation inédite et inouïe de multiples éléments, hétérogènes au besoin.

Présentation de l'œuvre

Même s'il s'inscrit dans la filiation de Haendel et de Haydn, cet oratorio est souvent proche du style de l'opéra (il n'y a pas de récitant, et les chanteurs ont des airs ou participent à un duo ou à un trio) – Beethoven a d'ailleurs composé cette musique vocale juste après avoir pris des leçons d'écriture dramatique avec Salieri (entre 1800 ou 1801 et 1802).

Les six numéros sont formés chacun d'une succession d'éléments.

L'auteur du livret, Franz Xaver Huber (1755-1814), avait écrit celui d'un opéra de P. v. Winter, qui eut un très grand succès à Vienne en 1796, *Das Unterbrochene Opferfest* (*Le Sacrifice interrompu*).

Le texte s'appuie sur le récit des Évangiles : il en retient quelques expressions, qui mettent l'accent sur l'homme Jésus, ses souffrances morales, son angoisse devant la mort, son héroïsme qui donne l'exemple aux autres hommes, ainsi que sur les relations complexes avec son Père (il lui réclame réconfort, pitié, amour, et finit par intérioriser ses injonctions). Si cet oratorio a pour thème le consentement du fils de Dieu à une mort rédemptrice pour l'ensemble de l'humanité, c'est l'homme Jésus, seul, abandonné de tous (sauf du Séraphin) et même de son père, qui est mis en scène.

Beethoven, qui tenait particulièrement au texte malgré la médiocrité qu'il lui reconnaissait, a composé une musique déchirante par les fréquentes dissonances et le recours à des tonalités mineures peu usitées en contraste tendu avec des tonalités majeures fortement connotées (cet usage des tonalités semble fidèle aux caractéristiques que Christian Friedrich Daniel Schubart avait constaté dans son ouvrage *Ideen zur einer Ästhetik der Tonkunst*, ouvrage paru à Vienne en 1806,

1. La comparaison du texte auquel il tenait avec celui « amélioré » que lui proposait l'éditeur montre que Beethoven avait été sensible aux situations concrètes et aux expressions directes des rapports du père et du fils.

après avoir été publié dès 1787 et 1789 dans la *Vaterländische Chronik*). Pour accentuer cette atmosphère tendue et douloureuse, Beethoven a eu recours aux sonorités des trombones, associés à des cors, à des trompettes et à des timbales (plusieurs lettres à son éditeur témoignent de son attention pour l'orchestration connotant la brutalité et la mort, ou la victoire sur le mal).

Comme dans les oratorios de Haendel, les chœurs, très longs et de grande ampleur sonore (en particulier dans les n° 2, n° 5 et n° 6), ont une grande importance.

Les esquisses montrent que Beethoven a hésité sur les tonalités (par exemple le duo n° 3 était en *la* majeur, avant de passer en *la* bémol majeur, dont le ton relatif est *fa* mineur), donc que son plan d'ensemble s'est dessiné peu à peu.

N° 1 Introduzione

L'Introduction commence dans un tempo Grave par un arpège ascendant de *mi* bémol mineur à l'unisson des bassons, des cors et des trombones; puis Adagio à 6/8, les cordes à l'unisson dans la même tonalité introduisent une musique très tendue (beaucoup de septièmes diminuées) qui évoque une marche funèbre et qui prépare le récitatif de Jésus (d'après Schubart le *mi* bémol mineur exprime le désespoir le plus profond).

Jésus commence par interpeller son père « Jehovah, du, mein Vater » en *ut* mineur – deux courts passages Maestoso en majeur sur un rythme pointé évoquent la voix de Dieu –, puis il formule une prière, aux fréquents changements de tempo, qui se transforme en aria (de coupe classique, AA'), « Meine Seele ist erschüttert » (Mon âme est triste à en mourir), Allegro en *ut* mineur : Jésus souhaite que son père ait pitié de lui et qu'il lui épargne de telles souffrances – la musique insiste sur ce mot « Leidenkelch » [« coupe de douleurs »] (terme répété étant donné le structure AA').

Cette prière de Jésus ne se trouve pas dans les Évangiles, mais en tire quelques termes et expressions, « mein Vater » – « Sie nahet nun, die Stunde » (Père, l'heure est venue), (Jean, 17); « Meine Seele ist erschüttert » (Matthieu et Marc); « ergreifet mich [ihn] die Angst » (l'angoisse le saisit) – « und von meinem [seinem] Antlitz träufet statt des Schweißes Blut herab » (et sa sueur devint comme de grosses gouttes de sang qui tombaient à terre), (Luc, 22, 44).

Ce monologue initial de Jésus donne un aperçu de son existence tout humaine, de ses souffrances, de son état d'âme, lui le sauveur des hommes, l'intermédiaire entre eux et Dieu.

N° 2

Le Récitatif du Séraphin (soprano), qui surgit de façon abrupte en *la* majeur (après l'*ut* mineur), décrit la détresse de Jésus, puis dans une aria qui commence Larghetto à 3/8 en *sol* majeur, « Preist, des Erlösers Güte », il loue le sauveur qui meurt pour les hommes; l'Aria se poursuit Allegro à **C**, « O Heil euch », pour demander aux hommes de conserver amour, foi et espoir, sans quoi ils seront damnés, puis le chœur des anges reprend la louange et termine sur un fugato Allegro molto pour évoquer la damnation (avec les trombones).

N° 3 Recitativo

Jésus demande au Séraphin s'il vient lui annoncer que son père l'épargne; de manière très solennelle, sur de longs accords simultanés des vents (y compris les trombones), le Séraphin répond qu'il doit sauver l'humanité par sa mort. Un duetto entre Jésus et le Séraphin commence Adagio molto en *la* bémol majeur soutenu par le chant du violoncelle solo (comme dans un duo d'opéra), puis module à travers plusieurs tonalités mineures à partir du *fa* mineur, pour accompagner la douleur exprimée par Jésus et par le Séraphin.

Ce duetto termine la première partie de l'oratorio, consacrée aux sentiments éprouvés par Jésus : angoisse, prière, espérance, effort pour se reprendre.

La seconde partie met en scène l'arrestation de Jésus.

N° 4 Recitativo

Dans un Andante con moto, qui commence en *fa* majeur, Jésus salue la mort venue pour sauver l'humanité. C'est alors que surgit le Chœur des soldats, Alla marcia, en *ut* majeur, qui aperçoit Jésus et le poursuit : « wir haben ihn gesehen » (Beethoven tenait particulièrement aux vers qu'il avait mis en musique et que l'éditeur Breitkopf & Härtel avait changés car les critiques trouvaient le texte trop trivial).

N° 5 Recitativo

« L'istesso tempo della Marcia », Jésus voit approcher les soldats et interpelle à nouveau son père : « Doch nicht mein Wille, nein dein Wille nur geschehe » (ce n'est pas ma volonté, mais la tienne qui s'accomplit) ; ces termes sont mis en évidence par la musique qui devient Adagio et module en *si* majeur). Puis Allegro molto en *ré* majeur (tonalité du triomphe selon Schubart), les soldats s'approchent de Jésus, les disciples se réveillent alors et prennent peur – occasion d'un double chœur.

N° 6 Recitativo

Molto Allegro, Pierre cherche à s'interposer, mais Jésus l'en dissuade puisqu'il s'agit de la volonté du père. Un terzetto, Allegro ma non troppo en *si* bémol majeur, entre Pierre, Jésus et le Séraphin met en évidence la magnanimité de Jésus, son geste héroïque de renoncer à la vengeance pour aimer tous les hommes. Puis Molto Allegro, les soldats se saisissent de Jésus.

Le chœur des anges, finale en *ut* majeur (tonalité qui, selon Schubart, est celle de l'innocence et de la simplicité) commence Maestoso sur un rythme solennel pour remercier Jésus et se transforme en Allegro, fugato énoncé par le hautbois, pour chanter dans la joie la grandeur de Jésus : « Preist ihn, ihr Engelschöre, laut im heil'gen Jubelton » (Louez-le, chœur des Anges, de votre chant joyeux).

SOURCES

Le manuscrit autographe est à Berlin.

Une copie se trouve à Londres (Elle provient de plusieurs copistes et comprend des mentions manuscrites de Beethoven, ainsi que des modifications portées sur le texte à l'encre rouge – ces insertions sont sans doute le fait de l'auteur du nouveau texte.)

Il existe des esquisses dispersées : Wielhorsky de 1802, Landsberg 6 (Eroïca Skizzenbuch) lors de la révision pour le concert du 27 mars 1804.

PUBLICATION

L'édition originale, en partition et en réduction pour piano, fut assurée à Leipzig en octobre 1811 par Breitkopf & Härtel :

« Christus am Oelberge / Oratorium / IN MUSIK GESETZT / von / L. v. Beethoven. / Partitur. – / 85tes Werk. LEIPZIG / [...] Bey Breitkopf & Härtel. »

L'*AMZ* en annonça la parution dès février 1811, puis en tant que nouveauté de l'éditeur, elle signalait en octobre 1811 que la partition et la réduction pour piano étaient disponibles.

Une réduction pour piano établie par George Smart a sans doute été publiée à Londres en 1813 [3., 730].

Un exemplaire de l'édition originale de la réduction de piano publiée en 1811 avec une dédicace à Antonie Brentano se trouve à Bonn.

CORRESPONDANCE (HISTOIRE DE L'ÉDITION)

Le 23 novembre 1803, Kaspar Karl, un des deux frères de Beethoven (il aida Beethoven dans ses affaires de 1802 à 1806), proposa cet « Oratorium » à Breitkopf &Härtel [1., 171], en spécifiant que l'éditeur pouvait en faire une réduction pour piano ou le faire arranger pour quatuor à cordes – au prix de « 1500 f. ».

Le 26 août 1804 [1., 188], Beethoven écrivit à B&H qu'il aimerait voir son oratorio paraître le plus vite possible ; il avait entièrement réécrit un chœur et avait changé quelques passages, parce qu'il avait « écrit cet oratorio en quelques semaines seulement et qu'il n'était pas satisfait de tout – raison pour laquelle il n'avait pas encore fait publier cette œuvre ».

B&H répondit le 30 août 1804 [1., 189] qu'il aurait du mal à lui acheter l'oratorio, étant donné le mauvais écoulement actuel des grandes œuvres de Mozart, Haendel ou Haydn, situation que la sécularisation des abbayes (depuis le 25 février 1803) n'arrangeait pas. L'éditeur proposait donc de rémunérer Beethoven en lui donnant un certain nombre d'exemplaires qu'il vendrait lui-même à Vienne (l'éditeur s'engageant à ne pas envoyer d'exemplaires à Vienne tant qu'il n'aurait pas écoulé les siens). Kaspar Karl répondit le 10 octobre 1804 [1., 194] qu'il réfléchirait à cette proposition.

Le 16 janvier 1805 [1., 209], Beethoven écrivit à B&H que le prince Lichnowsky allait le contacter à propos de l'oratorio (car il était favorable à l'impression et à un représentation à Leipzig). Le 30 janvier [1., 210], B&H demanda l'envoi de l'oratorio ainsi qu'une réduction du prix. Le 1er février [1., 211],

Kaspar Karl écrivait qu'il ne pouvait envoyer si tôt la partition parce qu'il n'en existait qu'une copie; le 12 février [1., 212], il écrivit qu'il lui envoyait la partition (c'est le prince Lichnowsky qui prêta sa partition en passant par Leipzig en avril 1805). En mai [1., 223], Beethoven spécifia à B&H qu'il pouvait garder la partition jusqu'à la représentation à Leipzig qui devait précéder l'impression.

Le 27 mars 1806 [1., 243], Kaspar Karl écrivait à Ambosius Kühnel à Leipzig lui proposant l'oratorio pour 600 fl., spécifiant qu'il pouvait le publier sous trois versions : réduction pour piano, quatuor et partition.

Kühnel répondit le 12 avril [1., 249] qu'il avait entendu dire que la partition de l'oratorio était chez un autre éditeur de Leipzig et qu'un prince s'occupait de l'affaire.

Le 11 juillet [1., 255], B&H est preneur de l'oratorio et d'autres œuvres. Beethoven lui répondit de Troppau (où il se trouve chez le prince Lichnowsky), le 3 septembre 1806 [1., 256], qu'il pouvait lui faire parvenir les partitions demandées (celles des *op. 58, 59, 60, 72* et *85*). Le 13 septembre [1., 257], B&H voulait signer un contrat pour trois ans. Les conditions de Beethoven, qui voulait être libre de vendre à l'étranger, ainsi que le contexte de la guerre de 1806, suspendaient les négociations en novembre.

Le 5 avril 1809 [2., 375], Beethoven écrivit à B&H qu'il lui envoyait l'oratorio, l'opéra et la Messe, pour seulement 250 fl. Il revenait sur cette somme le 26 juillet [2., 392] étant donné la guerre (le bombardement de Vienne). En septembre 1809 [2., 400] il signalait qu'il avait envoyé les œuvres et qu'il voulait être payé car il manquait de liquidités.

Le 28 novembre [2., 410], B&H disait avoir reçu les copies destinées à la gravure et envoyait 500 Gulden.

Le 4 février 1810 [2., 423], Beethoven demanda à B&H que les parties des trois trombones, des trompettes et des timbales soient vérifiées à plusieurs endroits (n° 2, n° 3, n° 4 et dans le dernier chœur), d'après le partition qu'il lui envoie.

Le 21 août [2., 465], Beethoven s'impatienta : quand l'opéra, l'oratorio et la Messe verront-ils le jour ?

Deux jours plus tard [2., 519], il écrivait à B&H qu'il s'opposait à presque toutes les modifications du texte suggérées par l'éditeur, même si le texte est mauvais et qu'il a commencé à revoir les épreuves de l'oratorio (et celles des *Lieder op. 83*) – il les enverra dans quelques jours –, ajoutant qu'il refuse que le texte soit modifié – même s'il est très mauvais.

Dans une lettre du 9 octobre 1811 [2., 523] à B&H, Beethoven disait qu'il avait écrit son premier oratorio en quinze jours, au milieu de grandes difficultés (son frère était très malade). Il écrivait aussi qu'il n'était pas d'accord avec la critique de Rochlitz qui trouvait comique le chœur des disciples (des guerriers) « Wir haben ihn gesehen », concédant toutefois qu'il écrirait autrement aujourd'hui un oratorio. À la question de B&H [2., 520] qui demandait qui devait faire l'article sur l'oratorio, Beethoven répondit en plaisantant que peu lui importait. Il spécifiait encore qu'il fallait vérifier les parties des cors qui doivent être inscrites sur deux portées (en clés différentes), dans l'introduction, mes. 39-41.

Le 28 janvier 1812 [2., 545], Beethoven exprimait à Breitkopf & Härtel sa colère : le texte de l'oratorio avait été changé; l'éditeur avait modifié les deux derniers vers du n° 4 : au lieu de « Schlagt links den Weg nur ein, / Er muß ganz nahe seyn » (prenez la route à gauche, il ne doit pas être loin) les vers suivants : « Entfliehen kann er nicht, / Seyn wartet das Gericht » (il ne peut pas s'enfuir, le jugement doit avoir lieu), et il ajouta : « Croit-on en Saxe que le mot fait la musique, qu'un mot impropre peut gâter la musique ? On plutôt se réjouir que la musique et le mot sont la même chose, et que, bien que l'expression verbale puisse être en soi un lieu commun, on ne doit pas chercher à améliorer un seul mot ou un seul passage – dixi. »

L'ŒUVRE VUE PAR SES CONTEMPORAINS

Comptes rendus de concert

L'*AMZ* du 25 mai 1803 publia un article dans lequel l'auteur se moquait de ce premier essai de Beethoven en signalant le très haut prix des places, et espérait que pour le deuxième essai les prix auraient baissé et que l'œuvre serait plus représentative de l'art du compositeur, avec une organisation d'ensemble un peu plus cohérente.

Beethoven dénonce ce qu'il considère comme une diffamation dans une lettre à Breitkopf & Härtel de septembre 1803 [1., 158].

L'*AMZ V* du 27 juillet 1803 [n° 44, col. 734] publia une courte notice dans les « nouvelles de Vienne, le 11 juillet » signalant que la

Cantate de Beethoven n'avait pas plu. Critique que Kaspar Karl releva demandant le nom de ce « juge » à Breitkopf & Härtel, le 14 octobre 1803 [1., 163].

La *Zeitung für die elegante Welt* (1803, 3e année) signala le concert du 5 avril 1803 en déplorant la médiocrité de la poésie de Huber (dont un exemple est donné) tout en appréciant la musique de Beethoven, en particulier l'air du Séraphin accompagné des trombones qui produit un grand effet. L'auteur concluait en soulignant qu'un compositeur de génie pouvait faire quelque chose de grand à partir d'un texte très mauvais, mais il reconnaissait des emprunts à la Création de Haydn.

L'*AMZ* (1812 [col. 316-317]) signale que l'oratorio avait été donné en deuxième partie du concert :

« Un Oratorio ? Pas exactement ! Ni dans le plan, ni dans le style de l'ensemble ne se remarque la moindre tendance à produire un effet sur les sentiments religieux des auditeurs. À chaque instant c'est une pression violente, ce sont des vagues fougueuses et passionnées. » Le critique poursuit en parlant d'une « kunstvolle Rhapsodie », d'une production qui possède des traits de génie et qui ébranle, qui réveille, mais qui n'est pas faite pour des lieux de prière. L'auteur de l'article décrit rapidement l'œuvre en la jugeant plus colossale qu'équilibrée (au sens grec) et conclut en conseillant à Beethoven de chercher à émouvoir.

La *Wiener Allegemeine musikalische Zeitung* 1re année (1813) jugea l'œuvre hardie, pleine d'élan, fidèle aux autres œuvres de Beethoven, compositeur de renommée internationale.

L'*AMZ* (1817 [col. 355-356]) reconnut que l'œuvre était digne de sa réputation, mais que ce n'est pas la plus réussie de Beethoven.

La *Zeitung für Theater und Musik*, ZTM, 2e année (1822), rapporta qu'Habeneck avait donné quelques extraits de l'oratorio, en traduction française, mais que l'exécution était trop éloignée du style religieux.

L'*AMZ* (1823 [col. 667-668]) parle d'une des œuvres maîtresses de Beethoven [« Meisterwerk »], déjà bien connue des chanteurs et des instrumentistes ; pourtant elle produit toujours autant d'effet sur les connaisseurs comme sur les profanes. L'article se terminait en affirmant que, bien que n'étant qu'une voix parmi les 3000 présentes, il pouvait dire : « das ist der Triumph dieses Musikfestes ! »

L'*AMZ* (1825 [col. 448]) signala que comme d'habitude, les deux premiers chœurs d'hommes et le chœur final avaient eu beaucoup de succès.

La revue *Cäcilia* IV (1826) parle de cette œuvre prestigieuse qui a, une fois de plus soulevé l'enthousiasme des auditeurs.

Critique après la publication

L'*AMZ* (1812 [col. 3-7 et 17-25]) publia un très long article qui analysait l'œuvre en commençant par des considérations d'ordre général sur ce qui différencie le drame et l'oratorio : contrairement au drame, l'oratorio a un sujet connu, simple et sans péripéties, et son but est d'éveiller chez l'auditeur les sentiments religieux les plus profonds.

Après avoir analysé toutes les composantes, en relevant les éléments remarquables ainsi que les faiblesses de la musique, et surtout celles du livret (le texte aussi bien que « l'action » trop éloignée des Évangiles), le critique reconnaît qu'il s'agit d'une grande œuvre (publiée chez Breitkopf & Härtel, également éditeur de l'*AMZ*, le critique ne pouvait pas être trop sévère !), mais que Beethoven aurait pu recourir plus souvent à l'écriture fuguée caractéristique de la musique d'église, au lieu de se laisser aller à l'écriture dramatique et théâtrale (en particulier le Trio du n° 6). L'article conclut sur les indications d'utilisation : comme l'œuvre dure un peu plus de trois quarts d'heure [1], elle peut faire partie d'un grand concert ou elle peut servir de musique de la Passion dans un temple protestant.

L'article s'achève sur cette considération : « La gravure est très propre et correcte. »

Autres réceptions

George Thomson écrivit à Beethoven, le 23 novembre 1819 d'Edimbourg [4., 1357], et l'informa, entre autres choses que : « en engageant le Chevalier Smart [2] comme le

1. Le 24 septembre 1815 [3., 828], Beethoven écrivait à Treitschke que l'oratorio prenait une demi-soirée parce qu'il ne devait durer qu'une heure neuf minutes.

2. George Smart (1776-1867), compositeur, organiste et chef d'orchestre anglais, fut un des fondateurs de la Société philharmonique de Londres en 1813. Il rendit visite à Beethoven en 1825, et fut celui qui créa la *Neuvième* en Angleterre en 1825.

conducteur, nous avons eu le bonheur d'entendre votre *Mont d'Oliviers*. C'est un ouvrage sublime, qui suffiroit seul pour vous rendre immortel. Nous avons aussi eu *La Création* d'Haydn, *Le Messie* de Handel avec les accompagnements de Mozart, *Le Requiem* de Mozart. [...] ».

Opus 45
Trois Marches pour piano à quatre mains

Allegro ma non troppo, **C**, ut *majeur – 59 mes.*
Vivace, 2/4, mi *bémol majeur – 74 mes.*
Vivace, ¢, ré *majeur – 70 mes.*

TEMPS DE LA COMPOSITION

Les deux premières *Marches* ont été composées au cours de la première moitié de l'année 1802, la *Troisième* au cours de l'année 1803. D'après Ries (*Notices biographiques*, p. 90-92), ces *Trois Marches* auraient été commandées à Beethoven par le comte Browne-Camus.

CONTEXTE BIOGRAPHIQUE

Beethoven a composé les deux premières *Marches* après avoir composé la Marche funèbre de la *Sonate op. 26* et avant de composer la Marche des soldats du *Christus am Ölberge op. 85*, il a composé la *Troisième Marche* pendant qu'il travaillait à la Marche funèbre de la *Symphonie héroïque op. 55*, donc avant les Marches de *Fidelio* ou d'*Egmont*.

Une anecdote racontée par Ries (*Notices biographiques*, p. 90) donne quelques renseignements sur l'origine de ces *Marches* : dans le salon du comte Browne, Ries, qui en était le pianiste attitré, improvisa une Marche que les auditeurs attribuèrent à Beethoven... Cela déclencha un si grand rire chez lui que le comte l'incita à en composer une à son tour... Peut-être est-ce vrai, mais si Beethoven accepta de relever le défi, c'est sans doute parce que ce travail faisait sens pour lui : la Marche avait de fortes connotations militaires et était évocatrice de vastes espaces, et, si elle était liée au pouvoir et à ses manifestations, elle pouvait également être associée aux musiques de la Révolution et à son culte des héros. Ces multiples évocations expliquent qu'au moment où Beethoven intégrait une Marche funèbre, genre à part entière, dans une Sonate ou dans une Symphonie, comme étape d'une démarche évolutive, il en changeait aussi la nature de la Marche en la faisant passer de la sphère publique à la sphère privée. Ries (p. 92) raconte que Beethoven, avec lequel il jouait ces *Marches à quatre mains*, se leva et arrêta de jouer parce qu'un des auditeurs se permettait de plaisanter avec une dame et ne les écoutait pas : « Je ne joue pas pour de tels cochons », aurait-il dit – cet auditeur n'avait pas compris que Beethoven avait transformé cette musique militaire en musique de chambre, certes pour se divertir, mais d'abord pour affirmer l'autonomie du langage musical (la musique n'est plus fonctionnelle mais est devenue expression : depuis qu'il composait, Beethoven ne cessait de mettre en évidence la rupture avec l'esthétique de l'imitation, au profit d'une esthétique de la création – ce dont il semble avoir pris clairement conscience en travaillant sur la figure de Prométhée qui, dans la seconde moitié du XVIIIe siècle, était celle de l'artiste créateur par excellence).

Cette dernière anecdote montre que Beethoven tenait à ces *Marches*, qu'il a d'ailleurs fait publier sous un numéro d'opus (ce qui, à cette époque de sa création, signifiait qu'il considérait l'œuvre comme digne de faire partie de son catalogue [cf. les *Variations op. 34* et *35*]). Un autre incident confirme l'intérêt que Beethoven portait à ces *Marches* : au cours de l'été 1802 alors qu'il se trouvait à Heiligenstadt, il envoya un billet comminatoire à Ries pour lui demander s'il était exact qu'il ait laissé les deux *Marches* au comte Browne pour qu'il les fasse graver, ajoutant abruptement : « de vous j'attends la vérité, inutile que vous veniez à Heiligenstadt, je n'ai pas de temps à perdre » [1., 96]. Cette fausse information aurait été répandue par Kaspar Karl, le comte de Browne réussit à dissiper ce malentendu, si l'on en croit une explication fournie par Ries à Wegeler dans une lettre de 1837. Ainsi, malgré la confiance qu'il avait en Ries, Beethoven était toujours sur ses gardes, et soupçonnait vite ses proches de gestes indélicats ou maladroits, comme en témoigne son mouvement d'humeur quand il fut persuadé que Ries avait diffusé ses *Marches op. 45*.

Ce malentendu prouve une fois encore que Beethoven était très attentif à ne livrer aux éditeurs que des œuvres revues, et que le public connaissait déjà pour les avoir entendues, jouées ou dirigées par lui : c'est ce qu'il appelait sa « politique musicale », qui consistait à ne faire publier une œuvre qu'après une première exécution.

En septembre 1803 [1., 158], Beethoven lui-même proposait à Breitkopf & Härtel ces *Trois Marches* à quatre mains, spécifiant qu'elles étaient faciles à jouer (qualité attendue des amateurs et, par conséquent des éditeurs) et qu'elles étaient d'une taille appréciable, surtout la troisième qui, en fait, représentait « trois Marches en une » (la taille de l'œuvre était un argument pour l'éditeur).

Dans la mesure où il semble que ces Marches proviennent d'une suggestion du comte Browne-Camus, pourquoi Beethoven les a-t-il dédiées à la princesse Esterhazy ? Sans doute, en fonction de sa « politique musicale ». Le prince Anton Esterhazy (1736-1794), « maître » de Haydn, l'avait reçu au cours de l'été 1793 et Beethoven espérait sans doute avoir des commandes de la part de son successeur Nicolas II (1765-1833) qui appréciait la musique. Cette œuvre facile à jouer et plaisante ne pouvait qu'être favorable à la « réception » de la musique de Beethoven dans ce milieu aristocratique. Le prince Nicolas lui commanda effectivement une *Messe* (l'*op. 86*) pour la fête de la princesse Marie (le 8 septembre) – la *Messe* fut créée le 13 septembre 1807 (cf. lettre de Beethoven au prince Esterhazy, du 26 juillet 1807 [1., 291]).

PRÉSENTATION DE L'ŒUVRE

Ces *Trois Marches* se distinguent les unes des autres par leur métrique, leur tonalité (Beethoven a utilisé les tonalités en usage pour la musique militaire au XVIIIe siècle, tonalités liées aux instruments) et par leurs motifs. Elles possèdent toutes les trois une partie centrale (Trio ou interpolation d'une autre Marche) et comprennent une coda. Chacune a son caractère propre, même si les rythmes pointés dominent, ainsi que les évocations de roulements de tambours, d'appels de trompettes et de cors. Contrairement à ce qui se pratiquait habituellement pour les musiques « de salon », chacun des deux partenaires a un rôle équivalent, même si les deux mains ont souvent la même ligne musicale (il s'agit d'une partition « facile »).

Évocation de marches militaires, ces *Marches* s'en distinguent car Beethoven n'a conservé que les motifs militaires comme matériau initial pour les soumettre aux règles de son écriture : jeu sur les registres, modulations et jeu avec les intensités (ce qui était impensable pour les instruments à vent de cette époque), imbrication des motifs et contrastes des sonorités.

I. La première, en *ut* majeur, est ouverte et dominée par un rythme pointé caractéristique de ce genre de musique. À ce rythme qui imite un signal de trompette répond un motif qui évoque un tambour. Puis Beethoven transporte ces motifs dans différents registres, ou il les intègre à des phrases plus longues. La coda oscille entre *ut* majeur et *ut* mineur. Le Trio, dans la même tonalité, établit un contraste radical avec sa phrase lyrique, « dolce » soutenue par une succession ininterrompue d'arpèges de triolets de croches.

II. La deuxième, en *mi* bémol majeur, associe également des motifs évocateurs de la trompette, du cor et du tambour ; sa seconde partie module et joue sur les contrastes d'intensité, tandis que la coda évoque les musiques d'harmonie. Son Trio, dans une autre tonalité (*la* bémol majeur), associe aussi le tambour et la trompette, sur des motifs très courts et répétés (roulements de tambour continu et interventions intermittentes d'appels de trompettes).

III. La troisième qui représente « trois Marches en une », selon l'expression humoristique de Beethoven à son éditeur (qui voulait en avoir pour son argent), est en *ré* majeur. Vivace, elle commence par un court motif à l'unisson qui se déploie ensuite en arpège. Dans la seconde partie, en *si* bémol majeur, la répétition de ce motif rythmique s'oppose à une texture de triolets legato ou rebondissant. La partie centrale n'est pas un Trio, mais semble être une interpolation d'une autre Marche dominée par les roulements du tambour.

SOURCES

Les esquisses pour la *troisième Marche* sont contemporaines du travail sur la Marche funèbre de la *Symphonie héroïque op. 55* (Landsberg 6, Eroica-Skizzenbuch).

Le manuscrit autographe a disparu.

PUBLICATION

L'édition originale a été assurée à Vienne par le Bureau d'Art et d'Industrie en mars 1804; le titre est en français :

« TROIS GRANDES MARCHES / pour le Pianoforte, à quatre mains, / – composées et dediées – / à son Altesse, / Madame la Princesse regnante d'Esterhazy, / née Princesse de Liechtenstein / par / LOUIS VAN BEETHOVEN. / Œuvre 45 / [...] »

La *Wiener Zeitung* du 10 mars 1804 en annonça la publication (en même temps que celle de la *Symphonie op. 36*).

Ces *Trois Marches* furent également éditées à Berlin et Amsterdam (Hummel), à Bonn (Simrock), à Mayence (Schott), à Leipzig (Kühnel), à Offenbach (André), à Berlin, à Paris et à Londres.

DÉDICATAIRE

Maria Josepha Hermenegild, princesse von Liechtenstein (13 avril 1768-8 août 1845) épousa le 15 septembre 1783 le prince Nikolaus II Esterhazy (1765-1833), maître de Haydn depuis 1794.

L'ŒUVRE VUE PAR SES CONTEMPORAINS

L'*AMZ* VI (1804 [col. 643]) rend compte de ces *Trois Marches* après leur publication. Le critique relève la facilité de cette œuvre plaisante, qui porte la marque d'un « esprit original et d'une nature puissante » ; toutefois il relève « le côté étrange, quelque peu bizarre de ces Marches », et il conseille de les jouer plusieurs fois pour en découvrir les subtilités.

CORRESPONDANCE

Voir « Contexte biographique ».

Opus 116
Tremate, empi, tremate

Trio pour soprano, ténor et basse avec orchestre
Texte de Giovanni de Gamerra
Allegro, **C**, si *bémol majeur – 237 mes.*

TEMPS DE LA COMPOSITION ET PREMIÈRE REPRÉSENTATION

Esquissé au début de l'année 1802 et composé à la fin de l'année 1802, comme en témoignent les esquisses et une copie (établie sur le même papier que celui qui a servi à une copie de la *Sonate à Kreutzer op. 47*).

Au début de l'année 1814, Beethoven a utilisé ce *Trio* pour un concert : il en corrigea alors le matériel d'orchestre pour la représentation.

Il fut joué lors d'une grande Académie dans la Salle de la Redoute, le 27 février 1814, au cours de laquelle fut jouée la *Septième Symphonie op. 92* et créée la *Huitième Symphonie op. 93* – le *Wellingtons Sieg op. 91* fut également rejoué à l'occasion. Ce *Trio* fut chanté par la soprano Anna Milder-Hauptmann (la Leonore de 1805), le ténor italien Giuseppe Siboni (1780-1839)et la basse Carl Weinmüller (1764-1828) (Rocco en 1814).

Le 23 mai 1824, ce *Trio* fut repris dans un concert consacré à une seconde exécution de la *Neuvième Symphonie* et du Kyrie de la *Missa solemnis*.

CONTEXTE BIOGRAPHIQUE

Beethoven a composé ce *Trio* vocal avec orchestre (*op. 116*) en même temps que le *Duo* vocal avec orchestre (*WoO 93*), sur la lancée des cours d'écriture vocale avec texte en italien, qu'il prit auprès de Salieri à partir de l'automne 1801. Cherchant à s'imposer comme compositeur d'opéra ou d'oratorio[1], il songea à faire exécuter de la musique pour voix et orchestre au cours d'un grand concert, et comme l'Académie prévue pour la semaine sainte de 1802 ne put avoir lieu, il prépara la partition du *Trio* pour le concert du 5 avril 1803[2] au cours duquel fut exécutée la première *Symphonie op. 21* et créés la *Symphonie op. 36*, le *Concerto op. 37* et l'oratorio *Christus am Ölberg op. 85*. Mais d'après ce qu'a rapporté Ferdinand Ries[3], ce concert était si long que plusieurs œuvres prévues au programme ne purent être exécutées (vraisemblablement ce *Trio* vocal, ainsi que la *Scène et Aria « Ah ! Perfido » op. 65*).

1. Dans sa lettre à son ami Karl Amenda du 1er juillet 1801 [1., 67], Beethoven écrivait que depuis que son ami était parti, il avait abordé tous les genres de composition à l'exception de l'opéra et de la musique d'église.

2. Beethoven habitait au « Theater an der Wien » depuis janvier 1803 pour écrire l'opéra qui lui avait été commandé.

3. Dans les *Biographische Notizen*, Koblenz 1838, p. 77.

L'occasion manquée en 1803 ne fut rattrapée qu'en février 1814, au moment où Beethoven rencontra un grand succès auprès du public viennois grâce à la *Bataille de Vitoria op. 91*. Ainsi, pour offrir une diversion vocale très prisée du public[1], Maelzel, l'organisateur de l'Académie au cours de laquelle devaient être rejoué l'*op. 91* et la *Septième op. 92* et créée la *Huitième Symphonie op. 93*, proposa à Beethoven de faire chanter la soprano Anna Milder-Hauptmann. Comme il n'était pas question de décliner une telle proposition, mais que Beethoven n'avait pas le temps de composer un Air et ne pouvait envisager qu'elle chante quelque chose d'un autre compositeur, il se souvint de ce *Trio*, qui pouvait être exécuté par les chanteurs qui préparaient la reprise de *Fidelio*. C'est donc dans ce contexte de grande notoriété, et au moment où il avait accepté de revoir son opéra pour qu'il soit à nouveau représenté, que Beethoven fit établir le matériel d'orchestre du *Trio*.

Le succès du concert du 27 février 1814 incita Beethoven à faire éditer son *Trio vocal*[2], en un temps où l'engouement pour Rossini commençait à s'emparer du public viennois. Mais un contentieux financier avec l'éditeur S.A. Steiner (Beethoven lui devait de l'argent) retarda la publication jusqu'en 1826. Entre temps, ce *Trio* fut au programme du concert du 23 mai 1824 au cours duquel furent repris la *Neuvième Symphonie* (qui avait été créée le 7 mai) ainsi qu'un Hymne de la *Missa solemnis*.

Pour attirer le public, l'organisateur du concert, Duport, fit publier une affiche sur laquelle était annoncé un Air qui, vu son titre, ne pouvait être pour le public viennois que de Rossini (extrait de *Tancrède*) ; cette première affiche ayant aussitôt été arrachée, Duport rectifia l'erreur en annonçant la création d'une œuvre « toute nouvelle » de Beethoven. Cette confusion avec Rossini, qui ne pouvait que servir les intérêts de l'organisateur tant l'engouement pour le compositeur italien dominait alors à Vienne[3], rendit Beethoven furieux, (il lui attribua le peu de succès du concert) : cette référence à Rossini exacerbait sa jalousie, et il considérait comme injurieux d'être mis en parallèle avec lui et se posait en rival comme en témoignent son choix de ne pas corriger l'affiche qui présentait le *Trio* comme nouveau (alors qu'il avait été composé en 1802 et que le concert datait de mai 1824), et sa volonté de lever toute confusion sur l'antériorité de la version pour orchestre du *Trio*, faisant même intervenir la commission de censure pour obliger l'éditeur à modifier le titre de la version pour piano qui présentait l'œuvre comme « Terzetto originale » (ce qui laissait supposer que la version pour piano était la première, antérieure à la version pour orchestre). Comme si, puisqu'il était soutenu par les « amis de la musique » viennois et par son entourage, qui dénonçait les « ritournelles rossiniennes » ou le « charlatanisme rossinien », Beethoven avait refusé de capituler devant son rival : tout en accentuant l'originalité de sa musique, en en revendiquant la difficulté comme critère d'excellence, Beethoven n'était pas mécontent de montrer qu'il pouvait se confronter à Rossini sur son terrain même (celui de la musique vocale, sur texte italien, à grand effet assuré).

PRÉSENTATION DE L'ŒUVRE

Le texte provient du livret du Dramma per musica *Arsace* (intitulé également *Medonte, Rè di Epiro*) de Giovanni de Gamerra (1743-1803), il est chanté par Medonte, Selene et Arsace. Beethoven a peut-être eut connaissance de ce Trio dans la version musicale issue du *Medonte* de Giuseppe Sarti (composé en

1. Il était fréquent d'intégrer des airs dans des concerts symphoniques.

2. Le 1er février 1815 [cf. lettre 3., 780], Beethoven vendait les *op. 72, 91-93, 95-97, 113, 115,116, 117* et *136* à S.A. Steiner. Le contrat fut signé le 20 mai 1815 (une partition du *Grand Trio* « zum singen mit Clavier » était le n° 4). Tandis que les *op. 91-93* et *95-97* furent publiés durant l'année 1816/1817, les autres œuvres ne furent publiées que plus tard, par mesure de rétorsion de la part de Steiner qui attendait que Beethoven le rembourse d'une avance qu'il lui avait faite.

3. Ce qu'avait bien compris l'impresario Barbaja qui invita une troupe italienne « en résidence » au Kärntnerthortheater de 1822 à mars 1825, faisait régner l'opéra italien à Vienne. Pour faire venir le public, les organisateurs de concerts avaient intérêt à programmer du Rossini : ainsi, par exemple, lors du premier concert de la « Gesellschaft des Musikvereins » de la saison 1825/26, le dimanche 27 novembre 1825, furent exécutés la *Troisième Symphonie* de Beethoven, une scène d'*Otello* de Rossini, le *Concerto pour violoncelle en fa dièse mineur op. 30* de Bernhard Romberg et le *Gloria* de la *deuxième Messe* de Cherubini [cf. *AMZ XXVII* (1825) col. 848 – cité in *Briefe* 6., 2097, p. 194, note 7 de la lettre de novembre 1825 de Beethoven à Karl Holz].

1777 à Florence, représenté au Hoftheater à Vienne en 1794, et publié à Paris en 1795). Il a peut-être également connu la version de Ferdinando Bertoni (Turin 1777), ce qui expliquerait la mention manuscrite «Bettoni».

Il met en scène la jalousie d'un forcené par amour : ce qui permet de faire se succéder expressions de la colère, sentiments délicats de l'amour partagé et désespoir. À la fin, les trois adressent une prière aux divinités malfaisantes (situation typique de l'*opera seria)*.

Medonte
Tremate, empj, tremate
dell' ire mie severe
Su quelle fronti altere
Il fulmine cadrà.
Tremblez, impies, tremblez
Devant ma terrible colère
Que sur ces fronts hautains
Tombe la foudre.

Arsace
Risparmia oddio, quel sangue…
Épargne, odieux, ce sang…

Selene
Fa ch'io sol cada esangue…
Fais que je tombe seule inanimée…

a 2)
Sfoga lo sdegno in me.
Assouvis ta colère sur moi.

Medonte
Ambi svenati io veglio, [fremati / svenati]
Vittime al mio rigor.
Tous les deux, je veux vous égorger [faire frémir]
Que vous soyez les victimes de ma rigueur.

a 2)
D'un innocente ardore
O barbarà mercè.
D'une innocente ardeur
O barbare tribut.

[12] Medonte
Tolgansi agli occhi miei
Quegli abborriti amanti. [sposi / amanti]
Otez-vous de ma vue
Vous amants [époux] abhorrés.

Arsace
A questo affanno…
A quelle affliction…

Selene
Ai pianti…
A quels pleurs…

[16] Medonte
'O di macigno il cor.
J'ai un cœur de pierre.

Selene
Son queste, amato bene,
Le amabili catene
Onde ne avvinse amor? [m'avvinse / ne avvinse]
Est-ce là, mon bien-aimé,
Les douces chaînes
Que l'amour m'a réservées ?

[Arsace
Son questi, Idolo mio,
Quei cari lacci, oh, Dio,
Che ci serbava amor?]
Est-ce là, mon idole,
Les liens chéris, o Dieu,
Que me promettait l'amour ?

[Medonte]
'E questa, avversi Dei,
Dunque la fè che in lei
Facea sperarmi Amor?
Est-ce là, Dieux hostiles,
Celle dont le visage
M'avait laissé espérer l'amour ?

a 3)
Stelle tiranne, omai
O tollerato assai
La vostra crudeltà. [si fiera / la vostra]
Étoiles tyranniques, désormais
J'ai assez toléré
Votre cruauté [une cruauté si sauvage].

Pour les vers 5-6 et 14-15, Beethoven a inversé les voix, et il a répété à la fin les vers 13 à 16.

Il a aussi modifié quelques termes (les sont indiquées entre crochets).

Ce *Trio* est de style symphonique : les trois voix sont accompagnées par un grand orchestre composé de cordes, de bois par deux (sans hautbois), de deux cors et de deux trompettes, de timbales et de cordes basses.

Il est constitué de trois parties : un Adagio en *mi* bémol majeur encadré par deux Allegros en *si* bémol majeur.

Le premier Allegro de 69 mesures est à quatre temps en *si* bémol majeur. Il concerne les vers 1-15 qui contiennent menaces de la basse et implorations de la soprano et du ténor.

Suit un Adagio à 3/4 en *mi* bémol majeur (de 51 mesures) qui soulignent de manière lyrique, pleine d'émotion (proche d'un mouvement lent de sonate), les sentiments délicats des vers 16-24.

Le dernier Allegro (de 117 mesures) est Allegro molto en *si* bémol majeur à quatre temps : il commence par un accord de dominante *ff* et est consacré à l'interpellation des dieux terribles par les trois voix ensemble qui répètent « tollerato assai » et soulignent « crudelità », accompagnées par un orchestre très intense (avec trémolo des cordes, syncopes et traits incisifs des bois). La fin (à partir de la mes. 205) est « Più mosso », mettant en valeur les deux derniers vers.

SOURCES

Des esquisses se trouvent dans le Keßlersches Skizzenbuch (à Vienne) qui date des trois premiers mois de 1802, ainsi que dans le Wielhorsky Skizzenbuch (à Moscou), en novembre 1802.

Le manuscrit autographe a disparu.

Des copies existent : une copie de la partition (à Bonn) comprend de nombreuses corrections de Beethoven à l'encre et au crayon (faites en 1803 et pour la représentation du 27 février 1814), ainsi que la page de titre de l'édition de Steiner manuscrite « Terzetto originale op. 116 [etc.] », et la mention : « Del Sign. Maestro Bettoni », sans doute une façon humoristique d'italiéniser le nom de Beethoven. Cette copie était destinée à la gravure (donc établie en 1815, en fonction du contrat avec Steiner). Il existe aussi une copie établie par Rampl des quinze différentes parties d'orchestre (également à Bonn), avec le titre « Terzetto // : Tremate empi :/. ». Chacune des parties comporte des corrections et des ajouts de Beethoven (à l'encre, en crayon noir et au crayon rouge), ainsi que la mention « nach Bonn » sur les parties de violons I et II et d'alto. (Dans une « Notta » datée du 28 février 1814, Schlemmer établissait la facture de ce qu'il devait au copiste Rampl.). Une copie de la voix de soprano, à Berlin, une copie de la voix de ténor, à Vancouver, et une copie de la voix de basse à Bonn comprennent des corrections et ajouts de Beethoven (à l'encre rouge et au crayon rouge), ainsi que « nach Bonn » pour la voix de basse. Ces trois copies étaient destinées à la première représentation du 27 février 1814. (L'indication « nach Bonn » est sans doute en relation avec l'expédition de la musique du *Trio* à Ries pour les Fêtes musicales d'Aix-la-Chapelle en avril 1825.)

Il existe (à Darmstadt) un exemplaire de l'édition originale de la réduction pour piano avec les corrections portées par Beethoven sur la gravure des notes (les mêmes corrections que pour les copies des voix séparées), ainsi que sur la page de titre : il a rayé « ORIGINALE », « ALL'USO DI CONCERTI », « Sig[r] Maestro », et a corrigé en « e » le « o » de « Tromate ». Il a écrit cinq fois le mot « originale », rayant le premier, écrit au crayon, et repassant à l'encre noire les quatre autres. Sur le revers de la dernières page de notes, Beethoven a suggéré un titre : « Estratto per il cembalo / dal terzetto etc. ». En marge, Hasslinger a indiqué : « Beethoven Terzett im Kl : Auszug : geordnet ».

PUBLICATION

En février 1826, S.A. Steiner & Comp. publie une réduction pour piano (qui n'avait pas été établie par Beethoven, mais qu'il avait autorisée dans le contrat de 1815), avec ce titre :

« TERZETTO ORIGINALE / Tromate [sic], empi, tremate / per voci di / Soprano, Tenore e Basso / con accompagnamento di / CEMBALO ALL' USO DI CONCERTI / composto dal Sig[r] Maestro / Luigi van Beethoven / Opera 116. / [...] »

Comme Beethoven était mécontent du titre qui laissait penser que la version pour piano était la première, il fit intervenir la commission de censure pour obliger l'éditeur le modifier. La nouvelle édition de la réduction pour piano fut publiée par Tobias Haslinger (qui dirigea seul la maison d'édition à partir de juillet 1826) en septembre 1826. Elle porte le titre suivant :

« TERZETTO / (Tremate, empi, tremate !) / per / SOPRANO, TENORE E BASSO / con accompagnamento / di grand'Orchestra / da / Luigi van Beethoven. / Opera 116 […] / Estratto per il Cembalo. / […]/ VIENNA / presso Tob : Haslinger».

S.A. Steiner e Comp. publia la version des parties séparées (trois voix et quinze parties d'orchestre) après la réduction pour piano, avant juillet 1826 :

«TERZETTO / Tremate, empi, tremate ! / per il / Soprano, Tenore e Basso / con accompagnemento [*sic*] / dell' Orchestra. / Composto / da / L. van BEETHOVEN. / Op : 116 – Propietà degli Editori – […]»

Ce Trio fut édité en partition dans la GA en 1863.

L'ŒUVRE VUE PAR SES CONTEMPORAINS

L'*AMZ* XVI, n° 12 du 23 mars 1814 (col. 201), publiait un compte rendu du concert du 27 février qui soulignait la juxtaposition «du style italien au début» et de «la manière qui n'appartenait qu'à Beethoven dans le fougueux Allegro final».

L'*AMZ* XXVIII, n° 30 du 26 juillet 1826 (col. 494-496), au lendemain de la publication, signalait que ce *Trio* devait être une œuvre de jeunesse de Beethoven et qu'il était de la même veine que la *Scène et Aria pour Soprano «Ah! perfido»*, «à usage de concert», mais également pour «chanteurs expérimentés avec accompagnement de piano». L'auteur de l'article classait ce *Trio* dans le genre «opera seria», et louait l'intensité du sentiment ainsi que l'originalité de l'orchestration. Après une courte analyse (un Allegro animé en *si* bémol majeur à quatre temps; un Adagio cantabile en *mi* bémol majeur à trois temps, et un puissant Allegro en *si* bémol majeur avec une fin brillante, à nouveau à quatre temps), l'auteur de l'article soulignait que ce *Trio* était de longueur moyenne, et que les adeptes de Rossini le trouveraient certainement très court. Enfin, il énumérait les instruments, se demandant quelle était la version originale : pour orchestre ou pour piano – ce que le titre de la réduction pour piano «Terzetto originale» ne permettait pas de décider.

CORRESPONDANCE

Le 23 février 1814 [3. 697], Beethoven demandait à un certain «Herr Hartmann» d'insérer l'annonce de son Académie dans la grande salle de la Redoute le 27 février : «Avec la Bataille déjà bien connue, il y aura une nouvelle Symphonie qui n'a pas encore été entendue et un nouveau Trio vocal.»

Avant cela [3., 701], Beethoven écrivit à l'archiduc Rodolphe qu'on voulait redonner son opéra *Fidelio*, ce qui lui demandait beaucoup de travail, et que pour une deuxième Académie il devait «écrire quelque chose de neuf pour Anna Milder» (il ne donna pas suite à son intention et réutilisa le *Trio* vocal composé en 1802).

Avant le 27 février 1814 [3., 702], Beethoven écrivait à Anna Milder-Hauptmann que Maelzel proposait qu'elle chante à son Académie, ce qui embellirait le concert, mais Beethoven ne voulait pas qu'elle chante un Air d'un autre compositeur que lui. Or il n'avait pas le temps d'écrire un Air nouveau car il était en train de revoir *Fidelio*, il avait pensé lui faire chanter un Air de Leonore, mais la salle ne s'y prêtait pas. Il lui disait qu'il n'était pas encore décidé, mais qu'il ne voulait toutefois pas laisser passer l'occasion offerte par l'organisateur des concerts. S'il avait eu un nouvel Air disponible, il se serait précipité pour l'implorer d'accepter de chanter.

Le 1er février 1815 [3., 780], Beethoven autorisait Steiner à faire réaliser des réductions pour piano des *Symphonies op. 92* et *op. 93*, de la *Bataille de Wellington op. 91*, ainsi que du *Trio vocal op. 116* – mais il exigeait de les corriger et de les améliorer s'il le trouvait nécessaire (ces œuvres qui font partie du contrat signé avec Steiner le 20 mai 1815).

Le 20 mai [3., 807], Beethoven promettait à Steiner de lui faire parvenir les œuvres le plus vite possible après les avoir montrées à un étranger de passage auquel il souhaitait les présenter.

En février 1824 [5., 1784], les «Wiener Kunstfreunde» s'adressent à Beethoven. Admirateurs de son génie, ils le priaient de réserver ses créations à Vienne, à cette époque de régression du goût des amateurs (ils faisaient allusion à l'engouement pour Rossini, l'impresario du Kärtnertortheater ne programmant plus depuis 1822 que des opéras italiens).

Après le 23 mai de la même année [5. 1840], Beethoven écrivait à Tobias Haslinger que l'annonce qui présentait le Terzett comme nouveau n'était pas de son fait, mais que c'était une initiative de Duport, insistant sur le fait qu'il n'y était pour rien.

Le 26 mai [5., 1841], Beethoven écrivait au prince Galitzine, lui annonçant qu'il allait lui envoyer, entre autres, le « Terzett » qui venait d'être remarquablement chanté par trois chanteurs italiens (la soprano Geronima Dardanelli, le ténor Domenico Donzelli et la basse Pio Botticelli, lors du concert du 23 mai 1824).

Le 16 juin [5., 1845], le prince Galitzin remerciait Beethoven et disait qu'il avait hâte de recevoir ces dernières productions. Il déplorait qu'à Saint-Pétersbourg « la cour s'occupe peu de musique, et d'ailleurs le charlatanisme pittoyable rossinien a tout envahi ». Il poursuivait ainsi sa lettre : « Le feu sacré de la belle musique ne s'entretient que chez un petit nombre d'élus, et vous savez que pour avoir raison il faut avoir la majorité. Les gens de génie comme vous sont récompensés par la Postérité, dont le jugement finit toujours par être juste, mais c'est une triste consolation pour le génie à qui cela ne permet pas de vivre. ».

Le 10 octobre [5., 1896], Beethoven demandait à Tobias Haslinger qu'il lui prête la partition du « Terzett » qu'il n'avait pas à Baden, car le comte von Dietrichstein la lui réclamait pour préparer la fête à l'occasion du mariage de l'archiduc Franz Karl et de la princesse Sophie Friderike Dorothea de Bavière (le « Terzett » fut chanté par Henriette Sontag, Domenico Donzelli et Antonio Ambrogi, lors du banquet donné le 4 novembre 1824, dans la grande salle de la Redoute).

Le 9 avril 1825 [6., 1957], Beethoven envoyait entre autres la partition du *Trio* à Ries pour la huitième fête musicale d'Aix-la-Chapelle, mais elle ne parvint pas à temps (cf. lettre de Ries du 9 juin 1825 [6., 1987]).

Le 6 avril de l'année suivante (ou peu avant) [6., 2144], Beethoven s'adressait à la commission de censure de Vienne pour obtenir de Steiner qu'il accepte ses corrections pour les œuvres qu'il avait achetées en 1815 et qu'il venait seulement de publier (*op. 114, 116, 117, 118*), et qu'il modifie le titre, *Marche avec chœur op. 114*, ainsi que celui de la version pour piano du *Terzett op. 116*.

Le 9 avril [6., 2145], Beethoven prévenait Tobias Haslinger de la demande adressée à la commission, car l'affaire durait depuis plus de six semaines.

Cahiers de conversation

BKh 4 (Heft 48, du 7 au 14 décembre 1823, p. 306) : Karl, le neveu de Beethoven, raconte que Weber avait inscrit sous son portrait « Wie Gott will » (Comme Dieu veut) et que Rossini devrait faire inscrire « wie die Wiener wollen » (Comme les Viennois veulent).

BKh 6 (Heft 69, vers les 22-24 mai 1824, p. 228) : Karl essaie de calmer la colère de Beethoven, furieux du peu de succès du concert du 23 mai 1824 : il lui dit que les places coûtaient trop cher, qu'une bonne partie du public viennois n'était pas venue parce que les Airs rossiniens le révoltaient. Il ajoutait qu'il s'était mêlé au public pour entendre ses commentaires : tous étaient indignés par les Airs, et Stadler était au centre d'un petit cercle qui s'en moquait. Karl continuait en affirmant que ça ne pouvait pas lui faire de tort, car ses compositions étaient profanées seulement quand on les comparait aux ritournelles de Rossini. Il rappelait aussi que sur la première annonce du concert, aussitôt arrachée, il était écrit seulement « di Tanti palpiti » (Cavatine de l'opéra *Tancrède* de Rossini), titre que tout un chacun savait correspondre à un air de Rossini, tandis que sur la dernière annonce il était inscrit qu'il s'agissait des œuvres les plus récentes de Beethoven (N° 4 Air, chanté par David) : « comme si cet Air faisait partie de tes œuvres les plus récentes ! ». Karl faisait ensuite remarquer de manière ironique que Rossini pouvait être fier qu'un de ses Airs soit donné dans un concert de Beethoven.

BKh 7 (Heft 77, première moitié d'octobre 1824, p. 16) : Beethoven recevait l'envoyé de Moritz Dietrichstein qui demandait le matériel d'orchestre pour donner le « Terzett » lors de la fête du mariage d'un archiduc.

BKh 7 (Heft 80, début janvier au 12 janvier 1825, p. 68) : son frère Johann et son neveu Karl envisagaient un triple concert pour ce début d'année : dans la premier il y aurait toute la *Messe* (*op. 123*), dans le deuxième la *Symphonie (op. 125*, l'*Ouverture* [*op. 124*] et le *Trio vocal* [*op. 116*]), et dans le troisième « bloß den Heiligen Augenblick » – ces concerts n'auront finalement pas lieu.

BKh 9 (Heft 104, mi-février-24 février 1826, p. 36) : dans la conversation entre Holz et Karl, il est question du titre de la réduction pour piano publié par S.A. Steiner (avec la mention « originale »).

BKh 9 (Heft 105, 24 février-5 mars 1826, p. 80) : Holz lui dit qu'il n'a pas indiqué pour le titre « All'uso di concerti », assurant qu'il avait remis à Steiner le titre indiqué par Beethoven.

BKh 9 (Heft 107, fin mars-début avril 1826, p. 162, 163 et 172) : en pleine conversation (les 5 ou 6 avril) sur le titre de la réduction pour piano, Holz demande si Beethoven a également vendu la version pour orchestre à Steiner.

BKh 10 (Heft 116, début août 1826, p. 71, p. 78, p. 82) : Karl affirme que Haslinger a modifié le titre, éliminant le « Originale ».

BKh 10 (Heft 117, p. 114) : Holz explique que Haslinger se sent obligé de changer le titre.

BKh 10 (Heft 120, première moitié de septembre 1826, p. 199) : Holz confie que Tobias Haslinger veut lui montrer lui-même les épreuves du nouveau titre (que le censeur Sartori avait obligé l'éditeur à changer).

BKh 10 (Heft 120, première moitié de septembre 1826, p. 233, 234) : Holz assure que Tobias lui a montré les épreuves du nouveau titre et que « *estratto per il Cembalo* » est mis en valeur.

Opus 37
Troisième Concerto pour piano en *ut* mineur

Allegro con brio, **C**, ut *mineur – 443 mes. (et 507 avec la cadence)*
Largo, 3/8, mi *majeur – 89 mes.*
Rondo. Allegro, 2/4, ut *mineur /* ut *majeur – 463 mes.*
Cadence finale du premier mouvement, **C**, ut *mineur – 64 mes.*

TEMPS DE LA COMPOSITION ET PREMIÈRE EXÉCUTION

L'idée de ce *Concerto* est née au cours de la grande tournée de concerts effectuée en 1796 (à Prague, Dresde, Leipzig et à Berlin). Il semble que ce soit après un concert donné en mai ou juin 1796, à Berlin, que Beethoven ait noté l'idée : « Pour le Concerto en *ut* mineur timbales à la cadence », et qu'il ait pensé à un Rondo. L'idée du motif de timbale est reprise un peu plus tard dans des esquisses : ce motif constitue le matériau de base du premier mouvement.

Après ces premières idées, il esquissa le *Concerto* au cours de l'année 1799, et commença à le composer en 1800 en perspective du concert du 2 avril. Mais il n'eut pas le temps de l'achever (il a donc joué le *Concerto* en *ut* majeur *op. 15*). Il le reprit pour un concert projeté en avril 1802, mais qui n'eut pas lieu, si bien que la partie d'orchestre ne fut terminée que pour le concert du 5 avril 1803, donné par et pour Beethoven au Theater an der Wien. La partie de soliste ne fut définitivement écrite que pour le concert donné par Ries le 19 juillet 1804, lors d'un des concerts organisés par Schuppanzigh à Vienne dans les jardins de l'Augarten (avant l'édition du *Concerto*).

La Cadence du premier mouvement fut écrite vraisemblablement en 1809 pour l'archiduc Rodolphe.

CONTEXTE BIOGRAPHIQUE

Alors qu'il prévoyait de jouer un nouveau *Concerto* pour sa première « académie » à Vienne, le 2 avril 1800, Beethoven fut obligé d'en jouer un ancien dans une version améliorée (l'*op. 15* vraisemblablement, dans sa seconde version), et il n'eut l'occasion de jouer son nouveau *Concerto* qu'en 1803, qu'il ne donna à graver qu'au cours de l'été 1804 (même s'il avait prévu de le faire éditer avant, comme les lettres de Kaspar Karl à différents éditeurs en témoignent). Si composer un Concerto était directement lié à son exécution en public, l'analyse de l'écart entre les esquisses et la version définitive montre que, pour ce *Troisième Concerto*, le compositeur prit le pas sur le virtuose : alors qu'il existe quatre versions pour le *Concerto en si bémol majeur op. 19* et deux pour le *Concerto en ut majeur op. 15*, il n'y en a qu'une pour ce *Concerto en ut mineur op. 37*. Toutefois, ce n'est qu'une année après l'achèvement de la partie d'orchestre en 1804, qu'il établit presque définitivement la partie du soliste, pour que son élève Ries puisse jouer ce *Concerto* en public – ce qui signifie que Beethoven avait sans doute largement improvisé lors du concert du 5 avril 1803 au Theater an der Wien – le chef d'orchestre Ignaz Xaver Seyfried[1] raconta que la partition de Beethoven n'était faite que de pages blanches ; le concert avait été si périlleux que

1. Ignaz Xaver Ritter von Seyfried (1776-1841) chef d'orchestre, compositeur élève d'Albrechtsberger, fut Kapellmeister au Theater an der Wien de 1797 à 1825. Il publia quelques souvenirs sur Beethoven dans *Coecilia* en 1828, et dans ses *Beethoven's Studien* en 1832.

Beethoven prit la peine de remercier Seyfried dès qu'il en eut le temps [1., 134].

Même s'il n'y a qu'une version, l'intervalle de temps entre le projet d'un *Troisième Concerto* et sa réalisation est assez long (quatre ans) et dense en événements (surdité qui s'avère persistante, échec d'un projet de mariage avec Giulietta Guicciardi, tensions avec les directeurs de théâtre et les éditeurs, projet de trouver une place à Paris, etc.). Ce laps de temps a peut-être été nécessaire à Beethoven pour oser se confronter à nouveau au modèle de perfection qu'étaient pour lui et ses contemporains les *Concertos* de Mozart. Ce temps d'élaboration correspond au moment où Beethoven cherchait délibérément à faire du nouveau – ce qu'il revendique à propos de ses *Variations op. 34* et *op. 35*, et ce que Czerny a traduit, bien des années après, par l'expression de « nouveau chemin », expression sur laquelle tout commentateur s'appuie pour rendre compte des œuvres de Beethoven au début des années 1800.

Ce qui est assez étonnant, c'est que Beethoven, avant même la publication de son *Concerto*, ne conserva pas le monopole de son exécution publique et qu'il forma son élève Ferdinand Ries pour qu'il puisse le jouer en concert. Seul élève qu'il ait accepté à cette époque, Ferdinand Ries était le fils d'un musicien de la cour électorale de Bonn, qui, ami de la famille Beethoven, l'avait aidée au moment de la mort de la mère (ce pourquoi Beethoven lui vouait une énorme reconnaissance (cf. lettre à Simrock du 2 août 1794 [1., 17]). Ferdinand Ries arriva à Vienne au cours de l'hiver 1801/02 (il y resta jusqu'en automne 1805) [1., 87] ; il reçut alors plusieurs fois par semaine des leçons de Beethoven, essentiellement pour étudier la manière de jouer ses œuvres (telle la *Sonate pathétique* comme Ries le raconte à Simrock le 6 mai 1803 [1., 136]). Mais Beethoven ne se contenta pas de lui donner des leçons, il eut à cœur de lui assurer une situation correcte en le recommandant au comte de Browne-Camus (chez lequel Ries devint pianiste attitré) [1., 87], et compta sur lui pour corriger, vérifier les œuvres qu'il destinait à un concert ou à un éditeur [1., 143]. Il le chargea également d'assurer la correspondance avec leur ami commun, l'éditeur Simrock de Bonn, pour que les œuvres de Beethoven déjà éditées à Vienne puissent paraître à Bonn [1., 152, 155].

Dans ses *Notices biographiques* (pp. 113-114), Ries raconte le concert au cours duquel il se risqua à jouer une cadence de sa composition, cadence très périlleuse que Beethoven lui déconseillait de jouer…

Présentation de l'œuvre

Le *Troisième Concerto* devint au XIXe siècle un modèle du genre par son équilibre formel et par sa conduite du discours musical, qui repose sur l'association de la virtuosité du soliste et de la densité de l'orchestre.

L'exposition du matériau thématique du premier mouvement Allegro con brio, de forme sonate, est confiée à l'orchestre (mes. 1-111) ; le piano n'entre qu'après cette longue exposition et reprend les thèmes déjà exposés en les amplifiant par des traits de virtuosité.

Le motif qui ouvre ce premier mouvement est un accord parfait arpégé d'*ut* mineur, exposé *p* à l'unisson des cordes dans une carrure stricte de quatre mesures, auxquelles succèdent quatre mesures sur la dominante confiées aux vents. Le premier thème se construit ensuite peu à peu, magnifiant la stabilité tonale d'*ut* mineur avant de passer en *mi* bémol majeur (la relative majeure) pour préparer l'exposé du second ensemble thématique plus lyrique (mes. 50). Puis, après une conclusion modulante qui se termine par l'affirmation de l'*ut* mineur, le piano entre par un grand trait ascendant, manifestant aussitôt la dimension virtuose de la partie de soliste. Le dynamisme de l'ensemble est entretenu par le jeu du piano et le court motif rythmique (croche-noire) affirmé successivement par les différents instruments (ce motif est la première idée de ce *Concerto,* pensé à partir du jeu des timbales). Le développement polyphonique et modulant est introduit par un nouveau trait ascendant du piano. La réexposition est précédée d'un long trait descendant du piano, et des trilles au piano prépare l'entrée du second thème. Une suspension harmonique dramatisée par des accords de septième diminuée annonce la cadence (écrite par Beethoven en 1809). La coda démarre sur le motif rythmique dynamique qui domine ce premier mouvement et qu'elle amplifie jusqu'à l'unisson final de tout l'orchestre *ff*.

Le deuxième mouvement, Largo en *mi* majeur à 3/8, est de forme Lied (ABA', cadence et coda). L'exposition du chant est confiée au piano seul. Puis, après une première intervention de l'orchestre, le piano donne une très grande amplitude au chant par ses broderies mélodiques très étendues. La courte cadence qui précède la coda doit être jouée «sempre con gran espressione».

Le troisième mouvement, Finale, qui commence en *ut* mineur, oscille entre le Rondo et la forme sonate, le premier thème faisant office de refrain pour trois couplets.

Le piano seul expose le premier thème très rythmique, Allegro à 2/4. Après une carrure stricte (8 mes.), il est repris par l'orchestre, puis étendu par le piano et par l'orchestre. Un second thème ou premier couplet, ouvert par un rythme de marche, est ponctué par une reprise du premier thème, qui précède un développement formé de plusieurs sections successives : une cadence, un passage mené par la clarinette, un passage fugato ouvert par les violoncelles, un passage modulant qui produit une impression de suspension. La réapparition du premier thème fait office de réexposition (du premier et du second thème); elle aboutit, après un passage à modulations, à une courte cadence à 6/8 en *ut* majeur, moment d'attente qui prépare un Presto final (mes. 407/408), toujours à 6/8 et en *ut* majeur, d'exultation sonore du piano et de l'orchestre.

SOURCES

Le manuscrit autographe de la partie d'orchestre se trouve à Berlin : il porte la mention «Concerto 1803 Da L. v. Beethoven». Mais la partie soliste intégrale, établie pour Ferdinand Ries, est perdue. Ce manuscrit est noté avec trois encres différentes, ce qui permet de suivre les trois étapes de sa composition : pour le concert prévu le 2 avril 1800, seuls étaient notés le premier mouvement, presque définitif, et le deuxième mouvement, dans une version rudimentaire. Le manuscrit du premier mouvement a été revu pour le concert projeté en 1802. Puis le manuscrit a été complété pour le concert du 15 avril 1803 (révision du deuxième mouvement et composition du troisième mouvement). La partie soliste est indiquée sans être réalisée.

Les premières esquisses se trouvent à Londres (collection Kafka) et à Berlin (ensemble d'esquisses Fischhof).

PUBLICATION

L'édition originale a été assurée à Vienne, par le Bureau d'Art et d'Industrie en novembre 1804; le titre est en français :

«GRAND CONCERTO / pour le / Pianoforte / 2 Violons, Alto, 2 Flûtes, 2 Hautbois, 2 Clarinettes, 2 Cors, / 2 Bassons, 2 Trompettes et Timbales, Violoncelle et Basse / composé et dedié / À Son Altesse Royale Monseigneur le Prince / LOUIS FERDINAND DE PRUSSE / par / Louis van Beethoven / Op. 37. / [...] »

La *Wiener Zeitung* en annonça la parution le 24 novembre 1804.

André, à Offenbach, le réédita en 1805.

Il existe des transcriptions de quelques passages : une transcription pour piano à quatre mains «Rondeau tiré du Concerto» publiée par Breitkopf & Härtel en mars 1824 (puis toute l'œuvre en fin 1830); une transcription libre pour piano solo, par Beethoven, de la dernière partie de la Coda en *ut* majeur du Finale, n° 24 de la troisième partie des la «Wiener Piano-Forte-Schule» publiée par Friedrich Starke en 1821. [SBG IX, 20 = Hess 65]

La première partition date de fin 1834 ou début 1835 chez Dunst à Francfort, N° 2 de la «Collection Complète des CONCERTES de L. v. Beethoven».

DÉDICATAIRE

Le prince Louis Ferdinand de Prusse, neveu du grand Frédéric (18 novembre 1772, près de Berlin-10 octobre 1806, tombé sur le champ de bataille près de Saalfeld) était un pianiste doué et compositeur. Beethoven le rencontra à Berlin en 1796, puis à nouveau à Vienne en 1804, où il séjourna quelques jours à l'occasion des manœuvres d'automne (le *Concerto* était en cours de gravure). Lors de l'exécution de la *Symphonie héroïque* dans les salons du palais Lobkowitz, en 1806, le prince la fit jouer une seconde fois. Dédier une œuvre pour piano et orchestre au prince Louis Ferdinand de Prusse était une façon de rendre hommage à ses capacités d'artiste, mais peut-être également une tentative pour assurer la diffusion de son *Concerto* au-delà des frontières de Vienne.

L'ŒUVRE VUE PAR SES CONTEMPORAINS

L'*AMZ* VI (n° 46 du 15 août 1804 [coL 776-777]) fit paraître un article après le concert du 19 juillet 1804 avec Ries au piano. Les thèmes du premier et du dernier mouvement y sont publiés. L'auteur de l'article estime que «ce concerto appartient sans conteste aux plus belles œuvres de Beethoven» et il ajoute qu'il «fut exécuté de manière remarquable par M. Ries, qui tenait la partie de solo, et qui est actuellement l'unique élève de Beethoven et son ardent admirateur». Le critique signale que Ries a étudié ce morceau avec Beethoven et qu'il a su dominer facilement toutes les difficultés de la partition.

L'*AMZ* VII (n° 14 du 2 janvier 1805 [col. 217]) rendait compte d'un concert donné à Leipzig au cours duquel fut joué l'*Opus 37* en même temps qu'un *Concerto en sol mineur* de Dussek : l'auteur de l'article trouvait celui de Beethoven «infiniment supérieur, et même s'il était trop long et par endroit trop recherché, c'était pourtant un morceau remarquable entre tous, le meilleur encore jamais écrit dans ce genre». Madame Müller, la pianiste a su maîtriser les énormes difficultés et le public manifesta vivement son enthousiasme.

L'*AMZ* VII (n° 28 du 10 avril 1805 [445-457]) publia une analyse comportant beaucoup d'exemples musicaux.

CORRESPONDANCE : HISTOIRE DE LA PUBLICATION

Le 28 mars 1802 [1., 81], Kaspar Karl Beethoven propose ce *Concerto*, en même temps que la *Deuxième Symphonie*, à Breitkopf & Härtel, c'est-à-dire quelques jours avant le concert prévu au début avril 1802. B&H, intéressé, en demande le prix une semaine plus tard (5 ou 6 avril, [1., 83]). Le 22 avril 1802 [1., 85], après l'échec du projet de concert, Kaspar Karl lui signale qu'il lui faudra attendre le nouveau concert avant d'avoir la partition à graver. Le 23 novembre 1802 [1., 113], Kaspar Karl propose ce même *Concerto*, ainsi que la *Deuxième Symphonie*, pour 300 fl chacun, à l'éditeur André d'Offenbach qui refuse [1., 117, 3 décembre 1802]. Après le refus d'André, Kaspar Karl propose ces deux œuvres ensemble à Breitkopf & Härtel, le 22 janvier 1803 [1., 125] pour 600 fl (les deux) ; ils n'acceptent que pour 500 fl, le 28 janvier [1., 126], n'étant pas encore certains du succès commercial des œuvres de Beethoven. Kaspar Karl s'adresse alors à un «collègue» qui accepte de payer 700 fl [1., 129, 26 mars 1803], il s'agit du Bureau d'Art et d'Industrie.

Lors du concert de Ries en juillet 1804, la partition du soliste est tout juste terminée. Le mois d'après, Beethoven demande à plusieurs reprises à Ries de corriger les épreuves des différentes parties d'orchestre, ainsi que la partie de piano qu'il veut revoir ensuite [1., 190, 191, 192, septembre 1804].

Opus 47
Sonate pour piano et violon en *la* majeur

Adagio sostenuto, 3/4, la *majeur (18 mes.) / Presto,* ¢*,* la *mineur – 599 mes.*
Andante con Variazioni, 2/4, fa *majeur – 235 mes.*
Finale. Presto, 6/8, la *majeur – 539 mes.*

TEMPS DE LA COMPOSITION ET PREMIÈRE EXÉCUTION

Cette neuvième *Sonate pour piano et violon* fut écrite en plusieurs étapes : tout d'abord, le Finale qui avait été prévu en 1802 pour la *Sonate pour piano et violon op. 30 n° 1*, puis il y eut une première version qui ne fut qu'à peine terminée (comme en témoigne un manuscrit autographe) pour le concert du 24 mai 1803 (sans doute) au cours duquel cette *Sonate* fut jouée par Beethoven et par le violoniste mulâtre George Augustus Polgreen Bridgetower – pour l'Andante à Variations, en particulier, seule la partie de violon était notée (Beethoven improvisa la partie de piano). Enfin, cette *Sonate* fut achevée au cours de la seconde moitié de cette même année en vue de sa publication (elle fut expédiée à l'éditeur à la fin du mois de décembre).

CONTEXTE BIOGRAPHIQUE

La *Sonate* dite *à Kreutzer* est une œuvre de circonstance écrite rapidement pour un concert donné sans doute le 24 mai 1803, par Beethoven et par le violoniste virtuose George Augustus Polgreen Bridgetower (vers 1779-1860), de passage à Vienne (où il resta d'avril à juillet 1803).

À peine sorti de la tension liée au grand concert du 5 avril 1803, Beethoven eut l'occasion de rencontrer Bridgetower, violoniste virtuose et compositeur né en Pologne, qui, depuis 1795, était au service du prince de Galles, futur roi George IV d'Angleterre. Par son père, le « Mohr » Friedrich August Bridgetower qui avait été page du prince Esterhazy de 1779 à 1785, Bridgetower avait été proche de Haydn (il était d'ailleurs présenté comme un de ses élèves). En voyage sur le continent, il donna plusieurs concerts en 1802 et 1803 à Dresde où il avait été voir sa mère, avant de faire un séjour de quelques mois à Vienne où il fit la connaissance de Beethoven.

Stimulé par le jeu de ce virtuose du violon, Beethoven accepta d'écrire une sonate pour lui, et de la donner en concert. Il fallait faire vite ! Mais Beethoven disposait déjà d'un Finale, si « brillant » qu'il ne l'avait pas jugé compatible avec les deux premiers mouvements de la *Sonate op. 30 n° 1* : il n'avait plus qu'à composer les deux premiers mouvements de cette nouvelle Sonate, mais, malgré sa hâte, la partition n'était pas entièrement notée le jour du concert dans la salle de l'Augarten, et Beethoven dut largement improviser.

Après le concert, Beethoven se préoccupa de mettre au net cette *Sonate* pour la faire publier, alors qu'il travaillait à la *Symphonie* qu'il comptait appeler « Bonaparte » et qu'il voulait lui dédier [l., 165] ; pour mettre au point le manuscrit à donner au copiste, il sollicita une fois encore l'aide de Ries (dès juin 1803 [1., 142]) et choisit comme éditeur, son ami Nikolaus Simrock de Bonn, dont le frère venait d'ouvrir une succursale à Paris : ainsi, dès l'été 1803 prenait forme son projet de se faire connaître à Paris, avec le secret espoir d'y être invité et même nommé à un poste officiel (Bonaparte, premier consul depuis novembre 1799 et consul à vie depuis le 2 août 1802, représentait encore à cette époque un symbole de la Révolution française et de sa stabilisation sous le signe du modèle antique). Plusieurs lettres de Ries à N. Simrock sont explicites : celle du 6 août 1803 [1., 152], dans laquelle Ries lui proposait « une très grande Sonate » pour piano et violon, ajoutant que Beethoven comptait encore rester à Vienne un an et demi avant de partir à Paris – projet qui faisait tant souffrir Ries qu'il souhaitait être emmené par Beethoven [l., 152] ; celle du 22 octobre 1803 [1., 165], dans laquelle Ries indiquait que Beethoven avait l'intention de dédier sa *Sonate* au pianiste Adam[1] et au violoniste Kreutzer, tous les deux musiciens installés à Paris : Ries ajoutait que Beethoven attendait d'avoir le sujet de son opéra avant de partir à Paris, et qu'il était en train d'écrire une symphonie qu'il voulait dédier à Bonaparte.

Alors que Beethoven comptait dédier sa *Sonate* à Bridgetower, créateur de l'œuvre, il changea d'avis au cours de l'été 1803, prenant prétexte d'une rivalité amoureuse, pour dédier sa *Sonate* à un violoniste proche du premier consul Bonaparte : le choix de Kreutzer, comme dédicataire de cette *Sonate*, était donc directement lié à son projet parisien. Beethoven déguisa ce calcul de manière embarrassée en se référant à une amitié ancienne, dont la seule occurrence est sa lettre du 4 octobre 1804 à N. Simrock, lettre exclusivement consacrée à l'attente de cette *Sonate*, et dominée par son impatience de la recevoir au plus vite [l., 193] ainsi que de la faire envoyer à Kreutzer : « [...] C'est un bon cher homme, qui m'a causé beaucoup de plaisir pendant son séjour ici ; sa simplicité et son naturel me sont plus chers que tout *l'extérieur* sans aucun *intérieur* de la plupart des virtuoses – comme la Sonate est écrite pour un violoniste de mérite, la dédicace lui est tout à fait adaptée. »

Ainsi Beethoven comptait sur cette *Sonate* dédiée à Kreutzer, sur sa nouvelle *Symphonie* dédiée à Bonaparte et sur son futur opéra, composé « sur un vieux livret français », pour attirer sur lui l'attention des autorités musicales et politiques françaises, et se faire nommer à un poste officiel (Vienne ne se décidant toujours pas à lui trouver une place). Le style d'écriture de la *Sonate à Kreutzer*, comme celui de la *Symphonie héroïque*, portent d'ailleurs une certaine conception de l'idée de « Révolution », Beethoven n'hésitant pas à subvertir les habitudes d'écoute, à déconcerter les auditeurs et à dérouter les « connaisseurs » par une extension de la forme, inenvisageable avant lui. Pensée pour deux solistes virtuoses de leur instrument respectif, la *Sonate à Kreutzer* révèle la représentation que Beethoven se faisait de la Révolution française : un bouleversement grandiose, impulsé par les nouvelles façons de penser et de sentir et permettant un déploiement d'énergie indispensable à l'élaboration d'une société d'hommes libres et courageux, aptes à la joie et à la compassion.

1. Jean-Louis Adam 1758-1848), pianiste qui a peut-être été associé au cadeau de la firme Erard à Beethoven : « un piano forme clavecin » envoyé en août 1803.

D'après Berlioz dans son *Voyage musical en Allemagne et Italie* (I, 261, Paris, 1844), Kreutzer fut loin d'être honoré par cette dédicace : « C'est à Kreutzer que Beethoven venait de dédier l'une des plus sublimes Sonates pour Pianoforte et Violon ; il faut convenir que l'hommage était bien adressé. Aussi le célèbre Violon ne put-il jamais se décider à jouer cette composition outrageusement inintelligible. »

PRÉSENTATION DE L'ŒUVRE

« Sonata mulatica », cette expression humoristique de Beethoven désignait à la fois l'origine du violoniste qui était mulâtre, et le style composite de l'œuvre, qui n'était plus une sonate au sens traditionnel et qui n'était pas non plus un concerto puisqu'il n'y avait pas d'orchestre.

Dans cette *Sonate* de « stile molto concertante », chacun des instrumentistes peut déployer ses possibilités sonores en relation avec l'autre (chacun servant de faire-valoir à l'autre, il n'est pas question d'accompagnement, mais de duo de virtuoses). Ainsi, cette partition exige une grande virtuosité, mise au service d'une liberté d'écriture, qui s'inscrit pourtant dans une composition d'une très grande clarté.

Cette idée d'un duo de virtuoses, qui est en grande partie à l'origine de l'œuvre, a été ressentie comme un écart insupportable par rapport aux habitudes d'écoute et aux traditions d'écriture : ce que le critique de l'*AMZ* (en 1805) qualifie de « Willkürlich », c'est-à-dire « d'arbitraire », hors de la mesure jusque là tolérée. En fait, cet écart n'est pas lié à l'arbitraire mais à la liberté que Beethoven ose prendre, en ne s'autorisant que de lui-même, de réinterpréter les règles d'écriture en fonction de ses seules exigences expressives et musicales.

Cette *Sonate* comprend classiquement trois mouvements – leur très grande extension formelle dépassant les normes jusque-là admises.

I. Le premier mouvement Presto en *la* mineur est précédé d'une introduction lente Adagio sostenuto en *la* majeur, ouverte par le violon solo qui pose aussitôt le cadre tonal par un accord brisé, *f*, suivi d'un arpège descendant de l'accord de dominante ; le piano reprend seul cette phrase de quatre mesures en en modifiant l'harmonie et en y insérant une courte figure en forme de broderie. Puis les deux instruments imbriquent leurs voix et ensemble donnent consistance à un rythme très court de deux notes, qu'ils répètent sur des intervalles variés et de manière syncopée – le matériau du premier mouvement s'élabore ainsi peu à peu dans un tempo qui permet à l'auditeur d'en saisir les différentes composantes.

Le rythme dynamique sur deux notes donne l'impulsion au Presto « alla breve » dont le premier thème, énoncé par le violon, est constitué d'une succession d'intervalles toujours plus larges jusqu'à une suspension harmonique et une cadence dans le style d'un concerto, confiée au piano. Le mouvement une fois lancé se déroule d'une manière pleine d'énergie, suivant une forme sonate comportant des éléments de grande ampleur : tant les trois thèmes et les transitions entre eux que le développement ou la réexposition. D'autre part la tension est entretenue tout au long du mouvement par les modes d'attaque et de jeu de chacun des instrumentistes. Seul moment de répit, une sorte de choral qui émerge entre le premier et le troisième thème, tous deux très énergiques et tendus. Malgré la richesse du traitement des différents éléments (traitement qui procède beaucoup par répétitions jusqu'à saturation et par vastes phrases au rythme complexe qui couvrent plusieurs mesures), la construction du mouvement est d'une très grande clarté : les articulations entre chacun des groupes thématiques, entre le développement et la réexposition (qui commence d'ailleurs par une fausse réexposition), et entre la réexposition et la coda, sont toujours soulignées par des suspensions harmoniques, des modifications du tempo ou des modulations associées à des changements de texture.

II. Après ce premier mouvement très long et très intense, le deuxième mouvement Andante à Variations en *fa* majeur est construit à partir d'un thème lyrique de forme très simple fait de longues phrases (a b a b a), d'une grande densité harmonique (la première partie a du thème est dominée par une pédale d'*ut*, dominante de *fa*, et un motif mélodique sur un rythme syncopé ; une cadence prépare la seconde partie b qui mène à une reprise du chant initial). Chacune des variations est fondée sur un type de jeu différent : la première joue avec la répétition de notes au violon sur un court motif de quatre notes à contretemps doublées au piano jouant de manière continue; la deuxième est dominée par des répétitions plus rapides et continues de mêmes notes sur une ligne chromatique rendue encore plus tendue par les contretemps du piano; la troisième est en mineur, transformant le thème en un chant lyrique, les deux instruments jouant legato sur des lignes de chant parallèles; la quatrième retrouve le majeur, très dynamique et d'une écriture très dense (enchaînement de trilles et de traits de triples croches, sur basse d'Alberti ou roulement de timbales), elle est allégée pourtant par moment par les pizzicati du violon; cette variation est prolongée par une longue coda en deux parties dominées par les trilles du violon et du piano, et séparées en deux moments par une cadence en récitatif molto adagio du piano auquel répond le violon. La coda se termine sur une évocation du thème initial.

III. Le troisième mouvement est encore un Presto, toujours de forme sonate de très grande ampleur : le premier thème très rythmique, énoncé comme un sujet de fugue sans harmonisation, par les deux instruments en une sorte de contrepoint, est dédoublé, un motif de fanfare servant de transition entre les deux éléments thématiques apparentés; un motif répété en forme de broderie, énoncé d'abord au violon, sert de transition vers le troisième thème formé d'une ligne en valeurs longues au violon interrompue par une harmonisation évocatrice d'un choral à 2/4 (au milieu du 6/8) – comme dans le premier mouvement. De la même façon que dans le Presto final de la *Sonate pour piano op. 31 n° 3* (conçue à la même époque), la métrique 6/8 permet un déroulement sans répit dans le développement qui emmène les deux premiers thèmes dans des régions tonales très éloignées – la seule interruption de cette course, outre les plages chorales, se trouve, à la fin de la réexposition après le développement terminal modulant, sous forme d'une longue suspension harmonique résolue par quatre mesures Adagio, le thème étant évoqué, d'abord par le piano seul, en *fa* dièse mineur; cette suspension annonce la coda, qui réaffirme la tonalité sur une extension du motif de fanfare.

Sources

Il existe des esquisses dans le Kessler-Skizzenbuch (Vienne GdM) pour le Finale, et à la fin du Wielhorsky-Skizzenbuch (1802-1803) pour le premier mouvement (Moscou).

L'autographe a disparu. Mais il existe à Bonn un « Vorautograph », c'est-à-dire une partie du premier mouvement dans sa version primitive (pour le concert du 24 mai 1803). Sur ce manuscrit, Beethoven désigna cette Sonate, par plaisanterie : « Sonata mulattica Composta per il Mulatto Brischdauer gran pazzo e compositore mulattico. » (Cf. photocopie in *Beethovens Kammermusik*, Beethoven-Haus-Bonn, 1985, p. 23.)

La copie destinée à la gravure, envoyée par Ries à Simrock, se trouve chez l'éditeur Henle à Munich.

Une ébauche de la page de titre se trouve sur la troisième page de couverture du Eroica-Skizzenbuch : « *Sonata scritta in un stilo* [rayé : *brillante*] *molto concertante quasi come d'un Concerto* ».

Publication

L'édition originale a été assurée en avril 1805 à Bonn chez N. Simrock et à Paris chez H. Simrock; le titre est en italien :

« SONATA / per il Piano-forte ed un Violino obligato, / scritta in uno stile molto concertante, / quasi come d'un concerto / Composta e dedicata al suo amico / R. KREUTZER. / Membro del Conservatorio di Musica in Parigi / Primo Violino dell' Academia delle Arti, e della Camera imperiale. / L. van BEETHOVEN. / Opera 47. / Prezzo 6 Fr : / À BONN CHEZ N. SIMROCK, / À PARIS chez H. Simrock, professeur, marchand de musique et d'instrumens, rue du Mont Blanc N° 373, Chaussée d'Antin prez le Boulevard, / Propriété de l'éditeur. Deposée à la Bibliothèque nationale » (photocopie dans la brochure *Beethoven Kammermusik*, p. 24).

L'annonce de la parution fut publiée par la *Wiener Zeitung* du 18 mai 1805 (qui l'attribuait à l'éditeur viennois Traeg), puis par l'*AMZ* du 5 juin 1805, qui l'attribuait bien à Simrock et signalait qu'il s'agissait d'une œuvre parmi les plus importantes du compositeur génial, dédié à Kreutzer le célèbre violoniste de Paris.

Heinrich Simrock, un jeune frère de Nikolaus, avait ouvert une succursale de la maison de Bonn à Paris en 1802.

Cette Sonate fut éditée ensuite à Hambourg, à Vienne par Steiner & Co, à Pest (en 1810), à Vienne, à Paris, à Londres. L'Andante à Variations fut publié à Vienne par Artaria & Co en 1805.

Les transcriptions pour quintette à cordes, quatuor avec piano, piano à quatre mains (« Grand Duo brillant » par C. Czerny), piano à deux mains datent des années 1830.

En 1822/1823, Cappi & Diabelli à Vienne publièrent une transcription de l'Andante établie par Carl Czerny et intitulée : « Variations brillantes ».

DÉDICATAIRE

Rodolphe Kreutzer (1766-1831) était un violoniste français que Beethoven avait rencontré au printemps 1798, à l'ambassade de la République française de Vienne, représentée par le général Bernadotte (tous les Viennois, que la suppression du « despotisme » par la Révolution rendait heureux, s'y retrouvaient). Professeur au Conservatoire de Paris (depuis sa création en 1795 jusqu'en 1826), l'un des fondateurs de la nouvelle école de violon française (avec Rode et Baillot; il fut d'ailleurs auteur d'une célèbre méthode de violon), Kreutzer, qui faisait partie de la suite de Bernadotte, dirigeait avec ses collègues du Conservatoire le *Magasin de musique* à l'usage des fêtes nationales[1] : il était donc très au courant des musiques composées pendant cette période révolutionnaire. Grand soliste, il parcourut l'Europe, et entre 1798 et 1800, il voyagea en Italie, au frais de la République française, pour recueillir les musiques anciennes[2].

Il paraît que Kreutzer ne joua jamais cette Sonate que Beethoven lui dédia.

CORRESPONDANCE (HISTOIRE DE LA PUBLICATION)

Le 25 mai 1803 [1., 139], donc au lendemain du concert de Beethoven et Bridgetower, Kaspar Karl la proposait à N. Simrock à Bonn [« eine Grose *Sonate* mit Violin »] pour 30 ducats.

Le 6 août [1., 152], Ferdinand Ries, à son tour, la proposait à N. Simrock cette fois pour 50 ducats.

N. Simrock acceptait cette *Sonate* au milieu du mois d'octobre [1., 165], mais Ries ne peut envoyer une copie destinée à la gravure qu'à la fin du mois de décembre 1803, comme il l'écrit dans sa lettre du 11 décembre 1803 [l., 173].

Le 4 octobre 1804 [1., 193]: Beethoven attendait la *Sonate* « avec impatience » [« mit sehnsucht erwartet »], la gravure ayant été très longue car Simrock avait cherché un éditeur anglais qui la publierait en même temps (Robert Birchall la publia à Londres le 9 mai 1805).

Le 16 juillet 1805 [1., 228], Karl signalait à N. Simrock que Beethoven avait reçu la *Sonate*, et que, très content de la gravure, il souhaitait recevoir cinq autres exemplaires, les éditeurs en donnant en général six – demande qui déplut à Simrock, estimant qu'elle ne faisait pas partie du contrat [1., 229 et 230, du 30 juillet 1805].

L'ŒUVRE VUE PAR LES CONTEMPORAINS

L'*AMZ* VII (N° 48, 28 août 1805 [col. 769-772]) publia un article sur cette *Sonate* en même temps que sur le *Trio op. 38* et sur les *Huit Lieder op. 52* – trois œuvres qui parurent au cours de l'année 1805.

L'auteur de l'article souligne dès le début le côté étrange (l'adjectif « seltsam » est répété trois fois) de cette œuvre, qui, d'après le titre, est « scritta – concerto », et qui, de fait, dépasse toutes les frontières jusque là admises de ce genre de composition. « Comment ? » Si cette œuvre d'une grande ampleur manifeste le génie de Beethoven, la vitalité de son imagination et sa maîtrise de l'écriture harmonique, elle, témoigne également « d'une forme de terrorisme esthétique ou artistique ». L'auteur poursuit en affirmant qu'il « faudrait être vraiment de mauvaise foi pour ne pas admettre que depuis quelque temps Beethoven ne vise qu'à se distinguer des autres » : il devrait remettre les pieds sur terre ! Que dire de cette Sonate, que l'auteur a lu avec toute l'attention qui se doit pour ce compositeur ? Qu'il est impossible de s'y repérer, sauf peut-être pour des virtuoses ! Il termine en résumant la forme de « la Sonate qui consiste, après deux lignes d'introduction, dans un Presto plein d'affect, de douze pages très serrées pour la partie de piano; d'un bel et original Andante, avec de magnifiques

1. Fondé le 15 février 1794 par décret du Comité de salut public, ce périodique mensuel publiait les Marches, hymnes avec chœurs, Symphonies, Chansons patriotiques, etc., autant de morceaux indispensables à la célébration des cérémonies publiques (il fut régulier les deux premières années, puis irrégulier entre 1795 et 1798; les derniers *Hymnes* parurent en 1799).

2. M. Vignal, *Haydn*, p. 543.

variations, et à nouveau d'un Presto, qui est le mouvement le plus bizarre de tout – L'œuvre est très bien gravée».

WoO 129
Der Wachtelschlag
(Le cri de la caille)

Lied pour voix et piano sur un texte d'auteur inconnu
Larghetto, 2/4 (42 mes.) / Allegretto, 6/8, fa *majeur – 107 mes.*

TEMPS DE LA COMPOSITION

Composé vraisemblablement au cours de l'été 1803 (juste au moment de la publication des *Gellert-Lieder*), ce *Lied* plonge ses racines dans des œuvres composées en 1802, en particulier les *Gellert-Lieder* et la *Sonate op. 31 n° 3* (dont une évocation directe est inscrite à l'articulation de la première et de la second partie du *Lied* [mes. 51-55]).

CONTEXTE BIOGRAPHIQUE

D'après les esquisses d'avril 1803, Beethoven s'est intéressé d'abord au rythme de l'expression «fürchte Gott», injonction religieuse qui, en rappelant à l'homme sa modeste condition, exige de lui qu'il se conduise selon la morale, et qui était, également, le prénom de Gellert, Christian Fürchtegott Gellert, poète dont Beethoven venait de mettre en musique des poèmes spirituels à contenu religieux. Ainsi, ces esquisses de «fürchte Gott» évoquent, par métonymie, les thèmes des *Gellert-Lieder op. 48* (publiés en août 1803) dédiés au comte de Browne à la suite de la mort prématurée de sa femme en mai 1803. Or, Beethoven voulait dédier également ce *Lied* au comte de Browne, mécène qui aimait et souhaitait posséder toutes les œuvres de Beethoven.

Le lien avec les *Gellert-Lieder* se greffe ainsi sur un prénom, tout en manifestant un trait permanent de l'esprit de Beethoven, son goût pour les jeux de mots, par métonymie et aussi par transformations et jeu avec leurs sens possibles (le paradigme en est le mot «Not(e)» qui signifie détresse mais qui peut être entendu comme une note de musique, ou comme une somme à payer : dans ses lettres, Beethoven associe très souvent, par plaisanterie certes, la détresse, sa musique et le coût que ça représente). Le poème dont il retint le texte, trouvé dans un Almanach récent, lui offrait la possibilité de jouer sur le contenu sémantique d'un rythme, et de donner libre court à la joie qu'il éprouvait aux associations – même si ces fantaisies offertes par le poème était contrôlées et cantonnées dans la sphère de la piété. Mais Beethoven ne s'est pas contenté des associations verbales, la composition de ce *Lied* suit elle-même une démarche associative, puisque la structure strophique est recouverte de part en part par la composition du poème, la musique suivant les images au fur et à mesure de leur apparition, omettant celle du réconfort de la caille au milieu de l'angoisse.

La composition du *Lied* montre comment Beethoven se livre aux associations à partir du matériau fourni par le poète (rythme du cri de la caille et situations), mais peut-être d'abord qui lui était donné par la nature.

Outre la composition, qui révèle une caractéristique de l'esprit de Beethoven (il procédait très souvent par associations spontanées), ce *Lied* fait référence à la foi qu'il avait dans la force créatrice de la nature. Élevé à la fin du XVIIIe siècle, au temps de l'Aufklärung, Beethoven avait de la Nature l'idée d'un modèle de la création : cette conception développée par Winckelmann dans ses *Gedanken über die Nachahmung der griechischen Werke in der Malerei und Bildhauerkunst* (*Réflexions sur l'imitation des œuvres grecques dans la peinture et la sculpture*, parues en 1755 à Dresde), avait été diffusée en particulier par Goethe qui pensait qu'il fallait faire comme les Grecs et imiter la faculté qu'a la Nature de produire de la beauté selon des règles inédites dont elle seule possède le secret. Ce *Lied*, qui s'appuie sur l'imitation d'un rythme naturel transcrit par l'homme, procède comme la Nature, selon des règles qui appartiennent au seul Beethoven.

PRÉSENTATION DE L'ŒUVRE

Beethoven a dramatisé ce court poème de trois strophes en le transformant en une véritable scène de théâtre, qu'il introduit par quatre mesures Larghetto à deux temps imitant le cri de la caille – Beethoven ne retenant que le rythme dans un registre aigu. Ce rythme pointé rapide, répété cinq fois, à la main droite, sur la même note (*ut*), devient le thème musical de l'ensemble du Lied.

Cette partition est une véritable invention sur un rythme, et sur sa détente.

Beethoven a donné une structure musicale à ce poèmes de trois strophes, en répétant certains vers et en lui donnant une organisation d'ensemble en deux parties distinctes.

Les deux premières strophes sont Larghetto comme l'introduction, la musique changeant de texture et modulant en fonction des situations évoquées (le bien-être de l'homme au sein de la nature et la toute-puissance bienfaisante de Dieu), ponctuées par une injonction religieuse toujours différente («crains», «aime», «loue», «remercie Dieu»).

La troisième strophe, centrée sur la peur et l'angoisse (évoquées par les images de tempête et de guerre), est introduite par un inquiétant passage Allegro molto, puis oscille entre le récitatif accompagné et le style du Melodram fait de courtes interventions musicales dans une instabilité de tempo (Allegro molto, Adagio, Allegro) pour insister sur le sens particulier des mots du texte. Après cette transition hésitante, Beethoven modifie le tempo et la métrique, inscrivant cette dernière strophe, qu'il répète en excluant un vers, dans un Allegretto à 6/8, ce qui lui permet de donner une nouvelle configuration moins impérieuse au rythme initial. Cet Allegretto possède encore le caractère du Melodram par ses changements successifs de texture musicale, ce qui donne plusieurs configurations à l'injonction d'avoir confiance en Dieu et en son pardon. Écho des *Gellert-Lieder*, ce *Lied* qui évoque les bienfaits de Dieu dans la nature se termine en prière, conseillée à celui qui est pris par l'angoisse.

Le poème *Der Wachtelschlag* connut d'innombrables variantes au cours du XVIIIe siècle. Beethoven s'est servi de la version écrite par Samuel Friedrich Sauter (1766-1846) et parue dans un Almanach en 1799 («Almanach und Taschenbuch für häusliche und gesellschaftliche Freuden. 1799. Von Carl Lang. Heilbronn am Nekkar im Industrie-Comptoir», p. 250). Franz Schubert, qui mit également ce poème en musique, s'est servi du Lied de Beethoven, comme le laissent supposer les légères modifications du texte qui sont celles apportées par Beethoven au texte de Sauter.

Der Wachtelschlag
Am 23. Juni 1796

Ach ! wie schallt's dort so lieblich hervor ;
Fürchte Gott !
Fürchte Gott !
Ruft mir die Wachtel in's Ohr !
Sitzend im Grünen, von Halmen umhüllt,
Mahnt sie den Horcher im Schattengefild :
Liebe Gott !
Liebe Gott !
Er ist so gütig, so mild.

Le Cri de la caille
Le 23 juin 1796

Ah ! Quelles délicieuses sonorités résonnent ici ;
Crains Dieu !
Crains Dieu !
Me crie la caille à l'oreille
Assis dans l'herbe, entouré de tiges,
Elle exhorte celui qui écoute dans l'ombre :
Aime Dieu !
Aime Dieu !
Il est si bon, si doux.

Wieder bedeutet ihr hüpfender Schlag :
Lobe Gott !
Lobe Gott !
Der dich zu lohnen vermag.
Siehst du die herrlichen Früchten im Feld,
Nimm es zu Herzen, Bewohner der Welt !
Danke Gott !
Danke Gott !
Der dich ernährt und erhält.
Son cri bondissant signifie aussi :
Loue Dieu !
Loue Dieu !
Qui est capable de te récompenser.
Vois-tu ses fruits splendides dans les champs,
Prends cela à cœur, habitant du monde !
Remercie Dieu !
Remercie Dieu !
Qui te nourrit et t'entretient.

Schreckt mich im Wetter der Herr der Natur,
Bitte Gott !
Bitte Gott !
Ruft sie, er schonet die Flur,
Machen Gefahren des Krieges mir bang,
Tröstet mich wieder der Wachtelgesang :
Traue Gott !
Traue Gott !
Sieh, er verziehet nicht lang.

Le maître de la Nature m'effraye dans la tempête,
Prie Dieu !
Prie Dieu !
Me crie-t-elle, il protège le seuil,
Les dangers de la guerre me rendent anxieux,
Le chant de la caille me réconforte à nouveau :
Aie confiance en Dieu !
Aie confiance en Dieu !
Vois, il n'est pas long à pardonner.

Les légères modifications du texte effectuées par Beethoven sont les suivantes :

– il a omis le sous-titre (la date ne l'intéresse pas, ne fait pas sens pour lui)

– Vers I, 1 :

. sur l'autographe : « Ach wie schallt's dort*en* »

. sur l'édition originale : « Ach, *mir* schallt's dort*en* »

– Vers 2, 5 : « Die herrlichen Früchte »

– Vers 3, 1 : « Schreckt *dich* im Wetter »

– Vers 3, 5 : « Machen Gefahren *der Krieger dir* bang »

– Vers 3, 6 : manque (Beethoven élimine de cette troisième strophe l'idée de réconfort qui serait apportée par cet oiseau qui s'adresse à lui).

SOURCES

Le manuscrit autographe se trouve à Bonn. Il porte cette mention : « Der Wachtelschlag Komponirt für den Grafen Browne von Ludwig van Beethoven 1803 ». Beethoven a gardé son manuscrit, et il en a fait établir une copie pour que l'éditeur puisse graver l'œuvre.

Des esquisses de « fürchte Gott » contemporaines de la première exécution du *Concerto op. 37* (lors du concert du 5 avril 1803) se trouvent à Bonn.

PUBLICATION

L'édition originale a été assurée à Vienne par le Bureau d'Art et d'Industrie à la fin de l'année 1803 ou au début de l'année 1804 ; le titre est en allemand :

« DER WACHTELSCHLAG. / Mit Begleitung des Pianoforte / von / LUDWIG VAN BEETHOVEN. / [...] / Im Verlage des Kunst- und Industrie-Comptoirs / zu Wien am Kohlmarkt N.269. »

La *Wiener Zeitung* du 10 mars 1804 en annonça la publication, en même temps que les trois autres œuvres publiées par le même éditeur : les *Marches op. 45* et les *Variations WoO 78* et *WoO 79.*

Ce *Lied* fut publié par Simrock à Bonn en 1805, par André à Offenbach en 1805, par A. Kühnel à Leipzig en 1807, puis par Schott à Mayence (après 1818).

CORRESPONDANCE (HISTOIRE DE LA PUBLICATION)

En septembre 1803 [1., 158], Beethoven proposait à Breitkopf & Härtel ce « Wachtellied » spécifiant qu'il « a composé de part en part cette poésie de trois strophes, que l'éditeur connaît peut-être, et qui est une œuvre entièrement nouvelle ».

Le 11 décembre de la même année [1., 173], Ries écrivait à Simrock qu'il allait lui envoyer d'ici quinze jours plusieurs œuvres, dont le « Wachtellied ».

L'ŒUVRE VUE PAR SES CONTEMPORAINS

L'*AMZ* VI (1804 [col. 642-643]) signale ce petit, mais excellent « Musikstück », « malgré ce que peuvent en dire ceux qui s'opposent à la peinture musicale ». Le poète a su imiter parfaitement le cri de la caille, ce que Beethoven a saisi à merveille. « Sa musique, sans être le moins du monde comique ou vulgaire, est pratiquement construite sur l'imitation du chant de la caille, dont il présente la figure musicale dans sa courte introduction. » Le critique trouve la musique très intéressante, les détails étant parfaitement reliés à l'ensemble. S'il est possible de tourner en ridicule l'idée centrale de ce poème, « ce ne sera pas sans une vive joie que l'on prendra connaissance de la façon dont elle est ici traitée ».

Opus 88
Lebensglück (Bonheur)

Lied pour voix et piano sur un poème d'auteur inconnu
Andante quasi allegretto, 2/4, la *majeur – 65 mes.*

TEMPS DE LA COMPOSITION

D'après les esquisses, Beethoven composa l'essentiel de la mélodie au cours du printemps et de l'été 1803, la fin n'étant trouvée que par la suite, sans doute au début de l'automne.

Le poème, d'auteur inconnu, a sans doute été trouvé par Beethoven dans un Almanach publié vers 1800. C'est par erreur que Schott (après 1818) l'attribua à Tiedge.

CONTEXTE BIOGRAPHIQUE

Ce *Lied* à peine publié, Beethoven s'est empressé de rectifier le texte inscrit par l'éditeur sous la ligne de chant – le titre voulu par Beethoven est *Lebensglück* et non *Das Glück der Freundschaft* – et il a chargé son ami Ferdinand Ries de faire publier une édition correcte. Sur ses esquisses, il avait déjà écrit l'ensemble du texte du poème sous la mélodie. Ainsi, encore une fois [cf. *Christus am Ölberge* op. 85, en particulier], ces gestes prouvent que Beethoven tenait absolument au texte qu'il mettait, et qu'il avait mis en musique.

Pour le cas de ce *Lied*, il est intéressant de noter que les corrections de Beethoven (par rapport au texte publié par l'éditeur) portent sur le sens du poème, la signification qu'il voulait transmettre. Alors que l'éditeur avait donné le titre « das Glück der Freundschaft » (Le bonheur de l'amitié) transformant quelques vers pour mettre l'accent sur l'amitié jusqu'au tombeau, Beethoven avait mis en musique « Lebensglück » (Bonheur de la vie) et voulait que soient conservés les mots ou les vers qui évoquaient l'amour partagé, l'intérêt de ce poème étant pour Beethoven le glissement qui s'opère, et qu'il a mis en évidence par la musique, de l'amitié à l'amour.

Les corrections exigées par Beethoven, qui prend la peine de recopier tout le poème tel qu'il l'a mis en musique (voir « Correspondance »), prouvent que ce poème avait une résonance très spécifique pour lui : certes, l'amitié était une des valeurs essentielles, qu'il avait intégré dans le milieu chaleureux et fraternel où il avait vécu à Bonn – comme l'Album donné par ses amis avant son départ pour Vienne en novembre 1792 en témoigne –, mais dans le contexte de ces années 1802/1803, c'est l'amour partagé auquel il aspire qui devient une valeur primordiale. En 1801/1802, il espérait que Giulietta comblerait ses vœux (cf. la *Sonate pour piano op. 27 n° 2*). Puis, en 1803, il acceptait de continuer à donner des leçons de piano à Josephine Brunsvik qu'il avait rencontrée en mai 1799 avant qu'elle ne soit mariée au comte Deym le 26 juin 1799 (cf. *Les Variations pour piano à quatre mains, WoO 74*) – quand Josephine fut veuve le 27 janvier 1804, des relations amoureuses purent enfin se nouer entre eux (pour quelques années seulement).

Quelle que soit la femme, Josephine, Marie Erdödy, Marie Bigot, Therese Malfatti, Antonie Brentano, Bettina Brentano, Amalie Sebald, Beethoven a toujours commencé par une relation d'amitié – le poème, sur lequel il était tombé par hasard, décrivait une situation sentimentale qui ne lui était pas du tout étrangère. Et, l'amour partagé, un des thèmes de son unique opéra *Fidelio*, est également un des thèmes de *An die Freude* de Schiller, poème que Beethoven songea à mettre en musique dès 1792 :

« Que celui qui a eu la chance / de rencontrer un ami, / que celui qui a conquis une femme charmante, / Se joigne à notre allégresse ! »

PRÉSENTATION DE L'ŒUVRE

Dans un tempo allant, Andante quasi allegretto à deux temps (comme une marche gracieuse sans pesanteur), et dans une tonalité majeure (*la* majeur, relatif majeur de *fa* dièse mineur, cette tonalité liée à la pensée de la mort comme en témoigne le *Lied op. 48 n° 3*, publié en août 1803 – tonalité dont la présence est sous-jacente comme en témoigne le refus de l'expression « an's Grab » dont Beethoven exigeait la correction en octobre 1803), la voix est toujours doublée par le piano. Le chant commence dès que la tonalité a été posée par un accord *f* de huit sons. La mélodie est très souple (faite de notes conjointes).

Les strophes sont regroupées par deux et la première est reprise à la fin (a b, a b, b' a', coda) : Beethoven a donc donné une structure musicale à ce poème, pour mettre en évidence l'intensité croissante du bonheur quand il s'agit d'amour partagé et non plus seulement d'amitié.

La dernière strophe, qui chante le ravissement de l'amour partagé, est accompagnée par des arpèges en triolets de doubles croches qui s'arrêtent quand la voix répète que « tout lui rit » (alles lacht ihn an). Puis après cette cadence brodée, les deux premiers vers de la première strophe sont repris comme au début, tandis que les deux vers suivants, qui évoquent le partage de la joie et de la peine, ont une musique plus intense, variation jubilante de la première version (déjà entendue deux fois), mais déchirée par les dissonances qui soulignent « Gram ». La conclusion du piano confirme la joie procurée par cet amour partagé.

SOURCES

La première ébauche de la mélodie, qui se trouve dans le cahier de 1803, Eroica-Skizzenbuch, est accompagnée du texte de tout le poème recopié par Beethoven (Cracovie).

Le manuscrit autographe a disparu.

PUBLICATION

L'édition originale a été assurée chez Löschenkohl à Vienne au début du mois d'octobre 1803; le titre est en allemand :

« Das / GLÜCK DER FREUNDSCHAFT. / in Music gesetzt / VAN BETHOVEN [*sic*] / bey Löschenkohl in Wien. / 1803.»

La *Wiener Zeitung* du 8 et du 12 octobre 1803 en annonça la publication chez Johann Hieronymus Löschenkohl (1753-1807).

Simrock a édité ce *Lied* à Bonn à la fin du mois d'octobre ou au début du mois de novembre 1803, à partir de l'édition originale envoyée par Ries le 12 octobre, donc sans les corrections du texte voulues par Beethoven et avec le titre erroné : « Das / Glück der Freundschaft. / In Musick gesezt / von / L. VAN BEETHOVEN. / BONN bey N. Simrock. »

Hoffmeister au contraire a publié ce Lied à Leipzig, à la fin de l'année 1803, avec le texte juste, et le titre correct « Lebensglück », soit parce qu'il possédait la version primitive du poème, soit parce que Beethoven lui avait fait parvenir la bonne version. Hoffmeister ajouta une traduction italienne, sans l'aval de Beethoven : « LEBENSGLÜCK / (Vita felice) / mit deutschem und italisnischem Text / In Musik gesetzt von / Ludwig van Beethoven. [Vignette qui représente une Urne avec l'inscription « Souvenir »] / Leipzig bei Hoffmeister & Kühnel. »

Le texte italien commençait ainsi :
« Vita felice
Beato quei che fido amor
Mai seppe meritar !
Ei solcherà senza timor
Di questa vita il mar. »

Une transcription pour voix et guitare fut publiée en 1804 à Braunschweig.

Carl Czerny composa une transcription libre pour piano intitulée « Les Charmes de l'Amitié / Das Glück der Freundschaft », publiée en 1824.

CORRESPONDANCE (HISTOIRE DE LA PUBLICATION)

Le 12 octobre 1803 [1., 162], Ries écrivait à Simrock : « Je viens de recevoir à l'instant ce Lied de Beethoven. Comme je crois que vous serez content de l'avoir immédiatement, je vous l'envoie par la poste [...]. »

Le 22 octobre 1803 [1., 165], dans un postscriptum à une nouvelle lettre, Ries envoyait à Simrock le texte corrigé du Lied, texte que Beethoven venait de lui faire parvenir, parce que l'éditeur l'avait trop transformé (l'éditeur s'était certainement référé à une autre version du poème) :

Der lebt ein Leben wonniglich,
Das Herz ein Herz gewinnt!
Geteilte Lust verdoppelt sich,
Geteilter Gram zerrinnt.
Bonheur de la vie
Il vit une vie délicieuse,
Le cœur qui conquiert un cœur !
La joie partagée est redoublée,
La peine partagée se dissipe.

Beblümte Wege wandelt ab,
Wem trauliches Geleit,
Den Arm die goldne Freundschaft gab
In diesen ehr'nen Zeit.
La route se couvre de fleurs
Pour celui qui est accompagné de manière intime,
L'amitié dorée l'embrasse
Dans ce moment sacré.

Sie weckt die Kraft und spornt den Mut,
Zu schönen Thaten nur,
Und nährt in uns die heil'ge Glut
Für Wahrheit und Natur.
Elle réveille la force et stimule le courage,
Pour de belles actions seulement,
Et entretient en nous une sainte ferveur
Pour la vérité et la nature.

Erflogen hat des Glückes Ziel
Wer sich ein Mädchen fand,
Mit dem der Liebe Zartgefühl
Ihn inniglich verband.
Le comble du bonheur a été survolé
Pour celui qui trouve une jeune fille,
Avec laquelle le délicat sentiment d'amour
Le lie profondément.

Entzückt von ihr, mit ihr gesellt
Verschönert sich die Bahn,
In ihr, durch sie, blüht ihm die Welt
Und alles lacht ihn an.
Enchanté par elle, uni avec elle
Le chemin est embelli,
Le monde en elle, par elle, fleurit pour lui
Et tout lui sourit.

Les mots et expressions corrigés sont les suivants :

le titre, « Das Glück der Freundschaft » doit être remplacé par « Lebensglück »

2, 1 : « geht an's Grab » par « wandelt ab »

4, 1 : « Erreichet » par « Erflogen » hat des Glückes Ziel

4, 2 : « Wer eine Freundin fand » par « Wer sich ein Mädchen fand »

4, 3 : « Mit der « par « Mit dem »

5, 1 : « ihr beygesellt » par « mit ihr gesellt »

5, 3 : « Durch sie allein blüht ihm die Welt » par « In ihr, durch sie, blüht ihm die Welt »

L'ŒUVRE VUE PAR SES CONTEMPORAINS

L'*AMZ* VI (1804 [col. 626]) signale « le petit poème bien choisi, « durchkomponirt », se rapproche plus au moins du style d'un Rondo facile. Le compositeur l'a saisi de manière délicate et chaleureuse et l'a parfaitement restitué. Cette petite œuvre est comme elle doit être. Que dire de plus : est-ce que cela ne suffit pas ? Plusieurs versions ont été publiées en même temps chez différents éditeurs ; l'auteur de l'article ne peut se prononcer sur celle qui est l'authentique. Celle dite de Simrock a un extérieur très joli, et celle parue chez Hoffmeister et Kühnel a, en plus, un texte en italien à côté du texte en allemand. »

Opus 38
Trio en *mi* bémol majeur

Transcription par Beethoven du Septuor *opus 20*
Pour piano, violon ou clarinette, violoncelle
Adagio, 3/4, (18 mes.) / Allegro con brio ₵ *(mes. 18-19),* mi *bémol majeur – 288 mes.*
Adagio cantabile, 9/8, la *bémol majeur – 115 mes.*
Tempo di Menuetto, 3/4, mi *bémol majeur – 48 mes.*
Tema. Andante con Variazioni, 2/4, si *bémol majeur – 137 mes.*
Scherzo. Allegro molto e vivace, 3/4, mi *bémol majeur – 128 mes.*
Andante con moto alla Marcia, 2/4 (16 mes.) / Presto ₵, mi *bémol majeur – 227 mes.*

TEMPS DE LA COMPOSITION

Cette transcription daterait de 1802, si l'on en croit une lettre, écrite avant le 25 septembre 1802 [1., 103] à Hoffmeister à Leipzig, par un des frères de Beethoven, Kaspar Karl, lettre dans laquelle il proposait le *Septuor opus 20* arrangé par Beethoven en *Trio* pour « Klavier Violin und Violoncello, oder Klarinet und Violoncello ». De toutes façons, cette transcription est prête en 1803, comme l'indique une lettre du 11 décembre 1803 [1., 173] de Ferdinand Ries à Nicolas Simrock à Bonn, lettre dans laquelle il proposait le *Septuor*, arrangé pour Trio avec piano.

CONTEXTE BIOGRAPHIQUE

D'après sa lettre au dédicataire le docteur Schmidt, Beethoven accepta d'arranger cette œuvre, qui avait beaucoup de succès, pour une formation de musique de chambre, donc d'en faire une œuvre accessible aux amateurs. Il profita de cette publication pour remercier un médecin qui le soignait, et qui était une sommité de Vienne.

PRÉSENTATION DE L'ŒUVRE

Comme le *Septuor opus 20*, ce *Trio* a la forme d'un *Divertimento* en six mouvements contrastés. Dans cet arrangement, le piano prend en charge le violon, l'alto et la contre basse, le violoncelle prend en charge le basson. Ainsi, dans le *Presto* final, la cadence est confiée au piano.

Pour la succession des mouvements voir l'*Opus 20*.

Pour l'attitude que Beethoven avait par rapport aux arrangements de ses œuvres voir « Opus 14 n° 1 dans la version pour Quatuor à cordes », et en particulier la lettre du 13 juillet 1802 [1., 97] à Breitkopf & Härtel.

SOURCES

Le manuscrit de la partition est perdu, mais le manuscrit de la partie de violon se trouve à Bonn.

PUBLICATION

Cette transcription fut publiée à Vienne au Bureau d'Art et d'Industrie en janvier 1805, avec un titre en français :

« Grand Trio / pour le / Pianoforte / avec l'accompagnement de la Clarinette ou Violon et Violoncelle concertans [*sic*], / d'après le Septetto pour Violon, Alto, Clarinette, Cor, Basson, Violoncelle et Contrabasse [*sic*], Op : 20. / composé / par / LOUIS VAN BEETHOVEN / arrangé par lui même et dédié / à Monsieur Jean Adam Schmidt / Conseiller de Sa Majesté l'Empereur et Roi, / Chirurgien Major de Ses Armées, Professeur public à l'Académie de Medicine [*sic*] et Chirurgie fondée / par feu S.M. l'Empereur Joseph II, Membre de plusieurs Sociétés savantes & & / Op : 38 [...]. »

Cette édition, annoncée dès le 8 novembre 1803 dans le supplément du journal viennois, *Zeitung für die elegante Welt* [cite in *Briefe* 1., 173, p. 200], fut signalée par la *Wiener Zeitung* les 25 et 30 janvier 1805, comme « ganz neu erschienen ».

D'autres éditeurs publièrent ce *Trio* du vivant de Beethoven : Simrock à Bonn, André à Offenbach (en 1809), Schott à Mayence, Pleyel à Paris (vers 1805-1809), Hummel à Berlin et Amsterdam (en 1805), Monzani & Hill à Londres (vers 1820).

DÉDICATAIRE

Peu avant la publication de ce *Trio op. 38*, soit en décembre 1804, soit en janvier 1805 [1., 208], Beethoven adressa une lettre (en français) au dédicataire de l'œuvre, Johann Adam Schmidt (1759-1809), un des médecins les plus connus de Vienne (que Beethoven consulta pour la première fois au cours de l'hiver 1801/1802, et avec lequel il resta en contact jusqu'en 1807 au moins – Le nom du Docteur Schmidt est mentionné dans le *Testament de Heiligenstadt*) :

« Monsieur !

Je sens parfaitement bien, que la Célébrité de Votre nom, ainsi que l'amitié dont Vous m'honorez exigeroient de moi la dédicace d'un bien plus important ouvrage. La seule chose, qui a pu me déterminer à Vous offrir celuici [*sic*] de préférence, c'est qu'il me paroit d'une exécution plus facile, et par là même plus propre à contribuer à la Satisfaction dont Vous jouissez dans l'aimable Cercle de Votre Famille. – C'est surtout, lorsque les heureux talents d'une fille chérie se seront développés davantage, que je me flatte de voir ce but atteint. Heureux si j'y ai réussi, et si dans cette foible marque de ma haute estime et de ma gratitude Vous reconnoissez toute la vivacité et la cordialité de mes sentiments.

Louis van Beethoven. »

WoO 78

Sept Variations pour piano en *ut* majeur sur *« God save the king »*

Thema, 3/4, ut *majeur, 14 mes. (les six premières variations ont 14 mes.,* la *septième a 56 mes., soit 156 mes. pour l'ensemble de l'œuvre [thème et variations])*

TEMPS DE LA COMPOSITION

Ces *Variations* furent composées en 1803 en même temps que les *Variations WoO 79* : le 6 août 1803, Ries les proposait à Simrock, et le 24 octobre 1803, Beethoven écrivait à l'éditeur écossais George Thomson, qu'il lui envoyait « ci joint des Variations sur 2 thêmes anglais ».

CONTEXTE BIOGRAPHIQUE

D'après Czerny [1], Beethoven aurait improvisé sur ce thème en 1802 dans un concert public. Pourquoi ce thème ? Certainement pour des raisons politiques, 1802 étant l'année de la paix en Europe après dix ans de guerre, l'Angleterre ayant eu un rôle déterminant dans la fin du conflit. Mais par delà ce contexte politique européen – l'Angleterre, pays de la liberté politique devenant un modèle pour tous ceux qui aspiraient à connaître pacifiquement le respect des droits de l'homme –, des raisons propres à Beethoven, dans le creuset viennois, sont sans doute plus déterminantes, et en particulier la rivalité qu'il entretenait sous différentes formes et à différents degrés avec les critiques musicaux comme avec les autres compositeurs. Décidé à être le meilleur, Beethoven avait sa manière à lui de voir en toute critique un défi à relever : ainsi, un article de l'*AMZ* du 6 mars 1799 sur les *Variations op. 66* et *WoO 72* a certainement joué un rôle de stimulant dans la composition de ces deux ensembles de *Variations* sur les thèmes populaires anglais, car l'auteur de

1. *Erinnerungen aus meinem Leben*, p. 16.

l'article recommandait à Beethoven de s'inspirer de Haydn pour le choix des thèmes et de se plonger dans l'étude critique de l'abbé Vogler sur les Variations de Forkel composées à partir du thème du « God save the king » pour apprendre à composer des variations.

Dans sa première lettre, datée du « 22 avril 1801 » [1., 59], à Breitkopf & Härtel, éditeur de l'*AMZ*, Beethoven affirmait d'un ton supérieur et amusé que même s'il n'était pas vulnérable, contrairement à d'autres jeunes auteurs, les critiques avaient intérêt à prendre des précautions pour ne pas décourager les talents naissants, et pour ne pas se ridiculiser. Comme si cette prise de position, qui révèle la haute idée qu'il avait de lui-même, ne l'avait pas soulagé (il faut souligner que les premières critiques ne lui furent pas favorables : elles relevaient le côté trop recherché et trop savant de ses compositions, prétendant que la plupart étaient impossibles à jouer !), Beethoven s'est plu à contrecarrer et à ridiculiser l'auteur de l'article, en offrant une version de variations sur le thème du « God save the King » et d'un autre chant populaire anglais plein d'entrain.

Le stimulant, représenté par ces critiques, se cristallisa sur des thèmes anglais parce que, outre son lien avec la paix, l'Angleterre était la terre d'accueil de musiciens allemands, Haendel et plus récemment Haydn[1] : ainsi écrire une œuvre sur ce qui tenait le plus à cœur aux Anglais, leur hymne, était une façon de se faire remarquer d'eux. Quand Beethoven écrivait à Thomson, le 24 octobre 1803, qu'il lui envoyait par ce même courrier deux séries de *Variations* sur des thèmes populaires anglais, les avait-il déjà composées ? Peut-être y avait-il déjà pensé, dans la mesure où il cherchait à développer une politique éditoriale qui intégrait Londres, ce dont témoigne une lettre de Kaspar Karl à Simrock du 25 mai 1803 [1., 139] : « Actuellement vous pouvez en obtenir *une* parmi les conditions suivante, si par ex. une œuvre paraît en même temps à Londres, Leipzig, Vienne et Bonn. »

Quoi qu'il en soit, la coïncidence entre la composition de ces *Variations* et ses relations avec Thomson[2] est évidente : Beethoven, lui-même, les lui offre au prix qu'il fixera, son premier souhait étant qu'elles soient publiées le plus vite possible – ce qu'il pense envisageable dans la mesure où sa composition n'est pas difficile à exécuter.

Ces *Variations*, destinées à montrer qu'il ose composer comme il l'entend, sans se conformer aux règles établies, lui ont également servi à imposer sa notoriété sur le terrain même de Haydn, qui était adoré des Anglais et qui s'était illustré avec l'hymne « Gott erhalte Franz den Kaiser », joué à Vienne le 12 février 1797 (le jour de la fête de l'empereur) dans un contexte d'affirmation de la volonté d'indépendance et de refus de la domination française qui menaçait (du fait des guerre de conquête du Directoire). Cette œuvre de Haydn fut diffusée dans l'ensemble de l'Empire de façon à jouer le même rôle pour les Allemands que le « God save the king » pour les Anglais[3].

Il s'agit donc d'œuvres de circonstance qui doivent être utiles à sa « politique musicale », tout en démontrant qu'il n'accepte pas de se plier aux règles communes.

Dans un nouveau contexte de guerre européenne et de victoires anglaises, entre 1813 et 1815, Beethoven inséra cet Hymne dans *Wellingtons Sieg* op. 91 et l'utilisa dans le premier des *Douze Différents Volkslieder* WoO 157 (n° 1, « God save the King (englisch; mit Chor) »). Il eut également recours au « Rule Britannia » (voir WoO 79).

PRÉSENTATION DE L'ŒUVRE

Le thème, calme et solennel, à 3/4 en *ut* majeur, est formé de deux parties, chacune répétée, la première de six mesures en notes presque toutes égales (des noires), la seconde de huit mesures avec des motifs de croches qui animent un peu le rythme. La structure rythmique (noire – noire – noire / noire pointée – croche – noire), qui a imprégné la mémoire de l'auditeur, sert de cadre à des effets d'accélération, de méditation, de marche et de convergence de flux sonores.

1. Haydn fit deux voyages en Angleterre pour y diriger une série de concerts, en 1791/1792, puis 1794/1795; il y écrivit entre autres œuvres douze *Symphonies* dites « londoniennes ».

2. La première lettre de Thomson à Beethoven est du 20 juillet 1803 [1., 149] : il le sollicite pour six Sonates sur des airs populaires écossais – Beethoven acceptait le 5 octobre 1803 [1., 161], puis quelques jours plus tard (le 24 octobre) il lui envoyait les *Variations*.

3. Il ne deviendra l'Hymne national autrichien qu'en 1813, après la bataille de Leipzig.

La succession des variations prouve que Beethoven a pensé un cycle reposant sur l'effet de contraste et surtout d'éloignement mélodique et harmonique par rapport à la donnée initiale pour suggérer un enthousiasme, parfois retenu, mais toujours plus intense – l'allusion à la puissance royale étant connotée par « l'Allegro. Alla marcia » qui précède le déploiement de flux musicaux évocateurs du rassemblement d'un peuple dont la cohésion fonde la puissance du souverain.

Var. I : elle installe une sorte de polyphonie simple qui confirme le côté solennel du thème.

Var. II : en écriture harmonique, elle installe le mouvement.

Var. III : elle est encore plus rapide et légère, pleine d'allant.

Var. IV : elle joue sur l'opposition de registres très étalés et sur un rythme accéléré, ce qui crée un effet de masse déplacée vers le haut.

Var. V : « Con espressione », elle est en *ut* mineur et possède une ligne très souple de triolets de croches.

Var. VI : elle retrouve le majeur et possède la première indication de tempo : Allegro. Alla Marcia, avec changement de mesure, C (au lieu de 3/4), en rythme pointé évoquant trompettes et timbales.

Var. VII : (56 mes.) très fluide, proche du thème de l'Hymne, elle est suivie d'une coda, interrompue très vite par six mesures Adagio à 3/4, qui insistent sur l'aspect solennel, avant de retrouver un tempo Allegro à trois temps et une extrême fluidité dans une grande densité sonore.

SOURCES

Le manuscrit autographe n'a pas été retrouvé.

Des esquisses se trouvent à Londres.

PUBLICATION

L'édition originale a été assurée à Vienne, en mars 1804, par le Bureau d'Art et d'Industrie ; le titre est en français :

« VARIATIONS / pour le Pianoforte / sur le Thême [*sic*] : / God save the King, / composées par / LOUIS VAN BEETHOVEN. / [...] »

Ces *Variations* furent rééditées à Bonn (par Simrock dès 1804), à Mayence (par Zulehner), à Offenbach (par André) et à Londres (chez plusieurs éditeurs).

L'ŒUVRE VUE PAR SES CONTEMPORAINS

L'*AMZ* (du 20 juin 1804 [n° 38, col. 643]) signale cette petite œuvre (en même temps que les *Marches op. 45*) comme faisant partie des morceaux de divertissement les plus faciles de Beethoven. Pour le critique, ces *Variations* sont classiques, même si le style de Beethoven s'affirme particulièrement dans la première, la quatrième et la septième avec la coda.

CORRESPONDANCE : HISTOIRE DE LA PUBLICATION

Ries les proposait à Simrock le 6 août 1803 [1., 152], en même temps que les *Variations WoO79* : « Il vient de composer des Variations sur deux Lieder anglais, si vous les voulez, je lui en parlerai. »

En septembre 1803 [1., 158], Beethoven les propose à Breitkopf & Härtel (qui ne les prendra pas) : « Tout ce que je vous propose est entièrement nouveau. »

Le 24 octobre, Beethoven écrivait en français à George Thomson[1] à Edimbourg [1., 167] : « Je vous envoie ci-joint des Variations sur 2 thèmes anglais, qui sont bien faciles et qui, à ce que j'espère, auront un bon succès. Je me remets en ce qui regarde l'honoraire, tout à fait à votre discrétion. Tout ce que je vous prie est de m'en accuser la réception et de les faire graver le plus tôt possible, croyant ce moment le plus favorable pour leur édition. »

WoO 79

Cinq Variations pour piano en *ré* majeur sur *« Rule Britannia »*

Thema. Tempo moderato, 2/4, ré *majeur, 30 mes. (le thème, les cinq variations et la coda représentent 234 mesures)*

TEMPS DE LA COMPOSITION

1803 (voir *WoO 78*)

CONTEXTE BIOGRAPHIQUE

Voir les *Variations WoO 78* sur le « God save the king ».

1. Beethoven était en relation avec George Thomson depuis le mois de juillet 1803. Thomson s'était mis en relation avec Haydn en octobre 1799, pour l'harmonisation de chansons populaires écossaises, irlandaises et galloises.

Le thème de ce chant populaire anglais a un grand rôle dans l'*op. 91*, « Die Schlacht bei Vittoria ».

PRÉSENTATION DE L'ŒUVRE

Le thème est posé de manière affirmative. Sa structure juxtapose le thème du lied (formé d'éléments contrastés sur lesquels les variations vont s'appuyer), des effets de batteries ou de fanfare (sur des notes répétées) et une réponse du « Chorus » (suivant l'indication portée sur la partition), sorte de coda du thème (mes. 23 à 30).

Chacune des variations joue avec un élément du thème tout en conservant le cadre d'ensemble (Lied, irruption d'un élément plus dense, Lied, chœur) et en déployant une grande vélocité pianistique.

Cette fois encore, Beethoven s'éloignait des variations purement ornementales pour mettre en œuvre les potentialités insoupçonnées du « thema ».

Var. I : à 6/8, elle est très éloignée du thème, mais joue sur l'effet de vibrato induit par un motif du thème, dans une intensité pp étrange.

Var. II : retrouvant le 2/4, elle est constituée de mouvements rythmiques complémentaires aux deux mains, « *sempre legato* », qui portent le thème *pp*.

Var. III : un effet d'accélération est produit par des triolets de doubles-croches continus sur une large étendue des registres du piano ; l'élément chromatique prend de l'importance, ce qui est renforcé par les trilles.

Var. IV : en *si* mineur, le thème est présent à la main droite avec une rythmique très marquée, tandis que la main gauche fait entendre des tremolos très graves et continus.

Var. V : plus volubile, elle prépare la coda qui reprend un élément du thème (le court motif ascendant fait de notes conjointes et rapides). De manière humoristique, la coda se termine sur les notes tonales égrainées les unes après les autres dans une disparition de toute consistance sonore, avant la conclusion fermement indiquée par une cadence parfaite de deux accords dense et *forte*.

SOURCES

Le manuscrit n'a pas été retrouvé.

Des esquisses se trouvent au début du cahier consacré à l'*Eroica* (1803). Beethoven a noté le thème du chant populaire anglais entre le deuxième et le quatrième mouvement de la *Deuxième Symphonie*, ce qui implique qu'il en a pris connaissance au plus tard au cours de l'année 1802.

PUBLICATION

L'édition originale a été assurée à Vienne, en juin 1804, par le Bureau d'Art et d'Industrie ; le titre est en français :

« VARIATIONS / pour le / PIANO-FORTE / sur le Thême : / Rûle Britannia, / composées / par / Louis van Beethoven / […] »

Ces *Variations* furent rééditées à Bonn (par Simrock dès 1804), à Mayence, à Offenbach, à Paris et à Londres.

La *Wiener Zeitung* du 20 juin 1804 en annonça la publication.

CORRESPONDANCE

Voir *WoO 78*.

WoO 55

Prélude pour piano

3/2, fa *mineur – 48 mes.*

TEMPS DE LA COMPOSITION

Sans doute 1803, étant donné la maîtrise du style. Il s'agit peut-être d'un exercice de composition qu'il aurait revu pour le publier dans un ensemble de Préludes à la manière de Bach.

CONTEXTE BIOGRAPHIQUE

Ce Prélude fut offert en octobre 1803 par Beethoven à son frère Johann en même temps que les Lieder qui seront publiés sous le numéro d'op. 52 en juin 1805. Ce cadeau était une façon de le remercier et de l'aider matériellement s'il vendait la partition. La page de titre d'un fragment d'une copie des Lieder op. 52 porte la confirmation de ce cadeau de la main même de Beethoven, daté du 7 octobre 1803 (cf. lettre du 13 septembre 1803 de Ries à Simrock [1., 155]).

PRÉSENTATION DE L'ŒUVRE

Cette partition témoigne de la familiarité de Beethoven avec le *Clavier bien tempéré* de Bach (recueil au moyen duquel il étudia autant le clavier que la composition dès son plus jeune âge à Bonn, guidé par un de ses premiers maîtres, Neefe).

Ce Prélude est constitué de traits ascendants et descendants que s'échangent les deux mains, dans une polyphonie par endroit subtile.

SOURCES

Le manuscrit autographe est perdu.

PUBLICATION

En janvier 1805 :

« PRÉLUDE / pour le / – Pianoforte – / composé / par / LOUIS VAN BEETHOVEN./ [...] / À Vienne, au Bureau d'Art et d'Industrie. »

Simrock le publia à Bonn en 1808 (alors qu'il l'avait refusé en 1803).

CORRESPONDANCE

Le 13 septembre 1803 [1., 155], Ferdinand Ries le proposait à Simrock en même temps que les huit Lieder op. 52, spécifiant qu'il s'agissait d'un ensemble d'œuvres offertes par Beethoven à son plus jeune frère Johann.

Opus 55
Troisième Symphonie en *mi* bémol majeur, *Eroica*

Allegro con brio, 3/4, mi *bémol majeur – 691 mes.*
Marcia funebre. Adagio assai, 2/4, ut *mineur – 247 mes.*
Scherzo. Allegro vivace, 3/4, mi *bémol majeur – 442 mes.*
Finale. Allegro molto, 2/4, mi *bémol majeur – 473 mes.*

TEMPS DE LA COMPOSITION ET PREMIÈRE EXÉCUTION

Composée du milieu de l'année 1802 à l'été 1803, elle fut terminée en été 1804.

Beethoven a commencé à penser à cette nouvelle symphonie au milieu de l'année 1802, alors que la *deuxième Symphonie* n'était pas achevée (elle ne le sera que pour le concert du 5 avril 1803). Le travail principal se situe au cours de l'été 1803 – juin/octobre – que Beethoven passa à Baden et à Oberdöbling (Ries écrivait à Simrock, le 22 octobre 1803, que Beethoven lui avait joué sa nouvelle *Symphonie*). Il ne l'acheva qu'après l'avoir entendue, à la fin du printemps 1804, exécutée lors d'une « répétition » privée par l'orchestre du prince Lobkowitz.

La première exécution publique eut lieu le 7 avril 1805 au Theater an der Wien lors d'une « académie » donnée au profit du violoniste Franz Clement. Le 20 janvier 1805, une exécution semi-publique avait eu lieu dans le cadre des concerts du dimanche donnés chez le banquier Würth und Fellner.

Une première exécution « expérimentale », privée, avait eu lieu dans les salons du prince Franz Joseph Maximilian Lobkowitz à Vienne fin mai ou début juin 1804 (sans engagement de la part de Beethoven, le prince lui donnait la possibilité de se rendre compte de la façon dont sonnait sa nouvelle *Symphonie* avant de la terminer complètement).

CONTEXTE BIOGRAPHIQUE

L'idée de composer une nouvelle symphonie, alors que la *deuxième op. 36* n'était pas encore tout à fait terminée, s'est imposée à Beethoven au cours de l'été 1802 passé à Heiligenstadt – c'est-à-dire au moment de la crise de désespoir dont la rédaction du *Testament de Heiligenstadt* représente à la fois l'expression et le dépassement.

Comme le style et les références du *Testament* en témoignent, Beethoven a pu dépasser sa crise de désespoir en s'identifiant à une figure héroïque : un héros de Plutarque [1] tout autant que Jésus [2] ou que le héros de roman par lettres qu'était Werther – dans la mesure où sa formation culturelle, largement influencée par la référence antique via Plutarque, Goethe et Schiller, l'avait orienté vers le choix de l'image du héros, ou du grand homme, comme modèle d'idéal. Or, à ce moment de l'Histoire, le héros était sorti du mythe, de la religion ou du roman pour s'incarner dans le réel, dans l'actualité révolutionnaire. Et la France de la Révolution avait su diffuser cet idéal héroïque, établissant une relation nécessaire entre la liberté et l'art chargé d'immortaliser les actions héroïques. Voyant dans la Révolution un nouveau commencement qui se substituait à l'Antiquité, les nouveaux dirigeants de la France cherchèrent à consacrer ce rôle de nouvelle référence absolue (les Temps nouveaux) par la fête organisée à Paris, les 27 et 28 juillet 1798, pour accueillir

1. Le 29 juin 1801, Beethoven écrivait à son ami Wegeler [1., 65, p. 80] : « *Plutarch* hat mich zu der *Resignation* geführt ».

2. Cf. son Oratorio *Christus am Oelberge*, op. 85.

les objets d'art « rapatriés » d'Italie : après une longue polémique (au cours de l'été 1796), ce furent les partisans de ce « rapatriement » qui eurent gain de cause, leur argument étant que les œuvres d'art produites sous un régime politique de liberté retrouvaient une place digne d'elles dans la patrie de la liberté. Cette cérémonie, conforme à l'idéologie de la liberté alors à l'honneur, consacrait donc la France comme l'héritière des Républiques antiques chargée d'inaugurer une ère nouvelle qu'il appartenait aux artistes de célébrer, en s'attachant en priorité à la figure du héros (ou du grand homme) qui avait mis fin à la tyrannie. L'art avait désormais un rôle essentiel à jouer : celui de civiliser, c'est-à-dire de contribuer au triomphe de la liberté – la figure de Prométhée, ce Titan qui avait osé défier Zeus pour éveiller les hommes à leur humanité, s'imposa alors comme le symbole de l'inauguration de cette ère nouvelle.

Beethoven, qui, comme tous ceux qui souhaitaient le fin du despotisme d'ancien régime, avait fréquenté l'ambassade de la République française à Vienne au printemps 1798 (février/avril), avait entendu parler de la préparation de cette fête et de ses enjeux idéologiques qui liaient Paris, la liberté et la création artistique. En relation avec cette fête, Beethoven assista donc à l'émergence de la légende de Bonaparte, ce général victorieux en Italie, présenté comme un héros civilisateur, libérateur et pacificateur, qui pouvait être considéré comme supérieur à tous les généraux romains puisqu'au lieu de traîner « de la manière la plus humiliante, les souverains et les peuples vaincus, enchaînés à leur char de triomphe », il rentrait « victorieusement au sein de la patrie, précédé des tableaux et des statues enlevés » aux ennemis de la liberté[1].

C'est dans le contexte des victoires de Bonaparte en Italie présentées et vécues comme des guerres de libération par et pour les Italiens[2], que se développa l'assimilation de Bonaparte à Prométhée (cf. l'*Opus 43*) puisque, comme le Titan, ce jeune général avait combattu le despotisme et avait donné aux hommes la liberté indispensable au développement de leur humanité (ce qui était l'équivalent du feu prométhéen). En travaillant aux *Créatures de Prométhée* Beethoven avait été amené à s'imprégner de cette légende, au moment même où Bonaparte réactualisait la République sur le modèle de Rome en stabilisant la Révolution qui consacrait la liberté et le respect des droits de l'homme.

D'autre part, en fréquentant les musiciens qui avaient été envoyés à Vienne dans le cadre de l'ambassade française, dont Kreutzer (cf. l'*Opus 47*), Beethoven prit la mesure de l'importance nouvelle conférée à la musique comme moyen de diffusion des idées de la Révolution ; il prit également connaissance des œuvres de musique suscitées par le cours des événements révolutionnaires comme par la volonté politique de rassembler et d'éduquer tout un peuple d'hommes devenus libres, grâce au *Magasin de Musique à l'usage des fêtes nationales* (fondé le 15 février 1794) qui publia les partitions des marches, hymnes, chants de guerre, symphonies pour instruments à vent, etc., composés par Gossec, Cherubini, Méhul, etc.

Ces influences esthétiques et politiques se sont cristallisées pour Beethoven au moment où, après avoir traversé sa crise de désespoir, il envisagea de s'installer à Paris, la ville qui symbolisait le triomphe de la liberté et de la civilisation, la ville qui savait reconnaître la nouveauté en art, expression de la liberté de chacun.

Stimulé par ce projet parisien, Beethoven développa une écriture musicale en relation avec la représentation qu'il avait de la Révolution : un vaste espace rempli d'un peuple unanime guidé par des héros qui le mènent à la victoire pour que triomphent les nouvelles valeurs, celles de liberté, d'égalité et de fraternité, consacrées par la République. Pour mettre en œuvre sa conviction que la musique avait pour mission de constituer, de communiquer et d'entretenir ces valeurs, Beethoven conféra à son discours musical une dynamique à l'image de l'élan inaugural indispensable pour faire advenir un monde nouveau, en jouant avec les éléments musicaux les plus simples (un rythme entraînant, un timbre connotant l'espace), et en inscrivant la tension au cœur de l'œuvre par des relations d'opposition extrême entre tous les constituants de

1. Édouard Pommier, *L'art de la liberté, doctrines et débats de la Révolution française*, Gallimard, Paris, 1991, p. 409.

2. Entre le printemps 1796 et l'été 1799, les Italiens ont vécu trois ans de Révolution. La création de la République Cisalpine en juin 1797 suscita l'exaltation du héros Bonaparte.

l'écriture (intensités, modes, masses, styles, nature et forme des mouvements, etc.). Pour établir une œuvre à l'image du bouleversement entraîné par la Révolution, Beethoven élargit finalement les dimensions du temps et de l'espace (la symphonie est très longue, et exige un troisième cor).

L'intention révolutionnaire de Beethoven (au sens d'inauguration prométhéenne) se retrouve également dans le parcours de l'œuvre qui intègre une Marche funèbre, choix qui connote la Révolution, tout autant que l'initiation sur le modèle du Finale de *La Flûte enchantée* de Mozart, la mort étant présentée comme une épreuve à traverser pour accéder à la sagesse, ce lieu et ce temps de pure joie qu'il évoquait dans le *Testament* : « O Providence – fais apparaître une seule fois à mes yeux un jour de joie sans mélange ».

L'intention révolutionnaire de Beethoven s'inscrivait encore dans ce qu'André Boucourechliev a appelé « l'intervention d'une volonté » qui se dresse contre l'héritage et les conventions d'écriture, ce qui se manifeste dans le recours aux *sf* à contretemps qui bouleversent la métrique tout autant que dans l'intégration de musiques étrangères a priori à l'œuvre, comme le « Verbunkos » (chant de recrutement) qui constitue une des variations centrales du Finale.

Enfin, cette intention se marque par le souci d'offrir une œuvre bien articulée et facile à suivre, la surprise de l'entrée fortuite du deuxième cor avant la réexposition, dans le premier mouvement, contribuant à éveiller l'attention.

Que sa nouvelle *Symphonie*, qui reprenait certains thèmes des *Créatures de Prométhée*, ait été pensée comme l'expression d'une nouvelle genèse, est révélé par le rapprochement que Beethoven effectua entre sa musique pour les *Créatures de Prométhée* et la *Création* de Haydn : par boutade au lendemain des premières représentations du ballet quand, rencontrant Haydn qui le félicitait, il aurait affirmé que c'était loin d'être une « création »[1] ; puis, il fit ce rapprochement implicitement, quand il souhaita qu'une réduction pour piano et un arrangement pour quintette à cordes de la *Symphonie* soient publiés, à l'instar de ce qui avait été effectué pour *la Création* [1., 212]. La référence à Haydn et à son Oratorio *la Création*, est également inscrite *de facto* dans son désir d'être reconnu à Paris, puisque Beethoven savait que les artistes parisiens, auteurs « révolutionnaires » avaient offert une médaille à Haydn pour commémorer l'exécution de *la Création* à Paris le 24 décembre 1800 (ce fut, d'ailleurs, en se rendant à cette représentation, que Bonaparte échappa de peu à l'attentat de la rue Saint – Nicaise). Beethoven, d'autre part, avait lu dans l'*Allgemeine musikalische Zeitung* du 20 mai 1801 que Haydn avait été qualifié de « Prométhée musical » à la suite de *la Création*[2].

Comme si Beethoven avait cherché à se mesurer à Haydn en le dépassant sur son terrain qui était celui de la symphonie par une œuvre d'une telle nouveauté qu'elle ne pouvait être que l'équivalent d'une *Création*.

Ainsi, en 1802, après avoir composé la musique du ballet les *Créatures de Prométhée* et après s'être familiarisé avec cette figure de héros antique à laquelle Bonaparte était assimilé, Beethoven eut l'idée d'associer sa nouvelle grande symphonie au nom de Bonaparte, alors premier consul de la République française : il pouvait soit lui dédier (avec l'espoir qu'il serait appelé à Paris par le nouveau pouvoir), soit l'intituler « Symphonie Bonaparte », pour contribuer, lui aussi, à la diffusion des idées de la Révolution. Le choix de la solution « titre » était fermement décidé en été 1804[3], comme en témoigne la lettre du 26 août dans laquelle Beethoven spécifiait à l'éditeur Breitkopf & Härtel (26 août 1804 [1., 188]) que sa symphonie était « à proprement parler intitulée *Ponaparte* [sic] ». S'il est possible d'affirmer que c'est au cours de l'automne 1804 qu'il décida de la dédier à Lobkowitz qui avait tout fait pour retenir Beethoven à

1. Anecdote rapportée par Aloys Fuchs (1799-1854), mais dont l'authenticité n'est pas prouvée. Haydn, surpris et presque offensé aurait répondu : « C'est vrai, ce n'est pas encore une *Création*, et je doute que cela en devienne jamais une. » Cité par Marc Vignal, *op. cit.*, p. 604.

2. Cité par Marc Vignal, *op. cit.*, p. 611.

3. Malgré l'accession de Bonaparte à la dignité impériale : le sénatus-consulte du 18 mai 1804 fut sans doute connu à Vienne une dizaine de jours plus tard, mais ce n'est que le 6 novembre 1804 que fut connu le résultat du plébiscite, la cérémonie du couronnement n'ayant lieu que le 2 décembre 1804.

Vienne[1], il est impossible de dire à quel moment précis il raya cette mention sur la page de titre de la copie établie en août 1804[2].

À partir du moment où Bonaparte, en guerre contre l'Autriche[3], la Russie et l'Angleterre, puis contre la Prusse[4], devenait un ennemi, il n'était plus question de garder le titre prévu pour sa nouvelle symphonie, s'il souhaitait la voir diffuser dans les pays germaniques ou en Angleterre. Mais, tenant au lien entre sa *Symphonie* et la Révolution (dans sa dimension héroïque et fondatrice d'un monde nouveau), Beethoven conserva l'idée du titre en lui donnant une dimension universelle : « Sinfonia Eroica composta per festeggiare il sovvenire d'un grand uomo »[5].

PRÉSENTATION DE L'ŒUVRE

Comme les premiers auditeurs et critiques l'ont éprouvé, cette *Troisième Symphonie* est « colossale », d'une longueur qui ne s'était encore jamais vue dans ce genre de musique instrumentale (elle contient 2325 mesures) ; mais contrairement à leur première impression, l'unité d'ensemble est remarquable, le matériau initial du premier mouvement trouvant son épanouissement dans les variations insolites du Finale dont le thème est le même que celui du Finale des *Créatures de Prométhée* op. 43 (qui a servi aux *Variations pour piano op. 35*).

Le rôle des cors – un troisième cor est ajouté aux deux présents habituellement dans l'orchestre dont disposait Beethoven – confère également une unité à l'ensemble de la *Symphonie* par la polarité sonore omniprésente du timbre des cors[6] : le compositeur André Boucourechliev parle même d'un thème qui n'est plus mélodique mais est constitué par le timbre du cor, soulignant que Beethoven a révolutionné non seulement le langage et la forme, mais aussi la sensibilité collective (cette *Symphonie* a suscité une nouvelle forme d'écoute, caractérisée par la volonté de communiquer idées et émotions)[7].

L'insertion d'une Marche funèbre, qui connotait directement la Révolution française, inscrivait cette *Symphonie* sous le signe du bouleversement révolutionnaire. Et les innovations de l'écriture, dans chacun des quatre mouvements, faisaient de cette œuvre symphonique l'équivalent de la Révolution.

Enfin, le fait que la Marche funèbre et le Finale soient directement issus du travail sur les *Créatures de Prométhée op. 43*, manifeste la logique de la démarche de Beethoven dans la composition de cette *Symphonie* : aux dimensions audacieuses (et prométhéennes) du premier mouvement succède une scène tragique qui débouche sur une scène trépi-

1. Pour être appelé à Paris, Beethoven veut faire éditer sa *Symphonie* à Paris, et refuse tout d'abord de la donner à un éditeur allemand. Le prince Lobkowitz s'efforça d'empêcher le plan de Beethoven de se réaliser : il offrit 400 Gulden à Beethoven pour qu'il lui prête sa partition pendant 6 mois (avec droit d'exclusivité). Beethoven accepta ce qui lui fit renoncer à dédier sa *Symphonie* à Bonaparte comme il le souhaitait, pour ne conserver que le titre (cf. lettre de Ries du 22 octobre 1803, 1., 165). Malgré les manœuvres de Lobkowitz, Beethoven tint à son plan de s'installer à Paris, mais la guerre déjoua ses intentions (qui comme tous les voyages de Beethoven n'aurait sans doute pas eu lieu de toute façon !).

2. Les liens entre cette *Troisième Symphonie* et Bonaparte ont été soulignés par les premiers biographes de Beethoven (Ries, puis Schindler), puis repris par les biographes suivants, sans prendre en compte la date à laquelle Ries a rédigé son récit, c'est-à-dire à un moment où la « guerre de libération » des Allemands prenait ses racines dans la bataille des Nations de Leipzig d'octobre 1813 pour préparer la Révolution de 1848. Ries raconta dans ses *Notices biographiques* (p. 78) que Beethoven avait manifesté une telle fureur en apprenant que Bonaparte était devenu empereur qu'il aurait déchiré la page de titre sur laquelle se trouvaient les seuls noms de « Buonaparte » et de « Luigi van Beethoven », en s'exclamant : « Ce n'est donc rien de plus qu'un homme ordinaire ! Maintenant il va fouler aux pieds tous les droits humains, il n'obéira plus qu'à son ambition ; il voudra s'élever au-dessus de tous les autres, il deviendra un tyran ! »

3. La bataille d'Austerlitz contre les Austro – russes eut lieu le 2 décembre 1805. La paix de Presbourg fut signée le 26 décembre 1806 : elle marquait l'effondrement du Saint Empire romain germanique et dissociait l'Empire d'Autriche de la Confédération germanique, laissant les mains libres à Napoléon pour sa réorganisation.

4. Après la défaite de l'Autriche, la Prusse prit la tête de la lutte contre Napoléon, mais elle fut battue à Iéna et à Auerstädt en octobre 1806 (Napoléon entra à Berlin le 27 octobre 1806).

5. Il s'est trouvé que juste au moment où l'*Eroica* allait être publiée, le prince Louis Ferdinand de Prusse, héros de la lutte contre Napoléon, fut tué à la bataille de Saalfeld, le 10 octobre 1806.

6. Beethoven a été conseillé par le corniste Punto (Wenzel Stich) pour lequel il avait écrit la *Sonate pour piano et cor op. 17*.

7. In *Beethoven*, Solfèges/Seuil, 1963, p. 45-48.

dante, prélude à une apothéose festive, variations sur le thème final des *Créatures de Prométhée*, et véritable mise en scène des pouvoirs de l'imagination créatrice déliée de l'angoisse de la mort.

I. Le premier mouvement, Allegro con brio à 3/4, affirme la tonalité de *mi* bémol majeur ainsi que l'importance des sonorités éclatantes des cuivres (trois cors et trompette) dès le début, par deux accords f. Ce mouvement a une ampleur (691 mesures) qui l'apparente à un Finale (ce qui est le cas également du premier mouvement Presto de la *Sonate pour piano et violon op. 47* composée également en 1803 en vue de son installation à Paris), étant donné la taille du développement ainsi que celle de la coda (qui représente la moitié du développement).

De forme sonate, ce mouvement avance en donnant une grande extension aux articulations du discours musical. Le premier thème, sur un rythme très simple à « l'antique », est énoncé p par les cordes basses, avant d'être repris par les vents puis par tout l'orchestre. Après un pont qui joue sur la différenciation des timbres, puis sur des traits tendus des cordes, le second thème est énoncé, encore de manière très simple et très retenue, cette fois par les bois, avant d'être repris par les cordes. La fin de l'exposition est marquée par une succession déchirante d'accords dissonants de tout l'orchestre. Après une reprise, que Beethoven a finalement imposée (après avoir hésité) pour établir l'équilibre d'ensemble du mouvement, un très long développement (mes. 152-397) module en combinant divers motifs de l'exposition, qu'il ose inscrire un moment dans un fugato avant de faire culminer le mouvement sur une succession d'une cinquantaine d'accords, la plupart dissonants et *sf*, de tout l'orchestre (ce qui représente une extension du motif qui terminait l'exposition). Pour surprendre les auditeurs et les réveiller (Wagner a cru qu'il s'agissait d'une erreur), Beethoven a fait entrer le deuxième cor de manière prématurée avant la réexposition (comme si le corniste n'avait par été assez attentif !). La réexposition qui donne un plus grand rôle aux cors se termine par une sorte de développement prolongé par une coda qui, à son tour, fait figure de nouveau développement.

II. Après ce premier mouvement d'une vitalité exubérante, parfois inquiétante, une Marcia funebre. Adagio assai, à deux temps en *ut* mineur (la tonalité relative mineure de *mi* bémol majeur), de 247 mesures, remplace le mouvement lent attendu. Elle oppose une longue partie « Minore » à une brève partie « Maggiore », dans une structure de type Lied comportant un développement central fugué et une coda. Cette Marche funèbre se caractérise par le timbre du hautbois qui s'ajoute à celui du cor, ainsi que par un court motif rythmique lancinant qui évoque le roulement de la caisse claire. Le thème se désintègre peu à peu dans les dix mesures finales.

Cette Marche funèbre, référence à un genre de musique qui connote la Révolution et ses héros et plus précisément à la *Marche lugubre* de Gossec[1] ou à certaines *Marches* de Cherubini, est la première à être intégrée dans un déroulement symphonique : cette innovation de Beethoven oriente la signification qu'il conférait à sa *Symphonie*, succession de moments qui font partie du processus de l'initiation (ou du ravissement[2]), cet arrachement à soi-même, cette mort acceptée pour accéder à un monde inconnu mais un monde de liberté (Beethoven avait déjà utilisé cette démarche dans la *Sonate op. 26*, et il l'avait déduite du scénario du Ballet les *Créature de Prométhée*, la scène tragique de la mort de Prométhée simulée par Melpomène qui le punissait d'avoir créer des êtres mortels, était

1. Composée en septembre 1790 pour rendre hommage aux Suisses de Châteauvieux, impitoyablement punis, le 31 août 1790, pour avoir protesté contre le retard dans le paiement de leur solde. Cette Marche fut souvent rejouée au cours de la Révolution (en l'honneur de Hoche le 1er oct. 1797, de Joubert le 6 sept. 1799). Beethoven qui n'eut pas l'occasion d'assister à des cérémonies de la Révolution, eut l'occasion de lire la partition de cette Marche lugubre au moment de l'ambassade du général Bernadotte à Vienne au printemps 1798, moment où il rencontra le violoniste Kreutzer, grâce aux publications du Magasin de Musique à l'usage des fêtes nationales (fondé le 15 février 1794 par décret du Comité de Salut public pour diffuser la musique nouvelle nécessaire aux cérémonies et aux fêtes : Hymnes, Marches, Symphonies militaires pour instruments à vent). Les marches funèbres étaient destinées à accompagner le convoi du héros mort pour la défense de la patrie et la lutte contre la tyrannie.

2. Comme Marianne Massin le met en évidence dans *Les figures du ravissement – Enjeux philosophiques et esthétiques*, Grasset / Le Monde, Paris, 2001.

immédiatement suivie d'une scène joyeuse animée par Pan qui ressuscitait Prométhée, ce qui symbolisait le triomphe de la vie et de son renouvellement permanent).

Avec les événements de la Révolution, la mort du héros n'était plus l'apanage de l'opéra mais elle se réinscrivait dans la réalité, dans l'actualité, et chacun devait donc contribuer, à sa façon, à honorer la mémoire du héros, comme au temps de la République romaine.

III. Le troisième mouvement, Scherzo. Allegro vivace à trois temps, de 442 mesures, qui se transforme « Alla breve » (donc à deux temps) peu avant la coda, est dominé par la rapidité de la pulsation et la joie de l'écriture contrapuntique facétieuse (ici en canon, écriture simple que Beethoven a beaucoup pratiquée, comme bien d'autres, par plaisanterie ou par affection pour des amis). Le Trio, confié aux trois cors, établit un contraste apaisant, sorte d'appel familier qui connote l'espace des musiques de plein air.

IV. Le Finale, arraché à ce qui précède par un trait impétueux et impérieux des cordes, Allegro molto à deux temps, est construit à partir d'un thème qui n'est autre que celui du Finale des *Créatures de Prométhée* op. 43, et qui est exposé ici comme dans les *Quinze Variations pour piano op. 35*, c'est-à-dire en commençant par la mise en place du cadre harmonique et des cellules rythmiques et mélodiques qui soutiennent le thème, qui est énoncé après par les bois. Les variations, reliées entre elles, souvent par des passages fugato, amènent l'auditeur dans des régions inattendues, en particulier lors de l'évocation d'un chant de recrutement caractéristique d'Europe centrale (un Verbunkos plein d'entrain). Après le fugato qui prolonge le Verbunkos, le tempo change pour devenir Poco Andante de manière à établir un contraste avec la coda qui, Presto, renoue avec la fulgurance de l'introduction de ce Finale. Une jubilation sonore de tout l'orchestre termine l'ensemble de la *Symphonie*.

SOURCES

Les esquisses se trouve dans l'Eroica-Skizzenbuch de 1803 (à Cracovie).

Le manuscrit autographe a disparu (avant 1827, déjà).

Une copie datant sans doute des premiers mois de l'année 1804, se trouve à Vienne (GdM). Il s'agit d'une partition établie d'après l'original, que Beethoven conserva parmi ses papiers personnels (elle faisait partie de l'inventaire après décès en 1827). Elle comprend beaucoup de corrections au crayon rouge (dynamiques, articulations, changements dans le Scherzo, fautes du copiste). La page de titre comporte une rature qui a provoqué une déchirure du papier pour effacer « intitulata Bonaparte », et, sous le nom de Beethoven, une mention écrite au crayon et presque effacée : « Geschrieben auf Bonaparte ».

« Sinfonia grande
intitulata Bonaparte
804 im August
del Sign[r]
Louis van Beethoven
Geschrieben
auf Bonaparte
Sinfonie 3 Op : 55 »

PUBLICATION

L'édition originale (18 voix séparées) fut assurée à Vienne au Bureau d'Art et d'Industrie en octobre 1806 ; le titre est en italien :

« SINFONIA EROICA / à due Violini, Alto, due Flauti, due Oboi, due Clarinetti, / due Fagotti, tre Corni, due Clarini, Tempani e Basso. / composta / per festeggiare il sovvenire di un grand Uomo / e dedicata / A Sua Altezza Serenissima il Principe di Lobkowitz / da / Luigi van Beethoven. / Op. 55. / N° 3 delle Sinfonie. / A Vienna / Nel Contor delle arti e d'Industria al Hohenmarkt [...] ».

La première page de la partie des premiers violons porte des indications destinées à une exécution en concert, concernant la présence des trois cors : « Questa Sinfonia essendo scritta apposta più lunga delle solite, si deve eseguite più vicino al principio ch'al fine di un Academia e poco doppo un Overtura un Aria ed con Concerto ; accioche, sentita troppo tardi, non perda per l'auditore, già faticato dalle precedente produzioni, il suo proprio, proposto effetto. La parte del Corno terzo é aggiustata della sorte, che possa eseguirsi ugualmente sull Corno primario ossia secondario. »

La *Wiener Zeitung* du 29 octobre 1806 en annonça la publication

Entre 1807 et 1809, une nouvelle édition comprenant beaucoup de corrections fut publiée.

Cette *Symphonie* fut transcrite pour Nonette (deux violons, alto, flûte, deux clarinettes, deux cors et contrebasse) par Hoffmeister à Leipzig en 1818; pour Septuor (flûte, deux violons, deux altos, violoncelle et contrebasse) à Londres en 1807 et 1820; pour quatuor avec piano par le Bureau d'Art et d'Industrie à Vienne en 1807; pour trio avec piano, flûte et violoncelle à Braunschweig.

Elle fut aussi transcrite pour piano à quatre mains, à deux mains et pour deux pianos.

La première partition fut publiée à Londres en mars-avril 1809 (restée longtemps inconnue en Allemagne), puis en 1822 par Simrock à Bonn et Cologne : rien n'indique que Beethoven l'ait revue (cf. lettre de Simrock du 13 mai 1822 [4., 1464]).

DÉDICATAIRE

Le prince Franz Joseph Maximilian Lobkowitz (1772-1816) était issu d'une des plus riches familles de la noblesse de Bohême. Comme son père qui avait protégé Gluck, il était passionné de musique et entretenait son propre orchestre, achetait des partitions (ou commandait des œuvres) qu'il faisait jouer dans les salons de son palais à Vienne ou dans ses résidences de Bohême (Raudnitz et Eisenberg) – les noms de G. Paisiello, A. Salieri, M.L. Cherubini, G.J. Vogler, V. Righini, F.X. Süssmayer apparaissent dans les factures de son intendance. Ce prince fut un des souscripteurs des *Trios op. 1* en 1795 et il fut le dédicataire des *Six Quatuors op. 18* en 1799-1800. Le 5 avril 1798, Beethoven et le violoniste Kreutzer se rencontrèrent lors d'une soirée au palais Lobkowitz. Au printemps 1803, le prince reçut Bridgetower, violoniste virtuose, auquel il fit rencontrer Beethoven, ce qui fut à l'origine de la *Sonate à Kreutzer op. 47*. À la fin du printemps 1804, ce prince permit à Beethoven d'entendre sa troisième symphonie exécutée par son orchestre, dirigé par le Kapellmeister Anton Wranitzky, de façon à pouvoir en corriger les imperfections. Et, dès la fin de l'année 1803, pour retenir Beethoven à Vienne, il avait acheté les droits d'exclusivité de cette œuvre pour six mois contre une somme de 400 florins. Pour remercier ce prince mécène, Beethoven lui dédia cette nouvelle *Symphonie*, renonçant donc à la dédier à Bonaparte, en automne 1804 (ce qui ne signifiait pas qu'il renonçait à donner le titre de « Bonaparte »).

Le prince fit jouer cette *Symphonie* dans sa résidence d'été de Raudnitz en septembre 1804 devant le prince Louis Ferdinand de Prusse, qui se la fit rejouer deux fois de suite (en plus de la première fois).

CORRESPONDANCE (HISTOIRE DE LA PUBLICATION)

Le 21 mai 1803 [1., 138], Kaspar Karl voulait savoir si l'éditeur Breitkopf & Härtel était intéressé par « eine neue *Simphonie* » (elle ne fut achevée qu'en automne 1803); l'éditeur répond le 2 juin qu'il est flatté que Beethoven ait pensé à lui, mais il refuse (une symphonie n'a pas assez d'acheteurs). Avant même la réponse de B&H, le 25 mai 1803 [1., 139], Kaspar Karl proposait « eine große *Simphonie* » pour seulement 400 *fl* à Simrock.

Le 14 octobre 1803 [1., 163], Kaspar Karl répondait favorablement à une demande de B&H du 20 septembre d'avoir une symphonie et un concerto [1., 156].

Le 22 octobre 1803 [1., 165], Ries écrivait à Simrock : Beethoven « veut lui vendre la Symphonie pour 100 Gulden. D'après lui ce serait la plus grande œuvre qu'il ait jusque là composée. Beethoven vient de me la jouer et je crois que le ciel et la terre vont être ébranlés lors de son exécution. Il se réjouit à l'idée de la dédier à Bonaparte lui-même, sauf si Lobkowitz qui veut lui donner 400 Gulden et en disposer pendant six mois, alors il la nommera Bonaparte. »

Le 11 décembre 1803 [1., 173], Ries écrivait à Simrock : « Beethoven ne veut pas vendre maintenant sa nouvelle Symphonie et il veut la réserver pour son voyage, pour lequel il en compose encore une. »

Le 26 août 1804 [1., 188], Beethoven écrivait à B&H qu'il aimerait bien que les œuvres qu'il a achevées soient enfin publiées, dont : « eine *Neue große Simphonie* », spécifiant plus loin dans sa lettre : « la Symphonie porte à proprement parler le titre de *Ponaparte*, et parmi les instruments supplémentaires utilisés il y a expressément 3 cors obligés – je crois qu'elle va intéresser le public musical – je souhaiterais qu'elle soit publiée *en partition* au lieu d'être gravée en voix séparées. »

Härtel justifie son refus d'une édition en partition le 30 août 1804 [1., 189].

Le 3 nov. 1804 [1., 198], B&H acceptait de publier cinq œuvres dont la *Symphonie*; il attendait les indications pour les dédicaces.

Le 24 nov. 1804 [1., 199], Kaspar Karl répondait qu'il allait envoyer les œuvres les unes après les autres, tous les quinze jours, la *Symphonie* étant prévue après les *Sonates* (au moins l'*op. 53*) et le *Triple Concerto op. 56*.

Le 24 nov. 1804 [1., 200], Georg August Griesinger informait B&H que le prince Lobkowitz avait donné 700 f. et 80 ducats en or pour la *Symphonie* (par ces sommes, envoyées à Beethoven les 26 et 29 octobre 1804, Lobkowitz le remerciait de lui avoir dédié sa nouvelle symphonie).

En décembre 1804 [1., 204 et 205], Härtel voudrait comprendre les raisons du retard dans la livraison des œuvres (il craignait des tractations avec d'autres éditeurs). Le 16 janvier 1805 [1., 209], Beethoven lui promet qu'il va envoyer la *Symphonie* et deux *Sonates* (*op. 53* et *54*).

Le 12 février 1805 [1., 212], Kaspar Karl écrivait à B&H que son frère avait des exigences sur la disposition de la partie des instruments à vent et il signalait, que son frère avant d'avoir entendu la *Symphonie*, craignait que la reprise dans le premier mouvement n'allonge trop la durée de l'œuvre, mais maintenant qu'il l'avait entendue, il pensait que ce serait préjudiciable de supprimer cette reprise. Il ajoutait que son frère souhaitait que la *Symphonie* soit éditée en petite partition (comme les *Symphonies parisiennes* de Haydn) pour qu'elle soit accessible aux connaisseurs. Enfin, il suggérait de publier une réduction pour piano et un arrangement pour quintette à cordes (comme pour la *Création* de Haydn).

Le 18 avril 1805 [1., 218], Beethoven rendait responsable B&H du retard dans la publication de ses œuvres et il ajoutait : « Dans le cas où vous gardez la Symphonie, il serait peut-être bien, de la faire exécuter en même temps que l'Oratorio, les deux morceaux ensemble remplissent bien toute une soirée. »

En mai 1805 [1., 223], Beethoven signalait à Härtel que les honoraires qu'il demande sont inférieurs à ce qu'il demande habituellement.

Le 21 juin 1805 [1., 226], B&H excédé des atermoiements de Beethoven renvoyait les copies de l'*Oratorio*, de la *Symphonie*, du *Lied « Gedenke mein »* et des deux *Sonates op. 53* et *54*, et demandait à Beethoven de ne pas le rendre responsable des retards de la publication de ses œuvres.

Le 5 juillet 1806 [1., 254], Beethoven signalait à B&H que les articles de l'*AMZ* sur les premières exécutions de sa *Symphonie* desservaient plus la Revue et son éditeur qu'ils ne l'affectaient, lui Beethoven, ajoutant que tout le monde savait qu'il (B&H) avait refusé d'éditer cette *Symphonie*, et qu'il l'avait réexpédiée avec d'autres œuvres.

Le 13 mai 1822 [4., 1464], Nikolaus Simrock (éditeur à Bonn) signalait à Beethoven qu'il avait décidé de publier ses « 6 Sinfonien in Partitur » – il aurait dû le faire depuis longtemps, mais tout le monde sait que cette publication n'était pas du tout rentable : il le faisait donc uniquement pour honorer son vieil ami, et il espérait qu'il en serait content.

Les deux premières *Symphonies op. 21* et *op. 36* furent publiées au printemps 1822, et la *troisième op. 55*, quelques mois plus tard.

L'ŒUVRE VUE PAR SES CONTEMPORAINS

Après le concert chez le banquier Würth en janvier 1805, concert au cours duquel furent exécutées la première *Symphonie* en *ut* majeur ainsi que la *troisième*, l'*AMZ* (n° 20 du 13 février 1805 [col. 321]) admire la *première* (« un magnifique création artistique ») et signale que la nouvelle *Symphonie* est dans un tout autre style, qu'elle est « longue, difficile à exécuter, sorte de fantaisie hardie et sauvage qui semble déréglée, pleine de sons perçants et de bizarreries, si bien qu'il est impossible d'en avoir une vue d'ensemble. »

Après le concert du 7 avril 1805 au Theater an der Wien, le critique de l'*AMZ* (n° 31 du 1er mai 1805 [col. 501-502]) dit conserver le même avis : la *Symphonie* possède beaucoup d'idées audacieuses, mais elle est trop longue (« elle dure une heure entière ») et difficile à suivre car elle manque de clarté et d'unité : en général, elle n'a pas plu.

En 1807, l'*AMZ* IX (col. 285-286) rend compte (de Mannheim) de la publication de cette œuvre « colossale », très difficile à jouer, et pour laquelle les avis sont partagés : les uns l'admirent tandis que les autres la trouvent effroyablement longue. Le premier mouvement, plein de force, a une unité saisissante. La Marche funèbre est nouvelle, et porte une douleur très noble. Le Scherzo est animé d'un mouvement sans répit, avec lequel le jeu retenu des trois cors dans le Trio établit un contraste frappant. Le Finale est très hardi. Le critique se demande si vraiment toutes ces particularités sont indispensables « per festeggiar il Sovvenire d'un grand Uomo ? ».

Dans un numéro suivant, l'*AMZ* IX, 1807 (col. 319-334) publie une analyse musicale très serrée (avec extraits musicaux) de cette « œuvre remarquable et colossale » composée par « l'esprit si original et admirable » de Beethoven. Le premier mouvement Allegro con brio, « puissant et magnifique », montre un grand souci d'unité, malgré sa longueur. La Marche funèbre est géniale, et sa fin est aussi originale que son début : elle meurt comme un héros. Le Scherzo apporte un contraste saisissant. Le Finale, sur un thème déjà utilisé dans une œuvre pour piano, témoigne de la richesse de l'imagination de Beethoven qui utilise le thème de tant de manières inattendues ; ce Finale se termine par un Presto, véritable réjouissance tant pour les instrumentistes que pour les auditeurs.

La même année en 1807, le *Journal des Luxus und der Moden*, publié à Weimar, admire cette « nouvelle grande Symphonie héroïque, la plus grande, la plus originale, la plus remplie d'art et la pus intéressante de toutes les Symphonie » composées jusque là, « idéal du genre » dû par un éminent génie, d'une sensibilité extraordinaire.

Toujours en 1807, la *Zeitung für die elegante Welt*, publié à Vienne, se réjouissait de la réduction pour piano à quatre mains de cette *Symphonie*, réduction réalisée par August Eberhard Müller (1767-1817), car cette œuvre communique une énergie pleine d'esprit à l'imagination des auditeurs et les émeut puissamment.

Opus 56
Triple Concerto en *ut* majeur *pour piano, violon, violoncelle et orchestre*

Allegro, **C**, ut *majeur – 531 mes.*
Largo, 3/8, la *bémol majeur – 53 mes.*
Rondo alla Polacca, 3/4, ut *majeur – 475 mes.*

TEMPS DE LA COMPOSITION ET PREMIÈRES EXÉCUTIONS

1803 et 1804, pour l'essentiel.

Ce *Triple Concerto* n'est certainement pas encore fini, le 14 octobre 1803, quand Kaspar Karl le propose à Breitkopf & Härtel en même temps que la *Symphonie Eroica* (il s'agit peut-être d'un autre concerto du même genre).

Ce *Concerto* est sans doute en voie d'achèvement quand Beethoven le propose le 26 août 1804 à Breitkopf & Härtel en même temps que la *Symphonie Eroica* et que les trois *Sonates op. 53, op. 54, op. 57.* Il a dû achever une première version en mai 1804. Pourtant en mai 1805, Beethoven n'était pas en mesure d'envoyer une copie à B&H, faute de copistes, prétendait-il.

Il fut créé pour la première fois à Vienne, en mai 1808 lors d'un concert donné dans les jardins de l'Augarten avec sans doute Marie Bigot au piano, Carl August Seidler au violon et Anton Kraft au violoncelle (l'annonce de l'*AMZ* du 23 juin 1808 ne nomme pas les interprètes).

Une première exécution privée avait eu lieu dans les salons du prince Lobkowitz à Vienne fin mai/début juin 1804, en même temps que l'*Eroica*, avec Beethoven au piano, Anton Wranitzky au violon et Anton Kraft au violoncelle (l'un et l'autre étaient membres de l'orchestre du prince) – les deux œuvres furent jouées deux fois.

CONTEXTE BIOGRAPHIQUE

Ce *Triple Concerto* fut composé en même temps que la *Symphonie Eroica*, (il fut exécuté en privé chez le prince Lobkowitz le même jour que la *Symphonie*, à la fin du printemps 1804). Ainsi, alors qu'il écrivait pour grand orchestre, Beethoven se préoccupait de maîtriser également l'écriture pour solistes et orchestre, ce qui impliquait une autre façon de traiter le matériau thématique, dans la mesure où il fallait tenir compte de la présence d'instrumentistes virtuoses. La composition de ce *Triple Concerto*, ce « konzertant Konzert », s'inscrit dans une période au cours de laquelle Beethoven a cherché à donner une dimension concertante à des genres déjà existant, c'est-à-dire à assurer la participation équivalente des solistes et de l'orchestre (il n'y a plus d'accompagnement, mais jeu à l'écoute les uns des autres, avec reconnaissance et prise en compte de la virtuosité de chacun) – ce dont témoignent aussi bien la *Sonate à Kreutzer op. 47*, sonate « concertante » pour piano et violon composée en 1803, que les deux tentatives de concerto pour plusieurs instruments qui ont précédé ce *Triple Concerto* – Beethoven tenait, d'ailleurs, à ce que ce genre de «konzertant Konzert» ne soit pas confondu avec le genre de la symphonie pour orchestre.

Cette attention à la dimension «concertante» coïncide également avec la composition de son *Oratorio* et de son *Opéra*, genres qui reposent sur l'association d'un orchestre et de solistes qui chantent seuls ou avec un ou plusieurs autres partenaires.

D'autre part, Beethoven était toujours à la recherche de solutions inédites qui pourraient être à l'origine d'un genre nouveau, à la fois héritier d'un passé récent et synthèse des avancées techniques comme des progrès de la maîtrise instrumentale : ainsi il n'hésita pas à transformer la Sonate pour piano et violon en un genre concertant ou le Concerto pour un soliste en Concerto pour plusieurs solistes, s'inspirant tout en s'en démarquant de la Symphonie concertante de Mozart, et se préoccupant de rester fidèle aux caractéristiques du concerto que sont les cadences (les esquisses montrent qu'il s'est interrogé sur les cadences : «Cadenza fugata point d'orgue» note-t-il pour le troisième mouvement, ainsi que «Cadenza im Rondo colli stromenti di fiatto sempre sostendendo come una fantasia»[1]).

Beethoven dédia ce *Triple Concerto* (ainsi que la *Symphonie Eroica*) au prince Lobkowitz qui l'avait fait exécuter par son orchestre en mai/juin 1804 pour que Beethoven prenne la mesure de l'effet sonore et achève sa composition. Ce mécène était sans doute en mesure d'apprécier la nouveauté de la recherche de Beethoven, ainsi que la vitalité de cette partition caractérisée par le plaisir de jouer de la musique.

Présentation de l'œuvre

Beethoven a confié une partie équivalente à chacun des trois solistes : aucun ne domine, et chacun a maintes occasions de déployer sa virtuosité. L'orchestre a également une place du même ordre. Cette conception, qui refuse hiérarchie et dépendance de l'un ou de l'autre des protagonistes, a des conséquences formelles : extension des expositions, raccourcissement du développement (étant donnée la difficulté d'avoir recours à l'éclatement et à la recombinaison des motifs), et répétitions – la spécificité de chacun des timbres étant une sorte de garantie contre la monotonie, tandis que l'opposition tutti/solistes permet de varier la densité du tissu sonore tout en établissant une référence implicite aux concertos de l'époque baroque (comme si Beethoven avait cherché à créer un nouveau genre concertant, héritier direct des musiques antérieures, «anciennes»).

I. Le premier mouvement est de forme sonate adaptée à la présence d'un orchestre et de trois solistes. L'orchestre expose le matériau thématique (mes. 1-75), en jouant sur la densité du tissu sonore et en insistant sur les articulations du discours, puis chacun des trois instruments, l'un après l'autre, reprend ce matériau en commençant comme s'il s'agissait d'une fugue : le violoncelle à la tonique, le violon à la dominante et le piano à la tonique (mes. 76-246). Après une longue exposition par les trois solistes, le développement est très court (mes. 246-325) ; il est introduit par le violoncelle, avant que les trois solistes n'aient des jeux imbriqués de façon serrée. La réexposition (mes. 325-506), qui commence de manière très dense, est suivie d'une Coda (mes. 506-531).

II. Le deuxième mouvement est un Largo très court à 3/8 en *la* bémol majeur. Le violoncelle, qui est le premier des solistes à jouer dans ce mouvement, doit faire chanter son instrument (*molto cantabile*, exige Beethoven) en étant soutenu par des cordes jouant con sordino. Ce Largo a une double fonction, celle d'un répit, mettant en valeur la capacité de chanter des instruments tout en entretenant un climat tendu, et celle d'une introduction au Finale directement enchaîné («attacca») après deux mesures suspensives (une répétition accélérée de la note *sol*) confiées au violoncelle (qui finit par énoncer le thème du refrain du Rondo final).

III. Le Finale, «Rondo alla Polacca», répond aux critères du style de la polonaise en associant la forme rondo et la forme sonate. Le thème principal, «Refrain» très étendu, revient trois fois (le deuxième refrain répète le premier, tandis que le troisième ressemble à une réexposition, avec solo du violon, puis

1. Cf. l'article de Sieghard Brandenburg, «Das Leonore-Skizzenbuch Mendelssohn 15, Einige Probleme der Chronologie», in *Bonner Beethoven-Studien*, Band 2, Verlag Beethoven-Haus Bonn, 2001, p. 324 (p. 9-26).

tutti). Sur les esquisses, Beethoven a noté l'idée qu'il avait pour le deuxième couplet : «sempre cosi accompag[n]ato durante Violoncello e Vno solo e quando viene la Melodia in Cembalo anche cosi Violoncello e Violino debbon accompagnare la», puis pour ce troisième mouvement : «dopo cemba [lo] a quattro, cembalo oberstim [me] dopo tutti piano thema»[1].

Après le troisième couplet, le tempo et la mesure changent : Allegro à 2/4 (mes. 333), ce qui correspond à un développement terminal qui prend la forme d'une variation du refrain; cette dernière partie est entraînée par le violon et fondée sur l'échange de traits virtuoses entre les instruments. Annoncé par un ralentissement du tempo, le «Tempo I» à 3/4 revient pour la Coda (mes. 443-475).

SOURCES

Le manuscrit autographe n'a jamais été retrouvé pour le moment.

Beethoven a fait copier une partition, au plus tard, au cours de l'été 1806, mais il n'en reste que des fragments : une page du premier mouvement, le troisième mouvement en entier (à Berlin), avec la mention de la main de Beethoven : «*Rondo / alla polacca*», et un ajout d'une autre écriture : «Rondo alla Polacca aus dem Tripel Concert für / Violin / Violoncello / e / Forte Piano»; elle comporte beaucoup de corrections et d'ajouts de dynamiques, de phrasés, et sur la dernière page se trouvent des esquisses pour l'«Opferlied» de Matthisson (étant données les taches d'eau cette partition devait se trouver dans les bagages de Beethoven lors de son retour de Silésie, retour qui s'est effectué sous la pluie – vu l'état de la partition Beethoven la fit refaire).

Une copie authentifiée de la partie de piano se trouve à Londres avec une mention de la main de Beethoven «Klavierstimme vom Konzertant Konzert» (elle a servi pour l'édition originale).

Une copie manuscrite de la partie de violon solo comprenant des corrections de la main de Beethoven se trouve à Vienne (elle a certainement servi à l'édition originale).

Des esquisses pour le premier mouvement se trouvent à la fin du cahier *Eroica* (Cracovie); pour les deux autres mouvements, ainsi que pour le premier, des esquisses se trouvent dans le cahier *Leonore-Skizzenbuch Mendelssohn 15* (Berlin) – leur présence et leur insertion sont objet de discussion[2].

PUBLICATION

L'édition originale en parties séparées fut assurée à Vienne par le Bureau d'Art et d'Industrie en juin/juillet 1807; le titre est en français :

«GRAND CONCERTO / CONCERTANT / pour Pianoforte, Violon et Violoncelle / avec Accompagnement de / deux Violons, Alto, Flûte, deux Hautbois, deux Clarinettes, deux Cors, deux Bassons, / Trompettes, Timballes [*sic*] et Basse. / composé et dédié / À Son Altesse Sérénissime le Prince de Lobkowitz / par Louis van Beethoven. / – Op. 56 / [...] ».

La *Wiener Zeitung* en annonça la publication le 1er juillet 1807.

Cette édition originale comprend de nombreuses indications de doigtés, en particulier pour le violoncelle.

La partition fut publiée en 1836 par Dunst à Francfort.

Le troisième mouvement fut arrangé pour piano à quatre mains : cet arrangement fut publié par Kühnel à Leipzig, et par Tranquille Mollo à Vienne en 1808, sous le titre de «Polonaise concertante».

DÉDICATAIRE

Prince Franz Joseph Maximilian Lobkowitz (voir la *Symphonie Eroica opus 55*).

CORRESPONDANCE (HISTOIRE DE LA PUBLICATION)

Le 14 octobre 1803 [1., 163], Kaspar Karl proposait à Breitkopf & Härtel «deux Symphonies [op. 55 et une autre prévue par Beethoven], ou une Symphonie et un Concertant pour tous les instruments pour piano Violoncelle et violon, ces deux morceaux pour 700 fl., avec la condition qu'ils paraissent avant Pâques» [«zwey Simpfonien, oder eine Simpfonie und Konzertant für alle Instrumenten für Klavier Violon*zello* und *Violin*, diese beyden Stücke sind um 700 fl, mit der Bedingung daß Sei bis Ostern beyde

1. *Id. art. cit,* p. 24.

2. *Id.*, art. cité.

erscheinen. »] – il s'agit sans doute d'un concerto en *ré* majeur que Beethoven commença au printemps 1802 sans l'achever, ou du projet, qu'il aurait eu à cette époque, d'un concerto en *sol* majeur, pour cette même formation.

En mai/juin 1804 [1., 178], Beethoven indiquait à George Thomson le prix de plusieurs types d'œuvre, dont un « Concerto o Concertando ».

Le 26 août 1804 [1., 188], Beethoven proposait à Breitkopf & Härtel « Mein *Oratorium* ; – eine *Neue große Simphonie* ; – ein Konzertant für *Violin*, *Violoncelle* und *piano-forte* mit dem ganzen Orchester – drey neue *Solo Sonaten*, sollten sie darunter eine mit Begleitung wünschen, so [...]. »

Le 10 octobre 1804 [1., 194], Kaspar Karl proposait à Breitkopf & Härtel un lot de cinq œuvres pour « 1 100 f » : la *Symphonie op. 55*, le « *Concertant* » et les trois *Sonates* (*op. 53*, *op. 54* et *op. 57*). B&H acceptait le 3 novembre 1804 [1., 198]. Kaspar Karl, le 24 novembre 1804 [1., 199] écrivait qu'il enverrait la première *Sonate* (op. 53) d'ici une quinzaine de jours, puis le « Konzertant » quinze jours après, et ainsi de suite, pour que l'éditeur ne soit pas submergé... Le 4 décembre 1804 [1., 204], B&H était d'accord avec ce système et il attendait la première livraison. Le 22 décembre [1., 205], il attendait toujours... soulignant que la publication d'une œuvre demande au moins trois ou quatre mois. Le 30 janvier 1805 [1., 210], il n'avait pas reçu l'*op. 56*... Il demandait une réduction de prix. Le 12 février 1805 [1., 212], Kaspar Karl promettait d'envoyer très vite le Concerto. Le 18 avril 1805 [1., 218], Beethoven s'excusait pour le retard : il avait beaucoup à faire et les copistes en qui il pouvait avoir confiance faisaient défaut. En mai 1805 [1., 223], Beethoven préférait reprendre ses manuscrits plutôt que de réduire les prix. Il n'a jamais envoyé le manuscrit de l'op. 56 à B&H.

L'ŒUVRE VUE PAR SES CONTEMPORAINS

L'*AMZ* X (1808 [col. 490-491]) trouvait ce *Concerto* trop exubérant, plein de figures hétéroclites. Le critique soulignait que comme d'habitude Beethoven se complaisait à multiplier les difficultés inutiles, et que l'œuvre n'avait pas vraiment plu, malgré le troisième mouvement plein d'esprit et de sentiment, qui réconcilie avec l'ensemble. L'*AMZ* donnait les noms des interprètes de cette exécution qui eut lieu a Leipzig : Madame Müller, Monsieur Matthäi, Monsieur Dozzauer.

La *Zeitung für die elegante Welt* [1808] rendit compte de la publication de l'arrangement intitulé *Polonaise concertante à quatre mains pour le Pianoforte par L. v. Beethoven. Tiré de l'œuvre 56.* Le critique admirait la mélodie, les surprises, l'art dans la conduite des idées, et concluait son court article en soulignant que c'était tout à fait pianistique et abordable pour les pianistes habitués à l'écriture de Beethoven, mais qu'il fallait un grand piano.

Opus 53

Sonate pour piano en *ut* majeur, dite « Waldstein »

Allegro con brio, **C**, ut *majeur – 302 mes.*
Introduzione. Adagio molto, 6/8, fa *majeur – 28 mes.*
Rondo. Allegretto moderato, 2/4, ut *majeur – 543 mes.*

TEMPS DE COMPOSITION

Décembre 1803 – janvier 1804.

CONTEXTE BIOGRAPHIQUE

Cette « *Grande Sonate* » fut conçue après la *Sonate pour piano et violon op. 47*, avant l'achèvement de la *Symphonie Eroica*, et en même temps que les deux autres *Sonates pour piano op. 54* et *op. 57*. Si Beethoven composa encore une fois trois *Sonates* à la fois, il ne voulut pas qu'elles soient publiées sous le même numéro d'opus (l'éditeur s'y était engagé).

La *Sonate op. 53 « Waldstein »* correspond donc à une période créatrice, chez Beethoven, marquée par la volonté d'imprimer le caractère de la grandeur à ses œuvres (la catégorie « grand » connotant à la fois la nouveauté déroutante et la puissance bouleversante).

Pourquoi l'a-t-il dédiée au comte Waldstein ?

Peut-être parce que ce comte a été son premier mécène, celui qui lui a permis de se rendre à Vienne et d'être adopté par l'aristocratie mélomane. Mais également, parce que le personnage du comte Waldstein reliait Beethoven à sa période de Bonn, cette période de formation marquée par la large diffusion des idées nouvelles qui allaient s'épanouir avec la Révolution française, et qui portaient en elles une nouvelle sensibilité ouvrant sur un univers inconnu, à explorer. Or, cette *Sonate* se caractérise par une exploration des possibilités sonores et expressives du piano.

Pour écrire cette « Grande Sonate », Beethoven, qui s'intéressait aux progrès de la facture des pianos, a essayé de repousser les limites de cet instrument, de lui faire produire des sonorités qu'il avait façonnées par l'écriture, et donc encore inouïes. Quelques années auparavant, Beethoven avait exprimé la joie que lui procurait la possibilité de façonner ses sons grâce à un bon piano, en remerciant Johann Andreas Streicher dans une lettre du 19 novembre 1796 [1., 23] : « Cher Streicher, / J'ai reçu hier soir votre pianoforte, qui est vraiment remarquable, chacun chercherait à la garder pour lui, et moi – vous allez rire – je devrais mentir, si je ne vous disais pas qu'il est trop bon pour moi, et pourquoi ? – parce que je n'ai plus la liberté de créer moi-même mes sons, que cela ne vous empêche pas de faire ainsi tous vos pianoforte, il s'en trouvera bien quelques uns qui auront également de telles sonorités. »

L'étrangeté de la structure de cette *Sonate* a été commentée par Ries dans ses *Notices biographiques* (p. 101) : il explique que Beethoven aurait renoncé au mouvement lent qu'il avait prévu, un grand Andante, parce qu'un de ses amis lui aurait dit que la sonate était trop longue… Ce récit, qui semble faire peu de cas de la démarche créatrice de Beethoven, qui procédait par tâtonnements, intuitions et non selon des normes préétablies, encore moins selon des conseils de tiers, n'est pourtant pas dénué de vérité, comme en témoigne l'analyse du manuscrit autographe (l'ajout de trois accords à la fin du premier mouvement) ainsi que les particularités de sa reliure (recollée à cet endroit) : il s'avère ainsi qu'effectivement Beethoven a remplacé un mouvement médian par cette Introduzione.

PRÉSENTATION DE L'ŒUVRE

Pensée « Sonata grande » et publiée sous le nom de « *Grande Sonate* », elle possède une écriture qui repose sur un processus d'extension des éléments constitutifs : le matériau thématique est d'une grande simplicité, mais d'une grande ampleur créée par la répétition de ses motifs dans des textures différentes qui se succèdent (c'est-à-dire que la carrure de quatre ou huit mesures est démultipliée). Ce processus donne une nouvelle dimension au timbre, qui devient l'idée musicale, comme dans la *Symphonie Eroica* : mais, ici, ce sont les états changeants de la sonorité créés par l'écriture qui affirment une nouvelle pensée instrumentale (selon l'expression du compositeur André Boucourechliev [1]).

Avec cette *Sonate pour piano*, la dimension du timbre s'impose comme élément de la composition, elle préside même à l'organisation de l'œuvre, à sa grande virtuosité, à l'extension de ses registres sur cinq octaves.

Très longue, cette *Sonate* n'est pourtant constituée que de deux mouvements, le dernier mouvement étant précédé d'une *Introduzione*, qui joue le rôle de respiration entre deux moments d'énergie projetés dans l'espace de manière intense.

I. Le premier mouvement, Allegro con brio, de forme sonate est construit à partir de deux thèmes très contrastés : le premier dédoublé, la qualité sonore différenciant les deux aspects du thème, est une mise en mouvement assurée par une vibration sonore obtenue d'abord par répétition d'accords, puis par le recours au tremolo. Le second thème, en harmonie pleine de style choral, est exposé en *mi* majeur, tonalité très éloignée de l'*ut* majeur initial; ce thème possède également deux aspects qui oppose harmonie verticale et fluidité. La conclusion de l'exposition, très étendue, magnifie l'impression de mouvement et ressemble à la cadence d'un concerto.

Le développement, impulsé par la cellule rythmique qui termine l'exposition, comprend trois parties de texture différente : la première joue sur les oppositions de registre du premier thème dans une très grande densité sonore, la deuxième joue sur les effets de résonance, la troisième sur la répétition d'une courte phrase qui propulse la réexposition.

La réexposition a des articulations étendues et elle se termine par une coda introduite par un passage modulant (sur la cellule rythmique qui termine l'exposition) et dans l'esprit d'une cadence de grande ampleur.

II. L'Introduzione Molto Adagio, précède directement le Rondo final (elle se termine

1. In *Beethoven*, Seuil, Paris, 1963, p. 33.

par l'injonction : « Attacca subito il Rondo »). Cette Introduction se déploie à partir d'un rythme qui propulse un intervalle ; ce rythme est repris sous forme de solo qui amplifie l'élément initial, avant de le transformer en pure attente.

Le Rondo arrive calmement après ce court moment de respiration, de suspension du mouvement. Il commence Allegretto moderato pour se terminer Prestissimo (« attacca subito il Prestissimo », est-il indiqué). Le refrain, là encore dédoublé et octavié, revient cinq fois, tandis que les couplets confèrent à la matière sonore une vibration d'une intensité chaque fois surprenante, par sa texture et ses modulations (dans le style d'un développement). Les trilles, partie intégrante du thème, finissent par conquérir le temps et l'espace sonore, se superposant à d'autres états de la matière.

Au cours des 543 mesures, le motif initial (évocation d'un Lied de batelier sur le Rhin) revient trente et une fois, dans différentes tonalités, mais identique à lui-même, comme si le mouvement retenait le temps qui passe.

SOURCES

Le manuscrit autographe (à Bonn[1]) porte la mention « Sonata grande », « *da L. v. Beethoven* » (rayé plusieurs fois) ; un « Nb. » de quatre lignes sur le côté droit donne des indications sur l'usage de la pédale. Sur la dernière page se trouvent des indications sur la façon de jouer les trilles du Prestissimo final. L'Adagio qui introduit le Rondo est écrit avec une autre encre et s'avère être un ajout postérieur (remplaçant sans doute un Andante), comme en témoigne l'état du manuscrit et sa reliure à cet endroit.

Des esquisses se trouvent dans le cahier Eroïca de 1803 (pas pour l'Introduzione) (Cracovie).

PUBLICATION

L'édition originale fut assurée à Vienne mai 1805 par le Bureau d'Art et d'Industrie.

Le titre est en français :

« GRANDE SONATE / pour le Pianoforte, / composée et dédiée / à / Monsieur le Comte de Waldstein / Commandeur de l'ordre Teutonique à Virnsberg et Chambellan / de Sa Majesté J. & J. R. A. / par / LOUIS VAN BEETHOVEN. / Op. 53 / [...] / À Vienne au Bureau des arts et d'industrie. »

La *Wiener Zeitung* en annonça la publication le 15 mai 1805.

Dès 1805, Simrock l'édita à Bonn, et Nägeli à Zürich en tant que « 15. Suite du Répertoire des Clavecinistes ». Elle fut également rééditée à Mayence (1818), Londres, Paris.

Elle fut transcrite pour piano à quatre mains à Berlin en 1825.

DÉDICATAIRE

Le comte Ferdinand v. Waldstein (né à Dux en Bohême le 24 mars 1762-mort à Vienne le 29 août 1823) entra dans l'Ordre des chevaliers teutoniques en juin 1787 et s'installa à Bonn en 1788, où il fut fait Chevalier en juin 1788 par le prince-électeur Maximilian Franz, grand Maître de l'Ordre. Membre de la Société de lecture (Lesegesellschaft) de Bonn en 1788, il en devint le directeur en 1794. Premier mécène de Beethoven, c'est lui qui réussit à convaincre le prince-électeur, dont il était conseiller privé, d'envoyer ce jeune musicien génial se former à Vienne. Au moment du départ de Beethoven, en novembre 1792, Waldstein laissa une inscription, mainte fois citée, dans l'Album offert à Beethoven par ses amis :

« Cher Beethoven !

Vous allez à Vienne pour réaliser un souhait depuis longtemps exprimé : le génie de Mozart[2] est encore en deuil et pleure la mort de son disciple. En l'inépuisable Haydn, il trouve un refuge, mais non une occupation ; par lui, il désire encore s'unir à quelqu'un. Par une application incessante, recevez *des mains de Haydn l'esprit de Mozart.*

Bonn, le 29 oct. 792.

Votre véritable ami Waldstein OT »

Compositeur et pianiste, le comte Waldstein fut à l'origine de quelques œuvres de Beethoven du temps de Bonn : le *Ritterballett WoO 1*, sur une idée du comte, ainsi que des *Huit Variations pour piano à quatre mains* sur un thème du Comte Waldstein en *ut* majeur *WoO 67.*

Waldstein se maria en 1812 avec la comtesse Isabella Rzewuska (1785-1818).

1. Il est édité en Facsimile, présenté par Martin Staehelin, Bonn – Beethoven – Haus – 1984.

2. Mozart était mort à Vienne le 5 décembre 1791, donc l'année précédente.

Ruiné à la suite de mauvaises affaires financières, il mourut à Vienne

CORRESPONDANCE (HISTOIRE DE LA PUBLICATION)

Le 26 août 1804 [1., 188], Beethoven proposait à Breitkopf & Härtel plusieurs œuvres, en espérant qu'elles seraient publiées sans retard (exigence qu'il répète au début et à la fin de sa lettre) : l'*Oratorio op. 85*, la *Symphonie op. 55*, le *Triple Concerto op. 56*, et « drey neue *Solo Sonaten* » ajoutant qu'il pouvait en fournir une avec accompagnement si l'éditeur le souhaitait.

Le 10 octobre 1804 [1., 194], Kaspar Karl proposait 1 100 f pour les cinq œuvres : la *Symphonie op. 55*, le *Concerto op. 56* et les trois *Sonates* spécifiant entre parenthèses : « (mais en vertu de votre engagement chacune doit paraître seule) ». L'éditeur acceptait le prix, le 3 novembre 1804 [1., 198], à condition d'être certain d'avoir l'exclusivité des droits sur ces cinq œuvres.

Le 24 novembre 1804 [1., 199], Kaspar Karl répondait qu'il allait envoyer les œuvres les unes après les autres : « 1 Sonate » (sans doute l'op. 53).

Le 16 janvier 1805 [1., 209], Beethoven s'étonnait que Breitkopf & Härtel n'ait pas encore reçu les œuvres à graver déjà envoyées : la *Symphonie* et deux *Sonates*. Le 18 avril 1805 [1., 218], il espérait que les œuvres paraîtraient d'ici deux à trois mois.

En mai 1805 [1., 223], Beethoven refusait de diminuer le prix demandé et exigeait que l'éditeur lui renvoie ses manuscrits. Le 21 juin 1805 [1., 226], B&H réexpédiait ses manuscrits à Beethoven puisqu'aucun arrangement n'avait pu être trouvé (même à la suite de l'intervention de Lichnowsky). Entre temps la *Sonate* avait été publiée, en mai 1805, à Vienne, au Bureau d'Art et d'Industrie.

L'ŒUVRE VUE PAR SES CONTEMPORAINS

L'*AMZ* VIII (22 janvier 1806 [col. 261-263]) publiait un article très élogieux qui soulignait que le premier et le dernier mouvements faisaient partie des mouvements les plus brillants et les plus originaux de Beethoven, qu'ils étaient d'une sonorité merveilleuse (« voller wunderlicher Grillen »), mais que l'exécution en était très difficile.

La *BAMZ* (1826 III ; n° 20, 17 mai [col. 155]) signalait la transcription pour quatre mains établie par Franz Adolf Succo (1801-1879) en la déplorant. « Cette *Sonate* si belle et si connue perdait de sa force sous cette forme. »

Czerny, en 1842, donne beaucoup de conseils de jeu pour cette « grande Sonate brillante pleine de feu » : respecter le staccato, le legato, le tempo indiqué, le crescendo et surtout veiller à l'usage de la pédale. Czerny donne des conseils de doigtés et suggère des exercices à faire pour maîtriser la partition. Il présente le premier mouvement comme très intense ; il insiste pour que l'Introduction au Finale soit jouée de manière « calme, grave, très expressive » ; quand au Rondo final de « caractère pastoral », il souligne qu'il repose sur l'utilisation adéquate de la pédale et que la fin doit être jouée le plus rapidement possible.

Les Français ont dénommé cette Sonate « L'aurore ».

WoO 57

Andante pour piano en *fa* majeur

Andante grazioso con moto, 3/8, fa *majeur – 205 mes.*

TEMPS DE LA COMPOSITION

Fin de l'année 1803 ou début de janvier 1804 (en même temps que les autres mouvements de la *Sonate op. 53*).

CONTEXTE BIOGRAPHIQUE

Beethoven a composé cet *Andante* en le pensant comme le mouvement lent de *Sonate op. 53* ; mais de forme Rondo, et de texture pianistique très dense, cet *Andante* redoublait trop le Rondo final de la *Sonate op. 53*. Beethoven décida donc de le remplacer par une courte introduction (sur le rythme du thème de cet *Andante*) et de publier l'*Andante* seul.

À peine publié, ou peut-être encore sous forme de copie, en avril/mai 1805 [1., 220], Beethoven l'envoyait à Josephine en espérant que cette partition aurait le pouvoir de la consoler de sa tristesse : « hier *ihr – ihr – Andante* – und die *Sonate* ». Peu après, à la fin du mois de mai 1805 [1., 221], il lui redemandait la partition de cet *Andante* (ainsi que de deux Lieder *An die Hoffnung* op. 32 et *Andenken* WoO 136), en lui promettant de lui restituer dans quelques jours, car il avait besoin d'envoyer ces œuvres à la tsarine veuve du tsar Paul Ier depuis 1801 (il demande alors à Ries d'effectuer la copie très rapidement, son copiste habituel étant malade [1., 222]).

Cet *Andante*, que Beethoven semble avoir donné à Josephine (puisqu'il écrit « votre – votre – Andante »), était en cours de composition quand Josephine devint veuve, le 27 janvier 1804 – cette nouvelle situation rendait enfin possible une rencontre plus intime entre Beethoven et cette jeune femme qui l'avait séduit dès mai 1799 (au moment où Josephine et ses sœurs se trouvaient à Vienne, pour qu'un mariage puisse être arrangé [cf. Les *Variations pour quatre mains, « Ich denke dein », WoO74*]), mais que son mariage avec le comte Deym avait rendue inaccessible. Pourtant Beethoven continuait à lui donner des leçons, à fréquenter son salon, écrivant des musiques pour les horloges mécaniques (*WoO 33*) de son mari le comte Deym, et cherchant à faire publier les *Variations WoO74* qu'il avait notées sur l'Album des sœurs Brunsvik en mai 1799 (il proposa ces *Variations* à Hoffmeister le 22 septembre 1803 – elles ne seront publiées, avec l'ajout des deux nouvelles variations, qu'en janvier 1805).

L'anecdote racontée par Czerny pour expliquer la dénomination d'« Andante favori » – Beethoven le jouait souvent dans les salons ce qui lui avait donné une certaine popularité – reflète peut-être également le lien secret qui unissait Josephine et Beethoven au cours des années 1804-1805.

PRÉSENTATION DE L'ŒUVRE

De forme rondo (le thème apparaît quatre fois dans des textures variées), cet *Andante* témoigne du nouveau style de Beethoven destiné au piano : certains de ses contemporains trouvaient qu'il maltraitait l'instrument, qu'il y avait trop de pédale, alors que Beethoven cherchait à associer des sonorités orchestrales et le lyrisme propre à la musique de chambre qui se caractérisait par une écriture contrapuntique.

Ce morceau suppose une grande maîtrise du piano et reflète la technique d'écriture de Beethoven qui sait déployer son imagination à partir de phrases simples (respectant la carrure de quatre mesures) mais étendues par la répétition variée du même motif (selon la technique des deux autres mouvements de la *Sonate Waldstein*).

SOURCES

Le manuscrit autographe est inconnu.

Il existe des esquisses contemporaines de celles pour le premier et le troisième mouvement de la *Sonate Waldstein*, dans le cahier Eroica (décembre 1803 ou première moitié de janvier 1804) (Cracovie).

PUBLICATION

L'édition originale a été assurée à Vienne en septembre 1805 au Bureau d'Art et d'Industrie. Le titre est en français :

« ANDANTE / pour le / Pianoforte, / composé / par / Louis van Beethoven. [...] »

La *Wiener Zeitung* n'en annonça la publication que le 10 mai 1806.

Simrock l'édita à Bonn à la fin de l'année 1805.

Cet Andante fut ensuite édité à Mayence, à Paris, à Londres.

Cet Andante fut arrangé pour quatuor à cordes, « Rondeau » publié à Vienne par Hoffmeister vers 1806.

L'ŒUVRE VUE PAR SES CONTEMPORAINS

L'*AMZ* (n° 42 du 16 juillet 1806 [p. 671/672]) signalait la publication de ce morceau isolé, intéressant, mélodieux, consistant en une phrase librement variée. Le rédacteur conseillait cette petite chose précieuse que seule un homme de génie, pianiste habile, pouvait composer.

WoO 56

Bagatelle pour piano en *ut* majeur

Allegretto, 3/4, ut *majeur – 50 mes.*

TEMPS DE LA COMPOSITION

1803 et 1804, comme en témoignent des esquisses qui se trouvent dans le « cahier de 1803 » mêlées à celles pour l'air de Marzelline, premier numéro de l'opéra *Leonore (Fidelio)*, et liées au travail pour le *Symphonie Eroica.*

CONTEXTE BIOGRAPHIQUE

Beethoven écrivit cette petite pièce pour piano alors qu'il terminait la *Symphonie Eroica* et qu'il commençait son *Opéra*. Cette *Bagatelle* témoigne de la richesse et de l'effervescence créatrice de Beethoven, qui écrivait toujours plusieurs choses à la fois, de dimensions différentes, mais intimement liées au niveau de la recherche des possibilités expressives de l'écriture musicale. Comme si, avec cette *Bagatelle*, il avait donné son autonomie à une des idées qu'il mettait en œuvre d'une autre manière dans sa *Symphonie*.

En 1822, à la recherche de moyens financiers et pour répondre au vœu de l'éditeur Carl Peters de Leipzig, il réexamina cette petite pièce pour l'intégrer à un ensemble de Bagatelles (l'op. 119), mais finalement, il ne la pas retenue, sans doute parce qu'il trouvait qu'elle n'allait pas avec les autres.

PRÉSENTATION DE L'ŒUVRE

Cette *Bagatelle* comporte un Trio central, contrasté mais utilisant un matériau apparenté au thème initial, et elle se termine par une coda. L'écriture est finement articulée et subtilement organisée par rapport à la métrique. Le thème, à trois temps, est très proche du thème initial de la *Symphonie Eroica*.

SOURCES

Le manuscrit autographe se trouve à Paris. Il n'y a pas de titre, mais une indication de numéro, « N° 5 », ce qui laisse supposer que Beethoven a eu l'intention d'intégrer cette *Bagatelle* à un ensemble, avec entre autres le *WoO 59 « Für Elise »* en n° 12 (sans doute pour répondre au vœu de l'éditeur Carl Peters qui, en 1822, cherchait à publier des œuvres de lui)[1].

PUBLICATION

Elle ne fut publiée qu'en 1888 par Breitkopf & Härtel (GA).

Opus 54

Sonate pour piano en *fa* majeur

In tempo d'un Menuetto, 3/4, fa *majeur – 154 mes.*
Allegretto, 2/4, fa *majeur – 188 mes.*

TEMPS DE LA COMPOSITION

1804, pensée en même temps que les *Sonates op. 53* et *op. 57* : Beethoven proposait ces trois sonates le 26 août 1804 à Breitkopf & Härtel (avant même leur achèvement). Il envoya les manuscrits des *op. 53* et *54*, en fin décembre 1804 ou début janvier 1805, à son éditeur.

CONTEXTE BIOGRAPHIQUE

La composition de cette *Sonate* est contemporaine du travail sur les grandes œuvres que sont la *Symphonie Eroica*, l'opéra *Fidelio*, les grandes *Sonates op. 53* et *op. 57*, œuvres « révolutionnaires » que Beethoven voulait avoir terminées avant de s'installer à Paris (cf. *Opus 55*). Étrangement, cette *Sonate* fut publiée sans dédicace, et aucun « surnom » ne lui fut donné, pourtant sa forme et son écriture (qui ont été remarquées par la première critique de l'*AMZ*) témoignent de son originalité. Comme les œuvres qui lui sont contemporaines, cette *Sonate* est le résultat d'une prospection effectuée par delà les critères habituels de composition. Alors qu'il travaillait à cette *Sonate*, ainsi qu'au premier Finale de *Fidelio*, Beethoven nota le 2 juin 1804, sur une feuille d'esquisses : « Finale toujours plus simple. De même pour toutes la musique pour clavier ». L'objectif de la simplicité, c'est-à-dire l'objectif d'aller à l'essentiel sans détours imposés par la tradition, était ainsi son horizon quand il composa cette *Sonate* : il lui fallait toucher, bouleverser en se saisissant des composantes musicales les plus immédiates – l'espace et le temps pour en repousser les limites; le timbre pour inventer l'inouï; le mouvement pour lui rendre sa dimension primordiale de vie; l'énergie pour l'insuffler de la manière la plus efficace; le chant pour l'inscrire au cœur de sa composition.

Cette *Sonate* témoigne donc de la volonté de Beethoven de se dégager de la tradition pour explorer les potentialités expressives d'une écriture libre, uniquement soucieuse de combiner les dimensions constitutives de l'humain (l'espace, le temps, le mouvement, le son, la tension, la rupture) pour produire une œuvre de structure inédite.

PRÉSENTATION DE L'ŒUVRE

Chacun des deux mouvements de cette *Sonate* met en question, de manière différente, l'héritage formel : le premier brouille les repères en jouant sur la confusion possible entre le caractère et la forme du menuet dans une démarche qui fait penser à un premier mouvement de sonate avec deux thèmes

1. Comme Barry Cooper l'a mis en évidence dans son article « Beethoven' Portfolio Bagatelles » in *Journal of the Royal Musical Association,* 112/2, 1989, p. 207-228.

contrastés ; le second confère aux modulations un rôle structurel, par delà toute référence à une forme connue (développement de sonate, rondo, toccata).

L'unité de l'œuvre réside dans le principe du contraste (entre les mouvements et à l'intérieur de chacun d'eux) qui met en valeur l'idée de mouvement dans ses accélérations et ses répits.

I. Le premier mouvement qui doit être joué « In Tempo d'un Menuetto » oppose un premier thème, bien dessiné par ses répétitions, dans une écriture polyphonique sur un rythme souple, à un second fait d'un martèlement sonore très dense, orchestral et écrit en canon, *sempre forte e staccato* sur une pulsation à la croche, les *sf* se libérant de la barre de mesure de façon à passer par-dessus les exigences de la métrique. Après une sorte de développement qui met en évidence l'opposition radicale entre les deux thèmes sans avoir recours à la démarche modulante (il n'y qu'une rupture tonale au début de cette partie), mais en jouant de la variation ornementale pour le premier thème, quatre mesures de trilles et une mesure de cadence Adagio, très suspensive, précèdent une coda simple et lyrique qui se termine sur une évocation de l'idée de rupture par la succession d'une série d'accords dissonants répétés *ff*, avant la résolution et la détente finales *pp*.

II. Le second mouvement est un Allegretto à deux temps, qui commence *dolce*, dans le style d'une toccata ou d'une étude, et se déroule sans répit jusqu'à la fin en s'évadant dans des modulations imprévisibles. Le schéma de la forme sonate sert de référence lointaine à cette démarche surprenante : le mouvement qui ne semble plus être que développement, réside dans cette exploration, ce qui crée un climat harmonique perpétuellement mouvant, déséquilibré par moment par des accords énergiques en syncopes ou des *sfp* décalés par rapport au premier temps. Après la reprise de tout le développement central, le mouvement se termine par une coda Più Allegro qui porte l'énergie à son paroxysme.

SOURCES

Le manuscrit autographe est inconnu.

Des esquisses pour le second mouvement se trouvent dans le cahier de *Leonore* (qui date de 1804) au milieu des esquisses pour le premier Finale de l'*Opéra*.

PUBLICATION

L'édition originale fut assurée à Vienne en avril 1806 par le Bureau d'Art et d'Industrie ; le titre est en français :

« LI me / SONATE / pour le Pianoforte / composée par / Louis van Beethoven. / Op. 54. [...] »

La signification du numéro « LI me » est discutée : concerne-t-il les compositions de Beethoven intitulées « Sonate », ou concerne-t-il les publications du Bureau d'Art et d'Industrie ?

Dans son ouvrage sur la façon de jouer les œuvres pour piano de Beethoven, Czerny donne l'explication de cette dénomination de « 51e Sonate » : il s'agit de la série des œuvres de forme sonate, c'est-à-dire y compris les Trios, les Quatuors. Il souligne, toutefois, qu'il y a un grand désordre dans la numérotation de ses œuvres, et que beaucoup d'œuvres sont encore inconnues.

La *Wiener Zeitung* en annonça la publication le 9 avril 1806.

Cette Sonate fut rééditée à Bonn (Simrock vers 1808), Berlin, Mayence, Paris.

CORRESPONDANCE (HISTOIRE DE LA PUBLICATION)

Voir *Opus 53*

Le 18 avril 1805 [1., 218], Beethoven souhaitait que la *Symphonie op. 55* et les deux *Sonates op. 53* et *54* paraissent dans « deux ou trois mois ». Il avait déjà envoyé ces œuvres, en janvier 1805 [1., 209].

L'ŒUVRE VUE PAR SES CONTEMPORAINS

L'*AMZ* VIII (n° 40 du 2 juillet 1806 [col. 639/640]) rend compte de cette *Sonate* après sa publication. Le critique signale dès le début que la *Sonate* n'a que deux mouvements, tous les deux difficiles à exécuter, et tous les deux écrits avec un esprit original et avec un art de l'harmonie raffiné, mais pleins d'idées étonnantes et fantaisistes. Le critique poursuit en rappelant que les particularités de l'écriture de Beethoven sont très discutées, même si la profondeur de son esprit est reconnue : comme s'il « voulait venir au bout de ses idées par des étrangetés sans effets et des difficultés recherchées». Le critique terminait son court article en affirmant qu'il était inutile de répéter pour cette œuvre ce qui a déjà été dit des autres. Il spécifiait que la gravure et le papier étaient beaux.

Czerny, en 1842, signale que le premier mouvement s'éloigne de la forme sonate et qu'elle est écrite dans un style ancien mais original et d'une très haute spiritualité. Son caractère sérieux doit être rendu par un jeu solide et décidé. Quant au second mouvement sans cesse rapide, il est très riche en modulations, et – ajoute-t-il – il peut servir de remarquable Étude à tout bon pianiste.

Opus 57
Sonate pour piano en *fa* mineur, dite « Appassionata »

Allegro Assai, 12/8, fa *mineur, 262 mes.*
Andante con moto, 2/4, ré *bémol majeur, 97 mes.*
Allegro ma non troppo, 2/4, fa *mineur, 361 mes.*

TEMPS DE LA COMPOSITION

1804/1805. Beethoven la proposait le 26 août 1804 à Breitkopf & Härtel, avec les *Sonates op. 53* et *op. 54*. Il ne l'avait pas encore envoyée en avril 1805, prétextant des problèmes de copistes, peut-être est-ce le moment où il commença à l'esquisser.

Marie Bigot[1], pianiste française résidant à Vienne avec son mari, joua cette *Sonate* avant sa parution, dans les salons du comte Andreas Kyrillowitsch Rasumowsky; elle ne disposait que du manuscrit qui avait été endommagé par la pluie en automne 1806 (lors de retour précipité de Beethoven depuis la propriété du prince Lichnowsky à Grätz près de Troppau en Silésie).

CONTEXTE BIOGRAPHIQUE

Cette *Sonate*, envisagée en même temps que la *Sonate Waldstein* et la *Sonate op. 54* (au cours de l'année 1804), fut achevée un peu plus tard, pendant que Beethoven travaillait à la composition de *Fidelio* (op. 72).

Dans son exploration des potentialités expressives de l'écriture, Beethoven ne se limitait pas à une réalisation : il travaillait toujours à plusieurs œuvres à la fois pour répartir les solutions possibles – ces trois *Sonates*, bien que n'ayant pas le même numéro d'opus, selon le vœu de Beethoven, doivent être envisagées ensemble, chacune développant une dimension spécifique des recherches expressives du compositeur. Si la *Waldstein* se caractérise par l'élaboration du timbre et l'extension des composantes formelles, la *Sonate op. 54* par la confrontation de données radicalement hétérogènes, la *Sonate op. 57* (qui ne sera dénommée « Appassionata » que plus de dix ans après la mort de son auteur[2]) est marquée par l'exploration de l'espace et des dynamiques inhérentes à la matière sonore en cours d'élaboration.

Mais par-delà, Beethoven cherchait à exprimer et même à constituer, au moyen de nouvelles solutions musicales, les dimensions propres à l'homme dans le devenir qu'il lui souhaite : l'espace, le temps, le conflit, la faculté de penser sa condition, etc.

Cette *Sonate* particulièrement, par son matériau (elle commence sur une interrogation), et par sa démarche (qui l'enferme dans un univers sombre souvent sans polarité), représente une conception de la condition humaine. Pourtant s'exprime ici une détresse de l'homme inhérente à sa condition, la musique en dément l'idée par son énergie, sa diversité et sa force de conviction, manifestation des pouvoirs de l'imagination humaine qui permettent à l'homme de transcender sa condition.

C'est d'ailleurs à propos de cette œuvre, ainsi qu'à propos de la *Sonate op. 31 n° 2* que Beethoven aurait rétorqué à Schindler qui, ne comprenant rien à sa musique, avait besoin d'y rattacher des images ou des idées toutes faites : « Lisez *La Tempête* ! » Même si l'authenticité de cette injonction est à mettre en doute, il n'en reste pas moins que Beethoven, comme ses contemporains cultivés conscients de contribuer à l'élaboration d'une

1. Marie Bigot de Morogues (née Kiené en 1786 – morte en 1820).

2. Le terme « appassionato » n'a été employé par Beethoven que trois fois : « Largo appassionato » de la *Sonate op. 2 n° 2*, « Adagio sostenuto, appassionato e con molto sentimento » de la *Sonate op. 106* et « Allegro con bio ed appassionato » du premier mouvement de la *Sonate op. 111* qui commence « Maestoso ».

nouvelle culture destinée à tous ceux qui étaient épris de liberté, lisait Shakespeare avec passion, et que *La Tempête* était une de ses références favorites : il surnomma Ariel le jeune Gerhard von Breuning avec lequel il avait plaisir à discuter au cours des dernières années de sa vie. Il n'est pas étonnant que Beethoven ait été très attaché à *La Tempête*, étant donné l'importance qu'y a la musique : c'est elle qui permet la réconciliation finale, grâce à ses pouvoirs plus efficaces que ceux de la magie, comme le manifeste Prospéro[1] qui ne cherchant plus sa puissance dans une domination irrationnelle, souhaite faire accéder les êtres à leur vérité par l'amour et la musique.

Cette injonction de Beethoven, de lire *La Tempête*, signifiait donc qu'il pensait que sa musique faisait accéder à un autre monde que celui de l'illusion entretenue par la magie, et qu'il fallait cesser de croire que la musique était de l'ordre du merveilleux : pour lui, elle est le langage propre à l'homme, et seul un Caliban, tel que Prospéro le voit[2], peut chercher un sens littéral, car, arraché à sa culture originelle, il serait incapable de comprendre la société où règnent la liberté et la vérité. Beethoven a sans doute retenu cette phrase de *La Tempête,* «and all of us ourselves / When no man was his own» (littéralement : «nous nous sommes retrouvés quand aucun n'était lui-même») car il conférait ce but à sa musique : arracher l'individu à lui-même, en le bouleversant, en le dépaysant, pour qu'il s'interroge et qu'il trouve son authenticité de façon à se rendre disponible au partage, à l'écoute, ce qui est traduit par l'amour dans *La Tempête*[3].

Il n'est pas inutile de rappeler que Beethoven avait le manuscrit de cette *Sonate* avec lui à la fin du mois d'octobre 1806, quand il refusa d'obtempérer aux ordres du prince Lichnowsky dont il était l'hôte à Grätz, et que, furieux, il partit sur le champ, ne laissant qu'un billet dans lequel il affirmait : «Il n'y a qu'un Beethoven» [1., 258]. Peu de ses contemporains sans doute étaient en mesure d'apprécier la dimension radicalement nouvelle de son génie, à l'exception de quelques amis, dont Franz von Brunsvik auquel il dédia cette *Sonate*, dans laquelle il exprimait avec une telle force sa foi en la vie par-delà le désespoir inhérent à la condition humaine.

Beethoven aimait prêter à son ami les partitions qu'il venait de composer, car, violoncelliste doué, Franz appréciait et comprenait sa musique. Beethoven le considérait d'ailleurs comme un «frère», au sens de cette valeur nouvelle supérieure à l'amitié qu'était la «fraternité» : dans une lettre écrite à la fin de l'été 1813 [2., 665], il l'appelait «theurer Bruder», ajoutant qu'il était le seul qu'il pouvait nommer de cette façon et lui souhaitant de faire autant de bien autour de lui que les mauvaises circonstances le permettaient (allusion à la guerre). Et dans une lettre du 13 février 1814 [3., 696], Beethoven pouvait faire comprendre son état intérieur (son opéra allait être remis en scène) en évoquant le tourbillon des sons qui s'emparait de son esprit, son royaume relevant de l'immatériel : «Oui mon cher, ciel, mon royaume est dans les airs, comme le fait souvent le vent, ainsi tourbillonnent les sons.»

La «mésaventure / malentendu» de Beethoven avec Marie Bigot fait partie également de l'histoire de cette *Sonate*. Pianiste, d'origine française, à Vienne avec son mari[4] depuis l'été 1804, Marie Bigot fut la première à la jouer en la déchiffrant directement sur le manuscrit endommagé par la pluie... sans doute au cours de l'hiver 1806/1807. Beethoven

1. Prospéro est la figure même de la «monarchie spirituelle» évoquée souvent par Beethoven (par ex. dans sa lettre à Franz Brunsvik du 13 février 1814 [3., 696] : «mein Reich ist in der Luft»). Magicien, il abjure la magie, son «Art» redoutable, et convoque «une solennelle musique, le grand remède de l'esprit qui s'égare» pour se présenter sous sa véritable identité, donc «dépouillé» de ce qui le «cache» (Acte V, 1).

2. Caliban est vu par Prospéro comme une sorte de monstre, de diable sur lequel l'éducation n'a aucune prise, passant à côté de la figure de «bon sauvage», ou selon l'expression d'Yves Bonnefoy, «l'être au monde que l'on peut dire immédiat, celui même que Prospéro dénie» (in «Préface», Folio Théâtre, Gallimard, 1997, p. 62).

3. Marianne Massin a montré dans son étude *Les Figures du ravissement*, Grasset-Le Monde, 2001, qu'il est indispensable de se déposséder de soi-même pour pouvoir rencontrer l'autre, et que la musique a le pouvoir de provoquer le ravissement permettant d'accéder à la dimension de l'humain.

4. Paul Bigot de Morogues (né à Berlin en 1765) resta à Vienne de l'été 1804 à l'été 1809 (il partit à cause de la guerre) : il était bibliothécaire du comte Andreas Rasumowsky.

en fut si content qu'il se lia d'amitié avec elle, au point de lui proposer une promenade sans son mari (lettre du 4 mars 1807 [l., 271]), ce qui fit scandale malgré ses protestations d'innocence (lettres des 5 et 6 mars [l., 273]).

PRÉSENTATION DE L'ŒUVRE

En apparence de forme traditionnelle, cette *Sonate* met en évidence « l'intervention d'une volonté[1] », qui modèle la forme en fonction de ses intentions expressives, en jouant sur les sonorités, sur les oppositions de registres, sur les masses, les intensités, les trajectoires, les répétitions, les modulations, les successions, les combinaisons de motifs, etc. – le sens de cette Sonate s'inscrivant tout autant dans son matériau et le traitement de ce matériau, que dans son parcours, puisque le premier mouvement en mineur, de forme sonate, magnifiant l'impression se « suspense », finit *ppp* (triple *piano*) et disparaît dans les profondeurs de la matière sonore par une descente de cinq octaves, qu'il est suivi d'un mouvement Andante con moto, majeur, dominé par l'épanouissement d'un chant intérieur qui se heurte à deux accords dissonants, d'intensité contrastée, transition avec le Finale (« attacca l'Allegro »), également de forme sonate amplifiée aboutissant à une coda Presto, qui se termine par une descente *ff* de cinq octaves, et trois accords de *fa* mineur, tous les trois en position fondamentale : il n'y plus de dilution, mais affirmation d'une certitude portée par la permanence de la tonalité de *fa* mineur, dont le caractère tragique a été introduit par les dissonances à l'origine de ce Finale.

Autre modalité d'intervention d'une volonté, le traitement entièrement différent de la forme sonate dans le premier mouvement et dans le Finale, tant pour l'exposition des thèmes que pour le développement – l'accélération du tempo pour la coda aboutissant dans les deux cas à deux situations opposées.

I. Le premier mouvement est un Allegro assai à 12/8, en *fa* mineur, de forme sonate. Cette métrique (que Beethoven ne trouva pas tout de suite, comme en témoignent les premières esquisses) lui permettait de donner un caractère insolite à son matériau thématique tout en évitant qu'il ne soit interprété comme une marche : ainsi, l'accord parfait de *fa* mineur, trouve-t-il, par son rythme irrégulier, une forme de trajectoire énigmatique (car sans référence éprouvée) qui renforce l'interrogation sur laquelle il se heurte. Ce premier thème est énoncé *pp* à l'unisson des deux mains séparées par deux octaves, distance entre les registres qui produit un effet sonore d'autant plus surprenant que cet arpège descend profondément dans les graves. Ce premier motif fait d'un simple arpège qui s'étend sur plus de deux octaves arrive sur un deuxième motif dont les trilles accentuent le caractère de « suspense » ; cette premières configuration interrogative est reprise un demi-ton plus haut (*sol* bémol majeur) avant de retrouver le *fa* mineur, et d'introduire un troisième motif qui renforce le climat de « suspense », tout en étant parfaitement inscrit dans la métrique du 12/8 (ce motif – « Klopfmotiv » (motif de coups frappés) – sera repris dans la *5e Symphonie*). Ce troisième motif, répété identique à lui-même, impulse une chute rapide qui ramène le premier motif dans une forme variée : des accords massifs qui soulignent l'aspect syncopé du thème. Le deuxième motif suspensif se transforme alors en accord de dominante de *la* bémol majeur pour introduire, par une longue pédale de *mi* bémol répétés, le deuxième thème, qui est tout simplement un renversement du premier : il doit être joué *dolce*, son rythme s'épurant et finissant par s'estomper dans des trilles sur la dominante *mi* bémol de la tonalité de *la* bémol majeur. Ce redoublement du « suspense » est confirmé par la section qui conclut l'exposition faite de tremolo et de bribes de phrases interrogatives.

Le développement commence sans qu'il y ait de reprise. Il s'agit d'un véritable « dramma per musica » créé par les modulations et par le jeu de combinaisons et de transformations des motifs thématiques, dans un climat agité qui perd sa cohérence initiale pour s'évader jusqu'à la limite de la désintégration.

Après une réexposition qui s'appuie sur une pédale à la fois rassurante (elle détermine une limite) et inquiétante par son caractère inéluctable, et dont le second thème est en *fa* majeur, une coda virtuose, véritable cadence

1. Selon l'expression d'A. Boucourechliev qui commence son étude sur Beethoven par l'analyse de l'écoute de cette Sonate, *Beethoven*, Solfèges/Seuil, 1963, p. 13-19.

de concerto qui finit par pulvériser les motifs, se termine par une strette, subitement Più Allegro et *ff*. L'ensemble s'évanouit dans les profondeurs de la matière sonore après une descente du thème sur cinq octaves.

II et III. Le deuxième mouvement est un Andante con moto à deux temps en *ré* bémol majeur. Sa structure est celle d'un thème suivi de trois variations et d'une reprise variée de ce thème. Le thème, qui doit être joué *dolce, p*, est un chant calme, constitué d'accords denses, d'une grande tonicité rythmique.

La première variation désarticule délicatement les accords pour donner une autre configuration au chant.

La deuxième variation établit une continuité dans le déroulement du chant.

La troisième variation accélère le déroulement du chant en ornementant une ligne continue, prise en charge alternativement par les deux mains dans les registres médians et aigus jusqu'à atteindre des registres très aigus, ce qui provoque un climat de grande tension.

Le retour du thème, sous une configuration différente, réinstalle le calme après le paroxysme de la variation précédente. Mais un long accord dissonant arpégé *pp*, suivi du même accord *ff*, dont la partie basse doit être arpégée et la partie haute plaquée (*secco*) met un point d'arrêt à ce lyrisme : « attacca l'Allegro » indique Beethoven.

Véritable déchirure, le Finale commence Allegro ma non troppo à deux temps. Le lien avec le mouvement précédent est effectué par la répétition des accords dissonants qui terminaient ce mouvement : treize accords identiques se succèdent sur un rythme impérieux qui s'accélère de manière implacable (ce rythme est aux antipodes du rythme énigmatique du premier mouvement). Ce rythme et cette insistance dissonante établissent une relation obligée entre l'Andante con moto et ce Finale, tout en donnant l'impulsion au mouvement emporté et sans répit qui entraîne la *Sonate* jusqu'à la fin, à la manière d'une toccata ou d'une étude.

Après une transition faite d'un flux rapide qui prolonge l'effet de tension installé par les accords dissonants, le premier thème, construit sur l'arpège de *fa* mineur, et sur un motif rythmique incisif, apparaît comme un élan, qui sera sans cesse repris (au contraire du premier thème du premier mouvement qui descend et ne remonte que pour rester en « suspense »).

Le second thème qui apparaît après une réaffirmation six fois de suite de l'élan du premier thème, est toujours en mineur, et est constitué d'une courte broderie de quatre notes, motif répété trois fois avant de trouver une résolution dans une courte descente chromatique. La partie qui termine l'exposition, écrite en canon, reprend l'élan ascendant du premier thème et l'effet de masse dissonant qui le précédait.

Sans reprise de l'exposition (de la même façon que dans le premier mouvement), mais annoncé par un trait dissonant, le développement au lieu de moduler est dominé par la répétition du motif qui impulsait le premier thème – la répétition, à la limite du supportable, installe un climat sans répit, sauf lors des brusques ruptures du tissu sonore au milieu d'arpèges ascendants dissonants, et lors des notes longues qui précèdent la réexposition. Cette réexposition est annoncée par cinq accords dissonants *pp* successifs disposés sur des registres différents. Le développement suivi de la réexposition doit être repris, avant le Presto final, trépidation d'une grande densité sonore qui se termine par une descente sur cinq octaves *ff* et se conclut par trois accords successifs, toujours *ff*.

Sources

Le manuscrit autographe, très endommagé par la pluie, comporte beaucoup de passages corrigés et rayés, en particulier dans le dernier mouvement. Une page illisible a dû être recopiée. Offert par Beethoven à Marie Bigot, il fut légué par celle-ci à la Bibliothèque nationale de Paris.

De nombreuses esquisses pour les deux premiers mouvements, ainsi que pour la fin du dernier mouvement, sont disséminée dans le cahier *Leonore Skizzenbuch Mendelssohn* 15 (Berlin), comme si Beethoven s'était servi des plages libres.

Publication

L'édition originale fut assurée à Vienne en février 1807 au Bureau d'Art et d'Industrie ; le titre est en français :

« LIVme / SONATE / composée pour Pianoforte / et dediée / à Monsieur le Comte François de Brunsvik / par / Louis van Beethoven. / [...] »

La question du numéro donné à cette sonate, « LIVme », se pose dans les mêmes termes que pour la *Sonate op. 54*.

La *Wiener Zeitung* du 18 février 1807 en annonça la publication.

Cette *Sonate* fut éditée par Simrock à Bonn dès 1807; par Kühnel à Leipzig en 1812; par Schott à Mayence en 1818; par Pleyel à Paris.

Une transcription pour piano à quatre mains fut publiée en 1838 à Hambourg par l'éditeur Cranz avec le titre de « Sonata appassionata ».

La dénomination de « Appassionata » n'est pas de Beethoven.

DÉDICATAIRE

Franz Brunsvik, comte de Korompa (25 IX 1777 – 24 X 1849), frère de Josephine, de Therese et de Charlotte, était un ami très proche de Beethoven (ils se tutoyaient). Violoncelliste, il faisait de la musique de chambre. Sa femme, Sidonie Justh (1801-1862) était une excellente pianiste.

Propriétaire du domaine de Martonvasar en Hongrie, Beethoven lui écrivit souvent à Offen.

Beethoven lui dédia également la *Fantaisie op. 77* en 1810.

CORRESPONDANCE (HISTOIRE DE L'ÉDITION)

Voir *Opus 53*.

Le 30 janvier 1805 [1., 210], Breitkopf & Härtel demande à Beethoven l'envoi de la troisième *Sonate* promise, ainsi que la réduction du prix. Le 12 février [1., 212], Kaspar Karl promet l'envoi sous peu de cette sonate. Le 20 février [1., 213], l'éditeur la réclamait encore. Le 18 avril [1., 218], Beethoven s'excusait de ne pas l'avoir encore envoyée, faute de copistes. En mai de la même année [1., 223], il refusait de baisser le prix et préférait que l'éditeur lui restitue ses manuscrits (l'éditeur n'avait pas encore celui de la *Sonate op. 57*).

L'ŒUVRE VUE PAR SES CONTEMPORAINS

L'*AMZ* IX (1807 [col. 433-436]) : « Chacun connaît l'habitude que B. a de composer de grandes Sonates; en ce qui concerne la diversité dans l'unité, B. reste fidèle à lui-même. » Mais dans le premier mouvement, comme dans les autres grandes *Sonates* il a laissé se déchaîner beaucoup trop de mauvais esprits : est-ce vraiment utile, se demande le critique, de se battre avec tant de difficultés et d'inanités dues à la recherche du bizarre à tout prix ? Il affirme qu'il n'a rien à dire de plus qu'habituellement et plaint le pianiste qui se confronterait à ce mouvement. Pour le mouvement lent, le jugement est plus nuancé : ce court Andante con moto à variations est d'un très grand art, même s'il est difficile de trouver la mélodie, et si Beethoven manifeste une fois de plus le désir d'être regardé; pourtant c'est une musique qui va droit au cœur. De même le dernier mouvement est fort apprécié par le critique qui le trouve « seelenvoll », d'une grande force et d'une grande maîtrise, en particulier le Presto est très bien venu; d'autre part ce mouvement, contrairement au premier, est possible à jouer.

Czerny, en 1842, signale que jusqu'à la *Sonate op. 106* Beethoven tenait cette *Sonate* pour sa plus grande, et qu'effectivement il s'agit du « développement remarquable d'une idée puissante et colossale ». Le pianiste qui veut la jouer doit posséder beaucoup d'esprit et une grande force physique, car elle exige la perfection la plus brillante, dans un tempo rigoureusement respecté. Le caractère du deuxième mouvement est « grand et sublime ». Pour jouer le dernier mouvement, il faut se représenter les vagues d'une mer déchaînée lors d'une nuite de tempête – comme Beethoven, qui aimait se référer à des scènes de la nature, a dû le faire. Czerny ajoute que Beethoven a composé ses « plus belles œuvres » à partir de « visions », d'images ou de lectures, et que pour interpréter correctement ses œuvres il est nécessaire de connaître les circonstances de leur composition : il indique en note que l'Adagio du *Quatuor op. 59 n° 2* provient d'une contemplation d'un ciel étoilé qui lui évoquait l'harmonie des sphères, que la *Septième Symphonie* est liée aux événements des années 1813 et 1814, comme la *Bataille de Vittoria*. Czerny faisait toutefois remarquer que Beethoven « savait que la musique n'était pas toujours ressentie de manière naturelle par les auditeurs quand des indications trop précises retiennent leur imagination ». Pourtant il ne faut pas jouer ce Finale trop vite, et les traits doivent être légers avec des notes égales et sans emportement.

Opus 72
Fidelio

Première version « Ur-Leonore », *représentée le 20 novembre 1805 au Theater an der Wien* « Fidelio, oder : Die eheliche Liebe. / *Eine Oper in 3 Akten nach dem Französischen bearbeitet/ von Joseph Sonnleitner. / Die Musik ist von Ludwig van Beethoven.* » *Photocopie de l'affiche pour le 20 nov. 1805, in* Briefe, *1., p. 270, et page de titre du livret*

TEMPS DE LA COMPOSITION

Entre le début 1804 (ou fin 1803) et l'été 1805 à Hetzendorf, ce qui représente un temps de composition très long pour l'époque – un Italien aurait eu le temps de composer au moins trois opéras[1] ! Ce travail est contemporain d'autres œuvres : les *Sonates pour piano op. 53*, *op. 54*, *op. 57*, le *Triple concerto op. 56*, le *Lied « An die Hoffnung » op. 32*, le *Quatrième Concerto pour piano op. 58*.

Après avoir pris en compte l'ensemble du livret et en avoir composé la musique, Beethoven retravailla chacun des numéros, et se préoccupa particulièrement de ceux qui correspondent à des moments importants de l'action : le début (il y a quatre versions pour le premier air, celui de Marzelline), l'équilibre entre le drame bourgeois qui se joue autour de Marzelline et le drame qui est dominé par la figure de Leonore, la place musicale à donner à chacun des deux personnages principaux, Leonore et Florestan, le point culminant du drame (le Quatuor « Er sterbe »), les deux grands Finales et l'Ouverture.

Le contrat pour cet opéra aurait été renouvelé fin 1804.

La première représentation eut lieu au Theater an der Wien, le 20 novembre 1805 (il n'y eut que trois représentations de cette version en 1805, les 20, 21 et 22 novembre).

La distribution était la suivante (d'après l'affiche de la première représentation) :

Don Fernando, Ministre	Weinkopf
Don Pizarro, Gouverneur d'une prison d'État	Sebastian Mayer
Florestan, un prisonnier	Fritz Demmer
Leonore, sa femme sous le nom de Fidelio	Anna Milder
Rocco, geôlier chef	Rothe
Marzelline, sa fille	Louise Müller
Jaquino, portier	Caché

Le chef d'orchestre était Ignaz von Seyfried.

CONTEXTE BIOGRAPHIQUE

Dans sa lettre datée du 4 janvier 1804, Beethoven écrivait à Rochlitz qu'il lui réexpédiait « son livret », par le prochain courrier, justifiant cette décision par le changement de goût des Viennois : la magie et les effets de scène obtenus par la multiplicité des décors successifs n'intéressaient plus, tandis que les nouveaux opéras français étaient bien accueillis. Corroborant cette analyse de la nouvelle orientation du goût du public, Beethoven signalait que lui-même avait abandonné le sujet impossible (un sujet romain incohérent et mal écrit) que Schikaneder lui avait confié pour se mettre au plus vite à composer la musique d'un « un ancien livret français »[2]. Ce que Beethoven ne spécifiait pas c'est que Schikaneder, son premier commanditaire, venait d'être remplacé par Joseph Sonnleithner[3], en tant que directeur artistique du Theater an der Wien, car ses

1. L'abbé Vogler qui avait reçu une commande en même temps que Beethoven (milieu de 1803) était prêt au printemps 1804.

2. Entre l'automne 1803 et janvier 1804, Beethoven passe de l'Antiquité à la Révolution avec un livret attaché à un nouveau genre d'opéra, rendu possible en France grâce à la suppression, le 13 janvier 1791, du privilège du théâtre au profit de la liberté : les genres d'ancien régime ont été dévalorisés face à l'essor de l'opéra-comique, pourtant le livret de *Leonore* a pour modèle implicite le *Richard Cœur de lion* de Grétry et Sedaine (cf. *Von der Leonore zum Fidelio*, Vorträge und Referate des Bonner Symposions 1997, Peter Lang, Frankfurt/ Main, 2000, p. 71-73) – Beethoven avait composé les *Variations pour piano WoO 72* sur « Une fièvre brûlante », vers 1796 – cf. *Leonore und Fidelio*, Katalog, Beethoven-Haus, Bonn, 1997.

3. Joseph Sonnleithner (1766-1835) prit cette nouvelle fonction le 16 février 1804 (jusqu'au 31 août 1804), nommé par le nouveau propriétaire du Theater An der Wien, le baron von Braun (1758-1819) – banquier de la cour, propriétaire de ce théâtre de février 1804 au 31 décembre 1806, il était également administrateur des Théâtres impériaux et royaux depuis 1794 (jusqu'en 1806). Sonnleithner, juriste de formation, était copropriétaire d'une maison d'édition musicale (Kunst-und Industrie Comptoir, qui édita plusieurs partitions de Beethoven

productions étaient de plus en plus concurrencées par les opéras français traduits en allemand – en particulier par *Le Porteur d'eau* de Cherubini sur un livret de Jean-Nicolas Bouilly [1]. Or le livret proposé à Beethoven, sans doute par le nouveau directeur artistique Joseph Sonnleithner, était justement de ce même librettiste, Jean-Nicolas Bouilly, la direction du Theater an der Wien ayant estimé que pour mettre en scène ce nouvel opéra-comique traduit en allemand, il était préférable de faire composer une musique adaptée écrite par un musicien de langue allemande, car le compositeur Gaveaux n'était pas assez connu et apprécié à Vienne (contrairement à Cherubini ou à Méhul) – pourtant sa musique avait eu un tel succès à Paris que Gaveaux en avait fait éditer la partition.

Beethoven fut séduit par cette proposition pour diverses raisons, liées à sa « politique musicale » et à sa situation personnelle. Tout d'abord, il pouvait compter sur un succès viennois au moins aussi grand que celui de Cherubini, le thème de *Leonore ou l'amour conjugal* étant à peu près le même que celui du *Porteur d'eau* [2] ; d'autre part, composer la musique sur un livret français était pour lui une façon de préparer les conditions et les moyens d'un accueil favorable à Paris [3] : la traduction de Sonnleithner très proche du texte d'origine [4] ne pouvait qu'arranger Beethoven qui espérait pouvoir faire représenter ce nouvel opéra à Paris, avec sa musique sur le texte original de Bouilly. Les premières esquisses montrent qu'il a cherché ses idées musicales en partant du texte traduit en allemand, se préoccupant de trouver une adéquation entre la ligne musicale et la prosodie (qui, pour lui, portait le sens du texte). Il est difficile de dire avec précision à partir de quel moment (ou de quel numéro), Beethoven s'est laissé entraîner par ses propres exigences, tant musicales que dramatiques, et donc s'est éloigné du texte original, insérant des numéros non prévus par Bouilly et Gaveaux – conférant en particulier un rôle chanté à Pizarro, choix qui donnait une tout autre dimension musicale à ce « fait historique », constitué jusque-là uniquement de dialogues, de romances, de duettos et d'ariettes, puisque le personnage du tyran avait désormais une consistance musicale.

Enfin, une autre raison à ce choix est d'ordre personnel : Beethoven aspirait au mariage lui aussi, comme tous ses amis (Amenda, Wegeler, Stephan von Breuning, etc.).

Beethoven s'est mis rapidement au travail, cherchant les idées musicales numéro après numéro, et s'inspirant de ses prédécesseurs, comme le prouvent les quelques feuilles d'esquisses sur lesquelles il a recopié des passages, uniquement vocaux, de Mozart et de Cherubini, et comme l'attestent également les lettres dans lesquelles il demande à ses proches de lui prêter certaines partitions, en particulier celle d'*Idomeneo* (lettre à Josephine [l., 221]) – quant à celle d'*Iphigénie en Tauride* de Gluck, Beethoven la connaissait bien : Karl Czerny a raconté qu'en 1805, lors de la première occupation de Vienne par les Français, Beethoven avait joué cette partition avec des d'officiers français qui lui rendaient visite, lui au clavier, eux chantant les chœurs et les airs [5].

Pour penser ce premier opéra, qu'il voulait « original » comme ses autres grandes œuvres (à l'origine même d'un genre nouveau), Beethoven s'est appuyé sur ses propres compositions, contemporaines ou plus anciennes, en leur empruntant des idées (par exemple, les trois cors obligés de la *Symphonie Eroica* qui accompagnent l'air de Leonore ; la tonalité de

à cette époque) ; il fut nommé, presque en même temps secrétaire des Théâtres impériaux, sa fonction consistant à établir des livrets ou à les traduire.

1. Cherubini ayant beaucoup de succès, les théâtres étaient en compétition pour mettre en scène des adaptations en allemand de ses opéras-comiques sous forme de Singspiel : en août 1802, l'opéra-comique *Les Deux Journées,* sur un livret de Bouilly (traduit par Treitschke), est donné à Vienne, en deux versions, sur deux théâtres différents (le Theater an der Wien et le Kärntnertortheater) : *Die Tage der Gefahr* ou *Graf Armand (Der Wasserträger).* Schikaneder ayant monté en 1803 deux pièces de Bouilly sur des musiques de Méhul, Bouilly était donc un librettiste connu à Vienne.

2. Sauver une vie au péril de la sienne, au nom de l'humanité et des droits de l'homme.

3. Le 22 octobre 1803 [l., 164], Ries écrivait à Simrock que Beethoven avait l'intention de partir après son opéra. Dans sa lettre de février/mars 1804 [l., 177], Beethoven annonçait à Sonnleithner qu'il était décidé, de manière définitive, à partir au plus tard en juin 1804, une fois son opéra représenté.

4. Il était traducteur et non dramaturge.

5. In Kerst, *Die Erinnerungen an Beethoven*, t. 1, p. 57.

fa mineur qui associe la *Sonate Appassionata op. 57* et la détresse de Florestan ; la tonalité d'*ut* majeur qui lie la *Sonate Waldstein* op. 53 et l'*Ouverture Leonore* II comme le deuxième Finale de l'opéra). Outre les références implicites à sa musique instrumentale, Beethoven a réutilisé des idées de la *Cantate* composée en 1790 à Bonn pour célébrer la mort de Joseph II (cantate qui n'avait été ni exécutée ni publiée, *WoO 87*) : ainsi, l'« Humanitätsmelodie » qui accompagne les paroles du Séraphin « Da stiegen die Menschen an's Licht » (Alors les hommes accédèrent à la lumière) (thème par excellence de l'Aufklärung, mot qui désigne la levée du jour), se retrouve au moment du deuxième Finale, « O Gott ! Welch ein Augenblick » (Ô Dieu, quel instant) ; ainsi, la musique du chœur de déploration (chœur qui « encadre » la *Cantate*, puisqu'il se trouve au début et à la fin) a servi de référence à l'introduction d'orchestre qui précède le récitatif et l'air de Florestan (dans une autre tonalité, *fa* mineur à la place d'*ut* mineur).

Au cours de son travail de composition, Beethoven ne semble pas s'être toujours conformé au texte que Sonnleithner lui soumettait. Plusieurs indices permettent d'affirmer qu'il a suggéré des idées, des images, des formules, comme permettent de le supposer les légères modifications des termes du livret par rapport aux termes mis en musique ; et, plus encore, Beethoven est vraisemblablement à l'origine du nouveau texte confié à Leonore pour le début de son air, « Komm Hoffnung ». Pourtant, sa lettre à Sonnleithner (de mars 1804 [1., 177]) indique de facto que pour composer les parties chantées, Beethoven avait besoin de connaître le contexte dans lequel s'insérait le texte qu'il mettait en musique.

Alors qu'il voulait avoir terminé son opéra en juin 1804, il ne l'acheva qu'en automne 1805. Ce temps, plus long que prévu, est certes une constante chez Beethoven, qui composait plusieurs œuvres à la fois ; mais, pour cette œuvre vocale sur un thème si proche de ses aspirations réelles (se marier) et symboliques (être délivré, être sauvé), les difficultés de la mise au point des idées musicales et de leur élaboration se sont trouvées amplifiées parce que Beethoven se sentait moins à l'aise dans l'écriture pour voix que dans l'écriture pour instruments : malgré les cours d'écriture vocale et de composition dramatique pris avec Salieri jusqu'en 1802, Beethoven ne pouvait s'empêcher de traiter les voix comme des instruments d'orchestre et de penser un air ou un ensemble d'abord comme une forme instrumentale.

D'autre part, c'est pendant le temps de composition de *Leonore* qu'il a connu la réciprocité d'un amour, persuadé que l'éventualité d'une union stimulerait ses facultés créatrices, comme il l'écrivait lui-même dans une lettre d'amour à Josephine (que l'on date de mars/avril 1805 [1., 216]) : « C'est vrai, je ne suis pas aussi actif que j'aurais dû l'être – mais une tristesse intérieure m'avait ravi depuis longtemps la vitalité qui m'est habituelle en d'autres temps ; pendant quelque temps, tandis que le sentiment d'amour pour vous commençait à germer, J. adorée, cette tristesse s'accrut encore [...] – maintenant ce n'est plus aussi pénible, j'ai gagné votre cœur, je le sais avec certitude, et quelle valeur je dois y attacher, mon activité va à nouveau augmenter, et – ici je vous le promets de nouveau avec une profonde sincérité, dans peu de temps je serai, *oui*, plus digne *de moi et de vous* [...]. »

Effectivement, Beethoven termine son opéra au cours du printemps et de l'été 1805 : il est prêt en octobre (il devait être créé pour la fête de l'impératrice), mais la censure en retarde la représentation, la dimension politique de l'intrigue ne lui échappant pas. Sonnleithner s'efforça de lever la censure au moyen de plusieurs arguments, dont l'un soulignait la qualité du livret en impliquant l'impératrice qui appréciait au plus haut point le texte original.

La police finit par autoriser la représentation exigeant, toutefois, que les parties les plus « grossières » soient modifiées : il s'agissait sans aucun doute de la partie dialoguée, pour laquelle Sonnleithner avait conservé le dialecte populaire calqué sur le texte de Bouilly, texte qui n'avait pas, en fait, à être fixé comme le texte mis en musique (les acteurs improvisaient très souvent et très facilement).

Cet opéra fut annoncé sous la dénomination de *Fidelio* (pour le distinguer de l'opéra de Paër créé en octobre 1804 à Dresde) alors que Beethoven tenait à *Leonore.*

La représentation prévue eut lieu le 20 novembre 1805, dans un contexte politique et social très défavorable : les troupes françaises étaient entrées à Vienne le 13 novembre, et l'aristocratie, qui constituait habituellement l'essentiel du public mélomane, était partie se réfugier sur ses terres. Après trois représentations devant une salle vide (à l'exception d'officiers français et de quelques amis), Beethoven comprit qu'il fallait revoir son œuvre pour lui donner plus de cohérence dramatique et pour la mettre davantage au goût du jour.

PRÉSENTATION DE L'ŒUVRE

Le livret traduit par Sonnleithner a été écrit par Jean-Nicolas Bouilly (1763-1842). La page de titre de ce livret publié à Paris en 1799 est explicite :

« Léonore, ou L'amour conjugal, Fait historique, en deux actes et en prose mêlée de chants. Paroles de J-N. Bouilly. Musique de Pierre Gaveaux. Représentée pour la première fois, à Paris, sur le Théâtre Feydeau, le 1er ventôse, an 6e de la République française » (19 février 1798).

L'intrigue transcrit donc un « fait historique », fait réellement vécu par Bouilly pendant la Terreur (il fut administrateur du département d'Indre-et-Loire et accusateur public de 1793 à 1797) [1], mais qu'il a transposé en Espagne : « La scène se passe en Espagne dans une prison d'État située à quelques lieues de Séville » (Sans doute était-ce une allusion à Figaro !). Outre l'héroïsme réel d'une jeune Tourangelle, Bouilly s'est inspiré des nombreuses scènes de cachot très en vogue au XVIIIe siècle, à l'imitation de Métastase et de Piranèse, et plus encore de *Raoul de Créqui. Comédie en trois actes* de Nicolas-Marie Dalayrac et de Jacques-Marie Boutet dit Monvel (1745-1811), opéra-comique créé en octobre 1789 et écrit à partir du *Sire de Créqui*, récit qui fait partie des *Nouvelles historiques, 1782*, de François Thomas Marie de Baculard d'Arnaud (1718-1805) [2] ou de *Lodoïska*, « comédie héroïque en trois actes » de Cherubini sur un livret de Fillette-Loraux créée au théâtre Feydeau le 18 juillet 1791.

Le « fait historique » de Bouilly se calque également sur *Alcina* (1737) de Haendel : Bradamante déguisée en chevalier suscite l'amour chez la sœur d'Alcina, la Fata Morgana.

Son livret a plu à un public de plus en plus attiré et séduit par ce genre d'opéra centré sur le thème du « sauvetage », en l'occurrence une jeune femme qui ose se déguiser en homme pour pénétrer dans la prison où son mari est injustement retenu (par la volonté arbitraire d'un tyran), afin de le sauver, de l'arracher à une exécution inéluctable.

L'intrigue rassemble et confronte plusieurs personnages : non seulement Leonore et son mari Florestan, ennemi mortel de Pizarro le gouverneur de la prison, mais aussi le gardien de prison Roc, sa fille Marceline qui s'éprend de Fidelio (Leonore déguisée en aide-geôlier) et repousse les avances de Jacquino, son ancien prétendant. Enfin, les autres prisonniers apparaissent lors des Finales et le Ministre (représentant d'un pouvoir politique juste) arrive au moment où Pizarro allait exécuter lui-même Florestan au fond de son cachot froid et humide.

Cette intrigue est distribuée en deux actes, et selon le principe de l'opéra-comique les scènes parlées comprennent des moments chantés : air, romance, duetto, terzetto, chœur (il y a treize numéros dans la partition de Gaveaux).

Sonnleithner, traducteur de ce livret, en a conservé le déroulement général, tout en y apportant des modifications (sans doute suggérées par Beethoven) qui donnent un éclairage nouveau à l'intrigue. En premier lieu, l'augmentation des passages mis en musique infléchit l'œuvre du côté de l'opéra : il ne s'agit plus d'une œuvre seulement légère et populaire par ses personnages et par le style de son langage. Ainsi, certains ensembles vocaux sont ajoutés [3] et certains dialogues de

1. Une jeune femme risqua sa vie pour sauver son mari injustement incarcéré pendant la Convention montagnarde. Bouilly, qui joua le rôle conféré au « Ministre » dans l'opéra, avait écrit cette pièce pour donner un exemple de vertu au spectateur-citoyen ; il présenta sa pièce comme « un trait sublime d'héroïsme et de dévouement », dans *Mes récapitulations*, Paris, 1836/1837.

2. Cité par Wolf-Dieter Lange, in « Heroische Gefangenenschaften, "personnages gais" et "couleur locale" », *Bonner Schriften zur Musikwissenschaft 4, Von der Leonore zum Fidelio*, *op. cit.*, p. 73-76.

3. Le trio Leonore, Marzelline, Rocco qui décrit l'entente du père et de la fille contre l'amoureux repoussé ; le quatuor vocal entre Leonore, Marzelline,

Bouilly sont chantés[1] dans la version de Sonnleithner. D'autre part l'intrigue a été légèrement modifiée pour permettre à Beethoven de donner une consistance musicale au personnage du tyran : c'est en public, et non dans les coulisses, que Pizarro expose son projet de tuer lui-même Florestan; sa colère fait irruption lors du premier Finale; et c'est lui qui révèle son identité à Florestan avant de brandir son poignard au-dessus de lui (chez Bouilly, Pizarro dévoilait son identité seulement à Roc pour le contraindre à le seconder, et ne la révélait à tous qu'après Leonore). Enfin certaines modifications du texte donnent également un nouvel éclairage aux personnages comme à l'intrigue : par exemple Florestan n'aspire pas à la mort (le troisième couplet de sa romance a été coupé) et l'interprétation du signal des trompettes n'est pas aussi évidente chez Beethoven, qui dans cette première version entretient l'ambiguïté (délivrance ou mort ?), que chez Bouilly (c'est chez lui le signal de la mort).

La traduction en allemand du livret de Bouilly par Sonnleithner a été publiée à Vienne en 1805 avant que Beethoven n'introduise les dernières modifications dans son opéra, puisque la page de titre indique « un opéra en deux actes, librement transcrit d'après le français »), alors que l'affiche de la première représentation indique « un opéra en trois actes »). Ce passage de deux à trois actes, par dédoublement du premier acte, a été imposé par les ajouts de numéros musicaux qui allongeaient beaucoup le premier acte – ce dédoublement permettait également (ou imposait ?) à Beethoven de composer une scène Finale pour le premier acte (le trio « Gut Söhnchen, gut » est pensé comme une sorte de Finale) et une ouverture pour le deuxième (une ouverture « Alla marcia » fut jouée lors des premières représentations).

Beethoven ne fut pas seul à apprécier le livret de Jean-Nicolas Bouilly : Ferdinando Paër (1771-1839) composa un opéra semiseria en italien, entièrement chanté, sur un livret établi sans doute par le chanteur italien Giacomo Cinti, attaché alors au théâtre de Dresde (l'épisode des prisonniers n'y est pas conservé), donné à Dresde le 3 octobre 1804; Simon Mayr (1763-1845) composa également un opéra sur un livret « traduit » en italien par Gaetano Rossi, et créé à Florence en 1805 (Pizarro n'est plus l'ennemi politique de Florestan mais un amoureux rival !)

Chacune de ces deux autres versions proposait une interprétation du livret de Bouilly, qui laissait de côté la dimension politique, tandis que Beethoven insista sur le lien entre l'amour de la liberté et la fidélité conjugale.

Beethoven eut certainement connaissance de la partition que Gaveaux avait fait éditer à la suite du succès des représentations[2] : on retrouve des analogies de tonalités, de déclamation, de geste musical. Peut-être eut-il entre les mains, déjà pour cette première version, la partition de Paër, l'opéra ayant été créé à Dresden en octobre 1804 ?

Par delà les influences extérieures, celle de ses propres œuvres instrumentales contemporaines du travail sur *Leonore* fut très importante : les différents cahiers ou feuilles d'esquisses des années 1804 et 1805 montrent que les recherches pour son opéra sont liées à ses recherches destinées à des compositions instrumentales, le *Quatrième Concerto pour piano* dont le projet de Finale servit au

Rocco et Jaquino au cours duquel chacun exprime ce qu'il ressent (le désir de mariage pour Marzelline, la confusion et l'horreur de tromper pour Leonore, la décision et la satisfaction d'avoir trouvé un gendre pour Rocco, le désespoir d'être rejeté pour Jaquino); le deuxième trio entre Leonore, Marzelline et Jaquino au cours duquel chacun espère que ses aspirations seront réalisées; le duo entre Pizarro et Rocco, qui prépare l'exécution de Florestan; le premier finale qui, après le chœur des prisonniers, comprend le duo entre Leonore et Rocco, la colère de Pizarro et son air auquel répond le chœur des gardes assurant Pizarro de leur fidélité; l'air de Pizarro qui précède le quatuor dans lequel il s'apprête à tuer; l'ensemble qui suit le premier appel des trompettes.

1. Le duo entre Leonore et Rocco (dans le premier finale, quant Rocco explique à Leonore la décision du gouverneur), le quatuor entre Leonore, Pizarro, Florestan et Rocco (au milieu du deuxième acte, quand Pizarro s'apprête à tuer Florestan), la scène de l'arrivée du Ministre dans le second finale.

2. Cet opéra-comique fut créé le 19 février 1798, et joué pendant plus de deux ans, avec grand succès : « On n'a vu depuis longtemps, sur aucun théâtre, un succès aussi complet et aussi universel », annonçait le *Journal de Paris*, le 4 ventôse an VI (22 février 1798). Espérant se faire jouer hors de Paris (ce qui ne se produisit pas), Gaveaux en fit graver la partition (cf. *Von der Leonore zum Fidelio*, *op. cit.*, p. 96).

premier chœur des prisonniers, les *Sonates Waldstein* en *ut* majeur et *Appassionata* en *fa* mineur, dans des tonalités qui représentent les pôles tonaux de *Leonore*. Beethoven a transposé dans l'écriture de son opéra des gestes utilisés dans les compositions pour instruments (et inversement, les liens avec son opéra éclaire les œuvres instrumentales contemporaines). Une autre preuve de la place de la pensée instrumentale chez Beethoven se trouve dans son peu d'égard pour les possibilités vocales : si son matériau musical se dégageait progressivement du texte poétique, le traitement de ce matériau répondait aux règles de l'écriture instrumentale.

Une autre caractéristique de l'écriture de cette œuvre faite de numéros successifs, qui résultent d'une grande quantité d'esquisses, réside dans l'utilisation de l'orchestre qui change au fur et à mesure de la progression des numéros : si l'orchestre est au complet (y compris les trombones) dans l'ouverture, il se réduit pour s'étoffer progressivement au cours de l'acte. La présence des trombones est redevable au modèle français qui les fit passer de l'église au théâtre. Le recours aux trémolos des cordes, comme par exemple dans le quatuor « Er sterbe » (Qu'il meure !) sous « Doch er soll erst wissen, wer ihm sein stolzes Herz zerfleischt » (Mais qu'il sache d'abord, qui va lui déchirer son cœur orgueilleux) s'appuie sur une tradition, le « stile concitato » qui fut utilisé tout particulièrement dans le *Combat de Tancrède et de Clorinde* de Monteverdi. D'autre part, l'intervention d'un unisson au milieu d'un ensemble harmonique qui connotait traditionnellement la mort, la menace, la destruction, est fréquente au cours de cet opéra (par exemple au moment où il est question de la volonté de mort de Pizarro).

Au point de vue de l'organisation d'ensemble, les trois actes de cette première version ont chacun la même progression : introduction d'orchestre, solo, duo, trio, quatuor, ensemble, finale.

Les voix sont peu diversifiées : deux sopranos (Marzelline et Leonore, qui doit être également mezzo-soprano), deux ténors (Florestan, Jaquino), trois basses (Rocco, Pizarro et Don Fernando), un chœur mixte.

Acte I. Il se déroule dans la cour d'une prison d'État en Espagne.

N° 1 Air de Marzelline

« O wär' ich schon mit dir vereint » (Si seulement j'étais déjà unie à toi)

Andante con moto [1], *ut* mineur / *ut* majeur, 2/4 (de forme A B A'B' coda), (97 mes. ?).

La première version de l'opéra (1805) suit le modèle de Bouilly-Gaveaux et commence par cet air de Marzelline, qui, dans la cour de la prison, est en train de repasser en guettant, avec impatience, l'arrivée de Fidelio.

Selon le modèle de Bouilly – Gaveaux, Beethoven a composé un air comprenant deux strophes et un refrain. Il l'a esquissé dès 1803 (juste après avoir terminé la *Symphonie Eroica*, et après avoir changé de livret), puis l'a repris en 1804, après avoir esquissé le quatuor « Er sterbe » : il a ainsi multiplié les recherches pour trouver la mélodie et la déclamation qui lui paraissaient les plus adéquates au texte et au personnage de Marzelline. Plutôt qu'une tonalité unique, *ut* majeur ou *ut* mineur, comme il l'avait envisagé au début [2], il s'est décidé pour l'alternance *ut* mineur/*ut* majeur (*ut* mineur pour les strophes et *ut* majeur pour le refrain). Ce choix d'une forme simple apparentée au Volkslied (Chant populaire) – choix déjà retenu par Gaveaux qui avait composé une « Séguidilla, Tempo di Minuetto » à 3/4 sur l'alternance *sol* mineur/*sol* majeur – situait de facto la place de ce personnage dans l'ensemble de l'opéra (la version en *ut* mineur conférait à Marzelline une trop grande force expressive par rapport au centre de gravité de l'action qui était le couple Leonore-Florestan) : la musique de Beethoven fait de cette jeune fille une personne très sensible, toute à la découverte de son amour, par les rythmes discontinus, l'instrumentation subtile et la stabilité tonale (dans son alternance).

Si le premier couplet est très proche de celui de Bouilly (centré sur l'impatience d'être mariée), le second couplet ainsi que le refrain sont différents. Le refrain chante, en majeur, l'espérance, la joie, le bonheur, et pour le second couplet Beethoven a effacé l'allusion aux « marmots » pour ne garder que l'idée de la douceur du travail quotidien accompli dans une atmosphère d'amour partagé.

1. L'accélération du tempo au cours de l'air n'est pas encore prévue par Beethoven.

2. Ces deux premières versions de l'air de Marzelline ont été terminées et recopiées – Willy Hess 1967 en a présenté les partitions.

N° 2 Duo Marcelline – Jaquino
«Jetzt, Schätzchen, jetzt sind wir allein» (Maintenant, mon petit trésor, maintenant nous sommes seuls)

Allegro[1], 2/4, *la* majeur (de forme A B A' coda), (234 mes. ?).

Ce duo met en scène le refus qu'oppose Marzelline aux avances de Jaquino, portier de la prison, qui voudrait bien l'épouser. Se déroulant dans la cour de la prison, ce duo est structuré par les coups frappés à la porte qui obligent Jaquino à s'interrompre pour aller ouvrir, ce qui libère un moment Marzelline de l'empressement de Jaquino : il s'agit d'un numéro musical typique dans un opéra-comique, numéro auquel Beethoven a pourtant conféré un caractère de musique instrumentale en donnant une grande place à l'orchestre et en s'intéressant au jeu des motifs plus qu'à la continuité mélodique. Le fossé entre les deux personnages est manifesté par l'oscillation des tonalités entre *la* majeur et *si* mineur, technique de répétition de motifs dans des tonalités éloignées à laquelle Beethoven eut souvent recours dans ses œuvres instrumentales.

La partie centrale, pendant laquelle Marzelline, seule, exprime sa compassion pour Jaquino qu'elle n'aime plus, fait figure de Trio (en *mi* majeur) dans une forme Scherzo.

Dans la coda, Marzelline et Jaquino chantent ensemble à la tierce alors qu'ils ont des sentiments opposés, la construction de la forme musicale primant sur le déroulement et sur le sens du texte.

Au milieu des esquisses de ce duo, Beethoven a recopié les lignes vocales du quintette n° 5 de *La Flûte enchantée* entre les trois Dames, Tamino et Papageno (au moment où elles donnent la flûte à Tamino), ainsi que des extraits du *Porteur d'eau* de Cherubini.

N° 3 Trio, Marzelline / Jaquino / Rocco
«Ein Mann ist bald genommen» (On a vite fait de choisir un homme)

Andante con moto e scherzando, 3/4, *mi* bémol majeur, (106 mes. ?).

Pour ce Trio (absent chez Bouilly-Gaveaux) qui met en scène la complicité d'un père avec sa fille de façon à repousser l'amoureux transi, Beethoven a spécifié sur la partition : «*In questo pezzo il Piano molto piano ed il Forte poco forte*», c'est-à-dire que l'intensité sonore doit être étouffée.

Le texte de ce Trio est très long en 1805 : 32 vers qui se répartissent en 16, divisés eux-mêmes en deux fois 8 (16 vers sont coupés en 1806), les huit premiers vers pour Rocco seul (qui donne des conseils pour éviter un mariage malheureux) et les huit autres pour Marzelline et Jaquino qui chantent ensemble sur un texte différent (Marzelline est décidée à dire non à Jaquino qui constate qu'avant l'arrivée de Fidelio elle ne disait pas non).

La musique est en deux parties identiques.

N° 4 Quatuor Marzelline, Leonore, Rocco, Jaquino
«Mir ist so wunderbar» (Quel sentiment étrange)

Andante sostenuto, 6/8, *sol* majeur – 52 mes. (de forme canon), (52 mes. ?).

Ce quatuor n'existe pas chez Bouilly – Gaveaux. Dans le livret établi par Sonnleithner (auquel il semble que Beethoven ait donné des directives ou au moins fait des suggestions), ce quatuor intervient juste après la réflexion de Rocco à Leonore : «Meinst du, ich könnte dir nicht ins Herz sehen ?» (Crois-tu que je ne sache pas lire au fond de ton cœur ?). C'est alors que chacun des quatre protagonistes (qui ont déjà paru en scène) se livre à un monologue intérieur : tandis que Marzelline est persuadée que Fidelio est épris d'elle pour son plus grand bonheur («Er liebt mich, es ist klar ; / Ich werde glücklich seyn» [Il m'aime, c'est sûr ;/ Je serai heureuse]) et que Rocco se réjouit du bonheur assuré de ce jeune couple («Eine gutes junges Paar !/ Sie werden glücklich seyn !» [Un bon et jeune couple ;/ Ils seront heureux !]), Leonore déplore sa situation impossible («Sie liebt mich, es ist klar ;/ O namenlose Pein» [Elle m'aime, c'est sûr ;/ Indicible tourment]) et Jaquino est sidéré par l'attitude du père («Mir sträubt sich schon das Haar,/ Der Vater willigt ein» [Mes cheveux se hérissent./ Le père est consentant !]).

Paradoxalement, la tension entre les différents espoirs, souhaits et craintes des uns et des autres s'inscrit dans le cadre d'un canon strict : après huit mesures d'orchestre, chacune des voix entre l'une après l'autre toutes les huit mesures, tandis qu'une coda de douze mesures termine l'ensemble. Pour trouver son matériau thématique, Beethoven

1. L'accélération du tempo dans la coda n'apparaît qu'en 1806.

s'est inspiré des paroles de Marzelline (il y en a beaucoup d'esquisses, alors qu'il y en a peu pour l'ensemble du canon), puis il a développé l'idée musicale en donnant la primauté à la forme musicale sur le contenu des paroles, insistant de cette façon sur le recueillement, la simplicité et l'évidence ainsi que sur l'amplification de l'émotion collective étant donné que l'orchestre déploie peu à peu ses timbres au fur et à mesure de l'entrée des voix (aux cordes s'ajoutent régulièrement les clarinettes, la flûte, le cor et le basson).

Lors de la composition de ce quatuor pour voix, Beethoven a cherché à bien comprendre la façon dont Mozart procédait en recopiant un long passage de *Don Giovanni* extrait du premier finale, le quatuor n° 10 entre Elvira, Anna, Ottavio et Don Juan (c'est-à-dire deux femmes, deux hommes comme dans le quatuor « Mir ist so wunderbar »), comme s'il cherchait les liens entre le texte, les paroles et la phrase musicale (il ne recopia que les voix avec leurs paroles).

Le choix de Beethoven d'insérer un canon à cet endroit du premier acte répondait à sa préoccupation de progression : à un air succèdent un duo puis un trio, et enfin un quatuor; ce choix lui permettait aussi de s'inscrire dans la lignée de Mozart, tout particulièrement avec la référence implicite au quatuor des taosts (Larghetto, *la* bémol majeur) n° 15 de *Cosi fan tutte*. D'autre part, Beethoven connaissait plusieurs opéras « à succès » qui comprenaient un canon vocal : *Una cosa rara* (1786) de Martin y Soler, *L'Arbore di Diana* (1787) du même ; *La Cifra* (1798) et *Falstaff* (1799) de Salieri. Il savait également quel effet produisait un « ensemble contemplatif » à la suite de *Il matrimonio segreto* (représenté en 1792 à Vienne) de Domenico Cimarosa. Beethoven ne s'était pas trompé : de fait, ce quatuor fut très apprécié par le public. Il conserva ce quatuor sans modifications dans les versions suivantes (il s'agit d'un des rares numéros trouvés dès la première version).

N° 5 Air de Rocco, « Goldaria »

« Hat man nicht auch Gold beineben » (Si l'on n'a pas de l'or aussi)

Allegretto moderato 2/4 puis Allegro non molto et Allegretto 6/8, *si* bémol majeur, deux strophes en deux parties suivies chacune d'un refrain (qui reprend le Tempo I°), (91 mes. ?).

Comme chez Bouilly, avant de chanter son air sur la nécessité de posséder un petit pécule pour être heureux en mariage, Rocco explique à Fidelio que, bien que ne sachant rien sur ses origines, il l'a pourtant choisi pour gendre.

Des trompettes et des timbales donnent un aspect triomphal (et comique) au refrain (cette orchestration fut retirée en 1814, l'ensemble de l'air ayant été supprimé en 1806).

Cet air est très proche des « Couplets » du Roc de Bouilly : même tonalité, même tempo, même métrique (2/4, puis 6/8).

N° 6 Trio, Marzelline, Leonore, Rocco

« Gut, Söhnchen, gut » (Bien, fiston, bien)

Allegro ma non troppo, **C**, *fa* majeur (de forme sonate), (232 mes. ?).

Ce Trio ne se trouve ni chez Bouilly-Gaveaux ni chez Paër. Dans cette première version de *Fidelio*, il faisait fonction de finale du premier acte, Beethoven l'ayant conçu de manière symphonique (par sa forme et par son écriture qui joue sur les motifs rythmiques, les timbres, les intensités).

Dans la première partie (qui correspond aux trois premières strophes) Beethoven expose les motifs rythmiques issus des idées de courage et de tendresse (affirmées par Leonore et par Marzelline), puis dans une seconde partie (centrée sur l'assurance du bonheur), il développe son matériau musical, avant de le réexposer (ce qui correspond aux trois dernières strophes), et de terminer l'ensemble par un nouveau développement et une coda (sur les trois derniers vers qui chantent le goût des larmes, douces pour Marzelline et Rocco, amères pour Leonore).

La progression dramatique est mise en valeur par la forme d'ensemble et par l'écriture, comme par exemple, au milieu du développement, cette phrase à l'unisson des cordes (soutenue par des accords répétés des vents) qui précède et prépare les mots de Rocco : « Der Gouverneur soll heut erlauben, dass du mit mir die Arbeit teilst » (C'est aujourd'hui que le Gouverneur doit permettre que tu partages le travail avec moi) : la musique connote l'univers de mort qui est celui de Pizarro; ou encore la façon dont Rocco prend sa décision après avoir dépassé son moment d'angoisse, a capella sur le rythme de trois brèves et une longue (« Nur auf der Hut » [Seulement il faut être prudent]).

Acte II. Cet acte, qui n'est séparé du premier acte que dans la version de 1805, est centré sur le personnage de Pizzaro, gouverneur de la prison, et sur sa décision d'assassiner Florestan.

N° 7 « alla marcia ma non troppo presto », **C**, *ré* majeur (ou *ut* majeur ?), (39 mes. ?).

Ce deuxième acte était ouvert par une musique d'harmonie, genre de composition réservée aux cérémonies princières (genre que Beethoven avait déjà eu l'occasion d'expérimenter à Bonn à maintes reprises).

Cette Introduzione qui précédait et annonçait l'arrivée de Pizarro, entouré d'officiers et de soldats, a été longtemps confondue avec un entracte destiné, pensait-on, à la pièce de Kuffner *Tarpeia*, mise en scène en 1813 à Vienne (*WoO 2b*).

Cette introduction, que Beethoven ne nomme pas Marche, mais à laquelle il attribue le tempo « alla marcia », est dominée par les sonorités de quatre cors. Elle fut sans doute ajoutée peu avant la première représentation, quand la division en trois actes a été décidée (donc après l'impression du livret, publié à l'occasion de la première représentation prévue pour le 15 octobre 1805, livret qui ne mentionne que deux actes).

N° 8 Aria de Pizarro, avec chœur

« Ha, welch ein Augenblick » (Ah ! Quel instant !)

Allegro agitato, ¢, *ré* mineur / *ré* majeur (de forme A A'B), (122 mes. ?).

Après avoir appris, par l'une des dépêches que lui présentait Rocco, que le Ministre doit arriver inspecter la prison de façon imminente, Pizarro prend la résolution d'assassiner Florestan, ce prisonnier politique qu'il retient arbitrairement. Alors que son rôle n'était qu'un rôle parlé chez Bouilly-Gaveaux, Beethoven et Sonnleithner ont confié à Pizarro un air de jubilation vengeresse.

Cet air n'est pas construit à partir de motifs mélodiques bien nets, mais par la convergence de plusieurs éléments indépendants : un tempo *agitato* renforcé par de violents contrastes d'intensité, des *sf*, des *ff* et par des changements de pulsation ; une ligne vocale chaotique, heurtée, faite de grands sauts d'intervalles, proche de la déclamation notée plus que du chant ; une harmonie dissonante et des modulations chromatiques qui empêchent toute stabilité tonale ; un orchestre trépidant aux sonorités inquiétantes (roulement de timbales, accords vigoureux des cors et des trompettes) ; le chœur des gardes terrifié qui balbutie des mises en garde. Cette organisation musicale indique que Pizarro est un personnage qui a perdu tout sens de l'humain.

Beethoven s'est certainement inspiré ici de *Lodoïska* de Cherubini et de la férocité du personnage de Dourlinski.

À la fin de cette exaltation progressive de la passion vengeresse, Pizarro donne ordre à ses officiers de le prévenir de l'arrivée du ministre par un signal de trompette, et il appelle Rocco, qu'il espère gagner à sa cause.

N° 9 Duo, Pizarro / Rocco

« Jetzt, Alter, Alter, jetzt hat es Eile » (Allons, mon brave, le temps presse)

Allegro con brio, **C**, *la* majeur (de forme A B B'A' coda), (181 mes. ?).

Au cours de ce duo, Pizarro tente de corrompre Rocco en lui donnant une bourse, pour qu'il accepte d'assassiner Florestan, ce que Rocco refuse. Pizarro décide alors de tuer lui-même, Rocco n'ayant qu'à dégager la pierre qui recouvre une vieille citerne de façon à y ensevelir le corps de Florestan.

Ce duo est construit à partir de deux motifs qui, à nouveau, ne sont pas mélodiques : l'un est un rythme à la détermination farouche et l'autre, un son unique indéfiniment répété. Chaque moment du duo est différencié par une texture (orchestre, harmonie, rythme, combinaison des motifs), et l'unité de l'ensemble provient du jeu avec les dissonances de toute nature (d'harmonie, de timbre, de rythme, de forme) – le point culminant se situe au moment où Pizarro évoque la scène à venir, sous forme d'un récitatif en *ré* majeur, les trombones intervenant sur les mots « Zistene » et « Stoss » (un coup). La musique trahit la volonté de mort par le recours à l'unisson des cordes à plusieurs endroits.

À la suite de ce duo, Pizarro et Rocco quittent la scène. Dans cette première version (de 1805), Marzelline et Leonore les remplacent.

N° 10 Duo, Marzelline / Leonore

« Um in der Ehe froh zu leben » (Pour vivre heureux en mariage)

Allegretto e grazioso, 9/8, *ut* majeur (de forme abc – ab'c), (98 mes. ?).

Marzelline, toute à la joie de son mariage, cherche à se mettre d'accord avec « son » Fidelio sur les valeurs essentielles d'une vie de couple, et elle s'inquiète de la tristesse qu'elle remarque chez lui… Leonore, toute à la réussite de son entreprise, ne peut pas dissuader Marzelline, et elle se sent très malheureuse d'être obligée de la tromper – malgré tout, l'une et l'autre sont d'accord sur les fondements de l'amour conjugal. Elles chantent donc un hymne à l'amour comme Papageno et Pamina dans *La Flûte enchantée* (« Bei Männern, welche Liebe fühlen » (Auprès des hommes qui ressentent l'amour), duo n° 7 sur le thème duquel Beethoven a composé des variations pour piano et violoncelle, *WoO 46*, en 1801).

Ce duo est un moment concertant confié au violon solo et au violoncelle solo : « Ein reizendes Duettino » (Un ravissant petit duo) pour le chef d'orchestre Ignaz von Seyfried, ce morceau fut si apprécié par les auditeurs qu'il fut publié dès 1807 en même temps que le Trio « Ein Mann ist bald genommen » et le Quatuor « Mir ist so wunderbar » (sa suppression en 1814, pour rendre l'action héroïque plus cohérente, est regrettée par la plupart des critiques – mais Beethoven aurait trouvé la scène « inutile » et le duo « ein Concertstück » [un morceau de concert]).

Ce duo est très proche de celui de Gaveaux : il est comme lui en deux parties, de tonalité majeure et de mesure composée, très gracieux, Marzelline ayant toujours l'initiative des phrases[1]. Ce qui diffère : la tonalité et la conception concertante, qui se conjuguent pour donner des sonorités claires et des tessitures opposées faciles à repérer à l'oreille. L'ensemble a un caractère de grande simplicité et d'évidence, par la stabilité tonale, la permanence et la continuité des timbres, la forme sans complexité.

La méprise de Marzelline qui semble assez invraisemblable au début du XIXe siècle (Fidelio, soprano, ne pouvait être confondue avec un homme) faisait référence aux castrats du XVIIIe siècle et à l'opéra de Haendel, *Alcina*, dans lequel Bradamante, qui se déguise en homme pour approcher Ruggero, séduit, sans le vouloir et à son insu, la sœur de Ruggero.

À la fin de cette scène, Marzelline sort de scène pour aller ouvrir les cellules des prisonniers afin qu'ils puissent effectuer leur sortie quotidienne et habituelle.

Leonore reste alors seule en scène.

N° 11 Récitatif et air de Leonore

« O ! brich noch nicht du mattes Herz » (Ne te brise pas encore, toi mon cœur épuisé), Allegro, ¢, *mi* mineur

« Komm Hoffnung » (Viens, espérance), Adagio, 2/4, *mi* majeur, (188 mes. ?)

« O du, für den ich alles trug » (Ô, toi pour lequel j'ai tout supporté), Allegro con brio, **C**, *mi* majeur

Fidèle à Bouilly-Gaveaux qui avaient confié une « romance » à Leonore, Sonnleithner avait prévu un air formé de deux strophes sans récitatif : sur le livret de 1805 (paru avant que Beethoven n'ait achevé la composition de l'opéra), l'ensemble du texte de Leonore s'intitule « Arie » et appelle une forme musicale de type A B A'B' (A exprimant un sentiment de l'ordre de la plainte, B appelant à l'action et à l'accomplissement de son devoir d'épouse). Mais, au lieu de suivre le découpage strophique de Sonnleithner, Beethoven a traité en récitatif les quatre premiers vers :

O ! brich noch nicht du mattes Herz ! / Ne te brise pas encore, toi mon cœur épuisé !

Du hast in Schreckenstagen / Dans les jours de terreur, tu as supporté

Mit jeder Stunde neuen Schmerz / À tout moment une nouvelle douleur

Und bange Angst ertragen. / Et une angoisse terrible.

Puis il a conçu la deuxième partie de la première strophe (les vers 5 à 8), comme un Adagio, en exigeant la modification du texte initial de Sonnleitner :

Texte de la musique de 1805, et du livret de 1806

Komm Hoffnung ! Laß den letzten Stern
Der Mieden nicht erbleichen !
Erhell' ihr Ziel ! sey's noch so fern,
Die Liebe wird's erreichen.

1. N° 4 chez Bouilly-Gaveaux, ce Duetto est Andantino grozioso à 6/8, en *la* majeur (112 mes.), l'orchestre comprenant deux flûtes, deux cors et les cordes.

Viens, espérance ! Ne laisse pas s'éteindre
Cette dernière étoile pour moi qui suis si lasse !
Éclaire mon but ! si loin qu'il soit,
L'amour y parviendra.

Texte du livret de 1805

O folge deinem Triebe!
Erliege nicht
Der hohen Pflicht
Der treuen Gattenliebe.
Ô suis ta pulsion
Ne succombe pas
Pour le haut devoir
De la fidélité conjugale.

L'appel à l'espérance s'inspire, entre autres sources, de Bouilly, qui avait confié un air à Leonore après sa romance et après le dialogue entre elle et Roc (qui lui disait qu'ils devaient préparer la tombe du prisonnier d'État) : au cours de cet air Leonore, après avoir interpellé l'« exécrable Pizarro », invoquait Dieu, son « unique espérance » (cet air n'a pas été mis en musique par Gaveaux).

D'après les esquisses, Beethoven est revenu sur l'air de Leonore après ses recherches pour le deuxième Finale, et c'est alors qu'il aurait exigé une modification du texte en relation avec le *Lied « An die Hoffnung » op. 32*, qu'il venait de composer et qu'il avait offert à Josephine, comtesse Deym (en mars 1805).

Après cette partie Adagio, Beethoven a conçu la deuxième strophe comme un Allegro, apportant quelques modifications par rapport au texte imprimé de Sonnleithner :

Texte de la musique 1805 et du livret 1806

Ich folg' dem innern Triebe,
Ich wanke nicht,
Mich stärkt die Pflicht
Der treuen Gattenliebe!
Je suis ma pulsion intime,
Je n'hésite pas !
Ma force, je la dois au devoir que m'inspire
La fidélité de l'amour conjugal !

Texte du livret de 1805

Daß dieser Sieg mir bliebe!
Ich wanke nicht!
Mir ruft die Pflicht
Der treuen Gattenliebe!
Que cette victoire me reste !
Je n'hésite pas,
M'appelle le devoir que m'inspire
La fidélité de l'amour conjugal !

Comme l'attestent les esquisses, Beethoven aurait adopté dès le début cette conception d'une Scène comprenant un récitatif et un air en deux parties, dépassant immédiatement les conventions de l'air strophique typique du Singspiel pour composer un air dynamique, de coupe adaptée à l'action et au caractère du personnage de Leonore – cette scène d'opéra devant faire pendant à celle de Florestan.

Pour composer cet air, soutenu par trois cors et un basson, Beethoven s'est inspiré de l'*Alceste* de Gluck, ainsi que de plusieurs airs d'opéras de Mozart (l'air de Constance[1], celui d'Électre, celui d'Ilia[2], et surtout le Rondo de Fiordiligi[3], « Per Pietà, ben mio », également en *mi* majeur). Il s'est appuyé également sur Gaveaux qui avait prévu un cor accompagnant un Adagio espressivo *fa* mineur / *fa* majeur, et il a puisé des références dans sa propre musique, en particulier les trois cors de l'*Eroica*.

À la fin de l'Allegro con brio, une coda très virtuose chante la force que confère l'amour conjugal : des traits ascendants sous forme de vocalises traduisent la détermination de Leonore.

Il semble que Beethoven n'ait achevé cet air (en 1805, comme en 1814) qu'après tous les autres numéros ; les nombreuses esquisses montrent qu'il a cherché la forme la plus simple et la plus neuve, rejetant ce qui pouvait être perçu comme conventionnel. Et

1. Dans *L'Enlèvement au sérail*, n° 11, la protestation de courage et de défi héroïque de Constance est soutenue par un orchestre comprenant cors, trompettes, clarinettes et bassons par deux.

2. Dans *Idomeneo*, l'air d'Électre, n° 4, est soutenu par quatre cors, et l'air d'Ilia, n° 11, par quatre vents concertants : flûte, basson, clarinette, cor.

3. N° 25 de *Cosi fan tutte*, acte II, scène 3 : Fiordiligi a l'idée de se déguiser en homme pour aller retrouver leurs amants à la guerre et combattre à leur côté (ce qui lui permettrait d'échapper à l'infidélité). Mozart lui a confié un récitatif suivi d'un air en deux parties : Adagio (« Per piétà ») et Allegro moderato (hymne à son amour) ; l'orchestre comprend des cors, des bassons, des clarinettes et des flûtes par deux. Fiordiligi est le seul personnage de l'opéra *Cosi fan tutte* à chanter seule sur scène (il n'y a pas d'autres personnages présents).

cette fois encore, la construction musicale a pris le pas sur le respect de la forme poétique : Beethoven répète des vers ou des bribes de vers en fonction de ses exigences musicales (cadence, coda, répétions des motifs).

Après l'affirmation de sa foi en l'amour conjugal, Leonore sortait de scène, et le décor se transformait dans la version de 1805 : il montrait la cour dans laquelle les prisonniers effectuaient leur promenade quotidienne.

N° 12 Finale (667 mes. ?)

Le chœur des prisonniers qui chantent leur joie de respirer à l'air libre n'était pas encore intégré dans le finale en 1805 : il le précédait, le Finale ne commençant qu'avec « Noch heute » de Leonore, les prisonniers ayant déjà regagné leurs cellules.

Le chœur « O welche Lust ! », Allegretto, 2/4, *si* bémol majeur, de forme A B A' coda, est proche de la forme sonate avec développement modulant. Sa structure, qui repose sur la différenciation entre le tutti des voix et l'intervention d'un seul prisonnier, est inspirée de la structure adoptée par Bouilly-Gaveaux, l'intervention du prisonnier se faisant en *sol* majeur. La musique insiste sur la progression dramatique et souligne la détresse et l'univers de mort dans lequel vivent les prisonniers par un unisson sur l'expression « der Kerker eine Gruft » (Le cachot est un tombeau).

Les esquisses montrent que Beethoven a fait beaucoup de recherches (il existe une dizaine d'esquisses) pour trouver la ligne musicale de « O welche Lust, in freier Luft », et que la musique de ce premier chœur, ouvert par la sonorité du basson, suivie de celle du hautbois, avait d'abord été destinée au Finale du *Quatrième Concerto pour piano op. 58*.

D'autre part, Beethoven s'est inspiré du chœur de la fin du deuxième acte d'*Idomeneo* de Mozart, « Corriamo, fuggiamo » (courons, fuyons) n° 18, qui se termine par une musique qui s'étiole jusqu'à disparaître. Au moment où il esquissait ce Finale, Beethoven chercha à se procurer la partition d'*Idomeneo* : vers la fin mai 1805 [1., 221], il la demandait à Josephine (« Wenn sie *Idomeneo* nicht brauchen, lassen sie mir ihn auf einige Tägen » [si vous ne vous servez pas d'*Idomeneo*, laissez-le moi pour quelques jours]).

Finale 1805 du deuxième acte

« Nun sprecht, wie ging's ? » (Comment cela s'est-il passé ? Parlez !), (Leonore/Rocco), Allegro molto, **C**, *sol* majeur

« Wir müssen gleich zum Werke » (Il faut vite se mettre au travail), (Leonore /Rocco), Poco Andante con moto, 6/8, *mi* bémol majeur

« Ach ! Vater, eilt » (Ah ! Père, hâtez-vous) (Leonore / Marzelline / Jaquino / Pizarro / Rocco), Allegro, 3/4, *mi* bémol majeur (mes. 390)

« Auf euch nur will ich bauen » (Je ne compte que sur vous), (Pizarro /chœur), Maestoso, **C**, *si* bémol majeur

« Jetzt eilet auf die Zinnen » (Maintenant dépêchez-vous de gagner vox créneaux), (Pizarro/chœur), Allegro ma non troppo / Più moto, **C**, *si* bémol majeur

Le déroulement se conforme à la scène située par Bouilly entre la romance et l'air de Leonore, ainsi qu'à celle située avant le chœur des prisonniers (chœur qui, chez Bouilly, constituait le finale du premier acte) : Beethoven et Sonnleithner ont donc inversé l'ordre des scènes prévu par Bouilly pour construire un grand finale d'opéra fait de musique continue, comprenant des chœurs ainsi que des dialogues mis en musique. Ainsi, c'est après le chœur des prisonniers que Leonore, impatiente, questionne Rocco sur la réponse du gouverneur : Rocco lui annonce alors que Pizarro l'autorise à être accompagné dans sa tâche, ce qui provoque la joie de Leonore (« Noch heute, noch heute ! – O welch ein Glück » [Dès aujourd'hui ! – Ah ! quel bonheur !]), joie qui se transforme en terreur quand Rocco lui précise qu'ils doivent préparer la tombe du prisonnier moribond; Marzelline fait alors irruption pour mettre son père en garde : Pizarro est dans une colère noire ! (il est furieux que Rocco tarde à exécuter ses ordres : descendre dans les souterrains de la prison pour préparer les lieux de l'assassinat). Le finale se termine sur un chœur, échange entre Pizarro et ses gardes, et manifestation de la terreur que fait régner Pizarro.

Le dernier mot du dernier vers chanté par les gardes, « Wir sind voll Treu, und Muth » (Nous sommes totalement fidèles et courageux), est une interprétation de Beethoven, qui a remplacé le mot « Wuth » (colère) du texte de Sonnleithner par le mot « Muth » (courage).

La musique de Beethoven suit la progression du texte pour le dialogue (en jouant sur les changements de tempo et de tonalité), et elle adopte une forme sonate pour le chœur final (l'orchestre énonçant la coda). Ce chœur final est issu d'un *la* à l'unisson (sensible de *si* bémol majeur), vide harmonique (et note de référence, étant note du diapason), point d'origine et métaphore musicale du néant; les sonorités sont martiales (timbales, trompettes), et une écriture à l'unisson souligne «voll Treu und Mut».

Avant que les esquisses du chœur des prisonniers, «O welche Lust», ne soient achevées, Beethoven a esquissé quelques phrases de la suite, en particulier l'intervention de Pizarro furieux «Noch immer zaudert ihr?» (Combien de temps allez-vous encore tarder?). Il esquissa en même temps le second (et dernier) mouvement de la *Sonate op. 54*, le deuxième mouvement du *Triple concerto op. 56* ainsi que, de manière sporadique, les deux autres mouvements et les cadences.

Acte III. Comme chez Bouilly (et comme dans bien d'autres opéras de la fin du XVIIIe siècle), cet acte se déroule dans un cachot souterrain et noir, à la seule lumière d'une lampe.

N° 13

Introduction d'orchestre – Grave, 3/4, *fa* mineur (41 mes.)

Récitatif de Florestan, «Gott! Welch eim Dunkel hier!» (Dieu, quelle obscurité ici!), (18 mes.)

Air de Florestan, en trois parties (mes. 60 – 130)

«In des Lebens Frühlingstagen» (Aux jours du printemps de la vie), Adagio, 3/4, *la* bémol majeur (mes. 60-85)

«Ach es waren schöne Tage» (Ah! Ce furent de beaux jours), Poco agitato?, *fa* mineur

«Mildre, Liebe, deine Klage» (Modère ta peine, mon amour), Il tempo un pocco più sostenuto, *fa* mineur / *fa* majeur

Ne remettant pas en cause le choix de Gaveaux, Beethoven composa lui aussi, pour le début de ce dernier acte, une Introduction d'orchestre qui trouva sa forme définitive dès la première version. Les esquisses montrent que Beethoven commença à penser à ce numéro en partant du récitatif de Florestan (dans lequel ce dernier exprime sa détresse) : le matériau musical qui s'imposa finalement (après bien des recherches) fut utilisé pour la composition de cette Introduction, dont la musique, juxtaposition de motifs, est dominée par l'effet instrumental du triton aux timbales et des tremolos aux cordes.

Vers la fin de cette introduction, Florestan enchaîné vient s'asseoir sur une pierre. Il laisse alors sortir un cri déchirant, exprimant ensuite sa souffrance à la manière de Job puisqu'il ne remet pas en cause la volonté divine («Gerecht ist Gottes Wille! / Ich murre nicht!» [La volonté de Dieu est juste!/ Je ne m'élève pas contre!]). La musique isole chacune des huit phrases de son récitatif par des silences, et au moyen d'une forme de déclamation, d'une tonalité et d'un tempo spécifiques.

Après ce récitatif, Florestan chante la première partie de son air qui a été objet de nombreuses esquisses et de nombreuses versions (on en compte dix-huit, mais il y en a bien plus, dans la mesure où le thème de l'air est repris dans les Ouvertures de *Leonore II*, *III* et *I*, et que pour chacune des versions de l'opéra Beethoven a retravaillé la déclamation ainsi que beaucoup d'éléments de détail de cette partie de l'air).

L'air étant différent dans chacune des versions de l'opéra, la version de 1805 est impossible à reconstituer puisque la partie centrale de l'aria (à l'origine en trois parties) est perdue.

La première partie Adagio, «In des Lebens Frühlingstagen» (qui lui a coûté beaucoup d'esquisses) est très certainement proche des versions suivantes (puisque le thème est cité dans l'Ouverture jouée en 1805, l'Ouverture de *Leonore II*).

D'après des esquisses la deuxième partie était prévue «Moderato» en *fa* majeur avec une flûte obligée sur «Ach, es waren schöne Tage, / Als mein Blick an deinem hing. / Als ich dich mit frohem Schlage / Meines Herzens fest umfing!» (Ah! Ce furent de beaux jours/ Quand nos regards étaient retenus l'un par l'autre./ Quand le cœur battant de joie je t'enlaçai fermement). Cette deuxième partie de l'air, au début de laquelle Florestan tirait de son sein le portrait de sa femme, a été supprimée en 1806 (et elle n'a jamais été gravée).

La troisième partie, sur les vers : « Mildre, Liebe, deine Klage, / Wandle ruhig deine Bahn. / Sage deinem Herzen, sage : / Florestan hat recht gethan » (Modère ta peine, mon amour, / Suit ta voie avec calme./ Dis à ton cœur :/ Florestan a eu raison d'agir ainsi), dans un « Tempo poco più sostenuto », en *fa* majeur, a été reprise dans la version de 1806, avec quelques modifications (mais remplacée par une autre version en 1814).

Cet air est accompagné par un ensemble de vent qui constitue la « colonne maçonnique » (clarinette, basson, cor).

Comme Beethoven voulait faire de l'air de Florestan le pendant à l'air de Leonore (qui répond à la structure récitatif et air en deux parties), il supprima d'abord le troisième couplet de Bouilly (au cours duquel Florestan s'évanouissait de faim et de froid), puis en 1806, il supprima le couplet du milieu, avant de réécrire entièrement cette dernière partie en 1814.

N° 14 Duo Leonore / Rocco, Andante con moto, C, *la* mineur, de forme rondo (122 mes. ?)

« Nur hurtig fort, nur frisch gegraben » (Allons-y prestement et creusons hardiment !)

Cette scène existe chez Bouilly-Gaveaux.

Tandis que Florestan s'affaisse épuisé, Leonore et Rocco pénètrent dans le cachot pour dégager l'ouverture de la citerne qui doit servir à faire disparaître le corps de Florestan.

Le duo est précédé d'un récitatif que Beethoven a traité sous forme de Melodram, peut-être dèjà en 1805 comme le laisse supposer une des dernières pages du « cahier d'esquisse de 1804 » : sous quelques notations concernant l'air de Florestan qui devait être plus court, et à la fin d'une suggestion pour la réécriture de la fin de l'air, Beethoven a écrit : « fällt ins Duodrama » (tombe dans le Duodrama)[1].

Les esquisses prouvent que Beethoven n'a pas trouvé tout de suite le matériau musical de ce duo, et une copie de la première version (conservée à Berlin) qui porte de nombreuses corrections de sa main montre que l'orchestration a été radicalement modifiée au profit des sonorités graves des violoncelles, des contrebasses, des contrebassons et des trombones (aucune mesure n'a été épargnée).

Le matériau retenu par Beethoven, et qu'il présente au cours des deux premières mesures, est très simple : il résulte d'une combinaison de sonorités étouffées et graves (« ce morceau doit être joué de manière très douce de bout en bout et les *sf* et les *f* ne doivent pas être rendus avec trop de force », exige Beethoven), de battues rapides, d'un très court motif et de la tonalité de *la* mineur.

Les lignes vocales de Rocco et de Leonore sont très différenciées : à la déclamation sur une même note de Rocco, proche du récitatif incantatoire, s'oppose les inflexions mélodiques de Leonore.

La forme rondo A B A'C D A'' coda permet de donner une spécificité musicale à chaque moment de l'action qui est en train de s'effectuer : la partie B avec ses dissonances correspond à la pierre à soulever ; la partie C, en *ut* majeur, souligne la détermination de Leonore qui est là pour délivrer le prisonnier ; la partie D, en *fa* majeur-*ré* mineur, est celle au cours de laquelle Rocco demande à Fidelio ce qu'il marmonne tout en travaillant.

N° 15 Trio entre Florestan, Leonore, Rocco, Andante con moto, ¢, *la* majeur, de forme sonate (187 mes. ?)

« Euch werde Lohn » (Soyez récompensés)

Florestan, qui se réveille de son assoupissement, demande à Rocco le nom du gouverneur de la prison. Rocco, pour se débarrasser une fois pour toutes de ces questions lancinantes, lui répond que c'est Pizarro. Florestan le prie alors d'envoyer chercher sa femme à Séville pour qu'elle vienne le délivrer. Rocco, qui refuse d'exaucer ce vœu, accepte pourtant de lui donner à boire, bien que ce soit fermement interdit par Pizarro. C'est alors que Florestan exprime sa reconnaissance.

La partie centrale (développement de la forme sonate) correspond au moment où Leonore implore Rocco pour qu'il lui laisse offrir un morceau de pain à Florestan.

Ce Trio a été travaillé et retravaillé par Beethoven, qui en a modifié le texte à plusieurs endroits, ajoutant en particulier les réticences de Rocco qui refuse que Fidelio donne ce morceau de pain (« Ihr labtet gern den armen Mann ! / Das geht nicht an » [Vous avez soulagé vous-même le pauvre homme de

1. Beethoven avait un exemple de *Melodram* dans l'acte III (la scène qui précède le Finale) de *Lodoïska* de Cherubini, « grand opéra héroïque en trois actes » représenté à Vienne en le 23 mars 1802 au Theater an der Wien, mis en scène par Schikaneder.

sa soif ! / Il n'en est pas question], répond Rocco).

Sur les esquisses, Beethoven a noté pour la fin du trio : « Pour le terzetto toujours plus *pianissimo* vers la fin. »

N° 16 Quatuor Leonore, Florestan, Rocco, Pizarro – Allegro, *ré* majeur (207 mes. ?)

« Er sterbe ! Doch er soll erst wissen » (Qu'il meure ! mais qu'il sache d'abord)

Les lieux du crime étant prêts, Rocco fait entendre le signal qui avait été convenu avec Pizarro.

Ce quatuor correspond à la péripétie, ce moment où les deux lignes de l'action se rejoignent (le projet de Leonore et celui de Pizarro), et où le dénouement se prépare (la libération de Florestan à la suite de l'arrivée du Ministre annoncée par un signal de trompettes).

Gaveaux n'a pas mis cette scène en musique, puisqu'il n'a pas confié de rôle chanté à Pizarro.

Si la forme et l'écriture de ce quatuor ont été trouvées dès la première version (Beethoven n'a apporté que des retouches dans les deux versions suivantes), les esquisses montrent qu'il a tâtonné pour déterminer la tonalité (hésitant entre *mi* bémol majeur, *sol* mineur, *la* mineur, avant de se fixer sur *ré* majeur), ainsi que pour trouver la ligne musicale adéquate du moment où Leonore se dévoile (la dissonance sur une note aiguë pour souligner le mot « Weib » [femme] a fini par s'imposer).

Pizarro arrive masqué et déguisé. Il se démasque très vite (au vers 5), sort son poignard... L'action se précipite alors : Leonore arrête le geste de Pizarro (« Zurück, zurück »), révèle son identité (« Töt erst sein Weib » [Tue d'abord sa femme]) ; après un moment de sidération, Pizarro se reprend et décide de les tuer tous les deux ; c'est alors que les trompettes signalent l'arrivée du Ministre, et que Pizarro doit différer le moment de tuer Florestan.

Beethoven a choisi d'inscrire l'action dans une forme sonate et de conférer un rôle très important à l'orchestre : le drame se joue dans l'orchestre où tous les instruments sont trépidants et intenses tandis que les voix sont proches de la déclamation lyrique.

Le quatuor commence avec le motif de Pizarro, un trait descendant très énergique à l'unisson (ce qui là encore connote la mort). Beethoven utilise également l'unisson des voix et de l'orchestre quand Leonore menace Pizarro avec un pistolet (« Noch einen Laut und du bist tot » [Encore un mot et tu es mort], lui dit-elle).

L'action se noue très rapidement dans le développement jusqu'à la rupture due au signal des trompettes, signal qui est répété une seconde fois. La réexposition suit cette suspension du temps, de l'harmonie et de l'action.

Le quatuor se termine par un Presto, chacun des quatre personnages exprimant ce qu'il ressent : Pizarro, le désespoir ; Rocco, le lâche soulagement ; Florestan et Leonore, la force libératrice de l'amour.

Pourtant, Leonore et Florestan craignent que ce signal ne soit celui de leur mort ; Leonore s'évanouit quand Rocco lui prend son pistolet avant de suivre Pizarro qui part précipitamment accueillir le Ministre.

N° 17 Récitatif et duo, Leonore / Florestan (289 mes.)

« Ich kann mich noch nicht fassen » (Je ne comprends pas encore), Allegro ma non troppo, **C**, *ut* majeur (jusqu'à la mesure 76)

« O namenlose Freude » (Ô joie indicible) (mes. 87), Allegro vivace, **C**, *sol* majeur, de forme rondo et sonate (A B A coda)

Après un récitatif de 76 mesures dominé par les changements de tempo et de tonalité, au cours duquel Florestan essaye d'atteindre Leonore évanouie, éclate leur long Duo de joie débordante. Ce récitatif et ce duo duraient près de dix minutes ! (en 1806, le duo est raccourci de moitié ; en 1814, le récitatif est supprimé).

Le thème trépidant avait été prévu pour *Vesta's Feuer*. Beethoven le réutilise ici en lui donnant une ampleur qui l'amène à dépasser le cadre de la strophe : les bribes de phrases de la coda, dans un tempo accéléré, sont ajoutées en fonction des exigences de la forme musicale.

N° 18 Finale (les prisonniers, le peuple, Leonore, Marzelline, Florestan, Pizarro et ses gardes, Rocco, Don Fernando, Jaquino) (487 mes. ?)

« Zur Rache » (Vengeance) (chœur / L/ F) – Allegro molto, **C**, *ut* mineur

« Steht auf ! Es ziemte mir » (Relevez-vous ! C'est à moi de...), (DF/ R/ chœur), Meno allegro, *la* majeur

« O Gott, o welch ein Augenblick » (Ô Dieu, quel instant !) (L/ F/ M/ R/ DF, chœur), Andante assai, 3/4, *fa* majeur

« Wie lang habt ihr sie getragen ? » (Combien de temps les avez-vous supportées ?) (DF/ F/ L/R/chœur), Allegro, **C**, *fa* majeur

« Preist mit hoher Freude Gluth / Leonorens edlen Muth » (Louez avec l'ardeur de la suprême joie, le noble courage de Leonore) (solistes et chœur), Allegro molto, **C**, *ut* majeur

« Wer ein solches Weib errungen » (Que celui qui a conquis l'amour d'une telle femme) (solistes et chœur), Maestoso / Allegro con brio, **C**, *ut* majeur

Dans cette première version, l'action continue dans le cachot. Alors que Leonore et Florestan sont persuadés qu'ils vivent leurs derniers instants, Rocco surgit dans le cachot avec le Ministre, suivi de Pizarro et de ses gardes, ainsi que de Marzelline et de Jaquino. Florestan reconnaît Don Fernando qui se présente en justicier. Rocco raconte alors ce qu'il vient de faire pour sauver Leonore et Florestan – le chœur exige la punition de Pizarro. Don Fernando demande à Leonore de délivrer Florestan de ses chaînes, ce qui suscite un grand moment de ferveur religieuse collective (« O Gott, o welch ein Augenblick » [Ô Dieu, quel instant]), puis Don Fernando demande à Florestan de faire le récit de sa détention, laissant au roi le choix de la punition de Pizarro. Tous alors chantent les mérites de Leonore : « Wer ein holdes Weib errungen,/Stimm' in unsren Jubel ein !/ Nie wird es zu hoch besungen,/ Retterin des Gatten seyn. » [Que celui qui a conquis l'amour d'une telle femme, / Se mêle à notre joie ! / On ne louera jamais assez / La femme qui sauve son mari.]

Le chœur initial qui appelle à la vengeance est soutenu par trois trombones, sonorités qui connotent l'angoisse de mort de Leonore et de Florestan.

Le dernier chœur, Allegro con brio, a une structure très solide (les voix entrent les unes après les autres pour grossir la masse sonore), ce qui permet de donner toute leur intensité aux traits d'orchestre et aux vocalises qui soulignent le mot « Retterin » (la salvatrice).

Pour composer ce finale et trouver son matériau musical, Beethoven est parti de quelques moments du texte (il existe de nombreuses esquisses, et sans doute beaucoup sont perdues). C'est au milieu de ce travail de recherche que Beethoven a noté (en 1805) :

« Le 2 juin – Finale toujours plus simple – idem pour toute musique de piano – Dieu sait pourquoi ma musique de piano me fait toujours l'impression la plus mauvaise, particulièrement quand elle est mal jouée » (cité par Nottebohm II, p. 446).

Suivent les esquisses pour le récitatif et l'air de Leonore.

Dans l'élaboration de ce finale, Beethoven a réutilisé un thème qu'il avait développé dans la *Cantate sur la mort de Joseph II*, composée du temps de Bonn, en mars 1790, et qui est désigné aujourd'hui comme « Humanitätsmelodie », car attaché à l'idée de l'accession des hommes à l'univers de liberté et de vérité.

Au milieu des esquisses pour la seconde partie du deuxième finale se trouvent les esquisses pour le *Lied « An die Hoffnung » op. 32*, ainsi que pour la *Sonate op. 57* et que pour une Marche inconnue.

Ce dernier finale, qui a donc été conçu à un moment de grande effervescence créatrice, peut être considéré à la fois comme un exemple et comme un symbole du processus créateur de Beethoven : la complexité de sources multiples se résolvant en une simplicité que l'intensité et l'évidence rendent irrésistible.

Sources

Il n'existe pas de manuscrit autographe intégral de la partition de cette première version. Il ne reste que quatre manuscrits à Berlin et une feuille du premier finale (le reste des quelques 180 pages ayant disparu) à Bonn : ces manuscrits sont plutôt des esquisses comportant des idées rapidement notées et de vigoureuses corrections ; ils ont dû servir aux premières copies qui elles aussi furent revues et corrigées par Beethoven. Quelques unes de ces copies sont conservées, parce qu'elles ont servi, pour la plupart, de matériel d'orchestre lors des premières représentations, et de sources pour les corrections et les modifications que Beethoven apporta à la partition en 1806, puis en 1814.

Les esquisses sont incomplètes [1]. Celles qui existent encore se trouvent dans plusieurs cahiers (voir Nottebohm, 1803).

1. Il en manque toute une série (concernant les nos 7 à 11, ainsi que le premier mouvement du *Triple Concerto* et le premier mouvement de la *Sonate op. 54* et le mouvement lent initial de la *Sonate op. 53*).

À la fin de l'Eroica Skizzenbuch (Landsberg 6, à Cracovie) pour les cinq premiers numéros du premier acte ; ce cahier, utilisé entre janvier et mars 1804, comprend également des révisions pour l'oratorio *Christus am Oelberge* (redonné le 27 mars 1804) et, tout à la fin, des esquisses pour le *Triple Concerto*, ainsi que des esquisses pour la *Cinquième Symphonie op. 67*.

Le Leonore-Skizzenbuch (à Berlin), le plus gros cahier d'esquisses, comprend le travail jusqu'en automne 1805 : il commence avec quelques esquisses pour le duo entre Marzelline et Leonore (« Um in der Ehe froh zu leben »), se poursuit avec le travail pour le premier finale (le chœur des prisonniers), et couvre tous les autres numéros du deuxième acte, ainsi que l'air de *Leonore* (également le *Triple Concerto*, le second mouvement de la *Sonate op. 54*, le *Lied « An die Hoffnung » op. 32*, le premier mouvement de la *Sonate op. 57*).

Des feuilles éparses (concernant le duo Marzelline Jaquino n° 2 et le Trio Rocco, Fidelio, Marzelline n° 6) permettent de prendre en compte les relations entre la composition de Leonore et celle d'autres œuvres instrumentales (*4ᵉ* et *5ᵉ Symphonies*, *4ᵉ Concerto*), et elles montrent que Beethoven a cherché des solutions en s'inspirant de Mozart ou de Cherubini.

L'ordre des esquisses laisse supposer que Beethoven a composé la musique de chacun des numéros successivement, en revenant parfois sur les numéros précédents pour chercher d'autres solutions, et que le plus souvent il est parti de quelques endroits du texte, cherchant l'adéquation avec la prosodie, pour trouver le matériau musical de chacun des numéros.

PUBLICATION

La première édition de la partition date de 1908-1910, elle fut assurée par Erich Prieger, à Leipzig (avec l'ouverture *Leonore II*).

Une réduction pour piano fut réalisée par Erich Prieger et publiée en 1905 à Leipzig, par Breitkopf & Härtel (une deuxième édition augmentée fut publiée en 1907).

Une nouvelle édition fut assurée par Willy Hess, *Supplemente zur Gesamtausgabe*, XIII, Dramatische Werke, Bd 3, Breitkopf et Härtel, Wiesbaden, 1967.

L'ŒUVRE VUE PAR SES CONTEMPORAINS

Dans *Der Freimütige*, journal de Kotzebue, le rédacteur signale que le nouvel « Beethovensche Oper » n'a pas plu, qu'il n'y a eu que quelques représentations devant une salle chaque fois vide. Les mélodies sont loin de produire l'effet de celles de Mozart ou de Cherubini. Le texte, traduit pas Sonnleithner, raconte l'histoire d'une libération, genre mis à la mode par les *Deux Journées* de Cherubini.

L'*AMZ* VII (n° 36, 5 juin 1805 [col. 572]) donne des nouvelles du Theater an der Wien : « Un nouvel opéra, de Beethoven, doit bientôt être représenté. On est très intrigué par ce travail, première œuvre dramatique de Beethoven. Dans le texte, Beethoven doit se retrouver avec Paer, qui a également mis en musique *Leonore*, donné l'an dernier à Dresde. »

L'*AMZ* VIII (n° 15, 8 janvier 1806 [col. 237-238]) relate que l'opéra a été reçu de façon très froide. Le rédacteur formule des critiques défavorables tant pour la partition (l'attente est déçue) que pour l'exécution (Kunze, p. 150-151).

Le Journal intime de l'anglais Henry Reeve (cité par Thayer/Deiters/Riemann, II. p. 491, et par Laaber, I., p. 539) donne également un écho défavorable : « Je suis allé au Théâtre an der Wien voir le nouvel opéra *Fidelio*, musique de Beethoven. L'histoire et le plan de l'ouvrage sont un triste mélange de mauvaises actions et de situations romantiques ; les airs, les duos et les chœurs méritent tous les éloges. Les différentes ouvertures, car il y a une ouverture pour chacun des actes, semblent en général trop artificielles pour plaire, particulièrement quand on les entend pour la première fois. Les caractères de la musique de Beethoven se nomment complications et difficultés, ce qui demande une oreille très exercée, ou bien de fréquentes répétitions du même morceau pour en comprendre et en apprécier les beautés. C'est le premier opéra qu'il ait composé et il fut fortement applaudi. À la fin du spectacle, des galeries supérieures, on lança dans la salle des exemplaires d'un poème à la glorification de Beethoven [il s'agit du poème écrit par Stephan von Breuning]. Mais il n'y avait que peu de spectateurs. »

Le *Journal des Luxus und der Moden*, Weimar, Jg. 21 (mars 1806 [p. 287]) rapporte que cet Opéra a été donné, pour la première fois, peu de jours après l'entrée des troupes françaises, circonstances défavorables pour apprécier une œuvre d'art. Le rédacteur annonce que l'Opéra, œuvre qu'il trouve géniale, va être redonné à la fin du mois, avec des modifications, les trois actes resserrés en deux (Kunze, p. 151).

CORRESPONDANCE

À propos de la composition et de la première représentation

Le 4 janvier 1804 [1., 176], Beethoven écrivait (pour la première fois) à Johann Friedrich Rochlitz (1769-1842), écrivain rédacteur de l'*AMZ* depuis 1798 (il le fut jusqu'en 1818) :

« Très honoré, Vous allez recevoir sous peu le livre que vous m'aviez fait parvenir – je l'apprécie moi aussi tant que j'aurais été heureux de le mettre en musique, mais je ne le peux actuellement. Si le sujet n'avait rien eu à voir avec la magie, votre livre m'aurait tirer d'une situation embarrassante, dans la mesure où j'ai tout à fait rompu avec M. Schikaneder, dont l'empire est vraiment éclipsé par l'éclat des opéras français pleins de bon sens et de profondeur. En attendant il m'a pris au moins la moitié d'une année, et je me suis laissé abuser par ses *effe*ts de scènes, pensant qu'il produirait quelque chose de plus sensé que d'habitude [...]. J'ai donc fait adapter rapidement un vieux livret français, et je commence maintenant à y travailler. Encore une fois, si votre opéra n'était pas un opéra à magie, je m'en serais emparé des deux mains, mais le public est actuellement si opposé à ce genre qu'auparavant il recherchait et chérissait. C'est également l'opinion du censeur attaché au théâtre [...] »

En février-mars 1804 [1., 177], dans une lettre à Joseph Sonnleithner, Beethoven manifestait son impatience d'avoir le livret entier : « Cher Sonnleitner ! [...] J'ai reçu hier une nouvelle lettre à propos de mon voyage, qui rend ma décision à ce sujet est inébranlable. Je vous prie donc très sincèrement de faire en sorte que la partie poétique du livre soit complètement terminée pour mi-avril prochain, pour que je puisse continuer à y travailler et que l'opéra puisse être représenté au plus tard en juin, et moi collaborer à sa représentation. »

Le 24 novembre [1., 199], Kaspar Karl écrivait à Breitkopf & Härtel : « Mon frère est tellement occupé actuellement par son opéra qu'il lui est impossible d'envoyer les cinq œuvres » (les *Sonates op. 53, 54* et *57*, la *Symphonie op. 55*, le *Triple Concerto op. 56*).

En mars/avril 1805 [1., 216], Beethoven écrivait à Josephine pour la rassurer sur les conséquences éventuelles du fait que Lichnowsky avait aperçu la partition du *Lied « An die Hoffnung » op. 32* qui comportait une dédicace pour elle. Beethoven signalait que son ami Zmeskall et la tante Guicciardi (de Josephine) avaient été sollicités par Lichnowky pour le pousser à terminer son opéra : « Mon activité va à nouveau augmenter », écrivait Beethoven, stimulé par cet amour partagé.

Sans doute au début du mois d'octobre 1805 [1., 234], Beethoven écrivait à Sonnleithner : « J'ai enfin terminé – j'attends les quatre derniers vers – c'est la raison pour laquelle je n'ai pu penser que rapidement au thème – je compte me mettre à l'ouverture entre les répétitions. »

Le 30 septembre [1., 231], la police de la cour (chargée de la censure impériale) interdit la représentation prévue pour le 15 octobre, jour de l'anniversaire de l'impératrice Marie-Therese.

Suit alors une série de lettres (en automne 1805) concernant la préparation de la représentation [1., 232-239] et son interdiction par la censure. Pour lever cette interdiction, Sonnleithner adresse à la police une lettre [1., 237] en cinq points soulignant qu'il s'agit d'un texte français que l'impératrice apprécie au plus haut point, que Paër a composé sur ce livret un opéra italien donné à Prague et à Dresde en octobre 1804, que l'action se passe au XVIe ; qu'il avait été prévu qu'il soit créé pour l'anniversaire de l'impératrice le 15 octobre ; et que, au moment où il manque tellement de bons livrets, il faut reconnaître la qualité de ce dernier et ne voir dans la vertu d'une femme contre un méchant gouverneur qu'une affaire privée, comme *Pedrarias im Balboa* de Collin. Quelques jours plus tard [1., 238], Sonnleithner sollicitait l'intervention de Philipp von Stahl, conseiller aulique chargé de la police, auprès de la censure, en assurant que l'impératrice attendait un opéra de

Beethoven depuis longtemps, et qu'il ne s'agissait que de l'héroïsme privé d'une femme.

Le 5 octobre 1805 [1., 239], la censure permettait la représentation à condition de modifier « les scènes les plus grossières ». De quelles scènes s'agissait-il ?

Le jour de la première représentation, Stephan von Breuning avait fait distribuer un poème en l'honneur de Beethoven :

Sei uns gegrüßt auf einer größern Bahn,
Worauf der Kenner Stimme laut Dich rief,
Da Schüchternheit zu lang zurück Dich hielt!
Du gehst sie kaum, und schon blüht Dir der Kranz,
Und ältre Kämpfer öffnen froh den Kreis.
Wie mächtig wirkt nicht Deiner Töne Kraft;
Die Fülle strömt, gleich einem reichen Fluß;
Im schönen Bund schlingt Kunst und Anmuth sich,
Und eigne Rührung lehrt dich Herzen rühren.
Sois salué en t'engageant dans cette plus haute voie
Où t'appelait le choix des connaisseurs !
La timidité trop longtemps t'en avait éloigné.
Tu la foules à peine et déjà pour toi le laurier fleurit,
De plus vieux lutteurs t'ouvrent les rangs.
Combien puissante est la force de tes mélodies !
Leur plénitude coule pareille aux flots d'un grand fleuve,
L'art et la grâce se joignent dans une belle union,
Et ta propre émotion t'a appris à toucher le cœur !

Es hob, es regten wechselnd unsre Brust
Leonorens Muth, ihr Lieben, ihre Thränen;
Laut schallt nun Jubel ihrer seltnen Treu,
Und süßer Wonne weichet bange Angst.
Fahr' muthig fort; dem späten Enkel scheint,
Ergriffen wunderbar von Deinen Tönen,
Selbst Thebens Bau dann keine Fabel mehr. »
Le courage de Leonore, son amour, ses larmes
Font battre nos cœurs et ils battent tour à tour ;
Qu'éclate maintenant la louange de sa fidélité
Et l'angoisse inquiétante cède devant le ravissement.
Poursuis courageusement ta route ; à nos arrière-neveux,
Émus au merveilleux par tes chants,
La construction de Thèbes ne paraîtra plus une fable

(texte français in Maurice Kufferath, *Fidelio* de L. von Beethoven, Paris, 1913, p. 56)

Opus 32
An die Hoffnung

Lied avec accompagnement de piano (première version), sur un poème de Christoph August Tiedge
Pocco Adagio, 3/4, mi *bémol majeur – 33 mes.*

TEMPS DE LA COMPOSITION

Ce Lied fut écrit pour Josephine, comtesse Deym, née Brunsvik, comme en témoigne une lettre de Josephine à sa mère du 24 mars 1805 : « Le bon Beethoven a écrit pour moi un charmant Lied sur un texte de l'Urania, “à l'espérance”, et il m'en a fait cadeau. »

Début de l'année 1805, au moment où une relation d'amour se nouait entre Beethoven et Josephine, « Madame la Comtesse Deym née Comtesse Brunsvik », et alors qu'il travaillait à son opéra *Leonore*, ce dont témoignent les esquisses qui se trouvent au milieu de celles pour l'opéra (plus précisément avant le Trio « Euch werde Lohn ») (Nottebohm, II, 436-437).

CONTEXTE BIOGRAPHIQUE

Il avait rencontré cette jeune femme (née le 28 mars 1779) en mai 1799, lors du séjour de la famille Brunsvik à Vienne (cf. les *Variations pour piano à quatre mains WoO 74*, inscrite sur l'album des sœurs Brunsvik le 23 mai 1799). Josephine, mariée dès le 29 juin 1799 avec le comte Joseph Deym von Stritetz (âgé de 47 ans), recevait et organisait souvent des concerts dans ses salons. Beethoven était alors l'un des hôtes les plus apprécié d'autant que cette jeune comtesse aimait beaucoup la musique et particulièrement la sienne – comme elle le lui écrivit au cours de l'hiver 1806-1807 [1., 265] : « Avant même que je vous connaisse, votre musique me remplissait d'enthousiasme – la bonté de votre caractère, votre inclination y ajoutèrent encore. »

Veuve après un peu plus de quatre ans de mariage (le comte Deym mourut le 27 janvier 1804, alors que Josephine attendait son quatrième enfant), Josephine ne recommença à organiser des concerts dans sa maison qu'à partir de la fin de l'année 1804, mais une lettre de Beethoven, écrite sans doute en novembre de cette même année [1., 201], prouve qu'elle et lui étaient en relations musicales étroites avant la reprise de ces concerts, puisqu'il lui prête la partition de la *Sonate op. 31 n° 3* qui vient de paraître chez Nägeli et que personne ne connaît encore à Vienne – Beethoven répondait ainsi au vœu qu'elle avait exprimé d'avoir quelque chose de nouveau de lui.

La correspondance des deux sœurs de Josephine (Charlotte et Therese[1]), entre elles et avec leur frère Franz[2], permet de suivre la façon dont se sont nouées les relations d'amour entre Beethoven et Josephine. Après un été (1804) au cours duquel, malgré ses promesses, Beethoven ne s'installe pas à Hietzing, village près de Vienne où se trouvaient Josephine et sa sœur Charlotte, de retour à Vienne en septembre, il commença, semble-t-il, à rendre souvent visite aux deux sœurs, elles aussi rentrées à Vienne : « Beethoven était deux fois chez nous, écrivait Charlotte le 10 novembre 1804 à Therese, dans un français approximatif. Pepi [surnom de Josephine] l'a invité l'autre jour a dîné ; après, on a fait musique, des quattors, et lui étais si aimable qu'il a tout de suite joué comme on l'a prié une sonate et des variations, les mêmes que je t'envoie, divinement. Il te dit mille belles choses[3]. »

Le 20 novembre 1804, Charlotte signalait à Therese : « Beethoven est très aimable : il vient presque tous les seconds jours et dône des leçons à Pepi ; il demande toujours après vous ; il compose un opéra, et nous en a joué quelques pièces, charmant. » Et quatre jours plus tard, cette fois en allemand, elle mentionnait les soirées musicales, avec Kleinheinz, Zmeskall, Beethoven et beaucoup d'autres personnes fort intéressantes, réunions amicales qui précédèrent la reprise des concerts réguliers (le mercredi) – ce que Charlotte spécifiait dans une lettre du 19 décembre 1804, ajoutant : « Pepi spielte vortrefflich Klavier ; ich selbst finde noch nicht den Mut mich hören zu lassen [Pepi a joué remarquablement ; quant à moi, je n'ai pas encore le courage de me faire entendre]. Beethoven vien très souvent, il dône des leçons à Pepi : – c'est un peu dangereux, je t'avoue[4]. » Le 21 décembre 1804, Charlotte écrivait la même chose à son frère : « Beethoven ist fast täglich bei uns, gibt Pipschen Unterricht [Beethoven est presque tous les jours à la maison, il donne des cours à Pipschen – vous m'entendez mon cœur[5] ! »

Quelques jours après le nouvel an, Charlotte disait à Therese que Beethoven venait « presque tous les jours » et qu'il « a composé un air pour Pepi » qu'elle lui envoie, ajoutant : « mais te prie en même temps de ne le montrez à personne, ne pas même dire si tu le chantes devant quelqu'un, que tu l'as en notes ; il te plaira, j'en suis sûre. » Therese lui répondit qu'elle avait respecté l'injonction, n'ayant mis que deux jours à apprendre l'air par cœur tant il lui plaisait, pour le plus grand bonheur de son auditoire. Elle ajoutait que les relations si proches de Josephine et de Beethoven l'inquiétaient[6].

De quel Lied s'agit-il ? de *An die Hoffnung* ? ou plus vraisemblablement d'une première version de *Andenken WoO 136*. S'il s'agissait de *An die Hoffnung*, il est difficile à comprendre, vu les relations étroites des membres de cette famille, que la mère de Josephine ait ignoré l'existence de cette œuvre pendant près de trois mois (Josephine l'informait le 24 mars 1805 que Beethoven lui avait fait cadeau de *An die Hoffnung*, un Lied écrit pour elle.) D'après ces quelques indices, il semble qu'au moment du nouvel an 1805, Beethoven et Josephine ne se soient pas encore dévoilé leur amour réciproque (qui paraissait pourtant évident à l'entourage le plus proche), et que Beethoven ait continué, selon son habitude, à aimer l'ensemble des membres de la famille, puisqu'il envoie à Charlotte une carte de nouvel an représentant

1. Charlotte (1782-1843) est auprès de sa sœur Josephine à Vienne, tandis que Therese (1775-1861) se trouve en Hongrie dans la propriété familiale.

2. Franz, comte Brunsvik de Korompa (1777-1849) était alors en voyage en France ; il résidait le plus souvent à Ofen en Hongrie.

3. Cité in Ludwig van Beethoven, *Dreizehn Briefe an Josephine Deym*, Beethoven-Haus Bonn, 1986, p. 9, et in *Briefe*, 1., 202, n.1 p. 233.

4. *Id.*, p. 10.

5. *Id.*, p. 11.

6. Lettre du 20 janvier 1805, *Id.*, p. 11.

un Amour qui, avec son flambeau, embrase les ailes de Psyché, avec ces quelques mots : « À l'occasion de la nouvelle année, pour la malicieuse comtesse Charlotte Brunswick, de son ami Beethoven » – peut-être était-ce une allusion à son proche mariage (qui eut lieu au printemps 1805) ?

Alors que Josephine écrivait à sa mère que Beethoven lui avait offert un Lied tiré de l'*Urania* de Tiedge, Beethoven envoyait à Josephine une longue lettre [1., 216, mars/avril 1805] pour la rassurer : de fait, disait-il, Lichnowsky avait remarqué par hasard la partition qui portait une dédicace destinée à Josephine, mais, même si le prince a cherché à se renseigner, il n'a pas pu apprendre grand chose des autres (tant Beethoven et Josephine prenaient de précautions pour ne pas être découverts), et, de toute façon, il ne serait pas hostile à une relation entre eux deux.

Malgré tout, les remarques des sœurs Brunsvik et cette appréhension de Josephine laissent supposer que l'entourage de Josephine craignait plutôt un lien trop étroit entre elle et Beethoven, tant pour des raisons sociales que du fait de la personnalité de Beethoven considéré comme incapable, pour le moins, d'assurer l'éducation des enfants de Josephine – argument que celle-ci, perturbée depuis la mort de son mari qu'elle n'aimait pourtant pas, intégra au point qu'elle écrivit à Beethoven qu'elle ne pouvait pas lui sacrifier des liens sacrés, lui demandant d'avoir un amour moins pressant – ce qu'elle lui demandait déjà au moment où ils s'étaient dévoilé leur amour réciproque, comme l'atteste le brouillon d'une de ses lettres [1., 215]).

Ainsi, ce Lied est directement en relation avec l'amour de Beethoven pour Josephine, à un moment où il pense qu'il s'agit d'un amour partagé[1] qui peut déboucher sur une union durable, puisqu'ils sont si proches quant à la sensibilité et aux valeurs. La comparaison des termes et des images de la première strophe du poème de Tiedge, celle pour laquelle Beethoven a écrit la musique du Lied, avec les termes et expressions de la lettre dans laquelle Beethoven formule son amour, laisse supposer que Beethoven s'est identifié au héros du poème : dans sa lettre [1., 216] il évoque « ein *innerer Gram* » (une tristesse intérieure), ses souffrances et son combat entre la vie et la mort, et exprime son espoir de connaître enfin le bonheur. Il est vrai qu'il se pensait et se construisait en fonction des situations émotionnelles et des images véhiculées par la littérature de son époque (*Werther, Wilhelm Meister* ou certains poèmes de Goethe, tout autant que les *Vies des hommes illustres* de Plutarque ou que *Les Brigands* et *Don Carlos* de Schiller), mais, même si son admiration pour Tiedge et son *Urania* était sincère, il ne mit que ce poème en musique. Or, ce poème dénommé *An die Hoffnung* dans la table des matières du premier chant de l'*Urania*, ne traite pas seulement de l'espérance terrestre : le thème en est d'abord la force de la poésie, la puissance du souvenir qu'elle peut éveiller jusqu'à permettre de retrouver l'être aimé par-delà la mort[2]. Il peut paraître étonnant que, dès le début, l'amour de Beethoven pour Josephine soit associé à l'image de la bien-aimée disparue à laquelle la poésie et la musique peuvent restituer une présence apaisante. Cet écho du mythe d'Orphée et d'Eurydice n'était donc pas étranger à Beethoven, même si, contrairement à Gluck, il n'a pas consacré une œuvre à ce thème : peut-être son sentiment à cet endroit était-il en-deçà du dire et ne pouvait être exprimé mais seulement incarné.

Comme si, pour Beethoven, aimer était d'une certaine façon se confronter à la mort et à l'impossibilité de satisfaire un désir impérieux : ce que le comportement de Josephine confirme puisqu'elle le supplie de renoncer à son désir physique, pour ne conserver qu'une amitié platonique :

« Le plaisir de votre relation aurait pu être le plus beau joyau de ma vie si vous m'aimiez moins sensuellement – je ne peux satisfaire cet amour sensuel – mettez-vous en colère contre moi – Je porterais atteinte à des liens sacrés si je répondais à ce que vous désirez – Croyez que je souffre au plus haut point d'accomplir mes devoirs – et soyez sûr que ce

1. Comme en témoigne le brouillon d'une lettre de Josephine à Beethoven que l'on date du premier quart de 1805 [1., 215], même si déjà dans ce brouillon Josephine situe son amour sur un plan qui ne semble pas être celui de Beethoven (elle lui demande de faire attention à ne pas lui briser le cœur, parce qu'elle ne se sent pas prête pour une autre forme d'amour que l'amour spirituel).

2. Ce thème est le même que celui du cycle de Lieder *An die ferne Geliebte*, op. 98, composé en 1816.

sont des motifs réels et nobles qui guident ma conduite[1]. »

Comme le poème le suggérait, l'anticipait, Josephine se déroba aux instances trop pressantes de Beethoven (elle préférait se consacrer à l'éducation de ses enfants[2], qu'un mariage avec un roturier lui aurait fait perdre). Peut-être avait-elle senti que Beethoven en fait ne l'aimait pas elle, mais qu'il aimait en elle une femme disparue, une femme qui comme elle avait été mère, ou une femme dont il s'était forgé une image idéale, qu'il ne pouvait donc rencontrer que dans un monde immatériel, et peut-être en premier lieu dans sa propre création musicale sous la forme de Leonore ? La coïncidence entre cette relation amoureuse intense avec Josephine et la composition de son unique opéra qui a pour thème l'héroïsme d'une femme qui aime intensément son mari, semble un précédent aux amours de Wagner pour Mathilde au moment où il écrivait *Tristan et Isolde* (1859). Cette situation correspond-elle à la nécessité pour l'artiste créateur de vivre une situation modèle idéale pour créer une œuvre à dimension universelle, dans laquelle chacun retrouve ses aspirations ?

De toutes façons, dès le début de la révélation de leur amour, Beethoven envoyait une lettre (que Josephine recopia) dans laquelle il essayait de dire qu'il ne pouvait exprimer qu'en musique ce qu'il ressentait, répétant souvent « *Sie* » en soulignant ce terme (six fois) ainsi que celui de « in meinenTönen » (deux fois) [1., 214].

Enfin, il faut souligner que Beethoven, qui aimait associer ses œuvres aux noms de personnes qu'il estimait (pour leur importance, par affection ou par reconnaissance d'une sensibilité commune), a publié ce Lied en septembre 1805, seul et sans dédicace, alors qu'il l'avait pensé pour la femme qu'il aimait. Cette absence de dédicace est le signe d'une relation amoureuse qui doit rester cachée et non d'une rupture imminente ou déjà consommée[3] : Josephine ne partit de Vienne, après avoir passé l'été en Hongrie (dans sa famille à Martonvasar), qu'en automne 1805 (vraisemblablement brusquement), et, même si c'était pour fuir Beethoven tout autant que pour se protéger de l'avancée des troupes françaises, elle continua à se préoccuper de lui, et de souffrir de sa jalousie, comme en témoigne un brouillon de lettre datée du 24 avril 1806 [1., 250].

Ce n'est qu'en automne 1809 [2., 404] que Beethoven refusera de répondre à la question que Josephine lui posait sur son état de santé physique et moral[4], pour éviter de « lui révéler la vérité ».

Josephine, dédicataire secrète de *An die Hoffnung*, le fut aussi du Lied *Andenken WoO 136*, ainsi que de l'*Andante favori* WoO 57 (prévu initialement comme mouvement lent de la *Sonate Waldstein op. 53*).

Même si ces œuvres appartiennent à Josephine, Beethoven ne renonce pas à les faire circuler (à en tirer profit) avant même de les faire publier : c'est ainsi qu'à la fin du mois de mai 1805, il demande à Josephine de lui prêter la partition de « son » Andante et des deux Lieder qu'il lui a donnés, c'est-à-dire de « An die Hoffnung » et de « Andenken », pour en donner une copie à la tsarine[5], espérant qu'elle lui offrirait un cadeau (comme elle venait de le faire pour Haydn). Le 3 juin [1., 225], Josephine écrivait à Beethoven qu'elle lui avait fait envoyer les manuscrits demandés.

Quand en 1815, peu de temps après la réécriture d'une grande partie de son opéra, Beethoven composa une nouvelle version de

1. Lettre de l'hiver 1806/1807 [1., 265], citée in Ludwig van Beethoven, *Dreizehn Briefe an Josephine Deym*, *op. cit.*, p. 20-21. Joseph Schmidt-Görg s'appuie sur une étude de l'utilisation de ce terme « Sinnlichkeit » dans le journal intime de Therese Brunsvik : il en ressort que ce terme connote ce qui appartient au physique et nuit à la perfection de l'être.

2. Elle se remaria le 13 février 1810, avec un pédagogue, le baron Christoph von Stackelberg (1777-1841), qu'elle avait rencontré en 1808 (avec lequel elle eut trois filles) ; ils se séparèrent en 1815, parce que Josephine refusa de l'accompagner sur les terres de son frère en Russie (reçues en héritage). Elle mourut à Vienne le 31 mars 1821.

3. Leur séparation affective fut difficile : il semble qu'un rapprochement ait eu lieu en 1807 [1., 294, 295, 296, 297], mais qu'après une période d'éloignement liée à un long voyage de Josephine en 1808-1809, une rupture définitive ait été consommée en automne 1809.

4. D'après un brouillon de lettre qui date sans doute de l'automne 1809 [2., 403].

5. Maria Feodorowna, née duchesse Sophie Dorothea de Würtemberg (1759-1828), femme de Paul Ier (1754-1801).

ce poème *An die Hoffnung op. 94*, il insista sur la dimension métaphysique que Tiedge avait ajoutée dans une nouvelle édition, et composa le poème de part en part, occultant ou dépassant ainsi le souvenir de l'œuvre écrite pour Josephine par une nouvelle version du même thème poétique.

Il s'agit d'une sorte de poème d'amour, celui qui aime espérant retrouver celle qu'il a aimée et qui a disparu. Il attend que le souvenir de la voix aimée le réconforte dans sa détresse.

Die du so gern in heilgen Nächten feierst,
Und sanft und weich den Gram verschleierst,
Der eine zarte Seele quält,
O Hoffnung, laß, durch dich empor gehoben,
Den Dulder ahnen, dass dort oben
Ein Engel seine Thränen zählt!
Toi qui brilles si volontiers au cœur des nuits saintes,
Et qui recouvres la tristesse d'un voile léger et tendre,
Qui tourmentes une âme sensible,
Ô espérance, laisse pressentir à celui que tu entraînes avec toi,
À celui qui souffre, que là-haut
Un ange compte ses larmes!

Wenn, längst verhallt, geliebte Stimmen schweigen;
Wenn unter ausgestorbnen Zweigen
Verödet die Erinnrung sitzt;
Dann nahe dich, wo dein Verlaßner trauert,
Und, von der Mitternacht umschauert,
Sich auf versunkne Urnen stützt.
Quand, depuis longtemps éteintes, se taisent les voix aimées;
Quand sous les rameaux morts
Gît le souvenir déserté;
Alors approche-toi du lieu où s'afflige ton abandonné,
Et qui, en plein minuit,
S'appuie sur des urnes englouties.

Und blickt er auf, das Schicksal an zu klagen,
Wenn scheidend über seinen Tagen
Die letzten Strahlen untergehn;
Dann laß ihn um den Rand des Erdentraumes
Das Leuchten eines Wolkensaumes,
Von einer nahen Sonne, sehn!
Et il lève le regard pour accuser le destin,
Tandis que brisant ses jours
Les derniers rayons disparaissent;
Alors fais lui entrevoir à la limite du rêve terrestre
La lumière qui ourle le nuage,
Venue d'un soleil tout proche!

L'ouvrage de Christoph August Tiedge (1752-1841), *Urania*, eut beaucoup de succès dès sa parution en 1801 : il connut onze éditions (jusqu'en 1837), revues et étoffées jusqu'à la quatrième en 1808. La philosophie qui l'anime est proche de celle des écrits de Herder, de Schiller et de Kant.

Beethoven ne mit qu'un des poèmes d'*Urania* en musique, alors qu'il semble avoir étudié cet ouvrage de très près, étant très sensible à sa philosophie (ses lettres font souvent référence à Herder, Schiller et Kant). Beethoven se sentit très proche de Tiedge, comme l'atteste une lettre de septembre 1811 [2., 521], dans laquelle il exprimait ses regrets de ne pas avoir connu le poète plus tôt : le ton de sa lettre prouve qu'il avait rencontré en lui un interlocuteur capable de comprendre ses interrogations et ses points de vue sur l'homme et la condition humaine.

PRÉSENTATION DE L'ŒUVRE

Ce poème de trois strophes est extrait du premier chant, « Klagen des Zweiflers » (Plaintes de celui qui doute), et intitulé « Lied an die Hoffnung » (Lied à l'espérance), de *Urania. Ein lyrisch-didaktisches Gedicht* de Tiedge (2e édition, Halle, 1803), qui comprend six chants.

Les trois strophes ont la même musique, composée d'après la première strophe; les deux autres sont alignées sur la première, malgré la différence des images et de la versification.

Beethoven a divisé la strophe en deux, pour répéter les trois derniers vers qui commencent par « O Hoffnung ! ». Le tempo est lent et la métrique à 3/4 est large; la voix déclame le texte plus qu'elle ne chante. Le Lied est introduit par un trait très calme du piano qui délimite le cadre tonal de *mi* bémol majeur dans un rythme ample (arpèges brisés, suivis d'arpèges descendants de triolets de croches), puis il est composé de trois parties séparées par un traits d'arpèges en triolets de croches – chacune des parties a son éclairage tonal, la deuxième partant d'un *ut* majeur étonnant qui souligne « O Hoffnung ! », pour moduler ; la troisième partant de *si* bémol majeur pour retrouver la tonalité de *mi* bémol majeur après des modulations de passage – la deuxième et le troisième ayant le même texte. Beethoven a donc choisi une construction musicale, d'ensemble et de détail, qui traduit la pression intérieure (l'exaltation) suscitée par l'espoir.

Quelques termes sont soulignés : « Hoffnung » par la modulation et un saut d'intervalle de la voix ; « Gram », « Seele », « seine Thränen » par une courte broderie ; « Dulder » par une modulation mineure.

La solution musicale insiste sur l'éclairage de l'espoir et le réconfort du souvenir, plus que sur la détresse liée à la disparition de l'être aimé (contrairement à l'*op. 94*).

SOURCES

Le manuscrit autographe n'a pas été conservé. Il comportait vraisemblablement une dédicace à Josephine, comme le laisse supposer une lettre (mars ou d'avril 1805 [1., 216]) dans laquelle Beethoven cherche à la rassurer sur les soupçons éventuels du prince Lichnowsky qui aurait aperçu le manuscrit dédicacé pour elle et qui pourrait avoir compris la nature de leur relation.

Des esquisses de ce Lied se trouvent dans le Leonore-Skizzenbuch Mendelssohn 15 (Berlin), cahier[1] qui contient les esquisses de la fin du premier acte et des numéros du deuxième acte de *Leonore*. Tyson pense que les esquisses pour l'*op. 32* datent de février/mars 1805.

L'ÉDITION ORIGINALE

L'édition originale fut assurée à Vienne par le Bureau d'Art et d'Industrie en septembre 1805 :

« AN DIE HOFFNUNG / von Tiedge / in Musik gesetzt / von / L. VAN BEETHOVEN / N° 32. / [...] / Im Kunst und Industrie Comptoir zu Wien. »

Le Lied fut publié sans numéro d'opus – ce n'est qu'en 1819 que l'éditeur Artaria le désigna dans son catalogue avec le numéro d'op. 32.

1. La date de 1804 conférée à ce cahier par Nottebohm est discutée : cf. l'article de Sieghard Brandenburg, « Das Leonore-Skizzenbuch Mendelssohn 15, Einige Probleme der Chronologie », in *Bonner Beethoven-Studien*, Band 2, Verlag Beethoven-Haus Bonn, 2001, p. 9 à 26.

Ce Lied fut édité par Kühnel à Leipzig et par André à Offenbach en 1806, par Simrock à Bonn en 1807, par Zulehner à Mayence en 1818.

L'ŒUVRE VUE PAS SES CONTEMPORAINS

L'*AMZ* VIII (n° 51 du 17 septembre 1806 [col. 815-816]) publie une très courte critique en 1806 :

« Une petite œuvre qu'il ne faut pas négliger ! Le Lied est interprété avec sensibilité et rendu avec une grande simplicité. Pourtant quelques détails dans l'utilisation des mots seraient à modifier au regard des exigences de la déclamation et du rythme ; par ex., le terme : « Ô espérance » dans la première strophe, devrait être plus lié au précédent. »

Therese Brunsvik exprime son enthousiasme dans une lettre du 20 janvier 1805 adressé à sa sœur Charlotte (qui lui avait envoyé ce Lied) : « Ce Lied la ravit depuis qu'elle le connaît dit-elle, elle l'a "appris par cœur en deux jours" et elle "a fait fureur" en le chantant – mais personne n'a pu en voir la partition[2]. »

Opus 72
Ouverture *Leonore* II

Adagio, 3/4, ut *majeur*
Allegro, ¢, ut *majeur*
Adagio, 3/4, ut *majeur (7 mes.)*
Tempo I, Allegro, ¢, ut *majeur (10 mes.)*
Presto, ¢, ut *majeur*
L'orchestre est formé de flûtes, hautbois, clarinettes en ut, *bassons, de cors en* mi *bémol et de cors en* ut, *de trompette en* ut, *de trombones alto, ténor et basse, de timbales en* ut *et en* sol, *de cordes et de basses – 530 mes.*

TEMPS DE LA COMPOSITION

Peu avant la représentation du 20 novembre 1805.

PRÉSENTATION DE L'ŒUVRE

La tonalité en *ut* majeur est omniprésente.

Le matériau thématique est dominé par le thème de Florestan sous différentes formes

2. Cité in Ludwig van Beethoven, *Dreizehn Briefe an Josephine Deym*, Beethoven-Haus Bonn, 1986, p. 11.

dans l'Adagio initial, dans l'Allegro (deuxième thème) et dans le rappel de l'Adagio.

L'autre thème de l'Allegro est très énergique.

Cette ouverture comprend le double appel des trompettes.

À la suite de l'introduction lente, qui débute par un *sol*, *ff*, à l'unisson de tout l'orchestre et se poursuit par le thème de Florestan en *la* bémol majeur, l'Allegro s'appuie sur deux thèmes qu'il développe, puis un rappel de l'Adagio précède le Presto final qui intensifie le thème initial de l'Allegro.

La forme est spécifique car l'Allegro ne comprend pas de reprise.

SOURCES

Le manuscrit autographe est perdu, mais il existe une copie qui comprend des inscriptions de Beethoven, ainsi que de Mendelssohn.

Nottebohm, II, p. 452/453, signale qu'à la fin du cahier d'esquisses pour l'année 1804, Beethoven a noté quelques idées pour l'ouverture : l'utilisation du thème de Florestan et du signal des trompettes, la fin reprenant cette mélodie de Florestan.

PUBLICATION

Une partition fut publiée pour la première fois en 1843.

Transcription en 1805 de la *Deuxième Symphonie opus 36* pour Trio piano, violon et violoncelle, publiée en 1806 au Bureau d'Art et d'Industrie.

Opus 52
Huit Lieder

Textes de différents auteurs

TEMPS DE LA COMPOSITION

Cet *opus 52* réunit huit Lieder et Gesänge composés pour la plupart du temps de Bonn. Leur assemblage, et donc leur révision définitive, date de 1805.

CONTEXTE BIOGRAPHIQUE

Cette publication contemporaine, entre autres, du travail d'achèvement de *Fidelio* comme de la composition de *An die Hoffnung op. 32*, est le résultat d'une série de démarches entreprises depuis plusieurs années et qui s'expliquent souvent par des raisons financières : endetté [1], Beethoven chercha, surtout à partir de 1803, à tirer des revenus de la vente d'œuvres plus anciennes [2] (pour certaines composées à Bonn). Ses deux frères, Kaspar Karl et Johann, eurent également leur part d'initiative dans la commercialisation d'œuvres sorties de ses cartons : démarche que Beethoven se chargea de dénoncer à ses éditeurs [3] – même si, en fait, il était d'accord avec ses frères – pour leur montrer qu'il savait faire la différence entre des œuvres médiocres, peu élaborées et ses nouvelles créations, de facture originale (cf. *opus 34* et *opus 35*).

Ainsi, le regroupement et la publication de ces *Huit Lieder* procèdent d'une histoire en plusieurs épisodes. Dès 1794-1795, Beethoven aurait songé à rassembler quelques Lieder (peu après son arrivée à Vienne donc) pour établir un ensemble de dix, dans lequel « Der freie Mann » (*WoO 117*) était prévu en n° 4 et « Oh care selve » (*WoO 119*) en n° 10 – initiative qui n'eut pas immédiatement de suite. Le rebondissement se situe en 1799, à un moment où Beethoven composa plusieurs nouveaux Lieder : il reprit alors dix anciennes compositions pour voix et piano avec l'intention de les faire publier – ce projet, réduit à huit Lieder (n° 1 *Feuerfarb'*, n° 2 *Die Ruhe*, n° 3 *Maigesang*, n° 4 *Der freie Mann*, n° 5 *Von der Liebe*, n° 6 *Marmotte*, n° 7 *An die Freude*, n° 8 *Das Blümchen Wunderhold*) n'est mentionné que quatre ans plus tard (le 13 septembre 1803) par Ferdinand Ries dans une lettre à Simrock, Ries signalant qu'il s'agit d'un ensemble offert par Beethoven à son plus jeune frère, Johann (sans doute pour qu'il en tire profit en essayant de le vendre – les transactions étant vraisemblablement assurées par Kaspar Karl, que les éditeurs, pourtant, ne souhaitaient pas rencontrer tant sa grossièreté était redoutable ! [I., 155]). La page de titre d'un fragment d'une copie de ces Lieder offerts porte la confirmation de ce cadeau, de la main même de Beethoven, daté du 7 octobre 1803 : « en

1. Un billet à Zmeskall, datant sans doute de l'automne 1803, le met en évidence [I.,160].

2. Il gardait ses manuscrits à chaque fois qu'il déménageait, ce qui explique qu'il ait pu publier des compositions plus anciennes.

3. Beethoven se montrait mécontent de l'acharnement de ses frères à faire publier des œuvres anciennes (« so viele fatale alte Sachen », selon le terme employé dans une lettre à Breitkopf & Härtel écrite entre le 15 et le 27 septembre 1803 [I., 158]).

toute propriété pour mon frère Johann Beethoven» (à cet ensemble de huit Lieder s'ajoutait le *Prélude WoO55*).

L'éditeur de Bonn, Nikolaus Simrock, déclina cette offre en 1803 (sans doute a-t-il trouvé la musique trop simple par rapport aux compositions habituelles de Beethoven). Finalement, c'est l'éditeur viennois, qui publiait alors les nouvelles œuvres de Beethoven, qui accepta d'acheter cet ensemble (dont l'organisation avait été modifiée : il n'y a plus «Der freie Mann», ni «An die Freude», Lieder remplacés par «Urianreise» et «Molly's Abschied») et d'en assurer l'édition originale.

Si *Der freie Mann* fut édité par Simrock en 1808 (voir *WoO 117*), le Lied *An die Freude*, première version aujourd'hui perdue, correspondait au Lied dont il est question dans la lettre de B. Fischenisch à Charlotte von Schiller du 26 janvier 1793 à propos du jeune Beethoven : «Il pense aussi mettre en musique la Joie de Schiller, en traitant toutes les strophes de part en part. J'attends quelque chose de parfait, car autant que je le connais il est pour le Grand et le Sublime.»

Ces *Huit Lieder* qui datent de la jeunesse de Beethoven donnent une idée de ses lectures favorites (Goethe, Bürger, Lessing, Sophie Mereau, Ueltzen), tout autant que des sujets prisés par ses contemporains – Beethoven et ses amis étant particulièrement sensibles à la poésie, comme en témoignent l'Album qu'ils lui ont offert au moment de son départ à Vienne, aussi bien que les bribes de poèmes qu'ils s'échangeaient pour exprimer les émotions qu'ils cherchaient à faire partager. C'est donc dans ce contexte imprégné de poésie que Beethoven (comme ses contemporains) s'exerça à l'écriture pour chant accompagné dès ses premières œuvres (à Bonn), répondant en l'occurrence soit à la demande d'éditeurs de revues, soit aux sollicitations d'amis : si les Lieder commandés par l'éditeur Boßler furent publiés, les autres Lieder de circonstance restèrent dans les cartons de Beethoven. Aussi songea-t-il à Vienne à récupérer ses compositions pour les publier sous forme de recueil, puisqu'à cette époque les Lieder ne pouvaient pas être publiés isolément (sauf dans des revues, le plus souvent couplés avec une œuvre instrumentale) : les sources manuscrites laissent supposer qu'il s'en préoccupa dès 1794-1795.

Le choix de 1805 permettait à Beethoven de réunir des poèmes de caractère différent, offrant ainsi un panorama des sujets qui lui plaisaient tout en étant susceptibles de toucher ses contemporains : le premier et le septième sont narratifs, le deuxième et le huitième sont allégoriques, les quatre poèmes du milieu sont des poèmes d'amour.

Présentation de l'œuvre

L'ensemble associe des poèmes humoristiques, de la poésie allégorique et amoureuse dans le style précieux de la Renaissance ou dans le style lyrique de la poésie nouvelle des années 1770. Juxtaposition curieuse, de circonstance ? Construite par qui, Beethoven ou son frère ? Le groupement donné à son frère Johann était différent – le *Freie Mann* servait à Wegeler comme musique maçonnique, et il y avait *An die Freude* (très souvent mise en musique à cette époque).

1. *Urian's Reise um die Welt* (Le voyage d'Urian autour du monde) (12 mes.)

Ce serait une des premières compositions de Beethoven d'après Wegeler (*Notices biographiques*, p. 16).

Il a trouvé ce poème de Matthias Claudius sans doute dans un florilège (Blumenlese) publié par Boßler en 1787, mis en musique par Rosetti (le poème avait été publié dans le «Musen Almanach» de Hambourg pour l'année 1786).

Il s'agit d'une parodie de *Candide* de Voltaire, dans laquelle le narrateur raconte les étapes de son voyage, chaque strophe étant ponctuée par le désir des auditeurs d'entendre la suite – il y a 14 strophes.

Le récit d'Urian est en *la* mineur, 8 mesures très simples avec la voix doublée – l'intervention du tutti en *la* majeur, 4 mesures, constituent un refrain facile à mémoriser.

Urian va au pôle nord, au Groenland, chez les Esquimaux, en Amérique, au Mexique, en Asie (où il rencontre le grand Mogol), en Chine, au Bengale, à Java, en Afrique – mais partout les gens sont aussi fous que là d'où il vient.

La structure de ce *Lied* en fait un chant de société, facile à chanter et drôle – il appartient aux compositions sans doute destinées aux réunions d'amis ou aux moments passés ensemble dans le cadre du Zehrgarten, ce Trinklokal qui se situait sur la place du Marché à Bonn, et qui était lieu de rencontre des étudiants, des professeurs de l'Université, des musiciens de l'orchestre de la Chapelle électorale.

2. *Feuerfarb'* (Couleur de feu) (24 mes.)

La composition de ce Lied, sur un poème de Sophie Mereau, est signalée à Charlotte von Schiller par B. Fischenich dans sa lettre du 26 janvier 1793.

Le poème a été publié dans le *Journal des Luxus und der Moden*, en 1792. Il comprend huit strophes. Ce poème est allégorique : il chante la couleur blanche de l'innocence, la couleur verte de l'espoir, la couleur de feu de la vérité.

Beethoven a composé une partition pour les deux premières strophes, au cours de l'été ou de l'automne 1792 : « Je connais une couleur, qui m'est si chère, que j'apprécie plus que l'argent et l'or, que je porte volontiers sur le front et sur mes vêtements et que j'ai appelé couleur de la vérité. »

« La rose incandescente fleurit avec une ravissante et douce silhouette, mais elle pâlit vite. Pourtant on la consacre fleur de l'*amour*; son attrait est infini, même si elle se fane tôt. »

Les mots sont soulignés par Beethoven sur la partition.

La musique est Andante con moto, à 6/8, en *sol* majeur, la voix doublée et la mélodie parfois ornée. Les deux strophes sont différentes, avec suspension harmonique et rythmique sur « bleichet sie bald ». L'ensemble est animé et ponctué de tournures plaintives.

3. *Das Liedchen von der Ruhe* (21 mes.)

Ce poème de Hermann Wilhelm F. Ueltzen a été publié dans le « Musen Almanach » de Göttingen pour l'année 1788, puis en 1795 dans le premier volume de ses poèmes.

Il s'agit d'un poème de quatre strophes, dont les deux premières sont mises en musique (la même musique pour chacune mais Beethoven a pris la peine de la faire reproduire avec les paroles en place).

C'est le premier poème d'amour qui compare le calme de l'amour satisfait au sommeil de la mort.

« (1.) Im Arme der Liebe ruht sich's wohl, wohl auch im Schoss der Erde / Ob's dort noch oder hier sein soll, / wo Ruh' ich finden werde (bis), / das forscht mein Geist, und sinnt, und denkt / und fleht zur Vorsicht, die sie schenkt (bis). »

(Dans les bras de l'amour, on se repose, de même au sein de la terre. Que ce soit ici ou là que je trouve le repos, mon esprit cherche et pense et anticipe sur ce qu'il dispense.)

« (2.) Im Arme der Liebe ruht sich's wohl, / mir winkt sie, ach ! Vergebens. / Bei dir, Elise, find' ich wohl / die Ruhe meines Lebens (bis). / Dich wehrt mir harter Menschen Sinn, / und in der Blüte welk' ich hin (bis) ! »

(Dans les bras de l'amour on se repose, mais c'est en vain. Près de toi, Elise, je trouve le repos de mon existence. Tu me protèges de la dureté des hommes et là je m'éteins.)

La musique est Adagio, en *fa* majeur, à ¢. La voix est doublée et les figures d'accompagnement différencie les situations : le repos, la réflexion, l'anticipation.

Sur les premières paroles de ce poème, Beethoven écrivit un *Canon WoO 159* au début 1795, sans lien avec ce Lied.

4. *Maigesang* (125 mes.)

Il s'agit du premier poème de Goethe mis en musique par Beethoven. C'est un poème de jeunesse écrit par Goethe en 1771, publié une première fois en 1775 dans la revue *Iris* (deuxième volume, première livraison), en même temps qu'un autre poème que Beethoven mettra aussi en musique en 1810 (*Mit einem gemalten Band* op. 83 n° 3). Ce poème fut inséré dans le huitième volume consacré à des poésies diverses de l'édition complète des œuvres de Goethe publiée par Göschen en 1789. Devenu très célèbre, il fut souvent mis en musique par d'autres compositeurs : il fait partie de la poésie lyrique de jeunesse de Goethe qui, au cours des années 1770, révolutionna la façon de sentir et de créer, et qui fit de Goethe un des pères fondateurs de la nouvelle culture allemande, en la libérant des règles contraignantes imposées par des autorités littéraires (qui, au service de l'absolutisme politique, avaient partie liée avec le pouvoir de l'Église).

Ce n'est que dans le contexte de Vienne, à l'âge de 25 ans, que Beethoven s'intéressa à *Maylied,* au point de lui donner une interprétation musicale.

Maylied
Wie herrlich leuchtet
Mir die Natur !

Wie glänzt die Sonne
Wie lacht die Flur!

Chant de Mai
Quel éclat splendide
Baigne la nature!
Que le soleil brille!
Que la plaine rie!

Es dringen Blüten
Aus jedem Zweig
Und tausend Stimmen
Aus dem Gesträuch,
De chaque rameau
Jaillissent des fleurs,
De tous les buissons
Mille et mille voix,

Und Freud und Wonne
Aus jeder Brust.
O Erd' o Sonne!
O Glück! o Lust!
Et, de chaque cœur
Plaisir et délice.
Ô terre, ô soleil,
Ô bonheur, ô joie!

O Lieb! o Liebe!
So goldenschön,
Wie Morgenwolken
Auf jenen Höhn:
Ô amour, amour,
Dans tes reflets d'or
Beau comme les nues
Sur les monts, à l'aube,

Du segnest herrlich
Das frische Feld,
Im Blüthendampfe
Die volle Welt.
Tu combles de grâces
Les champs rajeunis,
La terre féconde
Qu'embrument ses fleurs,

O Mädchen Mädchen
Wie lieb ich dich
Wie blickt dein Auge!
Wie liebst du mich.
Enfant, mon enfant,
Oh! comme je t'aime!
Comme tes yeux brillent!
Ô! comme tu m'aimes!

So liebt die Lerche
Gesang und Luft,
Und Morgenblumen
Den Himmels duft
Si l'alouette aime
L'air libre et ses chants,
Et les fleurs, à l'aube,
Les vapeurs du ciel,

Wie ich dich liebe
Mit warmem Blut,
Die mir Jugend
Und Freud' und Muth
De mon sang ardent
Je t'aime ainsi, toi,
Qui me donnes joie,
Jeunesse et désir

Zu neuen Liedern
Und Tänzen giebst
Sey ewig glücklich
Wie du mich liebst!
De chansons nouvelles,
De nouvelles danses.
Sois toujours heureuse
Autant que tu m'aimes!

Ce poème de Goethe, *Maylied*, constitué de neuf strophes de quatre vers très courts, possède en fait une forme très libre, proche du discours spontané, immédiat de celui qu'émerveille la vitalité joyeuse manifestée par l'explosion des forces de la nature au printemps. Les interpellations, les exclamations («O Erd O Sonne», etc.), la continuité des phrases qui n'est pas interrompue par le découpage en strophes, la présence ou l'absence de rimes, le manque de verbes qui marquent le temps, les sonorités de la langue, la beauté des images qui se succèdent lumineuses, dorées, matinales, fraîches, brumeuses et fleuries embrassant l'ensemble du monde, autant d'éléments combinés par Goethe pour donner à ce poème un élan irrésistible de consentement à la vie. La valeur de l'instant présent («Le présent seul est notre bonheur», comme le dira Hélène à Faust dans la seconde partie de la tragédie) est symbolisée par l'amour source inépuisable (donc éternelle) de création («Zu neuen Liedern» [De nouvelles chansons]) et de mobilité légère et heureuse («zu neuen Tänzen» [de nouvelles danses]).

Dans ce poème, qui jaillit comme explose les bourgeons au printemps, Goethe a établi l'équivalence entre la nature dans sa vitalité, l'amour dans son évidence et la poésie dans sa force créatrice. Le choix de la forme libre sert l'effet qu'il cherche à produire sur le lecteur, entraîné malgré lui par ce tourbillon de promesse du bonheur infini. Pourtant cette forme en apparence libre est le résultat d'une construction qui combine les différents éléments propres à la poésie : sonorités des mots, rythme (donné par la prosodie, par les rimes, par les allitérations et par la structure des phrases), images, métaphores et métonymies, et enfin, forme d'ensemble : ici neuf strophes dont un regroupement possible serait 4 + 1 + 4, la cinquième strophe, placée sous le signe de la bénédiction divine destinée au monde entier, servant de pivot entre la description du surgissement des forces printanières et l'évocation de l'amour qui apporte l'éternité du bonheur. Ce regroupement permet de mettre l'accent sur le lien établi par Goethe entre l'individu et le cosmos, par delà la sensation immédiate de bonheur produite par le processus de développement de ce poème.

Face à ce poème, l'interprétation de Beethoven privilégie la forme musicale. Dans cette intention, il a choisi de regrouper les strophes trois par trois, et de leur donner la même musique, sans prendre en compte donc la progression cherchée par Goethe qui joue sur la variété et la différence des sonorités et des allitérations, sur la création de nouveau mots (« Blüthendampfe »). Beethoven a, par conséquent, inscrit ce poème dans une forme musicale : trois parties identiques qui se succèdent pour aboutir à l'apothéose finale, ici la triple répétition des deux derniers vers qui insistent sur la promesse de bonheur infini lié à l'amour, « Sey ewig glücklich / Wie du mich liebst ! »

Les 14 mesures d'introduction de piano installent la tonalité de *mi* bémol majeur, le tempo Allegro dans une métrique à deux temps avec une texture simple et continue. La voix est presque tout le temps doublée. Certains termes de Goethe sont soulignés par la musique, ceux qui disent la joie, la chaleur, l'épanouissement, l'amour. La fin est plus intense et jubilante.

Beethoven a interprété ce poème en le faisant culminer sur l'amour source de bonheur, et non sur l'aspect cosmique du lien entre l'individu et l'univers. Tout au long de sa musique, le choix de la combinaison de la tonalité de *mi* bémol majeur bien établie et stable dans son usage harmonique, de la métrique à deux temps, du tempo Allegro, de l'intensité sonore intimiste (pratiquement toujours *piano*), d'une ligne mélodique souple marquée par quelques sauts d'octave vers l'aigu et de l'émergence des termes liés au bonheur (Freude, Wonne, Glück, Lust, liebe, Mut, ewig), met en valeur ce calme intérieur, cette certitude donnée par le consentement au monde. Les vingt dernières mesures (de cet ensemble de 125 mesures), intenses et jubilantes, traduisent le sentiment de légèreté (la grâce) éprouvé par celui qui se trouve en adéquation avec ces forces d'amour et de renouveau.

Cette transposition musicale d'un texte lyrique qui chante l'amour comme source de création a curieusement été réutilisée (à moins qu'elle ne soit postérieure), orchestrée, dans un contexte comique, avec d'autres paroles (« O welch ein Leben ! » *WoO 91,1*), pour être insérée dans le *Singspiel* d'Umlauf *Die schöne Schusterin* (*La belle cordonnière*) qui fut représenté, à Vienne, sur la scène du Théâtre an der Wien en 1795. Exemple de réutilisation exceptionnel chez Beethoven, contrairement aux pratiques du XVIIIe siècle, que ce soit Bach ou Haendel. Pour Beethoven, par conséquent, cette musique ne pouvait être dissociée des termes du poème que pour servir à soutenir le sentiment d'admiration suscité par la vie.

Même si ses relations avec le Théâtre an der Wien l'ont amené à réutiliser cette musique dans un tout autre contexte, Beethoven, qui se disait « Tondichter » (poète des sons), par analogie avec le terme « Tonkünstler » (artiste des sons) qui désignait le compositeur de musique, se représentait la poésie comme un art au plus proche des sources de la création, car en relation directe avec les forces de la nature. Cette représentation implique l'idée que, pour lui, l'inspiration n'était plus d'origine divine, mais une manifestation de la nature qui pousse à créer – l'amour et l'amour de la vie étant une de ses dynamiques, ce que révèle *Maigesang* et son utilisation dans un Singspiel.

5. *Molly's Abschied* (10 mes.)

Ce poème de Gottfried August Bürger fut publié dans le « Musen Almanach » de

Göttingen pour l'année 1788, avec le titre « Molly's Abschied versificirt 1782 », puis en 1789 dans l'édition de ses poèmes.

Le thème du poème est l'adieu à l'aimé chanté au bord d'une tombe encore ouverte.

Il semble que le Lied de Beethoven n'existait pas encore en 1803 : il ne faisait pas partie de la première organisation de l'ensemble des Lieder op. 52.

Ce poème comprend 7 strophes dont seule la première est mise en musique, Adagio con espressione, *sol* majeur. La voix est doublée. Les deux mesures de conclusion au piano sont très douloureuses par le chromatisme de la ligne.

« Lebe wohl, du Mann der Lust und Schmerzen ! / Mann der Liebe, meines Lebens Stab ! / Gott mit dir, Geliebter ! Tief zu Herzen / halle dir mein Segensruf hinab ! »

(Adieu, toi l'homme de la joie et des souffrances ! / L'homme de l'amour, le soutien de ma vie ! / Que Dieu soit avec toi, mon aimé ! Du tréfonds de mon cœur, j'appelle ta bénédiction sur moi !)

6. *Die Liebe* (13 mes.)

Il s'agit d'un poème de Lessing publié à Berlin en 1751 d'abord dans une revue, puis en 1771 dans un mélange d'œuvres de Gotthold Ephraim Lessing.

Beethoven n'a mis en musique, au cours des années 1790, que la première des trois strophes du poème :

« Ohne Liebe/ Lebe, wer da kann. / Wenn er auch ein Mensch schon bliebe, / bleibt er doch kein Mann (bis) » (Vivre sans amour, qui le peut. / S'il se croit être resté un homme, il ne l'est pas resté).

Le Lied est donc très court, Allegretto, en *fa* majeur, à deux temps. Les cinq mesures de conclusion au piano sont légères et humoristiques.

7. *Marmotte* (20 mes.)

Ce Lied fut sans doute composé entre 1790 et 1792 à l'occasion d'une représentation à Bonn de la pièce de carnaval de Goethe, Jahrmarktsfest von Plundersweilern (publiée dans le huitième volume de ses écrits, à Leipzig en 1789).

Comme « Urians Reise », ce poème est narratif : il met en scène la quête d'un jeune homme avec sa vielle.

Beethoven n'a mis en musique que la première des quatre strophes, Allegretto, 6/8, *la* m (comme « Urian's Reise ») :

« Ich komme schon durch manche Land, avec que la marmotte / und immer was zu essen fand, avecque la marmotte » (J'ai parcouru beaucoup de pays, avec la marmotte / et j'ai toujours trouvé de quoi manger avec la marmotte).

Les répétitions multiples de « avec que la marmotte » donnent un caractère populaire et humoristique – la voix est doublée, l'accompagnement enjoué imite les arpèges répétés de la vielle.

8. *Blümchen Wunderhold* (20 mes.)

Ce poème fut publié pour la première fois à Göttingen en 1789, dans le premier volume des *Poèmes de Gottfried August Bürger*. Il comprend douze strophes qui décrivent la vertu de la modestie – seule la première fut mise en musique par Beethoven, Andante, *sol* majeur, à deux temps, dans un style proche de la déclamation (les notes en valeurs égales sont souvent répétées), la simplicité de la ligne mélodique produisant un effet de très grande intimité :

« Es blüht ein Blümchen irgendwo in einem stillen Tal. / Das schmeichelt Aug' und Herz so froh / wie Abendsonnenstrahl. / Das ist viel köstlicher als Gold, als Perl' und Diamant. / Drum wird es "Blümchen Wunderhold" mit gutem Fug genannt. »

(Il y a une petite fleur qui fleurit n'importe où dans une calme vallée. Ce qui réjouit les yeux et le cœur autant que les rayons du soleil couchant. C'est beaucoup plus précieux que l'or, les perles ou le diamant. C'est pourquoi on la nomme à bon droit « petite fleur à la grâce merveilleuse ».)

Le piano doit jouer *sempre piano* depuis le début. Les quatre mesures de conclusion « gracieuses » sont *pp*.

Sources

Seul l'autographe de « Feuerfarb' » est conservé à Vienne (GdM) : il comprend les esquisses et la composition, avec la mention « Feuerfarb', in Musik gesetzt von L. v. Beethoven ». Cet autographe comprend également le *Lied « An Minna », WoO 115*, et les esquisses des *14 Variations pour trio* (clavier, violon, violoncelle) *opus 44*.

Il existe quelques esquisses dispersées pour les différents Lieder.

PUBLICATION

L'édition de cet opus 52 date de juin 1805 : « Acht Lieder / mit Begleitung des Claviers / gesetzt von / L. VAN BEETHOVEN / op 52 / Wien, im Kunst und Industrie Comptoir »

Il y eut plusieurs rééditions du temps de Beethoven, ainsi que des transcriptions pour accompagnement de guitare.

L'ŒUVRE VUE PAR SES CONTEMPORAINS

L'*AMZ* VII (1805 [col. 772]) publie une critique des dernières œuvres de Beethoven, qui viennent de paraître : la *Sonate pour piano et Violon op. 47*, le *Trio op. 38* (transcription du *Septuor op. 20*) et l'*op. 52*, œuvre qu'il trouve sans grand intérêt, mais qui va être aimée du public.

Opus 58
Quatrième Concerto pour piano et orchestre en *sol* majeur

Allegro moderato, **C**, sol *majeur, 370 mes.*
Andante con moto, 2/4, mi *mineur, 72 mes.*
Rondo. Vivace, 2/4, sol *majeur, 600 mes.*

TEMPS DE LA COMPOSITION ET PREMIÈRE EXÉCUTION

Entre 1805 et 1806 (il n'est pas fini quand Beethoven le propose à Breitkopf & Härtel, le 5 juillet 1806), commencé donc pendant que Beethoven travaillait à son opéra (il y a peut-être déjà pensé au moment où il travaillait à la *Symphonie Eroica*, en 1803).

La première exécution de ce *Concerto* eut lieu en mars 1807 à Vienne lors d'un des deux concerts par souscription organisés pour les œuvres de Beethoven dans le palais du prince Lobkowitz ; le compositeur tenait la partie de soliste – le même jour furent créées la *4ᵉ Symphonie* et l'*Ouverture* de *Coriolan*.

Ce *Concerto* fut exécuté ensuite, le jour du concert public du 22 décembre 1808, au Theater an der Wien, Beethoven tenant la partie de piano.

CONTEXTE BIOGRAPHIQUE

Le désir de composer un nouveau concerto s'imposa à peine le *3ᵉ Concerto op. 37* achevé (en juin/juillet 1804).

Sa genèse est intimement liée à celle de la *5ᵉ Symphonie* en *ut* mineur, et elle est contemporaine de la composition de *Leonore* comme de la relation d'amour de Beethoven avec Josephine, comtesse Deym, née Brunsvik.

Nottebohm, qui a commenté (I, 10-16) la juxtaposition des esquisses de la « *Sinfonia. All° 1mo* » en *ut* mineur, de celles du « *Concert (tempo moderato)* » et de celles du projet de « *Finale* » pour le *Concerto*, sur les quelques feuilles qui tiennent ensemble et qu'il date de 1805, y voyait un exemple du processus créateur de Beethoven, les œuvres s'appelant les unes les autres : ici, en l'occurrence, le début de la *Symphonie* appelant le début du *Concerto*, et le projet de Finale pour le *Concerto* préfigurant le chœur des prisonniers qui ouvre le premier finale de *Leonore*. Nottebohm se demandait si Beethoven aurait écrit de cette façon le *Concerto* s'il n'avait pas pensé en même temps à la *Symphonie*, et s'il aurait écrit le chœur des prisonniers de cette façon s'il n'avait pas écrit le *Concerto en sol majeur*. Ainsi, des œuvres de genres différents semblent procéder d'une même idée musicale (un rythme tout simple, par exemple) et une configuration musicale pensée pour une œuvre peut être déplacée vers un autre genre, dans un autre contexte. Cette dynamique de la pensée qui caractérise le processus créateur de Beethoven est encore présente lors de la composition des œuvres (après le choix de leur individualisation) pour en faire quelque chose de « ganz neu », comme en témoigne l'écriture de ce *Concerto* dans lequel se trouvent plusieurs fois des gestes hardis, à l'image de ceux de Leonore qui ose transgresser les normes établies pour arriver à ses fins : libérer l'homme qu'elle aime.

Si le personnage de Leonore se retrouve, pour ainsi dire, dans les audaces d'écriture, la tension qui forme l'intrigue de l'opéra est également transposée dans le *Concerto* par la référence implicite à la scène des Furies de l'*Orfeo* de Gluck, référence qui fonctionne comme une métaphore de la quête de l'être aimé qu'il ne faut pas hésiter à aller rechercher au plus profond de l'enfer, entreprise risquée qui peut se terminer par un drame mais à laquelle il est impossible de renoncer.

Les relations musicales entre ce *Concerto* et l'opéra de Beethoven seront encore plus évidentes dans la version de 1814, quand Leonore, dans son nouveau récitatif, évoque l'arc-en-ciel qui déchire les nuages sur un thème proche du premier thème du *Concerto* et quand Florestan, à la fin de son air, tombe épuisé, accompagné par un orchestre proche de celui de la fin du deuxième mouvement du *Concerto*.

L'évocation par Beethoven de l'*Orfeo* de Gluck à ce moment de sa vie peut être associée au choix de mettre en musique *An die Hoffnung*, poème de Tiedge qui évoque l'espoir de retrouver la bien-aimée disparue… Lied justement offert par Beethoven à Josephine en mars 1805 (cf. *opus 32*) – comme si le mythe d'Orphée (dont Beethoven ne parle jamais, mais qu'il connaissait, ne serait-ce que par l'opéra réformateur de Gluck) correspondait à sa problématique inconsciente, cristallisée autour du désir de retrouver une femme aimée à jamais disparue, ou tout au moins inaccessible (car de l'ordre de l'idéal).

Ce *Concerto en sol majeur*, bien que composé dans un certain contexte affectif et créatif, n'en est pas moins une œuvre destinée à mettre un soliste en valeur au cours d'un concert public. *Quatrième Concerto* (publié avec un numéro d'opus), il correspond à un genre que Beethoven maîtrise désormais (comme en témoigne l'*op. 37*, composé en 1803/1804) et dont il sait se servir pour produire un effet irrésistible sur son public par son jeu brillant. D'après un récit oral de Czerny, lors de la première exécution (en 1807), Beethoven aurait joué bien plus de notes qu'il n'en avait écrit – cette habitude qu'il avait d'ornementer à la limite de l'improvisation, il ne supportait pas qu'un autre interprète se le permette, c'est sans doute la raison pour laquelle il apporta des corrections à une partition destinée au pianiste Friedrich Stein qui aurait dû jouer cette œuvre en concert en janvier 1809. Curieusement, du vivant de Beethoven, ce *Concerto* eut si peu de succès qu'il ne fut jamais rejoué à Vienne et ne fut pratiquement pas réédité.

Beethoven avait décidé de dédier ce *Concerto* à son ami Ignaz Gleichenstein[1] (1778-1828), qui était très proche de lui à cette époque (ils se tutoient à partir du milieu de l'année 1807)[2]. Mais, au cours de l'été 1808, juste avant la publication du *Concerto*, alors que Gleichenstein était absent de Vienne, Beethoven choisit comme dédicataire l'archiduc Rodolphe. Pour atténuer la déception de son ami, il le dédommagea en lui dédiant la *Sonate piano et violoncelle op. 69*, une « œuvre à paraître », comme il le lui écrivait dans sa lettre envoyée d'Heiligenstadt, localité où il passait la fin de l'été (cette lettre fut sans doute écrite au milieu du mois de septembre 1808) [2., 336].

Ce *Concerto* est la première œuvre que Beethoven dédiait à l'archiduc, pianiste et compositeur, et qui devait avoir une certaine influence. Espérait-il enfin obtenir un poste officiel à la Cour ?

La partition corrigée par Beethoven témoigne de son intérêt pour les progrès de la facture de piano, puisque, l'œuvre à peine éditée, il chercha à intégrer l'extension des registres aigus du clavier, innovation récente qui suivit de peu la publication du *Concerto* – ce que Nottebohm a déduit de l'examen de ces « Aenderungen zum Clavierconzert in G dur » (1887, p. 74-78), modifications écrites de manière très rapide, que Beethoven n'a pas pris la peine de confier à son éditeur pour une nouvelle édition, mais qui furent intégrées dans la version pour musique de chambre (Quintette avec piano).

La publication tardive de ce *Concerto* est liée à la politique éditoriale de Beethoven qui voulait en 1807 que ses œuvres (les six opus de 58 à 62) paraissent en même temps à Vienne, en Allemagne, à Paris et à Londres (il signa un contrat avec Clementi, le 20 avril

1. Il existe à Berlin le brouillon de la page de titre (en français), datant de l'été 1807 : « quatrième Concert / pour le piano / avec accompagnement de / 2 violons, Alto, Flûte, 2 / Hautbois, 2 Clarinettes, 2 Cor / [2] Bassons, Trompettes, Timbales, / Violoncelles, et Basse composé / et dédié ♯ / ♯ à son ami gleichenstein / par louis van Beethoven / op. 58 ». Facsimile in Kritischer Bericht, NGA III, 3, 1996, p. 12.

2. Ignaz Freiherr von Gleichenstein (1778-1828), juriste, s'installa à Vienne entre 1800 et 1811 ; employé au ministère de la Guerre, où il fut collègue de Stephan von Breuning ; il fut envoyé en mission secrète dans le sud de l'Allemagne et en France en 1808 (il fit un crochet par Paris) et 1809. Il s'installa à Freiburg après avoir épousé Anna Malfatti en mai 1811, sœur de Therese que Beethoven aurait aimé épouser en 1810. Mélomane, il jouait du violoncelle (ce qui justifie la dédicace de la *Sonate pour piano et violoncelle op. 69*).

1807, pour qu'il l'édite à Londres, mais la copie envoyée n'arriva jamais – elle s'est perdue au cours du transport – le *Concerto* ne fut donc pas publié à Londres).

PRÉSENTATION DE L'ŒUVRE

Contrairement à l'habitude, c'est le piano seul qui ouvre le *Concerto* par une courte phrase suspensive de cinq mesures *p dolce* dans le tempo Allegro moderato. Cette entrée en matière surprenante par sa simplicité et son calme oriente la perception de l'auditeur et l'invite à se libérer de toute référence à d'autres concertos pour piano (dominés souvent par l'exigence de virtuosité).

Plusieurs éléments de l'écriture témoignent de l'audace de Beethoven, tant sur le plan harmonique que sur le plan de la forme d'ensemble (le deuxième mouvement est très court).

I. Le premier mouvement, Allegro moderato de forme sonate, est donc ouvert par le piano qui expose calmement ce qui est le premier thème – comme le confirme la suite du mouvement. Ce thème est constitué d'une succession de trois éléments : un premier motif rythmique (qui est le même que celui de la *Cinquième Symphonie*, traité de manière différente), puis un trait ascendant suivi d'une cadence rompue sur quatre notes conjointes descendantes. Les cordes interviennent alors, seules, *pp*, pour reprendre ce thème exposé par le piano, mais dans une autre tonalité (celle de *si* majeur). Après une cadence qui retrouve le *sol* majeur, l'orchestre élargit l'espace sonore en jouant avec le premier motif rythmique et en mettant en valeur chacun des timbres de l'orchestre. Après un tutti (*cresc.*, *ff*), les cordes exposent le second thème en *la* mineur (thème mélodique qui s'oppose au premier thème essentiellement rythmique), thème qui est repris par le hautbois, puis par les autres vents et qui par modulations successives (ce qui est inhabituel pour un second thème) retrouve le *sol* majeur. L'exposition confiée à l'orchestre se termine par un motif descendant, court et rapide, puis une reprise du premier thème. Le piano entre alors (mes. 74) et donne une autre forme d'expansion à cette exposition par sa virtuosité, ses passages *espressivo* et ses dissonances. De longs trilles annoncent la fin de l'exposition qui, de façon inhabituelle, est précédée d'une courte phrase « dolce con espressione » du soliste. Un développement (mes. 192) très modulant s'appuie sur le premier motif thématique et confère un caractère d'improvisation à la partie du soliste. Un fugato précède la réexposition (mes. 253) qui associe l'orchestre et le soliste ; elle est suivie d'une cadence virtuose (mes. 346) (Beethoven en a écrit plusieurs versions, une longue de 100 mesures, et deux plus courtes, 51 et 11 mesures). Cette réexposition est terminée par une coda qui commence *p dolce*, *leggermente* au piano pour s'achever *cresc.* jusqu'à *ff*, la virtuosité du soliste étant soutenue par l'orchestre jouant le premier thème.

II. Le deuxième mouvement, Andante con moto en *mi* mineur, très court, oppose, par interventions successives et alternées, la masse uniforme et inquiétante des cordes, dans un registre grave, au chant subtilement harmonisé du piano. Il commence par cinq mesures jouées par le tutti des cordes à l'unisson[1] sur un rythme pointé *f* et *sempre staccato*. Le soliste intervient alors par une phrase *molto cantabile, molto espressivo*, ce qui établit une contraste radical avec la masse pesante des cordes. Cette structure en alternance est conservée jusqu'à la fin avec des échanges de durée de plus en plus courte. Cette dramatisation du discours semble un écho de la scène des Furies de l'*Orfeo* de Gluck (le Furies opposant leur refus à la quête d'Orphée par un « *Nein* » à l'unisson). Après une longue phrase lyrique du soliste, une cadence introduit une longue dissonance qui commence *ff* pour s'achever *pp*, sa résolution étant confirmée par les cordes *ppp* qui finissent par se dégager de l'emprise de leur unisson et de leur rythme inquiétant pour se rassembler sur un accord tragique qui se résout en *mi* mineur. Un arpège ascendant de *mi* mineur au piano sert de transition avec le Rondo, vivace final, la note *mi* servant de

1. L'intervention de l'unisson dans un ensemble à plusieurs voix connote la mort, la menace, la destruction, selon une tradition d'écriture qui s'est établie au cours du dix-huitième siècle et qui se retrouve chez Mozart ou chez Haydn (cf. l'article de Armin Raab « Satztechnik und Instrumentation in Leonore und Fidelio », *Von der* Leonore *zum* Fidelio, *Bonner Schriften zur Musikwissenschaft 4*, Peter Lang, Europäischer Verlag der Wissenschaften, Frankfurt/Main, 1997, p. 305.

pivot pour introduire l'accord parfait d'*ut* majeur.

III. Le Finale, *Rondo. Vivace*, à deux temps, est directement enchaîné après le mouvement lent («segue il Rondo»). Il commence en *ut* majeur par un thème très rythmique énoncé d'abord aux cordes *pp*, avant d'être poursuivi par le piano *p* puis *dolce*, pour être repris par l'ensemble d'un orchestre aux sonorités éclatantes, les trompettes et les timbales se joignant aux autres instruments pour la première fois depuis le début du concerto.

Comme souvent chez Beethoven, dans ce Finale la forme rondo est associée à la forme sonate, et un second thème, préfiguration du grand thème final de la *Neuvième*, apparaît (mes. 80). La partie centrale, après la reprise du thème initial, très modulante, est un développement qui se termine sur le second thème suivi d'un autre développement terminal. Une troisième partie, courte réexposition, est interrompue par la suspension cadentielle. À la suite de la cadence (mes. 500), ce Rondo se termine, après une plage de calme, par un Presto (mes. 555) qui confère au thème initial une force de conviction irrésistible.

SOURCES

Le manuscrit autographe n'a pas été retrouvé (Beethoven en a perdu la trace dès la mise sous presse, alors qu'il l'avait prêté pour effectuer une vérification sur la copie).

Il existe une copie revue par Beethoven (établie sans doute en mars 1806 pour servir à une publication qu'il souhaitait rapide), qui porte des corrections de sa main (en particulier une extension des registres, à l'8°, à plusieurs endroits); elle faisait partie de l'inventaire après décès et de la mise en vente aux enchères le 5 novembre 1827 : achetée pour la Gesellschaft der Musikfreunde de Vienne (GdM) par son ami Ferdinand Piringer, elle s'y trouve toujours.

Les manuscrits des trois cadences écrites en 1809 sans doute pour l'archiduc Rodolphe (deux «modèles» pour le premier mouvement et un pour le troisième) sont conservés à Bonn.

Il en existe aussi l'arrangement pour musique de chambre (quintette à cordes et piano) autorisé par Beethoven (à Berlin).

Les esquisses sont très nombreuses.

PUBLICATION

L'édition originale fut assurée par le Bureau d'Art et d'Industrie à Vienne et à Pest, en août 1808; le titre est en allemand :

«VIERTES / CONCERT / für das Pianoforte / mit 2 Violinen, Viola, Flöte, 2 Hautbois, 2 Clarinetten, / 2 Hörnern, 2 Fagotten, Trompetten, Pauken, / Violoncell und Bass. / Seiner Kaiserlichen Hoheit, dem / Erzherzog Rudolph von Oesterreich / unterthänigst gewidmet von / L. van BEETHOVEN. / Op. 58. [...]»

La *Wiener Zeitung* en annonça la publication le 10 août 1808.

Ce *Concerto* devait être édité par Clementi à Londres (en fonction de la politique éditoriale de Beethoven et de son contrat signé avec Clementi le 20 avril 1807).

La première partition date de 1861 (par Peters, à Leipzig et Berlin).

Les trois cadences composées en 1809 furent publiées en 1864 (GA).

L'arrangement pour quintette à cordes et piano fut sans doute suggéré par le prince Lobkowitz après la première exécution du Concerto dans son palais en mars 1807. Beethoven confia le travail à Alexander Pössinger (1767-1827), et corrigea encore la partie de piano (il en fit une partie encore plus virtuose). Le travail fut prêt au début de l'été 1807[1].

Il suggéra également l'arrangement de la partie orchestrale pour le piano.

DÉDICATAIRE

L'archiduc Rodolphe (8 I 1788, Florence-23 VII 1831, Baden), était le plus jeune fils de l'empereur Léopold II; il fut nommé cardinal le 28 septembre 1819, puis intronisé archevêque d'Olmütz le 9 mars 1820. Beethoven lui donna des leçons de piano et de composition dès 1804. Le *4e Concerto* est la première œuvre qui lui est dédiée (il fut dédicataire du *5e Concerto op. 73* et de la *Sonate « Lebewohl » op. 81a* en 1811, de la réduction pour piano de *Fidelio* en 1814, de la *Sonate pour violon et piano op. 96* et du *Trio op. 97* en 1816, de la

1. Voir la Préface de Hans-Werner Küthen, Bonn 1998, dans la Studien-Edition, *Klavierkonzert Nr. 4*, Henle Verlag.

Sonate op. 106 en 1819, de la *Sonate op. 111* en 1823, de la *Missa solemnis op. 123* en 1827, de la *Fugue pour quatuor à cordes op. 133* et de sa transcription pour piano à quatre mains *op. 134*, également en 1827).

En 1823, l'archiduc acheta pour 4000 Gulden l'édition complète des œuvres de Beethoven (jusqu'en automne 1821) établie par Haslinger en 62 gros volume in-folio, comme préparation à l'édition complète de l'œuvre.

Critique contemporaine

L'*AMZ* XX (1818 [col. 259]) regrette que ce *Concerto* ne soit pas plus connu, car c'est une œuvre très originale, en particulier dans les deux premiers mouvements, parmi les plus denses et les meilleurs.

Correspondance

Le 27 mars 1806 [1., 243], Kaspar Karl le propose à Kühnel à Leipzig (en même temps que l'oratorio *Christus am Ölberg*). Le 12 avril 1806 [1., 249], celui-ci semble intéressé mais réclame une réduction du prix.

Le 5 juillet 1806 [1., 254], Beethoven le propose à Breitkopf & Härtel « ein neues Klawier Konzert » (alors que cet éditeur venait de réexpédier, le 21 juin 1806 [1., 226], les partitions de la *Symphonie Eroica op. 55*, des *Sonates pour piano op. 53* et *op. 54*, l'*Oratorio op. 85* et le *Lied « Gedenke mein » WoO 136*) ; celui-ci manifeste son intérêt le 11 juillet 1806 [1., 255]. De Grätz, le 3 septembre 1806 [1., 256], Beethoven lui dit qu'il peut en disposer tout de suite. Le 13 septembre [1., 257], B&H demande une réduction des honoraires et le contrat, qui lui assurerait pour trois ans le monopole de l'édition. Beethoven est d'accord pour la contrat à condition qu'il fixe les prix et qu'il puisse vendre en France, Angleterre et Écosse [18 nov. 1806, 1., 260], ce qui déplaît à B&H [1., 261].

Le 26 avril 1807 [1., 277], Beethoven propose à Pleyel (Paris) un « plan » pour qu'il édite plusieurs œuvres dont ce *Concerto* (à paraître en octobre 1807) ; il explique ce plan à Simrock [1., 278].

En juillet 1807 [1., 289], Beethoven négocia avec le Bureau d'Art et d'Industrie.

[Opus 41
Sérénade pour piano et flûte]

Voir Opus 25, p. 242

[Opus 42
Notturno pour clavier et alto]

Voir Opus 8, p. 148

Cinquième partie

« Il n'y a qu'un Beethoven »
(1806-1808)

Au lieu de se laisser décourager parce que son opéra était retiré de l'affiche, Beethoven en profite pour l'améliorer, trop content d'avoir l'occasion d'en corriger les faiblesses (c'est en général après une première audition qu'il achève une œuvre). Mais, malgré le succès de la reprise en mars 1806, une tension avec le directeur du théâtre se traduisit par un retrait définitif de son opéra. Cette fois encore, au lieu de baisser les bras, Beethoven choisit d'investir son énergie créatrice dans le domaine de la symphonie (*4e*, *5e*, *6e*), ainsi que dans de nouveaux quatuors à cordes (*op. 59* n° 1, 2, 3), dans de la musique religieuse (*Messe op. 86*) et dans de la musique liée au théâtre (*Ouverture de Coriolan op. 62*).

Bien décidé à ne plus garder le secret de sa surdité – il sait qu'il est unique, et que personne ne peut espérer le faire plier à sa volonté, même son mécène le prince Lichnowsky –, il poursuit ses recherches de combinaisons rythmiques et sonores inédites, ce qui déroute même ses amis et n'incite pas le consortium d'aristocrates qui dirige depuis peu les théâtres de la cour à répondre favorablement à sa lettre de candidature à un poste officiel. Il propose pourtant un programme d'une très grande ambition : composer tous les ans au moins un grand opéra, une petite « operette » ou un « divertissement » ou des pièces de circonstance, et obtenir le droit d'organiser un concert à son bénéfice une fois par an dans un des théâtres.

Dépité par le silence auquel se heurte sa demande et lassé d'être toujours obligé de faire du commerce pour vivre, Beethoven est sur le point d'accepter le poste de maître de chapelle que lui propose Jérôme, un des frères de

Bonaparte devenu roi de Westphalie, en décembre 1807, après le traité de Tilsitt. Cette fois encore, l'aristocratie viennoise, informée par ses amis, la comtesse Marie Erdödy et le baron Ignaz von Gleichenstein, s'émeut et s'arrange pour le garder en lui offrant une rente assurée par le prince Kinsky, le prince Lobkowitz et l'archiduc Rodolphe, sans aucune obligation, à l'exception de celle de rester à Vienne.

Avant d'avoir la confirmation que l'aristocratie mélomane tenait à lui, Beethoven organise un dernier concert au Théâtre an der Wien le 22 décembre 1808, pour montrer ce que Vienne allait perdre avec son départ. Le concert, qui dura de 6 h 30 à 11 heures du soir dans un froid glacial, comprenait un énorme programme : la création de la *6e* et de la *5e Symphonie*, du *4e Concerto pour piano op. 58*, l'improvisation de la *Fantaisie pour piano op. 77* et l'exécution de l'air de concert *«Ah! Perfido» op. 65* et de trois «hymnes» de la *Messe* en *ut* majeur *op. 86* (le Gloria, le Sanctus et le Benedictus), le tout couronné par la création de la *Fantaisie pour piano, chœur et orchestre op. 80*, œuvre qui procède à la fois du concerto, de la symphonie et de l'oratorio, pour célébrer le pouvoir libérateur de la musique, et l'écriture du *5e Concerto pour piano*.

Opus 72
Leonore/Fidelio

Deuxième version représentée le 29 mars 1806 au Theater an der Wien
« Fidelio oder die eheliche Liebe
Eine Oper in zwey Akten, frey nach dem Französischen bearbeitet von Sonnleithner »
Ouverture de Leonore III *en* ut *majeur*
Adagio, Allegro, Presto – 638 mes.

Acte I

N° 1 Air (Marzelline) – Andante con moto, 2/4, *ut* mineur / *ut* majeur – 97 mes.

« O wär ich schon mit dir vereint » (Si seulement j'étais déjà unie à toi)

N° 2 Duo (Marzelline / Jaquino) – Allegro, 2/4, *la* majeur – 220 mes.

« Jetzt Schätzchen, jetzt sind wir allein » (Maintenant, mon petit trésor, maintenant nous sommes seuls)

N° 3 (ex n° 4) Quatuor (Marzelline / Leonore / Rocco / Jaquino) – Andante sostenuto, 6/8, *sol* majeur – 52 mes.

« Mir ist so wunderbar » (Quel sentiment étrange)

Supprimé en 1806 (n° 5 Air de Rocco en *si* bémol majeur, « Hat man nicht auch Gold beineben »)

N° 4 (ex n° 6) Trio (Marzelline / Leonore / Rocco) – Allegro ma non troppo/ Allegro molto, **C**, *fa* majeur – 211 mes.

« Gut Söhnchen, gut » (Bien, fiston, bien)

N° 5 Marsch, Vivace, **C**, *si* bémol majeur 38 mes.

N° 6 (ex n° 8) Air avec chœur (Pizarro) – Allegro agitato, **C**, *ré* mineur – 122 mes.

« Ha, welch ein Augenblick » (Ah ! Quel instant que celui-ci)

N° 7 (ex n° 9) Duo (Pizarro / Rocco) – Allegro con brio, **C**, *la* majeur – 180 mes.

« Jetzt, Alter, jetzt hat es Eile » (Allons, mon brave, le temps presse)

N° 8 (ex n° 11) Récitatif et air (Leonore) – Adagio / Allegro con brio – 174 mes.

« Ach brich noch nicht... » (Ah !, ne te brises pas encore...) – *mi* mineur

« Komm, Hoffnung » (Viens, espérance) – Adagio, 2/4, *mi* majeur

« Ich folge dem innern Triebe » (Je suis ma pulsion intime) – Allegro con brio, **C**, *mi* majeur

N° 9 (ex n° 10) Duo (Marzelline / Leonore) – Allegretto, 9/8, *ut* majeur – 79 mes.

« Um in der Ehe froh zu leben » (Pour vivre heureux en mariage)

N° 10 (ex n° 3) Trio (Marzelline / Jaquino / Rocco) – Andante con moto e scherzando, 3/4, *mi* bémol majeur – 68 mes.

« Ein Mann ist bald genommen » (On a vite fait de choisir un homme)

N° 11 (ex n° 12) Finale (546 mes.)

« O welche Lust » (Ô quel plaisir) (Chœur) – Allegretto con moto, 2/4, *si* bémol majeur

« Nun sprecht, wie ging's ? » (Comment cela s'est-il passé ? Parlez !) (Leonore / Rocco) – Allegro, **C**, *sol* majeur

« Wir müssen gleich zum Werke » (Il faut vite se mettre au travail) (Leonore / Rocco) – Poco Andante con moto, 6/8, *mi* bémol majeur

« Ach ! Vater, eilt » (Ah ! Père, hâtez-vous) (Leonore / Marzelline/ Jaquino/ Pizarro/ Rocco) – Allegro, 3/4, *mi* bémol majeur

« Auf euch nur will ich bauen » (Je ne compte que sur vous) (Pizarro/chœur) – Maestoso / Allegro ma non troppo, **C**, *si* bémol majeur

Acte II

N° 12 (ex n° 13) Introduction grave, 3/4, *fa* mineur (32 mes.), Récitatif et air (Florestan) (mes. 33 à 110)

« Gott, welch Dunkel hier » (Dieu, quelle obscurité) (mes. 33), **C**, *fa* mineur

« In des Lebens Frühlingstagen » (Aux jours du printemps de la vie) – Adagio, 3/4, *la* bémol majeur (mes. 45)

« Ach, es waren schöne Tage » (Ah ! Ce furent de beaux jours) – Andante un poco agitato, **C**, *fa* mineur (mes. 70)

N° 13 (ex n° 14) Duo (Leonore / Rocco) – Andante con moto, **C**, *la* mineur – 104 mes.

«Wie kalt» (Qu'il fait froid) (dialogue ou Melodram)

«Nur hurtig fort, nur frisch gegraben» (Allons-y prestement et creusons hardiment!)

N° 14 (ex n° 15) Trio (Florestan / Leonore / Rocco) – Allegro, **C**, *la* majeur – 148 mes.

«Euch werde Lohn» (Soyez récompensés)

N° 15 (ex n° 16) Quatuor (Pizarro/ Florestan/ Leonore/ Rocco) – Allegro, **C**, *ré* majeur – 207 mes.

«Er sterbe» (Qu'il meure), *ré* majeur

Signal des trompettes

«Ach! du bist gerettet» (Ah! Tu es sauvé) *si* bémol majeur

Signal des trompettes

«Es schlägt der Rache Stunde» (L'heure de la vengeance sonne), *ré* majeur

N° 16 (ex n° 17) Récitatif et duo (Leonore/ Florestan) – Allegro / Vivace, etc. / Allegro molto, ¢, *sol* majeur – 184 mes.

«Ich kann mich noch nicht fassen» (Je ne comprends pas encore)

«O namenlose Freude» (Ô joie indicible) (mes. 56-184)

N° 17 (ex n° 18) Finale (les prisonniers, le peuple, Leonore, Marzelline, Florestan, Pizarro et ses gardes, Rocco, Don Fernando, Jaquino) (333 mes.)

«Zur Rache» (Vengeance) (chœur / L/ F) – Allegro molto, **C**, *ut* mineur

«Steht auf! Es ziemte mir» (Relevez-vous! C'est à moi) (DF/ R/ chœur), Meno Allegro, *la* majeur (mes. 88)

«O Gott, o welch ein Augenblick» (Ô Dieu, quel instant) – Andante assai, 3/4, *fa* majeur (mes. 137)

«Wer ein solches Weib errungen» (Que celui qui a conquis l'amour d'une telle femme) (solistes et chœur) – Maestoso vivace / Allegro con brio ¢, *ut* majeur (mes. 200-333)

Le temps de la composition et la première représentation

Après l'échec des représentations dans le contexte de novembre 1805 – Vienne était occupée par les troupes françaises –, Beethoven, conscient des faiblesses de sa partition ainsi que de celles du livret, se remit à l'ouvrage. Son ami Stephan von Breuning l'aida pour la révision du livret. Ce travail dura quatre mois, de fin novembre à mars 1806.

Il abrégea, retoucha la plupart des numéros, modifiant largement les numéros qui correspondent aux moments cruciaux de l'action.

La première représentation de cette version eut lieu à Vienne le 29 mars 1806, au Theater an der Wien. L'œuvre, inscrite à l'affiche, ne fut rejouée que le 10 avril 1806, pourtant avec succès.

La distribution était la suivante (d'après l'affiche du samedi 29 mars 1806) :

«Don Fernando, Minister	Hr. Weinkopf
Don Pizarro, Gouverneur eines Staatsgefängnißes	Hr. Meier
Florestan, ein Gefangener	Hr. Röckel
Leonore, seine Gemahlinn unter dem Namen Fidelio	Dlle. Milder
Rocco, Kerkermeister	Hr. Rothe
Marzelline, seine Tochter	Dlle. Müller
Jaquino, Pförtner	Hr. *Caché*
Wachehauptmann	Hr. Meister
Gefangene, Wache,	Volk

«Die Handlung geht in einem Spanischen Staatsgefängnisse einige Meile von Sévillà vor.» (L'action se passe dans une prison d État espagnole à quelques milles de Séville.)

L'œuvre fut retirée de l'affiche à la suite d'une dispute de Beethoven avec le propriétaire du Théâtre an der Wien, von Braun, pour des raisons inconnues; Beethoven en rage reprit sa partition, alors que l'*Opéra* était encore programmé (il ne fut donc joué que deux fois).

En 1807, le matériel d'orchestre fut envoyé à Prague en vue d'une représentation au Théâtre des États (Beethoven aurait écrit une nouvelle Ouverture plus courte et plus simple pour cette occasion, *Leonore I op. 138*) – la représentation ne semble pas avoir eu lieu (mais le matériel d'orchestre a été retrouvé à Prague dans les archives du théâtre).

Contexte biographique

Une lettre, écrite le 2 juin 1806 par Stephan von Breuning à sa sœur Eleonore et à son beau-frère Wegeler, nous renseigne sur les circonstances de la révision de la première version de l'*Opéra*, ainsi que sur le retrait de l'affiche de la deuxième version malgré son succès : «Je vous avais promis, dans ma dernière lettre, de vous parler de l'opéra de Beethoven […] La musique est une des plus belles choses et des plus parfaites que l'on puisse entendre ; le sujet est très intéressant, car il traite de la délivrance d'un prisonnier, grâce à la fidélité et au dévouement de sa femme ; mais rien n'a fait autant souffrir Beethoven que cet ouvrage dont l'avenir seul appréciera la valeur. D'abord, il fut donné sept jours après l'entrée des troupes françaises, donc dans le moment le plus défavorable. Évidemment les théâtres étaient vides, et Beethoven qui, en même temps, avait remarqué des imperfections dans le traitement du texte, retira son opéra après la troisième représentation. Après le retour au calme, nous nous sommes occupés de l'œuvre, lui et moi. J'ai remanié tout le livret pour rendre l'action plus animée et plus rapide ; il a abrégé plusieurs numéros, et l'opéra fut rejoué trois fois [en fait seulement deux fois] avec le plus grand succès. C'est alors que les ennemis qu'il a au théâtre se sont manifestés, et comme il en insulta plusieurs lors de la deuxième représentation, ils firent en sorte que l'opéra ne fut plus jamais redonné ensuite[1]. »

Cette lettre, d'un ami très proche à des amis très proches (et très anciens : il s'agit des premiers amis de Beethoven), ne signale pas que Beethoven ait été contraint de revoir sa partition, contrairement au récit – qui a longtemps fait autorité – du chanteur Joseph August Röckel (1783-1870), qui, en 1806, tenait la partie de Florestan. Celui-ci montrait un Beethoven refusant obstinément, tel un lion, toute modification de son œuvre et ne cédant que sur les instantes pressantes de la princesse Lichnovsky, et a été rapporté une première fois par Ferdinand Ries dans ses *Notices biographiques* (p. 104) sur la foi des souvenirs de Röckel recueillis en 1837 et une seconde fois par Thayer en 1861, d'après les souvenirs encore plus anciens de ce même Röckel. Ce n'est qu'à la fin du XXe siècle que Helga Lühning, nouvelle éditrice des partitions de *Leonore/Fidelio*, a mis en évidence les incohérences et les imprécisions du récit qui a trompé les premiers biographes (erreur reproduite par la suite dans toutes les biographies et dans toutes les présentations de *Fidelio*) : Röckel parlait, en particulier, de la suppression de trois numéros qui auraient été arrachés de force à Beethoven, alors que, en réalité, seul le « Goldaria » de Rocco fut éliminé en 1806 (mais restitué en 1814) et que les deux autre numéros en question, le trio entre Rocco, Marzelline et Jaquino, « Ein Mann ist bald genommen », et le duo entre Marzelline et Leonore, « Um in der Ehe froh zu leben », furent conservés en 1806 et éliminés en 1814 (ces deux numéros très appréciés du public furent édités dès 1807 à Vienne). Ce récit fallacieux visait, en fait, à déconsidérer la version de 1806, à lui refuser le statut d'œuvre achevée, puisqu'elle aurait été corrigée contre son gré par Beethoven. Or, comme le soulignait Stephan von Breuning, Beethoven avait profité de la désaffection du public pour remédier aux imperfections qu'il avait remarquées dans son opéra. Ainsi, c'est cette version qui servit à la réduction pour piano publiée en 1810, et c'est celle que Beethoven fit parvenir à Prague en 1807 en vue d'une représentation – c'est donc elle que Beethoven considérait comme représentative de ses intentions.

Le ton de la lettre de Beethoven à Sonnleithner ou celui des lettres à Sebastian Mayer, peu de temps avant la représentation du 29 mars 1806, confirment les informations que Stephan von Breuning donnait à sa sœur : aucune rancœur n'est perceptible, seule la nécessité de faire vite, et de manière efficace pour le succès de l'œuvre, est manifeste.

Beethoven a donc accepté de revoir sa partition, conscient de ses faiblesses, de son inachèvement malgré le temps très long qu'il y avait consacré, car il était très attaché au livret, qui lui donnait la possibilité de concilier des aspirations en apparence contradictoires (le désir d'une vie quotidienne paisible et harmonieuse et l'exigence héroïque de combattre pour la liberté). Il retravailla sa partition de façon à accélérer le déroulement de l'action, faisant confiance à Stephan von Breuning pour réaménager le livret : les deux premiers actes furent rassemblés en un acte, l'air de Rocco fut supprimé, le trio et le duo furent déplacés pour que Leonore et Pizarro arrivent plus vite sur scène et que l'accent soit mis sur Florestan.

Lors des nouvelles représentations, Stephan von Breuning distribua aux spectateurs un nouveau poème en l'honneur de Beethoven :

1. *Leonore* 1806, Beethoven-Haus, Bonn, 1996, p. 10 (étude de Helga Lühning sur le livret de la deuxième représentation).

Noch einmal sei gegrüßt auf dieser Bahn,
Die Du betrat'st in bangen Schreckenstagen,
Wo trübe Wirklichkeit von süßem Wahn
Die Zauberbinde riß, und furchtbar Zagen
Uns All' ergriff, wie wann den schwachen Kahn
Des wilden Sturm's gewalt'ge Wellen schlagen;
Die Kunst floh scheu vor rohen Krieges-Scenen,
Der Rührung nicht, aus Jammer stoßen Thränen.
Nous saluons une fois encore le choix,
Que tu fis en des jours de grande détresse,
Quand la triste réalité d'une douce illusion
Brisait les liens enchantés, et qu'un terrible découragement
S'emparait de nous tous, comme quand sur une fragile embarcation,
S'abattent les puissantes vagues d'une violente tempête,
L'art s'enfuit effarouché devant la brutalité des scènes de guerre,
Les larmes jaillissent des lamentations et non de l'émotion.

Dein Sang voll eigner Kraft muß hoch uns freun,
Dein Blick, der sich aufs höchste Ziel nur wendet,
Wo Kunst sich und Empfindung innig reihn.
Ja, schaue hin! Der Musen schönste spendet
Dort Kränze Dir, indes vom Lorberhayn
Apollo selbst den Strahl der Weihung sendet.
Die ruh' noch spät auf Dir! – In Deinen Tönen
Zeig' immer sich die Macht des wahren Schönen!
Ton chant plein d'une force intérieure va encore nous réjouir au plus haut point,
Ton regard qui ne se tourne que vers le but le plus noble,
Là où l'art s'associe intimement à l'émotion.
Oui, regarde! La plus belle des muses
Te tend une couronne, tandis que de son bosquet de lauriers
Apollon rayonnant, en personne, te bénit –
L'art compte encore longtemps sur toi! –
Que dans ta musique
Se manifeste toujours la puissance du Vrai et du Beau!

Malgré le succès de la nouvelle version de son opéra, Beethoven reprit son manuscrit sur un mouvement de colère. Pour cette querelle, dont les raisons semblent liées aux tensions internes qui régnaient dans le monde du théâtre à Vienne, les souvenirs de Röckel ont encore déformé la réalité : il a raconté qu'attendant d'être reçu par von Braun, propriétaire du théâtre, il aurait surpris la conversation orageuse entre Beethoven et von Braun, Beethoven exigeant la restitution de sa partition au moment où von Braun aurait comparé son faible succès au grand succès de Mozart… S'il est avéré que von Braun n'était pas un homme facile, il faut reconnaître que Beethoven n'a sans doute pas été très diplomate, comme il n'avait pas été très poli et calme avec ses « ennemis » lors de la seconde représentation. Préjugeant de sa notoriété et du succès viennois de l'opéra, Beethoven ne s'est pas douté des difficultés qu'il rencontrerait pour le faire jouer sur d'autres scènes. Aussi eut-il l'espoir que la réduction pour piano, proposée à Breitkopf & Härtel dès juillet 1806, ferait connaître l'œuvre hors de Vienne.

PRÉSENTATION DE L'ŒUVRE

Le livret s'intitule *Leonore oder der Triumph der ehelichen Liebe*, alors que l'opéra s'intitule *Fidelio oder die ehelische Liebe*.

Il fut édité à Vienne avec les indications suivantes sur la page de titre :

« Eine / Oper in zwey Aufzügen / Frey nach dem Französischen bearbeitet / von / Jospeh Sonnleithner. / In Musik gesezt / von / Ludwig van Beethoven. / Für das k. auch k.k. Theater an der Wien. / Wien, 1806. / Gedruckt und verlegt bey Anton Pichler. » (photocopie in *Briefe*, 1., p. 276)

Les révisions effectuées par Stephan von Breuning ont consisté à inscrire ce livret dans la lignée des pièces de Lessing[1] ou de celles de Diderot. Les modifications du ton, les nouvelles indications scéniques, en font une sorte de « drame bourgeois », de « comédie larmoyante », centrée sur les valeurs familiales tout autant que sur l'audace héroïque et le refus de l'arbitraire. Il ne faut

1. Depuis son enfance à Bonn, comme tout Allemand cultivé de l'Aufklärung, Beethoven admirait Lessing.

pas oublier qu'au moment où Stephan et Beethoven revoient ce livret, les valeurs portées par le théâtre « bourgeois » sont issues de la Révolution : le bonheur, cette « idée neuve », n'est plus le privilège de l'aristocratie, mais le résultat du triomphe des droits de l'individu, le langage du cœur étant prééminent. Cet aspect de « drame bourgeois » étayait la dimension politique du livret : la liberté de penser, d'agir, de créer, était inséparable de la liberté des sentiments. Cette orientation délibérée du livret – rendre perceptible l'importance politique des liens du cœur qui unissent les membres d'une famille – répondait à l'analyse de d'Alembert dans *De la liberté dans la musique* (1759) : « Toutes les libertés se tiennent et sont également dangereuses. La liberté de la musique suppose celle de sentir, la liberté de sentir entraîne celle de penser, la liberté de penser celle d'agir, et la liberté d'agir est la ruine des États. Conservons donc l'opéra tel qu'il est, si nous avons envie de conserver le royaume. »

Le langage du cœur qui se substituait à la langue parlée populaire de l'opéra-comique, signifiait de facto, à cette époque, que la Vérité était le thème principal, puisque le cœur ne trompe pas et que l'expression libre du sentiment est le garant d'une vie heureuse dans une société politique constituée d'individus autonomes. Le but du théâtre étant d'éveiller chez le spectateur émotion et pitié pour le rendre meilleur et vertueux, Leonore était elle-même souvent émue et remuée, ses larmes témoignant de l'authenticité de ce qu'elle ressent[1]. C'est pour soutenir cet aspect du drame que furent conservés (déplacés) le duo entre Leonore et Marzelline « Um in der Ehe froh zu leben » (Leonore est d'accord avec Marzelline) ainsi que le trio entre Rocco, Marzelline et Jaquino, « Ein Mann ist bald genommen » (sur l'importance de ne pas se marier à la légère), ces deux numéros (supprimés en 1814) exprimant l'idéal du mariage, lien d'amour, de vertu et de sentiment moral pour les penseurs de l'Aufklärung.

Ainsi, dans cette version de 1806, Leonore apparaît comme une figure typique du drame bourgeois sentimental : elle cherche tout à fait concrètement à libérer son mari (alors qu'en 1814, c'est une héroïne qui veut libérer l'humanité) – sa fragilité et son côté humain permettaient au public de s'identifier avec cette femme, qui n'était pas encore une image idéale. Que sa vertu triomphe de l'arbitraire et du mal incarné par Pizarro, faisait du théâtre cette école des mœurs chère à Schiller[2].

La partition revue par Beethoven n'est pas radicalement différente de celle de 1805, à l'exception de trois nouveaux morceaux : l'Ouverture (*Leonore III*), la marche qui accompagne l'entrée de Pizarro sur scène et le récitatif de Florestan. Pour le reste, Beethoven a surtout corrigé les fautes, différencié les timbres, amélioré la force expressive de l'instrumentation, et il a beaucoup retravaillé l'air de Florestan.

Comme le but de la révision était de rendre l'action plus rapide et plus cohérente, Beethoven a revu chacun des numéros pour y couper les répétitions (qui se situaient le plus souvent au niveau des articulations formelles ou qui étaient liées à des extensions de la forme) et il a procédé à des condensations (en particulier dans le duo « Namenlose Freude »).

Acte I. Marzelline repasse dans la cour de la prison, en guettant avec impatience le retour de Fidelio, pendant que Jaquino réceptionne les colis pour les prisonniers.

N° 1 Tandis que Jaquino va ouvrir la porte, Marzelline, seule, imagine sa vie de couple avec Fidelio (Andante con moto, 2/4, *ut* mineur / *ut* majeur), « O wär ich schon mit dir vereint ».

La ligne musicale diffère légèrement au début de la version de 1805, mais le travail motivique serré du monologue intérieur est conservé. Beethoven a accéléré le tempo pour la coda (Più moto).

N° 2 Dans ce Duo entre Marzelline et Jaquino (Allegro, 2/4, *la* majeur), « Jetzt Schätzchen, jetzt sind wir allein », Marzelline repousse Jaquino qui s'étonne du retournement de son attitude.

1. Beethoven suivait implicitement les principes du poète Gellert qu'il admirait (« Les larmes sont la preuve de l'émotion »).

2. Thème développé dans *Die Schaubühne als eine moralische Anhalt betrachtet (La Scène considérée comme une institution morale)*, texte écrit en 1784, publié en 1785 dans la revue *Rheinische Thalia*, et retravaillé en 1802 en vue de la publication (sous ce titre) dans la quatrième partie de ses écrits (Reclam, 2731 [2]).

Ce duo est plus court qu'en 1805 et comporte une accélération du tempo pour la coda (Un poco più Allegro).

Rocco arrive, lui aussi attend Fidelio. Fidelio paraît enfin sur scène, revenant de chez le forgeron (donc chargée de chaînes), Rocco, satisfait de son travail, lui promet une récompense en lui assurant qu'il sait «lire dans son cœur».

N° 3 (ex n° 4) Chacun des quatre personnages présents sur scène chante pour lui, ce qu'il ressent (amour, bonheur, détresse, désespoir) : ce Quatuor, qui a la forme d'un canon entre Marzelline, Leonore, Rocco, Jaquino (Andante sostenuto, 6/8, *sol* majeur), «Mir ist so wunderbar», n'a pas été modifié par Beethoven.

L'air de Rocco, en *si* bémol majeur «Hat man nicht auch Gold beineben», n° 5 en 1805, a été supprimé en 1806 et réinséré en 1814.

Après ce moment d'émotion, Leonore demandait à Rocco qu'il lui témoigne de la confiance, c'est-à-dire qu'il lui permette de l'aider réellement dans son travail de surveillance des prisonniers.

N° 4 (ex n° 6) Rocco est très heureux de la détermination courageuse de Fidelio. Commence le trio entre Marzelline, Leonore et lui, Allegro ma non troppo/ Allegro molto, **C**, *fa* majeur, «Gut Söhnchen, gut», et il promet qu'il va demander l'autorisation au gouverneur d'être secondé par Fidelio.

Beethoven a légèrement raccourci ce Trio qui ne faisait plus fonction de Finale en 1806. Il a conservé pourtant la place musicale importante (la coda) conférée aux larmes (qui sont à la fois de joie et de tristesse).

N° 5 Une marche, en *si* bémol majeur, introduit alors les spectateurs dans un nouveau décor : une autre cour de la forteresse. Pizarro arrive et Rocco lui tend les dépêches.

Cette marche a été composée pour la nouvelle version de l'*Opéra*. Le manuscrit, très propre, indique que Beethoven était satisfait de cette version qu'il a conservée pratiquement intacte en 1814.

Elle n'a plus la fonction d'introduire le deuxième acte, mais d'accompagner le jeu de scène : «Le temps d'une courte marche les soldats entrent, un officier en tête; pendant qu'ils se rangent, Pizarro arrive sur scène.» Se référant aux entrées princières traditionnelles dans les opéras du XVIIIe siècle, ainsi qu'à la Marche des *Noces de Figaro,* Beethoven a donné une place importante aux cuivres (cors et trompettes en *si* bémol).

Cette marche, bien que jouée dans la fosse d'orchestre, ressemble à une musique de scène : figurant une marche que l'on entend de loin et qui s'approche, elle commence *piano*, de manière imprécise, comme si elle venait de loin, et elle se fait plus forte, plus articulée (rythme pointé) en se rapprochant.

N° 6 Apprenant que le Ministre va venir à l'improviste visiter la prison, Pizarro décide d'assassiner le prisonnier politique qu'il détient arbitrairement : comme dans la version de 1805, il chante sa jubilation vengeresse, avant de distribuer les ordres, dans son air à la fin duquel le chœur des gardes intervient (Allegro agitato, **C**, *ré* mineur.)

La copie de 1806 fut utilisée pour les quelques corrections de 1814.

N° 7 Pizarro essaye alors de corrompre Rocco pour qu'il se transforme en assassin. Rocco, effaré, refuse, au cours de leur duo, «Jetzt, Alter, jetzt, hat es Eile».

En 1806, ce duo a été retouché pour donner plus de vivacité à l'action.

N° 8 (ex n° 11) Leonore aperçoit les deux hommes qui s'éloignent et pense que Rocco est en train de formuler sa demande à Pizarro : elle va donc revoir bientôt son mari! l'émotion la submerge «Ach brich noch nicht du mattes Herz» chante-t-elle au cours de son récitatif, avant d'invoquer l'espérance «Komm, Hoffnung» (Adagio, *mi* majeur) et d'affirmer sa détermination «Ich folge dem innern Triebe» (Allegro con brio, *mi* majeur, toujours soutenu par trois cors et un basson).

La révision de Beethoven surtout a consisté à rendre Leonore encore plus simple et déterminée : dans cette perspective, les vocalises conservées ne sont pas seulement ornementales, elles visent à accroître sa force de conviction.

N° 9 (ex n° 10) Marzelline arrive et retient un moment Fidelio pour être certaine qu'ils partagent les mêmes valeurs indispensables au bonheur conjugal : « Um in der Ehe froh zu leben ».

Beethoven a légèrement retravaillé ce duo, en modifiant quelques mots, et en effectuant quelques coupures et ajouts.

N° 10 (ex n° 3) Apparaît alors Jaquino qui retient Marzelline pour lui faire des reproches. Rocco arrive à son tour pour prendre le parti de sa fille et mettre en garde les jeunes gens : le mariage est une chose sérieuse qu'il ne faut pas prendre à la légère.

Ce trio a été non seulement déplacé (pour permettre à Leonore-Fidelio de paraître plus vite en scène), mais également raccourci de près de la moitié pour réduire la place de l'action secondaire et mettre l'accent sur les valeurs de confiance, d'authenticité et de bonheur qui règnent dans cet univers de gens simples (le premier couplet est éliminé).

Le Finale se déroule dans une autre cour, plantée d'arbres.

N° 11 (ex n° 12) Le Finale (546 mes.), commence cette fois (en 1806) avec l'arrivée des prisonniers qui chantent leur joie de retrouver la lumière « O welche Lust » (*si* bémol majeur). Le chœur des prisonniers fut largement réduit en 1806 (il n'existe pas chez Paër). La suite est pratiquement identique.

Pendant que les prisonniers retournent dans leurs cellules, Rocco annonce à Fidelio que le Gouverneur a accepté ses propositions, ce qui réjouit Leonore (« Nun sprecht, wie ging's ? », *sol* majeur), et qu'ils doivent se mettre tout de suite au travail pour aller dégager la citerne destinée à ensevelir le prisonnier moribond que Pizarro va assassiner (« Wir müssen gleich zum Werke », *mi* bémol majeur). Alors que Rocco explique leur tâche à Fidelio, Marzelline surgit pour les prévenir que Pizarro arrive dans une colère noire (« Ach ! Vater, eilt », *mi* bémol majeur). Pizarro clame qu'il n'y a pas de temps à perdre… L'acte se termine par le chœur des gardes sur lesquels Pizarro compte pour faire régner la terreur (« Auf euch nur will ich bauen », *si* bémol majeur).

Acte II. Le second acte se déroule tout entier, comme en 1805, dans le souterrain de la prison, à la lumière des torches.

N° 12 (ex n° 13) L'Introduction d'orchestre a été très peu modifiée, contrairement au Récitatif de Florestan, « Gott, welch Dunkel hier », qui fut entièrement réécrit (toute trace de manuscrit ou de copie de 1805 a disparu). Quant à l'air en deux parties, Beethoven n'a conservé que la fin de la version de 1805 « Ach, es waren schöne Tage » ; il a réécrit la première partie de l'air (le manuscrit de 1805 de l'Adagio en *la* bémol majeur « In des Lebens Frühlingstagen », a disparu), et il a supprimé le passage du milieu dans lequel Florestan sortait un portrait de sa femme.

Tandis que Florestan s'endort d'épuisement, Leonore et Rocco arrivent au fond du cachot.

N° 13 (ex n° 14), le Duo entre Leonore et Rocco (Andante con moto, **C**, *la* mineur) est précédé par un dialogue sans doute traité en Melodram[1] « Wie kalt ist es in diesem unterirdischen Gewölbe ! » ; puis le duo, « Nur hurtig fort nur frisch gegraben » a été raccourci et a subi de légères modifications : tout en aidant Rocco, Leonore cherche à voir si le prisonnier est son mari.

Quand Florestan se réveille, il demande à Rocco qui est le gouverneur de la prison. Rocco lui répond enfin ; Florestan demande alors qu'on aille chercher sa femme à Séville. Rocco affirme que c'est impossible : pour apaiser Florestan, il accepte de lui donner à boire.

N° 14 (ex n° 15) Florestan remercie Rocco et Leonore, « Euch werde Lohn » (Allegro, **C**, *la* majeur). Ce Trio fut raccourci d'un quart : toute la reprise du chant de reconnaissance fut coupée, tandis que l'organisation des voix et de l'orchestre fut modifiée à plusieurs endroits.

Leur ouvrage terminé, Rocco fait le signe convenu avec Pizarro.

N° 15 (ex n° 16) Pizarro, masqué et déguisé, débute le Quatuor (Pizarro / Florestan /

1. Beethoven avait un exemple de Melodram dans l'acte III (la scène qui précède le Finale) de *Lodoïska* de Cherubini, « grand opéra héroïque en trois actes » représenté à Vienne en le 23 mars 1802 au Theater an der Wien, mis en scène par Schikaneder.

Leonore / Rocco, Allegro, **C**, *ré* majeur), «Er sterbe», en *ré* majeur (dont Beethoven a modifié l'écriture de détail de manière minutieuse); puis tout va très vite, car le temps presse (comme il le dit lui-même)... Leonore arrête le geste meurtrier de Pizarro, révèle qu'elle est la femme de Florestan (sur un saut d'intervalle qui est le résultat de nombreuses recherches) et n'hésite pas à menacer Pizarro d'un pistolet au moment où il s'apprête à les tuer tous les deux. Le signal des trompettes annonce alors l'arrivée du Ministre. «Ach! du bist gerettet» chante Leonore avant le second signal des trompettes. La scène se termine par l'ensemble «Es schlägt der Rache Stunde» en *ré* majeur.

Pizarro part précipitamment à la rencontre du Ministre, suivi de Rocco, qui prend le temps d'arracher son pistolet à Leonore qui s'évanouit.

N° 16 (ex n° 17) Florestan essaie de porter secours à Leonore : le Récitatif, «Ich kann mich noch nicht fassen», introduit le duo «O namenlose Freude» entre lui et Leonore (Allegro vivace, ¢, *sol* majeur). Ce duo est passé de 213 mesures à 124 (ces 89 mesures furent essentiellement coupées dans la partie du milieu). Le récitatif est conservé en 1806 (il fut coupé en 1814).

N° 17 (ex n° 18) Finale

Alors que Leonore explique à Florestan pourquoi et comment elle se trouve là, Rocco, le Ministre, Pizarro, Marzelline, Jaquino, les prisonniers, le peuple font irruption dans le cachot en chantant «Zur Rache» (Vengeance) (*ut* mineur). Don Fernando demande à Leonore et à Florestan de se lever, «Steht auf! Es ziemt mire» (Levez-vous! c'est à moi qu'il revient) (*la* majeur), et invite Leonore à libérer son mari de ses chaînes : tous expriment alors leur profonde émotion, «O Gott, o welch ein Augenblick» (Dieu, quel instant!) (*fa* majeur), avant de chanter les louanges de Leonore, «Wer ein solches Weib errungen» (Que celui qui a conquis l'amour d'une telle femme) (*ut* majeur).

Beethoven a revu ce Finale, pour donner une place à Marzelline et à Jaquino. Il a coupé 44 mesures du début de l'Andante assai «O Gott, o welch ein Augenblick», et a ajouté les trombones dans l'orchestre pour l'Allegro con brio final.

SOURCES

Pour revoir et améliorer sa partition Beethoven a travaillé sur les copies qui avaient servi aux premières représentations de 1805 (le matériel d'orchestre) : les copies qui ont été conservées portent corrections, ratures et suppressions de quelques mesures, ou d'un ensemble de mesures, ainsi que de passages réécrits par endroits.

Quand la copie était devenue illisible Beethoven a réécrit le numéro.

Le manuscrit autographe de la Marche n° 5 (qui annonce et accompagne l'entrée de Pizarro) est conservé à Bonn : il comporte quelques corrections, mais l'ensemble est d'une clarté peu habituelle pour les manuscrits de Beethoven.

PUBLICATION

En août 1810, Breitkopf & Härtel publia une réduction pour piano de la version de 1806 établie par Carl Czerny. Cette version de 1806, que Beethoven considérait comme définitive, comprend les deux numéros supprimés en 1814 : le Duo Marzelline-Leonore, «Um in der Ehe froh zu leben», et le Trio Rocco-Jaquino-Marzelline, «Ein Mann ist bald genommen».

Cette réduction pour piano et chant ne donnait que les airs et les ensembles, l'habitude voulant que l'Ouverture et les Finales ne soient pas intégrés dans une réduction pour piano :

«Leonore / Oper in zwey Aufzügen / von / L. VAN BEETHOVEN. / Klavierauszug / Bey Breitkopf & Härtel in Leipzig»

L'*AMZ* XII d'octobre 1810 et la *Zeitung für die elegante Welt* du 30 octobre 1810 en annoncèrent la parution.

En 1815, une seconde édition de la réduction pour piano fut publiée cette fois avec l'Ouverture, toujours chez Breitkopf et Härtel.

À Vienne, l'éditeur G. Cappi commença l'édition d'une réduction pour piano dans la première livraison de son *Musikalischem Wochenblatt*, en 1807, mais ne publia que trois numéros de l'*Opéra* : le Quatuor en Canon «Mir ist so wunderbar», le Trio «Ein Mann ist bald genommen» et le Duo «Um in der Ehe froh zu leben».

L'ŒUVRE VUE PAR SES CONTEMPORAINS

L'*AMZ* VIII (1806 [col. 460])[1] : «Beethoven a fait représenter à nouveau son opéra Fidelio, avec beaucoup de modifications et de coupures. Tout un acte a ainsi disparu, mais l'œuvre y a gagné et a été mieux accueillie.»

La *Wiener Theater Zeitung* (1806) publiait quelques réflexions sur l'opéra *Fidelio* («Gedanken über die Oper Fidelio»), critiquant le manque de vue d'ensemble, l'Ouverture trop dissonante et concluant qu'il s'agissait d'une œuvre relevant de l'artificiel plus que de l'art. L'auteur de l'article signalait pourtant que la musique était d'une grande maîtrise et qu'elle donnait une idée de ce que Beethoven allait faire à l'avenir dans ce nouveau domaine, et que, d'ailleurs, le premier duo ainsi que les deux quatuors avaient beaucoup plu.

Selon le *Journal des Luxus und der Moden*, en mai 1806 (p. 287), Beethoven avait atteint le sommet de la grâce et de l'harmonie dans cet opéra, lui que l'on trouve d'habitude si difficile et savant[2].

CORRESPONDANCE

Le 27 mars 1806 [1., 243], Kaspar Karl propose la nouvelle version de l'opéra à Kühnel, qui répond, le 12 avril 1806 [1., 249] qu'il est intéressé, et veut voir.

Peu avant la représentation du 29 mars 1806, Beethoven écrit

- [1., 244] à Friedrich Sebastian Mayer qui l'aida à mettre au point le matériel d'orchestre qu'il lui fait envoyer le premier acte, et qu'il aura le deuxième ce soir, acte «dans lequel il n'a fait que peu de modifications» – Beethoven demande que les partitions lui soient renvoyées dès qu'elles seront copiées.
- [1., 245] à Sonnleithner pour savoir si son nom doit rester sur le livret, étant donné les modifications (effectuées Stephan von Breuning, comme l'indique la lettre de Stephan à sa sœur du 2 VI 1806[3]). Beethoven lui signalait que l'opéra était réduit à deux actes pour donner plus d'allant à l'œuvre, et ajoutait qu'il avait coupé autant qu'il le pouvait, en particulier dans le chœur des prisonniers, ce qui avait nécessité une réécriture du premier acte. Beethoven lui demandait son accord pour qu'il puisse publier le livret à ses frais.

Juste avant la seconde représentation du 10 avril 1806 [1., 247], Beethoven écrit à Sebastian Mayer afin qu'il s'occupe de la répétition, en particulier pour les chœurs qui avaient fait beaucoup de fautes, et qu'il aille chercher le chef d'orchestre Seyfried pour diriger, car il veut écouter avec une certaine distance – furieux que les nuances n'aient pas été respectées, Beethoven se préoccupe donc des répétitions [1., 248].

Autour du 5 mai [1., 251], Beethoven demande au baron von Braun de lui prêter les parties d'orchestre de la flûte, des trois trombones et des quatre cors, pour qu'il puisse les recopier et les intégrer dans sa partition, parce que le prince Lobkowitz voudrait faire monter l'opéra dans son palais (il n'existe aucun témoignage de cette représentation).

Le 5 juillet 1806 [1., 254], Beethoven propose la réduction pour piano, et même tout l'opéra, à Breitkopf & Härtel, qui répond le 11 juillet 1806 [1., 255] que cette proposition l'intéresse.

Dans une lettre à Breitkopf & Härtel du 15 octobre 1810 [2., 474], Beethoven indiquait qu'il dédiait son «*oper lenore*» à son ami Stephan von Breuning, «kaiserl. Königl. HofSekretair beym HofkriegsRath», or l'édition de la réduction pour piano datait d'août 1810.

Opus 72
Ouverture *Leonore III*

Adagio, 3/4, ut *majeur*
Allegro, ¢, ut *majeur*
Presto, ¢, ut *majeur*
L'orchestre est composé de deux flûtes, deux hautbois, deux clarinettes, deux bassons; de

1. Cité par H. Lühning, dans son article «Vom Mythos der *Ur-Leonore*» in *Von der* Leonore *zum* Fidelio, Bonner Sympposion 1997, Peter Lang, Frankfurt am Main, 2000, p. 62.
2. In *Leonore* 1996, *op. cit.*, p. 16-17.
3. Un extrait est cité dans l'édition des lettres [1., p. 279].

quatre cors (deux en ut *et deux en* mi*), deux trompettes en* ut*, trois trombones (alto, ténor, basse), timbales en* ut *et en* sol*, quatuor à cordes et basses – 638 mes.*

TEMPS DE LA COMPOSITION

1806 pour la représentation du 29 mars.

PRÉSENTATION DE L'ŒUVRE

La forme de cette ouverture est très simple : une introduction Adagio, un Allegro avec reprise (après le passage du double appel des trompettes), et un Presto final. L'Allegro ne comprend pas de changement de tempo.

Le matériau thématique est dominé par le thème de Florestan. Le thème vigoureux, présent dans l'ouverture de *Leonore II* est conservé.

Les trompettes sont en *si* bémol.

L'Adagio débute comme dans *Leonore II* et dans *Leonore I* par un *sol*, *ff*, à l'unisson de tout l'orchestre, que seuls les bois tiennent.

L'Allegro est annoncé par les violoncelles qui donnent l'impulsion du thème vigoureux, suivi du second thème, celui de Florestan. Un développement modulant mène à la réexposition du premier thème en *ut* mineur, qui précède l'irruption des trompettes, sorte d'extension du développement. La reprise du début de l'Allegro prépare l'explosion finale, Presto, *fff*.

Ainsi, en 1806, Beethoven a remanié son Ouverture en condensant l'Adagio, en modifiant l'équilibre interne de l'Allegro et en allongeant le Presto. Cette forme confère un caractère moins dramatique à la musique et permet un déploiement d'énergie plus hardi.

Comparaison des Ouvertures *Leonore II* et *Leonore III*

Leonore II

Adagio (56 mes.) – Allegro : exposition des deux thèmes (*ut* majeur, *si* mineur / *mi* majeur) ; long développement modulant ; double appel des trompettes en *mi* bémol majeur – Adagio, Thème de Florestan, *ut* majeur – Presto *ut* majeur.

Leonore III

Adagio (36 mes.) – Allegro : exposition des deux thèmes (*ut* majeur, *si* mineur / *si* majeur) ; développement modulant ; double appel des trompettes en *si* bémol majeur ; réexposition ; thème de Florestan, *ut* majeur – Presto *ut* majeur.

SOURCES

Le manuscrit a disparu. Il n'y a pas de copie révisée par Beethoven.

PUBLICATION

Éditée en 1810, en même temps que la réduction pour piano, la seule à être éditée, en parties d'orchestre destinées à une représentation :

« OUVERTURE / à grand Orchestre / de l'Opéra / Leonora / PAR / L. v. Beethoven / Chez Breitkopf & Härtel à Leipsic. »

L'*AMZ* XII de juillet 1810 en publia l'annonce : « Ouverture à grand orchestre de l'opéra Leonora. 2 Thlr. »

Beethoven offrit un exemplaire de cette partition de l'Ouverture au baron Pasqualati, avec une dédicace : « *Seinem Freunde Baron Pascolati* [sic] / *VomVerfasser* ».

Leonore I, de 1807, pourtant la dernière composée, ne fut pas éditée, mais retrouvée dans le Nachlass (l'inventaire après décès).

La première édition en partition fut assurée par Breitkopf et Härtel en juin 1828.

Opus 60
Quatrième Symphonie en *si* bémol majeur

Adagio, **C**, si *bémol mineur (38 mes.) / Allegro vivace,* **¢**, si *bémol majeur – 498 mes.*
Adagio, 3/4, mi *bémol majeur – 104 mes.*
Allegro vivace, 3/4, si *bémol majeur – 397 mes.*
Allegro ma non troppo, 2/4, si *bémol majeur – 355 mes.*

TEMPS DE LA COMPOSITION

Entre la fin de l'été et l'automne 1806 (Beethoven aurait interrompu la composition de la *Cinquième Symphonie* pour travailler à cette *Quatrième*).

Il commença sans doute cette nouvelle *Symphonie* pendant son séjour dans le château du prince Lichnovsky à Grätz près de Troppau (où il resta du mois d'août à la fin du mois d'octobre 1806 – son départ abrupt étant liée à une dispute avec le prince). D'après une lettre à Breitkopf & Härtel, le travail était terminé le 18 novembre 1806. Il a certainement retouché sa *Symphonie* après la première exécution en mars 1807.

PREMIÈRE EXÉCUTION

Elle eut lieu dans le palais du prince Lobkowitz à Vienne en mars 1807 (la date précise est inconnue) au cours d'un concert par souscription (qui comprenait les trois premières *Symphonies*, quelques airs de *Fidelio*, le *Quatrième Concerto pour piano* et l'*Ouverture de Coriolan*).

Les autres exécutions eurent lieu le 15 novembre 1807 à l'occasion d'un concert de charité donné au Theater an der Wien, sous la direction de Beethoven ; puis, aux alentours du nouvel an 1808 dans l'« Aula » de l'Université de Vienne lors d'un « Liebhaber-Concert » (Concert des amateurs)[1] ; également le 13 avril 1808 lors d'un concert de charité donné au Burgtheater sous la direction de Beethoven.

CONTEXTE BIOGRAPHIQUE

Beethoven composa cette nouvelle *Symphonie*, au cours de la seconde moitié de l'année 1806, en même temps que les *Quatuors Rasumowsky op. 59* et que le *Concerto pour violon op. 61*. Pour mener à bien ce travail, il abandonna momentanément celui destiné à la *Cinquième Symphonie op. 67*. Les particularités de l'écriture de cette *Quatrième Symphonie* – l'introduction lente « à la Florestan », le recours à une « Paukenfigur » dans le deuxième mouvement comme dans le *Septième Quatuor*, la répétition jusqu'à saturation des mêmes accords dissonants comme dans le premier mouvement de l'*Eroica*, dans le Finale – laissent supposer qu'après l'*Eroica*, *Fidelio* et le *Septième Quatuor op. 59 n° 1*, Beethoven a eu besoin de rassembler dans une même œuvre certaines de ses innovations et de leur conférer une dimension symphonique, avant de poursuivre la conception d'œuvres symphoniques qui s'orientaient dans d'autres directions (les *Cinquième* et *Sixième Symphonies op. 67* et *68*).

D'autre part l'étude du contexte biographique de cette *Quatrième Symphonie* permet de cerner la « politique musicale » de Beethoven qui très souvent se servait de ses œuvres tout autant que de ses mécènes comme tremplin pour parvenir à ses fins. En l'occurrence, il semble que l'idée de cette *Quatrième Symphonie* ait été suscitée par l'orchestre du comte von Oppersdorff, comte mélomane avec lequel Beethoven s'est lié d'amitié en automne 1806 lors de son séjour chez le prince Lichnowsky en Silésie. Mais la symphonie qu'il comptait dédier à ce comte était celle qu'il était en train d'écrire, c'est-à-dire la *Cinquième*. Une fois le travail de composition achevé, cette quatrième *Symphonie* proposée à Breitkopf & Härtel fut vite « cédée » contre finances pour six mois au prince Lobkowitz, qui la fit exécuter dans son palais en mars 1807. Puis, Beethoven ayant récupéré les droits, en juillet 1807, il en envoya une copie destinée à la gravure au Bureau d'Art et d'Industrie, éditeur viennois qui avait déjà édité plusieurs œuvres de Beethoven (et chez lequel son ami Gleichenstein était influent). L'annonce de la publication fut diffusée par la presse, mais à quel moment l'éditeur publiat-il la symphonie en 1808 ? Quand, en mars 1808, Beethoven demande au comte von Oppersdorff s'il souhaite toujours avoir la *Cinquième*, il lui fait savoir qu'il lui faudra verser une certaine somme… Le comte, qui a versé ce qu'il fallait pour assurer la copie de la *Symphonie*, a-t-il versé ce qu'il fallait pour avoir cette *Cinquième* ? Toujours est-il que le 1er novembre 1808, au moment même où Beethoven recevait la proposition du roi Jérôme de Westphalie d'être nommé Kapellmeister, il faisait savoir au comte von Oppersdorff qu'il se trouvait dans l'obligation de vendre sa *Symphonie* (donc la *Cinquième*) et une autre (la *Sixième*) à quelqu'un d'autre, c'est-à-dire à l'éditeur de Leipzig Breitkopf & Härtel, en les dédiant au prince Lobkowitz et au comte Rasumowsky. Pourquoi cette nécessité ? S'agit-il d'une question de plus grande influence des dédicataires, à Vienne, au moment où Beethoven espère qu'on va l'empêcher d'en partir ? Toujours est-il que Beethoven décida de « dédommager » le comte von Oppersdorff avec la *Quatrième*, symphonie conçue seule, sans pendant, à la

1. Série de vingt concerts qui eurent lieu du 12 novembre 1807 au 27 mars 1808 dans la grande salle de l'Université (sauf le premier qui se déroula à la Mehlgrube). Ils furent dirigés à partir du 20 décembre 1807 par le chef d'orchestre et violoniste Franz Clement, dédicataire de l'*op. 61*.

différence des *Cinquième* et *Sixième* conçues ensemble, l'une par rapport à l'autre.

PRÉSENTATION DE L'ŒUVRE

En installant l'auditeur dans une atmosphère qui rappelle l'introduction du second acte de *Fidelio*, Beethoven donne à entendre les éléments qu'il a mis en œuvre dans sa nouvelle *Symphonie* : la masse sonore de l'orchestre, des harmonies tendues, des motifs très courts associés à des attaques différenciées (pizzicato, détaché, sforzando, legato) ou à des timbres (tel le basson), des répétitions successives de notes ou d'accords très brefs.

L'écriture joue avec des éléments détachés de leur contexte pour dérouter l'auditeur (ainsi, dans le deuxième mouvement Adagio, le rythme irrégulier sur deux notes pris en charge par les cordes alors qu'il est habituellement attaché au jeu des timbales) et pour apporter une pointe d'humour dans un climat qui commence et qui s'achève de manière très tendue (ainsi, la fin du troisième mouvement « alla Haydn », ou la réexposition du dernier mouvement, quand le basson entre trop tôt, comme si l'instrumentiste avait mal compté ses mesures, ou comme si le chef s'était trompé – décalage qui permet de mettre en valeur la spécificité de son timbre).

I. Le premier mouvement Allegro vivace est précédé d'un Adagio en *si* bémol mineur qui dévoile peu à peu le matériau musical : la diversité du son en fonction de son attaque (pizzicato, détaché, legato), de son origine et de son timbre (souffle des vents, archet des cordes, timbre du basson), la surprise de l'harmonie (absente, en tension de neuvième mineure ou cadentielle) et le contraste dans la texture (continue / discontinue et éclatée dans le temps et dans l'espace), dans un contexte très organisé (deux courtes phrases contrastée et reprises, un petit développement, une codetta et une transition qui permet d'affirmer la tonalité de *si* bémol majeur, par l'intermédiaire de sa sensible, la note *la* répétée *crescendo*) – le lien avec l'Allegro vivace apportant la dimension de l'élan et de la fermeté qui élimine le mystère.

Cet Allegro vivace, mouvement rapide de forme sonate, part d'un tremplin très solide qui constitue le premier ensemble thématique. Le second ensemble thématique est énoncé par un court motif du basson, auquel Beethoven a déjà conféré une grande importance dans la section de transition entre le premier et le second ensemble thématique. Le développement combine les différents motifs : rythmiques, mélodiques, de timbre, d'intensité, pour s'aventurer dans des zones très mystérieuses avant de s'achever sur une fausse reprise. La réexposition permet d'affirmer la solidité et l'équilibre de l'ensemble de ce premier mouvement.

D'une grande lisibilité, la perception de cet Allegro vivace a été conditionnée par l'introduction Adagio dominée par une atmosphère mystérieuse produite par le recours à une tonalité mineure, dans une intensité très faible, avec des sons ténus liés au jeu détaché des cordes et des bois, et par la place conférée aux timbres graves (le basson auquel répondent les contrebasses).

II. Le deuxième mouvement retrouve le tempo Adagio pour créer un tout autre climat. Cet Adagio est à 3/4 en *mi* bémol majeur, et il est constitué de deux éléments en tension l'un par rapport à l'autre : un court motif rythmique, répété de manière immuable, énoncé aux seconds violons – figure musicale qui ressemble à un motif rythmique propre aux timbales (rythme pointé sur des notes tonales, en allemand « Paukenfigur »), mais qui, détaché de son support d'origine sert à organiser un espace sonore très vaste –, et un chant confié d'abord au premier violon (qui doit jouer *cantabile*). Ces deux éléments structurent ce mouvement de forme sonate-rondo, dans lequel ils font office de refrain encadrant des couplets (le second groupe thématique et le développement, ainsi que la réexposition), la matière sonore s'étiolant progressivement (*perdendo*) avant un crescendo final impulsé par la « Paukenfigur ».

III. Le troisième mouvement, dénommé Allegro vivace, est de forme Scherzo avec Trio : il démarre *ff* comme si l'auditeur se trouvait immédiatement dans le vif du sujet.

La première partie, le Scherzo, joue sur un court motif rythmique très dynamique et sur l'effet de contraste de masses ; elle revient trois fois. La seconde partie, le Trio *un poco meno allegro*, est menée *dolce* par les bois, et s'intercale, par deux fois, entre les reprises du Scherzo. Cette structure, en cinq moments bien différenciés (Scherzo – Trio – Scherzo – Trio – Scherzo), s'achève par une surprise

« alla Haydn », les cors seuls menant à une nouvelle affirmation conclusive de tout l'orchestre.

IV. Le Finale est un Allegro ma non troppo à deux temps de forme sonate, véritable « perpetuum mobile » mené par les cordes rapides qui, après une plage lyrique énoncée par la clarinette (le second thème) avancent vers une tension maximale (tout l'orchestre joue très fort, *ff* et *sf*, sur le même accord de neuvième mineure répété plusieurs mesures de suite). Le développement exacerbe ce contraste dans un espace qui semble se dilater, le basson menant de façon anticipée à la réexposition. Le développement terminal et la coda se heurtent l'un et l'autre, à nouveau, à la masse des accords dissonants tandis que le mouvement perpétuel se poursuit, n'étant interrompu que par les deux grandes pauses successives (geste de rupture d'une très grande efficacité) qui précèdent les dernières mesures.

SOURCES

Il existe plusieurs sources manuscrites :

La partition autographe datée de 1806 (à Berlin) – c'est la première symphonie pour laquelle l'autographe existe – porte cette inscription sur la couverture en lettres d'or : « L.v.BEETHOVEN. / SINFONIE in B dur. »

Deux copies complètes des parties d'orchestre avec remarques de Beethoven destinées à l'exécution publique (Vienne et Bonn)

Une copie de la partition destinée à la gravure avec des corrections de Beethoven (à Vienne, GdM).

Des esquisses se trouvent à Berlin, Landsberg 12.

PUBLICATION

La première édition en voix séparées fut assurée au cours de l'année 1808 au Bureau d'Art et d'Industrie, à Vienne.

Le titre est en français :

« IVme / SINFONIE / à 2 Violons, Alto, Flûte, 2 Hautbois, 2 Clarinettes, / 2 Cors, 2 Bassons, Trompettes, Timballes [*sic*], / Violoncello et Basse. / Composée et Dédiée / à Monsieur le Comte d'Oppersdorf / par / LOUIS VAN BEETHOVEN / Œuvre 60. / […]/ À Vienne et Pesth au Bureau des arts et d'industrie. »

La publication fut annoncée (avant la parution) par la *Zeitung für die elegante Welt* à Leipzig dès 1807, puis par le *Journal des Luxus und der Mode* à Weimar (une nouvelle datée d'août 1807 publiée dans le numéro de janvier 1808).

La première partition fut éditée par Simrock à Bonn en 1823, sans révision par Beethoven.

Des transcriptions furent effectuées : pour septuor (2 violons, 2 altos, flûte, violoncelle et contrebasse) à Londres vers 1810; pour quintette à cordes au Bureau d'Art et d'Industrie le 19 mai 1810; pour piano à deux mains (au Bureau d'Art et d'Industrie en 1810) et à quatre mains (Simrock à Bonn en 1817, repris par Clementi à Londres en 1823).

DÉDICATAIRE

Le comte Franz von Oppersdorff (1778-1818 à Berlin), grand mélomane, entretenait un orchestre dans son château d'Oberglogau en haute Silésie. Beethoven le rencontra lors de son séjour à Grätz (près de Troppau) chez le prince Lichnowsky en automne 1806 et, s'étant lié d'amitié avec lui, il promit de lui donner, pour son orchestre, la symphonie qu'il était en train d'écrire, c'est-à-dire la *Cinquième Symphonie* (dans une lettre de mars 1808 [2., 325], Beethoven écrit « ihre *Sinfonie* », les indications d'orchestration du Finale permettent de l'identifier comme la cinquième : « 3 Posaunen und *flautino* »). Mais, pour des raisons de « politique musicale », Beethoven choisit de dédier la *Cinquième* à quelqu'un d'autre : il s'en excusait dans une lettre du 1er novembre 1808 [2., 340], adressée au comte von Oppersdorff, affirmant qu'il allait rapidement le dédommager avec une autre symphonie, c'est-à-dire avec cette *Quatrième Symphonie*.

L'ŒUVRE VUE PAR SES CONTEMPORAINS

L'*AMZ* X du 8 mars 1807 (col. 286) publie une annonce de Vienne datée du 27 février 1807 indiquant le concert par souscription, au bénéfice de Beethoven, qui va être donné dans le palais Lobkowitz.

L'*AMZ* XIII, 1811 (col. 62), mentionne l'exécution à Leipzig de cette *quatrième Symphonie* (publiée à Vienne, « Industrie-Comptoir ») au cours d'un concert de bienveillance soulignant que cette *Symphonie* encore peu connue, possède une superbe introduction, un Allegro plein de force et de feu, un magnifique Andante [*sic*], un Scherzo original et plein de séduction et un Finale étrange mais efficace : la comparaison s'impose avec les deux premières – la cinquième et la sixième étant trop différentes et trop nouvelles.

L'*AMZ* XIV (1812 [col. 381]) signale l'exécution de cette *Symphonie* (pour la première fois à Mannheim), œuvre de Beethoven, ce «*Jean Paul* musical» – comparaison qui s'imposait en fonction de l'originalité et de l'énergie de l'œuvre. L'auteur de l'article ajoute qu'aucune bizarrerie ne vient la gâcher, contrairement à la *Symphonie Pastorale* ou à l'*Eroica*. Il trouve d'ailleurs que cette *Symphonie* est aussi «géniale, pleine de feu et d'effet» que la *Cinquième Symphonie* en *ut* mineur et aussi claire que la première en *ut* majeur. Même s'il la trouve difficile à exécuter, il admire les performances des instruments à vent. Pour conclure, il mentionne que le public a applaudi chacun des mouvements.

L'*AMZ* XVIII (1816 [col. 758/759]) publie un article dans lequel, à propos de la *Quatrième Symphonie*, l'auteur reconnaît que Beethoven a le droit de suivre son propre chemin, mais il trouve que les bizarreries rendent ses œuvres difficiles à comprendre, même pour les mélomanes avertis.

La *BAMZ* Jg.2 (1825, p. 758/759) publie un article de Ludwig Rellstab (1799-1860) qui décrit ce qu'il a ressenti en écoutant cette *Symphonie*, en termes poétiques reposant sur des métaphores météorologiques... (in Kunze, p. 74-76).

CORRESPONDANCE

Le 3 septembre 1806 [1., 256], Beethoven proposait à Breitkopf & Härtel, s'il signait avec lui un contrat d'exclusivité en Allemagne, plusieurs œuvres dont l'op. 60. Le 13 septembre [1., 257], B&H voulait connaître les prix.

Le 18 novembre 1806 [1., 260], Beethoven écrivait à B&H qu'il ne pouvait «pas encore lui donner la *Symphonie* promise, parce qu'un noble personnage la lui avait prise pour six mois, mais qu'après il aurait la liberté de la donner», ajoutant qu'il était «possible qu'il soit obligé de donner sa *Symphonie* à graver plus tôt que prévu, et que dans ce cas il la lui donnerait». Le 26 novembre 1806 [1., 261], B&H renonce à acheter les œuvres prétextant que les conditions de la guerre rendent son commerce difficile.

Le 26 avril 1807 [1., 277], cette *Symphonie* fait partie des œuvres proposées à Pleyel à Paris, à Simrock à Bonn [1., 278] (et à Clementi le 20 avril 1807).

Le 23 juillet 1807 [1., 287], Beethoven informait le baron Ignaz von Gleichenstein qu'il avait envoyé une copie de la *Symphonie* à l'«Industrie Komtoir».

De Vienne, en mars 1808 [2., 325], Beethoven annonçait au comte Franz von Oppersdorff à Troppau que «sa Symphonie» (c'est-à-dire la *Cinquième*) était prête et qu'il attendait 150 fl. pour la faire copier (le comte lui envoya les 150 florins le 29 mars 1808), ajoutant que s'il renonçait à cette *Symphonie* il devait l'en prévenir rapidement, mais que s'il la prenait il devait verser encore 300 florins.

Le 1er novembre 1808 [2., 340], Beethoven expliquait au comte von Oppersdorff qu'il s'était vu dans l'obligation de vendre «sa Symphonie» à deux autres personnes, mais qu'il allait lui envoyer au plus vite celle qu'il lui destinait.

Le 4 mars 1809 [2., 359], Beethoven proposait à Breitkopf & Härtel une réduction pour deux pianos que le pianiste Friedrich Stein (1784-1809) devait lui apporter, mais il mourut le 5 mai 1809...

Opus 61

Concerto pour violon et orchestre en *ré* majeur

Allegro ma non troppo, **C**, ré *majeur – 535 mes.*
Larghetto, **C**, sol *majeur – 91 mes.*
Rondo. Allegro, 6/8, ré *majeur – 359 mes.*

TEMPS DE LA COMPOSITION

1806, après le retour du voyage en Silésie (retour qui eut lieu en fin octobre).

D'après Carl Czerny, dans sa *Pianoforte Schule* (op. 500, 4e partie, p. 117), Beethoven aurait composé ce *Concerto* très rapidement pour le violoniste Franz Clement (1780-1842), qui le joua en concert public le 23 décembre 1806. De fait, Beethoven ne mentionnait pas cette œuvre dans sa lettre du 18 novembre 1806 à Breitkopf & Härtel [1., 260] : il n'aurait donc commencé à mettre son *Concerto* sur le papier que dans le troisième tiers de novembre 1806, à peine cinq semaines avant la représentation du 23 décembre 1806.

Si Beethoven n'acheva son *Concerto* que deux jours avant l'exécution publique, il se préoccupa de revoir et de réécrire largement la partie de violon solo au moment où, en 1807, il fut question de la publication de ce concerto (il semble qu'il ait été secondé par le violoniste et compositeur Franz Alexandre Pössinger (1767-1827) pour adapter ce qu'il avait écrit aux possibilités du violon).

La première exécution eut lieu le 23 décembre 1806 au Theater an der Wien, avec le violoniste virtuose Franz Clement, également Konzertmeister de l'orchestre du théâtre.

CONTEXTE BIOGRAPHIQUE

C'est donc à la fin de l'année 1806, année très féconde (celle des *opus 58*, *59*, *60* et *61*), que Beethoven composa «très vite» ce *Concerto pour violon*. L'incitation provient sans doute de ses relations avec le violoniste virtuose Franz Clement. Le jeu de mot inscrit sur la partition autographe, «*Concerto par Clemenza pour Clement primo Violino / e direttore al theatro a vienna / Dal L.v.Beethoven 1806*», laisse supposer que Beethoven ressentait une forte complicité musicale avec Clement, le terme «*Clemenza*», qui ouvre sur un univers musical inscrit sous le signe de *La Clemenza di Ttito*, K. 621 de Mozart, connotant l'amitié (à l'antique) et le pardon. Ce jeu de mot semble bien indiquer la part importante prise par Franz Clement, si ce n'est dans l'incitation, au moins dans l'exécution de l'œuvre qui ne fut achevée que bien après sa première audition en concert public.

Cette complicité de Beethoven avec Franz Clement est devenue active au moment où l'idée de composer un concerto pour violon devait germer en lui, pour plusieurs raisons de nature fort différentes : tout d'abord, il n'avait pas encore abordé ce genre (il précisa à plusieurs reprises qu'il s'agissait de son «premier» concerto pour violon, ce qui permet de supposer qu'il envisageait d'en écrire d'autres); ensuite, lui-même avait pratiqué le violon dans sa jeunesse à Bonn (la dédicace à Stephan von Breuning est un rappel de ce temps d'apprentissage en complicité), il connaissait donc bien cet instrument (il avait d'ailleurs été altiste dans l'orchestre de la cour à Bonn), et, alors qu'il lui faisait perdre sa prééminence dans ses nouveaux quatuors à cordes, il lui consacra une œuvre destinée à mettre en valeur ses spécificités musicales et expressives; enfin, écrire pour violon virtuose n'était pas sans signification politique, puisque c'était une façon de rendre hommage à la France issue de la Révolution, qui avait rendu possible le développement de la meilleure école de violon, illustrée par le traité *L'Art du violon* de Pierre Baillot, par la *Méthode de violon* et par les dix-neuf Concertos pour violon de Rodolphe Kreutzer (que Beethoven avait rencontré en 1798 et auquel il avait dédié sa *Sonate pour piano et violon op. 47*), ainsi que par les treize Concertos de Pierre Rode (violoniste pour lequel Beethoven écrivit la *Sonate pour piano et violon op. 96*). Cet intérêt pour le violon virtuose est à mettre également en relation avec les Concertos pour violon de Giovanni Battista Viotti (qui fit un large usage des octaves brisés). D'autre part, la proximité de Beethoven avec le violoniste Schuppanzigh, ou sa rencontre avec le virtuose Bridgetower (avec lequel il joua la *Sonate op. 47* en mai 1803) ont permis à Beethoven de se familiariser avec la virtuosité propre au violon, avant même de concevoir son *Concerto* pour Franz Clement.

Les références implicites à la qualité de l'école de violon française soutenaient la nouveauté de l'écriture de ce *Concerto*, qui associait le style symphonique et la virtuosité, la musicalité, l'éclat sonore dans un contexte qui n'était plus celui d'une tension entre le soliste et de l'orchestre, mais celui d'une complicité de jeu.

Conçu juste après le *Premier Quatuor op. 59* et la *Quatrième Symphonie op. 60*, ce *Concerto* confère, comme ces deux œuvres, une place structurelle aux timbales, tant pour leur sonorité et leurs spécificités rythmiques (qui connotent, de facto à cette époque, les armées de la Révolution française), que pour leur rôle fondamental dans un orchestre (pour l'harmonie comme pour l'espace sonore). Dans cette nouvelle œuvre, son premier *Concerto pour violon*, Beethoven a donc cherché à poser l'une à côté de l'autre deux composantes primordiales de l'écriture musicale : le rythme introduit par les timbales et le chant porté par le violon.

Passée l'urgence du concert et en vue de la publication du *Concerto*, Beethoven retravailla la partie de violon, comme le prouve l'écart entre le manuscrit et la partition éditée (l'autographe de la version gravée est perdu, mais il devait être proche de la copie pour la gravure de la transcription pour piano demandée par Clementi; d'autre part, la version publiée à Vienne en 1808 est légèrement différente de celle envoyée à Londres). Attentif aux critiques, Beethoven procéda à une vaste réécriture du premier et du troisième mouvement, pour y supprimer les répétitions et assurer une plus grande lisibilité des articulations, mais il ne toucha pratiquement pas au Larghetto, ses deux premières *Romances pour violon et orchestre op. 40* et *op. 50* lui ayant déjà fourni l'expérience de l'écriture *cantabile*. Pour s'assurer que la partie de violon solo était possible à jouer, il semble que Beethoven ait eu recours aux compétences de Pössinger, compositeur viennois, violoniste membre de l'orchestre de la cour, qu'il avait rencontré, et fort apprécié, au moment de l'affaire du *Quintette op. 29* en 1803.

Pris dans le travail de publication, qui, en fonction des exigences de l'éditeur en 1807, liait d'une façon particulière le violon et le piano, Beethoven, soucieux de manifester son amitié à son ami d'enfance, dédia cette œuvre à double version (l'une pour violon et l'autre pour piano) à Stephan von Breuning, avec lequel il avait étudié le violon, et à Julie, sa femme qui était une bonne pianiste.

Ces deux dédicaces, bien que postérieures aux intentions initiales, peuvent donner une idée du sens que Beethoven conférait à cette œuvre, une fois achevée : elle était la première d'un genre renouvelé par une écriture qui privilégiait la juxtaposition du rythme et du chant, et qui s'inscrivait dans le sillage de la Révolution française, cet événement fondateur tant pour le monde à venir que pour Beethoven et ses amis.

PRÉSENTATION DE L'ŒUVRE

Ce *Concerto* combine des réminiscences de musiques qui ont fait partie de l'environnement sonore de Beethoven depuis son enfance, avec la mise en valeur d'un instrument dont il a joué à Bonn et pour lequel il adopte les exigences de l'école de violon issue de la Révolution française. Cette fois encore, cette combinaison est une sorte de «manifeste» pour une écriture moderne, à partir d'un matériau simple (un rythme et la sonorité du violon) et d'origine populaire (les allusions au Volkslied), dans un contexte de maîtrise instrumentale (la grande virtuosité suppose un travail intense en amont) : la tension se situe donc entre la simplicité originelle et le travail très complexe.

I. L'œuvre débute par les timbales à découvert, qui semblent venir de loin, sur une pulsation régulière à la noire : ce motif rythmique va ensuite circuler à toutes les voix, et revenir 76 fois, porté par différents timbres et à des moments différents (articulations de la forme, soutien rythmique, etc.), tout au long de ce premier mouvement complexe de forme sonate.

Une longue introduction de l'orchestre présente les deux groupes thématiques, qui comprennent des réminiscence d'airs populaires ou d'airs d'opéras, et sont d'une grande richesse d'idées (ce qui a dérouté les premiers auditeurs, ce que la critique a dénoncé comme «tumulte» d'instruments, c'est-à-dire choix d'une composition inhabituelle puisqu'elle ne se contente pas de l'opposition de deux thèmes, mais ajoute des idées adjacentes). Dans chacun des deux ensembles thématiques, les instruments à vent ont une grande importance (souvenir des musiques pour instruments à vent écrites du temps de Bonn).

Après cette introduction d'orchestre, le violon entre avec une phrase qui ressemble à une cadence (sur un accord de dominante), geste destiné à mettre en valeur la virtuosité du soliste, avant qu'il n'énonce le premier thème dans un registre très aigu (ce premier thème viendrait d'airs d'opéras français du temps de Bonn). Ensuite le violon solo reprend les ensembles thématiques en multipliant les figures propres au jeu du violon (le second thème reprend sans doute, comme les *Quatuors op. 59* et la *Cinquième Symphonie op. 67*, un Volkslied de Silésie « O Freude über Freude, ihr Nachbarn kommt und hört » [Ô joie des joies, votre voisin vient et écoute]). Une large plage suspensive précède la section qui termine l'exposition. Le développement insiste sur l'aspect lyrique de la thématique en contraste avec la puissance inquiétante du rythme initial en tutti sur des accords dissonants. La réexposition suit la même démarche que celle de l'exposition. Une cadence précède la coda qui doit être jouée sur les cordes de *ré* et de *sol*.

II. Le deuxième mouvement Larghetto en *sol* majeur est une Romance dans le genre des *op. 40* et *50*, qui, comme le premier mouvement juxtapose un rythme et un chant largement déployé.

Ce Larghetto en forme de Lied se trouve associé à la technique de développement propre à la forme sonate et au principe de la variation. Il est ouvert par les cordes seules avec le rythme croche pointée-double croche énoncé sur l'accord parfait de *sol* majeur, ce qui installe une atmosphère de marche solennelle. Ce rythme initial repris par les cors introduit le violon solo, très lyrique, dans un registre très aigu. Le chant du violon solo *dolce* ne cesse de se déployer sur ce fond rythmique obsédant, laissant place en un développement à une ligne mélodique évoquant celle de Florestan, avant la reprise de l'appel initial des cors.

Une courte cadence, précédée d'un moment inquiétant « *senza Sord.* », est suivie d'un « *attacca subito il Rondo* ».

III. Le troisième et dernier mouvement, Rondo Allegro en *ré* majeur à 6/8, est ouvert par le violon solo sur la corde de *sol*, avec ponctuations rythmiques du violoncelle sur le rythme deux brèves – une longue. Ce Rondo est sans surprise, de forme A-B-A-C-A-B-A, Coda, le soliste l'énonçant avant que l'orchestre ne le reprenne en tutti. L'indication de jeu *delicamente* est notée pour le refrain joué par le violon solo. Après un premier couplet qui donne un grand rôle aux instruments à vent, le second couplet s'apparente davantage à un développement modulant, qui s'évade dans d'autres régions.

La partie de violon solo est d'une grande virtuosité, les trilles et les moments en registre aigu ayant une grande place. Une cadence précède la coda développée de manière homogène par le soliste et l'orchestre.

SOURCES

Le manuscrit autographe (à Vienne) porte la mention suivante sur la première page : « *Concerto par Clemenza pour Clement primo Violino / e direttore al theatro a vienna / Dal L.v.Beethoven 1806* ». La partie de violon de cette première version est très différente de la version gravée [1].

La copie destinée à la gravure, comportant beaucoup de corrections de Beethoven et du copiste, fut établie au printemps ou au début de l'été 1807 (elle est à Londres et comporte une annotation d'une main étrangère : « Pössinger Pressant leer ») : Beethoven a indiqué le titre « Violin Konzer [sic] / samt der Übersetzung desselben / fürs Klavier ».

Des esquisses du premier mouvement et du thème du Rondo final se trouvent à côté de celles des premières mesures de la *Cinquième Symphonie* (cité par Nottebohm II, 532-534).

PUBLICATION

L'édition originale, en voix séparées, fut assurée à Vienne et à Pest par le Bureau d'Art et d'Industrie (Kunst- und Industrie Comptoir) en août 1808. Le titre est en français :

« CONCERTO / pour le Violon / avec accompagnement de deux Violons, Alto, Flûte, / deux Hautbois, deux Clarinettes, Cors, Bassons, Trompettes, Timballes [*sic*], / Violoncelles et Basse. / Composé et Dédié / à son ami Monsieur de Breuning, / Secrétaire Aulique auprès de Sa Majesté l'Empereur d'Autriche / par / Louis van Beethoven / Œuvre 61. [...] »

La *Wiener Zeitung* du 10 août 1808 annonça la publication de la transcription pour piano (en même temps que celle de l'*op. 58*).

1. « L'objectif principal du remaniement était de toute évidence de rendre ces figures [figures d'appoint, ornementations, fioritures et arpègements], ces agréments plus variés, plus vivants, de façon à bannir tout risque de monotonie « lassante » ; la révision de Beethoven différencie plus fortement les diverses figures ornementales, rompt les enchaînements de séquences de caractère par trop « mécanique », introduit des mouvements opposés et vise parfois à expliciter les rapports de structure. » (Ernst Herttrich, Préface, printemps 2001, Studien-Edition, G. Henle Verlag, p. IX).

La partition fut publiée seulement en 1861 par Peters à Leipzig et Berlin.

Une transcription pour piano fut réalisée par Beethoven en 1807, à la demande de Clementi, pour l'édition de Londres. Elle fut dédiée à la femme de Stephan von Breuning, et publiée en même temps que la version originale pour violon, en août 1808. Le titre est en français :

«CONCERTO / pour le Pianoforte / avec accompagnement de grand Orchestre / arrangé d'après son Ier Concerto de Violon / et Dédié / à Madame de Breuning / née noble de Vering par / Louis van Beethoven / Œuvre 61. / N° 538 Prix 7 frs. / ÀVIENNE & PESTH / au Bureau des arts et d'industrie»

DÉDICATAIRE

Stephan von Breuning (17 août 1774-4 juin 1827), était un ami d'enfance de Beethoven. Ils reçurent ensemble à Bonn des cours de violon par Franz Ries. Après des études de droit, Stephan s'installa à Vienne à partir de 1800, pour travailler au ministère de la Guerre et fut nommé conseiller aulique en 1818. Liés par une amitié intense mais très tumultueuse, Beethoven et Stephan rompirent toute relation pendant dix ans (1815-1825), puis ils se retrouvèrent avec un grand bonheur : le fils de Stephan, Gerhard, qui a raconté cette reprise de leur amitié dans ses souvenirs *Aus dem Schwarzspanierhause* (Vienne 1874), fut très proche de Beethoven au cours des dernières années de sa vie.

En avril 1808, Stephan avait épousé Julie von Vering (26 novembre 1791-19 mars 1809), qui mourut moins d'un an plus tard. Julie jouait assez bien du piano pour que Beethoven, qui avait beaucoup de plaisir à jouer à quatre mains avec elle, lui dédie la version pour piano du *Concerto pour violon*.

L'ŒUVRE VUE PAR SES CONTEMPORAINS

Joseph Nepomuk Möser écrit dans le journal viennois *Zeitung für Theater, Musik und Poesie* du 8 janvier 1807 (Jg.2, p. 27) que le remarquable violoniste Clement a donné un concert au cours duquel il a joué plusieurs morceaux dont un concerto de Beethoven. Le public apprécia avec chaleur le jeu ferme et brillant de Clément. Quant aux «connaisseurs», ils ont trouvé que l'œuvre de Beethoven était certes magnifique, mais que par endroits elle manquait de cohérence et que trop souvent elle épuisait l'auditeur par ses répétitions indéfinies. L'auteur de l'article regrettait l'ancienne manière de composer de Beethoven et craignait que les nouvelles œuvres n'éloignent le public de sa musique, les idées y étant trop nombreuses, au milieu d'un «vacarme continuel de quelques instruments destinés à caractériser l'introduction».

CORRESPONDANCE

Le 20 avril 1807, Beethoven signait un contrat avec Muzio Clementi, éditeur à Londres, pour l'édition de plusieurs œuvres dont «un concert pour le violon N.B. le premier qu'il a composé». Ce contrat concernait le *Concerto pour piano op. 58*, les *Quatuors à cordes op. 59*, la *Quatrième Symphonie op. 60*, l'*Ouverture de Coriolan op. 62* et le *Concerto pour violon* avec sa transcription pour piano.

Le 26 avril 1807 [1., 277 et 278], Beethoven proposait plusieurs œuvres à Pleyel, à Paris, et à Simrock, à Bonn : la *Symphonie op. 60*, l'*Ouverture de Coriolan op. 62*, le *Concerto pour violon op. 61*, les *Trois Quatuors op. 59*, le *Concerto pour piano op. 58*, et le *Concerto pour violon* «arrangé pour le piano avec des notes additionnelles».

Opus 59
Trois Quatuors à cordes

N° 1 en fa *majeur*
Allegro, **C**, fa *majeur – 400 mes.*
Allegretto vivace e sempre scherzando, 3/8, si *bémol majeur – 476 mes.*
Adagio molto e mesto, 2/4, fa *mineur – 132 mes.*
Thème russe/Allegro, 2/4, fa *majeur – 327 mes.*

N° 2 en mi *mineur*
Allegro, 6/8, mi *mineur – 255 mes.*
Molto Adagio, **C**, mi *majeur – 157 mes.*
Allegretto, 3/4, mi *mineur – 135 mes.*
Finale. Presto, ¢, mi *mineur – 409 mes.*

N° 3 en ut *majeur*
Introduzione. Andante con moto, 3/4, / Allegro vivace, **C**, ut *majeur – 264 mes.*
Andante con moto quasi Allegretto, 6/8, la *mineur – 204 mes.*
Menuetto grazioso, 3/4, ut *majeur – 94 mes.*
Allegro molto, **C**, ut *majeur – 429 mes.*

TEMPS DE LA COMPOSITION

D'après une lettre de Kaspar Karl à Breitkopf & Härtel du 10 octobre 1804, Beethoven aurait pensé à composer une nouvelle série de quatuors à cordes au cours de l'automne 1804, donc au moment où il achevait la *Symphonie Eroica op. 55* et où il pensait pouvoir achever rapidement son opéra *Leonore-Fidelio*.

L'essentiel du travail de composition se situe en 1806 après la deuxième version de *Leonore* représentée (le 29 mars 1806). Il s'agit sans doute d'une commande du comte Rasumowsky, qui ne pouvait que satisfaire le désir de Beethoven de composer de nouveaux quatuors.

D'après les indications portées sur le manuscrit, la mise au propre du premier *Quatuor* fut entamée le 26 mai 1806 et achevée au début du mois de juillet 1806.

Les premières auditions eurent lieu en privé, peut-être chez le prince Rasumowsky et peut-être chez Beethoven, au début de l'année 1807 ; en public, au plus tard le 9 avril 1807 à Vienne, sans doute par le quatuor Schuppanzigh.

CONTEXTE BIOGRAPHIQUE

Très peu de temps après avoir achevé *Leonore* au début du printemps 1806, Beethoven se mit à composer les trois *Quatuors* de *l'op. 59*[1], œuvre que les sondages de son frère auprès des éditeurs l'incitaient à prévoir depuis l'automne 1804 (alors qu'il était en train d'écrire *Leonore* – les premières esquisses du premier quatuor sont contemporaines du travail sur *Leonore*[2]). La rapidité du travail de composition pour ces trois *Quatuors* de grande dimension laisse supposer que Beethoven y avait déjà pensé avant de les mettre au propre. Son premier *Quatuor* à peine terminé, Beethoven se mit à composer les deux autres, décidant de se consacrer à leur écriture (comme il l'écrivait à Breitkopf & Härtel le 5 juillet 1806 [1., 254]). D'après les esquisses, qui témoignent du travail de recherche de Beethoven pour chacun des mouvements (cf. Nottebohm II, 1887, p. 84-90), ces trois *Quatuors* ont été conçus dans l'ordre suivi par la publication.

La maturation de ces trois *Quatuors* s'est effectuée en même temps que les autres grandes œuvres, révolutionnaires, composées par Beethoven dans les genres de musique qui s'étaient imposés en ce début du XIXe siècle : la symphonie avec l'*Eroica op. 55*, la sonate pour piano avec la *Waldstein op. 53* et l'*Appassionata op. 57*, la sonate pour piano violon avec la *Sonate à Kreutzer op. 47*, le concerto pour trois solistes avec le *Triple Concerto op. 56*, le concerto pour piano avec le *Troisième, op. 37*, et le *Quatrième, op. 58*) – ces trois *Quatuors* procèdent de la même volonté de renouvellement d'un genre par amplification de la forme, spatialisation des motifs, dénaturation des données héritées pour les transposer dans d'autres domaines et association de différents types d'écriture, anciens et modernes.

Ces *Quatuors* furent dédiés au comte Rasumowsky, qui en posséda sans doute l'exclusivité durant plusieurs mois avant leur publication (ce qui explique l'écart de temps entre les premières exécutions au début de l'année 1807 et la publication qui n'est annoncée par la presse qu'en janvier 1808, même si la copie pour la gravure a été remise à l'éditeur, le Bureau d'Art et d'Industrie, au cours de l'été 1807). Il n'est pas certain que le comte Rasumowsky ait été à l'origine de ce projet de *Quatuor*s, même s'il les a finalement commandés : on peut donc supposer que Beethoven les lui a dédiés pour des raisons conjoncturelles (exprimer sa reconnaissance à un de ses premiers mécènes, qui de plus était violoniste dans le quatuor qui devait créer ces *Quatuors*) et culturelles, l'utilisation de thèmes, issus de Volksdlieder russes, établissant un rapprochement évident avec ce comte d'origine russe. Beethoven a vraisemblablement puisé ses « thèmes russes » dans un recueil de Volkslieder publié par Ivan Pratsch (Tchèque qui a vécu à Saint-Pétersbourg) en 1790, et réédité augmenté en 1806, recueil qu'il a découvert chez le comte Rasumowsky, dont Paul Bigot de Morogues était le bibliothécaire depuis 1804. La fréquentation de cette bibliothèque a permis à Beethoven de rencontrer et de se lier d'amitié avec Bigot et sa femme Marie, excellente pianiste (elle joua l'*Appassionata*, avant sa publication en février 1807, d'après le manuscrit qui avait souffert de la pluie lors du retour de Silésie en automne 1806).

1. Dernier opus qui regroupe trois œuvres (après op. 1, 2, 9, 10, 12, 30, 31).

2. Elles se trouvent dans le cahier Mendelssohn de 1805 (cf. Nottebohm II, 1887, p. 79-81).

Avant même l'idée d'emprunter des «thèmes russes», l'intention, manifestée par Beethoven dès l'automne 1804, de composer une nouvelle série de quatuors, a été éveillée par Schuppanzigh, qui inaugura une saison de quatuors au cours de l'hiver 1804-1805. C'est le travail sur *Leonore*, plus long que prévu, qui a retardé la mise à exécution de cette intention, et ce n'est qu'après qu'il l'eut achevé, au début du printemps 1806, qu'il put se concentrer sur la composition de ce quatuor à cordes, sans s'y consacrer intégralement, malgré ses dires, puisqu'il composa en même temps la *Quatrième Symphonie op. 60* (dont les esquisses apparaissent contemporaines de celles du *Quatuor op. 59* n° 3), le *Concerto pour violon op. 61*, et accepta l'invitation du prince Lichnowsky de séjourner dans son château de Grätz, au cours de l'automne 1806[1].

Quand Beethoven montra ses nouveaux *Quatuors* à ses amis, leur composition explosive et inédite les dérouta au point d'estimer qu'il s'agissait d'une plaisanterie et non de l'œuvre attendue – si l'on en croit le récit fait par Czerny à Otto Jahn[2]. Il semble que ce soit avant tout la phrase constituée par la répétition d'une même note jouée au violoncelle solo qui ait déclenché l'hilarité, ce type de phrase et de rythme étant jusque-là réservé aux timbales dans l'orchestre !

La réception de ces *Quatuors* est également à l'origine de propos prêtés à Beethoven : il aurait répondu au violoniste Felix Radicati qui trouvait qu'ils ne ressemblaient pas à de la musique, qu'ils étaient destinés à la postérité, et au violoniste Schuppanzigh qui les trouvaient injouables, qu'il ne les avait pas écrits pour ces «misérables cordes», mais parce qu'il était inspiré par «l'esprit». Ces réflexions prêtées à Beethoven furent mises en circulation par Thayer (II, p. 537) et par Adolph Bernhard Marx (in *Ludwig van Beethoven*, Bd 2, 1902, Leipzig, p. 39), sans autres sources que l'autorité de leur parole !

Les notations verbales en marge des esquisses restent encore énigmatiques, en particulier l'allusion au «saule pleureur» sur la tombe de son frère notée en marge des esquisses pour l'Adagio du premier *Quatuor*. Certains biographes y voient une allusion maçonnique, tandis que d'autres mettent cette réflexion en relation avec le mariage du frère de Beethoven, Kaspar Karl avec Johanna Reiß, le 25 mai 1806, juste avant donc qu'il ne se mette à la composition du premier quatuor – Beethoven interprétant ce mariage comme un inévitable éloignement...

Peut-être s'agit-il de la tombe de son autre frère Ludwig Maria, son aîné, né le 2 avril 1769 et mort quelques jours plus tard, le 8 avril ? Toujours est-il que cette assertion connote la mort d'un être proche : la disparition et le deuil étant ainsi associés à cet Adagio molto e mesto en *fa* mineur.

L'autre réflexion énigmatique se trouve au-dessus d'une esquisse interrompue pour le Finale du troisième quatuor (la Fugue en *ut* majeur) : «De même que tu te jettes dans le tourbillon de la société, de même qu'il est possible d'écrire un opéra malgré les empêchements sociaux – qu'il n'y ait plus de secret de ta surdité – également dans ton art.»

Qu'a voulu dire Beethoven par cette phrase notée au crayon à un moment où il ne se trouvait pas chez lui, mais dehors en promenade, ou au restaurant ? S'agit-il d'une «pensée fugitive» qu'il ne voulait pas perdre ? Ou bien d'une sorte de profession de foi qu'il s'enjoignait de respecter ? Ou encore de la conviction qu'il n'était pas nécessaire de se sentir humilié, diminué par l'infirmité mais qu'au contraire il faut que cette fatalité soit reconnue, et peut-être avant tout par lui dans sa façon d'écrire de l'inouï (comme cette Fugue, sans répit, inscrite dans une forme sonate, pour des cordes aux attaques percutantes).

Présentation de l'œuvre

Ces *Trois Quatuors*, constitués tous les trois des quatre mouvements habituels, se caractérisent par l'extrême audace de leur l'écriture : ils sont pensés dans une dimension réservée jusqu'alors à la symphonie. Cette conception est à l'origine de leur ampleur comme de leur unité d'ensemble : conçus dans le même esprit, chacun des trois présente des procédés et des processus d'écriture analogues, dont le sens est orienté par le recours à des thèmes russes. Cet emprunt (la

1. Beethoven interrompit son séjour en laissant un billet daté d'octobre 1806 (dont l'original est inconnu) : «Fürst, was Sie sind, sind Sie durch Zufall und Geburt, was ich bin, bin ich durch mich ; Fürsten hat es und wird es noch Tausende geben ; Beethoven gibt's nur einen ec.» [1., 258]

2. Récit publié in Thayer II, p. 536.

mention « thème russe » est spécifiquement indiquée pour le Finale du premier *Quatuor*, ainsi que pour le « Maggiore » du troisième mouvement du deuxième *Quatuor*) inscrit l'intention créatrice de Beethoven dans une perspective métonymique. En effet la notion de « thème russe » cristallise pour lui à la fois des idées, des recherches, des spéculations et des relations qu'il investit alors : les idées de simplicité, d'ancienneté, d'étranger et d'étrangeté ; les recherches d'un matériau plus apte aux transformations ; les spéculations autour de la signification et de l'importance des Volkslieder pour comprendre les fondements de l'esprit humain ; les relations d'amitié avec un de ses premiers mécènes, le comte Rasumowsky, russe d'origine.

Sous le signe de l'étranger, à la fois proche et lointain dans l'espace et dans le temps, Beethoven a cherché tout particulièrement à créer de nouvelles sonorités, encore inouïes, aussi diverses que celles d'un orchestre symphonique. En ce, uniquement par l'écriture.

Mais, en tension avec l'étrange, Beethoven privilégie le recours à la forme sonate, qui était la forme d'organisation caractéristique de l'aboutissement de l'écriture à son époque : dix mouvements sur les douze qui se succèdent sont de forme sonate (seuls l'Allegretto du *Deuxième Quatuor* et le Menuet du troisième ne le sont pas), alors que généralement cette forme était réservée au premier mouvement et parfois au Finale. Cependant, pour chacune de ces utilisations, Beethoven a réinterprété cette donnée de base en s'inspirant soit de la fugue, soit du scherzo, soit de la rhapsodie, soit du rondo (à l'exclusion des formes Lied et Thème à variations), le recours au style fugué tissant d'ailleurs des liens entre le premier mouvement du *Premier Quatuor* et le quatrième et dernier mouvement du *Troisième*[1].

Ces trois *Quatuor*s de l'*op. 59*, dédiés au comte Rasumowsky, peuvent compter au nombre des multiples « manifestes » composés par Beethoven, celui-ci pour revendiquer l'entière liberté dans le choix, de la forme, du type d'écriture et pour démontrer que seule importe l'élaboration (la façon dont le compositeur s'approprie le matériau, le traite, le transforme en fonction de ses intentions, qui se manifestent au cours de la composition) : si l'inspiration réside dans le travail et non dans du don mystérieux, il est donc possible de produire quelque chose de complexe à partir d'un matériau simple, connu, éprouvé par le temps (de l'ordre du mythe, qui livre sous forme de récit faisant sens pour tous une vérité universelle).

N° 1 en *fa* majeur

Les quatre mouvements sont de forme sonate et présentent des organisations différentes d'intensité, de culmination, de tension exacerbée, obtenues à partir d'une économie de moyens remarquable (un timbre, quatre registres, les attaques spécifiques des cordes et une texture résultant de la combinaison sans cesse renouvelée des éléments du matériau musical initial).

Le premier mouvement Allegro débute par un thème qui semble pris en cours de route, énoncé par le violoncelle, dans son registre grave normal, *mf e dolce* : ce geste inhabituel dans l'écriture pour quatuor à cordes fait figure de manifeste visant à établir une égalité entre les membres du quatuor (le premier violon perd sa prééminence).

Cet Allegro de forme sonate sans reprise a souvent été comparé au premier mouvement de la *Symphonie Eroica* du fait de la dimension de ses différentes parties (ampleur du développement plus long que l'exposition, ampleur de la coda en deux parties) et du fait de l'espace sonore dans lequel il se déploie (les registres les plus extrêmes sont souvent requis et l'écriture joue avec les sonorités propres à chacun des quatre instruments).

L'absence de reprise accentue la dynamique linéaire du mouvement : les quatre instruments avancent en passant par des moments aux sonorités bien différenciées du fait de leur

---

1. Dans son *Histoire du quatuor à cordes de Haydn à Brahms*, Fayard, 2000, Bernard Fournier écrit que « l'unité esthétique » de ces *trois Quatuors* de l'*op. 59* s'affirme par une très grande quantité « d'indices et de disposition d'écriture » : « au-delà des éléments objectifs qui la fondent (affinités thématiques, même type de processus et de procédures), elle introduit une manière nouvelle d'inscrire le discours dans l'espace et le temps, avec à la fois un *élargissement* (extension des registres, amplifications des durées) et un *approfondissement* (intensification du travail de développement, nouvelle manière de scruter le matériau), l'appropriation de ces nouveaux territoires musicaux ouvrant au quatuor de nouveaux horizons expressifs » (p. 396).

texture, de leur élan vers un point de culmination ou de l'exacerbation de l'attente et de sa résolution cadentielle.

Les articulations de la forme sonate sont mises en évidence au cœur d'une texture très complexe dominée par le motif initial sans cesse intégré dans de nouvelles combinaisons.

Un très long Allegretto vivace e sempre scherzando, à 3/8, en *si* bémol majeur succède à ce premier Allegro. Ce mouvement se substitue au Scherzo traditionnel (attendu à cette place) en introduisant une ambiguïté : s'agit-il d'une plaisanterie ou d'une nouvelle manière de composer qui privilégie le son produit par l'association d'un timbre, d'une attaque et d'un rythme ? Le premier motif, rythme sur une note répétée quinze fois par le violoncelle jouant à la corde, constitue le matériau omniprésent dans ce mouvement de forme sonate, le second thème commençant d'une manière plus lyrique.

Le motif initial, exposé «à nu» (il peut évoquer le jeu des timbales), donne l'impulsion à un second élément rapide et mélodique au second violon ; après le violoncelle c'est l'alto, une seconde plus bas, qui reproduit le même schéma (un rythme sur la même note), le premier violon jouant l'élément mélodique : les quatre instruments se présentent donc l'un après l'autre, chaque fois seul mais bien en place dans son registre et avec l'attaque spécifique des cordes. La suite du mouvement va jouer avec la différenciation des plans sonores et avec les oppositions de textures, toujours constituées de combinaisons imprévisibles du rythme incisif initial. Les moments de tension intense culminent sur des dissonances ou sur des silences abrupts.

Commencé *pp* ce mouvement se termine par un contraste *pp / ff, sf, f* et un resserrement des registres.

Ce très long et très étrange mouvement qui associe rudesse et lyrisme dans une tension qui rebondit sans cesse, est suivi d'un Adagio molto e mesto, à 2/4, en *fa* mineur, également de forme sonate. Il commence *p sotto voce*, par une longue phrase lyrique qui émerge d'une note tenue au second violon et qui est menée par le premier violon : les intensités différenciées (*p sotto voce, cresc., p, f, sf, morendo, p espressivo*) et les sauts d'intervalles semblent faire référence au monde de l'opéra seria, et donc à la musique du XVIIIe siècle centrée sur l'expression des affects. Comme l'écrivait André Boucourechliev à propos de ce mouvement, «structures rythmiques, timbres, attaques enchevêtrent leurs réseaux», tels des «formants» d'un «complexe sonore, composantes du timbre en évolution»[1].

Ce mouvement lent d'une très grande intensité lyrique se termine par une cadence du premier violon, cadence qui trouve sa résolution dans un trille assurant la transition avec le dernier mouvement : *attaca*, le «thème russe» exposé au violoncelle.

Le dernier mouvement, Allegro, à 2/4, en *fa* majeur, impulsé par le «thème russe» est encore de forme sonate avec reprise de l'exposition. Après l'évidence et la complexité du premier mouvement, après la rugosité du deuxième et le lyrisme venu d'un temps à la fois proche et éloigné du troisième mouvement, le thème russe qui ouvre le quatrième mouvement apporte une référence qui associe l'étrange (l'étranger) à la simplicité, produisant un effet d'entraînement immédiat.

Beethoven utilise un thème que non seulement il n'a pas inventé, mais qui provient sans doute d'un recueil de chants populaires russes publié en 1790 (réédité augmenté en 1806) par Ivan Pratsch (tchèque qui a vécu à Saint-Pétersbourg) – son intervention créatrice résidant dans la façon dont il transforme ce thème pour en faire la pierre angulaire (évidente et énigmatique) de l'ensemble de son *Quatuor* : tandis que ce thème russe était Molto andante, en *sol* mineur, et qu'il était associé aux paroles «Ach, talan li mov» (Ah ! mon destin) (n° 9 du recueil de Pratsch), Beethoven en fait le matériau de base d'un Allegro en *fa* majeur d'une très grande complexité d'écriture, qui, après d'intenses moments d'explosion sonore et d'affirmation éclatante de la tonalité de *fa* majeur, se termine par quelques mesures Adagio ma non troppo, aux sonorités *sempre perdendosi* s'abîmant dans un *ppp*, moment de suspension intégrale (du temps, de l'harmonie, du son) précédant les quelques mesures Presto finales *ff*.

1. Cf. *Beethoven*, op. cit., Seuil, p. 36.

N° 2 en *mi* mineur

Ce deuxième *Quatuor op. 59* commence par un Allegro, à 6/8, en *mi* mineur, de forme sonate avec reprise de l'exposition, et reprise du développement et de la réexposition, avant la coda (cette organisation du mouvement met bien en évidence les articulations de la forme choisie).

Contrairement au premier *Quatuor* de cet ensemble *op. 59* qui semble avoir commencé bien avant de devenir perceptible par l'auditeur (comme s'il venait de loin), ce deuxième *Quatuor* s'impose dès la première mesure par une cadence rompue, sorte de cadence inversée (comme s'il refaisait un chemin déjà parcouru), formée de deux accords successifs *f* et incisifs qui installent l'auditeur dans un climat d'interrogation, d'attente. Ce geste initial ouvre sur le premier groupe thématique formé de deux courts motifs successifs *pp* (le premier circulaire et le second linéaire) qui ne sont qu'un développement des deux premiers accords complété par une résolution sur la tonique. L'exposition comprend un second groupe thématique très différent du premier, car continu et circulant à travers les différents registres, alors que le premier était vertical et encadré de mesures de silence.

Le développement exacerbe la tension par des rythmes syncopés, par l'écartèlement des registres et par les contrastes de la texture sonore.

Le mouvement qui suit ce premier Allegro est un mouvement très lent qui doit être joué « avec beaucoup de sentiment », comme l'exige Beethoven : « Molto Adagio. Si tratta questo pezzo con molto di sentimento ». Il est à quatre temps en *mi* majeur, et de forme sonate de construction très équilibrée.

Le premier groupe thématique ressemble à un choral, dont la texture se constitue peu à peu par l'entrée successive des voix à une mesure de distance, sur des notes longues : ce choral inscrit ce mouvement dans « une attitude de concentration méditative » (au point que Karl Czerny raconta que Beethoven aurait eu l'idée de ce mouvement en contemplant le ciel étoilé et en pensant à l'harmonie des sphères[1]).

Le second groupe thématique associe deux plans sonores différents : l'un aigu et continu, l'autre grave et dominé par des rythmes pointés, ce qui constitue une tension répercutée par la longue phrase calme du violon à laquelle succède les rythmes courts et incisifs du violoncelle. Le développement reprend des motifs rythmiques qui répercutaient l'effet de tension. Quant à la réexposition, elle modifie le rapport des timbres établi dans l'exposition.

À ce mouvement lent, intensément méditatif, succède un Allegretto, à 3/4, en *mi* mineur, constitué de courtes cellules rythmiques imbriquées aux quatre instruments, en alternance avec une section Maggiore, toujours à 3/4, mais en *mi* majeur exposant de manière fuguée un « Thème russe » soutenu par des triolets continus que s'échangent les différents registres.

L'ensemble de ce mouvement est en cinq parties : en alternance, trois fois le mineur et deux fois le majeur.

Le « Thème russe » utilisé ici, provient lui aussi du recueil de Pratsch : il s'agit du n° 2, le Volkslied « Slava Bogu na nebe » (Gloire à Dieu au ciel)[2], qui, dans sa version originale, est Andante, à 3/8, et en *la*. Comme dans le premier *Quatuor* de l'*op. 59*, Beethoven a transformé les données premières de ce Volkslied et en a fait un thème Allegretto à 3/4, en *mi* majeur; mais il n'a pas traité ce thème russe de la même manière : au lieu de l'utiliser comme motif à développer, il s'en est servi comme d'un sujet de fugue, associant par conséquent une mélodie ancienne d'une très grande simplicité et une écriture, ancienne elle aussi, caractérisée par sa complexité (souvent associée à une musique religieuse).

Ce troisième mouvement qui s'apparente à un Scherzo avec Trio tout en étant placé sous le signe de l'étrange, de l'hétérogène, est suivi d'un long Finale, Presto, alla breve, en *mi* mineur. De forme qui oscille entre le rondo et la sonate, ce Finale a un premier motif-refrain très dynamique, « a l'ungharese ». Le second motif est régulier et plus lyrique.

1. *Über den richtigen Vortrag der sämtlichen Beethovenschen Klavierwerke*, 62, note à propos du Finale de la *Sonate Appassionata op. 57*. Czerny a-t-il entendu Beethoven citer la phrase de Kant qu'il recopia sur une page d'un cahier de conversation au début de l'année 1820 : « "La loi morale en nous et le ciel étoilé au-dessus de nos têtes", Kant !!! » (*BKh* 1, p. 235 ?

2. Thème que Moussorgski utilisa également dans la scène du couronnement de *Boris Godounov*.

Le développement, d'une texture très complexe, commence par un choral exposé fugato. Avant la coda, qui se termine Più presto, *sempre ff*, la réexposition se heurte deux fois de suite à une mesure de silence abrupt.

N° 3 en *ut* majeur

Ce troisième et dernier *Quatuor* de l'*op. 59*, s'ouvre par une introduction lente, Introduzione. Andante con moto, à 3/4 de 30 mesures, dominée par des harmonies dissonantes longuement tenues, ce qui crée un climat énigmatique et très tendu, auquel le mouvement rapide Allegro vivace, à quatre temps en *ut* majeur, propose une échappée, par une sorte de cadence du premier violon menant à un tissu sonore cohérent et solide, auquel le second thème apporte une certaine respiration par sa démarche ondulante. Après un développement très mobile, la réexposition est amené par une cadence ornée du premier violon.

Ce premier mouvement de forme sonate se termine avec l'indication «string. Il tempo», ce qui souligne que la conception du temps de cet Allegro vivace est à l'opposé de celle de l'introduction : mobilité toujours plus extrême contre immobilité initiale oppressante.

Cette première mise en relation de différentes formes d'écoulement du temps est suivie d'un Andante con moto quasi Allegretto, à 6/8, en *la* mineur, dont l'écoute est conditionnée par les pizzicati graves du violoncelle.

Si dans ce *Quatuor* Beethoven ne fait pas directement référence à un «thème russe», ce mouvement lent est dominé par une mélodie qui sonne comme une sorte de Lied «à la russe» du fait de ses sonorités graves associées à un balancement suscitant un sentiment de nostalgie.

La forme inhabituelle renforce cette impression d'étrangeté : il s'agit d'une forme sonate sans élément de tension.

Le troisième mouvement, un Menuetto grazioso, à 3/4, en *ut* majeur, suivi d'un Trio très différent, réinstalle une tension, sans brutalité, qui sert de tremplin – *attaca subito* – à l'éclatement de la fugue finale, Allegro molto, alla breve, en *ut* majeur. Tout au long des 429 mesures l'écriture contrapuntique tente de faire éclater les limites de la forme sonate. C'est la première fois que Beethoven confronte deux types d'écriture en tension l'une avec l'autre : celle de la fugue, contrepoint de style ancien, et celle de la forme sonate, écriture harmonique «moderne».

Cette fois c'est l'alto qui ouvre le mouvement, par un sujet de fugue de dix mesures, que le deuxième violon reprend, suivi du violoncelle, puis du premier violon. Les quatre instruments jouent sans répit jusqu'à l'explosion du silence qui précède immédiatement la coda – coda qui permet le redémarrage de l'élan irrésistible. Tandis que le premier thème est un flux continu, le second est constitué de petites fusées de mouvements divergents.

Après l'introduction si erratique (sans polarité tonale) de ce dernier des *Trois Quatuors*, la jubilation sonore du dernier mouvement très rapide, écrit dans une polyphonie très serrée, fait fonction de Finale pour l'ensemble des *Trois Quatuors op. 59*.

SOURCES

Les manuscrits autographes des deux premiers *Quatuors* sont à Berlin. Le premier porte la mention «*quartetto I mo Quartetto angefangen am 26ten / Maj —— 1806* ». Le deuxième porte la mention : «*quartetto —— — da luigi van Beethov [e]n*», et sur la page 23 : «*Finale zum 2ten Quartett von LvBthvn*».

Le manuscrit autographe du *Quatuor n° 3* en *ut* majeur est à Bonn, «*quartetto terzo Da luigi van Beethoven*» : selon son habitude Beethoven y a porté des corrections, il a en particulier rayé l'indication du tempo de l'introduction lente qui, à l'origine, était Poco adagio pour la remplacer par Andante con moto, ajoutant également Vivace à Allegro, indication du tempo de la suite de ce premier mouvement (ouvert par cette introduction lente). Les dynamiques sonores des quatre instruments étaient aussi en cours d'élaboration.

Il existe des esquisses, aujourd'hui dispersées (il n'y en a plus pour le premier mouvement du premier Quatuor, ce qui ne permet pas de situer le début du travail avec exactitude).

Gustav Nottebohm (II, 1887, p. 79-90), qui a analysé les feuilles d'esquisses isolées de ces quatuors, a publié les annotations verbales de Beethoven en marge de ces esquisses :

- sur la bordure supérieure d'une feuille d'esquisses destinées au premier quatuor, Beethoven a inscrit : « Schrann Mantel » et la correction « Schramm » (de quoi s'agit-il ? c'est encore actuellement une énigme) ;

- sur la dernière d'un ensemble de feuilles concernant l'Adagio du premier Quatuor, Beethoven a inscrit : « Un saule pleureur ou un acacia – arbre sur la tombe de mon frère »

- au-dessus d'une esquisse interrompue de Finale du troisième Quatuor, Beethoven a noté au crayon sur un feuille qu'il devait avoir dans la poche (il aurait noté cette pensée hors de sa pièce de travail) : « Eben wie du dich hier in den Strudel der Gesellschaft stürzest, eben so möglich ist's Opern trotz allen gesellschaftlichen Hindernissen zu schreiben – Kein Geheimnis sey dein Nichthören mehr – auch bey der Kunst » (De même que tu te jettes dans le tourbillon de la société, de même qu'il est possible d'écrire un opéra malgré les empêchements sociaux – qu'il n'y ait plus de secret de ta surdité – également dans ton art) ;

– au milieu des esquisses du second Quatuor, Beethoven a esquissé un vers de « Wunsch » de Matthisson, Lied qu'il a repris sans jamais le terminer : « noch einmal noch einmal noch einmal möchte' ich, eh' in die » (Encore une fois, encore une fois, je souhaite, avant dans la).

Publication

Les négociations avec Breitkopf & Härtel ayant échoué, l'édition originale (en voix séparées) fut assurée par le Bureau d'Art et d'Industrie de Vienne entre l'été 1807 et janvier 1808 (il n'y a pas d'indication précise de date sur l'édition). Le titre est en français :

« TROIS QUATUORS / pour deux Violons, / Alto / et / Violoncello. / Composés par / Louis van Beethoven / Œuvre 59me / […] »

Les partitions étaient également disponibles chez « Schreyvogel & Comp. » à Pest.

La dédicace est gravée après la page de titre :

« TROIS QUATUORS / Très humblement / Dédiés à / son Excellence Monsieur Le / COMTE DE RASOUMOFFSKY / Conseiller privé actuel de / SA MAJESTE L'EMPEREUR DE TOUTES LES RUSSIEN / Sénateur, Chevalier des Ordres / de Saint André, de Saint Alexandre – Newsky et Grand – Croix / de celui de Saint Wladimir de la première Classe, &c. &c. / par / Louis van Beethoven ». Sous les armoiries du comte est inscrit : « Famam extendere factis ».

(photo in *Das Buch zum Programm, 35. Beethovenfest, Bonn, sept. 1997*, p. 97).

La *Wiener Zeitung* en annonça la publication le 9 janvier 1808, et l'*AMZ* X (n° 18) le 27 janvier 1808, tandis que le *Journal des Luxus und der Moden* de janvier 1808 signalait que les *Quatuors* avaient été publiés en août 1807.

Simrock à Bonn édita ces trois *Quatuors* dès 1808 ; puis Pleyel à Paris, et plusieurs éditeurs à Londres.

Simrock publia en 1824 un arrangement pour piano à quatre mains.

En 1819, Artaria avait publié un arrangement pour piano seul (puis pour guitare en 1820) du mouvement lent du *Quatuor n° 2.*

La première partition fut publiée en 1830 par J. André à Offenbach.

Dédicataire

Le comte Andreas Kyrillowitsch Rasumowsky (Saint-Pétersbourg 1752-Vienne 1836), prince depuis le 24 novembre 1814, diplomate, collectionneur d'art et musicien, fut ambassadeur de Russie à la cour de Vienne de 1792 jusqu'en 1806. Violoniste amateur, il fit partie des premiers mécènes de Beethoven (il fut un des souscripteurs des *Trios op. 1* parus en 1795, et le comte Johann Karl von Zinzendorf raconte dans son *diary* que Beethoven a joué au palais Rasumowsky le 23 avril 1795).

De 1808 à 1816, Rasumowsky entretint un quatuor dirigé par Schuppanzigh, avec Ludwig Sina, Franz Weiss, Joseph Linke : cette formation, dans laquelle il tenait souvent le second violon, se consacra largement aux quatuors de Beethoven. Beau-frère du prince Lichnowsky (Beethoven leur dédia à tous les deux les *Cinquième* et *Sixième Symphonies op. 67* et *op. 68*), le comte Rasumowsky joua également un grand rôle dans la vie musicale de Vienne (pendant le congrès de Vienne en 1814, nombre de réceptions officielles eurent lieu chez lui), mais le 31 décembre 1814, une large partie de son palais fut détruite par le feu.

L'Œuvre vue par ses contemporains

L'*AMZ* IX (février 1807 [col. 400]) signalait les trois nouveaux *Quatuors* à cordes, «très longs et difficiles», d'une écriture très élaborée, mais peu accessible, à l'exception du troisième en *ut* majeur qui, de par sa mélodie et son harmonie ne peut que plaire à ceux qui aiment la musique.

Le 9 avril 1807, le peintre Joseph Stieler notait dans son *Tagebuch* qu'il avait entendu le merveilleux *Quatuor* de Beethoven en *mi* mineur joué par l'excellent quatuor Schuppanzigh[1].

L'*AMZ* IX (mai 1807 [col. 517]) signalait qu'à Vienne les nouveaux excellents *Quatuors* de Beethoven plaisaient de plus en plus malgré leur difficulté ; tous ceux qui les appréciaient souhaitaient qu'ils soient bientôt gravés.

Dans une lettre datée du 16 décembre 1808 et publiée dans ses *Vertraute Briefe*, Johann Friedrich Reichardt rend compte d'un concert chez la comtesse Erdödy (Beethoven vivait chez elle à cette époque), concert au cours duquel il a entendu trois Quatuors, l'un de Haydn, et les deux autres de Mozart et de Beethoven. Reichardt, analysant les particularités de chacun des compositeurs, comparait Beethoven à Michel Ange et à sa coupole sur l'église Saint-Pierre.

L'*AMZ* XIII (mai 1811 [col. 349]) publiait des considérations sur l'*op. 59*[2] :

«Le compositeur s'est abandonné sans retenue à l'inspiration la plus admirable et la plus insolite de son imagination, a lié les éléments les plus différents de manière fantastique, et a eu recours à un art si profond et difficile que l'esprit sombre de l'ensemble se répercute sur le léger et le plaisant.»

En septembre 1813 [2., 671], George Thomson écrivait (en français) à Beethoven qu'il avait «envie de voir quelques-uns de plus de [ses] charmans Quatuors et Sonates», ajoutant : «J'ai passé dernièrement quelques jours à la campagne, avec une petite côterie choisie d'amis *amateurs*, où, entre autres choses, nous avons exécuté votre premier *Quatuor de Rasoumoffsky*, et le *Quintuor en C.* [*op. 29*]. Nous les avons répétés chaque jour avec un plaisir augmenté, et chaque jour nous avons bû, avec enthousiasme, à la santé du Compositeur. Quel Thême immortel que l'adagio [cité]. Il me soulageroit de l'entendre, même en mourant ! Mais helas, mon ami, nous n'avons pas en Écosse une douzaine de personnes (les professeurs inclusivement) qui puissent prendre une partie dans ces Quatuors, et pas une qui puisse exécuter *correctement*, le violino primo de tous les trois ! Quel auroit été mon bonheur, si le sort m'avait fixé dans Vienne, où j'aurois pû entendre vos Quatuors, Sonates, et Symphonies, bien exécutés, tous les jours ! Il seroit beaucoup à souhaiter, que vous composassiez de la Musique, dans ce stile grand et original qui n'est qu'à vous, mais plus facile à executer, ensorte qu'elle pourroit être à la portée des Amateurs. – De tels Ouvrages seraient un vrai trésor aux musiciens. – Une musique simple et expressive aura toujours un grand charme à tous les auditeurs – Et une musique difficile à executer sera probablement négligée.»

Le 22 juin 1818 [4., 1262], George Thomson exprimait les mêmes points de vue :

«Avez-vous publié depuis peu quelques Trios ou Quatuors ? Je n'ai eu que deux fois le plaisir extreme d'entendre bien executer les Quatuors dédié au Compte Rasoumoffsky, quoique je les ai depuis des années ! Nos professeurs ne les jouent pas, à cause de l'Étude severe et le grand travail qu'ils demandent, – ce que je regrette infiniment, car je les admire avec enthousiasme. Mais dites, mon cher Mon.[r], ne vous est-il pas possible de faire voir le pouvoir enchanteur de votre Art sous une forme plus simple ? Votre genie ne pourrait il pas s'abaisser à la Composition d'une Musique également superbe, mais moins difficile quant à l'execution, ensorte que les Amateurs puissent partager un festin si delicieux ? N'est-il pas vrai que dans tous les beaux Arts la plus grande beauté se trouve en général, jointe à la simplicité la plus parfaite ? Et de tels Ouvrages ne trouvent ils pas l'admiration la plus durable et le plus universelle ?»

Thomson continuait sa lettre en souhaitant des cahiers de quatuors et de trios faciles à jouer : «ils seroient un grand Cadeau à nos Amateurs».

1. Cf. *L.v.Beethoven, Austellungskatalog der Bayerischen Staatsbibliothek*, 1977, cité par Lini Hübsch, *Ludwig van Beethoven, Rasumowsky-Quartette*, Wilhelm Fink Verlag, München, 1983, p. 110.

2. Cité in Laaber I, p. 431.

Correspondance

Le 10 octobre 1804 [1., 194], Kaspar Karl demandait à Breitkopf & Härtel ce qu'il pensait de « quatuors pour violon » et « combien il pourrait en accepter, soit deux ou trois », ajoutant que « pour l'instant il n'en avait pas à sa disposition, mais qu'il pourrait les lui destiner ».

Le 5 juillet 1806 [1., 254], Beethoven proposait à Breitkopf & Härtel de nouveaux quatuors à cordes (« neue violin *quartetten* »), signalant qu'il en avait déjà terminé un et qu'il comptait désormais consacrer son temps à ce travail.

Breitkopf & Härtel informait Beethoven de son accord pour ces *Quatuors op. 59* (ainsi que pour *op. 58*, *op. 72* et *op. 85*), le 11 juillet 1806 [1., 255].

Le 3 septembre 1806 [1., 256], Beethoven assurait Breitkopf & Härtel qu'il pouvait avoir « *3 Violin quartetten* [op. 59] ein *neues Klawierkonzert* [*op. 58*], eine neue *sinfonie* [*op. 60*], die Partitur meiner *oper* [*op. 72*], und mein *oratorium* [*op. 85*] ». Le 13 septembre [1., 257], Breitkopf & Härtel se préoccupait des honoraires et souhaitait signer un contrat de trois ans avec Beethoven.

Beethoven ne répondait que le 18 novembre 1806 [1., 260] (à cause de son voyage en Silésie et de la guerre en Prusse) pour fixer les honoraires : 600 fl. pour les *Trois Quatuors* (300 fl. pour le *Concerto*). Breitkopf & Härtel signalait son désaccord avec cette somme le 26 novembre 1806 [1., 261].

Le 26 avril 1807 [1., 277, 278], il proposait ses « *3 Quatuors* » ainsi que d'autres œuvres à Ignaz et Camille Pleyel à Paris et à Simrock à Bonn. Il réussit également à vendre ces *Trois Quatuors* à Clementi à Londres (peu avant le 11 mai 1807 [1., 279], il demandait à Josephine Deym d'écrire le plus rapidement possible à son frère de façon à récupérer la partition des *Quatuors*, le temps de les faire copier pour les donner à Clementi, car il ne trouvait plus sa partition ; le 11 mai 1807, il écrivait lui-même à Franz von Brunsvik à Ofen [1., 281]).

La correspondance avec Gleichenstein [1., 287, 288, 290] indique que les négociations de Beethoven avec le Bureau d'Art et d'Industrie pour cinq œuvres (*op. 58, 59, 60, 61, 62*), aboutirent à un accord en fin juillet 1807.

WoO 80

32 Variations pour piano en *ut* mineur sur un thème original

Thema

Allegretto, 3/4, ut *mineur, 8 mes. [+ 31 x 8 + 50 = 306 mes.]*

Temps de la composition

Automne 1806, en même temps que le *Concerto pour violon* créé en décembre 1806, que le Finale du *Quatuor op. 59* n° 3, que la *Quatrième Symphonie* et que les *Six Écossaises pour piano* WoO 83.

Contexte biographique

Beethoven a composé cet ensemble de trente-deux *Variations en ut mineur* sur un thème de chaconne très court (huit mesures) auquel il conféra un style « à la Haendel », au moment où il achevait les *Quatuors op. 59*, où il interrompait la composition de la *Cinquième Symphonie op. 67* pour écrire la *Quatrième op. 60* et où il composait son *Concerto pour violon op. 61*. Beethoven explorait ainsi les potentialités de la « musique ancienne » (ce que nous appelons « musique baroque ») juste après avoir eu recours à des musiques populaires russes dans les *Quatuors op. 59*, comme s'il avait cherché à renouveler ses sources d'inspiration et son écriture en se tournant vers le passé ou vers l'étranger. La forme « thème et variations » lui permettait de faire la preuve que l'essentiel d'une œuvre réside dans l'élaboration du matériau et non dans la nouveauté du thème : le véritable travail d'imagination n'a besoin que d'un cadre rigoureux (l'harmonie et sa progression, la carrure et le mouvement des lignes initiales).

Beethoven a laissé publier ces *Variations* sans leur donner de numéro d'opus. Il n'a pas non plus spécifier de dédicataire.

Présentation de l'œuvre

Ces *Variations* reposent sur un principe de composition facile à saisir à l'écoute puisqu'il s'agit d'une chaconne, c'est-à-dire de variations sur une ligne de basse invariable selon le modèle de Haendel[1], l'idée d'ostinato de la chaconne se retrouvant dans plusieurs éléments d'écriture de cet ensemble de variations, en

1. Cf. *Beethoven und die Rezeption der Alten Musik*, Bonn, 2002, p. 10.

particulier les notes répétées, les arpèges successifs, les traits rapides ou les pédales.

Le thème commence *forte* de manière très solennelle «à la Haendel»; il est articulé en différents éléments : une ligne de basse, l'ostinato, constituée d'une descente chromatique régulière sur un intervalle de quarte descendante – *do/sol* (conformément à un «figuralisme» baroque qui connotait la plainte), une voix supérieure ayant un mouvement chromatique contraire –, les huit mesures se répartissant en deux fois deux mesures (bien inscrites dans la tonalité d'*ut* mineur), suivies d'une mesure qui permet un effet d'accélération sur une tension harmonique, d'une mesure marquée par un *sf* sur un long accord de sous-dominante, puis de deux mesures *piano* de cadence à l'unisson simple des deux voix. De courts silences et de larges intervalles soulignés par des traits font contraste avec la densité des accords.

Le processus de variation se déploie dans la même métrique et le même tempo pour jouer sur les modifications de texture, d'intensité, de jeu et de progression harmonique interne.

Les variations de huit mesures (sauf la dernière) se succèdent (sans reprise) de manière continue, mais elles sont très différentes et contrastées par leurs registres, leur fluidité, leur densité, le thème de la chaconne n'étant pas systématiquement à la basse.

Dans ce déferlement pianistique (traits de doubles croches, parfois en tierces parallèles, arpèges parfois en quintolets de triples croches ou en septolets de doubles croches, arpèges brisés en mouvements contraires, etc.), au caractère souvent spécifié (*leggiermente*, *sempre staccato e sforzando*, de *dolce* à *risoluto*, *con espressione*, *sempre forte*, *semplice*), les variations sont souvent groupées par deux (pour l'inversion des registres), ou par trois (les deux mains jouent des figures équivalentes), tout en étant intégrées dans des regroupement plus amples qui constituent cinq parties :

- la première partie regroupe les variations de I à XI, les trois premières étant très fluides (*leggiermente*) et les suivantes très contrastées par leur texture et leur jeu (*ff*, *con espressione*, *sempre forte*);
- la deuxième regroupe les variations *Maggiore* de XII à XVI, qui reprennent l'élément lyrique du thème dans différentes textures;
- la troisième commence avec la réapparition du *Minore* à la variation XVII, fughetta à deux voix, puis après les traits en fusée de la XVIII, les broderies soulignent les contretemps;
- la quatrième, avec la variation XXIII, installe une texture plus dense à laquelle s'opposent les variations à allure de choral (les XXVIII et XXX);
- la cinquième, qui constitue une sorte de Finale regroupe les deux dernières variations et une coda, la XXXI reprenant le chant du thème et la fluidité très dense de la XXXII (des septolets de doubles croches sur des quintolets de triples croches) ouvre la voie à une polyphonie qui rassemble les éléments du thème dans une nouvelle configuration sur une pédale d'*ut* mineur.

SOURCES

Des esquisses existent à Vienne (GdM). Le manuscrit autographe est inconnu.

PUBLICATION

L'édition originale fut assurée à Vienne par le Bureau d'Art et d'Industrie en avril 1807. Le titre est en français :

«Trente deux / VARIATIONS / pour le Pianoforte / composées par / Louis van Beethoven / [...] »

La *Wiener Zeitung* en annonça la publication en même temps que celle de la réduction pour quatuor avec piano de la *Symphonie Eroica op. 55*, le 20 avril 1807.

L'ŒUVRE VUE PAR SES CONTEMPORAINS

L'*AMZ* IX (1807 [col. 94-96]) publie un article pour rendre compte de la publication de ces *Variations*. L'auteur soulignait dès le début de son article que Beethoven avait combiné la manière ancienne, «altdeutsch», à la Haendel, de composer des variations, avec une très grande liberté d'imagination – procédé qui donnait un charme inhabituel à cette œuvre construite à partir d'un thème très simple, très sérieux et mélancolique. L'auteur comparait Beethoven à un poète oriental, qui multiplie les points de vue sur un même objet, ajoutant que toutes les variations n'avaient pas la même qualité, et que cette œuvre, qui n'était pas une des plus difficiles de Beethoven, exigeait un pianiste habile et sérieux.

WoO 132

Als die Geliebte sich trennen wollte (Lorsque la bien-aimée voulait se séparer) ou *Empfindungen bei Lydiens Untreue* (Sentiments provoqués par l'infidélité de Lydie)

Romance sur un texte de Stephan von Breuning
« Sehr Bewegt », **C**, mi *bémol majeur – 48 mes.*

TEMPS DE LA COMPOSITION

Vraisemblablement au milieu de l'année 1806, de toutes manières entre le printemps 1806 et l'automne 1809.

CONTEXTE BIOGRAPHIQUE

Stephan von Breuning, l'auteur du poème, venait d'aider Beethoven à revoir *Leonore*.

Cette mise à distance humoristique de la douleur de l'amant abandonné est sans doute une composition de circonstance, le sujet correspondant aux centres d'intérêt que le compositeur et le poète avaient partagés lors de leur jeunesse à Bonn et à Vienne.

L'œuvre est peut-être liée aux difficultés que Beethoven rencontrait dans ses relations avec Josephine, qui ne voulait plus le considérer que comme un ami très cher [1., 250, avril 1806] alors qu'il éprouvait pour elle un amour très profond; il dut renoncer définitivement à la voir à la fin de l'été 1807.

PRÉSENTATION DE L'ŒUVRE

Wegeler raconte à la fin du « Supplément » aux Notices biographiques[1] que ce texte provient d'une comédie « en un acte et en prose mêlée de musique » à la mode vers 1800, comédie de François Benoît Hoffmann sur une musique de Jean Pierre Solié, intitulée *Le Secret* (créé en 1796) : il s'agit d'une *Romance* (scène 7) traduite en allemand par Stephan von Breuning en mai 1806. Le texte français est le suivant :

Je te perds, fugitive Espérance !
L'infidèle a rompu tous nos nœuds.
Pour calmer, s'il se peut ma souffrance,
Oublions que je fus trop heureux.

Qu'ai-je dit ? non, jamais, de mes chaînes,
Nul effort ne sauroit m'affranchir !
Ah ! plutôt, au milieu de mes peines,
Conservons un si doux souvenir.

Ah ! reviens séduisante Espérance !
Ah ! reviens ranimer tous les feux !
De l'amour quelque soit ma souffrance,
Tant qu'on aime, on n'est pas malheureux.

Toi qui perds un amant si sensible,
Ne crains rien de son cœur généreux :
Te haïr, ce seroit trop pénible ;
T'oublier est encore plus affreux.

D'un style très simple, sans prétention, la Romance évoque le souvenir d'une pièce comique et qui s'amuse à mettre le sentiment amoureux à distance. Le début a déjà été utilisé en 1800-1801 pour un Lied *Man strebt die Flammen zu verhehlen WoO 120.*

La composition est strophique, l'accompagnement étant quelque peu différent dans la dernière strophe, mais la mélodie très simple se répète dans chacune des quatre strophes.

L'œuvre débute par un accord de *mi* bémol majeur dense (de sept sons) tenu, *fp* (l'attention de l'auditeur est requise), puis la mélodie commence sur la seconde partie de la mesure ; une suspension du temps (un point d'orgue) sur tension harmonique met en valeur les dernières paroles de chacune des strophes (le bonheur, le souvenir et la douleur).

Une brève coda mène à une cadence de *mi* bémol majeur, « poco adagio » sur les derniers mots : « seinem Schmerz (sa douleur), une broderie lente soulignant « seinem ». La ritournelle qui servait de transition entre les strophes termine la *Romance*.

PUBLICATION

L'*AmZ* Jg XII, N° 8 du 22 novembre 1809, publia cette *Romance* : « Als die Geliebte sich trennen wollte. / von / Ludwig van Beethoven. »

Elle fut republiée par Simrock en 1845 sous le titre de *Empfindungen bei Lydiens Untreue.*

1. P.28 sq. Wegeler publie la traduction en allemand de Stephan von Breuning, intitulée « Empfindungen bey Lydiens Untreue » (Sentiments provoqués par l'infidélité de Lydie), qui commence par « Der Hoffnung letzter Schimmer sinkt dahin ». Il publie également la partition éditée par Simrock à Bonn, en 1845, Wegeler signale que Stephan a terminé la traduction en mai 1806.

[WoO 16
Douze Écossaises
pour orchestre

Elles ne sont pas de Beethoven mais d'un éditeur de Berlin

TEMPS DE LA COMPOSITION

Martin Staehelin signale qu'il s'agit d'une édition parue à Berlin en 1806 et attribuée à Beethoven, d'arrangements effectués à partir de thèmes de ses œuvres connues à Berlin, auxquels on a ajouté le nom de Beethoven[1].

CONTEXTE BIOGRAPHIQUE

Beethoven a laissé publier (était-il au courant ?) ces *Écossaises* à un moment où ce genre de danse de société devenait à la mode, « Country danse » (traduit par contredanse) rapide, le plus souvent à deux temps et de carrure procédant par huit mesures.

L'intérêt pour la musique écossaise traditionnelle a été suscité et entretenu par George Thomson (1757-1851), mélomane écossais, éditeur de chants populaires. Déjà en relation avec Haydn, Thomson entra en contact avec Beethoven au cours de l'été 1803 (lettre du 20 juillet 1803 [1., 149]) pour lui demander s'il accepterait d'écrire des sonates utilisant des thèmes populaires écossais – Beethoven accepta (lettre du 5 octobre 1803 [1., 161]) car il souhaitait être publié en Écosse[2], sans pour autant écrire les Sonates promises. Grand admirateur de Beethoven, Thomson lui commanda d'autres œuvres en juillet 1806 (lette [1., 253]), six Trios et six Quintettes qui devaient être écrits dans un style très facile, lui demandant également s'il accepterait de composer des arrangements de chants populaires écossais. En novembre 1806, de retour de Silésie, Beethoven envoya une longue réponse à Thomson pour discuter des conditions financières ajoutant en P.S. (la lettre est en français) : « je veux encore satisfaire à votre souhait d'harmoniser der petits airs écossais, et j'attends la dessus une proposition plus précise, sachant bien qu'on a donné à Mr Haydn un £ argent de la grande Bretagne pour chaque air » [1., 259]. Thomson envoya aussitôt vingt et un airs que Beethoven ne semble pas avoir reçus.

Le goût de ses contemporains pour les Écossaises et ce stimulant provenant d'Écosse se sont sans doute conjugués pour inciter Beethoven à composer les *Six Écossaises pour piano WoO 83* et peut-être à laisser publier ces Écossaises pour orchestre.

PRÉSENTATION DE L'ŒUVRE

Dans la version pour le piano, elles sont à 2/4, en deux parties, chacune reprise. La mélodie est à la main droite, la main gauche accompagne avec des accords. L'intensité est toujours *forte*.

Les thèmes sont issus des *Sonates pour piano op. 2*, *10*, *49*, de la *Symphonie op. 21* et des *Quatuors op. 18* ; ils ont été utilisés pour ces arrangements qui ne sont certainement pas de Beethoven, mais une initiative de l'éditeur de Berlin, Rudolph Werckmeister, entre 1802 et 1809.

SOURCES

Aucune n'a été retrouvée.

PUBLICATION

« Douze / Écossaises / pour / le Piano=Forte / composés [*sic*] / par / LOUIS VAN BEETHOVEN / à Berlin, / chez Rodolphe Werckmeister. / N° 173 »

Elles furent sans doute publiées en 1806.

L'éditeur Johann Traeg fit annoncer par la *Wiener Zeitung* du 21 mars 1807 la publication, en parties séparées, de *12 Écossaises* pour deux violons, basse, deux flûtes et deux cors ad libitum, ainsi que leur transcription pour piano. Comme les parties d'orchestre de cette publication n'ont pas été retrouvées, il est possible que Traeg n'ait proposé que des copies manuscrites (comme pour les *Menuets* et les *Allemandes* WoO 7 et WoO 8 en 1795).

La version pour piano est cité dans le catalogue d'Artaria en 1819.]

1. « Beethoven, Écossaisen WoO 16 wiedergefunden », in *Beethoven-Jahrbuch* 1978-1981 (1983).

2. En mai/juin 1804 [1., 178], Beethoven indiquait à Thomson le prix d'une œuvre suivant le genre de musique (symphonie, concerto concertant, ouverture, variations avec ou sans accompagnement, sonate, adagio, rondo, ariette, quatuor).

WoO 83
Six Écossaises pour piano en *mi* bémol majeur

Chacune est à 2/4 et a 32 mesures.

TEMPS DE LA COMPOSITION

Sans doute au cours de l'automne 1806. Longtemps considérées comme des transcriptions pour piano des *Douze Écossaises WoO 16* pour orchestre publiées par Traeg à Vienne en 1807 (il annonçait des arrangements pour piano), elles sont aujourd'hui considérées comme des œuvres écrites directement pour le piano.

CONTEXTE BIOGRAPHIQUE

À plusieurs reprises jusqu'à la fin de sa vie, Beethoven n'a pas refusé d'écrire des danses de société, œuvres de circonstance reflet éphémère des pratiques sociales de son époque. Il a ainsi composé des Allemandes, des Laendler (danses paysannes), des Écossaises, des Menuets, des Valses, et s'est parfois servi de passages de ces danses dans d'autres œuvres (la *Symphonie op. 55*, le *Quatuor à cordes op. 132*).

La composition de ces *Écossaises* (si elles datent vraiment de 1806) correspond à une période où Beethoven a cherché à renouveler ses sources d'inspiration en se tournant vers les musiques populaires ou la musique ancienne[1] (ces *Écossaises* sont sans doute contemporaines des *Variations WoO 80*).

Par ces danses, Beethoven s'appropriait l'héritage de la redécouverte, à partir du milieu du XVIIIe siècle, de chants populaires et de danses provenant d'Écosse, tout en expérimentant le « style écossais » au moment où il avait accepté la proposition de Thomson d'harmoniser des chants écossais, comme l'avait fait Haydn (cf. *WoO 16*).

À partir de 1806, Beethoven s'est donc particulièrement intéressé aux musiques populaires étrangères : c'est l'année où il utilisa des thèmes russes dans ses *Quatuors op. 59*, et sans doute des chants populaires du Rhin dans la *Quatrième Symphonie op. 60*.

PRÉSENTATION DE L'ŒUVRE

L'Écossaise était une danse rapide, sur le modèle de la « Country dance » (traduit par contredanse depuis la fin du XVIIIe siècle) qui plaisait beaucoup (Mozart a composé beaucoup de contredanses, et Beethoven a composé en 1800-1801 les *Douze Contredanses* pour orchestre *WoO 14*).

Ces *Six Écossaises*, de facture très simple, forment dans leur continuité une sorte de Rondo, un refrain de 16 mesures revenant à la fin de chacune d'elle. Ce refrain est dominé par un rythme plein d'allant constitué de deux croches-noire, ou de l'inverse une noire-deux croches. Chacune des six s'inspire de ce rythme dans une très grande simplicité harmonique (tonique, dominante), le Refrain ayant une structure harmonique un peu plus riche (I, IV, V, VI, V, I, V, I). Malgré leur matériau commun, chacune possède son caractère, en particulier la deuxième qui est lyrique et la sixième qui fait figure de point culminant de l'ensemble.

SOURCES

Le manuscrit autographe est perdu.

PUBLICATION

Elles ne furent publiées qu'en 1888, chez Breitkopf & Härtel, dans la GA.

1. Cf. *Beethoven und die Rezeption der Alten Musik*, Bonn, 2002, p. 10.

Opus 138
Ouverture de Leonore I

Andante con moto, **C**, ut *mineur*
Allegro con brio, ¢, ut *mineur (mes. 42)*
Adagio, ma non troppo, 3/4, mi *bémol majeur*
Tempo I (Allegro con brio), ¢, ut *majeur*
L'orchestre est composé de deux flûtes, hautbois, clarinettes, bassons, deux cors en ut *et en* mi *bémol, trompette en* ut, *timbales en en* ut *et en* sol, *quatuor à cordes et basse (il n'y a pas de trombone) – 365 mes*

TEMPS DE LA COMPOSITION ET PREMIÈRE EXÉCUTION

Cette nouvelle ouverture pour *Leonore/Fidelio* fut composée entre fin 1806 et début 1807, sans doute en vue d'une nouvelle représentation, peut-être celle qui était prévue à Prague[2]. Elle ne fut cependant pas exécutée du vivant de Beethoven. Les premières exécutions datent de 1828.

2. *Cf.* H. Lühning, « *Fidelio* in Prag », in *Beethoven und die Böhmen*, Beethoven-Haus Bonn, 1988, p. 369-378.

PRÉSENTATION DE L'ŒUVRE

Cette *Ouverture* est en *ut* majeur comme les deux premières *Ouvertures*, et le thème de Florestan se trouve au centre.

Sa structure est très simple : à la dynamique liée aux rythmes s'ajoutent les contrastes entre unisson et densité harmonique du tissu sonore.

Elle comprend une introduction lente, Andante con moto, dans laquelle deux motifs se succèdent, et un Allegro con brio, repris après l'Adagio et suivi d'une coda.

L'introduction lente commence par un *sol*, forte, à l'unisson des cordes, d'où émerge une longue phrase chantante au violon seul. Le deuxième motif, chantant, a un rythme balancé irrégulier. La transition rythmique vers l'Allegro con brio sert de premier motif thématique à cette partie rapide. Le second motif est constitué par un rythme syncopé.

L'Adagio, ma non troppo, s'appuie sur le thème de Florestan qu'il varie.

Après la reprise de l'Allegro, la coda est très intense.

SOURCES

Le manuscrit est perdu, mais il existe à Bonn une copie de la partition qui comprend des interventions manuscrites de Beethoven.

Des esquisses se trouvent à Berlin, Vienne et Genève.

PUBLICATION

Cette ouverture, retrouvée après la mort de Beethoven dans ses papiers, fut publiée au printemps 1838 à Vienne par Tobias Haslinger (qui lui conféra le numéro d'op. 138).

Opus 62
Ouverture de Coriolan

Allegro con brio, **C**, ut *mineur – 314 mes.*

TEMPS DE LA COMPOSITION ET PREMIÈRE EXÉCUTION

Premiers mois de 1807 (l'autographe porte la date de 1807).

Exécutée en mars 1807 lors d'un des deux concerts par souscription au palais Lobkowitz avec l'*op. 58* et l'*op. 60*.

CONTEXTE BIOGRAPHIQUE

Beethoven composa l'*Ouverture de Coriolan* peu après avoir noué des liens d'estime et d'amitié avec le dramaturge Collin, auteur d'une tragédie intitulée *Coriolan*, tragédie qui avait disparu de l'affiche depuis près de deux ans (en 1805), concurrencée par la tragédie de Shakespeare sur le même sujet.

L'idée de composer une ouverture en relation avec le *Coriolan* de Collin s'imposa au début de l'année 1807, alors que Beethoven, qui avait rencontré Collin au moment de la révision du livret de *Leonore* au début de l'année 1806, souhaitait poursuivre la collaboration avec lui. Au départ, leur projet s'orientait vers l'oratorio ou l'opéra avec l'intention de retrouver le fonctionnement et l'effet de la tragédie antique[1]; et, en attendant de trouver le sujet pour lequel l'un et l'autre seraient d'accord, germa l'idée de composer une ouverture «caractéristique» qui inciterait, peut-être, les directeurs de théâtre à rejouer le *Coriolan* de Collin, mais qui n'était pas conçue comme une ouverture musicale de la tragédie. Cette idée ne pouvait que séduire Beethoven dans la mesure où elle lui permettait d'aborder un genre qu'il n'avait pas encore essayé, une œuvre symphonique liée à un thème tragique, qui plus est sur un sujet qui non seulement appartenait au «grand art» mais également ne lui était pas étranger.

Lecteur passionné de Plutarque et admirateur de Shakespeare, Beethoven connaissait la double dimension de Coriolan, à la fois «homme illustre» appartenant à l'histoire et héros tragique créé par Shakespeare à partir de la biographie écrite par Plutarque.

Plutarque avait comparé Coriolan et Alcibiade, car l'un et l'autre, le Romain comme le Grec, bannis de leur patrie, n'avaient pas hésité à la combattre avec l'aide de ses ennemis. La comparaison proposée par Plutarque entre «un caractère simple et droit» et «un homme sans scrupule et sans franchise politique» a suscité l'intérêt de Beethoven pour ce Romain chez lequel bien des comportements et traits de caractère

1. Cf. la lettre à Collin du printemps 1806 [1., 246], note 3 : les relations avec Collin auraient commencé avec un projet commun d'oratorio; la représentation d'*Iphigénie* de Gluck leur ayant donné des idées sur les caractères de la tragédie grecque, et sur l'adéquation de la musique qui s'en est trop éloignée depuis longtemps. Les projets de *Macbeth* et de *Bradamante* ne furent pas réalisés.

devaient lui paraître familiers – non que, comme Coriolan, il ait trahi sa patrie et ait manqué d'éducation (sa vie n'avait pas été consacrée au métier des armes, contrairement à celle de Coriolan), mais comme lui il avait des difficultés à vivre en bonne intelligence avec les autres et était sujet à de brusques colères. Ainsi, peu avant de se mesurer à la figure tragique de Coriolan, Beethoven avait eu la maladresse, fatale pour le maintien de *Leonore* à l'affiche, de s'emporter contre von Braun, directeur financier des Théâtres impériaux, et quelques mois plus tard il s'était fâché avec le prince Lichnowsky au point de quitter intempestivement la propriété dans laquelle celui-ci le recevait. Ces deux événements ne sont pas rares dans la vie de Beethoven : au contraire, celle-ci est jalonnée de ce genre de brouilles, le plus souvent avec ses amis les plus chers.

Si l'orgueil que Beethoven éprouvait d'être un artiste hors du commun et son refus de flatter «la foule» le rapprochaient de Coriolan, il pouvait également se reconnaître dans l'amour filial, autre thème majeur de l'histoire de Coriolan décrit par Plutarque. Beethoven se rapprochait de Coriolan sous bien des aspects encore : l'énergie, la *virtus* – cette force qui représentait pour lui la morale des hommes hors du commun –, le sens des valeurs morales inébranlables (sur lesquelles on ne cède pas), la grandeur d'âme, la probité et la tendresse. Toutefois, la patience et la soif de culture n'appartenaient qu'à Beethoven, Coriolan en étant dénué – et ce sont précisément ces manques qui lui furent fatals, et qui permirent à Shakespeare de transformer le personnage historique en héros tragique, en insistant sur le poids des valeurs archaïques (dureté, obstination, insensibilité, manque de souplesse, parce qu'il considérait qu'il n'avait personne à ménager) qui l'empêchèrent de dépasser ce qui allait à l'encontre de sa volonté[1].

Beethoven, qui connaissait bien les écrits de Schiller, savait que le Coriolan de Shakespeare pouvait être considéré comme la figure par excellence du héros tragique, et qu'il permettait de comprendre le paradoxe du plaisir dans la souffrance. Comme tout héros en effet, Coriolan exerçait sa liberté spirituelle en renonçant à une satisfaction immédiate pour une cause plus élevée, en l'occurrence la conviction que les vertus héroïques sont plus fortes que le cours des événements (que «la force des choses»).

Ainsi, tel le héros d'une tragédie antique, le Coriolan de Shakespeare est un personnage ambigu, sujet à la démesure, inaccessible au compromis, mais pourtant animé par la *virtus*, cette valeur indispensable au fonctionnement d'une république : rejeté par la cité et prenant les armes contre elle, il cesse d'être le héros exemplaire à imiter pour devenir l'homme d'exception, face à la foule incapable de reconnaître qu'il détient la solution de l'avenir. Si le Coriolan de Plutarque-Shakespeare était assassiné par les Volsques (ennemis de Rome), celui de Collin se suicidait, pour affirmer sa liberté.

L'idée de composer une ouverture sur ce héros tragique a d'autant plus séduit Beethoven que cette *Ouverture* n'était pas censée être jouée avant la tragédie, mais devait être son équivalent : c'est dans cette perspective que la mention «zum Trauerspiel» a été rayée du manuscrit, manifestant que c'est bien là une œuvre autonome, qui se suffit à elle-même.

Beethoven procéda comme s'il avait à écrire une tragédie, en respectant les règles élaborées par Aristote dans la *Poétique* : l'unité d'objet se retrouve dans la forme et dans le matériau, tandis qu'il s'agit de mettre en scène les souffrances d'un individu qui court à sa propre perte. Cette *Ouverture* est donc d'un seul tenant, sans reprise de l'exposition pour ne pas briser la progression dramatique, sans changement de tempo, inscrite dans un espace symbolique délimité. Le matériau, caractérisé par l'opposition d'un rythme affirmé et régulier et d'une mélodie en valeurs égales et liées, est unifié par le principe de modulation qui assure à l'ensemble homogénéité par-delà la diversité. Et la tension interne au matériau de base correspond, comme dans toute tragédie, au point de crise («Höhepunkt») – ce moment de retournement de la situation dont Aristote a nommé les composantes successives : la «péripétie» et la «reconnaissance» qui

1. Voir l'analyse publiée par Richard Marienstras dans «La dégradation des valeurs héroïques dans *Othello* et dans *Coriolan*», *Études anglaises*, Grande-Bretagne, États-Unis, XVIIe année, n° 4, oct.-déc. 1964, p. 372-389.

mènent à «l'événement pathétique» (marqué par la désagrégation finale de la musique dans le *Coriolan* de Beethoven).

Beethoven a également mis en scène la souffrance en inscrivant son *Ouverture* sous le signe de la déchirure, du cri de détresse : il commence par un unisson *fortissimo*, multiplie les accords dissonants (produits par l'harmonie ou par la rencontre de timbres), utilise des coups de boutoir (*sforzando*, intervention des timbales, scansion régulière des vents) et rompt la continuité sonore par des silences abrupts. Ainsi, par la combinaison de différents éléments musicaux, Beethoven a donné une expression musicale à cette souffrance propre à la colère, tout en insistant sur la dramatisation de la décision par le recours au suspense et à l'irrésolution (suspensions harmoniques, écartèlement des registres, vide harmonique des longs unissons, syncopes).

L'écriture musicale mise en œuvre manifeste l'action inéluctable des forces contradictoires auxquelles l'homme est soumis, malgré sa lutte énergique qui est signe de sa liberté intérieure. L'action tragique est construite par le seul jeu des éléments musicaux.

PRÉSENTATION DE L'ŒUVRE

Depuis Gluck, l'Ouverture a la forme d'un premier mouvement de symphonie : elle est de forme sonate dans un tempo rapide (parfois avec une introduction lente). Mais, pour que l'écriture prenne en charge l'action dramatique, Beethoven a interprété la forme sonate en axant son mouvement sur la tension entre deux ensembles thématiques que tout oppose, le second ensemble servant en fait de résolution à la tension du premier : ainsi, après une exposition de 118 mesures qui n'est pas reprise, le développement ne s'appuie que sur l'idée de mouvement qui avance (grâce au rythme et aux modulations), tandis que la réexposition varie et condense les éléments de l'exposition, avant que le matériau ne se désagrège totalement.

L'*Ouverture de Coriolan* inaugure le genre des Ouvertures de concert, qui, autonomes, ne sont plus liées à une pièce de théâtre ou à un opéra.

L'*Ouverture* commence par quatorze mesures, constituées, trois fois de suite, d'un unisson *ff* des cordes suivi d'un accord *ff* mineur ou dissonant de tous les instruments, puis d'un long silence : ces premières mesures étranges font office d'introduction lente à un premier ensemble thématique dominé par l'agitation (produite par le rythme des cordes) et l'inquiétude (rendue par les répétitions, les montées chromatiques, les syncopes, les dissonances sur des accords *sf* de tous les instruments). Après un paroxysme de tension, c'est le second thème lyrique, en majeur, qui sert de résolution avant d'être lui-même emporté dans une intensité orchestrale dissonante. Le matériau, ténu mais qui avance de manière inéluctable qui conclut l'exposition, sert également à un court développement qui précède une reprise variée et condensée de tous les éléments de l'exposition. La coda s'appuie sur les accords vigoureux et tendus de l'introduction avant que le matériau du premier thème ne perde peu à peu sa configuration rythmique et le tissu orchestral sa cohérence. Cet Allegro con brio se termine après la note conclusive (la tonique) de la dernière phrase, par la répétitions trois fois de suite, entrecoupée de silences, de la tonique *do* joué *pizzicato pp* à l'unisson par les cordes seules.

SOURCES

Le manuscrit autographe, conservé à Bonn, porte cette indication : «*overtura* [mots rayés : «*Zum Trauerspiel*»] *Composta da L.v. Beethoven / 1807*».

Les esquisses manquent.

PUBLICATION

Cette Ouverture fut publiée en voix séparées :

Dès 1807, à Bonn chez N. Simrock. Le titre est en français :

«OUVERTURE / à Grand Orchestre / CORIOLAN / Tragédie de Mr. de Collin / COMPOSEE / PAR / L. van BEETHOVEN / Œuvre 62 [...].»

En janvier 1808, à Vienne au Bureau d'Art et d'Industrie, et à Pesth chez Schreyvogel & Comp. Le titre est en français :

«Ouverture / de / CORIOLAN / Tragédie de Mr. De Collin / à 2 Violons, Alto, 2 Flûtes / 2 Hautbois, 2 Clarinettes, 2 Cors, 2 Bassons, / Trompettes, Timballes [*sic*], Violoncelle et Basse / Composée et Dédiée / à Monsieur de COLLIN / Secrétaire aulique au Service de / Sa Majesté Imp. Roy. Ap. / par / LOUIS van BEETHOVEN / Op. 62. / [...]».

L'annonce de la publication se trouve dans la *Wiener Zeitung* du 9 janvier 1808 (en même temps que celle de l'op. 59).

Le Bureau d'Art et d'Industrie publia également une version pour piano à deux mains en juillet 1808.

Simrock publia la partition en 1846.

Cette *Ouverture* fut arrangée pour petit orchestre (2 violons, flûte, 2 violoncelles et 2 contrebasses), pour deux pianos, et pour piano à quatre mains et à deux mains.

DÉDICATAIRE

Heinrich Joseph von Collin (1771-28 juillet 1811, né et mort à Vienne) avait reçu une formation de juriste. Fonctionnaire à partir de 1797, il fut nommé conseiller aulique en 1809. Dramaturge, il était considéré à Vienne comme le véritable successeur de Schiller. L'une de ses pièces, la tragédie intitulée *Coriolan*, fut créée au Théâtre de la cour à Vienne le 24 novembre 1802; elle resta à l'affiche jusqu'en 1805, avec le beau-frère de Mozart dans le rôle titre, et ne fut reprise que le 24 avril 1807; l'*Ouverture* n'est sans doute pas étrangère à cette reprise.

L'ŒUVRE VUE PAR SES CONTEMPORAINS

L'*AMZ* X (n° 35, 25 mai 1808 [col. 559]) annonçait la publication de l'*Ouverture* de *Coriolan*, œuvre dans le style de Cherubini, très difficile à jouer. « Le caractère de cette Ouverture est grand et grave jusqu'à l'austérité. [...] Pour atteindre son but elle doit être jouée de manière sûre, claire et vivante. »

La revue *Thalia. Ein Abendblatt, den Freunden der dramatischen Muse geweiht*, Wien und Triest, 1811 (Band 2) rendit compte du concert du 27 février 1811 au Théâtre de la cour à Vienne, en signalant qu'il avait commencé par l'*Ouvertüre des Trauerspiels Coriolan*, œuvre qui comme toutes celles de Beethoven est incomparable, mais difficile à suivre à la première audition : Beethoven n'obtenant du succès qu'auprès d'un étroit public de connaisseurs. L'auteur de l'article ajoutait que cette *Ouverture* d'un gravité saisissante préparait admirablement la lecture d'un extrait du huitième chant du Messie de Klopstock, « la prière d'Adam au Messie ».

La *Wiener allgemeine musikalische Zeitung*, Jg. 1 1813 [col. 214], signalait que l'*Ouverture de Coriolan* débutait un concert, ajoutant que cette œuvre classique était au-dessus de toute louange.

Selon la *Berliner Allgemeine Musikalische Zeitung* Jg.2 1825, l'*Ouverture de Coriolan*, « intense et pleine de fougue », n'avait pas été bien jouée, ce qui était d'autant plus regrettable qu'elle est très difficile à comprendre à la première audition.

L'*AMZ* XIV (1812 [col. 519-526]) publia une analyse de E.T.A. Hoffmann (1776-1822), qui commençait son article en exprimant le souhait que toute pièce de théâtre soit « précédée d'une ouverture propre à mettre le spectateur dans les dispositions qu'exige le caractère de la pièce », puis il regrettait que le « génial » Beethoven ait composé une ouverture pour la tragédie de Collin alors qu'il était fait pour attacher son nom aux tragédies de Shakespeare ou de Calderón « qui sont romantiques au plus haut degré » : « La gravité austère et terrible de cette composition, les échos terrifiants d'un monde peuplé d'esprits inconnus, laissent attendre plus que ce qui est réalisé ensuite. » De fait, cette composition, « tout à fait propre à suggérer qu'un grand événement tragique va être le sujet de la pièce [...], ne peut pas préfigurer un drame bourgeois : elle ne peut que laisser pressentir la plus haute tragédie, dans laquelle les héros surgissent et son anéantis ».

Après cette présentation, Hoffmann donnait une analyse musicale très serrée, soulignant que le morceau ne se composait que d'un mouvement Allegro con brio à 4/4 en *ut* mineur, le début exerçant « sur l'âme un attrait irrésistible, dû à l'unité de l'ensemble, mais surtout à l'originalité de l'instrumentation » et à l'importance des silences : l'auditeur, en expectative, sent sa poitrine se serrer. Hoffmann analysait ensuite les caractères de chacun des deux thèmes : le premier portant « l'empreinte d'une inapaisable inquiétude, d'une nostalgie que rien ne peut contenter » (il évoque alors l'influence de Cherubini); le second thème étant « exposé, accompagné par une figure presque tout le temps confiée au violoncelle ».

Hoffmann concluait son analyse en soulignant la simplicité des moyens utilisés par Beethoven, le raffinement des modulations et l'ingéniosité de l'instrumentation, en particulier les accords des cors en *mi* bémol et des trompettes en *ut* qui produisent une «impression profonde et terrifiante», ou le traitement saisissant du violoncelle au son original et pénétrant. Hoffmann terminait en soulignant que pour obtenir ce que souhaitait Beethoven, l'orchestre devait être composé d'instrumentistes profondément engagés dans l'esprit du morceau et acceptant de multiplier les répétitions.

CORRESPONDANCE

Le 20 avril 1807, le contrat signé avec Clementi à Londres prévoit : «c) : une ouverture de Coriolan, tragédie de Mr. Collin».

Le 26 avril 1807, Beethoven proposait six œuvres à Pleyel (à Paris) [1., 277] et à Simrock (à Bonn) [1., 278], parmi lesquelles «2) eine *Ouverture* komponiert für das Trauerspiel *Coriolan* von H. *Collin*».

Opus 86
Messe en ut majeur

Pour quatre solistes, chœur et orchestre
Kyrie
Andante con moto assai vivace quasi Allegretto ma non troppo, 2/4, ut *majeur – 132 mes.*
Gloria
Allegro con brio, ¢*,* ut *majeur – 379 mes.*
Credo
Allegro con brio, 3/4, ut *majeur – 368 mes.*
Sanctus
Adagio, C*,* la *majeur – 48 mes.*
Benedictus
Allegretto ma non troppo, 2/4, fa *majeur – 145 mes.*
Agnus dei
Poco Andante, 12/8, ut *mineur – 182 mes.*

TEMPS DE LA COMPOSITION

Beethoven a travaillé à sa première *Messe* entre le printemps et l'été 1807 (de juin à septembre, il séjourna à Baden et à Heiligenstadt). Elle lui a été commandée par le prince Nikolaus II Esterhazy qui faisait jouer une nouvelle messe chaque année, le dimanche qui suivait la fête de sa femme Maria Josepha Hermenegild, née princesse de Liechtenstein (1768-1845) – à laquelle Beethoven avait déjà dédié les *Marches op. 45* en 1804.

La première exécution eut lieu à Eisenstadt, sous la direction de Beethoven, le 13 septembre 1807, dimanche qui suivait le 8 septembre, jour de la fête de la princesse.

Lors du grand concert du 22 décembre 1808, au Theater an der Wien, des Hymnes furent exécutés : le *Gloria*, le *Sanctus* et le *Benedictus*, dénommés «Hymne mit lateinischem Text im Kirchestyle komponiert mit Chor und Solos» (le *Gloria* dans la première partie du concert, après la *Pastorale* et *Ah Perfido*, le *Sanctus* après la *Cinquième Symphonie*).

CONTEXTE BIOGRAPHIQUE

C'est donc pour répondre à la commande du prince Esterhazy que Beethoven a composé sa première œuvre liturgique. Comme souvent, il ne la termina que juste avant son exécution à Eisenstadt, expliquant son retard par son état de santé et par la crainte qu'il éprouvait de se mesurer à Haydn – prétexte à prendre en compte, certes, tout en soupçonnant qu'il masque d'autres raisons, celles qui tiennent par exemple au sentiment d'angoisse suscité par le fait de se mesurer au spirituel, de s'adresser au Créateur à travers un texte connu de tous et de portée universelle.

Malgré l'accueil scandalisé du prince (qui aurait interpellé Beethoven en lui demandant «ce qu'il avait encore fait»), le compositeur était très conscient d'avoir composé une œuvre originale qui lui «tenait à cœur», écrivait-il fin juillet 1808 : non seulement, il fit remarquer à Breitkopf & Härtel qu'il avait traité le texte de manière tout à fait nouvelle, mais il discuta également la traduction allemande pour qu'elle corresponde à ce qu'il souhaitait et manifesta une grande impatience à voir publier cette œuvre qui devait servir au recueillement aussi bien des catholiques que de tout fidèle de la foi chrétienne hors de l'Église – c'est pour une plus grande diffusion de sa *Messe* qu'il tenait tant à l'édition en partition et en réduction pour piano.

Sa volonté tenace de publication en partition et en réduction pour piano, avec une traduction en allemand, témoigne à la fois de sa «politique musicale» et de sa «politique spirituelle» : il pensait sa musique comme un moyen offert à chacun d'accéder au monde spirituel (il voulait en faire l'équivalent d'un «exercice spirituel»). Beethoven avait en effet grandi dans un milieu préoccupé par l'édification spirituelle des individus. C'est ce que prouve la publication de diverses contributions consacrées à la recherche des moyens de diffuser les connaissances indispensables (*Beiträge zur Anleitung nützlicher Kenntnisse*, Bonn, 1784/1785). L'un des articles de ces *Beiträge*, écrit par Antoine, s'interrogeait sur la façon de composer « une musique d'église qui incite à la méditation et au recueillement ».

Comme si Beethoven, élevé dans la religion catholique et très souvent immergé dans ses cérémonials par sa fonction d'organiste, s'était senti investi de la mission de composer cette musique attendue par les tenants de l'Aufklärung fréquentés à Bonn dans son entourage immédiat. La réaction de désapprobation du prince Esterhazy (dérouté de ne pas retrouver la musique à laquelle Haydn l'avait habitué) redoublée par celle de Breitkopf & Härtel (qui refusa d'abord de publier cette *Messe*), mettait en évidence la nouveauté de la solution proposée par Beethoven, nouveauté reconnue par E.T.A. Hoffmann qui lui donna une certaine publicité au lendemain de la publication.

Parallèlement à sa « politique spirituelle », la « politique musicale » de Beethoven est, dans ce cas encore, illustrée par le choix du dédicataire de cette *Messe*. Commandée par le prince Esterhazy pour sa femme, la *Messe op. 86* lui était à l'origine dédiée ; mais, devant le scandale ressenti par le prince à l'écoute de cette musique, Beethoven décida de la dédier à quelqu'un d'autre, et la publication de la *Messe* tardant, il eut le temps de changer plusieurs fois de dédicataire, en fonction des conjonctures : honorer un ami (Zmeskall), témoigner de son entente spirituelle à une femme (peut-être Antonie Brentano ?), ou encore servir un mécène (le prince Kinsky) – oscillations qui révèlent la fonction complexe assignée par Beethoven à cette *Messe*, à la fois œuvre qui devait servir sa position sociale à Vienne, et expression d'une spiritualité qu'il voulait partager avec tous ceux qui lui semblaient avoir les mêmes exigences que lui.

Présentation de l'œuvre

Bien que disposant des modèles établis entre autres par Bach, Mozart et par Haydn dans le cadre d'une liturgie solennelle classique, Beethoven choisit une nouvelle conception musicale de la messe en ne rassemblant pas, comme eux, les cinq parties liturgique mais en juxtaposant dans un ensemble unifié cinq morceaux symphoniques autonomes, et en faisant perdre aux voix leur caractère concertant pour s'intégrer à la masse orchestrale.

Beethoven a ainsi conçu cette *Messe* à la fois comme un ensemble unifié par la tonalité d'*ut* majeur et par le motif initial du Kyrie, et comme une œuvre en plusieurs mouvements, comprenant donc un début, une partie centrale et un Finale.

Le principe de composition mis en œuvre par Beethoven procède du mot ou du verset, que la musique doit rendre perceptible, intelligible : dans ce but, non seulement il choisit de faire répéter les mots qui lui paraissent les plus importants, mais confie également une organisation musicale différente à chacun des versets en privilégiant la sonorité et l'effet sonore, le rythme, la dynamique et les timbres instrumentaux (abandonnant par conséquent la notion de thème mélodique, ainsi que sa fonction, dans l'organisation du mouvement musical). De façon à mettre le texte et sa portée spirituelle en valeur, chacun des moments de la *Messe* commence par les voix (ou par une courte préparation dynamique), les instruments jouant un rôle essentiel dans l'articulation des phrases et dans le soutien des voix (au point qu'il semble que l'orchestre « parle »).

Par l'importance donnée à l'orchestre et à la différenciation des dynamiques et des intensités sonores, Beethoven a métamorphosé le genre musical traditionnel de la Messe en une musique de très haute spiritualité destinée au concert : ainsi, lors de la publication de la partition, il a tenu à faire traduire le texte en allemand et à indiquer qu'il s'agissait de « trois Hymnes ».

I. Kyrie

Ce premier moment de la *Messe* est en trois parties (ABA'). Il commence par une note qui fait figure de point de départ originel, de début absolu : ce n'est ni un thème ni un accord harmonique, mais seulement un *do* grave chanté à l'unisson par les basses du chœur a capella, sur un rythme pointé qui impulse un mouvement ; suit alors un motif mélodique ascendant très simple énoncé par les voix de sopranos et d'altos soutenues par les cordes. Une amplification sonore mène à un court passage joué par les instruments à vents qui introduisent la mélodie plus ornée de la soprano soliste, toujours sur les termes « Kyrie eleison ».

Après une alternance des solistes et du chœur, le «Christe eleison» en *mi* majeur apporte un effet de contraste : il est introduit a capella par les quatre solistes, puis repris par le chœur avant d'être désarticulé et d'être pris dans une intensité sonore contrastée.

Les clarinettes et les bassons jouent un rôle important dans la reprise du «Kyrie eleison» qui se termine sur la réduction du motif mélodique au rythme initial, répété sur une pédale de *sol* à l'unisson du chœur, dans un très grand recueillement.

II. Gloria

Ce deuxième moment commence par un tutti de l'orchestre et des chœurs, *ff*, avec roulement de timbales et appel des trompettes, dans la tonalité d'*ut* majeur affirmée de manière intense. La densité harmonique et la répétition du mot «gloria» tiennent lieu de thème, un petit motif rythmique servant de repère, impulsant et articulant la suite du mouvement.

Après cette proclamation jubilante, les violons et les violoncelles à l'unisson, par une phrase au rythme régulier, assurent la transition vers «Et in terra» : en contraste radical avec le «Gloria», cet épisode d'abord homophone se transforme en canon à quatre voix avec changement d'harmonie, avant de se terminer par un nouveau passage homophone sur «bonae voluntatis».

Le motif rythmique du «Gloria» introduit le «Laudamus te» et le «Benedicimus te» (le «Adoramus te» est chanté *p*, sans soutien de timbales), passage qui fait figure de développement et qui est confié au chœur seul.

Une phrase de violon, en valeurs égales, introduit un nouveau motif ondulant qui conduit au «Gratias» énoncé par le ténor soliste et repris par le chœur dans un style responsorial.

Un changement de tempo, de tonalité et de texture accompagne le «Qui tollis», Andante mosso, 3/4, en *fa* mineur, qui est énoncé par la soliste alto; puis le chœur et les solistes se succèdent soutenus par l'orchestre qui dramatise le «Qui sedes ad dextram patris», auquel succèdent les «Miserere» du chœur, cet ensemble débouchant sur un passage en majeur.

En *ut* majeur, Allegro ma non troppo à quatre temps, l'orchestre, *ff*, prépare le «Quoniam» que le chœur scande à l'unisson avant que les basses (voix et cordes à l'unisson) n'énoncent le sujet d'une fugue qui magnifie le «Cum sancto spiritu», l'ensemble se terminant par un «Amen» qui, développé et repris orné par les solistes, constitue la conclusion du *Gloria*.

III. Credo

Il commence, toujours en *ut* majeur, Allegro con brio à trois temps, de manière grave et intense (les tremolos des cordes graves soutiennent un motif ondulant et répété des violoncelles et des bassons) : après deux mesures identiques, le chœur énonce le «Credo» en répétant ce terme quatre fois de suite sur un rythme de plus en plus court menant à l'affirmation de l'unicité divine.

Une transition constituée par trois mesures *p* sur l'accord de *mi* bémol majeur tenu par les instruments graves (cordes et bassons) introduit le «Deum de Deo» qui traite de manière solennelle et modulante l'affirmation de la consubstantialité du Christ (sur des unissons *ff*) avec le Dieu créateur de toutes choses (sur le motif initial du Credo dans une très grande intensité sonore). Après une suspension du son, les voix graves portées par les cordes graves évoquent le «descendit» sur le rythme initial du *Kyrie* dans une texture très simple.

Puis, un trait de clarinette calme et descendant introduit le «Et incarnatus est», Adagio, en *mi* bémol majeur à deux temps, chanté en imitation par le quatuor des solistes, avant que le ténor seul n'énonce le «Et homo factus est», répétant trois fois de suite le terme «homo» sur un motif modulant, que les clarinettes, les bassons et les violons s'échangent. Cet accent mis sur l'homme est immédiatement suivi par le «Crucifixus etiam pro nobis» proclamé de manière intense dans une harmonie tendue par les basses du chœur, qui ouvrent un passage en imitation sur tremolos des cordes et syncopes renforcées par des *sf* aux bois, – rythme animé qui mène au «passus» chanté d'abord par les solistes avant d'être repris par le chœur d'une manière tragique portée par la brièveté du rythme : cette configuration musicale met en valeur le Dieu qui s'est fait homme pour sauver l'humanité.

Après ce passage tragique éclate le «Et resurrexit», Allegro ma non troppo à quatre temps, en *ut* majeur, proclamé par le soliste basse, puis repris en imitation par les différentes voix du chœur. Après l'échange entre le chœur et les solistes, dans un passage homogène qui se termine sur l'évocation de la mort, surgit, Vivace, à deux temps, toujours en *ut* majeur, une fugue qui donne une configuration musicale intense au « Et vitam venturi saeculi ». Cette fugue rapide, au cours de laquelle les voix et les timbres instrumentaux s'étayent de manière subtile, mène à l'« Amen » final du Credo, prenant par moments l'allure d'un choral, avant de retrouver l'intensité du début du *Credo*.

IV. Sanctus et Benedictus

Adagio en *la* majeur, à quatre temps, le Sanctus commence par une courte phrase des vents (clarinettes, bassons, cors, puis hautbois) soutenus par les cordes basses ; cette phrase, dans le style d'un choral, est reprise par le chœur a capella. Après un passage dominé par la tension harmonique, le tempo devient Allegro, toujours à quatre temps, pour « Pleni sunt coeli » – le « Osanna » prenant la forme d'une fugue culminant sur « excelsis ».

Tandis que le chœur chante seul ce Sanctus, le Benedictus est mené par les solistes. Allegretto ma non troppo en *fa* majeur à deux temps, le « Benedictus qui venit in nomine Domini » est énoncé a capella par les solistes, avant que les violoncelles n'énoncent à leur tour un motif chantant constitutif de ce Benedictus, en deux parties, A A', le chœur intervenant pour ponctuer ce que chantent les solistes.

Le « Osanna », Allegro, en *la* majeur, est repris, de manière condensée, pour terminer cette partie.

V. Agnus Dei

Conçu comme le Finale de l'ensemble, cet Agnus Dei est en *ut* mineur, Pocco Andante, à 12/8. Introduit par des *do* à l'unisson répétés régulièrement par les vents et soutenus par les timbales, l'« Agnus Dei qui tollis peccata mundi » suivi du « Miserere nobis » sont confiés au chœur, la clarinette articulant entre elles les phrases inlassablement reprises, et un *solo dolce* de clarinette introduisant le « Dona nobis pacem », en *ut* majeur, Allegro ma non troppo, à quatre temps, énoncé par les solistes. La dernière évocation de « Agnus dei, qui tollis peccata mundi, misere nobis » est soutenue par une harmonie tendue, tandis que l'ensemble avance vers l'apaisement, les timbres du hautbois et de la clarinette étant particulièrement mis en relief.

Le souvenir du Kyrie initial, Andante con moto, tempo del Kyrie, à deux temps, chanté par le chœur sur « dona nobis pacem », termine la *Messe* de façon très calme et très intériorisée.

SOURCES

Des esquisses existent dispersées à Berlin, Bonn et Paris

Le manuscrit autographe du « Kyrie » et du début du « Gloria » (avec beaucoup de corrections de la main de Beethoven) se trouve à Bonn ; il porte la mention inscrite par Beethoven lui-même : « Ludwig van Beethoven. / par manque de copie, son propre manuscrit ».

Une copie corrigée par Beethoven est à Eisenstadt dans les archives Esterhazy ; le titre n'a pas été inscrit par Beethoven : « *Missa / composta e dedicata / al Ill. Eccl./ principe / Nicolo Esterhazy de Galantha etc etc / di Luigi v Beethoven.* »

PUBLICATION

L'édition originale en partition fut assurée à Leipzig par Breitkopf & Härtel en octobre 1812. Le titre est en italien et en allemand :

« MESSA / a quatro Voci coll'accompagnamento dell'Orchestra / composta da / Luigi van Beethoven. / DREY HYMNEN / für vier Singstimmen mit Begleitung des Orchesters, / in Musik gesetzt und / Sr Durchlaucht dem Herrn Fürsten von Kinsky / zugeeignet / von / Ludw. v. Beethoven. / 86^{s} Werk. PARTITUR […] »

Cette partition comprend le texte latin et une traduction allemande de Christian Schreiber.

Les trois Hymnes sont le *Kyrie* et le *Gloria*, le *Credo*, et le reste.

Une réduction pour piano à quatre mains et une réduction pour deux mains, sans texte, établies par Carl Czerny, ont été publiées à Vienne en 1829 chez Diabelli.

DÉDICATAIRE

Prince Ferdinand Kinsky (voir *Opus 83*).

L'ŒUVRE VUE PAR SES CONTEMPORAINS

Le prince Esterhazy, qui attendait une messe dans le genre de celles de Haydn, écrivit, en français, à la comtesse Henriette Zielinska : « La messe de Beethoven est insuportablement ridicule et détestable, je ne suis pas convaincu qu'elle puisse meme paroitre honêtement : j'en suis coleré et honteux » [1., 292, note 2 p. 323].

L'*AMZ* XV (1813 [col. 389-397 et 409-414]) publiait une analyse critique de E.T.A. Hoffmann. Après des considérations d'ordre général sur la musique qui peut être associée à une messe et sur l'avantage que représente l'utilisation moderne des instruments pour une musique liturgique, Hoffmann présentait la solution proposée par Beethoven en soulignant la joie naïve et l'absence de moments d'effroi, ainsi que le recours à une écriture en imitation et en contrepoint (bien qu'il n'y ait pas de fugue rigoureuse !) ; puis il donnait les caractéristiques de chacun des moments de la Messe en insistant sur les passages saisissants, citations musicales à l'appui. Il concluait son analyse en signalant que malgré la richesse de la composition, l'œuvre n'était pas difficile à exécuter et qu'elle devait plaire à l'amateur éclairé tant pour son audition que pour sa composition.

Quant à la traduction allemande, Hoffmann ne la trouvait pas appropriée à la simplicité indispensable et sans emphase d'une messe.

L'*AMZ* XVII (1815 [col. 776]), qui rendait compte d'un concert, parlait de Beethoven en termes très élogieux : il rayonnait également dans la musique d'Église et il savait éveiller les sentiments les plus élevés. Ainsi, son Kyrie incitait au recueillement, son Gloria, comme les fugues «Cum sancto» et «Et vitam», faisaient ressentir la grandeur divine, et tandis que le «Qui tollis» se faisait imploration, le quatuor vocal du Benedictus retenait l'âme dans la louange et la transition entre l'amertume de l'Agnus Dei le réconfort du «Dona nobis pacem» produisait un effet indescriptible.

Correspondance

Le 26 juillet 1807 [1., 291], Beethoven écrivait au prince Nikolaus Esterhazy que la *Messe* serait prête au plus tard le 20 août 1807, ce qui devait permettre de la jouer le jour de l'anniversaire de la princesse – il s'excusait de son retard dû essentiellement à des raisons médicales, ajoutant toutefois qu'écrire une *Messe* était se mesurer à l'incomparable Haydn[1], ce qui ne se faisait pas sans angoisse.

Le 9 août 1807 [1., 292], le prince Esterhazy répondait qu'il se réjouissait de recevoir bientôt la messe, le rassurant quant à la comparaison avec Haydn.

Le 20 septembre 1807 [1., 294], Beethoven écrivait d'Heiligenstadt à Josephine, comtesse Deym, qu'il était allé à Eisenstadt chez le prince Esterhazy pour l'exécution de sa *Messe*, entre deux séjours à Heiligenstadt.

Le 8 juin 1808 [2., 327], il proposait sa *Messe* à Breitkopf & Härtel, ajoutant qu'il pensait en avoir traité le texte de manière particulièrement originale ; elle avait déjà eu beaucoup de succès, entre autres chez le prince Esterhazy. L'intérêt d'une édition en partition et en réduction pour piano était donc indiscutable.

Le 18 juin [2., 328], B&H la refusait, arguant que la demande pour les œuvres de musique religieuse était insuffisante (il acceptait les autres œuvres proposées).

Le 10 juillet [2., 329], Beethoven répondait à B&H qu'il n'enverrait les œuvres proposées que si la *Messe* était acceptée, considérant que cette publication serait source de gloire, car il ne s'agissait pas seulement de «General-Baßisten», mais d'une œuvre qui pouvait être donnée en concert pour le plus grand plaisir des auditeurs de Leipzig ; B&H avait donc intérêt à publier une réduction pour piano avec le texte en allemand, le succès étant assuré ; une vente par souscription pouvait même être organisée, mais ce n'était en l'occurrence pas indispensable. Comme Beethoven ne doutait pas que B&H allait suivre son conseil, il allait envoyer tout de suite les deux *Symphonies*, la *Sonate pour violoncelle* et la *Messe*, demandant que les honoraires lui soient envoyés dès réception des œuvres, et ajoutant, pour faire accepter sa *Messe*, qu'il pourrait envoyer par la suite en cadeau un «offertorium» et un «graduale» (qui n'étaient pas encore disponibles [ils ne seront jamais composés]).

Le 20 juillet [2., 330], B&H renouvelait son refus de la *Messe*.

Fin juillet [2., 331], Beethoven prenait acte du refus de B&H, restant convaincu que quand l'éditeur aurait l'intention de faire exécuter la *Messe* lors d'un concert d'hiver à Leipzig, il serait obligé d'en publier le matériel d'orchestre avec un texte allemand. Beethoven expliquait de nouveau pourquoi il tenait tant à ce que B&H publie cette *Messe* : d'un part elle lui «tenait à cœur en ces temps de froideur pour les œuvres de ce genre» et d'autre part, B&H était le seul éditeur

1. Haydn, au service du prince Esterhazy, a composé ses six dernières *Messes* entre 1796 et 1802 à l'occasion de la fête de la princesse.

capable de graver correctement une œuvre de ce genre. Et, plus loin dans cette même lettre, Beethoven se disait prêt à faire copier la *Messe* dès que B&H le désirerait.

Le 23 novembre 1808 [2., 341], Simrock écrivait à Stephan von Breuning qu'il acceptait de publier la *Messe* pour le prix qui avait été indiqué, malgré la mauvaise situation du marché de la musique (Beethoven ne lui a pas envoyé de copie ce qu'aucun document ne permet d'expliquer). Simrock rééditait sa demande en mars 1809 [2., 366] : le 5 mai [2., 387] Beethoven lui demandait 100 Gulden pour lui confier l'édition de la *Messe*; le 30 mai [2., 388] Simrock envoya 75 Gulden à remettre à Beethoven pour la *Messe* (les tractations ne purent aboutir, Beethoven ayant vendu la *Messe* à B&H).

Le 5 avril 1809 [2., 375], Beethoven envoyait sa *Messe*, son opéra et *Christus am Ölberg* à B&H, qui envoyait les honoraires le 21 août 1809 [2., 398].

Le 4 février 1810 [2., 423], il suggérait à B&H de faire traduire le texte de la *Messe* en allemand, si la *Messe* n'était pas déjà gravée, tout en conservant le texte en latin. Il pensait envoyer également la partie d'orgue, souhaitant qu'elle soit insérée d'une manière nouvelle (Beethoven n'envoya pas cette partie).

Le 15 octobre 1810 [2., 474], il assurait B&H qu'il allait envoyer la partie d'orgue de la *Messe* « dans quelques jours », et demandait s'il ne serait pas possible de publier « la *Messe* avec une traduction en allemand qui corresponde bien à la musique ». Il indiquait également le dédicataire de la *Messe*, « Herr von Zmeskall ».

Le 16 janvier 1811 [2., 484], Beethoven demandait à B&H de ne pas attendre la partie d'orgue qu'il avait annoncée pour graver la *Messe*; il espérait, d'autre part, que la *Messe* serait publiée en partition. Dans cette même lettre, il critiquait la traduction en allemand établie par Christian Schreiber : s'il trouvait que le Gloria était bien traduit, il regrettait, dans le Kyrie, l'emploi de mots qui étaient plus adaptés au Gloria, tels « ew'gen Weltenherrscher », « Allgewaltigen ». Beethoven justifiait sa critique en soutenant que dans une traduction il fallait conserver le caractère d'ensemble du morceau, et comme dans le Kyrie il s'agissait d'une « profonde résignation », « le sentiment profondément religieux de *Gott erbarme dich unser* » n'avait rien de triste, la douceur étant le caractère fondamental de ce morceau, et comme le Kyrie sert d'introduction à la messe à laquelle le catholique assiste chaque dimanche dans de bonnes dispositions intérieures, il ne faut pas commencer par des expressions trop fortes pour que leur portée ne soit pas affaiblie dans les morceaux suivants.

Le 19 février 1811 [2., 486], Beethoven acceptait d'envoyer la partie d'orgue promise et que réclamait B&H, et demandait si la *Messe* allait être publiée en partition. Il remerciait également le traducteur Schreiber.

Le 9 octobre [2., 523], il demandait à B&H avec impatience quand la *Messe* allait paraître. Il demandait également s'il était possible de modifier le nom de la dédicataire qui était alors mariée (De qui s'agit-il ? De Bettina Brentano ? – la *Messe* fut d'abord dédiée à Zmeskall, pour l'être finalement à Kinsky : Beethoven a-t-il eu d'autres intentions entre les deux ?)

Le 28 février 1812 [2., 555], Beethoven demandait encore avec impatience à B&H « quand la *Messe* serait proposée aux catholiques recueillis ».

Le 25 mai 1812 [2., 577], il promettait à B&H de réexpédier les épreuves de la *Messe*, en espérant que les fautes seraient corrigées, et en exigeant le changement de dédicace « étant donnée la publication tardive : il fallait inscrire le nom du prince Kinsky ».

Le 17 juillet [2., 586], Beethoven, de Teplitz, demandait à B&H s'il avait reçu les épreuves corrigées de la *Messe* et indiquait qu'il avait changé la mesure du Gloria (à deux temps au lieu de quatre) ainsi que le tempo pour qu'il ne soit pas trop rapide : une mauvaise exécution de cette *Messe* lui avait fait prendre conscience qu'il ne fallait pas laisser cela au hasard. Il suggérait également que dans la partie enharmonique du Sanctus soient supprimés les bémols pour ne garder que les dièses, les chœurs qu'il avait entendus n'étant pas capables de chanter ce passage sans que l'organiste ne donne un accord de soutien.

Le 24 juillet [2., 588], Beethoven demandait à nouveau à B&H s'il avait reçu la *Messe* – sa lettre était pleine de jeux de mots qui soulignaient une politique éditoriale peu favorable à la publication de cet ouvrage, l'éditeur craignant sans doute des difficultés de diffusion.

Le 29 juillet [2., 589], B&H réclamait le texte de la dédicace.

Le 9 août [2., 591], alors qu'il se trouvait à «Franzen Brunn bey Eger» (ville d'eau de Bohême du Nord, dans les Sudètes), Beethoven répondait à B&H qu'il était fatigué des bains, mais indiquait pourtant ce qu'il fallait à peu près inscrire : «Seine Durchlaucht dem Hochgebohrnen Fürsten *Kynsky*».

Le 7 mai 1825 [6., 1966], Beethoven demandait à B. Schott's Söhne de publier sa *Messe* en *ut* avec l'excellente traduction allemande de Benedict Scholz (nouvelle traduction dont il prit connaissance en avril 1823).

WoO 133
In questa tomba oscura

Ariette sur un poème de Giuseppe Carpani
Lento, la *bémol majeur, 2/4 – 37 mes.*

TEMPS DE LA COMPOSITION

Une première version aurait été composée au cours de l'été ou de l'automne 1806.

Une seconde date de la fin 1807, peu avant la gravure par l'éditeur Mollo.

CONTEXTE BIOGRAPHIQUE

Beethoven a accepté de participer à une publication collective (ce qui représente un précédent par rapport à la composition des *Variations Diabelli* après 1819). Connaissait-il les noms des autres compositeurs qui avaient accepté la proposition de Carpani ? D'après la date de la première version, Beethoven a mis en musique cette *Ariette italienne* peu avant que Carpani n'ait sollicité, par voie de presse, les compositeurs viennois. Il fut donc sans doute un des premiers à répondre à l'idée de Carpani, mais il ne livra sa version définitive qu'un an plus tard, soit peu de temps avant la publication de l'ensemble (dédié au prince Lobkowitz), exigeant en plus de reprendre temporairement la copie pour y porter des corrections.

Beethoven a fini par accepter de participer à ce recueil, sans doute parce qu'il savait qu'il était dédié au prince Lobkowitz : or, il avait d'autant plus intérêt à être en bons termes[1] avec ce prince qu'il voulait le solliciter pour être nommé à un poste officiel dans l'un des théâtres qu'il dirigeait depuis janvier 1807 avec plusieurs autres membres de l'aristocratie viennoise (le prince Esterhazy, le prince Schwarzenberg, etc.). C'est le 4 décembre 1807 que Beethoven rédigea sa lettre à la direction des Théâtres de la cour [1., 302].

Les différences entre les deux versions de cette *Ariette* et ses dernières corrections témoignent du travail de révision de Beethoven et de son souci de trouver l'adéquation entre la musique et la prosodie de la langue.

Le thème littéraire de cette *Ariette* devait évoquer à Beethoven sa jeunesse et ses amis de Bonn, avec lesquels il partageait des références poétiques à forte connotation antique (un dessin de l'album que ses amis lui avaient offert lors de son départ pour Vienne représente une urne funéraire dans un paysage de ruines antiques[2]). D'autre part ce thème poétique est très proche de celui de la *Romance WoO 132* qu'il venait de mettre en musique : il s'agit dans l'un et l'autre cas d'une rupture amoureuse : si l'amant de la *Romance*, d'abord désespéré, se console en pensant à celle qui l'a abandonné, dans l'*Ariette* l'amant exprime sa colère et refuse de reconnaître les manifestations d'amour trop tardives de celle qui prétend l'avoir aimé.

La *Romance*, aussi bien que l'*Ariette*, appartiennent au monde de l'opéra par leur genre comme par leur sujet (les textes correspondent à un moment de l'intrigue) : après *Leonore*, Beethoven profitait des occasions qui s'offraient à lui pour continuer à expérimenter l'écriture destinée à la scène.

Une donnée biographique est peut-être à mettre en relation avec la composition de ces deux *Lieder WoO 132* et *133* : c'est au cours de l'année 1806 que Josephine chercha à s'éloigner de Beethoven, n'attendant de lui qu'une pure amitié [1., 250, avril 1806], et c'est à la fin de l'été 1807 [1., 294, 295, 296, 297] que Beethoven fut obligé de renoncer à son amour pour celle qu'il appelait encore «Liebe, geliebte, einzige J. !», parce qu'elle ne voulait

1. Dans une lettre de novembre 1807 au comte Moritz von Dietrichstein, organisateur des Liebhaber Concerte durant l'hiver 1807/1808, Beethoven faisait allusion à sa réconciliation avec Lobkowitz et au fait qu'il comptait sur son appui pour obtenir un poste officiel [1., 301].

2. Ce dessin de son «ami Koch» était accompagné d'une citation de *Don Carlos* de Schiller (IV, 21), ainsi que d'une allusion à l'éternité à laquelle un noble cœur peut prétendre (le 24 octobre 1792).

plus qu'il lui rende visite (dans une de ses dernières lettres [1., 295, après le 20 septembre 1807], Beethoven lui demandait de lui rendre le livre dans lequel il glissait les billets qu'il lui envoyait). La question de la séparation, de l'éloignement de l'aimée, était donc au cœur de sa vie : ce n'était plus seulement une référence littéraire…

Giuseppe Carpani (1751-1825), poète, critique musical et librettiste spécialisé dans l'opéra italien, vivant à Vienne, fut un des premiers biographes de Haydn (Milan, 1812).

En novembre 1806, le *Journal des Luxus und der Moden* publia quelques informations sur l'origine de ce poème, qui aurait été écrit par Carpani au cours de l'été 1805 à Baden, après une improvisation au piano de la comtesse Alexandra Rosalia Rzewuska (elle se maria avec le comte Waldstein en 1812). Cette musique lui avait fait penser à la colère et au refus de pardonner d'un amoureux, mort de chagrin après avoir été abandonné par celle qu'il aimait. Il s'inspirait de l'opera seria, s'inscrivant dans un genre de poésie très apprécié depuis l'Antiquité.

« In questa tomba oscura/ Lasciami riposar !/ Quando vivevo (ingrata !)/ Dovevi a me pensar.

Lascia che l'ombre ignude/ Godansi pace almen !/ E non bagnar mi ceneri/ D'inutile velen ! »

(Dans cette tombe obscure laisse-moi reposer ; / C'est quand je vivais, ingrate, que tu aurais dû penser à moi ; / Laisse au moins ma dépouille goûter la paix / Et ne baigne pas mes cendres du vain poison de tes larmes.)

Carpani sollicita les compositeurs viennois pour qu'ils composent à leur tour une musique sur son poème. La gravure des différentes versions musicales commença fin 1806 ou début 1807, mais la publication d'ensemble (63 versions de 46 compositeurs se succédant dans l'ordre de leur envoi, et un Menuet parodique) n'eut lieu que fin 1807 ou début 1808, retardée par l'attente de la contribution de Haydn (qui n'envoya finalement aucun texte). Beethoven fut le dernier publié.

Lento en *la* bémol majeur, et en trois parties ABA suivies de quatre mesures de coda, cette *Ariette* est écrite dans un style de monologue intérieur proche de l'opera seria. À la retenue de la première partie, succède l'agitation modulante *sempre pp* sur descente chromatique de la partie centrale (qui correspond à la seconde strophe). Dans la première et la troisième partie, la musique souligne l'interpellation ingrata (terme pour lequel Beethoven n'a pas conservé la parenthèse du poème original) par un crescendo qui aboutit à un *forte* et par une répétition toujours *forte* sur la brusque cadence finale. La partie centrale qui commence *pp* culmine en un *ff*, toujours dans la même texture de tremolo, pour évoquer les cendres et l'inutilité des larmes, manifestation de compassion qui arrive trop tard.

SOURCES

Le manuscrit de la première version, qui comporte beaucoup de ratures et de modifications, se trouve à Standford en Californie. Celui de la seconde, qui montre des corrections occasionnelles, se trouve à la Pierpont Morgan Library de New York.

PUBLICATION

Le recueil de Carpani fut publié à Vienne en fin 1807 ou au début 1808 par Tranquillo Mollo.

« In questa tomba oscura / ARIETTA / con accompagnato di Piano-Forte / composta di diverse maniere da molti Autori / e dedicata a / S.A.U. Sig. Principe Giuseppe / di LOBKOWITZ &c. &c. [vignette] »

Sur la page 201, la mention suivante est inscrite :

« LXIII. Del maestro L. van BEETHOVEN »

Ce recueil, destiné à un cercle restreint, comprend un « Avvertimento degli editori » :

« Divertivasi alla campagna una picola società di colte persone a far musica. Una di queste improvviso per celia una cantilena sul Piano Forte. Parve bella ad un amico delle muse, che il primo l'udi, e su due piedi vi appose delle parole. I dilettanti della piccola società le trovarono ben fatte, e vollere provarsi anch'essi a metterle in musica… ».

La *Wiener Zeitung* en annonça la publication le 3 septembre 1808.

L'ŒUVRE VUE PAR LES CONTEMPORAINS

L'*AMZ* XI (n° 3 du 19 octobre 1808) présenta cette publication en louant particulièrement les versions de Salieri et Sterkel (elle proposait leurs versions), et en insérant une critique peu favorable à Beethoven, cette Ariette ne devant, selon l'auteur de l'article, contribuer que bien peu à sa renommée :

«Le N° 63, (Luig. v. Beethoven) est très lugubre, chagrin et mélancolique. L'accompagnement est simple, le chant se réduisant de manière délibérée à un soupir monotone. La première et la troisième partie ne s'opposent pas vraiment à la deuxième, du milieu, étant donné qu'elle est également d'une discrétion obligée.»

CORRESPONDANCE

Fin novembre 1807, Beethoven demandait à Carpani de corriger une faute sur la copie qu'il lui avait envoyée [1., 306] :

«*Je me souviens d'avoir commis moi même une oublie en changeant l'*alma *de* Mons. *Voltiggi*[1] en almen*; car je viens de distinguer dans* la Musique *par des nôtes separèes les deux syllabes de pa /* ce al */ men*, qui ne doivent pas l'être à raison de l'Elysion de *Ce*. je vous prie donc de m'envoier encore aujourd'hui l'original avec la copiature pour redresser cette petitte erreur, *en vous les remettrant au plus tard demain* [...]»

WoO 134
Sehnsucht (Nostalgie)

Lied sur un poème de Goethe (quatre versions)
Andante poco agitato, **C**, sol *mineur – 11 mes.*
Poco andante, 6/8, sol *mineur – 11 mes*
Poco adagio, 3/4, mi *bémol majeur – 11 mes.*
Assai adagio, 6/8, sol *mineur – 28 mes.*

TEMPS DE LA COMPOSITION

Beethoven composa les trois premières versions avant mars 1808, répondant, de manière insolite, à la demande de Leo von Seckendorf et Ludwig Stoll, rédacteurs de la toute nouvelle revue viennoise, *Prometheus*[2].

CONTEXTE BIOGRAPHIQUE

La composition musicale de ce *Lied*, issu du roman *Wilhelm Meister Lehrjahre*, inaugura pour Beethoven la série des poèmes de Goethe qu'il mit en musique entre 1808 et 1810 (les *Lieder op. 83* et *op. 75* nos 1, 2, 3, ainsi que ceux d'*Egmont op. 84*). L'occasion en fut une commande pour la revue *Prometheus*, tout juste fondée à Vienne par Leopold von Seckendorf (1775-1809) et Joseph Ludwig Stoll (1777-1815), que Beethoven connaissait personnellement. En octobre 1807, les deux directeurs de la revue voulaient consacrer les premiers numéros à Goethe (au moment où paraissait la deuxième édition de ses œuvres complètes) et avaient demandé une contribution à Beethoven. Quant à Goethe, il avait accepté d'écrire sur le thème de Pandore ; en décembre 1807, il envoya la première partie de son texte, la suite en février et mars 1808. En même temps que le début du texte de Goethe, *Pandora's Wiederkunft. Ein Festspiel von Goethe – à suivre*, qui ne parut que dans les deux premières livraisons de *Prometheus*, fut publiée la mise en musique du poème de Goethe *Rastlose Liebe* par Johann Friedrich Reichhardt. Et ce n'est que dans la troisième livraison que parut la composition de Beethoven sur le poème *Sehnsucht*, tandis que la fin de *Pandora* était abandonnée à la suite d'un différend entre les directeurs de la revue et l'éditeur Joseph Geistinger (1769-1829) (qui publia l'ensemble du manuscrit de Goethe en tant que «Taschenbuch für das Jahr 1810»)[3].

Ainsi, dans la perspective d'être publié en même temps que Goethe, Beethoven répondit à la commande des directeurs de *Prometheus* en envoyant un manuscrit qui comprenait au moins les trois premières versions musicales du poème de Goethe qui commence par «Nur wer die Sehnsucht kennt». Ce manuscrit porte l'autorisation de publier, Imprimatur, datée du 31 mars 1808, sur la quatrième page, c'est-à-dire en marge de la troisième version (la première version et la deuxième se faisant face sur les pages centrales de la première double feuille constituant le manuscrit). À destination de ses commanditaires, Beethoven avait écrit sur la

1. Voltiggi est auteur d'un dictionnaire illyrien-italien-allemand, publié en 1803.

2. Cette revue ne dura que jusqu'en septembre 1808 (avec le double numéro 5/6).

3. Dans une lettre à Breitkopf & Härtel du 26 juillet 1809 [2., 392], Beethoven évoque la «malheureuse revue», qui fut obligée d'interrompre sa publication après le numéro 5/6 en septembre 1808 – elle avait commencé début 1808.

première page (qu'il avait laissée vide) la remarque suivante : « N.B. : Je n'avais pas assez de temps / pour en produire *une bonne*,/ d'où plusieurs essais / Ludwig van Beethoven. »

Les directeurs de la revue, interprétant ce *nota bene* comme une invitation à choisir un des Lieder, portèrent leur choix sur la première version publiée sous le titre : « SEHNSUCHT / von / Goethe, componirt von L. v. Beethoven ». Or, une remarque inscrite en marge des esquisses pour la deuxième version (« le temps me manque pour raccourcir ce Lied seulement une fois ») et la publication deux ans plus tard de ce Lied (cette fois en quatre versions et chez un éditeur de musique viennois), incitent à comprendre, par delà une invitation probable à choisir, le témoignage d'une recherche non encore aboutie. Beethoven souhaitait certainement trouver une solution musicale la plus proche possible de l'effet que le poème avait produit sur lui.

La netteté et la propreté du manuscrit (remis à l'éditeur viennois en 1810), formé cette fois de la première double feuille (envoyée en 1808) et d'une seconde sur laquelle se trouvait la quatrième version, prouve que l'intention de Beethoven au moment de la publication de ce *Lied* était bien de faire publier quatre versions d'un même poème (il ne s'agit pas d'esquisses), et, au moment où il faisait éditer les *op. 75* et *op. 83*, il comptait sur la notoriété des deux auteurs associés à cette petite œuvre pour qu'elle rencontre du succès (de fait cette œuvre fut souvent rééditée).

Ce geste éditorial insolite, qui ne semble pas s'être imposé d'emblée (Beethoven évoqua d'abord le manque de temps, ce qui était plausible puisqu'il était en train de finir la *Cinquième Symphonie*, entre autres), s'éclaire avec l'étude du contexte du poème de Goethe à l'origine de l'élaboration du Lied : comme si, à partir de ce poème aux multiples échos, Beethoven, qui appréciait particulièrement le roman de Goethe dans lequel il avait trouvé ce poème, s'était identifié à la fois à Wilhelm Meister pris par sa rêverie d'une belle amazone, et à Goethe face à la difficulté, qu'il soulignait, de traduire en allemand un poème écrit à l'origine en italien.

Si, en choisissant de mettre ce poème en musique, Beethoven supposait qu'il ne laisserait pas indifférents les nombreux lecteurs de *Wilhelm Meister*, le choix de ce poème reflète aussi l'importance du thème de la « Sehnsucht » pour lui, ce désir d'un autre lieu, passé ou à venir, lieu perdu à retrouver ou lieu inconnu à découvrir. C'est ce désir qui pousse à créer, afin de restituer la mémoire de ce lieu ou le faire advenir, qui pousse à créer sur le modèle même de Mignon (personnage central du roman), qui ne savait s'exprimer que par l'art. Mignon, par son côté énigmatique (est-ce une petite fille ou un jeune garçon ? s'agit-il d'une figure androgyne ? serait-elle l'image d'une complétude désirée de l'être humain ?), et donc par delà son histoire, incarne le désir, mélange d'insatisfaction, de quête, mais aussi d'entretien de la vie et d'incitation à chercher un apaisement par la création – ce que le terme allemand de « Sehnsucht » désigne.

Cette « Sehnsucht » est un des thèmes dominants du roman *Wilhelm Meister*. Si Mignon l'incarne, Wilhelm l'éprouve à maintes occasions, en particulier au moment où il entend Mignon et le vieux harpiste chanter un Lied « en une sorte de duo où ils mettaient toute leur ferveur » – Goethe souligne que « ses impressions s'accordaient singulièrement » à ce Lied (livre IV, 11, p. 605), à ce moment où, blessé lors d'une attaque de brigands, Wilhelm était persuadé qu'il avait été sauvé par l'intervention miraculeuses d'une jeune femme à cheval (livre IV, fin du chapitre VI, p. 594), jeune femme dont il ne cesse de rêver : « Inlassablement, il évoquait les circonstances de cette rencontre qui avait laissé dans son âme une empreinte ineffaçable. Il voyait la belle amazone sur son cheval sortir des buissons et s'avancer vers lui ; elle s'approchait, mettait pied à terre, allait et venait, et prenait soin de lui. Il voyait glisser de ses épaules le manteau qui l'enveloppait, et son visage et sa personne entière resplendir et disparaître. Tous ses rêves de jeunesse venaient se rattacher à cette image. Il croyait avoir vu de ses propres yeux l'héroïque et noble Clorinde : il songeait au fils du roi, malade, à la belle et compatissante princesse qui s'approchait de son lit, silencieuse et modeste.

Pourquoi, se demandait-il parfois en lui-même, ne serions-nous pas visités dans notre jeunesse, comme dans le sommeil, par les visions du destin à venir [...] ?

Immobilisé sur sa couche, il avait tout loisir de se retracer mille fois cette scène. Mille fois il évoqua le son de cette douce voix [...][1]»

C'est donc sous l'emprise du désir de retrouver cette belle amazone, au moment où il «glissa dans une nostalgique rêverie» que Wilhelm entendit le Lied de Mignon et du harpiste (livre IV, 11, p. 605-606).

Si Beethoven a été sensible à la simplicité et à l'efficacité de ce Lied, il a également été saisi par la dimension éphémère et récurrente des images mentales provoquées par cette aspiration à retrouver l'être aimé. Pour évoquer la relation entre la solitude liée à l'absence de l'aimée et le désir à l'origine d'une rêverie qui ne cesse de retracer «la scène», Beethoven s'est servi des ressources multiples de l'écriture musicale, ce qui lui a donné l'occasion de proposer quatre versions musicales successives du même poème, organisées en «cycle» ou en une petite œuvre en quatre mouvements. Cette forme musicale insolite a donc sans doute été suscitée par la figure énigmatique, elle aussi, de Mignon. Comme si la forme d'une œuvre concrétisait l'intention et le sentiment qui avaient présidé à la création.

PRÉSENTATION DE L'ŒUVRE

Nur wer die Sehnsucht kennt,
Weiß, was ich leide!
Allein und abgetrennt
Von aller Freude
Seh' ich ans Firmament
Nach jener Seite.
Ach! Der mich liebt und kennt,
Ist in der Weite.
Es schwindelt mir, es brennt
Mein Eingeweide.
Nur wer die Sehnsucht kennt,
Weiß, was ich leide!

Seul qui connaît la nostalgie
Sait ce que j'endure!
Solitaire et sevré(e)
De toute joie,
Je regarde au firmament,
Et mes yeux s'en vont là-bas!
Ah! Celui qui m'aime et me connaît
Est au loin.
Mon cœur chavire, un feu brûle
Dans mes entrailles.
Seul qui connaît la nostalgie
Sait ce que j'endure!

Le poème que Goethe confie à Mignon, en duo avec le vieux harpiste, est d'une très grande simplicité, d'une très grande efficacité émotionnelle. Il est constitué de quatre couples de vers très courts possédant les mêmes rimes : *kennt* et *leide*; et tous les moyens poétiques combinés concourent à retenir l'attention : le rythme régulier et pressant assuré par les rimes et la brièveté des vers, les sonorités homogènes (les *e* dominent, quelques *a* et *i* émergent), le retour au même couple de vers, comme dans un Rondeau, après une progression vers l'évocation de l'emprise du désir. Cet effet immédiat résulte de la succession de l'interpellation initiale, du constat de la solitude et de la privation de joie, de la recherche alentour et au loin, de la prise de conscience de l'éloignement de l'être aimé, de la sensation de la brûlure du désir (sur laquelle le poème culmine).

Bien que très proches les unes des autres, chacune des quatre versions possède ses particularités portées par la mesure et le tempo, ainsi que par la texture musicale de l'accompagnement.

Les trois premières s'inspirent de la structure en deux strophes, telle que Reichardt l'avait établie en composant la première version musicale de ce Lied et telle qu'elle se présentait dans l'édition du roman en 1795 – pourtant Goethe avait conçu son poème d'un seul tenant –, peut-être Reichardt avait-il cherché à conserver l'idée de duo entre Mignon et le harpiste.

Les trois premières versions ont la même organisation : forme ABA très brève (onze mesures, reprises à la seconde strophe), tempo lent, rythme coulant malgré une déclamation syllabique, longue phrase, accompagnement du piano discret, qui pourrait évoquer une harpe, et qui ne double pas directement la voix.

La quatrième version, plus longue (28 mesures), est composée de bout en bout, le piano ayant un rôle plus important pour

1. Livre IV, fin chapitre IX, p. 600. L'allusion au fils du roi, malade, est une allusion à Antiochus, fils d'Erasistratus, malade d'amour pour sa future belle-mère Stratonice. Cette référence à un tableau appartenant à la collection du grand-père de Wilhelm sert de métaphore récurrente dans le roman. Celle-ci marqua grandemment Beethoven, au point qu'il avait emprunté le tableau d'Antiochus à son ami Wegeler qu'il proposait de lui renvoyer dans sa lettre du 29 juin 1801 [1, 65].

assurer de manière très libre une transition entre les groupes de vers.

Les traits communs sont la simplicité, la tonalité de *sol* mineur sauf pour la troisième en *mi* bémol majeur, le tempo lent qualifié de poco sauf pour la quatrième. L'unité tonale, la permanence des intensités dans le registre intime du *piano*, avec la mise en évidence de « Freude » (joie) et de « Eingeweide » (entrailles) par un moment *forte* ou plus intense (mots qui soulignent le caractère unique de la souffrance affective liée à la solitude et à l'emprise du désir) restituent l'homogénéité du poème de Goethe.

L'effet d'immédiateté est rendu, dans chacune des versions, par l'oscillation entre l'impression de déclamation et une mélodie à l'ambitus étroit (sixte, quinte, septième diminuée), sauf pour la troisième dans la tonalité majeure (dans laquelle l'ambitus de la voix est une dixième), et par l'utilisation resserrée des fonctions de l'harmonie tonale (tonique, légère modulations, dominante, tonique).

L'organisation en « cycle » repose sur l'utilisation de types de tempo différents, dégressifs, mais apparentés (lents) et marquant l'intériorité, le premier est un peu « agité », Andante poco agitato, le deuxième Poco andante, le troisième Poco adagio et le quatrième Assai adagio. La notion de cycle repose également sur le recours à des tonalités liées entre elles malgré leur éloignement (à l'image de l'objet du désir) : le *mi* bémol majeur de la troisième version étant lié au *sol* mineur des versions 1, 2, 4 par le *si* bémol majeur (absent), relatif majeur de *sol* mineur, et tonalité voisine de *mi* bémol majeur.

Cette succession de quatre versions correspond aux quatre mouvements de ce qui, au temps de Beethoven, était considéré comme une œuvre achevée (les sonates ont le plus souvent quatre mouvements de tempo différent, et l'un des mouvements est dans une tonalité apparentée à la tonalité de l'ensemble de l'œuvre). Mais cette succession qui forme un cycle, très simple, intérieur et évident, correspond aussi bien à ce qui se répète dans la tête du mélancolique qu'à la mise en œuvre de l'imagination stimulée par la « Sehnsucht » qui ne peut se réduire à une formule.

SOURCES

Il existe des esquisses à Bonn et à Berlin.

Le manuscrit autographe[1], composé de deux feuillets doubles, se trouve à Bonn – il comporte une mention manuscrite de Beethoven sur le bord droit de la première page restée vide : « Nb : ich hatte nicht Zeit genug, um / *ein Gutes* hervorzubringen, / daher Mehrere Versuche Ludwig van Beethowen. » (Je n'avais pas assez de temps pour vous en proposer une *bonne version*, d'où ces multiples essais), inscription adressée aux commanditaires de ce Lied, Leo von Seckendorf et Ludwig Stoll. Ce manuscrit comporte également, inscrit de la main de Beethoven, au-dessus du premier Lied, un titre : « Sehnsucht von Göthe und Beethoven », ainsi que l'« Imprimatur » de la censure, « Wien den 31ten März 1808 », sur la quatrième page (la dernière page de la première double feuille, c'est-à-dire en marge du troisième Lied).

PUBLICATION

Conformément à leur engagement, les rédacteurs de la revue *Prometheus* publièrent une des quatre versions (la première), dans la troisième livraison de la revue pour l'année 1808, parue en mai 1808 :

« SEHNSUCHT / von / *Goethe, componirt von L.v.Beethoven.* »

Le Bureau d'Art et d'Industrie publia ensemble les quatre versions (numérotées de 1 à 4), à Vienne et Pest, le 19 mai 1810 :

« Die Sehnsucht / von / Göthe / mit vier Melodien nebst Clavierbegleitung / von / LOUIS VAN BEETHOVEN »

Au-dessus du premier Lied est inscrit : « SEHNSUCHT. / VON GOETHE. / Componirt / VON L : v : BEETHOVEN. »

Nikolaus Simrock publia une édition à Bonn avant juin 1810 :

« Die Sehnsucht / von / GOETHE / mit vier Melodien nebst Clavierbegleitung / von / L. VAN BEETHOVEN. »

L'ŒUVRE VUE PAR LES CONTEMPORAINS

La *Zeitung für die elegante Welt* 10, N° 118 du 14 juin 1810 annonçait la publication de cette œuvre chez Simrock en soulignant l'intérêt de proposer plusieurs versions d'un

1. Sa publication en fac-similé est accompagnée d'une étude critique : *Nur wer die Sehnsucht kennt, Lied in vier Fassungen (WoO 134) nach dem Gedicht von Johann Wolfgang von Goethe von Ludwig van Beethoven*, Faksimile des Autographs mit einer Studie von Helga Lühning, Beethoven-Haus Bonn 1986.

même poème si simple (surtout quand la musique provient d'un compositeur aussi expressif que Beethoven), mentionnant la qualité particulière de la quatrième version dont «l'expression vraie et profonde parle au cœur».

CORRESPONDANCE

Dans une lettre au baron Léopold von Seckendorf, sans doute de fin septembre 1808 [2., 337], Beethoven demandait les numéros de la revue *Prometheus* qu'il n'avait pas eus et il promettait d'envoyer pour les prochains numéros d'autres poèmes de Goethe mis en musique (la revue cessa de paraître en septembre 1808).

[Opus 64

Transcription pour piano et violoncelle des *Trios à cordes op. 3*, par un auteur inconnu

Elle fut publié par Artaria en mai 1807, sous le numéro d'opus 64, comme une nouvelle œuvre de Beethoven.]

Opus 69

Troisième Sonate pour piano et violoncelle en *la* majeur

Allegro, ma non tanto, ¢, la *majeur – 280 mes.*
Scherzo. Allegro molto, 3/4, la *mineur – 519 mes.*
Adagio cantabile, 2/4, mi *majeur (18 mes.) – Allegro vivace, ¢,* la *majeur – 220 mes.*

TEMPS DE LA COMPOSITION

Hiver 1807-1808 (les esquisses, aujourd'hui dispersées, appartenaient à un cahier utilisé entre septembre 1807 et février 1808). Le travail de composition est contemporain de celui de la *Cinquième Symphonie*.

CONTEXTE BIOGRAPHIQUE

L'occasion de la composition de cette *Sonate pour piano et violoncelle* reste inconnue, mais il est fort probable que Beethoven l'ait écrite pour lui et un de ses amis violoncellistes professionnels, avec l'intention de la jouer lors d'une des matinées ou soirées musicales auxquelles la société viennoise se plaisait à assister durant l'hiver (de fait Beethoven se préoccupa de faire jouer cette *Sonate* lors d'un des concerts organisés par Zmeskall, il la joua lui-même, certainement, le dimanche après-midi 30 avril 1809). Il est peu vraisemblable que Gleichenstein ait été à l'origine de cette composition : n'étant que violoncelliste amateur, il n'était pas en mesure de jouer la partie de violoncelle. Mais «ami de tout ce qui est beau et bon», il était capable de l'apprécier, ce qui a certainement déterminé Beethoven dans son choix : en dédiant sa nouvelle *Sonate* à Gleichenstein, il voulait lui rendre hommage pour de multiples raisons, qui se situent à la charnière du domaine privé (Gleichenstein le secondait dans toutes sortes de négociations et Beethoven espérait devenir son beau-frère) et du domaine public (Beethoven aimait remercier ainsi ses amis, d'autant plus qu'ils se trouvaient haut placés dans la hiérarchie sociale).

Beethoven a composé cette œuvre de musique de chambre entre ses deux grandes symphonies, la *Cinquième* et la *Pastorale*, et après sa *Messe en ut op. 86* – quatre œuvres qu'il réussit à vendre à Härtel de passage à Vienne en septembre 1808, et qui furent publiées (sauf la *Messe*) au début de l'année suivante.

Le manuscrit autographe de la première version du premier mouvement[1] témoigne du travail de composition de Beethoven qui, après avoir posé le cadre général de la forme sonate, s'est attaché à trouver une organisation originale des différentes parties instrumentales de façon à donner une importance équivalente au piano et au violoncelle (le manuscrit très raturé et inutilisable par un copiste, se réduit vers la fin à des esquisses, au point que Beethoven a été obligé d'en établir un autre, aujourd'hui perdu, pour que le copiste puisse s'y retrouver).

L'œuvre, qui présente une grande maîtrise de la forme et de l'expression, est donc le résultat d'une élaboration qui ne s'est pas effectuée sans difficultés, les solutions retenues n'étant trouvées qu'après de nombreux essais, et ne s'imposant qu'au fur et à mesure du travail.

1. Ce manuscrit, acquis par la Beethoven-Haus en 1992 à Bonn, a été reconstitué par Sieghard Brandenburg. Cette *Sonate* est présentée par Sieghard Brandenburg dans sa contribution «Beethoven Werke für Klavier und Violoncello – Ein Überblick» in *35. Beethovenfest. Bonn. 17.-28. September 1997. Das Buch sum Programm*, Bonn 1997, p. 21-23.

Il faut également mentionner que par cette composition virtuose, à l'écriture très élaborée, Beethoven voulait peut-être démontrer au transcripteur inconnu du *Trio à cordes op. 3* pour piano et violoncelle (publiée par Artaria, en mai 1807, sous le numéro d'opus 64, comme une nouvelle œuvre de Beethoven) les possibilités insoupçonnées de l'écriture pour piano et violoncelle.

Au moment de la publication de cette *Sonate*, Beethoven décida de la dédier à Gleichenstein, ami très cher, violoncelliste amateur, qui l'aidait dans ses négociations avec les éditeurs, et soutenait son projet de mariage avec Therese Malfatti. Il lui présenta ce choix, comme dédommagement pour le *Quatrième Concerto pour piano op. 58* qu'il lui aurait promis (et que Beethoven dédia à l'archiduc Rodolphe). Alors que dans le texte de la dédicace à imprimer Beethoven avait indiqué la fonction de «k. k. Hofkonzipist» de Gleichenstein, en janvier 1809 il demandait à l'éditeur de retirer la mention de cette fonction, Gleichenstein étant envoyé en mission secrète en qualité d'*homme de lettres* en Allemagne du sud et en France pour observer les mouvements de troupes de l'armée française. Et en mars 1809, alors que la *Sonate* était sous presse, Beethoven aurait souhaité que la mention de ses relations d'amitié avec Gleichenstein soit inscrite dans la dédicace, mais sa demande parvint trop tard.

Ce désir de donner publicité à son amitié avec Gleichenstein est bien sûr l'expression de son affection pour son ami, mais aussi de son culte pour l'amitié, ainsi que de sa volonté de désigner aux monde et à la postérité les personnes qui faisaient partie de son réseau de relations – Gleichenstein en étant une particulièrement utile au moment où Beethoven souhaitait épouser Therese Malfatti, sœur de la future femme de Gleichenstein…

Quand Beethoven reçut les premiers exemplaires imprimés de sa *Sonate*, la guerre entre la France et l'Autriche était décidée, et, en mai, Vienne subissait occupation et bombardement[1]. C'est ainsi que sur l'exemplaire envoyé à son ami qui était impliqué dans cette guerre par sa fonction, Beethoven y faisait allusion : «Inter Lacrimas et Luctum» (parmi les larmes et l'affliction; expression provenant des Lettres de consolation de Sénèque (Épître 99, 26), Beethoven était un grand amateur de ce genre d'expressions de la pensée stoïcienne), ce qu'il mentionnait également dans une lettre à Breitkopf & Härtel du 26 juillet 1809 [2., 392] en commençant par une évocation de la misère indescriptible qui régnait à Vienne depuis le mois de mai 1809 et qui l'affectait beaucoup.

N'ayant pas reçu de remerciements pour son exemplaire dédicacé, Beethoven adressa des reproches à son ami, dans une lettre de février 1810, au moment où il espérait que Gleichenstein pourrait le seconder dans son projet de mariage avec Therese Malfatti, sœur de la future femme de son ami.

PRÉSENTATION DE L'ŒUVRE

Cette *Sonate* est considérée comme la véritable première sonate pour piano et violoncelle de la littérature musicale, car les deux instruments sont traités de manière équivalente.

Dans cette œuvre de musique de chambre, Beethoven expérimente un parcours nouveau avec une grande maîtrise, partant d'un Allegro ma non tanto pour aller vers un Allegro vivace, c'est-à-dire deux Allegros de forme sonate de même structure, qui encadrent un Scherzo Allegro molto en cinq parties, le dernier Allegro étant introduit par un court moment calme et chantant, sorte de respiration au milieu de ces trois mouvements rapides.

I. Le premier mouvement, Allegro ma non tanto, est de forme sonate avec reprise de l'exposition, un court développement et une coda importante. Les deux thèmes sont assez proches, le premier s'appuyant sur le motif d'une quinte ascendante qui donne l'impulsion et le second s'appuyant sur trois notes égales répétées qui propulsent un accord parfait descendant joué au piano, toujours en valeurs longues. Si le violoncelle énonce seul, *p dolce*, le premier thème à la manière d'un sujet de fugue, le piano ponctue la première phrase par un trait cadentiel, et, cette première phrase, reprise de manière plus dense par le piano (les deux mains jouent *p* le thème en octaves à l'unisson), se termine par

1. À partir du 11 mai 1809. Vienne capitule le 13 mai. Napoléon s'installait à Schoenbrunn pour diriger la suite des opérations militaires (dominées par la bataille de Wagram, 5-6 juillet 1809 et terminées par le traité de Vienne, signé le 14 octobre 1809).

une cadence du violoncelle. Tout au long du mouvement les deux instruments s'échangent ou entremêlent les mêmes phrases ou les mêmes motifs, se trouvant réunis lors de moments à allure de choral, avec une cohésion et une détermination calme qui donnent son caractère évident à ce premier mouvement. Le développement assez court dramatise un motif du thème initial, la coda concluant sur une nouvelle forme de développement de ce premier thème.

II. Le deuxième mouvement, Allegro molto en *la* mineur, est un Scherzo avec Trio, et, comme dans les *Symphonies op. 67* et *op. 68* qui sont contemporaines de cette *Sonate*, il comprend cinq parties, ABABA coda. Dans la version définitive, ce mouvement commence *ff*, le piano et le violoncelle imbriquant leurs rythmes très brefs, dominés par des syncopes et des ruptures (des silences), dans une dynamique sans répit. Introduisant un effet de contraste, le Trio est en *la* majeur, de texture dense faite d'accords (en doubles cordes pour le violoncelle) et de trémolos vibrants, mais pris dans la même dynamique. La coda se termine *pp* sur le rythme initial, marqué par les pizzicati du violoncelle, ce qui produit un effet de suspension d'autant plus énigmatique que le mouvement s'arrête de manière abrupte.

III. Le dernier mouvement est introduit par 18 mesures Adagio cantabile dans la tonalité de *mi* majeur qui sert de dominante à *la* majeur, le violoncelle soutenu par le piano déployant son chant très lyrique, comme une sorte de préparation méditative au mouvement rapide qui s'enchaîne. L'Allegro vivace qui termine cette œuvre, est de forme sonate, avec reprise de l'introduction, court développement et longue coda. Dans cet ensemble qui se caractérise par une virtuosité pleine de vitalité, faisant l'effet d'un débordement maîtrisé par des rythmes syncopés et solides, le second thème introduit une sorte de respiration (le développement très court ne concernant que le premier thème) et la coda très intense semble dilater l'espace sonore.

SOURCES

Les esquisses, qui se trouvaient sur un cahier confectionné par Beethoven (et utilisé de l'automne 1807 à février 1808), sont aujourd'hui dispersées à Londres, Vienne, Bonn, Berlin, Paris, Copenhague (Nottebohm [II, p. 532-534] a présenté les bribes d'esquisses pour le Scherzo et le dernier mouvement qui se trouvaient parmi des esquisses destinées à la *Cinquième Symphonie*, au *Concerto pour violon* et au *Lied «Nur wer die Sehnsucht kennt»* WoO 134)[1].

Le manuscrit autographe d'une première version du premier mouvement (sans doute réalisée en février ou mars 1808) se trouve à Bonn depuis 1990 (sa reconstitution a été effectuée par Sieghard Brandenburg et publiée par la Beethoven-Haus en 1992); ce manuscrit a été retouché au point d'être illisible (commencé comme une mise au propre, il se termine comme un brouillon), ce qui a obligé Beethoven à mettre au point une nouvelle version – mais les manuscrits autographes des différents mouvements restant perdus (Beethoven en a peut-être fait cadeau au violoncelliste ou au commanditaire inconnu.)

La copie utilisée pour la gravure en mars 1809 (retrouvée en 1984)[2] porte une inscription de la main de Beethoven : «Große Sonate für's Klawier und Violonzell, Meinem Freunde k. k. Hofkonzipisten Baron von Gleichenstein gewidmet von Ludwig van Beethoven.» L'éditeur a inscrit sur la page de titre : «Von L. v. Beethoven erhalten in Septbr 1808»

PUBLICATION

L'édition originale fut assurée par Breitkopf & Härtel à Leipzig en avril 1809, avec l'indication erronée : «Œuv. 59». Le titre est en français :

«Grande Sonate / pour Pianoforte et Violoncelle / composée et dédiée / à / Monsieur le baron de Gleichenstein / par / Louis van Beethoven. / [...] »

Une deuxième édition comprend les corrections envoyées par Beethoven fin juillet 1809.

Artaria e Comp., à Vienne, assura une publication, dès fin avril 1809, avec un titre en italien mais sans mention du dédicataire :

---

1. Voir l'article de S. Brandenburg, qui étudie et publie les esquisses de Berlin, Bonn, Copenhague, Londres, Vienne, in «Die Skizze zu Beethovens Cellosonate op. 69», *Beethovens Werk für Klavier und Violoncello*, Beethoven-Haus, Bonn, 2004, p. 173-312.

2. Elle est étudiée par Albert Dunning : «Eine wiederaufgefundene Stichvorlage zu Beethovens Cellosonate op. 69», in *Beethovens Werk für Klavier und Violoncello*, Beethoven-Haus, Bonn, 2004, p. 213-227.

«SONATA / per il / Clavicembalo con Violoncello / composta dal Sign^r / LUIGI VAN BEETHOVEN / [...] ».

DÉDICATAIRE

Le baron Ignaz von Gleichenstein (1778-1828), originaire de Freibourg-im-Breisgau, devint un ami très proche de Beethoven à partir de 1807 (il le secondait dans ses négociations avec les éditeurs et avec ses mécènes). Violoncelliste amateur, il avait une formation de juriste. Il s'était installé en 1800 à Vienne, où il fut nommé «Konzipist» (expert) au ministère de la Guerre en 1801 – il fut alors collègue de Stephan von Breuning, ami de Beethoven depuis leur enfance à Bonn.

En février 1809, Beethoven écrivait à Gleichenstein que dans la lettre de recommandation qu'il avait adressée pour lui au Kapellmeister Peter Winter de Munich, il le présentait comme «premièrement son ami», «deuxièmement Hofkonzipist» et «troisièmement» comme «non connaisseur en musique mais ami de tout ce qui est *beau et bon*» [2., 357].

Au début du mois de février 1809, Gleichenstein fut chargé d'une mission secrète en Allemagne du sud et en France pour observer le mouvement des troupes de l'armée française (lors de la guerre de 1809 contre l'Autriche), il quitta sa fonction l'année suivante et, après son mariage en mai 1811 avec Anna Malfatti, s'installa dans sa patrie à Fribourg.

Après la publication en août 1808 du *Quatrième Concerto pour piano op. 58*, destiné à l'origine à Gleichenstein, mais finalement dédié à l'archiduc Rodolphe, Beethoven décida de dédommager son ami en lui dédiant cette *Sonate*, comme il le lui annonce dans une lettre en septembre 1808 [2., 336], en insistant sur le fait que cette œuvre appartient de droit autant à lui qu'à leur amitié.

L'exemplaire de la partition, que lui fit parvenir Beethoven (exemplaire aujourd'hui perdu), porte une mention – «Inter Lacrimas et Luctum» – qui est une allusion aux conditions de la guerre de 1809 (et qu'il ne faut pas interpréter comme une clé pour comprendre la *Sonate*, composée près de deux ans auparavant).

CORRESPONDANCE

Le 8 juin 1808 [2., 327], Beethoven proposait à Breitkopf & Härtel, qui semblait vouloir reprendre contact avec lui dans le but d'éditer à nouveau ses œuvres, «2 Sinfonien, eine Messe, und eine Sonate für's Klawier und Violonzell» (op. 67 et 68, op. 86 et op. 69).

Le 18 juin 1808 [2., 328], B&H acceptait les deux symphonies et la sonate (mais non la Messe).

Beethoven signa un contrat avec Gottfried Christoph Härtel le 14 septembre 1808 pour la publication des *opus 67*, *68*, *69* et *70*.

Le 7 janvier 1809 [2., 350], Beethoven demandait à B&H de ne pas indiquer la fonction de Gleichenstein dans la dédicace de la *Sonate*.

Autour du 19 février [2., 358], Beethoven proposait à son ami Zmeskall, qui organisa des concerts chez lui chaque dimanche entre le 5 février et le 30 avril 1809, que la *Sonate en la*, qui n'avait pas encore été donnée devant un large public, soit exécutée par la pianiste Dorotea Ertmann et le violoncelliste Nikolaus Kraft.

Le 4 mars [2., 359], il annonçait à B&H l'envoi de trois œuvres : la *Sonate piano et violoncelle* et les *Symphonies op. 67* et *op. 68*.

Le 28 mars 1809 [2., 370], Beethoven demanda à B&H s'il était encore possible d'indiquer dans le titre de la *Sonate* : «an meinen Freund den Baron *etc*» (à mon ami le baron *etc*) (cette mention ne fut pas inscrite dans la dédicace). Il demandait également s'il était possible de lui envoyer les épreuves à corriger (Beethoven assurait que la partition serait renvoyée au plus vite).

Le même jour, Beethoven écrivit à Zmeskall [2., 371] qu'il regrettait que la nouvelle *Sonate pour piano et violoncelle* n'ait pas été choisie pour le prochain concert qu'il organisait.

Le 25 avril 1809 [2., 381], Zmeskall demanda à Beethoven s'il avait l'intention de jouer la *Sonate piano-violoncelle* le dimanche suivant. Beethoven répondit qu'il la jouerait volontiers avec lui ou avec le «vieux Kraft» [2., 382].

Le 26 juillet 1809 [2., 392], Beethoven écrivit à B&H qu'un ami lui avait fait remarquer les nombreuses fautes d'impression laissées dans la partition de la *Sonate* : il envoyait donc une liste de corrections qu'il avait l'intention de faire publier dans la presse pour ceux qui s'étaient déjà procuré la *Sonate*. Beethoven envoya effectivement une liste de corrections quelques jours plus tard [2., 393,

p. 73-75] – ajoutant, dans une lettre du 3 août 1809 [2., 394], qu'il avait lui-même introduit des fautes dans sa liste des corrections et qu'il fallait donc les corriger !

Le 8 août [2., 395], il demanda à B&H l'envoi d'une demi-douzaine d'exemplaires de la *Sonate*, non pour les vendre, mais pour les donner à de pauvres musiciens qui la demandent et auxquels il ne peut la refuser.

En février 1810 [2., 428], Beethoven reprochait à Gleichenstein de ne pas l'avoir remercié pour l'exemplaire dédicacé qu'il lui avait fait parvenir.

Opus 67

Cinquième Symphonie en ut mineur

Allegro con brio, 2/4, ut *mineur – 502 mes.*
Andante con moto, 3/8, la *bémol majeur – 247 mes.*
Allegro, 3/4, ut *mineur – 373 mes.*
Allegro, **C***,* ut *majeur – 444 mes.*

TEMPS DE LA COMPOSITION

1804-1808. Si les premières esquisses apparaissent entre 1803 et 1805, l'essentiel du travail de composition eut lieu à partir du printemps 1807, essentiellement entre l'automne et l'hiver 1807/1808 (il est terminé en mars 1808) – il succède à l'*Ouverture de Coriolan* et est contemporain de la composition de la *Sonate pour piano et violoncelle op. 69*, du *Lied* sur un poème de Goethe, *Sehnsucht* WoO 134, et de l'Ouverture de *Leonore op. 138* (la troisième). Ce travail est immédiatement suivi de la composition de la *Symphonie Pastorale op. 68*, entre mars et septembre 1808.

La première exécution eut lieu le 22 décembre 1808 lors de l'Académie de Beethoven donnée au Theater an der Wien : ce concert comprenait également la *Sixième Symphonie op. 68*, l'*Aria « Ah, perfido » op. 65*, un extrait de la *Messe op. 86*, le *Concerto pour piano op. 58*, la *Fantaisie pour piano op. 77* et la *Fantaisie pour piano, chœur et orchestre op. 80.*

L'annonce de la *Wiener Zeitung* du 17 décembre 1808, qui soulignait que les œuvres étaient toutes de Beethoven et qu'elles n'avaient jamais encore été entendues en public, a interverti le numéro des deux symphonies (la *Symphonie* en *ut* mineur est indiquée comme la sixième).

CONTEXTE BIOGRAPHIQUE

Si Beethoven a commencé à composer cette *Symphonie* en *ut* mineur au début de l'année 1807, il n'a fait que réaliser une idée qui s'était imposée à lui dès 1803, au moment où il travaillait à l'*Eroica*. Les premières esquisses, mêlées à celles du *Concerto pour piano op. 58* (donc au temps de *Leonore*), montrent que cette idée concernait un rythme (trois brèves-une longue) très fréquemment utilisé, par lui comme par d'autres compositeurs, comme élément rythmique d'une phrase musicale (c'est en ce sens qu'André Boucourechliev dit que Beethoven est parti d'un « rien »).

L'intention de Beethoven était d'associer cette nouvelle Symphonie à la Symphonie *Eroica*, donc de lui conférer la même veine révolutionnaire, à la fois par son écriture et par son héritage comme par sa destination, Beethoven étant animé par l'espoir de pouvoir s'installer à Paris, nommé par le consul Bonaparte à un poste officiel : dans cette perspective, composer deux symphonies qui s'inscrivaient dans le sillage des musiques révolutionnaires par la simplicité de leur matériau, par l'intelligibilité de leur agencement et l'importance des instruments de plein air, ne pouvait que forcer la reconnaissance de la France issue de la Révolution. Bien que le projet de s'installer à Paris n'ait pu se réaliser, Beethoven n'abandonna pas l'idée d'écrire une nouvelle Symphonie, ce dont témoignent les esquisses – qu'il est impossible d'utiliser pour suivre la genèse de cette nouvelle œuvre entre 1803 et 1807, car aucun classement ne peut en être établi de manière fiable, ces esquisses ayant été le plus souvent notées sur des feuilles détachées, puis regroupées dans des cahiers ou volumes, sans véritable souci de cohérence chronologique. Ces esquisses reflètent toutefois la ténacité de Beethoven, bien décidé et secrètement animé par la volonté de démontrer le pouvoir créateur de l'écriture et de la composition musicales, à trouver la solution inédite contenue dans l'exploitation de ce rythme passe-partout.

Outre la nature des esquisses, une autre particularité marque la longue gestation de cette nouvelle *Symphonie* : l'interruption momentanée du travail de composition pour se consacrer à la composition d'une autre *Symphonie*, qui sera la *Quatrième* en *si* bémol majeur *op. 60*. Cette suspension du travail est d'autant plus étrange que Beethoven avait promis sa nouvelle *Symphonie* (celle qui sera en fait la *Cinquième* en *ut* mineur) au comte von Oppersdorff qui s'en était porté acquéreur en automne 1806.

C'est lors de son séjour en Silésie, chez le prince Lichnowsky, que Beethoven rencontra le comte von Oppersdorff, qui résidait dans un château voisin où il entretenait un orchestre privé. Lors de sa visite en automne 1806, Beethoven eut le plaisir d'entendre sa *Deuxième Symphonie*, et promit au comte la Symphonie qu'il était en train de composer. Pourquoi, alors qu'il s'était engagé auprès du comte (qui lui fit plusieurs versements) et alors qu'il avait l'intention de mettre en forme les idées qu'il portait en lui depuis 1803, Beethoven a-t-il suspendu son travail pour composer une autre Symphonie, qui, au départ, n'était pas destinée au comte von Oppersdorff ? Sans doute a-t-il éprouvé le besoin de récapituler dans une nouvelle œuvre symphonique ce qu'il avait expérimenté dans diverses œuvres récentes (aussi bien l'*Eroica* que *Fidelio* ou que les *Quatuors op. 59*) et d'apporter la preuve qu'il maîtrisait formes et écriture traditionnelles afin de pouvoir se lancer dans l'aventure de la *Cinquième Symphonie*.

Beethoven ne se mit vraiment à la composition de la *Cinquième* qu'après l'expérience de *Coriolan*, sujet tragique sur lequel il composa une *Ouverture* au début de l'année 1807, c'est-à-dire au moment où il s'interrogeait avec le poète dramaturge Collin sur les possibilités de retrouver la force et l'efficacité de la tragédie antique. Après la solution apportée par l'*Ouverture de Coriolan op. 62*, équivalent musical d'une tragédie, Beethoven a poursuivi ses investigations en retenant les principes énoncés par Schiller : la tragédie devait consister à mettre en scène la capacité que possède l'homme d'exception à surmonter sa souffrance, de façon à servir d'exemple aux spectateurs.

L'état du manuscrit autographe, en bonne conservation, témoigne d'un travail intense tout autant que des difficultés à fixer des solutions définitives : il est constellé de centaines de corrections, de modifications, de passages rayés, d'ajouts au crayon noir, rouge, à l'encre de différentes teintes – ensemble d'éléments qui rendent ce manuscrit difficile à déchiffrer... mais qui en fait une source précieuse pour apprécier le travail de Beethoven[1].

La trajectoire de la *Cinquième* qui se joue à partir du seul élément initial, ce rythme appartenant à tous, correspond à l'interprétation musicale, par Beethoven, des principes tragiques énoncés par Schiller, et cela au moyen des caractéristiques nouvelles de l'écriture musicale promues par les compositeurs issus de la période révolutionnaire : Gossec, Méhul ou Cherubini[2], et en inversant le rôle et la place du thème qui ne prend son sens que par la trajectoire de l'œuvre, alors que d'habitude c'est le thème qui engendre l'œuvre. Beethoven témoignait ainsi de la victoire possible du pouvoir créateur de l'homme sur la souffrance et sur la mort et donnait en même temps une forme et une dimension purement musicales à la tragédie héritée de l'Antiquité, véritable mise en œuvre des valeurs morales et humaines indispensables à l'émergence de cette humanité libre et heureuse promise par la Révolution française, et à laquelle sa musique devait contribuer.

La réflexion humoristique insérée dans sa lettre du 4 mars 1809 à Breitkopf & Härtel, l'éditeur de Leipzig qui s'était engagé en septembre 1808 à graver cette *Symphonie* (ainsi que quelques autres œuvres, les *op. 68*, *69* et *70*) permet de supposer que Beethoven était conscient d'avoir composé une œuvre hors du commun – œuvre inséparable de la nouvelle *Symphonie* qu'il composa en même temps, et qu'il intitula lui-même la *Pastorale* –, puisqu'il fait une allusion au pouvoir divin de créer et à la supériorité de l'homme qui peut améliorer ses créations.

Conscient donc de la valeur de sa « création », Beethoven se préoccupa de lui assurer la meilleure diffusion possible, tout d'abord par des concerts publics (à Vienne ou à Leipzig) qui devaient précéder la publication pour préserver à l'auditoire l'effet de surprise. Si cette politique de diffusion n'était

1. Rainer Cadenbach a publié un fac-similé de ce manuscrit autographe chez Laaber en 2002.

2. Peter Gülke a étudié les relations avec la musique de la Révolution française, in « Zur fünfte Sinfonie », publié dans « ... *immer das Ganze vor Augen* », Metzler Bärenreiter, Stuttgart-Weimar, 2000, p. 131-194 (p. 175).

pas nouvelle, elle s'effectua dans un contexte particulier dominé par la volonté de Beethoven d'obtenir une situation stable tout autant que par les résistances qu'il déclenchait dans les milieux musicaux viennois.

Alors que Beethoven était bien avancé dans la composition de ses deux nouvelles *Symphonies*, qu'il terminait la *Sonate pour piano et violoncelle* et qu'il se mettait aux *Trios op. 70*, il sollicita par une lettre datée du 4 décembre 1807 [1., 302] la direction des Théâtres de la cour, pour qu'elle lui accorde une situation officielle rémunérée, s'engageant à composer un grand opéra et une opérette ou un divertissement chaque année. Sa demande ayant été rejetée, Beethoven qui se heurtait régulièrement à de grosses difficultés pour obtenir l'autorisation d'organiser un concert à son bénéfice, finit par accepter l'offre de Jérôme Bonaparte, nouveau roi de Westphalie lui offrant la fonction de maître de chapelle à Cassel[1]. Cette proposition lui parvint au moment où il se trouvait en conflit avec les instrumentistes du Theater an der Wien, lieu accordé finalement pour une Académie prévue le 22 décembre 1808 : les musiciens avaient exigé que, pendant les répétitions, il se tienne dans le vestibule, et qu'il ne communique qu'avec le chef d'orchestre Seyfried. Si bien que le jour du concert, la prestation de l'orchestre fut très médiocre au point que Beethoven, qui tenait la partie de soliste dans la *Fantaisie op. 80*, oublia une reprise et exigea alors que la Fantaisie soit rejouée depuis le début...

C'est donc dans ce contexte tendu que Beethoven choisit, en novembre 1808, de modifier l'attribution de sa *Symphonie* : au lieu de la dédier au comte von Oppersdorff, qui la lui avait déjà achetée en grande partie, il changea de dédicataire en remplaçant le comte von Oppersdorff par deux autres dédicataires, le comte Rasumowsky et le prince Lobkowitz, deux personnalités plus influentes au sein du monde politique et musical viennois – le comte von Oppersdorff se trouvant dédommagé par la *Quatrième Symphonie*.

La politique de Beethoven porta ses fruits puisque trois membres de l'aristocratie mélomane viennoise réussirent à le retenir à Vienne en lui assurant une rente sans conditions de production spécifique. Ainsi, au lieu de partir en Westphalie au service d'un prince issu de la Révolution française, Beethoven accepta de rester à Vienne, retenu par la «générosité» de quelques aristocrates mécènes et mélomanes[2].

Pendant qu'il prenait la décision de quitter Vienne, Beethoven se préoccupa de très près de l'édition de sa nouvelle *Symphonie*, signe de la conscience qu'il avait de la nouveauté radicale de cette œuvre (conçue avec la *Pastorale*) : il envoya les corrections qui lui semblaient nécessaires après la première audition lors du concert du 22 décembre 1808 (ne se prenant pas pour un dieu, il pouvait apporter des améliorations à ses créations !), et il compta sur un voyage à Leipzig pour faire exécuter sa *Symphonie* et pour corriger les premières épreuves. Comme de coutume pour Beethoven, ce voyage n'eut pas lieu... Or, comme l'éditeur Breitkopf & Härtel ne lui soumit pas les épreuves avant la gravure définitive, Beethoven découvrit des fautes d'impression et, furieux, en exigea la correction.

Si Johann Friedrich Reichhardt, qui a laissé des souvenirs sur le concert du 22 décembre 1808 dans ses *Vertraute Briefe*[3], se contenta d'une phrase laconique pour rendre compte de cette «grande symphonie très développée et trop longue», à la suite d'E.T.A. Hoffmann, les critiques reconnurent la nouveauté de cette *Symphonie* «sublime» qui, transcendantale, entraîne dans un autre monde. Quant au public français, qui en prit connaissance en 1828, il manifesta un enthousiasme délirant se croyant revenu au temps de l'Empereur... c'est-à-dire au temps de la Révolution triomphante.

Présentation de l'œuvre

L'écriture musicale se fait héritière de la Révolution française (simplicité du matériau,

1. Dans sa lettre du 1er novembre 1808 au comte von Oppersdorff [2., 340], Beethoven signalait qu'il était appelé comme maître de chapelle par le roi de Westphalie. Et dans sa lettre du 7 janvier 1809 à B&H [2., 350], il écrivait que pour échapper aux cabales et aux hostilités qu'il connaissait à Vienne, il avait accepté la proposition de Sa Majesté royale de Westphalie.

2. Le 26 février 1809, l'archiduc Rodolphe, le prince Ferdinand Kinsky et le prince Joseph Maximilian Lobkowitz s'engageaient à lui verser une rente, de 4000 gulden par an.

3. *Briefe, die Musik betreffend*, Hrg von G. Herre und W. Siegmund-Schultze, Leipzig, 1976, S. 276-278. Cité par Peter Gülke, in «Zur fünfte Sinfonie», *op. cit.*, p. 139.

trajectoire, éclat, timbres qui connotent le plein air et les célébrations héroïques). Conçue sur la lancée de l'*Ouverture de Coriolan*, elle rassemble tous les traits caractéristiques de l'écriture tragique (l'unité de conception, la concentration du matériau de base, les dissonances et la violence, la suspension interrogative qui ne trouve jamais de résolution), mais sort de l'aporie où conduit cette écriture par une « marche triomphale » – l'écriture tragique et l'écriture triomphale étant unifiées par la simplicité du matériau de base : un rythme simple de trois brèves et d'une longue dont l'effet varie en fonction de la métrique (2/4, 3/8, 3/4, **C**).

Tout réside dans le traitement du thème : ce n'est pas la trouvaille qui compte mais l'élaboration, c'est-à-dire la maîtrise de la composition, qui assure un rapport nécessaire entre l'ensemble et le détail. Chacun des quatre mouvements répond au même processus de composition : une phrase concentrée qui se répercute dans toutes les dimensions de l'orchestre et de la composition.

Cette *Symphonie*, qui possède une très grande force, a suscité énormément de commentaires : la plupart soulignent le passage « de la nuit à la lumière », expression qui rappelle la formule de Beethoven dans une lettre à Marie Erdödy « Durch Leiden Freude » (La joie à travers la souffrance). La maîtrise de la composition assurant, le plus souvent, l'impression de dépassement et de subversion.

I. Le premier mouvement Allegro con brio, de forme sonate, possède une texture d'une très grande unité, constituée par la répartition spatiale entre les différents timbres de l'orchestre du motif thématique initial. Enoncé par un unisson *ff* des cordes soutenues par les clarinettes, ce motif thématique, très court et d'une extrême simplicité rythmique (trois brèves et une longue), garde son identité tout au long du mouvement, tout en assurant d'autres fonctions : celle de transition vers le second thème (liée à la sonorité des cors), celle de soutien rythmique de ce second thème (les cordes basses se substituant aux timbales), celle de pont entre les différentes sections du développement et celle d'impulsion au développement.

Le seul élément qui échappe à cette emprise est la courte phrase lyrique Adagio chantée par le hautbois après la réexposition du premier groupe thématique. Ce chant isolé qui émerge ainsi met en valeur, par effet de contraste, l'extrême tension d'une masse orchestrale le plus souvent très dense, atteignant ses points culminants au moyen des *sf* des vents ou du timbre sourd des roulements de timbales.

Ce mouvement initial d'une énergie concentrée qui avance inéluctablement est assez court pour que le centre de gravité de la symphonie se porte en fait sur le dernier mouvement : il représente en quelque sorte le premier acte d'une tragédie musicale.

La phrase très courte (la plus courte que Beethoven ait jamais utilisée dans une symphonie) qui impulse et organise peu à peu la texture de l'ensemble du mouvement, suscite toujours bien des interrogations : s'agit-il d'un motif, d'une impulsion, d'une introduction, d'un thème, d'une devise ? Il est intéressant de constater que lors de ses premières esquisses de 1803/1804, Beethoven n'avait pas encore donné un rôle de motif thématique à ce rythme : il l'intégrait à une progression mélodique.

Une autre source d'étonnement provient de la façon dont Beethoven a conçu ce mouvement de forme sonate, pratiquement monothématique, mais d'une structure d'ensemble très équilibrée : l'exposition, le développement (uniquement du premier motif), la réexposition variée (essentiellement par l'orchestration) et la coda ont chacun à peu près la même longueur (respectivement 124, 123, 126 et 129 mesures).

Ce premier mouvement d'une énergie farouche (à la Coriolan) se termine comme il a commencé, donc sans résolution : c'est le mouvement lent, qui lui succède, qui fait office de dénouement.

II. Le deuxième mouvement est Andante con moto, en *la* bémol majeur, de forme thème et variations, traitée de manière fort éloignée du modèle habituel : le thème comprend deux éléments apparentés mais différents et aucune des variations n'a la même structure, si bien que le traitement de cet Andante con moto est proche de la forme sonate avec développement central.

Ce mouvement commence par une longue phrase lyrique jouée *p dolce* par les violoncelles et les altos à l'unisson, sur pizzicati des basses qui donnent les notes tonales, les bois ponctuant cette phrase avec le même calme. Le deuxième élément est toujours énoncé *p dolce* par les clarinettes et des bassons soutenus par les cordes, mais cette fois cette phrase aboutit à un accord dissonant *ff* de tout l'orchestre, impulsion donnée à un passage *ff* plus intense, en *ut* majeur (préparation donc du Finale en *ut* majeur).

Les variations se différencient par la densité du substrat sonore constitué par les violoncelles et les altos, l'opposition entre les moments *dolce* et les moments *ff*, préfiguration du Finale, étant très marquée. Le caractère *andante*, c'est-à-dire allant, se décline ainsi de deux manières opposées, l'une insistant sur le lyrisme intériorisé, l'autre sur l'évocation d'une marche triomphale.

III. Le troisième mouvement dénommé Allegro a la structure d'un Scherzo (en *ut* mineur) avec Trio (en *ut* majeur).

Le Scherzo commence *pp* avec les cordes basses par une phrase de quatre mesures construite sur l'arpège d'*ut* mineur, sorte d'introduction à la réapparition du rythme du premier mouvement dans une autre métrique : la tension entre ces deux éléments organise le Scherzo.

Le Trio est construit comme une fugue, le sujet en *ut* majeur étant énoncé par les cordes basses : la structure de ce sujet privilégiant le motif fait de trois brèves et d'une longue. Ce contrepoint installe un grand effet de contraste au cœur d'une écriture «moderne».

Le Scherzo est repris en dernière partie, d'une manière qui installe une atmosphère d'attente et de mystère (*pp; sempre pp*, dans une texture très étiolée), préparation à l'*Attaca*, l'Allegro final en *ut* majeur.

La question de la répétition des deux premières parties de ce mouvement semble résolue aujourd'hui par l'étude du manuscrit autographe [1] : Beethoven a vraisemblablement conçu un mouvement en 5 parties : A (minore) – B (maggiore) – A – B – A' (forme utilisée dix fois par Beethoven dans les œuvres proches de la *Cinquième Symphonie*, composées entre 1805 et 1811 : les *Symphonies 4, 6, 7*, le *Quatuor op. 59 n° 2*, le *Quatuor op. 74*, le *Quatuor op. 95*; les *Trios pour piano, violon et violoncelle op. 70 n° 2* et *op. 97*; la *Sonate pour piano et violoncelle op. 69*).

D'autre part, la liaison *attaca* avec le Finale semble avoir été prévue très tôt par Beethoven.

IV. Dans le Finale, de nouveaux instruments interviennent : un piccolo, trois trombones et un contrebasson. Cette introduction n'est pas seulement voulue pour des effets de sonorité, car ces trois instruments avaient des connotations particulières liées à la musique en plein air : par l'introduction de ces instruments dans une salle de concert, Beethoven donnait l'impression à ses auditeurs de se retrouver dans une célébration révolutionnaire en plein air, ce qui était une façon de déplacer le lieu de la musique, et de donner l'impression d'une transgression sous forme d'apothéose.

Ce Finale de forme sonate donne une grande place aux sonorités qui connotent l'espace en plein air : il commence par un tutti qui installe l'*ut* majeur de manière triomphale, puis le thème retrouve la structure de celui du Trio (trois brèves se répétant avant d'arriver sur une longue).

Le développement, expansion plutôt que conflit, est dominé par une marche harmonique qui s'accélère avant de se terminer sur une suspension harmonique, résolue par la reprise du Scherzo Tempo I, geste surprenant qui indique que l'ensemble de la *Symphonie* ne doit être pensé comme une trajectoire unique, le temps de suspens et de gestation créant les conditions indispensables à l'apothéose finale.

La coda est Presto à deux temps, sa scansion très régulière a un effet d'entraînement irrésistible. Une longue série d'accords qui affirment la tonalité se succèdent jusqu'à saturation de l'espace sonore.

SOURCES

Les esquisses, difficiles à dater, sont nombreuses et dispersées (Berlin, Cracovie, Paris, Vienne, Lyon, New York).

Le manuscrit autographe, en bon état, terminé en mars 1808, est conservé à Berlin : il a servi pour établir le matériel d'orchestre de la première exécution en décembre 1808 (il est reproduit en fac-similé avec la première version d'une partie du troisième mouvement, Laaber 2002, édité par Rainer Cadenbach).

Une copie manuscrite destinée à la gravure comprenant des corrections de la main de Beethoven et d'autres ajoutées d'après ses

1. Cf. Peter Gülke, *op. cit.*, S. 162 sq.

indications a été détruite en 1943, mais quelques reproductions photographiques qui avaient été faites avant sa destruction se trouvent à Bonn.

PUBLICATION

L'édition originale en 21 voix séparées fut assurée en avril 1809 par Breitkopf & Härtel, à Leipzig. Le titre est en français :

« SINFONIE / Pour / 2 Violons, 2 Violes, Violoncelle et Contre-Violon; 2 Flûtes, / petite Flûte, 2 Hautbois, 2 Clarinettes, 2 Bassons, Contre-basson, 2 Cors, / 2 Trompettes, Timbales et 3 Trompes / composée et dédiée / à son Altesse Sérénissime / Monseigneur le Prince régnant de Lobkowitz / Duc de Raudnitz / et / À son Excellence Monsieur le Comte de Rasumoffsky / par / LOUIS VAN BEETHOVEN / Propriété des éditeurs. / N° 5 des Sinfonies [...] / Œuv. 67. »

L'*AMZ* XI, n° 28 du 12 avril 1809, col. 30, en annonçait la publication en mentionnant la réduction pour piano à quatre mains réalisée par Fr. Schneider.

L'édition de la partition fut assurée en mars 1826 par Breitkopf & Härtel, sans implication de Beethoven.

Des arrangements ont été réalisés pour Septuor (deux violons, deux altos, flûte, violoncelle, contrebasse), pour quintette à cordes, pour quatuor (piano, flûte, violon, violoncelle *ad lib.*), pour piano à quatre mains et à deux mains.

DÉDICATAIRES

Le comte Andreas von Rasumowsky, déjà dédicataire des *Trois Quatuors à cordes op. 59*, et le prince Franz Joseph von Lobkowitz, déjà dédicataire des *Six Quatuors op. 18* et de la *Symphonie Héroïque op. 55*, un des membres de la société qui régissait les Théâtres de la cour à Vienne depuis le 1er janvier 1807.

L'ŒUVRE VUE PAR SES CONTEMPORAINS

Johann Friedrich Reichhardt a laissé des souvenirs sur le concert du 22 décembre 1808 dans ses *Vertraute Briefe* (*Briefe, die Musik betreffend*, hrg von G. Herre und W. Siegmund-Schultze, Leipzig, 1976, p. 276-278) avec cette seule phrase sur la *Symphonie* en *ut* mineur : « une grande symphonie très développée et trop longue ».

L'*AMZ* XII, dans ses nos 40 et 41 des 4 et 11 juillet 1810 [col. 630-642 et 652-659] publia une longue analyse critique de E.T.A. Hoffmann.

Dès le début de son article Hoffmann présentait cette *Symphonie* en *ut* mineur comme une des plus importantes de celui qui est sans conteste possible le maître de la musique instrumentale. Il commençait son article en affirmant que la musique avait un pouvoir expressif spécifique qui en faisait « le plus romantique des arts » au sens où elle ouvrait le « royaume de l'infini ». Il rendait ensuite hommage à Mozart et Haydn, « créateurs de la musique instrumentale moderne » en essayant de caractériser ce que chacun avait apporté au monde musical, de façon à souligner l'originalité de Beethoven dont la musique instrumentale, composée de manière très subtile, « ouvre sur le royaume de l'immense et de l'incommensurable ».

Après avoir affirmé que Beethoven est un compositeur « romantique », Hoffmann analysait la *Symphonie* en *ut* mineur, mouvement par mouvement. Il soulignait l'unité thématique, et la simplicité de l'idée du premier Allegro, exemples musicaux à l'appui, expliquant les raisons de la force de ce mouvement qui témoigne d'une maîtrise parfaite de l'écriture contrapuntique : « Toutes les phrases sont courtes; elles ne comprennent que deux, trois mesures, et sont réparties en outre entre les cordes et les vents, qui alternent sans cesse. On pourrait croire que cette manière ne peut produire qu'une juxtaposition insaisissable d'éléments morcelés, mais c'est précisément cet agencement, ainsi que la répétition incessante de phrases courtes et d'accords isolés, qui retient l'âme prisonnière d'une indicible nostalgie. »

Hoffmann analysait ensuite l'Andanten, insistant sur l'effet de surprise provoqué par l'intervention inattendue d'une phrase « en *ut* majeur avec timbales et trompettes », l'ensemble de ce mouvement étant caractérisé par la « juxtaposition » de deux tonalités éloignées : le *la* bémol majeur et l'*ut* majeur.

Puis, par une analyse très serrée des modulations et de l'instrumentation, il montrait comment le troisième mouvement, qu'il nommait « Menuet », faisait « renaître l'inquiétude », avant que n'éclate l'Allegro final construit à partir d'un motif « aussi simple que le thème du premier Allegro » et éclairé par l'adjonction «des petites flûtes, des trombones et du contrebasson», le second thème rappelant à la fois le premier Allegro et le Trio du troisième mouvement. Hoffmann soulignait l'originalité des derniers accords :

«Après l'accord que l'auditeur tient pour le dernier, une mesure de silence – le même accord – une mesure de silence – le même accord – puis trois mesures de suite : une fois le même accord en noires – une mesure de silence – l'accord – une mesure de silence – enfin l'orchestre tout entier se porte à l'unisson sur l'accord d'*ut*. L'âme parfaitement apaisée par plusieurs codas successives : est de nouveau ébranlée par ces accords isolés qu'encadrent des silences, et les derniers accords eux-mêmes tiennent l'auditeur en haleine. C'est comme un feu qu'on croyait étouffé, et dont les hautes flammes claires ne cessent de renaître.»

Hoffmann terminait son analyse en signalant que si Beethoven avait conservé la structure traditionnelle des quatre mouvements, l'auditeur avait plutôt «l'impression d'entendre une géniale rhapsodie», étant donnée l'unité de l'ensemble liée à la parenté thématique des différents mouvements. Il faisait remarquer enfin que l'exécution de cette œuvre exigeait un orchestre «extrêmement sûr de lui et entraîné, animé d'un esprit unique» pour maîtriser l'alternance des pupitres et «les accords isolés après les silences».

L'*AMZ* XIV (1812 [col. 382-383]) publiait le compte-rendu d'un concert au cours duquel fut exécutée la *Symphonie en ut mineur*, véritable «fleuve de lave» qui se transforme en «cortège triomphal». Le rédacteur affirmait que l'auditeur éprouvait un sentiment de transcendance qu'aucune autre symphonie ne provoquait : le coup de génie de Beethoven était d'avoir construit son œuvre à partir de métriques et de tonalités contrastées, le Finale conjuguant métrique, tonalité et rythmes de manière admirable pour le plus grand bonheur de l'auditeur.

La *Wiener allgemeine musikalische Zeitung*, Jg 1., 1813 (col. 293/294), rendait compte d'un concert de l'Augarten ouvert par la *Symphonie* en *ut* mineur, dirigée de manière fougueuse par Schuppanzigh, membre du quatuor privé du comte Rasumowsky, en soulignant la puissance, la vitalité passionnée, et la jubilation finale de ce chef-d'œuvre universellement reconnu comme tel.

Dans le supplément du journal de Francfort/Main *Miverva*, l'*Allgemeiner musikalischer Anzeiger*, Jg 1. 1826/1827 (1826 [col. 207/208]), un article déplore la durée insupportable du dernier mouvement de cette œuvre géante, pourtant «géniale et originale» : l'auditeur saturé peut craindre que le bruit monstrueux ne le rende sourd.

En 1828, plusieurs articles de la *Revue musicale* (p. 274/275, p. 343, p. 516-519) faisaient part de l'admiration du public français pour cette œuvre dont «la perfection dépasse presque les bornes des facultés humaines. Le premier morceau, salué par une triple salve d'applaudissemens, semblait ne pouvoir être surpassé par aucun effet; mais les détails délicieux du menuet, exécutés avec une perfection inouïe, s'enchaînant tout à coup et d'une manière inattendue avec la marche du finale, morceau qui rappelle les héros d'Homère, a excité un enthousiasme tel qu'il n'a pu se contraindre, et qu'il a éclaté pendant l'exécution par des acclamations unanimes.» Mais, une autre audition était nécessaire pour comprendre cette œuvre : si dans le premier mouvement «la mélodie n'est pas ce qui y domine, il règne du moins une mélancolie pleine de charme [...]. L'adagio est un motif varié [...]» dans lequel Beethoven «aurait pu se dispenser de faire trois fois de suite le modulation en *ut* majeur. [...] Quant au *scherzo*, tout y est parfait, admirable, et la manière dont il se lie à la marche magnifique qui couronne l'œuvre est au-dessus de tout éloge». L'enthousiasme du public redoubla quand on annonça la reprise de ce Finale.

CORRESPONDANCE

D'après une lettre du 14 octobre 1803 de Kaspar Karl à Breitkopf & Härtel [1., 163] et deux lettres de Ferdinand Ries à Nikolaus Simrock à Bonn du 22 octobre 1803 [1., 165] et du 11 décembre 1803 [1., 173], Beethoven avait l'intention de composer une autre symphonie pendant qu'il écrivit l'*Eroica* (les notations de l'automne et de l'hiver 1803 dans le cahier d'esquisse Landsberg 6 en témoignent) : il songeait à se faire remarquer par les autorités politiques et musicales parisiennes.

En mars 1808 [2., 325], Beethoven annonçait au comte Franz von Oppersdorff à

Troppau que « sa » symphonie était prête depuis longtemps et qu'il allait la lui envoyer par le prochain courrier. Il lui demandait les frais de copie et ajoutait que, s'il ne voulait pas cette *Symphonie*, il devrait le lui faire savoir rapidement, et que s'il la prenait il devait encore verser 300 florins le plus vite possible. Beethoven signalait que dans le dernier mouvement il y avait trois trombones et un « flautino » (piccolo), combinaison instrumentale qui produira un bruit plus fort et meilleur que six timbales, bien qu'il n'y ait même pas trois timbales.

Le 8 juin 1808 [2., 327], Beethoven proposait « 2 *sinfonien* » à B&H, posant comme condition qu'elles ne paraissent pas avant six mois, parce qu'il ne souhaitait pas qu'elles soient connues avant le voyage qu'il comptait faire au cours de l'hiver. Il ajoutait que si B&H ne voulait pas les publier, il lui était facile de les faire éditer par l'« Industrie-Komtoir » qui avait déjà publié l'année précédentes sept grandes œuvres de lui (*op. 56-op. 62*).

Vers le 10 juillet [2., 329], Beethoven accusait réception de la réponse favorable de B&H et annonçait l'envoi des œuvres proposées (deux *Symphonies, op. 67* et *68*, la *Sonate pour piano et violoncelle*, *op. 69*, une *Messe*, *op. 86*, ainsi que deux *Sonates pour piano* ou une autre *Symphonie* d'ici quatre semaines). Comme B&H refusait la *Messe*, Beethoven renouvela sa proposition de deux *Symphonies*, d'une *Sonate avec violoncelle* obligé, ajoutant deux Trios pour piano, violon et violoncelle au lieu d'une nouvelle *Symphonie*, en fin juillet 1808 [2., 331].

Peu après le 14 septembre, d'après une lettre de Beethoven à Härtel [2., 335], la copie des deux *Symphonies* était tout juste achevée : le copiste n'avait plus qu'à corriger ses fautes... Mais en décembre Beethoven n'avait toujours rien envoyé [2., 346].

Le 1er novembre 1808 [2., 340], Beethoven s'excusait auprès du comte Franz von Oppersdorff de « se trouver dans l'obligation de vendre la *Symphonie* qui lui était promise (la *Cinquième*) ainsi qu'une autre (la *Sixième*) à quelqu'un d'autre ». Le « quelqu'un d'autre » est l'éditeur de Leipzig, Härtel, avec lequel Beethoven avait renoué des relations commerciales depuis l'été 1808 et avait signé un contrat le 14 septembre.

Le 7 janvier 1809 [2., 350], Beethoven demandait à B&H de ne pas faire exécuter ses *Symphonies* (*Cinquième* et *Sixième*) avant son voyage à Leipzig, car il souhaitait les faire exécuter lui-même ; sa présence à Leipzig lui donnerait également l'occasion de corriger les fautes d'impression sur les premières épreuves gravées.

Le 4 mars [2., 359], spécifiant qu'il restait à Vienne, Beethoven indiquait à B&H les numéros d'opus et les dédicataires pour les œuvres qu'il avait envoyées : les deux *Symphonies* étaient dédiées ensemble au comte Rasumowsky et au prince Lobkowitz, Beethoven leur attribuant des numéros d'opus déjà utilisés par le Bureau d'Art et d'Industrie (*op. 60* et *61*). Il annonçait qu'il allait envoyer les corrections faites après leur première audition publique (lors du concert du 22 décembre 1808), ajoutant qu'il « était tout à fait légitime de corriger ses œuvres quand on ne se prenait pas pour Dieu ».

Beethoven signalait que Hr. Stein se proposait de transcrire ces deux *Symphonies* pour deux pianos, et il demandait à l'éditeur ce qu'il en pensait.

Le 28 mars [2., 370], Beethoven envoyait à B&H une série de corrections.

Le mercredi 22 novembre 1809 [2., 408], Beethoven reprochait à B&H les fautes d'impression : il lui avait pourtant conseillé de lui soumettre des épreuves et avait revu de près les copies destinées à la gravure, spécifiant qu'il était impossible d'envoyer les manuscrits autographes pour la gravure ! Il joignait une liste des corrections à effectuer (cette liste est perdue).

Le 13 mai 1822 [4., 1464], Nikolaus Simrock informait Beethoven qu'il avait l'intention de publier les partitions de ses six premières *Symphonies*, non dans un but lucratif, mais seulement par devoir d'amitié (seules les trois premières furent éditées du vivant de Beethoven).

Opus 68

Sixième Symphonie ou *Symphonie Pastorale*

Allegro, ma non troppo, 2/4, fa *majeur – 512 mes.*

Andante molto moto, 12/8, si *bémol majeur – 139 mes.*

Allegro, 3/4, fa *majeur – 264 mes.*
Allegro, **C**, fa *mineur – 155 mes.*
Allegretto, 6/8, fa *majeur – 264 mes.*

TEMPS DE LA COMPOSITION ET PREMIÈRE EXÉCUTION

Le travail de composition proprement dit se situe entre mars et juillet/août 1808.

L'idée de composer une nouvelle *Symphonie* date de 1803 comme en témoignent sa correspondance ainsi que ses esquisses. L'idée d'une « Sinfonia pastorella » daterait de l'été 1807, mais le travail de composition ne commença qu'après l'achèvement de la *Cinquième Symphonie* (écrite durant l'automne et l'hiver 1807/1808), de l'*Ouverture de Leonore op. 138*, de quelques *Lieder* (dont le poème de Goethe *Sehnsucht, WoO 134*) et de la *Sonate pour piano et violoncelle op. 69*. Le travail est contemporain des premières esquisses des *Trios op. 70*.

La *Pastorale* ouvrait le grand concert du 22 décembre 1808 donné au Theater an der Wien au bénéfice de Beethoven (elle était suivie de l'Aria *Ah, perfido*, d'un extrait de la *Messe* en *ut op. 86*, du *Quatrième Concerto pour piano op. 58*, de la *Cinquième Symphonie* en *ut* mineur, de la *Fantaisie pour piano op. 77* et de la *Fantaisie pour piano, chœur et orchestre op. 80*, Beethoven était au piano). Le concert dura plus de quatre heures (de 18 h 30 à plus de 23 h).

Le programme du concert porte les indications suivantes :

PASTORAL – SINFONIE
oder
Erinnerung an das Landleben
(mehr Ausdruck der Empfindung als Malherey)

1. Allegro, mà non molto.
   Erwachen heiterer Empfindungen bey der Ankunft
   auf dem Lande.
2. Andante con moto.
   Scene am Bach.
3. Allegro.
   Lustiges Zusammenseyn der Landleute.
4. Allegro.
   Gewitter, Sturm.
5. Allegretto.
   Hirtengesang. Frohe und dankbare Gefühle nach
   dem Sturm.

L'*AMZ* XI, du 25 janvier 1809 [col. 267], citait ces mêmes indications apportées par le programme en des termes légèrement différents :

« Pastoral-Symphonie (N° 5.) mehr Ausdruck der Empfindung, als Malerey (plus expression d'impression que peinture).

1stes Stück. Angenehme Empfindungen, welche bei der Ankunft auf dem Lande im Menschen erwachen (impressions agréables qui s'éveillent chez l'homme lors de son arrivée à la campagne).

2tes Stück. Scene am Bach (scène au bord du ruisseau).

3tes Stück. Lustiges Beisammenseyn der Landleute (Réunion joyeuse de paysans), fällt ein [relié au]

4tes Stück. Donner und Sturm (tonnerre et tempête), in welches einfällt

5tes Stück. Wohlthätige, mit Dank an die Gottheit verbunden Gefühle nach dem Sturm (Bien-être, avec sentiments de reconnaissance envers la divinité après l'orage).

CONTEXTE BIOGRAPHIQUE

Beethoven a travaillé intensément à la composition de la *Sixième Symphonie*, juste après avoir terminé la *Cinquième*, c'est-à-dire entre le printemps et l'été 1808[1], mais le projet d'une nouvelle symphonie était plus ancien, à la fois héritier direct, comme l'*Eroica*, de la musique composée pour les *Créatures de Prométhée*, et contemporain du projet audacieux de la *Cinquième Symphonie* (conçue dans la même veine révolutionnaire que l'*Eroica*). Cette nouvelle *Symphonie* a donc connu, comme la *Cinquième*, un long temps de gestation et de maturation, puisque les premières idées sont apparues en 1803-1804, pendant le travail pour l'*Eroica*, mais sans présager l'intention de composer une symphonie pastorale : il s'agit plutôt d'idées sans lien qui lui viennent à l'esprit et qu'il ne veut pas perdre – ainsi, apparaît le thème du Scherzo, puis une recherche sur le « murmure des ruisseaux » : « Murmeln der Bäche », « *andante molt* [o] », « plus le ruisseau est grand, plus le ton est profond ».

1. Elle a été composée de manière très concentrée (comme le prouve l'agencement des esquisses qui se suivent sans être interrompues par d'autres idées, à part la Bagatelle « Pour Élise » *WoO 59*, ou des esquisses pour le premier mouvement de la *Sonate* pour piano et violoncelle *op. 69*)

Si dans l'*Eroica* Beethoven a développé un type d'écriture qui métamorphosait le genre de la symphonie en lui donnant des dimensions politiques et esthétiques (classées, aujourd'hui, sous le terme de « style héroïque »), qui repoussaient les limites jusque-là admises des catégories de l'espace et du temps, dans la *Cinquième* il a donné une dimension musicale au concept de la tragédie élaboré par Schiller. Alors qu'il se confrontait ainsi à l'aspect héroïque et à l'aspect tragique de la condition humaine, Beethoven chercha à exprimer également un autre aspect de cette condition humaine : le consentement à la vie. L'expérience des *Créatures de Prométhée* (œuvre dans laquelle sont présentés les différents aspects de la condition humaine), sa culture antique et son admiration pour Goethe l'incitèrent à aborder son nouveau projet sous forme de « Sinfonia caracteristica » ou de « Sinfonia pastorella »[1] (terme qui faisait allusion au genre antique de la pastorale remis à l'honneur depuis la Renaissance) – la dénomination « Pastoral-Symphonie » n'apparaît pourtant que juste avant le concert de décembre 1808.

Pourquoi Beethoven a-t-il choisi d'associer sa musique « pastorale » à un cadre scénique défini par un texte, lui qui était en train de conférer une autonomie radicale à la musique instrumentale ? Pourquoi a-t-il éprouvé le besoin de spécifier l'héritage dans lequel il s'inscrivait au risque de provoquer des malentendus ? Il est vrai qu'il pensait avoir écarté tout malentendu en précisant qu'il s'agissait « d'impressions » et non de « peinture » ou « description ». Cette mise en garde, qu'il a tenu à faire imprimer, lui laissait en fait la possibilité de guider l'écoute en attachant des titres aux « scènes » qui se succèdent (arrivée à la campagne, promenade le long du ruisseau et émerveillement suscité par les chants d'oiseau, rencontre d'un orchestre de village faisant danser les paysans, irruption de l'orage, puis retour à un temps calme et serein pour la plus grande joie des paysans qui adressent une prière de remerciement à Dieu).

Plusieurs raisons d'ordres différents ont présidé à ce choix risqué de Beethoven : s'étayant les unes les autres, elles concernent aussi bien ses prises de position dans les débats esthétiques de son temps et sa volonté de faire évoluer les genres musicaux existants, que sa réappropriation des constituants de la formation tant musicale que littéraire qu'il avait reçue, ou que sa conception de « l'idée de Nature », directement héritée de Goethe.

La notion de débat esthétique est constitutive de la formation de Beethoven : dès ses premières années d'apprentissage, il a été mis au courant par son maître Neefe et par Grossmann, homme de théâtre ami de la famille et fondateur du théâtre national de Bonn (en 1779), des discussions et des recherches concernant l'émergence d'une culture allemande fondée sur la spécificité de sa littérature (théâtre avec Lessing, poésie avec Klopstock, roman avec Goethe) et de sa musique (Melodram avec Benda, opéra réformé avec Gluck, symphonie avec l'école de Mannheim). Prendre part au débat en créant des œuvres « originales » a été un des stimulants du processus créateur de Beethoven tout au long de sa vie : la plupart de ses œuvres peuvent être considérées comme des « manifestes » exigeant la reconnaissance d'une nouvelle manière de créer. Ainsi la *Symphonie Pastorale* est une prise de position dans un débat déjà ancien sur le statut de la musique : peut-elle être descriptive ou narrative sans cesser d'être ce qu'elle est ? Beethoven, qui connaissait l'*Allgemeine Theorie der Schönen Künste* de Johann Georg Sulzer (publiée en 1771, puis rééditée), savait que la musique descriptive était contraire au véritable esprit de la musique – raison pour laquelle il a pris soin d'indiquer que sa *Symphonie* cherchait à exprimer ce que chacun peut ressentir quand il se trouve paisiblement au calme à la campagne –, la musique étant un moyen d'expression propre à l'homme, et non une imitation extérieure de la nature. Beethoven avait également entendu parler des lettres que l'écrivain Johann Jacob Engel (ami de Neefe) avait échangées en 1780 avec le compositeur Johann Friedrich Reichhardt (qui assista d'ailleurs à la création de la *Pastorale* à Vienne le 22 décembre 1808), affirmant que le rôle du compositeur était d'exprimer ce qu'il ressentait et non de décrire les éléments de la Nature.

1. Le projet d'une symphonie sur un sujet pastoral apparaît sur une feuille isolée (elle comprend des esquisses pour le 3e mouvement de la *Quatrième Symphonie* et pour la *Messe op. 86*), qui au revers comporte une esquisse du début et de la fin de l'exposition du premier mouvement, et une ligne notée en tremolo portant l'indication « Donner, *Bassi* » – la mention « *Sinfonia pastorella* » est inscrite sur cette même feuille, datant de l'été 1807.

Tout en prenant position dans ce débat esthétique, Beethoven renouait avec des sources musicales antérieures au temps héroïque de la Révolution et de la musique révolutionnaire (magnifiée et transfigurée dans l'*Eroica* et la *Cinquième*), dans la mesure où il s'inspirait directement de la *Grande Symphonie*, intitulée «Le portrait musical de la Nature», de Justin Heinrich Knecht, œuvre publiée par Heinrich Philipp Boßler en 1785 à Spire juste après la publication de ses trois premières sonates pour piano – les *Kurfürstensonaten* – par ce même éditeur, en 1783. Cette *Grande Symphonie* était déjà en cinq mouvements, et l'orage y tenait une place particulièrement importante. La page de titre (en français) indiquait l'argument :

«LE PORTRAIT MUSICAL / de la / NATURE / ou / GRANDE SIMPHONIE / à deux VIOLONS, ALTE & BASSE, avec deux Flûtes traversières, deux / hautbois, Fagotts, Cors, Trompettes & Timbales ad libitum. La quelle / va exprimer par le moyen des sons :

1. Une belle Contrée ou le Soleil luit, les doux Zéphyrs voltigent, les Ruisseaux traversent le vallon, les oiseaux gazouillent, un torrent tombe du haut en murmurant, le berger siffle, les moutons sautent et la bergère fait entendre sa douce voix.

2. Le ciel commence à devenir soudain et sombre, tout le voisinage a de la peine de respirer, et s'effraye, les nuages noirs montent, les vents se mettent à faire du bruit, le tonnerre gronde de loin et l'orage approche à pas lents.

3. L'orage accompagné des vents murmurans et des pluies battans gronde avec toute la force, les sommets des arbres font un murm (mugissent) et le torrent roule les eaux avec un bruit épouvantable.

4. L'orage s'apaise peu à peu les nuages se dissipent et le ciel devient clair.

5. La Nature transportée de la joie élève la voix vers le ciel et tend au créateur les plus vives grâces par des chants doux et agréables.

Dédié /à / Monsieur l'Abbé Vogler / Premier Maître de Chapelle Electorale de Palatin-Bavar. / par / JUSTIN HENRI KNECHT / Publiée & se vend à SPIRE chés Bossler Conseiller.»

Quelques années plus tard, en 1794, Boßler avait publié une autre œuvre de Knecht pour orgue, sur le même thème : «Die durch ein Donnerwetter unterbrochne Hirtenwonne, eine musikalische Schilderung auf der Orgel» «Un bonheur pastoral interrompu par un orage, tableau musical pour orgue», œuvre que l'abbé Vogler, dédicataire de la *Grande Symphonie*, et organiste de renom, avait à son répertoire. Or, l'abbé Vogler, grand improvisateur, qui était également pianiste et compositeur d'opéra, fut un rival de Beethoven à Vienne au temps de la composition de *Leonore* en 1803/1804. Le souvenir de cette rivalité a dû stimuler l'ardeur créatrice de Beethoven…

L'influence de ses lectures, et tout particulièrement celle de *Werther*, se conjugua avec l'influence de ce «Portrait musical de la nature», œuvre associée à ses premiers essais de compositeur, et dont le souvenir s'imposa au moment où il composait la *Cinquième Symphonie* – dont l'écriture transcendait et transgressait toute la tradition d'écriture qui constituait son héritage. Le lien avec la Nature a été une donnée déterminante dans ce retour à ces premières sources musicales, par l'intermédiaire de *Werther*, roman de Goethe paru en 1774, centré sur un jeune homme qui, épris de nature et de référence antique, se heurte à un amour impossible et mortifère. Comme tous les jeunes gens de son époque, Beethoven s'était comporté «à la Werther» aussi bien dans son aspect vestimentaire que dans ses réactions affectives (sans aller jusqu'au suicide), en particulier dans son amour pour la nature. Or, Werther racontait dans sa lettre du 16 juin 1771 qu'un énorme orage avait interrompu sa merveilleuse rencontre avec Charlotte :

«La danse n'était pas encore finie, que les éclairs, qui brillaient depuis longtemps à l'horizon, et que j'avais toujours donnés pour des éclairs de chaleur, commencèrent à devenir beaucoup plus forts; le bruit du tonnerre couvrit la musique. Trois femmes s'échappèrent des rangs; leurs cavaliers les suivirent; le désordre devint général et l'orchestre se tut. Il est naturel, lorsqu'un accident ou une terreur subite nous surprend au milieu d'un plaisir, que l'impression en soit plus grande qu'en tout autre temps, soit à cause du contraste qui se fait ainsi sentir vivement, soit parce que tous nos sens, déjà mis en éveil, sont plus prompts à éprouver une émotion[1].»

1. Goethe, *Romans*, Gallimard, Pléiade, p. 41.

Comment ne pas penser en lisant le récit de Werther à l'orage de la *Sixième Symphonie,* ce quatrième mouvement intitulé sur la partition imprimée « Gewitter. Sturm », qui succède à « une réunion joyeuse de gens de la campagne » et qui déploie une violence brisant toute référence à une forme musicale habituelle. Dans ce contexte de référence, transposée dans un autre mode d'expression artistique, il est intéressant de souligner que l'orage de la *Pastorale* est en relation musicale directe avec la *Tempesta, Introduction* au ballet des *Créatures de Prométhée* (op. 43, composée en 1801), moment très court et intense qui accompagne la rupture de Prométhée avec le monde divin tout-puissant, ce qui lui permet de rejoindre les « créatures », qu'il venait de fabriquer, pour leur communiquer l'élan vital par une torche enflammée, puis pour leur permettre l'accès à l'émotion et aux sentiments grâce à la musique.

Grand lecteur également de la poésie et des autres romans et écrits de Goethe, Beethoven connaissait la conception que Goethe avait de la Nature et ce que signifiait pour lui « imiter la Nature » : dans un contexte de passage d'une esthétique de l'imitation à une esthétique de la création, « imiter la Nature » signifiait, pour Goethe, faire comme la Nature, c'est-à-dire Créer – ou autrement dit imiter la dynamique créatrice de la Nature et non reproduire ce qui existait déjà [1].

Ainsi, pris lui-même dans une dynamique et une audace créatrices enthousiasmantes (une réflexion humoristique dans une lettre de 1809 à Breitkopf & Härtel montre qu'il pensait que, contrairement à Dieu, il lui était possible de perfectionner ses « créatures »), Beethoven a cherché à donner une expression musicale à cette dynamique, convaincu par Goethe que le rôle de l'artiste était de susciter et d'entretenir chez l'auditeur l'émotion que lui, le créateur, avait lui-même éprouvée. Ainsi, pour faire ressentir, au moyen de la musique, la permanence bienfaitrice de la Nature, fondement du consentement à la vie et condition de possibilité du sentiment d'éternité, Beethoven a choisi d'associer le cadre de la symphonie (la musique instrumentale par excellence) aux tableaux successifs d'une pièce de théâtre (dans le style du premier *Faust*, juxtaposition de scènes portant un titre de lieu : « Cabinet d'étude », « Taverne d'Auerbach », « Une rue », « Dans la cathédrale », etc.) ou d'un oratorio, en utilisant un matériau très simple (une quinte, un arpège brisé de quarte et sixte, des effets acoustiques naturels, un rythme répétitif, une évocation de chant populaire) et une écriture qui privilégie la répétition de courts motifs (sur le mode populaire) dans une

---

1. Le premier poème de Goethe mis en musique par Beethoven est *Maigesang op. 52* n° 4, composé vers 1796. Beethoven connaissait le poème de Goethe *Sendschreiben*, écrit en 1774 (la même année que *Werther*) :

Sendschreiben
Mein altes Evangelium
Bring ich dir hier schon wieder;
[...]
Message
Voici déjà que je viens t'exprimer
De nouveau mon vieil évangile,
[...]

Und wer nicht richtet, sondern fleissig ist,
Wie ich bin und wie du bist,
Den belohnt auch die Arbeit mit Genuss;
Nichts wird auf der Welt ihm Überdruss.
[...]
Et celui qui ne juge pas, mais qui travaille,
Comme je fais, comme tu fais toi-même,
Est payé de sa peine aussi par du plaisir;
Rien pour lui ne se change en dépit ici-bas.
[...]

Sieh, so ist die Natur ein Buch lebendig,
Unverstanden, doch nicht unverständlich;
Denn dein Herz hat viel und gross Begehr,
Was wohl in der Welt für Freude wär,
[...]
In dein Herz zu sammeln miteinander,
[...]
Vois, la nature donc est un livre vivant,
Incompris, mais non pas impossible à comprendre.
Car ton cœur a ce grand, cet intense désir :
Ce qu'il peut y avoir de joies dans l'univers,
[...]
Les rassembler l'un près de l'autre dans ton cœur,
[...]

Und wie muss dirs werden, wenn du fühlest,
Dass du alles in dir selbst erzielest,
[...]
Nicht in Rom, in Magna Grācia,
Dir im Herzen ist die Wonne da!
Wer mit seiner Mutter, der Natur, sich hält
Findt im Stengelglas wohl eine Welt.
Et que t'adviendra-t-il, quand tu éprouveras
Que tu atteins toutes ces choses en toi-même;
[...]
Non, pas à Rome, non, pas dans la grande Grèce
C'est dans ton cœur à toi qu'est la félicité !
Qui suit fidèlement sa mère, la nature,
Trouve dans un verre à pied, certes, un univers.

grande stabilité d'harmonie, donnant ainsi l'impression d'une suspension du temps dans un espace sonore merveilleux.

Outre l'amour de la Nature hérité de Werther (Beethoven ne pouvait passer l'été qu'à la campagne), d'autres compositeurs ont également orienté son choix : Haydn avec ses oratorios *La Création* et *Les Saisons*, Mozart avec la tempête d'*Idomeneo*, Gluck avec l'Ouverture d'*Iphigénie en Tauride* ou la scène aux Champs Élysées d'*Orfeo et Euridice*, Franz Jacob Freystädter, auteur d'une fantaisie pour piano intitulée *Der Frühlings Morgen, Mittag und Abend*, publiée par Hoffmeister à Vienne en 1791, qui contient le chant de la caille et l'appel du coucou ainsi que le chant d'un berger sur un accord brisé de quarte et sixte.

Manifeste esthétique, la *Symphonie Pastorale* s'inscrit dans un héritage musical assumé tout en exprimant une expérience émotionnelle à l'origine de la dynamique créatrice de Beethoven. Ainsi, plus que son amour de la Nature, c'est une question de composition qui est au cœur de la *Pastorale* : alors que le but de la *Cinquième Symphonie* reposait sur la progression, dans la *Sixième*, c'est l'abolition de cette exigence : le processus musical qui n'est plus tendu vers un but définitif, peut s'épanouir et faire comme la Nature, se développer, se reproduire à l'infini, donnant l'impression de vivre l'éternité dans l'instant.

Beethoven, conscient de l'originalité irréductible de chacune de ces deux *Symphonies*, dédia sa *Sixième Symphonie* conçue par rapport à la *Cinquième*, aux mêmes mécènes; il était très et parce qu'il espérait qu'elles lui permettraient peut-être enfin d'être reconnu et d'être nommé à un poste officiel.

PRÉSENTATION DE L'ŒUVRE

Une des particularités de cette *Symphonie* est que chacun des cinq mouvements porte un titre, comme s'il s'agissait d'une œuvre de scène composée de tableaux successifs (à la manière des scènes du *Faust* de Goethe). Alors qu'au début de son travail de composition, Beethoven pensait qu'il fallait laisser l'auditeur s'orienter tout seul, il choisit dès qu'il fit exécuter sa *Symphonie* en public (en décembre 1808) de jalonner par des titres le parcours des cinq mouvements, prenant soin de spécifier qu'il s'agissait d'impressions et non de description.

Malgré l'assimilation possible avec une sorte d'oratorio de musique uniquement instrumentale, la forme symphonique n'est pas abandonnée, même si elle est «interprétée» : ainsi, les trois premiers mouvements évitent toute forme de tension et possèdent de vastes thèmes mélodiques – la violence étant concentrée dans l'épisode de l'orage (repris de la «Tempesta, Introduzione» aux *Créatures de Prométhée op. 43*, expression de la colère divine contre celui qui dérobe son pouvoir à Dieu), moment qui peut être considéré aussi bien comme une sorte d'introduction au dernier mouvement que comme une cadence pour grand orchestre, faisant lien entre les trois premiers mouvements dénués de tension et la détente du Rondo final évoquant un mouvement perpétuel.

L'écriture, qui emploie un matériau très simple, est dominée par les répétitions de courts motifs mélodiques et rythmiques, ce qui donne une impression de stabilité, de temps suspendu, «d'éternité dans l'instant» selon la formule de Goethe.

Pensée en relation avec la *Cinquième Symphonie*, la *Sixième* possède beaucoup d'éléments semblables : la simplicité du matériau, l'unité thématique, le déplacement de la tension des thèmes à la structure même de l'œuvre, le Scherzo en cinq parties et l'«attaca» qui lie au suivant les 3ᵉ et 4ᵉ mouvements, le centre de gravité reporté sur le Finale.

I. «Éveil d'impressions agréables en arrivant à la campagne»

Le premier mouvement Allegro ma non troppo à deux temps en *fa* majeur est de forme sonate. Il est ouvert par quatre mesures piano, aux cordes seules, bien délimitées par une suspension harmonique, geste musical qui appelle une cadence finale : cette impression d'être pris délicatement par un flux musical ininterrompu est confirmée par la texture des mesures suivantes faite de courts motifs incessamment répétés entraînés dans des dynamiques sonores *crescendo* et *diminuendo*, ondulations d'intensité qui atteignent parfois des points culminants.

Les deux thèmes ont un caractère très proche par leur souplesse : ils n'engendrent aucune tension. Et l'exposition, comme le développement aux modulations évidentes (du premier thème seulement) contribuent à l'épanouissement d'un espace sonore hors de toute contrainte d'ordre temporel – comme une sorte d'expansion spatiale de l'instant intensément vécu, le thème n'ayant pas de forme définitive pour signifier que tout est commencement, que tout représente l'éveil.

II. « Scène au bord du ruisseau »

Le deuxième mouvement, Andante molto moto, à 12/8, en *si* bémol majeur (tonalité liée directement à *fa* majeur), est également de forme sonate très articulée, mais sans reprise de l'exposition.

Deux violoncelles solos impulsent le mouvement et l'entretiennent de manière presque continue, tandis que les violons et les vents s'échangent de courtes figures qui constituent la ligne mélodique tout en mettant les timbres en valeur. Le développement (du premier thème seulement) donne beaucoup d'importance aux bois : flûtes, hautbois, clarinettes, bassons. La première partie de la réexposition est plus courte que dans l'exposition, le premier thème ayant servi au développement. Puis après un parcours rigoureux, ce deuxième mouvement se termine par un effet de surprise, la mise à nu du matériau utilisé dans une disposition de timbre et de rythme que Beethoven s'amuse à associer à des oiseaux, complétant ainsi la « scène » idyllique au bord du ruisseau : la flûte pour le rossignol, le hautbois pour la caille, la clarinette pour le coucou.

III. « Réunion joyeuse de gens de la campagne »

Le troisième mouvement, dénommé « Allegro » est en *fa* majeur, en cinq parties. Il joue sur l'opposition entre un Scherzo à 3/4 et un Trio à 2/4, avec des textures bien différenciées – le Scherzo évoquant les danses allemandes et les musiques de scène jouées dans le *Don Giovanni* de Mozart, et le Trio rappelant les danses populaires aux premiers temps bien marqués. Le Trio se termine sur une suspension harmonique qui fait attendre l'appel des trompettes de *Leonore*. Certains commentateurs pensent que Beethoven s'est ici amusé à imiter les orchestres de village formés d'instrumentistes manquant de précision.

Après la répétition du Scherzo et du Trio, le Scherzo, repris condensé, s'achève sur un Presto très dense qui précède directement l'orage.

IV. « Orage, tempête »

Ce mouvement, enchaîné au précédent, sorte de cadence appelée par une série d'accords suspensifs, ne correspond à aucune forme musicale établie : il s'agit d'un chaos constitué par la musique, une sorte de Fantaisie en *fa* mineur dominée par des dissonances violentes, par les tremolos des cordes et par les roulements de timbales d'où émergent les sonorités stridentes des bois ou le timbre lugubre des trombones ; l'ensemble, après des passages d'une énorme intensité, aboutissant sur une accalmie, en *ut* majeur, dans une texture de choral, le chant du hautbois menant au Finale à 6/8 qui est introduit par une courte phrase de la flûte piccolo.

Le déroulement du mouvement correspond aux différentes phases d'un orage, véritable déchaînement de la nature (il reprend les éléments de la « Tempesta » qui servait d'introduction aux *Créatures de Prométhée op. 43*). Sur ses esquisses Beethoven a noté « Bliz », « Don », « Regen » (éclair, tonnerre, pluie).

V. « Chant pastoral – Sentiments de joie et de reconnaissance après l'orage »

Le Finale, Allegretto à 6/8, en *fa* majeur, oscille entre la forme sonate, le Rondo ABACABA et la variation puisque chacun des refrains est légèrement différent.

Il est introduit par la clarinette dont la mélodie est formée de la répétition des notes d'un accord parfait renversé (quarte et sixte) dans la métrique 6/8, le cor répondant avant que les violons ne reprennent ce même arpège qui fait office de refrain tout au long du mouvement. Ce thème très simple est issu d'une mélodie populaire très répandue associée aux activités des bergers.

Après l'expérience du chaos créé par l'orage, ce Finale installe l'ordre d'une sorte de ronde, danse collective qui rassemble tous les participants, sur un thème musical qui n'est pas fait pour être développé, mais seulement répété à l'infini.

Comme dans le premier mouvement, il n'y a pas de tension : la démarche, qui repose sur la forme cyclique du Rondo, n'impose pas de but à atteindre, au contraire, elle installe l'auditeur dans un temps devenu espace où tout n'est plus qu'harmonie et consonance.

Sources

Les esquisses : pendant le travail pour l'*Eroica*, Beethoven a noté quelques idées qui seront reprises dans la *Pastorale* (Landsberg 6, 1803, à Cracovie) (cf. note 10 à lettre 1., 152).

Les principales esquisses ont été notées dans le *Pastorale-Symphonie Skizzenbuch*, daté de « 1808 » et qui s'étend sur la période mars/septembre (une grande partie se trouve à Londres et le reste, Landsberg 10, à Berlin).

D'autres esquisses sur des feuilles volantes se trouvent à Bonn et dispersées dans d'autres bibliothèques.

Le manuscrit autographe, terminé en juillet/août 1808, se trouve à Bonn. (Il a été publié en fac-similé par Sieghard Brandenburg, Verlag Beethoven-Haus, Bonn, en 2000.)

Ce manuscrit avait été conservé par Beethoven : il comprend trois sortes de papier, dont deux seulement proviennent de lui. Sur la première page Beethoven a noté à l'intention du copiste : « Die deutschen Überschriften schreiben sie alle in die erste violin » (il s'agit des indications, en allemand, destinées à chacun des cinq mouvements).

Une copie manuscrite, envoyée à la Société philharmonique de Laibach (sans doute pour le concert du 28 février 1818 – cf. note 3, lettre du 4 mai 1819 [4., 1301]), se trouve aujourd'hui à l'université de Ljubljana. Cette copie a servi à la première exécution du 22 décembre 1808. Elle porte sur la première page une indication écrite à l'encre rouge par Beethoven : « Sinfonia pastorale » (c'est la première fois que ce titre était formulé). Cette copie, établie d'après l'autographe sur lequel avaient été reportées les premières corrections, a été revue par Beethoven qui n'a pas fait beaucoup de corrections (il a porté les modifications exigées après les premières répétitions, modifications qu'il n'a pas pris la peine de reporter sur sa partition, ce qui permet de supposer qu'il ne considérait plus son manuscrit comme la référence).

Sur le manuscrit autographe l'œuvre s'intitule « Sinfonia 6ta » (inscrit en haut), et elle est nommée « 6te Sinfonie » par refus de céder au modèle lié à la musique descriptive. D'ailleurs, quand il commence à mettre au propre sa symphonie au printemps 1808, Beethoven note dès le début de sa partition : « On fait confiance à l'auditeur pour se représenter lui-même la situation », et les esquisses pour l'orage mettent en garde : « Chaque description perd à être transcrite trop précisément dans la musique instrumentale. » La *Symphonie* ne devait être qu'« un souvenir de la vie à la campagne » ; comme en témoigne sa lettre de décembre 1808 à Breitkopf & Härtel, Beethoven ne veut pas céder à la musique à programme : il spécifiait bien qu'il ne s'agissait pas de décrire la Nature, mais d'exprimer les sentiments éprouvés à la campagne.

Sur le programme du concert du 22 décembre il est indiqué : « Pastoral-Symphonie, mehr Ausdruck der Empfindung als Malerei » (Symphonie Patorale, plus expression d'impressions que peinture). Le 28 mars 1809, Beethoven envoya à Breitkopf & Härtel ce qui devait être inscrit sur la partition imprimée – indications que l'éditeur suivit scrupuleusement.

Publication

L'édition originale fut assurée à Leipzig par Breitkopf & Härtel en mai 1809. Le titre est en français :

« SINFONIE / Pastorale / pour 2 Violons, 2 Violes, Violoncelle et Contre-Violon ; / 2 Flûtes, petite Flûte, 2 Hautbois, 2 Clarinettes, 2 Bassons, 2 Cors, / 2 Trompettes, Timbales et 2 Trompes / composée et dédiée / à son Altesse Sérénissime / Monsieur le Prince regnant de Lobkowitz / Duc de Raudnitz / et / à son Excellence Monsieur le Comte de Rasumoffsky / par / LOUIS van BEETHOVEN / Propriété des Éditeurs / à Leipzic / Chez Breitkopf & Härtel / Œuv. 68. »

Chacun des mouvements conserve les mêmes indications que sur le programme du concert du 22 décembre 1808.

La partie du premier violon (sur le sommaire, p. 2) comprend l'inscription : « Pastoral-Sinfonie oder Erinnerung an das Landleben », avec entre parenthèse : « mehr Ausdruck der Empfindung als Malerey »

L'*AMZ* XI, dans son n° 28 du 12 avril 1809 (col. 435-437), annonçait la publication de la *Cinquième* et de la *Sixième Symphonie* en inversant les numéros, soulignant que celle que Beethoven, lui-même, avait dénommée « ländlich (Pastorale) », n'était pas moins « remarquable et particulière » que l'autre.

Cette *Symphonie* fut publiée en partition en 1826, par Breitkopf & Härtel à Leipzig, qui en décembre 1822 avait déjà publié une réduction pour piano à quatre mains.

DÉDICATAIRES

Prince Franz Joseph Lobkowitz et comte Andreas Rasumowski (voir la *Cinquième Symphonie op. 67*).

L'ŒUVRE VUE PAR SES CONTEMPORAINS

Johann Friedrich Reichardt, qui assistait au concert du 22 décembre 1808, rapporta dans ses *Vertraute Briefe* de 1808/1809 que « chacun des mouvements était parfaitement écrit, de manière très vivante et très inspirée »... Il constatait toutefois que cette *Symphonie Pastorale* durait « beaucoup plus longtemps qu'un concert donné à la cour ».

L'*AMZ* XII, du 17 janvier 1810, n° 16 (col. 241-253), publie l'analyse d'un théoricien de la musique qui considérait cette œuvre comme une des très grandes œuvres de Beethoven, ce compositeur qui devance nos désirs. L'auteur de l'article reprenait le débat esthétique sur la fonction de la musique qui n'avait pas à « peindre », mais à exprimer, ce que faisait Beethoven. Il analysait alors chacun des cinq mouvements de manière serrée, appréciant particulièrement la manière dont Beethoven faisait intervenir les oiseaux, déplorant la simplicité harmonique du troisième mouvement, mais admirant l'orage « d'une forme si simple et si nouvelle » et le Finale si « naturel ».

La *Zeitung für die elegante Welt*, Jg. 10, 1810 (p. 1049-1053), publie un article de Friedrich Mosengeil (1773-1839) qui décrivait les « cinq actes » de cette œuvre incomparable en utilisant des comparaisons antiquisantes (Arcadie, le poète et sa lyre) et en concluant sur une citation reconnaissant la part du divin dans l'art : « La religion fait de nous des enfants de Dieu, l'art fait de nous ses amis. »

L'*AMZ* XIV, du 19 février 1812 n° 8 (col. 125/126), commentait un concert donné le 31 décembre 1811 à Munich, en reconnaissant que cette œuvre, à laquelle était donné le nom de symphonie, était une création tout à fait remarquable qui « élargissait les frontières de l'art musical », même si la musique instrumentale rendait les représentations difficiles, la langue musicale utilisée était loin d'être comprise par le plus grand nombre.

L'*AMZ* XVII (1815 [col. 693-694]) publiait encore un article très élogieux : l'auteur de l'article trouvait le tout merveilleux, écrit avec une très grande imagination.

CORRESPONDANCE

C'est en partie la même que pour la *Cinquième Symphonie.*

D'après une lettre du 14 octobre 1803 [1., 163] de Kaspar Karl à Breitkopf & Härtel, Beethoven avait l'intention de composer une autre symphonie pendant qu'il composait l'*Eroica* (le cahier d'esquisse Landsberg 6 en témoigne) : cette intention s'est concrétisée dans la *Cinquième* et dans la *Sixième Symphonie.*

Le 8 juin 1808 [2., 327], Beethoven proposait « 2 *sinfonien* » à B&H, posant comme condition qu'elles ne paraissent pas avant six mois, parce qu'il ne souhaitait pas qu'elles soient connues avant le voyage qu'il comptait faire au cours de l'hiver. Il ajoutait que si B&H ne voulait pas les publier, il lui était facile de les faire éditer par l'« Industrie-Komtoir » qui avait déjà publié l'an dernier sept grandes œuvres de lui (*op. 56-op. 62).*

Vers le 10 juillet 1808 [2., 329], Beethoven accusait réception de la réponse favorable de B&H et annonçait qu'il envoyait les œuvres proposées (deux *Symphonies* [*op. 67* et *68*], la *Sonate pour piano et violoncelle* [*op. 69*], une *Messe* [*op. 86*], ainsi que deux *Sonates pour piano* ou une autre *Symphonie* d'ici quatre semaines).

Le 7 janvier 1809 [2., 350], Beethoven demanda à B&H de ne pas faire exécuter ses *Symphonies* (5 et 6) avant son voyage à Leipzig : il souhaitait les faire exécuter lui-même, et profiter de ce séjour pour corriger les fautes d'impression avant la gravure définitive.

Le 4 mars 1809 [2., 359], spécifiant qu'il restait à Vienne, Beethoven indique à B&H les numéros d'opus et les dédicataires pour les œuvres qu'il avait envoyées : les deux *Symphonies* étaient dédiées ensemble au comte Rasumowsky et au prince Lobkowitz, Beethoven leur attribuant des numéros d'opus déjà utilisés par le Bureau d'Art et d'Industrie (*op. 60* et *61*). Il mentionnait qu'il allait envoyer les corrections faites après leur première audition publique (lors du concert du 22 décembre 1808), ajoutant qu'il était « tout à fait légitime de corriger ses œuvres quand on ne se prenait pas pour Dieu ».

Beethoven signalait que Hr Stein se proposait de transcrire ces deux symphonies pour deux pianos, et il demandait à l'éditeur ce qu'il en pensait.

Le 28 mars 1809 [2., 370], Beethoven envoya à B&H une série de corrections, «de petites améliorations dans les Sinfonies – à reporter immédiatement sur les plaques» et signalait que le titre «*Sinfonie in F*» est «Pastoral-Sinfonie oder Erinnerung an des Landleben, Mehr Ausdruck der Emfindunga [*sic*] als Mahlerey» et que dans l'Andante de cette même symphonie il fallait spécifier pour les basses dès le début : «*due Violoncello Solo 1mo e 2do con Sordino gli Violoncelli tutti coi Bassi*».

Le mercredi 22 novembre 1809 [2., 408], Beethoven reprocha à B&H les fautes d'impression dans la publication des *Symphonies* 5 et 6 : il lui avait pourtant conseillé de lui soumettre des épreuves ! et il avait revu de près les copies : il était impossible d'envoyer les manuscrits autographes pour la gravure ! Il joignait une liste des corrections à effectuer (cette liste est perdue).

Opus 70
Deux Trios pour piano, violon et violoncelle

1. En ré *majeur*
Allegro vivace e con brio, 3/4, ré *majeur – 270 mes.*
Largo assai ed espressivo, 2/4, ré *mineur – 96 mes.*
Presto, ¢, ré *majeur – 411 mes.*

2. En mi *bémol majeur*
Poco sostenuto, **C**, mi *bémol majeur (19 mes.) – Allegro ma non troppo, 6/8,* mi *bémol majeur – 241 mes.*
Allegretto, 2/4, ut *majeur /* ut *mineur – 138 mes.*
Allegretto ma non troppo, 3/4, la *bémol majeur – 18 mes.*
Finale. Allegro, 2/4, mi *bémol majeur – 396 mes.*

TEMPS DE LA COMPOSITION ET PREMIÈRE EXÉCUTION

Les premières ébauches datent de la fin juillet 1808, et sont contemporaines du travail sur la *Symphonie Pastorale*.

Les deux *Trios* furent achevés en décembre 1808 (le premier fut sans doute achevé fin septembre).

Ils furent d'abord exécutés chez la comtesse Erdödy à la fin du mois de décembre 1808 (quelques jours après l'Académie du 22 décembre 1808), avec Beethoven au piano, Schuppanzigh au violon et Linke au violoncelle, puis devant un plus large public lors des concerts organisés par Zmeskall, chez lui, le dimanche (entre février puis avril 1809) : le premier *Trio* fut exécuté le 16 avril et le second le 30, avec Beethoven ou Dorothea Ertmann au piano.

CONTEXTE BIOGRAPHIQUE

Ces deux *Trios*, conçus alors que Beethoven terminait la composition de la *Symphonie Pastorale*, furent composés et achevés juste après. Le «manque» d'œuvres de musique de chambre aurait incité Beethoven à proposer des *Trios* à Breitkopf & Härtel, si l'on en croit ce qu'il en dit lui-même, en juillet 1808. Ce prétexte invoqué par Beethoven cachait cependant d'autres préoccupations : offrir aux amateurs de musique des œuvres directement accessibles, capables de faire pendant aux symphonies et susceptibles de diffuser sa musique, tout en fournissant un répertoire pour les concerts privés organisés par l'aristocratie mélomane à Vienne.

Beethoven composa ces deux *Trios* alors qu'il habitait dans la maison de la comtesse Marie Erdödy (il y resta de la fin septembre 1808 à mars ou avril 1809), et c'est dans cette maison de la Krugerstrasse que les *Trios* furent créés, en décembre 1808, Beethoven au piano. C'est à cette même époque, Beethoven sous son toit, que Marie Erdödy réussit à le retenir à Vienne, alors qu'il avait accepté la proposition de Jérôme de Westphalie de devenir son maître de chapelle en obtenant que le prince Kinsky, le prince Franz Joseph Lobkowitz et l'archiduc Rodolphe lui versent une rente annuelle (le contrat fut signé en février 1809).

C'est sans doute pour remercier la comtesse Erdödy de sa sollicitude que Beethoven décida de lui dédier les *Trios op. 70.* Mais peu de temps après avoir indiqué le nom de la dédicataire à l'éditeur, il voulut le modifier au profit de l'archiduc Rodolphe qui aurait été mécontent de ne pas avoir été choisi, si l'on en croit ce que raconta Beethoven à Breitkopf & Härtel en avril 1809. Mais ne s'agit-il pas plutôt des conséquences d'une dispute avec la comtesse Marie Erdödy, en mars 1809, à propos d'un manque d'égard qu'elle aurait eu envers lui? Des brouillons de billets inscrits au milieu d'un cahier d'esquisse[1] [2., 360 et 361] témoignent en effet de l'indignation et de la colère de Beethoven : « Que pouvez-vous encore espérer quand vous confondez le serviteur et le maître? N'êtes-vous pas encore dédommagée? Quel ersatz!!!! Quel magistral échange!!!! [...] Beethoven n'est pas un serviteur. Vous vouliez un serviteur, vous l'avez maintenant!» Le mal était donc fait, même si quelques jours plus tard il reconnaissait être allé trop loin et demandait à la comtesse de bien vouloir lui pardonner [2., 363, lettre sans doute du 8 mars 1809].

Dans chacun des deux *Trios*, destinés à être joués par des professionnels devant un public choisi, Beethoven a expérimenté la dimension virtuose de la musique de chambre, chacun des instrumentistes apportant ses spécificités pour constituer un nouvel univers sonore intense et complexe. Pour mettre en évidence des solutions contrastées, Beethoven a composé deux *Trios* comme pour les *Sonates pour piano et violoncelle op. 5* et *op. 102*, et comme pour les *Sonates pour piano op. 14* (et sans doute comme pour les *Symphonies op. 67* et *68*, bien qu'elles soient publiées sous un numéro d'opus différent, au printemps 1809, donc peu avant l'*op. 70*).

PRÉSENTATION DE L'ŒUVRE

Dans chacun de ces deux *Trios*, Beethoven a conféré une fonction thématique aux sonorités produites par les attaques et la durée des sons ainsi qu'aux timbres qui opposent ou juxtaposent les instruments mélodiques (les cordes) à l'instrument percussif et harmonique par excellence (le piano). Par delà le matériau thématique traditionnel, Beethoven s'est préoccupé de construire un espace sonore d'une grande variété et d'une grande nouveauté (les esquisses montrent qu'il s'est intéressé avant tout à la mélodie et à l'harmonie).

Chacun des deux *Trios* présente une modalité d'écriture spécifique, le premier se posant comme radicalement novateur pour la présentation et le traitement du matériau thématique, et le second comme une interprétation insolite de la démarche traditionnelle induite par la forme sonate.

Trio n° 1

Les trois mouvements successifs ont un tempo très contrasté : Allegro vivace e con brio – Largo assai ed espressivo – Presto. Cet effet de contraste extrême est entretenu par le matériau musical et par la structure de chacun des mouvements.

I. Le premier mouvement, en *ré* majeur à trois temps, déploie son parcours de forme sonate à partir de deux motifs que tout oppose : à l'unisson *fortissimo* et *staccato* sur quatre octaves du premier motif très décidé succède (dès les mesures 7 et 8) une mélodie *legato* énoncée *dolce* par le violoncelle, avant d'être reprise en canon par le violon, puis par la main droite du piano, sur accompagnement du piano. Après l'exposition assez courte (73 mesures) et sa reprise, le développement s'appuie sur ces motifs contrastés dans une écriture contrapuntique souvent serrée, la réexposition étant elle aussi objet de développement, si bien que l'ensemble développement-réexposition est repris avant la coda, qui repose sur le second motif et se termine par le début du premier motif à l'unisson comme dans la mesure initiale.

II. Le mouvement lent, en *ré* mineur, à deux temps, est construit à partir de deux motifs très simples *p sotto voce* présentés dès les deux premières mesures, le premier, par les cordes jouant ensemble à l'octave deux noires suivies d'une croche (après un saut de sixte), et le second, plus orné et plus dense (comprenant également un large intervalle), par le piano. Dans une forme A A', les instruments à cordes et la main droite du piano reprennent ces motifs soutenus par les tremolos du piano (le plus souvent *pp leggiermento*, à l'exception de quelques moments dissonants *fortissimo*) dans une atmosphère très modulante aux fréquentes plages de tension harmonique, et un temps très étiré par de longues tenues *crescendo* qui suivent de longues plages *pianissimo*.

L'étrangeté sonore de ce mouvement est à l'origine du nom donné à l'œuvre : *Geistertrio* (*Trio des esprits*).

III. Le Finale est un Presto, en *ré* majeur, à deux temps : le thème principal, énoncé par le

---

1. Cité par Nottebohm (II, p. 261) in «Skizzen aus dem Jahre 1809». Nottebohm cite des billets de Beethoven à Zmeskall [2., 364] dans lesquels il est question de cette affaire : Marie Erdödy aurait offert de l'argent à un serviteur pour qu'il reste au service de Beethoven.

piano seul, domine en se présentant sous de multiples variantes, la suspension harmonique liée à un point d'orgue jouant un grand rôle. Ce mouvement, de forme sonate, avance de manière irrésistible : après la reprise de l'exposition (de 145 mesures), le développement modulant joue avec les courts motifs ou prend des allures de choral soutenant une mélodie populaire chantée *dolce* par le violoncelle.

L'ensemble plein d'allant finit très simplement par une cadence parfaite de deux accords fortissimo.

Trio n° 2

La succession des mouvements est peu contrastée, l'ensemble se situant autour du tempo allegro – le moment lent se trouvant placé au début de l'œuvre.

I. Le premier mouvement est ouvert par une introduction lente, Poco sostenuto, qui débute, à la manière d'un quatuor à cordes, par l'énoncé *p dolce*, d'un thème repris en canon; puis une sorte de cadence du piano seul mène à la fin de cette introduction, que les trois instruments doivent jouer *espressivo*. La suite du mouvement est Allegro ma non troppo à 6/8, de forme sonate, le matériau thématique s'inscrivant dans le rythme propre au 6/8. Une évocation du thème de l'introduction à 6/8, en canon, dans le tempo Allegro ma non troppo, précède le second thème *dolce*. Après la reprise de l'exposition, le développement modulant des deux motifs thématiques et des transitions mène à une réexposition suivie d'une coda marquée par le retour du tempo Poco sostenuto et du thème en canon, avant la reprise du tempo Allegro ma non troppo 6/8.

L'ensemble de ce mouvement est calme sans tensions.

II. Le deuxième mouvement Allegretto, à deux temps, joue sur l'alternance d'une partie en *ut* majeur et d'une partie en *ut* mineur, dans un esprit de variations plein d'allant et de délicatesse portée par le rythme court *p dolce* qui domine. L'ensemble se termine en *ut* mineur.

III. Le troisième mouvement est Allegretto ma non troppo, en *la* bémol majeur, à trois temps : il s'agit d'un Scherzo calme et chantant (dont la seconde partie est reprise) suivi d'un Trio de texture très différente (constituée d'accords au piano et en doubles cordes aux cordes, souvent dissonants). Après une reprise du Scherzo et du Trio, puis du Scherzo, ce mouvement se termine étrangement sur une évocation du Trio très calme et modulant (comme Beethoven l'avait indiqué sur une esquisse) avant de finir sur le thème du Scherzo.

IV. Le Finale est Allegro à deux temps, de forme sonate avec reprise de l'exposition. Le matériau thématique est constitué d'élans de notes répétées (comme des coups de timbales) tout autant que de motifs mélodiques, les uns et les autres très courts ou incisifs, donnant lieu à des modulations (dès l'exposition) et à des traits qui entretiennent la pression dynamique de l'ensemble de ce Finale, les timbres et les sonorités de chacun des trois instruments étant particulièrement mis en valeur.

SOURCES

Des esquisses dispersées se trouvent à Londres, Berlin, Paris, Vienne et Bonn.

Le manuscrit du premier *Trio* qui comporte beaucoup de corrections se trouve dans une collection privée aux États-Unis.

Le manuscrit du second *Trio* est à Berlin. Sur la dernière page se trouvent des esquisses pour le *Lied* de Clärchen «Trommel gerühret» (n° 1 de la musique de scène d'*Egmont* de Goethe, *op. 84*).

Une copie du 1er *Trio* se trouve à Vienne (GdM).

Une copie de la partie de piano du premier *Trio* (qui se trouve aujourd'hui à Bonn – autrefois à Munich) comprend deux pages de titre de la main de Beethoven : 1) lisible «2 Trios / der Gräfin Erdödy gebohren Gräfin Nizky gewidmet / Erstes Trio / von / Beethoven.» – 2) illisible «2 Trios / Für die / Gräfin Erdödy / gebohren Gräfin Nizky / für Sie geeignet / und Ihr zugeeignet / von Ludwig van Beethoven.»

PUBLICATION

L'édition originale fut assurée à Leipzig par Breitkopf & Härtel, en juin pour le premier *Trio* et en août pour le second *Trio* de l'année 1809. Le titre est en français :

«Deux / TRIOS / Pour Pianoforte, Violon / et Violoncelle / composés et dédiés / à Madame la Comtesse Marie d'Erdödy / née Comtesse Niszky / par / Louis van Beethoven / Propriété des Éditeurs / Œuv.70 [...]»

Une édition postérieure comprend les corrections envoyées par Beethoven en décembre 1809.

Fin 1809, Artaria & Comp., à Vienne, publia ces deux *Trios* avec un titre en français.

Le titre de *Geistertrio* fut attribué au premier *Trio* en *ré* majeur après la mort de Beethoven à cause de son étrange mouvement lent.

DÉDICATAIRE

Anna Maria comtesse Niczky (1778-1837), mariée depuis 1796 avec le comte Peter Erdödy, d'origine hongroise, se sépara de lui en 1805. Elle vécut à Vienne, avec ses trois enfants, à partir de 1803.

Bonne pianiste, enthousiasmée par Beethoven et ses œuvres, elle donnait souvent des concerts chez elle. Entre fin septembre 1808 et le printemps 1809, elle logea Beethoven, et essuya avec lui des disputes à propos de domestiques en mars. Réconciliés, ils furent à nouveau en froid entre 1810 et 1815.

En 1820, Marie Erdödy quitta l'Autriche pour des raisons familiales; elle s'installa alors à Munich en 1823 où elle mourut en 1837.

L'ŒUVRE VUE PAR SES CONTEMPORAINS

Johann Friedrich Reichardt dans ses *Vertraute Briefe* publiées en 1809-1810, raconte que ces deux *Trios* reçurent à Vienne un accueil enthousiaste. Il écrivait, daté du 31 décembre 1808, que Beethoven joua chez la baronne Erdödy les nouveaux Trios avec une grande maîtrise et une grand enthousiasme. Reichardt s'émerveillait d'un mouvement d'un «extraordinaire lyrisme (à trois temps et en *la* bémol majeur)» comme il n'en avait jamais entendu[1].

L'*AMZ* XV (1813 [col. 141-154]) publia un article d'E.T.A. Hoffmann. Après des considérations sur les particularités du piano qui «parcourt en accords plaqués à pleines mains le royaume de l'harmonie», et le rappel de la virtuosité de Beethoven interprète, Hoffmann analysait les deux *Trios*. Il signalait que le thème qui domine le premier mouvement du premier *Trio* «s'impose à l'auditeur de façon ferme et précise», et qu'«on ne cesse plus de le suivre du regard», car il exprime le «caractère du Trio»: «la conscience fière et joyeuse de sa force et de sa plénitude». Hoffmann insistait sur le travail contrapuntique de l'écriture à partir de thèmes très courts, et comparait les sonorités du piano dans le Largo assai ed espressivo à celles de «la harpe éolienne» et celles de «l'harmonica de verre».

Après une analyse serrée des deux *Trios*, avec de longs exemples musicaux à l'appui, Hoffmann rappelait que pour jouer Beethoven, plutôt que de lui reprocher d'être difficile, il fallait «comprendre, pénétrer son esprit même» pour se laisser entraîner dans le «royaume des sons»: seul celui qui n'attend de la musique qu'un divertissement trouvera les œuvres de Beethoven «ingrates» – contrairement à «l'artiste authentique» qui «ne vit que dans l'œuvre, qu'il a comprise comme la comprenait son auteur».

Hoffmann terminait son article en formulant le «souhait» que les œuvres instrumentales de Beethoven soient publiées en partition: «une mine d'une richesse inouïe s'ouvrirait alors à l'artiste et au connaisseur, pour le plus grand bien des études musicales dignes de ce nom».

CORRESPONDANCE

Vers le 10 juillet 1808 [2., 329], Beethoven proposa à Breitkopf & Härtel de lui donner, avec la *Messe op. 86*, les deux *Symphonies op. 67* et *68*, la *Sonate pour piano et violoncelle op. 69* et encore deux sonates pour piano ou, à la place, une autre symphonie.

Fin juillet 1808 [2., 331], il proposa à B&H qui refusait la *Messe op. 86*, outre les œuvres déjà prévues, «deux Trios pour piano, violon et violoncelle (parce qu'il en manque)».

Le 14 septembre, Härtel de passage à Vienne signa un contrat pour les *opus 67*, *68*, *69* et *70*.

Le 7 janvier 1809 [2., 350], Beethoven écrivit à B&H qu'il lui avait envoyé les «terzetten»; il signalait qu'il en avait fini un au moment du départ de Härtel (qui avait séjourné à Vienne au cours du mois de septembre 1808), mais qu'il n'avait pas voulu lui faire parvenir sans le deuxième. Il disait avoir terminé ce second *Trio* depuis quelques mois, sans penser à les expédier l'un et l'autre, jusqu'à ce que l'agent viennois de Härtel ne les lui réclame.

Le 4 mars [2., 359], Beethoven indiqua, en français, le nom de la dédicataire des *Trios*: «À Madame la Comtesse Marie d'Erdödy née Comtesse Niczky Dame de la Croix / op. 62».

Le 28 mars [2., 370], il envoya à B&H les incipit des différents mouvements des deux *Trios op. 70* pour qu'il n'y ait pas de confusion, que l'éditeur n'en cherche pas trois!

1. Cité par Frimmel, II, p. 339.

Le 14 avril [2., 376], il demanda à Zmeskall de laisser le vieux Kraft jouer les *Trios* (lors du prochain concert organisé chez lui, sans doute le dimanche 16 avril), car c'était la première fois qu'ils étaient donnés devant un large public. Suggérant à Zmeskall qu'il pourrait les jouer ensuite, il le laissait libre de sa décision.

Deux jours plus tard [2., 377], il demanda à Zmeskall qu'il lui fasse rapporter les différentes voix du *Trio* (qui ne sont pas encore édités – seul un des deux *Trios* a sans doute été joué chez lui).

Le 20 avril 1809 [2., 380], il envoya quelques informations supplémentaires pour l'édition des *Trios* : il voulait savoir s'il était encore possible de modifier la dédicace, car il aurait souhaité dédier les *Trios* à l'archiduc Rodolphe (dont la titulature se trouve sur l'édition du *4e Concerto pour piano* édité par l'«*Industrie Komtoir*» à Vienne), car il avait remarqué que, quand l'archiduc aimait une œuvre, il était déçu de ne pas en être le dédicataire. Beethoven demandait la correction des fautes sans doute introduites par le copiste (en particulier la suppression des *ritardando*, car il n'y en a aucun dans le dernier mouvement du second *Trio*) et indiquait quelques doigtés pour le piano dans ce dernier mouvement.

Le 25 avril [2., 381], Zmeskall écrivait à Beethoven pour lui demander ce qu'il comptait faire lors du prochain concert (le dimanche 30 avril) : s'il pensait jouer la *Sonate pour piano et violoncelle op. 69*, ou le *Trio op. 70 n° 2*; s'il souhaitait que ce soit lui ou la baronne Ertmann, ou s'il ne voulait rien de tout cela.

Le 26 juillet [2., 392], Beethoven écrivit à Breitkopf & Härtel qu'il avait appris que le premier *Trio* était paru, mais qu'il n'en avait reçu aucun exemplaire; il suggérait également qu'il serait préférable que pour les œuvres à venir, il puisse en corriger les épreuves avant l'édition définitive.

Le 22 novembre 1809 [2., 408], il s'emportait contre l'éditeur Breitkopf & Härtel qui laissait trop de fautes dans ses œuvres : les *Trios op. 70*, les *Symphonies op. 67* et *68*.

Au début du mois de décembre [2., 415], Beethoven envoya une liste de fautes, ajoutant qu'une énorme fièvre l'empêchait d'envoyer celles qu'il suffisait de corriger en jouant les différentes parties sur les instruments.

Le 28 juin 1812 [2., 580], il demanda à Ignaz von Baumeister, secrétaire et bibliothécaire de l'archiduc Rodolphe, de lui prêter les partitions des deux *Trios*, ainsi que des *Sonates pour piano et violon op. 23* et *pour piano et violoncelle op. 69,* promettant qu'il les rendrait dès le lendemain matin.

Le 17 juillet 1812 [2., 586], de Teplitz, Beethoven demandait à Breitkopf & Härtel qu'il «lui envoie quelques exemplaires des derniers *Trios,* genre d'œuvre dont on a besoin pour des musiciens auxquels on ne peut exiger qu'ils les achètent».

Opus 80

Fantaisie pour piano, chœur et orchestre en ut mineur

Adagio, **C**, ut *mineur (26 mes. du piano)*
Finale. Allegro, **C**, ut *mineur (mes. 27, entrée de l'orchestre) / Allegretto ma non troppo, quasi Andante con moto, 2/4,* ut *majeur (mes. 383, entrée des chœurs) – 612 mesures*

TEMPS DE LA COMPOSITION

Beethoven composa cette *Fantaisie* au cours de la deuxième moitié du mois de décembre 1808, juste avant le grand concert donné à son bénéfice au Theater an der Wien. D'après le récit fait par Carl Czerny à Otto Jahn au cours des années 1860 (Kerst, I, 51), Beethoven voulait que le concert culmine sur «une dernière œuvre brillante»; mais il termina cette nouvelle composition si tard que le temps fut trop juste pour les répétitions et que l'exécution publique fut défectueuse.

La *Fantaisie*, malgré le manque de répétitions, couronna le concert du 22 décembre 1808 au Theater an der Wien, sous la direction d'Ignaz von Seyfried, avec Beethoven au piano. Lors de ce concert furent créés les *5e* et *6e Symphonies*, le *4e Concerto pour piano op. 58*, la *Fantaisie op. 77* et interprétés l'*Air «Ah perfido!» op. 65* ainsi que trois extraits de la *Messe op. 86* (le Gloria, le Sanctus et le Benedictus). Le concert dura quatre heures pleines, dans un froid glacial (d'après le récit de J.F. Reichardt qui y assista).

Ce jour-là, Beethoven a certainement improvisé l'introduction confiée au piano (les esquisses qui précèdent le concert ne correspondent pas à ce qui fut édité en 1811), puis, peu après le début du Finale, comme les instruments à vent s'étaient trompés dans leurs entrées, il a exigé que l'orchestre reprenne depuis le début – il donnait sa version des faits dans une lettre adressée à Breitkopf & Härtel, le 7 janvier 1809 [2., 350] : « Sans tenir compte des quelques fautes commises auxquelles je ne pouvais rien, le public fut enthousiaste pour tout. Malgré cela des scribes d'ici n'ont pas hésité à livrer à la *Musikalische Zeitung* à nouveau un minable plaidoyer contre moi […] les musiciens furent dans tous leurs états quand, par manque d'attention pour une des choses les plus simples et les plus claires au monde, une faute fut commise. Je me suis alors arrêté, imposant le silence et j'ai crié contre eux encore une fois – ce qui ne leur était encore jamais arrivé, et ce que le public approuva. »

CONTEXTE BIOGRAPHIQUE

Alors qu'il préparait son grand concert qui devait avoir lieu à son bénéfice au Theater an der Wien, Beethoven eut l'idée de le couronner par une œuvre délibérément écrite dans cette intention. Les esquisses et l'état du manuscrit (il n'y a pas de partition mais des copies, plus ou moins fiables, des parties séparées) témoignent de la rapidité du travail. Les incidents de l'exécution le jour du concert laissent supposer que personne n'avait vraiment eu le temps de répéter – incidents rapportés par l'*Allgemeine musikalische Zeitung* du 25 janvier 1809, qui publia un compte rendu du concert du 22 décembre 1808 en soulignant la mauvaise qualité de l'exécution, en particulier celle de la *Fantaisie op. 80*, car les instruments à vent qui devaient reprendre, en le variant, le thème que Beethoven venait de jouer, perdirent pied : quand ce fut le tour des hautbois, les clarinettes, se trompant, entrèrent également, ce qui produisit un curieux mélange sonore ; Beethoven alors se leva, cherchant en vain à faire taire les clarinettes et, comme il n'y arrivait pas, il cria à tout l'orchestre : « Arrêtez, ça ne va pas ! Reprenez ! » L'orchestre fut alors obligé de reprendre à partir du début du Finale [2., 350, note 9].

Pourquoi Beethoven eut-il l'idée de couronner son énorme concert (qui dura quatre heures pleines) par cette *Fantaisie*, œuvre d'une forme et d'une facture tout à fait insolite ? Les raisons n'en sont pas uniquement conjoncturelles.

Ne réussissant pas à obtenir de poste stable à Vienne (sa requête du 4 décembre 1807 auprès des administrateurs des théâtres impériaux et royaux n'avait pas été prise en compte), il était sur le point d'accepter la proposition que le roi Jérôme de Westphalie lui fit parvenir en novembre 1808 : le poste de Kapellmeister à la cour de Cassel, avec des émoluments de 600 ducats en or par an. Pour faire comprendre au public viennois ce qu'il perdrait en le laissant partir, et en guise de concert d'adieu, Beethoven eut donc l'idée de construire un vaste ensemble musical pour ce concert (qui devait être le dernier à Vienne). Sa résolution – annoncée sous le sceau du secret à Breitkopf & Härtel dans sa lettre du 7 janvier 1809 [2., 350] – d'accepter la proposition de Jérôme de Westphalie procédait également du climat déplorable qui régnait alors à Vienne dans le milieu musical : Beethoven le décrit plein d'intrigues, de cabales, de vilenies.

Sans exclure cette préoccupation – se faire regretter à Vienne, au point d'être retenu par ceux qui comprendront ce qu'ils perdent[1] –, la composition de cette *Fantaisie op. 80* était également pour Beethoven l'occasion de proclamer le rôle esthétique et politique qu'il attribuait à sa musique : contribuer à la libération intérieure de chacun pour construire une société harmonieuse et forte, grâce à toutes ces énergies rendues disponibles pour la création.

Au moment de la préparation de ce grand concert qui rassemblait un orchestre, des chœurs et des solistes pour exécuter l'ensemble des œuvres au programme (les *5e* et *6e Symphonies*, le *4e Concerto*, trois Hymnes extraits de la *Messe en ut op. 86* et un *Air de concert*), Beethoven avait donc à sa disposition tout ce qu'il lui fallait pour le succès d'une œuvre qui procédait du concerto pour piano et de l'oratorio, et qui était consacrée à la gloire de la musique. C'est à partir de cet ensemble qu'il imagina de faire exécuter, en fin de concert, une œuvre hors normes (c'est-à-dire sans référence formelle préexistante), qui associerait des souvenirs de différentes œuvres entendues au cours du concert (improvisations et cadences virtuoses du piano, intensité orchestrale, intervention des solistes et du chœur, etc.), le tout unifié par un thème

1. Ce qui eut lieu puisque le prince Kinsky, le prince Lobkowitz et l'archiduc Rodolphe lui assurèrent une rente par un contrat qui prenait effet le 1er mars 1809, grâce à l'influence de Marie Erdödy et de son ami Gleichenstein.

musical qu'il emprunta à la seconde partie d'un Lied *Seufzer eines Ungeliebten – Gegenliebe WoO 118* composé par lui en 1795 (et qu'il n'avait pas encore publié), dont le texte développait l'idée d'amour partagé, et dont la structure reposait sur l'opposition *ut* mineur et *ut* majeur (comme dans la *5e Symphonie*).

Les esquisses montrent que Beethoven n'a pas tout de suite pensé à introduire sa *Fantaisie* par le piano seul : il a d'abord envisagé une introduction par le quatuor à cordes : «peut-être commencer avec un quatuor – le finale qui se commence avec un quatuor en *mi* bémol», puis nota une esquisse, qui semble davantage destinée au piano, indiquant en marge «début de la Fantaisie». Vient ensuite une esquisse d'introduction pour piano en *ut* mineur, qui ne fut pas retenue dans la nouvelle version composée au moment où il pensa faire éditer sa *Fantaisie* (seconde moitié de l'année 1809), mais qui inspira certainement l'improvisation à laquelle Beethoven se livra le jour du concert.

Les esquisses de la dernière partie du Finale, au cours de laquelle les solistes et le chœur interviennent alternativement, témoignent de sa volonté de faire coïncider sa musique avec des paroles qui constituent le message qu'il leur délivre. L'interpellation qui ouvre la dernière partie, «hört ihr wohl, hört, hört» (Écoutez bien, écoutez), ne se trouvait pas dans le poème qu'il avait «commandé» à Kuffner. Avait-il pensé à la musique avant d'avoir le poème ? Ou alors a-t-il fait faire le poème de façon que les vers coïncident avec le thème musical autour duquel cette *Fantaisie* est construite, tout en exprimant ses idées sur le rôle de la musique ? La suite des esquisses destinée à la partie chorale montre qu'il testa le thème sur des paroles qui n'ont pas été imprimées (faisaient-elles partie du poème ou sont-elles de son cru ?) : «voulez-vous venir avec nous, ainsi nous voulons vous voir», ou qu'il réutilisa certaines paroles du Lied *Gegenliebe* (approximatives : il devait les citer de mémoire). Puis les esquisses portent sur la dernière strophe du poème, Beethoven cherchant le développement susceptible d'exprimer son idée principale : que l'art, «Kunst», donnait son sens à la vie. C'est d'ailleurs sur ce mot, «Kunst», qu'il insista dans ces dernières esquisses, mot qu'il substitua au mot «Kraft» inscrit dans le poème, comme si l'art et l'inspiration étaient l'équivalent de la puissance.

Que cette *Fantaisie* soit au cœur du processus créateur de Beethoven, la réutilisation «en plus grand» de son thème et de son organisation musicale dans le Finale de la *9e Symphonie* en témoigne : un thème simple, toujours reconnaissable, est varié par les instruments avant d'être repris, après une interpellation des auditeurs, par les voix, qui le varient à leur tour de manière toujours inattendue, dans une amplification sonore de plus en plus exaltante. Beethoven souligna lui-même cette parenté aux éditeurs qu'il sollicita en février et en mars 1824 pour la publication de sa nouvelle *Symphonie*.

Alors qu'il s'agit d'une œuvre très particulière, à laquelle il tenait spécialement, écrite à la gloire de la musique, Beethoven n'indiqua ni le nom de l'auteur du poème ni celui d'un dédicataire. Aussi, quand il constata sur la page de titre de la première édition que sa *Fantaisie* était dédiée au roi de Bavière, il communiqua son étonnement à l'éditeur Breitkopf & Härtel en le priant fermement de ne plus prendre ce genre de liberté, même pour des rois !

PRÉSENTATION DE L'ŒUVRE

Le poème est attribué à Christoph Kuffner (1780-1846), auteur, entre autres œuvres, de *Tarpeja*, tragédie pour laquelle Beethoven composera une *Marche triomphale WoO2a*, en mars 1813. En fait, il semble que Christoph Kuffner ne fit qu'accepter d'organiser les idées que Beethoven, qui avait déjà prévu le thème musical, lui suggéra, de façon à associer la «magie des sons» à des paroles poétiques – ce poème n'a d'ailleurs pas été pris en compte dans les œuvres complètes de Kuffner publiées en 1845. Kuffner ne se reconnaissait-il pas auteur, à part entière, de ce poème ?

C'est donc sur les indications de Beethoven que Kuffner organisa six strophes de quatre vers (que Beethoven regroupa en trois ensembles de huit vers), exprimant la conviction que la musique libère l'homme de tout ce qui entrave son épanouissement intérieur (Wonne), qu'elle lui permet d'entrer dans le processus de la civilisation (Licht) et le rend créateur (Kraft).

Le texte n'est pas identique dans le manuscrit de la partie des voix (sans doute de 1810) et dans l'édition de 1811 par Breitkopf & Härtel : la ponctuation et certains termes diffèrent.

Schmeichlend hold und lieblich klingen
unsers Lebens Harmonien,
und dem Schönheitssinn entschwingen
Blumen sich, die ewig blühn,
Les harmonies de notre vie
Douces et agréables, résonnent.
Et la beauté avec les fleurs
Éternellement grandit.

Fried' und Freude gleiten freundlich,
wie der Wellen Wechsel Spiel;
Was sich drängte, rau und feindlich,
ordnet sich zu Hochgefühl.
La paix et la joie gaiement,
Comme changent les vagues,
Et même l'hostile, le sauvage
Devient source du grand.

Wenn der Töne Zauberwelten
und des Wortes Weihe spricht,
muß sich Herrliches gestalten,
Nacht und Stürme werden Licht,
Quand le monde magique des sons
Et celui des mots s'unissent solennellement,
Il ne peut naître que magnificence
Nuit et tempête se font brillance.

Äuss're Ruhe, inn're Wonne
herrschen für den Glücklichen.
Doch der Künste <Frühlings Sonne>
Lässt aus <Leiden> beyden Licht entstehn.
Paix au dehors, et au dedans ravissement
S'imposent à l'homme heureux.
Le soleil printanier des arts
Fait de cette union jaillir la lumière.

Großes, das ins Herz gedrungen,
blüht dann neu und schön empor;
hat ein Geist sich aufgeschwungen,
hallt ihm stets ein Geister-Chor.
Ce qui dans le cœur était caché
S'épanouit à nouveau en toute beauté,
Quand l'esprit prend son essor,
Un chœur d'esprit lui fait écho.

Nehmt denn hin ihr schönen Seelen,
froh die Gaben schöner Kunst.
Wenn sich Lieb und Kraft vermählen,
lohnt dem Menschen Götter <Lust> Gunst.
Acceptez donc, vous, belles âmes,
Joyeusement, les présents du bel art;
Quand l'amour et la force s'unissent,
L'homme est gratifié de la faveur des dieux.

Cette œuvre, comme son nom l'indique, ne répond pas à une forme préexistante : elle associe un pianiste soliste, un orchestre, des voix solistes et un chœur dans une suite de variations libres qui mettent en valeur différents timbres rassemblés : aussi bien celui du piano ou des instruments de l'orchestre, que ceux de l'orchestre en entier, des voix solistes ou du chœur.

Le thème des variations est emprunté à *Gegenliebe*, seconde partie d'un Lied que Beethoven composa en 1795 au tout début de son séjour à Vienne, *Seufzer eines Ungeliebten und Gegenliebe*, réunissant deux poèmes de G. A. Bürger, pour constituer un Lied en deux parties contrastées (*WoO 118*).

L'ensemble de cette *Fantaisie* se caractérise par la répétition variée de ce thème – les timbres des bois et des vents, les effets de masse, alternance du piano et de l'orchestre apportant diversité et dynamisme.

La *Fantaisie* commence par une sorte d'introduction du piano seul, qui commence *fortissimo*, Adagio, en forme d'improvisation autour d'*ut* mineur, puis de cadence très virtuose. Il s'agit de vingt-six mesures (composées après le concert) de recherche erratique dans un univers chaotique, qui semblent donner une expression musicale à la fameuse réflexion de Dieu dans le « Prologue au ciel » de *Faust* : « l'homme se trompe tant qu'il poursuit un but ».

Cette introduction assurée par le soliste, qui, le 22 décembre 1808, venait de jouer un *Concerto* et une *Fantaisie pour piano*, a une fonction de cadence faisant lien entre le concert qui vient d'avoir lieu et le Finale de l'ensemble de ce concert, puisque Beethoven a inscrit Finale sur le mouvement qui suit immédiatement ce très court Adagio.

Ce Finale, qu'il faut donc entendre comme le Finale de l'ensemble du concert, est constitué de plusieurs moments qui se succèdent sans interruption (comme dans un Finale d'opéra).

Il commence, Allegro à quatre temps (mes. 27), par l'énoncé d'un thème confié aux cordes graves, *pianissimo* : celui-ci est repris par les autres cordes après une courte intervention du piano, et une ébauche de fugato entre les cordes, les bois et le piano mène rapidement à une suspension harmonique et à un changement de tempo et de texture (mes. 52-53). Ce moment, Meno allegro, à 2/4, en *ut* majeur, est introduit par un appel discret des cors, puis des hautbois, auquel répond le piano avant d'exposer le thème de la *Fantaisie* qui sera repris, varié, cinq fois de suite : d'abord par la flûte, puis par deux hautbois, ensuite par deux clarinettes associées à un basson, puis par les cordes en quatuor, et enfin par l'orchestre au complet, timbales et trompettes comprises. Un solo du piano, ponctué par des interventions de l'orchestre, mène à un Allegro molto, «alla breve» en *ut* mineur, variation qui a le caractère d'un scherzo (mes. 185). Après une centaine de mesures qui jouent avec le thème et le rythme de l'appel des cors, un Adagio ma non troppo, à 6/8, en *la* majeur (mes. 291), sur trilles du piano, établit un moment lyrique, vite interrompu (mes. 322) par une Marcia, assai vivace, à 2/4, en *fa* majeur, qui surgit, passe et s'éloigne, traversant avec ses timbales et trompettes la forme musicale qui se construisait à la manière d'une sonate (avec Scherzo et mouvement lent). La Marche s'éloignant, la tonalité retrouve alors l'*ut* mineur (mes. 389) et le tempo redevient Allegro, à quatre temps, les cordes graves reprenant leur thème initial. Le tempo change à nouveau (mes. 398) : il devient Allegretto ma non troppo (quasi Andante con moto), à 2/4, en *ut* majeur, une sorte de prélude du piano préparant l'entrée des solistes et du chœur, qui déclament chacun des trois ensembles de deux strophes successivement sur le même thème, avant de répéter et de développer la dernière strophe, pour culminer par une longue tenue, dans un tempo qui s'est fait Presto à deux temps (mes. 490), sur le mot «Kraft». Après une longue tenue des voix sur «Göttergunst» qui fait pendant aux tenues sur «Kraft», l'orchestre et le pianiste soliste concluent fortissimo en reprenant une dernière fois le thème.

Sources

Les esquisses se trouvent presque toutes dans le *Skizzenbuch Grasnick 3* (utilisé par Beethoven entre le milieu 1808 et le début 1809, mais dont il ne reste qu'une photocopie) ; elles montrent que, contrairement à son habitude, Beethoven a composé cette œuvre d'un trait, sans être interrompu par d'autres projets ; qu'il commença par la partie instrumentale (c'est-à-dire le travail des variations sur le thème du Lied *Gegenliebe WoO 118*), continuant avec la partie vocale (dont les quelques paroles notées diffèrent de la version éditée), les esquisses de l'introduction n'étant pas retenues.

Les esquisses de l'introduction (qui fut publiée) datent de la deuxième moitié de 1809 (dans un autre ensemble qui se trouve à Berlin).

Le manuscrit autographe est perdu (Beethoven dit lui-même qu'il n'a pas eu le temps d'établir une partition), mais il existe un manuscrit autographe des parties vocales (il se trouve à Bonn), qui a sans doute été établi seulement en 1810 en vue de la publication (ce manuscrit a dû servir à établir les copies pour la gravure).

Il existe également à Bonn une copie d'un fragment de la partie soliste (jusqu'à la Marcia) avec annotations et corrections de Beethoven, destinée à la gravure. Sur la page de titre, il a indiqué le titre «Fantasia / Con gran orchestre e / Con Cori dei voci / da / van Beethoven» et en haut à droite «Nb : vieleicht würde es wohl gethan seyn, die Singstimmen mit dem Texte in einem kleinen Auszuge der Klawier Solo Stimme beyzufügen???».

Il existe également une copie de la partie des premiers violons, avec des corrections de Beethoven. Cette copie a sans doute servi à la première exécution, tandis que la copie pour la gravure est perdue (ou alors n'a jamais existé, le matériel d'orchestre de la première représentation ayant été utilisé). À côté de cette copie, il ne reste que des copies, pleines de fautes, qui n'ont donc pas pu être utilisées pour la gravure, des parties des instruments à vent ainsi que celle des timbales (il s'agit sans doute du matériel d'orchestre de la première exécution).

Un exemplaire de l'édition originale de la partie soliste comporte une dédicace à Zmeskall écrite par Beethoven : «An Freund Zmeskall / vom ganz kleinen Autor selbst».

Publication

L'édition originale, en voix séparées, fut assurée à Leipzig, par Breitkopf & Härtel en juillet 1811. Le titre est en allemand :

«FANTASIE / für das Pianoforte / mit Begleitung / des ganzen Orchesters und Chor / in Musik gesetzt und / Seiner Majestät / MAXIMILIEN JOSEPH / KOENIG VON BAYERN &c. &c. / zugeeignet von / L. v.

Beethoven. / 80s Werk. Eigenthum der Verleger. […] ».

Cette édition fut quinze fois rééditée jusqu'en 1864 (signe de son succès).

La *Fantaisie* fut éditée en partition par Breitkopf & Härtel en 1849.

Clementi acheta les droits de publication pour Londres en 1809, et la publia en octobre 1810.

Il y eut beaucoup de transcriptions : pour quatuor à cordes, piano à quatre mains et piano à deux mains.

DÉDICATAIRE

La dédicace à Maximilien Joseph (1756-1825) électeur (1799-1806) puis roi de Bavière (1806-1825) procéda d'une décision de l'éditeur, sans consultation de Beethoven.

L'ŒUVRE VUE PAR LES CONTEMPORAINS

Les *Annalen der Literatur und Kunst in dem oesterreichischen Kaiserthume*, livraison de février 1809, *Intelligenzblatt* col. 84-87, publièrent un article sur le concert du 22 décembre 1808, dans lequel la *Fantaisie op. 80* est mentionnée avec le nom de l'auteur du texte, Kuffner. L'auteur donnait une courte analyse de cette œuvre qui terminait le grand concert, signalant que les conditions d'exécution n'avaient pas été favorables, même si Beethoven avait été très applaudi, parce que les instrumentistes expérimentés avaient été requis ce même soir par le concert donné au Burgtheater au profit des veuves et des orphelins (situation dont Beethoven se plaignit dans une lettre du 7 janvier 1809 à Breitkopf & Härtel [2., 350]) [1].

L'*AMZ* XIII du 27 mars 1811, n° 13 (col. 231), publia un court article sur cette *Fantaisie* entendue pour la première fois en concert à Leipzig le 18 mars 1811. L'auteur déplorait l'inexistence d'une partition, mais fut très séduit par cette œuvre qu'il trouva « originale », d'une organisation inhabituelle, « pleine d'esprit, de vie et de charme ». Il soulignait en outre la trajectoire de l'œuvre qui part du plus sérieux, passe par une grande sérénité et s'épanouit dans une joie fraîche. L'auteur ajoutait que cette œuvre demandait un pianiste et un orchestre entraînés, ainsi que des mélomanes avertis, pour être exécutée de manière satisfaisante.

L'*AMZ* XIV du 6 mai 1812, n° 19 (col. 307-311), publia un article, en première page (non signé), d'E.T.A. Hoffmann qui analysait cette *Fantaisie*, dans laquelle il voyait un « autoportrait », et même une « autobiographie » du compositeur, hors de toute contrainte formelle, mais souverain dans le domaine des sons. Hoffmann montrait comment cette œuvre permettait de pénétrer dans l'atelier du compositeur et de suivre l'évolution de sa pensée, de voir comment il maîtrisait le chaos de départ. Il ajoutait que ce « Génie », qui s'adresse à la sensibilité par des sons inarticulés, choisit à la fin de cette œuvre de s'adresser à la raison par des mots, ce qui produisait un effet magnifique (« herrlich ») et devait entraîner tous les auditeurs un état d'âme des plus sublimes.

Il concluait en soutenant que cette œuvre, qui permettait d'approcher « bien des caractéristiques psychologiques » de Beethoven, n'était « pas seulement originale de part en part, mais était aussi un travail de maître qui devait être reconnu pour tel ».

La *Zeitung für Theater und Musik* (Berlin), Jg. 2 (1822) p. 71-72, rendait compte d'un concert donné à Paris par Moscheles qui avait osé jouer la « Grande Fantaisie pour Orchestre et chœur » devant un public sensible avant tout à Rossini. Mais hélas, l'exécution ne fut pas à la hauteur du génie du compositeur.

CORRESPONDANCE

Le 4 février 1810 [2., 423], Beethoven proposait de nouvelles œuvres à Breitkopf & Härtel, dont cette *Fantaisie op. 80*. Le 21 février 1810 [2., 427], B&H accepta la proposition sous condition de réduction d'honoraires – les négociations furent en suspens pendant plusieurs mois.

Le 2 juillet de la même année [2., 451], Beethoven annonçait à B&H qu'il allait lui envoyer plusieurs œuvres, en trois envois successifs, la *Fantaisie op. 80* se trouvant dans le deuxième envoi qui comprenait des œuvres à faire paraître le 1er novembre (Beethoven en annonça l'expédition dans une lettre du début du mois d'août [2., 464]).

---

1. Cet article est publié *in extenso* in « Wer schrieb den Text zu Beethovens Chorphantasie ? Ein unbekannter Bericht über die Uraufführung », *Bonner Beethoven – Studien 3*, Verlag Beethoven – Haus Bonn, avril 2003, p. 44-46.

Le 21 août [2., 465], à la fin d'une longue lettre à B&H, Beethoven lui proposait que, pour l'édition de la *Fantaisie op. 80*, la partie chantée soit intégrée à la partie de piano, et que si le texte devait être modifié – le texte et la musique ayant été écrits très rapidement (Beethoven avait d'abord écrit «en une nuit»), il n'avait pas eu le temps de mettre une partition au propre – il fallait conserver le mot «Kraft» ou trouver un terme équivalent qui s'adapte à la musique.

Le 3 mai 1811 [2., 495], Beethoven promettait à B&H d'envoyer les épreuves corrigées de la *Fantaisie op. 80* (épreuves que Härtel avait envoyées – ce dont Beethoven le remerciait le 19 février 1811 [2., 486] –, et avait réclamées le 30 avril 1811 [2., 494]). Le 20 mai [2., 499], Beethoven annonçait qu'il avait réexpédié les épreuves.

Le 9 octobre [2., 523], il demandait d'où venait la dédicace au roi de Bavière et s'il fallait en attendre un cadeau.

Le 25 février 1824 [5., 1782], en proposant la *9e Symphonie op. 125* à Maurice Schlesinger à Paris, Beethoven lui disait que le Finale était, en plus grand, construit comme la *Fantaisie op. 80*. Le 10 mars 1824, Beethoven faisait la même proposition avec la même comparaison à B. Schotts' Söhne à Mayence [5., 1787] et à Heinrich Albert Probst à Leipzig [5., 1788].

WoO 136
Andenken (Souvenir)

Lied avec accompagnement de piano sur un poème de Friedrich von Matthisson Allegretto, 6/8, ré *majeur – 82 mes.*

Temps de la composition

Ce Lied fut peut-être composé pour Josephine Brunsvik, alors comtesse Deym, au début de l'année 1805. Revu à la fin de l'été 1808 pour être édité dans la Revue *Prometheus*, à côté d'autres poèmes de Goethe mis en musique, il fut proposé à l'éditeur Breitkopf & Härtel en juillet 1809.

Contexte biographique

Très tôt, Beethoven s'est senti proche de la poésie de Matthisson, ce dont témoignent la composition de la cantate *Adelaïde op. 46*, en 1795, ainsi que sa lettre à Matthisson écrite le 4 août 1800 [1., 47], pour accompagner l'envoi d'*Adelaïde* – envoi qu'il faisait avec beaucoup d'appréhension, tout en affirmant qu'il désirait mettre d'autres des poèmes de Matthisson en musique pour s'approcher de sa poésie.

Mettant ses désirs à exécution, il semble qu'au début de l'année 1805, Beethoven ait composé pour Josephine Brunsvik, alors comtesse Deym, ce Lied *Andenken* qui a le même contenu poétique que le poème de Goethe sur lequel il avait écrit des *Variations à quatre mains WoO 74* pour les sœurs Brunsvik en 1799. Les «belles mains» évoquées par Beethoven dans sa lettre à Seckendorf pourraient être une allusion à Josephine, à laquelle il avait donné deux Lieder au début de l'année 1805, *An die Hoffnung op. 32* et un autre (sans doute *Andenken WoO 136*) – dans une lettre, écrite le 7 mars 1806 à ses sœurs Therese et Josephine, Charlotte Brunsvik demandait une copie du Lied «Ich denke dein» : «J'ai bien une autre grace a vous demander – ce sont deux airs *an die Hoffnung* und *ich denke dein*, imagine toi que je les ai presque complètement oublié, je pourrai pleurer pour cette perte : je les aimois tant…»

Dès 1805, Beethoven avait proposé ces deux Lieder (avec d'autres œuvres) à Breitkopf & Härtel, qui ne les avait pas acceptés (en fin juin 1805).

Après la disparition de la Revue *Prometheus* de Seckendorf, en septembre 1808, Beethoven, qui avait renoué avec Breitkopf & Härtel, lui proposa d'éditer ce Lied (il lui promet une copie le 26 juillet 1809, qu'il envoie le 8 août 1809 – mais le Lied ne paraît qu'en mars 1810).

Alors que ce Lied avait déjà été édité seul (en mars 1810), Beethoven exigeait de Breitkopf & Härtel, en octobre 1810, qu'il l'insère dans op. 75, sous prétexte qu'il y avait une faute sur un mordant… En fait, Beethoven pensait que le Lied, *Andenken*, complétait très bien l'op. 75, ensemble de Lieder composés à des dates différentes et dont les thèmes poétiques tournaient autour de l'amour lointain et impossible.

Présentation de l'œuvre

Le poème de Matthisson, écrit en 1792, ne fut publié qu'en 1802 dans le *Tübinger Almanach «Flora, Teutschlands Töchtern geweiht»* et édité la même année dans la cinquième édition augmentée des œuvres de Matthisson (ce poème a donc été publié sept ans après le « Ich denke dein » de Goethe).

Le poème est de quatre strophes.

Andenken
Ich denke dein,
Wann durch den Hain
Der Nachtigallen
Akkorde schallen.
Wann denkst du mein ?

Souvenir
Je pense à toi,
Quand à travers le bosquet
Le rossignol
Fait résonner ses accords.
Quand penses-tu à moi ?

Ich denke dein,
Im Dämmernschein
Der Abendhelle
Am Schattenquelle.
Wo denkst du mein ?
Je pense à toi,
Au crépuscule
À la clarté du soir
À l'ombre de la source.
Où penses-tu à moi ?

Ich denke dein,
Mit süsser Pein,
Mit bangem Sehnen
Und heissen Thränen.
Wie denkst du mein ?
Je pense à toi,
Avec une douce peine,
Avec une nostalgie inquiète
Et de chaudes larmes.
Comment penses-tu à moi ?

O denke mein,
Bis zum Verein
Auf besserm Sterne !
In jeder Ferne
Denk'ich nur dein !
O pense à moi,
Jusqu'à notre union
Sur la meilleure étoile
Chaque fois que je suis loin
Je pense uniquement à toi !

Après une sorte de court prélude (de six mesures) posant la tonalité de *ré* majeur, le tempo Allegretto, la métrique 6/8, le rythme qui s'accélère, et le mordant, les trois premières strophes (Wann ? Wo ? Wie ?) sont identiques, l'interrogation étant portée par une suspension harmonique dans le ton de la dominante (ce qui en renforce l'effet). La quatrième, et dernière strophe, légèrement différente, correspond à la seconde moitié du Lied : la voix y est doublée et les vers sont repris, avec insistance sur « Sterne », et effet de résonance de « nur dein ! ».

SOURCES

Le manuscrit autographe (de 1808) est à Genève. Le texte des strophes n'est pas indiqué sous la musique, sauf pour la première.

Une copie se trouve à Munich.

PUBLICATION

L'édition originale fut assurée à Leipzig par Breitkopf & Härtel en mars 1810 :

« Andenken / von Matthison, / in Musik gesezt / von / Louis van Beethoven./ [...] »

Ce Lied fut publié à Londres par Clementi le 31 août 1810, sous la dénomination de « A favorite Arietta ».

Ce Lied fut publié en mai 1816 dans un ensemble de « Lieder von Göthe und Mathisson in Musik gesetzt von L. van Beethoven » avec un canon à quatre voix pour le nouvel an, à Vienne et à Pest, chez J. Riedl, marchand d'art.

Breitkopf & Härtel le réédita vers 1818.

CORRESPONDANCE

Le 4 août 1800 [1., 47], Beethoven écrivait à Matthisson, en lui envoyant sa « divine Adelaïde », qu'il souhaitait mettre en musique d'autres poèmes de lui (Matthisson lui a-t-il envoyé d'autres poèmes ? Toujours est-il que Beethoven a composé la musique de *An Laura* WoO 112, de l'*Opferlied* WoO 126 et de *Andenken* WoO 136).

Le 16 janvier 1805 [1., 209], Beethoven envoyait à Breitkopf & Härtel « ein *kleines Lied* » en même temps que la *Symphonie op. 55* et que les *Sonates pour piano op. 53* et *op. 54*. Il s'agit sans doute de la première version de « *Ich denke dein* » (*Andenken*), écrite pour Josephine Brunsvik, comtesse Deym (Beethoven lui aurait offert ce Lied en janvier 1805).

Le 12 février 1805 [1., 212], Kaspar Karl, frère de Beethoven, signalait (entre autres informations) à Breitkopf & Härtel que Beethoven lui laissait le « Lied » en échange d'envoi de partitions.

En mai 1805 [1., 223], Beethoven demandait à Breitkopf & Härtel de lui réexpédier toutes les partitions envoyées y compris le «*Lied*» parce qu'il refusait une diminution des honoraires qu'il avait exigés. L'éditeur réexpédiait ce «Lied, Gedenke mein», le 21 juin 1805 [1., 226] (ainsi que les autres partitions : *op. 53, 54, 55* et l'oratorio *op. 85*).

À la fin septembre 1808 [2., 337], Beethoven annonçait à Léopold von Seckendorf qu'il lui envoyait le Lied promis, en s'excusant du retard en expliquant qu'il avait cherché ce Lied sans penser qu'il en avait donné le manuscrit, depuis longtemps, à une amie (il était «entre de belles mains») – il avait donc été obligé d'établir lui-même une copie à partir d'une copie pleine de fautes.

Le 26 juillet 1809 [2., 392], il annonçait à Breitkopf & Härtel qu'il allait bientôt recevoir le «Lied ich denke dein» qui aurait dû être publié dans la «*malheureuse*» Revue *Prometheus*, et qu'il aurait oublié si l'éditeur ne le lui avait rappelé – Beethoven ajoutait alors : «Prenez-le comme un petit cadeau».

Quelques jours plus tard [2., 393], il annonçait à B&H qu'il allait envoyer le Lied promis et peut-être quelques autres.

Le 3 août 1809 [2., 394], il annonçait encore l'envoi du Lied et «peut-être d'un autre» (il s'agit sans doute de *Andenken WoO 136* publié par B&H en mars 1810, et du *Lied aus der Ferne WoO 137* publié en février 1810, toujours chez B&H).

Le 8 août 1809 [2., 395], Beethoven informait B&H qu'il avait déposé les Lieder chez son correspondant à Vienne et qu'il s'agissait d'un cadeau en contrepartie des partitions demandées (de Haendel, Mozart, CPE Bach), d'un numéro de l'*AMZ* ainsi que des œuvres complètes de Schiller et de Goethe.

Le 19 septembre 1809 [2., 400], Beethoven signalait que «pour le Lied en *ré* majeur il fallait indiquer le tempo Allegretto, sinon il était chanté trop lentement».

Le 15 octobre 1810 [2., 474], Beethoven exigeait que B&H insère *Andenken*, qui avait été édité seul, dans l'op. 75 – ce qui serait l'occasion de corriger la faute sur un mordent.

WoO 58

Deux cadences pour le Concerto pour piano en *ré* mineur de Mozart K. 466

TEMPS DE LA COMPOSITION

Soit en 1802-1805, soit en 1808-1809 pour son élève pianiste et compositeur, Ferdinand Ries, qui fut proche de lui à Vienne de la fin 1801 à la fin 1805, ainsi que du 27 août 1808 à fin juillet ou début août 1809.

CONTEXTE BIOGRAPHIQUE

Beethoven aimait beaucoup ce Concerto. Ce n'est certainement pas pour lui qu'il a écrit ces cadences.

SOURCES

Le manuscrit autographe de la Cadence pour le premier mouvement se trouve à Bonn.

Celui pour le troisième mouvement à Londres.

Hess 107

Marche de grenadiers en fa majeur pour une horloge mécanique

C – *56 mes.*

TEMPS DE LA COMPOSITION

Entre 1807 et 1812.

PRÉSENTATION DE L'ŒUVRE

Il s'agit d'un arrangement fait pour le prince Johann Joseph zu Schwarzenberg, pour les 20 premières mesures d'une Marche de Haydn en *mi* bémol majeur composée pour la Grenadiere-Kapelle de Eisenstadt en 1793. Les 16 mesures suivantes, le trio, sont de Beethoven et sont un arrangement d'une Marche pour instruments à vent écrite en septembre 1807 pour les grenadiers du prince, lors de son séjour à Eisenstadt à l'occasion de la création de sa Messe op. 86. Cet arrangement se situe entre 1807 et début 1812 puisqu'il était destiné à la l'horloge mécanique de Franz Egidius Arzt (1757-10 mars 1812).

Opus 73
Cinquième Concerto pour piano en *mi* bémol majeur

Le nom « L'Empereur » attribué à cette œuvre est apocryphe.
Allegro, C, mi *bémol majeur – 581 mes.*
Adagio un poco moto, ¢, si *majeur – 82 mes.*
Rondo. Allegro ma non troppo, 6/8, mi *bémol majeur – 431 mes.*

TEMPS DE LA COMPOSITION ET PREMIÈRE EXÉCUTION

Ce *Concerto* fut envisagé à la fin de l'année 1808, au moment de la composition de la *Fantaisie op. 80*, et terminé avant cet *op. 80*, au cours de l'année 1809 (Beethoven a probablement commencé son manuscrit autographe en mars 1809 – le début du deuxième mouvement étant noté au moment de la déclaration de guerre de l'Autriche à Napoléon en avril 1809 –, les esquisses précédant de peu la mise au propre du manuscrit). La partition définitive ne fut établie, pour l'éditeur Breitkopf & Härtel, qu'au cours de l'été 1810.

Il fut sans doute exécuté pour la première fois le 28 novembre 1811 à Leipzig lors du septième concert du Gewandhaus (c'est la première fois que Beethoven n'a pas créé son nouveau *Concerto* : sa surdité ne lui permettait plus de jouer en concert devant un large public).

CONTEXTE BIOGRAPHIQUE

Beethoven eut l'idée de ce nouveau *Concerto* au moment où il préparait le grand concert du 22 décembre 1808 : les premières esquisses, qui portent sur le thème principal du premier mouvement, se trouvent à la fin des esquisses pour la *Fantaisie op. 80* (à la suite des recherches de l'allure que pourrait avoir l'introduction) : après des motifs rejetés apparaissent des esquisses proches de ce qui sera retenu comme thème pour le premier mouvement. Les esquisses suivantes (dont il manque certainement des étapes intermédiaires) ont été notées sur deux cahiers différents (reconstitués partiellement par Nottebohm II, 254-259), utilisés entre février et octobre 1809.

Peu de temps après le concert du 22 décembre 1808, et donc sur sa lancée, Beethoven poursuivit le travail de recherche destiné à un nouveau concerto. L'état des esquisses (retrouvées et rassemblées) prouve qu'il ne s'est consacré aux deux derniers mouvements qu'une fois le premier mouvement prêt à être composé, c'est-à-dire au printemps 1809, au moment où la guerre menaçait à nouveau.

Mais c'est plusieurs mois avant d'être pris par l'atmosphère guerrière, et d'être concerné directement par les bombardements qui ont accompagné le siège de Vienne[1], que Beethoven a pensé à ce nouveau *Concerto* pour piano, qu'il a commencé à composer exactement au moment où il espérait que l'aristocratie mélomane viennoise allait s'arranger pour le retenir à Vienne, et l'empêcher de s'établir à Cassel chez le roi de Westphalie. Son ami Ignaz von Gleichenstein, ainsi que Marie Erdödy, chez qui il logeait depuis la fin septembre 1808, réussirent à obtenir qu'une rente annuelle lui soit versée par le prince Kinsky, le prince Lobkowitz et l'archiduc Rodolphe (le contrat fut signé le 26 février 1809). Beethoven participa à ces tractations en faisant savoir à Gleichenstein les conditions qu'il exigeait : ne se plier à aucune contrainte, tout en ayant un orchestre à sa disposition, pour composer les grandes œuvres qu'il aspirait à écrire[2] – grandes œuvres dans le genre de ce *Concerto* pour piano et orchestre qu'il était en train de composer.

Beethoven avait à ce moment une grande conscience de son génie novateur, ce qu'il tenait à faire savoir et qu'il espérait présenter à l'occasion d'un concert dans lequel il serait à nouveau le soliste ; il ne pouvait pas prévoir que le concert du 22 décembre 1808 serait la dernière grande manifestation à laquelle il participerait en tant que pianiste.

L'autre donnée, souvent évoquée, à prendre en compte pour apprécier la facture de ce *Concerto*, est la situation de guerre qui

1. La déclaration de guerre de l'Autriche date du 9 avril. Vienne est bombardée dans la nuit du 11 au 12 mai 1809. Beethoven resta à Vienne pendant la guerre. Le 14 octobre 1809 fut signée la paix de Vienne.

2. En janvier 1809, Beethoven envoyait à Gleichenstein un billet dans lequel il évoque les tractations de Marie Erdödy en lui conseillant de lui proposer un « plan » [2., 352] ; et mi-février, il lui envoyait un autre billet dans lequel il indique ce qui lui est nécessaire pour créer dans les meilleures conditions [2., 353].

s'impose en Autriche, et à Vienne, à partir d'avril 1809 : le 4 mars 1809, Beethoven annonçait à Breitkopf & Härtel, dès le début de sa lettre [2., 359] que «les choses changeaient» et qu'il restait à Vienne, mais il exprimait son inquiétude face à la mise sur pied de la cinquième coalition. De fait, Beethoven, obligé de rester à Vienne, a psychologiquement beaucoup souffert de ce nouveau siège de Vienne, comme il le dit plusieurs fois à son éditeur de Leipzig : le 26 juillet 1809, il écrivait que depuis le 4 mai (jour où la famille impériale était partie se réfugier à Offen pour fuir le siège de Vienne, qui, bombardée, capitula le 12 mai), il n'avait pas pu faire grand chose, avait été très choqué et pouvait même pas jouir du calme de la nature (il était impossible de se rendre à la campagne) ; il ajoutait que la rente promise ne lui avait pas été versée [2., 392] ; et, le 22 novembre 1809, il commençait une lettre en soulignant qu'il jouissait enfin d'un peu de calme depuis les «destructions sauvages», et leurs conséquences si pesantes qu'il avait «l'impression d'écrire plus pour *la mort* que pour *l'immortalité*» [2., 408] (jouant sur les mots, comme il aimait tant le faire).

Les préparatifs de guerre eurent des retombées sur le travail de Beethoven qui, déjà bien avancé dans les esquisses pour son *Concerto*, fut sollicité, comme d'autres compositeurs viennois, pour composer la musique de chants patriotiques : un de ces chants, «Oesterreich über Alles» (L'Autriche par-dessus tout), de Joseph von Collin[1], se trouve parmi les esquisses du *Concerto*, Beethoven ayant inscrit quelques repères verbaux au-dessus de l'esquisse d'une ligne de chant : «als Gesang», «auf die Schlacht Jubelgesang», «Angriff», «Sieg» (comme chant, chant d'allégresse sur le champ de bataille, attaque, victoire – ces termes sont notés à intervalles assez réguliers, comme s'ils indiquaient une succession d'actions, pour lesquelles Beethoven testait le même motif musical).

La tension guerrière, le bruit des canons et les musiques militaires, qui faisaient partie du paysage sonore de Beethoven, ont peut-être influencé la composition de ce *Concerto* qui comprend beaucoup de sonorités «triomphales» produites par les cors (plus que par les trompettes) et par les timbales, ainsi que par le jeu brillant du piano ou par l'intensité et la fermeté de l'orchestre. Pourtant, malgré les connotations guerrières qu'il est facile d'associer à ces sonorités, plus que de la guerre réelle, c'est du combat de Beethoven compositeur qu'il est, avant tout, question : puisqu'il avait nombre d'ennemis personnels, dans une ville où la situation musicale était toujours plus mauvaise, comme il l'écrivait à Breitkopf & Härtel le 7 janvier 1809, et puisque sa musique n'était pas acceptée par le public moyen qui la trouvait trop difficile à comprendre et à exécuter, pourquoi se serait-il contraint ? Délibérément, il choisit l'attitude opposée : ainsi au lieu de céder à la pression environnante, Beethoven est bien décidé à proclamer que les «progrès dans l'art» peuvent être éclatants et prendre l'allure d'un combat victorieux, que le grand orchestre associé à sa virtuosité pianistique peut être à l'origine d'une composition déroutante et de grande ampleur, et que faire du nouveau ce n'est pas toujours faire du spectaculaire : les œuvres qu'il était en train de composer, en même temps que ce *Concerto*, lui permettant de soutenir cette idée (selon son habitude, il composa plusieurs œuvres de manière concomitantes au cours de l'année 1809, dont un quatuor à cordes, une marche, des sonates pour piano, des Lieder). C'est ainsi que, conscient de sa valeur et ferme dans ses intentions, il pouvait formuler la réflexion suivante dans une lettre écrite, en français, le 23 novembre 1809, à George Thomson (qui résidait à Édimbourg) : «Vous traites avec un vrai Artiste qui aime d'être honorablement payé, mais qui pourtant aime encore plus sa gloire et aussi la gloire de l'art – et qui n'est jamais content de soi-même, et se tache d'aller toujours plus loin et de faire de progrès encore plus grands dans son art –» [2., 409].

C'est également au milieu de cette tension, occasionnée à la fois par la marche à la guerre et les tractations avec les princes mécènes, que Beethoven se disputa avec Marie Erdödy à propos d'un domestique qu'elle aurait payé pour qu'il reste à son service (pour l'espionner et influencer ses décisions ?), et c'est au milieu des esquisses pour le *Concerto* qu'il nota, au brouillon, son indignation : elle aurait confondu le domestique et le maître…

1. Le poème de Collin, mis en musique par Joseph Weigl, fut chanté le 28 mars 1809 dans la Redoutensaal (Reichardt, Briefe II, 85) (Nottebohm, II, 262).

Il était si furieux qu'il chercha à retirer à Marie Erdödy la dédicace prévue des deux *Trios op. 70* et de les dédier à l'archiduc Rodolphe. Comme cette décision parvint trop tard à l'éditeur, Beethoven dédommagea l'archiduc en lui dédiant ce nouveau *Concerto* (il lui avait déjà dédié le *4e Concerto* en *sol* majeur), bien qu'il ne l'ait pas composé délibérément à son intention – mais Rodolphe était pianiste, et il avait accepté de devenir un de ses mécènes : lui dédier ce nouveau *Concerto,* qui allait paraître, était donc une façon de le remercier, et également une façon de fêter son retour, Rodolphe étant parti en exil avec la famille impériale du 4 mai 1809 au 30 janvier 1810. Et puis, c'est à partir de la partition manuscrite de ce *Concerto* que Beethoven semble avoir enseigné la composition à l'archiduc, au cours de l'année 1810 (avant la révision de la partition pour l'édition par Breitkopf & Härtel).

Et, c'est au cœur de cette intense création que Beethoven s'enthousiasma pour Euripide, qu'il chercha à se procurer les œuvres complètes de Goethe et de Schiller, qu'il commanda des œuvres de Haendel, Bach, CPE Bach, Haydn et Mozart pour ses « petits concerts privés » [2., 392, 26 juillet 1809], et qu'il tint à faire remarquer à son éditeur le haut niveau de ses préoccupations culturelles, et cela depuis son enfance [2., 408, 22 novembre 1809].

PRÉSENTATION DE L'ŒUVRE

Ce « grand » *Concerto* conserve l'organisation traditionnelle en trois mouvements, mais tous les éléments qui le constituent sortent en fait du schéma habituel, découlant avant tout de l'accent mis par Beethoven sur les potentialités encore inexploitées du matériau sonore : un grand orchestre (sans trombones, mais avec des cors et des timbales) et un piano virtuose capable de parcourir le clavier de toutes les manières possibles.

I. Le premier mouvement s'impose par ses innovations : dans le cadre de la forme sonate, Beethoven a fait jouer simultanément deux dimensions musicales, la sonorité de l'orchestre et du piano et l'écriture combinant des motifs dynamiques et contrastés.

Ce premier mouvement donne à entendre immédiatement les constituants sonores qui vont être utilisés : tout d'abord l'intensité de l'orchestre qui arrache l'attention par un puissant accord sur un *mi* bémol et un *sol*, puis le développement virtuose de cet accord par le piano (arpèges, gammes, trilles) – et cela trois fois de suite (le deuxième accord est sur un *la* bémol, et le troisième sur un *si* bémol) jusqu'à ce qu'une cadence parfaite propulse l'exposition du matériau thématique par l'orchestre seul, conformément à la tradition du genre concerto. Mais contrairement à la tradition du genre, Beethoven a commencé son *Concerto* par trois cadences successives, et a interdit l'insertion d'une cadence à la fin du mouvement.

Les premiers motifs thématiques sont avant tout rythmiques : un triolet de doubles croches, très dynamique, exposé par les violons, est suivi par un rythme pointé très affirmé (par un *sf*) exposé par les cors. Ces deux motifs sont ensuite repris par les différents timbres de l'orchestre, dont les timbales, avec une grande fermeté et une grande intensité sonore. Le second ensemble thématique se caractérise par sa délicatesse (*p, dolce*) et sa discrétion (les rythmes sont subtiles et réguliers), ainsi que par le rôle dévolu à la sonorité des cors. Puis la section terminale de l'exposition reprend la dimension de l'intensité sonore (combinaison de motifs rythmiques, et diversité des timbres). Après cette longue exposition, le piano entre (à la mesure 107) par un trait chromatique ascendant qui culmine sur un trille. Il s'agit cette fois d'une reprise variée de l'exposition reposant sur la virtuosité du pianiste qui met en évidence la fermeté ainsi que la fluidité de l'univers musical de ce premier mouvement.

Le développement est annoncé par une reprise condensée de l'exposition par l'orchestre (mesure 227) et une entrée du piano sur un nouveau trait chromatique (mesure 264), et il est traversé, comme dans la *Fantaisie op. 80*, par une sorte de marche sur le rythme pointé initial (mesure 304), avant de se diriger vers une réexposition variée (mesure 362) qui repart du cadre sonore posé au début, et qui associe très vite le piano à l'orchestre, par une succession de trilles.

La coda (mesure 484) joue sur l'alternance entre l'orchestre et le soliste : elle commence en reprenant le rythme pointé, puis Beethoven inscrit sur un point d'orgue (mesure 496) : « NB. Non si fa una Cadenza, ma s'attaca subito il seguente ». Le motif en triolet sur une ligne ascendante, joué au piano, donne alors l'impulsion à une section soliste, bientôt soutenue par les cors, puis par l'ensemble de l'orchestre en valeurs égales, dans le style de la scansion régulière des musiques révolutionnaires. Le mouvement se termine *fortissimo* sur l'affirmation, à l'orchestre, du rythme pointé, tandis que le soliste multiplie des traits virtuoses.

II. Le deuxième mouvement est Adagio un poco moto, en *si* majeur, à deux temps (alla breve). Il est constitué d'une première partie suivie de deux variations et d'un coup de théâtre longuement préparé.

Il commence par une sorte de choral joué par les cordes seules *con sordino* sur pizzicati des cordes basses; la flûte apportant une respiration en ouvrant l'espace sonore. Quand le piano intervient (mes. 16), *dämmernd* (sombre)/*pp espressivo*, il installe un temps étiré et suspendu par les longues broderies qui se dissolvent dans de longs trilles sur une montée chromatique : cette suspension trouve sa résolution dans la première variation, liée à la seconde variation par une nouvelle suspension harmonique. La fin de cette seconde variation semble s'étirer indéfiniment jusqu'à un «morendo» (mes. 78), la musique disparaissant peu à peu, sa texture s'étiolant, pour laisser place à une modulation et à l'émergence, au piano, du thème du Rondo qui va suivre après une courte suspension sur un *si* du piano : «NB. Semplice poco tenuto».

Dans ce mouvement les cors jouent encore un grand rôle.

III. Le Finale est un Rondo, Allegro ma non troppo à 6/8 qui, comme souvent, est proche d'une forme sonate (avec deux thèmes contrastés, exposition, développement et réexposition). Le refrain est exposé au piano, fortissimo, sur une ligne ascendante, de rythme binaire inscrit dans une mesure à 6/8, *espressivo/nachdrücklich*, soutenue par un accord en octave tenu aux cors *sempre pp*. Le piano fait à nouveau usage de sa virtuosité, en soulignant particulièrement les articulations par de grands traits ou des trilles. L'orchestre est aussi intense que dans le premier mouvement, les cors étant très présents et les timbales ayant un rôle dominant au point que la coda se transforme en un duo entre le piano et les timbales (mes. 402-418), avant les mesures finales «Più allegro» (mes. 419) lancées par un dernier trait du piano. Dans ce mouvement, caractérisé par les sonorités pleines et les rythmes très dynamiques, la scansion régulière (qui connote la Révolution) joue également un grand rôle.

SOURCES

Les esquisses, qui datent de la fin 1808 et de 1809, appartenaient à des ensembles différents (cahiers et carnets). Elles sont aujourd'hui dispersées (Berlin, New York, Bonn, Vienne, Paris). Elles ont été présentées et étudiées par Nottebohm, Dagmar Weise, et par Johnson, Tyson, Winter.

Le manuscrit autographe est à Berlin : «Klavierkoncert 1809. von LvBthwn». Il a été révisé à plusieurs reprises en 1810 pour servir à la copie destinée à la gravure. Il contient une exclamation manuscrite de Beethoven, «Östreich löhne Napoleon» (Que l'Autriche fasse payer Napoléon), inscrite sur la bordure inférieure de la page consacrée au début du deuxième mouvement Adagio un poco moto. Certains caractères de la partition autographe (utilisation de trois encres, chiffrage des accords de quelques passages d'orchestre, 88 «incisions») montrent que Beethoven s'en ait servi dans un but didactique, pour enseigner à l'archiduc Rodolphe la façon de composer un concerto et de réaliser une basse continue[1].

Une copie du premier mouvement de la partie de piano (dans sa dernière version), destinée à l'archiduc Rodolphe, a été réalisée vers juillet 1810 (elle se trouve à Bonn depuis mai 1986) – les deux autres mouvements devaient en faire partie à l'origine.

PUBLICATION

L'édition originale, la partie de soliste en grand format, et 17 voix séparées, fut assurée à Leipzig par Breitkopf & Härtel en février 1811. Le titre est en français :

«Grand / CONCERTO / Pour le Pianoforte / avec Accompagnement / de l'Orchestre / composé et dédié / à Son Altesse Impériale /

1. Dans sa préface à la Studien-Edition, Henle Verlag 1998, Hans Werner Küthen spécifie cette «intention didactique évidente : il s'agit d'un programme d'étude progressif, c'est-à-dire organisé en fonction d'un degré de difficultés croissantes» (p. VII). Il signale également que Beethoven a soigné la présentation de la partition pour rendre très lisible une œuvre à l'écriture complexe, qu'il ne pouvait plus jouer lui-même étant donné le degré avancé de sa surdité.

ROUDOLPHE / Archi-Duc d'Autriche etc. / par/ L. v. Beethoven / Propriété des Editeurs / Ouev. [*sic*] 73. [...].»

Une édition corrigée parut en mai 1811 prenant en compte la liste des corrections signalées par Beethoven.

La partition fut éditée en mars 1857 par Breitkopf & Härtel.

Clementi édita ce *Concerto* à Londres, le 1er novembre 1810 (sous le numéro d'op. 64, sans indication du dédicataire), donc avant l'édition de Leipzig (édition qui reproduisait une version qui fut largement corrigée après la vente de la première version en mars 1810 à Clementi, alors de passage à Vienne).

DÉDICATAIRE

Archiduc Rodolphe. Voir le *Quatrième Concerto op. 58.*

L'ŒUVRE VUE PAR SES CONTEMPORAINS

Rochlitz, le rédacteur de l'*AmZ* annonce dans le n° 33 (col. 854) du 3 octobre 1810 aux «amis de la musique pour piano et pour orchestre de Beethoven» la parution de toute une série d'œuvres, très importantes et de genres différents (*op. 72-84*).

La revue *Thalia. Ein Abendblatt, den Freunden der dramatischen Muse geweiht, Wien und Triest*, Band 2, 1811, mentionnait le peu de succès du concert au cours duquel Carl Czerny joua le *5e Concerto* : certes la salle n'était pas adaptée, et l'orchestre n'était pas en phase avec le soliste qui s'est pourtant très bien sorti des grandes difficultés, mais la raison essentielle résidait dans l'œuvre même de Beethoven, tout à fait inaccessible aux auditeurs moyens. L'auteur de l'article, qui trouvait Beethoven trop sûr de lui, soulignait la contradiction dans laquelle il était pris : alors qu'il cherchait à être compris et à susciter l'émotion, en fait il ne se préoccupait pas des capacités d'écoute de son auditoire, il poursuivait son idée avec fébrilité et sans répit tout en se permettant trop souvent des écarts «*barock*», ce qui plongeait dans l'ennui les «non-connaisseurs», qui avaient l'impression d'être entraînés dans «une nuit pleine de chaos».

Dans l'*AmZ* XIV, du 1er janvier 1812, n° 1 (col. 8), Rochlitz donna un compte rendu enthousiaste du concert de Leipzig (28 novembre 1811), au cours duquel le *Concerto* fut joué pour la première fois en public. C'était, affirmait-il, «le Concerto le plus original, plein d'imagination et d'effets, mais aussi le plus difficile, de tous les Concertos»; le chef avait dirigé de main de maître, le pianiste, interprété avec beaucoup de sûreté et de clarté. Le public était enthousiasmé.

L'*AmZ* XIV, n° 13 du 25 mars 1812 (col. 210), mentionnait le concert, donné le 12 mars 1812, au théâtre de la cour à Vienne par Carl Czerny qui joua, avec beaucoup de maîtrise, le *Concerto* en *mi* bémol. L'auteur de l'article déplorait les longueurs démesurées de la composition, qui réduisaient totalement l'effet de cette œuvre – magnifique sans cela.

La *Zeitung für Theater und Musik* de Berlin (Jg.2, 1822, col. 147) rapportait que le *Concerto* en *mi* bémol majeur avait été joué par une jeune pianiste pleine de talent, mais sans véritable génie. L'œuvre était qualifiée de «magnifique», de «saisissante», pleine de «tournures originales, frappantes, quoique souvent bizarres et baroques», propres au profond génie de Beethoven.

L'*AmZ* XXV (1824 [col. 203]) remerciait les organisateurs du concert qui avaient permis de faire entendre le *Concerto* en *mi* bémol majeur, peu souvent joué, les exécutants préférant préserver leur gloire plutôt que de se mettre au service de l'art. L'auteur de l'article, qualifiant cette œuvre (qu'il faudrait nommer «symphonisch»), de «geniale Concert», regrettait que l'interprète soit passé à côté de l'humour d'une rare force qu'il est indispensable de faire ressentir au moment de la transition vers le dernier mouvement.

CORRESPONDANCE

Le 4 février 1810 [2., 423], Beethoven le proposait à Breitkopf & Härtel avec d'autres œuvres «nouvelles» : la *Fantaisie op. 77*, la *Fantaisie op. 80*, trois *Sonates pour piano op. 78, 79, 81a*, des *Variations pour piano op. 76*, les *Lieder op. 75*, le *Quatuor op. 74*. L'éditeur déclinait ces propositions : il voulait une réduction des honoraires.

Le 2 juillet 1810 [2., 451], Beethoven promettait à B&H de lui envoyer le «Conzert in *Es*» en même temps que l'*op. 80* et l'*op. 83*, pour qu'il paraisse le 1er novembre 1810.

Le 21 août 1810 [2., 465], Beethoven envoyait à B&H des précisions sur l'ordre chronologique des nouvelles œuvres : le *Concerto (op. 73)* étant antérieur au *Quatuor (op. 74)* qui lui-même a précédé les autres œuvres. Il indiquait également le nom du dédicataire et le titre à publier : «das Konzert wird dem Erz[h]erzog R. gewidmet und hat nichts zum Titel «als Großes Konzert gewidmet Sr. Kaiserl. Hoheit dem Erzherzog Rudolf von *etc.*» : l'indication en allemand est traduite en français dans l'édition originale.

Le 15 octobre 1810 [2., 474], Beethoven demandait à B&H de lui renvoyer le manuscrit qui avait servi à la gravure; il en avait besoin pour corriger les épreuves, car il ne possédait plus de copie, un ami ayant manifesté le désir de la consulter : autrement dit l'archiduc Rodolphe avait la «partition du concerto et il ne la lui avait pas rendue» (effectivement, la copie manuscrite de la partie de piano se trouvait dans la bibliothèque de l'archiduc).

En début mai 1811 [2., 495], Beethoven exigeait de B&H qu'il corrige l'édition originale du *Concerto* avant de l'envoyer à l'«Industrie Komtoir» ou encore autre part; en lui annonçant qu'il avait envoyé les corrections l'avant-veille, il lui demandait pourquoi il ne pouvait pas publier des œuvres sans fautes.

Le 6 mai 1811 [2., 496], Beethoven se plaignait des fautes laissées par l'éditeur : «Des fautes – des fautes – Vous êtes vous-même une unique faute», menaçant de faire intervenir le «tribunal de la musique à Leipzig». Il indiquait ce qu'il fallait corriger.

Le 21 mai 1824 [5., 1838], Beethoven demandait à Carl Czerny de jouer l'Adagio et le Rondo de son *Concerto* en *mi* bémol, ce qui embellirait son «Académie» qui devait avoir lieu dans la grande salle de la Redoute le 23 mai 1824 (donc, deux jours plus tard!) – concert au cours duquel la *Neuvième Symphonie* fut rejouée (le concert du 7 mai ayant eu un immense succès).

Czerny répondait le jour même [5., 1839] que son activité d'enseignement ne lui avait pas permis d'entretenir sa virtuosité, et qu'il ne pouvait pas en deux jours se remettre dans les doigts «une œuvre aussi importante et difficile», d'autant plus que la salle était la plus dangereuse qui soit pour un pianiste!

Sixième partie

La rencontre avec Goethe
(1809-1812)

Libre de composer sans avoir à se soucier de ce que ses œuvres peuvent lui rapporter financièrement, Beethoven se met au travail dans un autre état d'esprit pour achever le *10e Quatuor* à cordes *op. 74*, les *Trios op. 70*, ainsi que toute une série de *Lieder*. Mais la guerre reprend avec la France (la famille impériale quitte Vienne, bombardée et investie par les troupes françaises en mai 1809). C'est dans ce contexte que l'intendant des théâtres décide de remettre en scène la pièce de Goethe, *Egmont*, drame centré sur ce comte qui a donné sa vie pour défendre la liberté de son pays, et qu'il demande à Beethoven d'en composer la musique de scène. Se replonger dans ce drame qu'il avait lu avec beaucoup d'enthousiasme, lors de son adolescence à Bonn, l'amène à mettre en musique plusieurs poèmes de Goethe, et donc à se rapprocher de la pensée et l'esthétique de ce grand poète, un des fondateurs de la nouvelle culture allemande. Il ose alors lui écrire en avril 1811. Et il n'a de cesse de le rencontrer, pour discuter de vive voix avec lui, qui comme tout poète a la mission d'éduquer, de former ses concitoyens. Bettina Brentano, une jeune amie de Goethe, se fait l'intermédiaire et au cours de l'été 1812 à Teplitz, dans une des villes d'eau de Bohême, son rêve se réalise, mais, après un moment d'euphorie, la déception s'impose : « Goethe aime trop l'air de la cour, plus qu'il ne convient à un poète » écrit-il à son éditeur Breitkopf & Härtel en août 1812. Quant à Goethe, il ne semble pas avoir cherché à nouer des relations prolongées avec Beethoven.

Cette rencontre avec Goethe, tant souhaitée par Beethoven, a lieu quelques jours seulement après la « difficile décision » qu'il prend de renoncer à partager une vie commune avec une femme aimée, cette énigmatique « Immortelle bien-aimée » à laquelle il adresse alors une longue lettre passionnée pour lui faire part de sa décision – lettre qui fut découverte après sa mort parmi les papiers et objets qu'il conservait précieusement. Qui était-elle ? Josephine Brunsvik ? ou, plus vraisemblablement, Antonie Brentano ? ou peut-être une femme qui demeure encore aujourd'hui inconnue des biographes ? Si Beethoven a gardé le secret sur l'identité de cette femme, il a plusieurs fois fait allusion, par la suite, à « une femme » aimée avec laquelle il ne lui a pas été possible de vivre.

Malgré son état d'abattement – qui n'était pas favorable au rétablissement de sa santé, but de son voyage jusqu'aux villes d'eau de Bohême –, il achève la *7e Symphonie*, commence la *8e*, et compose une nouvelle *Sonate pour piano et violon* (*op. 96)*. Au cours de cette période il compose et donne à publier de nouvelles *Sonates* pour piano seul (les *op. 78, 79 et 80a*), achève un nouveau *Trio* (*op. 97*), ainsi qu'un nouveau *Quatuor* à cordes (*op. 95*), deux œuvres qui ne paraissent qu'en 1816, au moment où il noue des relations, de travail et d'amitié, avec un nouvel éditeur, S.A. Steiner.

Opus 74

Dixième Quatuor à cordes en *mi* bémol majeur «Les Harpes»

Poco Adagio, ¢, mi *bémol majeur (24 mes.)* – *Allegro,* **C**, mi *bémol majeur – 262 mes.*
Adagio ma non troppo, 3/8, la *bémol majeur – 169 mes.*
Presto, 3/4, ut *mineur /* ut *majeur – 467 mes.*
Allegretto con Variazioni, 2/4, mi *bémol majeur – 195 mes.*

TEMPS DE LA COMPOSITION ET PREMIÈRE EXÉCUTION

De mai à septembre 1809, après le 5ᵉ *Concerto*.

Joué (à titre d'essai) pour la première fois en concert privé chez le prince Lobkowitz en novembre 1809.

CONTEXTE BIOGRAPHIQUE

Ce *Dixième Quatuor* en *mi* bémol majeur a été composé juste après le *Concerto pour piano* en *mi* bémol majeur *op. 73*, et en même temps que plusieurs autres œuvres, dont la *Sonate pour piano* en *mi* bémol majeur *op. 81a* : la tonalité de *mi* bémol majeur représente donc un pôle pour Beethoven en cette année 1809 – c'est la tonalité de l'*Eroica*, c'est également la tonalité relative d'*ut* mineur, celle que la *Cinquième Symphonie* et l'*Ouverture de Corialan* venaient de consacrer, c'est aussi une tonalité qui exige des instrumentistes à cordes une plus grande qualité de son et de sonorité, note Bernard Fournier[1], or ce quatuor se caractérise par l'importance structurelle qu'y prend le timbre.

Beethoven se trouva écartelé entre le sentiment d'être libéré, grâce à la rente (qui devait lui être versée par ses trois mécènes à partir de mars 1809), et l'impression pénible d'être soumis aux effets de la guerre, d'être entravé dans sa création : le 26 juillet 1809 [2., 392], il écrivait à son éditeur qu'il n'avait pratiquement rien fait depuis le mois de mai à cause du bombardement et de l'occupation de Vienne par les troupes de Napoléon. Effectivement, d'après les esquisses, c'est avant la déclaration de guerre qu'il aurait pensé composer de nouveaux quatuors – ne se mettant sérieusement au travail qu'après le retour au calme. Pourtant, au cours de l'année 1809, il composa et esquissa un certain nombre d'œuvres de grande importance, comme en témoignent ses cahiers et carnets ainsi que les propositions de vente faites à Breitkopf & Härtel ou à Clementi au cours de l'année suivante.

Dans cette période de grande fécondité, composer une œuvre de musique de chambre en parallèle avec des œuvres symphoniques ou des œuvres pour piano seul, était une manière d'expérimenter ses audaces d'écriture dans différents genres de musique et sur différents supports musicaux – en l'occurrence, avec ce *Quatuor à cordes*, d'expérimenter les sonorités que peuvent créer des instruments de même nature. Avec cette formation instrumentale constituée de tessitures complémentaires mais de timbre identique, Beethoven s'interrogea également sur la forme, et ses variantes par rapport aux normes traditionnelles, en faisant jouer l'écriture polyphonique (qui, alors, connotait «la musique ancienne») dans des structure «modernes», reflet des exigences esthétiques alors admises (telle la forme sonate). Ainsi, au milieu des esquisses de 1809, Beethoven recopiait des exemples tirés de l'ouvrage d'Albrechtsberger *Gründlicher Anweisung zur Komposition* – ce qui devait lui rappeler ses études effectuées avec ce «maître» en 1794, et lui permettre de s'approprier les principes de l'écriture polyphonique (celle même qui caractérise le trio au cœur du troisième mouvement), de façon à l'intégrer dans un cadre nouveau : soucieux d'obtenir ce

1. *Histoire du quatuor à cordes de Haydn à Brahms*, Fayard, 2000 p. 525.

qu'il voulait, Beethoven surveilla de près le respect de l'organisation des répétitions dans le troisième mouvement. Cette tension féconde entre l'ancien et le moderne, entre l'étrange et le connu, était déjà au cœur du processus créateur des *Quatuors op. 59*, dans lesquels Beethoven expérimenta le recours aux mélodies populaires étrangères intégrées dans une écriture harmonique.

Autre signe d'intérêt pour la musique « ancienne » : au milieu des esquisses pour ce quatuor, Beethoven semble avoir songé à un quintette en hommages à Jean-Sébastien Bach – comme si composer pour quatuor à cordes suscitait chez lui le besoin de composer un quintette, pour confirmer les ressources expressives de l'écriture polyphonique destinée aux cordes seules.

Ce Quatuor est le premier publié seul.

PRÉSENTATION DE L'ŒUVRE

Comme l'écrit Bernard Fournier dans son étude de ce Quatuor[1], l'originalité réside avant tout dans le travail du timbre lié à une interprétation inédite de la forme (sonate, Lied, scherzo, thème et variations), les codas apportant par leur taille et leur contenu un éclairage nouveau sur le mouvement, tout en constituant un élément d'unité pour l'ensemble du quatuor, puisque chacun des quatre mouvements a une coda très étendue.

Les effets de timbre sont produits par les attaques (il y a beaucoup de pizzicati, de *sf*), par la texture souvent polyphonique et par la répétition d'une même note dans une pulsation rapide.

L'unité d'ensemble est produite également par certains gestes (la rupture de ton, la rapidité incisive de courts motifs) comme par le choix d'une écriture polyphonique en tension avec une écriture harmonique, ainsi que par l'usage déroutant des formes choisies.

I. Le premier mouvement commence Poco Adagio, *sotto voce*, les quatre instruments posant ensemble le cadre tonal par un motif fait de sauts d'intervalles divergents, ce qui produit une impression d'écartèlement répercutée par une texture polyphonique privilégiant les grands écarts de registres. Ce Poco Adagio conduit à un Allegro, sorte de résolution d'une montée chromatique aboutissant à l'affirmation du *mi* bémol majeur. Dans cet Allegro, la forme sonate est interprétée de manière nouvelle, le développement privilégiant le jeu sur le timbre et la polyphonie serrée plus que la modulation, la coda apportant une sorte de rupture par débordement d'énergie insolite, les premiers violons jouant des doubles croches de manière ininterrompue en étant soutenus par les pizzicati des trois autres instruments, dans une tonalité mineure – comme si la puissance dramatique contenue dans les notes répétées qui concluaient l'exposition trouvait enfin la possibilité d'éclater.

II. Le deuxième mouvement, Adagio ma non troppo, à 3/8, en *la* bémol majeur, est de structure déroutante : il associe la forme Lied (ABA) et une forme rondo comportant des refrains variés et des couplets dans le style d'un développement de forme sonate. Ce mouvement lent est ouvert par le second violon, l'alto et le violoncelle qui introduisent *mezza voce* le thème joué *cantabile* par le premier violon. Puis le lyrisme se déploie dans une écriture polyphonique variée au rythme retenu (les silences et les syncopes sont nombreux) et aux timbres bien individualisés. Il se termine, *espressivo morendo*, sur le court motif rythmique initial de deux croches.

III. Après ce moment de profond lyrisme, le troisième mouvement Presto, qui surgit avec son motif unique constitué de notes répétées, produit un effet de rupture radical. Très rapide, il a une structure de scherzo avec trio, chacun des deux moments étant différencié par la texture, la tonalité et les qualités du tempo. La partie scherzo est *Presto* en *ut* mineur avec un motif répétitif omniprésent qui circule à toutes les voix, et la partie trio est *Più Presto quasi prestissimo* en *ut* majeur, écrite dans un contrepoint qui associe deux sujets hétérogènes très dynamiques, Beethoven a d'ailleurs fait inscrire sur la partition : « *Si ha s'immaginar la battuta di 6/8.* »

Ce mouvement, auquel la répétition de mêmes notes dans une pulsation rapide confère une énergie extrême, a lui-même une structure répétitive, très subtilement agencée, et à laquelle Beethoven tenait absolument (il insista auprès de l'éditeur pour que l'organisation soit respectée) : la structure repose donc sur des reprises irrégulières voulues par le compositeur :

1. *Op. cit.*, p. 523 et sq.

(A1A1 A2A2 / B / A1A1 A2 / B / A1A'1 A'2 / coda)

(Scherzo Trio Scherzo Trio Scherzo)

Dans la coda, le violoncelle magnifie la répétition des mêmes notes dans la pulsation *presto*.

IV. Le dernier mouvement est lié au précédent : « attaca il Tema dei Variazioni ». Son tempo est Allegretto, à deux temps, et il comprend six variations suivies d'une coda. Le thème est constitué de deux parties, reprises (de 8 et de 12 mesures), d'écriture harmonique calme. Les cinq premières variations privilégient diverses modalités de l'écriture contrapuntique, de manière rigoureuse (comme la musique « ancienne »), et elles sont contrastées : la première est *sempre staccato*, la deuxième *sempre dolce e p* et *legato*, comme la quatrième, tandis que la troisième et la cinquième sont *forte* et de plus en plus rapides et denses.

La sixième variation, Un poco più vivace, crée une rupture en réintroduisant des notes répétées par le violoncelle, dans le style d'une batterie qui évoque le Presto précédent. Puis la coda, ultime variation qui intensifie la répétition, se termine Allegro sur un trait rapide à l'unisson des quatre instrumentistes, forte, avec *sf* sur temps faibles, durant 8 mesures, deux accords *piano* la ponctuent par une simple cadence parfaite.

SOURCES

Les esquisses de 1809 sont à Berlin.

Le manuscrit autographe (à Cracovie) porte cette inscription : « Quartetto per due Violini Viola e Violoncello da Luigi van / Beethoven / 1809 ». À la fin du premier mouvement se trouvent quelques remarques sur *Egmont op. 84* et sur le *Flohlied op. 75 n° 3*, celles que Beethoven inséra dans sa lettre à Breitkopf & Härtel du 21 août 1810. Au bas de la page 31 (sur 47 p.), Beethoven a inscrit « Partitur von Egmont / Gleich an Göte ».

PUBLICATION

L'édition originale, en voix séparées, fut assurée à Leipzig par Breitkopf & Härtel, en novembre 1810. Le titre est en français :

« QUATUOR / pour / Deux Violons, Viola / et Violoncelle / composé et dédié / à Son Altesse / le Prince regnant de Lobkowitz / Duc de Raudnitz / par / L. v. BEETHOVEN / Propriété des Éditeurs / Œuv. 74 […] »

Artaria et Comp. le publia à Vienne en décembre 1810.

Clementi le publia à Londres septembre 1810 d'après une version antérieure à celle publiée par Breitkopf & Härtel (voir le *Morning Post* du 18 janvier 1811).

La première partition date de 1833 ; elle fut publiée par Breitkopf & Härtel.

DÉDICATAIRE

Le prince Franz Joseph Maximilian Lobkowitz (1772-1816), déjà dédicataire des *Six Quatuors op. 18* (et des *Symphonies op. 67* et *op. 68* avec le comte Rasumowsky) était un des trois signataires du contrat qui assurait une rente annuelle à Beethoven depuis le 1er mars 1809. Mécène, il mettait les musiciens de son orchestre privé à la disposition du compositeur pour qu'il puisse « tester » ses œuvres avant d'en achever la composition.

L'ŒUVRE VUE PAR SES CONTEMPORAINS

L'*AMZ* XIII, n° 21 du 22 mai 1811 (col. 349-351), publia en première page un article sur ce *Quatuor*. L'auteur commençait son article par une comparaison avec les *Six Quatuors op. 18* qu'il trouvait « pleins d'imagination et d'une très grande richesse en moyens artistiques », souhaitant que Beethoven conserve ce style et regrettant que les Quatuors suivants soient d'une tout autre veine, en particulier le dernier qui, plus profond que plaisant, faisait violence aux auditeurs. Suivait une analyse brève de chacun des mouvements : l'auteur signalait que le premier mouvement commence par un Poco adagio qui aurait pu être une excellente introduction à l'Allegro qui le suit, s'il ne s'égarait dans des dissonances impossibles ; quant à l'Allegro, libre fantaisie plus qu'ensemble organisé, sa trop grande quantité d'idées le rendait difficile à suivre. L'Adagio à 3/8 était présenté ensuite comme un mouvement très sombre, que les jeunes artistes auront intérêt à étudier pour ses tournures harmoniques mais qu'ils ne devront en aucun cas imiter. Était souligné le contraste introduit par l'« unisson sauvage » du Presto, qui semblait tout à coup transformer l'œuvre « en danse guerrière d'une nation sauvage » ; l'Andante con Variazioni [sic] terminant cette œuvre originale s'écartait également des normes attendues.

L'auteur insistait pour finir sur l'aspect déroutant de ce *Quatuor*, qui ne répondait pas aux critères esthétiques d'unité et de clarté, mais était au contraire le produit d'une « imagination subjective » : il ne fallait pas que l'art prenne cette direction, particulièrement dans ce « genre de musique, dont la douce gravité et la mélancolie plaintive n'avaient pas pour but de célébrer les morts ni d'exprimer les sentiments d'un désespéré, mais de rendre gai par la mise en jeu douce et bienfaisante de l'imagination ».

L'auteur concluait en rappelant que ce quatuor était évidemment très difficile à jouer.

CORRESPONDANCE

Le 19 septembre 1809 [2., 400], Beethoven assurait Breitkopf & Härtel qu'il allait bientôt lui proposer les « quatuors qu'il était en train d'écrire ».

En novembre 1809 [2., 411], il annonçait à Zmeskall que le Quatuor allait être répété chez le prince Lobkowitz.

Le 4 février 1810 [2., 423], il le proposa à B&H avec une dizaine d'autres œuvres (*op. 73* à *82*).

Le 2 juillet 1810 [2., 451], il annonçait à B&H le premier envoi d'œuvres (*op. 74* avec *op. 77*, *78*, *79*, *75* et *76*) à paraître avant le 1er septembre.

Le 21 août [2., 465], Beethoven indiqua à B&H le dédicataire du *Violin Quartett* : « an Fürst Lobkowitz ». Pour la titulature, il renvoyait l'éditeur à une œuvre imprimée, et, plus loin dans sa lettre, lui demandait d'inscrire *adagio ma non troppo* pour le deuxième mouvement, et de bien faire attention à l'organisation des reprises dans le troisième mouvement : les deux parties du Presto doivent être rejouées toutes les deux après le Più Presto quasi prestissimo, mais seule la première partie doit être reprise (il ne faut jouer la seconde partie qu'une fois, à cet endroit).

Le 6 octobre [2., 472], Beethoven proposa à B&H d'envoyer une copie de la partie de violon du troisième mouvement pour éviter les confusions dans les répétitions et les reprises.

Le 15 octobre [2., 474], il commença une longue lettre à B&H, en revenant sur l'organisation des reprises du troisième mouvement du *Quatuor*, et soulignant (sur la lettre) qu'il fallait que le « minore » soit répété tout de suite après le « maggiore », la première partie du « minore » deux fois, la deuxième partie de ce « minore » qu'une fois.

Le 11 novembre 1810 [2., 477], B&H faisait parvenir à Beethoven un premier exemplaire, d'autres devant suivre.

Opus 75
Six Chants

Avec accompagnement de piano
1. Kennst du das Land – *poème de Goethe*
Ziemlich langsam, 2/4, la *majeur – 98 mes.*
2. Neue Liebe, neues Leben – *poème de Goethe*
Lebhaft, doch nicht zu sehr, 6/8, ut *majeur – 135 mes.*
3. Aus Goethes Faust
Poco Allegretto, 2/4, sol *mineur – 81 mes.*
4. Gretels Warnung – *poème de Gerhard Anton von Halem*
Etwas lebhaft mit leidenschaftlicher Empfindung, doch nicht zu geschwind, 6/8, la *majeur – 24 mes.*
5. An den fernen Geliebten – *poème de Christian Ludwig Reissig*
Larghetto, 6/8, sol *majeur – 10 mes.*
6. Der Zufriedene – *poème de Christian Ludwig Reissig*
Froh und heiter, etwas lebhaft, 2/4, la *majeur – 15 mes.*

TEMPS DE LA COMPOSITION

Les partitions de ces six *Gesänge* ont toutes été établies au cours de l'année 1809, certaines étant de nouvelles compositions (les 1, 5 et 6) d'autres de nouvelles élaborations d'œuvres anciennes.

Les deux poèmes de Reissig (les nos 5 et 6) ont sans doute été composés à la demande du poète entre l'été et l'hiver 1809 (comme les trois autres Lieder *WoO 137, 138, 139* : ces cinq compositions de Beethoven firent partie d'un ensemble de dix-huit poèmes de Reissig mis en musique par différents compositeurs et publiés par Artaria en juillet 1810).

Beethoven exprima son intention de publier des œuvres pour voix et piano dans sa lettre du 4 février 1810 à Breitkopf & Härtel.

CONTEXTE BIOGRAPHIQUE

Ces *6 Arietten* ont été composées chacune dans des contextes différents et ont été proposées, ensemble, à l'éditeur dans un autre contexte encore : leur composition et leur publication donnent ainsi des renseignements sur la manière qu'avait Beethoven de constituer un opus à partir d'éléments sans liens au moment lors de leur conception.

Chacune de ces *6 Ariettes* a effectivement une histoire particulière et une forme spécifique, même si l'élaboration musicale définitive de chacune date de l'année 1809, c'est-à-dire d'une période créatrice féconde.

Toujours préoccupé de toucher un large public, Beethoven a continué, sur la lancée de *Sehnsucht WoO 134*, composé en 1808 à la demande de Seckendorf, rédacteur de la revue *Prometheus*, à s'intéresser à la composition de Lieder alors qu'il composait des œuvres symphoniques et des œuvres de musique de chambre pour instruments seuls. Le nouveau poème qui a retenu son attention est, comme *Sehnsucht*, issu de *Wilhelm Meister* de Goethe[1], et, sous les traits de l'énigmatique Mignon, il touche à la question de la traduction d'une émotion poétique dans une autre langue (dans *Wilhelm Meister*, il est question de la traduction, en allemand, du poème que Mignon chante en italien). Cette plongée dans l'univers de Goethe, renforcée par la commande de la musique de scène d'*Egmont* en automne 1809, a incité Beethoven à reprendre les premières versions musicales qu'il avait composées pour d'autres poèmes de Goethe; il y a sans doute été poussé, aussi, à la suite de la publication au cours de l'année 1808 de *Neue Liebe* par Simrock, qui ne prit pas la peine de le consulter et de lui faire revoir le manuscrit. Le succès du nouveau *Faust* de Goethe l'a également décidé à reprendre les esquisses de son *Flohlied*, qu'il avait été un des premiers à chercher à mettre en musique juste après la publication de *Faust. Ein Fragment*, en 1790.

À ces incitations d'origine diverses s'est ajoutée celles plus directes du poète Reissig, qui sollicita Beethoven ainsi que d'autres compositeurs viennois, pour qu'il mette en musique certains de ses poèmes – ce qui fut l'occasion de la publication, par Artaria en juillet 1810, d'un recueil de dix-huit Lieder, dont cinq de Beethoven, (les Lieder *WoO 137, 138, 139* et les deux futurs *op. 75 n° 5* et *n° 6*, qui furent donc publiés avant l'édition originale de l'*op. 75* en octobre 1810).

Ainsi, après avoir composé plusieurs *Arietten* sur des textes allemands et italiens (qui se répartiront entre l'*op. 75* et l'*op. 82*), Beethoven songea à les faire publier, sans être au départ bien décidé sur l'organisation des recueils : le seul critère initial étant sans doute la langue (les textes allemands ensemble, et les textes italiens ensemble). Puis au printemps 1810, il trouva l'organisation et l'ordre de l'*op. 75* : six *Deutsche Arietten*, installant le Lied de Mignon en tête, sans doute parce que ce Lied faisait beaucoup d'effet (comme il l'écrivait à Breitkopf & Härtel le 6 juin 1810). Un autre principe d'organisation qui présida vraisemblablement à l'agencement du recueil, outre la langue, relève de la forme de chacune des pièces, comme si Beethoven avait voulu offrir un échantillon de tous les genres de composition de Lieder[2] : ballade, Lied avec strophes identiques ou strophes variées, composition continue.

La volonté d'ajouter *Andenken*[3] à cet ensemble indique qu'un des principes organisateurs de Beethoven tenait aussi au registre sentimental et émotionnel des thèmes – le côté insolite du n° 3 *Aus Goethes Faust* mettant en valeur l'amour, qui bouleverse l'être, et l'amour, expression des valeurs proprement humaines : la nostalgie (n° 1, *Kennst-du das Land?)*, l'altérité (n° 2, *Neue Liebe, neues Leben,* n° 4, *Gretels Warnung*), la confiance (n° 5, *An den fernen Geliebten*), la vitalité joyeuse (n° 6, *Der Zufriedene*). Au milieu de cette vitalité, nostalgique ou joyeuse, le Chant extrait de *Faust* apporte une touche d'humour et met l'accent sur ce qui s'oppose à l'accomplissement dynamique de ces valeurs proprement humaines : l'absolu-

1. Il semble qu'à ce moment Beethoven ait lu et relu Goethe, en particulier *Faust* et *Wilhelm Meister* (à plusieurs reprises, le 8 août 1809 et le 19 septembre 1809, il demanda à Breitkopf & Härtel ce que coûtaient les éditions de Schiller et Goethe; et en mai 1810, il conseillait à Therese Malfatti de lire *Wilhelm Meister*).

2. Les formes de Lieder sont si différentes que Helga Lühning (dans sa présentation de l'*op. 75* in *Beethoven, Interpretation seiner Werke*, Laaber, 1996, t.1, p. 596) parle de « Kompendium » puisqu'il y a un Lied dans le style XVIIIe (*Gretels Warnung*), deux « Strophenlieder » sur des textes contemporains, deux avec des strophes variées sur des textes de Goethe, dont une ballade de Méphistophélès, et un « Kunstlied » (*Neue Liebe*) – ce qui était une façon de montrer les multiples facettes de son art, ainsi que son évolution créatrice qui tendait vers la recherche de genres nouveaux.

3. Beethoven avait promis ce Lied en fin septembre 1808 à Seckendorf pour la revue *Prometheus*, qui, hélas, fit paraître ses derniers numéros, 5 et 6, en septembre 1808 – il signalait qu'il venait de le recopier pour corriger les fautes d'une très mauvaise copie qu'il avait. Ce Lied, *WoO 136* fut publié en mars 1810 par Breitkopf & Härtel.

tisme et la soumission courtisane au pouvoir, la bestialité et les excès de la passion.

Si la question de l'organisation du recueil correspond avant tout à des préoccupations musicales, la vie sociale et sentimentale de Beethoven, au moment où il préparait les partitions destinées à la gravure, apportent un éclairage sur ses intentions : exprimer de manière éclatée, par la confrontation des différents poèmes, l'énigme du sentiment amoureux, ses aspects contradictoires, sensuel et idéal, et sa force de bouleversement intime, tout en mettant en évidence le pouvoir de l'art, capable de transcender la douleur de l'absence.

Si l'offre de copies de *Neue Liebe* aux femmes qui firent impression sur lui en 1810 (Bettina Brentano[1] et Therese Malfatti[2]) donne sens aux Lieder et à ce Lied en particulier, les autres poèmes expriment aussi les préoccupations, le caractère et les aspirations de Beethoven. En premier lieu, son intérêt pour Goethe et son attachement à la figure de Mignon. Mais également, son besoin de prendre des distances face à sa création en associant des textes qui l'impliquent et des textes communs touchant aussi à la question de la relation amoureuse ; son choix de formes simples ; son sens des affaires (offrir le maximum de genres et de références implicites, pour être diffusé) ; ses préoccupations didactiques (prendre en compte tous les genres) ; son opportunisme enfin (publier des Lieder qu'un poète contemporain, tel Ressig, lui a commandés).

1. Il est vraisemblable que Beethoven ait été séduit par la jeune et enthousiaste Bettina, comme permet de le supposer l'envoi d'une copie du Lied, *Neue Liebe, neues Leben* (copie reproduite sur papier à lettre – et non sur papier à musique), avec la dédicace écrite de sa main : « Für Bettina Brentano ». Sans doute avait-il eu le sentiment de retrouver avec cette jeune fille l'expérience émotionnelle portée par ce poème, expérience du bouleversement intime provoqué par l'amour (thème central de *Werther*, ce roman qui a contribué à forger les références émotionnelles de Beethoven).

2. En mai 1810, Beethoven demandait à Therese Malfatti d'établir une copie du Lied de Mignon (pour l'inciter à faire de la musique et à lire *Wilhelm Meister* ?). Elle commença, mais n'alla pas jusqu'au bout, c'est Beethoven qui recopia les notes et les vers de la dernière strophe – elle n'était pas habituée à l'écriture de Beethoven et n'était pas en mesure de déchiffrer ce qui était noté.

PRÉSENTATION DE L'ŒUVRE

N° 1 *Kennst du das Land ?*

Il s'agit d'un Lied chanté par Mignon dans *Wilhelm Meister* : à peine adoptée par Wilhelm, Mignon exprime sa reconnaissance en chantant un Lied, que Goethe a placé en ouverture du Livre III (en tête du premier chapitre), sans aucune préparation narrative :

Kennst du das Land ? wo die Citronen blühn,
Im dunkeln Laub die GoldOrangen glühn,
Ein sanfter Wind vom blauen Himmel weht,
Die Myrte still und hoch der Lorbeer steht.
Kennst-du es wohl ?
Dahin ! Dahin !
Mögt ich mit dir, o mein Geliebter, ziehn.
Connais-tu le pays des citronniers en fleurs ?
Dans le feuillage obscur flambe l'orange d'or,
Un doux vent souffle du ciel bleu,
Le myrte est là, paisible, et fier s'élance le laurier.
Le connais-tu, dis-moi ?
C'est là-bas, c'est là-bas
Qu'avec toi, ô mon bien-aimé, je voudrais aller vivre.

Kennst du das Haus ? Auf Säulen ruht sein Dach,
Es glänzt der Saal, es schimmert das Gemach,
Und Marmorbilder stehn und sehn mich an :
Was hat man dir, du armes Kind, gethan ?
Kennst-du es wohl ?
Dahin ! Dahin !
Mögt ich mit dir, o mein Beschützer, ziehn.
Connais-tu la maison, son toit posé sur ses colonnes,
La salle étincelante et la chambre qui luit,
Ses statues de marbre se dressent et me regardent :
Que t'a-t-on fait, mon pauvre enfant ?
Le connais-tu, dis-moi ?
C'est là-bas, c'est là-bas
Qu'avec toi, ô mon protecteur, je voudrais aller vivre.

Kennst du den Berg und seinen Wolkensteg ?
Das Maulthier sucht im Nebel seinen Weg,
Im Höhlen wohnt der Drachen alte Brut,
Es stürzt der Fels und über ihn die Fluth.
Kennst-du es wohl ?
Dahin ! Dahin :
Geht unser Weg ! O Vater, lass uns ziehn !

Connais-tu la montagne et son sentier de brume ?
La mule cherche un chemin parmi les nuées,
Dans les cavernes gite l'antique race des dragons,
Le rocher croule, et par-dessus passe le flot.
Le connais-tu, dis-moi ?
C'est là-bas, c'est là-bas
Que notre route mène; ô mon père, partons!

Après avoir donné le texte des trois strophes de ce poème (dans le caractère d'une ballade populaire), Goethe s'est préoccupé de décrire précisément l'interprétation musicale de Mignon et l'effet produit sur Wilhelm :

« La mélodie et l'accent de ce chant plurent singulièrement à notre ami, bien qu'il ne pût en saisir toutes les paroles. Il se fit répéter et expliquer les strophes, les écrivit et les traduisit en allemand. Mais il ne put imiter que de loin le tour original du poème. La naïveté enfantine de l'expression disparaissait quand le langage incorrect passait dans une forme régulière, quand s'ordonnait ce qui était incohérence. Et de plus, rien ne pouvait se comparer au charme de la mélodie.

Elle commençait chaque strophe avec solennité et emphase, comme si elle voulait préparer l'auditoire à quelque chose d'extraordinaire et qu'elle eût un message important à livrer. Au troisième vers, le chant se faisait plus sourd et plus sombre; elle avait pour : "Le connais-tu, dis-moi ?" une intonation mystérieuse et attentive, tandis que ces "là-bas", ces "là-bas" trahissaient un irrésistible et nostalgique élan, et chaque fois que revenait l'invitation au départ, elle en modifiait l'intonation – tantôt suppliante et pressante, et tantôt pleine de désir et de promesse.

Quand elle eut, pour la seconde fois, terminé son chant elle resta un moment silencieuse, puis jetant sur Wilhelm un regard aigu, elle lui demanda : "Le connais-tu ce pays ? – J'imagine que c'est l'Italie, répondit-il; et d'où te vient cette chanson ? – L'Italie, dit Mignon, en pesant sur le mot. Si tu vas en Italie, emmène-moi, j'ai froid ici. – Est-ce que tu y as déjà été, chère petite ?" demanda Wilhelm.

L'enfant se taisait et l'on n'en put tirer davantage[1]*. »*

1. P. 517.

Malgré ses références savantes et énigmatiques, ce poème de Goethe est d'une très grande simplicité formelle et frappe par le choix de ses sonorités et par la beauté de ses images colorées et évocatrices de l'âge d'or ou du paradis, comme de toute une tradition picturale de paysages italiens (que Goethe connaissait par des gravures exposées dans sa maison d'enfance). Les trois strophes sont construites de la même façon, dans le style d'un chant populaire comprenant couplets et refrain : elles commencent par la même question (suivie de quatre vers qui riment deux à deux) et se terminent par le même appel au départ, seule change la dénomination de la personne à laquelle cet appel est adressé, en rapport avec l'objet, différent, décrit de manière allusive. La première strophe évoque le lieu des origines sous la forme d'un paysage de l'âge d'or habité par Vénus (le myrte), Apollon et les muses (le laurier) – à cette évocation merveilleuse est associé le terme de « bien-aimé ». La deuxième strophe fait allusion à Palladio, cet architecte de la Renaissance qui s'est inspiré des modèles antiques (colonnes, marbre); le vers central de la strophe, pivot de l'ensemble du poème, est une question et souligne la détresse actuelle de Mignon, en contraste radical avec une enfance heureuse, idéale, dans une splendeur passée – cette évocation d'une maison est associée au « protecteur ». La troisième strophe, elle, évoque le paysage qui sépare le nord brumeux et inquiétant du sud lumineux et harmonieux, lieu que le « père » doit faire passer à son enfant pour qu'il retrouve le bonheur merveilleux d'avant.

La tension entre l'évocation de l'âge d'or et l'irruption de la détresse de Mignon porte en elle la nostalgie contenue dans ce poème : « Que t'a-t-on fait mon pauvre enfant ? »

La juxtaposition de trois images de lieux différents associées à trois dénominations reflètent la complexité de la relation de Mignon avec Wilhelm, qu'elle voit autant en bien-aimé qu'en protecteur et père. Si elle semble lui poser des devinettes, en fait elle parle seule et n'attend aucune réponse. La place de ce Lied dans le roman signifie que son nouveau statut, lié à son adoption par Wilhelm, a été l'occasion de faire revivre les moments heureux et innocents de sa vie, grâce à la poésie et à la musique. Par delà son histoire, l'évocation de ce paradis perdu exprime la « Sehnsucht », la nostalgie pour l'harmonie de la nature et de l'art, pour un lieu rempli d'amour fidèle et d'êtres authentiques, pour un espace clair, lumineux et chaleureux.

D'après des esquisses, Beethoven s'est intéressé à ce Lied de Mignon en 1809. Selon son habitude, il a d'abord cherché à établir le rythme du premier vers et à trouver la déclamation adéquate : pour lui, la façon de faire entendre le rythme du texte était un élément de l'écriture plus important que la mélodie, étant donné l'importance qu'il accordait à la prosodie de la langue et au sens profond (par delà le rationnel) qui s'en dégageait. Puis il a cherché l'expression musicale de certaines images, telle celle du « ciel bleu », et a envisagé de changer de métrique pour le refrain, sans savoir encore exactement quelle forme lui donner.

Cette attention au rythme des vers et au sens du poème, porté par sa forme poétique, se double d'une prise en compte de la description que fait Goethe de l'exécution de ce Lied par Mignon. Dans ce cadre bien défini, Beethoven a conçu le Lied de manière strophique, avec une tonalité unifiée, *la* majeur, mais en juxtaposant deux parties différenciées par le tempo, la métrique et l'écriture. Le Lied commence dans un tempo « *assez lent* » (*Ziemlich langsam*) sur une harmonie solennelle de *la* majeur, avançant de manière calme et majestueuse, avec une mélodie proche de la déclamation (l'ambitus de la ligne chantée est étroit et beaucoup de notes sont répétées) de façon à donner une présence à chacun des mots, avec la mise en évidence dans la première strophe des couleurs (citrons, oranges, bleu du ciel) et de la douceur de l'air ; dans la deuxième strophe, du décor antique (les colonnes, la salle étincelante) ; dans la troisième, la nature imposante (la montagne, les nuages). Beethoven a inscrit sur les premiers vers des deux dernières strophes « Mit Nachdruck » (avec insistance), c'est-à-dire que le chanteur doit faire comprendre les paroles les soulignant.

Là où Goethe signalait que le chant de Mignon était « plus sourd et plus sombre », c'est-à-dire pour les troisième et quatrième vers des strophes, Beethoven a modulé en *la* mineur puis en *ut* majeur avec un accompagnement plus animé et plus intense (surtout dans la troisième strophe au moment de l'évocation du dragon), et une ligne mélodique plus heurtée (sauts d'intervalles et broderies) pour aboutir à un double *forte* qui souligne tour à tour le laurier (première strophe), l'agression faite à l'enfant (deuxième strophe) et le cataclysme naturel (troisième strophe).

Quant au refrain, Beethoven a isolé les deux derniers vers qui commencent par « C'est là-bas » (*Dahin*), pour les inscrire dans une métrique à 6/8, et un tempo « plus rapide » (*Geschwinder*) en *la* majeur, solution adoptée de façon à rendre « l'irrésistible et nostalgique élan » – le changement d'intonation, spécifié par Goethe, pour chacun des trois refrains, étant porté par le changement de terme : « bien-aimé », « protecteur » et « père ».

Tout en se conformant à la description que Goethe fait de l'exécution de ce Lied par Mignon, Beethoven a pensé en compositeur et en forme musicale : les trois strophes correspondent aux trois parties identiques qui se succèdent (comme dans *Neue Liebe, neues Leben*, et dans *Aus Goethes Faust*), chacune des parties opposant deux sections de tempo et de métrique différents, la première section étant divisée en deux sous-parties, l'une en *la* majeur, l'autre modulant en *la* mineur en passant par *ut* majeur pour s'arrêter sur la dominante de *la*, suspension harmonique soulignant la question : « Kennst du es wohl ? » – la résolution harmonique correspondant au refrain à 6/8, plus rapide et retrouvant un style de déclamation.

Ainsi, par delà les injonctions de Goethe, Beethoven a transféré le poème et sa dimension lyrique dans son domaine, qui est celui de la musique. Plutôt que de reproduire la variété des sonorités de Goethe, il a pensé combinaison et succession de plusieurs éléments d'abord musicaux : les lignes musicales, la stabilité harmonique qui laisse place à des modulations expressives et à des suspensions harmoniques (qui se résolvent dans une métrique et un tempo différent), les intensités qui culminent à la fin d'une phrase musicale sur une tonalité éloignée (*ut* majeur, *fortissimo*), etc.

Beethoven était très heureux de l'effet que produisait ce Lied, comme il ne manque pas de le souligner à son éditeur en lui proposant l'ensemble des Lieder qui constituent l'*op. 75*[1], pour l'inciter à publier le plus vite possible cette œuvre dont il était certain de tirer des bénéfices. Cette satisfaction semble un écho direct aux commentaires de Goethe dans le roman, qui soulignait que Wilhelm avait eu un tel plaisir en entendant Mignon chanter ce Lied qu'il le lui fit répéter.

De fait, en choisissant de mettre ce Lied en musique, Beethoven pouvait supposer qu'il ne laisserait pas indifférents les nombreux lecteurs de *Wilhelm Meister*. Mais, au-delà de l'audience attendue et de l'intention d'élargir son public, le choix de ce Lied témoigne de l'importance du thème de la « Sehnsucht » pour lui, ce désir d'un autre lieu, passé ou à venir, perdu et à retrouver ou inconnu et à découvrir – désir qui pousse à créer, afin de restituer la mémoire de ce lieu ou le faire advenir, ce même désir qui anime l'énigmatique Mignon (est-ce une fille ou un garçon, une figure androgyne, l'image de la complétude désirée de l'être humain ?), et qui, par delà son histoire, incarne ce désir, mélange d'insatisfaction, de quête, mais aussi d'entretien de la vie et d'incitation à chercher l'apaisement par la création – ce que le terme allemand de « Sehnsucht » désigne.

N° 2 *Neue Liebe, neues Leben (Nouvel amour, nouvelle vie)*

Le poème de Goethe fut publié en 1789 dans le huitième volume de son œuvre complet édité par Georg Joachim Göschen entre 1787 et 1790[2]. Beethoven le mit en musique en 1798/1799, mais il ne semble pas s'être soucié de le publier. Pourtant ce Lied fut édité par Simrock à Bonn en 1808 (*WoO 127*) à son insu. Or, en 1808, le compositeur fut amené par les directeurs de la revue *Prometheus* à s'intéresser à la poésie de Goethe : il devait composer quelques Lieder qui seraient publiés en regard d'un nouvel écrit de Goethe pour cette revue (*Pandora*). Cette commande de circonstance incita Beethoven à retravailler certains des Lieder sur des poèmes de Goethe plusieurs années auparavant, entre autres *Neue Liebe, neues Leben*.

C'est en trois strophes de huit vers que se construit le monologue de l'amant bouleversé par l'amour, ne se reconnaissant plus et se demandant comment il en est arrivé là. Sa tentation est de fuir ce qui le trouble et le rend étranger à lui-même.

Neue Liebe, neues Leben
Herz, mein Herz, was soll das geben ?
Was bedränget dich so sehr ?
Welch ein fremdes, neues Leben !
Ich erkenne dich nicht mehr.
Weg ist alles, was du liebtest,
Weg, warum du dich betrübtest,
Weg dein Fleiss und deine Ruh –
Ach, wie kamst du nur dazu ?
Nouvel amour, nouvelle vie
Cœur, mon cœur, que t'arrive-t-il ?
Qu'est-ce qui t'oppresse à ce point ?
Quelle vie étrange et nouvelle !
Je ne te reconnais plus.
Loin est tout ce que tu aimais,
Loin tout ce dont tu t'affligeais,
Loin ton travail et ton repos,
Ah ! Comment donc es-tu arrivé là ?

Fesselt dich die Jugendblüte,
Diese liebliche Gestalt,
Dieser Blick voll Treu und Güte
Mit unendlicher Gewalt ?
Will ich rasch mich ihr entziehen,
Mich ermannen, ihr entfliehen,
Führet mich im Augenblick,
Ach, mein Weg zu ihr zurück.
T'enchaînent-ils, cette jeunesse,
En fleur, cette forme charmante
Et ce regard sincère et bon,
Avec un pouvoir sans limites ?
Si je veux vite m'esquiver,
Me ressaisir, lui échapper,
À l'instant même mon chemin,
Ah, me ramène vers elle.

Und an diesem Zauberfädchen,
Das sich nicht zerreissen lässt,
Hält das liebe, lose Mädchen
Mich so wider Willen fest ;
Muss in ihrem Zauberkreise
Leben nun auf ihre Weise.
Die Veränderung, ach, wie gross !
Liebe ! Liebe ! Lass mich los !
Et, par ce petit fil magique
Qu'il n'est pas possible de rompre,
Cette chère et mutine enfant
Me tient, en dépit de ma volonté.
Dans son cercle enchanté je dois

1. Lettre [2., 446] à Breitkopf & Härtel du 6 juin 1810 – peu après sa lettre à Therese Malfatti.

2. *Vermischte Gedichte. Erste Sammlung.*

Maintenant vivre à sa manière.
Ah ! Qu'il est grand ce changement !
Amour, amour, lâche-moi !

Au lieu de conserver la structure en trois strophes, Beethoven a conçu une partition qui organise différemment ce poème en une composition musicale continue : strophe 1 – strophe 2 – strophe 1 – strophe 2 – strophe 3, ce qui lui permettait d'insister sur le trouble éprouvé par l'amant : « Herz, mein Herz, was soll das geben ? [...] Ach wie kamst du nur dazu ? »

La pièce est en *ut* majeur, à 6/8, dans un tempo qualifié d'Agitato en 1798/1799, puis de *Lebhaft doch nicht zu sehr,* Animé, sans plus, en 1809. L'accompagnement discontinu et haletant s'associe aux renforcements d'intensité (sforzandi) sur les fins de phrases ou sur le mot « Weg » de la première strophe, ainsi qu'à la mélodie cadrée par le balancement du 6/8 et la tonalité d'*ut* majeur, pour rendre perceptible l'agitation intérieure, déchirante, mais malgré tout consentie (les accords de septième diminuée soulignent le constat que lorsqu'« il » cherche à s'éloigner, son chemin le ramène toujours vers elle, « zu ihr »). L'interrogation, « ach, wie kamst du dazu ? » (comment en es-tu arrivé là ?) est mise en valeur par une suspension harmonique, un ralentissement du tempo (*Langsam*, avec une cadence vocale *ad libitum*) et un commentaire de quelques mesures continues au piano seul. La mélodie quelque peu brodée et l'accompagnement pressant de la dernière strophe insistent sur le changement intérieur (« Veränderung », terme lui-même mis en valeur par un unisson en *la* majeur) entraîné par l'irruption de l'amour – la musique se faisant manifestation de cette pression du désir, de façon à agir sans médiation et instantanément.

Ce Lied fut retravaillé bien avant la rencontre de Beethoven avec Bettina : il lui en fit parvenir une copie, à la fois parce que c'était un poème de Goethe (ce poète qu'elle devait lui faire rencontrer) et parce qu'il voulait lui faire comprendre l'effet que sa personne avait eu sur lui. Comme si ce poème et sa mise en musique constituaient pour lui le paradigme de la rencontre amoureuse, qui n'était pensable que par l'épreuve du bouleversement, de la rupture (il y a l'avant et l'après) – thème même de *Werther.* Ce Lied avait été mis en musique et achevé dans un autre contexte sentimental, lors de la rencontre des sœurs Brunsvik, en 1799.

N° 3 *Aus Goethes Faust*

Dans la veine des « Chants comiques à usage de sociabilité immédiate », Beethoven s'est intéressé, dès 1790 au *Chant de la puce* chanté par Méphistophélès dans la cave d'Auerbach. Cette joyeuse réunion d'étudiants devait lui évoquer ce qu'il vivait au Zehrgarten, ce Trinklokal (buvette tenue par une amie de sa famille, Madame Koch, et qui faisait aussi office de librairie sur la place du Marché à Bonn, tout près de l'Université).

Mephistopheles (singt).
Es war einmal ein König,
Der hatt' einen grossen Floh,
Den liebt' er gar nicht wenig,
Als wie seinen eignen Sohn.
Da rief er seinen Schneider,
Der Schneider kam heran.
Da miss dem Junker Kleider,
Und miss ihm Hosen an !
Méphistophélès (*chante*).
Il était une fois un roi,
Qui avait un grand puçon.
Tendrement il l'aimait
Comme son propre fils.
Lors il appela son tailleur.
Vint le tailleur :
Prends mesure au damoiseau pour un habit,
Prends-lui mesure pour une culotte.

In Sammet und in Seide
War er nun angethan,
Hatte Bänder auf dem Kleide,
Hatt' auch ein Kreuz daran,
Und war sogleich Minister,
Und hatt' einen grossen Stern.
Da wurden seine Geschwister
Bei Hof' auch grosse Herrn.
De velours et de soie
Il était donc vêtu,
Portait rubans sur son habit,
Portait aussi une croix dessus.
Il devint aussitôt ministre,
Et porta une grande plaque.
Et tous ses frères et sœurs
Devinrent aussi des personnages.

Und Herrn und Frau'n am Hofe,
Da waren sehr geplagt,
Die Königin und die Zofe
Gestochen und genagt,
Und durften sie nicht knicken,
Und weg sie jucken nicht.
Wir knicken und ersticken
Doch gleich wenn einer sticht.
Messieurs et dames, à la cour,
Furent alors très incommodés.
La reine et la camériste
Étaient mordues, piquées;
Et n'osaient pas les écraser
Ni mêmement se gratter.
Nous l'écrasons et la pinçons
Sitôt que puce pique.

Chorus (jauchzend).
Wir knicken und ersticken
Doch gleich wenn einer sticht.
Le chœur (*jubilant*)
Nous l'écrasons et la pinçons
Sitôt que puce pique.

Ce *Chant* a été écrit par Goethe à la manière des chansons populaires très prisées dans les milieux cultivés européens de la fin du XVIIIe et du début du XIXe siècles : il s'agit d'une parodie de ballade de forme strophique, les strophes étant chantées par un chanteur devant des auditeurs qui reprennent en chœur ce qui fait fonction de refrain. Le thème satirique de ce *Chant* est en prise avec la réalité collective et politique, ici la critique du despotisme[1] et de la soumission des courtisans, critique exprimée par des métaphores faisant référence à un bestiaire rassemblant puce, porc et grenouille. Chez Goethe, il s'agit de métaphores appartenant au registre de la bestialité, visant à mettre l'accent sur les pulsions et le débordement pulsionnel destructeur de toute société civilisée, et, paradoxalement, c'est Méphistophélès qui se fait le porte-parole de cette dénonciation.

Beethoven a conservé la forme de la ballade, évocatrice du chant populaire, voulue par Goethe : il n'a composé la musique que de la première strophe, mais l'autographe destiné à la gravure de la partition présente ce texte comme « durchkomponiert » (la musique est gravée pour toutes les strophes), le chœur final reprenant les deux derniers vers sur la musique du refrain, qui sépare chacune des strophes, avant de conclure frénétiquement (par exemple en répétant avec la même note le *i* de « sticht » durant deux mesures sur quatre croches suivies d'une blanche), l'accompagnement soutenant et poursuivant cette frénésie (Beethoven exigeant que la dernière mesure soit jouée par le pouce qui glisse rapidement de note en note, par groupe de deux triples croches). Pour sa composition, il a cherché à transcrire le plus fidèlement possible le texte, qui oscille entre récit et transcription sonore du geste : les onomatopées finales du chœur (transcription sonore des démangeaisons dues aux piqûres ainsi que des tentatives pour écraser les puces) se transforment en agitation exaspérée tant du pianiste que des chanteurs. La combinaison de l'écriture figuraliste dans le style *ancien* baroque et de l'écriture harmonique « moderne » très simple accentue l'aspect humoristique de cette musique destinée à un moment très important de la tragédie de Goethe : il s'agit de la première sortie de Faust dans le petit monde...

La date établie des premières esquisses de ce Chant (après 1790) permet d'affirmer que Beethoven s'est intéressé à ce passage dès qu'il a lu l'œuvre de Goethe, *Faust. Ein fragment*, paru en 1790[2].

Beethoven, qui fut sans doute le premier compositeur à mettre en musique ces vers de Méphistophélès (vers qui devinrent très célèbres), esquissa une partition qu'il conserva pratiquement intacte lors de sa reprise en 1809 en vue d'une publication. Si la version publiée accentue le caractère scénique de ce Chant, dès 1790 Beethoven avait déjà pensé cette ballade comme une scène de Singspiel : Méphistophélès doit être autant acteur que chanteur; il s'adresse à d'autres acteurs (le chœur des étudiants) et l'accompagnement musical est d'une simplicité telle qu'il peut être joué sur scène par un luth ou une guitare.

Pour ce Chant, Beethoven a choisi la tonalité de *sol* mineur, une métrique à 2/4.

1. Méphistophélès mentionne que lui et Faust viennent d'Espagne (vers 2205), lieu par excellence du despotisme à l'époque de Goethe. *Egmont* se situe aussi sous la domination espagnole.

2. Septième livre de la première publication des œuvres complètes de Goethe par Georg Joachim Göschen à Leipzig entre 1787 et 1790.

Chacun des vers correspond à deux mesures, la déclamation est syllabique et la ligne vocale est plus proche du parlé que du chanté. L'interprétation musicale de Beethoven redouble l'humour du texte de Goethe et joue sur la parodie liée à la mise en jeu de plusieurs scènes imbriquées : la scène sur laquelle Méphistophélès se produit devant Faust et le public des étudiants, la scène grotesque racontée par le chant, ce roi qui honore sa puce, la scène des étudiants piqués par les puces, et la scène proprement musicale du Lied avec accompagnement pour piano.

La musique respecte la structure voulue par Goethe. Beethoven a d'ailleurs fait très attention à ce que le copiste et l'éditeur respectent le texte des strophes : au moins à deux reprises[1], il a insisté auprès de son éditeur, Breitkopf & Härtel, pour qu'il lui soumette les épreuves afin de contrôler la disposition des paroles des trois strophes, paroles qui doivent être intégralement reproduites et pas seulement évoquées sous forme d'abréviations comme c'est le cas sur le manuscrit qu'il a fourni pour la gravure. L'éditeur n'avait qu'à se reporter au texte publié de Goethe.

Pour traduire la dimension critique et satirique de ce *Chant*, la musique combine plusieurs références musicales implicites. Tout d'abord, l'ensemble de la partition joue sur l'opposition des tonalités de *sol* mineur et de *sol* majeur (tonalités simples et populaires, Papageno chante son air de l'Oiseleur en *sol* majeur, par exemple), à 2/4 (métrique simple et carrée) dans une tempo noté Poco allegretto. Puis, le début est une ritournelle-refrain qui peut être qualifiée de figuraliste, à la manière des musiques baroques : les notes rapides, nerveuses et piquées procèdent par sauts de larges intervalles montants et descendants de manière cohérente sur un dessin rythmique identique durant trois mesures, avant qu'une quatrième mesure formée de la montée diatonique (en notes conjointes) de quatre croches à l'unisson, solennelles, n'installent le *sol* mineur et n'annoncent l'entrée de la voix par la suspension sur la note *ré* (dominante du ton de *sol*). Enfin, un récit – à l'imparfait, « Il était une fois un roi » – commence par une énonciation qui s'inscrit dans le registre des musiques d'entrées « royales » (toujours à connotation baroque, c'est-à-dire de l'Ancien Régime), par le rythme et l'aspect monocorde de la ligne vocale qui se déroule sur la tonique et est soutenue par un accompagnement constitué d'accords solides ancrant un *sol* mineur sans ambiguïté. Les modulations qui suivent (*fa* majeur, puis *ut* mineur) soulignent l'amour insolite du roi : un puçon qu'il n'aime pas moins que son fils ! Le style rappelle alors celui d'un choral harmonisé avec simplicité (autre allusion à une musique d'Ancien Régime) : huit mesures relayées par quatre mesures figuralistes (rapides et agitées du fait des appogiatures successives) pour assurer une transition avec le refrain. La deuxième et la troisième strophe sont identiques. L'ensemble se termine par le chœur, *fortissimo,* qui joue sur les sonorités des mots choisis par Goethe et sur la rapidité de leur énonciation en notes répétées et conjointes (« knicken und ersticken », écrasons et pinçons), combinaison de figuralisme musical (attaques des puces) et d'implication physique des chanteurs et du pianiste que les notes et accords rapides et répétés obligent à s'agiter (comme s'ils tentaient de calmer des démangeaisons et d'attraper la puce !).

Malgré les références aux différentes musiques caractéristiques de l'Ancien Régime, l'ensemble de la composition, par son jeu harmonique et tonal (dimension verticale qui l'emporte sur la mélodie, oscillation majeur/mineur, modulations) et par sa carrure reposant sur une succession de groupes de quatre mesures, est bien inscrite dans son siècle classique. Cette musique moderne, et parodique, est à l'image de la ballade de Goethe : elle sert une critique politique et sociale de l'Ancien Régime.

N° 4 *Gretels Warnung (Avertissement à Gretel)*

Ce poème de Gerhard Anton von Halem (1752-1819), fut souvent réédité au début du XIXe. Beethoven l'a peut-être lu dans *Poesie und prose* (Hambourg 1789) ou dans le *Musen Allmanach* de Voss pour l'année 1793, au moins pour la première strophe, les deux autres se trouvant dans un recueil publié à Vienne en 1806, la *Lyrische Anthologie* de Matthisson.

1. Dans les lettres du 21 août 1810 [2., 465] et du 15 octobre 1810 [2., 474].

Première strophe

Mit Liebesblick und Spiel und Sang
Warb Christel, jung und schön.
So lieblich war, so frisch und schlank
Kein Jüngling rings zu sehn.
Nein, keiner war
In ihrer Schaar,
Für den ich das gefühlt.
Das merckt'er, ach!
Und ließ mich nach,
Bis er es all, bis er es all,
Bis er es all erhielt.
Avec un regard d'amour et un chant joyeux
Christel recherchait,
Un jeune homme, beau,
Charmant, frais et élancé, alentour.
Non, il n'y en avait aucun
Dans son environnement,
Pour lequel je ressentais quelque chose.
Il le remarqua, hélas
Et n'eut ni fin ni cesse
jusqu'à ce qu'il
Obtienne tout.

Il s'agit d'un avertissement à une jeune fille par le récit du sort d'une autre éprise d'un jeune homme qui ne s'intéresse plus à elle, ce qui provoque une profonde douleur chez elle (il faut être très prudent avec les coups de foudre !).

Cette Ariette strophique a été conçue en 1795. Elle est d'une grande simplicité, les trois strophes musicalement identiques (de 24 mesures) devant être jouées, à 6/8, dans un tempo « Etwas lebhaft mit leidenschaftlicher Empfindung, doch nicht zu geschwind » (quelque peu animé avec une émotion ardente, mais pas trop rapide). La tonalité est stable, avec quelques modulations expressives soulignant la douleur provoquée par l'abandon.

N° 5 *An den fernen Geliebten* (*Au bien-aimé absent*)
Ce poème de Reissig, publié en 1809 dans les « Blümchen der Einsamkeit », comprend six strophes.

Première strophe

Einst wohnten süße Ruh und goldner Frieden
In meiner Brust,
Nun mischt sich Wehmuth ach! seit wir geschieden,
In jede Lust.
Autrefois doux repos et paix dorée habitaient
mon cœur,
Maintenant la mélancolie se mêle, ah! depuis que nous sommes séparés,
À chaque joie.

Les cinq autres strophes évoquent le moment de la séparation et l'espoir de ne pas être oublié.

Également strophique, cette « Ariette », composée en 1809, comprend six strophes musicalement identiques (de 10 mesures, 4+4+2), à 6/8 ; le tempo est Larghetto, et la tonalité de *sol* majeur est bien établie, la voix étant doublée par la main droite, tandis que la main gauche assure un accompagnement interrompu.

N° 6 *Der Zufriedene* (*Le satisfait*),
Comme le précédent ce poème de Reissig a paru en 1809 dans les « Blümchen der Einsamkeit ». Il comprend quatre strophes.

Zwar schuf das Glück hienieden
Mich weder reich noch groß,
Allein ich bin zufrieden,
Wie mit dem schönsten Loos!
Certes, le bonheur, en ce bas monde, ne m'a fait
Ni riche ni grand,
Cependant je suis content
Comme si j'avais gagné le plus beau lot!

Les trois strophes suivantes mettent l'accent sur les joies apportées par l'amitié conviviale, le monde ne pouvant se résumer à un amour déçu (il s'agit là encore d'une mise en garde et d'un conseil : être capable de profiter de l'amitié).

Également strophique, composée en 1809, cette « Ariette » comprend quatre strophes musicalement identiques (de 15 mesures, a a b, coda), à 2/4 ; le tempo est « Froh und heiter, etwas lebhaft » (joyeux et serein, un peu animé), et la tonalité *la* majeur sans modulations soutient cette vitalité joyeuse et sans ombre. La voix est doublée par la main droite.

SOURCES

Kennst du das Land

Des feuilles d'esquisses (qui se trouvent à Vienne et Bonn) dateraient de l'automne 1809, et seraient contemporaines de l'*op. 73*.

Le manuscrit de 1809 est perdu (peut-être a-t-il été offert à Bettina Brentano en août 1810 ?).

Une copie établie par Therese Malfatti a été complétée par Beethoven ; elle comprend une phrase inscrite par lui au bas de la premières page : « Nb. Die Verschönerungen der Fräulein / Therese [inséré : in diesem Lied] / hat der Autor gewag [*sic*] an des Tages licht zu befördern / Beethoven », « L'auteur a osé faire parvenir à la lumière du jour les embellissements de mademoiselle Therese dans ce lied, Beethoven » (cette copie se trouve à Bonn).

La copie corrigée par Beethoven et envoyée à l'éditeur pour la gravure, comprend la mention inscrite par Beethoven : « 6 deutsche / Arietten / 1=te [par le copiste :] Kennst du das Land. / [autographe :] 1809 » (cette copie se trouve à Bonn).

Neue Liebe, neues Leben

Des esquisses qui datent de fin 1798 existent, dispersées. La version terminée en 1800 a été publiée par Simrock en 1808, sans que l'on sache vraiment comment il s'était procuré le manuscrit. Beethoven a retravaillé cette première version (*WoO 127*) en 1809.

Le manuscrit autographe de la première version (il se trouve à Bonn) a été utilisé par Beethoven pour établir ses modifications, en 1809, et servir à la gravure (il est bien lisible). Il n'y a pas de page de titre : il a inscrit le titre sur le bord supérieur, à droite de l'indication de tempo. « 1809 » est inscrit sur le bord droit.

Une copie (en partie à Bonn et en partie à New York) établie en 1810 a été offerte à Bettina Brentano : « Für Bettine Von Brentano » a été inscrit par Beethoven, qui a mentionné sous le titre inscrit par le copiste, « in Musik gesezt/ Von Beethoven ».

Une autre copie (qui se trouve à Munich), sans doute établie aussi en 1810, a été offerte à « Therese », avec comme titre « Neue Liebe neues Leben / in Musik gesetzt / per il / Piano-Forte / Del [*sic*] Sig^{re} Ludwig van Beethoven » (il n'y a aucune mention autographe sur cette copie).

Aus Goethes Faust

Les premières esquisses (elles se trouvent à Bonn) datent du temps de Bonn (entre 1790 et 1792, c'est-à-dire après la publication du *Faust, Ein Fragment* et avant le départ de Beethoven pour Vienne), ainsi que des premières années de Vienne.

Une esquisse datant de la seconde moitié de 1809 se trouve dans une collection particulière.

Le manuscrit autographe (qui se trouve à Bonn depuis 1998[1]) a servi pour la gravure : il s'agit vraisemblablement de la mise au propre d'une version plus ancienne, retravaillée à cette occasion. Au centre de la page de titre Beethoven a écrit « Aus Göthe 's Faust », et sur le côté « 1809 » ; puis plus tard il a inscrit « 3=te », rang de ce Lied dans l'ensemble de l'*op. 75*. Sous le titre il a inscrit une injonction destinée à l'éditeur : « Nb. Les strophes à répéter doivent être entièrement écrites avec l'accompagnement ». Beethoven a mis le texte de la première strophe sous la mélodie, et a inscrit les textes des deux autres au dessous, sans établir le lien entre le mot et la note, sauf quand il n'y avait pas de correspondance directe possible entre le mot et la musique.

Une copie de ce manuscrit a servi à l'édition anglaise.

Gretels Warnung (2e version)

Une première version de ce Lied fut composée sans doute en 1795. Il n'en reste qu'une copie (à Vienne) que Beethoven a corrigée trois fois en y apportant beaucoup d'éléments nouveaux (de composition et de dynamique), au point que cette copie devenue illisible a dû certainement être recopiée par Beethoven pour le copiste, au cours de l'année 1810.

L'*AMZ* XII, n° 53 du 3 octobre 1810 (col. 855/856), publia la partition avant l'édition originale avec ce titre : « Gretels Warnung (aus Göthe's Faust) [*sic*]. Musik von v. Beethoven » et les trois strophes.

An den fernen Geliebten

Des esquisses se trouvent dans le Skizzenbuch Landsberg 5 de 1809, elles datent d'octobre 1809, comme pour l'autre poème de Reissig, *Der Zufriedene*.

1. Le fac-similé est édité in *Drei Lieder nach Gedichten von Goethe*, Verlag Beethoven-Haus, Bonn, 2000.

Le manuscrit autographe (il se trouve à Berlin) est très lisible. Seule la premières strophe est de la main de Beethoven, les cinq autres ont été ajoutées par un copiste.

Der Zufriedene

Des esquisses se trouvent avec celles du Lied précédent.

Un manuscrit autographe (qui se trouve à Moscou) ne comprend que la première strophe, et un autre autographe (qui se trouve à Berlin), très lisible, comprend des modifications et les trois dernières strophes ajoutées par un copiste.

PUBLICATION

L'édition originale fut assurée à Leipzig par Breitkopf & Härtel, en octobre 1810.

« SECHS GESAENGE / mit Begleitung des Pianoforte / in Musik gesetzt / und / Ihrer Durchlaucht / der Frau Fürstin v. Kinsky, geb. Gräfin v. Kerpen / zugeeignet / von / L.v. BEETHOVEN./ Eigenthum der Verleger / Œuv. 75. / [...].»

Clementi les publia à Londres en août 1810, comme prévu.

DÉDICATAIRE

Carolina Maria Freiin v. Kerpen (4 mars 1782-2 novembre 1841), épousa le prince Ferdinand Kinsky (1781-1812), le 8 juin 1801 (elle fut veuve le 3 novembre 1812). Par la dédicace d'œuvres pour piano et chant, Beethoven rendait hommage à la femme d'un de ses mécènes qui contribuait, elle aussi, à la rente qu'il devait percevoir à partir de mars 1809.

Voir *op. 83*.

L'ŒUVRE VUE PAR SES CONTEMPORAINS

L'*AMZ* XII, n° 53 du 3 octobre 1810 (col. 854) annonçait la parution à venir du recueil des *Lieder* de l'opus 75, qualifiés de « très originaux et d'excellents », en publiant un des Lieder, « Gretel's Warnung » (attribué par erreur à Goethe), non parce qu'il était le meilleur, mais parce qu'il était un des plus courts.

L'*AMZ* XIII, n° 35 du 28 août 1811 (col. 593), publiait un court article, sans doute de Friedrich Rochlitz (1769-1842), le rédacteur de la revue, pour mentionner la parution de ces « petites œuvres ». Après un rappel de l'originalité de Beethoven, qui possédait une manière toute particulière d'élaborer le matériau musical, Rochlitz présentait chacun des Chants, critiquant longuement le « *Kennst du das Land?* », parce que la poésie de Goethe n'y était pas respectée, mais appréciant le « *Neue Liebe* » qui ressemblait plus à une « petite Aria » qu'à un Lied, et conférant une grande valeur à la « Romance » de Méphistophélès. Puis Rochlitz rappelait que le petit Lied tout simple « Gretels Warnung » avait été publié dans l'*AMZ*, il terminait son article par une phrase lapidaire qualifiant les deux derniers Lieder d'insignifiants.

CORRESPONDANCE

En octobre 1809 [2., 407], Beethoven demandant au poète Christian Ludwig Reissig de venir chez lui le plus vite possible, non pour chanter mais pour parler.

Le 4 février 1810 [2., 423], il proposa des œuvres nouvelles à Breitkopf & Härtel, dont ces Gesänge sur textes allemands [« 12 Gesänge Mit Begleitung des Klawier's theils Deutscher theils Italienischer *text* beynahe alle durchkomponirt » (*op. 75* et *op. 82*)]. B&H n'était prêt à publier ces nouvelles œuvres que si Beethoven réduisait les honoraires [2., 427, lettre du 21 février 1810].

Le 6 juin 1810 [2., 446], Beethoven ajoute en « Nb » à un « P.S. » d'une lettre à B&H qu'il aurait intérêt à publier les Lieder qu'il lui a envoyés, parmi lesquels il y en a plusieurs de Goethe, dont « *Kennst du das Land?* », qui fait beaucoup d'effet sur les auditeurs.

Le 2 juillet [2., 451], il écrivait de nouveau à B&H qu'il acceptait une réduction d'honoraires et allait envoyer les œuvres en trois livraisons – parmi la première, les œuvres à paraître pour le 1er septembre 1810, dont « 6 Arietten ».

Le 3 juillet [2., 452], Beethoven déposait les œuvres de cette première livraison chez le correspondant de B&H à Vienne :

« N° 1 eine fantasie fürs Klavier allein. [*op. 77*]

N° 2 eine Sonate in *f* dur fürs Klavier [*op. 78* qui est en *fa* dièse majeur]

N° 3 eine Sonate in G fürs Klavier [*op. 79*]

N° 4 Variationen fürs Klavier in D. [*op. 76*]

N° 5 Violinquartett in Es. [*op. 74*]

N° 6 Deutsche Arietten [*op. 75* « Petits airs allemands
1te Kennst du das Land.
1° Connais-tu le pays.
2te Herz mein Herz
2° Cœur, mon cœur
3te Es war einmal ein König
3° Il était une fois un roi
4te Mit Liebes Blick und spil [sic] und sang
4° Avec un regard d'amour et un un chant joyeux
5te Einst wohnten süsse Ruh. etc
5° Jadis ma vie fut pleine de paix
6te Zwar schuf das Glück hienieden »
6° Certes le bonheur ici-bas était »]

Le 21 août de la même année [2., 465], Beethoven indiqua à B&H les dédicataires des œuvres envoyées. Plus loin dans sa lettre, il reconnaissait que l'éditeur aurait du mal à comprendre ce qu'il fallait faire pour le « Lied Vom Floh aus Faust », aussi lui conseillait-il de vérifier les paroles dans l'édition du *Faust* de Goethe et d'observer ensuite comment il avait inscrit les paroles des deux autres strophes sous la mélodie. Un peu plus loin encore dans la lettre, il demandait de lui indiquer les titres des « Gesänge » qu'il avait déjà envoyés, car il ne s'en souvenait plus.

Le 15 octobre [2., 474], il indiquait à nouveau à B&H qu'il fallait graver toutes les strophes sous la musique, mais n'ayant plus de copie il ne pouvait pas le faire, il lui conseillait alors, de lui envoyer une feuille d'épreuve avec la partie de la mélodie au piano et la partie chantée, pour qu'il voit si la solution était correcte. Plus loin il rappelait de nouveau le nom de la dédicataire, et exigeait que l'éditeur ajoute à cet ensemble le « ich denke dein », *Andenken WoO 136*, qui avait été publié seul le mars 1810.

À la fin de sa lettre il s'élevait contre l'affirmation de Reissig qui prétendait lui avoir payé la composition des Lieder (au cours de sa lette il avait traité Reissig de « misérable »).

Opus 76

Six Variations pour piano en *ré* majeur

Thema. Allegro risoluto, 2/4, ré *majeur – 82 mes.*

Temps de la composition

Beethoven composa ces *Six Variations* au cours de l'année 1809.

Contexte biographique

Ces *Six Variations* faisaient partie des œuvres composées en 1809 et proposées le 4 février 1810 dans une liste conséquente « d'œuvres nouvelles » :

« Hier von neuen Werken :
eine fantasie für's Klawier allein [*op. 77*]
—— ———+ ebenfalls fürs Klawier + mit ganzem Orchester und Chören [*op. 80*]
3 Klawier*Solo*Sonaten [*op. 78, 79, 81a*]
Variationen für's Klawier allein [*op. 76*]
12 Gesänge Mit Begleitung des Klawier's theils Deutscher theils Italienischer *text* beynahe alle durchkomponirt [*op. 75* et *op. 82*]
Konzert fürs Klawier mit ganzem Orchester [*op. 73*]
Quartett für 2 violinen Bratsche, Violonschell. » [*op. 74*]

Dans le contexte de la guerre de 1809, marqué par des mouvements d'armées et par le siège de Vienne, Beethoven prit ses distances de manière humoristique avec cette situation en s'appropriant une référence musicale fort appréciée des Viennois depuis le siège de la ville par les Turcs à la fin du XVIIe siècle : une musique dite turque, évoquant la « Marche des Janissaires ». Il s'amusa donc à se faire l'héritier d'une tradition viennoise dont le but était d'exorciser la peur en ridiculisant l'ennemi, présenté comme primitif et bruyant, animé d'une violence de pacotille.

Il n'est pas exclu que Beethoven se soit approprié cette tradition dans un but commercial : la popularité et la simplicité de ce thème devaient assurer une diffusion rapide de cette œuvre élaborée derrière son aspect « burlesque ».

Beethoven réutilisera ce thème deux ans plus tard dans *Les Ruines d'Athènes* (*op. 113*, n° 4, « Marcia alla turca »), pour évoquer l'occupation turque (comme Vienne, Athènes fut victime des Turcs).

Présentation de l'œuvre

Le thème (original) a été construit pour mettre en évidence le côté fruste et primitif de cette musique turque : le thème, Allegro risoluto à deux temps, est constitué de deux sections, la première de huit mesures et la seconde de douze mesures, chacune étant reprise. La première section se déroule sur une pédale de *ré* (comme si les fonctions harmoniques n'existaient pas), chacun des premiers temps étant souligné par un *sf* dont la brutalité est confirmée par une modulation non préparée. La seconde section, toujours aussi bruyante, introduit un petit mouvement harmonique et une variante rythmique de croches par deux (au lieu d'être par quatre). Les sforzandi évoquent le tambour.

En fait, ce thème d'apparence brute, caractérisé par un grand dénuement mélodique et harmonique, possède des éléments que Beethoven met en valeur, de manière diverse, dans chacune des six variations : les tierces, les répétitions de notes, les attaques percussives.

À la fin de l'œuvre, après avoir entraîné l'auditeur dans des dimensions fort éloignées des données de base, il répète le thème initial : ce geste, quelque peu anachronique à son époque, connotait la musique ancienne, celle qui dominait au temps de l'invention de cette musique turque. D'autre part, cette reprise permettait à Beethoven de souligner le côté répétitif de l'histoire (le retour à la même situation, vers plus de complexité et de raffinement, par delà les évolutions).

Chacune des variations, singulière, redouble l'aspect primitif de l'ensemble par l'effet de contraste qu'elle introduit :

La Var. I, très fluide et unifiée par ses doubles croches continues, ouvre sur un tout autre univers.

La Var. II retrouve les *sf* percussifs, cette fois à contre-temps, dans une sorte de style scherzando.

La Var. III est à 6/8, *sempre dolce* et en tierces successives.

La Var. IV apporte un effet d'accélération à partir du rythme percussif des croches par deux, qui deviennent doubles croches par deux, puis triolets continus de doubles croches à jouer *leggiermente*.

La Var. V se transforme en un prélude dans le style de Bach *legato*, *dolce*.

La Var. VI transforme la marche à deux temps en un Presto à trois temps, dans le style d'une danse paysanne.

La Coda rassemble les différents éléments qui ont servi de pierres angulaires aux variations (tierces, répétitions de notes, percussions, évocations du tambour qui accompagne les marches), et se termine, de manière inattendue après un temps de suspens, par la reprise du thème, auquel Beethoven ajoute quelques mesures humoristiques.

Sources

Les esquisses datent de 1809 (elles suivent celles destinées à l'Introduction de la *Fantaisie op. 80*). Nottebohm (II, p. 272) suppose que le thème, qui a son allure presque définitive à cet endroit des feuilles d'esquisses, a été élaboré à un autre moment ; à la suite du thème, Beethoven a esquissé le début des variations en notant quelques commentaires en marge de portées comportant des arpèges de doubles croches en mouvements contraires : « essai étant donné que les notes sont sans interruption sur le clavier ».

Le manuscrit autographe est perdu.

Publication

Ces *Variations pour piano* furent publiées à Leipzig en octobre 1810. Le titre est en français (contrairement au vœu de Beethoven) :

« Variations. / Pour le Pianoforte / composées et dédiées / à son ami Oliva / Par L.v.Beethoven./ Chez Breitkopf & Härtel à Leipsic. / Œuv.76. Propriété des Éditeurs. »

Artaria les publia à Vienne en décembre 1810 (en même temps que l'*op. 74* et les *op. 77-79*)

Clementi les publia à Londres en août 1810.

Dédicataire

Franz Oliva (1786-1848) arriva à Vienne en 1808 comme attaché commercial d'une grande firme. Ce jeune homme très cultivé rencontra Beethoven en 1810, et se lia d'amitié avec lui, le conseillant pour ses affaires financières et ses relations avec les éditeurs. En mai 1811, le compositeur lui confia une lettre à remettre à

Goethe[1], dont il était également un grand admirateur, et au cours de l'été 1812, il le retrouva à Teplitz, où ils fréquentèrent l'un et l'autre le cercle de Rachel Levin.

Après un long séjour en Hongrie, de 1813 à 1818, Oliva resta deux ans à Vienne (1819/1820) avant de partir s'installer à Saint-Pétersbourg en 1821, où il enseigna la littérature allemande, et où il mourut du choléra en 1848.

L'ŒUVRE VUE PAR SES CONTEMPORAINS

L'*AMZ* XIII, n° 8 du 20 février 1811 (col. 152), signala par une courte annonce la publication de ces *Variations* dans le genre burlesque, destinées à des pianistes entraînés capables de comprendre le « piquant et le bizarre » et de le restituer pendant quelques minutes fort divertissantes.

CORRESPONDANCE

Le 4 février 1810 [2., 423], Beethoven proposa à Breitkopf & Härtel plusieurs œuvres dont ces *Variations pour piano seul.*

Le 2 juillet de la même année [2., 451], il annonçait à B&H qu'il lui envoyait les « 5 [*sic*] Variationen fürs Piano » avec les œuvres qui devaient paraître le 1er septembre.

Le 24 septembre 1810 [2., 469], B&H s'étonnait de n'avoir reçu aucune indication pour la dédicace des *Variations*.

Le 15 octobre [2., 474], Beethoven indiquait le titre des *Variations*, en allemand : « Was die Variationen angeht, der Titel : Veränderungen Seinem Freunde *oliva* gewidmet von *etc* » (« Pour ce qui en est des *Variations* : Verändrungen dédiées à son ami oliva de etc »).

Opus 77

Fantaisie pour piano seul

Allegro / poco adagio, **C**, sol *mineur – Allegro, ma non troppo, 6/8,* sib *majeur – Allegro con brio, 2/4,* ré *mineur – Adagio, 2/4,* la *bémol majeur – Presto, 2/4 / Più Presto, 6/8,* si *mineur – Allegretto, 2/4,* si *majeur – 245 mes.*

TEMPS DE LA COMPOSITION

En octobre 1809, d'après une indication inscrite sur le catalogue des œuvres appartenant à l'archiduc Rodolphe, en même temps que la *Sonate pour piano op. 78*.

CONTEXTE BIOGRAPHIQUE

Probable transcription de l'improvisation que Beethoven avait faite au cours du concert qui eut lieu le 22 décembre 1808 au Theater an der Wien, cette *Fantaisie pour piano seul* s'inscrit dans la mouvance de la *Fantaisie pour piano chœur et orchestre op. 80* et du *Concerto pour piano op. 73*, œuvres dans lesquelles le piano semble improviser librement. Cet intérêt pour une écriture qui s'inspire de l'improvisation est lié, chez lui, à la fois à la maîtrise technique qu'il avait du clavier et à sa volonté permanente de renouveler l'écriture à partir de sources variées, étrangères (comme les thèmes populaires russes des *Quatuors op. 59*) ou anciennes (comme la musique de Bach et de C.P.E. Bach, ou comme les procédés d'écriture contrapuntique enseignés par Albrechtsberger, dont il recopia des exemples parmi ses esquisses en 1809).

Dans ce contexte d'attention à d'autres musiques, la correspondance de Beethoven avec Breitkopf & Härtel permet d'établir la relation directe qui existe entre la composition de cette *Fantaisie* et le modèle de C.P.E. Bach, compositeur aussi bien que théoricien.

Suit la liste des autres œuvres.

En inscrivant la *Fantaisie* en tête de la liste des œuvres proposées à son éditeur (*op. 80*, *78*, *79*, *81a*, *76*, *75* et *82*, *73*, *74*), Beethoven cherchait certainement à le mettre dans de bonnes dispositions, supposant qu'il ne pourrait qu'être sensible à ce genre d'œuvres pour piano seul qui se vendait bien et qui s'inscrivait dans la filiation de C.P.E. Bach – ce compositeur apprécié qui avait édité son *Essai sur la véritable manière de jouer les instruments à clavier*, en 1762, certes « aux dépens de l'auteur », mais avec un procédé de typographie musicale inventé par Breitkopf. Cet hommage à l'éditeur de musique était mentionné par C.P.E. Bach dans la préface du volume II de son *Versuch*, ouvrage que Beethoven connaissait bien pour l'avoir abondamment pratiqué au cours de son apprentissage musical[2] (tant pour la composition que pour la technique instrumentale du

1. Lettre datée du 12 avril 1811 [2., 493].

2. Son maître Christian Gottlob Neefe appréciait particulièrement C.P.E. Bach auquel il dédia un recueil de douze Sonates pour clavier, éditées par

clavier). Or cet ouvrage se terminait par un chapitre qui concernait la fantaisie libre, que C.P.E. Bach considérait comme la « quintessence de l'art de subjuguer les sentiments de l'auditeur »[1] dans lequel il définissait les caractéristiques de cette composition en quatorze paragraphes, dont plusieurs correspondent à Beethoven et à sa *Fantaisie*. Ainsi :

« §. 1. Une fantaisie est appelée libre lorsqu'elle ne contient aucune indication de mesure et qu'elle module dans d'avantage de tonalités qu'il n'arrive d'ordinaire dans d'autres pièces [...].

§. 2. [...] Je crois que l'on peut toujours prophétiser avec certitude un bon avenir dans la composition à quelqu'un qui montre une bonne tête pour l'improvisation, s'il ne commence pas *trop tard* et *qu'il écrit beaucoup*[2].

§. 3. Une fantaisie libre consiste en phrases harmoniques variées, lesquelles peuvent être conduites avec toutes sortes de figures et d'arpègements. [...]

§. 9. Dans une fantaisie libre, on peut quitter le ton principal pour les tons voisins, les tons un peu plus éloignés, et tous les autres tons.

§. 12. La beauté de la diversité se laisse aussi apercevoir dans la fantaisie. Dans celle-ci, toutes sortes de rythmes et toutes les ressources d'une belle expression doivent se présenter. Quantité de passages en traits, rien d'autre que des accords soutenus ou arpégés à pleines mains fatiguent l'oreille. Les passions ne seront ni excitées ni calmées, ce qui devrait être de préférence le but de la fantaisie. [...]

§. 13. Tous les accords peuvent être arpégés de nombreuses manières et exprimés en rythmes rapides ou lents. Les arpègements d'un accord, dans lesquels aussi bien les intervalles principaux que certains intervalles voisins seront répétés, sont particulièrement agréables parce qu'ils apportent davantage de changement qu'un arpège simple où l'on ne joue que les notes successivement comme elles tombent sous les mains. [...]

§. 14. [C.P.E. Bach donnait des exemples][3]. »

Le modèle dont disposait Beethoven consistait donc en une pièce virtuose d'une certaine ampleur, respectant un fil conducteur harmonique tout en étant proche parente de l'improvisation car fondée sur la discontinuité du tempo, de l'écriture et du parcours harmonique, comme sur l'instabilité des textures et des harmonies, de façon à rendre compte des mouvements erratiques de l'émotion.

Ainsi, dans sa quête de nouvelles sources d'inspiration, Beethoven ne se tourna pas seulement du côté de l'écriture polyphonique ou contrapuntique, il eut également recours aux techniques de l'improvisation. L'étude du contexte de cette *Fantaisie op. 77* indique qu'il choisit délibérément de revenir à un moment décisif de l'histoire de la musique (le temps de C.P.E. Bach et donc de l'« *Empfindsamkeit* »), pour se donner la liberté de repartir dans une direction nouvelle, en rupture avec ce qui avait été établi et dont il avait hérité : la tyrannie de la forme préétablie, et en particulier de la forme sonate. En procédant ainsi, Beethoven imitait C.P.E. Bach qui lui aussi avait rompu avec la musique qui s'imposait à son époque, puisque au lieu de respecter l'exigence d'unité d'affect à l'intérieur d'une œuvre, il avait fait triompher l'expression de passions contradictoires. De même, il choisit de revenir à la fantaisie pour restituer ses droits à l'imagination en s'autorisant à jouer avec les formes comme il jouait avec les sonorités, dans une grande maîtrise des procédés d'écriture (basse continue, harmonie, variations) : il ne faut pas oublier que le *Quatuor op. 74*, fondé sur une élaboration de la forme et du son, est contemporain de cette *Fantaisie op. 77*.

Celle-ci est en quelque sorte un manifeste qui proclame l'esthétique du sensible et de l'expressif, dégagés de toute contrainte formelle, dans le but de réinventer la forme adaptée à chaque œuvre.

Présentation de l'œuvre

Fidèle à C.P.E. Bach, Beethoven conserve la démarche de l'improvisation, en préludant, comme s'il cherchait la suite à donner à son

---

Breitkopf en 1773, en insistant sur l'instruction et le plaisir que ses œuvres théoriques et pratiques lui avaient procurés. Ed.W.Thoene, Düsseldorf, Schwann, 1961 et 1964 (cité in *Essai sur la véritable manière de jouer les instruments à clavier II*, CNRS Éditions, Paris, 2002, p. LIV).

1. Comme l'écrit Mathilde Catz dans son article de présentation de l'*Essai*, *op. cit.*, « Carl Philipp Emanuel Bach et son temps », p. XXV.

2. Souligné dans l'édition, *op. cit.*, p. 254.

3. *Id.* p. 254 sq., traduction de Béatrice Berstel.

œuvre tout en préparant le matériau avec lequel il va la faire advenir. Ainsi, après toutes sortes de passages en arpèges (qui commencent en *sol* mineur) et toutes sortes de changements de tempo, de métrique, de tonalité, de texture, la *Fantaisie* trouve une relative stabilité dans un processus de variations à partir d'un thème en *si* majeur.

Dans cet univers instable et contrasté (à l'image des mélodrames du temps de l'Empfindsamkeit), des éléments reviennent qui connotent la *Fantaisie* à la C.P.E. Bach : des traits non mesurés, des qualités expressives, des modulations imprévisibles, une opposition de jeu.

La *Fantaisie* commence par une alternance entre des traits rapides descendants Allegro non mesurés en tonalité mineure, et un court moment poco adagio lyrique, pendant 14 mesures.

Puis le tempo devient Allegro, ma non troppo, pour quelques mesures en *si* bémol majeur, se terminant par une cadence en *ré* mineur *forte* dans une autre texture (qui constitue la mesure 38), servant d'introduction à un Allegro con brio à 2/4, *ff,* avec octaves brisés et accords très denses à contretemps.

À la mesure 79, l'ensemble module en *la* bémol, le tempo devenant Adagio, avec un jeu qui doit être *espressivo*; puis, après ce temps qui semble suspendu, arrive un passage Presto (mes. 90) en *si* mineur, qui devient più presto à 6/8 opposant deux textures successives : la première trépidante et la seconde *ligato fugato*, avant un retour à l'Adagio 2/4.

Enfin, à la mesure 157, un Allegretto à 2/4, en *si* majeur, qui commence *dolce* varie huit fois un thème de huit mesures, dans une amplification sonore et de manière virtuose jusqu'à la fin – ce thème en notes répétées qui avait été préfiguré par l'Adagio antérieur est réévoqué à la fin, dans son tempo Adagio.

SOURCES

Les esquisses sont à Berlin (Landsberg 5). Nottebohm (II, 274) a montré qu'elles se trouvaient à la fin des carnets de 1809, à la suite de celles des *op. 73*, *74* et mêlées à celles de l'introduction de *l'op. 80*.

Le manuscrit autographe est à Bonn.

PUBLICATION

L'édition originale fut assurée à Leipzig par Breitkopf & Härtel en novembre 1810. Le titre est en français :

« FANTAISIE / Pour le Pianoforte / composée et dédiée / à son Ami / Monsieur le Comte François de Brunswick / par / L v. BEETHOVEN / oeuv.77. Propriété des Éditeurs / [...] »

Artaria la publia à Vienne en décembre 1810 (en même temps que les *op. 74*, *76*, *78*, *79*).

Clementi la publia à Londres en août 1810

DÉDICATAIRE

Cette *Fantaisie*, liant l'ancien et le nouveau, le passé et l'avenir, fut dédiée à son ami Franz Brunsvik, un homme qu'il estimait beaucoup et auquel il avait déjà dédié la *Sonate op.* 57dite « *Appassionata* ».

L'ŒUVRE VUE PAR SES CONTEMPORAINS

L'*AMZ* XIII, n° 32 du 7 août 1811 (col. 548), annonçait la parution de cette *Fantaisie* (en même temps que celle de la *Sonate op. 78*). L'auteur de l'article établissait la filiation de cette *Fantaisie* avec celles de C.P.E. Bach (compositeur qualifié de « *herrlich* ») : elle avait le même genre d'idées neuves, la même audace dans de surprenantes modulations, mais les phrases étaient moins mélodiques. Toutefois, l'auteur soulignait que l'ensemble était plein de feu et que le pianoforte était très bien utilisé.

La *Wiener allgemeine musikalische Zeitung*, Jg. 1, 1813 (col. 197-199) publiait une analyse de cette *Fantaisie*, « très originale dans son harmonie, sa forme et ses modulations », mais qui « est très difficile » et ne peut pas être considérée comme un « modèle » de fantaisie. L'auteur insistait ensuite sur la structure de l'œuvre, qui commence par l'indécision, donnant l'illusion de l'improvisation car l'interprète semble perdre le fil de ses idées, pour finalement installer un thème Allegretto suivi de huit variations, fidèles à l'originalité de Beethoven.

Czerny en 1842 (p. 70) juge que cette Fantaisie donne une bonne idée de la façon que Beethoven avait d'improviser quand il ne cherchait pas à développer un thème précis. Les passages calmes doivent être joués avec beaucoup de sentiment, les passages animés avec beaucoup de brillant. Les variations finales doivent être jouées de manière humoristique.

CORRESPONDANCE

Dans une lettre du 26 juillet 1809 [2., 392] (peu avant donc de se mettre à la composition de sa *Fantaisie*), Beethoven demandait à son éditeur Breitkopf & Härtel de lui faire parvenir les œuvres pour clavier de C.P.E. Bach éditées chez lui, car, expliquait-il, il n'en avait « que quelques-unes », alors qu'elles étaient indispensables « à tout véritable artiste tant pour se faire plaisir que pour s'instruire ». Il ajoutait qu'il aurait « beaucoup de satisfaction à prendre connaissance d'œuvres qu'il connaissait peu ou pas, ainsi qu'à les faire découvrir à de vrais amis de la musique en leur jouant ».

Le 4 février [2., 423], Beethoven proposait à B&H plusieurs œuvres dont cette *Fantaisie pour piano seul* [« eine Fantasie für's Klawier allein »].

Le 2 juillet [2., 451], il annonçait à B&H qu'il lui envoyait la « Fantasie fürs Piano » avec les œuvres qui devaient paraître le 1er septembre.

Le 21 août 1810 [2., 465], il indiquait à B&H la formule de la dédicace à inscrire sur la page de titre de cette *Fantaisie* : « À mon ami Monsieur le Comte François de Brunswick ».

Le 11 novembre [2., 477], B&H lui annonçait l'envoi de la partition de l'édition originale.

Opus 78
Sonate pour piano en fa dièse majeur

Adagio cantabile, 2/4 / Allegro ma non troppo, **C**, fa *dièse majeur – 105 mes.*
Allegro vivace, 2/4, fa *dièse majeur – 183 mes.*

TEMPS DE LA COMPOSITION

En 1809, elle fut terminée en même temps que la *Fantaisie op. 77*, en octobre.

CONTEXTE BIOGRAPHIQUE

Alors qu'en automne 1809 Beethoven écrivait à son éditeur Breitkopf & Härtel qu'il n'aimait pas écrire de sonates pour piano seul, quelques mois plus tard il lui en proposait trois d'un genre nouveau. Comme si, stimulé par la commande implicite de l'éditeur, il avait fait des investigations du côté d'autres organisations possibles de la sonate pour piano seul. Et cela, à un moment où il commençait à réinterroger les œuvres de ses prédécesseurs : la *Fantaisie op. 77* témoigne de sa lecture de C.P.E.Bach, tandis que la *Sonate op. 78* montre qu'il s'est tourné vers le *Clavier bien tempéré* de Jean-Sébastien Bach, la tonalité et la structure en deux mouvements signant une référence implicite au « Prélude et Fugue XIII » en *fa* dièse majeur du premier Livre. Les dédicaces de ces deux œuvres, achevées en même temps, laissent supposer ses intentions a posteriori (c'est-à-dire au moment de la publication, et non de la composition) : écrites l'une et l'autre sous le signe de Bach, la *Fantaisie* et la *Sonate* furent dédiées au frère et à la sœur, amis avec lesquels Beethoven partageait sa passion pour la musique depuis leur prime jeunesse (professeur de piano et de musique de la famille Brunsvik dès 1799, il avait eu l'occasion de leur faire étudier le *Clavier bien tempéré* ou des *Fantaisies* de C.P.E. Bach).

Pour composer ces deux œuvres, le retour (et le recours) à Bach était une façon de puiser aux sources de l'écriture harmonique, tout en mettant implicitement en question le genre sonate tel qu'il s'était imposé au lendemain du temps des Bach (donc au cours de la seconde moitié du XVIIIe siècle). Ainsi, au lieu de composer une sonate en quatre mouvements organisée par un processus dramatique, Beethoven choisit de transposer le modèle Prélude et Fugue de Bach dans une composition en deux mouvements, de caractère lyrique (et non plus dramatique) posé dès les premières mesures.

Qu'il s'agisse de la gestation d'une nouvelle conception de la sonate, l'indécision manifestée quant au mode de publication de ses *Sonates op. 78* et *op. 79* en serait un indice : il laissait libre choix à l'éditeur de publier ces sonates ensemble sous un même numéro d'opus, ou séparées, Beethoven prenait toutefois soin d'indiquer leur différence, l'*op. 79* étant qualifié de « facile » ou de « Sonatine ». Il n'était donc plus question de publier un ensemble de plusieurs sonates, et chacune pouvait être de facture différente et cela dans un but didactique explicite.

PRÉSENTATION DE L'ŒUVRE

Cette *Sonate* en *fa* dièse majeur (la *24e*), dans une tonalité tout à fait inhabituelle s'inscrit dans la catégorie des compositions didactiques : elle s'apparente à un exercice d'écriture tout autant qu'à un exercice de piano, comme les *Préludes* et *Fugues* de Bach, par ses notes répétées, la mobilité de la main gauche, l'échange rapide d'une même figure entre les deux mains, l'obtention d'effets de vibration sonore, etc.

I. Cette *Sonate op. 78* commence par quatre mesures Adagio cantabile, une pédale de *fa* dièse soutenant la ligne mélodique qui se déploie calmement jusqu'à la dominante, comme une sorte d'improvisation discrète à la recherche du matériau possible (accords de sixte, ligne ascendante, mordant, broderie).

Après cette courte introduction, Beethoven expose un premier thème, Allegro ma non troppo, très lyrique (constitué de plusieurs motifs soulignant l'idée de mouvement plus ou moins accéléré), qui est relié au deuxième thème dolce très souple (triolets de croches) par un passage rapide, dense, régulier et d'intensité croissante. Le développement très court s'effectue à partir de modulations sur le premier thème ; il est suivi d'une réexposition un peu élargie, puis l'ensemble, développement – réexposition – coda, doit être repris.

II. Le second mouvement est plus rapide, c'est un Allegro vivace, virtuose, proche de la forme Rondo. Le thème, individualisé par son rythme et sa structure interrogative, encadre deux développements modulants qui font évoluer une sorte de vibration sonore, tandis que la coda est une extension du thème principal. Ce mouvement se termine par une envolée rapide et directe.

SOURCES

Les esquisses sont inconnues.

Le manuscrit autographe à Bonn, tout à fait lisible, a servi à Breitkopf & Härtel pour la gravure de la *Sonate* : « Sonata / 1809 / N° 2 ».

PUBLICATION

L'édition originale fut assurée à Leipzig par B&H en novembre 1810. Le titre est en français :

« SONATE / pour le / Piano Forte / composée et dédiée / à Madame la Comtesse Therese de Brunswick / PAR / L.v. Beethoven./ Œuv. 78. Propriété des Éditeurs. / [...] »

En janvier 1811, Artaria publiait cette *Sonate* à Vienne (en même temps que les *op. 74, 76, 77, 79*).

Clementi la publia à Londres le 31 août 1810 (annoncée le 18 janvier 1811 par le *Morning Post*).

DÉDICATAIRE

Therese Brunsvik de Korompa, comtesse (27 juillet 1775 à Presbourg-23 septembre 1861 à Ofen), fit la connaissance de Beethoven à Vienne en mai 1799 (il lui donna des leçons ainsi qu'à sa sœur Josephine). Elle était la plus âgée des frères et sœurs Brunsvik. Elle ne se maria pas. Son amitié pour Beethoven était profonde, mais elle ne fut jamais une de ses bien-aimées.

L'ŒUVRE VUE PAR LES CONTEMPORAINS

L'*AMZ* XIII, n° 32 du 7 août 1811 (col. 548), annonçait la publication de la *Fantaisie op. 77* et de la *Sonate op. 78*, deux œuvres « plus difficiles à jouer qu'il n'apparaît à première lecture ». L'auteur analysait la *Sonate* en quelques lignes, mentionnant la courte introduction et soulignant la « riche imagination » de l'Allegro ainsi que les tournures inhabituelles, pleine de feu et de vitalité du Vivace.

Carl Czerny (p. 54) signalait que cette *Sonate* écrite plusieurs années après les précédentes s'en différenciait par « l'esprit et par les style ». Le premier mouvement était calme, naïf, délicat, religieux et devait être joué de manière très lyrique, sans emportement virtuose, de façon à mettre la tonalité en valeur. Czerny présentait le Finale comme assez difficile, virtuose, et soulignait son caractère facétieux et très original.

CORRESPONDANCE

Le 19 septembre 1809 [2., 400], Beethoven « promettait » à Breitkopf & Härtel qu'il lui fournirait « quelques sonates pour piano, bien qu'il n'aime pas beaucoup écrire des sonates pour soliste ».

Le 4 février 1810 [2., 423], Beethoven proposait ses nouvelles œuvres à B&H, parmi lesquelles : « 3 Klawier*Solo*Sonaten ».

En avril [2., 436], Beethoven remettait à Ignaz von Gleichenstein la *Sonate* promise à Therese (Malfatti) parce qu'il n'avait pas le temps de la voir ce jour. (Il s'agit sans doute de la *Sonate op. 78* qui n'était pas encore dédiée à Therese Brunsvik).

Le 2 juillet [2., 451], Beethoven envoyait les *Sonates op. 78* et *79* dans un premier envoi d'œuvres que B&H devaient publier d'ici le 1er septembre 1810 (comme à Londres).

Le 3 juillet [2., 452], Beethoven déposait les œuvres indiquées, avec la liste, au correspondant de B&H à Vienne.

Le 21 août [2., 465], Beethoven faisait part de la dédicace : « die Sonate in *Fis dur À Madame la Comtesse thérése Brunswick* », ajoutant que B&H « pouvait éditer les deux *Sonates* séparément ou ensemble – comme il le souhaitait, mais qu'il fallait alors ajouter « Sonate facile » ou « Sonatine » pour celle en *sol* majeur ».

Le 24 septembre [2., 469], B&H signalait les opus qu'il attribuait aux œuvres :

« 78. Sonate Fis dur / 79. ——— G dur ».

Le 23 novembre 1810 (mois de la publication des *Sonate op. 78* et *op. 79*), Beethoven faisait parvenir une lettre [2., 479] à Therese Brunsvik, par l'intermédiaire de son frère Franz, pour la remercier du portrait peint par elle-même (il s'agit d'une copie du portrait de Therese exécuté par Johann Baptist Lampi d.Ä.), qu'elle lui avait envoyé avec une dédicace flatteuse inscrite au dos : « au rare génie, au grand artiste, à l'homme bon », et il lui disait regretter d'avoir perdu un dessin d'elle représentant « un aigle regardant le soleil ». Therese fit part à sa sœur Josephine de cette attention de Beethoven, signalant qu'elle trouvait « les sonates » très belles, et lui demandant de retrouver ce dessin. Malgré cette marque d'amitié amoureuse, Therese ne fut jamais une des bien-aimées de Beethoven.

Opus 79

Sonate pour piano en *sol* majeur

Presto alla tedesca, 3/4, sol *majeur – 201 mes.*
Andante, 9/8, sol *mineur – 34 mes.*
Vivace, 2/4, sol *majeur – 117 mes.*

Temps de la composition

1809, en même temps que la *Sonate op. 78* et que la *Fantaisie op. 77*.

Contexte biographique

Beethoven a composé cette *Sonate* qu'il qualifia lui-même de facile, lui attribuant même le titre de *Sonatine*, en même temps que deux autres *Sonates*, *op. 78* et *op. 81a*, et que la *Fantaisie op. 77*. La référence à Bach a inspiré son travail de composition pour ces différentes œuvres : ainsi, si la *Fantaisie* manifeste sa fidélité à C.P.E. Bach et si la tonalité de *fa* dièse majeur rappelle le *Clavier bien tempéré*, cette *Sonatine* s'inscrit, par sa simplicité, dans la continuité de bien des œuvres de Bach destinées à l'apprentissage du clavier.

Le recours à un matériau musical qui semble issu de la musique populaire de danse accentue le côté sans prétention de cette œuvre toute simple. Alors que les critiques ne cessaient de répéter que ses œuvres étaient inaccessibles à un amateur moyen, Beethoven s'est amusé à démontrer qu'il était capable de composer de manière simple et évidente sans perdre le sens de l'essentiel, comme le prouve la mélodie populaire et l'usage de ses qualités caractéristiques (énergie, gaieté, mélancolie, facétie). Rappelons que depuis les travaux de Herder, à partir des années 1770, les mélodies populaires représentaient le moyen privilégié d'accès à la « vérité historique » des peuples et qu'elles étaient considérées comme l'expression par excellence de l'esprit des peuples et de ce qui les différenciait les uns des autres.

Beethoven n'a pas indiqué de dédicataire à son éditeur.

La dispute avec Marie Erdödy (qui date de mars 1809), parfois évoquée par les commentateurs, est antérieure à la composition de cette œuvre « facile ». Peut-être faudrait-il plutôt penser à ses relations avec Therese Malfatti, à l'échec de son espoir de mariage avec elle au début du mois de juin 1810 ? Au temps où il était proche d'elle, aurait-il eu l'intention de lui dédier cette *Sonatine*, bien que composée avant qu'il ne l'ait rencontrée (son ami Gleichenstein le présenta à la famille Malfatti à la fin de l'année 1809 ou au début de l'année 1810) pour encourager ses progrès en piano ? Ne lui écrivait-il pas en mai 1810 [2., 442] qu'il allait lui envoyer des œuvres faciles (elle n'aurait pas à se plaindre des difficultés) pour cultiver son réel talent musical ? Cette *Sonatine* serait ainsi restée sans dédicataire parce que la dédier à Therese n'était plus envisageable au moment de l'édition. Mais cela n'est pas établi.

Présentation de l'œuvre

Désignée par Beethoven lui-même Sonate facile ou Sonatine, elle est, de fait, sans grande complexité d'écriture. D'ailleurs, dans son étude sur la musique de piano de Beethoven, Czerny a indiqué qu'elle était destinée à des pianistes peu expérimentés.

I. Pour ce premier mouvement, Presto alla tedesca, Beethoven a associé un tempo très rapide à une danse allemande, association qui relève d'un parti pris humoristique, puisque la danse allemande était en général allegro moderato, et non presto.

Ce mouvement commence avec énergie dans la tonalité très simple de *sol* majeur bien affirmé, pour se couler dans une forme sonate portée davantage par l'opposition d'intensités et de jeux (*forte*, piqué et rythmé / *piano*, *leggiermente* et fluide) que par le contraste de deux thèmes.

Le développement, assez important et à épisodes, est dominé par des modulations autour d'une tierce descendante marquée par un contretemps, ainsi que par des répétitions de notes et des croisements de mains.

Le développement et la réexposition doivent être repris, avant une coda qui, par ses appogiatures, rappelle avec insistance le caractère de la danse allemande (bien posée sur les temps, et surtout sur les premiers).

II. Le deuxième mouvement est un Andante en *sol* mineur qui débute *piano*, *espressivo*, sur une mélodie simple qui se répète (ce qui connote une musique populaire) et qui est inscrite dans un rythme balancé à 9/8. Cet Andante comprend une partie centrale en *mi* bémol majeur, d'une texture plus fluide.

III. Le dernier mouvement est Vivace, de forme apparentée au rondo. Il commence *piano dolce* par une première phrase de huit mesures (reprise) dominée par un motif rythmique très court et dynamique (déjà utilisé dans le *Ritterballet WoO 1*, de 1790, pour le premier *Chant allemand* qui était moderato). Une seconde phrase de huit mesures (également reprise) complète ce thème en énonçant ce motif, et son conséquent, *forte* à l'unisson.

Le déroulement de ce mouvement très vif est plein d'humour et d'esprit facétieux, par des effets d'accélération, l'évocation d'une fanfare en *ut* majeur et une cadence finale toute simple, qui termine ce mouvement *piano* après une reprise du thème *crescendo*.

SOURCES

Des esquisses pour le premier mouvement (Landsberg 5, à Berlin) sont mêlées à celle d'un projet de Quintette à la mémoire de Jean-Sébastien Bach, et se trouvent au milieu de celles pour le *Quatuor* op. 74 (cf. Nottebohm II, p. 269).

Le manuscrit autographe se trouve à Bonn. La page de titre indique « Sonata ».

PUBLICATION

L'édition originale fut assurée à Leipzig par Breitkopf & Härtel en novembre 1810. Le titre est en français :

« SONATINE / Pour le Pianoforte / PAR / L.v. Beethoven. / Œuv. 79 [...] Propriété des Éditeurs. / [...] »

À Vienne, Artaria publia une édition, signalée le 26 janvier 1811 par la *Wiener Zeitung*, et à Londres. Clementi en publia une le 31 août 1810 (annoncée le 18 janvier 1811 par le *Morning Post*).

CORRESPONDANCE

Le 19 septembre 1809 [2., 400], Beethoven promettait à Breitkopf & Härtel qu'il lui fournirait « quelques sonates pour piano, bien qu'il n'aime pas beaucoup écrire des sonates solo ».

Le 4 février 1810 [2., 423], il proposait ses nouvelles œuvres à B&H parmi lesquelles : « 3 Klawier*Solo*Sonaten ».

Le 2 juillet [2., 451], Beethoven envoyait les *Sonates op. 78* et *79* dans un premier envoi d'œuvres que B&H devait publier d'ici le 1er septembre 1810.

Le 21 août [2., 465], il laissait le choix à B&H qui « pouvait éditer les deux *Sonates* (op. 78 et 79) soit séparément, soit ensemble – si c'était le cas, il fallait alors seulement ajouter « Sonate facile » ou « Sonatine » pour celle en *sol* majeur ».

Le 24 septembre [2., 469], B&H signalait les opus qu'il attribuait aux œuvres : « 78. Sonate Fis dur / 79. ——— G dur ». L'éditeur attendait la mention du dédicataire pour la « Sonatine ».

WoO 138, 137, 139
Lieder

Sur des poèmes de Christian Ludwig Reissig
WoO 138 Der Jüngling in der Fremde
Etwas lebhaft, jedoch in einer mäßig geschwinden Bewegung, 3/8, si *bémol majeur – 20 mes.*

WoO 137 Gesang aus der Ferne
Andante vivace, 6/8 / Poco allegretto, 2/4 / Allegretto vivave, 6/8, si *bémol majeur – 146 mes.*
WoO 139 Der Liebende
In leidenschaftlicher Bewegung, 6/8, ré *majeur – 34 mes.*

TEMPS DE LA COMPOSITION

Automne et l'hiver 1809, à la demande de Reissig, qui fit publier par Artaria une anthologie de dix-huit de ses poèmes mis en musique par divers compositeurs, Moscheles, Dietrichstein, Reichardt, Gyrowetz, Leykam, Weigl, Hummel et Beethoven (qui en composa cinq) et qui dédia ce recueil à l'archiduc Rodolphe.

CONTEXTE BIOGRAPHIQUE

Ces trois *Lieder* font partie des différents poèmes que Beethoven mit en musique à la fin de l'année 1809. Il avait été sollicité par Reissig, escomptant certainement tirer profit de la publication que le poète projetait.

Il est vraisemblable que le contenu des poèmes l'ait décidé à accepter, car sous leur aspect anacréontique et dans un style métaphorique (le printemps et l'éloignement de l'être aimé), ils parlent d'amour impossible, de pression du désir amoureux et de souffrance psychique – situations que Beethoven connaissait bien, en tant qu'homme, et qu'il se sentait obligé de transcender par sa musique en tant qu'artiste afin d'en soulager les autres. Ainsi, le poème, *Lied (*ou *Gesang) aus der Ferne WoO 137,* prit une telle importance qu'après en avoir composé une première version à partir de la première strophe seule, il attribua cette musique à un autre poème, *Der Jüngling in der Fremde WoO 138,* et s'attacha à prendre en compte les trois strophes qui tournent autour de la recherche de l'amour perdu, de l'hallucination de la présence de la bien-aimée et du désir d'union avec celle qu'il compare à une déesse. Il tenait d'ailleurs tant à cette Aria qu'il poussa Breitkopf & Härtel à la publier avant Artaria.

D'autre part, *Der Liebende WoO 139* a le même thème poétique et les mêmes expressions que le poème de Goethe, *Neue Liebe, neues Leben op. 75 n° 2,* cette pression amoureuse qui bouleverse celui qui se trouve sous son emprise.

Enfin, comme souvent, la publication de ces *Lieder* a été accompagnée de complications avec l'éditeur Breitkopf & Härtel qui aurait appris que Beethoven avait déjà été payé par Ressig pour les faire publier : il s'en est alors défendu, pourtant une mention manuscrite sur une copie du *Gesang aus der Ferne WoO 137* prouve qu'il a vendu cette composition à Reissig. Que cette transaction secrète ait été dévoilée le rendit furieux au point qu'il se permit, dans une lettre à B&H, de traiter Reissig de misérable, ce qui était une façon d'étouffer les soupçons de l'éditeur.

PRÉSENTATION DES ŒUVRES

Ces trois compositions pour voix sur des poèmes de Reissig sont différentes les unes des autres bien que les images poétiques soient très simples (et très courantes) : elles tournent autour des idées de l'absence de la bien-aimée et du bouleversement amoureux. La mise en musique est sans prétention.

WoO 138 *Der Jüngling in der Fremde*

Le poème de Christian Ludwig Reissig, *Der Jüngling in der Fremde,* qui remplaça le poème d'abord composé par Beethoven, *Lied aus der Ferne* (mis en musique autrement, cf. *WoO 137*), a été publié dans la première édition des *Blümchen der Einsamkeit* (*Petites fleurs de la solitude*) de Reissig en 1809 (à Vienne, à compte d'auteur).

Der Frühling entblüht dem Schoos der Natur,
Mit lachenden Blumen bestreut er die Flur.
Doch mir lacht vergebens das Thal und die Höh,
Es bleibt mir im Busen so bang und so weh.
Le Jeune homme au loin
Le printemps fleurit le sein de la nature,
Il couvre les champs de fleurs riantes.
Hélas, la vallée et la colline rient en vain pour moi,
La douleur étreignant mon cœur trop fort.

Les cinq autres strophes décrivent la quête vaine de la bien-aimée dans une atmosphère printanière (fleurs, feuillage et ombre, sources, air frais).

Beethoven a conservé la structure strophique, ne composant la musique que pour la première des six strophes – musique qu'il avait prévue au départ pour la première strophe du *Lied aus der Ferne* de Reissig.

Il s'agit d'une composition sans prétention, dans un tempo noté en allemand : « Etwas lebhaft, jedoch in einer mäßig geschwinden

Bewegung» («quelque peu animé mais dans un tempo modérément rapide»), à 3/8. Deux groupes de huit mesures se succèdent, un simple arpège ouvrant le Lied, tandis qu'un postlude très court termine chacune des strophes.

La voix est doublée, et l'harmonie est très stable (avec modulation à la dominante) pour évoquer les bienfaits du printemps qui pourtant n'apaisent pas la douleur de celui qui est privé de celle qu'il aime.

WoO 137 *Gesang aus der Ferne*

Christian Ludwig Reissig a publié ce poème, intitulé *Lied aus der Ferne,* dans la troisième édition de ses *Blümchen der Einsamkeit* (*Petites fleurs de la solitude*) en 1815, c'est-à-dire qu'il ne figure pas dans l'édition de 1809 : il a donné un texte manuscrit à Beethoven pour qu'il en compose la musique et qu'il soit publié dans le recueil de ses dix-huit poèmes mis en musique.

C'est pour la première strophe de ce poème, *Lied aus der Ferne*, que Beethoven a composé la musique qu'il utilisa pour le *WoO 138*. Dans le *WoO 137*, le mot Gesang a remplacé le mot Lied, et les quatre strophes sont composées d'un seul tenant.

Als mir noch die Thräne
Der Sehnsucht nicht floß
Lied qui vient de loin
Quand les larmes
de la nostalgie ne coulaient pas pour moi

Und neidisch die Ferne
Nicht Liebchen verschloß :
Et qu'envieux,
Un cher amour n'obstruait pas les lointains

Wie glich da mein Leben
Dem blühenden Kranz,
Ma vie ressemblait
à une couronne de fleurs qui s'épanouissaient,

Dem Nachtigallwäldchen,
Voll Spiel und voll Tanz !
À une petite forêt de rossignols,
pleine de jeux et de danses !

Les trois autres strophes développent l'idée de la nostalgie suscitée par l'absence de la femme aimée, et le désir pressant d'union avec celle qu'il considère comme une déesse.

Ce Gesang, que Beethoven désigne comme une Aria, s'inspire de l'air d'opéra en trois parties : ainsi, au lieu de se conformer à la structure du poème formé de quatre strophes, Beethoven pense musique et genres musicaux. Pour obtenir sa structure A B A', il a divisé les quatre strophes en trois parties (1, 2-3, 4), a répété le dernier vers à la fin de chacune des parties, et a fait précéder le chant d'une introduction au piano seul (de plus de vingt mesures).

Le cadre musical stable et joyeux une fois posé, Andante vivace à 6/8, en *si* bémol majeur, la première partie, dans le même tempo, évoque la joie passée en reprenant la ligne mélodique de l'introduction (y compris les trilles aigus qui connotent les chants d'oiseaux).

La deuxième partie est plus sombre par ses modulations en *ré* bémol et en *fa* mineur, par son tempo Poco allegretto, non plus à 6/8 mais à 2/4, et par son opposition entre deux sections contrastées : l'une modulante et calme (pour évoquer la nostalgie), et l'autre ayant un accompagnement très agité (qui figure les battements du cœur et le vain appel à la bien-aimée). Cette deuxième partie se termine sur une cadence mettant en valeur l'idée de l'amour fou : «Je n'ai jamais aimé ainsi !»

La troisième partie est une reprise de la première dans un tempo plus pressant et un accompagnement plus dense, quand le poète supplie sa bien-aimée de revenir. Beethoven tenait à ce que le tempo soit «plus animé que la première fois». Il a donc indiqué un tempo plus rapide, Allegretto vivace, en précisant en allemand «Il faut prendre maintenant un tempo plus animé que la première fois» pour insister sur la détresse du poète, il a répété six fois (3 x 2), dans différentes figurations pressantes, l'évocation de la femme déesse : «die Göttin sei du !».

WoO 139 *Der Liebende*

Comme le *Lied aus der Ferne*, Reissig n'a fait publier ce poème que dans la troisième édition de ses *Blümchen der Einsamkeit* (*Petites fleurs de la solitude*) en 1815, c'est-à-dire qu'il ne figure pas dans l'édition de 1809, et qu'il a été donné à Beethoven en manuscrit.

Welch ein wunderbares Leben,
Ein Gemisch von Schmerz und Lust,
Welch ein niegefühltes Beben
Waltet jetzt in meiner Brust!
Armes Herz, was soll dieß Pochen?
Deine Ruh' ist unterbrochen:
Sprich, was ist mit dir geschehen?
So hab'ich dich nie gesehn.
L'Amoureux
Quelle merveilleuse vie,
Mélange de douleur et de joie,
Quel tremblement jamais ressenti
S'empare de mon cœur!
Pauvre cœur, qu'est ce battement?
Ton repos est interrompu :
Dis-moi ce qui t'arrive?
Je ne t'ai jamais vu ainsi.

Pour ce poème de trois strophes Beethoven n'a composé la musique que pour la première, en insistant, par l'opposition entre une affirmation tonale et une dissonance ou modulation mineure, sur l'idée de l'ambiguïté de l'amour, qui oscille entre douleur et joie.

Ce Lied, en *ré* majeur à 6/8, doit être interprété « In leidenschaftlicher Bewegung » (« dans un tempo emporté »), ce que les figures volubiles de la main droite mettent en valeur. Il est en deux parties (de dix mesures chacune, le dernier vers étant chaque fois répété) et les figures rythmiques (propres au 6/8) sont immuables, comme si rien ne pouvait arrêter la force bouleversante de l'amour.

L'image poétique de ce Lied est très proche de celle de *Neue Liebe, neues Leben*, au point que Beethoven a repris des expressions de Goethe : il a modifié le vers « Armes Herz, was soll dies Pochen? » en « Herz, mein Herz, was soll dies Pochen? ».

SOURCES

WoO 138 Der Jüngling in der Fremde / Lied aus der Ferne

Le manuscrit autographe (qui se trouve à Washington) est tout à fait lisible, ne comportant que quelques corrections. Le texte de la première strophe inscrit sous la ligne vocale est celui du *Lied aus der Ferne* (la place des trois autres strophes étant laissée libre). Beethoven a inscrit : « Lied aus der Ferne. Von Ludwig Van / Beethoven *1809* » (alors que l'édition originale comprend le texte d'un autre poème, *Der Jüngling in der Fremde*).

WoO 137 Gesang aus der Ferne

Le manuscrit autographe (à Londres) porte la mention de la main de Beethoven : « Lied [corrigé en] Gesang aus der Ferne – in Musik gesezt / Von Ludwig Van Beethowen ».

Une copie qu'il a corrigée (à Berlin) porte une indication notée par une main étrangère : « Gestochen N° 2101 in der Reisig / Lieder Sammlung. – Dieße Abschrift hat Bethoven mit / eigenen Bemerkungen an Reisig verkauft / und Reisig hat an uns wieder verkauft. ». Sur la cinquième page, Beethoven a formulé ses exigences pour le tempo (comme sur le manuscrit) : « Nb. Man nimmt jezt die Bewegung lebhafter / als das erstemal – »

WoO 139 Der Liebende

Il existe deux manuscrits autographes, l'un (qui se trouve à Londres) n'est pas achevé et le second (à Berlin) est très lisible.

PUBLICATION

WoO 137 Gesang aus der Ferne

Ce Gesang fut publié dès février 1810 chez Breitkopf & Härtel :

« Lied aus der Ferne / mit Begleitung des / Piano Forte / von / Louis van Beethoven. / [...] »

(Beethoven n'a pas fait éditer seul le Lied *Der Jüngling in der Fremde WoO 138*, strophique).

Les trois Lieder (ainsi que les *Lieder*, futurs *op. 75* n° 5 et n° 6) furent publiés à Vienne en juillet 1810 par Artaria und Comp. parmi les dis-huit Lieder sur des poèmes de Reissig :

« ACHTZEHN DEUTSCHE GEDICHTE / mit Begleitung des Piano-Forte von verschiedenen Meistern / Sr : Kaisl : Königl : Hoheit dem Durchlauchtigsten Hochwürdigsten / Erzherzog Rudolph von Österreich / Coadjutor von Olmütz / ehrfurchtsvoll gewidmet von / C.L. REISSIG / Kaiserl : Königl : österreichscher Rittmeister. / [...] »

Pages 2-13, se trouve « LIED AUS DER FERNE. Ludwig Von Beethoven. »

Pages 6-7, se trouve « Der Jüngling in der Fremde. Louis von Bethoven ». La première strophe est inscrite sous la ligne de chant, les cinq autres sont imprimées après.

Pages 24-27, se trouve « DER LIEBENDE. Lud : Von Beethoven. »

CORRESPONDANCE

Le 3 août 1809 [2., 394], Beethoven annonçait à Breitkopf & Härtel qu'il allait « envoyer un Lied ou bien un autre » : il ne sait pas encore quel Lied il allait faire parvenir [*WoO 136* ou *WoO 137*].

Le 8 août [2., 395], il confirmait à B&H qu'il avait déposé chez son correspondant à Vienne « 2 Deutsche Lieder oder Gesänge » (*WoO 136*, et *WoO 137* sans doute).

Peut-être en octobre [2., 407], il demandait à Reissig de passer le voir car il avait « non pas à chanter mais à parler » avec lui.

Le 30 janvier 1810 [2., 422] son frère Kaspar Karl informait B&H qu'il pouvait faire graver le Lied, *Gesang aus der Ferne* [WoO 137] – ce que Beethoven confirma le 4 février [2., 423], appelant ce Lied *Gesang in der ferne* et ajoutant que cette Aria avait été composée à partir de l'œuvre d'un « dilettante » qui, non seulement avait insisté pour qu'il en compose la musique, mais avait également pris la liberté de la faire publier chez Artaria. Beethoven, prétextant son amitié pour B&H, assurait qu'il l'autorisait à graver cette Aria le plus vite possible, avant Artaria.

Le 15 octobre de la même année [2., 474], dans une lettre à B&H, il s'indignait des dires de Reissig qui aurait prétendu avoir fait publier les Lieder seulement pour des amis, Lieder pour lesquels il l'aurait rémunéré – ce qui était, d'après Beethoven, un mensonge car il ne les avait « composés que par amitié, ajoutant qu'il avait eu pitié de cet avorton ».

Le 11 novembre [2., 477], B&H lui rappelait qu'il lui avait envoyé un exemplaire des œuvres terminées, dont les *Lieder WoO 136, 137*, et *op. 75*.

Opus 81a

Sonate pour piano en mi bémol majeur

Das Lebewohl (Les Adieux) – Adagio 2/4 / Allegro ¢, mi *bémol majeur – 255 mes.*
Abwesenheit (L'Absence) – Andante espressivo, In gehender Bewegung, doch mit viel Ausdruck, 2/4, ut *mineur – 42 mes.*
Das Wiedersehen (Le Retour) – Vivacissimamente, Im lebhaftesten Zeitmaße, 6/8, mi *bémol majeur – 196 mes.*

TEMPS DE LA COMPOSITION

1809-1810. Les esquisses datent de 1809, celles du premier mouvement précédant celles des deux autres de six mois.

Cette *Sonate* est loin d'être terminée quand Beethoven la propose à Breitkopf & Härtel le 4 février 1810, puisque il lui en annonce l'achèvement le 23 septembre.

CONTEXTE BIOGRAPHIQUE

Depuis les prémices de la conception de cette *Sonate* (en 1809) jusqu'à sa publication (en 1811), Beethoven a cherché à donner l'impression que sa composition était directement liée à la guerre de 1809 et à ses conséquences sur les déplacements de la famille impériale, et donc de l'archiduc Rodolphe, son élève et son mécène. Effectivement, l'archiduc est parti le 4 mai 1809 – date que Beethoven a tenu à faire inscrire sur la partition publiée –, et il a été absent jusqu'à la fin du mois de janvier 1810 (le 30 janvier). C'est pendant cette absence qu'il a travaillé à sa *Sonate* et qu'il eut l'idée de donner des titres à chacun des trois mouvements. C'est donc pendant sa composition que Beethoven a établi une correspondance entre les trois mouvements et trois moments de fortes émotions. La date du 4 mai 1809 est évoquée également dans une lettre à B&H écrite le 26 juillet [2., 392] et témoigne d'un moment de rupture dans sa vie et son travail.

D'autre part, dès qu'il a songé à donner un titre au premier mouvement, il a préféré « Lebewohl » à « Abschied ». Il donna lui-même les raisons de ce choix, deux ans plus tard à son éditeur : pour lui, « Lebewohl » s'adresse à une personne avec laquelle les relations sont cordiales et intimes, tandis que « Les Adieux » est une expression sans connotation affective, éventuellement destinée à une collectivité anonyme [1]. Il se trouve qu'à plusieurs reprises entre 1809 et 1811, Beethoven employa l'expression « Lebewohl », et de fait toujours à l'attention d'amis proches (Simrock, Gleichenstein) ou de femmes aimées, que ce soit Josephine en automne 1809, dans la dernière lettre qu'il lui écrit [2., 404], ou Bettina dans la lettre pleine de feu qu'il lui envoya en février 1811 [2., 485].

1. La référence implicite est celle de la 45e Symphonie « Les Adieux », de Haydn, composée en 1772.

L'insistance sur la dénomination de « Lebewohl » pour cette *Sonate* laisse penser que ce qui l'a incité à la composer était d'ordre plus intime que l'unique départ de l'archiduc : certes la guerre l'avait bouleversé, d'autant plus qu'elle arrivait dans un contexte très particulier pour lui puisqu'il venait d'obtenir une rente qui aurait dû lui permettre de composer sans souci d'argent ; mais plus encore, ce « Lebewohl », dont le rythme innerve tout le premier mouvement de la *Sonate*, rappelle les sentiments évoqués par les Lieder mis en musique à la même époque (l'amour lointain, la nostalgie et l'attente, l'espoir de retrouver l'être aimé). Peut-être est-ce donc un effet de l'éloignement définitif de Josephine, tout en étant un reflet des thèmes poétiques qui se sont imposés à lui depuis son adolescence.

L'attachement à ces titres (qui a fait dire à bien des commentateurs qu'il s'agissait d'une musique à programme, que la *Sonate* s'éloignait ainsi de la « musique pure ») se double d'un contournement des contraintes éditoriales de l'époque : Beethoven a exigé que les titres qu'il attribuait à la *Sonate* et à ses mouvements, ainsi que les indications de tempo, soient traduits en allemand et figurent à côté du terme français ou du terme italien. Cet investissement de la langue allemande, remplaçant l'italien ou le français, manifeste chez Beethoven une volonté de promouvoir cette culture, tout autant qu'un souci de traduction, qui renvoie au Lied de Mignon *« Kennst du das Land? » op. 75 n° 1* et au commentaire de Wilhelm Meister concernant la transposition des émotions dans un autre langage que celui d'origine.

Conscient de proposer une œuvre particulière, Beethoven, au moment de la publier, inscrivit cette *Sonate* dans la catégorie des sonates « caractéristiques », genre fréquent au temps où la musique était chargée de « peindre les affects ». Celle-ci, comme la *Sonate op. 78* ou *op. 79*, porte donc une référence implicite à la « musique ancienne » du XVIIIe siècle. En cherchant à faire ressentir les effets émotionnels que sont la douleur de la séparation, la mélancolie occasionnée par l'absence de la personne aimée et la joie du retour, à l'origine de sa formation et de son entrée dans l'univers musical.

Présentation de l'œuvre

Cette *Sonate* (la *26*e) est en trois mouvements, lent/vif – lent – vif, dans la constellation tonale de *mi* bémol majeur / *ut* mineur.

I. Ce premier mouvement est introduit par seize mesures Adagio, en *ut* mineur, qui commencent par la présentation musicale du mot « Le – be – wohl » (inscrit sur la partition) : il s'agit de trois accords successifs (un par temps), une tierce mineure, une quinte et une sixte (accords typiques des appels de cors), la ligne supérieure dessinant une descente diatonique de trois notes, piano espressivo. Ce premier motif, qui va conduire la suite du mouvement, est suivi de courtes figures rythmiques qui soulignent les notes d'un arpège ascendant d'*ut* mineur et qui constituent également le matériau utilisé dans la suite de la *Sonate* (ce motif rythmique pointé conduit le mouvement lent). Chromatismes, accords dissonants et silences coupent le déroulement ascendant du phrasé, dans un style figuraliste typique de la musique du XVIIIe siècle, contribuant à tisser cette texture suspendue, résolue par un « attaca subito l'Allegro ».

Il s'agit d'un Allegro, alla breve, de forme sonate qui combine dans un tempo rapide et une texture dense les motifs énoncés dans l'introduction, le premier motif étant présent aussi bien dans le premier thème, que dans le second (« *espressivo* ») et dans la coda, véritable contrepoint de ces trois notes diatoniques (l'omniprésence de cette figure descendante de trois notes évoque le procédé d'écriture de la chacone).

Avant cette longue coda qui prolonge la réexposition, le développement assez court magnifie la suspension et la tension harmoniques.

II. Pour ce mouvement lent (comme pour le mouvement très rapide qui le suit sans interruption), Beethoven a éprouvé le besoin de traduire en allemand l'indication du tempo donnée comme de coutume en italien : le mouvement porte donc une double désignation du tempo, Andante espressivo / « In gehender Bewegung, doch mit viel Ausdruck ».

Si la tonalité de référence est *ut* mineur, c'est l'instabilité tonale qui domine dans chacune des deux parties, au déroulement pratiquement identique mais au parcours tonal différent, et qui constituent ce mouvement.

Cette indétermination tonale est doublée d'une oscillation entre «*cantabile*» et récitatif, pour créer une impression d'incertitude, d'instabilité et, pour certains commentateurs, de mélancolie.

III. Le mouvement lent erratique se résout dans le finale Vivacissimamente à 6/8, «Im lebhaftesten Zeitmaße», qui repose sur une vélocité maximale, énoncée aux deux mains dès le début, et se déroule sans répit, plein de vitalité. Seul un passage modulant en notes égales avec un *sforzando* sur chaque temps interrompt le flux musical, pour mieux jouer ensuite de la superposition de quatre voix aux lignes rythmiques et mélodiques différentes, ou des envolées de traits rapides.

Ce Finale de forme sonate comprend un court développement, une réexposition quelque peu variée et une coda Poco Andante qui permet d'entendre calmement le premier thème de cette course effrénée. Les six dernières mesures retrouvent la vélocité initiale jusqu'à une courte cadence finale.

SOURCES

Les esquisses des deux premiers mouvements se trouvent parmi celles pour le *Quatuor op. 74* (Berlin, Landsberg 5). Elles ont été présentées par Nottebohm (II, p. 96-100 : «Skizzen zur Sonate op. 81a»).

Au milieu des esquisses pour le premier mouvement, Beethoven a noté : «*Der Abschied* [rayé pour : «*Das Lebewohl*»] *– am 4ten Mai – gewidmet und aus dem Herzen geschrieben S.K.H.* [Seiner Kaiserl. Hoheit]». Puis, au milieu des esquisses du dernier mouvement, il a inscrit ces mots : «*Abschied – Abwesenheit – Ankunft*».

Le manuscrit autographe du premier mouvement (à Vienne) porte un titre inscrit par Beethoven : «*Das Lebe Wohl. / Vien am 4ten May 1809 / bej der Abreise S. Kaiserl. Hoheit / des Verehrten Erzherzogs / Rudolf*» («Les Adieux. Vienne le 4 mai 1809, à l'occasion du départ de Sa très honorée Altesse Impériale l'Archiduc Rodolphe»). En tête de la première page, le lieu et la date sont également indiqués : «*Wien am 4ten May 1809*».

Ce manuscrit a vraisemblablement été donné par Beethoven à l'archiduc Rodolphe au printemps 1811. Il ne reste que le premier mouvement (les autres étaient déjà perdus en 1860), mais il paraît que le compositeur avait fait inscrire sur le manuscrit du troisième mouvement la date du retour de l'archiduc : «Die Ankunft S. kaiserlichen Hoheit des verehrten Erzherzogs Rudolph, den 30. Januar 1810».

PUBLICATION

L'édition originale allemande fut assurée à Leipzig par Breitkopf & Härtel en juillet 1811, sous deux formes, l'une avec un titre en allemand :

«Lebewohl, Abwesenheit und Wiedersehn. / Sonate für das Pianoforte / in Musik gesezt und / Seiner Kaiserl : Hoheit / dem Erzherzog Rudolph von Oesterreich / zugeeignet/ von / L. v. BEETHOVEN. / Eigenthum der Verleger. / 81tes Werk [...]»

L'autre, avec le titre en français :

«Les Adieux, l'Absence et le Retour / SONATE / Pour la Pianoforte / composée et dédiée / à Son Altesse Impériale / L'Archiduc Rodolphe d'Autriche / par / L v. BEETHOVEN. / Œuv. 81. Propriété des Éditeurs. / [...] »

B&H la réédita trois fois, entre 1817 et 1830.

Cette *Sonate* fut publiée à Vienne par Artaria (l'annonce se trouve dans la *Wiener Zeitung* du 18 septembre 1811) et à Londres par Clementi en janvier 1811, donc avant l'édition allemande (annoncée le 9 avril 1811 par le *Morning Post*).

DÉDICATAIRE

L'archiduc Rodolphe (voir le *4e Concerto op. 58*).

L'ŒUVRE VUE PAR SES CONTEMPORAINS

L'*AMZ* XIV, n° 4 du 22 janvier 1812 (col. 67-68), publia un court article, dans lequel l'auteur qualifiait cette Sonate de «morceau de circonstance, mais composé par un maître plein d'esprit», avant de décrire rapidement chacun des mouvements, retenant le thème si simple du «le-be-wohl» de l'Adagio initial, la douleur de la séparation de l'Allegro, l'inquiétude de l'Andante espressivo et la joie débordante du Finale. L'auteur ne manquait pas de souligner qu'il s'agissait d'une œuvre difficile à jouer, comme toutes les nouvelles œuvres de Beethoven.

Czerny, mentionne le titre en français et donne des indications de jeu pour chacun des trois mouvements. L'Introduction doit être jouée «avec un sentiment profond, très legato et de manière chantante», tandis que l'Allegro (alla breve) doit être animé, les trois notes de l'Adagio initial, sur lesquelles tout le mouvement est construit, devant toujours être bien marquées : l'inscription « Les Adieux » signifie que ce mouvement doit représenter, de manière vigoureuse, un état d'âme profondément troublé. L'Andante espressivo doit être joué avec l'expression d'une profonde affliction, et le Finale, véritable morceau de bravoure, avec un joie expansive.

À la fin de son commentaire, Czerny prend soin de spécifier que les amateurs de « musique pure » (« reine Musik ») n'avaient pas à faire attention aux titres des mouvements (il donne en note sa définition de la musique pure : celle qui n'avait pas à peindre d'idée précise).

CORRESPONDANCE

Le 19 septembre 1809 [2., 400], Beethoven promettait à Breitkopf & Härtel qu'il lui fournirait quelques sonates pour piano, bien qu'il n'aime pas beaucoup écrire des sonates solo.

Le 4 février 1810 [2., 423], il lui proposait ses nouvelles œuvres, parmi lesquelles : « 3 Klawier*Solo*Sonaten », en spécifiant que « la troisième, formée de trois mouvements, « Adieux, Absence, Retour », devait être publiée séparément » – formule que l'éditeur a interprétée comme une invitation à publier cette sonate en deux parties, « Abschied et Abwesenheit », puis « Wiedersehen ».

Le 2 juillet de la même année [2., 451], Beethoven écrivait à B&H qu'il enverrait la « Sonate caractéristique » avec les *cinq Ariettes italiennes* (*op. 82*) et *Egmont* (*op. 84*), ensemble d'œuvres qui constituaient la troisième livraison à publier pour le 1er février 1811.

Le 21 août [2., 465, p. 150], il promettait à B&H qu'il allait expédier la troisième livraison dans quelques jours.

Le 23 septembre [2., 468], il lui signalait qu'il allait recevoir « la grande sonate caractéristique et les chants italiens [op. 82] qui sont prêts ».

Le lendemain [2., 469], B&H pensait que la Sonate avait été expédiée. Il précisait que le dédicataire n'était pas encore mentionné.

Le 11 novembre [2., 477], B&H qui n'avait pas encore reçu la « Sonate charact. », exprimait des doutes sur sa publication au cours de l'hiver.

Le 12 avril 1811 [2., 492], Beethoven lui indiquait le nom du dédicataire « qui ne pouvait être que l'archiduc Rodolphe ».

Le 6 mai [2., 496], il annonçait à B&H le retour des épreuves de la Sonate.

Le 18 mai [2., 498], il demandait à Ignaz von Baumeister, bibliothécaire de l'archiduc, la partition, qu'il n'avait plus, de la « Sonate intitulée "das lebeWohl, Abwesenheit, das Widersehn" de ma composition », pour pouvoir effectuer les corrections sur les épreuves à renvoyer à l'éditeur.

Le 20 mai [2., 499], en renvoyant à B&H les épreuves corrigées de la Sonate, Beethoven exigeait que « les titres soient indiqués en français et en allemand, pas seulement en français » (l'éditeur comprit qu'il fallait faire une édition avec les titres en français et une autre avec les titres en allemand).

Le 9 octobre 1811 [2., 523], Beethoven s'étonnait des deux éditions de la *Sonate*, en expliquant que l'expression « Lebewohl » est tout à fait autre chose que « Les Adieux » : le premier vient du cœur et s'adresse à une personne, tandis que le second s'adresse à un ensemble anonyme. Il s'étonnait également que l'éditeur n'ait inscrit ni le nom du dédicataire ni la date qu'il avait indiquée, exigeant qu'à partir de maintenant il respecte ses indications.

Le 16 octobre [2., 527], Beethoven envoyait à l'archiduc un exemplaire de sa *Sonate* gravée sur beau papier.

Opus 82

Quatre Ariettes et un Duo

Pour voix et piano
1. *« Dimmi, ben mio » (« Hoffnung ») – Allegro moderato,* **C**, la *majeur – 48 mes.*
2. *« T'intendo sì, mio cor » (« Liebesklage ») – Adagio ma non troppo, 2/4,* ré *majeur – 43 mes.*
3. *Arietta buffa. L'amante impaziente (Stille Frage) (« Che* fa *il mio bene ? ») – Allegro, 6/8,* mi *bémol majeur – 74 mes.*
4. *Arietta assai seriosa. L'amante impaziente (Liebes-Ungeduld) (« Che* fa *il mio bene ? ») – Andante con espressione, 6/8,* si *bémol majeur – 50 mes.*
Duett (Lebens-Genuß) (« Odi l'aura, che dolce sospira ») – Andante vivace, 3/8, mi *majeur – 58 mes.*
[Les textes sont de Pietro Metastasio, à l'exception du n° 1.]

Temps de la composition

Vraisemblablement fin 1809.

Leur mise en ordre est plus tardive et date du temps de leur préparation pour la publication – le 23 septembre 1810, Beethoven annonçait leur achèvement à son éditeur.

Contexte biographique

Ces quatre *Ariettes* suivies d'un *Duett* sont composées, sauf la première, sur des vers de Métastase, poète officiel de la cour de Vienne de 1730 à sa mort en 1782, et qui, pendant sa longue carrière, a fourni des œuvres à la demande (livrets d'opéras, textes d'actions théâtrales ou de cantates). Ses livrets ont été mis en musique par d'innombrables compositeurs, et *L'Olimpiade* par exemple fut mis en musique une cinquantaine de fois. Beethoven eut l'occasion de voir cet opéra dès son plus jeune âge, en 1782 à Bonn, avec une musique de Sacchini (sur un livret traduit en allemand intitulé *Die Olympische Spiele*).

Imprégné par le modèle métastasien, comme tous ses contemporains, ce n'était pas la première fois qu'il composait sur des vers de Métastase : il s'y était déjà exercé au moment où il avait pris des cours de composition (de façon irrégulière entre 1793 et 1802), en particulier autour de 1800 avec Salieri, alors maître de chapelle de la Cour de Vienne. Les corrections de Salieri sur les devoirs de Beethoven (26 petites pièces vocales non publiées, retrouvées après sa mort[1]) témoignent de l'attention portée à l'accentuation rythmique du mot italien et aux propriétés de la phrase poétique (intonation et mélodie de la langue, sens du texte, affects et intensité dramatique).

Le fait que Beethoven reprenne des vers italiens en 1809, année au cours de laquelle il s'intéressa à plusieurs genres et plusieurs styles de musique, témoigne de sa volonté de toucher des publics variés, tout en interrogeant à nouveau les sources de son écriture musicale, c'est-à-dire de sa formation traditionnelle de compositeur allemand : ainsi, de même qu'il s'inspirait des Bach dans ses compositions pour clavier (*Sonates op. 78, 79, Fantaisie op. 77*), il chercha à se confronter aux exigences de la langue italienne de Métastase pour retrouver la finalité de la musique « ancienne » : peindre les affects (comme il le fit dans la *Sonate pour piano « Lebewohl » op. 81a*, achevée en même temps que ces *Ariettes* en septembre 1810).

Mais, tout en se tournant du côté de la musique « ancienne », Beethoven ne s'est pas contenté de satisfaire le goût des Viennois pour les chanteurs italiens : il s'est aussi attaché à proposer des œuvres plus élaborées, probablement influencé par les réflexions que Wilhelm Meister se formulait[2] après avoir entendu le Lied de Mignon qui, d'origine italienne, avait chanté dans sa langue natale un chant qu'il traduisit par « Kennst du das Land ? ». Beethoven mit ce *Lied* en musique à la même époque que les *Ariettes italiennes* et il les proposa d'ailleurs en vrac à son éditeur en février 1810, parmi douze chants, les uns en allemand, les autres en italien).

Pour éviter les impasses de la traduction et la perte de spontanéité dans l'expression, Beethoven choisit donc la mise en musique directe de la langue italienne et se plut à organiser une succession de quatre *Ariettes* et d'un *Duett*, sur des poèmes très courts parlant d'amour, dans une forme laissant une large place aux répétitions erratiques de mots chargés d'émotion : les deux premières *Ariettes* présentent chacune une face de l'amour (positive et négative), les deux suivantes, sur le même texte, s'attachent à mettre en évidence deux aspects contradictoires de l'impatience amoureuse, l'un dans le style de l'opera buffa, l'autre dans le style de l'opera seria ; le finale rassemble ces différents aspects dans un duo entre Vénus et Pallas qui chantent les délices de l'amour.

Présentation de l'œuvre

En règle générale, chacune des *Ariettes* est conçue en deux parties, suivies d'une sorte de coda, la première partie présentant les deux

1. G. Nottebohm a présenté ces travaux dans *Beethovens Studien*, vol. 1, 1873 (chapitres : « Unterricht bei A. Salieri » et « Über Art und Erfolg des Unterrichtes »).

2. « La mélodie et l'accent de ce chant plurent singulièrement à notre ami, bien qu'il ne pût en saisir toutes les paroles. Il se fit répéter et expliquer les strophes, les écrivit et les traduisit en allemand. Mais il ne put imiter que de loin le tour original du poème. La naïveté enfantine de l'expression disparaissait quand le langage incorrect passait dans une forme régulière, quand s'ordonnait ce qui était incohérence. Et de plus, rien ne pouvait se comparer au charme de la mélodie », Goethe, *Wilhelm Meisters Lehrjahre*, Livre III (en tête du premier chapitre).

strophes composées enchaînées, et la seconde reprenant de manière variée les vers ou expressions sur lesquels Beethoven cherche à insister de façon à traduire l'émotion amoureuse, la coda magnifiant les répétitions.

Dans chacune, la ligne vocale évoque la tradition de la vocalità caractéristique de la musique italienne, mais elle est soutenue par un accompagnement harmonique dense et varié.

Beethoven n'a composé ces *Ariettes* qu'à partir du texte italien. Le texte allemand, pour lequel il a rendu hommage au traducteur, n'est pas de lui et s'éloigne d'une traduction textuelle.

N° 1 Le poème est d'un auteur inconnu

Dimmi, ben mio che m'ami,
Dimmi che mia tu sei,
E non invidio ai Dei
la lor Divinità

Con un tuo sguardo solo,
Cara con un sorriso
Tu m'apri il Paradiso
di mia felicità

Il a choisi un tempo Allegro moderato à quatre temps, ainsi que la tonalité de *la* majeur pour construire une courte forme musicale (48 mes.), a a' coda – les deux strophes successives constituent chacune les deux premières parties de manière différente, tandis que seule la deuxième strophe est reprise une troisième fois dans la coda.

Chacune des strophes commence par un modeste récitatif qui se transforme en mélodie tandis que l'accompagnement devient plus complexe. Les idées de transport amoureux sont mises en valeur par les tenues, les accords arpégés, les brusques sauts de tonalité (*ut* majeur au lieu du *mi* majeur attendu), les passages *ritardendo*, les broderies, les passages en unissons et les traits rapides du piano.

N° 2 Texte de Métastase, extrait de la Cantate *Amor timido*

T'intendo si, mio cor;
Con tanto palpitar
So che ti vuoi lagnar
Che amante sei.
Ah taci il tuo dolor;
Ah soffri il tuo martir :
Tacilo, e non tradir
Gli affetti miei.

Beethoven a choisi un tempo Adagio ma non troppo à deux temps en *ré* majeur et une forme en deux parties, la première exposant les deux strophes, et la seconde ne les reprenant qu'en partie (les deux derniers vers de la première strophe sont supprimés) pour insister sur «Tacilo».

Les deux parties sont dominées par des figuralismes : le rythme du cœur qui palpite, les modulations expressives qui soulignent la douleur, les dissonances qui font ressentir le «martir» et l'unisson très fort qui permet d'insister sur l'exigence de ne pas trahir son affliction.

Les répétitions partielles du texte ou de certains termes indiquent que Beethoven a d'abord pensé à la forme musicale et au sens général du poème, plus qu'à la structure poétique.

N° 3 *L'amante impaziente*

Extrait du Dramma per musica, *Adriano in Siria* de P. Metastase [Aria d'Emirena, acte II, scène 6 : l'empereur Hadrien s'embrase pour la princesse parthe réduite en esclavage, mais qui reste fidèle à son fiancé – Emirena attend l'arrivée de son fiancé avec lequel elle doit s'enfuir du palais] (le traducteur allemand a intitulé cette Ariette : *Stille Frage*).

Che fa il mio bene ?
Perchè non viene ?
Veder mi vuole
Languir cosi ?

Oggi è pur lento
Nel corso il sole !
Ogni momento
Mi sembra un di.

Pour cette Arietta buffa, Beethoven a choisi un Allegro à 6/8 en *mi* bémol majeur, en deux parties, la première consacrée aux deux strophes et la seconde à une répétition des termes de la première strophe, sur une ligne vocale et un accompagnement différent, l'ensemble oscillant entre récitatif et air. Le caractère *buffo* de cette *Ariette* tient aux répétitions de certains termes très simples : « Perchè », « languir », « cosi », et au mouvement de la musique qui conduit la tension jusqu'à un point culminant.

N° 4 *L'amante impaziente*

Le texte de Métastase est le même que celui du n° 3 (le traducteur allemand a modifié les paroles et le titre en intitulant cette Ariette : *Liebes-Ungeduld*).

Beethoven s'est plu à composer une version dans le style de l'opera seria de ce même texte, « Arietta assai seriosa ». La forme en deux parties suivies d'une coda est plus complexe puisque chacune des parties est constituée d'une succession d'un Andante con espressione à 6/8 consacré à la première strophe commençant par un unisson qui se charge peu à peu d'harmonisation, et d'un Allegro à deux temps modulant proche d'un récitatif accompagné pour la seconde strophe. La coda retrouve l'Andante à 6/8 et l'unisson qui se charge d'harmonie, pour répéter les termes de la première strophe, avec insistance sur « languir ».

N° 5 Le texte du *Duett* est extrait de l'Azione Teatrale, *La pace fra la virtù e la bellezza*, œuvre de circonstance écrite par P. Métastase en 1738 pour fêter l'anniversaire de la princesse héritière Marie Therese.

Venere :
Odi l'aura che dolce sospira ;
Mentre fugge scotendo le fronde,
Se l'intendi, ti parla d'amor.
Pallade :
Senti l'onda che rauca s'aggira ;
Mentre geme radendo le sponde,
Se l'intendi, si lagna d'amor.
A due :
Quell'affetto chi sente nel petto,
Sa per prova se nuoce, se giova,
Se diletto produce o dolor.

Dans ce *Duett* proche d'un duo d'opéra, Beethoven a remplacé Venus et Pallas par la dénomination des voix Soprano et Tenore. Ce *Duett*, Andante vivace à 3/8 en *mi* majeur, a une forme en trois parties (a a' b coda), et comprend également de nombreux figuralismes (telle la suspension de l'accompagnement remplacé par des accords arpégés qui soulignent « l'intendi ») ainsi que de nombreuses répétitions de termes et d'expressions. Dans les deux premières parties l'accompagnement harmonique dense soutient la voix, dans un registre très aigu pour la Soprano et dans un registre plus grave pour le Ténor, tandis que les transitions entre les strophes sont soulignées par des textures très délicates. La troisième strophe est répétée deux fois dans la troisième partie, la coda soulignant le bonheur de la douleur d'aimer (« Se diletto », « o dolor »). L'ensemble de ce *Duett* (humoristique, parodie de l'opéra italien) est d'une très grande stabilité tonale et d'une très solide densité harmonique.

SOURCES

Les esquisses des n° 1 (à Moscou) et n° 2 (à Berlin) datent de 1809.

Le manuscrit autographe, corrigé et revu par Beethoven, d'une première version du n° 1 se trouve à Paris.

Le manuscrit autographe du n° 4 (à Bonn), porte l'inscription « L'amante impaziente. [Arietta buffa, rayé] / [poco seriosa, recouvert, au crayon rouge, par] Arietta poco seria » ; à droite « N° 4 », avec dessous la date de « 1809 » en rouge ; à gauche : « Arietta [seriosa : rayé] / assai / [un poco più : rayé] / seriosa » (ce manuscrit a servi à la gravure de B&H – Beethoven a dû lui envoyer ses manuscrits tandis qu'il envoyait des copies à Londres).

PUBLICATION

L'édition originale allemande fut assurée à Leipzig par Breitkopf & Härtel en juillet 1811 :

« Vier Arietten und ein Duett / (italienisch und deutsch) / mit Begleitung des Pianoforte / in Musik gesetzt von / L. v. BEETHOVEN. / (Der unterlegte deutsche Text ist von Dr. Chr. Schreiber.) / Op. 82. / [...] »

L'éditeur a pris l'initiative de publier une traduction des textes.

Clementi publia ces *Ariettes* dans un autre ordre (2, 3, 1, 4, 5) en février 1811 à Londres (cinq mois avant B&H).

À Vienne en 1816 parut une autre édition :

« Sammlung / deutscher und italienischer / GESAENGE / mit Begleitung des Pianoforte / von / L. van Beethoven / III[s] Heft / Wien und Pest / In J. Riedl's Kunsthandlung. / 781 ».

L'ŒUVRE VUE PAR SES CONTEMPORAINS

L'*AMZ* XIV, 1812 (col. 16), signalait cette petite œuvre peu commune et pleine de chaleur. L'auteur appréciait particulièrement la deuxième et la quatrième, ainsi que le Duett.

CORRESPONDANCE

Le 4 février 1810 [2., 423], Beethoven proposait plusieurs œuvres à Breitkopf & Härtel, dont « 12 Chants avec accompagnement de clavier en partie sur des textes allemands, en partie sur des textes italiens, <plusieurs> presque tous composés de part en part ».

Le 2 juillet de la même année [2., 451], Beethoven annonçait à B&H l'envoi d'un colis avec les « 5 italienischen Arietten » ainsi que la « Sonate der Abschied, Abwesenheit, das Wiedersehn » et que la « Partitur von *Egmont* » – œuvres à faire paraître pour le 1er février 1811.

Le 21 août [2., 465], il lui indiquait le nom de la dédicataire des « 6 Arietten » *op. 75*, mais ne donnait pas de nom pour l'*op. 82*.

Le 23 septembre [2., 468], Beethoven signalait à B&H qu'étaient prêts « die große karakteristische Sonate [*op. 81a*] und die *italienischen* Gesänge [*op. 82*] bereit liegen ».

Le 24 [2., 469], B&H écrivait qu'il n'avait pas encore reçu les *op. 81-83*, et qu'il n'avait aucune indication de dédicace.

Le 11 novembre [2., 477], l'éditeur exprimait son désagrément de n'avoir pas encore reçu la *Sonate* [*op. 81a*] et les *Lieder* [*op. 82* et *83*].

Le 16 janvier 1811 [2., 484], Beethoven lui précisait qu'il n'y avait que *cinq Ariettes italiennes*, et qu'il ne pouvait pas lui promettre de lui envoyer encore une « Kanzonette » [l'éditeur avait dû s'étonner de ne trouver que cinq Ariettes, alors qu'il avait laissé entendre qu'il y en avait six].

Le 19 février [2., 486], Beethoven remerciait B&H de la traduction de Schreiber [pour la *Messe op. 86* et pour les *Ariettes op. 82*].

Le 12 avril [2., 492], il lui indiquait que les 3 Lieder *op. 83*, ainsi que « die *italienischen* » *op. 82* étaient dédiées à la princesse Kinsky (le nom de la dédicataire n'est pas porté sur l'édition originale).

Opus 84
Musique de scène pour la tragédie de Goethe Egmont

Ouverture,
Deux Lieder *et quatre Entractes*

Ouverture, Sostenuto, ma non troppo, 3/2 / Allegro, 3/4, fa *mineur – 347 mes.*
1. *Lied « Die Trommel gerühret », Vivace, 2/4,* fa *mineur – 93 mes.*
2. *Entracte I, Andante, 2/4 / Allegro con brio,* **C**, la *majeur – 93 mes.*
3. *Entracte II, Larghetto, 3/4,* mi *bémol majeur – 68 mes.*
4. *Lied « Freudvoll und leidvoll », Andante con moto, 2/4,* la *majeur – 46 mes.*
5. *Entracte III, Allegro,* **C** */ Marcia. Vivace,* **C**, ut *majeur – 116 mes.*
6. *Entracte IV, Poco sostenuto e risoluto, 3/4 / Larghetto / Andante agitato, 6/8,* mi *bémol majeur – 107 mes.*
7. *Musique pour la mort de Klärchen, Larghetto, 9/8,* ré *mineur – 37 mes.*
8. *Melodram, Poco sostenuto,* **C** *– 89 mes.*
9. *Symphonie de la victoire, Allegro con brio,* **C**, fa *majeur – 55 mes.*

TEMPS DE LA COMPOSITION

Automne 1809-mai/juin 1810.

Il semble qu'en automne 1809, Beethoven ait reçu une commande du directeur des théâtres de la Cour, Joseph Hartl, pour composer la musique destinée à accompagner une nouvelle mise en scène de la tragédie de Goethe *Egmont*.

PREMIÈRE EXÉCUTION

Elle eut lieu le 15 juin 1810 à Vienne au Burgtheater, lors de la quatrième représentation de la nouvelle production de la tragédie de Goethe (Beethoven n'était pas prêt pour la première représentation du 24 mai 1810). Le rôle de Klärchen était tenu par Antonie Adamberger, jeune fille de dix-huit ans, future femme de Theodor Körner.

CONTEXTE BIOGRAPHIQUE

La composition de la musique de scène d'*Egmont* résulte de la conjonction entre une impulsion extérieure – la commande d'un directeur de théâtre – et les goûts personnels de Beethoven, enthousiasmé dès adolescence par les écrits de Goethe, et en particulier pour

Egmont, drame publié en 1788 (dans la première édition des œuvres compètes). En toute logique, Beethoven a lu *Egmont* après *Werther* (publié en 1774), mais sans doute avant *Wilhelm Meisters Lehrjahre* (publié en 1795). Même s'il n'existe aucun témoignage dans l'état actuel de la documentation de cette éventuelle première lecture d'*Egmont*, la musique de scène composée vingt ans après la première édition montre que Beethoven avait une connaissance approfondie de ce drame – qu'il a pu relire en 1807 dans le cadre de la seconde édition des œuvres complètes de Goethe, avant même de recevoir la commande de Hartl (puisqu'il composa la musique de scène pour *Egmont* entre l'automne 1809 et le début de l'été 1810).

Au moment d'aborder la musique d'*Egmont*, Beethoven avait acquis une expérience du théâtre grâce à l'*Ouverture de Coriolan* qui lui avait été commandée en 1807 pour relancer la pièce de Heinrich Joseph von Collin (1771-1811). Depuis, il était à la recherche d'un texte, souhaitant composer quelque chose qui corresponde « à l'attente du public », comme il l'écrit à Heinrich Joseph von Collin en août 1808 [2., 332]. – auteur avec lequel il espérait mettre sur pied une nouvelle œuvre destinée à la scène. Au cours de ses recherches, songea-t-il à s'approprier un texte de Goethe ? Aucun indice ne permet de soutenir cette hypothèse, d'autant plus que Goethe n'était pas considéré comme un grand dramaturge. Après la mort de Schiller, en 1805, ce fut Heinrich Joseph von Collin qui fut considéré comme un nouveau Schiller[1].

Beethoven accepta pourtant la proposition de Joseph Hartl (1760-1822), directeur des théâtres de la cour impériale (il était en pourparlers avec lui depuis 1808 [2., 326], date de la nomination de ce directeur, qui était un industriel bienfaiteur) – il accepta même avec enthousiasme étant donné l'admiration qu'il avait pour Goethe qu'il considérait comme un « grand poète » « joyau d'une Nation ». À plusieurs reprises – dans une lettre du 21 août 1810 à son éditeur et dans sa lettre à Bettina Brentano du 10 février 1811 –, Beethoven affirma qu'il n'avait écrit *Egmont* que « par amour pour le poète » – cette affirmation occultait en fait la commande qu'il avait reçue dans le contexte politique de 1809 (l'Autriche et Vienne étant envahies par les troupes de Napoléon).

Ayant accepté de composer cette musique de scène, il se devait de répondre aux injonctions de Goethe qui, dans *Egmont,* a confié un rôle important à la musique, et ce de différentes manières : dans le premier et dans le troisième acte, sous forme de chansons populaires par lesquelles Klärchen exprime ses désirs et son état d'âme ; dans le cinquième, sous forme de musique instrumentale, au moment de la mort de Klärchen ainsi qu'au moment du dernier sommeil d'Egmont ; enfin, Goethe avait prévu qu'une *Symphonie triomphale* termine le drame pour donner son sens à la mort d'Egmont, une mort transfigurée en triomphe de la liberté.

Par delà ces musiques exigées par Goethe, Beethoven devait respecter les pratiques de mise en scène habituelles à son époque, et écrire une Ouverture ainsi que des musiques destinées aux Entractes (quand aucune musique n'était spécifiquement écrite, des musiques symphoniques déjà composées étaient utilisées).

S'étant mis au travail sans tarder, Beethoven ne fut pourtant pas prêt pour le jour de la première représentation, le 24 mai 1810 : il lui fallut encore trois semaines pour achever sa partition. La musique de scène composée pour l'*Egmont* de Goethe ne fut donc créée que le 15 juin 1810 au Burgtheater à Vienne, lors de la quatrième représentation.

D'après les esquisses retrouvées, Beethoven commença son travail d'élaboration musicale par le Lied « Freudvoll und leidvoll » chanté par Klärchen au centre du drame (III, 2). Or, d'après une feuille d'esquisse de 1809, qui mêle les recherches pour ce Lied à celles du « Kennst du das Land ? » de Mignon, il s'avère que Beethoven a pensé à Klärchen en même temps qu'à Mignon, associant *de facto* ces deux figures féminines inventées par Goethe, le lien entre ces deux figures passant entre autre par leur ambiguïté sexuelle : Klärchen rêve de porter des pantalons pour suivre son

1. Après la mort de Collin, en 1811, ce fut August von Kotzebue (1761 – mort assassiné en 1819) qui fut considéré comme le plus grand dramaturge Goethe, lui-même à Weimar, mit très souvent des pièces de Kotzebue en scène, et Beethoven collabora avec cet auteur à succès en 1811 pour les *Ruines d'Athènes* et *le Roi Étienne*, et sollicitant ensuite d'autres livrets dont un *Attila* [2., 546, 28 janvier 1812].

amant à la guerre, c'est-à-dire pour participer activement à la vie politique et historique, tandis que Mignon refuse de s'habiller en fille et désire être considérée comme un garçon (pour des raisons complexes qui contribuent à son côté énigmatique dans le roman). Or, il est à noter que cette fascination pour une femme habillée en homme et participant à l'évolution historique, est au cœur de l'unique opéra de Beethoven, encore intitulé *Leonore* à cette époque (le nom de *Fidelio* date de la reprise de 1814), opéra composé entre 1803 et 1805 – donc avant la musique de scène d'*Egmont*.

Qu'il se soit d'abord intéressé à la figure de Klärchen pour concevoir sa musique de scène est attesté par d'autres esquisses, qui mêlent les recherches pour le Lied « Freudvoll und leidvoll » à celles pour le troisième Entracte. Ce troisième Entracte, qui relie la scène finale du troisième acte (entre Egmont et Klärchen sur la profondeur de leur amour) et le quatrième acte est dominé par la terreur et l'arbitraire despotique du duc d'Albe.

Ces premières esquisses mettent en évidence la démarche de Beethoven, qui a commencé à s'approprier musicalement l'œuvre par la confrontation de la femme aimante et intrépide avec le tyran, confrontation qui se situait déjà au cœur de *Leonore*.

Une fois ses idées musicales trouvées et son plan arrêté, Beethoven composa une partition sur laquelle il reporta tant de corrections qu'elle en devint illisible ; il fit alors établir une copie, qu'il chargea à nouveau de corrections (il corrigea les fautes du copistes – et les siennes). Si ce travail témoigne d'une élaboration de détail exigeante, les différentes esquisses ainsi que les indications de jeu de scène inscrites sur la partition gravée mettent en évidence sa volonté de partir du texte de Goethe et de le respecter. En particulier pour les Entractes, Beethoven a inscrit sur ses esquisses les phrases d'où il devait partir : par exemple pour le premier Entracte : « 1er acte. Plainte de Brackenburg tumulte », ou pour le troisième, la dernière phrase de Klärchen à laquelle Egmont vient de révéler le clivage de sa personnalité et son amour pour elle : « 3ème acte que je meure donc le monde n'a plus de joie après celle-ci », ou encore : « le 4ème acte s'achevant alors que le rideau est encore levé », avec plus bas sur la feuille d'esquisses : « le rideau se lève, dans l'obscurité Klärchen et Brackenburg entrent » – effectivement le quatrième Entracte commence avant que le rideau ne soit baissé et se termine sur l'arrivée de Klärchen et de Brackenburg.

Sur la partition gravée de la musique qui accompagne le sommeil d'Egmont, il a également indiqué, outre les didascalies de Goethe, la correspondance des jeux de scène avec certains motifs musicaux. Ainsi, sous des traits courts, rapides et incisifs des cordes seules à l'unisson, « Tutti, forte », est inscrit : « Egmonts Tod andeutend » (« allusion à la mort d'Egmont »), motif suivi immédiatement par un appel de trompettes accompagné de : « Der Eintritt der Trompete deutet auf die für das Vaterland gewonnene Freiheit » (« L'intervention des trompettes annonce que la liberté est gagnée pour la patrie ») ; puis juste avant la disparition de l'apparition de Klärchen : « Trommel auf dem Theater, etwas langsam und von weitem » (« Tambours sur scène, quelque peu lent et de loin. »)

L'analyse des esquisses et des didascalies inscrites sur la partition gravée confirme ce que Beethoven affirmait à Goethe dans sa lettre du 12 avril 1811 [2., 493], en lui annonçant l'envoi prochain de la partition d'*Egmont* : « Vous recevrez prochainement de Leipzig la musique d'Egmont, par l'intermédiaire de Beitkopf & Härtel ; cet admirable Egmont que j'ai à travers vous repensé, ressenti et mis en musique avec le même enthousiasme avec lequel je l'ai lu – [...]. »

Cette affirmation de Beethoven, qui spécifiait avoir « pensé » et profondément « ressenti » ce drame avant d'en composer la musique, devait « parler » à Goethe puisqu'il s'agit d'une allusion directe aux propos tenus par Wilhelm Meister lors d'une conversation avec les autres membres de la troupe de théâtre – propos que Wilhelm tenait alors qu'il considérait la réalisation de la musique symphonique comme modèle de perfection[1].

Ainsi, en se conformant aux conseils de Goethe exprimés par Wilhelm Meister, Beethoven a relu l'ensemble de la pièce, situant le héros dans son contexte pour mettre en valeur ses traits caractéristiques : son amour pour Klärchen, son penchant pour la régente Marguerite, ou encore son sens des responsabilités et sa vitalité joyeuse.

1. Livre IV, 2 et 3.

Mais dans sa remarque à Goethe, il soulignait surtout qu'il avait relu ce drame avec le même enthousiasme que lors de sa première lecture, qu'il l'avait «ressenti», c'est-à-dire qu'il se l'était approprié avant d'en donner une interprétation musicale. Ainsi, quand Beethoven souligne qu'il a relu *Egmont* avec le même enthousiasme, outre le désir de plaire à Goethe, il révèle la permanence de ses centres d'intérêt : la lutte pour la liberté, la condamnation radicale de toute forme d'absolutisme ou de tyrannie, l'amour libérateur et le culte du héros avec la connotation révolutionnaire apportée par la Révolution française. En s'appropriant *Egmont*, Beethoven retrouvait les thèmes et les figures de *Leonore*.

Si la référence implicite à *Egmont* a déterminé le choix du livret de *Leonore*, inversement la musique écrite pour cet opéra a influencé la conception de la musique de scène d'*Egmont* (que ce soit le Melodram qui précède le sommeil d'Egmont, l'intervention des trompettes qui annoncent la liberté ou la prédilection pour le timbre du hautbois). En retour, *Egmont* influencera *Fidelio*, nouveau nom donné à *Leonore* lors de la reprise de l'opéra en 1814 (en particulier avec la transformation de la seconde partie de l'air de Florestan par l'apparition de l'ange Leonore, venu lui annoncer sa libération du cachot humide et froid dans lequel le retient Pizzaro).

Un témoignage d'un autre ordre montre à quel point Beethoven a «éprouvé» la lecture d'*Egmont*, puisque la fin du mois de mai 1810, alors qu'il était en train de terminer la composition de la musique de scène, il inséra une citation extraite du dialogue entre Egmont et Ferdinand au cinquième acte, dans une lettre à Theresa Malfatti [2., 442], cette jeune fille qu'il espérait épouser et qui se trouvait être partie à la campagne :

«[...] Ce serait quand même avoir trop compté sur vous ou m'être fait une trop haute idée de moi-même si je vous écrivais que «les hommes ne sont pas seulement en compagnie quand ils sont rassemblés, l'homme y est aussi dans l'isolement, dans la séparation». Qui voudrait en dire autant à notre T. volage qui dans la vie prend tout à la légère ? [...]»

La composition de la musique d'*Egmont* à peine achevée, Beethoven proposait le 6 juin 1810 à Breitkopf & Härtel de la faire graver : ce désir d'assurer la diffusion de cette œuvre qui associe son nom à celui de Goethe ne cèdera pas tant que B&H n'aura pas dépassé les réticences d'un éditeur soucieux de profits. L'insistance de Beethoven se doubla de la volonté de faire parvenir le manuscrit à Goethe, ce qui donne une idée de l'admiration qu'il avait pour lui et de sa stratégie éditoriale, indissociable de son désir d'être reconnu par le plus grand écrivain vivant qui contribuait, lui aussi, à l'éducation esthétique (et politique) de ses contemporains et des générations à venir.

Alors que Beethoven était impatient de connaître les réactions de Goethe face à la musique qu'il avait composée pour *Egmont*, Goethe ne lui répondit jamais. Pourtant, dans sa lettre du 25 juin 1811 [2., 509], réponse à celle de Beethoven du 12 avril 1811 [2., 493], il semblait favorable au projet : il le remerciait en l'assurant que dès qu'il recevrait la partition il s'en servirait pour la mise en scène du drame (Goethe dirigea le théâtre de Weimar entre 1791 et 1817). Effectivement, il utilisa la musique de Beethoven lors de la représentation du 29 janvier 1814, mais jamais il n'émit par écrit un jugement sur cette musique. Peut-être en ont-ils parlé lors de leur rencontre de l'été 1812 dans les villes d'eau de Bohême ? Rien ne permet cependant de l'affirmer.

Présentation de l'œuvre

En 1809, lorsque Beethoven se pencha sur *Egmont*, la pièce avait déjà une longue histoire, qu'il ignorait, mais dans laquelle son interprétation musicale s'insère. De fait, il admirait Goethe mais n'en était pas pour autant spécialiste, et il ne devait pas savoir que celui-ci avait mis douze ans à écrire ce drame : commencé à Francfort en 1775, il ne fut achevé à Rome qu'en 1787, lors de son voyage en Italie, hors donc de la pression et de l'atmosphère de la cour princière de Weimar, principauté dans laquelle Goethe exerçait la fonction de conseiller privé du prince régnant Karl August[1].

1. Se sentant trop accaparé par cette charge politique qui lui laissait peu de disponibilités pour créer, Goethe chercha à se retrouver, et «s'évada» secrètement le 3 septembre 1786 pour réaliser son rêve de voyage et de séjour en Italie (il fut de retour à Weimar le 18 juin 1788). C'est dans ce contexte de liberté retrouvée et d'immersion dans l'art sous toutes ses formes (peinture de la Renaissance, sculpture antique, théâtre, musique, carnaval, rencontre avec des artistes) qu'il acheva *Egmont*.

À l'origine, ce drame commencé en 1775 était lié aux événements d'Amérique, et donc à la révolte des colonies anglaises contre la domination britannique, occasion pour le jeune Goethe de poser la question du meilleur gouvernement, tout en dénonçant les pratiques absolutistes. Pour trouver la distance historique nécessaire, il prit l'exemple du soulèvement des Pays-Bas contre l'Espagne de Philippe II (modèle de l'absolutisme pour les penseurs et réformateurs politiques du XVIIIe siècle), transformant la réalité historique d'Egmont en une figure héroïque qui transcende l'Histoire. Par cette modification du personnage historique, Goethe rejoignait le modèle du grand homme forgé par Plutarque et créait le mythe historique du héros, dont la mort sauve la liberté (figure qui s'incarna aussi lors de la Révolution française).

Le « Trauerspiel » (tragédie, drame) *Egmont* comprend cinq actes, dont la cohérence d'ensemble est liée avant tout à la structure (Schiller comparait l'organisation de ce drame à celle d'un opéra) : chacun des actes est formé de deux ou trois scènes se déroulant dans un lieu différent et mettant en évidence des situations qui illustrent les idées fortes du drame : la présence et la pression du peuple (artisans et bourgeois) qui veut défendre son idée du gouvernement mais se trouve annihilé par la terreur (la présence massive du peuple ouvre tous les actes sauf le troisième, acte central consacré à Egmont) ; les deux formes opposées de régime politique (libéral, mis en pratique par le gouverneur Egmont, et absolutiste avec le duc d'Albe, opposition clairement exposée dans la dernière scène du quatrième acte) ; la force de l'amour véritable (entre Klärchen et Egmont, dernière scène du troisième acte) ; et l'exigence de respecter la « liberté ou la mort » (devise de la Révolution française), pour donner forme à une société d'hommes et de femmes libres, déliés de la peur et maîtres d'eux-mêmes (le cinquième acte, la première scène dominée par la figure de Klärchen, la seconde par celle d'Egmont).

Lorsque le duc de Weimar reçut le manuscrit que Goethe lui fit envoyer à Weimar depuis Rome, il désapprouva la critique, implicite, d'un certain type de pouvoir fort, tandis qu'une grande partie de la cour trouvait intolérable (immoral, au sens de qui va à l'encontre des bonnes mœurs) le comportement de Klärchen, cette jeune fille issue du peuple, qui cherche à déclencher un soulèvement populaire pour libérer l'homme qu'elle aime (c'était oublier que le geste de Klärchen répondait à celui du duc d'Albe qui venait d'arrêter Egmont de manière totalement arbitraire). Malgré les réticences de la haute société de Weimar, *Egmont* fut publié en 1788 puis joué à Mayence en janvier 1789, avant d'être mis en scène pour la première fois à Weimar le 31 mars 1791 (il y fut repris en 1796 dans la version de Schiller, et en 1806 dans cette même version revue par Goethe !).

En tant que pièce de théâtre, le drame d'*Egmont* eut du mal à être accepté, d'autant plus que les musiques exigées par Goethe en rendaient la mise en scène difficile. Il compta dès août 1787 sur le compositeur attaché à la cour, Philipp Christoph Kayser (1755-1823), mais il conçut une musique mal adaptée à la scène. Puis Johann Friedrich Reichardt (1752-1814), composa en1791 une nouvelle musique de scène, sans beaucoup plus de succès. Goethe fit alors confiance à Schiller pour que la pièce soit montée à Weimar en 1796 : Schiller réduisit les cinq actes à trois, et cette version, revue par Goethe en 1806, demeura jouée lors de mises en scènes ultérieures (il contesta cette réduction lors d'une conversation avec Eckermann, le 19 février 1829, exprimant sa satisfaction de constater que, désormais [« aujourd'hui »], le drame pu être joué tel qu'il avait été écrit). Beethoven semble avoir ignoré la version de Schiller, et il travailla sur le texte de Goethe tel qu'il avait été édité en 1788 et réédité en 1807.

Malgré les difficultés techniques et politiques que présentait une mise en scène d'*Egmont*, le directeur du théâtre de la cour impériale décida en 1809, d'inscrire ce drame à l'affiche pour l'année suivante. Les circonstances politiques, liées à la puissance montante de Napoléon Ier, au bombardement de Vienne en mai 1809[1] et à son occupation par les troupes françaises (Napoléon s'installa à Schoenbrünn jusqu'au 16 octobre 1809), ont certainement influencé le choix de cette pièce de Goethe, qui traite de la force des idées et de

1. Bombardement auquel Beethoven faisait allusion dans une lettre du 26 juillet 1809 à Breitkopf & Härtel [2., 392].

l'efficacité du martyre pour faire avancer l'Histoire et se débarrasser d'une domination étrangère. La notoriété de Goethe, écrivain de langue allemande le plus célèbre, estimé dans toute l'Europe (y compris par Napoléon qui adorait *Werther*, comme il le dit à son auteur lors d'une rencontre à Erfurt en 1808) ne pouvait que favoriser le succès de cette entreprise. Ainsi, à Vienne en 1809, dénoncer l'absolutisme du temps de Philippe II et prôner la lutte contre la domination étrangère était une prise de position tolérée par la censure impériale, qui fermait les yeux sur la dimension révolutionnaire du triomphe de la liberté.

Le 6 juin 1810, alors que la musique de scène d'*Egmont* n'avait pas encore été jouée en public, Beethoven la proposa à son éditeur, Breitkopf & Härtel, spécifiant qu'elle se composait de dix numéros [« welche aus 10 Stücke besteht *ouvertür* Zwischenakt *etc* »], c'est-à-dire qu'il s'agissait d'une œuvre à part entière, formée de différents morceaux en relation les uns avec les autres.

La musique d'*Egmont* se compose effectivement d'une suite de dix numéros assez courts et très différents qui constituent pourtant un ensemble cohérent, comme le soulignait le critique musical, écrivain et compositeur E.T.A. Hoffmann dans son article consacré à la musique d'*Egmont* et publié le 21 juillet 1813 dans l'*Allgemeine Musikalische Zeitung*.

Pour exprimer la force politique d'*Egmont* et son effet irrésistible, Beethoven a choisi une démarche d'écriture moderne (il n'y a pas de contrepoint, caractéristique de la musique « ancienne », comme le soulignait E.T.A. Hoffmann). Le caractère moderne de la démarche repose sur le recours à un matériau très simple et sur son élaboration, immédiatement perceptible grâce à la clarté des articulations du discours, aux reprises et aux évocations d'éléments déjà entendus dans les numéros précédents, à la précision des lignes instrumentales ou vocales et à la netteté de leur répartition dans l'espace sonore.

Le matériau constitué de courts motifs, ramassés et percutants, ou très chantants, se réduit à quelques éléments : un rythme (ainsi, le roulement de timbale qui ouvre le premier Lied de Klärchen et qui se retrouve dans le Larghetto consacré à Egmont, ou encore le rythme régulier d'une longue suivie de deux brèves des lignes vocales de Klärchen) ; un début de ligne mélodique (comme dans l'introduction de l'*Ouverture*, cette tête de ligne mélodique énoncée aux hautbois, qui impulse une longue mélodie, élément thématique, dans l'Allegro suivant) ; le rôle directeur conféré à un timbre (une note donnée aux timbales, ou la sonorité incisive du hautbois, ou les pulsations établies par la répétition d'une même note aux cors) ; une opposition de tempo (élément structurel de l'*Ouverture* et de plusieurs Entractes, mais également élément thématique au début du troisième Entracte, introduit par l'opposition entre une mesure Allegro et une cadence de hautbois poco allegro et suspendue dans le temps) ; une opposition de mode (le *fa* mineur/ *fa* majeur de l'*Ouverture* et du premier Lied de Klärchen ; le *ré* mineur/ *ré* majeur qui, au cours du cinquième acte, met en relation la mort de Klärchen et son apparition à Egmont endormi).

La simplicité du matériau et de sa mise en œuvre est associée à une très grande maîtrise de la forme. Chacun des dix numéros a une forme spécifique choisie en fonction de l'idée à mettre en évidence : l'équivalent du drame dans l'*Ouverture* constituée de trois moments bien différenciés par le tempo (Sostenuto ma non troppo, Allegro et Allegro con brio) ; la mise en évidence du désir d'être un homme exprimé par Klärchen dans son premier Lied par une reprise suivie d'une coda, ce qui permet de répéter le terme « Mannsbild » ; l'insistance sur l'intensité de la joie par la répétition des mêmes paroles à la fin de son second Lied ; l'allusion à une marche funèbre destinée à un héros par la structure d'un mouvement lent du deuxième entracte consacré à Egmont (Larghetto en *mi* bémol majeur) ; la mise en évidence d'une succession d'événements singuliers mis en relation par la juxtaposition de sections que le tempo, la métrique et la texture différencient, mais que la même tonalité unifie (comme dans les Entractes I, III et IV) ; ou encore l'entrée dans le sommeil et la disparition de la cohérence de la pensée par un Melodram qui juxtapose des bribes de paroles à quelques notes.

Ouverture

Dès les premières mesures de l'*Ouverture*, Beethoven expose le matériau et les gestes musicaux qu'il déploie ensuite pour inscrire son œuvre dans le temps et dans l'espace. Il s'agit d'une tonalité énoncée par un long *fa* unisson *forte* de tout l'orchestre (timbales exceptées) dont le mode mineur, dans la tonalité de *fa*, ne s'impose qu'à la deuxième mesure ; d'un tempo lent peu fréquent, Sostenuto ma non troppo, dans une métrique large de 3/2, d'un rythme d'une grande densité et d'une grande prégnance dans une tessiture grave, dans le style d'un choral ; de l'émergence du timbre du hautbois sur un court motif mélodique qui est répercuté successivement par les clarinettes, les bassons puis les violons avant de retrouver le *fa* unisson *fortissimo*. Puis, après une réaffirmation condensée de ce premier matériau, Beethoven en expose un premier développement en isolant et combinant des rythmes incisifs et une courte mélodie tissant tout deux l'espace sonore et donnant le sens de la durée par sa répétition. Ce sont ces quelques éléments qui, étendus et redistribués dans un tempo Allegro, constituent la deuxième partie de cette *Ouverture*, faite d'une exposition, d'un développement qui « avance » et d'une réexposition avec passages modulants qui aboutit à une codetta énigmatique (proche de la désintégration sonore qui marque la fin de l'*Ouverture de Coriolan*), huit mesures au cours desquelles les bassons, les clarinettes et les hautbois, jouant triple *piano*, suspendent tout sentiment de durée, tout en provoquant l'attente – préparation sonore à l'Allegro con brio qui commence par des roulements continus de timbales *pianissimo* sur la répétition d'un court motif, et se fait entendre *crescendo* jusqu'à l'éclatement *fortissimo* de tout l'orchestre, fifres compris. Intensité sonore et scansion au rythme bien marqué dominent cette conclusion intense en *fa* majeur, Allegro con brio, qui constitue la « Symphonie de la victoire » voulue par Goethe à la fin du drame.

N° 1 Premier Lied de Klärchen, « Die Trommel gerühret ! »

La fin de l'*Ouverture* est dominée par des roulements de timbales et les petits traits rapides des fifres, deux timbres qui établissent le lien entre cette *Ouverture* et le premier numéro de la musique de scène, le premier Lied chanté par Klärchen (I, 3). Par le choix de ces deux timbres, Beethoven s'est conformé aux premières paroles de la chanson populaire écrite par Goethe, constituée de deux strophes de dix et huit vers très courts, à forte connotation militaire :

Die Trommel gerühret !
Das Pfeifchen gespielt !
Mein Liebster gewaffnet
Dem Haufen befiehlt,
Die Lanze hoch führet,
Die Leute regieret.
Wie klopft mir das Herz !
Wie wallt mir das Blut !
O, hätt' ich ein Wämslein
Und Hosen und Hut !
Le tambour résonne
Et le fifre siffle ;
Mon amant armé
Commande la troupe
Tenant haut sa lance
Et guidant ses gens.
Comme mon cœur bat !
Comme mon sang bouillonne !
Que n'ai-je un pourpoint,
Un chapeau, des chausses !

Ich folgt' ihm zum Tor 'naus
Mit mutigem Schritt,
Ging' durch die Provinzen,
Ging' überall mit.
Die Feinde schon weichen
Wir schiessen hinterdrein !
Welch Glück sondergleichen,
Ein Mannsbild zu sein !
Alors je le suivrais
Passerai le porche
D'un pas assuré.
À travers les provinces,
À travers le monde !
Déjà l'ennemi faiblit…
Nous tirons dessus.
Bonheur sans pareil
D'être un homme !

La musique de ce Lied est d'une très grande économie de moyens : Vivace à 2/4, il est introduit par un roulement de timbales à découvert, auquel répond le fifre après les paroles très distinctes du premier vers, chantées sur une ligne mélodique doublée très discrètement par les clarinettes et les bassons et ponctuée par des cors (sans aucun autre accompagnement). La ligne mélodique très simple est construite sur les notes tonales de *fa* mineur, puis sur les notes de la gamme, le rythme étant très régulier (une longue et deux brèves). Le recours à des figuralismes accentue cette simplicité : un petit motif aux premiers violons souligne le cœur qui bat, une gamme rapide descendante aux cordes imite le tir sur l'ennemi. L'atmosphère militaire est confiée au refrain instrumental qui évoque une marche militaire joyeuse (ce qui est rendu par une combinaison de petits rythmes incisifs aux timbales et d'appoggiatures légères et dansantes aux bois et aux violons). Beethoven a respecté la structure en deux strophes, la première étant en *fa* mineur et la deuxième en *fa* majeur sur une ligne mélodique plus aiguë, mais il a exigé une reprise de l'ensemble pour mettre en valeur la coda qui souligne « Mannsbild », par répétition et suspension de l'écoulement du temps, et qui insiste sur l'ambiguïté de ce désir impossible par le contraste entre les cordes seules piano diminuendo et l'éclat final de trois traits successifs et affirmatifs des bois *forte*.

N° 2 Premier entracte

Après ce n° 1, premier Lied de Klärchen, qui pose une image très décidée de la femme qui aime et qui se sait aimée, le n° 2, constitue le premier Entracte (entre les actes I et II, c'est-à-dire un acte de présentation de la situation politique dans les Flandres et du bouleversement de la vie de Klärchen par sa rencontre avec Egmont, et un acte démontrant la confiance des révoltés en les qualités de gouverneur d'Egmont). Ce premier Entracte, en *la* majeur, est en deux parties très courtes : la première Andante 2/4, est construite sur de courts motifs mélodiques qui ne trouvent pas de continuité mais sont marqués par la plainte (figuralisme des violons) et l'abattement, exprimé par un court motif des cordes ; la seconde partie, Allegro con brio, à **C**, commence par une ligne continue grave et rapide des cordes basses qui mènent à une explosion de tout l'orchestre, suivie d'inquiétants accords dissonants (dans le style de ceux du premier mouvement de la *Symphonie héroïque)* et de petits traits en fusée des flûtes, qui rappellent ceux de l'*Ouverture* et ceux du premier Lied de Klärchen. Cette pression orchestrale se termine par une suspension harmonique qui accompagne la levée du rideau sur une scène de troubles urbains à Bruxelles.

N° 3 Deuxième entracte

Larghetto, en *mi* bémol majeur à trois temps, il est ouvert par les mêmes roulements de timbales que le premier Lied de Klärchen. Cet Entracte est construit comme le mouvement lent d'une symphonie (ABA'BC). La première partie (A) tisse une texture cohérente et délicate, par les touches sonores des bois et des vents et les descentes de gammes délicates aux violons. La deuxième partie (B) introduit une certaine inquiétude par une sorte de mouvement qui n'avance pas, rendu par des tremolos aux cordes basses et l'intensification sonore jusqu'à un *double forte* de tout l'orchestre, qui laisse la place à la reprise de A. La coda confirme l'intériorité inquiète de ce deuxième Entracte et se termine sur les motifs de roulement de timbales initiaux, dans une tension qui évoque une marche funèbre. Cet Entracte, d'une très grande cohérence, association de délicatesse, d'intériorité et de force, est destiné à établir le lien entre la fin du deuxième acte qui montrait la détermination héroïque d'Egmont, sûr de son droit, face au prince d'Orange, fin politique soucieux de conserver son pouvoir, et le troisième acte entièrement dominé par les différents visages d'Egmont, son respect admiratif et amoureux pour la régente Marguerite et son amour pour Klärchen.

Ce deuxième entracte un moment essentiellement orchestral évoque *L'Héroïque,* par sa tonalité de *mi* bémol majeur et sa Marche funèbre, par l'utilisation de roulements de timbales et de notes répétées aux cors.

N° 4 Second Lied de Klärchen, « Freudvoll und leidvoll »

Ce Lied est chanté au cours de la seconde scène du troisième acte, avant qu'Egmont n'arrive rayonnant, confirmant son amour, mais avouant qu'il se sent clivé : d'un côté le personnage officiel et froid, de l'autre l'homme qui aime.

Très court, de dix vers de deux ou trois syllabes seulement, il est interprété musicalement par la juxtaposition de deux tempos différents, Andante con moto et Allegro assai vivace, de façon à mettre en valeur les deux derniers vers en les répétant. L'ensemble est en *la* majeur, et la simplicité de la ligne mélodique est liée, comme dans le premier Lied, au rythme allant fait d'une longue et de deux brèves qui rend les paroles très compréhensibles. L'orchestre entretient l'intensité du chant, qui souligne la joie, la peine et le bonheur incomparable éprouvé par celui qui aime.

Freudvoll
Und leidvoll,
Gedankenvoll sein,
Langen
Und bangen,
In schwebender Pein,
Himmelhoch jauchzend,
Zum Tode betrübt –
Glücklich allein
Ist die Seele, die liebt.
Pensive
Gaie et vive,
Triste tour à tour.
Du rire
Au martyre
Passer en un jour;
Jusqu'aux cieux ravie,
Soudain s'abîmer :
Seule et heureuse
L'âme qui aime.

En position centrale ce Lied exprime un des thèmes dominants d'*Egmont* : l'amour libérateur qui transcende la mort.

N° 5 Troisième entracte

Le motif mélodique de l'Allegro assai vivace du Lied « Freudvoll und leidvoll », mais en *ut* majeur Allegretto à 2/4, dominé par la voix du hautbois dans une grande intensité orchestrale, forme la première partie du troisième Entracte, après une introduction qui oppose, par deux fois, une mesure Allegro constituée d'une montée vigoureuse des cordes et une mesure de cadence du hautbois, cantabile, poco meno Allegro. Les échos amplifiés du bonheur de Klärchen apportés par l'Allegretto intense d'où émerge le timbre mélodieux, tendre et incisif du hautbois, sont suspendus par l'irruption d'une marche militaire, identique à celle qui annonçait l'arrivée de Pizarro dans *Leonore*. Des timbales menaçantes ouvrent la marche très rigide (au rythme énergique sur des *double forte* qui renforcent la sonorité des timbales), Marcia, Vivace, C, toujours en *ut* majeur, tonalité de ce troisième Entracte. La fin de l'entracte est différente, confiée aux seules cordes souples, qui égrènent des notes de plus en plus rares, pour accompagner l'arrivée sur scène du peuple des artisans et des bourgeois prêts à défendre leurs « franchises », mais que la terreur que fait régner le duc d'Albe paralyse.

La musique correspond aux premières esquisses, puisque Beethoven reprend comme prévu le motif du second Lied de Klärchen, « Freudvoll und leidvoll », et se décide, après hésitations, à introduire une marche militaire annonçant l'arrivée des troupes du duc d'Albe. Par cette solution, il faisait de son Entracte un pont entre les actes III et IV (c'est la même solution qui avait été adoptée pour le premier Entracte entre les actes I et II) : il passait ainsi de l'amour qui domine le troisième acte à la terreur arbitraire du duc d'Albe qui domine le quatrième acte.

N° 6 Quatrième entracte

L'arrestation arbitraire et déloyale d'Egmont (il s'était rendu de son plein gré à la convocation du duc d'Albe) qui termine le quatrième acte suscite une réaction musicale violente avant même que le rideau ne tombe, véritable cri d'indignation dans le genre de celui de Leonore au moment où elle aperçoit Pizarro. Un accord *double forte* et dissonant des cors, trompettes, timbales et violons, déchire l'espace sonore, avant d'être répété encore plus intense pour aboutir à l'éclatement de tout l'orchestre soutenu par des roulements de timbales, dans un tempo « Poco sostenuto e risoluto ». Puis cet entracte, qui mène au dernier acte, la mort de Klärchen et celle d'Egmont, injustement condamné à être décapité, a une structure plus complexe que les précédents. Le cri d'indignation est immédiatement suivi par l'évocation du Larghetto en *mi* bémol majeur qui caractérisait la cohérence de la pensée d'Egmont, décidé à vivre libre ou à mourir (lors du deuxième Entracte). Après ces quelques mesures (qui reprennent, condensées, les parties B et A du Larghetto), toujours en *mi* bémol majeur, mais à 6/8 et avec des violons qui doivent jouer *sotto voce molto ligato ed espressivo,* un Andante agitato très chantant avec un jeu délicat sur les timbres (violons, flûtes, clarinettes, violoncelles) mène à un unisson déchirant des cordes, qui préfigure celui annonçant la mort d'Egmont au cours de la scène finale du cinquième acte. Puis les clarinettes, jouant *mezza voce* et soutenues par les bassons, accompagnent l'arrivée sur scène de Klärchen et de Brackenburg, décidés à organiser un soulèvement populaire pour sauver Egmont.

N° 7 Musique exprimant la mort de Klärchen («Musik, Klärchens Tod bezeichnend»)

L'échec de cette tentative décide Klärchen, certaine qu'Egmont va mourir s'il ne l'est pas déjà, à absorber le poison qu'elle a dérobé à Brackenburg. Au moment où elle sort de scène après l'avoir bu, Goethe a demandé une musique «exprimant» sa mort. Beethoven a composé une très courte page, Larghetto en *ré* mineur à 9/8, dominée par les sonorités délicates du hautbois et du violon, et conduite par des notes répétées aux cors : plus qu'une marche funèbre, cette musique est une sorte de transfiguration de Klärchen, elle annonce l'apparition de sa bien-aimée à Egmont endormi (apparition que Beethoven a écrite en *ré* majeur).

N° 8 Le sommeil d'Egmont

Après cette mort de Klärchen, nous retrouvons Egmont dans sa prison : alors qu'il était désespéré, persuadé que sa mort ne servirait à rien dans ce contexte despotique, la visite de Ferdinand, fils du duc d'Albe, le réconforte et lui fait comprendre que sa mort a un sens. Il peut alors s'endormir calmement (comme le fit Socrate juste avant de boire la ciguë). Beethoven a interprété la musique demandée par Goethe sous forme de Melodram, c'est-à-dire de courts motifs de tempo et de texture variés en relation de sens avec les bribes de phrases énoncées. Alors qu'Egmont s'est endormi, une «brillante» apparition, «la liberté en vêtements célestes, baignée de lumière» et qui «a les traits de Claire», se penche sur lui, «l'invite à la joie et, en lui annonçant que sa mort affranchira les provinces, le reconnaît vainqueur et lui tend une couronne de lauriers». Beethoven a accompagné cette scène d'une musique en *ré* majeur, d'abord Poco vivace, puis Allegro ma non troppo, assez allante et légère, mais interrompue par un unisson violent des cordes en *ré* mineur qui «signifie la mort d'Egmont». Ce motif est immédiatement suivi par «l'arrivée des trompettes qui signifient la liberté retrouvée pour la patrie». Puis les tambours sur scène annoncent l'arrivée des soldats qui vont exécuter la sentence et l'apparition s'évanouit, mais Egmont sait que sa vie et sa mort ont un sens :

«En sortant de ce cachot, je marche aussi à une mort glorieuse ; je meurs pour la liberté. Je n'ai vécu, je n'ai combattu que pour elle ; maintenant je lui offre ma vie en sacrifice.»

Puis, juste avant d'être emmené par la garde, il s'adresse à la foule :

«Défendez vos biens, et pour sauver ce que vous avez de plus cher, tombez avec joie comme je vous en donne ici l'exemple.»

Une fois Egmont sorti de scène accompagné par les tambours, et le rideau tombé, Goethe exige que la musique «termine la pièce par une symphonie triomphale». Beethoven a alors prévu de faire entendre à nouveau la «Siegssymphonie» qui terminait l'*Ouverture,* Allegro con brio en *fa* majeur, avec timbales et fifres.

SOURCES

Esquisses, manuscrits, copies ont été étudiés et présentés par Adolf Fecker, *Die Entstehung von Beethovens Musik zu Goethes Trauerspiel Egmont*, Hamburg 1978.

Les premières esquisses se trouvent dans le Skizzenbuch Landsberg 5 (à Berlin), utilisé jusqu'en octobre 1809.

Une esquisse de «Freudvoll und leidvoll» se trouve sur la même feuille qu'une esquisse de «Kennst du das Land ?» et daterait de l'automne 1809 (à Bonn).

Les manuscrits autographes des deux Lieder et des quatre entractes se trouvent à Berlin ; ils sont si difficiles à lire qu'ils n'ont pu servir qu'à Beethoven.

Trois versions différentes du Lied «Freudvoll und leidvoll» avec accompagnement de piano, sans doute témoignages des tentatives de s'adapter aux capacités de la chanteuse prévue, Antonie Adamberger, sont écrits dans des tonalités différentes (la tonalité initiale de *la* majeur étant trop haute pour elle) : 1) «Einmal einen Ton / tiefer» (*sol* majeur) ; 2) «Noch einmal um einen Ton tiefer» (*fa* majeur) ; 3) est incomplète et se trouve avec *Die Trommel gerühret*.

Il existe plusieurs copies, l'une d'elle portant de nombreuses corrections et des références verbales de la main de Beethoven se trouve à Bonn.

Une copie du Lied «Freudvoll und leidvoll» en réduction pour piano, en *la* majeur, offert à Therese Malfatti se trouve à Munich ; elle porte ce titre de la main de Beethoven : «Aus Goethes / Egmont / von / L v Bthwn».

L'édition originale offerte à l'archiduc Rodolphe, dédicacée par Beethoven, « Für Seine Kaiserliche Hoheit / Den Erzherzog Rudolf / von / L v Beethoven », comporte quelques corrections au crayon (celles indiquées à Breitkopf & Härtel, les 21 août 1810 et 6 mai 1811).

PUBLICATION

L'édition originale fut assurée à Leipzig par Breitkopf & Härtel en plusieurs étapes.

L'ouverture en vingt voix séparées fut publiée en décembre 1810 :

« Ouverture / d'EGMONT / (Tragédie de Göthe) / à / Grand Orchestre / composé [*sic*] / par / L. v. Beethoven. / Œuv. 84 [...] »

Une réduction pour piano de l'Ouverture fut publiée en février 1811.

Les Lieder et Entractes, en vingt et une voix séparées, furent publiés en janvier 1812 :

« ENTR'ACTES / à grand Orchestre / composès par / Musik zu / Egmont / Trauerspiel von Göthe / für ganzes Orchester / von / L.v.Beethoven. / Œuv. 84 [...] »

et leur réduction pour piano en mai 1812 :

« Gesänge und Zwischenacte / zu / EGMONT / Trauerspiel von Göthe. / für das Pianoforte / von / L.v. Beethoven. / 84tes Werk [...] »

Des transcriptions furent établies pour piano à deux mains (1811), pour piano à quatre mains (1812) pour quatuor à cordes (1826).

La partition ne fut publiée qu'en 1831, par Breitkopf & Härtel.

L'ŒUVRE VUE PAR SES CONTEMPORAINS

L'*AMZ* XIV, 1812 (col. 656), attirait l'attention sur la musique de scène d'*Egmont* en soulignant l'originalité du style de Beethoven, reconnaissable dès les premières mesures. L'auteur de l'article trouvait l'Ouverture pleine de force et de tournures hardies qui gênaient la compréhension de l'ensemble. Il regrettait que l'apparition pendant le rêve d'Egmont ait disparu et appréciait le feu de la Symphonie de la victoire.

L'*AMZ* XV, du 21 juillet 1813 (473-481) publia un long article de E.T.A. Hoffmann. Il commençait en se réjouissant « de voir deux grands génies s'unir pour produire une œuvre admirable, comblant toutes les attentes du connaisseur », Beethoven ayant parfaitement compris le drame d'*Egmont*. Après l'analyse de l'Ouverture, E.T.A. Hoffmann renvoyait « le lecteur à l'audition attentive de cette œuvre superbe, sans entrer plus avant dans l'analyse des détails », qui « suivant l'habitude du maître, sont tous, et tout entiers, subordonnés à l'ensemble. ». Hoffmann précisait sa démarche : « Nous croyons en effet avoir présenté assez justement le principe qui a guidé le compositeur au travail, pour que, en écoutant Clärchen (dès la première scène avec sa mère et Brackenburg, mais aussi dans les premières scènes du cinquième acte), l'auditeur, impressionné par l'ouverture, réentende sans effort le motif de la plainte, ainsi que les accords qui, modulant de la tonalité mineure fondamentale dans les tonalités majeures voisines, annoncent la vie supérieure. »[1]

Hoffmann terminait son analyse en soulignant que Beethoven s'était parfaitement conformé aux intentions de Goethe, que cette partition était donc « une réussite esthétique », que tout directeur de théâtre devrait l'utiliser pour mettre *Egmont* en scène.

L'*AMZ* XVI, 1814 (col. 167-168), publiait un article du juriste et théoricien musical Gottfried Weber (1779-1839) qui trouvait l'*Ouverture* magistrale, étant un parfait reflet du drame, de la grandeur du héros, de la délicatesse de son amour, de l'exemple de sa mort...

Carl Friedrich Zelter (1758-1832), compositeur et conseiller musical de Goethe, lui écrivait, le 27 février 1813, à la suite de l'exécution de l'*Ouverture d'Egmont* (seule) à Berlin le 25 février 1813, qu'elle commençait comme une tragédie par une suite d'accords sombres en *fa* mineur et se transformait en une œuvre d'« esprit républicain », auquel l'aspect guerrier ne manquait pas, et qui passait par la bienveillance, la mélancolie, le rêve, le tumulte, pour finir en victoire[2].

Goethe mentionna dans son journal, à la date du 23 janvier 1812 : « v Beethovens Musick zu Egmont ». À la date du 20 février

1. In E.T.A. Hoffmann, *Écrits sur la musique*, L'âge d'homme, Lausanne, 1985, p. 144.

2. *Katalog Beethoven und Goethe,* Beethoven-Haus Bonn / Stiftung Weimarer Klassik, 1999, p. 93.

1812, il indiqua que le pianiste Friedrich von Boyneburg lui avait joué *Egmont*.

Les seuls commentaires de Goethe furent exprimés en privé ; l'un se trouve dans une lettre datée du 12 juillet 1821 à la musicienne Marianne von Willemer, avec laquelle il échangea beaucoup de propos sur la musique : il trouvait que Beethoven avait fait merveille en particulier pour les entractes, il estimait que la musique pouvait être la base d'un oratorio[1] ; un autre commentaire de Goethe, datant de 1821, rapporté par Friedrich Förster, témoigne de son admiration pour le Melodram et la musique de l'apparition qui accompagnent le sommeil d'Egmont, à la fin du cinquième acte : « Beethoven a compris mes intentions avec un génie remarquable[2] ».

CORRESPONDANCE

Le 6 juin 1810 [2., 446], Beethoven offrait à Breitkopf & Härtel « die *Musik* zu *Egmont von göthe*, welche aus 10 Stücken besteht *ouvertür* Zwisechenact *etc* », il en fixait le prix et pressait son éditeur de répondre au plus vite, car, argumentait-il, quand *Egmont* aura été représenté [ce qui eut lieu le 15 juin 1810] d'autres éditeurs risquaient de se montrer intéressés.

Le 2 juillet [2., 451], Beethoven lui annonçait l'envoi de la troisième livraison des œuvres promises, soit la *Sonate* « caractéristique » « der Abschied », les *cinq Ariettes* sur des textes italiens ainsi que la partition d'*Egmont*, partition qui, ne devant pas être publiée à Londres, pouvait être éditée sans contrainte de date – pour confirmer cela, Beethoven spécifiait quelques lignes plus loin : « Egmont est entièrement votre propriété ». Au début du mois d'août [2., 464], il confirmait qu'il n'avait pas vendu *Egmont* en Angleterre.

Le 21 août [2., 465], dans une longue lettre à B&H au cours de laquelle il passait en revue chacune des œuvres proposées à cet éditeur, Beethoven spécifiait que, comme le *Concerto op. 73*, *Egmont* devait être dédié à l'archiduc Rodolphe [ce qui ne fut pas publié], et il laissait à son éditeur une totale initiative pour la partition d'Egmont : « Dès que vous aurez reçu la partition d'E*gmont* vous verrez mieux vous-même quel usage vous pourrez en faire et comment attirer sur lui l'attention du public. Je l'ai composé uniquement par affection pour le poète, et la preuve en est que je n'ai rien accepté de la part de la Direction du Théâtre ; et pour récompense, encore et toujours, celle-ci a traité ma musique de façon très négligente. » Un peu plus loin, il signalait quelques fautes à corriger, corrections que l'éditeur intégra [lettre du 24 septembre 1810, 2., 469].

Le 15 octobre [2., 474], Beethoven demandait à B&H d'indiquer le titre du dernier morceau d'*Egmont* : « SiegesSimphonie », et d'envoyer la partition manuscrite à Goethe (dès qu'il n'en aurait plus besoin), car il la lui avait promise. Il pouvait supposer que l'éditeur « n'y voyait pas d'objection, étant lui aussi un grand admirateur de Goethe ». Il ajoutait : « Je lui aurais envoyé d'ici une copie de mon Egmont, mais comme je n'ai encore aucun copiste assez habile [...], j'ai trouvé que mieux valait qu'il en fut ainsi. » Beethoven était d'autant plus pressé que, affirmait-il dans cette lettre, il aurait annoncé cet envoi à Goethe. En l'absence de toute lettre retrouvée, il est possible de supposer qu'il ait chargé Bettina Brentano d'annoncer cela à Goethe. Toujours est-il que cette annonce est effective dans sa lettre à Goethe du 12 avril 1811 : celui-ci doit recevoir « prochainement la musique d'Egmont, par l'intermédiaire de Breitkopf & Härtel ; ce magnifique Egmont [...] ».

Le 11 novembre [2., 477], B&H répondit qu'il ne savait pas encore ce qu'il allait faire de la musique d'*Egmont*, pensant que peu de théâtres mettraient ce drame en scène ; il prévoyait donc de publier l'*Ouverture* en parties séparées (ce qui fut réalisé en décembre 1810) ; pour les entractes, le problème était que, sans la mise en scène, la musique était inutilisable, l'éditeur lui suggérait alors de refaire les fins avec des indications sur la place de ces Entractes dans le drame. Beethoven ne vit pas d'obstacles à cette suggestion, comme il le spécifiait dans une lettre du 28 janvier 1812 [2., 545], mais il ne prit pas le temps de réaliser ce travail [pourtant, l'éditeur publia les *Entractes* et des *Lieder* en parties séparées en janvier 1812, et une réduction pour piano de l'ensemble des dix numéros en mai].

Le 10 février 1811 [2., 485], dans sa lettre enthousiaste à Bettina Brentano, Beethoven lui demandait de transmettre à Goethe l'admiration qu'il lui portait en spécifiant qu'il

1. Friedrich Mosengeil (1773-1839) réalisa le texte d'un oratorio en 1819. Goethe ne le désapprouva pas – cf. *Katalog Beethoven-Goethe, op. cit.*, p. 95-99.

2. In *Goethe Gedanken über Musik,* insel taschenbuch 800, Frankfurt, 1985, p. 196 et 197.

était lui-même en mesure de lui écrire à propos d'*Egmont*, dont il venait de composer la musique, uniquement par amour pour sa poésie qui le rendait heureux – Comment peut-on assez remercier un grand poète, joyau d'une nation ? ajoutait-il.

Le 12 avril 1811 [2., 493], il témoignait à Goethe son admiration et lui annonçait que B&H allait lui faire parvenir la musique qu'il avait composée pour son « magnifique Egmont », précisant qu'il l'avait lu avec passion et qu'il se l'était approprié pour le mettre en musique. Il espérait que Goethe lui donnerait son avis, que ce soit reproche ou louange.

Le 6 mai [2., 496], il signalait à son éditeur une faute dans la réduction pour piano de l'*Ouverture d'Egmont* (il manquait une mesure entière).

Le 25 juin [2., 509], Goethe lui répondait pour le remercier de la musique d'*Egmont*, l'assurant qu'il l'utiliserait au cours de l'hiver dans son théâtre à Weimar.

Le 9 octobre [2., 523], Beethoven terminait une longue lettre à B&H en lui demandant quand *Egmont* allait paraître [l'Ouverture avait été publiée en décembre 1810] et il ajoutait : « Envoyez donc la partition entière de ma part, s'il est nécessaire copiée à mes frais (la partition, bien entendu), à Goethe. Comment un des premiers éditeurs allemands peut-il être si impoli, si grossier envers le premier poète allemand ? Donc faites parvenir au plus vite la partition à Weimar. »

Le 28 janvier 1812 [2., 545], Beethoven exigeait de B&H qu'il envoie la partition intégrale d'*Egmont* à Goethe, car « il avait donné sa parole ». Plus loin dans sa lettre il s'étonnait de la lenteur de l'éditeur, tout en cherchant à se montrer conciliant : « Et les airs d'Egmont, pourquoi ne sont-ils pas encore édités ? Pourquoi, notamment, toute la partition d'Egmont ne l'est-elle pas non plus ? Si vous voulez avoir encore de-ci de-là pour les Entractes un finale de raccroc, cela peut se faire. […] ».

Le 28 février [2., 555], Beethoven n'avait pas encore reçu les Lieder d'*Egmont*, publiés pourtant en janvier 1812.

Le 27 février 1814 [3., 699], il conseillait à Treitschke de faire représenter *Egmont* sur la scène du Theater an der Wien pour combler le déficit du théâtre.

Le 23 novembre 1819 [4., 1357], George Thomson lui écrivait que ses œuvres étaient reçues avec enthousiasme, en particulier l'*Ouverture d'Egmont*.

WoO 18
Marche pour musique militaire en *fa* majeur n° 1, nommée plus tard « Yorck'scher Marsch »

Allegro, ¢, fa *majeur – 34 mes.*

TEMPS DE LA COMPOSITION

1809 (date sur l'autographe).

CONTEXTE BIOGRAPHIQUE ET DÉDICATAIRE

Cette *Marche* fut écrite pour l'archiduc Anton (1779-1835), un des plus jeunes frères de Rodolphe, grand maître de l'ordre des chevaliers teutoniques, à la demande de l'archiduc Rodolphe. Elle fut jouée avec la *Marche WoO 19*, composée plus tard, avec une instrumentation modifiée, le 24 août 1810 pour le carrousel dans les jardins de Laxenburg donné en l'honneur de l'impératrice Marie-Louise.

À plusieurs reprises au cours des années 1820, Beethoven chercha à la vendre à des éditeurs (Peters, Schott, Schlesinger) avec d'autres *Marches* (au moins deux autres pour faire un ensemble de trois : WoO 18, 19, 20), en ajoutant une instrumentation pour faire musique turque ou ajoutant un Trio central.

Les Marches font donc partie de ces œuvres de circonstance que Beethoven arrangea pour les faire publier au début des années 1820, pour les vendre donc, car il était endetté. Mais pour lui, elles représentaient certainement plus que de simples sources de revenus, dans la mesure où il intégra à maintes reprises des Marches dans ses œuvres symphoniques comme dans ses œuvres de scène [1]. La Marche, morceau certes de circonstance, était également-

1. Cf. *Der Marsch bei Ludwig van Beethoven* par Herbert Jüttner, Vienne april 1987. Arbeistkreis Militärmusik.

Heft Nr. 55/56 der Schriftenreihe « Militärmusik ». L'auteur classe la présence de marches dans les œuvres de Beethoven selon les genres de musique :

- Marches dans la musique symphonique : *3e Symphonie* (ce qui lui permet d'élargir le domaine symphonique); *7e Symphonie* : 2e mouvement Allegretto, esquissé en 1806, parmi les esquisses du ment une musique qui connotait une ouverture sur une autre scène, sur autre chose : articulation du temps de l'action, elle introduisait de nouveaux éléments dans l'intrigue ou imposait une certaine solennité à la scène.

PRÉSENTATION DE L'ŒUVRE

L'orchestre est un orchestre de plein air constitué d'instruments à vent : picolo, clarinettes, cors de basset, cors, trompettes, trombones, bassons, contrebassons, serpent, petit tambour, triangle, caisse claire, grosse caisse. Les instruments jouent en homorythmie sur le rythme de deux croches – une noire.

SOURCES

Il existe des esquisses de cette pièce de circonstance au milieu de celles du *Concerto pour piano op. 73* (Nottebohm II, 257-259).

Il existe plusieurs autographes :

* dans les archives de l'Ordre des Chevaliers teutoniques à Vienne, avec inscrit :

« Marsch für S. kaiserl. Hoheit den Erzherzog Anton von Ludwig van Beethoven, 1809 », avec l'indication du tempo : « Allegro in dem jetzt üblichen Tempo der Märsche »

* à Berlin (fonds Artaria) avec l'indication : « Marcia N°. I : — Da Beethoven / Für die Böhmische Landwehr. / 1809 ». La première destination est rayée : « Für S.K. hoheit den Erzherzog Anton... ». « N°. I » et l'indication du tempo « in den jetzt gewöhnlichen Tempo der Märsche » ont été ajoutés en 1823. Les instruments de la « musique turque » sont : triangle, Cinelli, caisse claire et grosse caisse.

* Également à Berlin, « Zapfenstreich N°. I » établi en 1822 pour Peters d'après le manuscrit précédent mais avec ajout d'un Trio en *si* bémol majeur.

Il existe aussi une transcription pour piano (à Paris) avec ce titre : « Marcia / del Signore / Luigi van Beethoven ».

Il existe des copies à Vienne, l'une portant un titre écrit par l'archiduc Rodolphe, une autre portant l'indication : « Zwei Märsche für Militair-Musik, verfaßt zum Carroussel an dem glorreichen Namens-Feste J. k. k. Maj. Maria Ludovika in dem k. k. Schloßgarten zu Laxenburg, von L. van Beethoven. »

PUBLICATION

La partition fut publiée en 1818/1819, dans un ensemble de Marches pour musique turque destinées à l'armée prussienne, par Schlesinger de Berlin.

L'orchestre comprend : piccolo, clarinettes, cors de basset, hautbois, flûtes, cors, trompettes, trombones, bassons, contre-basson, serpent, petit tambour, triangle, tambourins, grosse caisse.

La transcription pour piano fut publiée en tant que « Landswehrmarsch » à Prague en 1809.

CORRESPONDANCE

Fin juillet/ début août 1810 [2., 462], Beethoven remerciait avec humour l'archiduc Rodolphe qui lui avait demandé de composer de la musique pour un carrousel donné dans les jardins du château de Laxenburg à l'occasion de la fête de Marie-Louise, nouvelle épouse de Napoléon Ier, le 24 août 1810.

Le 5 juin 1822 [4., 1468, p. 489], il proposait plusieurs œuvres à Carl Friedrich Peters à Leipzig, dont « Vier <Musikalische> Militairische Märsche <für> mit Türkischer Musick » (*WoO 18, 19, 20 et 24*). Il réitérait sa proposition le 26 juin 1822 [4., 1473], le 6 juillet 1822 [4., 1478], et mettait son frère Johann au courant le 31 juillet 1822 [4., 1486]. Le 13 septembre 1822 [4., 1496], il précisait qu'il

---

Quatuor op. 59 n° 3 – Toutes deux sont en forme de marches funèbres.

- Marches dans la musique de ballet : du temps de Bonn 1789, après la réouverture du Nationaltheater, dans le *Ritterballet WoO 1* : les n° 1 Marsch, n° 3 la chasse, n° 7 la guerre et n° 9 Trinklied ont un caractère de marche (le n° 1, l'intrada s'effectue sur un motif de fanfare). À vienne, dans le Ballet *Les Créatures de Promethée op. 43*, la Marche est une scène de danse.

- Marche dans *Fidelio* : elle a une fonction dramaturgique de changement de scène. Le signal des trompettes ouvre le temps de la libération.

- Marches dans les musiques de scène : *Egmont op. 84, Le Roi Étienne op. 117, Les Ruines d'Athènes op. 113* – il y a une Marche de victoire.

- Marche triomphale : l'ouverture de *Tarpeia* en 1813 (*WoO 2a*).

- Marches dans les œuvres de musique de chambre : elles n'ont pas la même fonction dramaturgique – les *trois Marches op. 45* (1802); *La Marche des Grenadiers* en *si* bémol majeur *WoO 29* (1798); la Marche du *Septuor op. 20* qui relie le Scherzo au Finale.

- Marche dans la musique vocale : dans l'op. 113

- Marche comme thème de Variations : les *Neuf Variations sur une marche de Dressler WoO 63*; les neuf variations dans la *Fantaisie op. 80*.

avait ajouté des Trios aux Marches proposées (*WoO 18, 19, 20 et 24*). Le 9 novembre 1822 [4., 1509], Peters lui rappelait qu'il devait envoyer ses Marches pour lesquelles il avait déjà perçu des honoraires. Beethoven annonçait leur expédition le 15 février 1823 [5., 1570], mais manqua la poste et les fit partir le 20 février 1823 [5., 1575]. Le 4 mars [5., 1604], Peters exprimait son mécontentement de n'avoir reçu qu'une Marche (*WoO 24*) et trois « Zapfenstreiche » (« Retraites militaires », *WoO 18, 19, 20*).

Le 7 mai 1825 [6., 1966], il proposait ses *Marches* à Schott à Mayence qui ne les accepte pas.

Le 13 octobre 1826 [6., 2222], Beethoven les proposait à Adolph Martin Schlesinger à Berlin qui ne les accepte pas [6., 2228, 11 novembre 1826].

WoO 19

Marche pour musique militaire en *fa* majeur n° 2

¢, fa *majeur – 41 mes.*

Temps de la composition

3 juin 1810 à Baden, près de Vienne.

Contexte biographique

Conçue pour les festivités en l'honneur de Marie-Louise, Beethoven chercha à la vendre à Peters en 1822 avec les autres *Marches* pour musique militaire (*WoO 18* à *23*) : il prévoyait de la mettre en n° 3 d'un ensemble de trois Marches (*WoO 18*, *WoO 20* et *WoO 19*).

Voir *WoO 18*.

Présentation de l'œuvre

Les instruments jouent en homorythmie, avec des temps forts bien

Sources

Des esquisses se trouvent sur les pages 2 à 4 de la double feuille (à Bonn) qui comprend celles de la petite pièce pour piano « Für Elise », et qui date du printemps 1810.

Il existe un autographe à Vienne dans les archives de l'Ordre des Chevaliers teutoniques : « Marsch für S. kaiserl. Hoheit den Erzherzog Anton von Ludwig van Beethoven, 1810, Baden am 3ten Sommermonath. » Un autre à Vienne (GdM), avec l'indication : « Allo », « 1 Schritt auf einen Takt ». Un troisième « Zapfenstreich N°. 3 »

L'autographe de 1822 d'un Trio en *fa* mineur non publié port l'indication : « Trio für N°.3 »

Une copie du premier se trouvait dans la bibliothèque de l'archiduc Rodolphe.

Publication

En partition en 1888 in GA : « Zwei Märsche für Militärmusik »

Transcription pour piano à deux mains en 1810 : « Caroussel-Musik, aufgeführt an dem glorreichen Namensfeste Ihrer k.k.Majestät, Maria Ludovica in dem k.k. Schloßgarten zu Laxenburg. Wien, Chemische Druckerei am Graben. »

Correspondance

Voir *WoO 18.*

WoO 20

Marche pour musique militaire en *ut* majeur

Vivace assai, 2/4 – 173 mes.

Temps de la composition

Sans doute entre les deux *Marches* précédentes : entre 1809 et 1810.

Contexte biographique

Beethoven chercha à la vendre à Peters en 1822 avec les autres Marches pour musique militaire (*WoO 18* à *23*) – il voulait la placer entre les deux Marches en *fa* majeur (*WoO 18* et *WoO 20*) pour avoir un ensemble : *fa* / *ut* / *fa*. (Voir *WoO 18*)

Présentation de l'œuvre

Elle commence *ff*, avec des arpeges sur accord parfait et un rythme pointé, puis la pulsation passe du triolet de croches à quatre doubles croches. La partie centrale comprend un Trio en *fa* majeur, *p sempre staccato*.

Sources

L'autographe qui comprenait l'indication « Zapfenstreich N° 2 » a été examiné par Nottebohm, mais a disparu aujourd'hui.

Publication

En partition en 1888 dans la GA.

WoO 21

Polonaise pour musique militaire

3/4, ré *majeur – 44 mes.*

TEMPS DE LA COMPOSITION

1810, à Baden près de Vienne.

CONTEXTE BIOGRAPHIQUE

Durant cet été à Baden, Beethoven semble avoir répondu aux commandes qui lui étaient faites de composer des musiques de circonstance.

En 1822 il chercha à la vendre à Peters avec les autres Marches pour musique militaire (*WoO 18* à *23*). (Voir *WoO 18*)

PRÉSENTATION

Elle est formée de deux parties reprises et d'une coda qui joue sur les arpèges ascendants.

SOURCES

L'autographe est à Paris. Il porte beaucoup de corrections ainsi que la mention suivante en haut de la première page, de la main de Beethoven : « par Beethoven 1810 a Baden ».

CORRESPONDANCE

Voir *WoO 18.*

PUBLICATION

En partition en 1888 dans la GA.

WoO 22

Écossaise pour musique militaire

2/4, ré *majeur – 64 mes.*

TEMPS DE LA COMPOSITION

En 1810 à Baden.

CONTEXTE BIOGRAPHIQUE

Beethoven chercha à la vendre à Peters en 1822 avec les autres Marches pour musique militaire (*WoO 18* à 23). (Voir *WoO 18*)

PRÉSENTATION

Elle comprend un Trio, *p*, en *sol* majeur.

SOURCES

Des esquisses se trouvent avec celles pour le Lied sur un poème de Goethe « Sehnsucht », op. 83 n° 2.

PUBLICATION DE L'ŒUVRE

En partition en 1888, dans la GA.

WoO 23

Écossaise pour musique militaire

Allegro, 2/4, sol *majeur – 16 mes.*

TEMPS DE LA COMPOSITION

Vers 1810, sans doute pour une musique d'harmonie qui jouait au Prater. Wenzel Krumpholz l'aurait retenue par cœur et Carl Czerny l'aurait transcrite pour piano.

CONTEXTE BIOGRAPHIQUE

Beethoven chercha à la vendre à Peters en 1822 avec les autres *Marches* pour musique militaire (*WoO 18* à *23*). (Voir *WoO 18*)

PRÉSENTATION DE L'ŒUVRE

Elle ne comprend que 16 mesures et n'a pas de trio.

SOURCES

L'autographe est perdu.

PUBLICATION

Elle fut publiée sous forme d'une réduction pour piano établie par Carl Czerny dans le *Musikalischen Pfennigmagazin*, première année, n° 27, p. 108, publié par Tobias Haslinger à Vienne.

Opus 83

Trois « Gesänge von Goethe »

Accompagnement de Pianoforte

1. Wonne der Wehmut, *Andante espressivo, 2/4,* mi *majeur – 23 mes.*
2. Sehnsucht, *Allegretto, 6/8,* si *mineur – 60 mes.*
3. Mit einem gemalten Band, *Leichtlich und mit Grazie vorgetragen, ¢,* fa *majeur – 47 mes.*

TEMPS DE LA COMPOSITION

Printemps et/ou l'été 1810, après l'achèvement d'*Egmont op. 84.*

Cette œuvre fut signalée pour la première fois dans une lettre de Beethoven à Breitkopf & Härtel du 2 juillet 1810. Elle ne fut remise à l'éditeur qu'au début janvier 1811.

CONTEXTE BIOGRAPHIQUE

La musique d'*Egmont* à peine terminée, Beethoven commença à composer la musique pour ces trois poèmes de Goethe, ces « 3 Arietten » qu'il proposait à son éditeur B&H,

le 2 juillet 1810 [2., 451] et qu'il voulait voir publiées le 1er novembre 1810 (en même temps que le *Cinquième Concerto pour piano* en *mi* bémol majeur *op. 73*, et que la *Fantaisie pour piano, chœur et orchestre* op. 80). L'occasion de ce nouvel ensemble de «*Drei Gesänge*» (pensé d'abord comme «3 Arietten») est liée à la rencontre avec Bettina Brentano au printemps 1810, dans la famille Brentano [1] – cette jeune fille enthousiaste ayant suscité chez Beethoven l'espoir d'entrer en contact personnellement avec Goethe. Une fois de plus, parmi les innombrables poèmes sur des thèmes très variés, aussi bien l'Amour, l'Art que les Questions métaphysiques [2], Beethoven s'est arrêté sur trois poèmes qui parlent d'amour et de nostalgie liée à l'éloignement temporaire ou définitif de l'être aimé, des poèmes évoquant en définitif les sentiments qui entretiennent vitalité et sens de la vie. La *Sehnsucht* se trouvait donc encore une fois au cœur de cet ensemble de «*Gesänge*» – cette pression du désir qui, exprimée et incarnée par Mignon dans son duo avec le harpiste, l'avait incité à s'approprier des poèmes de Goethe : *Sehnsucht WoO 134* étant le premier d'une série de poèmes ou d'œuvres mis en musique entre 1808 et 1810 (et publiés presque immédiatement) : les trois poèmes de l'op. 75, *Kennst du das Land?, Neue Liebe, neues Leben* et *Aus Goethes Faust*, la musique de scène d'*Egmont* composée entre 1809 et 1810, et les trois poèmes de l'*op. 83*, *Wonne der Wehmut, Sehnsucht* et *Mit einem gemalten Band*.

Bien que composé en vue d'être publié dès l'été 1810, cet *opus 83* mit du temps à voir le jour parce que Beethoven ne fit parvenir son manuscrit qu'en janvier 1811 et qu'il oublia d'en corriger rapidement les épreuves – l'éditeur d'ailleurs ne montra pas un grand empressement à lui signaler la parution de l'œuvre. Pourtant, peu de temps après, Beethoven demandait à son éditeur, le 28 février 1812, qu'il lui envoie rapidement les trois *Lieder*, sans doute pour les remettre à sa dédicataire la princesse Kinsky, mais également pour l'offrir à son amie Antonie Brentano [3] avant qu'elle ne quitte Vienne pour retourner à Francfort (au cours de l'été 1812). L'exemplaire offert à Antonie, qui a été conservé, porte une dédicace de la main de Beethoven, inscrite sur le bord droit de la page de titre. Était-ce en vue de ce cadeau qu'il demanda à l'éditeur Breitkopf & Härtel un exemplaire de l'édition originale sur du très beau papier – ce qui lui fut envoyé le 4 avril 1812.

Le sens de ce cadeau, conservé par Antonie Brentano, ne se résume pas au seul témoignage d'amitié de Beethoven pour elle et sa famille – même s'il considérait les Brentano comme «les meilleurs amis du monde» –, dans la mesure où cette famille, qui avait accueilli Bettina Brentano au printemps 1810, était en relation potentielle avec Goethe (les Brentano rencontreront, de fait, Goethe à Karlsbad durant l'été 1812). Offrir cette interprétation musicale de poèmes à Antonie, une de ses admiratrices, était un moyen d'atteindre Goethe, ce grand poète vivant avec lequel Beethoven avait osé se mesurer («3 Lieder von Goethe und mir», selon son expression pour désigner cette composition).

Il a également fait envoyer par son éditeur une édition de ces trois «*Gesänge*» de l'op. 83 à son amie Amélie Sebald, chanteuse qui, à Berlin, faisait partie de la «Singakademie» dirigée par Zelter (ce que Beethoven traduit par «une élève de Zelter» dans la lettre qu'il envoya à B&H du 17 juillet 1812, alors qu'il savait qu'il allait pouvoir rencontrer Goethe, qui était arrivé à Teplitz le 14 juillet). Faire parvenir cette partition à Amalie Sebald était encore une façon indirecte de toucher le poète par l'intermédiaire de Zelter qui était son conseiller musical, et d'étendre ainsi la

1. Antonie Brentano et son mari Franz séjournèrent à Vienne de 1809 à l'été 1812 (pour s'occuper de la collection d'œuvres d'art du père d'Antonie, née von Birkenstock). C'est au cours de leur voyage de retour à Francfort, en août 1812, qu'ils s'arrêtèrent à Karlsbad où ils firent la connaissance de Goethe.

2. Contrairement à Schubert, Beethoven ne s'est pas arrêté sur les poèmes métaphysiques de Goethe : *Prometheus, Ganymed, An Schwager Kronos.*

3. Antonie Brentano (1780-1869) est peut-être (pour certains biographes) «l'immortelle bien-aimée», à laquelle Beethoven écrivit une longue lettre [2., 582, p. 268, 271] juste après son arrivée à Teplitz venant de Prague (à la suite d'une nuit d'orage). Cette lettre, reprise et continuée deux fois de suite, est écrite au crayon noir et datée des 6 et 7 juillet 1812 – elle a été retrouvée dans les papiers de Beethoven après sa mort (a-t-il renoncé à l'envoyer sous cette forme ou la femme à laquelle il l'a envoyée la lui a-t-elle restituée ?).

diffusion de cette œuvre qui associait les noms de Goethe et de Beethoven.

Ces cadeaux témoignent, par delà les signes d'amitié ou par delà les indices d'une politique personnelle de diffusion, de son désir de faire savoir à Goethe – qu'il souhaitait rencontrer –, que l'un et l'autre possédaient le même idéal : celui de donner la première place au monde de l'esprit et du cœur, en liant l'éthique et l'esthétique, dans des œuvres novatrices pensées pour être un lieu de rencontre stimulante entre les créateurs et le public.

Alors que la composition de ces *Trois Chants* était directement liée à Bettina et à Goethe, Beethoven ne choisit pas de leur dédier à l'un ou à l'autre : le jour même où il écrivait une lettre à Goethe dans laquelle il lui faisait part de toute son admiration, il signalait à son éditeur le nom de la dédicataire de l'op. 83, la princesse Kinsky (une de ses mécènes).

Curieusement ces *trois Chants* op. 83, en cours d'édition au moment de sa lettre du 12 avril 1811 à Goethe et édités peu avant sa rencontre avec lui en juillet 1812, représentent le dernier ensemble de Lieder pour voix et piano que Beethoven ait composé sur ses poèmes – ce qui ne signifie pas qu'il ait cessé de s'intéresser aux écrits de Goethe, ou même de composer sur des poèmes, mais ce sont des œuvres pour orchestre (la Cantate *Meeresstille und Glückliche Fahrt*, op. 112, et *Bundeslied,* op. 122) ou de petits canons pour plusieurs voix (*Edel sei der Mensch*) sur les thèmes de l'inspiration, du lien social et de la « belle âme ». La déception qu'il ressentit après sa rencontre avec Goethe en serait-elle la cause ?

PRÉSENTATION DES ŒUVRES

Cet ensemble inaugure une nouvelle conception du Lied (le flottement même de la dénomination donnée par Beethoven dans ses lettres à son éditeur en est un indice : Ariette, Gesänge, Lieder – il ne se conforme pas à une catégorie de genre bien définie). Cet ensemble commence par une composition courte mais complexe et se termine par une sorte d'Ariette très gaie, après être passé par un Chant aux strophes musicalement bien différenciées – succession qui évoque une composition instrumentale formée d'un mouvement lent, d'un mouvement à Variations et d'un Rondo. La dimension de musique instrumentale tient également à la grande place du piano, la voix semblant là uniquement pour commenter.

Wonne der Wehmut (Délices de la mélancolie)

Ce court poème a été écrit par Goethe en 1775 et publié en 1789 pour la première fois (dans le huitième volume de la première édition des œuvres complètes de Goethe, ses *Schriften*), et il a été repris sans modifications dans l'édition Cotta de 1806.

Trocknet nicht, trocknet nicht,
Tränen der ewigen Liebe !
Ach nur dem halbgetrockneten Auge
Wie öde, wie todt die Welt ihm erscheint !
Trocknet nicht, trocknet nicht,
Tränen unglücklicher Liebe !
Ne séchez pas, ne séchez pas,
Larmes de l'amour éternel !
Ah ! aux seuls yeux déjà secs à demi,
Que l'univers apparaît vide et mort !
Ne séchez pas, ne séchez pas,
Larmes de l'amour malheureux !

Il a été traité par Beethoven plus comme une composition de musique instrumentale Andante espressivo que comme un poème mis en musique.

Dès le début le piano ne se contente plus de soutenir la voix ou de se faire l'écho de la ligne mélodique, il a un rôle essentiel dans la présentation du matériau et dans la conduite du discours musical. Pour construire le matériau musical Beethoven est parti du rythme pointé qu'il entendait dans « Trocknet nicht » (première expression du poème qui, répétée, constitue le premier et le sixième vers, sur les huit vers du poème) et de son complément donné par une gamme descendante rapide du piano ; il répète cette mesure un demi-ton au-dessus (démarche fréquente) et poursuit avec une courte phrase continue de deux mesures qui s'arrête sur l'accord de dominante du ton principal (*mi* majeur), phrase issue du rythme conçu pour le deuxième vers, « Tränen der ewigen » (une longue et deux brèves, deux fois de suite) suivi de « Lie-be ! ». Ainsi, le début du poème a été transposé en thème musical de quatre mesures constitué de rythmes inscrits dans une mesure à deux temps, thème que Beethoven utilise ensuite comme dans une composition de musique instrumentale.

Outre cette transformation des deux premiers vers en composante musicale, plusieurs autres particularités de l'écriture donnent le premier rôle à la pensée d'abord musicale : la façon dont la voix entre sans aucune préparation (donc comme un motif) pour s'arrêter sur le temps faible de la mesure à 2/4, les modulations expressives soulignées par des renforcements d'intensité qui terminent la deuxième section du Lied (avec des renforcements d'intensité sur les accords successifs et denses soutenant les mots « tot die Welt ihm erscheint ! »), les septièmes diminuées *forte* d'accords très denses et successifs qui accompagnent l'évocation des larmes de l'amour malheureux, les deux ajouts (par rapport au poème de Goethe) de « Trocknet nicht » à des moments particuliers de la forme (à la mesure 5, quand débute l'élaboration musicale du matériau, donc avant le troisième vers, et à la fin du Lied, comme conclusion à la mesure 23).

Sehnsucht (Nostalgie)

Ce poème a été publié par Goethe dans le *Taschenbuch auf das Jahr 1804, hg. von Wieland und Goethe* (*Un livre de poche pour l'année 1804, publié par Wieland et Goethe*), et repris dans l'édition Cotta de 1806. Il est conçu sur le modèle des chants populaires strophiques avec des vers très courts et des rimes libres. Les deux derniers vers des deux premières strophes évoquent une sorte de refrain proche de celui de Mignon dans *Kennst du das Land ?*

Was zieht mir das Herz so ?
Was zieht mich hinaus ?
Und windet und schraubt mich
Aus Zimmer und Haus ?
Wie dort sich die Wolken
Und Felsen verziehn,
Da möchte ich hinüber,
Da möchte ich wohl hin !
Qu'est-ce donc qui attire
Mon cœur et qui m'entraîne ?
Qui m'enlève et m'arrache
À ma chambre, à mon gîte ?
Comme auprès du rocher
Les nuées se dissipent !
C'est là-bas, c'est là-bas
Que je voudrais aller.

Nun wiegt sich der Raben
Geselliger Flug ;
Ich mische mich drunter
Und folge dem Zug.
Und Berg und Gemäuer
Umfittigen wir ;
Sie weilet da drunten,
Ich spähe nach ihr.
De leur vol onduleux
Les corbeaux vont en troupe ;
Parmi eux je me mêle
Et suis en compagnie.
Nous tournoyons autour
D'un mont et de murailles ;
C'est là qu'elle demeure,
Je la cherche des yeux.

Da kommt sie und wandelt ;
Ich eile sobald,
Ein singender Vogel,
Zum buschigen Wald.
Sie weilet und horchet
Und lächelt mit sich :
« Er singt so lieblich
Und singet es an mich. »
La voilà qui chemine ;
Je me hâte aussitôt,
Oiseau chanteur, d'aller
Dans les taillis des bois.
Elle s'arrête, écoute
Et sourit en secret :
« Son chant est si charmant
Et c'est pour moi qu'il chante. »

Die scheidende Sonne
Verguldet die Höhn ;
Die sinnende Schöne,
Sie läßt es geschehn.
Sie wandelt am Bache
Die Wiesen entlang,
Und finster und finstrer
Umschlingt sich der Gang ;
Le soleil déclinant
Baigne d'or les hauteurs ;
Plongée dans ses pensées
La belle n'y prend garde.
Elle va près de l'onde,
tout le long des prairies,
Et ses pas s'enveloppent
D'une ombre grandissante.

Auf einmal erschein ich,
Ein blinkender Stern.
« Was glänzet da droben,
So nah und so fern ? »

Und hast du mit Staunen
Das Leuchten erblickt,
Ich lieg dir zu Füßen,
Da bin ich beglückt!
Tout à coup j'apparais,
Astre resplendissant :
« Qu'est-ce qui luit là-haut
De proche et de lointain ? »
Et si tu fus surprise
De voir cette clarté,
Me voici à tes pieds,
Éperdu de bonheur.

Beethoven s'est appuyé sur la structure strophique pour concevoir une succession de variations Allegretto à 6/8, en *si* mineur (pour la quatre premières, la dernière étant en *si* majeur). La musique a été établie à partir de la première strophe : après deux mesures d'une gamme brodée et rapide qui installe le *si* mineur à la main droite seule, les questions pressées des quatre premiers vers du poème sont traduites par de courtes phrases formées de deux fois trois croches successives qui prennent appui sur la partie faible du temps et sur la même note (un *fa*, dominante du ton de *si*) et changent d'intervalle (quinte, sixte, septième), chaque temps fort étant marqué par un accord du piano. L'évocation des nuages qui se dissipent est assurée par une homogénéité sonore de la voix et du piano et une ligne mélodique souple, puis les deux derniers vers sont conçus par Beethoven comme une sorte de refrain qui poursuit la souplesse mélodique dans un tempo élargi *ritardando*, mais avec retour au tempo initial pour la répétition du dernier vers (proche du refrain du *Kennst du das Land?* de Mignon). Une mesure de cadence harmonique du ton de *si* est assurée par des broderies au piano, avant la reprise de la même musique pour la strophe suivante. Chacune des strophes possède la même structure harmonique et la même ligne vocale, seul le mouvement de l'accompagnement se modifie : le rythme d'une berceuse (qui souligne l'idée du « vol onduleux ») pour la deuxième strophe, l'évocation d'une démarche légère dans la troisième, l'impression d'une chaude atmosphère du soir produite par des accords denses *pianissimo* et continus dans la quatrième et enfin la surprise de la vision de l'étoile par un *si* majeur et une continuité sonore d'où émergent des notes plus hautes.

Mit einem gemalten Band (Avec un ruban aux roses peintes)

Ce poème de jeunesse a été publié une première fois en 1775, en même temps que *Maigesang,* dans la revue *Iris*. Plusieurs fois révisé, il fut publié dans les œuvres complètes en 1789 (vol. 8). Dans *Poésie et Vérité* (onzième Livre), Goethe rappelle la mode de ces rubans peints envoyés à la bien-aimée absente avec un petit poème[1].

Kleine Blumen, kleine Blätter
Streuen mir mit leichter Hand
Gute junge Frühlings-Götter
Tändeln auf ein luftig Band.
Fleurs menues et feuilles menues,
D'aimables Génies printaniers
Les sèment d'une main légère,
Par jeu, sur un ruban flottant.

Zephir, nimm's auf deine Flügel
Schling's um meiner Liebsten Kleid;
Und so tritt sie vor den Spiegel
All in ihrer Munterkeit.
O Zéphyr, prends-le sur tes ailes;
À la robe de mon aimée
Passe-le ! Dans son enjouement,
La voici devant son miroir.

Sieht mit Rosen sich umgeben,
Selbst wie eine Rose jung.
Einen Blick, geliebtes Leben!
Und ich bin belohnt genung.
Elle, aussi jeune qu'une rose,
Se voit de roses entourée.
Un regard, mon amour ! ma vie !
Et je suis payé de retour.

Fühle, was dieß Herz empfindet,
Reiche frei mir deine Hand,
Und das Band, das uns verbindet,
Sei kein schwaches Rosenband!
Ressens ce que mon cœur éprouve
Et tends-moi la main franchement.
Que le lien qui nous unit
Ne soit pas qu'un lien de roses !

Beethoven n'a pas suivi exactement la structure en strophes du poème de Goethe. Il

1. Ce type de ruban a un rôle dans *Wilhelm Meister* : la trousse du docteur inconnu qui soigna Wilhelm blessé et qui était accompagné de la belle amazone, était entourée de ce ruban – Wilhelm n'aura de cesse de connaître l'identité de ce docteur pour retrouver la jeune femme.

a conçu une forme qui peut s'apparenter à un *Rondo* (ABAC), étant donné le retour de la première partie et la différenciation d'une partie centrale avec modulation en *si* bémol majeur, et d'une partie finale qui ressemble à une strette suivie d'une coda. Dans l'interprétation musicale de ce poème, c'est donc encore une fois l'organisation musicale d'une composition instrumentale qui prend en charge le sens du « Chant ».

L'ensemble, en *fa* majeur à deux temps (alla breve), a un tempo qualifié en allemand de « Leichtlich und mit Grazie vorgetragen » (facilement et à exécuter avec grâce) et il est précisé que le piano doit jouer « Leichtlich, nicht geschliffen » (facilement et pas lié), c'est-à-dire *non legato* et sans pédale, une ligne pratiquement ininterrompue de triolets de croches sur des accords brisés de trois notes. Comme dans le premier « Chant », mais autrement, le piano, par son toucher, sa façon de jouer, et la fluidité de ses rythmes, contribue ici à l'interprétation musicale du poème, au même titre que l'écriture qui se caractérise par la combinaison de l'harmonie et de la mélodie : sur une harmonie tonale bien affirmée par ce jeu léger et mobile du piano, la voix possède une mélodie souple ne dépassant pas l'ambitus de l'octave *fa-fa*. La grâce – chère à Winckelmann qui y décelait le sommet du ravissement esthétique, et à Goethe, pour lequel cette grâce est associée au « bien suprême », au consentement profond à la vie – est bien au cœur de cette musique fluide et souple.

La musique de la première strophe est reprise pour la quatrième strophe, ce qui les transforme en refrain d'une forme rondo. Les deuxième et troisième strophes (qui constituent le premier « couplet musical ») ont chacune leur musique, dominée par la légèreté des triolets pour la deuxième (avec modulation en *si* bémol majeur) et pour les deux premiers vers de la troisième strophe (toujours en *si* bémol majeur avec broderie qui souligne « Rose »), tandis que les deux derniers vers de cette strophe (répétés) sont accompagnés par une rupture dans la continuité des triolets suivie du premier point culminant musical produit par le piano (préfiguration de sa strette finale), avant la reprise du refrain. La quatrième et dernière strophe est répétée par bribes et en entier, pour constituer la conclusion musicale, avec vocalises « ad libitum », *adagio*, sur « ver-*bin*-det », point culminant de l'ensemble de ce « Chant ».

Beethoven a donc transposé le poème de Goethe en une sorte de rondo qui joue de la répétition (d'un refrain) et de la progression vers la culmination d'une tension préparée la première fois par une rupture dans la fluidité des triolets, puis, la seconde fois, par une modification du déroulement du temps (accélération dans le même tempo, suivi d'un arrêt sur des vocalises).

Il peut paraître étonnant que Beethoven ait associé ce poème quelque peu galant aux deux premiers poèmes plus sérieux. En fait, il a retenu la dimension de la « grâce », qu'il a placée après la souffrance liée à l'amour malheureux et après l'absence comblée par la rêverie – ce rondo cherchant à faire ressentir l'état de « grâce » (de « légèreté de l'être ») éprouvé lors d'un amour partagé.

SOURCES

Des esquisses se trouvent dans le *Skizzenbuch Landsberg 11* (à Cracovie).

Des esquisses pour le n° 1 et le n° 2 se trouvent à Washington et à Paris.

Beethoven conserva les manuscrits (ils ont été retrouvés dans ses affaires après sa mort) – ils sont différents de l'édition originale ce qui permet de supposer qu'il a retravaillé les copies envoyées à l'éditeur. Ces manuscrits sont à Paris.

Le manuscrit autographe de la première version de *Wonne der Wehmut* est à Weimar, celui de la seconde version qui comprend beaucoup de corrections est à Bonn; il porte une mention manuscrite : « 3 Gesänge 1810 / Poesie von Göthe / in Musik gesezt / von / Ludwig Van Beethowen ».

PUBLICATION

L'édition originale fut assurée à Leipzig par Breitkopf & Härtel en octobre 1811 :

« DREY GESAENGE / von Göthe / mit Begleitung des Pianoforte / in Musik gesetzt / und / Ihrer Durchlaucht / der Frau Fürstin von Kinsky, geb. Gräfin v. Kerpen / zugeeignet / von / Ludwig v. Beethoven, / 83tes Werk. Eigenthum der Verleger [...] »

Un exemplaire dédicacé de l'édition originale offert à Antonia Brentano, au printemps 1812, se trouve à Bonn :

« Meiner trefflichen Freundin / der Frau Toni Brentano / Gebohrne edle von Birkenstock / vom Verfasser. » [« À mon excellente amie, Madame Toni Brentano, née noble von Birkenstock, de la part du compositeur ».]

Ces trois Lieder furent publiés à Vienne en 1816 dans le troisième cahier de la collection de chants allemands et italiens (Sammlung deutscher und italiänischer Gesänge) vendu par J. Riedl.

DÉDICATAIRE

Carolina Maria Freiin v. Kerpen (4 mars 1782-2 novembre 1841), épousa le prince Ferdinand Kinsky (1781-3 XI 1812), le 8 juin 1801 (elle fut veuve le 3 novembre 1812). Par la dédicace d'œuvres pour piano et chant, il rendait hommage à la femme d'un de ses mécènes qui contribuait, elle aussi, à la rente qu'il devait percevoir à partir de mars 1809.

Voir *Op. 75*.

L'ŒUVRE VUE PAR SES CONTEMPORAINS

La *Zeitung für die elegante Welt* Jg 10, 1810 (col. 395), disait son admiration pour un compositeur capable de mettre en musique un poème aussi simple et intérieur que *Sehnsucht* de Goethe. L'auteur de l'article signalait la profondeur d'expression de la dernière mélodie qui devait plaire le plus.

CORRESPONDANCE

Le 2 juillet 1810 [2., 451], Beethoven annonçait à Breitkopf & Härtel le contenu du deuxième envoi promis, avec des œuvres à faire paraître le 1er novembre 1810 : « besteht aus einem Conzert in *Es*, der Fantasie mit gantzem Orchester und Chören – aus 3 Arietten ».

Le 21 août 1810 [2., 465, p. 150], il informait B&H qu'il ne lui enverrait les « 3 Gesänge » que quand l'éditeur lui aurait rappelé le nom de ceux qui étaient en sa possession.

Le 23 septembre 1810 [2., 468], il annonçait à B&H qu'il ne lui adresserait les « Gesänge » promis dans le deuxième envoi que quand il saurait ceux qui avaient déjà été envoyés.

Le 24 septembre 1810 [2., 469], B&H pensait que les œuvres promises pour les « Op. 81-83 » étaient en route, mais qu'il n'avait pas reçu de dédicaces pour ces œuvres.

Le 15 octobre 1810 [2., 474], Beethoven assurait B&H que les *op. 81-83*, allaient partir avec le prochain courrier. Mais le 11 novembre 1810 [2., 477], B&H n'avait toujours rien reçu, ce qui dérangeait ses plans de publication. Beethoven lui fit expédier les « 3 Gesänge » dans la première moitié de janvier 1811 [2., 482, 484].

Le 12 avril 1811 [2., 492], il indiquait à B&H qu'il dédiait les « 3 Lieder » et aussi les « *italienischen* » à la princesse Kinsky.

Le 6 mai 1811 [2., 496], il signalait à B&H les fautes d'édition et spécifiait : « Les trois ariettes allemandes seront à nouveau dédiées à la princesse *Kinsky*. »

Le 2 août 1811 [2., 517], B&H réclamait la réexpédition des épreuves de l'*op. 83* et de l'*op. 85*. Beethoven lui répondait le 23 août 1811 [2., 519] qu'il était en train de les corriger.

Le 28 janvier 1812 [2., 545], il demandait à B&H si les « 3 Gesänge von Göthe » étaient gravés (ils furent publiés en octobre 1811), car il voulait offrir un exemplaire à la princesse Kinsky, « une des plus charmantes parmi les grosses femmes de Vienne » (« einer der hübschsten Dicksten Frauen in Vien »).

Le 8 février 1812 [2., 551], B&H annonçait à Beethoven que les « drei Gesänge » étaient sortis et trouvait déplorable la vente à Vienne.

Le 28 février 1812 [2., 555], Beethoven lui demandait que les « 3 Lieder von Göthe » lui soient envoyés immédiatement.

Le 4 avril 1812 [2., 570], il réclamait à B&H les « 3 Lieder von Göthe und mir, der Fürstin Kinsky gewidmet », le plus vite possible et sur le plus beau papier possible. B&H se plia à cette exigence le 4 avril 1812 [2., 572].

Le 17 juillet 1812 de Teplitz [2., 586], Beethoven lui demandait d'expédier plusieurs œuvres à Amelie Sebald à Berlin, dont les *Göthens Gesänge op. 75 et 83*.

WoO 59
« Pour Elise »
Klavierstück en *la* mineur

Poco moto, 3/8, la *mineur – 103 mes.*

TEMPS DE LA COMPOSITION

Avril 1810.

CONTEXTE BIOGRAPHIQUE

Beethoven a repris une mélodie qu'il avait trouvée en 1808 pendant qu'il composait la *Symphonie Pastorale*, comme thème de cette petite pièce pour piano qu'il a offerte, vraisemblablement, à Therese Malfatti le 27 avril 1810, au moment où il se préoccupait de son apprentissage musical et pianistique. Il avait rencontré cette jeune fille, plus jeune que lui de 22 ans (elle était née en 1792), peu de temps auparavant (il avait été présenté à la famille par son ami Gleichenstein au début du printemps 1810). Épris d'elle[1], il lui conseilla [2., 442, fin mai 1810] aussi bien des lectures (Shakespeare dans la traduction de Schlegel, *Wilhelm Meister* de Goethe) que des morceaux de piano à travailler – peut-être même lui a-t-il écrit des exercices, dont cette petite composition qui met en valeur la tonalité de *la* mineur dans une forme rondo très simple – les arpèges établissant une référence implicite au premier Prélude du *Clavier bien tempéré* de Bach, œuvre didactique par excellence, avec laquelle Beethoven s'était familiarisé dès son plus jeune âge.

Douze ans plus tard, au moment où Beethoven composait de nouvelles *Bagatelles* (*op. 119*), il reprit le brouillon qui lui restait de cette petite composition (il ne disposait plus du manuscrit) avec l'intention de l'intégrer comme « n° 12 » dans un ensemble de bagatelles – revoyant sa partition, il en précisa le caractère, *molto grazioso*, et retoucha quelques passages (sans modifier l'organisation d'ensemble), mais n'eut pas l'occasion d'élaborer une seconde version définitive, car les projets d'édition échouèrent[2].

Présentation de l'œuvre

Cette petite œuvre est de forme rondo ABACA. Le thème et les « couplets » mettent en valeur la tonalité de *la* mineur. Le thème joue sur des arpèges de *la* mineur entraînés par un petit motif qui tourne sur lui-même. Le premier « couplet » commence en *fa* majeur et installe quatre mesures en *ut* majeur, le second s'organise autour de tensions harmoniques sur une pédale de *la* avant de retrouver le thème par une descente chromatique sur deux mesures de triolets.

Sources

Une première esquisse de la mélodie se trouve parmi les esquisses de la *Symphonie Pastorale*, elle daterait donc du printemps 1808 (à Berlin, *Sizzenbuch Lansberg* 10, p. 149).

Des esquisses assez élaborées se trouvent sur les pages 1 et 4 d'une double feuille (à Bonn[3]) comportant d'autres esquisses et datant du printemps 1810[4] : « n° 12 » est inscrit en tête de la page 1 (elle fut retrouvée, en 1827, parmi d'autres œuvres d'époques variées et numérotées par Beethoven, dans une enveloppe intitulée « Bagatelles »[5]).

Le manuscrit autographe retrouvé par Ludwig Nohl est perdu depuis; il portait la mention (selon les indications de Nohl) : « Für Elise am 27. April zur Erinnerung von L. v. Bthv » (« Elise » est peut-être une mauvaise lecture, certains penchent pour « Therese ») – il était en possession de Therese von Drosdick, née Malfatti qui en avait fait cadeau à une amie de Munich.

Publication

En 1867, Ludwig Nohl publia la partition de la « petite composition pour piano » au milieu d'un ensemble de lettres à Ignaz von Gleichenstein, « Neue Briefe Beethovens », comme n° 33 (p. 28-33).

En 1870, une édition fut assurée à Leipzig par l'éditeur C.F. Kahnt.

En 1888, cette composition fut publiée dans le Supplément de la GA (« Kleinere Stücke für das Pianoforte »).

---

1. Il eut un moment l'espoir de pouvoir se marier avec elle (cf. sa lettre [2., 439] du 2 mai 1810 dans laquelle il demande un extrait de naissance à son ami Wegeler). Elle épousa en 1816 Johann Wilhelm Freiherr von Drosdick.

2. En 1823, Peters refusa les Bagatelles.

3. Fac-similé et étude critique de ce Klavierstück, publiés par Sieghard Brandenburg, Beethoven-Haus Bonn 2002, *Für Elise*. Cf. Nottebohm (II, 526) qui a étudié ces esquisses dans « Eine Bagatelle in A-moll ».

4. Sur cette double feuille d'esquisses utilisée au printemps 1810 Beethoven, en page 2, a noté une réflexion pour *Egmont op. 84* : « Der Tod könnte ausgedrückt werden durch Pause », et en page 4 : « indem der vorhang aufgezogen wird [,] wird gleich wieder angefangen ». Sur les pages 2 à 4 se trouvent des esquisses pour la *Marche militaire* en *fa* majeur *WoO 19*, dont l'autographe est daté du 3 juin 1810.

Ces esquisses témoignent d'un stade avancé de l'écriture, proche de la partition : Beethoven a certainement mis au propre le manuscrit à partir de cette ébauche (brouillon) en 1810.

5. S. Brandenburg in « Zur Ästhetik der musikalischen Miniatur », dans sa présentation des *Facsimile* des *Bagatelles op. 126*, Beethoven-Haus, 1984, p. 53, pense que cette Bagatelle retravaillée en 1822/23 n'aurait pas eu la même allure que dans sa version de 1810.

Thomson, premier envoi
Airs « écossais »

Arrangements de 53 Airs (24 Gallois : WoO 155*; 28 Irlandais :* WoO 152 et 153*; et un écossais)*

Temps de la composition

Première moitié de l'année 1810.

Ces 53 arrangements de mélodies[1] (sans texte) furent effectués en 1810, à la suite d'une commande de Thomson arrivée en septembre 1809, acceptée par Beethoven en novembre 1809 et expédiée en juillet 1810.

Lors du premier envoi, le 17 VII 1810, il expédia 43 + 10 compositions.

Le deuxième envoi du 20 VII 1811 est une reprise du premier (qui avait été perdu).

Contexte biographique

La collaboration de Beethoven avec Thomson dans le but d'harmoniser des « airs nationaux écossais » ne s'est mise en place que progressivement, et elle ne s'étend que sur la période 1809-1820[2]. Les deux hommes ne se sont jamais rencontrés.

George Thomson (1757-1851) travailla durant 53 ans au « Board of Trustees for the Encouragement of Art and Manufactures in Scotland », et, étant très mélomane (il jouait du violoncelle), son hobby fut de collectionner et d'éditer les « airs nationaux » qu'il faisait harmoniser par des compositeurs contemporains, tels Haydn, Kozeluh, Pleyel, Hummel, Beethoven. Thomson fut très représentatif d'une pratique écossaise existant depuis le XVIIe siècle, qui consistait à embellir et à « faire vivre » les « airs nationaux » en les arrangeant et en leur adjoignant des paroles nouvelles (souvent de grands poètes) pour qu'ils puissent être chantés dans l'intimité familiale ou dans un cercle d'amis amateurs de musique, attachés à leur pays. Très souvent ces « airs nationaux » étaient accompagnés de commentaires sur leur provenance, leur sens, sur le choix des paroles. Ainsi, Thomson, – et il fut un des derniers, ce qui explique l'échec commercial de son entreprise, le public se lassant – se voua avec passion à une collection qui ne ressemblait en rien à la recherche des chants populaires, véritable conservation d'un patrimoine culturel, qui avait commencé dans les pays germaniques (parallèlement aux frères Grimm qui rassemblaient les contes), puisque chacun pouvait contribuer à la fabrication d'airs nationaux, en inventant des mélodies et des textes – aussi, quand Beethoven conféra à Thomson la fonction de « Marchand de musique », faisant inscrire son adresse en ces termes : « M^r. George Thomson merchant in the musical line Edinburgh Scotland » [3., 784, février 1815], Thomson lui fit cette requête : « Ne me qualifiez pas « Marchand de musique » Je suis *Amateur*, et je ne vends que mes Airs nationaux, ce que je fais *en gros* » [3., 792, 20 mars 1815].

Les premières relations entre Thomson et Beethoven commencèrent par une lettre de l'éditeur, datée du 20 juillet 1803 [1., 149] : il lui demandait s'il acceptait, et dans quelles conditions, de composer six sonates à partir d'airs écossais. Trois ans plus tard, le 1er juillet 1806 [1., 253], Thomson lui commandait six Trios et six Quintettes, qui devaient être écrits dans un style facile, et, si possible, en intégrant une flûte ; il lui demandait également s'il était prêt à arranger des airs écossais. Beethoven répondait favorablement, quelques mois plus tard (le 1er novembre 1806 [1., 259], après son séjour en Silésie, d'août à septembre 1806, qui se termina par une dispute avec le prince Karl von Lichnowsky, ce qui pouvait lui faire craindre la perte d'un mécène) : il posait ses conditions de manière très commerciale (soulignant que composer des œuvres faciles n'allait pas de soi pour lui) et réclamait un contrat stipulant le montant des honoraires et les modalités de publication sur le continent, ajoutant en post-scriptum qu'il acceptait également « d'harmoniser les petits airs écossais », « sachant bien qu'on a donné à Mr Haydn un £ argent de la grande Bretagne pour chaque air. » À la suite de cette acceptation, Thomson expédia, en juin 1807, 21 mélodies qui se sont sans doute perdues, si

1. La liste des 53, en fonction de leur regroupement, se trouve dans *Briefe* [2., 457], note 1 p. 142 (version KH) et dans le *Krisicher Bericht, Abteilung XI, NGA*, Henle, 1999, p. 30.

2. Petra Weber-Bockholdt, éditrice des « Airs nationaux » harmonisés par Beethoven dans la NGA, consacre le début de sa préface du premier volume (Abteilung XI, Band 1., automne 1998) à la présentation de Thomson, et à la tradition écossaise d'harmonisation des « airs nationaux » (« Thomson – die Tradition schottischer Liedsammlungen », pp. XI-XIII).

bien qu'il fut contraint de les réexpédier en septembre 1809 parmi un ensemble de 43 mélodies. Ce fut le début d'une collaboration qui s'étendit sur une dizaine d'années – Beethoven harmonisa environ 170 « airs nationaux », effectuant quinze envois [1], s'efforçant de répondre au mieux aux exigences de Thomson, qui lui fournissait un véritable cahier des charges, et lui renvoya plusieurs fois des harmonisation pour les simplifier, prétendant qu'elles ne correspondaient pas au « goût national », étant trop difficiles.

Beethoven accepta de se plier aux exigences de Thomson (non sans exaspération comme en témoigne une lettre du 25 mai 1819 [2]) pour des raisons financières tout autant que pour des raisons de notoriété. Étonné de ne pas disposer des textes correspondant aux mélodies, Beethoven, qui les réclama à plusieurs reprises [3], finit par être convaincu par l'explication lapidaire de Thomson (qui résumait la tradition écossaise en quelques mots : les paroles sont encore dans la tête des poètes [2., 605, 21 décembre 1812]) et se réjouit que les poètes soient contraints de s'adapter à la musique [2., 623, 19 février 1813] – son souci des textes ne fut plus qu'en rapport avec ses préoccupations éditoriales : pour avoir une chance de faire éditer ces Lieder « écossais » (terme générique utilisé à cette époque) sur le continent, il fallait les textes anglais et leur traduction en allemand.

En attendant une publication éventuelle, la conséquence de cette pratique écossaise fut que Beethoven harmonisa les mélodies envoyées par Thomson uniquement en fonction de la « logique » musicale que lui semblait imposer leur seule structure (tempo et métrique, tonalité, ligne rythmique et mélodique) : il a composé introduction, accompagnement du piano, du violon (puis de la flûte à partir de 1818) et du violoncelle, et conclusion avec une grande subtilité dans l'intervention des différents instruments, et beaucoup d'invention dans la conduite du discours refusant le plus souvent les tournures d'écriture conventionnelles. Ce traitement varié et surprenant des différentes mélodies montre que Beethoven finit par trouver un réel intérêt à ce travail qu'il avait d'abord considéré comme alimentaire, ce dont témoignent les feuilles d'esquisses [4] – plus que ne le prouve l'expression « con amore » qu'il emploie dans ses lettres à Thomson pour qualifier sa façon de composer, expression (certes adaptée aux relations commerciales) qui trahit aussi, avec humour et distance, une sorte de saturation, dans la mesure où un grand nombre de ces airs ont un tempo caractérisé de *amoroso*…

L'intérêt de Beethoven pour les « airs nationaux », qu'il confondait avec des « chants populaires », ne se limite pas à ce travail d'harmonisation des mélodies envoyées ou commandées par Thomson, puisqu'il a utilisé des thèmes russes et autres thèmes populaires (que les exégètes s'efforcent de repérer) dans plusieurs de ses grandes œuvres, l'essentiel pour lui résidant dans le travail de composition, d'harmonisation et non dans l'élaboration d'une mélodie (son matériau de base se situait plutôt dans une idée abstraite, une impulsion, une intonation, une question, une injonction, et se condensait dans un motif,

1. Liste des envois de Beethoven à Thomson :
1. Le 17 juillet 1810 : 43 + 10 (perdu)
2. Le 20 juillet 1811 : même envoi
3. Le 29 février 1812 : 9 compositions
4. Le 19 février 1813 : 9 nouvelles versions et 21 compositions
5. Le 10 juin 1815 : 15 compositions
6. Le 4 novembre 1815 : 3 compositions
7. Le 2 mai 1816 : 6 compositions et 18 arrangements d'airs qu'il trouva sur le continent
8. Le 18 janvier 1817 : 7 compositions et 4 airs continentaux
9. Le 15 février 1817 : 10 compositions et 2 airs continentaux
10. Le 21 février 1818 : 3 compositions et 3 nouvelles versions pour deux airs
11. Le 18 novembre 1818 : 8 compositions
12. Le 20 février 1819 : une composition
13. Le 25 mai [?] 1819 : 4 compositions et les parties de flûte des 25 Schottische [op. 108]
14. Le 14 juin 1820 : 2 compositions
15. Après le 14 juin 1820 : l'ajout de deux voix à un air déjà harmonisés par Haydn [22 Sch 22].

2. « vous ecrivés toujours facile très facile – je m'accomode tout mon possible, mais – mais – mais – l'honorare pourroit pourtant être plus *difficile* ou plutôt pesant !!!!! » [4., 1303].

3. Le 23 novembre 1809 [2., 409], le 17 juillet 1810 [2., 457] (il veut les paroles pour faire publier les airs sur le continent), le 20 juillet 1811 [2., 515] et le 29 février 1812 [2., 556].

4. Comme le met en évidence Petra Weber-Bockholdt dans sa présentation critique de la *NGA, Abteilung XI, Band 1, Kritischer Bericht*, G. Henle Verlag, 1999.

dans une cellule rythmique ou dans un simple intervalle).

Présentation des œuvres

Voir p. 833-844.

Sources

La plupart des manuscrits de Beethoven ont disparu (perdus lors de leur voyage postal).

Beethoven envoya à Édimbourg son manuscrit et au moins une copie (si ce n'est deux comme il l'affirma) par des voies postales différentes : le manuscrit fut perdu au cours du voyage et la copie n'atteint son destinataire que deux ans après. En 1811, pour remplacer la copie qui n'était pas encore arrivée, Beethoven fit alors établir une nouvelle copie, à partir de celle qu'il avait donnée à l'archiduc Rodolphe (en 1810). Cette copie (à Berlin aujourd'hui) arriva à Édimbourg après celle envoyée en 1810 (à Darmstadt aujourd'hui) – elle porte cette remarque inscrite par Beethoven en français sur la page de titre : « Cet Exemplaire est aussi bon où vale le Manuscrit de Beethoven, puisque il a bien corrigé, et c'est par là qu'il est meilleure que les trois autres exemplaire déjà envoyées ».

Il existe une troisième copie qu'il n'a pas corrigée.

Publication

Tous les arrangements n'ont pas été publiés par Thomson.

Ceux qui ont été publiés l'ont été dans plusieurs volumes :

Vol. 1 : *Original Irish Airs* I, annoncé en 1814, paru le 10 mars 1815

Vol. 2 : *Original Irish Airs* II, paru en mai 1816

Vol. 3 : *Welsh Airs* III, paru en juin 1817 (*Walisische Lieder, WoO 155,* 24 des 26 publiés proviennent de ce premier envoi à Thomson)

Correspondance

Le 1er juillet 1806 [1., 253], Thomson évoquait la possibilité de lui commander des Lieder.

Le 1er novembre 1806 [1., 259], Beethoven terminait sa réponse à Thomson (en français) par : « *P.S.* Je veux encore satisfaire à votre souhait d'harmoniser les petits airs écossais, et j'attends la dessus une proposition plus précise, sachant bien qu'on a donné à Mr Haydn un £ argent de la grande Bretagne pour chaque air. » (En juin 1807, Thomson envoyait 21 mélodies que se perdirent en route.)

Le 25 septembre 1809 [2., 401], Thomson lui écrivait : « Monsieur,/ Ci-inclus je vous envoye 43 petits Airs, pour lesquels je vous prie de composer aussitôt que possible des Ritornelles et des Accompagnemens pour le Piano-forte ou la Harpe pedale, comme aussi pour le Violin et le Violoncello. Les 21 premiers de ces Airs ont été envoyés, il y a prés de trois ans mais j'ignore encore, si vous les avez recu ; c'est pourquoi je vous envoye une copie *correcte*, dans l'esperance que vous y composerez des Ritornelles & des Accompagnemens, si vous ne les avez déjà composés. » Thomson proposait 100 ducats de Vienne ou Cinquante livres Sterling, et même plus, si Beethoven les lui expédiait d'ici trois mois ; et il demandait deux ou trois copies envoyées par des chemins différents. Puis il commandait « Trois Quintettos concertantes » spécifiant : « Cet offre est fait plutôt pour complaire à mon gout et à ma prédilection pour votre Musique que dans l'esperance de profiter par la publication ». À la fin de sa lettre, il revenait sur sa commande : « je vous supplie avec instance de ne plus differer de composer dans votre style charmant les Ritornelles et les Accompagnemens pour les Airs », mettant l'accent sur l'exigence de simplicité par ce que, écrivait-il : « nos jeunes demoiselles en chantant nos Airs nationaux n'aiment pas et ne savent guère executer un Accompagnement difficile. »

Le 23 nov. 1809 [2., 409], Beethoven acceptait de composer des « Ritornells pour les 43 petits airs », demandant « 10 livres sterling ou 20 ducats de Vienne en Especes », en plus, spécifiant : « ainsi au lieu de cinquante livres sterling ou cent ducats de vienne en Especes, je demande 60 livres sterling ou 120 ducats de Vienne en especes – cette travail est outre cela une chose, qui ne fait pas grand plaisir à l'artiste, mais pourtant je serai toujours prêt, de vous en Consentir, sachant qu'il y a quelque chose utile pour le commerce » – il ajoutait que l'offre pour les « quintuors et les trois Sonates » était insuffisante. Après avoir discuté les conditions de publication des œuvres qu'il enverrait, Beethoven ajoutait : « enfin soyes assurés Monsieur que vous traites avec un vrai Artiste qui aime d'être honorablement payé, mais qui pourtant aime encore plus sa gloire et aussi la gloire de l'art – et qui n'est jamais content de soi même, et se tache d'aller toujours plus loin et de faire de progrès encore plus grands dans son art – quant aux chansons je les ai déjà commencé et je donnera envers huit jours à Fries» (banquier, auquel Beethoven remit les airs en juillet 1810 [2., 457]). Après avoir signé sa lettre, il ajoutait : «une autre fois je vous prie aussi de m'envoyer les paroles des chansons, comme il est bien nesessaire, pour donner la vrai expression – ».

Le 10 février 1810 [lettre perdue, 2., 426], Thomson acceptait les conditions et expédiait en plus dix mélodies irlandaises, proposant 150 ducats pour l'ensemble des 53 airs. [les dix airs sont les mélodies irlandaises *WoO 152* n° 1, 7, 8, 15, 20, 23, et 27 (in KH *WoO 153* n° 2) et *WoO 153* Ir II 30, 49 (in KH, *WoO 153* n° 5, 15) et KH, *WoO 158*, seconde partie, n° 7]. Thomson s'informait du prix que Beethoven demanderait pour douze chants sur texte anglais, dont il envoyait trois textes : «La Bataille de Hohenlinden» / « On Linden when the sun was low» / Les adieux d'un amant à sa charmante Maitresse / « Once more enchanting Girl, adieu» / L'heureuse Bergère d'Italie / « Dear is my little native vale».

Le 17 juillet 1810 [2., 457], Beethoven envoyait les 53 «airs écossais», qu'il disait avoir composé «la plus grande partie *con amore*, Voulant donner une marque de mon éstime à la nation écossoise et angloise, en cultivant leurs chants nationaux». Il signalait que ne sachant pas s'il y avait plusieurs couplets, il avait fait en sorte que les répétitions soient possibles, ajoutant : «je voudrois bien avoir les paroles de ces airs écossaisais, pour en faire usage en allemagne dès que vous les aures publiés en Ecosse – vous pourries même me les faire parvenir des à present», «je vous prirois de m'envoyer les paroles notées sur la simple melodie.» Il spécifiait qu'il avait touché les 150 ducats chez le banquier Fries.

Le 17 septembre 1810 [2., 466], Thomson réclamait les 53 arrangements, qui n'étaient toujours pas arrivés [seule une copie envoyée en 1810 finit par parvenir à Édimbourg – et ce n'est que le 5 août 1812 [2., 590] que Thomson accusa réception de l'envoi – comme le premier envoi de 1810 (trois exemplaires dont l'autographe, selon Beethoven, qui n'a sans doute envoyé que deux exemplaires, n'ayant pas corrigé la troisième copie) fut considéré comme perdu [20/7/1811 – lettre 2., 514 et 515], Beethoven expédia en juillet 1811 une nouvelle copie établie à partir de celle qu'il avait donnée à l'archiduc Rodolphe. Dans cette lettre de septembre 1810, Thomson envoyait également deux textes anglais à mettre en musique : *Au matin de Mai* / « Now the bright morning star» et *Chant de Norman*/ « The heath this night must be my bed».

Le 20 juillet 1811 [2., 515], Beethoven envoyait à Thomson une nouvelle copie des 53 arrangements et expliquait comment comprendre les indications de reprises qu'il avait portées sur les partitions : «À l'egard de ces cinquante trois chansons ecorsaises, il est a observer que j'ai donné dans ma composition à peuprès à chaque chansons deux parties croyant que chaque chanson consistoit en deux parties; mais il dépendra de Vous de Vous en servir ou non; il est *ad libitum.* / Il sera superflu de Vous parler» des signes de da capo – Beethoven développait alors ce qu'il avait prévu en cas de reprise, puis il demandait : «Je Vous prie d'ajouter dans l'avenir toujours le texte; sans cela est hors d'etat de satisfaire aux pretentions des connoisseurs et de composer un accompagnement digne d'une bonne poesie.»

Le 5 août 1812 [2., 590], Thomson lui écrivait : «Je viens enfin de recevoir un des pacquets depuis si long tems attendus, qui est parvenu par la voye de Malte. Il contient 53 Airs Écossois, Gallois et Irlandois, avec vos Ritornelles et Accompagnemens, que j'ai entendu executer avec la plus grande admiration : ils sont tous dignes des plus grand applaudissemens. Comme vous voudriez peutetre que je vous indiquasse ceux qui serront le plus goutés ici, permettez moi de vous dire que les N°s 1_x, 3_x, 10_x. 11_x. 12_x. 13. 22_x. 23. 25. 29_x. 30. 31. 36. 38. 39. 42. 50. 51_x. seront probablement les plus favoris; parcequ'en general ils sont les plus simples, et le plus aisés a executer sur le Piano Forte, et en même tems il n'y en a aucun qui ne soit marquè du coin du genie, de la science et du goût. […]». Thomson appréciait particulièrement les «petites *conversations* delicieuses entre le violon et le violoncelle dans ceux» marqués d'un $_x$. Il demandait toutefois à Beethoven de refaire Ritournelles et Accompagnements pour deux (n° 37 et n° 43), et les seules Ritournelles pour quatre (n° 4, n° 28, n° 44 ou 1, n° 52 ou 9), car ils étaient trop difficiles : il commentait et indiquait ce qu'il voulait pour ces différents airs. Il signalait que « Votre grand predecesseur Haydn » acceptait facilement de refaire ce qu'il lui demandait « petites sacrifices au gout de ceux à qui il est destinè ». Il indiquait alors ce qui dans chacun des airs ne pouvait pas convenir au « goût national » des Anglais.

Thomson lui envoyait également 9 airs de plus, que les 9 airs envoyés en fin 1811.

Opus 95
Onzième Quatuor à cordes en *fa* mineur

Allegro con brio, **C**, fa *mineur – 151 mes.*
Allegretto ma non troppo, 2/4, ré *majeur – 192 mes.*
Allegro assai vivace ma serioso, 3/4, fa *mineur – 206 mes.*
Larghetto espressivo, 2/4, fa *mineur (7 mes.) / Allegretto agitato, 6/8,* fa *mineur (125 mes.) / Allegro,* ¢, fa *majeur (43 mes.) – 175 mes.*

TEMPS DE LA COMPOSITION ET PREMIÈRE EXÉCUTION

Il est difficile à établir de manière certaine. Le *Quatuor* a été esquissé au début de l'été 1810, après l'achèvement de la musique de scène pour *Egmont*. Beethoven a dû y travailler jusqu'au cours de la première moitié de 1811. La partition a été retravaillée sans doute en vue de l'exécution du Quatuor en mai 1814 ; elle fut encore modifiée au moment de la gravure en 1815/1816.

Il fut joué pour la première fois en mai 1814 dans le cadre des concerts en matinée organisés par le quatuor Schuppanzigh au Prater à Vienne.

CONTEXTE BIOGRAPHIQUE

Ce *Quatuor*, que Beethoven désigna lui-même de « Quartett [o] serioso » sur son manuscrit (de 1814), et de « Serious Quartetto » dans un lettre à Sir George Smart (au moment où il cherchait à le faire publier en Angleterre en 1815), fut commencé juste après *Egmont*, et il est en *fa* mineur comme l'*Ouverture d'Egmont* et comme le premier Lied de Klärchen, *Die Trommel gerühret*. Beethoven envisagea donc de composer ce *Quatuor* alors qu'il venait de vivre intensément le drame d'Egmont (ce « magnifique Egmont » qu'il avait « profondément ressenti » à travers Goethe), et cela juste avant un moment douloureux de sa vie sentimentale : l'évanouissement de ses espoirs de mariage avec Therese Malfatti (Josephine s'était remariée en 1810, tandis que Bettina Brentano, qu'il venait de rencontrer en mai 1810, allait se marier...). Une lettre du début juin 1810 [2., 445] à son ami Ignaz von Gleichenstein, qui l'avait introduit chez les Malfatti et qui allait épouser la sœur de Therese, permet d'entrevoir la profondeur du désespoir de Beethoven :

« La nouvelle que tu me donnes m'a précipité des régions de la plus haute extase dans une chute profonde. [...]. Je ne peux donc chercher un point d'appui qu'au plus profond, au plus intime de mon être ; ainsi, à l'extérieur il n'y en a absolument aucun pour moi, non rien que des blessures pour moi dans l'amitié et dans les sentiments du même genre. – Qu'il en soit ainsi pour toi, pauvre B., il n'y a pour toi aucun bonheur de l'extérieur, c'est toi qui dois te créer tout en toi-même ; seulement dans le monde idéal tu trouveras des amis. – Je te prie de me rassurer, ai-je moi même démérité hier ? ou si tu ne peux le faire, alors dis-moi la vérité, je l'entends aussi volontiers que je la dis, – maintenant il est encore temps, encore les vérités peuvent me servir – ».

Ces dispositions émotionnelles l'incitèrent à s'aventurer dans une écriture en rupture avec l'attente du public : le terme de *serioso* qu'il ajouta à la désignation du tempo de ce qui correspond Scherzo, Allegro assai vivace ma serioso (par un véritable oxymore, le scherzo, signifiant plaisanterie, étant l'inverse du sérieux) indique parfaitement son intention qui n'a rien à voir avec le « divertissant » (inutile de compter sur lui pour écrire le genre de quatuor « brillant », en style « concertant » à la mode alors à Vienne) – la recherche de la vérité ne pouvait être portée que par une écriture nouvelle et rigoureuse qui imposerait une attitude d'écoute sérieuse, concentrée.

Beethoven choisissait de se confronter à la « vérité » même si la diffusion de son œuvre devait en souffrir. De fait, ce *Quatuor* ne fut publié à Vienne qu'en 1816, après révision de la partition au cours de l'année 1814 (alors qu'il réécrivait son opéra *Fidelio*, ainsi que le Lied *An die Hoffnung*). Il était très conscient de son choix, puisque, alors qu'il tentait de faire éditer plusieurs de ses œuvres en Angleterre[1], il conseilla à George Smart, dans une lettre du 7 octobre 1816 [3., 983], de ne pas faire jouer ce *Quatuor* en public, car il était écrit seulement pour quelques connaisseurs – ce qui était une façon de reconnaître la haute élaboration de son écriture et la difficulté de sa réception.

En fait, par ce *Quatuor*, écrit à un moment tournant de sa vie, Beethoven, toujours en quête de renouvellement, remettait en question ce qui, depuis une dizaine d'années, avait été la nouveauté de son écriture, c'est-à-dire l'élargissement des formes et l'importance du développement, pour rechercher la concentration, l'efficacité expressive avec un déploiement restreint de moyens – comme il venait de le faire dans la musique de scène d'*Egmont*.

En dédiant cette œuvre à son ami Zmeskall, œuvre dont il datait la composition d'« octobre 1810 », Beethoven voulait peut-être signifier que cet authentique amateur de musique était le modèle même de ces quelques connaisseurs seuls aptes à saisir l'écriture novatrice de ce *Quatuor « serioso »*.

La publication tardive est liée également à sa « politique éditoriale » : Beethoven voulait que ses œuvres paraissent en même temps à Vienne et à Londres, mais il n'a pas trouvé d'éditeur anglais, puis il fut absorbé en 1814 par les commandes de circonstances liées au congrès de Vienne.

PRÉSENTATION DE L'ŒUVRE

Ce *Quatuor* se caractérise par sa concentration, et par la fonction structurelle conférée au contraste abrupt, à l'intérieur de chacun des quatre mouvements comme pour l'ensemble de l'œuvre. Pour obtenir cet effet de contraste, de rupture omniprésente, Beethoven a utilisé un matériau musical minimal (unisson, cellule rythmique impérieuse, attaque marquée, saut d'octave, accord dissonant, etc.) et il a éliminé les transitions entre les différents moments de son discours musical, condensant les répétitions formelles au profit d'une répétition prégnante de courts motifs dans chacun des mouvements, équivalent d'un discours sous-jacent et omniprésent que rien ne peut effacer.

I. Forme sonate sans reprise. Le *Quatuor* commence par un motif à l'unisson auquel l'intensité *forte*, les attaques et la structure rythmique dans le tempo Allegro con brio confèrent une très grande violence (ce motif arrache l'écoute de l'auditeur). Ce motif affirme la tonalité de *fa* mineur par un effet de masse. Il est immédiatement suivi par une texture tendue faite de sauts d'octaves sur un rythme pointé. Après l'exposition du premier ensemble thématique qui insiste sur la répétition du motif initial, sans transition le second ensemble thématique, plus souple et lyrique, établit un nouvel effet de contraste. La conclusion de l'exposition retrouve la violence initiale dans une matière sonore palpitante.

Le développement très court magnifie la violence par ses attaques *fortissimo* ainsi que par la tension harmonique et rythmique entretenue tout au long de ces quelques mesures.

La réexposition écourte le premier thème, tandis que la coda insiste sur l'effet de tension violente en multipliant les *fortissimo* et les *sforzando*, y compris sur les temps faibles, dans une texture très dense qui finit en s'étiolant tout d'un coup.

Le motif initial qui revient 122 fois de manière différente fait figure de point de référence absolu, transcendant le déroulement du mouvement de forme sonate sans reprise.

II. Forme Lied ABA' + coda

Ce mouvement calme, Allegretto ma non troppo, à deux temps, en *ré* majeur, commence par une phrase qui descend de manière régulière et inexorable sur des notes égales jouées par le violoncelle seul *mezza voce*, courte phrase qui sert de point de référence dans ce mouvement constitué d'une première partie en écriture homophone, le chant *mezza voce* se trouvant au premier violon, et d'une seconde partie en écriture fuguée, le sujet étant exposé par l'alto – cette partie fuguée est coupée en deux par la phrase initiale de référence. Cette phrase apparaît à nouveau avant la reprise de la

1. En 1816, Beethoven se préoccupa de faire éditer à Londres plusieurs œuvres, dont ce *Quatuor* : il multiplia les contactes avec George Smart, Charles Neate, Ferdinand Ries [3., 933, 937, mai 1816].

première partie (comme si, selon le modèle d'une chaconne, elle était toujours présente).

Le contraste est porté ici par la juxtaposition de deux types d'écriture, homophone et fuguée, et leur mise en perspective à partir de cette petite phrase *mezza voce* omniprésente.

III. Forme Scherzo en cinq parties : A (2) BAB'A'. Ce troisième mouvement est directement lié au précédent, par un « attaca subito », sans autre transition qu'un point d'orgue sur un accord dissonant (une septième diminuée).

Le tempo de départ est Allegro assai vivace ma serioso, à trois temps, le rythme pointé, la tonalité de *fa* mineur et une mesure de silence se conjuguant pour donner ce caractère « serioso » à ce qui habituellement est un moment de divertissement ou de détente ludique.

Après une reprise de cette première partie Scherzo, un Trio en écriture de choral, en tonalité majeure (*sol* bémol, puis en *ré*), apporte un effet de contraste tel que la répétition de la partie Scherzo n'est pas reprise et laisse place à un nouveau Trio toujours d'écriture de choral (en *ré* majeur), la partie Scherzo Più Allegro terminant l'ensemble de façon abrupte.

Cette organisation formelle en cinq parties joue sur l'interaction des structures au cours du déroulement (la partie Scherzo n'est reprise que la première fois et est plus rapide la dernière fois; la partie Trio est plus courte et de couleur différente à deuxième fois).

IV. Le quatrième mouvement est de forme complexe du fait de la juxtaposition de trois tempos. Ce Finale est introduit par un Larghetto espressivo qui prépare le matériau de l'Allegretto agitato à 6/8 en *fa* mineur, partie centrale de ce mouvement oscillant entre forme sonate et rondo, tensions et répétitions jalonnant la progression du discours; puis, sans transition autre qu'un étiolement de l'intensité jusqu'à un *triple piano*, un Allegro à deux temps en *fa* majeur s'insinue *sempre piano*, les violons devant jouer *molto leggiermento*, avant de s'affirmer par un crescendo et des traits ascendants soulignant la fin de l'œuvre par deux cadences successives[1].

SOURCES

Nottebohm (II, 278-280) a trouvé, dans un cahier datant de 1810, des esquisses de ce *Quatuor* situées entre les dernières esquisses pour *Egmont* et celles pour les deux premiers *Lieder op. 83* sur des poèmes de Goethe. Au milieu des esquisses pour le *Quatuor*, il a relevé une remarque mêlée à un brouillon de lettre à Breitkopf & Härtel : « S'habituer à transcrire toutes les voix comme elles se présentent dans la tête. »

Ces esquisses se trouvent dans le Skizzenbuch Landsberg 11, qui date de la deuxième moitié de 1810 (à Cracovie aujourd'hui). Il existe également des feuilles d'esquisses dispersées dans différentes bibliothèques.

Un manuscrit autographe (à Vienne), datant sans doute de 1814 (d'après le papier utilisé qui est le même que celui de la révision de *Fidelio*) – le manuscrit original de 1810/1811 aurait disparu – comprend cette mention de la main de Beethoven : « Quartett [o] serioso / 1810 / im Monath october / [r. :] Dem Herrn von Zmeskall gewidmet und / geschrieben im Monath october / von seinem Freund / Lv Bthvn ».

PUBLICATION

L'édition originale fut assurée à Vienne en décembre 1816 par S.A.Steiner und Comp. ; le titre est en allemand :

« Eilftes / QUARTETT / für / zwey Violinen, Bratsche und Violoncelle. / Seinem Freunde / dem Herrn Hofsekretär / Nik : Zmeskall von Domanovetz / gewidmet / von / Ludwig van Beethoven. / 95tes Werk / Eigenthum der Verleger [...] »

Il fut édité à Londres par Clementi en 1817, à Paris par Pleyel en 1821.

La première édition en partition date d'août 1835, par André à Offenbach.

DÉDICATAIRE

Nikolaus Zmeskall von Domanovecz (1759-1833) fut un des premiers et des plus fidèles amis de Beethoven à Vienne (c'est sans doute lui qui lui fit rencontrer le prince Lichnowsky dès son arrivée à la fin de l'année 1792). Secrétaire à la Chancellerie royale de

1. Dans des « Remarques » sur le *Quatuor op. 95*, in *Beiträge zu Beethovens Kammermusik, Symposium Bonn 1984*, G. Henle Verlag. München, 1987, pp. 125-134, Reinhard Wiesend (Würzburg) montre que la structure harmonique et métrique particulière de cette fin donne son sens à l'ensemble du Quatuor et à la question de l'élaboration d'une fin de mouvement et d'œuvre.

Hongrie, il fut nommé conseiller aulique en 1816 (Hofrat); retraité en 1825.

Violoncelliste, il faisait de la musique de chambre et il était en relation avec tous les musiciens de Vienne (Haydn lui dédia ses *Six Quatuors op. 20*, écrits en 1772, lors de la réédition chez Artaria en 1800-1801).

Beethoven lui fit envoyer un exemplaire de l'édition originale du *Quatuor op. 95*, avec une lettre datée du 16 décembre 1816 : « Voici, mon cher Zmeskall, ma dédicace amicale, je souhaite qu'elle soit pour vous un cher souvenir de notre longue amitié et que vous l'acceptiez comme une preuve de mon estime, et non que vous la considériez comme la fin d'un fil déjà tissé depuis longtemps (car vous êtes au nombre de mes premiers amis à Vienne). »

Beethoven voulait lui dédier la *Messe op. 86* (cf. lettre à Breitkopf & Härtel, du 15 octobre 1810 [2., 474) qui parut finalement dédiée au prince Kinsky, en octobre 1812.

Il fit cadeau à son ami d'un exemplaire de la partie soliste de la *Fantaisie op. 80* parue en juillet 1811.

Et en automne 1802, Beethoven avait composé pour lui une Plaisanterie musicale, *WoO 101 « Graf, Graf, liebster Graf »*.

CORRESPONDANCE

Fin août-début septembre 1813 [2., 665], Beethoven écrivait à son ami Franz Brunsvik à Ofen qu'il « aurait dû recevoir le *Quatuor* depuis longtemps – seul son désordre était la cause de ce retard ».

Les 16 mars et 19 mars 1815 [3. 790], Beethoven faisait écrire par l'industriel drapier Johann von Häring (1761-1818), en anglais, à Sir George Smart à Londres, pour proposer des œuvres, dont certaines n'étaient pas encore publiées, mais qui avaient eu un grand succès lors de leur exécution, parmi ces œuvres : « Serious Quartetto for 2 Violins, tenor and bass ».

En avril-mai 1815 [3. 804], Beethoven faisait savoir à l'éditeur viennois Pietro Mechetti (chez lequel venait de paraître en mars 1815, la *Polonaise op. 89*, et allait paraître le Lied *WoO 143 Des Kriegers Abschied*) que Schuppanzigh avait fait des promesses sans objet (Beethoven était alors, depuis le 20 mai 1815, en pourparlers avec l'autre éditeur viennois S.A. Steiner qui publia les *op. 72, 91-93, 95-97, 113, 115, 117* et *136*).

Le 20 mai 1815 [3., 807], il demandait à Sigmund Anton Steiner de lui prêter quelques partitions (qu'il lui rendrait le lundi suivant), dont le Quatuor en *fa* mineur, pour les montrer à des étrangers de passage (peut-être l'anglais Charles Neate, à Vienne en mai 1815).

Le 1er juin 1815 [3., 809], il écrivait à son compatriote Johann Peter Salomon qui résidait à Londres pour l'inciter à proposer quelques-unes de ses œuvres aux éditeurs londoniens, dont ce Quatuor.

Le 6 février 1816 [3., 896], il faisait savoir à son ami anglais Charles Neate, qui allait repartir en Angleterre, que le *Quatuor* était copié (ce qu'il fit faire par le copiste Rampel [3., 892], en secret [3., 889]).

Le 4 septembre 1816 [3., 967], il se plaignait auprès de Sigmund Anton Steiner de ne pas avoir encore reçu la « *Partitur* des 4tets » à corriger.

Le 7 octobre 1816 [3., 983], il demandait à George Smart d'intervenir dans la publication des œuvres confiées à Charles Neate, et il spécifiait après une liste d'une dizaine d'œuvres : « N.B. The Quartett is written for a small circle of connoisseurs and is never to be performed in public. » [« le quatuor est écrit pour un petit cercle de connaisseurs et ne doit jamais être exécuté en public. »].

Le 16 décembre 1816 [3., 1014], Beethoven faisait envoyer une édition originale du *Quatuor* à Zmeskall, accompagnée d'une lettre (voir plus haut : Dédicataire).

Peu après le 16 décembre 1816 [3., 1015], il envoyait quelques corrections pour le premier mouvement du *Quatuor* à Zmeskall.

Dans la seconde moitié de décembre 1816 [3., 1023, 1024], il signalait des fautes à l'éditeur Steiner.

WoO 161

Ewig dein (Éternellement à toi)

Canon à trois voix
2/4, ut *majeur – 33 mes.*

TEMPS DE LA COMPOSITION

Sans doute au mois de juin 1810, si ce Canon a été écrit pour la chanteuse qui a tenu le rôle de Klärchen dans la représentation d'*Egmont* le 15 juin 1810 au Burgtheater :

Antonie von Arneths, née Adamberger (ce canon n'a certainement pas été composé, comme le *WoO 165* en 1815, pour le baron Pasqualati [cf. 4., 1317]).

CONTEXTE BIOGRAPHIQUE

Héritier d'une pratique sociale fréquente chez les compositeurs de son époque, Beethoven s'amusa à offrir ce genre de petites compositions contrapuntiques (parfois énigmatiques) à des amis pour les remercier, pour leur adresser des vœux ou pour plaisanter. Il les a notés soit dans des lettres, soit sur la page d'un album, soit sur des feuilles volantes.

PRÉSENTATION DE L'ŒUVRE

Le motif de tête est très simple : il repose sur le rythme de l'expression verbale : longue (noire pointée)-brève (croche) pour « E-wig » / longue (noire-soupir) pour « dein ». Puis le rythme de « E-wig » se diversifie : deux croches, puis noire-croche.

SOURCES

Deux autographes dont l'un est perdu, et l'autre est à Bonn, mais il ne comporte ni date ni indication de destinataire.

PUBLICATION

Dans l'*AMZ*, n° 51 du 16 décembre 1863. Puis dans *Beethoven. Sämtliche Kanons*, Verlag Doblinger, Vienne, Munich, 1970, p. 9.

Fac-similé publié par la Beethoven-Haus, 2004 (site internet).

Opus 97

Trio pour piano, violon et violoncelle en *si* bémol majeur, dit « à l'Archiduc »

Allegro moderato, **C**, *si bémol majeur – 287 mes.*
Scherzo/ Allegro, 3/4, si *bémol majeur – 443 mes.*
Andante cantabile, 3/4, ré *majeur – 194 mes.*
Allegro moderato, 2/4, si *bémol majeur – 410 mes.*

TEMPS DE LA COMPOSITION ET PREMIÈRE EXÉCUTION

Fin 1810-fin mars 1811. Esquissé en fin 1810 après *Egmont* et le *Quatuor* op. 95, ce *Trio op. 97* fut composé en mars 1811, mais ne fut donné à graver qu'au cours de l'été 1815 (Beethoven y fit des retouches).

Il fut joué le 11 avril 1814 lors d'un concert de bienfaisance, avec Beethoven au piano, Linke au violoncelle et Schuppanzigh au violon.

CONTEXTE BIOGRAPHIQUE

La composition de ce *Trio* de grande ampleur, dominé par une volonté d'expressivité calme, suit celle du *Quatuor op. 95 « serioso »* qui se caractérise, au contraire, par une écriture très concentrée qui ne se détend qu'à la fin, ainsi que celle des *Lieder op. 83* sur des poèmes de Goethe. Comme si après la mise à l'épreuve des possibilités d'une écriture concise allant à l'essentiel, Beethoven avait voulu expérimenter, toujours dans le cadre d'œuvres de musique de chambre, l'association du lyrisme et de la grande forme.

Disposant de tout son temps au cours du mois de mars 1811 – l'archiduc Rodolphe auquel il donnait des leçons étant occupé par des festivités –, Beethoven se consacra à la composition de son nouveau *Trio*. Parmi les diverses composantes (inconnues) à l'origine de cette œuvre, l'incitation à choisir une œuvre de musique de chambre avec piano n'est pas sans lien avec l'archiduc Rodolphe, bon pianiste, et également compositeur, amateur de ce genre d'œuvres.

Son *Trio* à peine achevé, Beethoven le proposa à Härtel qui, pour des raisons qui tiennent sans doute à la difficulté de l'œuvre, ne trouva pas opportun de le publier. Mais, avant même de multiplier les démarches auprès d'éditeurs, viennois ou anglais, au cours de l'année 1815, Beethoven éprouva le besoin de faire connaître son *Trio*, outre à l'archiduc Rodolphe dès avril 1811, à ses amis mélomanes les plus proches, Franz Brunsvik ou Marie Erdödy. Et, quand il trouva un éditeur, il n'eut de cesse que son *Trio* soit publié pour en faire cadeau à des amis qui lui apportaient de l'aide, en particulier à Johann Nepomuk Kanka (avocat, pianiste et compositeur vivant à Prague) ou à Zmeskall (auquel il venait de dédier le *Quatuor op. 95*).

PRÉSENTATION DE L'ŒUVRE

Ce *Trio* est de très grande dimension. Le choix d'une extension du mouvement lent met en valeur son caractère placé sous le signe du *dolce*, du *cantabile*, de l'*espressivo* dans un tempo modéré associé à une dynamique rythmique pleine d'allant. La texture est dense, mais souple et cohérente par reprise des motifs en imitation, par traits en mouvements contraires aux différents instruments, par échange, entrecroisement ou fusion des timbres, par longues tenues des cordes entretenues par la volubilité du piano, par épaisseur des accords.

Le déroulement de chacun des mouvements procède par amplification et par déploiement du tissu musical vers des points culminants – les suspensions étant résolues de manière très ferme sans ambiguïté.

Le piano, virtuose, a un rôle dirigeant (Rodolphe, bon pianiste, pouvant assurer la partie de piano).

I. Forme sonate avec reprise. Dans un tempo Allegro moderato à quatre temps, le piano seul énonce le thème *dolce* en *si* bémol majeur, très calme, que les cordes reprennent *cantabile* toujours *dolce*. Le second ensemble thématique, également *dolce*, en *sol* majeur est précédé d'une longue transition qui se termine dans un style de choral. La conclusion de l'exposition est très affirmée par l'enchevêtrement d'un motif entre les différents timbres, culminant sur les trilles du piano.

Un long développement entrelace de courts éléments issus du thème initial (d'abord la tête du thème, puis le court motif ascendant qui suit), avec un passage marqué par l'échange entre les instruments jouant pizzicato pour les cordes, et piqué pour le piano.

La réexposition, toujours *dolce*, est un peu différente et est suivie d'une coda qui reprend le premier thème.

II. Scherzo en cinq parties d'écriture contrapuntique (ABB'A Coda). Le thème du Scherzo commence, Allegro à trois temps en *si* bémol majeur, comme un sujet de fugue fait d'une gamme montante entraînée par une brève cellule rythmique et exposée au violoncelle, le violon énonçant ensuite une sorte de contre-sujet, puis le piano reprenant les éléments qui viennent d'être exposés, tandis que les cordes déroulent une phrase jouée en pizzicato. Après un long échange dominé par la brève cellule rythmique initiale, le Trio en mineur, énoncé également par le violoncelle, apporte une atmosphère mystérieuse produite par l'oscillation chromatique de notes graves égales et conjointes, jusqu'à ce que le piano anime l'ensemble. Après une répétition plus dense et plus courte de cette première partie du Trio, le Scherzo est repris, avant une courte coda qui repose sur la répétition du thème du Trio, l'ensemble du mouvement se terminant par la reprise de la gamme initiale entraînée par le piano vers l'aigu sur deux octaves ascendants.

III. Thème, quatre Variations et Coda. Dans un tempo Andante cantabile ma pero con moto à trois temps en *ré* majeur, le piano *semplice* énonce la première partie du thème, puis il est rejoint par le violoncelle et le violon, *dolce*, l'ensemble du thème mettant en évidence la densité de la texture par l'alternance entre le piano seul et le trio des instruments, la densité de la texture s'accroissant de variation en variation.

La 1ère variation est ouverte par une courte phrase très grave et statique exposée par le violoncelle *sotto voce*, sur un accompagnement ininterrompu du piano fait d'arpèges brisés de triolets de croches.

La 2e variation, constituée de doubles croches, consiste en un échange de courtes interventions entre le violoncelle et le violon *dolce* sur un accompagnement délicat du piano, la texture étant bientôt dominée par un *sempre staccato* aux trois instruments, attaque qui souligne l'aspect discontinu du tissu musical de cette variation.

La 3e variation, constituée de triolets de doubles croches, repose sur un échange d'accords pleins faits de notes répétées entre le piano et les cordes.

La 4e variation, Poco più adagio, est constituée d'arpèges descendants en triples croches continues de la main gauche du piano tandis que la main droite joue un ligne en croches syncopées et que les cordes ont une ligne de chant très étirée.

La coda revient au Tempo I° et au thème initial dont l'extension repose sur des accords très denses, modulants et de faible intensité, faits de triolets de croches au piano se déroulant sans interruption jusqu'à l'effet de suspension finale résolue par un « attaca » qui enchaîne sans césure le dernier mouvement, les cordes jouant *espressivo* et *mezza voce*.

IV. Allegro moderato de forme Rondo. Procédant directement du mouvement lent, le

Finale commence dans un tempo modéré, Allegro moderato à deux temps, en *si* bémol majeur, le piano énonçant le thème auquel les broderies donnent une allure légère, et qui doit être joué *dolce, espressivo* avec une grande virtuosité.

Après trois «refrains», le troisième étant confié au violoncelle, et après trois «couplets» exploitant chacun une cellule rythmique particulière et modulant à la manière d'un développement, ce Rondo se termine par un Presto à 6/8 préparé par un *ritardando* et une modulation. Dans ce Presto final, la vitesse régularise le rythme initial tandis que la partie de piano se réduit à une suite de trilles ininterrompue magnifiant la tonalité de *la* majeur – le retour au *si* bémol majeur étant marqué, toujours au piano, par une succession de croches par trois dans la métrique 6/8, sans interruption jusqu'aux dernières mesures, qui après un *ritardando* s'élancent Più presto pour la cadence finale, le piano enchaînant de large sauts d'intervalles sur une scansion régulière des cordes.

Ce Finale repose sur la virtuosité des instrumentistes et en particulier sur celle du pianiste.

SOURCES

Les esquisses se trouvent à Cracovie Nottebohm (II, 283) a présenté les esquisses du «cahier de 1810» en montrant que celles du *Trio* se trouvaient après celles destinées à *Egmont* et au *Quatuor op. 95*, et au milieu de celles destinées aux *Lieder op. 83* sur des poèmes de Goethe).

Le manuscrit autographe a disparu depuis la fin de la guerre – il portait cette mention de la main de Beethoven : «Trio am 3ten März 1811», «Geendigt am 26ten März 1811» (Il avait envoyé ce manuscrit à l'archiduc Rodolphe pour qu'il le fasse copier, en début avril 1811 [cf. lettre 2., 491]). L'autographe a servi à la gravure puisqu'il portait de la main de Tobias Haslinger : «am 11 juin 1816 / zum Stiche gegeben», «Im Druck erschienen / am 16 July 1816. / bei S : A : Steiner und Comp : in Wie [n]».

La copie établie pour l'archiduc Rodolphe se trouve, incomplète, à Vienne (la partie de piano a été copiée par Wenzel Schlemmer).

Il existe une épreuve de l'édition originale contenant de nombreuses corrections de la main de Beethoven (elle se trouve chez un collectionneur canadien).

PUBLICATION

L'édition originale fut assurée par S.A. Steiner und Comp. à Vienne, en septembre 1816. Le titre est en allemand :

«TRIO / für Piano-Forte, Violin und Violoncello./ Seiner Kaiserl : Hoheit dem durchlauchtigsten Prinzen / RUDOLPH / Erzherzog von [Wappen] Oesterreich &.&.&. / in tiefer Ehrfurcht gewidmet / von / Ludwig VAN Beethoven / 97tes Werk. / Eigenthum der Verleger. / [...]».

Robert Birchall fit paraître ce *Trio* à Londres, le 5 décembre 1816.

DÉDICATAIRE

Archiduc Rodolphe de Hasbourg (voir *op. 58*).

L'ŒUVRE VUE PAR SES CONTEMPORAINS

L'*AMZÖ* Jg.1, 1817 (col. 125-128 et 139-141), publia un article très enthousiaste et élogieux, reposant sur une analyse précise de la partition, le critique viennois insistant sur l'originalité des parcours harmoniques et sur la maîtrise de l'écriture contrapuntique, ainsi que sur les qualités exceptionnelles exigées des interprètes pour obtenir une unité parfaite (être de véritables artistes, savoir faire chanter son instrument pour le violoncelliste, posséder une sûreté de jeu infaillible pour le pianiste).

L'*AMZ* XXV, 1823 (col. 192-194) rappelait que ce *Trio*, véritable offrande destinée à l'archiduc Rodolphe, alors cardinal d'Olmütz, était sans conteste une œuvre admirable – une courte analyse soulignait l'originalité de l'écriture que seuls des interprètes-artistes peuvent restituer.

L'*Allgemeiner Musikalischer Anzeiger* de Vienne Jg.1 en 1829 (p. 186) accumulait les termes pour faire sentir la qualité exceptionnelle de cette œuvre (génie, art, nature, vérité, esprit, originalité, goût, force, feu, imagination, profondeur de sentiment...)

Le 28 décembre 1817 [4., 1207], George Thomson écrivait, en français, à Beethoven : «J'ai procurè votre Trio magnifique pour le piano le violon le violoncelle dans B bèmol. Je n'ai jamais rien vu si charmant et si merveilleux : mais c'est terriblement difficile !»

CORRESPONDANCE

Fin mars 1811 [2., 489], Beethoven annonçait à Rodolphe qu'il avait commencé à composer un Trio pour piano pendant que l'archiduc, qui avait mal au doigt, était retenu par les festivités organisées pour la princesse de Bade de passage à Vienne.

Au début avril 1811 [2., 491], Beethoven, ne trouvant pas de copiste disponible, envoyait le manuscrit du *Trio* à l'archiduc Rodolphe, pour qu'il en « fasse établir une copie par le copiste Wenzel Schlemmer dans son palais de façon à éviter tout vol ».

Le 12 avril 1811 [2., 492], il informait Breitkopf & Härtel qu'il avait chargé son ami Oliva, avec tout pouvoir de décision, de lui remettre cette lettre ainsi qu'un nouveau *Trio pour piano, violon et violoncelle*. Le 13 mai 1811 [2., 497], Härtel écrivait qu'il prendrait un peu de temps avant de donner son consentement pour l'édition de ce *Trio*. Le 20 mai 1811 [2., 499], Beethoven répondait que rien ne pressait pour le *Trio*. Les relations avec Härtel, qui ne prit pas le *Trio*, furent interrompues jusqu'au 19 juillet 1816 [3., 950].

Fin août-début septembre 1813 [2., 665], Beethoven écrivait à son ami Franz Brunsvik qu'il aurait dû recevoir le *Trio op. 97* et la *Sonate op. 96* bien plus tôt si un certain M. ne les avait pas retenus si longtemps.

Le 1er mars 1815 (daté par Beethoven Vien am 29ten Februar 1815) [3., 785], il annonçait à Marie Erdödy qu'il allait lui faire parvenir toutes les œuvres non encore publiées, dès qu'elles seraient copiées, dont le *Trio*. Quelques jours plus tard [3., 787], il lui demandait si elle comptait faire copier le *Trio* chez elle ou s'il devait s'en charger – peu lui importait, il se conformerait à son choix.

Les 16 mars et 19 mars 1815 [3. 790], il faisait écrire par l'industriel drapier Johann von Häring (1761-1818), en anglais, à Sir George Smart à Londres, pour proposer des œuvres, dont certaines n'étaient pas encore publiées, mais qui avaient eu un grand succès lors de leur exécution, parmi lesquelles le Quatuor « serioso » et un Grand Trio.

En mars 1815 [3., 797], Beethoven envoyait à Marie Erdödy les parties de violon et de violoncelle du *Trio*, ajoutant qu'elle pouvait les garder tant qu'il n'avait pas à les donner à graver.

Au printemps 1815 (peut-être) [3., 801], il demandait à l'archiduc Rodolphe qu'il lui prête les différentes parties du *Trio* et de la *Sonate op. 96*, pour qu'il les fasse copier le plus rapidement possible car il ne retrouve plus ses « Partituren ».

En avril-mai 1815 [3. 804], Beethoven prévenait l'éditeur viennois Pietro Mechetti (chez lequel venait de paraître en mars 1815, la *Polonaise op. 89*, et allait paraître le Lied *WoO 143 Des Kriegers Abschied*), que Schuppanzigh avait fait des promesses sans objet (Beethoven était alors, depuis le 20 mai 1815, en pourparlers avec l'autre éditeur viennois S.A. Steiner qui publia les op. 72, 91-93, 95-97, 113, 115, 117 et 136).

Le 1er juin 1815 [3., 809], il écrivait à son compatriote Johann Peter Salomon qui résidait à Londres pour l'inciter à proposer quelques unes de ses œuvres aux éditeurs londoniens, dont « Großes Terzett für Klawier, violin, und Violonschell ».

Le 28 octobre 1815 [3., 844], il proposait à l'éditeur londonien Robert Birchall de lui vendre trois œuvres que S.A.Steiner tardait à faire paraître (il s'agit de la réduction pour piano de la *Symphonie op. 92*, de la *Sonate op. 96* et du *Trio op. 97*, que Birchall acheta et fit paraître, le 5 décembre 1816 pour le *Trio*, que Beethoven lui avait envoyé le 3 février 1816 [3., 895]).

Le 22 novembre 1815 [3., 854], Beethoven qui demandait à Ferdinand Ries de s'occuper de la publication de ses œuvres à Londres, lui disait qu'il allait bientôt envoyer le *Trio*. Le même jour il signalait à Robert Birchall [3., 855] qu'il allait recevoir le *Trio* d'ici quinze jours.

En janvier 1816 [3., 884], Beethoven demandait à S.A. Steiner qu'il lui prête pour une soirée « die *Partitur* » du *Trio* et celle de la *Sonate op. 96*, sans doute pour vérifier la copie qu'il allait envoyer à Birchall à Londres.

Le 19 mars 1816 [3., 917], Ferdinand Ries le rassurait quant au sort de ses œuvres et demandait si le *Trio op. 97* (et la *Sonate op. 96*) n'avait pas de dédicataire (Beethoven envoya le nom du dédicataire, l'archiduc Rodolphe, le 1er octobre 1816 [3., 982]).

Le 2 mai 1816 [3., 930], il promettait à Johann Nepomuk Kanka, avocat à Prague, qui s'occupait des problèmes suscités par la mort du prince Kinsky (en 1812) pour sa rente (établie en février/mars 1809), de lui envoyer bientôt les œuvres en cours de gravure (les *op. 96* et *97*).

Le 4 septembre 1816 [3., 967], Beethoven demandait à S.A.Steiner quand le *Trio* serait prêt car il voulait en offrir un exemplaire à l'archiduc Rodolphe. Il reformulait sa demande le 6 septembre [3., 972] pressé de l'envoyer à l'archiduc.

Le 28 décembre 1816 [3., 1019], il annonçait à Johann Nepomuk Kanka qu'il lui faisait envoyer le *Trio* (ainsi que les *op. 91*, *92* et *96*), en remerciement pour tout ce que Kanka faisait pour lui.

Le 31 janvier 1817 [4., 1075], Beethoven envoyait ce *Trio* à Zmeskall comme cadeau de remerciement (Zmeskall lui avait fait envoyer du vin pour le remercier de la dédicace de l'*op. 95*).

Opus 117
König Stephan oder Ungarns erster Wohltäter (Le Roi Étienne ou le premier bienfaiteur des Hongrois)

Vorspiel (Prologue) sur un livret d'August von Kotzebue
Ouverture – Andante con moto, 2/4, mi *bémol majeur / Presto (mes. 41) – 501 mes.*
N° 1 Chœur des hommes – Andante maestoso e con moto, **C**, ut *majeur – 51 mes.*
N° 2 Chœur des hommes – Allegro con brio, **C**, ut *mineur – 42 mes.*
N° 3 Marche triomphale (Siegesmarsch), Feurig und stolz, **C**, sol *majeur – 54 mes.*
N° 4 Chœur des femmes – Andante con moto all'Ongarese, 2/4, la *majeur – 105 mes.*
N° 5 Melodram – 17 mes.
N° 6 Chœur – Vivace, 6/8, fa *majeur – 24 mes.*
N° 7 Melodram – Maestoso con moto, **C**, ré *majeur – 27 mes.*
N° 8 Geistlicher Marsch, Chor und Melodram – Moderato, **¢**, si *bémol majeur (19 mes.) / Allegro vivace e con brio,* **C** *– 135 mes.*
N° 9 Chœur final – Presto, **C**, ré *majeur – 147 mes.*

TEMPS DE LA COMPOSITION ET PREMIÈRE EXÉCUTION

Au cours de l'été 1811 (20 août/mi-septembre) à Teplitz, composé en trois semaines en même temps que *Les Ruines d'Athènes*, pièces de circonstance et œuvres de commande pour l'inauguration du théâtre de la ville impériale de Pest.

Beethoven envoya la musique composée pendant l'été (un ensemble de 19 numéros) le 16 septembre 1811, l'inauguration du théâtre étant prévue pour le 4 octobre 1811.

L'œuvre fut créée 9 février 1812 à Pest, comme Prologue des cérémonies d'inauguration (l'inauguration du Théâtre de Pest devait avoir lieu le 4 octobre 1811, jour de la fête de l'empereur François Ier [1], mais la cérémonie fut repoussée au 9 février 1812), et rejouée les 10 et 11 février 1812, toujours à Pest.

CONTEXTE BIOGRAPHIQUE

Selon son récit à Breitkopf & Härtel, Beethoven aurait accepté la proposition des Hongrois, malgré son état de santé, parce qu'il les aimait bien. Cette affirmation n'est pas à contester (il avait beaucoup d'amis originaires de Hongrie, en premier lieu les Brunsvik, et Zmeskall), mais il est nécessaire de rappeler qu'il espérait que la Diète de Hongrie, alors réunie (entre le 29 août 1811 et le 1er juin 1812), désignerait l'archiduc Rodolphe primat de Hongrie, ce qui devait avoir pour lui des conséquences de première importance : une situation fixe qui lui permettrait de composer la musique qu'il souhaitait…

S'étant mis au travail rapidement, l'échéance étant très courte, il prit plaisir à cette composition de deux ouvertures et de 19 numéros associant voix et orchestre – il écrivit même quelques mois plus tard à Kotzebue pour lui demander un livret d'opéra ! Outre le fait d'être agréable aux Hongrois, composer ces musiques de circonstance représentait un geste politique et culturel pour Beethoven, héritier de l'esprit de l'Aufklärung, c'est-à-dire de l'image d'un souverain protecteur des sciences et des arts (Beethoven ne manque pas de nommer le Vorspiel, *Ungarns erster Wohlthäter* plutôt que *König Stephan*), ainsi de la conviction de la nécessité de respecter les spécificités nationales. Donc, donner un accompagnement musical à l'histoire du processus de civilisation de la Hongrie ne pouvait qu'intéresser Beethoven, d'autant plus que le contexte de la représentation lui permettait de pousser plus loin que dans *Egmont* l'expérimentation du « Melodram » et lui offrait la possibilité de multiplier les Marches et les Chœurs, c'est-à-dire de s'inscrire dans la lignée de ses prédécesseurs – tout

1. François Ier (1768-1835) fut empereur du Saint Empire romain germanique jusqu'en 1804, sous le nom de François II.

particulièrement Gluck (*Iphigénie en Tauride*), Mozart (*L'Enlèvement au sérail, La Flûte enchantée*) ou Haydn (*La Création*) –, dans le but d'obtenir la transformation intérieure de l'auditeur («wirklich eine Veränderung in jedem Hörenden hervor bringen», notait-il sur un cahier d'esquisses à la fin 1811, cité par Nottebohm, II, 288).

Tout en étant conscient des limites de ces œuvres de circonstance, Beethoven chercha à les faire représenter ou publier, sans vraiment prendre en considération leur caractère éphémère : ainsi, à plusieurs reprises jusqu'à la fin de sa vie, il les proposa en entier ou en numéros séparés tant à des organisateurs de concerts, à des administrateurs de théâtre qu'à des éditeurs – si Varena fit exécuter les Ouvertures et sans doute quelques numéros pour ses concerts de bienfaisance à Graz, l'éditeur Steiner, qui avait acheté les deux Ouvertures en 1815, tarda à les publier, vraisemblablement parce que tous les connaisseurs considéraient ces deux œuvres peu représentatives du génie de Beethoven (bien que, pour une fois, faciles à entendre et à exécuter) comme peu lucratives.

Malgré leur manque d'élaboration musicale, Beethoven se préoccupa de revoir ses partitions au moment où il composait le Finale de la *Neuvième Symphonie*, et à plusieurs reprises il voulut les réunir pour constituer un opéra fait de «deux petits opéras». Sans doute cherchait-il à retrouver les idées musicales qui avaient émergé à partir du travail sur le texte de Kotzebue – le rythme et la mélodie qui se dégageaient de certains termes («Ma-homet», «Ka-a-ba», «Schmückt die Al-tä-re», par exemple).

Enfin, étant donné que les deux œuvres représentaient une certaine quantité de morceaux de musique, il espérait en tirer des revenus, pour payer ses dettes (en particulier à son frère Johann auquel il confia d'ailleurs les négociations avec l'éditeur Steiner, de façon à monnayer les partitions qu'il lui avait données en toute propriété).

PRÉSENTATION DE L'ŒUVRE

Le livret est une pièce en un acte d'August von Kotzebue[1] sur la fondation du royaume chrétien de Hongrie par le roi Étienne. Les numéros en retracent l'histoire, marquée par la victoire sur le paganisme, ainsi que par l'amour et par la confiance en l'avenir.

Devant le Conseil des nobles rassemblé en plein air (n° 1), le roi Étienne rappelle l'œuvre de christianisation de son père – pendant qu'il parle, la brume se dissipe et laisse entrevoir la ville de Pest en arrière-fond, le chœur des hommes (n° 2) chante alors la sortie de l'obscurantisme et la lumière apportées par la christianisation. Puis un soldat vient annoncer la victoire et la fin des combats meurtriers – une marche triomphale (n° 3) accompagne l'arrivée de l'armée et des prisonniers, le roi Étienne proclame alors que «les Hongrois ne connaissent pas d'ennemi dans les chaînes» – joignant le geste à la parole, il libère le roi Gyula («le Christ n'a pas d'ennemis, il n'a que des frères»); sur ces entrefaits, l'envoyé du roi de Bavière annonce l'arrivée de la princesse de Bavière, future reine, qui par amour accepte de quitter son pays : le chœur des femmes (n° 4) accueille la princesse Gisela et chante la force de l'amour. Étienne conduit sa future femme à l'autel (n° 5) à la plus grande joie des assistants (n° 6). Puis rappelle l'histoire mouvementée des Hongrois et leur donne la charte des lois qui leur manque pour être vraiment un peuple civilisé (n° 7). Une marche solennelle (n° 8) précède les cérémonies du couronnement (Étienne place lui-même sur sa tête la couronne envoyée par le pape, puis se fait prophète et dévoile l'avenir tandis que le soleil se lève). À la fin (n° 9), le peuple acclame le roi et exprime sa confiance en l'avenir.

Le Vorspiel *König Stephan* précédait une pièce de théâtre, *Die Erhebung von Pest zur Königlichen Freistadt* (*L'élévation de Pest au statut de Ville libre impériale*) – à l'origine, une autre pièce était prévue : *Belas Flucht*, mais la défaite de l'Autriche face à Napoléon imposa d'y renoncer.

Beethoven renonce aux développements compliqués et imprévisibles pour s'appuyer sur des unissons et jouer avec les oppositions

1. August von Kotzebue (1761-1819) eut une carrière mouvementée : attaché un moment aux théâtres impériaux de Vienne, il devint indésirable, puis fut nommé conseiller d'État par Metternich. Il mourut assassiné le 23 mars 1819 par l'étudiant Karl Sand, qui faisait partie de la Burschenschaft, Confrérie étudiante créée le 18 octobre 1817, le jour anniversaire de la Bataille des Nations (1813).

très marquées entre ligne mélodique dessinée par un timbre et groupes d'instruments, comme entre intensités et masses, avec des articulations du discours très nettes.

La conception d'ensemble est dominée par le Melodram, cette association de musique et de texte parlé, qui s'entremêlent ou se succèdent en bribes expressives ou en petites sections.

L'Ouverture nécessite quatre cors : deux en *mi* bémol et deux en *ut*.

L'Ouverture commence (à l'image de la simplicité supposée des origines) par un appel des trompettes, suivi d'un appel des cors puis d'un appel des bassons doublés par les cordes, l'ensemble des instruments se rejoignant sur un *do* unisson (*tutti ff*). Une fois posé ce cadre solennel, émerge une mélodie de flûte dans un « style hongrois » (comme indiqué dans le n° 4). Cette introduction lente, Andante con moto, 2/4, *mi* bémol majeur, amène un Presto en trois parties : une exposition de sonate faite d'une marche rapide avec syncopes, suivie d'un thème en tierces énoncé *piano* par les bois qui aboutit à une conclusion jubilante de tout l'orchestre – puis, alors qu'un développement est attendu, le signal initial est repris, qui cette fois est suivi de la mélodie jouée par le hautbois *grazioso*, puis par les cors et les bassons; après cette section centrale, il réexpose le Presto amené par un passage en pulsation rapide. Une courte évocation de la mélodie « hongroise » précède une coda triomphale Presto très intense, avec roulement de timbale final.

1.Le premier Chœur des hommes (n° 1), sorte de marche solennelle, a un tempo retenu, Andante maestoso e con moto, à quatre temps en *ut* majeur – il est en deux parties et de style responsorial, la phrase déclamée par les basses étant reprise par le chœur d'hommes à cinq voix, la musique insistant sur l'idée de liberté, « frei ».

2. Après l'intervention parlée du roi Étienne, un chœur d'hommes à quatre voix (n° 2), Allegro con brio, **C**, en *ut* mineur, chante l'apparition de la lumière de la foi : la musique commence *piano* sur une longue pédale des bassons et des cors, tandis que les basses en valeurs égales doublées par les pizzicati des violoncelles et contrebasses, rejointes par les ténors, sont bientôt éblouis par la lumière, annoncée par les notes répétées de la flûte – leur émerveillement éclatant sur un *do* unisson associé au mot « hell ».

3. Une Marche triomphale (Siegesmarsch), Feurig und stolz, à quatre temps, en *sol* majeur, en deux parties (n° 3), se fait entendre alors de loin sur un rythme énoncé par les bassons, les cors et les timbales – un tutti *fortissimo*, intégrant les trombones basses, manifeste son arrivée sur scène et son déploiement musical (avec reprise).

4. Après l'arrivée de la princesse, le chœur des femmes (n° 4), Andante con moto all'Ongarese, à deux temps, en *la* majeur – sans trompettes ni timbales – reprend la mélodie « hongroise » de l'Ouverture dans une atmosphère de musique de chambre, tandis que les voix en contrepoint chantent l'unique strophe, en deux parties, trois fois de manière différente, la troisième étant en canon.

5. Le roi conduit la future reine à l'autel : un court Melodram (n° 5) accompagne leur dialogue.

6.Un chœur à quatre voix (n° 6), Vivace à 6/8, en *fa* majeur, ouvert par le hautbois, exprime alors la joie collective.

7. Puis un nouveau Melodram (n° 7), Maestoso con moto, à quatre temps en *ré* majeur, très solennel, accompagne l'interpellation du roi qui demande à son peuple de l'écouter rappeler les grands moments de l'histoire des Hongrois avant de leur donner une charte de lois – geste souligné par une intervention de l'orchestre Andante maestoso – ce numéro se terminant par le Maestoso con moto du début.

8. Suit alors un long Melodram, Geistlicher Marsch, Chor und Melodram (n° 8), succession de plusieurs sections différentes : il commence par une marche solennelle, Moderato, alla breve, en *si* bémol majeur, en forme de choral dépouillé soutenu par les cordes graves, pour accompagner les Anciens qui offrent une couronne d'or au roi; puis, acclamé par le chœur, le roi se couronne, Allegro vivace con brio à quatre temps; enfin,

Grave risoluto e ben marcato, le roi se sent ravi par une extase – il décrit alors sa vision prophétique dans un long Melodram qui commence Andante mosso, à 12/8 en *ut* majeur, avec une musique faite de pulsations régulières (battements des bassons et des cordes au début, puis des autres instruments au fur et à mesure de la vision), pour se continuer Allegro molto, puis Presto à quatre temps en *fa* majeur, Agitato à quatre temps en *si* mineur, Allegro alla breve en *ut* majeur et enfin Maestoso sur la dominante de *ré* majeur préparant le chœur final.

9. Le Finale (n° 9) est un Hymne triomphal, dans le style des musiques révolutionnaires, entonné par un chœur – Presto, à quatre temps en *ré* majeur. Ce chœur reprend le thème du Presto de l'Ouverture, avant de se déployer dans une grande intensité sonore marquée par une scansion régulière des voix.

SOURCES

Des esquisses sont dispersées dans plusieurs bibliothèques.

Le manuscrit autographe de l'ouverture et des neuf numéros se trouvent à Berlin, L'ouverture porte une inscription écrite au crayon : « *Partitur zu / Ungarn Wohlthäter / Overture / zum Vorspiel / von Ludwig / van Beethoven* », et une inscription écrite à l'encre au-dessus de la première portée : « *Overture zum Vorspiel. / von Beethoven* ».

Il existe une copie de l'ouverture (la partie de violon et deux parties de basse) et une copie du n° 1 (à Bonn) avec corrections et ajouts de Beethoven : sur la partie de violon : « *Overtüre zu Ungarn's grossem Wohlthäter von Ludwig van Beethoven* » ; et sur le Chœur d'hommes, n° 1 : « *Chor Aus Ungarn's Wohlthäter. Von lvBthwn* » (copie envoyée à Varena à Graz vers mars 1813).

PUBLICATION

Seule l'ouverture fut publiée en partition (et en parties séparées) du vivant de Beethoven, en juillet 1826, par « S.A. Steiner u. Comp. » (qui l'avait achetée en 1815) :

« GROSSE / OUVERTURE / (in Es.) / Zu / König Stephan. / Geschrieben zur Eröffnung des Theaters in / PESTH / von / LUDW : van BEETHOVEN. / 117tes Werk. / Eingenthum der Verleger. […] »

La partition de l'ensemble de l'œuvre ne fut publiée qu'en 1864 dans la GA.

En 1822 et 1823, Pietro Mechetti, à Vienne, publia des réductions pour piano à quatre mains de l'Ouverture et de la « Triumph Marsch », établies par Karl Angelus von Winckhler.

L'ŒUVRE VUE PAR SES CONTEMPORAINS

L'*Allgemeine Musikzeitung zur Beförderung der theoretischen und praktischen Tonkunst, für Musiker und Freunde der Musik überhaupt, Frankfurt am Main,* Jg.1, 1827/1828 (col. 352) publiait le compte rendu d'un concert au cours duquel l'*Ouverture zu König Stephan* avait été exécutée (en même temps que des œuvres de Paer, Spohr, Pacini et Lindpaintner). L'auteur de l'article craignait que l'Ouverture de Beethoven ne soit considérée comme nouvelle, alors qu'il s'agit d'une des premières œuvres, facile à comprendre et mélodique.

L'*AMZ* XXX, n° 23 du 4 juin 1828 (col. 384) signalait la « magnifique Ouverture, qui doit plaire à tout le monde », car facile à comprendre et pleine de vie.

L'*AMZ* XXX, 1828 (col. 873/874) commentait le concert donné à Leipzig le 16 décembre au cours duquel l'*Ouverture zu König Stephan* fut portée à la connaissance du public qui ne manifesta aucun enthousiasme : elle n'a pas plu, contrairement à un Récitatif et air avec chœur extrait du *Siège de Corinthe* de Rossini.

Dans la *Berliner AMZ* Jg.5 1828 (p. 70), Ludwig Moser voyait dans l'Ouverture très simple l'esprit du peuple hongrois, naïf, aimable, de caractère fort.

L'*Allgemeiner Musikalischer Anzeiger*, Wien, Jg.1. 1829 (col. 53/54) trouvait que l'Ouverture correspondait à l'esprit du peuple hongrois, aimable, naïf et fort, mais qu'elle était très éloignée de ce qui faisait l'originalité de l'écriture de Beethoven, c'est-à-dire les combinaisons inédites des voix et des harmonies.

CORRESPONDANCE

Le 9 octobre 1811 [2., 523], Beethoven racontait à Breitkopf & Härtel qu'il avait composé en trois semaines à Teplitz les œuvres de circonstance commandées pour l'ouverture du Théâtre de Pest, par amour pour les Hongrois, et malgré l'interdiction de son médecin.

Le 11 octobre 1811 [2., 525], il confiait à Christophe August Tiedge (auteur de *Urania*) qu'il était mécontent que l'inauguration du théâtre de Pest soit retardée.

En décembre 1811 [2., 531], il proposait à Varena «une grande Ouverture», ainsi qu'une «Introduction aux Ruines d'Athènes» (et également *Christus am Ölberge op. 85*, l'*Ouverture d'Egmont op. 84* et la *Fantaisie op. 80*). Le 8 février 1812 [2., 549], il lui promettait de la lui envoyer le plus vite possible, après avoir fait copier les différentes parties (qu'il n'avait récupérées que ce jour). Le 24 ou le 25 mars 1812 [2., 563], il n'était toujours pas en mesure de le faire, faute de copistes.

Le 28 janvier 1812 [2., 546], il informait August von Kotzebue qu'au moment où il composait les musiques de scène pour les Hongrois, il souhaitait avoir un livret d'opéra produit «par son génie dramatique»– quelque chose de romantique, de sérieux, d'héroï-comique, de sentimental, peu importait, penchant toutefois pour quelque chose d'historique, Attila, par exemple. Kotzebue lui répondit le 20 avril 1812 [2., 573] en lui proposant plusieurs titres.

Sans doute en février 1812 (après l'inauguration des théâtres de Pest) [2., 557], Beethoven demandait à Zmeskall s'il avait vu tout ce qu'il avait fait pour les Hongrois.

Le 28 ou le 29 mars 1812 [2., 564], Beethoven envoyait à Varena les *Ouvertures op. 117* et *op. 113,* mentionnant que l'*Introduction des Ruines d'Athènes* était plus courte et pouvait servir de divertissement au cours d'un concert (voir *op. 117*).

Autour du 25 mai 1812 [2., 577], Beethoven rappelait à Breitkopf & Härtel qu'il écrivait «3 neue *sinfonien*», et qu'il avait écrit quelque chose pour le théâtre des Hongrois, mais que dans le «Kloacke» dans lequel il se trouvait tout lui semblait perdu.

En mars 1813 [2., 630], il proposait à Varena plusieurs numéros dont un Air de basse avec chœur (le n° 7 de *op. 113*) et quelques petits chœurs, ainsi que l'Ouverture déjà exécutée à Graz lors d'un concert de bienfaisance le 29 mars 1812.

Le 20 avril 1813 [2., 639], Beethoven demandait à Zmeskall de se préoccuper de la répétition le lendemain après-midi à 15 h, des *Symphonies op. 92* et *93* et des *Ouvertures op. 117* et *113*.

Le même jour il écrivait à l'archiduc Rodolphe [2., 640] pour lui demander de convoquer l'orchestre pour 14h45 pour la répétition, spécifiant qu'il avait besoin de 4 cors pour les Ouvertures.

Le 23 avril 1813 [2., 644], Beethoven chargeait Zmeskall de récupérer le matériel d'orchestre des *op. 117* et *113*, qui se trouvaient encore entre les mains du directeur du théâtre de Pest.

Le 27 mai 1813 [2., 652], il proposait à Varena trois chœurs, au moins, qui pouvaient être exécutés à n'importe quel moment d'un concert (*op. 117 n° 1*, et *op. 113 n° 1* et *n° 3*).

Les 16 et 19 mars 1815 [3., 790], il proposait à Sir Georg Smart «trois ouvertures pour grand orchestre» (*op. 113*, *117* et *115*) parmi un ensemble de onze œuvres. Charles Neate les emporta à Londres en février 1816 pour la Société philharmonique de Londres, mais Beethoven lui avait demandé de ne pas dévoiler qu'il lui avait vendu ces partitions [3., 889, 896, 983]. Ries lui annonçait le 19 mars 1816 [3., 917] que Neate avait rapporté les Ouvertures].

En avril/mai 1815 [3., 804], il écrivait à l'éditeur viennois Pietro Mechetti que les œuvres qu'il comptait éditer n'étaient pas disponibles (dont les *op. 113*, *115* et *117*). Beethoven était en train de négocier avec S.A. Steiner.

Automne 1815 [3., 838], il suggérait à Treitschke de réunir en un livret «Le premier bienfaiteur de Hongrie» et les «Ruines d'Athènes» (ce projet fut envisagé en automne 1822 et au printemps 1823 à la suite de l'inauguration du théâtre de la Josephstadt).

Le 7 octobre 1816 [3., 983], Beethoven exposait à George Smart son jugement sur ces œuvres, qu'il considérait pas comme ses meilleures, regrettant que Neate, qui en avait de plus consistantes, ait choisi celles-là, au risque de ruiner la réputation du compositeur.

Fin avril 1820 [4., 1389], il exprimait à S.A. Steiner son souhait de voir publier ses «3 *overturen*», s'engageant à «faire tout son possible pour contribuer au succès de cette entreprise» (Beethoven avait vendu ses trois *Ouvertures op. 113*, *115* et *117*, à S.A. Steiner au printemps 1815).

Le 29 décembre 1820 [4., 1422], Steiner lui envoyait les partitions des trois Ouvertures à corriger, l'assurant qu'il les publierait dès réception (l'*op. 113* ne parut qu'en 1823, l'*op. 115* qu'en 1825 et l'*op. 117* qu'en 1826).

Le 31 juillet 1822 [4., 1486], Beethoven demandait à son frère Johann de s'occuper de ses affaires financières avec Steiner auquel il avait proposé deux œuvres écrites pour la Hongrie, qui « représentent un ensemble fait de deux petits opéras » ; or Steiner avait déjà pris « 4 morceaux » (à part les deux Ouvertures, les deux autres sont peut-être le Chœur des Derviches et la Marche avec Chœur, n° 4 et n° 6 des *Ruines d'Athènes op. 113* [cf. 4., 1505]).

Le 8 septembre 1822 [4., 1493], Beethoven signalait à son frère Johann que l'*op. 117* allait être donné ce jour à Baden.

Le 6 octobre 1822 [4., 1505], il écrivait une longue lettre à son frère Johann à propos des œuvres qui avaient été jouées le jour de l'inauguration du théâtre de la Josephstadt, pour qu'il arrange les choses avec Steiner qui prétendait, dans une annonce publiée dans la presse (la *Wiener Zeitung*, du 5 octobre 1822), que « Die Große Marsch mit Chor », appartenant à *Die Weihe des Hauses*, mis en musique par Beethoven, était propriété de l'éditeur et qu'elle allait paraître dans quelques jours sous différentes formes. Beethoven suggérait des arguments à son frère : que Steiner n'avait acheté que deux numéros (le chœur des Derviches, n° 4, et la Marche avec chœur, n° 6 des *Ruines d'Athènes op. 113*), qu'il restait donc l'Ouverture et sept autres numéros à vendre, et que si Steiner voulait le « *Ungarns ersten Wohlthäter, König Stephan* », cela faisait encore douze numéros (selon ses calculs) ; que, puisque la musique des *Ruines d'Athènes* allait être donnée au Théâtre de la Josephstadt, Steiner pouvait se servir du matériel d'orchestre, tandis que pour le *Roi Etienne* il aurait la partition ; et qu'il fallait qu'il se décide vite ; que Beethoven voulait revoir les réductions pour piano annoncées par Steiner ; et que, comme il avait dû composer une nouvelle *Ouverture* (*op. 124*), il fallait dire à Steiner qu'il ne devait pas oublier l'ancienne qui avait été conçue pour un « Nachspiel » (épilogue) (l'*Ouverture* de l'*op. 113*), alors que la nouvelle était destinée à l'inauguration du théâtre, et qu'elle pouvait être jouée partout – la partition pourrait être prête en trois jours.

Le 10 mars 1823 [5., 1607], Beethoven proposait à Simrock, en attendant la Messe, « une nouvelle Ouverture » (*op. 124*) composée pour l'inauguration du théâtre de la Josephstadt et écrite « en grand style », un épilogue aux Ruines d'Athènes de Kotzebue et un prologue à König Stephan Ungarn's wohlthäter, du même auteur.

Le 26 août 1825 [6., 2045], il envoyait à Tobias Haslinger les épreuves corrigées des différentes voix de l'Ouverture *op. 117* (il les avait promises le 12 juin 1825).

Opus 113
Die Ruinen von Athen
(Les Ruines d'Athènes)

Nachspiel (Épilogue) sur un livret d'August von Kotzebue
Ouverture symphonique, Andante con moto, 6/8, sol *mineur / Allegro ma non troppo,* ¢, sol *majeur – 175 mes.*

1. *Chœur de Grecs, Andante poco sostenuto,* **C**, mi *bémol majeur – 61 mes*
2. *Duo entre un Grec et une Grecque, Andante con moto / Poco più mosso, 6/8,* sol *mineur – 77 mes.*
3. *Chœur des Derviches, Allegro ma non troppo,* **C**, sol *majeur – 109 mes.*
4. *Marcia alla turca, Vivace, 2/4,* si *bémol majeur – 72 mes.*
5. *« Harmonie auf dem Theater » (musique en coulisses), Allegro assai ma non troppo, 6/8,* ut *majeur – 46 mes.*
6. *Marche et chœur, Assai moderato,* **C**, mi *bémol majeur – 165 mes.*

[6 a.] *Récitatif du Grand Prêtre, 34 mes.*

7. *Chœur et Air avec chœur, Allegretto ma non troppo, 3/4,* sol *majeur – 196 mes.*
8. *Chœur final, Allegro con fuoco,* **C**, la *majeur – 224 mes.*

Temps de la composition

Été 1811, en trois semaines en même temps que *Le Roi Étienne op. 117*, pièces de circonstance et œuvres de commande pour l'inauguration du théâtre de la ville impériale de Pest, prévue pour le 4 octobre 1811. Beethoven envoya son travail le 16 septembre 1811.

La première exécution eut lieu le 9 février 1812 à Pest. Puis les 10 et 11 février, toujours à Pest.

CONTEXTE BIOGRAPHIQUE

Voir *Opus 117*.

Beethoven répondit donc favorablement à la sollicitation officielle sans mettre en question la valeur et le contenu politique de ce sujet allégorique qui mêlait les figures antiques de Minerve et de Mercure aux Grecs réduits en esclavage et aux masses turques ridiculisées. Il composa huit numéros de musique, acceptant ce sujet sur l'histoire hongroise et son lien avec l'Antiquité classique – cet hommage au souverain étant également une occasion pour des scènes de masse et des effets théâtraux capables de démontrer les possibilités techniques du nouveau théâtre.

D'après les esquisses des *Ruines d'Athènes*, Beethoven a commencé le Chœur des Derviches n° 3 par la seconde partie du texte (se référant au texte original de Kotzebue, qui débutait par « Mahomet ») : « Mahomet, Du hast den strahlenden Borak bestiegen zum siebenten Himmel aufzufliegen grosser Prophet Kaaba » (Mahomet, Tu as escaladé l'éclatant Borak pour t'envoler au septième ciel, grand prophète, Kaaba). Il s'est efforcé de trouver le matériau à partir de triolets de croches répétés sur une seconde, puis à partir du rythme martelé de « Ma-ho-met » et du rythme de « Ka-a-ba » (il y a quatre esquisses successives). Puis, pour les esquisses de la Marche n° 6, Beethoven est parti des mots : « Schmückt die Altäre etc », en hésitant sur la tonalité (*sol* majeur, puis *mi* bémol), avant de trouver la solution des chœurs alternés tout en s'interrogeant sur la forme : « Les prêtres peuvent également chanter dans le Trio », note-t-il songeant sans doute à une forme ABA. Enfin, pour la musique dans les coulisses (n° 5), il a retenu le début du texte que Kotzebue fait dire au vieillard : « Es wandelt schon das Volk im Feierkleide » (Le peuple en habit de fête est déjà en marche), et pour adapter le texte du vieillard, fait de trois strophes de huit vers à cinq pieds, Beethoven a choisi un rythme à trois temps et a noté le calcul du nombre de mesures : 3 x 24 = 72, construisant donc son numéro musical en fonction du texte.

PRÉSENTATION DE L'ŒUVRE

Comme celui de l'opus 117, le livret est une pièce en un acte d'August von Kotzebue, allégorie à la gloire de l'empereur François Ier d'Autriche, protecteur des sciences et des arts, qui fait de l'empire d'Autriche l'héritier direct de la culture grecque – la pièce est construite sur cette continuité entre Athènes et Pest. Dans cette perspective, ce Nachspiel (Épilogue) traite du transfert à Pest de l'autel des Muses, car Athènes et le peuple grec opprimés par les Turcs ne pouvaient plus assurer leur mission de protecteurs des sciences et des arts.

Minerve, divinité tutélaire d'Athènes, cette ville qui vit s'épanouir les sciences et les arts, est au cœur du scénario. Au début, elle est encore endormie, condamnée par Zeus[1] à un sommeil de deux mille ans pour avoir abandonné Socrate à ses juges – pendant son sommeil, la Grèce fut réduite en esclavage par les Turcs cruels et ridicules, adorateurs de la Kaaba... c'est ce spectacle désolant de la civilisation détruite par la barbarie que Minerve découvrait à son réveil. Soucieuse de restaurer les sciences et les arts, elle ne pouvait le faire à Athènes, cette ville privée de liberté (l'épanouissement de la culture étant incompatible avec la soumission) : par chance, Pest, qui avait également été occupée par les Turcs, mais qui s'en était libérée, acceptait de recueillir l'héritage d'Athènes.

Il s'agit d'une musique de scène destinée à une action solennelle qui oscille entre une profonde ferveur religieuse, la louange joyeuse du souverain, l'humour et la recherche d'effets théâtraux.

Beethoven s'est inspiré de Gluck (*Iphigénie en Tauride*, 1779) et de Mozart (*L'Enlèvement au sérail*, 1782), et de lui-même (le *Thème des Variations op. 76*), pour concevoir les passages de musique « turque », et, pour chacun des numéros, il s'est appuyé sur des formes simples ainsi que sur les sonorités spécifiques des instruments (flûte, hautbois, cors), des voix (voix grave du Grand Prêtre) ou des groupes homogènes d'instruments (Harmonie de vents, ensemble des cordes). Marches et chœurs donnent mouvements et effets de masse.

L'Ouverture symphonique commence par un Andante con moto constitué des thèmes de deux numéros qui vont suivre : les gammes montantes et le thème du *Duo* à 6/8 en *sol* mineur (n° 2), puis le thème de la *Marche* en

1. Le texte de Kotzebue emploie, sans souci de différenciation, les dénominations latines ou grecques.

mi bémol majeur (n° 6) énoncé au hautbois *piano dolce* dans un tempo indiqué Marcia moderato – après ses évocations-anticipations, sont exposés les thèmes (également au hautbois) de l'Allegro ma non troppo qui suit, de forme sonate simple, avec court développement modulant sur le premier thème et jouant sur les différents timbres des hautbois, bassons, cors, flûtes, et beaucoup d'entrain (notes répétées, crescendo, octaves brisées, larges accords).

1. Andante poco sostenuto, en *mi* bémol majeur. Un Chœur de Grecs, hommes et femmes, implore Minerve de se réveiller, précédé d'une sonnerie solennelle qui pose la tonalité et confère un grand rôle aux vents, les voix entrent dans un style choral, la flûte déployant ensuite une ligne mélodique très calme pour souligner l'idée de réconciliation.

Cet ensemble est en deux parties (chacune reprenant le même texte), terminées par une coda qui insiste sur « erwache » (réveille-toi) et sur « versöhnt » (réconciliée).

2. Suit un Duo, Andante con moto à 6/8, en *sol* mineur, entre un Grec et une Grecque qui, précédés par la phrase initiale de l'Ouverture, pleurent la liberté perdue de leur patrie : « Ohne Verschulden Knechtschaft dulden » (Endurer innocent l'esclavage), chantent-ils dans une métrique balancée à 6/8, sans virtuosité, les cordes jouant *colla parte*, les cors annonçant la voix d'homme, les bois la voix de femme, avant que les deux voix ne chantent ensemble la seconde partie de ce Duo consacré à la déploration sur « Ach ! » et sur « armes Vaterland » (pauvre patrie). Cet ensemble très mélodique se termine sur un balancement des cordes basses.

3. Le contexte oriental d'oppression barbare (de pacotille) est rendu par le Chœur des Derviches, « Du hast in deines Ärmels Falten » (Tu as dans les plis de ta manche), pour lequel Beethoven voulait associer « tous les instruments qui font du bruit, dont les castagnettes et les grelots », outre deux cors, deux trompettes, trombones alto et basse et cordes.

En employant une figure répétitive « orientalisante » (utilisant seconde augmentée et triton), le compositeur renonce ostensiblement au développement de son matériau, ainsi qu'à une forme particulière : ce Chœur n'a pas d'autre conclusion que de s'estomper, avant une très brève cadence.

« Ha ! welchen Unsinn hat mein Ohr vernommen ! Welch ein barbarisches Geschrei ! » (Quel non-sens a atteint mes oreilles ! Quel cri barbare !) commente Minerve qui ne semble pas saisir le côté parodique de cette intervention aux couleurs « orientalisantes » à la manière théâtrale d'alors.

4. Pour confirmer cette parodie des Turcs « Janissaires », Beethoven recourt à une Marche turque, Vivace, qui ne fait que réutiliser le thème orchestré des *Variations op. 76*, œuvre qu'il avait composée peu avant en 1809. L'instrumentation « à la turque » (sur le modèle Gluck et Mozart) comprend piccolo, hautbois, clarinettes, bassons, contrebasson, cors, trompettes, cordes, triangle, cymbales et grand tambour.

De même nature que le Chœur des Derviches, cette Marche sans forme ni développement finit en s'estompant avant une courte coda.

5. Se fait alors entendre une douce musique dans les coulisses jouée par un ensemble d'harmonie, en *ut* majeur à 6/8, Allegro assai ma non troppo. Un vieillard décrit la scène qui se déroule sous ses yeux : un peuple joyeux en habit de fête se réunit tandis qu'une procession solennelle portant les figures des personnages des pièces de Lessing, de Goethe, de Schiller, de Collin, se dirige vers le temple des Muses (qui apparaît à l'occasion d'un changement de décor). Le vieillard exprime son étonnement : il ne reconnaît pas l'antique cité de ses pères, dans cette ville couverte de palais somptueux, ce qui l'amène à prononcer la louange du souverain...

D'après les esquisses, Beethoven s'est préoccupé de la coordination du texte et de la musique.

6. C'est alors que le spectateur assiste à la préparation de la consécration des autels destinés aux Muses, Melpomène et Thalie : une Marche solennelle, Assai moderato, en *mi* bémol majeur, ouverte par un ensemble d'harmonie, accompagne les chœurs alternés des prêtres et des vierges, sur une ligne vocale déclamée, « Schmückt die Altäre ! » (Ornez

les autels !). Ensemble, les prêtres et les vierges insistent sur « bereit » (prêts), puis un tutti final de l'orchestre confère un grand rôle aux cuivres (cors, trompettes, trombone alto, ténor et basse) et aux timbales.

7. Le Grand Prêtre, au cours d'un Récitatif, consacre les deux autels, « Mit reger Freude » (Avec une joie vivace) : l'orchestre fait entendre des accords dissonants pour Melpomène (associée à l'idée de destin), plus léger (rappel humoristique des Derviches) pour Thalie (associée à la « joyeuse ironie »). Le Récitatif se termine sur le voix très grave du Grand Prêtre.

Le Chœur intervient alors pour manifester sa ferveur dans un style choral très simple, *pianissimo dolce*, Allegretto ma non troppo à trois temps, en *sol* majeur, soutenu seulement par les cordes, les flûtes et les clarinettes, « Wir tragen empfängliche Herzen im Busen » (Nous portons un cœur sensible en notre sein), puis le Grand Prêtre, dans un grand Air accompagné des sonorités chaudes de quatre cors et de deux bassons (ce qui crée une atmosphère grave et sacrée), fait le vœu, sur une ligne mélodique sans virtuosité aux sonorités graves, proche de la déclamation, que soit érigé un troisième autel consacré au souverain, nouveau protecteur des sciences et des arts – la fin de son Air insistant sur l'expression « geliebt und geehrt » (bien-aimé et honoré).

Un tremolo et une sorte de « coup de tonnerre » (« Donnerschlag » exigé par les didascalies précèdent l'apparition de l'effigie du roi (Beethoven tenait beaucoup à cet effet scénique), à la plus grande joie du Grand Prêtre et du peuple qui remercie Zeus, Allegro con brio, dans un grand tutti de l'orchestre dominé par la sonorité triomphale des trompettes : « Er ist's ! Wir sind erhört » (C'est lui ! Nous sommes exaucés !). Comme dans une cérémonie religieuse, la voix solo alterne avec chœur homophone.

8. Le Chœur final Allegro con fuoco, à quatre temps, en *la* majeur, proclame la louange du souverain et de Dieu, tout en rendant hommage aux Hongrois, sur roulement de timbales et sonorités des trompettes et jeu entre les différentes voix, avec une écriture en contrepoint simple, suivie d'une fin lapidaire en écriture homophone :

« Heil unserm König ! Heil ! / Vernimm uns Gott ! / Dankend schwören wir auf's Neue / Alte ungarische Treue / Bis in den Tod ! » (Vive notre roi ! Vivat ! / Que Dieu nous entende ! / Nous rendons grâce et jurons à nouveau / l'antique fidélité à la Hongrie / jusqu'à la mort !)

Beethoven insiste sur « Bis in den Tod ! » de différentes manières (suspension, changement de tempo, modulations soutenues par les timbales, écriture homophone puis contrapuntique).

SOURCES

Des esquisses sont dispersées dans plusieurs bibliothèques. Nottbohm (II, 138) a présenté celles de Londres, en insistant sur les esquisses du Chœur des Derviches n° 3 et sur celles de la Marche avec Chœur n° 6.

Le manuscrit autographe incomplet (à Berlin) faisait partie de l'inventaire après décès – il comprend : « *overtura. Andante con moto.* », n° 1 « Coro », n° 2 « Duett », n° 3 le chœur des Derviches, n° 4 « *Marcia alla / turca* », « *N° 6* » la Marche avec chœur, n° 6a Récitatif (avec l'indication « *N° 8 Recit.* »), n° 7 le Chœur et Air, et le n° 8 le Chœur final numéroté (« *N° 11 Chor* »).

Le n° 5, Musique dans les coulisses, a appartenu à Stefan Zweig sous la dénomination « *N° 6 Harmonie auf dem Theater* », sans indication d'auteur.

Il existe des copies de différents numéros : le n° 1 (à Bonn), « *Chor Aus den Ruinen Von Athen. – Von l v Bthwn* » (envoyée à Varena en mars 1813) ; le n° 3 (à Bonn), « *Chor der Derwische. Aus den ruinen / von Athen. / Von ludwig van Beethoven.* » ; le n° 7 « *Grosse Arie mit Chören von L. v. Beethoven* » et le « conducteur » pour le chef (à Berlin) ; le n° 2 (à Berlin) en partition et en parties séparées.

PUBLICATION

« S.A. Steiner und Comp. », à Vienne, publia seulement l'Ouverture (en partition et en voix séparées) en février 1823, alors qu'il l'avait achetée en 1815 :

« OUVERTURE / zu / Aug : v : Kotzebue's : / RUINEN VON ATHEN. / Aufgeführt / bei der Eröffnung des neuen Theaters / zu Pest. / Verfasst / von / Ludw : van Beethoven. / 113tes Werk. / [...] »

L'Ouverture fut transcrite pour piano à deux et à quatre mains par S.A. Steiner après 1826.

La Marche Turque n° 4 fut transcrite pour piano à quatre mains et publiée à Vienne par Pietro Mechetti en 1823.

La transcription pour piano à deux mains et à quatre mains du Chœur des Derviches, et celle pour piano à deux mains de la Marche turque, transcriptions établies par Carl Czerny, ne furent publiées qu'en 1846 en relation avec la publication de la partition entière en 1846 par Artaria (qui la dédia au roi Friedrich Wilhelm IV de Prusse).

L'ŒUVRE VUE PAR SES CONTEMPORAINS

L'*AMZ* XXI, 1819 (col. 271) signalait que l'*Ouverture* des *Ruines d'Athènes* avait été exécutée parmi d'autres œuvres : malgré les jugements favorables, l'auteur de l'article la trouvait sans intérêt.

L'*AMZ* XXIV, 1822 (col. 849/850), mentionnait que l'*Ouverture* des *Ruines d'Athènes*, qui avait été exécutée parmi d'autres œuvres, n'était pas difficile à comprendre, à l'inverse des autres œuvres de Beethoven : elle ressemblait plutôt à du Rossini.

Le journal anglais *Harmonicon*, de mai 1823 (p. 70), publiait un article sur l'arrangement pour piano en soulignant le caractère facile, ce qui était inhabituel pour une œuvre de Beethoven.

CORRESPONDANCE

Voir aussi *Opus 117*

Le 9 octobre 1811 [2., 523], Beethoven racontait à Breitkopf & Härtel qu'il avait composé en trois semaines à Teplitz les œuvres de circonstance commandées pour l'ouverture du Théâtre de Pest, « par amour pour les Hongrois, malgré l'interdiction de son médecin »

Au début du mois d'avril 1812 [2., 569], Beethoven demandait à Varena qu'il lui prête pour quelques jours l'Ouverture des *Ruines d'Athènes* parce qu'il en voulait une copie pour lui.

En mars 1813 [2., 630], Beethoven proposait à Varena plusieurs numéros dont un Air de basse avec chœur (le n° 7 op. 113) et quelques petits chœurs, ainsi que l'Ouverture « von *Ungarns Wohltäter* », déjà exécutée en 1812, et que celle « *von den Ruinen von Athen* in einem etwas kleinen styl ». Il proposait également un chœur de derviches, « une bonne enseigne pour un public mélangé ».

Le 27 mai 1813 [2., 652], Beethoven proposait à Varena trois chœurs, au moins, qui pouvaient être exécutés à n'importe quel moment d'un concert (*op. 117 n° 1*, et *op. 113 n° 1* et *n° 3*), ainsi qu'une « grande scène pour basse et chœur », des *Ruines d'Athènes*, qui se situe juste au moment de l'apparition de l'effigie de l'Empereur, ce qui plaît beaucoup au public. Il rassurait également Varena : la voix de basse pouvait être remplacée par une voix d'alto, et il allait lui envoyer la partition des quatre numéros (qu'il aurait fait copier s'il avait su).

Le 27 mai 1813 [2., 654], Beethoven autorisait Varena à remplacer les deux premiers cors du n° 7 (l'Air du Grand Prêtre) qui sont difficiles par deux altos, les deux autres cors en *ut* ayant une partie facile à jouer.

Le 1er janvier 1814 [3., 688], il demandait au baron Pasqualati (qui l'aidait à préparer son concert du 2 janvier 1814 dans la salle de la Redoute) de tout faire pour que le jeu de scène qui accompagne l'Air du Grand Prêtre (n° 7, l'apparition de l'effigie de l'Empereur) puisse avoir lieu, car sinon l'Air tombait à plat, d'autant plus que l'archiduc Karl et l'impératrice avaient promis de venir. (D'après le *Dramartugische Beobachter* du 7 novembre 1814, un rideau tiré dévoilait le portrait de l'empereur [3, 688, note 3 p. 4].)

Le 19 juillet 1816 [3., 950], Beethoven, qui cherchait à renouer avec Breitkopf & Härtel des liens rompus au moment du projet d'édition du *Trio op. 97*, en avril-mai 1811, lui proposait, entre autres œuvres, « Eine große Scene für eine BaßStimme mit mehrern Chören (Deutscher Text), einen Marsch mit Chor u. ganzem Orchester » (il s'agit des n° 7 et n° 6 de l'op. 113).

Le 5 juin 1822 [4., 1468], il proposait à Carl Friedrich Peters, parmi plusieurs autres œuvres, « Für ein Derwisch Chor mit ganzem Orchester 20 Stück *Ducaten* ».

Le 31 août 1822 [4., 1490], Beethoven demandait à son frère Johann de presser Steiner de publier les *Ruines d'Athènes* avant la réouverture du théâtre (de la Josephstadt, le 3 octobre 1822 – cf. *op. 124*).

Le 19 août 1823 [5., 1731], Beethoven demandait à son frère Johann les manuscrits des quelques numéros des *Ruines d'Athènes* qu'il possédait, car, étant en train d'écrire quelque chose d'analogue, il avait besoin de la version intégrale, les copies établies pour le théâtre de la Josephstadt étant incomplètes (en 1822, le chœur des Derviches, n° 3, n'avait pas été repris. Il a besoin de cette partition au moment où il travaille au Finale de la *Neuvième Symphonie*, et au moment où il a de nouveaux projets d'opéra avec Grillparzer, *Melusina*, ou avec Herrmann von Hermannstal qui a suggéré un remaniement des *Ruines d'Athènes*)[1].

Le 5 septembre 1823 [5., 1738], Beethoven, alors à Baden, demandait à Tobias Haslinger qu'il lui prête pour quelques jours « die *4 Singstimmen* des Marsches in Es *aus den Ruinen von Athen* » [*op. 113 n° 6* ou *op. 114*], ainsi qu'une « Partitur *der schlacht von* Vittoria ».

Le 1er août 1826 [6., 2178], il donnait à Wilhelm Ehlers (chanteur, alors régisseur du théâtre de Mannheim, qui avait l'intention d'adapter la musique des *Ruines d'Athènes* à un nouveau livret en un acte, *Simson*) son accord pour sa mise en œuvre ; il devait toutefois retourner au texte de Kotzebue pour restituer le sens de cette œuvre (la version de Meisl [cf. *opus 124*] avait dénaturé le texte). Il attirait son attention sur la question de l'ouverture : il devait choisir celle qui correspondait le mieux à ses intentions, soit la première en *sol* mineur, soit la nouvelle en *ut* majeur gravée par Schott à Mayence (*opus 124*).

WoO 140
An die Geliebte (À la bien-aimée)

Lied avec accompagnement de piano sur un poème de Joseph Ludwig Stoll
Trois versions
Première version : Bewegt, nicht zu geschwind, 2/4, ut *majeur – 25 mes.*
Deuxième version : Andantino un poco agitato, 2/4, ré *majeur – 26 mes.*
Troisième version : Andantino un poco agitato, 2/4, ré *majeur – 25 mes.*

TEMPS DE LA COMPOSITION

Septembre-décembre 1811, pour les versions 1 et 2.

1814 pour la version 3.

CONTEXTE BIOGRAPHIQUE

Non seulement Beethoven a choisi de mettre en musique ce petit poème d'amour – cette adresse « à la bien-aimée » –, avant même qu'il ne soit publié (il est vrai qu'il connaissait Stoll[2] personnellement), mais il en a également composé deux versions (en décembre 1811, offrant la seconde à une personne amie en mars 1812), avant de faire paraître une troisième version légèrement différente au lendemain de la publication du poème (en 1814).

Beethoven aurait offert le manuscrit de la deuxième version à Antonie Brentano en mars 1812 (ce qui n'est pas prouvé de manière définitive). Il avait rencontré le couple, Franz et Antonie, ainsi que Bettina Brentano, belle-sœur d'Antonie (Franz étant son demi-frère) au printemps 1810 (entre mai et juin) à Vienne. Antonie, née là-bas le 28 mai 1780, résidait à Francfort depuis son mariage en 1798 avec Franz (1765-1844), mais elle séjourna à Vienne entre 1809 et 1812 pour établir le catalogue des objets d'art de la collection de son père Johann Melchior Edler von Birkenstock, mort en 1809. Pendant le séjour d'Antonie à Vienne, Beethoven lui rendit souvent visite, lui jouant du piano pour apaiser ses douleurs et la rasséréner (elle était souvent souffrante et triste d'être séparée de son fils aîné Georg qu'elle avait dû laisser à Francfort pour ses études). À plusieurs reprises, Antonie exprima son admiration pour Beethoven. Ainsi, le 4 octobre 1810, elle écrivait à Bettina : « Beethoven est un être d'exception, l'Art et la Nature l'ont comblé de leurs dons les meilleurs », et le 11 mars 1811 : « Beethoven est devenu pour moi un des êtres qui me sont les plus chers, sa fréquentation révèle sa valeur exceptionnelle […]. Il vient souvent me voir, presque tous les jours, et joue de lui-même, parce que c'est un

1. En 1823, alors qu'il écrit le Finale de la *Neuvième Symphonie* et qu'il pense à un nouvel opéra, Beethoven s'intéresse beaucoup aux *Ruines d'Athènes* (outre *Briefe*, 5., 1731, 19 août, 1738, 5 septembre, voir *BKh* 3, S.403, Bl. 11 r de fin juillet 1823, cité in *Briefe* 5, p. 224 note 2.

2. Joseph Ludwig Stoll (1777-1815) était librettiste et régisseur du Burgtheater. Avec le baron Léopold von Seckendorf il avait créé la revue *Prometheus* en 1808 (elle n'eut que six numéros, jusqu'en septembre 1808), à laquelle Beethoven collabora en mettant des poèmes de Goethe en musique (seul *Sehnsucht WoO 134* fut publié en avril 1808, dans la troisième livraison). Beethoven connaissait Stoll personnellement : ainsi, au cours de l'été 1809, pour lui venir en aide, il écrivit à l'orientaliste Joseph von Hammer pour qu'il intervienne en sa faveur lors d'un séjour à Paris [2., 391].

devoir pour lui d'adoucir les souffrances, et il sent qu'il le peut avec ses divines sonorités, dans de tels moments je souhaiterai vivement que tu sois là, qu'un tel pouvoir des sons existe je ne le savais pas avant que Beethoven ne me le dise[1].» Et à la même époque Antonie notait sur son journal intime l'existence d'affinités électives entre certains êtres, allusion au roman de Goethe *Die Wahlverwandschaften* paru en 1809, livre qu'elle a lu, dès sa publication, dans lequel elle voyait une définition de l'amour[2]. De son côté, le 7 mai 1811, son mari Franz (alors à Francfort) écrivait à Bettina (qui était à Berlin) : «De temps en temps, Beethoven la rassérène en jouant du piano.»

Et il dédicaça à Antonie les exemplaires des éditions originales, parues en octobre 1811, des *Drei Gesänge von Goethe* op. 83 et de *Christus am Oelberge* op. 85.

Étant donné la proximité de leurs relations, il est possible que Beethoven ait choisi le poème de Stoll en pensant à Antonie, pour laquelle il se sentait des «affinités électives».

PRÉSENTATION DE L'ŒUVRE

Ce poème de Joseph Ludwig Stoll ne fut publié qu'au début de l'année 1814 dans deux Almanachs différents édités à Vienne : «Selam. Ein Almanach für Freunde des Manifaltigen.» et le «Musenalmanach für das Jahr 1814» de Johann Erichson.

O daß ich dir vom stillen Auge
In seinem liebevollen Schein,
Die Thränen von der Wange sauge,
Eh' sie die Erde trinket ein.
À la bien-aimée
O que de tes yeux calmes
Dans leur éclat plein d'amour,
Je recueille les larmes qui coulent sur tes joues,
Avant que la terre ne les absorbe.

Wohl hält sie zögernd auf der Wange,
Und will sich heiß der Treue weihn;
Nun ich sie so im Kuß empfange,
Nun sind auch deine Schmerzen mein.
Qu'elles s'arrêtent hésitantes sur tes joues,
Et qu'elles se consacrent avec passion à la fidélité ;
Pour que je les prenne dans un baiser,
Pour que tes douleurs soient aussi les miennes.

Les trois versions, au tempo «agité», ont toujours la même ligne vocale (sauf le rythme de la coda), texte et musique étant très imbriqués même si la texture de l'accompagnement change. La coda repose sur la triple reprise du dernier vers, avec répétition et cadence parfaite sur «mein».

Quelle que soit la texture, les termes de «Tränen», de «Treue» et de «Schmerzen» sont soulignés par la musique (premier temps atteint par un crescendo, tenue).

La première version, Bewegt, nicht zu geschwind (Animé, mais pas trop rapide), est la seule en *ut* majeur, sur accompagnement de triolets de doubles croches.

La deuxième version, Andantino un poco agitato, est en *ré* majeur, avec un accompagnement en triolets, et voix étant par moment doublée – une mesure de descente de tierces en doubles croches sépare et met en valeur le dernier vers répété trois fois.

La troisième version est également Andantino un poco agitato, en *ré* majeur, mais l'accompagnement se caractérise par les syncopes à la main droite, ce qui souligne l'aspect légèrement «agité».

SOURCES

Il existe trois feuilles d'esquisses dispersées qui datent vraisemblablement de septembre ou octobre 1811[3]; sur le bord inférieur d'une des feuilles Beethoven a noté : «Nb : s'il y avait encore deux autres strophes, ce serait encore plus beau» et à la suite de quelques mesures de la partie de piano : «mélodie à la main droite».

Le manuscrit autographe de la deuxième version et celui de la troisième sont datés de décembre 1811 – celui de la deuxième version (Paris, BnF) comprend inscrit par Beethoven : «An die geliebte. / (Poesie von Stoll) geschrieben

1. Cf. *Bonner Beethoven-Studien*, «Antonie Brentano in Wien (1809-1812)», Verlag Beethoven-Haus Bonn, 2001 n° 2, p. 128.

2. *Id.* p. 130, d'après une lettre d'Antonie du 10 février 1810.

3. Sieghard Brandenburg a établi la chronologie du Petterschen Skizzenbuch, in *Zu Beethoven, Ausätze und Annotationen*, Verlag Neue Musik Berlin 1979, p. 128-134.

in Monath December 1811 / Von LVBthwn», et inscrit par quelqu'un d'autre : «Den 2^n März 1812 / mir vom Author erbethen»[1].

Le manuscrit de la troisième (Vienne, GdM) comprend beaucoup de corrections (ce doit être la mise au propre de la première version, qui n'a pas servi à la gravure).

PUBLICATION

La première version fut publiée en mars ou avril 1826 à Augsbourg, chez Gombart, dans un recueil de Lieder avec accompagnement de «Pianoforte» ou de guitare : «LIED VON BEETHOVEN»

La deuxième version n'a été publiée qu'en 1836 à Stuttgart : «RELIQUIE / VON/ Beethoven».

La troisième version parut dans le numéro du 12 juillet 1814 de la revue publiée à Vienne, *Friedensblätter. Eine Zeitschrift für Leben, Literatur und Kunst*, hg. von J.K.Chr. Fischer und F.A. Klinkowström : «An die Geliebte. / Gedichtet von Stoll, comp : von L : van Beethoven.»

Une édition séparée de ce Lied fut assurée à Bonn par Simrock au début de 1817 :

«An die Geliebte / Ein Gedicht von Stoll / mit Begleitung des Piano-Forté / von / Ludwig van Beethoven / Preis 75 C[ms] / Eigenthum des Verlegers. / Bonn und Cöln bey N. Simrock. /»

L'ŒUVRE VUE PAR SES CONTEMPORAINS

L'*AMZ* XIX, 18 juin 1817, n° 25 (col. 435/436), annonçait la publication de ce «petit» Lied, en même temps que celle du Lied *Das Geheimnis WoO 145*. Le rédacteur trouvait *An die Geliebte* particulièrement «charmant et profond».

1. La comparaison de la graphie de cette inscription avec celle des lettres d'Antonie Bretano récemment retrouvées permet de lever le doute sur l'identité de la destinataire de ce manuscrit – cf. *Bonner Beethoven-Studien*, «Antonie Brentano in Wien (1809-1812)», Verlag Beethoven-Haus Bonn, 2001, n° 2, p. 135, note 79.

Opus 92

Septième Symphonie en *la* majeur

Poco sostenuto, **C** *(62 mes.) / Vivace, 6/8,* la *majeur – 450 mes.*
Allegretto, 2/4, la *mineur – 278 mes.*
Presto, 3/4, fa *majeur – 653 mes.*
Allegro con brio, 2/4, la *majeur – 465 mes.*

TEMPS DE LA COMPOSITION ET PREMIÈRE EXÉCUTION

1811-1812 (de l'automne 1811 au printemps 1812). Beethoven établit le manuscrit en avril – «13 avril», noté sur le manuscrit, ce qui est sans doute la date d'achèvement.

L'*AMZ* du 2 septembre 1812 annonçait que Beethoven, au cours de son séjour dans les villes d'eaux de Teplitz, Carlsbad, Eger, composait deux nouvelles Symphonies.

Elle fut jouée le 8 décembre 1813 dans la grande Salle de l'Université à Vienne, en même temps que le *Wellingtons Sieg, oder die Schlacht bei Vittoria, op. 91*, sous la direction de Beethoven. Cette *Symphonie* fut rejouée le 12 décembre 1813, le 2 janvier 1814 et le 27 février 1814.

Après les concerts du 2 janvier et du 27 février 1814, Beethoven nota dans son *Tagebuch* (n° 18) que l'orchestre avait largement été étoffé :

«Bey meiner letzten Musik im großen Redoutensaal hatten sie
18 Violin prim
18 " secund
14 Violen
12 Violoncelle
7 Contrabässe
2 Contrafagotte»

CONTEXTE BIOGRAPHIQUE

Le projet de composer de nouvelles Symphonies est contemporain de la commande (au cours de l'été 1811) des *Ouvertures op. 113* et *op. 117* (destinées à l'inauguration du Théâtre de Pest), ainsi que de la réunion de la Diète de Hongrie (entre le 29 août 1811 et le 1er juin 1812) qui devait discuter de l'attribution du Primat de Hongrie à l'archiduc Rodolphe, déjà coadjuteur de l'évêché d'Olmütz. Beethoven espérait que la nouvelle fonction de l'archiduc aurait des conséquences favorables pour lui, comme il l'écrivait à Breitkopf & Härtel le 9 octobre 1811 [2., 523] : «j'ai moi-même proposé à son Altesse imp., qui en tant que primat de Hongrie touchera plus de 3 millions de revenus, de m'en transférer chaque année au moins un million (étant donné tous les bons esprits musiciens que j'entrainerai grâce à cela) ». Espérant obtenir enfin un poste officiel, qui non seulement serait régulièrement rémunéré, mais lui permettrait également de disposer d'un grand orchestre, Beethoven semble avoir rebondi sur une suggestion de l'éditeur Breitkopf & Härtel : composer un genre spécifique de symphonie. Stimulé par cette idée, il commença à en esquisser une, puis à en prévoir deux autres, dont l'une devait intégrer l'*Ode à la Joie* de Schiller (les esquisses montrent que Beethoven a pensé à la *Huitième* tout de suite après avoir esquissé la *Septième* et qu'il envisagea aussi une autre Symphonie en *ré* mineur (Nottebohm, II, 111), tout en pensant à quelque chose à chanter). En mai 1812, il informait B&H qu'il était en train de composer trois Symphonies, dont l'une était achevée. Ainsi, malgré l'échec de ses espérances – l'archiduc n'étant finalement pas nommé primat de Hongrie, et, en plus, renonçait à la fonction d'évêque d'Ollmütz –, Beethoven composa le gros de sa « Grande *Symphonie* en *la* » en avril 1812, puis la *Symphonie* en *fa* en octobre. La troisième ne fut composée qu'une dizaine d'années plus tard.

Le travail pour la *Septième Symphonie* commença, en automne 1811, par des recherches autour de différents motifs rythmiques (Nottebohm, II, 101). Tout en cernant peu à peu ceux qu'il allait retenir pour les mouvements successifs, Beethoven pensa à une Introduction et à sa transition avec le premier mouvement (qui mettait en place le rythme pointé). Il semble que pour le deuxième mouvement, il ait retenu des esquisses plus anciennes, datant de l'époque du *Quatuor op. 59 n° 3* (1806), qu'il retravailla tout en continuant ses recherches pour ce qui sera le matériau des mouvements suivants.

Au printemps 1813, Beethoven eut l'espoir de faire jouer ses deux nouvelles *Symphonies* achevées en concert public : si tous ses projets échouèrent[1], il eut pourtant l'occasion d'entendre ses *Symphonies op. 92* et *op. 93* lors d'une répétition organisée le 21 avril 1813 dans les appartements de l'archiduc Rodolphe. L'exigence formulée par Beethoven de disposer d'un orchestre plus étoffé, surtout par des cordes basses, et sa critique de la mauvaise performance du violoncelliste, laissent supposer que « la manière spécifique » de ses *Symphonies* résidait dans la masse orchestrale et dans l'importance accordée aux sonorités graves.

La *Septième Symphonie*, qui fut créée dans la salle de l'Université lors du concert du 8 décembre 1813, rencontra un large succès : l'Allegretto (qualifié d'Andante par les critiques musicaux de l'époque) dut être rejoué, tant le public était enthousiaste. Il en fut de même le 12 décembre. Ce succès fut utilisé par Beethoven lors de ses négociations avec les éditeurs : l'éditeur viennois, S.A. Steiner acceptant de publier la partition et, en même temps, plusieurs arrangements pour piano, pour quatuor à cordes ou pour neuf instruments d'harmonie. Ce succès incita Beethoven à dédier la réduction pour piano à la tsarine, espérant obtenir par là des retombées pour sa notoriété [3., 766], ainsi que pour ses finances [3., 778].

La partition de la *Symphonie op. 92* fut dédiée à un autre de ses mécènes, le banquier Moritz von Fries, pour honorer sa générosité.

PRÉSENTATION DE L'ŒUVRE

Le rythme, dans ses modalités les plus simples, est la pierre angulaire de l'ensemble de cette *Symphonie* en *la* majeur, chacun des quatre mouvements reposant sur une ou deux cellules spécifiques. Le pôle de référence n'est donc plus ni un thème mélodique, ni un timbre, ni un motif en forme de signal, mais une configuration rythmique, à l'origine d'une vitalité et d'une dynamique débordante d'énergie.

La structure d'ensemble magnifie cette présence dynamique irrésistible par sa cohérence, au point qu'elle pourrait être comparée à une action dramatique partant d'une introduction lente (comme dans l'*Ouverture des Ruines d'Athènes, op. 113*, conçue en même temps), et aboutissant, après des moments intenses et d'autres plus détendus ou plus recueillis, à une exultation collective trépidante.

1. Il échoua dans ses tentatives d'organiser un concert à l'Université (19 avril, lettre 2., 638), au Theater an der Wien (26 avril, lettre 645) et à l'Augarten (30 avril, lettre 646).

Les sonorités graves ont un très grand poids, les cordes graves étant traitées comme des timbales. Les cuivres jouent également un grand rôle. En contraste avec cette masse, le timbre du hautbois émerge souvent.

I. Un Poco sostenuto, de forme A B A B suivie d'une Coda transitionnelle, précède et introduit un Vivace à 6/8, de forme sonate. Dans l'Introduction lente, de 62 mesures, ouverte par un accord *forte* de tout l'orchestre suivi d'une courte mélodie *piano* jouée par le hautbois, Beethoven nous fait participer à l'élaboration de l'œuvre, l'auditeur ayant alors l'impression d'assister à la recherche du matériau (sur l'ensemble des registres sonores), puis à sa mise en œuvre progressive qui, après un moment de suspens, finit par s'affirmer sous la forme d'un rythme à nu, car répété sur la même note, qui émerge peu à peu pour se constituer en rythme pointé, support du Vivace.

Les deux éléments thématiques de ce mouvement rapide s'opposent par leur configuration rythmique et leur dynamique, le premier étant un rythme pointé entretenant l'impulsion initiale et le second installant le caractère ternaire du 6/8.

Le développement magnifie le rythme pointé en plusieurs sections (six, la cinquième correspondant au point culminant) qui jouent sur la diversification des timbres et de la masse sonore, les cuivres jouant un rôle essentiel. Après une réexposition menée par des cordes très intenses, le développement terminal et la coda combinent les deux rythmes qui ont dominé ce premier mouvement.

II. Allegretto en *la* mineur, formé de trois variations (A B A B A). Ce mouvement propose une autre configuration rythmique, évocatrice d'une marche recueillie (solennelle ? funèbre ? initiatique ?), sorte de Cantus firmus énoncé aux cordes basses (et entretenu par elles), puis amplifié et varié, au cœur duquel s'insèrent des épisodes plus libres, en *la* majeur, ou en forme de fugue pour cordes (« stromenti da corde » est-il indiqué sur la partition – le sujet étant énoncé par les violons seuls).

Le même accord au début et à la fin du mouvement (accord joué par les bois soutenus par les cors), dans une disposition de quarte et sixte (qui sert en général à ouvrir une cadence), installe l'impression qu'il s'agit d'une marche prise en cours, et qui passe.

III. Le Presto (Ax2 B A B A suivi d'une très courte coda) s'apparente à un Scherzo avec Trio.

Le Scherzo pose un rythme unifié rapide dans une battue à un temps (ses deux parties, qui ont une texture opposée, sont chacune reprises).

Le Trio, en *ré* majeur, a un tempo moins rapide, Assai meno presto, et une texture qui évoquent une sorte d'hymne au caractère de plus en plus solennel (longues tenues des violons et interventions des cors, des bassons et hautbois, avec intermède très intense sur roulements de timbales).

La coda oppose quelques mesures Assai meno presto, à quelques mesures Presto.

IV. Le Finale est Allegro con brio à deux temps – sa forme est une combinaison du rondo et de la sonate (avec reprise).

Ouvert à nouveau par tout l'orchestre *fortissimo* sur le même rythme que l'Allegretto, mais très rapide (ce qui en modifie l'effet), ce Finale entretient cette impulsion rythmique initiale, sans répit jusqu'à la fin. Dans le thème-refrain, les cordes répètent un motif rapide qui tourne sur lui-même, les cordes basses marquant régulièrement les temps faibles d'un *sforzando*. Les couplets, qui oscillent entre exposition, développement, réexposition et développement terminal, combinent inlassablement de courtes cellules rythmiques et le motif initial des cordes, en jouant sur les intensités et sur les effets de masse, pour entraîner l'ensemble vers des culminations sonores, la fin étant préparée par un triple *forte* de tout l'orchestre.

SOURCES

Les esquisses des quatre mouvements se trouvent dans le *Skizzenbuch Petter* (à Bonn), utilisé de septembre 1811 à décembre 1812[1]. Au milieu des esquisses du deuxième mouvement, Beethoven a noté : « 2te Sinfonie Dmoll », et au milieu du travail pour l'*op. 93* :

1. *Cf.* Sieghard Brandenburg dans « Ein Skizzenbuch Beethoven aus dem Jahre 1812 / Zur Chronologie des Petterschen Skizzenbuches », in *Zu Beethoven – Aufsätze und Annotationen*, Hrg von Harry Goldschmidt, Verlag Neue Musik Berlin 1979, p. 117-148.

« Sinfonia in Dmoll – 3te Sinf. » (cf. Nottebohm, II, 111).

D'autres feuilles d'esquisses sont dispersées à Vienne, New York et Paris.

Le manuscrit (en partie autographe : 208 pages de la main de Beethoven et 41 pages de la main d'un copiste) porte la mention suivante : « Sinfonie. [r. :] Lv Bthwn. / 13ten April » (probablement la date d'achèvement). Ce manuscrit se trouvait parmi les partitions de Beethoven à sa mort (anciennement à Berlin, il est actuellement à Cracovie).

Une copie de la partition de la main d'Anton Diabelli, copie destinée à la gravure (à Bonn), a été revue par Beethoven qui a noté : « Vide bene/ Beethoven ».

Une copie des différentes parties destinées à la première exécution a été revue par Beethoven, qui avait envoyé les différentes parties à l'éditeur S.A. Steiner en janvier 1816 (à Vienne).

Le manuscrit autographe des mesures 1-46 du premier mouvement d'une réduction pour piano qui n'a pas été continuée se trouve à Paris. (cf. *Briefe*, 6., 2239)

PUBLICATION

Cette Symphonie a été publiée, en novembre 1816, en même temps sous différentes formes, toutes revues par Beethoven.

1. La partition :

« Siebente / Grosse Sinfonie / in A dur / von / LUDWIG VAN BEETHOVEN / 92tes Werk. / Vollständige Partitur / N° 2560. – Eigenthum der Verleger. [r. :] Preis – / WIEN / im Verlag bei S.A. Steiner und Comp./ so wie auch zu haben : / in Leipzig bey Breitkopf und Härtel – C.F. Peters – Fr. Hoffmeister, / Bonn, bey N. Simrok – Offenbach, bey J. Andrä – Zürch, bey Nägeli & Comp. – Ettwill, bey C. Zulehner – Berlin, bey A. Schlesinger – / und in den Musikhandlungen zu Augsburg – Braunschweig – Frankfurt – Hamburg – München – Mayland – Neapel – Stuttgardt, / und auch in allen Buch- und Kunsthandlungen de k.k. oester. Provinzen. »

La dédicace se trouve sur une page particulière :

« Dem / Hochgebornen Herrn / Moritz Reichsgrafen von Fries, / Sr k : k : apost : Majestät wirklichen Kämmerer &. &. &. / in Ehrfurcht zugeeignet / von / Ludw : van Beethoven. »

[photocopie de la page de titre in *Briefe*, 3., p. 315]

2. Les parties séparées :

« Siebente / Grosse Sinfonie / in A dur / für / 2 Violinen, 2 Violen, 2 Flauten, 2 Oboen, / 2 Clarinetten, 2 Fagott, 2 Horn, 2 Trompeten, Pauken, / Violoncello und Basso, / von / LUDWIG van BEETHOVEN. / 92tes Werk./ [...] »

3. In « Harmonie für 9 Stimmen » (Nonette pour instruments à vent)

4. In « Quintett für 2 Violinen, 2 Violen und Violonzello »

5. In « Trio für das Piano-Forte, mit Violin un Violonzello »

6. Pour deux pianos

7. Pour piano à quatre mains

8. Pour piano seul

Ces publications ont été annoncées de nombreuses fois à partir du 6 mars 1816 par la *Wiener Zeitung*, et par l'*Intelligenz-Blatt* N°III, supplément à l'*AMZ* XVIII du 20 mars 1816, n° 12, en vue d'une vente par souscription.

Une version pour deux pianos établie par Czerny fut dédiée à l'impératrice de Russie Elisabeth Alexiewa.

La version pour piano à quatre mains, établie par A. Diabelli, fut également publiée à Londres par Birchall le 7 janvier 1817 en tant qu'*opus 98*.

LE DÉDICATAIRE DE LA PARTITION

Le comte Moritz von Fries (Voir *Opus 23* et *Opus 29*)

DÉDICATAIRE DE LA RÉDUCTION POUR PIANO

L'impératrice de Russie Elisabeta Alexejewna, née princesse Marie Luise Augusta von Baden (1779-1826), épousa en 1793 le futur tsar Alexandre Ier (auquel Beethoven dédia les *Trois Sonates pour piano et violon op. 30*). Elle changea de prénom en entrant dans l'Église orthodoxe.

Beethoven lui dédia aussi la *Polonaise op. 89* composée en 1814 et publiée en mars de l'année suivante par Pierre Mechetti, à Vienne.

L'ŒUVRE VUE PAR SES CONTEMPORAINS

La *Wiener allgemeine Musik Zeitung*, Jg. 1, 1813 (col. 747-750), publia un compte-rendu des concerts des 8 et 12 décembre 1813, au cours desquels deux « nouvelles œuvres » de Beethoven furent jouées : *La Bataille de Vittoria* et la *Symphonie op. 92*. L'auteur inscrivait les *Symphonies* de Beethoven, «le plus grand compositeur de musique instrumentale» de l'époque, sous le signe du «classicisme», et il soulignait que la nouvelle *Symphonie* était de la même veine que les autres, mais avec une qualité supplémentaire, celle d'être tout à fait intelligible. Beethoven n'ayant pas donné d'indication sur le caractère de sa *Symphonie*, l'auteur suggérait d'y voir le principe d'unité dans le «rythme romantique des mélodies».

L'*AMZ* XVI publia début 1814 (col. 70-71) un compte-rendu des concerts des 8 et 12 décembre 1813 dans la grande salle des nouveaux bâtiments de l'Université. L'auteur de l'article signalait que ce fut, dans ce contexte de guerre, un triomphe pour Beethoven; que la nouvelle *Symphonie*, qui avait été très applaudie, était si bien dirigée (par Beethoven) que toutes ses beautés étaient mises en évidence. Pour l'avoir entendue deux fois, l'auteur de l'article pouvait soutenir que c'était sa symphonie «la plus riche en mélodie» et «la plus facile à comprendre». Il dit aussi que «l'Andante [*sic*] dut chaque fois être rejoué pour le plus grand plaisir des connaisseurs et des non-connaisseurs».

L'AMZ XVIII, n° 48 du 27 novembre 1816 (col. 817-822) publia une longue analyse des quatre mouvements en insistant sur les particularités de cette œuvre, dont la beauté est impossible à traduire en mots (vingt-deux exemples musicaux appuyaient l'analyse). L'auteur soulignait que le second mouvement avait été fort apprécié, même par le public non averti, et il signalait que l'œuvre paraissait en même temps arrangée dans toutes les formes possibles.

La *Wiener allgemeine Musik Zeitung*, n° 4 et n° 5 des 23 et 30 janvier 1817 (col. 25-27 et 37-40) rendait hommage au talent de Beethoven en publiant une analyse de cette œuvre, et en insistant sur «la gloire du compositeur».

L'*AMZ* XIX, 1817 (col. 217-222), publiait une lettre de Friedrich Mosengeil (1773-1839), extraite des *Rosaliens Briefe aus Serena*, datée de «Bonn, den 12ten Nov. 1816». À la fin de sa description dithyrambique de la *Symphonie*, Mosengeil citait deux vers dit par Minelli dans le *Wilibald* de Wagner : «La religion nous infantilise face à Dieu; tandis que l'art fait de nous ses amis.»

CORRESPONDANCE

Le 28 février 1812 [2., 555], Beethoven rappelait à Breitkopf & Härtel que «dans une lettre qu'il ne retrouvait plus, lui, son éditeur, avait parlé d'une forme de symphonie qui correspondait exactement à ses idées». Il formulait cette remarque après avoir développé quelques considérations sur le fait qu'il ne pouvait compter que sur son «art». L'archiduc n'ayant pas été nommé primat de Hongrie et ayant renoncé à la succession de l'évêché d'Olmütz, il ne pouvait plus compter sur un poste officiel comme il l'espérait depuis la fin de l'été 1811 (cf. lettre à B&H, du 9 octobre 1811 [2., 523]).

Le 8 mai [2., 576], Beethoven promettait à Joseph von Varena à Graz une nouvelle symphonie pour son prochain concert de bienfaisance, ce qu'il considérait comme la moindre des choses. Il prévoyait également quelque chose de plus important pour la voix (il s'agit peut-être du projet d'une Ouverture intégrant des vers de l'*Ode à la joie* de Schiller).

Vers le 25 mai [2., 577], il écrivait à B&H qu'il est «en train d'écrire trois nouvelles symphonies, dont l'une est déjà terminée».

Le 19 juillet [2., 587], Beethoven (alors à «Tepliz») faisait savoir à Varena qu'une nouvelle *Symphonie* était prête, et que l'archiduc Rodolphe était en train de la faire copier. Il lui laissait espérer également quelque chose à chanter.

En mars 1813 [2., 630], il écrivait à Varena que deux *Symphonies* étaient à sa disposition (*op. 92* et *93*).

En avril [2., 634, 635], il semble que l'exécution des *Symphonies op. 92* et *93* ait été prévue dans la Redoutensaal de l'Université, après avoir été répétées dans les appartements de l'archiduc à la Hofburg le 21 avril 1813 [2., 642], mais le projet échoua [2., 638].

Le 20 avril [2., 640], Beethoven demandait à l'archiduc Rodolphe de convoquer l'orchestre le lendemain après-midi pour trois heures moins le quart, en priant les musiciens d'être à l'heure pour avoir le temps de répéter deux *Ouvertures* (*op. 113* et *op. 117*) et les deux *Symphonies op. 92* et *op. 93*. Beethoven demandait également qu'il y ait quatre cors (pour les ouvertures), et souhaitait avoir au moins pour les Symphonies, « 4 Violinen, 4 Sekund 4 Prim, 2 Kontrabässe 2 Violonschell », ajoutant qu'il « aimerait connaître la décision de l'archiduc, n'ayant pas de plaisir plus grand que de faire entendre ses œuvres à son éminent élève ».

Le 22 avril [2., 642], Beethoven voulait discuter avec Zmeskall au lendemain de la répétition qui s'était mal passée, les musiciens ayant fort mal joué, en particulier le violoncelliste Kraft, fils d'Anton Kraft.

Le 30 avril [2., 646], il demandait au bibliothécaire de l'archiduc de lui faire parvenir les parties copiées de la *Symphonie op. 92* ainsi que son manuscrit, espérant pouvoir organiser un concert à l'Augarten (après avoir échoué à le faire à l'Université, puis au Theater an der Wien). Mais le délai de répétition fut trop court, et le 1er mai 1813, c'est la *Symphonie op. 67* qui fut jouée.

Le 27 mai [2., 652], Beethoven regrettait de n'avoir pas encore pu envoyer les deux *Symphonies* promises à Varena (le 8 mai et 19 juillet 1812 et en mars 1813).

Fin décembre 1814 / début janvier 1815 [3., 766], Beethoven reconnaissait dans une lettre à un « Werther Freund ! » non identifié que sa « grande *Symphonie en la majeur* était considérée comme une de ses œuvres les plus heureuses des productions de ses faibles forces », ce qui l'incitait à en dédier la réduction pour piano à l'impératrice de Russie.

Le 1er février 1815 [3., 780], Beethoven chargeait son éditeur S.A. Steiner de préparer des réductions pour piano de plusieurs de ses œuvres, exigeant de les revoir et au besoin de les améliorer [op. *116*, *91*, *92* et *93*].

Les 16 mars et 19 mars [3., 790], Beethoven faisait écrire par l'industriel drapier Johann von Häring (1761-1818), en anglais, à Sir George Smart à Londres, pour proposer des œuvres (il indiquait le prix de chacune) :

« Non of the following pieces has ever been published, but N. 2. 4. & 9. – have been performed with the greatest applause. –

1 Serious Quartetto for 2 Violins, tenor and bass [*op. 95*]
2 Battle of Vittoria – Score [*op. 91*]
3 " " arranged for the Pianoforte
4 A Grand Symphony Score [*op. 92*]
5 " " arranged for the P.f.
6 A Symphony – Key f Score [*op. 93*]
7 " arranged
8 Grand Trio for the Pianoforte Violin & Violoncello [*op. 97*]
9 Three overtures for a full orchestra [*op. 113, 117, 115*]
10 The three arrangements
11 A Grand Sonata for the Pianoforte & Violin. [*op. 96*]

The above is the produce of four Years labour. »

En avril/mai 1815 [3. 804], Beethoven écrivait à l'éditeur viennois Pietro Mechetti (chez lequel venait de paraître en mars, la *Polonaise op. 89*, et allait paraître le Lied *WoO 143 Des Kriegers Abschied*), pour lui dire que Schuppanzigh avait fait des promesses sans objet (Beethoven était alors, depuis le 20 mai 1815, en pourparlers avec l'autre éditeur viennois S.A. Steiner qui publia les *op. 72, 91-93, 95-97, 113, 115, 117* et *136*.)

Le 20 mai [3., 807], il empruntait à S.A. Steiner la partition de la *Symphonie*, sans doute pour la montrer à Charles Neate, présent à Vienne en mai.

Le 1er juin [3., 809], il écrivait à son compatriote Johann Peter Salomon qui résidait à Londres pour l'inciter à proposer quelques unes de ses œuvres aux éditeurs londoniens, dont, entre autres, « une grande Symphonie en *la* (une de mes meilleures), une plus petite Symphonie en *fa* ».

Le 28 octobre [3., 844], Beethoven proposait à l'éditeur londonien Robert Birchall de lui vendre trois œuvres que S.A.Steiner tardait à faire paraître (il s'agit de la réduction pour piano de la *Symphonie op. 92*, de la *Sonate op. 96* et du *Trio op. 97*, que Birchall acheta et fit paraître le 7 janvier 1817 pour la réduction pour piano de l'*op. 92* comme *op. 98*).

Le 22 novembre [3., 854], Beethoven informait Ferdinand Ries qu'il venait d'expédier à Birchall la réduction pour piano de la *Symphonie* en *la*, et il lui demandait de s'occuper de la publication de ses œuvres à Londres. Le même jour [3., 855], il annonçait l'envoi à Birchall.

En janvier 1816 [3., 885, 886], Beethoven envoyait à Steiner, pour qu'il puisse graver la Symphonie, les différentes voix qui avaient servi à la première exécution (elles se trouvent encore à Vienne, GdM).

Le 19 mars [3., 917], Ferdinand Ries lui assurait que la *Symphonie* en *la* lui avait procuré beaucoup de plaisir.

Au début novembre [3., 991, 992, 993], Beethoven envoyait plusieurs lettres excédées à Steiner, tant il y avait de fautes dans les éditions de la partition, comme dans celle des voix séparées. Il exigeait qu'une liste de toutes les fautes soit publiée (ce que Steiner ne semble pas avoir fait). Il nommait Andante ce qui est désigné par Allegretto dans l'édition.

Fin novembre / début décembre [3., 1010], il demandait à Steiner d'envoyer deux exemplaires de la *Symphonie* au comte Moritz von Fries, le dédicataire.

Le 28 décembre [3.1019], il informait Johann Nepomuk Kanka à Prague qu'il lui faisait envoyer un exemplaire de sa *Symphonie* en *la*, en remerciement de ce qu'il avait fait pour lui.

Fin décembre 1816 / Janvier 1817 [3., 1026], Beethoven envoyait différentes voix de la *Symphonie en la* à Vinzenz Hauschka qui devait la diriger à Vienne dans le cadre des concerts organisés par la « Gesellschaft der Musikfreunde » le 2 février 1817. Bien qu'il soit préférable de disposer de la partition, il convenait qu'il ne pouvait pas lui envoyer dès maintenant, car il n'avait que la sienne, qu'il était seul capable de lire. Il lui conseillait de s'en procurer une chez Steiner.

Opus 93

Huitième Symphonie en *fa* majeur

Allegro vivace e con brio, 3/4, fa *majeur – 373 mes.*
Allegretto scherzando, 2/4, si *bémol majeur – 81 mes.*
Tempo di Menuetto, 3/4, fa *majeur – 78 mes.*
Allegro vivace, ¢, fa *majeur – 502 mes.*

TEMPS DE LA COMPOSITION ET PREMIÈRE EXÉCUTION

1811-1812, avec retouches avant la publication.

Beethoven a inscrit sur son manuscrit « octobre 1812 ». Cette *Symphonie* a été en grande partie esquissée et composée pendant l'été, lors de son séjour dans les villes d'eau de Bohême (le travail est donc contemporain de la « lettre à l'Immortelle bien-aimée », datée de Teplitz les 6 et 7 juillet 1812, et de la rencontre avec Goethe les 19, 20, 21 et 23 juillet à Teplitz, et, à nouveau, le 8 septembre 1812, à Karlsbad).

L'*AMZ* XIV, du 2 septembre 1812 (col. 597) signalait que Beethoven, qui avait pris les eaux à Teplitz, Karlsbad et Eger durant l'été, avait écrit deux nouvelles *Symphonies*.

Après avoir entendu sa *Symphonie*, jouée dans les appartements de la Hofburg de l'archiduc Rodolphe en avril 1813, il y a apporté des modifications, comme le prouve la comparaison entre l'édition originale et le manuscrit (en particulier pour la fin du premier mouvement, l'édition originale correspondant à la copie des différentes voix utilisées pour la première exécution publique le 27 février 1814 – version qui reprenait la première idée, comme en témoignent les esquisses [cf. Nottebohm, I, 23-24]).

Le 27 février 1814 dans la grande salle de la Redoute à Vienne (en même temps que la *Bataille de Vittoria op. 91* et que la *Septième Symphonie op. 92*, deux œuvres créées le 8 décembre 1813, et que le *Trio « Tremate empi » op. 116*).

CONTEXTE BIOGRAPHIQUE

Beethoven a conçu cette nouvelle Symphonie juste après la *Septième*, prévoyant d'ailleurs un moment de composer un ensemble de trois Symphonies, dont la troisième en *ré* mineur devait intégrer l'*Ode à la Joie* (il avait pensé au *ré* mineur d'abord pour la *Huitième* : « 2te Sinfonie Dmoll », a-t-il noté au milieu des esquisses de la *Septième*[1]). Mais avant de décider qu'il allait composer une autre Symphonie, Beethoven semble avoir pensé à un concerto comme le laisse supposer des esquisses pour une partie du premier mouvement, qui se trouvent dans le *Skizzenbuch Petter*, juste après celles pour la *Septième* (cf. Nottebohm II, 111), et qui rassemblent des recherches pour le thème, pour le développement, pour la mélodie de l'exposition de l'orchestre avec un point d'orgue ouvrant sur un solo instrumental.

Après avoir choisi de s'orienter vers la composition d'une Symphonie, il a pensé son

1. *Cf.* Nottebohm II, 111 et Digitales Archiv, Beethoven-Haus, Bonn.

travail en relation avec celui de la *Septième*, cherchant à trouver de nouvelles solutions apparentées à celles qu'il venait d'élaborer : il s'est ainsi orienté vers un dépassement de la référence aux rythmes pour faire de la pulsation la donnée thématique, élément dont devait procéder l'écriture et la forme qu'il fit reposer sur la répétition jusqu'à saturation sonore, ainsi que sur l'usage du contrepoint, y compris dans la liaison entre les parties constitutives des différents mouvements. Sous un aspect de grande simplicité, évocatrice à la fois de la musique populaire et de celle de ses prédécesseurs (en particulier Haydn et en particulier dans le troisième mouvement Tempo di Menuetto) ainsi que du métronome que Maelzel venait d'inventer[1], Beethoven a composé une œuvre très cohérente et homogène, plus courte que la précédente : « kleinere », selon les termes de sa lettre du 1er juin 1815 à son compatriote Salomon, alors à Londres.

Curieusement, Beethoven fit publier sa nouvelle Symphonie sans la dédier à un mécène ou à un ami. Aucune allusion dans les sources disponibles ne permet d'en connaître la raison. Pourtant, l'attention qu'il porte à sa diffusion et aux critiques prouve que se jouait pour lui quelque chose d'essentiel dans ses choix d'écriture. Ses contemporains, quelque peu déroutés (soit elle ne leur plaît pas, soit elle leur paraît difficile à comprendre à la première audition), ont parfois souligné l'humour de cette Symphonie, terme traduisant leur compréhension de l'originalité de Beethoven dans sa manière de jouer avec les éléments d'écriture (la nature des thèmes, loin d'être mélodique, l'instrumentation, en particulier la trompette en *fa* qui fait habituellement partie des orchestres militaires, le « tuilage » des parties qui se succèdent dans un même mouvement, le début abrupt du premier mouvement qui s'impose sans préparation, les répétitions de type ostinato, etc.).

PRÉSENTATION DE L'ŒUVRE

Conçue en relation avec la *Septième Symphonie* qui confère un rôle thématique au rythme, cette *Huitième Symphonie* confère un rôle thématique à la pulsation, par delà les cellules rythmiques. Ses autres spécificités résident dans le traitement des transitions par tuilage (alors que la phrase n'est pas terminée, une autre commence, ce qui lui donne un caractère hâtif et contribue à diminuer la durée de l'œuvre), ainsi que dans l'adéquation de la tonalité de *fa* avec l'instrumentation (la trompette en *fa* au registre aigu dépasse les limites habituelles de la tessiture d'une trompette, et les timbales accordées en *fa* permettent que la note grave soit celle de la tonalité – ce qui d'habitude est l'inverse –, ainsi dans le Menuetto, Beethoven fait de la quinte *fa-do* le motif principal).

Enfin, il a choisi de ne pas commencer par une Introduction ou par des accords qui ouvrent l'espace sonore et forcent l'attention, mais de commencer immédiatement par le thème principal qui semble ainsi pris en cours, malgré son aspect très lapidaire (il faut rappeler que cette Symphonie était une suite de la *Septième*).

Dans l'ensemble, la musique paraît jouer avec l'attente de l'auditeur et déjouer ses habitudes d'écoute en superposant la fin et le début des différentes parties d'un mouvement.

I. Allegro vivace e con brio, à trois temps, de forme sonate, dans laquelle l'importance et la fonction de chaque partie modifiée : la tension se jouant davantage entre le thème principal et la conclusion de l'exposition constituée de sauts d'octaves répétés.

Le premier thème fait figure d'entrée en matière pleine de décision, son impulsion initiale étant entretenue tout du long ; il est construit sur des périodes régulières, et culmine sur un tutti de grande intensité.

Le deuxième thème plus lyrique, *piano dolce*, est exposé par les bois ; puis, après avoir suscité des moments de très grande intensité et de très grande fermeté, il est suivi d'une conclusion qui se termine sur le motif de saut d'octaves. Ce dernier motif, sorte d'inscription de la pulsation dans la mesure, est repris par le développement et associé au motif initial du thème principal, véritable combinaison d'ostinato qui, après un passage *fugato*, culmine sur un triple *forte*.

La réexposition est annoncée avant la fin du développement. Elle est suivie d'un développement terminal de grande ampleur, qui se conclut sur une cadence métrique avant

1. Contrairement à ce qui a souvent été raconté, Beethoven n'est pas l'auteur du canon destiné à Maelzel, « *Ta ta ta* » *WoO 162* qui fut composé postérieurement à l'Allegretto de la *Symphonie*.

l'évocation *pianissimo* du motif initial dans le registre médian des cordes.

II. Allegretto scherzando en deux parties de forme sonate sans développement central. Ce mouvement à deux temps est centré sur la pulsation (à la double croche) et animé par une petite cellule rythmique ramassée sur elle-même et qui se répète.

L'orchestre ne comprend ni trompette, ni timbales, ce qui confère à l'instrumentation un caractère intimiste.

L'ensemble de ce mouvement consiste en une sorte de jeu entre la mesure, la pulsation et le rythme.

III. / De forme A B A (Menuet/Trio/ Menuet da capo al Fine). Le troisième mouvement, Tempo di Menuetto, se joue de la référence au Menuet galant du XVIIIe siècle en insistant sur les trois temps soulignés par des *sf* et par un thème fait de quintes *do-fa* répétées, et en lui opposant un Trio, référence directe à la musique de danse populaire par son contrepoint entre les cors et les clarinettes, sur des arpèges en triolets de croches des violoncelles jouant *pizzicato*.

Paradoxalement, le timbre grave du basson joue un grand rôle dans le Menuet.

IV. Allegro vivace « alla breve », ce Finale est de forme complexe entre le Rondo et la Sonate. Le matériau thématique n'est que pulsation, entretenue par des triolets de croches (par moment de noires).

En contraste avec cette pulsation sans répit à nu, le second thème *dolce* est lyrique, mais toujours sur triolets de croches. Après une reprise du thème-refrain, le deuxième couplet est un fugato, des sauts d'octaves en noires menant à une nouvelle reprise du thème-refrain, suivi d'un couplet qui correspond à la réexposition. Le thème-refrain réapparaît de nouveau avant un étrange développement terminal qui commence de façon très lyrique pour se transformer en une sorte de marche régulièrement scandée par les blanches sur triolets de noires.

La coda magnifie la pulsation rapide de triolets de croches avant de se terminer sur une cadence métrique (comme le premier mouvement).

SOURCES

Des esquisses se trouvent juste après celles de la *Septième Symphonie op. 92* dans *Skizzenbuch Petter*[1] (il nota sur la feuille 44, juste avant les feuilles consacrées aux esquisses de la *Huitième Symphonie*, le thème du « Postillon de Karlsbad[2] », indice pour dater ce cahier d'esquisses).

Le manuscrit autographe porte la mention suivante : « Linz im / Monath october / 1812 » (le premier et le deuxième mouvement se trouvent à Berlin, le troisième à Cracovie et le quatrième à Berlin).

Une copie a été établie par Anton Diabelli en été 1815 à partir de l'original en vue de la gravure (Vienne, BN) – il n'y a aucune correction de la main de Beethoven.

Les parties d'orchestre qui ont servi pour les premières exécutions publiques et ont été revues par Beethoven se trouvent à Vienne (la fin du premier mouvement est différente de celle du manuscrit – cf. Nottebohm I, 24).

PUBLICATION

L'édition originale fut assurée en 1817 (début de l'année) par S.A. Steiner à Vienne sous plusieurs formes : en partition, « Achte / Grosse Sinfonie / in F dur / von / LUDWIG VAN BEETHOVEN / 93tes Werk. / Vollständige Partitur. / [...] »
(suivent les mêmes informations des lieux où trouver cette partition que pour l'*op. 92*)
en dix-sept parties séparées, « Achte / Grosse Sinfonie / in F dur / für 2 Violinen, 2 Violen, 2 Flauten, 2 Oboen, / 2 Clarinetten, 2 Fagott, 2 Horn, 2 Trompeten, Pauken, / Violoncello und Basso, / von / LUDWIG VAN BEETHOVEN / 93tes Werk. / [...] »

en six autres arrangements, Nonette pour instruments à vent, Quintette à cordes, Trio pour piano, violon et violoncelle, et différentes versions pour piano : pour deux pianos (transcription établie par Czerny), pour piano à quatre mains (établie par Tobias Haslinger) et pour piano seul (également établie par Tobias Haslinger).

L'ŒUVRE VUE PAR SES CONTEMPORAINS

L'*AMZ* XVI du 23 mars 1814 (col. 201 f.) publiait un article sur le deuxième concert de

1. Nottebohm II, 111-118 et S. Brandenburg, « Ein Skizzenbuch Beethovens aus dem Jahre 1812 », in *Zu Beethoven*, par Harry Goldschmidt, Berlin 1979, p. 117-148. Ces esquisses peuvent être consultées sur Digitales Archiv, *op. cit.*

2. Voir le fac-similé et le commentaire dans *Beethoven und Böhmen*, Beethoven-Haus, 1988, p. 344.

Beethoven donné à son bénéfice dans la grande salle de la Redoute, pour lequel il n'y avait que des œuvres de sa composition : 1°) la *Septième Symphonie* fut applaudie comme la première fois (l'Andante [sic] « die Krone neuerer Instrumentalmusik » dut être, comme chaque fois, rejoué) ; 2°) un Trio, « ein ganz neues italienisches Terzett in B dur » par « Mad. Milder-Hauptmann, Hrn. Siboni et Hrn. Weinmüller » qui commence dans un style italien mais finit avec feu à la manière de Beethoven ; 3°) une nouvelle *Symphonie* « eine ganz neue Symphone » qui ne suscita pas un total enthousiasme [« sie machte – wie die Italiener sagen – keine Furore »] ; 4°) le « Wellingtons Sieg in der Schlacht bey Vittoria », pour lequel la première partie, le combat, dut être reprise.

Der Sammler, n° 2 du 3 janvier 1818 (p. 8), signalait, au lendemain du concert donné le 25 décembre 1817 au bénéfice du « Bürgerspitalfonds » dans la grande salle de la Redoute et dirigé par Beethoven, que la nouvelle *Symphonie* était digne des précédentes, même s'il était impossible d'en saisir toutes les beautés et la qualité de l'écriture contrapuntique à la première audition. L'auteur admirait l'utilisation des instruments, la hardiesse des transitions, le charme de quelques idées en contraste avec le feu sauvage de certaines autres. Le Finale devrait particulièrement plaire, et il regrettait que l'Andante [*sic*] soit trop court. [cf. *Briefe*, 4., p. 151]

La *Wiener AMZ*, 2, du 3 janvier 1818, n° 1 (col. 6f.) signalait que cette « nouvelle grande Symphonie » (jouée le 25 XII 1817) était très différente des précédentes, que les charmes du développement retenait l'attention et que « la bonne humeur » augmentait à chaque modulation, mais qu'il fallait pouvoir l'entendre plusieurs fois pour en percevoir l'originalité.
[cf. *Briefe*, 4., p. 151]

La *Wiener AMZ*, 2, du 17 janvier 1818, n° 3 (col. 17-23) publia une critique dithyrambique d'Anton Diabelli, avec exemples musicaux, références à Amphion, à Minerve, et anticipation sur l'admiration des générations futures. Diabelli se posait donc en admirateur enthousiaste de Beethoven et de son art, et conseillait à ceux qui étaient soucieux de leur formation esthétique d'étudier la partition, non pour l'imiter mais pour apprécier l'utilisation des instruments, l'économie des idées, les liens entre des idées étrangères les unes aux autres.

L'*AMZ* XX, n° 9 du 4 mars 1818 (col. 161-167), soulignait l'originalité de Beethoven par rapport à ses prédécesseurs (Mozart, Haydn) ainsi que les beautés, l'humour et l'extravagance, « selon l'expression italienne : musica stravagante » de ses compositions. L'auteur de l'article s'appuyait sur douze exemples musicaux.

L'*AMZ* XX, 1818 (col. 597), signalait que la nouvelle *Symphonie* de Beethoven en *fa* était pleine de vie et d'humour, mais difficile à suivre à cause de la « structure démantelée des mouvements ».

L'*AMZ* XXI, 1819 (col. 74-75), regrettait que Beethoven n'écrive plus de Symphonies comme ses premières pour plaire au public, la *Symphonie* en *fa* n'ayant pas été appréciée.

CORRESPONDANCE
Voir *Opus 92.*

Avant le 23 février 1814 [3., 697], Beethoven demandait à un certain Hartmann de publier dans le *Oesterreichischer Beobachter* l'annonce de son prochain concert (le 27 février 1814) au cours duquel *La Bataille de Vittoria*, déjà connue, devait être jouée, ainsi qu'une nouvelle *Symphonie.*

Vers le 9 janvier 1817 [4., 1062], il demandait à Carl Czerny de venir chez lui avec la réduction pour piano de la *Symphonie en fa* (Czerny avait établi la réduction pour deux pianos et avait revu la réduction pour piano seul établie par Tobias Haslinger.)

Après le 3 janvier 1818 [4., 1219], Beethoven écrivait à Steiner pour lui dire qu'il trouvait l'article du *Sammler* (du 3/1/1818, n° 2, p. 8) sur la *Symphonie en fa* exécutée lors du concert du 25 décembre 1817, bien meilleur et plus juste que celui de la *Wiener Musik Zeitung* (du 3/1/1818, n° 1, col. 61).

Thomson, 3e envoi
9 Airs irlandais

WoO 152 *: Irische I n° 24, 11, 13, 25, 10, 21, 22;* WoO 153 *: Irische II 48, 1° version = KH;* WoO 154 *: 12 Ir n° 9 et* WoO 152 *: Irische I n° 19*

TEMPS DE LA COMPOSITION

Beethoven a dû recevoir ces 9 Airs au tournant des années 1811-1812. Il les déposa chez Fries le 29 février 1812, qui ne les expédia qu'en juillet. Thomson les reçut en septembre [2., 604].

CONTEXTE BIOGRAPHIQUE

Beethoven composa ces neuf nouvelles harmonisations, en se pliant aux exigences de Thomson, au début de l'année 1812, espérant être payé en or, en une période où la monnaie de papier se dépréciait et où il avait besoin d'argent pour « quitter ce pays » et se rendre en Angleterre [2., 556], désir qu'il eut de 1792 à sa mort.

Pour composer, il aurait aimé disposer des textes des Airs, afin d'adapter sa musique à la poésie et au contenu du poème.

PRÉSENTATION DE L'ŒUVRE

Voir p. 833-844.

SOURCES

Le manuscrit autographe comprend également la livraison suivante de 1813.

Une copie (à Berlin) porte la mention suivante de la main de Beethoven : « 9 Airs ecossais / avec accompagnement / d'un Violon et Violoncelle / et avec des ritornelles / et des Conclusions aussi / des cadences / par / louis van Beethoven. / au mois de février 1812. »

PUBLICATION

Par Thomson en 1814 dans les *Irish Airs I* et en 1816 dans les *Irish Airs II.*

CORRESPONDANCE

Le 29 février 1812 [2., 556], Beethoven informait Thomson qu'il avait déposé 9 Airs chez Fries, réclamant d'être payé en or. Il demandait à nouveau de pouvoir disposer des textes ajoutant : « Je ne comprends pas comme vous, qui êtes connoisseur, ne pouvés comprendre, que je produirois des Compositions, tout a fait autres, si j'aurai le texte a la main, et les chansons ne peuvent jamais devenir des Produis parfaites, si vous ne m'envoyés pas le texte, et vous m'obligerés a la fin de refuser vos ordres ulterieurs. » Puis il voulait savoir s'il pouvait concevoir les parties de violon et de violoncelle comme « obligé ».

Le 5 août 1812 [2., 590], Thomson lui rappelait qu'il lui avait envoyé 9 Airs pour qu'il en compose les ritournelles et accompagnements, et il se permettait d'en envoyer 9 nouveaux.

Le 10 octobre [2., 604], Thomson lui signalait qu'il les avait reçu au mois de juillet, et s'autorisait à lui en faire refaire trois trop difficiles à jouer (le 4, le 7 et le 8).

WoO 162
Ta ta ta

Canon à quatre voix
En si *bémol majeur – 12 mes.*

TEMPS DE LA COMPOSITION

Sans doute une mystification de Schindler qui le datait du printemps 1812[1].

CONTEXTE BIOGRAPHIQUE

Il aurait été improvisé lors d'un dîner d'adieu en l'honneur de Johann Nepomuk Mälzel, celui qui a mis au point le métronome.

TEXTE

« Ta ta ta… lieber Mälzel, leben Sie wohl, sehr wohl ! Banner der zeit, ta ta ta großer Metronom… »

PRÉSENTATION DE L'ŒUVRE

Le rythme imite la battue régulière du métronome.

SOURCE

Ce célèbre canon attribué à Beethoven n'est connu que par sa publication de 1844.

PUBLICATION

Seulement en 1844 in *Musik.-krit. Repertorium aller neuen Erscheinungen im Gebiete der Tonkunst*, 1re année, 2e cahier – Leipsig, février 1844.

1. Voir les articles dans *Zu Beethoven – Aufsätze und Dokumente 2*, édité par Harry Godlschmidt, Verlag Neue Musik, Berlin, 1984 : de Stanley Howell, « Der Mälzelkanon – eine weitere Fälschung Schindlers ? », p. 163-171 ; et de Harry Goldschmidt, « "Und wenn Beethoven selber käme…" Weitere Aspekte zum Mälzelkanon », p. 185-204.

Il fut publié par Schindler dix ans plus tard dans la *Niederrheinische Musik-Zeitung* II, n° 49 du 9 décembre 1854.

WoO 39

Trio pour piano, violon et violoncelle en *si* bémol majeur

Allegretto, 6/8, si *bémol majeur – 124 mes.*

TEMPS DE LA COMPOSITION

Le manuscrit porte la date du 26 juin 1812.

CONTEXTE BIOGRAPHIQUE

Ce mouvement unique est la dernière œuvre achevée par Beethoven destinée à cette formation instrumentale de musique de chambre. Il l'a composé peu avant le départ de ses amis Brentano qui, après un séjour d'environ trois ans (été 1809 – été 1812) à Vienne, retournaient à Francfort[1]. Beethoven composa ce mouvement en pensant à Maximiliane, fille aînée de la famille, âgée de dix ans, qui étudiait le piano (il se préoccupa d'inscrire les doigtés sur la partie de piano). Pourquoi lui a-t-il offert un *Trio* au lieu de lui composer un mouvement de Sonate ? Peut-être parce que pour Beethoven, qui a délibérément attaché son premier numéro d'opus à un ensemble de *Trois Trios*, cette formation représentait la voie royale pour pénétrer dans le « royaume des sons ». De fait, quand en décembre 1821 [4., 1449, 6 décembre], il expédia à Maximiliane un exemplaire de l'édition originale de la *Sonate pour piano op. 109* qui lui était dédiée, il joignit une lettre dans laquelle il faisait allusion à leur rencontre au temps où elle était encore enfant, insistant sur l'esprit qui liait les hommes « les plus nobles et les meilleurs » sur la terre, de manière indéfectible, et dessinant une image d'elle qui en faisait l'incarnation des qualités de ses parents. Dès 1812, en offrant ce cadeau à Maximiliane, ne cherchait-il pas à mettre l'accent sur un héritage spirituel (celui des Brentano, « die besten Freunde der Welt ») qu'il tentait de favoriser par cette pratique sociale qu'était la musique de chambre ?

1. Cf. *WoO 140*. Antonie von Birkenstock née à Vienne le 28 mai 1780, mariée en 1798 à Vienne, s'installa à Francfort avec son mari Franz (1765-1844). Elle mourut à Vienne en 1869. Beethoven fut introduit chez eux entre mai et juin 1810. Antonie était très proche de ses enfants, qu'elle chérissait et dont elle admirait la fraîcheur et la gaité.

PRÉSENTATION DE L'ŒUVRE

Il s'agit d'un seul mouvement de forme sonate avec coda.

Le piano énonce le premier thème de manière très simple, sur tenue des cordes.

L'exposition (mes. 1-35) comprend le premier thème (mes. 1-8), le pont (mes. 9-18) et le deuxième thème (mes. 19-35). Le développement est très court (mes. 35-54). Après la réexposition (mes. 55-86), une coda termine le mouvement avec de longs trilles et des traits chromatiques au piano.

SOURCES

Le manuscrit autographe (à Bonn) porte inscrit sur la page 2 : « Wien am 26ten juni. 1812. für meine kleine Freundin Maxe / Brentano zu ihrer Aufmunterung in / Klawierspielen... 1 v Bthwn ». Les doigtés sont inscrits sur la partie de piano. Ce manuscrit détenu par la famille Brentano a servi à la gravure pour l'édition posthume.

PUBLICATION

Ce Trio fut publié en 1830, posthume, à Francfort, chez Dunst.

La partition Urtext, in Studien-Partitur, *Klaviertrios*, vol. 3, G. Henle Verlag, 1996, comprend les doigtés de Beethoven.

LA DÉDICATAIRE

Maximiliane (8 février 1802-1er septembre 1861) était la fille aînée des amis de Beethoven, Franz et Antonia Brentano. Il lui dédia la *Sonate pour piano op. 109* (publiée en novembre 1821).

WoO 30

Trois Equale pour quatre trombones

1. *Andante,* ¢, ré *mineur – 50 mes.*
2. *Poco Adagio,* ¢, ré *majeur – 38 mes.*
3. *Poco sostenuto, 3/2,* si *bémol majeur – 16 mes.*

TEMPS DE LA COMPOSITION

« 2 novembre 1812 » à Linz pour Franz Xaver Glöggl (1764-1839), maître de chapelle de la cathédrale. Il s'agit de petites pièces de musique funèbre destinées aux enterrements ou aux cérémonies du jour des morts.

CONTEXTE BIOGRAPHIQUE

Beethoven a composé ces musiques funèbres pour le maître de chapelle de la cathédrale de Linz lors d'un séjour chez son frère Johann (1776-1848), en octobre 1812. Il s'était rendu à Linz à la fin du mois de septembre 1812, directement depuis les villes d'eau de Karlsbad et de Teplitz, où il avait passé l'été et avait eu l'occasion de rencontrer Goethe. Il quitta Linz juste après le mariage de son frère avec Therese Obermayer (1787-1828), le 8 novembre 1812.

Lors de son enterrement (29 mars 1827) et de la consécration de sa tombe dans le cimetière de Währing (29 mars de l'année suivante), Ignaz Ritter von Seyfried (1776-1841) établit des transcriptions de ces trois Équale pour chœur d'hommes à quatre voix[1]. Les transcriptions des n° 1 et n° 3 (pour l'enterrement) utilisent les textes liturgiques : «Miserere mei, Deus» (Aie pitié de moi, Dieu), et «Amplius lava me ab iniquitate mea» (Lave-moi de ma faute), c'est-à-dire les versets 3 et 4 du Psaume 51 (le «Miserere» : confession d'un pécheur repentant). La transcription du n° 2 (pour la consécration de la tombe) utilise un poème de Grillparzer.

L'*AMZ* XXIX, n° 44 du 31 octobre 1827 (col. 749) fit un compte-rendu de la cérémonie funèbre, et dans «Caecilia», Heft 26, novembre 1827, p. 123 II (7.Band, Mainz 1828), l'auteur de l'article, G.v.Weiler approuvait les musiques funèbres choisies pour l'enterrement de Beethoven.

SOURCES

Le manuscrit autographe (à Berlin) porte la mention : «Equal a 4 Tromboni. L.v. Beethoven. Linz den 2ten 9 ber 1812.»

PUBLICATION

En 1888 dans la GA d'après la copie retrouvée dans la bibliothèque de Rodolphe.

La transcription pour chœur d'hommes à quatre voix des n° 1 et n° 3, établie par Ignaz von Seyfried, pour l'enterrement de Beethoven le 29 mars 1827, fut publiée en juin 1827 par Tobias Haslinger :

«TRAUER-GESANG / bey / Beethoven's Leichenbegängnisse / in Wien den 29. März 1827./ Vierstimmiger Männerchor, / mit willkürlicher Begleitung / von vier Posaunen, oder des Pianoforte. / Aus Beethoven's Manuscripte / zu dem obigen Gebrauch mit Text eingerichtet / von / Ignaz Ritter von Seyfried [...]»

La transcription, toujours de I.v. Seyfried, du n° 2 fut publiée en mars 1829 par Tobias Haslinger :

«TRAUERKLÄNGE / bei / BEETHOVEN'S GRABE. / Vierstimmiger MÄNNERCHOR,/ nach einer Original-Melodie/ des/ VEREWIGTEN./ Die Worte von Franz Grillparzer./ [...]»

Opus 96

Sonate pour piano et violon en *sol* majeur

Allegro moderato, 3/4, sol *majeur – 281 mes.*
Adagio espressivo, 2/4, mi *bémol majeur – 67 mes.*
Scherzo. Allegro, 3/4, sol *mineur – 97 mes.*
Poco Allegretto, 2/4, sol *majeur – 295 mes.*

TEMPS DE LA COMPOSITION ET PREMIÈRE EXÉCUTION

Esquissée à la fin de l'année 1812 (contemporaine des *Symphonies n°s 7* et *8*), elle fut composée en décembre 1812 en relation avec le passage à Vienne du violoniste français virtuose Rode (qui séjourna à Vienne entre la mi-décembre 1812 et le début de l'année 1813). C'est une œuvre de circonstance. Cette *Sonate* fut achevée peu avant sa création le 29 décembre 1812, Beethoven s'étant préoccupé de prendre en compte, dans le Finale, les particularités de son jeu (Nottebohm, I, p. 30, cite un extrait d'article publié par l'*AMZ* III en 1801, col. 588, donnant des indications sur les caractéristiques du jeu de Rode : toujours agréable et clair, il se distinguait «par la grâce et la délicatesse», pouvant cependant par moment devenir très froid).

La première exécution eut lieu le 29 décembre 1812 par le violoniste Jacques Pierre Joseph Rode (1774-1830) et l'archiduc

1. Cf. *Drei Begräbnisse und ein Todesfall. Beethovens Ende und die Erinnerungskultur seiner Zeit.* Begleitbuch zur Ausstellung des Beethoven-Hauses Bonn und des Museums für Sepulkralkultur, Kassel, Verlag Beethoven-Haus Bonn, 2002, «IV. Beethovens Begräbnis am 29. März 1827», p. 69 sq.

Rodolphe au piano, lors d'un concert chez le prince Lobkowitz.

CONTEXTE BIOGRAPHIQUE

Comme la neuvième *Sonate pour piano et violon op. 47* qui avait été composée à l'occasion du passage à Vienne en mai 1803 d'un virtuose du violon, Bridgetower, cette dixième et dernière *Sonate pour piano et violon* fut composée lors du séjour à Vienne en décembre 1812 du violoniste virtuose Pierre Rode. Beethoven avait-il déjà prévu avant sa rencontre avec lui de composer une nouvelle sonate pour piano et violon ? Les esquisses sont peu explicites, mais semblent antérieures à la présence du violoniste (son arrivée avait peut-être été annoncée). L'archiduc Rodolphe l'aurait-il incité à composer une nouvelle Sonate pour piano et violon, comme la lettre du 11 juillet 1816 accompagnant la dédicace permettrait de le supposer à première lecture, puisque Beethoven écrit que cette *Sonate* a été écrite pour l'archiduc et grâce à lui ? Toujours est-il qu'il avait le matériau nécessaire au moment de la présence de Rode, et qu'il a attendu pour achever sa *Sonate*, de mieux connaître les particularités du jeu de ce virtuose appartenant à la nouvelle école de violon française (fondée après la Révolution dans le cadre du Conservatoire qui fut créé en 1795) – d'après ce qu'il écrivait à l'archiduc, pour excuser en fait le retard dans la livraison de la partition, deux jours avant la date prévue du concert ! Comme bien souvent, l'argument invoqué par Beethoven semble ambivalent : certes le retard est lié au temps qui lui a été nécessaire pour intégrer les particularités du jeu de Rode, mais sans doute pas uniquement... Certes, achever une composition au dernier moment était pour lui habituel, surtout quand il disposait d'un laps de temps si court, mais plus encore, organiser un mouvement d'une si grande nouveauté d'écriture ne pouvait être réalisé rapidement.

Après avoir entendu sa *Sonate*, Beethoven a éprouvé le besoin de procéder à quelques modifications avant le second concert du 7 janvier 1813, donné de nouveau par Rode et par l'archiduc Rodolphe ; puis quand au printemps 1815, il a cherché à la proposer à un éditeur, il en a établi un manuscrit. La référence inscrite sur ce manuscrit, « février 1812 ou 1813 », prouve qu'il ne se souvenait plus très bien du moment où il avait composé sa *Sonate*, et l'état de ce manuscrit montre que la composition n'était pas encore arrêtée : ratures, corrections, ajouts témoignent des recherches de Beethoven pour dépasser les contraintes formelles alors en usage (développement du premier thème, équilibre à l'intérieur des mouvements et entre eux, respect de la forme thème et variations sans mélange des genres, etc.), afin d'obtenir une conduite du discours inédite (par exemple, le déplacement de l'élaboration du thème du développement à la coda ou l'insertion d'une sorte de fantaisie à l'intérieur d'une démarche qui exige une très grande rigueur) dans laquelle il reconnaisse ce qu'il voulait exprimer.

Comme pour le *Trio op. 97*, Beethoven s'est préoccupé de faire connaître sa *Sonate* à des amis très proches, ou de l'offrir en cadeau de remerciement à de véritables amateurs de musique, la dédiant, elle aussi, à l'archiduc, dédicace qui reflétait son estime pour ce membre de la famille impériale, bon musicien, mais qui était également un moyen de conférer une diffusion assurée à ses œuvres.

PRÉSENTATION DE L'ŒUVRE

Cette *Sonate*, en quatre mouvements, se caractérise par l'imbrication des parties des deux instruments. Comme dans le *Quatuor op. 95* (2e mvt lent /3e mvt Scherzo) et dans le *Trio op. 97* (3e mvt lent / 4e Finale), Beethoven a cherché à assurer la continuité du discours en supprimant les barrières entre les mouvements par un attaca après le mouvement lent.

I. Allegro moderato à trois temps de forme sonate, sans élaboration du motif initial, mais avec réévaluation des différentes parties de cette forme sonate.

Le violon ouvre la *Sonate* par un très court motif *piano*, *dolce*, prenant appui sur un trille. Ce motif est aussitôt repris identique par le piano, puis échangé par les deux instruments à l'écoute l'un de l'autre, et s'impose comme pôle de référence de ce premier mouvement.

L'exposition se poursuit par un second ensemble thématique reposant sur l'imbrication de deux rythmes différents (triolets de notes répétées au violon et rythme irrégulier au piano) et, après un passage marqué par une certaine véhémence et par des trilles continus, cette exposition se termine par une large conclusion dont la texture est faite d'une autre forme d'imbrication rythmique (arpèges en triolets de croches et ligne de croches et de noires).

Le développement, sans tension, s'appuie sur la texture qui termine l'exposition, la tension étant déplacée sur la réexposition modulante et surtout sur la coda, qui répète le motif initial dans des tonalités différentes en progression chromatique.

La fin de ce premier mouvement, précédée par une sorte de cadence de concerto, est marquée par le contraste d'intensité et de texture entre l'évocation pianissimo du premier thème et un trait ascendant rapide fortissimo menant à une cadence parfaite toute simple.

II. Adagio espressivo à deux temps de forme A A', ce deuxième mouvement évoque un concerto pour violon. Le piano seul introduit le cadre et la texture sonores, les basses y ayant une grande importance. Puis, à partir de la douzième mesure, le violon prend le rôle dirigeant, déployant une sorte de solo *espressivo*, dans la première partie, la seconde jouant plus de l'imbrication des voix. Ce mouvement se termine sur un long tremolo très grave de la tonalité choisie, *mi* bémol majeur (la main gauche à l'octave grave), avant un accord qui assure la transition avec le *sol* mineur du Scherzo, Attaca.

III. Le Scherzo très court procède du mouvement lent. Il est en *sol* mineur scandé par des *sforzando* répétés sur le troisième temps, tandis que le Trio est en *mi* bémol majeur avec une ligne mélodique legato. Après la reprise du Scherzo, une Coda termine ce mouvement en *sol* majeur de manière humoristique par un trille prolongé du violon sur des accords répétés de *sol* majeur au piano.

IV. Le Finale est une interprétation de la forme thème et variations. Le thème Poco allegretto à deux temps est présenté *dolce* par le jeu imbriqué des deux instruments. La première variation joue calmement sur les trois notes finales du motif initial, la deuxième associe de manière très dynamique triolets de croches et mordant à contretemps, la troisième retrouve le *dolce* et unifie le rythme par des doubles croches à la main gauche et une ligne continue syncopée à la main droite et au violon, la quatrième oppose des mesures de traits *piano* et des mesures faites de quatre accords discontinus successifs *forte*. Le tempo et la mesure changent avec la cinquième variation, Adagio à 6/8, traitée comme une fantaisie, déploiement lyrique inattendu à l'intérieur de ce mouvement, ce qui brise le cadre habituellement très strict de cette forme thème et variations. Si bien que le retour au Tempo I est bref et il ouvre sur l'évocation des mouvements précédents (par la tonalité de *mi* bémol majeur d'abord, puis par le tempo Allegro en *sol* majeur au dynamisme plein d'allant), avant d'intégrer un passage fugato qui commence dans le registre grave du piano et module autour de *sol* mineur, puis de retrouver le thème de ce Finale en *sol* majeur. L'ensemble se termine par huit mesures Presto qui s'élancent après douze mesures Poco adagio – moment qui fait figure de cadence inversée.

SOURCES

Une feuille d'esquisse de 1807-1808 (à Vienne) contient le thème du Finale (sans doute prévu pour la *Sonate piano et violoncelle op. 69*).

Les autres esquisses se trouvent à la fin du *Skizzenbuch Petter*, à un endroit qui correspond au travail de la fin 1812[1].

Un manuscrit autographe[2] se trouve à la Pierpont Morgan Library à New York ; il porte une indication de la main de Beethoven : « Sonate. [r. :] im Februar / 1812 / oder 13 / Sonate von LvBthwen ». Ce manuscrit date en fait du printemps 1815 (d'après le papier utilisé) : il s'agit donc d'une version retravaillée (et non de celle de 1812) en vue de l'édition, mais le manuscrit, couvert de corrections, de ratures, de taches, d'ajouts, n'a pas pu servir à la gravure (la copie utilisée par le graveur est perdue).

Un fragment de manuscrit du dernier mouvement se trouve à Paris et un autre à

1. Cf. Nottebohm (I, 26-30), ainsi que S. Brandenburg, « Ein Skizzenbuch Beethovens aus dem Jahre 1812 », in *Zu Beethoven*, par Harry Goldschmidt, Berlin 1979, p. 117-148.

2. Cf. L. *v. Beethoven. Sonate für Klavier und Violin G-dur op. 96.* Facsimile *nach dem im Eigentum der Pierpont Morgan Library New York befindlichen Aurograph*, publié par G. Henle Verlag en 1977, commenté par Martin Staehelin.

Cambridge, Mass., sur du papier utilisé au printemps 1815.

Publication

L'édition originale fut assurée à Vienne en juillet 1816, par S.A. Steiner und Comp. ; le titre est en allemand :

« SONATE / für Piano=Forte und Violin. / Sr Kaiserl. Hoheit dem durchlauchtigsten Prinzen/ RUDOLPH / ERZHERZOG von OESTERREICH &.&.&. / in tiefer Ehrfurcht zugeeignet/ von / Ludwig VAN Beethoven / 96tes Werk / Eigenthum der Verleger / [...] ».

Cette *Sonate* fut publiée à Londres par Birchall le 29 octobre 1816.

Dédicataire

Archiduc Rodolphe (voir *Op. 58*).

L'œuvre vue par ses contemporains

L'*AMZ* XIX, n° 13 du 26 mars 1817 (col. 228-229), publiait un article qui soulignait un retour des nouvelles œuvres de Beethoven à la dimension mélodique. L'auteur de l'article faisait remarquer que le côté serein de l'œuvre n'enlevait rien à sa gravité. Une courte analyse s'arrêtait particulièrement sur la nouveauté surprenante du Finale, et relevait l'imbrication totale des deux instruments. L'auteur de l'article concluait en signalant que pour du Beethoven ce n'était pas une œuvre trop difficile à exécuter pour le violoniste comme pour le pianiste.

L'*Allegemeine Musikalische Zeitung* de Vienne III, du 2 octobre 1819 n° 79 (col. 633-635) louait la richesse des idées de Beethoven et analysait chacun des mouvements, soulignant que le premier mouvement était calme et solide sans dramatisme (ni tempête, ni combat de géants), le deuxième ressemblait à une églogue (avec toutes les évocations liées à ce genre de poésie : bergers d'Arcadie, collines, bosquets, sources, etc.), le Scherzo apportant un contraste de type « satyrique » que le Trio tempérait, le quatrième mouvement continuant dans cette veine joyeuse jusqu'à un passage « rhapsodique », suivi d'un « fugato mystique » dont l'énigme se résolvait par le retour du thème principal, à nouveau interrompu par un tempo lent avant les huit mesures Presto finales. L'auteur de l'article confirmait que cette œuvre n'était pas inabordable.

Czerny, dans sa présentation de la manière de jouer comme il convient la musique pour piano de Beethoven, indique qu'il faut jouer le premier mouvement qui est écrit « dans un caractère noble, calme et mélodieux, mais également humoristique, avec délicatesse et sentiment dans un tempo maîtrisé, sans recherche de virtuosité ».

Le deuxième mouvement doit « être joué calmement et avec la gravité qui correspond à ce genre de mouvement ».

Le Scherzo doit être joué « également avec gravité, mais de manière animée et humoristique, tandis que le Trio doit être doux, legato et aussi rapide ».

Le thème du quatrième mouvement doit respecter le tempo et être joué avec délicatesse et goût. Les Variations qui suivent doivent être un peu plus animées, l'Adagio très lent et à la manière d'une fantaisie, le dernière Variation comme la fin, très animées et avec force.

Correspondance

Peu avant le concert du 29 décembre 1812 [2., 606], Beethoven annonçait à l'archiduc Rodolphe qu'un copiste allait s'atteler au dernier mouvement qu'il avait composé en rapport avec les capacités de jeu de Rode, tout en y ajoutant des passages bruyants, ce qu'il était inutile de lui dire. Il rassurait l'archiduc en lui promettant que tout se passerait bien le jour du concert, même s'il ne pouvait pas venir le soir même, car il viendrait le lendemain, matin et après-midi, pour le faire travailler.

Sans doute le 5 janvier 1813 [2., 614], l'archiduc demandait à Beethoven de venir le faire travailler parce qu'il devait rejouer la Sonate avec Rode dans deux jours à nouveau chez le prince Lobkowitz. il lui répondait le lendemain [2., 615] qu'il viendrait vers cinq heures de l'après-midi comme d'habitude, sauf si l'archiduc exigeait un autre moment, et il demandait à revoir la partie de violon avant de la remettre à Rode, qui certainement, si on y mettait les formes, ne serait pas vexé.

Fin août/ début septembre [2., 665], Beethoven écrivait à son ami Franz Brunsvik qu'il aurait dû recevoir le *Trio op. 97* et la *Sonate op. 96* bien plus tôt si un certain M. ne les avait pas retenus si longtemps.

Les 16 mars et 19 mars 1815 [3. 790], il faisait écrire par l'industriel drapier Johann von Häring (1761-1818), en anglais, à Sir George Smart à Londres, pour proposer des œuvres, dont certaines n'étaient pas encore publiées, mais qui avaient eu un grand succès lors de leur exécution. Parmi ces œuvres : 1 « Serious Quartetto for 2 Violins, tenor and bass », 8 « Grand Trio for the Pianoforte Violin & Violoncello » et 11 « A Grand Sonata for the Pianoforte & Violin », ainsi que les *op. 91*, *92*, *93*, *113* et *117*.

Au printemps de la même année [3., 801], Beethoven demandait à l'archiduc Rodolphe qu'il lui prête les différentes parties du *Trio* et de la *Sonate op. 96*, pour qu'il les fasse copier le plus rapidement possible, car il ne retrouvait plus ses « Partituren ». (Cette démarche est à mettre en relation avec le projet d'édition chez Steiner à Vienne.)

En avril/mai [3. 804], il écrivait à l'éditeur viennois Pietro Mechetti (chez lequel venait de paraître en mars la *Polonaise op. 89* et allait paraître le Lied *WoO 143 Des Kriegers Abschied*), pour lui dire que Schuppanzigh avait fait des promesses sans objet (Beethoven était alors, depuis le 20 mai 1815, en pourparlers avec l'autre éditeur viennois S.A. Steiner qui publia les *op. 72*, *91-93*, *95-97*, *113*, *115*, *117* et *136*).

En mai [3., 805, 807], il promettait à plusieurs reprises à S.A. Steiner de lui faire parvenir la partition de la *Sonate op. 96*.

Le 1er juin [3., 809], il incitait son compatriote [« Mein Verehrter LandsMann »] Johann Peter Salomon, à Londres, à proposer quelques unes de ses œuvres aux éditeurs londoniens, dont « Großes Terzett für Klawier, violin, und Violonschell », « Sonate für Klawier mit einer Violine », ainsi que les *Symphonies op. 92, 93*, que le *Quatuor op. 95*, que l'opéra *op. 72*, que l'*op. 136* et l'*op. 91*.

Le 28 octobre [3., 844], Beethoven proposait à l'éditeur londonien Robert Birchall de lui vendre trois œuvres que S.A.Steiner tardait à faire paraître : la réduction pour piano de la *Symphonie op. 92*, de la *Sonate op. 96* et du *Trio op. 97*, que Birchall acheta et fit paraître le 30 octobre 1816 pour la *Sonate* (le 5 décembre 1816 pour le *Trio*) et qu'il lui avait envoyée le 3 février 1816 [3., 895]).

Le 22 novembre 1815 [3., 854], Beethoven qui demandait à Ferdinand Ries de s'occuper de la publication de ses œuvres à Londres, lui disait qu'il allait bientôt envoyer le *Trio op. 97* et la *Sonate op. 96*. Le même jour il signalait à Robert Birchall [3., 855] qu'il allait recevoir le *Trio* et la *Sonate* d'ici quinze jours.

En janvier 1816 [3., 884], il demandait à S.A. Steiner qu'il lui prête pour une soirée « die *Partitur* » du *Trio* et celle de la *Sonate op. 96*, sans doute pour vérifier la copie qu'il allait envoyer à Birchall à Londres.

Le 19 mars [3., 917], Ferdinand Ries le rassurait quant au sort de ses œuvres et demandait si le *Trio op. 97* et la *Sonate op. 96* n'avaient pas de dédicataire (Beethoven envoya le nom du dédicataire de ces deux œuvres, l'archiduc Rodolphe, le 1er octobre 1816 [3., 982]).

Le 2 mai [3., 930], Beethoven promettait à Johann Nepomuk Kanka, l'avocat de Prague qui s'occupait des problèmes sa rente (établie en mars 1809) suscités par la mort du prince Kinsky (en 1812) pour, de lui envoyer bientôt les œuvres en cours de gravure (les *op. 96* et *97*).

Le 11 juillet [3., 947], il envoyait à l'archiduc Rodolphe, à Baden, l'édition originale de la *Sonate op. 96* qui lui était dédiée, avec une lettre qui disait que cette œuvre avait été écrite pour l'archiduc, ce que le monde musical devait savoir. L'archiduc le remerciait le 16 juillet [3., 948] en assurant Beethoven du « plaisir que lui procurait cette dédicace ».

Septième partie

Le paradoxe de la célébrité

(1813-1815)

Encore une fois la guerre a des répercussions inattendues sur la vie de Beethoven, puisque c'est le succès de la musique qu'il compose pour célébrer la victoire de Wellington à Vittoria en Espagne en 1813, l'*Opus 91*, qui lui ouvre les portes d'une gloire qui se prolonge au temps du congrès de Vienne (septembre 1814-juin 1815). Non seulement il reçoit des commandes pour des œuvres de circonstance destinées à célébrer les victoires sur Napoléon (de la chute de Paris, le 31 mars 1814, à la défaite de Waterloo, le 18 juin 1815), mais également des chanteurs du Kärntnertortheater (un des théâtres impériaux) souhaitent remonter son opéra : il accepte à condition de le revoir, ce qu'il fait au début de l'année 1814, non sans difficultés. Pourtant, le succès remporté par *Fidelio* à partir de la reprise des représentations le 23 mai 1814 rehausse encore sa célébrité, qui se concrétise par de nombreuses exécutions de ses œuvres les plus récentes (à l'exception du trio vocal pour voix et orchestre, *Tremate empi, tremate*, *op. 116* qui date de 1802).

De grands concerts jalonnent cette période : ceux des 8 et 12 décembre 1813 au cours desquels sont créés la *Bataille de Vittoria* ainsi que la *7e Symphonie*, suivis du concert du 2 janvier, avec ces mêmes œuvres, et de celui du 27 février 1814 au cours duquel est créée la *8e Symphonie*, puis de celui du 29 novembre 1814, donné à son bénéfice devant un parterre de têtes couronnées avec la *7e Symphonie*, la *Bataille de Vittoria* ainsi que la Cantate *Der glorreiche Augenblick* (*Le glorieux moment*) ; le succès est tel que ce concert est redonné quelques jours plus tard, le 2 décembre 1814.

Découvrant qu'il est stimulant d'écrire pour un large public enthousiaste, moins sectaire que les cercles d'aristocrates ou de connaisseurs – « Il est certain qu'on écrit mieux quand on écrit pour le public, et il est certain qu'on écrit plus vite », note-t-il alors dans son Journal intime –, il accepte donc volontiers les compositions de circonstance, d'autant qu'il en tire des bénéfices financiers. Mais n'ayant pas le temps d'élaborer à sa manière habituelle les numéros d'œuvres collectives qu'il est chargé d'écrire, il puise le matériau et les gestes de composition dans son propre fonds, se contentant de les inscrire dans un discours musical traditionnel qu'il ne repense pas – même si ses intentions, en particulier pour la *Bataille de Vittoria*, se situaient dans un autre registre : celui de l'invention d'un nouveau genre de musique uniquement instrumentale redécouvrant l'effet de la tragédie antique.

Malgré cette activité, conséquence des commandes liées aux événements politiques, Beethoven ne se remet que difficilement de son ébranlement affectif de l'été 1812 : pour se retrouver lui-même et pour se donner du courage, il prend alors l'habitude de noter des réflexions personnelles ou de recopier des citations qui expriment ce qu'il pense sur la vie, la religion, la création, ou sur ses attentes, ses aspirations à la gloire, etc. Cette sorte de Journal intime (le *Tagebuch*), commencé vers 1812 l'accompagne jusqu'en 1818 : mis en regard de sa correspondance et de ses travaux de composition, il constitue une source précieuse pour connaître Beethoven et apprécier la façon dont il se considérait.

À l'issue de cette période de grande célébrité qui lui permet, certes, de rétablir momentanément sa situation financière, ce sont deux nouvelles *Sonates pour piano et violoncelle (op. 102)* qui indiquent la direction qu'il décide de suivre : la musique de chambre la plus intime, d'une écriture très élaborée, alors que son entourage attendait un nouvel opéra sur la lancée de ses grandes compositions « patriotiques » pour voix et chœur. Quant à cette écriture pour voix que ses proches le poussaient à mettre en valeur, il la réserve également à l'expression de ce qu'il a de plus intime en choisissant de composer un cycle de Lieder adressés « À la bien-aimée » qui se trouve alors « au loin », *Liederkreis op. 98* qu'il achève au printemps 1816.

Thomson, 4ᵉ envoi

WoO 155, Walisische Lieder, *n° 20 (2ᵉ version) et n° 15*
Op. 108 *n° 20 (2ᵉ version)*
WoO 152 *Ir I, 2ᵉˢ versions des n° 5, 25 et 22*
WoO 153 *Ir II, 2ᵉˢ versions des n° 41, 49, 30 et 48, ainsi que les n° 42, 58, 53, 35, 36, 52, 55, 31, 39, 59, 46, 50, 45, 33, 56, 54, 40 (avec deux versions = KH* WoO 153 *n° 11), 57*
WoO 154 *Ir III, n° 61 et 62*[1]

TEMPS DE LA COMPOSITION

Beethoven envoya à Thomson le 19 février 1813 ces 30 harmonisations (9 réécrites et 21 nouvelles) auxquelles il travailla au cours de la deuxième moitié de l'année 1812 et en janvier 1813 (Thomson ne les reçut qu'en avril 1814).

CONTEXTE BIOGRAPHIQUE

D'après sa correspondance, il paraît évident que Beethoven a besoin d'argent, et qu'il cherche à se plier aux exigences de Thomson pour ne pas perdre ce « marché », tout en en tirant tout ce qu'il peut, justifiant ses prétentions à partir de son statut d'artiste créateur.

PRÉSENTATION DE L'ŒUVRE

Voir p. 833-844.

SOURCES

Les manuscrits autographes et les copies sont à Berlin.

PUBLICATION

Thomson les publia en partie dans *Irish Airs II* en mai 1816, dans les *Welsh Airs III* en juin 1817 et dans les *Scottish Airs V* en août 1818.

CORRESPONDANCE

Le 5 août 1812 [2., 590], Thomson adressait à Beethoven 9 nouveaux Airs pour qu'il en compose les Ritournelles et Accompagnements, expédiant un double des 9 qu'il avait envoyés « dernierement » (fin 1811, sans doute) ; il suppliait donc Beethoven de s'occuper de 18 Airs ainsi que des « 5 autres envoyès auparavant » auquel il adjoignait encore un nouveau, le plus vite possible, sachant qu'il paierait chaque Air 3 ducats, et qu'il ne publierait que l'ensemble des Airs, tous de Beethoven. Thomson spécifiait que Beethoven devait se conformer « au goût national (qui cherit la simplicité) », lui donnant des directives à suivre pour la composition des parties de piano, de violon et de violoncelle. Il finissait sa lettre par un « P.S. Ainsi, il y a 19 Airs, outre les 2 en rouge, et les 5 que vous avez deja reçus. J'attendrai avec impatience les tout 26 Airs, et les Ritˢ. de nouveau pour les quatres Airs. » (Thomson avait demandé à Beethoven de réécrire les Ritournelles de quatre Airs et les Ritournelles et Accompagnements de deux Airs parmi les 53 du premier envoi.)

Le 30 octobre 1812 [2., 604], Thomson revenait sur ce qu'il avait commandé et disait à Beethoven qu'il était inutile de travailler aux 9 Airs, déjà harmonisés par un autre compositeur. Mais il envoyait un double d'autres Airs déjà expédiés (5 dans une meilleure copie), ainsi que quatre en plus, attendant un arrangement très simple.

Le 21 décembre 1812 [2., 605], Thomson rappelait à Beethoven que Haydn faisait tout ce qui lui était demandé, à moindres frais ! Il attendait 21 Airs, d'un style simple, et il en adjoignait deux nouveaux, ajoutant : « Desormais vous serez mon grand Apollon, car plus je joue votre musique, plus j'en suis charmé. » Et plus loin : « Vous voulez que je vous envoye les paroles des Airs : – Cela ne se peut pas. Plusiers de ces paroles sont encore dans la cervelle du poëte ; et il faut beaucoup d'attention et de reflexion, avant d'unir les paroles à la musique. Mais aussitot que je pourai imprimer un volume, comptez que je vous l'enverrai, et voila tout ce qu'il m'est possible de faire. »

Comme Beethoven exigeait des prix trop élevés pour ses œuvres, Thomson l'informait

1. Voir *Briefe* 2., 623, pour l'identification des Lieder dans KH.

qu'il ne pouvait plus les acheter, pourtant il aurait aimé lui envoyer encore « 30 ou 40 bien beaux Airs de plus (avec les paroles écrites au dessous de la musique) ».

Le 19 février 1813 [2., 623], Beethoven se disait satisfait que Thomson ait reçu les 62 Airs qu'il avait composés pour lui, et il spécifiait qu'il lui était impossible de modifier ce qu'il avait déjà écrit : « Je ne suis pas accoutumé de retoucher mes compositions; Je ne l'ai jamais fait, penetré de la verité que tout changement partielle altere le Caractere de la composition. Il me fait de la peine que Vous y perdes mais Vous ne sauries m'en imputer la faute, puisque c'etant a Vous de me faire mieux connoitre le gout de Votre pays & le peu de facilité de vos executeurs. Maintenant muni de Vos renseignements je les ai composé tout de nouveau, & comme j'espere de sorte qu'il reponderont a Votre attente. » Il disait avoir déposé les 9 airs réécrits ainsi que les 21 autres chez le banquier Fries, ajoutant que le n° 10 des derniers 10 Airs (*WoO 153, n° 11*, soit Ir II 40) avait deux versions, qui restaient au choix de Thomson.

Beethoven approuvait, d'autre part, l'idée de Thomson d'adapter la poésie « aux airs », parce que le poète peut appuyer le rythme musical. Il terminait sa lettre en contestant la comparaison de son travail avec celui de Haydn qui n'avait « composé ni ritornelles, ni cadences a l'ouverture, ni Duos & Trios, ni accompagnements de Violoncelle », ce qui légitimait les prix plus élevés qu'il exigeait. Il se montrait d'ailleurs disposé à composer airs, « Canzonettes », ainsi que « 3 Sonates » sur des thèmes nationaux « caractéristiques ».

Beethoven envoyait donc les nouvelles versions et les nouvelles compositions d'airs transmis par Thomson au cours de l'année 1812 (3 envois : 5 VIII, 30 X, 21 XII), ainsi que les 5 airs qu'il n'avait pas encore expédiées depuis 1810].

Le 27 mars 1813 [2., 629], Thomson s'étonnait de n'avoir pas encore de nouvelles des 21 Airs envoyés en août 1812 et informait Beethoven qu'il avait reçu les 64 (erreur pour 62, sans doute) Airs, lui demandant d'en revoir 6, comme Haydn acceptait de le faire, car ils étaient trop difficiles pour le public anglais [2., note 2 p. 332, liste des 21 Airs].

Le 23 avril 1814 [3., 713], Thomson annonçait à Beethoven qu'il venait de recevoir les « 30 airs Irlandois », envoyés plus d'un an avant par la voie de Paris. Et il lui envoyait le premier volume des « airs Irlandois » avec les Ritournelles et accompagnements de Beethoven (il s'agit des *WoO 152 n° 1-25*, et *WoO 153 n° 1-4* – volume publié en mars 1814).

WoO 2 a
Marche triomphale (Triumphmarsch) en *ut* majeur

Pour le Trauerspiel de Christoph Kuffner, Tarpeja
Le WoO 2b, *« Alla marcia ma non troppo presto », C, en* ré *majeur – 39 mes., est l'introduction au deuxième acte de* Leonore *qui a servi lors de la représentation du 20 novembre 1805 : il s'agit donc d'une* Marche *qui annonce l'arrivée de Pizarro, et non d'un Entracte conçu pour* Tarpeia.
Marcia. Lebhaft und stolz, ¢, ut *majeur – 59 mes.*

TEMPS DE LA COMPOSITION ET PREMIÈRE EXÉCUTION

Mars 1813, pour la représentation du 26 mars.

Le 26 mars 1813, sur le « Hofburgtheater » au profit de l'acteur Joseph Lange (1751-1831, beau-frère de Mozart). « Der Marsch ist neu componirt von Hrn. v. Beethoven », était indiqué sur le programme du théâtre.

Le Trauerspiel de Kuffner n'eut pas de succès : il n'y eut que deux représentations.

CONTEXTE BIOGRAPHIQUE

Après ses diverses expériences récentes de musiques de scène (*Coriolan op. 62*, *Egmont op. 84*, *Le Roi Etienne op. 117* et *Les Ruines d'Athènes op. 113*), Beethoven accepta de contribuer à la représentation de la tragédie *Tarpeja* de Kuffner. La pièce comportait beaucoup de musiques guerrières et de marches triomphales (des musiques particulières étaient requises à trois endroits), selon le goût de l'époque, – goût auquel Beethoven participa en composant plusieurs Marches pour diverses circonstances (festives comme scéniques)[1]. Outre cette présence de musique militaire, le thème de la pièce a attiré l'attention

1. Voir *WoO 18* à *23*.

de Beethoven, puisqu'il provenait directement du *Romulus* de Plutarque, un de ses auteurs favoris, et qu'il mettait en scène le même dilemme que celui de *Coriolan* : le choix entre le devoir et la voix du cœur. Dans la pièce de Kuffner, Tarpeia, fille d'un général romain, est partagée entre son amour pour le sabin Tatius et le devoir envers sa patrie. D'autres données de la pièce de Kuffner ne pouvaient qu'attirer l'attention de Beethoven, en particulier la force et la détermination de l'amour conjugal qui animait déjà Leonore (Hersilie, femme de Romulus, défend l'honneur des femmes par amour conjugal), ainsi que la victoire de la réconciliation sous l'égide d'un souverain soucieux de respecter la liberté de chacun et capable de pardon (Romulus honore le courage des femmes et pardonne à Tarpeia : «Tarpeja! Friede sei mit deinem Staub!/Du bist entsühnt durch deinen Tod und dein Geschlecht!» [Tarpeia! Paix à tes cendres! / Tu as expié par ta mort et par ton sexe!]).

Lors de la représentation de mars 1813, il est fort possible que la Marche triomphale, nouvellement composée par Beethoven, ait été utilisée aux trois moments de la pièce qui intègrent un morceau de musique : l'arrivée du «Triomphe», acte II, scène 8; le départ des soldats à la fin de la même scène, et la «Siegesmarsch» qui termine la représentation du drame.

La musique qui avait servi à introduire le deuxième acte de *Leonore* en 1805 (Marche qui précédait et annonçait l'arrivée de Pizarro) fut peut-être utilisée, à un moment de la pièce de Kuffner.

L'année même de sa composition, la *Marche triomphale* fut jouée, hors de son contexte scénique, le 1er mai 1813 au cours d'un des concerts organisés par Schuppanzigh dans les jardins de l'Augarten (avec la *Symphonie op. 67*) [2., 646, 30 avril 1813], ainsi qu'à Graz le 6 juin 1813 (cf. les lettres à Varena à Graz des 27 mai et 4 juillet 1813 [2., 652, 661]).

PRÉSENTATION DE L'ŒUVRE

Le texte de la tragédie fut publié en 1825 parmi les œuvres dramatiques complètes en deux volumes de Christoph Kuffner (vol. II p. 125-236)[1]. Christoph Johann Anton Kuffner (1780-1846) était, avec Treitschke et Kotzebue, un des écrivains les plus prolifiques de son temps. En 1808, il avait contribué au texte de la *Fantaisie op. 80* et en 1826 il fut question qu'il écrive pour Beethoven le livret d'un oratorio : le thème de *Saül et David* fut évoqué, puis ce fut celui des *Éléments*.

Le thème de cette tragédie en quatre actes a été puisé dans le *Romulus* de Plutarque (chapitres 17, 18 et 19). Kuffner y présentait la trahison par amour pour Tatius, chef des Sabins, de Tarpeia, fille de Tarpeius, général fidèle à Romulus et défenseur du Capitole. Le premier acte amène la décision de Tatius de se servir de l'amour de Tarpeia (antérieur au rapt des Sabines) pour se venger de Rome; Romulus appelle ses soldas au combat par une double sonnerie de «tuba», l'acte se terminant sur la détermination des Romains : «Zum Siege wie zum Tod!» (La victoire ou la mort!). Le deuxième acte se passe à Rome, où Hersilia, femme sabine de Romulus, comprenant que Tarpeia cache un secret lui interdit l'entrée du temple; mais quand Romulus revient victorieux, il désigne Tarpeia pour figurer sur son char triomphal. Le troisième acte se passe dans le camp des Sabins, où Tatius veut se venger; l'acte se termine sur la certitude de la trahison de Tarpeia[2], qui se sait condamnée, et sur la volonté d'Hersilia de venger l'honneur des femmes. Le quatrième acte, en rase campagne (avec le Capitole en arrière-fond), est centré sur la détermination d'Hersilia d'empêcher les hommes de s'entretuer : c'est au nom de l'amour conjugal qu'elle s'interposa entre Romulus et Tatius, qu'elle incita les autres femmes à risquer leur vie pour sauver leurs maris et qu'elle assura la réconciliation générale des Sabins et des Romains.

Pour la mise en scène, Kuffner avait multiplié le recours aux musiques guerrières et aux Marches triomphales : ainsi, la huitième scène de l'acte II commençait par une musique guerrière annonçant le retour victorieux de Romulus, et se terminait par une Marche

1. Willy Hess a publié le texte intégral de la tragédie dans *Beethoven Jahrbuch, V, 1961-1964*, 1966, p. 96-147. Il signale (p. 93) que la question de la participation musicale de Beethoven n'est pas résolue : à quel moment de la pièce intervenait cette *Marche triomphale*, Kuffner en ayant prévu plusieurs?

2. Selon une tradition légendaire, Tarpeia (une vestale), fille de Tarpeius gouverneur du Capitole, aurait trahi sa patrie en guerre contre les Sabins, soit par amour pour Tatius soit par cupidité : elle fut condamnée à être ensevelie sous de l'or jeté sur elle (elle donna son nom à la roche Tarpéienne, roche haute de 32 mètres située à l'extrémité sud-ouest du Capitole d'où l'on précipitait les citoyens coupables de trahison du temps de la République romaine).

accompagnant le triomphe de Romulus (l'inventeur du « triomphe romain », selon Plutarque) ; et la tragédie devait se terminer par une Marche de Victoire. Kuffner faisait également intervenir des sonneries de tuba : à la fin du premier acte, ainsi qu'à la fin du troisième acte, au moment où Romulus et Tarpéius partent au combat contre les Sabins, et dans la dernière scène du dernier acte pour appeler la réunion des armées romaine et sabine.

Ce sujet est également celui du tableau du peintre Jacques-Louis David (1748-1825), *Les Sabines* qui, commencé en 1794, fut exposé au Louvre de 1799 à 1805 (l'exposition était payante) : il montre, au centre, au pied de la roche Tarpéienne (avec le Capitole en fond de scène), Hersilie vêtue de blanc qui s'interpose entre Tatius, chef des Sabins, son père, et Romulus, chef des Romains, son mari. Les hommes se laisseront fléchir et cesseront le combat. Ce sujet, rare en peinture, est présent chez Tite-Live et chez Plutarque [1].

La première phrase semble se conformer aux didascalies : « On entend une musique militaire qui se fait de plus en plus proche », puisque seule une fanfare lointaine se fait entendre piano (au loin) avant l'intervention des cordes, des bassons et des timbales, et l'élan d'un crescendo que les bois viennent renforcer amène à un fortissimo de tout l'orchestre (accompagnant sans doute l'arrivée des soldats sur scène portant butin et armes).

Ainsi, les sonorités militaires des vents ouvrent la Marche, Lebhaft und stolz (animée et altière), par un motif de fanfare, à deux temps en *ut* majeur, sur une ligne musicale très simple, puis le tutti reprend l'exposition du thème. La seconde partie, reprise, est caractérisée par le rythme en triolets de croches, encadrant une reprise du thème initial aux vents sur accompagnement de gammes montantes en doubles croches aux cordes.

SOURCES

Les copies des différentes parties ayant servi à la représentation de 1813 se trouvaient dans les papiers de Beethoven à sa mort (acquis par Haslinger). Le titre complet se trouve sur le premier exemplaire de la partie de violoncelle/ basse : « Marsch / à / 2 Violini / Viola / 2. Flauti / 2. Oboe / 2 Clarinetti / 2 Fagotti / 2 Corni / 2 Clarini / Timpani / e/ Violoncello col Basso / Del Sig[re] Luigi van Beethoven ». Le mot « Marsch » est complété de la main de Beethoven par « Triumph- » avec ajout de (« aus dem Trauerspiel Tarpeja »).

Il n'y a vraisemblablement jamais eu de partition, seulement le matériel d'orchestre (la Marche a donc été composée rapidement).

PUBLICATION

Cette *Marche triomphale* fut publiée en voix séparées à Vienne en 1840 par Tobias Haslinger (qui publia à peu près au même moment une réduction pour piano à deux et une à quatre mains) :

« Triumph-Marsch / aus dem Trauerspiel : / TARPEJA / für das Orchester / von / Ludwig van Beethoven. [...] »

Une transcription pour piano fut établie en 1813 et publiée par le théâtre impérial.

« TRUMPH=MARSCH. / aus dem Trauerspiele / TARPEJA. / Von H[rn] Louis v. Beethoven./ Jm K : K : Hoftheater Musik=Verlage. »

La première partition date de 1864 in GA

CORRESPONDANCE

Le 5 juin 1822 [4., 1468], Beethoven proposait à Peters, entre autres œuvres : « Une grande Marche pour orchestre avec piano, pour 12 ducats, écrite sur la tragédie Torpega [*sic*] ».

WoO 141

Der Gesang der Nachtigall (Le chant du rossignol)

Lied pour voix et piano sur un poème de Herder

Allegro ma non troppo, 3/4, ut *majeur – 17 mes.*

TEMPS DE LA COMPOSITION

Juin 1813.

CONTEXTE BIOGRAPHIQUE

Ce poème qui chante la joie que procure l'éclosion printanière a été composé au

1. Ce tableau est au Louvre depuis 1826 – cf. la fiche 4 038, établie par le service culturel du Musée du Louvre, 1991.

printemps 1813. Plus qu'une pièce de circonstance, cette composition témoigne des interrogations de Beethoven sur l'origine du langage et sur le rôle de la musique dans l'émergence des langues articulées. Grand amateur de poésie et lecteur de Herder depuis son adolescence et particulièrement en 1813-1815, comme en font foi les inscriptions sur son *Tagebuch*, Beethoven était au courant des réponses données à son époque sur cette question (réponses dans la lignée de Rousseau, essentiellement formulées par Herder dans son *Traité sur l'origine du langage* écrit en 1769 et publié en 1772 à Berlin).

D'après une double feuille sur laquelle Beethoven a recopié plusieurs poèmes de Herder (« Die laute Klage » *WoO 135*, La plainte à voix haute), « Morgengesang der Nachtigall » (Chant matinal du rossignol), « Die Perle », « Anmuth des Gesanges » (La grâce du chant), « Macht des Gesanges » (La puissance du chant), ce poème, « Der Gesang der Nachtigall », semble avoir incité Beethoven à penser à un cycle de Lieder constitué de poèmes du Persan Sa'di (vers 1210-1293) transcrits librement par Herder, autour du thème du pouvoir et de la grâce de la musique. Issue directement de l'harmonie naturelle, elle est proche de la simplicité des origines : au temps où la musique était le seul moyen d'expression, « Dire et chanter étaient autrefois la même chose, dit Strabon », affirme Rousseau au chapitre XII de son *Essai sur l'origine des langues*, publié posthume en 1782.

D'après l'état du manuscrit, il n'est pas certain que Beethoven ait considéré ce « Gesang » comme achevé ; il ne semble pas en particulier avoir été satisfait de l'épilogue (le manuscrit comprend des passages rayés). Peut-être attendait-il d'avoir mis en musique les autres poèmes pour établir une version définitive ?

PRÉSENTATION DE L'ŒUVRE

Ce poème de Herder a été publié pour la première fois en 1792 parmi les *Zerstreute Blätter*, dans le livre 4 des *Blumen, aus Morgenländischen Dichtern gesammelt* (*Anthologie de poètes orientaux*). La mention de Beethoven sur son manuscrit « aus Sadis Rosenthal » indique qu'il a utilisé l'édition de Cotta parue à Tübingen en 1807.

La première des neuf strophes de l'édition Cotta est la suivante :

Höre, die Nachtigall singt : der Frühling ist wieder gekommen !
Wiedergekommen der Frühling, und deckt in jeglichem Garten
Wohllustsitze, bestreut mit den silbernen Blüthen der Mandel.
Jetzt sey frölich und froh ; er entflieht, der blühende Frühling.

Écoute, le rossignol chante : le printemps revient !
Le printemps revient, et recouvre tous les jardins
Lieux de bien-être, d'un manteau de fleurs argentées.
Sois gai et joyeux aujourd'hui, le printemps fleuri prend son envol.

Les autres strophes se terminent toutes par le même vers.

L'ensemble du poème chante les fleurs du printemps qui se fanent avec l'automne : ainsi, comme la rose qui passe, la voix du poète se tait.

De cette métaphore de la vie qui passe, Beethoven n'a retenu que l'arrivée et l'éclosion du printemps, idée qu'il a traduite par une « invention » sur une note inscrite dans une harmonie très stable – comme si le chant et la parole procédaient de la nature et de l'harmonie qui lui est inhérente.

Ce « Gesang » est formé d'une introduction énoncée par le piano qui répète la note *sol* de manière de plus en plus ornée. Une mesure de cadence lie ces cinq premières mesures au chant plein d'allant sur un rythme répétitif (une longue/deux brèves) et dans une harmonie très simple et stable (la ligne vocale est doublée).

Beethoven n'a mis que la première strophe en musique. D'après les indications de son manuscrit, il ne voulait pas que l'introduction soit reprise, et il pensait transformer en refrain le dernier vers, qui finit chacune des neuf strophes.

SOURCES

Le manuscrit autographe (à Berlin) porte la mention : « Der Gesang der Nachtigall. am 3ten Juni 1813 / aus Sadis Rosenthal. » Seule la première strophe est inscrite. Sur le bord droit de la feuille, Beethoven a noté : « alle übrigen / Verse müßen / nur die Exposition des / Frühlings / enthalten ohne die / Nachtigall zu berüh/ren jedoch muß das / Ende allzeit dasselbige / seyn nemlich : /"Jetzt sey fröhlich und froh / er entflieht der blühende / Frühling» (tous les vers suivants ne doivent comporter que l'exposition du printemps sans toucher au rossignol, pourtant la fin doit être toujours la même : «Sois gai et joyeux aujourd'hui, le printemps fleuri s'envole»).

Une copie provient de la collection Haslinger-Rodolphe : «Der/ GESANG/ der Nachtigall. / Worte von J G v. Herder/ (Aus Sadi's Risenthal) [*sic*]», avec une seule strophe. Cette copie porte l'inscription : «Worte von J. G. v. Herder. // : Aus Sadi's Rosenthal : // Der Gesang der Nachtigall.»

PUBLICATION

En 1888, GA d'après la copie de la collection Haslinger-Rodolphe.

Opus 91
La Victoire de Wellington ou la Bataille de Vittoria

Le titre intégral est : Eine große vollstimmige Instrumental Composizion, geschrieben auf Wellington's Sieg in der Schlacht bei Vittoria, erster Theil : Schlacht; zweiter Theil : Sieges Simphonie

Première partie : Schlacht (Bataille) (362 mes.)
Tambour et trompettes du côté anglais – Marcia / Rule Britania, 2/4, mi *bémol majeur – 30 mes.*
Tambour et trompettes du côté français – Marcia : Marlborough, 6/8, ut *majeur – 43 mes.*
Trompette en ut *du côté français / et réponse du côté anglais par une trompette en* mi *bémol – Schlacht (mes. 74 à 362) : Allegro,* **C**, si *majeur – Meno Allegro, 3/8,* ut *majeur (mes. 106) – Sturmmarsch, Allegro assai,* **¢**, la *bémol majeur (mes. 200) – Presto,* **¢**, mi *bémol majeur (mes. 242) – Andante, 6/8,* si *mineur (mes. 346-362)*

Deuxième partie : Sieges Symphonie [Symphonie de Victoire] (mes. 363 à mes. 698) Intrada. Allegro ma non troppo, **C** *(mes. 363) / Allegro con brio,* **¢**, ré *majeur (mes. 370) – Andante grazioso, 3/4,* si *bémol majeur [God save] (mes. 423) – Retour à l'Allegro con brio (mes. 440) – Tempo di Menuetto, 3/4,* ré *majeur [God save] (mes. 493) – Allegro, 3/8,* ré *majeur [fugato sur le God save] (mes. 516-698).*

TEMPS DE LA COMPOSITION ET PREMIÈRE REPRÉSENTATION

Au cours de l'été et de l'automne 1813, après la victoire de Wellington à Vitoria le 21 juin 1813, dont la nouvelle fut connue à Vienne le 27 juillet 1813. Beethoven commença par la «Sieges Symphonie» (qui sera la seconde partie) qu'il conçut d'abord pour l'instrument automate, le Panharmonicon, de Johann Nepomuk Mälzel (1772-1838)[1], puis il orchestra cette «Sieges Symphonie» avant de composer la «Schlacht», sans doute en perspective du concert de bienfaisance prévu pour le 8 décembre 1813 et organisé par Mälzel en l'honneur des victimes de la bataille de Hanau (30-31 octobre 1813).

La première exécution eut lieu les 8 et 12 décembre 1813 dans la salle de l'Université, lors d'un concert de bienfaisance en faveur des victimes de la bataille de Hanau (30-31 octobre 1813), avec la participation de tous les compositeurs et musiciens alors à Vienne (Salieri dirigeait les parties de tambours et les canonnades; Schuppanzigh dirigeait les premiers violons; Spohr, Mayseder jouèrent des parties de second violon; Hummel était à la grosse caisse – et remplaça Salieri le 2 janvier 1814 pour diriger

1. La genèse de l'*op. 91* a été reconstituée par Hans-Werner Küthen dans son article «Neue Aspekte zur Entstehung von Wellingstons Sieg», in *BJb* 8 (1975), pp. 73-92. Son analyse s'appuie sur les «écrits» de Beethoven, aussi bien esquisses, notations verbales en marge des esquisses, partition autographe que lettres ou adresses aux journaux. H.-W. Küthen remarque que Beethoven a toujours distingué les deux parties de cette œuvre : «Wellington Schlacht bei Vittoria» et «Siegessinfonie» (il parlait même d'œuvres au pluriel), et que le récit défectueux établi par Schindler (qui n'était pas encore proche de Beethoven) et qui a été repris par les biographes postérieurs a prévalu sur les explications fournies par Beethoven à son avocat, contenues dans un brouillon de Memorandum pourtant connu de Schindler [3., 728]. Pour rendre justice aux explications de Beethoven, H.-W. Küthen s'appuie sur le «Notenmaterial» existant (l'autographe de la partition pour orchestre, la copie de la «Sieges Symphonie» pour le Panharmonicon, les esquisses pour la version orchestrale de la première partie, «Schlacht», les esquisses pour la version orchestrale de la seconde partie, «Sieges Symphonie», les

les tambours et les canons). Outre la *Symphonie op. 92* de Beethoven, deux Marches, l'une de Dussek, l'autre de Pleyel, furent exécutées sur le Panharmonicon de Mälzel.

L'*op. 91* fut repris lors des concerts du 2 janvier 1814 (avec la *Symphonie op. 92* et l'Air *op. 113 n° 7*) et du 27 février 1814 (avec les *Symphonies op. 92* et *93*, et *Trio « Tremate empi » op. 116*).

Pour ces différents concerts, l'orchestre fut renforcé par des amateurs. Après les concerts de janvier et de février 1814, Beethoven nota dans son *Tagebuch* (n° 18) que l'orchestre avait été largement étoffé :

« Bey meiner letzten Musik im großen Redoutensaal hatten sie 18 Violin prim
18 " secund
14 Violen
12 Violoncelle
7 Contrabässe
2 Contrafagotte »

Cette œuvre fut exécutée lors du Congrès de Vienne devant les souverains alliés « im großen k.k. Redoutensaal », le 29 novembre [photocopie de l'affiche, *Briefe*, 3., p. 78], reprise le 2 décembre 1814.

L'œuvre fut exécutée à Prague les 6 et 14 avril 1816 (la seconde fois dirigée par Carl Maria von Weber), sans grand succès. Hummel, qui avait fait partie de l'orchestre lors de la création de l'œuvre à Vienne, et qui se trouvait alors à Prague, donna des indications à Weber.

CONTEXTE BIOGRAPHIQUE

Dans le contexte militaire et politique du reflux de la domination française sur l'Europe, Beethoven accepta de composer[1] un morceau de musique militaire pour l'instrument automate, le Panharmonicon, mis au point par Mälzel, l'inventeur du métronome – pour l'inciter à ce travail, Mälzel avait promis de lui fabriquer un appareil acoustique qui pallierait sa surdité. Beethoven fournit donc une « Sieges Symphonie » que Mälzel fit graver sur un rouleau d'après la partition de Beethoven, auquel il avait donné des indications pour utiliser au mieux les possibilités de ce Panharmonicon. Les Anglais ayant une large part dans les victoires sur Napoléon, Beethoven réutilisa leur hymne national, le « God save the King », qui lui avait déjà servi en 1803 pour ses *Variations pour piano WoO 78*, et cela de manière très délibérée et signifiante : « je dois montrer un peu aux Anglais en quoi le God save the King est une bénédiction », notait-il sur son *Tagebuch* (16) au moment où il travaillait à ce morceau – formule elliptique « à la Beethoven » qui confère aux Anglais un rôle providentiel dans l'histoire de la liberté conquise par les peuples contre toute forme de tyrannie.

Alors qu'il avait commencé le travail de gravure pour son Panharmonicon, Mälzel eut l'idée d'organiser un grand concert au bénéfice des victimes de la guerre (en particulier ceux qui avaient été blessés lors de la bataille de Hanau, victoire de Napoléon sur les Austro-Bavarois, les 30 et 31 octobre 1813, donc quelques jours après l'espoir de libération apporté par la « bataille des Nations » à Leipzig le 18 octobre 1813), comptant sur une large contribution de Beethoven (qui, grâce à cela, eut l'occasion de créer la *Septième Symphonie op. 92*) ainsi que sur la participation des principaux compositeurs et instrumentistes viennois, sollicités pour soutenir un grand élan « patriotique ». Dans la perspective de ce concert, Mälzel demanda à Beethoven d'orchestrer le morceau qu'il avait composé pour le Panharmonicon, donc la « Sieges Symphonie ». Beethoven accepta, et au cours

esquisses pour la version pour Panharmonicon de la « Sieges Symphonie »). Il n'existe aucune trace d'une version de la *Schlacht* pour Panharmonicon : Beethoven a noté des esquisses pour cette première partie au moment où il établissait une version pour orchestre de l'ensemble de l'*op. 91* en prévision du concert du 8 décembre 1813 – les annotations verbales sur une feuille d'esquisse prouvent que Beethoven avait une vision d'ensemble : « fällt in 2 Theile jedoch / ohne gänzlich abzusezen / Schlachtgemälde – Siegssinfonie / Triump [h] über den / Feind Erinnerung / an den Krieg » [« en 2 parties / mais entièrement d'une traite / peinture de la bataille – symphonie de victoire / Triomphe sur l'ennemi souvenir / de la guerre »] – ce qui signifie qu'il songeait à une transition entre les deux qui sera l'Intrada (absente dans la copie pour le Panharmonicon). D'autre part, des esquisses de 1809 permettent de supposer que Beethoven avait déjà l'idée d'une *Schlacht*, à laquelle il voulait joindre l'hymne anglais – cette idée était appropriée à la glorification d'un vainqueur anglais.

1. Entre 1813 et 1815, Beethoven composa plusieurs œuvres de circonstance pour fêter les victoires des Alliés sur Napoléon.

de son travail d'orchestration, il envisagea la possibilité de mettre en œuvre une idée qui datait de 1809 (lors de la précédente guerre), la composition d'une musique présentant le moment qui précède la victoire, c'est-à-dire la bataille : « auf die Schlacht Jubelgesang », « Angriff », « Sieg » (sur le champ de bataille cri de joie, attaque, victoire), termes inscrits sur des esquisses datant de 1809 à la suite d'esquisses pour un Lied patriotique de Collin, « Oesterreich über alles » (cité par Nottebohm, II, 262). Sachant qu'il allait pouvoir disposer de l'élite des musiciens de Vienne, Beethoven composa une partition complexe, qui combine plusieurs types d'interventions instrumentales : à l'orchestre symphonique classique (largement étoffé pour cette circonstance « patriotique »), il ajouta une « musique turque » (c'est-à-dire une musique militaire, avec picolo, triangle, cymbales, caisse claire, grosse caisse) et les « bruits » du canon et de la mitraille obtenus par les instruments utilisés pour les bruitages dans les coulisses des théâtres (gros tambour, crécelles, « coup de tonnerre »).

Le concert du 8 décembre 1813 eut un tel succès qu'il fallut le redonner le 12 décembre. La notoriété et la popularité de Beethoven furent alors telles que, les mois suivants, il eut la possibilité de donner plusieurs concerts à son bénéfice avec l'*op. 91*, et les *Symphonies op. 92* et *op. 93* (créée le 27 février 1814). Son ami Amenda lui écrivait en 1815 que la gloire de l'*op. 91* était parvenu jusqu'à Talsen, tandis que Clemens Brentano témoignait à Beethoven son admiration dans des poèmes écrits sur l'*op. 91*, juste après avoir entendu sa musique [3., 689 – sans doute le 2 janvier 1814].

D'autre part, cet *op. 91* fut exécuté lors du congrès de Vienne les 29 novembre et 2 décembre 1814, et malgré le silence du dédicataire, il connut un grand succès à Londres en 1815. Le succès de l'œuvre incita l'éditeur S.A. Steiner à la publier sous sept formes différentes en même temps, et, pour la première fois pour une œuvre symphonique de Beethoven, en partition complète comme en voix séparées.

Tout en se préoccupant de faire éditer l'*op. 91* à Vienne, Beethoven chercha à le diffuser à Londres, espérant que le dédicataire, le prince régent, lui témoignerait sa reconnaissance par une invitation et une gratification financière et qu'il serait donc considéré digne successeur de Haendel et de Haydn, ce qui ne pouvait qu'asseoir sa notoriété à l'échelle de l'Europe, et peut-être inciter les autorités viennoises à lui confier un poste officiel...

Conscient de l'aspect insolite de cette œuvre, Beethoven fit insérer par l'éditeur, en allemand et en français, des « Remarques pour l'exécution » (Bemerkungen für die Aufführung), qu'il classa en huit points, insistant sur la spatialisation de la disposition de l'orchestre et des instruments de bruitage (Donnerschlag, Kanonen-Maschinen) de façon à bien distinguer les deux armées, sur l'importance et la composition de l'orchestre ainsi que sur la qualité des instrumentistes (en particulier ceux qui tiennent les parties de canon et de mitraille, obligés de respecter rigoureusement tempo et rythme), sur l'interprétation du tempo des Marches (l'anglaise et la française), de l'Intrada, des différentes parties de la « Sieges Symphonie » et sur le doublement des instruments d'harmonie dans la « Sieges Symphonie ».

D'autre part, Beethoven eut le souci quasi constant de nommer son œuvre avec précision, prenant la peine de rectifier le titre donné couramment de « Schlachtsimphonie » (par lui aussi parfois) en « Eine große vollstimmige Instrumental Composizion, geschrieben auf Wellington's Sieg in der Schlacht bei Vittoria, erster Theil : Schlacht; zweiter Theil : Sieges Simphonie »[1], exigeant donc de distinguer la « Bataille » (qui n'est pas une symphonie) de la « Symphonie de victoire », car il pensait avoir composé une œuvre originale et novatrice dans son instrumentation comme dans sa forme (il chercha à en consulter la partition au moment où il composait la *Neuvième Symphonie*) – il fut d'ailleurs fort mécontent de la critique publiée dans *Cäcilia* en 1825 qui passait à côté de l'intention de l'œuvre, la restitution d'une bataille sur une scène de théâtre et sa consé-

1. Pour composer cette musique de bataille, Beethoven disposait de « modèles » qui s'inscrivaient dans le genre « Bataille » : voir article de Thomas Röder, « Beethovens Sieg über die Schlachtenmusik Opus 91 und die Tradition der Battaglia », in *Beethoven zwischen Revolution und Restauration*, Beethoven-Haus, Bonn, 1989. p. 229-258.

quence musicale : la glorification de la victoire par une symphonie à grand orchestre.

Le différend avec Mälzel, qui éclata après les premiers concerts de décembre 1813 (cf. lettre du 11 mars 1816 [3., 916]), témoigne des modalités particulières d'émergence de cette œuvre insolite, dont l'idée se concrétisa progressivement au cours de la préparation du concert, comme si Beethoven avait été entraîné sur un terrain dont il ne soupçonnait pas l'existence et qui se découvrait devant lui pour expérimenter une nouvelle forme d'œuvre en prise avec la réalité – aussi bien la situation politique et militaire de l'Europe en 1813 que son besoin de reconnaissance officielle et d'action au profit des hauts faits de l'Histoire (se considérant, en cela, héritier des musiciens de la Révolution qui avaient composé de nombreuses Marches ou Symphonies militaires).

Ainsi, alors qu'il était « pris par le feu de la composition » (comme il l'écrit à son avocat en juillet 1814), Beethoven n'aurait pas prêté attention aux manœuvres de Mälzel, qui se prétendit propriétaire de l'ensemble de l'op. 91 (Beethoven lui aurait fait « un cadeau d'ami », comme Mälzel le fit imprimer sur l'annonce du concert du 8 décembre 1813). Il est certain que Beethoven, comme souvent à cours d'argent, n'avait pas simplifié les choses, ayant emprunté de l'argent à Mälzel en évoquant un remboursement possible par un éditeur anglais chez lequel il pourrait déposer l'œuvre s'il se rendait, comme il le souhaitait, en Angleterre... puis, ayant décidé, sur le conseil de quelques amis, de dédier l'œuvre au Prince régent d'Angleterre, il ne disposait plus de l'œuvre et ne pouvait donc plus la faire vendre par Mälzel à un éditeur anglais...

PRÉSENTATION DE L'ŒUVRE

L'œuvre est en deux parties, reliées entre elles mais bien distinguées par Beethoven ; la premières intitulée « Schlacht » pourrait s'apparenter à une Fantaisie, et la seconde, « Sieges Symphonie », consiste en variations libres sur « God save the King » (il s'agit ici de l'orchestration de « God save the King », thème sur lequel Beethoven avait déjà composé des variations en 1803, *WoO 78*, et dont il avait fait un arrangement pour Chœur et Trio avec piano, *WoO 157 n° 1*, en 1814-1815).

La première partie est introduite par la présentation du lieu, de la situation et des acteurs : un champ de bataille sur lequel arrivent, annoncées par des roulements de tambour et des appels de trompettes, en même temps mais de deux côtés différents, les deux armées, chacune identifiée par la musique d'un chant populaire traditionnel anglais transformé en marche militaire (le « Rule Britania » pour les Anglais, sur le thème duquel Beethoven avait déjà composé les *Variations WoO 79* en 1803, et « Marlborough » pour les Français – le choix de l'air caractérisant les Français a étonné les commentateurs postérieurs qui se seraient attendus à une marche révolutionnaire, ce qui était oublier à la fois le contexte de 1813 (les Français étant alors des conquérants et des occupants et non des libérateurs) et la destination de *l'op. 91* (le public anglais ainsi que le public hostile aux Français : il fallait ridiculiser les Français guidés par un chant populaire, étranger de surcroît). Une fois les armées face à face, Beethoven faisait sonner la charge par les Français avec réponse des Anglais avant que la bataille ne s'engage et ne se déroule immédiatement de manière très intense, les coups de canon et le crépitement des tirs de mitraille créant un effet de réel, jusqu'à la défaite française (les derniers coups de canons provenant du côté anglais).

La seconde partie glorifiait la victoire des Anglais, en associant cri de victoire, marche triomphale et variations sur l'hymne national anglais.

Dans la conception de cette œuvre, Beethoven a pensé en homme de théâtre s'attachant à mettre en scène une vraie bataille en ses moments successifs. Il innove en écrivant une œuvre de « musique de théâtre » au lieu de transposer en musique, donc au lieu de faire une « Tonmalerei ». Cette intention correspondait, en fait, à sa façon particulière de procéder dans son travail de composition : il partait des éléments bruts les plus simples (un rythme, un thème populaire connu de tous, un signal de trompette aux connotations précises) et les combinait dans une forme dont il disposait librement – la Fantaisie et la Variation étant ses terrains d'élection.

Schlacht. À la manière des didascalies indiquant les jeux de scène dans une pièce de théâtre, Beethoven commence la première partie en inscrivant les notes et les rythmes des «tambours et trompettes du côté anglais», «les tambours d'abord seuls», à deux temps, et spécifiant qu'il faut donner l'impression de l'approche de l'armée par un crescendo progressif des tambours avant l'intervention des trompettes[1]. Beethoven fit noter la musique de cet appel de trompette, «suivi immédiatement de la Marche "Rule Britania" –» en *mi* bémol majeur à 2/4.

L'armée anglaise une fois en place, c'est au tour de l'armée française de prendre position, de la même manière (les didascalies sont les mêmes), le tambour français jouant dans la métrique 6/8, et les trompettes étant en *ut*, Marcia en *ut* majeur à 6/8.

La Marche anglaise comme la Marche française sont confiées à une musique militaire (les cordes n'intervenant que dans les mesures de reprise terminale).

La mise en place effectuée, Beethoven indique que les trompettes françaises en *ut* sonnent la charge avant les trompettes anglaises en *mi* bémol.

La bataille est en cinq parties, canons et mitraille toujours présents et intervenant selon un rythme indiqué sur la partition pour chacun des deux côtés. L'engagement s'effectue Allegro, à quatre temps, sur un schéma rythmique qui se répète d'abord toutes les deux mesures (noire-blanche pointée liée à une ronde), puis toutes les mesures, dans une grande intensité (tout l'orchestre *ff*, avec *sf* sur le deuxième temps, et tremolos des cordes) et sur une marche harmonique descendante (à partir de *si* majeur). La poursuite des combats s'effectue Meno Allegro, à 3/8 en *ut* majeur, sur le rythme omniprésent (croche-deux doubles croches-croche) et l'intervention des trompettes de part et d'autre. Puis, survient la Marche d'assaut, Allegro assai, «alla breve», qui commence sur un unisson *ff* répété des cordes soutenant les batteries de tambours, les picolos ponctuant les phrases qui se succèdent selon une progression de marche harmonique descendante. Les Anglais s'acheminant vers la victoire, la tonalité passe à *mi* bémol majeur puis en *ré* majeur (tonalité de la victoire) et le tempo devient Presto. La fin de la bataille est signalée par un Andante à 6/8 qui se déroule sur une pédale de *fa* (dominante de *si* mineur, ton relatif mineur de *ré* majeur) et les derniers tirs du côté anglais.

La *Sieges Symphonie* est également en plusieurs sections.

Elle commence par une transition entre la fin de la bataille et le cri de victoire, une «Intrada», Allegro ma non troppo à quatre temps en *ré* majeur, *ff*, avec cordes, trompettes et timbales. Puis Allegro con brio «alla breve», tout l'orchestre (sauf les trombones au début) fait éclater le rythme énergique marquant la victoire. Intervient alors Andante grazioso, à 3/4, en *si* bémol majeur, la présentation du thème de «God save the King». Après le retour de l'Allegro con brio, suivent deux variations de cet hymne : la première, Tempo di Menuetto moderato, à 3/4, en *ré* majeur, et la deuxième Allegro, à 3/8, également en *ré* majeur sous une forme de fugato introduit par les premiers violons avec effet d'accelerando rendu par le rythme. La partie finale, toujours à 3/8, adopte la scansion régulière des musiques révolutionnaires.

SOURCES

Des esquisses des versions pour orchestre des deux parties («Schlacht» et «Sieges Symphonie») – avec annotations verbales –, ainsi que des esquisses pour la version destinée au Panharmonicon de la seconde partie («Sieges Symphonie») existent dispersées (à Berlin, à Bonn et à Paris).

Le manuscrit autographe pour grand orchestre (à Berlin) ne porte pas de titre (l'inscription «Wellingtons Sieg bey Vittoria» est de la main de Schindler). La graphie est très rapide et les corrections comme les remarques en marge sont nombreuses.

Une copie de la *Sieges Symphonie* pour le Panharmonicon (à Berlin) porte un titre écrit de la main de Beethoven : «*Auf Wellingtons Sieg / bej Vittoria. 1813 / geschrieben für Hr : Maelzel von Ludwig van Beethowen*». Sur la dernière page se trouvent des remarques de la main de Mälzel.

PUBLICATION

L'édition originale fut assurée à Vienne, en février 1816, en partition et en voix séparées par S.A. Steiner und Comp. :

1. Consulter le catalogue de l'exposition *Literarische Almanache zwischen Rokoko und Klassizismus. Ausstellungskatalog der Herzog August Bibliothek*, Wolfenbüttel 1986, p. 77 (cité par Helga Lühning, *Beethoven Werke*, Abteilung XII. Band 1, «Lieder und Gesänge», «Kritischer Bericht», G. Henle Verlag, 1990, p. 63).

«WELLINGTONS – SIEG, / oder : / die Schlacht bey Vittoria / In Musik gesetzt / von / Ludwig van Beethoven / 91tes Werk. / Vollständige Partitur / N° 2367. – Eigenthum der Verleger. [r. :] Preis – / WIEN / im Verlag bei S.A. Steiner und Comp./ so wie auch zu haben : / in Leipzig bey Breitkopf und Härtel – C : F : Peters – Fr : Hoffmeister, / Bonn, bey N : Simmrok [*sic*] – Offenbach, bey J : Andrä – Zürch, bey Nägeli & Comp : Ettwill, bey C : Zulehner, – und in den/ Musikhandlungen zu Augsburg – Berlin – Braunschweig – Frankfurth – Hamburg – München – Mayland – Neapel – Stuttgardt».

La dédicace était inscrite sur une page intérieure : «Seiner / königlichen Hoheit / dem / Prinz-Regenten von England / GEORG AUGUST FRIEDRICH / in / tiefster Ehrfurcht zugeeignet / von / Ludwig van Beethoven.»

Cette édition comprenait également, en allemand et en français, sur deux pages, des «Bemerkungen für die Aufführung», «Remarques concernant l'exécution», rédigées par Beethoven en décembre 1815, ainsi que les titres des différentes parties : «Erste Abteilung/ SCHLACHT / Prémiére Partie. / Bataille» (p. 3), avec en page 4 : «Trommeln und Trompeten an der englischen Seite» – suivait la partition; puis en page 10 : «Trommeln und Trompeten an der französischen Seite»; en page 66 : «Nachtrag N[°] I (Tromba in Es, Tromba in C); en page 67 l'intertitre : «Zweyte Abteilung. / SIEGES SINFONIE / Seconde Partie / Simphonie de Victoire» (partition des p. 68 à 113); page 114 : «N[°] II Nachtrag zur zweyten Abtheilung [supplément pour la seconde partie]» (triangolo, Piatti, Grand Tamburo).

C'est la première fois qu'une œuvre symphonique de Beethoven paraissait en même temps en partition et en voix séparées (deux exemplaires de cette partition furent retrouvés parmi les papiers de Beethoven). Beethoven a dédicacé un exemplaire de l'édition originale au baron Pasqualati chez lequel il logeait à cette époque (cf. *op. 118*) : «Seinem verehrten Freunde Baron v. Pasqualati vom Verfasser».

Le titre de la publication des voix séparées était le suivant :

«WELLINGTON-SIEG / oder : / Die Schlacht bey Vittoria. / In Musik gesetzt / für 2 Violinen, 2 Violen, 2 Flauten, Flauto Piccolo, / 2 Oboen, 2 Clarinetten, 2 Fagott, 4 Horn, 3 Posaunen, / 4 Trompetten, Triangel, Teller, Pauken, grosse Trommel, / Violoncello und Basso; / ferners : /
an der englischen Seite :
Trompette, kleine Trommeln,
Kanonen und klein Gewehr=
= Feuermaschinen.

an der französischen Seite :
Trompette, kleine Trommeln,
Kanonen und klein Gewehr=
= Feuermaschinen.
von / LUDWIG VAN BEETHOVEN. / 91tes Werk. / [*etc.*, les mêmes indications que sur la partition]».

Les «Bemerkungen für die Aufführung» faisaient également partie de cette version en voix séparées.

Outre la partition et les voix séparées, cinq arrangements furent publiés en même temps : pour musique turque, pour Quintette à cordes, pour Trio piano, violon, violoncelle, pour piano à quatre mains, pour piano seul.

La version pour deux pianos ne parut qu'en 1817.

Toutes ces éditions (sauf celle pour la musique turque et celle pour deux pianos) contiennent en première page l'annonce de la vente par souscription des deux nouvelles grandes symphonies (en *la* majeur et en *fa* majeur) de Beethoven, avec la date de février 1816 (à Vienne, chez S.A. Steiner und Comp.).

À Londres, Robert Birchall publia une transcription pour piano seul, en janvier 1816 (donc avant l'édition de Vienne) :

«Beethoven's / GRAND Battle SINFONIA, / Performed last Season with the greatest Applause at the / ORATORIOS, Drury Lane, / Descriptive of the / BATTLE & Victory at VITTORIA, / Gained by the Armies under the Command of / His Grace / The Duke of Wellington, / Adapted for the PIANO FORTE / AND / Dedicated to His Royal Highness / THE PRINCE REGENT, / BY THE / Author. / […]».

DÉDICATAIRE

Le roi George IV (1762-1830) ne réagit pas à la dédicace de Beethoven, qui en fut très déçu : il espérait que le dédicataire financerait la copie qui lui était envoyée et lui témoignerait sa reconnaissance sous la forme d'une gratification financière, au moins.

L'ŒUVRE VUE PAR SES CONTEMPORAINS

La *Wiener AMZ* Jg.1, 1813 (col. 747-750) érigeait les 8 et 12 décembre 1813 en jours historiques pour l'art en Autriche : Beethoven y avait dirigé en personne deux nouvelles œuvres. Après avoir insisté sur le classicisme de l'écriture du plus grand compositeur actuel de musique instrumentale, l'auteur inscrivait la seconde œuvre dans la « Cathegorie der Tongemälde » : l'affrontement des deux armées est exprimé par des « Marches nationales (les mélodies sont celles de : *Brittania rule* et *Malborough*) », et on entend « le tonnerre du canon », « le crépitement de l'artillerie », la plainte des blessés au milieu des mugissements des coups de canon. Après la défaite française, éclate une Symphonie magnifique sur le « God save the King » de Haendel.

L'auteur de l'article exposait que Beethoven avait accepté de composer cette œuvre par admiration pour Mälzel, car il était convaincu que peindre les phénomènes naturels ou les actions humaines était un genre mineur.

L'auteur mentionnait la présence d'une centaine de musiciens de Vienne lors des représentations : Beethoven dirigeait l'ensemble, Schuppanzigh étant premier violon, et tout l'orchestre s'efforçant de donner la meilleure exécution possible. Le succès fut indescriptible. L'*AMZ* XVI, 1814 (col. 70/71) rendait compte d'un des concerts les plus intéressants et les plus réjouissants, organisé par Mälzel dans la grande salle de l'Université, au profit des victimes de la bataille de Hanau. Outre une nouvelle *Symphonie* (*op. 92*) de Beethoven et deux *Marches* pour trompettes et orchestre de Dussek et Pleyel jouées sur l'instrument mécanique de Mälzel, dont la première partie consiste en la bataille et la seconde en une Symphonie de victoire. Ce fut un triomphe pour Beethoven. L'orchestre nombreux comprenait beaucoup des grands musiciens viennois, réunis pour soutenir l'effort de guerre et la victoire. L'auteur signalait que Mälzel avait fait composer cette œuvre en prévision d'un voyage à Londres et que pour le public anglais il y avait fait intégrer les « chants nationaux préférés des Britanniques : *Rule Brittania*, *Marlborough* et *God save the King* ».

L'*AMZ* XVI, 1814 (col. 291/292) critiquait l'*op. 91*, que l'auteur considérait comme une médiocre pièce de circonstance : il trouvait que le « God save the King » aurait pu faire l'objet d'un développement dépassant la simple écriture en imitation.

En 1816, l'*AMZ* publiait les comptes rendus de plusieurs concerts, les auteurs exprimant des critiques allant de l'admiration à l'expression d'une profonde déception. (col. 315/316 ; col. 319/320). Ainsi, l'*AMZ* XVIII, 1816 (col. 319/320) signalait que le *Schlacht bey Vittoria* avait été donné deux fois, mais que l'attente avait été déçue – qu'il s'agissait plus d'une plaisanterie que d'une œuvre intéressante.

L'*AMZ* XVIII, du 10 avril 1816 n° 15 (col. 241/250), à peine deux mois après la sortie de l'édition, publiait une longue analyse détaillée (avec exemples musicaux) de cette œuvre qui eut du succès aussi bien à Vienne qu'à Londres, et qui fut éditée sous sept formes différentes pour la plus grande gloire de Beethoven et le plus grand plaisir des amateurs de musique.

La revue *Cäcilia* III, cahier n° 10, août 1825 (col. 154-172) publiait un article de Gottfried Weber (1779-1839) intitulé « Über Tonmalerei », article déjà publié en août 1816 dans les n°s 143 et 146 de la *Jenaer Allgemeine Literaturzeitung* ; Beethoven fut mécontent de cet article [6., 2110, lettre à Schott de Mayence]. L'auteur de l'article analyse le genre de la « Tonmalerei » à partir de l'exemple de l'*op. 91*. Il décrit le dispositif orchestral (insistant sur les instruments de théâtre utilisés pour imiter canonnade et mitraille), puis il suit l'action scène par scène, avant de constater que l'ensemble est dénué d'idées originales, et qu'il ne s'agit pas d'une « Tonmalerei » puisque le bruit des canons et de la mitraille sont directement imités. Le seul apport de Beethoven est d'avoir installé sur scène ce qui se joue généralement dans les coulisses au moyen d'instruments de théâtre (canons, mitrailles, appel de trompettes), donc d'avoir déplacé ces sonorités réelles en pleine salle de concert, au milieu du temple du pur art des sons. La « Sieges Symphonie » décevait tout autant l'auteur de cet article d'accord avec celui qui la comparait à « une réjouissance populaire ivre de victoire et exubérante – heureux qu'on ne fasse pas « référence à un genre encore plus mineur de réjouissance populaire ».

L'auteur finissait son article en déplorant la médiocrité de cette œuvre, qui était très éloignée de la qualité de l'*Ouverture d'Egmont*, ou de la *Symphonie en ut mineur* qui élève l'âme des auditeurs.

Une « Lettre de Londres » du 14 février 1814 insérée dans le *Morgenblatt* rapportait que « Les Anciens-Anglais se glorifient beaucoup de ce que la bataille de Vittoria, composée et mise en production publique à Vienne, *a été dédiée au Prince Regent* à l'époque où l'Autriche fut encore en liaison avec la France ! » [cité par Beethoven, en français, dans sa lettre au prince Rasumowsky datée du 5 juin 1815 [3., 810]. Cette remarque était également citée dans l'*AMZ* XVII, 1815 (col. 262)].

CORRESPONDANCE

En novembre 1813 [2., 676], Beethoven écrivait à Zmeskall qu'il souhaitait le voir avant de souper avec Mälzel (qui avait organisé les concerts des 8 et 12 décembre 1813).

Entre le 12 et le 20 décembre 1813 [2., 680], Beethoven s'adressait à un rédacteur de presse à Vienne pour lui demander de ne pas publier les indications données par Mälzel avant qu'il ne se soit entretenu avec ce dernier (Mälzel se posait comme l'unique organisateur des concerts des 8 et 12 décembre 1813).

Vers le 15 décembre 1813 (fac-similé in *Briefe*, 2., p. 380-383, et Anderson Appendice H, p. 1598-1599), Beethoven rédigeait un lettre de remerciement aux musiciens qui avaient participé à ses concerts, souhaitant qu'elle soit publiée dans la *Wiener Zeitung* (ce qui n'eut pas lieu). Il décrivait ce concert en citant quelques uns des participants : « Ce fut une rare réunion de remarquables Tonkünstler, à laquelle chacun, animé par la seule pensée de pouvoir contribuer aussi par son art au bien de la Patrie, sans tenir compte de son rang et tout en occupant les places les plus humbles, a joué son rôle dans une exécution vraiment parfaite. Non seulement monsieur *Schuppanzigh* a dirigé les premiers violons et grâce à la perfection et à la fougue de son exécution a entraîné tout l'orchestre, mais un certain Maître de Chapelle, du nom de *Salieri*, n'a pas dédaigné donner la mesure aux tambours et aux canonnades » [etc.] Beethoven citait aussi Spohr, Mayseder, Siboni, Giuliani, Hummel, et rendait hommage à Mälzel qui, le premier, avait eu l'idée de ce concert, qui lui permettait de « déposer sur l'autel de la patrie quelques [-unes de ses] grandes œuvres ».

Le 20 décembre 1813 [in *Briefe* 3., 728, note 7, p. 46], la *Wiener Zeitung* annonçait que Mälzel, « Hofmechaniker », qui avait l'intention d'aller présenté ses instruments en Angleterre, avait reçu de Beethoven « en cadeau d'ami » une toute nouvelle « grande composition comprenant tous les instruments, dont l'objet est la victoire de Wellington à Vittoria ».

Le 31 décembre 1813 (Anderson, Appendice H, p. 1600), Beethoven faisait insérer dans la *Wiener Zeitung* l'annonce de son concert du 2 janvier 1814 (au cours duquel fut exécuté également l'Air du Grand Prêtre des *Ruines d'Athènes*, *op. 113 n° 7*) : « Suivant le désir de nombreux amis de la musique de qui j'ai une haute estime et qui voulaient entendre encore une fois ma grande composition instrumentale sur la Victoire de Wellington à Vittoria [...] avec le concours des meilleurs musiciens exécutants de Vienne [...] ».

Le 11 janvier 1814 [3., 691], Beethoven signalait à Zmeskall qu'il avait rendez-vous avec le « Baron Pasqualati » à propos du différend avec Mälzel [qui prétendait être propriétaire de l'*op. 91*] et de son projet [conçu avec Mälzel à la suite du succès de l'*op. 91*] d'utiliser le *Wellington's Sieg* pour être reçu à Londres (la paix étant proche).

Le 24 janvier 1814 (Anderson, Appendice H, p. 1600), Beethoven faisait insérer dans la *Wiener Zeitung* une lettre de remerciements aux musiciens qui avaient participé au concert du 2 janvier, soulignant qu'il était ravi d'entendre ses œuvres jouées par d'excellents exécutants.

En janvier 1814 [3., 692], Beethoven remettait un rendez-vous avec l'archiduc Rodolphe, car il s'occupait d'envoyer une copie du *Wellington's Sieg* à Londres (ses amis lui ayant conseillé d'envoyer une copie au prince régent et de demander l'autorisation de lui dédier l'œuvre). Peu après [3., 693], Beethoven faisait savoir à Zmeskall qu'il avait fait envoyer la partition, et que pour le voyage il fallait réfléchir : il attendait que les Anglais l'invitent.

Le 13 février 1814 [3., 696], Beethoven écrivait à son ami Franz Brunsvik à Buda qu'il pouvait se réjouir aussi de ses victoires (allusion au succès du *Wellington's Sieg*, ainsi qu'aux victoires militaires contre Napoléon).

Le 23 février 1814 [3., 697], Beethoven demandait à un journaliste du nom de Hartmann d'annoncer le concert du 27 février dès le 23 février (sans doute dans *Der Oesterreichische Beobachter*), signalant « qu'avec la bataille bien connue », il y aurait une nouvelle *Symphonie* (op. 93) et un *Trio vocal* (op. 116, qui date pourtant de 1802).

Avant le 27 février 1814 [3., 700], Beethoven suppliait Hummel de diriger à nouveau la canonnade.

Avant le 25 juillet 1814 [3., 728], Beethoven rédigea un brouillon de mémorandum adressé à Karl Schwabel Edler von Adlersburg (son avocat et son conseiller juridique de 1813 à 1818) pour faire le point sur son différend avec Mälzel, qui prétendait s'attribuer la paternité de l'op. 91. Il rappelait qu'il avait composé gratuitement un morceau (la « S [ieges] S. [infonie] ») pour le Panharmonicon de Mälzel à sa demande ; que juste au moment de le graver, Mälzel voulait qu'il soit transcrit pour orchestre. Beethoven ajoutait qu'il avait déjà eu l'idée, bien avant la commande de Mälzel, de composer une œuvre décrivant une bataille. Il poursuit en signalant qu'ils se mirent d'accord pour organiser un concert et que, juste à ce moment, il se trouvait en difficultés financières et qu'il emprunta de l'argent à Mälzel, lui proposant qu'il se rembourse en vendant l'œuvre à Londres, s'il ne participait pas lui-même au voyage – or, le jour du concert, Mälzel affirmait que cette œuvre était sa propriété…

Dans la suite de sa longue explication, Beethoven raconte que, très occupé par la mise au point de la version pour orchestre, il avait oublié sa dette, ce qui n'était pas le cas de Mälzel qui comptait bien vendre cette œuvre à Londres et à son profit, alors que lui-même voulait la dédier au prince régent. Ayant refusé de lui donner l'œuvre, Beethoven apprenait que Mälzel avait fait jouer la « Schlacht » à Munich, ce qui signifiait qu'il avait une copie « piratée ». Beethoven continuait en mentionnant l'échange qu'il avait conclu avec Mälzel : celui-ci lui fournissait des appareils acoustiques et Beethoven composait la « SiegesSinfonie » pour son panharmonicon. Puis il relatait qu'après avoir orchestré cette « SiegesSinphonie », il avait composé la « Schlacht », dont Mälzel exigeait être propriétaire.

En octobre 1814 [3., 753], Beethoven écrivait (en italien) à George Thomson à Edimbourg pour lui proposer « una mia opera *sul trionfo di Wellington nella battaglia de Vittoria*, la quale è composta di due parti : prima parte *la battaglia*, seconda parte *sinfonia di trionfo*. / L'opera è scritta per grande orchestra, ha rascosso qui in Vienna un applauso generale, ed a comune richiesta verrà anche adesso eseguita all'occasione della presenza de' Sovrani alleati. » La composition était dédiée au prince régent d'Angleterre « e trattandosi d'un soggetto che tanto interessa la di Lei Patria non puo mancare di far fortuna […] ». Le 12 novembre 1814 [3., 754], Thomson lui demandait des précisions sur cette œuvre (y a-t-il des voix ? etc.) et lui disait ne pouvoir publier qu'une réduction pour pianoforte avec accompagnement de violons, étant donné le manque d'acheteurs potentiels…

Le 29 novembre 1814 [3., 757], le comte Palffy écrivait au prince Trauttmandorff qu'il avait demandé à Beethoven, qui s'en réjouissait, de faire exécuter sa *Bataille de Vittoria*, ainsi que la nouvelle *Cantate* (*op. 136*), devant les souverains présents à Vienne – les répétitions interminables de cette dernière œuvre empêchant celles des autres opéras prévus, ce dont se plaignent les autres compositeurs qui ne peuvent pas faire répéter leurs opéras (en particulier : *Die Jugend Peters des Großen* de Weigl-Treitschke).

Les 16 mars et 19 mars 1815 [3., 790], Beethoven faisait écrire par l'industriel drapier Johann von Häring (1761-1818), en anglais, à Sir George Smart à Londres, pour proposer des œuvres (il indiquait le prix pour chacune) :

« Non of the following pieces has ever been published, but N. 2. 4. & 9. – have been performed with the greatest applause. –

1 Serious Quartetto for 2 Violins, tenor and bass [*op. 95*]
2 Battle of Vittoria – Score
3 " " arranged for the Pianoforte

4 A Grand Symphony Score [*op. 92*]
5 " " arranged for the P.f.
6 A Symphony – Key f Score [op. 93]
7 " arranged
8 Grand Trio for the Pianoforte Violin & Violoncello [*op. 97*]
9 Three overtures for a full orchestra [*op. 113, 117, 115*]
10 The three arrangements
11 A Grand Sonata for the Pianoforte & Violin. [*op. 96*]
The above is the produce of four Years labour. »

Le 20 mars 1815 [3., 791], Carl Amenda écrivait à Beethoven depuis Talsen, lui disant que la gloire que lui a valu « Wellington » était parvenue jusqu'à lui.

Le 20 mars 1815 [3., 792], Thomson informait Beethoven, depuis Edimbourg, que sa « Battaille à été executée par une grande Orchestre à Londres, avec de grands applaudissemens » (les 10 et 13 février 1815 au Drury Lane Theatre par la Philharmonic Society sous la direction de George Smart – Beethoven le remerciait dans une lettre du 7 octobre [1816, 3., 983]).

En avril/mai 1815 [3. 804], Beethoven écrivait à l'éditeur viennois Pietro Mechetti (chez lequel venait de paraître en mars 1815, la *Polonaise op. 89*, et allait paraître le Lied *WoO 143 Des Kriegers Abschied*), pour lui dire que Schuppanzigh avait fait des promesses sans objet (Beethoven était alors, depuis le 20 mai 1815, en pourparlers avec l'autre éditeur viennois S.A. Steiner qui publia les *op. 72, 91-93, 95-97, 113, 115, 117* et *136*).

Le 1er juin 1815 [3., 809], Beethoven écrivait à son compatriote Johann Peter Salomon qui résidait à Londres; il l'incitait à proposer quelques-unes de ses œuvres aux éditeurs londoniens, dont, entre autres, « Partitur der Schlacht von Vittoria auf wellington's Sieg 80# wie auch der Klawierauszug ». Il souhaitait savoir comment demander au prince régent de financer la copie de la « *SchlachtSimphonie auf Wellingtons Sieg in der Schlacht von Vittoria* » et d'accepter la dédicace de cette œuvre qui avait remporté un grand succès à Londres où elle était déjà publiée en réduction pour piano.

Le 5 juin 1815 [3., 810], Beethoven envoyait une longue lettre en français au prince Rasumowsky pour lui demander d'intercéder en sa faveur à propos de la partition de « La Victoire de Wellington dans la battaille de Vittoria », que ses amis viennois lui avaient conseillé de dédier au prince régent d'Angleterre; mais avant d'avoir reçu un avis favorable, la partition avait été publiée, à la suite de son succès lors de son exécution les 10 et 13 février 1815 à Londres : « Dans ces deux productions tous les morceaux de cette musique furent chaque fois répétés pour satisfaire au plaisir unanime que le public en prenait, en honorant la composition toutes les deux fois d'un applaudissement général et complet d'enthousiasme » (il se référait aux nouvelles rapportées par plusieurs journaux de Vienne). Beethoven s'étonnait que malgré ce succès le prince régent n'ait pas donné de réponse favorable; las d'attendre, il avait confié son œuvre à un éditeur viennois, quand il apprit qu'une réduction pour piano avait été publiée à Londres (nouvelle erronée puisque la réduction autorisée par Beethoven fut publiée en janvier 1816)... il devait donc dédommager l'éditeur viennois : « J'ose dire avec certitude que, si j'avais dédié mon ouvrage à un des hauts Monarques qui étaient présents au congrès de Vienne, j'aurais sans doute, déjà obtenu l'honneur d'un accueil gracieux, et une récompense honorable dans ma bourse. »

En automne 1815 [3., 837], Beethoven demandait à S.A. Steiner qu'il lui envoie la partition de l'arrangement de la « Schlacht » pour musique turque établi par Anton Diabelli, parce qu'il voulait y changer beaucoup de choses. Cet arrangement parut en début mars 1816.

Le 28 octobre 1815 [3., 844], il informait l'éditeur londonien Robert Birchall qu'il lui avait fait envoyer la réduction pour piano de « Die Schlacht und Siegs*Simphonie* auf Wellingtons Sieg », et il lui demandait de la graver le plus vite possible, et de lui indiquer le jour de la parution pour tenir au courant les éditeurs de Vienne. Beethoven renouvelait cette demande le 22 novembre 1815 [3., 855].

Le 22 novembre 1815 [3., 854], Beethoven demandait à Ries, à Londres, de veiller à la publication de « *Wellingtons Sieg in der Schlacht bey vittoria* », spécifiant qu'il s'agissait du titre définitif de la réduction pour piano.

Fin février ou début mars 1816 [3., 911], juste après la sortie de l'*op. 91*, Beethoven demandait à l'éditeur S.A. Steiner trois exemplaires de la partition d'orchestre ainsi que deux de la réduction pour piano qui comportait sur la page de titre une gravure de la bataille de Vittoria.

Le 11 mars 1816 [3., 916], Beethoven signalait à Heinrich Schmidt (1779-1857), alors directeur du Théâtre de Brünn, en lui envoyant la partition de l'*op. 91*, que le titre de la partition de la « Schlachtsimphonie » n'était pas juste, et le rectifiait : « Eine große vollstimmige Instrumental Composizion, geschrieben auf Wellington's Sieg in der Schlacht bei Vittoria, erster Theil : Schlacht ; zweiter Theil : Sieges Simphonie. ».

Le 8 mai 1816 [3., 933], Beethoven s'ouvrait à Ries de son étonnement : le prince régent n'avait pas réagi à la dédicace (il avait envoyé une copie de la partition en 1814, et Birchall avait édité la réduction pour piano comportant la dédicace, en janvier 1816). Le 15 mai 1815 [3., 936], Beethoven écrivait la même chose à Charles Neate, en français : « Quand je pense que le prince regent d'angleterre ne me dignoit pas ni d'une reponse ni d'autre reconnoissance pour la Bataile, que j'ai envoye a son Altesse, et lequelle on a donnèe si souvent a londre, et seulement les gazettes annoncoient le reussir de cet œuvre et rien d'autre chose. »

Le 28 décembre 1816 [3., 1019], Beethoven annonçait à son ami Johann Nepomuk Kanka à Prague qu'il allait recevoir plusieurs œuvres, dont la partition de la bataille de Vitoria.

Le 24 février 1823 [5., 1579], Beethoven rédigeait le brouillon d'une lettre adressée au roi d'Angleterre George IV, lettre qu'il concevait sans doute comme introduction à l'offre, faite à tous les souverains d'Europe, d'acquérir une copie manuscrite de la *Missa solemnis*. Dans cette lettre, Beethoven rappelait au roi qu'en 1813 il lui avait envoyé et dédié une œuvre dénommée « *Wellingtons* Schlacht u. Sieg bey *Vittoria* », que personne alors ne possédait, et qu'il ne reçut ni réponse ni remerciements.

Le 5 septembre 1823 [5., 1738], alors qu'il est à Baden, et qu'il compose la Neuvième Symphonie, Beethoven demandait à Tobias Haslinger qu'il lui prête « *eine* Partitur *der Schlacht von* Vittoria » (ainsi la *Marche avec chœur op. 113 n° 6*).

En février 1824 [5., 1784] les « Amis des arts » de Vienne firent publier par la presse une longue lettre de reconnaissance et de soutien à Beethoven pour qu'il puisse achever et faire exécuter la *Neuvième Symphonie*. Parmi ses titres de gloire, les signataires faisaient allusion au grand succès de l'*op. 91*.

Le 3 octobre 1824 [5., 1890], Beethoven terminait une lettre à Johann Andreas Stumpff en lui demandant de rappeler en Angleterre que le roi lui devait « 600 Pfund » pour sa « Schlacht-Symphonie ». D'après un brouillon de lettre [6., 2018], l'action de Stumpff n'aurait abouti à rien.

Le 28 janvier 1826 [6., 2110], Beethoven terminait une lettre adressée à B. Schott's Söhne à Mayence en leur demandant des comptes à la suite de l'article de Gottfried Weber publié dans *Cäcilia 3* (Heft 10 d'août 1825) : « Vous m'avez grossièrement offensé ! Vous avez commis plusieurs faux ! »

Sur la page 166 de la revue, là où Gottfried Weber montrait que Beethoven n'avait pas fait de « Tonmalerei », mais qu'il était resté dans la réalité, Beethoven laissa une annotation : « Ah pauvre malheureux, ce que je chie vaut plus que ce que tu penses » (photocopie in *Briefe* 6., p. 211).

WoO 142

Der Bardengeist (L'esprit du barde)

Lied pour voix d'homme et piano sur un poème de Fr. R. Herrmann
Di non trattar / Mäßig langsam, 6/8, mi *mineur – 18 mes.*

TEMPS DE LA COMPOSITION

3 novembre 1813, d'après l'édition.

CONTEXTE BIOGRAPHIQUE

Ce Lied, dont le texte évoque l'âge d'or de l'Allemagne [1], a été conçu après la composition de la *Bataille de Vittoria op. 91*, et après la victoire de Leipzig qui eut lieu en octobre 1813 – « bataille des Nations », nations qui prenaient leur revanche sur la volonté de domination napoléonienne. Beethoven a donc accepté de contribuer au *Musenalmanach* pour l'année

1. « Ah, le passé ! Je le vois avec angoisse. Je cherche parmi les étoiles l'âge d'or de l'Allemagne » (strophe 5). « Oui, l'Allemand se tient vaillant, inébranlable, les étoiles scintillent au-dessus des ruines, c'était l'Allemagne » (strophe 7).

1814, avec deux Lieder : ce Lied « patriotique » qui, pour lui, faisait également allusion à Homère ou à Demodocos (*L'Odyssée* était un de ses livres préférés), c'est-à-dire aux origines de la poésie, ainsi que le Lied *An die Geliebte WoO 140*, qu'il retravailla en vue de cette publication. Comme si l'évocation de l'âge d'or (de l'Allemagne) appelait celle de l'amour partagé.

Publier dans un Almanach assurait une large diffusion aux œuvres publiées.

PRÉSENTATION DE L'ŒUVRE

Le poème fut donné à Beethoven avant la publication de 1814 par Franz Rudolph Herrmann (1787-1823) ou par Erichson, l'éditeur du *Musenalmanach*.

La première des huit strophes est la suivante :

Dort auf dem hohen Felsen sang
Ein alter Bardengeist;
Es tönt wie Äol'sharfenklang
Im bangen schweren Trauersang,
Der mir das Herz zerreißt.
Là sur le haut rocher chantait
Un vieux barde;
Son chant, tels les sons d'une harpe éolienne,
Résonnait comme une saisissante déploration funèbre,
Qui me déchirait le cœur.

Les autres strophes décrivent la force d'attraction de ce chant plaintif qui évoque le passé merveilleux de l'Allemagne, son âge d'or[1].

La dernière strophe reprend la première.

Pour cette plainte déchirante, fixée sur le passé, Beethoven a choisi un tempo « assez lent », la métrique 6/8 et la tonalité de *mi* mineur. La première mesure égrène un arpège (éolien ?) ascendant de *mi* mineur, qui introduit la voix. La mélodie a un ambitus très serré proche de la déclamation. Une modulation en *ut* majeur souligne l'évocation de la harpe éolienne. La conclusion consiste en deux cadences parfaites successives d'intensité « piano », puis « pianissimo » dans des rythmes différents (la première concentrée sur une mesure et le dernière portée par les temps forts des trois dernières mesures).

SOURCES

Elles restent inconnues.

PUBLICATION

Contribution au *Musen-Almanach für das Jahr 1814* édité par Johann Erichson. Le titre est inscrit au-dessus de la partition imprimée :

« DER BARDENGEIST. Von L. van Beethoven / am 3ten Novemb 1813 ».

« VOCE / CEMBALO ». La voix est notée en clé de *fa*.

Seule la première strophe est notée.

WoO 163

Kurz ist der Schmerz
(Courte est la douleur)

Canon à trois voix (première version)
3/4, fa *mineur/*fa *majeur – 24 mes.*

TEMPS DE LA COMPOSITION

La première fois, le 23 novembre 1813 sur l'album du directeur de la musique à l'université, Johann Friedrich Naue (1787-1858) aus Halle a.d. Saale[2].

CONTEXTE BIOGRAPHIQUE

Les relations de Beethoven avec ce directeur de la musique de l'université de Halle ne sont connues que par ce canon, qui correspond à une de ses idées foncières : l'opposition et la complémentarité de la douleur et de la joie.

Il reprendra ces vers en mars 1815 au moment du départ du violoniste Louis Spohr (*WoO 166*).

PRÉSENTATION DE L'ŒUVRE

Le texte est constitué des derniers vers de la *Jungfrau von Orleans* (*La Pucelle d'Orléans*) de Schiller :

« Kurz ist der Schmerz, und ewig ist die Freude » (Courte est la douleur, éternelle la joie).

La tonalité oscille entre *fa* mineur pour la douleur et *fa* majeur pour la joie.

1. Voir Martin Staehelin, « Kurz ist der Schmerz », Zu Beethovens Kanon WoO 163 und zum Verhältnis von Kanon und Stammbuch », in *Ars Iocundissima. Festschrift für Kurt Dorfmüller*, Tutzing, 1984, p. 323-332 (cité in *Beiträge zu Beethovens Kammermusik*, Symposium Bonn, 1984, Henle Verlag, Munich, 1987, p. 57 note 10).

2. Voir note 12.

SOURCES

Des esquisses sont mêlées à celles de l'*op. 91* et *op. 94* (cf. Nottebohm, II, 120 f et 312-313 – fin 1814, les dix premières mesures sur cahier d'esquisses –, et 315 – début 1815 sur un carnet d'esquisses).

L'autographe se trouvait sur l'album, aujourd'hui perdu, de Naue, avec la dédicace : « Für Hr : Naue zum Andenken / Von LvBthwn. / Wien am 23ten November 1813 ». Il n'en existe plus que des reproductions.

PUBLICATION

En 1841 dans le 16e cahier de la « Sammlung von Musik-Stücken alter und neuer Zeit als Zulage zur neuen Zeitschrift für Musik », Leipzig, chez Robert Friese.

WoO 94
Germania, pour basse, chœur et orchestre

Chœur final destiné au Singspiel de Treitschke Die Gute Nachricht *(*La bonne nouvelle*)*
Feurig, jedoch nicht zu geschwind, **C**, si *bémol majeur – 61 mes.*

TEMPS DE LA COMPOSITION ET PREMIÈRE REPRÉSENTATION

Fin février-mars 1814, puis au moment des répétitions du Singspiel de Treitschke, au début du mois d'avril 1814, pour la cinquième strophe[1].

En prévision de la défaite de Napoléon, Treitschke conçut un Singspiel[2] constitué de huit numéros, dont il confia le dernier à Beethoven en fin février 1814.

Le 11 avril 1814 au Kärntnertortheater, après la chute de Paris le 31 mars 1814. Le chanteur Carl Friedrich Weinmüller assurait le rôle de Bruno.

Ce Singspiel « patriotique » fut repris cinq fois (la dernière représentation eut lieu le 3 mai 1814).

L'affiche du théâtre (Theaterzettel) donnait les noms des compositeurs des huit numéros : Johann Nepomuk Hummel (l'Ouverture et nos 4, 5, 7) ; Adalbert Gyrowetz (n° 2) ; Joseph Weigl (n° 3) ; Friedrich Kanne (n° 6) ; Beethoven (n° 8). Le Lied de Mozart « An Chloe » servit pour le n° 1 (avec un nouveau texte, l'orchestration de la partie de piano et l'adjonction d'une mélodie populaire).

CONTEXTE BIOGRAPHIQUE

La perspective d'une défaite de Napoléon, à la suite de la « bataille des nations » qui eut lieu à Leipzig en octobre 1813, et l'invasion de la France, à partir de janvier 1814, incitèrent les entrepreneurs de théâtre viennois à préparer des « manifestations artistiques » pour fêter la victoire (et renflouer leurs caisses[3]). C'est dans dette perspective que Treitschke, vice-directeur, régisseur et librettiste du Kärntnerthortheater, écrivit un Singspiel en un acte, *Die gute Nachricht* (La bonne nouvelle), mêlant événement contemporain (l'attente de la « bonne nouvelle » de la victoire) et rivalité amoureuse ; pour la réalisation musicale, il sollicita les compositeurs dévoués à la cause « patriotique » (c'est-à-dire au mouvement de libération contre la domination de Napoléon) – parmi eux Beethoven, auquel le *Wellingtons Sieg* (*La Bataille de Vittoria) op. 91* avait conféré une telle popularité que Treitschke avait accepté de remettre en scène son opéra *Fidelio* (œuvre qui condamne toute forme de tyrannie politique).

Pour son Singspiel « patriotique », Treitschke confia à Beethoven le chœur final qui célébrait la renaissance de l'Allemagne (« Germania ») et rendait hommage à ceux qui avaient contribué à la libérer (les souverains alliés, les princes allemands et l'empereur d'Autriche). Il lui remit le texte à la fin du mois de février, donc avant la chute de Paris – parce que tout devait être prêt dès l'annonce de la victoire. Malgré le travail que lui donnait *Fidelio* (« L'Opéra Fidelio de mars au 15 mai réécrit et amélioré »), notait-il dans son *Tagebuch* (22), Beethoven travailla donc à ce chant de gloire qui représentait un enjeu politique de première importance : la victoire de la liberté en Allemagne.

1. *Cf.* le « Kritischer Bericht » de H. W. Küthen, 1991, in NGA, Abteilung II, Band 1, pp. 225-230.

2. Le texte a été publié par Willy Hess qui l'a retrouvé à la Bibliothèque nationale de Vienne, *Zwei patriotische Singspiele von Friedrich Treitschke*, 1969.

3. Dans une lettre de février 1814 [3., 699] dans laquelle Beethoven promettait le « lied », il suggérait également à Treitschke de remonter *Egmont* avec sa musique pour combler le trou financier du théâtre : ce serait utile au public qui en aurait « plein les yeux ».

Pour nommer ce morceau, il utilisa plusieurs termes : d'abord « lied », puis « chor » et enfin « Schlußchor », terminologie fluctuante, qui pourrait refléter son investissement distant dans une œuvre collective de circonstance, mais qui signale également que l'« idée » de ce qu'il allait composer a pris forme progressivement dans le contexte politique et militaire de ce début de l'année 1814, en liaison avec la situation personnelle inédite qu'il connaissait depuis le succès de l'*op. 91* et de l'*op. 92* : ses concerts se succédaient[1], il avait des commandes publiques, c'est-à-dire qu'il était enfin reconnu au-delà du cercle restreint de ses admirateurs (aristocrates mélomanes ou instrumentistes exceptionnels), et qu'il était peut-être en train de se forger un public, plus large, devenu accessible à ce qu'il voulait apporter par sa musique (il avait été très influencé par le modèle des compositeurs de la Révolution française qui conféraient un rôle politique et « pédagogique » à leurs œuvres, conçues comme des moyens de communiquer les nouvelles valeurs) – « on écrit certainement mieux quand on écrit pour un public, de même quand on écrit vite », notait-il dans son *Tagebuch* (n° 16) au moment où il composait le *Wellingtons Sieg op. 91* (en novembre 1813).

Pour ce public nouvellement réceptif Beethoven a donc cherché à composer une œuvre efficace, facile à comprendre et à exécuter, entraînante et « politique » – dans la veine des hymnes de la Révolution –, tout en sachant qu'il pouvait compter sur la basse Carl Friedrich Weinmüller (dont il nota le nom sur son manuscrit) qui, avec deux autres chanteurs, lui avait demandé au début de l'année 1814, après le succès de ses concerts, de reprendre *Fidelio* (Weinmüller devait chanter Rocco dans *Fidelio* en mai 1814). La contribution de Weinmüller l'incita à concevoir ce Finale du Singspiel, *Die gute Nachricht,* comme un échange entre un soliste et un chœur reprenant, sous forme de refrain, une partie de ce que le soliste a chanté.

Ce nouveau succès fut consacré par la publication, assurée par le théâtre, de ce « Schlußchor » en réduction pour piano, sans doute revue par Beethoven qui ne tolérait pas qu'on change une note à une de ses compositions, même à cette œuvre de circonstance.

1. Les 8 et 12 décembre 1813, les 2 janvier et 27 février 1814 avec chaque fois l'*op. 91* et l'*op. 92* (l'*op. 93* étant créé le 27 février).

Présentation de l'œuvre

Le texte de *Germania* est composé de cinq strophes de six vers, le premier et le sixième vers étant les mêmes :

« Germania ! Germania ! » / « Preiß ihm (ihnen) ! heil dir Germania ! »

Chacune des strophes rappelle le rôle des différents souverains alliés dans la victoire de « Germania » : d'abord Dieu, puis le tsar Alexandre, le roi de Prusse Friedrich Wihlelm, les princes allemands, et l'empereur d'Autriche Franz.

Pour la représentation du nouveau Singspiel de Treitschke *Die Ehrenpforten* (*Les Arcs de triomphe*), les 3 et 4 octobre 1815, le chœur « Germania » fut repris avec des paroles un peu différentes pour les strophes 2, 3, 4, qui cette fois rendaient hommage aux princes et aux armées allemandes ainsi qu'aux Allemands (Bürger).

L'argument du Singspiel de Treitschke est directement lié aux événements : l'action se situe dans un village du haut Rhin, un des lieux où la « bonne nouvelle » de la défaite de Napoléon devait donc arriver avant d'être connue à Vienne[2]. Treitschke mêla cette attente de la « bonne nouvelle » à une intrigue amoureuse, le meunier Robert, malgré sa francophilie et malgré son rival, réussissant à obtenir la main de celle qu'il aime, car le père, l'aubergiste Bruno, ayant promis de donner sa fille en mariage à celui qui lui apporterait la « bonne nouvelle »... grâce à des pigeons voyageurs, Robert fut le premier...

Outre une ouverture, ce Singspiel contenait huit numéros : une Aria de la jeune fille, un Air de Bruno (en attente de la bonne nouvelle), un Trio, un Quatuor, un duo (l'attente du pigeon), la nouvelle, un chant avec chœur et le chœur final à la gloire de « Germania ».

Il s'agit d'une partition pour grand orchestre (sans trombones), voix de basse et chœur à quatre voix, faite pour mettre le texte en valeur, même si Beethoven n'a composé la musique que pour la première strophe. Pour

2. Treitschke se souvenait également de *Hermann und Dorothea* de Goethe, épopée en hexamètres dactyliques qui se situait en Rhénanie pendant la Révolution française, publiée en 1797.

donner plus d'éclat à la dernière strophe, il a légèrement modifié la musique, accélérant le tempo, « più allegro », intensifiant l'orchestre et soulignant par de longues tenues le nom de l'empereur Franz qui a atteint son but : la victoire de l'Allemagne.

Dès la première mesure de ce Chœur final le tutti intense, « feurig » (plein de feu), installe la tonalité de manière triomphale, puis les paroles sont responsoriales : les phrases répétitives et martelées de la basse, doublée par les cordes sur un motif de marche (rythmique et harmonique), étant reprises comme un refrain par le chœur à quatre voix et tout l'orchestre, tandis que le contenu informatif de chacune des strophes est chanté par le soliste, sur une phrase doublée d'abord par les cordes, puis reprise doublée par les hautbois et bassons.

Le chœur se termine sur un « Germania » triple *forte* avec longue tenue des voix et roulements de timbales.

SOURCES

Des fragments du manuscrit (à Bonn et à Vienne, GdM) comprennent deux fois le nom du chanteur basse « Weinmüller ».

Une copie de la partition de l'ensemble du Singspiel de Treitschke comprend le chœur final de Beethoven (à Vienne, BN)

Une copie de la partition du chœur seul (à Berlin) est intitulée « Germania ».

PUBLICATION

Une réduction pour piano a été publiée en juin 1814 par le Hoftheater-Musikverlag

« SCHLUSS GESANG / aus dem Singspiele : / DIE GUTE NACHRICHT : / Von Herrn Louis van Beethoven./ [...] »

La partition fut publiée en 1867 dans la GA.

CORRESPONDANCE

Entre le 21 et le 26 février 1814 [3., 698], Beethoven écrivait à Treitschke qu'il n'avait pas encore pensé à son Lied, mais qu'il allait le faire immédiatement, se proposant de venir le voir l'après-midi pour lui soumettre « son idée » – sans pouvoir toutefois l'assurer que les répétitions pourraient commencer « *lundi* » (28 février), mais le lendemain à coup sûr.

Avant le 27 février 1814 [3., 699], il promettait à Treitschke son « lied » dès que possible.

Début mars 1814 [3., 705], il envoyait son « lied » à Treitschke et le remerciait des améliorations apportées au livret de *Fidelio*. Le lendemain [3., 706], il spécifiait qu'il avait fini le « Lied » avant de le rencontrer, et espérait qu'il avait fait ce que Treitschke attendait.

Début avril 1814 [3., 708a], il informait Treitschke qu'il lui renvoyait la partition du « lied » avec les modifications et se disait très fâché que l'on ait touché à sa partition.

Avant le 5 avril 1814 [3., 709], il disait à Treitschke qu'il était très content que le « chor » lui ait plu.

Après le 11 avril 1814 [3., 710], il s'excusait auprès de l'archiduc Rodolphe de lui faire parvenir le « Schlußchor » si tard, et il lui conseillait de le faire copier car le format trop grand rendait le manuscrit difficile à utiliser.

Avant le 12 juin 1814 [3., 717], il accompagnait l'envoi de la réduction pour piano de Germania (sans doute) à l'archiduc Rodolphe d'une sorte de dédicace : « Le Lied Germania appartient à tous ceux qui ont pris part à cet événement – à vous – avant tous les autres, comme à moi également – ».

Opus 72
Fidelio

Troisième version 1814 « eine Oper in zwey Auszügen nach dem Französischen neu bearbeitet »
Ouverture de Fidelio
Allegro ₵ – *Adagio* ₵ – *Presto* ₵, mi *majeur (308 mes.)*

Acte I
N° 1 Duo (Marzelline/ Jaquino) – Allegro, 2/4, la *majeur – 210 mes. ; « Jetzt, Schätzchen, jetzt sind wir allein » (Maintenant, mon petit trésor, maintenant nous sommes seuls)*
N° 2 Air (Marzelline) – Andante con moto, 2/4, ut *mineur /* ut *majeur – 84 mes. ; « O wär ich schon mit dir vereint » (Si seulement j'étais déjà unie à toi)*
N° 3 Quatuor (Marzelline / Leonore / Jaquino / Rocco) – Andante sostenuto, 6/8, sol *majeur – 51 mes. ; « Mir ist so wunderbar » (Quel sentiment étrange)*
N° 4 Air (Rocco) – Allegro moderato, 2/4 / Allegro, 6/8, si *bémol majeur – 87 mes. ; « Hat man nicht auch Gold beineben » (Si l'on n'a pas de l'or aussi)*

N° 5 Trio (Marzelline, Leonore, Rocco) – Allegro ma non troppo, **C**, fa *majeur – 198 mes.; « Gut Söhnchen, gut » (Bien, fiston, bien)*
N° 6 Marche, Vivace, **C**, si *bémol majeur – 38 mes.*
N° 7 Air (Pizarro) avec Chœur – Allegro agitato, **C**, ré *mineur – 122 mes.; « Ha! welch ein Augenblick » (Ah! Quel instant que celui-ci)*
N° 8 Duett (Pizzaro, Rocco) – Allegro con brio, **C**, la *majeur – 169 mes.; « Jetzt, Alter, Alter, jetzt hat es Eile! » (Allons, mon brave, le temps presse)*
N° 9 Récitatif et Air (Leonore) – 149 mes.; « Abscheulicher! wo eilst du hin? » (Monstre abominable! Où vas-tu, si pressé?), Allegro agitato, **C**; *« Komm Hoffnung » (Viens, espérance), Adagio, 2/4,* mi *majeur; « Ich folg' dem innern Triebe » (Je suis ma pulsion intime), Allegro con brio,* **C**, mi *majeur*
N° 10 Finale (les prisonniers, Marzelline, Leonore, Jaquino, Pizarro, Rocco) – 521 mes.; Chœur des prisonniers, « O welche Lust » (Quel plaisir), Allegro ma non troppo, 2/4, si *bémol majeur; Récitatif (Leonore, Rocco), « Nun sprecht, wie ging's? » (Comment cela s'est-il passé? Parlez!), Allegro vivace,* **C**, sol *majeur; Duo (Leonore, Rocco) « Noch Heute? O welch' ein Glück » (Dès aujourd'hui? Quel bonheur), Allegro molto,* **C**, sol *majeur, puis Andante con moto, 6/8,* mi *bémol majeur (« Wir müssen gleich zu Werke » [Il faut se mettre au travail sans tarder]); Ensemble (Marzelline, Leonore, Rocco, Jaquino, Pizarro), « Ach Vater, eilt! » (Ah! Père, hâtez-vous!), Allegro molto, 3/4,* mi *bémol majeur; Ensemble et Chœur final, « Leb' wohl, du warmes Sonnenlicht » (Adieu, chaude lumière du soleil), Allegretto vivace,* **¢**, si *bémol majeur*

Acte II
N° 11 Introduction, Récitatif et Air (Florestan) – 146 mes.; « Gott! welch Dunkel hier » (Dieu, quelle obscurité), Grave, 3/4, fa *mineur; « In des Lebens Frühlingstagen » (Aux jours du printemps de la vie), Adagio, 3/4,* la *bémol majeur; « Und spür' ich nicht linde » (N'est-ce pas la douceur), Poco Allegro,* **C**, fa *majeur*
N° 12 Melodram et Duo (Leonore, Rocco), Poco sostenuto, **C** *– Andante con moto,* **C**, la *mineur – 132 mes.; « Nur hurtig fort, nur frisch gegraben » (Allons-y prestement et creusons hardiment)*
N° 13 Trio (Leonore, Florestan, Rocco), Moderato, **C**, la *majeur – 158 mes.; « Euch werde Lohn » (Soyez récompensés)*
N° 14 Quatuor (Leonore, Florestan, Pizarro, Rocco), Allegro, **C**, ré *majeur – 213 mes.; « Er sterbe! » (Qu'il meure!)*
N° 15 Duo (Leonore, Florestan), Allegro vivace, **C**, sol *majeur – 124 mes.; « O namenlose Freude » (O joie indicible)*
N° 16 Finale – Chœur, « Heil sei dem Tag » (« Que béni soit ce jour »), Allegro vivace, **C**, ut *majeur; Don Fernando, « Des bestens Königs Wink und Wille » (La volonté du meilleur des rois), Un poco maestoso,* **C**, ut *majeur; Rocco, Florestan, Leonore, « Wohlan so helft den Armen » (Aidez donc ces malheureux), Poco vivace agitato,* **C**, *modulations; Don Fernando, « Gefesselt, bleich steht er vor mir » (Enchaîné et exsangue, il est là devant moi), avec intervention du chœur, « Bestrafet sei der Bösewicht » (Que le scélérat soit puni), Meno Allegro / Molto vivace,* **C**, la *majeur; Soliste et chœur, « O Gott, welch ein Augenblick » (Dieu, quel instant), Sostenuto assai, 3/4,* fa *majeur; Chœur et solistes, « Wer ein holdes Weib errungen » (Que celui qui a conquis l'amour d'une telle femme), Allegro ma non troppo,* **C**, *puis Presto molto,* **¢**, ut *majeur*

TEMPS DE LA COMPOSITION ET PREMIÈRE REPRÉSENTATION

Comme Beethoven l'indique dans son Journal intime, la réécriture de son opéra *Fidelio* l'occupa « du début mars au 15 mai 1814 » (*Tagebuch*, 22). En fait, il se préoccupa de cette révision dès février 1814 (sa correspondance et des esquisses en témoignent). Ce travail de révision a été entrepris pour répondre aux sollicitations de trois chanteurs attachés aux théâtres de la cour à Vienne, Ignaz Saal, Carl Friedrich Weinmüller et Johann Michael Vogl qui, en février 1814, choisirent de reprendre Fidelio en vue d'une représentation à leur bénéfice au Kärntnerthortheater (Théâtre de la Porte de Carinthie).

Pour cette troisième version, Beethoven révisa tous les numéros : plus que de corrections, il s'agit de mise au net de ce qui était hésitant ou inadéquat – il a ainsi revu le premier Finale, ainsi que les airs de Leonore et de Florestan, il a fixé le Melodram et il a réécrit en partie le dernier Finale.

Sur sa lancée, il composa une nouvelle ouverture qui ne fut terminée que pour la deuxième représentation, le 26 mai 1814. Quant à la nouvelle version du Récitatif et de l'Air de Leonore, elle ne fut prête que pour la représentation du 18 juillet qui eut lieu au bénéfice de Beethoven.

La première reprise eut lieu le 23 mai 1814 au Kärntnerthortheater, sans la nouvelle Ouverture (qui ne fut prête que pour la deuxième représentation le 26 mai), sans la nouvelle version de l'air de Leonore (qui ne fut prête que huit semaines plus tard, pour le 18 juillet 1814) et sans le « Goldaria » de Rocco qui ne fut repris que le 18 juillet 1814 (il avait été supprimé dès 1806 pour ne pas retarder l'action ; sa restitution visait à conférer plus d'entrain à l'œuvre tout en donnant l'occasion à Weinmüller de chanter cet air humoristique).

La distribution du 23 mai 1814 était la suivante :

Leonore	Anna Milder
Marzelline	Melle Bondra
Florestan	Radichi
Pizarro	Johann Michael Vogl (remplacé le 18 juillet par Anton Forti)
Jaquino	Frühwald
Rocco Carl	Friedrich Weinmüller
Don Fernando	Saal

Le chef d'orchestre était Michael Umlauf.

La septième représentation du 18 juillet eut lieu au profit de Beethoven.

Le succès ne cessa d'augmenter de représentation en représentation.

Fidelio fut repris avec succès à Vienne en 1822 et en 1823 (les 3 et 18 mars 1823 : l'auditoire était dans le plus grand enthousiasme et la salle pleine ; l'Ouverture et deux numéros ont été repris ; le Duo et le Quatuor ont été très applaudis).

CONTEXTE BIOGRAPHIQUE

Alors qu'il venait de connaître un grand succès avec *La Bataille de Vitoria* (*Wellingtons Sieg oder die Schlacht bei Vittoria) op. 91,* composé entre août et novembre 1813, Beethoven fut sollicité, en février 1814, par trois chanteurs des théâtres de la cour, qui souhaitaient reprendre *Fidelio* pour une représentation donnée à leur bénéfice.

Il accepta que son opéra soit remis en scène à condition qu'il ait la possibilité d'en revoir la partition, qu'il avait pourtant déjà améliorée pour les représentations de 1806. L'idée de parfaire encore sa partition date sans doute à 1807, au moment où il fut question de monter *Fidelio* à Prague ; une feuille retrouvée à Prague indique des modifications que Beethoven prévoyait :

1. Réexpédier la partition
2. Ne se défaire d'aucune partie de l'opéra
3. N'abréger l'Ouverture que si elle paraît trop longue
4. Supprimer l'Air avec le violon et le violoncelle obligé (le duo Marzelline-Leonore, « Um in der Ehe froh zu leben »)
5. Modifier et abréger le texte des dialogues
6. Mieux rattacher le chœur des prisonniers à ce qui précède
7. Autant que possible, confier le rôle de Fidelio à quelqu'un capable de jouer quand il ne chante pas
8. Prendre le livret de Vienne
9. Disposer des troupes pendant la Marche
10. Abréger le premier Trio [Duo], à savoir celui avec les coups frappés à la porte
11. Faire accompagner le chant de manière douce
12. Comparer le livret italien avec le livret allemand et améliorer ce dernier[1].

Or ce sont ces modifications, en grande partie, qui furent effectuées en 1814.

Beethoven souhaitait d'autant plus revoir sa partition que depuis son travail de composition en 1805-1806, il avait été confronté au thème de Coriolan, en écrivant une *Ouverture op. 62* destinée à la tragédie de Heinrich Joseph von Collin, ainsi qu'au thème d'*Egmont,* en composant la musique de scène du drame de Goethe (*op. 84*). Cette expérience d'écriture dramatique contribua à modifier sa façon d'envisager son opéra : ainsi, après les Ouvertures de *Coriolan* et d'*Egmont* qui en faisaient un genre dramatique à part entière, il lui parut indispensable de composer une nouvelle ouverture qui soit l'équivalent du drame et non une préfiguration ou une mise en condition des spectateurs ; également, après avoir pensé musicalement les personnages d'Egmont et de Clärchen, il éprouva le besoin de s'inspirer de la scène du sommeil d'Egmont pour donner une nouvelle dimension à Florestan : c'est vraisemblablement lui qui suggéra à Treitschke d'insérer la vision merveilleuse de l'ange liberté qui apparaît à Florestan sous les traits de Leonore à la fin de son Air.

1. In *Beethoven und die Böhmen, op. cit.*, p. 369-370.

Pour revoir le livret, Beethoven put compter sur les compétences et sur le talent de Treitschke, avec lequel il était en train de travailler, achevant *Germania WoO 94*, chœur final du Singspiel, *Die gute Nachricht*, créé le 11 avril 1814, Singspiel de Treitschke auquel plusieurs compositeurs collaborèrent[1].

Georg Friedrich Treitschke, qui fut de 1801 à 1811 (puis de 1814 à 1821) régisseur des théâtres de la cour et librettiste, connaissait mieux que Sonnleithner et Breuning les différents genres d'opéra alors en vogue (les opéras comiques et les opéras italiens), et il avait adapté déjà plusieurs livrets pour des opéras de Cherubini, Méhul, de Paer ou de Weigl : il était à l'aise avec les airs, les ensembles, les duos, trios, quatuors du modèle italien.

Treitschke sut donc s'adapter aux suggestions d'un Beethoven qui rencontrait d'énormes difficultés à trouver les solutions musicales satisfaisantes, tant il était dérouté par la situation dont, en fait, il était responsable : faire du neuf avec de l'ancien, ce qui était contraire à la démarche qu'il maîtrisait habituellement et qui consistait à concevoir l'ensemble avant de composer et d'intégrer le travail de détail.

Il commença à revoir sa partition aussitôt après avoir donné son accord aux trois chanteurs, et cela malgré la préparation de son « Académie » prévue pour le 27 février 1814[2]. Ce n'est pourtant qu'au lendemain de son « Académie » qu'il se mit activement au travail de révision de son opéra. N'ayant pas mesuré au départ le temps qui lui serait nécessaire, il se vit dans l'obligation de demander à Treitschke de repousser l'échéance de la représentation. Malgré le délai obtenu, Beethoven ne fut pas entièrement prêt lors de la première, le 23 mai 1814 : il lui manquait l'Ouverture ainsi que le Récitatif et l'Air de Leonore, qui, cette fois encore (comme en 1805), ont été achevés les derniers (deux mois après la première représentation). Ce nouveau Récitatif de Leonore a été conçu par Beethoven en liaison avec la nouvelle version du poème de Tiedge, *An die Hoffnung*, *op. 94* – cette permanence du rapprochement entre les deux œuvres prouve que Beethoven a orienté la révision du livret.

Le reste de la révision a été effectuée progressivement et méthodiquement, comme le laissent supposer les quelque 80 pages d'esquisses pour le deuxième Finale : Beethoven aurait travaillé en trois temps, se préoccupant du début avant de réécrire ce qui était déjà composé pour l'articuler au nouveau début et avant de retravailler le chœur final en fonction de la nouvelle conception d'ensemble du Finale, ainsi que de l'opéra. Outre les esquisses, le manuscrit de la partition est également très instructif pour reconstituer son processus de création, car la version définitive n'était pas encore fixée au moment de la mise au propre de la partition.

Dans sa nouvelle version de ce second Finale, Beethoven a gardé la succession des tonalités, mais il a modifié certaines indications de tempo par rapport à 1806 (par exemple, le Finale commence Allegro Vivace alors qu'il était Allegro molto, c'était le Duo qui suivait qui était Allegro vivace), et il lui a donné une toute autre dimension, grâce à Treitschke, qui a inscrit de Finale dans la filiation de l'opéra italien par sa nouvelle cohérence dramatique et par la progression de l'action en liaison avec celle de la musique.

Alors que la version de 1805 avait été donnée en pleine occupation de Vienne, cette version de *Fidelio* le fut peu après le rétablissement de la paix en Europe.

Soucieux des réactions du public, Beethoven se préoccupa de faire envoyer des billets d'entrée à Zmeskall, pour qu'il les distribue et que des amis soient présents dans la salle [3., 715 et 716].

Le jour de cette première représentation, le 23 mai 1814, la nouvelle Ouverture qui n'était pas prête fut remplacée par celle des *Ruines d'Athènes*. Quelques jours plus tard, le programme des théâtres (Theaterzettel) du 26 mai portait la remarque suivante : « La nouvelle ouverture de cet opéra qui la dernière fois n'a pas pu être donnée à cause d'empêchements sera proposée aujourd'hui pour la première fois. »

---

1. D'autres compositeurs ont contribué à la musique de ce Singspiel : Johann Nepomuk Hummel, Mozart, Joseph Weigl et Friedrich August Kanne.

2. Concert, qui eut lieu dans la salle de la Redoute, et au cours duquel furent rejouées *la Bataille de Vitoria*, *op. 91*, et la *Septième symphonie*, *op. 92* (deux œuvres qui avaient été jouées les 8 et 12 décembre 1813 et le 2 janvier 1814), et au cours duquel fut donnée pour la première fois en public la *Huitième Symphonie*, *op. 93*.

La *Wiener Zeitung* du 15 juillet, et les *Friedensblätter* du 16 juillet signalaient que lors de la représentation du 18 juillet au bénéfice de Beethoven, deux nouveaux numéros seraient joués : l'Air de Leonore chantée par Anna Milder et l'Air de Rocco chanté par Weinmüller.

Soucieux de la diffusion de son *Opéra*, il faisait savoir, par voie de presse (le 28 juin 1814), qu'il avait autorisé l'éditeur Artaria à publier une réduction pour piano et/ou des arrangements pour quatuor à cordes ou pour orchestre d'harmonie. Beethoven spécifiait qu'il ne fallait pas confondre cette œuvre nouvelle avec une version antérieure : la moitié de la musique était nouvelle et le livret avait été réécrit; pour se procurer texte et partition manuscrits, il suffisait de s'adresser à lui.

Par delà ces arrangements, après le succès de la reprise, Beethoven et Treitschke cherchèrent à vendre la partition manuscrite à d'autres théâtres, espérant des profits plus importants que s'ils la faisaient éditer (Treitschke devait percevoir le quart des gains de la vente) : certains théâtres acceptèrent[1], mais d'autres, à l'exemple de Berlin, dans un premier temps (le 15 octobre 1814) déclinèrent la proposition car ils avaient déjà un opéra sur le même sujet[2].

PRÉSENTATION DE L'ŒUVRE

La page de titre du livret manuscrit se présente ainsi aujourd'hui :

« Leonore [mot plusieurs fois rayé et corrigé par Beethoven lui-même en] Fidelio / Eine/ Oper in zwey Aufzügen/ Neu nach dem französischen bearbeitet/ von Friedrich Treitschke / In Musik gesezt/ von/ Ludwig von Beethoven. Für das K.K. Hof Theater. »

Cet exemplaire (conservé à Bonn) porte une mention de la main de Treitschke : « Donné pour la première fois le 13 mai 1814 [*sic*]. Beethoven possédait ce manuscrit pour élaborer une nouvelle version musicale. Les esquisses au crayon sont toutes de sa main, Fr. Treischke ».

Il existe également un livret publié en 1806 qui comprend plusieurs mentions autographes de lui indiquant certaines modifications : Treitschke a peut-être travaillé à partir de ces suggestions, ce qui induirait que Beethoven a influencé la nouvelle version du livret, c'est-à-dire que Treitschke a répondu aux fortes suggestions de Beethoven quand il a réécrit le Récitatif de Leonore, le Finale du premier acte, la seconde partie de l'Air de Florestan, et le début du deuxième Finale, et quand il a supprimé les passages qui concernaient l'univers petit-bourgeois de la maison de Rocco.

Parfois même il n'a pas consulté les textes réécrits par Treitschke (ou par Stephan von Breuning) mais s'est reposé sur sa mémoire, ce qui explique les différences entre les textes qui accompagnent la musique et ceux qui sont imprimés sur le livret; l'adéquation entre les deux textes n'a pas toujours été vérifiée.

Beethoven a retravaillé la partition de 1806 (parfois il a repris celle de 1805) en portant son attention sur la cohésion de l'ensemble des numéros, ce qui l'a amené à réécrire les interventions de Leonore et de Florestan, ainsi que les deux Finales. Il a corrigé, abrégé la plupart des autres numéros (aucun des numéros de la version de 1805 n'est resté tel quel : tous ont été retravaillés en 1806, puis à nouveau pour la plupart en 1814).

Beethoven a également modifié l'orchestration de certains numéros, utilisant quatre cors au lieu de deux dans le Quatuor et le Finale de l'acte II, mais réduisant l'utilisation du contrebasson et des trombones dans l'ensemble de l'opéra, pour donner plus de poids (de sens) à leur intervention :

- Le contrebasson sert dans la Marche (n° 6) et dans le duo entre Leonore et Rocco dans le cachot (n° 12) (dans *Leonore* le contrebasson servait dès le premier acte dans le Quatuor, dans le duo Pizarro/Rocco et dans le Finale; dans l'acte II, il servait dans l'Introduction, dans le Quatuor et dans le Finale – l'indication de l'utilisation de cet instrument par Beethoven ne se trouve que sur la partition de 1806, mais comme cet instrument faisait partie du fonds des orchestres de théâtre, il avait sans doute prévu son utilisation en 1805).

- Les trombones sont supprimés dans l'air de Pizarro « Ah! welch ein Augenblick » (n° 7) et dans le deuxième Finale (n° 16). Dans le premier Finale (n° 10) et dans l'Introduction (n° 11) au second acte, Beethoven les a réduits de trois à deux. Il les a laissés dans le

1. Weber le monta à Prague en 1814, puis en 1823.
2. *Cf.* note 2 de la lettre [3. 738] de 1814. Berlin finit par jouer *Fidelio* en octobre 1815 [Lettre, 3., 802a].

duo Pizarro / Rocco (n° 8), dans le duo Leonore / Rocco (n° 12), et dans le Quatuor « Er sterbe » (n° 14) (selon la tradition transmise depuis Monteverdi, aussi bien par Mozart que par Haydn, les trombones connotent le monde souterrain).

Cette attention à l'orchestration montre qu'il cherchait des effets sonores, en renforçant les basses à certains endroits ou en donnant plus d'éclat, de lumière, de transparence, à d'autres. L'orchestration est un des moyens qu'il a cherché à maîtriser pour que le sens de l'*Opéra* soit porté par la musique plus que par les paroles et par l'intrigue.

Ouverture, *mi* majeur

Dans cette nouvelle Ouverture, Beethoven n'utilise plus de motifs thématiques mélodiques issus de l'opéra : ce n'est plus une entrée en matière de l'œuvre, mais un équivalent symphonique qui en annonce la dynamique dramatique par ses rythmes (rythmes pointés), ses timbres (en particulier celui des cors) et sa tonalité de *mi* majeur (bien affirmée par le tutti initial à l'unisson).

Acte I

L'action débute, comme dans les deux versions précédentes, dans la cour d'une prison d'État en Espagne. Marzelline repasse, tandis que Jaquino réceptionne les colis destinés aux prisonniers. L'acte commence, cette fois, par le duo entre Marzelline et Jaquino, « Jetzt, Schätzchen, jetzt sind wir allein » (n° 1). Ce duo ne subit pas de grandes modifications et il ne fut abrégé que de dix mesures; il est toujours de forme Scherzo (ABA'), construit sur la cellule rythmique initiale.

Marzelline, libérée de la présence de Jaquino (il est allé réceptionner un paquet), chante la joie que lui procure l'idée d'être mariée avec Fidelio, l'aide-geôlier que son père a recruté et qu'elle préfère à Jaquino, « O wär' ich schon mit dir vereint » (n° 2) de forme ABA'B', l'alternance *ut* mineur / *ut* majeur confère à cet Air une expressivité d'une grande délicatesse, comme dans la première version. La coda en *ut* majeur, qui insiste sur la joie et le bonheur (« Lust » et « Glücklich »), est Poco più Allegro / Più moto dans cette version de 1814.

Après l'arrivée de Rocco, puis celle de Fidelio, chargée des chaînes qu'elle rapporte de chez le forgeron, chacun des quatre personnages en scène chante pour lui-même les sentiments qu'il éprouve : le Quatuor en canon strict, « Mir ist so wunderbar » (n° 3), conservé tel qu'il était à l'origine (sauf une mesure) se trouve désormais en centre de la première moitié du premier acte : les voix entrent l'une après l'autre toutes les huit mesures, doublées chaque fois par un timbre instrumental nouveau, clarinette avec Marzelline, flûte avec Leonore, basson et cor avec Rocco puis Jaquino.

Après ce moment de grande intensité lyrique, Rocco peut à nouveau chanter son Air, « Hat man nicht auch Gold beineben » (n° 4), Air (supprimé en 1806) qui avait déjà acquis une grande popularité, mais qui ne fut réinséré que le 18 juillet 1814, lors du concert au bénéfice de Beethoven. Cet Air comprend toujours deux couplets, chacun formé de trois éléments Allegro moderato à 2/4, Allegro à 6/8, retour au Tempo I à 2/4 (soit ABCA'B'C').

Leonore-Fidelio demande alors à Rocco de pouvoir vraiment le seconder : sa détermination plaît à Rocco qui ouvre le Trio, « Gut, Söhnchen, gut » (n° 5). Ce Trio, qui est passé de 232 mesures, à 211 puis à 198, ne donne plus à Marzelline une place aussi grande que dans les deux versions antérieures de façon à réduire la part de la « comédie larmoyante » et du qui pro quo lié au travesti.

La scène se transforme alors en une autre cour de la prison pour l'entrée de Pizarro. La Marche (n° 6) qui accompagne cette arrivée de Pizarro est conservée, et allongée par une reprise obligée de pratiquement tout le numéro (par rapport à la version de 1806, seule la place de la barre de reprise change, si bien que seules les huit premières mesures qui signalent l'arrivée lointaine de la marche ne sont pas entendues deux fois, la reprise commençant cette fois avec la dimension symphonique de la Marche).

Ayant appris la visite du Ministre, Pizarro décide de tuer le prisonnier qu'il détient arbitrairement et qu'il maltraite : cette perspective d'être débarrassé de son ennemi mortel lui procure une jubilation intense qu'il exprime dans son Air « Ha, welch ein Augenblick » (n° 7), de forme ABA'B' coda. Cet Air fut retravaillé à partir d'une copie de 1806 : Beethoven raya quelques mesures et abrégea les répétitions (quand il pouvait y avoir confusion il indiqua sur la copie chargée de corrections ce qu'il fallait conserver par la mention «Der gilt») et il introduisit d'une autre manière le chœur des gardes, «Er spricht von Tod und Wunde», à la fin de la scène. Après avoir donné ses ordres (qu'on le prévienne de l'arrivée du Ministre par une sonnerie de trompettes), Pizarro cherche à corrompre Rocco pour qu'il accomplisse l'assassinat, «Jetzt, Alter, Alter, jetzt hat es Eile!» (n° 8). Le duo Pizarro/Rocco fut retravaillé à partir d'une copie de 1806. Beethoven fit de Pizarro un homme pressé, déterminé, plus qu'un tyran despotique de convention, en coupant des répétitions de termes (douze mesures ont été coupées) et en ajoutant la phrase impérative : «Hast du mich verstanden?» (M'as-tu compris?). Le duo est toujours de forme sonate, forme adaptée à la tension qui s'établit entre les deux hommes au cours de ce Duo.

Leonore aperçoit les deux hommes qui s'éloignent, et, sans plus aucune intervention parlée, elle laisse éclater sa haine contre Pizarro : «Abscheulicher, wo eilst du hin?» (n° 9), dans un Récitatif pour lequel Treitschke a réécrit le texte, en s'inspirant à la fois de Paer («Esecrabil Pizarro, dove vai?») et de Bouilly («exécrable Pizarro, je saurais déjouer tes complots et braver ta barbarie», scène 8 qui précède sa Romance, «O toi mon unique espérance»). L'évocation de son mari apaise momentanément sa colère dans un passage arioso, qui précède la première partie de son Air, Adagio, «Komm Hoffnung», retravaillée et abrégée par Beethoven. La seconde partie, Allegro con brio, commence directement sur l'affirmation de sa détermination, «Ich folg' dem innern Triebe, ich wanke nicht», tandis que la grande tension de la ligne vocale se substitue aux vocalises antérieures.

Au lieu du duo et du trio qui insistaient sur les valeurs de l'amour conjugal (ces deux numéros sont supprimés), Leonore prie Rocco, arrivé sur scène, de laisser sortir exceptionnellement les prisonniers pour qu'ils respirent à l'air libre – elle espère secrètement apercevoir son mari.

Les prisonniers chantent alors leur joie et leur crainte, «O welche Lust», chœur qui ouvre le Finale n° 10. Ce chœur n'a pas été modifié depuis 1806 (les trombones interviennent toujours pour la première fois dans l'opéra; l'unisson identifie toujours la prison à un tombeau; et le chœur est toujours en trois parties ABA' coda); seul le jeu de scène est différent : les prisonniers se répandent dans la cour ombragée au lieu de regagner leurs cellules. Rocco explique alors à Leonore que le gouverneur accepte que le jeune couple se marie et que Fidelio aide Rocco à s'occuper des prisonniers. Devant le bonheur de Leonore («Noch heute, noch heute! – O welch ein Glück!»), Rocco lui explique qu'ils doivent aller préparer la tombe du prisonnier moribond qui va être assassiné. Marzelline surgit alors affolée pour prévenir que Pizarro arrive : il est furieux que Rocco ait laissé sortir les prisonniers sans permission. Face à lui, Rocco lie cette décision à la fête du roi... Les prisonniers regagnent alors leurs cellules en chantant «dolce» leur adieu à la lumière, tandis que Leonore, Marzelline, Rocco, Pizarro et Jaquino reprennent ce chant pour exprimer chacun en a parte ce qu'ils ressentent, l'accent étant mis sur l'angoisse et la peur. Pour ce Finale en partie retravaillé, le chœur final entièrement nouveau a un tissu sonore d'une très grande et très subtile diversité; formé de trois parties, il est Allegretto vivace, ce qui donne un caractère incisif aux rythmes pointés et aux croches répétées.

Acte II

Le second acte s'ouvre, comme dans les deux versions précédentes, par la scène du cachot, obscur, humide.

L'Introduction en *fa* mineur (n° 11) n'est pas modifiée à part quelques mesures, alors que le Récitatif et l'Air furent largement retravaillés au point que la seconde partie de l'Air est entièrement nouvelle, «Und spür ich nicht linde, sanft säuselnde Luft?» (N'est-ce pas le murmure, la douceur d'une brise?), en *fa* majeur, Poco Allegro, **C**, dominée par la continuité de la ligne de chant du hautbois et les phrases haletantes de Florestan. Cette apparition de l'ange «liberté» qui a les traits de Leonore la femme aimée, fait référence à l'apparition de Clärchen à la fin d'*Egmont*, drame de Goethe pour lequel Beethoven a écrit la musique en 1810.

Leonore et Rocco arrivent près de l'endroit où se trouvent Florestan en exprimant leurs impressions sous la forme d'un Melodram (n °12), genre de musique fondé sur l'alternance de bribes musicales et de bribes de conversation. Le travail de dégagement de la pierre qui recouvre une vieille citerne s'effectue pendant leur Duo qui n'a pas été modifié après les changements de 1806 (toujours de forme rondo). Mais, étant donné la réorganisation de l'intrigue et les nouveaux dialogues, la détermination de Leonore de sauver ce prisonnier quel qu'il soit acquiert plus de force (la musique passe de ré m à *ut* majeur).

Florestan se réveille, demande qui est le gouverneur; Rocco le renseigne enfin! Florestan veut qu'il prévienne sa femme... Rocco lui répond que c'est impossible, mais il accepte de lui donner à boire (ce que Pizarro interdisait). Florestan le remercie alors avec effusion, « Euch werde Lohn in bessern Welten » (n° 13), Trio, qui fut retravaillé à partir d'une copie de 1805 : c'est une des rares fois où Beethoven est revenu à la première version, retouchant, réécrivant largement ce qui avait été coupé en 1806 (tout en gardant la forme sonate).

Leur tâche accomplie, Rocco donne le signal à Pizarro, qui surgit masqué, déguisé : il révèle son identité, et cherche à exécuter l'assassinat le plus vite possible, quand Leonore arrête son geste et révèle qui elle est à la stupeur générale. Si ce Quatuor, « Er sterbe » (n° 14), n'a pas été modifié dans son organisation générale, il a été revu pour toutes ses composantes[1], aussi bien la ligne vocale de Pizarro (la pression chromatique est cette fois interrompue pour mettre en valeur certains termes : « stolzes Herz », « getäuscht », « Rächer »), que celle de Leonore pour la rendre encore plus efficace sur le plan dramaturgique (le « zurück » est un cri perçant, le « Töt erst sein Weib », chanté sans accompagnement, atteint un point culminant, *si* ou *si* bémol ?, le manuscrit et ses corrections ne permet pas d'en décider, le « Noch ein laut und du bist tot » surprend par le registre grave inattendu), et que l'appel des trompettes, légèrement différent et surtout il sonne sans accompagnement dans une tonalité qui apporte une modulation étonnante[2].

1. Comme Helga Lühning l'a mis en évidence dans son article, « B oder H ? über Beethovens Revisionen des Quartetts "Er sterbe" », in *Das Buch zum Programm, 35. Beethovenfest*, Bonn 1997, p. 65-89.

2. Pour l'ensemble des Ouvertures et des versions de l'opéra, l'appel des trompettes est entendu dix fois, presque à chaque fois de manière légèrement différente. Pour la version de 1814, Beethoven a travaillé sur une copie de 1805. Cf. l'article de Helga Lühning, *art. cit.*, p. 69 sq.

Pizarro obligé de partir accueillir le Ministre, dont l'arrivée a été annoncée par le signal des trompettes, Leonore et Florestan qui comprennent (cette fois) qu'il s'agit de leur salut, exultent de joie dans le Duo, « O namenlose Freude » (n° 15), numéro que Beethoven avait déjà beaucoup abrégé en 1806 et qu'il raccourcit encore, ce qui lui confère une plus grande intensité.

Pour le Finale, la scène s'est transformée en place de parade de la forteresse : le peuple y attend les prisonniers en chantant la bienveillance du Ministre qui fait respecter la fraternité et l'égalité – « Heil sei dem Tag, Heil sei der Stunde » (Que soit béni ce jour, que bénie soit cette heure). À ce début du Finale (n° 16) ouvert par un orchestre trépidant de joie, succède l'arrivée de Rocco accompagné de Florestan et de Leonore : il présente Florestan et prie le Ministre... qui reconnaît son ami Florestan et qui demande à Leonore de libérer son mari de ses chaînes. Après un moment de grand suspens émotionnel, « O Gott ! o welch ein Augenblick ! » (Ô mon Dieu ! quel instant), tous chantent les mérites de Leonore, « Wer ein solches Weib errungen » (Que celui qui a conquis l'amour d'une telle femme), la scansion de la musique et la répétition des courtes phrases, l'articulation très solide de la composition donnent à ce chœur un pouvoir d'entraînement irrésistible.

Ce second Finale, réécrit, est une forme d'oratorio dédié à la lumière et à la liberté. Il est composé de deux grandes séquences orchestrales et chorales en *ut* majeur, entre lesquelles se déroulent les scènes du dénouement. Le chœur final a été retravaillé pour correspondre à la nouvelle conception d'ensemble : l'action est suspendue, c'est la musique qui a le premier rôle, et comme dans la *Neuvième Symphonie*, le texte de Schiller porte l'idéal humain de fraternité et de liberté dans une forme d'apothéose musicale.

Ce Finale témoigne de la volonté de Beethoven de rénover le genre de l'opéra ou du Singspiel, en lui donnant une solution musicale qui transforme ce genre en grande symphonie avec voix ou en oratorio (préfiguration de la *Neuvième Symphonie* qui correspond à un nouveau concept de symphonie).

Sources

Pour revoir son opéra Beethoven a travaillé le plus souvent sur les copies établies en 1806 (parfois même sur celles de 1805) : elles comportent des ratures, des repentirs, des passages réécrits.

Des esquisses destinées aux numéros réécrits sont conservées à Berlin (Landsberg 9, pp. 17-68) : il en existe donc pour la fin du premier Finale n° 10 (Allegro molto et Allegretto vivace), pour le Récitatif et l'Air de Florestan n° 11, pour le début du deuxième Finale n° 16, pour l'Ouverture. Les esquisses pour l'ensemble du deuxième Finale se trouvent à Vienne (Dessauer-Skizzenbuch).

Les manuscrits des numéros réécrits se trouvent à Berlin : l'Ouverture, le Récitatif et Air de Leonore, l'Air de Florestan, ainsi que les parties réécrites à la fin du premier Finale, le Melodram et tout le deuxième Finale (Mendelssohn 17).

La copie de l'opéra possédée par Beethoven se trouve à Berlin.

Il existe une copie manuscrite envoyée à la Société philharmonique de Laibach (à l'université de Ljubljana).

PUBLICATION

Une réduction pour piano fut établie par le jeune Moscheles (âgé de 20 ans), et publiée à Vienne par Artaria & Comp., en août 1814 :

« Fidelio / Eine grosse Oper in 2 Aufzügen / im vollständigen, einzig-rechtmässigen / Clavierauszug. / Für die jetzigen Aufführungen des kais. Kön. Hoftheaters / neu vermehrt und verändert / von / Ludwig van Beethoven. / Eigenthum des Herausgebers Wien bey Artaria und Comp*ie* »

Le revers de la page de titre porte le nom du dédicataire :

« Seiner Kaiserlichen Hoheit / Dem durchlauchtigsten Erzherzog / Rudolph / von Oesterreich etc. etc. / ehrfurchtsvoll gewidmet / vom Verfasser. »

Cet exemplaire destiné à Rodolphe, conservé à Vienne, contenait un poème écrit en hommage à l'artiste :

Dem Eingeweihten
In dem Heiligthum der Kunst
Schließt sich der Künstler gerne an,
Und bringet ihm, was er voll Liebe schuf,
Zum reinsten Opfer dar.
Auf hoher Stufe steht des Kenners Geist,
Doch wenn sich solche hohe Geisteskraft
Mit lieblich sanfter Blüthe
Des edlen Herzens kränzt –
Dann wird das innre Wesen selbst
Zur schönsten Harmonie,
Die heimatlich Fidelio's Flur begrüßt. »
À l'initié
Dans le sanctuaire de l'art
L'artiste s'introduit volontiers
Et lui apporte ce qu'il crée plein d'amour,
En offrande la plus pure.
L'esprit du connaisseur se tient sur un degré élevé,
Pourtant quand une telle force spirituelle,
Par la fleur douce et riante
D'un noble cœur, se couronne
Alors la vie intérieure se transforme
En la plus belle harmonie,
Et reconnaître sa patrie dans Fidelio. »

La *Wiener Zeitung* du 1er juillet 1814 faisait paraître une annonce de Beethoven datée du 28 juin 1814 qui signalait qu'il avait autorisé Artaria à publier une réduction pour piano ou tout autre arrangement de son opéra. Le 20 août 1814, elle annonça la parution de cette réduction.

Il existe quelques exemplaires de cette réduction pour piano portant une dédicace écrite par Beethoven : l'exemplaire dédié au médecin originaire de Courlande, ami d'Amenda, Karl Bursy (1791-1870) qui lui rendit visite en juillet 1816, comprend le début du texte de l'Air de Leonore, « Komm Hoffnung » ; l'exemplaire dédié au baron Johann von Pasqualati, porte la dédicace suivante : « Seinem werthen Freunde Baron von Pasqualati vom Verfasser » ; et celui dédié au comte Moritz von Lichnowsky : « Meinem verehrten Freunde Grafen Moriz Lichnowsky von dem Verfasser » ; l'exemplaire dédié à Carl Friedrich Klemens Weinmüller, interprète du rôle de Rocco, porte : « Seinem lieben-lieben-liebwerten Freunde Weinmüller Oberoberbassist des Österreichischen Keiserthrons im September 1814 vom Verfasser ».

La Partition fut publiée à Paris en 1826 chez Farrenc avec un texte en français établi par N. et Merville, et inscrit au-dessus du texte allemand ; l'action se passe en Allemagne (la partition est correcte, mais elle conserve la division en trois actes de 1805).

La partition allemande fut publiée en 1847 par Simrock à Bonn.

Transcriptions

- pour neuf instruments à vent, publiée à Vienne par Artaria en 1814
- pour quintette à cordes, publiée par Simrock à Bonn en 1815
- pour quatuor à cordes (ou avec une flûte à la place du violon), par Simrock à Bonn en 1814/15
- quelques numéros furent transcrits pour deux flûtes, pour flûte ou violon et guitare, pour piano à deux mains, pour guitare.

L'ŒUVRE PAR LES CONTEMPORAINS

L'*AMZ* XVI (1814 [col. 420-421]) signalait que l'opéra *Fidelio* avait été représenté avec succès le 23 mai 1814, dans une nouvelle version qui réjouissait les « amis de l'art » (le canon à quatre voix a dû être rejoué). Pourtant les avis étaient encore partagés : certains trouvaient le sujet (« encore une histoire de sauvetage ») très vieilli, et éculé depuis *Le Porteur d'eau* ; d'autres déploraient le manque d'originalité du chant, bien des numéros ressemblant à des œuvres d'autres compositeurs dont Mozart. Le rédacteur de l'article refusait de prendre parti mais notait que le sujet était le même que celui de Paer, et que la musique de Beethoven était très réussie : l'œuvre comptait plusieurs « chefs-d'œuvre » qui compensaient les faiblesses de la partition et qui avaient été fort applaudis – Beethoven a été rappelé de manière unanime après le premier et les second acte. La qualité de la prestation de Anna Milder-Hauptmann dans Leonore était soulignée. L'article mentionnait pour finir que lors de la seconde représentation, l'ouverture avait été très applaudie, et Beethoven rappelé deux fois.

L'*AMZ* XVI (1814 [col. 550]) signale la représentation qui eut lieu au bénéfice de Beethoven (le 18 juillet 1814) et qui comprenait deux nouveaux Airs : celui de Rocco qui n'eut pas autant de succès que celui de Leonore, « accompagné de quatre cors obligés », et chanté avec beaucoup de force et de sentiment par Anna Milder-Hauptmann. Ce jour-là il fut rappelé deux fois.

L'*AMZ* XVII (1815 [six articles depuis la col. 345 jusqu'à la col. 436]), publiait un plaidoyer pour l'opéra de Beethoven, long article rédigé par Amadeus Wendt (1783-1836), professeur de philosophie à Leipzig et Göttingen et auteur d'écrits sur l'art et sur la musique[1].

Après de longues considérations sur le génie de Beethoven (« un Shakespeare musicien ») et sur sa maîtrise de la musique instrumentale qui a ouvert une nouvelle ère musicale, que beaucoup trouvent difficile, Amadeus Wendt défendait le caractère exceptionnel de sa musique qui a dépassé les capacités expressives atteintes jusque là par la musique d'opéra : « Ton chant est langage du cœur, pure déclamation du sentiment, c'est pourquoi le chant domine dans ton œuvre plus le chanteur ! Pourtant ton expression n'est pas seulement expression du sentiment ; dans ta main les sons sont expression d'une pensée profonde ; et ainsi tu éveilles des pensées, et tu dépeins ce qu'aucun poète en peut dépeindre[2]. »

Après cet hommage vibrant à Beethoven, Amadeus Wendt présentait chacun des numéros de *Fidelio* avec leurs qualités et leurs nouveautés par rapport à la version de 1806.

Dans l'*AMZÖ* 6 (1822) (*Allgemeine musikalische Zeitung mit besonderer Rücksicht auf den österreichischen Kaiserstaat* [1-1817 / 8-1824]), l'auteur de l'article signalait la reprise de *Fidelio*, pour le plus grand bonheur des amateurs d'opéra allemand. Il insistait sur la richesse de la musique et sur l'extraordinaire beauté de l'instrumentation, exceptionnelles dans de la musique d'opéra. L'auteur donnait la distribution de cette reprise de 1822 : Forti chantait le gouverneur de la prison, Mlle Schröder, Fidelio, Haizinger, Florestan, Thekla Demmer, la fille du geôlier, Zeltner, son père, Nestroy, le Ministre, Rauscher, le jeune gardien de prison.

Le rédacteur avait particulièrement apprécié la voix et le jeu de Mlle Schröder, l'ensemble de la distribution étant satisfaisante.

Le canon « Mir ist so wunderbar » avait soulevé l'enthousiasme du public, ainsi que le duo « Namenlose Freude » et que le duo « Nun hurtig fort, nun frisch gegraben », tandis que « le chœur des prisonniers émouvait chacun par la fermeté de sa déclamation et par sa pureté musicale ».

Dans la *Zeitung für Theater und Musik* (1823 [p. 97-98]), Berlin (1821-1823), le rédac-

1. Cité par Kunze, *op. cit.*, Laaber, p. 173-204.
2. *Id.* Kunze, p. 191.

teur soulignait la différence entre la musique instrumentale de Beethoven (musique qui possède les caractères de la musique « romantique ») et celle de son unique opéra dominée par le rude combat des voix contre l'orchestre.

L'*AMZ* XXV (1823 [col. 526]), signalait la reprise de Fidelio avec Mlle Schröder en Fidelio, Mme Haase en Marzelline, Sibert en Pizarro, Keller en Rocco, Wilhelmi en Jaquino. Le rédacteur faisait remarquer que si cet opéra ne plaisait pas à la foule autant que les compositions à la mode, sa longévité serait supérieure. Le rôle de Fidelio était fait pour Mlle Schröder, pour sa voix fraîche, pleine de feu et de force expressive ; elle fut unanimement applaudie. L'orchestre également avait parfaitement joué cette musique difficile. Le rédacteur souhaitait pourtant que le chœur final soit raccourci.

La *Münchener allgemeine Muzik-Zeitung* (1827, 1re année [col. 94-96]) distinguait la première version de la dernière et insistait sur la maîtrise extraordinaire que Beethoven avait dans le domaine sonore, les pensées s'enchaînant les unes les autres.

CORRESPONDANCE

Peu avant le 13 février 1814 [3., 695], Beethoven demandait au comte Moritz von Lichnowsky de lui prêter la partition de *Fidelio* qu'il possédait, même si la partition n'était pas tout à fait correcte (« c'est toujours mieux que rien »), car il ne trouvait plus la sienne (il l'avait sans doute envoyée à Leipzig en septembre 1809 en vue de sa gravure par Breitkopf & Härtel), et en avait besoin pour le reprise de l'opéra au Hoftheater.

Le 13 février 1814 [3., 696], il écrivait également à son ami Franz Brunsvik et lui signalait que son opéra allait être repris et qu'il le « rénovait ».

Sans doute avant le 27 février 1814 [3., 699], Beethoven remerciait Treitschke pour l'aide qu'il lui apportait pour son opéra et lui conseillait de trouver l'occasion de mettre en scène *Egmont* sur le Theater an der Wien.

Peu avant son « Académie » du 27 février 1814 [3., 701], il mentionnait dans une lettre à l'archiduc Rodolphe que « la reprise de son *Opéra* lui donnait beaucoup de travail ».

Au début du mois de mars 1814, plusieurs lettres de Beethoven à son « ami » Treitschke permettent d'apprécier l'intensité et la difficulté du travail de révision de son opéra : il a « lu avec beaucoup de satisfaction les améliorations apportées à l'opéra, ce qui le décide à restaurer les ruines d'un vieux château abandonné » [3., 705].

Il explique plus tard à Treitschke qu'il lui est impossible d'être prêt dans quinze jours (son « Académie » l'a retardé) et qu'il lui faut au moins quatre semaines : car, si le premier acte est bientôt fini, le second demande beaucoup de travail, et, en plus, il veut écrire une nouvelle ouverture, ce qui est le plus simple pour lui car elle est entièrement nouvelle. Or, le premier comme le second acte n'avaient été qu'à peine ébauchés avant son « Académie », et comme la partition est très mal écrite il faut la lire note à note, ce qui retarde la révision. Beethoven pense que ce travail lui vaudra « la couronne des martyrs » et il assure Treitschke que sans lui, il n'aurait pas pu entreprendre cette révision qu'il veut achever. Il reconnaît que Treitschke l'a aidé à « sauver quelques bonnes épaves d'un navire échoué » et il apprécie les modifications du livret, à partir desquelles il travaille [3., 706].

Le 5 avril 1814 [3., 709], Beethoven paraît excédé par la révision de son opéra : il est mécontent de presque tout, et il souligne, encore une fois, l'énorme différence qu'il y a entre concevoir en se laissant aller à son imagination et « rapiécer ».

À la fin du mois de juin et au début du mois de juillet 1814, Beethoven et Treitschke ont proposé à plusieurs théâtres allemands d'acquérir le livret et la partition sous forme de copie manuscrite de *Fidelio*, opéra qui venait de connaître un très grand succès à Vienne, et qu'il ne faut pas confondre avec celui qui fut donné il y a plusieurs années et qui porte le même titre – la dramaturgie de cette nouvelle version, « réécrite en grande partie, ayant été transformée pour obtenir de meilleurs effets scéniques ». Ils d'adressèrent au théâtre royal de Berlin [3., 719], au théâtre de la cour du grand duché de Karlsruhe [3., 720], au théâtre royal de Stuttgart [3., 721], au Théâtre national du grand duché de Darmstadt [3., 726], au Théâtre des États à Prague [3., 735], au Théâtre national de Graz [3., 750].

WoO 102
Abschiedsgesang
(Chant d'adieu)

Pour trois voix d'hommes a capella (deux ténors et une basse)
Andante ma non troppo, **C**, si *bémol majeur – 79 mes.*

TEMPS DE LA COMPOSITION

En mai 1814, à la demande de son ami Mathias Tuscher qui voulait fêter le départ du Dr. Léopold Weiß (qui s'installait à Steyr en haute Autriche).

CONTEXTE BIOGRAPHIQUE

Mathias Tuscher (vers 1775-1860), ténor, membre de la Gesellschaft der Musikfreunde de Vienne, était assez proche de Beethoven pour le détourner momentanément de la révision de *Fidelio*.

Ce chant témoigne de sa sociabilité et de son goût pour les joyeuses réunions d'amis, ainsi que son sens de l'humour, en particulier par la remarque, inscrite sur le manuscrit, qui joue sur le nom de « Tuscher » et le verbe « tuschirt », rapprochement phonique qui ouvre sur une pratique inhérente au travail de composition de Beethoven : celle de « retoucher » ses œuvres jusqu'au dernier moment, y compris sur l'édition originale. Or, quand il composa se petit Chœur, il n'était pas occupé seulement à un travail de « retouche » mais de réorganisation et de réécriture de *Fidelio* – travail d'une toute autre dimension qui fut très pénible pour lui (comme en témoigne sa correspondance avec Treitschke).

PRÉSENTATION DE L'ŒUVRE

Le texte humoristique, et de circonstance, est de Joseph von Seyfried (1778-1849), jeune frère du compositeur Ignaz von Seyfried, futur rédacteur de la revue publiée par Steiner *AMZ mit besonderer Rücksicht auf den österreich. Kaiserstaat*, et traducteur de livrets d'opéra.

« Die Stunde schlägt, wir müssen scheiden, bald sucht vergebens dich mein Blick ; am Busen ländlich stiller Freuden erringst du dir ein neues Glück. / Geliebter Freund ! du bleibst uns theuer, ging auch die Reise nach dem Belt ; doch ist zum guten Glück Stadt Steyer, noch nicht am Ende dieser Welt. // Und kommen die Freunde um dich zu besuchen, so sei nur hübsch freundlich und back ihnen Kuchen, auch werden, so wie sich's für Deutsche gehört, auf's Wohlsein der Gäste die Humpen geleert. Dann bringen wir froh im gezuckerten Weine ein Gläschen dem ewigen Freundschaftsvereine, deine Töchterlein mache den Ganymed, ich weiss, dass sie gerne dazu sich versteht. // Geliebter Bruder ! lebewohl ! »

(L'heure sonne, nous devons nous séparer, bientôt mon regard te cherchera en vain ; au sein des paisibles joies de la campagne, tu pars à la conquête d'un nouveau bonheur. / Ami bien-aimé, tu nous restes cher, que ton voyage atteigne son but, par chance, la ville de Steyer n'est pas encore au bout du monde.// Quand tes amis viendront te rendre visite, sois assez aimable pour leur faire des gâteaux, et que, pour le bien-être des hôtes, beaucoup de chopes soient vidées, comme il se doit pour des Allemands. Nous porterons alors un toast à l'amitié éternelle, ta petite fille fera le Ganymed, car je sais qu'elle s'y entend très bien. // Frère bien-aimé, adieu !)

Ce chœur humoristique est en trois parties : A B A' coda.

La première partie est en *si* bémol majeur, Andante ma non troppo à quatre temps : elle débute par la basse qui énonce un rythme sur la même note (ce qui donne un caractère inéluctable à « Die Stunde schlägt ») repris en canon (sur les notes de l'accord parfait) par les deux ténors, puis se poursuit en homorythmie des trois voix. La phrase suivante souligne « Geliebter Freund » par une entrée successive en canon des trois voix (à l'octave). La dernière phrase joue encore sur l'entrée décalée des voix, et se termine sur un unisson de *si* bémol soutenu par un point d'orgue (« dieser Welt »).

La deuxième partie est en *sol* majeur à 6/8, Lebhaft (doch nicht zu sehr) – Animé (mais pas trop) : la conduite du discours est un canon à trois voix, dans un *sol* majeur bien établi, qui chante, avec beaucoup de notes tonales répétées sur une pulsation de croches, les retrouvailles joyeuses des amis.

La troisième partie retrouve le « Tempo I », la mesure à quatre temps et le *si* bémol majeur, et reprend les paroles des deux premières phrases du début pour se terminer par une coda qui répète « Geliebter Bruder, lebewohl ! » dans une polyphonie serrée, avec une modulation de passage en *ut* majeur, par deux fois, pour souligner « Bruder, lebewohl ».

SOURCES

Des esquisses se trouvent au milieu du second Finale de *Fidelio*, réécrit en mai 1814 (Nottebohm, II, 297).

Le manuscrit (à Paris) porte l'indication de l'occasion de la composition de ce Lied et comprend un jeu de mot sur le nom de Tuscher : « von L. v. Bthvn um nicht weiter – Tuschirt zu werden ».

PUBLICATION

En 1888 dans la GA, Série 25 n° 273.

WoO 103
Cantata campestre

Pour 4 voix (soprano, deux ténors, basse) et piano
Texte de Clemente Bondi « Un lieto brindisi »
Allegro, 6/8, si *bémol majeur – 100 mes.*

TEMPS DE LA COMPOSITION ET PREMIÈRE EXÉCUTION

Juin 1814, pour la fête du docteur Johann Malfatti.

Cette *Cantate* fut exécutée le 24 juin 1814 dans une auberge (Weinhaus) près de Vienne, au cours d'une fête privée organisée par le docteur Andreas Bertolini pour le docteur Johann Malfatti.

CONTEXTE BIOGRAPHIQUE

Cette *Cantate*, qui associe un chœur de solistes et un accompagnement de piano, fait partie des quelques chants de société composés par Beethoven à l'occasion d'une fête, d'un anniversaire ou d'un mariage (cf. *WoO 105*, *WoO 106*, *op. 122*).

Dans ce cas, il s'agissait d'honorer un grand médecin viennois, qui le soignait depuis 1809 (jusqu'en avril 1817), le docteur Johann Baptist Malfatti, Edler von Montereggio (1775-1859).

Cette œuvre pleine de vitalité a été composée en 1814, après la révision de *Fidelio*, et elle s'ajoute aux autres œuvres de circonstance que Beethoven accepta d'écrire cette année là (pour le baron Pasqalati l'*op. 118*, ou pour fêter les défaites de Napoléon, puis les souverains réunis à Vienne, WoO 94, WoO 95).

PRÉSENTATION DE L'ŒUVRE

Le texte a été écrit par le jésuite Clemente Bondi (1742-1821), bibliothécaire de la Cour, sur commande du docteur Joseph Bertolini, pour que Beethoven le mette en musique ; il était destiné au jour de la Saint Jean, jour de fête du docteur Malfatti (maître de Bertolini). Le texte est formé de quatre strophes :

« Un lieto brindisi / tutti a Giovanni / cantiam cosi.

Viva lunghi anni / Sempre felici, / Utile al mondo, / Caro agli amici, / Nuovo Esculapio / Dei nostri di !

Viva Giovanni ! / Viva ed al solito / Febri e malanni / Segua a sanar.

Viva Giovanni ! / Viva ed il tempo / Sospenda i vanni, / E si bei giorni / Tardi a troncar. »

(« Nous entonnons tous un joyeux toast en l'honneur de Jean :

Qu'il vive de longues années / à jamais heureuses, / utile au monde, / cher à ses amis, / nouvel Esculape de notre temps !

Vive Jean ! / Qu'il vive et continue / comme à l'habitude de guérir / fièvres et maladies.

Vive Jean ! / Qu'il vive et que le temps replie ses ailes / pour retarder la fin de si beaux jours.)

Le texte de la *Cantate* est composé de part en part : la première strophe, qui invite au toast dans un tempo allègre (Allegro) à 6/8, sert d'introduction, et la deuxième strophe (mes. 13-33), toujours Allegro dans un *si* bémol majeur bien stable, une écriture harmonique et des voix en homorythmie, sert de refrain (le plan est donc strophe 1, strophe 2 – transition –, strophe 3, strophe 2 – transition –, strophe 4 – transition –, strophe 2).

La troisième strophe, très courte (mes. 39-47), est en *sol* majeur, toujours Allegro à 6/8, avec des lignes vocales en imitation et une modulation en *sol* mineur pour souligner l'évocation des « fièvres et maladies ».

La quatrième strophe plus longue (mes. 50-96) est Adagio, 2/4, en *mi* bémol majeur, avec une écriture des voix en imitation pour souligner les mots « Viva », « E si bei giorni », « tardi a troncar ».

SOURCES

Des esquisses se trouvent dans le Dessauer Skizzenbuch (à Vienne GdM) utilisé de février à septembre 1814, donc de la révision de *Fidelio* aux morceaux de circonstance liés au congrès de Vienne (*WoO 95, op. 115, op. 136*) à côté des esquisses pour l'*op. 118 Elegischer Gesang* et pour la *Sonate op. 90* (Nottebohm II, 298).

Le manuscrit reste introuvable (il aurait été offert par le docteur Bertolini à la pianiste française, élève de Carl Czerny, Anne Caroline de Belleville-Oury (1808-1880) (KH, p. 566).

Une copie retrouvée dans les papiers de Otto Jahn (à Berlin) porte l'inscription : « Cantata campestre / a 4 Voci col cembalo obligato / composta 1814 / di / Ludwig van Beethoven » ; une autre main a indiqué : « Geschrieben zu einem Text von Bondi zur Namensfeier des Dr. Malfatti ». Un texte en allemand a été ajouté.

Une autre copie, probablement réalisée à partir de l'autographe à l'occasion de la première cérémonie organisée en l'honneur de Beethoven en 1845, a été découverte après la première publication de Hess. Cette copie comprend un nouveau texte en allemand rédigé en hommage à Franz Liszt, héros de la fête[1].

PUBLICATION

En 1945, Willy Hess a présenté et publié dans le *Jahrbuch der Literarischen Vereinigung Winterthur*, pp. 247-254, la copie retrouvée dans les papiers de Otto Jahn.

Opus118
Elegischer Gesang
(Chant élégiaque)

Pour chœur à quatre voix et orchestre à cordes (ou quatuor vocal et quatuor à cordes ?)
Langsam und sanft, 3/4, mi *majeur – 85 mes.*

TEMPS DE LA COMPOSITION ET PREMIÈRE EXÉCUTION

Au cours de l'été 1814, pour le baron Johann Pasqualati (chez lequel Beethoven habitait encore à ce moment).

Si l'occasion de cette composition est liée sans doute au troisième anniversaire de la mort (le 5 août 1811) de sa seconde femme du baron, Eleonore (1787-1811), ce chœur ne semble avoir été terminé, d'après la datation des esquisses, qu'en septembre 1814.

Aucune source ne permet d'affirmer que cette œuvre ait été jouée dans la maison Pasqualati le 5 août 1814, jour anniversaire de la mort d'Eleonore.

CONTEXTE BIOGRAPHIQUE

Beethoven composa ce *Chant élégiaque* en 1814 pour commémorer la mort prématurée de la femme du baron Johann Pasqualati, et pour témoigner sa reconnaissance amicale à celui qui, outre le fait de le loger dans la maison qu'il possédait sur la Mölker-Bastei, le secondait dans bien des affaires : il l'aida à organiser le concert donné à son bénéfice le 2 janvier 1814, et il s'occupa du différend avec Maelzel, à propos de l'*op. 91*, à partir de janvier 1814.

D'autre part, le poème en forme d'épigramme antique ne pouvait que plaire à Beethoven, lui qui, porté par une intense culture antique, souhaitait que sa musique réconforte, apaise ceux qui l'écoutaient en leur permettant de se trouver élevés dans les sphères de la pure spiritualité – par exemple, c'est à cette époque qu'il apaisait les angoisses d'Antonie Brentano en lui jouant de la musique[2] (voir *WoO 140*). Il composa donc une musique funèbre qui exprimait l'idée de l'épigramme : la mort arrive quand la personne concernée a accompli son passage sur terre, et elle n'a rien de triste puisqu'elle lui permet de retrouver sa demeure éternelle.

Cette pièce intime, œuvre de circonstance, ne fut publiée que tardivement, mais fut très appréciée.

PRÉSENTATION DE L'ŒUVRE

Le texte a été composé en souvenir de la femme du baron Pasqualati morte à 24 ans, le 5 août 1811, par un auteur inconnu (Frimmel pensait que c'était Franz von Castelli), dans le genre des épigrammes gravées sur les pierres tombales antiques :

1. *Cf.* Préface de Helga Lühning, automne 1993, *Sämtliche Mieder, Band III, Mejrstimmige Gesänge*, Urtext, G. Henle Verlag, München.

2. Comme en atteste une lettre (11 mars 1811) d'Antonie Brentano à Bettina Brentano, confirmée par une lettre (7 mai 1811) de Franz Brentano, le mari d'Antonie, à Bettina, cité par Klaus Martin Kopitz dans son article « Antonie Brentano in Wien (1809-1812) », in *Bonner Beethoven-Studien*, 2, Verlag Beethoven-Haus Bonn, 2001, p. 128 et p. 130.

Sanft wie du lebtest
Hast du vollendet.
Zu heilig für den Schmerz !
Kein Auge wein' ob des
Heimlischen Geistes Heimkehr.
En douceur, comme tu vécus
Tu es partie.
Trop sacrée pour la douleur !
Aucun œil ne pleure
Le retour de ton esprit chez lui.

Cette œuvre chorale pour quatre voix commence par vingt mesures instrumentales, « mezza voce », très recueillies (le tempo est lent, et l'ampleur harmonique se constitue progressivement). Puis chacune des lignes vocales est autonome, participant de l'écriture en imitation caractéristique de la musique religieuse.

Les voix et la musique insistent sur « Schmerz » (par une intensité *forte*, et des tensions harmoniques en contraste avec « heilig »), et sur « himmlichen Geistes » (par la plénitude harmonique des voix et la répétition des termes).

La musique et les paroles du premier vers sont reprises à la fin.

SOURCES

Des esquisses se trouvent dans le *Dessauer Skizzenbuch* (à Vienne, GdM) utilisé de février à septembre 1814, donc de la révision de *Fidelio* aux morceaux de circonstance liés au congrès de Vienne (WoO 95, op. 115, op. 136) – les dernières esquisses de l'*Elegischer Gesang* dans ce cahier précèdent celles pour WoO 95, « Ihr weisen Gründer glücklicher Staaten » (dont l'autographe est daté du « 30 septembre »). (Nottebohm II, 299)

Une feuille d'esquisse isolée (partagée entre Standford et Chicago) correspond aux dernières esquisses avant la composition.

Le manuscrit autographe est inconnu.

Une copie très soignée (à Berlin), qui a servi à la gravure (quand a-t-elle été établie ?), porte une inscription en allemand de la main de Beethoven : « à l'épouse transfigurée de mon cher ami Pascolati / de Son ami Ludwig van Beethoven ». Il est très surprenant qu'une copie offerte portant une dédicace se retrouve entre les mains de Beethoven : peut-être Pasqualati lui a-t-il prêtée pour la gravure ?

PUBLICATION

Elle fut assurée en juillet 1826, en partition et en voix séparées, par Tobias Haslinger qui venait de reprendre l'affaire de Steiner (depuis le 13 mars 1826) :

« Sanft wie du lebtest, hast du vollendet, / Elegischer Gesang / für 4 Singstimmen, / mit Begleitung von 2 Violinen, Viola und Violoncello, / oder des Pianoforte. / Seinem geehrten Freunde / JOHANN FREYHERRN von PASCALATI / zu Osterberg & & / gewidmet / von / LUDW. van BEETHOVEN. / 118tes Werk. / Eigenthum des Verlegers / [...] »

La partie de piano a été publiée un peu après, revue, mais non établie, par Beethoven.

Rien n'indique s'il s'agit de voix solistes ou d'un chœur, ou s'il s'agit d'un quatuor à cordes ou d'un ensemble de cordes.

DÉDICATAIRE

Le baron Johann von Pasqualati zu Osterberg (Vienne 1777-1830), fils du médecin, originaire de Trieste, de l'impératrice Marie-Therese. Grand négociant et « Hofagent », il possédait un immeuble sur la Mölker-Bastei, dans lequel Beethoven logea de 1804 à 1815 (de manière discontinue). Collectionneur d'objets d'art et mélomane, il le soutint jusqu'à sa mort.

Beethoven lui fit cadeau de plusieurs éditions originales avec une dédicace : celle de l'*op. 91* (en 1816), les *Ouvertures de Leonore III* et d'*Egmont*, et la *réduction pour piano de Fidelio* (en 1810). Il lui écrivit un canon pour le Nouvel an 1815, *WoO 165*.

L'ŒUVRE VUE PAR SES CONTEMPORAINS

L'*AMZ* XXIX, n° 47 du 21 novembre 1827 (col. 797) signalait la publication de cette musique funèbre, petit « chef-d'œuvre » qui apporte réconfort d'une haute spiritualité et invite à la méditation.

Dans la *BamZ* IV, n° 46 du 14 novembre 1827 (p. 373), A.B. Marx consacrait quelques lignes à ce Chant, qu'il interprétait comme une invitation à se détacher du monde et dans lequel il « entendait le langage de l'âme ».

CORRESPONDANCE

Le 5 juin 1822 [4., 1468], Beethoven proposait à Carl Friedrich Peters à Leipzig, entre autres œuvres : « Für eine *Elegie* für 4 Singstimmen mit Begleitung von 2 Violinen,

Viola, Violonschel für ein *Honorar* von 24 Stück *Ducaten*».

Le 12 juin 1825 [6., 1992], il mettait Haslinger en demeure de publier : « das *terzett* [op. 116], die *Elegie* [op. 118], die Kantate [op. 136], die *oper* [op. 72] », s'il ne voulait pas perdre ses droits sur ces œuvres (droits acquis par Steiner, sauf pour l'op. 118, depuis 1815).

Au cours de la première moitié de mars 1826 [6., 2134], tandis que plusieurs œuvres étaient en train d'être gravées, Beethoven exigeait de Steiner des corrections, menaçant de faire intervenir la commission de censure, ce qu'il fit le 6 avril 1826 [6., 2144].

Le 9 avril 1826 [6., 2145], il faisait savoir à Tobias Haslinger qu'il n'avait plus de corrections à apporter au *Chant*, et que le titre était juste.

Opus 90
Sonate pour piano

Mit Lebhaftigkeit und durchaus mit Empfindung und Ausdruck (Avec vivacité et d'un bout à l'autre avec sentiment et expression), 3/4, mi *mineur – 245 mes.*
Nicht zu geschwind und sehr singbar vorgetragen (À jouer sans trop de vélocité et très chantant), 2/4, mi *majeur – 290 mes.*

Temps de la composition

Été 1814. Elle fut composée en un temps très court (après une interruption de cinq ans dans la composition de Sonates pour piano), alors que Beethoven était au sommet de sa gloire à la suite de ses œuvres de circonstance composées dans le contexte du congrès de Vienne. Le manuscrit porte la date du « 16 août 1814 » – sans doute la date du commencement de la mise en propre de la composition.

Contexte biographique

Cette nouvelle *Sonate*, la *27*ᵉ (il n'en avait pas écrit depuis 1809), fut composée après la révision de la partition de *Fidelio* (et la composition de la nouvelle Ouverture en *mi* majeur), et en même temps que *Chant élégiaque op. 118* (également en *mi* majeur), au cours de cette année 1814 riche en œuvres de circonstances de toutes sortes (pour des amis, comme pour ce public auquel il s'est plu à offrir des œuvres « patriotiques »).

À peine terminée, Beethoven décida de dédier sa *Sonate* au comte Moritz von Lichnowsky, frère de Karl qui venait de mourir le 15 avril 1814 : dans une lettre du 21 septembre 1814, il faisait savoir au comte que c'était par pure amitié et en remerciement de services rendus, qu'il n'attendait par conséquent aucun cadeau, pour cette œuvre d'une grande intériorité, qui semble exprimer une forme de consentement à la mort comme à la vie – une acceptation de la condition humaine, en quelque sorte.

Publiée, au début de l'année 1815, en plein congrès de Vienne, cette *Sonate* comprend des indications du tempo en allemand, ce qui souligne la volonté de Beethoven d'affirmer l'indépendance culturelle allemande tout en lui permettant de préciser ce qu'il voulait par de-là l'agencement des notes : l'expressivité, c'est-à-dire la mise en évidence de la quintessence de ce que représentait la sonate pour lui, une certaine façon de résoudre les tensions – le choix de condenser le mouvement lent et le Finale servait également cette intention.

Alors que les critiques déploraient inlassablement la difficulté de ses œuvres (sauf les premières), cette *Sonate* fut très appréciée : elle était jouable, douce, pleine d'expressivité, etc. – elle fut d'ailleurs très vite publiée, contrairement aux *op. 95* (1810), *op. 96* (1812), *op. 97* (1811), œuvres composées antérieurement, et considérées comme plus « difficiles » (ils ne furent publiés qu'en 1816).

Présentation de l'œuvre

Les deux mouvements jouent sur l'opposition majeur/mineur (*mi* mineur et *mi* majeur) ainsi que sur deux manières de conduire un mouvement qui avance inéluctablement et calmement dans des textures radicalement différentes – l'intériorité présidant de manière spécifique à chacun de ces deux mouvements et servant de principe d'unité à l'ensemble de cette *Sonate*.

Beethoven a pris soin d'indiquer avec précision le tempo et la façon de jouer chacun des mouvements : le premier mouvement tend vers le tempo Allegro (« Mit Lebhaftigkeit ») mais il doit être joué de manière très intériorisée, avec « sentiment et expression » (« Empfindung und Ausdruck ») ; le deuxième tend vers le tempo Andante (« nicht zu geschwind ») et doit être interprété comme s'il était chanté («singbar», terme qui correspond à «cantabile»).

I. De forme sonate bien articulée mais sans reprise, ce mouvement possède une très grande subtilité d'écriture, faite de la succession de petits éléments très contrastés de toutes sortes de manières (par *forte /piano*, par rythmes pointés / gammes, par unissons *pp* / accords de neuf sons *ff*, par choral / virtuosité, par des silences / grande densité) et unifiés par l'idée de mouvement qui avance inéluctablement malgré ce qui peut le freiner (silence, piétinement de notes répétées, *ritardando*).

Ce mouvement se termine pianissimo sur une cadence parfaite énoncée de manière très simple.

II. De forme rondo / sonate (A B A C A B' A' coda), ce mouvement commence par un thème qui semble prendre le relais de la fin du mouvement précédent, comme une sorte de résolution lyrique. Très chantant ce thème installe une texture homogène possédant de multiples plans sonores – les «couplets», de même type de texture, élargissant l'espace du mouvement qui continue à avancer calmement.

Comme le premier, ce second mouvement se termine très simplement sur une cadence parfaite *pianissimo*.

SOURCES

Des esquisses pour le premier et le deuxième mouvements se trouvent dans le *Dessauer Skizzenbuch* (à Vienne, GdM) utilisé de février à septembre 1814, donc de la révision de *Fidelio* aux morceaux de circonstance liés au congrès de Vienne (*WoO 95, op. 115, op. 136*) –

cf. Nottebohm II, 298 et 366, qui a présenté des esquisses pour le second mouvement qui suivent celles pour le second Finale de *Fidelio*.

Le manuscrit autographe (à Bonn depuis 1992) porte la mention : «am 16ten august 1814, Von ludwig van Beethoven»[1].

Une copie, comportant la date de l'autographe, a été réalisée par l'archiduc Rodolphe (Vienne, BN).

1. Le fac-similé de l'autographe est publié, présenté par Michael Ladenburger : *Ludwig van Beethoven. Klaviersonate e-Moll op. 90*, Beethoven-Haus, Bonn 1993.

PUBLICATION

Elle fut assurée par S.A. Steiner, à Vienne en juin 1815.

«SONATE / für das / PIANO=FORTE / gewidmet / dem Hochgebornen Herrn Grafen / MORITZ VON LICHNOWSKY / von / Ludw : van Beethoven / 90tes Werk. / [...]»

S.A. Steiner, alors associé avec Tobias Haslinger (depuis août 1815 : «S. et C.», «S.A. Steiner und Comp.») fut obligé de procéder à une autre gravure pour corriger les fautes tant les premières plaques étaient usées. Il utilisa la première édition originale corrigée par Beethoven.

La *Wiener Zeitung* du 9 juin 1815 en annonça la publication : «Tous les connaisseurs et les amis de la musique vont accueillir cette publication avec plaisir, car depuis plusieurs années aucune œuvre de Beethoven pour le piano n'a été publiée...» (in KH, p. 249 : «Allen Kennern und Freunden der Tonkunst wird die Erscheinung dieser Sonate gewiß sehr willkommen sein, da nun seit mehreren Jahren von L. van Beethoven nichts für Pianoforte erschienen ist...»).

Elle fut éditée à Bonn par Simrock et à Leipzig par Breitkopf & Härtel en octobre 1815.

DÉDICATAIRE

Comte Moritz von Lichnowsky (voir *op. 3* et Correspondance, ci-dessous).

L'ŒUVRE VUE PAR SES CONTEMPORAINS

L'*AMZ* XVIII, n° 4 du 24 janvier 1816 (col. 60/61), à la suite de la parution de la Sonate chez Breitkopf & Härtel, publiait un article élogieux : elle était facile à jouer, douce, pleine d'expression et facile à comprendre. L'auteur regrettait toutefois qu'elle n'ait que deux mouvements et que le premier ne soit pas assez travaillé : il trouvait qu'il approchait de la «libre fantaisie».

L'*AMZÖ* Jg. 3, 1819 (col. 483/484), soulignait l'originalité, à la limite de l'étrangeté des œuvres de Beethoven, et signalait que cette *Sonate*, jouée selon ses indications, ne pouvait que rehausser «l'admiration pour son immense talent».

CORRESPONDANCE

Le 21 septembre 1814 [3., 740], Beethoven écrivait au comte Moritz von Lichnowsky une lettre très chaleureuse dans laquelle il lui disait qu'il lui avait dédié sa nouvelle *Sonate* par amitié et pour le remercier de tout ce qu'il avait fait pour lui – son intention tenue secrète jusque-là pouvait désormais être dévoilée Il le remerciait également d'avoir contacté Castelreagh, ambassadeur anglais au congrès de Vienne, pour qu'il obtienne qu'il soit remercié par le Prince régent pour la dédicace et pour la copie de l'*op. 91* envoyée à Londres – Beethoven ajoutait qu'avant que Castelreagh n'écrive au Prince, il serait préférable qu'il ait entendu l'œuvre (qu'il pensait pouvoir donner lors d'un concert très proche, qui ne put avoir lieu).

En automne 1814 [3., 746], il demandait le manuscrit de la *Sonate* à l'archiduc Rodolphe, car Steiner l'avait fait mettre en demeure de lui donner, sous trois mois, une « sonate » à publier pour le dédommager d'une somme qu'il avait déjà versée (cf. *Briefe* 3., note 4, p. 64). Beethoven restitua le manuscrit à l'archiduc en mars 1815 : dans une lettre du 21 mars 1815 [3., 794], il le réclamait à Steiner.

Le 29 mai 1815 [3., 808], Beethoven redemandait à Steiner le manuscrit pour corriger les fautes de la gravure. Le 6 juin [3., 812], il demandait à nouveau le manuscrit pour corriger les fautes de l'édition, en promettant de le rendre le plus vite possible.

WoO 95

Ihr weisen Gründer glücklicher Staaten (Vous, les fondateurs avisés d'États heureux)

Chœur sur un texte d'auteur inconnu (longtemps confondu avec Carl Bernard), pour chœur et orchestre
Ziemlich lebhaft, **C**, la *majeur – 52 mes.*

TEMPS DE LA COMPOSITION

Au cours des derniers jours de septembre 1814, en un laps de temps très court, au moment des préparatifs pour le congrès de Vienne (inauguré le 1er novembre 1814). L'occasion précise est inconnue.

PREMIÈRE EXÉCUTION

Le projet aurait échoué. Il s'agissait peut-être d'un Chœur de remplacement pour « Europens Befreyungsstunde » (L'heure de la libération de l'Europe), Festspiel de Carl Joseph Bernhard interdit par la censure en février 1814, puis en septembre 1814 (sans doute du fait d'une dénonciation des Français trop chargée de haine).

CONTEXTE BIOGRAPHIQUE

Il s'agit d'une des contributions de Beethoven à l'exaltation patriotique liée aux victoires sur Napoléon, considérées comme l'œuvre des princes libérateurs de l'Europe.

Dans ce contexte politique, c'est la notion de libération qui prime sur l'allégeance aux princes.

PRÉSENTATION DE L'ŒUVRE

L'auteur du texte est inconnu ; ce n'est pas, comme on l'a cru longtemps, Carl Bernard (1775-1850), journaliste et écrivain (qui, le 4 octobre 1819, fut nommé rédacteur en chef de la *Wiener Zeitung*).

« Ihr weisen Gründer glücklicher Staaten
Neigt euer Ohr dem Jubelsang
Es ist die Nachwelt, die eure Thaten
Mit Seegen preißt Aeonen lang
Vous, les fondateurs avisés d'États heureux
Écoutez le chant de réjouissance
C'est la postérité qui apprécie vos hauts faits
En vous bénissant

Von Sohn auf Enkel im Herzen hegen
Wir Eures Ruhmes Heiligthum;
Stets fanden in der Nachwelt Segen
Beglückende Fürsten ihren Ruhm
Du fils aux petits-enfants
Nous transmettons votre gloire sacrée ;
Toujours dans le futur les princes
Vous prendrons en exemple

Un échange « Ziemlich lebhaft » (assez animé), sur un rythme pointé, entre les cordes et les vents soutenus par les timbales, introduisent les voix qui entrent à la mesure 4. Elles ont la même scansion et sont doublées par les instruments tout au long du morceau. Après l'énoncé des deux premières strophes, les deux derniers vers sont abondamment répétés sur le même rythme aux voix et à l'orchestre. L'ensemble a une très grande stabilité tonale.

SOURCES

Des esquisses se trouvent à la fin du *Dessauer Skizzenbuch* (qui contient la réécriture de *Fidelio*) ; les premières esquisses pour la Cantate *Der glorreiche Augenblick op. 136* y sont mêlées (cf. Nottebohm I, 43 ; II, 300).

Le manuscrit autographe (à Vienne, GdM) porte la mention : « Chor 1814 am 30ten September », avec au-dessus inscrit au crayon par Beethoven : « Au même moment que l'ouverture en *ut* ».

Une copie établie par Wenzel Schlemmer n'a pas été revue par Beethoven (après le congrès de Vienne, ce genre de composition était devenu obsolète).

PUBLICATION

En 1888, dans la GA, puis dans la NGA, X, 2, 1999.

WoO 164

Freundschaft ist die Quelle wahrer Glückseligkeit (L'amitié est la source du bonheur véritable)

Canon à trois voix
3/4, ut *majeur – 18 mes.*

TEMPS DE LA COMPOSITION ET CONTEXTE BIOGRAPHIQUE

C'est, en septembre 1814, lors d'une promenade avec un ami (non identifié) dans la Brühl, vallée boisée près de Mödling (un des lieux de promenade favori de Beethoven), qu'il eut l'idée de ce canon.

PRÉSENTATION DE L'ŒUVRE

Chacune des voix entre toutes les cinq mesures, sur le même rythme, les voix 2 et 3 ayant une mélodie à la tierce.

SOURCES

Sur le manuscrit autographe (États-Unis) Beethoven a indiqué : « Beethoven. in der Brühl 1814 am 20ten September ».

Nottebohm a spécifié dans la GA : « Componiert in der Brühl bei dem Denkmal der Freundschaft des Fürsten Lichtenstein, am 20. September 1814. »

CORRESPONDANCE

Le 21 septembre 1814 [3., 740], Beethoven écrivait au comte Moritz von Lichnowsky, « Werther verehrter Graf und Freund ! » pour le remercier des démarches qu'il avait faites pour lui auprès de Castelreagh, le représentant de l'Angleterre au congrès de Vienne (pour obtenir que le prince régent le remercie pour la dédicace et la copie de la *Bataille de Vittoria op. 91*) ; il lui racontait que la veille, au cours d'une promenade dans la Brühl avec un ami, ils avaient parlé de lui, et que justement en rentrant il avait trouvé une lettre du comte. Il lui annonçait ensuite qu'il lui dédiait la *Sonate pour piano op. 90*, et laissait entendre qu'il allait entamer des négociations avec la Cour en vue d'un concert, et il signait sa lettre par quelques notes sur une portée avec l'indication du tempo : « adagio », et sous les notes les mots « all..ein / all. ein/ all..ein », ajoutant « Jedoch *Silentium* !!! ».

Opus 136

Der glorreiche Augenblick (Le Glorieux moment)

Cantate pour solistes, chœur et orchestre sur un texte d'Aloys Weissenbach
Chœur, Allegro ma non troppo, ¢, la *majeur – 165 mes.*
Récitatif (basse : Guide du peuple, ténor : Genius) et chœur, Andante, ¢, ré *majeur (40 mes.) / Allegro, 6/8,* fa *majeur – 82 mes.*
Récitatif et Air (soprano : Vienna) avec chœur, Allegro, **C** *(97 mes.) / Allegro ma non troppo,* **C**, si *bémol majeur – 278 mes.*
Récitatif et Cavatine (mezzo-soprano : Seherin) avec chœur, si *majeur – 88 mes.*
Récitatif et quatuor vocal (Vienna, Seherin, Genius et Guide du peuple), Allegro, **C** *(20 mes.) / Allegretto, 3/8,* la *majeur – 209 mes.*
Chœur, Poco Allegro, 2/4, ut *majeur – 234 mes.*

TEMPS DE LA COMPOSITION ET PREMIÈRE EXÉCUTION

Octobre-novembre 1814 au début du congrès de Vienne. Beethoven a sans doute eu le texte entre les mains en fin septembre 1814.

Le 29 novembre 1814, lors d'une « Große musikalische Akademie » donnée pour son bénéfice devant un parterre de têtes couronnées dans la grande salle de la Redoute. L'affiche du concert annonçait « Erstens : Die neue große Symphonie » (op. 92), « Zweytens : Eine neue Cantate : Der glorreiche Augenblick » et « Drittens : Eine große vollstimmige Instrumental=Composition, geschrieben auf» [*op. 91*], le reste du titre étant écrit en très gros caractères au centre de l'affiche : « Wellington Sieg / in der Schlacht bey Vittoria / Erster Theil : Schlacht. Zweyter Theil : Sieges=Symphonie[1] » (Premièrement : La nouvelle grande Symphonie ; Deuxièmement : Une nouvelle Cantate : Le glorieux moment ; Troisièmement : Une grande composition instrumentale pour un orchestre au complet, écrite sur la victoire de Wellington lors de la bataille de Vittoria / Première Partie : la bataille. Deuxième partie : la Symphonie de Victoire).

Les chanteurs étaient « Madame Milder-Hauptmann, Mademoiselle Bondra, Hr. Forti un Hr. Wild » (*Wiener Zeitung*, 30 novembre 1814).

Le grand succès du concert détermina une reprise le 2 décembre 1814 (devant un public moins nombreux, car les souverains n'y assistaient pas), ainsi que le 25 décembre 1814 au bénéfice de l'hôpital civil Saint Max.

CONTEXTE BIOGRAPHIQUE

À la suite du succès de la *Bataille de Vittoria* (*op. 91*, novembre 1813), les organisateurs des festivités du congrès de Vienne (1814-1815) sollicitèrent Beethoven à plusieurs reprises, comptant sur la notoriété de son « génie » comme sur sa popularité pour forcer l'admiration des souverains réunis à Vienne, et renflouer les caisses des théâtres.

En prévision d'un concert destiné aux souverains présents, il accepta de composer la musique d'une Cantate sur un livret de circonstance écrit par Aloys Weissenbach (1766-1821), chirurgien et poète qui s'était rendu à Vienne par admiration pour les têtes couronnées (qu'il désirait voir de près). Beethoven, qui disposa du livret sans doute à la fin du mois de septembre 1814 (donc avant l'inauguration du Congrès qui eut lieu le 1er novembre 1814), travailla à cette nouvelle composition au cours des mois d'octobre et de novembre, non sans difficultés, accumulant les esquisses avant de multiplier les répétitions, modifiant sans cesse la partition et repoussant la date du concert… Il savait que la représentation de cette acclamation directe des souverains aurait lieu devant les têtes couronnées et un public en attente d'une musique immédiatement efficace et compréhensible, c'est-à-dire fidèle au contexte solennel des cérémonies officielles qui exigeaient une forme de sacralisation dans le genre « Te deum » ou « action de grâce ».

Cette Cantate fit partie des œuvres vendues à Steiner au printemps 1815 en toute propriété. Elle fit également partie des œuvres confiées à Neate au début 1816, en secret, pour qu'il les fasse publier à Londres.

Aucun éditeur ne prit la décision de publier cette œuvre du vivant de Beethoven, malgré son insistance et son intention d'ajouter une Ouverture – sans doute pour décider Steiner/Haslinger à la publier…

PRÉSENTATION DE L'ŒUVRE

Le livret a été écrit par Aloys Weissenbach (1766-1821), chirurgien, vétérinaire et poète, originaire du Tyrol, fixé à Salzbourg, lors de son voyage à Vienne en 1814 (il y resta de fin septembre à la mi-novembre, pour assister aux festivités du congrès de Vienne ; le 26 septembre il assista à une représentation de *Fidelio*). Il raconta ce séjour dans *Meine Reise zum Congress. Wahrheit und Dichtung,* consacrant un chapitre de ce livre à Beethoven, l'homme plus que le compositeur[2]. Ce livre, daté de « Vienne 1816 », parut dès décembre 1815.

Le texte du livret fut publié en novembre 1814[3]. Si l'on en croit Schindler, le texte aurait été retravaillé par Carl Joseph Bernard.

Le livret met en scène quatre figures allégoriques, le Guide du peuple, le Génie (du peuple), Vienna, la déesse protectrice de Vienne et une prophétesse (Seherin), ainsi qu'un chœur composé de femmes, d'enfants et d'hommes, pour célébrer « l'instant glorieux », c'est-à-dire la présence à Vienne de toutes les souverains d'Europe, consécration de la puissance retrouvée de l'Empire d'Autriche.

Le premier chœur affirme la cohésion de l'Europe formée de multiples peuples qui attendent impatients l'apparition de la déesse protectrice.

Le premier récitatif est confié au « guide du peuple », secondé par le « Génie », qui tous deux désignent « Vienna » et appellent les

1. Fac-similé de l'affiche in *Briefe* 3., p. 78.

2. Cf. Nottebohm I, 145-153 « Beethoven und Weissenbach ». Deux pages du chapitre sur Beethoven sont publiées en photocopie, in *Briefe*, 3. p. 210-211.

3. *Cf.* la photocopie de la page de titre in *Briefe*, 3., p. 80.

peuples à la saluer, ce que le chœur accomplit avec enthousiasme.

Le deuxième récitatif est confié à Vienna, qui exprime son émerveillement de voir tous ces peuples réunis dans ses murs – ce « glorieux moment » – et qui nomme les plus grands souverains dont la présence manifeste la délivrance de l'humanité.

Une sorte de prêtresse (Seherin) invite alors tous les peuples à prier, dans un grand élan d'émotion collective.

Puis Vienna rappelle la force de l'alliance et assure que la paix sera éternelle sous l'égide de l'empereur d'Autriche, puisque c'est à Vienne que se construit le nouveau monde – tous acclament Franz.

Enfin, les femmes, les enfants innocents et les hommes (les guerriers) viennent rendre hommage aux souverains, avant d'exprimer leur joie suscitée par le nouvel ordre du monde qui se construit en ce moment à Vienne.

Il s'agit d'une œuvre de circonstance. Pour glorifier ce qui pouvait être interprété comme un moment de libération, Beethoven a eu recours à un grand orchestre (avec trois trombones), à des chanteurs solistes (de haut niveau) ainsi qu'à des chœurs très fournis. L'écriture harmonique privilégie les grandes masses sonores (dans le genre des oratorios) reliées entre elles soit par des passages en style d'église (psalmodie, fugue), soit par des récitatifs accompagnés – puisant, pour conduire le discours, soit dans son propre répertoire de formules soit dans celui des musiques militaires (fanfares, arpèges, etc.) ou des musiques de célébration officielles (Te Deum fugué, acclamation, etc., à l'occasion d'un traité de paix, d'un anniversaire, d'une guérison). Il a également compté sur des instrumentistes solistes de haut niveau, en particulier pour le violon et pour le violoncelle.

Cette Cantate comprend six numéros. Elle n'a pas d'ouverture.

I. Chœur, Allegro ma non troppo, ¢, *la* majeur – 165 mes.

Un chœur homophone soutenu par la masse de l'orchestre, avec trombones, commence la *Cantate* en rendant un puissant hommage à l'Europe et à ses peuples, Allegro ma non troppo : « Europa steht ! » (L'Europe est debout !), « und die Zeiten die ewig schreiten, der Völkerchor » (et les temps qui avancent éternellement, le chœur des peuples), puis dans un style responsorial et psalmodié, les siècles passés sont évoqués qui émerveillés observent ce moment, avant qu'un passage fugué ne soutienne la question : « Wer muss die Hehre sein ? » (« Qui doit être la figure sublime ? »)

II. Récitatif de basse (Guide du peuple) et de ténor (Genius) et chœur, Andante, ¢, *ré* majeur (40 mes.) / Allegro, 6/8, *fa* majeur – 82 mes.

Une basse dans un style arioso introduite par un violoncelle solo, puis un ténor décrivent la sublime figure, et les emblèmes de la famille impériale (la musique, avec trombones, insiste sur l'aigle à deux têtes), puis, Allegro à 6/8, un chœur en homoryhtmie dans une grande densité orchestrale acclame la divinité protectrice Vienna.

III. Récitatif et Air soprano (Vienna) avec chœur, Allegro, C (97 mes.) / Allegro ma non troppo, C, *si* bémol majeur – 278 mes.

Par un Récitatif accompagné, avec violon solo et de nombreux changements de tempo (dont Maestoso. Alla marcia), Vienna émerveillée par ce rassemblement des peuples d'Europe, salue les souverains réunis chez elle, tandis que le chœur homophone ponctue ses paroles par des acclamations, ou qu'un chœur fugato consacre le « glorieux instant » (avec intervention des trombones).

IV. Récitatif avec changements de tempo (et trombones), suivi d'une Cavatine chantée par une mezzo-soprano (Seherin) et reprise par le chœur, en *si* majeur – 88 mes.

La prophétesse, émerveillée devant tant de couronnes, invite à une prière, occasion d'un moment de repos méditatif plein d'émotion. Beethoven a inscrit « Gebeth » en marge des esquisses pour « dem die erste Zähre » (à lui la première larme).

V. Récitatif et quatuor vocal (Vienna, Seherin, Genius et le guide du peuple), Allegro, C (20 mes.) / Allegretto, 3/8, *la* majeur – 209 mes.

La musique soutient un texte qui donne une vision d'un nouvel âge d'or dans un quatuor vocal d'écriture complexe.

VI. Chœur des femmes, des enfants et des hommes, Poco Allegro, 2/4, *ut* majeur – 234 mes.

Après l'entrée successive de chacun des groupes représentant l'humanité (femmes, enfants, guerriers soutenus par les trombones), les chœurs en écriture fuguée, Presto, chantent le bonheur produit par ce « glorieux instant » et la *Cantate* se termine par une scansion régulière des voix soutenues par un grand orchestre magnifiant ce « grosser Augenblick ».

SOURCES

Il existe des esquisses dispersées entre Berlin, Bonn, Paris, Vienne, Cracovie ; celles de Vienne sont présentées par Nottebohm (II, 301), ainsi que celles de Berlin (Nottebohm II, 307 sq). La première moitié du *Skizzenbuch Mendelssohn*, utilisé de août à décembre 1814, est consacrée à l'*op. 136*, le travail ayant été interrompu par celui destiné au Lied *Merkenstein* (*WoO 144* et *op. 100*). Nottebohm signale que toutes les parties du texte de la Cantate ont été plusieurs fois reprises avant de trouver leur forme musicale définitive ; il mentionne également que Wenzel Tomaschek, qui rendit plusieurs fois visite à Beethoven à ce moment, le trouva le 10 octobre 1814 occupé à esquisser cette Cantate, dont la copie fut commencée le 24 novembre (cf. *Libussa*, 1846 et 1847).

Le manuscrit autographe (à Berlin) a été écrit très rapidement (comme en témoignent la graphie et les corrections) – il faisait partie des papiers laissés par Beethoven et il fut récupéré par Tobias Haslinger (qui en était propriétaire).

Il existe également le manuscrit des parties de trombones des n° 1, 2 et 6 (à Berlin).

Une copie établie peut-être pour la représentation de novembre 1814 comprend beaucoup de corrections et d'ajouts de Beethoven (à Bonn). La partie des trombones ainsi que celles de picolo, de triangle, de cymbales, et de grosse caisse sont à part.

Une copie établie par Anton Diabelli et destinée à la gravure de la réduction pour piano (à Coburg) était chez Steiner depuis 1815 ; sur le bord inférieur de la première page comportant les portées musicales, Beethoven a noté une boutade : « La cantate est de même à graver. Si ce n'est pas fait correctement, il n'y aura pas que des *piqûres* mais également des *coups*. ludwig van Beethoven. »

PUBLICATION

La partition de cette Cantate fut prête en décembre 1835 dans une édition de luxe, la page de titre, décorée des armes des différents souverains et d'une vue de Vienne, étant suivie de cinq pages de dédicaces aux souverains de la Sainte alliance protecteurs des arts et des sciences. Cette édition de luxe fut suivie d'une édition ordinaire diffusée en 1837 par Tobias Haslinger qui mentionnait que cette Cantate avait été créée en 1814 devant tous les souverains présents au congrès de Vienne :

« Der glorreiche Augenblick. / CANTATE, / gedichtet von Dr Al. Weissenbach. / In Musik gesetzt / von / Ludw. van Beethoven. / PARTITUR. / Vor den allerhöchsten Monarchen / und höchsten Herrschaften / am Wiener Congresse 1814. zum erstenmale aufgeführt. / WIEN, / Eigenthum und Verlag der k.k. Hof- Kunst- und Musikalienhandlung / des Tobias Haslinger. / Ehrenmitglied der königl. Schwedischen Akademie der Musik in Stockholm. »

Tobias Haslinger envoya un exemplaire de luxe aux souverains auxquels la *Cantate* était dédiée : l'empereur d'Autriche Franz Ier, le tsar Nicolas Ier, le roi de Prusse Friedrich Wilhelm III.

Pour assurer une large diffusion à cette *Cantate* de circonstance, Tobias Haslinger fit rédiger, par Friedrich Rochlitz, un autre texte de portée plus générale : « Éloge de la musique ». Il publia cette *Cantate* dans cette version, en 1837, sous différentes formes : en partition, en voix séparées, en réduction pour piano, et en transcription pour piano à quatre mains et à deux mains (établies par Carl Czerny).

Dans la préface de l'édition, Tobias Haslinger signalait que Beethoven avait composé cette *Cantate* « en très peu de temps pressé par les circonstances » (cité par Nottebohm, II, 307).

L'ŒUVRE VUE PAR SES CONTEMPORAINS

La *Wiener Zeitung* du 30 novembre 1814 notait que le concert de la veille avait procuré beaucoup de plaisir, la *Cantate* qui associait un poète à l'esprit de feu et un compositeur de génie, un des plus célèbres d'Allemagne a été applaudie de manière unanime – en particulier au moment où Vienna s'émerveillait de voir réunis dans ses murs tout ce que la terre porte de plus haut et de plus grand.

L'*AMZ* XVI, 1814 (col. 867-868), rendait compte du concert du 29 novembre 1814 et présentait rapidement la *Cantate* « écrite » (« gedichtet ») par Aloys Weissenbach et mise en musique par Beethoven « génial compositeur ». Le rédacteur admirait les chœurs, le solo de Vienna, le quatuor vocal, le chœur final des femmes, enfants et hommes : qui produisit un très grand effet. Il reprochait toutefois aux récitatifs une déclamation qui les rendait peu compréhensibles. Enfin, le rédacteur soulignait le grand succès devant un public très nombreux, honoré par la présence des souverains, et signalait que le concert du 2 décembre avait été moins bien réussi devant une salle à moitié pleine.

CORRESPONDANCE

Le 29 novembre 1814 [3., 757], le comte Ferdinand Pàlffy, administrateur des théâtres de la cour informait le prince Trautmansdorff, responsable de l'organisation des festivités du congrès de Vienne, que malgré les nombreux empêchements il avait pu réutiliser les salles de la Redoute, où il pensait qu'il serait du meilleur effet de faire exécuter « le chef-d'œuvre de Beethoven » devant les souverains présents, c'est-à-dire la Cantate qu'il lui avait fait apporter par le professeur Weissenbach ainsi que la « Bataille de Vittoria » – le théâtre et Beethoven se partageant les bénéfices des concerts prévus. Le comte Pàlffy mentionnait la satisfaction de Beethoven et poursuivait en signalant qu'il avait donc fait travailler « son œuvre » depuis plusieurs semaines, mais qu'elle était sans cesse modifiée et que la date de la représentation avait été plusieurs fois repoussée, ce qui empêchait les répétitions des opéras composés par d'autres compositeurs (Weigl, Treitschke, Maier), pour leur plus grand mécontentement, et ce qui entraînait un lourd préjudice pour les recettes des théâtres. Dans une lettre du 26 novembre 1814 [3., 755], le comte Palffy lui demandait de céder la moitié de ses recettes prévues pour compenser ce déficit résultant de cette multiplicité de répétitions – le concert prévu pour le 20 novembre, fut repoussé au 22, puis au 27 avant d'avoir lieu le 29.

Le 30 novembre 1814 sans doute [3., 758], Beethoven demandait au violoniste Joseph Mayseder (1789-1863) de participer également au concert du 2 décembre 1814 pour assurer la qualité de l'exécution.

Après le concert de bienfaisance du 25 décembre 1814 [3., 761], il prêtait pour quelques jours « Die Partitur der Kantate », à l'archiduc Rodolphe, pour qu'il la fasse copier (il n'y a aucune trace de cette copie : le projet n'a sans doute pas été réalisé).

Le 1er juin 1815 [3., 809], Beethoven demandait à son compatriote Johann Peter Salomon résidant à Londres d'inciter les éditeurs anglais à publier plusieurs œuvres dont cette « Kantate mit Chören und *Solo*Stimmen ».

Fin janvier/début février 1816 [3., 889], Beethoven demandait à Charles Neate, qui regagnait Londres, et auquel il avait confié des partitions, de ne pas en parler avant son départ. Il s'agit des *op. 61, 72, 92, 95, 102, 112, 113 (Ouverture), 115, 117 (Ouverture)* et *136*. Le 3 avril 1816 [3., 923], il signalait à Ferdinand Ries qu'il avait confié des œuvres à Neate pour qu'il en fasse le meilleur usage au profit de Beethoven à Londres. Vers le 19 mai 1818 [4., 1258], il demandait à Ries de prier Neate de lui dire pourquoi il n'avait pas fait connaître les œuvres qu'il lui avait confiées.

Vers le 7 octobre 1816 [3., 983], Beethoven écrivait à George Smart à Londres et citait, à côté d'autres œuvres (l'*op. 92*, l'*op. 72*, l'*op. 95*, l'*op. 102*) : « Score of a great Cantata, consisting of a Chorus in A N°.1, N°.2, Rec. In B with Chorus in F. N°.3, Rec. in B and air with chorus. / N°.5 Rec. in A and Quartett in A, N°.6. Chorus in C. » (les indications de tonalité ne sont pas toutes justes !). Le 31 octobre 1816 [3., 988], George Smart lui signalait que sa *Cantate* allait sans doute être exécutée lors de la saison à venir des « Lenten Oratorios », et il en demandait le prix, que Beethoven lui indiquait le 18 décembre 1816 [3., 1017].

Le 12 juin 1825 [6., 1992], Beethoven demandait à Thomas Haslinger la partition de la *Cantate* (qu'il lui intimait l'ordre de publier) « pour y ajouter une sorte d'ouverture » – sa partition dépenaillée étant inutilisable.

Les 12 septembre 1826 [6., 2198] et 11 novembre 1826 [6., 2227], il sommait Tobias Haslinger de publier la Cantate, achetée par Steiner au printemps 1815.

Opus 115
Ouverture « Zur Namensfeier »

Maestoso, **C** */ Allegro assai vivace, 6/8,* ut *majeur – 335 mes.*

TEMPS DE LA COMPOSITION ET PREMIÈRE EXÉCUTION

Esquissée en 1809, 1811 et 1812, elle fut reprise en fin septembre 1814. Commencé le 1er octobre 1814, mais ne pouvant être achevé pour le 4 octobre, le travail de composition fut interrompu, avant d'être repris en mars 1815.

Ce n'est pas une œuvre de circonstance.

La première exécution eut lieu le 25 décembre 1815, en même temps que *Meeresstile und glückliche Fahrt op. 112* et que *Christus am Ölberge op. 85,* dans la grande salle de la Redoute lors d'un concert au bénéfice du Bügerspitalfonds. Le programme du concert porte seulement le titre de « Ouverture »

Elle fut rejouée les 16 et 23 avril 1818, lors de concerts donnés par Moscheles, Giuliani et Mayseder. Elle fut redonnée le 6 décembre 1818, sous le titre de « Ouverture à la chasse » (Jagdouverture), lors d'un concert des frères Wranitzky.

Elle fut jouée lors des concerts donnés par Ignaz Moscheles (1794-1870) les 15 et 17 décembre 1823 [5., p. 244].

CONTEXTE BIOGRAPHIQUE

Contrairement à ce que le titre, qui lui a été donné, laisse penser : « zur Namensfeier », titre lié à ce que Beethoven avait inscrit sur son manuscrit : « Ouverture von LvBthven am ersten Weinmonath 1814 – Abends zum Namenstag unsers Kaisers », cette *Ouverture* n'est pas une œuvre de circonstance. Il l'a envisagée dès 1809 comme morceau de concert, indépendant, pensant un moment y insérer quelques vers de l'*Ode à la joie*, en particulier les termes de « Freude ». Sur l'affiche du concert au cours duquel elle fut créée, le 25 décembre 1815, elle est désigné comme « Ouverture ».

Composée finalement au temps du congrès de Vienne, c'est-à-dire au temps de la paix retrouvée pour le plus grand bonheur des peuples, elle a été esquissée en 1809, donc dans un contexte qui laissait espérer une réconciliation après une période de guerre, et au moment de la composition d'*Egmont op. 84*. Puis, Beethoven s'y intéressa à nouveau quand, en 1811, il fut confronté au *Roi Étienne op. 117* et aux *Ruines d'Athènes op. 113*; et enfin il reprit son idée, en 1812, quand il travaillait à la *7e* et à la *8e Symphonie* et qu'il avait le projet d'y associer une *9e*.

Le résultat de cette longue gestation fut une *Ouverture* qu'il présenta lors de son édition en 1825 comme « gedichtet », utilisant donc un terme réservé à la composition d'un poème, car, pour Beethoven, elle n'était plus préparation à une œuvre de théâtre, mais œuvre à part entière incitant à penser, à être ému et à agir et destinée à être exécutée comme morceau de concert sans lien avec une circonstance particulière.

À peine avait-il vendu son manuscrit à Steiner en mai 1815 (avec les *op. 72, 91, 92, 93, op. 95, 96, 97, op. 113, 117* et *136*)[1], qu'il lui emprunta (ainsi que les autres manuscrits) sans doute pour le (les) montrer à Charles Neate qui venait d'arriver à Vienne [*Briefe* 3., p. 141] – Neate resta à Vienne de mai 1815 à début février 1816, et, au moment de son départ, Beethoven lui remit plusieurs œuvres à l'insu de Steiner qui en était propriétaire, lui demandant de garder la chose secrète [fin janvier-début février 1816, 3., 889].

Enfin, aussi bien Steiner que les Anglais tardant à publier l'œuvre, Beethoven essaya de les relancer, et, une fois la publication effectuée, il se soucia d'envoyer son *Ouverture* gravée à Ries (alors à Godesberg) [6., 1987], ainsi qu'au prince Galitzine [6., 2003], en même temps que l'*Ouverture op. 124*.

1. *Cf.* la photocopie du brouillon du contrat, *Briefe* 3, p. 140.

PRÉSENTATION DE L'ŒUVRE

Le Maestoso solennel introductif oppose la masse *fortissimo* unie de tout l'orchestre en *ut* majeur sur un rythme pointé et une ligne mélodique *piano dolce* d'abord énoncée par les cors, avant de l'être par les violons qui la prolongent par des broderies (avec des préfigurations mélodiques de la *Neuvième Symphonie*).

Puis ce sont les violons qui conduisent l'orchestre à un Allegro assai vivace, à 6/8, de forme sonate sans reprise, avec un développement très court et une très longue coda – l'essentiel se jouant dans le choix du matériau thématique fait d'impulsions, de courtes cellules rythmiques et de notes répétées, ainsi que de l'opposition entre un orchestre unifié et des lignes mélodiques se dégageant de l'ensemble pour déployer un espace sonore diversifié (qui par moment évoque l'univers musical de Klärchen dans *Egmont*).

L'écriture se caractérise par son unité, son élan et la dynamique joyeuse des différents instruments qui contribuent ensemble à construire cet espace et ce temps d'une très grande densité et plein d'allégresse, où se mêlent effets d'entraînement et lyrisme.

SOURCES

Des esquisses sont dispersées entre Berlin, Cracovie, Bonn, Londres, Paris, Vienne. D'après Nottebohm (I, 37 et II, 14), des premières esquisses datent du milieu de l'année 1809 avec l'intitulé : « Ouverture pour toute circonstance – ou pour être utilisée en concert ». D'autres suivirent en 1811 et au cours de l'été 1812 avec, cette fois, l'intention de lier ces recherches à l'*Ode à la joie* de Schiller (« Joie étincelle divine / élaborer une ouverture »); plusieurs lignes d'esquisses suivent (cf. Nottebohm I, 41-42). Puis en 1814 des esquisses se trouvent après celles du *Chœur WoO 95* dans le *Dessauer Skizzenbuch*, répondant à même enjeu « politique », celui de la fête de l'empereur le 4 octobre, avant l'ouverture officielle du congrès de Vienne.

Le manuscrit autographe (Vienne, BN) porte la mention de la date à laquelle Beethoven commença à écrire la partition, le 1er octobre 1814 : « Ouverture de LvBthven le premier octobre 1814 – le soir pour la fête de notre empereur ».

Il existe la copie emportée par Neate à Londres, utilisée pour un concert à la Royal Philharmonic Society.

PUBLICATION

Elle fut assurée à Vienne par S.A. Steiner, en avril 1825, en partition, en voix séparées, pour piano à deux mains et à quatre mains (transcriptions établies par Carl Czerny) :

« GROSSE OUVERTURE / IN C = DUR / gedichtet und / SEINER DURCHLAUCHT dem FÜRSTEN und HERRN / Anton Heinrich / RADZIVIL / Staathalter [*sic* pour Statthalter] im Grossherzogthum Posen, / Ritter des schwarzen Adler Ordens &. &. &. / in aller Ehrfurcht gewidmet / von / Lud. van Beethoven. / 115tes Werk. / PARTITUR / Eigenthum der Verleger. / – WIEN, / [...] »

DÉDICATAIRE

Prince Anton Radziwill (voir *Opus 108, 25 Schottische Lieder*)

L'ŒUVRE VUE PAR SES CONTEMPORAINS

Nottebohm (I, 38) cite la *Wiener Allgemeine Musikalische Zeitung* de 1818 qui signalait après le concert du 16 avril qu'une nouvelle ouverture (elle n'avait été exécutée qu'une fois) de Beethoven avait été jouée au début et que, pleine d'esprit, elle réjouissait les connaisseurs.

Cäcilia (V, 32-34, 17. Heft, juillet 1826), publia un article dans lequel l'auteur essayait d'expliquer pourquoi Beethoven avait utilisé, dans le titre de l'édition, le terme « gedichtet » au lieu de « komponiert » – la réponse proposée soulignait la notion d'unité qui est le propre de la poésie, l'auteur interprétant l'ensemble de l'ouverture comme la « peinture d'une dispute ».

La *BamZ* VI, 329 f, n° 42 du 17 octobre 1829 commenta la partition éditée.

CORRESPONDANCE

Entre le 16 et le 19 mars 1815 [3., 790], Beethoven proposait à Sir George Smart à Londres onze œuvres dont « 9 Three overtures for a full orchestra », c'est-à-dire les *op. 113, 117* et *115*.

Avant ou le 16 mai 1815 [3., 805], il informait S.A. Steiner qu'il avait besoin pour quelques jours « des parties écrites de l'Ouverture en *ut* et de la Sonate pour violon en *sol*», promettant de les restituer le plus vite possible (ce qu'il fit le 20 mai 1815).

Le 28 février 1816 [3., 908], Beethoven écrivait à Ferdinand Ries que Charles Neate était reparti de Vienne au début du mois avec des partitions à faire éditer à Londres, dont l'Ouverture. Le 19 mars 1816 [3., 917], Ries l'informait que Neate avait apporté les œuvres à la Société philharmonique et que l'*op. 115* allait être exécutée (le 25 mars 1816).

Le 30 janvier 1819 [4., 1285], Beethoven disait à Ries que si les ouvertures n'avaient pas plu à Londres, elles avaient connu un grand succès à Vienne, en particulier celle en «Es u. C» (*op. 117* et *115*).

Fin avril 1820 [4., 1389], il souhaitait vraiment que Steiner publie ses trois ouvertures (*op. 113, 117* et *115*), s'engageant à faire tout ce qu'il fallait pour arriver à ses fins.

Le 29 décembre 1820 [4., 1422], Steiner envoyait les partitions de ses trois ouvertures à Beethoven pour qu'il le revoie avant la gravure.

Au printemps 1825 [6., 1955], il envoyait les corrections à Tobias Haslinger.

Vers le 6 juillet 1825 [6., 2002, 2003], Beethoven faisait envoyer l'*op. 115* au prince Galitzine qui l'en remerciait le 14 janvier 1826 [6., 2106].

Opus 89

Polonaise pour piano en *ut* majeur

Alla Polaca, vivace, 3/4, ut *majeur – 169 mes.*

TEMPS DE LA COMPOSITION

En décembre 1814, sur incitation, sans doute, du docteur Bertolini.

CONTEXTE BIOGRAPHIQUE

Pendant le congrès de Vienne (septembre 1814-juin 1815), Beethoven auquel le succès de l'*op. 91* avait conféré une large notoriété en Europe, fut sollicité à plusieurs reprises, acceptant les propositions car il y voyait l'occasion de se faire reconnaître par des autorités ou par des personnes influentes, ce qui lui permettrait peut-être d'améliorer sa situation…

Ainsi au lendemain des concerts 29 novembre et 2 décembre 1814, il accepta la suggestion d'un ami (le docteur Andreas Bertolini) de composer une pièce qu'il dédierait à la tsarine avec l'espoir d'en tirer un avantage financier. Son calcul fut le bon : il reçut un cadeau de 50 ducats pour l'*op. 89* et pour la réduction pour piano de l'*op. 92*, et un cadeau de 100 ducats pour les *Trois Sonates pour piano et violon op. 30*, publiée en 1803 et dédiée au tsar Alexandre Ier. Beethoven savait que la tsarine aimait sa musique (elle était présente au concert du 29 novembre 1814) et il pensait qu'elle serait sensible à une œuvre intégrant une allusion à l'hymne national russe, qui était une Polonaise composée par J. Kozlowski [1], compositeur de la cour de Catherine II. Le choix de composer une Polonaise instrumentale était donc une façon de rendre hommage à un pays et à un souverain qui avaient contribuer à libérer les Allemands (comme il avait rendu hommage aux Anglais avec l'*op. 91*), mais c'était également un geste de compassion pour la Pologne qui venait de perdre son indépendance (à la suite des partages de 1795), et par conséquent une façon d'affirmer le principe du soutien nécessaire à apporter aux peuples opprimés pour qu'ils retrouvent leur liberté.

Pour remercier la tsarine de ses cadeaux, Beethoven accepta de contribuer à fêter son anniversaire en accompagnant le chanteur Franz Wild dans *Adelaïde*, le 25 janvier 1815 (ce fut la dernière fois qu'il participa à un concert public).

Si ce n'était pas la première fois qu'il utilisait la musique polonaise : le Rondo du *Triple concerto op. 56* est «alla polaca», ainsi que l'Allegretto de la *Sérénade op. 8*, c'était la première fois qu'il composait un morceau de piano en référence directe avec la polonaise, danse à trois temps très prisée dans les bals de l'aristocratie, ou genre de musique instrumentale caractérisée depuis le XVIIIe siècle par un rythme spécifique (croche deux doubles croches-quatre croches) et par des connotations politiques multiples (chant populaire, chant révolutionnaire et hymne national russe).

1. Le compositeur polonais J. Kozlowski (Varsovie 1757-Saint-Pétersbourg 1831), attaché à la cour de Catherine II, fit de la polonaise une sorte de cantate avec chœurs (il en écrivit près de 70) et l'une d'elle, *Grom pobiedy rosdawajsia* [*Que retentisse le cri de la victoire*] fut l'hymne national russe jusqu'en 1833.

PRÉSENTATION DE L'ŒUVRE

Il s'agit d'une pièce brillante, et assez virtuose.

Les esquisses montrent que Beethoven n'a pas trouvé tout de suite le thème, ce qui est conservé dans l'introduction qui commence en s'appropriant tout l'espace sonore du piano (des graves aux aigus) avant de s'arrêter sur un point d'orgue sur la dominante, – une cadence Adagio (descente chromatique), puis « più presto » apportant la résolution de la tension et introduisant le thème *dolce* qui repose sur le rythme caractéristique de la polonaise (croche-deux doubles croches-quatre croches dans une mesure à trois temps).

Après la présentation du thème dans un *ut* majeur bien établi, Beethoven a choisi la forme rondo ABACA'coda, avec couplets très contrastés.

Le premier couplet développe un motif ascendant qui met en valeur l'idée de mouvement de danse. Après une transition qui efface la métrique en se déplaçant dans tout l'espace sonore du piano, le thème réapparaît – sa conclusion modulante amenant le deuxième couplet qui commence en *ut* mineur, et se poursuit de manière lyrique en *la* bémol majeur *dolce*, adoptant un rythme dominé par les contretemps (ce qui efface toute référence au rythme de la polonaise), puis une modulation liée à un poco ritardando réintroduit le thème en *la* majeur, qui varie librement le rythme de la polonaise (comme dans une fantaisie) avant de retrouver l'énoncé du thème en *ut* majeur.

Une longue coda (42 mesures) se déploie librement sous forme de contrepoint, d'échange des registres entre les deux mains, de référence à un style de prélude, pour aboutir à une courte cadence précédant la reprise du thème (dont l'intensité passe de *pp* à *f*) – comme si cette *Polonaise* était prise dans un mouvement perpétuel.

SOURCES

Les esquisses suivent celles destinées à la Cantate *Der glorreiche Augenblick op. 136* (cf. Nottebohm, II, 310)

Le manuscrit autographe n'a pas été retrouvé.

PUBLICATION

L'édition originale fut assurée à Vienne par Pierre Mechetti en mars 1815 :

« POLONOISE / pour le / Piano=Forte / composée et dédiée / A.S.M. / Elisabetha Alexiewna/ IMPERATRICE DE TOUTES LES RUSSIES / par / LOUIS VAN BEETHOVEN / [...] »

Le numéro d'opus ne fut donné que postérieurement par Artaria dans son catalogue publié avec l'opus 106, en 1819.

DÉDICATAIRE

L'impératrice de Russie Elisabeth Alexiewna, née princesse Marie Luise Augusta von Baden (1779-1826), épousa en 1793 le futur tsar Alexandre Ier (auquel Beethoven dédia l'*op. 30*, en 1803) ; elle changea de prénom en entrant dans l'église orthodoxe.

CORRESPONDANCE

Fin décembre 1814/début janvier 1815 [3., 766], Beethoven demandait conseil à un ami (peut-être le docteur Bertolini ?) pour la meilleure démarche à suivre : écrire au prince Alexander Lwowitch Narischkin, Oberkammerherr de la tsarine, plutôt qu'à la tsarine directement, pour la remercier d'accepter que la *Polonaise* lui soit dédiée ? « Par delà la satisfaction qu'il éprouvait de voir son vœu exaucé, il souhaitait que le monde en soit averti. »

Le 24 juillet 1819 [4., 1317], Artaria qui établissait le catalogue des œuvres de Beethoven constatait que plusieurs numéros d'opus étaient vacants tandis que plusieurs œuvres n'étaient pas cataloguées, entre autres « d) Polonaise für Pianof. Bey *Mechetti* ».

WoO 143

Des Kriegers Abschied (L'Adieu du soldat)

Lied sur un poème de Christian Ludwig Reissig

Entschlossen (Décidé), **C**, mi *bémol majeur – 24 mes.*

TEMPS DE LA COMPOSITION

Fin 1814, après la *Cantate op. 136* et en même temps que le Lied *Merkenstein WoO 144*.

CONTEXTE BIOGRAPHIQUE

Comme lors des guerres de libération précédentes (1796-1797, 1809), Beethoven a éprouvé le besoin de participer à sa manière à l'élan général, le texte de ce poème étant parfaitement adapté à la situation qui exigeait de préférer le « Vaterland », mais qui reposait également sur l'idée que pour aimer son « Vaterland » il fallait avoir du cœur et être capable d'amour pour une femme.

Le thème du poème dessine la figure d'un héros à l'antique (dans le style des héros de David, fidèles à l'idéal diffusé par Plutarque, un de ses livres de chevet) et décrit avec simplicité ces valeurs essentielles que sont l'amour et le dévouement à la cause collective – valeurs qui étaient au cœur de l'éthique de Beethoven.

PRÉSENTATION DE L'ŒUVRE

Beethoven mit en musique ce texte avant qu'il ne soit édité – il ne parut qu'en 1815 dans la troisième édition des *Blümchen der Einsamkeit*, chez J.B. Wallishausser –, Reissig lui ayant sans doute directement communiqué ce poème dans le genre d'une ballade populaire, par le refrain qui ponctue chacune des strophes.

Le thème est celui du devoir envers la patrie qui prime sur le désir de rester auprès de sa bien-aimée, et celui du lien indispensable chez un héros de la tendresse et du courage.

Des Kriegers Abschied
Ich zieh' in's Feld von Lieb' entbrannt,
Doch scheid ich ohne Thränen;
Mein Arm gehört dem Vaterland,
Mein Herz der holden Schönen;
Denn zärtlich muß der wahre Held,
Stets für ein Liebchen brennen,
Und doch für's Vaterland im Feld
Entschlossen sterben können!
L'adieu du soldat
Je pars au combat brûlant d'amour,
Mais je me sépare sans pleurs ;
Mon bras appartient à mon pays,
Mon cœur à une charmante belle ;
Car le vrai héros doit être tendre,
Et toujours brûler d'amour,
Mais, en dépit de tout, pour sa patrie
Être déterminé à mourir au combat !

Cette première strophe est suivie de trois autres qui soulignent la détermination du soldat qui sait que sa gloire est liée à son courage.

Les quatre strophes étaient indiquées sur la partition publiée en 1815.

Seule la première strophe est composée, de manière très simple, avec des motifs faisant référence à la guerre (fanfares militaires) et soulignant l'opposition entre tendresse et détermination. Des quintes, répétées sur un rythme pointé, soutiennent l'idée que le cœur appartient à une « noble femme ». L'ensemble doit être interprété avec détermination : « Entschlossen ».

SOURCES

Des esquisses se trouvent dans le *Mendelssohn 6 Skizzenbuch* (à Cracovie) entre celles pour l'*op. 136* et celles pour le *WoO 144* (cf. Nottebohm, II, 310).

PUBLICATION

Elle fut assurée dans une publication collective le 12 juin 1815 :

« Sechs deutsche Gedichte / Dem Fräulein / Caroline von Bernath / hochachtungsvoll gewidmet / von / C.L. REISSIG./ Für das Piano= Forte von verschiedenen Meistern / in Musick gesetzt./ In Wien bey Pietro Mechetti [...] »

Les autres compositeurs étaient Gyrowetz, Gelinek, Hummel et Moscheles.

Le Lied de Beethoven était le n° 4.

WoO 144

Merkenstein (première version)

Lied pour voix et piano, sur un poème de Johann Baptist Rupprecht
6/8, mi *bémol majeur – 16 mes.*

TEMPS DE LA COMPOSITION

Beethoven a inscrit sur son *Tagebuch* (n° 85) : « 1814 le 22 décembre j'ai écrit le Lied sur Merkenstein ». Il a commencé à penser au poème de Rupprecht en novembre 1814 au moment où il terminait la *Cantate op. 136*. Cette assertion correspond au Lied pour voix seule.

CONTEXTE BIOGRAPHIQUE

Beethoven a répondu favorablement à l'envoi du poète Johann Baptist Rupprecht avec lequel il fut en rapport au moment de la composition de la *Cantate* sur le livret d'Aloys Weissenbach en automne 1814 (l'*op. 136*, exécutée le 29 novembre 1814).

Il s'intéressa aussitôt à ce poème qui évoque, sous forme d'interpellation *ostinato*, un vieux château en ruine près de Baden (témoin de l'ancienneté, de la vitalité et de la permanence de la culture allemande). Il en composa deux versions, l'une et l'autre très simples, la première à une voix reposant sur des effets d'écho, la seconde à deux voix à la tierce prise dans le balancement du 3/8, chacune dans une tonalité différente.

La version pour voix seule et piano plut au poète qui accepta de la faire publier dans un Almanach de 1816.

PRÉSENTATION DE L'ŒUVRE

Johann Baptist Rupprecht (1776-1846), censeur attaché à la cour impériale, traducteur et écrivain, botaniste et négociant, écrivit ce poème de six strophes portant le nom d'un château près de Baden, Merkenstein, mot qui, signifiant en allemand « pierre remarquable », appartient au registre des « lieux de mémoire » – et ici, au registre de ces « ruines » (dans le sens de Volney) qui traduisent le lien fécond entre l'Histoire et la Nature tout en rappelant la vitalité du passé historique (« nous sommes des nains perchés sur les épaules des géants »).

Le poème présente le château à différents moments de la journée : matin, midi, soir et nuit, avant de faire allusion à la grandeur du Passé dont nous sommes les héritiers et à la capacité infinie de renouvellement de la Nature :

Strophe 1

Merkenstein, Merkenstein !
Wo ich wandle denk' ich dein.
Wenn Aurora Felsen röthet,
Hell im Busch die Amsel flötet,
Weidend Heerden sich zerstreuen,
Denk ich dein, Merkenstein !
Merkenstein, Merkenstein !
Là où je chemine, je pense à toi.
Quand l'Aurore rougit le rocher,
Que le merle siffle dans le bosquet,
Que les troupeaux paissant se dispersent,
Je pense à toi, Merkenstein !

Strophe 6

Merkenstein, Merkenstein !
Höchster Anmut Lustverein !
Ewig jung ist in Ruinen
Mir Natur in dir erschienen;
Ihr, nur ihr mich stets zu weihen,
Denk' ich dein, Merkenstein !
Merkenstein, Merkenstein !
Lieu de joie du plus haut charme !
Éternellement jeune dans les ruines,
La Nature m'est apparue en toi;
Seulement me consacrer à elle,
Je pense à toi, Merkenstein !

Beethoven n'a composé de musique que pour la première strophe, dans une métrique 6/8 en *mi* bémol majeur, sans indication de tempo (« Mit lebhafter Empfindung » se trouve sur les esquisses). Après les quatre mesures consacrées aux deux premiers vers sur des arpèges descendants de *mi* bémol majeur, deux mesures de piano seul font écho à la voix une octave au-dessus. Cet effet d'écho est repris après le dernier « Ich denke dein » et le dernier « Merkenstein ».

SOURCES

Des esquisses se trouvent dans le *Skizzenbuch Mendelssohn* au milieu de celles pour l'*op. 136*, présentées par Nottebohm, II, 308-309, qui les date de novembre 1814, et relève l'indication « a due » sur les premières mesures des premières esquisses, ainsi que le tempo de ce qui préfigure la première version « Mit lebhafter Empfindung » (avec une sensation animée).

Le manuscrit n'a pas été retrouvé.

PUBLICATION

Cette version fut publiée dans un Almanach (p. 202), *Selam. Ein Almanach für Freunde des Mannigfaltigen auf das Schaltjahr 1816* (*Almanach destiné aux amis de la diversité pour l'année bissextile 1816*), édité par I. F. Castelli, pour la 5e année :

« Singstimme. / Cembalo »

« Merkenstein, / von J.B. Rupprecht, / in Musik gesetzt / von / Ludwig van Beethoven. »

CORRESPONDANCE

En novembre [3., 759], Beethoven écrivait à J. B. Rupprecht qu'il « allait composer la musique pour son poème avec beaucoup de plaisir, qu'il lui apporterait bientôt lui-même, tout en ne sachant pas s'il en ferait quelque chose de céleste, parce qu'il n'était que terrestre, mais qu'il allait s'efforcer de répondre à la trop haute opinion qu'il avait de lui ».

Le 30 décembre 1814 [3., 762], il terminait une lettre à J.B. Rupprecht en lui promettant qu'il allait bientôt recevoir « son beau Lied ».

Fin 1815 [3., 870], Beethoven écrivait à J.B. Rupprecht qu'il « avait composé déjà depuis longtemps deux mélodies pour son poème Merkenstein, mais qu'elles étaient enfouies sous des monceaux de papier – il venait de retrouver la première, mais ne doutant pas de retrouver la deuxième qui lui semblait meilleure». Il continuait sa lettre en lui demandant six autres poèmes, non encore connus, à mettre en musique.

Opus 100
Merkenstein (deuxième version)

Lied pour deux voix et piano, sur un poème de Johann Baptist Rupprecht
Mäßig, jedoch nicht schleppend (Mesuré, mais sans traîner), 3/8, fa *majeur – 14 mes.*

TEMPS DE LA COMPOSITION

Beethoven esquissa la musique de ce petit poème en novembre 1814, il en fit deux versions : la première pour une voix, *WoO 144*, terminée le «22 décembre 1814», et la seconde version pour deux voix, terminée au printemps 1815.

CONTEXTE BIOGRAPHIQUE

Voir *WoO 144.*

Cette seconde version pour deux voix, plus appréciée par Beethoven, fut donc publiée et offerte. Elle fut considérée comme «modèle» par Carl Peters au moment où il cherchait à publier des œuvres de Beethoven (lettre du 12 juillet 1822 [4., 1480]).

PRÉSENTATION DE L'ŒUVRE

Texte : voir *WoO 144.*

Le côté ostinato du terme «Merkenstein!» est conservé par l'utilisation d'une même cellule rythmique pointée, dans un ensemble régulier dominé par des pédales de *fa*, de *si* et de *do*. La ligne vocale et l'accompagnement dans une métrique de 3/8 confèrent au Lied un balancement qui redouble l'effet d'ostinato, évocation d'un passé merveilleux.

SOURCES

Des esquisses se trouvent dans le *Skizzenbuch Mendelssohn* (à Cracovie) au milieu de celles pour l'*op. 136* (cf. Nottebohm II, 308-309), puis au milieu des esquisses pour la *Sonate piano/violoncelle op. 102 n° 1* et pour l'*Ouverture op. 115* (cf. Nottebohm, II, 316).

Le manuscrit autographe n'a pas été retrouvé (Rupprecht a dû le posséder).

PUBLICATION

Elle fut assurée à Vienne le 21 septembre 1816 par S.A. Steiner :

«MERKENSTEIN.»

«Zwey / Singstimmen. / Piano-Forte.»

«Merkenstein*) / nächst / Baden. / Ein Gedicht / Sr. Excellenz dem n. ö. Landmarschall Herrn / Joseph Karl Grafen von Dietrichstein / in tiefer Ergebenheit / gewidmet / von / Johann Baptist Rupprecht, / und für Gesang mit Begleitung des Pianofortes in Musik gesetzt / von / Ludwig van Beethoven. /(100tes Werk)

*) Ein Schloß aus der grauen Vorzeit in der Nähe von Baden, hinter Vöslau, in der halben Höhe eines romantischen Gebirges. Sowohl seines Alterthumes, / seiner Größe, seines Umfanges, als der herrlichen Aussicht wegen, die es dem Blick gewährt, höchst interessant. / [...]»

Merkenstein est un vieux château datant des temps obscurs, à mi-hauteur d'une montagne romantique. Il est très intéressant à visiter pour lui-même et pour la vue magnifique qu'on a depuis ce château.)

L'ŒUVRE VUE PAR SES CONTEMPORAINS

L'*AMZ* XIX, 1817 (col. 52) présenta avec beaucoup d'éloges ce petit Lied, facile, plaisant, le premier chanteur n'utilisant que cinq notes, le second huit, et le pianiste pratiquement un seul accord, et pourtant l'ensemble est très agréable.

CORRESPONDANCE

Voir *WoO 144.*

Le 16 juillet 1816 [3., 949], Beethoven annonçait à Steiner l'envoi des autres strophes et lui recommandait de ne pas oublier le tempo qu'il avait ajouté au crayon.

Le 4 septembre 1816 [3., 967], il signalait à Steiner qu'il avait entendu dire que le Lied allait paraître au moment de la saison du patinage, «d.h. *veni, vidi, vinci*!!!» (alors que le poème parle de l'été).

Le 28 décembre 1816 [3., 1019], il envoyait sans doute ce Lied à Johann Nepomuk Kanka à Prague avec d'autres œuvres.

Le 15 février 1817 [4., 1083], il l'expédiait sans doute avec d'autres partitions récemment parues à Franz Brentano à Francfort.

Thomson, 5e envoi

Ou dans la nouvelle organisation des Airs :
1. *Ir II 43* WoO 153
2. *51*
3. *54*
4. *37*
5. *22 Sch 2* WoO 156
6. *Ir II 32* WoO 153
7. *22 Sch 3* WoO 156
8. *Wal 25* WoO 155
9. *22 Sch 4* WoO 156
10. op. 108 *24*
11. 6
12. 7
13. 5
14. 10
15. 19

Dans l'ordre de leur disposition sur la copie envoyée à Thomson le 10 juin 1815, in KH :
WoO 157 *n° 2, 6, 8, 11*
WoO 158 *partie 2 n° 5*
WoO 153 *n° 6*
WoO 158 *partie 2 n° 6*
WoO 155 *n° 25*
WoO 156 *n° 6*
Op. 108 *n° 24, 6, 7, 5, 10, 19*

TEMPS DE LA COMPOSITION

Ces quinze harmonisations furent composées au tournant des années 1814-1815, à la suite de la lettre de Thomson d'octobre 1814, et de l'envoi des trois autres airs en novembre 1814. Pour rassurer Thomson, qui réclamait les 15 airs le 2 janvier 1815 [3., 773], Beethoven en annonçait la livraison en février 1815, ce qui explique que la copie envoyée à Thomson porte la date de « 1814 », alors qu'il ne termina vraiment le manuscrit qu'en mai 1815 : l'autographe et une autre copie portent la date de « mai 1815 ».

CONTEXTE BIOGRAPHIQUE

Après ses premiers envois d'arrangements d'« airs nationaux » en 1810, Beethoven poursuivit sa collaboration avec Thomson, cherchant au fur et à mesure à augmenter les prix de ce qu'il acceptait d'arranger ou de composer (l'éditeur souhaitait que Beethoven compose pour lui des œuvres de musique de chambre, des Ouvertures caractéristiques, des « Canzonettes avec des paroles Anglaises », des Petits hymnes – mais les honoraires exigés ne pouvaient que le faire reculer !). Puis, en octobre 1814, dans une lettre écrite en italien [3., 753], Beethoven se réclamait de leur longue connaissance pour proposer à Thomson de publier « una mia opera *sul trionfo di Wellington nella battaglia di Vittoria*, la quale è composta di due parti : prima parte *la battaglia*, seonda parte *sinfonia di trionfo.* ». Il signalait que l'œuvre, écrite pour grand orchestre, et exécutée devant les Souverains alliés, avait été très applaudie à Vienne. Thomson déclina cette offre prétextant l'échec commercial assuré (il n'y avait pas assez de personnes intéressées par ce genre de partitions symphoniques en Grande-Bretagne [3., 754, 12 novembre 1814]).

Il semble donc que Beethoven répondait favorablement aux offres de Thomson, pour, à la suite de Haydn, se faire connaître en Grande-Bretagne et y faire éditer ses œuvres – ce qui représentait une source de profit non négligeable et pouvait faciliter son accueil dans ce pays où il pensait se rendre (depuis qu'il avait rencontré Haydn en 1792).

Soucieux de tirer le maximum de profit de Thomson, Beethoven savait qu'il devait respecter les délais imposés, ce qui était peu en accord avec ses habitudes, aussi, se sentait-il obligé, parfois, d'antidater, comme il le fit en envoyant la copie des 15 harmonisations, attendues par Thomson dès janvier 1815, avec la date de 1814 (alors que le manuscrit porte la date de mai 1815).

PRÉSENTATION DE L'ŒUVRE

Voir *Irish Airs II*, publiés en 1816 (envoyés à Beethoven le 8 juillet 1816), *Welsh Airs III* publiés en juin 1817, *Scottish Airs V* publiés en août 1818, puis en tant qu'*op. 108* publié à Berlin en 1822 (p. 833-844).

SOURCES

Le manuscrit autographe existe (à Berlin et dans des collections privées).

La copie de la partition envoyée à Thomson (qui en accusa réception le 20 août 1815 [3., 825] et que Beethoven avait remise au banquier Fries le 10 juin 1815 [3., 813] contre 60 ducats en or), porte l'indication de Beethoven : « 15 Airs Écossais par louis van Beethoven 1814 » (elle se trouve à Berlin).

PUBLICATION

Thomson ne publia pas le 7 « O Mary, ye's be clad in silk » (*WoO 156*, 22 Sch n° 3), car il le trouvait trop difficile mais il n'en demanda pourtant pas de révision [3., 825, 20 août 1815].

Correspondance

Le 27 mars 1813 [2., 629], Thomson lui rappelait qu'il lui avait envoyé 21 Airs à harmoniser (Beethoven les avait expédiés le 19/2/1813). N'ayant pas de nouvelles, il envoyait un double contenant 23 Airs (les 21 + 2 nouveaux), réitérant les mêmes exigences de simplicité.

Septembre 1813 [2., 671], Thomson envoyait «4 autres airs Irlandois» pour que Beethoven compose «des Rit[s] et Accomp[s]. d'un stile simple et aisé pour le Piano principalement, et pour le Violon et Violoncelle ad libitum». (Il s'agit des mélodies pour KH *WoO 157* n° 11 et 6; KH *WoO 157* n° 8 et KH *WoO 158* partie 2 du n° 5 = *WoO 153* Ir II 43, 51, 34 et WoO *156,* 22 Sch 2.)

Le 23 avril 1814 [3., 713], Thomson accusait réception des 21 Airs, ainsi que les 9 retravaillés et envoyait un duplicata des quatre Airs, ainsi que le premier volume des Airs Irlandais (publié en mars 1814 et contenant 30 Airs). [Beethoven expédia une liste d'erreurs le 15 septembre 1814, in *Briefe* 3., 739].

Le 17 août 1814 [3., 730], Thomson envoyait «Six Airs Écossois» et «un Duplicata de six Airs Irlandois» déjà envoyés [2., 629, 671 et 3., 713].

Le 15 octobre 1814 [3., 752], Thomson disait avait reçu «des Corrections sur les 30 Airs» et acceptait l'augmentation du prix pour les «12 Airs» envoyés en août dernier. Et il s'appuyait sur «la liste *des prix*» qu'il lui avait envoyée pour lui commander une «*Ouverture*» à «12 Ducats»: «Je voudrois en avoir une pour le Piano Forte principalement, un peu dans le caractére de la Musique nationale, et dans un stile aussi gai ou *scherzando* que vous voudrez: – et si vous le trouvez bon, mais pas autrement il me feroit plaisir que vous introduisiez l'air Écossois ci-inclus, ou aucun Air Écossois que vous aimerez mieux, dans quelqu'endroit que ce soit de l'ouverture. Et si vous enrichissez l'Ouverture, en y ajoutant des Accompagnemens pour Violon, une Flute, une Viola, et un Violoncelle, – ad libitum ou plutot obligate, – je seroit bien content de vous en payer dixhuit Ducats, au lieu de douze. […]/ Lorsque vous m'enverrez les 12 Airs, et l'Ouverture, dites moi s'il vous est agréable de composer Six ou Douze *petites Hymnes*, ou Chansons spirituelles pour des voix d'un stile simple et naturel, pour quatre ducats chacun : – dans lequel cas, je vous enverrai les Vers sur lesquels vous les composerez. […]».

Le 12 novembre 1814 [3., 754], Thomson envoyait «trois Airs nationaux de plus» et demandait la révision d'un précédent car les Anglaises ne réussiraient pas à jouer l'accompagnement chromatique. Il fixait le prix à «*Soixante* ducats pour les quinze Airs». Puis, à la fin de sa lettre, après sa signature, il demandait encore l'harmonisation de trois autres «Airs», ajoutant : «Vous avez dans quelques uns des airs introduit de *petits* Ritornelles d'une ou deux mesures, ce que j'aime beaucoup. Continuez de le faire je vous enprie partout que vous le trouverez bon : car ces Ritorn[s]. non seulement donnent un repos à la voix, mais ils embellissent la chanson», et recopiant les mélodies :

N° 1 /Andantino con moto – amoroso felice [**C**, *la* mineur = *op. 108* n° 5]

N° 2 / Andantino, piutosto Allegretto [**C**, *ré* majeur = *op. 108* n° 10]

«Le Chant des Pecheurs, pendant qu'ils rament leur Bateau. M[r]. Beethoven aura la bontè d'arranger la seconde repetition pour Trois voix : Et s'il peut le faire un peu à l'Imitazione dans une forme tres simple, cela seroit bien agrèable. – mais s'il n'èst pas d'avis que l'air peut être traitè de cette manière, il peut donner de petits Soli aux Voix alternativement, et puis les unir dans une pleine harmonie : – ou dans qu [e]lque autre manière qu'il lui plaira :

N° 3 Chant des Pecheurs / Andante con moto [**C**, *ré* majeur = *op. 108* n° 19]».

(ces trois airs furent publiés par Thomson dans les *Scottish Airs V* en 1818, sous les numéros 206, 202 et 211)

Le 2 janvier 1815 [3., 773], Thomson attendait les 15 Airs.

En février 1815 [3., 784], Beethoven annonçait l'envoi des «15 airs écossais» – mais il n'en déposa la copie corrigée chez le banquier Fries qu'en juin 1815 [3., 813].

Il data la copie de «1814», mais le manuscrit autographe est daté de «mai 1815».

20 août 1815 [3., 825], Thomson accuse réception des «15 Airs» qu'il trouvait «plein

d'une beauté éclatante », ajoutant qu'il avait « eu le plus grand plaisir à les écouter. », mais que le n° 7 n'était « pas adapté au gout de nos demoiselles : il est trop compliqué et trop difficile pour être correctement executé par elles » (Thomson recopiait l'incipit du KH *WoO 158*, 2., n° 6 = *WoO 156*, 22 Sch 3).

WoO 135
Die laute Klage
(La plainte à haute voix)

Lied sur un poème de Johann Gottfried Herder
Andante sostenuto, 6/8, ut *mineur – 30 mes.*

TEMPS DE LA COMPOSITION

Fin 1814 ou 1815.

CONTEXTE BIOGRAPHIQUE

Le choix de ce poème de Herder[1], associé à quatre autres, « Morgengesang der Nachtigall », « Die Perle », « Anmuth des Gesanges », « Macht des Gesanges », reflète directement les préoccupations intimes de Beethoven à une époque où il était sollicité par différents commanditaires pour composer des œuvres de circonstance en relation avec la fin de la domination de Napoléon. Comme s'il avait rencontré dans ces poèmes de Herder, soit-disant traductions de poèmes provenant de l'ancien Orient, *Morgenländische Blumenlese*, l'expression exacte de ce qu'il ressentait secrètement. La double-feuille retrouvée, comportant les cinq poèmes et des réflexions sur l'effet de sa surdité, laisse supposer qu'il songeait à un cycle de Lieder conférant à la musique le pouvoir de soulager les malheureux de leur détresse et donc de faire accéder à « l'éternité de l'instant » (selon l'expression de Goethe, qui signifie consentement à la vie et à ses joies). Le remplacement du terme « Gram » (chagrin) par le terme « Sinn » (sens) dans la composition de *Die laute Klage* indique combien Beethoven se sentait personnellement concerné par ce poème, dans lequel il retrouvait l'évocation de sa solitude affective associée à sa surdité irrémédiable[2].

Il a beaucoup retravaillé le premier manuscrit de ce Lied *Die laute Klage* sans pourtant le faire publier : il attendait sans doute le moment où il aurait mis en musique les trois derniers (il avait déjà composé en juin 1813 le *Gesang der Nachtigall WoO 141*) – ou peut-être fallait-il garder aussi le secret sur cette composition d'une si grande intimité ?

PRÉSENTATION DE L'ŒUVRE

Le poème provient, comme *Der Gesang der Nachtigall WoO 141*, des *Zerstreute Blätter* de Herder parues en 1792, et republiées dans le quatrième livre des *Blumen aus Morgenländischen Dichtern gesammelt*, édité par Cotta à Tübingen en 1807 (parmi les œuvres complètes de Herder). Beethoven en a retenu cinq, *Die laute Klage* étant le premier :

Turteltaube, du klagest so laut und raubest dem Armen
Seinen einzigen Trost, süßen vergessenden Schlaf.
Turteltaub', ich jammre wie du, und berge den Jammer
Ins verwundete Herz, in die verschlossene Brust.
Ach die hartvertheilende Liebe ! Sie gab dir die laute
Jammerklage zum Trost, mir den verstummenden Gram.
Tourterelle, tu gémis si fort et tu dérobes au malheureux
Son unique réconfort, le doux sommeil qui permet d'oublier.
Tourterelle, je me lamente comme toi, et je cache ma détresse
Dans mon cœur blessé, dans ma poitrine fermée.
Ah l'amour durement réparti ! Il te donne la bruyante
Plainte en réconfort, et à moi le chagrin qui doit rester muet.

Beethoven a remplacé « Gram » : chagrin, par « Sinn » : sens (signification, organe sensoriel).

1. Beethoven semble s'être replongé, à cette époque, dans l'œuvre de Herder : en 1813, il notait dans son *Tagebuch* (n° 5 et n° 6), des extraits de poèmes autour du thème d'apprendre à se taire [« Lerne schweigen »], puis en 1815 sur la condition humaine et les relations de confiance impossibles. En 1815, Beethoven composa un canon sur « Se taire », poème de Herder, *WoO 168*.

2. H. Boettscher a déjà relevé l'allusion à sa surdité, in *Beethoven als Liederkomponist*, Augsburg 1928, réimpression 1974, p. 51.

Il a réorganisé le poème pour lui donner une structure qui insiste sur les mots et expressions désignant et connotant la souffrance psychique. Choisissant la tonalité d'*ut* mineur dans un tempo soutenu à 6/8, il a suivi le texte de très près, mettant certains termes en valeur par la violence des accents (*sf*, *f/p*), l'insistance des broderies, les tensions harmoniques, les répétitions de façon à souligner le cœur blessé, la plainte, la dureté [*hart*vertheilende] de ce qu'éprouve le sujet face à la condamnation d'un sens (qui normalement rend possible la relation avec les autres).

SOURCES

Le manuscrit autographe de la première version (à Berlin), qui a été écrit avec soin, comporte de nombreuses corrections à l'encre et au crayon – les premières portées laissées vides laissent supposer que Beethoven pensait à un prélude du piano. Le tempo Andante sostenuto est indiqué. Ce manuscrit date de fin 1814 ou de 1815.

Un autre manuscrit autographe (Vienne GdM), copie de la première version devenue illisible à cause des nombreuses corrections, comprend également beaucoup de corrections. Il porte la mention : « *Die laute Klage.* aus Herders / Schriften. »

Sur une double feuille sans lignes datant sans doute de 1813 (à Londres, legs de Stefan Zweig), Beethoven a recopié cinq poèmes de Herder trouvés dans les *Morgenländische Blumenlese* : *Die laute Klage, Morgengesang der Nachtigall, Die Perle, Anmuth des Gesanges, Macht des Gesanges*, et il a inscrit quelques réflexions personnelles en relation avec son séjour obligé à la campagne qui convenait à son audition défectueuse, puisqu'il avait l'impression que chacun des arbres lui parlait, songeant même à louer une maison pour l'hiver, ce qui était bon marché en cette saison[1].

PUBLICATION

Anton Diabelli l'a publié en 1837 avec *Seufzer eines Ungeliebten* de G.A. Bürger *WoO 118*, spécifiant qu'il avait utilisé les manuscrits originaux laissés par Beethoven à sa mort.

L'ŒUVRE VUE PAR SES CONTEMPORAINS

Robert Schumann in *NZfM* du 1er août 1837.

1. *Cf.* note 7, p. 97 in KB Abt. XII, Bd.1.

WoO 165
« Glück zum neuen Jahr ! »

Canon libre à quatre voix pour le nouvel an 1815
3/4, mi *bémol majeur – 19 mes.*

TEMPS DE LA COMPOSITION

Vœux de Nouvel An pour le baron Pasqualati, pour lequel Beethoven avait composé durant l'été le *Elegischer Gesang op. 118.*

CONTEXTE BIOGRAPHIQUE

Voir *Op. 118.*

SOURCES

L'autographe n'a pas été retrouvé.

Il existe une copie établie par Anton Diabelli d'après l'autographe (à Bonn) :

« Canon / am ersten Tage der Jahres 1815 / bey Bar. v. Pasqualati / geschrieben und ihm gewidmet / von / Lud : van Beethoven. » (2 pages de 8 portées)

PUBLICATION

En mai 1816 dans : « LIEDER / von / Göthe und Mathisson / in Musik gesetzt von / L. van Beethoven / (nebst dessen vierstimmigem NeujahrsCanon, als Anhang) / Wien und Pest / in J. Riedl's Kunsthandlung. »

Cette édition comprenait les *WoO 136 Andenken, op. 75 n° 1 Mignon, op. 75 n° 2 Neue Liebe neues Leben, WoO 137 Lied aus der Ferne* de Reissig et ce *Canon WoO 165.*

WoO 166
Kurz ist der Schmerz (seconde version)

Canon à trois voix
Gehend (allant), 3/4, fa *majeur – 51 mes.*

TEMPS DE LA COMPOSITION

Louis Spohr, violoniste virtuose, a raconté les conditions de cette composition dans son autobiographie (*Selbstbiographie*, Cassel u. Göttingen, 1860/1861, tome 1, p. 213) : au moment de partir en voyage à travers l'Europe, il demanda aux compositeurs viennois d'inscrire quelque chose sur son Album et c'est ainsi que Beethoven nota, avec beaucoup de soin, ce canon à trois voix sur les mots de la *Jungfrau von Orléans* de Schiller.

CONTEXTE BIOGRAPHIQUE

Cette nouvelle idée musicale pour un canon, dont une première version date de novembre 1813, se trouve à la fin d'un cahier consacré à des œuvres esquissées à la fin de l'année 1814 (*Merkenstein op. 100*, la *Polonaise op. 89*, la *Cantate op. 136*). Beethoven composa cette nouvelle version (dans la même tonalité de *fa* majeur) au moment où il évoquait ce lien de la douleur et de la joie avec Marie Erdödy, avec laquelle il retrouva des liens d'amitié à partir de fin février 1815 : « *durch Leiden Freudė* », est une expression soulignée par Beethoven dans sa lettre du 19 septembre 1815 [3., 827].

Cette relation de la douleur et de la joie, essentielle pour lui, qualifie la condition humaine et celle de l'artiste, pris dans les angoisses de la création avant d'accéder à la joie de l'œuvre achevée.

PRÉSENTATION DE L'ŒUVRE

Texte : voir *WoO 163*

La seconde voix entre à la mesure 18, et la troisième 17 mesures après.

La première et la troisième voix ont les mêmes longues broderies sur « Freude ». Les trois voix soulignent « ewig » par de longues tenues.

SOURCES

Des esquisse (mentionnées par Nottebohm, II, 312) se trouvent après celles du Lied *Merkenstein op. 100*.

L'autographe n'a pas été retrouvé depuis 1928. Le fac-similé édité par Spohr dans son autobiographie porte la date : « Wien am / 3ten März / 1815 » et la dédicace : « Puissiez vous cher Spohr partout où vous trouverez un art véritable et de véritables artistes penser à votre ami Ludwig van Beethoven ».

DÉDICATAIRE

Louis Spohr (1784-1859), violoniste et compositeur, fut chef d'orchestre au Theater an der Wien entre 1813 et le début 1815.

Le 27 juillet 1823 [5., 1716], Beethoven lui écrivait à Cassel, où il était maître de Chapelle depuis 1822, une lettre très chaleureuse. Il savait qu'il faisait partie des plus grands artistes, et lui demandait d'appuyer la diffusion de sa *Missa Solemnis* auprès du Grand duc de Hesse-Darmstadt. Spohr lui répondait aussitôt, à la satisfaction de Beethoven [5., 1742, 17 septembre 1823].

Opus 112
Meeres Stille und Glückliche Fahrt

Pour chœur mixte et orchestre, sur deux poèmes de Goethe

Meeres Stille : *Poco sostenuto,* ¢, ré *majeur – (73 mes.)*

Glückliche Fahrt : *Allegro vivace, 6/8,* ré *majeur – (mes. 74 à 237)*

TEMPS DE LA COMPOSITION ET PREMIÈRE EXÉCUTION

Fin 1814, en vue d'un concert prévu pour janvier ou février 1815, qui n'eut pas lieu. Beethoven laissa alors le travail, pour le reprendre en juin-juillet 1815, au moment où il composait les *Sonates pour piano et violoncelle op. 102*.

La première exécution eut lieu le 25 décembre 1815 dans la grande salle de la Redoute à Vienne, lors d'un concert de bienfaisance pour le Bürgerspital, avec l'*Ouverture op. 115* jouée pour la première fois, et une reprise de l'*Oratorio Christus am Ölberge op. 85*. La *Wiener Zeitung* du 6 janvier 1816 indiquait que le chef d'orchestre Michael Umlauf (1781-1842) dirigeait les chœurs.

Ce chœur fut exécuté dans le cadre des *Concerts spirituels* [1] organisés par Franz Xaver Gebauer, sans doute le 7 avril et le 19 mai 1820 (*BKh* 2, 377 note 3) [2], avant la publication de l'œuvre.

CONTEXTE BIOGRAPHIQUE

Beethoven composa cette œuvre pour chœur et orchestre au temps du Congrès de Vienne, alors qu'il était sollicité par des « commandes patriotiques » destinées à célébrer la libération des pays germaniques et les victoires des Alliés sur Napoléon (il pensa à

1. Concerts fondés en 1819 par Franz Xaver Gebauer (1784-1822), maître de chapelle et chef de chœur à l'église des Augustins à Vienne, ayant lieu tous les quinze jours le vendredi de 16 h à 18 h dans l'auberge Zur Mehlgrube sur le Mehlkmarkt.

2. Franz Oliva les mentionne dans les Cahiers de conversation : le 10 avril 1820, il souhaite avoir un billet [*BKh* 2., S.52] (ce que Beethoven lui aurait procuré d'après la lettre 4., 1380) ; fin avril il voudrait être certain que le chœur prévu en dernière partie sera bien exécuté [*BKh* 2, S.96], et après le concert il trouve que Gebauer n'a pas assez étudié la partition [*BKh* 2, S.101].

ce Chœur en deux parties un peu après la *Sonate pour piano op. 90* en deux mouvements, et juste après la *Cantate Der glorreiche Augenblick op. 136*, et en même temps que l'*Ouverture op. 115*, le *Lied Merkenstein op. 100*, le *Lied Des Kriegers Abschied WoO 145*, la reprise du *Lied An die Hoffnung op. 94*, puis le *Finale pour basse, chœur et orchestre Es ist vollbracht WoO 97* et enfin les *deux Sonates pour piano et violoncelle op. 102*). Contrairement aux autres compositions pour chœur et orchestre qu'il écrivit à ce moment-là, cette œuvre correspondait à une décision de Beethoven qui choisit de mettre en musique ces deux poèmes, intéressé par leur opposition – et reprenant donc l'idée de Goethe qui les avait fait publier sur une même page. Comme s'il avait trouvé l'occasion d'associer son nom à celui de Goethe, poète qui avait réhabilité la culture allemande, dans une œuvre qui, de par sa facture, et par métonymie, renvoyait aussi bien à la problématique de l'inspiration qu'à celle de l'histoire collective – et qui était une façon de donner une interprétation particulière et nouvelle à l'idée de contraste dans une écriture pour chœur et orchestre.

Pourquoi cette œuvre composée et exécutée en 1815 ne fut-elle publiée qu'en 1822, alors que Beethoven la considérait comme digne d'être publiée (il la confia à Charles Neate en 1816) ? Les tensions avec son éditeur Steiner (persuadé que Beethoven avait des contacts avec d'autres éditeurs) jouèrent certainement un rôle important, bien qu'il semble que Beethoven ne lui ait pas vendu cette œuvre avec un certain nombre d'autres en mai 1815[1], mais seulement en 1820 – toujours est-il que l'*op. 112* fut la nouvelle œuvre publiée par Steiner cinq ans après la *Sonate pour piano op. 101* en février 1817. La déception éprouvée par Beethoven lors de sa rencontre avec Goethe au cours de l'été 1812 fut sans doute une autre raison qui se mêla à la précédente, puisque ce ne fut que dix ans plus tard, en 1822, qu'il se décida à envoyer la partition enfin éditée, dédiée à « l'immortel Goethe », partition qui comprenait, imprimée au revers de la page de titre, une citation de l'*Odyssée* consacrant le rôle particulier et éminent des poètes musiciens dans la société.

Que cette composition, métaphore de la situation politique de l'Allemagne en 1814-1815, soit également implicitement associée à la question de l'inspiration est suggéré par une remarque de Beethoven dans une lettre d'excuse à l'archiduc Rodolphe : il avait oublié leur rendez-vous parce qu'une idée « pour le chœur lui était tombée dessus » et qu'il s'était appliqué à la transcrire [3., 824, 23 juillet 1815]. De fait, cette partition pour chœur et orchestre, construite autour de la notion de tension, de contraste – notion que la musique est particulièrement apte à mettre en valeur, comme Beethoven l'écrivait à Goethe –, peut être entendue comme une métaphore du processus de la création, processus qui associe le vide angoissant et l'arrivée soudaine de l'inspiration.

Après avoir fait envoyer ce *Chœur* à Goethe, Beethoven souhaitait que ce poète qu'il admirait toujours (même si son attitude mondaine et aristocratique l'avait déçu au cours de l'été 1812) formule une critique, lui dise s'il avait eu l'impression que la musique ne trahissait pas ses intentions. Beethoven était donc en attente d'un commentaire (ce qu'il souhaitait déjà pour la musique de scène d'*Egmont* [2., 493, 12 avril 1811), car il était toujours en quête de ce qui pouvait faire progresser « son art », espérant, en l'occurrence, que le plus grand créateur de son époque accepterait de l'aider dans cette voie. Cette attente (dont la sincérité n'est pas à mettre en doute) témoigne du décalage entre l'image que Beethoven s'était forgée de Goethe à partir de ses écrits qui avaient « révolutionné » la littérature, la création artistique et les sensibilités, et la réalité de ce qu'était Goethe, préoccupé avant tout de sérénité, de calme et d'ordre, hérissé par le « déchaînement des forces élémentaires » qu'il entendait dans la musique de Beethoven. Malgré ce décalage entre sa représentation et la réalité, qu'il avait dû percevoir lors de ses entretiens avec Goethe, Beethoven continuait donc à être convaincu que le poète et lui étaient chargés de la même mission d'éducation de l'humanité, et qu'ils œuvraient dans le même sens : la libération intime de chacun.

1. Les *op. 72, 91-93, 95-97, 113, 115-117* et *136* : les droits de Steiner étaient confirmés dans une « Nota » datée du 20 mai 1815. Puis Beethoven lui a vendu les *op. 90, 94, 98-101* et *WoO 97*. Put-être aussi l'*op. 112* ?

PRÉSENTATION DE L'ŒUVRE

Beethoven a juxtaposé deux poèmes contrastés, ce qu'il souligna lui-même dans sa lettre au poète du 8 février 1823. Ces deux poèmes ont été écrits par Goethe au plus tard en 1795 et ils furent publiés pour la première fois dans le *Musen-Almanach für das Jahr 1796*, édité par Fr. Schiller, les deux poèmes sur la même page.

Le premier poème dit l'angoisse provoquée par l'immobilité effrayante d'une étendue marine infinie :

Meeres Stille

Tiefe Stille herrscht im Wasser,
Ohne Regung ruht das Meer,
Und bekümmert sieht der Schiffer
Glatte Fläche ringsumher.
Keine Luft von keiner Seite!
Todesstille fürchterlich!
In der ungeheuern Weite
Reget keine Welle sich.

Calme de la mer

Sur l'eau règne un profond silence,
Sans mouvement la mer repose,
Et le marin voit, inquiet,
La plaine lisse alentour.
Aucun souffle d'aucun côté!
Affres d'un silence de mort!
À travers l'immense étendue,
Pas une vague n'est mouvante.

Le second poème dit le bonheur provoqué par l'arrivée salvatrice du vent qui va permettre d'atteindre le but fixé :

Glückliche Fahrt

Die Nebel zerreissen,
Der Himmel ist helle,
Und Äolus löset
Das ängstliche Band.
Es säuseln die Winde,
Es rührt sich der Schiffer.
Geschwinde! Geschwinde!
Es teilt sich die Welle,
Es naht sich die Ferne;
Schon seh ich das Land!

Bonne traversée

Les brumes se déchirent,
Le ciel est éclatant,
Et Eole dénoue
Les liens d'angoisse.
Ils bruissent les vents,
Et le marin s'active.
Hâtez-vous! Hâtez-vous!
La vague en deux se fend,
Les lointains se rapprochent;
Déjà je vois la terre!

Pour exprimer le passage du doute à la certitude, Beethoven eut recours simplement à l'écriture musicale : au lieu de changer de tonalité (qui est et demeure celle de *ré* majeur), il a joué sur le tempo, la durée, l'espace et la densité sonores. *Meeres Stille* est constitué d'accords sans épaisseur harmonique longuement tenus par les cordes soutenant des voix à la ligne mélodique statique, dans un tempo voulu Sostenuto à ¢ (alla breve), avec de brusques moments en tutti tenus *forte* pour souligner l'angoisse de l'infini, tandis que *Glückliche Fahrt* est dans un tempo Allegro vivace à 6/8 et se caractérise par de courtes gammes montantes et descendantes annonciatrices de la jubilation intense de tous, orchestre et voix, sur le mot « Geschwinde ! » répété, les timbales et les flûtes jouant un grand rôle. Pour conclure, Beethoven insiste sur le terme « das Land », répété comme en écho par différentes voix – souvenir du Lied de Mignon *Kennst du das Land?* et évocation du « pays » au sens politique du terme (dans le contexte de 1815).

SOURCES

Des esquisses dispersées (Cracovie, Bonn, Paris, Tours) ont été présentées par Nottebohm (II, 309 [1814], 317 [*Skizzenheft* 1815]). Celles de décembre 1814-janvier 1815 se trouvent dans *Skizzenbuch Mendelssohn 6*, et dans un cahier (dispersé en quatre parties aujourd'hui) utilisé de décembre 1814 à février 1815 (peut-être juillet); d'autres esquisses se trouvent dans le « Taschenskizzenbuch Mendelssohn 1 » utilisé de février à octobre 1815, où elles sont mêlées à celles des *Sonates op. 102*.

Le manuscrit est inconnu.

Il existe deux copies : l'une (à Bonn) est la copie de la partition destinée à la gravure (Beethoven mentionne trois fois qu'il faut « graver le chœur » – au-dessus du titre au crayon noir : « von dieser partitur soll / der Chor ge-/stochen werden » ; à droite du titre au crayon rouge : « von dieser / Partitur soll / der Chor / gestochen werden » ; sous le titre, au crayon noir : « Nb. Diese Partitur ist zum / Stich bestimmt. ») – au-dessous du titre « H. von Umlauf » est indiqué au crayon rouge. Sur la deuxième page, Beethoven a indiqué le tempo : 84 à la noire (avec référence à Maelzel, et en rayant le « poco » de « poco sostenuto »), et s'est plaint de la trop grande discrétion du chef lors de la première représentation : « [...] Nicht/ mit/ dem mindesten / Geräusch / verbunden / sondern mit / äußerster / Stille » – remarques écrites au crayon puis repassées à l'encre.

L'autre copie était destinée à la réduction pour piano (non établie, mais améliorée par Beethoven qui y a ajouté plusieurs annotations servant de commentaire pour le copiste).

PUBLICATION

Le partition fut publiée en mai 1822 à Vienne par S.A. Steiner :

« Meeres Stille / und / Glückliche Fahrt. / Gedichte von J : W : Goethe. / In Musik gesetzt / und/ dem Verfasser der Gedichte / dem / UNSTERBLICHEN GOETHE / hochachtungsvoll gewidmet / von / LUDWIG VAN BEETHOVEN. / 112tes Werk. / Eigenthum der Verleger. / [...] »

[« Poèmes de Goethe, mis en musique et dédié, avec la plus grande déférence à l'auteur des poèmes, l'IMMORTEL GOETHE par LUDWIG VAN BEETHOVEN »].

Sur le revers de la page de titre, sont imprimés des vers de l'*Odyssée* d'Homère :

« Alle sterblichen Menschen der Erde nehmen die Sänger

Billig mit Achtung auf und Ehrfurcht, selber die Muse

Lehrt sie den hohen Gesang, und waltet über die Sänger.

Homers Odyssee, übersetzt von Voß. 8ter Gesang. »

[« De tous les hommes de la terre, les aèdes / méritent les honneurs et le respect, car c'est la Muse / aimant la race des chanteurs, qui les inspire. »[1]]

La publication des voix et celle de la réduction pour piano est un peu postérieure.

« MEERES STILLE / / und / Glückliche Fahrt. / Von J : W : Goethe. / In Musik gesetzt / für 4 Singstimmen, 2 Violinen, Viola, Violoncell und Contrebass, / 2 Flöten, 2 Hoboen, 2 Clarinetten, 2 Fagott, / 4 Hörner, 2 Trompetten und Pauken ; / von / LUDWIG VAN BEETHOVEN/ [...] »

DÉDICATAIRE

Goethe nota dans son agenda le 21 mai 1822 : « reçu une partition de Beethoven » mais il ne prit pas la peine de le remercier.

L'ŒUVRE VUE PAR SES CONTEMPORAINS

Dans l'*AMZ* XXIV, n° 41 du 9 octobre 1822 (col. 674-676), le rédacteur de la revue, Friedrich Rochlitz rendait compte de la partition publiée avec beaucoup d'éloges, insistant sur les effets produits par la musique composée par Beethoven : l'auditeur retient son souffle lors de l'évocation du silence total, se sent accablé par l'immobilité, puis sourit de bien-être quand le chœur annonce l'arrivée de la brise marine... Rochlitz affirmait que le plaisir était assuré d'autant plus que l'œuvre d'une grande densité spirituelle n'était pas difficile et qu'elle était même possible à exécuter, à condition de respecter avec précision les changements et gradations d'intensité.

La *BamZ* Jg.1, n° 46 du 17 novembre 1824 (col. 391-396), publia un article d'Adolf Bernhard Marx (1795-1866), fondateur de la revue (et futur biographe de Beethoven en 1859). Il commençait son analyse en soulignant la rencontre de deux artistes immortels. Puis, partait du style poétique de Goethe en général, à partir d'exemples de différents poèmes, pour montrer que Beethoven était passé à côté et n'avait rien ajouté.

CORRESPONDANCE

Le 23 juillet 1815 [3., 824], Beethoven expliquait à l'archiduc Rodolphe, en guise d'excuse pour avoir oublié leur rendez-vous, qu'il avait été retenu par la transcription d'une idée qui lui était venue pour le chœur.

Fin janvier-début février 1816 [3., 889], Beethoven demandait à Charles Neate (qui, à Vienne depuis mai 1815, regagna l'Angleterre en mars 1816) de ne pas parler des œuvres qu'il lui avait confiées pour Londres [*op. 61, 72, 92, 95, 102, 112, 113 (Ouverture), 115, 117 (Ouverture), 136*]. Le 3 avril 1816 [3., 923], il écrivait à Ries qu'il avait confié plusieurs œuvres à Neate...

1. Chant VIII, vers 479-481, paroles d'Ulysse envers Démodocos (traduction de Philippe Jaccottet, La Découverte, 1992).

Le 7 octobre 1816 [3., 983], Beethoven proposait quelques œuvres à George Smart à Londres, dont « a great Chorus in D. Words of Göthe : Tiefe Stille. »

Après le 10 avril 1820 [4., 1380], il envoyait à Steiner la partition du Chœur « dont Gebauer avait les voix », en lui demandant deux billets d'entrée pour le « Concert spirituel » au cours duquel *Meeres Stille* (non encore publié) devait être joué.

Le 8 février 1823 [5., 1562, p. 36], Beethoven, écrivant à Goethe pour solliciter son soutien dans la diffusion de la *Missa solemnis*, lui demandait s'il avait reçu « la dédicace à [Son] excellence de *Meeres stillen* u. *Glückliche Fahrt*, mis en musique par [lui] ». Il spécifiait ensuite que ces deux poèmes lui avaient paru, en raison de leur contraste, propres à être mis en musique, et ajoutait : « Il me serait vraiment agréable de savoir si j'ai bien ajusté mon harmonie à la vôtre. Également une critique de votre part, que l'on doit considérer à l'égale d'une vérité, serait pour moi tout à fait bien-venue. Cette dernière est ce que j'aime par-dessus tout, et chez moi il ne sera jamais dit : V*eritas odium parit.* »

Opus 94
An die Hoffnung (À l'espérance)

Lied pour voix et piano, sur un poème de Christoph August Tiedge
Poco sostenuto, **₵**, si *bémol mineur / Larghetto*, **C**, sol *majeur (mes. 27) – 89 mes.*

TEMPS DE LA COMPOSITION ET PREMIÈRE EXÉCUTION

Printemps 1815, à partir d'une nouvelle version du poème de Tiedge publié dans la quatrième édition de son *Urania* parue en 1808 (volume qui se trouvait dans la bibliothèque de Beethoven).

La première exécution eut lieu en privé, le 9 avril 1816 chez Giannatasio del Rio.

En public, le 25 avril 1816 dans une matinée du chanteur Franz Wild (signalée par l'*AMZ* XVIII, n° 26 du 26 juin 1816, col. 444 : « 10) *An die Hoffnung*, aus Tiedge's *Urania*, noch Manuscript, von Beethoven »).

CONTEXTE BIOGRAPHIQUE

À la suite de sa trop brève rencontre avec Tiedge, au cours de l'été 1811 [1], Beethoven, qui se sentit immédiatement très proche du poète (ils se tutoyèrent rapidement), se procura la nouvelle édition de son *Urania* (la quatrième, parue en 1808) : l'ayant à sa disposition dès 1812, il la « feuilleta » au cours de l'été 1812 (donc après la « crise émotionnelle » dont la « lettre à l'immortelle bien-aimée » des 6-7 juillet 1812, est le reflet). Y a-t-il trouvé réponse à ses angoisses métaphysiques et une certaine forme de réconfort ? Toujours est-il qu'à la suite de la révision de son opéra *Fidelio* au début de l'année 1814, et du déplacement d'accent (dans cette nouvelle version) vers une dimension plus universelle que biographique, Beethoven reprit également *An die Hoffnung*, pour lui conférer un autre sens. La première version de ce Lied était très liée au contexte émotionnel du temps de la composition de *Leonore* (cette première version de l'opéra comprenait déjà l'Air de Leonore « Komm Hoffnung », mais ne comprenait pas encore la vision de l'ange sous les traits de Leonore). Comme la nouvelle édition du poème de Tiedge avait une dimension métaphysique absente de la première version, Beethoven y trouva l'occasion de reprendre ce poème pour en composer une nouvelle musique.

L'analyse des feuilles de papier utilisées par Beethoven ainsi que le récit du chanteur Franz Wild, qui rencontra Beethoven pour la première fois le 25 janvier 1815, et qui créa la nouvelle version de *An die Hoffnung op. 94* le 25 avril 1816, permettent de situer la composition au cours du printemps 1815 – datation qui confère une certaine vérité aux propos ultérieurs de Franz Wild [2] : Beethoven, qui avait apprécié sa façon de chanter *Adelaïde*, lui aurait promis d'instrumenter ce Lied, mais au lieu d'exécuter sa promesse, il composa « pour » lui la « Kantate » « An die Hoffnung » qu'il chanta, d'après le « manuscrit », accompagné par Beethoven – puisque, lors de cette matinée du 25 avril 1816, la partition était en

1. Tiedge était en compagnie de l'écrivain Elisa von der Recke (1756-1833), avec laquelle il vivait depuis 1801 et de la chanteuse Amalie Sebald (1787-1846).

2. Publiés dans *Rezensionen über Theater und Musik*, Wien, Jg 1860 (cité par Fr. Kerst, *Erinnerungen an Beethoven*, Stuttgart 1913, vol. 1, p. 184).

cours d'impression (sa parution fut annoncée le 22 avril 1816 par la *Wiener Zeitung*). La partie de la voix étant en clé de *sol* sur le manuscrit, le destinataire du Lied n'était peut-être pas directement Franz Wild, mais il est possible que Beethoven ait trouvé ainsi l'occasion de mettre en œuvre un projet qu'il portait depuis qu'il avait rencontré Tiedge et qu'il avait lu la nouvelle version de son poème. Cet écart entre la notation en clé de *sol* et l'exécution par une voix d'homme permet de supposer que ce Lied n'était plus destiné à une personne précise, mais qu'il avait une dimension plus universelle. Dans ce contexte émotionnel, si Beethoven dédia ce Lied à la princesse Kinsky, ce fut avant tout pour la mettre dans de bonnes dispositions à son égard, qu'elle accepte de payer la rente que son mari mort en novembre 1812 avait promis de verser à Beethoven à partir de mars 1809…

Présentation de l'œuvre

Le poème, comme celui de l'*op. 32*, provient de l'*Urania* de Christoph August Tiedge (1752-1841), où il s'intitule *Lied an die Hoffnung*. Dans la quatrième édition, parue en 1808, Tiedge ajouta, au début, une strophe aux trois strophes initiales :

Ob ein Gott sey ? ob er einst erfülle,
Was die Sehnsucht weinend sich verspricht ?
Ob, vor irgend einem Weltgericht,
Sich dieß räthselhafte Seyn enthülle ?
Hoffen soll der Mensch ! er frage nicht !
Est-ce qu'il y a un Dieu ? Est-ce qu'il accomplira un jour
La promesse qu'attend celui qui pleure de nostalgie ?
Est-ce qu'il existe un tribunal du monde
Qui dévoilera l'énigme de l'être ?
L'homme doit espérer ! il ne doit pas poser de question !

Cette seconde version est composée d'un seul tenant (contrairement à l'*op. 32* strophique), Beethoven réorganisant le poème pour l'intégrer dans une forme musicale qui lui permette de souligner la nécessité de la réponse à l'angoisse métaphysique qu'est l'espoir intime de retrouver les êtres aimés par delà la mort. Dans cette perspective, il a conçu la première strophe de cette nouvelle version du poème comme un récitatif destiné à introduire la question angoissante du sens de la vie. Puis il a construit l'Air en trois parties, ABA, A étant une élaboration musicale de la deuxième strophe (de la nouvelle version de Tiedge) et B une élaboration musicale des deux dernières strophes. Outre cette réorganisation générale, Beethoven a mis en valeur le sens des mots plus qu'il n'a respecté la prosodie inhérente au poème. Selon sa façon habituelle de procéder, il a donc pensé en compositeur plutôt que de se plier à la structure poétique du poème, bien que la voix soit souvent plus proche de la déclamation que de la vocalité.

Poco sostenuto. La première strophe est une sorte de récitatif intérieur (*piano*) aux harmonies très tendues, les interruptions de la voix et les modulations exprimant l'angoisse métaphysique qui étreint l'homme face à l'énigme de l'existence et du monde. Elle se termine sur une cadence de *ré* majeur dans un tempo allegro et une intensité *forte* pour affirmer l'impératif (kantien) : « L'homme doit espérer », suivi d'une suspension harmonique qui dément le second impératif : « Il ne doit pas poser de questions. »

Larghetto (mes. 27)

A. Dans un tempo lent à quatre temps, le piano *dolce* installe le *sol* majeur par des triolets continus qui soutiennent ensuite une ligne vocale directement liée au sens des mots mis en valeur par des broderies (nuit, douleur, larmes), des tenues et des modulations (espérance, souffrance, au-dessus), des répétitions (ange, larmes, et toute la seconde partie de cette première strophe) ou des effets d'accélération (manifestant le débordement émotionnel).

B (mes. 47/48). La partie centrale, constituée des deux strophes suivantes (les deux dernières), se caractérise par un changement d'armure, occasion en fait d'errance et de tension harmoniques, et par une modification de l'accompagnement qui, binaire, se fait de plus en plus dense, pour soutenir une ligne vocale insistant sur certains termes de différentes manières (surtout par des tensions harmoniques et rythmiques) : le silence de la voix aimée, l'inquiétude de la mi-nuit et des urnes contenant les cendres. Puis le *ré* mineur (avec changement d'armure – mes. 58), sur un accompagnement inquiétant toujours très dense, sert l'évocation de la mort, avant qu'une modulation majeure (avec changement d'armure – mes. 63) soulignée par la reprise d'un accompagnement de triolets sur pédale régulière de tonique, ne fasse ressentir l'émerveillement d'un lever de soleil, chanté sur la note la plus haute atteinte par un mouvement ascensionnel intense, ramenant le *sol* majeur. La partie A est reprise après une courte transition (mes. 70).

L'ensemble de ce Lied se termine très simplement (mes. 89) par deux accords pleins et graves de *sol* majeur soutenant le dernier « O Hoffnung ! » chanté sur une cadence parfaite (*ré*²-*ré*² / *sol*¹) *p*.

SOURCES

Des esquisses (à Paris et Tours) ont été présentées par Nottebohm (II, 120).

Le manuscrit autographe (à Cambridge, Mass.) est si lisible qu'il semble être une copie effectuée par Beethoven à partir d'un premier manuscrit.

PUBLICATION

Elle fut assurée par S.A. Steiner à Vienne en avril 1816 :

« An die Hoffnung / AUS TIEDGE'S URANIA / in Musik gesetzt / für eine Singstimme mit Begleitung des Piano=Forte / und / IHRER DURCHLAUGHT / DER FRAU FÜSTIN von KINSKY, geb : GRAEFIN von KERPEN / zugeeignet / von / Ludw : van Beethoven. / 94tes Werk. / [...] »

DÉDICATAIRE

Princesse Caroline Kinsky (voir *Opus* 75).

L'ŒUVRE VUE PAR SES CONTEMPORAINS

La *Wiener Zeitung* du 22 avril 1816 en annonça la publication en termes élogieux[1].

CORRESPONDANCE

Le 6 septembre 1811 [2., 521], Beethoven écrivait à Tiedge la joie que lui avait procurée leur trop brève rencontre.

Le 11 octobre 1811 [2., 525], il autorisait Tiedge à le tutoyer et lui demandait la nouvelle édition de son *Urania* (celle de 1808) qu'il n'arrivait pas à trouver. Le 6 décembre 1811 [2., 532], Elisa von der Recke, compagne de Tiedge lui expédiait l'*Urania* demandée (qui fut retrouvée dans les affaires de Beethoven après sa mort), ainsi que quelques autres livres.

En janvier 1812, sans doute [2., 547], Beethoven demandait à Zmeskall d'intervenir auprès du maître des bureaux de poste à Cassel pour récupérer les livres envoyés par Tiedge et Elisa von Recke, et dont il ne pouvait « se passer plus longtemps », parce qu'il devait « en rendre compte ».

Le 22 septembre 1812 [2., 601], il terminait une lettre adressée de Teplitz à Amalie Sebald (une amie de Tiedge), qui était également à Teplitz, qu'il allait « feuilleter Tiedge ».

Autour du 22 avril 1816 [3., 926], il demandait à Tobias Haslinger d'envoyer à Prague, à la dédicataire, la princesse Kinsky, un exemplaire de l'édition originale qui venait de paraître.

Le 1er mai 1816 [3., 929], il signalait à Johann Nepomuk Kanka son ami, avocat à Prague (qui s'était occupé de la question de sa rente après la mort du prince Kinsky le 3 novembre 1812), qu'il venait d'envoyer un exemplaire à la princesse. Le 28 décembre 1816 [3., 1019], Beethoven faisait envoyer plusieurs œuvres à Kanka pour le remercier, entre autres « quelques morceaux chantés ».

WoO 145
Das Geheimnis, Liebe und Wahrheit
(Le secret, amour et vérité)

Lied pour voix et orchestre sur un poème de Ignaz Heinrich Carl von Wessenberg
Innig vorgetragen und nicht schleppend, 2/4, sol *majeur – 25 mes.*

TEMPS DE LA COMPOSITION

Printemps 1815.

CONTEXTE BIOGRAPHIQUE

Sollicité, en 1814-1815, pour composer plusieurs œuvres de circonstance dans le contexte des victoires sur Napoléon, Beethoven accepta également la proposition de Johann Schickh (1770-1835), rédacteur de la *Wiener Modenzeitung und Zeitschrift für Kunst, schöne Literatur und Theater*, de mettre en musique ce petit poème si proche de ses préoccupations intimes qui concernaient l'inspiration, le secret de sa solitude et l'idée qu'il ne pouvait avoir recours qu'à sa seule force intérieure – sa correspondance et

1. Cité par KH, p. 266.

son *Tagebuch* en portent témoignage : ainsi, «le temps passe plus vite, se déroule plus rapidement quand nous avons l'esprit occupé ou pour moi quand je suis occupé par la Muse» (31), «Épargne ton secret même à ton ami le plus fidèle» (59, réflexion qui date de 1815), «pour toi il n'y a plus de bonheur qu'en toi dans ton art – o Dieu ! Donne moi la force de me vaincre moi-même, plus rien ne doit me lier à la vie. – De cette manière tout s'effondre avec A – –» (1 [1812]), réflexion qui rappelle ce que Beethoven écrivait à Gleichenstein quand il apprit l'échec de son projet de mariage avec Therese Malfatti [2., 445, début juin 1810] : «je ne peux chercher de point d'appui qu'au plus profond de moi-même, à l'extérieur il n'y en a plus pour moi, non l'amitié et les sentiments du même ordre ne m'ont apporté que des blessures – qu'il en soit ainsi, pauvre B., il ne peut y avoir de bonheur extérieur, tu dois tout te créer car tu ne trouveras des amis que dans le monde idéal».

Quelques mois après la parution de ce Lied dans la *Wiener Modenzeitung und Zeitschrift für Kunst, schöne Literatur und Theater*, Beethoven en confia la publication à Peter Joseph Simrock, fils de Nicolas, lors de son passage à Vienne en fin septembre 1816 (le jeune Simrock acheta également les deux *Sonates pour piano et violoncelle op. 102* et un autre Lied, *An die Geliebte, WoO 140*) – d'après une note du *Journal intime* de Fanny del Rio en date du 29 septembre 1816, elle avait dû prêter le manuscrit de ce Lied à Beethoven qui était venu avec un jeune de ses compatriotes.

Et, quelques années plus tard, en 1822, il donna l'autorisation de publier ce Lied, ainsi que trois autres pour aider un jeune éditeur à démarrer sa maison d'édition.

PRÉSENTATION DE L'ŒUVRE

Le poème a été écrit par le prélat Ignaz Heinrich Carl Freiherr von Wessenberg (1774-1860) qui fut évêque de Constance de 1814 à 1827. Ce poème ne faisait pas partie des deux volumes de *Gedichte* publiés en 1800-1801 à Zurich chez Goedeke ; il ne se trouve pas non plus dans des publications ultérieures, dont Beethoven possédait certaines (les «Neujahrgeschenken» 1812-1818 et 1820-1824). Il est possible que ce soit le rédacteur de la *Wiener Modenzeitung und Zeitschrift für Kunst, schöne Literatur und Theater*, Johann Schickh qui ait trouvé ce poème et qui ait demandé à Beethoven de le mettre en musique pour le publier sous forme de Lied.

Ce poème, qui a un titre et un sous-titre, comprend deux strophes :

DAS GEHEIMNIS
Liebe und Wahrheit
Wo blüht das Blümchen, das nie verblüht?
Wo strahlt das Sternlein, das ewig glüht?
Dein Mund, o Muse! Dein heil'ger Mund
Thu' mir das Blümchen und Sternlein kund.

LE SECRET
Amour et vérité
Où fleurit la petite fleur qui ne fane jamais?
Où brille la petite étoile qui luit éternellement?
Ta bouche, o Muse, ta bouche sacrée
Va me dire cette petite fleur et cette petite étoile.

« Verkünden kann es dir nicht mein Mund,
Macht es dein Innerstes dir nicht kund.
Im Innersten glühet und blüht es zart,
Wohl jedem der es getreu bewahrt!»
«Ma bouche ne peut pas te le dire,
Si tu ne le sais pas au plus profond de toi.
Elle fleurit et elle brille au plus profond
De celui qui y veille fidèlement!»

Ce Lied qui doit être joué dans un tempo très retenu et dans une intensité très *piano* est de forme a a' coda, à deux temps dans la tonalité simple de *sol* majeur. La ligne vocale, proche de la déclamation, est la même pour chacune des deux strophes, tandis que l'accompagnement de même structure harmonique et rythmique est plus dense pour la seconde strophe. La coda est constituée par la répétition des deux derniers vers avec la même musique.

Le seul moment de crescendo arrive avec l'arpège égrené sur quatre octaves qui sépare les deux premiers vers des deux suivants, qui correspond à l'idée de «dire»; le seul moment de tension harmonique se trouve entre les deux strophes et dans la coda, soulignant la vaine attente d'une réponse extérieure.

SOURCES

Des esquisses de 1815 se trouvent après celles pour la musique de scène de *Leonore Prohaska WoO 96* et avant celles pour la *Sonate piano et violoncelle op. 102 n° 2*, avec la remarque suivante : « À interpréter avec intériorité – le mouvement ne doit pas être traînant, mais pas non plus rapide » (cf. Nottebohm, II, 324).

Le manuscrit autographe n'a pas été retrouvé – Beethoven l'aurait offert à Fanny del Rio, puis lui aurait demandé de le prêter à Peter Joseph Simrock pour la gravure, mais elle ne l'aurait pas récupéré[1].

PUBLICATION

D'abord, le jeudi 19 février 1816, contribution à la *Wiener Modenzeitung und Zeitschrift für Kunst, schöne Literatur und Theater,* première année, 9e cahier, p. 76 :

« DAS GEHEIMNIS / Liebe und Wahrheit : von Wessenberg./ In Musik gesetzt/ von L : van Beethoven. » La partie vocale est en clé de *sol.*

Puis, seul, par N. Simrock à Bonn au début de 1817 :

« Das Geheimniss / Liebe und Wahrheit von Wessenberg/ mit Begleitung des Piano-Forté/ gesetzt von / LUDWIG VAN BEETHOVEN /[...] »

Avec transcription pour guitare par Simrock à Bonn, en 1817, en même temps que *An die Geliebte WoO 140* et *So oder so WoO 148.*

Une troisième édition vit le jour en 1823 à Vienne, assurée, avec l'autorisation de Beethoven, par les éditeurs de la revue, Sauer & Leidesdorf (elle fut annoncée par la *Wiener Zeitung* le 17 février 1823), et en même temps chez Simrock à Bonn et Peters à Leipzig :

« Vier deutsche Gedichte / in Musik gesetzt / für / eine Singstimme mit Begleitung des Pianoforte / von / Ludwig van Beethoven. / Op : 113 [...] »

(les autres Lieder, déjà publiés par la revue, sont : *So oder so, WoO 148* [15 février 1817], *Resignation, WoO 149* [31 mars 1818] et *Abendlied unterm gestirnten Himmel, WoO 150* [28 mars 1820] – le numéro d'opus 113 fut attribué, également, à l'*Ouverture des Ruines d'Athènes* publiée en février 1823 chez Steiner)

L'ŒUVRE VUE PAR SES CONTEMPORAINS

Sous le texte du Lied publié en 1816, les éditeurs de la revue mentionnèrent que Beethoven avait fait une composition ravissante et profonde de ce poème si délicat. Ils trouvaient qu'il s'agissait d'une œuvre d'art remarquable qu'ils se réjouissaient de pouvoir offrir à leurs lectrices.

L'*AMZ* XIX, n° 25 du 18 juin 1817 (col. 435/436), annonçait la publication de ce « petit » Lied, en même temps que du Lied *An die Geliebte WoO 140* qu'il trouvait particulièrement « charmant et profond ».

CORRESPONDANCE

Le 20 décembre 1822 [4., 1516], Beethoven annonçait à Peters que « Liedesdorfer » – en fait Maximilian Joseph Leidesdorf (1787-1840), pianiste, compositeur et éditeur de musique – l'avait prié de l'autoriser à publier les Lieder parus dans la *Wiener Modenzeitung.*

WoO 96
Musique de scène pour *Leonore Prohaska*

N° 1 Krieger – Chor (Chœur des soldats) ou Jäger-Chor (Chœur des chasseurs), 2/4, si *bémol majeur – 13 mes., a capella*
N° 2 Romanze (Romance), « In gehender Bewegung » (Dans un tempo allant), 6/8, sol *majeur – 22 mes., accompagnée à la harpe*
N° 3 Melodram, « Feierlich doch nicht schleppend » (Solennel mais pas trop traînant), 3/4, ré *majeur – 23 mes., avec harmonica de verre*
N° 4 Trauermarch (Marche funèbre), « In gehender, annehmlicher Bewegung » (Dans un tempo allant, et approprié), **C**, si *mineur – 71 mes., pour orchestre*

TEMPS DE LA COMPOSITION ET PREMIÈRE EXÉCUTION

Printemps 1815.

Il n'y eut pas de représentation (ni à Vienne, ni à Berlin), parce que le sujet était éculé, plus que du fait de la censure : une pièce sur ce sujet avait été représentée en mars 1814 sur la scène du Théâtre de la Leopoldstadt, « Das Mädchen von Potsdam (Eleonore Prohaska) ein Schauspiel mit Chören in vier Auszügen von Piwald, Ouverture und Chöre von verschiedenen Componisten » (cité par Nottebohm, II, 323).

1. D'après le *Journal intime* de Fanny del Rio à la date du 29 septembre 1816, cité par Ludwig Nohl in *Eine stille Liebe zu Beethoven*, Leipzig 1875, p. 133.

Contexte biographique

Beethoven qui connaissait certainement l'héroïsme de cette jeune femme, musicienne (il y eut à Vienne un concert en sa mémoire organisé par Spohr le 23 février 1814), figure fort proche de celles de Leonore et de Klärchen, répondit favorablement au souhait du dramaturge Duncker en composant la musique de scène de quelques numéros (Nottebohm II, 323, mit en doute les informations de Léopold Sonnleitner, qui spécifiait que Beethoven aurait composé une Ouverture, un Entracte et un autre chœur et qui attribuait à la censure le fait que ce drame n'ait pas été représenté).

Présentation de l'œuvre

Le texte complet est perdu; il ne reste que les trois numéros mis en musique par Beethoven.

L'auteur, Johann Friedrich Léopold Duncker (mort en 1842), était conseiller privé du roi de Prusse Friedrich Wilhelm III, qu'il accompagna à Vienne lors du Congrès, logeant dans la maison du père de Fanny Giannatasio del Rio (qui, en 1857, évoqua quelques souvenirs sur la rencontre de Beethoven et de Duncker).

L'argument du drame s'inspirait d'une histoire réelle, très répandue (plusieurs dramaturges s'en inspirèrent) : l'héroïsme d'une jeune fille de Potsdam, née le 11 mars 1785, flûtiste, qui, déguisée en homme, s'enrôla dans les francs-tireurs pour prendre part aux combats de la guerre de libération contre Napoléon – mortellement blessée le 16 septembre, elle mourut le 5 octobre 1813 près de Leipzig à Dannenberg.

Duncker essaya de faire représenter son drame avec la musique de scène de Beethoven, à Vienne (puis à Berlin), en vain, sans doute parce que sujet avait déjà fait l'objet d'un spectacle sur le Théâtre de la Leopoldstadt, en mars 1814.

Il rentra à Berlin vraisemblablement avec le manuscrit dans l'espoir de faire jouer son œuvre.

Les textes mis en musique par Beethoven sont au nombre de trois.

N° 1 : Le chœur des guerriers qui appellent au combat au nom de la liberté et de l'amour possède des connotations maçonniques, ce qui était possible en Prusse, la Franc-maçonnerie y étant protégée par le roi Friedrich Wilhelm III, lui-même membre d'une loge en 1814.

La première des trois strophes est la suivante :

« Wir bauen und sterben, aus Trümmern ersteht – / Ist lang unsere Asche vom Winde verweht-/ Der Tempel der Freiheit und Liebe » (« Nous bâtissons et mourons; des ruines s'élève – / nos cendres sont depuis longtemps dispersées par le vent – / Le temple de la liberté et de l'amour. »)

N° 2 : La Romance pour soprano développe la métaphore de fleurs qui témoignent de l'amour et de la fidélité.

N° 3 : Le Melodram évoque à nouveau ces fleurs de l'amour et de la fidélité, le lys et la rose, et la réunion des amants dans la mort.

Le Chœur d'hommes est a capella (ce qui le différencie des autres chants patriotiques écrits par Beethoven à cette époque, et accentue sa dimension maçonnique). Il est strophique : les voix chantent en homorythmie (avec des rythmes martiaux) sauf lors de la répétition des termes du dernier vers, pour souligner les références à la liberté et à l'amour.

Les deux numéros suivants sont accompagnés par des instruments peu courants chez Beethoven : la harpe, puis l'harmonica de verre. Le choix de ces instruments souligne, de manière métaphorique, le caractère unique de femmes de cette nature courageuse.

La Romance est très simple et strophique, dans le style d'un chant populaire, la harpe égrenant arpèges et soulignant le balancement du 6/8 en doublant la voix.

Le Melodram est calme et régulier, sans changement de tempo. L'instrument « se tait quand la voix parle ».

La Marche funèbre est une orchestration, avec beaucoup d'unissons, dans le genre musique « d'harmonie » pour vents, de la Marche funèbre de la *Sonate pour piano op. 26*, en *si* mineur au lieu de *la* bémol mineur (le changement de tonalité est en relation avec les tonalités des autres numéros). Il n'y a pas de hautbois, mais à côté des 2 flûtes et des 2 clarinettes, une présence affirmée des 4 cors et des 2 bassons, ainsi que des timbales et des cordes basses. Le passage central (Trio) en *si* majeur est soutenu par les tremolos des cordes.

Sources

Des esquisses ont été retrouvées par Nottebohm (II, 323) pour la Romance (indiquée à

9/8) et pour un chœur d'hommes (avec un tempo « vivace »).

Un manuscrit autographe très lisible existe pour le n° 1 (à Bonn), pour le n° 3 (à Vienne) accompagné par un « Harmonica », et pour le n° 4 (à Paris) : « Trauermarsch » avec flûtes, clarinettes en *la*, bassons I et II, cor en *ré*, cor en *mi*, timbales, violons I et II, alto, violoncelle et contrebasse. Il n'y a pas d'autographe pour le n° 2 (qui sans doute illisible a dû être copié).

Une copie des n° 2 et n° 3 a été retrouvée (à Londres). En tête du n° 2, est inscrite la mention suivante : « L. v. Beethoven./ Aus dem ungedrückten Trauerspiel : Leonore Prohasca / v. Fried : Duncker / k. preuß. Geh. Rath. / in den Befreiungsjahren / geschrieben. » Ce numéro est accompagné par la « Harpe ». La voix est notée en clé de *sol*.

PUBLICATION

1888, dans la GA. Le n° 1 pour voix d'hommes, ténor I et II, basses I et II / le n° 2 en clé de *sol* avec harpe / le n° 3 accompagné par un « Harmonika ».

WoO 97
Es ist vollbracht
(Tout est consommé)

Finale du Singspiel de Treitschke Die Ehrenpforten (Les Arcs de triomphe), *pour basse et chœur*

TEMPS DE LA COMPOSITION ET PREMIÈRE REPRÉSENTATION

Après la bataille de Waterloo (18 juin 1815) et avant la seconde capitulation de Paris (7 juillet 1815), Beethoven travailla très vite à la mise en musique d'un texte qui lui fut confié par Treitschke dans la deuxième moitié de juin : sa contribution devait être prête pour les répétitions au début juillet 1815.

Beethoven composa ce Finale pour Solo de Basse et Chœur alors qu'il travaillait aux *Sonates pour piano et violoncelle op. 102*.

La première représentation eut lieu le 15 juillet 1815 au Kärntnerthor Theater, avec reprise les 16 et 23 juillet.

Le Singspiel fut redonné, avec un autre texte, pour le jour de la fête de l'empereur Franz, les 3 et 4 octobre 1815, le Chœur « Germania », sur d'autres paroles, terminant cette fois l'œuvre collective.

CONTEXTE BIOGRAPHIQUE

En juin 1815, au moment de la clôture du congrès de Vienne, Beethoven accepta à nouveau la proposition de Treitschke de contribuer à l'élaboration d'un Singspiel collectif (avec les mêmes compositeurs qu'en mars-avril 1814 pour *Die Gute Nachricht*) destiné à célébrer la seconde capitulation de Paris, après les Cent Jours.

Comme pour ses autres œuvres « patriotiques » composées rapidement dans le contexte du Congrès de Vienne, Beethoven choisit l'efficacité tant pour l'exécution que pour la réception immédiate : il composa donc une œuvre simple dont la portée était assurée par la référence à des paroles d'ordre « sacré », ainsi que par l'utilisation d'unissons, de répétitions et de formules connues.

PRÉSENTATION DE L'ŒUVRE

Le livret[1] de Treitschke était directement lié à l'actualité de la chute de Napoléon. L'action, en un acte, se situe dans une « région de montagne près de Vienne » où un propriétaire foncier, Teuschmann, prépare son anniversaire avec son fils et ses futurs gendres, qui, revenus de la guerre, racontent leurs exploits – tous attendent la nouvelle de la victoire…

Le jour de la représentation l'Ouverture de *Die Gute Nachricht*, qui avait été composée par Hummel en avril 1814, fut réutilisée. Le chœur « Ihr Brüder, ihr Schwester » fut composé par Bernhard Anselme Weber ; l'Air « Unaufhaltsam schnell wie Wogen » reprenait une mélodie populaire hongroise ; l'Air « Auf Eichen schwebt des Adlers Thron » fut composé par Joseph Weigl ; le Sextuor « O wie schell ist sie verschwunden », par Ignaz von Seyfried ; l'Air « Ich zog mich aus der Stadt zurück » par Adalbert Gyrowetz ; le Duo « Was wir fröhlich angefangen » fut repris de *l'Alexandermarsch*[2] ; le Chœur « Auf, ziehet her mit Freudenliedern » par Seyfried ; l'Hymne impérial de Haydn fut joué par un quatuor à cordes ; le Chœur « Fall war

1. Le livret de *Die Ehrenpforte (Les arcs de triomphe)* fut trouvé à la bibliothèque de Vienne par Willy Hess et publié en 1969 : *Zwei patriotische Singspiele von Friedrich Treitschke*, p. 298 sq.
2. Cité par KH, Anhang 11, p. 725.

sein Los » fut repris du *Judas Macchabée* de Haendel (oratorio qui rappelait les hauts faits d'un libérateur) ; le Finale, Solo de Basse avec Chœur, « Es ist vollbracht », fut composé par Beethoven.

Le solo final est ponctué par l'expression « Es ist vollbracht » qui appartient à l'Évangile de saint Jean – choix de Treitschke, accepté par Beethoven, qui conférait un caractère sacré à ce Singspiel de circonstance.

Ce texte est constitué de quatre strophes de cinq vers, « Es ist vollbracht » servant de 1er et de 5e vers : la première strophe rappelle que Dieu a entendu la prière des peuples, la deuxième évoque le temps révolu de la tyrannie, la troisième le dénouement rapide et la quatrième rend hommage aux princes qui ont assuré la victoire.

La structure de ce Finale met en valeur le « Es ist vollbracht », expression évangélique qui encadre chacune des strophes énoncées par le soliste et qui est répétée par le chœur à la fin de chacune des quatre strophes toujours sur la même ligne vocale, avant d'être reprise quatre fois de suite dans la coda.

Si le tempo Risoluto et la ligne mélodique sont identiques pour chacune des strophes, l'orchestration varie de façon à en exprimer le contenu différent : la prière des peuples entendue par Dieu a un caractère d'hymne, l'évocation de la tyrannie a recours à des tensions harmoniques et à des cellules rythmiques agressives (*sfp* sur temps faible, trait descendant en doubles croches), le souvenir de la rapidité du dénouement est précédé d'un intermède tumultueux avant d'être soutenu par un accompagnement léger et paisible, l'hommage rendu aux souverains est très solennel. Quant à la coda, elle est amenée par une suspension harmonique et une cadence du hautbois ponctuée par les autres bois. Après la déclamation par le soliste doublé par les cordes basses de l'hymne à l'empereur de Haydn, sempre più Allegro, elle éclate dans un Presto de tout l'orchestre (y compris les trombones) et une scansion régulière des voix.

La composition repose sur une large utilisation d'unissons et de formules puisées par Beethoven dans son propre répertoire (rythmes énergiques, traits d'orchestre, orchestration, conclusions, figuralismes), ainsi que dans un répertoire de circonstance avec l'allusion à l'hymne écrit par Haydn « Gott erhalte Franz den Kaiser ! « sur d'autres paroles : « Gott sei dank und unserm Kaiser ! Es ist vollbracht ! ».

SOURCES

Des esquisses existent dispersées entre Berlin (*Wagner'schen Sammelband*), Vienne, Paris, Londres (elles ne sont pas mentionnées par Nottebohm).

Le manuscrit autographe de la partition (à Berlin) a une graphie qui témoigne de la rapidité du travail de composition ; il ne comporte pas de titre.

Une copie, établie par le copiste Wenzel Rampl, constitue une partie de l'ensemble du Singspiel, et porte le titre « Aria Con Chor ».

PUBLICATION

Une réduction pour piano fut publiée, à Vienne, par S.A. Steiner en juillet 1815 :

« Worte von F. Treitschke »

« SCHLUSS-GESANG

Musik von L. van Beethoven. / Es ist vollbracht. / Aus dem beliebten patriotischen Singspiele : die Ehrenpforten. / Eigenthum der Verleger. [...] »

Malgré l'indication de la voix : « Bass », la partie est écrite en clé de *sol*.

La partition fut éditée en 1864 dans la GA.

L'ŒUVRE VUE PAR SES CONTEMPORAINS

L'*AMZ* XVII, du 23 août 1815 (col. 567), signalait la représentation du 15 juillet 1815 en soulignant que le temps de la mise au point avait été très court. Elle remarquait la participation de Beethoven, jugée « simple, mais richement instrumentée ».

La *Wiener Theater- Zeitung* 8 (1815), n° 60, signalait que cette œuvre avait été montée trop rapidement et que seules les participations de Weigl et de Seyfried avaient été applaudies, les autres morceaux étant soit anciens, soit inadaptés.

Opus 102
Deux Sonates pour piano et violoncelle (*ut* majeur et *ré* majeur)

N° 1
Andante, 6/8, ut *majeur (27 mes.) / Allegro vivace,* ¢, la *mineur – 154 mes*
Adagio, **C** */ (mes. 17) Allegro vivace, 2/4,* ut *majeur – 249 mes.*
N° 2
Allegro con brio, **C**, ré *majeur – 147 mes.*
Adagio con molto sentimento d'affetto, 2/4, ré *mineur – 85 mes.*
Allegro / Allegro fugato, 3/4, ré *majeur – 244 mes.*

TEMPS DE LA COMPOSITION ET PREMIÈRE EXÉCUTION

Entre le printemps et l'automne 1815 – le manuscrit de la première *Sonate* est daté de juillet, celui de la seconde d'août (Beethoven n'a dû achever le dernier mouvement de l'*op. 102 n° 2* qu'au cours de l'automne 1815).

Ces *deux Sonates* furent écrites pour la comtesse Marie Erdödy et le violoncelliste Joseph Linke.

Une des *Sonates*, au moins, fut jouée par Carl Czerny au piano et Joseph Linke au violoncelle, le 18 février 1816 dans une salle de l'hôtel « Zum römischen Kaiser ».

CONTEXTE BIOGRAPHIQUE

Beethoven composa ces deux nouvelles *Sonates pour piano et violoncelle* au moment où il renoua des liens d'amitié avec Marie Erdödy [1], sa « liebe, liebe Comtesse » [3., 833, septembre 1815] qui partageait la même culture à fortes connotations antiques, culture dominée par la question de la condition humaine (la part de la souffrance et l'accession possible à la joie) [2]. Or, à cette époque, le violoncelliste Joseph Linke était l'hôte de la comtesse (il passa le printemps et l'été 1815 chez elle à Jedlesee) : Beethoven disposait ainsi d'un excellent violoncelliste, auquel il pouvait demander des renseignements sur les possibilités techniques de son instrument. C'est donc en pensant à Linke et à Marie Erdödy, pianiste qui aimait sa musique pour sa nouveauté et ses audaces, que Beethoven composa cette œuvre destinée à être exécutée dans l'intimité par d'excellents instrumentistes devant un public capable de la comprendre et de l'apprécier.

Alors qu'il était très sollicité pour composer des œuvres chorales de circonstance, qu'il mit au point en puisant dans son propre répertoire de formules avec la volonté d'être simple pour être compris, Beethoven profita de cette œuvre de musique de chambre pour expérimenter de nouvelles solutions de forme et d'écriture à partir d'un matériau lié aux possibilités techniques des instrumentistes, et à partir de l'approfondissement de ses connaissances des musiques « anciennes » – c'est à cette époque que Beethoven notait dans son *Tagebuch* (43) : « Portraits de Haendel, Bach, Gluck, Mozart, Haydn dans ma chambre. »

Pensées pour Marie Erdödy, Beethoven dès le début de son travail de composition avait l'intention de lui dédier ces *Sonates* [3], mais en 1816, le contexte n'était plus le même : la comtesse s'était éloignée de Vienne (elle séjournait en Croatie) [4], et Beethoven, qui comptait sur Charles Neate, de retour en Angleterre, pour faire éditer une série de ses œuvres à Londres, lui dédicaça la copie de la partition des deux *Sonates pour piano et violoncelle*, informant d'ailleurs Marie Erdödy qu'il avait changé le dédicataire...

1. Dans une lettre à Marie du 1er mars 1815 [3., 785], Beethoven se réjouissait que leur amitié soit renouvelée : il souhaitait depuis longtemps la revoir.

2. Les lettres de Beethoven à Marie Erdödy, en particulier celles écrites en 1815 (de mars à septembre) témoignent d'une grande proximité spirituelle : ils partagent les mêmes références sur la douleur, la joie (« Durch Leiden Freude », dans une lettre du 19 septembre 1815 [3., 828]), sur la fonction de la musique, et leur culture repose sur les mêmes implicites concernant la condition humaine : « le Temple d'Isis » (qui se trouve au centre de *La Flûte enchantée* de Mozart, cet opéra maçonnique initiatique, voie royale de l'accession de l'homme à sa propre humanité), l'errance de l'homme (en septembre 1815 [3., 833] il lui demandait des nouvelles de sa santé et constatait que chaque être humain souffre à sa manière comme le dit Dieu dans le Prologue au ciel de *Faust*).

3. En août/ septembre 1815, lettre [3., 826], Beethoven s'excusait auprès de Marie d'avoir retenu si longtemps « ihrer Musikalien », expliquant que le copiste l'avait fait attendre très longtemps.

4. Le 30 septembre 1815, Marie Erdödy partit à Güns, dans une de ses propriétés. Linke l'y rejoignit à partir de février 1816 (après un concert d'adieu au cours duquel il joua une des *Sonates* avec Czerny).

Mais, comme en 1818, Charles Neate n'avait rien fait pour répondre à son souhait (trouvant en particulier les *Sonates pour piano et violoncelle* trop difficiles[1]), Beethoven se sentit libre de faire éditer à Vienne les partitions dédiées à Marie Erdödy (l'édition originale chez Simrock à Bonn, en 1817, ne portait pas de dédicace[2]).

PRÉSENTATION DE L'ŒUVRE

Ces deux *Sonates* (les dernières de Beethoven dans ce genre) se caractérisent par une écriture polyphonique qui confère une importance équivalente aux deux instrumentistes et qui culmine dans la fugue finale (*op. 102 n° 2*), et par une conduite du discours qui dispose librement des contraintes formelles du genre sonate – cette facture inédite dérouta les contemporains, qui furent toutefois sensibles au côté « chantant » de la partie de violoncelle.

Opus 102 n° 1, en ut majeur

Beethoven lui-même a indiqué qu'il s'agissait d'une « freie Sonate », c'est-à-dire d'une interprétation libre du genre sonate, pour la structure d'ensemble comme pour la présentation et le traitement du matériau sonore.

Cette *Sonate* est constituée de deux mouvements, chacun étant une juxtaposition d'une section lente suivie d'une section rapide, – la section initiale (l'Introduction) étant réinsérée au cœur du second mouvement, avant la dernière section rapide – ce qui est une double façon d'assurer l'unité de l'ensemble.

Le premier mouvement est formé d'un Andante en *ut* majeur suivi d'un Allegro vivace en *la* mineur. C'est le violoncelle qui commence *teneramente* en exposant *p dolce cantabile* le motif qui ouvre sur l'univers sonore de cette Sonate et qui lui confère son identité. Cet Andante se caractérise par sa matière sonore constituée de l'union des voix du piano et du violoncelle dans une harmonie dense soulignée par de longs trilles qui accentuent le caractère suspensif du motif initial. Une cadence du piano sur des accords tenus au violoncelle installe une attente qui prépare le changement de tempo. L'Allegro vivace commence par un unisson fortissimo très dense du piano et du violoncelle, sur un rythme pointé énergique (noté *risoluto* à la fin de l'exposition). Ce premier motif thématique est suivi sans transition du second motif thématique « espressivo », petite cellule rythmique d'un grand lyrisme soutenue par des triolets continus de croches ce qui lui confère une grande intensité.

Après ces deux modalités d'intensité réunies dans la conclusion de l'exposition (reprise), le développement très court sur le premier motif rythmique est interrompu par un passage en écriture de choral. La réexposition variée est plus longue que l'exposition. Le mouvement se conclut par une courte coda, chacun des instruments s'échangeant le rythme pointé sous différentes formes.

Le second mouvement commence par un Adagio modulant à partir d'*ut* majeur, très lyrique et marqué par une grande extension des registres – il se transforme en Tempo d'Andante à 6/8, réévoquant le début de la *Sonate*, pour se résoudre dans un nouvel Allegro vivace, à deux temps, en *ut* majeur, de forme entre le rondo et la sonate, sur un thème interrogatif qui revient deux fois délimitant des trois passages très dynamiques et décidés, le deuxième étant dominé par une écriture polyphonique en imitation du thème interrogatif.

La *Sonate* se termine par une cadence parfaite constituée de la répétition de cellules rythmiques à l'unisson de toutes les voix jusqu'aux deux ultimes accords d'*ut* majeur.

Opus 102 n° 2

Contrairement à la première *Sonate*, celle-ci joue d'une autre façon avec l'héritage du genre. Elle est en trois mouvements mais le dernier, au lieu d'être de forme rondo ou de forme sonate, est une fugue rapide.

Le premier mouvement, Allegro con brio, de forme sonate, commence par un motif unisson au rythme énergique et interrogatif exposé par le piano. Après un court développement de ce motif rythmique répond un second thème lyrique énoncé par le violoncelle, l'exposition se terminant par une conclusion à l'unisson du piano et du violoncelle.

Le développement modulant associe le motif initial et le motif de la conclusion de l'exposition, et comme dans la première

1. Les éditeurs de Londres refusent les *Sonates* en 1816, car trop difficiles [3., 987, 29 X 1816].

2. Le 28 septembre 1816, Beethoven signa avec le fils de Simrock Peter Joseph (1792-1868) de passage à Vienne, le contrat pour les *Sonates* [note, in *Briefe* 3., 977].

Sonate, la réexposition est variée. Enfin une coda termine ce mouvement, après avoir repris les deux thèmes l'un après l'autre, par l'effet acoustique d'une matière sonore vibrante à partir d'un long *pianissimo* jusqu'à un court *crescendo* qui éclate sur un *forte*.

Le deuxième mouvement, Adagio con molto sentiment d'affetto en *ré* mineur, doit être joué *mezza voce*, *espressivo*, dans une plénitude harmonique amplifiée par des broderies lyriques du piano comme du violoncelle. Une partie centrale en *ré* majeur établit un effet de contraste d'autant plus saisissant que la texture, toujours très serrée, donne l'impression d'un moment plus allant. Puis, après une reprise variée en *ré* mineur aux imbrications rythmiques complexes au piano, le violoncelle chantant le thème, l'ensemble se terminant sur une sorte d'errance harmonique, Beethoven indique « Attaca l'Allegro ».

Le troisième mouvement en *ré* majeur, lié au précédent, commence par l'exposition *leggiermente* de la tête du sujet de la fugue au violoncelle, puis au piano – une gamme montante à partir de *la*. L'Allegro fugato commence ensuite par le violoncelle, *sempre piano*, puis se déploie de manière très serrée jusqu'à un arrêt en forme de choral au violoncelle seul, pour repartir sous forme de divertissement et se conclure dans une très grande densité obtenue par la superposition de différentes couches sonores dont des trilles dans le registre grave du piano. Après un passage pianissimo, cette fugue se termine fortissimo dans une harmonie pleine et sur des accords joués en homorythmie par les deux instruments.

SOURCES

Les esquisses dispersées (Cracovie, Bonn, Vienne, Princeton) datent de 1815 et sont mêlées à celles de l'*Ouverture op. 115,* et à celles de *Meeres Stille op. 112* en juin/juillet 1815 (elles ont été présentées par Nottebohm II, 316, 318, 325 et par Johnson/ Tyson/ Winter, *The Beethoven Sketchbooks*, p. 343).

Les manuscrits autographes (à Berlin) faisaient partie de l'inventaire après décès de Beethoven (acquis par Artaria en novembre 1827). Le manuscrit autographe de la première comporte la mention : « Freje Sonate für Klavier / und Violonschell. / Von Lv Bthvn » ainsi que « 1815 gegen / Ende Juli ». Celui de la deuxième porte l'indication « Sonate anfangs / August / 1815 ».

Il existe une copie, établie par Wenzel Rampl, des deux Sonates offertes à Charles Neate au début février 1816 lors de son retour à Londres – la première *Sonate* (à Harvard University Library) porte cette mention : « Sonate/ pour le Piano et le Vioncelle [*sic*]/ composèe [*sic*] et dédièe [*sic*]/ à mon ami / Mr : charles Neate / par / louis van Beethoven » (un *s* est superposé au *m* de *mon*). La copie de la seconde est, pour un fragment, à Paris, le copiste a inscrit le titre : « 2 Sonates / Pour le Piano et un Violoncelle / Composèe et dediѐe / à son Ami / Mr : Charles Neate / par / louis van Beethoven »

Il existe la copie (à Bonn), établie par Wenzel Rampl, qui a servi à la gravure de Simrock et qui comporte beaucoup de corrections de Beethoven, avec sur la page de titre de chacune : « Sonate für Klawier u. Violonschell von l.v. Beethowen geschrieben 1815 ».

Il existe une copie, en parties séparées, établie par Wenzel Rampl (fin 1815/ début 1816) pour l'archiduc Rodolphe, et revue par Beethoven (Vienne GdM), et qui a servi à l'édition de Vienne[1].

PUBLICATION

Elle fut assurée par Simrock à Bonn en mars 1817 (sans le nom de la dédicataire) :

« Deux Sonates / POUR LE / Pianoforté et Violoncell / composées par / L. VAN BEETHOVEN / [...] Op. 102. / Bonn et Cologne chez N. Simrock / Propriété de l'éditeur. »

Ce fut la première édition d'une œuvre de musique de chambre de Beethoven en partition (ce qui facilitait l'exécution). Beethoven avait indiqué « das *opus* ist 101 Werk » [lettre, 4., 1084].

L'édition viennoise en parties séparées fut assurée par Artaria et Comp. en janvier 1819 :

« Deux / Sonates / pour le / PIANOFORTE / et Violoncelle ou Violon / par / Louis VAN Beethoven / Dédiées / À MADAME LA COMTESSE MARIE

1. Cf. L'étude de S. Brandenburg : Die Beethovenhandschriften in der Musikaliensammlung des Erzherzogs Rudolph, in Harry Goldschmidt, *Zu Beethoven 3*, Berlin 1988, p. 168, ainsi que l'article de Peter Calin, « Formprobleme in Beethovens *Freyer Sonate* op. 102 n° 1 », in *Beethovens Werke für Klavier und Violoncello*, Verlag, Beethoven-Haus, Bonn, 2004, p. 239-282.

ERDÖDY / née comtesse Niszky / Œuvre 102 / à Vienne chez Artaria et Comp./ [...] »

DÉDICATAIRE

Comtesse Marie Erdödy (voir *Opus 70*).

L'édition de Simrock de 1817 ne comporte pas son nom, car il semble qu'en 1816 Beethoven ait changé d'avis : Charles Neate aurait été le nouveau dédicataire (comme l'indique la mention sur la copie qui lui fut confiée) – Charles Neate était pianiste et violoncelliste.

L'ŒUVRE VUE PAR SES CONTEMPORAINS

L'*AMZ* XX, n° 45 du 11 novembre 1818 (col. 792-794) signalait la publication de ces *Sonates* en insistant sur leur « caractère inhabituel et étrange ». Le rédacteur de l'article se disait dérouté, et les comparait aux « Klaviersymphonie » de Jean Sébastien Bach, les associant au goût de la musique instrumentale du temps de Bach, donc démodées et très difficiles à jouer. Il trouvait que les mélodies étaient le plus souvent âpres (sauf dans l'Adagio en *ré* mineur), les harmonies dures, comme jamais chez Beethoven jusque-là. Après avoir rapidement donné le nom des mouvements successifs, l'auteur de l'article soulignait que le violoncelliste devait être capable de faire chanter son instrument et que les deux instrumentistes devaient jouer exactement ensemble (ce que facilitait l'édition qui comprenait la partie de piano en petites notes sur la partie de violoncelle).

La *BAMZ* (Jg.1, n° 48, 1er décembre 1824, col. 409-410, publiait un article, plusieurs années après la parution des *Sonates*, sans doute de Adolf Bernhard Marx (1795-1866) qui soulignait leur caractère particulier, hautement original, même au sein des œuvres de Beethoven. Le rédacteur, qui appréciait la *Sonate* en *ut* majeur, s'arrêtait plus longtemps sur celle en *ré* majeur, ne sachant que dire de la fugue – comme de toutes les autres fugues de Beethoven d'ailleurs –, si ce n'est qu'elle était très travaillée et originale, et qu'il « la comprendrait peut-être dans plusieurs années », parce qu'elle ne répondait pas aux critères (qu'il énumérait) de la « belle » fugue : il trouvait que Beethoven aurait pu composer un autre Finale ! moins trivial qu'une fugue, et, en comparant à Mozart, il affirmait que cette fugue ne conduisait pas au recueillement. Le rédacteur se disait toutefois ému par l'Adagio en *ré* mineur, malgré sa longueur. Il appréciait la « douce cantilène » du violoncelle qui, dans le premier mouvement, rachetait le côté brutal du début – la fin du mouvement par sa violence étant très intéressante.

Czerny spécifiait pour la première *Sonate* que chacune des notes avait son importance (il n'y avait pas une seule figure creuse de rhétorique), que l'Andante doit être joué « avec sentiment et tendresse, *legato* et chantant de bout en bout », tandis que l'Allegro qui suit doit être « rapide, puissant, décidé et joué de manière grave et tragique ».

L'Adagio doit être très lent, très expressif, le Tempo bien respecté. Quant au Finale il doit être animé, avec feu, vie et bonne humeur.

Pour la seconde *Sonate*, il indiquait que le premier mouvement devait être « animé, puissant, décidé avec un tempo rigoureux, bien que la phrase médiane soit paisible ».

L'Adagio était très lent, très *legato*, avec beaucoup de sentiment. La phrase centrale la plus chantante possible. Et pour le retour du thème l'accompagnement devait être respecté, dans un tempo rigoureux et une main gauche très *staccato*.

L'Allegro fugué est difficile à rendre intelligible si le staccato, dans un tempo qui ne doit pas être précipité, n'est pas respecté, et si les nuances ne sont pas prises en compte (*piano, crescendo, etc.*). Les deux interprètes doivent être très en accord.

CORRESPONDANCE

Sans doute au printemps 1815 [3., 800], Beethoven demandait au violoncelliste Joseph Linke « Virtuose auf dem Violonschell », de venir, avec un archet, prendre le petit déjeuner.

En septembre 1815 [3., 835], Beethoven annonçait à Joseph Xaver Brauchle (précepteur des enfants de Marie Erdödy) qu'il allait apporter les deux *Sonates pour violoncelle.*

Fin janvier-début février 1816 [3., 889], il demandait à Charles Neate (qui, à Vienne depuis mai 1815, regagna l'Angleterre en mars 1816) de ne pas parler des œuvres qu'il lui avait confiées pour Londres (*op. 61, 72, 92, 95, 102, 112, 113 (Ouverture), 115, 117 (Ouverture), 136*). Le 3 avril 1816 [3., 923], Beethoven écrivait à Ries qu'il avait confié plusieurs œuvres à Neate… et le 18 mai 1816 [3., 937], il disait à Neate qu'il espérait que les *Sonates op. 102* et le *Quatuor* en *fa* mineur *op. 95* seraient bientôt publiés – il attendait son jugement sur leurs difficultés. Les *Sonates op. 102* furent refusées par les éditeurs de Londres, car trop difficiles (lettre de Neate à Beethoven le 29 octobre 1816 [3., 987]), pourtant il pressait encore Neate de trouver un éditeur [3., 1016, 18 décembre 1816]. Le 19 mai 1818 [4., 1258], Beethoven se plaignait auprès de Ries de n'avoir aucune nouvelle des œuvres confiées à Neate en mars 1816.

Le 12 février 1816 [3., 902], Beethoven s'excusait auprès de Czerny du comportement qu'il avait eu envers lui lors du concert de la veille au cours duquel Czerny tenait la partie de piano dans l'*op. 16*; il l'assurait qu'il le ferait de vive voix quand il jouerait la *Sonate pour violoncelle* (lors du concert d'adieu du 18 février du violoncelliste Linke, dans la salle de l'hôtel Zum römischen Kaiser), car il estimait beaucoup l'artiste qu'il était.

Le 13 mai 1816 [3., 934], à la fin d'une longue lettre à Marie Erdödy alors à Padoue, Beethoven lui disait qu'il « y avait un changement pour la dédicace des *Sonates*, ce qui ne changera ni elle ni lui ».

Le 7 octobre 1816 [3., 983], il proposait quelques œuvres à George Smart à Londres, dont « a Sonata in C Piano und Violoncello. » et il spécifiait qu'il avait dédié les *deux Sonates* à Neate.

En décembre 1818-janvier 1819 [4., 1278], Beethoven demandait à l'archiduc de lui prêter la copie des « 2 *Sonaten* mit Violonschell *oblig* » pour quelques jours (vraisemblablement pour Artaria). Il rendit la partition (incomplète : il ne trouvait plus la partie de violoncelle), avec un exemplaire gravé, le 3 mars 1819 [4., 1292].

Le 20 janvier 1819 [4., 1284], il demandait à Zmeskall de lui prêter un exemplaire des *deux Sonates* éditées par Simrock (sans doute pour vérifier l'édition d'Artaria).

WoO 167
Brauchle, Linke

Canon à quatre voix
2/4, ut *majeur – 8 mes.*

TEMPS DE LA COMPOSITION

1815, sans doute au moment où Beethoven a renoué des contacts étroits avec Marie Erdödy

CONTEXTE BIOGRAPHIQUE

Au printemps 1815, Beethoven renoua ses liens d'amitié avec Marie Erdödy (voir *Opus 102*). Installée à Jedlesee, village près de Vienne, elle était entourée de Johann Xaver Brauchle (1783-1838), précepteur de ses enfants, également compositeur et professeur de musique, et de Joseph Linke (1783-1837), un violoncelliste virtuose (membre du quatuor Schuppanzigh entretenu par le prince Rasumowsky, il fut invité par la comtesse Erdödy après l'incendie du palais Rasumowsky durant la nuit de la Saint-Sylvestre 1814).

Beethoven fut souvent invité, parfois de manière très officielle, et humoristique, comme le 20 juillet 1815, quand il reçut une invitation écrite en vers par Marie Erdödy [3., 819] : « Premier fils d'Apollon », etc.. Cette invitation était confirmée, également en vers, par Sperl, le superintendant de la comtesse [3., 820]. Alors à Baden, Beethoven déclina l'invitation [3., 821] annonçant qu'il allait lui faire envoyer, de Vienne, les « Musikalien » promises. D'autres billets échangés avec Brauchle témoignent de la place de l'humour et de la plaisanterie dans leurs relations, par exemple ce billet de septembre 1815 [3., 835] : « faites cuir pour le violoncelle un kouglof en forme de violoncelle pour qu'il puisse s'exercer dessus, si ce n'est avec les doigts au moins avec l'estomac et la gueule – dès que je pourrai j'irai passer quelques jours chez vous. »

PRÉSENTATION DE L'ŒUVRE

Ce canon est en *ut* majeur, l'entrée des voix s'effectuant toutes les deux mesures, et superposant « Brauchle » en croches (deux fois quatre croches) à « Linke » en blanche avec syncope suivi de trois croches.

SOURCES

Le manuscrit autographe (à Berlin) ne comprend pas de renseignements. Beethoven a inscrit sous les notes : « Branchle [*sic*] Lincke, lincke Branchle li-ncke li-ncke ».

PUBLICATION

En 1865, en supplément, dans le catalogue chronologique de Thayer, et en 1867, en note dans les *Neue Briefe Beethovens* publiées par Nohl.

Thomson, 6e envoi

Trois compositions
WoO 153, *Ir II 44 = KH* WoO 153 *n° 13*
WoO 154, *Ir III 63 = KH =* WoO 157, *7*
Op. 108 *n° 11*

TEMPS DE LA COMPOSITION

Le 20 août 1815 [3., 825], Thomson envoyait 3 nouvelles mélodies : il souhaitait une seconde voix de Soprano (ou de Ténor) et une voix de basse. Beethoven travailla vite (il termina son travail le 23 octobre, comme en témoigne l'autographe, et la copie) et déposa une copie le 4 novembre 1815 chez le banquier Fries.

CONTEXTE BIOGRAPHIQUE

Thomson proposait huit ducats en espèces pour les deux Airs, que Beethoven arrangea très rapidement au début de l'automne 1815, au moment où il désirait que son *Wellington's Sieg* soit publié en Grande-Bretagne.

PRÉSENTATION DE L'ŒUVRE

Voir *WoO 153 Ir II*, 44 et *WoO 154 Ir III*, 63; et *op. 108* n° 11 (p. 833-844).

SOURCES

Le manuscrit autographe est à Berlin.

La copie est datée de «1815/ dans l'Octobre».

PUBLICATION

Deux furent publiés par Thomson dans des volumes séparés :

Irish Airs II en 1816, *Scottish Airs V* en 1818.

CORRESPONDANCE

Le 20 août 1815 [3., 825], Thomson accusait réception des «15 Airs» précédents et envoyait «deux Airs favoris de plus», demandant ritournelles et accompagnements ainsi qu'une autre voix de soprano ou de ténor et une voix de basse, précisant : «Vous composerez ces parties de voix ou dans le contrepoint simple, ou avec un peu d'*imitation*, ou vous trouverez de telles imitations propre, comme vous avez fait heureusement dans le N° 15 du dernier cahier [op. 108, n° 19].» Il annonçait l'envoi de 15 ou 20 nouveaux airs dès qu'il recevrait les deux qu'il joignait (en fait trois), et dont il donnait l'incipit musical :

«N° 1 / Allegretto Grazioso [**C**, *sol* majeur – *WoO 153 Ir II*, 44, soit in KH *WoO 153, 13*].

N° 2 / Andante amoroso con moto e con molto espressione [3/4, *ut* majeur – *WoO 154 Ir III*, 63, soit in KH *WoO 157, 7*]

N° 3 Allegretto risoluto [6/8, *fa* majeur – *op. 108* n° 11]».

WoO 146
Sehnsucht (Nostalgie)

Lied pour voix et piano sur un texte de Christian Ludwig Reissig
Mit Empfindung, aber nicht zu langsam (Avec sentiment, mais par trop lent), 3/4, mi *majeur – 34 mes.*

TEMPS DE LA COMPOSITION

Fin 1815 ou début 1816, après le dernier mouvement de la *Sonate pour piano et violoncelle op. 102 n° 2*, et avant le *Liederkreis op. 98.*

CONTEXTE BIOGRAPHIQUE

Sensible au thème de la Sehnsucht et à celui de la bien-aimée perdue, Beethoven accepta la proposition de Reissig, qui avait l'habitude de s'adresser aux compositeurs viennois (une quarantaine) pour qu'ils mettent ses poèmes en musique (en juillet 1810 il faisait publier par Artaria un volume dédié à l'archiduc Rodolphe de dix-huit «Deutsche Gedichte» mis en musique par plusieurs compositeurs, dont Beethoven avec le *WoO 138*, et les *op. 75 n° 5 et n° 6*, à côté de Moscheles, Dietrichstein, Reichardt, Gyrowetz, Leykam, Weigl et Hummel).

Bien qu'il s'agisse d'une œuvre de commande, Beethoven a longuement cherché le mise en forme musicale à partir du rythme des deux premiers vers : «Die stille Nacht umdunkelt, erquickend Thal un Höh» (La nuit calme étend son ombre ranimant vallées et hauteurs).

PRÉSENTATION DE L'ŒUVRE

Le poème de Reissig fait partie de la troisième édition augmentée des *Blümchen der Eisamkeit (Petites fleurs de la solitude)*, parue en 1815 chez J.B. Wallishausser. Il comporte trois strophes de huit vers (deux fois quatre vers) :

La première strophe, «Die stille Nacht umdunkelt», évoque le silence mystérieux qui règne sur la nature ; dans la deuxième, «Ach, mich schließt kein Schlummer / Die müden Augen zu» (Aucun sommeil ne ferme mes yeux fatigués, «je» aspire au repos, à la métamorphose de sa nostalgie en rêve merveilleux («Wonnetraum»), tandis que dans la troisième strophe, «je» aspire à revoir sa bien-aimée qui le fuit («erscheine / Und lächle Hoffnung mir!», apparais, et ranime mon espérance par ton sourire!).

Pour conserver la structure du poème de Reissig, Beethoven a inscrit chaque moitié de strophe dans quatre mesures, une mesure séparant les quatre mesures suivantes, et deux mesures séparant chacune des strophes entre elles. La tonalité de *mi* majeur est très stable.

La mélodie des trois strophes est pratiquement la même, à part quelques modifications rythmiques accentuant l'émotion sur certaines évocations, tandis que l'accompagnement varie pour chacune des strophes selon un principe d'accélération et de complication des figures rythmiques, pour rendre compte de l'idée de chacune : le calme de la nature endormie est rendu par une écriture homophone aux harmonies pleines; l'agitation de celui qui ne peut trouver le sommeil est exprimée par un accompagnement discontinu; l'attente de l'apparition de la bien-aimée est portée par une ligne continue d'arpèges brisés de triolets de doubles croches, ce qui accentue la mouvement et exprime la pression de l'attente.

SOURCES

De nombreuses esquisses pour le rythme des deux premiers vers se trouvent dans le *Scheide-Skizzenbuch* (à Princeton), peu avant les esquisses pour le *Liederkreis op. 98* (Nottebohm, II, 332, fait remarquer, que bien qu'il s'agisse d'un Lied de circonstance, comme le plus souvent, Beethoven ne trouve la solution que laborieusement : s'il n'a pas touché à la tonalité établie tout de suite, il a multiplié les esquisses pour le rythme et pour la métrique).

Le manuscrit autographe existant (à Berlin) est certainement une première version, qui a dû être recopiée et retravaillée par Beethoven étant donné les différences avec l'édition originale.

PUBLICATION

En juin 1816 par Artaria (l'annonce parut dans la *Wiener Zeitung* le 22 juin 1816) :

«Drey Deutsche Gedichte / Für das / Piano-Forte / aus Reissig's Blümchen der Einsamkeit / von / L. van BEETHOVEN, A. GYROWETZ / und Ritter von SEYFRIED/ [...]»

«SEHNSUCHT. von L : van Beethoven.» «Voce. / Cembalo.», p. 2-3.

«Der Jüngling am Grabe seiner Braut» de Gyrowetz, p. 4 sq. «Die Verlassene» de Seyfried, p. 11 sq

Un peu plus tard, en 1816/ 1817, ce Lied fut publié par Artaria comme «N° 1» dans :

«Sechs deutsche Gedichte aus Reissig's Blümchen der Einsamkeit [...] von L. van Beethoven» (N° 2, *Des Kriegers Abschied WoO 143*, N° 3 *Der Jüngling in der Fremde WoO 138*, N° 4 *An den fernen Geliebten op. 75 n° 5*, N° 5 *Der Zufriedene op. 75 n° 6*, N° 6 *Der Liebende WoO 139*).

Hess 297

Adagio pour trois cors en *fa*, en *la* bémol majeur

TEMPS DE LA COMPOSITION

Probablement 1815.

PRÉSENTATION DE L'ŒUVRE

Il s'agit de 10 mesures à quatre temps, d'écriture en imitation dominée par le rythme (blanche – deux noires), qui partent de *pp* et culminent sur *f*.

SOURCES

Le manuscrit autographe est à Berlin dans un ensemble intitulé «Beethovens Studien zur Instrumentation» (surtout pour les instruments à vent, cors et trombones).

PUBLICATION

En 1963 par Hess.

HUITIÈME PARTIE

Vers la *Sonate opus 106*

(1816-1818)

Au lendemain du congrès de Vienne, la célébrité qu'il a connue au moment où les souverains d'Europe se trouvaient rassemblés dans la capitale de l'Empire d'Autriche n'est plus qu'un souvenir. Et tandis que ses principaux mécènes disparaissent (le prince Kinsky est mort en 1812, le prince Lichnowsky meurt en 1814, le prince Lobkowitz en 1816, le comte Rasumowsky est ruiné par l'incendie de son palais en 1815, Marie Erdödy quitte Vienne en septembre 1815), il supporte de plus en plus mal le vide de sa vie affective. C'est alors qu'en novembre 1815, son frère Kaspar Karl meurt laissant un jeune enfant, Karl (né en 1806), que Beethoven n'a de cesse d'arracher aux mains d'une mère qu'il estime indigne d'élever son enfant. Comptant sur cet investissement affectif pour donner du sens à sa vie, il va s'épuiser dans de longs procès avec la mère pour obtenir seul la tutelle de son neveu, puis, une fois l'affaire réglée (au printemps 1820), les difficultés se déplacent sur ses relations avec son neveu : Karl ne cesse de le décevoir.

Le procès pour obtenir la tutelle de Karl s'ajoute à celui qu'il intente à la famille Kinsky pour qu'elle continue à lui verser la part de la rente que le prince s'était engagé (en 1809) à lui assurer.

C'est pendant cette période que Beethoven connaît une sorte de temps d'incubation des grandes œuvres à venir : il crée peu (essentiellement des Lieder commandés par des éditeurs de revue, ainsi que des arrangements d'airs populaires « écossais » ou « continentaux » commandés par l'éditeur d'Edimbourg, Thomson) et, quand il crée, il met longtemps à achever les œuvres (il a passé sur la *Sonate op. 101* plus de temps que sur aucune autre).

Ce besoin n'est pas lié à un défaut d'inspiration, mais à sa volonté de créer des œuvres très complexes, de facture nouvelle, associant des types d'écriture différents, en tension les uns par rapport aux autres.

Ces recherches aboutirent à la création de la *Sonate op. 106*, écrite non plus pour pianoforte mais pour « Hammerklavier », terme qui connote sa volonté d'affirmer un mode d'écriture neuf, sa contribution à la construction d'une culture allemande spécifique. Elle est si complexe que même son amie pianiste et facteur de pianos Nannette Streicher a du mal à la comprendre (Liszt sera le premier à la jouer en public, bien après la mort de Beethoven).

Cette *Sonate* qu'il fait éditer à Vienne en 1819 n'est d'ailleurs achevée qu'in extremis, comme en témoigne la mesure ajoutée après coup au début du mouvement lent. Cette publication donne l'occasion à l'éditeur Artaria de dresser un catalogue de ses œuvres, repérant d'une part les numéros d'opus restés vides jusqu'alors et d'autre part les œuvres encore dépourvues de numéros d'opus. Cette mise en ordre prépare en quelque sorte la réalisation de la publication de ses œuvres complètes, que Beethoven envisage de contrôler lui-même.

Pendant qu'il compose cette immense *Sonate*, il songe à un nouveau genre de musique religieuse, qui puisse être jouée dans toutes les occasions du fait de sa portée spirituelle : il ne s'agirait donc ni d'une messe ni d'un oratorio… mais de quelque chose d'inédit, à quoi il pense en évoquant l'idée de mythe grec associé à un recours aux modes utilisés avant le règne de l'harmonie classique. « Adagio cantique – Chant pieux pour une symphonie dans les modes anciens… dans l'Allegro fête à Bacchus », note-t-il au printemps 1818 sur une feuille d'esquisse ; ces recherches préparent la *9e Symphonie*, composée quelques années plus tard. Ainsi, pour renouveler son langage il se préoccupe de redécouvrir les partitions de musique « ancienne », essentiellement les œuvres religieuses, depuis les chorals grégoriens jusqu'à Palestrina, Haendel, Jean-Sébastien Bach et Carl Philipp Emanuel Bach, ainsi que les théoriciens de la Renaissance : il fréquente alors assidûment la bibliothèque de l'archiduc Rodolphe, se faisant d'ailleurs aider par ses amis avec lesquels il discute des particularités de ces musiques.

Très occupé à Vienne, il est pourtant très intéressé par la proposition de la Société philharmonique de Londres, qui, par l'intermédiaire de Ries, lui commande (en juin 1817) deux symphonies et l'invite pour la prochaine saison de concerts : très tenté d'accepter, il trouve malgré tout que les frais du voyage sont insuffisamment couverts, aussi repousse-t-il sans cesse le voyage – cette considération financière masque le fait qu'il était plus important pour lui de rester à Vienne, où il espérait être bientôt nommé à un poste officiel rémunérateur.

WoO 168
« *Das Schweigen* », « *Das Reden* »
(Se taire, parler)

Lerne schweigen, o Freund
Canon énigmatique (Rätselkanon)
Rede, rede
Canon à trois voix **C**, fa *majeur – 12 mes.*
Rede *: Vivace (Lebhaft), 2/4,* fa *majeur – 36 mes.*

TEMPS DE LA COMPOSITION

Fin 1815-janvier 1816 (offerts à Charles Neate au moment de son départ pour Londres).

CONTEXTE BIOGRAPHIQUE

Avant de composer un Rätselkanon sur cet aphorisme injonctif trouvé chez Herder, Beethoven en avait recopié le texte dans son *Tagebuch* (5) en 1813. Ne pas livrer ses secrets, estimer que « le silence est d'or », semble avoir été une exigence pour lui (cf. *Das Geheimnis*).

Même si Fanny del Rio a mentionné dans ses souvenirs[1] que Beethoven leur avait écrit un canon au crayon sur le texte « Wie Silber ist die Rede, doch zu rechter Zeit schweigen ist lauteres Gold », la composition fut offerte à Charles Neate afin de sceller la complicité des deux musiciens. Au moment du retour de Neate en Angleterre, Beethoven lui avait confié, sous le sceau du secret, une série d'œuvres à faire éditer à Londres… alors qu'il les avait pour la plupart vendues à des éditeurs viennois (il avait déjà vendu à Steiner en mai 1815 les *op. 72, 92, 95, 113 (Ouverture), 115, 117 (Ouverture), 136*).

PRÉSENTATION DE L'ŒUVRE

Le texte provient de la quatrième édition des *Blumen aus morgenländischen Dichtern gesammelt* publiées par Herder en 1792, à Gotha, dans ses *Zerstreuten Blättern*, et présentées comme une traduction de *Rosental* du poète persan Saadi. Beethoven a déjà mis deux poèmes en musique : *Die laute Klage WoO 135* et *Der Gesang der Nachtigall WoO 141.*

« Lerne schweigen, o Freund ! Dem Silber gleichet die Rede, / aber zu rechter Zeit schweigen, schweigen ist lauteres Gold. » (Apprends à te taire, ô ami ! La parole est d'argent, mais au bon moment, se taire est de l'or de plus haute valeur.)

La provenance du texte du second canon n'est pas établie :

« Rede, rede, wenn's um einen Freund dir gilt. / Rede, rede, einer Schönen Schönes zu sagen. » (Parle quand il s'agit pour toi d'un ami. Parle pour dire quelque chose de beau à une belle.)

Ce sont des exercices d'écriture contrapuntique, de complexité différente.

Dans « Lerne schweigen », chaque membre de phrase a son propre rythme et dans « Rede », chacune des trois voix a sa ligne.

SOURCES

Des esquisses (à Vienne) ont été présentées par Nottebohm (II, 330) qui souligna que l'organisation des voix semble avoir donné du mal à Beethoven. Une feuille d'esquisse (à Weimar) de ces *Canons* porte au dos, au crayon, une esquisse pour le premier mouvement de la *Neuvième Symphonie* (feuille volante réutilisée en automne 1817 ?)[2].

Il existe deux autographes du Rätselkanon : l'un écrit au crayon (à Vienne GdM), avec au revers : « Sie sind ein ewiger Spötter » (Vous êtes un sempiternel railleur), et l'autre (à Londres) porte la date du 24 janvier 1816, sans dédicataire.

L'inscription définitive des deux *Canons* fut effectuée dans l'Album (aujourd'hui introuvable) de Charles Neate au moment de son départ de Vienne (mi-février 1816).

1. Souvenirs publiés en 1857 dans la revue *Die Grenzboten*, et édités par Friedrich Kerst, *Die Erinnerungen an Beethoven*, Stuttgart 1913, vol. I, p. 213.

2. Signalé par Sieghard Brandenburg dans son article, « Die Skizzen zur Neunten Symphonie », in *Zu Beethoven*, Verlag Neue Musik Berlin 1984, p. 95 et p. 99.

PUBLICATION

La *Wiener Allgemeine musik Zeitung,* n° 10 du 6 mars 1817, publia dans sa forme énigmatique, le « CANON./ Das Schweigen,/ aus Salis Rosenthal, siehe die zerstreuten Blätter, / von /Herder. / Musik von Ludw. van Beethoven. »

Elle donna la solution dans le n° 23 du 5 juin 1817 en publiant un canon humoristique de Hieronymus Payer (1787-1845) sur le texte suivant : « Herr von Beethoven's Canon ist in der Unterquint und in der Octav » (Le canon de Monsieur von Beethoven est à la quarte et à l'octave.)

« Das Reden » fut publié en 1864 dans la GA.

DÉDICATAIRE

Charles Neate (1784-1877), musicien anglais, pianiste et violoncelliste, fut un des fondateurs de la Société philharmonique de Londres en 1813. Il rencontra souvent Beethoven lors de son séjour à Vienne entre mai 1815 et février 1816 (durant l'été à Baden il partagea les ses promenades). La dédicace portée sur l'Album est la suivante : « Wien / am 24. Jänner 1816 », « Mein lieber Englischer Landsmann gedenken sie beym Schweigen und Reden ihres aufrichtigen Freundes / Ludwig van Beethoven ».

CORRESPONDANCE

Dans un billet à Tobias Haslinger (après janvier 1816 [3., 883]), Beethoven lui conseillait « d'observer les lois et de chanter souvent son Canon das Schweigen – per precautionem ».

Fin janvier ou début février 1816 [3., 889], Beethoven envoyait un billet en français à Charles Neate : « mon cher ami je vous prie de ne parler pas de ces œuvres, que je vou[s] donnerai pour vous et pour l'angleterre, les raisons pour cela, je vous dirai sincèrement en bouche – votre vrai ami [...] » (Neate emporta les partitions des *op. 61, 72, 92, 95, 102, 112, 113 (Ouverture), 115, 117 (Ouverture), 136*, mais cela n'eut aucun effet pour leur publication à Londres.)

WoO 169

Ich küße sie / drücke sie an mein Herz ! Ich der Haupt... mann der Haupt. mann !

(Je vous embrasse / je vous serre sur mon cœur ! Moi le chef des chefs !)

Signature musicale adressée à Anna Milder-Hauptmann, à Berlin

TEMPS DE LA COMPOSITION

Janvier 1816.

CONTEXTE BIOGRAPHIQUE

Le ton de la lettre du 6 janvier 1816 [3., 875] adressée à Anna Milder-Hauptmann témoigne de l'affection de Beethoven pour cette chanteuse qu'il appelle « Meine werthgeschätze Einzige Milder, meine Liebe Freudin ! » (Mon unique et cher trésor Milder, ma chère amie !). Il la remerciait d'avoir chanté le rôle de Leonore lors des représentations de *Fidelio* à Berlin : sa participation, à partir du 14 octobre 1815, pour onze représentations, avait assuré le succès de l'opéra dans cette ville.

Dans cette même lettre, Beethoven, qui cherchait depuis plusieurs années à composer un nouvel opéra, lui suggérait de demander au baron Friedrich Heinrich Karl de La Motte Fouqué (1777-1843), écrivain romantique célèbre, d'écrire un livret d'opéra qu'il mettrait en musique en lui confiant le premier rôle. Il la suppliait de répondre au plus vite.

PRÉSENTATION DE L'ŒUVRE

Il s'agit de deux phrases musicales toutes simples en *ut* majeur : la première écrite en clé d'*ut* quatrième, et la seconde en clé de *fa* – mise en scène de deux voix (Hauptmann étant le nom du mari d'Anna, qui aurait manifesté sa jalousie au moment du grand concert du 22 décembre 1808, si bien que Beethoven remplaça Anna Milder par Josephine Killitschky pour chanter *Ah ! Perfido*).

La destinataire est Pauline Anna Milder (1785-1838), soprano, attachée au Theater an der Wien à partir de 1803. Après avoir chanté, en 1805 et 1806, le rôle de Leonore dans *Fidelio* que Beethoven a écrit en pensant à ses capacités vocales, elle fut attachée à partir de 1808 au Kärntnertortheater. Elle épousa en 1810 le joaillier Peter Hauptmann (1763-1858), dont elle se sépara. C'est elle qui chanta le rôle de Leonore à Vienne en 1814. Invitée à Berlin en 1815, elle fut engagée par le théâtre de la cour en 1816, ne retournant à Vienne qu'en 1829.

(Voir *Opus 116*)

WoO 170
Ars longa, vita brevis

Canon énigmatique *à deux voix*
Ut *majeur – 12 mesures (notées en clé de* fa*)*

TEMPS DE LA COMPOSITION

Le 4 avril 1816, en guise d'adieu à Johann Nepomuk Hummel (1778-1837) lors de son départ pour Stuttgart où il fut nommé maître de chapelle de la cour de Wurtemberg (1816-1818).

CONTEXTE BIOGRAPHIQUE

Beethoven estimait Hummel, dont il était très proche – il le tutoyait. Hummel tenait la partie de canon dans la reprise de l'*op. 91* le 2 janvier 1814, et Beethoven lui demanda de la tenir à nouveau le 27 février 1814 [3., 700]).

Il fit représenter *Fidelio* à Stuttgart le 20 juillet 1817.

Beethoven a fait d'autres canons sur cet aphorisme : le 16 septembre 1825, pour George Smart, *WoO 192*; et également en 1825, *WoO 193*.

PRÉSENTATION DE L'ŒUVRE

Le texte correspond au début d'un aphorisme d'Hippocrate, traduit en latin. Le terme « longa » est longuement tenu. Le thème est dans un style de déclamation.

SOURCES

Ce canon est noté sur les quatre derniers systèmes du manuscrit autographe du Lied *An die Hoffnung*, édité en avril 1816, chez S.A. Steiner.

L'autographe se trouvait dans l'Album de Hummel (à Harvard) avec cette dédicace :

« Glückliche Reise mein lieber Hummel gedenken Sie zuweilen ihres Freundes Wien am 4ten April 1816. Ludwig van Beethoven. » (Bon voyage mon cher Hummel pensez de temps en temps à votre ami / Vienne le 4 avril 1816. Ludwig van Beethoven.)

PUBLICATION

En 1867, par Nohl, d'après l'album de Hummel que détenait encore sa femme à Weimar, dans les *Neue Briefe Beethovens*, n° 133.

Thomson, 7e envoi
6 Airs « écossais » et *18 Airs « continentaux »*

Op. 108 *n° 15, 16, 12, 8, 14*
WoO 158 *[29 Kont 16] = KH* WoO 158, *partie 1, n° 16 (air cosaque)*
Les 7 premiers : WoO 158 *[29 Kont] = KH* WoO 158, *partie 1, n° 13, 14, 15, 4, 19, 20, 21 (dans la même succession)*
Le 8 : WoO 158 *n° 27 [des 29 Kont] = KH* WoO 157 *n° 12*
Les 9-18 : WoO 158 *[29 Kont] = KH* WoO 158 *partie 1, n° 11, 12, 2, 3, 18, 23, 5, 6, 9 et 10 (dans la même succession)*

TEMPS DE LA COMPOSITION

Premiers mois de 1816, juste après l'envoi de Thomson du 1er janvier 1816, et sa demande d'Airs continentaux.

CONTEXTE BIOGRAPHIQUE

Beethoven répondit très rapidement à la volonté de Thomson de rassembler des chants de différentes nations d'Europe continentale : il en trouva dix-huit [1] dont il fit les arrangements (voir *WoO 158*).

PRÉSENTATION DE L'ŒUVRE

Voir *Op. 108* et *WoO 158* (p. 833-844).

SOURCES

Il reste des autographes (à Saint-Pétersbourg pour les 6 Airs, à Berlin pour une partie des 18) et une copie envoyée à Thomson (à Berlin pour les 6 Airs; à Darmstadt pour les 18 Airs continentaux).

PUBLICATION

Thomson ne publia que les Airs écossais : *Scottish Airs V*, 1818 (publié comme *Opus 108* à Berlin en 1822).

CORRESPONDANCE

Le 1er janvier 1816 [3., 874], Thomson envoyait six Airs de plus à arranger, toujours dans « le même style simple et facile ». Il demandait à Beethoven de trouver et d'arranger des chants populaires d'Europe continentale : « Je veux beaucoup obtenir quelques échantillons de la musique vocale des différentes nations de l'Europe / de l'Alle-

1. Voir Kurt Dorfmüller, « Beethovens Volksliederjagd », dans *FS Horst Leuchtmann zum 65. Geburtstag*, hg. Von Stephan Hörner und Bernhold Schmid, Tutzing 1993, p. 107 sq.

magne / de la Pologne / de la Russie / du Tyrol / de la Venise / et de l'Espagne / c'est a dire, *deux* ou trois Airs de chacun de ces pays. Je ne parle pas des compositions des Savans auteurs vivans, mais des Mélodies purement nationales, marqués du caractère de la Musique de chaque pays, et qui son chèris du peuple, comme les airs Ecossois et Irlandois que je vous ai envoyés. Je voudrois que ces Airs fussent d'un Style agréable et assez reguliès pour être unis à la poesie. / Dans une ville comme Vienne, où il y a des Musiciens de tous les pays, je crois que vous pourriez trouver sans peine les Airs dont je parle [...] ». Thomson offrait 4 ducats en or pour chacun des arrangements, et poursuivait ses exigences : que l'étendue des voix soit peu importante et qu'il indique « par deux ou trois mots au dessus de chaque Air, quel est le style, ou le sujet des paroles auxquels il est chanté, et de quel pays il est ».

Le 2 mai de la même année [3., 931], Beethoven déposait chez le banquier Fries les six Airs envoyés par Thomson et les dix-huit qu'il avait rassemblés.

Le 8 juillet [3., 946], Thomson accusait réception de l'envoi, félicitant Beethoven et souhaitant qu'il éduque le sens esthétique de ses concitoyens britanniques qui perdraient ainsi « le goût de ce fatras de musique pauvre et méprisable, dont on s'occupe à présent, et l'on parviendrait à aimer ce qui est vraiment original et beau ». Il commandait d'autres Airs étrangers pour le volume qu'il préparait.

Le 20 octobre [3., 984], Thomson écrivait, navré, qu'il lui avait été impossible d'adapter des vers anglais aux mélodies populaires des différentes Nations « parce que la mèsure et le Style singulier de ces Airs ne s'accordent pas, ni avec la *forme* ni avec le *genie* de la *poesie* Anglaise. » Pour ne pas perdre ces Airs avec les « beaux accompagnements », Thomson proposait à Beethoven de les intégrer dans des « *Ouvertures mêlés* », et lui suggérait des solutions...

Le 18 janvier 1817 [4., 1070], Beethoven conseillait à Thomson de mettre des paroles en prose... et lui annonçait qu'il avait des idées pour les Ouvertures, et qu'il lui en ferait part ultérieurement.

Opus 98
An die ferne Geliebte

Liederkreis avec accompagnement de piano sur six poèmes d'Alois Jeitteles
N° 1 Ziemlich langsam und mit Ausdruck, 3/4, mi *bémol majeur – 53 mes.*
N° 2 Ein wenig geschwinder. Poco allegretto, 6/8, sol *majeur (mes. 54) – 46 mes.*
N° 3 Allegro assai, **C**, la *bémol majeur (mes. 100) – 53 mes.*
N° 4 Nicht zu geschwinde, angenehm und mit viel Empfindung, 6/8, la *bémol majeur (mes. 153) – 37 mes.*
N° 5 Vivace / poco adagio, **C**, ut *majeur (mes. 190) – 68 mes.*
N° 6 Andante con moto e cantabile / Allegro molto e con brio, 2/4, mi *bémol majeur (mes. 258) – 85 mes. [= 342 mes].*

TEMPS DE LA COMPOSITION

Début 1816 – le manuscrit porte la date d'avril 1816. Beethoven a dû envoyer son manuscrit à Steiner en mai ou juin 1816.

CONTEXTE BIOGRAPHIQUE

Rien ne permet de dire quand et comment Beethoven a pris connaissance de ces poèmes, restés inédits. Il est possible que l'auteur Alois Jeitteles les lui ait remis lui-même, dans la mesure où il avait rencontré Beethoven pendant ses études de médecine à Vienne (par l'intermédiaire d'Ignaz Castelli, éditeur de l'Almanach *Selam*, qui publia plusieurs poèmes de Jeitteles en 1815, 1816, 1817, et qui publia *Merkenstein I WoO 144* en 1816).

Beethoven a travaillé à ce *Liederkreis*, dont le thème lui était très familier (la douleur provoquée par l'éloignement de la bien-aimée, l'aspiration secrète (Sehnsucht) à la retrouver et la conviction intime que l'art réalisera son vœu), au début de l'année 1816, après avoir mis en musique, en 1815, *Die laute Klage WoO 135, Das Geheimnis WoO 145, An die Hoffnung op. 94* et *Sehnsucht WoO 146.*

Cette nouvelle forme d'œuvre, un cycle de Lieder, peut évoquer la pratique des troubadours (comme la vignette de l'édition le suggérait), et avait été « promise » à l'éditeur Steiner qui la publia très rapidement (non sans fautes, ce que Beethoven dénonça comme étant de l'ordre de la « Barbarey »). Moins d'une année donc sépare les premières esquisses de l'édition originale, les amateurs pouvant enfin disposer d'une œuvre originale, « expressive » et abordable, composée par Beethoven, musicien déjà considéré comme génial.

Beethoven a donc composé ce cycle en vue d'une publication certaine, dans un contexte pour lui tout à fait nouveau : la mort de son frère Kaspar Karl, le 15 novembre 1815, fit qu'il devint tuteur (non sans difficultés avec la mère)[1] de son neveu Karl, jeune garçon né en 1806. Beethoven aspirait grandement (selon ses dires) à une vie de famille et à l'expérience de la paternité, comme le révèlent, entre autres, ses lettres à Antonie Brentano[2] ou à Marie Erdödy[3], mères de plusieurs enfants (qu'il ne manque jamais d'embrasser à la fin de ses lettres).

Choisissant de faire élever Karl dans l'Institution Giannattasio del Rio (à partir de février 1816), Beethoven se rendit souvent dans la famille del Rio, où ses propos furent parfois recueillis dans son *Journal intime* par Fanny, secrètement amoureuse de lui – elle nota en particulier en septembre 1816 que Beethoven aurait répondu à son père qui lui conseillait de se marier qu'il avait un amour malheureux, une femme qu'il avait rencontrée il y a cinq ans, avec laquelle il se trouvait en parfaite harmonie mais avec laquelle il lui était impossible de vivre. Ces propos rapportés par Fanny, alors que le *Liederkreis An die ferne Geliebte* n'était pas encore publié, attestent la dimension autobiographique de cette œuvre (confirmée par l'oscillation du titre entre «*entfernte*» – éloignée – et «*ferne*» – lointaine – *Geliebte*), pourtant de portée générale, comme l'indiquent la publication rapide et le choix du dédicataire.

PRÉSENTATION DE L'ŒUVRE

Cet ensemble de six poèmes a été écrit par Alois Jeitteles (1794-1858), médecin à Brünn, poète et journaliste – il n'y a aucune trace d'édition hors ce *Liederkreis* de Beethoven.

Le titre sur le manuscrit autographe de Beethoven est « An die entfernte Geliebte », alors que dans l'édition originale (qu'il a corrigée de très près) le titre est « An die ferne Geliebte ». Quel est celui donné par le poète ? Le rapprochement avec d'autres œuvres de Beethoven[4] montre que le terme « entfernte » n'est pas employé, le terme utilisé étant « fern » ou « fremd » : *An den fernen Geliebten op. 75 n° 5* (1809), *Lied aus der Ferne WoO 137* (1809), *Der Jüngling in der Fremde WoO 138* (1809), ce qui permet de supposer que le titre du poète était « entfernte », et donc que Beethoven l'a légèrement modifié. Comme si, par ce changement, il affirmait que la femme qu'il aimait ne s'était pas éloignée de lui, mais qu'elle se trouvait seulement loin de lui... comme Antonie Bretano ou Marie Erdödy, loin de Vienne.

Les six poèmes, de structure différente, reprennent les thèmes de la séparation, de l'éloignement de la bien-aimée, que « je » cherche à retrouver dans la nature (oiseaux, vents, rivières), mais en vain ; si bien que la dernière solution dans ces poèmes, afin que s'effacent à travers eux le temps et l'espace de la séparation.

Beethoven fait de cette œuvre un *Liederkreis* (Cercle de Lieder) en reprenant avec la même musique les derniers vers du premier poème à la fin du sixième poème : « Und ein liebend Herz erreichet,/ Was ein liebend Herz geweiht ! » (Et un cœur aimant atteint, ce qu'une cœur aimant consacre !), et en liant chacun des poèmes au précédent par une courte transition du piano, assurant la modulation vers la tonalité suivante.

Cette cohérence cyclique repose également sur des éléments de structure : l'enchaînement des tonalités et leur symétrie (*mi* bémol majeur-*sol* majeur-*la* bémol majeur-*la* bémol majeur-*ut* majeur-*mi* bémol majeur) ; les rythmes dominants qui alternent de Lied en Lied (anapeste : deux courts-une longue / trochée : long-court) ; le jeu avec le tempo qui s'accélère ou ralentit en fonction de la pression de l'émotion (l'indication du tempo en allemand doublant le plus souvent l'indi-

1. Il obtint la garde de Karl par une décision du tribunal des États de basse-Autriche, le 19 janvier 1816.

2. Dans la lettre du 6 février 1816 [3., 897], il parlait de « Süße Sorgen » (doux soucis).

3. Dans la lettre du 13 mai 1816 [3., 934] il exprimait son mal-être et disait penser sans crainte à la mort, préoccupé surtout par la nécessité de sa présence auprès de son neveu Karl.

4. Dans « Der Titel von Ludwig van Beethoven op. 98 » (*Beethoven-Jahrbuch, 1973-1977*, Beethoven-Haus 1977, p. 339-346), Paul Mies démontre que le titre « An die entfernte » est celui du poète, et que Beethoven, soucieux de chaque détail, l'a transformé en « ferne » pour exprimer l'idée que la bien-aimée était dans un lieu lointain, et non qu'elle s'était éloignée.

cation en italien, et lui donne toute sa valeur). D'autre part, chacun des poèmes est traité de la même façon : les différentes strophes chantées sur la même mélodie (en général), l'accompagnement répondant à la technique de la variation, et le tempo se modifiant au gré de l'émotion. Enfin, le matériau musical du cycle se trouve dans les dix premières mesures du premier Lied, si bien que toutes les mélodies sont apparentées.

1. « Auf dem Hügel sitz' ich » (Sur la colline je suis assis), cinq strophes de quatre vers.

« Ziemlich langsam und mit Ausdruck » (Assez lent et avec expression), ce premier Lied est ouvert par un accord de *mi* bémol majeur, la voix commençant juste après, très calmement, à la manière d'un récit. Ces premières mesures, tout en posant le climat émotionnel « ausdrucksvoll/espressivo », exposent le matériau musical, une ligne vocale en notes conjointes qui se termine sur un saut de la voix, et un accompagnement harmonique dont la texture varie avec chacune des strophes, séparée de la suivante par une courte ritournelle. Dans ce premier Lied le tempo s'accélère « nach und nach geschwinder/stringendo » jusqu'à allegro pour les deux derniers vers, avant que la transition du piano ne s'effectue par une suspension du temps et un glissement harmonique de *mi* bémol à *ré*.

2. « Wo die Berge so blau » (Là où les montagnes émergent si bleues), trois strophes de six vers courts.

« Ein wenig geschwinder/Poco allegretto » (un peu plus rapide), à 6/8, en *sol* majeur, ce Lied a le ton d'une ballade populaire, aux courtes phrases balancées et répétées. Il module en *ut* majeur, la ligne vocale restant sur la même note en ne conservant que le rythme initial pour évoquer le silence de la nature, avant de devenir « nach und nach geschwinder/stringendo » se transformant en « ziemlich geschwind/assai allegro » pour évoquer la force de l'amour, puis « poco adagio » sur le souvenir de la peine, avant de retrouver le « Tempo I° ». Le Lied se termine sur la répétition de « ewiglich sein », « poco adagio » sur une suspension harmonique.

3. « Leichte Segler » (Légers martinets), cinq strophes de quatre vers.

La transition se fait encore par glissement d'un demi-ton vers *la* bémol majeur, dans un tempo plus rapide « Allegro assai », et un accompagnement plus sautillant et haletant, l'injonction faite à l'oiseau de porter sa plainte étant *ritardando* avec un accompagnement harmonique dense, aux modulations tendues, avant que ne reprenne l'accompagnement sautillant, et que ce *ritardando* ne revienne sur l'évocation des « larmes innombrables », la voix tenant près de trois mesures un *mi* bémol qui fait transition avec le Lied suivant.

4. « Diese Wolken in den Höhen » (Ces nuages dans les airs), trois strophes de quatre vers.

Après les modulations de la fin du Lied précédent, le *la* bémol majeur revient à 6/8, dans une atmosphère de ballade, « Nicht zu geschwinde angenehm und mit viel Empfindung » (pas trop rapide et pleine d'émotion), les légères broderies sur des notes aiguës du piano évoquant des chants d'oiseaux. La fin est « nach und nach geschwinder/sempre più allegro » et module vers *ut* majeur par un glissement de *la* bémol à *sol* dans la pédale rythmique de la main gauche.

5. « Es kehret der Maien » (Le mois de mai revient), trois strophes de six longs vers.

« Vivace », à quatre temps, mais ouvert par une longue introduction marquée par des syncopes et des trilles en suspension harmonique (qui font l'effet d'une interrogation), ce Lied est très fluide et dense. Un ritardando, qui souligne l'évocation de l'absence de printemps et les larmes, conduit à un adagio qui amène le dernier Lied avec une modulation en *mi* bémol majeur.

6. « Nimm sie hin denn diese Lieder » (Accepte à présent ces Lieder), quatre strophes de quatre vers.

« Andante con moto e cantabile », l'accompagnement retrouve le calme du premier Lied, mais devient de plus en plus dense et *pianissimo* sur l'évocation de la disparition des derniers rayons du soleil. Après un accord suspensif, la fin du cycle fait l'effet d'une cadence qui renoue avec le début du cercle : le piano reprend le thème du premier Lied, dans le même tempo « Ziemlich langsam und mit Ausdruck », puis, *crescendo*, « nach und nach geschwinder/stringendo » atteint très vite le tempo « Allegro molto e con brio » (mes. 305) pour chanter la dernière strophe et surtout les deux derniers vers dans cette pression émotionnelle renforcée par des points d'orgue, et qui éclate dans un *fortissimo* de la voix soutenu par des accords très denses du piano sur un rythme régulier de croches.

SOURCES

Des esquisses des six Lieder se trouvent dans le *Scheide-Skizzenbuch*, après celles pour *Sehnsucht WoO 146*, entre celles pour les *Sonates piano et violoncelle op. 102 n° 2* et la *Sonate pour piano op. 101*, ainsi que sur des feuilles isolées; Nottebohm (II, 334-339), a présenté ces esquisses en faisant remarquer qu'elles sont nombreuses et laborieuses, Beethoven partant en même temps de plusieurs endroits du texte pour trouver l'expression musicale qui lui paraissait adéquate[1]).

Le manuscrit autographe (à Bonn) porte sur la page de titre : « An die entfernte Geliebte. / Sechs Lieder von / Aloys Jeitteles / in Musik gesezt / Von L. v. Beethoven ». La date se trouve sur la page 2 : « 1816 im Monath April. » Le manuscrit est de 28 pages, les Lieder commencent p. 2, 6, 9, 13, 16, 22. La voix est notée en clé de *sol*. La graphie est lisible et il y a de nombreuses corrections à l'encre et au crayon.

PUBLICATION

Elle fut assurée par S.A. Steiner und Comp. à Vienne en octobre 1816 (mais la première édition fut corrigée) :

« An die ferne Geliebte. / Ein Liederkreis von Al : Jeitteles. / [Vignette] / Mit Begleitung des Piano=Forte in Musik gesetzt, / und / Seiner Durchlaucht dem regierenden Herrn / Fürsten Joseph von Lobkowitz, Herzog zu Raudnitz &. &. &./ ehrfurchtsvoll gewidmet / von / LUDWIG van BEETHOVEN. / 98tes Werk. / [...] »

La vignette représente un chanteur, tel un troubadour avec son luth, assis sur un rocher, la bien-aimée émergeant des nuages en arrière-plan.

Steiner publia une version corrigée à la fin de 1816, avec un titre un peu différent « An die ferne Geliebte. / Ein Liederkreis von Al : Jeitteles. / [Vignette] /Für Gesang und Piano=Forte / [*etc.*] »

Dans la « Musik-Anzeige » (Annonce des publications musicales) indiquant la publication des *op. 90* à *99* insérée dans la partition du premier violon de la *Symphonie op. 92* par Steiner en novembre 1816, le titre est : « An die Entfernte. Ein Liederkreis... f. Gesang und Klavier in 6 Abtheilungen... » (KH, p. 275 et p. 259).

DÉDICATAIRE

(Voir *Opus 18, 55, 56, 67, 68, et 74*)

Le prince Lobkowitz mourut à la suite d'un accident le 15 décembre 1816 (il était né le 7 décembre 1772) à peine un an après la mort de sa femme (morte le 24 janvier 1816 après une très courte maladie) dont il était resté inconsolable. Son palais fut un des hauts lieux de la vie musicale viennoise pendant vingt ans, le prince ayant alors les moyens d'entretenir un orchestre et de fonder un quatuor (lui-même était violoniste). En 1809, avec le prince Kinsky et l'archiduc Rodolphe, il s'était engagé à assurer à Beethoven une rente (à partir de 1811, et en raison de la déroute financière, il n'eut plus la possibilité de verser sa part, que Beethoven essaya de récupérer au moyen d'avocats).

Beethoven n'envoya un exemplaire de l'édition originale de l'*op. 98* à la famille du prince Lobkowitz que le 8 janvier 1817 avec une lettre dans laquelle il s'excusait du retard et spécifiait que cette dédicace témoignait qu'il n'oubliait pas le prince [4., 1059].

L'ŒUVRE VUE PAR SES CONTEMPORAINS

L'*AMZ* XIX, n° 4 du 22 janvier 1817 (col. 73-76), publiait un article très enthousiaste : l'auteur considérait ces Lieder, « charmante peinture de l'âme », comme les plus beaux composés depuis longtemps, et soulignait la simplicité de la poésie ainsi que de la musique, qui allaient parfaitement ensemble. L'auteur présentait rapidement les Lieder, et soulignait que la mélodie délicate – la même pour chacune des strophes dans chacun des Lieder –, les transitions et la fin étaient particulièrement réussies.

CORRESPONDANCE

Après le 4 mai 1816 [3., 932], Beethoven envoyait à S.A. Steiner « ce qui était promis pour chant avec clavier », spécifiant qu'il n'en voulait pas moins que « 50 ducats en or ».

Vers le 22 octobre [3., 985], le compositeur envoyait un billet comminatoire à Steiner pour qu'il corrige l'édition du « Liederkreise an die Entfernte » (exigeant également que les exemplaires disponibles soient corrigés au crayon). Il ajoutait qu'il voulait faire parvenir un exemplaire au prince Lobkowitz, ce qui était impossible à cause de la « Barbarey » (les corrections tardèrent tant que Beethoven ne

1. Voir également Johnson / Tyson / Winter, *The Beethoven Sketchbooks*, p. 241-246.

put offrir un exemplaire à la famille Lobkowitz avant le 8 janvier 1817 [4., 1059], c'est-à-dire après la mort du prince, survenue le 15 décembre).

Le 29 décembre 1816 [3., 1020], Beethoven demandait à Tobias Haslinger d'expédier des partitions à Johann Nepomuk Kanka ainsi qu'à « Hr. v. Ploschek » (Karl Gloschek sans doute), à Prague – parmi ces œuvres, « an die Hoffnung, an die Ferne Geliebte ».

WoO 24

Marche pour musique militaire

Marcia. Con brio, **C**, ré *majeur – 138 mes.*

TEMPS DE LA COMPOSITION

En mai-juin 1816, à la suite de la demande du conseiller juridique et receveur municipal supérieur Franz Xaver Embel (1770-1856), commandant du corps d'Artillerie de la ville de Vienne (également peintre de paysages) [1].

La demande était ainsi formulée : « Le corps d'artillerie de la garde nationale de la Ville impériale et royale de Vienne, capitale et Résidence, aimerait avoir l'honneur de posséder une Marche pour musique turque composée par Monsieur Louis van Beethoven. Ce canon [2] représente le corps d'artillerie, dessiné tout particulièrement par le demandeur, de façon à présenter sa demande en bonne et due forme » [3., 873].

CONTEXTE BIOGRAPHIQUE

Cette *Marche* pour musique militaire est un témoignage de la popularité de Beethoven à Vienne à la suite du Congrès : le corps d'artillerie de la ville se faisait une fierté de posséder une musique de parade composée par lui.

L'idée de faire publier cette *Marche* (dans un ensemble de quatre Marches) a été suscitée par C.F.Peters (de Leipzig), en mai 1822. Soucieux de sa notoriété et ayant besoin d'argent, mais n'ayant pas le temps de composer de nouvelles œuvres (il travaillait à la *Missa solemnis*, à la *Sonate op. 111*, les *Variations Diabelli* n'étant pas achevées), Beethoven proposa à Peters une série de compositions plus anciennes (dont des Marches, des Bagatelles et des Lieder), ce dont l'éditeur s'aperçut, déclinant l'offre de Beethoven (mais ce fut là l'occasion pour le compositeur de retrouver, revoir, et reprendre d'anciennes idées musicales qu'il n'avait pas encore exploitées).

Beethoven avait répondu aux sollicitations de ce nouvel éditeur alors qu'il se trouvait dans une situation financière particulièrement difficile (liée aux dépenses pour sa santé, pour son neveu, pour ses multiples logements, et à ses dettes avec intérêts envers l'éditeur S.A. Steiner pour des commandes payées qu'il n'avait pas honorées), au point qu'il se tourna vers son frère Johann pour qu'il lui avance la somme que Peters devait lui payer [4., 1486, 31 juillet 1822], avant même qu'il ait terminé de composer les œuvres promises.

N'ayant pas réussi à vendre ses *Marches* à Peters, Beethoven les proposa à d'autres éditeurs en 1825, puis en 1826, spécifiant qu'il s'agissait de morceaux de circonstance qui pouvaient cependant être utilisés à différentes occasions.

PRÉSENTATION DE L'ŒUVRE

Cette *Marche militaire* est la dernière et la plus grande pièce de ce genre de musique fonctionnelle composée par Beethoven, pour une formation donnée. « Con brio », en *ré* majeur à quatre temps, Beethoven y intégra une « musique turque » (triangolo e Cinelli, Tamburo militare e gran Tamburo), comprenant aussi un Trio central « all' Ongarese » en *si* bémol majeur, avec *p* et *f* en alternance (faisant office de détente au milieu de la profusion sonore).

Elle a été conçue pour un ensemble de vents comprenant 5 clarinettes, 2 hautbois, 2 piccolos, 6 cors, 8 trompettes, 2 bassons, contrebasson, trombone ténor et basse, et serpent, ce qui représente un ensemble inhabituel chez Beethoven (le « Serpente » est noté an bas de la partition).

Les trompettes I commencent sur un rythme pointé avant d'entraîner tout l'orchestre, *ff*, sur les notes tonales (4 mes + 10 mesures *ff* avec reprise + 49 avec modulations et avec reprise). Le Trio est formé de deux fois 8 mesures.

Les rythmes et les traits instrumentaux de

1. Cf. Clemens Brenneis, « An Orchestral Version of Beethoven's Marsch zu großen Wachtparade », dans les mélanges pour A. Tyson / edited by S. Brandenburg – Oxford Clarendon, 1998, p. 213-223.

2. Il y avait le dessin d'un canon.

cette grande masse orchestrale produisent un grand effet sonore (*fff*).

SOURCES

Nottebohm (II, 347) a mentionné des esquisses pour cette *Marche* à la fin du *Scheide Skizzenbuch* utilisé de mai 1815 à mai 1816 (contenant les esquisses pour l'*op. 102 n° 2*, pour des *Canons*, pour l'*op. 98* et pour de deuxième mouvement de l'*op. 101*).

Le manuscrit (à Berlin, Artaria 147) porte la mention suivante : « Marcia. Con brio Von L.v. Beethoven / am 5ten Juni 1816[1] » (il ne comprend pas les percussions). En 1823, à côté de « con brio », Beethoven indiqua (en vue d'une publication par Peters à Leipizg) : « Marsch zur großen / wachtparade / N° 4 ».

Il existe une partition séparée des percussions : « Tria[n]gel / Cinelli / Kleine Trommel / Tür[k]ische Trommel ».

Ces deux partitions existent aussi dans une copie (établie sans doute en 1822 et envoyée à Leipzig en février 1823) par Wenzel Schlemmer, avec la mention suivante de la main de Beethoven : « N° 4 / Großer Marsch zur / Großen Wachparade », « zum großen Marsch in D./ N° 4 ».

PUBLICATION

Posthume, en avril 1827 (peu après la mort de Beethoven), transcrite pour piano à deux et quatre mains, chez Cappi et Czerny à Vienne :

« MARCHE MILITAIRE / pour le / PIANO=FORTE [À 4 MAINS] / composée / par / LOUIS VAN BEETHOVEN. / Œuvre posthume. / […] ».

L'édition pour orchestre date de 1864 dans la GA.

CORRESPONDANCE

Le 5 juin 1822 [4., 1468], Beethoven proposait à C. Peters à Leipzig « Vier Militairische Märsche mit Türkischer Musik » (*WoO 18, 19, 20* et *24*); il réitérait son offre le 26 juin [4., 1473] et le 6 juillet [4., 1478]. Le 13 septembre [4., 1496], il notait qu'il n'avait pas encore envoyé les *Marches* pour lesquelles il prévoyait d'écrire de nouveaux *Trios*. Le 9 novembre [4., 1509], Peters acceptait les honoraires demandés par Beethoven. Le 18 février 1823 [5., 1570], Beethoven annonçait qu'au lieu de quatre *Marches*, il envoyait trois « Zapfenstreich[2] (türkische Musick) » (dont le *WoO 20* déjà expédié le 8 février, avec les « 6 Bagatellen » *op. 119 n° 1* à *6* et « 3 Gesänge » *op. 121b*, *op. 122* et *op. 128*), qui pouvaient remplacer les *Marches*, et une « große Marsch », qui pouvait être transcrite pour le piano. Le 20 mars 1823 [5., 1575], il disait avoir raté la poste pour l'envoi des trois autres *Marches* (*WoO 18, 19* et *24*), et faisait remarquer que la *Grande Marche n° 4* nécessitait la réunion de plusieurs régiments d'harmonie, et que si ce n'était pas le cas, il tolérerait des arrangements… mais qu'il le regretterait. Le 4 mars [5., 1604], Carl Friedrich Peters écrivait à Beethoven qu'il refusait la *Marche* et les trois « Zapfenstreich » envoyés à la place de quatre *Marches*, car il ne pourrait pas les vendre à Leipzig. Il supposait, d'autre part, qu'il s'agissait d'œuvres écrites il y a déjà plusieurs années, dans la mesure où le hautbois dirigeait la mélodie, ce qui ne se faisait plus depuis longtemps dans la musique militaire.

Le 7 mai 1825 [6., 1966], Beethoven proposait à B. Schott's Söhne de Mayence « quatre *Marches* de circonstance pour musique turque au complet ».

Le 13 octobre 1826 [6., 2222], il les proposait à A.M. Schlesinger de Berlin, sans que cette fois non plus le projet n'aboutisse.

Opus 99
Der Mann vom Wort
(L'Homme de parole)

Lied sur un poème de Friedrich August Kleinschmid
Gemaß dem verschiedenen Audruck in den Versen piano und forte (Conformément aux différentes expressions des vers piano *et* forte*), 3/4,* sol *majeur – 18 mes. (92 mes. avec toutes les strophes).*

TEMPS DE LA COMPOSITION

Début de l'été 1816, après le *Liederkreis An die ferne Geliebte op. 98*. Ce Lied a été envoyé à Steiner en août ou septembre 1816.

CONTEXTE BIOGRAPHIQUE

C'est avec des métaphores militaires « Feldzug », « Zeughaus » (registre qu'il employait

1. La date du 3 juin généralement indiquée résulte d'une mauvaise lecture du manuscrit.

2. Musique qui accompagne une Retraite militaire.

souvent avec Steiner) que Beethoven demandait à l'éditeur de publier ce petit Lied. Effectivement, l'accompagnement est dans le style d'une Marche militaire, soutenant des paroles qui sont une profession de foi dans le genre du Lied *Der freie Mann WoO 117*.

Dans le contexte de 1816, temps de la contre-révolution et du développement du mouvement national allemand, Beethoven a tenu à apporter sa contribution, sous cette forme simple, accessible à tous et sans ambiguïté. Il affirmait par là qu'une société ne trouvait sa solidité que quand les hommes étaient capables de respecter leur serment, valeur héritée de l'idéologie révolutionnaire aussi bien que de l'héroïsme antique, prisée également par l'idéologie maçonnique.

Cette œuvre de facture très simple peut donc être considéré, dans le contexte qui suivit le congrès de Vienne, comme une prise de position politique en faveur de la dimension libérale du mouvement national allemand.

Ce Lied exprime par sa facture ce qu'il y a de plus essentiel pour Beethoven : la simplicité, comme ce fut souvent le cas même dans de grandes œuvres, par exemple l'*Ode à la joie* (indépendamment de la complexité des variations qui la portent).

PRÉSENTATION DE L'ŒUVRE

Le poème de six strophes est de Friedrich August Kleinschmid (1749-1838), originaire de Westphalie, directeur de la police à Vienne depuis 1791, auteur de nombreux poèmes très populaires et souvent mis en musique[1]. Comment Beethoven s'est-il procuré ce poème non publié? Rien ne permet de répondre à cette question.

Du sagtest, Freund! An diesen Ort
Komm ich zurück das war dein Wort.
Du kamest nicht ist das ein Mann?
Auf dessen Wort man trauen kann.
Tu disais, ami, que tu reviendrais
À cet endroit, c'était ta parole.
Tu n'es pas revenu, est-ce cela un homme,
Et sa parole, sur laquelle on peut compter?

Les strophes suivantes décrivent ce qu'est un homme de parole, en répétant souvent les termes « Mann » et « Wort » (à la limite du bégaiement), et se terminent sur l'affirmation qu'il faut suivre cet exemple si « nous voulons être des hommes allemands », c'est-à-dire ne pas céder à une femme, demeurer incorruptible et respecter le serment juré.

La structure de ces courtes strophes évoquent un style maçonnique, à un moment où cette pratique était interdite à Vienne (au lendemain du congrès).

Ce Lied est en *sol* majeur. Les six strophes doivent être chantées sur la même musique après introduction solennelle du piano et avant une conclusion qui sert également de transition entre les strophes.

La ligne vocale est proche de la déclamation avec un mouvement ascensionnel de l'intonation, le dernier vers étant répété sur la même ligne mélodique.

L'accompagnement est dominé par les rythmes militaires pointés, souvent les deux mains à l'unisson.

SOURCES

Des esquisses se trouvent après l'*op. 98* et le deuxième mouvement de la *Sonate pour piano op. 101*, et avant une marche pour musique militaire (non achevée) dans le *Scheide-Skizzenbuch* (présentées par Nottebohm, II, 346).

Le manuscrit autographe (à Bonn) ne comprend que la première strophe. Une mention du titre comprend « vom », trois fois souligné, ainsi que l'indication en allemand de la façon de l'interpréter.

PUBLICATION

Assurée par S.A. Steiner und Comp. à Vienne en novembre 1816, avec toutes les strophes :

« Der / Mann von [*sic*] Wort. / Ein Gedicht von Fried : Aug : Kleinschmid. / In Musik gesetzt / für Gesang mit Begleitung des Piano=Forte / von / LUDW. VAN BEETHOVEN. / 99tes Werk./ […] »

CORRESPONDANCE

De Baden, en août-septembre 1816 [3., 964], Beethoven envoyait à Steiner ce Lied qu'il désignait comme « un petit morceau militaire qu'il faut emmener tout de suite à l'arsenal », donc à publier le plus vite possible, spécifiant qu'il s'agissait d'un cadeau.

1. D'après Ewan West, dans la présentation de ce Lied in Beethoven *Interpretation seiner Werke*, Laaber, 1996, t. II, p. 109.

Opus 101
Sonate pour piano en la majeur

Etwas lebhaft und mit der innigsten Empfindung / Allegretto, ma non troppo, 6/8, la *majeur – 102 mes.*
Lebhaft. Marschmäßig / Vivace alla marcia, **C**, fa *majeur – 94 mes.*
Langsam und sehnsuchtvoll / Adagio, ma non troppo, con affetto, 2/4, la *mineur – 20 mes.*
Zeitmaß des ersten Stückes / Tempo del primo pezzo : tutto il Cembalo, ma piano, 6/8, la *majeur – 7 mes.*
Presto, 6/8, la *majeur – 1 mes.*
Geschwinde, doch nicht zu sehr und mit Entschlossenheit / Allegro, 2/4, la *majeur – mes. 29 à mes. 361*

TEMPS DE LA COMPOSITION

L'essentiel fut effectué à partir d'avril 1816 avec interruption en mai (pour un Trio pour piano en *fa* mineur), mais il semble que l'idée de cette *Sonate* date de 1813, et que Beethoven l'ait commencée en été 1815, avant d'interrompre le travail. Il l'aurait achevée pour répondre à la demande de Härtel, qui en été 1816 souhaitait publier de nouvelles œuvres de lui.

D'après la date inscrite sur le manuscrit, cette *Sonate* aurait été couchée sur le papier à partir de novembre 1816, c'est-à-dire que le travail de composition ne commença qu'en automne pour s'achever en janvier-février 1817[1].

Beethoven n'a jamais passé tant de temps sur une sonate (au total 18 mois).

CONTEXTE BIOGRAPHIQUE

Au moment de publier cette nouvelle *Sonate*, Beethoven s'est préoccupé de trouver les termes allemands qui traduiraient au mieux son intention de créer un nouveau genre musical, association de son imagination et des potentialités sonores promises par les progrès de la facture instrumentale. Il chercha donc, non pas un équivalent allemand du terme italien de « pianoforte », mais un terme allemand qui rende compte de la spécificité de l'instrument en cours de perfectionnement (des marteaux actionnés par des touches et percutant une ou plusieurs cordes à la fois). Après avoir consulté des « savants[2] » et avoir hésité, il opta pour « Hammerklavier ». Son insistance dans la recherche du terme adéquat reflète la conscience qu'il avait d'avoir créé une œuvre qui était indissociable de sonorités jusque là inouïes.

Conscient que cette Sonate n'était pas à la portée de tous, Beethoven pensait cependant qu'elle pouvait être correctement interprétée par des instrumentistes de grand talent, familiers de son univers sonore et spirituel. Ses réflexions humoristiques sur la relation entre le difficile et le beau révèlent enfin que ses exigences de créateur se situaient dans l'élaboration savante de données simples. Ainsi, après la période de musiques de circonstance faciles à intégrer, et peu après les *opus 102* et *98*, il affirmait que son originalité s'inscrivait dans l'héritage de Bach, combinaison d'écriture contrapuntique, de rigueur dans l'élaboration des idées pour assurer l'unité de l'œuvre et d'attention aux sonorités produites par des instruments de plus en plus performants.

PRÉSENTATION DE L'ŒUVRE

L'œuvre est en quatre mouvements, qui ne correspondent plus exactement au genre sonate, chacun en offrant une nouvelle interprétation, la cohérence de l'ensemble étant assurée par l'évocation du thème initial qui réapparaît avant le Finale, lui-même introduit par un court mouvement lent (comme dans la *Waldstein op. 53*). Cette structure du dernier mouvement représente une synthèse des traits dominants de cette *Sonate* : l'association du cantabile et d'une écriture contrapuntique donnant une impression de construction solide et décidée.

La volonté de Beethoven d'utiliser l'allemand pour caractériser le tempo lui permettait également de donner des indications d'interprétation.

I. Ce premier mouvement, de tempo « quelque peu animé », doit être joué « avec une très grande intériorité » (Etwas lebhaft und mit der innigsten Empfindung/ Allegretto, ma non troppo). À 6/8, sa forme tend plus vers le lied, l'invention ou le prélude que vers

1. Voir Sieghard Brandenburg, « Nachwort zur *Facsimile-Ausgabe dem Autograph der Sonate op. 101* », München 1998.

2. À plusieurs reprises, dans ses lettres à Tobias Haslinger, Beethoven fit des jeux de mots à partir de cette notion de « savant » proche, en allemand, de celle de « vidé » [4. 1069].

la forme sonate, l'importance du chromatisme et des modulations inscrivant en fait la tension dans le plan tonal davantage que dans l'opposition thématique.

Les expressions caractérisant le jeu sont nombreuses : *ritardando, espressivo e semplice, molto espressivo*, tandis que les intensités de nuances *piano* sont subtilement contrastées, avec toutefois un crescendo vers un *fortissimo,* accentué par une très grande densité sonore d'accords répétés dissonants, juste avant la coda qui cristallise tous les éléments précédents.

II. Le deuxième mouvement offre un effet de rupture radical : il est « animé à la manière d'une Marche » (Lebhaft. Marschmäßig/ Vivace alla marcia), d'une moins grande densité sonore, mais d'une grande intensité, et dominé par les rythmes pointés et une écriture en imitation. Il correspond à un Scherzo, le Trio central étant lui-même une autre forme rythmique de Marche, *dolce*, écrite en canon à l'octave.

III. Suit un court moment lyrique en *la* mineur aux rythmes complexes évocateurs d'une Fantaisie (Langsam und sehnsuchtvoll/Adagio, ma non troppo, con affetto), devant être joué sur une corde (Mit einer Saite / Sul una corda). Une sorte de cadence qui permet « peu à peu de retrouver toutes les cordes » (Nach und nach mehrere Saiten [Poco a poco tutte le corde]) laisse place à une reprise du début du premier mouvement (Zeitmaß des ersten Stückes/Tempo del primo pezzo : tutto il Cembalo, ma piano) qui s'interrompt avant de se transformer en Presto dominé par des trilles, lien suspensif avec le Finale.

IV. Ce dernier mouvement, de forme sonate en écriture contrapuntique, avec un développement central *fugato*, doit être interprété « avec décision » et « pas trop rapidement » (Geschwinde, doch nicht zu sehr und mit Entschlossenheit /Allegro). Il se déploie le plus souvent sur quatre plans sonores simultanés et se termine par une coda surprenante qui commence par brouiller tous les repères de rythme, de tonalité, d'intensité, pour donner tout l'éclat possible aux puissants accords de *la* majeur très stables qui marquent le point final de ce mouvement complexe, ainsi que celui de la *Sonate*.

SOURCES

Les esquisses, de 1816, sont dispersées (Berlin, Princeton : *Scheide Skizzenbuch*[1]).

Nottebohm (II, 340 et sq.) a indiqué que les esquisses pour le deuxième mouvement « 2tes Stück Allegro marcia » (ce qui signifiait qu'il avait déjà pensé au premier mouvement) suivaient celles pour le *Liederkreis op. 98*, que la tonalité de *la* majeur était le centre de gravité, que le canon lui avait donné beaucoup de mal, qu'il envisagea le « 3tes Stück poco Allegretto » à 6/8 et le « Letzte presto » pour lequel il trouva une partie du thème, mais qu'il poursuivit les recherches sur un autre cahier (présenté p. 552 et sq.).

Sieghard Brandenburg, dans sa postface à l'édition du fac-similé de l'autographe, indique que les premières esquisses datent de l'été 1815 (contemporaines de la *Sonate pour piano et violoncelle op. 101 n° 1*, et qu'elles montrent que Beethoven (influencé par le modèle « Prélude et Fugue ») avait prévu de contrebalancer le chant fluide du premier mouvement par un Finale contrapuntique reposant sur de petits motifs.

Le manuscrit autographe (à Bonn depuis 1998) porte le titre de :

« Neue Sonate /für Piano / von L. v. Beethoven / 1816 / im Monath / *November* ».

Sur le revers de la première page, Beethoven a inscrit au crayon : « mit Feuer u. Entschlossenheit ». Les corrections et ajouts (à l'encre, au crayon et au crayon rouge) sont si nombreux qu'une copie a été établie pour la gravure.

PUBLICATION

L'édition originale fut assurée par S.A. Steiner und Comp. à Vienne en février 1817, première publication d'une collection[2] :

« MUSEE MUSICAL / DES / CLAVECINISTES / MUSEUM FÜR KLAVIERMUSIK./ [I.]tes HEFT. / WIEN / bei S.A. Steiner und Comp. »

Avec le titre, « Sonate / [à gauche] pour le / PIANO-FORTE / [à droite] für das / HAMMER-KLAVIER / des / MUSEUM'S FÜR KLAVIER-MUSIK. / Erste Lieferung. / Verfasst und der / Freyin Dorothea Ertmann / GEBORNE GRAUMANN / gewidmet /

1. Reconstitué par Alan Tyson, in *The Beethoven Sketchbooks*, 1985, *op. cit.*, p. 241-246.

2. Elle fut publiée jusqu'en 1824 et comporte huit cahiers rassemblant des œuvres des compositeurs les plus célèbres de l'époque.

von / Ludwig van Beethoven / 101tes Werk. / [...]».

Il existe encore l'exemplaire original dédicacé à Carl Czerny :

«Dem H v. Czerni vom Verfasser».

DÉDICATAIRE

Le choix de la dédicataire est un signe supplémentaire de la conscience qu'avait Beethoven d'être dans l'innovation : l'effet de surprise qu'il ménagea à ce sujet va au-delà de sa volonté de rendre hommage à une grande pianiste : Dorothea Graumann (1781-1849), qui épousa le baron von Ertmann en 1798 à Francfort, et suivit son mari à Vienne, puis à Milan en 1824. C'était une pianiste de grand talent[1], à laquelle Beethoven donna des cours à partir de 1803, et dès le nouvel an 1804 il lui envoyait une carte de vœux (avec deux putti, l'un jouant de la lyre et l'autre chantant) avec ces deux lignes :

«An die Baronin Ertman / Zum neuen Jahre 1804 / Von ihrem Freund und Verehrer / Beethowen» (photo, in *Briefe* 1., p. 204).

Beethoven la surnommait «Cäcilia», prénom de la sainte protectrice de la musique. Il accompagna l'envoi de l'édition originale de la *Sonate* d'une très chaleureuse lettre qui témoigne d'une spiritualité partagée et d'une profonde admiration pour son talent de pianiste.

L'ŒUVRE VUE PAR SES CONTEMPORAINS

L'*Allgemeine musikalische Zeitung mit besonderer Rücksicht auf den österreichischen Kaiserstaat*, Wien Jg. I, n° 9 du 27 février 1817 (col. 65/66), publia peu de temps après la parution de cette *Sonate* un compte rendu très élogieux, soulignant les particularités et la richesse des nouvelles idées, et présentant les caractéristiques des différents mouvements : le premier, qui témoigne de la possibilité de dire beaucoup avec peu de moyens à la suite de Bach; le deuxième, qui ne module pratiquement pas et possède une partie centrale écrite en canon à l'octave; quant au Finale, introduit par un Adagio à jouer sur une corde et après une reprise rhapsodique du début, la vie y «respire partout», dans une écriture en imitation reposant sur de nombreux registres. Le rédacteur de l'article remerciait Beethoven pour ce cadeau magnifique, que seul un grand maître était capable de créer.

L'*AMZ* XIX, n° 40 du 1er octobre 1817 (col. 686-689), publia également un article très élogieux, avec dix exemples musicaux, pour appuyer les commentaires et souligner le travail d'élaboration très savant effectué à partir de quelques idées simples. Le rédacteur de l'article soulignait l'importance de l'héritage de l'école de Bach, génialement interprété par Beethoven, ce grand «Seelenmaler» (peintre de l'âme) qui savait s'aventurer sur des chemins jamais encore explorés.

Carl Czerny indiquait que le premier mouvement était très calme, mais qu'il ne fallait le jouer ni de manière languissante ni avec un tempo fluctuant; que le deuxième mouvement était plein de feu et de puissance, tandis que le Trio était doux et plus calme; quant au Finale, l'Adagio était legato et grave, l'Allegro rapide et décidé (il renvoyait aussi à une étude d'ensemble sur la façon de jouer les fugues).

CORRESPONDANCE

Le 19 juillet 1816 [3., 950], Beethoven, cherchant à renouer avec l'éditeur de Leipzig, proposait à Gottfried Christoph Härtel, entre autres œuvres, «eine neue Klawier*Solo*Sonate» (c'est-à-dire l'*op. 101* en cours de composition).

De Baden, en août-septembre [3., 964], il proposait à S.A. Steiner «eine neue *solo Sonate* für *piano*», prête à paraître si les conditions financières étaient respectées.

Le 1er octobre [3., 982], il proposait à Robert Birchall à Londres «A Grand Sonata for the Pianoforte alone 40 £s.».

Peu avant le 5 janvier 1817 [4., 1056], il demandait à Tobias Haslinger de lui envoyer la lettre de Wilhelm Hebenstreit (philologue rédacteur de la *Wiener Zeitschrift fur Kunst, Literatur, Theater und Mode* de 1816 à 1818) à propos de la traduction en allemand des termes italiens, en particulier celui de «pianoforte».

Peu après le 9 janvier [4., 1061], il donnait ses instructions à Steiner pour le titre de la *Sonate*, faisant allusion à la présentation de la *Symphonie en la majeur op. 92* par l'*AMZ* de Vienne (n° 2 du 9 janvier 1817) qui la disait difficile à exécuter : cette *Sonate* devait avoir comme titre «die Schwer zu *Exequirende*

1. Johann Friedrich Reichardt (1752-1814) en donna un témoignage dans le récit de son séjour à Vienne en 1808/1809, *Vertraute Briefe*, publiées en 1809-1810, cité par Klaus Kropfinger dans son article «Denn was schwer ist, ist auch schön, gut, gross», in *Bonner Beethoven-Studien, 3,* Verlag Beethoven-Haus Bonn, 2003, p. 84.

Sonate in A». Beethoven justifiait ce titre en soulignant que le qualificatif de «difficile» était un éloge, «car ce qui est difficile est également beau, bon, grand etc.», et «parce que ce qui est difficile donne des suées».

Entre le 9 et le 23 janvier [4., 1065], il indiquait à Tobias Haslinger le libellé du titre de la *Sonate*, avec le nom de la dédicataire, qui lui était venu «par hasard». Il spécifiait que si le titre était déjà gravé, il fallait le modifier à ses frais ou bien le conserver pour une nouvelle sonate (il ne commença l'*op. 106* qu'en automne 1817), expliquant que ce titre était destiné à faire comprendre que le «Hämmer-Klawier» était une invention allemande. Il ajoutait à la fin de sa lettre que le plus grand silence devait être observé quant à la dédicace, car il voulait que ce fût une surprise.

Après le 9 janvier 1817 [4., 1066], Beethoven exigeait que Tobias Haslinger corrige les fautes de la *Sonate*, et signalait que «certains se plaignaient de la difficulté à [l']exécuter».

Entre le 9 et le 23 janvier [4., 1067, 1068, 1069], Beethoven exigeait que Tobias Haslinger indique en toutes lettres dans le Finale (mes. 223-227) qu'il s'agissait d'un contre-*mi* grave, et il revenait sur le titre s'interrogeant sur l'orthographe : «Hammer» ou «Hämmer Klavier», ainsi que sur l'expression «Hämmer-Flügel».

Le 23 janvier [4., 1071], il déclarait à S.A. Steiner qu'à partir de ce moment toutes ses œuvres porteraient un titre allemand : «au lieu de piano-forte, Hammerklawier», expression qu'il répète.

Au début du mois de février [4., 1077], Beethoven demandait à Tobias Haslinger d'indiquer le terme en allemand avant de le donner en français.

Peu avant le 23 février [4., 1092], il lui demandait quand il pourrait envoyer un exemplaire à la «Baronin v. Ertmann», qui devait partir le surlendemain pour un certain temps.

Le 23 février [4., 1093], Beethoven accompagnait d'une lettre cet envoi à Dorothea von Ertmann (qu'il appelle «Meine liebe werthe Dorothea Cäcilia!»), à laquelle il dit «avoir souvent pensé en composant cette *Sonate*, hommage à son grand talent artistique tout autant qu'à sa personne». En lui envoyant cette Sonate qui lui était dédiée, Beethoven s'excusait également de n'avoir pas eu la possibilité, parce que malade, d'honorer directement son talent en assistant au concert qu'elle avait donné dans le cadre des dimanches musicaux organisés par Czerny depuis 1816 dans la maison de ses parents.

Thomson, 8e envoi

7 + 4 Compositions
7 Airs *envoyés par Thomson :*
1. 4 Engl 1 WoO 157
2. " " *2*
3. op. 108 *25*
4. 29 Kont 24 WoO 158
5. " " *25*
6. Engl 3 WoO 157
7. op. 108 *22*

4 Mélodies *de différentes nations :*
29 Kont 17 WoO 158
" " *7*
" " *22*
" " *8*

TEMPS DE LA COMPOSITION

Beethoven aurait terminé ces arrangements fin septembre 1816, ne les déposant chez le banquier Fries qu'en janvier de l'année suivante parce qu'il avait été gravement malade en octobre. Thomson en reçut la copie en mars 1817.

CONTEXTE BIOGRAPHIQUE

Il s'agit de sa poursuite de la collaboration avec Thomson, consistant à harmoniser des Airs d'origine britannique et à en trouver d'autres de Nations européennes, à envoyer harmonisés à Édimbourg.

Soucieux de tirer un maximum de profit de ces harmonisations, Beethoven était attentif aux délais et aux exigences de Thomson, non sans trouver de l'intérêt à ce travail de composition.

PRÉSENTATION DE L'ŒUVRE

Voir *op. 108*; *WoO 158,* 29 Airs du continent; *WoO 157*, 4 Airs anglais (p. 833-844).

SOURCES

Il existe le manuscrit autographe des 7 Airs et une copie (à Berlin). Pour les 4 Airs, il y a une copie (à Darmstadt).

PUBLICATION

Thomson ne publia que quelques-uns de ces Airs dans les *Scottish Airs V*, en 1818 (l'*op. 108*, n° 25 et 22, publié à Berlin en 1822).

CORRESPONDANCE

Le 8 juillet 1816 [3., 946], Thomson demandait encore « quelques airs étrangers pour la voix » : « 1 Air Suédois, / 1 Air Danois, / 1 Air Sicilien / 1 Air Calabre. ». Il ajoutait que si Beethoven ne pouvait trouver un Air Danois et un de Calabre, il pouvait en envoyer un autre, sicilien, et un « Tyrolais ». Thomson envoyait également 7 Airs à harmoniser et demandait à Beethoven d'« ajoûter deux parties pour la voix à ces partions des airs qui sont marquees, "Coro per tre voci" ». Il promettait 4 ducats par air. Il signalait d'autre part qu'il lui avait fait envoyer le deuxième volume des *Irish Airs II* (parus en mai 1816, contenant 30 arrangements de Beethoven : *WoO 153*, soit in KH *WoO 153* n° 5-20, *WoO 154* n° 1, 3-6, 8-12 et *WoO 157* n° 2, 6, 8 et 11).

Le 18 janvier 1817 [4., 1070], Beethoven expédiait ce que Thomson avait commandé dans sa lettre du 8 juillet 1816, spécifiant que les travaux « étaient déjà finis a la Fin du mois Septembre », mais que sa santé l'avait empêché de les déposer chez Fries. Il envoyait 7 Airs, alors que Thomson ne lui en demandait plus que 2 dans sa lettre du 20 décembre 1816 [3., 1018].

WoO 147
Ruf vom Berg
(Appel de la montagne)

Lied sur un poème de Friedrich Treitschke
Etwas lebhaft, 3/8, la *majeur – 21 mes.*

TEMPS DE LA COMPOSITION

Sans doute en décembre 1816 (Fanny del Rio a noté dans son journal intime qu'il avait été composé pour sa sœur Nanny).

CONTEXTE BIOGRAPHIQUE

Beethoven, qui s'est beaucoup intéressé aux Volkslieder[1] (à la suite des publications de Herder), s'est amusé à mettre en musique ce poème de Treitschke, évocation d'un Volkslied très connu. Il envoya son manuscrit au poète avec une dédicace humoristique (désignant Treitschke comme le premier poète de Vienne à l'Amazonie) et ajoutant un sous-titre : « *Ruf vom Berge, von einem aus der Tiefe* » (Appel de la montagne, de quelqu'un qui se trouve dans les profondeurs).

PRÉSENTATION DE L'ŒUVRE

Ce poème est une reprise et un développement, par Friedrich Treitschke, d'une poésie populaire « Wenn ich ein Vöglein wär » publiée par Herder sous le titre « Der Flug der Liebe » dans *Stimmen der Völker*, V, 12, paru en 1778 (ce chant populaire fut repris par Arnim et Brentano dans *Des Knaben Wunderhorn* (*Le Cor enchanté de l'enfant*) en 1806-1808). Treitschke a gardé la première strophe.

Wenn ich ein Vöglein wär',
Und auch zwei Flüglein hätt',
Flög ich zu dir.
Weil's aber nicht kann seyn,
Bleib'ich allhier.
Si j'étais un petit oiseau,
Si j'avais deux petites ailes,
Je volerais vers toi.
Mais comme ce n'est pas le cas,
Je reste là.

Puis dans les cinq autres strophes, il a transformé le petit oiseau en petite étoile qui brillerait pour elle pour son plus grand plaisir, en ruisseau qui lui caresserait les pieds, en brise du soir qui lui apporterait les senteurs des fleurs ; et lui, se reposant sur son sein, se sentirait apaisé, car il n'y a pas une heure de la nuit qu'il passe sans penser à elle et aux nombreuses fois où elle lui a offert son cœur. La dernière et sixième strophe affirmant (comme dans *An die ferne Geliebte op. 98*) que si les éléments de la nature atteignent la bien-aimée, lui « reste seul au même endroit et pleure ».

De facture très simple, strophique, *piano dolce*, le piano doublant la voix dans un tempo animé, ou reprenant seul la mélodie de la voix.

Alors que les strophes ont la même mélodie (avec signe de reprise sur la partition), Beethoven a pris soin de noter les deux derniers vers de la sixième strophe (musique et texte) qui ont une intensité *crescendo* et dont la mélodie reprise par le piano toujours *crescendo* mène à une conclusion en *la* majeur bien affirmé.

SOURCES

Une feuille d'esquisse séparée (à Bonn) porte la mélodie sans accompagnement, ce

1. Beethoven a mis en musique d'autres Volkslieder, voir Hess 133, 134 et *WoO 158 Lieder verschiedener Völker.*

qui correspond à une mention du journal intime de Fanny del Rio daté 20 décembre 1816, qui évoque une soirée avec Beethoven et le cadeau qu'il fit à sa sœur Nanny d'un nouveau petit Lied dont elle a gardé le manuscrit comme une relique.

Le manuscrit autographe que Beethoven avait offert à Treitschke (qui dut sans doute le prêter à Steiner pour vérifier les corrections de l'édition) a aujourd'hui disparu.

Une copie (archives de la Benediktinerstift à Göttweig) porte l'inscription : «*Ruf vom Berge, von einem aus der Tiefe*». Seule la première strophe est notée par le copiste Aloys Fuchs qui a indiqué en haut à droite : «*Comp : v L. v. Beethoven* / am 13. Dezbr 1816.», et en bas : «Das Titelblatt von Beethovens Original hatte folgende Aufschrift : / Für Sn Wohlgeboren Hrn. v. Treitschke, ersten Dichter u Trachter / von den Ufern der *Wien* bis zum *Amazonenfluße.*» («La page de titre de l'original de Beethoven portait cette inscription : pour le bien-né M. v. Treitschke, premier poète et inspiré depuis les rives de *Vienne* jusqu'au *fleuve Amazone.*»)

PUBLICATION

Ce Lied se trouve dans l'édition originale des poèmes de Treitschke parue en juin 1817 à Vienne «Im Verlage bey I. B. Wallishausser». (Steiner s'était occupé de graver la musique pour le recueil des poèmes de Treitschke.)

L'annonce de cette publication par la *Wiener Zeitung* du 6 juin 1817 mentionne : «RUF VOM BERGE. In Musik gesetzt / von L : van Beethoven», avec la première ligne musicale.

CORRESPONDANCE

Peu avant le 9 juin 1817 [4., 1128], Beethoven demandait à Treitschke, «Le meilleur! le plus poète et le plus inspiré!», d'envoyer le manuscrit du *Lied en la majeur* à Steiner pour corriger les fautes de l'édition, et il le remerciait pour l'exemplaire de ses poèmes (*Gedichte von Friedrich Treitschke. Original Ausgabe*, Wien 1817).

Le 9 juin [4., 1130], Beethoven demandait de nouveau à Treitschke de prêter le manuscrit du *Lied* à Steiner, en s'amusant à désigner le poème «Des Hr. v. Treischke Dichten und Trachten...» (poésie et aspiration de M. v. Treischke [*sic*]).

Thomson 9e envoi

Envoi de 10 + 2 compositions
op. 108 *4 (1re version)*
" 3
" *17*
22 Sch 5 WoO 156
op. 108 *13*
" *1*
22 Sch 6 WoO 156
op. 108 *21*
" *9*
22 Sch 7 WoO 156
29 Kont 26 WoO 158
" *1*

TEMPS DE LA COMPOSITION

Février 1817; déposés chez le banquier Fries le 26 février, reçus par Thomson en avril.

CONTEXTE BIOGRAPHIQUE

Beethoven travailla très vite pour réexpédier l'envoi de Thomson. Il avait besoin de poursuivre la collaboration pour des raisons financières (son neveu était placé dans l'Internat de Giannattasio del Rio, ce qui lui coûtait cher), cherchant à vendre les œuvres commandées toujours plus chères.

PRÉSENTATION DE L'ŒUVRE

Voir *op. 108*; *WoO 156*; *WoO 158* (p. 833-844).

SOURCES

Le manuscrit autographe et la copie sont conservés à Berlin.

PUBLICATION

Thomson en publia certains des *Scottish Airs V* en 1818 (l'*op. 108*, publié à Berlin en 1822).

CORRESPONDANCE

Le 24 janvier 1817 [4., 1072], Thomson, qui n'avait pas reçu l'envoi précédent, expédiait 10 nouveaux «Airs Ecossois» pour que Beethoven compose «des Ritornelles et Accompagnemens» dans son «stile delicat et cantabile», «le plutot que vous pourrez», ajoutait-il. Puis il lui demandait de n'arranger que deux des Airs envoyés en juillet [3., 946] : «les Montagnards / Andante. quasi Allegretto con sensibilita (**C**, *fa* dièse mineur – *op. 108*, 22) & Andante espress. (6/8, *la* mineur – non identifié).

Le 15 février [4., 1085], Beethoven pensait que Thomson avait dû recevoir les «derniers

12 chansons », expliquant qu'il avait trouvé la mélodie sicilienne et la danoise que celui-ci souhaitait. Il disait accepter la proposition de composer sept Ouvertures à partir des dix-neuf Mélodies populaires continentales qu'il avait envoyées et sur lesquelles Thomson déplorait de ne pouvoir mettre des vers anglais : « le moindre prix pour les 7 ouvertures en question est 124 ducats en espece ajant à present quelque moment a moi, je pourrais vous les fournir. *Dans bien peu de tems* pourvû, que le commencemens du chaque Theme me *perviennent bien tôt* ». Puis il demandait que Thomson lui envoie « un Exemplaire de la Collection des chansons ecoissaisse aussitôt qu'elles quitteront la presse et de prendre bien garde *dans l'ordre comme elles se suivent de modifier autant que possible le différents characteres pour eviter une monotonie degoutante.* ».

Le 25 juin [4., 1133], Thomson refusait de payer 124 ducats les 7 Ouvertures et reprochait à Beethoven ses exigences erratiques. Il suggérait alors de composer des Variations à partir de « 12 Airs de differentes nations ». Puis il demandait à Beethoven de refaire certains accompagnements trop difficiles dans ses envois antérieurs (*op. 108* n° 4 et n° 21 = le 1 et le 8 de l'envoi précédent de 12 Airs ; l'*op. 108* n° 7, n° 12 d'un envoi de 15 airs en 1814).

Il annonçait à Beethoven qu'il lui faisait parvenir un volume des Airs Gallois (*A Select Collection of Original Welsh Airs*, vol. 3) paru ce mois (il comprend 4 Airs de Haydn et 26 de Beethoven : *WoO 155* n° 1-26).

WoO 148

So oder so (Ceci ou cela)

Lied pour voix et piano sur un poème de Karl Lappe
Ziemlich lebhaft und entschlossen (assez animé et décidé), 6/8, fa *majeur – 22 mes.*

TEMPS DE LA COMPOSITION

Peu avant sa publication, début 1817 : au moment de la publication de la *Sonate pour piano op. 101* pour laquelle il cherchait la dénomination allemande adéquate (« für Hammerklavier »), préoccupé qu'il était de désigner les tempos et l'interprétation par des termes allemands.

CONTEXTE BIOGRAPHIQUE

Ce Lied tout simple témoigne de l'insertion de Beethoven dans la vie sociale et culturelle de son temps, ainsi que de son goût pour les poèmes édifiants dictant des règles de conduite dans l'esprit de la sagesse antique.

Un exemplaire de l'édition originale fut dédicacé à Antonie Brentano : « Für meine verehrte Freundin / Antonia Brentano / von Verfasser » – il lui a peut-être envoyé, avec d'autres musiques, le 15 février 1817 [4., 1038] ; Beethoven fit également cadeau d'un exemplaire, sans dédicace, aux sœurs Fanny et Anna del Rio, d'après une mention de Fanny dans son Journal intime à la date du 2 mai 1817.

PRÉSENTATION DE L'ŒUVRE

Ce poème, très connu et souvent réimprimé, est de Karl Lappe (1773-1843) professeur de lycée à Stralsund.

Beethoven a sans doute trouvé le texte de *So oder so* (ou une copie de ce texte) dans la *Zeitung für elegante Welt* de Leipzig, le n° 106 du 30 mai 1816. Le poème comprend sept strophes de sept vers, chacune commençant par une alternative et développant une réponse édifiante allant dans le sens du consentement à la vie telle qu'elle se présente :

1. Nord oder Süd !
2. Stadt oder Land ! (Ville ou campagne)
3. Knecht oder Herr ! (Valet ou maître)
4. Arm oder reich ! (Pauvre ou riche)
5. Blaß oder rot ! (Pâle ou rouge)
6. Jung oder alt ! (Jeune ou vieux)
7. Schlaf oder Tod ! (Sommeil ou mort)

La première strophe, la seule mise en musique par Beethoven est la suivante :

Nord oder Süd ! Wenn nur im warmen Busen
Ein Heiligthum der Schönheit und der Musen,
Ein götterreicher Himmel blüht !
Nur Geistesarmuth kann der Winter morden,
Kraft fügt zu Kraft, und Glanz zu Glanz der Norden.
Nord oder Süd !
Wenn nur die Seele glüht !
Nord ou Sud ! Si seulement s'épanouissait dans un sein chaleureux
Un lieu sacré de beauté et de Muses,
Un ciel rempli de divinités !

Si seulement l'hiver pouvait tuer la pauvreté de l'esprit,
Le Nord joindre la force à la force, et l'éclat à l'éclat.
Nord ou Sud !
Que seulement l'âme soit enflammée !

Ce Lied est strophique. La musique est en *fa* majeur, à 6/8, et l'indication de tempo donne des directives d'interprétation : « Ziemlich lebhaft und entschlossen » (assez animé et décidé). La voix est doublée par la main droite. La tonalité est très stable et l'ensemble très simple et fluide.

Des modifications de tempo sont indiquées dans les strophes 6 et 7 :

Dans la 6, la répétition de « Jung oder alt ! » doit être « Etwas verzögernd » (un peu plus lent), tandis que le dernier vers doit retrouvé le tempo décidé : « Doch erst am Grabe kalt ! » (Mais froid seulement dans la tombe !)

Dans la 7, les vers 3, 4, 5, 6 doivent être interprétés « Etwas verzögernd », pour souligner :

Traum ist der Erde Glück und Not.
Zu kurzer Tag ! Zu schnell verrauschtes Leben !
Warum so schön und doch so rasch verschweben ?
Schlaf oder Tod !
Le rêve est un bonheur de la terre et une nécessité.
Jours trop courts ! Vie passée trop vite !
Pourquoi si belle et si rapidement évanouie ?
Sommeil ou mort !

Le dernier vers retrouve le tempo initial, ce qui le met en valeur : « Hell strahlt das Morgenrot. » (La clarté de l'aube rayonne.)

SOURCES

Des feuilles d'esquisses isolées, à Paris, comprennent entre autres des esquisses pour les Lieder *WoO 147* et *WoO 148*.

Le manuscrit, qui se trouvait autrefois chez Artaria, est aujourd'hui introuvable ; il portait la date 1817 (selon Thayer).

PUBLICATION

Il s'agit d'une contribution à une revue, *Wiener=Moden=Zeitung und Zeitschrift für Kunst, schöne Literatur und Theater*, 14e cahier, du samedi 15 février 1817.

« SO ODER SO », « In Musik gesetzt / von L : van Beethoven. »

N. Simrock le publia à Bonn dès 1817. Il publia également une transcription pour accompagnement de guitare.

Ce *Lied* fut publié en 1823 à Vienne par Sauer & Leidesdorf avec trois autres Lieder sous le numéro d'*opus 113* (cf. *WoO 145*).

WoO 171
Glück fehl' dir vor allem...
(Que le bonheur...)

Canon à quatre voix
Sol *majeur,* **C** *– 4 mes.*

TEMPS DE LA COMPOSITION

Avril 1817, pour l'anniversaire d'Anna del Rio, surnommée « Nanny » (1792-1868).

CONTEXTE BIOGRAPHIQUE

Ce canon humoristique témoigne des relations cordiales de Beethoven avec la famille del Rio à cette époque (il avait inscrit son neveu Karl dans l'Institution dirigée, depuis 1798, par le père, Cajetan Giannattasio del Rio – Karl y resta du 2 février 1816 au 6 janvier 1818).

La fille de Nanny, Anna Pessiak-Schmerling, a rapporté (en 1881 et 1887) que sa mère lui avait dit que le jour de son anniversaire, Beethoven avait commencé à chanter le thème de ce canon, faisant une longue pause avant de dire « niemalen » (jamais). Nanny lui aurait alors demandé si le bonheur et la santé devaient lui manquer, et Beethoven de prononcer « niemalen ! », ce qui fit rire tout le monde (KH, p. 678).

PRÉSENTATION DE L'ŒUVRE

« Glück fehl' dir vor allem, Gesundheit auch – niemalen ! » (Que ne te manquent le bonheur et la santé – jamais)

La phrase musicale très simple commence sur la dominante pour descendre à la tonique et remonter à la dominante, et se termine par une cadence parfaite.

SOURCES

Le manuscrit est perdu, il n'existe qu'une copie détenue par les descendants de la famille del Rio.

PUBLICATION

En 1888, par Frimmel dans les « Neue Bethoveniana », p. 100.

WoO 104
Gesang der Mönche
(Chant des moines)

Chant pour voix d'hommes a capella (deux ténors et une basse) sur un texte du Guillaume Tell *de Schiller*
Ziemlich langsam, **C**, ut *mineur – 12 mes.*

TEMPS DE LA COMPOSITION

Le 3 mai 1817, au lendemain de la mort inattendue du violoniste Wenzel Krumpholz (né vers 1750), Beethoven nota ce chant sur l'Album du critique musical et chercheur en musique Franz Sales Kandler (1792-1831) qui quittait Vienne pour une mission diplomatique à Venise.

CONTEXTE BIOGRAPHIQUE

Ce *Chant* a capella fut composé par Beethoven pour deux raisons conjointes : honorer le «musicologue» Fr. Kandler et rendre hommage au violoniste Wenzel Krumpholz. Ces deux intentions témoignent des liens que Beethoven entretenait avec l'élite culturelle et intellectuelle de Vienne. Si Franz Sales Kandler était un critique musical influent (il rédigea de nombreux articles pour des revues musicales), Wenzel Krumpholz était un violoniste de talent, premier violon à l'orchestre de l'opéra de la cour depuis 1796, et un des plus vieux amis de Beethoven à Vienne (il lui donna des leçons de violon). Beethoven avait une si grande estime pour lui et pour son jugement qu'il lui montrait ses esquisses musicales et discutait de ses compositions, si l'on en croit le témoignages de contemporains (tel Carl Czerny, dont la famille était très intime avec Krumpholz).

Ce *Chant* témoigne également de la place importante qu'avait Schiller pour Beethoven : avant même son appropriation de l'*Ode à la Joie*, les signes de sa familiarité avec l'œuvre du poète sont nombreux dans ses lettres, ses conversations, ses références implicites, aussi bien politiques que lyriques.

PRÉSENTATION DE L'ŒUVRE

Le texte est issu de la fin de l'acte IV, scène 3 du *Guillaume Tell* de Schiller :

«Les Frères de la Miséricorde (forment un demi-cercle autour du mort [1] et chantent sur un ton grave) : "Rapidement la mort atteint l'homme ; / il ne lui est pas accordé de délai. / Il est jeté à terre au milieu du chemin, / il est arraché aux pleines joies de la vie. / Qu'il soit prêt à partir ou non, / Il faut qu'il paraisse devant son juge [2]."»

Les trois voix d'hommes chantent en homorythmie des notes répétées ou conjointes, en accords pleins, sur un tempo «assez lent» de marche funèbre. Chacun des vers s'inscrit dans le temps de deux mesures. Les quatre premiers vers sont séparés du suivant par un point d'orgue renforçant l'effet de suspension harmonique. Des modulations de passage et des *sf* soulignent certains termes : «Rasch», «keine», «stürzt», «reisst», «er» (que Beethoven répète et qu'il souligne par une modulation), tandis que le jeu avec les intensités est très subtil. Ce chœur se termine sur un accord d'*ut* majeur.

SOURCES

Deux feuilles comprenant les esquisses de ce petit *Chant* ont été offertes par Brahms à la Gesellschaft der Musikfreunde de Vienne.

Le manuscrit autographe (collection à Bâle) comprend la mention «aus Schillers Wilhelm Tell» ainsi que la dédicace : «Aus Schillers wilhelm Tell / zum Angedenken mit / Tönen begleitet für Hr[n] Fr : v. / Kandler Von ludwig van Beethoven / 1817 am 3ten May / auch zur Erinnerung an den schnellen / unverhoften Tod unseres Krumpholz.»

PUBLICATION

Elle fut assurée en 1839 par Robert Schumann qui, lors d'un séjour à Vienne, eut connaissance de l'Album alors détenu par Aloys Fuchs. Il publia ce chant dans la «Sammlung von Musikstücken alter und neuer Zeit als Zulage zur neuen Zeitschrift für Musik. Heft VI. Juni 1839» Leipzig, A.H. Friese (cette publication comprenait également, entres autres œuvres, le *Chor der Engel aus Goethes Faust* de Schubert).

Il fut ensuite publié dans la GA de B & H, Série 23 n° 255.

CORRESPONDANCE

En 1816-1817 [3., 1044], Beethoven rédigea une lettre de recommandation pour Franz

1. En l'occurrence le tyran Gessler qu'une flèche de Guillaume Tell vient d'atteindre, ce qui délivre le pays.

2. Beethoven a recopié les vers allemands sur son *Tagebuch* (112), la traduction est d'Auguste Ehrhard, Aubier, Éditions Montaigne, Paris, s.d.

Sales Kandler, insistant sur l'importance de sa collection de poème, trésor inappréciable pour tout compositeur de musique (Tonsetzer).

Opus 104
Quintette à cordes

Arrangement du Trio op. 1 n° 3 *en* ut *mineur*
Les mouvements sont les mêmes que ceux du Trio op. 1 n° 3 *en* ut *mineur*
Allegro con brio, 3/4, ut *mineur – 360 mesures*
Andante cantabile con Variazioni, 2/4, mi *bémol majeur – 131 mesures*
Menuetto / Quasi Allegro, 3/4, ut *mineur – 77 mesures*
Finale / Prestissimo, ¢, ut *mineur – 420 mesures*

TEMPS DE LA COMPOSITION ET PREMIÈRE EXÉCUTION

En été 1817, Beethoven inscrivit la date du 14 août sur une partition qu'il avait abondamment corrigée.

Il fut joué le 13 (ou 10) décembre 1818 lors d'une soirée musicale organisée par la Gesellschaft der Musikfreunde à Vienne.

CONTEXTE BIOGRAPHIQUE

Insatisfait de l'arrangement d'un amateur, Beethoven a retravaillé le *3e Trio* de l'*op. 1* (qui avait eu beaucoup de succès, alors que Haydn lui avait déconseillé de le faire publier) peu avant de composer la *Sonate op. 106*, c'est-à-dire à un moment charnière de sa création, dominé par le désir de faire publier ses œuvres complètes et par la volonté de revoir les sources de l'écriture musicale contemporaine, que ce soient les œuvres de Bach et de Haendel ou ses premières œuvres.

Les considérations financières, certes présentes à l'origine de ce travail d'arrangement, furent moins déterminantes que le désir d'expérimenter l'écriture pour quintette à cordes à partir d'une œuvre qu'il avait reconnue et fait reconnaître comme sa première œuvre vraiment originale une vingtaine d'années auparavant[1] (et qu'il ne pouvait plus jouer lui-même au piano).

Une autre raison a également soutenu ce travail d'arrangement : le désir d'offrir des œuvres intéressantes et jouables à des amateurs de musique de chambre, et créer ainsi un répertoire destiné à la pratique musicale entre amis (en premier lieu Zmeskall).

PRÉSENTATION DE L'ŒUVRE

La structure d'ensemble est la même que celle du *Trio op. 1 n° 3*. L'homogénéité des timbres et la présence de deux altos sont à l'origine d'une réécriture des différentes voix (le premier violon prenant en charge les traits de la main droite du piano, le violoncelle ceux de la main gauche, et les deux altos donnant plus d'importance aux voix intermédiaires).

SOURCES

La partition manuscrite (à Berlin) qui a servi à la révision est une copie couverte de corrections, d'ajouts, de modifications ; elle porte cette mention inscrite par Beethoven : « Trio arrangé en un quintette à <3> 4 voix par M. de Bonne Volonté, et à partir de la mise en évidence de 5 voix transformé en vrai quintette, élevé de l'état le plus misérable à quelque chose qui a une certaine allure, par M. Bienveillance. / 1817 / le 14 août. / Nb. la partition d'origine à 3 voix du quintette a été consumée lors d'un sacrifice solennel offert aux dieux infernaux. »

Une copie établie par Wenzel Schlemmer (à Berlin, *Grasnick 11*) porte, à la fin, le brouillon de la liste des fautes envoyée à Ries [4., 1294] – voir *Briefe* 4., p. 252-253.

PUBLICATION

En voix séparées le 18 février 1819 chez Artaria und Comp. (comme l'*op. 1*), sans numéro d'opus (le numéro d'opus 104 se trouve dans le catalogue d'Artaria publié le 3 octobre 1819) :

« QUINTETT / für / 2 Violinen, 2 Alt=Violen / und Violoncelle / von / Ludwig van Beethoven / nach einem seiner schönsten Trios fürs Piano=Forte / von ihm selbst, frey bearbeitet, und neu eingerichtet. / Eigenthum der Verleger. /[…] »

La date de publication à Londres chez E. Lavenu n'est pas établie avec certitude au début de 1819.

La partition date de 1864 in GA.

1. Voir Eberhard Enß, *Beethoven als Bearbeiter eigener Werke*, Freiburg in Brisgau, 1987, p. 97-107.

CORRESPONDANCE

Le 14 août 1817 [4., 1158], Beethoven envoyait à Steiner la partition du *Quintette* qu'il venait de revoir en expliquant les raisons de cette révision : il s'agissait de l'arrangement de son *Trio pour piano et cordes op. 1 n° 3* que lui avait fait parvenir M. Kaufmann (1788-1860) (membre de la Gesellschaft der Musikfreunde et violoniste), et qu'il avait retravaillé au point que sa version n'avait plus rien à voir avec celle qu'il avait précédemment reçue.

Le 9 septembre [4., 1167], le compositeur informait Zmeskall qu'il allait recevoir le « 5tett » pour qu'il puisse le jouer chez lui. Le lendemain [4., 1168], il lui demandait de déplacer la répétition, car il devait aller chez le médecin, et peu après [4., 1169] il faisait savoir à Nannette Streicher qu'il ne pouvait pas encore lui dire le jour de la répétition, sa préférence allant cependant au mardi.

Autour du 19 mai 1818 [4., 1258], il demandait à Ries, à Londres, de trouver un éditeur pour une « grande sonate pour piano » (*op. 106*) et un quintette, arrangement d'une sonate qu'il a lui-même établi. Le 18 décembre [4., 1274], Ries lui demandait les deux œuvres ; Beethoven les envoya au cours le mois suivant, d'après ses lettres du 30 janvier [4., 1285] et du 10 octobre 1819 [4., 1341].

Le 8 mars 1819 [4., 1294], Beethoven envoyait la liste des erreurs à corriger.

Le 25 mai [4., 1302], il s'étonnait auprès de Ries de n'avoir aucune nouvelle des deux œuvres envoyées (attendait les honoraires).

Opus 137
Fugue en ré majeur pour quintette à cordes

Allegretto, 3/8, ré *majeur – 83 mes.*

TEMPS DE LA COMPOSITION

En automne 1817, comme contribution à la collection de manuscrits de ses œuvres complètes commencée par Tobias Haslinger (cette collection fut achetée par l'archiduc Rodolphe en 1823 et léguée en 1834, selon la volonté de l'archiduc Rodolphe mort en 1831, à la Gesellschaft der Musikfreunde de Vienne – cette collection de 62 tomes est dénommée : « Haslinger-Rudolfinische Abschriften » : LUDWIG VAN / Beethoven's / sämmtliche / WERKE / – – / gesammelt / von TOBIAS HASLINGER / [...]).

CONTEXTE BIOGRAPHIQUE

Beethoven composa cette *Fugue* pour la collection d'autographes que Tobias Haslinger commençait à constituer de façon à rassembler les œuvres complètes de Beethoven, sous forme manuscrite, avant de les faire éditer. Cela correspondait d'ailleurs au vœu de Beethoven, qui avait l'intention pour cela de produire des œuvres nouvelles dans chacun des genres de musique.

De plus en plus attiré par l'écriture de fugues (comme en témoignent ses lectures des fugues de Bach, ainsi que les *opus 101*, *102*, *106*), Beethoven choisit de mettre à l'épreuve les potentialités expressives de cette écriture contrapuntique rigoureuse avec une formation au timbre homogène, mais aux voix bien différenciées : le quintette à cordes, formation à laquelle il venait de se confronter en corrigeant l'arrangement de son *Trio op. 1 n° 3*, l'*op. 104* (au mois d'août 1817).

Alors qu'il terminait cette *Fugue en ré majeur*, son cahier d'esquisses « pour l'année 1817 » montre qu'il pensait, toujours pour quintette à cordes, à une Fugue en *ré* mineur précédée d'une introduction lente, sorte de Prélude à la manière de Bach : le manuscrit inachevé se trouve à Berlin [Hess 40][1].

Cette *Fugue* et son contexte témoignent des préoccupations didactiques de Beethoven qui, à la suite de Bach, chercha à inclure dans son projet d'œuvres complètes des ensembles destinés à l'apprentissage de l'écriture et du jeu instrumental.

PRÉSENTATION DE L'ŒUVRE

Le sujet de la Fugue est de trois mesures, à 3/8 : il joue sur les octaves brisées successives en doubles croches dans un tempo Allegretto. Les voix se succèdent du premier violon au violoncelle (qui entre à la mes. 10).

SOURCES

Des esquisses se trouvent au début du Cahier d'esquisses utilisé à la fin de l'année 1817, *Boldrini-Skizzenbuch* (« Artaria-Taschen-Skizzenbuch » qui porte la mention de la main

1. Willy Hess en a assuré la publication en 1955 et 1963. Nottebohm (II, p. 157-192), in « Skizzen zur neunten Symphonie », a montré que Beethoven a repris ce thème de Fugue dans le Scherzo de la *Neuvième Symphonie*.

de Beethoven : « Poldrini / 1817 »). Nottebohm (II, 350-355), dans « Ein Skizzenbuch aus dem Jahre 1817 » a montré que les esquisses pour cette Fugue se trouvent mêlées à quelques mesures de fugues de Bach, extraites du *Clavier bien tempéré I* (la Fugue en *si* bémol mineur) et de l'*Art de la Fugue* (contrepoint 4), ainsi qu'à des esquisses pour une Fugue en *ré* mineur inachevée qui devait être précédée d'un Prélude (Hess 40) et qui présente un thème qui sera utilisé dans le Scherzo de la *Neuvième.*

Le registre des œuvres manuscrites rassemblées par Tobias Haslinger porte la mention de cette *Fugue* (*op. 137*), mais le manuscrit, certainement copie d'un autre, antérieur, est incomplet (il manque la première page (à Vienne GdM).

Un manuscrit autographe complet de quatre pages (à Paris) porte un titre, « Fuge / Allegretto », ainsi que la mention, en haut à droite de la première page : « Vien am 28ten November / 1817. / Von Ludwig van Beethoven ».

PUBLICATION

Posthume, en automne 1827 par Tobias Haslinger, à Vienne :

« FUGUE / (in D.) / für / 2 Violinen 2 Violen und Violoncell. / Componirt / VON / LUDW : VAN BEETHOVEN. / (am 28ten Novemb : 1817.) / 137tes Werk. / Eigenthum des Verlegers. […]/ Partitur und Stimmen […] »

Tobias Haslinger publia en même temps des transcriptions pour piano à quatre et à deux mains.

L'ŒUVRE VUE PAR SES CONTEMPORAINS

L'*AMZ* XXIX, du 5 décembre 1827 (col. 835), rendait compte de la publication de cette Fugue, dans la transcription pour piano à deux mains, soulignant qu'elle n'était pas longue, que le thème était court et que, comme dans toute fugue hardie, il était difficile de faire ressortir chacune des voix.

La *BAMZ* Jg. 5, 1828 (p. 69/70) louait la rigueur de l'écriture contrapuntique de Beethoven dans cette Fugue pour cinq instruments mais trouvait que le thème, avec ses octaves brisés, n'était pas approprié aux cordes – appréciant au contraire les versions pour piano à quatre et à deux mains.

L'*Allgemeine Musikzeitung zur Beförderung der theoretischen und praktischen Tonkunst, für Musiker und Freunde der Musik überhaupt*, Frankfurt am Main, 1, 1827/1828 (col. 32), signalait ce morceau difficile mais admirable, qui allait faire plaisir à ceux qui aiment la musique de Beethoven.

CORRESPONDANCE

Peu avant ou le 28 novembre 1817 [4, 1194], Beethoven demandait à Haslinger qu'il lui envoie la partition de la Fugue car il avait conscience d'avoir laissé au moins deux erreurs d'inattention – il rendrait le tout dès l'après-midi.

Allegretto en si mineur pour quatuor à cordes

Allegretto, 3/8, si *mineur – 23 mesures*

TEMPS DE LA COMPOSITION

En présence de Richard Ford, et pour lui, le 28 novembre 1817, donc très rapidement.

Le même jour Beethoven lui fit cadeau d'un portrait de lui, une gravure de Blasius Höfel d'après un portrait de Letronne, paru chez Artaria et Comp. en 1814.

Le manuscrit autographe de la *Fugue pour quintette à cordes* en *ré* majeur (*op. 137*) porte la même date du 28 novembre.

CONTEXTE BIOGRAPHIQUE

Ce mouvement de Quatuor a été composé à un moment tournant de la création de Beethoven : l'année 1817, année peu productive qui précède une reprise créatrice intense dominée par la *Sonate « Hammerklavier » op. 106*, *Sonate* commencée au cours des derniers mois de l'année et terminée un an après, au moment où Beethoven s'intéressait particulièrement à l'écriture contrapuntique.

PRÉSENTATION DE L'ŒUVRE

Très court, fait de trois parties a b a', il est composé dans le style très élaboré des dernières œuvres de Beethoven. Composé le même jour que la *Fugue pour quintette à cordes* en *ré* majeur, il est également à 3/8, et utilise un thème à trois temps sur l'accord parfait. Le traitement du rythme présente des analogies (« ritmo di tre battute », avec de fréquentes syncopes).

La tonalité de *si* mineur est inhabituelle chez Beethoven (il l'appelait la « tonalité noire ») dans un cahier d'esquisses de l'été 1815) : aucune grande œuvre n'a cette tonalité, et la

Marche funèbre WoO 96 pour le Trauerspiel *Leonore Prohaska*, composée au printemps 1815, est la première œuvre instrumentale en *si* mineur. Le mouvement de Quatuor n'est pas aussi pathétique, et anticipe le *Klavierstück WoO 61* inscrit sur l'album de Piringer en 1821, petite œuvre pour piano de 27 mesures en écriture contrapuntique complexe.

L'*Allegretto* pour quatuor à cordes est une miniature de grande intensité : la première partie (mes. 1-9) ressemble à une exposition de petite fugue, la partie centrale (mes. 10-15) est une sorte de canon très serré, modulant (*ré* majeur, *mi* mineur vers *si* mineur) et la dernière partie (16-23) une reprise variée du sujet de fugue, en unisson, qui se termine sur une cadence (les cinq dernières mesures).

SOURCES

Aucune esquisse.

Le manuscrit autographe se trouve sur la troisième page d'une double feuille avec seize système par page. Le papier est celui qui a été utilisé par Beethoven en 1816-1817.

Le jeune écrivain Richard Ford a inscrit sur le revers de la première page : « This quartette was composed for me in my presence by Ludwig v. Beethoven at Vienna Friday 28th November 1817 Richard Ford. »

PUBLICATION

Cet *Allegretto* a été découvert en été 1999 dans la collection d'autographes de Mary Ford, et publié, avec le fac-similé de l'autographe, *Allegretto in h-moll*, par la Fondation Martin Bodmer Cologny, Verlag K.G. Saur München, 2001.

DESTINATAIRE

Richard Ford (1796-1858), écrivain et critique, très cultivé, auteur de récits de voyage en Espagne (1845). Il séjourna à Vienne à la fin de l'automne 1817, lors d'un voyage en Allemagne et Italie entrepris à la fin de ses études au Trinity College (juin 1817-mai 1818).

WoO 149
Resignation

Lied pour voix et piano sur un poème du comte Paul von Haugwitz
In gehender Bewegung (Andante) ♪ = *76 M.M.*
Mit Empfindung, jedoch entschlossen, wohl akzentuiert und sprechend vorgetragen (Avec sentiment, mais décidé, bien accentué et déclamé), 3/8, ré *majeur – 49 mes.*

TEMPS DE LA COMPOSITION

Fin 1817, après avoir achevé la *Fugue pour quintette à cordes op. 137*, et avant le travail de la *Sonate pour piano op. 106*. D'après la situation des esquisses dans l'ancienne collection Artaria, le « Poldrini »-Skizzenbuch perdu depuis 1890 (utilisée de fin septembre 1817 à mai 1818), Beethoven aurait songé à ce Lied un peu avant. D'autre part, quelques esquisses datant de 1814-1815 et de la fin 1816 montrent que Beethoven a envisagé de mettre ce poème en musiqueà plusieurs reprises.

CONTEXTE BIOGRAPHIQUE

D'après les esquisses, Beethoven s'intéressa à ce poème de Haugwitz avant même qu'il ne soit publié, le thème de la résignation lui étant très familier comme en témoignent plusieurs mentions dans son *Tagebuch* : « Résignation, profonde résignation à ton destin » (en 1812, *Tagebuch* 1), « Endurance – résignation – résignation c'est ainsi que dans la plus grande détresse nous pouvons gagner le pardon de nos fautes et nous rendre digne de Dieu » (en 1816, *Tagebuch* 78). Résignation à son sort, mais également tension vers une mise en pratique de la philosophie antique[1] – l'indication d'interprétation « entschlossen » (décidé) revient souvent à cette période de sa vie (cf. les *Sonates op. 101* et *op. 106*, le *Lied WoO 148*).

D'après Schindler, Beethoven aurait demandé à l'éditeur de la revue Johann Schickh de remercier le poète de son « inspiration si heureuse ».

PRÉSENTATION DE L'ŒUVRE

Le poème, du comte Paul von Haugwitz (1791-1856) a été publié pour la première fois dans le *Frauentaschenbuch für das Jahr 1817 von de La Motte-Fouqué*, Nuremberg, chez Joh. Leonh. Schrag, avec d'autres de ses poèmes. Mais Beethoven en eut connaissance avant sa publication puisqu'il existe des esquisses de 1814/1815 sur les mots « binden lisch aus mein licht ! » – l'auteur le lui ayant sans doute fait parvenir sous forme manuscrite.

1. Plusieurs mentions du *Tagebuch* (1, 26, 43, 60, 64, 67, 73, 78, 93a), ainsi que certaines réflexions dans des lettres à Marie Erdödy (en particulier celle du 13 mai 1816 [3., 934]) témoignent de cette sensibilité à la philosophie antique.

Lisch aus, mein Licht!
Was dir gebricht,
Das ist nun fort,
An diesem Ort.
Kannst du's nicht wieder finden!
Du musst nun los dich binden,
Sonst hast du lustig aufgebrannt,
Nun hat man dir die Luft entwandt;
Wenn diese fortgewehet,
Die Flamme irre gehet,
Sucht – findet nicht –
Lisch aus, mein Licht!
Éteins-toi, ma lumière!
Ce qui te manque,
Est déjà parti
D'ici.
Tu ne pourras pas le retrouver,
Tu dois donc t'en détacher!
Autrefois, tu t'enflammais avec joie,
Maintenant ton souffle est coupé;
Et s'il continue à souffler,
La flamme divague,
Cherche – ne trouve rien –
Éteins-toi ma lumière!

Ce Lied est à 3/8 de tempo lent (Andante) et en *ré* majeur. L'organisation subtile des rythmes et des silences accentue le balancement de la mesure, et la répétition de la première partie du texte – que Beethoven exige compréhensible, proche de la déclamation – donne un aspect inéluctable lié à une sorte de mouvement perpétuel qui se ralentit pourtant à la fin : les dernières paroles «lisch aus, lisch aus mein Licht» doivent être chantées «de plus en plus lentement», et la conclusion du piano est également «plus lentement», le Lied se terminant par un accord de *ré* majeur *pianissimo*.

Au cours du Lied, les tensions harmoniques et les modulations sont fréquentes et expressives, en particulier celle en *ut* majeur sur un rythme dense et une intensité très forte faisant écho à l'évocation du dénouement des liens pour lesquels il s'était enflammé.

Les indications d'interprétation, en allemand en tête de la partition, inscrivent ce Lied dans le registre de la mise à distance théâtrale de l'émotion.

Sources

Nottebohm (II, 352, dans «Ein Skizzenbuch aus dem Jahre 1817») mentionne que Beethoven avait noté les indications d'interprétation au revers de la feuille qui enveloppait le cahier d'esquisses portant le titre de «Poldrini / 1817» : «Mit inniger Empfindung, doch entschlossen, wohl accentuirt u. sprechend vorgetr.[agen]».

Dans «Ein Skizzenheft aus dem Jahre 1816» (II, 355) il signale des esquisses pour ce Lied après celles consacrées aux mouvements 2 et 3 de la *Sonate op. 101*, laissant supposer que Beethoven envisageait une composition à plusieurs voix :

«Lisch aus, mein Licht, sonst hast du lustig aufgebrannt», mots inscrits sous un exemple musical, prolongé par cette remarque : «etc./ à 4 voix».

Le manuscrit n'a pas été retrouvé.

Publication

Ce Lied a été publié le 31 mars 1818 dans la *Wiener Zeitschrift für Kunst, Literatur, Theater und Mode* (3e année, n° 39, p. 316-317) avec le titre : «RESIGNATION / vom / Herrn Grafen Paul v. Haugwitz»; [à droite] «In Musik gesetzt / von Ludv. van Beethoven.»

Il fait partie des quatre Lieder de Beethoven publiés en février 1823 à Vienne par Sauer & Leidesdorf, sous le numéro d'*opus 113* (cf. *WoO 145*).

Dédicataire

Beethoven dédicaça un exemplaire de l'édition de 1818 à son ami Mathias Tuscher (vers 1775-1860), ténor et membre de la Gesellschaft der Musikfreunde de Vienne, conseiller juridique – Beethoven le connaissait au moins depuis 1814, puisqu'il composa pour lui l'*Abschiedsgesang WoO 102*. Cet ami, suffisamment proche de Beethoven pour partager temporairement (du 27 mars au 5 juillet 1819) la tutelle de Karl, connaissait par conséquent ses difficultés intimes et sa «philosophie».

Opus 105
Six Thèmes variés pour piano et flûte ou violon

1. *Variationen über ein walisisches Volkslied (gallois)*
Andantino quasi Allegretto, 2/4, sol *majeur – 87 mes.*
2. *Variationen über ein walisisches Volkslied (gallois)*
Allegretto scherzoso, **C**, ut *mineur – 87 mes.*

3. *Variationen über «A Schüsserl und a Reinderl» de Johann Baptist Hennebeg (?), Air autrichien*
Andantino, 2/4, ut *majeur – 134 mes.*
4. *Variationen über ein irisches Volkslied (irlandais)*
Andante espressivo assai, 3/4, mi *bémol majeur – 72 mes.*
5. *Variationen über ein irisches Volkslied (irlandais)*
Allegretto spiritoso, 6/8, mi *bémol majeur – 92 mes.*
6. *Variationen über ein irisches Volkslied (irlandais)*
Allegretto più tosto vivace, 6/8, ré *majeur – 88 mes.*

TEMPS DE LA COMPOSITION

Cet ensemble de seize Variations sur des Thèmes populaires *opus 105* et *opus 107* fut composés en 1817-1818, et en 1819 pour quatre d'entre eux.

L'incitation provient de l'éditeur londonien R. Birchall (cf. lettre du 14 août 1816 [3., 958]), mais le projet échoua car le compositeur demandait des honoraires trop élevés. Le 21 février 1818, Beethoven se tourna alors vers Thomson (avec lequel il était en relation depuis 1803 pour arranger des airs populaires), et il lui envoya une copie des douze airs prévus en décembre 1818.

L'*op. 105 n° 3* date peut-être de la fin 1816.

CONTEXTE BIOGRAPHIQUE

L'ensemble des *Six Thèmes variés op. 105* et celui de *Dix Thèmes variés op. 107* furent composés en même temps que la *Sonate op. 106* pour répondre à l'incitation d'un éditeur anglais et trouver, de cette manière, des sources de revenus. Beethoven espérait également que ces œuvres, une fois publiées, faciliteraient son accueil en Angleterre (où il prévoyait de se rendre pour sortir des difficultés matérielles qu'il connaissait à Vienne).

Les raisons matérielles n'ont pas seules présidé à ce travail de composition : Beethoven a également accepté le projet parce que les chants populaires l'intéressaient (il en a harmonisé une grande quantité), y voyant la possibilité de mettre à l'épreuve ses procédés d'écriture dans un genre libre et de s'interroger sur les façons de passer du chant à la musique instrumentale.

Au fur et à mesure de la réception des *Thèmes variés*, l'éditeur Thomson se les faisait jouer à Édimbourg et, quand il les trouvait trop difficiles (inadaptés au goût et aux compétences de ses clients), il les réexpédiait à Beethoven pour qu'il les simplifie ou qu'il en compose d'autres. Si Beethoven se plia parfois aux injonctions de Thomson, ce ne fut pas sans irritation (et il chercha à en tirer des augmentations d'honoraires) ; le résultat, finalement, ne réussit pas à répondre aux souhaits de son éditeur qui attendait des morceaux faciles à commercialiser, tandis que le « difficile » était la catégorie esthétique que Beethoven défendait à cette époque (comme en témoigne sa lettre à Steiner de janvier 1817 [4., 1061]). Pour lui, ce qui était « facile » manquait d'intérêt.

Ce travail d'écriture variée à partir d'un thème connu entrait aussi dans ses préoccupations d'ordre didactique actualisées par la publication, qu'il souhaitait tant, de ses œuvres complètes : Beethoven aurait parlé de « Stückarbeit » (modèle de composition) pour aborder la catégorie du naïf (dans le sens de Schiller[1]), puisqu'il s'agissait de partir de thèmes simples (et connus) et de les élaborer de façon toujours renouvelées. Comme si Beethoven avait cherché à démontrer que le simple pouvait être source de grande inventivité, que les « Kleinigkeiten »[2] contenaient tout autant de musique que les grandes œuvres.

À la suite de tout un va-et-vient des Airs entre Vienne et Londres, les Thèmes variés (qui seront répartis entre l'*op. 105* et l'*op. 107*) ont été publiés à Londres dans un ordre différent de celui des éditions allemandes. Le regroupement des *Six Thèmes variés* de l'*op. 105* est le fait de l'édition viennoise, qui a rassemblé six Airs écossais (ce terme était générique : il servait à désigner les airs populaires anglais, irlandais, écossais, autrichien). Le regroupement des *Dix Thèmes variés* de l'*op. 107* est le fait de l'éditeur Simrock à Bonn, qui a réuni des Airs écossais avec des airs russes.

PRÉSENTATION DE L'ŒUVRE

Alors que Thomson lui avait demandé des œuvres pour piano avec un autre instrument « ad libitum » (de façon à correspondre aux critères de son temps pour la pratique de la

1. *Über naive und sentimentalische Dichtung*, 1795 (disponible en édition Reclam, 7756).
2. Pour cette gageure posée par Beethoven, voir les *Bagatelles op. 119* et *op. 126*.

musique amateur), Beethoven conféra une grande place au piano sans pour autant faire de la flûte ou du violon des parties qui puissent être négligées.

Les thèmes sont issus de mélodies populaires connues, la flûte est doublée par le piano. Pour chacun des Thèmes, les variations répondent au principe de contraste et servent à mettre en valeur aussi bien le piano que la flûte.

N° I Variationen über ein walisisches Volkslied (gallois)

« Air écossais », *WoO155, 3* : « The cottage maid » (« I envy not the splendour fine »). Le thème est dansant, Andantino quasi allegretto, à 2/4, en *sol* majeur, de 16 mesures, avec une suspension du mouvement et de l'harmonie, quatre mesures avant la fin. Il est suivi de trois variations : la 1re pour piano seul avec contretemps, traits et ornements ; la 2e pour la flûte qui procède par saut d'intervalles et qui est accompagnée par des arpèges brisés en triolets de doubles croches à la basse, et par des accords *sf* à contre-temps à la main droite ; et la 3e, Allegro, *p leggiermente* a une partie centrale en *sol* mineur et en canon (de 39 mes.).

N° II Variationen über ein walisisches Volkslied (gallois)

« Air écossais » sur la mélodie « Of noble Race was Shenkin ». Le thème est Allegretto scherzoso, **C**, en *ut* mineur, de 16 mesures ; il joue sur l'alternance de la flûte et du piano. Il est suivi de trois variations très proches du thème : la 1re plus légère ; la 2e rythmique ; la 3e commence Allegretto à 6/8 en majeur pour se terminer Allegro en mineur soutenue par des trilles au piano, la flûte étant doublée par la main gauche du piano (40 mes.).

N° III Variationen über « A Schüsserl und a Reinderl » aus « Die Kaufmannsbude » von Johann Baptist Henneberg (?)

Air autrichien. Le thème, Andantino, à 2/4, en *ut* majeur, de 16 mesures (2 fois 8 mes. reprises), est suivi de six variations d'aspects contrastés : la 1re mélodique ; la 2e légère sur l'impulsion d'un motif en triolet ; la 3e chantante ; la 4e martiale (commençant au piano seul, avec *sf* sur les premiers temps) ; la 5e sérieuse en accords pleins et homorythmie, Adagio sostenuto ma non troppo, en *ut* mineur, « Semplice. Sempre una corda » (19 mes. sans reprise) ; la 6e presque symphonique par la densité de l'accompagnement et l'ampleur sonore, Andante con moto, « Tre corde » (36 mes.).

N° IV Variationen über ein irisches Volkslied

« Air écossais » irlandais, *WoO 153, 6* : « Sad and luckless was the season ». Le thème, Andante espressivo assai, à 3/4, en *mi* bémol majeur, de 16 mesures, est suivi de trois variations : la 1re. *legato* en voix parallèles au piano seul ; pour la 2e le thème est à la flûte ; et pour la 3e le thème à la flûte est très ample sur des arpèges ascendants en triolets de doubles croches à la main gauche du piano (24 mes.).

N° V Variationen über ein irisches Volkslied

« Air écossais » irlandais, *WoO 154, 6* : « Put round the bright wine ». Le thème de Laendler est Allegretto spiritoso, à 6/8, en *mi* bémol majeur, de 16 mesures. Il est suivi de trois variations : la 1re est mélodique ; la 2e est dominée par le piano et ses changements de registres ; et la 3e est Allegro assai à 2/4 avec une flûte très discrète, qui intervient sur le second temps par deux notes répétées (44 mes.).

N° VI Variationen über ein irisches Volkslied

« Air écossais » irlandais, *WoO 152, 12* : « English bull » (« Oh have you not heard, Pat »). Le thème, Allegretto più tosto vivace, à 6/8, en *ré* majeur, de 16 mesures, la main droite doublant la flûte, est suivi de quatre variations : la 1re est dominée par le flux sonore continu du piano ; la 2e a un phrasé discontinu ; la 3e, en *si* bémol majeur, est *dolce et sempre legato*, tandis que la 4e retrouve le *ré* majeur et se termine de manière humoristique par un trait ascendant crescendo jusqu'à « *f* » sur accord suspendu de septième de dominante au piano et une retombée « *p* » de deux accords constituant une cadence parfaite (24 mes.).

SOURCES

Des esquisses sont dispersées.

Seuls les manuscrits autographes de dix thèmes ont été conservés (à Londres) avec la mention : « Air[s] Écossais avec Variations » (manquent ceux de l'*op. 105* n° 3 composition de remplacement, et celui de l'*op. 107* n° 3 composition de remplacement non gardée par Thomson). Il existe également les variations III et IV de l'*op. 107* n° 4, et les Variations III et IV de l'*op. 107* n° 8, ainsi que deux ensembles de Thèmes et Variations composés après en remplacement des thèmes variés refusés par Thomson (les *op. 107* nos 6 et 7).

PUBLICATION

L'édition originale anglaise de neuf variations seulement (et non des douze commandées par Thomson) fut réalisée fin mai 1819 par l'éditeur Preston à Londres.

En juillet de la même année, les neuf *Thèmes variés* furent publiés à Edimbourg chez Thomson dans une collection en cinq volumes des mélodies écossaises favorites, comprenant des compositions de Haydn et Beethoven.

L'édition originale allemande fut réalisée par deux éditeurs :

L'*opus 105*, à Vienne chez Artaria en septembre 1819 :

« SIX/ THÈMES VARIÉS / bien faciles à exécuter / POUR LE / Piano-Forte seul / ou / avec accompagnement d'une Flûte / ou d'un Violon (ad libitum) / PAR / LOUIS VAN BEETHOVEN / Œuvre 105. […] ».

L'*opus 107*, à Bonn chez Simrock en 1820, en août/septembre 1820, en cinq livraisons :

« DIX THÊMES / Russes, Écossais et Tyroliens / Variés pour le / Piano-Forte / avec accompagnement / d'une Flûte ou d'un Violon / ad libitum / par / Louis VAN Beethoven. […] »

L'ŒUVRE VUE PAR SES CONTEMPORAINS

(Seulement pour *op. 107*, en 1821, après la publication de Simrock.)

CORRESPONDANCE POUR LES *OP. 105* ET *107*

Le 14 août 1816 [3., 958], Christopher Lonsdale écrivait à Beethoven au nom de l'éditeur Birchall pour savoir ce qu'il pensait d'un projet de variations « to the most favorite English, Scotch or Irish Airs for the Pianoforte with an Accompaniment either for the Violin or Violoncello » dans le genre des *WoO 45* (sur un air extrait du *Judas Maccabée* de Haendel), *WoO 46* ou *op. 66* (sur des extraits de *La Flûte enchantée*).

Le 28 décembre 1818 [4., 1275], George Thomson écrivait à Beethoven : « J'ai eu le plaisir de recevoir les 12 Themes avec vos Variations pour le Piano Forte et un Accomp. de Flute » (les *op. 107* n° 9, 10, 2, 8 ; *op. 105* n° 1, 2, 4 ; *op. 107* n° 1 et 5 – d'après le manuscrit de Londres). Il poursuivait sa lettre ainsi : « Je trouve la plupart des Variations pleines de beauté et de genie, et toutafait digne de votre talent. J'en eu entendu jouer Six avec grand plaisir : je regrette de dire qu'il y en a deux autres qui ne reusseraient pas ici, je veux parler de celles-ci [il donnait les thèmes des *op. 107* nos 8 et 10]. Je n'ai pas encore entendre [*sic*] le quatre derniers des 12. / Afin que j aye le nombre entier de 12., d'un style qui plaira au public, permettez-moi de vous prier de me faire la grâce de composer deux autres, au lieu de ceux dont je viens de parler. Et je vous prie de les faire d'un style agrèable et *cantabile*, brillants pour la main droite, autant qu'il vous plaira, mais *faciles* à executer : C'èst ce que vous avez fait, d'une manière charmante dans quelques uns des Themes que vous m'avez envoyès, par exemple dans le N° 7. [op. 105 n° 4] […]. »

Le 8 janvier 1819 [4., 1283], George Thomson écrivait à Beethoven que l'air du Tyrol (l'op. 107 n° 1) ne convenait pas « aux demoiselles de ce pays » : « Comme les deux mains, dans cette pièce, sont ensemble dans un mouvement continuel, elle est beaucoup trop difficile pour les personnes qui s'amusent avec des Thêmes variés ; et je vous assure qu'il serait tout-a-fait inutile de le publier. Vous me pardonnerez cette franchise, parce-qu'elle èst necessaire. Je vous prie donc, au lieu de l'air dont je viens de parler, de bien vouloir choisir quelque autre air national – Russe, Allemand, ou de quelque autre pays qu'il vous plaira (Beethoven choisit le thème du *WoO 158, n° 16* première partie « Air cosaque », comme *op. 107* n° 7 « Air russe ») – et de composer des variations dans un stile beau et brillant, mais s'il plait, pas trop difficile, car il s'en faut beaucoup que les dames de l'Écosse ne soient aussi fortes que celles de votre Pays ou la musique èst si cultiviée. » Thomson lui demandait également dans le n° 4 (*op. 107*) de réécrire une variation, car « l'effet que produit cette variation » ne le « contente » pas : « elle èst (pour ainsi dire) trop *maigre*, et ne serait pas goûtée du public. Je vous prie donc de m'en donner une autre, plus chantante, et d'un stile plus brillant, ou coulant, et, comme le Thême èst un air très favori, vous me feriez plaisir en y ajoûtant une autre variation de surplus, comme la piece èst un peu courte» (d'après des esquisses, il semble que Beethoven ait répondu au vœu de Thomson, qui n'a pourtant pas publié l'*op. 107* n° 4).

Le 5 avril [4., 1297], George Thomson écrivait à Beethoven qu'il était satisfait des «trois derniers Thèmes variès» qu'il avait reçus (*op. 105* n° 3 et *op. 107* n°s 6 et 7) et que, charmé par l'air Autrichien, il souhaiterait avoir un autre air étranger varié, chantant, brillant et facile comme il le dit lui-même (Beethoven lui envoya l'*op. 107* n° 7 «Air de la petite Russie», dont Thomson critiqua les variations comme «trop recherchées et trop difficiles» [4., 1357], le 23 nov. 1819). Plus loin dans sa lettre, Thomson notait qu'une de ses amies pianiste avait eu beaucoup de mal à exécuter les Thèmes Tyrolais et qu'elle les avait «abandonnès en désespoir, les ayant trouvès trop recherchès, chromatiques, et terriblement difficiles. Elle èst convainçue que nos amateurs ne pourrait ni les executer, ni les goûter», ajoutait-il. Et il continuait : «Le derniere Air j'aime particulierement, mais probablement il seroit inutile de vous demander d'en faire les Variations plus simples et faciles, afin de les rendre au gout de la Public ici. Je crains que cette peine ne vous serait pas agrèable, et dans cette cas qu'il me sera inutile de la publier; c'est grand dommage.»

Le 25 mai 1819 [4., 1303], Beethoven écrivait à George Thomson : «Vous ecrivés toujours facile très facile – je m'accomode tout mon possible, mais – mais – mais – l'honorare pourroit être plus *difficile* ou plutôt pesant!!!!!» Il rappelait les honoraires fixés pour «un Thême avec Variations», «*a moien dix ducats en or*, c'est, je vous jure, malgre cela seulement par complaisance pour vous, puisque je n'ai pas besoin, de me mêler avec de telles petites choses, *mais* il faut toujours pourtant perdre du temps avec de telles bagatelles, *et* l'honneur ne permit pas, de dire à quelqu'un, ce qu'on en gagne – je vous souhaite toujours bon gout pour la vrai Musique et si vous cries facile – je crieroi *difficile pour facile*!!!!»

En septembre-octobre [4., 1336, 1337, 1338, 1344], Beethoven demandait à Artaria de lui envoyer six exemplaires de la *Sonate op. 106* et des *Variations op. 105*, à titre de droits d'auteur.

Le 23 novembre [4., 1357], George Thomson jugeait l'*op. 107* n° 3 trop difficile (ce qui représentait le cinquième thème supprimé, car trop difficile pour les «Dames de ce pays-ci»); les Thèmes variés ne se vendaient pas : il avait «fait graver onze des Themes, dont neuf ont èté *publiés* depuis quelque tems, mais à [s]on grand chagrin, on ne les achete pas!», affirmant vouloir publier les douze annoncés, et lui proposant un thème facile, dont il attendait des variations «pas difficiles».

(En mai 1819, Thomson avait publié neuf thèmes en trois cahiers : le 1re avec les *op. 105* n°s 3, 4, 1; le 2e avec les *op. 105* n° 6, 2, 5; le 3e avec les *op. 107* n° 7, 6, 2).

Le 10 février 1820 [4., 1365], Beethoven proposait plusieurs œuvres à Peter Joseph Simrock dont «8 Themata mit Variationen für Klavier u. eine Flöte *ad libitum*, worunter 6 Themata Schottische Lieder u. ein rusisches zum Grunde haben, die 2 andern Them. sind Tyroler gesänge».

Le 9 mars [4., 1370], il réitérait sa proposition à Peter Joseph Simrock : «8 kleine Werke mit Variationen auf Schottische Tyrolische u. Rußische Themata für Klawier u. eine Flöte *ad libitum*».

Le 25 mars [4., 1374], Beethoven proposait à Maurice Schlesinger, à Berlin, les «8 Themata mit *leichten* Variationen für Klawier u. einer Flöte *ad libitum*», dont il spécifiait qu'il était possible de «faire une petite œuvre de chacun». L'éditeur semblait intéressé, selon une lettre du 11 avril 1820 [4., 1381], mais Beethoven lui signalait qu'il ne pouvait plus les lui envoyer car un éditeur du continent les avait achetées [4., 1388].

Le 23 avril [4., 1384], Beethoven écrivait à Nicolas Simrock qu'il lui avait fait parvenir les Variations par l'intermédiaire de Franz Brentano de Francfort, et qu'il avait ajouté deux variations, si bien qu'il y en avait dix et qu'il pouvait choisir de publier celles qu'il voulait, en fonction de ce qui lui paraissait convenir. Beethoven ne demandait rien en plus, étant donné qu'il avait composé beaucoup de ces «Kleinigkeiten». Il confirmait cet envoi le 24 mai [4., 1392] sans réclamer d'augmentation d'honoraire.

Le 14 juin [4., 1394], George Thomson se plaignait à Beethoven que personne ne lui ait commandé les «Themes variés» : «*j'en perdrais tous les frais*!» Il lui demandait de vendre les six Thèmes qui lui restaient à un éditeur de Vienne.

Le 10 juillet [4., 1399], Nicolas Simrock annonçait à Beethoven qu'il allait publier les *Variations op. 107* en cinq cahiers de deux chacun. Il demandait le numéro d'opus et un contrat d'exclusivité. (Beethoven lui répondait favorablement le 23 juillet 1820 [4., 1400].)

Opus 107

Dix Thèmes variés pour piano et flûte ou violon

1. *Variationen über « I bin a Tyroler Bue », de Friedrich Satzenhofen – Air tyrolien*
Moderato, 3/4, mi *bémol majeur – 150 mes.*
2. *Variationen über ein schottisches Volkslied (écossais)*
Allegretto, quasi vivace, 2/4, fa *majeur – 100 mes.*
3. *Variationen über ein ukrainisches Volkslied*
Vivace, 2/4, sol *majeur – 202 mes.*
4. *Variationen über ein irisches Volkslied*
Allegretto scherzoso, 6/8, fa *majeur – 149 mes.*
5. *Variationen über « A Madel, ja a Madel » de Friedrich Satzenhofen*
Moderato, 3/4, fa *majeur – 211 mes.*
6. *Variationen über ein walisisches Volkslied*
Andante commodo, 6/8, mi *bémol majeur – 89 mes.*
7. *Variationen über ein russisches Volkslied*
Andante, 2/4, la *mineur – 193 mes.*
8. *Variationen über ein schottisches Volkslied*
Andantino quasi Allegretto, 2/4, ré *majeur – 104 mes.*
9. *Variationen über ein schottisches Volkslied*
Allegretto più tosto vivace, 6/8, mi *bémol majeur – 108 mes.*
10. *Variationen über ein schottisches Volkslied*
Spiritoso e marziale, 2/4, sol *mineur – 99 mes.*

TEMPS DE LA COMPOSITION

1817-1818, en même temps que les *Six Thèmes variés op. 105*.

Les n°s 1, 5 et 7 ont été arrangés par Beethoven pour voix et accompagnement de Trio pour piano, violon et violoncelle (*WoO 158, n° 5, 6 et 16*).

CONTEXTE BIOGRAPHIQUE

Voir *Opus 105*.

PRÉSENTATION DE L'ŒUVRE

À partir de thèmes très simples, issus des Airs populaires que Thomson lui envoyait, Beethoven a trouvé une grande variété de solutions, qui intègrent lyrisme, allégresse, vitalité joyeuse, humour, et virtuosité instrumentale dans une écriture surtout harmonique sans modulations surprenantes, la flûte étant doublée par la main droite du piano.

N° I Variations sur « I bin a Tyroler Bue », aus « Der Körbchenflechter » de Friedrich Satzenhofen

D'après l'Air tyrolien « Teppichkrämerlied » *WoO 158 n° 5* (refusé par Thomson le 8 janvier 1819). Le thème est celui d'un Laendler, Moderato, à 3/4, en *mi* bémol majeur, de 28 mesures. Il est suivi de quatre variations : la 1re confère une partie *sempre staccato* virtuose au piano avec quelques ponctuations de la flûte ; la 2e est ornementale très rapide au piano *piacevole* ; la 3e « Minore » est en *mi* mineur très proche du thème, et la 4e et dernière, « Maggiore », est Allegro (de 38 mes.) retrouvant le « Tempo I » pour la coda (les six dernières mesures).

N° II Variations sur un air populaire écossais

D'après l'*op. 108 n°* 7 : « Bonny laddie, highland laddie ». Allegretto, quasi vivace, à 2/4, en *fa* majeur, de 16 mesures (plus une de silence), le thème est allègre et se termine de manière humoristique sur une suspension harmonique. Il est suivi de quatre variations : la 1re, légère, est menée par le piano ; la 2e est chantante ; la 3e est plus ornementée ; la 4e Andante mosso alla Siciliano, à 6/8, retrouve l'allégresse du thème et se termine par un trait du piano, en guise de cadence, avant une Coda Allegro (33 mes.).

N° III Variations sur un chant populaire ukrainien

D'après l'« Air de la petite Russie » (composition de remplacement refusée par Thomson le 23 novembre 1819), qui ne se trouve pas dans le recueil de Pratsch mais qui correspond à une mélodie populaire russe à la mode à Vienne entre 1810 et 1820. Le thème est Vivace, à 2/4, en *sol* majeur, de deux fois 8 mesures reprises. Il est suivi de six variations : la 1re *espressivo* doit être jouée au piano *sempre legato* ; la 2e *un poco meno vivace* au piano seul joue sur l'alternance d'un motif rythmique entre les deux mains ; la 3e retrouve le « Tempo I », la flûte étant doublée par la main droite ; la 4e, très pianistique est dominée par des triolets de croches ; la 5e est en valeur longues au piano, la flûte intervenant par de courtes phrases rapides; la 6e est Adagio sostenuto à 3/8 très lyrique (de 36 mes.), après ce mouvement lent, l'ensemble se termine par une reprise développée du thème, le motif initial étant exposé seul comme pour une fugue (de la mes. 40 à la mes. 98).

N° IV Variations sur un chant populaire irlandais

D'après l'Air écossais *WoO 154, 4* : «The pulse of an Irishman ever beats quicker» (le 8 janvier 1819, Thomson demandait le remplacement de la variation en mineur par une autre). Le thème, Allegretto scherzoso, à 6/8, en *fa* majeur, de 22 mesures, est suivi de cinq variations : la 1re au piano seul est légère; la 2e concertante; la 3e en *fa* mineur Poco Adagio; la 4e Vivace et légère à 2/4 se termine par une cadence *cantabile* du piano; la 5e Moderato à 3/4 (31 mes.) est prolongée par une Coda humoristique au Tempo I (de 5 mes.).

N° V Variations sur «A Madel, ja a Madel» de Friedrich Satzenhofen

D'après l'Air tyrolien *WoO 158, 6* (refusé par Thomson le 5 avril 1819). Le Thème typiquement tyrolien est Moderato, à 3/4, en *fa* majeur, de 37 mesures. Il est suivi de quatre variations très différentes qui retiennent toutes le trait central joué par le piano : la 1re est *dolce* et légère sur motif rythmique; la 2e est brillante; la 3e est dominée par des trilles à la main gauche et par de longues tenues de la flûte; un interlude Maestoso solennel de quatre mesures mène à la 4e et dernière Allegro à 6/8 de texture symphonique.

N° VI Variations sur un air populaire gallois

D'après l'Air écossais *WoO 155, 11* : «Merch Megan» («In the white cot where Peggy dwells») (composition de substitution publiée par Thomson). Le thème *p dolce* est Andante commodo, à 6/8, en *mi* bémol majeur, de 12 mesures (4 + 8, chaque fois avec reprise). Il est suivi de quatre variations : la 1re ornementale «espressivo»; la 2e le chant à la flûte est soutenu par un accompagnement harmonique (20 mes. sans reprises); la 3e *espressivo* est fluide (9 mes. non reprises + 8 mes. reprises); la 4e Vivace à 2/4 se termine Poco adagio par un arpège ascendant sur quatre octaves (29 mes.).

N° VII Variations sur un chant populaire russe

D'après l'Air cosaque *WoO 158*, 16 : «Schöne Minka, ich muß scheiden» (composition de substitution publiée par Thomson). Le thème lyrique est Andante à 2/4, en *la* mineur, de 16 mesures sans reprises. Il est suivi de six variations et d'une coda : la 1re *espressivo* met le thème en valeur; la 2e est très rythmée (la flûte est doublée); la 3e est brillante; la 4e *dolce* est légère avec effet d'accélération; la 5e Andante moderato à 6/8 est concertante; la 6e Allegro à 2/4 est très rythmée, une cadence virtuose du piano mène à une coda développée, Adagio, en *fa* majeur, puis Andante commodo, en *la* mineur, avec une fin Poco vivace à 6/8, «*dolce*» et en *la* majeur (93 mes.).

N° VIII Variations sur un chant populaire écossais

D'après l'*op. 108 n° 17* : «Oh Mary, at thy window be» (Thomson le refuse le 28 décembre 1818, et il demande le 23 novembre 1819, le remplacement de deux variations). Le thème est Andantino quasi Allegretto, à 2/4, en *ré* majeur, de 16 mesures. Il est suivi de cinq variations : la 1re repose sur une cellule rythmique traitée en imitation; la 2e joue sur les syncopes du piano; la 3e *sempre staccato* est rythmique; la 4e Un poco più mosso se déploie sur des lignes divergentes du piano et de longues tenues de la flûte; la 5e, Allegro assai, 6/8, est introduite par un trait du piano («attaca»).

N° IX Variations sur un chant populaire écossais

D'après l'*op. 108 n° 11* : «Oh! thou art the lad of my heart». Le Thème est Allegretto più tosto vivace, à 6/8, en *mi* bémol majeur, de 16 mesures. Il est suivi de cinq variations : la 1re rythmique; la 2e Cantabile e legato; la 3e repose sur une succession de cellules en triolets de doubles croches ponctuées par la flûte; la 4e Andante espressivo en *mi* bémol mineur forme un contraste avec la dernière, la 5e Vivace (de 28 mes.) en *mi* bémol majeur.

N° X Variations sur un chant populaire écossais

D'après l'*op. 108 n° 22* : «The Highland Watch» («Old Scotia, wake thy mountain strain») (refusé par Thomson le 28 décembre 1818). Le thème est Spiritoso e marziale, à 2/4, en *sol* mineur, de 16 mesures. Il est suivi de cinq variations : la 1re accentue le caractère de Marche du thème ; la 2e a une étrange fluidité soutenant des tenues de la flûte ; la 3e Più moto est en *sol* majeur, la 4e Adagio espressivo retrouve le *sol* mineur et la 5e est Allegro à 6/8 (19 mes.) en *sol* mineur.

SOURCES

Des esquisses (à Berlin) pour les Variations 3 et 4 du n° 8.

Les manuscrits autographes sont dispersés : à Londres (nos 1, 2, 4, 5, 8, 9, 10), à Bonn (nos 4, 6, 7) et à Vienne (pour le n° 4).

PUBLICATION

En juillet 1819, à Édimbourg, chez Thomson, dans une collection en cinq volumes des mélodies écossaises favorites, comprenant des compositions de Haydn et Beethoven.

À la même époque, à Londres chez Preston-Thomson : le Cahier III (nos 7 à 9) comprend les n° 7, 6 et 2 ; le Cahier IV (nos 10-12) qui devait contenir trois autres Thèmes variés ne semble pas être paru.

Elles furent publiées par Simrock à Bonn et Cologne, en août/septembre 1820, en cinq livraisons :

« DIX THÊMES / Russes, Écossais et Tyroliens / Variés pour le / Piano-Forte / avec accompagnement / d'une Flûte ou d'un Violon / ad libitum / par / Louis VAN Beethoven. [...] »

L'ŒUVRE VUE PAR SES CONTEMPORAINS

L'*AMZ* XXIII, n° 33 du 15 août 1821 (col. 567-569) considérait que ces Variations ne correspondaient pas, de prime abord, à ce qui était attendu d'une œuvre de Beethoven. Ces dix petits ensembles de variations sur des thèmes merveilleux, certes, étaient à peine dignes d'un élève débutant : il n'y avait ni surprises, ni plénitude harmonique, et parfois les variations étaient plus simples que le thème – comme si Beethoven s'était moqué du public ! Pourtant, de plus près, il était possible de découvrir de grandes subtilités d'écriture et une grande variété de solutions.

L'auteur de l'article indiquait en note que ces Variations avaient été écrites à la demande d'un ami de la musique d'Edimbourg où elles avaient d'abord été publiées.

CORRESPONDANCE

Voir *Opus 105*.

Le 28 décembre 1818 [4., 1275], George Thomson écrivait à Beethoven que les nos 8 et 10 ne lui plaisaient pas, qu'il fallait en écrire deux autres.

Le 23 novembre 1819 [4., 1357], il trouvait l'*op. 107 n° 3* trop difficile (ce qui représentait le cinquième thème supprimé) pour les « Dames de ce pays-ci ». Il avait, disait-il, « fait graver onze des Themes, dont neuf ont ètè *publiés* depuis quelque tems, mais à mon grand chagrin, on ne les achète pas ! », affirmant vouloir publier les douze annoncés, et lui proposant un thème facile, dont il attendait des variations « pas difficiles ».

Le 10 juillet 1820 [4., 1399], Nicolas Simrock annonçait à Beethoven qu'il allait publier les *Variations op. 107* en cinq cahiers de deux chacun. Il demandait le numéro d'opus et un contrat d'exclusivité. (Beethoven lui répondait favorablement le 23 juillet 1820 [4., 1400].)

Opus 106

Sonate pour piano en si bémol majeur : « Große Sonate für das Hammer-Klavier »

Allegro, ¢, si *bémol majeur – 405 mes.*
Scherzo. Assai vivace, 3/4, si *bémol majeur – 175 mes.*
Adagio sostenuto. Appassionato e con molto sentimento, 6/8, fa dièse *mineur – 187 mes.*
Largo, C, fa *majeur (10 mes.) / Allegro risoluto, 3/4,* si *bémol majeur – 400 mes.*

TEMPS DE LA COMPOSITION

Le travail commença en novembre/ décembre 1817. Les deux premiers mouvements furent sans doute achevés vers la fin du printemps 1818 (en 1819, Beethoven écrivait à l'archiduc Rodolphe qu'ils auraient été prévus pour sa fête, le 17 avril 1818). La suite du travail se situe au cours de l'été 1818 à Mödling (où Beethoven séjourna du 19 mai à octobre). La *Sonate* était achevée au tout début l'année 1819, puisque Beethoven envoyait une copie à Ries à Londres, sans doute au cours de la seconde moitié du mois de janvier [4., 1285].

La composition était terminée quand Beethoven se mit à composer la *Missa solemnis op. 123*, au début de 1819. Artaria disposa de la copie à graver au plus tard en juin.

CONTEXTE BIOGRAPHIQUE

Juste avant la parution de la *Sonate pour piano op. 101*, en janvier 1817, Beethoven se préoccupa de trouver le terme qui permettrait de nommer le nouveau genre de sonate pour instrument à marteaux, « Hammerklavier », qu'il était en train d'inaugurer, bien décidé à composer de nouvelles œuvres dans ce genre.

Même si son intention date du début de l'année 1817, Beethoven ne se mit à composer cette sonate qu'à partir de l'automne 1817, juste après avoir demandé à Johann Andreas Streicher de lui fabriquer un piano aux sonorités puissantes, adapté à la faiblesse de son ouïe. Le lien est donc étroit entre cette nouvelle Sonate et les progrès de la facture instrumentale impulsée par les exigences mêmes de Beethoven.

Après avoir achevé les deux premiers mouvements au printemps 1818, Beethoven les transcrivit « au propre » dans l'intention de les offrir à l'archiduc Rodolphe pour sa fête (le premier mouvement étant construit sur un « Vivat Rudolfus »), mais il ne les lui fit parvenir que le 3 mars 1819, expliquant que les « tristes conditions » de sa vie ne lui avaient pas donné l'occasion de les lui apporter, ajoutant qu'il avait composé deux autres mouvements dont un Finale fugato, ce qui en faisait « une grande Sonate », qu'il affirmait avoir composée pour l'archiduc – il se trouve qu'en ce début d'année, l'archiduc devait être nommé archevêque d'Olmütz, ce qui permettait à Beethoven d'espérer un changement de situation matérielle grâce à une nomination officielle et donc rémunérée (confère les lettres à Ries du 8 et 19 mars 1819 [4., 1294 & 1295]). Cette « grande Sonate » était donc prête au bon moment.

En mai 1818, au lieu de remettre les mouvements achevés à l'archiduc Rodolphe, Beethoven demandait à Ries de trouver un éditeur à Londres, espérant qu'il pourrait apporter cette œuvre à Londres lors de son voyage, et sortir des difficultés matérielles qu'il connaissait à Vienne. Beethoven formula cette demande à Ries alors que la *Sonate* n'était pas encore achevée : il travailla aux deux derniers mouvements durant l'été 1818, après avoir reçu avec tant de bonheur le piano offert par Thomas Broadwood[1], et en se promenant heureux, par monts et par vaux.

Ainsi, que ce soit à l'archiduc ou à Ries, Beethoven mit chaque fois en relation la composition de cette *Sonate* avec « les tristes conditions » de son existence : de fait, ses billets et lettres à Nannette Streicher entre avril 1817 et juin 1818 témoignent de sa mauvaise santé et de son désarroi domestique au moment où il se trouvait confronté à des difficultés concernant la tutelle de son neveu. Si cette détresse fut réelle et concomitante de l'élaboration de cette énorme *Sonate* de facture inédite, Beethoven en prit prétexte pour vendre à Londres une œuvre qu'il savait pratiquement impossible à exécuter par les Anglais (qui trouvaient toujours ses œuvres trop difficiles). Ainsi, et en manière d'excuses, il laissa Ries libre de décider de la forme de l'édition : la solution fut une publication en deux parties sans mention de liens entre elles, sans indication d'opus et sans référence au dédicataire.

Si cette Sonate fut effectivement écrite avec l'intention d'en tirer un profit financier soit du côté anglais soit du côté de l'archiduc Rodolphe, elle fut en fait essentiellement composée par Beethoven pour confronter son écriture (à la recherche des limites que pouvait atteindre son imagination contrapuntique) aux potentialités sonores du piano, qu'il voulait désormais nommer « Hammerklavier ». Nannette Streicher, pianiste et factrice de piano, prit le relais de cette confrontation en s'efforçant de maîtriser cette *Sonate*, comme en témoignent plusieurs passages des *Cahiers de conversation* : fin novembre 1819 (*BKh* 1, p. 109), Joseph Czerny écrivait que depuis trois mois elle étudiait la *Sonate* et qu'elle n'avait encore réussi qu'à jouer le premier mouvement, se plaignant en particulier du début; pourtant, en avril 1820 (*BKh* 2, p. 93) elle semblait pouvoir enfin la jouer et demandait à Beethoven de la conseiller pour l'interprétation, ainsi que de venir essayer un nouveau piano.

D'après ce qu'il aurait dit à Artaria[2], Beethoven était tout à fait conscient des diffi-

1. Il demanda à Nannette Streicher, au début février 1818 [4., 1240] d'intervenir pour que le piano qui devait arriver à Trieste puisse atteindre Vienne sans frais de douane.

2. D'après Wilhelm von Lenz, *Beethoven : Eine Kunst-Studie*, Hambourg 1860, vol. 5, p. 32. De fait, il semble que Liszt fut le premier à jouer cette Sonate en public, en 1836 à Paris.

cultés d'exécution de l'œuvre, mais, comme il l'avait expliqué à S.A. Steiner dans une lettre écrite peu après le 9 janvier 1817 [4., 1061], ce qui est difficile appartient à la catégorie du Beau, du Bon et du Grand.

PRÉSENTATION DE L'ŒUVRE

Il s'agit d'une très grande Sonate en quatre mouvements d'écriture très élaborée, unifiés par quelques éléments très simples : l'intervalle de tierce, l'oscillation entre *si* bémol majeur et *si* mineur et les champs harmoniques de ces deux tonalités, l'extension extrême des registres, la superposition de multiples plans sonores, les trilles jouant un grand rôle, et une très grande variété de sonorités obtenues par l'écriture pour piano.

I. Le premier mouvement Allegro de forme sonate est construit à partir de groupes thématiques bien délimités. Il s'ouvre avec le thème d'une très grande densité sonore du « Vivat Rodolphe » [1] (fanfare impulsée par un coup de timbale et se terminant par une tierce descendante), motif initial du premier groupe thématique constitué de motifs contrastés, dynamiques et percutants, ou lyriques. Le second groupe thématique est plus fluide. L'exposition se termine par un ensemble de motifs *cantabile/dolce ed espressivo* dominé par des trilles.

Le développement est un fugato sur le motif initial, le rythme du « Vivat ».

La réexposition combine les motifs dans une très grande virtuosité pianistique.

II. Le Scherzo Assai vivace, à 3/4, est également en *si* bémol majeur. La tierce et le rythme pointé établissent un lien avec le premier mouvement. Le Trio en *si* bémol mineur, canon entre les deux mains, est prolongé par une sorte de second Trio Presto qui fait l'effet d'une rupture avant la reprise du Scherzo. La coda est constituée de la répétition d'un rythme sur les mêmes notes, en *si* mineur, jusqu'à saturation sonore et passage à *si* bémol pour retrouver les premières mesures du Scherzo.

III. Beethoven a ajouté peu avant la publication de la Sonate la première mesure de ce très long mouvement lent, Adagio sostenuto. Appassionato e con molto sentimento, à 6/8, en *fa* dièse mineur, sans doute pour assurer la cohérence interne de ce flux sonore continu, pourtant constitué de deux thèmes différenciés (le second est caractérisé par les syncopes), d'un développement très modulant fait d'arpèges ascendants, d'une réexposition variée et d'une coda. Chacun des moments d'articulation de la forme est marqué par cette tierce ascendante.

L'écriture joue sur la densité sonore obtenue par l'utilisation différenciée du nombre de cordes à frapper, ainsi que sur l'expressivité : les mentions *espressivo, con grand espressione, smorzando, molto espressivo* sont nombreuses.

IV. Le Finale est introduit par un Largo à quatre temps en *fa* majeur de 10 mesures : Beethoven précise que « Per la misura si conta nel Largo sempre quattro semicrome » (Pour la mesure dans le Largo on doit toujours compter quatre doubles croches par temps). La fonction de ce Largo, sorte de récitatif marqué par les variations de tempo ou Fantaisie précédant une Fugue à la manière de Bach, est d'évoquer l'improvisation et de mettre à nu la recherche qui a présidé à la composition de cette *Sonate* : les différents éléments des mouvements précédents sont suggérés avant que le sujet de la fugue ne s'impose, d'abord pressenti dans un tempo Allegro risoluto, à 3/4, avant d'être indiqué Fuga a tre voci, con alcune licenze (Fugue à trois voix avec quelques libertés).

Cette fugue est traitée comme une sorte de Fantaisie, associant construction rigoureuse et esprit d'improvisation. Elle comprend sept parties : la première constituée du sujet traité de manière variée, la deuxième (mes. 85) est une extension du sujet, la troisième (mes. 157) une inversion, la quatrième (mes. 208) un renversement, la cinquième (mes. 250) l'exposition d'un second sujet plus calme (*una corda, sempre dolce cantabile*), la sixième (mes. 279) une double fugue combinant les deux sujets (*tutte le corde* commençant triple *piano* avant d'atteindre double *forte*) et la septième (mes. 367) une coda (précédée d'un silence) insistant sur l'oscillation entre le *si* bémol majeur et le *si* mineur, pour affirmer, après une montée chromatique systématique et énergique, le *si* bémol majeur dans un

1. Thème d'une cantate projetée en l'honneur de Rodolphe, et restée à l'état d'esquisse (Vienne, Gesellschaft der Musikfreunde) – cf. Nottebohm (II, 127-128).

puissant accord final (fin de la mes. 399 et mes. 400).

SOURCES

Les esquisses, incomplètes (sur cahiers et carnets incomplets), sont dispersées (entre Berlin, Bonn, Vienne, Cambridge, Genève, Princeton et Washington)[1].

D'après Nottebohm (II, 123-137 : « Skizzen zur Sonate op. 106 »), les esquisses montrent que Beethoven a envisagé chacun des mouvements dans leur ordre de publication, sous forme de courtes notations accompagnées de remarques, et qu'il a entamé pendant les recherches pour le premier mouvement, celles pour les autres (pensant au début, à la fin et à l'articulation des différentes parties). Au milieu des esquisses pour la seconde partie du premier mouvement se trouvent des recherches pour « Vivat rudolphus » avec la remarque : « ce début développé et ensuite un chœur à 4 voix » – Beethoven envisageait sans doute une composition pour la fête de l'archiduc en travaillant aux deux premiers mouvements. Puis, au milieu d'esquisses du dernier mouvement notées sur le carnet utilisé lors de l'été 1818 à Mödling, il a inscrit : « Une petite maison, si petite qu'il y a juste un peu d'espace/Seulement quelques jours dans cette divine Brühl / Nostalgie ou désir / libération ou accomplissement. » Les esquisses pour le troisième mouvement, d'abord assez brouillonnes, se précisent après un long travail sur les thèmes et les rythmes. L'introduction lente à la Fugue est postérieure à la recherche du sujet qu'il a effectuée en se promenant dans la forêt de la Brühl et en pensant à des Lieder (*Gott allein ist unser Herr. Er allein, An die Abendsonne/Leb wohl schöne Abendsonne*, ainsi qu'à *Haidenröslein* de Goethe).

La localisation du manuscrit est inconnue (existe-t-il encore ? la trace se perd du vivant de Beethoven). La copie des deux premiers mouvements que Beethoven aurait envoyée à l'archiduc Rodolphe n'a pas été retrouvée [4., 1292, 3 mars 1819]. Une copie (non retrouvée) établie par Schlemmer a dû servir à la gravure, le manuscrit raturé comporte de nombreuses corrections qui sont devenues illisibles.

Deux pages de corrections font partie d'une lettre envoyée à Ries le 19 mars 1819 [4., 1295].

PUBLICATION

L'édition originale fut assurée à Vienne en septembre 1819 par Artaria qui en publia deux versions, l'une avec un titre en français (« Grande Sonate pour le Pianoforte »), l'autre avec un titre en allemand (« Grosse Sonate für das Hammer-Klavier »), sans doute pour répondre au vœu de Beethoven qui tenait à la terminologie allemande, tout en restant fidèle aux attentes du public habitué à la terminologie latine. En octobre 1819, Artaria publia une troisième édition, en allemand, comprenant le catalogue des œuvres de Beethoven revu par lui (voir la lettre à Beethoven [4., 1317, 24 juillet 1819], dans laquelle Artaria se préoccupait des numéros d'opus vides et des œuvres sans numéro d'opus).

Le titre en français était le suivant :

« GRANDE SONATE / pour le / Piano-Forte / Composée et dediée / ß SON ALTESSE IMPERIALE MONSEIGNEUR / L'Archiduc RODOLPHE d'Autriche, / CARDINAL ET PRINCE ARCHEVÊQUE D'OLMÜTZ &. &. &. / par / Louis VAN Beethoven. / Œuvre 106./ Propriété des Éditeurs / À VIENNE / chez / ARTARIA et COMPAG : / Leipzig bey Peters, Breitkopf & Haertl, und Hoffmeister. Berlin bey Schlesinger. / Bonn bey Simmrok. Offenbach bey Andre. Augsburg bey Gombart. / Mainz bey Schott. Zürich bey Naegeli. München bey Falter & Sohn. / Mainz bey Zulehner. Hamburg bey Böhm. Mayland bey Riccordi. / und in den übrigen Kunst – und Buchhandlungen von / Deutschland, Frankreich, England, der Schweitz, Russland und Pohlen. »

Le titre allemand était le suivant :

« GROSSE SONATE / für das / Hammer = Klavier. / Seiner Kais : Königl : Hoheit und Eminenz, / dem Durchlauchtigsten Hochwürdigsten / HERRN HERRN ERZHERZOG /

---

1. Voir Nicholas Marston, « Approaching the Sketches for Beethoven's « Hammerklavier » Sonate », in : *JAMS* 44 (1991), p. 404-450, et Norbert Gertsch, « Ludwig van Beethovens « Hammerklavier » – Sonate op. 106 / Bemerkungen zur Datierung und Bewertung der Quellen », in *Bonner Beethoven-Studien, 2*, Verlag Beethoven-Haus Bonn, 2001, pp. 63-93 – Norbert Gertsch publie un tableau des différentes esquisses retrouvées (support, lieu, auteur qui les a présentées), p. 89-91.

RUDOLPH VON OESTERREICH / Cardinal und Erzbischoff von Olmütz &. &. &. / in tiefster Ehrfurcht gewidmet / von / Ludwig VAN Beethoven. / Op. 106. / Eigenthum der Verleger. / WIEN bey ARTARIA und COMP : »

La Sonate fut éditée à Londres par « The Regent 's Harmonic Institution, Lower Saloon, Argyll Rooms », en deux parties peu après (elles étaient prêtes le 1er octobre 1819), sans numéro d'opus, sans indication du dédicataire et sans que l'unité de ces deux « œuvres » ne soit mentionnée : la première partie comprenait les trois premiers mouvements avec l'Adagio en deuxième position (1-3-2), et la seconde partie le dernier mouvement sous le titre « Introduction and Fugue ».

L'ŒUVRE VUE PAR SES CONTEMPORAINS

La *Wiener Zeitung* du 15 septembre 1819 annonçait la publication de cette *Sonate* en soulignant que cette œuvre était singulière parmi l'ensemble des créations de Beethoven, pas seulement du fait de son originalité mais pour la perfection de son écriture qui ouvrait une nouvelle période dans la composition d'œuvres pour piano.

La *Zeitung für Theater und Musik*, Berlin Jg. 1, en 1821, comparait en quelques mots l'*op. 109* à l'*op. 106*, trouvant la nouvelle sonate moins étrange.

Carl Czerny indique qu'au moment où Beethoven a composé sa plus grande sonate, il n'a pas respecté les critères d'écriture habituels, qu'il en a utilisé les possibilités en fonction de l'effet qu'il souhaitait – ce qui rendait ses dernières Sonates très difficiles à jouer (il fallait pour les jouer être déjà familier de ses premières compositions). Czerny n'avait pas grand-chose à ajouter aux indications d'interprétation données par Beethoven lui-même, mais il insistait sur la persévérance indispensable pour vaincre les difficultés, le premier mouvement étant de « style symphonique », le deuxième très rapide et humoristique avec un Trio au « legato harmonieux » et une « bonne utilisation de la pédale », le troisième, « cantabile » et expressif, devant être joué en respectant un tempo rigoureux et en étant fidèle au caractère « hautement tragique et mélancolique » de l'ensemble, tout en évitant l'ennui de ce « merveilleux morceau de musique » qui représente le « Maître âgé, accablé physiquement et moralement se souvenant de temps meilleurs ». Le Largo, qui introduit la « grande Fugue à trois voix », et malgré son aspect arbitraire doit être joué en respectant rigoureusement les rythmes ; quant à la Fugue, « très animée et très puissante », il s'agissait « d'un des morceaux de musique les plus difficiles », qu'il fallait travailler lentement et par petits bouts, après avoir étudié beaucoup de fugues de Haendel et de Bach.

CORRESPONDANCE

Entre le 9 et le 23 janvier 1817 [4., 1065], Beethoven indiquait à Tobias Haslinger le libellé du titre de la *Sonate op. 101* comprenant l'indication « Für das piano-forte/ oder – – Hämmer-Klawier ». Il spécifiait que si le titre était déjà gravé, il fallait le modifier à ses frais ou bien le conserver pour une nouvelle Sonate (il ne commença l'*op. 106* qu'en automne 1817), expliquant que ce titre était destiné à faire comprendre que le « Hämmer-Klawier » était une invention allemande (voir *Opus 101*).

Le 23 janvier [4., 1071], Beethoven déclarait à S.A. Steiner qu'à partir de maintenant toutes ses œuvres porteraient un titre allemand : au lieu de piano-forte, Hammerklawier, expression qu'il répète dans cette lettre avant de la terminer.

Le 7 juillet [4., 1137], Beethoven, de Nußdorf, demandait à Nannette Streicher qu'elle prie son mari Johann Andreas de lui fabriquer un piano adapté à la faiblesse de son audition, aussi puissant que possible, pensant que seul Streicher était capable de répondre à sa demande. Après avoir évoqué les modalités de paiement, Beethoven s'excusait de sa demande, lui qui était plus habitué à aider les autres qu'à se faire aider.

Le 3 janvier 1818 [4., 1217], Thomas Broadwood annonçait à Beethoven le cadeau d'un piano, parti par voie maritime vers Trieste le 27 décembre 1817 (il arriva à Vienne au début juin 1818, comme en témoigne la *Wiener Zeitung* du 8 juin (n° 128 – cité in *Briefe* 4., 1240, note 5).

Le 3 février [4., 1242], Beethoven remerciait Broadwood par une lettre en français :

« Mon très cher Ami Broudvood !

J'amais je n'eprouvais pas un plus grand Plaisir de ce que me causa votre Annonce de l'arrivée de Cette Piano, avec qui vous m'honorèe de m'en faire présent, je regarderai Comme un Autel, ou je déposerai les plus belles offrandes de mon Esprit au divine Apollon. Aussitôt Comme je recevrai votre Excellent Instrument, je vous enverrai d'en abord les Fruits de l'inspiration des premiers moments, que j'y passerai, pour vous servir d'un Souvenir de moi à vous mon très cher B., et je ne souhaits ce que, qu'ils soient dignes de votre Instrument […]. »

Peu avant le 19 mai [4., 1258], Beethoven souhaitait que Ferdinand Ries, à Londres, propose à un éditeur les *op. 106* et *104*, et ajoutait qu'il espérait se rendre à Londres l'hiver prochain, qu'il le « devait s'il ne voulait pas être réduit à l'état de mendiant à Vienne ». Ries lui répondait le 18 décembre [4., 1274] qu'il avait trouvé deux éditeurs, et il réitérait son invitation; il demandait également les indications métronomiques de l'*opus 106*.

Le 30 janvier 1819 [4., 1285], Beethoven répondait qu'il ne pouvait pas pour l'instant se rendre à Londres (retenu par le procès concernant la tutelle de son neveu) et remettait le voyage à l'hiver suivant. Il pensait que Ries avait déjà reçu l'*op. 104* et l'*op. 106*, et donnait des directives pour la publication.

Le 3 mars 1819 [4., 1292], Beethoven envoyait ses félicitations à l'archiduc Rodolphe qui allait devenir archevêque d'Olmütz (à la suite de la mort du précédent archevêque le 20 janvier) et il lui envoyait les deux premiers mouvements de la *Sonate* qu'il avait déjà achevés pour sa dernière fête (le 17 avril 1818), mais qu'il n'avait pas eu l'occasion de lui remettre, empêché par de « tristes circonstances », dont sa santé. Plus loin dans sa lettre, Beethoven signalait qu'aux deux premiers mouvements dont il envoyait une copie de sa main, il avait ajouté deux autres dont le dernier était « ein goßes *Fugato* », si bien qu'il s'agissait d'une « große Sonate » qui allait bientôt paraître et qui avait été composée pour lui.

Le 8 mars [4., 1294], Beethoven annonçait à Ries la liste des corrections de la Sonate dans laquelle il avait dû « trouver terriblement de fautes ».

Le 19 mars [4., 1295], Beethoven envoyait une très longue liste de fautes à Ries, le priant de l'en excuser et expliquant que son copiste avait confié le travail à d'autres. Après avoir mentionné ses difficultés matérielles, qui ne pourraient pas être résolues avant au moins un an (si l'archiduc devenu archevêque d'Olmütz lui assurait un meilleur revenu), il signalait que si la *Sonate* ne convenait pas à Londres, il en composerait une autre, et qu'en attendant il était possible de réorganiser l'enchaînement des mouvements : associer le Largo à la Fugue, mettre l'Adagio en deuxième mouvement, le Scherzo en troisième et laisser le largo et la Fugue, ou encore ne conserver que le premier mouvement et le Scherzo. Il laissait carte blanche à Ries, ajoutant que composer une nouvelle Sonate le gênerait car il était très occupé (il pensait à la *Missa solemnis*), que cette Sonate avait été composée dans des circonstances pressantes, et que comme il était dur de gagner sa vie, il avait fait cet effort pour se rendre à Londres.

Le 16 avril [4., 1309] Beethoven envoyait les indications métronomiques pour la Sonate et demandait de nouveau à Ries d'excuser les « Konfusionen » liées à sa situation :

« 1-tes *Allegro* allein *Allegro* das *assai* muß weg M. *Metronom* [𝅗𝅥] = 138

2tes Stück *Scherzoso* M. *Metronom* [𝅗𝅥.] = 80

3-tes<Stück M. *Metronom* [♪] = 92 », ajoutant, à cet endroit, qu'il fallait insérer une mesure au début [il donnait l'exemple musical des trois premières mesures],

« 4-tes Stück *Introduzione Largo* M. *Metronom* [♪] = 76

5-tes Stück 3/4-tel Takt [il donne les mesures 11 et 12 de l'Allegro risoluto]

u. leztes –

M. *Metronom* [♩] = 144 ».

Le 25 mai [4., 1302], Beethoven demandait à Ries de ne pas oublier de lui envoyer les honoraires pour les *op. 104* et *106*.

Le 31 août [4., 1328], Beethoven disait à Artaria, dans un billet, que le titre était bon mais qu'il fallait écrire « Große » et non « Grosse », qui était un provincialisme autrichien.

Le 10 novembre [4., 1341], Beethoven informait Ries que la *Sonate* était publiée depuis une quinzaine de jours, et qu'il y a six mois qu'il lui avait envoyé une copie à graver – pour qu'il puisse corriger les fautes, il allait lui faire parvenir un exemplaire de l'édition originale. Enfin, il le pressait de lui faire parvenir les honoraires.

Thomson, 10e envoi

Trois compositions et trois nouvelles versions
Op. 108 *nos 2, 18 et 23*

Temps de la composition

Entre fin 1817 et février 1818.

Contexte biographique

Comme le prouve son insistance, Beethoven effectuait les arrangements commandés par Thomson parce qu'il avait besoin d'argent. Pourtant, il se montra attentif à la justesse du style exigé par chacun des Airs (dont il n'eut jamais les paroles) [1] et manifesta des préoccupations éditoriales demandant à Thomson qu'il assure, lors de la publication en volume, une variété dans la succession des Airs pour éviter toute monotonie : il concevait donc ces « airs » comme parties d'un ensemble.

Pendant que Beethoven exigeait toujours plus pour ses arrangements, Thomson publiait, le 15 août 1818, le volume de *25 Airs écossais* (qui seront publiés par Schlesinger à Berlin en juillet 1822, *25 Schottische Lieder, op. 108*) – pourtant ces publications avaient du mal à être vendues, car elles ne correspondaient plus au goût de l'époque en Grande-Bretagne, situation que Thomson n'avait pas saisie, préférant rendre Beethoven responsable de l'échec commercial : ses arrangements étaient trop difficiles… ce qu'il ne mettait pas en avant, c'est que Beethoven ne fut pas le seul compositeur sollicité : Thomson s'adressa également à Haydn, à Hummel, à Pleyel, à Kotzeluch, sans plus de succès commercial.

Présentation de l'œuvre

Voir *Opus 108* (p. 833).

Sources

Le manuscrit autographe et une copie « manu propria » (à Berlin). La copie porte cette indication : « par Louis van Beethoven m.p. 1818 le 15 février ».

Les nouvelles versions se trouvent à Berlin.

Publication

Ces trois Airs écossais furent publiés en août 1818 dans *A Select Collection of Original Scottish Airs*, vol. 5. (*op. 108*, publié en 1822 à Berlin).

Correspondance

Le 25 juin 1817 [4., 1133], Thomson confirmait la réception des 8e et 9e envois, puis demandait à Beethoven de refaire certains accompagnements de ses envois antérieurs, trop difficiles (*op. 108* n° 4, le n° 1 de l'envoi précédent de 12 Airs ; l'*op. 108* n° 7, n° 12 d'un envoi de 15 en 1814).

Il annonçait aussi à Beethoven qu'il lui faisait parvenir un volume des Airs gallois (*A Select Collection of Original Welsh Airs*, vol. 3) paru en juin 1817 (il comprend 4 Airs de Haydn et 26 de Beethoven : *WoO 155 nos 1-26*).

Le 28 décembre [4., 1207], Thomson réclamait de nouveau les nouvelles versions et envoyait « 3 autres Airs Ecossois qu'on aime infinement », pour que Beethoven les harmonise dans son « stile simple et admirable », ajoutant, « car lorsque vous êtes simple, je vous trouve tout à fait divin ».

Le 21 février 1818 [4., 1244], Beethoven expliquait que, son copiste étant malade, il avait établi lui-même la copie, raison pour laquelle il lui « Falloit prendre quelques Ducats de plus qu'ordinaire, parcequi'il etoit necessaire de copier moi même, et je perdûs quelque Tems », ajoutant qu'il n'est pas toujours facile de rendre « la simplicité, le Caractère la Nature du chant » car il n'y a qu'une harmonie qui soit conforme au « Caractêre de la Mélodie ». Thomson pouvait bien verser quelques ducats de plus, sans que le travail soit payé à son juste prix, si bien que pour que son travail soit rentable il fallait que Thomson envoie beaucoup d'airs, ce que Beethoven exprimait en ces termes : « et si vous m'honorés avec des autres chansons, il me serait plus agreable, si vous m'envoyés un grande Nombre, puisqu'il s'en vaut plus de peine, d'y se donner ». Puis il proposait de composer 12 Ouvertures et 12 Thèmes et Variations, pour 224 ducats, si Thomson commandait le tout – ce qui était servir un ami « a bon prix ». À la fin de sa lettre, il espérait que Thomson, dans la publication du Volume de chansons (Thomson lui avait annoncé l'expédition le 25 juin 1817 d'*A Select Collection of Original Welsh Airs*, vol. 3, paru en juin 1817), avait fait « attention, d'y eviter la monotonie c'est a dire que vous mêles les serieuses les tristes entre les gais etc en Changeant les modes les Mesures ausitot deux dur un moll un dur un moll un Dur etc aussitot la Mesure **C** 2/4 6/8, aussitot 6/8 2/4 **C**, aussitôt 2/4 3/4 6/8 etc. ».

Le 2 mars [4., 1248], Beethoven précisait ce que Thomson lui devait encore depuis 1814.

1. Voir la présentation du premier envoi : Thomson, 1810, p. 528.

Le 22 juin [4., 1262], Thomson accusait réception de ce dixième envoi qu'il avait reçu depuis quelque mois, n'ayant pas eu le temps de répondre avant, occupé par la publication de 25 arrangements de Beethoven (remis à l'imprimeur en juin 1818 et parus le 15 août). Il expliquait aussi qu'il n'était pas assez riche pour lui verser ce qu'il demandait, d'autant plus que les amateurs anglais trouvaient sa musique trop difficile et que les volumes d'airs ne se vendaient pas. Il citait à l'appui le commentaire d'un de ses correspondant marchands à Londres : « Beethoven, quoique grand et sublime Artiste, *n'est pas compris*, et son arrangement de vos Chansons est *beaucoup trop difficile* pour le public. Après tous nos annonces dans les Journaux, on n'achete aucun de volumes avec ses Accompagnemens. » Malgré cela, Thomson espérait faire évoluer le goût des Anglais, et dans ce but il fit composer une partie de flûte, souhaitant que Beethoven la revoie et la corrige – en cas d'acceptation, Thomson lui commanderait les 12 Thèmes et Variations et lui enverrait « 8 Airs Ecossois de plus ». Thomson informait Beethoven qu'il allait lui envoyer le nouveau volume, *A Seclect Collection of Original Scottish Airs*, vol. 5.

WoO 200
Thème de *O Hoffnung*

Lied destiné à 40 Variations pour piano écrites par l'archiduc Rodolphe
Le thème de 4 mes. est en sol *majeur à quatre temps*

TEMPS DE LA COMPOSITION

Printemps 1818. L'archiduc termina l'Introduction en *sol* mineur et les 40 variations à la fin 1818 et les envoya aussitôt à Beethoven

CONTEXTE BIOGRAPHIQUE

Ce thème, destiné à un devoir d'écriture donné à son élève l'archiduc Rodolphe, ainsi que les lettres qui concernent la partition de « l'éminent élève », témoignent de la nature de leurs relations : par delà la flatterie courtisane, il existait une réelle connivence artistique et spirituelle, comme le reflètent le thème des variations, *O Hoffnung*, ainsi que les réflexions de Beethoven sur le but de la création musicale et sur la place du compositeur dans la société : rendre les autres heureux en les faisant accéder à la dimension spirituelle de l'homme – ce qui, pour lui, était également le rôle d'un homme d'Église tel que l'archiduc.

Flatté d'avoir un tel élève, Beethoven entreprit lui-même les démarches auprès des éditeurs pour que le « chef-d'œuvre » de l'archiduc soit publié, et réussit à le convaincre d'accepter que son nom soit inscrit sur la partition – ce qui ne pouvait que servir la « politique musicale » de Beethoven, qui espérait obtenir enfin un poste officiel puisque l'archiduc devenait archevêque (coadjuteur de l'archevêché d'Olmütz depuis 1805, il avait de grandes chances d'être nommé successeur de l'archevêque qui mourut le 20 janvier 1819 – de fait il fut nommé archevêque le 24 mars 1819, intronisé le 9 mars 1820, ayant été nommé cardinal entre-temps, le 4 juin – il recevait la barrette le 28 septembre 1819).

PRÉSENTATION DE L'ŒUVRE

Le texte est issu de l'*Urania* de Chr. Aug. Tiedge, comme l'*op. 32* et l'*op. 94* : « O Hoffnung, du strahlst die Herzen, du milderst die Schmerzen » (Espérance tu illumines les cœurs, tu adoucis les douleurs). Le thème de quatre mesures est basé sur une ligne de basse ascendante, de la tonique à la dominante, en rythme pointé (à partir de *sol*, puis de *la*), les accords harmoniques soutenant le rythme de « O Hoff-nung » (croche en levée, puis blanche-noire).

SOURCES

Les deux manuscrits conservés de l'archiduc (à Kromeric) comprennent de nombreuses corrections de Beethoven ; il existe aussi trois feuilles comprenant corrections et esquisses d'un titre de la main de Beethoven[1].

En bas du manuscrit autographe (à Berlin), se trouve la mention de la main de Beethoven : « componirt im Frühjahr 1818 von L. van Beethoven in doloribus für S. Kais. Hoheit den Erzherzog Rudolph. »

Beethoven a fait établir une copie par Wenzel Schlemmer (à Vienne, GdM).

PUBLICATION

Elle fut assurée par S.A. Steiner und Comp., à Vienne, en décembre 1819 dans le

1. Voir Susan Kagan, *Archduke Rudolph, Beethoven's Patron, Pupil, and Friend. His life and Music*, Stuyvesant 1988, p. 322 (cité in *Briefe* 4., 1292, p. 247).

7e Cahier du « Musée musical des clavecinistes (comme la *Sonate pour op. 101*, qui fut la première livraison de ce Musée) :

« Aufgabe / von LUDWIG VAN BEETHOVEN gedichtet, / Vierzig Mahl verändert / und ihrem Verfasser gewidmet / von / seinem Schüler / R : E : H : [...] »

Un extrait de 25 Variations fut publié à la fin de la troisième partie de la « Wiener Piano-Forte-Schule » de Fr. Starke, à Vienne en 1821.

L'ŒUVRE VUE PAR SES CONTEMPORAINS

L'*AMZ mit besonderer Rücksicht auf den österreich. Kaiserstaat*, IV, n° 2 du 5 janvier 1820, en annonça la parution en citant le nom de l'élève de Beethoven de manière allusive : « eine Person von hohem Rang zum Verfasser ».

L'*AMZ* XXII, n° 3 du 19 janvier 1820, publiait une courte critique (peu après la publication), signalant que l'archiduc Rodolphe était un des mécènes de ce « großen Tonkünstler ».

CORRESPONDANCE

Le 1er janvier 1819 [4., 1282], lors de ses vœux de nouvel an, Beethoven félicitait son remarquable élève pour son chef-d'œuvre et le remerciait de le lui avoir dédié. Il terminait ses vœux en espérant pouvoir entendre cette œuvre rapidement.

Le 3 mars [4., 1292], Beethoven renvoyait son manuscrit corrigé à l'archiduc Rodolphe, s'excusant de ses interventions qu'il justifiait en rappelant à son éminent élève : « *La Musica merita d'esser studiata* » pour parvenir à la « *kastalischen Quelle* ». Il poursuivait en formulant des considérations générales sur les deux raisons de créer : pour le bonheur des autres et pour soi-même, faisant remarquer que parmi les monarques actuels il n'y avait encore ni « créateur musical », ni « enchanteur des hommes ».

Au début du mois d'avril [4., 1296], Beethoven assurait l'archiduc Rodolphe qu'il « fallait que ses Variations soient publiées ».

En avril toujours [4., 1299], Beethoven annonçait à l'archiduc qu'il avait l'honneur de lui envoyer la copie de ses Variations établie par Schlemmer, et il disait se réjouir de pouvoir accompagner son « éminent élève » sur la voie de la gloire.

Le 30 août, de Mödling [4., 1327], Beethoven proposait à l'archiduc un titre pour la publication de son chef-d'œuvre.

Il lui disait ensuite qu'il avait pressenti trois éditeurs, Artaria, Steiner et un troisième dont il ne retrouvait plus le nom – seuls les deux premiers avaient accepté de graver les Variations à leurs frais, le choix était du ressort de l'archiduc. Beethoven lui demandait ensuite ce qu'il pensait du titre, en le rassurant sur l'intérêt de cette publication.

Le 15 octobre [4., 1345], il l'informait que Steiner avait les Variations et il essayait de le convaincre d'accepter que son nom d'auteur figure sur la partition publiée (son nom sera finalement imprimé en petit : « R : E : H : »).

WoO 201
Ich bin bereit
(Je suis prêt)

Scherz *notée dans une lettre à son ami Vinzenz Hauschka*

TEMPS DE LA COMPOSITION

Après le 19 mai 1818, à Mödling.

CONTEXTE BIOGRAPHIQUE

Par une lettre à V. Hauschka [4., 1259] Beethoven répond, peu après son arrivée à la campagne le 19 mai 1818, à une nouvelle tentative de la Gesellschaft der Musikfreunde d'obtenir de lui l'oratorio qu'elle lui a commandé en 1815 et qu'il ne cesse de promettre.

Très intime (ils se tutoyaient) avec Vinzenz Hauscka (1766-1840), conseiller financier et violoncelliste, membre de la Gesellschaft der Musikfreunde (dont il programma les concerts de 1815 à 1827), Beethoven signifiait qu'il était prêt à se mettre au travail et qu'il envisageait un sujet religieux, ce qui lui permettait d'utiliser l'écriture contrapuntique qu'il travaillait beaucoup à cette époque.

PRÉSENTATION DE L'ŒUVRE

Il s'agit du sujet de deux mesures en *ut* majeur à quatre temps d'une double fugue dans le genre de Bach.

SOURCES

L'autographe de la lettre est à Vienne (GdM).

CORRESPONDANCE

Peu après le 19 mai 1818 [4., 1259], après avoir noté son sujet de fugue à la basse et au ténor, Beethoven disait à Vinzenz Hauschka qu'il n'avait rien d'autre qu'un sujet « geistlich » (religieux, spirituel), alors qu'il demandait un sujet « heroisch », mais il pensait que les deux pouvaient se mêler (le sujet prévu avec le librettiste Joseph Karl Bernard étant *Der Sieg des Kreuzes [La Victoire de la croix]*), il notait alors le thème d'un « A—— men » de quatre mesures. Beethoven se sentait mieux, disait-il, se promenait « par monts et par vaux » avec un bout de papier à musique, car il était obligé de produire des œuvres pour se nourrir, en attendant d'en pouvoir composer une grande.

WoO 172

Ich bitt' dich, schreib' mir die Es-Scala auf (Je te prie de m'écrire la gamme de *mi* bémol)

Canon à trois voix, *pour V. Hauschka*
Six mesures de mi *bémol majeur à quatre temps*

TEMPS DE LA COMPOSITION

1818 peut-être, comme le sujet de fugue *WoO 201*.

PRÉSENTATION DE L'ŒUVRE

Le texte est mis en pratique par la musique qui commence par des arpèges et se poursuit par des gammes montantes et desc
endantes de *mi* bémol majeur.

SOURCES

Le manuscrit autographe est inconnu.

Une copie d'après l'autographe porte la dédicace : « Dedicato al signore illustrissimo Hauschka dal suo servo L.v. B. »

PUBLICATION

En 1863 dans la GA.

DÉDICATAIRE

Vincenz Hauschka (1766-1840). Voir *WoO 201*.

WoO 60

Klavierstück en *si* bémol majeur

Ziemlich lebhaft, 3/4, si *bémol majeur – 39 mes.*

TEMPS DE LA COMPOSITION

14 août 1818.

CONTEXTE BIOGRAPHIQUE

Beethoven composa ce petit *Klavierstück* pendant qu'il travaillait à la seconde partie de la *Sonate op. 106*. La mention énigmatique, « Auf Aufforderung » qui accompagne la première publication, a été interprétée par A.B. Marx comme une incitation provenant de la pianiste polonaise Marie Szymanowska (1789-1831) appréciée de Goethe – ce qui n'est pas du tout certain : il est plus vraisemblable d'admettre que Marie Szymanowska, qui collectionnait les autographes, aurait acquis celui de ce *Klavierstück* pour la collection que Tobias Haslinger constituait en vue de la publication des œuvres complètes de Beethoven.

D'autre part, la structure très élaborée de cette petite œuvre laisse douter qu'il ne s'agisse que de la mise au propre d'une improvisation : elle fait plutôt partie de la catégorie des œuvres didactiques que Beethoven envisageait de composer pour former les générations à venir.

PRÉSENTATION DE L'ŒUVRE

Cette pièce est très courte et de facture très étrange, comme si Beethoven s'était donné comme but de dévoiler son processus de composition : il part d'un motif *dolce* en rythme pointé et bien cerné, lui oppose un second motif contrasté exposé à l'unisson dans une tonalité éloignée, puis expérimente une sorte de développement qui joue autant sur l'espace sonore et l'écriture polyphonique que sur des transitions tonales par enharmonie et l'interprétation *teneramente* exigée du pianiste, enfin il réexpose les deux motifs dans une écriture en imitation tout en stabilisant la tonalité de *si* bémol majeur, et, après un arrêt sur un accord de septième de dominante, termine avec une Coda qui reprend le motif initial en imitation pour arriver à une cadence évocatrice (puisqu'il n'écrit pas de trait pianistique après l'accord de septième de dominante, et avant l'accord final) des relations entre harmonie et forme.

Il est possible d'y retrouver une forme sonate en miniature associant différents types d'écriture et jouant sur l'incertitude tant de l'harmonie que du rythme dans un espace sonore qui se dilate.

SOURCES

Une esquisse se trouve dans un carnet utilisé pendant l'été 1818 à Mödling, au milieu des esquisses pour le Finale de la *Sonate op. 106* (Nottebohm, II, 137).

Le manuscrit autographe est à Paris (Musée Mickiewicz).

Une copie faisait partie de la collection des œuvres de Beethoven établie par Tobias Haslinger, avant d'être achetée par l'archiduc Rodolphe (à Vienne, GdM).

PUBLICATION

L'édition originale se trouve dans la *BAMZ* I, n° 49 du 8 décembre 1824, avec cette mention : « Auf Aufforderung geschrieben Nachmittags am 14ten August 1818 von Beethoven » (Écrit, pour répondre à une demande, le 14 août 1818 après-midi par Beethoven).

En 1825, ce morceau parut dans *Harmonicon* III, p. 142, sous le titre de « Impromptu Composed at the Dinner Table ».

Ce *Klavierstück* fut publié seul en 1840, avec ce titre incompréhensible : « Dernière pensée musicale de Louis van Beethoven », à Berlin par Schlesinger (avec un portrait de Beethoven).

Thomson, 11e envoi
Airs écossais

WoO 156, *22 Sch 8, 9, 10, 11, 12, 13, 14, 15*

TEMPS DE LA COMPOSITION

Été-automne 1818. Ce onzième envoi date du 18 novembre 1818. Thomson semble l'avoir reçu en décembre, d'après une remarque inscrite sur la page de titre de la copie.

CONTEXTE BIOGRAPHIQUE

Pour ce onzième envoi, Beethoven se conforma strictement à la commande de Thomson : la partition comprend trois voix, et il fournit une partie de flûte.

PRÉSENTATION DE L'ŒUVRE

Voir *WoO 156* (p. 833-844).

SOURCES

Le manuscrit autographe a disparu, et il ne reste qu'une copie de la partition (à Berlin).

PUBLICATION

En partie, dans *Melodies of Scotland VI* (octavo) 1825, et *Melodies of Scotland VI* (folio) en 1841.

L'ŒUVRE VUE PAR SES CONTEMPORAINS

Dans se lettre du 22 juin 1818 [4., 1262], Thomson soulignait l'échec commercial des « Chansons avec vos Ritorns et Accomps ». Il s'appuyait sur les informations envoyées par un marchand de musique de Londres qui signalait que l'« arrangement des Chansons » était « *beaucoup trop difficile* pour le public. » Pourtant, Thomson était décidé à persévérer : « Mais malgré un public aveugle, je dirai que je trouve plusieurs de vos derniers Ritornelles et Accomps assez simples et faciles, et tout-a-fait charmants – et Je me flatte que le tems vient, quand les Anglois sauront comprendre et bien sentir les grandes beautés de vos Ouvrages. »

CORRESPONDANCE

Le 22 juin 1818 [4., 1262], Thomson envoyait 8 nouveaux « Airs Ecossois », souhaitant que Beethoven compose pour trois voix avec une partie de flûte, qui pourrait se substituer à la partie de violon – ce qui permettrait peut-être une meilleure commercialisation. Il voulait que les arrangements soient « simples et faciles » pour que « la Chanteuse ne soit pas embarassée *en s'accompagnant* – et on aimeroit que la Melodie, ou quelque Chose de ressemblant, fut indiquer delicatement dans l'Accompt. du Piano. » Et, après avoir encore insisté, Thomson écrivait : « N.B. Nous aimons que l'Accompagnement soit de tems en tems interrompu, pour donner à la Chanteuse de tems de prendre haleine, au lieu de couler sans interruption depuis le commencement jusqu'à la fin, ce qui force la Chanteuse de garder *Strictement* la mésure sans aucun ad libitum ».

Thomson demandait également à Beethoven de revoir les parties de flûte (à la place du violon) qu'il avait fait établir à Edimbourg pour l'édition de son volume *A Select Collection of Original Scottish Airs*, vol. V, mis sous presse en juin 1818 et qu'il allait lui envoyer. (Au lieu de corriger les parties de flûte, Beethoven préféra les réécrire : la copie envoyée à Thomson [à Berlin] porte cette mention : « Thirty Scottish Airs Flauto to the Scottish Airs in Vol. 5… By Beethoven ».)

NEUVIÈME PARTIE

La *Missa solemnis*, les dernières sonates et les *Variations Diabelli* (1819-1822)

Au début de l'année 1819, quand il apprend la nomination imminente de Rodolphe de Habsbourg à la tête de l'archevêché d'Olmütz, Beethoven, qui espère cette fois obtenir enfin un poste officiel bien rémunéré de maître de chapelle, propose à son élève l'archiduc Rodolphe de composer la Messe d'intronisation.

Disposant des nombreuses recherches qu'il vient d'effectuer sur les musiques « anciennes » ainsi que sur la prosodie latine, le travail qu'il consacre à la nouvelle Messe dépasse vite son projet initial : il n'est absolument pas prêt pour le jour de l'intronisation, le 9 mars 1820, mais cette Messe, toujours plus immense, requiert pratiquement toute son énergie, le contraignant même à différer l'achèvement des *Variations Diabelli*, déjà bien avancées à la fin de 1819. Et, n'ayant plus le temps de composer de petites œuvres « alimentaires » (Thomson a cessé de lui commander des arrangements d'airs nationaux), il ressort de ses cartons beaucoup d'anciennes compositions, qu'il n'avait pas pris le soin d'achever en vue d'une publication, pour les passer en revue, et, éventuellement, proposer aux éditeurs qui cherchent à publier des œuvres de lui, celles qui lui paraissent encore valables : cette opération commerciale est indispensable, car il a un besoin urgent d'argent pour payer ses dettes et assurer l'éducation de son neveu. Hélas, les éditeurs ne sont pas dupes, en particulier Carl Peters de Leipzig qui refuse les *Bagatelles op. 119,* les considérant indignes d'un génie comme le sien et refusant de prendre le risque d'être déconsidéré par sa clientèle.

S'il ne donne pas satisfaction à Peters, Beethoven réussit, au même moment, à répondre aux vœux de l'éditeur de Berlin, Schlesinger (dont le fils vient d'ouvrir une maison à Paris), qui lui achète ses trois dernières grandes *Sonates* pour piano, *op. 109, 110 et 111*, malgré leur nouveauté radicale, et qui envisage l'édition de ses œuvres complètes.

Absorbé par un intense travail de composition, Beethoven ne songe plus dans l'immédiat à quitter Vienne pour un voyage lointain, pourtant il inscrit toujours cette éventualité dans ses projets d'avenir, comme il l'évoque dans sa correspondance très abondante à cette époque, ou dans les *Cahiers de conversation*, qu'il utilise depuis 1818 de façon à sortir de son isolement.

Une fois la *Missa solemnis* achevée, au début de l'année 1823, Beethoven se consacre à l'achèvement des *Variations Diabelli*, nouvelle œuvre gigantesque et visionnaire (elle ne sera jouée qu'au cours des années 1860 à Berlin par Hans von Bülow) ; il les termine au printemps alors qu'il vient de commencer la composition de la *Neuvième Symphonie* et qu'il cherche à vendre par souscription aux différents souverains d'Europe une édition manuscrite de la *Missa solemnis*, œuvre qu'il considère alors comme sa plus grande, écrite pour éveiller des sentiments religieux chez les auditeurs, comme chez les interprètes.

WoO 105
Hochzeitslied
(Cantate de mariage)

Cantate de mariage
Mit Feuer, doch verständlich und deutlich, **C**, ut *majeur – 44 mes.*
(Mit Feuer, doch verständlich und deutlich), **C**, la *majeur – 44 mes.*

TEMPS DE LA COMPOSITION

Début 1819, à l'occasion du mariage de Nanny (Anna Giannattasio del Rio)[1].

CONTEXTE BIOGRAPHIQUE

Familier de la famille Giannattasio del Rio (depuis que son neveu Karl avait fréquenté l'Institution scolaire dirigée par le père – entre 1816 et 1818), Beethoven accepta de contribuer aux festivités du mariage de la seconde fille, Anna (1792-1825) avec Léopold Schmerling, en composant une Cantate, qu'il adapta aux contraintes de la cérémonie, ce qui explique les deux versions successives de cette *Cantate* : la première en *ut* majeur pour voix (quelle qu'elle soit) avec chœur à l'unisson pour le refrain, composée en janvier 1819; la seconde en *la* majeur pour basse avec refrain pour plusieurs voix (de façon à faire chanter les convives), pour la cérémonie qui eut lieu le 6 février 1819. Ces deux versions reflètent les hésitations qui accompagnèrent la préparation du mariage, le choix de la famille se portant finalement sur un soliste basse (d'où la transposition en *la* majeur) et un refrain à quatre voix de basse (étant donné la présence de voix de basse parmi les convives).

La fille de Nanny, Anna Pessiak-Schmerling, a raconté à Thayer, en 1881 et en 1887, qu'à l'issue de la cérémonie religieuse, un chœur d'hommes en quatuor avait reçu le jeune couple de retour chez lui, avant que Beethoven ne sorte de sa cachette pour féliciter les mariés et leur faire cadeau du manuscrit. Elle ajouta que celui-ci fut dérobé par la suite – lors d'une absence de ses parents –, ne signalant pas que c'était leur gendre, Eduard Czippick, qui l'avait pris, ainsi que d'autres lettres de Beethoven, à leur insu, pour les vendre en 1853 à Londres à Edward Buxton. C'est ainsi que cette *Cantate* fut chantée, le 25 janvier 1858, au mariage de la princesse Victoria et du prince héritier de Prusse Friedrich Wilhelm, avant d'être éditée à Londres avec un texte anglais.

PRÉSENTATION DE L'ŒUVRE

Le texte fut écrit par un poète de circonstance, Anton Joseph Stein (1759-1844), professeur de littérature classique à l'Université de Vienne, ami de la famille Giannattasio del Rio. Seule la première des quatre strophes a été conservée.

Auf, Freunde, singt dem Gott der Ehen!
Preist Hymen hoch am Festaltar,
Daß wir des Glückes Huld erflehen,
Erflehen für ein edles Paar!
Vor allem laßt in frohen Weisen
Den würd'gen Doppelstamm unß preisen,
Dem dieses edle Paar entsproß!
Debout, amis, chantez le Dieu du mariage!
Louez l'hymen sur cet autel,
De façon à implorer grâce,
Implorer le bonheur pour le noble couple!
Avant tout, louez l'esprit joyeux
L'alliance digne de respect,
À laquelle ce couple est redevable!

La structure musicale de ce Chant de société et de circonstance est très simple : une introduction solennelle soutenue par une pédale tonale en trémolo dans une dynamique ascensionnelle jusqu'à un accord de septième de dominante avec point d'orgue. Le motif thématique est alors énoncé deux fois à

1. Les renseignements les plus récents se trouvent In *Sämmtliche Lieder* Band II avec « Kristischer Bericht » de Helga Lühning (Abteilung XI – Band I, *Lieder und Gesänge mit Klavierbegleitung*), 1990, et in *Sämmtliche Lieder* Band III, édité avec une Préface de Helga Lühning, Bonn, automne 1993, G. Henle Verlag, München.

l'octave, avant d'être repris par la voix soliste, qui, en une scansion régulière, énonce le texte, le chœur reprenant les trois derniers vers, dans une harmonie plus dense, à quatre parties pour la version en *la* majeur.

Cette petite *Cantate* doit être jouée « avec feu mais de manière compréhensible » : il fallait que les auditeurs puissent comprendre le texte.

SOURCES

Le manuscrit autographe de la première version (à Darmstadt) porte la date : « am 14ten Jenner / 1819 » et à droite : « für H. v. / giannattasio del Rio / Von l.v.Beethoven ». La voix est en clé de *sol*, et le chœur est ajouté en bas de page.

Le manuscrit autographe de la deuxième version (à Londres) ne comporte aucune mention. La voix est en clé de *fa* et le chœur à quatre clés, mais le texte n'est noté que pour la voix du haut.

PUBLICATION

La première version fut publiée en 1927 dans la revue annuelle *Der Bär* (éditions Breitkopf & Härtel). La seconde fut publiée en 1962 par Willy Hess dans le Suppl. V de la GA, pour la première fois avec le texte original allemand. Elle avait été publiée avec un texte anglais fin janvier 1858 : « The Wedding Song / written / and by gracious permission dedicated to / her Royal Highness / Victoria, Princess Royal / on her Wedding Day / by / John Oxenford,/ the music composed / by / L. van Beethoven. / Posthumous Work. / London, Ewer & Co. Oxford Street. »

CORRESPONDANCE

Dans un billet non daté, mais sans doute écrit entre le 14 janvier et le 6 février 1819 [4., 1288], Beethoven informait Cajetan Giannattasio del Rio qu'il « n'avait pas encore eu le temps de s'occuper de son Lied, mais qu'il allait le faire le lendemain ».

Thomson, 12e envoi

Composition KH WoO 157 *n° 3* = WoO 156, *22 Sch 16*

TEMPS DE LA COMPOSITION

Mélodie reçue fin décembre et envoyée le 20 février 1819 – reçue par Thomson en mars 1819.

CONTEXTE BIOGRAPHIQUE

Malgré les exigences toujours plus précises de Thomson, qui finirent par l'exaspérer, Beethoven arrangea l'air et le lui envoya en mars 1819.

PRÉSENTATION DE L'ŒUVRE

Voir *WoO 156* (p. 833-844).

SOURCES

Manuscrit autographe et copie (à Berlin)

PUBLICATION

Publié par Thomson dans *Melodies of Scotland II*, 1822, 1.

CORRESPONDANCE

Le 28 décembre 1818 [1., 1275], Thomson accusait réception des 12 Thèmes et Variations pour piano et flûte (*Op. 105* et *Op. 107*), et envoyait un autre Air à arranger pour « Piano, Violon, Flute, et Violoncelle / (Charlie he's my darling) (*WoO 157* n° 3 = *WoO 156*, 22 Sch 16) ». Dès le début de sa lettre il regrettait que Beethoven n'ait pas corrigé la partie de flûte établie par un compositeur anglais et publiée dans le volume des *Schottish Airs*, vol. 5 (l'*op. 108*, publié en 1822 à Berlin).

Le 25 mai 1819 [4., 1303], Beethoven laissait éclater sa colère : « Mon cher ami ! vous ecrivés toujours facile très facile – je m'accomode tout mon possible, mais – mais – mais – l'honorare pourroit pourtant être plus *difficile* ou plutôt pesant !!!!! »

Thomson, 13e envoi

Quatre Airs écossais + *partie de flûte des 25 Schottish Airs (futur* op. 108*)*
WoO 156, *22 Sch 17, 18, 19* = *KH* WoO 156 *n° 3, 10, 1*
et WoO 157 *4 Engl 2* = *KH* WoO 157 *n° 5*

TEMPS DE LA COMPOSITION

Le 5 avril, Beethoven recevait quatre Airs écossais à harmoniser. Il les expédiait sans doute en même temps que la partie de flûte destinée aux *25 Scottish Airs V.* Il s'agit du treizième envoi d'« Airs nationaux » à Thomson, vraisemblablement le 25 mai.

CONTEXTE BIOGRAPHIQUE

Beethoven s'est conformé aux exigences de Thomson de proposer des voix et des solutions instrumentales de rechange. Peut-être a-t-il également répondu au vœu de Thomson d'envoyer la révision de la partie de flûte des 25 chants écossais, puisqu'il n'en est plus question dans la correspondance.

PRÉSENTATION DE L'ŒUVRE

Voir *WoO 156* et *WoO 157* (p. 833-844).

SOURCES

Le manuscrit autographe et une copie de la partition, ainsi que des parties de la flûte, du violon et du violoncelle se trouvent à Berlin.

Il existe une copie de la partie de flûte pour les *25 Scottish Airs V* (à Berlin).

CORRESPONDANCE

Le 5 avril 1819 [4., 1297], Thomson envoyait à Beethoven « quatre Airs Écossais » à arranger « pour le Piano, – et Violon, Flute, & Violoncelle ; en ajoutant aussi des parties pour un voix seconde, et un voix Basse ». Il se disait très fâché qu'il n'ait pas envoyé la partie de flûte pour le dernier volumes des « Air Nationaux ».

Thomson donnait les incipits à la fin de la lettre incluse dans l'envoi pour le banquier Fries, et indiquant le contenu des airs :

« N° 1 / Allegretto [6/8, *sol* majeur]

N° 2 / Andante espressivo [2/4, *do* majeur]

N° 3 / Andante quasi Allegretto [**C**, *sol* majeur]

[N° 4] / Allegretto con brio [6/8, *ut* mineur] »

Après avoir donné les incipits, Thomson ajoutait quelques commentaires :

« N° 1. Les paroles ont reference aux plaisirs d'une Vie Champetre et invitent à l'enjouement de la matin dans les Champs

2 Des amis prenant congé des unes et des autres pour un long tems.

3 Le Retour – ou le tendre et heureux entrevue des amans et amis.

4 Le heureux Meunier ».

WoO 173

Hol' euch der Teufel, b'hüt euch Gott

Canon énigmatique à deux voix *(infinitus)* *4 mes.,* si *bémol majeur*

TEMPS DE LA COMPOSITION

Canon infinitus envoyé par Beethoven au cours de l'été 1819 qu'il passait à Mödling, à son éditeur S.A. Steiner, sans doute pour lui rappeler qu'il était furieux des fautes laissées dans la gravure de ses œuvres.

PRÉSENTATION DE L'ŒUVRE

Le thème a un ambitus très faible (*si, do, do, ré, si, mi, ré, do*).

Ce Canon infini ne trouve de solution que si chacune des voix entre une seconde au-dessus de la précédente.

SOURCES

L'autographe est inconnu : il devait se trouver dans une lettre à Steiner.

Kanne a inscrit le thème et sa solution sur la page d'une cahier de conversation fin mars 1820 (*BKh* 1, p. 391).

PUBLICATION

En 1865, dans le catalogue établi par Thayer.

CORRESPONDANCE

Le 29 mai 1815 [3., 808], Beethoven, furieux des fautes laissées par S.A. Steiner (pour la *Sonate op. 90*) terminait un court billet par cette expression : « Au diable Monsieur le g[énéral] l[ieutenant] que Dieu vous protège ».

Dans le *BKh* 1, Heft 10 (vers le 20 mars-fin mars 1820, 46v, 47r, p. 390-391), Kanne évoque ce canon envoyé l'été dernier à Steiner et dit qu'il a trouvé la solution : « Vous avez envoyé un canon infini à deux voix à Steiner l'été dernier de Mödling. Personne n'a pu le résoudre, je l'ai résolu, il entre à la seconde. »

[WoO 17 (Hess 20)

Danses de Mödling

Onze Danses pour sept instruments à cordes et à vent

TEMPS DE LA COMPOSITION

Elles auraient été écrites en 1819 (ce ne seraient pas les premières, ni les seules) pour l'ensemble des sept instrumentistes qui jouaient dans l'auberge de Mödling « Zu den zwei Raben ». Beethoven passait cet été-là à Mödling (du 12 mai à fin du mois d'octobre).

CONTEXTE BIOGRAPHIQUE

Comme en 1818, quand il composait la *Sonate op. 106*, Beethoven passa l'été 1819 à

Mödling, travaillant au Credo de la *Missa solemnis* ainsi qu'à la *Neuvième Symphonie*. Il commença sa cure balnéaire dans cette petite ville d'eau en juillet et fréquenta souvent l'auberge « Zu den zwei Raben » dans la vallée de la Brühl, ce qui aurait pu être à l'origine de cet ensemble de danses conçues pour la formation instrumentale locale. Qu'il s'agisse d'une joyeuse société, l'instrumentation des danses en témoigne : variable pour chacune des danses, quand un musicien se repose, il se retire et se fait remplacer par les autres... Ainsi, bien que préoccupé par l'éducation de son neveu Karl et absorbé par la composition de grandes œuvres, il paraît vraisemblable que Beethoven ne perdait pas son sens de l'humour et sa bonhomie, sachant se mêler aux réjouissances populaires (nombreuses sont ses œuvres qui évoquent des musiques paysannes, des musettes aux sonorités brutes des instruments de village, jusque dans ses derniers quatuors ou ses dernières Bagatelles).

PRÉSENTATION DE L'ŒUVRE

N° 1 Walzer, 3/4, *mi* bémol majeur – 24 mes. Pour deux clarinettes, deux cors, violons I et II, basse. Elle se caractérise par un solo de clarinette *dolce*, et comprend un trio de 8 mes. de style populaire.

N° 2 Menuett, 3/4, *si* bémol majeur – 32 mes. Pour flûte, deux clarinettes, deux cors, un basson, violons I et II, basse. La clarinette solo joue un grand rôle. Il y a un trio en deux parties, la première étant confiée aux violons sur harmonie des vents.

N° 3 Walzer, 3/4, *si* bémol majeur – 24 mes. Pour deux clarinettes, deux cors, violons I et II, basse. La clarinette solo domine le trio de 8 mes.

N° 4 Menuett, 3/4, *mi* bémol majeur – 32 mes. Pour deux clarinettes, deux cors, violons I et II, basse. Le menuet est dominé par les rythmes pointés et l'homorythmie, le trio, en deux parties, par la clarinette solo.

N° 5 Menuett, 3/4, *mi* bémol majeur – 32 mes. Pour deux clarinettes, deux cors, violons I et II, basse. Le phrasé plus rustique du trio, en deux parties, se différencie du menuet, plus léger.

N° 6 Länderer, (Ruhig), 3/8, *mi* bémol majeur – 24 mes. Pour deux clarinettes, deux cors, violons I et II, basse. Le solo du cor domine le trio.

N° 7 Menuett, 3/4, *si* bémol majeur – 32 mes. Pour deux clarinettes, deux cors, violons I et II, basse. La clarinette solo domine la seconde partie du trio.

N° 8 Länderer, 3/8, *si* bémol majeur – 24 mes. Pour deux clarinettes, deux cors, violons I et II, basse.

N° 9 Menuett, 3/4, *sol* majeur – 32 mes. Pour deux flûtes, deux cors, violons I et II, basse.

Le trio est dominé par les flûtes.

N° 10 Walzer, 3/8, *ré* majeur – 24 mes. Pour deux flûtes, deux cors, violons I et II, basse.

N° 11 Walzer, 3/8, *ré* majeur – 24 mes. Pour deux flûtes, deux cors, violons I et II, basse.

SOURCES

Les autographes ont disparu, ainsi que les voix séparées.

En 1905, H. Riemann a retrouvé dans les archives de la Thomasschule à Leipzig, les copies des voix séparées : flûtes I et II, clarinettes I et II, cors I et II, basson solo, violons I et II, basse. Il a pensé qu'il s'agissait des danses évoquées par Anton Schindler dans sa biographie (édition de 1860).

PUBLICATION

En 1907 en partition : 4 Valses, 5 Menuets et 2 Länderer pour sept instruments à cordes et à vents, chez Breitkopf & Härtel.]

WoO 174
Glaube und hoffe
(Crois et espère)

5 mes., **C**, si *bémol majeur*

TEMPS DE LA COMPOSITION

21 septembre 1819, lors d'une visite de Moritz Schlesinger à Beethoven.

CONTEXTE BIOGRAPHIQUE

Beethoven était en relations avec A.M. Schlesinger, éditeur à Berlin (il éditait la *Sonate op. 109*), ainsi qu'avec son fils Moritz, bientôt éditeur à Paris.

C'est au cours de l'été 1819 qu'il travailla particulièrement au Credo de la *Missa solemnis*, d'où l'injonction à son éditeur qui attendait de nouvelles œuvres à publier.

PRÉSENTATION DE L'ŒUVRE

Il s'agit d'une très courte phrase qui ressemble à un début de canon à quatre voix.

SOURCES

L'autographe (à Bonn) porte : « Vien am 21ten Sept. 1819 / bej Anwesenheit des Hr :

Schlesingers aus Berlin. » Sur le bord droit : « von L. v Beethoven. »

PUBLICATION

En 1865, par Nohl dans les « Briefe Beethovens » n° 217.

CORRESPONDANCE

Le 3 juillet 1822 [4., 1476], Martin Schlesinger, alors éditeur à Paris, rappelait à Beethoven le moment inoubliable passé avec lui et l'assurait qu'il gardait son Canon comme une « relique », tout le monde n'ayant pas la chance de posséder un manuscrit de Beethoven.

WoO 175

Sankt Petrus war ein Fels, Bernardus war ein Sankt (Saint Pierre était un roc, Bernard était un saint)

Deux Canons énigmatiques *superposés, à deux voix*
Voix supérieure : Canon sur « Sankt Petrus war ein Fels » (Saint Pierre était un roc)
Lebhaft, **C**, la *majeur*
Voix inférieure : Canon sur « Bernardus war ein Sankt » (Bernard était un saint) (gezogen u. geschleppt [tiré et à la traîne], ¢, *en* la *mineur*

TEMPS DE LA COMPOSITION

Fin 1819, pendant la composition du Credo de la *Missa solemnis op. 123*, ce sont des plaisanteries amicales à l'usage d'un cercle d'amis, allusions aux noms de famille de Peters et Bernard.

CONTEXTE BIOGRAPHIQUE

Beethoven, ami de Carl Peters (1782-1849)[1] et du journaliste écrivain Joseph Carl Bernard (1780-1850), eux-mêmes très liés (Bernard venait tous les jours voir la femme de Peters qu'il avait connue avant qu'elle ne se marie), s'est amusé à associer leur deux noms dans un double canon énigmatique, avec un texte faisant allusion à leur amitié – celui-ci reprend aussi l'expression de Luther « Gott ist eine feste Burg », et insiste sur l'image de Dieu comme un solide rocher. Quelques pages des Cahiers de conversation témoignent d'une même interrogation posée sur le mode plaisant, dans une atmosphère de grande connivence : début 1820, lors d'une conversation Bernard rédigeait le texte suivant : « Saint Pierre n'est pas un solide rocher,/sur lequel on puisse construire,/ Bernard était un saint,/qui s'était lavé,/Il n'a pas vacillé aux portes de l'enfer/ni devant dix-mille bouteilles » – et Peters écrivait : « Il est dommage que votre Canon soit sans doute déjà effacé, il m'aurait immortalisé » (*BKh* 1, p. 187) ; début février 1820, Peters écrivait : « Les 2 beaux canons sont certainement déjà effacés » et Bernard ajoutait : « Saint Pierre est un solide rocher, sur lequel on doit [construire] » (*BKh* 1).

Cette interrogation sur la confiance fait allusion à l'idée que Beethoven avait eue de partager la tutelle de son neveu avec Carl Peters qu'il savait être un excellent éducateur (ce qui se produisit entre 1820 et 1825).

Les relations amicales avec Carl Peters concernaient également sa femme chanteuse (dont il est souvent question dans les Cahiers de conversation), à laquelle Beethoven offrit un exemplaire de l'édition originale du *Liederkreis An die ferne Geliebte op. 98* au début de l'année 1817, et pour laquelle il composa la *Cantate Lobkowitz WoO 106* en 1823.

Carl Peters, conseiller de la famille Lobkowitz et précepteur des trois fils du prince depuis 1810, avait épousé Josephine Hochsinger (1790-1866) le 5 mai 1814, chanteuse à la voix peu puissante, elle se produisait seulement dans des concerts privés. Josephine avait une vie sociale et culturelle qui reposait sur son salon, installé dans les appartements du palais Lobkowitz, 347 Ungargasse, de 1814 au printemps 1825 (le couple fut alors obligé de s'installer à Prague pour gérer les propriétés de la famille), où elle recevait artistes, poètes et écrivains (parmi lesquels Joseph Carl Bernard, qu'elle connaissait déjà, Joseph Czerny, qui l'accompagnait au piano, et d'autres habitués tels Franz Oliva et l'avocat Johann Baptist Bach [1779-1847], également amis de Beethoven).

De la fin du mois d'octobre 1823 à fin mai 1825, Beethoven logea Ungargasse, dans le palais d'été de Lobkowitz, et fut voisin du couple Peters.

1. Voir *Beethoven und Böhmen*, Beethoven-Haus, Bonn, 1988, l'article « Beethovens Freund Karl Peters und seine Frau », p. 393-408.

PRÉSENTATION DE L'ŒUVRE

Les deux thèmes, très simples, comprennent les mêmes notes (quatre *do* de suite, puis *ré* et *mi*), mais dans un mode, une métrique et un tempo différents, ce qui ne peut que produire un effet dissonant.

SOURCES

Des esquisses datent de la fin décembre 1819.

Sur un carnet d'esquisses de cette année (à Bonn), se trouve une phrase à trois voix, qui n'est pas un canon, sur le texte : « Sankt Petrus ist der Fels, / auf diesen kann man bauen, / und ist man auch… [aus Wels ?],/so kann man auf ihn bauen. »

Une copie de la main de Beethoven se trouve dans une lettre à Carl Peters écrite vers février 1820 [4., 1368].

PUBLICATION

En 1865, dans le catalogue chronologique de Thayer, n° 225, p. 139.

CORRESPONDANCE

Le 8 janvier 1817 [4., 1058], Beethoven demandait à Carl Peters de remettre au prince Ferdinand Lobkowitz deux exemplaires de l'*op. 98* dédié à Franz Joseph Lobkowitz, qui venait de mourir (le 15 décembre). Il envoyait un troisième exemplaire destiné à Josephine Peters, la femme de Karl.

Peut-être en février 1820 [4., 1368], Beethoven demandait des nouvelles de sa santé à Carl Peters en transcrivant les thèmes du double canon : « Que devenez-vous ? Comment allez-vous ? Bien ou mal ? Comment va votre femme ? Permettez-vous que je vous chante quelque chose ? ». Les portées de chacun des deux canons se situent à cet endroit. Puis il lui annonçait sa visite vers 5 heure de l'après-midi.

Il transcrivit ce canon, car à plusieurs reprises au cours de conversations (janvier et février 1820), Peters regrettait que le texte du canon ait disparu.

Le 20 avril de cette même année [4., 1382], le magistrat de la ville de Vienne l'informait que le tribunal confiait la cotutelle de Karl à Beethoven et à Carl Peters.

WoO 176

Glück, Glück zum neuen Jahr ! (Bonne année)

Canon à trois voix
Lebhaft (animé), 3/4, fa *majeur – 12 mes.*

TEMPS DE LA COMPOSITION

Vœux de nouvel an adressés à Marie Erdödy, début 1820.

CONTEXTE BIOGRAPHIQUE

C'est le dernier témoignage de leurs relations amicales, Marie Erdödy étant amenée à partir à l'étranger, sans doute pour des raisons familiales.

Voir *WoO 166*, ainsi que *Opus 70* et *Opus 102.*

SOURCES

L'autographe est à Paris. Il ne comprend aucune indication de destinataire, seulement : « Vien 1819 [corrigé en 1820] am lezten Decemb. ». Les lignes de la portée sont tracées à la main.

PUBLICATION

En 1863 par Breitkopf & Härtel dans la GA.

WoO 179

Seiner kaiserlichen Hoheit ! Alles Gute, alles Schöne (Meilleurs vœux)

Chœur et Canon à quatre voix
Mäßig (Modéré), **C**, ut *majeur – 16 mes.*

TEMPS DE LA COMPOSITION

Fin décembre 1819. Cette petite composition était destinée à envoyer ses vœux de nouvelle année à l'archiduc Rodolphe, qui venait d'être élu archevêque d'Olmütz et nommé cardinal.

CONTEXTE BIOGRAPHIQUE

Voir *Opus 58*, *73*, *81a*, *123*, *WoO 200.*

PRÉSENTATION DE L'ŒUVRE

Ce Canon sur « Alles Gute, alles Schöne » est introduit par un chœur en homorythmie dans un *ut* majeur bien solide sur « Seiner kaiserlichen Hoheit ! Dem Erzherzog Rudolph ! Dem geistlichen Fürsten ! ».

SOURCES

L'autographe (à Vienne, GdM, depuis 1834) porte cette mention : « von ihrem / gehorsamen/ Diener / l. v. Beethoven / am 1 = ten jenner 1820 ».

PUBLICATION

En 1865, par Nohl dans *Briefe Beethovens*. Nr 224, p. 203

Opus 120

33 Variations (Veränderungen) pour piano, en *ut* majeur, sur une valse d'Anton Diabelli

Thema, Vivace, 3/4, ut *majeur (32 mes.) + 33 Variations = 1126 mes.*

TEMPS DE LA COMPOSITION

Le travail de Beethoven s'étend sur plusieurs années : 1819, fin 1822, début 1823[1].

Les premières esquisses suivent de peu la proposition de Diabelli (début 1819, comme en témoigne la première contribution – la Variation de Carl Czerny –, datée du « 7 mai 1819 ») : il a dû se mettre au travail au printemps de cette année, et le poursuivre durant l'été passé à Mödling (jusqu'à la fin du mois d'octobre). Dès 1819, il avait conçu 23 Variations (3 à 14, 16 à 22, 27, 30, 32), fixant leur ordre et prévoyant une Variation en mineur et une Fugue (il ajouta en 1823, les 1 et 2, inséra la 15 et adjoignit le Finale).

Puis il s'interrompit pendant deux ans et demi pour composer la *Missa solemnis op. 123* (elle aussi conçue et composée entre 1819 et 1823), ainsi que les *Sonates pour piano op. 109* (1820), *op. 110* (1821-1822) et *op. 111* (1821-1822), et les *Bagatelles pour piano op. 119* (1820-1822). Il se remit aux *Variations Diabelli* à la fin de l'année 1822, et les termina au printemps de l'année suivante (une copie pour la gravure porte la date du « 30 avril 1823 »). Ce travail de conception et d'élaboration est également contemporain du début de celui de la *Neuvième Symphonie op. 125*, à laquelle Beethoven se consacra au cours de l'année 1823 pour en achever la composition en février 1824 (elle fut créée lors de la dernière Académie de Beethoven le 7 mai 1824). Les trois très grandes œuvres, les *Variations Diabelli*, la *Missa solemnis* et la *Neuvième Symphonie* succédaient à la *Grande Sonate pour piano op. 106* (*« Große Sonate für das Hammerklavier »*), composée entre l'automne 1817 et la fin de l'automne 1818 (et publiée en septembre 1819 chez plusieurs éditeurs et dans différentes villes : Vienne, Bonn, Leipzig, Berlin, Augsbourg, Mayence, Milan).

CONTEXTE BIOGRAPHIQUE

C'est dans un contexte d'élaboration de grandes œuvres, de facture innovante et de langage complexe, et au moment où il songeait sérieusement à composer la musique du *Faust* de Goethe, que Beethoven considéra la proposition de l'éditeur Diabelli comme un défi.

Cette proposition avait été faite au début de l'année 1819 par le compositeur et éditeur (alors Firme Cappi u. Diabelli – Diabelli ne sera seul à sa tête qu'en 1824) : il attendait de cinquante compositeurs viennois une Variation sur le thème d'une Valse composée par lui, souhaitant ainsi constituer une œuvre collective représentative de la situation musicale à Vienne en 1820.

Ayant obtenu ce qu'il désirait[2], Diabelli publia en 1824 sous le titre de « *Vaterländischer Kunstverein* » (association artistique patriotique) ce volume[3], tandis qu'un volume particulier était consacré aux trente-trois Variations de Beethoven. Celui-ci fut publié en juin 1823, donc avant le volume collectif, ce dernier demandant plus de temps. Il avait donc accepté le thème de Diabelli. Mais dès le début de son travail, il ne se contenta pas de penser à une variation, et en conçut une vingtaine, ainsi qu'une fugue, geste qui manifestait *de facto* son refus d'être mis sur le même plan que les autres compositeurs (ce comportement témoigne de la conscience

1. Pour l'étude de cette œuvre voir Arnold Münster, *Studien zu Beethovens Diabelli-Variationen*, G. Henle Verlag – München, 1982, et William Kindermann, *Beethoven's Diabelli Variations*, Oxford, 1987 ainsi que « Die Diabelli-Variations von 1819 », in *Zu Beethoven. Aufsätze und Documente 2*, Berlin, 1984, p. 130-162, et enfin « Beethoven's « Diabelli » Variations : The End of a Beginning », par Maynard Solomon, in *Beethoven Forum 7*, University of Nebraska Press : Lincoln & London, 1999, p. 140-153.

2. Schubert, le jeune Liszt de 17 ans, Hummel, Czerny, entre autres, se plièrent au jeu et composèrent une variation.

3. Une reproduction en a été publiée en 1983 par Günter Brosche.

aiguë que Beethoven avait de sa valeur et de sa volonté de se poser en être d'exception).

Les différents cahiers d'esquisses[1] et quelques lettres permettent d'affirmer que très tôt Beethoven a pensé à une très grande œuvre, mais il n'en imaginait cependant pas l'ampleur et n'en donnait pas l'exclusivité à Diabelli : le 10 février 1820 [4., 1365] (soit huit mois après les premières esquisses), il proposait plusieurs œuvres à Peter Joseph Simrock, dont de « Grandes variations sur une danse allemande bien connue », spécifiant toutefois qu'il ne pouvait pas encore les lui promettre, mais qu'il lui en « communiquerait les honoraires ».

Puis, après les deux ans et demi d'interruption de son travail sur ces Variations, il signalait le 5 juin 1822 [4., 1468] à Carl Friedrich Peters (Leipzig) qu'il avait à sa disposition des « Variations sur une valse pour piano seul (il y en a beaucoup) ». Et au début du mois de novembre 1822 [4., 1507], il incitait l'éditeur Diabelli à la patience ajoutant : « Les honoraires pour les Variations seront au maximum de 40 ducats, au cas où elles seraient exécutées à l'échelle du projet. *Si cela n'avait pas lieu*, il y aurait un *rabais* sur le prix. » Enfin, au début de l'année 1823, fin janvier-début février, Beethoven annonçait à Diabelli qu'il recevrait bientôt les Variations : « quel jour et quelle heure [il] ne pouvait pas encore le préciser » [5., 1545]. À plusieurs reprises en mars et avril 1823, Schindler lui demanda s'il pensait à porter ses Variations à Diabelli (*BKh* 3).

C'est donc au cours de son travail de recherche et d'élaboration que Beethoven trouva peu à peu la configuration de cette œuvre insolite : comme si, emporté par son travail de composition, il avait progressivement découvert « l'heureuse fécondité que la science de l'harmonie » était en mesure de lui inspirer – comme le lui écrivait le prince Nicolas Galitzine le 30 décembre 1823, considérant « ce morceau » comme « un chef-d'œuvre » [5., 1763].

Beethoven n'a pas pris le thème inventé par Diabelli sans distance critique, mettant ainsi en évidence par la manière de le commenter, de le métamorphoser, d'en déplacer les accents et d'en éroder les références, que composer équivaut toujours, en musique, à penser.

Le temps d'élaboration que cette œuvre immense a nécessité est à la mesure de sa complexité. Sous l'apparence de Variations, genre familier à Beethoven depuis ses premières œuvres (la première éditée en 1782 est un ensemble de *Neuf Variations sur une marche* de Dressler, *WoO 63*), il s'agit en fait d'une véritable métamorphose des principes d'organisation alors en usage – le titre même de *Veränderungen* signifie métamorphoses. De fait, cette œuvre est d'autant plus insolite que sous les choix possibles de classement de ces Variations se profilent d'autres genres musicaux, et, outre la Suite baroque, le genre Sonate en plusieurs mouvements : ainsi, les trois Variations successives (la XXIX, la XXX et la XXXI) peuvent être considérées comme l'équivalent d'un mouvement lent, suivi d'un mouvement rapide formé d'une fugue (la variation XXXII) préparant un *Finale* caractérisé par une tempo particulier différent du tempo de la Valse initiale, « Tempo di Menuetto » (la variation XXXIII).

C'est poussé par son désir de faire une œuvre originale que Beethoven s'est emparé de la figure proposée à tous les compositeurs par Diabelli, et dont tout compositeur viennois de son époque connaissait parfaitement la structure. Il s'agit à la fois du paradigme même de l'écriture harmonique et d'une danse spécifique attachée à la culture de cette ville, à ce moment de l'histoire.

Il est parti d'un thème de valse à la limite de la caricature (qu'il dénomma « Schusterfleck » (pièce de cordonnier)[2] ou « Rosalie »[3]), offert à tous les compositeurs contemporains pour qu'ils en imaginent une variation, mais au lieu d'une seule, Beethoven en a prévu dès le début plus d'une vingtaine, pour terminer avec trente-trois dont un mouvement lent, une fugue qui combine trois « sujets », un *Menuet*; et il a utilisé toutes les ressources de son imagination pour jouer avec les quelques éléments fondamentaux de l'écriture musicale :

1. Les esquisses pour les Diabelli, ont été étudiés par Wiliam Kinderman dans *Beethoven's Diabelli Variations*, Oxford, 1987.

2. Dans sa correspondance (le 20 juillet 1825 [6., 2017]) et dans ses conversations en avril 1823 (*BKh*, 3, p. 219).

3. Terme utilisé depuis le milieu du XVIIIe siècle pour désigner un motif répété plusieurs fois de suite sur les degrés conjoints de la gamme (genre de transposition mécanique dans une tonalité différente à éviter).

la direction des mouvements mélodiques, la progression harmonique, la démultiplication rythmique, la dynamique sonore, l'énergie, la diversité des sonorités, les modifications légères d'une structure donnée et le jeu sur ces modifications par répétition, amplification, diminution, écartèlement des registres, déformations, toutes sortes de processus de transformation d'un élément initial qui devient méconnaissable au bout du parcours. Les *Variations Diabelli* rassemblent ainsi les différents aspects de l'écriture de Beethoven et son goût pour une forme capable de prendre une configuration inédite. Conçues et composées en même temps que la *Missa solemnis* et le début de la *Neuvième Symphonie,* elles condensent et concentrent toutes les racines et tous les gestes spécifiques de sa création : Bach, Haendel, Mozart, la polyphonie et le contrepoint, les musiques d'église, l'ornementation baroque aussi bien que ses propres expérimentations à l'origine de ce qui sera sa postérité (entre autres Czerny, la vélocité et la virtuosité). Ainsi la «*Fughetta, Andante*» (variation XXIV) s'inscrit dans l'héritage des grands maîtres du baroque, alors que Beethoven vient de rendre hommage à Mozart (variation XXII) et à la modernité de Czerny (variation XXIII). La variation XXII, référence délibérée à l'air de Leporello de *Don Giovanni*, porte l'indication «Meno Allegro» avec la mention, «alla «Notte e giorno faticar» di Mozart». À côté de cette allusion explicite et polysémique (non seulement à un opéra de facture spécifique, ce *Dramma giocoso* dont Beethoven adorait la musique, mais déplorait l'argument, mais aussi au personnage de Leporello, double de Don Giovanni, qui met en question sa position subalterne), il a également fait implicitement allusion à sa propre création, comme dans la variation XXI, «Allegro con brio», qui précède celle de Leporello, et rappelle ses *Vingt-Quatre Variations sur le «Veni amore» de Righini* écrites à Bonn en 1790 (*WoO 65*[1]). Les allusions peuvent être également des hommages, comme celui qui est rendu à la technique pianistique virtuose de J.B. Cramer ou de son élève Czerny dans la Variation XXIII, «Assai Allegro», variation qui succède à celle de Leporello.

1. Une de ses premières œuvres publiées qui eut beaucoup de succès.

L'usage de la référence implicite aux grands maîtres, des temps anciens comme du présent, donne cohérence et identité culturelle à l'univers, en apparence éclaté, dans lequel se déploient les *Variations Diabelli*. Mais, ce tissu d'allusions est combiné à d'autres éléments.

En premier lieu, le refus de l'anecdotique et l'accent mis sur le «drame de l'âme» (*Seelendrama*). Aucune des *Trente-Trois Variations* ne raconte une histoire, mais chacune possède son caractère et ses tensions, et confronte l'auditeur à quelque chose de nouveau et d'imprévisible. Les regroupements possibles de variations successives ainsi que leurs oppositions et différences permettent à l'auditeur de ressentir les subtiles nuances et les contradictions qui s'emparent de l'individu et agitent le cœur de l'homme.

De la même façon, le processus de développement de l'œuvre dans le temps et dans l'espace associe la rigueur (de l'écriture fuguée) et la parodie (la Variation sur l'air de Leporello par exemple) au principe de la variation : cette tension entre la dynamique de ce qui avance inéluctablement et la liberté d'écriture concourt à l'aspect saisissant de l'œuvre.

Enfin, les *Variations Diabelli* ont indubitablement un caractère critique : Beethoven se moque de la valse de Diabelli en la transformant en Marche dès la première variation et en Menuet dans la variation finale, cette critique étant également une mise en perspective historique et une révérence à un passé fécond que la modernité aurait tendance à occulter. Beaucoup d'autres exemples de caricature et de persiflage ont été relevés dans les *Variations Diabelli*[2], comme par exemple la variation XIII *Vivace* qui commence par un accord très dense et *forte* de *la* mineur sur le rythme pointé caractéristique d'un début de Marche, pour être brusquement interrompu par un long silence d'où émerge un accord ténu de deux notes *piano* (tierce mineure). Ces deux événements sonores contrastés et égrainés forment le matériau de cette variation, qui après des modulations brusques et subtiles se termine dans un *ut* majeur *fortis-*

2. En particulier par Lars Ulrich Abraham, *Trivialität und Persiflage in Beethovens Diabelli-Variationen*, dans Neue Wege der musikalischen Analyse (publications de l'institut pour la nouvelle musique et l'éducation musicale de Darmstadt, 6), Berlin 1967, p. 7-17.

simo affirmatif, pour dire que la musique est d'abord événement sonore qui surprend, avant d'être convention sociale qui divertit.

Cette très vaste œuvre pour le piano qui associe le principe de la variation et la rigueur, caractéristiques mêmes de la dynamique créatrice de Beethoven, constitue le paradigme de sa façon de composer : à partir d'un cadre strict et de la plus grande simplicité sur tous les plans (harmonie, carrure, mélodie, instrumentation), il déploie son imagination créatrice à travers de multiples modalités d'écriture, et ses « gestes » de compositeur (« gestes » qui se retrouvent dans ses autres œuvres : tension, rupture, surprise, accent mis sur l'événement sonore, souvenir, déploiement joyeux, effacement de ce qui précède, énergie, tendresse, etc.). Dans cette œuvre, pensée et présentée comme un tout, Beethoven montre comment les pouvoirs de l'écriture peuvent engendrer des configurations toujours nouvelles à partir d'un matériau de base unique. Comme si chaque modalité d'écriture avait été isolée, sans pour autant qu'il s'agisse d'une froide démonstration.

PRÉSENTATION DE L'ŒUVRE

Cette œuvre longue et complexe, aux antipodes de la forme sonate, se compose de trente-trois métamorphoses (*Veränderungen* et non variations) imprévisibles et autonomes, d'un thème paradigmatique des fonctions organisatrices de l'écriture harmonique.

Le travail de métamorphose s'appuie sur trois motifs très courts issus du thème : 1°) la broderie du début, 2°) une quarte descendante suivie de la répétition régulière de mêmes sonorités dans un cadre harmonique bien délimité et 3°) une seconde mineure. Le travail consiste à développer ou à combiner ces différents motifs dans des parcours harmoniques souvent déroutants, associés à un jeu pianistique toujours nouveau et à un tempo qui n'est jamais le même (en accélération, en rupture, en identité). Seules quatre Variations sont en mode mineur, proportion normale dans ce genre d'œuvres (par exemple, les *Variations Goldberg* en comprennent trois), l'innovation résidant dans le fait de regrouper trois Variations mineures (de XXIX à XXXI) – la quatrième est isolée (la IX), précédant le premier point culminant (la X) qui couronne une accélération du mouvement.

Dans cet ensemble de trente-trois *Veränderungen* – tel que Beethoven a choisi de la publier, après bien des tâtonnements –, il est possible de distinguer cinq grandes parties (I-X ; XI-XVII ; XVIII-XXIII ; XXIV-XXVIII ; XXIX-XXIII), les Variations XVI-XVII, de même contenu, se trouvant au milieu de l'œuvre, tandis qu'à l'intérieur de chacune des grandes parties les parentés ou les oppositions entre Variations ne répondent jamais à un principe de regroupement systématiquement appliqué.

L'écriture de chacune de ces *Veränderungen* ainsi que leurs regroupements possible font de cette œuvre la somme de toutes les formes et de tous les types d'écriture : variations, fantaisie, bagatelle, canon, prélude-fugue, et même forme sonate (avec le regroupement des variations en Scherzo, suivi d'un mouvement lent, puis d'une fugue couronnée par un Finale).

Un rythme de danse, une carrure stable, une progression harmonique classique et quelques éléments isolés dans la linéarité du discours (la broderie-appogiature initiale ; un intervalle descendant de quarte ; et une seconde mineure) suffisaient à Beethoven pour inventer trente-trois configurations différentes, étrangères les unes aux autres, mais tenant leur cohérence de leur origine commune[1]. Chacune des Variations expose un traitement possible du motif retenu par Beethoven pour constituer sa constellation de métamorphoses : l'une privilégie un rythme, une autre la texture dense d'accords successifs, une autre la polyphonie, une autre le contraste, une autre le silence, ou encore le jeu sur les tessitures, le tempo, la tonalité, le mode, l'écriture (la fugue, le canon, etc.). Mais Beethoven démontre également les richesses de l'écriture contrapuntique dans la fugue, Variation XXXII, en combinant trois motifs issus du thème de Diabelli, motifs qu'il avait isolés et déjà abondamment variés séparément dans les trente et une variations précédentes.

Ainsi, il n'a pas conçu ses Variations de manière traditionnelle, mais il a joué, dans le cadre donné par Diabelli, avec l'idée abstraite des procédés d'écriture, et de leur inscription dans le temps et l'espace, ce qui impliquait que le cadre spatio-temporel lui aussi pouvait

1. A. Boucourechliev parle de « programme » au sens moderne du terme de programme informatique, in *Beethoven*, Solfèges/Seuil, 1963, p. 83-91.

être varié : par exemple, alors que le cadre de deux fois seize mesures restait immuable, il se trouve modifié à partir des variations mineures XXIX, Adagio ma non troppo et XXXI, Largo molto espressivo, à 9/8, sorte de préparation à l'irruption de la fugue Allegro à deux temps (alla breve) en *mi* bémol majeur (ton relatif d'*ut* mineur lui-même apparenté à *ut* majeur, tonalité du thème et tonalité de référence des trente-trois variations). Cette liberté d'interprétation d'un thème sans originalité (appartenant pour ainsi dire au domaine public) permettait à Beethoven de faire de son œuvre un « Reflet de tout le monde des sons en abrégé », selon l'expression de Hans von Bülow, qui fut le premier à avoir osé s'attaquer – dans un concert à Berlin le 25 novembre 1856 – à une œuvre que personne ne comprenait[1], mais que les proches de Beethoven reconnaissaient comme « géniale »[2].

Le thème est constitué de deux fois 16 mesures, reprises et faites de quatre fois quatre mesures (c'est-à-dire que Beethoven avait à sa disposition une carrure classique faite de phrases de quatre mesures). Il consacre le rythme à trois temps de la valse viennoise, n'est pas mélodique, bien que la voix supérieure se distingue clairement de la voix de basse. Surtout, le thème a une structure harmonique totalement « classique », avec une progression qui allant de la tonique à la dominante, puis de la dominante à la tonique en passant par la sous-dominante – la tonalité d'*ut* majeur permettant toutes les formes de modulations et d'évasions tonales possibles.

Veränderungen (Variations)

I. Alla Marcia maestoso, C : dès la première Variation, Beethoven prend ses distances par rapport au thème en transformant une valse en marche (ce qui fait basculer dans un tout autre monde), s'éloignant ainsi de la tradition qui voulait que les premières variations soient encore très proches du thème. La basse, fondement de l'écriture harmonique, a beaucoup d'importance, et les premiers temps sont appuyés par des *sf*.

1. Cf. Arnold Münster, *Studien zu Beethovens Diabelli-Variationen*, G. Henle Verlag – München, 1982, p. 209.

2. Ainsi Pronay, in *BKh*, vol. 3, p. 270.

Après cette première échappée vers un autre horizon, les trois variations suivantes, II-III-IV, ont une toute autre texture, avec des développements insolites du troisième motif :

II. Poco allegro, 3/4, doit être jouée de bout en bout *p leggiermente* (ce qui est la seule indication d'intensité et de jeu dans cette variation), des accords de ♪ en alternance entre les deux mains se succédant dans une écriture polyphonique. La première partie n'est pas répétée.

III. L'istesso tempo, 3/4, doit être jouée *dolce* avec passage *crescendo*, dans une écriture polyphonique.

IV. Un poco più vivace, 3/4, *p dolce* au début elle aboutit à un *f*, dans une écriture en imitation.

L'accélération du tempo de variation en variation prépare les variations suivantes, plus rapides et chargées d'énergie (par la structure rythmique et les attaques), les V-VII :

V. Allegro vivace, 3/4, elle est écrite encore en imitation, sur des notes répétées par deux, motif dérivé du motif initial du thème. Le rythme, la période et la structure harmonique coïncident, c'est-à-dire que le rythme modèle cette variation.

VI. Allegro ma non troppo e serioso, 3/4, à deux voix en canon à l'octave, cette Variation commence *ff* et se termine *p dolce*. L'extension du registre sonore est très importante.

VII. Un poco più allegro, 3/4, *f*, les *sf* sur les premiers temps lui donnent une très grande vigueur, et le rythme de triolets de croches ininterrompu ainsi que l'alternance des registres installent une impression de tension croissante.

L'accélération du tempo se poursuit dans les Variations VIII à X :

VIII. Poco vivace, 3/4, elle doit être *p dolce e teneramente*, *sempre legato* à la main gauche ; la conduite de l'harmonie produit un effet étrange (qui prépare la XX).

IX. Allegro pesante e risoluto, **C**, est la première variation en *ut* mineur ; elle développe le motif initial dans une écriture polyphonique.

X. Presto, 3/4, le retour à l'*ut* majeur se fait dans une atmosphère fugitive, avec une main gauche qui doit être *pp sempre staccato, ma leggiermente* ; les reprises sont composées (il n'y a pas de signes de répétition, mais la reprise est soutenue par des trilles dans le registre très grave).

Après ce premier ensemble qui ne développait qu'un motif, et qui culmine sur le Presto et la vibration sonore des trilles, les Variations XI à XIII sont construites sur deux motifs, et rompent avec la tension croissante de cette première partie.

XI. Allegretto, 3/4, combine le motif initial, en triolets de croches, et le motif de seconde mineure dans une écriture polyphonique en imitation.

XII. Un poco più moto, 3/4, la structure irrégulière donne l'impression d'une improvisation libre, passant de l'écriture polyphonique à l'harmonique; la première partie n'est pas reprise.

XIII. Vivace, 3/4, semble en rupture avec la précédente, ouvrant sur un univers énigmatique : un rythme pointé sur un accord dense, suivi de silences, puis ponctué par un accord de tierce, peu épais et *p*.

Après cette rupture, l'énigme se développe dans la Variation suivante de tempo lent sur rythme pointé :

XIV. Grave e maestoso, **C**, première Variation lente, le caractère est indiqué par la désignation du tempo et incarné par la densité profonde des basses.

Après ce moment solennel, le mouvement rapide réapparaît dans les XV et XVI/XVII : XV. Presto scherzando, 2/4, *sempre pp*, et *staccato*, elle développe le deuxième motif dans une écriture harmonique dont le rythme s'unifie.

XVI. Allegro, **C**, elle déploie des octaves brisés de doubles croches à la main gauche soutenant un rythme de marche impulsé par des trilles *f*.

XVII. (sans indication de tempo), **C**, les octaves brisés sont à la main droite, dans la même dynamique et la même structure que la précédente.

Ces deux Variations très animées marquent le milieu de l'œuvre et sont suivies de deux Variations très contrastées, les XVIII et XIX :

XXVIII. Poco moderato, 3/4, *p dolce*, commence sur la combinaison des motifs 1 et 3, et est dominée par une écriture en voix parallèles en contraste avec de courtes cellules rythmiques suspensives.

XIX. Presto, 3/4, *f* et *sf*, elle combine les motifs 2 et 3 dans une écriture canon à l'octave très vive et intense qui semble courir vers un but.

Un Andante très étrange interrompt l'accélération du tempo et dévoile une sorte d'abîme de désespoir :

XX. Andante, 3/2 (6/4), en valeur longues et en canon, dans un registre très grave, avec tensions harmoniques et sans reprise.

Après cette rupture de tempo et cette incursion dans l'insolite, Beethoven parodie son écriture et celle d'autres compositeurs dans les XXI, XXII, XXIII et dans la XXIV.

XXI. Allegro con brio, **C**, *ff*, elle réunit les trois motifs; son caractère brillant et trépidant, mis en relief par une partie centrale Meno Allegro à 3/4, contraste avec le mystère de la Variation précédente et établit un lien avec sa propre musique, puisqu'il s'agit d'une référence aux Variations sur l'Ariette « Venni amore » de V. Righini (*WoO 65*), c'est-à-dire d'une référence à une première étape de sa création et de son développement artistique.

XXII. « Allegro molto alla "Notte e giorno faticar" di Mozart », **C**, joue sur une citation de Leporello, à partir d'un développement du motif 2 (elle était prévue dès les esquisses de 1819).

XXIII. Allegro assai, **C**, cette Variation qui réunit la splendeur sonore, le plaisir de la virtuosité et la transparence, évoque l'écriture des grandes sonates de Beethoven, aussi bien que les études de Cramer ou de Czerny.

XXIV. Fughetta, Andante, 3/4, « una corda, sempre legato », cette Variation lie la rigueur de la fugue à celle de la variation. Le sujet de la Fugue repose ici sur une combinaison des trois motifs. Très mélodique, il est très court (cinq noires) pour une fugue à quatre voix. La référence à Bach met en évidence l'idée que l'écriture savante est aussi un moyen d'expression lyrique.

Les trois Variations suivantes, les XXV à XXVIII, forment une unité, équivalent d'un Scherzo de sonate :

XXV. Allegro, 3/8, *p tutte le corde/leggiermente*, une main gauche volubile soutient un rythme discontinu à droite.

XXVI. (sans indication de tempo) 3/8, *p piacevole*, cette Variation est écrite en imitation et en voix divergentes.

XXVII. Vivace, 3/8, le tempo s'accélère, préparant par son énergie débordante la violence de la suivante.

XXVIII. Allegro, 2/4, d'une extrême violence, formée d'accords qui se succèdent, parfois dissonants et en succession chromatique, avec des *sf* sur tous les temps.

Après ce déchaînement de forces, une série de trois Variations calmes et très intérieures, en *ut* mineur, les XXIX à XXXI (il était rare que des Variations lentes et mineures se succèdent ainsi), forme une sorte de mouvement lent, entre un Scherzo et la Fugue :

XXIX. Adagio ma non troppo, 3/4, *ut* mineur, *p mezza voce*, n'a que 12 mesures, sans reprise; comme la Variation XX, elle est très étrange.

XXX. Andante, sempre cantabile, **C**, *ut* mineur, elle commence en canon, très chantante avec de grandes tensions harmoniques; seules les quatre dernières mesures sont reprises.

XXXI. Largo, molto espressivo, 9/8, *ut* mineur, cette Variation correspond à un Prélude lent et orné, très lyrique, précédent une Fugue (à la manière de Bach).

XXXII. Fugue en *mi* bémol, Allegro, 2/2 (alla breve) : elle était déjà prévue au début du travail, comme point culminant de l'œuvre. Il s'agit d'une Fugue à trois voix qui reprennent les trois motifs de la valse. Elle est en trois parties : exposition et développement des deux premiers thèmes, puis exposition du troisième et combinaison des trois.

L'œuvre se termine, après ce moment d'intense énergie rigoureusement contenue dans la forme fuguée, par une référence implicite à Mozart; le long trait qui sépare les deux dernières Variations suggère un changement de décor :

XXXIII. Tempo di Menuetto moderato (ma non tirarsi dietro) / (aber nicht schleppend), la dernière Variation *p grazioso e dolce* mélodique, en écriture harmonique, est prolongée par une coda virtuose, en continuité sonore *p* – *f* – *p*, qui se termine par un simple accord d'*ut* majeur *f*, après une texture très dense mais *p* – *più piano* – *pp*.

SOURCES

Les esquisses sont dispersées entre Berlin, Bonn (*Fuchs-Mendelssohn-Moscheles-Wittgenstein Skizzenbuch 1819*, trouvé dans les papiers de Beethoven après sa mort [Nachlass [1]]), Paris, Montauban, ainsi que l'*Engelmann Skizzenbuch*.

William Kinderman in «Die Diabelli-Variationen von 1819» (in *Zu Beethoven*, Berlin 1984, p. 130-162, a rectifié la présentation faite par Nottebohm II, 568-572, in «Skizzen zu den Variationen op. 120», mettant en évidence la genèse de l'élaboration de chacune des variations (dans ce qui sera leur ordre de publication prévu en 1819) à partir de notes fugitives puis d'ébauches.

Le manuscrit autographe se trouve dans une collection privée (une photocopie est à Bonn); il ne comporte pas de date.

La copie envoyée à Londres (aujourd'hui à Bonn) porte la mention «33 Veränderungen / über einen walzer / der Gemahlin / meines lieben Freundes / Ries gewidmet / von Ludwig / van Beethoven / Vien am 30ten April / [1823]» – elle devait servir à la gravure, mais elle n'est pas parvenue à temps pour assurer l'édition anglaise (elle ne fut expédiée qu'en juillet 1823) – (cf.*BKh* 3, p. 395).

PUBLICATION

Assurée à Vienne en juin 1823 par Cappi u. Diabelli, et à Leipzig par C.F. Peters :

«33 / VERÄNDERUNGEN / über einen Walzer / für das / Piano-Forte / componirt, und / Der Frau Antonia von Brentano / gebornen Edlen von Birkenstock / hochachtungsvoll zugeeignet / von / LUDWIG VAN BEETHOVEN / 120tes Werk. / [...]»

Elle fut annoncée dans la *Wiener Zeitung* du 16 juin 1823.

DÉDICATAIRE

Antonie Brentano (1780-1869), la fille du collectionneur d'objets d'art et conseiller aulique Johann Melchior von Birkenstock (1738-1809), est née à Vienne. En 1798, elle épousa Franz Brentano (1765-1844), homme d'affaires à Francfort. Entre 1809 et 1812, après la mort de son père, elle séjourna à Vienne avec trois de ses enfants (son fils aîné restant à Francfort pour ses études, ce qui l'attristait beaucoup). Très musicienne, elle invitait souvent des musiciens et organisait des concerts de musique de chambre chez elle – Beethoven fut souvent l'hôte de la maison.

D'après les conversations (*BKh* 3, p. 107, mars 1823), peu de temps avant la publication des *Variations Diabelli*, il ne savait pas encore à qui il allait les dédier : Diabelli lui ayant posé la question, il semble qu'il ait d'abord pensé à l'archiduc Rodolphe («vous lui avez déjà dédié beaucoup d'œuvres» lui aurait fait

1. Publiées en fac-sismilé par J. Schmidt-Görg, *Ein Skizzenbuch zu den Diabelli-Variationen und zur Missa solemnis*, Bonn 1968-1972, publication de la Beethoven-Haus, N.F., R.1, Bd.33.

remarquer Schindler), avant d'évoquer le nom de la baronne Stockhammer – elle-même était médiocre pianiste et faisait jouer ses œuvres à sa fille tant elle l'admirait –, puis celui de la femme de Ries (en avril 1823, Beethoven a dû se décider à dédier les *Variations* à la femme de Ries, puisque Schindler écrit que cela fera grand plaisir à Ries [*BKh* 3, p. 219]). Ainsi, l'idée de dédier l'œuvre à Antonie Brentano semble s'être imposée tardivement; elle se situe toutefois à une période où Antonie fut souvent pressentie comme dédicataire : pour la *Sonate op. 110* (publiée sans dédicace en juillet 1822), puis pour la *Sonate op. 111* (dédiée à l'archiduc Rodolphe en avril-mai 1823) – Beethoven cherchait sans doute à remercier indirectement Franz Brentano de l'aide qu'il lui apportait, tout en rendant un hommage public à une femme qu'il sentait, spirituellement et sentimentalement, très proche de lui depuis longtemps.

L'ŒUVRE VUE PAR SES CONTEMPORAINS

La *Wiener Zeitung* du 16 juin 1823 publiait une annonce de Cappi & Diabelli (sans doute rédigée par Carl Czerny, et rééditée le 26 juin et le 10 juillet 1823) qui soulignait la nouveauté de ce « grand et important chef-d'œuvre », qui ne laissait rien à envier aux grands maîtres du passé. L'analyse rapide de Czerny mettait l'accent sur l'originalité des idées, l'audace des tournures et des modulations, les effets tirés du jeu pianistique. Czerny concluait en affirmant que seul Beethoven était capable d'élaborer un thème de cette manière, qu'il était en outre le plus grand compositeur vivant. Cet article insistait sur le côté surprenant de l'interprétation qu'il a donnée d'un matériau mis à la disposition de tous les compositeurs viennois contemporains[1].

Le *Journal für Literatur, Kunst, Luxus und Mode*, Weimar, 1823 (Bd.38, p. 635-637), publiait un article très élogieux de Janus a Costa, qui parlait d'un « trésor d'inventions » rassemblant « presque toutes les formes de la poésie musicale » produites par l'imagination inépuisable de Beethoven. L'auteur de l'article s'étonnait qu'il soit ainsi possible de composer des « poèmes » possédant chacun leur particularité et leur originalité tout en étant apparentés, et de créer une telle diversité par l'harmonie, la mélodie, le rythme, le contrepoint.

1. Cité en note 849 in *BKh* Bd.3, p. 488.

The *Harmonicon*, 1re année, 1823, p. 113, signalait cette œuvre composée par le plus grand génie musical du siècle.

La *BAMZ*, 7e année (1830), p. 370-371, publiait un article de A.B. Marx qui insistait sur le processus créateur de Beethoven et sur sa maîtrise de la composition. Il considérait cette œuvre comme caractéristique de l'art du compositeur et comme l'exemple même de ce que permettait le genre variation. A.B. Marx présentait également le second volume édité par Diabelli qui rassemblait les cinquante variations composées par les autres compositeurs, en insistant sur l'importance de la référence qu'étaient les *Variations Goldberg* de Bach.

Czerny, qui estimait que le sens sublime des Variations ne serait compris que plus tard, signalait que l'interprétation était très difficile – il caractérisait chacune des variations en quelques mots : la 1re, « extrêmement puissante et aux sonorités pleines »; la 2e, « staccato léger et plus animée »; la 3e, « *cantabile* et calme »; la 4e, « l'entrée de chaque nouvelle voix doit être particulièrement nette »; la 5e, « très rapide et décidée »; la 6e, « majestueuse et brillante »; la 7e, « puissante et animée »; la 8e, « douce, calme et *legato*, mais légère »; la 9e, « bien marquée et très humoristique »; la 10e, « extrêmement légère et coulante »; la 11e, « calme et expressive »; la 12e, « badine, mais *legato* »; la 13e, « rapide et dans un tempo imperturbable »; la 14e, « lourde et très lente »; la 15e, « très rapide et badine »; les 16e et 17e, « très brillantes et avec Bravoure »; la 18e, « calme *legato* »; la 19e, « extrêmement animée et bien marquée »; la 20e, « lente, mystérieuse, extrêmement *piano* et *legato*, mais avec une expressivité profonde »; la 21e, « très rapide et pleine d'humour »; la 22e, « rapide, puissante et d'humeur joyeuse » (Czerny ajoutait en note qu'il s'agissait d'une « Parodie » de Leporello écrite par Beethoven en guise de réponse à son éditeur qui le pressait de terminer rapidement son œuvre); la 23e, « puissante et marquée de manière brillante »; la 24e, « lente, très legato »; la 25e, « animée et légèrement badine »; la 26e, « légère et douce »; la 27e, « animée et brillante »; la 28e, « animée de manière humoristique et puissamment marquée »; la 29e, « lente et mélancolique »; la 30e, « de même »; la 31e, « très lente, et les ornements très expressifs et délicats »; la 32e, « (*fuguée*) considérablement rapide et bien marquée »; la

33ᵉ, « dans un tempo de Menuet à l'ancienne, mais avec une expression délicate ».

Czerny concluait : « Beethoven composa ces *Variations* au gré de ses humeurs. Mais les humeurs d'un génie se transforment souvent en lois pour la postérité. »

D'après une conversation, en mai 1823, avec le baron Pronay, qui partageait son temps entre la botanique et l'amour de la musique, auquel Beethoven dédicaça un exemplaire de l'édition originale parue en juin 1823, son entourage trouvait les *Variations* géniales (*BKh*, vol. 3, p. 270).

Les *Variations Diabelli* ne furent jouées pour la première fois en public que le 25 novembre 1856, par Hans von Bülow à Berlin, pianiste élève de Liszt (lui-même avait été élève de Carl Czerny) – ses commentaires sont toujours une référence.

CORRESPONDANCE

Le 10 février 1820 [4., 1365], Beethoven proposait à Peter Joseph Simrock qui souhaitait publier, à Bonn, des œuvres de lui, entre autres, « de grandes Variations sur une danse allemande bien connue », ajoutant qu'il « ne pouvait pas encore les lui envoyer, mais que s'il était intéressé il lui communiquerait les honoraires ».

Le 5 juin 1822 [4., 1468], il proposait à Carl Peters de Leipzig « des Variations sur une valse pour piano seul (il y en a beaucoup) pour un prix de 30 ducats en or NB : des *ducats viennois* ».

Au début novembre 1822 [4., 1507], il demandait à Anton Diabelli d'être patient et lui indiquait les honoraires pour les Variations, ajoutant que si son projet était modifié, le prix serait revu.

En janvier/février 1823 [5., 1545], il écrivait à Diabelli qu'il « allait recevoir sous peu les Variations, mais il ne pouvait pas encore indiquer le jour et l'heure ».

Le 25 avril 1823 [5., 1636], Beethoven annonçait à Ries qu'il allait recevoir dans quelques semaines « neue 33 Variationen über ein Thema (Walzer O*pus 120*), Ihrer Frau gewidmet. » (il ne les expédia qu'au début juillet 1823).

Le 30 avril [5., 1637a], il inscrivait sur la page de titre de la copie qu'il envoyait à Ries la demande de regarder tout particulièrement la disposition des notes de la Variation XIV (Grave e maestoso).

Le 5 mai [5., 1644], il proposait à l'éditeur parisien Antonio Pacini « 33 Variations sur le thême d'une Valse pour le piano. grand œuvre. »

Le 7 mai [5., 1647], il les proposait à Carl Lissner, éditeur à Saint-Pétersbourg : « 33 Variations sur un thème à la mode pour piano seul forment toute une œuvre ».

Des lettres à Anton Diabelli du mois de juin [5., 1668, 1669] témoignent de son travail de correction des épreuves.

Le 27 juin [5., 1682], Beethoven envoyait une copie des *Variations* à l'archiduc Rodolphe (en même temps qu'un exemplaire de l'édition originale de la *Sonate op. 111* parue chez Cappi & Diabelli qui lui était dédiée) Inscrite sur le registre des œuvres musicales appartenant à Rodolphe, cette copie n'a pas été retrouvée.

Le 16 juillet de la même année [5., 1703], Beethoven, qui espérait que les *Variations Diabelli* étaient arrivées à Londres, expliquait à Ries qu'il n'avait pas pu formuler l'intitulé de la dédicace à sa femme car il ne savait pas comment son nom s'écrivait. Il lui demandait donc de le faire pour lui, en réservant cependant la surprise : « les femmes aimant beaucoup les surprises » – et il insérait la remarque que « le surprenant et le beau sont ce qu'il y a de mieux ».

Le 5 septembre [5., 1740], Beethoven expliquait à Ries que la dédicace à Antonie Brentano était destinée à l'édition allemande, et qu'il aurait aimé que l'édition anglaise soit dédiée à sa femme Harriet Ries, mais que Schindler avait tout gâché – il promettait de dédier une autre œuvre à sa femme.

Le 30 décembre [5., 1763], le prince Nicolas Galitzine (1794-1866) lui signalait qu'il n'avait pas reçu les partitions pour piano annoncées par Beethoven au cours de l'été 1823. Il ne les avait pas encore reçues en décembre 1824 [5., 1907] – le paquet n'arriva jamais à destination.

Le 20 juillet 1825 [6., 2017], il demandait à Diabelli pourquoi il voulait une sonate de lui alors qu'il disposait d'une véritable « armée » de compositeurs, chacun beaucoup plus apte que lui à écrire une mesure pour composer une œuvre splendide. Il ajoutait avec humour des encouragements « à cette association qui sait si bien s'occuper de "Schusterfleck" ». Beethoven faisait directement référence à la publication assurée par Diabelli, en juin 1824, de l'ensemble des cinquante variations composées sur sa Valse par cinquante compositeurs autrichiens – surtout viennois –, désignés par Diabelli « Vaterländischen Künstlerverein » et classés par ordre alphabétique.

Thomson, 14e et 15e envois

2 compositions : WoO 156, *22 Sch 20 et 21*

TEMPS DE LA COMPOSITION

La première mélodie avait déjà été harmonisée par Beethoven en 1814 /1815 (5e envoi du 10 juin 1815, le n° 9 = 22 Sch 4). Commandées fin novembre 1819, Thomson reçut les harmonisations le 14 juin de l'année suivante.

CONTEXTE BIOGRAPHIQUE

Cette fois, Beethoven n'avait pas entièrement répondu aux exigences de Thomson : il n'avait composé qu'une voix et n'avait pas complété les Airs déjà harmonisés par Haydn. Il finit pourtant par envoyer le travail pour un des Airs (22 Sch 22) – Thomson inscrivit ce commentaire sur la copie : « Bonnie wee thing – harmonised by Beethoven who retained the Accompanim. t by Haydn ».

PRÉSENTATION DE L'ŒUVRE

Voir *WoO 156* (p. 833-844).

SOURCES

L'autographe et la copie existent (à Berlin).

PUBLICATION

Non publiés par Thomson.

L'ŒUVRE VUE PAR SES CONTEMPORAINS

Le 23 novembre 1819 [4., 1357], Thomson écrivait à Beethoven : « la difficulté d'executer vos ouvrages est la vrai et la seule cause de leur peu de débit dans ce pays-ci. »

CORRESPONDANCE

Le 23 novembre 1819 [4., 1357], Thomson envoyait deux mélodies en spécifiant : « pour lesquels je vous prie de composer des Ritornels et des Accompagns (en ajoutant aussi des parties pour une voix seconde et un voix basse) avec beaucoup de simplicité ».

Il donnait les incipits à la fin de sa lettre :

« N° 1 Air Ecossois – pour les Rits. et Accoms. – et deux autres voix au Coro. –

Une jeune fille soupirant pour le retour de son amant. / Allegretto (2/4, *mi* mineur – KH *WoO 157* n° 9 = *WoO 156*, 22 Sch 20)

N° 2 – pour les Rits. et Accomps. et deux autres voix *partout.*

Serenade – ou l'invocation tendre d'un Amant et a sa Maitresse. / Andante con moto e con espressione (2/4, *si* bémol majeur – KH *WoO 158*, partie 3, n° 3 = *WoO 156*, 22 Sch 21).

Puis Thomson lui demandait en P.S. qu'il ajoute deux voix à deux Airs déjà harmonisés par Haydn. (KH *WoO 157* n° 9 *Highlanders Lament* et *WoO 158*, partie 3, n° 4)

Le 14 juin 1820 [4., 1394], Thomson accusait réception des deux airs et lui faisait remarquer qu'il n'avait pas suivi ses instructions de composer trois voix pour le n° 2 (*WoO 156*, 22 Sch 21), ajoutant : « Ayez la bonte donc de m'envoyer des parties pour une voix seconde et une Basse ; car sans celles-ci, il m'èst tout à fait inutile, Haydn l'ayant arrangè il y a long tems pour une voix seule ». Il soulignait que Beethoven avait oublié son P.S., n'ayant sans doute pas trouvé agréable d'ajouter des voix à une composition de Haydn.

WoO 150
Abendlied unterm gestirnten Himmel
(Chant du soir sous un ciel étoilé)

Lied pour voix et piano sur un poème de H. Goeble
Ziemlich anhaltend (♩ = 76 M.M.) (Quelque peu retenu), **C**, mi *majeur – 81 mes.*

TEMPS DE LA COMPOSITION

4 mars 1820 est inscrit sur le manuscrit. Beethoven a dû travailler à ce Lied peu avant, alors qu'il travaillait aux *Variations Diabelli op. 120* et à la *Missa solemnis op. 123.*

CONTEXTE BIOGRAPHIQUE

Dans cette évocation du ciel étoilé, lieu de la délivrance terrestre de l'âme, Beethoven a retrouvé la maxime kantienne, qu'il avait retranscrit sur un Cahier de conversation (*BKh* 1, p. 235 et 473), à la suite de la lecture d'un article de l'astronome Joseph Johann Littrow « Kosmologische Betrachtungen » paru les 29 janvier et 1er février 1820 dans la *Wiener Zeitschrift für Kunst, Literatur,*

Theater und Mode : « La loi morale en nous et le ciel étoilé au-dessus de nous Kant !!! Littrow directeur de la garde des étoiles. » Cette réflexion notée par Beethoven s'inspirait de la fin de l'article, paraphrase du début de la conclusion de la *Critique de la raison pratique* de Kant[1].

L'attention portée à ce poème d'un auteur inconnu témoigne encore des préoccupations métaphysiques de Beethoven, fortement imprégnées par le kantisme et teintées de philosophie antique : après un passage sur terre effectué avec bien des souffrances, l'âme doit se retrouver étoile parmi les étoiles.

Il offrit un exemplaire de ce Lied, le 19 avril 1820 (peu après sa publication donc) à Fanny del Rio, qui le mentionna sur son journal intime en signalant qu'ils n'avaient pas vu Beethoven « depuis bientôt un an », et que ce Lied lui avait procuré une grande joie.

PRÉSENTATION DE L'ŒUVRE

On ne sait rien de l'auteur du texte. Il s'agit peut-être d'un poème reçu par Beethoven

Celui-ci ne comprend que quatre strophes (de structure ab ab cc dd) dont la première est :

Wenn die Sonne nieder sinket,
Und der Tag zur Ruh' sich neigt;
Luna freundlich leise winket.
Und die Nacht herniedersteigt;
Wenn die Sterne prächtig schimmern
Tausend Sonnenstrassen flimmern :
Fühlt die Seele sich so gross,
Windet sich vom Staube los.
Quand le soleil se couche,
Et que le jour va se retirer ;
Luna paraît amicalement douce
Et la nuit installée ;
Quand les étoiles scintillent, magnifiques,
Elles éclairent des milliers de lumineux sentiers :
L'âme se sent si grande,
Qu'elle se détache de la poussière.

Après cette description de l'apparition du ciel étoilé, la deuxième strophe évoque l'aspiration de l'âme à faire partie du grand tout en sortant des dimensions étriquées de la terre, la troisième présente l'âme prête à s'élancer sans crainte vers la lumière céleste et la dernière chante la joie de la délivrance : bientôt le prix des souffrances sera déposé comme une offrande au pied du trône divin.

Les quatre strophes ont la même musique (à part quelques variantes liées à la prosodie), seul l'accompagnement varie, tout en restant semblable.

Après avoir tranquillement posé la tonalité de *mi* majeur par une succession d'accords parfaits et une ligne mélodique descendante à partir du registre très aigu du piano, la première moitié de la première strophe est très calme, sorte de déclamation en rythme régulier de noires, avec quelques modulations expressives. Puis l'évocation du ciel étoilé est soutenue par des accords très denses et répétés de triolets de croches s'élançant vers le registre aigu du piano. Le rythme régulier du début reprend après cette première forme de saturation sonore.

La deuxième strophe a un accompagnement proche de celui de la première, les accords répétés soutenant l'idée du détachement de la lutte et de la nostalgie liées à la vie terrestre.

La troisième strophe a un accompagnement plus agité qui reflète la détermination de l'âme à quitter la terre et ses difficultés.

Quant à la quatrième, elle est de rythme toujours régulier, mais plus dense, soulignant la joie qu'éprouve l'âme quand elle atteint enfin son but. Quant à la coda, elle souligne la fin des souffrances terrestres, en répétant calmement « meiner Leiden schönen Lohn », le mot « Leiden » étant souligné par un accord dissonant. L'accord final, *pianissimo*, de huit sons s'étend du registre grave à l'aigu (sur quatre octaves).

SOURCES

Des feuilles d'esquisses qui faisaient sans doute partie du *Wittgenstein-Skizzenbuch* (à Berlin) laissent penser que Beethoven a composé ce Lied alors qu'il travaillait aux *Variations Diabelli* et à la *Missa solemnis* (dont les esquisses se trouvent dans ce Skizzenbuch). Une autre feuille comprend une petite référence à ce Lied, avant les esquisses pour la *Sonate op. 109*.

Le manuscrit (à Vienne), très corrigé et difficile à lire, fut conservé par Beethoven

1. « Deux choses remplissent l'âme d'une admiration et d'une vénération toujours nouvelles et toujours croissantes, à mesure que la réflexion s'y applique avec plus de fréquence et de constance : Le ciel étoilé au-dessus de moi et la loi morale en moi. » Traduction par J. Gibelin, Librairie philosophique J. Vrin, 1974, p. 175.

(dans son Nachlass) – il a dû en faire établir une copie pour gravure. Il porte la mention suivante : « Abendgesang (lied est substitué) unter dem gestirnten / Himmel von H. Goeble in Musick / gesezt von L.V. Beethoven / am 4ten / März 1820 », ainsi que l'indication du métronome : la noire = 76, et le nom du dédicataire.

PUBLICATION

Le 28 mars 1820 par *Wiener Zeitschrift für Kunst, Literatur, Theater und Mode*, 5e année n° 38, avec le litre suivant : « Abendlied unterm gestirnten Himmel / von H. Goeble ». À droite : « In Musik gesetzt und Hrn. Dr. Braunhofer gewidmet / von L.v. Beethoven. »

Ce Lied fait partie des quatre publiés en février 1823 à Vienne par Sauer & Leidesdorf, sous le numéro d'opus 113 (cf. *WoO 145, 148, 149*).

DÉDICATAIRE

Le Docteur Anton Georg Braunhofer (1781-1846) soigna Beethoven de 1820 à 1826. Le 4 mai et le 11 juin 1825, le compositeur écrivit pour lui deux canons (*WoO 189* et *190*).

WoO 130

Gedenke mein! (Pense à moi)

Lied pour voix et piano
Andante con moto, 3/4, mi *bémol majeur – 18 mes.*

TEMPS DE LA COMPOSITION

Mars 1820, composé (après le *WoO 150*) pour l'archiduc Rodolphe.

Le catalogue de la bibliothèque musicale de l'archiduc contient la mention suivante (enregistrée sous le n° 224 dans le catalogue conservé à Vienne, GdM) : « Aufgabe für S. K. Hoheit den Erzh. Rudolph vor der Abreise. Mödling 11 septembre 1820 ».

PRÉSENTATION DE L'ŒUVRE

Le texte, d'auteur inconnu, peut-être s'agit-il d'un texte de Beethoven (il ne faut pas le confondre avec *Andenken WoO 136)* est très court :

« Gedenke mein ! Ich denke dein !

Ach der Trennung Schmerzen versüßt nur die Hoffnung ! »

(Pense à moi ! Je pense à toi ! / Ah, seule l'espérance adoucit la douleur de la séparation !)

Ce Lied, est en deux fois huit mesures reprises, la première partie module en *ut* mineur (elle se termine sur un accord de *sol* majeur qui éclaire « dein »), la seconde commence en *ut* mineur pour souligner la douleur de la séparation et se termine en *mi* bémol majeur sur « Hoffnung ». Deux mesures *espressivo*, puis *poco ritard.* concluent en *mi* bémol majeur sur « Ach », évocation en écho du terme « Hoffnung » qui termine le texte.

La voix est doublée par la main droite du piano.

SOURCES

Le manuscrit autographe n'est pas connu.

Il existe une copie, à Bonn, qui porte sur la première page l'indication de la date de sa remise à l'archiduc : avant son départ, Mödling le 11 septembre 1820.

PUBLICATION

Ce Lied fut publié en 1844 chez Tobias Haslinger's Witwe und Sohn

Chez le même éditeur, Carl Czerny publia un arrangement pour piano, une « Fantaisie, sur un Lied jusque là inconnu de Beethoven ».

WoO 180

Hoffmann, sei ja kein Hofmann (Hoffmann, ne sois pas un courtisan)

Canon à deux voix
3/4, ut *majeur – 16 mes.*

TEMPS DE LA COMPOSITION

Mars 1820, sans doute dans la Weinstube Selig à Vienne.

CONTEXTE BIOGRAPHIQUE

À la suite d'une conversation sur E.T.A. Hoffmann (ses œuvres, son opéra alors donné à Berlin, ses fonctions musicales à Bamberg), Beethoven, qui connaissait les articles élogieux qu'Hoffmann avait publié sur certaines de ses œuvres et qui venait d'apprendre qu'il était souvent question de lui dans ses « Phantasie », s'est amusé à noter sur la page du Cahier de conversation qu'il était en train d'utiliser, à la suite de ce que venait de lui dire son interlocuteur (Neberich) : « Hoffmann – Du bist kein

Hof-Mann[1]» – le nom de Hoffmann peut signifier «homme de cour», «courtisan». Puis, quelques jours plus tard, toujours sur une page de Cahier de conversation, Beethoven esquissait quelques notes avec le texte suivant : «non, non je m'appelle Hoffmann et je ne suis pas un homme de cour, mais seulement un pauvre coquin[2]».

Ainsi, après s'être amusé à jouer avec les mots, Beethoven a éprouvé le besoin de transcrire musicalement sa pensée, ce jeu de mot faisant sens pour lui qui était obligé de montrer toute la déférence nécessaire à ses mécènes, en particulier à l'archiduc Rodolphe, mais qui ne se sentait pas du tout une âme de courtisan.

PRÉSENTATION DE L'ŒUVRE

Le thème oppose «Hoff-mann» sous forme de question posée, à «nein, nein» en valeur plus courtes – ces deux éléments se superposant dans le déroulement du Canon.

Pour ce Canon à publier, Beethoven n'a pas gardé le texte primitif : il a remplacé l'évocation du fripon par des «nein» «ich heiße Hoffmann und bin kein Hof-mann».

SOURCES

L'autographe (à Bonn) est écrit à l'encre et au crayon : il s'agit peut-être d'une esquisse, dont la mise au propre est perdue. Un facsimilé de l'esquisse se trouve in *Briefe*, 4., p. 378, ainsi que de l'autographe mis au propre envoyé à Schott, avec le *WoO 187*, in *Briefe*, 6., p. 12.

PUBLICATION

En 1825, dans la revue Cäcilia éditée par Bernhard Schotts Söhne à Mayence, avec le titre de Beethoven : «Auf einen welcher Hoffmann geheißen».

CORRESPONDANCE

Le 23 mars 1820 [4., 1373], Beethoven écrivait à E.T.A. Hoffmann pour le remercier des articles élogieux écrits sur sa musique (Hoffmann a publié des articles sur les *opus 62, 67, 70, 84* et *86*).

Le 22 janvier 1825 [6., 1925], Beethoven envoyait à Bernhard Schotts Söhne «quelques canons pour sa revue», ajoutant que trois autres allaient suivre (ce qui ne fut pas le cas) : il envoyait celui sur Hoffmann et celui sur Schwenke (*WoO 187*).

Le 19 mars de la même année [6., 1949], Beethoven précisait dans le P.S. d'une lettre à Bernhard Schotts Söhne qu'il fallait conserver les titres qu'il avait donnés aux deux Canons envoyés : «*Sur quelqu'un, qui s'appelle Hoffmann*» et «*Sur quelqu'un, qui s'appelle Schwenke*».

1. *BKh* 1, p. 318, début mars 1820.
2. *BKh* 1, p. 339, mars 1820.

Opus 109

Sonate pour piano en mi majeur

Vivace, ma non troppo, 2/4 / Adagio espressivo, 3/4, mi *majeur – 102 mes.*
Prestissimo, 6/8, mi *mineur – 177 mes.*
Gesangvoll, mit innigster Empfindung/ Andante molto cantabile ed espressivo, 3/4, mi *majeur – 203 mes.*

TEMPS DE LA COMPOSITION

Commencée durant les premiers mois de 1820 (pendant le travail à la *Missa solemnis* – Credo, Sanctus, Benedictus – et au milieu de celui pour les *Variations Diabelli*), elle fut élaborée au cours de l'été à Mödling (comme en témoigne la lettre du 20 septembre à Schlesinger de Berlin), et terminée en décembre 1820.

CONTEXTE BIOGRAPHIQUE

Elle a été conçue au printemps 1820, comme la première d'une série de trois nouvelles Sonates que Beethoven proposait à un nouvel éditeur, Adolph Martin Schlesinger de Berlin, proposition qui lui permettait de compter un nouvel éditeur, de mettre ainsi les autres en concurrence, et de donner de plus larges perspectives à la diffusion de ses œuvres. Il se mit donc au travail, alors qu'il avait commencé les *Variations Diabelli*, et qu'il travaillait à la *Missa solemnis*, avant donc d'avoir terminé ces deux œuvres.

Préoccupé également de trouver un éditeur qui accepterait de publier ses œuvres complètes, Beethoven prévoyait de nouvelles compositions dans chacun des genres de musique qu'il avait déjà abordés[3], pour

3. Le 5 août 1820 [4., 1403], Beethoven écrivait à N. Simrock à Bonn : «wegen der Herausgabe sämtlicher Werke von mir glauben wir hier, daß es gut sey, zu jeder Gattung von Komposition noch ein *neues werk* hinzuzufügen – z.B. zu den *Variationen* ein neues werk dieser Art zu den *Sonaten* eben *etc* […]».

constituer des ensembles cohérents utiles à la formation et à l'édification spirituelle des nouvelles générations de musiciens et de mélomanes. Tenu par cette idée, il est possible que Beethoven ait été incité à composer de nouvelles sonates par Friedrich Starke qui cherchait à constituer une anthologie d'œuvres pour le piano, *die Wiener Pianoforteschule*[1], recueil didactique pour la formation des jeunes pianistes (ce qui était aussi un souci constant de Beethoven, qui avait l'intention d'écrire une méthode) – finalement Beethoven donna à Starke les *Bagatelles op. 119, n° 7 à 11*.

Ces trois dernières *Sonates* se trouvent donc au carrefour de plusieurs incitations – situation que Beethoven présentait comme résultant de la nécessité de « gagner sa croûte[2] », lui qui aspirait à ce temps où il pourrait composer sans être pressé par les contraintes matérielles.

Le choix de la dédicataire résumait ses différentes intentions, didactiques autant que spirituelles ou éditoriales, puisqu'il liait cette *Sonate* à une jeune pianiste de 19 ans élevée dans un milieu de haute culture et de haute spiritualité, ses parents faisant partie de cette humanité d'élite que Beethoven appréciait tant parce que, comme lui, elle cherchait à donner un sens pleinement humain à l'existence : ils étaient proches de ce consentement à la vie, idéal de la « philosophie antique » présenté par Goethe comme l'aspiration à ressentir l'éternité dans l'instant [4., 1449][3].

PRÉSENTATION DE L'ŒUVRE

Cette *Sonate*, de facture unique, repose sur la juxtaposition de différents ordres de temps contrastés à l'intérieur des mouvements, comme si Beethoven avait pris la notion de temps (le tempo) comme matériau de base, et constitué ainsi une durée maîtrisée qui créerait l'impression de « l'éternité de l'instant ».

L'ensemble se caractérise par un mélange d'improvisation et d'écriture contrapuntique, les deux premiers mouvements, très courts, faisant figure de prélude au long dernier mouvement à variations.

I. Le premier mouvement dans le genre d'un Prélude, d'une Bagatelle ou d'une Fantaisie, se caractérise par la juxtaposition de deux éléments de tempo, de métrique et de texture différents : un Vivace, ma non troppo à deux temps en *mi* majeur, constitué d'une mélodie et d'un accompagnement imbriqués, à jouer *sempre legato*, et un Adagio espressivo à la ligne mélodique brodée, à trois temps, partant d'un accord arpégé dissonant, alors qu'une cadence et sa résolution étaient attendues. Ce premier mouvement, qui présente deux fois cette opposition entre deux types de déroulement du temps, semble une condensation du premier et du deuxième mouvement d'une sonate traditionnelle.

II. Le deuxième mouvement est un Prestissimo en mineur, à 6/8, de forme sonate (alors qu'il a l'allure d'un Scherzo), qui commence *fortissimo ben marcato*. Le développement contrapuntique aboutit à un passage en écriture chorale *sul una corda*. La réexposition est variée.

III. Le troisième et dernier mouvement est Gesangvoll, mit innigster Empfindung / Andante molto cantabile ed espressivo, de forme thème et six variations.

Le thème, très chantant et très calme, est constitué de deux fois huit mesures reprises. La première variation, Molto espressivo, brodée, est très proche du thème ; la deuxième, Leggiermente, apporte un effet de contraste entre les passages en doubles croches légères, et les passages teneramente en croches soutenues par des accords répétés ; la troisième, Allegro vivace à 2/4 est dans le style d'une invention avec échange des phrases entre les deux mains ; la quatrième, Etwas langsamer als das Thema / Un poco meno andante cio è un poco più adagio come il tema, à 9/8, présente une autre forme d'écriture en imitation, par échange de figures, et elle retrouve la structure en deux parties avec reprise ; la cinquième, Allegro, ma non troppo

1. Elle parut de 1819 à 1821 en trois livraisons. En avril/mai 1820 [4., 1390], Beethoven écrivait à la « Familie Giannattasio del Rio » : « Die Klawierschule ist eine – *allgemeine* – d.h. Sie ist eine Art von *Compendium*. »

2. Le 12 novembre 1821 [4., 1445], Beethoven écrivait à Franz Brentano que pour assurer sa subsistance il devait produire des travaux alimentaires.

3. Comme le démontre Pierre Hadot dans *Qu'est-ce que la philosophie antique ?*, Paris, Gallimard, 1995, ainsi que dans son article « "Le présent est notre seul bonheur". La valeur de l'instant présent chez Goethe et dans la philosophie antique », paru dans *Diogène*, n° 133, janvier-mars 1986.

à deux temps (alla breve) déploie une écriture polyphonique fugato, chargée d'énergie ; et la sixième, Tempo I del tema/cantabile commence par quatre mesures à 3/4, sur une pédale de dominante (*si*), puis inscrit, dans un 9/8, un mouvement régulier qui, *crescendo*, s'accélère jusqu'à se transformer en trilles continus avec superposition de différents plans sonores et écartèlement des registres, moment de temps étiré et très dense qui se résout, après un passage *diminuendo*, avec la réapparition du thème initial *cantabile* de cet Andante.

SOURCES

Les esquisses sont dispersées à Berlin, à Bonn, à Vienne (Nottebohm, II, 460). Le thème Vivace du premier mouvement est noté dans le *BKh* au 14 avril 1820, au milieu d'une conversation avec Oliva (vol. 2, p. 56 et fac-similé de la page, en regard de la p. 81).

Le manuscrit autographe (à Washington et à Vienne) comprend cette mention sur la page de titre : « Sonate für das / Hammerklawier / von / L.v. Beethoven. »

Une copie (non retrouvée), que l'éditeur Schlesinger avait fait établir étant donné la difficulté de déchiffrage du manuscrit, a servi à la gravure (cf. lettre 4., 1431, du 7 juin 1821).

PUBLICATION

L'édition originale fut assurée à Berlin en novembre 1821 par Adolph Martin Schlesinger :

« SONATE / für das Pianoforte / componirt und / dem Fraülein Maximiliana Brentano / gewidmet / von / LUDWIG van BEETHOVEN. / 109te Werk (…) »

Il était possible de se procurer l'œuvre à Vienne chez « Artaria & C°, Cappi & Diabelli, Steiner & C°. »

DÉDICATAIRE

Jeune pianiste, Beethoven écrivit pour elle le *Trio WoO 39*, en juin 1812, fille de Franz et d'Antonie Brentano, Maximiliane (8 février 1802 à Francfort-sur-le Main-1er septembre 1861) séjourna à Vienne avec ses parents entre 1810 et l'été 1812.

Dans une lettre, datée du 6 décembre 1821, il expliquait pourquoi il avait choisi de lui dédier cette œuvre.

L'ŒUVRE VUE PAR SES CONTEMPORAINS

La *Zeintung für Theater und Musik*, Berlin, Jg. 1 p. 184, annonçait la publication de cette « geistreiche Klavier-Composition », nouvelle preuve de l'imagination inépuisable de Beethoven, qualifié de « Herrlicher Tondichter ». L'auteur de l'article présentait le premier mouvement comme une « freie Fantasie », le Prestissimo comme un beau travail contrapuntique, l'Andante à variations au thème si chantant comme remarquable.

La *BAMZ* I, n° 5 du 4 février 1824 (p. 37-38), publiait un article critique d'Adolf Bernhard Marx, qui reconnaissait que Beethoven était un génie, mais qu'il se laissait trop aller à sa « Subjectivität », sans égard pour les autres, n'osant écrire que pour un cercle restreint. Analysant rapidement chacun des mouvements, A.B. Marx disait ne trouver aucune idée directrice dans le premier, qui ressemblait à un Prélude et laissait insatisfait, tandis qu'il trouvait le Prestissimo trop court, et que chacune des variations du dernier mouvement « dans un style ancien et noble » lui plaisait. Il concluait sa présentation en disant que la *Sonate* allait apporter beaucoup de joie à ses admirateurs mais qu'« il n'était pas certain qu'elle doive faire partie du répertoire des pianistes ».

L'*AMZ* XXVI, n° 14 du 1er avril 1824 (col. 213-225) analysait de façon assez détaillée les trois dernières *Sonates* publiées par ce « génie qui inaugurait une nouvelle époque » tout en respectant les contraintes de la création musicale : « invention, esprit et sentiment dans la mélodie, l'harmonie et le rythme ». L'auteur comparait Beethoven au poète Jean-Paul.

Carl Czerny (1842) indiquait que le premier mouvement était « mehr *Fantaisie* als *Sonate* », l'ensemble ayant un « caractère noble, calme et rêveur » ; que le deuxième mouvement devait être joué rapide avec « une certaine mélancolie » et le thème et la 1re variation du Finale, « avec expression et très legato », la 2e variation quelque peu animée et légère, la 3e rapide et « brillant », la 4e calme et « legato », la 5e « markirt » avec les quatre voix bien distinctes, la 6e calme mais « brillant » – l'ensemble du mouvement étant dans le style de Haendel et de J S Bach.

CORRESPONDANCE

Le 30 avril 1820 [4., 1388], Beethoven proposait à Adolph Martin Schlesinger, éditeur à Berlin, outre les *Lieder écossais* (*op. 108*), « neue Sonaten », pas à moins de 40 ducats chacune, c'est-à-dire qu'une « œuvre faite de trois sonates » valait 120 ducats.

Le 31 mai [4., 1393], il lui écrivait qu'il lui enverrait bientôt les *Lieder* (*op. 108*) et « 1 Sonate », et les deux autres vers la fin juillet seulement. Il ne fit parvenir la *Sonate op. 109*, achevée en décembre 1820, qu'au début de 1821, et ne composa les *Sonates op. 110* et *111* qu'en 1821-1822.

Le 28 juin [4., 1397], Beethoven l'informait qu'il lui enverrait les *Lieder* et la Sonate « qui est prête » dès qu'il recevrait confirmation de son accord pour le prix. Schlesinger confirmait son accord le 4 juillet 1820 [4., 1398] et ajoutait que les deux autres Sonates suivraient à la fin du mois prochain (elles n'étaient pas encore commencées !).

Le 20 septembre [4., 1410], Beethoven informait Schlesinger qu'il « allait bientôt recevoir les trois *Sonates*, la première étant pratiquement finie, et les deux autres en chantier », sa santé rétablie, il se sentait en mesure de respecter ses engagements.

Le 7 mars 1821 [4., 1428], il donnait le titre de la *Sonate*, que Schlesinger devait avoir « reçue depuis longtemps » :

« Sonate für das / Hammerklawier / verfaßt u. / Dem Fraülein Maximiliana / *Brentano* / gewidmet von Ludwig / van *Beethoven* / 109tes Werk. »

Il demandait également que figure l'année de publication, et assurait que les deux autres Sonates allaient bientôt suivre.

Le 7 juin 1821 de Döbling [4., 1431], Beethoven signalait à A.M. Schlesinger que la copie qu'il avait fait établir était pleine de fautes. Le 6 juillet 1821 [4., 1434], il la lui renvoyait corrigée.

Le 13 octobre [4., 1442], A.M. Schlesinger lui annonçait que la *Sonate* était prête et qu'il allait l'envoyer à différents marchands de musique. Le 13 novembre [4., 1446], Beethoven exigeait que l'éditeur intègre sur les plaques gravées les corrections qu'il croyait à tort lui avoir envoyées, oubli qu'il réparait le 14 novembre, et que les exemplaires déjà parus soient corrigés à la main, que les corrections soient envoyées partout, priant l'éditeur de « suivre son conseil pour que l'œuvre paraisse sous son vrai aspect ». Schlesinger n'en fit rien.

Le 6 décembre [4., 1449], il accompagnait l'envoi de l'édition originale de la *Sonate* à Maximiliane Brentano d'une lettre dans laquelle il expliquait sa dédicace, car il ne s'agissait pas d'une dédicace comme les autres : il voulait rendre hommage à la noblesse d'esprit de sa famille, et aux qualités non contingentes dont elle héritait.

Le 20 décembre [4., 1451], Beethoven écrivait à Franz Brentano pour l'assurer de sa reconnaissance (celui-ci l'aidait pour ses affaires de publication), spécifiant que la dédicace à Maximiliana en était un témoignage, dont il n'attendait aucune gratification d'ordre financier.

WoO 177

Bester Magistrat, Ihr friert
(Cher magistrat, vous avez froid)

Canon infinitus avec accompagnement d'un instrument *(violoncelle, alto ou de contrebasse)*
3/4, mi *majeur – 8 mes.*

TEMPS DE LA COMPOSITION

Vers 1820.

CONTEXTE BIOGRAPHIQUE

Ce *Canon* ironique est dirigé contre le magistrat de la ville de Vienne qui avait pris le parti de la mère de Karl dans l'affaire de la tutelle de son neveu.

PRÉSENTATION DE L'ŒUVRE

La partie de violoncelle imite les frissons par ses ponctuations sous forme de tremolos.

La solution de ce *Canon infinitus* peut être à quatre voix.

SOURCES

L'autographe (à Bonn) ne comprend que « B-n »

WoO 178

Signor Abate

Canon à trois voix
C, si *bémol majeur – 31 mes.*

TEMPS DE LA COMPOSITION

Au cours des années 1820, à l'époque où Beethoven fréquentait souvent la boutique de l'éditeur Steiner.

CONTEXTE BIOGRAPHIQUE

Il s'agit peut-être dans ce *Canon* de l'abbé Stadler (1748-1833), compositeur et organiste que Beethoven connaissait depuis longtemps : en 1803, il songea un moment à lui dédier les *Variations pour piano op. 35*.

Depuis le récit de Ignaz Castelli dans ses *Mémoires* (publiés à Vienne en 1862, vol. 3, p. 119), ce canon est mis en relation avec une rencontre, dans la boutique de l'éditeur Steiner située Paternostergäßchen, entre l'abbé Stadler et Beethoven qui lui aurait demandé sa bénédiction. L'abbé aurait joué le jeu en prononçant : « Cela ne sert à rien, cela ne fait de tort à personne », et Beethoven, agenouillé, lui aurait baisé la main, ce qui fit rire les personnes qui étaient là.

Le 6 février 1826 [6., 2113], il écrivait à l'Abbé Maximilian Stadler, qu'il nommait « mon très honoré ami », pour le remercier chaleureusement d'avoir pris publiquement position en faveur de l'authenticité du *Requiem* de Mozart, dans un ouvrage qui venait d'être publié à Vienne, et d'avoir ainsi contrer l'article de Gottfried Weber (publié dans la revue *Cäcilia* en août 1825).

PRÉSENTATION DE L'ŒUVRE

Le texte est en italien et en allemand :

« Signor Abate ! Io sono, ammalato. Santo Padre ! Vieni e date mi la benedizione. Höl' Sie der Teufel, wenn Sie nicht Kommen. » (Monsieur l'Abbé, je suis malade, Saint Père, venez et donnez-moi la bénédiction. Que le diable vous emporte, si vous ne venez pas !)

SOURCES

L'autographe est inconnu.

PUBLICATION

En 1863 dans la GA.

WoO 181 a, b, c

Gedenket heute an Baden
Gehabt euch wohl
Tugend ist kein leerer Name

Trois Canons
181a à quatre voix
C, ut *majeur – 8 mes.*
181 b à trois voix
6/8, ut *majeur – 4 mes.*
181 c à trois voix
C, ut *majeur – 6 mes.*

TEMPS DE LA COMPOSITION

Au moment du travail à la *Missa solemnis* (travail d'esquisse entre 1819 et le début 1822).

CONTEXTE BIOGRAPHIQUE

Le premier, « Souvenez-vous aujourd'hui de Baden », est peut-être une allusion à l'incendie qui détruisit une partie de la ville le 26 juillet 1812 – alors à Karlsbad, Beethoven avait donné un concert au bénéfice des victimes avec le violoniste Giovanni Battista Polledro. Les deux autres *Canons* traitent de questions morales : le bien-être et la vertu, et témoignent de son goût (et de ses contemporains) pour les petits exercices d'écriture contrapuntique comme moyens d'expression.

SOURCES

Ces *Trois Canons* se trouvent parmi les esquisses de la *Missa solemnis op. 123*, à Berlin (signalé par Nottebohm, II, 152 dans « Skizzen zur zweiten Messe »).

Une copie du *WoO 181a* se trouve dans la collection manuscrite Haslinger-Rudolph (Vienne, GdM).

PUBLICATION

Le *WoO 181a* dans la GA en 1888.

Les *WoO 181* b et c, en 1937, dans « Festschrift zum 60. Geburtstag Arnold Scherings », Berlin.

Opus 119

Onze Bagatelles pour piano

1/ Allegretto, 3/4, sol *mineur – 74 mes.*
2/ Andante con moto, 2/4, ut *majeur – 40 mes.*
3/ à l'Allemande, 3/8, ré *majeur – 56 mes.*
4/ Andante cantabile, **C**, la *majeur – 16 mes.*
5/ Risoluto, 6/8, ut *mineur – 26 mes.*
6/ Andante, 3/4, sol *majeur / Allegretto, 2/4 – 66 mes.*
7/ Allegro, ma non troppo, 3/4, ut *majeur – 27 mes.*
8/ Moderato cantabile, 3/4, ut *majeur – 20 mes.*
9/ Vivace moderato, 3/4, la *mineur – 20 mes.*
10/ Allegramente, 2/4, la *majeur – 13 mes.*
11/ Andante, ma non troppo, **C**, si *bémol majeur – 22 mes.*

TEMPS DE LA COMPOSITION

Elles ont été conçues entre 1820 et 1822[1] et résultent de l'association de nouvelles compositions et d'anciennes esquisses, retravaillées à cette occasion[2]. Beethoven répondait à une double incitation, celle de Friedrich Starke en 1820[3] et celle de l'éditeur Peters à partir de mai 1822[4].

Si les n°s 7 à 11 ont été esquissées et composées en 1820 les unes après les autres (pendant le travail du Credo et du Benedictus de la *Missa solemnis*, et pendant celui des mouvements 2 et 3 de la *Sonate op. 109*), pour la troisième livraison de la *Wiener Pianoforte-Schule* de Friedrich Starke (trois livraisons entre 1819 et 1821), la n° 6 date de novembre-décembre 1822 (pendant que Beethoven mettait au propre le manuscrit des nos 1 à 5 pour Peters), tandis que les nos 2, 3, 4, 5 avaient été esquissées bien avant (en 1794/1795 pour les nos 2 et 4, et 1801/1802 pour les nos 3 et 5) – la n° 1 posant un problème de datation car aucune esquisse n'a été retrouvée.

Les nos 1 à 6 ont donc été achevés à la fin de l'automne 1822 : l'autographe est daté de novembre, tandis que les n° 7 à 11 datent du début 1821.

CONTEXTE BIOGRAPHIQUE

Alors qu'il travaillait à la *Missa solemnis* ainsi qu'à la composition de ce qui sera ses dernières grandes œuvres pour piano (*Op. 109, 110, 111* et *120*), Beethoven accepta deux fois de suite de donner à publier de petites pièces destinées à l'apprentissage et à la pratique du piano amateur, et ce pour deux éditeurs différents : une première fois en 1820, pour contenter Friedrich Starke (1774-1835), corniste, compositeur, qu'il connaissait depuis 1812 et qui donnait des leçons de piano à son neveu Karl, et ainsi contribuer à la publication d'un ouvrage de celui-ci à but pédagogique (la *Wiener Pianoforte-Schule*) rassemblant des pièces de compositeurs différents; une deuxième fois au printemps 1822, pour satisfaire Carl Friedrich Peters, éditeur de Leipzig qui voulait «élever le goût» de sa clientèle en publiant des œuvres de Beethoven.

Il composa donc, au cours de l'année 1820, un premier ensemble de cinq Bagatelles[5] qui furent publiées dans la troisième livraison de *la Wiener Pianoforte-Schule* de Friedrich Starke en 1821 (les nos 7 à 11 de l'*op. 119*). Et quand, en mai 1822, Carl Friedrich Peters chercha à publier des œuvres de lui, même «les plus petites», Beethoven lui proposa, outre des Lieder et des Marches, «4 Bagatelles oder Kleinigkeiten» (c'est-à-dire «ces petites choses» faciles, que l'éditeur pouvait publier avec un titre allemand), ce que Peters accepta (en lui faisant même des avances d'honoraires). Pour honorer la commande de Peters, il reprit des œuvres plus anciennes qu'il n'avait pas achevées – ce qui lui permettait d'affirmer que les Bagatelles promises étaient déjà prêtes. Il différa pourtant leur expédition, puis en proposa deux autres, constituant ainsi un ensemble de six dont il organisa la succession – comme il l'écrivait à Peters le 20 décembre 1822 (juste après avoir composé la «6te»), et ce que confirme l'étude des esquisses : leur ordre

1. Voir Kuei-Mei Wu, *Die Bagatellen Ludwig van Beethovens*, Verlag Dohr Köln, déc. 1999, pp. 81-167, pour la présentation d'ensemble et l'analyse de chacune des *Bagatelles de l'op. 119*. – en particulier le tableau p. 86 qui présente la chronologie des esquisses.

2. Voir l'article de Barry Cooper, «Beethoven's Portofolio of Bagatelles», in *Journal of the Royal Musical Association*, 112/2, 1987, p. 208-228 – article dans lequel B. Cooper étudie les choix de Beethoven opérés parmi d'anciennes compositions.

3. En fin janvier 1820, quelqu'un a noté dans un *Cahier de conversation* [le 7e, *BKh* I, p. 245] : «Starke wünscht / ein kleines Musik – / Stück von Ihnen / zu haben für seinen / zweyten Theil der / Klavierschule, wozu / er schon Beiträge von den ersten Tonsetzern/ hat, nebst kurzen bio-/ graphischen Notizen.» La deuxième livraison de la *Wiener Pianoforte-Schule in III Abteilungen* de Starke comprenait l'Andante et le Rondo de la *Sonate pour piano en ré majeur op. 28*, la troisième les cinq Bagatelles (n° 7 à 11 *op. 119*).

4. Voir la correspondance à partir de mai 1822 [4., 1465].

5. «Bagatelle» est un terme du XVIIIe siècle qui au début XIXe siècle désignait une petite œuvre pour piano, intégrée dans un ensemble. Le développement de ce genre est lié à l'extension de la pratique du piano. Elles étaient destinées aux amateurs, pas aux virtuoses, pour leur donner le goût de jouer des pièces sérieuses et plaisantes, et pour leur permettre d'entendre des œuvres moins difficiles que les Sonates, tout en les préparant à cette écoute. Carl Friedrich Peters [4., 1480], explique ce qu'il attend de ce genre de compositions : qu'elles ne soient pas trop difficiles pour que les dilettantes puissent y prendre plaisir, et qu'elles soient composées par des «maîtres», pour élever le goût du public (il ne fallait pas laisser le terrain libre à des compositeurs superficiels : dans ce but, les «maîtres» devaient se donner la peine de composer des œuvres faciles).

chronologique d'apparition n'est pas celui retenu par Beethoven (il aurait été le suivant : 2, 4, 3, 5 pour les plus anciennes, et la 6e, composée la dernière), ainsi que les tractations de son frère Johann auquel il avait donné ces *Six Bagatelles* en compensation d'argent prêté (au cours de l'été 1822).

Comme Peters refusa de les publier (le 4 mars 1823, il lui écrivait qu'il considérait ces Bagatelles comme indignes de lui, tout en expliquant ce qu'il attendait de ce genre de petites pièces), Beethoven chercha à vendre l'ensemble des *Six Bagatelles*, tel qu'il l'avait organisé en 1822, à d'autres éditeurs. D'autre part, dès février 1823, dans une proposition faite à Ries, il avait eu l'idée d'associer cet ensemble de six avec l'ensemble de cinq antérieurs écrites en 1821, de façon à constituer une publication plus conséquente faite de onze pièces différentes – que Clementi, sur l'incitation de Ries, publia à Londres en juin 1823.

L'attention portée à la constitution progressive de cet ensemble de *Onze Bagatelles* publié sous le numéro d'*op. 112* (avant de devenir *op. 119*) permet de mettre en évidence certains aspects du processus créateur de Beethoven car, contrairement à ce que pensait un rédacteur de l'*AMZ* en 1826 (à propos de l'*Op. 126*), la composition de ces *Bagatelles* est le résultat d'un long (et obscur) travail d'élaboration, qui se trouve au carrefour de plusieurs préoccupations : celles du pédagogue et du compositeur soucieux d'expérimenter sans cesse de nouvelles façons d'écrire, comme celles de l'homme attaché à vivre de sa plume et préoccupé tout autant de questions financières que de sa notoriété.

Si la correspondance avec Carl Friedrich Peters de Leipzig montre comment émerge une œuvre à publier, comment son aspect s'impose peu à peu en fonction de multiples considérations[1], les esquisses des Bagatelles et leur élaboration témoignent des exigences de Beethoven, à la recherche d'une écriture concise, rigoureuse et originale permettant de donner forme à ce qui constituait pour lui l'essentiel d'une idée musicale. L'étude des esquisses des Bagatelles permet de mettre en évidence les différentes étapes du travail d'élaboration entre les premières esquisses et la première édition d'une œuvre : Beethoven envisageait d'abord l'ensemble[2], avec la ligne mélodique et les principales articulations, ainsi que le début et la fin, puis modelait le thème et élaborait certains passages plus en détail avant de « rédiger » son manuscrit, de mettre ses idées « au propre », travail de composition qui s'accompagnait souvent de nouvelles idées ; la relecture aussi amenait de nouvelles idées et nombre de corrections, modifications, améliorations (souvent concernant la fin) ; la correction des premières épreuves, puis celle de la première édition entraînant encore des modifications... si bien que le manuscrit autographe ne doit être considéré que comme un des stades de la composition et non la version définitive de référence[3].

Ainsi, le choix de donner à publier un ensemble de Bagatelles ne répondait pas seulement à des considérations financières, mais également à la volonté de Beethoven d'explorer des manières d'écrire hors des contraintes de la forme sonate ou thème et variations, tout en offrant aux amateurs des œuvres accessibles susceptibles de favoriser leur pratique de la musique et leur accès à la haute spiritualité qui, pour lui, était propre à l'univers musical. Cet impératif, qui prit forme au cours de l'élaboration de cet ensemble de *Onze Bagatelles op. 119*, s'imposa lors de la composition des *Six Bagatelles de l'op. 126*.

Présentation de l'œuvre

Constituée de onze morceaux très différents par leur taille, leur écriture, leur atmosphère, leurs difficultés pianistiques, les éléments de cohérence sont à chercher du côté de la diversité et de l'association d'idées à partir d'une note, d'un rythme, d'une sonorité, etc., ainsi que du côté de la référence implicite au chant, à l'hymne et à la maîtrise du temps. Chacune des *Bagatelles* donnant forme et extension à une idée de départ (les esquisses montrent que Beethoven a travaillé l'idée première pour lui trouver les configurations musicales qui lui paraissaient convenir). Des

1. Voir le « Kommentar » de Sieghard Brandenburg, dans la deuxième partie de la publication des facsimile du manuscrit et de l'édition originale des *Bagatelles op. 126*, Beethoven-Haus, Bonn, 1984, p. 45-50.

2. Comme il l'écrivait à G.F. Treitschke en mars 1814 [3., 707].

3. Voir le chapitre V, « Schlussbetrachtung », « Schaffenweise », in *Die Bagatellen Ludwig van Beethovens*, *op. cit.*, p. 257-262.

recherches de même nature se retrouvent dans les grandes œuvres pour piano, aux formes rigoureuses, contemporaines des *Bagatelles* : les *Sonates op. 109, 110, 111* et les *Variations Diabelli op. 120*. (en particulier le Cantabile et son opposition, le Risoluto, ou encore l'extension libre d'un motif, l'effet d'accélération avec « l'istesso tempo », etc.).

1. Allegretto, 3/4, *sol* mineur – 74 mes.

Cette première *Bagatelle* commence par un court motif rythmique de deux mesures, qui impulse un thème simple et léger, repris varié. Une partie centrale *dolce* en *mi* bémol majeur, formée de deux sections répétées, installe une autre atmosphère. La reprise du premier thème est suivie d'une extension qui atteint un point culminant *forte*, avant une coda reposant sur le motif initial (énoncé sur la tonique et non sur la dominante), l'ensemble se terminant par des accords solennels *pp* de *sol* majeur.

2. Andante con moto, 2/4, *ut* majeur – 40 mes.

Les deux mains jouent en alternance de courts motifs en triolets de doubles croches, qui se répondent, de part et d'autre d'une ligne mélodique calme et continue, ce qui délimite un espace sonore formé de plusieurs plans. Très homogène, à l'exception de la coda, cette Bagatelle s'inspire du style de l'Invention.

3. « À l'Allemande », 3/8, *ré* majeur – 56 mes.

Le titre donné par Beethoven fait référence à la danse dite « Allemande », pour inscrire de manière allusive ou évocatrice la complémentarité entre un instrument solo (le motif rapide ascendant) et un chœur, comme équivalent d'un groupe de danseurs (les deux mesures d'écriture chorale qui suivent le premier motif). La structure est celle d'une danse faite de courtes sections reprises, avec Da *capo* après une partie centrale de texture différente. La surprise réside dans une longue coda, extension (sous forme de pédale par la répétition des mêmes notes) de la partie centrale suivie d'une reprise à l'unisson du motif instrumental initial, motif qui termine cette *Bagatelle* de manière humoristique.

4. Andante cantabile, **C**, *la* majeur – 16 mes.

En deux parties, elle se caractérise par une atmosphère lyrique créée par une mélodie calme dans la première partie, et par une plus rapide marquée par une certaine discontinuité dans la seconde. L'ensemble se termine de manière polyphonique.

5. Risoluto, 6/8, *ut* mineur – 26 mes.

De tonalité mineure, en deux parties et coda, elle est constituée d'arpèges ascendants et descendants, en rythmes pointés inscrits dans le balancement du 6/8 (entretenu par les accords de la main gauche). Une suspension du temps surprenante divise la coda en deux moments.

Risoluto, elle établit un contraste avec l'Andante cantabile précédent et avec l'Andante suivant qui introduit la sixième *Bagatelle*.

6. Andante, 3/4, *sol* majeur / Allegretto, 2/4 et 6/8 – 66 mes.

Cette sixième *Bagatelle* (composée en nov./déc. 1822) juxtapose deux modalités de tempo et trois métriques en un très court laps de temps, ce qui crée un effet d'accélération, puis de ralentissement, et donne l'impression d'une volonté de maîtriser l'écoulement du temps.

Elle commence sur la même note que celle qui termine la précédente *Bagatelle*, par une introduction lente en canon qui se transforme vite en écriture harmonique dense culminant sur un accord de dominante. Une résolution de cette suspension sous forme de cadence virtuose mène au registre très bas du piano souligné par des accords alternés aux deux mains. Une suspension du temps précède le thème de l'Allegretto (formé de deux brèves-une longue) qui doit être joué *leggiermente*. Ce thème réapparaît après un premier développement, pour être suivi par un nouveau développement qui joue sur l'accélération, à 6/8 « *l'istesso tempo* », avec pédale de tonique et homogénéité rythmique. Une coda reprend l'idée initiale du canon, mais cette fois sur le thème de l'Allegretto.

7. Allegro, ma non troppo, 3/4, *ut* majeur – 27 mes.

Résultat d'un long travail d'esquisses, elle ouvre la seconde partie de cet ensemble de onze. Très virtuose, elle est dominée par la sonorité des trilles (16 mes. sur 27, dont 12 continues) et est de forme très libre. Comme la précédente, elle joue sur l'effet d'accélération. Après une présentation en imitation d'un motif thématique, la suite, écrite également en imitation, doit être *scherzando* jusqu'à l'emportement final.

8. Moderato cantabile, 3/4, *ut* majeur – 20 mes.

Dans la même tonalité que la précédente, en deux parties (chacune répétée), c'est un mélange de différents types d'écriture : polyphonique, harmonique, chromatique, diatonique. Elle doit être jouée *molto ligato*.

9. Vivace moderato, 3/4, *la* mineur – 20 mes.

En contraste avec la précédente, celle-ci est plus emportée. De tonalité mineure, elle ressemble à une valse, en deux parties. Sur le manuscrit, contrairement aux premières éditions, le tempo était précisé : *vivace assai ed un poco sentimentale*.

10. Allegramente, 2/4, *la* majeur – 13 mes. (8 x 2 + 5)

D'une brièveté surprenante, elle se caractérise par la rapidité, accentuée par le staccato de la main droite et le rythme syncopé de la main gauche.

11. Andante, ma non troppo, **C**, *si* bémol majeur – 22 mes.

Après le feu follet qu'est la précédente, cette dernière *Bagatelle* de l'ensemble doit être jouée *Innocentemente e cantabile*. Elle est en deux parties (la première seule étant répétée) et, après un passage *molto cantabile*, elle se termine en style de choral.

SOURCES

Les esquisses sont dispersées : Paris pour les n°s 2 et 4 et la n° 6; Moscou, *Wielhorsky-Skizzenbuch* et Vienne, *Keßlerschen-Skizzenbuch* pour les n° 3 et 5; à Berlin *Skizzenbuch Artaria 195* pour les n°s 7 à 11).

Nottebohme II, chap. XVIII, p. 146/147 : « Die Bagatellen Op. 119 »; p. 155, n° 6 en même temps que le Credo de la *Missa solemnis*; n°s 7 à 11, dans un cahier après les mouvements deux et trois de la *Sonate op. 109*, et avant *Benedictus*, p. 462.

Le manuscrit autographe des n°s 1 à 6 (à Berlin) porte la mention : « *Kleinigkeiten / 1822 / Novemb.* ».

Le premier manuscrit des n°s 7 à 11, peu soigné, faisait partie de l'inventaire après décès; il fut divisé en trois parties après 1858 : n° 7, « I =te » (à New York) porte la mention : « *Kleinigkeiten. Für Hr v. Starke's / Clavicembalum / am 1 =ten Jenner 1821 / von / L.v. Bthwn* »; n° 8, « 2-te », et première partie de la n° 9, « 3-te » (à Bonn); la seconde partie de la n° 9, la n° 10, « 4te », et la n° 11, « 5te » (à Paris).

PUBLICATION

La première édition des n°s 7 à 11 se trouve dans la troisième livraison de la *Wiener Piano-Forte-Schule* de Friedrich Starke, au printemps 1821, avec une préface datée « Wien im Januar 1821 » expliquant que « le terme de « Kleinigkeit » a été utilisé par modestie parle compositeur, mais qu'il s'agit de morceaux d'autant plus instructifs que l'on s'efforce de pénétrer dans l'esprit de la composition » (cité par Nottebohm, II, p. 147).

La première édition de l'ensemble des *Onze Bagatelles* fut assurée à Londres, par Clementi & Co. qui les publia en juin 1823, sans numéro d'opus :

« Trifles / for the / Piano Forte, / Consisting of / Eleven pleasing Pieces, / Composed / in Various Styles, / By / L. Van Beethoven./ London [...] ».

Elles furent ensuite publiées à Paris par Maurice Schlesinger, en décembre 1823 :

« Nouvelles Bagatelles / OU / Collection de Morceaux / Faciles et Agréables / pour Le Piano / PAR / L. Van BEETHOVEN / Œuvre 112. [...] »

Le numéro d'opus a été donné par Maurice Schlesinger qui venait de publier l'*op. 111* (il ignorait que le numéro d'*op. 112* avait été attribué à *Meeresstille und Glückliche Fahrt* publié au printemps 1822) – le numéro d'*op. 119* ne fut attribué qu'en 1851 dans le catalogue de Breitkopf & Härtel.

À Vienne, Sauer et Leidesdorf les publièrent en avril 1824, d'après la version de Londres et de Paris (sans autorisation de Beethoven) :

« NOUVELLES BAGATELLES / FACILES ET AGREABLES / POUR LE / Piano Forte / par / LOUIS VAN BEETHOVEN / Oeuv : 112 [...]. »

En 1826, Diabelli & Co. les publia avec une douzième, transcription pour piano du Lied *An Laura WoO 112*, sans l'autorisation de Beethoven, vraisemblablement.

L'ŒUVRE VUE PAR SES CONTEMPORAINS

La *BAMZ* I, n° 14 du 7 avril 1824, p. 128, publiait un article d'un auteur qui s'étonnait que le « musikalischer Heldenname » compose des « Bagatelles », mais qui, en examinant de plus près ce qui était désigné par le terme de Bagatelle, était émerveillé par la magie de ces petites compositions, dans lesquelles il découvrait autant « d'images vraies de la condition humaine ». La n° 1 en *sol* mineur étant la plainte d'un jeune homme qui a perdu sa bien-aimée, l'Andante (n° 2) était son rêve, la n° 4, Andante cantabile en *la* majeur, représentant la naissance de l'amour dans un cœur, la n° 11, Andante ma non troppo, en *si* bémol majeur, une jeune mère qui se souvient avec une douce tristesse... L'auteur concluait son article en soulignant que ces petites œuvres permettaient de « connaître l'esprit et les aspirations de Beethoven ».

La revue musicale *Cäcilia* I de mai 1824, p. 140-144, publiait un article de A.B. Marx qui admirait la façon dont il pouvait faire ressentir l'infini avec si peu de notes, sans développement, sans forme préexistante. Après avoir noté la référence à Bach et à Beethoven lui-même, et avoir caractérisé chacune des Bagatelles en quelques mots, A.B. Marx mettait en garde les pianistes : ces Bagatelles n'étaient pas du tout faciles, car elles étaient à plusieurs voix et que chacune avait son importance. Il ne fallait donc pas être trompé par le terme de « Bagatelle », car il s'agissait de petits chef-d'œuvres.

Dans sa *Wiener Pianoforte-Schule, dritte Abteilung*, Wien 1821, F. Starke indiquait en note pour les *Bagatelles* 7 à 11 (publiées pour la première fois) que le titre modeste donné par Beethoven cachait la portée pédagogique de ces pièces, qui sont la voie royale pour entrer dans l'esprit du compositeur.

Carl Czerny ne les mentionne pas (contrairement aux op. *33* et *126*) dans « Über den richtigen Vortrag ».

CORRESPONDANCE

Le 18 mai 1822 [4., 1465], Carl Friedrich Peters de Leipzig souhaitait publier des œuvres de Beethoven, « *Sinfonien p. Orchester – Quartetten* u. *Trios für Pianoforte, Solosachen für Pianoforte* (worunter auch kleinere Werke sein könnten) Gesänge für Pianof. &tc. ».

Le 5 juin [4., 1468], il répondait et lui faisait la liste des œuvres disponibles, dont « Bagatelles ou petites choses pour piano seul, honoraires à la demande – *ces œuvres sont toutes achevées.* »

Le 6 juillet [4., 1478], Beethoven indiquait à Peters ses conditions pour les *Bagatelles*, « 8 ducats in Gold », spécifiant que certaines étaient assez longues, qu'il pouvait donc les publier seules, sous un titre allemand, tel « Kleinigkeiten, N° 1 N° 2 *et* / z.B. *einzeln* : Kleinigkeiten / N° 1 / Kleinigkeiten / N° 2 *etc* / wie es ihnen am Besten dünkt. ».

Le 12 juillet [4., 1480], Peters lui demandait les œuvres promises : « *4 Märsche*, die *Lieder* und die *Bagatellen für Pianoforte* », ajoutant qu'il se déciderait au vu des Bagatelles, une par une ou ensemble : il souhaitait que Beethoven lui en envoie plusieurs et lui dise combien il pouvait lui en livrer, pensant toutes les prendre pour éviter que le compositeur ne sollicite un autre éditeur. Peters expliquait qu'il cherchait à plaire aux amateurs, et à élever leur goût, en leur offrant des œuvres jouables et composées par des Maîtres.

Le 3 août 1822 [4., 1487], Beethoven ne s'était pas encore décidé sur le choix des 4 Bagatelles (à 8 ducats chacune) qu'il allait lui expédier avant le 15 août. À la fin de la lettre, il disait qu'il pouvait envoyer à Peters plusieurs « Bagatelles », autant qu'il en avait, ce qu'il ne pouvait dire actuellement. (Il disposait d'un certain nombre d'anciennes œuvres pour piano qu'il n'avait pas terminées, et qu'il revoyait pour en apprécier la valeur en perspective d'une vente éventuelle – car il était dans une situation financière difficile.)

Le 13 septembre [4., 1496], Beethoven assurait Peters qu'il allait recevoir « toutes les Bagatelles », expliquant que la vie à Vienne était si trépidante qu'il n'avait pas encore eu le temps, d'autant plus qu'il avait été malade et que sa santé était encore chancelante.

Le 22 novembre [4., 1512], il écrivait à Peters : « Je peux envoyer un plus grand nombre de Bagatelles que les 4 annoncées, il y en a encore 9 ou 10, si vous m'écrivez immédiatement à ce sujet, je peux vous en envoyer autant que vous le souhaitez parmi d'autres choses »

(En été 1822, Peters avait retenu 4 Bagatelles, 3 Lieder et 4 Marches, pour 360 Gulden, mais Beethoven repoussa sans cesse la livraison de cette commande.)

Le 20 décembre 1822 [4., 1516], il écrivait à Peters, qui s'impatientait, que la copie prenait beaucoup de temps d'autant plus que les *Bagatelles* étaient au nombre de six, déjà pensées ensemble, mais que s'il ne voulait que les quatre prévues, il lui faudrait changer l'ordre, et que s'il ne voulait pas les 4, il devrait faire un autre choix.

Le 27 décembre [4., 1518], Johann, son frère, proposait à Antonio Pacini à Paris «6. Bagatelles pour le Clavecin pour le prix de 15. Louis.» (sans en parler à Beethoven, qui lui avait concédé les droits de propriété sur quelques œuvres en gage d'argent prêté durant l'été 1822).

En décembre toujours [4., 1519], Beethoven proposait à Anton Diabelli, à Vienne, une sixième Bagatelle (6e) en plus des cinq qu'il avait vues. (les nos 1-6 – les cinq premières – ayant été conçues au cours de différentes périodes antérieures, la sixième venant d'être composée).

Le 15 février 1823 [5., 1570], il annonçait à Peters qu'il allait recevoir, entre autres œuvres, «6 Bagatellen» (les nos 1 à 6), lui indiquant le coût des deux supplémentaires. (Beethoven les lui avait fait expédier le 8 février 1823.)

Le 20 février [5., 1575], il lui précisait qu'il pouvait avoir encore d'autres «Kleinigkeiten», mais qu'il devait attendre pour un quatuor.

Le 25 février [5., 1580], il annonçait à Ries à Londres qu'il allait bientôt recevoir les «six bagatelles» qui seront suivies de cinq autres en deux parties. Plus loin, il disait qu'être «obligé de vivre de sa plume» n'était pas une «Kleinigkeit», assurant qu'au printemps 1824, il serait à Londres. (Avant la réponse de Peters, Beethoven chercha donc à vendre ses bagatelles à Londres.)

Le 4 mars [5., 1604], dans une longue lettre, Carl Friedrich Peters, sidéré par ce qu'il avait reçu, lui écrivait qu'il ne prenait pas le risque de publier les «Bagatelles», ajoutant qu'il ne pouvait pas croire qu'elles aient été composées par le «célèbre Beethoven», et expliquant ce qu'il attendait de ce genre de «Kleinigkeit», «des petites choses charmantes», faciles à jouer, dans lesquels l'artiste montrait qu'il était possible d'obtenir des effets malgré la brièveté. Une autre raison de son refus était qu'il ne voulait offrir à ses clients que «des œuvres de Beethoven de très grande valeur»; au vu de l'indigence de ces Bagatelles, qui sont «trop petites», il était persuadé qu'il lui avait envoyé d'anciennes compositions, et il trouvait qu'elles étaient trop faciles à jouer tout en comportant des passages trop difficiles pour les débutants.

Beethoven lui répondit le 17 juillet [5., 1705] qu'il allait écrire des œuvres pour ses clients, faisant remarquer que Peters «ne savait jamais ce qu'il voulait», et lui reprochant son comportement envers lui. Après avoir discuté des avances faites par l'éditeur, il terminait en lui faisant comprendre qu'il n'avait pas un sens musical sûr et que, lui, Beethoven n'avait pas besoin de faire honneur à son nom.

Le 5 mai [5., 1644], il proposait «6 Bagatelles pour le piano» à Antonio Pacini éditeur à Paris (après l'échec des négociations avec Peters).

Le 7 mai [5., 1647], Beethoven proposait à Carl Lissner, éditeur à Saint-Pétersbourg, parmi d'autres œuvres «6 Bagatelles ou Kleinigkeiten pour piano, pour 20 ducats d'or/33 Variations sur un thème fur piano seul, les deux pour 30 ducats d'or».

WoO 61

Klavierstück en *si* mineur

Allegretto, ¢, si *mineur – 27 mes.*

TEMPS DE LA COMPOSITION

Le 18 février 1821, destiné à l'Album de Ferdinand Piringer, membre de la Chancellerie impériale et musicien amateur, qui faisait partie du cercle d'amis de Beethoven.

CONTEXTE BIOGRAPHIQUE

Beethoven a noté cette petite pièce «didactique» sur l'Album de Ferdinand Piringer (1780-1829), un ami avec lequel il avait une très grande complicité culturelle (comme en témoigne sa correspondance «à la Cicéron» émaillée d'expressions latines). Piringer était membre de la Hofkammer, et surtout grand amateur de musique : violoniste, chanteur basse et chef d'orchestre, il avait fondé en 1819, avec Franz Xaver Gebauer (1784-1822), les Concerts spirituels qui, de 1819 à 1822, eurent lieu, pendant la saison, tous les quinze jours le vendredi après-midi de 16 à 18 heures dans la salle du Gasthaus «Zur Mehlgrube» sur le Mehlmarkt. Piringer avait pris l'habitude de demander aux compositeurs avec lesquels il était en relation qu'ils inscrivent un

« autographe » sur son Album, ce que Beethoven accepta donc de faire à une époque où il s'intéressait de plus en plus à l'écriture de Bach.

PRÉSENTATION DE L'ŒUVRE

Cette petite pièce ressemble à un exercice dans lequel trois types d'écriture se succèdent : contrapuntique, polyphonique et harmonique, dans une structure formelle proche du Scherzo avec Trio. La première partie, en *si* mineur, est constituée de trois sections (les deux premières répétées), la première reposant sur un motif de marche énoncé à la main gauche et repris en imitation à la main droite ; la seconde combinant trois voix dont une en rythme syncopé ; la troisième étant une sorte d'extension de la première dans le style d'une invention de Bach. Le Trio est en *si* majeur, en écriture harmonique.

SOURCES

Le manuscrit autographe (à Vienne) porte la mention : « Allegretto von Ludwig van Beethoven am 18ten Februar 1821 ».

PUBLICATION

Pour la première fois en 1893 dans la revue dirigée par Adolf Robitschek, *Deutscher Kunst – und Musikzeitung*, du 15 mars 1893 (n° 6) et cité par Frimmel.

WoO 182

O Tobias ! Dominus Haslinger ! o ! o !

Canon à trois voix
2/4, si *bémol majeur – 14 mes.*

TEMPS DE LA COMPOSITION

À Baden en septembre 1821, inscrit dans une lettre adressée à Tobias Haslinger et datée du « am 10ten *Septemb. 1821* ».

CONTEXTE BIOGRAPHIQUE

Beethoven avait des relations amicales, égayées par un goût partagé pour les plaisanteries, avec Tobias Haslinger, éditeur qui travaillait avec S.A. Steiner : il se plaisait en particulier à émailler les lettres qu'il lui adressait de jeu de mots, d'allusions et d'associations d'idées. C'est dans cet esprit qu'il lui envoya ce *Canon à trois voix* noté intégralement dans une lettre où il lui racontait qu'en voiture pour Vienne il s'était endormi, parce qu'à Baden il se levait trop tôt, manquait donc de sommeil, et qu'il rêva qu'il voyageait très loin, en Syrie, en Inde, en Arabie, se retrouvant finalement à Jérusalem la ville sainte, ce qui lui fit penser aux livres saints et à Tobie. Pendant son rêve, un Canon lui était venu à l'esprit (« ziemlich lebhaft » avec l'indication au-dessus de la portée et des notes inscrites en clé de *fa* « fermé dans l'octave supérieure »), mais alors qu'il l'avait oublié à son réveil, le Canon lui était revenu en mémoire le lendemain en faisant la route en sens inverse. Ce détour par le récit et par le Canon au contenu obsédant témoigne de la nécessité de mettre à distance l'insistance de Haslinger tout en lui montrant qu'il ne fait que penser à lui – il s'agit sans doute d'une allusion à des dettes non encore honorées.

PRÉSENTATION DE L'ŒUVRE

Beethoven a noté en tête de la transcription manuscrite du *Canon* : « ouvert par <la> une 3e voix », une voix de Ténor, donc avant les deux voix de basse.

L'essentiel consiste dans la répétition du nom de « Tobias », jusqu'à saturation, d'abord sur un rythme de quatre croches, puis sur des rythmes différents combinés par les trois voix.

SOURCES

Des esquisses (à Berlin, *Skizzenbuch Artaria*, et à Paris, dans un carnet d'esquisse) prouvent que ce Canon n'est pas le résultat d'une idée spontanée. Ces esquisses se trouvent parmi celles de *Missa solemnis.*

L'autographe de la lettre à Tobias Haslinger se trouve à Bonn. Celui de la lettre à Ferdinand Piringer, à Vienne.

DESTINATAIRE

Tobias Haslinger (1787-1842), compositeur et éditeur de musique dirigea la maison d'édition Steiner en 1813 puis s'associa avec lui en 1815 : « S.A. Steiner & Comp. ». Après la dissolution de leur association en 1826, il créa, le 10 juillet, sa propre maison d'édition.

CORRESPONDANCE

Le 10 septembre 1821 [4., 1439], Beethoven envoyait à Tobias Haslinger ce Canon inscrit sur trois portées.

Le 6 novembre [4., 1444], il notait à nouveau ce Canon (sur une portée, avec l'indication « Kanon in der Oberoctave ») dans une lettre à Ferdinand Piringer, évoquant ainsi Tobias Haslinger auquel Piringer devait renvoyer sous enveloppe cachetée ce que Beethoven lui demandait d'examiner (pour constater qu'il n'avait rien reçu depuis 8 mois [sans doute du prince Kinsky]).

Opus 110
Sonate pour piano en la *bémol majeur*

Moderato cantabile molto espressivo, 3/4, la *bémol majeur – 116 mes.*
Allegro molto, 2/4, fa *mineur – 158 mes.*
Adagio ma non troppo, **C**, si *bémol mineur / (mes. 8) Klagender Gesang Arioso dolente, 12/16,* la *bémol mineur / (mes. 26) Fuga. Allegro ma non troppo, 6/8,* la *bémol majeur – 212 mes.*

Temps de la composition

Prévue en 1820, commencée à la fin de l'été 1821 quand Beethoven fut rétabli de sa jaunisse, l'autographe porte la date du 25 décembre 1821. Au printemps de l'année suivante, il révisa le dernier mouvement et procéda à des ajouts dans le Trio de l'Allegro molto.

Il travailla à cette Sonate tout en pensant à celle *op. 111*, et à la *Missa solemnis*.

Contexte biographique

Conçue comme deuxième Sonate d'un ensemble de trois, cette œuvre fut envisagée en avril 1820, alors que Beethoven avait commencé les *Variations Diabelli* et qu'il travaillait à la *Missa solemnis*. S'il composa la première, l'*Op. 109*, en 1820 comme prévu, la jaunisse qu'il eut durant l'été 1821, et sans doute l'investissement émotionnel que demandait cette œuvre, retardèrent la composition des deux autres Sonates : il comptait pourtant avoir terminé l'ensemble en juillet 1820 ! Ce délai si court, qu'il croyait peut-être sincèrement pouvoir respecter, était d'abord destiné à rassurer son nouvel éditeur, et à conserver « le marché ». Mais il montre également qu'une fois de plus Beethoven ne mesurait pas l'immensité de la tâche… ce dont témoignent les diverses sources manuscrites, en particulier pour le Finale – ou pour le Trio de l'Allegro molto, exemple de ces idées nouvelles engendrées par le travail d'élaboration lui-même.

Absorbé par le travail de composition qui ne cessait de l'entraîner dans des directions (à connotations autobiographiques) qu'il ne soupçonnait pas, Beethoven ne prit pas le temps de se décider pour spécifier le nom d'un dédicataire à l'éditeur : vu l'originalité de cette nouvelle *Sonate* et le contexte de son édition (dans plusieurs lieux à la fois), il savait qu'il devait faire le choix le plus judicieux pour la diffusion de l'œuvre – il laissa d'ailleurs dans un premier temps le choix du dédicataire de la troisième Sonate à l'éditeur, et prétendit pour la deuxième, parue sans dédicataire, qu'il avait pensé à une personne appartenant à ses relations personnelles, ne précisant que plus tard qu'il s'agissait d'Antonie Brentano. Ses hésitations témoignent certes des subtilités de sa politique éditoriale plus que de la versatilité de ses intentions, le dédicataire de cette Sonate « autobiographique » de portée universelle ne pouvant être que lui-même, ou l'humanité dans son ensemble (« Insensé qui crois que je ne suis pas toi ! » disait Victor Hugo, signifiant que « Quand je parle de moi, je vous parle de vous »). Le choix ultérieur d'Antonie Brentano n'apparaissant que comme une justification a posteriori (sa fille ayant reçu la première), qui masque la raison véritable de l'absence de dédicace.

Ainsi, conçues comme « une œuvre », ces trois *Sonates* développent chacune une idée concernant la condition humaine : la première, l'*op. 109*, exprime le « consentement à la vie » de celui qui aspire à vivre pleinement l'instant ; la deuxième, l'*Op. 110*, met en scène le « drame intérieur » de toute conscience humaine et le triomphe de la volonté de vie qui se manifeste dans la création ; quant à la troisième, l'*Op. 111*, elle élève l'esprit et le cœur de l'auditeur en lui faisant éprouver réellement l'éternité dans l'instant.

Présentation de l'œuvre

Cette *Sonate* se caractérise, comme la *Sonate op. 101* (écrite en 1816) par la tension entre le cantabile et la concentration de l'écriture fuguée, la partie désignée Arioso dolente du Finale, ainsi que les indications de Beethoven inscrivant cette œuvre dans le registre de l'opéra : un drame s'y joue dont la dimension universelle, loin de la narration, ne procède à travers l'écriture que de tensions, d'oppositions, de références implicites, d'évocations, de transformations du même, d'accélérations, d'évanouissements de chants ou de pure énergie, pour mettre en valeur l'intervention d'une volonté à l'origine d'un moment (et d'un monde) créé par et pour l'homme.

I. Le premier mouvement, Moderato cantabile molto espressivo, est de forme sonate avec des groupes thématiques qui s'engendrent les uns les autres.

Le groupe thématique présenté de manière homorythmique dans un faible ambitus doit être joué *piano con amabilità (sanft)*; il est repris, varié cette fois, à la main droite dans un ambitus plus large et soutenu par des accords denses et réguliers à la main gauche. Une longue section d'arpèges brisés parcourant tous les registres du piano, à jouer *piano leggiermente*, mène au second ensemble thématique exposé dans un registre aigu, en rythme pointé (ce qui produit en effet de ralentissement), à jouer *piano molto legato* et caractérisé par l'écartèlement des registres. Deux mesures d'accords tenus mènent à un court développement du motif initial, puis à une réexposition, interprétation de l'exposition. Une Coda reprend la section qui servait de transition entre les deux thèmes et se termine sur une transformation du motif initial.

II. Le second mouvement, Allegro molto, en *fa* mineur, a la forme et le caractère d'un Scherzo sans en être un, étant à deux temps, mais possédant un Trio en *ré* bémol majeur d'une grande fluidité. Une Coda (indiquée par Beethoven) faite de longs accords *sforzando* successifs s'arrête sur un accord de *fa* majeur qui semble plus une suspension qu'une conclusion.

III. Le troisième et dernier mouvement a une structure complexe : il commence Adagio ma non troppo en *si* bémol mineur, avant que n'émerge un Recitativo, précédant un Klagender Gesang / Arioso dolente, réponse à la suspension émotionnelle produite par la longue répétition de mêmes notes. Le passage «plaintif» laisse place à une Fugue, Allegro ma non troppo. Le sujet de la Fugue à 6/8 est constitué d'une courte ligne diatonique ascendante faite d'une succession régulière de quartes (*la-ré, si-mi, do-fa*). La Fugue est interrompue par un passage comportant ces indications : «L'istesso tempo di Arioso» à 12/16, «Ermattet, klagend / Perdendo le forze, dolente» en *sol* mineur; après l'étiolement sonore, la Fugue inversée revient, en *sol* majeur, «L'inversione della Fuga. Die Umkehrung der Fuge», note Beethoven avec l'indication : «L'istesso tempo della Fuga poi a poi di nuovo vivente / Nach und nach wieder auflebend», «sempre una corda». Après avoir retrouvé «poi a poi tutte le corde» un passage «Meno Allegro. Etwas langsamer», «poi a poi più moto / nach und nach immer geschwinder», introduit la reprise finale de la Fugue, déploiement sonore d'une grande énergie.

Ce mouvement se termine par l'arpège ascendant de *la* bémol majeur sur cinq octaves.

SOURCES

Les esquisses dispersées à Berlin, Bonn, Paris, Vienne (Nottebohm II, 465-468), se mêlent à celles pour l'Agnus Dei, le Dona nobis pacem, et quelques endroits du Credo de la *Missa solemnis*, et aux premières esquisses de l'*Op. 111*.

Le manuscrit autographe (à Berlin)[1] trouvé dans les papiers de Beethoven après sa mort (le Nachlass) comprend également des esquisses et des corrections pour le Finale; il porte sur la page de titre la mention suivante :

(à gauche) : «Sonate / von L. van Beethoven» – (à droite) «am 25ten decemb. / 1821 ».

Un manuscrit lisible du dernier mouvement, Adagio et Fugue, correspondant à la révision du printemps 1822, ne comprend aucune mention de titre ni d'auteur (à Bonn).

Il existe une copie portant une mention inscrite par Beethoven : «Sonate für das Hammerklavier von Ludwig van Beethoven» (à Vienne, GdM).

PUBLICATION

L'édition originale fut assurée en juillet 1822 par Schlesinger à Paris et à Berlin, et diffusée par S. A Steiner, Artaria et Cie, Mechetti, Cappi et Diabelli à Vienne, par Boosy et C. Chappel et C., Muzio Clementi et C. à Londres :

«SONATE / pour le Piano Forté / COMPOSEE / Par / LOUIS DE BEETHOVEN / Propriété des Éditeurs / Œuvre 110. […]»

1. Édité en fac-similé par Karl Michael Komma, *Die Klaviersonate As-Dur opus 110, Beiheft zur Faksimile-Ausgabe*, Ichthys Verlag Stuttgart.

En septembre 1822, une « édition correcte » (Correcte Ausgabe) parut chez Cappi & Diabelli à Vienne.

Clementi & Co la publia à Londres en juillet 1823.

L'ŒUVRE VUE PAR SES CONTEMPORAINS

L'*AMZ* XXVI, n° 14 du 1er avril 1824 (col. 213-225), analysait, de façon assez détaillée, les trois dernières Sonates publiées. L'auteur de l'article présentait l'*op. 110* comme remarquable, très mélodique et avec de grandes beautés harmoniques. Il signalait que Beethoven donnait des indications de jeu, que le premier mouvement était plein de grâce, l'Allegro molto et son Trio très dynamiques et décidés, et le Finale une véritable scène dramatique.

La *BAMZ* I, 1824, p. 87-90, publiait un article élogieux d'Adolf Bernhard Marx (avec exemples musicaux pour le dernier mouvement), mettant en relation la solitude de Beethoven avec sa volonté de lutter contre l'adversité. La plainte du solitaire s'exprimait dans le premier mouvement, tandis que le « sauvage » Allegro sur un thème de Volkslied semblait signifier que rien ne pouvait l'abattre, qu'il livrait son cœur dans le sublime Finale.

Carl Czerny indiquait que le premier mouvement était plein de sentiment et qu'il devait être joué « cantabile » et expressif, les passages légers sans brillant (il donnait les doigtés de la mes. 12), les basses de la seconde partie devant être bien marquées avec le chant à droite ; que le deuxième mouvement était très rapide, puissant et humoristique, mais grave, le Trio, doux, coulant et avec pédale ; et que le Récitatif du dernier mouvement devait avoir un aspect dramatique juste, et que dans la Fugue, le tempo s'accélérait jusqu'à une fin brillante.

CORRESPONDANCE

Le 30 avril 1820 [4., 1388], Beethoven proposait de nouvelles sonates pour piano à l'éditeur de Berlin, Adolph Martin Schlesinger. Celui-ci acceptait le 20 mai [4., 1391] à moindre coût (30 au lieu de 40 ducats chacune), ce qu'il avalisait le 31 mai [4., 1393] puisque l'éditeur achetait aussi les *Lieder écossais* (*op. 108*). Beethoven spécifiait qu'il enverrait bientôt la première *Sonate* (*op. 109*), et les deux autres vers la fin juillet 1820 seulement (elles ne seront commencées qu'à la fin de l'été 1821), ce qu'il confirmait le 28 juin 1820 [4., 1397] en expliquant à Schlesinger sa façon de procéder pour l'envoi des manuscrits.

Le 20 septembre [4., 1410], Beethoven annonçait à A.M. Schlesinger qu'il allait lui envoyer très vite la première sonate et qu'il travaillait « sans répit, sans retard » aux deux autres (qui ne furent commencées que près d'un an plus tard).

Le 7 mars 1821 [4., 1428], il indiquait à A.M. Schlesinger le titre de l'*Op. 109* et assurait que les deux autres sonates allaient bientôt suivre, ce qu'il répétait le 7 juin de Döbling, [4., 1431], ajoutant que sa santé était encore chancelante (signe avant-coureur d'une jaunisse qui fut diagnostiquée en juillet, comme Beethoven le signalait à l'archiduc Rodolphe le 18 de ce mois-là [4., 1436]).

Le 27 septembre [4., 1441], Beethoven attendait les honoraires de A.M. Schlesinger pour les *Sonates op. 110* et *111* (qu'il commençait tout juste), que l'éditeur lui réclamait le 13 octobre [4., 1442], ainsi qu'une copie et le manuscrit autographe, ce qu'il refusa par prudence, pour qu'en cas d'accident de transport l'œuvre ne soit pas entièrement perdue [4., 1446, 13 novembre 1821].

Le 12 décembre [4., 1450], il assurait A.M. Schlesinger qu'il allait bientôt recevoir les Sonates (le manuscrit de l'*Op. 110* porte la date du 25 décembre 1821, celui de l'*Op. 111*, du 13 janvier 1822).

Le 20 février 1822 [4., 1458], Beethoven lui écrivait qu'il devait avoir reçu la « 2te Sonate » (*op. 110*) et qu'il recevrait la « 3te » (*Op. 111*) dans quelques jours (il envoya une copie).

Le 1er mai [4., 1462], Beethoven lui annonçait qu'il recevrait bientôt le titre de propriété pour la « 3 Sonatc », ajoutant qu'en ce qui concernait la « 2 *Sonate* » il lui enverrait prochainement le nom du dédicataire, et pour la troisième, il lui laissait le choix. L'*Op. 110* a été publiée en juillet 1822 par Schlesinger sans nom de dédicataire, ainsi que par Clementi à Londres en juillet 1823 – il pensait à Antonie Brentano d'après la lettre [5., 1592] ; quant à l'*op. 111*, Beethoven la dédia finalement à l'archiduc Rodolphe [4., 1491], l'édition de Schlesinger d'avril 1823 porte cette mention, tandis que l'édition de Clementi à Londres, en avril 1823 également, est dédiée à Antonie Brentano.

Le 2 juillet [4., 1474], A.M. Schlesinger demandait à Beethoven s'il voulait dédier la « 2e Sonate » à quelqu'un, et le remerciait de lui laisser le choix du dédicataire pour la « 3e Sonate ».

Le 3 juillet [4., 1476], Maurice Schlesinger écrivait à Beethoven de Paris, lui disant qu'il se réjouissait que son père publie ses œuvres à Berlin, et l'informant qu'il s'était établi à Paris, où la « 2e Sonate » était prête à paraître. Il demandait des précisions sur le nombre des mouvements avant de graver la « 3e Sonate » qu'il venait de recevoir. Il voulait aussi qu'il lui donne les indications métronomiques pour les trois Sonates (ce qu'il ne fit pas).

Le 6 juillet [4., 1479], Beethoven signalait à Ries qu'il avait écrit deux nouvelles « Klawier *Solo Sonaten* » qui n'étaient pas trop difficiles, lui précisant leur prix.

Le 31 août [4., 1491], il répondait à Maurice Schlesinger à Paris que le dédicataire de la « *Sonate* in *c.* » était l'archiduc Rodolphe (ce qu'il présentait comme déjà annoncé, alors qu'une lettre du 1er juillet 1823 [5., 1685] parlait d'une surprise). Il s'étonnait que le nom du dédicataire de la « *Sonate* in *As* » qui « devait être dédiée à quelqu'un parmi mes relations » ne figure ni sur l'édition de Berlin, ni sur celle de Paris.

Certainement en février 1823 [5., 1592], Beethoven voulait écrire à Ries (il s'agit d'un fragment de brouillon) : « La dédicace des deux Sonates en *la* bémol et *ut* mineur est à Frau *Brentano* née Edle von *Birkenstock* ». Il lui avait déjà envoyé les *Sonates op. 110* et *111* au début de l'année 1823 [5., 1580, 25 février 1823], s'inquiétant de savoir s'il les avait reçues le 22 mars 1823 [5., 1617] et donnant des conseils de diffusion, le 25 avril 1823 [5., 1636]).

Opus 111

Sonate pour piano en ut mineur

Maestoso, **C**, ut *mineur / (mes. 17) Allegro con brio ed appassionato,* **C**, ut *mineur – 158 mes. Arietta. Adagio molto semplice e cantabile, 9/16,* ut *majeur – 177 mes.*

TEMPS DE LA COMPOSITION

Prévue en avril 1820 comme troisième d'un ensemble de trois Sonates, elle ne fut commencée qu'en automne 1821 et achevée début 1822, en même temps que la *Sonate op. 110*. Elle fut mise au propre durant les premiers mois de 1822, et envoyée à l'éditeur au printemps (et une nouvelle version du dernier mouvement en avril).

CONTEXTE BIOGRAPHIQUE

Voir les *Sonates op. 109* et *110*.

Celle-ci a donc été composée comme la troisième et dernière d'un ensemble de trois, écrites avant que les *Variations Diabelli* ne soient terminées, et en même temps que la *Missa solemnis*.

Les éditeurs ont été si déroutés par la nouveauté de la forme et de l'écriture qu'ils pensèrent qu'un Allegro final avait été perdu, ou n'avait pas été livré. Maurice Schlesinger, de Paris, s'était chargé de l'édition originale et publia la *Sonate* avec tant d'erreurs que Beethoven fit établir une nouvelle gravure à Vienne.

Soucieux de sa politique éditoriale, il laissa d'abord à son nouvel éditeur le choix du dédicataire, avant d'imposer, le 31 août 1822, un nom, qui pouvait lui valoir à Vienne des avantages : l'archiduc Rodolphe, son mécène et son élève. Le compositeur ne se souvenait plus de ce choix en février 1823, et il écrivait à son éditeur que la *Sonate op. 111* était dédiée à Antonie Brentano... nom qui figurera sur l'édition de Londres en avril 1823. Celle-ci était la mère de Maximiliane, jeune fille à laquelle la première *Sonate* de l'ensemble, l'*op. 109*, avait été dédiée (la deuxième devant déjà être dédiée à Antonie). L'association de la fille et de la mère manifeste la cohérence de l'intention de Beethoven : cet ensemble de trois Sonates correspondait à l'esprit qui sous-tendait son amitié avec la famille. Et c'est au même moment qu'il dédiera aussi les *Variations Diabelli op. 120* à Antonie Brentano, cette femme qui comprenait si profondément sa musique (cf. *Opus 83*).

PRÉSENTATION DE L'ŒUVRE

Comme pour les deux premières *Sonates op. 109* et *110*, le centre de gravité de l'œuvre se situe dans le Finale, l'écriture fuguée se trouve à une place inhabituelle, les sonorités du piano couvrent tous ses registres et le jeu avec le temps y est tout aussi essentiel (par retard, accélération, suspension, durée infinie). Et, comme l'*op. 109*, cette *Sonate* se termine par un mouvement à variations, de caractère différent, tendant vers l'extase obtenue après un long et authentique recueillement.

La dénomination des mouvements – Maestoso, Allegro con brio ed appassionato, Arietta – inscrit encore cette *Sonate op. 111* (comme la précédente, *op. 110*) dans le registre de l'opéra et du drame : Beethoven transpose dans la musique instrumentale, pour instrument solo, l'univers multiple de l'opéra qui comprend orchestre, chanteurs, mise en scène, en jouant avec les registres, les intensités, les sonorités créées par l'écriture, la maîtrise et le contrôle du déroulement du temps.

I. Le premier mouvement commence par un Maestoso, en *ut* mineur, solennel par ses rythmes doublement pointés et ses accords tendus (de septième diminuée dans ses différentes positions), et énigmatique par ses accords répétés, ses dissonances, qui aboutissent à un tremolo dans le registre très grave du piano (préfiguration de l'Arietta). Ce moment caractérisé par la tension douloureuse introduit un Allegro con brio ed appassionato, drame qui s'inscrit dans le cadre d'une forme sonate réinterprétée, tant pour son matériau que pour son traitement.

Le premier thème se caractérise par sa sonorité produite par un unisson (pendant onze mesures) et par une harmonie tendue dans un temps qui semble suspendu – après cette première présentation le motif initial sert de sujet à un fugato décidé. Le deuxième thème se caractérise par sa retenue, son lyrisme, son registre aigu et ses modifications de tempo : *meno allegro*, *ritardando*, *Adagio*, puis *Tempo I* qui accompagne une descente rapide et unisson d'un arpège de septième diminuée suivi d'une montée également rapide unisson *non legato* menant au groupe terminal de l'exposition, marche en contrepoint sur le motif initial. Après une reprise, le développement fugué mène à une réexposition variée annoncée par la réapparition du motif initial à l'unisson (trois mesures) – le recours à l'unisson revient à plusieurs reprises avec écart entre les registres, et le second thème lyrique est en *ut* majeur (tonalité de l'Arietta). La Coda, annoncée par des accords tendus, se conclue dans la tonalité d'*ut* majeur.

II. Le second mouvement porte une dénomination qui l'apparente à l'opéra, tout en faisant implicitement référence à Bach, à l'Aria des *Variations Goldberg*. Le Thème, sorte d'hymne en écriture de choral incitant au recueillement, Adagio molto semplice e cantabile à 9/16, est constitué de deux fois huit mesures reprises. Suivent quatre variations qui, toujours dans le même tempo, se caractérisent par le processus ancien de la diminution rythmique, ce qui crée une accélération du mouvement par augmentation du nombre de notes par temps jusqu'à la pure vibration sonore produite par les trilles (soit 3 croches pointées par mesure = 9 doubles croches = 12 triples croches pour 6/16 = 24 quadruples croches pour 12/32 = 27 quadruples croches à 9/16). Ces Variations, qui s'engendrent les unes les autres, culminent sur une cinquième, synthèse des précédentes, relayée par une Coda.

La 1re variation, toujours à 9/16, caractérisée par trois doubles croches par temps, avec syncopes, doit être jouée *sempre ligato*.

La 2e, *L'istesso tempo* mais à 6/16, dolce, repose sur un rythme irrégulier, balancé (double croche-triple croche).

La 3e, *L'istesso tempo*, mais à 12/32, a toujours un rythme irrégulier (triple croche-quadruple croche), mais un mouvement plus rapide sur des arpèges en mouvements contraires, et des accents *sf*.

La 4e retrouve le 9/16, et un rythme régulier de tremolo lent (9 triples croches par temps), suivi d'arabesques proches d'un mouvement perpétuel – comme si la musique ouvrait sur l'univers céleste lumineux et immobile.

La 5e est une reprise variée de l'ensemble, dans une texture qui crée un effet de suspension du temps, avec trois plans sonores superposés : le thème, en valeurs longues, est repris encadré par des trilles, puis une pédale de *si* bémol assure la modulation vers *mi* bémol majeur. Le thème est ensuite repris en *ut* majeur sur accompagnement dense et régulier, avec toujours trois plans sonores.

La Coda, qui débute par des trilles en suspension harmonique, se poursuit en associant des lignes de trilles aigus et des lignes de tremolo, le thème se situant entre les deux ou au-dessus. Après l'évanouissement des trilles, une longue descente de la gamme d'*ut* majeur sur trois octaves amène la dernière évocation du thème et les derniers accords *pianissimo*.

Sources

Les esquisses dispersées entre Berlin, Paris et Vienne sont mêlées à celles de l'*Op. 110*, et à celles de l'Agnus Dei de la *Missa solemnis* (Nottebohm, II, 468-471; et dans «Ein Skizzenbuch» 1860, il suggéra l'idée que le thème de la fugue du premier mouvement daterait de 1801-1802, pensé pour la *Sonate piano-violon op. 30 n° 1*).

Le manuscrit autographe du premier mouvement (à Bonn) comportant beaucoup de modifications effectuées entre mars et juillet 1822, ne porte ni titre ni nom d'auteur, mais la date : «*am 13ten Jenner 1822*».

Le manuscrit autographe de toute la *Sonate* (à Berlin) ne porte ni titre ni mention d'auteur, seulement la date : «*am 13ten jenner 1822*», et sur la première page dans la marge droite est inscrit deux fois «Ludwig / Ludwig».

La liste des corrections envoyées par Beethoven à l'éditeur (à Bonn).

Une copie (à Bonn), qui a été établie par le «Copiste B» au printemps 1822, comprend beaucoup de corrections de la main de Beethoven, a servi à la gravure parce qu'il n'en a pas envoyé d'autre, contrairement à son intention (4., 1460).

Publication

L'édition originale fut assurée à Paris par Maurice Schlesinger, avril/mai 1823 :

«SONATE / pour le Piano Forte / Composée & très respectuesement [*sic*] Dediée / à Son Altesse Impériale Monseigneur / l'Archiduc RODOLPHE d'Autriche / Cardinal Prince Archevêque d'Olmütz &c &c / PAR / LOUIS DE BEETHOVEN / Œuv. 111 […]»

Le nom des autres éditeurs «diffuseurs» figurent : A.M. Schlesinger à Berlin, S.A. Steiner et Cie, Artaria et Cie, Sauer et Leidesdorf à Vienne, Boosey et Cie, Chappel et Cie, Muzio Clementi et Comp. à Londres.

Il y avait tant de fautes, malgré deux corrections d'épreuves, qu'une nouvelle gravure fut nécessaire.

L'édition de Londres publiée par Clementi en avril 1823, indique que la *Sonate* est dédiée «à Madame Antonia Brentano».

En juin 1823, Cappi et Diabelli publièrent à Vienne une édition corrigée par Beethoven à partir de l'édition de Schlesinger à Paris.

Dédicataire

Si Beethoven laissa d'abord le choix à l'éditeur, il finit par dédier l'œuvre à l'archiduc Rodolphe (auquel il avait déjà dédié un grand nombre d'œuvres) pour l'édition allemande – l'édition à Londres étant dédiée à Antonie Brentano (à laquelle il dédia les *Variations Diabelli*).

L'œuvre vue par ses contemporains

L'*AMZ* XXVI, n° 14 du 1er avril 1824, publiait un article sur l'ensemble des trois *Sonates* (*op. 109*, *op. 110* et *op. 111*). L'auteur de l'article présentait la *Sonate op. 111* comme un «hautement merveilleux chef-d'œuvre», et analysait chacun des deux mouvements, caractérisant le premier d'«imposant» – ouvert par un Maestoso qui s'élève de la basse par des accords diminués, suivi d'un Allegro dont le thème n'est constitué que de trois notes et dont le déroulement possède une certaine sauvagerie; quant au second mouvement, il était absolument remarquable.

L'*Harmonicon* Jg. 1, 1823, p. 112/113, analysait cette *Sonate* de deux mouvements, remarquable mais difficile à jouer.

La *Zeitung für Theater und Musik* Jg. 3, 1823 p. 93/94, présentait cette *Sonate* comme très originale dans sa forme, débordante d'idées et de modulations étonnantes. L'auteur de l'article en faisait une courte analyse.

La *BAMZ* Jg. 1 1824, p. 95-99, publiait un article de Adolf Bernhard Marx en forme de lettre d'un correspondant cherchant à trouver le sens de cette *Sonate*.

Carl Czerny indiquait que la premier mouvement devait être joué avec «force, bravoure et sentiment», comme l'exigeaient le «caractère tragique» et «les difficultés des Passages», et que le thème du second mouvement devait être chantant et *legatissimo*, les Variations avec une augmentation croissante, les dernières étant particulièrement difficiles.

Correspondance

Voir aussi *Opus 110*.

Le 9 avril 1822 [4., 1460], Beethoven annonçait à A.M. Schlesinger l'envoi de la nouvelle version du dernier mouvement de la 3e Sonate en lui demandant d'en accuser réception et de détruire la première copie. L'éditeur ne semble pas avoir reçu cette nouvelle copie

Le 2 juillet [4., 1474], A.M. Schlesinger écrivait à Beethoven que les *Sonates* (*op. 110* et *111*) seraient gravées à Paris. Il le remerciait pour la dédicace dont il pouvait disposer.

Le 3 juillet [4., 1476], Maurice Schlesinger écrivait qu'il se réjouissait que son père publie les œuvres de Beethoven à Berlin et l'informant qu'il s'était établi à Paris, où la «2e Sonate» était prête à paraître. Il demandait des précisions avant de graver la «3e» qu'il venait de recevoir : n'avait-il écrit qu'un Maestoso et un Andante? Un Allegro n'aurait-il pas été oublié par le copiste?

Le 13 juillet [4., 1481], A. M. Schlesinger de Berlin demandait à Beethoven si la *Sonate* dont le deuxième mouvement porte l'indication «*Arietta. adagio molto semplice et molto cantabile*» ne comprenait pas un troisième mouvement final. Il lui demandait également à qui il voulait la dédier.

Lc 31 août [4., 1491], il répondait à Maurice Schlesinger de Paris que le dédicataire de la «*Sonate* en *ut*» était l'archiduc Rodolphe (ce qu'il présentait comme déjà annoncé, alors qu'une lettre du 1er juillet 1823 [5., 1685] parlait d'une surprise). Il espérait que des épreuves à corriger lui seraient envoyées, car il trouvait très désagréable que ses œuvres paraissent pleines de fautes.

Le 25 février 1823 [5., 1580], il demandait à Ries à Londres, entre autres choses, s'il avait bien reçu les deux *Sonates* (*op. 110 et 111*) et s'il pouvait trouver un éditeur. (Ries décida Clementi qui publia l'*op. 111* en avril 1823, et l'*op. 110* juillet 1823.)

Le 6 mai 1823 [5., 1645], Beethoven chargeait Lous Schlösser qui se rendait à Paris de demander à Schlesinger pourquoi il n'avait pas encore reçu d'exemplaires de la sonate en «*ut* mineur».

Fin mai/ début juin de la même année [5., 1661], Beethoven écrivait à Anton Diabelli, qui avait accepté d'assurer une nouvelle gravure (sans fautes) de la *Sonate op. 111* à Vienne, qu'il devait utiliser un exemplaire de l'édition Schlesinger de Paris et qu'il fallait lui faire corriger les épreuves. Quelques jours plus tard [5., 1668], il lui demandait de lui renvoyer l'exemplaire de l'édition de Paris dès que les corrections seraient effectuées, pour qu'il y «ajoute les indications métronomiques». (Beethoven ne donna pas ces indications.)

Autour du 3 juin [5., 1666], il envoyait à Schlemmer la liste des fautes à corriger sur l'édition parisienne de Schlesinger. Le 3 juin [5., 1667], il envoyait une liste de corrections à Maurice Schlesinger à Paris, et lui signalait qu'on écrivait respectu «– eusement» et non «-esment» et qu'il ne s'appelait pas «De» mais «Van Beethoven».

Le 27 juin [5., 1682], Beethoven faisait envoyer à l'archiduc Rodolphe un exemplaire de la *Sonate* qui lui était dédiée, dans l'édition Cappi et Diabelli, sur du beau papier.

Fin juin [5., 1683], il demandait à Anton Diabelli de revoir les épreuves de la *Sonate*, gravée par un graveur insuffisamment musicien, et lui proposait son manuscrit pour vérifier. Enfin, il voulait six exemplaires au moment de la parution de la *Sonate*.

Le 1er juillet [5., 1686], Beethoven remerciait l'archiduc Rodolphe d'avoir accusé réception de la «*Sonate* en *ut* mineur», qui avait semblé lui faire plaisir – la dédicace l'ayant certainement heureusement surpris.

WoO 34
Kleines Stück pour deux violons en *la* majeur

(Sans indication de tempo), **C**, la *majeur – 7 mes.*

TEMPS DE LA COMPOSITION

Avril 1822, lors de la visite du violoniste français Alexandre Boucher.

CONTEXTE BIOGRAPHIQUE

Alors qu'il était en train de composer plusieurs grandes œuvres, Beethoven accepta de recevoir le célèbre violoniste Alexandre Boucher (1778-1861) (qui ressemblait de manière frappante à Napoléon Ier) qui était muni d'une lettre de recommandation de Goethe (d'après le récit fait par Boucher aux parents de Felix Mendelssohn).

PRÉSENTATION DE L'ŒUVRE

Il s'agit d'une courte phrase en imitation : le second violon rentre une mesure après le premier sur le même trait rapide.

SOURCES

L'autographe, sur une feuille arrachée d'un album, se trouve à Paris; il porte la dédicace et la mention suivantes : «Écrit le 29tième Avril 1822, comme Monsieur Boucher grand Violon me faisait l'honneur de me faire une Visite. – louis van Beethoven.»

PUBLICATION

Publié par Frimmel dans sa biographie de Beethoven et aussi *Beethovenstudien* II, 79.

Opus 121b
Opferlied

Lied pour soliste, chœur et orchestre (ou accompagnement de piano)
Mit innigem, andächtigem Gefühl, in ziemlich langsamer Bewegung (Avec sentiment très intérieur et recueillement, dans un mouvement assez lent), **C**, mi *majeur – 74 mes.*

Temps de la composition

Après trois versions (non publiées) pour voix et piano composées entre 1794-1795 et 1801, Beethoven composa en 1822 une 4e version pour trois solistes et chœur accompagnés par un ensemble instrumental comprcnant deux clarinettes, cor, alto et violoncelle, et, en automne 1824, une 5e version pour soprano, chœur et orchestre, qu'il proposa à B. Schott's Söhne en novembre 1824 (en y ajoutant une réduction pour piano).

La 4e version, « Langsam mit innigster Andacht » (Lentement avec un profond recueillement), avait été composée pour le ténor Wilhelm Ehler (1774-1845) : elle fut exécutée le 23 décembre 1822 à Presbourg lors d'un concert donné par le ténor Wilhelm Ehlers (le programme indiquait l'origine de cette composition : l'amitié du compositeur pour celui qui donnait le concert – KH p. 354). Cette version fut envoyée à Carl Friedrich Peters en février 1823 [5., 1570] qui la refusa. Beethoven retravailla la partition en 1824 pour qu'elle soit éditée ailleurs.

Contexte biographique

Le travail sur la *Missa solemnis* et la *Neuvième Symphonie* développa chez Beethoven le goût pour les compositions rassemblant voix, chœur et orchestre, comme il l'écrivait à Ries en 1823, et comme en témoignent l'*Opferlied* et le *Bundeslied* (op. 122), élaborés en 1822 (dans leur première version pour voix, chœurs et orchestre). C'est donc au moment où il concevait ses grandes œuvres que Beethoven reprit l'*Opferlied*, ce poème très connu de Matthisson (dont il avait déjà fait un Lied pour voix et piano *WoO 126*), pour qu'un ténor de renommée européenne, Wilhelm Ehlers, puisse le donner en concert. Très heureux de l'instrumentation qu'il avait imaginée, il proposa ce Lied pour solistes, chœur et orchestre à C.F. Peters, soulignant que cette nouvelle conception du Lied renouvelait le genre. Le refus de Peters incita Beethoven à trouver d'autres éditeurs auxquels il spécifiait chaque fois l'instrumentation, ajoutant toutefois qu'une version pour piano était possible.

Cette insistance dans la présentation de l'originalité de sa conception laisse entendre une intention autre que celle de renouveler le genre Lied, intention (correspondant à ses « Kunst-Absichten ») qui se situerait du côté de son désir d'éveiller des sentiments de haute spiritualité chez ceux qui pratiquaient sa musique, comme le laissent supposer et le texte de l'*Opferlied* évoquant une cérémonie d'initiation doublée d'une prière, et l'instrumentation composée de deux clarinettes, de cor et de basson, référence directe à la musique maçonnique. Comme si ce Lied, indissociable du *Bundeslied op. 122*, offrait à volonté l'équivalent d'une cérémonie maçonnique par l'intermédiaire de l'art.

Présentation de l'œuvre

Le poème en deux strophes est de Friedrich von Matthisson (voir *WoO 126*).

La structure « responsoriale », le chœur reprenant en partie ce que la soliste vient de chanter, et le choix de l'orchestration donnent un caractère très particulier à ce Lied. Les deux strophes ont la même ligne vocale, tandis que l'accompagnement de l'orchestre est un peu différent pour la seconde strophe, le violoncelle solo jouant de manière continue en rythme pointé.

Ce Lied commence par deux mesures des vents seuls, d'abord à l'unisson, qui posent le *mi* majeur par un arpège descendant à partir de la dominante (le *si*), puis la voix entre en reprenant la même ligne musicale très calme qui se poursuit souplement pour souligner par des « figuralismes » l'encens qui flotte (dans la première strophe), et les quatre éléments dans la seconde, tandis que les vers chargés d'attente et de ferveur religieuse sont répétés par la soliste avant d'être repris par le chœur, doublé par les cordes.

Le tempo, l'orchestration, le traitement du chœur se conjuguent pour exprimer une grande ferveur religieuse collective.

Sources

Des esquisses pour la dernière version se trouvent dans des cahiers et des carnets utilisés entre octobre 1824 et janvier 1825 (à Berlin et à Cracovie).

Trois bribes d'esquisses se trouvent sur une page du cahier de conversation du 27 ou 28 décembre 1824 (*BKh* 7, p. 330) : le début, « Flamme » qui doit être en noires (« 4tel »); « Jüngling Opfer »; « O Du » sur un *mi* blanche.

Le manuscrit autographe de la réduction pour piano sans les voix (à Berlin) porte cette mention de la main de Beethoven : « Mit <innigem Andacht> Andächtigem Gefühl in ziemlich langsamer Bewegung ».

Le manuscrit de la partition pour orchestre, soprano et chœur (à Vienne) porte le titre « Opferlied von Mathisson ».

La partition et les voix séparées de la 4e version de 1822, jouée le 4 avril 1824 dans la grande salle de la Redoute, se trouvent dans les archives de la Gesellschaft der Musikfreunde à Vienne.

Une copie de la 4e version, revue par Beethoven, comprenant beaucoup d'ajouts et de corrections fut recopiée par Julius Rietz et déposée à Berlin après 1871.

PUBLICATION

Elle fut assurée pour la 5e version par B. Schott's Söhne de Mayence en juillet 1825, sous deux formes, l'une pour soprano, chœur et piano (version établie par Beethoven) :

« OPFERLIED / / : Die Flamme lodert! Milder Schein durchglänzt & : / von / Friedrich von Matthisson. / für / eine Singstimme mit Chor / in musik gesetzt / von / LUDWIG VAN BEETHOVEN / 121tes Werck – Clavierauszug – / Eigenthum der Verleger / [...] »

et l'autre pour voix, chœur et orchestre :

« OPFERLIED... für eine Singstimme mit Chor / und Orchesterbegleitung... »

Le numéro d'*op. 121* fut communiqué à la demande de l'éditeur en mars 1825 [6., 1950] pour les « 3 Gesänge » (qui furent pourtant publiés sous des numéros d'opus différents : *op. 121*, *op. 122* et *op. 128*) : il avait oublié que les *Variations Kakadu* avaient été publiées en mai 1824 sous ce numéro d'opus.

La distinction entre *op. 121a* pour les *Variations Kakadu* et *op. 121b* pour l'*Opferlied* date de 1851, dans le catalogue de Breitkopf & Härtel.

L'ŒUVRE VUE PAR SES CONTEMPORAINS

L'*AMZ* XXVII, n° 44 du 2 novembre 1825 (col 740), publiait un court article sur ce Lied *op. 121b* en même temps que sur le *Bundeslied op. 122*. L'auteur de l'article appréciait la musique qu'il qualifiait de « douce-solennelle », ainsi que l'orchestration qu'il trouvait originale et tout à fait adaptée.

La *BAMZ* 3e année (n° 32 du 9 août 1826, p. 253), signalait cette nouvelle œuvre, qui comme toutes les œuvres pour voix de Beethoven avait une partie vocale aux paroles difficiles à comprendre, car submergées par l'harmonie. L'auteur de l'article trouvait pourtant admirable le traitement des instruments dont il décrivait les entrées : la voix soliste entre à la deuxième mesure accompagnée par les seuls vents; le chœur entre à la mesure 18 avec les cordes; la voix seule entre à nouveau avant d'être accompagnée par un violoncelle qui reste présent jusqu'à la fin.

Cäcilia V (Heft 17, juillet 1826, p. 30-31), publiait un article de Gottfried Weber (1779-1839) qui signalait que Beethoven avait traité ce poème très connu sous forme d'hymne, avec une mélodie simple accompagnée d'une harmonie raffinée et d'une instrumentation originale que la partition de piano restituait fort bien.

Cäcilia V (Heft 20, novembre 1826, p. 247-249), publiait un article de Ignaz Xaver von Seyfried (1776-1841) très élogieux qui présentait une courte analyse de ce « Matthisons Opferlied ».

CORRESPONDANCE

Le 8 février 1823 [5., 1561], Beethoven écrivait à Carl Friedrich Peters qu'il avait cherché à devancer ses demandes en lui expédiant des chants qui comprenaient des chœurs et une instrumentation particulière, qui changeait de l'ordinaire, ainsi qu'une véritable Ariette, plutôt que de simples Lieder.

Le 15 février [5., 1570], il lui envoyait « die 3 Gesänge », c'est-à-dire les premières versions des *op. 121b* et *122*, et l'*op. 128*, signalant qu'il pouvait se rendre compte de la façon dont il procédait en tant qu'artiste en portant son attention sur l'instrumentation : le premier (*op. 121b*) étant accompagné de « 2 *Clarinettes* 1 Cor, <2> Altos ou Violoncelles » et pouvant être chanté avec ou sans piano, ou avec ces seuls instruments; le deuxième (*op. 122*) étant accompagné de « 2 *Clarinettes* 2 Cors 2 bassons » et pouvant également être exécuté avec ces seuls instruments ou avec un piano – les deux « Gesänge » comprenant des chœurs, le 3e étant une « Ariette » pour voix et piano seulement.

Le 20 février [5., 1575], Beethoven donnait à Carl Friedrich Peters des conseils pour publier les deux chants avec accompagnement instrumental (premières versions des *op. 121b* et *122*) : comme ils pouvaient chacun être exécuté avec ou sans les instruments, avec ou sans le piano, il était important de les publier en partition et en réduction – il spécifiait que ce qu'il avait noté sur la réduction pour piano de l'« Opferlied von Mathisson », « *Voce* u. *Ritornel* », ne devait pas figurer sur la publication : il ne s'agissait que de conseils pour la gravure ; et il insistait sur la nouveauté de son choix d'instrumentation destiné à renouveler le genre Lied, ajoutant que les clés d'*ut* et la clé de *fa* pouvaient être remplacées par des clés de *sol*.

Le 4 mars [5., 1604], dans une longue lettre, Carl Friedrich Peters, soucieux de la rentabilité de son entreprise, refusait de publier (entre autres œuvres proposées) « ces Lieder pour orchestre qu'il n'avait absolument pas demandés ».

Le 5 mai [5., 1644], Beethoven proposait à Antonio Pacini, éditeur à Paris, plusieurs œuvres dont « Deux chansons (de göthe & mathisson) avec l'accompagnement de piano seul, où avec l'accompagnement de <l'orchestre> plusieurs instrumens. J'en ai fixé l'honoraire de 400 Frans. Je vous pris de me répondre sans délai, plusieurs D'autres Éditeurs désiront d'avoir de mes œuvres. »

Le 7 mai [5., 1647], Beethoven proposait à Carl Lissner, éditeur à Saint-Pétersbourg, plusieurs œuvres dont « 2 grands Lieder chœur sur des poèmes de Göthe et Mathisson, à interpréter avec accompagnement d'instruments ou de piano seul » pour « 12 ducats en or ».

Le 16 juillet [5., 1703], il écrivait à Ries qu'il allait bientôt lui envoyer des Chœurs, et qu'il en « composera d'autres si ça se trouve, car il y trouvait plaisir ».

Le 23 janvier 1824 [5., 1774], Beethoven informait Léopold Sonnleithner (un des huit directeurs de la Société des concerts) qu'il lui envoyait ce jour « les partitions de l'opferlied de Mathisson » (qui fut exécuté le 4 avril dans la grande salle de la Redoute).

Le 25 février [5., 1783], Beethoven proposait à l'éditeur de Leipzig Heinrich Albert Probst « 3 Lieder dont deux avec accompagnement de piano ou accompagnement instrumental, le troisième étant une Ariette également courte mais composée de part en part ». Le 1er mars [5., 1785], Probst acceptait sous condition d'une réduction d'honoraires. Beethoven acceptait à son tour le 10 mars [5., 1788] et Probst l'assurait du versement des honoraires dès qu'il recevrait les œuvres, le 22 mars [5., 1796].

Fin mai de la même année [5., 1844], il écrivait à son frère que les œuvres qu'il lui avait données en propriété en contrepartie de ses dettes, contractées au cours de l'été 1822, pouvaient être proposées à l'éditeur Leidesdorf (les autres éditeurs ayant décliné la proposition) – il s'agit des *Op. 121b*, *122*, *124*, *126* et *128*.

Le 3 juillet [5., 1849], Beethoven informait Probst qu'il était prêt à lui envoyer les œuvres qu'il attendait (et qu'il avait proposées depuis à un éditeur de Vienne !). Le 26 juillet 1824 [5., 1853], il lui répétait qu'elles étaient prêtes. Le 28 août [5., 1867], il ne les avait pas encore envoyées, prétextant le mauvais temps qu'il faisait à Baden.

Le 23 novembre [5., 1901], il proposait plusieurs œuvres à B. Schott's Söhne à Mayence, spécifiant qu'il en avait donné certaines à son frère pour honorer une dette, dont les « trois Gesänge, dont deux avec chœur, l'un avec accompagnement de piano ou d'instruments à vents, l'autre avec tout l'orchestre ou le piano, le 3e seulement pour piano ». L'éditeur acceptait le 30 novembre [5., 1903], ce qui permettait à Beethoven de rembourser son frère, le 10 décembre [5., 1909].

Le 4 février 1825 [6., 1931], Johann van Beethoven envoyait à B. Schott's Söhne des copies revues par son frère des œuvres promises.

Le 19 mars [6., 1948], Beethoven promettait à Ries de lui envoyer la liste des corrections pour l'« *Opferlied* mit *Chor* » (en fait, il lui envoya une nouvelle copie revue, comme il le lui annonçait le 9 avril 1825 [6., 1957]).

Après le 19 mars [6., 1950], il indiquait le numéro d'opus à B. Schott's Söhne : « Gesänge 3 N° 121 » (Il avait sans doute oublié que ce numéro d'opus avait été donné aux *Variations Kakadu* parues chez S.A. Steiner und Comp. en mai 1824.)

Selon les vœux de Beethoven [6., 2244, décembre 1826], B. Schott's Söhne fit parvenir les *Gesänge* à Wegeler [6., 2254, 31 janvier 1827], qui en accusa réception le 1er février 1827 [6., 2255].

Opus 122
Bundeslied

Lied pour deux solistes, chœur et instruments à vent
In rascher, geschwinder Bewegung (Dans un tempo vif et rapide), ¢, si *bémol majeur – 98 mes.*

TEMPS DE LA COMPOSITION

Beethoven avait esquissé une musique pour ce poème de Goethe dès le milieu des années 1790, mais il n'en termina la composition qu'en 1822-1823 (en même temps que la 4e version de l'*Opferlied*, et au moment où il composait la *Missa solemnis* et la *Neuvième Symphonie*), et retravailla encore le manuscrit, en 1824 (en même temps que la 5e version de l'*Opferlied* et que les *Bagatelles op. 126*) avant de le donner à graver en février 1825 pour être édité par B. Schott's Söhne à Mayence, qui le publia en juillet, sous le numéro d'opus 122.

CONTEXTE BIOGRAPHIQUE

Cette œuvre pour deux solistes, un chœur à trois voix et six instruments à vents composée sur un poème de Goethe, est l'expression du but essentiel de l'activité créatrice de Beethoven : contribuer à tisser du lien social[1], fondement d'une société fraternelle et harmonieuse.

En proposant ensemble l'*Opferlied* et le *Bundeslied*, il soulignait la parenté de leur mise en musique et de leur destination : des amateurs (les parties vocales sont notées en clé de *sol*), avec les instruments qu'ils ont à leur disposition (les instruments à vent – instruments de plein air ou de vastes espaces – étaient souvent utilisés lors de festivités privées – « Tafelmusik » – pour lesquelles Beethoven avait composé quelques partitions du temps de Bonn). L'association de deux clarinettes, deux bassons et de deux cors introduisait également une référence maçonnique implicite, à laquelle il tenait particulièrement. D'autre part, il voulait que le texte de Goethe soit chanté de manière compréhensible aussi, par souci d'exactitude et par respect pour les chanteurs amateurs auxquels il s'adressait, tenait-il à ce que les paroles des strophes soient bien indiquées sous la mélodie pour éviter toute confusion ou toute simplification dues à l'oubli du texte.

Beethoven, très attaché à ce poème, comme en témoignent le temps qui sépare les premières esquisses de la version définitive (une trentaine d'années) tout autant que sa ténacité à le faire publier, le fit envoyer, en décembre 1826, à Wegeler [6., 2236] (l'ami de Bonn avec lequel il avait été initié à la « Bildung », et qui utilisait certaines de ses compositions dans sa Loge maçonnique), avec quelques autres œuvres : l'*Opferlied op. 121b*, les *Bagatelles op. 126* et l'*Ariette « Der Kuss » op. 128*.

La forme, les constituants et le contenu de la musique du *Bundeslied*, l'inscription portée sur l'autographe : « à chanter dans des cercles d'amis », au même titre que les diverses préoccupations de Beethoven au moment de la gravure de cette œuvre, témoignent de sa volonté de donner à sa musique une dimension sociale : faire par là que plusieurs personnes chantent et jouent de la musique ensemble, selon les moyens disponibles, que cela soit souvent possible et dure longtemps, afin de manifester et d'entretenir une fraternité d'hommes et de femmes, entièrement présents et disponibles les uns aux autres – ce à quoi les paroles du Lied invitent directement.

Goethe reçut la réduction de la partition pour piano solistes et chœurs, gravée en 1825.

PRÉSENTATION DE L'ŒUVRE

Le texte de Goethe fut écrit en 1775 à l'occasion d'un mariage, puis retravaillé pour en faire un poème de portée plus générale, invitant à entretenir les liens de fraternité qui assurent le bonheur de tous. Il est constitué de cinq strophes de huit vers (« Trinklied », c'est-à-dire « Chanson à boire », dans la veine des chants populaires animés par un idéal de sociabilité calme et joyeuse).

1. Beethoven a souvent demandé des partitions pour pratiquer la musique chez lui avec des amis, pratique fréquente à son époque comme peuvent en témoigner les réunions musicales régulièrement organisées par Goethe, chez lui, à Weimar, et l'écho qu'il en a donné dans *Wilhelm Meister* (cf. *Goethes Gedanken über Musik, op. cit.*, p. 9).

La première strophe est la suivante[1] :

In allen guten Stunden,
Erhöht von Lieb' und Wein,
Soll dieses Lied verbunden
Von uns gesungen seyn!
Uns hält der Gott zusammen,
Der uns hieher gebracht.
Erneuert unsre Flammen,
Er hat sie angefacht.
À toutes les heures propices,
Rehaussées d'amour et de vin,
Il faudra que nous entonnions
Ce chant d'une voix unique !
Le dieu maintiendra notre accord,
Qui nous a conduit en ce lieu.
Que nos flammes se renouvellent,
C'est lui qui les fit feu.

La musique de ce *Bundeslied* est en *si* bémol majeur, à deux temps (alla breve), dans un tempo indiqué en allemand : « vif et rapide « et elle juxtapose deux solistes et un chœur dans un style responsorial (le chœur reprend la mélodie des solistes et les quatre derniers vers de chacune des strophes). La ligne vocale, composée de noires, ne comprend aucun effet de voix, et la déclamation est rapide, syllabique et entraînante. La musique des quatre premières strophes est identique, tandis que la cinquième est un peu différente et se termine sur une exaltation collective rendue par de longues tenues des voix sur un solo de clarinette (traduit dans la réduction pour piano par une succession de doubles croches en arpèges montants et descendants), *allegro* avec changement de métrique (C) sur le mot « e——wig » (éternel) – cette jubilation sonore est reprise dans la coda confiée à une cadence de clarinette, par des trilles aigus superposés aux arpèges de tessiture grave, de façon à donner amplification sonore et écho aux deux derniers vers :

« Und bleiben lange, lange!
Auf ewig so gesellt ».
« Et nous serons longtemps, longtemps,
À jamais, ainsi réunis. »

Sources

Une esquisse daterait de 1797 (Vienne GdM). D'autres sont à Berlin : Nottebohm (II, 207) a indiqué que des esquisses se trouvaient au milieu de celles pour les *Bagatelles op. 126*, avec le tempo « Presto » et la remarque « nur 2 Stimmen solo – lebhaft u. geschwind », et il a signalé (II, 543) qu'il existait des esquisses en 1824 en même temps que celles pour l'*Opferlied*, juste après une esquisse pour une Ouverture sur le nom de Bach (avec les notes inscrites sur une portée et nommées « B / a / c / h »). Cette esquisse pour le *Bundeslied*, ne correspond pas à l'œuvre imprimée, et porte la mention : « Presto / sempre forte aussi d'après le chant / In allen guten Stunden », elle se trouve juste avant une esquisse pour le « do-na nobis [pacem] » de la *Missa solemnis op. 123*.

Le manuscrit autographe de la partition d'orchestre (à Munich) porte l'inscription suivante : « Bundeslied von Göthe. *in geselligen Kreisen zu singen.* / von L v Beethoven » [« à chanter dans des cercles d'amis »], ainsi que l'indication : « Clarini / in B / Fagotti / Corni in B / basso / Solo / Stimmen / und / Chor ». Seuls le texte des vers de la 1re et de la 5e strophes est inscrit (un signe de reprise indiquait que les 2e, 3e et 4e strophes devaient être chantées).

Le manuscrit de la version pour piano ne comprend ni les voix ni les indications de tempo (à Berlin).

La copie destinée à la gravure était chez B. Schott's Söhne à Mayence.

Publication

Ce Lied fut édité en juillet 1825 par B. Schott's Söhne à Mayence en réduction pour piano, ainsi qu'en partition et en voix séparées :

« BUNDESLIED / In allen guten Stunden erhöht & : & : / von / JOHANN WOLFGANG VON GOETHE / für / zwey Solo und drey Chorstimmen / in musik gesetzt / von / Ludwig van Beethoven / 122tes Werck. / [...] – Clavierauszug / Eigenthum der Verleger / [...] »

Ou « [...] *Partitur* [...] » avec le texte des quatre premières strophes inscrit au-dessous des lignes vocales avant le texte de la 5e strophe inscrit au-dessous de la dernière partie du Lied.

Ou « [...] Ausgesetzte Sing und Instrumentalstimmen. / Drey Singstimmen. / zwey Clarinetten, zwey Fagott, zwey Horn [...]

[CHANT d'ALLIANCE, « Dans toutes les heures propices » & : & : de JOHANN WOLFGANG VON GOETHE, mis en

1. Traduction, de Roger Ayrault, in Goethe *Poésies. Des origines au voyage en Italie*, Aubier, Collection bilingue, Paris 1951, 1984, p. 343.

musique pour deux Solistes et trois voix de chœur par Ludwig van Beethoven […]»]

L'ŒUVRE VUE PAR SES CONTEMPORAINS

Caecilia (Heft 11, août 1825, p. 36) en annonçait la publication dans la rubrique nouveautés en soulignant la réussite de la fusion de Beethoven et de Goethe : ce dernier aurait pu écrire une musique équivalente, tant celle de Beethoven s'adaptait bien au poème.

La *BAMZ*, 3e année (n° 5 du 1er février 1826, p. 34/35), publiait un article très élogieux de Ludwig Rellstab (1799-1860), qui se réjouissait de voir associer de tels noms pour cette Chanson à boire de Goethe transformée en Hymne par Beethoven. Rellstab soulignait la portée de l'instrumentation qui permettait de chanter ce Lied en plein air, dans un espace plus vaste qu'une simple salle fermée. Il présentait une analyse rapide de ce Lied insistant sur la manière dont il avait donné un relief particulier aux derniers vers par une longue tenue sur le mot «ewig» et une cadence confiée à la clarinette. Il comparait ce Lied au célèbre chœur de l'*Alexanders Feast* de Haendel : «boire est le réconfort du guerrier» dans lequel règne également la joie dans toute sa force et sa liberté.

Caecilia (V, Heft 20, novembre 1826, p. 250) publiait un article de Ignaz Xaver von Seyfried (1776-1841) qui présentait cette «Mélodie plaisante» comme parfaitement adaptée aux réjouissances collectives dans un cercle d'amis, soulignant l'efficacité de la dernière partie qui confirmait la jovialité de l'ensemble.

CORRESPONDANCE

Voir *Opus 121b*.

Le 15 février 1823 [5., 1570, p. 45], Beethoven proposait à Carl Friedrich Peters, éditeur de Leipzig, ce *Bundeslied*, en même temps que l'*Opferlied* :

«Vous verrez d'après les Chants ma façon de procéder comme artiste. L'un [*Opferlied op. 121b*] est avec accompagnement de deux *clarinettes*, d'un cor, de violes et de violoncelles – et peut être chanté soit sans accompagnement de piano et seulement avec ces instruments, ou avec piano sans lesdits instruments. Le second Chant [*Bundeslied op. 122*] est avec accompagnement de deux *clarinettes*, deux cors, deux bassons, et peut être de même accompagné de ces seuls instruments ou avec le seul piano. Les deux Chants sont avec chœurs.»

Le 20 février [5., 1575, p. 51], Beethoven lui écrivait de nouveau :

«Les autres strophes du Bundeslieb [*sic*] de Goethe vont suivre, lesquelles si possible devront toutes être écrites sous les parties de chant. N'oubliez pas que tout doit être strictement en ordre, et pour finir le supplément musical de la dernière strophe «Auf ewig so gesellt».»

Beethoven tenait les mêmes propos à l'éditeur Heinrich Albert Probst in Leipzig, le 25 février 1824 : «3 Lieder avec accompagnement de piano, dont 2 avec un autre accompagnement instrumental possible et sans piano». (lettre [5., 1783], p. 272). *Idem,* à B. Schott's Söhne in Mainz (5., 1901, 23 novembre 1824 et 6., 1925, 22 janvier 1825).

Opus 114

Marche avec chœur, reprise du n° 6 des *Ruines d'Athènes op. 113*

Assai moderato, **C***,* mi *bémol majeur – 165 mes.*

TEMPS DE LA COMPOSITION ET PREMIÈRE EXÉCUTION

Pendant l'été 1811, n° 6 de l'*op. 113*, ce morceau fut repris en 1822 et un peu modifié en 1826 en vue de sa publication.

Joué pour la première fois le 9 février 1812 à Pest, partie intégrante des *Ruines d'Athènes*.

Le 3 octobre 1822 à Vienne, en tant que partie intégrante de *Die Weihe des Hauses*, œuvre de circonstance sur un livret de Carl Meisl exécutée lors de l'inauguration du théâtre de la Josephstadt et qui réutilise la musique des *Ruines d'Athènes* (voir *op. 124* et *WoO 98*) retravaillée en septembre 1822.

CONTEXTE BIOGRAPHIQUE

Voir. *op. 124.*

La lettre à son frère du 6 octobre 1822 [4., 1505] met en évidence les tractations financières et les calculs de Beethoven pour vendre ses musiques de scène en morceaux séparés : les ouvertures, les marches, les chœurs, les «Gesänge»…

PRÉSENTATION DE L'ŒUVRE

Carl Meisl a ajouté au texte de Kotzebue une seconde partie pour ce numéro centré sur la consécration des autels et la louange du souverain.

« Empfanget uns ! / Geschmückt sind die Altäre, / Heil uns Beglückten,/ Dreimal uns heil !/ Rein in schönem, holden Verein / Kehren die Musen bei uns ein !/ Edlere Freude, höhere Lust/ Schwellt uns beseligt / Künftig die Brust. » (Accueillez-nous,/ les autels sont ornés,/ bénis, sommes-nous bienheureux,/ trois fois bénis !/ Pures en leur belle et noble ronde,/ les Muses entrent chez nous./ Une joie plus noble, un plaisir plus haut/ empliront de bonheur / notre poitrine à l'avenir. »)

Quant à l'œuvre, la seule différence réside dans l'ajout d'un chœur à quatre voix là où seul l'orchestre jouait (la deuxième partie du *n° 6 op. 113*).

SOURCES

Le manuscrit autographe se trouve à Berlin et porte l'indication de l'entrée de la partie de chœur ajoutée en 1822.

Des épreuves de la partition portant des corrections de la main de Beethoven de juin 1825 [6., 1992] se trouvent à Berlin.

PUBLICATION

S.A. Steiner publia en octobre 1822 à Vienne une réduction pour piano à deux et une à quatre mains.

La partition et les voix séparées ne furent publiées qu'en avril 1826 :

« Feyerlicher / MARCSH mit CHOR / aus Kotzebue's : / Ruinen von Athen. / Componirt / – VON – / Ludw. van Beethoven. / 114tes Werk. / Eigenthum der Verleger. / […] »

L'ŒUVRE VUE PAR SES CONTEMPORAINS

La *Wiener Zeitung* du 5 octobre 1822 publia l'annonce de la publication (en plusieurs arrangements) par Steiner de cette Marche avec chœur qui eut un grand succès lors de l'inauguration du théâtre.

CORRESPONDANCE

Le 13 septembre 1822 [4., 1496], Beethoven signalait à Carl Friedrich Peters à Leipzig que le directeur du théâtre de la Josephstadt lui avait demandé d'écrire des œuvres. (Le théâtre fut ouvert en octobre 1822 avec le Festspiel *Die Weihe des Hauses* de Carl Meisl sur la musique des *Ruines d'Athènes op. 113*. Il retravailla la *Marche avec chœur op. 113 n° 6* (*op. 114*) et composa une nouvelle *Ouverture op. 124* et un *Chœur WoO 98* « Wo sie die Pulse jugendlich jagen ».)

Le 6 octobre [4., 1505], Beethoven écrivait une longue lettre à son frère Johann à propos des œuvres qui avaient été jouées le jour de l'inauguration du théâtre de la Josephstadt, pour qu'il arrange les choses avec Steiner qui prétendait, dans une annonce publiée dans la presse (la *Wiener Zeitung*, du 5 octobre 1822), que « Die Große Marsch mit Chor », appartenant à *Die Weihe des Hauses* et mis en musique par Beethoven, était propriété de l'éditeur et qu'elle allait paraître dans quelques jours sous différentes formes. Il fournissait les contres arguments à son frère : il rappelait que Steiner n'avait acheté que deux numéros (le chœur des Dervichcs, n° 4 des *Ruines d'Athènes op. 113*, et la *Marche avec chœur*, n° 6 de cet *op. 113*), qu'il restait donc l'*Ouverture* et sept autres numéros à vendre, et que s'il voulait le « *Ungarn ersten Wohlthäter, König Stephan* », cela faisait encore douze numéros (selon les calculs de Beethoven) ; qu'en outre, puisque la musique des *Ruines d'Athènes* allait être donnée, Steiner pouvait se servir du matériel d'orchestre, tandis que pour le *Roi Étienne* il n'aurait que la partition ; mais qu'il fallait qu'il se décide vite ; qu'il tenait à revoir les réductions pour piano annoncées par Steiner (pour l'*op. 114*) ; et que, comme il avait dû composer une nouvelle Ouverture (*op. 124*), il fallait dire à Steiner qu'il ne devait pas oublier l'ancienne qui avait été conçue pour un « Nachspiel » (épilogue) (l'Ouverture de l'*op. 113*), alors que la nouvelle était destinée à l'inauguration du théâtre, et qu'elle pouvait être jouée partout – la partition pourrait être prête en trois jours.

Le 9 avril 1825 [6., 1957], Beethoven annonçait à Ferdinand Ries (à Bonn) qu'il allait lui envoyer « une grande Marche avec chœur utilisable pour de grands concerts ». Il évoquait également une autre grande Ouverture inconnue à Bonn (sans doute celle du Roi Étienne, *op. 117*, puisqu'il a envoyé l'*op. 124* en mars 1825).

Le 12 juin [6., 1992], il écrivait à Tobias Haslinger qu'il lui envoyait les dernières corrections de la « Marsch mit chor » ainsi que de l'« *overt.* in *Es* » (*op. 117*).

(Cet *op. 114*, partition et voix séparées, fut publiée en avril 1826.)

WoO 98
Wo sich die Pulse jugendlich jagen
(Là où les cœurs bondissants se poursuivent)

N° 3 de la musique de Die Weihe des Hauses
Chœur et soprano solo avec orchestre
*Voir l'*Opus 124.
Allegro ma non troppo e un pocco maestoso, 2/4, si *bémol majeur – 308 mes.*

TEMPS DE LA COMPOSITION ET PREMIÈRE EXÉCUTION

1822, pour l'inauguration du théâtre de la Josephstadt; il faisait partie de *Die Weihe des Hauses*, pièce de Carl Meisl et arrangement des *Ruines d'Athènes op. 113*.

La première exécution eut lieu le 3 octobre 1822 à Vienne, lors de l'inauguration du théâtre de la Josephstadt.

PRÉSENTATION DE L'ŒUVRE

Le texte est tiré de la scène 4 de la pièce de Meisl, quand la Danse et la Grâce arrivent avec leur suite pour chanter la joie de la danse.

Le chœur commence : « Wo sich die Pulse / Jugendlich jagen, / Schwebet im Tanze / Das Leben dahin. » (Là où les cœurs / bondissants se poursuivent, / La vie s'envole / dans la danse.)

Puis la soprano poursuit en chantant que quand le cœur est pur et léger, « la mort même est un saut vers la paix ». Le chœur se fait écho de cette affirmation. Puis la soprano insiste sur l'association de la Danse et de la Grâce, à l'origine d'une « vie idyllique ». Enfin, ensemble, ils chantent la joie de la danse et de la fête (cité par Nottebohm, II, 394-396).

Pour cette scène de danse, Beethoven s'est conformé à la structure alternée du texte, confiant un grand rôle au violon, surtout lors du second solo de la soprano lyrique.

Il a fait de cette alternance entre chœur et soprano une petite scène centrée sur la joie, sans utiliser exactement les vers de Meisl.

Ce numéro est en quatre parties : la première introduisant le mouvement pulsé de la danse et l'alternance chœur/soprano; celle centrale décrivant la vie idyllique, association de la Danse et de la Grâce, par un duo violon et voix sur pizzicati des cordes basses; la troisième, après quelques accords solennels, reprenant la danse joyeuse derrière la soprano; la quatrième, étoffée des vents (cors et trompettes) soutenus par les timbales, jouant le rôle de tutti – une coda uniquement orchestrale termine l'ensemble de manière intense.

SOURCES

Des esquisses et le manuscrit autographe sont à Berlin.

L'archiduc Rodolphe possédait une copie manuscrite que Beethoven lui fit envoyer en février 1823 : il avait inscrit : « Geschrieben gegen Ende 1823 [sic] aufgeführt am 3ten Oktob. im Josephstädt. Theater » (à Vienne, GdM).

PUBLICATION

En 1888 dans la GA.

CORRESPONDANCE

Après le 24 septembre 1822 [4., 1497], Beethoven écrivait à son frère Johann qu'il venait d'écrire « un nouveau chœur avec des danses et des solos », pour l'inauguration du théâtre, et que si sa santé le lui permettait, il écrirait une nouvelle Ouverture (*op. 124*).

Le 27 février 1823 [5., 1586], il faisait parvenir à l'archiduc Rodolphe les copies de quelques « *Novitäten* » (l'*Op. 124*, le *WoO 98* et le *Gratulationsmenuett WoO 3*).

Opus 124
La consécration de la maison

Ouverture destinée à la pièce de Carl Meisl, arrangement des Ruines d'Athènes
Maestoso e sostenuto (88 mes.) / Allegro con brio, **C**, ut *majeur – 286 mes.*

TEMPS DE LA COMPOSITION ET PREMIÈRE EXÉCUTION

Fin septembre 1822 pour l'inauguration du Théâtre de la Josephstadt. L'œuvre fut commandée à Beethoven pendant qu'il se soignait à Baden en septembre 1822.

Elle fut exécutée pour la première fois le 3 octobre de cette même année (veille du jour de la fête de l'Empereur François Ier), avec reprises les jours suivants : 4, 5 et 6 octobre (cf. l'affiche in *Briefe* 4., p. 540), elle fut également donnée le jour de la création de la *Neuvième Symphonie*, le 7 mai 1824 (avec quelques parties de la *Missa solemnis*), ainsi que lors du concert du 23 mai 1824.

CONTEXTE BIOGRAPHIQUE

En septembre 1822, Beethoven accepta de nouveau de contribuer à l'inauguration d'un théâtre, cette fois à Vienne (en 1811, c'était à Pest – cf. *Opus 117* et *113*), répondant donc favorablement à l'initiative du directeur de théâtre Carl Friedrich Hensler (1759-1825), qui dirigea celui de la Leopoldstadt de 1803 à 1817, puis An der Wien, avant d'en ouvrir un nouveau dans le quartier de la Josephstadt, en 1822. Carl Meisl (1773-1853) fut chargé d'écrire deux pièces pour cette occasion : *Die Weihe des Hauses* (*La Consécration de la Maison*) et *Das Bild des Fürsten* (*L'Image du prince*), la première n'étant qu'une reprise arrangée des *Ruines d'Athènes,* pièce qu'August von Kotzebue écrit à l'occasion de l'inauguration du théâtre de Pest et pour laquelle Beethoven composa la musique (*op. 113*). La musique de la deuxième pièce fut écrite par Joseph Drechsler (1782-1852), alors Maître de chapelle au théâtre de la Leopoldstadt (entre 1822 et 1830). Tandis que Meisl adaptait le texte de sa pièce *Die Weihe des Hauses* à la musique initiale des *Ruines d'Athènes,* il composait celle d'un nouveau numéro (un Chœur avec danse, *WoO 98*) et, surtout, choisissait de composer une nouvelle Ouverture, estimant que celle des *Ruines d'Athènes* n'était plus adaptée (parce que prévue pour un Nachspiel, et parce que l'esprit de la pièce de Meisl n'était pas le même que celui de la pièce de Kotzebue, *La Consécration de la Maison* insistant davantage sur l'aspect sacré de l'Art et sur les miracles dont il est la source).

Le jour de l'inauguration, le spectacle se composait donc de l'Ouverture en *ut* majeur, suivie du premier chœur (« invisible ») des Ruines d'Athènes avec un texte un peu différent. Après l'apparition d'Apollon[1] venu consacrer l'autel des Muses à Vienne et rendre hommage aux artistes, un jeune homme et une jeune fille chantaient le duo n° 2 des *Ruines d'Athènes* qui décrit l'asservissement de la patrie de l'art. Apollon désignait alors le théâtre où il se trouvait comme le lieu de renaissance de l'art, et le nouveau chœur « Wo sich die Pulse » (Là où les cœurs) (*WoO 98*) chantait l'harmonie du monde assurée par la musique et par la danse. L'arrivée de toutes les figures du théâtre était sans doute précédée de la Marche turque. Puis, la Marche avec chœur (*op. 113 n° 6*, dans la version *op. 114*) accompagnait l'arrivée des prêtres et des vierges, avant que la musique dans les coulisses (*op. 113 n° 5*) ne soutienne le Récitatif du Grand Prêtre, auquel le chœur répondait « Wir tragen empfängliche Herzen in Busen » (*op. 113 n° 7*). L'Air avec chœur « Will unser Genius » annonçait alors l'apparition du Génie protecteur de l'Autriche (*suite de l'op. 113 n°* 7). Enfin, le chœur final des *Ruines d'Athènes* était repris avec un texte adapté à l'Autriche (*op. 113 n° 8*) : « Alte österreichische Treue / Bis in den Tod ! ».

Pour cette nouvelle inauguration, Beethoven voulait une Ouverture qui fasse office de consécration d'un nouveau temple destiné à recevoir les différents arts de la scène : il l'écrivit « en grand Style », à la manière de Haendel, en style fugué – ce que les auditeurs prirent en considération. Fort du succès de cette inauguration, il chercha à faire publier sa nouvelle Ouverture, en la présentant comme adaptée à l'inauguration d'un théâtre. D'autre part, il l'intégra au concert au cours duquel la *Neuvième Symphonie* et certaines parties de la *Missa solemnis* furent créées, le 7 mai 1824. Et, lors de la publication par Schott en 1825, il décida de dédier cette « grande Ouverture » au prince Galitzine pour le remercier du soutien qu'il lui apportait.

PRÉSENTATION DE L'ŒUVRE

Le texte qui correspond à la nouvelle ouverture, de Carl Meisl (1773-1853), fut publié par ses soins dans le *Taschenbuch von K.K. priv. Theater in der Leopoldstadt. Zwölfter Jahrgang. Wien 1825*, et reproduit par Nottebohm (II, 386-402) ; le texte utilisé par Beethoven est parfois différent.

Thespis, le poète tragique légendaire à l'origine de l'introduction du théâtre à Athènes (à partir des premières troupes de théâtre ambulant), est à la recherche d'un nouvel emplacement pour son art. C'est alors qu'Apollon et tous les enfants des muses du théâtre lui indiquent le chemin, vers Vienne, où un « nouvel autel des arts » va être consacré pour la plus grande gloire de la

1. Au lendemain de l'inauguration, la *Wiener Zeitschrift für Kunst*, du 10 octobre 1822, signalait que Minerve intervenait, alors qu'il s'agit d'Apollon dans le texte imprimé de Meisl (cité par Nottebohm II, 386).

patrie. Outre Apollon, Thespis, un jeune homme, une jeune fille, un prêtre et des vierges, les autres personnages sont la Grâce, la Danse, la Comédie, la Satire, la Farce, la Parodie, le Melodram.

La première scène se déroule dans un paysage aride, le chœur invisible indique à Thespis le chemin qu'il doit prendre : « Réponds au puissant appel ! Par ici ! Par ici ! Il t'indique paix et réconfort ! »

Sur une copie qu'il a revue, Beethoven a gardé en partie le texte des *Ruines d'Athènes*, conservant l'idée de vengeance et de réconciliation au lieu d'insérer celle de paix et de réconfort : « Réponds au puissant appel de l'honneur ! Par ici ! Par ici ! Les années de vengeance sont passées ! Allons ! Réponds ! Il s'est réconcilié ! Par ici ! par ici ! »

Scène 1. Thespis apparaît alors tirant une charrette avec tous les attributs du théâtre, du chant et de la danse, à la recherche d'un temple de l'art.

Scène 2. Apollon, protecteur des arts et de la beauté, intervient : une harmonie lointaine accompagne ses paroles tandis qu'une lumière rose transfigure la région. Thespis émerveillé veut s'agenouiller devant Apollon : « Il ne sied pas à un artiste de s'agenouiller ». Apollon lui montre alors Vienne, capitale des arts.

Scène 3. Un jeune couple arrive et se plaint de la barbarie de la civilisation qui a triomphé à Athènes. Apollon désigne alors le nouveau temple.

Scène 4. Les personnifications de la danse et de la grâce chantent la joie de danser librement.

Scène 5. La Satire et la Parodie se succèdent.

Scène 6, Melodram und Gesang. Apollon montre à Thespis le théâtre et la demeure de Melpomène.

Scène 7. Les prêtres et les vierges mènent la procession jusqu'aux quatre autels (« Lustspiel, Tanz, Melodram, Gesang ») ornés des figures de Thalie (comédie), Melpomène (tragédie), Terpsichore (danse) et Polyhymnie (pantomime). Le Grand Prêtre appelle le Génie protecteur de l'Autriche, qui apparaît, et Apollon consacre les autels, enjoignant aux participants de satisfaire tous les souhaits pour la gloire de la patrie et l'honneur des arts.

Pour cette *Ouverture* destinée à la consécration d'un nouveau théâtre, Beethoven a choisi de s'inscrire dans la lignée de ses grands prédécesseurs, Bach et Haendel : il eut recours à une écriture symphonique contrapuntique, privilégiant la répétition d'un motif en mettant l'accent sur sa spatialisation et sur l'intensité de sa présence. En choisissant cette écriture, il donnait consistance à son intuition que la musique apporte harmonie et joie, comme le soleil dissipe les ténèbres et transforme le monde en un paradis – selon les paroles prêtées par Meisl à Apollon[1].

L'Ouverture est introduite par cinq accords posant le cadre solennel d'une marche qui se déroule dans un tempo Maestoso e sostenuto, ponctué par les timbales, et qui joue sur des oppositions de masses sonores : l'harmonie des bois et cors, les sonorités graves des trois trombones (qui ne seront plus réutilisés dans l'Allegro con brio), le *tutti* de l'orchestre (lancé par les violons). Cette Marche se poursuit *Un poco più vivace*, par une sorte d'intermède confié à des appels de trompettes soutenues par les timbales et accompagnées d'un solo de basson. Puis, Meno mosso, dans un passage fugué, les cordes entraînent l'ensemble vers un point culminant, qui précède une large plage de calme confiée aux cordes. Enfin une petite cellule rythmique qui s'appuie sur l'échange cordes/ bois introduit le motif principal joué « de plus en plus vite » par les cordes, sujet de la fugue Allegro con brio qui éclate *fortissimo* (Tromboni tacet), et se déploie ensuite entre écriture contrapuntique et écriture harmonique – cet Allegro con brio se conformant à une forme sonate avec un développement modulant, une réexposition étoffée et une coda, dans laquelle domine l'écriture cette fois homophone. La tonalité d'*ut* majeur omniprésente, soulignée par quelques modulations de passage, et associée à la répétition infinie du même motif, donne un côté jubilatoire à cette musique destinée à célébrer l'Art.

SOURCES

Des esquisses se trouvent à Berlin (cf. Nottebohm II, 402-408).

Le manuscrit autographe de la partition se trouve à Vienne.

1. Cité par Nottebohm (II, 389-390).

Un fragment de la partie de basson se trouve à Bonn, avec l'inscription humoristique : « Das ist das werk der Josephstädter E u. F—— – Fagottisten »

La copie envoyée à B. Schott's Söhne en février 1825 pour la gravure se trouve à Mayence.

Une copie faite pour l'archiduc Rodolphe en fin février 1825 (cf. lettre du 27 février) est à Vienne (GdM).

Une copie (à Bonn) comprend des corrections et des ajouts sur chacune des pages (peut-être était-elle destinée à la gravure ?).

PUBLICATION

Bernard Schott's Söhne de Mayence publia la partition et les voix séparées en décembre 1825 :

« OUVERTURE / en Ut / à grand orchestre / pour / 2 Violons, Alto, Violoncelle et Basse, 2 Flûtes, / 2 Clarinettes, 2 Hautbois, 2 Bassons, 4 Cors, / 2 Trompettes et Timballes [*sic*], / composée et dédiée / À Son ALTESSE MONSEIGNEUR LE PRINCE / Nicolas de Galitzine, / Lieutenant Colonel de la Garde de Sa Majesté Impériale / de toutes les Russies, / par / LOUIS v. BEETHOVEN. / Œuvre 124. / Propriété des Éditeurs / Mayence, chez B. Schott Fils. »

(la mention des trombones est omise)

Bernard Schott's Söhne publia deux réductions pour piano établies par Carl Czerny (en octobre 1824) : une pour deux mains en avril 1825, une pour quatre en juillet 1825.

La transcription pour piano à quatre mains établie par Carl Wilhelm Henning (1784-1867) et publiée à Berlin par T. Trautwein en décembre 1824 n'avait pas été autorisée par Beethoven (lettre du 1er janvier 1825 [6., 1920], et réponse de Henning du 13 janvier [6., 1923] – cf. in *Briefe*, 6., p. 43, le fac-similé de la page de titre de l'édition non-autorisée avec une remarque de Beethoven : « Ein gänzlich verfehlter verstümmelter / dem Original u. Inhalte nicht getreuer / Klavierauszug./ lv. *Beethoven m.p.* »).

DÉDICATAIRE

Nicolas Galitzine (1794-1866), prince russe, amateur de musique, violoncelliste de talent, était marié avec Elena Alexandrowna Saltikowa, bonne pianiste.

Dans sa première lettre à Beethoven, le 9 novembre 1822 [4., 1508], il se présentait (en français) comme « Aussi passionné amateur de musique que grand admirateur de votre talent » (il lui commandait trois quatuors, qui seront les *op. 127, 130* et 132).

Nicolas Galitzine transcrivit pour quatuor et quintette à cordes toutes les sonates pour piano et les duos. C'est lui qui fit exécuter pour la première fois la *Missa solemnis* à Saint-Pétersbourg, les 6 et18 avril 1824.

Dédicataire de l'*Ouverture op. 124*, le prince remercia Beethoven par une lettre et 25 ducats : « pour l'ouverture qui est magnifique et que je vous remercie beaucoup de m'avoir dédiée » ([6., 2106], 14 janvier 1826). Il lui avait envoyé une copie de la partition en juillet 1825 [6., 2003].

L'ŒUVRE VUE PAR SES CONTEMPORAINS

L'*AMZ* en 1826 (col. 250) et en 1828 (col. 225), signalait que cette *Ouverture* était d'une conception grandiose, avec un Allegro fugué, et qu'elle était difficile à comprendre à la première audition.

CORRESPONDANCE

Le 13 septembre 1822 [4., 1496], Beethoven informait Carl Friedrich Peters à Leipzig que à peine était-il arrivé à la campagne (Baden) qu'un Directeur de théâtre qui en construisait un à Vienne lui avait demandé de composer quelques nouveaux morceaux pour l'inauguration.

Après le 24 septembre [4., 1497], il écrivait à son frère Johann qu'il venait de composer « un nouveau chœur avec danses et chant soliste » (*WoO 98*), pour l'inauguration du théâtre, et que si sa santé le lui permettait, il allait composerait aussi une nouvelle Ouverture (*op. 124*).

Le 6 octobre [4., 1505], Beethoven dans une longue lettre à son frère Johann, lui demandaitqu'il arrange les choses avec Steiner qui prétendait, dans une annonce publiée dans la presse (la *Wiener Zeitung*, du 5 octobre 1822), que « Die Große Marsch mit Chor », un numéro de *Die Weihe des Hauses*, mis en musique par Beethoven, était propriété de l'éditeur et qu'elle allait paraître dans quelques jours sous différentes formes. Il suggérait des contre arguments à son frère : que Steiner n'avait acheté que deux numéros (le chœur des Derviches et la Marche avec chœur, n° 3 et n° 6 des *Ruines d'Athènes op. 113*), qu'il restait donc l'Ouverture et sept autres numéros à vendre, et que si Steiner voulait le « *Ungarn ersten Wohlthäter, König*

Stephan», cela faisait encore douze numéros (selon son calcul) ; qu'en outre, puisque la musique des *Ruines d'Athènes* allait être donnée dans le théâtre de la Josephstadt, Steiner pouvait se servir du matériel d'orchestre, tandis que pour le *Roi Étienne* il n'aurait que la partition ; mais qu'il fallait qu'il se décide vite ; que Beethoven tenait à revoir les réductions pour piano annoncées par Steiner ; et que, comme il avait dû composer une nouvelle Ouverture (*op. 124*), il fallait dire à Steiner qu'il ne devait pas oublier l'ancienne qui avait été conçue pour un « Nachspiel » (Épilogue) (l'*Ouverture* de l'*op. 113*), alors que la nouvelle était destinée à l'inauguration du théâtre, et qu'elle pouvait être jouée partout – la partition pourrait être prête en trois jours.

En octobre [4., 1505a], il proposait à Anton Diabelli l'Ouverture (*op. 124*) et les numéros qui en dépendaient (*op. 113 n° 1, 2, 4, WoO 98*, et *op. 113 n° 5, 7* et *8*).

Début novembre [4., 1507], il lui proposait, en plus de l'Ouverture (*op. 124*), sept numéros de la « *weihe des Hauses* » (c'est-à-dire les numéros des *Ruines d'Athènes op. 113, 1, 2, 4, 5, 7, 8* et le *WoO 98*, avec un autre texte et quelques changements).

Le 27 décembre 1822 [4., 1518], Johann, frère de Beethoven, écrivait à l'éditeur parisien Antonio Pacini que Beethoven, occupé par de grandes compositions (une symphonie et un opéra), ne pouvait pas composer pour lui, mais qu'il pouvait lui vendre « une grande ouverture » (l'*op. 124*).

À la suite du succès de *Die Weihe des Hauses* le 3 octobre, lors de l'inauguration du Théâtre de la Josephstadt et de la reprise de *Fidelio* sur la scène du Kärntnertortheater, Beethoven se sentait prêt à composer un nouvel opéra, et Johann Chrysostomus Sporschil (1800-1863) écrivit pour lui un livret en deux actes, *Die Apotheose im Tempel Jupiter Ammon*, opéra qui reprenait la musique de *Die Weihe des Hauses* [4., 1520, note 2 p. 559].

Les 11 et 18 février 1823 [5., 1568, 1572], Beethoven proposait à Schlesinger à Paris l'Ouverture « pour grand orchestre qui fut exécutée le 3 octobre pour l'inauguration du théâtre de la Josephstadt » (*op. 124*) et quelques autres œuvres.

Le 25 février [5., 1580, 1581], il informait ses amis anglais (Ferdinand Ries et Charles Neate) qu'il envoyait l'*Ouverture* (*op. 124*) pour la Société philharmonique de Londres (envoi signalé par Beethoven le 22 mars 1823 [5., 1617].)

Le 27 février [5., 1586], il faisait parvenir à l'archiduc Rodolphe les copies de quelques « *Novitäten* » (l'*Op. 124*, le *WoO 98* et le *Gratulationsmenuett WoO 3*).

Le 10 mars [5., 1607], Beethoven écrivait à Simrock à Bonn qu'il pouvait peut-être lui vendre une ouverture donnée pour l'inauguration du théâtre de la Josephstadt : « écrite en grand style » – et lui proposait les *Op. 113* et *117*.

Début décembre [5., 1754], dans un brouillon de lettre à son frère Johann, il se préoccupait de trouver un éditeur pour les œuvres qu'il lui avait données (dont l'*Op. 124*), en automne 1822, en dédommagement d'un prêt.

Le 25 février 1824 [5., 1782], il écrivait à Maurice Schlesinger à Paris que son *Ouverture* (*op. 124*) avait été achetée par le nouveau théâtre royal de Berlin pour le jour de l'inauguration (« Festsinfonie » exécutée le 4 août 1824).

Le même jour [5., 1783], il proposait à Heinrich Albert Probst à Leipzig plusieurs œuvres dont « une grande ouverture pour grand orchestre » qui pouvait servir à l'inauguration d'un théâtre. (L'éditeur acceptait si les honoraires étaient réduits, et il demandait à Beethoven de lui fournir les réductions pour piano à deux et quatre mains – ce qu'il accepta et fit réaliser par Czerny [5., 1788]).

Le 8 octobre [5., 1895], il remerciait Czerny de la réduction pour piano à deux mains, et lui demandait s'il pouvait en établir une pour quatre mains.

Le 23 novembre 1824 [5., 1901], Beethoven proposait à B. Schott's Söhne « la grande ouverture qui a été jouée lors des deux académies des 7 et 23 mai ». (Schott acceptait les propositions le 30 novembre 1824, [5., 1903], et Beethoven la vendait le 29 décembre 1824 [5., 1918]).

Le 5 février 1825 [6., 1932], il lui indiquait le nom du dédicataire de l'*Ouverture op. 124* : le prince Galitizine.

Le 19 mars [6., 1948], il envoyait à Ferdinand Ries à Bonn, en même temps que la *Neuvième Symphonie*, l'*Ouverture op. 124*.

Vers le 6 juillet [6., 2003], Beethoven annonçait au prince Nicolas Galitzine qu'il lui faisait envoyer la copie de l'Ouverture qu'il « avait pris la liberté de lui dédier, espérant profondément que cette dédicace l'honore ». Le prince remerciait Beethoven le 14 janvier 1826 [6., 2106].

Le 1er août [6., 2178], Beethoven écrivait à Wilhelm Ehlers (chanteur, alors régisseur du théâtre de Mannheim, qui avait l'intention d'adapter la musique des *Ruines d'Athènes* à un nouveau livret en un acte, *Simson*) qu'il était entièrement d'accord avec sa mise en œuvre, mais qu'il fallait qu'il retourne au texte de Kotzebue pour restituer le sens de cette œuvre (la version de Meisl avait dénaturé le texte). Il attirait son attention sur la question de l'ouverture : il devait « choisir celle qui correspondait le mieux à ses intentions, soit la première en *sol* mineur, soit la nouvelle en *ut* majeur gravée par Schott à Mayence (*op. 124*).

WoO 3
Gratulations-Menuett

Pour orchestre
Tempo di Menuetto quasi Allegretto, 3/4, mi *bémol majeur – 108 mes.*

TEMPS DE LA COMPOSITION ET PREMIÈRE EXÉCUTION

Fin octobre-début novembre 1822 : Beethoven accepta d'écrire un Menuet pour la Sérénade offerte au directeur du Josephstädter Theater, Carl Friedrich Hensler (1759-1825), le jour de sa fête, durant la nuit du 3 novembre 1822, sous les fenêtres de sa maison.

CONTEXTE BIOGRAPHIQUE

Alors qu'il composait de grandes œuvres (*Variations Diabelli op. 120*, *Missa solemnis op. 123*, *Neuvième Symphonie op. 125*), Beethoven accepta d'en composer de petites (Kleinigkeiten) de circonstance, qu'il essaya de vendre, à la fois pour les honoraires et pour sa notoriété.

La composition de ce *Gratulations-Menuett* est un geste de gratitude envers Karl Friedrich Hensler, qui venait de rénover le Théâtre de la Josephstadt et de l'inaugurer le 3 octobre 1822 avec le Festspiel *Die Weihe des Hauses* de Karl Meisl pour lequel Beethoven avait composé l'*Ouverture op. 124* et adapté les *Ruines d'Athènes op. 113*[1]. C'était aussi un moyen pour lui d'entretenir sa popularité : contribuer à l'inauguration d'un théâtre, ce qui était également pour lui une façon de participer à la diffusion de l'art et de la culture.

PRÉSENTATION DE L'ŒUVRE

Tempo di Menuetto quasi Allegretto, 3/4, *mi* bémol majeur

L'orchestre est composé des cordes, de timbales, de trompettes et cors en *mi* bémol, de bassons, de clarinettes et de flûtes.

Ce *Menuet* est en trois parties, avec une partie centrale en *la* bémol majeur.

Les trompettes et timbales, *f*, introduisent tout l'orchestre qui s'arrête sur la dominante au bout de deux mesures ; puis les cordes introduisent un rythme pointé léger, repris par les bois ; une seconde section plus étendue et de forte intensité joue avec ces premiers éléments. La partie centrale, *dolce*, *sempre piano*, plus légère (*pizz.* des cordes et *staccato* des bassons) a la structure d'un trio constitué de deux parties ; elle se termine sur la suspension d'un accord de dominante. La reprise du Menuet en *mi* bémol majeur apporte la résolution harmonique attendue.

SOURCES

Le manuscrit autographe (à Berlin) porte la mention « Tempo di Minuetto [« Allegretto ma non troppo » est rayé] / quasi allegretto / Gratulations-Menuett [noté au crayon] », sans nom d'auteur.

Une copie destinée à l'archiduc Rodolphe (Vienne, GdM) porte la mention : « Gratulations Menuett von L.v. Beethoven im November 1823 » [au lieu de 1822] – cette copie, établie par le copiste Rampl, fut envoyée à l'archiduc le 27 février, en même temps que des copies de l'*Ouverture op. 124* et du Chœur pour *Die Weihe des Hauses WoO 98*.

PUBLICATION

Posthume, en 15 voix séparées, par Artaria et Compagnie, en été 1832 :

1. Dans une lettre du 13 septembre 1822 [4., 1496], Beethoven expliquait à Carl Friedrich Peters qu'à peine rentré à Vienne le 1er septembre, il avait été fort sollicité, en particulier par le Directeur d'un théâtre qui lui avait commandé des œuvres pour inaugurer sa nouvelle construction – ce qu'il avait accepté pour lui faire plaisir.

« ALLEGRETTO / pour l'Orchestre composé / PAR / Louis v. Beethoven / Œuvre posthume/ Publié d'après la Partition autographe / de l'Auteur / ET DÉDIÉ / à Son ami / Monsieur / Ch.[s] Holz / PAR / l'Editeurs Propriétaires / [...] »

La première édition en partition date de 1864, GA.

CORRESPONDANCE

Début novembre 1822 [4., 1507], Beethoven proposait à Anton Diabelli « un Menuet de *gratulations* [sic.] pour grand orchestre » en même temps qu'une ouverture (*op. 124*) et que sept numéros de la *Weihe des Hauses* (*op. 113* n° 1, 2, 4, *WoO 98* ainsi que *op. 113* n° 5, 7, 8).

Le 20 décembre [4., 1516], il proposait à Carl Friedrich Peters à Leipzig des petites œuvres [« von kleinern Werken »] dont « un Menuet de *gratulations* pour grand orchestre [sic.] ».

Le 27 février 1823 [5., 1586], il envoyait à l'archiduc Rodolphe des copies de quelques « *Novitäten* » (*Op. 124*, *WoO 98* et *WoO 3*).

Le 7 mai 1825 [6., 1966], il proposait à B. Schott's Söhne à Mayence le « Gratulations *Menuet* » en même temps que les 4 Marches de circonstance écrites pour une musique turque au complet (*WoO 18, 19, 20* et *24*).

Le 31 mai 1826 [6., 2157], il proposait des « Kleinigkeiten » à Schlesinger à Berlin dont : « *Serenade Gratulationsmenuett* », ainsi que « ein *Entre-Act* » (sans doute le *WoO 2b*, entracte pour le deuxième acte de *Leonore* en novembre 1805), tous deux « pour grand orchestre ». L'éditeur acceptait l'offre le 10 juin [6., 2162] et demandait le manuscrit original ou une bonne copie.

Le 3 juin [6., 2159], Beethoven proposait à Heinrich Albert Probst à Leipzig des « Kleinigkeiten » qui étaient prêtes, dont « Einen *Serenade-Gratulations-Menuet* » et l'Entracte « tous deux pour grand orchestre ».

Opus 128
Der Kuß (Le Baiser)

Ariette *pour voix et piano, sur un poème de Christian Felix Weiße*
Allegretto/Mit lebhaftigkeit, jedoch nicht zu geschwindem Zeitmaße und scherzend vorgetragen, 3/4, la *majeur – 63 mes. (Avec vivacité, mais dans un tempo pas trop rapide et avec une interprétation facétieuse)*

TEMPS DE LA COMPOSITION

Esquissée et composée en 1798 en même temps que le *Quatuor op. 18 n° 3*, puis retravaillée et achevée en décembre 1822, au moment où Beethoven chercha à faire publier d'anciennes compositions (cf. la liste des prix de plusieurs œuvres, destinée à Carl Friedrich Peters, établie peu avant le 5 juin 1822 [4., 1468, p. 494]).

CONTEXTE BIOGRAPHIQUE

Cette *Ariette* fait partie des anciennes compositions que Beethoven retravailla plus de vingt ans plus tard pour répondre favorablement au vœu de l'éditeur Carl Friedrich Peters qui voulait éditer des œuvres de lui. Très occupé par ses grandes compositions (les *Variations Diabelli*, la *Missa solemnis*, la *Neuvième Symphonie op. 125*), il n'avait pas le temps de composer de nouvelles œuvres et avait besoin d'argent ; il chercha alors parmi ses anciennes œuvres celles qui étaient encore valables, et les proposa à Peters (il établit une liste avec les prix en juin 1822).

Déjà associée au moment de sa composition à l'*Opferlied*, cette *Ariette* fut également associée au *Bundeslied* à partir de 1822 (Beethoven leur conféra le même numéro d'opus, 121). Il s'agissait donc d'un ensemble de trois « Gesänge » très différents en apparence, mais qui procédaient en fait de la même intention – la nouveauté et la modernité (au besoin) déroutante de leur facture –, et visaient au même but – la mise en évidence et la mise en œuvre de la diversité des situations caractérisant la condition humaine, symbolisée par la trilogie spiritualité (*Opferlied*)-fraternité joyeuse (*Bundeslied*)-amour physique (Ariette, qui s'intitulait dans le poème d'origine *Der Kuss*).

Si les deux *Lieder* pour voix, chœur et instruments (*Op. 121b* et *122*) ont une facture proche dont Beethoven était très fier, cette *Ariette* a une facture sur laquelle il insista également quand il la proposa (successivement) à différents éditeurs, spécifiant chaque fois qu'il s'agissait d'une *Ariette* (terme connotant le monde de l'opéra) qui était composée d'un seul tenant, donc, *de facto*, comme une petite scène d'opéra comique, au lieu d'être tout simplement strophique – les indications d'interprétation insistant sur le côté humoristique («lächelnd», en souriant), installant ainsi la distance comique qui permet d'évoquer sous forme grivoise une expérience largement partagée. Le choix de ne pas donner le titre du poème à ce «Gesang» (au lieu de *Der Kuss*, le titre est *Ariette*) prouve que Beethoven privilégiait la facture et qu'il voulait surprendre les interprètes et les auditeurs en ne leur livrant pas immédiatement le contenu du «Gesang».

PRÉSENTATION DE L'ŒUVRE

Le texte est de Christian Felix Weiße et publié à Leipzig en 1758 parmi un ensemble de poèmes de cet auteur, *Scherzhaften Liedern* (*Lieder badins*), puis en 1766 dans un recueil de poèmes allemands, *Lieder der Deutschen*, publié par Karl Wilhelm Ramler, et enfin en 1772 dans le premier volume des *Kleine lyrishen Gedichte* de Weiße. Ce n'est qu'en 1793 que Weiße fut publié à Vienne, et c'est sans doute dans cette édition que Beethoven prit connaissance de ce poème anacréontique, genre prisé en Allemagne au milieu du XVIIIe siècle, mais démodé au début du XIXe siècle, qui mettait en scène des figures «à l'Antique» au milieu de paysages d'Arcadie fleuris et ensoleillés pour évoquer le thème de l'amour...

Ce poème, intitulé *Der Kuss*, comprend deux strophes de quatre vers :

Ich war bey Chloen ganz allein,
Und küssen wollt' ich sie;
Jedoch sie sprach, sie würde schreyen,
Es sey vergebne Müh.
J'étais tout seul avec Chloé,
Et je voulais l'embrasser;
Mais elle dit qu'elle allait crier,
Que c'était peine perdue.

Ich wagt'es doch, und küsste sie
Trotz ihre Gegenwehr.
Und schrie sie nicht? Ja wohl sie schrie, –
Doch lange hinter her.
J'osai pourtant, et l'embrassai
Malgré sa résistance.
Et elle ne cria pas? Si bien sûr elle cria,
Mais longtemps après.

Contrairement à la mise en musique conventionnelle de ce genre de poème, Beethoven ne s'est pas limité à la forme strophique : il a composé le poème dans son enchaînement, le traitant, non comme une forme musicale répondant à une structure attendue (telle la forme a b a), mais comme une scène d'opéra comique, constituée de moments successifs différents et en progression émotionnelle. Pour obtenir l'effet humoristique, il a joué sur la répétition de mots et de phrases, sur des ensembles de notes différents pris dans la continuité mélodique, tels «küssen», «sie würde schrein», «vergebne Müh' », « trotz ihre Gegenwehr», «lange» (répété neuf fois de suite sur des croches, treize fois en tout), sur des ralentissements du tempo (*poco adagio* sur «Und schrie sie nicht?»), sur des silences provoquant un effet de suspens, sur des indications de jeu («lächelnd» est noté pour la fin) et sur une mélodie faite d'intervalles de plus en plus larges (comme partant à l'assaut d'un objet à conquérir).

Une introduction de 9 mesures prépare l'entrée de la voix qui reprend la même ligne musicale avant d'adopter un rythme heurté au moment du refus de Chloé. Puis chaque moment est traité de manière spécifique, avec insistance musicale sur la résistance de la courtisée, et avec comique de répétition sur son consentement final.

SOURCES

Nottebohm a mentionné des esquisses datant de 1798 à côté de la deuxième version de l'*Opferlied WoO 126* (II, 477, 478 = *Skizzenbuch Grasnick 1*, à Berlin), et de la fin 1822, avec l'Agnus Dei de la *Missa solemnis* et la musique pour *Die Weihe des Haus* (II, 473 = *Artaria 201* à Berlin). Ces esquisses se trouvent entre celles pour l'*Ouverture op. 124* et d'autres pour la *Neuvième Symphonie*[1].

Le manuscrit autographe (qui fit partie de la collection de Stefan Zweig, à Londres), n'a pas de nom d'auteur, mais porte la date de «1822 im Decemb.», ainsi qu'une question inscrite sur le bord droit : «Was für ein Titel?» (Quel titre?). Il est très lisible et comprend peu de corrections.

Un fragment de manuscrit autographe d'une première version (à Paris) porte le titre, inscrit par une autre main : «Der Kuss /

1. Cf. L'article de S. Brandenburg, «Die Skizzen zur Neunten Symphonie», in *Zu Beethoven*, Verlag Neue Musik Berlin 1984, p. 88-129, p. 107.

op. 128. Decembre 1822» et daterait de novembre 1822. Il a y beaucoup de corrections.

Une copie (Archives Schott à Mayence) porte le titre autographe : «Ariette / [Ich war bei Cloen ganz allein (inscrit par une autre main)] / mit Klavier / Von L. v. Beethoven» – «2269/ op. 128», inscrit par une autre main.

PUBLICATION

Au printemps 1825 par B. Schott Söhne à Mayence :

«ARIETTE / Ich war bey Chloen ganz allein / mit Clavier begleitung / in musik gesezt von / L. van Beethoven / 121tes Werk [corrigé en 128 plus tard]. – Eigenthum der Verleger. [...]»

Le numéro d'opus 128 ne fut attribué qu'après la mort de Beethoven quand les éditeurs Aratria et Schott constatèrent que ce numéro d'opus était disponible.

Une transcription pour guitare et voix parut en juin 1825 chez B. Schott Söhne à Mayence.

Une transcription pour concerto avec piano établie par Chr. Rummel parut en automne 1825, chez B. Schott Söhne à Mayence : «Fantaisie Variations et Rondeau / sur le Thême favori / de L. van Beethoven. / {Ich war bey Chloen ganz allein } / composés pour / PIANO – FORTE SEUL, / ou à volonté avec accompagnement de / Violon, Alto, Flûte, deux Hautbois, (ou Violons,) / deux Cors, Basson, (ou Violoncelle) et Contrebasse /.../ par / CHRETIEN RUMMEL /.../ Œuvre 50. /... ».

L'ŒUVRE VUE PAR SES CONTEMPORAINS

Caecilia, n° 7 avril 1825, publia l'annonce de la parution (également dans n° 9, n° 11 d'août 1825) de ce «charmant petit Lied» sur un texte séduisant, avec une musique originale, qui devrait obtenir beaucoup de succès.

La *BAMZ* 3e année, n° 1 du 4 janvier 1826, publia un court article très critique sur ce Lied dont le texte, en forme de récit, est démodé et dont la musique est plus orientée vers le rire que vers le chant. L'auteur de l'article trouvait la fin trop longue, triviale et à la limite de la grivoiserie.

Caecilia V (Heft 20, novembre 1826, p. 250), publiait un court article d'Ignaz von Seyfried qui soulignait le caractère comique de ce petit Lied («Liedchen») au texte démodé.

CORRESPONDANCE

Peu avant le 5 juin 1822 [4., 1468], Beethoven établissait, à destination de Carl Friedrich Peters qui souhaitait publier des œuvres de lui, une liste des prix pour, entre autres, des «Airs pour piano seul», des Marches, des Bagatelles, des nouvelles Variations, une nouvelle Sonate, ajoutant à la liste ««bey Chloen war ich ganz allein» von *gleim* [*sic*]» (il s'agissait d'un ensemble de compositions anciennes sauf pour celles qualifiées de «neue»).

Le 8 février 1823 [5., 1561], Beethoven expliquait à Peters qu'il lui envoyait des Airs qui renouvelaient le genre : les uns avec chœurs et instruments et un autre qui était une Ariette au sens propre, affirmant qu'il n'écrivait «pas seulement pour de l'argent, mais que ses compositions correspondaient à des intentions esthétiques, et qu'en regard de cela les honoraires étaient faibles».

Le 15 février [5., 1570], il l'informait qu'il lui avait envoyé les «3 Gesänge». (Peters renvoya tout peu après, refusant de publier ces œuvres qui ne correspondaient pas du tout à ce qu'il avait commandé [5., 1604, le 4 mars 1823].

Le 25 février 1824 [5., 1783], Beethoven proposait les «3 Lieder» avec accompagnement de piano, dont deux pouvaient avoir un accompagnement d'autres instruments et dont «le troisième était une Ariette qui n'était pas longue et était composée». Probst acceptait le 1er mars [5., 1785], mais le 28 août de la même année, il n'avait encore rien envoyé, prétextant le mauvais temps à Baden [5., 1867].

Le 23 novembre 1824 [5., 1901], le compositeur proposait à B. Schott's Söhne à Mayence «trois chants dont deux avec chœur et accompagnement d'un piano seul (ou bien seulement d'instruments à vent (*op. 122*), pour les autres avec tout l'orchestre (*op. 121b*); le troisième chant doit être exécuté avec piano seul». Beethoven n'envoya les «Gesänge» que le 5 février 1825 [6., 1931], et le 5 mars 1825 [6., 1943], Schott demandait les numéros d'opus – il répondait le 19 mars 1825 [6., 1950] : « Suivent les numéros d'opus des œuvres N° 121 / Meße N° 123 / [...] ».

Le 10 décembre 1826 [6., 2236], Beethoven informait Wegeler qu'il allait recevoir des partitions, dont les trois «Gesänge»; il demanda à Schott [6., 2244] de les envoyer à Wegeler qui remercia Beethoven le 1er février 1827 [6., 2255].

Opus 123
Missa solemnis en *ré* majeur

Pour quatre solistes, chœur et orchestre
/«Kyrie»
Assai sostenuto / Mit Andacht, ¢, ré *majeur – 223 mes.*
/ « Gloria »
Allegro vivace, 3/4, ré *majeur – 569 mes.*
/ « Credo »
Allegro ma non troppo, **C**, si *bémol majeur – 472 mes.*
/ « Sanctus »
Adagio / Mit Andacht, 2/4, ré *majeur*
/ « Benedictus » (mes. 111)
Andante molto cantabile e non troppo mosso, 12/8, sol *majeur – 234 mes.*
/ « Agnus Dei »
Adagio, **C**, si *mineur – 434 mes.*

TEMPS DE LA COMPOSITION ET PREMIÈRE EXÉCUTION

L'essentiel de la composition fut réalisé entre avril/mai 1819 et la fin 1822. Beethoven travailla encore, au cours des premiers mois de l'année 1823, sur la copie établie au début 1823. Il rajouta les parties de trombones en 1823-1824.

Après l'expédition de la copie définitive destinée à la gravure fin janvier 1825 (dans lequel il restait des fautes de copiste), il envoya par correspondance de nouvelles corrections à effectuer pour l'édition [6., 2022, 2 août 1825]. Mais il mourut avant d'avoir pu corriger les épreuves et revu les exemplaires de l'édition définitive.

Les esquisses montrent que Beethoven a pris les différents moments de la messe dans leur ordre de succession liturgique, avant de travailler à plusieurs en même temps. Le travail commença donc par le Kyrie et le Gloria (achevés début 1820), le Credo ayant été conçu ensuite, en 1820.

Pendant qu'il esquissait et composait sa *Messe*, Beethoven termina plusieurs autres œuvres : les *Sonates pour piano op. 109, op. 110, op. 111*, les *Variations op. 107 n° 8*, les *Bagatelles op. 119* des n°s 7 à 11 (les esquisses pour l'Agnus Dei sont contemporaines de celles de la *Sonate op. 111* – cf. Nottebohm, II, 468).

Le peintre Joseph Karl Stieler qui fit son portrait en février/mars 1820 le représenta avec un cahier d'esquisse sous le bras portant le titre de *Missa solemnis en ré majeur* (certainement sur demande de Beethoven, qui considérait à cette époque cette œuvre comme la plus importante et la plus représentative de sa création).

La première exécution de la totalité de l'œuvre eut lieu le 7 avril 1824 à Saint-Pétersbourg lors d'un concert organisé par le prince Galitzine dans la salle de la Société philharmonique.

En partie, elle fut donnée sous le titre d'*Hymnes*, sans le Gloria ni le Sanctus, le 7 mai 1824 dans la salle du Kärntnertortheater, en même temps que la création de la *Neuvième Symphonie op. 125*.

Le 23 mai 1824, lors de la reprise du concert, seul le Kyrie fut donné.

CONTEXTE BIOGRAPHIQUE

Cette *Messe*, d'une ampleur et d'une facture jusque là inédites, est de l'initiative de Beethoven. Espérant une amélioration de sa situation à l'occasion de l'intronisation de l'archiduc Rodolphe comme archevêque d'Olmütz[1], il eut l'idée de participer à la cérémonie prévue pour le mois de mars 1820 en écrivant une Messe, affirmant même à l'archiduc Rodolphe le 3 mars 1819 [4., 1292], que ce serait le plus beau jour de sa vie.

Beethoven pensait réaliser cette nouvelle *Messe* en quelques mois et être prêt pour le jour de la cérémonie : en décembre 1819 [4., 1361][2], il certifiait à l'archiduc Rodolphe que celle-ci serait bientôt entre ses mains[3]. En fait, il lui fallut quatre ans et demi pour terminer cette œuvre immense (il interrompit la composition des *Variations Diabelli*, entre 1820 et 1822, pour achever ce qu'il considérait donc comme une de ses priorités).

Cette *Messe*, dont la taille dépassa ses prévisions, comprend les différents moments de la cérémonie liturgique : il s'agit donc d'un texte connu de tous, texte que Beethoven avait déjà mis en musique en avec la *Messe en Ut op. 86*, composée durant le printemps et l'été 1807. Mais déjà pour cette première

1. Comme il le signalait lui-même à Ferdinand Ries à Londres, dans une lettre [4., 1294, 8 mars 1819].

2. Le 10 novembre 1819, il écrivait à Ferdinand Ries à Londres qu'il était en train de terminer une grande messe [4., 1341].

3. Seuls le Kyrie et le Gloria étaient prêts en mars 1820, au moment de la cérémonie d'intronisation.

version, il faisait remarquer à son éditeur Breitkopf & Härtel qu'il en avait traité le texte de manière inhabituelle [2., 327].

Poursuivant sur cette lancée ses recherches musicales, et dans un contexte de création de très grandes œuvres (après la *Sonate op. 106* furent composées les *Variations Diabelli* et la *Neuvième Symphonie*), il conçut une *Messe* qui bousculait et dépassait toutes les normes alors reconnues, chacun des moments étant traité de manière surprenante. Beethoven, qui avait décidé de composer une œuvre pour la cérémonie d'intronisation de l'archiduc à la fonction d'archevêque, exprima, par la conception, et dans la composition même de la *Missa solemnis*, l'interprétation qu'il donnait à cette fonction – définie en ces termes dans sa lettre du 3 mars 1819 à l'archiduc : « La nouvelle charge de V.A.I. qui embrasse avec une telle plénitude *l'amour de l'humanité*, est certainement une des plus belles, et de ce fait V.A.I. sera toujours le plus beau modèle de guide *temporel* et *spirituel*. »

Par delà le style auquel il se sentait obligé de recourir dans sa correspondance avec l'archiduc Rodolphe (par lequel il espérait une amélioration de ses conditions de vie et de travail) [1], Beethoven mettait l'accent sur l'idéal d'humanité (« *Humanitätsideal* ») qu'il attachait à cette charge archiépiscopale. Il se devait donc de composer une œuvre qui porterait elle aussi cet idéal en orientant les différents moments de la Messe vers des sortes de « drame de l'âme » concernant tout croyant dans son rapport à la divinité, comme lieu d'expression de la transcendance et d'espérance en la délivrance de l'humanité. Dans cette perspective, Beethoven conçut la messe comme une juxtaposition de scènes, à chacune desquelles la musique devait conférer (et elle-même constituer) une dimension émotionnelle et spirituelle en relation avec les termes consacrés par la liturgie. Il voulait donc faire comprendre aux auditeurs et aux interprètes ce qu'il en était de la condition humaine (la nature de l'homme, ses angoisses, ses joies, ses attentes, sa combativité, etc.) ainsi que des facultés créatrices de l'homme.

La haute conscience que Beethoven avait de la portée spirituelle (et par-là politique, la liberté spirituelle étant pensée comme fondement d'une société digne de l'homme) de sa messe, trouve aussi son expression dans la façon dont il chercha à la diffuser : avant d'être gravée et publiée, il souhaitait qu'elle soit connue sous forme de copie manuscrite et proposée en souscription aux principaux souverains européens. Il eut cette idée au moment où il achevait la composition (fin 1822) et fit donc parvenir une proposition de souscription à différents souverains [2] avec une lettre qui disait :

« Le soussigné vient d'achever son dernier ouvrage qu'il tient pour le plus réussi des produits de son esprit. C'est une Grand Messe solennelle pour quatre voix solistes, avec chœur et Grand orchestre complet, qui pourrait même être exécutée comme grand oratorio.

Il éprouve par conséquent le désir de soumettre un exemplaire de cette Messe en partition à votre Altesse [...]. Toutefois, comme la copie de la partition exige une importante mise de fonds, le soussigné ose très humblement soumettre à Votre Altesse [...] qu'il a fixé pour cet ouvrage considérable des honoraires modestes de 50 ducats, et il se flatte qu'il pourra jouir de l'honneur exceptionnel de compter Votre Altesse [...] au nombre de ses souscripteurs les plus distingués. » [3]

Pour assurer la réussite de cette entreprise qui lui tenait à cœur (comme il le dit lui-même, et pas seulement pour des raisons financières), Beethoven sollicita les personnalités qu'il connaissait pour qu'elles appuient sa démarche. C'est dans ce but qu'il écrivit à Cherubini, comme à Goethe et à Zelter, spécifiant que cette Messe pouvait être exécutée comme un Oratorio (tel *Le Messie*, de Haendel) et qu'elle pouvait être adaptée pour être chantée *a capella* – les instruments, toutefois, assuraient plus sûrement l'effet escompté.

Cette suggestion était d'autant plus osée que la censure interdisait de donner des messes en concert public : pour contourner cet interdit, seuls trois parties de la *Missa solemnis* furent créées lors de la dernière grande Académie de Beethoven le 7 mai

1. Tout au long de son travail, Beethoven compta sur des avances financières, des éditeurs en particulier (*BKh* 1, décembre 1819).

2. Au grand-duc, prince-électeur de Hesse, au grand-duc de Bade, au roi du Wurtemberg, au roi de Bavière, de Prusse, au roi de Saxe, au grand-duc de Saxe-Weimar, au grand-duc du Mecklenburg.

3. Voir *Briefe*, 5, p. 5 sq. Traduction E. Anderson, p. 1100.

1824, au cours de laquelle fut exécutée la *Neuvième Symphonie* – le Kyrie, le Credo et l'Agnus Dei, présentés sous la dénomination d'*Hymnes* de façon à déjouer tout soupçon.

Changer ainsi la destination liturgique de la *Messe* pour en faire un moment de musique de concert profane était faire preuve d'une audace incroyable. C'était une façon de mettre l'accent sur la dimension spirituelle de cette musique (avant d'être religieuse et liturgique), ce que confirme l'interprétation musicale des paroles du Credo qui passe très rapidement sur le mot «catholicam» (seules les voix de ténor dans le chœur prononcent ce mot, sans insister, tandis que les voix de soprano et d'alto répètent «cre-do» avec une forte conviction appuyée par des *sforzando* – mesure 282). Il ne se posait plus en humble serviteur du culte catholique, mais en créateur dont la mission était de faire éprouver aux hommes la transcendance. Il souhaitait que sa *Messe* puisse éveiller de façon permanente chez les chanteurs et chez les auditeurs des sentiments religieux, c'est-à-dire qu'il voulait que sa musique permette aux autres hommes de découvrir cette dimension transcendantale. À Johann Andreas Streicher, le 16 septembre 1824 :

«J'accède volontiers, mon cher ami, à votre désir de fournir les parties de chant de ma dernière Grand Messe avec son arrangement pour orgue ou pour piano aux différentes sociétés de chant notamment parce que ces sociétés, dans leur solennités publiques mais aussi religieuses, peuvent être d'une efficacité extraordinaire et que mon but capital en composant cette grande Messe était de susciter et d'instiller en permanence des sentiments religieux aussi bien chez les chanteurs que chez les auditeurs» [5., 1875].

Pour composer cette *Messe*, destinée à l'intronisation comme archevêque d'Olmütz de l'archiduc Rodolphe, auquel il enseignait la composition, Beethoven (se conformant alors aux conseils d'E.T.A. Hoffmann qui voyait les «vieux maîtres» comme des modèles à suivre) s'était imprégné des œuvres des grands maîtres (en particulier Haendel[1] et Bach[2]), et il avait étudié de près les partitions de musique sacrée que possédait l'archiduc dans sa bibliothèque. Il résulte de cette démarche que la *Missa solemnis* présente les même caractéristiques que les *Variations Diabelli*, œuvres entièrement nouvelles, qui s'inspirent des anciens et s'inscrivent dans un héritage pour le dépasser («Aller de l'avant» est une des exigences essentielles de Beethoven [2., 465, 21 août 1810]), c'est-à-dire pour aider l'homme à se connaître toujours mieux grâce au développement de ses modes d'expression spécifiques.

Les références implicites aux Oratorios de Haendel (en particulier au *Messie* qui donne une grande importance aux chœurs et qui glorifie l'homme) sont présentes dans la *Missa solemnis* de plusieurs façons : en premier lieu, par l'interprétation que Beethoven donne de la messe en la transformant en vaste épopée à la gloire du pouvoir créateur de l'homme ; en second lieu, par son écriture qui s'inspire du *Messie* – importance accordée à l'écriture fuguée, traitement des chœurs par empilement, allusions directes à certaines pages de musique caractéristiques de cet *Oratorio*, sonorité et intervention combinée des trompettes et des timbales (à une place tout à fait insolite dans une messe, ce qui constitue également une référence à Haydn, et à sa *Missa in tempore belli [Paukenmesse]* en *ut* majeur, de 1796).

L'audace de ce détournement de la destination liturgique d'une messe vers une destination avant tout spirituelle est à mettre en relation avec un article de Hoffmann publié en 1814 dans l'*Allgemeine musikalische Zeitung*[3] et intitulé «Musique sacrée ancienne et moderne»[4]. Dans une lettre du 23 mars 1820 [4., 1373], Beethoven remerciait. Hoffmann de l'intérêt qu'il prenait à ses

1. Il fut ravi de recevoir les œuvres complètes de Haendel d'Angleterre, où il a longtemps été question qu'il aille faire un voyage – c'est un des thèmes fréquents des *BKh*.

2. Sa correspondance avec ses éditeurs fait souvent référence à Bach (pas un «ruisseau», mais une «mer») et le 2 septembre 1825, il a composé un canon sur le nom de son ami compositeur Kuhlau, qui avait lui-même improvisé en sa présence sur les notes qui constituent le nom de B-a-c-h (publié en 1819 dans l'*Allgemeine musikalische Zeitung*) – WoO 191 «Kühl, nicht lau», canon à trois voix sur les notes «b-a-c-h».

3. Johann Friedrich Rochlitz (1769-1842) en fut le rédacteur depuis la fondation de cette revue par Breitkopf & Härtel en 1798 jusqu'à la fin 1818.

4. Traduction française publiée dans E.T.A. Hoffmann, *op. cit.*, p. 173-193.

compositions[1] et lui exprimait son estime et son respect en le qualifiant d'« homme si riche d'esprit » et « doué de qualités exceptionnelles » [4., 1373].

Cette *Missa solemnis* peut être considérée comme un nouveau défi relevé par Beethoven pour se placer au premier rang de tous les compositeurs, puisque cette *Messe* est en quelque sorte une réponse à l'attente de Hoffmann, qui déplorait la frivolité et le manque de transcendance des Messes contemporaines, et espérait qu'un compositeur saurait dominer l'écriture liturgique, c'est-à-dire le contrepoint (style fugué), pour redonner son sens à la musique sacrée, la seule digne du nom de « musique » :

« Aucun art, plus que la musique, ne jaillit si purement des profondeurs spirituelles de l'homme, aucun ne demande des moyens plus exclusivement intellectuels, plus éthérés. Les sons traduisent distinctement la prescience des forces sublimes et saintes, de l'Esprit qui fait jaillir l'étincelle de la vie dans la nature entière ; la musique, le chant, expriment ainsi la plénitude suprême de l'existence : elle est hymne au créateur[2]. »

Il poursuivait en glorifiant la musique, qui « répand ses trésors sur l'humanité », « illumine la vie ». « Langue des esprits », elle est le lieu même de la plus haute spiritualité ; c'est elle qui fait accéder à la transcendance, car, en particulier, « l'accord exprime l'amour, l'harmonie de tout ce qui dans la nature est esprit. » Il affirmait que « la musique la plus pure, la plus sainte, la plus sacrée, est celle qui naît du cœur, qui n'est que l'expression de l'amour[3] ». Cette affirmation de Hoffmann trouve un écho dans le commentaire que Beethoven a inscrit en marge de son manuscrit du Kyrie : « Venu du cœur, puisse-t-elle atteindre aussi le cœur. »

Par sa *Missa solemnis,* Beethoven opérait un renversement de point de vue, car il posait le pouvoir créateur de l'homme face à celui de la divinité, et se présentait lui-même comme celui capable aussi de donner un accès à la transcendance – position contraire aux idées religieuses de son époque : le monde a un Créateur, source de toutes créations ; « Dieu est une solide forteresse », selon les paroles de Luther ; l'Idéal est du côté du Créateur, dans les sphères supérieures ; l'artiste est l'intermédiaire entre le monde divin et le monde des hommes et l'inspiration est la marque de ce lien privilégié avec le divin – mais en aucun cas l'homme ne peut rivaliser avec la divinité.

PRÉSENTATION DE L'ŒUVRE

Plusieurs types d'écritures (polyphonique, choral, contrapuntique, harmonique) et plusieurs styles (religieux catholique ou protestant, dramatique ou symphonique) sont associés ou juxtaposés par Beethoven, accompagnant son discours, jouant de manière très subtile avec l'instrumentation, l'entrée des voix et leur différenciation entre solistes et chœur, ainsi qu'avec les tonalités et les modulations, dans une structure très simple prenant appui sur chacun des versets de la Messe.

Instrumentation différenciée, densité sonore, changement de tonalités et type d'écriture se conjuguent également pour marquer les articulations du discours musical.

L'« Amen oder l'Alleluja » prévu par Beethoven dès qu'il eut l'idée de fêter l'intronisation de l'archiduc Rodolphe a, de fait, une place de choix à la fin du Gloria et du Credo.

Kyrie. Premier composé, il propose déjà une interprétation musicale originale, sorte de prière centrée sur la tension intime et l'apaisement provisoire du croyant, désormais disponible pour le déchaînement éclatant du Gloria. Dès ce Kyrie, Beethoven, qui a pris soin de lire les musiques anciennes[4], s'attache à l'écriture harmonique « classique » pour la dépasser, s'élever au-dessus de ses contraintes formelles et de ses traditions. Dès l'introduction orchestrale il expose le matériau dont il va se servir par la suite : de longs accords de *ré* majeur qui posent la tonalité sur le rythme sans heurts mais dramatisé par le recours à la

1. Hoffmann avait publié des articles qui mettaient l'accent sur la grandeur et la nouveauté de la musique de Beethoven (*Cinquième Symphonie* en avril-mai 1810, *Ouverture de Coriolan op. 62* en juin 1812, *Trios pour piano op. 70* en 1812/1813, *Messe en ut majeur op. 86* en mai 1813, Musique pour *Egmont* en juin 1813).

2. *Écrits sur la musique, op. cit.*, p. 174

3. *Ibid.* p. 176.

4. Au cours de l'année 1818, à l'aide de Friedrich August Kanne, de Carl Peters et de Joseph Czerny, et grâce à la bibliothèque de l'archevêque Rodolphe, Beethoven étudie la musique sacrée (*geistlich*), de la musique grégorienne jusqu'à Bach, Haendel et C.P.E. Bach, en passant par Palestrina, et il se préoccupe de maîtriser au mieux la prosodie latine (cf. note du *Tagebuch,* 168.)

syncope initiale (sur « Ky ») de « Ky – / – ri-e », soulignée par les timbales, avant une modulation en *si* mineur ; les timbres différenciés des instruments, sans trombones, mais dans toute l'étendue de l'orchestre ; l'espace sonore très large ; le tempo Assai sostenuto ; la « Stimmung » intérieure (état d'âme) qui doit manifester un profond recueillement (Beethoven a donné l'indication d'interprétation « Mit Andacht », Avec recueillement). Après cette introduction, il conserve les trois parties traditionnelles du Kyrie (« Kyrie eleison », « Christe eleison », « Kyrie eleison »), mais en jouant avec la répétition très serrée du mot Kyrie (interpellation dramatique) et l'individualisation des voix, celles des solistes autant que celles du chœur dans une sorte d'antiphonie très complexe qui crée un effet de tension par accumulation, tandis que dans la partie centrale, Andante assai ben marcato à 3/2, en *si* mineur, il établit une autre forme de tension musicale en imbriquant dans un tissu musical dense (un contrepoint), ponctué par des *sforzando*, l'invocation du Christ et son imploration : l'invocation « Chri-ste » est chantée sur deux notes distinctes (tierce ou octave descendante) avec un rythme égal de deux longues, et répétée par différentes voix de façon à établir cette invocation dans une continuité, tandis que l'imploration « eleison » est chantée sur une mélopée de notes conjointes de valeurs égales et de courte durée, de manière à tisser une texture sonore continue qui se déploie sur une quarantaine de mesures (mesure 86 à mesure 128) avant de se résoudre, après une cadence en *fa* dièse mineur, en un accord de *ré* majeur triple piano (*ppp*) en un rythme apaisé, « chri-ste-e-lei—-son—- ». Le « Kyrie eleison » initial est alors repris dans le Tempo I., avec modifications, modulations et amplification de la durée.

Ce Kyrie de 223 mesures dure plus de dix minutes.

Gloria. En contraste total avec le Kyrie qui s'achevait sur un accord ténu de deux notes (une tierce) *pianissimo*, le Gloria éclate Allegro vivace, à 3/4, en *ré* majeur sur un rythme triomphal et une densité sonore créée et entretenue par les cordes et les timbales : « Gloria in excelsis ». Beethoven joue encore avec l'attaque individualisée de chacune des voix du chœur (les solistes n'interviennent pas dans la première partie). Puis chaque séquence du texte liturgique est traitée de manière spécifique dans sa texture, son rythme, son orchestration, son tempo et sa tonalité : premier effet de rupture avec le « et in terra pax », très calme, mystérieux et homorythmique, en style choral ; le « laudamus te » reprend la dynamique du Gloria ; le « glorificamus te » privilégie l'écriture en imitation ; puis, nouvelle rupture, marquée par une modulation, une introduction instrumentale calme aux cordes basses et aux bois graves, Meno allegro en *si* bémol majeur, précède l'intervention des solistes qui chantent le « Gratias agimus tibi », les trombones intervenant pour appuyer « Pater omnipotens », le « Domine filio » qui suit étant accompagné par les bois ; une modulation indique le passage à un Larghetto en *fa* majeur, qui est introduit par les bois soutenus par les cors, pour le « Qui tollis peccata mundi, miserere nobis » mené par les solistes auxquels répond le chœur, dans un climat modulant pour le « miserere nobis », le « qui sedes dexteram patris » étant annoncé par un rythme martial à la trompette et aux timbales ; après un moment de suspension sonore, un Allegro maestoso introduit par un roulement de timbales *pp* éclate en *la* majeur pour le « Quoniam tu solus dominus », dominé par un rythme pointé, par les sonorités des cuivres, y compris les trois trombones, et par des roulements de timbales ; un Allegro, ma non troppo e ben marcato, fugato (les basses commencent), est utilisé pour « in gloria Dei patris, amen » ; le tempo devient Poco più allegro, pour l'extension de l'« amen » qui termine cette avant-dernière section ; la section finale étant une reprise du « Gloria in excelsis », cette fois Presto.

Le style fugué (caractéristique de la musique religieuse), inséré dans une écriture symphonique dramatique, est utilisé à plusieurs reprises : pour le « glorificamus te », le « Domine Deus », le « Quoniam », le « in gloria », le « Gloria in excelsis » de la fin.

Cet hymne de louange est adressé au Dieu omnipotent, premier point culminant de ce Gloria et terme souligné par l'intervention, pour la première fois, des trombones *triple forte*, les pleins jeux de l'orgue soutenant une tenue tendue de toutes les voix du chœur et de tout l'orchestre. Cet accord longuement tenu de quinte augmentée sonne comme une mise en question de cette toute puissance divine :

les hommes devraient pouvoir se dégager de cette tyrannie exercée par un pouvoir absolu.

Cette nouvelle place dévolue aux hommes, dans la perspective d'une entraide possible, est portée par la nouvelle conception formelle de ce Gloria dans la mesure où elle dépasse l'acclamation rituelle pour se métamorphoser en mouvement symphonique, dans le style de la *Neuvième Symphonie*. Cette métamorphose permet la dramatisation du texte liturgique, produit par la répétition du mot Gloria à la manière d'une ritournelle (comme dans une forme Rondo), par la monumentalité des différentes parties et surtout par la reprise du « Gloria in excelsis deo » qui conclut ce mouvement dans un tempo plus rapide, *Presto*. Cette construction musicale fréquente dans la musique purement instrumentale peut être perçue comme l'équivalent d'un déroulement dramatique (avec retournement final en faveur des héros du drame). Cette conception de la forme, qui est du registre de la musique instrumentale, produit un effet de tension (de l'ordre du choc) avec le respect attendu du texte liturgique. C'est la volonté humaine qui s'impose face à la tradition de soumission à une donnée établie.

Ce Gloria comprend 569 mesures et dure plus de vingt minutes.

Credo. Après cette jubilation sonore, le Credo affirme la foi en la capacité qu'a l'hommed'accéder au registre de la transcendance. Dans cette partie, Beethoven va encore plus loin dans son interprétation personnelle de la messe. Si, là encore, il traite chacune des séquences du texte liturgique pour elle-même, il le fait en insistant sur l'aspect humain de la relation à la transcendance, en donnant à la répétition du mot « credo » (et cela contrairement au texte liturgique) une fonction structurelle pour l'ensemble de ce morceau formé de deux grandes parties, et en magnifiant particulièrement la vitalité humaine dans la double fugue conçue pour le « et vitam venturi saeculi amen ».

Ce Credo commence en *si* bémol majeur, **C**, Allegro ma non troppo, par l'affirmation solennelle, préparée par tout l'orchestre *fortissimo*, de « Credo, credo » proclamée par le chœur. La première section de ce Credo, confiée au chœur, est dominée par une écriture contrapuntique (imitation, fugato) et une grande tension dramatique entretenue par les timbales et les cuivres, trombones compris. Après une suspension harmonique tenue par les bois, la texture sonore, le tempo et la tonalité changent pour le « Et incarnatus est », Adagio, *ré* mineur avec modulations et un passage en mode lydien, énoncé par les ténors du chœur (mes. 125-131) qui précèdent donc l'intervention des solistes, dans un tissu orchestral peu dense dominé par les bois ; puis un nouveau changement de tempo intervient pour « et homo factus est », Andante, *ré* majeur, 3/4, mené par le soliste ténor – douze mesures qui précèdent un Adagio espressivo en *ré* mineur pour le « crucifixus », évocation de la passion du Christ confiée aux solistes, avec commentaire-écho du chœur. Puis, référence au figuralisme baroque, Beethoven passe en tonalité majeure d'*ut*, Allegro, pour le « Et resurrexit » chanté *a capella*, puis en tonalité de *fa*, Allegro molto avec gammes ascendantes pour le « et ascendit in coelum », le « judicare » étant précédé par un accord dissonant des trombones et des cors. Après la reprise du « Credo in spiritum sanctum », Allegro ma non troppo un poco maestoso, se déploie une double fugue pour le « et vitam venturi saeculi » dans un tempo Allegretto ma non troppo, puis Allegro con moto, à 3/2 en *si* bémol majeur, les instruments doublant les voix. L'ensemble se termine sur une extension très intériorisée de l'« amen », chanté par les solistes et le chœur dans un grand ensemble symphonique.

L'affirmation, la joie, la douleur, l'ascension, l'exultation vitale se succèdent comme autant de facettes de l'homme en prise avec une multitude de sentiments souvent contradictoires, mais indispensables (à vivre et à dépasser) pour accéder à la transcendance[1].

Le « Credo » comprend 472 mesures et dure plus de vingt minutes.

---

1. « Durch leiden Freude », suivant l'expression chère à Beethoven, développée, en décembre 1824, par un de ses admirateurs le prince Galitzine (prince amateur de violoncelle qui lui commanda trois des derniers Quatuors à cordes, et qui fut le premier à faire exécuter intégralement cette *Missa solemnis* à Saint-Pétersbourg, en avril 1824) : « Je suis véritablement bienfaché que votre santé souffre tant, mais la souffrance est le lot indispensable de la Condition humaine, et il semble que des génies tels que vous devraient en imposer à la nature, et la prier à respecter ceux qui se distinguent comme vous du reste de l'humanité. » – Lettre, en français du 5 décembre 1824, [5., 1907].

Sanctus et Benedictus. À cette affirmation de la foi en l'homme succède la mise en évidence de son pouvoir créateur : le Sanctus, et surtout le Benedictus se transforment en concerto pour instrument à cordes, alto puis violon – ce qui était une façon d'insérer un passage évoquant l'écriture baroque inspirée de Haendel. Comme dans les mouvements précédents, le Sanctus suit les séquences du texte liturgique : il commence en *ré* majeur, Adagio. Mit Andacht (avec recueillement) comme le Kyrie, la mélodie étant confiée à l'alto solo (l'instrument à cordes qui fut un des premiers instruments maîtrisé par le compositeur) soutenu par les cordes basses, les bassons, les clarinettes et l'orgue, avant l'entrée des solistes; puis, toujours en *ré* majeur, les solistes uniquement, un *Allegro pesante* et une écriture fuguée met en évidence « Pleni sunt coeli » dans une conception musicale proche de « Seid umschlungen Millionen » du Finale de la *Neuvième Symphonie*; enfin, un Presto fugué est utilisé pour l'« Osanna ». Après cette première partie du Sanctus, un Preludium uniquement instrumental (autre référence à une conception plus ancienne de la musique, en particulier à la haute spiritualité de la musique baroque), Sostenuto ma non troppo en *sol* majeur avec modulations, est un véritable concerto pour flûte et alto I et II avec accompagnement des cordes basses. Ce Preludium (mes. 78 à 110) se situe entre le Osanna qui termine le Sanctus et le Benedictus, lui aussi en *sol* majeur, à 12/8, Andante molto cantabile e non troppo mosso, à son tour véritable concerto, cette fois pour violon et différentes voix très individualisées par leurs entrées, et leur origine (chœurs ou solistes) – la mesure à 12/8 et les connotations pastorales apparentent ce Benedictus au duo entre l'alto et la soprano qui se situe avant le chœur de la fin de la première partie du *Messie* de Haendel, « Comme un berger il paîtra son troupeau ». L'Osanna final se place dans la continuité de la conception de ce Benedictus, dans un tempo modéré, chantant, à 12/8 et en *sol* majeur.

Le Sanctus comprend 78 mesures, le Preludium 33 et le Benedictus 123; l'ensemble, de 234 mesures, dure environ vingt minutes.

Agnus Dei et Dona nobis pacem. Quant à l'Agnus Dei et à son Finale, le « Dona nobis pacem », Beethoven les inscrit dans le registre de la paix, de la recherche (de la quête) de l'apaisement intérieur. L'Agnus Dei commence en *si* mineur, Adagio à quatre temps, introduit par le soliste basse, et conduit par les quatre cors; puis, après près de cent mesures, il laisse place au « Dona nobis pacem », Allegretto vivace, à 6/8, avec la mention imprimée « Bitte um innern und äussern Frieden » (Prière pour la paix intérieure et extérieure), qui correspond aux indications qu'il avait notées en marge des esquisses : « Forces des dispositions d'esprit à la paix intérieure par-dessus tout... Victoire ! » Cette première exposition du « Dona nobis pacem » (sur un thème de berceuse), comprenant plusieurs passage a capella dans le style d'église ancien, est brusquement interrompue par le retour de l'Agnus Dei, annoncé par un interlude d'une dizaine de mesures *pianissimo* aux connotations martiales (timbales et trompettes), et chanté par les solistes alto et ténor successivement, sous forme de récitatif dramatique – allusion aux passions baroques et à l'opera seria. Ce lien saisissant entre les termes Agnus Dei et Dona nobis pacem et les connotations martiales est réintroduit dans le Presto final, après un « dona nobis pacem » fugué au chœur, et un passage purement orchestral, comme une injonction collective adressée à la divinité de remplir sa mission de paix pour que les hommes puissent accéder à la paix intérieure préalable au consentement à la vie terrestre. Le coda est introduite par un roulement de timbales étouffé conduisant à une fin totalement apaisée.

L'Agnus Dei comprend 434 mesures et dure un peu moins de vingt minutes.

SOURCES

Citées dans le Kritischer Bericht accompagnant la publication de la partition dans la NGA[1].

De nombreuses esquisses existent, dispersées dans différentes bibliothèques, et très difficiles à distinguer du manuscrit (elles représentent pas moins d'une dizaine de grands « Skizzenbücher », sans compter les feuilles isolées).

Nottebohm II, 149 *sq.* et 460 *sq.* a présenté les esquisses alors connues. Il signala que les

1. NGA, Abteilung VIII, vol. 3, établi par N. Gertsch en 1999.

indications d'instrumentation du Benedictus étaient antérieures à la recherche du thème musical : « Benedictus in C Vno solo / Corno s. / Fagotto s. / Violoncello » ; que les esquisses pour l'Agnus Dei suivaient celles pour le Credo avec ces indications : « h moll miserere / Agnus Dei / Bass anfangs / Solo dann Tenor u. dann Sopran », puis qu'après une notation du « dona nobis pacem », une Marche était envisagée, suivie d'un roulement de timbales (dont la mise en forme a été difficile : Beethoven cherchant quelque chose de planant et non de perturbant) pour renforcer l'idée que la paix intérieure assure la victoire sur tout, « Stärke der Gesinnungen des innern Friedens über alles... Sieg ! » (Forces des dispositions d'esprit à la paix intérieure pardessus tout... Victoire !) ; suit « Das Tempo von D.N.P. ja nur Andante » : Nottebohm constatait que Beethoven avait été guidé par la représentation de la paix intérieure et extérieure, ce que confirmait la remarque notée à la fin de cet ensemble d'esquisses : « dona nobis pacem représentant la paix intérieure et la paix extérieure » – réflexion conservée sur le manuscrit au moment du premier Allegretto vivace de l'Agnus Dei : « pour une paix intérieure et extérieure », expression modifiée sur le dernier état de la partition : « prière pour une paix intérieure et extérieure ».

En marge des esquisses du « Benedictus » (à Bonn), Beethoven a noté : « ça peut être plus joyeux », et inscrit une traduction du texte latin : « que soit béni et loué ».

Le manuscrit autographe complet, excepté le Gloria, perdu (à Berlin), diffère de la « version de dernière main ». Il a été établi entre avril/mai 1819 et fin 1822, sans les parties de trombones, et avec une partie d'orgue seulement esquissée. En haut de la première page du Kyrie[1], Beethoven a inscrit, presque sur toute la largeur de la feuille : « Venu du cœur, puisse-t-elle atteindre le cœur ! ». Sur la onzième page de l'Agnus, au commencement du « Dona pacem », il a écrit à l'encre audessus des portées : « Dona nobis pacem » et à droit au crayon à papier : « la paix intérieure et la paix extérieure ».

Il manque beaucoup d'indications de nuances, d'accentuation rythmique, d'altérations qui n'ont été notées que sur les copies. Il manque également plusieurs passages dans le Kyrie, indiqués par des « Vide » sur le manuscrit (à l'encre et au crayon rouge).

Sur les espaces libres de la partition, Beethoven a esquissé de nombreuses idées musicales qu'il a en partie rayées au crayon rouge.

Il existe neuf copies établies à partir d'une copie qui a servi à Beethoven d'exemplaire de travail et qui est constituée de trois volumes : Kyrie et Gloria ; Credo ; Sanctus / Benedictus et Agnus. Cet exemplaire de travail (copie qui se trouve à Vienne, GdM et qui a appartenu à Brahms) a été réalisé en 1823 sous sa surveillance par les copistes Wenzel Schlemmer, Wenzel Rampl et deux copistes inconnus (il comprend la partie d'orgue) – cette copie lui a appartenu de 1823 à 1827, moins quelques mois en 1825 : il l'avait donc à sa disposition pour toute modification. Outre cet exemplaire de travail, il existe une copie réalisée pour l'archiduc Rodolphe, le dédicataire, au début de l'année 1823 ; une copie pour la gravure, donc pour l'éditeur Schott (très soigneusement corrigée par Beethoven, mais beaucoup de fautes ont échappé à son attention) ; six copies de souscription (c'est-à-dire qu'il en manque quatre sur les dix effectuées) : seule la copie pour le roi du Danemark a été revue de près par Beethoven. Il existe également une copie non corrigée.

Il existe également une copie revue et corrigée du Kyrie et du Gloria à l'intention de Ferdinand Ries (à Bonn), dont l'envoi était annoncé par Beethoven dans une lettre du 9 avril 1825 [6., 1957].

PUBLICATION

Assurée par B. Schott's Söhne à Mayence, elle parut en mars / avril 1827 (donc après la mort de Beethoven), sous différentes formes : partition, voix séparées et réduction pour piano.

La partition qui fut proposée en souscription porte le titre voulu par Beethoven (le 25 novembre 1825 [6., 2094], il envoyait à Schott le titre de la Messe) :

« MISSA / composita, et / SERENISSIMO AC EMINENTISSIMO / DOMINO DOMINO/ RUDOLPHO JOANNI / Caesareo Principi et Archiduci Austriae S.R.E. Tit. S. Petri in monte / aureo Cardinali

1. Le fac-similé du Kyrie a été publié par Wilhelm Virneisel en 1965, Tutzing.

et Archiepiscopo Olomucensi / [les armoiries] / profundissima cum veneratione / dedicata a / LUDOVICO VAN BEETHOVEN. / OPUS 123. – / Ex sumtibus vulgantium. / [...] »

La partition en vente libre porte ce titre :

« MESSE SOLENNELLE / en Ré majeur / PAR / Louis van Beethoven / Œuvre 123. / [...] »

La réduction pour piano celui-là :

« MESSE SOLENNELLE / à quatre parties Solo et chœur / avec accompagnement / À GRAND ORCHESTRE / par / Louis van Beethoven / Œuvre 123. / arrangée pour / le Piano / par / Ch. G. RINCK / [...] »

(Christain Heinrich Rinck (1770-1846) était organiste et compositeur à Darmstadt – cf. KH, p. 365)

DÉDICATAIRE

L'archiduc Rodolphe. Beethoven lui dédia la *Missa solemnis* pour consacrer avec solennité sa nomination à la tête de l'archevêché d'Olmütz (après la mort du comte Maria Thaddäus von Trauttmansdorff-Weinsberg, le 20 janvier 1819), dont il était co-adjuteur depuis 1805. Le chapitre de la cathédrale d'Olmütz confirma la succession le 24 mars 1819. L'autorisation du Pape, qui en même temps le faisait cardinal, date du 4 juin 1819. Rodolphe reçut la barrette de Cardinal le 28 septembre et la cérémonie d'intronisation en tant qu'archevêque eut lieu le 9 mars 1820. Une copie de la *Missa solemnis* lui fut envoyée le 19.

L'archiduc Rodolphe fut le dédicataire de beaucoup d'œuvres : *op. 58* (1808), *op. 73* et *op. 81a* (1811), la réduction pour piano de l'*op. 72* (1814), *op. 96* et *op. 97* (1816), *op. 106* (1819), *op. 111* (1823), *op. 123* (1827), *op. 133* et *op. 134* (1827).

L'ŒUVRE VUE PAR SES CONTEMPORAINS

Le 8 avril 1824 [5., 1807], le prince Galitzine qui venait de faire exécuter la *Messe* à Saint-Pétersbourg écrivait à Beethoven : « [...] Depuis plusieurs mois mon impatience était extrème d'entendre écouter cette musique dont j'entrevoyais toutes les beautés dans la partition. L'effet que cette musique a fait sur le public est inexplicable, et je ne crains pas d'exagerer que pour ma part à moi je n'ai jamais rien entendu de si sublime ; j'en excepte même les chefs d'œuvres de Mozart qu'avec leurs eternelles beautés, ne m'ont pas fait naitre les mêmes sensations que vous m'avez données Monsieur par le Kyrie, et le Gloria de votre messe. La savante harmonie et la touchante mélodie du *Benedictus* transportent l'ame dans un sejour vraiment bienheureux. Enfin toute cette œuvre est un trésor de beauté. On peut dire que vôtre genie a dévancé les siécles et qu'il n'y a peut être pas d'auditeur assez eclairés pour gouter toute la beauté de votre musique, mais c'est la postérité qui rendra hommage et qui benira votre mémoire, bien mieux que ne pourront le faire vos contemporains. [...] ».

L'*AMZÖ* Jg.8, 1824, p. 120, publiait un article très louangeur de Friedrich August Kanne (1778-1833), rédacteur de cette revue musicale viennoise de 1821 à 1824, qui rendait compte du concert du 7 mai 1824, au cours duquel la *Neuvième Symphonie* ainsi que trois Hymnes de la *Missa solemnis* furent créées. Kanne déplorait que les voix et le chœurs n'aient pas été assez préparés pour une œuvre aussi complexe.

Caecilia I (1824) rendait compte du concert du 7 mai 1824 en soulignant qu'une fois de plus Beethoven avait dépassé ses œuvres précédentes.

La *BAMZ* Jg. I (1824) signalait cette œuvre « colossale » que Beethoven proposait, manuscrite, par souscription à tous les souverains d'Europe. L'auteur de l'article soulignait son imagination inépuisable, attachée là au style d'église, associant rigueur et fantaisie à une nouvelle manière de traiter les modulations.

Caecilia, 9e année, Heft 33, 1828, p. 27-45, publiait deux articles successifs, l'un, court, de Georg Christoph Grosheim (1764-1841) analysait rapidement les différentes parties de la *Messe* et l'autre, assez long, de Joseph Fröhlich (1780-1862), plein d'admiration pour la profondeur de la mise en œuvre, soulignait la tension de toutes les forces créatrices, mais trouvait que Beethoven n'avait pas respecté les limites du style, qu'il avait conçu là une musique symphonique trop dramatique à la recherche d'effets puissants sur l'auditeur. Pourtant, analysant successivement les différents moments de la *Messe*, Joseph Fröhlich mettait en évidence la haute portée religieuse (la délivrance de l'humanité) de l'interprétation inédite proposée par Beethoven dans cette immense *Messe*, creuset inépuisable de l'art de composer (associant groupes d'instruments, grand orchestre, solistes, chœur), et monument musical très difficile à exécuter.

Caecilia IX (Heft 36, p. 221-230), publiait un article d'Ignaz von Seyfried (1776-1841), qui présentait en même temps la *Neuvième Symphonie op. 125* et le *XIV*[e] *Quatuor op. 131*. Seyfried présentait cette « œuvre colossale » comme un « oratorio religieux sur des paroles du Missel ! », sans égard pour la tradition et les conventions, et très difficile à mettre en œuvre (inaccessible à des musiciens routiniers), analysant rapidement chacun des Hymnes à l'aide d'exemples musicaux, en insistant sur les tonalités, l'instrumentation, le traitement des voix et du chœur, les choix et les modifications abruptes du tempo, les indications d'interprétation. Pour conclure, Seyfried explicitait l'effet produit par chacun de ces Hymnes : si le Kyrie et l'Agnus l'avaient comblé et le Benedictus particulièrement ému, le Gloria et le Credo lui parurent trop artificiels et parfois difficiles. Seyfried terminait son commentaire en s'interrogeant sur le sens mystérieux de « l'étonnante fanfare de trompettes », ainsi que sur celui des « sonorités étouffées des timbales » – Beethoven ayant emporté son secret avec lui dans la tombe…

CORRESPONDANCE

Du temps du projet et de la composition

Le 3 mars 1819 [4., 1292], Beethoven félicitait l'archiduc Rodolphe pour la nouvelle dignité ecclésiastique qui allait lui être confiée, soulignant qu'elle élargirait son rayonnement, et qu'il aurait ainsi une plus grande possibilité de mettre en pratique sa vertu. Il insérait deux mesures, en *ré* majeur, sur deux portées pour souligner le terme « Erfüllung » (accomplissement), ajoutant qu'il souhaitait chanter cela de tout cœur, avec un solide « A—men ou Alleluja » sur ce thème de l'accomplissement.

Après avoir évoqué à mots couverts les difficultés dans lesquelles il se débattait (sa santé et le procès pour conserver la garde de son neveu), Beethoven annonçait à l'archiduc qu'il allait composer une œuvre destinée à la cérémonie d'intronisation à Olmütz, affirmant que ce sera le plus beau jour de sa vie.

(La cérémonie eut lieu le 9 mars 1820, il n'acheva l'œuvre prévue que fin 1822 et ne fit parvenir une copie à l'archiduc que le 19 mars 1823.)

Beethoven terminait sa lettre en insistant sur les devoirs du futur archevêque : « La nouvelle charge de V.A.I. qui embrasse avec une telle plénitude l'*amour de l'humanité*, est certainement une des plus belles, et de ce fait V.A.I. sera toujours le plus beau modèle de guide *temporel* et *spirituel*. »

Le 19 mars [4., 1295], il écrivait à Ries qu'il espérait bien que la nomination de l'archiduc aurait des conséquences favorables pour lui, mais qu'il ne pouvait pas compter dessus avant un an.

Le 29 juillet [4., 1318], dans une lettre à l'archiduc, Beethoven signalait qu'il avait fait des recherches dans la bibliothèque de celui-ci pour trouver les partitions des anciens compositeurs, dont la grande valeur artistique était une précieuse source d'inspiration – ces génies qu'étaient Haendel et Bach, leur liberté artistique qui restait un modèle. Il ajoutait que même si le goût s'était affiné, les compositeurs contemporains n'avaient pas encore retrouvé la rigueur de leurs prédécesseurs, qu'il fallait continuer à rechercher ce qui faisait leur indépassable qualité, ponctuant ces réflexions par une évocation du jugement dernier paraphrasant la messe.

Le 30 août [4., 1327], Beethoven confiait à l'archiduc Rodolphe qu'il espérait finir la *Messe* pour le jour de l'intronisation, si sa santé le lui permettait.

Le 10 novembre [4., 1341], le compositeur annonçait à Ries qu'il « était en train de terminer une nouvelle grande messe ».

Le 19 décembre [4., 1361], Beethoven écrivait à l'archiduc Rodolphe qu'il devait « interrompre le travail de la Messe, à cause d'affaires pressantes ».

Le 10 février 1820 [4., 1365], il proposait à Simrock, entre autres œuvres (les *Variations Diabelli op. 120*) la *Messe*, qui devait être bientôt exécutée et qui était une grande œuvre. Il réitérait l'offre le 9 mars [4., 1370] ; le 18 [4., 1371], et acceptait de vendre la *Messe* pour 100 au lieu de 125 louis d'or. Le 23 avril [4., 1384], il l'assurait qu'il enverrait la *Messe* fin mai ou début juin : il pouvait donc déposer les 100 louis d'or chez Franz Brentano à Francfort. Le 23 juillet 1820 [4., 1400], il promettait que Simrock allait la recevoir le mois suivant, contre 100 louis d'or, ce que Simrock traduisait, le 12 août [4., 1405] et le 23 septembre [4., 1411] en 200 ducats, pensant que la *Messe* ne serait pas très rentable pour lui dans la mesure où le marché protestant n'était pas concerné, et conseillant de penser à un texte en allemand – ce que Beethoven acceptait le 28 novembre de la même année [4., 1418 et 1419] pour faciliter la diffusion de la Messe en pays non catholique.

Le 14 mars 1821 [4., 1429], il assurait N. Simrock qu'il allait lui envoyer la *Messe* au cours de la seconde moitié du mois d'avril, expliquant son retard par six semaines de maladie et le terrible hiver... Il l'informait qu'il lui communiquerait bientôt le nom du traducteur de la *Messe*.

Le 18 juillet [4., 1436], Beethoven s'excusait auprès de l'archiduc du retard qu'il avait pris.

Le 12 novembre [4., 1445], il répondait à Franz Brentano (qui lui avait demandé où en était sa *Messe*) qu'il était malade depuis plus d'un an, et qu'il n'avait pas encore pu l'envoyer, car son manuscrit devait être revu note à note. Il suggérait qu'un arrangement pourrait être trouvé avec Simrock, et si ce n'était pas possible il répondrait favorablement à la pression d'un autre éditeur.

Le 13 novembre [4., 1446], Beethoven proposait sa *Messe* à Schlesinger à Berlin, spécifiant qu'il s'agissait d'une de ses plus grandes et qu'il ne la céderait pas à moins de « 100 Louisdor ». Il lui demandait de répondre par retour de courrier. Le 1er décembre [4., 1448], Schlesinger acceptait à condition de disposer d'une copie très propre et d'une réduction pour piano pour le même prix, ce qu'il discutait dans une lettre du 12 décembre [4., 1450] à laquelle Schlesinger opposait le 8 janvier 1822 [4., 1456] son désaccord – le 20 février [4., 1458], Beethoven acceptait les conditions.

Le 1er mai 1822 [4., 1462], il informait Schlesinger qu'il allait mieux et qu'il attendait de lui qu'il mette tout en ordre pour la *Messe*, car d'autres éditeurs étaient intéressés, et cette œuvre lui tenait très à cœur.

Le 13 mai [4., 1464], N. Simrock demandait à Beethoven ce qu'il en était de la *Messe* qu'il lui avait promise il y avait un an : comme il devait la lui envoyer « fin avril », « 100 *Louisdor* » avaient été mis en dépôt à Francfort chez Franz Brentano le 25 octobre 1820, pour qu'il puisse aussitôt toucher la somme ; mais le 14 mars de l'année suivante, il expliquait son retard par six semaines de maladie...

Le 19 mai [4., 1466], Beethoven promettait à Brentano de lui envoyer la *Messe* avant la fin du mois de juin. Il ajoutait que le cardinal Rodolphe ne voulait pas que celle-ci soit publiée plus tôt et qu'il désirait qu'elle lui soit dédiée – la copie étant très longue à effectuer (il faisait allusion au premier état de son manuscrit dont il fit établir une copie, exemplaire de travail, qu'il corrigea et modifia).

Le 5 juin [4., 1468], Beethoven faisait état de ses compositions à Carl Friedrich Peters qui voulait éditer des œuvres de lui : il mentionnait « La plus grande œuvre que j'ai écrite jusque là, est une grande Messe avec chœur, quatre voix solistes obligées et grand orchestre », que plusieurs éditeurs avaient déjà cherché à acquérir, mais qui coûtait « cent louis d'or lourds, y compris la réduction pour piano qu'il était disposé à établir lui-même.

Le 26 juin [4., 1473], il l'informait qu'il recevrait la *Messe*, avec la réduction, fin juillet, la vérification de la copie étant très longue...

Le 6 juillet [4., 1479], Beethoven écrivait à Ries plusieurs choses, indiquant que « sa plus grande œuvre était une *Messe*, qu'il avait mis beaucoup de temps à l'écrire, que le temps passait vite, qu'aujourd'hui était alors toujours le plus important ».

Le 31 juillet [4., 1486], il écrivait à son frère Johann que le copiste était en train de s'occuper de la *Messe* (c'est cette copie qui lui servit d'exemplaire de travail et que Brahms posséda).

Le 22 août [4., 1488], N. Simrock pressait Beethoven de lui envoyer la *Messe* promise depuis longtemps. Il lui répondit le 13 septembre [4., 1494] que d'autres éditeurs acceptaient ses conditions, et que s'il voulait cette œuvre, « la plus grande qu'il ait écrite sans doute » (répétait-il sans se lasser), il fallait les accepter aussi, et qu'alors une copie lui serait aussitôt envoyée chez Franz Brentano, car en aucun cas il ne voulait être lésé.

Ce même jour [4., 1489] Beethoven proposait sa *Messe* à Artaria, lui demandant une réponse rapide

Après le 24 septembre [4., 1497], il écrivait à son frère qu'il ne souhaitait pas lui donner la *Messe* en dédommagement de ses dettes, car il craignait qu'il ne sache pas bien en négocier le prix – il préférait s'entendre lui-même avec Simrock.

Le 9 novembre [4., 1509], Carl Friedrich Peters voulait avoir des nouvelles de la *Messe* qui lui avait été promise. Beethoven lui répondait le 22 novembre [4., 1512] que pour la *Messe* « il en avait une qui était terminée depuis longtemps, et une qui ne l'était pas encore », ne sachant pas encore « laquelle des deux il allait lui envoyer, tant on le pressait de toutes parts ».

Correspondance concernant la diffusion manuscrite auprès des cours européennes

Le 27 décembre 1822 [4., 1518], Johann van Beethoven écrivait en français à Antonio Pacini, éditeur à Paris qui désirait publier des œuvres de lui, que son frère était occupé par de grands ouvrages dont « une grande Messe, le plus grand œuvre, qu'il ait composé, jusqu'à présent dans ce genre, qui vient d'etre achevé, et qu'il propose d'executer pendant cet hyver comme Oratoire pour son Academie[1]. Il souhaiteroit faire presenter le manuscript de cette messe à plusieurs grandes cours pour un honoraire raisonable, ne voulant pas le faire graver avant quelques années. Vous l'obligerés beaucoup, si vous pouissies lui indiquer les moyens de le faire parvenir à l'Intendant royal de votre cour [...] ».

Le 7 janvier de l'année suivante [5., 1523], Beethoven demandait conseil à Georg August Griesinger (1769-1845), précepteur, conseiller d'ambassade du royaume de Saxe à Vienne et correspondant de Breitkopf & Härtel (il était en relation avec lui depuis 1802), parce qu'il avait l'intention de proposer des copies manuscrites de sa *Messe* aux cours européennes avant de la faire graver.

Le 23 janvier 1823 [5., 1525], Beethoven envoyait à l'ambassade du prince électoral de Hesse une offre de souscription pour « sa nouvelle œuvre, qu'il tenait pour la plus réussie des produits de son esprit » : « une grande Messe solennelle pour quatre voix solistes, chœur et grand orchestre, en partition, qui comprend aussi un grand Oratorio qui peut être utilisé ». La souscription pour la copie de la partition était de « 50 ducats en or ». Il précisait que l'œuvre n'était pas encore gravée.

Beethoven chargea en partie Schindler de faire parvenir cette offre de souscription aux ambassades viennoises des cours suivantes : du grand-duc de Bade [5., 1526], du roi de Wurtemberg [5., 1532], du roi de Bavière [5., 1527], du roi de Prusse [5., 1529], du roi de Saxe [5., 1530], du Grand-Duc de Saxe-Weimar [5., 1531], du Grand-Duc du Mecklenburg [5., 1528], ainsi qu'aux représentants viennois de plusieurs États.

Le 5 février [5., 1550], il écrivait directement au grand duc de Hesse-Darmstadt. Il envoya la même lettre au cours des mois de février, mars et avril aux souverains des États suivants : Saxe-Weimar [5., 1547], Mecklenburg [5., 1551], Prusse [5., 1552], Danemark [5., 1553], Hesse électorale [5., 1554], Nassau [5., 1555], Toscane [5., 1576], Angleterre [5., 1579], Suède [5., 1585], France [5., 1599], Espagne, Russie [5., 1620], Naples [5., 1623], Saxe [5., 1710], ainsi qu'à certaines associations musicales et qu'à quelques particuliers : le Cäcilien-Verein de Francfort [5., 1569a], le Primat de Hongrie [5., 1625], le prince Nicolas Esterhazy [5., 1660], la Société philharmonique de Saint-Pétersbourg [5., 1676], le prince Radziwill [5., 1558], Goethe [5., 1562], Zelter [5., 1563].

Le 8 février [5., 1562], Beethoven écrivait à Goethe :

« [...] Et maintenant une demande à Votre excellence. J'ai composé une grande Messe, que je ne veux pas encore publier, mais que je destine uniquement aux premières Cours. Les honoraires ne dépassent pas 50 ducats. [...] La Messe peut aussi être exécutée comme Oratorio et nul n'ignore qu'au jour d'aujourd'hui les Sociétés de Bienfaisance ont besoin d'ouvrages de ce genre. [...] »

Le même jour, à Zelter [5., 1563] : « J'ai écrit une grande Messe qui peut servir comme Oratorio (pour les pauvres) (une bonne habitude instituée aujourd'hui) », mais il ajoutait qu'« une telle œuvre pourrait servir à l'Académie de chant [dirigée par Zelter], sans beaucoup de préjudices, elle pourrait être exécutée uniquement par des voix ; mais plus les voix sont doublées et multipliées en union avec les instruments, plus l'effet devrait être assuré – également comme oratorio, puisque les sociétés pour les pauvres ont besoin d'œuvres de ce genre, elle pourrait trouver sa place. ».

Zelter lui répondait le 22 février [5., 1577] que sa proposition le tentait.

Le 14 février [5., 1536], la cour de Munich répondait qu'elle avait déjà beaucoup de

1. Projet de concert qui ne se réalisa pas au cours de l'hiver 1822-1823, mais seulement en mai 1824.

musiques religieuses des maîtres les plus célèbres.

Le lendemain [5., 1570], Beethoven annonçait à Carl Friedrich Peters une prochaine lettre à propos de la *Messe* qu'il lui avait réclamé [il s'agit du projet de nouvelle Messe]. Il rééditait sa promesse le 20 février [5., 1575] et le 26 [5., 1583], lui demandant de lui faire confiance.

Le 18 février [5., 1571], il informait Friedrich Duncker (chef de cabinet du roi de Prusse rencontré à Vienne en 1814/1815 et pour lequel il avait composé la musique pour le Trauerspiel *Leonore Prohaska WoO 96*) que depuis qu'ils s'étaient vus, il avait beaucoup écrit, entre autres « une grande Messe solennelle », ajoutant que si regarder vers le haut est ce qu'il y a de plus heureux pour l'homme, il faut également penser aux soucis matériels : il suggérait donc à Duncker d'intervenir auprès du roi pour qu'il souscrive à la diffusion manuscrite de la *Messe*, qui pouvait également être exécutée comme un Oratorio.

Le 26 février [5., 1584], le grand-duc de Hesse-Darmstadt acceptait de souscrire.

Le 27 février [5., 1586], Beethoven informait l'archiduc Rodolphe qu'il ne pouvait pas lui remettre la *Messe* tant la copie était pleine de faute : il fallait qu'il prenne le temps de la revoir ligne par ligne. (Il ne la lui fit parvenir que le 19 mars 1823.)

Le 10 mars [5., 1607], il informait N. Simrock qu'il ne savait pas encore laquelle des deux Messes il allait lui envoyer, qu'il devait donc être patient.

Aux alentours du 12 mars [5., 1611], il écrivait à Cherubini à Paris pour lui témoigner son admiration et lui demander d'intervenir auprès du roi pour qu'il souscrive à la Messe, spécifiant, en français dans le texte : « Ma situation critique demand [sic], que je ne fixe pas seulement comme ordinaire mes vœux aux ciels, au contraire il faut les fixer aussi en bas pour les necessités de la vie. »

Le 10 avril [5., 1626], le roi Louis XVIII acceptait de souscrire.

Fin mai/ début juin [5., 1661], Beethoven faisait allusion dans une lettre à Anton Diabelli au peu de succès de l'offre de souscription, parlant de l'échec de son « opération mercantile ». (D'après le *BKh* 3, p. 125, depuis le 20 mars 1823, Beethoven était en tractations avec Diabelli pour l'édition de la *Messe*.)

Le 21 juin [5., 1676], il proposait (en français) à la Société philharmonique de Saint-Pétersbourg la souscription à sa dernière œuvre qu'il croit la plus accomplie de ses productions : « grande Messe Solennelle à quatre voix, avec des chœurs et à grand orchestre » qui peut être exécutée « en oratoire ». Il signalait que « Ses Majestés le Roi de France, le Roi de Prusse, et Son Altesse le Grand Duc de Hesse-Darmstadt » avaient déjà souscrit.

Le 1er juillet [5., 1686], il informait l'archiduc Rodolphe que sa tentative de diffuser sa *Messe* par souscription avait échoué, et qu'il était très coûteux de la faire copier, d'autant plus qu'il comptait ajouter trois parties (un Gradual, un Offertoire et un *Tantum ergo* – cf. *BKh* 3, p. 127, de mars 1823, lors d'une conversation avec Diabelli).

Le 15 juillet [5., 1701], Beethoven demandait à l'archiduc Rodolphe qu'il atteste par écrit que « la Messe avait été composée pour lui, qu'il la possédait depuis un certain temps déjà et qu'il en autorisait la diffusion ». Il voulait mettre un terme à la rumeur qui prétendait qu'il n'avait pas terminé la *Messe* [cf. 5., 1723].

Le 3 août [5., 1724], le prince Galitzine donnait des conseils au compositeur pour lancer une souscription pour l'édition imprimée de sa *Messe*, et il lui demandait de le compter parmi les souscripteurs de la copie manuscrite, espérant recevoir son exemplaire le plus vite possible pour la faire exécuter à Noël. (Beethoven la lui fit expédier en octobre, le prince le remerciait le 29 novembre [5., 1752] ; le 11 mars 1824 [5., 1789] le prince décrivait la préparation du concert au cours duquel la *Messe* fut exécutée, le 7 avril à Saint-Pétersbourg ; le lendemain, le 8 avril [5., 1807], le prince en faisait un compte rendu, insistant sur l'effet sublime ressenti par le public.)

Le 12 septembre [5., 1741], le prince Anton de Saxe, frère de l'archiduc Rodolphe, écrivait à Beethoven qu'il avait convaincu son roi de souscrire à la *Messe*.

Le 23 janvier 1824 [5., 1773], dans une lettre à Raphaël Georg Kiesewetter, vice-président de la Gesllschaft der Musikfreunde de Vienne, Beethoven écrivait que sa « grande Messe » était écrite dans le style d'un oratorio.

Le 20 février [5., 1781], le roi de France offrait une médaille d'or à son effigie à Beethoven.

Correspondance concernant la publication par un éditeur et l'exécution

Le 25 février 1824 [5., 1782], Beethoven proposait à l'éditeur Maurice Schlesinger de Paris sa *Messe*, en spécifiant que plusieurs souverains la possédaient en manuscrit, et que son père, à Berlin, avait déjà eu l'intention de l'éditer (en novembre 1821 [4., 1446]).

Au mois de février toujours [5., 1784], les « Amis de l'art » viennois rédigèrent une « Adresse » à Beethoven, dans laquelle ils évoquent sa *Messe*, soulignant la force de sa foi et la capacité qu'il avait d'illuminer les âmes d'une lumière supraterrestre.

Le 10 mars [5., 1787], il proposait sa *Messe* à B. Schott's Söhne à Mayence, en demandant une réponse rapide (Schott différait la publication au 24 mars 1824 [5., 1797]). Beethoven pour justifiait les honoraires exigés « 1 000 fl. in C.M. » par la qualité de cette grande œuvre. Il envoyait le même jour la même proposition à Heinrich Albert Probst à Leipzig [5., 1788], qui réservait sa réponse le 22 mars 1824 [5., 1796].

Peu après le 10 avril [5., 1810], au cours de la préparation de l'Académie du 7 mai, Beethoven contournait la censure qui interdisait d'exécuter en concert des œuvres destinées à l'Église, en présentant trois parties de la *Missa solemnis* sous le titre d'Hymnes.

Le 20 mai [5., 1836], il acceptait que B. Schott's Söhne lui achète sa grande Messe pour « 1 000 f *Conv. Münze* », ainsi que la *Neuvième Symphonie* pour « 600 f *Conv. Münze* ». Le 19 juillet [5., 1842], Schott attendait encore les partitions... Beethoven lui promettait qu'il allait les faire copier le plus vite possible, le 17 septembre 1824 [5., 1881] – les copies destinées à la gravure ne furent envoyées que fin janvier 1825 [6., 1925], après avoir été promises à plusieurs reprises durant le mois de décembre.

Le 26 mai [5., 1841], il écrivait au prince Galitzine qu'il allait faire imprimer sa *Messe* et qu'il lui en enverrait un exemplaire. Le 16 juin [5., 1845], Galitzine lui répondait qu'il essaiera de distribuer autant d'exemplaires de la *Messe* qu'il le pourrait, tout en sachant que peu de gens étaient intéressés par la seule étude de partitions de ce genre. Le 5 décembre [5., 1907], il évaluait à une quarantaine le nombre des souscripteurs possibles, « surtout s'il y avait un *Klavier-auszug* joint à la partition ».

Le 16 septembre [5., 1875], Beethoven écrivait à Johann Andreas Streicher qu'il trouvait excellente son idée d'envoyer sa *Messe* en réduction pour orgue, ou piano, et voix, aux différentes associations vocales, car beaucoup de personnes seraient ainsi touchées, son « but étant d'éveiller et de rendre durables les sentiments religieux chez les chanteurs comme chez les auditeurs » – il faisait remarquer que la copie et sa correction coûtaient cher (« cinquante Ducats en espèces »).

Le 17 septembre [5., 1877, 1878, 1879], Johann Andreas Streicher écrivait au comité de différentes Institutions chorales de Zurich que la « grande Messe » de Beethoven (entendue lors du concert du 7 mai) était de l'avis de tous les connaisseurs la composition religieuse la plus extraordinaire depuis *Le Messie* de Haendel, du fait de la nouveauté de son élaboration, c'est-à-dire son originalité harmonique et mélodique, comme du fait de son sens religieux. Il ajoutait que conformément à ce que doit être la musique d'église, les airs et duos, individualistes, étaient évités au profit d'un quatuor vocal en échange avec le chœur – l'exécution de cette œuvre étant laissée à la liberté de chacune des associations chorales, qui pouvaient donc se procurer la partition sous la forme qui leur convenait.

Le 12 décembre [5., 1910], Beethoven écrivait à Carl Friedrich Peters qu'il n'était plus question qu'il établisse une réduction pour piano de la *Messe*. (Franz Lachner (1803-1890) avait été pressenti en cas de succès de la souscription lancée par Streicher le 17 septembre.)

Le 26 janvier 1825 [6., 1927], il faisait savoir à B. Schott's Söhne ses exigences pour la disposition des instruments sur la partition : laisser un espace entre chacun des groupes d'instruments (vents, bois, timbales), auxquels succèdent les violons et altos, puis les solistes, le chœur, les violoncelles, les contrebasses, l'orgue.

Après le 19 mars 1825 [6., 1950], Beethoven indiquait à Schott les numéros d'opus : « Messe N° 123 ».

Le 9 avril [6., 1957], Beethoven annonçait à Ries, à Bonn, qu'il allait recevoir le Kyrie et le Gloria, « deux des meilleurs morceaux » (la copie est aujourd'hui à Bonn).

Le 2 août [6., 2022], il demandait à B. Schott's Söhne de vérifier, en plusieurs endroits de la *Messe,* si ce qu'il avait correspondait à ce qui devait être gravé (il s'était aperçu que les copies comportaient des fautes), et lui annonçait l'envoi du titre de la *Messe* qui devait être dédiée à un grand homme (tout désigné).

Le 25 novembre [6., 2094], Beethoven envoyait à B. Schott's Söhne le titre de la Messe :

« Missa
composita, et
Serenissimo ac Eminentissimo Domino
Domino Rudolpho Joanni Caesareo Principi
et Archiduci Austriae, S.R.E. Tit. S. Petri in
monte aureo Cardinali et Archiepiscopo
Olomucensi profundissima cum veneratione
dicata
a
Ludovico van Beethoven. »

Il souhaitait que la liste de ceux qui avaient souscrits à la copie figure : « 1 Der Kaiser von *Russland* / 2. der König von *Preussen* / 3 der König von Frankreich u. / 4 K. von *Dänemark* / 5 Churfürst von *Sachsen* / 6 Großherzog von *Darm*stadt / 7 Großherz. von *Toscana* / 8 Fürst *Galitzine* / 9 Fürst *Radzivill* / 10 der *Caecilien*verein von Frankfurt. »

Le 8 novembre 1826 [6., 2233], B. Schott's Söhne écrivait à Beethoven que la *Messe* était enfin sous presse.

Dans la deuxième moitié du mois de décembre 1826 [6., 2244], dans une lettre à B. Schott's Söhne qui lui avait demandé depuis longtemps les indications métronomiques des différentes parties de la *Messe*, Beethoven répondait par une diversion : on ne peut pas utiliser des « tempi ordinarii » quand on doit être « guidé par les idées du génie plus libre ».

Le 22 février 1827 [6., 2262], Beethoven promettait à B. Schott's Söhne la métronomisation de la *Messe*, dès qu'il irait mieux.

Le 8 mars [6., 2276], B. Schott's Söhne annonçait à Beethoven que l'impression de la *Messe* était pratiquement terminée, espérant en recevoir bientôt, dès qu'il serait rétabli, la métronomisation.

Dixième partie

La *Neuvième Symphonie* et les derniers quatuors (1823-1826)

Les *Variations Diabelli* et la *Missa solemnis* achevées, Beethoven s'assure que la Société philharmonique de Londres attend toujours une symphonie de lui ; quand il reçoit une réponse positive de son fidèle ami Ries, il consacre tout son temps à la composition proprement dite de la *Neuvième*, bien décidé à y intégrer la célèbre Ode de Schiller dans le Finale.

Juste au moment où il commence la composition de cette symphonie à laquelle il pense depuis dix ans, le prince Galitzine lui commande trois quatuors à cordes. Tout en s'empressant d'accepter, il ne signale pas au prince qu'il ne pourra pas les lui envoyer dans le délai prévu.

Composée au cours de 1823, année qui lui est consacrée, la *Neuvième* peut être créée à Vienne (et non à Londres qui la lui avait commandée) lors d'un grand concert, le 7 mai 1824, qui remporte un énorme succès ; déçu de la recette, Beethoven furieux accuse Schindler et le bannit de sa vue (il ne réapparaît qu'au cours des derniers mois de la vie de Beethoven). Puis, pour honorer une dette envers son frère, il compose les *Bagatelles op. 126* avant de se consacrer à la composition des quatuors commandés par le prince Galitzine. Il les écrit les uns à la suite des autres, seules quelques courtes périodes au cours desquelles il tombe sérieusement malade l'obligeant à interrompre son travail. Il est si enthousiasmé par cette tâche et déborde tellement d'idées qu'il en compose deux autres, et envisage de poursuivre cette aventure par des quintettes, genre que l'éditeur Schlesinger de Berlin souhaitait publier pour inaugurer l'édition de ses œuvres complètes.

Mais la tension qui règne entre lui et son neveu Karl finit par déjouer ses intentions : la pression qu'il faisait subir à cet adolescent aboutit au drame d'une tentative de suicide, le 6 août 1826. Si Karl s'en remet rapidement, Beethoven en meurt. Revenu malade de chez son frère, qui possédait une propriété à Gneixendorf au-dessus de Krems sur le Danube où il vient d'emmener son neveu pour assurer sa convalescence loin de regards indiscrets, il ne se relève pas de cette dernière maladie. Il a pourtant encore bien des projets : une dixième Symphonie, une série de quintettes, une méthode de piano, la musique de scène destiné au *Faust* de Goethe.

Incapable de composer ou même de corriger les épreuves de ses dernières œuvres en cours d'édition tant il était faible, Beethoven passe les quatre derniers mois de sa vie entouré par ses amis musiciens, choyé par ses amis viennois, Zmeskall, Pasqualati, et surtout Stephan von Breuning et son jeune fils Gerhard, mais toujours en attente de nouvelles de son neveu Karl qui, voulant devenir soldat, a été enrôlé dans l'armée.

Malgré les soins de son entourage, Beethoven tombe en agonie le 24 mars et meurt le 26 mars 1827 dans les bras d'Anselme Hüttenbrenner au moment où éclate le premier orage du printemps.

Ses amis organisent alors un enterrement grandiose; les Viennois (près de 20000) se pressent pour lui rendre un dernier hommage, tandis que les enfants bénéficient d'un jour de congé; et les éditeurs publient très vite des arrangements de la marche funèbre de la *Sonate op. 26* ou de celle de l'*Héroïque*, pour permettre aux associations ou aux particuliers de célébrer sa mémoire en privé.

Un inventaire après décès de ses manuscrits, de ses partitions et des objets personnels que ses proches ne se sont pas encore appropriés est établi avant l'organisation d'une vente aux enchères, en novembre 1827. C'est ainsi que ses divers manuscrits furent dispersés, et que, trop souvent, l'acquéreur d'un cahier ou d'un carnet d'esquisses n'a rien trouvé de mieux que de le dépecer pour offrir à ses amis quelques mesures autographes de Beethoven.

WoO 151

Der edle Mensch sei hülfreich und gut (Que l'homme noble soit secourable et bon)

Lied pour voix et piano
Etwas langsam » (quelque peu lent), 2/2, sol *majeur – 11 mes.*

TEMPS DE LA COMPOSITION

Janvier 1823; composition contemporaine du début du travail d'élaboration de la *Neuvième Symphonie.*

CONTEXTE BIOGRAPHIQUE

Ce Lied fut inscrit le 20 janvier 1823 sur l'Album de Marie von Eskeles, jeune pianiste, élève d'Ignaz Moscheles.

Parmi les innombrables poèmes de Goethe, il semble qu'au cours de l'année 1823, alors qu'il travaillait à la *Neuvième Symphonie*, Beethoven ait particulièrement prisé *Das Göttliche* (*Le divin*) (1782) qui affirmait que le devoir de lier le beau et le bien pour atteindre la vérité appartenait en propre à l'homme (ce qui le différenciait de toutes les autres créatures). Procédant comme pour l'*Opferlied* de Matthisson à la même époque (le *Canon WoO 202* sur « Das Schöne zum Guten »), Beethoven l'a évoqué en mettant en musique deux vers de ce long poème de dix strophes, à deux occasions différentes. Une première fois, en composant ce petit Lied pour voix et piano, qu'il inscrivit le 20 janvier 1823, en notant les paroles des deux premiers vers de la dixième et dernière strophe, et une seconde fois en composant un Canon à six voix sur les premiers vers de la première (*WoO 185*).

Par cette référence, Beethoven signifiait que lui aussi envisageait son action de créateur comme participant du « bien suprême ». Il exprima souvent cette aspiration dans sa correspondance avec des expressions qui semblent un écho de sa lecture des œuvres de Goethe, et en particulier du roman *Wilhelm Meister* – par exemple, son affirmation, réitérée à son ami Joseph Varena, organisateur de concerts de bienfaisance à Graz, de vouloir venir en aide à l'humanité souffrante, est exprimée la première fois en ces termes [2., 531, fin novembre-début décembre 1811] : « Jamais, depuis ma plus tendre enfance, mon zèle à mettre de toute façon mon art au service de la pauvre humanité souffrante ne s'est fait indemniser et il n'a pas eu besoin d'autre chose que du sentiment de satisfaction intérieure qui accompagne toujours les actes de ce genre », affirmation qui rappelle les propos de Nathalie lors d'une conversation avec Wilhelm (Livre VIII, 3). Autre exemple, les conseils de Beethoven à la jeune Emilie de Hambourg, qui lui avait fait parvenir le témoignage de son admiration, ont une forme d'injonction proche des maximes qui constituent la lettre d'apprentissage remise à Wilhelm au moment où il est accepté dans la société d'êtres soucieux d'accéder à une dimension spirituelle de l'existence : « Persévère, écrivait Beethoven, n'exerce pas l'art seulement, mais pénètre aussi son être intime; il le mérite, car seuls l'art et la science élèvent l'homme jusqu'à la divinité. [...] L'artiste véritable n'a point d'orgueil; malheureusement il sait que l'art n'a pas de limites, il sent combien il est éloigné du but et tandis qu'il est peut-être admiré par d'autres, il déplore de n'être pas encore parvenu là où son meilleur génie ne brille que comme un lointain soleil » [2., 585, 17 juillet 1812, Teplitz].

Autre exemple, les allusions à la dimension spirituelle de la musique, en particulier dans les lettres à l'archiduc Rodolphe, auquel Beethoven donnait des leçons de composition musicale, activité qu'il qualifiait « d'exercices spirituels de musique habituels » [5., 1586, 22 février 1823]. Ces allusions évoquent la « confession d'une belle âme » à laquelle la vérité est révélée par un livre de cantiques (utilisé par les Frères moraves) (Livre VIII).

« Stimulé » par le modèle que représentent *Wilhelm Meister* et les autres écrits de Goethe, Beethoven en a profondément intégré les exigences éthiques, et les a liées à son esthétique de créateur dans le but d'aider les autres à accéder à ce qui constituait leur spécificité ainsi qu'à la spiritualité la plus authentique.

PRÉSENTATION DE L'ŒUVRE

Ces deux vers ouvrent la dernière et dixième strophe du poème de Goethe *Edel sei der Mensch,* poème qui incite l'homme à faire le Bien :

Der edle Mensch
Sei hilfreich und gut !
Unermüdet schaff er
Das Nützliche, Rechte,
Sei uns ein Vorbild
Jener geahneten Wesen !
Que l'homme noble
Soit secourable et bon !
Qu'il crée sans se lasser
Le Bien, l'Utile,
Qu'il préfigure
Ces êtres pressentis !

Cette première version (*WoO 151*) très courte a un caractère solennel et une déclamation qui met en évidence le texte.

SOURCES

L'autographe (à Vienne, GdM) est daté : « am 20ten jenner / 1823 / L.v. Beethov[en] »

Dans un cahier de conversation du 9 septembre 1825 (*BKh* 8, p. 126)[1], un interlocuteur non identifié rappelait que « Fr : Eskeles » se réjouissait de la magnifique (« herrliche ») composition » inscrite sur son Album.

PUBLICATION

En 1843 par August Schmidt dans l'*Allgemeine Wiener Musikzeitung*, vol. 3, du 23 novembre 1843.

En 1900 à Berlin, par Gustav Lang in *Musikgeschichtliches*, III, p. 16 : « Ein Albumblatt von Beethoven ».

1. Publié en fac-similé avec commentaires par le Verlag Beethoven-Haus, Bonn, 2002, *Beethoven im Gespräch – Ein Konversationsheft vom 9. September 1825.*

DÉDICATAIRE

S'agit-il de Cecilie von Eskeles (1760-1836) ou de sa fille Marie (1801-1862) comme semble le confirmer une conversation du 22 mai 1824 (*BKh* 6, p. 221) au cours de laquelle Karl, le neveu, écrivait que la « Fräulein » Eskeles remerciait Beethoven pour ce qu'il avait écrit sur son Album ? Outre le témoignage des cahiers de conversation, que ce soit Marie est prouvé par sa collection d'autographes de musiciens, cette feuille d'Album se trouvant en tête.

Marie était la fille du baron Bernhard von Eskeles (1753-1839) qui était à la tête de la banque viennoise Arnstein & Eskeles. La famille du baron joua un grand rôle dans la vie mondaine de Vienne, en particulier pendant le congrès de Vienne (1814-1815). Signe des relations de Beethoven avec cette famille, il fut un moment question, en septembre 1825, que Karl devienne employé de cette banque pour acquérir une formation commerciale.

WoO 183

Bester Herr Graf, Sie sind ein Schaf (Très cher comte vous êtes un mouton)

Canon infinitus à quatre voix
6/8, fa *majeur – 8 mes.*

TEMPS DE LA COMPOSITION

20 février 1823, d'après Schindler.

CONTEXTE BIOGRAPHIQUE

Schindler raconta en 1844 que ce *Canon* humoristique aurait été composé par Beethoven furieux que le comte Moritz von Lichnowsky[2] (1771-1837) se soit mêlé de négociations avec ses éditeurs Steiner et Haslinger. Schindler ajoutait qu'il avait arraché ce papier des mains de Beethoven pour éviter un scandale.

PRÉSENTATION DE L'ŒUVRE

La phrase est des plus simple (trois croches et une noire pointée, deux fois de suite) : *fa, fa, fa, mi / ré, ré, ré, do*.

La voix d'alto commence, puis toutes les deux mesures entrent la basse, la soprano et

2. Voir les *Variations op. 35* et la *Sonate op. 90.*

le ténor – ce qui entretient un piétinement expressif indéfini et de plus en plus nourri (tel un troupeau de montons).

SOURCE

L'autographe (à Berlin), qui se trouvait dans l'inventaire après décès de Schindler, porte la mention suivante de la main de Schindler : « geschrieben den 20ten Febr. [1]823 / im Kaffehause zur Birn auf der / Landstraße. »

Les quatre parties sont notées les unes après les autres dans des clés différentes

Opus 125
Neuvième Symphonie en *ré* mineur

Pour grand orchestre, quatre solistes et chœur
Allegro ma non troppo, un poco maestoso, 2/4, ré *mineur – 547 mes.*
Molto vivace, 3/4, ré *mineur – 559 mes.*
Adagio molto e cantabile, **C**, si *bémol majeur – 157 mes.*
Presto, 3/4, ré *mineur / Allegro assai (mes. 92),* **C**, ré *majeur / Rezitativo, baryton solo (mes. 217), 3/4,* ré *mineur / Allegro assai (mes. 237),* **C**, ré *majeur / Prestissimo (mes. 843),* **¢**, ré *majeur – 940 mes.*

TEMPS DE LA COMPOSITION ET PREMIÈRE EXÉCUTION

Le temps de la composition proprement dite[1] (esquisses et « mise au propre », de chacun des quatre mouvements l'un après l'autre), c'est-à-dire la genèse de la partition autographe, occupe l'année 1823. En octobre 1822, le plan en quatre mouvements était ébauché, ainsi que l'idée d'introduire le poème de Schiller dans le Finale, sans précision de strophes. Alors que la commande (ferme) d'une nouvelle Symphonie par la Société philharmonique de Londres lui était arrivée en novembre 1822, Beethoven ne se mit au travail qu'en mars 1823 (alors qu'il avait promis l'œuvre pour cette date) : il attendait d'être certain que la Société philharmonique de Londres lui verserait les honoraires prévus. Il ne fut en état de faire parvenir l'œuvre à Londres qu'en avril 1824.

Si l'année 1823 fut consacrée à la composition de la *Neuvième Symphonie*, il ne faut pas oublier que pour effectuer ce travail de composition, Beethoven a utilisé des idées antérieures (certaines notées en 1815[2] pour le Scherzo, d'autres en 1818 pour le premier mouvement, et pour le Finale avec incertitude quant à la destination, la Société philharmonique de Londres lui ayant commandé deux Symphonies en 1817), sachant d'une part que le projet d'en écrire une nouvelle datait de 1812 (au moment où il composait les *7*^e^ et *8*^e^, il avait l'intention de faire une trilogie), et d'autre part que ce projet de 1812 avait pris une nouvelle forme au cours de l'été 1817 quand Beethoven reçut de la Société philharmonique de Londres commande de deux grandes Symphonies, mais, en 1818, la *Sonate op. 106* ne lui laissa que peu de temps pour les Symphonies – il ne nota que quelques idées –, puis, en 1819, le projet de la *Missa solemnis* et celui des *Variations Diabelli* repoussèrent encore le travail de composition destiné aux Symphonies, jusqu'au moment où, en automne 1822, il relança ses amis anglais, leur demandant le prix qu'ils offriraient pour une nouvelle symphonie.

Ainsi, pour établir le temps de la composition, il est impératif de distinguer les esquisses multiples et éparses (surtout entre 1815 et 1818) plus ou moins liées au projet d'une ou de deux Symphonies (esquisses qui n'ont pas toutes été retrouvées), et les esquisses qui furent délibérément destinées à cette nouvelle Symphonie, à partir de la fin de l'année 1822.

Enfin, il est également indispensable de distinguer la genèse de la partition de travail autographe (1823-début 1824) de toutes les modifications ultérieures portées sur les copies avant l'édition originale (dont Beethoven corrigea les épreuves), étant donné qu'à partir de l'automne 1823 il surveilla le travail des copistes, occasion et moyen, pour lui, de continuer à modifier la partition.

1. Voir « Zur Entstehungsgeschichte von Beethovens neunter Symphonie », in *Von der Idee zum Werk.* Eine Ausstellung des Arbeitskreises selbständiger Kultur-Institute e.V. – AsKI im Rheinischen Landesmuseum Bonn vom 24. Januar bis 10. März 1991, p. 231-243.

2. Selon Sieghard Brandenburg, dans le « Nachwort » de l'édition du fac-simile de la *Sonate op. 101*, parmi les nombreux projets de l'automne 1815 se trouvent les germes des premières idées de la *Neuvième Symphonie*, qui sera élaborée en 1823-1824.

Elle fut jouée pour la première fois le 7 mai 1824, au Kärntnertortheater en même temps que trois « Hymnes » de la *Missa solemnis* (Kyrie, Credo, Agnus Dei), avec la soprano Henriette Sontag[1], l'alto Caroline Unger[2], le ténor Anton Haitzinger, la basse Joseph Seipelt, l'orchestre étant dirigé par le premier violon Ignaz Schuppanzigh (Konzertmeister), et l'ensemble sous la direction de Michael Umlauf, Beethoven étant à ses côtés pour indiquer le tempo; l'orchestre avait été renforcé par des membres du Musikverein[3]. Beethoven, qui tournait le dos au public, ne se rendit pas compte du déchaînement de la salle jusqu'à ce que Caroline Unger le prenne par le bras pour le mettre face au public, qui le fêta frénétiquement. Le concert déclencha un tel enthousiasme qu'il fut décidé que la *Symphonie* serait rejouée le 23 mai dans la grande salle de la Redoute.

La *Neuvième Symphonie* fut jouée à Londres le 21 mars 1825, lors du troisième concert de la Société philharmonique, au début de la saison de 1825 (*The Harmonicon*, n° 28, publia un compte-rendu en avril 1825).

Elle fut exécutée à Berlin le 27 novembre 1826 (cf. lettre de Beethoven à Schott, datant de la deuxième moitié de 1826 [6., 2244] dans laquelle il signalait que sa Symphonie avait été exécutée à Berlin « mit enthusiastischem Beyfalle »)[4].

CONTEXTE BIOGRAPHIQUE

Alors que dès 1812 Beethoven songeait à une nouvelle Symphonie (qui aurait formé une trilogie avec les *7e* et *8e*)[5], il ne réalisa ce projet que dix ans plus tard – longue période de maturation pendant laquelle, après avoir été impliqué dans des compositions de circonstance conçues à la portée d'un large public (au temps des défaites de Napoléon et du congrès de Vienne, donc entre 1813 et 1815), il s'orienta vers le renouvellement de son écriture dans de très grandes œuvres, les concepts de « groß » et de « schwer », liés à la recherche de l'héritage des « Anciens », ainsi que la perspective d'être joué dans des concerts de bienfaisance organisés par des Sociétés de musique instrumentale et chorale, lui servant de critères et de références esthétiques et éthiques.

Les esquisses et annotations qui jalonnèrent cette longue période de maturation montrent que Beethoven était à la recherche d'un genre nouveau, de haute portée spirituelle, qui associerait instruments et voix – ainsi en mars/avril 1818[6], il s'interrogeait sur un genre nouveau, sorte de syncrétisme musical et religieux qui, par-delà la liturgie catholique, renouerait avec les origines et les différentes modalités de la spiritualité humaines (les mythes et les pratiques cultuelles des Grecs anciens étaient alors considérées comme fondateur de l'humain) :

« Adagio Cantique – / Chant religieux dans une symphonie dans les anciens tons – Seigneur Dieu nous te louons – alleluja – soit seul soit comme introduction à une Fugue. Peut-être de cette manière caractériser toute la deuxième symphonie, où soit dans le dernier mouvement soit déjà dans l'Adagio les voix entreraient. Les violons de l'orchestre etc. seront décuplés dans le dernier mouvement. Ou bien l'Adagio serait repris de cette manière dans le dernier mouvement où alors les voix entreraient les unes après les autres – dans l'Adagio texte d'un mythe grec ou d'un Cantique ecclésiatique – dans l'Allegro fête à Bacchus. »

D'après ces annotations, Beethoven, en 1818, ne pensait pas encore au poème de Schiller, mais il envisageait deux Symphonies, dont l'une pourrait introduire des voix. Il s'appuyait sur l'expérience de la *Fantaisie op. 80* (conçue pour couronner l'immense concert du 22 décembre 1808, au cours duquel furent créés les *5e* et *6e Symphonies,* le *4e Concerto pour piano* et la *Fantaisie op.* 77), cette œuvre qui célébrait un monde enchanté

1. Henriette Sontag (1806-1854), soprano, originaire de Coblence, arriva à Vienne en juillet 1822; elle chantait au Kärntnertortheater et au Theater an der Wien dans les opéras allemands et italiens. Elle s'installa à Berlin en 1825 et sa carrière internationale commença en 1826 à Paris.

2. Caroline Unger (1803-1877), altiste, chanta au Kärntnertortheater de 1819 à 1825, avant d'aller en Italie avec Domenico Barbaja.

3. Cf. Reproduction du Programme du concert (document de la Beethoven-Haus, Bonn). In *Briefe* 5, p. 318 et p. 326.

4. Cf. *AMZ*, Berlin, n° 49 du 6 décembre 1826, p. 398 sq. – référence citée in *Briefe* 6, n.4, p. 330.

5. La *7e* est datée « avril 1812 » et la *8e* « octobre 1812 ». Parallèlement, Beethoven pensait composer « quelque chose à chanter » destiné aux sociétés chorales.

6. Selon la datation de S. Brandenburg, *art. cit.* p. 103. La citation se trouve in Nottebohm (II, 163) et la feuille d'esquisse à Bonn.

par l'union des paroles et de la musique. Beethoven disposait également de l'expérience de la *Missa solemnis*, qu'il était en train de composer et dans laquelle il associait, dans une ampleur musicale inédite, musique instrumentale et musique vocale sur les paroles très connues de la messe.

La conjugaison de ces différentes expériences, dans un contexte de recherche d'un genre nouveau de grande ampleur et à grande portée spirituelle, l'incita à reprendre la mélodie de la *Fantaisie op. 80* et à l'associer au texte très connu de Schiller, en mettant en œuvre une intégration dramatique des voix à la fin d'une vaste œuvre instrumentale, sur le modèle de la *Fantaisie op. 80* (couronnement d'un concert symphonique, cette *Fantaisie* était elle-même couronnée par l'entrée des voix signifiant le réenchantement du monde – Beethoven souligna lui-même cette parenté aux éditeurs auxquels il proposa sa nouvelle symphonie), dépassant ainsi les limites du domaine symphonique comme il venait de dépasser le cadre de la messe dans la *Missa solemnis*.

Un poème qu'il connaissait depuis sa jeunesse exprimait en termes métaphoriques l'idéal politique du milieu intellectuel et « illuminé » de Bonn dans lequel il avait grandi : *An die Freude*, poème que Schiller écrivit en 1785 pour célébrer joyeusement l'amitié entre personnes qui aiment la vie, mais qui fut très vite interprété comme chargé de connotations révolutionnaires et/ou maçonniques. Au lieu de se plier au texte initial, largement connu, Beethoven en a modifié l'organisation et l'équilibre interne pour mettre l'accent sur la joie, ciment de la fraternité dans une société protégée par une divinité bienveillante. Cette condensation du sens montre qu'il associait à ce poème ce qu'il avait retenu aussi bien de Goethe – qui, tout au long de ses œuvres, insistait sur l'idée que la joie était l'aspiration essentielle des hommes et qu'elle procédait du dépassement de la souffrance (idée que Beethoven traduisait par l'expression « *durch Leiden Freude* » [1]) – que de Kant : « la loi morale en nous et le ciel étoilé au-dessus de nous » Kant !!! », notait-il, en janvier 1820, sur une page d'un cahier de conversation (*BKh* 1, p. 235, fin janvier 1820) recopiant la fin d'une phrase de Kant trouvée dans le livre de Joseph Johann Littrow (1781-1840), *Kosmogolische Betrachtungen*, et qui commençait ainsi : « Il y a deux choses qui élèvent l'homme au-dessus de lui-même et le mènent à une admiration éternelle et croissante. »

Pour donner consistance à son idéal de fraternité, fondement d'une nouvelle société supposant une nouvelle représentation de la divinité, Beethoven eut l'idée de lancer un appel aux hommes (représentants l'Humanité) à l'issue d'une œuvre « colossale » et « révolutionnaire » dans sa forme, qu'il concevait comme un processus initiatique équivalent des démarches offertes par *La Flûte enchantée* de Mozart, par son *Fidelio* (qui se termine par des vers de *An die Freude* de Schiller), par la *Création* de Haydn (qui commence par une évocation du chaos) ou par le *Messie* de Haendel.

Les esquisses pour le début du Finale (qui datent d'octobre 1823) témoignent de cette volonté de Beethoven de faire des mouvements de sa Symphonie autant d'étapes d'une quête existentielle, puisqu'il nota, de manière presque illisible, sous des portées qui comprenaient les références musicales aux mouvements antérieurs et qui comprenaient également la musique du Récitatif instrumental et celle de la fanfare Presto [2] – tentatives multiples pour relier le Finale à ce qui précède : « Non cela... nous rappelle notre désespoir » ; « Aujourd'hui c'est un jour de fête, il faut le fêter en chantant » ; « o non, pas cela, je veux quelque chose d'autre » ; « celui-là non plus, il n'est pas meilleur, seulement un peu plus gai » ; puis, « celui-là est trop délicat, il faut trouver quelque chose de plus dynamique... je vais voir si je peux vous chanter quelque chose qui correspond » ; enfin, sous la portée avec la mélodie de « Freude » : « celui-là ha c'est trouvé / Joie belle ».

1. En particulier dans une lettre à Marie Erdödy, le 19 septembre 1815 [3., 827].

2. Cité par Nottebohm (II, 190, 191). Voir « The Sketches to the "Ode to Joy" », article de Robert Winter in *Beethoven, Performers and Critics. Th International Beethoven Congress Detroit, 1977*, s.d ; de R. Winter et B. Carr. – Detroit, 1980, pp. 176-214. Ainsi que *The Beethoven Sketchbooks* de Douglas Jphnson, Alan Tyson et Robert Winter, Clarendon Press Oxford, 1985, l'étude du « HausSkizzenbuch Landsberg 8/2 », p. 292-298 – cite par S. Brandenburg, art. cit., in *Zu Beethoven*, 1984, p. 126 (les plans du Finale).

Après avoir dégagé le thème de la « Joie », Beethoven trouvait le texte du récitatif chanté : « Lasst uns das Lied des untersterblichen Schillers singen / Freude. » (Laissez-nous chanter le Lied de l'immortel Schiller / Joie) ; et alors il notait : « Basse / pas ces notes, de plus gaies / Voix / Joie ! Joie ! ».

Ses annotations qui témoignent de ses recherches pour le début du Finale ne sont pas les seules inscrites sur ses feuilles d'esquisses, il les multiplia également au moment où il cherchait la forme de la seconde partie du Finale (Nottebohm II, 186) : « musique turque sur Celui qui ne le peut, qu'il se dérobe », indiquait-il ; puis, avec les esquisses de l'Allegro alla marcia : « musique turque – d'abord pianissimo – quelques sons pppmo – quelques mesures de silence – puis toute la puissance » ; puis, « forts coups de trombones sur monde voûte étoilée » ; il nota également une remarque sur « le soutien des voix en registre aigu par les instruments ».

Beethoven craignait que le public viennois, de plus en plus séduit par la musique de Rossini, ne soit pas en mesure d'apprécier son œuvre. À la veille du concert, ses amis s'employèrent à le rassurer : Schindler écrivait, dans le cahier de conversation utilisé durant ces quelques jours (*BKh* 6, Heft 66, p. 158, entre le 6 et le 8 mai 1824), que le public était informé de la dimension vocale (*Liederlichkeit*) de l'œuvre, qu'on en parlait déjà, tout autant que des difficultés des répétitions, de la cabale ; que « Mamsel Unger » ne se sentait pas à la hauteur, et qu'elle ne voulait pas venir à la répétition (*id.*, p. 159). Schindler faisait remarquer également que cette *Symphonie* était exceptionnelle et très difficile, et, après le concert, il signalait qu'il n'avait jamais entendu d'applaudissements aussi furieux et chaleureux, que le deuxième mouvement avait été interrompu par les applaudissements et qu'il aurait dû être repris, que des Vivat avaient été criés, et qu'il y avait eu cinq rappels (alors qu'il n'y en a que trois pour la Cour).

Commandée par la Société philharmonique de Londres et dédiée au roi de Prusse, cette œuvre eut, malgré ces hauts patronages, et malgré l'accueil délirant qu'elle suscita à Vienne en mai 1824, du mal à être comprise : très difficile à exécuter, elle surprit les critiques ; pourtant, au lendemain de sa création, le rédacteur de l'*Allgemeine musikalische Zeitung* (1824, col. 437) notait que « le génie inépuisable de Beethoven ouvrait sur un monde nouveau, inouï, et qu'il découvrait le mystère insoupçonné de l'art sacré »[1].

Les premiers auditeurs ont donc bien senti qu'ils avaient assisté à quelque chose qui était plus grand et plus important qu'un simple événement musical.

Présentation de l'œuvre

Beethoven a utilisé un poème écrit par Schiller en 1785 pour célébrer les moments de joyeuse amitié entre personnes partageant les mêmes idées (publié dans la revue *Rheinische Thalia* en 1786, et republié, dans une version moins abrupte, la dernière strophe étant supprimée, en 1803 dans sa *Gedichtsammlung*)[2]. *An die Freude* était, au départ, non une ode (aux connotations graves et sérieuses, à l'antique) mais une chanson à boire, à la fois dans sa forme qui associe strophe et chœur, et dans son contenu qui exprime de manière humoristique l'aspiration des hommes à l'immortalité par delà le jugement dernier (être semblables aux dieux) – les invitations à lever son verre y étant nombreuses (la plupart supprimées dans la version de 1803) : « Frères… à la santé du bon Esprit »/« Jurez sur ce vin doré »/« Frères buvez et soyez d'accord, que l'on pardonne tous les péchés et que l'enfer n'ait plus lieu d'être. / Chœur / Un joyeux moment d'adieu ! Dormez bien dans vos linceuls ! Frère, une douce maxime / De la bouche du juge des morts ! »

Beethoven connaissait ce poème depuis sa jeunesse à Bonn, étant familier du Zehrgarten, ce café-librairie proche de l'Université, fréquenté par les professeurs, les étudiants et les « intellectuels » fondateurs de la Lesegesellschaft (institution de lecture qui avait remplacé la section locale des « l'Ordre des Illuminés de Bavière » après leur interdiction en 1785). Bartholomäus Fischenich (1768-1831), natif de

1. In Kunze, p. 471.

2. Schiller aurait trouvé ce poème très mauvais, contestant même la popularité qu'il avait acquise dès avant sa publication, et qui ne faisait honneur « ni au monde ni à la poésie ». Cité par Max Rudolf dans « Beethoven's « An die Freude » and Two Mysterious Footnotes » in *The Beethoven Newsletter*, San Jose State University, Volume 5, Number 2, Summer 1990, p. 30.

Bonn, n'y fut de retour pour prendre sa chaire de professeur de droit qu'à la mi-octobre 1792 (donc deux semaines avant le départ de Beethoven pour Vienne); il écrivait à Charlotte von Schiller, le 26 janvier 1793, que Beethoven songeait à mettre en musique toutes les strophes de *An die Freude* – ce qu'il avait dû entendre dire plus qu'il ne l'a directement entendu de Beethoven, n'ayant pas eu beaucoup le temps de le rencontrer.

Au moment où il choisit d'intégrer ce poème, Beethoven connaissait donc ses deux versions – ce que confirme une assertion de C.J. Bernard lors d'une conversation en fin septembre 1824 (*BKh* 6, p. 363) : « Maintenant ce serait rejeté et désapprouvé. Au lieu de : les mendiants deviennent frères des princes, il y a dans votre texte : tous les hommes deviennent frères. »

Beethoven, qui ne fut pas le premier à mettre ce poème en musique[1], ne conserva pas toutes les strophes et surtout réorganisa l'équilibre du texte, qu'il s'appropria pour l'interpréter comme un modèle de société idéale – une sorte d'utopie. C'est sans doute pour souligner son interprétation qu'il fit inscrire sur la page de titre de l'édition originale : « mit Schluss-Chor über Schillers Ode "An die Freude" » – il avait pourtant conservé le terme de « Lied » sur le programme du concert du 7 mai 1824, parce que, sur ses esquisses, le coryphée appelait à « chanter le Lied de l'immortel Schiller ».

Schiller avait conçu un poème de neuf strophes, formées chacune de huit vers ponctués par un « Chor » de quatre vers.

Beethoven a retenu les huit vers des trois premières strophes, ainsi que le « Chor » de la quatrième strophe : « Froh, wie seine Sonnen », le « Chor » de la première : « Seid umschlungen », et le chœur de la troisième strophe : « Ihr stürzt nieder Millionen ! »

La réorganisation de l'ensemble, reflet des intentions musicales et idéologiques de Beethoven, met l'accent sur la « joie, étincelle divine » (« Freude schöner Götterfunken »), sur la fraternité (« Alle Menschen werden Brüder », « Seid umschlungen Millionen », « Diesen Kuß der ganzen Welt ») et sur la divinité bienveillante (« Muß ein lieber Vater wohnen »).

Les trois premières strophes

« Freude, schöner Götterfunken,/ Tochter aus Elysium !/ Wir betreten Feuertrunken,/ Himmlische, dein Heiligtum./ Deine Zauber binden wieder, /Was die Mode streng geteilt,/ Alle Menschen werden Brüder,/ Wo dein sanfter Flügel weilt. »

(Joie, belle étincelle divine, / Fille de l'Elysée, / Nous pénétrons ivres de feu, / Céleste, dans ton lieu saint./ Tes enchantements unissent de nouveau / Ce que la convention a rigoureusement séparé, / Tous les hommes deviennent frères, / Là où ta douce aile plane.)

« Wem der große Wurf gelungen,/ Eines Freundes Freund zu sein,/ Wer ein holdes Weib errungen,/ Mische seinen Jubel ein !/ Ja, wer auch nur *eine* Seele / *Sein* nennt auf dem Erdenrund ! / Und wers nie gekonnt, der stehle / Weinend sich aus diesem Bund ! »

(Celui auquel a réussi le grand coup de dé / D'être l'ami d'un ami, / Celui qui a conquis une noble femme, / Que son allégresse se mêle à l'ensemble ! / Oui, quiconque a sur cette terre / *Une* seule âme qu'il nomme *sienne* ! / Mais celui qui ne l'a pu, qu'il se dérobe / En pleurant, à l'écart de cette alliance !)

« Freude trinken alle Wesen / An den Brüsten der Natur, / Alle Guten, alle Bösen / Folgen ihrer Rosenspur./ Küsse gab sie uns und Reben,/ Einen Freund geprüft im Tod,/ Wollust ward dem Wurm gegeben, / Und der Cherub steht vor Gott. » (*bis*) [le dernier vers est répété par Beethoven].

(Tous les êtres boivent la joie / Aux mamelles de la nature, / Tous les bons, tous les méchants / Suivent sa trace de roses. / Elle nous a donné le baiser et la vigne, / Un ami éprouvé jusqu'à la mort. / La volupté a été donnée au ver / Et le Chérubin se tient debout devant Dieu.)

Les autres éléments du poème :

– après la Marche Allegro assai, le Chor de la quatrième strophe, énoncé par le ténor, et en partie repris par le chœur :

« Froh, wie seine Sonnen fliegen, (bis) / Durch des Himmels prächtigen Plan,/ Laufet,

1. Maynard Solomon, *Beethoven*, Fayard, 2003, n. 79, p. 510, signale le recueil de quatorze versions musicales publié à Hambourg vers 1799-1800 (parmi lesquels Rellstab, Zelter).

Brüder eure Bahn (*bis*), / Freudig, wie ein Held zum Siegen ! » (*bis*)

(Joyeux ! comme volent ses soleils / À travers le plan splendide du ciel,/ Poursuivez, frères, votre course,/ Joyeux, comme un héros vers la victoire !)

– après la poursuite de la Marche à l'orchestre seul, il y a la reprise de la première strophe, puis Andante maestoso, le Chor de la première strophe de Schiller, puis celui de la troisième :

« Seid umschlungen, Millionen ! / Diesen Kuß der ganzen Welt ! / Brüder – überm Sternenzelt / Muß ein lieber Vater wohnen ».

(Étreignez-vous, millions d'êtres ! / Ce baiser, au monde entier ! / Frères, au-dessus de la voûte étoilée / Il faut qu'un bon Père habite. »)

« Ihr stürzt nieder, Millionen ? /Ahnest du den Schöpfer, Welt ? / Such ihn überm Sternenzelt !/ Über Sternen muß er wohnen. »

(Vous vous prosternez, millions d'êtres ? / Pressens-tu le Créateur, monde ? / Cherche-le au-dessus de la voûte étoilée !/ Au-dessus des étoiles il doit habiter.)

À partir de l'Allegro energico, sempre ben marcato, Beethoven associe, dans la double fugue, des vers de différentes strophes : « Freude, schöner Götterfunken, Tochter aus Elysium, / Wir betreten feuertrunken, Himmlische, dein Heiligtum », et « Seid umschlungen, Millionen ! Diesen Kuß der ganzen Welt ».

Puis suit : « Ihr stürzt nieder, Millionen ? /Ahnest du den Schöpfer, Welt ? / Such ihn überm Sternenzelt !/ Über Sternen muß er wohnen. »

Puis, dans l'Allegro ma non tanto, « Freude, Tochter aus Elysium ! », « Deine Zauber binden wieder, /Was die Mode streng geteilt,/ Alle Menschen werden Brüder,/ Wo dein sanfter Flügel weilt », chacun des vers étant répété de nombreuses fois.

Enfin, dans le Prestissimo final, « Seid umschlungen, Millionen ! Diesen Kuß der ganzen Welt » et « Freude, schöner Götterfunken, Tochter aus Elysium ! », pour terminer sur « Freude, schöner Götterfunken ! »

Dans chacun des quatre mouvements le discours musical, très complexe, est extrêmement construit et d'un grand dynamisme. Le Finale est conçu comme un Finale d'opéra (en quelque sorte théâtre dans le théâtre à la manière de Shakespeare), et le choix de la tonalité lui confère un sens dans l'univers de Beethoven, puisque la fin du Finale est en *ré* majeur, tonalité de la *Missa solemnis* (œuvre de haute portée spirituelle et sacrée que Beethoven venait d'achever, véritable hymne à l'homme et à son pouvoir créateur, après avoir trouvé l'apaisement que lui procure le consentement à la vie).

Les timbres des instruments, dans un espace sonore aux dimensions très amples, ont soit une fonction structurelle et rythmique (timbales, contrebasses, trompettes), soit une fonction mélodique (hautbois, cors), soit une fonction symbolique faisant allusion à la fois à l'opéra et à l'église, en particulier les trombones qui, liés à la musique d'église, étaient passés dans le domaine lyrique avec les opéras français, ainsi qu'avec ceux de Gluck et de Mozart ; ou encore, le piccolo et le contrebasson qui appartenaient au monde de l'opéra pour établir des connotations militaires, ou pour souligner certains registres de la masse orchestrale[1].

I. Le premier mouvement est un très long Allegro ma non troppo, un poco maestoso, à deux temps, de forme sonate, sans reprise de l'exposition – il est construit à partir d'un matériau composite fait de plusieurs motifs et de dynamiques sonores contrastées.

Ce mouvement commence par une introduction énigmatique constituée par les tenues des cors et les tremolos des cordes d'où émergent un motif très court énoncé par les violons, de tonalité indéterminée. Avec un effet de contraste extrême, le premier thème éclate alors *ff* à l'unisson de tout l'orchestre, par l'arpège descendant de *ré* mineur sur quatre octaves, en rythme pointé. Puis, un rythme martial très court et répété suivi d'un accord dissonant pose la limite de ce premier thème. Cette disposition, introduction et premier thème, est reprise avant d'être étendue et de mener au second thème très différent, en *si* bémol majeur, mélodique

1. In « Von der *Leonore* zum *Fidelio*, Vorträge und Referate des Bonner Symposions 1997 », hrg. von Helga Lühning und Wolfram Steinbeck, *Bonner Schriften zur Musikwissenschaft*, Peter Lang, Francfort, 2000, p. 304.

chanté par les bois aigus *p* sur un accompagnement de traits courts des cordes.

Après l'extension de l'exposition de ce matériau thématique, le développement confère un grand rôle au hautbois ; d'abord centré sur le premier thème et son introduction, il prend la forme d'un fugato tendu, avant de se centrer sur le second thème.

Quatre mesures unisson de tout l'orchestre mènent à la réexposition soutenue, cette fois, par d'intenses roulements de timbales continues d'où émerge le second thème.

Après un long développement terminal dominé par un rythme de marche, ce premier mouvement s'achève par un ralentissement du tempo précédant une coda aux sonorités de marche funèbre (avec timbales et trombones).

II. Le deuxième mouvement est un Scherzo en *ré* mineur Molto vivace à 3/4, d'abord battu à un temps (blanche pointée = 116), comprenant une partie centrale Presto, alla breve (blanche = 116), en *ré* majeur, très chantante, qui confère un grand rôle aux cors.

Ce Scherzo commence *ff* par un motif très court et très rythmique énoncé à l'unisson deux fois de suite par les cordes, et repris par les timbales puis par les vents. Ce motif constitue la tête du sujet de la fugue qui suit (à cinq entrées des cordes) et qui se déroule en valeurs rapides et égales sans interruption, dans une intensité croissante jusqu'à la reprise répétée du motif rythmique initial dans une texture jubilatoire (par son rythme et ses timbres) entraînée par les vents. Après le reprise de la première partie (qui se termine par trois mesures de grandes pauses), le développement (seconde partie de ce Scherzo) introduit une succession d'organisation des mesures par trois, « Ritmo di tre battute », puis quatre, « Ritmo di quattro battute », modalité métrique du processus de développement.

La partie centrale est précédée d'une accélération du tempo et elle se déploie, « Presto », à deux temps (alla breve), en contraste radical avec le Scherzo (à un temps) : un motif mélodique et dansant énoncé aux bassons remplace le motif rythmique dans un orchestre aux timbres différenciés, les bois et les cors jouant un grand rôle.

Un grand moment suspendu (extatique) sépare ce Trio de la reprise des deux parties du Scherzo « Molto vivace » (la première partie étant reprise, mais pas la seconde).

Une coda condense « stringendo il tempo », de manière rapide et humoristique, les thèmes du Scherzo et du Trio.

III. Le troisième mouvement Adagio molto e cantabile magnifie la capacité de chanter des différents instruments (avant le dernier mouvement qui intègre les voix). Ce mouvement comprend trois « strophes » (ou un « couplet » et deux variations), chacune construite sur une opposition de tempo, de métrique et de tonalité.

La première « strophe » juxtapose un Adagio molto e cantabile, à 4 temps, en *si* bémol majeur, dans lequel les chants des différents timbres (« mezza voce », « dolce ») se mettent en valeur mutuellement, et un Andante moderato, à 3 temps, en *ré* majeur, le chant étant confié à l'alto et au second violon qui doivent jouer *espressivo*.

La deuxième « strophe » retrouve le « Tempo I », le chant lyrique étant mené par les premiers violons, soutenu par les autres timbres et des attaques *pizzicato* – une modulation mène à la partie Andante moderato dans laquelle le chant est confié aux bois, les premiers violons en contrepoint. Une modulation mène à un Adagio en *mi* bémol majeur dominé par le timbre des cors et des clarinettes, et les pizzicati des cordes. Une nouvelle modulation mène à la troisième « strophe ».

La troisième « strophe » est « Lo stesso tempo », Adagio à 12/8. Les broderies des premiers violons sont soutenues par l'ensemble des sonorités de l'orchestre mises en valeur par les pizzicati des cordes basses et les interventions ponctuelles des timbales.

Après une digression introduite par des appels de trompettes et des cors, ce mouvement lent se termine par un long développement dans lequel la ligne brodée des premiers violons domine, et par une coda, toujours à 12/8, dans laquelle la pulsation de triolets de doubles croches produit un effet de tension rythmique.

IV. Finale

Ce mouvement final est en deux parties, la première instrumentale, et la seconde intégrant les voix, chacune introduite par quelques mesures Presto, *ff*, en *ré* mineur, aux passages dissonants et se terminant sur une suspension harmonique, appelant une réponse (une sorte de cadence apportée pas le récitatif d'abord instrumental, puis vocal). Pour les voix, Beethoven s'est servi des paroles du poème de Schiller, *An die Freude*, comme d'un nouveau matériau musical, intégré de manière complexe à l'ensemble de la composition orchestrale très dense.

Ce Finale commence de manière théâtrale par une sorte de fanfare (bois, vents et timbales) Presto qui ouvre (le rideau) sur l'équivalent d'un Melodram (genre constitué de bribes orchestrales qui préparent ou commentent des bribes de paroles) consacré à la mise en scène de la recherche du thème de la joie (recherche qui fut celle de Beethoven comme en témoignent ses esquisses) : les cordes basses seules « selon le caractère d'un Récitatif, mais in tempo » (c'est-à-dire Presto) dialoguent avec l'appel de ce qui est présent (la fanfare) et l'évocation du passé, effectuée au moyen de bribes de thèmes issus des trois mouvements précédents : le premier mouvement Allegro ma non troppo; puis après une intervention des cordes basses, le deuxième mouvement « Vivace »; puis, selon le même principe, le troisième Adagio cantabile aux vents; avant de parvenir à l'énoncé par les bois, soutenus par les cors, du thème de la joie en *ré* majeur de quatre mesures Allegro assai, thème approuvé par les cordes basses qui, après une cadence de *ré* majeur aux vents, le reprennent *p* de la même manière Allegro assai à quatre temps en *ré* majeur, entraînant peu à peu tout l'orchestre : d'abord les altos et les bassons, puis les premiers violons, et enfin tous les instruments.

Après l'exposition de ce thème, répétée variée plusieurs fois de suite jusqu'à concerner tous les participants, la fanfare initiale revient, cette fois à tout l'orchestre soutenu par des roulements de timbales, et ouvre à nouveau le rideau : le récitatif est confié, cette fois, à un baryton solo, qui s'adresse à l'assistance (à la manière d'un coryphée ou à la manière du maître de cérémonies de festivités collectives organisées à l'occasion d'un anniversaire, d'un mariage, d'un « sacrifice » [1]) : « O Freunde, nicht diese Töne, sondern laßt uns angenehmere anstimmen und freudenvollere » (O Amis, pas cette musique, entonnons plutôt une musique plus agréable et plus joyeuse). À la suite de cette invitation adressée à l'assistance, le baryton, doublé par les cordes basses en pizzicato et accompagné par les clarinettes et les hautbois, chante Allegro assai, à quatre temps en *ré* majeur, la première strophe de l'*Ode à la joie*, le chœur reprenant les quatre derniers vers. Puis la deuxième strophe est chantée par les solistes, le chœur reprenant la fin; de même pour la troisième strophe dont la mélodie est ornée, et dont le dernier vers « und der Cherub steht vor Gott » est repété en valeurs longues et en homorythmie par le chœur, sur roulements de timbales.

Après cette première exposition des trois strophes que Beethoven a retenues du poème de Schiller, un Allegro assai vivace/Alla Marcia, à 6/8, avec musique turque et contrebasson, intervient : elle commence *pp* par des sons graves isolés puis s'intensifie, le ténor solo jouant alors le rôle de coryphée pour énoncer « Froh, wie seine Sonnen », dont le chœur reprend les deux derniers vers.

Après un passage uniquement instrumental (sans musique turque) en forme de fugato tendu, qui se termine par un passage suspendu, le chœur et les solistes, dans ce même tempo, scandent les paroles de la première strophe de l'*Ode*.

Puis Andante maestoso à 3/2 en *sol* majeur, les hommes commencent à chanter de manière solennelle « Seid umschlungen [*etc.*] », avant d'être rejoints par les femmes – ce passage se termine de manière extatique par une modulation en *sol* mineur.

Les paroles qui suivent, « Ihr stürzt nieder [*etc.*] », sont chantées dans un tempo Adagio ma non troppo, ma divoto, toujours en *sol* mineur, par le chœur, avec effet de suspension extatique sur l'évocation du père qui habite derrière les étoiles… Une atmosphère de prière et de dévotion de nature religieuse soutiennent ainsi cette évocation du père bienveillant.

Puis, Allegro energico, sempre ben marcato, à 6/4, en *ré* majeur, dans une double fugue, les sopranos superposent « Freude, schöner Götterfunken [*etc.*] » au « Seid umschlungen [*etc.*] » chanté par les altos – l'ensemble étant soutenu par la scansion des timbales, des trombones et des violons.

1. Beethoven composa plusieurs œuvres de cette nature au moment où il pensait à la nouvelle symphonie : l'*Opferlied op. 121b* (1822 et 1824), le *Bundeslied op. 122* (1822 et 1824), la *Cantate* d'anniversaire pour le prince Lobkowitz *WoO 106* (1822).

Allegro ma non tanto, alla breve, en *ré* majeur, les vers de la première strophe sont alors repris, de manière discontinue, avec, par deux fois, ralentissement du tempo, Poco adagio, sur « Menschen werden Brüder » (et modulation en *si* majeur pour les vocalises des solistes, la deuxième fois).

Un passage instrumental en accélération, Poco allegro, strigendo il tempo, sempre più allegro, mène au Prestissimo final, alla breve, sur « Seid umschlungen, Millionen ! diesen Kuß der ganzen Welt ! Brüder ! überm Sternenzelt muß ein lieber Vater wohnen », dans une densité extrême de l'orchestre (y compris la musique turque) et des voix, chœur et solistes, qui scandent les paroles de cet appel à la fraternité. Après un dernier Maestoso des voix sur « Tochter aus Elysium ! – Freude, schöner Götterfunken (*bis*) » !, un déchaînement de l'orchestre Prestissimo conclut l'ensemble.

SOURCES

– *Les esquisses dispersées non directement liées au travail de la* Neuvième Symphonie

Au milieu des esquisses du deuxième mouvement de la *Septième Symphonie op. 92*, Beethoven a noté : « 2te Sinfonie Dmoll », et au milieu du travail pour la *Huitième op. 93* : « Sinfonia in Dmoll – 3te Sinf. » (Nottebohm, II, 111).

Les différentes étapes des esquisses concernant cette *Symphonie* ont été étudiées par Sieghard Brandenburg (qui a rectifié la présentation de Nottebohm, II, 157-192) dans « Die Skizzen zur neunten Symphonie », in *Zu Beethoven. Aufsätze und Dokumente 2*, hrg. de Harry Goldschmidt, Berlin 1984, p. 88-129.

En mars/avril 1818, Beethoven pensait intégrer un chœur sur un mythe grec ou un cantique, « Adagio cantique », dans une Symphonie[1].

– *Les esquisses de la* Neuvième Symphonie

Si l'essentiel des esquisses et du travail de composition se trouve dans le *Skizzenbuch « K »* utilisé entre le début 1823 et le début 1824 pour les *op. 120* et *op. 125* (c'est-à-dire la reconstitution qui regroupe l'*Engelmann-Skizzenbuch*, le *Landsberg 8/1* et quelques feuilles), ainsi que dans le carnet *Artaria 205/5* (avril à mai 1823) et que dans le *Skizzenbuch O* (fin avril-début mai 1823, fin mai-début juin 1824), Beethoven a repris des idées éparses notées auparavant dans le *Scheide-Skizzenbuch* de 1815 (à Princeton) pour le thème du deuxième mouvement et dans ce qui reste des carnets utilisés entre 1816-1818 pour le premier mouvement, et il a suivi le plan établi en octobre 1822 dans le *Skizzenbuch Artaria* 201, p. 111 : page sur laquelle Beethoven a noté le thème du Scherzo avec la remarque « recht fugirt » (rigoureusement fugué), puis le plan d'ensemble « die sinfonie aus 4 / Stücken oder (?) das 2te Stück in 2/4 takt / wie in der son[ate] aus As dies könnte / in 6/8tel dur sejn u das 4te Stück // finale » (la sinfonie en 4 mouvements ou (?) le 2e mouvement à 2/4 comme dans la sonate en *la* bémol majeur à 6/8 et le 4e mouvement // finale) – Beethoven notant alors le début du thème de l'Ode à la joie (S. Brandenburg, *art. cit.* p. 109, en tire la conclusion que Beethoven pensait dès octobre 1822 à introduire les voix dans le Finale, après un début instrumental – même si jusqu'au dernier moment il semble avoir hésité à intégrer les voix[2]).

– *Le manuscrit*

La partition de travail, conservée dans plusieurs bibliothèques, comprend beaucoup de corrections, de ratures, et mêmes des trous dans le papier…[3]

Le manuscrit autographe des trois premiers mouvements et une grande partie du Finale se trouve à Berlin (depuis 1997 dans la Bibliothèque située sur l'avenue Unter den Linden).

Le reste du manuscrit est dispersé : une partie du Finale, l'introduction instrumentale Allegro assai vivace, Alla marcia, du Tenor solo, « Froh, wie seine Sonnen fliegen » (mesures 343-375), est à Paris (BnF) ; deux pages de la coda du Scherzo (qui fut ajoutée en avril 1824) est à Bonn, ainsi que les parties de trombones des 2e et 4e mouvements (datant du printemps 1824) ; la partie de contrebasson du Finale est à Berlin (le 19 mars 1825 [6.

1. Sur une feuille d'esquisse qui est aujourd'hui à la Beethoven-Haus – cf. S. Brandenburg, in « Die Skizzen zur neunten Symphonie », *art. cit.*, p. 103.

2. Comme l'indique S. Brandenburg in « Zur Entstehungsgeschichte von Beethovens neunter Symphonie » *op. cit.* p. 242.

3. Voir l'étude de Beate Angelika Kraus accompagnant la nouvelle édition critique de la partition de la *Neuvième Symphonie*, NGA, Abteilung I, Bd. 5.

1948], Beethoven annonçait à Ries l'envoi de cette partie, ce qu'il n'a pas fait).

– Les copies

La copie pour la gravure reçue par Schott à Mayence en fin janvier 1825 (elle a été vendue aux enchères à Londres en mai 2003), porte des corrections et améliorations de la main de Beethoven.

Une copie très soigneusement revue, envoyée à Londres (arrivée en décembre 1824 [5., 1914] – est-ce celle qu'il confia à Kirchhoffer le 27 avril 1824 ?), porte le titre de la main de Beethoven : « Grosse Sinfonie geschrieben für die Philharmonische Gesellschaft in London. Von Ludwig van Beethoven. ». Cette partition fut utilisée pour l'exécution, sous la direction de sir George Smart, le 21 mars 1825 à Londres.

Une copie envoyée à Ries en mars et avril 1825 comprend les trois premiers mouvements en partition, et le Finale en parties séparées (elle était destinée au festival musical du Bas-Rhin, et elle servit pour l'exécution de l'œuvre à Aix-la-Chapelle, le 23 mai 1825).

La copie envoyée au roi de Prusse en octobre 1826, avec dédicace – corrigée et améliorée, par Beethoven, comporte les indications métronomiques.

PUBLICATION

Elle fut assurée par B. Schott's Söhne, à Mayence, en fin août 1826 :

– En partition :

« Sinfonie / mit Schluss-Chor über Schillers Ode : « An die Freude » / für grosses Orchester, 4 Solo – und 4 Chor-Stimmen, / componirt und / SEINER MAJESTAET dem KÖNIG von PREUSSEN / [armoiries] / FRIEDRICH WILHELM III. / in tiefster Ehrfurcht zugeeignet / von / Ludwig van Beethoven, / 125tes Werk. / – Eignethum der Verleger. – / Mainz und Paris, / bey B. Schotts Söhnen. Antwerpen, bey A. Schott. »

– En parties séparées, le titre sur l'enveloppe est en français :

« SINFONIE / en RÉ mineur / avec chœur final sur l'Ode de Schiller / an die Freude / pour quatre parties de chant / 2 Violons, Alto, Violoncelle & Basse, 2 Flûtes, 2 Hautbois, / 2 Clarinettes, 2 Bassons, grand Basson, 4 Cors, 2 Trompettes, / 3 Trombones, Tymballes [*sic*], Triangle, Cymbales & grande Caisse./ par / Louis van Beethoven / Oeuv. 125./ Mayence chez les fils de B. Schott. / à Paris rue de Bourbon N° 17. / à Anvers chez A. Schott. »

– En réduction pour piano du Finale, en août 1826 :

« SCHLUSS-CHOR / über / {Schillers Ode an die Freude} / letzter Satz der Symphonie / Opus 125,/ von / Ludwig van Beethoven / Clavier Auszug und vier ausgesetzte Singstimmen. »

En 1829, Carl Czerny établit une transcription pour piano à quatre mains publiée par Probst à Leipzig.

DÉDICATAIRE

Frédéric-Guillaume III, roi de Prusse (1770-1840). Voir correspondance, ci-dessous.

L'ŒUVRE VUE PAR SES CONTEMPORAINS

L'*AMZ* XXVI, n° 27, 1er juillet 1824 (col. 437-442), publiait un compte rendu du concert du 7 mai 1824. L'auteur signalait que l'orchestre et le chœur avaient été renforcés par les instrumentistes du « Musikverein », mais que les trois répétitions avaient été insuffisantes pour surmonter les difficultés inhabituelles de l'œuvre – malgré cela, le concert avait reçu un accueil enthousiaste, délirant – Beethoven étant considéré comme un génie inépuisable qui ouvrait un univers inconnu et qui faisait ressentir les merveilles cachées de l'art le plus sacré. Après avoir comparé l'*Ouverture op. 124* à une composition digne de Haendel, et après avoir insisté sur l'écriture et sur la beauté des trois Hymnes de la Messe (l'intervention des timbales et des trompettes du « Dona nobis pacem » restant énigmatique), l'auteur de l'article présentait rapidement les différents mouvements de la *9e* : un Allegro hardi, d'une très grande richesse, et d'une très grande tension ; un Scherzo plein d'entrain ; un sublime mouvement lent associant simplicité et art ; et, après une sorte de coup de tonnerre, un Finale commençant par l'évocation des premiers mouvements à la manière d'un « pot-pourri » pour culminer dans l'intervention des voix, « triomphe » de « l'art et de la vérité ».

L'auteur n'avait qu'un souhait : réentendre cette œuvre le plus vite possible.

L'*AMZÖ* (*AMZ* de Vienne), 8e année, 1824, publiait un article de Friedrich August

Kanne (1778-1833) qui présentait en même temps les *opus 116, 123, 124* et *125*, œuvres entendues lors des concerts des 7 et 23 mai 1824. Kanne insistait sur la complexité de ces œuvres qu'il était impossible de comprendre du premier coup, tant elles s'aventuraient dans des formes originales. Son long article mêlait considérations générales, remarques sur la préparation des concerts et présentation des œuvres. Chacun des mouvements de la Symphonie était donc passé en revue : Kanne insistait sur l'imagination incroyable de l'Allegro plein de feu et de sauts de tonalités; sur le style humoristique du Scherzo, destiné à apaiser l'auditeur avant le mouvement lent; sur l'intériorité de l'Adagio très chantant et sur l'incroyable Finale, qui reprenait « l'ode très célèbre de Schiller », Beethoven assurant l'unité d'éléments très divers, avec force et liberté. Kanne soulignait que cette œuvre gigantesque, monstrueuse, épuisait émotionnellement l'auditeur, qui attendait avec impatience le moment où il pourrait reprendre ses esprits.

Kanne trouvait que la musique turque était bien utilisée, mais déplorait le manque de répétitions, et il concluait son article en affirmant que « l'enthousiasme délirant du public avait fait de ce concert le plus beau jour de la vie de Beethoven », ajoutant comme phrase finale : « Ce fut un jour de fête pour tous les véritables amis de la musique ».

En 1825, l'*AMZ* publiait de courts articles témoignant des difficultés des critiques et du public à intégrer la nouveauté de l'œuvre, qualifiée de « colossale » et considérée comme impossible à appréhender au moyen des critères habituels aussi bien qu'à exécuter, les chanteurs, soprano et basse, étant en permanence à la limite de leur tessiture et obligés de se mesurer à la grosse caisse ou au contrebasson. « Malgré tout on peut dire de Beethoven ce qu'on a dit de Haendel : dans l'égarement aussi – grand ! » (col. 447).

En 1826, le rédacteur de l'*AMZ* affirmait, après trois auditions, que la *9e Symphonie* n'était pas une des meilleures œuvres du « très célèbre Maître », qu'elle ne plaisait pas. Il exprimait son désaccord en ces termes : « Le Maître toutefois reste fidèle à lui-même, un exorciste, auquel il a plu cette fois, de solliciter chez nous le surhumain. Je ne souscris pas à cela. »

La *BAMZ* III, de 1826 (p. 214-217), rendait compte d'un concert affirmant que le public très cultivé n'avait pas apprécié la *9e Symphonie*, œuvre impossible à comprendre à la première audition. Le rédacteur expliquait alors la structure et les particularités de chacun des quatre mouvements, tous très longs. Dans l'Allegro, l'oreille finit par s'habituer au choc de masses sonores hétérogènes, moyen choisi par Beethoven pour produire un effet terrifiant. Le côté plaisant du Scherzo n'apporte pas le réconfort souhaité. L'Adagio est un des plus beaux écrits par Beethoven. Quant au Finale, il est grotesque, le texte de Schiller étant introduit de manière triviale et la poésie étant maltraitée, la succession des strophes n'étant pas respectée.

La *BAMZ* III, n° 47 du 22 novembre 1826, p. 373-378, publiait un article de A.B. Marx dans lequel il insistait sur la dualité de l'œuvre qui comprenait une « Grande Symphonie » et une « Grande cantate », en reconnaissant la nouveauté de cette construction

Caecilia, VIII, n° 32, 1828, publiait deux articles l'un de J. Fröhlich (1780-1862), p. 231-256, qui situait cette œuvre inclassable dans l'ensemble de la création de Beethoven – trouvant qu'il avait été trop loin, et l'autre de G.C. Grosheim (1764-1841), p. 257-260, qui analysait l'œuvre en suggérant une comparaison avec un drame antique (in Kunze, p. 510-528).

Caecilia, IX, n° 36, 1828, p. 230-241, publiait un article de Ignaz von Seyfried (avec l'*op. 123*) qui analysait chacun des mouvements avec exemples musicaux à l'appui – il distinguait vingt sections successives dans le Finale (in Kunze, p. 529-546).

CORRESPONDANCE

– *Le projet d'une nouvelle Symphonie*

Le 8 mai 1812 [2., 576], Beethoven promettait à Joseph von Varena à Graz une nouvelle symphonie pour son prochain concert de bienfaisance, ce qu'il considérait comme la moindre des choses. Il prévoyait également quelque chose de plus important pour la voix (il s'agit peut-être du projet d'une Ouverture intégrant des vers de l'*Ode à la joie* de Schiller).

Vers le 25 mai 1812 [2., 577], Beethoven écrivait à Breitkopf & Härtel qu'il était « en train d'écrire trois nouvelles Symphonies, dont l'une est déjà terminée».

Le 19 juillet 1812 [2., 587], Beethoven (alors à Teplitz) faisait savoir à Varena qu'une nouvelle Symphonie était prête, et que l'archiduc Rodolphe était en train de la faire copier. Il lui laissait espérer également quelque chose à chanter.

Le 18 décembre 1816 [3., 1016], Beethoven, par l'intermédiaire de John von Härting, faisait savoir, en anglais, à Charles Neate (1784-1877), jeune pianiste qui avait séjourné à Vienne entre l'été 1815 et le début 1816, alors à Londres, qu'il serait «flatté de pouvoir écrire un ouvrage nouveau pour la Société philharmonique» de Londres» (Moscheles fit remarquer plus tard, de manière rapide (!), au bas de la lettre que c'est à la suite de cette proposition que la Société philharmonique de Londres lui commanda une symphonie pour 100 Guinées, et qu'il envoya la *9e* – cité in *Briefe* 3., note 9, p. 341 – il y eut d'autres péripéties avant la commande ferme de ce qui sera la *9e Symphonie*).

– La commande pour mars 1823, et le temps de la composition

Le 9 juin 1817 [4., 1129], Ferdinand Ries annonçait à Beethoven que la Société philharmonique de Londres l'invitait l'hiver prochain et lui commandait deux grandes Symphonies ainsi qu'une composition pour grand orchestre destinée à un des concerts donnés à Londres entre février et juin (le contrat contenait six clauses).

Le 9 juillet 1817 [4., 1140], Beethoven acceptait de se rendre à Londres au plus tard en janvier 1818 avec deux nouvelles Symphonies, mais il formulait d'autres conditions, proposant un nouveau contrat en sept points (nouvelles conditions que la Société philharmonique de Londres refusa, renouvelant la première proposition : Beethoven en fut informé le 9 septembre 1817 [4., 1167]).

Le 5 mars 1818 [4., 1247], il écrivait à Ries que sa santé ne lui avait pas permis de se rendre à Londres cette année, mais qu'il espérait pouvoir le faire l'an prochain et qu'il acceptait les conditions de la Société philharmonique de Londres.

Le 23 novembre 1819 [4., 1357], George Thomson écrivait à Beethoven qu'il avait beaucoup parlé de lui avec Smart, membre très influent de la Société philharmonique : il pensait pratiquement acquis que Beethoven allait recevoir une invitation pour Londres. Beethoven avait déjà reçu une invitation le 9 juin 1817 [4., 1129], acceptée le 9 juillet 1817 [4., 1140], puis le 5 mars 1818 [4., 1247], mais il repoussa sans cesse son voyage.

Le 6 juillet 1822 [4., 1479], Beethoven demandait à Ries «ce que la Société philharmonique de Londres lui donnerait pour une grande Symphonie».

Le 15 novembre 1822 [4., 1510], Ries offrait, au nom de la Société philharmonique, 50 livres pour le manuscrit d'une nouvelle symphonie; la Société exigeait de disposer de l'œuvre pendant 18 mois et attendait l'œuvre pour mars 1823.

Le 20 décembre 1822 [4., 1517], Beethoven écrivait à Ries à Londres qu'il acceptait de composer une symphonie pour la Société philharmonique, considérant les Anglais comme les plus grands artistes d'Europe : s'il vivait à Londres, il ne serait pas si pauvre, ajoutait-il.

Le 27 décembre 1822 [4., 1518], Johann, frère du compositeur, écrivait à Antonio Pacini, éditeur à Paris que Beethoven était en train d'écrire de «grands ouvrages» : «une nouvelle Simphonie», «une Opera, et une grande Messe». (L'*AMZ* XXV (début 1823, col. 55) publiait les nouvelles musicales de décembre 1822 à Vienne qui informaient que Beethoven avait terminé une seconde grande Messe, qu'il préparait un concert pour le temps du carnaval – ce qui n'aura pas lieu – et qu'il était occupé par la composition d'une nouvelle Symphonie.)

Le 5 février 1823 [5., 1549], Beethoven écrivait à Ries qu'il «n'avait pas de nouvelles des honoraires à propos de la Symphonie, mais qu'il pouvait compter dessus»; un chargé d'ambassade qu'il avait rencontré avait accepté de faire parvenir la Symphonie de Vienne à Londres; il «regrettait d'attendre des honoraires de la Société philharmonique, mais, pauvre, il était obligé de vivre de sa plume». En attendant, il offrait l'*Ouverture op. 124* et proposait que la Société philharmonique en «dispose pendant 18 mois avant qu'elle ne soit éditée, comme pour la Symphonie. (Beethoven attendait donc d'être certain de toucher des honoraires de la Société philharmonique avant de se mettre au travail.)

Le 25 février 1823 [5., 1580], Beethoven renouvelait sa demande à Ries : qu'en était-il de la commande de la Symphonie ? Sachant qu'il devait la livrer en mars 1823.

Le même jour [5., 1581], il écrivait à Charles Neate qu'il attendait des preuves de la commande pour la symphonie, qu'il enverrait alors sur-le-champ à Londres par l'intermédiaire de l'ambassade impériale et royale à Londres ». Il ajoutait qu'il pensait se rendre en Angleterre en 1824, pour rencontrer tous les admirables artistes.

Le 22 mars 1823 [5., 1617], Beethoven écrivait à Ries qu'il lui fallait encore quinze jours pour terminer la Symphonie, et qu'il attendait les honoraires de Kirchhoffer (employé de la Banque Offenheimer qui devait lui remettre la somme en mains propres en échange de la symphonie).

Le 25 avril 1823 [5., 1636], Beethoven écrivait à Ries qu'il n'avait pas beaucoup de temps pour composer, le cardinal archiduc Rodolphe le sollicitant beaucoup depuis quatre semaines, ce qui se conjuguait avec sa situation financière précaire qui l'obligeait à composer des œuvres alimentaires et avec son mal aux yeux : il ne pouvait pas envoyer la Symphonie. Il signalait que les *Variations Diabelli* également ne seraient envoyées que quelques semaines plus tard et se préoccupait de la gravure de la *Sonate op. 111* (qui parut à Londres chez Clementi & Co le 25 avril 1824).

Début mai 1823 [5., 1641], il promettait à Ries de lui dédier sa nouvelle Symphonie. (Était-ce une façon de le faire patienter ?).

Le 1er juillet 1823 [5., 1686], Beethoven écrivait à l'archiduc Rodolphe qu'il était en train de composer une Symphonie pour la Société philharmonique de Londres – il pensait la terminer d'ici quinze jours.

Le 5 septembre 1823 [5., 1739], de Baden, il annonçait à Kirchhoffer la partition de la Symphonie au plus tard dans quinze jours.

Le même jour [5., 1740], il écrivait à Ries que la copie de la partition de la Symphonie était terminée ce jour et qu'il attendait une occasion pour la lui faire parvenir (Beethoven ne termina en fait sa symphonie qu'en février 1824, et la fit envoyer à Londres le 27 avril 1824).

Entre le 26 et le 31 janvier 1824 [5., 1776], Beethoven proposait au pianiste Friedrich Kalkbrenner (1785-1849), qui devait retourner à Londres, de lui confier sa Symphonie en train d'être copiée : il fallait encore 10 à 12 jours, son ancien copiste étant mort, les nouveaux mettaient plus de temps et il devait ensuite revoir la copie alors qu'il avait mal aux yeux.

Le 25 février 1824 [5., 1782], Beethoven proposait à Maurice Schlesinger à Paris, entre autres œuvres, « die *Partitur* einer *ganz neuen grossen Symphonie* » dont il ne pourrait disposer qu'en 1825. Il ajoutait que cette Symphonie avait un grand Finale avec chœurs et solistes, comme la « *Clavierphantasie* » (op. 80) mais de plus ample conception. (Beethoven avait laissé l'exclusivité de la *Symphonie* pour 18 mois à la Société philharmonique de Londres.)

En février 1824 [5., 1784], trente artistes et amis de l'Art firent parvenir à Beethoven une « Adresse » l'implorant de faire exécuter sa nouvelle *Symphonie* à Vienne et non à l'étranger (que son « dernier né » soit présenté sur « son lieu de naissance »). (À la suite de l'engouement des Viennois pour les opéras de Rossini programmés au Kärntnertortheater par l'impresario italien Domenico Barbaja qui dirigeait le Théâtre depuis 1822, Beethoven ne semblait plus au goût du jour – sa nouvelle *Symphonie* commandée par la Société philharmonique de Londres devait donc être créée à Londres.)

Cette « Adresse » fut publiée par la presse viennoise : le 15 avril 1824 par l'*Allgemeine Theaterzeitung* de Vienne, n° 46, p. 181-182 ; le 21 avril 1824 par la *Wiener Allgemeine Musikalische Zeitung*, n° 22, p. 87-88.

Le 10 mars 1824 [5., 1787], Beethoven proposait à B. Schott's Söhne à Mayence sa grande *Missa solemnis*, pour solistes chœur et orchestre (soulignant que bien qu'il répugne à parler de lui, il considérait cette œuvre comme sa plus grande), pour 1000 fl., ainsi qu'une nouvelle grande *Symphonie* qui a un Finale dans le genre de la « Klawier-Fantaisie mit Chor » mais plus grand sur les paroles de Schiller, du « Lied immortel et bien connu *an die Freude* », pour 600 fl. – il souhaitait une réponse rapide. Le 24 mars 1824 [5., 1797], Schott acceptait à condition de différer la publication.

Le même jour [5., 1788], Beethoven faisait la même proposition à peu près dans les mêmes termes à Albert Probst, éditeur à Leipzig qui, le 22 mars 1824 [5., 1796] réservait sa réponse.

Le 14 mars 1824 [5., 1792], une lettre de Ferdinand Piringer à Beethoven prouve que la date de la prochaine Académie n'était pas encore fixée (elle ne le fut, au 7 mai, qu'au début de mai).

Mi-mars 1824 [5., 1793], Beethoven écrivait au copiste Maschek pour lui donner des conseils : qu'il s'en tienne à ce que Beethoven avait indiqué avec intelligence, et qu'il soumette à correction ce qui était déjà copié (les parties de solo et celles de violon).

Peu avant le 11 avril 1824 [5., 1811], Beethoven exigeait que le copiste Peter Gläser (1776-1849) lui apporte le plus vite possible ce qu'il avait du Finale, particulièrement le quatuor vocal, constatant qu'il n'avait rien reçu depuis deux jours (copiste attitré au Kärntnertortheater, Gläser dirigeait l'équipe chargée de préparer le matériel d'orchestre pour l'exécution de la symphonie). Peu après le 19 avril 1824 [5., 1814], Beethoven intimait l'ordre à Gläser d'inscrire les paroles sous les notes. Il lui envoyait le deuxième mouvement pour qu'il copie la coda (qui fut ajoutée), faisant référence à Mozart, Haydn et Cherubini, grands compositeurs qui n'avaient pas hésité à modifier leurs partitions. Fin avril 1824 [5., 1822], Beethoven voulait revoir les parties dupliquées, car il restait beaucoup de fautes.

Fin avril 1824 [5., 1824], Beethoven demandait au rédacteur de l'*Allgemeine Theaterzeitung* d'annoncer le concert (ce qui fut fait le 1er mai 1824 – cf. le texte, in *Briefe* 5, n.4, p. 314).

Fin avril 1824 [5., 1827], Beethoven demandait à Tobias Haslinger de corriger les lithographies des parties qui étaient déjà copiées et signalait qu'il avait demandé à Piringer de renforcer l'orchestre de huit violonistes, deux altistes, deux violoncellistes, deux contrebassistes parmi les meilleurs, même s'ils portent perruque.

Le 9 mai 1824, ou peu après [5., 1831], conseillé par Schuppanzigh, Beethoven inscrivait au brouillon sur une page d'un cahier de conversation (*BKh* 6, p. 176), une lettre de remerciement à tous ceux qui avaient participé au concert du 7 mai 1824 et leur annonçait la reprise du concert (qui eut lieu le 23 mai 1824 dans la grande salle de la Redoute).

Le 20 mai 1824 [5., 1835], Beethoven s'excusait d'avoir tant tardé à répondre à B. Schott's Söhne pour l'assurer qu'il lui confiait volontiers les deux œuvres proposées, la *Messe* et la *Symphonie*.

Le 26 mai 1824 [5., 1841], il proposait au prince Galitzine de lui envoyer sa grande *Symphonie*, dont le Finale comprend chœur et solistes. Le prince acceptait le 16 juin 1824 [5., 1845], et la lui réclamait avec empressement le 28 juillet 1824 [5., 1854] et encore le 29 avril [6., 1962]. Le 21 juin 1825 [6., 1997], le prince l'informait qu'il s'était « abonné chez Schott à Mayence pour la Messe, la Symphonie et l'ouverture [op. 124] », donc Beethoven ne devait lui envoyer les « deux morceaux » que s'ils étaient copiés et qu'il n'en avait pas besoin.

Le 19 juillet 1824 [5., 1852], B. Schott's Söhne demandait à Beethoven de déposer les manuscrits de la *Messe* et de la *Symphonie* chez Fries & Cie, chacune entourée d'un lien et avec son sceau.

Le 28 août 1824 [5., 1867], Beethoven faisait savoir à Heinrich Albert Probst qu'il était encore possible de publier sa *Symphonie*, « la plus grande qu'il ait écrite », même si elle ne pouvait pas paraître avant l'année suivante (les Anglais en avaient l'exclusivité pendant 18 mois). Il ajoutait que ce délai était de toutes façons nécessaire pour la gravure et pour les corrections et demandait de ne pas ébruiter cette proposition.

Le 17 septembre 1824 [5., 1881], Beethoven à Baden promettait à B. Schott's Söhne de lui faire copier les œuvres dès son retour à Vienne, à la fin du mois.

Le 29 septembre 1824 [5., 1884], Johann Andreas Streicher informait Beethoven que Carl Czerny acceptait d'établir une réduction pour piano à deux et à quatre mains de la *Symphonie* – Franz Lachner devant effectuer le même travail pour la *Missa solemnis* (aucune de ces réductions ne vit le jour ; ce n'est qu'après la mort de Beethoven que Carl Czerny établit des réductions pour piano des Symphonies de Beethoven, publiées chez Probst à Leipzig).

Le 16 novembre 1824 [5., 1897], Beethoven annonçait à B. Schott's Söhne l'envoi des œuvres promises. Le 23 novembre 1824 [5., 1901], l'envoi était retardé. Le 5 décembre 1824 [5., 1908], il le lui promettait pour la fin de la semaine. Le 17 décembre [5., 1913], il repoussait encore d'une semaine – le prétexte du retard étant les leçons à donner à l'archiduc, bien qu'à plusieurs reprises il se soit excusé auprès de Rodolphe de ne pouvoir venir tant il avait de travail (en novembre-décembre 1824, [5., 1904, 1905, 1906]). Le 29 décembre 1824 [5., 1917], il les promettait la semaine suivante. Le 22 janvier 1825 [6., 1925], il annonçait qu'il avait déposé les deux œuvres chez le banquier Fries.

Le 20 décembre 1824 [5., 1914], Charles Neate annonçait à Beethoven que la Société philharmonique de Londres avait décidé de l'inviter et que la copie de sa *Symphonie* était arrivée, espérant qu'il pourrait la diriger lui-même.

Le 27 janvier 1825 [6., 1928], Beethoven envoyait une liste de corrections pour la *Symphonie* à Charles Neate.

Le 19 mars 1825 [6., 1949], il rappelait à B. Schott's Söhne qu'il ne devait pas faire paraître la *Symphonie* avant fin juillet ou début août. Peu après [6., 1950], il envoyait les numéros d'opus de plusieurs œuvres : «*Sinfonie* – 125».

Le 19 mars 1825 [6., 1948], Beethoven envoyait à Ries, alors à Bonn, les trois premiers mouvements de la *Symphonie* en partition et les parties séparées du Finale, promettant que la partition suivrait, pour qu'il la fasse exécuter. Le 9 juin 1825 [6., 1987], Ries l'informait que sa *Symphonie* avait été exécutée à Aix-la-Chapelle, le 23 mai 1825, avec beaucoup de succès; lui-même admirait beaucoup cette œuvre qui n'a pas d'équivalent; il lui décrivait les répétitions et les conditions de l'exécution.

Le 2 août 1825 [6., 2022], il écrivait à B. Schott's Söhne que la *Symphonie* serait dédiée à un «Großem Herrn» sans préciser (la *Messe* étant de facto dédiée à l'archiduc Rodolphe).

Le 25 novembre 1825 [6., 2094], alors qu'il indiquait à B. Schott's Söhne le titre de la *Missa solemnis*, il signalait qu'il ne s'était pas encore décidé pour la *Symphonie*, demandant de repousser la parution de trois mois. Le 28 janvier 1826 [6., 2110], il l'informait qu'il allait bientôt lui indiquer le nom du dédicataire : il prévoyait le tsar Alexandre, mais celui-ci venait de mourir, le 1er décembre 1825.

Au début mars 1826 [6., 2129], Beethoven écrivait au prince Franz Ludwig Hatzfeld zu Trachenberg, représentant du roi de Prusse à Vienne, pour lui demander la permission de dédier la Neuvième *Symphonie* au roi de Prusse, puisqu'il faisait partie de ses sujets rhénans (depuis 1815).

Le 28 mars 1826 [6., 2136], Beethoven annonçait à B. Schott's Söhne que le roi de Prusse acceptait la dédicace de la «*Sinfonie* in *D mol* mit chören». Il conseillait à l'éditeur de penser à la page de titre qui devait comporter les emblèmes conformes du roi de Prusse sous forme allégorique.

Le 19 juillet 1826 [6., 2169], B. Schott's Söhne rappelait à Beethoven qu'il avait promis d'envoyer la métronomisation de la Neuvième *Symphonie*.

Le 26 juillet 1826 [6., 2172], Beethoven demandait à B. Schott's Söhne, qui comptait envoyer deux exemplaires de la *Neuvième Symphonie* au roi de Prusse, d'attendre qu'il ait fait parvenir une copie manuscrite au roi avant de faire paraître l'œuvre et de procéder à cet envoi – son argument était qu'une copie perdait de sa valeur quand l'œuvre était gravée. (Beethoven espérait obtenir une décoration du roi de Prusse en remerciement de cette dédicace : l'ordre de l'Aigle rouge, deuxième classe.)

Le 9 septembre 1826 [6., 2197], Beethoven écrivait à Karl Holz qu'il était en train de terminer la copie pour le roi de Prusse Friedrich Wilhelm III (copie établie par le copiste Wenzel Rampl).

Le 16 septembre 1826 [6., 2200], Beethoven demandait à B. Schott's Söhne un autre exemplaire de la partition de la *Neuvième Symphonie* et signalait une faute dans le second mouvement (l'oubli du «D.S.» de la partie en majeur).

Peu après le 20 septembre 1826 [6., 2204], il demandait à Tobias Haslinger d'envoyer la copie de la *Neuvième Symphonie* au roi de Prusse, en prenant soin du paquet car c'était «pour un roi».

Les 27/28 septembre 1826 [6., 2214], Beethoven accompagnait l'envoi de la copie de la *Neuvième Symphonie* d'une lettre de dédicace au roi de Prusse Friedrich Wilhelm III, «Père de ses sujets» et «Protecteur des arts et des sciences», Beethoven se disant heureux, en tant que citoyen de Bonn de faire partie de ses sujets.

Le 29 septembre 1826 [6., 2215], il annonçait à B. Schott's Söhne l'envoi des indications métronomiques de la *Symphonie*, et répétait qu'il y avait une faute dans le deuxième mouvement.

Le 13 octobre 1826 [6., 2222], Beethoven informait Adolph Martin Schlesinger à Berlin que la copie de la *Symphonie* avait été emportée par le bibliothécaire du roi, Samuel Heinrich Spiker (parti de Vienne le 9 octobre 1826) – ajoutant qu'il espérait que le roi répondrait à ses vœux (de recevoir une décoration). Le roi le remerciait le 25 novembre 1826 [6., 2231] et lui faisait envoyer un anneau brillant (qui fut vendu dans la seconde moitié du mois de décembre par Karl Holz ou par Johann, le frère de Beethoven).

Le 13 octobre 1826 [6., 2223], Beethoven envoyait à B. Schott's Söhne les indications métronomiques pour la *Symphonie* :

« *All° ma non troppo. 88* = ♩
Molto vivace. 116 = 𝅗𝅥
Presto. 116 = 𝅗𝅥
Adagio, tempo 1mo 60 = ♩
Andante moderato. 63 = ♩

Finale. Presto. 66 = 𝅗𝅥.
All° ma non trop. 88 = ♩
Allegro assai. 80 = 𝅗𝅥
Alla Marcia. 84 = ♩.
Andte maestoso. 72 = 𝅗𝅥

Adagio divoto. 60 = 𝅗𝅥
All° energico. 84 = 𝅗𝅥.
All° ma non tanto. 120 = 𝅗𝅥
Prestissimo. 132 = 𝅗𝅥
Maestoso. 60 = ♩

« Vous pouvez aussi les faire graver séparément. N'oubliez pas la correction que je vous ai indiquée pour le deuxième mouvement. »

Le 28 novembre 1826, B. Schott's Söhne remerciait pour ces indications qu'il fit publier dans la revue *Cäcilia* en 1827, p. 158 (avec une erreur pour le Finale. Presto, indiqué 96 = 𝅗𝅥.).

Le 7 décembre 1826 [6., 2236], Beethoven racontait à Wegeler qu'il venait de composer « une grande *Symphonie* avec Chœurs » dédiée au roi de Prusse : il avait rédigé la dédicace « au roi de sa propre main, et avait envoyé une copie qu'il avait lui-même corrigée et améliorée », espérant une décoration (on lui avait laissé entendre qu'il aurait sans doute « quelque chose comme l'Aigle rouge de deuxième classe »).

Le 27 janvier 1827 [6., 2253], il indiquait à B. Schott's Söhne les inexactitudes qui restaient dans l'édition gravée, s'étonnant que l'on ne tienne pas suffisamment compte de sa partition et exigeant que les corrections soient publiées.

Le 18 mars 1827 [6., 2284], Beethoven donnait à Ignaz Moscheles à Londres les indications métronomiques pour la *Neuvième Symphonie*.

WoO 106

Es lebe unser teurer Fürst
(Vive notre cher prince !)

Lobkowitz-Kantate, pour soliste (soprano), chœur et piano
Allegro non troppo, ¢, mi *bémol majeur – 44 mes.*

TEMPS DE LA COMPOSITION

Beethoven a composé cette petite *Cantate* pour l'anniversaire de Ferdinand Lobkowitz, né le 13 avril 1797, quand il apprit de Carl Peters (1782-1849) conseiller de la famille Lobkowitz et précepteur des enfants (pour lequel il écrivit, fin 1819, le *Canon WoO 175* « Sankt Petrus war ein Fels »), que rien n'était prévu pour cet anniversaire de 1822 (ou 1823 ?).

CONTEXTE BIOGRAPHIQUE

Par cette petite composition de circonstance, simple et pleine de vitalité, Beethoven accepta de contribuer à honorer Ferdinand Lobkowitz (1797-1868), fils aîné et héritier d'un de ses mécènes, Franz Joseph Lobkowitz (mort le 15 décembre 1816) – Ferdinand était né un 13 avril (il avait 25 ans en 1822). La partie de soprano fut écrite pour la femme de Peters, Josephine (1790-1866), qui chantait souvent lors de concerts privés[1].

PRÉSENTATION DE L'ŒUVRE

Le texte en prose, attribué à Beethoven lui-même, a été écrit pour être mis en musique.

« Es lebe unser teurer Fürst ! Er lebe ! Edel handeln sei sein schönster Beruf ! Dann wird ihm nicht entgehen der schönste Lohn. »

(Vive notre cher prince ! Être noble est sa profession la plus belle ! La plus belle récompense ne lui échappera pas.)

La forme est a b a + coda. Un soliste énonce le texte et un chœur reprend l'acclamation de manière homorythmique, dans l'harmonie de *mi* bémol majeur.

1. Cf. « Beethovens Freund Karl Peters und seine Frau », par Jaroslav Macek, in *Beethoven und Böhmen*, Beethoven-Haus, Bonn, 1988, p. 393-408.

La section a commence par le motif de l'acclamation, Allegro ma non troppo, en *mi* bémol majeur, énoncé par le piano puis chanté par le soliste et repris par le chœur à quatre parties.

La section b, Adagio assai, en *si* bémol majeur, évoque la noblesse de la fonction du prince – le soliste s'arrêtant par des vocalises sur « schönste » et sur « Lohn ». Cette section b est encadrée par les acclamations. La coda est constituée par l'extension de l'acclamation du chœur. Les cinq mesures de conclusion au piano sont très intenses, magnifiant le motif utilisé pour chanter « Er lebe ».

SOURCES

Le manuscrit autographe, donné à Peters par Beethoven, a disparu.

Il reste deux copies (Prague, archives Lobkowitz) portant l'indication de l'origine : « von Beethoven / Abends am 12t April 1823 vor dem Geburtstage Sr D. / des Herrn Fürsten Ferdinand von Lobkowitz » – Les voix sont notées sur trois systèmes, 1 et 2 en clé de *sol*, 3 en clé de *fa*. Il n'y a aucune intervention manuscrite de Beethoven.

PUBLICATION

En 1867, à Stuttgart, chez Cotta, par Ludwig Nohl, in *Neue Briefe Beethovens. Nebst einigen ungedruckten Gelegenheitskompositionen und Auszügen aus seinem Tagebuch und seiner Lectüre.*

WoO 184
Falstafferel, laß dich sehen
(Montre-toi Falstaff)

Canon à cinq voix,
Presto, 2/4, sol *majeur – 30 mes.*

TEMPS DE LA COMPOSITION

26 avril 1823, pour fêter le retour à Vienne d'Ignaz Schuppanzigh.

CONTEXTE BIOGRAPHIQUE

Après la longue absence de Schuppanzigh à Saint-Pétersbourg, Beethoven, sachant qu'il pourrait compter sur lui pour le seconder et pour créer ses nouvelles œuvres, était impatient de le revoir. Après avoir fondé son propre quatuor à cordes (avec Karl Holz, Franz Weiß et Joseph Linke) au lendemain de son retour à Vienne, Schuppanzigh créa les derniers *Quatuors* de Beethoven (*op. 127, 132* et *130*) – les membres du quatuor contribuant à établir des copies des différentes parties pour ensuite « essayer[1] » le Quatuor.

PRÉSENTATION DE L'ŒUVRE

L'injonction adressée à « Falstafferel » est prononcée sur seize doubles croches successives répétées sur la même note, ce qui produit un effet de bégaiement d'origine émotionnelle.

Les voix entrent successivement toutes les six mesures.

SOURCES

L'autographe (à Bâle) se trouve dans une lettre de Beethoven à Schuppanzigh [5., 1637]; il comprend cinq portées avec le texte sous les notes, et l'indication d'entrée de chacune des voix. Au pied de ces portées se trouve la signature, « amici amicus / Beethoven », ainsi que le texte de dédicace : « À M. v. Schuppanzig de haute naissance rejeton de l'ancienne famille noble anglaise de Mylord Fallstaf. / Voir la description de la vie de Mylord Fallstaf par Shakeaspeare ».

DÉDICATAIRE

Le violoniste Ignaz Schuppanzigh (1776-1830)[2] fut lié dès la fin des années 1790 avec Beethoven, qui se plaisait à l'affubler de surnoms. Schuppanzigh avait pourtant une très grande déférence pour lui : il lui parlait toujours à la troisième personne.

Voir la plaisanterie musicale *WoO 100, « Lob auf den Dicken ».*

WoO 185
Edel sei der Mensch
(Que l'homme soit noble)

Canon à six voix
Langsam, doch nicht zu sehr, und mit Gefühl und Würde, 2/4, en mi *majeur – 36 mes.*

TEMPS DE LA COMPOSITION

Ce *Canon* a été écrit par sur l'Album du musicien Louis Schlösser à la veille du départ de ce dernier pour Paris en mai 1823.

1. En allemand « probieren », ou faire « eine Probe », une répétition.

2. Il y a un portrait de Schuppanzigh au crayon dessiné par Joseph Danhauser [reproduit in *Briefe* 5, p. 114].

CONTEXTE BIOGRAPHIQUE

En acceptant de confier une lettre de recommandation à Louis Schlösser pour qu'il soit introduit auprès de Cherubini [5., 1646, vers le 6 mai 1823], Beethoven lui signifiait l'estime qu'il avait pour lui en inscrivant ce *Canon* sur son Album. Le texte, extrait d'un poème de Goethe *Das Göttliche* (déjà évoqué dans le *WoO 151*) affirmait la grandeur et la noblesse de l'homme (il faisait implicitement référence aux autres vers du poème de dix strophes, en particulier à ceux qui rendent hommage à la capacité de l'homme de « conférer à l'instant une durée », de distinguer le bien du mal et surtout de « rassembler utilement les forces égarées, errantes »).

PRÉSENTATION DE L'ŒUVRE

Beethoven composa son *Canon* à six voix, sur les premiers vers de la première strophe du poème de Goethe :

Edel sei der Mensch,
hilfreich und gut !
Denn das allein
Unterscheidet ihn
Von allen Wesen,
Die wir kennen.
(aus *Das Göttliche*)

Que l'homme soit donc noble,
Bon, secourable !
Car cela seul
Le met à part
De tous les êtres
Connus de nous.
(premières strophe, *Le divin*)

Ce *Canon* à six voix est en *mi* majeur (tonalité de l'*Opferlied*), à 2/4, dans un tempo « Langsam, doch nicht zu sehr, und mit Gefühl und Würde » (lentement, mais sans plus, et avec sentiment et dignité), est construit à partir d'un thème de 4 mesures qui affirme la tonalité de *mi* majeur et insiste, de manières différentes (tenue, saut de sixte à la voix, court rythme pointé, répétition) sur chacun des termes (« edel », « Mensch », « hülfreich », « und gut »); les trente-six mesures, qui constituent la matière musicale de ce *Canon*, associent affirmation (par des notes répétées sur « ja, ja ») et souplesse vocale (sur des gammes montantes et descendantes de doubles croches par deux).

SOURCES

Un manuscrit autographe (à Bonn), avec corrections, porte le titre de « Canon zu 6 Stimmen von Beethoven. / Worte aus dem Gedicht von Göthe Das Göttliche – ».

Une autre transcription autographe (qui se trouve près de Fulda, dans les archives de la fondation de la cour électorale de Hesse), en *mi* bémol majeur (et non en *mi* majeur), a été offert par Beethoven le 6 mai 1823 à Louis Schlösser. Il porte le titre : « Worte von Göthe, Töne von Beethoven, Wien am 6-ten May 1823 », et au revers une phrase d'adieu : « Heureux voyage, mon cher Monsieur Schlösser, que vous puissiez rencontrer tout ce que vous souhaitez. Votre très dévoué Beethoven[1]. »

PUBLICATION

À peine un mois après sa composition, ce canon fut publié par la revue de Johann Schickh (1770-1835), *Die Wiener Zeitschrift für Kunst, Literatur, Theater und Mode*, dans le n° 74 du 21 juin 1823 (cf. lettres [5., 1671 et 1673] à Johann Schickh) :

« Canon zu sechs Stimmen /von / Ludwig van Beethoven / Worte aus dem Gedichte : das Göttliche, von Goethe » (Canon à six voix de Ludwig van Beethoven sur les paroles du poème *Le divin* de Goethe)[2].

DÉDICATAIRE

Louis Schlösser (1800-1886), originaire de Darmstadt, était violoniste et compositeur. Après un apprentissage à Darmstadt, il fut formé à Vienne par Seyfried, Mayseder, Salieri, et à Paris par Le Sueur et Kreutzer. Arrivé à Vienne en avril 1822, il fit plusieurs visites à Beethoven[3]. Après ce séjour à Vienne, il se rendit à Paris en mai 1823. À la fin de sa vie (au cours des années 1880), il écrivit des souvenirs peu crédibles sur Beethoven.

1. Cité par KH, p. 688.
2. La publication est reproduite dans le catalogue de l'exposition *Beethoven und Goethe*, Beethoven-Haus Bonn, 1999, p. 44
3. Fin mars 1823 (*BKh* 3, p. 122-125), et mai 1823 (*BKh* 3, p. 238).

WoO 202
Das Schöne zum Guten
(Le Beau mène au Bien)

Fa *majeur,* **C** *– 3 mes.*

TEMPS DE LA COMPOSITION

Cette devise musicale fut écrite le 27 septembre 1823, à Vößlau près de Baden, pour la pianiste originaire de Graz, Marie Pachler-Koschak, au moment où elle disait au revoir à Beethoven (elle venait de faire également une cure à Baden – elle avait déjà rencontré Beethoven en 1817).

CONTEXTE BIOGRAPHIQUE

Beethoven a retenu le dernier vers de l'*Opferlied* de Friedrich von Matthisson (1761-1831), pour signifier que si l'artiste n'atteint jamais son but, il ne doit pas, pour autant, renoncer à œuvrer pour le Bien. Beethoven érigea en devise musicale ce dernier vers du poème de Matthisson, qui pose les liens indissociables de l'éthique et de l'esthétique, « das Schöne zu dem Guten », pour saluer le départ d'une artiste qu'il estimait. Cette référence était le reflet de ses préoccupations immédiates puisqu'il était en train de retravailler la partition de l'ensemble du poème, qu'il avait mis en musique dès la fin des années 1790 (la première version date de 1796, la seconde, *WoO 126*, des années 1797-1798, la troisième se situe entre 1802 et 1823, et la dernière de 1824). (Voir *Opus 121b*).

PRÉSENTATION DE L'ŒUVRE

Ce dernier vers était donc une allusion à l'ensemble du poème qu'il avait mis en musique à plusieurs reprises, comme prières « pour tous les temps » caractérisée par une déclamation syllabique et un grand recueillement.

SOURCES

L'autographe (à Vienne, GdM) porte la mention suivante : « Vößlau am 27ten September. / Von L v. Beethoven / An Frau v. Pachler ».

DESTINATAIRE

Marie Léopoldine Pachler, née Koschak (1794-1855), femme de l'avocat de Graz Karl Pachler (1789-1850), était une pianiste douée – Beethoven admirait son talent. Elle adressa une lettre à Beethoven le 15 août 1825 [6., 2031] pour lui recommander un admirateur de « sa Muse » Johann Baptist Jenger (1792-1856) qui allait s'installer à Vienne, et pour l'inviter à Graz. Elle réitérait cette invitation le 5 novembre 1826 [6., 2226], quand elle constata que sa lettre précédente avait mis plus d'un an à atteindre Beethoven [il n'existe aucune lettre connue de Beethoven à Marie Pachler contrairement à ce qui est répandu].

Opus 126
Six Bagatelles pour piano

1. *Andante con moto Cantabile e compiacevole, 3/4,* sol *majeur – 47 mes. (sans compter les reprises)*
2. *Allegro, 2/4,* sol *mineur – 89 mes. (sans compter les reprises)*
3. *Andante Cantabile e grazioso, 3/8,* mi *bémol majeur – 52 mes. (il n'y a aucune reprise)*
4. *Presto,* ¢, si *mineur – 216 mes. (sans compter les reprises)*
5. *Quasi allegretto, 6/8,* sol *majeur – 42 mes. (sans compter les reprises)*
6. *Presto,* ¢, */ Andante amabile e con moto, 3/8,* mi *bémol majeur – 74 mes. (sans compter les reprises)*

TEMPS DE LA COMPOSITION

Février 1824 – mai/juin 1824

En février-mars 1824, juste après avoir terminé la *Neuvième Symphonie*, Beethoven pensa à composer six nouvelles Bagatelles, entièrement neuves (il n'y a pas de traces de travail antérieur dans un autre cahier ou un autre carnet d'esquisses). Il y travailla de manière intense en mai et juin 1824[1].

CONTEXTE BIOGRAPHIQUE

Ces Six nouvelles *Bagatelles* ont été composées au printemps 1824 (juste après la *Neuvième Symphonie*) pour honorer une dette contractée par Beethoven vis-à-vis de

1. Sieghard Brandenburg a établi la chronologie de la composition dans *Ludwig van Beethoven / Sechs / Bagatellen für Klavier / Op. 126, Faksimile der Handschriften und der Originalausgabe mit einem Kommentar*, Beethoven-Haus, Bonn, 1984, deuxième partie, p. 50. Voir également Kuei-Mei Wu, *Die Bagatellen Beethovens*, Verlag Dohr 1999, p. 169-256

son frère Johann. L'affaire remontait à l'été 1822, quand, en difficultés financières[1], Beethoven lui avait emprunté de l'argent, lui donnant, en guise de remboursement, plusieurs œuvres dont cinq qu'il avait retrouvées dans ses cartons et retravaillées pour l'édition, et donc pour la vente (il s'agit des trois *Lieder op. 121b, op. 122, op. 128*, de l'*Ouverture op. 124* et de six *Bagatelles* qui vont être intégrées dans l'*op. 119*). Si l'éditeur de Leipzig Carl Friedrich Peters, qui voulait éditer des œuvres de Beethoven (cf. lettre du 18 mai 1822 [4., 1465], in *Opus 119*), avait accepté de publier les Bagatelles proposées (4, puis 6), il finit par les refuser au vu du manuscrit, tant l'œuvre lui parut indigne et de Beethoven et de sa clientèle – craignant même d'être accusé de falsification ou de piratage (cf. sa lettre du 4 mars 1823 [5., 1504]). À la suite de l'échec de ces négociations, Beethoven les proposa à Londres (par l'intermédiaire de son ami Ferdinand Ries) où elles furent publiées avec cinq autres, sans numéro d'opus, par Clementi en juin 1823, ce qui rendait impossible de les vendre à un éditeur allemand… et qui, par là-même, pénalisait Johann qui perdait une œuvre à vendre.

En se mettant au travail pour dédommager son frère, Beethoven voulait également relever le défi que lui avait indirectement lancé Peters dans sa lettre du 4 mars 1823, dans laquelle il expliquait son refus des *Bagatelles* (*op. 119*) en spécifiant les attentes de sa clientèle en matière de pièces courtes, ces « Kleinigkeiten » qui devaient être de véritables « miniatures musicales » associant grâce, charme et naïveté, comportant des difficultés surmontables par des amateurs relativement avancés et produisant un effet émotionnel assuré. La mise au point difficile de son manuscrit pour les *Bagatelles* (*op. 119*) destinées à Peters – Beethoven repoussa sans cesse la remise de la copie – fut l'expression de scrupules d'ordre esthétique, concernant surtout l'organisation de la succession des « Kleinigkeiten » : Beethoven se rendait compte que ce qu'il proposait, ces reprises d'ébauches plus anciennes, ne correspondait plus à ses propres exigences. Aussi, quand il en eut le temps (après la *Neuvième Symphonie*), il décida de se confronter aux critères esthétiques énoncés par Peters, et cela à partir d'un ensemble de petites pièces entièrement nouvelles, pensées ensemble à la manière d'un « cycle » comme il l'avait fait pour le *Liederkreis op. 98* – dès les premières ébauches, il spécifia son intention en inscrivant la double annotation : « Cyclus » « Ciclus von Kleinigkeiten » (intention qui n'a pas été nommément conservée dans l'édition originale).

Ces petites pièces étaient conçues comme l'équivalent « d'exercices spirituels » à la portée d'amateurs réellement mélomanes – les « Kleinigkeiten » ou « Bagatelles » étant destinées à la pratique de la musique dans des lieux privés et intimes, pour des moments de délassement sérieux qui permettaient de vivre l'instant de manière très intense et au plus proche de la « vérité » ou de la simplicité du chant populaire[2].

La démarche de création de ces *Bagatelles* a été analysée et présentée par Sieghard

1. S. Brandenburg (*op. cit.*, p. 49) signale que Beethoven devait assurer le loyer de deux logements (l'un à Vienne, l'autre à la campagne, à Döbling), l'entretien de son neveu et de deux servantes, les frais médicaux liés à son mauvais état de santé et le coût d'une cure à Baden (cf. sa lettre écrite de Döbling le 26 juillet 1822 à son frère [4., 1483]) et, qu'en outre, l'éditeur Steiner lui demandait de rembourser ses dettes avec les intérêts. D'autre part, Beethoven avait des dettes auprès de l'éditeur Artaria et de son ami Brentano de Francfort (qui avait avancé les fonds pour l'achat de la *Missa solemnis* par Simrock). Comptant sur la vente de la *Missa solemnis* à Peters, il avait emprunté 200 Gulden à son frère, promettant de lui rendre en septembre 1822 (cf. sa lettre écrite de Döbling, le 31 juillet 1822 à Johann [4., 1486]). Puis, après d'autres emprunts, il semble qu'il devait au moins 500 Gulden à son frère en février 1824 (*BKh* 6, p. 92). Les œuvres que Beethoven lui donna pour le rembourser ne pouvaient être vendues sans son assentiment… pourtant Johann entreprit des tractations avec des éditeurs étrangers (Pacini à Paris) sans en parler à Beethoven qui finit par le savoir et exprima violemment son mécontentement (*BKh* 3, p. 29 sq).

2. S. Brandenburg présente les exigences de la petite forme musicale telles que les philosophes de l'esthétique les posaient au début du XIXe siècle, in « Zur Ästhetik der musikalischen Miniatur » suivie de « Der Terminus Bagatelle » dans l'étude qui accompagne la publication des fac-similés des *Six Bagatelles op. 126*, Beethoven-Haus, 1984, t. 2, p. 52-57 : il insiste sur les notions de « plaisant », « charmant », « gracieux », « simple » proche du Volkslied, élaboration artistique qui rassemble en un petit objet le « naturel » et la « vérité ».

Brandenburg à partir du classement des multiples sources manuscrites qui ont été conservées de cette dernière œuvre importante pour piano seul de Beethoven (esquisses, ébauches, manuscrit, édition originale effectuée d'après une copie aujourd'hui perdue)[1]. S. Brandenburg a mis en évidence la volonté de Beethoven de composer une œuvre cohérente répondant aux critères esthétiques de « vérité », de « simplicité » à la manière du « Volkslied », de « brièveté » condensant un moment émotionnel très fort par le choix de la forme et par la combinaison de composantes simples et subtiles à la fois.

À la suite de quelques mois de travail de composition très concentré et très minutieux (mai-juin 1824), Beethoven triomphant annonçait à son frère que les *Bagatelles* étaient finies [5., 1846]. Et c'est avec une haute conscience de la qualité de sa composition qu'il pouvait faire valoir l'argument commercial, auprès des éditeurs qu'il contacta, qu'il trouvait que ces *Bagatelles* étaient les meilleures qu'il ait écrites. Les critiques s'étonnèrent d'ailleurs que Beethoven ait nommé « Bagatelles » cet ensemble de petites pièces qu'ils considérèrent comme autant de petits chefs-d'œuvre.

PRÉSENTATION DE L'ŒUVRE

Cet ensemble est constitué de six petites pièces, très construites (de véritables miniatures), liées entre elles par la même référence implicite à la voix et au chant, ainsi que par différents éléments d'unité, tant pour la forme que pour le matériau et son traitement.

Beethoven est parti de la structure simple ABA caractéristique du Volklied, ainsi que du principe de contraste (entre chacune des Bagatelles et à l'intérieur de chacune des Bagatelles), puis, au cours de l'élaboration de chacune des pièces, il a renoncé à toute symétrie et a joué sur la durée inégale des périodes, mettant en œuvre le principe de variation à toutes les échelles (du motif, de la période, de la section, de la répétition et de la reprise) et dans toutes les composantes (tonalités et modulations, registres, rythmes, jeu).

Outre cette omniprésence du contraste et de la variation, la succession des tonalités constitue également un élément de cohérence : *sol* majeur, *sol* mineur, *mi* bémol majeur, *si* mineur, *sol* majeur et *mi* bémol majeur (la tonalité de *si* mineur jouant le rôle de pôle opposé à celle de *mi* bémol majeur).

Un autre facteur d'unité réside dans la référence à la présence humaine, qui, outre la voix (cantabile, récitatif, cadence instrumentale évocatrice d'une vocalise), se manifeste par l'intervention de la volonté à l'œuvre dans l'élaboration de l'écriture spécifique à chacune des pièces, ainsi que dans la mise en scène de la succession des pièces, et dans la façon de se jouer du mouvement perpétuel.

Si les 1, 3 et 5 sont avant tout lyriques, les 2, 4 et 6 présentent des contrastes qui installent une certaine tension à l'intérieur de l'ensemble de l'œuvre.

1. La première Bagatelle est « Andante con moto Cantabile e compiacevole » (chantant et plaisant), à 3/4, en *sol* majeur. Elle est de forme ABA suivie d'une coda. La partie A ne cesse de présenter le thème mélodique (de quatre mesures, *p dolce*) avec un accompagnement varié et dans un registre différent : après quatre présentations différentes (huit avec la reprise) du motif thématique chantant, la partie centrale est constituée de trois éléments juxtaposés (quatre mesures chantantes qui commencent sur pédale de dominante, un effet d'accélération qui, après trilles et suspension harmonique « molto tenuto », se résout par une cadence *non troppo presto/p Grazioso*), suivie de deux mesures de récitatif assurant le passage vers une réexposition variée (dans les registres grave puis aigu) et écourtée de la partie A, suivie d'une coda très polyphonique.

La seconde partie, la réexposition et la coda sont reprises (à partir de la mes. 17).

2. La deuxième Bagatelle est Allegro, à 2/4, en *sol* mineur. Toujours de forme tripartite, elle établit un contraste avec l'atmosphère chantante de la première, par son atmosphère tendue qui trouve un apaisement à la fin.

Elle commence très rapidement par une sorte de mouvement perpétuel constitué d'une courte cellule rythmique répétée suivie de quelques mesures chantantes. Après la reprise de cette première partie, la partie centrale est une sorte de développement qui commence *cantabile* avant d'être suivi de la

1. *Id.*, p. 60-66.

répétition du court motif initial dans une disposition (silences et modulations) engendrant une atmosphère tendue. Une réexposition variée est suivie d'une coda. Comme dans la première, l'ensemble du développement et sa conclusion est repris.

3. La troisième Bagatelle est Andante Cantabile e grazioso, à 3/8, en *mi* bémol majeur. À nouveau très chantante, elle combine une mélodie impulsée par un saut d'intervalle de sixte, sur une tenue tonale, et une partie centrale en forme de cadence libre (comme la première). Un court récitatif sert de liaison avec le reprise variée sur trilles aigus et extension lyrique dans le registre aigu du piano. La coda, *pianissimo*, joue sur un effet de résonance obtenu par la pédale qui doit être maintenue sur les cinq dernières mesures, constituées de la répétition quatre fois de suite de la tête du thème dans un registre de plus en plus grave.

4. La quatrième Bagatelle est Presto, alla breve, en *si* mineur / *si* majeur. Son tempo très rapide, son écriture contrapuntique et sa structure répétitive ABAB apportent un effet de contraste violent (la première partie A étant subdivisée en aba', la seconde partie B en deux sections presque identiques).

La première partie A repose sur un thème (dont l'exposition est reprise), développé de manière contrapuntique et suivi d'une réexposition variée (développement et réexposition sont repris). L'atmosphère *cantabile* des variations précédentes est remplacée par la manifestation d'une volonté trépidante.

La partie centrale est une sorte de « musette » en *si* majeur, très calme sur pédale de tonique – en fait « interprétation » de la première partie au moyen d'une autre écriture (l'intervalle tendu qui sépare cette seconde partie en deux moments, est présent dans la première partie). La deuxième fois, cette partie B est précédée d'une rupture, suspension brutale de la continuité sonore, et elle se termine *pianissimo*.

5. La cinquième Bagatelle est Quasi allegretto, à 6/8, retrouvant le *sol* majeur initial. Très simple et chantante (naturelle, naïve, aimable, selon les critères esthétiques attendus pour ce genre de pièces), sa mélodie est très coulante. Elle est en trois parties, la première et la deuxième étant reprises. Alors que la précédente jouait beaucoup avec les contrastes de dynamique, cette cinquième Bagatelle a très peu d'indications de dynamique.

La première partie est polyphonique, tandis que la partie centrale, qui commence en *ut* majeur pour retrouver le *sol* majeur, a une écriture harmonique et un motif proche d'un mouvement perpétuel (dans le style de la deuxième et de la quatrième). La troisième partie est une reprise variée du thème initial dans des registres aigus.

6. La sixième et dernière Bagatelle commence de manière théâtrale par six mesures Presto, alla breve, dans le style d'une étude, sorte de mise en scène qui ouvre le rideau sur un Andante amabile e con moto, à 3/8, en *mi* bémol majeur.

L'Andante chantant, modèle de grâce, est formé de trois parties, et il est encadré par ce Presto qui revient à la fin pour fermer le rideau et mettre le point final à l'ensemble.

Le thème de l'Andante est constitué de deux éléments chantants qui diffèrent par le rythme et la texture (repris), d'un développement suivi du thème varié sur pédale de triolets de doubles croches (l'ensemble, développement/réexposition variée, est repris à la manière d'un mouvement perpétuel) ; suit alors une nouvelle reprise variée du thème se terminant sur le début de l'Andante, sorte de retour au point de départ, mise en œuvre d'une sorte de mouvement perpétuel qui est brusquement arrêté par l'irruption du Presto initial.

Le principe de contraste entre la grâce, le charme et la vitalité, ainsi qu'entre le mouvement perpétuel et l'échappée lyrique, qui est inscrit dans cette dernière Bagatelle, condense et symbolise la façon dont ce principe a fonctionné dans l'ensemble des six.

SOURCES

Les esquisses, les ébauches et le manuscrit autographe (ainsi que l'édition originale) ont été publiées en fac-similé, avec un commentaire, par Sieghard Brandenburg, en 1984[1].

Ces esquisses, ébauches et premières mises au propre sont dispersées entre Vienne

1. Ludwig van Beethoven / *Sechs / Bagatellen für Klavier / Op. 126*, en deux parties, éditées par la Beethoven-Haus, Bonn, *op. cit.*

(GdM), Bonn – ce qui correspond aux seize dernières pages, détachées postérieurement, du cahier d'esquisses consacré à la *Neuvième Symphonie* et commencé au cours de la seconde moitié 1823 – et Paris.

Une esquisse pour la *Bagatelle op. 126 n° 5* est inscrite dans le *BKh* 6, p. 176, entre le 9 et le 14 mai 1824.

Le manuscrit autographe ne porte pas de date (à Bonn).

PUBLICATION

Par B. Schott's fils à Mayence, au printemps 1825 :

« Six / BAGATELLES / pour le / Piano=Forte / composées par / LOUIS van BEETHOVEN / Œuvre 126 – Propriété des Éditeurs [...] ».

L'ŒUVRE VUE PAR SES CONTEMPORAINS

La *BAMZ* III (1825), p. 417, publiait un article qui soulignait que cette œuvre au titre modeste était un ensemble de petites pièces de très grande valeur offertes par le « grand Maître », et qu'il fallait les écouter plusieurs fois avant d'en « comprendre le sens spirituel ». Après avoir caractérisé chacune des Bagatelles, en relevant leur lien avec la voix et en s'arrêtant plus longtemps sur la n° 4 (dans laquelle il voyait une référence au chant écossais), l'auteur insistait sur l'effet produit par la rencontre de l'imagination et de la réflexion.

L'*AMZ* XXVIII, 1826 (col. 47), signalait que ces « Bagatelles » n'étaient pas seulement la trace d'une heure de plaisir passé à chercher des idées musicales, mais qu'il s'agissait d'œuvres d'une grande nouveauté et d'une grande variété d'atmosphère. L'auteur concluait en soulignant que si elles ne semblaient pas difficiles à jouer, faire de la musique avec n'était pas donné au simple amateur, car elles « exigeaient d'être travaillées par le pianiste, comme le chanteur travaillait ses Lieder pour les interpréter de manière adéquate ».

Carl Czerny notait que ces *Six Bagatelles* étaient « plus courtes et plus faciles que celles de l'op. 33, mais pas moins intéressantes ».

CORRESPONDANCE

Le 25 février 1824 [5., 1783], Beethoven proposait plusieurs œuvres à l'éditeur Heinrich Albert Probst à Leipzig qui souhaitait avoir des œuvres de lui : trois *Lieder* (*op. 121b, op. 122* et *op. 128*), « 6 *Bagatellen* plus longues que celles que j'ai déjà publiées », l'*Ouverture op. 124.* (Les *Bagatelles op. 126* n'étaient encore qu'en projet à cette date.)

Le 1er mars 1824 [5., 1785], Probst acceptait tout en demandant une réduction d'honoraires.

Le 10 mars 1824 [5., 1788], Beethoven lui promettait de lui faire parvenir les œuvres dès que les copies seraient prêtes – le 22 mars [5., 1796], Probst se disait prêt à déposer ce qu'il devait chez un banquier viennois. (Beethoven n'en était qu'au stade des esquisses.)

Le 3 juillet 1824 [5., 1849], Beethoven s'excusait auprès de Probst de ne pas avoir encore eu le temps de lui faire parvenir les œuvres qui étaient achevées et copiées, et qu'il allait lui envoyer incessamment (entretemps il les avait proposées à d'autres éditeurs).

Fin mai 1824 [5., 1844], Beethoven suggérait à son frère Johann de proposer à l'éditeur viennois Leidesdorf les œuvres qu'il lui avait données pour honorer la dette qu'il avait envers lui : il s'agissait des *Bagatelles op. 126*, ainsi que des *op. 121b, 122, 124* et *128.*

Le 19 juin 1824 [5., 1846], Beethoven écrivait de Penzing, à son frère Johann, tôt le matin, de venir chercher les *Bagatelles* qui étaient prêtes.

Le 26 juillet 1824 [5., 1853], Beethoven répétait à Probst que les œuvres étaient prêtes, et il spécifiait que les *Bagatelles* étaient « entièrement nouvelles » et qu'il les tenait pour les « meilleures parmi celles qu'il avait déjà écrites ».

Probst voulait voir les manuscrits [5., 1862, du 16 août 1824].

Le 28 août 1824 [5., 1867], Beethoven expliquait à Probst que le mauvais temps de Baden l'avait empêché d'envoyer les œuvres promises, mais qu'il le ferait dès qu'il serait de retour à Vienne (il rentra à Vienne en novembre 1824, mais n'envoya pas les œuvres).

Le 23 novembre 1824 [5., 1901], Beethoven proposait à B. Schott's Söhne les œuvres appartenant à son frère, dont les *Six Bagatelles* qu'il présentait comme « très travaillées » pour la plupart et « certainement les meilleures » qu'il ait « écrites dans ce genre », ce que Schott acceptait le 30 novembre 1824 [5., 1903].

En novembre-décembre 1824 [5., 1905], Beethoven remettait à l'archiduc Rodolphe une copie des *Bagatelles op. 126* (enregistrée dans le catalogue musical de l'archiduc, mais aujourd'hui perdue).

Le 10 décembre 1824 [5., 1909], Beethoven annonçait à son frère Johann que les œuvres qui lui appartenaient étaient achetées par Schott pour 130 ducats en or (alors que Probst ne donnait que 100 ducats).

Le 17 décembre 1824 [5., 1913], Beethoven promettait à Schott qu'il allait lui envoyer les œuvres que son frère acceptait de vendre. Vers le 29 décembre [5., 1916], il demandait à son frère de faire parvenir la copie des *Bagatelles* qu'il n'avait pas le temps de corriger – Johann écrivait à Schott le 29 décembre 1824 [5., 1918] qu'il lui remettait les œuvres contre « 130 Wiener Ducaten » – il ne les envoya que le 4 février 1825 [6., 1931].

Après le 19 mars 1825 [6., 1950], Beethoven indiquait à Schott les numéros d'opus des œuvres qu'il publiait.

Le 7 décembre 1826 [6., 2236], Beethoven annonçait à son ami Wegeler (à Coblence) que Schott allait lui envoyer des partitions (dont les *Bagatelles*) – ce que Beethoven demanda à Schott au cours de la seconde moitié de décembre [6., 2244]. Wegeler remerciait le 1er février 1827 [6., 2255].

Opus 127
Douzième Quatuor à cordes en *mi* bémol majeur

Maestoso 2/4 (6 mes.) / Allegro 3/4, mi *bémol majeur – 282 mes.*
Adagio ma non troppo e molto cantabile, 12/8, la *bémol majeur – 126 mes.*
Scherzo vivace, 3/4, mi *bémol majeur – 435 mes.*
Finale, Allegro, ¢, mi *bémol majeur – 299 mes.*

TEMPS DE LA COMPOSITION ET PREMIÈRE EXÉCUTION

Entre fin mai-juin 1824 et mi-février 1825, sur une idée datant de 1822[1].

Le quatuor Schuppanzigh (comprenant Ignaz Schuppanzigh au premier violon, Karl Holz au second violon, Franz Weiß à l'alto et Joseph Linke au violoncelle) le joua à Vienne le 6 mars 1825, en ne réussissant pas à maîtriser l'œuvre, faute de temps pour en prendre connaissance et la travailler. Une meilleure exécution fut assurée les 18 et 23 mars, ainsi que le 7 avril 1825, à Vienne, par le quatuor Joseph Böhm (1795-1876), et le 29 avril 1825 par le quatuor Mayseder chez Ignaz Dembscher (riche viennois Hofkriegs-agent) – Mayseder parlant du « céleste nouveau Quatuor » juste avant de la jouer (*BKh* 7, p. 242).

CONTEXTE BIOGRAPHIQUE

La composition de ce *Quatuor op. 127* inaugure la série des cinq derniers Quatuors, les cinq dernières grandes œuvres de Beethoven, composées entre 1824 et 1826. S'il ébaucha un Quatuor en *ré* mineur en 1817, l'idée de composer un nouveau quatuor se précisa au cours de l'été 1822 quand l'éditeur de Leipzig Carl Friedrich Peters lui fit savoir qu'il souhaiterait publier de nouvelles œuvres de lui, entre autres des Quatuors (implicitement, en lien avec la demande croissante des amateurs). Intéressé par cette suggestion[2], alors qu'il composait le *Missa solemnis* et les *Variations Diabelli*, Beethoven exigea des honoraires qui dissuadèrent Peters, si bien que l'impulsion décisive vint de Saint-Pétersbourg et du prince Galitzine qui, bien renseigné sur le contexte esthétique de Vienne (en particulier sur le goût des amateurs pour le quatuor à cordes, servi par de nombreuses formations de quatuors se produisant en concert : le quatuor Schuppanzigh, le quatuor Böhm, le quatuor Mayseder[3]), et violoncelliste amateur, souhaita que Beethoven lui compose et lui dédie « un, deux ou trois

1. Voir l'édition établie et présentée par Emil Platen, *Streichquartett Opus 127*, Studien-Edition, G. Henle Verlag, Munich, 2003.

2. Plusieurs assertions de Beethoven, bien que conjoncturelles, permettent de reconnaître l'importance qu'eut pour lui la composition de quatuors à cordes : ainsi, le 5 juillet 1806, pendant qu'il travaillait aux *Quatuor op. 59*, Beethoven écrivait à Breitkopf & Härtel qu'à l'avenir il s'occuperait le plus souvent, de préférence de ce genre, et le 20 décembre 1822 il écrivait à Carl Friedrich Peters qu'il souhaitait au plus au point composer des Quatuors.

3. Dans le *BKh* 7, Heft 88, fin avril-7 mai, p. 246, Karl, le neveu de Beethoven, s'entretient avec son oncle de la qualité des différents quatuors : « Mayseder joue de façon plus brillante, Böhm avec plus d'expression. »

Nouveaux Quatuors». Beethoven accepta cette commande en janvier 1823, en promettant le premier Quatuor pour mars 1823... précipitation des délais qui révèle qu'il se sentait prêt : de fait, il existe des esquisses [1], que l'on date de février 1823, sur lesquelles Beethoven a inscrit «quartett», «tempo maestoso /all°» (elles sont en *mi* bémol majeur, mais ce n'est pas encore la thématique de l'*op. 127*) – mais, ayant l'habitude de composer plusieurs œuvres en même temps, il n'avait pas prévu que le travail de la *Neuvième Symphonie* ne lui laisserait pas la possibilité de composer autre chose au cours de cette année 1823, et ce n'est donc qu'après l'achèvement et la création de la *Neuvième Symphonie* (lors des concerts des 7 et 23 mai 1824) que Beethoven se mit au travail pour le Quatuor qu'il avait envisagé l'année précédente, portant l'idée d'un nouveau Quatuor depuis plusieurs années. Il y travailla intensément pendant l'été prolongé passé à Baden (il ne rentra à Vienne qu'à la mi-novembre 1824).

Contrairement à ses prévisions, et conformément à ses habitudes, Beethoven ne put respecter les délais qu'il avait fixés à Galitzine et à son éditeur Schott de Mayence (il ne cessa de reculer la livraison promise du *Quatuor*) – non parce qu'il dispersa ses forces dans de multiples œuvres [2], mais parce qu'il se trouva confronté à des problèmes de composition qu'il ne pouvait résoudre sans un certain temps de maturation, comme en témoignent les nombreuses esquisses destinées à la recherche du matériau musical et celles destinées à la conduite des voix (les esquisses de partition) ainsi que les nombreuses corrections sur la partition manuscrite et sur les copies qu'il fit établir pour son usage ainsi que pour la première exécution et pour la gravure [3].

Toujours à la recherche de solutions nouvelles, Beethoven s'est interrogé sur la cohérence d'un ensemble formé de mouvements différenciés, pensant un moment à une forme cyclique en six mouvements, le deuxième mouvement intitulé «la gaieté. Allegro grazioso» (dans le style d'une «musique caractéristique») et l'avant-dernier conçu comme un mouvement lent Adagio. Renonçant à cette conception en six mouvements (solution qu'il mit en œuvre dans les deux Quatuors suivants, *op. 132* et *op. 130*), il composa pourtant un Quatuor que les premiers exécutants eurent du mal à maîtriser et qui dérouta le public, les critiques les plus inconditionnels du génie de Beethoven reconnaissant qu'il était nécessaire d'accéder à de nouvelles habitudes d'écoute pour le comprendre.

PRÉSENTATION DE L'ŒUVRE

Ce *Quatuor* comporte quatre mouvements qui concourent, chacun à sa manière, au lyrisme de l'ensemble, aucun ne comportant de ruptures brutales d'écriture, mais au contraire chacun assurant une continuité entre éléments hétérogènes, le plus souvent *cantabile*, dans la tonalité de *mi* bémol majeur (dans celle de *la* bémol majeur pour le mouvement lent).

Les quatre mouvements commencent tous par une brève introduction caractérisée chaque fois par la cohésion des quatre instruments unis dans un même geste (soit un même rythme, soit un unisson, soit un mouvement de rencontre harmonique).

Chacun des instruments possède le même poids dans l'ensemble du fait d'une écriture contrapuntique omniprésente dans une construction très solide pour chacun des mouvements (les articulations très subtiles sont très nettes).

I. Le premier mouvement, assez court, se caractérise par une écriture polyphonique très serrée, et par une construction qui, apparentée à la forme sonate, utilise un matériau hétéro-

1. Dans le «Engelmann Skizzenbuch» de 1823 qui comprend le travail sur la *Neuvième Symphonie*.

2. Pourtant pendant qu'il composait op. 127, au cours de l'été 1824, Beethoven fut pressé de composer un opéra (sur le livret de Grillparzer, *Mélusine*) et un oratorio (sur un livret de Josef Karl Bernard, *Der Sieg des Kreuzes*) – cf. lettre de Galitzine le 28 juillet 1824 [5., 1854] – comme l'avait annoncé l'*AMZ* XXVI n° 27 du 1er juillet 1824 (col. 442), ajoutant que Beethoven ne parlant jamais de ce qu'il faisait, il était impossible de dire quand ces œuvres seraient prêtes.

3. Comme le démontre Sieghard Brandenburg dans son article «Die Quellen zur Entstehungsgeschichte von Beethovens Streichquartett», in *BjB 10*, 1983, pp. 258-275, Beethoven a beaucoup retravaillé les manuscrits, en particulier ceux des Quatuors, pour modifier la position des voix, les rythmes et leur répartition, pour réécrire des passages entiers, collant des pages, en éliminant certaines, corrigeant les dynamiques, les articulations – autant de modifications qui révèlent que le travail d'élaboration de la composition était différent de l'invention du matériau musical.

gène réunissant, dans une atmosphère très lyrique, changement de tempo, de métrique, de tonalités, courtes cellules rythmiques souples ou abruptes, phrases en valeurs longues.

Ainsi, le Maestoso, en *mi* bémol majeur, à 2/4, de six mesures, qui ouvre le mouvement, possède plusieurs fonctions : il est à la fois introduction solennelle qui impose et oriente l'écoute, préparation à l'énoncé du premier ensemble thématique de l'Allegro et élément d'articulation entre les différents moments de ce mouvement.

Le trille qui termine les six mesures de ce Maestoso engendre le matériau de l'Allegro, à trois temps. Le premier motif thématique doit être joué *teneramente/sempre p e dolce* à toutes les voix. Puis un passage plus intense et décidé amène le second motif en *sol* mineur très lyrique.

Après l'exposition de cet Allegro d'une grande intériorité associée à une grande intensité, le Maestoso (cette fois en *sol* majeur) sert à introduire le développement, Allegro modulant et très tendu, puis ce Maestoso reparaît pour impulser une nouvelle phase du développement présentant une autre forme de tension qui se résout dans la réexposition variée, intense, souple et lyrique, de l'Allegro. Une mesure de silence, après une suspension harmonique, précède la coda qui combine rythme souple et valeurs longues, confirmant la dimension polyphonique de ce premier mouvement. La fin est une cadence sans aucune emphase, surprenante par sa simplicité.

II. Le deuxième mouvement est Adagio ma non troppo e molto cantabile, de forme Thème et variations.

Le thème, à 12/8, en *la* bémol majeur, très étendu (18 mes.), est introduit par deux mesures qui, à partir des sonorités graves du violoncelle, tissent progressivement la résonance de l'accord de dominante d'où émerge ce thème « très chantant » et très calme. D'après les esquisses (présentées par Nottebohm, II, 210-220), ce thème résulte d'un long travail de recherche, Beethoven ne trouvant que progressivement chacun des éléments de ces 18 mesures.

Ce thème, caractérisé par une écriture polyphonique très simple, engendre six variations suivies d'une coda : la première, un peu plus dense que le thème, s'appuie sur cette écriture très calme ; la deuxième, Andante con moto à quatre temps, introduit un mouvement très souple sur notes spiccato du violoncelle et de l'alto ; la troisième, Adagio molto espressivo, à deux temps (alla breve), est introduite par une modulation qui installe le *mi* majeur et ressemble à un hymne ; la quatrième, retrouve le « Tempo I », le 12/8 et le *la* bémol majeur, le chant étant confié au violoncelle en contrepoint du chant léger du violon ; la cinquième correspond à un épisode mystérieux *sotto voce* en *ut* dièse mineur ; la sixième retrouve le *la* bémol majeur est dominée par les broderies du premier violon. La coda est précédée d'un long silence, le chant étant confié au premier violon.

III. Le troisième mouvement qui correspond à un Scherzo avec Trio, est dénommé « Scherzo vivace ».

Il commence par quatre accords rapides pizzicato qui posent la tonalité de *mi* bémol majeur et lancent *pp* le motif rythmique, matériau de base de ce Scherzo, traité soit de manière contrapuntique, soit de manière homophone (avec association de trois mesures portant l'indication « Ritmo di tre battute »), sans cesse dans un esprit de variation. Après la reprise de la première partie, la seconde partie du Scherzo est une sorte de développement jouant sur des passages denses à l'unisson en homorythmie pris dans un mouvement ascendant interrompu par quelques mesures qui apporte un élément différent, Allegro à 2/4, énoncé par le violoncelle et l'alto.

Une modulation précédée par une suspension sonore mène au Trio, Presto à 3/4, en *mi* bémol mineur, très rapide et dominé par des batteries dans une continuité sonore le plus souvent homophone. Ce Trio est en deux parties, la première plus courte étant reprise.

Ce Trio en *mi* bémol mineur réapparaît fugitivement, introduit de la même manière par une suspension, à la fin de la reprise du Scherzo, juste avant la conclusion de ce mouvement rapide (qui se dégage ainsi de l'impression de mouvement perpétuel).

IV. Le Finale à deux temps (alla breve), en *mi* bémol majeur, de forme sonate, porte l'indication « All° » (pour « Allegro ») sur l'autographe. Il commence par quatre mesures à l'unisson qui préparent le premier groupe thématique formé d'un motif très souple et d'une longue phrase ondulante en valeurs égales. Un passage contrapuntique sur le premier motif mène au second groupe thématique, très percutant, la pulsation régulière étant marquée par des notes piquées répétées et des appoggiatures *f*.

Le développement très contrapuntique s'appuie sur les quatre mesures à l'unisson initiales et joue d'abord avec le second ensemble thématique, vite associé au premier.

Après la réexposition, qui s'inscrit dans la continuité du développement, et qui privilégie les registres extrêmes, une coda au tempo indiqué, Allegro comodo à 6/8, très intense, est introduite par des trilles suspensifs des deux violons, dans la tonalité d'*ut* majeur (à la clé). Après avoir retrouvé la tonalité de *mi* bémol majeur (à la clé), ce *Quatuor* se termine dans une atmosphère caractérisée par une grande homogénéité de texture sonore, d'abord légère puis très dense *ff*.

SOURCES[1]

Les esquisses se trouvent dans des cahiers, des carnets, des feuilles isolées, sur les ébauches de partitions, et sont dispersées entre plusieurs bibliothèques et institutions (Berlin, Cracovie, Bonn, Vienne, Paris, Munich, Londres).

Le manuscrit autographe est dispersé dans plusieurs bibliothèques : les premier et deuxième mouvements étaient à Berlin (déposé à Cracovie pendant la guerre), le troisième mouvement à Stockholm, le quatrième mouvement à Bonn

Beethoven a fait établir au moins quatre copies (les trois premières sont perdues) :

une copie de la partition pour son propre usage (pour y effectuer des corrections) ;

une copie des quatre parties pour la première exécution en mars 1825 ;

une copie des quatre parties sur papier fin pour l'envoyer au prince Galitzine ;

une copie de la partition, établie par le copiste Wolanek, destinée à la gravure, et corrigée avec soin par Beethoven – cette copie qui diffère du manuscrit a sans doute été établie d'après une première copie, qui comprenait des indications de doigté pour le premier violon (elle se trouve dans les archives Schott à Mayence, ainsi qu'un double établi également par Wolanek qui intègre les corrections de Beethoven).

PUBLICATION

Par B. Schott's Söhne à Mayence (et à Paris) en parties séparées en mars 1826 et en partition, en juin 1826 :

« GRAND QUATUOR / en Partition / pour / deux Violons, Alto et Violoncelle, / composé et dedié / à Son Altesse Monseigneur le Prince / Nicolas de Galitzine / Lieutenant – Colonel de la Garde de S„ M„ J„ de toutes les Russies, / PAR / LOUIS v. BEETHOVEN. / Oeuv. 127. – Propriété des Éditeurs – / Mayence, chez B. Schott Fils. »

En juin 1826, Schott publiait une transcription pour piano à quatre mains établie par Christian Rummel (1787-1849).

En juin 1827, Schott publiait un arrangement de l'Adagio (transposé en *mi* bémol majeur) pour voix et piano : « Beethoven's Heimgang. Für eine Sopranstimme mit Begleitung des Pianoforte ; nach einer neuesten Composition, und brieflichen Aeusserung des Verewigten bearbeitet ».

DÉDICATAIRE

Le prince Nicolas Borissowitsch Galitzine (1794-1866), amateur de musique et violoncelliste doué, commanda trois Quatuors à Beethoven le 9 novembre 1822 (il avait certainement été conseillé par des Viennois).

Dans la plupart de ses lettres, le prince Galitzine faisait part de son enthousiasme pour Beethoven et pour ses œuvres : dans une de ses premières, celle du 19 février 1823 [5., 1574], il se disait « un de vos admirateurs les plus passionnés et qui a joui de moments bien doux en s'appliquant aux Conceptions de vôtre Esprit ». Et dans sa lettre du 29 novembre 1823 [5., 1752], il écrivait : « Je suis avide de tout ce qui vient de vous, et je possède tout ce que vous avez Composé jusqu'à ce jour. »

L'ŒUVRE VUE PAR SES CONTEMPORAINS

L'*Allgemeine Theaterzeitung und Unterhaltungsblatt für Freunde der Kunst, Literatur und des geselligen Leben*, Wien, 18. Jg, n° 51 du 28 avril 1825, p. 212, rendait compte de la création de ce *Quatuor op. 127*, le 6 mars 1825, par le quatuor Schuppanzigh. Le rédacteur notait que Schuppanzigh n'avait disposé que d'un trop bref délai pour mettre au point cette

1. Sieghard Brandenburg a présenté les différences sources dans « Die Quellen zur Entstehungsgeschichte von Beethovens Streichquartett Es-Dur op. 127 » in *BjB* 10 (1983), p. 228-275.

composition de génie, et que le public de connaisseurs n'avait rien compris. Il ajoutait que le quatuor Böhm, qui avait donc déjà entendu ce merveilleux Quatuor, le rejoua avec succès (les 18 et 23 mars, et le 7 avril 1825). (Photocopie de l'article in *Briefe* 6, p. 104.)

L'*AMZ* XXVII, 1825 (col. 246), signalait l'exécution du *Quatuor* lors d'un concert en abonnement organisé par Schuppanzigh. L'auteur de l'article refusait de se prononcer sur la valeur de l'œuvre, soulignant seulement que « l'écriture était symphonique et combinée de manière très artificielle ».

La *BAMZ* Jg. 2 (1825) p. 165/166, publiait un article de Ludwig Rellstab (1799-1860) écrit à propos des trois *Quatuors op. 127, op. 130* et *op. 132*. Rellstab, écrivain et poète, reconnaissait qu'il s'agissait de créations d'un esprit immortel, incomparable expression de l'âme la plus noble. Il évoquait l'exemple d'Homère qui avait su exprimer toute la variété des sentiments humains, et comparait ces Quatuors au *Laocoon* et à la façon dont, à travers toute l'œuvre, l'homme était présenté comme capable de dominer ses souffrances.

Caecilia, n° 11, août 1825, p. 31, publiait une annonce de l'éditeur Schott qui présentait ce *Quatuor op. 127* comme « un des sommets de la musique instrumentale, le plus nouveau Quatuor admirable du Maître de notre époque » (cité in KH, p. 384).

Caecilia, n° 20, novembre 1826, p. 239-243, publiait un article de Gottfried Weber (1779-1839) qui insistait sur la façon dont Beethoven bousculait toutes les conventions, obligeant les auditeurs à se constituer de nouvelles habitudes d'écoute.

La *BAMZ* Jg.4, n° 4 du 24 janvier 1827, p. 25-27, publiait un article qui commençait par une mise en garde : il faut avoir entendu l'œuvre à plusieurs reprises pour oser formuler un premier jugement, tant ce « Tondichter » composait de manière originale.

L'*Allgemeine Musikzeitung zur Beförderung der theoretischen und praktischen Tonkunst, für Musiker und Freunde der Musik überhaupt*, Francfort/Main, Jg.1, 1827/1828 (col. 303-304) signalait que les avis étaient très partagés sur ce *Quatuor* qui dépassait toutes les normes admises : les uns le trouvaient d'une beauté exceptionnelle, les autres le disaient incompréhensible, fou, trop difficile à jouer. Quant à l'auteur de l'article, il estimait qu'il valait la peine de se pencher sur cette œuvre hors du commun, qui comme toutes les œuvres de Beethoven n'était pas aisée à comprendre.

CORRESPONDANCE

Le 18 mai 1822 [4., 1465], Carl Friedrich Peters écrivait à Beethoven qu'il souhaitait publier des œuvres de lui : « Sinfonien p. Orchester – Quartetten u. Trios für Pianoforte, Solosachen für Pianoforte ».

Le 5 juin 1822 [4., 1468], Beethoven proposait plusieurs œuvres à Carl Friedrich Peters, dont un Quatuor à cordes qu'il pouvait recevoir très vite, pour 50 ducats.

Le 15 juin 1822 [4., 1469], Peters acceptait un Quatuor mais voulait en réduire le prix.

Le 6 juillet 1822 [4., 1478], Beethoven refusait de baisser le prix du Quatuor, qui n'était pas tout à fait terminé car il avait été obligé de s'occuper d'autres œuvres.

Le 12 juillet 1822 [4., 1480], Peters déclinait l'offre, rappelant pourtant qu'il avait publié durant l'année des Quatuors de Ludwig Spohr, de Bernard Romberg et de Pierre Rode.

Le 20 décembre 1822 [4., 1516], Beethoven écrivait à Peters que trop souvent il devait se plier aux exigences des éditeurs, « car il avait besoin d'argent, alors qu'il préférerait composer uniquement des opéras, des symphonies, de la musique d'église, et particulièrement des Quatuors ».

Le 9 novembre 1822 [4., 1508], le prince Galitzine, qui spécifiait qu'il était violoncelliste, commandait à Beethoven « un, deux ou trois Nouveaux Quatuors », qu'il paierait au prix fixé par Beethoven et qu'il souhaitait lui être dédiés.

Le 25 janvier 1823 [5., 1535], Beethoven, très honoré, lui répondait (en français) : « Comme je vois, que vous cultivez le violoncelle, je prendrai soin de vous contenter en ce point. Etant contraint de vivre des produits de mon esprit, il faut que je prenne la liberté de fixer l'honoraire de 50 ducats pour un quatuor. » Si le prix était accepté, Galitzine n'avait qu'à faire déposer l'argent chez un banquier Henikstein à Vienne et le Quatuor lui serait remis « à la fin du mois de Février, ou au plus tard à la mi-mars » (l'*op. 127* ne fut terminé qu'en février 1825, l'*op. 132* en juillet

1825 et l'*op. 130* avec la fugue finale en décembre 1825).

Le 19 février 1823 [5., 1574], dès réception de la réponse de Beethoven, le prince Galitzine lui faisait envoyer 50 ducats pour le premier Quatuor, s'engageant à envoyer 100 pour les deux autres. Il demandait également le premier Quatuor avant qu'il ne soit édité.

Le 5 mars 1823 [5., 1605], le prince Galitzine, pensant que Beethoven avait reçu les 50 ducats, attendait la copie du Quatuor avec impatience, spécifiant que le compositeur pouvait le vendre à un éditeur : il ne voulait que la dédicace et une copie.

Le 16 juillet 1823 [5., 1703], Beethoven signalait à la fin d'une lettre à Ries qu'il était en train d'écrire un nouveau quatuor, et il se demandant si des éditeurs anglais achèteraient une œuvre de ce genre.

Le 17 septembre 1823 [5., 1743], Beethoven demandait au prince Galitzine d'autoriser son banquier à verser les 50 ducats (prévus pour le premier Quatuor) pour souscrire à la copie de la partition de la *Missa solemnis*.

Le 3 octobre 1823 [5., 1746], le prince Galitzine s'étonnait que cette somme ne soit pas encore entre les mains de Beethoven (il espérait avoir la *Missa solemnis* à temps pour la faire exécuter à Noël), lui demandant quand il aurait besoin des 150 ducats pour les Quatuors.

Le 29 novembre 1823 [5., 1752], le prince Galitzine accusait réception de la *Missa solemnis* et disait à Beethoven qu'il était « bien impatient de posseder un quatuor nouveau » de lui, mais il lui demandait de ne pas prendre en compte cette impatience qui n'avait aucune commune mesure avec le temps de l'inspiration, ajoutant : « Car personne mieux que moi ne sait qu'on ne Commande pas au Genie, mais qu'il faut le laisser faire, et nous savons du reste que dans vôtre vie privée vous n'êtes pas homme à Sacrifier l'intérêt de l'art à l'intérêt personnel, et que la musique de Commande n'est point vôtre fait. – Je vous prie seulement de vous rappeler de moi dans vos moments d'inspirations. [...] ».

Le 25 février 1824 [5., 1782], Beethoven proposait à Maurice Schlesinger, à Paris, plusieurs œuvres (la *Missa solemnis*, la *Neuvième Symphonie*) et plus tard de nouveaux Quatuors.

Le 10 mars 1824 [5., 1787], il proposait la même chose à B. Schott's Söhne ainsi que « un nouveau quatuor pour 50 ducats d'or ». Schott acceptait le 24 mars 1824 [5.1797] à condition de disposer du manuscrit en toute propriété. Le 27 avril 1824 [5., 1819], il attendait une réponse.

Le 20 mai 1824 [5., 1835], Beethoven écrivait à B. Schott's Söhne qu'il avait eu beaucoup à faire (entre autres choses le concert du 7 mai au cours duquel fut créée la *Neuvième Symphonie*), et que quant à un Quatuor, il ne pouvait rien dire de précis.

Le 11 mars 1824 [5., 1789], le prince Galitzine s'inquiétait de la santé de Beethoven ; il attendait « avec tant d'impatience », ajoutant que si Beethoven avait besoin d'argent, il lui suffisait de tirer la somme désirée auprès de son banquier.

Le 26 mai 1824 [5., 1841], Beethoven annonçait au prince Galitzine qu'il allait bientôt recevoir le Quatuor promis, et peut-être aussi les autres, si les grandes œuvres qu'on lui demandait le permettaient.

Le 16 juin 1824 [5., 1845], le prince Galitzine répondait par retour de courrier qu'il attendait le Quatuor avec impatience. Attente qu'il reformulait le 28 juillet 1824 [5., 1854], le 5 décembre 1824 [5., 1907]. Le 18 décembre [5., 1913 a], Beethoven annonçait l'envoi du Quatuor d'ici quinze jours (il ne l'expédia qu'en avril 1825).

Le 3 juillet 1824 [5., 1848], Beethoven annonçait à B. Schott's Söhne qu'il était prêt à lui envoyer le Quatuor qu'il recevrait d'ici six semaines, en échange des honoraires de 50 ducats. Le 19 juillet [5., 1852], Schott se disait prêt à cet échange.

(Beethoven ne fit parvenir la copie pour la gravure qu'en mi avril 1825 – cf. *BKh* 7, p. 218 et note 501 p. 401.)

Le 17 septembre 1824 [5., 1881], Beethoven promettait à Schott le Quatuor pour mi-octobre.

Le 16 novembre 1824 [5., 1897], il promettait qu'il enverrait le Quatuor avant la fin du mois.

Le 5 décembre 1824 [5., 1908], il le promettait pour le courant de la semaine.

Le 29 décembre 1824 [5., 1917], il annonçait qu'il allait envoyer le Quatuor avec les autres œuvres.

Le 26 janvier 1825 [6., 1927], il promettait le Quatuor pour dans moins de huit jours.

Le 5 mars 1825 [6., 1943], Schott demandait que Beethoven envoie la copie pour la gravure.

Entre le 21 et le 26 février 1825 [6., 1939], Beethoven disait à Schuppanzigh qu'il était impossible de disposer des copies pour la date prévue du concert : il ne pouvait avoir lieu que le dimanche 6 mars et non le 23 février 1825.

Le 19 mars 1825 [6., 1947], Beethoven proposait ses Quatuors à Charles Neate, à Londres, lui écrivant en français : « J'en ai achevé le premier, et je suis à présent à composer le second, qui, comme le troisième, sera achevé dans peu de temps. Vous m'offrez 100 Guinées pour 3 quatuors, je trouve cette proposition bien généreuse. »

Le 25 mars 1825 [6., 1951], il écrivait à Neate : « Le 1er Quatuor est si cherché par les plus célèbres Artistes de Vienne que je l'ai accordé à quelqu'un d'eux pour son bénéfice. » (Il s'agit de Joseph Böhm, à la suite du grand succès qu'eut l'exécution du *Quatuor op. 127*, les 18 et 23 mars 1825.)

Le 19 mars 1825 [6., 1949], Beethoven annonçait à Schott que le quatuor était envoyé « ce jour » (Schott ne le reçut qu'en avril 1825).

Quelques jours plus tard, en mars [6., 1950], il indiquait le numéro d'opus : « *quartett – 127* » et demandait à Schott de ne pas le publier trop vite, car les « virtuoses » se le disputaient, étant donné qu'on le considérait comme la meilleure œuvre qu'il ait écrite.

Le 7 mai 1825 [6., 1966], Beethoven écrivait à Schott que le *Quatuor* devait être entre ses mains, comme promis, ajoutant que pour tenir sa parole il avait renoncé à le faire éditer par des éditeurs qui lui en proposaient 60 ducats.

Le 29 avril 1825 [6., 1962], le prince Galitzine remerciait Beethoven « pour le précieux envoi » du « Sublime quatuor » qu'il avait « fait exécuter plusieurs fois », y reconnaissant « tout le génie du maitre », ajoutant : « et quand l'execution en sera plus parfaite, le charme sera encore bien plus grand ». Il se disait « ravi que les deux autres quatuors soient bientôt terminés ».

Le 25 novembre 1825 [6., 2094], Beethoven confirmait à B. Schott's Söhne la propriété de l'*op. 127*.

Le 28 janvier 1826 [6., 2110], il rappelait à B. Schott's Söhne que le Quatuor était dédié au prince Galitzine.

Le 28 mai 1826 [6., 2136], il promettait d'envoyer la métronomisation.

Le 16 septembre 1826 [6., 2200], il accusait réception de la *Symphonie* op. 125 et du *Quatuor op. 127*.

Le 27 janvier 1827 [6., 2253], Beethoven envoyait à B. Schott's Söhne à Mayence la liste des corrections à effectuer dans les éditions de Mayence et de Paris.

WoO 186
Te solo adoro

Canon énigmatique à deux voix
Divoto ed assai sostenuto, 3/4, mi *bémol majeur – 9 mes.*

TEMPS DE LA COMPOSITION

2 juin 1824 d'après l'autographe. Certaines esquisses se trouvent au milieu de celles pour les *Bagatelles op. 126* et du *Bundeslied op. 122*, d'autres à la suite des parties de trombones pour le Scherzo et le Finale de la *Neuvième Symphonie* (établies peu avant le concert du 7 mai 1824).

CONTEXTE BIOGRAPHIQUE

Beethoven, qui s'est senti en accord avec Carlo Soliva, compositeur italien, admirateur de ses œuvres, lui signifia leur appartenance au même univers de haute spiritualité par cette allusion musicale à forte connotation religieuse.

D'après le temps de la composition de ce *Canon*, le choix des deux vers est en relation avec le Finale de la *Neuvième Symphonie* qui présente le Créateur comme « source de la vie » et situé « dans l'infini » (« Schöpfer », « ganzen Welt », « überm Sternenzelt »).

PRÉSENTATION DE L'ŒUVRE

Les deux vers sont extraits du livret de l'oratorio écrit par Métastase en 1734, *La Betulia liberata* – « Azione sacra » en deux actes, souvent mise en musique, en particulier par Mozart en 1771, K. 118, et par A. Salieri qui arrangea l'Oratorio de son maître Florian Gassmann (écrit en 1772) dans une version représentée à Vienne en 1821 [1].

« Te solo adoro, mente infinita,
fonte di vita, di verità ».

La phrase musicale est une prière très recueillie. « Mente » est chanté après un grand saut d'intervalle (une septième), comme

1. Voir l'article de Wolfgang Osthoff, « Schöpfer überm Sternenzelt – Mente infinita / Zu Beethovens Kanon *Te solo adoro* WoO 186 », in *Quellenstudium und musikalische Angabe / Festschrift für Martin Just*, Ergon Verlag Würzburg 2001, p. 211-218.

« Millionen » après « Seid umschlungen » dans l'Andante maestoso du Finale de la *Neuvième Symphonie*.

La solution de ce canon énigmatique suppose que la seconde voix entre une quinte au-dessus.

SOURCES

Des esquisses (à Vienne GdM et à Bonn) montrent que Beethoven a essayé d'abord une autre mélodie. Les esquisses de Bonn sont notées sur la dernière page des quatre feuilles qui ont servi à Beethoven pour noter les parties de trombones du Scherzo et du Finale de la *Neuvième Symphonie*.

L'autographe (à Cracovie) porte la dédicace : « Canone a due voci, scritto / al 2do junio 1824 per il Signore Soliva / come soovenire dal suo amico / Luigi van Beethoven [1]. »

PUBLICATION

En 1888 dans la GA.

DÉDICATAIRE

Carlo Evasio Soliva (vers 1792-1853), compositeur d'opéra italien, directeur de la Scala de Milan, fut nommé en 1821 professeur de chant au Conservatoire de Varsovie qui venait d'être fondé. En février 1821, Beethoven acceptait [4., 1426] que Soliva lui dédie son deuxième Trio pour piano, harpe et alto. Le 1er mars 1821, Soliva lui envoyait la dédicace en français [4., 1427] : « À Monsieur Louis Van Beethoven/ Célèbre Compositeur de Musique/ Monsieur, / D'après le gracieux accueil que vous avez daigné faire à ma demande, j'ai l'honneur de vous dédier ce Trio pour le recommander au Public sous l'égide d'un nom distingué par un mérite éminent. Veuillez bien l'agréer comme un hommage de l'admiration que je partage avec toute l'Europe pour vos talens extraordinaires dans un art, qui, comme l'éloquence et la poésie, forme le charme de l'imagination, et règne sur le cœur et l'esprit des hommes. [...] ».

Passant par Vienne, entre le 29 mai et le 2 juin 1824, Soliva trouva l'occasion de rendre visite à Beethoven dont il connaissait « toutes les œuvres » comme le spécifiait Karl, le neveu de Beethoven au cours d'une conversation (*BKh* 6, p. 261). D'après le cahier de conversation de fin mai-début juin 1824, Soliva déplorait le manque de goût du public qui se complaisait aux « Cabalettes » même à l'église – « il y a très peu de vrais connaisseurs », affirmait-il. Avant de quitter Beethoven, il promettait de lui écrire de Varsovie pour le tenir au courant de ce qui s'y passait (*BKh* 6, p. 262).

1. Une reproduction en facsimile se trouve dans *The Letters of Beethoven* publiées par Emily Anderson, Londres, 1961, vol. 2, p. 753, ainsi que dans l'article cité, p. 211.

WoO 187

Schwenke dich ohne Schwänke Auf einen, welcher Schwenke geheißen

Canon à quatre voix
3/4, fa *majeur – 8 mes.*

TEMPS DE LA COMPOSITION

Sans doute le 14 novembre 1824.

CONTEXTE BIOGRAPHIQUE

Beethoven s'est amusé à mettre en musique un jeu de mot sur le nom d'un musicien de Hambourg, Carl Schwencke (1797-après 1870), qu'il connaissait bien (et qui était venu lui rendre visite) [2], nom qu'il associa à « Schwank », « Schwänke » au pluriel, terme qui signifie « facétie ».

Beethoven envoyait ce *Canon*, avec le *WoO 180*, le 22 janvier 1825 à Bernhard Schotts Söhne pour qu'il le publie dans sa revue *Cäcilia*.

PRÉSENTATION DE L'ŒUVRE

Beethoven a juxtaposé un motif en forme de question sur « Schwenke dich » (intervalle de quinte descendant suivi d'un intervalle de sixte ascendante, formule répétée à partir d'une seconde au-dessus) et une réponse humoristique en notes identiques rapides et répétées sur « ohne Schwänke » (sans facéties).

SOURCES

Le manuscrit d'origine est perdu.

Il existe la copie autographe envoyée à Schott, avec le *WoO 180* (fac-similé, in *Briefe*, 6., p. 12).

2. Carl Schwenke était le fils d'un successeur de C.P.E Bach à Hambourg et le frère d'un organiste et compositeur de talent, Johann Friedrich (1792-1852).

Il existe une copie (Vienne, GdM) qui porte la date du 17 novembre 1824, date qui était sans doute celle du premier manuscrit.

PUBLICATION / CORRESPONDANCE

En avril 1825 dans la revue *Cäcilia*, publiée par Schott à Mayence. (Voir *WoO 180*.)

Le 26 janvier 1825 [6., 1927], Beethoven spécifiait à B. Schott's Söhne la place des mots sous les notes dans les mesures 3 et 4 : sous des doubles croches répétées sur la même note (12 *fa*, puis par 2 des *mi*, des *ré*, des *do*, des *ré*, des *mi*, des *do*), il inscrivit les mots « Schwänke ohne Schwänke ohne Schwänke ohne Schwänke Schwänke etc ».

WoO 84
Valse pour piano en *mi* bémol majeur

TEMPS DE LA COMPOSITION

21 novembre 1824.

CONTEXTE BIOGRAPHIQUE

Les deux *Valses op. 84* et *op. 85*, ainsi que l'*Écossaise op. 86*, furent composées pendant que Beethoven travaillait à ses derniers quatuors (les *Quatuors Galitzine, op. 127, 132, 130*). Ce sont ses dernières compositions pour piano, qui avait accepté de fournir quelques pièces au recueil de danses pour piano édité par l'acteur Carl Friedrich Müller (trois volumes, regroupant des pièces de près de cinquante compositeurs établis à Vienne, furent publiés : le premier à la fin 1824, et les deux autres à la fin 1825 et pour le carnaval 1825-1826).

Il peut paraître étonnant que Beethoven ait accepté de publier des pièces de cette nature au moment où il composait des œuvres aussi complexes que ses derniers Quatuors à cordes. Mais son souci pédagogique, sa préoccupation de notoriété et son sens de l'entraide se sont conjugués pour soutenir l'entreprise de Carl Friedrich Müller.

PRÉSENTATION DE L'ŒUVRE

La Valse *WoO 84* comprend un « Trio » central.

La Valse, en *mi* bémol majeur à trois temps, comprend huit mesures (reprises) suivies de seize mesures (reprises) de structure très simple. Le Trio (ainsi désigné par Beethoven) en *la* bémol majeur entretient une pédale de *la* bémol à la manière d'une cornemuse, pendant les seize mesures (2 fois 8 x 2), des *sf* renforçant les premiers temps dans la seconde partie : cette structure le rapproche de la *Bagatelle op. 126*, n° 4, composée à peine un an auparavant.

SOURCES

Le manuscrit autographe de la *Valse* et des premières mesures du Trio (à Bonn) porte la mention de la main de Beethoven : « Walzer von L.v. Beethoven. Vien am 21ten Novemb. 1824 ». Le manuscrit autographe du Trio est à Berlin.

PUBLICATION

Cette *Valse* fut publiée en décembre 1824 en tête du recueil « Musikalisches Angebinde zum Neuen Jahre, Eine Sammlung 40 neuer Walzer » de C.F. Müller. Ce recueil rassemblait des valses de quarante compositeurs installés à Vienne.

CORRESPONDANCE

Autour du 21 novembre 1824 [5., 1900], Beethoven envoyait une lettre à Carl Friedrich Müller pour s'excuser de la grossièreté de sa servante qui avait éconduit sa mère, sans prévenir Beethoven.

BKh 7, Heft 79, deuxième moitié de décembre 1824 : Karl parle de cette gravure des Valses réalisée aux frais de Müller, et de la souscription des magasins d'art, chacun ayant retenu 20 exemplaires vendu 3 f. (p. 325) ; Karl rapporte à Beethoven qu'il [son frère ?] disait qu'il n'aurait pas dû donner la Valse (p. 333).

WoO 188
Gott ist eine feste Burg
(Dieu est une forteresse)

Canon énigmatique à deux voix
Moderato, **C**, si *bémol majeur – 4 mes.*

TEMPS DE LA COMPOSITION

Le 12 janvier 1825, Beethoven nota ce *Canon* sur l'Album de Reinhold von Duesterloh. D'après les Cahiers de conversation, Beethoven avait noté ce Canon quelques jours auparavant, et c'est son neveu qui lui rappela qu'il avait promis à « Düsterloh de Russie » d'inscrire « quelques notes sur son Album » (*BKh* 7, 20 janvier 1825, p. 69).

CONTEXTE BIOGRAPHIQUE

Beethoven a reçu plusieurs fois la visite de Reinhodl von Duesterloh avec lequel il pouvait évoquer le souvenir de Karl Amenda, cet ami très cher qu'il avait fréquenté trop peu de temps à Vienne en 1798-1799, et retourné chez lui en Courlande (voir *Opus 18*). Le texte du Canon et la dédicace qui l'accompagne témoignent de la teneur des conversations et du bonheur de Beethoven qui retrouvait les échanges intellectuels de sa jeunesse, puisqu'il reprend une citation inscrite par P.J. Eilender dans l'Album offert par ses amis au moment de son départ de Bonn pour Vienne en novembre 1792, citation approximative d'un extrait de l'Ode de Klopstock *An Cidli* : « Pratique la science, elle ne peut pas rendre plus heureux. »

PRÉSENTATION DE L'ŒUVRE

Le thème est une référence implicite au motif du « Credo » de la *Missa solemnis*.

La solution de ce *Canon* infini est l'entrée de la seconde voix à la quarte supérieure, au bout de deux mesures.

SOURCES

Beethoven a noté ce *Canon*, avec les paroles, et la solution (à la quarte au-dessus) sur un cahier de conversation de janvier 1825 (*BKh* 7, Heft 80, 14r, p. 65).

La trace de l'autographe est aujourd'hui perdue.

DESTINATAIRE

Reinhold von Duesterloh, originaire de Courlande (Lituanie) était arrivé à Vienne le 2 novembre 1824 d'où il partit le 18 janvier 1825 pour Dresde. Il rendit plusieurs fois visite à Beethoven auquel il apportait des nouvelles de Karl Amenda, pasteur en Courlande. D'après ses conversations, Karl, le neveu le trouvait sensible à la musique (*BKh* 7, décembre 1824, p. 48).

Opus 132

Quinzième Quatuor à cordes en *la* mineur

Assai sostenuto, ¢ */ Allegro,* **C**, la *mineur – 264 mes.*

Allegro ma non tanto, 3/4, la *majeur – 238 mes. (sans les reprises)*

« Heiliger Dankgesang », Molto adagio, **C**, *mode de* fa */ Andante, 3/8,* ré *majeur – 211 mes.*

Alla marcia, assai vivace, **C**, la *majeur – 24 mes. (sans les reprises)*

più allegro, **C**, la *mineur / Presto,* ¢, la *mineur – 22 mes.*

Allegro appassionato, 2/4, la *mineur – 404 mes.*

TEMPS DE LA COMPOSITION ET PREMIÈRES EXÉCUTIONS

Deuxième des trois *Quatuors* commandés par le prince Galitzine, ce *Quatuor op. 132* fut esquissé en janvier 1825 (au moment où Beethoven composait le Finale de l'*op. 127*) et composé entre le mois de mars et la fin du mois de juin 1825, après l'achèvement du premier, *op. 127* (qui fut terminé en février 1825).

Suivant sa pratique habituelle (comme en témoigne l'examen des sources manuscrites), Beethoven a revu et corrigé la partition manuscrite sur les différentes copies effectuées au cours de l'été 1825.

La publication tardive explique le numéro d'opus 132 plus élevé que le numéro d'opus 130 conféré au troisième des *Quatuors* dédiés au prince Galitzine.

Le quatuor Schuppanzigh (qui comprenait Ignaz Schuppanzigh au premier violon, Karl Holz au second violon, Franz Weiß à l'alto et Joseph Linke au violoncelle) le joua en privé, le 9 septembre 1825 (puis le 11 septembre) devant un petit cercle de connaisseurs (dont l'éditeur Maurice Schlesinger) à l'auberge « Zum wilden Mann », n° 492 Kärntnerstrasse, à Vienne et en public, les 6 et 20 novembre 1825, lors de soirées musicales.

CONTEXTE BIOGRAPHIQUE

Alors qu'il achevait la composition de ce nouveau *Quatuor op. 132* – deuxième des trois Quatuors commandés par le prince Galitzine en novembre 1822 (commande acceptée par Beethoven le 25 janvier 1823) –, Beethoven notait, en français, sur la page d'un carnet de conversation (*BKh* 7, Heft 90, 8 juin-13 juillet 1825, 30r, p. 315) : « *il n'ya pas de regle qu'on d'est / peut blesser a cause de* schöner – », réflexion en relation avec une critique formulée par un compositeur à propos d'un choix d'écriture pour le *Quatuor op. 127*[1].

1. Beethoven discutait cette critique dans une lettre au prince Galitzine ébauchée vers le 6 juillet 1825 [6., 2003].

Cette réflexion témoigne de la conscience qu'il avait de la singularité comme de l'audace de ses choix – ce nouveau *Quatuor* en étant l'exemple même, puisque, entre autres particularités, il est constitué de six mouvements (au lieu des quatre habituels) et qu'il confère un rôle central au troisième mouvement, un mouvement lent de facture inédite, reflet du pouvoir et de l'histoire de la musique tout autant que du temps de la composition (c'est-à-dire, l'histoire récente de Beethoven, celle pendant laquelle il composait ce *Quatuor*).

L'analyse des sources manuscrites[1] montre qu'il a été esquissé dès la fin de l'année 1824 (au moment où Beethoven cherchait la façon de terminer le *Quatuor op. 127*), et qu'il était pensé en quatre mouvements (comme la solution finalement adoptée pour le *Quatuor op. 127*, en quatre mouvements alors que cet *op. 127* avait été envisagé un moment en six), le mouvement lent, en troisième position, étant suivi d'un mouvement « marcia serioso pathet [?] ». Mais, peu après avoir commencé le travail d'élaboration de son nouveau *Quatuor*, Beethoven tomba malade et pendant près d'un mois fut incapable de travailler. Son médecin, le docteur Braunhofer, l'ayant mis à la diète et conseillé de s'installer à la campagne[2], Beethoven déménagea donc à Baden (le 7 mai 1825), où il se remit à composer à partir de la mi-mai, notant sur une feuille d'esquisses, tant il était heureux de retrouver sa force créatrice une prière de remerciement (la phrase comporte des indications d'intensité). Un carnet de conversation, utilisé entre le 8 mai et le 7 juin 1825, témoigne de la décision de Beethoven d'adresser un chant de reconnaissance à Dieu pour le remercier d'être guéri et d'avoir le sentiment de reprendre des forces (*BKh* 7, Heft 89, 27r, p. 291). Quelques pages avant d'inscrire cette phrase, Beethoven avait repris le travail d'esquisses du *Quatuor*, traçant les portées à la main, sur son carnet de conversation, pour y noter les idées des troisième, quatrième et dernier mouvements.

La comparaison entre ces nouvelles esquisses et les premières esquisses (de fin 1824) destinées au mouvement lent met en évidence le cheminement[3] : dès le début, il pensa à un type de Choral d'orgue en usage à son époque, ce qui était une manière d'associer le souvenir de son activité d'organiste adjoint à Bonn (dès 1782) à la pratique courante des organistes qui consistait à insérer un interlude instrumental entre les strophes du Choral. Puis il semble qu'il ait abandonné un moment cette idée de Choral, avant d'y revenir, mais cette fois en choisissant de l'inscrire dans une écriture modale (écriture alors dépassée par le style « classique » dont il avait hérité, mais qui se situait avant la dramatisation introduite par l'écriture harmonique qui privilégie la tension et la détente). Ce choix de recourir à un style « ancien », si ce n'est « antique », correspondait à l'orientation de ses recherches qui depuis plusieurs années se concentraient sur le renouvellement de son écriture par la redécouverte des musiques « anciennes » et des éléments d'écriture qui leur donnaient une telle dimension spirituelle. Cette dynamique amena Beethoven à prendre connaissance des traités d'écriture de théoriciens plus anciens (Zarlino, Glarean, Kirnberger, Koch, etc.), à recopier les exemples musicaux insérés dans les études sur la musique « ancienne » publiées par les journaux musicaux (*AMZ*, *Caecilia*), à étudier les ouvrages contemporains concernant l'écriture d'un Choral, l'utilisation de la basse

1. Par Nottebohm (II, 547-549), qui signalait que Beethoven avait noté pêle-mêle des idées pour les Quatuors à venir, dont un thème pour une fugue basé sur de grands intervalles.

2. Dans sa lettre au docteur Braunhofer du 18 avril 1825 [6., 1958], Beethoven lui demandait de venir. Voir également *BKh* 7, p. 224, ainsi que les discussions sur les moyens de se soigner dans le *BKh* 7, p. 270, de début mai.

3. Dans « The Historical Background to the « Heiliger Dankgesang » in Beethoven's A-minor Quartet Op. 132 », in *Beethoven Studies* 3, 1982, p. 161-191, Sieghard Brandenburg montre que le « Heiliger Dankgesang » résulte des recherches de Beethoven dans le domaine des musiques anciennes ; il donne les références de Beethoven : les Chorals de Bach, les compositeurs et théoriciens du 16e (Glarean et Zarlino, la musique d'église de Palestrina) ; et il signale que l'héritage historique se situe du côté du choral et de sa pratique religieuse avec accompagnement d'orgue (rappelant que Beethoven eut une pratique d'organiste à Bonn). S. Brandenburg souligne que les esquisses (dans le *Roda Skizzenbuch*) montrent que Beethoven a commencé ce mouvement en choisissant la tonalité de *fa* majeur, sans trace de recours à des modes anciens, pour une sorte de choral, avec interlude entre les versets de l'hymne.

chiffrée ou les « devoirs » de l'organiste pour améliorer la musique liturgique [1], et à s'intéresser aux musiques dites « anciennes », celles des compositeurs des XVIe-XVIIIe siècles, en particulier à la polyphonie de Palestrina, ainsi qu'aux œuvres de Bach et de Haendel, pour y redécouvrir ce qui était à l'origine de leur haute portée spirituelle (il s'y intéressa en particulier au moment où il écrivait la *Missa solemnis*, donc entre 1819 et 1823).

Dans ce contexte de recherches sur le secret de l'efficacité des musiques « anciennes », il est vraisemblable que le choix du « mode lydien », spécifiquement désigné sur la partition éditée du troisième mouvement de ce *Quatuor op. 132*, ait été influencé par la lecture de Zarlino, théoricien de la Renaissance, qui, en s'appuyant sur Cassiodore, conférait aux différents modes des vertus spécifiques, le mode lydien ayant une vertu curative certaine soulageant des douleurs physiques et morales.

Ainsi, au moment où, se sentant mieux, Beethoven reprit son travail de composition, il eut l'idée de combiner sa première intention, un Choral comprenant des interludes instrumentaux, avec un « hymne de reconnaissance », écrit en mode « antique ». Le résultat fut ce Heiliger Dankgesang, conçu comme l'expression, et la mise en acte, du pouvoir salvateur de la musique plus que comme un simple chant d'action de grâce, puisque si la composition de ce mouvement lent répondait aux exigences de l'écriture liturgique (simplicité de la mélodie, clarté des articulations, tempo lent favorable à la méditation, et interlude séparant les versets du Choral), le choix du mode « antique » l'inscrivait dans une tradition culturelle [2] – c'est-à-dire dans une longue histoire de la spiritualité héritée à la fois de l'Antiquité et de la Chrétienté, le pouvoir consolateur et salvateur de la musique jouant un très grand rôle aussi bien dans les poèmes homériques que dans la Bible.

Très conscient de la valeur et de l'aspect insolite de son nouveau quatuor (en juillet 1825, il le proposait à 80 ducats, au lieu de 50 ducats jusque-là à l'éditeur Schlesinger), Beethoven refusa à son neveu Karl de le faire exécuter avant qu'il ne soit intégralement copié, pour éviter tout plagiat, mais, plus encore, pour être certain qu'il créerait un effet de surprise irrésistible (sans doute en relation avec l'importance de la référence au chant et au récitatif qui s'adressait directement à l'auditeur). Le récit de Karl, neveu de Beethoven, après les premières répétitions (pour l'audition privée du 9 septembre 1825) se fit l'écho de cette attente de Beethoven, qui était de susciter une forte émotion chez les auditeurs : Karl insista sur le bouleversement de Johann Wolfmayer [3] qui, présent, avait pleuré « comme un enfant » au moment de l'Adagio (*BKh* 8, Heft 94, 4-8 septembre 1825, 32v, p. 109), insistant même quelques jours plus tard (*BKh* 8, Heft 97, du 11 au 26 septembre 1825, 37r, p. 160), sur ce qui devait faire plaisir à son oncle : « J'ai oublié de te dire que lors de la répétition du 2e Quatuor Wolfmayer était là ; au moment du Choral il n'avait pu retenir ses larmes. Ce morceau solennel, recueilli, l'a particulièrement saisi. » Puis lors des concerts de novembre 1825, Karl signalait à son oncle que « les gens s'étonnaient qu'il ait obtenu un tel effet avec le peu de notes que lui offrait le mode lydien » (*BKh* 8, Heft 98, début novembre-19 novembre, 11r, p. 182).

PRÉSENTATION DE L'ŒUVRE

Ce *Quatuor* comprend six mouvements – « 6 Stücke », comme Beethoven le mentionnait (dans la lettre à son neveu Karl écrite le 24 août 1825), pour signaler le dépassement de la structure habituelle en quatre mouvements.

Les références implicites à la voix, au chant, au récitatif sont omniprésentes, et sont prises en charge par une écriture, destinée uniquement à des instruments à cordes, qui combine, ou juxtapose, plusieurs styles et plusieurs époques : style « classique » à forte tension dramatique, style liturgique à haute expression religieuse, musique modale « à

1. Ouvrages qu'il posséda (retrouvés dans son « Nachlass »), cités par S. Brandenburg, *op. cit.*, p. 170 : *Abt Vogler's Choral-System* (1800), *Vollständige Orgelschule für Anfänger und Geübtere*, 3 vol. (Leipzig 1795, 1796, 1798) de Justin Heinrich Knecht, *Von den wichtigsten Pflichten eines Organisten : ein Beytrag zur Verbesserung der Musikalischen Liturgie* (Halle 1787) et *Kurze Anweisung zum Generalbasspielen* (Halle et Leipizg 1791).

2. Comme le souligne Maynard Solomon, in *Late Beethoven*, Berkeley, 2003, p. 235-236.

3. Johann Nepomuk Wolfmayer, drapier, « Musikfreund », admirateur de Beethoven qu'il soutint financièrement. Il sera le dédicataire du *Quatuor op. 135*.

l'antique », polyphonie de la Renaissance, contrepoint « à la Bach ».

I. Le premier mouvement se réfère à la forme sonate, mais il en dépasse le cadre aussi bien par le matériau thématique complexe (qui combine types d'écriture, harmonie, mélodie, rythme et changements de tempo) et son élaboration, qui fait du tempo et de ses transformations la source première de la tension, que par la structure d'ensemble, la coda étant une seconde réexposition.

Ce mouvement commence par huit mesures Assai sostenuto, alla breve, sorte de choral qui, dans la tonalité tendue de *la* mineur, se constitue peu à peu par l'entrée successive des quatre instruments en fausse imitation, le violoncelle entrant le premier. Ces quelques mesures (déjà matériau thématique qui sera utilisé pour marquer les articulations de la forme), servent d'introduction au premier ensemble thématique, Allegro à quatre temps, en *la* mineur, formé de deux éléments contrastés : le premier motif rapide en doubles croches énoncé par le premier violon, et le second motif énoncé au violoncelle sur un rythme pointé (énonciation que Beethoven mit du temps à trouver, comme en témoignent les esquisses présentées par Nottebohm, II, 547).

Après la répétition de cet ensemble, et son extension, quatre mesures très denses *crescendo* mènent au second ensemble thématique en *fa* majeur, plus lyrique, aux violons, sur un rythme d'accompagnement désarticulé qui s'unifie dans de longs traits en mouvements contraires marqués par des *sf* répétés de manière vigoureuse.

Après un *ritardando* suspensif, le développement impulsé par le violoncelle combine les différents éléments thématiques, aux temporalités en tension, de manière inédite, la réexposition en *mi* mineur s'inscrivant dans la continuité du développement, le second thème étant cette fois joué *dolce* par le violoncelle et en *ut* majeur.

Enfin la coda, en fait seconde réexposition variée dans laquelle le second thème joué par l'alto est en *la* majeur, se termine par une unification des rythmes pointés dans une matière sonore palpitante d'où émergent des martèlements réguliers *forte*.

II. Le second mouvement est Allegro ma non tanto, à 3/4, et en *la* majeur. Il a la structure d'un Scherzo avec Trio central, lui-même construit comme un Scherzo (I/II/I). Comme l'écrit André Boucourechliev, « le jeu des répétitions automatiques de chaque fragment, la reprise textuelle, qui confèrent au morceau une durée totale de plus de cinq cents mesures, créent un relatif statisme [1] ».

Le motif du Scherzo est constitué de deux mesures à l'unisson en homorythmie (reprises un ton au-dessus) qui impulsent un motif sur un rythme souple, repris en imitation dans le traitement contrapuntique du Scherzo, les unissons y étant fréquents.

Le motif en *la* majeur du Trio évoque la ritournelle d'une vielle ou une Musette (ce qui inscrit des connotations de chant populaire), sa partie centrale se caractérisant par des pulsations régulières, ainsi que par un changement de métrique qui souligne la gravité du passage. Le motif du Trio est la réutilisation d'une allemande (*WoO 81*), écrite vers 1800.

III. Le troisième mouvement, Molto adagio, est intitulé par Beethoven : « Chant de reconnaissance d'un convalescent à la divinité, dans le mode lydien » – termes inscrits en tête du mouvement sur la partition imprimée. Ce mouvement répond au principe d'alternance (ici inscrit dans le tempo, aussi bien que dans le type d'écriture), ainsi qu'au principe de variation (chacune des intervention du même ensemble est variée) : il est ainsi constitué de cinq parties – A B A' B' A" (A correspond à « l'hymne » en écriture de Choral Molto adagio à quatre temps en mode lydien, et qui comprend cinq « versets » ; B correspondant à une sorte d'interlude instrumental, Andante à 3/8 en *ré* majeur).

Les trois strophes, Choral en écriture de style ancien (avec références à Palestrina ou à Bach, tout autant qu'à la pratique liturgique du choral d'orgue), sont donc entrecoupées par deux Andante en écriture harmonique « moderne » – le passage du Choral modal à l'Andante étant souligné par une modulation portée par la sensible de *ré* (donc un *do* dièse), alors que la note *la* est conservée par le premier violon.

Dans la partie Choral Molto adagio, les instruments jouent en valeurs égales les cinq « versets » d'une musique qui s'épanouit tout

1. André Boucourechliev, *Beethoven*, Solfèges/Seuil, 1963, p. 99.

en conservant l'immobilité de la contemplation. Dans la deuxième intervention de ce Choral, la mélodie, véritable cantus firmus, est à la voix la plus haute. Dans la troisième et dernières intervention du Choral (A''), Beethoven a inscrit au-dessus de chacune des voix : « avec le sentiment le plus intérieur », tandis que l'écriture contrapuntique (proche d'un fugato) intègre la mélodie et l'accompagnement (la mélodie, qui n'est plus séparée, se promène à toutes les voix).

Dans la partie Andante, intitulée « Sentant de nouvelles forces », la tonalité de *ré* majeur, l'organisation des voix jouant sur l'opposition des registres, et les contrastes de rythmes et d'intensités confèrent un grand dynamisme à la musique dans un contexte lyrique.

IV. Après ce moment de grande ferveur, un bref mouvement Alla marcia, assai vivace, à quatre temps en *la* majeur « arrache à la contemplation émerveillée », selon les termes d'André Boucourechliev. Il est constitué de deux parties, chacune reprise, le thème rythmique très dynamique conférant une grande cohérence à cette courte page.

V. Ce moment de transition se poursuit par un Récitatif fiévreux du premier violon, « attaca subito », più allegro en *la* mineur, qui installe la tonalité du Finale, avec un accelerando menant jusqu'à un tempo Presto. Ce court passage est une référence implicite au récitatif instrumental qui introduit la seconde partie du Finale de la *9e Symphonie*.

VI. Le Finale, Allegro appassionato, à deux temps, en *la* mineur, directement attaqué après le Récitatif, combine la forme sonate et la forme Rondo, le thème revenant quatre fois toujours plus intense et très chantant.

Le deuxième « couplet » (le développement), dominé par les *sf* à contretemps et par une écriture serrée à l'harmonie tendue est très violent. La troisième intervention du thème est confiée à l'alto et soutenue par des pizzicati du violoncelle. Puis la quatrième intervention du thème mène avec effet d'accélération à un Presto fébrile qui précède la coda en *la* majeur en forme de strette. Une fausse fin permet la reprise du jeu à quatre, les instrumentistes jouant de manière intense à la pointe de l'archet.

SOURCES

Les esquisses sont dispersées entre Berlin, Bonn, Coblence, Londres, Moscou, Stockholm, Vienne.

Des esquisses pour le « Heiliger Dankgesang » accompagnées du terme « (Dorisch) », pour le « Alla Marcia », et pour le Finale, se trouvent dans le dans *BKh* 7, Heft 89, 8 mai au 7 juin 1825, à Baden, p. 287-288-289 (23r, 23v, 24r, 24v, 25r). Une ébauche du titre du « Heiliger Dankgesang » se trouve un peu plus loin (p. 291 [27v]).

La partition manuscrite autographe (à Berlin) porte l'indication : « *2=tes Quartett. 1825 von LvBvn* ». Le troisième mouvement porte cette indication : « *3=ter Satz / Heiliger Dankgesang eines Genesenen an die / Gottheit in der lidischen Tonart. / Nb : dieses Stück hat imer h* [la note *si* est indiquée] / *nie wie gewöhnlich b* (la note *si* bémol est indiquée) »

Une copie des parties séparées réalisée par Joseph Linke et Karl Holz (pour l'exécution privée) et revue avec beaucoup de soin par Beethoven a servi à Maurice Schlesinger pour l'édition de Paris (Collection privée) – (cf. *BKh* 8, p. 29 et 33, août 1825, ainsi que les lettres du 11 août 1825 [6., 2029], du 15 août 1825 [6., 2032] – des photocopies de pages de Holz et de Linke se trouvent in *Briefe* 6, p. 139 et 140]).

La copie des parties séparées établie par Wenzel Rampl, revue par Beethoven et envoyée au prince Galitzine se trouve à Bonn.

La copie de la partition établie par le copiste Wenzel Rampl, et corrigée par Beethoven, a disparu.

PUBLICATION

Elle eut lieu en septembre 1827, la gravure ayant été mise sous presse après la mort de Beethoven, alors que Maurice Schlesinger avait acheté ce *Quatuor* en septembre 1825 après l'avoir entendu joué par le quatuor Schuppanzigh (le 9 septembre).

Le *Quatuor* fut publié : en parties séparées à Paris chez Maurice Schlesinger, et à Berlin chez Adolph Martin Schlesinger, et en partition à Berlin chez Adolph Martin Schlesinger.

« QUATUOR / pour 2 Violons Alto & Violoncelle / Composé & Dédié / à Son Altesse Monseigneur le Prince / NICOLAS DE GALITZINE / Lieutenant Colonel de la

Garde de Sa Majesté Impériale / de toutes les Russies / PAR / LOUIS VAN BEETHOVEN. / PARTITION. / Œuvre posthume. […]»

En 1828, A.M. Schlesinger publia à Berlin une réduction pour piano à quatre mains établie par A.B. Marx.

DÉDICATAIRE

Prince Galitzine (voir *Opus 127*).

L'ŒUVRE VUE PAR SES CONTEMPORAINS

L'*AMZ* XVII, 1825 (col. 840-841), rendait compte d'un concert au cours duquel le quatuor Shuppanzigh avait interprété le nouveau *Quatuor* en *la* mineur *op. 132*. L'auteur de l'article nommait tous les mouvements puis, comparant Beethoven au poète Jean-Paul, soulignait le côté à la fois prestigieux et surprenant de ce *Quatuor*, qu'il ne fallait pas seulement entendre plusieurs fois, mais qu'il fallait étudier, pour le comprendre, tant son élaboration était complexe, originale et subtile.

L'*Allgemeine Musikzeitung zur Beförderung der theoretischen und praktischen Tonkunst, für Musiker und Freunde der Musik überhaupt*, Francfort/Main, Jg.1, 1827/1828 (col. 47-48), signalait les *Quatuors op. 132* et *op. 135*, qui, comme les dernières œuvres de Beethoven, étaient caractérisés par une «harmonie complexe», par des «écarts admirables» et par «une force d'attraction remarquable». L'auteur refusait de se prononcer *pour* ou *contre*, car chacun des deux camps reprenaient sans cesse les mêmes arguments. Ce qu'il pouvait affirmer, c'était que Beethoven était «une grande étoile dans le ciel de la musique» et qu'il «fallait étudier ses œuvres avec toute l'application possible».

La *BAMZ* Jg.5, 1828 (p. 467/468), publiait un article très élogieux d'Adolf Bernard Marx, qui estimait que ce *Quatuor* dépassait tous les autres, surtout du fait de la maîtrise et de la liberté dans la conduite des quatre voix – depuis Jean-Sébastien Bach rien n'avait été écrit d'aussi extraordinaire et d'aussi satisfaisant pour l'auditeur. A.B. Marx considérait qu'il était possible de parler de progrès en art.

La *Revue musicale,* 1830 (p. 212-213), signalait le caractère insolite de ce Quatuor difficile à comprendre : «La conception en est si bizarre, l'harmonie parfois si dure, les intentions si vagues.» L'auteur de l'article disait avoir du mal à être d'accord avec les admirateurs passionnés de cette musique.

CORRESPONDANCE

Voir *Opus 127*.

9 novembre 1822 [4., 1508], 25 janvier 1823 [5., 1535], 19 février 1823 [5., 1574].

Le 5 mars 1823 [5., 1605], le prince Galitzine pensait que Beethoven avait reçu les 50 ducats, et il attendait la copie du Quatuor avec impatience, spécifiant que Beethoven pouvait le vendre à un éditeur : il ne voulait que la dédicace et une copie manuscrite, et il ajoutait : «Veulliez [*sic*] commencer le 2d Quatuor, et m'en avertir, alors je vous expédierai de Suite encore 50 ducats.»

3 octobre 1823 [5., 1746], 25 février 1824 [5., 1782], 26 mai 1824 [5., 1841], 28 juillet 1824 [5., 1854], 26 janvier 1825 [6., 1926], 19 mars 1825 [6., 1947].

Le 19 mars 1825 [6., 1949], Beethoven écrivait à Schott que le deuxième quatuor était presque fini. (Il le sera en juin 1825).

Le 18 avril 1825 [6., 1958], il demandait au docteur Anton Georg Braunhofer (vers 1781-1846) de venir car il se sentait très mal.

Peu avant le 28 avril 1825 [6., 1960], Beethoven écrivait à Ludwig Rellstab qu'il se sentait plus mal qu'avant, mais qu'il espérait aller mieux pour le recevoir (ce qu'il fit le 28 avril). Le 3 mai 1825 [6., 1963], il se sentait encore très faible, et allait se rétablir à la campagne – il lui envoyait le thème d'un canon (*WoO 203*) en guise d'adieu. (Beethoven partit à Baden le 7 mai 1825 pour se reposer dans l'ermitage du château de Gutenbrunn.)

Le 6 mai 1825 [6., 1964], Johann écrivait à Ries que son frère se relevait d'une inflammation intestinale, dont il était à présent sauvé, mais qu'il était si faible qu'il était incapable de travailler.

Le 13 mai 1825 [6., 1967], Beethoven écrivait au docteur Braunhofer qu'il se sentait encore très faible et que les prescriptions données n'étaient sans doute pas assez fortes (Braunhaofer avait prescrit la diète et interdit vin et café) ; il inscrivait les notes d'un canon (*WoO 189*).

Le 17 mai 1825 [6., 1972], il écrivait à son neveu Karl qu'il recommençait un peu à travailler, malgré le froid et le mauvais temps.

Le 4 juin 1825 [6., 1982], Beethoven informait le prince Galitzine de l'avancement de son travail pour les deux autres quatuors et le priait de lui remettre les honoraires. Il l'informait également de sa maladie d'avril 1825 (le contenu de cette lettre non retrouvée se déduit de la réponse du prince le 21 juin 1825 [6., 1997]).

Le 6 juillet 1825 [6., 2003], il annonçait au prince Galitzine que le Quatuor était achevé et qu'il allait lui envoyer le plus vite possible.

Le 19 juillet 1825 [6., 2014], le neveu de Beethoven annonçait à Carl Friedrich Peters que son oncle avait terminé un Quatuor qui correspondait aux honoraires déjà versés en août 1822 (pour quatre *Marches*, quatre *Bagatelles*, trois *Lieder* envoyés en février 1823, mais que Peters avait refusés, – or Beethoven avait déjà perçu la somme) : si Peters refusait cette œuvre, Beethoven la proposerait à d'autres éditeurs.

Le 21 ou le 22 août 1825 [6., 2036], Beethoven rédigeait un brouillon de lettre pour Carl Friedrich Peters.

Le 19 juillet 1825 [6., 2015], Beethoven proposait à Adolph Martin Schlesinger à Berlin deux nouveaux quatuors pour 80 ducats chacun, expliquant ce prix par sa notoriété. Il ajoutait que le Quatuor pourrait aussi être publié dans la filiale parisienne ainsi qu'à Londres.

Le 11 août 1825 [6., 2029], il exprimait à son neveu son inquiétude, car Karl Holz, qui s'était chargé d'une copie du *Quatuor* (et qui buvait beaucoup), avait oublié les treize premières mesures du troisième mouvement; n'ayant pas de nouvelles de lui, il craignait qu'il ait perdu le manuscrit.

Le 15 août 1825 [6., 2032], Beethoven indiquait à Holz les corrections qu'il devait effectuer sur ce qu'il avait copié.

Peu après le 22 août 1825 [6., 2041], il interdisait à Karl Holz de montrer ou de faire entendre le *Quatuor* (alors que Karl, le neveu, et Holz auraient voulu l'entendre pour corriger plus rapidement les fautes sur la copie).

Le 24 août 1825 [6., 2042], il signalait à son neveu qu'il voulait proposer l'*op. 132* à Mathias Artaria et qu'il proposerait l'*op. 130* à Carl Friedrich Peters. Il attendait la réponse d'Artaria.

Le 6 septembre 1825 [6., 2054], Beethoven écrivait de Baden à son neveu à propos de la prochaine exécution du *Quatuor* qui devait avoir lieu le vendredi 9 septembre dans l'auberge où était descendu Maurice Schlesinger, l'éditeur s'étant engagé à l'acheter quand il l'aurait entendu.

En septembre 1825 [6., 2062], Beethoven envoyait le deuxième *Quatuor* (*op. 132*) au prince Galitzine, en «l'avertissant que le 3eme sera achevé dans peu». (La poste mit plusieurs mois avant de délivrer le paquet au prince.)

Le 14 janvier 1826 [6., 2106], le prince Galitzine, qui n'avait pas encore reçu le dernier *Quatuor (op. 132)* faisait part de son impatience, d'autant plus grande que l'*Allgemeine Musikalische Zeitung* de Leipzig s'exprimait «en termes si flatteux» à son propos (*AMZ* XXVII (1825), col. 840).

Le 13 avril 1826 [6., 2146], Maurice Schlesinger demandait à Beethoven une copie de la partition du *Quatuor op. 132* acheté en septembre 1825 (il avait emporté les parties séparées copiées par Linke et Holz).

WoO 203
Das Schöne zu dem Guten
(Le beau mène au bien)

Devise musicale en la *majeur,* **C** *– 2 mes.*

TEMPS DE LA COMPOSITION

Elle fut notée à la fin d'une lettre adressée le 3 mai 1825 au poète Ludwig Rellstab [6., 1963]. Beethoven n'a pas inscrit de paroles.

CONTEXTE BIOGRAPHIQUE

Beethoven sortait tout juste d'une sévère maladie[1] qui l'obligea à interrompre la composition du *Quatuor op. 132*, et qui l'empêcha de poursuivre les discussions sur le livret d'opéra *Orest*[2] que Ludwig Rellstab lui avait fait envoyer. Sur le point de partir se rétablir à la campagne à Baden (où il arriva le 7 mai), Beethoven écrivait à Rellstab[3] le

1. Le 18 avril 1825 [6., 1958], Beethoven demandait au docteur Anton Georg Braunhofer (vers 1781-1846) de venir le soigner (il le mit aussitôt à la diète, ce qui contribua à l'affaiblir encore plus).

2. Quelques jours avant le 28 avril 1825 [6., 1960], Beethoven écrivait à Rellstab qu'il ne pourrait le voir que dans quelques jours quand il se sentirait mieux. La visite de Rellstab eut lieu le 28 avril – cf. *BKh* 7, p. 237 sq.

3. Rellstab quitta Vienne pour Berlin le 4 mai 1823.

3 mai qu'il ne pouvait pas le recevoir, mais il lui inscrivait ce souvenir musical pour qu'il pense à lui quand il serait à nouveau à Berlin.

Présentation de l'œuvre

Il s'agit sans doute d'un canon énigmatique à deux voix qui commence sur la dominante de *la* majeur.

Sources

Les esquisses se trouvent dans le *Roda Skizzenbuch* juste avant les esquisses pour le « Heiliger Dankgesang » de l'*Opus 132*.

Le manuscrit original de la lettre n'est pas connu. Cette lettre fut éditée par Rellstab en 1841 dans *Beethoven. Ein Bild der Erinnerung aus meinem Leben*, Cottbus.

Publication

Par Rellstab dans *Garten und Walde*, Leipzig 1854, vol. 4, p. 109, avec les paroles « Das Schöne zu dem Guten » (le Beau mène au Bien), dernier vers de l'*Opferlied* de Friedrich Matthisson (voir *Opus 121b*).

Destinataire

Ludwig Rellstab (1799-1860), écrivain et critique musical, vivait à Berlin où son père était propriétaire d'une maison d'Éditions musicales. Il rendit visite à Beethoven au cours de son séjour à Vienne en avril et mai 1825, pour discuter avec lui d'un livret d'opéra. (Voir la *Sonate op. 27 n° 2.*)

WoO 189

Doctor, sperrt das Tor dem Tod
(Docteur, ferme la porte à la mort)

Canon à quatre voix
¢, ut *majeur – 16 mes.*

Temps de la composition

Mai 1825.

Contexte biographique

Très malade depuis le 18 avril 1825, Beethoven comptait sur le docteur Braunhofer pour trouver la guérison, mais il était mécontent de sa méthode « naturelle », qui imposait la diète (pas de vin, pas de café, pas d'épices – seulement du chocolat sans vanille, et du bon air) – Beethoven réclamait des médicaments qui, au lieu de l'affaiblir, lui conserveraient la force dont il avait besoin pour travailler. Le docteur Anton Braunhofer lui ayant conseillé de partir se reposer Baden où il arriva le 7 mai 1825.

Le texte repose sur deux jeux de mots : « Tor » et « Tod » (porte et mort), et « Note » et « Not » (note et détresse) : Beethoven se sentant très faible ne pouvait plus composer (il fut obligé d'interrompre le travail pour le mouvement lent du *Quatuor op. 132*), alors qu'il était indispensable qu'il puisse écrire pour avoir de quoi vivre et payer le médecin.

Présentation de l'œuvre

Le texte mis en musique est le suivant : « Doktor sperrt das Thor dem Todt, *No..te* hilft euch aus der Noth » (Docteur ferme la porte à la mort, les notes aident à sortir de la détresse).

La musique utilise la gamme d'*ut* majeur en valeurs longues, ce qui donne une grande solennité à cette injonction écrite en forme de choral d'église.

Beethoven va réutiliser l'*ut* majeur dans le Cantus firmus du « Heiliger Dankgesang » de l'op. 132.

Sources

Esquisses du 11 mais dans *BKh* 7, Heft 89, 1r, p. 275.

L'autographe (à Vienne, GdM) porte cette mention : « Geschrieben am 11ten Maj 1825 in Baden / Helenenthal an der 2ten Antons Brücke / nach Siegenfeld zu. – Beethoven ». Le Canon est noté sur quatre portées faites à la main, les paroles sous les notes.

Publication

En 1865, par Nohl dans *Briefe Beethovens*, n° 335.

Correspondance

Le 13 mai 1825 [6., 1967], Beethoven écrivait au docteur Braunhofer qu'il se sentait encore très faible. Il exigeait un traitement plus efficace car il avait besoin de travailler. Il joignait son canon qui comporte date et provenance.

Dédicataire

Le docteur Anton Georg Braunhofer (vers 1781-1846), sommité médicale de Vienne, fut très heureux de ce Canon[1] – il était déjà

1. Comme le neveu le signalait dans le cahier de conversation de mai (*BKh* 7, 10r, p. 280).

dédicataire du *Lied WoO 150, « Abendlied unterm gestirnten Himmel ».*

WoO 190

Ich war hier, Doktor, ich war hier (J'étais là, Docteur, j'étais là)

Canon énigmatique à deux voix
2/4, ut *majeur – 8 mes.*

TEMPS DE LA COMPOSITION
4 juin 1825.

CONTEXTE BIOGRAPHIQUE
Voir *WoO 189.*

Beethoven voulait consulter à Vienne le docteur Braunhofer : il fit le voyage exprès depuis Baden pour que Braunhofer lui change son traitement (le 13 mai, il avait déjà annoncé sa visite) – en chemin, supposant qu'il ne le trouverait peut-être pas, il composa ce *Canon* qu'il pensait lui laisser dans ce cas.

PRÉSENTATION DE L'ŒUVRE
Ce Canon humoristique est fait de deux motifs : l'un affirmatif pour « j'étais là » et l'autre en croches répétées pour « Doctor, j'étais là ».

SOURCES
L'autographe (dans une collection particulière) a été noté sur une feuille de papier libre. Il porte cette mention sous les notes : « am 4ten jun. Abends als ich meinen / verehrten Freund Braunhofer / nicht zu Hause fand. – / Beethoven ». Le Canon est noté sur une portée faite à la main.

CORRESPONDANCE
Beethoven a ébauché un brouillon de lettre à Braunhofer dans un cahier de conversation de juin 1825 – publié dans les *Briefe* [6., 1984] : « Alors que je croyais ne pas trouver mon docteur je l'ai trouvé, pourtant comme j'avais fait cette supposition j'avais déjà fait un canon en chemin » (*BKh* 7, Heft 89, 35v, p. 295).

WoO 35

Kleines Stück

Canon instrumental (sans doute pour deux violons)
3/4, la *majeur – 8 mes.*

TEMPS DE LA COMPOSITION
3 août 1825.

CONTEXTE BIOGRAPHIQUE
Le Hollandais S.M. de Boer[1] (nommé par la *Wiener Zeitung* « propriétaire » et « rentier »), séjourna à Vienne avec sa femme du 4 juillet au 14 août 1825. Il affirma avoir fait le voyage exprès pour rendre visite à Beethoven, tant il admirait ses œuvres (il parle de *Fidelio*, des Quatuors), et son style sublime.

La conversation eut l'art et la musique comme objet, Boer s'étant présenté comme un dilettante, amateur de musique et de peinture, membre de l'Académie des Beaux-Arts d'Amsterdam, parlant six langues. Les Cahiers de conversation (*BKh* 8, Heft 91, mi-juillet/mi-août 1825, p. 35-38) témoignent de cette visite. À Baden, Beethoven composa ce souvenir musical pour lui

PRÉSENTATION DE L'ŒUVRE
Il s'agit d'un petit motif (*mi*^{2}*-la-ré*^{2}*/-do*^{2}*/-si*/2 soupirs) répété une seconde au-dessus.

SOURCES
L'autographe (à Cambridge, Mass., EU) porte la date et le nom du destinataire au-dessous des deux lignes de « Canone in 8va » : « Souvenir pour Monsieur S.M. de Boyer [sic] par Louis van Beethoven / Baden, le troisième aout 1825 ».

PUBLICATION
En 1867, par Nohl dans les *Neuen Briefen Beethovens*, p. 274.

Opus 130

Treizième Quatuor à cordes en *si* bémol majeur

Adagio, ma non troppo, 3/4, / Allegro, **C**, si *bémol majeur – 234 mes.*

1. Il ne s'agit vraisemblablement pas du peintre Otto de Boer (1797-1856) comme le supposaient Frimmel (I, p. 55) et KH, p. 476.

Presto, ¢, si *bémol mineur – 105 mes.*
Andante con moto ma non troppo, Poco scherzoso, C, ré *bémol majeur – 88 mes.*
Alla danza tedesca, Allegro assai 3/8, sol *majeur – 150 mes.*
Cavatine, Adagio molto espressivo, 3/4, mi *bémol majeur – 66 mes.*
Finale. Grande Fugue, si *bémol majeur – 741 mes. [op. 133]*
[Remplacée par un] Allegro, 2/4, si *bémol majeur – 493 mes.*

TEMPS DE LA COMPOSITION ET PREMIÈRE EXÉCUTION

Ce *Quatuor* fut composé après le *Quatuor op. 132*, comme troisième des *Quatuors* commandés par le prince Galitzine.

Commencé en août 1825 à Baden (à Gutenbrunn), il fut terminé en décembre 1825, y compris la Grande Fugue, que l'éditeur Artaria conseilla, au début septembre 1826, de remplacer par un autre Finale plus simple. Celui-ci fut esquissé en septembre 1826 et composé en octobre-novembre 1826 à Gneixendorf, pendant que Beethoven travaillait au *Quatuor op. 135* : il fut envoyé le 11 novembre 1826 à Tobias Haslinger, pour qu'il le remette à Artaria contre 15 ducats en or.

Il fut joué le 21 mars 1826, par le quatuor Schuppanzigh, avec la Fugue. Malgré une bonne interprétation, le public fut dérouté, surtout par la Fugue.

En décembre 1826, le nouveau Finale fut testé par le quatuor Schuppanzigh : Artaria en fut ravi.

Le 22 avril 1827 (après la mort de Beethoven), le *Quatuor* fut exécuté avec le nouveau Finale.

CONTEXTE BIOGRAPHIQUE

À partir de l'été 1825, Beethoven composa le troisième des trois *Quatuors* commandés par Galitzine en novembre 1822 (donc après l'*op. 132,* composé lui-même après l'*op. 127*). Il en établit la partition entre septembre et novembre 1825, tout en esquissant un nouveau *Quatuor*, qui sera l'*op. 131* (le *14ᵉ Quatuor*) : c'est dire combien les derniers Quatuors ont été pensés en même temps et sont inextricablement liés les uns aux autres, à un moment où Beethoven assumait délibérément les « fautes » d'écriture au nom de l'expressivité.

Alors qu'il commençait à penser à son nouveau *Quatuor (l'op. 130)* au début du mois de juillet 1825, Beethoven utilisa quelques pages de son cahier d'esquisses (le « Roda-Skizzenbuch »[1]) pour ébaucher un brouillon de lettre [6., 2003, vers le 6 juillet 1825] destinée au prince Galitzine, lettre dans laquelle il discutait la « contestation de Zeuner[2] » à propos d'un choix d'écriture dans le deuxième mouvement du *Quatuor op. 127* (à la mesure 48 de la partie d'alto) : Beethoven justifiait le *ré* bémol, ajoutant qu'il n'était pas interdit de prendre des libertés avec l'harmonie quand le sentiment cherchait à s'exprimer[3]. Cette réflexion se poursuit sur une page du cahier de conversation (utilisé sans doute entre le 8 juin et le 13 juillet 1825), par cette phrase en français : « *il n'ya pas ne regle qu'on d'est peut blesser a cause de* schöner », Beethoven ajoutant qu'avec un *do* on peut considérer qu'il s'agit d'une fausse quinte, alors qu'avec un *ré* bémol on aura une belle quarte (*BKh* 7, Heft 90, 30r et 30v, p. 315-316).

La nécessité de mettre en œuvre cette réflexion (qui revendique l'innovation) s'inscrit dans les choix de composition et d'écriture qui ont présidé aux derniers *Quatuors*, chaque fois de manière différente. Pour ce *Quatuor op. 130*, les choix en font un hymne à l'esprit créateur et au pouvoir consolateur de la musique capable de faire sortir de l'état de désespoir en laissant apercevoir un nouvel univers plein d'énergie qui se déploie au gré de l'imagination.

L'impératif de l'expressivité a donc présidé à la composition de ce nouveau *Quatuor*, placé cette fois sous le signe du contraste, cette donnée première de toute composition musicale, que Beethoven met en œuvre dans toutes les dimensions possibles, de la forme d'ensemble jusqu'aux moindres détails (comme s'il avait choisi un contrepoint de contraste à toutes les échelles). La volonté d'organiser le *Quatuor* en six mouvements

1. Voir *Briefe* 6, p. 98, et photocopie p. 99. Voir aussi l'étude « Das Anfangsstadium des schöpferischen Prozesses bei Beethoven / Eine Untersuchung anhand der Skizzen zum ersten Satz des Quartetts op. 130 » par Jelena Wjaskowa, in *Zu Beethoven. Aufsätze und Dokumente 3*, Berlin 1988, p. 60-82.

2. Karl Traugott Zeuner (1775-1841), pianiste allemand et compositeur vivant à Saint-Pétersbourg, que Beethoven a dû rencontrer à Vienne en 1805.

3. *Briefe* 6, p. 98, citation de l'ébauche du brouillon de la lettre à Galitzine effectué sur le cahier d'esquisse Roda.

(comme le *Quatuor op. 132* qui précède), avec l'idée d'une introduction lente et solennelle pour le premier mouvement[1], est une référence à la Suite baroque, c'est-à-dire aux «musiques anciennes» dans le style de Bach – ce que confirme la tonalité finalement adoptée de *si* bémol, en relation directe avec son intention, qui date de cette époque, de composer une ouverture sur le nom de Bach (*si* bémol, *la*, *do*, *si* bécarre) (Nottebohm, II, 540). Les quatre notes qui correspondent au nom de Bach ont également servi d'idée de base au sujet de la Fugue, dans lequel il a accentué les sauts d'intervalle pour souligner la septième diminuée, deux formes exacerbées de l'effet de contraste.

Le refus initial de Beethoven de couper la Fugue finale, ou d'y changer quoi que ce soit (*BKh* 8, Heft 101, 2 janvier au 8 janvier 1826, p. 243, 247, 250), témoigne de la cohérence de sa conception d'ensemble du *Quatuor*, placé sous le signe de l'écriture contrapuntique savante de Bach, que Beethoven considérait comme le génie de la composition et de la musique. Cette Fugue finale met en œuvre également le principe de contraste, puisqu'elle succède à la Cavatine, Adagio molto e espressivo, subtile polyphonie procédant d'un matériau très simple, les cordes jouant *sotto voce*, tandis qu'au milieu du mouvement le premier violon chante une ligne mélodique portant l'indication expressive «beklemmt» (oppressé)[2]. Cette dénomination de Cavatine, qui fait directement référence à la musique vocale, correspond à la volonté de Beethoven de faire «chanter» la musique instrumentale en s'inspirant des libertés de la voix, pour en faire l'expression de l'intériorité (les voix profondes de l'homme) et montrer que la source de la création ne réside pas seulement dans le conflit, mais aussi dans l'aspiration à la sérénité (ce concept de «Stille» élaboré par Winckelmann, mis en œuvre en particulier dans l'Arietta de la *Sonate pour piano op. 111*).

Alors que Beethoven avait promis ce troisième *Quatuor* à l'éditeur Maurice Schlesinger (en septembre 1825), il choisit de le vendre à l'éditeur viennois Mathias Artaria. Les négociations furent menées oralement par Karl Holz qui espéra un moment que ce *Quatuor* paraîtrait avant les deux premiers (l'*Op. 127* publié par Schott à Mayence et l'*Op. 132* par A.M. Schlesinger à Berlin). Mais les difficultés d'exécution et de compréhension de la Grande Fugue poussèrent Artaria à différer la publication du *Quatuor* jusqu'à ce que Beethoven accepte de composer un nouveau Finale, c'est-à-dire qu'il reconnaisse que la difficulté de la Fugue finale ne pouvait que nuire à la diffusion de son *Quatuor*.

PRÉSENTATION DE L'ŒUVRE

Comme le *Quatuor op. 132*, ce nouveau *Quatuor op. 130* comprend six mouvements d'une très grande diversité, allant de l'Introduction lente à l'allemande et à la fugue : cette succession de mouvements évoque la suite baroque, et met en œuvre le principe de diversité et de contraste qui a présidé à la composition et à l'écriture de ce *Quatuor*, principe qui se retrouve également à l'intérieur de chacun des six mouvements. Ainsi, le contraste entre la Cavatine et la Fugue redouble le contraste entre les deux éléments thématiques du premier mouvement, tandis que la succession des tempos de la Fugue est à l'image de celle du premier mouvement.

Paradoxalement, la cohérence de l'ensemble du *Quatuor* résulte de cette confrontation de temps différents et de procédés d'écriture opposés.

I. Le premier mouvement est de forme sonate, le matériau thématique portant dans sa configuration même le principe de contraste, par la confrontation des tempos et par la pluralité des couches sonores.

Ainsi le premier ensemble thématique est constitué avant tout par le contraste entre deux tempos : Adagio/Allegro, doublé d'une idée de rupture, de surgissement de quelque chose de tout à fait autre.

L'Adagio correspond à une introduction lente de 14 mesures, Adagio ma non troppo, qui commence par une descente chromatique

1. Brandenburg in «The Historical Background to the "Heiliger Dankgesang"», p. 169, signale que la première mention pour l'op. 130, se situe vers la mi-mai 1825, intention de composition : «letztes Quartett mit einer ernsthaften und schwergängigen Einleitung».

2. Dans une lettre du 16 juillet 1857, Karl Holz disait à W. v. Lenz que la Cavatine était le mouvement de quatuor que Beethoven préférait, qu'il l'avait composé au milieu de larmes; jamais, affirmait-il, sa musique ne lui avait produit un tel effet, il ne pouvait l'écouter sans pleurer à nouveau (in KH, p. 393).

p à l'unisson et en homorythmie, avant de se déployer sous forme de polyphonie à quatre voix (violoncelle, puis second violon, puis alto, puis premier violon). Il se termine sur une suspension harmonique, résolue par l'irruption de l'Allegro.

L'Allegro instaure le principe de rupture (de tension maximale) et d'opposition : le premier violon énonce une phrase rapide en doubles croches tandis que le second violon joue un motif rythmique très énergique en valeurs plus longues (rapidité et énergie sont ainsi posées en contrepoint) : le matériau thématique fonctionne donc sur plusieurs niveaux.

Après une série d'évolutions parallèles ou convergentes des lignes musicales, et des passages en unisson dont les temps sont renforcés par des *sf* et des *f*, le second thème, introduit par une montée chromatique à l'unisson, est énoncé par le violoncelle, *sotto voce/corda c* (sur la corde de *do*) : il chante deux fois de suite un motif grave, qui est suivi par une sorte de choral des trois autres cordes (le chant et le style choral s'opposent à la rapidité fébrile et à l'énergie).

Un signe de reprise indique que cette exposition doit être répétée.

Le développement, assez court, est précédé par l'alternance trois fois de suite de l'Adagio et de l'Allegro, avant de mettre en tension un rythme court et répété issu de l'Adagio et le motif rythmique de l'Allegro énoncé successivement aux différents instruments, dans une atmosphère de marche très lyrique.

La réexposition variée éclate dans le tempo Allegro. C'est l'alto, relayé par le violoncelle, qui énonce le second thème.

La coda reprend l'alternance Adagio/ Allegro, trois fois de suite, avant de conclure sur les thèmes superposés de l'Allegro.

II. Le deuxième mouvement est un Presto assez court, en *si* bémol mineur, qui se déroule à la manière d'un scherzo très rapide joué à mi-voix.

La partie Scherzo, à deux temps (alla breve), répète *pp* un court motif rythmique très souple. La partie Trio établit un contraste : elle est en *si* bémol majeur, à 6/4, et possède des accents violents à contretemps, les notes répétées produisant un effet de batteries. La transition entre le Trio et le Scherzo se fait par l'alternance, trois fois de suite, du 6/4 sur une gamme montante à l'unisson du quatuor et du 2/2 sur une descente chromatique rapide du premier violon.

III. Le troisième mouvement est un Andante con moto, ma non troppo, en *ré* bémol majeur, de forme sonate sans développement. Il porte la mention *poco scherzando* et se caractérise par un raffinement rythmique inscrit dans une trame polyphonique subtile. L'écriture légère n'est pas sans un certain humour, délicatement évoqué dès le début par le contraste entre un chromatisme déchirant qui semble une déploration funèbre, et le jeu du violoncelle en notes piquées régulières qui suit sans transition.

La coda introduit une certaine étrangeté par ses modulations mineures, avant la convergence intense des quatre instruments.

IV. Le quatrième mouvement est une danse allemande, Alla danza tedesca, Allegro assai à 3/8, en *sol* majeur, de forme scherzo, A B A'A''. Le « thème » réside dans les nuances d'intensité très mobiles qui se répercutent à plus grande échelle [1].

V. Le cinquième mouvement est intitulé Cavatine. Il s'agit d'un court mouvement lent, Adagio molto espressivo, à trois temps, en *mi* bémol majeur, de forme A B A, qui établit un contraste avec la danse précédente.

L'écriture polyphonique est d'une grande concentration, les instruments devant jouer *sotto voce* tout en s'imbriquant dans les autres voix. Au centre de la partie du milieu, la ligne mélodique du premier violon sur batterie régulière (en triolets de croches *pp*) des trois autres doit être jouée « beklemmt » (opressée) : elle est comme lacérée par les silences, la détente étant constamment refusée (« cavare » signifiant « creuser », Beethoven a donc inscrit dans la polyphonie serrée de ce mouvement évocateur du monde de l'opéra et de ses interactions émotionnelles, les déchirures de la mélancolie – cette disposition créatrice par excellence, croyait-on, attribuant cette certitude à Aristote).

VI. Le Finale, en continuité avec les cinq mouvements précédents, est une Grande

1. Comme le faisait remarquer André Boucourechliev, *op. cit.*, p. 96.

fugue de 741 mesures (elle fut éditée à part, *Große Fuge*, sous le numéro d'*op. 133*).

Cet immense Finale est une double fugue qui confronte, jusqu'au paroxysme, une donnée thématique singulière très tendue (le sujet écartelé est omniprésent) et les contraintes de l'écriture fuguée (interprétées avec une certaine liberté).

Cette Fugue est constituée de plusieurs parties.

Elle commence par une « Overtura » (se présentant donc à la manière d'une Suite de Bach) qui oppose deux tempos (comme dans le premier mouvement du *Quatuor*) :

1) un Allegro à 6/8 (de 16 mesures) qui commence par un *sol* unisson *f* tenu et qui expose, toujours à l'unisson, le sujet écartelé de la fugue (reposant sur une septième diminuée *sol* dièse-*fa* bécarre), chacune des quatre notes étant marquée par une attaque décidée et énergique (*sf*). Le sujet est présenté sous deux formes rythmiques (en valeurs égales, blanches pointées, puis en rythme de 6/8, croche-noire) – cette première exposition du sujet qui est limitée par un point d'orgue ;

2) un Meno mosso e moderato à 2/4, en *fa* majeur (à la clé), lyrique, qui installe la superposition de deux rythmes (comme dans l'Allegro du premier mouvement), l'un en valeur égale (le sujet de la fugue) et l'autre fait de petites cellules plus rapides et plus souples.

Après cette Overtura qui présente le matériau thématique : sujet (dans différentes versions rythmiques ou lyriques), rythmes superposés, métriques différentes, tempos contrastés, longs silences, tensions tonales, Beethoven expose la première partie de la fugue : un Allegro, en *si* bémol majeur à quatre temps, le saut d'intervalle du sujet étant exacerbé dans un contre-sujet. Le rythme très énergique (double croche-croche), soutenu par des *f* et *ff* (d'abord sur les temps faibles, puis sur les temps forts et enfin sur tous les temps), d'abord seul, est ensuite associé à des triolets de croches (ce que Karl Holz avait beaucoup de difficulté à mettre au point). Cette première partie, suite de variations rythmiques, avance sans répit, dans un climat de grande tension, pendant près de 130 mesures.

Puis après un accord *ben tenuto*, Beethoven introduit la seconde partie, Meno mosso e moderato, à 2/4, tel qu'elle avait été annoncée dans l'Overtura, mais dans une autre tonalité. Cette partie, plus courte (74 mesures), crée un effet de détente.

Après l'exposition de ces deux fugues (sur le même sujet), Beethoven développe la première, Allegro molto e con brio à 6/8, en *si* bémol majeur, en la faisant commencer à la manière d'un scherzo avant de la présenter comme une combinatoire très serrée et grave, les attaques étant accentuées par des trilles – elle avance pendant près de 200 mesures. Une suspension de la tension apportée par quelques mesures Meno mosso e moderato, laisse place à un nouvel Allegro molto e con brio à 6/8, qui, après environ 130 mesures, mène à l'évocation du sujet « à nu » (Allegro suivi du Meno mosso e moderato) avant de reprendre le tempo Allegro molto e con brio (dans la configuration du début de l'Overtura) et de terminer ce Finale dans une jubilation sonore, le violoncelle et le second violon jouant le sujet comme un cantus firmus en valeurs longues, tandis que des batteries continues en pulsation de croches de l'alto soutiennent les syncopes du premier violon variant le sujet dans le registre aigu.

VI bis. Cédant à son éditeur, Beethoven finit par composer un nouveau Finale, plus court (493 mesures) et de caractère différent, mais toujours dans une écriture polyphonique serrée.

C'est un Allegro en *si* bémol majeur, à 2/4, de forme complexe associant la sonate et le rondo, de manière inattendue.

L'impulsion du mouvement est donnée par l'alto qui répète des octaves brisées en attaque *staccato*, conférant ainsi un caractère de simplicité à l'ensemble de ce Finale, très dynamique par sa pulsation bien marquée, humoristique par ses effets de surprise et très détendu par ses rythmes souples.

Propulsé par l'alto, le thème-refrain est énoncé par le premier violon. Il revient quatre fois.

L'exposition est constituée de ce premier thème, dominé par les batteries (à tous les registres) et d'un deuxième élément plus rapide et plus décidé qui se heurte à un court silence avant la partie finale de cette exposition.

Après la reprise de cette exposition, un premier couplet mène à la deuxième apparition du thème-refrain, suivie d'un développement *fugato* qui introduit une certaine tension au centre du mouvement. Ce fugato aboutit à un passage unisson comportant des accents *sf* et *f* sur les premiers temps (dans le style de la *Grande Fugue*), transition vers la troisième apparition du thème-refrain. Une réexposition, prolongée par une sorte de développement terminal, mène à la quatrième apparition du thème-refrain et à une coda très dense, qui se termine par une suspension harmonique doublée d'un point d'orgue et résolue par une cadence parfaite simple, mais décidée.

Sources

Les esquisses sont dispersées : à Berlin (Nottebohm II, 1-14, 524), à Vienne, Moscou[1], Bonn (Roda Skizzenbuch), Londres, Paris, Coblence[2].

Nottebohm (I, 53) signale que le quatrième mouvement « Alla danza tedesca » était destiné initialement, dans une autre tonalité (*la* majeur), au *Quatuor op. 132*.

Il note également (II, 1-14) que, d'après la place des esquisses réparties sur des cahiers différents, Beethoven avait sans doute travaillé en même temps aux quatre derniers mouvements et à la grande Fugue et que la mélodie de la Cavatine n'avait pas émergé tout de suite; l'idée du thème qui sera travaillé pour la grande Fugue (après que ce cahier fut rempli) se trouvait, dans une autre tonalité, au milieu des recherches pour l'*op. 132*[3]; un canon sur « Freu dich des Lebens » séparait les esquisses pour l'*op. 130* (y compris la Fugue) et celles pour l'*op. 131*.

Nottebohm (II, 524) présente les esquisses pour le nouveau Finale.

1. Publié en fac-similé : Ludwig van Beethoven, *Moskauer Skizzenbuch aus dem Jahre 1825*, Moscou, 1995.

2. Une analyse des esquisses destinées au premier mouvement a été effectuée par Jelena Wjaskowa : « Das Anfangsstadium *op. cit.*

3. L'analyse des 30 pages du cahier d'esquisses *Aut. 11/2* (assemblage de feuilles de sept sortes de papier reliées par Beethoven et utilisé, sans doute, entre octobre 1824 et janvier 1825) permet à S. Brandenburg de réfuter la thèse d'une origine commune du premier mouvement de l'*Op. 132* et de la *Grande Fugue op. 133*, in « Die Quellen zur Entstehungsgeschichte von Beethovens Streichquartett Es-Dur op. 127 » in *BjB* 10 (1983), p. 228-275, pp. 239-241. Il pense que pendant que Beethoven composait l'op. 130, à partir de l'été 1825, il a feuilleté ce cahier relié et y a vu le thème inutilisé de la Fugue, qu'il a travaillé sur l'espace libre des pages 26v et 30r (pour la tonalité, le contre-sujet).

Le manuscrit autographe fut partagé :

Le premier mouvement (à Berlin) porte la mention : « *3=tes quartett* ».

Une partie du Presto est à Washington.

L'Andante con moto (à Paris) comporte beaucoup de corrections.

Le quatrième mouvement « Alla danza tedesca » (en Moravie, à Brno) porte la mention : « Alla / Danza tedesca / Allo assai. 4=tes Stück ».

La Cavatine (à Berlin) : « *Cavatina* », « *5tes Stück* ».

Le Finale Allegro (à Berlin) comprend un premier autographe et sa mise au propre par Beethoven.

La copie des parties séparées destinée au prince Galitzine établie par le copiste B (et non par le neveu Karl) se trouve à Bonn.

Elle porte les indications qui accompagnent chacun des mouvements : « 3tes Stück / poco scherzando andte con moto / ma non troppo » ; « 4tes Stück / Alla danza tedesca » ; « 5tes Stück » / Cavatine / adagio molto espressivo » ; « 6tes Stück / Ouverture / Allegro / meno mosso e modto / All° / Fuga ».

Publication

Nottebohm (II, 364) signale que Beethoven avait vendu son *Quatuor* à Mathias Artaria pour 80 ducats le 9 janvier 1826 : Karl Holz, qui travaillait chez Artaria, affirmait que le *Quatuor* allait être aussitôt imprimé, qu'il paraîtrait donc avant les deux premiers (*BKh* 8, janvier 1826, p. 253, 256, p. 257). La gravure était prête en août 1826, quand Artaria exigea un autre Finale, craignant que la difficulté de la Fugue ne soit un préjudice pour la vente – Beethoven accepta et lui fit remettre le nouveau Finale le 25 novembre 1826, contre 15 ducats.

Si bien que le *Quatuor* ne parut qu'en mai 1827 (après la mort de Beethoven), avec le nouveau Finale, en partition et en voix séparées (la Fugue étant publiée à part sous deux formes : l'une pour quatuor à cordes, l'autre pour piano à quatre mains).

« Troisième / QUATUOR / pour 2 Violons, Alte & Violoncelle / des Quatuors. / COMPOSÉS ET DEDIÉS / À Son Altesse Monseigneur le Prince / Nicolas/ DE / GALITZIN / Lieutenant Colonel de la Garde de Sa Majesté Imperle de toutes les Russies / PAR / Louis van Beethoven. / Œuvre 130. /

Propriété de l'Éditeur. / VIENNE / chez Maths Artaria/. »

DÉDICATAIRE

Prince Galitzine (voir *Opus 130*).

L'ŒUVRE VUE PAR SES CONTEMPORAINS

Dans le *BKh* 9, Heft 107 (fin mars-8 avril 1826, 32v, p. 137), Johann, frère de Beethoven, signalait, après le concert du 21 mars 1826, que toute la ville parlait du dernier *Quatuor*, avec ravissement, certains disant qu'il fallait entendre souvent le dernier mouvement pour le comprendre, et d'autres qu'il fallait le conserver même s'il était difficile à comprendre.

L'*AMZ* XXVIII, 1826 (col. 310/311), rendait compte du concert du 21 mars 1826, dans la salle du Verein à Vienne, donné par le quatuor Schuppanzigh (dernier des concerts par abonnement de l'année). L'auteur de l'article présentait le nouveau *Quatuor*, spécifiant qu'il s'agissait du troisième des derniers composés, en citant les six mouvements avant de signaler que le premier mouvement, le troisième et le cinquième étaient « sérieux, austères, mystiques, également bizarres, brutaux, capricieux », tandis que le deuxième et le quatrième, qui avaient été bissés, étaient « enjoués, pleins d'entrain et d'espièglerie ». Quant au Finale fugué, il demeurait incompréhensible au rédacteur, tant étaient incommensurables les difficultés auxquelles devaient s'affronter les instrumentistes, au milieu d'une « énorme quantité de dissonances ».

CORRESPONDANCE

Voir *Opus 127*.

9 novembre 1822 [4., 1508], 25 janvier 1823 [5., 1535], 19 février 1823 [5., 1574], 3 octobre 1823 [5., 1746], 25 février 1824 [5., 1782], 26 mai 1824 [5., 1841], 28 juillet 1824 [5., 1854], 19 mars 1825 [6., 1947].

Le 6 juillet 1825 [6., 2003], Beethoven annonçait au prince Galitzine que le troisième quatuor était presque achevé (il annonçait l'achèvement de l'*op. 132*). (En fait l'*op. 130* ne sera achevé qu'en décembre 1825.)

Le 19 juillet 1825 [6., 2015], il proposait à Adolph Martin Schlesinger à Berlin ses deux derniers quatuors, pour 80 ducats chacun.

Le 24 août 1825 [6., 2042], il anonçait de Baden à son neveu Karl que les négociations de Karl Holz avec les éditeurs avançaient : il pensait qu'Artaria prenait l'*Op. 132*, et Peters l'*Op. 130*. (L'*Op. 132* fut édité par Maurice Schlesinger à Paris et l'*Op. 130* par Artaria à Vienne.)

Le 24 août 1825 [6., 2043], il écrivait de Baden à Karl Holz : il disait attendre la réponse d'Artaria, et ajoutait que son nouveau Quatuor, qu'il pensait terminer à la fin du mois, avait six mouvements.

Certainement en septembre 1825 [6., 2062], il envoyait au prince Galitzine, le « second Quatuor » en *la* mineur *op. 132*, « avertissant, que le 3e sera achevé dans peu. »

Le 25 novembre 1825 [6., 2093], il proposait encore un Quatuor à Peters pour honorer ce qu'il avait déjà perçu : si Peters le souhaitait, il pouvait avoir un nouveau Quatuor sous peu.

Le 28 mars 1826 [6., 2136], il informait B. Schott's Söhne que désormais il vendait ses quatuors pour 80 ducats chacun (somme qui avait été acceptée par Maurice Schlesinger et Artaria).

Le 13 avril 1826 [6., 2146], Maurice Schlesinger, de Paris, demandait à Beethoven ce qu'il en était du Quatuor qu'il lui avait promis en septembre 1825 (le troisième *Quatuor Galitzine*, qu'il vendit en fait à Artaria). Beethoven lui répondait le 22 avril 1826 [6., 2148] que dans trois semaines au plus il aurait terminé un nouveau *Quatuor* (l'*Op. 131*).

Le 11 novembre 1826 [6., 2227], Beethoven demandait de Gneixendorf à Tobias Haslinger de remettre à Artaria le paquet avec le nouveau Finale – contre 15 ducats.

Le 22 novembre 1826 [6., 2230], le prince Galitzine s'excusait de ne pas l'avoir encore remercié pour l'envoi des « deux nouveaux chefs-d'œuvre » (l'*Op. 132* et l'*Op. 130*).

(Le prince ne versa la somme due qu'après la mort de Beethoven : 50 ducats en 1835 et 75 ducats en 1852, au profit du neveu Karl.)

Holz paric que le nouveau *Quatuor op. 130* sera publié avant celui de Maurice Schlesinger (*BKh* 11, Heft 128, 19-24 décembre 1826, 34r, p. 51).

Opus 133

Grande Fuguepour quatuor à cordes en *si* bémol majeur

Voir Opus 130, *Finale*
Overtura. Allegro – 741 mes.

TEMPS DE LA COMPOSITION

Automne 1825. La partition était terminée fin novembre 1825.

CONTEXTE BIOGRAPHIQUE / PRÉSENTATION DE L'ŒUVRE

Voir *Opus 130*.

SOURCES

Les premières idées pour cette Fugue se trouvent au milieu des esquisses pour le *Quatuor op. 132* : en 1824, Beethoven nota le thème d'une fugue, qu'il utilisera pour le Quatuor suivant op. 130 (Nottebohm, II, 550)[1].

Le manuscrit autographe (à Berlin) porte les mentions «*overtura*» et «*Fuga*» (inscrit lors de l'entrée du sujet, *ff*).

PUBLICATION

Cette Fugue fut publiée, en partition séparée en mai 1827, par Mathias Artaria :

«GRANDE FUGUE / tantôt libre, tantôt recherchée / pour / 2 Violons, Alte & Violoncelle, / Dédiée avec la plus profonde vénération / A / Son Altesse Imperiale et Royale Eminentissime / MONSEIGNEUR LE CARDINAL / RODOLPHE / Archiduc d'Autriche, Prince de Hongrie / et de Bohême, Prince-Archevêque d'Ollmütz, etc„ etc„ / Grand=Croix de l'Ordre Hongrois de St Etienne etc„ etc„ / PAR / L. VAN BEETHONEN / Œuvre 133. [...]»

DÉDICATAIRE

Archiduc Rodolphe. Voir op.

L'ŒUVRE VUE PAR SES CONTEMPORAINS

Les proches de Beethoven discutèrent de cette Fugue à plusieurs reprises, surtout avant la création du *Quatuor op. 130*, lors du concert du 21 mars 1826

«Tout va se passer facilement, sauf la Fugue» (*BKh* 8, Heft 101, 2 janvier au 8 janvier 1826, p. 243). «La Fugue est si difficile» (*id.* p. 247).

Holz insistait sur l'étrangeté, les sauts de cordes, le tempo très rapide impossible à tenir; et proposait une autre façon d'écrire qui serait plus facile à jouer – Beethoven ne voulut rien changer (*id.* p. 250).

Une dizaine de jours avant le concert du 21 mars 1826, Holz disait qu'ils pouvaient jouer les cinq premiers mouvements, mais que la Fugue n'était pas au point, car tout n'était pas clair pour lui. Il demandait si les quatre voix devaient être toutes jouées aussi fort, si le terme «Ausdruck» «Overtura» allait rester (*BKh 9*, Heft 106, première moitié de mars 1826, p. 103 sq.).

Et peu après le concert, il était question d'arranger la Fugue pour piano à quatre mains (*op. 134*) (*BKh* 9, Heft 108, deuxième moitié d'avril 1826, p. 193).

WoO 191

Kühl, nicht lau (Frais, pas tiède)

Canon à trois voix, sur les notes «b-a-c-h»
C, si *bémol majeur – 12 mes.*

TEMPS DE LA COMPOSITION

Le 2 septembre 1825 à Baden.

CONTEXTE BIOGRAPHIQUE

Lors de la visite à Baden de Kuhlau et de tout un groupe de musiciens emmené par Tobias Haslinger et Karl Holz – le directeur de la société des amis de la musique Ferdinand Piringer, le pianiste Wenzel Würfel, le hautboïste Joseph Sellner et le facteur de piano Konrad Graf (ils avaient apporté du champagne) –, il fut question de l'anagramme musical composé par Kuhlau sur le nom de BACH[2], publié dans l'*Allgemeine musikalische Zeitung* XXI en 1819 (col. 831). Au cours de la soirée, qui suivit la promenade dans l'Helenental, tandis que le champagne coulait à flots, Beethoven s'amusa à composer ce *Canon* humoristique : «Kühl nicht lau», jeu de mots qui, sur les notes du nom de Bach, faisait sans doute allusion au champagne qui doit être bu frais et non tiède (il y avait peut-être également une allusion directe au nom Kuhlau?).

---

1. S. Brandenburg a réfuté la thèse d'une origine commune du premier mouvement de l'*Op. 132* et de la *Grande Fugue op. 133*, in «Die Quellen zur Entstehungsgeschichte von Beethovens Streichquartett Es Dur op. 127» in *BjB* 10 (1983), p. 228-275, p. 239-241 : Beethoven, au moment de composer la Grande fugue, a feuilleté un cahier d'esquisse antérieur et y a retrouvé cette idée pour une fugue.

2. Emil Platen a montré le rôle de ce thème comme élément faisant lien entre les *Quatuors op. 132*, *op. 130* et *op. 131*, dans «Über Bach, Kuhlau und die thematisch-motivische Einheit der letzten Quartette Beethovens (1987)», dans *Studien zu Bach und Beethoven*, Gudrun Schröder Verlag, Chemnitz, 2000, p. 217-229.

PRÉSENTATION DE L'ŒUVRE

Le sujet de ce Canon est très simple : quatre mesures sur les notes du nom de B-A-C-H, qui selon le principe de permutation peut se déployer en canon complexe à trois voix.

SOURCES

Les esquisses se trouvent dans le cahier de conversation utilisé le 2 septembre 1825 (*BKh* 8, Heft 93, 16 r, p. 82)[1].

L'autographe est inconnu : il n'existe qu'une copie (à Bonn) établie par Tobias Haslinger en tête de la lettre datée du 3 septembre 1825 [6., 2051] envoyée par Beethoven à Kuhlau – l'entrée des voix y est indiquée.

PUBLICATION

En 1832, par Ignaz von Seyfried qui raconta cette joyeuse réunion du 2 septembre dans son livre *Beethovens Studien im Generalbaß*.

Maurice Schlesinger voulait faire éditer le canon par la *BAMZ*.

CORRESPONDANCE

Le 3 septembre 1825 [6., 2051], Beethoven envoyait son *Canon* à Kuhlau en faisant allusion à leur joyeuse soirée (le champagne lui était monté à la tête, et il ne savait plus ce qu'il avait écrit la veille).

DÉDICATAIRE

Friedrich Daniel Rudolph Kuhlau (1786-1832), compositeur et pianiste, élève de Christian Friedrich Gottlieb Schwencke à Hambourg, vivait à Copenhague depuis 1810 ; en voyage à Vienne en 1825 (arrivé le 27 juillet), il rendit visite à Beethoven à Baden le 2 septembre 1825. Il était sans doute présent lors de la première audition en privé du *Quatuor op. 132*, le 9 septembre 1825.

WoO 192

Ars longa, vita brevis

Canon énigmatique à quatre voix
¢, fa *majeur – 4 mes.*

TEMPS DE LA COMPOSITION

Le 16 septembre 1825.

1. Reproduction in *BKh* 8, entre p. 80 et p. 81, et in *Briefe*, 6., p. 157.

CONTEXTE BIOGRAPHIQUE

Cet aphorisme d'Hippocrate, sous sa forme latine, était une expression favorite de Beethoven, qui, se plaisant à jouer avec les mots comme il jouait avec les notes, en inversait souvent les termes, ou l'utilisait comme thème de canon à plusieurs voix offert à un ami musicien (à Hummel en 1816, *WoO 170*). Beethoven le réutilisa pour inscrire quelques notes sur le journal de voyage du musicien anglais, Sir George Smart, au moment de son départ[2].

Beethoven n'était pas seul à utiliser cet aphorisme d'Hippocrate, qui, présent dans *Faust* (dès 1790), se trouve également en tête de la *Lettre d'apprentissage* que reçoit Wilhelm Meister[3], au terme d'un parcours fait de fausses routes et d'erreurs successives, comme symbole de son intégration dans la société formée d'initiés à la recherche du « bien suprême ».

Ainsi, pour Beethoven et ses interlocuteurs, cet aphorisme fonctionnait comme une métonymie, et évoquait tout autant que la permanence de l'œuvre d'art qui survit à son créateur, cette quête de l'harmonie intérieure qui suppose un long apprentissage, ainsi que le devoir qui incombe à l'artiste de créer des œuvres capables d'éduquer les hommes[4]. C'est ce que Beethoven voulait signifier à son ami Hummel, en lui offrant, comme cadeau de départ inscrit sur son Album, le 4 avril 1816, un canon à deux voix sur cet aphorisme (*WoO 170*), car il était persuadé que les œuvres d'art doivent contribuer au développement de la dimension spirituelle de l'humanité et que, malgré les difficultés (le manque d'inspiration, la longueur du temps d'élaboration, l'incompréhension du public, l'éloignement du but), les artistes créateurs, ses « frères en Apollon », comme il les appelait souvent dans sa correspondance, devaient persévérer pour que le Beau mène au Bien.

PRÉSENTATION DE L'ŒUVRE

« Ars longa » est en valeurs longues, tandis que « Vita brevis » en valeurs plus courtes. Les voix entrent à une mesure de décalage.

2. Au cours de l'année 1825, Beethoven composa une troisième version, à cinq voix, de cet aphorisme sous forme de canon (*WoO 193*), mais le destinataire n'a pas été retrouvé.

3. Livre VII, 9, p. 849.

4. Livre VII, 9, p. 847.

SOURCES

L'autographe (dans une collection privée) porte : « für Freund Smart »

LE DÉDICATAIRE

Sir George Smart (1776-1867), organiste, compositeur et chef d'orchestre anglais, un des membres fondateurs de la Société philharmonique de Londres, fit beaucoup pour faire connaître la musique de Beethoven. Il était présent lors de la création du *Quatuor op. 132*, le 9 septembre 1825 dans l'auberge du « Wilder Mann ».

WoO 204

Holz, Holz, geigt die Quartette so, als ob sie Kraut eintreten

Plaisanterie musicale composée en fin septembre 1825 pour Karl Holz, sur des paroles de Beethoven lui-même : « Avec Holz au violon, c'est comme si on piétinait du chou »[1], à la suite de la proposition de Holz, qui était second violon dans le quatuor, de remplacer le premier violon Schuppanzigh absent, de façon à pouvoir répondre favorablement à Maurice Schlesinger qui souhaitait entendre les nouveaux *Quatuors op. 127* et *op. 132*.

Karl Holz (1798-1858), membre actif de la Société des amis de la musique à Vienne, était second violon du quatuor fondé par Schuppanzigh à son retour de Russie, en 1823. Il fut très proche de Beethoven à partir de 1825, lui servant de secrétaire et de copiste.

WoO 193

Ars longa, vita brevis

Canon énigmatique
Une solution à cinq voix est possible.

Cette troisième version de « Ars longa » (voir *WoO 170* et *WoO 192*) date sans doute de 1825.

1. Pour faire de la choucroute, il faut piétiner les choux dans une grande cuve.

WoO 194

Si non per portas, per muros

Canon énigmatique
C, fa *majeur – 4 mes.*

TEMPS DE LA COMPOSITION

Inscrit sur une feuille offerte à l'éditeur parisien Maurice Schlesinger le 9 septembre 1825.

CONTEXTE BIOGRAPHIQUE

Maurice Schlesinger était resté quelques semaines à Vienne et avait assisté à la création du *Quatuor op. 132* dans l'auberge du « Wilder Mann ». Il acheta ce *Quatuor* et se fit promettre le suivant. Il rappela à Beethoven qu'il lui avait promis un « Liedchen oder Canon » pour sa collection privée (*BKh* 8, 29r, p. 107).

SOURCES

L'autographe perdu portait, écrit sous les deux portées du canon : « Je vous souhaite la plus belle épouse, mon cher, et à cette occasion je vous demande de me recommander à M. Marx[2] de Berlin, pour qu'il s'y prenne de manière plus adaptée avec moi et que de temps en temps il me fasse valoir. »

PUBLICATION

A.B. Marx l'a publié dans sa biographie de Beethoven en 1859 à Berlin.

DÉDICATAIRE

Maurice Schlesinger (1798-1871), fils de l'éditeur berlinois Adolph Martin Schlesinger, ouvrit une maison d'édition à Paris en 1821. Lors de sa visite à Vienne en septembre 1825, il eut de longues conversations avec Beethoven, en particulier à propos de la publication de ses œuvres complètes (*BKh* 8, Heft 94, 95, 96).

2. A.B. Marx était depuis 1824 rédacteur de la *BAMZ* publiée par Schlesinger (il le sera jusqu'en 1831). Il publia des critiques sur les œuvres de Beethoven en utilisant des catégories d'analyses adaptées à la musique romantique.

WoO 61a
Klavierstück en *sol* mineur

Allegretto quasi Andante, 2/4, sol *mineur, 13 mes.*

TEMPS DE LA COMPOSITION

Le manuscrit indique que cette pièce fut écrite pour Sarah Burney Payne, le 27 septembre 1825.

CONTEXTE BIOGRAPHIQUE

Beethoven, comme tous les étés, se trouvait à la campagne près de Vienne, à Baden, quand il accepta que la petite-fille du célèbre Charles Burney lui rende visite. Pour lui témoigner sa reconnaissance, il nota cette courte pièce en écriture contrapuntique sur l'album de la jeune femme. Le choix de cette écriture procède des recherches sur la « musique ancienne » (essentiellement celle de Bach) que Beethoven menait à cette époque pour renouveler son inspiration et qu'il mettait en œuvre dans ses quatuors à cordes (l'*op. 132* venait d'être créé, et il était en train de composer l'*op. 130* qui se termine par la *Grande Fugue*, dont il fit une version pour piano à quatre mains en été 1826).

PRÉSENTATION DE L'ŒUVRE

Il s'agit d'une sorte d'invention sous forme de canon à deux voix, très construite, qui comporte quatre moments bien différenciés : une exposition de quatre mesures (la seconde voix rentre deux mesures après la première) est suivie d'un court développement modulant de trois mesures, puis d'une réexposition plus serrée de trois mesures et d'une coda de trois mesures au cours duquel s'effectue le passage entre l'écriture contrapuntique et l'écriture harmonique qui termine la pièce.

SOURCES

Le manuscrit autographe se trouve à New York, avec deux mentions de la main de Beethoven : « Allegretto quasi Andante » inscrit au début, et « Comme un souvenir à Sarah Burney Payne par Louis van Beethoven, le 27 septembre 1825 », dédicace inscrite sous les portées.

DÉDICATAIRE

Sarah Burney Payne (née en 1793, et mariée en 1821) était la petite-fille de l'historien de la musique Charles Burney (1726-1814). C'est sans doute elle qui rédigea l'article « A visit to Beethoven », publié dans la revue *Harmonicon* 3 en 1825 (p. 222).

PUBLICATION

Cette pièce ne figure pas dans la GA. Elle est publiée dans *Klavierstücke, Urtext*, G. Henle Verlag, en 1975.

CORRESPONDANCE

Peu avant le 27 septembre 1825 [6., 2061], Beethoven, alors à Baden, acceptait de recevoir Sarah Burney Payne : « *Avec le plus grand plaisir, je recevrai une fille de ****** ». L'original de ce billet est perdu, mais son contenu figure dans l'article de Sarah Burney in *Harmonicon 3*, 1825, p. 222.

WoO 85
Valse pour piano en *ré* majeur

3/8, ré *majeur – 16 mes.*

TEMPS DE LA COMPOSITION

14 novembre 1825, en même temps que l'*Écossaise WoO 86* (voir *WoO 84*).

CONTEXTE BIOGRAPHIQUE

Voir *WoO 84*.

À la fin de l'année 1825, alors qu'il terminait le *Quatuor op. 130* et qu'il commençait le *Quatuor op. 131*, Beethoven accepta de contribuer une nouvelle fois à cette publication collective de pièces de divertissement. Si elle pouvait soutenir sa notoriété et l'inscrire dans le paysage musical de Vienne, elle répondait également à son souci pédagogique d'offrir au public des œuvres simples, faciles à exécuter, ainsi qu'à ses besoins de ressources financières (composant de grandes œuvres, il n'avait plus le temps de composer plusieurs œuvres à la fois, ce qui était préjudiciable pour ses moyens d'existence).

PRÉSENTATION DE L'ŒUVRE

Cette *Valse* très simple et très courte, est en *ré* majeur à 3/8, sans indication de tempo, et comprend deux fois huit mesures (reprises). Les deux mains sont écrites en clé de *sol* (si bien qu'elle peut être jouée par trois violons). La partie la plus haute est constituée de doubles croches groupées par six, tandis que la partie de la main gauche est divisée en deux voix : l'une entretient une pédale de tonique, puis une pédale de dominante, tandis que l'autre a une ligne continue qui souligne la métrique du 3/8.

SOURCES

Le manuscrit autographe (à Bonn) porte la mention : « Walzer. Geschrieb. am 14ten Novemb. 1825 von l.v. Beethoven » (sur le revers se trouve le manuscrit de l'*Écossaise* : « Écossais Geschrieb. am 14ten Novemb. 1825 von l.v. Beethoven »).

PUBLICATION

Cette Valse fut publiée par Carl Friedrich Müller en décembre 1825 dans un recueil dédié à l'archiduchesse Sophie d'Autriche et intitulé :

« SEYD UNS ZUM ZWEYTENMAL WILLKOMMEN ! / Neujahrs und Carnevalsgabe, / als Fortsetzung / des beliebten musikalischen Angebindes / fünfzig neue Walzer / nebst eine Introduction über obiges Thema / aus Mozarts Zauberflöte / [...] ».

La Valse de Beethoven se trouve en bas de la page 4 et en haut de la page 5 (le recueil a 36 pages).

L'ŒUVRE VUE PAR SES CONTEMPORAINS

L'annonce de la publication parut dans la *Wiener Zeitung* du 29 décembre 1825. La participation de Beethoven était soulignée : il était nommé le « prince des compositeurs, notre génial Beethoven ».

WoO 86

Écossaise pour piano en *mi* bémol majeur

TEMPS DE LA COMPOSITION

14 novembre 1825, en même temps que la *Valse WoO 85*.

CONTEXTE BIOGRAPHIQUE

Voir *WoO 84* et *WoO 85*.

PRÉSENTATION DE L'ŒUVRE

Cette *Écossaise*, en *mi* bémol majeur à 2/4, comprend deux fois huit mesures reprises et est très facile : construite sur l'accord parfait elle est d'une stabilité tonale radicale.

SOURCES

Le manuscrit autographe se trouve à Bonn, au revers de la *Valse WoO 85*, avec la mention de la main de Beethoven : « Écossais Geschrieb. am 14ten Novemb. 1825 von l.v. Beethoven ».

PUBLICATION

Cette *Écossaise* fut publiée pour le Carnaval de 1826, dans le troisième volume édité par l'acteur Carl Friedrich Müller et intitulé : « Ernst und Tändeley. / Eine Sammlung verschiedener Gesellschaftstänzen / FÜR DEN CARNEVAL / enthaltend / 6 Menuetten 6 Quadrillen 18 Écossaises 8 Cotillons 6 Galopes / von [...] d »

Ce volume était dédié à l'archiduchesse Maria Dorothea d'Autriche, femme de l'archiduc Joseph (un frère de Rodolphe, plus âgé).

L'*Écossaise* de Beethoven était la première des Écossaises, en page 8 du recueil de 30 pages.

L'ŒUVRE VUE PAR SES CONTEMPORAINS

La publication du recueil fut annoncé par la *Wiener Zeitung* du 29 décembre 1825, qui rappelait le succès de la publication des 40 Valses l'année précédente.

WoO 195

Freu dich des Lebens (Réjouis-toi de la vie)

Canon à deux voix
Mutig und schnell, 3/4, ut *majeur – 8 mes.*

TEMPS DE LA COMPOSITION

Il date du 16 décembre 1825.

Le thème de ce Canon séparait les esquisses pour l'*op. 130* (y compris la Fugue) et celles pour l'*op. 131*.

CONTEXTE BIOGRAPHIQUE

Beethoven acceptait de répondre favorablement à la demande du musicien Theodor Molt qui vivait au Québec et qui, après lui avoir rendu visite à Vienne, lui écrivait [6., 2099, 14 décembre 1825] qu'il serait si heureux de pouvoir montrer à ses amis, grands admirateurs de Beethoven, combien il avait été proche de lui, et quelle était sa grandeur d'âme.

PRÉSENTATION DE L'ŒUVRE

Les paroles sont issues du poème de Johann Martin Usteri écrit en 1793 et rendu populaire par la musique de Nägeli.

La ligne mélodique insiste sur « freu » par une gamme rapide et ascendante et sur « Leben » par des *sf* sur la première syllabe.

SOURCES

L'autographe a disparu : il ne reste qu'un facsimile portant cette inscription : « Zum Andenken für Hr. The. Molt von L.v. Beethoven Wien, am 16ten Decemb.1825 »

PUBLICATION

En 1888 dans la GA.

DÉDICATAIRE

Theodor Molt (1795-1856), originaire du Wurtemberg, pianiste et théoricien de la musique, fut élève de Carl Czerny et d'Ignaz Moscheles. Depuis 1823, il était professeur de musique au Québec. En 1825, il entreprit un voyage d'étude en Europe et séjourna à Vienne en décembre.

Opus 131
Quatorzième Quatuor à cordes en *ut* dièse mineur

1. *Adagio ma non troppo e molto espressivo*, ¢, ut *dièse majeur – 121 mes.*
2. *Allegro molto vivace, 6/8,* ré *majeur – 198 mes.*
3. *Allegro moderato,* **C**, si *mineur – 11 mes.*
4. *Andante ma non troppo e molto cantabile, 2/4,* la *majeur; Più mosso,* **C**; *Andante moderato e lusinghiero,* **C**; *Adagio, 6/8; Allegretto, 2/4; Adagio ma non troppo e simplice, 9/4; Allegretto, 2/4 – 277 mes.*
5. *Presto,* ¢, mi *majeur – 498 mes.*
6. *Adagio quasi un poco Andante, 3/4,* sol *dièse mineur – 28 mes.*
7. *Allegro,* ¢, ut *dièse mineur – 388 mes.*

TEMPS DE LA COMPOSITION ET PREMIÈRE EXÉCUTION

Beethoven composa ce « quatrième » (des cinq derniers *Quatuors*), au cours de la première moitié de l'année 1826, avec sans doute des interruptions occasionnées par ses maladies de février et de mars 1826. Il l'expédia à l'éditeur B. Schott's Söhne le 12 août 1826.

La recherche des thèmes commença en décembre 1825 : dans un cahier de conversation de décembre 1825, il nota le thème de la Fugue initiale (*BKh* 8, Heft 99, entre le 8 et le 11 décembre 1825, 21r, p. 211 ; Heft 100, entre le 25 décembre 1825 et le 1er janvier 1826, 27v, p. 229) ; puis en janvier 1826, le thème de l'Andante (n° 4) (*BKh* 8, Heft 102, du 16 au 22 janvier 1826, 11r, p. 273) et, quelques pages plus loin (26v et 27r, p. 284), d'autres esquisses.

En mars 1826 (*BKh* 9, Heft 106, première moitié de mars 1826, 34v, p. 112), Holz demandait à Beethoven quand il pensait avoir terminé son Quatuor, puis il lui demandait s'il l'avait promis à Schlesinger [34v] ; il revenait à la charge quelques semaines plus tard (*BKh* 9, Heft 107, fin mars/début avril, 11v, p. 123) tandis que quelques pages plus loin il notait des idées pour la fin du deuxième mouvement (20v, p. 128, 129).

Nottebohm II, 1-14 signale que Beethoven s'était mis à ce nouveau Quatuor après avoir terminé les esquisses destinées au précédent *Quatuor* (*op. 130*), et qu'il y pensait donc pendant l'élaboration de la partition de l'*op. 130* (qui fut achevée en décembre 1825).

Il ne fut pas joué du vivant de Beethoven, même si une première exécution semble avoir été prévue en fin septembre 1826 au bénéfice d'un artiste : il s'agit sans doute de Schuppanzigh (cf. *BKh* 10, Heft, 121, entre le 18 et le 25 septembre 1826, p. 224 : Schuppanzigh aimerait jouer le nouveau Quatuor en dehors des concerts en abonnements organisés par la Musikverein, et dans la Salle des États, fréquentée par la noblesse ; il demandait, également, qui allait éditer le *Quatuor*).

Elle eut lieu, après la mort de Beethoven, en 1828 à Halberstadt (vieille ville historique au pied du Harz) par le quatuor Müller.

CONTEXTE BIOGRAPHIQUE

Stimulé par la composition (à partir de mai 1824) des trois *Quatuors* commandés par le prince Galitzine, et porté par le développement d'un public d'amateur de Quatuors, Beethoven commence à penser à un une nouvelle œuvre pour quatuor à cordes (un « quatrième » Quatuor ?) avant même d'achever l'*Op. 130*, dernier des trois premiers Quatuors qu'il avait promis à Maurice Schlesinger en septembre 1825, mais qu'entretemps il avait vendu à l'éditeur viennois Mathias Artaria, convaincu qu'il serait rapidement publié à Vienne. Le troisième Quatuor achevé et vendu, Beethoven se sentait obligé d'honorer sa parole, et donc de fournir un nouveau Quatuor, sans avoir de commande expresse – de toutes façons, il savait que les éditeurs étaient intéressés par l'achat de quatuors à cordes : Carl Friedrich Peters à Leipzig, Schott qui venait d'ouvrir une succursale à Paris (dans une lettre du 28 mars 1826, il proposait son *Quatuor*).

Mais, par delà ces considérations liées au marché de l'édition et à la demande du public, les particularités de ce nouveau *Quatuor* témoignent de la dynamique créatrice de Beethoven impulsée par le travail lui-même[1]. C'est ce qu'atteste la Fugue qui ouvre le *Quatuor op. 131*, puisqu'elle procède directement des deux *Quatuors* précédents, dont elle réutilise une partie du matériau thématique (le thème de quatre notes du début du premier mouvement de l'*Op. 132*, et le sujet de quatre notes de la *Fugue op. 133*), ainsi que des références formelles, mais organisées d'une tout autre manière (alors que la Fugue de *l'Op. 130*, tendue et contrastée, se trouvait dans la position de Finale, la Fugue, calme et continue, fidèle au modèle du *Clavier bien tempéré* de Jean-Sébastien Bach qui ouvre *l'Op. 131*[2], se trouve dans une position tout à fait inhabituelle). Or, comme l'indiquent les esquisses, c'est l'idée de cette Fugue qui a fini par déterminer et par orienter la composition de ce *Quatuor*. La solution de commencer par une fugue, une fois adoptée, ne semble pas avoir été mise en question – au contraire, puisque les recherches de Beethoven ont consisté à trouver une organisation qui porte la marque de cette Fugue initiale : c'est-à-dire, la cohérence et la continuité des mouvements successifs, ce qui lui permettait de ne plus inscrire « attaca » à la fin du mouvement pour enchaîner le mouvement suivant, puisque chacun des mouvements procédait directement du précédent (qui ne s'achevait pas sur une cadence harmonique parfaite).

L'intensité des recherches pour ce *Quatuor op. 131* se mesure à la quantité d'esquisses retrouvées : plus de 600 pages, sur différents « supports » (feuilles volantes, pages de cahiers de conversation, carnets et cahiers d'esquisses, partitions destinées à des esquisses), ainsi qu'au nombre de manuscrits établis, puisque le manuscrit autographe est relayé par plusieurs copies : une copie des parties séparées d'une première version de la Fugue initiale ainsi qu'une copie de la partition de tout le *Quatuor* qu'il a soigneusement revue pour la gravure (celle qui fut envoyée à l'éditeur B. Schott's Söhne le 12 août 1826) – cette copie[3], établie par Wenzel Rampl au cours du mois de juillet 1826, porte de la main de Beethoven quelques indications : le numéro du *Quatuor* dans la série des derniers (le 4e) et la plaisanterie à l'adresse de l'éditeur (les morceaux auraient été volés de-ci de-là et raboutés), ainsi que la numérotation des « Stücke » ajoutée pour faciliter le travail de l'éditeur (avec une confusion : le n° 5 et n° 6 ont le même n°« 5 », et le dernier « Stück » est indiqué « n° 6 ») : Beethoven avait été confronté bien des fois à l'embarras des éditeurs qui ne s'y retrouvaient pas dans l'enchaînement des mouvements (voir en particulier *Opus 35* et *Opus 111*).

Les cahiers de conversation de décembre 1825 témoignent qu'il a commencé par une Fugue qui débute avec un motif de quatre notes, motif dérivé du nom de Bach (que les musicologues considèrent comme le motif générateur, sorte d'« Ur-Motiv », de motif primordial sur lequel reposerait l'unité des trois *Quatuors op. 132*, *op. 130* et *op. 131*[4]). La copie des parties séparées d'une première version de cette Fugue initiale[5], plus courte (il manque les mesures finales qui assureront la liaison avec le « Stück » suivant qui sera un Allegro molto vivace, relié par un saut d'octave) et désignée seulement comme

1. Un canon à deux voix sur « Freu dich des Lebens » (réjouis toi de la vie) (*WoO 195*), composé en décembre 1825, entre la *Fugue op. 133* et la Fugue initiale de l'*Op. 131*, peut être considéré comme un signe de l'état d'esprit de Beethoven.

2. Werner Breig, dans « Die cis-Moll-Fuge op. 131/1 als Dokument von Beethovens später Bach-Rzeption », in *Kieler Schriften zur Musikwissenschaft*, *Rezeption als Innovation*, Bd XLVI, Bärenreiter Kassel, Basel, London, New York, Prag, 2001, montre le lien de la Fugue initiale avec celles de Bach et insiste sur le défi qui consiste à commencer par une Fugue.

3. Elle se trouve à Bonn depuis 2004 – elle se trouvait auparavant dans les archives Schott à Mayence.

4. Emil Platen a discuté et argumenté les occurrences de ce « motif originel » dans *Studien zu Bach und Beethoven*, Gudrun Schröder Verlag, 2000, in « Über Bach, Kuhlau und die thematisch-motivische Einheit der letzten Quartette Beethoven » (1987), p. 217-229.

5. Publiée par Emil Platen, « Eine Frühfassung zum ersten Satz des Streichquartetts op. 131 von Beethoven », in *op. cit.*, pp. 189-216.

« Adagio espressivo » (pas encore « Adagio ma non troppo e molto espressivo ») laisse supposer que cette Fugue a d'abord été considérée comme un morceau achevé, destiné à être exécuté de manière autonome (peut-être par le quatuor Schuppanzigh, qui pourtant ne semblait pas encore connaître le Quatuor en septembre 1826 ?) – l'idée d'enchaîner d'autres mouvements ne serait venue que plus tard, entraînant par conséquent une contrainte : la Fugue posée comme prémisse de l'œuvre à construire entraînait le renversement de la démarche qui faisait de la fugue l'aboutissement d'un processus formel.

Une fois intégrée l'idée de se plier à la contrainte imposée par la Fugue initiale, les recherches de Beethoven se portèrent sur le parcours d'ensemble, le choix de la tonalité d'*ut*♯ mineur le ramenant d'abord à la solution adoptée en 1801 dans la *Sonate « Clair de lune » op. 27* n° 2, œuvre également en *ut*♯ mineur, et en trois mouvements jouant sur le contraste modal (*ut*♯ mineur/*ré*♭ majeur / *ut*♯ mineur), avant de penser une succession de « morceaux » (de « Stücke ») de tonalités différentes encadrés par deux « morceaux » en *ut*♯ mineur.

L'élaboration de la partition fut longue, alors que le plan tonal et l'ensemble de la forme ont émergé dès le début du travail et que les thèmes de la plupart des mouvements ont été trouvés assez vite après les esquisses de la Fugue (les thèmes de l'Andante n° 4 et du Presto n° 5, le rythme répétitif d'un brève suivie d'une longue du Finale)[1]. Si les différentes étapes des esquisses montrent que Beethoven s'est interrogé sur les moyens d'enchaîner les mouvements, en évitant des conclusions cadentielles bien affirmées, en ayant recours à un glissement harmonique à partir d'un saut d'octave (entre les n° 1 et n° 2, en particulier), en introduisant des récitatifs ou ariosos instrumentaux (les n° 3 et n° 6), les esquisses de partition témoignent de ses recherches concernant la conduite des voix, chacun des quatre instrumentistes ayant un rôle équivalent à jouer[2].

La comparaison des deux versions de la Fugue initiale montre que Beethoven a entièrement retravaillé ce premier mouvement : la forme, la ligne, la sonorité, le rythme, la dynamique, les articulations, les indications d'interprétation (par exemple, il a rajouté « e molto espressivo » à l'indication initiale du tempo)[3].

Selon son habitude, Beethoven repoussa plusieurs fois de suite l'expédition du *Quatuor* à son éditeur[4], et quand il fut enfin prêt il ne résista pas au plaisir de l'inquiéter en inscrivant en « NB » sur la copie établie pour la gravure : « rabouté à partir de bribes volées de-ci de-là ». Si cette plaisanterie se greffait sur la mise en doute, par l'éditeur Schott, de la nouveauté du *Quatuor*[5], l'affirmation, quelques jours plus tard, que son *Quatuor* était « flambant neuf » exprimait bien son soulagement et sa joie d'avoir réussi son pari de commencer par une Fugue et de mener son œuvre sans interruption jusqu'au Finale, à la manière d'une improvisation[6], – donc

1. Nottebohm (I, 54-59 et II, 1-14) signalait que le thème de la fugue du premier mouvement avait trouvé assez vite son aspect définitif, puis que s'enchaînent les esquisses de l'Allegro (qui suit), le thème des variations, la phrase principale du Presto, l'Adagio et enfin le thème du finale qui a subi beaucoup de transformations et a trouvé peu à peu sa forme.

2. Robert Winter a montré dans un article « Plans for the Structure of the String Quartet in c sharp minor, op. 131 », in *Beethovens Studies* 2, éd. par A. Tyson. – Londres 1977, pp. 106-108, que pour les derniers quatuors Beethoven n'avait pas seulement utilisé cahiers et carnets d'esquisses mais aussi des double-feuilles prises dans le sens de la longueur, « Partiturskizzen » de façon à composer pour plusieurs voix qui se tiennent les unes les autres.

3. Comme l'a analysé Emil Platen dans « Eine Frühfassung zum ersten Satz des Streichquartetts op. 131 von Beethoven », in *BjB 10*, 1983, pp. 277-293 – réédité dans Studien zu Bach und Beethoven, Gudrun Schröder Verlag, Chemnitz 2000, pp. 189-216.

4. En mai 1826, Beethoven écrivait à Schott que le Quatuor était fini, alors qu'il ne l'était pas début avril – en fait, le *Quatuor* ne fut terminé que début août : les raisons de ces délais supplémentaires sont liées aux difficultés que Beethoven rencontra pour trouver une fin. En mai, il fit peut-être établir la copie de la première version de la Fugue initiale, copie qu'il retravailla et modifia, une fois l'ensemble du Quatuor achevé.

5. Il craignait que Beethoven ne lui fasse éditer une œuvre ancienne.

6. L'*Op. 131* a la forme de quelque chose d'improvisé, alors qu'il est très élaboré : les esquisses préparatoires prennent trois fois moins de volume que l'élaboration et que la partition. L'étude des différents stades du travail de l'*Op. 131* (esquisses,

d'inscrire le parcours de son *Quatuor* dans un itinéraire inédit qui remettait radicalement en question les normes de composition établies et les habitudes d'écoute[1].

Alors que les membres du quatuor Schuppanzigh voulaient exécuter ce nouveau *Quatuor* pour se donner une idée de la façon dont il sonnait, les circonstances dramatiques de sa vie à ce moment-là (liées à la tentative de suicide de Karl le 6 août 1826, puis, à partir de fin novembre 1826, à la maladie qui allait entraîner sa mort le 26 mars 1827) ont empêché la réalisation de ce projet, car Beethoven exigeait toujours de revoir les copies qui étaient effectuées des différentes parties tout autant que de la partition avant la présentation publique d'une de ses œuvres.

PRÉSENTATION DE L'ŒUVRE

De manière inédite, ce *Quatuor* en *ut* dièse mineur est constitué d'une succession ininterrompue de sept mouvements (Stücke) qui commencent par une Fugue – ce qui était une façon d'inverser le processus « Prélude et Fugue » –, et dont l'unité procède de l'utilisation dans tous les mouvements du matériau thématique énoncé dès le début : les quatre notes initiales du sujet de la Fugue (qui correspondent aux quatre dernières notes de la gamme de *do* dièse mineur : *sol* dièse, *la*, *si* dièse, *do* dièse, dans un agencement déroutant : *sol* dièse/*si* dièse, *do* dièse / et *la* accentué par un *sf*).

Contrairement au précédent *Quatuor op. 130*, qui était dominé par le principe de contraste, ce *Quatuor op. 131* est dominé par le principe de continuité et par celui de diversité, de passage de l'un à l'autre sans rupture – la juxtaposition des éléments créant une nouvelle logique qui mettait *de facto* en question le genre sonate et son agencement temporel.

Le choix de l'écriture fuguée rigoureuse pour le premier mouvement inscrit d'emblée le *Quatuor* sous le signe de la continuité du flux musical, sans césure : principe que Beethoven transpose à l'ensemble du *Quatuor* qui se caractérise par l'enchaînement de sept mouvements de tonalités différentes, reliés entre eux par des transitions harmoniques surprenantes et s'organisant selon un plan tonal à la fois cyclique et en progression, puisque l'œuvre part de l'*ut* dièse mineur et se finit en *ut* dièse mineur, en étant passé par des tonalités en progression de quinte pour les grands mouvements 2, 4 et 5 : *ré*, *la*, *mi*. – la tonalité de *ré* majeur du n° 2 se trouvant dans un rapport de seconde napolitaine avec la Fugue – les deux mouvements courts, en style de récitatif, ayant des tonalités de transition.

Plan tonal :
Ut dièse mineur – *ré* majeur (seconde napolitaine) – *si* mineur (VIIe degré) – *la* majeur (VIe degré) – *mi* majeur (IIIe degré) – *sol* dièse mineur (V^e^ degré) – *ut* dièse mineur (Ier degré)

Certains commentateurs s'efforcent de retrouver la structure en quatre mouvements derrière ces sept mouvements de taille très différente :

I = Adagio + Allegro
II = Allegro moderato/Adagio + Andante
III = Presto
IV = Adagio + Allegro.

Dans cette continuité chacun des mouvements a sa fonction : le premier présente l'idée de continuité, le deuxième donne l'impulsion rythmique, les troisième et sixième assurent une transition « éloquente », le quatrième et le cinquième présentent des modalités émotionnelles opposées, et le dernier propose une nouvelle interprétation de la forme sonate maîtrisée par une volonté intraitable. Comme si Beethoven démontrait ici la liberté qu'il a conquise de disposer à son gré de tous les langages, de toutes les façons de conduire un discours musical, dans un but dont le sens se dégage de la démarche même de ce *Quatuor* dans sa complexité et son évidence finale.

Cette continuité, qui modèle la forme, est associée, dès le sujet de la Fugue, à une utili-

---

plans, esquisses de composition, composition, corrections, etc.) permet de décrire la démarche créatrice de Beethoven : il conçoit la forme et les grandes lignes, puis travaille la sonorité des instruments, la conduite des voix, la répartition des instruments – inscrivant « meilleur » ou « besser » sur l'organisation des voix qu'il trouve meilleure.

1. Rochlitz suggère que cette élaboration complexe était une réponse de Beethoven à la concurrence de Rossini, dont la musique facile séduisait les Viennois.

sation très libre des intensités et des renforcements d'intensité, ce qui manifeste l'intervention d'une volonté décidée à orienter le discours et à lui insuffler une énergie irrésistible (et qui semblera indomptable dans le rythme du Finale). Outre ce jeu avec les intensités, les multiples changements de tempo, au cours de l'ensemble du *Quatuor*, et à l'intérieur de chacun des mouvements (sauf la Fugue), sont une manière de jouer avec le temps musical, de mettre en question la nécessité de son écoulement homogène et régulier, et de manifester le pouvoir de l'émotion sur la perception du déroulement du temps.

La recherche sur les sonorités inouïes est un autre élément de cohérence de ce *Quatuor* : Beethoven a recours à différents types d'attaques (pizzicato, batterie, rebondissement de l'archet sur la corde, etc.), à l'utilisation des registres extrêmes et à l'écriture qui métamorphose les timbres.

1. Le Quatuor commence par une Fugue lente, Adagio, ma non troppo e molto espressivo, à deux temps (alla breve), en *ut* dièse mineur, qui se présente comme directement inspirée du *Clavier bien tempéré* de Bach (de la Fugue en *ut* dièse mineur qui repose sur deux demi-tons). Cette écriture de style «ancien» utilise un thème «ancien» (Ur-Motiv)[1], souvenir de *l'Offrande musicale* de Bach, du *Quatuor op. 20 n° 5* en *fa* mineur de Haydn, ou de tout thème contenant l'intervalle *la-si* dièse (2e augmentée ou 7e diminuée par son renversement), qui connotait la douleur à l'époque baroque.

Le premier violon expose le sujet de la Fugue, puis le second violon, l'alto et le violoncelle entrent successivement et régulièrement toutes les quatre mesures.

Le sujet est constitué de deux éléments. L'élément initial est formé des quatre dernières notes de la gamme de *do* dièse mineur (*sol* dièse, *la*, *si* dièse et *do* dièse) dans la disposition *sol* dièse, *si* dièse, *do* dièse, *la*, *sol* dièse, avec insistance sur le *la* qui arrive en quatrième position et est marqué par un *sf*, aboutissement d'un crescendo. Cet élément initial joue un rôle déterminant : il est à la fois lien avec les *Quatuors* précédents (il reprend le début de l'*Op. 132*, et le sujet de la fugue finale de l'*Op. 130*, soit l'*Op. 133*), noyau thématique pour les six autres mouvements de ce nouveau *Quatuor* et support de la volonté expressive de Beethoven, comme le signifie le *sf* qui se situe sur la retombée de la mélodie (il va à l'encontre d'un mouvement «naturel»). Le second élément est fluide et régulier, contribuant à l'impression de flux sonore continu.

Après l'entrée de chacune des quatre voix, il prend des libertés avec la structure de la Fugue pour l'inscrire dans le cadre d'une forme sonate comprenant thème secondaire, développement modulant, et réexposition variée, si bien que le sujet est ré-énoncé chaque fois dans une forme différente, dans un nouveau contexte harmonique, ou dans une nouvelle mise en scène. Mais, tout en l'inscrivant dans une structure formelle autre, Beethoven conserve une des possibilités de la fugue, difficile à mettre en œuvre dans une forme sonate, le parcours de toutes les tonalités : I, (III), (V), VII, VI, bII = degré napolitain, I – les degrés (III) et (V), étant les moins utilisés, alors que normalement les plus fréquents.

Cette Fugue se termine par accord d'*ut* dièse mineur longuement tenu, d'où émerge un saut d'octave vers le haut au premier violon et à l'alto, – un point d'orgue sur ce *do* dièse aigu, tenu et pp, installant une impression de suspension, résolue par le glissement du *do* dièse au *ré*, toujours sur un saut d'octave appuyé par le violoncelle – *ré-ré* – qui fait lien avec le mouvement suivant.

2. Le second mouvement est un Allegro molto vivace, à 6/8, en *ré* majeur. Son thème est une variante du motif initial de la Fugue, et sa forme est originale : cinq parties, chacune étant une répétition variée d'une même structure (quatre sections qui s'arrêtent sur un point d'orgue, et une coda dominée par un passage crescendo jusqu'à *f* en unisson). Il s'agit donc d'un mouvement radicalement opposé à la fugue, puisque l'écriture est homophone, discontinue, marquée par des ponctuations (et non des accentuations).

Dans ce mouvement monothématique, le saut d'octave, qui a impulsé l'Allegro et son rythme rapide, joue un rôle central.

1. Joseph Kerman, dans «Beethoven's Opus 131 and the Unkanny», in *19th Century Music, The Long Century 1780-1920,* Volume XXV, numbers 2-3, 2001-2002, analyse les formes et le fonctionnement de ce «motif premier» de quatre notes.

Ce mouvement qui culmine sur un passage unisson, n'a pas de véritable conclusion harmonique : il se termine « mezza voce » par une transition autour de la tierce *ré-fa* dièse vers le mouvement suivant en *si* mineur.

3. Le troisième mouvement (« N° 3 » inscrit sur la copie revue par Beethoven), est une sorte de court Récitatif réparti aux quatre instruments (auquel le *si* mineur donne un caractère dramatique) qui commence Allegro moderato et se termine par une sorte de cadence Adagio du premier violon, à la manière d'une fantaisie. Le *mi* sert de pivot harmonique avec le mouvement suivant.

4. Le quatrième mouvement est un très long Andante ma non troppo e molto cantabile, de forme thème et variations, en *la* majeur, sans modulations.

Le thème, mélodie délicate construite sur le demi-ton du motif de la Fugue, est réparti au deux violons, soutenu par les batteries du violoncelle jouant en pizzicato.

Les variations sont très libres, mais toujours en *la* majeur, le contour harmonique du thème étant toujours conservé. André Boucourechliev parle de « synthèse » des formes de la variation chez Beethoven, d'un « renouvellement constant des principes mêmes de la variation ».

Les deux premières sont rythmiques et mélodiques, de style presque classique : la première part de la tête du motif et ajoute des arabesques ; la deuxième Più mosso, accélère le tempo dans une autre métrique, **C**, intègre une figure de marche régulière, et se termine sur un unisson énergique avec *sf* sur les temps faibles.

La troisième : Andante moderato e lusinghiero, commence par le violoncelle *p dolce* et déploie une polyphonie en imitations serrées, de texture légère, très éloignée du thème initial.

La quatrième est Adagio à 6/8, sorte d'Invention mélodique, ponctuée par des pizzicati.

La cinquième, Allegretto à 2/4, se réduit à une trame harmonique, dans une écriture polyphonique, qui ne conserve du thème que le souvenir de la souplesse.

La sixième est Adagio, ma non troppo e semplice à 9/4 : l'écriture apporte une métamorphose du timbre, le thème se retrouvant dans l'impulsion de l'intervalle de seconde du court motif incisif en oscillation, le plus souvent dans le registre grave.

La septième de quelques mesures est en forme de récitatif, *sotto voce*, qui est confié successivement aux différents instruments – elle assure la liaison avec la coda Allegretto à 2/4, qui redécouvre le thème en jouant sur l'accélération du tempo (ce qui crée un effet inquiétant).

5. Le cinquième mouvement, Presto, alla breve, en *mi* majeur, fait irruption sans transition. Dans ce *Quatuor*, où le tempo est modifié au gré de la volonté et de l'émotion, « la répétition agit comme une dimension essentielle du morceau », « tout est subordonné au principe du constant retour », comme l'écrit André Boucourechliev.

La forme est celle d'un scherzo en cinq parties (scherzo, Trio, Scherzo, Trio, Scherzo, coda), la partie trio « piacevole » à la manière d'une musette restant en *mi* majeur – la transition avec la partie scherzo étant assurée par des pizzicati du violoncelle.

Dans ce mouvement rapide et homorythmique, Beethoven introduit de nouveaux éléments : des changements de vitesse (*ritardandi*) et des changements de timbre (*pizzicati*).

Après une coda jouée *sul ponticello*, la transition avec le mouvement suivant s'effectue par un saut de deux octaves sur *mi* puis sur *sol* dièse.

6. Le sixième mouvement est un Adagio quasi un poco Andante, à trois temps, en *sol* dièse mineur.

Ce nouveau Récitatif de forme Lied en trois parties, dans le ton de la dominante d'*ut* dièse mineur, dans lequel le timbre de l'alto est particulièrement mis en valeur, sert, tel une cadence, à introduire le Finale.

7. Le septième mouvement, le Finale, est un Allegro, à deux temps (alla breve), en *ut* dièse mineur, de forme sonate, avec amplification de chacune des sections, et emprunts à la forme rondo.

Le thème reprend celui de la fugue initiale : l'ajout de l'accord parfait lui donne stabilité et force, en tension avec l'intervalle de septième diminuée. L'efficacité de ce thème provient de son énonciation *ff* à l'unisson, de son dessin rythmique délimité de manière incisive par les silences qui l'encadrent et qui le sépare en deux éléments identiques, et de l'effet de suspension sur la note sensible, le *si* dièse, inscrit au centre de cette cellule thématique. Cette affirmation du rythme dans un cadre harmonique se poursuit par la mise en valeur du rythme dans une disposition très simple (brève-longue, répétée). Le second élément thématique mélodique, énoncé par le premier violon, établit un contraste qui souligne l'impétuosité rythmique.

Le développement est fugato. Il est suivi d'une réexposition et d'une coda.

Juste avant de conclure, Beethoven inscrit le rythme impétueux dans un Poco Adagio, à jouer *semplice, espress.*

Ce Finale est un pendant du premier mouvement par sa tonalité (ce sont les deux seuls mouvements dans cette tonalité), par son matériau thématique, et par l'écriture fuguée présente dans le développement (apparenté à la *Fugue op. 133*).

Le jeu sur le tempo par des *ritenuto* et *ritardando*, sur les changements de pulsation (*ritmo di tre battute* dans le développement, *ritmo di due battute* vers la fin de la coda), le jeu sur la différenciation des timbres par les attaques et les registres, la rapidité du rythme, les passages en récitatif font de ce Finale une sorte de synthèse des mouvements précédents, aboutissement d'une continuité sonore qui s'épanouit dans la liberté d'organisation des éléments thématiques donnant naissance à un nouveau type de structure formelle.

Sources

Les esquisses très nombreuses (environ 600 pages) sont dispersées (Berlin, Bonn, Coburg, Saint-Pétersbourg, Londres, Los Angeles, Paris, Washington, Vienne) et de plusieurs natures : cahiers et carnets d'esquisses, feuilles volantes, esquisses de partitions (Partiturskizzen : doubles feuilles prises dans le sens de la longueur[1]).

Le manuscrit autographe est à Cracovie (était à Berlin), pratiquement complet (il manque les mesures 5 à 11 du court troisième mouvement, p. 36), sans nom d'auteur ni autres mentions. Il avait été dispersé avant la mort de Beethoven ; en novembre 1827, seul le Finale figure sur le catalogue de la vente de l'inventaire après décès (les mouvements 1, 2 et 5-7 faisaient partie de la collection Artaria, le 4 est provenu par la fondation Mendelssohn). Un autographe (à Berlin) complète les passages qui ne sont qu'esquissés dans l'autographe de Cracovie.

Le manuscrit est constitué de 88 feuilles, avec 161 pages écrites. Les mouvements commencent respectivement p. 1, p. 15 (la p. 14 est vide), p. 36, p. 37, p. 85 (les p. 80-84 sont vides), p. 135 (les p. 133-134 sont vides) et p. 137. La page 129-130 est collée avec la p. 127.

Quelques feuilles d'une version primitive existent : deux feuilles avec le début du premier mouvement se trouvent à Berlin ; une feuille, comprenant les mesures 22-38 du 4e mouvement Andante à variations, se trouve à Paris ; une feuille comprenant les mesures 19-30 du premier mouvement et une feuille pour le dernier mouvement se trouvent à Moscou.

Une copie des parties séparées du premier mouvement désigné seulement comme Adagio espressivo (quatre cahiers), qui se trouve à Berlin, diffère de l'édition originale (117 mes. au lieu de 121 mes., et beaucoup de variantes). Elle a été établie par Wenzel Rampl (rien n'indique la raison de cette copie, et rien n'indique qu'il devait y avoir une suite : le saut d'octave de la mesure 118 manque) et a été trouvée dans les papiers de Beethoven (elle faisait partie de l'inventaire après décès). Elle a dû être établie avant la révision de la Fugue pensée comme premier « morceau » du Quatuor : avant mai 1826 et peut-être en janvier-février 1826[2].

Une copie, destinée à la gravure, établie par Wenzel Rampl et corrigée par Beethoven, se trouve à Bonn (depuis 2004 – auparavant, elle se trouvait dans les archives Schott à Mayence). Elle porte quelques indications de sa main : sur la première page « 4tes [5tes rayé] Quartett (von den Neuesten) für 2

1. Voir la Thèse de Robert S. Winter, *Compositional Origins of Beethoven's String Quartett in c# minor, op. 131*, Chicago, 1978, 384 p., ainsi que son article « Plans for the Structure of the String Quartet in c Sharp Minor op. 131 » in *Beethoven Studies 2*, ed. By A. Tyson, Londres, 1977, p. 106-137.

2. Emil Platen a présenté et analysée cette copie, en la comparant à la version définitive, dans un article « Eine Frühfassung zum ersten Satz des Streichquartetts op. 131 von Beethoven », in *Studien zu Bach und Beethoven*, Gudrun Schröder Verlag, Chemnitz, 2000, p. 189-216.

Violinen, Bratsche u. Violonschell von L.v.Beethoven » et au-dessous de l'indication « Opus 131. – » (d'une autre main), « Nb. zusammengestohlen / aus Verschiedenem / diesem u. jenem. » de la main de Beethoven.

La numérotation des « Stücke » (morceaux) fut ajoutée par Beethoven pour que l'éditeur ne se trompe pas dans la succession des mouvements, mais il fit une erreur : le n° 5 et n° 6 ont le même n° « 5 », et le dernier mouvement est indiqué « n° 6 » [1].

Publication

En juin 1827 (après la mort de Beethoven), en parties séparées, par B. Schott's Söhne à Mayence, et en partition en février 1828 :

« GRAND QUATUOR / EN PARTITION / pour / deux Violons, Alto, et Violoncelle / composé et dédié / à Son Excellence Monsieur / Le Baron de Stutterheim / Lieutenant Maréchal de Camp Imperial et Royal d'Autriche &c. / par / L.v. BEETHOVEN / Œuvre 131 [...] ».

La numérotation des mouvements n'était que sporadique dans l'édition originale : n° 1 et n° 3 sur la partition, mais rien n'était indiqué sur l'édition des différentes parties. La numérotation définitive date de la première édition complète : pourtant elle ne correspond pas à l'intention créatrice de Beethoven – elle n'est que la conséquence d'une pratique des éditeurs qui se réfèrent à la nécessité première de respecter la succession ininterrompue des mouvements.

Publiée posthume, cette édition originale n'a pas été corrigée par lui (qui ne considérait son œuvre achevée qu'après avoir revu la première édition).

Dédicataire

Le dédicataire prévu par Beethoven, le 22 février 1827, fut d'abord son « ami » Johann Nepomuk Wolfmayer (1768-1841) ; mais il se ravisa et écrivit à Schott, le 10 mars 1827, qu'un événement l'obligeait à changer de dédicataire, c'est-à-dire qu'il tenait à témoigner sa reconnaissance au baron Josef von Stutterheim (1764-1831), officier supérieur et conseiller aulique à la guerre, qui venait de faire passer son neveu Karl dans le régiment des Cadets – le baron avait déjà rendu service à Beethoven, quelques mois auparavant, en procurant une place dans le régiment « Erzherzog Ludwig » d'Iglau en Moravie à son neveu Karl (qui avait tenté de se suicider, le 6 août 1826, et qui, guéri, devait s'éloigner de Vienne, où son geste était considéré comme un crime).

L'œuvre vue par ses contemporains

L'*AMZ* XXX, n° 30 et 31 des 23 et 30 juillet 1828 (col. 485-495 et 501-509), publiait un très long article de Friedrich Rochlitz qui présentait Beethoven, de manière très élogieuse, comme un héros de la musique, un inventeur capable de faire ressentir le bonheur de l'instant. Pour Rochlitz, sa musique instrumentale avait dépassé les limites de la musique vocale, et du fait de sa richesse harmonique, mélodique, comme de son élaboration complexe, elle n'était destinée qu'à ceux qui attendaient de la musique d'être bouleversés, consolés, et de se sentir plus forts.

Après ces considérations d'ordre général sur la musique de Beethoven, Rochlitz présentait le « prodigieux » *Quatuor* comme fort désarçonnant, en regard des critères implicites, pour lui, de ce qui faisait d'une œuvre une œuvre audible (c'est-à-dire la présence de mélodies reconnaissables, une stabilité harmonique d'ensemble, une homogénéité de caractère dans chacun des mouvements, la clarté du discours, les difficultés d'exécution non insurmontables). Rochlitz, lui aussi dérouté par « l'élaboration artificielle » de Beethoven, conseillait de ne formuler de jugement qu'après avoir plusieurs fois écouté ce *Quatuor*.

---

1. « [de la main de Beethoven] N°I [de la main du copiste] Adagio ma non troppo / e molto espressivo ».

« [de la main de Beethoven] N° 2 [de la main du copiste] Allo : molto vivace ».

« [de la main de Beethoven] N° 3 [de la main du copiste] Allo : mod-to ».

« [de la main de Beethoven] N° 4 [de la main du copiste] Andante ma non troppo / e molto Cantabile », « più mosso », « And=te Mod=to e lusinghiero [« o » corrigé en « a » au crayon rouge] », « Adagio », « Allegretto », « [de la main de Beethoven au crayon, repassé ensuite à l'encre] Adagio ma non troppo / e [de la main du copiste] Semplice », « Allegretto », « Sempiu [*sic*] più Allegro », « in Tempo ».

« [de la main de Beethoven] N° 5 [de la main du copiste] Presto ».

« [de la main de Beethoven] N° 5 [*sic*] [de la main du copiste] Adagio quasi un poco And=te ».

« [de la main de Beethoven] N° 6 [de la main du copiste] Allegro ».

Caecilia IX, Heft 33, juillet 1828, p. 45-50, publiait un article de v. Weiler, intitulé : « Sur l'esprit et le sens de la musique de Beethoven ». Weiler se démarquait du jugement négatif de ceux qui pensaient qu'il avait perdu la tête, sa surdité l'empêchant de contrôler ce qu'il faisait. Il considérait au contraire les « Tondichtungen » (poèmes en musique) de Beethoven comme le fruit d'une imagination féconde, capable de faire ressentir toute une gamme de sentiments opposés. Il appréciait particulièrement les derniers Quatuors.

Caecilia IX, Heft 36, 1828, p. 241-243, publiait une courte analyse d'Ignaz von Seyfried accompagnée de deux pages d'exemples musicaux. Seyfried pensait que Beethoven avait écrit ce *Quatuor* « en proie à la tristesse » (il le comparait à la manière sombre de Rembrandt, éclairée par quelques rares points lumineux).

La *Revue musicale* publiait en 1830 (p. 279-286 et 345-351) un article de François-Joseph Fétis (1784-1871) qui reconnaissait la volonté de Beethoven de s'affranchir des formes héritées et de repenser l'organisation d'une œuvre, mais qui déplorait le résultat dans ce *Quatuor* dominé par la « fantaisie sans borne » et les « chocs de sons » « durs et désagréables à l'oreille » – seul l'Andante était possible, car « la mélodie se fait toujours sentir sous la multitude de formes qui l'enveloppent, et l'harmonie [...] est généralement satisfaisante », les variations étant « d'une originalité remarquable, et d'un heureux choix de forme ». Le Presto lui paraissait incompréhensible. Quant au mouvement final, Fétis affirmait que « sa phrase mélodique principale [était] tirée d'une ancienne chanson française ». Il était scandalisé : ce « quatuor, qui se joue sans interruption, est composé de *quinze cent soixante-quinze mesures*, dont *quatre cent quarante-deux de mouvements lents* ! ».

Correspondance

Le 28 mars 1826 [6., 2136], Beethoven écrivait à B. Schott's Söhne que le roi de Prusse acceptait la dédicace de la *Neuvième Symphonie*, et qu'il pourrait sans doute donner un nouveau Quatuor pour Paris ; même s'il n'écrivait pas pour l'argent, eu égard à sa situation et vu la concurrence, il ne pouvait pas le vendre à moins de 80 ducats. L'éditeur Schott se porta acquéreur du nouveau quatuor à ce prix, le 6 avril 1826 [6., 2143], proposant de payer en deux versements (ce qu'il fit les 8 et 9 juin 1826 [6., 2160 et 2161] et le 19 juillet 1826 [6., 2169 et 2170]).

Le 22 avril 1826 [6., 2148], Beethoven écrivait à Maurice Schlesinger à Paris (auquel il avait promis en septembre 1825 le troisième des *Quatuors Galitzine*, qu'il avait en fait vendu à Mathias Artaria à Vienne, rendant son frère responsable de ce manque de parole), que d'ici quinze jours à trois semaines, il aurait terminé un nouveau Quatuor pour lequel il exigeait 80 ducats en or, étant donné qu'il y avait une forte demande, ce qu'il considérait comme un progrès pour son époque.

Le 20 mai 1826 [6., 2154], Beethoven informait B. Schott's Söhne que le nouveau Quatuor était terminé (il ne l'était pas au début avril), qu'il se sentait obligé de vendre au prix du marché, soit 80 ducats.

Le 31 mai 1826 [6., 2157], il écrivait à Adolph Martin Schlesinger de Berlin qu'il attendait des nouvelles de son fils Maurice qui n'avait pas encore répondu à l'offre d'un nouveau Quatuor pour 80 ducats.

Le 3 juin 1826 [6., 2159], il offrait à Heinrich Albert Probst à Leipzig un nouveau Quatuor pour 80 ducats (spécifiant que d'autres éditeurs lui avaient acheté des Quatuors à ce prix).

Le 29 juillet 1826 [6., 2173], Beethoven annonçait à B. Schott's Söhne l'envoi prochain du *Quatuor*, se préoccupant de lui envoyer une copie correcte.

À B. Schott's Söhne demandant le 2 août 1826 [6., 2180] si le *Quatuor op. 131* était une œuvre originale, Beethoven répondait le 19 août 1826 [6., 2187] qu'il l'avait envoyé depuis 8 jours et qu'il avait « inscrit par plaisanterie que les différents morceaux avaient été rafistolés, alors qu'il était flambant neuf » (« Funkel nagel *neu* »).

Avant le 5 septembre 1826 [6., 2193], dans une lettre à Karl Holz, il se plaignait de Mathias Artaria qui avait refusé de lui acheter le *Quatuor op. 131*.

Le 29 septembre 1826 [6., 2215], Beethoven écrivait à B. Schott's Söhne qu'il pensait que le *Quatuor* était entre ses mains, et il signalait que l'œuvre allait être donnée à Vienne au profit d'un artiste – peut-être Schuppanzigh (cf. *BKh* 10, p. 224) ; on ne sait pas si le concert eut lieu].

Le 28 novembre 1826 [6., 2233], B. Schott's Söhne accusait réception du *Quatuor* qu'il allait mettre en chantier.

Le 18 décembre 1826 [6., 2242], B. Schott's Söhne demandait à Beethoven le numéro d'opus et le nom du dédicataire du *Quatuor (op. 131)*.

Dans la seconde moitié de décembre 1826 [6., 2244], Beethoven, très malade depuis son retour précipité de Gneixendorf, le 27 novembre 1826, répondait à B. Schott's Söhne qu'il allait bientôt envoyer le nom du dédicataire, mais qu'il était encore obligé de rester au lit quelques semaines.

À B. Schott's Söhne qui, le 31 janvier 1827 [6., 2254], réclamait à nouveau le numéro d'opus et le nom du dédicataire, il répondait le 22 février 1827 [6., 2262] qu'il lui suffisait de connaître le numéro du *Quatuor* publié par Artaria qui se trouvait avant le *Quatuor en ut dièse mineur*. Il indiquait le nom du dédicataire : « à mon ami *Johann Nepomuk Wolfmayer.* »

Le 8 mars 1827 [6., 2276], B. Schott's Söhne annonçait à Beethoven que le *Quatuor en ut dièse mineur* était prêt, et que ce serait le cas aussi à Paris (il s'agissait des parties séparées, la partition n'étant prête qu'en février 1828). L'éditeur demandait l'attestation de son droit de propriété, pour se préserver des prétentions de Schlesinger.

Le 10 mars 1827 [6., 2278], il demandait à B. Schott's Söhne de modifier le nom du dédicataire, même s'il était déjà gravé, à ses frais au besoin : il fallait inscrire le nom du « Feldmarschal-Lieutenant Baron v. Stutterheim », parce qu'il voulait lui témoigner sa reconnaissance pour avoir incorporé Karl dans son régiment.

Le 29 mars 1827 [6., 2288], B. Schott's Söhne signalait à Beethoven (qui était mort le 26 mars) que le changement avait été effectué.

Cahiers de conversation

BKh 8, Heft 99 (entre le 8 et le 11 décembre 1825, 21r, p. 211) et Heft 100 (décembre 1825, janvier 1826, 27v, p. 229) : esquisses pour la fugue.

BKh 8, Heft 102, (du 16 au 22 janvier 1826, 11r, p. 273) : esquisses pour le n° 4 et, 26v, 27r, pour d'autres mouvements (celui en *fa* dièse mineur).

BKh 8, Heft 102 (du 16 au 22 janvier 1826, 11r, p. 273) : Holz propose de répéter déjà ce qu'il y a du *Quatuor* (le copiste Rampl aurait fait la copie du premier mouvement).

BKh 9 (mars 1826) : Holz demande où en est le Quatuor.

BKh 9, Heft 110 (10 mai-début juin 1826, p. 232 et 245) : Beethoven espérait vendre son *Quatuor* à Mathias Artaria, qui ne répond pas.

BKh 9, Heft 111 (22 mai-1er juin 1826, p. 262-263) : il est encore question, avec Holz, de la décision d'Artaria – la réponse de Schott n'étant pas attendue avant quatre semaines.

BKh 10, Heft 114 (premier tiers de juillet 1826, 17v, p. 32) : Holz demande quand le *Quatuor* serait fait et pourquoi il devrait être exécuté pour la première fois ailleurs qu'à Vienne. Karl renchérit : « Je pense aussi que ce serait une honte qu'il soit entendu à Berlin plus tôt qu'ici. » Holz ajoutait qu'il copiait les voix (18r).

BKh 10, Heft 115 (12 au 28 juillet 1826, 8v, p. 47) : Schuppanzigh demande quand ils vont enfin pouvoir répéter le nouveau Quatuor, dont il s'engage à copier les parties. Quelques pages plus loin (16r, p. 52), Holz demande si la partition est prête, combien de mouvements elle comporte ; il se propose de la recopier et exige de l'entendre.

BKh 10, Heft 117 (7 au 14 août 1826, 10r, p. 102) : Holz se propose de venir chercher le *Quatuor* le lendemain matin, quand il sera terminé.

BKh 10, Heft 118 (seconde moitié d'août 1826, 35r, p. 138) : Schuppanzigh demande « si la partition a été mise au propre » ; souhaitant l'entendre bientôt, il propose que chacun recopie sa partie.

BKh 10, Heft 119 (27 août-fin août 1826, 36r, p. 167) : Holz dit qu'il aimerait recopier le *Quatuor* pour en prendre calmement connaissance ; le dernier mouvement lui semble le plus difficile, mais cela n'a rien à voir avec la Grande Fugue. Il rassure Beethoven : personne n'aura le droit de voir la copie des voix. Et, juste après il repère les fautes et demande des explications à Beethoven (p. 168, p. 172, 173).

BKh 10, Heft 121 (18-25 septembre 1826, 21v, p. 224) : Schuppanzigh dit qu'il aimerait bien jouer le *Quatuor* en-dehors des abonnements, et dans la Salle des États, parce que « la Noblesse ne vient jamais dans cette salle », et il demande qui publie le *Quatuor*. Un peu plus loin, Mathias Artaria dit qu'il aurait bien publié le *Quatuor*, et que s'il en a un nouveau, qu'il lui en parle (26r, 26v, p. 226).

BKh 10, Heft 126 (7-12 décembre 1826, 2r, 2v, p. 302) : Holz corrige la copie et la compare au manuscrit, pour être certain que la copie donnée à Schott ne comprend pas d'erreurs. (Dans une lettre du 9 décembre 1826 à Schott [6, 2237], Beethoven annonçait qu'il y aurait peut-être des corrections à apporter à la copie qu'il avait.)

BKh 11, Heft 129 (28 décembre 1826-1er janvier 1827, 16v, 17r, p. 66) : Holz soutient que la dédicace à Wolfmayer ne doit comporter que « à son ami », sans autre mention.

BKh 11, Heft 134 (27-28 janvier 1827, 45v, p. 161) : Holz demande à Beethoven s'il a commencé à corriger les parties du *Quatuor op. 131*.

WoO 196
Es muß sein (Il le faut)

Canon à quatre voix
Schell, im Eifer, ¢, fa *majeur – 16 mes.*

TEMPS DE LA COMPOSITION

Le 1er août 1826 (évoqué dans le *BKh* 10, Heft 116, début août-7 août 1826, 4r, p. 70), avant le Finale du *Quatuor op. 135*.

CONTEXTE BIOGRAPHIQUE

Ce Canon humoristique reprend une injonction formulée par Beethoven à l'endroit d'un des principaux mécènes viennois, Ignaz Anton Aloys Dembscher (1776-1838). Celui-ci souhaitait emprunter la partition du *Quatuor op. 130*, créé par le quatuor Schuppanzigh. Beethoven exigeait, cependant que ce dernier soit dédommagé. Voir *Opus 135*. Quelque temps après, Dembscher demanda à Holz, qui lui faisait part de cette exigence : « muß es sein ? » (le faut-il ?), ce à quoi Holz avait répondu que c'était la condition pour se faire pardonner (*BKh* 10, Heft 115, 12-28 juillet 1826, 34r, p. 63). Ce jeu de question/réponse suscita chez Beethoven une idée musicale exprimée sous forme de « Rätselcanon » (canon énigmatique) humoristique [1].

Que les « notes » aient été le mode d'expression même de Beethoven, est attesté par la composition de ce genre de Canons humoristiques, comme par les « plaisanteries musicales » utilisées dans certaines lettres pour dire ce qu'il voulait faire comprendre : il laissait au destinataire de la lettre la résolution de l'énigme.

PRÉSENTATION DE L'ŒUVRE

Ce *Canon,* destiné à quatre voix de ténor, doit être exécuté dans un tempo « rapide, avec empressement », ce qui est une façon de répondre à l'injonction qui constitue son texte : « Es muß sein – es muß sein, ja, ja, ja, ja ! Heraus mit dem Beutel » (il faut, oui, oui oui ! sortir la bourse).

SOURCES

L'autographe est inconnu.

Opus 135
Seizième Quatuor à cordes en *fa* majeur

Allegretto, 2/4, fa *majeur – 193 mes.*
Vivace, 3/4, fa *majeur – 272 mes.*
Assai lento, cantante e tranquillo, 6/8, ré *bémol majeur – 54 mes.*
« Der schwer gefaßte Entschluß », Grave, 3/2 / Allegro, ¢
Grave, ma non troppo tratto, 3/2, fa *mineur / Allegro, ¢,* fa *majeur – 277 mes.*

TEMPS DE LA COMPOSITION

Durant l'été 1826.

Beethoven commença son dernier *Quatuor* dès juillet 1826, pendant qu'il terminait l'avant-dernier, *op. 131*. Il était presque achevé quand Beethoven se rendit dans la propriété de son frère à Gneixendorf près de Krems, en fin septembre 1826. Il termina son *Quatuor* au cours du mois d'octobre 1826.

PREMIÈRE EXÉCUTION

Le 23 mars 1828, à Vienne, lors d'un concert organisé par le violoncelliste Linke en souvenir de Beethoven, dans la salle du Musikverein, sous la direction de J. Böhm.

CONTEXTE BIOGRAPHIQUE

Ce *Quatuor à cordes op. 135* est la dernière œuvre achevée de Beethoven. Il le commença en juillet 1826, alors qu'il n'avait pas encore fini de composer l'*Op. 131*. Même s'il n'était pas tenu par une commande expresse, telle

1. En 1842, Karl Holz a raconté cette anecdote, « Eine Original-Anecdote von Beethoven, mit einem Canon des Meisters in Facsimile », publié dans *Zeitschrift für Deutschlands Musikvereine*, III, 133, de Gasner.

celle du prince Galitzine pour les trois premiers des cinq derniers *Quatuors* (l'*Op. 127*, l'*Op. 132*, l'*Op. 130*), Beethoven, passionné par l'écriture pour quatuor à cordes, n'avait pas oublié la promesse qu'il avait faite en septembre 1825, à Maurice Schlesinger, éditeur parisien en voyage d'affaires à Vienne, au moment de la création en privée, devant lui, du *Quatuor op. 132*. Schlesinger, qui savait que le marché des œuvres de musique de chambre pour trois, quatre ou cinq instruments à cordes se développait, souhaitait fortement asseoir sa notoriété parisienne en commençant la publication des œuvres complètes de Beethoven par ses Trios, Quatuors et Quintettes à cordes. C'est dans ce contexte éditorial que Beethoven lui avait promis les deux derniers *Quatuors Galitzine* (l'*Op. 132* et l'*Op. 130*), et qu'il s'était engagé verbalement à composer un nouveau Quatuor (pour constituer un ensemble de trois) ainsi que trois quintettes – Schlesinger, l'éditeur commanditaire, pensait qu'il réaliserait ce travail en quelques mois (quatre au plus, à raison d'un Quatuor ou d'un Quintette par mois), mais c'était mal connaître le temps qu'il lui fallait pour composer une œuvre de conception radicalement nouvelle (« neuestes », selon la désignation de Beethoven) : contrairement aux prévisions de Maurice Schlesinger, il mit plus d'un an à composer les trois derniers Quatuors, avant même de prendre le temps de songer sérieusement aux Quintettes (que la maladie dont il mourut ne lui permit pas de commencer)[1].

C'est donc stimulé par cette adéquation entre sa joie d'écrire pour quatuors à cordes et la demande du public (le marché du Quatuor étant judicieusement pressenti comme lucratif par les éditeurs), que Beethoven composa Quatuor sur Quatuor, se dépêchant de les vendre à l'éditeur qui acceptait de les acheter 80 ducats chacun en s'engageant à les éditer le plus vite possible. C'est ainsi que Mathias Artaria, éditeur viennois, eut le marché pour le *Quatuor op. 130* qui avait pourtant été promis à Maurice Schlesinger, mais, contrairement aux attentes de Beethoven et de son entourage, Artaria en recula la publication tant la Grande Fugue lui parut anticommerciale, avant de faire la sourde oreille quand Beethoven lui proposa l'*Op. 131*, *Quatuor* que Schott accepta au prix exigé. En fin de compte, au début de l'été 1826, Beethoven n'avait toujours pas honoré la promesse faite à Maurice Schlesinger : il pouvait donc envisager de composer de nouveaux Quatuors qu'il pourrait vendre à Maurice Schlesinger ou à son père, dans la mesure où Maurice le fils (dont le magasin parisien venait de brûler) ne s'était pas précipité sur l'offre du *Quatuor op. 131*...

Or, au moment où Beethoven, qui mettait les éditeurs en concurrence, songea à un nouveau quatuor, il se heurta à la mauvaise volonté d'un des principaux mécènes viennois, Dembscher, qui, violoncelliste amateur, aimait donner des concerts de musique de chambre chez lui, et qui, alors qu'il n'avait pas assisté à la création du *Quatuor op. 130* par le quatuor Schuppanzigh le 21 mars 1826, voulait emprunter à Beethoven les parties séparées de ce *Quatuor* (copiées par Schuppanzigh vraisemblablement) pour le faire exécuter chez lui par un autre quatuor en avril 1826 – il avait accepté à condition que Dembscher dédommage Schuppanzigh en lui versant une somme de 50 Gulden : en riant, Dembscher avait demandé à Holz qui lui faisait part de l'exigence de Beethoven : « muß es sein ? », ce à quoi Holz avait répondu que c'était la condition pour se faire pardonner. Cette anecdote, qui témoigne de l'autorité de Beethoven et de sa « politique musicale » à Vienne, suscita, chez lui, une réponse musicale : il composa un « Rätselcanon » humoristique pour quatre voix de ténor, *WoO 196*). Or, particulièrement à cette période de sa vie, Beethoven aimait s'exprimer sous forme de canons qu'il notait soit au milieu d'une lettre, soit sur l'Album d'un étranger de passage (le plus souvent musicien), se constituant ainsi une sorte de vocabulaire musical, qui associait texte, motif musical et écriture contrapuntique. Ainsi, l'idée du « es muß sein » faisait partie de son langage musical de base, au même titre que le motif lié au nom de B-a-c-h, au moment où il composa son dernier quatuor à cordes.

Quand, le 13 octobre 1826, Beethoven jugea son *Quatuor* terminé, il écrivit à Adolph Martin Schlesinger qu'il allait le lui envoyer dès qu'il serait recopié ; puis, le 30 octobre

1. Après cette série de cinq Quatuors, Beethoven avait l'intention de composer un Quintette en *ut* majeur, une Ouverture sur le nom de Bach, un oratorio *Saül*, un *Faust*, une *Dixième Symphonie*.

1826, il accompagna la copie effectuée d'une lettre dans laquelle il s'excusait de la taille modeste de son dernier *Quatuor*, expliquant qu'il n'avait pas pu faire autrement, car il voulait respecter sa promesse et avait besoin d'argent – ce que l'éditeur pouvait décoder dans le « es muß sein », spécifiait-il. Avant de prendre connaissance de l'œuvre, Schlesinger ne pouvait deviner que cette contrainte, annoncée par Beethoven, ne se situait pas dans la taille du *Quatuor*, certes moins importante que celle des précédents, mais dans les audaces d'écriture à l'intérieur du *Quatuor* et dans le titre même donné au dernier mouvement, « La décision difficilement prise », titre qui inscrivait *de facto* un « programme » dans un genre de musique instrumentale caractérisé, d'abord, par son autonomie. Avec ce Motto, désigné par un titre et dont les motifs musicaux étaient présentés en exergue (par des notes) comme les pierres angulaires du mouvement qui suivait (« Muss es sein ? »/« Es muss sein ! »/« Es muss sein ! »), Beethoven déjouait toutes les attentes de ses contemporains musiciens, éditeurs, critiques et amateurs de musique, en indiquant une signification qui elle-même était énigmatique, pouvant être interprétée de bien des manières – ainsi, peu de temps après sa mort, ses proches (Schindler, puis Holz[1]) indiquèrent qu'il s'agissait d'un allusion humoristique à l'affrontement avec Dembscher – explication qui prévaut encore aujourd'hui pour ceux qui ne voient pas que, derrière l'humour, Beethoven invitait ses contemporains et la postérité, à comprendre sa musique comme une forme de réponse aux interrogations touchant à la condition humaine aussi bien qu'à l'inspiration de l'artiste (qui, comme la Nature, était contraint de créer ses propres règles).

Ce « Motto » était également une sorte de mise en scène destinée à son éditeur qui risquait de se sentir lésé par la petite taille du *Quatuor* et par son organisation traditionnelle[2], et d'être rebuté, si ce n'est scandalisé, par les passages qu'il pouvait estimer délirants (la répétition cinquante fois de suite du même motif dans le Trio et les longs trémolos tendus dans le Finale) tant ils semblaient « sauvages », en rupture avec les habitudes d'écoute de l'époque. Pour se faire « pardonner » par Schlesinger, il eut l'idée judicieuse de se présenter comme victime de son inspiration.

Le besoin d'argent, ce prétexte donné à Schlesinger, Beethoven le vivait de manière d'autant plus impérative qu'il devait payer les soins dont avait besoin son neveu Karl, après sa tentative de suicide le 6 août 1826.

Obligé, contrairement à son habitude, de rester à Vienne durant l'été pour être près de son neveu, Beethoven se concentra sur la composition de son *Quatuor* (tous les commentateurs s'étonnent que le drame de l'été n'apparaisse pas dans l'œuvre : mais c'est oublier que le lien entre vie et processus créateur n'est pas si simple, particulièrement chez lui, qui comme il le disait lui-même, vivait « dans ses notes » – ne ratant jamais de faire le jeu de mots entre « Note » (les notes aussi bien que la note : la facture), et « Not » (la détresse, le besoin).

Présentation de l'Œuvre

Ce nouveau (et dernier) *Quatuor* est, à première vue, très différent des précédents du fait de sa taille (il est beaucoup plus court) et de son organisation formelle (il retrouve les quatre mouvements traditionnels). Mais, contrairement aux apparences, il s'en rapproche aussi bien par ses audaces d'écriture que par la mise en œuvre d'une « idée » spécifique : en l'occurrence, un jeu avec l'espace et le temps s'appuyant sur la spatialisation des motifs et sur la concentration de l'écriture, dont le symbole est la répétition d'un même motif très court jusqu'à saturation sonore. Beethoven n'a donc pas choisi de porter la subversion sur la mise en question de l'organisation traditionnelle en quatre mouvements, mais sur d'autres dimensions : sur la constitution du matériau qui intègre espace et référence verbale, et sur son traitement inattendu qui est un moyen d'introduire, d'une autre manière, la tension inhérente à l'écriture « classique ».

Ce *Quatuor* se caractérise par sa « simplicité » qui résulte d'une très grande liberté d'écriture. Comme si Beethoven avait entendu ce que lui demandait son neveu Karl, au

1. En 1842, Karl Holz a raconté cette anecdote, « Eine Original-Anecdote von Beethoven, mit einem Canon des Meisters in Facsimile », publié dans *Zeitschrift für Deutschlands Musikvereine*, III, 133, de Gasner.

2. Certains comprennent ce *Quatuor* comme une régression néo-classique, au lieu de prendre en considération les ruptures dans la conception d'ensemble, comme dans l'écriture.

moment même où il commençait la composition au début août 1826 : « Je m'étonne qu'il ne t'ait pas encore conseillé d'écrire des quatuors pour débutants » (*BKh* 10, Heft 116, 2v, p. 68).

Un indice témoigne de la nouveauté de ce *Quatuor* : le choix de la tonalité de *fa* majeur, tonalité « inaugurale » en quelque sorte, puisque c'est cette tonalité qui inaugurait les deux premières séries de quatuors, l'*Op. 18* et l'*Op. 59* – comme si Beethoven avait envisagé de s'orienter vers une nouvelle série de Quatuors à cordes en s'attachant à traiter de nouveaux problèmes de composition.

I. Le premier mouvement est un Allegretto (et non un Allegro, comme d'habitude) qui commence immédiatement sans introduction lente. C'est l'alto qui impulse le premier motif, inscrivant ce quatuor sous le signe de la concentration sur l'événement minimal.

De forme sonate dans sa structure d'ensemble (les différentes sections – exposition, développement, réexposition, coda – étant équilibrées les unes par rapport aux autres), ce premier mouvement est composé de manière originale à partir d'un premier ensemble thématique spatialisé et constitué de trois motifs très différents et successifs, et d'une seconde idée thématique dissociée en deux éléments : le premier rythmique en *fa* majeur et le second harmonique à la dominante *do* majeur – si bien que l'analyse musicale traditionnelle s'y perd ! et la question de savoir où commence le thème secondaire n'a plus de sens, la tension inhérente à la forme sonate se trouvant déplacée dans l'espace et le temps, qui, plus ou moins atomisés, retrouvent leur cohérence dans les passages à l'unisson. En fait, l'esprit du développement a été transféré sur le matériau thématique même.

Le développement qui s'enchaîne sans transition à l'exposition combine les différents motifs dans une écriture polyphonique à la fois complexe et évidente.

Après la réexposition et une coda qui assurent l'équilibre formel de ce mouvement, la fin est toute simple.

II. Le deuxième mouvement est désigné par son tempo : Vivace. Il est de forme scherzo, avec trio central. Il est en *fa* majeur (sans changement de tonalité, ni par rapport au premier mouvement, ni pour le trio). La partie scherzo est polyrythmique : chacun des instruments a son rythme, le thème, énoncé, au violoncelle étant recouvert par l'accompagnement des différents rythmes intriqués.

Le déroulement du scherzo consiste en jeux rythmiques sur les accents, la métrique, les périodes. La partie centrale se caractérise au contraire par l'homorythmie qui se transforme en répétition cinquante fois de suite du même motif dansant, le premier violon déroulant au-dessus un air de cornemuse très aigu.

III. Le troisième mouvement est Assai lento, cantante e tranquillo, à 6/8 en *ré* bémol majeur (la seule tonalité qui ne soit pas celle de *fa*, dans le *Quatuor*). La forme est celle d'un thème suivi de trois variations. « Doux chant de repos, chant de paix », selon l'expression de Beethoven sur des esquisses, ce thème de 22 mesures, qui émerge peu à peu, doit être joué *sotto voce*.

La première variation, *Più lento*, donc plus lente que le thème, et en *do* dièse mineur, introduit le silence, ce qui lui donne un côté haletant.

La deuxième retrouve le « Tempo I° » et le *ré* bémol majeur, et développe le thème en imitation.

La troisième a une texture rythmique plus légère, dans un climat d'une grande sérénité, retrouvant l'atomisation et la spatialisation des cellules du premier mouvement sur une continuité sonore assurée par le violoncelle.

IV. Le quatrième mouvement comporte en titre « La décision difficilement prise », ainsi que les motifs musicaux en exergue et leur signification verbale : Grave, « Muss es sein ? » (Le faut-il ?), Allegro, « Es muss sein ! Es muss sein ! » (il le faut).

Le motif grave en *fa* mineur, interrogatif et très lent (3/2), dans un tempo Grave ma non troppo tratto, ouvre ce Finale et introduit des notes répétées par trois, isolées par des silences et avec de grands écarts de registres (dans le style de la *Grande Fugue op. 133*). Puis après 12 mesures, l'Allegro en *fa* majeur, alla breve, expose le motif affirmatif soutenu par un accompagnement et se déploie en danse allègre dont le thème est énoncé par le violoncelle (troisième idée de ce Finale). Ce mouvement, de forme sonate, est construit à partir de cette structure thématique qui oppose deux types de tempo (comme dans le premier mouvement de la *Sonate Pathétique*) et deux types de références musicales : l'une liée à la sonorité, l'autre liée à l'évocation d'une danse populaire. Après la reprise de l'Allegro (reprise demandée par Beethoven), le développement modulant est très simple, à partir des motifs de l'Allegro. La transition avec la réexposition se fait par des trilles. Puis, le motif du Grave est soutenu par des tremolos *ff* sur le même accord joué par les deux violons, ce qui introduit une dimension de grande tension. La reprise de l'Allegro est variée et répétée. Puis, la coda commence par un Poco adagio, réinterprétation du Grave, avant que, délicatement dans le « Tempo primo », des pizzicati aux quatre instruments n'introduisent la fin du mouvement qui reprend le motif de danse populaire.

SOURCES

Il existe de nombreuses esquisses (79 feuilles) faisant partie de la collection Artaria (à Berlin), ainsi que quelques feuilles éparses (à Paris).

La partition autographe est divisée et incomplète : le premier mouvement est à Bonn, il ne comporte ni titre ni inscriptions verbales, seulement l'indication « Allgretto » [sic]; la trace du deuxième n'a pas encore été retrouvée; le troisième est en Belgique (Musée de Mariemont); le quatrième est à Berlin, il porte l'indication : « Der schwer gefaßte Entschluß. / Muß es sejn ? Es muß sejn. »

La copie autographe des parties séparées recopiées par Beethoven lui-même pour servir à la gravure, se trouve à Bonn, et porte la mention, sur la première page de la partie de violon : « Neuestes quartett von / L.V. Beethoven/ gneixendorf am 30ten / Oktober 1826. ». Sur la première page de chacune des parties il est mentionné en haut : « Violino primo », « Violino secondo », « Viola », « Violoncelle ». Pour le dernier mouvement, il a indiqué sur chacune des parties le titre : « Der schwer gefaßte Entschluß », et le « motto » : « Muß es sein ? », « Es muß sein ! Es muß sein ! ». Sur chacune des parties, il a indiqué le tempo des mouvements successifs : « Allegretto », « Vivace », « assai lento, cantante / e tranquillo. », « grave ma non troppo / tratto. », « Allo ».

PUBLICATION

En août 1827 en parties séparées chez Maurice Schlesinger à Paris, et en septembre 1827 chez Adolph Martin Schlesinger à Berlin, en partition et en parties séparées (après corrections de l'éditeur) :

« QUATUOR / pour 2 Violons, Alto & Violoncelle / Composé & Dédié / À SON AMI / JEAN WOLFMEIER / PAR / LOUIS VAN BEETHOVEN. / PARTITION. / Œuvre posthume. – Propriété des éditeurs. / Oeuv. 135. / N° 17 des Quatuors [...] »

Une transcription pour piano à quatre mains établie par A.B. Marx fut publiée en 1828 par Schlesinger à Berlin.

L'indication « N° 17 des Quatuors » est ajoutée car en mai 1827, la Grande Fugue était publiée comme n° 16.

DÉDICATAIRE

Johann Nepomuk Wolfmayer (1768-1841), drapier, propriétaire de la maison de commerce « Johann Wolfmayer & Comp », était mélomane et admirateur de Beethoven. En avril 1818, il lui avait commandé un Requiem pour 100 ducats, n'exigeant qu'une copie de la partition (Beethoven pouvait disposer du manuscrit original). Il voulait lui dédier le *Quatuor op. 131* (lettre du 22 février 1827 [6., 2262], mais il se ravisa au profit de Stutterheim auquel il cherchait à témoigner immédiatement sa reconnaissance.

J. Wolfmayer a acquis plusieurs partitions d'œuvres importantes de Beethoven à la suite de l'inventaire après décès.

L'ŒUVRE VUE PAR SES CONTEMPORAINS

La *BAMZ* Jg. 6, 1829 (p. 169-170) publiait un article de A.-B. Marx (1795-1866) qui situait les derniers *Quatuors* de Beethoven comme les plus importants, mais aussi les plus difficiles, du genre quatuor. Puis A.-B. Marx répondait indirectement aux détracteurs du dernier *Quatuor* (qui avaient été en particulier rebutés par la répétition cinquante fois de suite du même motif dans le Trio du Vivace), que Beethoven avait toujours une idée d'ensemble qu'il mettait en œuvre dans chaque composition. Et il pensait que ce dernier *Quatuor* était en relation étroite avec sa vie intérieure : Beethoven aurait évoqué sa jeunesse et la joie sans contrainte qu'il avait éprouvée à ce moment de sa vie.

CORRESPONDANCE

Le 31 mai 1826 [6., 2157], Beethoven proposait à Adolph Martin Schlesinger à Berlin qu'il lui achète son *Quatuor* pour 80 ducats-or, à la place de son fils Maurice Schlesinger de Paris qui ne lui répondait pas à ce propos (le magasin avait brûlé). Beethoven avait proposé l'*Op. 131*, le 22 avril 1826 [6., 2148].

Fin juillet 1826 [6., 2174], Beethoven rédigeait un brouillon de lettre à Ignaz Anton Aloys Dembscher (1776-1838) pour dénoncer la contradiction de son attitude avec ses dispositions de mécène (voir *WoO 196 Op. 135*, *BKh* 10, p. 63, 34r).

Le 13 octobre 1826 [6., 2221], Beethoven écrivait de Gneixendorf (où il se trouvait dans la maison du « Signore fratello », depuis le 29 septembre 1826) à Tobias Haslinger que le *Quatuor* était prêt, ne sachant pas quel chemin était le plus sûr pour lui faire parvenir. L'en-tête de la lettre écrite par le neveu Karl comprend un canon de 8 mesures à quatre voix écrit de la main de Beethoven sur « Erster alles Tobiasse ».

Le même jour, il écrivait à Adolph Martin Schlesinger à Berlin [6., 2222] que « le *Quatuor* était terminé, mais non encore copié, ce qui ne prendrait que quelques jours ».

Le 30 octobre 1826 [6., 2224], Beethoven faisait parvenir à Adolph Martin Schlesinger (à Berlin) la copie des parties séparées destinées à la gravure, en lui spécifiant qu'il était un « malheureux homme » parce que ce *Quatuor* lui avait donné beaucoup de mal à écrire – alors qu'il avait l'intention de faire quelque chose de plus grand, il avait écrit ce quatuor pour honorer sa promesse et par besoin d'argent, parce que ça ne venait que difficilement, ce que Schlesinger pouvait décoder dans le « es muss sein »... – parce qu'il avait été obligé de le copier lui-même, ne trouvant pas de copiste ; il finissait sa lettre en exprimant son contentement d'avoir fini.

Le même jour, il annonçait au fondé de pouvoir de Schlesinger, Tendler & Manstein [6., 2225], l'envoi de son quatuor et espérait toucher les 80 ducats.

Le 11 novembre 1826 [6., 2227], Beethoven écrivait à Tobias Haslinger qu'il avait envoyé son frère à Vienne pour porter le *Quatuor*. (Il lui demandait également de remettre à Artaria le nouveau Finale de l'*Op. 130*, contre 15 ducats en or.)

Le 12 avril 1827 [6., 2292], Anton Schindler écrivait à Adolph Martin Schlesinger à Berlin que Beethoven voulait dédier le dernier *Quatuor* à son ami Johann Wolfmayer.

Cahiers de conversation

BKh 8, Heft 94 (4-8 septembre 1825, 16r et 16v, 17r, p. 101) ; Maurice Schlesinger parle avec Beethoven de l'édition de ses œuvres complètes, il demande quand il aura « la copie de la liste » et propose de prendre rendez-vous pour discuter de leur souhaits respectifs. Puis il demande s'il peut annoncer que Beethoven ajoutera « un quatuor et trois quintettes » à la série de ses Trios, Quatuors et Quintettes que Schlesinger s'engage à publier ; il le prie de se mettre au travail au plus vite, sachant qu'un Quatuor lui est payé autant qu'un oratorio. Un peu plus loin dans leur conversation (24r, 25v, p. 106), Schlesinger s'engage à publier ses œuvres complètes en commençant par les Trios, Quatuors et Quintettes, et il lui demande de composer encore un quatuor et trois quintettes, et plus encore dans ce genre si cela lui est possible. Il insiste (25v et 26r). Maurice Schlesinger comptait donc sur l'*Op. 132*, qu'il publia, ainsi que sur l'*Op. 130* qui fut publié par Mathias Artaria à Vienne – Beethoven lui aurait proposé l'*Op. 131*, mais comme il ne répondit pas assez vite, il le vendit à Schott. C'est le père, à Berlin, qui publia l'*Op. 135*. En automne 1827, après la mort de Beethoven, Maurice Schlesinger publia à Paris une « Collection complète des Trios, Quatuors & Quintetti composes pour instruments à cordes par L. van Beethoven ».

La conversation se poursuivit encore sur cette question, tant l'éditeur attendait les Quatuors : Schlesinger rappelle (26v, 27r et 27v) qu'il refuse de marchander avec Beethoven, qu'il se tiendra au prix fixé, son seul souhait étant qu'il écrive les œuvres, sans pour autant interrompre les grandes œuvres en cours – malgré tout, Schlesinger pense qu'un par mois serait tenable pour Beethoven ; il demande enfin [28v] s'il peut emporter le premier (l'*Op. 132*, qui fut joué devant lui le 9 septembre 1825).

Heft 97 (entre le 11 et le 26 septembre 1825, sans doute, 20v, p. 148) : Holz annonce à Beethoven que Schlesinger va venir dire au revoir et qu'il ne faut pas tout lui promettre inconsidérément. Schlesinger, au moment de partir, lui rappelle qu'il attend le « 2e Quatuor » et qu'il déposera l'argent chez le banquier Biedermann (40v, p. 162). Quelques jours auparavant (28v, p. 154), Holz disait que Schlesinger achetait le premier *Quatuor* à Schott (l'*Op. 127* – ce qui ne se réalisa pas).

BKh 10, Heft 114 (premier tiers de juillet 1826, 8v, p. 26) : au cours d'une conversation sur l'utilisation des cordes à vide, Holz remarque que ce sera le troisième en *fa* majeur (op. 18, 1, op. 59, 1), et qu'il n'y en a pas en *ré* mineur, et il demande s'il y aura une fugue.

Heft 115 (12-28 juillet 1826, 34r, p. 63) : Holz (qui rendait compte de son travail de correction du *Quatuor op. 130*) dit avoir donné le billet à Demscher, qui avait ri en demandant s'il le fallait, et qu'il lui avait répondu que c'était la condition pour se faire pardonner (voir *WoO 196*).

Heft 116 (début août-7 août 1826, 19r, p. 77) : Holz conseille de finir d'abord le Quatuor.

Heft 127 (11-12 décembre 1826, 8v, p. 317) : lors d'une conversation avec Schuppanzigh qui parlait de ses concerts en abonnements, Beethoven notait les notes sur « muß es seyn ? » et « Es muß seyn ».

Opus 134

Fugue pour quatuor à cordes en *si* bémol majeur op. 133

Arrangée pour quatre mains par le compositeur

Temps de la composition

Alors qu'en avril 1826 Beethoven avait refusé d'établir lui-même un arrangement de la Fugue pour piano à quatre mains, il finit par accepter et se mit au travail dans la seconde moitié du mois d'août 1826. Artaria en prit livraison le 5 septembre 1826.

Le changement d'attitude provient de son désaccord avec l'arrangement qu'Anton Halm (1789-1872) lui envoya le 24 avril 1826 [6, 2149], la continuité de la conduite des voix n'étant pas respectée (elle était brisée par une répartition entre les quatre mains). L'éditeur Mathias Artaria, qui avait commandé l'arrangement à Anton Halm contre 40 Gulden (remis le 12 mai 1826), accepta d'acheter celui de Beethoven au prix de 12 ducats (comme celui-ci l'exigeait), le 5 septembre 1826, et il détruisit la version de Halm.

Contexte biographique

À peine un mois après la première exécution du *Quatuor op. 130*, qui eut lieu le 21 mars 1826, la question d'une transcription de la *Fugue* pour piano à quatre mains se posa à l'éditeur Artaria soucieux de répondre favorablement aux multiples demandes des amateurs. Il proposa alors à Beethoven d'établir lui-même un arrangement (*BKh* 9, 108, entre 11 et 16 avril, 11r, p. 184), lui garantissant que le Quatuor serait de toutes façons publié en partition et en voix séparées, en même temps. Il accepta le principe d'un arrangement, mais refusa de l'établir lui-même, proposant, sur les conseils de Karl Holz, de confier la tâche à Anton Halm, pianiste et compositeur qu'il connaissait depuis 1815 (Stephan Breuning le lui avait recommandé). Beethoven rencontra Anton Halm le 16 avril. Étant donné la difficulté de cet arrangement, Karl Holz suggéra à Anton Halm de s'inspirer du travail de Carl Czerny pour la *Sonate à Kreutzer*, arrangée en « Grand Duo Brillant » publié en mai 1825 par Diabelli & Comp. (*BKh* 9, Heft 108, 24v, p. 193, et 25r, 25v, p. 194).

Un mois plus tard, Artaria pressé de publier le Quatuor, poussait Beethoven à aider Anton Halm (*BKh* 9, Heft 110, 10 mai-début juin 1826, p. 254) – publier la Fugue de manière séparée n'était pas encore en question : Artaria souhaitait même que tous les mouvements du Quatuor soient transcrits pour piano à quatre mains, de façon à offrir deux versions au public – mais il ne savait pas à qui confier ce travail (*BKh* 10, Heft114, début août 1826, 27v, p. 81) : Karl Holz trouvait que la Cavatine était encore plus difficile à transcrire (*BKh* 10, Heft 117, 7-14 août 1826, 31v, p. 114). Son projet étant difficile à mettre en œuvre, Artaria, quand il disposa de l'arrangement de la Fugue finale établi par Beethoven, proposa de publier la Fugue séparément (sous les deux versions : cordes et piano), et lui suggéra de composer un nouveau Finale pour le Quatuor. Celui-ci accepta cette proposition en septembre 1826, à la plus grande satisfaction de l'éditeur (*BKh* 10, Heft 117, première moitié de septembre 1826, 31v, 32r, p. 197).

La position d'Artaria s'était donc précisée au début septembre, alors même que Beethoven craignait qu'il ne lui achète pas son arrangement, puisqu'il avait déjà rémunéré Anton Halm (le 12 mai 1826) : au début septembre Karl Holz pouvait lui annoncer qu'Artaria viendrait « mercredi lui donner la somme en or » (*BKh* 10, Heft 119, 4v, p. 180).

PRÉSENTATION DE L'ŒUVRE

Voir *Opus 130.*

SOURCES

Le manuscrit autographe (qui se trouve dans un lieu inconnu depuis 1890) porte la mention « *Overtura* ».

PUBLICATION

Par Mathias Artaria le 10 mai 1827, sous le numéro d'opus 134, en même temps que la publication (en partition et en voix séparées) de la *Fugue pour quatuor à cordes op. 133* :

« [...] et arrangée / pour le Pianoforte à quatre mains / par / L'AUTEUR MÊME / [...] »

DÉDICATAIRE

Archiduc Rodolphe

CORRESPONDANCE

Le 24 avril 1826 [6, 2149], Anton Halm envoyait à Beethoven l'arrangement de la *Fugue* commandé par Mathias Artaria (pour que son chef-d'œuvre soit largement diffusé), avec une lettre dans laquelle il témoignait de son admiration pour le génie de Beethoven, et signalait qu'il « n'avait pas pu conserver la configuration des sujets, qu'il avait été obligé d'en briser la continuité ».

Peu avant le 5 septembre 1826 [6., 2193 et 2194], Beethoven, à Vienne, annonçait à Karl Holz qu'il avait fini son arrangement, dont il voulait 12 ducats, mais qu'il n'était pas certain que Mathias Artaria déciderait de le lui acheter (puisqu'il avait déjà rémunéré Anton Halm).

WoO 197

Da ist das Werk, sorgt um das Geld !... zwölf Dukaten

Canon à cinq voix pour Karl Holz
« Lebhaft », 3/4, ut majeur – 10 mes.

TEMPS DE LA COMPOSITION

Ce *Canon* est lié à la réécriture de l'arrangement de la Grande Fugue pour piano à quatre mains *op. 134*. Mathias Artaria avait donné 40 Gulden à Anton Halm pour son arrangement (le 12 mai 1826), donnant 12 ducats à Beethoven, le 5 septembre 1826, pour la révision qu'il en avait faite.

CONTEXTE BIOGRAPHIQUE

Voir *Opus134.*

PRÉSENTATION DE L'OUVRE

Le texte est de Beethoven, en rapport avec l'occasion : « Voilà l'œuvre, préoccupez-vous de l'argent ! un, deux, trois, quatre, cinq, six, sept, huit, neuf, dix, onze, douze ducats ! » (le décompte étant répété sur des notes rapides et répétées).

SOURCES

L'autographe de la lettre à Karl Holz [6., 2193] est à Baltimore.

CORRESPONDANCE

Peu avant le 5 septembre 1826 [6., 2193, p. 273-274, et 2194], Beethoven, à Vienne, demandait à Karl Holz de se charger de vendre son arrangement de la *Grande Fugue* pour piano à quatre mains. Il ajoutait ce canon à la fin de sa première lettre, indiquant l'entrée des voix.

DÉDICATAIRE

Karl Holz (1799-1858), employé de la chancellerie de basse Autriche, membre de la Société des Amis de la musique et second violon dans le quatuor Schuppanzigh, fut très proche de Beethoven à partir de l'été 1825 (il lui servait de secrétaire).

WoO 62
Klavierstück

Pour piano à deux et quatre mains
Andante maestoso, ut *majeur, 3/4 – 10 mes.*

TEMPS DE LA COMPOSITION

Il s'agit du début de la composition d'un Quintette à cordes que Diabelli avait commandé à Beethoven.

CONTEXTE BIOGRAPHIQUE

C'est lors de son séjour à Gneixendorf près de Krems, chez son frère Johann, que Beethoven commença ce Quintette à cordes, après avoir terminé le *Quatuor op. 135*, ainsi que le nouveau Finale de l'*Op. 130* (qui remplaçait la *Grande Fugue*, *op. 133*). De son retour à Vienne, malade, il fut incapable de poursuivre le travail.

Écrire un Quintette à cordes faisait partie de ses négociations avec les éditeurs : en 1824, il avait promis un Quintette pour flûte à Diabelli [5., 1889], et en 1826, il avait prévu d'écrire des Quintettes pour Maurice Schlesinger (cf. *BKh* 8, Heft 94, p. 87 sq) (voir *Opus 135*).

SOURCES

Le manuscrit autographe est perdu : il devait comprendre 20 ou 30 mesures, inscrites sur une Partitur-Skizze qui faisait partie de son inventaire après décès.

Une autre esquisse pour ce Quintette se trouve sur un carnet de poche (à Berlin).

PUBLICATION

En 1838, Anton Diabelli publia ces quelques mesures qu'il avait arrangées pour piano à deux mains et pour piano à quatre mains, « n° 13 des morceaux favoris les plus récents » et qu'il publia sous le titre de « Ludwig van Beethoven / Dernière pensée musicale / à partir d'un manuscrit original » :

« LUDWIG van BEETHOVEN'S / Letzter musikalischer Gedanke. / aus dem Original – Manuscript im November 1826. »[1]

CORRESPONDANCE

Le 26 septembre 1826 [6., 2209], Beethoven faisait savoir à Diabelli qu'il lui livrerait son Quintette dans six semaines au plus tard – il attendait 100 ducats or.

1. Voir la reproduction in *Drei Begräbnisse und ein Todesfall*, Verlag Beethoven-Haus, Bonn, 2002, p. 146.

WoO 198
Wir irren alle Samt / Nur jeder irret anderst
(Nous errons tous ensemble, mais chacun à sa manière)

Canon à deux voix, sans doute énigmatique
3/4, ut *majeur – 4 mes.*

TEMPS DE LA COMPOSITION

Il s'agit de la dernière œuvre écrite par Beethoven alors qu'il ne pouvait plus travailler, cloué au lit par sa dernière maladie depuis la fin novembre 1826 (lors de son retour de Gneixendorf, la propriété de son frère dans laquelle il venait de passer près de deux mois, en attendant que disparaisse la cicatrice de son neveu Karl qui avait tenté de se suicider).

CONTEXTE BIOGRAPHIQUE

Beethoven a inscrit ce Canon à la fin d'une lettre à Karl Holz [6., 2234], écrite vers le 3 décembre peu après son retour de Gneixendorf à Vienne (le 28 novembre), dans laquelle il lui demande de venir le voir, car il doit pour l'instant garder le lit. À la fin de ce billet de quelques lignes, il écrit : « Finalement je ne peux que joindre cela », suit la portée musicale et les notes sur un texte qu'il connaissait depuis longtemps, et qui faisait sens pour ceux qui s'étaient penchés, comme lui, sur les traités d'écriture musicale de Kirnberger.

Cette référence à l'errance est également une allusion à Goethe et au Prologue au ciel du premier *Faust* : « Es irrt der Mensch, so lang' er strebt » (L'homme erre dès qu'il s'efforce et cherche) (vers 317).

PRÉSENTATION DE L'ŒUVRE

Le *Canon* a 4 mesures faites d'une gamme d'*ut* ascendante, avec un *ré* bémol et un *la* bémol et d'une retombée de l'octave en conclusion. Le rythme et des intervalles diminués donnent un caractère tendu et précipité à ce thème.

Le texte de ce *Canon* a été emprunté à un canon à quatre voix qui faisait partie du traité de Kirnberger, *Die Kunst des reinen Satzes in der Musik*, Berlin, 1771.

SOURCES

La lettre autographe est perdue

PUBLICATION

En 1865 par Nohl dans les *Briefe Beethovens*, n° 385.

Chants et airs arrangés pour Thomson

1. Les chants écossais (Op. 108 et WoO 156)

Opus 108

25 Chants écossais, pour une ou plusieurs voix avec accompagnement de piano, violon (flûte) et violoncelle

Ils furent composés en 1810, 1813, 1815, 1816, 1817-1818.

L'édition originale, *Select Collection of Original Scottish Airs, vol. 5*, a été publiée en juin 1818, à Édimbourg par G. Thomson. Ce volume parvint à Vienne en 1819.

Beethoven disposait de l'édition anglaise originale pour faire parvenir à l'éditeur de Berlin A.M. Schlesinger la copie destinée à la gravure. Il a modifié l'ordre de Thomson qui correspond à op. 108 n° 9, 10, 11, 16, 22, 5, 7, 1, 4, 8, 19, 14, 13, 12, 2, 6, 18, 17, 21, 20, 23, 15, 24, 3, 25.

Schlesinger a publié les 25 chants en trois cahiers : 8 + 8 + 9, à Berlin en 1822 avec texte anglais et allemand.

Ces Chants sont conçus pour être adaptés à plusieurs strophes, et comprennent introduction, accompagnement de piano, violon (ou flûte) et violoncelle, « ritournelle » entre les strophes et « ritournelle » finale.

Op. 108 n° 1 (*Scottish Airs V*, n° 208) / Lied avec refrain à trois voix

« Music, love and wine » / « Musik, Liebe und Wein »

La version anglaise, composée en février 1817 (voir 9e envoi) : la copie porte la date du 23 février 1817, diffère de la version publiée à Berlin.

Version 1. : Moderato, 2/4, *sol* majeur – 30 mes. Le refrain « Chorus » intervient entre les mes. 20 et 25.

Version 2. : Allegretto più tosto vivace, **C**, *sol* majeur – 27 mes. (3 mes. de transition sont coupées avant l'intervention du « Chorus »).

L'écriture est légère (staccato et croches alternées).

Op. 108 n° 2 (*Scottish Airs V*, n° 215)

« Sunset » / « Der Abend »

La version anglaise date de février 1818 (10e envoi), corrigée pour Berlin.

Version 1. « Sunset » / Andante con molto espressione, 2/4, *la* mineur – 43 mes. Les rythmes pointés donnent un caractère solennel

Version 2. « Sunset. Der Abend », *id.* – 45 mes.

Op. 108 n° 3 (*Scottish Airs V*, n° 229)

« Oh ! sweet were the hours » / « O köstliche Zeit »

La version anglaise date de février 1817 (9e envoi), la version allemande est légèrement corrigée par Beethoven.

Version 1. Andante con moto e semplice, 3/4 / Allegro, **C**, *fa* majeur – 43 mes. En deux parties différenciées par le tempo et la pulsation (triolet de croches dolce / croches piquées *f*).

Version 2. Andante con moto, 3/4 / Allegro ben marcato, **C** – 42 mes.

Op. 108 n° 4 (*Scottish Airs V*, n° 209)

« The maid of Isla » (texte de Walter Scott, 1771-1832) / « Das Islamägdlein »

La version anglaise date de février 1817 (9e envoi) ; revue pour Berlin.

Version 1. Allegretto, ma con espressione, **C**, *ré* majeur – 16 mes.

Version 2. *id.* – 30 mes.

Op. 108 n° 5 (*Scottish Airs V*, n° 206)

« The sweetest lad was Jamie » / « Der schönste Bub' war Henny »

La version anglaise date de l'été 1815 (5e envoi – incipit dans la lettre du 12 novembre 1814 [3., 754]).

Version 1. Andantino con moto amoroso felice, **C**, *sol* mineur – 16 mes.

Version 2. Andantino un poco Allegretto, **C**, *sol* mineur – 16 mes.

Op. 108 n° 6 (*Scottish Airs V*, n° 216)

« Dim, dim is my eye » / « Tüb', trüb' ist mein Auge »

La version anglaise date de l'été 1815 (5e envoi).

Andante amoroso con molto espressione, 2/4, *ré* majeur – 37 mes.

Op. 108 n° 7 (*Scottish Airs V*, n° 207)

« Bonny laddie, highland laddie » / « Frische Bursche, Hochlands-Bursche »

Été 1815 (5e envoi).

Version 1. Vivace scherzando, 2/4, *fa* majeur – 34 mes.

Version 2. Allegretto quasi vivace, 2/4, *fa* majeur – 34 mes.

La pulsation de croche est très régulière.

Op. 108 n° 8 (*Scottish Airs V*, n° 210)

« The lovely lass of Inverness » (Robert Burns, 1759-1796) / « Die holde Maid von Inverness »

mai/juin 1816 (7e envoi).

Sur l'autographe est indiqué : « Lamentation de Fingal pour son fils tué dans le combat ».

Affettuoso assai ed espressivo, 3/4, *ré* mineur – 35 mes.

La musique est intense (*f* et tremolo au début / *sempre pp* à la fin)

Op. 108 n° 9 (*Scottish Airs V*, n° 201) / Duett

« Behold my love how green the groves » (Robert Burns, 1759-1796) / « Schau her, mein Lieb', der Wälder Grün »

Février 1817 (9e envoi) – le premier de la série publiée par Thomson en 1818.

Grazioso, 6/8, *mi* bémol majeur – 30 mes.

Op. 108 n° 10 (*Scottish Airs V*, n° 202)

« Sympathy » / « Sympathie »

Été 1815 (5e envoi – incipit dans la lettre du 12 novembre 1814 [3., 754])

Version 1. Andantino più tosto Allegretto, *ré* majeur – 23 mes.

Version 2. Andantino con moto – *id.*

Op. 108 n° 11 (*Scottish Airs V*, n° 203)

« Oh ! thou art the lad of my heart » / « O Du nur bist mein Herzensbub' »

Fin 1815 (6e envoi – Thomson lui avait envoyé l'incipit de la mélodie dans sa lettre du 20 août 1815 [3., 825]). Sur l'autographe dans un cahier daté d'octobre 1815, il est écrit : « Ohne Sorgen. Einer, der alle sorgen weit weg wirft. », « statt in F in Es », « N° 3 », ainsi que sur la copie : « un sans souci (Hans ohne Sorgen) qui chasse tous les soins ».

Version 1. Allegretto risoluto, 6/8, *fa* majeur – 27 mes.

Version 2. Allegretto più tosto vivace, 6/8, *mi* bémol majeur – 26 mes.

Op. 108 n° 12 (*Scottish Airs V*, n° 214)

« Oh, had my fate been join'd with thine » (Lord Byron, 1788-1824) / « O hätte doch dies goldne Pfand »

Eté 1816 (7e envoi). Sur le manuscrit : « Un jeune home lamente de l'infidelité de sa maitresse ».

Version 1. Andante teneramente espressivo assai, **C**, *ré* majeur – 33 mes.

Version 2. Andante teneramente con molto espressione, **C**, *ré* majeur – 33 mes.

La musique a des effets d'écho et de résonance.

Op. 108 n° 13 (*Scottish Airs V*, n° 213) / Lied avec refrain à trois voix

« Come fill, fill, my good fellow » / « Trinklied »

Février 1817 (9e envoi). Sur l'autographe au début du chœur : « Nb : tenore wird in tenorschlüßel gesetzt ».

Version 1. Spiritoso ma non troppo presto, 9/8, *sol* mineur – 20 mes.

Version 2. Allegro con spirito, 9/8, *sol* mineur – 16 mes.

Op. 108 n° 14 (*Scottish Airs V*, n° 212)

« O how can I be blithe and glad » (Robert Burns, 1759-1796) / « O wie kann ich wohl fröhlich sein »

Été 1816 (7e envoi)

Version 1. Andantino poco Allegretto, **C**, *ré* majeur – 33 mes.

Version 2. Andante poco Allegretto, *id.*

Op. 108 n° 15 (*Scottish Airs V*, n° 226)

« O cruel was my father » / « O grausam war mein Vater »

Été 1816 (7e envoi). Sur l'autographe : « une jeune fille abandonnèe par son amant pleure son sort malheureux. »

Versions 1. Andante con molto espressione, 2/4, *fa* majeur – 45 mes.

Op. 108 n° 16 (*Scottish Airs V*, n° 204)
« Could this ill warld have been contriv'd » / « Wenn doch die arge böse Welt »
Été 1816 (7e envoi). Sur l'autographe : « Un jeune homme en badinant deplore les maux qui viennent des beaux yeux du sexe. »
Version 1. Allegretto grazioso et un poco scherzoso, 6/8, *ré* majeur – 34 mes.
Version 2. Allegretto un poco scherzoso, *id.*

Op. 108 n° 17 (*Scottish Airs V*, n° 219)
« O Mary, at thy window be » (Robert Burns, 1759-1796) / « Mariechen, komm an's Fensterlein »
Février 1817 (9e envoi)
Version 1. Allegretto più tosto vivace, **C**, *ré* majeur – 17 mes.
Version 2. Andantino quasi Allegretto, *id.* – 18 mes.

Op. 108 n° 18 (*Scottish Airs V*, n° 217)
« Enchantress, farewell » (Walter Scott, 1771-1832) / « O Zaub'rin, leb' wohl »
Février 1818 (10e envoi). Sur l'autographe, d'une main étrangère : « Enchanteresse ! Adieu ! »
Version 1. Allegretto con grazia, 6/8, *la* majeur – 42 mes.
Version 2. Andantino grazioso con espressione, *id.* – 25 mes. La ligne de chant et l'accompagnement sont différents.

Op. 108 n° 19 (*Scottish Airs V*, n° 211) / Lied avec refrain à quatre voix
« O swiftly glides the bonny boat » / « Wie gleitet schnell das leichte Boot »
Été 1815 [5e envoi – incipit dans la lettre du 12 novembre 1814 [3., 754].
Version 1. Andante con moto, **C**, *ré* majeur – 20 mes.
Version 2. Andante poco Allegretto, *id.*

Op. 108 n° 20 (*Scottish Airs V*, n° 222)
« Faithfu' Johnie » / « Der treue Johnie »
Été 1810 (1er et 2e envoi) ; février 1813 (4e envoi) pour la seconde version.
Version 1. Andante amoroso e teneramente, **C**, *mi* bémol majeur – 18 mes.
Version 2. Andantino semplice amoroso, *id.* – 34 mes. La ligne de chant et l'accompagnement sont différents.

Op. 108 n° 21 (*Scottish Airs V*, n° 221)
« Jeanie's distress » / « Jeanie's Trübsal »
Février 1817 (9e envoi)
Version 1. Allegretto con moto, 6/8, *ré* majeur – 31 mes.
Version 2. Andantino quasi Allegretto, *id.*

Op. 108 n° 22 (*Scottish Airs V*, n° 205) / Lied avec refrain à trois voix
« The Highland watch » / « Die Hochlands-Wache »
Janvier 1817 (8e envoi)
Version 1. Andante con moto ma con sensibilità, 2/4, *sol* mineur – 44 mes.
Version 2. Spiritoso e marciale, *id.* – 40 mes. Mélodie et accompagnement différents.

Op. 108 n° 23 (*Scottish Airs V*, n° 223)
« The shepherd's song » / « Des Schäfers Lied »
Février 1818 (10e envoi).
Version 1. Vivace ma sempre moderato, **C**, *la* majeur – 24 mes.
Version 2. Allegretto, *id.*

Op. 108 n° 24 (*Scottish Airs V*, n° 228)
« Again, my lyre » / « Noch einmal wecken Thränen »
Été 1815 (5e envoi)
Andante affettuoso assai, **C**, *fa* majeur – 26 mes.

Op. 108 n° 25 (*Scottish Airs V*, n° 230)
« Sally in our alley » / « Das Bäschen in unserm Strässchen »
Janvier 1817 (8e envoi)
Version 1. Andantino con moto grazioso e semplice assai, 3/4, *ré* majeur – 27 mes.
Version 2. Andantino grazioso semplice, *id.*

WoO 156

22 Chants écossais (22 Sch) pour une ou trois voix avec accompagnement de piano, violon (ou flûte) et violoncelle
Ancien WoO 156 *(12 Schottische Lieder)* + *ancien* WoO 157 *(12 Verschiedene Volkslieder en partie)* + *quelques* AGAsu[1]

Ces Lieder sont de dates différentes : 1810 (n° 1), 1815 (nos 2-4), 1817 (nos 5-7), 1818 (nos 8-15), 1819 (nos 16-19), 1820 (nos 20-22).
Voir Thomson 1er/2e, 5e, 6e, 9e, 11e, 12e, 13e envois
Ils furent publiés dans différents recueils par Thomson : *Melodies of Scotland VI* (octavo) 1825, *Melodies of Scotland VI (*folio) 1841, *Melodies of Scotland II* 1822.

1. AGAsu : Beethoven. Supplemente zur Gesamtausgabe, Bd. XIV, hrsg. Von Willy Hess, Wiesbaden 1971.

Neuf ne furent pas publiés par Thomson : nos 1-3, 5-7, 14, 20 et 21. Le n° 22 fut publié comme étant de Haydn alors qu'il avait été harmonisé par Beethoven.

La partie de flûte fut jointe systématiquement à partir de 1818, aux arrangements envoyés par Beethoven, qui n'indiqua que ce qui différait de la partie de violon. Dans cet ensemble de 22 Lieder, la partie de flûte qui peut remplacer le violon est présente à partir du n° 8.

1. Ohne Titel und Text

1er et 2e envois de 1810 et 1811

Ce Lied qui ne fut pas publié par Thomson, ne comprend ni titre ni texte.

Andante espressivo, C, *mi* mineur – 13 mes.

Le Lied est dominé par le rythme croche pointée – double croche, la voix doublée par la violon.

2. « Erin ! oh Erin »

5e envoi, juin 1815 – non publié par Thomson.

Andante amoroso, 3/4, *sol* majeur – 38 mes.

3. « O Mary, ye's be clad in silk »

5e envoi, juin 1815 – non publié par Thomson.

Andante quasi Allegretto, 2/4, *la* mineur – 24 mes.

4. « Highland Harry. My Harry was a gallant gay »

5e envoi, juin 1815 – publié en 1839 dans *20 Scottish Melodies* avec un texte de Robert Burns (1756-1796).

Allegretto spiritoso, 2/4, *ré* majeur – 37 mes.

5. « Oh onochri, oh »

9e envoi, février 1817 – non publié par Thomson.

Andante lamentabile, 3/4, *fa* majeur – 33 mes.

6. « Red gleams the sun »

9e envoi, février 1817 – non publié par Thomson.

Andantino quasi Allegretto, C, *mi* majeur – 14 mes.

(la main gauche en doubles croches *leggiermente* et les autres parties *dolce*).

7. « Sir Johnie Cope »

9e envoi, février 1817 – non publié par Thomson.

Marcia. Allegretto spiritoso e simplice, C, *sol* mineur – 40 mes.

8. « Sweet Annie frae the sea beach came » / Terzett

11e envoi, novembre 1818. Envoyée d'Édimbourg le 22 juin 1818, cette mélodie comportait cette indication de contenu : « Lamentation sur la morte [*sic*] d'une belle jeune fille. »

Publié dans *Melodies of Scotland VI* (octavo) 1825, 4.

Andante affettuoso, C, *sol* mineur – 24 mes.

9. « Duncan Gray » / Terzett

11e envoi, novembre 1818. Envoyée d'Édimbourg le 22 juin 1818, cette mélodie comportait cette indication de contenu : « Un Berger amoureux d'une Coquette du village èst repoussè, devient dedaigneux a son tour ; mais la Villageoise se repent de sa folie, èst pardonnée, et ils s'epousent. » [*sic*]

Publié dans *Melodies of Scotland VI* (octavo) 1825, 16.

Allegretto, C, *la* majeur – 27 mes.

10. « She's fair and fause » / Terzett = ancien *WoO 156*, 12 Sch 8

11e envoi, novembre 1818. Envoyée d'Édimbourg le 22 juin 1818, cette mélodie comportait cette indication de contenu : « Oh Femme charmante, Angèlique, mais à mon malheur inconstante et perfide [*sic*]. » Texte anglais de William Smyth (1765-1849)

Publié dans *Melodies of Scotland VI* (octavo) 1825, 9.

Andantino espressivo assai, 6/8, *fa* mineur – 24 mes.

11. « Auld lang syne » / Terzett

11e envoi, novembre 1818. Envoyée d'Édimbourg le 22 juin 1818, cette mélodie comportait cette indication de contenu : « Une rencontre des amis après plusieurs annèès de separation, se rapelant avec delices les passetems de innocens leur jeunesse » [*sic*]

Publié dans *Melodies of Scotland VI* (folio) 1841, 300.

Allegretto, 2/4, *fa* majeur – 37 mes.

12. « Dark was the morn » / Terzett

11e envoi, novembre 1818. Envoyée d'Édimbourg le 22 juin 1818, cette mélodie comportait cette indication de contenu : « Ma Maitresse èst si belle mais si froide, que ni l'Allegresse ni le Chant ne peuvent me plaire [*sic*]. »

Publié dans *Melodies of Scotland VI* (octavo) 1825, 20.

Andante con moto quasi Allegretto, 6/8, *la* majeur – 31 mes.

13. « Low down in the broom » / Terzett

11e envoi, novembre 1818. Envoyée d'Édimbourg le 22 juin 1818, cette mélodie comportait cette indication de contenu : « Mon pere èst Morose et ma Mère me gronde, – mais n'importe, car mon amant èst constant [*sic*]. »

Publié dans *Melodies of Scotland VI* (octavo) 1825, 1.

Il s'agit d'une des mélodies écossaises les plus connues, et les plus répandues.

Andantino quasi Allegretto, **C**, *ut* majeur – 23 mes.

14. « From thee, Eliza, I must go » / Terzett

11e envoi, novembre 1818. Envoyée d'Édimbourg le 22 juin 1818, cette mélodie comportait cette indication de contenu : « Les adieux tendres entre une jeune fille et son Amant. » [*sic*] – non publié par Thomson.

Allegretto, **C**, *si* bémol majeur – 22 mes.

15. « Polly Stewart »

11e envoi, novembre 1818. Envoyée d'Édimbourg le 22 juin 1818, cette mélodie comportait cette indication de contenu : « Chant de l'amour le plus constant, et le plus devouè » [*sic*]

Publié dans *Melodies of Scotland VI* (folio) 1841, 278.

Andante più tosto Allegretto, 2/4, *si* bémol majeur – 33 mes.

16. « Charlie is my darling » / Terzett

12e envoi, février 1819 – publié par Thomson dans *Melodies of Scotland II*, 1822, 1.

(connue également comme ballade jacobite).

Allegretto con anima, dans l'édition de Thomson, 2/4, *fa* majeur – 44 mes.

17. « Up ! quit thy bower » / Terzett

13e envoi, mai 1819. Envoyée d'Édimbourg le 5 avril 1819, cette mélodie comportait une indication de contenu : « Les paroles ont reference aux plaisirs d'une Vie Champetre et invitent à l'enjouement de la matin dans les Champs » [*sic*].

Publié dans *Melodies of Scotland VI* (octavo) 1825, 18.

Allegretto spiritoso, dans l'édition de Thomson, 6/8, *sol* majeur – 42 mes.

18. « Glencoe » / Terzett

13e envoi, mai 1819. Envoyée d'Édimbourg le 5 avril 1819, cette mélodie comportait une indication de contenu : « Des amis prenant congé les unes des autres pour un long tems » [*sic*]

Publié dans *Melodies of Scotland VI* (folio) 1841, 298.

Andante espressivo, 2/4, *ut* majeur – 36 mes.

19. « The banner of Buccleuch » / Terzett

13e envoi, mai 1819. Envoyée d'Édimbourg le 5 avril 1819, cette mélodie comportait une indication de contenu : « Le Retour – ou le tendre et heureux entrevue des amans et des amis » [*sic*] – publié, modifié, par Thomson dans *Melodies of Scotland II*, 1822, 2.

Andantino quasi Allegretto, **C**, *sol* majeur – 23 mes.

20. « Highlander's lament – My Harry was a gallant gay »

Lied avec un refrain à trois voix

14e envoi, 1820. Envoyée d'Édimbourg le 23 novembre 1819, cette mélodie comportait une indication de contenu : « Une jeune fille soupirant pour le retour de son amant. » – non publié par Thomson.

Espressivo, 2/4, *mi* mineur – 45 mes.

21. « Mark yonder pomp of costly fashion »

14e envoi, 1820. Envoyée d'Édimbourg le 23 novembre 1819, cette mélodie comportait une indication de contenu : « *Serenade* – ou l'invocation tendre d'un Amant a sa Maitresse. » [*sic*] – non publié par Thomson.

Andante con moto e con espressione, 2/4, *si* bémol majeur – 57 mes.

22. « Bonnie wee thing »

15e envoi (le dernier). Mélodie expédiée d'Édimbourg le 23 novembre 1819.

Publié dans *Melodies of Scotland VI* (octavo) 1825, 22. sous le nom de Haydn, qui a écrit la partie de piano, alors que Beethoven avait écrit les voix 2 et 3.

Andantino amoroso quasi Allegretto, **C**, *la* majeur – 16 mes.

2. Les chants gallois (WoO 155)

WoO 155

26 Airs gallois (26 Wal) pour une ou deux voix avec accompagnement de piano, violon et violoncelle
Ancien WoO 155 *(26 Walisische Lieder)*

Ils furent publiés en juin 1817 par Thomson à Édimbourg : *Welsh Airs III* (Troisième volume d'une série, les Lieder commencent par le n° 61 et se terminent par le n° 90 – les numéros 67, 86, 74 et 75, étant de Haydn).

À part le n° 15 (février 1813) et le n° 25 (entre septembre 1814 et mai 1815), ces Lieder ont été composés en 1810 (envoyés le 17 juillet 1810).

N° 1 « Sion, the son of Evan – The chace of the wolf » / Duett

Sur les copies Beethoven a indiqué « air de la chasse »

Welsh Airs III, n° 61 / Texte « Written for this work By Mrs Grant. »

Maestoso con spirito, **C**, *si* bémol majeur – 20 mes.

N° 2 « The monks of Bangor's march – Ymdaith mwngc » / Duett

Welsh Airs III, n° 62, Maestoso ma con espressione, avec une longue explication de Thomson sur l'origine de ce Chant remontant prétendument à 613 / Texte de Walter Scott (1771-1832)

Maestoso, **C**, *ut* mineur – 25 mes.

N° 3 « The cottage maid »

Welsh Airs III, n° 63, Andantino quasi Allegretto / Texte de William Smyth (1765-1849)

Andante, 2/4, *sol* majeur – 29 mes. (dolce, avec une pulsation à la croche)

N° 4 « Love without hope – Y corphorllwyth »

Welsh Airs III, n° 64 / Texte de John Richardson (1787-1865)

Andante espressivo assai amoroso, **C**, *mi* bémol majeur – 25 mes.

N° 5 « The golden robe – Isgin aur »

Welsh Airs III, n° 65, Andantino con moto / Texte de Anne Hunter

Allegretto, **C**, *si* bémol majeur – 27 mes. (la main gauche a l'allure d'une batterie parfois doublée par le violoncelle).

N° 6 « The fair maids of Mona »

Welsh Airs III, n° 66, Andantino non troppo lento ma con espressione / Texte de William Smyth (1765-1849)

Andante espressivo, 2/4, *fa* majeur – 38 mes.

N° 7 « O let the night my blushes hide – Gogerddan »

Welsh Airs III, n° 68, Andantino quasi Allegretto / Texte de William Smyth (1765-1849) (qui n'est pas bien adapté à la musique de Beethoven)

Allegretto, 2/4, *mi* bémol majeur – 45 mes.

N° 8 « Farewell thou noisy town – Croesaw[iad] gwraig y ty »

Welsh Airs III, n° 69, Allegretto con anima / Texte de William Smyth (1765-1849)

Vivace, 6/8, *ré* majeur – 30 mes.

N° 9 « To the aeolian harp »

Welsh Airs III, n° 70 / Texte de Anne Hunter

Andante espressivo, **C**, *mi* bémol majeur – 25 mes.

N° 10 « Ned Pugh's farewell – Ffarwel Ned Puw »

Welsh Airs III, n° 71 / Texte de Anne Hunter

Andantino con moto, 3/4, *fa* majeur – 53 mes.

N° 11 « Peggy's daughter – Merch Megan »

Welsh Airs III, n° 72 / Texte de Anne Hunter

Allegretto, 6/8, *mi* bémol majeur – 27 mes.

N° 12 « Waken lords and ladies gay – Consêt siri (The sheriff's fancy) »

Welsh Airs III, n° 73 / Texte de Walter Scott (1771-1832)

Air de la chasse / Allegretto spiritoso, **C**, *ré* majeur – 34 mes.

N° 13 « Helpless woman »

Welsh Airs III, n° 76, Andante / Texte de Robert Burns (1759-1796)

Andantino con moto, **C**, *la* majeur – 16 mes.

N° 14 « The dream – Syr Harri ddu » / Duett

Welsh Airs III, n° 77, Andantino con moto/texte du XIVe siècle « traduit du gallois par un ecclésiastique du Pays de Galle ».

Andantino, 3/4, *si* bémol majeur – 48 mes. (arpèges de triolets de croches continus, *p grazioso*, avec pizzicati des cordes, beaucoup de modulations de passage, et accélération finale de la ritournelle)

N° 15 « When mortals all to rest retire – Mynachdy »

4e envoi – composé en février 1813.

Welsh Airs III, n° 78, Andante con anima ed espressione / Texte de William Smyth (1765-1849)

Andante affetuoso con molto espressione, **C**, *la* mineur – 34 mes. (la main gauche donne une pulsation à la noire sur des octaves répétées)

N° 16 « The damsels of Cardigan »
Welsh Airs III, n° 79 « Fete Champetre » / Texte de William Jones (1746-1794)
Allegretto, **C**, *sol* majeur – 27 mes.

N° 17 « The dairy house – Hafod y wraig lawen »
Welsh Airs III, n° 80, Allegretto / Texte de Anne Hunter
Allegretto più tosto vivace, 6/8, *fa* majeur – 25 mes. (la partie de violon double la voix).

N° 18 « Sweet Richard »
Une des mélodies galloises les plus connues pour la harpe
Welsh Airs III, n° 81 / Texte de Amalia Opie [femme de John Opie (1761-1807)]
Andante affettuoso, 2/4, *fa* majeur – 30 mes. (dolce)

N° 19 « The vale of Clwyd »
Welsh Airs III, n° 82, Andante affettuoso / Texte de Amalia Opie
Andante lamentabile, **C**, *sol* mineur – 15 mes.

N° 20 « To the blackbird – Pen Rhaw »
Welsh Airs III, n° 83 / seconde version (la première considérée trop difficile par Thomson)
Andante più tosto Allegretto, **C**, *ré* majeur – 29 mes. (1re version) ; 34 mes. (2e version)

N° 21 « Cupid's kindness – Hen wraig Llanallgo »
Welsh Airs III, n° 84, Allegretto scherzando / Texte de William Smyth (1765-1849)
Vivace e scherzoso, 6/8, *ré* majeur – 39 mes.

N° 22 « Constancy – Y gofid glas » / Duett
Welsh Airs III, n° 85, Andante quasi Allegretto / la 1re strophe est de Robert Burns (1759-96)
Andante espressivo, 6/8, *sol* mineur – 28 mes. (les deux voix sont en homorythmie)

N° 23 « My pleasant home – Yr hen dôn »
Welsh Airs III, n° 87, Andante expressivo / Texte de William Smyth (1765-1849)
Andante espressivo amoroso, **C**, *si* mineur – 26 mes.

N° 24 « Three hundred pounds – Trichant o bunnau »
Welsh Airs III, n° 88, Allegretto più tosto vivace / texte de Richard Llwyd
Vivace, 6/8, *ré* majeur – 36 mes.

N° 25 « The parting kiss »
Dans le 5e envoi, du 6 juin 1815, donc composé entre septembre 1814 et mai 1815.
Welsh Airs III, n° 89 / Texte de William Smyth (1765-1849)
Andante espressivo, **C**, *la* mineur – 28 mes.

N° 26 « Good night – Gyrru'r byd o'm blaen »
Welsh Airs III, n° 90, Allegretto scherzando / Texte de W.R. Spencer
Vivace scherzando, 9/8, *sol* majeur – 22 mes. (l'accompagnement doit être joué « leggiermente »).

3. Les chants irlandais (WoO 152, 153, 154)

WoO 152

29 Airs irlandais (Ir I) pour une ou plusieurs voix avec accompagnement de piano, violon et violoncelle
Ancien WoO 152 *(25 Irische Lieder) + ancien* WoO 153, 1-4 *(20 Irische Lieder)*
Voir Thomson, envois 1er/2e, 3e et 4e

Ces 29 Airs irlandais font partie des 30 *Irish Airs I* publiés par Thomson à Édimbourg en mars 1814, à partir des premiers envois de Beethoven en 1810-1811, 1812, 1813. Le 30e Air publié par Thomson était de Haydn.

Les textes adaptés par Thomson sont de différents poètes anglais, dont Walter Scott (1 et 5).

1. « The return to Ulster » – Larghetto affettuoso, 3/4, *fa* mineur – 47 mes.
2. « Sweet power of song » / Duett / – Andantino grazioso, 3/4, *ré* majeur – 47 mes.
3. « Once more I hail thee » – Andante espressivo amoroso, *fa* majeur – 32 mes.
4. « The morning air plays on my face » – Allegretto grazioso, 6/8, *sol* mineur – 31 mes.
5. « On the massacre of Glencoe » – Andante lamentabile, **C**, *la* mineur – 26 mes.
6. « What shall I do » / Duett / – Allegretto affettuoso, **C**, *ré* majeur – 28 mes.
7. « His boat comes on the sunny tide » – Andante affettuoso, **C**, *ré* majeur – 25 mes.
8. « Come draw we round a cheerful ring » – Allegretto più tosto vivace, **C**, *fa* majeur – 16 mes.

9. « The soldier's dream » – Andante espressivo assai amoroso, 3/4, *mi* bémol majeur – 51 mes.

10. « The deserter » – Andante con moto, 3/4, *fa* majeur – 28 mes.

11. « Thou emblem of faith » – Andante affettuoso assai espressivo, 3/4, *ut* mineur – 27 mes.

12. « English bulls » – Allegretto più tosto vivace, 6/8, *ré* majeur – 29 mes.

13. « Musing on the roaring ocean » – Allegretto amoroso e grazioso, 3/4, *ut* majeur – 27 mes.

14. « Dermot and Sheila » – Allegretto scherzando, 6/8, *sol* majeur – 28 mes.

15. « Let brain spinning swains » – Allegretto scherzando, 6/8, *la* majeur – 32 mes.

16. « Hide not thy anguish » – Andantino amoroso con espressione, 3/4, *ré* majeur – 33 mes.

17. « In vain to this desart » / Duett / – Andante espressivo, 3/4, *ré* majeur – 33 mes.

18. « They bid me slight my Dermot dear » – Allegretto scherzoso, 6/8, *fa* majeur – 30 mes.

19. « Wife, children and friends » / Duett / – Allegretto, 6/8, *la* mineur – 31 mes.

20. « Farewell bliss and farewell Nancy » / Duett / – Andante con molta espressione, 3/4, *ré* mineur – 25 mes.

21. « Morning a cruel turmoiler is » – Vivace scherzando, 9/8, *ré* majeur – 21 mes.

22. « From Garyone, my happy home » – Allegretto amoroso, 6/8, *ré* majeur – 28 mes. (2e version de 12 Ir n° 7, KH *WoO 154* n° 7)

23. « A wand'ring gypsy » – Allegretto più tosto vivace, 6/8, *fa* majeur – 25 mes.

24. « The Traugh welcome » – Allegretto scherzando, 6/8, *fa* majeur – 24 mes.

25. « O Harp of Erin » – Andantino semplice espressivo, 3/8, *mi* bémol majeur – 40 mes. (2e version, 12 Ir n° 2, ancien WoO 154 n° 2).

26. « When eve's last rays in twilight die » / Duett / – Andante con molta espressione, 3/4, *mi* bémol majeur – 30 mes.

28. « No riches from scanty store » – Amoroso con moto, **C**, *ré* majeur – 25 mes.

28. « The British light dragoons » – Vivace scherzando, **C**, *ré* majeur – 22 mes.

29. « Since greybeards inform us that youth will decay » – Allegretto scherzando, 6/8, *sol* mineur – 31 mes.

WoO 153

30 Airs Irlandais (Ir II, 30 à 59) pour une ou plusieurs voix avec accompagnement de piano, violon et violoncelle
Ancien WoO 153 *(20 Irische Lieder) + ancien* WoO 154 *(12 Irische Lieder) + ancien* WoO 157 *(12 Verschiedene Volkslieder en partie)* + quelques AGAsu
Voir Thomson, 1er/2e, 3e, 4e, 5e envois.

Composés essentiellement en 1812/ 1813 (envoyés le 19 février 1813 – 4e envoi), mais certains en 1810 (Ir II n° 30 (1re version), 38, 41 (1re version), 47, 49 (1re version)] et entre 1811/1812 (envoyés le 19 février 1812 – 3e envoi) [Ir II n° 48 (1re version)], et d'autres en 1814 (envoyés le 10 juin 1815 – 5e envoi) (Ir II n° 32, 34, 37, 43, 51).

Thomson les publia en mai 1816, *Original Irish Airs, Vol. 2.*

1. 30 = KH[1] 20 Ir 5 – « I dream'd I lay where flow'rs were springing » / Duett / – Andantino, 3/4, *ut* mineur – 30 mes.

2. 31 = KH 12 Ir 10 – « The hero my perish his country to save » / Duett / – Andante con moto, **C**, *ré* majeur – 26 mes.

3. 32 = KH 20 Ir 6 – « Sad and luckless was the season » – Andante affettuoso e semplice assai, 3/4, *mi* bémol majeur – 30 mes.

4. 33 = KH 20 Ir 7 – « O soothe me, my lyre » – Andantino grazioso, 6/8, *sol* mineur – 21 mes.

5. 34 = KH 12 Ver. 8 – « By the side of the Shannon » – Allegretto più tosto, scherzando, 6/8, *sol* majeur – 34 mes.

6. 35 = KH 20 Ir 8 – « Norah of Balamagairy » / avec chœur / – Allegretto grazioso, 6/8, *fa* majeur – 41 mes.

7. 36 = KH 20 Ir 9 – « The kiss, dear maid, thy lip has left » – Andante amoroso e teneramente, **C**, *mi* bémol majeur – 26 mes.

8. 37 = KH 12 Ver. 2 – « The soldier » – Maestoso risoluto et eroico, **C**, *fa* majeur – 27 mes.

9. 38 = KH 20 Ir 10 – « The hapless soldier » / Duett / – Andante con moto, espressivo, 3/4, *fa* majeur – 22 mes.

10. 39 = KH 12 Ir 1 – « The elfin fairies » – Vivace, 6/8, *ré* majeur – 52 mes.

11. 40 = KH 20 Ir 11 – « When far from the

1. KH = Kinsky-Halm.

home of our youth we have rang'd » – Andantino amoroso, 6/8, *ut* mineur – 31 mes.

12. 41 = KH 20 Ir 12 – « I'Il praise the Saints with early song » – Andantino, **C**, *si* bémol majeur – 30 mes.

13. 42 = KH 12 Ir 6 – « Put round the bright wine » – Allegretto quasi vivace, 6/8, *fa* majeur – 28 mes.

14. 43 = KH 12 Ver. 11 – « The wandering minstrel » / avec chœur / – Andantino quasi Allegretto, **C**, *si* bémol majeur – 27 mes.

15. 44 = KH 20 Ir 13 – « Sunshine » – Allegretto grazioso, **C**, *sol* majeur – 27 mes.

16. 45 = KH 12 Ir 5 – « Oh ! Who, my dear Dermot » – Andante con espressione, 3/4, *si* mineur – 31 mes.

17. 46 = KH 12 Ir 4 – « The pulse of an Irishman ever beats quicker » – Vivace scherzando, 6/8, *fa* majeur – 53 mes.

18. 47 = KH 20 Ir 14 – « Paddy O'Rafferty, merry and vigorous » – Allegretto scherzando, 6/8, *sol* majeur – 30 mes.

19. 48 = KH 12 Ir 9 – « Oh ! Would I were but that sweet linnet » / Duett /– Andante amoroso, 9/8, *sol* mineur – 18 mes. (2e version)

20. 49 = KH 20 Ir 15 – « 'T is but in vain, for nothing thrives » – Andante amoroso, languidamente, 2/4, *fa* majeur – 34 mes.

21. 50 = KH 12 Ir 8 – « Save me from the grave and wise » / avec chœur /– Allegretto molto grazioso, 6/8, *fa* majeur – 45 mes.

22. 51 = KH 12 Ver. 6 – « A health to the brave » / Duett / – Alla Marcia, **C**, *fa* majeur – 34 mes.

23. 52 = KH 12 Ir 12 – « He promis'd me at parting » / Duett – Allegretto con moto, 2/4, *si* bémol majeur – 31 mes.

24. 53 = KH 20 Ir 16 – « O might I but my Patrick love » – Andantino amoroso con espressione teneramente, **C**, *mi* bémol majeur – 38 mes.

25. 54 = KH 20 Ir 17 – « Come, Darby dear, easy, be easy » – Allegretto più tosto vivace, 6/8, *la* majeur – 35 mes.

26. 55 = KH 12 Ir 11 – « The soldier in an foreign land » / Duett/ – Andantino amoroso, **C**, *fa* majeur – 15 mes.

27. 56 = KH 20 Ir 18 – « No more, my Mary, I sigh for splendour » – Andantino amoroso con molta espressione, 3/4, *mi* bémol majeur – 19 mes.

28. 57 = KH 20 Ir 19 – « Judy, lovely matchless creature » – Andante amoroso, 3/4, *si* bémol majeur – 61 mes.

29. 58 = KH 20 Ir 20 – « Thy ship must sail, my Henry dear » – Andante con espressione, **C**, *ré* mineur – 28 mes.

30. 59 = KH 12 Ir 3 – « The farewell song » – Andantino con espressione, 6/8, *sol* majeur – 35 mes.

WoO 154

4 Airs irlandais (Ir III, 60 à 63) pour une ou plusieurs voix avec accompagnement de piano, violon et violoncelle
AGAsu + ancien WoO 157 *(12 Verschiedene* Volkslieder 7*)* [1]
Voir Thomson, 1er, 4e et 6e envois

Ils ne furent pas publiés.

1. 60 = AGAsu 35 = KH *WoO 158*, 2, n° 7 – « Lament for Roe O'Neill », Andante lamentoso, **C**, *sol* mineur – 23 mes. (envoyé le 17 juillet 1810 – 1er envoi – pas de texte)

2. 61 = AGAsu 33 = *KH WoO 158*, 2, n° 1 – titré « Adieu, my Lov'd Harp » (Thomas Moore), Andantino con espressione, 6/8, *la* majeur – 20 mes. (envoyé le 19 février 1813 – 4e envoi – le texte est inconnu)

3. 62 = AGAsu 34 = KH *WoO 158*, 2, n° 2 – titré « Castel O'Neill » / Quatuor / – Andante affetuoso assai, 3/4, *mi* bémol majeur – 30 mes. (envoyé le 19 février 1813 – 4e envoi – Beethoven signalait dans sa lettre d'accompagnement de l'envoi qu'il avait ajouté une autre voix de basse pour qu'il puisse être chanté en quatuor, éventuellement – le texte est inconnu)

4. 63 = KH 12 Ver. 7 – « Robin Adair – Since all thy vows » / Terzett / – Andante amoroso, 3/4, *sol* majeur – 30 mes. – envoyé le 4 novembre 1815 (6e envoi).

---

1. L'ancien *WoO 154* in KH = 12 Airs Irlandais correspondant au nouveau *WoO 153* Ir II et au nouveau *WoO 152* Ir I, 25 et 22 deuxièmes versions.

4. Les chants de différents pays (WoO 158 et WoO 157)

WoO 158

29 Airs nationaux du continent européen (29 Kont) pour une ou plusieurs voix avec accompagnement de piano, violon et violoncelle
Ancien WoO 158 Lieder verschiedener Völker *(pas dans la GA) – 1. Kontinentale Lieder, n*^{os} *1 à 23, et ancien* KH WoO 157, Zwölf verschiedene Volkslieder, *n° 4 et n° 12*

Au cours de l'année 1816, ainsi qu'en janvier-février 1817, sur l'impulsion de Thomson Beethoven serait parti à la «chasse» aux airs continentaux[1] pour les harmoniser selon les souhaits de son commanditaire.

Le 2 mai 1816, Beethoven envoyait 18 airs continentaux. Le 18 janvier 1817, il envoyait les n° 24, 25, sur des mélodies d'airs français que Thomson lui avait fait parvenir, et les quatre airs continentaux supplémentaires commandés par Thomson le 8 juillet 1816, les n°s 7, 8, 17, 22. Puis il en expédia deux autres, le danois n° 1 et le sicilien n° 26, le 26 février 1817.

Les deux derniers, intégrés dans ce nouveau *WoO 158*, sont deux airs autrichiens envoyés par Beethoven (qui les copia de sa main) dans une lettre à N. Simrock le 18 mars 1820 [4., 1372].

Thomson ne semble pas avoir remarqué au moment de la réception des dix-huit premiers airs continentaux (qui lui plurent beaucoup) qu'au lieu des mélodies populaires authentiques[2] qu'il attendait, Beethoven avait rassemblé des airs à la mode, des «tubes», certes «populaires», mais non d'origine populaire : ces prétendus «Volkslieder» provenaient de Singspiele, avant d'être publiés par de nombreux éditeurs soit en partition indépendante (sous forme de réduction pour piano et voix, ou de thème et variations pour divers instruments), soit dans des revues musicales ou dans des recueils de chants populaires. En procédant à cette «chasse», Beethoven se conforma donc à la pratique de son époque qui consistait à harmoniser les mélodies populaires[3], confondant par conséquent Chant populaire (Volkslied) et air populaire «à la mode», parfois dénommé «Aria».

Les sources de Beethoven étaient donc de seconde main, provenant d'autres compositeurs viennois de son époque, mais comme le «Volkslied», héritage populaire, était par nature destiné à une large diffusion, le travail artistique était sensé lui conférer plus de valeur : il anoblissait, en quelque sorte, les «airs nationaux».

1. Danois – «Ridder Stig tjener i Congens gaard» (Les cavaliers s'approchent du château royal) – Vivace, 3/8, *fa* majeur – 42 mes. (trouvé dans l'*AMZ* XVIII, du 4 sept. 1816; composé en février 1817. Beethoven décrivait à Thomson, le 15 février 1817 [4., 1085], la chanson danoise qu'il avait enfin trouvée, comme «originelle», espérant que «vûe l'affinité de la *langue anglaise* avec la *Danoise* elle ne vous sera pas desagreable.» – c'est-à-dire que Beethoven espérait que Thomson pourrait y adapter des paroles anglaises, ce qu'il disait ne pas pouvoir faire pour les chants déjà envoyés).

2. Allemand – «Horch auf, mein Liebchen, ich bin der Gugu» – Andantino, 3/8, *mi* majeur – 47 mes. (trouvé, comme le suivant, dans la réduction pour piano du Singspiel *Das neue Sonntagskind* de Wenzel Müller; composé au début 1816).

3. Allemand – «Wegen meiner bleib d'Fräula nur da ganz allein» – Allegretto, 3/4, *mi* bémol majeur – 54 mes. (trouvé, comme le précédent, dans la réduction pour piano du Singspiel *Das neue Sonntagskind* de Wenzel Müller; composé au début 1816).

4. Tyrolien – «Wann i in der Früh aufsteh» – Comodo, 3/4, *mi* bémol majeur – 39 mes. (trouvé dans *Der Lügner*, Lustspiel, pièce parlée avec insertion de musique de Franz Xaver Tost; composé au début 1816).

5. Tyrolien – «Teppichkrämerlied» – 3/4, *fa* majeur – 73 mes. (trouvé dans «Trois chansons tyroliennes avec l'accompagnement

---

1. Voir l'article de Kurt Dorfmüller, «Beethovens "Volksliederjagd"» publié dans *Festschrift für Horst Leuchtmann zum 65. Geburtstag*, Tutzing 1993, p. 107-125, qui établit la provenance de chacun des «Volkslieder» choisis par Beethoven pour être envoyés à Thomson, considérés comme «airs nationaux continentaux».

2. Que Bartok cherchera à enregistrer au début du XXe siècle.

3. Comme Mozart qui faisait jouer des airs des *Noces de Figaro* dans *Don Giovani*, en 1787, à Vienne.

du Clavecin, ou Piano-Forte... par Fredric Satzenhoven», chansons issues de Singspiele et publiées à Vienne chez Cappi, vers 1805 – première chanson republiée en 1809; composé au début 1816).

6. Tyrolien – «A Madel, ja a Madel» – 3/4, *fa* majeur – 99 mes. (trouvé dans «Trois chansons tyroliennes avec l'accompagnement du Clavecin, ou Piano-Forte... par Fredric Satzenhoven» publiées à Vienne chez Cappi, vers 1805 – cette deuxième chanson, republiée en 1809, provenait du Singspiel de Satzenhoven *Der Körbchenflechter an der Zauberquelle*; composé au début 1816).

7. Tyrolien – «Wer solche Buema afipackt» – 2/4, *sol* majeur – 40 mes. (Aria issu de l'opéra *Der Tyroler Wastl* de Jacob Haibel, 1796; composé en été 1816).

8. Tyrolien (Aria) – «Ih mag di nit nehma du töppeter Hecht» – Moderato, 3/4, *fa* majeur – 42 mes. (trouvé dans «Trois chansons tyroliennes avec l'accompagnement du Clavecin, ou Piano-Forte... par Fredric Satzenhoven» publiées à Vienne chez Cappi, vers 1805; composé en été 1816).

9. Polonais – «Oj Oj upilem sie w karczmie» (Auf, auf, ihr Freunde) – Allegro ma non troppo, 2/4, *sol* majeur – 38 mes. (provient du compositeur polonais Franciszek Mirecki, composé en 1816).

10. Polonais – «Poszla baba po popia i diabel je utopil» (Lenz und Liebeswonen enden) – Poco Allegretto, 3/8, *sol* majeur – 25 mes. (provient du compositeur polonais Franciszek Mirecki, composé en 1816).

11. Portugais (Cancion) – «Ja no quiero embarcarme, pues es muy cier to» – Allegretto, 3/4, *sol* majeur – 21 mes. (provient de l'*AMZ* I, 1799; composé au début 1816).

12. Portugais (Duett) – «Seus lindos olhos mal que me viram» – Andante con sentimento, **C**, *la* majeur – 22 mes. (La source utilisée par Beethoven n'est pas identifiée; composé au début 1816).

13. Russe («Dans la forêt, verte») – Allegro, 2/4, *ut* majeur – 24 mes. (trouvé dans la collection Pratsch sans doute; composé au début 1816).

14. Russe («Ah, votre ruisseau, eau fraîche») – Andante assai espressivo, 2/4, *sol* mineur – 16 mes. (trouvé dans la collection Pratsch sans doute; composé au début 1816).

15. Russe («Nos chères jeunes filles allaient cueillir des baies») – Allegretto, 2/4, *ut* majeur – 24 mes. (trouvé dans la collection Pratsch sans doute; composé au début 1816).

16. Russe (Air cosaque) – «Schöne Minka, ich muss scheiden! Ach, du fühlest nicht das Leiden» – Andante amoroso con moto, 2/4, *la* mineur – 42 mes. Beaucoup de Variations ont été composées sur ce thème très à la mode (mélodie envoyée par Thomson).

17. Suédois (Berceuse) – «Lilla Carl, sov sött i frid!» – Andantino, 2/4, *la* mineur – 25 mes. La copie pour la gravure ne comprend pas de texte, mais la source est une variante d'une mélodie très répandue pour laquelle Carl Michael Bellmann composa des paroles (composé en été 1816).

18. Suisse (Duett) – «An ä Bergli bin i gesässe» – Andante, 3/4, *fa* majeur – 20 mes. (trouvé dans l'*AMZ* XIII, n° 22 du 29 mai 1811; composé au début 1816).

19. Espagnol (Bolero a solo) – «Una paloma blanca» – Tempo di bolero, 3/4, *si* bémol majeur – 30 mes. (Source inconnue; composé au début 1816).

20. Espagnol (Bolero a due, Duett) – «Como la mariposa» – Tempo di bolero, 3/4, *ut* majeur – 30 mes. (Source inconnue; composé au début 1816).

21. Espagnol (Tiranilla espanola) – «La tirana se embarca» – Andante espressivo, 6/8, *ut* majeur – 41 mes. (Source inconnue; composé au début 1816).

22. Hongrois (chant de vendanges) – «Edes kinos emlékezet» – Allegro, 2/4, *sol* majeur – 20 mes. (trouvé dans l'*AMZ* XVIII, supplément 2 du n° 11 du 13 mars 1816; composé en été 1816).

23. Italien (Canzonetta veneziana) – «Da brava, Catina, mostreve bonina» – Allegretto, 3/8, *la* majeur – 42 mes. (Source inconnue; composé au début 1816).

24. Air français, envoyé par Thomson le 8 juillet 1816 (composé fin 1816). 6/8, *si* bémol majeur – 51 mes. (KH *WoO 158*, 3., n° 2), peut-être «Air de Collin» («Non, non, Colette n'est pas trompeuse») extrait du *Devin du village* de J.-J. Rousseau

25. Air français, envoyé par Thomson le 8 juillet 1816 (composé fin 1816). Il s'agit peut-être d'un air de Rousseau? – Allegretto scherzando, **C**, *fa* majeur – 29 mes.

26. [= 12 Ver 4, KH *WoO 157* n° 4]. Sicilien (Terzett) – «O sanctissima, o piissima» – Andante con moto ma con pietà, 2/4, *fa* majeur – 36 mes. (Source inconnue; composé

en février 1817. Beethoven décrivait à Thomson, le 15 février 1817 [4., 1085], la chanson «sicilienne» qu'il avait enfin trouvée : «Celle en F-dur 2/4 est un chanson a la Sainte Vierge *des Navigateurs siciliens en Navigeant*»).

27. = 12 Ver 12, KH *WoO 157* n° 12. Vénitien – «La gondoletta-La biondina in gondoletta» – Allegretto scherzando, 6/8, *sol* majeur – 33 mes. (Source inconnue ; composé au début 1816).

28. Autrichien. «Das liebe Kätzchen» – Munter, 2/4, *la* mineur – 8 mes. (provient d'un recueil de chants populaires autrichiens publié à Pesth en 1819. L'arrangement pour voix et piano a été transcrit par Beethoven dans sa lettre à N. Simrock du 18.3.1820 [4., 1372]).

29. Autrichien. «Der Knabe auf dem Berge» – Etwas langsam, 3/8, *sol* majeur – 18 mes. (provient d'un recueil de chants populaires autrichiens publié à Pesth en 1819. L'arrangement pour voix et piano a été transcrit par Beethoven dans sa lettre à N. Simrock du 18.3.1820 [4., 1372]).

WoO 157

4 Airs anglais (4 Engl) pour une ou plusieurs voix avec accompagnement de piano, violon et violoncelle
Ancien WoO 157 *(12* Verchiedene Volkslieder *1 et 5)* + *ancien* WoO 156, 5 + *AGAsu*

Ces quatre harmonisations d'airs anglais ont été composés en fin 1816 (voir Thomson, 8e envoi du 18 janvier 1817) et au début 1819 (voir 13e envoi du 25 mai 1819).

1. AGAsu 37 (KH *WoO 158*, 3, n° 1) – Air de Polly issu du «The Beggars Opera» de John Grey («When my Hero in Court appears») – Andante amoroso espressivo assai, 6/8, *mi* mineur – 33 mes.

2. 12 Sch 5 (KH *WoO 156* n° 5) – «Cease your funning, force or cunning» – Andantino quasi Allegretto, 6/8, *la* majeur – 34 mes.

3. 12 Ver 1 (KH *WoO 157* n° 1) – «God save the King» / avec chœur – Maestoso con molto spirito, 3/4, *si* bémol majeur – 59 mes.

4. 12 Ver 5 (KH *WoO 157* n° 5) – «The millers of Dee» / Terzett – Allegretto con brio, 6/8, *ut* mineur – 38 mes.

BIBLIOGRAPHIE

La bibliographie spécifique d'une œuvre est indiquée dans la notice qui la concerne.

I. Sources

1. Édition des œuvres

NGA, *Neue Beethoven – Gesamtausgabe*, Abteilung I – XIII (56 Bände) : *Beethoven Werke*, G. Henle Verlag. München – Duisburg, depuis 1961 (en cours de réalisation)

Abteilung I	Symphonien
Abteilung II	Übrige Orchesterwerke (Autres œuvres pour orchestre)
Abteilung III	Konzerte (Concertos)
Abteilung IV	Kammermusik mit Klavier (Musique de chambre avec piano)
Abteilung V	Werke für Klavier und ein Instrument (Œuvres pour piano et un instrument)
Abteilung VI	Kammermusik ohne Klavier (Musique de chambre sans piano)
Abteilung VII	Klaviermusik (Œuvres pour piano)
Abteilung VIII	Geistliche Musik (Musique religieuse)
Abteilung IX	Bühnenwerke (Musiques de scène)
Abteilung X	Gesangswerke mit Orchesterbegleitung (Œuvres pour voix et orchestre)
Abteilung XI	Volksliederbearbeitung (Arrangements d'airs populaires)
Abteilung XII	Lieder und Gesänge (Lieder et Chants)
Abteilung XIII	Kontrapunktstudien (Études de contrepoint)

2. Études des esquisses

JOHNSON, Douglas – TYSON, Alan – WINTER, Robert, *The Beethoven Sketchbooks, History, Reconstruction, Inventory*, Clarendon Press Oxford, 1985

NOTTEBOHM, Gustav

– *Ein Skizzenbuch von Beethoven aus dem Jahre 1803*, Leipzig 1880

– *Beethoveniana. Aufsätze und Mitheilungen*, Leipzig 1872 (Nottebohm I)

– *Zweite Beethoveniana. Nachgelassene Aufsätze*, Leipzig 1887 (Nottebohm II)

3. Correspondance

Ludwig van Beethoven, *Briefwechsel. Gesamtausgabe*, hrsg. von Sieghard Brandenburg, 7 vol., G. Henle Verlag. München, 1996/1998

Les Lettres de Beethoven, par Emily Anderson, traduites de l'anglais d'après l'allemand par Jean Chuzeville, ILTE, Turin, 1968

4. Cahiers de conversation

Ludwig van Beethovens Konversationshefte, hrsg. von Karl-Heinz Köhler und Grita Herre, 11 Bde., VEB Deutscher Verlag für Musik Leipzig 1972 / 2001

5. Écrits intimes

BUSCH-WEISE, Dagmar von, « Beethovens Jugend Tagebuch », in *Studien zur Musikwissenschaft*, XXV (1962), p. 68-88.
SOLOMON, Maynard, *Beethovens Tagebuch*, hrsg. von Sieghard Brandenburg, Beethoven-Haus, Bonn, 1990 (Sonderausgabe 2005)
Die Stammbücher Beethovens und der Babette Koch, in Faksimile mit Einleitung und Erklärungen hrsg. von Max Braubach, Beethoven-Haus, Bonn, 1995

II. Catalogues

Das Werk Ludwig von Beethovens, Thematisch-Bibliographisches Verzeichnis seiner sämtlichen vollendeten Kompositionen, von Georg KINSKY, nach dem Tode des Verfassers abgeschlossen und herausgegeben von Hans HALM, G. Henle Verlag, München, 1955
Beiträge zur Beethoven – Bibliographie, Studien und Materialen zum Werkverzeichnis von Kinsky-Halm, hrsg. von Kurt DORFMÜLLER, G. Henle Verlag, München, 1978
N.B. En 2005, la réédition révisée et augmentée du catalogue Kinsky-Halm est en cours d'achèvement
GREEN, James F., *The New Hess Catalog of Beethoven's Works*, Vance Brook Publishing, West Newbury, Vermont, 2003
Sämtliche Kanons, Kritisch-praktische Ausgabe, hrsg. von Rudolph KLEIN, Verlag Doblinger, Wien-München, 1970
DIGITALES ARCHIV, Beethoven-Haus Bonn
http://www.beethoven-haus-bonn.de

III. Dictionnaires

The New Grove. Dictionary of Music and Musicians, hrsg. von Stanley Sadie, 20 Bde., London 1980
Dictionnaire Beethoven, s.d. de Barry Cooper, traduit par Dennis Collins, J.-C. Lattès, Paris, 1991

IV. Recension des critiques

KRAUS Beate Angelika, *Beethoven-Rezeption in Frankreich – Von ihren Anfängen bis zum Untergang des Second Empire*, Schriften zur Beethoven-Forschung, Band 13, Verlag Beethoven-Haus Bonn, 2001
KUNZE, Stefan, *Ludwig van Beethoven, Die Werke im Spiegel seiner Zeit. Gesammelte Konzertberichte und Rezensionen bis 1830*, Laaber-Verlag, Laaber 1987 (Sonderausgabe 1996)
WALLACE, Robin, *Beethoven's critics : aesthetic dilemmas and resolutions during the composer's lifetime*, First Paperback edition. Cambridge, New York, Port Chester, Melbourne, Sydney – Cambridge University Press, 1989

V. Premières biographies

BREUNING Gerhard von, *Aus dem Schwarzspanierhaus, Erinnerungen an Ludwig van Beethoven*, Wien 1874 (Georg Olms Verlag, Hildesheim, Zürich, New York, 2003)
LENZ, Wilhelm von, *Beethoven et ses trois styles*, Saint-Pétersbourg, 1852
Beethoven. Eine Kunststudie, Cassel, 1855
MARX, Adolph Bernhard, *Ludwig van Beethoven Leben und Schaffen*, 2 Bde., Berlin, Janke, 1859
NOHL, Ludwig, *Beethovens Leben*, 3 Bde., Wien, Markgraf & Müller, 1864 ; Leipzig, Günther, 1867-1877

SCHINDLER, Anton, *Biographie von Ludwig van Beethoven*, Münster, Aschendorff, 1re édition 1840, 2e éd. augmentée 1845, 3e éd. largement augmentée, 1860 (cette dernière a été traduite en français par Albert Sovrinski sous le titre *Histoire de la vie et de l'œuvre de Beethoven*, Paris, Garnier frères, 1865)

SCHLOSSER, Johann Aloys, *Ludwig van Beethoven. Eine Biographie, desselben, verbunden mit Urtheilen über seine Werke. Heraugegeben zur Erwirkung eines Monuments für dessen Lehrer, Joseph Haydn*, Prag, 1828

WEGELER Franz Gerhard, RIES Ferdinand, *Biographische Notizen über Ludwig van Beethoven*, Coblenz, 1838 (Georg Olms Verlag, Hildesheim, Zürich, New York, 2000)

Traduction française de A.-F. Legentil, *Notices biographiques sur L. van Beethoven*, Dentu, Paris, 1862

VI. Études contemporaines

1. Ouvrages biographiques

Beethoven – Die Geschichte seiner Familie, von Joseph Schmidt-Görg, Beethoven-Haus Bonn 1964 / G. Henle Verlag, München-Duisburg

Beethoven und die Nachwelt, Materialen zur Wirkungsgeschichte Beethovens, hrsg. von Helmut Loos, Beethoven-Haus, Bonn, 1986

Beethoven zwischen Revolution und Restauration, hrsg. von Helga Lühning und Sieghard Brandenburg, Beethoven-Haus, Bonn, 1989

Des Bonner Bäckermeisters GOTTFRIED FISCHER, Aufzeichnungen über Beethovens Jugend, von Joseph Schmidt-Görg, Beethoven-Haus Bonn 1971 / G. Henle Verlag, Munich-Duisburg

Drei Begräbnisse und ein Todesfall. Beethovens Ende und die Erinnerungskultur seiner Zeit, hrsg. vom Beethoven-Haus Bonn und dem Museum für Sepulkralkultur, Kassel, Verlag Beethoven-Haus Bonn, 2002

Bonner Beethoven-Studien, hrsg. von Sieghard Brandenburg und Ernst Herttrich, Verlag Beethoven-Haus, Bonn, n° 1, 1999, n° 2, 2001, n° 3, 2003

Der « männliche » und der « weibliche » Beethoven, Bericht über den Internationalen musikwissenschaftlichen Kongress von 31. Oktober bis 4. November 2001 an der Universität der Künste Berlin, hrsg. von Cornelia Bartsch, Beatrix Borchard, Rainer Cadenbach, Schriften zur Beethoven-Forschung, Band 18, Verlag Beethoven-Haus, Bonn 2003

Geschichte der Stadt Bonn, Band 3, *Bonn als kurkölnische Haupt – und Residenzstadt 1597-1794*, hrsg. von Dietrich Höroldt, Dümmler, Bonn 1989

Wohnstätten Ludwig van Beethoven von 1792 bis zu seinem Tod, von Kurt Smolle, Beethovenhaus Bonn 1970, G. Henle Verlag, München-Duisburg

2. Ouvrages sur l'œuvre

Beethoven. Interpretationen seiner Werke, hrsg. von Albrecht Riethmüller, Carl Dahlhaus, Alexandre L. Ringer, 2 Bde., Laaber-Verlag, Laaber, 1996 (2., durchgesehene Auflage 1996)

Beethovens Klaviertrios, Symposium München 1990, hrsg. von Sieghard Brandenburg, Schriften zur Beethoven-Forschung XI, G. Henle Verlag, München 1992

Beethovens Werke für Klavier und Violoncello, hrsg. von Sieghard Brandenburg, Ingeborg Maass und Wolfgang Osthoff, Schriften zur Beethoven-Forschung, Band 15, Verlag Beethoven-Haus, Bonn 2004

Beiträge zu Beethovens Kammermusik, Symposium Bonn 1984, hrsg. von Sieghard Brandenburg und Helmut Loos, Schriften zur Beethoven-Forschung X, G. Henle Verlag, München 1987

Beethoven und die Rezeption der Alten Musik. Die hohe Schule der Überlieferung, Kongressbericht von Hans-Werner Küthen, Schriften zur Beethoven-Forschung, Band 16, Verlag Beethoven-Haus, Bonn 2002

Zu Beethoven, Aufsätze und Annotationen, 1979, Aufsätze und Dokumente 2,1984, et 3, 1988, hrsg. von Harry Goldschmidt, Verlag neue Musik, Berlin

BOUCOURECHLIEV, André, *Beethoven*, Solfèges/Le Seuil, Paris, 1963
– *Essai sur Beethoven*, Actes Sud, Arles, 1991
– *Le langage musical*, Les chemins de la musique, Fayard, Paris, 1993
BRISSON, Élisabeth, *Le sacre du musicien, La référence à l'Antiquité chez Beethoven*, CNRS Éditions, Paris, 2000.
BRISSON, Élisabeth, *Ludwig van Beethoven*, Fayard/Mirare, Paris, 2004
CZERNY, Carl, *Die Kunst des Vortrags der älteren und neueren Klavierkompositionen oder die Fortschritte bis zur neuesten Zeit*, Zweites und Drittes Kapitel, « Über den richtigen Vortrag der Sämtlichen Beethoven'schen Klavierwerke », Faksimilereproduktion der bei A. Diabelli u. Comp., Wien 1842, erschienenen Ausgabe, Universal Edition A.G. N°. 13340, 1963
DE NORA, Tia, *Beethoven et la construction du génie*, traduit de l'anglais par Marc Vignal, Les chemins de la musique, Fayard, Paris, 1998
FORBES, Elliott, *Thayer's Life of Beethoven*, Revisited and Edited by Elliot Forbes, 2 vol., Princeton, New Jersey / Princeton University Press, 1967
FOURNIER, Bernard, *L'esthétique du Quatuor à cordes*, Fayard, Paris, 1999
– *Histoire du Quatuor à cordes de Haydn à Brahms*, Fayard, Paris, 2000
GÜLKE, Peter *« … immer das Ganze vor Augen », Studien zu Beethoven*, Metzler Bärenreiter, Stuttgart, 2000
HERMAND, Jost, *Beethoven, Werk und Wirkung*, Böhlau Verlag Köln, Weimar, Wien, 2003
HOFFMANN, Ernst Theodor Amadeus, *Écrits sur la musique*, Éditions l'Âge d'Homme, Lausanne (Suisse), 1985
KROPFINGER, Klaus, *Beethoven*, MGGPrisma, Bärenreiter, Kassel, Basel, London, New York, Prag / Metzler, Stuttgart, Weimar, 2001
LECOMPTE, Michel, *Guide illustré de la musique symphonique de Beethoven*, Les indispensables de la musique, Fayard, Paris, 1995
MASSIN, Jean et Brigitte, *Ludwig van Beethoven*, Fayard, Paris, 1967
ROSEN, Charles, *Le style classique, Haydn, Mozart, Beethoven*, Traduit de l'anglais par Marc Vignal, nrf, Gallimard, 1971
SOLOMON, Maynard, *Beethoven*, traduit de l'anglais par Hans Hildenbrand avec la collaboration de Jean Nithart, Fayard, Paris, 2003 (Schirmer Trade Books, 1998)
SOLOMON, Maynard, *Late Beethoven. Music, Thought, Imagination*, University of California Press, Berkeley, Los Angeles, London, 2003
STRICKER, Rémy, *Le dernier Beethoven*, Gallimard, Paris, 2001
UHDE, Jürgen, *Beethovens Klaviermusik*, 3 Bde. Reclam, Stuttgart (1968 / 1974)
VIGNAL, Marc, *Joseph Haydn*, Fayard, Paris, 1988
WERNER-JENSEN, Arnold, *Ludwig van Beethoven – Musikführer*, Reclam, Leipzig 2001
WOLF, Stefan, *Beethovens Neffenkonflikt*, G. Henle Verlag. München 1995

VII. Littérature

GOETHE, Wolfgang, *Poésies / Gedichte – Des origines au voyage en Italie*, 2/ *Du Voyage en Italie jusqu'aux derniers poèmes*, traduites et préfacées par Roger Ayrault, Aubier, Collection bilingue, Paris, 1951 et 1982
– *Romans*, nrf, Bibliothèque de la Pléiade, Gallimard, Paris, 1959
– *Théâtre*, nrf, Bibliothèque de la Pléiade, Gallimard, Paris, 1951
GRIESINGER, Georg August, *« Eben komme ich von Haydn… », Korrespondenz mit Joseph Haydns Verleger Breitkopf & Härtel 1799-1819*, hrsg. Und kommentiert von Otto Biba, Zürich 1987
LESSING, Gotthold Ephraïm, *Nathan le sage*, traduit par François Rey, Collection romantique n° 33, José Corti, Paris, 1991
MÉTASTASE, Pierre, *Tutte le Opere di Pietro Metastasio*, par Bruno Brunelli, 5 vol., Milan 1947/1954

SCHILLER, Friedrich, *De la grâce et de la dignité* suivi de *De l'art tragique* suivi de *De la cause du plaisir que nous prenons aux objets tragiques*, traduction de Constance Chastenet, préface de Jean-Pierre Faye, Hermann, éditeur des sciences et des arts, Paris 1998

– *Don Carlos*, traduction Xavier Marmier, révisée par Jean-Louis Backès, Collection Folio Théâtre, Gallimard, Paris 2004

– *Lettres sur l'éducation esthétique de l'homme / Briefe über die ästhetische Erziehung des Menschen,* Texte intégral et version française par Robert Leroux, Aubier, Domaine allemand bilingue, Paris, 1943 (nouvelle édition 1992)

– *Les Brigands / Die Räuber*, traduction et préface de Raymond Dhaleine, Aubier-Flammarion, Paris, 1968

– *Guillaume Tell (Wilhelm Tell*), Collection bilingue des classiques étrangers, Aubier, Éditions Montaigne, Paris, s.d.

– *Œuvres dramatiques*, traduites de l'Allemand par M. Horace Meyer, J. B. Clarey, Éditeurs, Paris, 1838

SHAKESPEARE, William, *La Tempête*, préface et traduction d'Yves Bonnefoy, édition bilingue, Collection Folio Théâtre, Gallimard, Paris, 1997

SULZER, Johann Georg, *Allgemeine Theorie der Schönen Künste, in einzeln, nach alphabetischer Ordnung der Kunstwörter auf einander folgenden Artikel abgehandelt*, Leipzig 1771-1774, 2 Bde. in 4° (2. Auflage, 1778-1779, 4 Bde. in 8°; 3. Neue vermehrte Auflage, Leipzig 1786-1787, 4 Bde.)

INDEX DES NOMS DE PERSONNES

Les dédicataires d'œuvres de Beethoven sont mentionnés par un astérisque

C

H

J

K

L

M

N

O

P

Index des lieux où Beethoven a séjourné et où ont eu lieu ses concerts

INDEX DES ŒUVRES PAR GENRES

Les œuvres mentionnées entre crochets sont attribuées à tort à Beethoven

4 – Quintettes pour deux violons, deux altos et un violoncelle

VIII / Œuvres pour piano à quatre mains

IX / Œuvres pour piano à deux mains

1 – Sonates

2 – Variations pour piano seul

3 – Danses pour piano

4 – Bagatelles

5 – Divers

X / ŒUVRES DE MUSIQUE RELIGIEUSE

1 – Messes

2 – Oratorio

XI / Œuvres pour la scène

1 – Opéra

2 – Musiques de scène

XII / Œuvres pour voix et orchestre

1 – Cantates

2 – Œuvres pour chœur et orchestre

3 – Aria, Duo, Trio pour voix et orchestre

XIII / Arrangements d'airs populaires
(d'après le nouveau regroupement de la NGA (Neue Beethoven-Gesamtausgabe))

1 – Écossais : 833

XV / Œuvres pour plusieurs voix sans accompagnement

XVI / Canons

XVII / Diverses petites compositions

XVIII / Œuvres pour instruments mécaniques

Index des œuvres par numéros

Table

Cet ouvrage a été composé en Times par Palimpseste à Paris

35-56-2634-0/01
dépôt légal : avril 2005
n° d'édition : 55864
ISBN 2-21362434-8
Imprimé en Espagne